W0272590

Schülerduden Fremdwörterbuch

Alle Schülerduden im Überblick:

Rechtschreibung
Grammatik
Fremdwörterbuch
Lateinisch – Deutsch
Literatur
Kunst
Musik
Religion und Ethik
Philosophie
Mathematik I
Mathematik II
Physik
Chemie
Biologie
Politik und Gesellschaft
Geschichte

Schülerduden

Fremdwörterbuch

6., aktualisierte und ergänzte Auflage

Herausgegeben und bearbeitet von der Dudenredaktion

Dudenverlag
Mannheim · Zürich

Die Rechtschreibung in diesem Buch folgt im Falle von Schreibvarianten den Empfehlungen von **Duden – Die deutsche Rechtschreibung** (25. Auflage).

Beratungsangebot für Eltern und Lehrer (kostenpflichtig):
Die **Duden-Sprachberatung** beantwortet Fragen zu Rechtschreibung, Grammatik, Zeichensetzung u. Ä.
montags bis freitags zwischen 08:00 und 18:00 Uhr.
Aus Deutschland: 09001 870098 (1,86 € pro Minute aus dem Festnetz)
Aus Österreich: 0900 844144 (1,80 € pro Minute aus dem Festnetz)
Aus der Schweiz: 0900 383360 (3,13 CHF pro Minute aus dem Festnetz)
Die Tarife für Anrufe aus den Mobilfunknetzen können davon abweichen.

Bibliografische Information der Deutschen Nationalbibliothek
Die Deutsche Nationalbibliothek verzeichnet diese Publikation in der Deutschen Nationalbibliografie; detaillierte bibliografische Daten sind im Internet über http://dnb.d-nb.de abrufbar.

Das Wort **Duden** ist für den Verlag Bibliographisches Institut GmbH als Marke geschützt.

Alle Rechte vorbehalten. Nachdruck, auch auszugsweise, vorbehaltlich der Rechte, die sich aus den Schranken des UrhG ergeben, nicht gestattet.

© Duden 2012
Bibliographisches Institut GmbH
Dudenstraße 6, 68167 Mannheim

Redaktionelle Bearbeitung Ursula Kraif
Umschlaggestaltung Hemm-communication design, Filderstadt
Umschlagabbildungen Schülerin und Flaggen: © iStockphoto.com
Typografische Gestaltung Horst Bachmann
Herstellung Annette Scheerer
Satz Bibliographisches Institut GmbH, Mannheim (PageOne, alfa Media Partner GmbH)
Druck und Bindearbeit Offizin Andersen Nexö Leipzig
Spenglerallee 26–30, 04442 Zwenkau
Printed in Germany
ISBN 978-3-411-05146-5

www.duden.de

Vorwort

Das »Schülerduden Fremdwörterbuch« liegt nun bereits in der 6., aktualisierten und ergänzten Auflage vor. Es bietet wie bisher ausführliche Angaben zu Schreibung, Aussprache, Herkunft, Bedeutung und Verwendung von über 25 000 traditionellen und modernen Fremdwörtern. Dabei wurden nicht nur die in der Gegenwartssprache allgemein gebräuchlichen Fremdwörter berücksichtigt, sondern auch Fachwörter aus Themengebieten, die zur Unterrichts- und Lebenswelt von Schülerinnen und Schülern gehören. Da Internet und Unterhaltungsmedien ebenfalls einen festen Platz in der Lebenswelt Heranwachsender einnehmen, tragen zahlreiche Neueinträge aus den Bereichen Informationstechnologie und Internetnutzung dieser Tatsache Rechnung.

Das durchgehend vierfarbige Layout erleichtert durch die funktional eingesetzten Farben auch optisch das rasche Finden und Erfassen der gesuchten Information. Die klare Gliederung der einzelnen Wörterbuchartikel und die Tatsache, dass jedes Stichwort auf einer neuen Zeile beginnt, sorgen für eine hohe Benutzerfreundlichkeit.

Die seit August 2006 geltende Rechtschreibung lässt gerade bei Fremdwörtern in vielen Fällen mehrere Schreib- oder Trennmöglichkeiten zu, die selbstverständlich alle im Wörterverzeichnis gezeigt werden. Neu in dieser Auflage ist, dass bei gleichberechtigten Schreibweisen die von der Dudenredaktion empfohlenen Schreibungen an erster Stelle stehen und gelb unterlegt sind.

Wichtige Wortbildungselemente und ihre Bedeutung, besonders aus den klassischen Sprachen Griechisch und Latein, aber auch aus modernen Sprachen wie Englisch und Französisch, werden in rund 160 Informationskästen übersichtlich dargestellt, erklärt und durch zahlreiche Beispiele veranschaulicht.

Grafisch hervorgehobene Suchhilfen ermöglichen es dem Benutzer, bestimmte schwierige Fremdwörter an der richtigen Stelle zu suchen und zu finden (z. B. akquirieren unter akq..., nicht unter aq...).

Mehrere dem Wörterverzeichnis vorangestellte Sonderkapitel zu Themen wie »Ein Fremdwort – was ist das?« oder »Fremdwörter – eine Stilfrage« bieten zusätzlich interessante Informationen zum Fremdwortgebrauch in Geschichte und Gegenwart.

Die vorliegende 6. Auflage des Titels »Schülerduden Fremdwörterbuch« will – wie bereits die Vorgängerausgaben – Schülerinnen und Schülern helfen, Entlehnungen aus anderen Sprachen richtig zu verstehen, zu schreiben und angemessen zu gebrauchen.

Mannheim, im Februar 2012
Die Dudenredaktion

Inhalt

Hinweise zur Benutzung

A Allgemeines

Das Fremdwörterverzeichnis enthält Fremdwörter, Fügungen und Redewendungen fremder Sprachen, gelegentlich auch deutsche Wörter mit fremden Ableitungssuffixen oder -präfixen, die als Fremdwörter angesehen werden könnten. Lehnwörter wurden nur dann aufgenommen, wenn sie für eine aus Fremdwörtern bestehende Wortfamilie erhellend sind. Fremde Eigennamen wurden in der Regel nicht berücksichtigt, es sei denn, dass sie als generalisierende Gattungsnamen verwendet werden.
Die Rechtschreibung folgt den aktuellen amtlichen Regeln.

B Zeichen von besonderer Bedeutung

. Ein untergesetzter Punkt kennzeichnet die kurze betonte Silbe, z. B. Referẹnt.

_ Ein untergesetzter Strich kennzeichnet die lange betonte Silbe, z. B. Fassa̲de.

| Der senkrechte Strich dient zur Angabe der möglichen Worttrennungen am Zeilenende, z. B. Mor|ta|del|la, sum|mie|ren.

/ Der Schrägstrich besagt, dass sowohl das eine als auch das andere möglich ist, z. B. etwas/jmdn.; ...al/...ell.

® Das Zeichen ® macht als Marken geschützte Wörter (Bezeichnungen, Namen) kenntlich. Sollte dieses Zeichen einmal fehlen, so ist das keine Gewähr dafür, dass dieses Wort als Handelsname frei verwendet werden darf.

\- Der waagerechte Strich vertritt das unveränderte Stichwort bei den Beugungsangaben des Stichworts, z. B. Effekt *der;* -[e]s, -e.

... Drei Punkte stehen bei Auslassung von Teilen eines Wortes, z. B. Anabolikum *das;* -s, ...ka.

[] Die eckigen Klammern schließen Aussprachebezeichnungen, Zusätze zu Erklärungen in runden Klammern und beliebige Auslassungen (Buchstaben und Silben) ein, z. B. Kasba[h].

() Die runden Klammern schließen erläuternde Zusätze zur Wortbedeutung ein, z. B. automatisch: mit einer Automatik ausgestattet (von technischen Geräten). Sie enthalten außerdem stilistische Bewertungen und Angaben zur räumlichen und zeitlichen Verbreitung des Stichwortes sowie Hinweise, zu welchem Fachbereich das Stichwort gehört.

⟨⟩ Die Winkelklammern schließen Angaben zur Herkunft und gelegentlich zur ursprünglichen Bedeutung des Stichwortes ein, z. B. paradieren ⟨*lat.-fr.*⟩; Mikado ⟨*jap.;* „erhabene Pforte"⟩.

↑ Der senkrechte Pfeil weist darauf hin, dass das folgende Wort an entsprechender alphabetischer Stelle im Wörterbuch aufgeführt und erklärt ist, z. B. akut ... Ggs. ↑chronisch.

→ Der waagerechte Pfeil steht in den Kastenartikeln zur Angabe der sprachlichen Entwicklung eines Wortbildungselementes, z. B. Brutto... ⟨*lat.* brutus „schwer(fällig)" → *it.* brutto „unrein; roh"⟩.

C Anordnung und Behandlung der Stichwörter

1. Die Stichwörter sind **halbfett** gedruckt.

2. Die Anordnung der Stichwörter ist alphabetisch. Die Umlaute ä, ö, ü, äu werden wie die nicht umgelauteten Vokale a, o, u, au behandelt.

   Beispiele: **Ara**
   Ära
   Araber

   Die Umlaute ae, oe, ue hingegen werden entsprechend der Buchstabenfolge alphabetisch eingeordnet.

   Beispiel: **Cadmium**
   Caesium
   Café

3. Wörter, die gleich geschrieben werden, aber in Aussprache, Herkunft, Geschlecht (Genus) oder Pluralform voneinander verschieden sind, erscheinen in der Regel als getrennte Stichwörter mit hochgestellten Indizes.

   Beispiele: ^{1}**Adonis** *der;* -, -se: schöner [junger] Mann
   ^{2}**Adonis** *die;* -, -: Hahnenfußgewächs

4. Bei den Substantiven sind Angaben zum Genus und zur Deklination des Genitivs im Singular und – soweit gebräuchlich – des Nominativs im Plural aufgeführt.

Beispiele: **Aquarell** *das;* -s, -e
Ära *die;* -, Ären

Substantive, die nur im Plural vorkommen, sind durch die Angabe *die* (Plural) gekennzeichnet.

Beispiel: **Alimente** *die* (Plural) ...

5. Wo die Rechtschreibregeln mehrere Schreibungen zulassen, erscheint die Schreibvariante unmittelbar nach dem Stichwort und – sofern sie nicht in alphabetischer Reihenfolge steht – auch als Verweiseintrag an der entsprechenden Alphabetstelle.

Beispiele: **Businessclass, Business-Class**
Fair Play, Fairplay
Geografie, Geographie
Kode vgl. **Code**

Bei gleichberechtigten Schreibungen werden die von der Dudenredaktion empfohlenen Schreibungen zuerst angeführt und gelb unterlegt.

Beispiele: **Biografie, Biographie**
codieren, kodieren

Bei fachsprachlichen Varianten wird keine Bevorzugung angegeben. Hier richtet man sich am besten nach dem jeweiligen Textzusammenhang.

Beispiel: **Äther,** chem. fachspr.: **Ether**

6. Die neuen Regeln zur Worttrennung lassen – besonders bei Fremdwörtern – häufig mehrere unterschiedliche Trennmöglichkeiten zu. Das Fremdwörterbuch gibt in diesen Fällen beim Stichwort alle Trennmöglichkeiten an.

Beispiele: **Chi|r|ur|gie**
elek|t|risch

D Bedeutungsangaben

Die Angaben zur Bedeutung eines Stichwortes stehen hinter dem Doppelpunkt, der dem Stichwort, der Aussprache, den Flexionsangaben oder der Etymologie folgt.

Beispiel: **Bookmark ...:**
Eintrag in einem elektronischen Adressverzeichnis für ↑Homepages

Hat ein Stichwort mehrere Bedeutungen, dann werden die entsprechenden Angaben durch Ziffern und/oder Buchstaben voneinander getrennt.

Beispiel: **hypnotisch:**
1. a) zur Hypnose gehörend; b) zur Hypnose führend; einschläfernd.
2. den Willen lähmend

E Herkunftsangaben

1. Die Herkunft der Stichwörter ist durch *Kursivschrift* in Winkelklammern angegeben. Gelegentlich wird zum besseren Verständnis die wörtliche oder eigentliche Bedeutung eines Wortes aufgeführt. Herkunftsangaben, die für mehrere aufeinanderfolgende Wörter gleich sind, werden in der Regel nur einmal angeführt. Auf etymologische Angaben wird auch verzichtet, wenn die Bestandteile eines Kompositums als Stichwort erscheinen.
2. Durch den *Bindestrich* zwischen den Herkunftsangaben wird gezeigt, dass das Wort über die angegebenen Sprachen zu uns gekommen ist.

Beispiel: **Aperitif** ⟨*lat.-mlat.-fr.*⟩

Steht dabei eine Sprachbezeichnung in runden Klammern, so heißt das, dass dieser Sprache, zumindest für bestimmte Bedeutungen oder Verwendungsweisen des betreffenden Wortes, wahrscheinlich eine bestimmte Mittlerrolle bei der Entlehnung zukommt.

Beispiel: **Lotion** ⟨*lat.-fr.(engl.)*⟩

3. Durch das *Semikolon* zwischen den Herkunftsangaben wird deutlich gemacht, dass es sich um eine künstliche Zusammensetzung aus Wortelementen der angegebenen Sprachen handelt.

Beispiel: **automobil** ‹*gr.; lat.*›

Ist die Zusammensetzung in einer anderen Sprache als der deutschen gebildet worden, dann stehen die Herkunftsangaben der Wortteile in runden Klammern innerhalb der Winkelklammern, und die Angabe für die Sprache, in der die Bildung entstanden ist, folgt unmittelbar dahinter.

Beispiel: **Architrav** ‹*(gr.; lat.) it.*›

4. Mit „Kunstw." wird angezeigt, dass es sich bei dem betreffenden Wort um ein künstlich gebildetes Wort aus frei erfundenen Bestandteilen handelt.

Beispiele: **Aspirin, Perlon**

Mit „Kurzw." wird angegeben, dass es sich um ein künstlich gebildetes Wort aus Bestandteilen anderer Wörter handelt.

Beispiel: **LAN** ‹Kurzw. für *engl.* Local Area Network›

F Aussprache

Aussprachebezeichnungen stehen in eckigen Klammern hinter den Fremdwörtern, deren Aussprache von der sonst üblichen abweicht. Die verwendete Lautschrift folgt dem Zeichensystem der International Phonetic Association (IPA).

Die übliche Aussprache wurde nicht angegeben bei					
c	[k]	vor a, o, u (*wie in* Café)	sp	[sp]	im Wortinlaut (*wie in* Prospekt)
c	[ts̪]	vor e, i, ä, ae [ɛ(:)], ö, œ [ø(:)] *od.* [œ], ü, ue [y(:)], y (*wie in* Celsius)	st	[ʃt]	im Wortanlaut eingedeutschter Wörter (*wie in* Strapaze)
i	[i̯]	vor Vokal in Fremdwörtern (*wie in* Union)	st	[st]	im Wortin- und -auslaut (*wie in* Existenz)
sp	[ʃp]	im Wortanlaut eingedeutschter Wörter (*wie in* Spedition)	ti	[ts̪i̯]	vor Vokal im Wortinlaut (*wie in* Aktion, Patient)

Zeichen der Lautschrift, Beispiele und Umschreibung			
[a]	Butler ['batlɐ]	[ç]	Bronchie [...çi̯ə]
[a:]	Party ['pa:ɐ̯ti]	[d͜ʒ]	Gin [d͜ʒɪn]
[ɑ:]	Aftershave ['ɑ:ft...]	[e]	Regie [re'ʒi:]
[ɐ]	Bulldozer [...do:zɐ]	[e:]	Shake [ʃe:k]
[ɐ̯]	Friseur [...'zø:ɐ̯]	[ɛ]	Handy ['hɛndi]
[ã]	Centime [sã'ti:m]	[ɛ:]	fair [fɛ:ɐ̯]
[ã:]	Franc [frã:]	[ɛ̃]	Impromptu [ɛ̃prõ'ty:]
[æ]	Baggy Pants ['bægɪ...]	[ɛ̃:]	Timbre ['tɛ̃:brə]
[ʌ]	Donut ['doʊnʌt]	[ə]	Rage ['ra:ʒə]
[a͜i]	live [la͜if]	[ə:]	Go-go-Girl [...gə:l]
[a͜u]	powern ['pa͜uɐn]	[i]	Citoyen [sito̯a'jɛ̃:]

Zeichen der Lautschrift, Beispiele und Umschreibung			
[i:]	Greencard ['gri:n...]	[s]	City ['sɪti]
[i̯]	Linie [...i̯ə]	[ʃ]	Charme [ʃarm]
[ɪ]	City ['sɪti]	[t͜s]	Aktie ['akt͜si̯ə]
[l̩]	Faible ['fɛ:bl̩]	[t͜ʃ]	Match [mɛt͜ʃ]
[n̩]	joggen ['d͜ʒɔgn̩]	[u]	Routine [ru...]
[ŋ]	Bon [bɔŋ]	[u:]	Route ['ru:tə]
[o]	Logis [lo'ʒi:]	[u̯]	Silhouette [zi'lu̯ɛtə]
[o:]	Plateau [...'to:]	[ʊ]	Booklet ['bʊklɪt]
[ɔ]	Coffeeshop ['kɔfɪʃɔp]	[v]	Revers [rə'vɛ:...]
[ɔ:]	Cornflakes ['kɔ:n...]	[w]	Whisky ['wɪski]
[õ]	Bonmot [bõ'mo:]	[x]	Bacchanal [baxa...]
[õ:]	Chanson [ʃã'sõ:]	[y]	Bustier [bys'ti̯e:]
[ø]	Pasteurisation [pastø...]	[y:]	Avenue [avə'ny:]
[ø:]	Friseuse [...'zø:zə]	[y̆]	Habitué [(h)abi'ty̆e:]
[œ]	Pumps [pœmps]	[z]	Bulldozer [...do:zɐ]
[œ̃:]	Parfum [...'fœ̃:]	[ʒ]	Genie [ʒe...]
[o̯a]	chamois [ʃa'mo̯a]	[θ]	Thriller ['θrɪlɐ]
[ɔ͜y]	Boykott [bɔ͜y...]	[ð]	on the rocks [ɔn ðə 'rɔks]

Ein Doppelpunkt nach dem Vokal bezeichnet dessen Länge, z. B. Plateau [...'to:]. Lautbezeichnungen in runden Klammern bedeuten, dass der betreffende Laut reduziert gesprochen wird, z. B. Habitué [(h)abi'ty̆e:]. Der Hauptakzent ['] steht vor der betonten Silbe, z. B. Catenaccio [kate'nat͜ʃo]. Die beim ersten Stichwort stehende Ausspracheangabe ist im Allgemeinen für alle nachfolgenden Wortformen eines Stichwortartikels oder einer Wortgruppe gültig, sofern nicht eine neue Angabe erfolgt.

G Verwendete Abkürzungen

Abk.	Abkürzung
afrik.	afrikanisch
ägypt.	ägyptisch
alban.	albanisch
altägypt.	altägyptisch
altgriech.	altgriechisch
altnord.	altnordisch
altröm.	altrömisch
alttest.	alttestamentlich
amerik.	amerikanisch
Amtsspr.	Amtssprache
Anat.	Anatomie
angels.	angelsächsisch
angloind.	angloindisch
annamit.	annamitisch
Anthropol.	Anthropologie
arab.	arabisch
aram.	aramäisch
Archit.	Architektur
Archäol.	Archäologie
argent.	argentinisch
armen.	armenisch
asiat.	asiatisch
assyr.	assyrisch
Astrol.	Astrologie
Astron.	Astronomie
Misspr.	Aussprache
austr.	australisch
awest.	awestisch
aztek.	aztekisch
babylon.	babylonisch
Bankw.	Bankwesen
Bantuspr.	Bantusprache
Bauw.	Bauwesen
bayr.	bayrisch
bengal.	bengalisch
Bergmannsspr.	Bergmannssprache
Berufsbez.	Berufsbezeichnung
bes.	besonders
Bez.	Bezeichnung
Bibliotheksw.	Bibliothekswissenschaft
Biol.	Biologie
Börsenw.	Börsenwesen
Bot.	Botanik
bras.	brasilianisch
bret.	bretonisch
brit.	britisch
Buchw.	Buchwesen
bulgar.	bulgarisch
bzw.	beziehungsweise
chem.	chemisch
chin., chines.	chinesisch
dän.	dänisch
dgl.	dergleichen
d. h.	das heißt
dichter.	dichterisch
drawid.	drawidisch
Druckw.	Druckwesen
dt.	deutsch
EDV	elektronische Datenverarbeitung u. -übermittlung
eigtl.	eigentlich
Elektrot.	Elektrotechnik
engl.	englisch
eskim.	eskimoisch
etrusk.	etruskisch
ev.	evangelisch

fachspr.	fachsprachlich
Fachspr.	Fachsprache
Filmw.	Filmwesen
finn.	finnisch
Flugw.	Flugwesen
Forstwirtsch.	Forstwirtschaft
Fotogr.	Fotografie
fr., franz.	französisch
Funkw.	Funkwesen
gäl.	gälisch
gall.	gallisch
galloroman.	galloromanisch
gaskogn.	gaskognisch
Gastron.	Gastronomie
Gaunerspr.	Gaunersprache
geb.	geboren
geh.	gehoben
Geneal.	Genealogie
Geogr.	Geografie
Geol.	Geologie
germ.	germanisch
Ggs.	Gegensatz
got.	gotisch
gr.	griechisch
hebr.	hebräisch
Heerw.	Heerwesen
hochd.	hochdeutsch
hottentott.	hottentottisch
Hüttenw.	Hüttenwesen
iber.	iberisch
ind.	indisch
indian.	indianisch
indones.	indonesisch
ir.	irisch
iran.	iranisch
iron.	ironisch
islam.	islamisch
isländ.	isländisch
it.	italienisch
Jägerspr.	Jägersprache
jap.	japanisch
jav.	javanisch
Jh.	Jahrhundert
jidd.	jiddisch
jmd.	jemand
jmdm.	jemandem
jmdn.	jemanden
jmds.	jemandes
jüd.	jüdisch
jugoslaw.	jugoslawisch
kanad.	kanadisch
karib.	karibisch
katal.	katalanisch
kath.	katholisch
Kaufmannsspr.	Kaufmannssprache
kaukas.	kaukasisch
kelt.	keltisch
Kinderspr.	Kindersprache
kirchenlat.	kirchenlateinisch
kirg.	kirgisisch
korean.	koreanisch
kreol.	kreolisch
kroat.	kroatisch
kuban.	kubanisch
Kunstw.	Kunstwort
Kunstwiss.	Kunstwissenschaft
Kurzw.	Kurzwort
ladin.	ladinisch
landsch.	landschaftlich
Landwirtsch.	Landwirtschaft
lat.	lateinisch
lett.	lettisch

lit.	litauisch
Literaturwiss.	Literaturwissenschaft
malai.	malaiisch
math.	mathematisch
Math.	Mathematik
mdal.	mundartlich
Med.	Medizin
melanes.	melanesisch
Meteorol.	Meteorologie
mex., mexik.	mexikanisch
mgr.	mittelgriechisch
Mineral.	Mineralogie
mittelhochd.	mittelhochdeutsch
mittelniederd.	mittelniederdeutsch
mlat.	mittellateinisch
mniederl.	mittelniederländisch
mong.	mongolisch
neapolitan.	neapolitanisch
neuhochd.	neuhochdeutsch
ngr.	neugriechisch
niederd.	niederdeutsch
niederl.	niederländisch
nlat.	neulateinisch
nord.	nordisch
norw.	norwegisch
o. ä.	oder ähnlich[...]
o. Ä.	oder Ähnliche[s]
od.	oder
ökum.	ökumenisch
ostasiat.	ostasiatisch
österr.	österreichisch
ostmitteld.	ostmitteldeutsch
Päd.	Pädagogik
Parapsychol.	Parapsychologie
pers.	persisch
peruan.	peruanisch
Pharm.	Pharmazie
philos.	philosophisch
Philos.	Philosophie
Physiol.	Physiologie
poln.	polnisch
polynes.	polynesisch
port.	portugiesisch
Postw.	Postwesen
provenzal.	provenzalisch
Psychol.	Psychologie
Rechtsspr.	Rechtssprache
Rechtswiss.	Rechtswissenschaft
Rel.	Religion[swissenschaft]
Rhet.	Rhetorik
röm.	römisch
roman.	romanisch
rumän.	rumänisch
russ.	russisch
sanskr.	sanskritisch
scherzh.	scherzhaft
schott.	schottisch
Schülerspr.	Schülersprache
schwed.	schwedisch
schweiz.	schweizerisch
Seemannsspr.	Seemannssprache
Seew.	Seewesen
semit.	semitisch
serb.	serbisch
serbokroat.	serbokroatisch
singhal.	singhalesisch
sizilian.	sizilianisch
skand.	skandinavisch
slaw.	slawisch
slowen.	slowenisch
Sozialpsychol.	Sozialpsychologie
Soziol.	Soziologie

span.	spanisch
Sprachw.	Sprachwissenschaft
Studentenspr.	Studentensprache
südamerik.	südamerikanisch
südd.	süddeutsch
südostasiat.	südostasiatisch
sumer.	sumerisch
svw.	so viel wie
syr.	syrisch
tahit.	tahitisch
tamil.	tamilisch
tatar.	tatarisch
Theol.	Theologie
tibet.	tibetisch
Tiermed.	Tiermedizin
tschech.	tschechisch
tungus.	tungusisch
türk.	türkisch
turkotat.	turkotatarisch
u.	und
u. a.	unter anderem, und andere[s]
u. ä.	und ähnlich[...]
u. Ä.	und Ähnliche[s]
ugs.	umgangssprachlich
ung.	ungarisch
urspr.	ursprünglich
usw.	und so weiter
venez.	venezianisch
Verbindungsw.	studentisches Verbindungswesen
Verkehrsw.	Verkehrswesen
Verlagsw.	Verlagswesen
vgl.	vergleiche
vulgärlat.	vulgärlateinisch
Werbespr.	Werbesprache
Wirtsch.	Wirtschaft
Zahnmed.	Zahnmedizin
Zigeunerspr.	Zigeunersprache (Es handelt sich hier um eine in der Sprachwissenschaft übliche Bezeichnung, die nicht diskriminierend zu verstehen ist.)
Zool.	Zoologie

Sonderteil

Ein Fremdwort – was ist das?

Wie in vielen anderen Sprachen, so gibt es auch im Deutschen eine große Zahl von Wörtern, die aus fremden Sprachen stammen. Sie werden üblicherweise Fremdwörter genannt, obgleich sie zu einem großen Teil durchaus keine fremden, sondern seit Langem bekannte und gebräuchliche Wörter sind, die in der Sprache ihren festen Platz haben.

Vier Merkmale sind zu nennen, die ein Wort als fremd kennzeichnen können:

1. die Bestandteile eines Wortes. So werden Wörter mit bestimmten Vorsilben oder Endungen als fremd erkannt *(Belkanto, hypochondrisch, impulsiv, Konzentration, Mobbing, reformieren).*
2. die Lautung eines Wortes. Das ist einerseits die vom Deutschen abweichende Aussprache (z. B. *Boot* ›Schuh‹ [buːt], *Friseur* [friˈzøːɐ̯], *Team* [tiːm]), andererseits die Betonung, d. h. der nicht auf der ersten oder Stammsilbe liegende Akzent *(autark, desolat, Diät, extemporieren).*
3. die Schreibung eines Wortes. Bestimmte Buchstabenverbindungen können auf fremdsprachliche Wortherkunft hinweisen, weil das Schriftbild für das Deutsche unübliche grafische Strukturen zeigt (z. B. *Bibliothek, Bodybuilding, Soutane, Osteoporose*). Auch bestimmte Buchstabenfolgen kommen im Deutschen (beispielsweise die Verbindungen *gn-, pt-* und *ts-*) nicht im Anlaut vor (z. B. *Gnosis, Ptyalin, Tsunami*).
4. der seltene Gebrauch eines Wortes in der Alltagssprache. So werden Wörter wie *intrinsisch, Quisquilien* wegen ihres nicht so häufigen Vorkommens als fremde Wörter empfunden.

Meistens haben Fremdwörter sogar mehr als eines dieser Merkmale – und doch stellt keines von ihnen einen sicheren Maßstab dar:

1. Nicht alle Vorsilben und Endungen, die Fremdwörter anzeigen können, sind tatsächlich fremdsprachlich (z. B. *ab-* in *absolut,* aber auch in *abreisen; -ieren* in *massakrieren,* aber auch in *erfrieren*). Außerdem kann an einen deutschen Wortstamm eine fremdsprachliche Endung treten *(buchstabieren, hausieren, Bummelant, Schwulität).* Gerade bei diesen Mischbildungen besteht bei den Sprachteilhabern in der Beurteilung, ob es sich um deutsche oder fremde Wörter handelt, Unsicherheit, wo-

bei fremde Suffixe meist die Zuordnung zum Fremdwort begünstigen, während Wörter mit fremdem Stamm und deutschen Ableitungssilben wie *Direktheit, temperamentvoll, risikoreich* und *Naivling* eher als deutsche empfunden werden.

2. Bei vielen Fremdwörtern hat sich die Aussprache deutschen Gewohnheiten angeglichen (z. B. *Spekulant* und *Spezerei* [ʃp...], *Stadium* und *Stil* [ʃt...]), und auch die Betonung liegt keineswegs bei allen deutschen Wörtern auf der ersten oder der Stammsilbe (z. B. *Forelle, lebendig*), während es auch Fremdwörter gibt, die wie deutsche Wörter anfangsbetont sind *(Atlas, Biwak, Genius, Lyrik, Radio, Summe, Thema).* Außerdem werden üblicherweise endungsbetonte fremdsprachliche Wörter oftmals auch auf der ersten Silbe betont, wenn sie besonders hervorgehoben oder auch von anderen abgesetzt werden sollen, z. B. *aktiv* (im Gegensatz zu *passiv*), *Export* (im Gegensatz zu *Import*).
3. Manche Fremdwörter sind aufgrund ihrer Schreibung nicht bzw. nicht mehr als solche zu erkennen (z. B. *Keks, Sprinkler*).
4. Nicht nur Fremdwörter können selten sein, sondern auch Erbwörter *(Buhne, Feme, Flechse, seimig, sintemal),* und bisweilen werden wenig bekannte, in ihrer Etymologie nicht mehr durchschaubare Erbwörter sogar für Fremdwörter gehalten – beispielsweise wenn für die Substantive *Bovist* und *Quarz* lateinische Herkunft vermutet oder das Verb *blaken* (›rußen, qualmen‹) englisch ausgesprochen wird. Dagegen können Wörter fremder Herkunft völlig gebräuchlich und allgemein verständlich sein *(Auto, interessieren, Karussell, militärisch, Möbel, Paradies, Salat)* und werden besonders dann nur schwer als Fremdwörter erkannt, wenn sie in Klang und Gestalt nicht oder nicht mehr fremd wirken *(Alt* ›tiefe Frauenstimme‹, *Bande* ›Rand, Einfassung‹, *Droschke, Kasse, Tunnel).* So ist es zu erklären, dass das Wort *Puzzle* von Testpersonen für schwäbisch gehalten und dementsprechend ausgesprochen wurde. Es kann auch vorkommen, dass ein und dasselbe Wort aufgrund mehrerer Bedeutungen je nach Häufigkeit der Bedeutung als deutsches oder fremdes Wort eingruppiert wird, z. B. *Note* in der Bedeutung ›Musikzeichen‹ als deutsches, in der Bedeutung ›förmliche schriftliche Mitteilung‹ als fremdes Wort.

Die Unsicherheit aller angeführten Kriterien zeigt, dass der Begriff des Fremdwortes keineswegs leicht zu bestimmen ist. Die Grenzen zwischen fremdem und eingebürgertem Wort sind oftmals fließend.

Eine kleine Fremdwortgeschichte

Das Phänomen »Fremdwort« ist nicht nur als Begriff schwer abgrenzbar, es ist auch grundsätzlich zu einem umstrittenen Thema geworden. Wörter aus fremden Sprachen sind schon immer, nicht erst in der jüngsten Vergangenheit und in der Gegenwart, in die deutsche Sprache aufgenommen worden. Der Kontakt mit anderen Völkern und der damit verbundene Austausch von Kenntnissen und Erfahrungen hat seit jeher in der Sprache seinen Niederschlag gefunden.

Bereits in der Frühzeit der deutschen Sprachgeschichte finden sich fremdsprachliche Ausdrücke, vor allem aus dem Griechischen und Lateinischen, die zugleich mit dem dadurch Bezeichneten übernommen wurden, so z. B. *cirihha* (›Kirche‹, gr. *kyrikón* ›Gotteshaus‹), *einchoro* (›Einsiedler‹, gr./lat. *anachoreta*), *kruzi* (›Kreuz‹, lat. *crux*), *opharôn* (›opfern‹, lat. *operari*). Im Mittelalter kamen viele Bezeichnungen – vor allem auch in Verbindung mit dem Rittertum – aus dem Französischen ins Deutsche, z. B. *âventiure* (›Abenteuer‹), *busûne* (›Posaune‹), *harnasch* (›Harnisch‹), *hurten* (›stoßen, stoßend losrennen‹), *krîe* (›Feldruf‹), *kurteis/-ois* (›höfisch, ritterlich‹), *panzier* (›Panzer‹), *poisûn* (›Zaubertrank‹), *schastel* (›Burg, Schloss‹), *schevalier* (›Ritter‹), *turnei* (›Turnier‹).

Das Spätmittelalter und die frühe Neuzeit mit Lehrdichtung, Meistersang und Humanismus zeigen eine Fülle von gelehrten Bildungen zumeist lateinischer Herkunft, z. B. *Accidenz, Argument, artikulieren, Centrum, Decret, Disciplin, disputieren, Element, formieren, Intellect(us), Kanzelie, Klasse, Konvolut, Konzept, korrumpieren, Magister, Minute, Position, ratificieren, Region, Substanz, transportieren, Universität.*

Im 17. und 18. Jh. herrscht der französische Spracheinfluss deutlich vor. Frankreich war in dieser Zeit die kulturell führende Nation Europas. Ausdrücke wurden u. a. übernommen in den Bereichen der Diplomatie und Verwaltung *(Depesche, Etat, Minister)*, des Handels *(Comptoir, engagieren, Fabrik)*, des Transportwesens *(Karosse, Chaise, Equipage)*, der Esskultur *(Bouillon, Kotelett, Konfitüre)*, der Mode *(Frisur, Garderobe, Korsett)* sowie des gesellschaftlichen Auftretens *(Etikette, Kompliment, parlieren)*.

Das 19. Jh. ist gekennzeichnet durch die Ablösung der französischen durch englische Wortschatzerweiterung. Großbritannien galt als Vorbild u. a. im Bereich der Wirtschaft *(Kartell, Trust)* und der Presse *(Interview, Reporter)*. Das Verkehrswesen verwendet weitgehend noch französische Ausdrücke *(Billett, Perron)*, wobei allerdings auch hier der angelsächsische Einfluss auf dem Vormarsch ist *(Tender, Tunnel)*. Ende des 19. Jh.s löst das Englische das Französische als Gesellschaftssprache weithin ab, was auch im Fremdwortschatz seinen Niederschlag findet: *Dandy, Flirt, Smoking, Cocktail.*

Im 20. Jh. gewinnt das Englische auch in Form des Angloamerikanischen weiter an Bedeutung und wirkt bis in den privaten Lebensbereich hinein: *Bestseller, Jazz, Make-up, Pullover, Rocker, Sex, Teenager.* Doch auch andere Sprachen haben Beiträge geleistet, z. B. das Russische: *Datscha, Sputnik, Glasnost, Perestroika.*

Wie sich zeigt, ist die deutsche Sprache zu keiner Zeit ohne Fremdwörter ausgekommen. Viele sind ihr im Laufe der Jahrhunderte so sehr angeglichen worden, dass man ihnen die fremde Herkunft nicht mehr ansieht. Die Sprachwissenschaft nennt solche Wörter Lehnwörter; Beispiele sind:

Engel (gr. *ángelos*), *dichten* (lat. *dictare*), *Fenster* (lat. *fenestra*), *Körper* (lat. *corpus*), *nüchtern* (lat. *nocturnus*), *predigen* (lat. *predicare*), *schreiben* (lat. *scribere*), *Tisch* (lat. *discus*), *fehlen* (altfr. *falir* bzw. *faillir*), *Flöte* (altfr. *flaüte*), *Finte* (it. *finta*); *Fetisch* (port. *feitiço*/ fr. *fétiche*), *Maske* (fr. *masque*).

Der Grad der Eindeutschung fremder Wörter hängt aber nicht oder nur zum Teil davon ab, wie lange ein fremdes Wort schon gebraucht wird. Das bereits um 1500 aufgenommene Wort *Bibliothek* beispielsweise hat seinen fremden Charakter bis heute beibehalten, während Wörter wie *Streik* (engl. *strike*) und *fesch* (engl. *fashionable*), die erst im 19. Jahrhundert ins Deutsche gekommen sind, bereits völlig angeglichen sind. Besonders gut zeigt sich der unterschiedliche Assimilationsgrad an Wörtern, die mehrfach – zu unterschiedlichen Zeiten in unterschiedlicher Gestalt – ins Deutsche Eingang fanden. Beispielsweise dient lat. *palatium* – ursprünglich der Name eines der sieben Hügel Roms, auf dem Kaiser Augustus und seine Nachfolger ihre Residenz hatten – als Ausgangspunkt für verschiedene Übernahmevorgänge. Bereits im 9. Jh. existierte im Deutschen das aus *palatium* entlehnte *Pfalz* (›Herrschersitz‹); Ende des 12. Jh.s entstand über altfr. *palais* bzw. *pales* das deutsche *Palas(t)*; im 17. Jh. schließlich wurde französisch *Palais* übernommen.

Fremdwörter im sprachlichen Kontakt

Kulturelle und sprachliche Kontakte und Einflüsse gehören zu den Grundgegebenheiten historischer Entwicklung. Durch Handel, Eroberung und Kolonialisierung, später auch durch Missionsbestrebungen kamen Menschen seit jeher miteinander in Berührung.

Heute, wo Entfernungen keine Rolle mehr spielen, ist die gegenseitige kulturelle Beeinflussung der Völker besonders stark. So findet grundsätzlich ein Geben und Nehmen zwischen allen Sprachen statt, wenn auch gegenwärtig der Einfluss des Englisch-Amerikanischen dominiert. Das bezieht sich nicht nur auf das Deutsche, sondern ganz allgemein auf die nicht englischen europäischen Sprachen.

Besonders deutlich zeigt sich der kulturelle Einfluss einer Gebersprache, wenn Wörter nach ihrem Vorbild entstehen, die sie selbst gar nicht kennt. So werden heute gelegentlich Wörter nach englischem Muster gebildet, ohne dass es sie im englischsprachigen Raum überhaupt gibt. Man spricht dann von Scheinentlehnungen *(Twen, Handy, Showmaster)* und Halbentlehnungen mit neuen Bedeutungen *(Herrenslip,* engl. *briefs).* Es handelt sich dabei durchaus um ein legitimes und seit Jahrhunderten bewährtes Mittel der Sprachbereicherung. Die meisten Termini der wissenschaftlichen Fachsprachen sind solche Schein- oder Halbentlehnungen: nach griechischem oder lateinischem Muster geprägte, aus griechischen oder lateinischen Versatzstücken zusammengesetzte »Kunstwörter« (so eine sprechende, im 17. bis 19. Jh. verbreitete Verdeutschung von *Terminus*), die in den Ausgangssprachen so nicht belegt sind (z. B. *Chromosom, Gen, Photosynthese* in der Biologie, *Hormon, Karzinom, Toxoplasmose* in der Medizin).

Es gibt jedoch auch den umgekehrten Prozess, dass deutsche Wörter in fremde Sprachen übernommen und dort allmählich angeglichen werden, wie z. B. im Englischen *bratwurst, ersatz, gemütlichkeit, kaffeeklatsch, kindergarten, kitsch, leberwurst, leitmotiv, sauerkraut, schwärmerei, schweinehund, weltanschauung, weltschmerz, wunderkind, zeitgeist, zink.* Auch Mischbildungen oder Eigenschöpfungen wie *apple strudel, beer stube, sitz bath, kitschy, hamburger* kommen vor. Die im Deutschen mit altsprachlichen Bestandteilen gebildeten Wörter *Ästhetik* und *Statistik* erscheinen im Französischen als *esthétique* bzw. *statistique.* Das deutsche Wort *Rathaus* wird im Polnischen zu *ratusz, Busserl* im Ungarischen zu *puszi,* und im Rumänischen gibt es u. a. *chelner (Kellner), šlager (Schlager[lied])* und *strand (Strand).* Insbesondere in Osteuropa ist der deutsche Spracheinfluss bis heute sehr stark. – Die »erfolgreichsten« deutschen Wörter sind *Nickel* und *Quarz,* die in mindestens 10 verschiedenen Sprachen (Englisch, Finnisch, Französisch, Italienisch, Spanisch, Russisch, Schwedisch, Serbokroatisch, Türkisch, Ungarisch) als Fremdwörter vorkommen; es folgen *Gneis, Marschall, Zickzack* und *Zink* (in mindestens 9 Sprachen), *Walzer* (in mindestens 8 Sprachen), *Leitmotiv, Lied, Schnitzel* und das chemische Element *Wolfram* (in mindestens 6 Sprachen).

Viele Fremdwörter sind international verbreitet. Man nennt sie Internationalismen. Das sind Wörter, die in gleicher Bedeutung und gleicher oder ähnlicher Form in mehreren Sprachen vorkommen, wie z. B. *Medizin, Musik,*

Nation, Radio, System, Telefon, Theater. Hier allerdings liegen auch nicht selten die Gefahren für falschen Gebrauch, nämlich dann, wenn Wörter in mehreren Sprachen in zwar identischer oder nur leicht abgewandelter Form vorkommen, inhaltlich aber mehr oder weniger stark voneinander abweichen (dt. *sensibel* = engl. *sensitive;* engl. *sensible* = dt. *vernünftig*). In diesen Fällen spricht man auch von Fauxamis, den »falschen Freunden«, die häufig Missverständnisse verursachen.

Ein besonders gutes Beispiel für die Gegenseitigkeit kultureller Befruchtung geben die Fälle sogenannter Rückentlehnung: Wörter, die zu einer bestimmten Zeit aus einer Sprache in eine andere übernommen wurden, finden zu einem späteren Zeitpunkt wieder den Weg zurück, wobei sie in der Regel sowohl formal wie inhaltlich modifiziert auftreten. So wurde bereits sehr früh das deutsche Wort *Bank* in der ursprünglichen Bedeutung ›Sitzmöbel‹ bzw. ›Ladentisch‹ (Letzteres etwa in *Brotbank, Fleischbank, Wechselbank*) in die romanischen Sprachen entlehnt. Im Italienischen nahm es als *banco* die eingeschränkte Bedeutung ›Tisch der Geldwechsler‹ bzw. übertragen ›Institut für Geldgeschäfte‹ an, in der es dann im 15. Jh. wieder ins Deutsche zurückkam. In Anlehnung an das französische *banque* sowie das nach wie vor gebräuchliche deutsche *Bank* wurde die italienische Lautung allmählich aufgegeben und das feminine Wortgeschlecht setzte sich gegen das maskuline durch. Beibehalten wurden jedoch abweichende Flexionsformen: *Bank* im Sinne von ›Sitzgelegenheit‹ bildet heute den umlautenden Plural *Bänke,* während *Bank* im Sinne von ›Geldinstitut‹ im Plural schwach gebeugt wird: *Banken.*

Fremdes Wort im deutschen Satz

Die Alltagssprache neigt dazu, fremdsprachliche Wörter den deutschen Aussprachegesetzen anzupassen. Der Angleichungsprozess vollzieht sich sowohl in der Aussprache als auch in der Schrift: Die im Deutschen nicht üblichen Laute oder Lautverbindungen in fremden Wörtern werden häufig durch klangähnliche deutsche ersetzt (z. B. *Poster*: gesprochen mit langem oder kurzem *o* neben der englischen Aussprache [pouster]).

Fremdwörter tragen meist schon deutliche Spuren der Eindeutschung, wenn eine nasale Aussprache teilweise aufgegeben ist *(Pension, Balkon),* ein fremdsprachliches *sp* und *st* als *schp (Spurt)* bzw. *scht (Station)* gesprochen wird, der Akzent den deutschen Betonungsgewohnheiten gemäß verlagert wird *(Comebáck* statt engl. *cómeback)* oder wenn ein fremdes Wort im Schriftbild der deutschen Sprache angeglichen worden ist *(Telefon, Fotografie, Nummer, Frisör).*

Nicht nur die Aussprache und die Schreibung, auch die grammatische Behandlung von Fremdwörtern kann dazu beitragen, ihre Wortgestalt deutschen Gewohnheiten anzupassen.

Bei Verben erfolgt eine grammatische Assimilation, wenn sie mit der Infinitivendung *-(e)n* gebildet werden *(fixen, juxen, palavern, picknicken);* zusätzlich können deutsche Vorsilben Verwendung finden *(bezirzen, verlinken).* Einen Sonderfall stellen die sehr häufigen Verben auf *-ieren* bzw. *-isieren* dar. Sie gehen meist auf das Französische zurück *(illuminieren, schikanieren)* oder sind nach französischem Muster mit Bestandteilen aus anderen Sprachen gebildet *(synthetisieren, denunzieren, standardisieren).*

Eine zusätzliche Assimilation kann erfolgen, wenn fremdsprachliche Verben wie deutsche zusammengesetzte Verben behandelt werden (Beispiele: *outsourcen, downloaden, updaten*). Sie werden syntaktisch oft wie trennbare Verben verwendet: *ich source out; sie loadete down; wir haben upgedatet.*

Bei Substantiven betrifft die Angleichung insbesondere die Pluralbildung und das Wortgeschlecht. Erhalten bleiben die fremdsprachlichen Pluralformen nur bei bildungssprachlichen Ausdrücken – z. B. *Intimus/Intimi, Status/Status* (im Plural mit langem *u*), *Corpus/Corpora, Epitheton/Epitheta* – sowie dann, wenn die Kenntnis der Ausgangssprache vorausgesetzt werden kann (was vor allem für englische Wörter zutrifft: *Event/Events, Happening/Happenings*). In anderen Fällen werden hingegen fremdsprachliche Pluralformen völlig durch einheimische abgelöst: *Basen* (gr. *baseis*), *Themen* (gr. *themata*), *Kriterien* (gr. *kriteria*), *Probleme* (gr. *problemata*), *Triumphe* (lat. *triumphi*), *Professoren* (lat. *professores*), *Kakteen* (lat. *cactus* mit langem *u*), *Inspekteure* (fr. *inspecteurs*), *Trucker* (engl. *truckers*).

Das Geschlecht fremdsprachlicher Wörter kann sich nach unterschiedlichen Kriterien richten:

1. nach dem Geschlecht möglicher deutscher Entsprechungen. Dabei kann es sich um inhaltliche Ähnlichkeiten (bei synonymen Wörtern) handeln – z. B. *die E-Mail* (zu *die Post*) –, aber auch um grammatische: Beispielsweise sind alle englischen Wörter auf *-ing (Franchising, Leasing)* Neutra, weil sie im Deutschen substantivierten Infinitiven entsprechen.
2. nach der Analogie grammatischer Formen, insbesondere von Wortendungen. So sind z. B. die aus dem Französischen gekommenen Wörter *le garage, le bagage* im Deutschen Feminina, weil sich mit dem unbetonten Endungs-*e*

in der Regel das feminine Geschlecht verbindet. Das Kurzwort *Bus,* eine auf die Dativ-Plural-Form des lateinischen Adjektivs *omnis* (*omnibus* ›für alle‹) zurückgehende künstliche Bildung, hat maskulines Geschlecht analog zu den meisten anderen Wörtern auf *-us*. Auch Wörter auf *-er* (z. B. *Computer, Emitter, Printer*) sind im Deutschen meist männlich (vgl. *Denker, Läufer* usw.).

3. nach dem Wortgeschlecht in der Ausgangssprache (so *der Komplex, die Ovation, das Epos*). Demnach können Wörter gleicher Endung unterschiedliches Geschlecht haben *(der Status, aber das Corpus; der Penis,* aber *die Meningitis).* Das Kriterium gilt jedoch nur bedingt, wo in einer Ausgangssprache das grammatische Geschlecht anders als im Deutschen unterschieden wird (etwa im Englischen, Französischen und Italienischen). Bei Wörtern aus solchen Sprachen kann das Genus im Deutschen schwanken: *der* oder *das Graffito/Curry/Essay/Pub; die* oder (schweiz.) *das Malaise.*

Diese allgemeinen Richtlinien für die grammatische Behandlung von Fremdwörtern sind aber keine exakten Regeln oder Gebrauchsanweisungen. Oftmals bestehen mehrere Möglichkeiten hinsichtlich der Aussprache, der Schreibung, der Flexion und des Wortgeschlechts.

Fremdwörter – eine Stilfrage

Wichtig für die Wahl eines Wortes ist immer seine Leistung, nicht seine Herkunft. Fremdwörter haben in der deutschen Sprache verschiedene Funktionen:

- Sie ermöglichen inhaltliche Nuancierung durch Hervorrufung spezifischer Assoziationen: *cholerisch/reizbar, Exkursion/Ausflug, fair/anständig, Praktikum/Übung, Präludium/Vorspiel, simpel/einfach.* Unzutreffende Vorstellungen können durch Fremdwortgebrauch vermieden werden *(Passiv* statt *Leideform, Substantiv* statt *Hauptwort, Verb* statt *Tätigkeitswort).* Durch sogenannte Bezeichnungsexotismen, Wörter, die auf Sachen, Personen und Begriffe der fremdsprachigen Umwelt beschränkt bleiben (z. B. *Bagno, Iglu, Kreml, Torero*), kann wirkungsvoll ein kulturspezifisches Kolorit erzeugt werden. Daneben vermögen Fremdwörter ein bestimmtes Lebensgefühl zum Ausdruck zu bringen: »Ich muss nur eben noch schnell mein Handy catchen, dann sind wir weg, okay?« Wer so redet, möchte dynamisch, zeitgemäß *(trendy)* wirken, und dazu dienen heute vor allem die Anglizismen.
- Fremdwörter erlauben eine Nuancierung der Stilebenen *(Portier/Pförtner; transpirieren/schwitzen; ventilieren/überlegen).* Sie können verschiedene Stilhöhen erzeugen: eine gehobene *(kredenzen/einschenken),* eine neutrale *(pro-*

duzieren/fertigen), aber auch eine umgangssprachlich-jargonhafte *(Job/Arbeit, Krawall/Aufruhr).* Nicht selten erscheint das Fremdwort eleganter, da pointierter *(Ausweichmöglichkeit – Alternative),* bisweilen auch klanglich besser zum Wortsinn passend *(Attacke/Angriff).* Auch subjektive Haltungen und Einstellungen kann es zum Ausdruck bringen, sowohl positive *(phänomenal/außergewöhnlich, professionell/beruflich)* als auch negative *(krepieren/verenden, Visage/Gesicht).* Spezifische Schattierungen sind möglich: *Elaborat* wirkt in seiner Abwertung distanzierter als *Machwerk, Defätismus* klingt kritischer als *Mutlosigkeit, Gazette* hat im Gegensatz zu *Groschenblatt* eine Spur Ironie.

– Fremdwörter haben versachlichende Funktion und ermöglichen dadurch das taktvolle Sprechen über heikle, unangenehme oder tabuisierte Themen wie beruflichen Misserfolg *(insolvent* statt *pleite),* Krankheit *(Inkontinenz* statt *Bettnässen, Psychiatrie* statt *Irrenanstalt)* oder Tod *(letal* statt *tödlich, Exitus* statt *Tod).* Insbesondere für den Sexualbereich fehlen im Deutschen vielfach neutrale, d. h. stilistisch nicht markierte einheimische Wörter, sodass Fremdwörter wirkliche Bezeichnungslücken schließen können: *koitieren, Penis, Hoden, Vagina.*
– Fremdwörter ermöglichen die Anspielung auf Bildungsinhalte: Ausdrücke wie *Danaergeschenk* (›Unheilsgabe‹), *Judaslohn* (›Lohn für Verrat‹), *Pyrrhussieg* (›Scheinsieg‹), *Tantalusqualen* (›Hungerqualen‹) weisen über ihre unmittelbare Bedeutung hinaus und lassen ein spezifisches Wissen erkennen.
– Fremdwörter können Aufmerksamkeit erregen. So finden sich vor allem Anglizismen häufig in der Kommunikationsbranche, im Marketing und in der Werbung *(Businessclass, E-Commerce, New Economy, Provider).*
– Fremdwörter ermöglichen Variation im Ausdruck. Um störende Wiederholungen zu vermeiden, gibt es zum Fremdwort oft keine Alternative: *Enthaltsamkeit – Abstinenz; Fehlgeburt – Abortus; Feinkost – Delikatessen; Grillfest – Barbecue; Leitartikler – Kolumnist; Mitlaut – Konsonant; Mundart – Dialekt; Nachtisch – Dessert; Preisgericht – Jury; Rechtschreibung – Orthografie; Reifezeugnis – Abitur; Spielleitung – Regie; unterrichten – informieren.*
– Fremdwörter ermöglichen Präzision und Kürze. Dies kann aber in bestimmten Redesituationen oder Textsorten (z. B. in der Fachsprache) wünschenswert sein. Manche Fremdwörter, vor allem Fachwörter, lassen sich überhaupt nicht durch ein einziges deutsches Wort ersetzen; oft müssten sie umständlich umschrieben werden *(Aggregat, Automat, Elektrizität, Politik).*
– Fremdwörter ermöglichen eine ausgewogene Verwendung des Satzrahmens. Fremdsprachliche Verben geben dem deutschen Satz oft aufgrund ih-

rer Untrennbarkeit einen anderen Aufbau. Die Satzklammer fällt weg. Das muss nicht besser, kann aber übersichtlicher sein und bietet auf jeden Fall eine Variationsmöglichkeit (z. B. »Unser Englischlehrer *zitiert* bei jeder Gelegenheit seinen Hamlet«/»Unser Englischlehrer *führt* bei jeder Gelegenheit seinen Hamlet/einen Ausspruch von Hamlet *an*«).

All diese stilistischen Funktionen des Fremdworts sind zu berücksichtigen, wenn es um die Frage eines differenzierten Sprachgebrauchs geht. Fremdwörter grundsätzlich meiden zu wollen, hieße auf vielfältige sprachliche Möglichkeiten zu verzichten.

Fremdwörter: Bedrohung oder Bereicherung?

Die deutsche Sprache kam – wie jede andere Sprache der Welt – zu keiner Zeit ohne Fremdwörter aus; sie erfüllen verschiedene wichtige Funktionen im Rahmen der alltäglichen wie der fachspezifischen Kommunikation.

Ein Fremdwort kann dann nötig sein, wenn etwas mit deutschen Wörtern nur umständlich oder unvollkommen umschrieben werden kann, wenn man einen graduellen inhaltlichen Unterschied ausdrücken, unerwünschte Assoziationen vermeiden, ein kulturspezifisches Kolorit erzeugen, auf Bildungsinhalte anspielen, ein bestimmtes Lebensgefühl zum Ausdruck bringen, die Aussage stilistisch variieren oder den Satzbau straffen will. All dies sind stilistische Funktionen.

Fragwürdig kann der Gebrauch von Fremdwörtern dort werden, wo die Gefahr besteht, dass sie Verständigung und Verstehen erschweren, wo sie der Überredung oder Manipulation (z. B. in der Sprache der Politik oder der Werbung) dienen oder wo sie lediglich als intellektueller Schmuck oder sogar aus purer Nachlässigkeit und Gedankenlosigkeit (weil ein deutsches Wort »gerade nicht zur Hand« ist) verwendet werden.

Ein spezifisches Problem entsteht beim Fremdwortgebrauch auch dadurch, dass Fremdwörter sich kaum auf Wörter des deutschstämmigen Wortschatzes beziehen lassen, da sie nicht zu einer vertrauten Wortfamilie gehören, aus der heraus sie erklärt werden können (z. B. *Läufer* von *laufen*). Aus diesem Grund ist mit der Verwendung von Fremdwörtern auch ganz allgemein die Gefahr des falschen Gebrauchs verbunden. Nicht umsonst heißt es im Volksmund: »Fremdwörter sind Glückssache.« Fehlgriffe sind leicht möglich: *Restaurator* kann mit *Restaurateur, Katheder* mit *Katheter, kodieren* mit *kodifizieren, konkav* mit *konvex* oder *effektiv* mit *effizient* verwechselt werden. Oft kann dabei unfreiwillig Komik entstehen, beispielsweise wenn statt von einer *Sisyphusarbeit* von einer *Syphilisarbeit* die Rede ist.

Ein falscher oder auch nur salopp-umgangssprachlicher Gebrauch von Fremdwörtern kann, sofern er sich allgemein durchsetzt, allmählich zu einer Änderung der Bedeutung führen. Ein solcher Bedeutungswandel kann im Extremfall bis zur völligen Inhaltsumkehrung gehen. Das macht beispielsweise die Geschichte der Wörter *formidabel* (von ›furchtbar, entsetzlich‹ zu ›großartig‹) und *rasant* (von ›flach, gestreckt‹ zu ›sehr schnell, schneidig‹) deutlich.

Zusammenfassend lässt sich sagen: Man kann über Fremdwörter nicht pauschal urteilen. Man muss vielmehr die Funktion oder die Vielzahl von Funktionen berücksichtigen, die ein Fremdwort in einem bestimmten Verwendungszusammenhang erfüllt. Fremdwörter können zwar aufgrund ihrer Herkunft aus anderen Sprachen besonders geartete Schwierigkeiten im Gebrauch und im Verstehen bereiten; sie sind aber oft ein unentbehrlicher Bestandteil der deutschen Sprache. Es stellt sich daher nicht die Frage, ob man Fremdwörter gebrauchen soll oder darf, sondern wo, wie und zu welchem Zweck man sie gebrauchen kann oder soll. Entschieden abzulehnen sind sie natürlich da, wo sie lediglich aus Bildungsdünkel, Prahlerei, Bequemlichkeit oder Gedankenlosigkeit verwendet werden. Es ist aber dann nicht das fremde Wort, sondern die seinem Gebrauch zugrunde liegende Haltung, die zu kritisieren ist. Wer gegen Fremdwörter als solche zu Felde zieht, führt hier lediglich einen »Stellvertreterkrieg« und muss das eigentliche Ziel seiner Bemühungen verfehlen.

Eine Gefahr der »Überfremdung« der deutschen Sprache, wie sie seit dem 17. Jh. in fast regelmäßigen Abständen und so auch neuerdings wieder befürchtet wird, bestand nie und besteht wohl auch in Zukunft nicht. Die Aufnahme neuer und das Aussterben alter Fremdwörter hält sich seit Jahrhunderten nahezu die Waage. Daran haben selbst die Massenmedien des 20. Jh.s, denen bei der Verbreitung von fremdem Wortgut eine besondere Rolle zugesprochen wird, nichts geändert.

Es ist auch ein Irrtum, dass die Verwendung von Fremdwörtern die grammatische Struktur des Deutschen beeinflussen könnte. Solange ein englisches Verb wie *to download* im deutschen Satz als trennbares Verb (analog zu *herunterladen*) behandelt und nach deutschem Flexionsmuster gebeugt wird (*ich loade down, loadete down, habe downgeloadet*), solange funktioniert die positive Kraft, die Goethe der deutschen Sprache bescheinigt, wenn er schreibt: »Die Gewalt einer Sprache ist nicht, dass sie das Fremde abweist, sondern dass sie es verschlingt.«

A

à ‹*lat.-fr.*›: für, je, zu, zu je

@ [ɛt] ‹nach dem Zeichen auf amerik. Schreibmaschinentastaturen für (commercial) at = à›: meist als trennendes Zeichen in E-Mail-Adressen verwendetes Symbol

AAD [aːǀaːˈdeː] ‹Abk. für analoge Aufnahme, analoge Bearbeitung, digitale Wiedergabe›: Kennzeichnung der technischen Verfahren bei einer CD-Aufnahme o. Ä.

Aba *die;* -, -s ‹*arab.*›: **1.** weiter, kragenloser Mantelumhang der Araber. **2.** grober Wollstoff

Aba|kus *der;* -, Plur. -se u. ...ki ‹*gr.-lat.*›: **1.** antikes Rechen- od. Spielbrett. **2.** Säulendeckplatte beim ↑Kapitell

Aban|don [abãˈdõː] *der;* -s, -s, **Aban|don|nement** [...dɔnəˈmãː] ‹*fr.*›: Abtretung, Preisgabe von Rechten od. Sachen (bes. im Gesellschafts- u. Seefrachtrecht)

aban|don|nie|ren: abtreten, verzichten, preisgeben, aufgeben (von Rechten bei Aktien u. Seefracht)

Aba|te *der;* -[n], ...ti od. ...ten ‹*aram.-gr.-lat.-it.;* »Abt«›: Titel eines Weltgeistlichen in Italien und Spanien

Aba|ton [ˈa(ː)...] *das;* -s, ...ta ‹*gr.* »das Unbetretbare«› (Rel.): das [abgeschlossene] Allerheiligste, der Altarraum in den Kirchen des orthodoxen Ritus

Ab|ba ‹*aram.;* »Vater!«›: **1.** neutestamentliche Gebetsanrede an Gott. **2.** alte Anrede an Geistliche der Ostkirche

Ab|bé [aˈbeː] *der;* -s, -s ‹*aram.-gr.-lat.-fr.;* »Abt«›: Titel eines Weltgeistlichen in Frankreich

Ab|be|vil|li|en [abəvɪˈli̯ɛ̃ː] *das;* -[s] ‹nach dem Fundort Abbeville in Frankreich›: Kulturstufe der Älteren Altsteinzeit

Ab|bre|vi|a|ti|on *die;* -, -en ‹*lat.*›: Abbreviatur

Ab|bre|vi|a|tur *die;* -, -en ‹*lat.-mlat.*›: Abkürzung in Handschrift, Druck- u. Notenschrift (z. B. Pkw, cresc.)

ab|che|cken [...tʃɛkn̩]: [Punkt für Punkt] überprüfen, kontrollieren

ABC-Staa|ten *die* (Plural): *Argentinien, Brasilien u. Chile*

ABC-Waf|fen *die* (Plural): Sammelbezeichnung für atomare, biologische u. chemische Waffen

Ab|do|men *das;* -s, - u. ...mina ‹*lat.*›: **a)** (Med.) Bauch, Unterleib; **b)** Hinterleib der Gliederfüßer

ab|do|mi|nal ‹*lat.-nlat.*›: zum Abdomen gehörend

Ab|duk|ti|on *die;* -, -en ‹*lat.-nlat.;* »das Wegführen«› (Med.): das Bewegen von Körperteilen von der Körperachse weg (z. B. Heben des Armes), das Spreizen der Finger u. Zehen; Ggs. ↑Adduktion

Ab|duk|tor *der;* -s, ...oren (Anat.): Muskel, der eine ↑Abduktion bewirkt; Abziehmuskel

ab|du|zie|ren ‹*lat.*› (Med.): von der Mittellinie des Körpers nach außen bewegen (von Körperteilen); spreizen

abe|ce|die|ren (Musik): Töne mit ihren Buchstabennamen singen; Ggs. ↑solmisieren

...a|bel

‹*lat.* ...(a)bilis →*fr.* ...able (→*engl.* ...able)›
Suffix von Adjektiven aus Verbstämmen, das ausdrückt, dass ein Verhalten oder Geschehen möglich ist:
- akzeptabel
- operabel
- passabel
- variabel

Die *Worttrennung* der Adjektive auf ...abel ist davon abhängig, ob das Wort flektiert ist, da es bei der Deklination und Komparation jeweils zum e-Ausfall kommt (praktikabel – eine praktikable/praktikablere Lösung). Während praktika-bel getrennt wird, existieren für flektierte Formen mit e-Ausfall zwei Trennmöglichkeiten: praktikab-le oder praktika-ble Lösung.

Ab|er|ra|ti|on *die;* -, -en: **1.** bei Linsen, Spiegeln u. den Augen auftretender optischer Abbildungsfehler (Unschärfe). **2.** scheinbare Ortsveränderung eines Gestirns in Richtung des Beobachters, verursacht durch Erdbewegung u. Lichtgeschwindigkeit. **3.** (Biol.) starke Abweichung eines Individuums von der betreffenden Tier- od. Pflanzenart. **4.** (Med.) Lage- od. Entwicklungsanomalie (von Organen od. Gewebe)

ab|er|rie|ren: [von der normalen Form o. Ä.] abweichen (z. B. von Lichtstrahlen, Pflanzen, Tieren)

ab|ge|fuckt [...fakt] ‹*dt.; engl.*› (Jargon): in üblem Zustand, heruntergekommen

Abi *das;* -s, -s (ugs.): Kurzform von ↑Abitur

Abio|ge|ne|se, Abio|ge|ne|sis *die;* - ‹*gr.;* »Entstehung aus Unbelebtem«›: Annahme, dass Lebewesen ursprünglich aus unbelebter Materie entstanden seien (Urzeugung)

Abio|ti|kum *das;* -s ‹*gr.-nlat.*› (Geol.): Erdzeitalter ohne überlieferte Lebensspuren; älterer Abschnitt des Archaikums

ab|iso|lie|ren: die Isolierung (z. B. von einem Kabelende) entfernen

Ab|i|tur *das;* -s, -e (Plural selten) ⟨*lat.-mlat.-nlat.*⟩: Abschlussprüfung an der höheren Schule; Reifeprüfung, die zum Hochschulstudium berechtigt

Ab|i|tu|ri|ent *der;* -en, -en ⟨*lat.-mlat.;* »(von der Schule) Abgehender«⟩: jmd., der das Abitur macht od. gemacht hat

Ab|i|tu|ri|en|tin *die;* -, -nen: weibliche Form zu ↑Abiturient

ab|ju|di|zie|ren (veraltet): [gerichtlich] aberkennen, absprechen

ab|ka|pi|teln ⟨*dt.; lat.-mlat.*⟩ (landsch.): jmdn. schelten, abkanzeln, jmdm. einen [öffentlichen] Verweis erteilen

ab|kom|man|die|ren: jmdn. [vorübergehend] irgendwohin beordern, dienstlich an einer anderen Stelle einsetzen

ab|kon|ter|fei|en (ugs.): abmalen, abzeichnen

Ab|la|ti|on *die;* -, -en ⟨*lat.;* »Wegnahme«⟩: **1. a)** (Geogr.) Abschmelzung von Schnee u. Eis (Gletscher, Inlandeis) durch Sonnenstrahlung, Luftwärme u. Regen; **b)** (Geol.) Abtragung des Bodens durch Wasser u. Wind; vgl. Deflation (2) u. Denudation (1). **2.** (Med.) **a)** operative Entfernung eines Organs od. Körperteils; ↑Amputation; **b)** [krankhafte] Loslösung eines Organs von einem anderen

Ab|la|tiv *der;* -s, -e ⟨*lat.*⟩: Kasus [in indogerm. Sprachen], der einen Ausgangspunkt, eine Entfernung od. Trennung zum Ausdruck bringt; Woherfall (Abk.: Abl.)

Ab|la|ti|vus ab|so|lu|tus [auch: ...'ti:vʊs -] *der;* - -, ...vi ...ti (Sprachw.): im Lateinischen eine selbstständig im Satz stehende satzwertige Gruppe in Form einer Ablativkonstruktion (z. B. Roma deliberante = während Rom beratschlagt[e])

ab|norm ⟨*lat.*⟩: **1.** vom Normalen abweichend; krankhaft. **2.** ungewöhnlich, außergewöhnlich

ab|nor|mal: nicht normal

Ab|nor|mi|tät *die;* -, -en: **1.** Abweichung vom Normalen. **2.** Krankhaftigkeit, Fehlbildung. **3.** (veraltend) fehlgebildetes Wesen

Abo *das;* -s, -s (ugs.): kurz für: ↑Abonnement (1, 2)

Ab|o|li|ti|on *die;* -, -en: Niederschlagung eines Strafverfahrens vor seinem rechtskräftigen Abschluss

Abon|ne|ment [abɔnə'mã:, schweiz. auch: ...ə'mɛnt] *das;* -s, -s (schweiz. auch: -e) ⟨*fr.*⟩: **1.** fest vereinbarter Bezug von Zeitungen, Zeitschriften o. Ä. auf längere, aber meist noch unbestimmte Zeit. **2.** (Theater, Konzert) für einen längeren Zeitraum geltende Abmachung, die den Besuch einer bestimmten Anzahl kultureller Veranstaltungen betrifft; Anrecht, Miete

Abon|nent *der;* -en, -en: **1.** jmd., der etwas (z. B. eine Zeitung) abonniert hat. **2.** Inhaber eines Abonnements (2)

Abon|nen|tin *die;* -, -nen: weibliche Form zu ↑Abonnent

abon|nie|ren: etwas im Abonnement beziehen; **auf etwas abonniert sein** (meist scherzh.): etwas mit einer gewissen Regelmäßigkeit immer wieder bekommen, erleben

[1]Ab|o|ri|gi|ne [ɛbə'rɪdʒini:] *der;* -s, -s ⟨*lat.-engl.*⟩: Ureinwohner, bes. Australiens

[2]Ab|o|ri|gi|ne *die;* -, -s: weibliche Form zu ↑[1]Aborigine

[1]Ab|ort *der;* -s, -e ⟨*lat.*⟩ (Med.): Fehlgeburt

[2]Ab|ort *der;* -s, -s ⟨*lat.-engl.*⟩: Abbruch eines Raumfluges

ab|or|tie|ren ⟨*lat.*⟩: **1.** (Med.) fehlgebären. **2.** (Physiol.) Organe nicht ausbilden

ab|or|tiv: **1.** (Med.) abgekürzt verlaufend (von Krankheiten). **2.** (Med.) abtreibend, eine Fehlgeburt bewirkend. **3.** (Physiol.) auf einer frühen Entwicklungsstufe stehen geblieben, fehlgebildet

ab ovo ⟨*lat.;* »vom Ei (an)«⟩: **1.** vom Anfang einer Sache an; bis auf die Anfänge zurückgehend. **2.** von vornherein, grundsätzlich (z. B. jede Norm ist ab ovo eine Idealisierung)

Ab|pro|dukt *das;* -[e]s, -e: Abfall, Reststoff, nicht verwertbarer Rückstand aus einem Produktionsprozess

ab|qua|li|fi|zie|ren: abwertend, abfällig beurteilen

Ab|ra|ka|da|b|ra *das;* -s ⟨Herkunft unsicher⟩: **1.** Zauberwort. **2.** (abwertend) sinnloses Gerede

Ab|ra|sax vgl. Abraxas

Ab|ra|sio *die;* -, ...ionen ⟨*lat.*⟩ (Med.): Ausschabung, Auskratzung (bes. der Gebärmutter)

Ab|ra|si|on *die;* -, -en ⟨*lat.*⟩: **1.** Abrasio. **2.** (Geol.) Abschabung, Abtragung der Küste durch die Brandung

Ab|ra|xas *der;* - ⟨Herkunft unsicher⟩: **1.** Geheimname Gottes in der ↑Gnostik. **2.** Zauberwort auf Amuletten

ab|re|agie|ren: **1.** länger angestaute seelische Erregungen u. Spannungen entladen. **2.** sich abreagieren: sich beruhigen, zur Ruhe kommen

Ab|ré|gé [abreˈʒe:] *das;* -s, -s ⟨*lat.-fr.*⟩ (veraltet): kurzer Auszug, Zusammenfassung

ab|rupt ⟨*lat.*⟩: **1.** plötzlich und unvermittelt, ohne dass man damit gerechnet hat, eintretend (in Bezug auf Handlungen, Reaktionen o. Ä.). **2.** zusammenhanglos

ABS = Antiblockiersystem

Ab|sence [aˈpsã:s] *die;* -, -n ⟨*lat.-fr.*⟩ (Med.): Geistesabwesenheit, bes. epileptischer Anfall mit nur kurz andauernder Bewusstseinstrübung

ab|sent ⟨*lat.*⟩: abwesend

ab|sen|tie|ren, sich ⟨*lat.-fr.*⟩: sich entfernen

Ab|senz *die;* -, -en ⟨*lat.*⟩: **1.** Abwesenheit, Fortbleiben. **2.** ↑Absence

Ab|sinth *der;* -[e]s, -e ⟨*gr.-lat.*⟩: **1.** grünlicher Branntwein mit Wermutzusatz. **2.** Wermutpflanze

ab|so|lut [auch: ˈap...] ⟨*lat.(-fr.);* »losgelöst«⟩: **1.** vollkommen, uneingeschränkt, äußerst. **2.** überhaupt (z. B. das sehe ich absolut nicht ein). **3.** unbedingt (z. B. er will absolut recht behalten). **4.** rein, beziehungslos (z. B. das absolute Gehör [Gehör, das ohne Hilfsmittel die Tonhöhe erkennt]). **5.** auf eine bestimmte Grundeinheit bezogen, z. B. die absolute Temperatur (die auf die tiefstmögliche Temperatur, den absoluten Nullpunkt, bezogene Temperatur); die absolute Mehrheit (die Mehrheit von über 50 % der Gesamtstimmenzahl); **absolute Geometrie:** ↑nicht euklidische Geometrie; **absolute Musik:** Instrumentalmusik, deren geistiger Gehalt weder als Tonmalerei außermusikalischer Stimmungs- od. Klangphänomene noch als Darstellung literarischer Inhalte bestimmt werden kann (seit dem 19. Jh.); Ggs. Programmmusik; **absoluter Ablativ:** ↑Ablativus absolutus; **absoluter Nominativ:** ein außerhalb des Satzverbandes stehender Nominativ; **absoluter Superlativ:** ↑Elativ (1); **absolutes Tempus:** selbstständige, von der Zeit eines anderen Verhaltens unabhängige Zeitform eines Verbs

Ab|so|lu|ti|on *die;* -, -en: Los-, Freisprechung, bes. Sündenvergebung

Ab|so|lu|tis|mus *der;* - ⟨*lat.-fr.*⟩: **a)** Regierungsform, in der alle Gewalt unumschränkt in der Hand des Monarchen liegt; **b)** unumschränkte Herrschaft

ab|so|lu|tis|tisch: a) den Absolutismus betreffend; **b)** Merkmale des Absolutismus zeigend

Ab|sol|vent [...ˈvɛnt] *der;* -en, -en: jmd., der die vorgeschriebene Ausbildungszeit an einer Schule abgeschlossen hat

Ab|sol|ven|tin *die;* -, -nen: weibliche Form zu ↑Absolvent

ab|sol|vie|ren: 1. a) die vorgeschriebene Ausbildungszeit an einer Schule ableisten; **b)** etwas ausführen, durchführen. **2.** (kath. Rel.) jmdm. die Absolution erteilen

Ab|sor|bens *das;* -, ...benzien u. ...bentia ⟨*lat.*⟩: der bei der Absorption absorbierende (aufnehmende) Stoff; vgl. Absorptiv

Ab|sor|ber *der;* -s, - ⟨*lat.-engl.*⟩: **1.** ↑Absorbens. **2.** Vorrichtung zur Absorption von Gasen (z. B. in einer Kältemaschine). **3.** Kältemaschine

ab|sor|bie|ren ⟨*lat.;* »hinunterschlürfen, verschlingen«⟩: **1.** aufsaugen, in sich aufnehmen. **2.** [gänzlich] beanspruchen

Ab|sorp|ti|on *die;* -, -en: das Aufsaugen, das In-sich-Aufnehmen

Ab|sorp|ti|ons|spek|t|rum *das;* -s, ...tren u. ...tra (Physik): ↑Spektrum, das durch dunkle Linien od. Streifen jene Bereiche des Spektrums angibt, in denen ein Stoff durchtretende Strahlung absorbiert

ab|sorp|tiv ⟨*lat.-nlat.*⟩: zur Absorption fähig

Ab|sorp|tiv *das;* -s, -e: der bei der Absorption absorbierte Stoff; vgl. Absorbens

ab|s|ti|nent ⟨*lat.(-engl.)*⟩: enthaltsam (in Bezug auf bestimmte Speisen, Alkohol, Geschlechtsverkehr)

Ab|s|ti|nenz *die;* -: Enthaltsamkeit (z. B. in Bezug auf bestimmte Speisen, Alkohol, Geschlechtsverkehr)

Ab|s|ti|nenz|ler *der;* -s, -: jmd., der enthaltsam lebt, bes. in Bezug auf Alkohol

Ab|s|ti|nenz|le|rin *die;* -, -nen: weibliche Form zu ↑Abstinenzler

Ab|s|tract [ˈɛpstrɛkt] *das* od. *der;* -s, -s ⟨*lat.-engl.*⟩: kurzer Abriss, kurze Inhaltsangabe eines Artikels od. Buches

ab|s|tra|hie|ren ⟨*lat.;* »ab-, wegziehen«⟩: **1.** etwas gedanklich verallgemeinern, zum Begriff erheben. **2.** von etwas absehen, auf etwas verzichten

ab|s|trakt: 1. vom Dinglichen gelöst, rein begrifflich. **2.** theoretisch, ohne unmittelbaren Bezug zur Realität; **abstrakte Kunst:** Kunstrichtung, die vom Gegenständlichen absieht; **abstrakte Zahl** (Math.): reine Zahl, d. h. ohne Angabe des Gezählten; **abstraktes Substantiv:** ↑Abstraktum

Ab|s|trak|ti|on *die;* -, -en: **1. a)** Begriffsbildung; **b)** Verallgemeinerung; **c)** Begriff. **2.** (Stilkunde) auf zufällige Einzelheiten verzichtende, begrifflich zusammengefasste Darstellung

Ab|s|trak|tum *das;* -s, ...ta (Sprachw.): Substan-

a

tiv, das Nichtdingliches bezeichnet; Begriffswort; z. B. Hilfe, Zuneigung; Ggs. ↑Konkretum

ab|s|t|rus ⟨*lat.;* »versteckt, verborgen«⟩: **a)** (abwertend) absonderlich, töricht; **b)** schwer verständlich, verworren, ohne gedankliche Ordnung

ab|surd ⟨*lat.;* »misstönend«⟩: widersinnig, dem gesunden Menschenverstand widersprechend, sinnwidrig, abwegig, sinnlos; vgl. ad absurdum führen; **absurdes Drama:** moderne, dem ↑Surrealismus verwandte Dramenform, in der das Sinnlose u. Widersinnige der Welt u. des menschlichen Daseins als tragendes Element in die Handlung verwoben ist; **absurdes Theater:** Form des modernen Dramas, bei der Irrationales u. Widersinniges sowie Groteskes als Stilmittel verwendet werden, um die Absurdität des Daseins darzustellen

Ab|sur|di|tät *die;* -, -en: **1.** (ohne Plural) Widersinnigkeit, Sinnlosigkeit. **2.** einzelne widersinnige Handlung, Erscheinung o. Ä.

Ab|s|zess *der,* österr., ugs. auch *das;* -es, -e (Med.): Eiterherd, Eiteransammlung in einem anatomisch nicht vorgebildeten Gewebshohlraum

Ab|s|zis|se *die;* -, -n ⟨*lat.-nlat.;* »die abgeschnittene (Linie)«⟩: **1.** horizontale Achse, Waagerechte im ↑Koordinatensystem. **2.** (Math.) auf der gewöhnlich horizontal gelegenen Achse (Abszissenachse) eines Koordinatensystems abgetragene erste Koordinate eines Punktes (z. B. *x* im *x,y*-Koordinatensystem)

ab|trai|nie|ren: [Übergewicht o. Ä.] durch ↑Training verringern, abbauen

ab|tur|nen [...tø:ɐ̯...] ⟨*dt.; engl.*⟩ (ugs.): aus der Stimmung bringen; Ggs. ↑anturnen (2)

Abu ⟨*arab.;* »Vater«⟩: Bestandteil arabischer Personen-, Ehren- u. Ortsnamen

ab|un|dant ⟨*lat.*⟩: häufig [vorkommend], reichlich

Ab|un|danz *die;* - ⟨»Überströmen; Überfluss«⟩: **1.** [große] Häufigkeit, Dichte des Vorkommens, Fülle. **2.** (Math.) Merkmals- od. Zeichenüberfluss bei einer Information

ab ur|be con|di|ta ⟨*lat.;* »seit Gründung der Stadt (Rom)«⟩: altrömische Zeitrechnung, beginnend 753 v. Chr. (Abk.: a. u. c.); vgl. post urbem conditam

Ab|usus *der;* -, - [...zu:s]: Missbrauch, übermäßiger Gebrauch (z. B. von bestimmten Arznei- od. Genussmitteln)

abys|sisch: 1. (Geol.) aus der Tiefe [der Erde] stammend. **2.** (Meereskunde) zum Tiefseebereich gehörend, in der Tiefsee gebildet, in großer Tiefe; **abyssische Region:** Tiefseeregion, Bereich des Meeres in 3 000 bis 6 000 m Tiefe. **3.** abgrundtief

Abys|sus *der;* - ⟨*gr.-lat.*⟩: **1.** grundlose Tiefe, Unterwelt; das Bodenlose. **2.** (veraltet) Vielfraß, Nimmersatt

a cap|pel|la ⟨*it.;* »(wie) in der Kapelle od. Kirche«⟩ (Musik): ohne Begleitung von Instrumenten

A-cap|pel|la-Chor *der;* -s, ...Chöre: Chor ohne Begleitung von Instrumenten

acc. c. inf. = accusativus cum infinitivo; ↑Akkusativ

ac|cel. = accelerando

ac|ce|le|ran|do [at͜ʃele'rando] ⟨*lat.-it.*⟩ (Musik): allmählich schneller werdend, beschleunigend (Abk.: accel.)

Ac|cent ai|gu [aksãtɛ'gy:] *der;* - -, -s -s [aksãzɛ'gy:] ⟨*lat.-fr.*⟩ (Sprachw.): Betonungszeichen, ↑Akut (Zeichen: ´, z. B. é)

Ac|cent cir|con|flexe [aksãsirkõ'flɛks] *der;* - -, -s -s [aksãsirkõ'flɛks] (Sprachw.): Dehnungszeichen, ↑Zirkumflex (Zeichen: ˆ, z. B. â)

Ac|cent grave [aksã'gra:v] *der;* - -, -s -s [aksã'gra:v] (Sprachw.): Betonungszeichen, ↑Gravis (Zeichen: `, z. B. è)

Ac|cen|tus [ak'tsɛn...] *der;* -, - [...tu:s] ⟨*lat.*⟩: liturgischer Sprechgesang

Ac|ces|soire [aksɛ'sọa:ɐ̯] *das;* -s, -s (meist Plural) ⟨*lat.-fr.*⟩: modisches Zubehör, bes. zur Kleidung (z. B. Gürtel, Handschuhe, Schmuck)

Ac|com|pa|g|na|to [akɔmpan'ja:to] *das;* -s, -s u. ...ti ⟨*it.;* »begleitet«⟩ (Musik): das von Instrumenten begleitete ↑Rezitativ

Ac|cor|da|tu|ra *die;* - ⟨*it.*⟩ (Musik): normale Stimmung der Saiteninstrumente; Ggs. ↑Scordatura

Ac|count [ə'kau̯nt] *der* od. *das;* -s, -s ⟨*engl.;* »Konto«⟩ (EDV): Zugangsberechtigung, z. B. zu einer Mailbox, einer Datenbank, einem Computernetzwerk

Ac|cro|cha|ge [akrɔ'ʃa:ʒə] *die;* -, -n ⟨*fr.*⟩: Ausstellung aus den eigenen Beständen einer Galerie

Ace|tat usw. vgl. Azetat usw.

Achä|ne *die;* -, -n ⟨*gr.-nlat.*⟩ (Bot.): einsamige Frucht der Korbblütler, deren Samen bei der Reife von der ganzen od. von Teilen der Fruchtwand umschlossen bleiben; Schließfrucht (z. B. Beere, Nuss)

Achat *der;* -s, -e ⟨*gr.-lat.*⟩: ein mehrfarbig gebänderter Schmuckstein; vgl. Chalzedon

acha|ten: aus Achat bestehend

Acheu|lé|en [aʃøle'ɛ̃:] *das;* -[s] ⟨nach Saint-

Acheul, einem Vorort von Amiens⟩: Kulturstufe der Älteren Altsteinzeit

Achil|les|fer|se [ax...] *die;* - ⟨*gr.; dt.;* nach dem Helden der gr. Sage Achilles⟩: verwundbare, empfindliche, schwache Stelle bei einem Menschen

Achil|les|seh|ne *die;* -, -n: am Fersenbein ansetzendes, sehniges Ende des Wadenmuskels

Achro|ma|sie *die;* -, ...ien ⟨*gr.-nlat.*⟩: **1.** ↑Achromie. **2.** (Med.) besondere Art erblicher Blindheit; Zapfenblindheit. **3.** (Physik) durch achromatische Korrektur erreichte Brechung der Lichtstrahlen ohne Zerlegung in Farben

Achro|mat *der;* -[e]s, -e: Linsensystem, bei dem der Abbildungsfehler der ↑chromatischen Aberration korrigiert ist

achro|ma|tisch: die Eigenschaft eines Achromats habend

Achro|ma|t|op|sie *die;* -, ...ien (Med.): Farbenblindheit

Achro|mie *die;* -, ...ien: angeborenes od. erworbenes Fehlen von ↑Pigmenten (1) in der Haut; vgl. Albinismus

Acid [ˈɛsɪt] *das;* -s ⟨*lat.-engl.;* »Säure«⟩: (Jargon) LSD; vgl. aber: Azid

Aci|di|tät, Azi|di|tät *die;* - ⟨*lat.*⟩: Säuregrad od. Säuregehalt einer Flüssigkeit

Aci|do|se, Azi|do|se *die;* -, -n ⟨*lat.-nlat.*⟩ (Med.): krankhafte Vermehrung des Säuregehaltes im Blut

Ack|ja *der;* -[s], -s ⟨*finn.-schwed.*⟩: **1.** Rentierschlitten. **2.** Rettungsschlitten der Bergwacht

à con|di|ti|on [a kõdiˈsi̯õ:] ⟨*lat.-fr.;* »auf Bedingung«⟩: bedingt, unter Vorbehalt, nicht fest (Rückgabevorbehalt für nicht verkaufte Ware; Abk.: à c.)

a con|to ⟨*it.*⟩: auf Rechnung von ... (Abk.: a c.); vgl. Akontozahlung

Ac|re [ˈe:kɐ] *der;* -[s], -s (aber: 7 -) ⟨*engl.*⟩: engl. u. nordamerik. Flächenmaß (etwa 4 047 m^2)

Ac|ro|le|in vgl. Akrolein

Ac|ryl [aˈkry:l] *das;* -s ⟨*gr.*⟩: Kunststoff aus ↑Polyacrylnitril (zur Textilherstellung verwendete Chemiefaser)

Ac|ryl|amid *das;* -[s] ⟨*gr.-lat.-mlat.-nlat.*⟩: krebserregende Substanz, die bei der Erhitzung stärkehaltiger Lebensmittel entsteht

Ac|ryl|säu|re *die;* - ⟨*gr.; dt.*⟩: stechend riechende Karbonsäure (Ausgangsstoff vieler Kunstharze)

Act [ɛkt] *der;* -s, -s ⟨*lat.-engl.*⟩: **1.** bestimmte Art von Urkunden; Dokument (im angloamerik. Recht). **2.** Willenserklärung, Beschluss, Verwaltungsanordnung. **3.** vom Parlament verabschiedetes Gesetz. **4.** Pop- oder Jazzgruppe. **5.** Großauftritt, Massenveranstaltung, bes. der Popmusik

Ac|ti|ni|um *das;* -s: chem. Element, ein Transuran (Zeichen: Ac)

Ac|tion [ˈɛkʃn̩] *die;* -, -s ⟨*lat.-engl.*⟩: spannende, ereignisreiche Handlung, turbulente, oft gewaltbetonte Szenen (in Filmen, Romanen u. a.)

Ac|tion|film [ˈɛkʃn̩...] *der;* -s, -e ⟨*engl.*⟩: Spielfilm mit spannungs- u. abwechslungsreicher Handlung u. turbulenten, oft gewaltbetonten Szenen

Ac|tion-Pain|ting, Ac|tion|pain|ting [...peɪntɪŋ] *das;* -[s] ⟨*engl.;* »Aktionsmalerei«⟩ (Kunstwiss.): im amerikanischen abstrakten Expressionismus Methode des Malens, bei der das Bild Ergebnis eines spontanen Malvorgangs ist

ad ⟨*lat.*⟩: zu, z. B. ad 1 = zu [einem bereits aufgeführten] Punkt 1

ad ab|sur|dum ⟨*lat.*⟩: bis zur Widersinnigkeit; **jmdn. ad absurdum führen:** den Widersinn von jmds. Behauptung[en] nachweisen; **etwas ad absurdum führen:** die Widersinnigkeit von etwas nachweisen

ada|gio [aˈda:dʒo] (Musik): langsam, ruhig (Vortragsanweisung)

Ada|gio *das;* -s, -s: langsames Musikstück

Ad|ap|ta|ti|on *die;* -, -en: **1.** Anpassung (z. B. von Organen) an die Gegebenheiten, Umstände, an die Umwelt. **2.** Umarbeitung eines literarischen Werks für eine andere literarische Gattung od. für ein anderes Kommunikationsmedium (z. B. Film, Fernsehen)

Ad|ap|ter *der;* -s, - ⟨*lat.-engl.*⟩: Zusatz- od. Verbindungsteil, das den Anschluss eines Gerätes od. Geräteteils an ein Hauptgerät ermöglicht

ad|ap|tie|ren ⟨*lat.*⟩: **1.** (fachspr.) anpassen. **2.** bearbeiten (z. B. einen Roman für den Film adaptieren). **3.** (österr.) eine Wohnung, ein Haus für einen bestimmten Zweck herrichten

Ad|ap|ti|on ⟨*lat.-nlat.*⟩: ↑Adaptation

ad|ap|tiv: auf Adaptation beruhend

ad|äquat ⟨*lat.*⟩: [einer Sache] angemessen, entsprechend; Ggs. ↑inadäquat

Ad|äquat|heit *die;* -, -en: Angemessenheit; Ggs. ↑Inadäquatheit (a)

a da|to ⟨*lat.*⟩: vom Tag der Ausstellung an (z. B. auf ↑Datowechseln; Abk.: a d.)

ad ca|len|das grae|cas [- - ˈgrɛ:ka:s] ⟨*lat.;* »an den griechischen Kalenden (bezahlen)«; die Griechen kannten keine ↑Calendae, die bei den Römern Zahlungstermine waren⟩: niemals, am St.-Nimmerleins-Tag (z. B. in Bezug auf die Bezahlung von etwas)

ADD [a:de:ˈde:] ⟨Abk. aus analoge Aufnahme, **d**igitale Bearbeitung, **d**igitale Wiedergabe⟩: Kennzeichnung der technischen Verfahren bei einer CD-Aufnahme o. Ä.

Ad|dend *der;* -en, -en: Zahl, die beim Addieren hinzugefügt werden soll; ↑Summand

Ad|den|dum *das;* -s, ...da (meist Plural): Zusatz, Nachtrag, Ergänzung

ad|die|ren ⟨*lat.*⟩: zusammenzählen, hinzufügen; **addierende Zusammensetzung:** ↑Additionswort

Ad|dier|ma|schi|ne *die;* -, -n: Rechenmaschine zum ↑Addieren u. ↑Subtrahieren

ad|dio [a'di:o] ⟨*it.*⟩: auf Wiedersehen!; leb[t] wohl!; vgl. adieu

Ad|di|ti|on *die;* -, -en: **1.** (Math.) Zusammenzählung, Hinzufügung, -rechnung; Ggs. ↑Subtraktion. **2.** (Chemie) Anlagerung von Atomen od. Atomgruppen an ungesättigte Moleküle

ad|di|ti|o|nal ⟨*lat.-nlat.*⟩: zusätzlich, nachträglich

Ad|di|ti|ons|wort *das;* -[e]s, ...wörter (Sprachw.): zusammengesetztes Wort, das zwei gleichwertige Begriffe addiert (z. B. taubstumm, Strichpunkt)

ad|di|tiv ⟨*lat.*⟩: durch Addition hinzukommend; auf Addition beruhend; hinzufügend, aneinanderreihend; **additive Farbmischung:** Überlagerung von Farben, durch die eine neue Farbe entsteht

Ad|di|tiv *das;* -s, -e ⟨*lat.-engl.*⟩: Zusatz, der in geringer Menge die Eigenschaften eines chemischen Stoffes merklich verbessert (z. B. für Treibstoffe u. Öle)

ad|di|zie|ren ⟨*lat.*⟩: zuerkennen, zusprechen (z. B. ein Bild einem bestimmten Maler)

Add-on ['ædlɔn] *das;* -[s], -s ⟨*engl.;* »etwas Hinzugefügtes«⟩ (EDV): **a)** Hilfsprogramm, mit dem ein Anwendungsprogramm erweitert wird; **b)** Hardwarekomponente, mit der die Fähigkeiten eines Rechners erweitert werden

Ad|duk|ti|on *die;* -, -en ⟨*lat.;* »das Heranziehen«⟩ (Med.): heranziehende Bewegung eines Gliedes [zur Mittellinie des Körpers hin]; Ggs. ↑Abduktion

Ad|duk|tor *der;* -s, ...oren ⟨»Zuführer«⟩ (Med.): Muskel, der eine Adduktion bewirkt

ade ⟨*lat.-fr.*⟩: ↑adieu (bes. in der Dichtung u. im Volkslied gebrauchte Form)

Ade *das;* -s, -s: Lebewohl (Abschiedsgruß)

Ade|nom *das;* -s, -e, **Ade|no|ma** *das;* -s, -ta: [gutartige] Drüsengeschwulst

ade|no|ma|tös: adenomartig

Ad|ept *der;* -en, -en ⟨*lat.*⟩: **1.** Schüler, Anhänger einer Lehre. **2.** in eine geheime Lehre od. in Geheimkünste Eingeweihter

à deux mains [adø'mɛ̃:] ⟨*fr.*⟩: für zwei Hände, zweihändig (Klavierspiel); vgl. à quatre mains

ad|hä|rent: 1. anhängend, anhaftend (von Körpern); vgl. Adhäsion (1). **2.** angewachsen, verwachsen (von Geweben od. Pflanzenteilen); vgl. Adhäsion (2, 3)

Ad|hä|si|on *die;* -, -en: **1. a)** das Haften zweier Stoffe od. Körper aneinander; **b)** (Physik) das Aneinanderhaften der Moleküle im Bereich der Grenzfläche zweier verschiedener Stoffe. **2.** (Med.) Verklebung von Organen, Geweben, Eingeweiden u. a. nach Operationen od. Entzündungen. **3.** (Bot.) Verwachsung in der Blüte einer Pflanze (z. B. Staubblatt mit Fruchtblatt)

Ad|hä|si|ons|ver|schluss *der;* -es, ...verschlüsse: mit einer Haftschicht versehener Verschluss zum Öffnen und Wiederverschließen von Briefen o. Ä.

ad|hä|siv ⟨*lat.-nlat.*⟩: anhaftend, [an]klebend

ad hoc ⟨*lat.*⟩: **1.** [eigens] zu diesem Zweck [gebildet, gemacht]. **2.** aus dem Augenblick heraus [entstanden]

ad ho|mi|nem ⟨*lat.;* »zum Menschen hin«⟩: auf die Bedürfnisse u. Möglichkeiten des Menschen abgestimmt; **ad hominem demonstrieren:** jmdm. etwas so widerlegen od. beweisen, dass die Rücksicht auf die Eigenart der Person u. die Bezugnahme auf die ihr geläufigen Vorstellungen, nicht aber die Sache selbst die Methode bestimmen

adi|a|ba|tisch ⟨»nicht hindurchtretend«⟩ (Physik, Meteorol.): ohne Wärmeaustausch verlaufend (von Gas od. Luft)

adi|eu [a'di̯ø:] ⟨*lat.-fr.;* »Gott befohlen«⟩ (landsch., sonst veraltend): leb[t] wohl!; vgl. addio

Adi|eu *das;* -s, -s (veraltend): Lebewohl (Abschiedsgruß)

Ädil *der;* -s od. -en, -en ⟨*lat.*⟩ (Geschichte): hoher altrömischer Beamter, der für Polizeiaufsicht, Lebensmittelversorgung u. Ausrichtung der öffentlichen Spiele verantwortlich war

ad in|fi|ni|tum, in in|fi|ni|tum ⟨*lat.;* »bis ins Grenzenlose, Unendliche«⟩: beliebig, unendlich lange, unbegrenzt (sich fortsetzen lassend)

adi|pös: fett[reich], verfettet

Adi|po|si|tas *die;* - ⟨*lat.-nlat.*⟩ (Med.): **a)** Fettsucht, Fettleibigkeit; **b)** übermäßige Vermehrung od. Bildung von Fettgewebe

à dis|cré|ti|on [adiskre'si̯õ:] ⟨*lat.-fr.*⟩: nach Belieben, beliebig viel

Ad|jek|tiv *das;* -s, -e: Eigenschaftswort, Artwort (Abk.: Adj.)

ad|jek|ti|visch: eigenschaftswörtlich, als Adjektiv gebraucht

ad|jus|tie|ren: **1.** (Fachspr.) in die entsprechende richtige Stellung o. Ä. bringen. **2.** (österr.) ausrüsten, in Uniform kleiden

Ad|jus|tie|rung *die;* -, -en: **1.** das Adjustieren (1). **2.** (österr.) **a)** Uniform; **b)** Kleidung, »Aufmachung« (in Bezug auf die äußere Erscheinung eines Menschen)

Ad|ju|tant *der;* -en, -en ⟨*lat.-span.;* »Helfer, Gehilfe«⟩: den Kommandeuren militärischer Einheiten beigegebener Offizier

Ad|ju|tan|tur *die;* -, -en ⟨*nlat.*⟩: **a)** Amt eines Adjutanten; **b)** Dienststelle eines Adjutanten

Ad|la|tus *der;* -, ...ten ⟨*lat.-nlat.;* »zur Seite (stehend)«⟩ (veraltet, heute noch scherzh.): meist jüngerer, untergeordneter Helfer, Gehilfe, Beistand

ad li|bi|tum ⟨*lat.;* »nach Belieben«⟩: **1.** nach Belieben. **2.** (Musik) **a)** Vortragsbezeichnung, mit der das Tempo des damit bezeichneten Musikstücks dem Interpreten freigestellt wird; **b)** nach Belieben zu benutzen od. wegzulassen (in Bezug auf die zusätzliche Verwendung eines Musikinstruments); Ggs. ↑obligat (2)

Ad|mi|nis|t|ra|ti|on *die;* -, -en ⟨*lat.;* 3, 4: *lat.-engl.*⟩: **1. a)** Verwaltung; **b)** Verwaltungsbehörde. **2.** (abwertend) bürokratisches Anordnen, Verfügen. **3.** Regelung militärischer Angelegenheiten außerhalb von Strategie u. Taktik. **4.** Regierung, bes. in Bezug auf die USA

ad|mi|nis|t|ra|tiv: **a)** zur Verwaltung gehörend; **b)** behördlich; **c)** (abwertend) bürokratisch

Ad|mi|nis|t|ra|tor *der;* -s, ...oren ⟨*lat.;* 2: *lat.-engl.*⟩: **1.** Verwalter, Bevollmächtigter. **2.** (EDV) Betreuer eines Rechnersystems bzw. eines Netzwerks (z. B. eines Intranets) mit besonderen Zugriffsrechten

Ad|mi|nis|t|ra|to|rin *die;* -, -nen: weibliche Form zu ↑Administrator

ad|mi|nis|t|rie|ren: **a)** verwalten; **b)** (abwertend) bürokratisch anordnen, verfügen

Ad|mi|ral *der;* -s, -e (auch: ...äle) ⟨*arab.-fr.*⟩: **1.** Seeoffizier im Generalsrang. **2.** schwarzbrauner Tagfalter mit weißen Flecken u. roten Streifen. **3.** warmes Getränk aus Rotwein, Zucker, Eiern u. Gewürzen

Ad|mi|ra|li|tät *die;* -, -en: **1.** Gesamtheit der Admirale (1). **2.** oberste Kommandostelle u. Verwaltungsbehörde einer Kriegsmarine

Ad|nex *der;* -es, -e ⟨*lat.*⟩: **1.** Anhang. **2.** (meist Plural; Med.) **a)** Anhangsgebilde von Organen des menschlichen od. tierischen Körpers (z. B. Augenlid); **b)** Anhangsgebilde (Eierstöcke u. Eileiter) der Gebärmutter

ad no|tam ⟨*lat.*⟩ (veraltet): zur Kenntnis; **ad notam nehmen:** etwas zur Kenntnis nehmen, sich etwas gut merken

ad ocu|los ⟨*lat.*⟩: vor Augen; **ad oculos demonstrieren:** etwas vor Augen führen, durch Anschauungsmaterial o. Ä. beweisen

ado|les|zent ⟨*lat.*⟩: heranwachsend, in jugendlichem Alter (ca. 17. bis 20. Lebensjahr) stehend

Ado|les|zenz *die;* -: Jugendalter, bes. der Lebensabschnitt nach beendeter Pubertät

Ado|nai ⟨*hebr.;* »mein Herr«⟩ (Rel.): alttest. Umschreibung für den Gottesnamen »Jahve«, der aus religiöser Scheu nicht ausgesprochen werden durfte

¹Ado|nis *der;* -, -se ⟨schöner Jüngling der griechischen Sage⟩: schöner [junger] Mann

²Ado|nis *die;* -, -: Hahnenfußgewächs (Adonisröschen)

ado|nisch: schön [wie Adonis]; **adonischer Vers:** antiker Kurzvers (Schema: –◡◡|–◡)

ad|op|tie|ren ⟨*lat.;* »hinzuerwählen«⟩: **1.** als Kind annehmen. **2.** etwas annehmen, nachahmend sich aneignen (z. B. einen Namen, Führungsstil adoptieren)

Ad|op|ti|on *die;* -, -en: **1.** das Adoptieren. **2.** Annahme, Genehmigung

Ad|op|tiv|el|tern *die* (Plural): Eltern eines Adoptivkindes

Ad|op|tiv|kind *das;* -[e]s, -er: adoptiertes Kind

Ad|o|ra|ti|on *die;* -, -en: **a)** Anbetung, Verehrung, bes. des Altarsakraments in der katholischen Kirche; **b)** dem neu gewählten Papst erwiesene Huldigung der Kardinäle (durch Kniefall u. Fußkuss)

ad|o|rie|ren: anbeten, verehren

ad re|fe|ren|dum ⟨*lat.*⟩: zum Berichten, zur Berichterstattung

ad rem ⟨*lat.*⟩: zur Sache [gehörend]

Ad|re|ma® *die;* -, -s ⟨Kurzw.⟩: eine ↑Adressiermaschine

Ad|re|na|lin *das;* -s: Hormon des Nebennierenmarks

Ad|res|sant *der;* -en, -en ⟨*lat.-vulgärlat.-fr.*⟩: Absender [einer Postsendung]

Ad|res|san|tin *die;* -, -nen: weibliche Form zu ↑Adressant

Ad|res|sat *der;* -en, -en ⟨*lat.-vulgärlat.-fr.-engl.*⟩: **1.** Empfänger [einer Postsendung]; jmd., an den etwas gerichtet, für den etwas bestimmt ist. **2.** (veraltet) der Bezogene (derjenige, an den der Zahlungsauftrag gerichtet ist) beim gezogenen Wechsel. **3.** Schüler, Kursteilnehmer (im programmierten Unterricht)

Ad|res|sa|tin *die;* -, -nen: weibliche Form zu ↑Adressat

a

[1]Ad|res|se *die;* -, -n ⟨*lat.-vulgärlat.-fr.*⟩: **1.** Anschrift, Aufschrift, Wohnungsangabe. **2.** Angabe des Verlegers [auf Kupferstichen]

[2]Ad|res|se *die;* -, -n ⟨*lat.-vulgärlat.-fr.-engl.*⟩: **1.** (Politik) schriftlich formulierte Meinungsäußerung, die von Einzelpersonen od. dem Parlament an das Staatsoberhaupt, die Regierung o. Ä. gerichtet wird. **2.** (EDV) Nummer einer bestimmten Speicherzelle im Speicher eines Computers

ad|res|sie|ren ⟨*lat.-vulgärlat.-fr.*⟩: **1. a)** mit der [1]Adresse (1) versehen; **b)** eine Postsendung an jmdn. richten. **2.** jmdn. gezielt ansprechen

Ad|res|sier|ma|schi|ne *die;* -, -n: Maschine zum Aufdruck regelmäßig benötigter Adressen; vgl. Adrema

ad|rett ⟨*lat.-vulgärlat.-fr.*⟩: **1. a)** durch ordentliche, sorgfältige, gepflegte Kleidung u. entsprechende Haltung äußerlich ansprechend; **b)** sauber, ordentlich, proper (in Bezug auf Kleidung o. Ä.). **2.** (veraltet) gewandt, flink

Ad|rio *das;* -s, -s ⟨*fr.*⟩ (schweiz.): im ↑Omentum eines Schweinebauchfells eingenähte, faustgroße Bratwurstmasse aus Kalb- od. Schweinefleisch

ADS [a:de:ˈlɛs] *das;* - ⟨Abk. für **A**ufmerksamkeits**d**efizit**s**yndrom⟩ (Med., Psychol.): Aufmerksamkeitsdefizit-Syndrom

Ad|sor|bens *das;* -, ...benzien od. ...bentia ⟨*lat.-nlat.*⟩, **Ad|sor|ber** *der;* -s, - ⟨anglisierende Neubildung⟩: **1.** der bei der Adsorption adsorbierende Stoff. **2.** Stoff, der infolge seiner Oberflächenaktivität gelöste Substanzen u. Gase (physikalisch) an sich bindet

ad|sor|bie|ren ⟨*lat.-nlat.*⟩: Gase od. gelöste Stoffe an der Oberfläche eines festen Stoffes anlagern

Ad|sorp|ti|on *die;* -, -en: Anlagerung von Gasen od. gelösten Stoffen an der Oberfläche eines festen Stoffes

ad|sorp|tiv: a) zur Adsorption fähig; **b)** nach Art einer Adsorption

Ad|strin|gens *das;* -, ...genzien od. ...gentia ⟨*lat.*⟩ (Med.): auf Schleimhäute od. Wunden zusammenziehend wirkendes, blutstillendes Mittel

ad|strin|gie|ren ⟨*lat.*⟩: zusammenziehend wirken (von Arzneimitteln)

Adu|lar *der;* -s, -e ⟨nach den Adulaalpen in Graubünden⟩: Feldspat (ein Mineral)

adult ⟨*lat.*⟩ (Med.): erwachsen; geschlechtsreif

ad usum ⟨*lat.*⟩: zum Gebrauch (Angabe auf ärztlichen Rezepten; Abk.: ad us.)

ad usum Del|phi|ni ⟨»zum Gebrauch des Dauphins«⟩: für Schüler bearbeitet (von Klassikerausgaben, aus denen moralisch u. politisch anstößige Stellen entfernt sind)

Ad|van|tage [ɛtˈva:ntɪtʃ] *der;* -s, -s ⟨*lat.-fr.-engl.;* »Vorteil«⟩: unmittelbar nach dem Einstand gewonnener Punkt beim Tennis

Ad|vek|ti|on *die;* -, -en ⟨*lat.*⟩: **1.** (Meteorol.) in waagerechter Richtung erfolgende Zufuhr von Luftmassen; Ggs. ↑Konvektion (2). **2.** (Ozeanografie) in waagerechter Richtung erfolgende Verfrachtung (Bewegung) von Wassermassen in den Weltmeeren; Ggs. ↑Konvektion (3)

Ad|ven|tist *der;* -en, -en: Angehöriger einer der Glaubensgemeinschaften, die an die baldige Wiederkehr Christi glauben

Ad|ven|tis|tin *die;* -, -nen: weibliche Form zu ↑Adventist

Ad|ven|tiv|pflan|ze *die;* -, -n: Pflanze eines Gebiets, die dort nicht schon immer vorkam, sondern absichtlich als Zier- od. Nutzpflanze eingeführt od. unabsichtlich eingeschleppt wurde

Ad|verb *das;* -s, -ien ⟨*lat.*⟩: Umstandswort (Abk.: Adv.)

ad|ver|bi|al: als Umstandswort [gebraucht], Umstands...; **adverbiale Bestimmung:** ↑Adverbialbestimmung; **adverbialer Akkusativ** od. **Genitiv:** Umstandsangabe in Form eines Substantivs im Akkusativ od. Genitiv

Ad|ver|bi|al *das;* -s, -e: ↑Adverbiale

Ad|ver|bi|al|be|stim|mung *die;* -, -en: Umstandsbestimmung, -angabe

Ad|ver|bi|a|le *das;* -s, -n u. ...lia u. ...lien: ↑Adverbialbestimmung

Ad|ver|bi|al|satz *der;* -es, ...sätze: Gliedsatz (Nebensatz), der einen Umstand angibt (z. B. Zeit, Ursache); Umstandssatz

ad|ver|bi|ell: ↑adverbial; vgl. ...al/...ell

ad|ver|sa|tiv ⟨*lat.*⟩: einen Gegensatz bildend, gegensätzlich, entgegensetzend; **adversative Konjunktion:** entgegensetzendes Bindewort (z. B. aber); **adversatives Asyndeton:** bindewortlose Wort- od. Satzreihe, deren Glieder gegensätzliche Bedeutung haben (z. B. heute rot, morgen tot)

Ad|ver|ti|sing [ˈɛtvɐtaizɪŋ] *das;* -s, -s ⟨*engl.*⟩: Reklame; Werbung

Ad|vo|ca|tus Di|a|bo|li *der;* - -, ...ti - ⟨*lat.;* »Anwalt des Teufels«⟩: **1.** scherzhaft gemeinte Bez. für den »Glaubensanwalt« in einem Heilig- od. Seligsprechungsprozess der katholischen Kirche, der die Gründe gegen die Heilig- od. Seligsprechung darlegt. **2.** jmd., der um der Sache willen mit seinen Argumenten die Gegenseite vertritt, ohne selbst zur Gegenseite zu gehören

Ad|vo|kat *der;* -en, -en ⟨*lat.;* »der Herbeigerufene«⟩: [Rechts]anwalt, Rechtsbeistand

aer..., Aer... vgl. aero..., Aero...

ae|ro..., Ae|ro...

vor Vokalen meist: **aer..., Aer...**
⟨zu *gr.* aḗr »Luft«⟩
Wortbildungselement mit der Bedeutung »Luft, Gas«:
– Aerämie
– aerodynamisch
– Aeromedizin
Von gleicher Herkunft und Bedeutung ist auch das Wortbildungselement **air..., Air...** Vermittelt über *lat.* aer, *fr.* air und *engl.* air »Luft«, ist es Bestandteil vieler Fremdwörter, wie z. B. in Airbag, Aircondition, Airmail und Airport.

ae|rob [auch: ɛ...] ⟨*gr.-nlat.*⟩ (Biol.): Sauerstoff zum Leben brauchend (von Organismen)

Ae|ro|bic [ɛˈro:bɪk] *das;* -s, auch *die;* - ⟨*gr.-engl.*⟩: Fitnesstraining mit tänzerischen u. gymnastischen Übungen

Ae|ro|bi|er *der;* -s, - ⟨*gr.-nlat.*⟩ (Biol.): Organismus, der nur mit Sauerstoff leben kann; Ggs. ↑Anaerobier

Ae|ro|bi|ont *der;* -en, -en: ↑Aerobier

Ae|ro|bi|os *der;* -: die Gesamtheit der Lebewesen des freien Luftraums, besonders die fliegenden Tiere, die ihre Nahrung im Flug aufnehmen; vgl. Benthos

Ae|ro|dy|na|mik *die;* -: Lehre von der Bewegung gasförmiger Stoffe, bes. der Luft

ae|ro|dy|na|misch: a) zur Aerodynamik gehörend; **b)** den Gesetzen der Aerodynamik unterliegend

Ae|ro|lith [auch: ...ˈlɪt] *der;* -en u. -s, -e[n] (veraltet): ↑Meteorit

Ae|ro|lo|gie *die;* -: Teilgebiet der Meteorologie, das sich mit der Erforschung der höheren Luftschichten befasst

Ae|ro|me|cha|nik *die;* -: Wissenschaftszweig, der sich mit dem Gleichgewicht u. der Bewegung der Gase, bes. der Luft, befasst; vgl. Aerodynamik u. Aerostatik

Ae|ro|nau|tik *die;* -: Luftfahrtkunde

Ae|ro|sol *das;* -s, -e ⟨*gr.; lat.*⟩: **1.** ein Gas (bes. Luft), das feste od. flüssige Stoffe in feinstverteilter Form enthält. **2.** zur Einatmung bestimmtes, flüssige Stoffe in feinstverteilter Form enthaltendes Arznei- od. Entkeimungsmittel (in Form von Sprühnebeln)

Ae|ro|sta|tik *die;* - ⟨*gr.-nlat.*⟩: Wissenschaftsgebiet, das sich mit den Gleichgewichtszuständen bei Gasen befasst

ae|ro|sta|tisch: a) nach Gesetzen der Aerostatik ablaufend; **b)** die Aerostatik betreffend

Af|fä|re *die;* -, -n ⟨*fr.*⟩: **1.** besondere, oft unangenehme Sache, Angelegenheit; peinlicher Vorfall. **2.** Liebesverhältnis, Liebesabenteuer; **sich aus der Affäre ziehen:** sich mit Geschick u. erfolgreich bemühen, aus einer unangenehmen Situation herauszukommen

Af|fekt *der;* -[e]s, -e ⟨*lat.*⟩: **a)** heftige Erregung, Zustand einer außergewöhnlichen seelischen Angespanntheit; **b)** (nur Plural) Leidenschaften

af|fek|tiert: geziert, gekünstelt, eingebildet

Af|fek|ti|on *die;* -, -en: **1.** (Med.) Befall eines Organs mit Krankheitserregern; Erkrankung. **2.** (veraltet) Wohlwollen, Neigung; vgl. Affektionswert

Af|fek|ti|ons|wert *der;* -[e]s, -e (veraltet): Liebhaberwert

af|fek|tiv: a) gefühls-, affektbetont, durch heftige Gefühlsäußerungen gekennzeichnet; **b)** (Psychol.) auf einen Affekt (a) bezogen

Af|fek|ti|vi|tät *die;* - ⟨*nlat.*⟩: **1.** Gesamtheit des menschlichen Gefühls- u. Gemütslebens. **2.** die Gefühlsansprechbarkeit eines Menschen

Af|fi|che [aˈfɪʃə] *die;* -, -n ⟨*fr.*⟩: Anschlag[zettel], Aushang, Plakat

Af|fi|da|vit *das;* -s, -s ⟨*lat.-mlat.-engl.;* »er hat bezeugt«⟩: **1.** eidesstattliche Versicherung (bes. auch für Wertpapiere). **2.** Bürgschaft eines Bürgers des Aufnahmelandes für einen Einwanderer

Af|fi|li|a|ti|on *die;* -, -en ⟨*lat.-mlat.*⟩: **1.** (Sprachw.) das Verhältnis von Sprachen, die sich aus einer gemeinsamen Grundsprache entwickelt haben, zueinander u. zur Grundsprache. **2.** (Rechtsspr. veraltet) ↑Adoption. **3. a)** Logenwechsel eines Logenmitglieds (vgl. Loge (3 a)) nach einem Wohnungswechsel; **b)** rituelles Annahmeverfahren nach einem Logenwechsel (vgl. Loge (3 a)). **4. a)** Anschluss, Verbrüderung; **b)** Beigesellung (z. B. einer Tochtergesellschaft)

af|fin ⟨*lat.*⟩: **1.** verwandt. **2.** durch eine affine Abbildung auseinander hervorgehend; **affine Abbildung:** geometrische Abbildung von Bereichen od. Räumen aufeinander, bei der bestimmte geometrische Eigenschaften erhalten bleiben; **affine Geometrie:** Sätze, die von gleichbleibenden Eigenschaften von ↑Figuren (1) handeln. **3.** (Chemie) reaktionsfähig

af|fi|nie|ren: 1. reinigen, scheiden (von Edelmetallen). **2.** Zuckerkristalle vom Sirup trennen.

3. Käse so weit verfeinern, bis er den optimalen Reifepunkt erreicht hat

Af|fi|ni|tät *die;* -, -en ⟨*lat.;* »Verwandtschaft«⟩: **1.** (Philos.) Wesensverwandtschaft von Begriffen u. Vorstellungen. **2.** (Chemie) Neigung von Atomen od. Atomgruppen, sich miteinander zu vereinigen bzw. sich umzusetzen. **3.** (Math.) **a)** ↑affine Abbildung; **b)** die bei einer affinen Abbildung gleichbleibende Eigenschaft geometrischer Figuren. **4.** (Rechtswiss.) Schwägerschaft, das Verhältnis zwischen einem Ehegatten u. den Verwandten des anderen. **5.** (Textilind.) Aufnahmevermögen eines Faserstoffs für Farbstoffe u. Ausrüstungsmittel. **6.** (Sozialpsychol.) Anziehungskraft, die Menschen aufeinander ausüben. **7.** (Sprachw.) Ähnlichkeit zwischen unverwandten Sprachen; vgl. Affiliation (1)

Af|fir|ma|ti|on *die;* -, -en ⟨*lat.*⟩: Bejahung, Zustimmung, Bekräftigung; Ggs. ↑Negation (1)

af|fir|ma|tiv: bejahend, bestätigend

af|fir|mie|ren ⟨*lat.*⟩: bejahen, bekräftigen

Af|fix *das;* -es, -e ⟨*lat.;* »angeheftet«⟩: an den Wortstamm tretendes ↑Morphem (↑Präfix od. ↑Suffix); vgl. Formans

af|fi|zie|ren ⟨*lat.;* »hinzutun; einwirken; anregen«⟩ (Med.): reizen, krankhaft verändern

Af|fo|dill ⟨*gr.-mlat.*⟩, **As|pho|dill** ⟨*gr.-lat.*⟩ *der;* -s, -e: **a)** Gattung der Liliengewächse; **b)** Weißer Affodill (eine Art aus dieser Gattung)

Af|fri|ka|ta, Af|fri|ka|te *die;* -, ...ten ⟨*lat.*⟩ (Sprachw.): enge Verbindung eines Verschlusslautes mit einem unmittelbar folgenden Reibelaut (z. B. pf)

af|fri|zie|ren (Sprachw.): einen Verschlusslaut in eine Affrikata verwandeln

Af|front [aˈfrõː, schweiz.: aˈfrɔnt] *der;* -s, -s u. (schweiz.:) -e ⟨*lat.-fr.*⟩: herausfordernde Beleidigung, Schmähung, Kränkung

Af|la|to|xin *das;* -s, -e (meist Plural) ⟨Kurzw. aus Aspergillus **fla**vus u. **Toxin**⟩: giftiges Stoffwechselprodukt verschiedener Schimmelpilze, z. T. krebserregend

à fonds per|du [aˈfõː pɛrˈdyː] ⟨*lat.-fr.*⟩: auf Verlustkonto; [Zahlung] ohne Aussicht auf Gegenleistung od. Rückerstattung

a fres|co, al fres|co ⟨*it.;* »auf frischem (Kalk)«⟩: auf frischem Verputz, Kalk, auf die noch feuchte Wand [gemalt]; Ggs. ↑a secco; vgl. Fresko

af|ri|kaans: kapholländisch

Af|ri|kaans *das;* -: das Kapholländisch, Sprache der Buren in der Republik Südafrika

Af|ri|ka|na *die* (Plural) ⟨*lat.*⟩: Werke über Afrika

Af|ri|ka|nist *der;* -en, -en ⟨*nlat.*⟩: Wissenschaftler, der die Geschichte, die Sprachen u. Kulturen Afrikas untersucht

Af|ri|ka|nis|tik *die;* -: Wissenschaft, die sich mit der Geschichte, der Kultur u. den Sprachen der afrikanischen Naturvölker beschäftigt

Af|ri|ka|nis|tin *die;* -, -nen: weibliche Form zu ↑Afrikanist

af|ro|ame|ri|ka|nisch: 1. die Afrikaner (Schwarzen) in Amerika betreffend. **2.** Afrika u. Amerika betreffend

af|ro|asi|a|tisch: Afrika u. Asien betreffend

Af|ro|look [...lʊk] *der;* -s, -s: Frisur, bei der das Haar in stark gekrausten, dichten Locken nach allen Seiten hin absteht

Af|ter|shave [ˈaːftɐʃeɪv] *das;* -[s], -s ⟨*engl.*⟩: Kurzform von ↑Aftershave-Lotion

Af|ter|shave|lo|ti|on [meist: ...loʊʃn̩] *die;* -, -s

Af|ter|shave-Lo|ti|on, Af|ter|shave|lo|ti|on [meist: ...loʊʃn̩] *die;* -, -s: nach der Rasur zu verwendendes Gesichtswasser; vgl. Preshave-Lotion

Af|ter-Work-Par|ty, Af|ter|work|par|ty [ˈaːftɐ(ˈ)wəːk...] *die;* -, -s ⟨*engl.*⟩: am frühen Abend, nach der üblichen Arbeitszeit beginnende [kommerzielle] Party

Aga Khan *der;* - -s, - -e: Titel des erblichen Oberhaupts der islamischen Glaubensgemeinschaft der ↑Hodschas (2) in Indien u. Ostafrika

Aga|pe [...pe] *die;* -, -n ⟨*gr.-lat.*⟩: **1.** (ohne Plural; Rel.) die sich in Christus zeigende Liebe Gottes zu den Menschen, bes. zu den Armen, Schwachen u. Sündern; Nächstenliebe; Feindesliebe; Liebe zu Gott. **2. a)** (Geschichte) abendliches Mahl der frühchristlichen Gemeinde [mit Speisung der Bedürftigen]; **b)** (Rel.) gemeinsames Mahl nach einem Gottesdienst; **c)** (österr.) Sektempfang, bes. nach einer (kirchlichen oder standesamtlichen) Trauung

Agar-Agar *der* od. *das;* -s ⟨*malai.*⟩: stark schleimhaltiger Stoff aus ostasiatischen Rotalgen

Aga|ve *die;* -, -n ⟨*gr.-fr.;* »die Edle«⟩: Gattung aloeähnlicher Pflanzen (vgl. Aloe) der Tropen u. Subtropen

Agen|da *die;* -, ...den ⟨*lat.-roman.;* »was zu tun ist«⟩: **1. a)** Schreibtafel, Merk-, Notizbuch; **b)** Terminkalender. **2.** Aufstellung der Gesprächspunkte bei [politischen] Verhandlungen

Agen|de *die;* -, -n ⟨*lat.-mlat.*⟩: **1.** Buch für die Gottesdienstordnung. **2.** Gottesdienstordnung

Agen|den *die* (Plural) (bes. österr.): zu erledigende Aufgaben, Obliegenheiten

Agens *das;* -, Agenzien ⟨*lat.*⟩: **1.** (Philos.) treibende Kraft; wirkendes, handelndes, tätiges Wesen od. ↑Prinzip. **2.** (Plural auch: Agentia; Med.) **a)** wirksamer Stoff, wirkendes Mittel; **b)** krank machender Faktor. **3.** (Plural: -; Sprachw.) Träger eines durch das Verb ausgedrückten aktiven Verhaltens; vgl. Patiens

Agent *der;* -en, -en ⟨*lat.-it.*⟩: **1.** Abgesandter eines Staates, der neben dem offiziellen diplomatischen Vertreter einen besonderen Auftrag erfüllt u. meist keinen diplomatischen Schutz besitzt. **2.** in staatlichem Geheimauftrag tätiger Spion. **3. a)** (österr., sonst veraltet) Handelsvertreter; **b)** jmd., der berufsmäßig Künstlern Engagements vermittelt

Agen|tin *die;* -, -nen: weibliche Form zu ↑Agent

Agent Pro|vo|ca|teur, Agent pro|vo|ca|teur [aˈʒã: provokaˈtøːɐ̯] *der;* - -, -s -s [aˈʒã: provokaˈtøːɐ̯] ⟨*fr.*⟩: Agent, der verdächtige Personen zu strafbaren Handlungen verleiten od. Zwischenfälle od. kompromittierende Handlungen beim Gegner provozieren soll; Lockspitzel

Agen|tur *die;* -, -en ⟨*nlat.*⟩: **1.** Stelle, Büro, in dem [politische] Nachrichten aus aller Welt gesammelt und an Presse, Rundfunk und Fernsehen weitergegeben werden. **2.** Geschäftsnebenstelle, Vertretung. **3.** Büro, das Künstlern Engagements vermittelt; Vermittlungsbüro, Geschäftsstelle eines ↑Agenten (3 b)

Agen|zi|en: *Plural* von ↑Agens (1 u. 2)

Ag|glo|me|rat *das;* -s, -e ⟨*lat.;* »zu einem Knäuel zusammengedrängt«⟩: **1.** (fachspr.) Anhäufung. **2.** (Geol.) **a)** Ablagerung von unverfestigten Gesteinsbruchstücken; **b)** aus groben Gesteinsbrocken bestehendes vulkanisches Auswurfprodukt. **3.** feinkörniges Erz

Ag|glo|me|ra|ti|on *die;* -, -en ⟨*lat.-nlat.*⟩: **1.** Anhäufung, Zusammenballung. **2.** (bes. schweiz.) Ballungsraum

ag|glo|me|rie|ren ⟨*lat.*⟩: zusammenballen

Ag|glu|ti|na|ti|on *die;* -, -en ⟨*lat.;* »das Ankleben«⟩: **1.** (Sprachw.) Verschmelzung (z. B. des Artikels od. einer Präposition mit dem folgenden Substantiv wie im Neugriechischen u. in den romanischen Sprachen, z. B. »Alarm« aus it. »all'arme« = zu den Waffen). **2.** (Sprachw.) Ableitung u. Beugung eines Wortes mithilfe von ↑Affixen, die an den unverändert bleibenden Wortstamm angehängt werden; vgl. agglutinierende Sprachen. **3.** (Med.) Verklebung, Zusammenballung, Verklumpung von Zellen (z. B. Bakterien od. roten Blutkörperchen) als Wirkung von ↑Antikörpern

ag|glu|ti|nie|ren: 1. (Med.) zur Verklumpung bringen, eine Agglutination herbeiführen. **2.** (Sprachw.) Beugungsformen durch Anhängen von Affixen bilden; **agglutinierende Sprache:** Sprache, die zur Ableitung u. Beugung von Wörtern ↑Affixe an das unverändert bleibende Wort anfügt, z. B. das Türkische u. die finnisch-ugrischen Sprachen; Ggs. ↑flektierende u. ↑isolierende Sprache

Ag|gre|gat *das;* -s, -e ⟨*lat.;* »angehäuft«⟩: **1.** Maschinensatz aus zusammenwirkenden Einzelmaschinen, bes. in der Elektrotechnik. **2.** mehrgliedriger mathematischer Ausdruck, dessen einzelne Glieder durch + od. − miteinander verknüpft sind. **3.** das Zusammenwachsen von ↑Mineralien der gleichen od. verschiedener Art

Ag|gre|ga|ti|on *die;* -, -en: (Chemie) Vereinigung von Molekülen zu Molekülverbindungen

Ag|gre|gat|zu|stand *der;* -s, ...stände: Erscheinungsform eines Stoffes (fest, flüssig, gasförmig)

Ag|gres|si|on *die;* -, -en ⟨*lat.*⟩: **1.** rechtswidriger Angriff auf ein fremdes Staatsgebiet, Angriffskrieg. **2.** (Psychol.) **a)** [affektbedingtes] Angriffsverhalten, feindselige Haltung eines Menschen od. eines Tieres mit dem Ziel, die eigene Macht zu steigern oder die Macht des Gegners zu mindern; **b)** feindselig-aggressive Äußerung, Handlung

ag|gres|siv ⟨*lat.-nlat.*⟩: angreifend; auf Angriff, Aggression gerichtet

Ag|gres|si|vi|tät *die;* -, -en: **1.** (ohne Plural) **a)** (Psychol.) mehr od. weniger unbewusste, sich nicht offen zeigende, habituell gewordene aggressive Haltung des Menschen; **b)** Angriffslust. **2.** einzelne aggressive Handlung

Ag|gres|sor *der;* -s, ...oren ⟨*lat.*⟩: rechtswidrig handelnder Angreifer

Ag|gres|so|rin *die;* -, -nen: weibliche Form zu ↑Aggressor

Ägi|de *die;* - ⟨*gr.-lat.;* nach dem Schild ↑Ägis des Zeus u. der Athene⟩: **unter jmds. Ägide:** unter jmds. Schirmherrschaft, Leitung

agie|ren ⟨*lat.*⟩: **a)** handeln, tun, wirken, tätig sein; **b)** [als Schauspieler] auftreten, eine Rolle spielen

agil ⟨*lat.-fr.;* »leicht zu führen, beweglich«⟩: behände, flink, gewandt; regsam, geschäftig

Agi|li|tät *die;* - ⟨*lat.*⟩: temperamentbedingte Beweglichkeit, Lebendigkeit, Regsamkeit (im Verhalten des Menschen zur Umwelt)

Agio [ˈaːʒi̯o, auch: ˈaːdʒo] *das;* -s, -s u. Agien [...i̯ən] ⟨*it.(-fr.)*⟩: Aufgeld (z. B. Betrag, um den der Preis eines Wertpapiers über dem Nennwert liegt)

Agio|teur [...ˈtøːɐ̯] *der;* -s, -e: **1.** Börsenspeku-

a

lant. **2.** (österr.) jmd., der unrechtmäßig z. B. mit Eintrittskarten zu überhöhten Preisen handelt

Agio|teu|rin [...ˈtøːrɪn] *die;* -, -nen: weibliche Form zu ↑Agioteur

Ägis *die;* - ‹*gr.-lat.;* »Ziegenfell«›: Schild des Zeus u. der Athene

Agi|ta|ti|on *die;* -, -en ‹*lat.-engl.*›: **a)** (abwertend) aggressive Tätigkeit zur Beeinflussung anderer, vor allem in politischer Hinsicht; Hetze; **b)** politische Aufklärungstätigkeit; Werbung für bestimmte politische od. soziale Ziele

Agi|ta|tor *der;* -s, ...oren ‹*lat.-engl.*›: jmd., der Agitation betreibt

agi|ta|to|risch: a) (abwertend) aggressiv [für politische Ziele] tätig, hetzerisch; **b)** politisch aufklärend

agi|tie|ren ‹*lat.-engl.*›: **a)** (abwertend) in aggressiver Weise [für politische Ziele] tätig sein, hetzen; **b)** politisch aufklären, werben

Agit|prop|the|a|ter *das;* -s (Geschichte): Form des Laientheaters, das durch Verbreitung der marxistischen Lehre die allgemeine politische Bildung fördern sollte

Agglomerat

Das aus dem Lateinischen stammende Wort schreibt sich mit der im Deutschen ungewöhnlichen Orthografie *-gg-*. Ebenso: *Agglomeration, agglomerieren.*

Ag|nat *der;* -en, -en ‹*lat.;* »der Nachgeborene«› (Geschichte): männlicher Blutsverwandter der männlichen Linie

Ag|no|sie *die;* -, ...ien ‹*gr.-nlat.;* »das Nichterkennen«›: **1.** (Med.) krankhafte Störung der Fähigkeit, Sinneswahrnehmungen (trotz erhaltener Funktionstüchtigkeit der Sinnesorgane) als solche zu erkennen. **2.** (Philos.) Nichtwissen; Unwissenheit

Ag|nos|ti|ker *der;* -s, -: Verfechter der Lehre des Agnostizismus

Ag|nos|ti|ke|rin *die;* -, -nen: weibliche Form zu ↑Agnostiker

Ag|nos|ti|zis|mus *der;* -: philosophische, theologische Lehre, die eine rationale Erkenntnis des Göttlichen od. Übersinnlichen leugnet

ag|nos|zie|ren ‹*lat.*›: **a)** anerkennen; **b)** (österr.) die Identität (z. B. eines Toten) feststellen

Ag|nus Dei *das;* - -, - - ‹*lat.;* »Lamm Gottes«›: **1.** (ohne Plural) Bezeichnung u. Sinnbild für Christus. **2. a)** Gebetshymnus im katholischen Gottesdienst vor der ↑Eucharistie (a); **b)** Schlusssatz der musikalischen Messe. **3.** vom Papst geweihtes Wachstäfelchen mit dem Bild des Osterlamms

Ago|gik *die;* - ‹*gr.*›: Lehre von der individuellen Gestaltung des Tempos beim musikalischen Vortrag

ago|gisch: individuell gestaltet (in Bezug auf das Tempo eines musikalischen Vortrags)

à go|go ‹*fr.*›: in Hülle u. Fülle, nach Belieben

Agon *der;* -s, -e ‹*gr.-lat.*›: **1.** sportlicher od. geistiger Wettkampf im antiken Griechenland. **2.** der Hauptteil der attischen Komödie

ago|nal ‹*gr.-nlat.*›: den Agon betreffend; zum Wettkampf gehörend

Ago|nie *die;* -, ...ien ‹*gr.-lat.*›: **a)** (ohne Plural; Med.) Gesamtheit der vor dem Eintritt des klinischen Todes auftretenden typischen Erscheinungen (z. B. ↑Facies hippocratica); **b)** Todeskampf

Ago|nist *der;* -en, -en: **1.** Wettkämpfer. **2.** (Med.) einer von paarweise wirkenden Muskeln, der eine Bewegung bewirkt, die der des ↑Antagonisten (2) entgegengesetzt ist

[1]**Ago|ra** *die;* -, Agoren ‹*gr.*›: **1.** Volksversammlung der altgriechischen ↑Polis. **2.** rechteckiger, von Säulen umschlossener Platz in altgriechischen Städten; Markt- und Versammlungsplatz

[2]**Ago|ra** *die;* -, Agorot ‹*hebr.*›: israelische Währungseinheit (1 Neuer Schekel = 100 Agorot)

Ag|raf|fe *die;* -, -n ‹*fr.;* »Haken«›: **1.** als Schmuckstück dienende Spange od. Schnalle. **2.** (Archit.) klammerförmige Verzierung an Rundbogen als Verbindung mit einem darüberliegenden Gesims

Agra|fie, Agra|phie *die;* -, ...ien ‹*gr.-nlat.*› (Med.): Unfähigkeit, einzelne Buchstaben od. zusammenhängende Wörter richtig zu schreiben

ag|rar..., Ag|rar...

‹*lat.* ager, Gen. agri »Acker, Feld, Flur«, agrarius »den Ackerbau, die Landwirtschaft betreffend«›:
Wortbildungselement mit der Bedeutung »die Landwirtschaft betreffend«:
- agrarpolitisch
- Agrarprodukt
- Agrarreform

Die gleiche Bedeutung hat auch das Wortbildungselement **agro..., Agro...** Zu *gr.* agrós »Acker, Feld« gehörend (urverwandt mit *lat.* ager) und teilweise vermittelt über *russ.* agro... »Landwirtschaft(s)...«, ist es Bestandteil einiger Fremdwörter, wie z. B. in Agrochemie, Agronom und agronomisch.

Ag|rar|fa|b|rik *die;* -, -en (abwertend): Agrarbetrieb, in dem Agrarprodukte in großer Menge, jedoch ohne den ursprünglichen bäuerlichen Bezug zur Natur, erzeugt werden

Ag|ra|ri|er *der;* -s, - (meist Plural): Großgrundbesitzer, Gutsbesitzer, Landwirt

ag|ra|risch ⟨*lat.*⟩: die Landwirtschaft betreffend

Ag|rar|po|li|tik *die;* -: Gesamtheit der staatlichen Maßnahmen zur Regelung u. Förderung der Landwirtschaft

ag|rar|po|li|tisch: die Agrarpolitik betreffend

Ag|rar|pro|dukt *das;* -s, -e: landwirtschaftliches Erzeugnis

Ag|rar|re|form *die;* -, -en: Gesamtheit von Maßnahmen, deren Ziel die grundlegende Umgestaltung der Landwirtschaft ist

Ag|rar|staat *der:* -[e]s, -en: Staat, dessen Wirtschaft überwiegend durch die Landwirtschaft bestimmt wird

Ag|rar|tech|nik *die;* -, -en: Technik der Bodenbearbeitung u. -nutzung

Ag|ree|ment [ɛˈgri:mɛnt] *das;* -s, -s ⟨*lat.-fr.-engl.*⟩: **1.** ↑Agrément (1). **2.** (Völkerrecht) zwischen Staatsmännern getroffene Übereinkunft auf Treu u. Glauben, die nicht der parlamentarischen Zustimmung od. Ratifikation bedarf

ag|re|ie|ren ⟨*lat.-fr.*⟩: genehmigen, für gut befinden

Ag|ré|ment [agreˈmã:] *das;* -s, -s ⟨*lat.-fr.*⟩: **1.** Zustimmung einer Regierung zur Ernennung eines diplomatischen Vertreters in ihrem Land. **2.** (nur Plural; Musik) Ausschmückungen od. rhythmische Veränderungen einer Melodie

> **Aggression**
>
> Das auf das Lateinische zurückgehende Substantiv schreibt sich mit der im Deutschen ungewöhnlichen Orthografie *-gg-*. Ebenso: *aggressiv, Aggressivität, Aggressor.*

Ag|ri|kul|tur *die;* -, -en ⟨*lat.*⟩: Ackerbau, Landwirtschaft

Ag|ri|kul|tur|che|mie *die;* -: ↑Agrochemie

Ag|ro|che|mie *die;* -: Teilgebiet der angewandten Chemie, das sich bes. mit Pflanzen- u. Tierernährung, Düngerproduktion u. Bodenkunde befasst

Ag|ro|nom *der;* -en, -en: **1.** ⟨*gr.-nlat.*⟩ akademisch ausgebildeter Landwirt. **2.** ⟨*gr.-nlat.-russ.*⟩ Fachkraft in der Landwirtschaft mit leitender od. beratender Tätigkeit

Ag|ro|no|mie *die;* -: Ackerbaukunde, Landwirtschaftswissenschaft

ag|ro|no|misch: ackerbaulich

Ag|ro|tech|nik *die;* -, -en ⟨*gr.-nlat.-russ.*⟩: Gesamtheit der technischen Verfahren u. Geräte (in der Landwirtschaft)

ägyp|tisch ⟨*gr.*⟩: das Land Ägypten betreffend; **ägyptische Finsternis:** sehr große Dunkelheit

Ägyp|to|lo|ge *der;* -n, -n ⟨*gr.-nlat.*⟩: Wissenschaftler, der sich mit der Erforschung von Kultur u. Sprache des alten Ägyptens beschäftigt

Ägyp|to|lo|gie *die;* -: Wissenschaft von Kultur u. Sprache des alten Ägyptens

Ägyp|to|lo|gin *die;* -, -nen: weibliche Form zu ↑Ägyptologe

ahis|to|risch: geschichtliche Gesichtspunkte außer Acht lassend

Ai [auch: aˈi:] *das;* -s, -s ⟨*Tupi-port.*⟩: Dreizehenfaultier

Aide [ɛ:t] *der;* -n [ˈɛ:dn̩], -n [ˈɛ:dn̩] ⟨*lat.-fr.*⟩: **1.** (veraltet) Helfer, Gehilfe. **2.** (schweiz., Gastron.) Küchengehilfe, Hilfskoch. **3.** Mitspieler, Partner [im ↑Whist]

Aide-Mé|moire [ˈɛ:tmeˈmo̯a:ɐ̯] *das;* -, -[s] ⟨*fr.;* »Gedächtnishilfe«⟩ (Politik): im diplomatischen Verkehr während einer Unterredung überreichte knappe schriftliche Zusammenfassung eines Sachverhalts zur Vermeidung von späteren Missverständnissen

Aids [eɪt͜s] *das;* - (meist ohne Artikel) ⟨*engl.;* Kurzw. aus **a**cquired **i**mmune **d**eficiency **s**yndrome = erworbenes Immundefektsyndrom⟩ (Med.): durch ein Virus hervorgerufene Krankheit, die zu schweren Störungen im Immunsystem führt

aids|in|fi|ziert: mit dem ↑Aidsvirus infiziert

Aids|test *der;* -[e]s, -s (auch: -e): medizinisches Untersuchungsverfahren zur Feststellung von Aids

Aids|vi|rus *das,* auch: *der;* -, ...ren: Virus, das Aids verursacht; vgl. HIV

Ai|ki|do *das;* -s ⟨*jap.*⟩: Form der Selbstverteidigung

[1]Air [ɛ:ɐ̯] *das;* -s, -s ⟨*lat.-fr.*⟩: **1.** Hauch, Fluidum. **2.** Aussehen, Haltung

[2]Air [ɛ:ɐ̯] *das;* -s, -s, auch *die;* -, -s ⟨*it.-fr.*⟩: liedartiges Instrumentalstück

Air|bag [ˈɛ:ɐ̯bɛk] *der;* -s, -s ⟨*engl.;* »Luftsack«⟩: Luftkissen in Kraftfahrzeugen, das sich zum Schutz der Insassen bei einem Zusammenstoß automatisch aufbläst

Air|brush [ˈɛ:ɐ̯braʃ] *der;* -[s], -s, auch: *die;* -, -s: Farbsprühgerät für besondere grafische Effekte

Air|bus® [ˈɛ:ɐ̯...] *der;* -ses (auch: -), -se: Großraumflugzeug[typ] des gleichnamigen europäischen Herstellers

a

Air|con|di|tion, **Air-Con|di|tion** [ˈɛːɐ̯kɔndɪʃn̩] *die;* -, -s ⟨*engl.*⟩: Klimaanlage

Air|con|di|tio|ner, **Air-Con|di|tio|ner** [...ʃ(ə)nɐ] *der;* -s, - ⟨*engl.*⟩: ↑Aircondition

Air|con|di|tio|ning, **Air-Con|di|tio|ning** [...dɪʃ(ə)nɪŋ] *das;* -s, -s ⟨*engl.*⟩: ↑Aircondition

Aire|dale|ter|ri|er [ˈɛːɐ̯deɪl...] *der;* -s, - ⟨nach einem »Airedale« genannten Tal, durch das der engl. Fluss Aire fließt⟩: englischer Haushund mit meist gelblich braunem Fell

Air|line [ˈɛːɐ̯lain] *die;* -, -s ⟨*engl.*⟩: Fluglinie, Fluggesellschaft

Air|port [ˈɛːɐ̯...] *der;* -s, -s ⟨*engl.*⟩: Flughafen

Aja *die;* -, -s ⟨*it.*⟩ (veraltet): Hofmeisterin, Erzieherin (fürstlicher Kinder)

Aja|tol|lah ⟨*pers.*⟩, **Aya|tol|lah** *der;* -[s], -s: schiitischer Ehrentitel

Aka|de|mie *die;* -, ...ien ⟨*gr.-lat.(-fr.)*; nach der Lehrstätte des altgriech. Philosophen Platon in Athen⟩: **1. a)** Institution, Vereinigung von Wissenschaftlern zur Förderung u. Vertiefung der Forschung; **b)** Gebäude für diese Institution. **2.** [Fach]hochschule (z. B. Kunst-, Musikakademie, medizinische Akademie). **3.** (österr. veraltend) literarische od. musikalische Veranstaltung

Aka|de|mi|ker *der;* -s, -: **1.** jmd., der eine abgeschlossene Universitäts- od. Hochschulausbildung hat. **2.** Mitglied einer Akademie (1 a)

Aka|de|mi|ke|rin *die;* -, -nen: weibliche Form zu ↑Akademiker

aka|de|misch: 1. an einer Universität od. Hochschule [erworben, erfolgend, üblich]. **2. a)** wissenschaftlich; **b)** (abwertend) trocken, theoretisch; **c)** müßig, überflüssig

Akan|thus *der;* -, - ⟨*gr.-lat.*⟩: **a)** Bärenklau (stachliges Staudengewächs in den Mittelmeerländern); **b)** (Kunstwiss.) Ornament nach dem Vorbild der Blätter des Akanthus (z. B. an antiken Tempelgiebeln)

aka|ta|lek|tisch ⟨*gr.-lat.*⟩ (antike Metrik): mit einem vollständigen Versfuß (der kleinsten rhythmischen Einheit eines Verses) endend

Aka|tho|lik [auch: ...ˈliːk] *der;* -en, -en ⟨*gr.*⟩: jmd., der nicht zur katholischen Kirche gehört

Aka|tho|li|kin [auch: ...ˈliː...] *die;* -, -nen: weibliche Form zu ↑Akatholik

aka|tho|lisch [auch: ...ˈtoː...]: nicht zur katholischen Kirche gehörend

akaus|tisch ⟨*gr.; dt.*⟩ (Chemie): nicht ätzend; Ggs. ↑kaustisch

Aka|zie *die;* -, -n ⟨*gr.-lat.*⟩: **a)** tropischer Laubbaum, zur Familie der ↑Leguminosen gehörend, der Gummiarabikum liefert; **b)** (ugs.) ↑Robinie

Ake|lei *die;* -, -en ⟨*mlat.*⟩: Zier- u. Heilpflanze (ein Hahnenfußgewächs)

Ak|kla|ma|ti|on *die;* -, -en ⟨*lat.*; »das Zurufen«⟩: **1.** beistimmender Zuruf ohne Einzelabstimmung [bei Parlamentsbeschlüssen]. **2.** Beifall, Applaus. **3.** liturgischer Grußwechsel zwischen Pfarrer u. Gemeinde

ak|kla|mie|ren (österr.): **a)** jmdm. applaudieren; **b)** jmdm. laut zustimmen

Ak|kli|ma|ti|sa|ti|on *die;* -, -en ⟨*lat.; gr.-nlat.*⟩: Anpassung eines Organismus an veränderte, umweltbedingte Lebensverhältnisse, bes. an ein fremdes Klima; vgl. ...ation/...ierung

ak|kli|ma|ti|sie|ren: 1. sich an ein anderes Klima gewöhnen. **2.** sich eingewöhnen, sich anderen Verhältnissen anpassen

Ak|kli|ma|ti|sie|rung *die;* -, -en: ↑Akklimatisation; vgl. ...ation/...ierung

Ak|ko|la|de *die;* -, -n ⟨*lat.-vulgärlat.-fr.*⟩: **1.** feierliche Umarmung bei Aufnahme in einen Ritterorden od. bei einer Ordensverleihung. **2.** (Buchw.) geschweifte Klammer, die mehrere [Noten]zeilen, Wörter o. Ä. zusammenfasst (Zeichen: {, })

Ak|kom|mo|da|ti|on *die;* -, -en: Angleichung, Anpassung

ak|kom|mo|die|ren: a) angleichen, anpassen; **b)** sich mit jmdm. über etwas einigen, sich vergleichen

Ak|kord *der;* -[e]s, -e ⟨*lat.-vulgärlat.-fr.*⟩: **1.** (Musik) Zusammenklang von mindestens drei Tönen verschiedener Tonhöhe. **2.** gütlicher Ausgleich zwischen gegensätzlichen Interessen. **3.** (Rechtswiss.) Einigung zwischen Schuldner u. Gläubiger zur Abwendung des ↑Konkurses (Vergleichsverfahren). **4.** Bezahlung nach der Stückzahl, Stücklohn

Ak|kord|ar|beit *die;* -: [auf Schnelligkeit ausgerichtetes] Arbeiten im Stücklohn

Ak|kor|de|on *das;* -s, -s: Handharmonika

Ak|kor|de|o|nist *der;* -en, -en: jmd., der [berufsmäßig] Akkordeon spielt

Ak|kor|de|o|nis|tin *die;* -, -nen: weibliche Form zu ↑Akkordeonist

Ak|kord|lohn *der;* -[e]s, ...löhne: Stücklohn, Leistungslohn

ak|kre|di|tie|ren ⟨*lat.-it.-fr.*⟩: **1.** beglaubigen (bes. einen diplomatischen Vertreter eines Landes). **2.** Kredit einräumen, verschaffen

Ak|kre|di|tie|rung *die;* -, -en: das Akkreditieren

Ak|kre|di|tiv *das;* -s, -e: **1.** Beglaubigungsschreiben eines diplomatischen Vertreters. **2. a)** Handelsklausel; Auftrag an eine Bank, einem Dritten (dem Akkreditierten) innerhalb einer bestimmten Frist einen bestimmten Betrag auszuzahlen; **b)** Anweisung an eine od. mehrere Banken, dem Begünstigten Beträge bis zu einer angegebenen Höchstsumme auszuzahlen

Ak|ku *der;* -s, -s: kurz für: ↑Akkumulator (1)

Ak|kul|tu|ra|ti|on *die;* -, -en ‹*lat.-nlat.*›: **1.** (Soziol.) Übernahme fremder geistiger u. materieller Kulturgüter durch Einzelpersonen od. ganze Gruppen. **2. a)** ↑Sozialisation; **b)** Anpassung an ein fremdes Milieu (z. B. bei Auswanderung)

ak|kul|tu|rie|ren: anpassen, angleichen

Ak|ku|mu|lat *das;* -[e]s, -e ‹*lat.*› (veraltet): Agglomerat (2 b)

Ak|ku|mu|la|ti|on *die;* -, -en: Anhäufung, Speicherung, Ansammlung

Ak|ku|mu|la|tor *der;* -s, ...oren: **1.** Gerät zur Speicherung von elektrischer Energie in Form von chemischer Energie. **2.** Druckwasserbehälter einer hydraulischen Presse. **3.** (EDV) spezielle Speicherzelle einer Rechenanlage, in der Zwischenergebnisse gespeichert werden

ak|ku|mu|lie|ren: anhäufen; sammeln, speichern

ak|ku|rat ‹*lat.*›: **1.** sorgfältig, genau, ordentlich. **2.** (ugs., südd. u. österr.) exakt, genau (z. B. akkurat das habe ich gemeint)

Ak|ku|ra|tes|se *die;* - ‹französierende Bildung zu akkurat›: Sorgfalt, Genauigkeit, Ordnungsliebe

Ak|ku|sa|tiv *der;* -s, -e ‹*lat.*› (Sprachw.): 4. Fall, Wenfall (Abk.: Akk.); **Akkusativ mit Infinitiv:** ‹*lat.* accusativus cum infinitivo [Abk.: acc. c. inf. od. a. c. i.]›: Satzkonstruktion (bes. im Lateinischen), in der das Akkusativobjekt des ersten Verbs zugleich Subjekt des zweiten, im Infinitiv stehenden Verbs ist (z. B. ich höre *den Hund bellen* = ich höre den Hund. Er bellt.)

Ak|ku|sa|tiv|ob|jekt *das;* -s, -e: Ergänzung eines Verbs im 4. Fall (z. B. sie fährt *den Wagen*)

Ak|me *die;* - ‹*gr.;* »Spitze; Gipfel, Vollendung«›: **1.** Gipfel, Höhepunkt einer Entwicklung, bes. einer Krankheit od. des Fiebers. **2.** in der Stammesgeschichte der Höhepunkt der Entwicklung einer Organismengruppe; Ggs. ↑Epakme

Ak|ne *die;* -, -n ‹*gr.-nlat.*›: mit Knötchen- u. Pustelbildung verbundene Entzündung der Talgdrüsen

Ako|luth vgl. Akolyth

Ako|lyth, Ako|luth *der;* -en u. -s, -en ‹*gr.-mlat.;* »Begleiter«›: Laie (2), der während der ↑[1]Messe (1) bestimmte Dienste am Altar verrichtet (früher katholischer Kleriker im 4. Grad der niederen Weihen)

Akon|to *das;* -s, ...ten u. -s ‹*it.*› (bes. österr.): Anzahlung

Akon|to|zah|lung *die;* -, -en: Anzahlung, Abschlagszahlung; vgl. a conto

ak|qui|rie|ren ‹*lat.*›: **1.** erwerben, an-, herbeischaffen, beibringen. **2.** als Akquisiteur[in] tätig sein

Ak|qui|rie|rung *die;* -, -en: ↑Akquisition

Ak|qui|se *die;* -, -n (ugs.): ↑Akquisition (2)

Ak|qui|si|teur [...'tø:ɐ̯] *der;* -s, -e ‹französierende Neubildung›: **a)** Kundenwerber, Werbevertreter (bes. im Buchhandel); **b)** jmd., der andere dafür wirbt, dass sie Anzeigen in eine Zeitung setzen lassen

Ak|qui|si|teu|rin [...'tø:rɪn] *die;* -, -nen: weibliche Form zu ↑Akquisiteur

Ak|qui|si|ti|on *die;* -, -en ‹*lat.(-fr.)*›: **1.** Erwerbung, Anschaffung. **2.** Kundenwerbung durch Vertreter (bes. bei Zeitschriften-, Theater- u. anderen Abonnements)

Ak|qui|si|tor *der;* -s, ...oren (österr.): ↑Akquisiteur

akr... vgl. akro..., Akro...

Ak|ra|ni|er *die* (Plural) ‹*gr.-nlat.*›: schädellose Meerestiere mit knorpelartigem Rückenstützorgan (z. B. Lanzettfischchen)

Ak|ri|bie *die;* - ‹*gr.*›: höchste Genauigkeit, Sorgfalt in Bezug auf die Ausführung von etwas

ak|ri|bisch: mit Akribie, sehr genau, sorgfältig und gewissenhaft [ausgeführt]

ak|ro..., Ak|ro...

vor Vokalen meist: **akr..., Akr...**
‹zu *gr.* ákros »äußerst, oberst; spitz«›
Wortbildungselement mit der Bedeutung »äußerst, oberst, hoch, spitz, scharf«:
- Akrenzephalon
- Akromegalie
- akropetal

Ak|ro|bat *der;* -en, -en: jmd., der turnerische, gymnastische od. tänzerische Übungen beherrscht u. [im Zirkus od. Varieté] vorführt

Ak|ro|ba|tik *die;* -: **a)** Kunst, Leistung eines Akrobaten; **b)** überdurchschnittliche Geschicklichkeit u. Körperbeherrschung

ak|ro|ba|tisch: a) den Akrobaten und seine Leistung betreffend; **b)** körperlich besonders gewandt, geschickt

Ak|ro|le|in *das;* -s ‹*gr.; lat.*›: scharf riechender, sehr reaktionsfähiger ↑Aldehyd

Ak|ro|nym *das;* -s, -e: aus den Anfangsbuchstaben mehrerer Wörter gebildetes Kurzw.; Initialwort (z. B. EDV aus elektronische Datenverarbeitung)

Ak|ro|po|lis *die;* -, ...polen ⟨*gr.*⟩: hoch gelegener, geschützter Zufluchtsplatz vieler gr. Städte der Antike

Ak|ros|ti|chon *das;* -s, ...chen u. ...cha: **a)** hintereinander zu lesende Anfangsbuchstaben, -silben od. -wörter der Verszeilen, Strophen, Abschnitte od. Kapitel, die ein Wort, einen Namen od. einen Satz ergeben; **b)** Gedicht, das Akrostichen enthält; vgl. Mesostichon, Telestichon

Akt *der;* -[e]s, -e ⟨*lat.*⟩: **1. a)** Vorgang, Vollzug, Handlung; **b)** feierliche Handlung, Zeremoniell (z. B. in Zusammensetzungen: Staatsakt, Festakt). **2.** Abschnitt, Aufzug eines Theaterstücks. **3.** künstlerische Darstellung des nackten menschlichen Körpers. **4.** ↑Koitus. **5.** ↑Akte

Ak|tant *der;* -en, -en ⟨*lat.-fr.*⟩: (Sprachw.) vom Verb gefordertes, für die Bildung eines grammatischen Satzes obligatorisches Satzglied (z. B. der Gärtner bindet *die Blumen*); vgl. Valenz

Ak|te *die;* -, -n, bes. österr. auch: **Akt** *der;* -[e]s, -e: [geordnete] Sammlung zusammengehörender Schriftstücke

Ak|teur [akˈtøːɐ̯] *der;* -s, -e ⟨*lat.-fr.*⟩: **1.** handelnde Person. **2.** Schauspieler

Ak|teu|rin [...ˈtøːrɪn] *die;* -, -nen: weibliche Form zu ↑Akteur

Ak|tie [ˈaktsi̯ə] *die;* -, -n ⟨*lat.-niederl.*⟩: Anteilschein am Grundkapital einer Aktiengesellschaft

Ak|ti|en|fonds [...fõː] *der;* -, - [...fõːs] (Wirtsch.): Investmentfonds, der überwiegend in Aktien anlegt

Ak|ti|en|ge|sell|schaft *die;* -, -en: Handelsgesellschaft, deren Grundkapital (Aktienkapital) von Gesellschaftern (↑Aktionären) aufgebracht wird, die nicht persönlich, sondern mit ihren Einlagen für die Verbindlichkeiten haften (Abk.: AG)

Ak|ti|en|in|dex *der;* -es, -e: Kennziffer für die Entwicklung des Kursdurchschnitts der bedeutendsten Aktiengesellschaften

Ak|ti|en|ka|pi|tal *das;* -s, -e u. -ien (österr. nur so): Summe des in Aktien zerlegten Grundkapitals einer Aktiengesellschaft

Ak|ti|en|kurs *der;* -es, -e: an der Börse festgestellter Preis von Wertpapieren

Ak|ti|en|op|ti|on *die;* -, -en (Börsenw.): Wertpapier, das zum Kauf von Aktien eines bestimmten Unternehmens zu einem festgelegten Preis innerhalb einer zeitlichen Frist berechtigt; vgl. Option (2 b)

Ak|ti|no|me|ter *das;* -s, - (Meteorol.): Gerät zur Messung der Sonnenstrahlung

Ak|ti|on *die;* -, -en ⟨*lat.*⟩: **a)** gemeinsames, gezieltes Vorgehen; **b)** planvolle Unternehmung, Maßnahme

Ak|ti|o|när *der;* -s, -e ⟨*lat.-fr.*⟩: Inhaber von ↑Aktien einer ↑Aktiengesellschaft

Ak|ti|o|nä|rin *die;* -, -nen: weibliche Form zu ↑Aktionär

Ak|ti|o|nis|mus *der;* -: **1.** (oft abwertend) übertriebener Tätigkeitsdrang. **2.** Bestreben, das Bewusstsein der Menschen od. die bestehenden Zustände in Gesellschaft, Kunst od. Literatur durch gezielte [provozierende, revolutionäre] Aktionen zu verändern

Ak|ti|o|nist *der;* -en, -en: Vertreter des Aktionismus

Ak|ti|o|nis|tin *die;* -, -nen: weibliche Form zu ↑Aktionist

ak|ti|o|nis|tisch: im Sinne des Aktionismus (2) [handelnd]

Ak|ti|ons|art *die;* -, -en (Sprachw.): Geschehensart beim Verb (bezeichnet die Art u. Weise, wie das durch das Verb ausgedrückte Geschehen vor sich geht, z. B. iterativ: sticheln; faktitiv: fällen); vgl. Aspekt (3)

Ak|ti|ons|ra|di|us *der;* -, ...ien: Wirkungsbereich, Reichweite

ak|tiv [bei Hervorhebung od. Gegenüberstellung zu passiv auch: ˈaktiːf] ⟨*lat.*⟩: **1. a)** unternehmend, geschäftig, rührig; zielstrebig; Ggs. ↑inaktiv, ↑passiv (1 a); **b)** selbst in einer Sache tätig, sie ausübend (im Unterschied zum bloßen Erdulden o. Ä. von etwas); Ggs. ↑passiv; **aktive Bestechung:** Verleitung eines Beamten od. einer im Militär- od. Schutzdienst stehenden Person durch Geschenke, Geld o. Ä. zu einer Handlung, die eine Amts- od. Dienstpflichtverletzung enthält; **aktive Handelsbilanz:** Handelsbilanz eines Landes, bei der mehr ausgeführt als eingeführt wird; **aktives Wahlrecht:** das Recht zu wählen; **aktiver Wortschatz:** Gesamtheit aller Wörter, die ein Sprecher in seiner Muttersprache beherrscht u. beim Sprechen verwendet. **2. a)** im Militärdienst stehend (im Unterschied zur Reserve); **b)** als Mitglied einer Sportgemeinschaft regelmäßig an sportlichen Wettkämpfen teilnehmend. **3.** ↑aktivisch. **4.** optisch aktiv. **5.** (Chemie) stark reaktionsfähig; Ggs. ↑inaktiv (3 a). **6.** einer studentischen Verbindung mit allen Pflichten angehörend; Ggs. ↑inaktiv (2 b)

[1]Ak|tiv [auch: akˈtiːf] *das;* -s, -e ⟨*lat.*⟩ (Sprachw.): Verhaltensrichtung des Verbs, die vom [meist in einer »Tätigkeit« befindlichen] Subjekt her

a
Aku
b
c
d
e
f
g
h
i
j
k
l
m
n
o
p
q
r
s
t
u
v
w
x
y
z

gesehen ist; z. B. er *streicht* sein Zimmer; die Rosen *blühen;* Ggs. ↑Passiv

[2]**Ak|tiv** *das;* -s, -s od. -e ⟨*lat.-russ.*⟩ (regional): Personen, die gemeinsam an der Lösung bestimmter Aufgaben arbeiten

Ak|ti|va, Ak|ti|ven *die* (Plural) ⟨*lat.*⟩: Vermögenswerte eines Unternehmens auf der linken Seite der ↑Bilanz; Ggs. ↑Passiva (1)

Ak|ti|ve *der* u. *die;* -n, -n ⟨*lat.*⟩: **a)** Sportler, der regelmäßig an Wettkämpfen teilnimmt; **b)** Mitglied eines Karnevalsvereins, das sich mit eigenen Beiträgen an Karnevalssitzungen beteiligt; **c)** Mitglied einer studentischen ↑Aktivitas

Ak|ti|ven vgl. Aktiva

Ak|tiv|ge|schäft *das;* -s, -e: Bankgeschäft, bei dem die Bank Kredite an Dritte gewährt; Ggs. ↑Passivgeschäft

ak|ti|vie|ren ⟨*lat.-fr.*⟩: **1. a)** zu größerer Aktivität (1) veranlassen; **b)** in Tätigkeit setzen, in Gang bringen, zu größerer Wirksamkeit verhelfen. **2.** etwas als Aktivposten in die Bilanz aufnehmen; Ggs. ↑passivieren (1). **3.** künstlich radioaktiv machen

Ak|ti|vie|rung *die;* -, -en: **1.** (ohne Plural) das Aktivieren (1 a). **2.** (ohne Plural; Wirtsch.) Erfassung von Vermögenswerten in der ↑Bilanz; Ggs. ↑Passivierung. **3.** (Chemie) Prozess, durch den chemische Elemente od. Verbindungen in einen reaktionsfähigen Zustand versetzt werden. **4.** (Physik) das Aktivieren (3) von Atomkernen

ak|ti|visch [auch: ˈak...] ⟨*lat.*⟩ (Sprachw.): das [1]Aktiv betreffend, zum [1]Aktiv gehörend; Ggs. ↑passivisch

Ak|ti|vis|mus *der;* - ⟨*lat.-nlat.*⟩: aktives Vorgehen, Tätigkeitsdrang

Ak|ti|vist *der;* -en, -en ⟨*lat.(-russ.)*⟩: **1.** zielbewusst u. zielstrebig Handelnder. **2.** (DDR) jmd., der sich im sozialistischen Wettbewerb durch berufliche, gesellschaftliche o. ä. Leistungen besondere Verdienste erworben hat

Ak|ti|vis|tin *die;* -, -nen: weibliche Form zu ↑Aktivist

ak|ti|vis|tisch ⟨*lat.-nlat.*⟩: **1.** den Aktivismus betreffend, ihn vertretend. **2.** den Aktivisten (1) bzw. die Aktivistin betreffend

Ak|ti|vi|tas *die;* - ⟨*nlat.*⟩: Gesamtheit der zur aktiven Beteiligung in einer studentischen Verbindung Verpflichteten

Ak|ti|vi|tät *die;* -, -en: **1.** (ohne Plural) Tätigkeitsdrang, Betriebsamkeit, Unternehmungsgeist; Ggs. ↑Inaktivität (1), ↑Passivität (1). **2. a)** (ohne Plural; Chemie) Maß für den radioaktiven Zerfall, d. h. die Stärke einer radioaktiven Quelle; vgl. Radioaktivität; **b)** (ohne Plural) optische Aktivität. **3.** (nur Plural) das Tätigwerden, Sichbetätigen in einer bestimmten Weise, bestimmte Handlungen

Ak|tiv|koh|le *die;* -: staubfeiner, poröser Kohlenstoff, der bes. als ↑Adsorbens zur Entgiftung, Reinigung od. Entfärbung benutzt wird (z. B. in Gasmaskenfiltern); Kurzw.: A-Kohle

Ak|tiv|le|gi|ti|ma|ti|on *die;* -, -en (Rechtswiss.): im Zivilprozess die sachliche Befugnis des Klägers, das strittige Recht geltend zu machen; Ggs. ↑Passivlegitimation

Ak|tiv|pos|ten *der;* -s, -: Vermögensposten, der auf der Aktivseite der Bilanz aufgeführt ist

Ak|tiv|zin|sen *die* (Plural): Zinsen, die den Banken aus Kreditgeschäften zufließen; Ggs. ↑Passivzinsen

Ak|t|ri|ce [akˈtri:sə] *die;* -, -n ⟨*lat.-fr.*⟩: Schauspielerin

ak|tu|al ⟨*lat.*⟩: **1.** (Philos.) wirksam, tätig; Ggs. ↑potenzial (1). **2.** (Sprachw.) in der Rede od. im ↑Kontext verwirklicht, eindeutig determiniert; Ggs. ↑potenziell. **3.** im Augenblick gegeben, sich vollziehend, vorliegend, tatsächlich vorhanden; Ggs. ↑potenziell

ak|tu|a|li|sie|ren ⟨*lat.-nlat.-fr.*⟩: **1.** etwas [wieder] aktuell machen, beleben, auf den neuesten Stand bringen. **2.** (Sprachw.) Varianten sprachlicher Einheiten in einem bestimmten Kontext verwenden

Ak|tu|a|li|tät *die;* -, -en ⟨*lat.-fr.*⟩: **1.** (ohne Plural) Gegenwartsbezogenheit, -nähe, unmittelbare Wirklichkeit, Bedeutsamkeit für die unmittelbare Gegenwart. **2.** (nur Plural) Tagesereignisse, jüngste Geschehnisse. **3.** (ohne Plural; Philos.) das Wirklichsein, Wirksamsein; Ggs. ↑Potenzialität

Ak|tu|a|li|tä|ten|ki|no *das;* -s, -s: Kino mit [durchgehend laufendem] aus Kurzfilmen verschiedener Art gemischtem Programm

Ak|tu|ar *der;* -s, -e ⟨*lat.*⟩: **1.** (veraltet) Gerichtsangestellter. **2.** Versicherungs- u. Wirtschaftsmathematiker

Ak|tu|a|ri|us *der;* -, ...ien: ↑Aktuar (1)

ak|tu|ell ⟨*lat.-fr.*⟩: **1.** im augenblicklichen Interesse liegend, zeitgemäß, zeitnah; Ggs. ↑inaktuell. **2.** aktual (2, 3), im Augenblick gegeben, vorliegend, tatsächlich vorhanden; Ggs. ↑potenziell

Aku|pres|sur *die;* -, -en ⟨*lat.*⟩: (der Akupunktur verwandtes) Verfahren, bei dem durch kreisende Bewegungen der Fingerkuppen – unter leichtem Druck – auf bestimmten Körperstellen Schmerzen behoben werden sollen

Aku|punk|teur [...ˈtøːɐ̯] *der;* -s, -e ⟨*lat.-fr.*⟩: jmd., der Akupunkturen durchführt

a

Aku|punk|teu|rin [...'tø:rɪn] *die;* -, -nen: weibliche Form zu ↑Akupunkteur
aku|punk|tie|ren ⟨*lat.-nlat.*⟩: eine Akupunktur durchführen
Aku|punk|tur *die;* -, -en: Heilbehandlung durch Einstiche von feinen Nadeln aus Edelmetall an bestimmten Körperpunkten
Akus|tik *die;* -, -en: **1. a)** Lehre vom Schall, von den Tönen; **b)** Schalltechnik. **2.** Klangwirkung
akus|tisch: a) die Akustik (1, 2) betreffend; **b)** klanglich; vgl. auditiv; **akustischer Typ:** Menschentyp, der Gehörtes besser behält als Gesehenes; Ggs. ↑visueller Typ
akut ⟨*lat.;* »scharf, spitz«⟩: **1.** brennend, dringend, vordringlich, unmittelbar [anrührend] (in Bezug auf etwas, womit sich jmd. sofort beschäftigen muss od. was gerade im Vordergrund des Interesses steht). **2.** (Med.) unvermittelt auftretend, schnell u. heftig verlaufend (von Krankheiten u. Schmerzen); Ggs. ↑chronisch (1)
Akut *der;* -s, -e: Betonungszeichen, Akzent für steigende Stimmführung, z. B. é; vgl. Accent aigu
Ak|ze|le|ra|ti|on *die;* -, -en ⟨*lat.;* »Beschleunigung«⟩: **1.** Zunahme der Umlaufgeschwindigkeit des Mondes. **2.** Zeitunterschied zwischen einem mittleren Sonnen- u. einem mittleren Sterntag. **3.** Änderung der Ganggeschwindigkeit einer Uhr. **4.** Entwicklungsbeschleunigung bei Jugendlichen. **5.** (Biol.) Beschleunigung in der Aufeinanderfolge der Individualentwicklungsvorgänge; vgl. ...ation/...ierung
Ak|ze|le|ra|tor *der;* -s, ...oren ⟨*lat.-nlat.*⟩: **1.** (Kernphysik) Teilchenbeschleuniger; vgl. Synchrotron, Zyklotron. **2.** (Wirtsch.) Verhältniszahl, die sich aus den Werten der ausgelösten (veränderten) Nettoinvestition und der sie auslösenden (verändernden) Einkommensänderung ergibt
ak|ze|le|rie|ren ⟨*lat.*⟩: beschleunigen, vorantreiben; fördern
Ak|zent *der;* -[e]s, -e ⟨*lat.;* »das Antönen, das Beitönen«⟩: **1.** Betonung (z. B. einer Silbe). **2.** Betonungszeichen. **3.** (ohne Plural) Tonfall, Aussprache. **4.** ↑Accentus
Ak|zen|tu|a|ti|on *die;* -, -en ⟨*lat.-mlat.*⟩: Betonung; vgl. ...ation/...ierung
ak|zen|tu|ie|ren ⟨*lat.-mlat.*⟩: **a)** beim Sprechen hervorheben; **b)** betonen, Nachdruck legen auf etwas; **akzentuierende Dichtung:** Dichtungsart, in der metrische Hebungen (Versakzente) mit den sprachlichen Hebungen (Wortakzente) zusammenfallen
Ak|zen|tu|ie|rung *die;* -, -en: Akzentuation; vgl. ...ation/...ierung
Ak|zept *das;* -[e]s, -e: **1.** Annahmeerklärung desjenigen, der den Wechsel bezahlen muss, auf einem Wechsel. **2.** akzeptierter Wechsel
ak|zep|ta|bel ⟨*lat.-fr.*⟩: annehmbar, brauchbar
Ak|zep|ta|bi|li|tät *die;* -: **a)** Annehmbarkeit; **b)** (Sprachw.) von einem kompetenten Sprecher als sprachlich üblich und richtig beurteilte Beschaffenheit einer sprachlichen Äußerung; vgl. Grammatikalität
Ak|zep|tant *der;* -en, -en ⟨*lat.*⟩: **1.** jmd., der durch das Akzept (1) zur Bezahlung eines Wechsels verpflichtet ist. **2.** Empfänger, Aufnehmender
Ak|zep|tanz *die;* -, -en (bes. Werbespr.): Bereitschaft, etwas (ein neues Produkt o. Ä.) zu akzeptieren
Ak|zep|ta|ti|on *die;* -, -en: Annahme (z. B. eines Wechsels), Anerkennung; vgl. ...ation/...ierung
ak|zep|tie|ren: etwas annehmen, billigen, hinnehmen
Ak|zep|tie|rung *die;* -, -en: das Anerkennen, Einverstandensein mit jmdm./etwas; vgl. ...ation/...ierung
Ak|zep|tor *der;* -s, ...oren ⟨*lat.;* »Annehmer, Empfänger«⟩: **1.** (Physik) Stoff, dessen Atome od. Moleküle ↑Ionen od. ↑[1]Elektronen (1) von anderen Stoffen übernehmen können. **2.** (Physik) Fremdatom, das ein bewegliches ↑[1]Elektron (1) einfängt. **3.** Stoff, der nur unter bestimmten Voraussetzungen von Luftsauerstoff angegriffen wird
Ak|zes|si|on *die;* -, -en: **1.** Zugang; Erwerb. **2.** Beitritt [eines Staates zu einem internationalen Abkommen]. **3.** (Sprachw.) Zusatz eines als Gleitlaut wirkenden Konsonanten (z. B. des *t* in gelegen*t*lich)
ak|zes|so|risch: hinzutretend, nebensächlich, weniger wichtig; **akzessorische Atmung:** zusätzliche Luftatmung neben der Kiemenatmung bei Fischen, die in sauerstoffarmen Gewässern leben; **akzessorische Nährstoffe:** Ergänzungsstoffe zur Nahrung (Vitamine, Salze, Wasser, Spurenelemente); **akzessorische Rechte** (Rechtswiss.): Nebenrechte
Ak|zi|dens *das;* -, ...denzien ⟨*lat.*⟩: **1.** (Plural auch: Akzidentia; Philos.) das Zufällige, nicht notwendig einem Gegenstand Zukommende, unselbstständig Seiende. **2.** (Plural fachspr. auch: Akzidentien; Musik) Versetzungszeichen (♯, ♭ oder deren Aufhebung: ♮), das innerhalb eines Taktes zu den Noten hinzutritt
ak|zi|den|tell, ak|zi|den|ti|ell ⟨*lat.-mlat.-fr.*⟩:

1. zufällig, unwesentlich. **2.** (Med.) nicht zum gewöhnlichen Krankheitsbild gehörend

Ak|zi|denz *die;* -, -en ⟨*lat.*⟩: **1.** (meist Plural) Druckarbeit, die nicht zum Buch-, Zeitungs- u. Zeitschriftendruck gehört (z. B. Drucksachen, Formulare, Prospekte, Anzeigen). **2.** ↑Akzidens (1)

Ak|zi|den|zi|en: *Plural* von ↑Akzidens

Ak|zi|se *die;* -, -n ⟨*fr.*⟩: **1.** indirekte Verbrauchs- u. Verkehrssteuer. **2.** (Geschichte) Zoll (z. B. die Torabgabe im Mittelalter)

...al/...ell

⟨*lat.* ...alis (→*fr.* ...el(le))⟩
Die beiden Adjektivsuffixe treten oft konkurrierend am gleichen Wortstamm auf. Häufig sind sie synonym verwendbar:
- emotional/emotionell
- hormonal/hormonell

In anderen Fällen haben die mithilfe der beiden Suffixe gebildeten Wörter hingegen unterschiedliche Bedeutungen:
- formal/formell
- instrumental/instrumentell
- rational/rationell

à la ⟨*fr.*⟩: auf, nach Art von

à la baisse [alaˈbɛ:s] ⟨*fr.;* »nach unten«⟩ (Börsenw.): im Hinblick auf (wahrscheinlich) fallende Kurse, z. B. à la baisse spekulieren; Ggs. ↑à la hausse

Ala|bas|ter *der;* -s, - ⟨*gr.-lat.*⟩: **1.** marmorähnliche, feinkörnige, reinweiße, durchscheinende Art des Gipses. **2.** bunte Glaskugel, die die Kinder beim Murmelspiel gegen die kleineren Kugeln aus Ton werfen

ala|bas|tern: **1.** aus Alabaster. **2.** wie Alabaster

à la bonne heure [alabɔˈnœ:r] ⟨*fr.;* »zur guten Stunde«⟩: recht so!, ausgezeichnet!, bravo!

à la carte [alaˈkart] ⟨*fr.*⟩: nach der Speisekarte (z. B. à la carte essen)

À-la-carte-Re|s|tau|rant *das;* -s, -s ⟨*fr.; lat.-fr.*⟩: Restaurant, in dem der Gast sein Essen von einer Speisekarte auswählen kann

à la hausse [alaˈo:s] ⟨*fr.;* »nach oben«⟩ (Börsenw.): im Hinblick auf (wahrscheinlich) steigende Kurse, z. B. à la hausse spekulieren; Ggs. ↑à la baisse

à la jar|di|nière [alaʒardiˈnjɛ:r] ⟨*fr.;* »nach Art der Gärtnerin«⟩ (Gastron.): mit Beilage von verschiedenen Gemüsesorten (zu gebratenem od. gegrilltem Fleisch); **Suppe à la jardinière:** Fleischbrühe mit Gemüsestückchen

à la longue [alaˈlõ:g] ⟨*fr.*⟩: auf die Dauer

à la mode [alaˈmɔd] ⟨*fr.*⟩: nach der neuesten Mode

Alarm *der;* -s, -e ⟨*lat.-it.;* »zu den Waffen!«⟩: **1.** Warnung bei Gefahr, Gefahrensignal. **2.** Aufregung, Beunruhigung

alar|mie|ren ⟨*lat.-it.(-fr.)*⟩: **1.** eine Person od. Institution zu Hilfe rufen. **2.** beunruhigen, warnen, in Unruhe versetzen

à la suite [alaˈsɥi:t] ⟨*fr.;* »im Gefolge von ...«⟩ (Militär früher): einem Truppenteil ehrenhalber zugeteilt

Alaun *der;* -s, -e ⟨*lat.*⟩: Kalium-Aluminium-Sulfat (ein Mineral)

alau|ni|sie|ren: mit Alaun behandeln

Al|ba|t|ros *der;* -, -se ⟨*arab.-span.-engl.-niederl.*⟩: **1.** großer Sturmvogel [der südlichen Erdhalbkugel]. **2.** (Golf) das Erreichen eines Lochs mit drei Schlägen weniger als gesetzt

Al|be *die;* -, -n ⟨*lat.*⟩: weißes liturgisches Untergewand der katholischen u. anglikanischen Geistlichen

Al|be|do *die;* - (Physik): Rückstrahlungsvermögen von nicht selbstleuchtenden, ↑diffus reflektierenden Oberflächen (z. B. Schnee, Eis)

Al|bi|gen|ser *der;* -s, - ⟨nach der südfranz. Stadt Albi⟩: Angehöriger einer Sekte des 12./13. Jh.s in Südfrankreich u. Oberitalien

Al|bi|nis|mus *der;* - ⟨*lat.-span.-nlat.*⟩: erblich bedingtes Fehlen von ↑Pigment (1) bei Lebewesen

Al|bi|no *der;* -s, -s ⟨*lat.-span.;* »Weißling«⟩: **1.** an Albinismus leidender Mensch. **2. a)** Tier mit fehlender Farbstoffbildung; **b)** [Blüten]blatt, Samenkorn o. Ä. mit fehlender Farbstoffbildung

Al|bi|on ⟨*kelt.,* mit *lat.* albus »weiß« in Verbindung gebracht u. auf die Kreidekliffküste bei Dover bezogen⟩ (dichter.): England

Al|bum *das;* -s, ...ben ⟨»das Weiße, die weiße Tafel«⟩: **1. a)** eine Art Buch mit stärkeren Seiten, Blättern, auf denen bes. Fotografien, Briefmarken, Postkarten o. Ä. angebracht werden; **b)** eine Art Buch mit einzelnen Hüllen, in die Schallplatten gesteckt werden. **2. a)** (veraltend) im Allgemeinen zwei zusammengehörende Langspielplatten in zwei zusammenhängenden Hüllen; **b)** bes. im Bereich der Unterhaltungsmusik Veröffentlichung mehrerer Titel eines Künstlers, einer Gruppe auf einer CD

Al|bu|men *das;* -s (Biol., Med.): Eiweiß

Al|bu|min *das;* -s, -e (meist Plural) ⟨*nlat.*⟩: einfacher, wasserlöslicher Eiweißkörper, hauptsächlich in Eiern, in der Milch u. im Blutserum vorkommend

al|bu|mi|nös ⟨*nlat.*⟩: eiweißhaltig

a
alb
b c d e f g h i j k l m n o p q r s t u v w x y z

a

Al|bus *der;* -, -se ‹*mlat.*›: Weißpfennig (eine Groschenart aus Silber, die vom 14. bis 17. Jh. am Mittel- u. Niederrhein Hauptmünze war u. in Kurhessen bis 1841 galt)
Al|can|ta|ra® *das;* -[s] ‹Kunstw.›: Wildlederimitat, das für Kleidungsstücke (Mäntel, Jacken usw.) verarbeitet wird
Al|cá|zar vgl. Alkazar
Al|che|mie *die;* - ‹*arab.-span.-fr.*›: **1.** Chemie des Mittelalters. **2.** Versuche, unedle Stoffe in edle, bes. in Gold, zu verwandeln
Al|che|mist *der;* -en, -en ‹*arab.-span.-mlat.*›: **1.** jmd., der sich mit Alchemie (1) befasst. **2.** Goldmacher
al|che|mis|tisch: die Alchemie betreffend
Al|chi|mie usw. vgl. Alchemie usw.
Al|co|pop, Al|ko|pop *der od. das;* -[s], -s ‹*engl.*›: fertiges Mischgetränk aus [hochprozentigem] Alkohol u. Limonade od. Saft
al|cy|o|nisch [...ts...] vgl. alkyonisch
Al|de|hyd *der* od. *das;* -s, -e ‹Kurzw. aus *nlat.* **Al**coholus **dehyd**rogenatus› (Chemie): chemische Verbindung, die durch Wasserstoffentzug aus Alkoholen entsteht
al den|te ‹*it.*› (Gastron.): nicht ganz weich gekocht (bes. von Nudeln)
Al|der|man [ˈɔːldəmən] *der;* -s, ...men [...mən] ‹*engl.*›: [ältester] Ratsherr, Vorsteher, Stadtrat in angelsächsischen Ländern
Ale [eːl] *das;* -s, -s ‹*engl.*›: helles englisches Bier
alea iac|ta est ‹*lat.;* »der Würfel ist geworfen«; angeblich von Cäsar beim Überschreiten des Rubikon 49 v. Chr. gesprochen›: die Entscheidung ist gefallen, es ist entschieden
ale|a|to|risch ‹*lat.*›: vom Zufall abhängig [u. daher gewagt]
...al/...ell s. Kasten ...al/...ell
alert ‹*it.-fr.*›: munter, aufgeweckt, frisch
Aleu|ron *das;* -s ‹*gr.*› (Biol.): in Form von festen Körnern od. im Zellsaft gelöst vorkommendes Reserveeiweiß der Pflanzen
Ale|xin das; -s, -e (meist Plural) ‹*gr.-nlat.*›: natürlicher, im Blutserum gebildeter Schutzstoff gegen Bakterien
Al|fa, Hal|fa *die;* - ‹*arab.*›: ↑Esparto
al fres|co vgl. a fresco
Al|ge *die;* -, -n ‹*lat.*›: niedere, meist wasserbewohnende Pflanze
Al|ge|b|ra [österr. u. schweiz.: alˈgeːbra] *die;* -, ...ebren ‹*arab.-roman.*›: **1.** (ohne Plural) Lehre von den Gleichungen, von den Beziehungen zwischen mathematischen Größen u. den Regeln, denen sie unterliegen. **2.** algebraische Struktur
al|ge|b|ra|isch: die Algebra betreffend; **algebraische Struktur:** eine Menge von Elementen (Rechenobjekten) einschließlich der zwischen ihnen definierten Verknüpfungen
Al|ge|sie *die;* -, ...ien ‹*gr.-nlat.*›: **a)** Schmerz; **b)** Schmerzempfindlichkeit

...al|gie

die; -, ...ien
‹zu *gr.* álgos »Schmerz, Leid, Trauer«›
Wortbildungselement mit der Bedeutung »Schmerz, Schmerzzustand«:
- Analgie
- Gastralgie
- Neuralgie

ALGOL, Al|gol *das;* -s ‹Kurzw. aus: **algo**rithmic **l**anguage; *engl.*› (EDV): Formelsprache zur Programmierung beliebiger Rechenanlagen
Al|go|lo|ge *der;* -n, -n ‹*lat.; gr.*›: Algenforscher
Al|go|lo|gie *die;* -: Algenkunde
Al|go|lo|gin *die;* -, -nen: weibliche Form zu ↑Algologe
Al|gon|ki|um *das;* -s ‹*nlat.;* nach dem Gebiet der Algonkinindianer in Kanada› (Geol.): jüngerer Abschnitt der erdgeschichtlichen Frühzeit; Proterozoikum
al|go|rith|misch: einem methodischen Rechenverfahren folgend
Al|go|rith|mus *der;* -, ...men ‹*arab.-mlat.*›: **1.** (veraltet) Rechenart mit Dezimalzahlen. **2.** (Arithmetik) Rechenvorgang, der nach einem bestimmten [sich wiederholenden] Schema abläuft. **3.** (math. Logik) Verfahren zur schrittweisen Umformung von Zeichenreihen
ali|as ‹*lat.*›: auch ... genannt, mit anderem Namen ..., unter dem [Deck]namen ... bekannt (in Verbindung mit einem Namen)
Ali|as [auch: ˈeɪlɪəs] *der* od. *das;* -, -[se] ‹*lat.-engl.*›: (EDV) Ersatzname in einem E-Mail-Verzeichnis
Ali|bi *das;* -s, -s ‹*lat.(-fr.);* »anderswo«›: **a)** (Rechtswiss.) Beweis, Nachweis der persönlichen Abwesenheit vom Tatort zur Tatzeit des Verbrechens; **b)** Entschuldigung, Ausrede, Rechtfertigung
Ali|en [ˈeɪli̯ən] *der* od. *das;* -s, -s ‹*lat.-fr.-engl.*›: außerirdisches Lebewesen
Ali|e|na|ti|on *die;* -, -en ‹*lat.*›: **1.** Entfremdung. **2.** bestimmte Art der Veräußerung, des Verkaufs. **3.** (Med.) besondere Form einer ↑Psychose
ali|e|nie|ren: **1.** entfremden, abwendig machen. **2.** veräußern, verkaufen

Ali|g|ne|ment [alınjəˈmã:] *das;* -s, -s ⟨*fr.*⟩: **1.** das Abstecken einer Fluchtlinie, der festgesetzten Linie einer vorderen, rückwärtigen od. seitlichen Begrenzung, bis zu der etwas gebaut werden darf [beim Straßen- oder Eisenbahnbau]. **2.** Fluchtlinie [beim Straßen- od. Eisenbahnbau]

ali|g|nie|ren [alınˈji:...]: abmessen, Fluchtlinien [beim Straßen- od. Eisenbahnbau] abstecken

Ali|men|ta|ti|on *die;* -, -en ⟨*mlat.*⟩: die finanzielle Leistung für den Lebensunterhalt [von Berufsbeamten], Unterhaltsgewährung in Höhe der amtsbezogenen Besoldung, Lebensunterhalt

Ali|men|te *die* (Plural) ⟨*lat.;* »Nahrung; Unterhalt«⟩: Unterhaltsbeiträge (bes. für nicht eheliche Kinder)

ali|men|tie|ren ⟨*mlat.*⟩: Lebensunterhalt gewähren, unterstützen

ali|pha|tisch ⟨*gr.-nlat.*⟩ (Chemie): offene Kohlenstoffketten in der Strukturformel aufweisend (von bestimmten organischen Verbindungen)

ali|quant ⟨*lat.*⟩ (Math.): mit Rest teilend (der aliquante Teil einer Zahl ist jede dem Betrag nach kleinere Zahl, die nicht als Teiler auftreten kann, z. B. 4 zur Zahl 6); Ggs. ↑aliquot

ali|quot (Math.): ohne Rest teilend (der aliquote Teil einer Zahl ist jeder ihrer Teiler, z. B. 2 zur Zahl 6); Ggs. ↑aliquant

ali|quo|tie|ren (österr.): anteilmäßig aufteilen

Al Kai|da vgl. El Kaida

al|kä|isch ⟨nach dem äolischen Lyriker Alkäus⟩: in der Fügung **alkäische Strophe:** vierzeilige Odenstrophe der Antike

Al|kal|de *der;* -n, -n ⟨*arab.-span.*⟩: [Straf]richter, Bürgermeister in Spanien

Al|ka|li [auch: ˈal...] *das;* -s, ...alien ⟨*arab.*⟩: ↑Hydroxid der Alkalimetalle

Al|ka|li|me|tall *das;* -[e]s, -e: chemisch sehr reaktionsfähiges Metall (z. B. Lithium, Natrium, Kalium)

al|ka|lisch: basisch, laugenhaft; **alkalische Reaktion:** chemische Reaktion mit Laugenwirkung

Al|ka|li|tät *die;* -: Gehalt einer Lösung an alkalischen Stoffen

Al|ka|lo|id *das;* -s, -e ⟨*arab.; gr.*⟩: eine der bes. in Pflanzen vorkommenden, vorwiegend giftigen stickstoffhaltigen Verbindungen basischen Charakters (Heil- u. Rauschmittel)

Al|kan *das;* -s, -e (meist Plural) ⟨*arab.; gr.-nlat.*⟩: gesättigter Kohlenwasserstoff

Al|ka|zar [alˈka:zar, auch: alkaˈtsa:ɐ̯] *der;* -[s], ...are, **Al|cá|zar** *der;* -[s], -es ⟨*arab.-span.*⟩: spanische Bezeichnung für: Burg, Schloss, Palast

Al|ko|hol *der;* -s, -e ⟨*arab.-span.*⟩: **1.** organische Verbindung mit einer od. mehreren ↑Hydroxylgruppen. **2.** (ohne Plural) ↑Äthylalkohol (Bestandteil aller alkoholischen Getränke). **3.** (ohne Plural) Weingeist enthaltendes Getränk

Al|ko|ho|li|ka *die* (Plural): alkoholische Getränke, Spirituosen

Al|ko|ho|li|ker *der;* -s, -: Gewohnheitstrinker

Al|ko|ho|li|ke|rin *die;* -, -nen: weibliche Form zu ↑Alkoholiker

al|ko|ho|lisch: 1. den ↑Äthylalkohol betreffend, mit diesem zusammenhängend. **2.** Weingeist enthaltend, Weingeist enthaltende Getränke betreffend

al|ko|ho|li|sie|ren: 1. mit Alkohol versetzen. **2.** betrunken machen

al|ko|ho|li|siert: unter der Wirkung alkoholischer Getränke stehend, betrunken

Al|ko|ho|lis|mus *der;* -: **1.** zusammenfassende Bezeichnung für verschiedene Formen der schädigenden Einwirkungen, die übermäßiger Alkoholgenuss im Organismus hervorruft. **2.** Trunksucht

Al|ko|li|mit *das;* -s, -s ⟨*arab.-span.; lat.-fr.-engl.*⟩ (österr.): gesetzlich festgelegter Grenzwert des Alkoholgehalts im Blut bei Kraftfahrern; Promillegrenze

Al|ko|mat *der;* -en, -en ⟨Kurzw. aus **Alko**hol u. Auto**mat**⟩: Gerät zur Messung des Alkoholspiegels im Blut

Al|ko|pop vgl. Alcopop

Al|ko|ven *der;* -s, - ⟨*arab.-span.-fr.*⟩: Bettnische, Nebenraum

Al|kyl *das;* -s, -e ⟨*arab.; gr.*⟩ (Chemie): einwertiger Kohlenwasserstoffrest, dessen Verbindung z. B. mit einer ↑Hydroxylgruppe einfache Alkohole liefert

al|ky|lie|ren: eine Alkylgruppe in eine organische Verbindung einführen

al|ky|o|nisch, al|cy|o|nisch [...ts̮...] ⟨*gr.*⟩ (dichter.): heiter, friedlich

all..., All... vgl. allo..., Allo...

al|la bre|ve ⟨*it.*⟩ (Musik): beschleunigt (Taktart, bei der nicht nach Vierteln, sondern nach Halben gezählt wird)

Al|lah ⟨*arab.;* »der Gott«⟩ (bes. islam. Rel.): Gott

al|la mar|cia [- ˈmartʃa] ⟨*it.*⟩ (Musik): nach Art eines Marsches, marschmäßig (Vortragsanweisung)

al|la po|lac|ca ⟨*it.*⟩ (Musik): in der Art einer Polonaise (Vortragsanweisung)

Al|lasch *der;* -s u. -, -e ⟨nach dem lettischen Ort Allasch (Allaži) bei Riga⟩: ein Kümmellikör

al|la te|des|ca *⟨it.⟩* (Musik): nach Art eines deutschen Tanzes, im deutschen Stil (Vortragsanweisung)

al|la tur|ca *⟨it.⟩* (Musik): in der Art der türkischen Musik (Vortragsanweisung)

al|la zin|ga|re|se *⟨it.⟩* (Musik): in der Art der Zigeunermusik (Vortragsanweisung); vgl. all'ongharese

Al|lee *die;* -, Alleen *⟨lat.-fr.;* »Gang«⟩: sich lang hinziehende, gerade Straße, die auf beiden Seiten gleichmäßig von hohen, recht dicht beieinanderstehenden Bäumen begrenzt ist

Al|le|go|rie *die;* -, ...ien *⟨gr.-lat.;* »das Anderssagen«⟩ (bild. Kunst, Literaturwiss.): rational fassbare Darstellung eines abstrakten Begriffs in einem Bild, oft mithilfe der Personifikation

Al|le|go|rik *die;* -: **a)** allegorische Darstellungsweise; **b)** Gesamtheit der Allegorien [in einer Darstellung]

al|le|go|risch: sinnbildlich

al|le|go|ri|sie|ren: mit einer Allegorie darstellen, versinnbildlichen

al|le|g|ret|to *⟨lat.-vulgärlat.-it.⟩* (Musik): weniger schnell als allegro, mäßig schnell, mäßig lebhaft (Vortragsanweisung)

Al|le|g|ret|to *das;* -s, -s u. ...tti: mäßig schnelles Musikstück

al|le|g|ro (Musik): lebhaft, schnell; **allegro giusto:** in gemäßigtem Allegro; **allegro ma non tanto:** nicht allzu schnell; **allegro ma non troppo:** nicht so sehr schnell (Vortragsanweisung)

Al|le|g|ro *das;* -s, -s u. ...gri: schnelles Musikstück

al|lel *⟨gr.-nlat.⟩*: sich entsprechend (von den ↑Genen eines ↑diploiden Chromosomensatzes)

Al|lel *das;* -s, -e (meist Plural) (Biol.): eine von mindestens zwei einander entsprechenden Erbanlagen ↑homologer ↑Chromosomen

al|le|lu|ja usw. vgl. halleluja usw.

Al|le|lu|ja vgl. Halleluja

Al|le|man|de [...ˈmã:də] *die;* -, -n *⟨germ.-mlat.-fr.;* »deutscher (Tanz)«⟩: **a)** alte Tanzform in gemäßigtem Tempo; **b)** Satz einer ↑Suite (4)

al|ler|gen (Med.): Allergien auslösend

Al|ler|gen *das;* -s, -e (Med.): Stoff (z. B. Blütenpollen), der bei entsprechend disponierten Menschen Krankheitserscheinungen (z. B. Heuschnupfen) hervorrufen kann

Al|ler|gie *die;* -, ...ien: vom normalen Verhalten abweichende Reaktion des Organismus auf bestimmte (körperfremde) Stoffe (z. B. Heuschnupfen, Nesselsucht); Überempfindlichkeit

Al|ler|gi|ker *der;* -s, -: jmd., der für Allergien anfällig ist

Al|ler|gi|ke|rin *die;* -, -nen: weibliche Form zu ↑Allergiker

al|ler|gisch: 1. die Allergie betreffend. **2.** überempfindlich, eine Abneigung gegen etwas od. jmdn. empfindend

Al|ler|go|lo|ge *der;* -n, -n: Wissenschaftler auf dem Gebiet der Allergologie

Al|ler|go|lo|gie *die;* -: medizinische Forschungsrichtung, die sich mit der Untersuchung der verschiedenen Allergien befasst

Al|ler|go|lo|gin *die;* -, -nen: weibliche Form zu ↑Allergologe

al|lez [aˈle:] *⟨lat.-fr.;* »geht!«⟩: vorwärts!; los!

Al|li|ance [aˈljã:s] vgl. Allianz

Al|li|anz *die;* -, -en, **Al|li|ance** [aˈljã:s] *die;* -, -n *⟨lat.-fr.⟩*: Bündnis, Verbindung, Vereinigung

Al|li|ga|tor *der;* -s, ...oren *⟨lat.-span.-engl.⟩*: zu den Krokodilen gehörendes Kriechtier im tropischen u. subtropischen Amerika u. in Südostasien

al|li|ie|ren *⟨lat.-fr.⟩*: verbünden

Al|li|ier|te *der* u. *die;* -n, -n: **a)** Verbündete[r]; **b)** (nur Plural) die im 1. u. 2. Weltkrieg gegen Deutschland verbündeten Staaten

all-in|clu|sive [ˈɔ:l(|)ɪnˈklu:sɪv] *⟨engl.⟩*: alles [ist im Preis] enthalten (bei Pauschalreisen u. Ä.)

Al|li|te|ra|ti|on *die;* -, -en *⟨lat.-nlat.⟩*: Stabreim, gleicher Anlaut der betonten Silben aufeinanderfolgender Wörter (z. B. bei *W*ind und *W*etter)

al|lo..., Al|lo...

vor Vokalen meist: **all..., All...**
⟨zu *gr.* állos »der andere; verschieden, anders«⟩ Wortbildungselement mit der Bedeutung »anders, verschieden, fremd, gegensätzlich«:
- Allergie
- allogam
- Allophon
- Alloplastik

al|lo|ch|thon [alɔx...] (Biol., Geol.): an anderer Stelle entstanden, nicht am Fundplatz heimisch (von Lebewesen u. Gesteinen); Ggs. ↑autochthon (2)

Al|lod *das;* -s, -e, **Al|lo|di|um** *das;* -s, ...ien *⟨germ.-mlat.⟩* (Rechtswiss.): im mittelalterlichen Recht der persönliche Besitz, das Familienerbgut, im Gegensatz zum Lehen od. grundherrlichen Land

al|lo|di|al: zum Allod gehörend

Al|lo|di|um vgl. Allod

Al|lo|ga|mie *die;* - ⟨*gr.-nlat.*⟩ (Bot.): Fremdbestäubung von Blüten

Al|lo|me|t|rie *die;* -, ...ien (Biol., Med.): das Vorauseilen bzw. Zurückbleiben des Wachstums von Gliedmaßen, Organen od. Geweben gegenüber dem Wachstum des übrigen Organismus; Ggs. ↑Isometrie (2)

Al|lon|ge [a'lõ:ʒə] *die;* -, -n ⟨*lat.-fr.*⟩: **1.** Verlängerungsstreifen bei Wechseln für ↑Indossamente. **2.** das Buchblatt, an dem ausfaltbare Karten od. Abbildungen befestigt sind

all'on|gha|re|se [allɔŋga're:zə] ⟨*it.;* »in der ungarischen Art«⟩: in der Art der Zigeunermusik (meist in Verbindung mit »Rondo«, musikalische Satzbezeichnung [für den Schlussteil eines Musikstücks] in der klassisch-romantischen [Kammer]musik); ↑alla zingarese

al|lons [a'lõ:] ⟨*lat.-fr.;* »lasst uns gehen!«⟩: vorwärts!, los!

Al|lo|pa|thie *die;* -: Heilverfahren, das Krankheiten mit entgegengesetzt wirkenden Mitteln zu behandeln sucht; Ggs. ↑Homöopathie

al|lo|pa|thisch: die Allopathie betreffend

Al|lo|t|ria *das;* -[s], - (Plural selten) ⟨*gr.;* »abwegige Dinge«⟩: mit Lärm, Tumult o. Ä. ausgeführter Unfug, Dummheiten

al|lo|t|rio|morph (Geol.): nicht von eigenen Kristallflächen begrenzt (von Mineralien); Ggs. ↑idiomorph

all'ot|ta|va ⟨*it.;* »in der Oktave«⟩: eine Oktave höher [zu spielen] (Zeichen: 8va..... über den betreffenden Noten)

all right ['ɔ:l 'rait] ⟨*engl.*⟩: richtig!, in Ordnung!, einverstanden!

Al|l|round...

[ɔ:l'raʊnd...]
⟨*engl.* all-round »vielseitig«⟩
Wortbildungselement mit der Bedeutung »allumfassend, vielseitig, für alle Gelegenheiten«:
– Allroundathlet
– Allroundman

Al|roun|der *der;* -s, - ⟨*engl.*⟩: **1.** wendiger, vielseitiger Mann, der Kenntnisse u. Fähigkeiten auf zahlreichen Gebieten besitzt. **2.** Gerät, das verschiedene Funktionen ausführen kann

All|roun|de|rin *die;* -, -nen: weibliche Form zu ↑Allrounder (1)

All-Star-Band ['ɔ:lsta:ɐ̯bænd] *die;* -, -s ⟨*engl.*⟩: **1.** Jazzband, die nur aus berühmten Musikern besteht. **2.** erstklassige Tanz- u. Unterhaltungskapelle

all'un|ghe|re|se [allʊŋge're:zə] vgl. all'ongharese

Al|lü|re *die;* -, -n ⟨*lat.-fr.*⟩: **1. a)** (veraltet) Gangart [des Pferdes]; **b)** Fährte, Spur (von Tieren). **2.** (nur Plural) Umgangsformen, [auffallendes, als Besonderheit hervorstechendes] Benehmen, [arrogantes] Auftreten

al|lu|vi|al ⟨*lat.-nlat.*⟩ (Geol.): das Alluvium betreffend; [durch Ströme] angeschwemmt, abgelagert

Al|lu|vi|on *die;* -, -en ⟨*lat.;* »das Anspülen, die Anschwemmung«⟩ (Geol.): neu angeschwemmtes Land an Fluss-, Seeufern u. Meeresküsten

Al|lu|vi|um *das;* -s (veraltend): ↑Holozän

Al|ma Ma|ter *die;* - - ⟨*lat.;* »nährende Mutter«⟩: Universität, Hochschule

Al|ma|nach *der;* -s, -e ⟨*mlat.-niederl.*⟩: **1.** [bebildertes] kalendarisch angelegtes Jahrbuch. **2.** [jährlicher] Verlagskatalog mit Textproben

Al|man|din *der;* -s, -e ⟨*mlat.-nlat.;* nach der antiken Stadt Alabanda in Kleinasien⟩: Sonderform des ↑[1]Granats; edler, roter Schmuckstein

Al|mo|sen *das;* -s, - ⟨*gr.-mlat.*⟩: [milde] Gabe, kleine Spende für einen Bedürftigen

Aloe ['a:loe] *die;* -, -n ⟨*gr.-lat.*⟩: dickfleischiges Liliengewächs der Tropen u. Subtropen

Aloe ve|ra *die;* - - ⟨*nlat.*⟩: feuchtigkeitsspeichernde Aloe, deren Inhaltsstoffe bes. für Hautpflegemittel verwendet werden

alo|gisch ⟨*gr.*⟩: ohne Logik, vernunftlos, -widrig

[1]**Al|pa|ka** *das;* -s, -s ⟨*indian.-span.*⟩: **1.** langhaariges, schwarzes od. schwarzbraunes Lama in den Anden. **2.** (ohne Plural) die Wollhaare des Alpakas, Bestandteil des Alpakagarns

[2]**Al|pa|ka** *der;* -s: dichtes Gewebe in Tuch- od. Köperbindung (bestimmte Webart)

al pa|ri ⟨*it.;* »zum gleichen (Wert)«⟩: zum Nennwert (einer ↑Aktie)

Al|pha *das;* -[s], -s ⟨*semit.-gr.*⟩: erster Buchstabe des griechischen Alphabets (Α, α)

[1]**Al|pha|bet** *das;* -[e]s, -e ⟨nach den ersten beiden Buchstaben des gr. Alphabets *Alpha* u. *Beta*⟩: **1.** festgelegte Reihenfolge der Schriftzeichen einer Sprache. **2.** (Informatik) Menge von unterscheidbaren Zeichen u. deren mögliche Kombination in einem formalen System

[2]**Al|pha|bet** *der;* -en, -en ⟨Rückbildung zu ↑Analphabet⟩: jmd., der lesen kann

al|pha|be|tisch: der Reihenfolge des Alphabets folgend

al|pha|be|ti|sie|ren: **1.** nach der Reihenfolge der Buchstaben (im Alphabet) ordnen. **2.** einem ↑Analphabeten Lesen u. Schreiben beibringen

al|pha|me|risch: ↑alphanumerisch

al|pha|nu|me|risch ⟨*gr.; lat.*⟩: **1.** (EDV) neben Ziffern u. Operationszeichen auch beliebige Zeichen eines Alphabets enthaltend (vom Zeichenvorrat bei der Informationsverarbeitung). **2.** mithilfe von römischen od. arabischen Ziffern, von Groß- u. Kleinbuchstaben gegliedert

Al|pha|strah|len, α-Strah|len *die* (nur Plural) (Kernphysik): radioaktive Strahlen, die als Folge von Kernreaktionen, bes. beim Zerfall von Atomkernen bestimmter radioaktiver Elemente, auftreten

Al|pha|tier *das;* -[e]s, -e (Verhaltensforschung): (bei Tieren, die in Gruppen mit Rangordnung leben) Tier, das die Gruppe beherrscht

al|pin ⟨*lat.*⟩: **1. a)** die Alpen od. das Hochgebirge betreffend; **b)** in den Alpen od. im Hochgebirge vorkommend. **2.** (Skisport) den Abfahrtslauf, Super-G, Riesenslalom u. Slalom betreffend. **3.** den Alpinismus betreffend

Al|pi|na|ri|um *das;* -s, ...ien ⟨*lat.-nlat.*⟩: Naturwildpark im Hochgebirge

Al|pi|ni ⟨*lat.-it.*⟩: italienische Alpenjäger, Gebirgstruppe

Al|pi|nis|mus *der;* - ⟨*lat.-nlat.*⟩: als Sport betriebenes Bergsteigen im Hochgebirge

Al|pi|nist *der;* -en, -en: jmd., der das Bergsteigen im Hochgebirge als Sport betreibt

Al|pi|nis|tik *die;* -: Alpinismus

Al|pi|nis|tin *die;* -, -nen: weibliche Form zu ↑Alpinist

Al|pi|num *das;* -s, ...nen ⟨*lat.-nlat.*⟩: Anlage mit Gebirgspflanzen [für wissenschaftliche Zwecke]

al-Qai|da [...k...] vgl. El Kaida

al se|g|no [al'zɛnjo] ⟨*it.*⟩: bis zum Zeichen (bei Wiederholung eines Tonstückes; Abk.: al s.)

Alt *der;* -s, -e ⟨*lat.-it.*⟩: **1. a)** tiefe Frauen- od. Knabensingstimme; **b)** ↑Altus. **2.** ↑Altistin. **3.** Gesamtheit der Altstimmen im gemischten Chor

Al|tan *der;* -[e]s, -e, **Al|ta|ne** *die;* -, -n ⟨*lat.-it.*⟩ (Archit.): Söller, vom Erdboden aus gestützter balkonartiger Anbau

Al|tar *der;* -[e]s, ...täre ⟨*lat.*⟩: **1.** erhöhter Aufbau für gottesdienstliche Handlungen in christlichen Kirchen. **2.** heidnische [Brand]opferstätte

Al|tar[s]|sa|k|ra|ment *das;* -[e]s: ↑Eucharistie (a)

Al|te|ra|ti|on *die;* -, -en ⟨*mlat.*⟩: **1. a)** (veraltet) Aufregung, Gemütsbewegung; **b)** (Med.) [krankhafte] Veränderung, Verschlimmerung eines Zustands. **2.** (Musik) ↑chromatische (1) Veränderung eines Tones innerhalb eines Akkords

Al|ter Ego [auch: - 'ɛgo] *das;* - -[s], - -s ⟨*lat.;* »das andere Ich«⟩: **1.** sehr enger, vertrauter Freund. **2.** der abgespaltene seelische Bereich bei Personen mit Bewusstseinsspaltung. **3.** Animus (bei C. G. Jung als Begriffe für die im Unterbewussten vorhandenen Züge des anderen Geschlechts). **4.** Es (Begriff für das Triebhafte bei Freud). **5.** ein Tier od. eine Pflanze, mit denen, nach dem Glauben vieler Naturvölker, eine Person eine besonders enge Lebens- u. Schicksalsgemeinschaft hat

al|te|rie|ren ⟨*lat.(-fr.)*⟩: **1. a)** jmdn. aufregen, ärgern; **sich alterieren:** sich aufregen, sich erregen, sich ärgern; **b)** etwas abändern. **2.** einen Akkordton ↑chromatisch (1) verändern

Al|ter|nanz *die;* -, -en ⟨*nlat.*⟩: Wechsel, Abwechslung, bes. im Obstbau die jährlich wechselnden Ertragsschwankungen

al|ter|na|tiv ⟨*lat.-fr.*⟩: **1.** wahlweise; zwischen zwei Möglichkeiten die Wahl lassend. **2. a)** eine Haltung, Einstellung vertretend, die bestimmte Vorstellungen von anderen, menschen- u. umweltfreundlicheren Formen des Zusammenlebens zu verwirklichen sucht; **b)** im Gegensatz zum Herkömmlichen stehend, bes. im Hinblick auf die ökologische Vertretbarkeit

Al|ter|na|tiv|be|we|gung *die;* -, -en: Protest- u. Reformbewegung, die sich als Alternative zur Kultur- u. Wertordnung der bürgerlichen Gesellschaft versteht

[1]**Al|ter|na|ti|ve** *die;* -, -n: **a)** freie, aber unabdingbare Entscheidung zwischen zwei Möglichkeiten (der Aspekt des Entweder-oder); **b)** zweite, andere Möglichkeit; Möglichkeit des Wählens zwischen zwei oder mehreren Dingen

[2]**Al|ter|na|ti|ve** *der* od. *die;* -n, -n: Anhänger der alternativen (2) Idee

Al|ter|na|tiv|ener|gie *die;* -, -n: aus anderen Quellen (z. B. Sonne, Wind) als den herkömmlichen (z. B. Kohle, Öl) geschöpfte Energie (2)

Al|ter|na|tiv|kul|tur *die;* -: vgl. Alternativbewegung

al|ter|nie|ren ⟨*lat.*⟩: [ab]wechseln, einander ablösen; **alternierende Blattstellung** (Bot.): Anordnung der Blätter einer Pflanze, bei der die Blätter des jeweils nächsten Knotens in den Zwischenräumen der vorangegangenen Blätter stehen; **alternierendes Fieber** (Med.): Erkrankung mit abwechselnd fiebrigen u. fieberfreien Zuständen; **alternierende Reihe** (Math.): Reihe mit wechselnden Vorzeichen vor den einzelnen Gliedern

Al|tist *der;* -en, -en ⟨*lat.-it.*⟩: Sänger (meist Knabe) mit Altstimme

Al|tis|tin *die;* -, -nen: Sängerin mit Altstimme

Al|t|ru|is|mus *der; - ⟨lat.-nlat.⟩*: durch Rücksicht auf andere gekennzeichnete Denk- u. Handlungsweise, Selbstlosigkeit; Ggs. ↑Egoismus

Al|t|ru|ist *der;* -en, -en: selbstloser, uneigennütziger Mensch; Ggs. ↑Egoist

Al|t|ru|is|tin *die;* -, -nen: weibliche Form zu ↑Altruist

al|t|ru|is|tisch: selbstlos, uneigennützig, aufopfernd; Ggs. ↑egoistisch

Al|tus *der;* -, ...ti *⟨lat.⟩*: **1.** falsettierende Männerstimme in Altlage (bes. in der Musik des 16.–18. Jh.s); vgl. Alt (1). **2.** Sänger mit Altstimme

Alu *das;* -s (ugs.): *Alu*minium

Alu|fo|lie ⟨Kurzform aus: **Aluminiumfolie**⟩: ↑Aluminiumfolie

Alu|mi|nat *das;* -s, -e *⟨lat.-nlat.⟩*: Salz einer Aluminiumverbindung

alu|mi|nie|ren: Metallteile mit Aluminium überziehen

Alu|mi|nit *der;* -s: natürlich vorkommendes, kristallisiertes Aluminiumsulfat (vgl. Sulfat)

Alu|mi|ni|um *das;* -s *⟨lat.-nlat.⟩*: chem. Element; ein Leichtmetall (Zeichen: Al)

Alu|mi|ni|um|fo|lie *die;* -, -n: dünne ↑Folie aus Aluminium

Alum|na *die;* -, ...nae: weibliche Form zu ↑[2]Alumnus

Alum|nat *das;* -s, -e *⟨lat.-nlat.⟩*: **1.** mit einer Lehranstalt verbundenes Schülerheim. **2.** (österr.) Einrichtung zur Ausbildung von Geistlichen. **3.** kirchliche Erziehungsanstalt

Alum|ne *der;* -n, -n, **[1]Alum|nus** *der;* -, ...nen u. ...ni *⟨lat.⟩*: jmd., der in einem Alumnat erzogen wird

[2]Alum|nus *der;* -, ...ni *⟨lat.-engl.⟩*: Absolvent einer Schule, Hochschule; Ehemaliger

Al|ve|o|lar *der;* -s, -e: mit der Zunge[nspitze] an den Alveolen (1) gebildeter Laut, Zahnlaut (↑Dental, z. B. d, t)

Al|ve|o|le *die;* -, -n (meist Plural): **1.** Knochenmulde im Ober- od. Unterkiefer, in der die Zahnwurzeln sitzen. **2.** Lungenbläschen

a. m. [eɪ ˈɛm] ⟨Abk. für *lat.* ante meridiem »vor Mittag«⟩: vormittags (engl. Uhrzeitangabe; Ggs. ↑p. m.)

Amal|gam *das;* -s, -e *⟨mlat.⟩*: eine Quecksilberlegierung

amal|ga|mie|ren: 1. eine Quecksilberlegierung herstellen. **2.** Gold u. Silber mithilfe von Quecksilber aus Erzen gewinnen. **3.** verbinden, vereinigen

ama|rant, ama|ran|ten: dunkelrot

ama|ran|ten vgl. amarant

Ama|rel|le *die;* -, -n *⟨lat.-roman.⟩*: Sauerkirsche

Ama|ret|to *der;* -s, ...tti *⟨it.⟩*: **1.** ein Mandellikör. **2.** (meist Plural) ein Mandelgebäck

Ama|ryl *der;* -s, -e *⟨gr.⟩*: künstlicher, hellgrüner ↑Saphir

Ama|ryl|lis *die;* -, ...llen *⟨gr.-lat.⟩*: eine Zierpflanze (Narzissengewächs)

Ama|teur [...ˈtøːɐ̯] *der;* -s, -e *⟨lat.-fr.⟩*: **a)** jmd., der eine bestimmte Tätigkeit nur aus Liebhaberei, nicht berufsmäßig betreibt; **b)** aktives Mitglied eines Sportvereins, das eine bestimmte Sportart zwar regelmäßig, jedoch ohne Entgelt betreibt; Ggs. ↑Profi; **c)** Nichtfachmann

Ama|teu|rin [...ˈtøːrɪn] *die;* -, -nen: weibliche Form zu ↑Amateur

Ama|teur|sport *der;* -[e]s: Sport, den ein Amateur (b) betreibt; Ggs. ↑Profisport

Ama|teur|sta|tus *der;* -: Eigenschaft, Stellung als Amateur

Ama|ti *die;* -, -s: von einem Mitglied der italienischen Geigenbauerfamilie Amati hergestellte Geige

Ama|zo|ne *die;* -, -n *⟨gr.-lat.(-fr.);* nach dem Namen eines kriegerischen, berittenen Frauenvolkes der gr. Sage⟩: **1. a)** Turnierreiterin; **b)** Fahrerin beim Motorsport. **2.** sportliches, hübsches Mädchen von knabenhaft schlanker Erscheinung. **3.** betont männlich auftretende Frau, Mannweib

[1]Am|ber *der;* -s, -[n], **Am|b|ra** *⟨arab.-roman.⟩*: fettige Darmausscheidung des Pottwals, die als Duftstoff verwendet wird

[2]Am|ber [ˈæmbə] *der;* -s *⟨engl.⟩*: engl. Bez. für: Bernstein

Am|bi|en|te *das;* - *⟨lat.-it.⟩*: **1.** (bild. Kunst) Gesamtheit dessen, was eine Gestalt umgibt (Licht, Luft, Gegenstände). **2.** die spezifische Umwelt u. das Milieu, in dem jmd. lebt, bzw. die besondere Atmosphäre, die eine Persönlichkeit umgibt od. einem Raum sein besonderes Gepräge verleiht

am|big *⟨lat.(-fr.)⟩*, **am|bi|gu** [ãbiˈgyː] *⟨lat.-fr.⟩*: mehrdeutig, doppelsinnig

am|bi|gue [...gu̯ə]: ↑ambig

Am|bi|gu|i|tät *die;* -, -en *⟨lat.⟩*: **a)** Mehr-, Doppeldeutigkeit von Wörtern, Werten, Symbolen, Sachverhalten; **b)** (Sprachw.) lexikalische od. syntaktische Mehrdeutigkeit

Am|bi|ti|on *die;* -, -en (meist Plural) *⟨lat.-fr.⟩*: höhergestecktes Ziel, das jmd. zu erreichen sucht, wonach jmd. strebt; ehrgeiziges Streben

am|bi|ti|o|niert: ehrgeizig, strebsam

am|bi|ti|ös: ehrgeizig

a

am|bi|va|lent ⟨*lat.-nlat.*⟩: in sich widersprüchlich; zwiespältig

Am|bi|va|lenz *die;* -, -en: Zwiespältigkeit, Zerrissenheit [der Gefühle und Bestrebungen]

Am|bo, Am|bon *der;* -s, ...onen ⟨*gr.-lat.*⟩: erhöhtes Pult in christlichen Kirchen für gottesdienstliche Lesungen

Am|b|ro|sia *die;* - ⟨*gr.-lat.*⟩: **1.** (in der gr. Mythologie) Speise der Götter. **2.** eine Süßspeise. **3.** Pilznahrung bestimmter Insekten

am|b|ro|si|a|nisch ⟨nach dem Bischof Ambrosius von Mailand⟩: **ambrosianische Liturgie:** von der römischen ↑Liturgie abweichende Gottesdienstform der alten Kirchenprovinz Mailand; **ambrosianischer Lobgesang:** das (fälschlich auf Ambrosius zurückgeführte) ↑Tedeum

am|bu|lant ⟨*lat.-fr.*⟩: **1.** nicht fest an einen bestimmten Ort gebunden (z. B. ambulantes Gewerbe). **2.** (Med.) nicht an eine Krankenhausaufnahme gebunden; Ggs. ↑stationär (2); **ambulante Behandlung:** a) (sich wiederholende) Behandlung in einer Klinik ohne stationäre Aufnahme des Patienten; b) ärztliche Behandlung, bei der der Patient den Arzt während der Sprechstunde aufsucht

Am|bu|lanz *die;* -, -en: **1.** kleinere poliklinische Station für ambulante Behandlung, Ambulatorium. **2.** Rettungswagen, Krankentransportwagen. **3.** (veraltet) bewegliches Feldlazarett

am|bu|la|to|risch ⟨*lat.*⟩: auf das Ambulatorium bezogen; **ambulatorische Behandlung:** ambulante Behandlung

Am|bu|la|to|ri|um *das;* -s, ...ien: Ambulanz (1)

Ame|li|o|ra|ti|on *die;* -, -en ⟨*lat.-fr.*⟩: Verbesserung [bes. des Ackerbodens]

ame|li|o|rie|ren: [den Ackerboden] verbessern

amen ⟨*hebr.-gr.-lat.;* »wahrlich; es geschehe!«⟩: bekräftigendes Wort als Abschluss eines Gebets u. liturgische Akklamation im christlichen, jüdischen u. islamischen Gottesdienst

Amen *das;* -s, -: bekräftigende liturgische Abschlussformel nach Gebet, Segen o. Ä.; **sein Amen zu etwas geben:** einer Sache zustimmen

Ame|nor|rhö *die;* -, -en ⟨*gr.-nlat.*⟩ (Med.): Ausbleiben bzw. Fehlen der ↑Menstruation

ame|nor|rho|isch: die Amenorrhö betreffend

Ame|ri|can Foot|ball [- ˈfʊtbɔl] *der;* - -[s] ⟨*engl.*⟩: ↑Football

Ame|ri|ci|um *das;* -s ⟨*nlat.;* nach dem Kontinent Amerika⟩: chem. Element; ↑Transuran (Zeichen: Am)

ame|ri|ka|ni|sie|ren: a) der amerikanischen Sprache od. den amerikanischen Verhältnissen angleichen; **b)** (einen Betrieb, eine Firma) mit US-amerikanischem Kapital ausstatten, unter US-amerikanische Leitung stellen

Ame|ri|ka|nis|mus *der;* -, ...men: **1.** sprachliche Besonderheit des amerikanischen Englisch. **2.** Entlehnung aus dem Amerikanischen [ins Deutsche]; vgl. Interferenz (3)

Ame|ri|ka|nist *der;* -en, -en: Wissenschaftler auf dem Gebiet der Amerikanistik

Ame|ri|ka|nis|tik *die;* -: **1.** wissenschaftliche Erforschung der Geschichte, Sprache u. Kultur der USA. **2.** wissenschaftliche Erforschung der Geschichte, Sprache u. Kultur des alten Amerikas

Ame|ri|ka|nis|tin *die;* -, -nen: weibliche Form zu ↑Amerikanist

Ame|thyst *der;* -[e]s, -e ⟨*gr.-lat.*⟩: violetter bis purpurroter Schmuckstein

Ame|t|rie *die;* -, ...ien ⟨*gr.*⟩: Ungleichmäßigkeit, Missverhältnis

ame|t|risch [auch: ˈa...]: nicht gleichmäßig, in keinem ausgewogenen Verhältnis stehend

[1]**Ami** *der;* -[s], -[s] (ugs.): Amerikaner

[2]**Ami** *die;* -, -s (ugs.): amerikanische Zigarette

Ami|ant *der;* -s, -e ⟨*gr.-lat.*⟩: eine Asbestart

Amid *das;* -s, -e ⟨*gr.-lat.-mlat.-nlat.*⟩: **a)** chem. Verbindung des Ammoniaks, bei der ein Wasserstoffatom des Ammoniaks durch ein Metall ersetzt ist; **b)** Ammoniak, dessen Wasserstoffatome durch Säurereste ersetzt sind

...ä|mie

nach Vokalen auch: **...hä|mie**
die; -, ...ien
⟨zu *gr.* haĩma »Blut«⟩
Wortbildungselement mit der Bedeutung »Blutkrankheit«:
- Anämie
- Hyperglykämie
- Ischämie
- Leukämie
- Toxämie

Von gleicher Herkunft sind auch die im Kasten hämo..., Hämo... aufgeführten Wortbildungselemente.

Amin *das;* -s, -e ⟨*arab.; gr.-lat.*⟩: chem. Verbindung, die durch Ersatz von einem od. mehreren Wasserstoffatomen durch ↑Alkyle aus Ammoniak entsteht

Ami|no|säu|re *die;* -, -n (meist Plural): organische Säure, bei der ein Wasserstoffatom durch eine Aminogruppe ersetzt ist (wichtigster Baustein der Eiweißkörper)

Ami|to|se *die;* -, -n ⟨*gr.-nlat.*⟩ (Biol.): direkte Zellkernteilung; Ggs. ↑Mitose

Ami|xie *die;* - ⟨*gr.*⟩: das Nicht-zustande-Kommen der Paarung zwischen Angehörigen der gleichen Art aufgrund bestimmter (z. B. geografischer) Isolierungsfaktoren; Ggs. ↑Panmixie (2)

Am|mon *das;* -s, -e: kurz für: ↑Ammonium

Am|mo|ni|ak [auch: 'a…, österr.: a'mo:…] *das;* -s ⟨*ägypt.-gr.-lat.;* nach dem Fundort Ammonium in Ägypten⟩: stechend riechende gasförmige Verbindung von Stickstoff u. Wasserstoff

[1]**Am|mo|nit** *der;* -en, -en ⟨*nlat.;* nach dem ägypt. Gott Ammon, der mit Widderhörnern dargestellt wurde⟩: **1.** ausgestorbener Kopffüßer der Kreidezeit. **2.** spiralförmige Versteinerung eines [1]Ammoniten (1)

[2]**Am|mo|nit** [auch: …nɪt] *der;* -s, -e ⟨Kurzw. aus ↑**Ammoniumnitrat** u. **-it**⟩: Sprengstoff

Am|mo|ni|um *das;* -s ⟨*nlat.*⟩: aus Stickstoff u. Wasserstoff bestehende Atomgruppe, die sich in vielen chem. Verbindungen wie ein Metall verhält

Am|mons|horn *das;* -[e]s, …hörner: **1.** (Zool., Anat.) Teil des Großhirns bei Säugetieren u. beim Menschen. **2.** ↑[1]Ammonit (2)

Am|ne|sie *die;* -, …ien ⟨*gr.-nlat.*⟩ (Med.): Erinnerungslosigkeit, Gedächtnisschwund; Ggs. ↑Hypermnesie

Am|nes|tie *die;* -, …ien ⟨*gr.-lat.;* »das Vergessen; Vergebung«⟩: durch ein besonderes Gesetz verfügter Straferlass od. verfügte Strafmilderung für eine Gruppe bestimmter Fälle, bes. für politische Vergehen

am|nes|tie|ren: jmdm. [durch Gesetz] die weitere Verbüßung einer Freiheitsstrafe erlassen

Am|nes|ty In|ter|na|tio|nal ['æmnɪsti ɪntɐ'næʃənl] *die;* - - ⟨*engl.*⟩: 1961 gegründete internationale Organisation zum Schutze der Menschenrechte, bes. für Menschen, die aus politischen od. religiösen Gründen in Haft sind (Abk.: ai)

Amö|be *die;* -, -n ⟨*gr.-nlat.;* »Wechsel, Veränderung«⟩: Einzeller der Klasse der Wurzelfüßer; Krankheitserreger [der Amöbenruhr]

amö|bo|id: amöbenartig

Amok [a'mɔk] *der;* -[s] ⟨*malai.*⟩: **Amok laufen:** in einem Zustand krankhafter Verwirrung [mit einer Waffe] umherlaufen und blindwütig töten; **Amok fahren:** in wilder Zerstörungswut mit einem Fahrzeug umherfahren

amo|ra|lisch: a) sich außerhalb der Moral od. moralischer Bewertung befindend; **b)** sich über die herrschende Moral hinwegsetzend

Amo|ra|li|tät *die;* -: Haltung, Lebensführung, die keine Moral für sich anerkennt

amo|ro|so ⟨*lat.-it.*⟩ (Musik): innig, zärtlich (Vortragsanweisung)

amorph ⟨*gr.-nlat.*⟩: **1.** ungeformt, gestaltlos. **2.** (Physik) nicht kristallin. **3.** (Biol.) keine Eigenschaft, kein Merkmal ausprägend (von Genen); vgl. …isch/-

Amor|ti|sa|ti|on *die;* -, -en: **1.** allmähliche Tilgung einer langfristigen Schuld nach vorgegebenem Plan. **2.** Deckung der für ein Investitionsgut aufgewendeten Anschaffungskosten aus dem mit dem Investitionsgut erwirtschafteten Ertrag. **3.** (Rechtswiss.) gesetzliche Beschränkung od. Genehmigungsvorbehalt für den Erwerb von Vermögenswerten. **4.** Kraftloserklärung einer Urkunde. **5.** (in sozialistischer Planwirtschaft) Abschreibung des Verschleißes, dem die Grundmittel in der Produktion ausgesetzt sind

amor|ti|sie|ren: 1. eine Schuld nach einem vorgegebenen Plan allmählich tilgen. **2. a)** die Anschaffungskosten für ein Investitionsgut durch den mit diesem erwirtschafteten Ertrag decken; **b)** sich amortisieren: die Anschaffungskosten durch Ertrag wieder einbringen. **3.** (in sozialistischer Planwirtschaft) den Verschleiß der Grundmittel in der Produktion abschreiben

Amour fou [amur'fu:] *die;* - - ⟨*fr.*⟩: verhängnisvolle, leidenschaftliche Liebe

amou|rös: eine Liebschaft betreffend, Liebes…; verliebt

Am|pere [am'pɛ:ɐ̯] *das;* -[s], - ⟨nach dem fr. Physiker Ampère⟩: Einheit der elektrischen Stromstärke (Zeichen: A)

Am|pere|me|ter *das;* -s, -: Messgerät für elektrische Stromstärke

Am|pere|se|kun|de *die;* -, -n: Einheit für die Menge der elektrischen Ladung, die transportiert wird, wenn Strom von 1 Ampere eine Sekunde lang fließt (1 Ampere × 1 Sekunde = 1 Coulomb; Zeichen: As)

Am|pere|stun|de *die;* -, -n: Einheit für die Menge der elektrischen Ladung, die transportiert wird, wenn Strom von 1 Ampere eine Stunde lang fließt (1 Ampere × 3600 Sekunden = 3600 Coulomb; Zeichen: Ah)

Am|phe|t|a|min *das;* -s, -e ⟨Kunstw.⟩: ↑Weckamin, das als schnell wirkende Droge benutzt wird

am|phib: ↑amphibisch; vgl. …isch/-

Am|phi|bie […bi̯ə] *die;* -, -n (meist Plural), **Am|phi|bi|um** *das;* -s, …ien ⟨*gr.-lat.*⟩: Lurch, im Wasser und auf dem Land lebendes Kriechtier

Am|phi|bi|en|fahr|zeug *das;* -[e]s, -e: Kraftfahrzeug, das im Wasser u. auf dem Land verwendet werden kann

am|phi|bisch: **1.** im Wasser u. auf dem Land lebend bzw. sich bewegend. **2.** (Militär) zu Lande u. zu Wasser operierend; vgl. ...isch/-

Am|phi|bi|um vgl. Amphibie

Am|phi|go|nie *die;* - ⟨*gr.-nlat.*⟩ (Biol.): zweigeschlechtliche Fortpflanzung (durch Ei u. Samenzellen)

Am|phi|k|ty|o|ne *der;* -n, -n ⟨*gr.-lat.;* »Umwohner«⟩: Mitglied einer Amphiktyonie

Am|phi|k|ty|o|nie *die;* -, ...ien ⟨*gr.*⟩: kultisch-politischer Verband von Nachbarstaaten od. -stämmen mit gemeinsamem Heiligtum im Griechenland der Antike (z. B. Delphi u. Delos)

Am|phi|o|le® *die;* -, -n ⟨Kurzw. aus ↑*Am*pulle u. ↑*Phiole*⟩ (Med.): Kombination aus Serum- od. Heilmittelampulle u. Injektionsspritze

Am|phi|the|a|ter *das;* -s, - ⟨*gr.-lat.*⟩: meist dachloses Theatergebäude der Antike in Form einer Ellipse mit stufenweise aufsteigenden Sitzen

am|phi|the|a|t|ra|lisch: in der Art eines Amphitheaters

Am|pho|ra, Am|pho|re *die;* -, ...oren ⟨*gr.-lat.*⟩: zweihenkliges enghalsiges Gefäß der Antike zur Aufbewahrung von Wein, Öl, Honig usw.

am|pho|ter ⟨*gr.-nlat.;* »jeder von beiden; zwitterhaft«⟩ (Chemie): sich teils als Säure, teils als Base verhaltend

Am|p|li|fi|ka|ti|on *die;* -, -en ⟨*lat.*⟩: **1.** (Stilkunde, Rhet.) kunstvolle Ausweitung einer Aussage über das zum unmittelbaren Verstehen Nötige hinaus. **2.** (Psychoanalyse) Erweiterung des Trauminhalts durch Vergleich der Traumbilder mit Bildern der Mythologie, Religion usw., die in sinnverwandter Beziehung zum Trauminhalt stehen

am|p|li|fi|zie|ren ⟨*lat.*⟩: **a)** erweitern; **b)** ausführen; **c)** etwas unter verschiedenen Gesichtspunkten betrachten

Am|p|li|tu|de *die;* -, -n ⟨»Größe, Weite, Umfang«⟩ (Math., Physik): größter Ausschlag einer Schwingung (z. B. beim Pendel) aus der Mittellage

Am|pul|le *die;* -, -n ⟨*gr.-lat.;* »kleine Flasche; Ölgefäß«⟩: **1.** (Med.) kleiner, keimfrei verschlossener Glasbehälter für Injektionslösungen. **2.** (Med.) blasenförmige Erweiterung eines röhrenförmigen Hohlorgans (z. B. des Mastdarms). **3.** kleine Kanne (mit Wein, Öl u. dgl.) für den liturgischen Gebrauch

Am|pu|ta|ti|on *die;* -, -en ⟨*lat.*⟩ (Med.): operative Abtrennung eines Körperteils, bes. einer Gliedmaße; Ablation (2 a)

am|pu|tie|ren ⟨»ringsherum wegschneiden«⟩ (Med.): einen Körperteil operativ entfernen

Amu|lett *das;* -[e]s, -e ⟨*lat.*⟩: kleinerer, als Anhänger (bes. um den Hals) getragener Gegenstand in Form eines Medaillons o. Ä., dem besondere, Gefahren abwehrende od. Glück bringende Kräfte zugeschrieben werden

amü|sant ⟨*vulgärlat.-fr.*⟩: unterhaltsam, belustigend, vergnüglich

Amuse-Gueule [amy:zˈgœl] *das;* -[s], -s ⟨*fr.*⟩ (Gastron.): kleines Appetithäppchen

Amü|se|ment [amyz(ə)ˈmã:] *das;* -s, -s: unterhaltsamer, belustigender Zeitvertreib, [oberflächliches] Vergnügen

amü|sie|ren ⟨*vulgärlat.-fr.*⟩: **1.** jmdn. angenehm unterhalten; jmdn. erheitern, belustigen. **2.** sich amüsieren: **a)** sich vergnügen, sich angenehm die Zeit vertreiben, seinen Spaß haben; **b)** sich über jmdn. od. etwas lustig machen

amu|sisch ⟨*gr.-nlat.*⟩: ohne Kunstverständnis, ohne Kunstsinn

Amyg|da|lin *das;* -s ⟨*gr.-nlat.*⟩: blausäurehaltiges ↑Glykosid in bitteren Mandeln u. Obstkernen

Ana|bap|tis|mus *der;* - ⟨*gr.-nlat.*⟩: Lehre der [Wieder]täufer

Ana|bap|tist *der;* -en, -en: [Wieder]täufer

Ana|bo|li|kum *das;* -s, ...ka (meist Plural) (Med.): den Aufbaustoffwechsel [des Körpereiweißes] fördernder Wirkstoff mit geringer ↑androgener Wirkung

Ana|cho|ret [...ç..., ...x..., auch: ...k...] *der;* -en, -en ⟨*gr.-lat.;* »zurückgezogen (Lebender)«⟩: Klausner, Einsiedler

Ana|chro|nis|mus *der;* -, ...men ⟨*gr.-nlat.*⟩: **1. a)** falsche zeitliche Einordnung von Vorstellungen, Sachen od. Personen; **b)** Verlegung, das Hineinstellen einer Erscheinung usw. in einen Zeitabschnitt, in den sie – historisch gesehen – nicht hineingehört. **2.** eine durch die allgemeinen Fortschritte, Errungenschaften usw. überholte od. nicht mehr übliche Erscheinung

ana|chro|nis|tisch: **1.** den Anachronismus (1) betreffend. **2.** nicht in eine bestimmte Zeit, Epoche passend; nicht zeitgemäß; zeitwidrig

an|ae|rob [an|aeˈro:p, an|ɛ..., auch: ˈan...] ⟨*gr.-nlat.*⟩ (Biol.): ohne Sauerstoff lebend

An|ae|ro|bi|er *der;* -s, -, **An|ae|ro|bi|ont** *der;* -en, -en (Biol.): niederes Lebewesen, das ohne Sauerstoff leben kann (z. B. Darmbakterien); Ggs. ↑Aerobier

Ana|gly|phen|bril|le *die;* -, -n: spezielle Brille für das Betrachten von dreidimensionalen Bildern od. Filmen

Ana|gramm *das;* -s, -e ⟨*gr.-nlat.*⟩: **a)** Umstellung der Buchstaben eines Wortes zu anderen Wörtern mit neuem Sinn; **b)** Buchstabenversetzrätsel

ana|klas|tisch: eine Anaklasis enthaltend (von antiken Versen)

An|a|ko|luth *das* (auch: *der*); -s, -e ‹*gr.-lat.;* »ohne Zusammenhang, unpassend«› (Sprachw.): das Fortfahren in einer anderen als der begonnenen Satzkonstruktion; Satzbruch

an|a|ko|lu|thisch: in Form eines Anakoluths, einen Anakoluth enthaltend; vgl. ...isch/-

Ana|kon|da *die;* -, -s ‹Herkunft unsicher›: südamerikanische Riesenschlange

Ana|kre|on|ti|ker *der;* -s, -: Vertreter der Anakreontik, Nachahmer der Dichtweise Anakreons

ana|kre|on|tisch: a) zur Anakreontik gehörend; **b)** in der Art Anakreons; **anakreontischer Vers:** in der attischen Tragödie verwendeter ↑anaklastischer ionischer ↑Dimeter

anal ‹*lat.-nlat.*› (Med.): **a)** zum After gehörend; **b)** den After betreffend; **anale Phase** (Psychoanalyse): frühkindliche, durch Lustgewinn im Bereich des Afters gekennzeichnete Entwicklungsphase; **c)** afterwärts gelegen

Ana|lek|ten *die* (Plural) ‹*gr.-lat.*›: Sammlung von Auszügen od. Zitaten aus dichterischen od. wissenschaftlichen Werken od. von Beispielen bestimmter literarischer Gattungen

An|al|ge|sie, An|al|gie *die;* -, ...ien ‹*gr.*› (Med.): Aufhebung der Schmerzempfindung, Schmerzlosigkeit

An|al|ge|ti|kum *das;* -s, ...ka (Med.): Schmerzen stillendes Mittel

An|al|gie vgl. Analgesie

ana|log ‹*gr.-lat.-fr.*›: **1.** [einem anderen, Vergleichbaren] entsprechend, ähnlich; gleichartig; vgl. ...isch/-. **2.** (Informatik) kontinuierlich, stufenlos, stetig veränderbar; Ggs. ↑²digital

Ana|lo|gie *die;* -, ...ien ‹*gr.-lat.*›: **1.** Entsprechung, Ähnlichkeit, Gleichheit von Verhältnissen, Übereinstimmung. **2.** (Biol.) gleiche Funktion von Organen verschiedener entwicklungsgeschichtlicher Herkunft. **3.** (Sprachw.) **a)** in der antiken Grammatik Übereinstimmung in der Formenlehre (z. B. gleiche Endungen bei denselben Kasus) od. in der Wortbildung (gleiche Ableitungen); **b)** Ausgleich von Wörtern od. sprachlichen Formen nach assoziierten Wörtern od. Formen aufgrund von formaler Ähnlichkeit od. begrifflicher Verwandtschaft

Ana|lo|gie|bil|dung *die;* -, -en (Sprachw.): Bildung od. Umbildung einer sprachlichen Form nach dem Muster einer anderen (z. B. *Diskothek* nach *Bibliothek*)

Ana|lo|gon *das;* -s, ...ga ‹*gr.*›: ähnlicher, gleichartiger (analoger) Fall

Ana|log|rech|ner *der;* -s, -: Rechenanlage, in der die Ausgangswerte u. das Ergebnis einer Rechenaufgabe als physikalische Größen dargestellt werden; Ggs. ↑Digitalrechner

Ana|log|uhr *die;* -, -en: Uhr, bei der die Zeitangabe auf einem Zifferblatt durch Zeiger erfolgt; Ggs. ↑Digitaluhr

An|al|pha|bet [auch: ˈan...] *der;* -en, -en ‹*gr.*›: **1.** jmd., der nicht lesen und schreiben gelernt hat. **2.** (abwertend) jmd., der in einer bestimmten Sache nichts weiß, nicht Bescheid weiß (z. B. ein politischer Analphabet)

An|al|pha|be|tin *die;* -, -nen: weibliche Form zu ↑Analphabet

Ana|ly|se *die;* -, -n ‹*gr.-mlat.;* »Auflösung«›: **1.** systematische Untersuchung eines Gegenstandes od. Sachverhalts hinsichtlich aller einzelnen Komponenten od. Faktoren, die ihn bestimmen; Ggs. ↑Synthese (1). **2.** (Chemie) Ermittlung der Einzelbestandteile von zusammengesetzten Stoffen od. Stoffgemischen mit chemischen oder physikalischen Methoden

ana|ly|sie|ren: etwas [wissenschaftlich] zergliedern, zerlegen, untersuchen, auflösen, Einzelpunkte herausstellen

Ana|ly|sis *die;* -: **1.** Teilgebiet der Mathematik, in dem mit Grenzwerten gearbeitet, die Infinitesimalrechnung angewandt wird. **2.** Voruntersuchung beim Lösen geometrischer Aufgaben

Ana|lyst [engl.: ˈænəlɪst] *der;* -s, -s ‹*gr.-engl.*›: Börsenfachmann, der berufsmäßig die Lage u. Tendenz an der Wertpapierbörse beobachtet u. analysiert

Ana|lys|tin *die;* -, -nen: weibliche Form zu ↑Analyst

Ana|ly|tik *die;* - ‹*gr.-lat.*›: **1. a)** Kunst der Analyse; **b)** (Logik) Lehre von den Schlüssen u. Beweisen. **2.** analytische Chemie

Ana|ly|ti|ker *der;* -s, -: **a)** jmd., der bestimmte Erscheinungen analysiert; **b)** jmd., der die Analytik anwendet und beherrscht; **c)** Psychoanalytiker

Ana|ly|ti|ke|rin *die;* -, -nen: weibliche Form zu ↑Analytiker

ana|ly|tisch: zergliedernd, zerlegend, durch logische Zergliederung entwickelnd; **analytische Chemie:** Teilgebiet der Chemie, das sich mit der Analyse (2) befasst; **analytische Geometrie:** Geometrie, bei der für geometrische Gebilde Funktionsgleichungen aufgestellt werden;

analytisches Drama: Drama, das die Ereignisse, die eine tragische Situation herbeigeführt haben, im Verlauf der Handlung schrittweise enthüllt; **analytische Sprachen** (Sprachw.): Sprachen, bei denen syntaktische Beziehungen nicht am Wort selbst, sondern mithilfe selbstständiger Wörter ausgedrückt werden (z. B. dt. »ich habe geliebt« im Gegensatz zu lat. »amavi«); Ggs. ↑synthetische Sprachen (1); **analytisches Urteil** (Philos.): Urteil, das aus der Zergliederung eines Begriffs gewonnen wird und nur so viel Erkenntnis vermittelt, wie in diesem enthalten ist

An|ä|mie *die;* -, ...ien ⟨*gr.-nlat.;* »Blutarmut«⟩ (Med.): **a)** Verminderung des ↑Hämoglobins u. der roten Blutkörperchen im Blut; **b)** akuter Blutmangel nach plötzlichem schwerem Blutverlust

an|ä|misch: die Anämie (a, b) betreffend

Ana|m|ne|se *die;* -, -n ⟨*gr.-lat.;* »Erinnerung«⟩: **1.** (Med.) Vorgeschichte einer Krankheit nach Angaben des Kranken. **2.** (Rel.) in der Eucharistiefeier das Gebet nach der ↑Konsekration (2)

ana|m|nes|tisch, ana|m|ne|tisch ⟨*gr.-nlat.*⟩: die Anamnese betreffend

Ana|nas *die;* -, - u. -se ⟨*Guaraní-port.*⟩: **1.** tropische Pflanze mit rosettenartig angeordneten Blättern u. großen fleischigen Früchten. **2.** Frucht der Ananaspflanze

An|an|ke *die;* - ⟨*gr.;* »Zwang, schicksalhafte Notwendigkeit«⟩: **1.** (gr. Philos.) Verkörperung der schicksalhaften Macht (bzw. Gottheit) der Natur u. ihrer Notwendigkeiten. **2.** Zwang, Schicksal, Verhängnis

Ana|päst *der;* -[e]s, -e ⟨*gr.-lat.;* »Zurückprallender«⟩ (antike Metrik): aus zwei Kürzen u. einer Länge (◡◡–) bestehender Versfuß

ana|päs|tisch: in der Form eines Anapästs

Ana|pha|se *die;* -, -n ⟨*gr.-nlat.*⟩ (Biol.): besonderes Stadium bei der Kernteilung der Zelle

Ana|pher *die;* -, -n ⟨*gr.-lat.*⟩: **1.** (Rhet., Stilkunde) Wiederholung eines Wortes od. mehrerer Wörter zu Beginn aufeinanderfolgender Sätze od. Satzteile; Ggs. ↑Epiphora (2). **2.** zurückverweisendes Element eines Textes (z. B.: Die Frau ... *Sie* war sehr elegant)

Ana|pho|ra *die;* -, ...rä: **1.** Anapher. **2. a)** Hochgebet in der Eucharistiefeier der Ostkirchen; **b)** die Eucharistie selbst als Hauptteil der orthodoxen Messe

ana|pho|risch: die Anapher betreffend, in der Art der Anapher

An|aph|ro|di|si|a|kum, Ant|aph|ro|di|si|a|kum *das;* -s, ...ka ⟨*gr.-nlat.*⟩ (Med.): Mittel zur Herabsetzung des Geschlechtstriebes; Ggs. ↑Aphrodisiakum

ana|phy|lak|tisch (Med.): die ↑Anaphylaxie betreffend; **anaphylaktischer Schock:** Schock infolge von Überempfindlichkeit gegenüber wiederholter Zufuhr desselben Eiweißes durch Injektion (1)

Ana|phy|la|xie *die;* -, ...ien ⟨*gr.-nlat.*⟩ (Med.): Überempfindlichkeit, schockartige allergische (1) Reaktion, bes. gegen artfremdes Eiweiß

Ana|p|ty|xe *die;* -, -n ⟨*gr.;* »Entfaltung, Entwicklung«⟩: Bildung eines Sprossvokals zwischen zwei Konsonanten (z. B. *fünef* für *fünf*)

an|arch: ↑anarchisch; vgl. ...isch/-

An|ar|chie *die;* -, ...ien ⟨*gr.*⟩: **a)** Zustand der Herrschaftslosigkeit, Gesetzlosigkeit; Chaos in rechtlicher, politischer, wirtschaftlicher, gesellschaftlicher Hinsicht; **b)** (Philos.) gesellschaftlicher Zustand, in dem eine minimale Gewaltausübung durch Institutionen u. maximale Selbstverantwortung des Einzelnen vorherrscht

an|ar|chisch: herrschaftslos, gesetzlos, ohne feste Ordnung, chaotisch; vgl. ...isch/-

An|ar|chis|mus *der;* -, ...men ⟨*gr.-nlat.*⟩: Lehre, die eine Gesellschaftsformation ohne Staatsgewalt u. gesetzlichen Zwang propagiert

An|ar|chist *der;* -en, -en: Anhänger des Anarchismus

An|ar|chis|tin *die;* -, -nen: weibliche Form zu ↑Anarchist

an|ar|chis|tisch: dem Anarchismus entspringend, den Anarchismus vertretend

An|ar|cho *der;* -s, -s (meist Plural) (ugs.): jmd., der sich gegen die bestehende bürgerliche Gesellschaft u. deren Ordnung mit Aktionen u. Gewalt auflehnt

An|äs|the|sie *die;* -, ...ien ⟨*gr.-nlat.;* »Unempfindlichkeit«⟩ (Med.): **1.** Ausschaltung der Schmerzempfindung (z. B. durch Narkose). **2.** das Fehlen der Schmerzempfindung (bei Nervenschädigungen)

an|äs|the|sie|ren: schmerzunempfindlich machen, betäuben

An|äs|the|sist *der;* -en, -en: Narkosefacharzt

An|äs|the|sis|tin *die;* -, -nen: weibliche Form zu ↑Anästhesist

An|äs|the|ti|kum *das;* -s, ...ka: Schmerzen stillendes, den Schmerz ausschaltendes Mittel

an|äs|the|tisch: **1.** den Schmerz ausschaltend. **2.** mit [Berührungs]unempfindlichkeit verbunden

an|äs|the|ti|sie|ren: ↑anästhesieren

An|as|tig|mat *das;* -s, -e ⟨*gr.-nlat.*⟩: [fotografisches] Objektiv, bei dem die Verzerrung durch schräg einfallende Strahlen u. die Bildfeldwölbung beseitigt ist

an|as|tig|ma|tisch: unverzerrt, ohne Astigmatismus (1)

Ana|s|to|mo|se *die;* -, -n ⟨*gr.-lat.;* »Eröffnung«⟩: **1.** (Bot.) Querverbindung zwischen Gefäßsträngen od. Pilzfäden. **2.** (Med.) **a)** natürliche Verbindung zwischen Blut- od. Lymphgefäßen od. zwischen Nerven; **b)** operativ hergestellte künstliche Verbindung zwischen Hohlorganen

Ana|them *das;* -s, -e, **Ana|the|ma** *das;* -s, ...themata ⟨*gr.-lat.*⟩: **1.** Verfluchung, Kirchenbann. **2. a)** (antike Rel.) den Göttern vorbehaltenes Weihegeschenk; **b)** das dem Zorn der Götter Überlieferte, das Verfluchte

ana|the|ma|ti|sie|ren (Rel.): mit dem Kirchenbann belegen

Ana|tom *der;* -en, -en ⟨*gr.-lat.*⟩: Wissenschaftler auf dem Gebiet der Anatomie

Ana|to|mie *die;* -, ...ien ⟨»Zergliederung«⟩: **1. a)** (ohne Plural) Wissenschaft vom Bau des [menschlichen] Körpers und seiner Organe; **b)** Aufbau, Struktur des [menschlichen] Körpers. **2.** anatomisches Institut. **3.** Lehrbuch der Anatomie (1)

ana|to|mie|ren: ↑sezieren

Ana|to|min *die;* -, -nen: weibliche Form zu ↑Anatom

ana|to|misch: a) die Wissenschaft der Anatomie betreffend; **b)** den Bau des [menschlichen] Körpers betreffend; **c)** zergliedernd

An|chor|man [ˈɛŋkɐmɛn] *der;* -, ...men [...men] ⟨*engl.*⟩: Journalist o. Ä., der im Rundfunk, Fernsehen, bes. in Nachrichtensendungen, die einzelnen journalistischen Beiträge vorstellt, die verbindenden Worte u. Kommentare spricht

An|chor|wo|man [ˈɛŋkɐwʊmən] *die;* -, ...women [...wɪmɪn]: weibliche Form zu ↑Anchorman

An|cho|vis [...ˈʃoː...], **An|scho|vis** *die;* -, - ⟨*gr.-vulgärlat.-it.-span.-port.-niederl.*⟩: in Salz od. Marinade eingelegte Sardelle od. Sprotte

An|ci|en Ré|gime [ɑ̃sˈi̯ɛ̃ː reˈʒiːm] *das;* - - ⟨*fr.;* »alte Regierungsform«⟩: alte u. nicht mehr zeitgemäße Regierungsform, Gesellschaftsordnung, bes. in Bezug auf das Herrschafts- u. Gesellschaftssystem in Frankreich vor 1789

an|dan|te ⟨*lat.-vulgärlat.-it.;* »gehend«⟩ (Musik): ruhig, mäßig langsam, gemessen (Vortragsanweisung)

An|dan|te *das;* -[s], -s: ruhiges, mäßig langsames, gemessenes Musikstück

an|dan|ti|no (Musik): etwas schneller als andante

An|dan|ti|no *das;* -s, -s u. ...ni: kurzes Musikstück im Andante- od. Andantinotempo

an|din: die Anden betreffend, in ihnen vorkommend

an|do|cken ⟨*dt.; engl.*⟩: sich (im Weltraum) ankoppeln

> **an|d|ro..., An|d|ro...**
>
> ⟨zu *gr.* anḗr, Gen. andrós »Mann, Mensch«⟩ Wortbildungselement mit der Bedeutung »Mann; männlich«:
> - androgyn
> - Androide
> - Andrologie

an|d|ro|gen: a) die Wirkung eines Androgens betreffend; **b)** männliche Geschlechtsmerkmale hervorrufend; **c)** von der Wirkung eines Androgens

an|d|ro|gyn ⟨*gr.-lat.;* »Mannfrau«⟩: **1.** Androgynie (1) zeigend. **2.** (Bot.) **a)** zuerst männliche, dann weibliche Blüten am gleichen Blütenstand ausbildend; **b)** viele weibliche u. dazwischen wenig männliche Blüten aufweisend (von einem Blütenstand)

An|d|ro|gy|nie *die;* - ⟨*gr.-nlat.*⟩: **1.** Vereinigung männlicher und weiblicher Körpermerkmale und Wesenszüge in einer Person. **2.** (Bot.) Zwitterbildung bei Pflanzen

An|d|ro|i|de *der;* -n, -n, **An|d|ro|id** *der;* -en, -en: (bes. in der futuristischen Literatur) menschenähnliche Maschine, künstlicher Mensch

An|d|ro|lo|ge *der;* -n, -n: Facharzt für Andrologie

An|d|ro|lo|gie *die;* -: Männerheilkunde

An|d|ro|lo|gin *die;* -, -nen: weibliche Form zu ↑Androloge

an|d|ro|lo|gisch: die Andrologie betreffend

An|ek|do|te *die;* -, -n ⟨*gr.-fr.;* »noch nicht Herausgegebenes, Unveröffentlichtes«⟩: kurze, oft witzige Geschichte (zur Charakterisierung einer bestimmten Persönlichkeit, einer bestimmten sozialen Schicht, einer bestimmten Zeit usw.)

an|ek|do|tisch: in Form einer Anekdote verfasst

Ane|mo|graf, Ane|mo|graph *der;* -en, -en (Meteorol.): Windrichtung u. -geschwindigkeit messendes u. aufzeichnendes Gerät, Windschreiber

Ane|mo|me|ter *das;* -s, -: Windmessgerät

Ane|mo|ne *die;* -, -n ⟨*gr.-lat.*⟩: kleine Frühlingsblume mit sternförmigen, weißen bis rosa Blüten; Buschwindröschen

an|fi|xen (Jargon): jmdn. dazu überreden, sich zum ersten Mal eine Droge zu injizieren

a

An|ge|li|ka *die;* -, ...ken u. -s ‹*gr.-lat.-nlat.*›: Engelwurz (eine Heilpflanze)

An|ge|lus *der,* auch: *das;* -, - ‹*gr.-lat.;* eigtl. Angelus Domini = Engel des Herrn›: **a)** katholisches Gebet, das morgens, mittags u. abends beim sogenannten Angelusläuten gebetet wird; **b)** Glockenzeichen für das Angelusgebet; Angelusläuten

an|gi..., An|gi... vgl. angio..., Angio...

An|gi|na *die;* -, ...nen ‹*gr.-lat.;* von *gr.* agchónē »das Erwürgen, das Erdrosseln«›: Entzündung des Rachenraumes, bes. der Mandeln

An|gi|na Pec|to|ris *die;* - - ‹*gr.-lat.; lat.*›: anfallartig auftretende Schmerzen hinter dem Brustbein infolge Erkrankung der Herzkranzgefäße

an|gio..., An|gio...

vor Vokalen meist: **an|gi..., An|gi...**
‹zu *gr.* aggeĩon »(Blut)gefäß, Behältnis«›
Wortbildungselement mit der Bedeutung »Gefäß«:
– Angiitis
– Angiografie
– Angiologe

An|gi|om *das;* -s, -e, **An|gi|o|ma** *das;* -s, -ta (Med.): Geschwulst aus Blut- od. Lymphgefäßen

An|g|lai|se [ãgˈlɛzə] *die;* -, -n ‹*germ.-fr.;* »englischer (Tanz)«›: alter Gesellschaftstanz

an|g|li|ka|nisch: zur Kirche von England gehörig

An|g|li|ka|nis|mus *der;* - ‹*nlat.*›: Lehre der Kirche von England

an|g|li|sie|ren: 1. an die Sprache, die Sitten od. das Wesen der Engländer angleichen. **2.** englisieren (2)

An|g|list *der;* -en, -en: jmd., der sich mit der Anglistik befasst [hat]

An|g|lis|tik *die;* -: Wissenschaft von der englischen Sprache u. Literatur

An|g|lis|tin *die;* -, -nen: weibliche Form zu ↑Anglist

An|g|li|zis|mus *der;* -, ...men: Übertragung einer für das britische Englisch charakteristischen Erscheinung auf eine nicht englische Sprache

An|g|lo|fo|ne, An|g|lo|pho|ne *der* u. *die;* -n, -n: jmd., der Englisch als Mutter- bzw. Verkehrssprache spricht

an|g|lo|phil: für alles Englische eingenommen, dem englischen Wesen zugetan; englandfreundlich; Ggs. ↑anglophob

an|g|lo|phob: gegen alles Englische eingenommen, dem englischen Wesen abgeneigt; englandfeindlich; Ggs. ↑anglophil

An|g|lo|pho|ne usw. vgl. Anglofone usw.

An|go|ra|kat|ze *die;* -, -n ‹nach dem früheren Namen der türk. Hauptstadt Ankara›: Katze mit langem, seidigem Haar u. buschigem Schwanz

An|go|ra|wol|le *die;* -: Wolle, die bes. von der Angoraziege stammt, Mohair (1)

An|gos|tu|ra® *der;* -[s], -s ‹*span.;* nach dem früheren Namen der Stadt Ciudad Bolívar in Venezuela›: Bitterlikör mit Zusatz von Angosturarinde, der getrockneten Zweigrinde eines südamerikanischen Baumes

Angst|neu|ro|se *die;* -, -n (Med., Psychol.): durch ausgeprägte Angstsymptome gekennzeichnete ↑Neurose

Ång|s|t|röm [ˈɔŋstrœm, ˈa...] *das;* -[s], - ‹nach dem schwed. Physiker›, **Ång|s|t|röm|ein|heit** *die;* -, -en: veraltete Einheit der Licht- u. Röntgenwellenlänge (1 Å = 10^{-10} m; Zeichen: Å)

an|gu|lar ‹*lat.*›: zu einem Winkel gehörend, Winkel...

An|hy|d|rid *das;* -s, -e: chem. Verbindung, die aus einer anderen durch Wasserentzug entstanden ist

An|hy|d|rit [auch: ...ˈdrɪt] *der;* -s, -e: wasserfreier Gips

Ani|lin *das;* -s ‹*sanskr.-arab.-port.-fr.-nlat.*›: einfachstes aromatisches (von Benzol abgeleitetes) ↑Amin, Ausgangsprodukt für zahlreiche Arzneimittel, Farb- u. Kunststoffe

ani|ma|lisch: 1. tierisch, den Tieren eigentümlich. **2.** triebhaft. **3.** tierhaft, urwüchsig-kreatürlich

Ani|ma|lis|mus *der;* -, ...men: religiöse Verehrung von Tieren

Ani|ma|teur [...ˈtøːɐ̯] *der;* -s, -e ‹*lat.-fr.*›: jmd., der von einem Reiseunternehmen o. Ä. angestellt ist, um den Gästen durch Veranstaltung von Spielen o. Ä. Möglichkeiten für die Urlaubsgestaltung anzubieten

Ani|ma|teu|rin [...ˈtøːrɪn] *die;* -, -nen: weibliche Form zu ↑Animateur

Ani|ma|ti|on *die;* -, -en ‹*lat.-engl.*›: **1.** filmtechnisches Verfahren, unbelebten Objekten im Trickfilm Bewegung zu verleihen. **2.** (EDV) Erzeugung bewegter Bilder durch den Computer. **3.** Gestaltung der Freizeit z. B. einer Reisegesellschaft durch eine Animateurin/einen Animateur

ani|ma|to ‹*lat.-it.*› (Musik): lebhaft, belebt, beseelt (Vortragsanweisung)

Ani|me *der;* -[s], -s: japanischer Zeichentrickfilm

Ani|mier|da|me *die;* -, -n: entsprechend aufgemachte Frau, die in [Nacht]lokalen die Gäste, bes. Männer, zum Trinken von Alkohol animiert

ani|mie|ren ‹*lat.-fr.*›: **1. a)** anregen, ermuntern, ermutigen; **b)** anreizen, in Stimmung versetzen, Lust zu etwas erwecken. **2.** Gegenstände od. Zeichnungen in einzelnen Phasen von Bewegungsabläufen filmen, um den Eindruck der Bewegung eines unbelebten Objekts zu vermitteln

Ani|mier|mäd|chen *das;* -s, -: ↑Animierdame

Ani|mis|mus *der;* - ‹*nlat.*›: **1.** (Völkerkunde) der Glaube an anthropomorph gedachte seelische Mächte, Geister. **2.** (Med.) die Lehre von der unsterblichen Seele als oberstem Prinzip des lebenden Organismus. **3.** Theorie innerhalb des ↑Okkultismus, die ↑mediumistische Erscheinungen auf ungewöhnliche Fähigkeiten lebender Personen zurückführt; Ggs. ↑Spiritismus. **4.** (Philos.) Anschauung, die die Seele als Lebensprinzip betrachtet

ani|mis|tisch: a) die Lehre des Animismus (4) vertretend; **b)** die Lehre des Animismus (4) betreffend

Ani|mo|si|tät *die;* -, -en: **1. a)** (ohne Plural) feindselige Einstellung; **b)** feindselige Äußerung o. Ä. **2.** (ohne Plural; veraltet) **a)** Aufgeregtheit, Gereiztheit; **b)** Leidenschaftlichkeit

Ani|mus *der;* - ‹*lat.;* »Seele«, »Gefühl«›: das Seelenbild des Mannes im Unbewussten der Frau (nach C. G. Jung)

An|ion *das;* -s, -en ‹*gr.-nlat.*›: negativ geladenes ↑Ion

Anis [auch, österr. nur: ˈaːnɪs] *der;* -[es], -e ‹*gr.-lat.*›: **a)** am östlichen Mittelmeer beheimatete Gewürz- u. Heilpflanze; **b)** die getrockneten Früchte des Anis

Ani|sette [...ˈzɛt] *der;* -[s], -s ‹*gr.-lat.-fr.*›: süßer, dickflüssiger Likör aus Anis (b), Koriander u. a.

an|iso|trop: die Anisotropie betreffend; Anisotropie aufweisend

An|ka|the|te *die;* -, -n ‹*dt.; gr.-lat.*› (Math.): eine der beiden Seiten, die die Schenkel des rechten Winkels eines Dreiecks bilden

An|ky|lo|se *die;* -, -n ‹*gr.-nlat.*› (Med.): Gelenkversteifung [nach Gelenkerkrankungen]

an|mo|de|rie|ren: eine Anmoderation sprechen

An|na *der;* -[s], -[s] (aber: 5 -) ‹*Hindi*›: **1. a)** Rechnungseinheit des alten Rupiengeldsystems in Vorderindien; **b)** Kupfermünze mit Wappen der Ostindischen Kompanie. **2.** Bez. für verschiedene indische Gewichtseinheiten

An|na|len *die* (Plural) ‹*lat.*›: Jahrbücher, chronologisch geordnete Aufzeichnungen von Ereignissen

An|na|ten *die* (Plural) ‹*lat.-mlat.;* »Jahresertrag«›: im Mittelalter übliche Abgabe an den Papst für die Verleihung eines kirchlichen Amtes

an|nek|tie|ren ‹*lat.-fr.;* »an-, verknüpfen«›: etwas gewaltsam u. widerrechtlich in seinen Besitz bringen

An|nex *der;* -es, -e ‹*lat.*›: **1.** Anhängsel, Zubehör. **2.** Adnex (2)

An|ne|xi|on *die;* -, -en ‹*lat.-fr.*›: gewaltsame u. widerrechtliche Aneignung fremden Gebiets

An|ne|xi|o|nis|mus *der;* - ‹*lat.-fr.-nlat.*›: Bestrebungen, die auf eine gewaltsame Aneignung fremden Staatsgebiets abzielen

an|no: im Jahre (Abk.: a.)

An|no Do|mi|ni: im Jahre des Herrn, d. h. nach Christi Geburt (Abk.: A. D.)

An|no|mi|na|ti|on *die;* -, -en ‹*lat.*›: ↑Paronomasie

An|non|ce [aˈnõːsə] *die;* -, -n ‹*lat.-fr.*›: **1.** Zeitungsanzeige, ↑Inserat. **2.** Ankündigung

An|non|cen|ex|pe|di|ti|on *die;* -, -en: Anzeigenvermittlung

an|non|cie|ren: 1. eine Zeitungsanzeige aufgeben. **2. a)** etwas durch eine Annonce anzeigen; **b)** jmdn. od. etwas [schriftlich] ankündigen

An|no|ne *die;* -, -n ‹*indian.*›: tropische Pflanze mit ledrigen Blättern u. essbaren Früchten

An|no|ta|ti|on *die;* -, -en ‹*lat.*›: **1.** Auf-, Einzeichnung, Vermerk. **2.** erläuternder Vermerk zu einer bibliografischen Anzeige

an|no|tie|ren: den Inhalt eines Buches o. Ä. (bes. für bibliothekarische Zwecke) zusammenfassen

an|nu|ell ‹*lat.-fr.*›: **1.** (veraltet) [all]jährlich. **2.** einjährig (von Pflanzen)

An|nu|i|tät *die;* -, -en ‹*lat.-mlat.*›: Jahreszahlung an Zinsen u. Tilgungsraten bei der ↑Amortisation (1) einer Schuld

An|nul|la|ti|on *die;* -, -en ‹*lat.*› (schweiz.): ↑Annullierung

an|nul|lie|ren ‹*lat.*›: etwas [amtlich] für ungültig, für nichtig erklären

An|nul|lie|rung *die;* -, -en: [amtliche] Ungültigkeits-, Nichtigkeitserklärung

An|o|de *die;* -, -n ‹*gr.-engl.;* »Aufweg; Eingang«›: positive ↑Elektrode; Ggs. ↑Kathode

an|o|mal [auch: ...ˈmaːl] ‹*gr.-lat.;* »uneben«›: nicht normal [entwickelt], abnorm

An|o|ma|lie *die;* -, ...ien: **a)** (ohne Plural) Abweichung vom Normalen, Abnormität; **b)** (Biol.) körperliche Fehlbildung; **c)** (Physik) unregelmäßiges Verhalten des Wassers im

Vergleich mit den meisten anderen Stoffen bei Temperaturänderungen; **d)** (Astron.) Winkel zur mathematischen Beschreibung der Stellung eines Planeten in seiner Bahn um die Sonne

Ano|mie *die;* -, ...ien ⟨*gr.-nlat.*⟩: **1.** Gesetzlosigkeit, Gesetzwidrigkeit. **2. a)** (Soziol.) Zustand mangelnder sozialer Ordnung; **b)** (Soziol.) Zusammenbruch der kulturellen Ordnung; **c)** Zustand mangelhafter gesellschaftlicher Integration innerhalb eines sozialen Gebildes, verbunden mit Einsamkeit, Hilflosigkeit u. Ä.

an|o|nym ⟨*gr.-lat.*⟩: **a)** ungenannt, ohne Namensnennung; **Anonyme Alkoholiker:** Selbsthilfeorganisation von Alkoholabhängigen, deren Mitglieder ihre Abhängigkeit eingestehen müssen, aber anonym bleiben (Abk.: AA); **b)** unpersönlich, durch Fremdheit geprägt

an|o|ny|mi|sie|ren: persönliche Daten aus einer Statistik, aus Fragebogen o. Ä. löschen

An|o|ny|mi|tät *die;* - ⟨*gr.-nlat.*⟩: **a)** das Nichtbekanntsein, Nichtgenanntsein; Namenlosigkeit; **b)** unpersönliche, durch Fremdheit geprägte Atmosphäre

An|o|ny|mus *der;* -, ...mi ⟨*gr.-lat.*⟩: namentlich nicht genannter Autor, Briefschreiber

An|o|phe|les *die;* -, - ⟨*gr.-nlat.;* »nutzlos, schädlich«⟩: in tropischen u. südeuropäischen Ländern vorkommende Stechmücke [die Malaria überträgt]

Ano|rak *der;* -s, -s ⟨*eskim.*⟩: **1.** Kajakjacke der Eskimos. **2.** Windjacke mit Kapuze

An|o|rek|ti|kum *das;* -s, ...ka ⟨*gr.*⟩: Appetitzügler

an|o|rek|tisch (Med.): die ↑Anorexie betreffend, mit ihr einhergehend

An|o|re|xia ner|vo|sa *die;* - - ⟨*nlat.*⟩ (Med.): Magersucht

An|o|re|xie *die;* - (Med.): **a)** Appetitlosigkeit; **b)** ↑Anorexia nervosa, Magersucht

an|or|ga|nisch: 1. a) zum unbelebten Bereich der Natur gehörend, ihn betreffend; Ggs. ↑organisch (1 b); **b)** ohne Mitwirkung von Lebewesen entstanden. **2.** nicht nach bestimmten [natürlichen] Gesetzmäßigkeiten erfolgend; ungeordnet, ungegliedert; **anorganische Chemie:** Teilgebiet der Chemie, das sich mit Elementen und Verbindungen ohne Kohlenstoff beschäftigt; Ggs. ↑organische Chemie (1 c)

anor|mal ⟨*mlat.; gr.-lat.*⟩: nicht normal; von der Norm, Regel abweichend

An|scho|vis vgl. Anchovis

ant..., Ant... vgl. anti..., Anti...

An|t|a|go|nis|mus *der;* -, ...men ⟨*gr.-lat.*⟩: **1. a)** (ohne Plural) Gegensatz, Gegnerschaft, Widerstreit, Widerstand; **b)** einzelne gegensätzliche Erscheinung o. Ä. **2.** (Med.) gegeneinandergerichtete Wirkungsweise (z. B. Streckmuskel – Beugemuskel). **3.** (Biol.) gegenseitige Hemmung zweier Mikroorganismen

An|t|a|go|nist *der;* -en, -en ⟨*gr.-lat.*⟩: **1.** Gegner, Widersacher. **2.** einer von paarweise wirkenden Muskeln, dessen Wirkung der des ↑Agonisten (2) entgegengesetzt ist

An|t|a|go|nis|tin *die;* -, -nen: weibliche Form zu ↑Antagonist (1)

an|t|a|go|nis|tisch ⟨*gr.-nlat.*⟩: gegensätzlich, in einem nicht auszugleichenden Widerspruch stehend, gegnerisch

an|tail|lie|ren [...taji:...] (Schneiderei): leicht taillieren (1), in der Taille etwas einnehmen

Ant|aph|ro|di|si|a|kum vgl. Anaphrodisiakum

Ant|ark|ti|ka *die;* - ⟨*gr.-lat.*⟩: der Kontinent der Antarktis

Ant|ark|tis *die;* - ⟨*gr.-nlat.*⟩: Land- u. Meeresgebiete um den Südpol

ant|ark|tisch: a) die Antarktis betreffend; **b)** zur Antarktis gehörend

An|te *die;* -, -n ⟨*lat.*⟩: die meist pfeilerartig ausgebildete Stirn einer frei endenden Mauer (in der altgriechischen und römischen Baukunst)

an|te Chris|tum [na|tum] ⟨*lat.*⟩: vor Christi [Geburt], vor Christus (Abk.: a. Chr. [n.])

an|te|da|tie|ren ⟨*lat.-nlat.*⟩ (veraltet): **1.** [ein Schreiben] vordatieren. **2.** [ein Schreiben] zurückdatieren

an|te me|ri|di|em vgl. a. m.

an|te mor|tem ⟨*lat.*⟩ (Med.): vor dem Tode (Abk.: a. m.)

An|ten|ne *die;* -, -n ⟨*lat.-it.*⟩: **1.** Vorrichtung zum Senden od. Empfangen (von Rundfunk-, Fernsehsendungen usw.). **2.** Fühler der Gliedertiere (z. B. Krebse, Insekten)

An|ten|tem|pel *der;* -s, -: ein mit ↑Anten ausgestatteter altgriechischer Tempel

An|the|re *die;* -, -n: Staubbeutel der Blütenpflanzen

An|tho|lo|gie *die;* -, ...ien ⟨*gr.;* »Blumenlese«⟩: ausgewählte Sammlung, Auswahl von Gedichten od. Prosastücken

an|tho|lo|gisch: ausgewählt

An|th|ra|cen [...ˈtse:n], **An|th|ra|zen** *das;* -s, -e ⟨*gr.-nlat.*⟩: aus Steinkohlenteer gewonnenes Ausgangsmaterial vieler Farbstoffe

[1]**An|th|rax** *der;* - ⟨*gr.-lat.*⟩ (Med.): Milzbrand

[2]**An|th|rax** *das;* -: (bes. als Impfstoff od. als Kampfstoff dienendes) Anthraxerreger enthaltendes Produkt

An|th|ra|zen vgl. Anthracen

an|th|ra|zit [auch: ...ˈt͜sɪt]: grauschwarz

An|th|ra|zit [auch: ...ˈt͜sɪt] *der;* -s, -e ⟨*gr.-nlat.*⟩: harte, glänzende Steinkohle

an|th|ro|po..., An|th|ro|po...

⟨zu *gr.* ánthrōpos »Mensch, Mann«⟩
Wortbildungselement mit der Bedeutung »Mensch«:
- anthropogen
- Anthropologie
- Anthroposophie
- anthropozentrisch

an|th|ro|po|gen: durch den Menschen beeinflusst, verursacht

An|th|ro|po|ge|nie *die;* -, ...ien: Wissenschaft von der Entstehung u. Abstammung des Menschen

an|th|ro|po|id: menschenähnlich

An|th|ro|po|i|de *der;* -n, -n, **An|th|ro|po|id** *der;* -en, -en: Menschenaffe

An|th|ro|po|lo|ge *der;* -n, -n: Wissenschaftler auf dem Gebiet der Anthropologie

An|th|ro|po|lo|gie *die;* -, ...ien: Wissenschaft vom Menschen u. seiner Entwicklung

An|th|ro|po|lo|gin *die;* -, -nen: weibliche Form zu ↑Anthropologe

an|th|ro|po|lo|gisch: die Anthropologie betreffend

an|th|ro|po|morph: von menschlicher Gestalt, menschenähnlich, menschlich

an|th|ro|po|mor|phisch: die menschliche Gestalt betreffend, sich auf sie beziehend

An|th|ro|po|mor|phis|mus *der;* -, ...men: Übertragung menschlicher Eigenschaften u. Verhaltensweisen auf nicht menschliche Dinge od. Wesen

An|th|ro|po|pha|ge *der;* -n, -n: ↑Kannibale

An|th|ro|po|soph *der;* -en, -en: Anhänger der Anthroposophie

An|th|ro|po|so|phie *die;* -: (von Rudolf Steiner zu Beginn des 20. Jh.s begründete) Lehre, nach der der Mensch höhere seelische Fähigkeiten entwickeln u. dadurch übersinnliche Erkenntnisse erlangen kann

an|th|ro|po|so|phisch: die Anthroposophie betreffend

an|th|ro|po|zen|t|risch: den Menschen in den Mittelpunkt stellend

An|thu|rie [...ri̯ə] *die;* -, -n, **An|thu|ri|um** *das;* -s, ...ien ⟨*gr.-nlat.*⟩: zu den Aronstabgewächsen gehörende Zimmerpflanze; Flamingoblume

an|ti..., An|ti...

vor Vokalen meist: **ant..., Ant...**
⟨*gr.* anti »gegen, gegenüber, entgegen«⟩
Präfix mit folgenden Bedeutungen:
a) bezeichnet einen ausschließenden Gegensatz:
- antiautoritär

b) drückt aus, dass das im Grundwort Enthaltene verhindert oder ihm entgegengewirkt wird:
- antibakteriell
- Antidepressivum

c) bezeichnet einen komplementären Gegensatz:
- Antarktis
- Antimaterie

d) drückt aus, dass das so Bezeichnete ganz anders ist als das, was das Grundwort angibt, dass es dessen Eigenschaften nicht hat:
- Antiheld

An|ti-Aging, An|ti|aging [...ˈeɪdʒɪŋ] *das;* -s ⟨*gr.; lat.-altfr.-engl.*⟩: Gesamtheit der medizinischen u. kosmetischen Maßnahmen zur Verzögerung der menschlichen Alterungsprozesse

An|ti|al|ko|ho|li|ker [auch: ˈan...] *der;* -s, -: jmd., der grundsätzlich keinen Alkohol zu sich nimmt

An|ti|al|ko|ho|li|ke|rin *die;* -, -nen: weibliche Form zu ↑Antialkoholiker

an|ti|au|to|ri|tär [auch: ˈan...] ⟨*gr.; lat.-fr.*⟩: nicht autoritär, Autorität ablehnend, gegen autoritäre Normen gewendet; **antiautoritäre Erziehung:** Kindererziehung unter weitgehender Vermeidung von als autoritär erachteten Zwängen

An|ti|ba|by|pil|le [...ˈbe:...] *die;* -, -n ⟨*gr.; engl.; lat.*⟩ (ugs.): ein hormonales Empfängnisverhütungsmittel

an|ti|bak|te|ri|ell [auch: ˈan...]: gegen Bakterien wirksam od. gerichtet (bes. von Medikamenten)

An|ti|bio|ti|kum *das;* -s, ...ka (Med.): biologischer Wirkstoff aus Stoffwechselprodukten von Kleinstlebewesen, der andere Mikroorganismen im Wachstum hemmt od. abtötet

an|ti|bio|tisch (Med.): von wachstumshemmender od. abtötender Wirkung

An|ti|blo|ckier|sys|tem *das;* -s, -e: Bremssystem, das beim Bremsvorgang das Blockieren der Räder verhindert (Abk.: ABS)

a

An|ti|christ *der;* -[s] ‹*gr.-lat.*›: **1.** der Teufel; Widersacher Christi. **2.** (*der;* -en, -en) Gegner des Christentums

an|ti|christ|lich [auch: ...ˈkrɪst...]: gegen das Christentum eingestellt, gerichtet

an|ti|de|mo|kra|tisch: gegen die ↑Demokratie gerichtet

An|ti|de|pres|si|vum *das;* -s, ...va (meist Plural) ‹*gr.; lat.*› (Med.): Arzneimittel gegen ↑Depressionen

An|ti|di|a|be|ti|kum *das;* -s, ...ka ‹*gr.*› (Med.): Arzneimittel, das den Blutzuckerspiegel senkt

An|ti|dot *das;* -[e]s, -e, **An|ti|do|ton** *das;* -s, ...ta ‹*gr.*›: Gegengift

An|ti|do|ton vgl. Antidot

An|ti|fa|schis|mus [auch: ˈan...] *der;* -: politische Einstellung u. Aktivität gegen Nationalsozialismus u. Faschismus

An|ti|fa|schist [auch: ˈan...] *der;* -en, -en: Vertreter des Antifaschismus

An|ti|fa|schis|tin [auch: ˈan...] *die;* -, -nen: weibliche Form zu ↑Antifaschist

an|ti|fa|schis|tisch [auch: ˈan...]: **a)** den Antifaschismus betreffend; **b)** die Grundsätze des Antifaschismus vertretend

An|ti|fon *die;* -, -en, **An|ti|fo|ne** *die;* -, -n, **An|ti|phon** *die;* -, -en, **An|ti|pho|ne** *die;* -, -n ‹*gr.-lat.*›: liturgischer Wechselgesang

An|ti|fou|ling [ˈæntɪˌfaʊlɪŋ] *das;* -s ‹*gr.; engl.*›: Anstrich für den unter Wasser befindlichen Teil des Schiffes, der die Anlagerung von Pflanzen u. Tieren verhindert

An|ti|gen *das;* -s, -e ‹*gr.-nlat.*›: artfremder Eiweißstoff (z. B. Bakterien), der im Körper die Bildung von ↑Antikörpern bewirkt, die den Eiweißstoff selbst unschädlich machen

An|ti|held *der;* -en, -en ‹*gr.; dt.*›: inaktive, negative od. passive Hauptfigur in Drama u. Roman im Unterschied zum aktiv handelnden Helden

an|tik ‹*lat.-fr.*›: **1.** auf das klassische Altertum, die Antike zurückgehend; dem klassischen Altertum zuzurechnen. **2.** aus einer vergangenen Epoche stammend bzw. in deren Stil gemacht (von Sachen, bes. von Einrichtungsgegenständen)

an|ti|kisch: dem Vorbild der antiken Kunst nachstrebend; vgl. ...isch/-

an|ti|ki|sie|ren: nach Art der Antike gestalten; antike Formen nachahmen (z. B. im Versmaß)

an|ti|kle|ri|kal [auch: ˈan...]: kirchenfeindlich

An|ti|kle|ri|ka|lis|mus [auch: ˈan...] *der;* -: kirchenfeindliche Einstellung

An|ti|kli|max *die;* -, -e (Rhet., Stilkunde): Übergang vom stärkeren zum schwächeren Ausdruck, vom Wichtigeren zum weniger Wichtigen; Ggs. ↑Klimax (1)

an|ti|kli|nal ‹*gr.-nlat.*› (Geol.): sattelförmig (von geologischen Falten)

An|ti|kli|na|le *die;* -, -n (Tektonik): Sattel (nach oben gebogene Falte)

An|ti|kom|mu|nis|mus [auch: ˈan...] *der;* -: Gegnerschaft gegen den Kommunismus und dessen Vertreter

an|ti|kom|mu|nis|tisch [auch: ˈan...]: gegen den Kommunismus eingestellt, gerichtet

an|ti|kon|zep|ti|o|nell (Med.): empfängnisverhütend

An|ti|kon|zep|ti|vum *das;* -s, ...iva: empfängnisverhütendes Mittel

An|ti|kör|per *der;* -s, - (Med.): im Blutserum als Reaktion auf das Eindringen von ↑Antigenen gebildeter Abwehrstoff

An|ti|kri|tik [auch: ˈan...] *die;* -, -en: Erwiderung auf eine ↑Kritik

An|ti|lo|pe *die;* -, -n ‹*gr.-mgr.-mlat.-engl.-fr.-niederl.*›: in Afrika u. Asien vorkommendes gehörntes Huftier

An|ti|ma|te|rie [auch: ...ˈteː...] *die;* - (Physik): Form der Materie, deren Atome aus Antiteilchen zusammengesetzt sind

An|ti|mi|li|ta|ris|mus [auch: ˈan...] *der;* -: grundsätzliche Ablehnung jeglicher Form militärischer Rüstung

An|ti|mon *das;* -s ‹*mlat.*›: ein silberweiß glänzendes Halbmetall; Stibium (Zeichen: Sb)

An|ti|no|mie *die;* -, ...ien ‹*gr.-lat.*› (Philos., Rechtsspr.): Widerspruch eines Satzes in sich od. zweier Sätze, von denen jeder Gültigkeit beanspruchen kann

An|ti|pas|to *der* od. *das;* -[s], ...ti (meist Plural) ‹*it.*›: italienische Bezeichnung für: Vorspeise

An|ti|pa|thie [auch: ˈan...] *die;* -, ...ien ‹*gr.-lat.*›: Abneigung, Widerwille gegen jmdn. od. etwas; Ggs. ↑Sympathie (1)

an|ti|pa|thisch [auch: ˈan...]: **a)** mit Antipathie erfüllt; **b)** Antipathie hervorrufend

An|ti|phon usw. vgl. Antifon usw.

[1]**An|ti|po|de** *der;* -n, -n ‹*gr.-lat.;* »Gegenfüßler«›: **1.** auf der dem Betrachter gegenüberliegenden Seite der Erde wohnender Mensch. **2.** Mensch, der auf einem entgegengesetzten Standpunkt steht. **3.** Zirkusartist, der auf dem Rücken liegend auf seinen Fußsohlen Gegenstände od. einen Partner balanciert

[2]**An|ti|po|de** *die;* -, -n (Biol.): kleine, in der pflanzlichen Samenanlage der Eizelle gegenüberliegende Zelle; Gegenfüßlerzelle

An|ti|qua *die;* - ‹*lat.;* »die alte (Schrift)«›: Bezeichnung für die heute allgemein gebräuchliche Buchschrift

An|ti|quar *der;* -s, -e: [Buch]händler, der gebrauchte Bücher, Kunstblätter, Noten o. Ä. kauft u. verkauft

An|ti|qua|ri|at *das;* -[e]s, -e ‹*lat.-nlat.*›: **a)** Handel mit gebrauchten Büchern; **b)** Buchhandlung, Laden, in dem antiquarische Bücher verkauft werden

An|ti|qua|rin *die;* -, -nen: weibliche Form zu ↑Antiquar

an|ti|qua|risch ‹*lat.*›: gebraucht, alt

an|ti|quiert: veraltet, nicht mehr zeitgemäß; altmodisch, überholt

An|ti|quiert|heit *die;* -, -en: **a)** (ohne Plural) das Festhalten an veralteten u. überholten Vorstellungen od. Dingen; **b)** altmodisches Gebaren; **c)** altmodischer Ausspruch, Brauch, Übung

An|ti|qui|tät *die;* -, -en (meist Plural) ‹*lat.*›: altertümlicher [Kunst]gegenstand (Möbel, Porzellan u. a.)

An|ti|ra|ke|te, An|ti|ra|ke|ten|ra|ke|te *die;* -, -n: Kampfrakete zur Abwehr von ↑Interkontinentalraketen

An|ti|se|mit *der;* -en, -en ‹*gr.; nlat.*›: Judengegner, -feind

An|ti|se|mi|tin *die;* -, -nen: weibliche Form zu ↑Antisemit

an|ti|se|mi|tisch: judenfeindlich

An|ti|se|mi|tis|mus *der;* -, ...men: **a)** Abneigung od. Feindschaft gegenüber den Juden; **b)** [politische] Bewegung mit ausgeprägten judenfeindlichen Tendenzen

An|ti|sep|sis *die;* - ‹*gr.-nlat.*› (Med.): Vernichtung von Krankheitskeimen mit chemischen Mitteln, bes. in Wunden; vgl. Asepsis

An|ti|sep|tik *die;* -: ↑Antisepsis

An|ti|sep|ti|kum *das;* -s, ...ka: Bakterienwachstum hemmendes od. verhinderndes Mittel [bei der Wundbehandlung]

an|ti|sep|tisch: Wundinfektionen verhindernd

An|ti|se|rum *das;* -s, ...seren u. ...sera: ↑Antikörper enthaltendes Heilserum

An|ti|spas|mo|di|kum, An|ti|spas|ti|kum *das;* -s, ...ka ‹*gr.-nlat.*› (Med.): krampflösendes, krampflinderndes Mittel

An|ti|spas|ti|kum vgl. Antispasmodikum

an|ti|spas|tisch: krampflösend

an|ti|sta|tisch (Physik): elektrostatische Aufladungen verhindernd od. aufhebend

An|ti|stro|phe [...st..., auch: ˈantiʃt...] *die;* -, -n ‹*gr.-lat.*›: **1.** in der altgriechischen Tragödie die der ↑Strophe (1) folgende Gegenwendung des Chors beim Tanz in der ↑Orchestra. **2.** das zu dieser Bewegung vorgetragene Chorlied

An|ti|teil|chen *das;* -s, - ‹*gr.-lat.*› (Kernphysik): Elementarteilchen, dessen Eigenschaften zu denen eines anderen Elementarteilchens in bestimmter Weise ↑komplementär sind

An|ti|the|se [auch: ˈan...] *die;* -, -n ‹*gr.-lat.*›: **1.** der ↑These entgegengesetzte Behauptung, Gegenbehauptung; Gegensatz; vgl. Synthese (1 a), These (2). **2.** (Rhet., Stilkunde) [↑asyndetische] Zusammenstellung entgegengesetzter Begriffe (z. B. der Wahn ist kurz, die Reu ist lang)

An|ti|the|tik *die;* - (Philos.): Lehre von den Widersprüchen u. ihren Ursachen

an|ti|the|tisch: gegensätzlich

An|ti|to|xin [auch: ˈan...] *das;* -s, -e (Med.): vom Körper gebildetes, zu den Immunstoffen gehörendes Gegengift gegen von außen eingedrungene Gifte

an|ti|to|xisch (Med.): als Antitoxin wirkend

An|ti|tran|s|pi|rant *das;* -s, -e u. -s ‹*gr.; lat.-engl.*›: die Schweißabsonderung hemmendes ↑Deodorant

An|ti|vi|ren|pro|gramm *das;* -[e]s, -e ‹*gr.; lat.*› (EDV): Computerprogramm, das einen vorhandenen ↑Virus (2) entfernt u. gegen Virenbefall schützt

An|ti|vi|ren|soft|ware [...wɛːɐ̯] *die;* -, -s ‹*gr.; lat.; engl.*›: ↑Antivirenprogramm

An|ti|zi|pa|ti|on *die;* -, -en: **1. a)** (bildungsspr.) Vorwegnahme von etwas, was erst später kommt od. kommen sollte, von zukünftigem Geschehen; **b)** (Musik) Vorwegnahme von Tönen eines folgenden ↑Akkords (1). **2.** (Philos.) Bildung eines philosophischen Begriffs od. einer Vorstellung vor der Erfahrung (↑a priori). **3. a)** Vorgriff des Staates [durch Aufnahme von Anleihen] auf erst später fällig werdende Einnahmen; **b)** Zahlung von Zinsen u. a. vor dem Fälligkeitstermin. **4.** (kath. Kirche) Vorwegnahme eines Teils des Stundengebets am Nachmittag des vorangehenden Tages. **5.** (Biol.) das bei einer jüngeren Generation gegenüber älteren Generationen frühere Erreichen einer bestimmten Entwicklungsstufe

an|ti|zi|pie|ren: **1.** etwas [gedanklich] vorwegnehmen. **2.** vor dem Fälligkeitstermin zahlen

an|ti|zy|k|lisch [auch: ˈan..., ...tsʏk...] ‹*gr.-nlat.*›: **1.** in unregelmäßiger Folge wiederkehrend. **2.** (Wirtsch.) einem bestehenden Konjunkturzustand entgegenwirkend; Ggs. ↑prozyklisch

An|ti|zy|k|lo|ne *die;* -, -n (Meteorol.): Hochdruckgebiet, barometrisches Maximum

an|t|o|nym ‹*gr.-nlat.*› (Sprachw.): (von Wörtern) eine entgegengesetzte Bedeutung habend (z. B. alt/jung, Sieg/Niederlage); Ggs. ↑synonym

An|t|o|nym *das;* -s, -e ‹»Gegenwort«› (Sprachw.): Wort, das einem anderen in Bezug auf die Bedeutung entgegengesetzt ist (z. B. schwarz/weiß, starten/landen, Mann/Frau); Ggs. ↑Synonym

an|tör|nen: ↑anturnen

an|trai|nie|ren [...trɛ...]: durch ↑Training vermitteln, sich durch Training aneignen

an|tur|nen [...tø:ɐ̯...] ‹*dt.; engl.*› (ugs.): **1.** in einen [Drogen]rausch versetzen. **2.** in Stimmung, Erregung o. Ä. versetzen; Ggs. ↑abturnen

Anus *der;* -, Ani ‹*lat.*›: After

Anus prae|ter [- ˈprɛ:...] *der;* - -, Ani - u. - - ‹*nlat.;* kurz für: Anus praeternaturalis›: künstlich angelegter, verlegter Darmausgang (z. B. bei Mastdarmkrebs)

an|vi|sie|ren ‹*dt.; lat.-fr.*›: **1.** ins Visier nehmen, als Zielpunkt nehmen. **2.** etwas ins Auge fassen, anstreben

Äols|har|fe *die;* -, -n: altes Instrument, dessen Saiten durch den Wind in Schwingungen versetzt werden; Windharfe, Geisterharfe

Äon *der;* -s, -en (meist Plural) ‹*gr.-lat.*›: [unendlich langer] Zeitraum; Weltalter; Ewigkeit

Ao|rist *der;* -[e]s, -e ‹*gr.-lat.*› (Sprachw.): Zeitform, die eine momentane od. punktuelle Handlung ausdrückt (z. B. die erzählende Zeitform im Griechischen)

Aor|ta *die;* -, ...ten ‹*gr.*›: Hauptschlagader

Apa|che [...xə] *der;* -n, -n: **1.** [auch: aˈpat͡ʃə] ‹*indian.*› Angehöriger eines nordamerikanischen Indianerstammes. **2.** ‹*indian.-fr.*› Großstadtganove (bes. in Paris)

Apa|na|ge [...ˈna:ʒə] *die;* -, -n ‹*fr.*›: regelmäßige [jährliche] Zahlung an jmdn., bes. an nicht regierende Mitglieder eines Fürstenhauses zur Sicherung standesgemäßen Lebens

apart ‹*lat.-fr.*›: **1.** in ausgefallener, ungewöhnlicher Weise ansprechend, anziehend, geschmackvoll; reizend. **2.** (veraltet) gesondert, getrennt. **3.** (Buchw.) einzeln zu liefern

Apart|heid *die;* - ‹*lat.-afrikaans*›: (früher) Trennung zwischen Weißen u. Farbigen in der Republik Südafrika

Apartheid

Im Gegensatz zu deutschen Substantiven auf *-heit* wie *Menschheit, Freiheit* endet das aus dem Afrikaans stammende Wort mit einem *-d.*

Apart|ment [engl.: əˈpɑ:t...] *das;* -s, -s ‹*lat.-it.-fr.-engl.-amerik.*›: Kleinwohnung (in einem [komfortablen] Mietshaus); vgl. Appartement

Apart|ment|haus *das;* -es, ...häuser: Mietshaus, das ausschließlich aus Apartments besteht

Apa|thie *die;* -, ...ien ‹*gr.-lat.;* »Schmerzlosigkeit, Unempfindlichkeit«›: Teilnahmslosigkeit; Zustand der Gleichgültigkeit gegenüber den Menschen u. der Umwelt

apa|thisch: teilnahmslos, gleichgültig gegenüber den Menschen u. der Umwelt

apa|tho|gen ‹*gr.-nlat.*›: keine Krankheiten hervorrufend (z. B. von Bakterien im menschlichen Organismus); Ggs. ↑pathogen

Apa|tit [auch: ...ˈtɪt] *der;* -s, -e ‹*gr.-nlat.*›: ein Mineral

Aper|çu [apɛrˈsy:] *das;* -s, -s ‹*fr.*›: geistreiche Bemerkung

Ape|ri|tif *der;* -s, -s (auch: -e) ‹*lat.-mlat.-fr.;* »(den Magen) öffnend«›: appetitanregendes alkoholisches Getränk, das bes. vor dem Essen getrunken wird

Apé|ro [apeˈro:] *der;* -s, -s ‹*fr.*› (bes. schweiz.): Kurzw. für: Aperitif

Aper|tur *die;* -, -en ‹*lat.;* »Öffnung«›: **1.** (Med.) Öffnung eines Körperhohlraums (z. B. obere und untere Thoraxapertur). **2.** (Optik) **a)** Maß für die Leistung eines optischen Systems und für die Bildhelligkeit; **b)** Maß für die Fähigkeit eines optischen Gerätes od. fotografischen Aufnahmematerials, sehr feine, nahe beieinanderliegende Details eines Objekts getrennt, deutlich unterscheidbar abzubilden

Apex *der;* -, Apizes [...t͡ʃe:s] ‹*lat.;* »Spitze«›: **1.** (Astron.) Zielpunkt eines Gestirns (z. B. der Sonne, auf den dieses in seiner Bewegung gerade zusteuert). **2.** (Sprachw.) Zeichen (ˆ od. ˊ) zur Kennzeichnung langer Vokale. **3.** (Metrik) Hilfszeichen (ˊ) zur Kennzeichnung betonter Silben

Ap|fel|si|ne *die;* -, -n ‹*niederl.-niederd.;* »Apfel aus China«›: Frucht des Orangenbaumes

Aph|ä|re|se, Aph|ä|re|sis *die;* -, ...resen ‹*gr.-lat.;* »das Wegnehmen«›: Wegfall eines Anlautes od. einer anlautenden Silbe (z. B. 's für es, raus für heraus)

Apha|sie *die;* -, ...ien ‹*gr.-nlat.*›: **1.** (Med.) Verlust des Sprechvermögens od. Sprachverständnisses infolge Erkrankung des Sprachzentrums im Gehirn. **2.** (Philos.) Urteilsenthaltung gegenüber Dingen, von denen nichts Sicheres bekannt ist

Aph|el [aˈfe:l], **Ap|hel** [apˈhe:l] *das;* -s, -e ‹*gr.-nlat.*› (Astron.): Punkt der größten Entfernung eines Planeten von der Sonne; Ggs. ↑Perihel

Aphe|l|an|d|ra *die;* -, ...dren ⟨*gr.-nlat.*⟩: Pflanze aus der Gattung der Akanthusgewächse aus dem wärmeren Amerika (z. T. beliebte Zierpflanze)

Apho|ris|mus *der;* -, ...men ⟨*gr.-lat.*⟩: prägnant-geistreich in Prosa formulierter Gedanke, der eine Erfahrung, Erkenntnis od. Lebensweisheit enthält

Apho|ris|ti|ker *der;* -s, -: Verfasser von Aphorismen

Apho|ris|ti|ke|rin *die;* -, -nen: weibliche Form zu ↑Aphoristiker

apho|ris|tisch ⟨*gr.-lat.*⟩: **1. a)** die Aphorismen, die Aphoristik betreffend; **b)** im Stil des Aphorismus; geistreich u. treffend formuliert. **2.** kurz, knapp, nur andeutungsweise erwähnt

Aph|ro|di|si|a|kum *das;* -s, ...ka ⟨*gr.-nlat.*⟩: den Geschlechtstrieb anregendes Mittel; Ggs. ↑Anaphrodisiakum

aph|ro|di|sisch: 1. auf Aphrodite (gr. Liebesgöttin) bezüglich. **2.** (Med.) den Geschlechtstrieb steigernd

aph|ro|di|tisch: ↑aphrodisisch (1)

Aph|the *die;* -, -n ⟨*gr.-lat.*⟩ (Med.): bes. an den Lippen u. im Bereich der Mundschleimhaut befindliche schmerzhafte, kleine, gelblich weiße Pustel, Bläschen, Fleck

Aph|then|seu|che *die;* -: Maul- u. Klauenseuche

api|kal ⟨*lat.-nlat.*⟩: **1.** an der Spitze gelegen, nach oben gerichtet (z. B. vom Wachstum einer Pflanze). **2.** (Sprachw.) mit der Zungenspitze artikuliert (von Lauten). **3.** (Med.) am spitz geformten äußersten Ende eines Organs gelegen

Apis *der;* - ⟨*ägypt.-gr.*⟩: heiliger Stier, der im alten Ägypten verehrt wurde

Apis|stier *der;* -[e]s: [figürliche] Darstellung des Apis

Ap|la|nat *der;* -en, -en, auch: *das;* -s, -e ⟨*gr.-nlat.*⟩: Linsenkombination, durch die die ↑Aberration (1) korrigiert wird

ap|la|na|tisch: den Aplanaten betreffend

Ap|lomb [a'plõ:] *der;* -s ⟨*fr.*⟩: **1. a)** Sicherheit [im Auftreten], Nachdruck; **b)** Dreistigkeit. **2.** (Ballett) Abfangen einer Bewegung in den unbewegten Stand

Apnoe *die;* -, -n ⟨*gr.-nlat.*⟩ (Med.): Atemstillstand, Atemlähmung

APO, Apo *die;* - ⟨Kurzw. aus **a**ußer**p**arlamentarische **O**pposition⟩: (bes. während der Regierungszeit der großen Koalition zwischen CDU u. SPD von 1966 bis 1969 in der Bundesrepublik Deutschland) nicht fest organisierte Aktionsgemeinschaft bes. von Studierenden u. Jugendlichen, die als antiautoritäre Bewegung die Durchsetzung politischer u. gesellschaftlicher Reformen außerhalb der (als handlungsunfähig erachteten) parlamentarischen Opposition versuchte

apo|dik|tisch: 1. (Philos.) unumstößlich, unwiderleglich, von schlagender Beweiskraft. **2.** keinen Widerspruch duldend, endgültig, keine andere Meinung gelten lassend, im Urteil streng und intolerant

Apo|gä|um *das;* -s, ...äen ⟨*gr.-nlat.*⟩ (Astron.): erdfernster Punkt der Bahn eines Körpers um die Erde; Ggs. ↑Perigäum

à point [a'põẽ:] ⟨*fr.*⟩: **1.** zu nichts (beim Billard). **2.** (Gastron.) halb, mittel durchgebraten

Apo|ka|lyp|se *die;* -, -n ⟨*gr.-lat.;* »Enthüllung, Offenbarung«⟩: **1.** Schrift in der Form einer Abschiedsrede, eines Testaments o. Ä., die sich mit dem kommenden [schrecklichen] Weltende befasst (z. B. die Offenbarung des Johannes im Neuen Testament). **2.** (ohne Plural) Untergang, Grauen, Unheil

apo|ka|lyp|tisch: 1. in der Apokalypse [des Johannes] vorkommend, sie betreffend. **2. a)** auf das Weltende hinweisend; Unheil kündend; **b)** geheimnisvoll, dunkel; **apokalyptische Reiter:** Sinnbilder für Pest, Tod, Hunger, Krieg; **apokalyptische Zahl:** die Zahl 666 (Offenbarung 13, 18)

Apo|ko|pe [...pe] *die;* -, ...open ⟨*gr.-lat.*⟩ (Sprachw.): Wegfall eines Auslauts od. einer auslautenden Silbe (z. B. *hatt* für *hatte*)

apo|ko|pie|ren ⟨*gr.-nlat.*⟩ (Sprachw.): ein Wort am Ende durch Apokope verkürzen

apo|kryph ⟨*gr.-lat.;* »verborgen«⟩: **1.** zu den Apokryphen gehörend, sie betreffend. **2.** unecht, fälschlich jmdm. zugeschrieben

Apo|kryph *das;* -s, -en, **Apo|kry|phon** *das;* -s, ...ypha u. ...yphen (meist Plural) (Rel.): nicht in den ↑[1]Kanon (5) aufgenommenes, jedoch den anerkannten biblischen Schriften formal u. inhaltlich sehr ähnliches Werk; vgl. Pseudepigraf

apo|li|tisch ⟨*gr.-nlat.*⟩: **a)** nicht politisch; **b)** ohne Interesse an Politik

Apoll *der;* -s, -s: ↑Apollo (1)

apol|li|nisch ⟨*gr.-lat.*⟩: **1.** den Gott Apollo betreffend, in der Art Apollos. **2.** (Philos.) harmonisch, ausgeglichen, maßvoll; Ggs. ↑dionysisch

Apol|lo *der;* -s, -s ⟨nach dem gr.-röm. Gott der Weissagung und Dichtkunst⟩: **1.** schöner [junger] Mann. **2.** ein Tagfalter. **3.** ein ↑Planetoid

Apo|lo|get *der;* -en, -en ⟨*gr.-nlat.*⟩: **a)** jmd., der eine bestimmte Anschauung mit Nachdruck vertritt u. verteidigt; **b)** [literarischer] Verteidiger eines Werkes (bes. Vertreter einer Gruppe

a

griechischer Schriftsteller des 2. Jh.s, die für das Christentum eintraten)

Apo|lo|ge|tik *die;* -, -en ‹*gr.-mlat.*›: **1.** die Gesamtheit aller apologetischen Äußerungen; wissenschaftliche Rechtfertigung von [christlichen] Lehrsätzen. **2.** (ohne Plural) Teilbereich der Theologie, in dem man sich mit der wissenschaftlich-rationalen Absicherung des Glaubens befasst

Apo|lo|ge|tin *die;* -, -nen: weibliche Form zu ↑Apologet (a)

apo|lo|ge|tisch: eine Ansicht, Lehre o. Ä. verteidigend, rechtfertigend

Apo|lo|gie *die;* -, ...ien ‹*gr.-lat.*›: **a)** Verteidigung, Rechtfertigung einer Lehre, Überzeugung o. Ä.; **b)** Verteidigungsrede, -schrift

Apo|ph|theg|ma *das;* -s, ...men u. -ta ‹*gr.*›: [witziger, prägnanter] Ausspruch, Sinnspruch, Zitat, Sentenz

apo|ph|theg|ma|tisch: in der Art eines Apophthegmas geprägt

Apo|plek|ti|ker *der;* -s, - ‹*gr.-lat.*› (Med.): **a)** jmd., der zu Schlaganfällen neigt; **b)** jmd., der an den Folgen eines Schlaganfalles leidet

Apo|plek|ti|ke|rin *die;* -, -nen: weibliche Form zu ↑Apoplektiker

apo|plek|tisch: a) zu Schlaganfällen neigend; **b)** zu einem Schlaganfall gehörend, damit zusammenhängend; durch einen Schlaganfall bedingt

Apo|ple|xie *die;* -, ...ien: **1.** (Med.) Schlaganfall, Gehirnschlag. **2.** (Bot.) plötzliches teilweises od. gänzliches Absterben der Krone von Steinobstbäumen

Apo|p|to|se *die;* -, -n ‹*gr.*› (Biol.): genetisch programmierter Zelltod, der für die Entwicklung vielzelliger Organismen notwendig ist

Apo|rie *die;* -, ...ien (»Ratlosigkeit, Verlegenheit«): **1.** Unmöglichkeit, eine philosophische Frage zu lösen. **2.** Unmöglichkeit, in einer bestimmten Situation die richtige Entscheidung zu treffen od. eine passende Lösung zu finden; Ausweglosigkeit

Apo|s|ta|sie *die;* -, ...ien ‹*gr.-lat.*›: **1.** Abfall [eines Christen vom Glauben]. **2.** Austritt einer Ordensperson aus dem Kloster unter Bruch der Gelübde

Apo|s|tat *der;* -en, -en: Abtrünniger, bes. in Bezug auf den Glauben

Apo|s|tel *der;* -s, - ‹*gr.-lat.*; »abgesandt; Bote«›: **1.** (Rel.) Jünger Jesu. **2.** (iron.) jmd., der für eine Welt- od. Lebensanschauung mit Nachdruck eintritt u. sie zu verwirklichen sucht

a pos|te|ri|o|ri ‹*lat.*; »vom Späteren her«, d. h., man erkennt die Ursache aus der erst später erfahrenen Wirkung›: **1.** (Erkenntnistheorie) aus der Wahrnehmung gewonnen, aus Erfahrung; Ggs. ↑a priori. **2.** nachträglich, später; Ggs. ↑a priori

Apos|te|ri|o|ri *das;* -, -: Erfahrungssatz, Inbegriff der Erkenntnisse, die a posteriori gewonnen werden; Ggs. ↑Apriori

apos|te|ri|o|risch: erfahrungsgemäß; Ggs. ↑apriorisch

Apo|s|tilb *das;* -s, - ‹*gr.-nlat.*›: alte Einheit der Leuchtdichte (Abk.: asb); vgl. Stilb

Apo|s|til|le *die;* -, -n ‹*gr.-nlat.*›: **1.** Randbemerkung. **2.** [empfehlende od. beglaubigende] Nachschrift zu einem Schriftstück. **3.** (veraltet) Entlassungsgesuch

Apo|s|to|lat *das,* fachspr. auch: *der;* -[e]s, -e ‹*gr.-lat.*›: **a)** (Rel.) Sendung, Amt der Apostel; **b)** Sendung, Auftrag der Kirche; vgl. Laienapostolat

Apo|s|to|li|kum *das;* -s ‹gekürzt aus *lat.* Symbolum apostolicum›: das (angeblich auf die 12 Apostel zurückgehende) christliche Glaubensbekenntnis

apo|s|to|lisch: a) nach Art der Apostel, von den Aposteln ausgehend; **b)** (kath. Kirche) päpstlich; **Apostolische Majestät:** Titel der Könige von Ungarn u. der Kaiser von Österreich; **Apostolischer Nuntius:** ständiger Gesandter des Papstes bei einer Staatsregierung; **Apostolische Signatur:** höchstes ordentliches Gericht u. oberste Gerichtsverwaltungsbehörde der katholischen Kirche; **Apostolischer Stuhl:** Heiliger Stuhl (Bez. für das Amt des Papstes u. die päpstlichen Behörden); **apostolische Sukzession:** Lehre von der ununterbrochenen Nachfolge der Bischöfe u. Priester auf die Apostel; **apostolische Väter:** die ältesten christlichen Schriftsteller, angeblich Schüler der Apostel

Apo|s|t|roph *der;* -s, -e ‹*gr.-lat.*; »abgewandt; abfallend«›: Auslassungszeichen; Häkchen, mit dem man den Ausfall eines Lautes od. einer Silbe kennzeichnen kann (z. B. güt'ger Himmel, 'naus)

Apo|s|t|ro|phe [...fe, auch: ...'stro:fə] *die;* -, ...ophen (Rhet., Stilkunde): feierliche Anrede an eine Person od. Sache außerhalb des Publikums; überraschende Hinwendung des Redners zum Publikum od. zu abwesenden Personen

apo|s|t|ro|phie|ren ‹*gr.-nlat.*›: **1.** mit einem Apostroph versehen. **2. a)** jmdn. feierlich od. gezielt ansprechen, sich deutlich auf jmdn. beziehen; **b)** etwas besonders erwähnen, sich auf etwas beziehen. **3.** jmdn. od. etwas in einer bestimmten Eigenschaft herausstellen, als etwas bezeichnen

Apo|the̱|ke *die;* -, -n ⟨*gr.-lat.*⟩: **1.** Geschäft, in dem Arzneimittel verkauft u. zum Teil hergestellt werden. **2.** (abwertend) teurer Laden; Geschäft, das hohe Preise fordert

Apo|the̱|ker *der;* -s, - ⟨*mlat.*⟩: jmd., der aufgrund eines Hochschulstudiums mit ↑Praktikum u. aufgrund seiner ↑Approbation (1) berechtigt ist, eine Apotheke zu leiten

Apo|the̱|ker|ge|wicht *das;* -s, -e: frühere Gewichtseinheit für Arzneimittel (z. B. Gran, Unze)

Apo|the̱|ke|rin *die;* -, -nen: weibliche Form zu ↑Apotheker

Apo|the|o̱|se *die;* -, -n ⟨*gr.-lat.*⟩: **1.** Erhebung eines Menschen zum Gott, Vergöttlichung eines lebenden od. verstorbenen Herrschers. **2.** Verherrlichung. **3.** (Theater) wirkungsvolles Schlussbild eines Bühnenstücks

App [ɛp] *die;* -, -s, auch: *das;* -s, -s (EDV-Jargon): zusätzliches Anwenderprogramm, das auf bestimmte Mobiltelefone heruntergeladen werden kann

Ap|pa|ra̱t *der;* -[e]s, -e ⟨*lat.*⟩: **1.** zusammengesetztes mechanisches, elektrisches od. optisches Gerät. **2.** (ugs.) **a)** Telefon; **b)** Radio-, Fernsehgerät; **c)** Elektrorasierer; **d)** Fotoapparat. **3.** Gesamtheit der für eine [wissenschaftliche] Aufgabe nötigen Hilfsmittel. **4.** Gesamtheit der zu einer Institution gehörenden Menschen u. [technischen] Hilfsmittel. **5.** kritischer Apparat. **6.** (salopp) etwas, was durch seine ungewöhnliche Größe, durch seine Besonderheit, Ausgefallenheit Aufsehen od. Staunen erregt. **7.** (Med.) Gesamtheit funktionell zusammengehörender Organe (z. B. Sehapparat)

ap|pa|ra|ti̱v ⟨*lat.-nlat.*⟩: **a)** einen Apparat betreffend; **b)** den Apparatebau betreffend; **c)** mit Apparaten arbeitend (z. B. von technischen Verfahren); **d)** (Med.) mithilfe von Apparaten feststellbar; **apparative Diagnostik:** ↑Diagnostik mithilfe von Geräten (z. B. Röntgen, EKG)

Ap|pa|ra̱t|schik *der;* -s, -s ⟨*lat.-russ.*⟩ (abwertend): Funktionär im Staats- u. Parteiapparat stalinistisch geprägter Staaten, der Weisungen u. Maßnahmen bürokratisch durchzusetzen versucht

Ap|pa|ra|tu̱r *die;* -, -en ⟨*lat.-nlat.*⟩: Gesamtanlage zusammengehörender Apparate u. Instrumente

Ap|par|te|ment [...ˈmãː, bes. schweiz.: ...ˈmɛnt] *das;* -s, -s (schweiz.: -e) ⟨*lat.-it.-fr.*⟩: **a)** komfortable Kleinwohnung; **b)** Zimmerflucht, einige zusammenhängende Räume in einem größeren [luxuriösen] Hotel; vgl. Apartment

ap|pas|si|o|na̱|to ⟨*it.*⟩ (Musik): leidenschaftlich, entfesselt, stürmisch (Vortragsanweisung)

Ap|peal [əˈpiːl] *der;* -s ⟨*engl.*⟩: **a)** Anziehungskraft, Ausstrahlung, Aussehen, Reiz, Image; **b)** (Werbespr.) Aufforderungscharakter, Anreiz

Ap|pease|ment [əˈpiːzmənt] *das;* -[s] ⟨*lat.-fr.-engl.*⟩: Haltung der Nachgiebigkeit; Beschwichtigung[spolitik]

Ap|pe̱ll *der;* -s, -e ⟨*lat.-fr.*⟩: **1.** Aufruf, Mahnruf (zu einem bestimmten Verhalten). **2.** (Militär) Aufstellung, Antreten (zur Befehlsausgabe u. a.). **3.** Gehorsam des [Jagd]hundes; **Appell haben:** gehorchen (von einem Hund). **4.** (Fechten) kurzes Auftreten mit dem vorgestellten Fuß

Ap|pel|la|ti|o̱n *die;* -, -en (Rechtswiss.): Berufung

Ap|pel|la|ti̱v *das;* -s, -e: Substantiv, das eine Gattung gleichgearteter Dinge od. Lebewesen u. zugleich jedes einzelne Wesen od. Ding dieser Gattung bezeichnet (z. B. Tisch, Mann)

ap|pel|lie̱|ren: **1.** sich an jmdn., etwas in mahnendem Sinne wenden. **2.** (Rechtsspr. veraltet) Berufung einlegen

Ap|pe̱n|dix *der;* -[es], ...dizes [...tseːs] od. -e ⟨*lat.;* »Anhang, Anhängsel«⟩: **1.** Anhängsel. **2.** Ansatzstück zum Füllen an Luftballons. **3.** Anhang eines Buches (der unechte Schriften, Tafeln, Tabellen, Karten, den kritischen Apparat o. Ä. enthält). **4.** (fachspr.: *die;* -, ...dizes od. ...dices [...tseːs], sonst *der;* -, ...dizes; Med.) Wurmfortsatz des Blinddarms

Ap|pen|di|zi̱|tis *die;* -, ...iti̱den ⟨*lat.-nlat.*⟩ (Med.): Entzündung des Wurmfortsatzes des Blinddarms, Blinddarmentzündung

Ap|per|zep|ti|o̱n *die;* -, -en ⟨*lat.-nlat.*⟩: **1.** (Philos.) begrifflich urteilendes Erfassen im Unterschied zur ↑Perzeption. **2.** (Psychol.) bewusstes Erfassen von Erlebnis-, Wahrnehmungs- u. Denkinhalten

ap|per|zi|pie̱|ren (Psychol.): Erlebnisse u. Wahrnehmungen bewusst erfassen im Unterschied zu ↑perzipieren

Ap|pe|te̱nz *die;* -, -en ⟨*lat.*⟩ (Verhaltensforschung): **a)** [ungerichtete] suchende Aktivität (z. B. bei einem Tier auf Nahrungssuche); **b)** Begehren; Sexualverlangen

Ap|pe|ti̱t *der;* -[e]s, -e (Plural selten) ⟨*lat.*⟩: Wunsch, etwas [Bestimmtes] zu essen od. auch zu trinken

ap|pe|ti̱t|lich: **a)** appetitanregend; **b)** hygienisch einwandfrei, sauber; **c)** adrett u. frisch aussehend

a

Ap|pe|tit|züg|ler *der;* -s, - (Med.): Mittel, das eine appetitvermindernde Wirkung hat

Ap|pe|ti|zer [ˈɛpətaizɐ] *der;* -s, - ‹*engl.*›: **a)** appetitanregendes Mittel; **b)** kleines Appetithäppchen

ap|pla|nie|ren ‹*lat.-fr.*›: **a)** [ein]ebnen; **b)** ausgleichen

ap|plau|die|ren ‹*lat.*›: **a)** Beifall klatschen; **b)** jmdm./einer Sache Beifall spenden

Ap|plaus *der;* -es, -e (Plural selten): Beifall[sruf], Händeklatschen

App|let [ˈæplɪt] *das;* -s, -s ‹*engl.*› (EDV): Anwendungsprogramm, das der Benutzer vom Internet auf seinen Computer lädt und dort ausführt

Ap|pli|ka|ti|on *die;* -, -en: **1.** Anwendung, Zuführung, Anbringung. **2.** (veraltet) Bewerbung, Fleiß, Hinwendung. **3.** (Med.) Verordnung u. Anwendung von Medikamenten od. therapeutischen Maßnahmen. **4.** (Rel.) Darbringung der katholischen Messe für bestimmte Personen od. Anliegen. **5.** (Textilkunde) aufgenähte Verzierung aus Leder, Filz, dünnerem Metall o. Ä. an Geweben. **6.** haftendes od. aufgelegtes Symbol auf Wandtafeln o. Ä.

ap|pli|ka|tiv (Med.): als Applikation (3) verwendet

ap|pli|zie|ren ‹*lat.*›: **1.** anwenden, gebrauchen. **2.** (Med.) verabreichen, verabfolgen, dem Körper zuführen (z. B. Arzneimittel). **3.** (Farben) auftragen. **4.** (Stoffmuster) aufnähen

ap|po|nie|ren ‹*lat.*› (veraltet): beifügen

ap|port ‹*lat.-fr.*›: bring [es] her! (Befehl an einen Hund)

Ap|port *der;* -s, -e: **1.** (veraltet) Sacheinlage statt Bargeld bei der Gründung einer Kapitalgesellschaft. **2.** (Jägerspr.) Herbeischaffen des erlegten Wildes durch den Hund. **3.** (Parapsychol.) das angebliche Herbeischaffen von Gegenständen od. die Lage- od. Ortsveränderung materieller Dinge, bewirkt von Geistern od. von einem ↑[1]Medium (4 a)

ap|por|tie|ren: Gegenstände, erlegtes Wild herbeibringen (vom Hund)

Ap|po|si|ti|on *die;* -, -en ‹*lat.*›: **1.** (Sprachw.) substantivisches Attribut, das üblicherweise im gleichen Kasus steht wie das Substantiv od. Pronomen, zu dem es gehört (z. B. Paris, *die Hauptstadt Frankreichs*). **2.** (Biol.) Anlagerung von Substanzen (z. B. Dickenwachstum pflanzlicher Zellwände od. Anlagerung von Knochensubstanz beim Aufbau der Knochen);

ap|po|si|ti|o|nell ‹*lat.-nlat.*›: die Apposition (1) betreffend, in der Art einer Apposition gebraucht; vgl. ...al/...ell

ap|pre|tie|ren: Geweben, Textilien durch entsprechendes Bearbeiten ein besseres Aussehen, Glanz, höhere Festigkeit geben

Ap|pre|tur *die;* -, -en ‹*nlat.*›: **1.** das Appretieren. **2.** Mittel, Masse zum Appretieren. **3.** Raum, in dem Textilien appretiert werden

Ap|proach [əˈproʊtʃ] *der;* -[e]s, -[e]s ‹*engl.*›: **1.** Sehweise, Art der Annäherung an ein [wissenschaftliches] Problem. **2.** Anfang eines Werbetextes, der die Aufmerksamkeit des Verbrauchers erregen soll. **3.** Landeanflug eines Flugzeugs. **4.** Annäherungsschlag beim Golf

Ap|pro|ba|ti|on *die;* -, -en ‹*lat.;* »Billigung, Genehmigung«›: **1.** staatliche Zulassung zur Berufsausübung als Arzt od. Apotheker. **2.** (kath. Rel.) **a)** Anerkennung, Bestätigung, Genehmigung durch die zuständige kirchliche Autorität; **b)** Bevollmächtigung zur Wortverkündigung u. zur Spendung des Bußsakraments

ap|pro|ba|tur: es wird gebilligt (Formel der kirchlichen Druckerlaubnis); vgl. Imprimatur (1)

ap|pro|bie|ren (österr., sonst veraltet): bestätigen, genehmigen

ap|pro|biert: zur Ausübung des Berufes staatlich zugelassen (von Ärzten u. Apothekern)

Ap|pro|xi|ma|ti|on *die;* -, -en ‹*lat.-nlat.*›: **1.** (Math.) Näherung[swert], angenäherte Bestimmung od. Darstellung einer unbekannten Größe od. Funktion. **2.** Annäherung (an einen bestimmten Zielpunkt o. Ä.)

ap|pro|xi|ma|tiv: angenähert, ungefähr

Ap|rès-Ski [aprɛˈʃi:, aprɛsˈki] *das;* - ‹*fr.; norw.*›: **a)** Zerstreuung od. Vergnügen [nach dem Skilaufen] im Winterurlaub; **b)** sportlich saloppe, modisch elegante Kleidung, die von Winterurlaubern im Allgemeinen nach dem Skilaufen getragen wird

Ap|ri|ko|se *die;* -, -n ‹*lat.-vulgärlat.-spätgr.-arab.-span.-fr.-niederl.*›: **a)** gelbliche, pflaumengroße, fleischige Steinfrucht des Aprikosenbaumes; **b)** Aprikosenbaum; **c)** Gartenzierbaum aus Japan

Ap|ril *der;* -[s], -e ‹*lat.*›: vierter Monat im Jahr (Abk.: Apr.)

a pri|ma vis|ta [- - v...] ‹*it.;* »auf den ersten Blick«›: **1.** ohne vorherige Kenntnis, unvorbereitet. **2.** (Musik selten) vom Blatt, d. h. ohne vorhergehende Probe bzw. Kenntnis der Noten, singen od. spielen; vgl. aber a vista

a pri|o|ri ‹*lat.;* »vom Früheren her«›: **1.** (Erkenntnistheorie) von der Erfahrung od. Wahrnehmung unabhängig, aus der Vernunft durch logisches Schließen gewonnen; Ggs. ↑a posteriori.

2. grundsätzlich, von vornherein; Ggs. ↑a posteriori

Apri|o|ri *das;* -, - (Philos.): Vernunftsatz, Inbegriff der Erkenntnisse, die a priori gewonnen werden; Ggs. ↑Aposteriori

apri|o|risch: aus Vernunftgründen [erschlossen], allein durch Denken gewonnen; Ggs. ↑aposteriorisch

Apri|o|ris|mus *der;* -, ...men ⟨*lat.-nlat.*⟩: **a)** Erkenntnis a priori; **b)** philosophische Lehre, die eine von der Erfahrung unabhängige Erkenntnis annimmt

ap|ro|pos [...'po:] ⟨*fr.;* »zum Gesprächsthema«⟩: nebenbei bemerkt, übrigens; da wir gerade davon sprechen

Ap|si|de *die;* -, -n ⟨*gr.-lat.*⟩: **1.** (Astron.) Punkt der kleinsten od. größten Entfernung eines Planeten von dem Gestirn, das er umläuft. **2.** ↑Apsis (1)

Ap|si|den|li|nie *die;* -, -n: Verbindungslinie der beiden Apsiden

ap|si|di|al ⟨*gr.-nlat.*⟩: **a)** die Apsis (1) betreffend; **b)** nach Art einer Apsis (1) gebaut

Ap|sis *die;* -, ...iden ⟨*gr.-lat.*⟩: **1.** halbrunde, auch vieleckige Altarnische als Abschluss eines Kirchenraumes. **2.** [halbrunde] Nische im Zelt zur Aufnahme von Gepäck u. a.

ap|tie|ren ⟨*lat.*⟩: **1.** (veraltet) anpassen; herrichten. **2.** (in der Briefmarkenkunde) einen Stempel den neuen Erfordernissen anpassen, um ihn weiterhin benutzen zu können

Aqua de|s|til|la|ta *das;* - - ⟨*lat.*⟩: destilliertes, chemisch reines Wasser (Abk.: aq. dest.)

Aquä|dukt *der,* auch: *das;* -[e]s, -e ⟨*lat.*⟩: (altrömisches) steinernes, brückenartiges Bauwerk mit einer Rinne, in der das Wasser für die Versorgung der Bevölkerung weitergeleitet wurde

Aqua|jog|ging *das;* -s ⟨*lat.; engl.*⟩: kraftvolles Sichvorwärtsbewegen od. andere Bewegungsübungen im brusthohen Wasser

Aqua|kul|tur *die;* -, -en ⟨*lat.*⟩: **1.** (ohne Plural) systematische Bewirtschaftung u. Nutzung von Meeren, Seen u. Flüssen (z. B. durch Anlegen von Muschelkulturen). **2.** (ohne Plural) Verfahren zur Intensivierung der Fischzüchtung u. -produktion. **3.** Anlage, in der Verfahren zur extensiven Nutzung des Meeres od. zur Intensivierung der Fischproduktion entwickelt werden

Aqua|ma|ni|le *das;* -, -n ⟨*lat.-mlat.*⟩: Gießgefäß od. Schüssel (zur Handwaschung des Priesters bei der Messe)

aqua|ma|rin: von der Farbe des Aquamarins

Aqua|ma|rin *der;* -s, -e ⟨*lat.-roman.;* »Meerwasser«⟩: meerblauer ↑Beryll, Edelstein

Aqua|naut *der;* -en, -en ⟨*lat.; gr.*⟩: Forscher, der in einer Unterwasserstation die besonderen Lebens- und Umweltbedingungen in größeren Meerestiefen erforscht

Aqua|nau|tin *die;* -, -nen: weibliche Form zu ↑Aquanaut

Aqua|pla|ning *das;* -[s], -s ⟨*lat.-engl.;* »Wassergleiten«⟩: Wasserglätte; bei höheren Geschwindigkeiten vorkommendes Rutschen, Gleiten der Reifen eines Kraftfahrzeugs auf Wasser, das sich auf einer regennassen Straße gesammelt hat

Aqua|rell *das;* -s, -e ⟨*lat.-it.(-fr.)*⟩: mit Wasserfarben gemaltes Bild

aqua|rel|lie|ren: mit Wasserfarben malen

Aqua|ri|a|ner *der;* -s, - ⟨*lat.-nlat.*⟩: Aquarienliebhaber

Aqua|ri|a|ne|rin *die;* -, -nen: weibliche Form zu ↑Aquarianer

Aqua|ris|tik *die;* -: sachgerechtes Halten u. Züchten von Wassertieren u. -pflanzen als Hobby od. aus wissenschaftlichem Interesse

Aqua|ri|um *das;* -s, ...ien: **1.** Behälter zur Pflege, Zucht u. Beobachtung von Wassertieren. **2.** Gebäude [in zoologischen Gärten], in dem in verschiedenen Aquarien (1) Wassertiere u. -pflanzen ausgestellt werden

Aqua|tin|ta *die;* -, ...ten ⟨*lat.-it.*⟩: **1.** (ohne Plural) Kupferstichverfahren, das die Wirkung der Tuschzeichnung nachahmt. **2.** einzelnes Blatt in Aquatintatechnik

aqua|tisch ⟨*lat.*⟩: **1.** dem Wasser angehörend; im Wasser lebend. **2.** wässerig

Äqua|tor *der;* -s, ...toren ⟨*lat.;* »Gleichmacher«⟩: **1.** (ohne Plural) größter Breitenkreis, der die Erde in die nördliche u. die südliche Halbkugel teilt. **2.** (Math.) Kreis auf einer Kugel, dessen Ebene senkrecht auf einem vorgegebenen Kugeldurchmesser steht

äqua|to|ri|al: **a)** den Äquator betreffend; **b)** unter dem Äquator befindlich

à qua|t|re mains [- - mɛ̃] ⟨*fr.;* »zu vier Händen«⟩ (Musik): vierhändig

Aqua|vit [...'vi:t, auch: ...'vɪt] *der;* -s, -e ⟨*lat.-nlat.;* »Lebenswasser«⟩: vorwiegend mit Kümmel gewürzter Branntwein

äqui|di|s|tant (Math.): gleich weit entfernt, gleiche Abstände aufweisend (z. B. von Punkten od. Kurven)

Äqui|li|b|rist *der;* -en, -en ⟨*lat.-fr.*⟩: ↑Artist (2), der die Kunst des Gleichgewichthaltens (mit u. von Gegenständen) beherrscht, bes. Seiltänzer

Äqui|li|b|ris|tin *die;* -, -nen: weibliche Form zu ↑Äquilibrist

a

äqui|nok|ti|al ⟨*lat.*⟩: **a)** das Äquinoktium betreffend; **b)** tropisch, Tropen-

Äqui|nok|ti|um *das;* -s, ...ien: Tagundnachtgleiche

Akquise

Das aus dem Lateinischen stammende Wort weist die im Deutschen ungewöhnliche Schreibweise *-kqu-* auf. Ebenso: *akquirieren, Akquisiteur, Akquisiteurin, Akquisition, Akquisitor, akquisitorisch.*

äqui|va|lent ⟨*lat.-nlat.*⟩: gleichwertig, im Wert od. in der Geltung dem Verglichenen entsprechend

Äqui|va|lent *das;* -s, -e: gleichwertiger Ersatz, Gegenwert

Äqui|va|lenz *die;* -, -en: **1.** Gleichwertigkeit. **2.** (Logik) Gleichwertigkeit des Wahrheitsgehaltes, der Bedeutung zweier Aussagen. **3.** (Math.) Gleichwertigkeit von Mengen gleicher Mächtigkeit

äqui|vok ⟨*lat.*⟩: **a)** verschieden deutbar, doppelsinnig; **b)** zwei-, mehrdeutig, von verschiedener Bedeutung trotz gleicher Lautung

Ar *das,* auch: *der;* -s, -e (aber: 3 -) ⟨*lat.-fr.*⟩: Flächenmaß von 100 m^2 (Zeichen: a)

Ara ⟨*Tupi-fr.*⟩, **Ara|ra** ⟨*Tupi-port.*⟩ *der;* -s, -s: Langschwanzpapagei aus dem tropischen Südamerika

Ära *die;* -, Ären ⟨*lat.*⟩: **1.** längerer, durch etwas Bestimmtes gekennzeichneter, geprägter Zeitabschnitt. **2.** (Geol.) Erdzeitalter (Gruppe von ↑Formationen 5 a der Erdgeschichte)

Ara|ber [auch: 'a..., auch: a'ra:bɐ] *der;* -s, - ⟨nach dem geografischen Begriff Arabien⟩: **1.** Bewohner der Arabischen Halbinsel. **2.** arabisches Vollblut, Pferd einer edlen Rasse

Ara|be|rin *die;* -, -nen: weibliche Form zu Araber (1)

Ara|bes|ke *die;* -, -n ⟨*arab.-gr.-lat.-it.-fr.*⟩: **1.** rankenförmige Verzierung, Ornament; vgl. Moreske. **2.** Musikstück für Klavier

ara|bi|sie|ren: an die arabische Sprache und Kultur angleichen

Ara|bist *der;* -en, -en: Wissenschaftler auf dem Gebiet der Arabistik

Ara|bis|tik *die;* -: wissenschaftliche Erforschung der arabischen Sprache u. Literatur

Ara|bis|tin *die;* -, -nen: weibliche Form zu ↑Arabist

Arach|no|lo|ge *der;* -n, -n: Wissenschaftler auf dem Gebiet der Arachnologie

Arach|no|lo|gie *die;* -: Wissenschaft von den Spinnentieren (Spinnenkunde)

Arach|no|lo|gin *die;* -, -nen: weibliche Form zu ↑Arachnologe

Ara|go|nit [auch: ...'nɪt] *der;* -s ⟨*nlat.;* nach der span. Landschaft Aragonien⟩: ein Mineral aus der Gruppe der ↑²Karbonate

Ara|lie [...li̯ə] *die;* -, -n ⟨Herkunft unbekannt⟩: Zimmerpflanze aus der Familie der Efeugewächse

Aran|zi|ni *die* (Plural) ⟨*pers.-arab.-span.-it.*⟩ (bes. österr.): überzuckerte od. schokoladenüberzogene gekochte Orangenschalen

Ärar *das;* -s, -e ⟨*lat.*⟩: **1. a)** Staatsschatz, -vermögen; **b)** Staatsarchiv. **2.** (österr.) ↑Fiskus

Ara|ra vgl. Ara

ära|risch ⟨*lat.*⟩: zum ↑Ärar gehörend; staatlich

Arau|ka|rie [...ri̯ə] *die;* -, -n ⟨*nlat.;* nach der chilenischen Provinz Arauco⟩: auf der Südhalbkugel vorkommender, als Zimmerpflanze nutzbarer Baum mit nadelförmigen Blättern

Ar|bi|t|ra|ge [...ʒə, österr.: ...ʃ] *die;* -, -n ⟨*lat.-fr.*⟩: **1.** Ausnutzung von Preis- od. Kursunterschieden für das gleiche Handelsobjekt (z. B. Gold, Devisen) an verschiedenen Börsen. **2.** Schiedsgerichtsvereinbarung im Handelsrecht

ar|bi|t|rär (Math.): dem Ermessen überlassen, beliebig; nach Ermessen, willkürlich; **arbiträre Größe:** durch einen Buchstaben angedeutete, beliebige konstante Größe; **arbiträres Sprachzeichen** (Sprachw.): nicht naturgegebenes, sondern einer vorauszusetzenden Konvention entsprechendes Sprachzeichen als verbindliche Zuordnung zwischen Lautgestalt u. Wortinhalt

Ar|bi|t|ra|ti|on *die;* -, -en: Schiedswesen für Streitigkeiten an der Börse

ar|bi|t|rie|ren ⟨*lat.-fr.*⟩: **1.** (veraltet) schätzen. **2.** eine Arbitrage (1) vollziehen. **3.** (schweiz.) Schiedsrichter beim Sport sein

Ar|bo|re|tum *das;* -s, ...ten (Bot.): Baumschule; zu Studienzwecken angelegte Sammelpflanzung verschiedener Baumarten

Ar|bu|se *die;* -, -n ⟨*pers.-russ.*⟩: Wassermelone

Ar|cha|ik *die;* - ⟨*gr.*⟩: **a)** frühzeitliche Kulturepoche; **b)** archaische Art

Ar|cha|i|kum, Ar|chä|i|kum *das;* -s ⟨*gr.-nlat.*⟩ (Geol.): ältester Abschnitt des Archäozoikums

ar|cha|isch: 1. a) der Vor-, Frühzeit angehörend od. aus ihr überkommen; vor-, frühzeitlich; **b)** (Psychol.) entwicklungsgeschichtlich älteren Schichten der Persönlichkeit angehörend. **2.** altertümlich, veraltet. **3.** der Frühstufe eines Stils (bes. der vorklassischen Epoche der griechischen Kunst) angehörend, entstammend

ar|cha̱|isch: das Archaikum, Archäikum betreffend

ar|cha|i|sie̲|ren: archaische Formen verwenden, nach alten Vorbildern gestalten

Ar|cha|i̱s|mus *der;* -, ...men: **a)** (ohne Plural) Rückgriff auf veraltete Wörter, Sprach- od. Stilformen; **b)** älteres, einer früheren Zeit angehörendes Element (in Sprache od. Kunst)

ar|cha|i̱s|tisch: den Archaismus betreffend

Ar|chäo|lo̱|ge *der;* -n, -n ‹*gr.*›: Wissenschaftler auf dem Gebiet der Archäologie, Altertumsforscher

Ar|chäo|lo|gie̲ *die;* -: Wissenschaft von den sichtbaren Überresten alter Kulturen; Altertumswissenschaft

Ar|chäo|lo̱|gin *die;* -, -nen: weibliche Form zu ↑ Archäologe

ar|chäo|lo̱|gisch: die Archäologie betreffend

Ar|chä|o̱|p|te|ryx *der;* -[es], -e od. ...pte̱ryges, auch: *die;* -, -e od. ...pte̱ryges: ausgestorbener Urvogel aus dem ↑ ²Jura

Ar|chä|o|zo̱|i|kum *das;* -s ‹*gr.-nlat.*› (Geol.): die erdgeschichtliche Frühzeit mit den Abschnitten ↑ Archaikum u. ↑ Algonkium

Ar|che|ty̱p [auch: 'ar...] *der;* -s, -en, **Ar|che|ty̱|pus** *der;* -, ...pen ‹*gr.-lat.;* »zuerst geprägt; Urbild«›: **1.** (Philos.) Urbild, Urform des Seienden. **2. a)** (Psychol.) (nach C. G. Jung) die Komponente des kollektiven Unbewussten im Menschen, die die ererbte Grundlage der Persönlichkeitsstruktur bildet; **b)** Urform, Musterbild. **3. a)** älteste überlieferte od. erschließbare Fassung einer Handschrift, eines Druckes; **b)** Original eines Kunst- od. Schriftwerkes im Gegensatz zu Nachbildungen od. Abschriften

ar|che|ty̱|pisch [auch: 'ar...]: einem Archetyp entsprechend, zugehörend

Ar|che|ty̱|pus vgl. Archetyp

Ar|chi|di|a|ko̱n [auch: ...'di:a...] *der;* -s u. -en, -e[n] ‹*gr.-lat.*›: **1. a)** erster Diakon, Stellvertreter des Bischofs in der alten u. frühmittelalterlichen Kirche; **b)** Stellvertreter eines anglikanischen Bischofs. **2.** (bes. im Mittelalter) Vorsteher eines Kirchensprengels. **3.** Ehrentitel in der evangelischen Kirche; Träger dieses Titels. **4.** zweiter Geistlicher an evangelischen Stadtkirchen

Ar|chi|man|d|ri̱t *der;* -en, -en ‹*gr.-lat.*›: **1.** Oberer eines ostkirchlichen Kloster[verband]s. **2.** Ehrentitel für verdiente Priester einer Ostkirche u. Träger dieses Titels

ar|chi|me̱|disch ‹nach dem gr. Mathematiker Archimedes›: in den Fügungen **archimedische Schraube:** Gerät zur Be- od. Entwässerung; Wasserschnecke; **archimedisches Prinzip** (Physik): Prinzip, nach dem der statische Auftrieb eines Körpers gleich dem Gewicht der von ihm verdrängten Flüssigkeits- od. Gasmenge ist; **archimedischer Punkt:** von Archimedes geforderter fester Standpunkt außerhalb der Erde, vom dem aus er die Erde in Bewegung setzen könne

Ar|chi|pe̱l *der;* -s, -e ‹*gr.-mgr.-it.*›: Inselgruppe

Ar|chi|te̱kt *der;* -en, -en ‹*gr.;* »Oberzimmermann, Baumeister«›: auf einer Hochschule ausgebildeter Experte, der Bauwerke entwirft u. gestaltet, Baupläne ausarbeitet u. deren Ausführung überwacht

Ar|chi|te̱k|ten|bü|ro *das;* -s, -s: **1.** Büro eines Architekten, einer Architektin. **2.** geschäftlicher, wirtschaftlicher Zusammenschluss mehrerer Architekt[inn]en

Ar|chi|te̱k|tin *die;* -, -nen: weibliche Form zu ↑ Architekt

Ar|chi|tek|to̱|nik *die;* -, -en: **1.** (ohne Plural) Wissenschaft von der Baukunst. **2. a)** [kunstgerechter] Aufbau eines Bauwerks; **b)** strenger, gesetzmäßiger [künstlerischer od. geistiger] Aufbau

ar|chi|tek|to̱|nisch: die Architektonik betreffend

Ar|chi|tek|tu̱r *die;* -, -en: **1. a)** (ohne Plural) Baukunst [als wissenschaftliche Disziplin]; **b)** Baustil. **2.** der nach den Regeln der Baukunst gestaltete Aufbau eines Gebäudes

Ar|chi|t|ra̱v *der;* -s, -e ‹(*gr.; lat.*) *it.*›: auf Säulen ruhender, tragender Querbalken in der antiken u. späteren Baukunst

Ar|chi̱v *das;* -s, -e ‹*gr.-lat.;* »Regierungs-, Amtsgebäude«›: **a)** Einrichtung zur systematischen Erfassung, Erhaltung u. Betreuung rechtlicher u. politischer Dokumente; **b)** geordnete Sammlung von wichtigen Dokumenten, Akten; **c)** Raum, Gebäude für ein Archiv (a, b)

Ar|chi|va̱|le *das;* -s, ...lien (meist Plural) ‹*nlat.*›: Aktenstück, Urkunde aus einem Archiv

ar|chi|va̱|lisch: urkundlich

Ar|chi|va̱r *der;* -s, -e: fachkundlich ausgebildeter Betreuer eines Archivs

Ar|chi|va̱|rin *die;* -, -nen: weibliche Form zu ↑ Archivar

ar|chi|vie̲|ren: in ein Archiv aufnehmen

A̱r|chon *der;* -s, Archo̱nten, **Ar|cho̱nt** *der;* -en, -en ‹*gr.-lat.*›: höchster Beamter in Athen u. anderen Städten der Antike

A̱r|cus, A̱r|kus *der;* -, - [...ku:s] ‹*lat.*›: Bogenmaß eines Winkels (Zeichen: arc)

Ar|da|bil, Ar|de|bil *der;* -[s], -s ‹nach der iran. Stadt (bedeutender Teppichhandelsplatz)›: handgeknüpfter Teppich

Are *die;* -, -n (schweiz.): ↑Ar

Are|al *das;* -s, -e: **1.** Bodenfläche. **2.** Verbreitungsgebiet einer Tier- od. Pflanzenart

Are|ka|nuss *die;* -, ...nüsse ‹*Malayalam-port.-nlat.; dt.*›: Frucht der Areka- od. Betelnusspalme

are|li|gi|ös ‹*gr.; lat.-fr.*›: nicht religiös, außerhalb der Religion [stehend]

Are|na *die;* -, ...nen ‹*lat.*›: **1. a)** Kampfbahn, Kampfplatz im Amphitheater der römischen Antike; **b)** Sportplatz, Wettkampfstätte mit ringsum steigend angeordneten Zuschauersitzen. **2. a)** Vorführplatz für Stierkämpfe; **b)** Zirkusmanege. **3.** (österr. veraltend) Sommerbühne

Are|o|pag *der;* -s ‹*gr.-lat.*›: höchster Gerichtshof im Athen der Antike

Ar|gen|tum *das;* -[s] ‹*lat.*›: lat. Bez. für: Silber (chem. Element; Zeichen: Ag)

Ar|gon [auch: ...ˈgo:n] *das;* -s ‹*gr.-nlat.*›: chem. Element; ein Edelgas (Zeichen: Ar)

Ar|go|naut *der;* -en, -en ‹*gr.-lat.*›: **1.** in der griechischen Sage ein Mann der Besatzung des Schiffes Argo. **2.** besondere Art des Tintenfisches

Ar|got [arˈgo:] *das* od. *der;* -s, -s ‹*fr.*›: **1.** (ohne Plural) Sondersprache der französischen Gauner u. Bettler. **2.** Sondersprache einer sozialen od. beruflichen Gruppe; Jargon (a)

Ar|gu|ment *das;* -[e]s, -e ‹*lat.*›: **1.** Rechtfertigungsgrund, [stichhaltiger, plausibler] Beweisgrund, Punkt einer Beweisführung. **2.** (Math.) unabhängige Variable einer Funktion. **3.** (Sprachw.) Satzglied, mit dem eine Leerstelle ausgefüllt wird

Ar|gu|men|ta|ti|on *die;* -, -en: Darlegung der Argumente, Beweisführung, Begründung

ar|gu|men|ta|tiv ‹*lat.*›: **a)** die vorgebrachten Argumente betreffend; **b)** mithilfe von Argumenten [geführt]

ar|gu|men|tie|ren ‹*lat.*›: Argumente vorbringen, Beweise darlegen, begründen

Ar|gus *der;* -, -se ‹nach dem hundertäugigen Riesen der gr. Sage›: scharf u. misstrauisch beobachtender Wächter

Ar|gus|au|gen *die* (Plural): scharf beobachtender Blick

Arhyth|mie usw. vgl. Arrhythmie usw.

Ari|ad|ne|fa|den *der;* -s ‹nach der sagenhaften kretischen Königstochter, die Theseus mit einem Wollknäuel den Rückweg aus dem Labyrinth ermöglichte›: etwas, was jmdm. aus einer verworrenen Lage heraushilft

Ari|a|ner *der;* -s, - ‹nach dem ↑Presbyter (1) Arius von Alexandria›: Anhänger des Arianismus

ari|a|nisch: a) den Arianismus betreffend; **b)** die Lehre des Arianismus vertretend

Ari|a|nis|mus *der;* -: Lehre des Arius (4. Jh.), wonach Christus mit Gott nicht wesensgleich, sondern nur wesensähnlich sei

arid ‹*lat.*›: trocken, dürr, wüstenhaft (vom Boden od. Klima)

Ari|di|tät *die;* -: Trockenheit (in Bezug auf das Klima)

Arie [...i̯ə] *die;* -, -n ‹*it.*›: Sologesangsstück mit Instrumentalbegleitung (bes. in Oper u. Oratorium)

Ari|er *der;* -s, - ‹*sanskr.* »Edler«›: **1.** Angehöriger eines der frühgeschichtlichen Völker mit indogermanischer Sprache in Indien u. im Iran. **2.** (in der rassistischen Ideologie des Nationalsozialismus) Angehöriger einer (bes. in Gegensatz zu den Juden definierten) angeblich geistig, politisch und kulturell überlegenen nordischen Menschengruppe

ari|o|so (Musik): liedhaft [vorzutragen]

Ari|o|so *das;* -s, -s u. ...si: **1.** instrumental begleitetes [gegen den Sprechgesang abgehobenes] liedhaft-ausdrucksvolles od. arienähnliches Gesangsstück, Zwischenstück. **2.** liedhaft-ausdrucksvolles Instrumentalstück

arisch ‹*sanskr.*›: **1. a)** die Sprachen der ↑Arier (1) betreffend; **b)** zu den Ariern (1) gehörend. **2.** in der nationalsozialistischen Rassenideologie die Arier (2) betreffend, zu den Ariern (2) gehörend

ari|sie|ren ‹*sanskr.-nlat.*› (nationalsoz.): [durch Enteignung] in sogenannten arischen (2) Besitz überführen (von jüdischen Geschäften u. Unternehmen durch das nationalsozialistische Regime)

Aris|to|krat *der;* -en, -en: **1.** Angehöriger des Adels. **2.** Mensch von vornehm-zurückhaltender Lebensart

Aris|to|kra|tie *die;* -, ...i̯en ‹*gr.-lat.*›: **1.** Staatsform, in der die Herrschaft im Besitz einer privilegierten sozialen Gruppe ist. **2.** adlige Oberschicht mit besonderen Privilegien. **3.** (ohne Plural) Würde, Vornehmheit

Aris|to|kra|tin *die;* -, -nen: weibliche Form zu ↑Aristokrat

aris|to|kra|tisch: 1. die Aristokratie (1 u. 2) betreffend. **2.** vornehm, edel

aris|to|pha|nisch: a) in der Art des Aristophanes; **b)** geistvoll, witzig, mit beißendem Spott

Aris|to|te|li|ker *der;* -s, -: Anhänger der Philosophie des Aristoteles
aris|to|te|lisch: **a)** die Philosophie des Aristoteles betreffend; **b)** die Philosophie des Aristoteles vertretend
Arith|me|tik *die;* - ‹*gr.-lat.;* »Rechenkunst«›: Teilgebiet der Mathematik, das sich mit bestimmten u. allgemeinen Zahlen befasst
Arith|me|ti|ker *der;* -s, -: Fachmann auf dem Gebiet der Arithmetik
Arith|me|ti|ke|rin *die;* -, -nen: weibliche Form zu ↑Arithmetiker
arith|me|tisch: **a)** die Arithmetik betreffend; **b)** rechnerisch; **arithmetisches Mittel:** ↑Quotient aus dem Zahlenwert einer Summe u. der Anzahl der Summanden; Durchschnittswert
Arith|mo|griph *der;* -en, -en ‹*gr.-nlat.*›: Zahlenrätsel
Ar|ka|de *die;* -, -n ‹*lat.-it.-fr.*›: **a)** von zwei Pfeilern od. Säulen getragener Bogen; **b)** (meist Plural) Bogenreihe, einseitig offener Bogengang [an Gebäuden]; **c)** nach oben gewölbter Bogen bei Kleinbuchstaben einer Handschrift
Ar|ka|di|en *das;* -s ‹nach der altgriech. Landschaft Arkadien›: Schauplatz glückseligen, idyllischen [Land]lebens
Ar|ka|di|er *der;* -s, -: **1.** Bewohner von Arkadien. **2.** Mitglied einer im 17. Jh. in Rom gegründeten literarischen Gesellschaft
ar|ka|disch: Arkadien betreffend, zu Arkadien gehörend; **arkadische Poesie:** Hirten- und Schäferdichtung [des 16. bis 18. Jh.s]
ar|kan ‹*lat.*›: geheim; nicht zugänglich
Ar|ka|num *das;* -s, ...na ‹*lat.*›: **1.** Geheimnis. **2.** Geheimmittel
Ar|ke|bu|se *die;* -, -n ‹*niederl.-fr.;* »Hakenbüchse«›: Handfeuerwaffe des 15./16. Jh.s
Ar|ke|bu|sier *der;* -s, -e: Soldat mit Arkebuse
Ar|ko|se *die;* -, -n ‹*fr.*›: feldspatreicher Sandstein
Ark|ti|ker *der;* -s, - ‹*gr.-nlat.*›: Bewohner der Arktis
Ark|ti|ke|rin *die;* -, -nen: weibliche Form zu ↑Arktiker
Ark|tis *die;* -: Gebiet um den Nordpol
ark|tisch ‹*gr.-lat.*›: **1.** zur Arktis gehörend. **2.** wie in der Arktis (z. B.: arktische Kälte)
Ar|kus vgl. Arcus
Ar|ma|da *die;* -, ...den u. -s ‹*lat.-span.;* »bewaffnete (Streitmacht)«; nach der Flotte des span. Königs Philipp II.›: große [Kriegs]flotte; Pulk, Schwarm
Ar|ma|g|nac [arman'jak] *der;* -[s], -s ‹*fr.;* nach der fr. Landschaft Armagnac›: ein französischer Weinbrand
Ar|ma|tur *die;* -, -en ‹*lat.;* »Ausrüstung«›: **1. a)** Ausrüstung von technischen Anlagen, Maschinen u. Fahrzeugen mit Bedienungs- u. Messgeräten; **b)** (meist Plural) Bedienungs- u. Messgerät an technischen Anlagen. **2.** (meist Plural) Drossel- od. Absperrvorrichtung, Wasserhahn u. Ä. in Badezimmern, Duschen u. Ä. **3.** (veraltet) militärische Ausrüstung
Ar|ma|tu|ren|brett *das;* -s, -er: Tafel, Fläche, auf der die Armaturen (1 b) befestigt sind (z. B. in Kraftfahrzeugen od. im Flugzeugcockpit)
Ar|mee *die;* -, ...meen ‹*lat.-fr.;* »bewaffnete (Streitmacht)«›: **a)** Gesamtheit aller Streitkräfte eines Landes, Staates; **b)** großer Truppenverband
Ar|mee|korps [...ko:ɐ̯] *das;* - [...ko:ɐ̯s], - [...ko:ɐ̯s]: Verband von mehreren ↑Divisionen (2)
ar|mie|ren: **1.** (Militär, veraltet) mit Waffen ausrüsten, bestücken. **2.** (Technik) mit Armaturen (1b, 2) versehen. **3.** (Bauw., Technik) mit einer [verstärkenden] Ein-, Auflage, Umkleidung versehen
Ar|mie|rung *die;* -, -en: **1.** Waffenausrüstung (Bestückung) einer militärischen Anlage od. eines Kriegsschiffs. **2.** Stahleinlagen für Beton
Ar|ni|ka *die;* -, -s ‹*nlat.;* Herkunft unsicher›: **1.** krautige, würzig riechende Heilpflanze. **2.** (ohne Plural) aus den Blüten u. Wurzeln der Arnika hergestellter, heilwirksamer Extrakt
Aro|ma *das;* -s, ...men, -s u. (selten:) -ta: **1.** ausgeprägter angenehmer Geschmack, würziger Duft; kräftiger, intensiver [Wohl]geruch; ausgeprägter Eigengeschmack od. Eigengeruch bes. eines pflanzlichen Genussmittels. **2.** natürlicher od. künstlicher Geschmacksstoff für Lebensmittel, Speisen od. Getränke; Würzmittel
aro|ma|tisch ‹*gr.-lat.*›: **1.** einen deutlich ausgeprägten, angenehmen Geschmack habend, wohlschmeckend. **2.** wohlriechend; **aromatische Verbindungen** (Chemie): Benzolverbindungen
aro|ma|ti|sie|ren ‹*nlat.*›: mit Aroma versehen
Ar|peg|gia|tur [arpɛdʒa...] *die;* -, -en ‹*germ.-it.*› (Musik): Reihe arpeggierter Akkorde
ar|peg|gie|ren [...'dʒi:...] (Musik): arpeggio spielen
ar|peg|gio [ar'pɛdʒo] (Musik): in Form von Akkorden, deren einzelne Töne sehr schnell nacheinander erklingen (Abk.: arp)
Ar|peg|gio *das;* -s, -s u. ...ggien: ein arpeggio gespieltes Musikstück
Ar|rak *der;* -s, -e u. -s ‹*arab.-fr.;* »Schweiß«›: [ostindischer] Branntwein aus Reis od. ↑Melasse

Ar|ran|ge|ment [arãʒəˈmã:] *das;* -s, -s ‹*fr.*›: **1. a)** Anordnung, [künstlerische] Gestaltung, Zusammenstellung; **b)** [künstlerisch] Angeordnetes, aus einzelnen Komponenten geschmackvoll zusammengestelltes Ganzes. **2.** Übereinkommen, Vereinbarung, Abmachung, Abrede. **3. a)** Bearbeitung eines Musikstückes für andere Instrumente, als für die es geschrieben ist; **b)** Orchesterfassung eines Themas [im Jazz]. **4.** Abwicklung der Börsengeschäfte

Ar|ran|geur [...ˈʒø:ɐ̯] *der;* -s, -e: **1.** jmd., der ein Musikstück einrichtet od. einen Schlager ↑instrumentiert (1). **2.** jmd., der etwas arrangiert (1 a)

Ar|ran|geu|rin [...ˈʒø:rɪn] *die;* -, -nen: weibliche Form zu ↑Arrangeur

ar|ran|gie|ren [...ˈʒi:...]: **1. a)** sich um die Vorbereitung u. den planvollen Ablauf einer Sache kümmern; **b)** in die Wege leiten, zustande bringen. **2. a)** ein Musikstück für andere Instrumente, als für die es geschrieben ist, od. für ein Orchester bearbeiten; **b)** einen Schlager für die einzelnen Instrumente eines Unterhaltungsorchesters bearbeiten. **3.** eine Übereinkunft treffen trotz gegensätzlicher od. abweichender Standpunkte

Ar|ran|gier|pro|be *die;* -, -n: Stellprobe im Theater

Ar|rest *der;* -[e]s, -e ‹*lat.-mlat.*›: **1.** Haft, Freiheitsentzug (bes. als Strafe innerhalb einer Gemeinschaft, z. B. Militär, früher auch Schule). **2.** (Rechtswiss.) Beschlagnahme, Sicherstellung

Ar|res|tant *der;* -en, -en: jmd., der sich im [Jugend]arrest befindet

Ar|res|tan|tin *die;* -, -nen: weibliche Form zu ↑Arrestant

ar|re|tie|ren: 1. (veraltend) verhaften, festnehmen. **2.** bewegliche Teile eines Geräts bei Nichtbenutzung sperren, blockieren

Ar|re|tie|rung *die;* -, -en: **1.** Festnahme, Inhaftierung. **2.** mechanische Vorrichtung zum Feststellen beweglicher Geräteteile

Ar|rhyth|mie, Arhyth|mie *die;* -, ...ien ‹*gr.-lat.*›: **1.** unregelmäßige Bewegung; Unregelmäßigkeit im Ablauf eines rhythmischen Vorgangs. **2.** (Med.) unregelmäßige Herztätigkeit

ar|rhyth|misch, arhyth|misch: unrhythmisch, unregelmäßig

Ar|ri|val [ɛˈraivl̩] *das;* -s, -s ‹*engl.*›: Ankunft (Hinweis auf Flughäfen)

ar|ri|vie|ren ‹*lat.-vulgärlat.-fr.;* »das Ufer erreichen«›: vorwärtskommen, Erfolg haben; beruflich od. gesellschaftlich emporkommen

ar|ri|viert: beruflich, gesellschaftlich aufgestiegen, zu Erfolg u. Ansehen gelangt

Ar|ri|vier|te *der* u. *die;* -n, -n: jmd., der sich beruflich, gesellschaftlich nach oben gearbeitet hat, zu Erfolg, Ansehen u. Anerkennung gelangt ist

ar|ro|gant ‹*lat.(-fr.)*›: anmaßend, dünkelhaft, überheblich, eingebildet

Ar|ro|ganz *die;* -: arrogante Art, arrogantes Benehmen; Überheblichkeit

ar|ron|die|ren [auch: arõ...] ‹*lat.-vulgärlat.-fr.*›: **1. a)** abrunden, zusammenlegen (von einem Besitz od. Grundstück); **b)** (Börsenw.) einen Wertpapierbestand durch Zu- od. Verkauf auf- od. abrunden. **2.** Kanten abrunden (z. B. von Leisten)

Ar|ron|dis|se|ment [arõdɪs(ə)ˈmã:] *das;* -s, -s: **a)** dem ↑Departement (1) untergeordneter Verwaltungsbezirk in Frankreich; **b)** Verwaltungseinheit, Stadtbezirk in französischen Großstädten, bes. in Paris

Ar|row|root [ˈɛroru:t] *das;* -s, -s ‹*engl.;* »Pfeilwurzel«›: **1.** Pfeilwurz. **2.** Stärkemehl aus Wurzeln u. Knollen bestimmter tropischer Pflanzen (z. B. Pfeilwurz, Batate)

Ar|sen *das;* -s ‹*gr.-lat.*›: **a)** chem. Element (Zeichen: As); **b)** (ugs.) ↑Arsenik

Ar|se|nal *das;* -s, -e ‹*arab.-it.;* »Haus des Handwerks«›: **1.** Zeughaus; Geräte- u. Waffenlager. **2.** Vorratslager, Sammlung

Ar|se|nik *das;* -s: wichtigste [giftige] Arsenverbindung; Arsentrioxid

Ar|sis *die;* -, ...sen ‹*gr.-lat.;* »Hebung« (des taktschlagenden Fußes)›: **1. a)** (antike Metrik) unbetonter Taktteil; Ggs. ↑Thesis (1 a); **b)** (Musik) aufwärtsgeführter Schlag beim Taktschlagen. **2.** betonter Taktteil in der neueren Metrik; Ggs. ↑Thesis (2)

Art dé|co [ardeˈko:] *der* od. *das;* - - ‹*fr.* art décoratif]›: künstlerische Richtung (bes. im Kunstgewerbe) etwa 1920–1940

Art|di|rec|tor [ˈa:ɐ̯tdɪrɛktɐ] *der;* -s, -s ‹*engl.*›: künstlerischer Leiter [des ↑Layouts in einer Werbeagentur]

Art-Di|rek|tor *der;* -s, ...toren: Artdirector

Art-Di|rek|to|rin *die;* -, -nen: weibliche Form zu ↑Art-Direktor

Ar|te|fakt *das;* -[e]s, -e: **1.** das durch menschliches Können Geschaffene, Kunsterzeugnis. **2.** (Archäol.) Werkzeug aus vorgeschichtlicher Zeit, das menschliche Bearbeitung erkennen lässt. **3.** (Med.) künstlich hervorgerufene körperliche Veränderung (z. B. Verletzung), meist mit einer Täuschungsabsicht verbunden. **4.** (Elektrot.) Störsignal

Ar|tel [auch: ar'tjel] vgl. Kolchos

Ar|te po|ve|ra *die;* - - ⟨*lat.; it.*⟩: Objektkunst, vor allem in den 60er- u. 70er-Jahren des 20. Jh.s in Italien, die unkonventionelle Materialien wie Erde, Asche, Abfälle u. Ä. verwendet u. diese bewusst unästhetisch darbietet

Ar|te|rie [...i̯ə] *die;* -, -n ⟨*gr.-lat.*⟩: Schlagader; Blutgefäß, das das Blut vom Herzen zu einem Organ od. Gewebe hinführt; Ggs. ↑Vene

ar|te|ri|ell ⟨*gr.-nlat.*⟩: die Arterien betreffend, zu einer Arterie gehörend

Ar|te|ri|i|tis *die;* -, ...itiden: Schlagaderentzündung

Ar|te|rio|skle|ro|se *die;* -, -n: krankhafte Veränderung der Arterien mit Verhärtung, Verdickung u. Elastizitätsverlust; »Arterienverkalkung«

ar|te|sisch ⟨*fr.;* nach der fr. Landschaft Artois⟩: in der Fügung **artesischer Brunnen:** natürlicher Brunnen, bei dem das Wasser durch einen Überdruck des Grundwassers selbsttätig aufsteigt

Ar|tes li|be|ra|les *die* (Plural) ⟨*lat.*⟩: die sieben freien Künste (Grammatik, Rhetorik, Dialektik [↑Trivium], Arithmetik, Geometrie, Astronomie, Musik [↑Quadrivium]), die zum Grundwissen der Antike u. des Mittelalters gehörten

Ar|th|ri|ti|ker *der;* -s, - ⟨*gr.-lat.*⟩: an Gelenkentzündung Leidender; Gichtkranker

Ar|th|ri|ti|ke|rin *die;* -, -nen: weibliche Form zu ↑Arthritiker

Ar|th|ri|tis *die;* -, ...itiden: Gelenkentzündung

ar|th|ri|tisch: die Arthritis betreffend

Ar|th|ro|pa|thie *die;* -, ...i̯en ⟨*gr.-nlat.*⟩: Gelenkleiden, Gelenkerkrankung

Ar|th|ro|po|den *die* (Plural) (Zool.): Gliederfüßer

Ar|th|ro|se *die;* -, -n (Med.): **1.** Arthropathie. **2.** Kurzbezeichnung für: Arthrosis deformans

ar|ti|fi|zi|ell ⟨*lat.-fr.*⟩: **1.** künstlich. **2.** gekünstelt

Ar|ti|kel [auch: ar'tɪkl̩] *der;* -s, - ⟨*lat.(-fr.);* »kleines Gelenk; Glied; Abschnitt«⟩: **1.** [der Genusbezeichnung von Substantiven dienende] Wortart mit identifizierender, individualisierender od. generalisierender Funktion; Geschlechtswort (Abk.: Art.). **2.** [mit einer Nummer gekennzeichneter] Abschnitt eines Gesetzes, Vertrages usw. (Abk.: Art.). **3.** Handelsgegenstand, Ware (Abk.: Art.). **4.** Aufsatz, Abhandlung; Beitrag. **5.** Glaubenssatz; Abschnitt eines Bekenntnisses od. Manifestes, These

ar|ti|ku|lar (Anat.): zum Gelenk gehörend

Ar|ti|ku|la|ti|on *die;* -, -en: **1. a)** [deutliche] Gliederung des Gesprochenen; **b)** (Sprachw.) Lautbildung. **2.** das Artikulieren (2). **3.** (Musik) das Binden od. das Trennen der Töne; vgl. ...ation/...ierung

ar|ti|ku|la|to|risch: die Artikulation betreffend

ar|ti|ku|lie|ren: 1. (Silben, Wörter, Sätze) in phonetisch gegliederter Form aussprechen. **2.** (Gefühle, Gedanken) zum Ausdruck bringen, formulieren

Ar|til|le|rie [auch: 'ar...] *die;* -, ...i̯en ⟨*fr.*⟩: **a)** mit meist schweren Geschützen ausgerüstete Truppengattung; **b)** schweres Geschütz, Geschütze

Ar|til|le|rist [auch: 'ar...] *der;* -en, -en: Soldat der Artillerie

ar|til|le|ris|tisch: die Artillerie betreffend

Ar|ti|scho|cke *die;* -, -n ⟨*nordit.*⟩: distelartige Gemüsepflanze mit wohlschmeckenden Blütenknospen

Ar|tist *der;* -en, -en ⟨*lat.-mlat. (-fr.)*⟩: **1.** im Zirkus u. Varieté auftretender Künstler [der Geschicklichkeitsübungen ausführt] (z. B. Jongleur, Clown). **2.** seine Darstellungsmittel u. -formen souverän beherrschender Künstler

Ar|tis|tik *die;* -: **1.** Varieté- u. Zirkuskunst. **2.** außerordentlich große [körperliche] Geschicklichkeit

Ar|tis|tin *die;* -, -nen: weibliche Form zu ↑Artist

ar|tis|tisch: a) die Artistik betreffend; **b)** nach Art eines Artisten

Art nou|veau [arnu'vo:] *der* od. *das;* - - ⟨*fr.*⟩: Bezeichnung für Jugendstil in Großbritannien, den USA u. Frankreich

Ar|to|thek *die;* -, -en ⟨Kunstw.⟩: Galerie, Museum, das Bilder od. Plastiken an Privatpersonen verleiht

¹As = Amperesekunde

²As *der;* Asses, Asse ⟨*lat.*⟩: altrömische Gewichts- u. Münzeinheit

³As: frühere Schreibung für: ↑Ass

As|best *der;* -[e]s, -e ⟨*gr.-lat.;* »unauslöschlich, unzerstörbar«⟩: mineralische Faser aus ↑Serpentin od. Hornblende, widerstandsfähig gegen Hitze u. schwache Säuren

As|bes|to|se *die;* -, -n ⟨*gr.-nlat.*⟩: durch das Einatmen von Asbeststaub hervorgerufene Lungenerkrankung

Aschan|ti|nuss *die;* -, ...nüsse ⟨nach dem afrik. Stamm der Aschanti⟩ (österr.): Erdnuss

Asch|ke|na|sim [...zi:m, auch: ...'zi:m] *die* (Plural) ⟨*hebr.*⟩: die ost- u. mitteleuropäischen Juden

asch|ke|na|sisch: die Aschkenasim betreffend, zu ihnen gehörend

Asch|ram *der;* -s, -s ⟨*sanskr.*⟩: **a)** Einsiedelei eines indischen Asketen; **b)** einem Kloster ähnliche Anlage in Indien (bes. als Ort der Meditation für die Anhänger einer Lehre)

As|cor|bin|säu|re, As|kor|bin|säu|re *die; -* ‹*gr.; russ.; dt.*›: chem. Bez. für: Vitamin C

a sec|co [- ˈzɛko] ‹*it.*›: auf trockenem Verputz, Kalk, auf die trockene Wand [gemalt]; Ggs. ↑a fresco

Asep|sis *die; -* ‹*gr.-nlat.*› (Med.): Keimfreiheit (von Wunden, Instrumenten, Verbandsstoffen u. Ä.)

asep|tisch (Med.): **a)** keimfrei; Ggs. ↑septisch (2); **b)** nicht auf Infektion beruhend

ase|xu|al [auch: azɛˈksu̯a:l], **ase|xu|ell** [auch: azɛˈksu̯ɛl] ‹*gr.; lat.*›: **1.** sich in einem Zustand unterhalb normaler sexueller Erregbarkeit befindend. **2.** ungeschlechtlich, geschlechtslos; vgl. ...al/...ell

ase|xu|ell [auch: azɛˈksu̯ɛl] vgl. asexual

Asi|a|nis|mus *der; -* ‹*gr.-nlat.*›: in Kleinasien ausgebildete Richtung der antiken griechischen Rhetorik, die sich durch Schwülstigkeit, aber auch durch pointierte Kürze auszeichnete

As|ka|ri *der; -[s], -s* ‹*arab.*›: afrikanischer Soldat im ehemaligen Deutsch-Ostafrika

As|ka|ris *die; -, ...riden* (meist Plural): Spulwurm

As|ke|se *die; -* ‹*gr.-nlat.; »Übung«*›: **a)** streng enthaltsame u. entsagende Lebensweise (zur Verwirklichung sittlicher u. religiöser Ideale); **b)** Bußübung

As|ket *der; -en, -en* ‹*gr.-mlat.*›: enthaltsam (in Askese) lebender Mensch

As|ke|tik vgl. Aszetik

As|ke|tin *die; -, -nen*: weibliche Form zu ↑Asket

as|ke|tisch: a) die Askese (a) betreffend; entsagend, enthaltsam; **b)** Askese (b) übend; **c)** wie ein Asket; **d)** formal zurückhaltend, sparsam, streng

As|kor|bin|säu|re vgl. Ascorbinsäure

Äs|ku|lap|stab *der; -[e]s, ...stäbe* ‹nach dem Schlangenstab des gr.-röm. Gottes der Heilkunde, Äskulap›: Sinnbild der Medizin

äso|pisch: in der Art, im Geist des altgriechischen Fabeldichters Äsop; witzig

aso|zi|al [auch: ...ˈt͜si̯a:l]: unfähig zum Leben in der Gemeinschaft, sich nicht in die Gemeinschaft einfügend, am Rande der Gesellschaft lebend

Aso|zi|a|le *der* u. *die; -n, -n*: jmd., der asozial ist

Aso|zi|a|li|tät *die; -*: das Asozialsein

As|pa|ra|gin *das; -s* ‹*gr.-nlat.*›: Derivat (3) der Asparaginsäure

As|pa|ra|gus [auch: ...ˈra:...] *der; -* ‹*gr.-lat.*›: **a)** Spargel (Gemüsepflanze); **b)** Kraut bestimmter Spargelarten, das für Blumengebinde verwendet wird

As|pekt *der; -[e]s, -e* ‹*lat.; »das Hinsehen«*›: **1.** Blickwinkel, Blickpunkt, Betrachtungsweise, Gesichtspunkt. **2.** (Astron., Astrol.) bestimmte Stellung von Sonne, Mond u. Planeten zueinander u. zur Erde. **3.** (Sprachw.) [in den slawischen Sprachen bes. ausgeprägte] grammatische Kategorie, mit der die Sprecherin/der Sprecher die Vollendung od. Nichtvollendung eines Geschehens aus ihrer/seiner Sicht ausdrückt. **4.** (Bot.) jahreszeitlich bedingtes Aussehen einer Pflanzengesellschaft

As|per|gill *das; -s, -e*: Weihwasserwedel

As|per|si|on *die; -, -en* ‹*lat.; »das Anspritzen«*›: das Besprengen mit Weihwasser

As|phalt [auch: ˈas...] *der; -s, -e* ‹*gr.-lat.-fr.; »unzerstörbar«*›: Gemisch von ↑Bitumen u. Mineralstoffen (bes. als Straßenbelag verwendet)

as|phal|tie|ren: eine Straße mit einer Asphaltschicht versehen

as|phal|tisch: mit Asphalt beschichtet, versehen

As|pho|dill vgl. Affodill

As|pik [auch: ...ˈpɪk und: ˈas...] *der* (auch: *das*); *-s, -e* ‹*fr.*›: Gallert aus Gelatine od. Kalbsknochen

As|pi|rant *der; -en, -en* ‹*lat.-fr.*›: **1.** Bewerber, [Beamten]anwärter. **2.** wissenschaftliche Nachwuchskraft an einer Hochschule der DDR. **3.** ↑Postulant (2)

As|pi|ran|tin *die; -, -nen*: weibliche Form zu ↑Aspirant

As|pi|ra|ta *die; -, ...ten* u. *...tä* ‹*lat.*› (Sprachw.): behauchter [Verschluss]laut

As|pi|ra|ti|on *die; -, -en* ‹*lat.*›: **1.** (meist Plural) Bestrebung, Hoffnung, ehrgeiziger Plan. **2.** (Sprachw.) [Aussprache eines Verschlusslautes mit] Behauchung. **3.** (Med.) **a)** das Eindringen von Flüssigkeiten od. festen Stoffen in die Luftröhre od. Lunge; **b)** Ansaugung von Luft, Gasen, Flüssigkeiten u. a. beim Einatmen

as|pi|ra|to|risch (Sprachw.): mit Behauchung gesprochen

as|pi|rie|ren ‹*lat.(-fr.)*›: **1.** (veraltet) nach etwas streben; sich um etwas bewerben. **2.** (Sprachw.) einen Verschlusslaut mit Behauchung aussprechen. **3.** ansaugen (von Luft, Gasen u. a.)

As|pi|rin® *das; -s, Plur. -* u. *-e* ‹Kunstw.›: ein Schmerz- u. Fiebermittel

Ass *das; -es, -e* ‹*lat.-fr.*›: **1. a)** [höchste] Karte im Kartenspiel; **b)** die Eins auf Würfeln. **2.** hervorragender Spitzenkönner, bes. im Sport. **3. a)** (bes. Tennis) platzierter Aufschlagball, der vom Gegner nicht zurückgeschlagen werden kann; **b)** (Golf) mit einem Schlag vom Abschlag ins Loch gespielter Ball

As|sa|gai *der;* -[s], *Plur.* -s u. -e ⟨*berberisch-arab.-span.-fr.-engl.*⟩: Wurfspieß eines Bantustammes im südlichen Afrika

As|sas|si|ne *der;* -n, -n ⟨*arab.-it.*⟩: **1.** (veraltet) Meuchelmörder. **2.** Angehöriger einer islamischen Glaubensgemeinschaft

As|saut [aˈso:] *das* (auch: *der*); -s, -s ⟨*lat.-vulgärlat.-fr.*⟩: sportlicher Fechtwettkampf

As|se|ku|ranz *die;* -, -en (fachspr.): Versicherung

As|sem|b|la|ge [asãˈbla:ʒə] *die;* -, -n ⟨*lat.-vulgärlat.-fr.*⟩ (moderne Kunst): dreidimensionaler Gegenstand, der aus einer Kombination verschiedener Objekte entstanden ist

As|sem|b|ler [ɛˈsɛmblɐ] *der;* -s, - ⟨*lat.-vulgärlat.-fr.-engl.*⟩ (EDV): **1.** maschinenorientierte Programmiersprache. **2.** Übersetzungsprogramm zur Umwandlung einer maschinenorientierten Programmiersprache in die spezielle Maschinensprache

As|sess|ment-Cen|ter, As|sess|ment|cen|ter *das;* -s, - ⟨*engl.*⟩: psychologisches Testverfahren; Einstufungstest (Abk.: AC)

As|ses|sor *der;* -s, ...oren ⟨*lat.;* »Beisitzer«⟩: **1.** jmd., der die zweite juristische Staatsprüfung bestanden hat. **2.** (früher) ↑Studienassessor (Abk.: Ass.)

As|ses|so|rin *die;* -, -nen: weibliche Form zu ↑Assessor

As|set [ˈæsɛt] *das;* -s, -s ⟨*vulgärlat.-fr.-engl.*⟩: **1.** (Wirtsch.) Vermögenswert eines Unternehmens. **2.** (EDV) [Multimedia]element; Inhalt, Komponente [einer Datenbank] (z. B. Bilder, Audiodateien)

As|si|bi|la|ti|on *die;* -, -en ⟨*lat.-nlat.*⟩ (Sprachw.): **a)** Aussprache eines Verschlusslautes in Verbindung mit einem Zischlaut (z. B. z = ts in »Zahn«); **b)** Verwandlung eines Verschlusslautes in einen Zischlaut (z. B. *niederd.* Water = *hochd.* Wasser); vgl. ...ation/...ierung

as|si|bi|lie|ren: einem Verschlusslaut einen s- od. sch-Laut folgen lassen

As|si|et|te *die;* -, -n ⟨*lat.-vulgärlat.-fr.*⟩: **1.** flacher [Servier]behälter (z. B. mit tischfertigen Gerichten). **2.** (österr. veraltet) kleines Vor- od. Zwischengericht

As|si|mi|lat *das;* -[e]s, -e ⟨*lat.*⟩: ein in Lebewesen durch Umwandlung körperfremder in körpereigene Stoffe entstehendes Produkt (z. B. Stärke bei Pflanzen, ↑Glykogen bei Tieren)

As|si|mi|la|ti|on *die;* -, -en ⟨»Ähnlichmachung«⟩: **1. a)** Angleichung, Anpassung; **b)** Angleichung eines Konsonanten an einen anderen (z. B. das m in dt. Lam*m* aus mhd. lam*b*); Ggs. ↑Dissimilation (1). **2.** Umwandlung körperfremder organischer od. anorganischer Stoffe in körpereigene Substanz; Ggs. ↑Dissimilation (2). **3.** (Soziol.) Angleichung eines Einzelnen od. einer Gruppe an die Eigenart einer anderen Gruppe, eines anderen Volkes

as|si|mi|lie|ren ⟨*lat.*⟩: angleichen, anpassen

As|si|mi|lie|rung *die;* -, -en: ↑Assimilation

As|sist [əˈsɪst] *der;* -s, -s ⟨*lat.-fr.-engl.*⟩ (Sport): Zuspiel, das zum Treffer führt

As|sis|tent *der;* -en, -en ⟨*lat.;* »Beisteher, Helfer«⟩: **a)** jmd., der einem anderen assistiert; **b)** [wissenschaftlich] entsprechend ausgebildete Fachkraft innerhalb einer bestimmten Laufbahnordnung, bes. in Forschung u. Lehre

As|sis|ten|tin *die;* -, -nen: weibliche Form zu ↑Assistent

As|sis|tenz *die;* -, -en ⟨*lat.-mlat.*⟩: Beistand, Mithilfe

As|sis|tenz|arzt *der;* -es, ...ärzte: approbierter Arzt, der einem Chefarzt, einer Chefärztin unterstellt ist

As|sis|tenz|ärz|tin *die;* -, -nen: weibliche Form zu ↑Assistenzarzt

As|sis|tenz|pro|fes|sor *der;* -s, -en: wissenschaftliche Fachkraft an deutschen Universitäten

As|sis|tenz|pro|fes|so|rin *die;* -, -nen: weibliche Form zu ↑Assistenzprofessor

as|sis|tie|ren ⟨*lat.*⟩: jmdm. nach dessen Anweisungen zur Hand gehen

As|so|cié [asoˈsi̯e:] *der;* -s, -s ⟨*lat.-fr.*⟩ (veraltet): Teilhaber

As|so|lu|ta *die;* -, -s ⟨*lat.-it.*⟩: weiblicher Spitzenstar in Ballett u. Oper

As|so|nanz *die;* -, -en ⟨*lat.-nlat.*⟩ (Metrik): Gleichklang zwischen zwei od. mehreren Wörtern [am Versende], der sich auf die Vokale beschränkt (Halbreim; z. B. l*a*b*e*n: kl*a*g*e*n)

as|sor|tie|ren ⟨*fr.*⟩: nach Warenarten auswählen, ordnen u. vervollständigen

As|sor|ti|ment *das;* -s, -e: Warenlager, Auswahl, ↑Sortiment (1)

As|so|zi|a|ti|on *die;* -, -en ⟨*lat.-fr.;* »Vereinigung«⟩: **1.** Vereinigung, Zusammenschluss. **2.** (Psychol.) Verknüpfung von Vorstellungen, von denen die eine die andere hervorgerufen hat. **3.** (Chemie) Vereinigung mehrerer gleichartiger Moleküle zu einem Molekülkomplex. **4.** (Bot.) Gruppe von Pflanzen, die sich aus verschiedenen, aber charakteristischen Arten zusammensetzt. **5.** bündnisloser militärischer u. politischer Zusammenschluss von Staaten. **6.** (Sprachw.) klangliche, inhaltliche, formale assoziative Beziehung zwischen sprachlichen Zeichen. **7.** (Statistik) Zusammenhang zwischen zwei statistischen Reihen. **8.** (Astron.) Ansammlung von Sternen; vgl. ...ation/...ierung

as|so|zi|a|tiv ⟨*nlat.*⟩: **a)** (Psychol.) durch Vorstellungsverknüpfung bewirkt; **b)** verbindend, vereinigend

as|so|zi|ie|ren ⟨*lat.-fr.*⟩: **1.** (Psychol.) eine gedankliche Vorstellung mit etwas verknüpfen. **2.** sich assoziieren: sich genossenschaftlich zusammenschließen, vereinigen

As|so|zi|ie|rung *die;* -, -en: **1.** vertraglicher Zusammenschluss mehrerer Personen, Unternehmen od. Staaten zur Verfolgung bestimmter gemeinsamer wirtschaftlicher Interessen. **2.** ↑Assoziation (2); vgl. ...ation/...ierung

As|sump|tio vgl. Assumtion

As|sump|ti|o|nist *der;* -en, -en ⟨*lat.-nlat.*⟩: Angehöriger der ↑Kongregation der Augustiner von Mariä Himmelfahrt (1845)

As|sum|ti|on, As|sump|tio *die;* -, ...tionen ⟨*lat.*⟩: Aufnahme einer Seele in den Himmel, bes. die Himmelfahrt Marias

As|sun|ta *die;* -, ...ten ⟨*lat.-it.;* »die Aufgenommene«⟩: bildliche Darstellung der Himmelfahrt Marias

As|sy|rio|lo|ge *der;* -n, -n ⟨*gr.-nlat.*⟩: Wissenschaftler auf dem Gebiet der Assyriologie

As|sy|rio|lo|gie *die;* -: Wissenschaft von Geschichte, Sprachen u. Kulturen des alten Assyriens u. Babyloniens

As|sy|rio|lo|gin *die;* -, -nen: weibliche Form zu ↑Assyriologe

As|tat, As|ta|tin *das;* -s: chemisches Element (Zeichen: At)

as|ta|tisch: gegen Beeinflussung durch äußere elektrische od. magnetische Felder geschützt (bei Messinstrumenten); **astatisches Nadelpaar:** zwei entgegengesetzt gepolte, starr untereinander verbundene (nicht gegeneinander bewegliche) Magnetnadeln gleichen magnetischen ↑²Moments (2)

As|te|ro|id *der;* -en, -en: kleiner Planet, ↑Planetoid

As|the|nie *die;* -, ...ien ⟨*gr.-nlat.*⟩ (Med.): **1.** (ohne Plural) Kraftlosigkeit, Schwächlichkeit. **2.** Schwäche, Entkräftung, Kräfteverfall

As|the|ni|ker *der;* -s, -: jmd., der einen schmalen, schmächtigen, muskelarmen u. knochenschwachen Körperbau besitzt

As|the|ni|ke|rin *die;* -, -nen: weibliche Form zu ↑Astheniker

as|the|nisch: schmalwüchsig, schwach; dem Körperbau des Asthenikers entsprechend

Äs|thet *der;* -en, -en ⟨*gr.;* »der Wahrnehmende«⟩: jmd., der in besonderer Weise auf kultivierte Gepflegtheit, Schönheit, Künstlerisches anspricht, was sich auch in seinem Lebensstil niederschlägt

Äs|the|tik *die;* -, -en: **1.** Wissenschaft vom Schönen, Lehre von der Gesetzmäßigkeit u. Harmonie in Natur u. Kunst. **2.** (ohne Plural) das stilvoll Schöne

Äs|the|ti|ker *der;* -s, -: Vertreter od. Lehrer der Ästhetik (1)

Äs|the|ti|ke|rin *die;* -, -nen: weibliche Form zu ↑Ästhetiker

Äs|the|tin *die;* -, -nen: weibliche Form zu ↑Ästhet

äs|the|tisch: 1. die Ästhetik (1) betreffend. **2.** stilvoll-schön, geschmackvoll, ansprechend

Äs|the|ti|zis|mus *der;* -: Lebens- u. Kunstanschauung, die dem Ästhetischen einen absoluten Vorrang vor anderen Werten einräumt

Asth|ma *das;* -s ⟨*gr.-lat.*⟩: anfallsweise auftretende Atemnot, Kurzatmigkeit

Asth|ma|ti|ker *der;* -s, -: jmd., der an Asthma leidet

Asth|ma|ti|ke|rin *die;* -, -nen: weibliche Form zu ↑Asthmatiker

asth|ma|tisch: a) durch Asthma bedingt; **b)** an Asthma leidend, kurzatmig

As|ti *der;* -[s], -: Wein aus dem Gebiet um die oberitalienische Stadt Asti

as|tig|ma|tisch ⟨*gr.-nlat.*⟩: Punkte strichförmig verzerrend (von Linsen bzw. vom Auge)

As|tig|ma|tis|mus *der;* -, ...men: **1.** (Physik) Abbildungsfehler von Linsen. **2.** (Med.) Sehstörung infolge krankhafter Veränderung der Hornhautkrümmung

äs|ti|mie|ren: 1. jmdn. als Persönlichkeit schätzen, ihm Aufmerksamkeit zuteilwerden lassen. **2.** jmds. Leistungen o. Ä. entsprechend würdigen

As|t|ra|chan *der;* -s, -s ⟨nach der russ. Stadt⟩: **1.** Lammfell eines südrussischen Schafes. **2.** Plüschgewebe mit fellartigem Aussehen

as|t|ral ⟨*gr.-lat.*⟩: die Gestirne betreffend; Stern

As|t|ral|leib *der;* -s, -er: **1.** im ↑Okkultismus den Tod überdauernder unsichtbarer Leib des Menschen. **2.** in der ↑Anthroposophie ätherisch gedachter Träger des Lebens im Körper des Menschen. **3.** (ugs., meist iron.) schöner menschlicher Körper

as|t|ro..., As|t|ro...

⟨zu *gr.* ástron »Gestirn, Stern(bild)«⟩
Wortbildungselement mit der Bedeutung »Stern, Weltraum«:
- Astrologie
- Astronaut
- Astronomie
- astrophysikalisch

As|t|ro|graf, As|t|ro|graph *der;* -en, -en: **1.** astronomisches Fernrohr zur fotografischen Aufnahme von Gestirnen. **2.** Vorrichtung zum Zeichnen von Sternkarten

As|t|ro|gra|fie, As|t|ro|gra|phie *die;* -, ...ien: Sternbeschreibung

As|t|ro|la|bi|um *das;* -s, ...ien ⟨*gr.-mlat.*⟩: altes astronomisches Instrument zur lagemäßigen Bestimmung von Gestirnen

As|t|ro|lo|ge *der;* -n, -n ⟨*gr.-lat.*⟩: **a)** jmd., der sich systematisch u./od. beruflich mit Astrologie beschäftigt; **b)** (scherzh.) jmd., der aufgrund seiner Kenntnis der politischen Verhältnisse [eines Landes o. Ä.] Voraussagen über zu erwartende Maßnahmen machen kann

As|t|ro|lo|gie *die;* -: **a)** Lehre, die aus der mathematischen Erfassung der Orte u. Bewegungen der Himmelskörper sowie von orts- u. zeitabhängigen Koordinatenschnittpunkten Schlüsse zur Beurteilung von irdischen Gegebenheiten u. deren Entwicklung zu ziehen sucht; **b)** Schicksalsdeutung u. Vorhersage aus einem ↑Horoskop (a)

As|t|ro|lo|gin *die;* -, -nen: weibliche Form zu ↑Astrologe

as|t|ro|lo|gisch: a) die Astrologie betreffend; **b)** mit den Mitteln der Astrologie erfolgend

As|t|ro|naut *der;* -en, -en: Weltraumfahrer, Teilnehmer an einem Raumfahrtunternehmen; vgl. Kosmonaut

As|t|ro|nau|tik *die;* -: [Wissenschaft von der] Raumfahrt

As|t|ro|nau|tin *die;* -, -nen: weibliche Form zu ↑Astronaut

as|t|ro|nau|tisch: die Raumfahrt betreffend; vgl. kosmonautisch

As|t|ro|nom *der;* -en, -en ⟨*gr.-lat.*⟩: jmd., der sich wissenschaftlich mit der Astronomie beschäftigt; Stern-, Himmelsforscher

As|t|ro|no|mie *die;* -: Stern-, Himmelskunde als exakte Naturwissenschaft

As|t|ro|no|min *die;* -, -nen: weibliche Form zu ↑Astronom

as|t|ro|no|misch: 1. die Astronomie betreffend, sternkundlich. **2.** (emotional) [unvorstellbar] groß, riesig (in Bezug auf Zahlenangaben od. Preise)

As|t|ro|phy|sik [auch: ...ˈzi:k] *die;* -: Teilgebiet der Astronomie, auf dem man sich mit dem Aufbau u. der physikalischen Beschaffenheit der Gestirne beschäftigt

as|t|ro|phy|si|ka|lisch [auch: ...ˈka:...]: die Astrophysik betreffend

As|t|ro|phy|si|ker [auch: ...ˈfy:...] *der;* -s, -: Wissenschaftler, der auf dem Gebiet der Astrophysik arbeitet

As|t|ro|phy|si|ke|rin [auch: ...ˈfy:...] *die;* -, -nen: weibliche Form zu ↑Astrophysiker

Äs|tu|ar *das;* -s, -e, **Äs|tu|a|ri|um** *das;* -s, ...ien ⟨*lat.*⟩: trichterförmige Flussmündung

Asyl *das;* -s, -e ⟨*gr.-lat.;* »Unverletzliches«⟩: **1.** Unterkunft, Heim (für Obdachlose). **2. a)** Aufnahme u. Schutz (für Verfolgte); **b)** Zufluchtsort

Asy|lant *der;* -en, -en: jmd., der um Asyl nachsucht

Asy|lan|tin *die;* -, -nen: weibliche Form zu ↑Asylant

Asym|me|t|rie [auch: ...ˈtri:] *die;* -, ...ien ⟨*gr.-nlat.*⟩: Mangel an Symmetrie (1, 2), Ungleichmäßigkeit

asym|me|t|risch [auch: ...ˈme:...]: auf beiden Seiten einer Achse kein Spiegelbild ergebend (von Figuren o. Ä.), ungleichmäßig; Ggs. ↑symmetrisch

Asym|p|to|te *die;* -, -n ⟨*gr.-nlat.;* »nicht zusammenfallend«⟩: Gerade, der sich eine ins Unendliche verlaufende Kurve nähert, ohne sie zu erreichen

asym|p|to|tisch (Math.): sich wie eine Asymptote verhaltend

asyn|chron [auch: ...ˈkro:n] ⟨*gr.-nlat.*⟩: **1.** nicht mit gleicher Geschwindigkeit laufend; Ggs. ↑synchron (1). **2. a)** nicht gleichzeitig; **b)** entgegenlaufend; Ggs. ↑synchron (1)

asyn|de|tisch [auch: ...ˈde:...] ⟨*gr.-lat.*⟩: **a)** das Asyndeton betreffend; **b)** nicht durch Konjunktion verbunden, unverbunden; Ggs. ↑syndetisch

Asyn|de|ton *das;* -s, ...ta: Wort- od. Satzreihe, deren Glieder nicht durch Konjunktionen miteinander verbunden sind (z. B. »alles rennet, rettet, flüchtet«, Schiller); vgl. Polysyndeton

as|zen|dent ⟨*lat.*⟩: **1.** (Geol.) aufsteigend (z. B. von Dämpfen); Ggs. ↑deszendent. **2.** den Aufbau kleinerer Einheiten zu komplexeren Ganzen betreffend

As|zen|dent *der;* -en, -en (Ggs. ↑Deszen-

a

dent): **1.** Vorfahr; Verwandter in aufsteigender Linie. **2.** (Astron.) **a)** Gestirn im Aufgang; **b)** Aufgangspunkt eines Gestirns. **3.** (Astrol.) das im Augenblick der Geburt über den Osthorizont tretende Tierkreiszeichen

As|zen|denz *die;* -, -en ⟨*lat.-nlat.*⟩: **1.** (ohne Plural) Verwandtschaft in aufsteigender Linie. **2.** Aufgang eines Gestirns; Ggs. ↑Deszendenz

as|zen|die|ren ⟨*lat.*⟩: **1.** aufsteigen (von Gestirnen). **2.** (veraltet) befördert werden, im Dienstrang aufrücken

As|ze|se usw. vgl. Askese usw.

As|ze|tik *die;* -: Lehre vom Streben nach christlicher Vollkommenheit

Ata|man *der;* -s, -e ⟨*russ.*⟩: frei gewählter Stammes- u. militärischer Führer der Kosaken; vgl. Hetman

Ata|ra|xie *die;* - ⟨*gr.*⟩ (gr. Philos.): Unerschütterlichkeit, Gleichmut, Seelenruhe

Ata|vis|mus *der;* -, ...men ⟨*lat.-nlat.*⟩: **1.** (ohne Plural) das Wiederauftreten von Merkmalen der Vorfahren, die den unmittelbar vorhergehenden Generationen fehlen (bei Pflanzen, Tieren u. Menschen). **2.** entwicklungsgeschichtlich als überholt geltendes, unvermittelt wieder auftretendes körperliches od. geistig-psychisches Merkmal

ata|vis|tisch: 1. den Atavismus betreffend. **2.** (abwertend) in Gefühlen, Gedanken usw. einem früheren, primitiven Menschheitsstadium entsprechend

Ate|li|er [atə'li̯e:] *das;* -s, -s ⟨*lat.-fr.*⟩: Arbeitsraum, -stätte (z. B. für einen Künstler, für Foto- od. Filmaufnahmen)

a tem|po ⟨*it.*⟩: **1.** (ugs.) sofort, schnell. **2.** (Musik) im Anfangstempo [weiterspielen] (Vortragsanweisung)

Äthan vgl. Ethan

Atha|na|sie *die;* - ⟨*gr.*⟩ (Rel.): Unsterblichkeit

Ätha|nol vgl. Ethanol

Athe|is|mus *der;* - ⟨*gr.-nlat.*⟩: Verneinung der Existenz Gottes oder seiner Erkennbarkeit

Athe|ist *der;* -en, -en: Anhänger des Atheismus

Athe|is|tin *die;* -, -nen: weibliche Form zu ↑Atheist

athe|is|tisch: a) dem Atheismus anhängend; **b)** zum Atheismus gehörend, ihm entsprechend

athe|ma|tisch [auch: ...'ma:...] ⟨*gr.-nlat.*⟩: **1.** (Musik) ohne Thema, ohne Themaverarbeitung. **2.** ohne ↑Themavokal gebildet (von Wortformen); Ggs. ↑thematisch (2)

Athe|nä|um *das;* -s, ...äen ⟨*gr.-lat.*⟩: Tempel der Göttin Athene

Äther *der;* -s, chem. fachspr.: **Ether** ⟨*gr.-lat.*⟩: **1. a)** Himmelsluft, wolkenlose Weite des Himmels; **b)** (Physik) nach einer heute aufgegebenen Annahme das nicht näher bestimmbare Medium, in dem sich die elektrischen Wellen im Weltraum ausbreiten. **2.** (Chemie) **a)** das Oxid eines Kohlenwasserstoffs; **b)** Äthyläther (Narkosemittel). **3.** (gr. Philos.) Urstoff allen Lebens, Weltseele

äthe|risch: a) überaus zart, erdentrückt, vergeistigt; **b)** ätherartig, flüchtig; **ätherische Öle:** flüchtige pflanzliche Öle von charakteristischem, angenehmem Geruch (z. B. Lavendel-, Rosen-, Zimtöl)

Ath|let *der;* -en, -en ⟨*gr.-lat.*⟩: **1.** Wettkämpfer. **2.** muskulös gebauter Mann, Kraftmensch

Ath|le|tik *die;* -: die von berufsmäßig kämpfenden Athleten (1) ausgetragenen Wettkämpfe im antiken Griechenland

Ath|le|ti|ker *der;* -s, -: Vertreter eines bestimmten Körperbautyps (kräftige Gestalt, derber Knochenbau); vgl. Leptosome, Pykniker

Ath|le|tin *die;* -, -nen: weibliche Form zu ↑Athlet (1)

ath|le|tisch: a) muskulös, von kräftigem Körperbau; **b)** sportlich durchtrainiert, gestählt

Äthyl, chem. fachspr.: **Ethyl** *das;* -s, -e ⟨*gr.-nlat.*⟩: einwertiges Kohlenwasserstoffradikal (vgl. Radikal (1)), das in vielen organischen Verbindungen enthalten ist

Äthyl|al|ko|hol, chem. fachspr.: **Ethyl|al|ko|hol** *der;* -s: der vom ↑Ethan ableitbare Alkohol (Weingeist); vgl. Ethanol

Ätio|lo|gie *die;* -, ...i̯en ⟨*gr.-lat.*⟩ (Med.): **1.** Lehre von den Krankheitsursachen. **2.** Gesamtheit der Faktoren, die zu einer bestehenden Krankheit geführt haben; vgl. Pathogenese

...a|ti|on/...ie|rung *s. Kasten Seite 83*

At|lant *der;* -en, -en ⟨*gr.-lat.;* nach dem Riesen Atlas der gr. Sage, der das Himmelsgewölbe trägt⟩ (Archit.): Gebälkträger in Gestalt einer kraftvollen Männerfigur anstelle eines Pfeilers od. einer Säule; vgl. Karyatide

At|lan|tik *der;* -s ⟨*gr.-lat.*⟩: Atlantischer Ozean

At|lan|tik|char|ta *die;* -: 1941 von den USA u. Großbritannien getroffene Vereinbarung über die Kriegs- u. Nachkriegspolitik

At|lan|tik|pakt *der;* -s: ↑NATO

At|lan|tis *das;* -: sagenhafte Insel im Atlantischen Ozean

at|lan|tisch: 1. dem Atlantischen Ozean angehörend. **2.** den Atlantikpakt betreffend

[1]**At|las** *der;* - u. -ses, -se u. ...lanten ⟨nach dem Riesen der gr. Sage, der das Himmelsgewölbe trägt⟩: **1. a)** Sammlung gleichartig bearbeiteter

...a|ti|on/...ie|rung

Die konkurrierenden Suffixe für abstrakte Substantive stehen oft ohne Bedeutungsunterschied nebeneinander. Sie sind von Verben auf ...ieren abgeleitet und bringen häufig das Ergebnis einer Handlung oder Tätigkeit bzw. die Handlung selbst zum Ausdruck:

- Isolation/Isolierung
- Konfrontation/Konfrontierung

Im Allgemeinen zeigen sich aber Bedeutungsnuancen:

...ation
die; -, -en
⟨*lat.* ...atio, Gen. ...ationis (→*fr.* ...ation)⟩
Suffix, das vorrangig das Ergebnis einer Handlung oder Tätigkeit, seltener das Geschehen selbst bezeichnet:

- Indikation
- Kanalisation
- Klassifikation
- Sozialisation

...ierung
die; -, -en
⟨*fr.* ...er bzw. ...ir; *dt.* ...ung⟩
Suffix, das eine Handlung oder Tätigkeit, seltener deren Ergebnis bezeichnet:

- Kanalisierung
- Klassifizierung
- Resozialisierung
- Restaurierung

geografischer Karten in Buchform; **b)** Sammlung von Bildtafeln aus einem Wissensgebiet in Buchform. **2.** (selten) Atlant. **3.** (ohne Plural; Med.) erster Halswirbel, der den Kopf trägt

²At|las *der;* - u. -ses, -se ⟨*arab.*⟩: Gewebe mit hochglänzender Oberfläche in besonderer Bindung (Webart)

at|las|sen: aus ↑²Atlas

At|mo|sphä|re *die;* -, -n ⟨*gr.*⟩: **1. a)** Gashülle eines Gestirns; **b)** Lufthülle der Erde. **2.** [nicht gesetzliche] Einheit des Druckes (Zeichen für die physikalische Atmosphäre: atm, früher: Atm; für die technische Atmosphäre: at). **3.** eigenes Gepräge, Ausstrahlung, Stimmung

At|mo|sphä|ri|li|en *die* (Plural) ⟨*gr.-nlat.*⟩: die physikal. u. chem. wirksamen Bestandteile der Atmosphäre (z. B. Sauerstoff)

at|mo|sphä|risch: 1. a) die Atmosphäre (1) betreffend; **b)** in der Atmosphäre (1). **2. a)** Atmosphäre (3), ein besonderes Fluidum betreffend; **b)** nur in sehr feiner Form vorhanden u. daher kaum feststellbar; nur andeutungsweise vorhanden

Atoll *das;* -s, -e ⟨*Malayalam-engl.-fr.*⟩: ringförmige Koralleninsel

Atom *das;* -s, -e ⟨*gr.-lat.;* »unteilbar; unteilbarer Urstoff«⟩: kleinste, mit chemischen Mitteln nicht weiter zerlegbare Einheit eines chemischen Elements, die noch die für das Element charakteristischen Eigenschaften besitzt

ato|mar ⟨*gr.-nlat.*⟩: **a)** ein Atom betreffend; **b)** die Kernenergie betreffend; **c)** mit Kernenergie [angetrieben]; **d)** Atomwaffen betreffend

Atom|bom|be *die;* -, -n: Sprengkörper, bei dessen Explosion Atomkerne unter Freigabe größter Energiemengen zerfallen

Atom|ener|gie *die;* -: bei einer Kernspaltung frei werdende Energie

Atom|ge|wicht *das;* -[e]s: Vergleichszahl, die angibt, wievielmal die Masse eines bestimmten Atoms größer ist als die eines Standardatoms

ato|mi|sie|ren ⟨*gr.-nlat.*⟩: bewirken, dass etwas in kleinste Teile zerfällt, aufgelöst wird

Ato|mis|mus *der;* -, **Ato|mis|tik** *die;* - ⟨*gr.-nlat.*⟩: Anschauung, die die Welt u. die Vorgänge in ihr auf die Bewegung von Atomen zurückführt

Ato|mis|tik vgl. Atomismus

ato|mis|tisch: 1. den Atomismus betreffend. **2.** in kleine Einzelbestandteile auflösend

Ato|mi|um *das;* -s ⟨*nlat.*⟩: Ausstellungsgebäude der Brüsseler Weltausstellung 1958 in Form eines Atommodells

Atom|kern *der;* -[e]s, -e: der aus ↑Nukleonen bestehende, positiv geladene innere Bestandteil des Atoms, der von der Elektronenhülle (vgl. ¹Elektron) umgeben ist

Atom|mei|ler *der;* -s, -: ↑Reaktor

Atom|müll *der;* -s: radioaktiver Abfall

Atom|phy|sik *die;* -: Physik der Elektronenhülle u. der in ihr ablaufenden Vorgänge

Atom|re|ak|tor *der;* -s, -en: Anlage zur Gewinnung von Atomenergie durch Kernspaltung

Atom|stopp *der;* -s (ugs.): Einstellung der Atombombenversuche u. Einschränkung der Herstellung spaltbaren Materials

Atom|test *der;* -s, -s (auch: -e), **Atom|ver|such** *der;* -s, -e: Erprobung von atomaren Sprengsätzen

ato|nal [auch: ...'na:l] ⟨*gr.-nlat.*⟩: nicht auf dem

a

harmonisch-funktionalen Prinzip der ↑Tonalität beruhend; **atonale Musik:** Musik, die nicht auf dem harmonisch-funktionalen Prinzip der ↑Tonalität beruht

Ato|na|li|tät *die;* - ‹*gr.-nlat.*›: Kompositionsweise der atonalen Musik

Ato|nie *die;* -, ...ien ‹*gr.-mlat.*› (Med.): Erschlaffung, Schlaffheit [der Muskeln]

ato|nisch: auf Atonie beruhend

Atout [aˈtu:] *das,* auch *der;* -s, -s ‹*fr.*›: Trumpf im Kartenspiel

ato|xisch [auch: aˈtɔ...] ‹*gr.-nlat.*›: ungiftig, nicht toxisch

At|ri|um *das;* -s, ...ien ‹*lat.*›: **1.** offener Hauptraum des altrömischen Hauses. **2.** Säulenvorhalle (vgl. Paradies 2) altchristlicher u. romanischer Kirchen. **3.** (Med.) Vorhof, Vorkammer des Herzens. **4.** Innenhof eines Hauses

Atro|phie *die;* -, ...ien ‹*gr.-lat.;* »Mangel an Nahrung; Auszehrung«› (Med.): (bes. durch Ernährungsstörungen bedingter) Schwund von Organen, Geweben, Zellen

atro|phisch (Med.): an Atrophie leidend, im Schwinden begriffen

At|ro|pin *das;* -s ‹*gr.-nlat.*›: giftiges ↑Alkaloid der Tollkirsche

At|ta|ché [...ˈʃe:] *der;* -s, -s ‹*fr.;* »Zugeordneter«›: **1.** erste Dienststellung eines angehenden Diplomaten bei einer Vertretung seines Landes im Ausland. **2.** Auslandsvertretungen eines Landes zugeteilter Berater (Militär-, Kultur-, Handelsattaché usw.)

At|ta|chée *die;* -, -n [...ˈʃe:ən]: weibliche Form zu ↑Attaché

at|ta|ckie|ren ‹*fr.*›: **a)** zu Pferde angreifen; **b)** (Sport) angreifen; **c)** scharf kritisieren

At|ten|tat [auch: ...ˈta:t] *das;* -s, -e ‹*lat.-fr.;* »versuchtes (Verbrechen)«›: Anschlag auf einen politischen Gegner; Versuch, einen politischen Gegner umzubringen

At|ten|tä|ter *der;* -s, -: jmd., der ein Attentat verübt

At|ten|tä|te|rin *die;* -, -nen: weibliche Form zu ↑Attentäter

At|test *das;* -[e]s, -e ‹*lat.*›: **1.** ärztliche Bescheinigung über einen Krankheitsfall. **2.** (veraltet) Gutachten, Zeugnis

At|tes|ta|ti|on *die;* -, -en: **1. a)** Erteilung der Lehrbefähigung in der DDR unter Erlass gewisser Prüfungen; **b)** Titelverleihung bzw. Bescheinigung einer Qualifikationsstufe in der DDR ohne Prüfungsnachweis, und zwar als Berufsanerkennung für langjährige Praxis. **2.** schriftliche, regelmäßige Beurteilung der Fähigkeiten eines Offiziers der Nationalen Volksarmee der DDR zur Förderung seiner Entwicklung; vgl. ...ation/...ierung

at|tes|tie|ren: **1.** bescheinigen, schriftlich bezeugen. **2.** jmdm. eine Attestation erteilen

At|ti|ka *die;* -, ...ken ‹*gr.-lat.*› (Archit.): halbgeschossartiger Aufsatz über dem Hauptgesims eines Bauwerks, bes. als Träger von Skulpturen od. Inschriften (z. B. an römischen Triumphbogen)

At|ti|la *die;* -, -s ‹*ung.;* nach dem Hunnenkönig›: **a)** kurzer Rock der ungarischen Nationaltracht; **b)** mit Schnüren besetzte Husarenjacke

at|tisch ‹*gr.-lat.*›: auf die altgriechische Landschaft Attika, besonders auf Athen bezogen

At|ti|tü|de *die;* -, -n: **1. a)** Einstellung, [innere] Haltung; **b)** angenommene, nur den Anschein einer bestimmten Einstellung vermittelnde Pose. **2.** ‹*lat.-it.-fr.-engl.-amerik.*›: durch Erfahrung erworbene dauernde Bereitschaft, sich in bestimmten Situationen in spezifischer Weise zu verhalten

At|ti|zis|mus *der;* -, ...men ‹*gr.-lat.-nlat.*›: **1.** [feine] Sprechweise der Athener; Ggs. ↑Hellenismus (2). **2.** Gegenbewegung gegen den ↑Asianismus, die die klassische Sprache als Vorbild bezeichnete

at|ti|zis|tisch: **a)** den Attizismus betreffend; **b)** die Auffassung des Attizismus vertretend

¹At|trak|ti|on *die;* -, -en ‹*lat.-fr.-engl.*›: **1.** Anziehung, Anziehungskraft. **2.** Glanznummer, Zugstück

²At|trak|ti|on *die;* -, -en ‹*lat.*› (Sprachw.): Angleichung im Bereich der Lautung, der Bedeutung, der Form u. der Syntax (z. B. die am stärksten *betroffensten* statt *betroffenen* Gebiete)

at|trak|tiv ‹*lat.-fr.*›: **1.** verlockend, begehrenswert, erstrebenswert. **2.** anziehend aufgrund eines ansprechenden Äußeren, gut aussehend

At|trak|ti|vi|tät *die;* - ‹*nlat.*›: Anziehungskraft

At|trap|pe *die;* -, -n ‹*germ.-fr.;* »Falle, Schlinge«›: [täuschend ähnliche] Nachbildung, bes. für Ausstellungszwecke (z. B. von verderblichen Waren); Blind-, Schaupackung

at|tri|bu|ie|ren ‹*lat.*›: **1.** als ↑Attribut (2) beigeben. **2.** mit einem Attribut versehen

At|tri|but *das;* -[e]s, -e: **1.** (Philos.) Eigenschaft, Merkmal einer Substanz. **2.** (Sprachw.) einem Substantiv, Adjektiv od. Adverb beigefügte nähere Bestimmung (z. B. der *große* Garten; die Stadt *hinter dem Strom; sehr* unwahrscheinlich; *tief* unten). **3.** Kennzeichen, charakteristische Beigabe einer Person (z. B. der Schlüssel bei der Darstellung des Apostels Petrus)

at|tri|bu|ti̱v ⟨*lat.-nlat.*⟩ (Sprachw.): als Beifügung, beifügend

At|tri|bu̱t|satz *der;* -es, ...sätze: Nebensatz in der Rolle eines Gliedteilsatzes, der ein ↑Attribut (2) wiedergibt (z. B. eine Frau, *die Musik studiert,* ... anstelle von: eine Musik studierende Frau ...)

a̱ty|pisch [auch: aˈty:...] ⟨*gr.-nlat.*⟩: nicht typisch, untypisch

au|ber|gi|ne [obɛrˈʒi:n(ə)] ⟨*arab.-katal.-fr.*⟩: dunkellila

Au|ber|gi|ne *die;* -, -n: **1.** Nachtschattengewächs mit gurkenähnlichen Früchten. **2. a)** blaurote Glasur bestimmter chinesischer Porzellane; **b)** chinesisches Porzellan mit blauroter Glasur

au con|t|raire [okõˈtrɛ:r] ⟨*fr.*⟩: im Gegenteil

au|di..., Au|di... vgl. audio..., Audio...

au|di|a̱|tur et a̱l|te|ra pa̱rs ⟨*lat.;* »auch der andere Teil möge gehört werden«⟩: man muss auch die Gegenseite hören

Au|di|e̱nz *die;* -, -en ⟨*lat.*⟩: **1.** feierlicher Empfang bei einer hochgestellten politischen oder kirchlichen Persönlichkeit. **2.** Unterredung mit einer hochgestellten Persönlichkeit

Au|di|ma̱x *das;* -: studentisches Kurzw. für ↑Auditorium maximum

> **au|dio..., Au|dio...**
>
> auch: **au|di..., Au|di...**
> ⟨zu *lat.* audire »hören, anhören, zuhören«⟩
> Wortbildungselement mit der Bedeutung »hörbar; Gehör«:
> – Audimeter
> – Audiometer
> – audiovisuell

Au̱|dio|book [...bʊk] *das;* -s, -s ⟨*lat.; engl.*⟩: Hörbuch; Kassette (5) od. CD, die gesprochenen Text enthält (z. B. Belletristik, Sprachlehrgänge)

Au̱|di|on *das;* -s, -s u. ...o̱nen (Elektrot.): Schaltung in Rundfunkgeräten mit Elektronenröhren zum Verstärken der hörbaren (niederfrequenten) Schwingungen u. zur Trennung von den hochfrequenten Trägerwellen

Au̱|dio|stream [...stri:m] *der;* -s, -s ⟨*lat.; engl.*⟩: Datei zum Hören im Internet

Au|dio|vi|si|o̱n *die;* - ⟨*lat.-nlat.*⟩: **1.** Technik des Aufnehmens, Speicherns u. Wiedergebens von Ton u. Bild. **2.** Information durch Bild u. Ton

au|dio|vi|su|e̱ll ⟨*lat.*⟩: zugleich hör- und sichtbar, Hören u. Sehen ansprechend; **audiovisueller Unterricht:** Unterrichtsgestaltung mithilfe [moderner] technischer Lehr- u. Lernmittel, die sowohl auf auditivem als auch auf visuellem Wege die Wirksamkeit des Unterrichts erhöhen

Au|dit [ˈɔ:dɪt] *das* od. *der;* -s, -s ⟨*lat.-engl.*⟩ (Wirtsch.): Überprüfung; Untersuchung; Prüfung betrieblicher Qualitätsmerkmale

Au|di|teur [...ˈtø:ɐ̯] *der;* -s, -e ⟨*lat.-fr.*⟩ (Geschichte): Richter an Militärgerichten

Au|di|ti|on co|lo|rée [odisjõ:kɔloˈre:, fr.: ...kɔlɔ...] ⟨*lat.-fr.;* »farbiges Hören«⟩: in Verbindung mit akustischen Reizen auftretende Farbempfindungen, eine Form der ↑Synästhesie (a)

au|di|ti̱v ⟨*lat.-nlat.*⟩: **1.** (Med.) **a)** das Gehör betreffend, zum Gehörsinn od. -organ gehörend; **b)** fähig, Sprachlaute wahrzunehmen u. zu analysieren (in Bezug auf das menschliche Gehör); vgl. akustisch. **2.** (Psychol.) vorwiegend mit Gehörsinn begabt

Au|di|tor *der;* -s, ...o̱ren ⟨*lat.*⟩: **1. a)** Richter an der ↑Rota; **b)** Vernehmungsrichter an kirchlichen Gerichten; **c)** Beamter der römischen ↑Kurie (1). **2. a)** (früher) ↑Auditeur; **b)** (schweiz.) öffentlicher Ankläger bei einem Militärgericht; **c)** (im Kanton Zürich) Jurist in der praktischen Ausbildung bei Gericht. **3.** (Wirtsch.) jmd., der Audits durchführt, die Qualitätssicherung kontrolliert o. Ä.

Au|di|to̱|ri|um *das;* -s, ...ien: **1.** Hörsaal einer Hochschule. **2.** Zuhörerschaft

Au|di|to̱|ri|um ma̱|xi|mum *das;* - -: größter Hörsaal einer Hochschule

Au̱f|merk|sam|keits|de|fi|zit-Syn|drom, Au̱f|merk|sam|keits|de|fi|zit|syn|drom *das;* -s, -e ⟨*dt.; lat.-fr.; gr.*⟩: (meist bei Kindern auftretende) Störung der Konzentrationsfähigkeit in Verbindung mit sprunghaftem, impulsivem Handeln [u. Hyperaktivität] (Abk.: ADS)

au̱f|ok|t|ro|y|ie|ren [...troaˈji:...] ⟨*dt.; lat.-fr.*⟩: aufzwingen

au̱f|sty|len [...stai̯...] ⟨*dt.; engl.*⟩: sich sorgfältig kleiden [und schminken]

Au̱f|trags|kil|ler *der;* -s, - ⟨*dt.; engl.*⟩ (ugs.): jmd., der in fremdem Auftrag u. gegen Bezahlung jmdn. tötet

Au̱|gen|di|a|g|no|se *die;* -, -n: **1.** (ohne Plural) im Gegensatz zur Schulmedizin entwickelte Diagnostik aufgrund der Vorstellung, dass alle Organe nervale Verbindungen zur Iris besitzen, in der dann Veränderungen als Organkrankheiten zu erkennen sind. **2.** einzelne Diagnose nach dieser Methode

Au̱|gen|op|ti|ker *der;* -s, -: Optiker, der sich mit der Herstellung, Reparatur u. Anpassung von Sehhilfen (Brillen) beschäftigt (Berufsbez.)

Au|gi̱|as|stall [auch: ˈau̯...] *der;* -[e]s ⟨*gr.-lat.; dt.;* nach der gr. Sage der in dreißig Jahren nicht gereinigte Stall mit 3 000 Rindern des Königs Augias, den Herakles in einem Tag reinigte›: **den Augiasstall ausmisten, reinigen:** einen durch arge Vernachlässigung o. Ä. entstandenen Zustand großer Unordnung, korrupter Verhältnisse durch aktiv-durchgreifendes Handeln beseitigen u. wieder Ordnung, ordentliche Verhältnisse herstellen

Au|git [auch: ...ˈgɪt] *der;* -s, -e ‹*gr.-lat.*›: silikathaltiges Mineral

Aug|ment *das;* -s, -e ‹*lat.;* »Vermehrung, Zuwachs«› (Sprachw.): Präfix, das dem Verbstamm zur Bezeichnung der Vergangenheit vorangesetzt wird, bes. im Sanskrit u. im Griechischen

Aug|men|ta|ti|on *die;* -, -en (Musik): **a)** die auf mehrfache Weise mögliche Wertverlängerung einer Note in der ↑Mensuralnotation; **b)** die Wiederaufnahme des Themas einer Komposition (z. B. Sonate) in größeren als den ursprünglichen rhythmischen Werten

Aug|men|ta|tiv *das;* -s, -e, **Aug|men|ta|ti|vum** *das;* -s, ...va ‹*lat.-nlat.*› (Sprachw.): durch ein Präfix od. ein Suffix gekennzeichnete Vergrößerungsform

Aug|men|ta|ti|vum vgl. Augmentativ

aug|men|tie|ren ‹*lat.*›: **1.** vermehren. **2.** (Musik) mit einer Augmentation versehen

au gra|tin [ograˈtɛ̃:] ‹*fr.*› (Gastron.): mit einer Kruste überbacken; vgl. gratinieren

Au|gur *der;* -s u. ...uren, ...uren ‹*lat.*›: **1.** Priester u. Vogelschauer im Rom der Antike. **2.** jmd., der als Eingeweihter Urteile, Interpretationen von sich anbahnenden, bes. politischen Entwicklungen ausspricht

Au|gu|ren|lä|cheln *das;* -s: vielsagendes, spöttisches Lächeln des Wissens u. Einverständnisses unter Eingeweihten

Au|gust *der;* Gen. -[e]s u. -, Plur. -e ‹*lat.*›: achter Monat im Jahr (Abk.: Aug.)

au|gus|te|isch: a) auf den römischen Kaiser Augustus bezüglich; **b)** auf die Epoche des römischen Kaisers Augustus bezüglich; **ein augusteisches Zeitalter:** eine Epoche, in der Kunst u. Literatur besonders gefördert werden

Au|gus|ti|ner *der;* -s, - ‹nach dem Kirchenlehrer Augustinus, 354–430›: **a)** Angehöriger des kath. Ordens der Augustiner-Chorherren (Italien, Österr., Schweiz); **b)** Angehöriger des kath. Ordens der Augustiner-Eremiten

Auk|ti|on *die;* -, -en ‹*lat.;* »Vermehrung«›: Versteigerung

Auk|ti|o|na|tor *der;* -s, ...oren: Versteigerer

Auk|ti|o|na|to|rin *die;* -, -nen: weibliche Form zu ↑Auktionator

auk|ti|o|nie|ren: [an den Meistbietenden] versteigern

Au|la *die;* -, ...len u. -s ‹*gr.-lat.*›: **1.** größerer Raum für Veranstaltungen, Versammlungen in Schulen u. Universitäten. **2.** freier, hofähnlicher Platz in großen griechischen u. römischen Häusern der Antike; vgl. Atrium. **3.** Palast in der römischen Kaiserzeit. **4.** Vorhof in einer christlichen ↑Basilika

au na|tu|rel [onatyˈrɛl] ‹*fr.*› (Gastron.): ohne künstlichen Zusatz (von Speisen u. Getränken)

au pair [oˈpɛ:ɐ̯] ‹*fr.*›: Leistung gegen Leistung, ohne Bezahlung

Au-pair-Mäd|chen *das;* -s, -: junge Frau (meist Studentin od. Schülerin), die gegen Unterkunft, Verpflegung u. Taschengeld in einem Haushalt im Ausland arbeitet, um die Sprache des betreffenden Landes zu lernen

Au|ra *die;* - ‹*lat.;* »Hauch«›: **1.** besondere [geheimnisvolle] Ausstrahlung. **2.** (Med.) Vorstufe, Vorzeichen eines [epileptischen] Anfalls

Au|ra|min *das;* -s ‹Kurzw. aus ↑**Aurum** u. ↑**Amin**›: gelber Farbstoff

Au|rar: *Plural* von ↑Eyrir

au|ra|tisch: zur Aura gehörend

Au|re|o|le *die;* -, -n: **1.** Heiligenschein, der die ganze Gestalt umgibt, bes. bei Christusbildern. **2.** bläulicher Lichtschein am Brenner der Bergmannslampe, der Grubengas anzeigt. **3.** durch Wolkendunst hervorgerufene Leuchterscheinung (Hof) um Sonne u. Mond. **4.** (Elektrot.) äußere Leuchterscheinung eines Lichtbogens oder Glimmstromes

Au|ri|g|na|ci|en [orɪnjaˈsi̯ɛ̃:] *das;* -[s] ‹*fr.;* nach der fr. Stadt Aurignac›: Kulturstufe der Jüngeren Altsteinzeit

Au|ri|g|nac|mensch [orɪnˈjak...] *der;* -en, -en: Menschentypus des Aurignacien

Au|ri|kel *die;* -, -n ‹*lat.-nlat.;* »Öhrchen, Ohrläppchen«›: Primelgewächs mit in Dolden stehenden Blüten

au|ri|ku|lar, au|ri|ku|lär ‹*lat.*› (Med.): **1.** zu den Ohren gehörend. **2.** ohrförmig gebogen

Au|ri|pig|ment *das;* -[e]s ‹*lat.*›: Arsentrisulfid (ein Arsenmineral)

Au|ro|ra *die;* -, -s ‹*lat.;* nach der röm. Göttin der Morgenröte›: **1.** (ohne Plural; dichter.) Morgenröte. **2.** (Zool.) Tagfalter aus der Familie der Weißlinge. **3.** (Astron.) Polarlicht

Au|rum *das;* -[s] ‹*lat.*›: lat. Bez. für: Gold (Zeichen: Au)

aus|agie|ren ‹*dt.; lat.*›: eine ↑Emotion [ungehemmt] in Handlung umsetzen u. dadurch eine innere Spannung abreagieren

aus|ba|lan|cie|ren [...laŋsi:...] ⟨*dt.; fr.*⟩: ins Gleichgewicht bringen, ausgleichen

aus|bal|do|wern ⟨*dt.; hebr.-jidd.-Gaunerspr.*⟩ (ugs.): mit List, Geschick auskundschaften

aus|che|cken ⟨*dt.; engl.*⟩: **1.** (Flugw.) **a)** (nach der Ankunft) abfertigen (z. B. Passagiere, Gepäck); Ggs. ↑einchecken (1 a); **b)** (nach der Ankunft) sich abfertigen lassen. **2.** (aus einem Hotel o. Ä.) ausziehen, abreisen (u. die entsprechenden Formalitäten erledigen); Ggs. ↑einchecken (2)

aus|dif|fe|ren|zie|ren ⟨*dt.; lat.-nlat.*⟩: sich in einem Differenzierungsprozess von etw. ablösen u. verselbstständigen

aus|dis|ku|tie|ren ⟨*dt.; lat.*⟩: eine Frage, ein Problem so lange erörtern, bis alle strittigen Punkte geklärt sind

aus|fi|nan|zie|ren: die Finanzierung für etwas sicherstellen

aus|flip|pen ⟨*dt.; engl.*⟩ (ugs.): **1.** sich einer als bedrückend empfundenen äußeren oder inneren Situation [durch Genuss von Drogen] entziehen. **2.** sich [bewusst] außerhalb der gesellschaftlichen Normen stellen. **3.** die Selbstkontrolle verlieren, mit den Nerven fertig sein, durchdrehen. **4.** vor Freude ganz außer sich geraten

aus|for|mu|lie|ren ⟨*dt.; lat.*⟩: einem Antrag o. Ä. eine endgültige Formulierung geben

aus|kno|cken [...nɔ...] ⟨*dt.; engl.*⟩: durch Knockout besiegen

aus|kris|tal|li|sie|ren ⟨*dt.; gr.-lat.-fr.*⟩: aus Lösungen Kristalle bilden

Aus|kul|tant *der;* -en, -en ⟨*lat.;* »Zuhörer«⟩ (veraltet): **1.** Beisitzer ohne Stimmrecht. **2.** (österr.) Anwärter auf das Richteramt

Aus|kul|ta|ti|on *die;* -, -en ⟨*lat.*⟩ (Med.): das Abhören von Geräuschen, die im Körperinnern, bes. im Herzen (Herztöne) u. in den Lungen (Atemgeräusche), entstehen

aus|kul|ta|to|risch ⟨*lat.-nlat.*⟩ (Med.): durch Abhorchen feststellend od. feststellbar

aus|kul|tie|ren ⟨*lat.*⟩ (Med.): abhorchen, Körpergeräusche abhören

aus|log|gen ⟨*dt.; engl.*⟩ (EDV): sich von einem Programm, einer Anwendung [im Internet] abmelden; Ggs. ↑einloggen

aus|lo|gie|ren ⟨*dt.; germ.-fr.*⟩: ausquartieren

aus|ma|nö|v|rie|ren ⟨*dt.; lat.-vulgärlat.-fr.*⟩: jmdn. durch geschickte Manöver als Konkurrenten o. Ä. ausschalten

Au|s|pi|zi|um *das;* -s, ...ien ⟨*lat.;* »Vogelschau«⟩: **a)** Vorbedeutung; **b)** (nur Plural) Aussichten [für ein Vorhaben]; **unter jmds. Auspizien:** unter jmds. Schutz, Leitung

aus|po|wern ⟨*dt.; lat.-fr.*⟩ (ugs. abwertend): ausbeuten [bis zur Verelendung]

aus|quar|tie|ren ⟨*dt.; lat.-fr.*⟩: jmdn. veranlassen, seine Unterkunft zu räumen

aus|ran|gie|ren ⟨*dt.; germ.-fr.*⟩: unbrauchbar Gewordenes aussondern, wegwerfen

au|ßer|par|la|men|ta|risch ⟨*dt.; gr.-lat.-vulgärlat.-fr.-engl.*⟩: nicht parlamentarisch; **außerparlamentarische Opposition:** ↑APO

au|ßer|tour|lich ⟨*dt.; gr.-lat.-fr.*⟩ (österr.): außerhalb der Reihenfolge, zusätzlich [eingesetzt] (z. B. ein Bus)

au|ßer|uni|ver|si|tär ⟨*dt.; lat.*⟩: nicht universitär; außerhalb der Universität

Aus|si *der;* -s, -s (Jargon): Australier

aus|staf|fie|ren ⟨*dt.; fr.-niederl.*⟩: jmdn./etwas mit [notwendigen] Gegenständen, mit Zubehör u. a. ausrüsten, ausstatten

aus|ta|rie|ren ⟨*dt.; arab.-it.*⟩: **1.** ins Gleichgewicht bringen. **2.** (österr.) auf einer Waage das Leergewicht (↑Tara) feststellen

Aus|te|nit [auch: ...ˈnɪt] *der;* -s, -e ⟨*nlat.;* nach dem engl. Forscher Roberts-Austen⟩: bestimmter Mischkristall im System Eisen-Kohlenstoff

Aus|ter *die;* -, -n ⟨*gr.-lat.-roman.-niederl.-niederd.*⟩: essbare Muschel, die in warmen Meeren vorkommt

Aus|te|ri|ty [ɔːsˈtɛrɪti] *die;* - ⟨*gr.-lat.-fr.-engl.*⟩: wirtschaftliche Einschränkung, energische Sparpolitik

aus|the|ra|piert ⟨*dt.; gr.*⟩ (Med.): auf keine mögliche Therapie [mehr] reagierend; therapieresistent

Aus|t|ra|li|an Open [ɔsˈtreɪljən ˈoʊpn̩] *die* (Plural) ⟨*engl.*⟩: Tennisturnier in Australien

Aus|t|ri|a|zis|mus *der;* -, ...men ⟨*lat.-nlat.*⟩: eine innerhalb der deutschen Sprache nur in Österreich (Austria) übliche sprachliche Ausdrucksweise

aus|trick|sen ⟨*dt.; galloroman.-fr.-engl.*⟩: durch einen Trick, geschickt überlisten, ausschalten

Aus|t|ro|mar|xis|mus [auch: ˈaus...] *der;* - ⟨*nlat.*⟩: eine von österreichischen Sozialdemokraten vor u. nach dem Ersten Weltkrieg entwickelte Sonderform des Marxismus

aut..., Aut... vgl. auto..., Auto...

au|t|ark ⟨*gr.*⟩: [vom Ausland] wirtschaftlich unabhängig, sich selbst versorgend, auf niemanden angewiesen; vgl. ...isch/-

Au|t|ar|kie *die;* -, ...ien: wirtschaftliche Unabhängigkeit [vom Ausland]

Au|then|tie *die;* -: ↑Authentizität

Au|then|ti|fi|ka|ti|on *die;* -, -en ⟨*gr.-lat.-engl.*⟩ (EDV): Identitätsprüfung eines Benutzers als

Zugangs- und Rechtekontrolle für ein System (z. B. durch Passwort)

au|then|ti|fi|zie|ren ‹*gr.; lat.*›: beglaubigen, die Echtheit bezeugen

au|then|tisch ‹*gr.-lat.*›: echt; zuverlässig, verbürgt

au|then|ti|sie|ren ‹*gr.-mlat.*›: glaubwürdig, rechtsgültig machen

Au|then|ti|zi|tät *die; -* ‹*gr.-nlat.*›: Echtheit, Zuverlässigkeit, Glaubwürdigkeit

au|thi|gen ‹*gr.-nlat.*› (Geol.): am Fundort selbst entstanden (von Gesteinen)

Aut-idem-Re|ge|lung *die; -, -en* ‹*lat.; dt.*›: Regelung, nach der der Apotheker anstelle des verordneten Arzneimittels ein preisgünstigeres, wirkstoffgleiches Präparat auswählt

Au|tis|mus *der; -* ‹*gr.-nlat.*›: psychische Störung, die sich in völliger Teilnahmslosigkeit und Kontaktunfähigkeit ausdrückt

Au|tist *der; -en, -en*: jmd., der an Autismus leidet

Au|tis|tin *die; -, -nen*: weibliche Form zu ↑Autist

au|tis|tisch: a) den Autismus betreffend; **b)** an Autismus leidend

¹Au|to *das; -s, -s* ‹*gr.*›: Kurzform von ↑Automobil

²Au|to *das; -s, -s* ‹*lat.-span.* u. *port.*; »Handlung, Akt«›: **1.** feierliche religiöse od. gerichtliche Handlung in Spanien u. Portugal. **2.** spätmittelalterliches geistliches Spiel des spanischen Theaters, das an Festtagen des Kirchenjahres aufgeführt wurde

au|to..., Au|to...

vor Vokalen meist: **aut..., Aut...**
‹zu *gr.* autós »selbst, freiwillig, allein«›
Wortbildungselement mit der Bedeutung »selbst, eigen, persönlich; unmittelbar«:
- auterg
- Autoaggression
- autobiografisch
- Autofokus
- Automobil

Au|to|bio|gra|fie, Au|to|bio|gra|phie *die; -, ...ien*: literarische Darstellung des eigenen Lebens

au|to|bio|gra|fisch, au|to|bio|gra|phisch: a) die Autobiografie betreffend; **b)** das eigene Leben beschreibend; **c)** in Form einer Autobiografie verfasst

Au|to|bus *der; -ses, -se* ‹Kurzw. aus ↑**¹Auto** u. ↑**Omnibus**›: ↑Omnibus

Au|to|car *der; -s, -s* ‹*fr.*› (schweiz.): ↑Omnibus

au|to|ch|thon [...x...] ‹*gr.-lat.*›: **1.** eingeboren, einheimisch, indigen (von Völkern od. Stämmen). **2.** (Geol., Biol.) am Fundort entstanden, vorkommend (von Gesteinen u. Lebewesen); Ggs. ↑allochthon

Au|to|ch|tho|ne *der* od. *die; -n, -n*: Ureinwohner[in], Alteingesessene[r], Eingeborene[r]

Au|to|cross, Au|to-Cross *das; -, -e* ‹*engl.*›: Autorennen auf einer abgesteckten Strecke im Gelände; vgl. Motocross

Au|to|da|fé [...'fe:] *das; -s, -s* ‹*lat.* actus fidei zu *port.* auto-de-fé = »Glaubensakt«›: **1.** Ketzergericht u. -verbrennung. **2.** Verbrennung von Büchern, Schriften u. Ä.

Au|to|di|dakt *der; -en, -en* ‹*gr.*›: jmd., der sich ein bestimmtes Wissen ausschließlich durch Selbstunterricht aneignet od. angeeignet hat

Au|to|di|dak|tin *die; -, -nen*: weibliche Form zu ↑Autodidakt

au|to|di|dak|tisch: den Selbstunterricht betreffend; durch Selbstunterricht

Au|to|drom *das; -s, -e* ‹*gr.-fr.*›: **1.** ↑Motodrom. **2.** (österr.) Fahrbahn für ↑Skooter

Au|to|ero|tik *die; -*, **Au|to|ero|tis|mus** *der; -* ‹*gr.; gr.-nlat.*›: Form des erotisch-sexuellen Verhaltens, das Lustgewinn u. Triebbefriedigung ohne Partnerbezug zu gewinnen sucht; vgl. Narzissmus

au|to|ero|tisch: die Autoerotik, den Autoerotismus betreffend, narzisstisch

Au|to|fo|kus *der; -, -se* ‹*gr.; lat.*›: Vorrichtung an Kameras u. Diaprojektoren für eine automatische Einstellung der Bildschärfe

au|to|gen ‹*gr.*›: **1.** (Technik) (von Schweißen o. Ä.) mit Stichflamme [ohne Zuhilfenahme eines Bindematerials]. **2.** (Med.) aus sich selbst od. von selbst entstehend; **autogenes Training:** (von dem deutschen Psychiater J. H. Schultz entwickelte) Methode der Selbstentspannung durch ↑Autohypnose. **3.** (Geol.) ↑authigen

Au|to|graf, Au|to|graph *das; -s, -e[n]*: **1.** von einer bekannten Persönlichkeit stammendes, eigenhändig geschriebenes od. authentisch maschinenschriftliches ↑Manuskript [in seiner ersten Fassung], Urschrift. **2.** (veraltet) der in der Frühzeit des Buchdrucks noch in Gegenwart des Verfassers hergestellte erste Druck

Au|to|gra|fie, Au|to|gra|phie *die; -, ...ien* ‹*gr.-nlat.*›: veraltetes Vervielfältigungsverfahren

Au|to|gramm *das; -s, -e* ‹*gr.-nlat.*›: **1.** eigenhändig geschriebener Namenszug einer bekannten Persönlichkeit. **2.** (veraltet) ↑Autograf

Au|to|graph usw. vgl. Autograf usw.

Au|to|hyp|no|se *die; -* ‹*gr.; gr.-nlat.*›: ein hypnotischer Zustand, in den sich jmd. selbst, also ohne Einwirkung einer anderen Person, versetzt; Ggs. ↑Heterohypnose

Au|to|im|mun|er|kran|kung *die;* -, -en ⟨*gr.-lat.; dt.*⟩ (Med.): Erkrankung, bei der das Immunsystem Antikörper gegen körpereigene Stoffe bildet

Au|to|in|to|xi|ka|ti|on *die;* -, -en ⟨*gr.; gr.-nlat.*⟩ (Med.): Selbstvergiftung des Körpers durch im Organismus bei krankhaften Prozessen entstandene u. nicht weiter abgebaute Stoffwechselprodukte

au|to|ke|phal ⟨*gr.*⟩: mit eigenem Oberhaupt, unabhängig (von den orthodoxen Nationalkirchen)

Au|to|ki|no *das;* -s, -s: Freilichtkino, in dem man sich einen Film vom Auto aus ansieht

Au|to|klav *der;* -s, -en ⟨*gr.; lat.-fr.*⟩: **1.** Druckapparat in der chemischen Technik. **2.** Apparat zum Sterilisieren von Lebensmitteln. **3.** Rührapparat bei der Härtung von Speiseölen

Au|to|kor|so *der;* -s, -s: Korso (1), der aus Autos besteht

Au|to|krat *der;* -en, -en ⟨*gr.*⟩: **1.** diktatorischer Alleinherrscher. **2.** selbstherrlicher Mensch

Au|to|kra|tie *die;* -, ...ien: Regierungsform, bei der die Staatsgewalt unumschränkt in der Hand eines einzelnen Herrschers liegt

Au|to|kra|tin *die;* -, -nen: weibliche Form zu ↑Autokrat

au|to|kra|tisch: die Autokratie betreffend

Au|to|ly|se *die;* - ⟨*gr.-nlat.*⟩: **1.** (Med.) Abbau von Organeiweiß ohne Bakterienhilfe. **2.** (Biol.) Selbstauflösung des Larvengewebes im Verlauf der Metamorphose bei Insekten

Au|to|mat *der;* -en, -en ⟨*gr.-lat.-fr.;* »sich selbst bewegend«⟩: **1. a)** Apparat, der nach Münzeinwurf selbsttätig Waren abgibt od. eine Dienst- od. Bearbeitungsleistung erbringt; **b)** Werkzeugmaschine, die Arbeitsvorgänge nach Programm selbsttätig ausführt; **c)** automatische Sicherung zur Verhinderung von Überlastungsschäden in elektrischen Anlagen. **2.** (Math., EDV) elektronisch gesteuertes System, das Informationen an einem Eingang aufnimmt, selbstständig verarbeitet u. an einem Ausgang abgibt

Au|to|ma|ten|res|tau|rant *das;* -s, -s: ↑Restaurant, in dem man sich über Automaten selbst bedienen kann

Au|to|ma|tik *die;* -, -en: **a)** Vorrichtung, die einen eingeleiteten technischen Vorgang ohne weiteres menschliches Zutun steuert u. regelt; **b)** (ohne Plural) Vorgang der Selbststeuerung

Au|to|ma|ti|on *die;* -, -en ⟨*gr.-lat.-fr.-engl.*⟩: der durch Automatisierung erreichte Zustand der modernen technischen Entwicklung, der durch den Einsatz weitgehend bedienungsfreier Arbeitssysteme gekennzeichnet ist

au|to|ma|tisch ⟨*gr.-lat.-fr.*⟩: **1. a)** mit einer Automatik ausgestattet (von technischen Geräten); **b)** durch Selbststeuerung od. Selbstregelung erfolgend; **c)** mithilfe eines Automaten. **2. a)** unwillkürlich, zwangsläufig, mechanisch; **b)** ohne weiteres Zutun (des Betroffenen) von selbst erfolgend

au|to|ma|ti|sie|ren ⟨*gr.-nlat.*⟩: auf vollautomatische Fabrikation umstellen

Au|to|ma|ti|sie|rung *die;* -, -en: Umstellung einer Fertigungsstätte auf vollautomatische Fabrikation; vgl. ...ation/...ierung

Au|to|ma|tis|mus *der;* -, ...men ⟨*gr.-nlat.*⟩ (Biol., Med.): **a)** (ohne Plural) selbsttätig ablaufende Organfunktion (z. B. Herztätigkeit); **b)** spontan ablaufender Vorgang od. Bewegungsablauf, der nicht vom Bewusstsein od. Willen beeinflusst wird

Au|to|mi|nu|te *die;* -, -n ⟨*gr.; lat.-nlat.*⟩: Strecke, die ein Auto in einer Minute zurücklegt

au|to|mo|bil ⟨*gr.; lat.;* »selbstbeweglich«⟩: das Auto betreffend

Au|to|mo|bil *das;* -s, -e: Kraftfahrzeug, Personenkraftwagen

Au|to|mo|bi|list *der;* -en, -en (bes. schweiz.): Autofahrer

Au|to|mo|bi|lis|tin *die;* -, -nen: weibliche Form zu ↑Automobilist

au|to|nom ⟨*gr.;* »nach eigenen Gesetzen lebend«⟩: **1.** selbstständig, unabhängig. **2.** zu den Autonomen gehörend

Au|to|no|me *der* u. *die;* -n, -n: Angehörige[r] einer Gruppierung, die das Gesellschaftssystem ablehnt u. mit Gewaltaktionen bekämpft

Au|to|no|mie *die;* -, ...ien: **1.** Selbstständigkeit [in nationaler Hinsicht], Unabhängigkeit. **2.** (Philos.) Willensfreiheit

Au|to|pi|lot *der;* -en, -en: automatische Steuerungsanlage in Flugzeugen, Raketen o. Ä.

Au|to|plas|tik *die;* -, -en ⟨*gr.-nlat.*⟩ (Med.): Übertragung körpereigenen Gewebes (z. B. die Verpflanzung eines Hautlappens auf andere Körperstellen)

Au|t|op|sie *die;* -, ...ien ⟨*gr.*⟩: **1.** (Med.) Leichenöffnung; Untersuchung des [menschlichen] Körpers zur Feststellung der Todesursache. **2.** (Fachspr.) Prüfung durch persönliche Inaugenscheinnahme

Au|tor *der;* -s, ...oren ⟨*lat.*⟩: Verfasser eines Wer-

a

kes der Literatur, Musik, Kunst, Fotografie od. Filmkunst

Au|to|ra|dio *das;* -s, -s: im Auto eingebautes spezielles Radio

Au|to|ren|kol|lek|tiv *das;* -s, -e ⟨*lat.; lat.-nlat.-russ.*⟩: Verfassergruppe, die ein Buch in gemeinschaftlicher Arbeit herausbringt

Au|to|ren|kor|rek|tur vgl. Autorkorrektur

Au|to|re|verse [...rɪvə:s] *das;* - ⟨*gr.; lat.-engl.*⟩: Umschaltautomatik bei Tonbandgeräten u. Kassettenrekordern

Au|to|rin *die;* -, -nen: weibliche Form zu ↑Autor

Au|to|ri|sa|ti|on *die;* -, -en ⟨*lat.-mlat.-nlat.*⟩: Ermächtigung, Vollmacht; vgl. ...ation/...ierung

au|to|ri|sie|ren ⟨*lat.-mlat.*⟩: **1.** jmdn. bevollmächtigen, [als Einzigen] zu etwas ermächtigen. **2.** etwas genehmigen

au|to|ri|tär ⟨*lat.-fr.*⟩: **1.** (abwertend) **a)** totalitär, diktatorisch; **b)** unbedingten Gehorsam fordernd; Ggs. ↑antiautoritär. **2.** (veraltend) **a)** auf Autorität beruhend; **b)** mit Autorität herrschend

Au|to|ri|ta|ris|mus *der;* -: absoluter Autoritätsanspruch

Au|to|ri|tät *die;* -, -en ⟨*lat.*⟩: **1.** (ohne Plural) auf Leistung od. Tradition beruhender maßgebender Einfluss einer Person od. Institution u. das daraus erwachsende Ansehen. **2.** einflussreiche, maßgebende Persönlichkeit von hohem [fachlichem] Ansehen

au|to|ri|ta|tiv ⟨*lat.-nlat.*⟩: auf Autorität, Ansehen beruhend; maßgebend, entscheidend

Au|tor|kor|rek|tur, Au|to|ren|kor|rek|tur *die;* -, -en: Korrektur des gesetzten Textes durch den Autor selbst

Au|tor|re|fe|rat *das;* -[e]s, -e: Referat des Autors über sein Werk

Au|to|skoo|ter [...sku:tɐ] *der;* -s, -: Skooter (1)

Au|to|ste|reo|typ *das;* -s, -e (meist Plural) ⟨*gr.-engl.*⟩: Urteil, das sich eine Person od. Gruppe von sich selbst macht

Au|to|stopp *der;* -s, -s ⟨*(gr.; engl.-)fr.*⟩: das Anhalten von Autos mit dem Ziel, mitgenommen zu werden

Au|to|stun|de *die;* -, -n ⟨*gr.; dt.*⟩: Strecke, die ein Auto in einer Stunde zurücklegt

Au|to|sug|ges|ti|on *die;* -, -en ⟨*gr.; lat.;* »Selbsteinredung«⟩: das Vermögen, ohne äußeren Anlass Vorstellungen in sich zu erwecken, sich selbst zu beeinflussen

Au|to|te|le|fon *das;* -s, -e: im Auto eingebautes spezielles Telefon

Au|to|to|xin *das;* -s, -e: ein im eigenen Körper entstandenes Gift; vgl. Autointoxikation

au|to|troph ⟨*gr.-nlat.*⟩ (Biol.): sich ausschließlich von anorganischen Stoffen ernährend (bes. Pflanzen); Ggs. ↑heterotroph

Au|to|ty|pie *die;* -, ...ien ⟨*gr.-nlat.;* »Selbstdruck«⟩: Rasterätzung für Buchdruck

Au|to|zoom [...zu:m] *das* u. *der;* -s, -s: Vorrichtung, die das Zoom in der Filmkamera selbstständig reguliert u. somit automatisch eine maximale Schärfentiefe gewährleistet

Au|xin *das;* -s, -e ⟨*gr.-nlat.*⟩: organische Verbindung, die das Pflanzenwachstum fördert

Aval *der* (seltener: *das*); -s, -e ⟨*fr.*⟩: Bürgschaft, insbesondere für einen Wechsel

ava|lie|ren: einen Wechsel als Bürge unterschreiben

Avan|ce [a'vã:sə] *die;* -, -n ⟨*lat.-vulgärlat.-fr.*⟩: **1. a)** Vorsprung, Gewinn; **b)** Geldvorschuss. **2.** Preisunterschied bei Handelsware zwischen An- und Verkauf; Gewinn. **3.** (ohne Plural) Beschleunigung (an Uhrwerken; Zeichen: A) **jmdm. Avancen machen:** jmdm. gegenüber zuvorkommend, entgegenkommend sein, ihn umwerben in dem Wunsch, ihn für sich zu gewinnen

Avan|ce|ment [avãsə'mã:] *das;* -s, -s (geh.): Beförderung, Aufrücken in eine höhere Position

avan|cie|ren: in eine höhere Position aufrücken

Avant|gar|de [avã...] *die;* -, -n ⟨*fr.*⟩: **1.** die Vorkämpfer einer Idee od. Richtung (z. B. in Literatur u. Kunst). **2.** (veraltet) Vorhut einer Armee

Avant|gar|dis|mus *der;* - ⟨*fr.-nlat.*⟩: für neue Ideen eintretende kämpferische Richtung auf einem bestimmten Gebiet (bes. in der Kunst)

Avant|gar|dist *der;* -en, -en: Vorkämpfer, Neuerer (bes. auf dem Gebiet der Kunst u. Literatur)

Avant|gar|dis|tin *die;* -, -nen: weibliche Form zu ↑Avantgardist

avant|gar|dis|tisch: vorkämpferisch

avan|ti ⟨*lat.-it.*⟩: vorwärts!

Ava|tar ['ɛvəta:ɐ̯] *der;* -s, -s ⟨*sanskr.-engl.*⟩: **a)** grafische Darstellung, Animation, Karikatur o. Ä. als Verkörperung des Benutzers im Cyberspace; **b)** virtuelle Kunstfigur, Vertreter eines eigenen Universums im Cyberspace

Ave-Ma|ria *das;* -[s], -[s]: **1.** Bez. eines katholischen Mariengebets nach den Anfangsworten. **2.** Ave-Maria-Läuten, Angelusläuten

Aven|tiu|re [avɛn'ty:rə] *die;* -, -n ⟨*lat.-vulgärlat.-fr.-mhd.;* »Abenteuer«⟩: **1.** ritterliche Bewährungsprobe, die der Held in mittelhochdeutschen Dichtungen bestehen muss. **2.** Abschnitt in einem mittelhochdeutschen Epos, das sich hauptsächlich aus Berichten über ritterliche Bewährungsproben zusammensetzt

Aven|tu|rin *der;* -s, -e ⟨*lat.-vulgärlat.-fr.*⟩: gelber, roter od. goldflimmriger Quarz mit metallisch glänzenden Einlagerungen

Ave|nue [avəˈnyː] *die;* -, ...uen [...ˈnyːən] ⟨*lat.-fr.*⟩: **1.** städtische, mit Bäumen bepflanzte Prachtstraße. **2.** (veraltet) Zugang, Anfahrt

Avers [aˈvɛrs, österr.: aˈvɛːr] *der;* -es, -e ⟨*lat.-fr.*⟩: Vorderseite einer Münze od. einer Medaille; Ggs. ↑ ²Revers

Aver|si|on *die;* -, -en: Abneigung, Widerwille

Avi|a|ri|um *das;* -s, ...ien ⟨*lat.*⟩: großes Vogelhaus (z. B. in zoologischen Gärten)

avi|ru|lent ⟨*gr.; lat.*⟩ (Med.): nicht ansteckend (von Mikroorganismen); Ggs. ↑ virulent

¹**Avis** [aˈviː] *der* od. *das;* -, - ⟨*lat.-fr.*⟩: **1.** Ankündigung [einer Sendung an den Empfänger]. **2.** Mitteilung des Wechselausstellers an den, der den Wechsel zu bezahlen hat, über die Deckung der Wechselsumme

²**Avis** *der* od. *das;* -es, -e ⟨*it.*⟩: ↑ ¹Avis

avi|sie|ren ⟨*lat.-it.* u. *fr.*⟩: **1.** ankündigen. **2.** (schweiz.) benachrichtigen

a vis|ta ⟨*lat.-it.;* »bei Sicht«⟩: bei Vorlage zahlbar (Hinweis auf Sichtwechseln; Abk.: a v.); vgl. a prima vista

Avis|ta|wech|sel *der;* -s, -: Wechsel, der bei Vorlage (innerhalb eines Jahres) fällig ist; Sichtwechsel

Avi|t|a|mi|no|se *die;* -, -n ⟨*nlat.*⟩ (Med.): Vitaminmangelkrankheit

Avi|va|ge [aviˈvaːʒə] *die;* -, -n ⟨*lat.-vulgärlat.-fr.*⟩: Behandlung von Fäden u. Garnen aus Chemiefasern mit fetthaltigen Stoffen zur Verbesserung von Griff, Weichheit u. Geschmeidigkeit

avi|vie|ren: eine ↑ Avivage vornehmen

Avo|ca|do *die;* -, -s ⟨*indian.-span.*⟩: dunkelgrüne bis braunrote birnenförmige, essbare Steinfrucht eines südamerikanischen Baumes

Avun|ku|lat *das;* -[e]s, -e ⟨*lat.-nlat.*⟩: Vorrecht des Bruders der Mutter eines Kindes gegenüber dessen Vater in Kulturen mit Mutterrecht (z. B. bei Pflanzervölkern)

Awes|ta *das;* - ⟨*pers.;* »Grundtext«⟩: Sammelbezeichnung für die heiligen Schriften der ↑ Parsen; vgl. Zendawesta

awes|tisch: das Awesta betreffend; **awestische Sprache:** altostiranische Sprache, in der das Awesta geschrieben ist

Axel *der;* -s, - ⟨nach dem norw. Eisläufer Axel Paulsen⟩: schwieriger Sprung im Eis- u. Rollkunstlauf

axi|al ⟨*lat.-nlat.*⟩: **1.** in der Achsenrichtung, [längs]achsig, achsrecht. **2.** (Med.) zum zweiten Halswirbel gehörend

Axi|a|li|tät *die;* -, -en: das Verlaufen von Strahlen eines optischen Systems in unmittelbarer Nähe der optischen Achse; Achsigkeit

axil|lar ⟨*lat.-nlat.*⟩: **1.** (Med.) zur Achselhöhle gehörend, in ihr gelegen. **2.** (Bot.) unmittelbar über einer Blattansatzstelle hervorbrechend od. gewachsen; achselständig

Axio|lo|gie *die;* -, ...ien ⟨*gr.-nlat.*⟩ (Philos.): Wertlehre

Axi|om *das;* -s, -e ⟨*gr.-lat.*⟩: **1.** als absolut richtig anerkannter Grundsatz; gültige Wahrheit, die keines Beweises bedarf. **2.** nicht abgeleitete Aussage eines Wissenschaftsbereiches, aus der andere Aussagen ↑ deduziert werden

Axi|o|ma|tik *die;* - ⟨*gr.-nlat.*⟩: Lehre vom Definieren u. Beweisen mithilfe von Axiomen

axi|o|ma|tisch: 1. auf Axiomen beruhend. **2.** unanzweifelbar, gewiss

axi|o|ma|ti|sie|ren: 1. zum Axiom erklären. **2.** axiomatisch festlegen

Ax|mins|ter|tep|pich [ˈɛks...] *der;* -s, -e ⟨nach der engl. Stadt Axminster⟩: Florteppich mit ↑ Chenillen als Schuss (Querfäden)

Axo|lotl *der;* -s, - ⟨*aztekisch*⟩: mexikanischer Schwanzlurch

Axon *das;* -s, Axone[n] ⟨*gr.*⟩ (Biol., Med.): Neurit

Aya|tol|lah vgl. Ajatollah

Ayur|ve|da, Ayur|we|da [ajʊr...] *der;* -[s] ⟨*sanskr.*⟩: **1.** Sammlung der wichtigsten Lehrbücher der altindischen Medizin aus der brahmanischen Epoche. **2.** auf dem Ayurveda (1) beruhende Körperpflege u. aktive Gesundheitsvorsorge

ayur|ve|disch, ayur|we|disch: den Ayurveda betreffend, in ihm enthalten

Ayur|we|da [ajʊr...] usw. vgl. Ayurveda usw.

Aza|lee, fachspr. auch: **Aza|lie** [...i̯ə] *die;* -, -n ⟨*gr.-nlat.*⟩: Felsenstrauch, Zierpflanze aus der Familie der Heidekrautgewächse

Aze|tat, fachspr.: **Ace|tat** *das;* -s, -e ⟨*lat.-nlat.*⟩: Salz der Essigsäure

Aze|tat|sei|de, fachspr.: **Ace|tat|sei|de** *die;* -: Kunstseide aus Zelluloseazetat; vgl. Zellulose

Aze|ton, fachspr.: **Ace|ton** *das;* -s: einfachstes ↑ aliphatisches ↑ Keton; wichtiges Lösungsmittel; bei bestimmten Krankheiten auftretendes Stoffwechselprodukt; Propanon

Aze|ty|len, fachspr.: **Ace|ty|len** *das;* -s: gasförmiger, brennbarer Kohlenwasserstoff

Azid *das;* -[e]s, -e ⟨*gr.-fr.-nlat.*⟩ (Chemie): Salz der Stickstoffwasserstoffsäure; vgl. aber: Acid

Azi|di|tät vgl. Acidität

Azi|do|se vgl. Acidose

Azi|mut *das,* auch: *der;* -s, -e ⟨*arab.*⟩: Winkel zwischen der Vertikalebene eines Gestirns u. der Südhälfte der Meridianebene, gemessen von Süden über Westen, Norden u. Osten

b

Azo|farb|stoff *der;* -[e]s, -e (Chemie): Farbstoff der wichtigsten Gruppe der Teerfarbstoffe

Azo|i|kum *das;* -s ⟨*gr.-nlat.*⟩ (Geol.): ältere Bez. für Abiotikum

azo|isch: 1. zum Azoikum gehörend. **2.** ohne Spuren von Lebewesen

Azoo|sper|mie *die;* -, ...ien (Med.): das Fehlen von beweglichen ↑Spermien in der Samenflüssigkeit

Azur *der;* -s ⟨*pers.-arab.-mlat.-fr.*⟩ (dichter.): **1.** das Blau des Himmels (intensiver Blauton). **2.** blauer Himmel

Azu|ree|li|ni|en *die* (Plural) ⟨*fr.; lat.*⟩: waagerechtes, meist wellenförmiges Linienband auf Vordrucken (z. B. auf Wechseln od. Schecks) zur Erschwerung von Änderungen od. Fälschungen

azu|riert ⟨*fr.*⟩: mit Azureelinien versehen

Azu|rit [auch: ...ˈrɪt] *der;* -s ⟨*fr.-nlat.*⟩: ein Mineral (Kupferlasur)

azurn ⟨*fr.*⟩: himmelblau

azy|k|lisch ⟨*gr.-nlat.*⟩: **1.** nicht kreisförmig. **2.** zeitlich unregelmäßig. **3.** (Bot.) spiralig angeordnet (von Blütenblättern). **4.** (chem. fachspr. acyclisch) mit offener Kohlenstoffkette im Molekül (von organischen chemischen Verbindungen)

Azy|mon [auch: ˈat͜s...] *das;* -[s], ...ma ⟨*gr.-lat.*⟩: **1.** ungesäuertes Brot, ↑Matze. **2.** (nur Plural) Passahfest (vgl. Passah (1)) als Fest der ungesäuerten Brote

Az|zur|ri, Az|zur|ris *die* (Plural) ⟨*pers.-arab.-it.;* »die Blauen«⟩: Bez. für italienische Sportmannschaften

B

B. A. [ˈbiː ˈeɪ] *der;* - = Bachelor of Arts

Baal *der;* -s, -e u. -im ⟨*hebr.*⟩: altorientalische Gottesbezeichnung, biblisch meist für heidnische Götter

Baas *der;* -es, -e ⟨*niederl.*⟩ (bes. Seemannsspr.): Herr, Meister, Aufseher, Vermittler (in Holland u. Norddeutschland)

Ba|bel *das;* -s, - ⟨*gr.-lat.-hebr.*⟩: **1.** vom Sittenverfall gekennzeichneter Ort. **2.** Stadt, in der nicht nur die Landessprache, sondern verwirrend viele andere Sprachen gesprochen werden

Ba|bis|mus *der;* - ⟨*pers.-nlat.*⟩: religiöse Bewegung des persischen Islams im 19. Jh. (ging dem ↑Bahaismus voraus)

Ba|bu|sche [auch: ...ˈbuː...], **Pam|pu|sche** [auch: ...ˈpuːʃə] *die;* -, -n ⟨*pers.-arab.-fr.*⟩ (landsch.): Stoffpantoffel

Ba|by [ˈbeːbi] *das;* -s, -s ⟨*engl.*⟩: **1.** Säugling, Kleinkind. **2.** Schätzchen, Liebling (als Anrede)

Ba|by|boom [...buːm] *der;* -s, -s ⟨*engl.*⟩: Anstieg der Geburtenzahlen

Ba|by|boo|mer [...buːmə] *der;* -s, -[s] (ugs.): jmd., der einem geburtenstarken Jahrgang entstammt

Ba|by|fon®, Ba|by|phon *das;* -s, -e ⟨*engl.; gr.*⟩: telefonähnliches Gerät, das Geräusche aus dem Kinderzimmer überträgt

Ba|by|lon *das;* -s, -s: ↑Babel

Ba|by|phon vgl. Babyfon

ba|by|sit|ten ⟨*engl.*⟩ (ugs.): sich als Babysitter betätigen

Ba|by|sit|ter *der;* -s, -: Person, die kleine Kinder bei Abwesenheit der Eltern [gegen Entgelt] beaufsichtigt

Ba|by|sit|te|rin *die;* -, -nen: weibliche Form zu ↑Babysitter

Bac|cha|nal [baxa..., österr. auch: baka...] *das;* -s, -e u. -ien ⟨*gr.-lat.*⟩: **1.** altrömisches Fest zu Ehren des griechisch-römischen Weingottes Bacchus. **2.** ausschweifendes Trinkgelage

Bac|chant *der;* -en, -en ⟨*gr.-lat.*⟩: **1.** (dichter.) Trinkbruder; trunkener Schwärmer. **2.** fahrender Schüler im Mittelalter

Bac|chan|tin *die;* -, -nen: ↑Mänade

bac|chan|tisch: ausgelassen, trunken, überschäumend

Bac|chi|us *der;* -, ...ien: dreisilbige antike rhythmische Einheit (Versfuß) von der Grundform ◡ – –

Ba|che|lor [ˈbɛt͜ʃəlɐ] *der;* -[s], -s ⟨*kelt.-mlat.-fr.-engl.*⟩: niedrigster akademischer Grad, bes. in englischsprachigen Ländern (Abk.: B.); vgl. Bakkalaureus

Ba|che|lor of Arts [ˈbɛt͜ʃəlɐ ɔf ˈaːɐ̯t͜s] *der;* -[s] - -, -s - -: niedrigster akademischer Grad in den Geisteswissenschaften (Abk.: B. A.)

Ba|che|lor of Sci|ence [ˈbɛt͜ʃəlɐ ɔf ˈsaɪ̯əns] *der;* -[s] - -, -s - - ⟨*engl.*⟩: niedrigster akademischer Grad in den Naturwissenschaften (Abk.: B. Sc.)

Ba|cil|lus [...ˈt͜sɪ...] *der;* -, ...lli ⟨*lat.*⟩: (meist Plural) Arzneistäbchen zur Einführung in enge Kanäle

Back [bɛk] *der;* -s, -s ⟨*engl.*⟩ (veraltet, aber noch österr. u. schweiz.; Fußball): Verteidiger

Back|gam|mon [bɛkˈgɛmən] *das;* -s ⟨*engl.*⟩: Würfelbrettspiel

Back|ground [ˈbɛkgraʊ̯nt] *der;* -s, -s ⟨*engl.;*

a b Bak c d e f g h i j k l m n o p q r s t u v w x y z

»Hintergrund«): **1.** Hintergrund (im optisch-visuellen Bereich). **2.** musikalischer Hintergrund. **3.** geistige Herkunft, Milieu. **4.** Berufserfahrung, Kenntnisse

Back|list ['bɛk...] *die;* -, -s ⟨*engl.*⟩: Anzahl, Verzeichnis von Büchern, die nicht neu sind, aber weiterhin im Programm eines Verlags geführt werden

Back|pa|cker ['bɛkpɛkɐ] *der;* -s, - ⟨*engl.*⟩: Rucksacktourist

Back|slash ['bɛkslɛʃ] *der;* -s, -s ⟨*engl.*⟩ (EDV): Schrägstrich von links oben nach rechts unten

back|stage ['bɛksteɪdʒ] ⟨*engl.*⟩: hinter der Bühne, hinter den Kulissen

Back-up, Back|up ['bɛk|ap] *der* od. *das;* -s, -s ⟨*engl.*⟩ (EDV): Kopie von Daten auf einem zweiten Datenträger; Sicherungskopie

Bad|min|ton ['bɛtmɪntn̩] *das;* - ⟨*engl.;* nach dem Ort Badminton (England), wo das Spiel zuerst nach festen Regeln gespielt wurde⟩: Wettkampfform des Federballspiels

Ba̤|fel, Bo̤|fel, Pa̤|fel *der;* -s, - ⟨*hebr.-jidd.*⟩: **1.** (ohne Plural) Geschwätz. **2.** Ausschussware

Ba|ga|ge [ba'ga:ʒə] *die;* -, -n ⟨*fr.*⟩: **1.** (veraltet) Gepäck, Tross. **2.** (abwertend) Gesindel, Pack

Ba|ga|te̤l|le *die;* -, -n ⟨*lat.-it.-fr.*⟩: **1.** unbedeutende Kleinigkeit. **2.** (Musik) kurzes Instrumentalstück ohne bestimmte Form

ba|ga|tel|li|si̲e̲|ren: als Bagatelle behandeln, als geringfügig u. unbedeutend hinstellen, verniedlichen

Ba|gel ['beɪgl̩] *der;* -s, -s ⟨*jidd.-amerik.*⟩: Brotkringel aus ungesüßtem Hefeteig, der aus der jüdischen Tradition kommt

Bag|gy Pants, Bag|gy|pants ['bɛgipɛnts] *die* (Plural) ⟨*engl.;* »weite, ausgebeulte Hosen«⟩: sehr weit geschnittene lange Hose, die vor allem von Jugendlichen getragen wird

Ba|g|no ['banjo] *das;* -s, -s u. ...gni ⟨*gr.-lat.-it.;* »Bad«⟩ (Geschichte): Strafanstalt, Strafverbüßungsort [für Schwerverbrecher] (in Italien u. Frankreich)

Ba|guette [ba'gɛt] *die;* -, -n ⟨*lat.-it.-fr.*⟩: **1.** besondere Art des Edelsteinschliffs. **2.** (auch: *das;* -s, -s) französisches Stangenweißbrot

Ba|hai̯ *der;* -, -[s] ⟨*pers.*⟩: Anhänger des Bahaismus

Ba|ha|i̤s|mus *der;* - ⟨*pers.-nlat.;* von *pers.* Baha Ullah »Glanz Gottes«, dem Ehrennamen des Gründers Mirsa Husain Ali⟩: aus dem ↑Babismus entstandene universale Religion

Ba̤ht *der;* -, - ⟨*Thai*⟩: Währungseinheit in Thailand (Zeichen: ฿)

Ba̲i̲ *die;* -, -en ⟨*mlat.-span.-fr.-niederl.*⟩: Meeresbucht

Bail|li [ba'ji] *der;* -[s], -s ⟨*lat.-fr.*⟩: mittelalterl. Titel für bestimmte Verwaltungs- und Gerichtsbeamte in England, Frankreich u. bei den Ritterorden

Bai|ser [bɛ'ze:] *das;* -s, -s ⟨*lat.-fr.;* »Kuss«⟩: aus Eischnee und Zucker bestehendes porös-sprödes, weißes Schaumgebäck

Bais|se ['bɛ:s(ə)] *die;* -, -n ⟨*lat.-vulgärlat.-fr.*⟩: [starkes] Fallen der Börsenkurse od. Preise; Ggs. ↑Hausse

Bais|si|er [bɛ'si̯e:] *der;* -s, -s: jmd., der auf Baisse spekuliert; Ggs. ↑Haussier

Ba̲i̲t *das;* -[s], -s ⟨*arab.;* »Haus«⟩: Verspaar des Ghasels

Ba|ja|de̲|re *die;* -, -n ⟨*gr.-lat.-port.-niederl.-fr.*⟩: indische Tempeltänzerin

Ba|ja̤z|zo *der;* -s, -s ⟨*lat.-it.*⟩: Possenreißer (des italienischen Theaters)

Ba|jo|ne̤tt *das;* -[e]s, -e ⟨*fr.;* vom Namen der Stadt Bayonne in Südfrankreich⟩: auf das Gewehr aufsetzbare Hieb-, Stoß- u. Stichwaffe mit Stahlklinge für den Nahkampf; Seitengewehr

ba|jo|net|ti̲e̲|ren: mit dem Bajonett fechten

Bak|ka|lau|re|a̤t *das;* -[e]s, -e ⟨*mlat.-fr.*⟩: **1.** unterster akademischer Grad (in Großbritannien u. Nordamerika). **2.** (in Frankreich) Abitur, Reifeprüfung

Bak|ka|la̲u̲|re|us *der;* -, ...rei ⟨*mlat.*⟩: Inhaber des Bakkalaureats

Bak|ka|rat ['bakara(t), auch: ...'ra] *das;* -s ⟨*fr.*⟩: ein Kartenglücksspiel

Ba̤k|ken *der;* -[s], - ⟨*norw.*⟩ (Skisport): Sprunghügel, -schanze

Ba̤|k|la|va *die;* -, -s od. *das;* -s, -s ⟨*türk.*⟩: stark ölhaltiges türkisches Strudelgebäck

Ba̤k|schisch *das;* - u. -[e]s, -e ⟨*pers.*⟩: **1.** Almosen; Trinkgeld. **2.** Bestechungsgeld

Bak|te̲|rie *die;* -, -n ⟨*gr.-lat.;* »Stäbchen, Stöckchen«⟩: einzelliges Kleinstlebewesen (Spaltpilz), oft Krankheitserreger

bak|te|ri|e̤ll: a) Bakterien betreffend; **b)** durch Bakterien hervorgerufen

Bak|te|rio|lo̲|ge *der;* -n, -n ⟨*gr.-nlat.*⟩: Wissenschaftler auf dem Gebiet der Bakteriologie

Bak|te|rio|lo|gi̲e̲ *die;* -: Wissenschaft von den Bakterien

Bak|te|rio|lo̲|gin *die;* -, -nen: weibliche Form zu ↑Bakteriologe

bak|te|rio|lo̲|gisch: die Bakteriologie betreffend

Bak|te|rio|ly̲|se *die;* -, -n: Auflösung, Zerstörung von Bakterien durch spezifische ↑Antikörper

b

Bak|te|rio|pha|ge *der;* -n, -n: virenähnliches Kleinstlebewesen, das Bakterien zerstört

Bak|te|rio|se *die;* -, -n: durch Bakterien verursachte Pflanzenkrankheit

Bak|te|ri|um *das;* -s, ...ien ⟨*gr.-lat.*⟩ (veraltet): Bakterie

bak|te|ri|zid ⟨*gr.; lat.*⟩: keimtötend

Bak|te|ri|zid *das;* -s, -e: keimtötendes Mittel

Ba|la|lai|ka *die;* -, -s u. ...ken ⟨*russ.*⟩: dreisaitiges russisches Saiteninstrument

Ba|lan|ce [baˈlaŋsə, auch: baˈlã:s(ə)] *die;* -, -n ⟨*lat.-vulgärlat.-fr.*⟩: Gleichgewicht

Ba|lan|ce|akt *der;* -[e]s, -e: Vorführung eines Balancierkünstlers; Seilkunststück

ba|lan|cie|ren [balaŋˈsi:..., auch: balãˈsi:...]: im Gleichgewicht halten

Ba|la|ta [auch: baˈla:ta] *die;* - ⟨*indian.-span.*⟩: kautschukähnliches Naturerzeugnis

bal|bie|ren: ↑barbieren

Bal|boa *der;* -[s], -[s] ⟨nach dem span. Entdecker⟩: Währungseinheit in Panama (Zeichen: B/.)

Bal|da|chin [auch: ...xi:n] *der;* -s, -e ⟨*it.;* von Baldacco, der früheren italienischen Form des Namens der irakischen Stadt Bagdad⟩: **1.** eine Art Dach, Himmel aus Stoff u. in prunkvoller Ausführung, der sich über etwas (z. B. Thron, Altar, Kanzel, Bett) drapiert befindet. **2.** steinerner Überbau über einem Altar, über Statuen usw.

bal|do|wern ⟨*hebr.-jidd.-Gaunerspr.*⟩ (landsch.): nachforschen

bal|ka|ni|sie|ren ⟨*türk.-nlat.*⟩: staatlich zersplittern u. in verworrene politische Verhältnisse bringen (wie die Staaten der Balkanhalbinsel vor dem 1. Weltkrieg)

Bal|ka|ni|sie|rung *die;* -: das Balkanisieren

Bal|ka|nis|tik *die;* -: ↑Balkanologie

Bal|ka|no|lo|ge *der;* -n, -n ⟨*türk.; gr.*⟩: Wissenschaftler auf dem Gebiet der Balkanologie

Bal|ka|no|lo|gie *die;* -: Wissenschaft von den Sprachen u. Literaturen auf der Balkanhalbinsel

Bal|ka|no|lo|gin *die;* -, -nen: weibliche Form zu ↑Balkanologe

Bal|kon [...ˈkɔŋ, auch, bes. südd., österr. u. schweiz.: ...ˈko:n] *der;* -s, -s u. (bei nicht nasalierter Ausspr.:) -[e]s, -e ⟨*germ.-it.-fr.*⟩: **1.** offener Vorbau an einem Haus, auf den man hinaustreten kann. **2.** höher gelegener Zuschauerraum im Kino u. Theater

Bal|la|de *die;* -, -n ⟨*gr.-lat.-it.-fr.-engl.;* »Tanzlied«⟩: episch-dramatisch-lyrisches Gedicht in Strophenform

bal|la|desk: in der Art einer Ballade, balladenhaft

Bal|la|watsch vgl. Pallawatsch

Bal|le|ri|na, selten: **Bal|le|ri|ne** *die;* -, ...nen ⟨*gr.-lat.-it.*⟩: [Solo]tänzerin im Ballett

Bal|lett *das;* -[e]s, -e: **1. a)** (ohne Plural) [klassischer] Bühnentanz; **b)** einzelnes Werk dieser Gattung. **2.** Tanzgruppe für [klassischen] Bühnentanz

Bal|lett|korps [...ko:ɐ̯] *das;* -, -: Gruppe der nicht solistischen Balletttänzer, die auf der Bühne den Rahmen u. Hintergrund für die Solisten bilden; ↑Corps de Ballet

Bal|lett|tanz, Bal|lett-Tanz *der;* -es, ...änze: ↑Ballett (1 a)

Bal|lis|tik *die;* - ⟨*gr.-nlat.*⟩: Lehre von der Bewegung geschleuderter od. geschossener Körper

Bal|lis|ti|ker *der;* -s, -: Forscher auf dem Gebiet der Ballistik

Bal|lis|ti|ke|rin *die;* -, -nen: weibliche Form zu ↑Ballistiker

bal|lis|tisch: die Ballistik betreffend; **ballistische Kurve:** Flugbahn eines Geschosses; **ballistisches Pendel:** Vorrichtung zur Bestimmung von Geschossgeschwindigkeiten

Bal|lon [baˈlɔŋ, auch, bes. südd., österr. u. schweiz.: ...ˈlo:n] *der;* -s, -s u. (bei nicht nasalierter Ausspr.:) -e ⟨*germ.-it.-fr.*⟩: **1.** ballähnlicher, mit Luft od. Gas gefüllter Gegenstand. **2.** von einer gasgefüllten Hülle getragenes Luftfahrzeug. **3.** große Korbflasche. **4.** (Chemie) Glaskolben. **5.** (salopp) Kopf

Bal|lon|rei|fen *der;* -s, -: Niederdruckreifen für Kraftfahrzeuge u. Fahrräder

Bal|neo|gra|fie, Bal|neo|gra|phie *die;* -, ...ien ⟨*gr.-nlat.*⟩: Beschreibung von Heilbädern

Bal|neo|lo|gie *die;* -: Bäderkunde, Heilquellenkunde

bal|neo|lo|gisch: die Bäderkunde betreffend

Bal|neo|the|ra|pie *die;* -, ...ien (Med.): Heilbehandlung durch Bäder

Bal|sam *der;* -s, -e ⟨*hebr.-gr.-lat.*⟩: **1.** dickflüssiges Gemisch aus Harzen u. ätherischen Ölen, bes. in der Parfümerie u. (als Linderungsmittel) in der Medizin verwendet. **2.** Linderung, Labsal

bal|sa|mie|ren ⟨*hebr.-gr.-lat.*⟩: einsalben, ↑einbalsamieren

Bal|sa|mi|ne *die;* -, -n ⟨*hebr.-gr.-lat.-nlat.*⟩: ↑Impatiens

bal|sa|misch ⟨*hebr.-gr.-lat.*⟩: **1.** wohlriechend. **2.** wie Balsam, lindernd

Bal|lus|ter *der;* -s, - ⟨*gr.-lat.-it.-fr.*⟩: kleine Säule als Geländerstütze

Ba|lus|t|ra|de *die;* -, -n: Brüstung; Geländer mit Balustern

[1]**Bam|bi** *das;* -s, -s ⟨nach W. Disneys 1941 entstan-

denem Zeichentrickfilm »Bambi« (Kinderspr.): kleines Reh

[2]Bạm|bi *der;* -s, -s: jährlich verliehener Film- u. Fernsehpreis (in Form eines kleinen Rehs)

Bam|bi|no *der;* -s, ...ni u. (ugs.) -s: **1.** das Jesuskind in der italienischen Bildhauerei u. Malerei. **2.** (ugs.) **a)** kleines Kind; **b)** kleiner Junge

Bam|bu|le *die;* -, -n ⟨*Bantuspr.-fr.*⟩: **1.** (Gaunerspr.) in Form von Krawall[en] geäußerter Protest bes. von Häftlingen. **2.** (Jugendsprache) bes. von Jugendlichen veranstaltetes äußerst ausgelassenes Treiben (auf einem Treffen od. Fest)

Bạm|bus *der;* -[ses], -se ⟨*malai.-niederl.*⟩: vor allem in tropischen u. subtropischen Gebieten vorkommende, bis 40 m hohe, verholzende Graspflanze

Ba|mi|go|rẹng *das;* -[s], -s ⟨*malai.*⟩: indonesisches Nudelgericht

[1]Bạn *der;* -s, -e, **Ba|nus** *der;* -, - ⟨*serbokroat.;* »Herr«⟩ (Geschichte): **a)** ungarischer und serbokroatischer Würdenträger (10. u. 11. Jh.); **b)** im 12.–15. Jh. Titel der Oberbeamten mehrerer südlicher Grenzmarken Ungarns

[2]Bạn *das;* -, - ⟨*Thai*⟩: thailändisches Getreidemaß (1 472 Liter)

[3]Bạn *der;* -[s], -i ⟨*rumän.*⟩: Währungseinheit in Rumänien (100 Bani = 1 Leu)

ba|nal ⟨*germ.-fr.*⟩: [in enttäuschender Weise] nichts Besonderes darstellend, bietend

ba|na|li|sie|ren: ins Banale ziehen, verflachen

Ba|na|li|tät *die;* -, -en: **1.** (ohne Plural) Plattheit, Fadheit. **2.** banale Bemerkung

Ba|na|ne *die;* -, -n ⟨*afrik.-port.*⟩: wohlschmeckende, länglich gebogene tropische Frucht mit dicker, gelber Schale

Ba|na|nen|re|pu|b|lik *die;* -, -en ⟨*amerik.*⟩ (oft abwertend): kleines Land in den tropischen Gebieten Amerikas, das fast nur vom Südfrüchteexport lebt u. von fremdem, meist US-amerikanischem Kapital abhängig ist

Ba|na|nen|split *das;* -s, -s ⟨*afrik.-port.; engl.*⟩: Eisspeise, bestehend aus einer längs durchgeschnittenen Banane, Eis, Schlagsahne [u. Schokoladensoße]

Ba|nau|se *der;* -n, -n ⟨*gr.*⟩ (abwertend): jmd., der ohne Kunstverständnis ist und sich entsprechend verhält; Mensch ohne feineren Lebensstil, der Dinge, denen von Kennern eine entsprechende Wertschätzung entgegengebracht wird, unangemessen behandelt od. verwendet

ba|nau|sisch (abwertend): ohne Verständnis für geistige u. künstlerische Dinge; ungeistig

Band [bɛnt, engl.: bænd] *die;* -, -s ⟨*germ.-fr.-engl.-amerik.*⟩: Gruppe von Musikern, die vorzugsweise moderne Musik wie Jazz, Beat, Rock, Pop spielt

Ban|da|ge [...ʒə] *die;* -, -n ⟨*germ.-fr.*⟩: **1.** Stützverband. **2.** Schutzverband (z. B. der Hände beim Boxen)

ban|da|gie|ren [...'ʒi:...]: mit Bandagen versehen, umwickeln

Ban|da|gist [...'ʒɪst] *der;* -en, -en: Hersteller von Bandagen u. Heilbinden

Ban|da|gis|tin *die;* -, -nen: weibliche Form zu ↑Bandagist

Bạn|de *die;* -, -n ⟨*germ.-fr.*⟩: Rand, Einfassung, besonders beim Billard, bei Eis- u. Hallenhockey u. in der Reitbahn

Bạn|den|spek|t|rum *das;* -s, ...tren u. ...tra (Physik): Viellinienspektrum; besonders linienreiches, zu einzelnen Bändern verschmolzenes, von Molekülen ausgesandtes Spektrum

Ban|de|ril|la [...'rɪlja] *die;* -, -s ⟨*germ.-span.*⟩: mit Fähnchen geschmückter kleiner Spieß, den der Banderillero dem Stier in den Nacken stößt

Ban|de|ril|le|ro [...rɪl'je:ro] *der;* -s, -s: Stierkämpfer, der den Stier mit den Banderillas reizt

Ban|de|ro|le *die;* -, -n ⟨*germ.-roman.-it.-fr.*⟩: **1.** mit einem Steuervermerk versehener Streifen, mit dem eine steuer- od. zollpflichtige Ware versehen u. gleichzeitig verschlossen wird (z. B. Tabakwaren). **2.** (Kunstwiss.) ornamental stark verschlungenes, mit einer Erklärung versehenes Band auf Gemälden, Stichen o. Ä. **3. a)** Wimpel an Speer od. Lanze; **b)** (MA.) Quastenschnur um die Trompete der Spielleute u. Heerestrompeter

ban|de|ro|lie|ren: mit einer Banderole versehen

Ban|dit [auch: ...'dɪt] *der;* -en, -en ⟨*germ.-it.*⟩: **1.** Verbrecher, [Straßen]räuber. **2.** (abwertend) jmd., der sich anderen gegenüber wie ein Verbrecher verhält

Ban|di|tin [auch: ...'dɪ...] *die;* -, -nen: weibliche Form zu ↑Bandit

Band|lea|der ['bɛntli:dɐ] *der;* -s, - ⟨*engl.*⟩: **1.** im traditionellen Jazz der die Führungsstimme im Jazzensemble übernehmende Kornett- od. Trompetenbläser. **2.** Leiter einer ↑Band

Ban|do|ne|on, Ban|do|ni|on *das;* -s, -s ⟨nach dem dt. Erfinder des Instruments H. Band⟩: Handharmonika mit Knöpfen zum Spielen an beiden Seiten

Ba|ni: *Plural* von ↑[3]Ban

Bạn|jo ['bɛndʒo] *das;* -s, -s ⟨*amerik.*⟩: fünf- bis neunsaitige, langhalsige Gitarre

b

Bank *die;* -, -en: Kreditanstalt, Anstalt zur Abwicklung des Zahlungs- u. des Devisenverkehrs

...bank

die; -, -en
⟨*althochdt.* bang »Bank« → *it.* banca »Bank; Lager« (→ *fr.* banque)⟩
Wortbildungselement mit der Bedeutung »zentrale Stelle, an der das im ersten Teil des Wortes Genannte für den Gebrauchsfall bereitgehalten wird«:
– Datenbank
– Genbank
– Organbank

Ban|ker [auch: ˈbɛŋkɐ] *der;* -s, - ⟨*engl.*⟩: Bankier, Bankfachmann

Ban|ke|rin [auch: ˈbɛŋkə...] *die;* -, -nen: weibliche Form zu ↑Banker

ban|ke|rott usw. vgl. bankrott usw.

[1]**Ban|kett** *das;* -[e]s, -e ⟨*germ.-it.*⟩: Festmahl, -essen

[2]**Ban|kett** *das;* -[e]s, -e, **Ban|ket|te** *die;* -, -n ⟨*germ.-fr.*⟩: **1.** der nicht befestigte Randstreifen zwischen Fahrbahn u. Seitengräben einer Landstraße. **2.** (Bauw.) unterster Teil eines Gebäudefundaments

Ban|ki|er [baŋˈki̯e:] *der;* -s, -s ⟨*germ.-it.-fr.*⟩: Inhaber od. Vorstandsmitglied einer [2]Bank (1 a)

Ban|king [ˈbɛŋkɪŋ] *das;* -[s] ⟨*engl.*⟩: Bankwesen, Bankgeschäft, Bankverkehr

Bank|kon|to *das;* -s, ...ten (auch: -s u. ...ti): **1.** Soll-und-Haben-Aufstellung eines Kunden bei einer Bank. **2.** Bankguthaben

Bank|no|te *die;* -, -n: von einer Notenbank ausgegebener Geldschein

Ban|ko|mat® *der;* -en, -en ⟨aus **Bank** u. **Automat**⟩ (bes. österr., schweiz.): Geldautomat eines Geldinstituts, bei dem der Kunde od. die Kundin Geldbeträge bis zu einer bestimmten Höhe erhalten kann

ban|k|rott ⟨*it.*⟩: finanziell, wirtschaftlich am Ende; zahlungsunfähig; bankrott sein, werden

Ban|k|rott *der;* -[e]s, -e: finanzieller, wirtschaftlicher Zusammenbruch; Zahlungsunfähigkeit

Ban|k|rot|teur [...ˈtø:ɐ̯] *der;* -s, -e ⟨französierende Bildung⟩: jmd., der Bankrott gemacht hat

ban|k|rot|tie|ren: bankrottgehen

Ban|ner *das;* -s, - ⟨*(alt)fr.-engl.*⟩ (EDV): Werbebalken auf einer Internetseite

Ban|tam|ge|wicht *das;* -[e]s ⟨*engl.;* nach dem zum Hahnenkampf verwendeten Bantamhuhn⟩: leichtere Körpergewichtsklasse in der Schwerathletik

Ba|nus vgl. [1]Ban

Ba|o|bab *der;* -s, -s ⟨*afrik.*⟩: Affenbrotbaum; zu den Malvengewächsen gehörender afrikanischer Steppenbaum

Bap|tis|mus *der;* - ⟨*gr.-lat.*⟩: Lehre evangelischer (calvinischer) Freikirchen, die als Bedingung der Taufe ein persönliches Bekenntnis voraussetzt

Bap|tist *der;* -en, -en: Anhänger des Baptismus

Bap|tis|te|ri|um *das;* -s, ...ien: **1. a)** Taufbecken, -stein; **b)** Taufkapelle; **c)** [frühmittelalterliche] Taufkirche. **2.** Tauch- u. Schwimmbecken eines Bades in der Antike

Bap|tis|tin *die;* -, -nen: weibliche Form zu ↑Baptist

[1]**Bar** *das;* -s, -s (aber: 5 Bar) ⟨*gr.* báros = »Schwere, Gewicht«⟩: alte Maßeinheit des [Luft]drucks (Zeichen: bar [in der Meteorol. nur: b])

[2]**Bar** *die;* -, -s ⟨*fr.-engl.*⟩: **1.** erhöhter Schanktisch. **2.** intimes Nachtlokal

Ba|ra|ber *der;* -s, - ⟨*it.*⟩ (österr. ugs.): schwer arbeitender Hilfs-, Bauarbeiter

Ba|ra|cke *die;* -, -n ⟨*span.-fr.*⟩: behelfsmäßige Unterkunft, einstöckiger, nicht unterkellerter leichter Bau, bes. aus Holz

Bar|bar *der;* -en, -en ⟨*gr.-lat.;* »Ausländer, Fremder«⟩: **1.** roher, ungesitteter u. ungebildeter Mensch; Wüstling, Rohling. **2.** (für die Griechen u. Römer der Antike) Angehöriger eines fremden Volkes

Bar|ba|rei *die;* -, -en: Rohheit, Grausamkeit; Unzivilisiertheit

Bar|ba|rin *die;* -, -nen: weibliche Form zu ↑Barbar

bar|ba|risch: 1. roh, grausam; unkultiviert, unzivilisiert. **2.** (ugs.) sehr [groß, stark]; über das normale Maß hinausgehend. **3.** die ↑Barbaren (2) betreffend

Bar|ba|ris|mus *der;* -, ...men: **1.** in das klassische Latein oder Griechisch übernommener fremder Ausdruck. **2.** grober sprachlicher Fehler im Ausdruck

Bar|be|cue [ˈbɑ:bɪkju:] *das;* -[s], -s ⟨*engl.-amerik.*⟩: **1.** in Amerika beliebtes Gartenfest, auf dem gegrillt wird; Grillfest. **2. a)** Bratrost; **b)** auf dem Rost gegrilltes Fleisch

Bar|bie® [...i, auch: bar...] *die;* -, -s ⟨Fantasiename; nach der Tochter Barbara der amerik. Designerin R. Handler, 1916–2002⟩: Spielzeugpuppe aus [Hart]plastik, erwachsene Puppe gegenüber den bis dahin üblichen Babypuppen (seit 1959)

Bar|bier *der;* -s, -e ⟨*lat.-mlat.-roman.*⟩ (veraltet): Friseur

bar|bie|ren (veraltet): rasieren
Bar|bi|tu|rat *das;* -s, -e (meist Plural) ⟨Kunstw.⟩: Medikament auf der Basis von Barbitursäure, das als Schlaf- und Beruhigungsmittel verwendet wird
Bar|bi|tur|säu|re *die;* -: chemische Substanz mit narkotischer Wirkung
Bar|chent *der;* -s, -e ⟨*arab.-mlat.*⟩: Baumwollflanell
[1]**Bar|de** *der;* -n, -n ⟨*kelt.-lat.-fr.*⟩: **1.** keltischer Sänger u. Dichter des Mittelalters. **2.** Verfasser von [zeit- u. gesellschaftskritischen] Liedern, der sie selbst (zur Gitarre) vorträgt
[2]**Bar|de** *die;* -, -n ⟨*arab.-span.-fr.*⟩: Speckscheibe um gebratenes mageres Fleisch
Bar|diet *das;* -[e]s, -e ⟨von ↑Barditus in Anlehnung an ↑[1]Barde (1)⟩: **1.** von Klopstock geschaffene Bez. für ein vaterländisches Gedicht. **2.** ↑Barditus
Bar|di|tus, Bar|ri|tus *der;* -, - [...tu:s] ⟨*lat.*⟩: Schlachtgeschrei der Germanen vor dem Kampf
Ba|rett *das;* -[e]s, -e (auch: -s) ⟨*gall.-lat.-mlat.*⟩: flache, randlose, kappenartige Kopfbedeckung, auch als Teil der Amtstracht von Geistlichen, Richtern u. a.; vgl. Birett
Ba|ri|bal *der;* -s, -s ⟨Herkunft unbekannt⟩: nordamerikanischer Schwarzbär
ba|risch ⟨*gr.*⟩: den Luftdruck betreffend; vgl. [1]Bar
Ba|ri|ton *der;* -s, -e ⟨*gr.-lat.-it.*⟩: **a)** Männerstimme in der mittleren Lage zwischen Bass u. Tenor; **b)** solistische Baritonpartie in einem Musikstück; **c)** Sänger mit Baritonstimme
Ba|ri|to|nist *der;* -en, -en: Baritonsänger
Ba|ri|um *das;* -s ⟨*gr.-nlat.*⟩: chem. Grundstoff; Metall (Zeichen: Ba)
Bar|kas|se *die;* -, -n ⟨*kopt.-gr.-lat.-it.-span.-niederl.*⟩: **1.** größtes Beiboot auf Kriegsschiffen. **2.** größeres Motorboot
Bar|ke *die;* -, -n ⟨*kopt.-gr.-lat.-provenzal.-fr.-niederl.*⟩: kleines Boot ohne Mast; Fischerboot, Nachen
Bar|kee|per [...ki:pɐ] *der;* -s, - ⟨*engl.*⟩: jmd., der in einer Bar Getränke mixt u. ausschenkt
Bar|kee|pe|rin *die;* -, -nen: weibliche Form zu ↑Barkeeper
Bar|mi|xer *der;* -s, -: jmd., der in einer Bar Getränke mixt
Bar|mi|xe|rin *die;* -, -nen: weibliche Form zu ↑Barmixer
[1]**Bar-Miz|wa** *der;* -s, -s ⟨*hebr.;* »Sohn des Gebotes«⟩: jüdischer Junge, der das 13. Lebensjahr vollendet hat
[2]**Bar-Miz|wa** *die;* -, -s: Akt der Einführung des jüdischen Jungen in die jüdische Glaubensgemeinschaft
ba|rock ⟨*port.-it.-fr.;* »schief, unregelmäßig«⟩: **1.** zum Barock gehörend, im Stil des Barocks. **2. a)** verschnörkelt, überladen; **b)** seltsam-grotesk, eigenartig
Ba|rock *das* od. *der;* -[s]: **a)** Kunststil von etwa 1600 bis 1750 in Europa, charakterisiert durch Formenreichtum u. üppige Verzierungen; **b)** Barockzeitalter
Ba|rock|stil *der;* -[e]s: Barock (a)
Ba|ro|graf, Ba|ro|graph *der;* -en, -en (Meteorol.): Barometer, das die gemessenen Werte aufzeichnet
Ba|ro|me|ter *das* (österr. und schweiz. auch: *der*); -s, - (Meteorol.): Luftdruckmesser
ba|ro|me|t|risch: die Luftdruckmessung betreffend
Ba|ron *der;* -s, -e ⟨*germ.-fr.*⟩: Freiherr
Ba|ro|ness *die;* -, -en, **Ba|ro|nes|se** *die;* -, -n ⟨französierende Bildung⟩: Freifräulein, Freiin
Ba|ro|nie *die;* -, ...ien ⟨*germ.-fr.*⟩: **1.** Besitz eines Barons. **2.** Freiherrnwürde
Ba|ro|nin *die;* -, -nen: Freifrau
ba|ro|ni|sie|ren: in den Freiherrnstand erheben
Bar|ra|ku|da *der;* -s, -s ⟨*span.*⟩: Pfeilhecht (ein Raubfisch)
Bar|ras *der;* - ⟨Herkunft unsicher⟩ (ugs.): Militär, Militärdienst
Bar|rel [ˈbærəl] *das;* -s, -s ⟨*fr.-engl.*⟩: englisches Hohlmaß; Fass, Tonne
Bar|ri|e|re *die;* -, -n ⟨*galloroman.-fr.*⟩: etwas, was sich trennend, hindernd zwischen Dingen od. Personen befindet; Schranke, Schlagbaum, Hindernis
Bar|ri|ka|de *die;* -, -n ⟨*galloroman.-fr.*⟩: [Straßen]sperre zur Verteidigung, bes. bei Straßenkämpfen
Bar|rique [baˈri:k] *die;* -, -s, auch: *das;* -[s], -s ⟨*vulgärlat.-fr.;* »Fass«⟩: **1.** früheres französisches Weinmaß. **2.** Weinfass aus Eichenholz
Bar|ri|tus vgl. Barditus
Bar|soi *der;* -s, -s ⟨*russ.*⟩: russischer Windhund
Ba|ry|on *das;* -s, ...onen (Physik): Elementarteilchen, dessen Masse mindestens so groß ist wie die eines Protons
Ba|ry|sphä|re *die;* -: innerster Teil der Erde, Erdkern
Ba|ryt [auch: ...ˈrʏt] *der;* -[e]s, -e: Schwerspat, Bariumsulfat
Ba|ry|ton *das;* -s, -e: Streichinstrument des 18. Jh.s in der Art der ↑Viola d'Amore
Ba|ry|zen|t|rum *das;* -s, ...tren (Physik): Schwerpunkt

ba|sal ‹*gr.-nlat.*›: **a)** die Basis bildend; **b)** auf, an der Basis, Grundfläche (z. B. eines Organs) befindlich

Ba|salt *der;* -[e]s, -e ‹*gr.-lat.*›: dunkles Ergussgestein (bes. im Straßen- u. Molenbau verwendet)

Ba|sal|tem|pe|ra|tur *die;* -, -en ‹*gr.; lat.*›: Ausgangstemperatur, bes. die morgens bei der Frau zur Beobachtung des ↑Zyklus (3) gemessene Körpertemperatur

ba|sal|ten, ba|sal|tig, ba|sal|tisch ‹*gr.-lat.*›: aus Basalt bestehend

Ba|sar, Ba|zar *der;* -s, -e ‹*pers.-fr.*›: **1.** Händlerviertel in orientalischen Städten. **2.** Warenverkauf zu Wohltätigkeitszwecken

[1]**Ba|se** *die;* -, -n ‹*gr.-lat.;* »Grundlage«›: Metallhydroxid; Verbindung, die mit Säuren Salze bildet

[2]**Base** [beɪs] *das;* -, -s ['beɪsɪs] ‹*gr.-lat.-fr.-engl.*›: Eckpunkt des Malquadrats (einer markierten Stelle) im Spielfeld des Baseballspiels

[3]**Base** [beɪs] *die;* -, -s ['beɪsɪs] ‹*gr.-lat.-fr.-engl.*›: ↑Basis (2)

Base|ball ['beɪsbɔ:l] *der,* auch: *das;* -s ‹*engl.*›: amerikanisches Schlagballspiel

Base|cap ['beɪskæp] *das;* -s, -s ‹engl.›: Schirmmütze mit rückwärtigem Gumminoppenverschluss

Ba|sen: *Plural* von ↑Basis

Ba|shing ['bæʃɪŋ] *das;* -s ‹*engl.*›: heftige, herabsetzende Kritik

Ba|sic En|g|lish ['beɪsɪk 'ɪŋglɪʃ] *das;* - - ‹*engl.;* »Grundenglisch«›: vereinfachte Form des Englischen mit einem Grundwortschatz von 850 Wörtern u. wenig Grammatik

ba|sie|ren ‹*gr.-lat.-fr.*›: **1.** auf etwas beruhen, fußen; sich auf etwas gründen, stützen. **2.** (selten) etwas auf etwas aufbauen

Ba|si|li|ka *die;* -, ...ken ‹*gr.-lat.;* »Königshalle«›: **1.** altröm. Markt- und Gerichtshalle. **2.** [altchristl.] Kirchenbauform mit überhöhtem Mittelschiff

Ba|si|li|kum *das;* -s, -s u. ...ken: Gewürz- u. Heilpflanze aus Südasien

Ba|si|lisk *der;* -en, -en ‹*gr.-lat.*›: **1.** Fabeltier mit todbringendem Blick. **2.** tropische Eidechse, mittelamerik. Leguan

Ba|si|lis|ken|blick *der;* -[e]s, -e ‹*gr.-lat.; dt.*›: böser, stechender Blick

Ba|sis *die;* -, ...sen ‹*gr.-lat.*›: **1.** Grundlage, auf der man aufbauen, auf die man sich stützen kann; Ausgangspunkt. **2.** militärischer Stützpunkt [in fremdem Hoheitsgebiet] (z. B. Flottenbasis, Raketenbasis). **3.** (Marxismus) **a)** die ökonomische Struktur der Gesellschaft als Grundlage menschlicher Existenz; **b)** die breiten Volksmassen als Ziel politischer Aktivität. **4.** (Math.) **a)** Grundlinie einer geometrischen Figur; **b)** Grundfläche eines Körpers; **c)** Grundzahl einer Potenz oder eines Logarithmus

ba|sisch: sich wie eine ↑[1]Base verhaltend; **basische Gesteine:** kieselsäurearme Gesteine; **basische Reaktion:** ↑alkalische Reaktion

Ba|sis|de|mo|kra|tie *die;* -, -i̲en: demokratisches System, bei dem die Basis (3 b) selbst aktiv ist u. entscheidet

ba|sis|de|mo|kra|tisch: a) Basisdemokratie ausübend; **b)** auf der Grundlage der Basisdemokratie zustande gekommen

Ba|sis|grup|pe *die;* -, -n: politisch aktiver Arbeitskreis, bes. von Studenten, der auf einem bestimmten [Fach]gebiet progressive Ideen durchzusetzen versucht

Ba|sis|kurs *der;* -es, -e (Börsenw.): Tageskurs eines Wertpapiers (im Prämiengeschäft)

Ba|si|zi|tät *die;* - ‹*gr.-lat.-nlat.*›: **1.** Zahl der Wasserstoffatome im Molekül einer Säure, die bei Salzbildung durch Metall ersetzt werden können. **2.** ↑Alkalität

Bas|ket|ball *der;* -s, ...bälle ‹*engl.*›: **1.** (auch: *das;* ohne Plural, meist ohne Artikel) Korbballspiel. **2.** beim Korbballspiel verwendeter Ball

Bas|re|li|ef ['barel̯i̯ɛf] *das;* -s, -s u. -e ‹*fr.*›: Flachrelief, flach erhabenes ↑Relief

Bass *der;* -es, Bässe ‹*lat.-it.*›: **1. a)** tiefe Männer[sing]stimme; **b)** (ohne Plural) Gesamtheit der tiefen Männerstimmen in einem Chor. **2.** (ohne Plural) [solistische] Basspartie in einem Musikstück. **3.** Sänger mit Bassstimme. **4.** besonders tief klingendes Instrument (z. B. ↑Kontrabass)

Bass|ba|ri|ton *der;* -s, -e: Sänger mit Baritonstimme in Basstönung

Bass|buf|fo *der;* -s, -s u. ...ffi: Opernsänger mit einer Stimme, die sich besonders für komische Bassrollen eignet

Bas|se|na *die;* -, -s ‹*vulgärlat.-it.(-fr.)*›: (ostösterr.) Wasserbecken im Flur eines alten Wohnhauses

Bas|set [fr.: ba'sɛ, engl.: 'bæsɪt] *der;* -s, -s ‹*fr.(-engl.)*›: Hund einer kurzbeinigen Rasse mit kräftigem Körper u. Hängeohren

Bas|sett|horn *das;* -s, ...hörner: Altklarinette, Holzinstrument (seit dem 18. Jh. gebräuchlich)

Bas|sin [ba'sɛ̃:] *das;* -s, -s ‹*vulgärlat.-fr.*›: künstlich angelegtes Wasserbecken

Bas|sist *der;* -en, -en ‹*lat.-it.-nlat.*›: **1.** Sänger mit Bassstimme. **2.** Musiker, der Bass (4) spielt

Bas|sis|tin *die;* -, -nen: weibliche Form zu ↑Bassist (2)

Bas|so *der;* -, Bassi ‹*lat.-it.*›: Bass (Abk.: B)

Bas|so con|ti|nuo *der;* - - (Musik): ↑Generalbass

Bas|so os|ti|na|to *der;* - - (Musik): sich ständig, »hartnäckig« wiederholendes Bassmotiv

bas|ta ‹*gr.-vulgärlat.-it.*› (ugs.): genug!; Schluss! (mit Nachdruck gesprochenes Wort, das zum Ausdruck bringt, dass keine Einwände mehr gemacht werden sollen)

Bas|tard *der;* -s, -e ‹*fr.*›: **1.** (Biol.) Mischling; durch Rassen- od. Artkreuzung entstandenes Tier od. entstandene Pflanze. **2. a)** (früher) nicht eheliches Kind eines hochgestellten Vaters u. einer Mutter aus niedrigerem Stand; **b)** grobes Schimpfwort

bas|tar|die|ren: [verschiedene Rassen od. Arten] kreuzen

Bas|tar|die|rung *die;* -, -en ‹*fr.*›: Artkreuzung, Rassenmischung

Bas|tei *die;* -, -en ‹*fr.-it.*›: vorspringender Teil an alten Festungsbauten, Bollwerk, ↑Bastion

Bas|til|le [bas'ti:jə] *die;* -, -n ‹*fr.*›: befestigtes Schloss, bes. das 1789 erstürmte Staatsgefängnis in Paris

Bas|ti|on *die;* -, -en ‹*it.-fr.*›: **1.** vorspringender Teil an alten Festungsbauten. **2.** Bollwerk

Ba|tail|lon [batal'jo:n] *das;* -s, -e ‹*gall.-lat.-vulgärlat.-it.-fr.*›: Truppenverband aus mehreren Kompanien od. Batterien

Ba|ta|te *die;* -, -n ‹*indian.-span.*›: stärkereiche, süß schmeckende, kartoffelartige Knolle eines tropischen Windengewächses

Ba|thy|skaph *der;* -en, -en, **Ba|thy|scaphe** [...'ska:f] *der* u. *das;* -[s], - [...fə] ‹*gr.-fr.*›: (von A. Piccard entwickeltes) Tiefseetauchgerät

Ba|thy|sphä|re *die;* - ‹*gr.-nlat.*›: tiefste Schicht des Weltmeeres

Ba|tik *die;* -, -en ‹*malai.*›: **1.** altes Verfahren zur Herstellung gemusterter Stoffe, bes. zum Färben von Seide und Baumwolle, mithilfe von Wachs. **2.** unter Verwendung von Wachs hergestelltes gemustertes Gewebe

ba|ti|ken: unter Verwendung von Wachs einen Stoff mit einem Muster versehen, färben

Ba|tist *der;* -[e]s, -e ‹*fr.;* angeblich nach einem Fabrikanten namens Baptiste aus Cambrai, der als Erster diesen Stoff hergestellt haben soll›: sehr feinfädiges, meist dicht gewebtes, leichtes Gewebe aus Baumwolle, Leinen, Zellwolle, Seide od. Chemiefasern

ba|tis|ten: aus Batist

Bat|te|rie *die;* -, ...ien ‹*gall.-lat.-vulgärlat.-fr.*›: **1.** der Kompanie entsprechende militärische Grundeinheit, kleinste Einheit bei der Artillerie u. der Heeresflugabwehrtruppe. **2. a)** Stromquelle, die aus mehreren elektrochemischen Elementen besteht (z. B. Taschenlampenbatterie); **b)** zusammengeschaltete Gruppe von gleichartigen techn. Vorrichtungen, Elementen; **c)** Mischbatterie; regulierbares Gerät, das Warm- u. Kaltwasser in der gewünschten Temperatur für ein gemeinsames Zapfrohr mischt. **3.** die Schlaginstrumente einer Band od. eines Orchesters. **4.** große Anzahl von etwas Gleichartigem

Baud [auch: bo:t] *das;* -[s], - ‹nach dem fr. Erfinder des Schnelltelegrafen, E. Baudot, 1845–1903› (EDV): Einheit der Schrittgeschwindigkeit digitaler Signale bei der Datenübertragung

Bau|mé|grad [bo'me:...] *der;* -[e]s, -e (aber: 5 -) ‹nach dem fr. Chemiker A. Baumé, 1728–1804›: Einheit für die Dichte von Flüssigkeiten (Zeichen: Bé)

Bau|ta|stein *der;* -s, -e ‹*altnord.*›: Gedenkstein der Wikingerzeit in Skandinavien

Bau|xit [auch: ...'ksɪt] *der;* -s, -e ‹*nlat.;* nach dem ersten Fundort Les Baux in Frankreich›: wichtigstes Aluminiumerz

Ba|va|ria *die;* - ‹*nlat.*›: Frauengestalt als Sinnbild Bayerns

Ba|zar vgl. Basar

Ba|zil|le *die;* -, -n (ugs.): Bazillus

Ba|zil|lus *der;* -, ...llen ‹*lat.;* »Stäbchen«›: stäbchenförmige, Sporen bildende [Krankheiten hervorrufende] ↑Bakterie

Beach|vol|ley|ball, Beach-Vol|ley|ball ['bi:tʃ...] *der,* auch: *das;* -s ‹*engl.;* »Strandvolleyball«›: auf Sand von Zweiermannschaften gespielte Art des Volleyballs (1)

Bea|gle ['bi:gl̩] *der;* -s, -[s] ‹*engl.*›: Hund einer in Großbritannien gezüchteten kurzbeinigen Rasse, der zur Hasen- u. Fuchsjagd verwendet wird

Beam [bi:m] *der;* -s, -s ‹*engl.*›: keulenförmige Fläche, die der Sendestrahl eines Satelliten abdeckt

bea|men ['bi:mən] ‹*engl.*›: bis zur Unsichtbarkeit auflösen u. an einem anderen Ort wieder Gestalt annehmen lassen (in Science-Fiction-Filmen u. a.)

Bea|mer ['bi:mɐ] *der;* -s, - ‹*engl.*› (EDV): Gerät zur Projektion des auf einem Computerbildschirm sichtbaren Bildes auf eine Leinwand o. Ä.

Beat [bi:t] *der;* -[s], -s ‹*engl.;* »Schlag«›: **1.** Kurzform für ↑Beatmusik. **2.** durchgehender gleichmäßiger Grundschlag der Rhythmusgruppe einer Jazzband; vgl. Offbeat

bea|ten ['bi:tn̩] ⟨*engl.*⟩ (ugs.): **a)** ↑Beatmusik machen; **b)** nach Beatmusik tanzen

Beat|ge|ne|ra|tion, Beat-Ge|ne|ra|tion ['bi:tdʒɛnəreɪʃən] *die; -* ⟨*engl.-amerik.*⟩: Gruppe amerikanischer Schriftsteller (1955–60), die neue Ausdrucksformen suchte, die kommerzialisierte Gesellschaft u. alle bürgerlichen Bindungen ablehnte u. durch gesteigerte Lebensintensität (Sexualität, Jazz, Drogen) eine Bewusstseinserweiterung und metaphysische Erkenntnisse zu erlangen suchte

Be|a|ti|fi|ka|ti|on *die; -, -en* ⟨*lat.-nlat.*⟩: Seligsprechung

be|a|ti|fi|zie|ren: seligsprechen

Beat|mu|sik ['bi:t...] *die; -*: stark rhythmisch bestimmte Form der ↑Popmusik

Beat|nik ['bi:t...] *der; -[s], -s* ⟨*amerik.*⟩: **1.** Angehöriger der ↑Beatgeneration. **2.** jmd., der sich durch unkonventionelles Verhalten gegen die bürgerliche Norm wendet

Beau [bo:] *der; -[s], -s* ⟨*lat.-fr.*⟩ (iron.): besonders gut aussehender Mann, der mit einer gewissen Eitelkeit sein gutes Aussehen selbst genießt

Beau|fort|ska|la, Beau|fort-Ska|la ['bo:fɐt..., bo'fo:ɐ̯...] *die; -* ⟨nach dem engl. Admiral F. Beaufort, 1774–1857⟩: ursprünglich 12-, jetzt 17-teilige Skala zur Bestimmung der Windstärken

Beau|jo|lais [boʒɔ'lɛ] *der; -, -* [...'lɛs] ⟨*fr.*⟩: Rotwein aus dem Gebiet der Monts du Beaujolais in Mittelfrankreich

Beau|té [bo'te:] *die; -, -s* ⟨*lat.-vulgärlat.-fr.*⟩: schöne Frau, Schönheit

Beau|ty|case, Beau|ty-Case [...keɪs] *das* od. *der; -, -s* [...sɪz] ⟨*engl.*⟩: Handkoffer für Pflege- u. Kosmetikutensilien [der Dame]

Beau|ty|farm, Beau|ty-Farm *die; -, -en*: eine Art Sanatorium od. Hotel, in dem sich bes. Frauen einer kosmetischen Behandlung unterziehen

Bé|bé [be'be:] *das; -s, -s* ⟨*fr.*⟩ (schweiz.): Baby

Be|bop ['bi:...] *der; -[s], -s* ⟨*amerik.;* lautnachahmend⟩: **1.** (ohne Plural) nordamerikanischer Jazz um 1940. **2.** Tanz in diesem Stil

Bé|cha|mel|kar|tof|feln [beʃa'mɛl...] *die* (Plural) ⟨*fr.-dt.*⟩: Kartoffelscheiben in ↑Béchamelsoße

Bé|cha|mel|so|ße, Bé|cha|mel|sau|ce *die; -, -n* ⟨*fr.;* nach dem fr. Marquis L. de Béchamel⟩: weiße Rahmsoße

be|cir|cen [bɛ'tsɪrtsn̩] vgl. bezirzen

Bec|que|rel [bɛkə'rɛl] *das; -s, -* ⟨nach dem fr. Physiker Henri Becquerel, 1852–1908⟩: Einheit für die Aktivität ionisierender Strahlung (Zeichen: Bq)

Bredouille

Das Wort kommt aus dem Französischen und bedeutet ursprünglich »Dreck«. Weil es eine im Deutschen ungewöhnliche Lautfolge aufweist, wird es häufig falsch ausgesprochen oder geschrieben.

Be|du|i|ne *der; -n, -n* ⟨*arab.-fr.;* »Wüstenbewohner«⟩: arabischer Nomade; vgl. Fellache

Beef|ea|ter [...|i:tɐ] *der; -s, -s* (meist Plural) ⟨*engl.;* »Rindfleischesser«⟩ (scherzh.): Angehöriger der königlichen Leibwache im Londoner Tower (eigtl. Yeoman of the Guard)

Beef|steak [...ste:k] *das; -s, -s* ⟨*engl.*⟩: Steak vom Rind

Beef|tea [...ti:] *der; -s, -s*: kräftige Rindfleischbrühe

Beel|ze|bub [auch: be'ɛl..., 'bɛl...] *der; -* ⟨*hebr.-gr.-kirchenlat.;* »Herr der Fliegen«⟩: [oberster] Teufel

Bee|per ['bi:pɐ] *der; -s, -* ⟨*engl.*⟩: elektronisches Fernrufgerät

Beg vgl. Bei

Be|gard *der; -en, -en,* **Be|gar|de** *der; -n, -n* ⟨*niederl.*⟩: Mitglied einer halbklösterlichen Männervereinigung im Mittelalter; vgl. Begine

Be|gi|ne *die; -, -n* ⟨*niederl.*⟩: Mitglied einer halbklösterlichen Frauenvereinigung in Belgien u. den Niederlanden; vgl. Begard

Beg|ler|beg *der; -s, -s* ⟨*türk.;* »Herr der Herren«⟩: Provinzstatthalter in der alten Türkei

Be|go|nie [...i̯ə] *die; -, -n* ⟨*nlat.;* nach dem Franzosen M. Bégon, Gouverneur von San Domingo, † 1710⟩: Zier- u. Gartenpflanze mit großen leuchtenden Blüten u. gezackten, unsymmetrisch geformten Blättern

Be|gum *die; -, -en* ⟨*türk.-Hindi-engl.*⟩: Titel indischer Fürstinnen

Be|ha|vi|o|ris|mus [biheví̯ə...] *der; -* ⟨*engl.-nlat.*⟩: sozialpsychologische Forschungsrichtung, die sich nur mit dem objektiv beobachtbaren u. messbaren Verhalten beschäftigt

be|ha|vi|o|ris|tisch: a) den Behaviorismus betreffend; **b)** nach der Methode des Behaviorismus verfahrend

Be|hen|nuss, Ben|nuss *die; -, ...nüsse* ⟨*pers.-arab.-span.; dt.*⟩: ölhaltige Frucht eines ostindischen Baumes

Be|hind [biˈhaind] *das;* -s ⟨*engl.*⟩ (schweiz., Fußball): Raum hinter der Torlinie

Bei *der;* -s, -e u. -s, **Bey** *der;* -s, -e u. -s, **Beg** *der;* -[s], -s ⟨*türk.;* »Herr«⟩: höherer türkischer Titel, oft hinter Namen, z. B. Ali-Bei; vgl. Beglerbeg

beige [beːʃ, auch: ˈbɛːʒə] ⟨*fr.*⟩: sandfarben

Bei|g|net [bɛnˈjeː] *der;* -s, -s ⟨*fr.*⟩: Schmalzgebäck mit Füllung; Krapfen

Be|kas|si|ne *die;* -, -n ⟨*vulgärlat.-provenzal.-fr.*⟩: vor allem in Sümpfen lebender Schnepfenvogel

Bel *das;* -s, - ⟨nach dem Amerikaner A. G. Bell, dem Erfinder des Telefons⟩: Kennwort bei Größen, die als Logarithmus des Verhältnisses zweier physikalischer Größen gleicher Art angegeben werden (Zeichen: B)

Bel|l|a|mi *der;* -[s], -s ⟨*fr.;* »schöner Freund«⟩: Frauenliebling (nach der Titelgestalt eines Romans von Maupassant)

Bel|can|to, Bel|kan|to *der;* -[s] ⟨*lat.-it.;* »schöner Gesang«⟩: virtuoser italienischer Gesangsstil, bei dem besonders auf Klangschönheit Wert gelegt wird

Bel|eta|ge [bɛleˈtaːʒə] *die;* -, -n: Hauptgeschoss, erster Stock

Bel|kan|to vgl. Belcanto

Bel|la|don|na *die;* -, ...nnen ⟨*it.-nlat.*⟩: **a)** Tollkirsche; **b)** aus der Tollkirsche gewonnenes Arzneimittel

Belle Époque [bɛleˈpɔk] *die;* - - ⟨*lat.-fr.; gr.-mlat.-fr.*⟩: Bezeichnung für die Zeit des gesteigerten Lebensgefühls in Frankreich zu Beginn des 20. Jh.s

Bel|le|t|rist *der;* -en, -en: Schriftsteller der unterhaltenden Literatur

Bel|le|t|ris|tik *die;* -: unterhaltende, schöngeistige Literatur

Bel|le|t|ris|tin *die;* -, -nen: weibliche Form zu ↑Belletrist

bel|le|t|ris|tisch: a) die Belletristik betreffend; **b)** schöngeistig, literarisch, unterhaltend

Belle|vue *das;* -[s], -s: Name von Schlössern od. Gaststätten mit schöner Aussicht

Bel|li|zis|mus *der;* - ⟨*lat.-nlat.*⟩: politische Haltung, die den Einsatz militärischer Mittel zur Durchsetzung von Zielen befürwortet

Bel|li|zist *der;* -en, -en: Anhänger des ↑Bellizismus; Kriegstreiber

Bel|li|zis|tin *die;* -, -nen: weibliche Form zu ↑Bellizist

Bel Pa|e|se® *der;* - -, **Bel|pa|e|se** *der;* - ⟨*it.*⟩: Butterkäse; vollfetter italienischer Weichkäse

[1]**Be|lu|ga** *die;* -, -s ⟨*russ.*⟩: **1.** russ. Bez. für: Hausen (ein Störfisch). **2.** russ. Bez. für: Weißwal

[2]**Be|lu|ga** *der;* -s: aus dem Rogen des Hausens bereiteter ↑Kaviar

Bel|ve|de|re *das;* -[s], -s ⟨*lat.-it.;* »schöne Aussicht«⟩: **1.** (veraltet) Aussichtspunkt. **2.** ↑Bellevue

Ben ⟨*hebr.* u. *arab.*⟩: Teil hebräischer u. arabischer Familiennamen mit der Bedeutung »Sohn« od. »Enkel« (z. B. Ben Akiba)

Bench|mark [ˈbɛntʃ...] *die;* -, -s od. *der;* -s, -s ⟨*engl.*⟩ (bes. Wirtsch.): Maßstab für den Vergleich von Leistungen

Bench|mar|king *das;* -s, -s: **1.** (Wirtsch.) das Vergleichen von Herstellungsprozessen, Managementpraktiken sowie Produkten od. Dienstleistungen zur Aufdeckung von Leistungsdefiziten. **2.** (EDV) Bewertungsprogramm für die Rechenleistung von Computern

be|ne ⟨*lat.(-it.)*⟩: gut!

be|ne|dei|en: segnen, lobpreisen

Be|ne|dic|tus *das;* -, - ⟨*lat.*⟩: **1.** Anfangswort u. Bezeichnung des Lobgesangs des Zacharias nach Lukas 1,67 ff. (liturgischer Hymnus im katholischen Stundengebet). **2.** zweiter Teil des ↑[2]Sanctus

Be|ne|dik|ti|ner *der;* -s, - ⟨*lat.-nlat.*⟩: **1.** Mönch des nach der Regel des hl. Benedikt lebenden Benediktinerordens (Ordinis Sancti Benedicti = »vom Orden des hl. Benedikt«; Abk.: OSB). **2.** ein feiner Kräuterlikör

Be|ne|dik|ti|ne|rin *die;* -, -nen: Angehörige eines nach dem Vorbild des Benediktinerordens lebenden Frauenordens

Be|ne|dik|ti|on *die;* -, -en ⟨*lat.*⟩: Segen, Segnung, katholische kirchliche Weihe

Be|ne|fiz *das;* -es, -e: **1. a)** (veraltet) Vorstellung zu Ehren eines Künstlers; **b)** Wohltätigkeitsveranstaltung, -vorstellung. **2.** ↑Benefizium (2, 3)

Be|ne|fi|zi|um *das;* -s, ...ien: **1.** (veraltet) Wohltat, Begünstigung. **2.** mittelalterliches Lehen (zu [erblicher] Nutzung verliehenes Land od. Amt). **3.** mit einer Pfründe (Landnutzung od. Dotation) verbundenes Kirchenamt

Be|ne|fiz|kon|zert *das;* -[e]s, -e: Wohltätigkeitskonzert

Be|ne|fiz|vor|stel|lung *die;* -, -en: Benefiz (1)

Be|ne|lux [auch: ...ˈlʊks]: Beneluxstaaten

Be|ne|lux|staa|ten, Be|ne|lux-Staa|ten *die* (nur Plural): Kurzw. für die Länder **Be**lgique (Belgien), **Ne**derland (Niederlande) u. **Lux**embourg (Luxemburg), soweit diese wirtschaftlich, kulturell und teilweise auch politisch zusammenwirken u. nach außen als Einheit auftreten

b

ben|ga̲|lisch: in gedämpft buntem, ruhigem Licht erscheinend; **bengalisches Feuer:** beim Feuerwerk verwendetes buntes Feuer

be|ni̲|g|ne ‹*lat.*›: gutartig (z. B. von Tumoren); Ggs. ↑maligne

Be|ni|g|ni|tä̲t *die;* -: **1.** (Med.) Gutartigkeit einer Krankheit; Ggs. ↑Malignität. **2.** (veraltet) Güte, Milde, Gutherzigkeit

Be̲n|nuss vgl. Behennuss

Ben|tha̲l *das;* -s ‹*gr.-nlat.*› (Biol.): Region des Gewässergrundes od. Meeresbodens

Be̲n|thos *das;* - ‹*gr.;* »Tiefe«›: die Tier- u. Pflanzenwelt des Meeresbodens

Ben|zi̲n *das;* -s, -e: Gemisch aus gesättigten Kohlenwasserstoffen, das bes. als Treibstoff für Vergasermotoren sowie als Lösungs- u. Reinigungsmittel verwendet wird

Ben|zo|di|a|ze|pi̲n *das;* -s, -e (meist Plural): ↑Tranquilizer mit angsthemmender, beruhigender u. entspannender Wirkung

Ben|zoe [ˈbɛntso̯e] *die;* - ‹*arab.-it.-mlat.*›, **Be̲nzoe|harz** *das;* -es: als Räuchermittel, bei der Parfümherstellung u. als Heilmittel verwendetes wohlriechendes Harz bestimmter ostindischer u. indochinesischer Benzoebaumarten

Be̲n|zoe|säu|re, Ben|zo̲l|car|bon|säu|re *die;* -: ein Konservierungsmittel

Ben|zo̲l *das;* -s, -e ‹Kurzw. aus **Benzo...** u. ↑Alko**hol**›: Teerdestillat [aus Steinkohlen]; als Ausgangsmaterial vieler Verbindungen, Zusatz zu Treibstoffen od. als Lösungsmittel verwendeter einfachster aromatischer Kohlenwasserstoff

Benz|py|re̲n *das;* -s ‹*arab.; gr.*›: ein als krebserregend geltender Kohlenwasserstoff (in Tabakrauch, Auspuffgasen u. a.)

Ben|zy̲l *das;* -s: einwertige Restgruppe des ↑Toluols

Ben|zyl|al|ko|hol *der;* -s: in vielen Blütenölen vorkommender u. als Grundstoff für Parfüm verwendeter aromatischer Alkohol

Be̲o *der;* -s, -s ‹*indones.*›: Singvogel aus Indien

Be̲r|ber *der;* -s, - ‹nordafrik. Volk›: **1.** von den Berbern in Nordwestafrika geknüpfter, derber, hochfloriger Teppich aus naturfarbener Wolle. **2.** in Nordafrika gezüchtetes Reitpferd. **3.** Nichtsesshafter, Land-, Stadtstreicher

Ber|be|ri̲t|ze *die;* -, -n ‹*mlat.*›: Zierstrauch der Gattung Sauerdorn mit gelben Blüten u. roten Beerenfrüchten

Bé|ret [beˈrɛ] *das;* -s, -s ‹*mlat.-fr.*› (schweiz., auch luxemburgisch): Baskenmütze

Ber|ga|mo̲t|te *die;* -, -n ‹*türk.-it.-fr.*›: **1. a)** in Südeuropa u. Westindien kultivierter Baum mit süßlich riechenden Blüten u. runden, glatten, blassgelben Früchten; **b)** Frucht der Bergamotte (1 a). **2.** in mehreren Sorten vorkommende würzig schmeckende Birne

Be|ri|be̲|ri *die;* - ‹*singhal.*›: Vitamin-B_1-Mangel-Krankheit (bes. in Ostasien) mit Lähmungen u. allgemeinem Kräfteverfall

Ber|ke̲|li|um *das;* -s ‹*nlat.;* nach der nordamerik. Universitätsstadt Berkeley›: chem. Element (ein Transuran; Zeichen: Bk)

Ber|li|na̲|le *die;* -, -n ‹Neubildung nach dem Vorbild von ↑Biennale›: Bezeichnung für die alljährlich in Berlin stattfindenden Filmfestspiele

Ber|lo̲|cke *die;* -, -n ‹*fr.*›: (im 18. u. 19. Jh. üblicher) kleiner Schmuck an [Uhr]ketten

Ber|mu̲|das *die* (Plural): Bermudashorts

Ber|mu̲|da|shorts, Ber|mu̲|da-Shorts *die* (nur Plural) ‹nach der Inselgruppe im Atlantik›: fast knielange Shorts

Be|ro|li̲|na *die;* - ‹*nlat.*›: Frauengestalt als Sinnbild Berlins

Ber|sa|g|li|e|re [bɛrzalˈje:rə] *der;* -[s], ...ri (meist Plural) ‹*it.*›: Angehöriger einer italienischen Scharfschützentruppe

Be̲r|ser|ker [auch: ...ˈzɛr...] *der;* -s, - ‹*altnord.;* »Bärenfell, Krieger im Bärenfell«›: **1.** wilder Krieger der altnordischen Sage. **2. a)** kampfwütiger, sich wild gebärdender Mann; **b)** Mann von bes. kräftiger Statur

Be|ry̲ll *der;* -s, -e ‹*drawid.-mittelind.-gr.-lat.*›: häufig als Schmuckstein verwendetes Mineral

Be|ry̲l|li|um *das;* -s: chem. Element; ein Metall (Zeichen: Be)

Be|sa̲n *der;* -s, -e ‹*lat.-it.-span.-niederl.*›: **a)** Segel am hintersten Mast; **b)** der hinterste Mast; Besanmast

Be̲s|se|mer|bir|ne *die;* -, -n ‹nach dem engl. Erfinder›: birnenförmiger Behälter zur Stahlherstellung

Be̲st Ager [- ˈeɪdʒɐ] *der;* - -s, - -[s] (meist Plural) ‹*engl.*›: (Werbespr.) jmd., der zur anspruchsvollen Kundengruppe der über 40-Jährigen gehört

bes|ti|a̲|lisch ‹*lat.*›: **1.** (abwertend) unmenschlich, viehisch, teuflisch. **2.** (ugs.) fürchterlich, unerträglich

Bes|ti|a|li|tä̲t *die;* -, -en: **a)** (ohne Plural) Unmenschlichkeit, grausames Verhalten; **b)** grausame Handlung, Tat

Bes|ti|a̲|ri|um *das;* -s, ...ien: Titel mittelalterlicher Tierbücher

Be̲s|tie [...i̯ə] *die;* -, -n: Raubtier; wildes, gefährliches Tier

Best-of-CD *die;* -, -s ⟨*engl.*⟩: CD mit den erfolgreichsten Stücken eines Künstlers oder einer Gruppe

Best|sel|ler *der;* -s, - ⟨*engl.*⟩: etwas (bes. ein Buch), was [einige Zeit] sehr gut verkauft wird; vgl. Longseller, Steadyseller

Best|sel|ler|au|tor *der;* -s, -en ⟨*engl.; lat.*⟩: jmd., der Bestseller schreibt

Best|sel|ler|au|to|rin *die;* -, -nen: weibliche Form zu ↑Bestsellerautor

Be|ta *das;* -[s], -s ⟨*gr.*⟩: zweiter Buchstabe des griechischen Alphabets (Β, β)

Be|ta|re|zep|to|ren|blo|cker, β-Re|zep|to|ren-Blo|cker *der;* -s, - ⟨*engl.* to block = hemmen, blockieren⟩ (Chemie, Med.): chemische Substanz, mit der die Wirkung auf die Betarezeptoren blockiert wird; Arzneimittel zur Behandlung bestimmter Herzkrankheiten, Bluthochdruck u. a.

Be|ta|strah|len, β-Strah|len *die* (Plural) ⟨*gr.; dt.*⟩: radioaktive Strahlen, die aus Elektronen bestehen

Be|ta|t|ron *das;* -s, ...one (auch: -s) ⟨Kurzw. aus ↑**Beta**strahlen u. ↑[1]**Elektron**⟩: Gerät zur Beschleunigung von Elektronen, Elektronenschleuder

Be|ta|ver|si|on *die;* -, -en ⟨*gr.; lat.-fr.*⟩ (EDV): neues bzw. überarbeitetes Software- od. Hardwareprodukt im zweiten Entwicklungsstadium

bête [bɛ:t] ⟨*lat.-vulgärlat.-fr.*⟩: in der Fügung **bête sein:** [im Spiel] verloren haben

Be|tel *der;* -s ⟨*Malayalam-port.*⟩: indisch-malaiisches Kau- u. Genussmittel aus der Frucht der Betelnusspalme

Be|ton [be'tɔŋ, auch: be'tõ:, auch, bes. südd., österr.: be'to:n] *der;* -s, -s u. (bei nicht nasalierter Desspr.:) -e ⟨*lat.-fr.*⟩: Baustoff aus einer Mischung von Zement, Wasser u. Zuschlagstoffen (Sand, Kies u. a.)

be|to|nie|ren ⟨*lat.-fr.*⟩: mit einem Betonbelag versehen

Be|to|nie|rung *die;* -, -en: **a)** das Betonieren; **b)** Schicht, Belag o. Ä. aus Beton

Bey vgl. Bei

be|zir|zen ⟨nach der in der gr. Sage vorkommenden Zauberin Kirkē, latinisiert Circe⟩: bezaubern, betören, auf verführerische Weise für sich gewinnen

Bhag|van vgl. Bhagwan

Bhag|wan, Bhag|van *der;* -[s], -s ⟨*Hindi-sanskr.;* »der Erhabene«⟩: **1.** (ohne Plural) Ehrentitel für religiöse Lehrer des Hinduismus. **2.** Träger des Ehrentitels Bhagwan (1)

bi..., Bi...

vor Vokalen oft: **bin..., Bin...**
⟨zu *lat.* bis (in Zusammensetzungen bi...) »zweimal«⟩
Präfix mit der Bedeutung »zwei, doppel[t]«:
- Biathlon
- Bigamie
- bikonvex
- bilateral
- binaural

Bi|ath|let *der;* -en, -en ⟨*lat.; gr.*⟩: jmd., der Biathlon betreibt

Bi|ath|le|tin *die;* -, -nen: weibliche Form zu ↑Biathlet

bi|au|ral vgl. binaural

Bi|bel *die;* -, -n ⟨*gr.-mlat.*⟩: **1.** Gesamtheit der von den christlichen Kirchen als offenbartes Wort Gottes betrachteten Schriften des Alten u. Neuen Testaments, heiliges Buch der Christen; Heilige Schrift. **2.** (ugs. scherzh.) **a)** für jmdn. od. eine Gruppe maßgebendes Buch, maßgebende Schrift; **b)** dickes Buch

Bi|bel|kon|kor|danz *die;* -, -en: alphabetische Zusammenstellung von Wörtern u. Begriffen der Bibel mit Stellenangabe

Bi|bel|re|gal *das;* -s, -e: (zusammengeklappt einer großen Bibel ähnlich sehende) tragbare Orgel des 16.–18. Jh.s

Bi|ber|nel|le *die;* -, -n: Pimpernell

bi|b|lio..., Bi|b|lio...

⟨*gr.* biblíon »Buch, Büchlein, Schrift, Blatt«⟩
Wortbildungselement mit der Bedeutung »Buch, Bücher«:
- bibliografisch
- Bibliomane
- bibliophil
- Bibliothek
- Bibliotherapie

Bi|b|lio|graf, Bi|b|lio|graph *der;* -en, -en ⟨*gr.*⟩: Bearbeiter einer Bibliografie

Bi|b|lio|gra|fie, Bi|b|lio|gra|phie *die;* -, ...ien: **1.** Bücherverzeichnis; Zusammenstellung von Büchern u. Schriften, die zu einem bestimmten Fachgebiet od. Thema erschienen sind. **2.** Wissenschaft von den Büchern

Bi|b|lio|gra|fin, Bi|b|lio|gra|phin *die;* -, -nen: weibliche Form zu ↑Bibliograf

bi|b|lio|gra|fisch, bi|b|lio|gra|phisch: die Bibliografie betreffend

Bi|b|lio|graph usw. vgl. Bibliograf usw.

Bi|b|lio|ma|ne *der;* -n, -n: jmd., der in krankhaft übertriebener Weise Bücher sammelt

Bi|b|lio|ma|nin *die;* -, -nen: weibliche Form zu ↑Bibliomane

bi|b|lio|phil: **1.** [schöne u. kostbare] Bücher liebend. **2.** für Bücherliebhaber wertvoll, kostbar ausgestattet (von Büchern)

Bi|b|lio|phi|lie *die;* -: Bücherliebhaberei

Bi|b|lio|thek *die;* -, -en ⟨*gr.-lat.*⟩: **1.** Aufbewahrungsort für eine systematisch geordnete Sammlung von Büchern, [wissenschaftliche] Bücherei. **2.** [große] Sammlung von Büchern, größerer Besitz an Büchern

Bi|b|lio|the|kar *der;* -s, -e: [wissenschaftlicher] Verwalter einer Bibliothek

Bi|b|lio|the|ka|rin *die;* -, -nen: weibliche Form zu ↑Bibliothekar

bi|b|lio|the|ka|risch: den Beruf, das Amt eines Bibliothekars betreffend

bi|b|lisch ⟨*gr.-nlat.*⟩: **a)** die Bibel betreffend; **b)** aus der Bibel stammend; **biblisches Alter:** sehr hohes Alter

Bi|car|bo|nat [...ka...] vgl. Bikarbonat

Bi|det [bi'de:] *das;* -s, -s ⟨*fr.*⟩: längliches, niedriges Waschbecken für Spülungen u. Waschungen von After u. Genitalien im Sitzen

Bi|don [bi'dõ:] *der* u. *das;* -s, -s ⟨*it.-fr.*⟩ (schweiz.): Eimer, Kanne mit Verschluss, [Benzin]kanister

bi|en|nal: **a)** eine zweijährige Dauer aufweisend; **b)** alle zwei Jahre [stattfindend]

Bi|en|na|le *die;* -, -n ⟨*lat.-it.*⟩: alle zwei Jahre stattfindende Ausstellung od. Schau, bes. in der bildenden Kunst u. im Film

Bi|en|ni|um *das;* -s, ...ien ⟨*lat.*⟩: Zeitraum von zwei Jahren

Bi|fi|do|bak|te|ri|um *das;* -s, ...ien ⟨*lat.; gr.*⟩ (Med.): eine Darmbakterie

Bi|fo|kal|glas *das;* -es, ...gläser (meist Plural) ⟨*lat.-nlat.; dt.*⟩: Zweistärkenglas, Brillenglas mit zwei Brennpunkten (zum Weitsehen u. zum Nahsehen)

Bi|ga *die;* -, Bigen ⟨*lat.*⟩: von zwei Pferden gezogener Renn- oder Prunkwagen im alten Rom

Bi|ga|mie *die;* -, ...ien ⟨*lat.; gr.*⟩: [gesetzwidrige] Doppelehe

bi|ga|mis|tisch: **a)** die Bigamie betreffend; **b)** in Bigamie lebend

Big Band ['bɪgbænd] *die;* - -, - -s, **Big|band** *die;* -, -s ⟨*engl.-amerik.;* »große Kapelle«⟩: in Instrumentalgruppen gegliedertes großes Jazz- od. Tanzorchester, in dem im Gegensatz zur ↑Combo einzelne Instrumente mehrfach besetzt sind

Big Busi|ness [- 'bɪsnɛs] *das;* - - ⟨*engl.-amerik.;* »großes Geschäft«⟩: **a)** Geschäftswelt der Großunternehmer; **b)** vorteilhaftes großes Geschäft

bi|gott ⟨*fr.*⟩ (abwertend): **a)** Frömmigkeit zur Schau tragend, scheinheilig; **b)** übertrieben glaubenseifrig

Bi|got|te|rie *die;* -, ...ien (abwertend): **1.** (ohne Plural) bigottes Wesen. **2.** bigotte Handlungsweise, Äußerung

Bi|jou [bi'ʒu:] *der* od. *das;* -s, -s ⟨*breton.-fr.*⟩: Kleinod, Schmuckstück

Bi|jou|te|rie *die;* -, ...ien: **1.** [billiger] Schmuck. **2.** (ohne Plural) Schmuckwarengeschäft, -handel

Bi|kar|bo|nat, chem. fachspr.: **Bi|car|bo|nat** [...ka...] *das;* -s, -e ⟨*nlat.*⟩: doppeltkohlensaures Salz

Bike [baik] *das;* -s, -s ⟨*engl.*⟩: **1.** kleines Motorrad. **2. a)** Kurzform von ↑Trekkingbike, ↑Mountainbike; **b)** Fahrrad

Bi|ker ['baikɐ] *der;* -s, -: **1.** Motorradfahrer. **2. a)** Mountainbike-, Trekkingbikefahrer; **b)** Fahrradfahrer

Bi|ke|rin *die;* -, -nen: weibliche Form zu ↑Biker

Bi|ki|ni *der* (schweiz.: *das*); -s, -s ⟨Fantasiebez.; nach dem Atoll in der Ralikgruppe der Marshallinseln⟩: zweiteiliger Badeanzug für weibliche Personen

bi|kon|kav [auch: ...'ka:f] ⟨*lat.-nlat.*⟩: beiderseits hohl [geschliffen]; Ggs. ↑bikonvex

bi|kon|vex [auch: ...'vɛks] ⟨*lat.-nlat.*⟩: beiderseits gewölbt [geschliffen]; Ggs. ↑bikonkav

bi|la|bi|al [auch: 'bi:...] ⟨*lat.-nlat.*⟩ (Sprachw.): mit beiden Lippen gebildet (vom Laut)

Bi|lanz *die;* -, -en ⟨*lat.-vulgärlat.-it.*⟩: **1.** (Wirtsch., Kaufmannsspr.) abschließende Gegenüberstellung von Vermögen u. Schulden, ↑Aktiva u. ↑Passiva, Einnahmen u. Ausgaben [für ein Geschäftsjahr]; Kontenabschluss. **2.** Ergebnis, ↑Fazit, abschließender Überblick

bi|lan|zi|ell (Wirtsch.): die Bilanz betreffend, zu einer Bilanz gehörend

bi|lan|zie|ren: **1.** in Bezug auf Soll u. Haben ausgeglichen sein. **2.** über etwas eine Bilanz aufstellen

Bi|lan|zie|rung *die;* -, -en: Bilanzaufstellung

bi|la|te|ral [auch: ...'ra:l] ⟨*lat.-nlat.*⟩: **1.** zweiseitig; zwei Seiten, Partner betreffend; von zwei Seiten ausgehend. **2.** (Biol.) bilateralsymmetrisch

bi|la|te|ral|sym|me|t|risch: durch eine Symmetrieebene in zwei äußerlich spiegelbildliche Hälften teilbar (in Bezug auf Menschen und Tiere); vgl. radialsymmetrisch

Bil|har|zi|o|se *die;* -, -n: [ägyptische] Wurmkrankheit (durch Bilharzien hervorgerufen)
bi|lin|gu|al [auch: ˈbiː...] *⟨lat.-nlat.⟩*: **1.** zwei Sprachen sprechend, verwendend; zweisprachig. **2.** zwei Sprachen betreffend, auf zwei Sprachen bezogen
bi|lin|gue [...gu̯ə] vgl. bilinguisch
bi|lin|gu|isch, bi|lin|gue [...gu̯ə]: in zwei Sprachen [geschrieben], zweisprachig
Bi|li|ru|bin *das;* -s *⟨lat.-nlat.⟩*: rötlich brauner Farbstoff der Galle
Bil|lard [ˈbɪljart, österr. auch: biˈjaːɐ̯, bɪlˈjaːɐ̯] *das;* -s, -e (auch, österr. nur: -s) *⟨fr.⟩*: **1.** (ohne Plural) auf einem mit grünem Tuch bezogenen Tisch gespieltes Kugelspiel, bei dem Kugeln aus Elfenbein od. Kunststoff mit einem Stock nach bestimmten Regeln gestoßen werden. **2.** Billardtisch
Bil|lard|queue [...ˈkøː] *das;* -s, -s: ↑ [1]Queue
Bil|le|teur [bɪljeˈtøːɐ̯, österr.: bij...] *der;* -s, -e *⟨mlat.-fr.⟩*: **1.** (österr.) Platzanweiser. **2.** (schweiz. früher) Schaffner
Bil|le|teu|se [...ˈtøːzə] *die;* -, -n: weibliche Form zu ↑ Billeteur (2)
Bil|li|ar|de *die;* -, -n *⟨fr.⟩*: tausend Billionen
Bil|li|on *die;* -, -en *⟨fr.⟩*: eine Million Millionen
Bi|me|tall *das;* -[e]s, -e: Streifen aus zwei miteinander verbundenen, verschiedenen Metallen, der sich bei Erwärmung aufgrund der unterschiedlichen Ausdehnung krümmt (bei Auslösevorrichtungen u. Messinstrumenten in der Elektrotechnik)
Bi|me|tal|lis|mus *der;* - *⟨nlat.⟩*: Doppelwährung; Währung, bei der zwei Metalle (meist Gold und Silber) Zahlungsmittel sind
bin..., Bin... vgl. bi..., Bi...
Bi|när|zif|fer *die;* -, -n (EDV): Ziffer 0 od. 1 od. eine Folge aus diesen Ziffern
bi|n|au|ral, bi|au|ral *⟨lat.-nlat.⟩*: **1.** (Med., Technik) beide Ohren betreffend, für beide Ohren (z. B. von einem Stethoskop od. einem Kopfhörer). **2.** zweikanalig (von elektroakustischer Schallübertragung)
Bin|go *das;* -[s] *⟨engl.⟩*: lottoähnliches Glücksspiel
Bi|n|o|kel [auch: biˈnɔkl̩] *das;* -s, - *⟨lat.-fr.⟩*: **1.** (veraltet) **a)** Brille; **b)** Fernrohr. **2.** Mikroskop für beide Augen. **3.** (auch: *der;* ohne Plural) schweizerisches Kartenspiel
bi|n|o|ku|lar *⟨lat.-nlat.⟩*: **1.** beidäugig; **binokulares Sehen:** Fähigkeit, mit beiden Augen, also plastisch, zu sehen. **2.** für beide Augen bestimmt, zum Durchblicken für beide Augen zugleich
Bi|nom *das;* -s, -e *⟨lat.⟩* (Math.): Summe od. Differenz aus zwei Gliedern
bi|no|misch *⟨lat.; gr.⟩*: zweigliedrig; **binomischer Lehrsatz:** math. Formel zur Berechnung von Potenzen eines Binoms
bio|ak|tiv [auch: ˈbiːo...]: biologisch aktiv, ↑ biologisch (2)
Bio|che|mie [auch: ˈbiːo...] *die;* -: **1.** Chemie auf dem Gebiet der Biologie, Wissenschaft von der chemischen Zusammensetzung der Organismen u. den chemischen Vorgängen in ihnen. **2.** biochemische Beschaffenheit im Ganzen
Bio|che|mi|ker [auch: ˈbiːo...] *der;* -s, -: Wissenschaftler auf dem Gebiet der Biochemie
Bio|che|mi|ke|rin [auch: ˈbiːo...] *die;* -, -nen: weibliche Form zu ↑ Biochemiker
bio|che|misch [auch: ˈbiːo...]: die Biochemie betreffend, dazu gehörend, darauf beruhend
bio|dy|na|misch [auch: ˈbiːo...]: nur mit organischen Düngemitteln gedüngt (in Bezug auf Nahrungsmittel)
Bio|ethik *die;* -, -en: Teilgebiet der ↑ Ethik, das sich mit sittlichen Fragen u. Verhaltensweisen im Umgang mit Leben u. Natur, bes. auch im Hinblick auf neue Entwicklungen u. Möglichkeiten der Forschung u. Therapie (wie Gentechnologie, Sterbehilfe u. Ä.) befasst
Bio|gas *das;* -es, -e: bei der Zersetzung von Naturstoffen (z. B. Mist o. Ä.) entstehendes Gas, das als alternative Energiequelle genutzt werden kann
bio|gen *⟨gr.-nlat.⟩*: durch Tätigkeit von Lebewesen entstanden, aus abgestorbenen Lebewesen gebildet
Bio|ge|ne|se *die;* -, -n: Entwicklung[sgeschichte] der Lebewesen
bio|ge|ne|tisch: zur Biogenese gehörend; **biogenetisches Grundgesetz:** Gesetz, wonach die Entwicklung des Einzelwesens (Ontogenese) eine Wiederholung seiner stammesgeschichtlichen Entwicklung (Phylogenese) ist (nach E. Haeckel, 1834–1919)
Bio|graf, Bio|graph *der;* -en, -en *⟨gr.-nlat.⟩*: Verfasser einer Biografie
Bio|gra|fie, Bio|gra|phie *die;* -, ...ien *⟨gr.⟩*: **1.** Beschreibung der Lebensgeschichte einer Person. **2.** Lebens[ab]lauf, Lebensgeschichte eines Menschen
Bio|gra|fin, Bio|gra|phin *die;* -, -nen: weibliche Form zu ↑ Biograf
bio|gra|fisch, bio|gra|phisch: die Biografie (2) betreffend, auf ihr beruhend
Bio|graph usw. vgl. Biograf usw.

b

Bio|ka|ta|ly|sa|tor [auch: ˈbiːo...] *der;* -s, -en: Wirkstoff (z. B. Hormon), der die Stoffwechselvorgänge steuert

Bio|lo|ge *der;* -n, -n ⟨*gr.-nlat.*⟩: Wissenschaftler auf dem Gebiet der Biologie

Bio|lo|gie *die;* -: **1.** Wissenschaft von der belebten Natur u. den Gesetzmäßigkeiten im Ablauf des Lebens von Pflanze, Tier u. Mensch. **2.** biologische Beschaffenheit im Ganzen

Bio|lo|gin *die;* -, -nen: weibliche Form zu ↑Biologe

bio|lo|gisch: 1. die Biologie betreffend, auf ihr beruhend. **2.** den Gegenstand der Biologie (lebendige Natur, Lebensvorgänge u. -beschaffenheit) betreffend, darauf beruhend. **3.** aus natürlichen Stoffen hergestellt

bio|lo|gisch-dy|na|misch: (von Nutzpflanzen) auf ausschließlich biologischer Grundlage u. unter Berücksichtigung kosmischer Konstellationen angebaut

Bio|ly|se *die;* -, -n ⟨*gr.-nlat.*⟩: chem. Zersetzung organischer Substanz durch lebende Organismen

Bi|om *das;* -s, -e ⟨*gr.-nlat.*⟩: Lebensgemeinschaft von Tieren u. Pflanzen in einem größeren geografischen Raum (tropischer Regenwald, Savanne u. a.)

Bio|mas|se *die;* -, -en ⟨*gr.; dt.*⟩: Masse der durch Lebewesen anfallenden organischen Substanz in einem bestimmten Lebensraum

Bio|me|t|rie, Bio|me|t|rik *die;* - ⟨*gr.-nlat.*⟩: [Lehre von der] Anwendung mathematischer Methoden zur zahlenmäßigen Erfassung, Planung u. Auswertung von Experimenten in Biologie, Medizin u. Landwirtschaft (z. B. zur Körpermessung)

Bio|nik *die;* - ⟨nach *engl.-amerik.* bionics; mit **bio...**nach dem Muster von electro**nics** gebildetes Kurzw.⟩: Wissenschaft von der technischen Umsetzung u. Anwendung von Konstruktionen, Verfahren u. Entwicklungsprinzipien biologischer Systeme

bio|nisch: die Bionik betreffend

Bio|phy|sik [auch: ˈbiːo...] *die;* -: **1.** Wissenschaft von den physikalischen Vorgängen in u. an Lebewesen. **2.** medizinisch angewendete Physik (z. B. Strahlenbehandlung u. -schutz)

Bi|op|sie *die;* -, ...ien ⟨*gr.-nlat.*⟩: Untersuchung von Gewebe, das dem lebenden Organismus entnommen ist

Bio|sphä|re [auch: ...ˈsfɛː...] *die;* - ⟨*gr.-nlat.*⟩: Gesamtheit der von Lebewesen besiedelten Schichten der Erde

Bio|tech|fir|ma [...tɛk...] *die;* -, ...en: Unternehmen, das mit biotechnologischen Methoden Produkte herstellt und damit handelt

Bio|tech|nik [auch: ...ˈtɛç...] *die;* -, -en: technische Nutzbarmachung biologischer Vorgänge u. Abläufe (z. B. aus den Ergebnissen der Bionik)

Bio|tech|no|lo|gie [auch: ...ˈgiː] *die;* -: Wissenschaft von den Methoden und Verfahren, die zur technischen Nutzbarmachung biologischer Prozesse und bei der Umwandlung von Naturprodukten angewendet werden

bio|tisch ⟨*gr.*⟩: auf Lebewesen, auf Leben bezüglich

Bio|top *der* od. *das;* -s, -e ⟨*gr.-nlat.*⟩: **1.** durch bestimmte Pflanzen- u. Tiergesellschaften gekennzeichneter Lebensraum. **2.** Lebensraum einer einzelnen Art

Bio|typ [auch: ˈbiːo...] *der;* -s, -en: ↑Biotypus

Bio|ty|pus [auch: ˈbiːo...] *der;* -, ...pen: Gruppe od. Generationsfolge von Individuen mit gleicher Erbanlage

Bio|wis|sen|schaft *die;* -, -en ⟨*gr.; dt.*⟩: Gesamtheit der zur Biologie gehörenden Wissenschaftszweige

Bio|zö|no|se *die;* -, -n: Lebensgemeinschaft von Pflanzen u. Tieren in einem ↑Biotop (1)

bio|zö|no|tisch: die Biozönose betreffend, darauf beruhend

BIP *das;* -[s]: Abk. für ↑Bruttoinlandsprodukt

bi|po|lar [auch: ...ˈlaːɐ̯] ⟨*gr.-lat.-nlat.*⟩: zweipolig

Bi|po|la|ri|tät [auch: ˈbiː...] *die;* -, -en: Zweipoligkeit, Vorhandensein zweier entgegengesetzter Pole

Bi|qua|d|rat *das;* -[e]s, -e (Math.): Quadrat des Quadrats, vierte Potenz

bi|qua|d|ra|tisch: in die vierte Potenz erhoben; **biquadratische Gleichung:** Gleichung 4. Grades

Bir|die [ˈbəːdi] *das;* -s, -s ⟨*engl.;* »Vögelchen«⟩ (Golf): das Spielen eines Lochs mit einem Schlag unter ↑Par

Bi|re|me *die;* -, -n ⟨*lat.*⟩: Zweiruderer; antikes Kriegsschiff mit zwei übereinanderliegenden Ruderbänken

Bi|rett *das;* -s, -e ⟨*lat.-mlat.*⟩: aus dem Barett entwickelte drei- bzw. vierkantige Kopfbedeckung katholischer Geistlicher

Bi|se|xu|a|li|tät [auch: ˈbiː...] *die;* -: **1.** (Biol.) Doppelgeschlechtigkeit. **2.** (Med., Psychol.) Nebeneinander von homo- u. heterosexueller Veranlagung in einem Menschen

bi|se|xu|ell [auch: ˈbiː...]: **1.** doppelgeschlechtig. **2.** ein sowohl auf Personen des anderen als auch auf Personen des eigenen Geschlechts gerichtetes Sexualempfinden, sexuelles Verlangen habend; sowohl homo- als auch heterosexuell

Bis|kọt|te *die;* -, -n ⟨*lat.-it.*⟩ (österr.): längliches Biskuit, Löffelbiskuit

Bis|kuit [...'kvi:t, ...'kvɪt] *das* (auch: *der*); -[e]s, -s (auch: -e) ⟨*lat.-fr.;* »zweimal Gebackenes«): **1.** Feingebäck aus Mehl, Eiern, Zucker. **2.** ↑Biskuitporzellan

Bis|kuit|por|zel|lan *das;* -s, -e: gelbliches, unglasiertes Weichporzellan

Bis|mu̲|tum *das;* -s: lat. Bezeichnung für: Bismut/Wismut (ein Metall; Zeichen: Bi)

Bi̲|son *der,* auch: *das;* -s, -s ⟨*germ.-lat.*⟩: nordamerikanischer Büffel

Bi̤s|t|ro *das;* -s, -s ⟨*fr.*⟩: kleines, meist einfacheres Lokal, in dem man auch einen Imbiss nehmen kann

Bi̤t *das;* -[s], -[s] ⟨*engl.;* Kurzw. aus: **binary digit** = »binäre Ziffer«⟩: **1. a)** binäre Einheit für die Anzahl möglicher alternativer Entscheidungen in einem binären System; **b)** Binärzeichen (Zeichen: bit); **c)** die einzelne Entscheidung. **2.** Einheit für den Informationsgehalt einer Nachricht (Zeichen: bit)

Bi|tu̲|men *das;* -s, - (auch: ...mina) ⟨*gall.-lat.;* »Erdharz, Erdpech«⟩: aus organischen Stoffen natürlich entstandene teerartige Masse (Kohlenwasserstoffgemisch), auch bei der Aufarbeitung von Erdöl als Destillationsrückstand gewonnen (verwendet als Abdichtungs-, Isoliermasse u. Ä.)

bi|va|lẹnt [auch: 'bi:...] ⟨*lat.-nlat.*⟩ (Chemie): zweiwertig

Bi̲|wak *das;* -s, -s u. -e ⟨*niederd.-fr.;* »Beiwacht«⟩ (bes. Militär, Bergsteigen): behelfsmäßiges Nachtlager im Freien

bi|wa|ki̲e̲|ren (bes. Militär, Bergsteigen): im Freien übernachten

bi|zạrr ⟨*it.-fr.*⟩: von absonderlicher, eigenwillig schroff-verzerrter, fremdartig-fantastischer Form, Gestalt

Bi|zar|re|ri̲e̲ *die;* -, ...i̲en: Absonderlichkeit [in Form u. Gestalt]

Bi̲|zeps *der;* -[es], -e ⟨*lat.*⟩: »zweiköpfiger«, d. h. an einem Ende in zwei Teile auslaufender Oberarmmuskel (Beugemuskel)

bi|zy̲|k|lisch [auch: 'bi:..., auch: ...'tsʏk...], chem. fachspr.: **bi|cy|c|lisch** ⟨*lat.; gr.*⟩: einen Kohlenstoffdoppelring enthaltend (von Molekülen)

Black|box ['blɛkbɔks, -'bɔks] *die;* -, -es, **Black Box** *die;* - -, - -es ⟨*engl.;* »schwarzer Kasten (des Zauberers)«⟩: **1.** Teil eines ↑kybernetischen Systems, dessen Aufbau u. innerer Ablauf aus den Reaktionen auf eingegebene Signale erst erschlossen werden muss. **2.** (Flugw.) Bez. für den Flugdatenschreiber u. das Aufzeichnungsgerät für die Gespräche im Cockpit. **3.** (Theater) schwarz gestalteter [Bühnen]raum

bla|ma̲|bel ⟨*gr.-lat.-vulgärlat.-fr.*⟩: beschämend

Bla|ma|ge [bla'ma:ʒə] *die;* -, -n: etwas, was für den Betreffenden peinlich, beschämend, bloßstellend ist

bla|mi̲e̲|ren: jmdm., sich eine Blamage bereiten

blan|chie|ren [blã'ʃi:...] ⟨*germ.-fr.*⟩ (Gastron.): Gemüse, Mandeln u. anderes mit heißem Wasser überbrühen

Blank [blæŋk] *der* od. *das;* -s, -s ⟨*germ.-fr.-engl.*⟩ (EDV): Leerstelle, Zwischenraum zwischen zwei geschriebenen Wörtern

blạn|ko ⟨*germ.-it.*⟩: leer od. nicht vollständig ausgefüllt

Blạn|ko|scheck *der;* -s, -s: Scheck, der nur teilweise ausgefüllt, aber unterschrieben ist

Blạn|ko|voll|macht *die;* -, -en: unbeschränkte Vollmacht

Blạnk|vers *der;* -es, -e ⟨*engl.*⟩: meist reimloser fünffüßiger Jambenvers

bla|si̲e̲rt ⟨*fr.*⟩: überheblich, eingebildet, hochnäsig, hochmütig

Bla|son [bla'zõ:] *der;* -s, -s ⟨*fr.*⟩: **1.** Wappenschild. **2.** Wappenkunde. **3.** französisches Preisgedicht des 16. Jh.s, das in detaillierter Beschreibung von Frauen od. Pferden, Waffen, Wein u. a. handelt

bla|so|ni̲e̲|ren: **1.** ein Wappen kunstgerecht ausmalen. **2.** ein Wappen entsprechend den Regeln der ↑Heraldik beschreiben, erklären

Blas|phe|mi̲e̲ *die;* -, ...i̲en ⟨*gr.-lat.*⟩: Gotteslästerung, verletzende Äußerung über etwas Heiliges

blas|phe̲|misch: Heiliges lästernd, verhöhnend; eine Gotteslästerung enthaltend

blas|phe|mi̤s|tisch vgl. blasphemisch

Blas|to|dẹrm *das;* -s ⟨*gr.-nlat.*⟩: Keimhaut, Zellwand der ↑Blastula

Blas|to|ge|ne̤|se *die;* -: ungeschlechtliche Entstehung eines Lebewesens (z. B. eines Polypen (2)) durch Sprossung od. Knospung

Blas|to̲m *das;* -s, -e (Med.): krankhafte Gewebsneubildung, echte (nicht entzündliche) Geschwulst

Blas|to|zö̲l *das;* -s: die Furchungshöhle der Blastula

Blạs|tu|la *die;* -, ...lae [...lɛ]: Blasenkeim, frühes Entwicklungsstadium des ↑Embryos

Bla|zer ['ble:zɐ] *der;* -s, - ⟨*engl.*⟩: **1.** Klubjacke. **2.** sportlich-elegante Damen- od. Herrenjacke

b

Bles|sur *die;* -, -en (geh.): Verwundung, Verletzung

bleu [blø:] ‹*germ.-fr.*›: blassblau, bläulich (mit einem leichten Stich ins Grüne)

Bleu *das;* -s, -[s]: blassblaue Farbe

Blind Date ['blaınd 'deıt] *das;* - -[s], - -s ‹*engl.*›: Verabredung mit einer unbekannten Person

Blis|ter *der;* -s, - ‹*engl.*›: **1.** (ohne Plural; früher) scharfes Einreibemittel zur Behandlung von Beinschäden bei Pferden. **2.** [festere, geformte u. durchsichtige] Kunststofffolie zur Verpackung [kleinerer] Waren

Bliz|zard ['blızɐt] *der;* -s, -s ‹*engl.*›: Schneesturm (in Nordamerika)

Blo|cka|de *die;* -, -n ‹mit romanischer Endung zu ↑blockieren gebildet›: **1. a)** Maßnahme, mit der der Zugang zu etwas verhindert werden soll; **b)** vorübergehender Ausfall bestimmter Funktionen. **2.** (Druckw.) im Satz durch ▮ gekennzeichnete Stelle

Block|bus|ter [...bʌstə] *der;* -s, - ‹*engl.*›: etwas, das außergewöhnlich erfolgreich ist, sich gut verkaufen lässt

blo|ckie|ren ‹*niederl.-fr.*›: **1.** den Zugang zu etwas versperren. **2.** als Hindernis im Wege sein. **3.** die Funktion hemmen (bei Rädern, Bremsen o. Ä.). **4.** (Druckw.) fehlenden Text durch eine Blockade (2) kennzeichnen

Blog *das,* auch: *der;* -s, -s ‹*engl.*› (EDV): kurz für: ↑Weblog

blog|gen ‹*engl.*›: an einem ↑Blog [mit]schreiben

Blog|ger *der;* -s, -: jmd., der an einem ↑Blog [mit]schreibt

Blog|ge|rin *die;* -, -nen: weibliche Form zu ↑Blogger

Blo|go|sphä|re *die;* -: [größere Gruppe od.] Gesamtheit der Weblogs im Internet

blon|die|ren: aufhellen (von Haaren)

Blon|di|ne *die;* -, -n: blonde Frau

Blou|son [blu'zɔŋ, blu'zõ:] *das,* auch: *der;* -[s], -s ‹*fr.*›: **a)** über dem Rock getragene, an den Hüften eng anliegende Bluse; **b)** kurze Windjacke mit Bund

Blow|job ['bloʊ...] *der;* -s, -s ‹*engl.*› (derb): ↑Fellatio

Blow-up, Blow|up ['bloʊ|ʌp] *das;* -s, -s ‹*engl.*›: Vergrößerung einer Fotografie od. eines Fernsehbildes

Blue|jeans ['blu:dʒi:ns] *die* (Plural): Hose aus festem Baumwollgewebe von [verwaschener] blauer od. anderer Farbe

Blue Note ['blu: 'noʊt, 'blu:noʊt] *die;* - -, - -s, **Blue|note** *die;* -, -s (meist Plural) ‹*engl.-amerik.*›: erniedrigter 3. bzw. 7. Ton der Durtonleiter im Blues

Blues [blu:s] *der;* -, - ‹*amerik.*›: **1. a)** zur Kunstform entwickeltes schwermütiges Volkslied der nordamerikanischen Schwarzen; **b)** daraus entstandene älteste Form des ↑Jazz, gekennzeichnet durch den erniedrigten 3. u. 7. Ton der Tonleiter (vgl. Bluenote); **c)** langsamer nordamerikanischer Tanz im $^4/_4$-Takt. **2.** (ohne Plural) Trübsinn, Schwermut, Depression

Blue|tooth® ['blu:tu:θ] *der* od. *das;* -[s] ‹*engl.*› (EDV): international standardisierte Datenschnittstelle mit Funkübertragung

Bluff [auch, österr. nur: blœf, blaf] *der;* -s, -s ‹*engl.*›: dreiste, bewusste Irreführung; Täuschung[smanöver]

bluf|fen [veraltend: 'blœfn̩, bes. österr. auch: 'blafn̩]: durch dreistes Auftreten o. Ä. bewusst irreführen, täuschen

Blu-Ray, Blu-ray® ['blu:reı] *der* od. *das;* -[s], -s ‹zu *engl.;* »blauer Strahl«›: bei optischen Datenträgern zur Aufzeichnung u. Wiedergabe eingesetztes Verfahren, das einen Laser mit blauem Lichtstrahl verwendet

Blu-Ray-Disc, Blu-ray-Disc®, Blu-Ray-Disk, Blu-ray-Disk *die;* -, -s ‹*engl.*›: DVD mit hoher Speicherkapazität, deren Daten mit einem blauen Laserstrahl aufgezeichnet u. wiedergegeben werden

BMX-Rad [be:|ɛm'|ıks...] *das;* -[e]s, -Räder ‹Abk. für *engl.* bicycle moto-cross (X steht für cross); *dt.*›: kleineres, bes. geländegängiges Fahrrad

Boa *die;* -, -s ‹*lat.*›: **1.** Riesenschlange einer südamerikanischen Gattung. **2.** schlangenförmiger, modischer Halsschmuck (für Frauen) aus Pelz od. Federn

Board [bɔ:d] *das;* -s, -s ‹*engl.*›: **1.** Kurzform von ↑Snowboard, ↑Skateboard, ↑Surfboard, ↑Kickboard. **2.** (auch: *der;* Wirtsch.) für die Leitung u. Kontrolle eines [internationalen] Unternehmens zuständiges Gremium

boar|den ['bɔ:dn̩] ‹*engl.*›: **1.** Kurzform von ↑skateboarden, ↑snowboarden. **2.** (Flugw.) an Bord eines Flugzeugs gehen

Boat|peo|ple, Boat-Peo|ple ['boʊtpi:pl̩] *die* (nur Plural) ‹*engl.*›: mit Booten geflohene [vietnamesische] Flüchtlinge

Bob *der;* -s, -s ‹*engl.-amerik.;* Kurzform von Bobsleigh›: Sportschlitten für zwei bis vier Personen mit getrennten Kufenpaaren für Steuerung u. Bremsen

Bob|by ['bɔbi] *der;* -s, -s ‹*engl.*› (ugs.): Polizist

Bob|sleigh ['bɔbsle:] *der;* -s, -s ‹*engl.-amerik.*›: ↑Bob

Bob|tail ['bɔbteɪl] *der;* -s, -s ⟨*engl.*⟩: mittelgroßer, grauer Hütehund mit langen Zotten

Boc|cia ['bɔtʃa] *das;* -[s] u. *die;* - ⟨*it.*⟩: italienisches Kugelspiel

Boche [bɔʃ] *der;* -, -s ⟨*fr.*⟩ (ugs.): abwertende Bezeichnung der Franzosen für einen Deutschen

Bo|de|ga *die;* -, -s ⟨*gr.-lat.-span.*⟩: **1. a)** spanischer Weinkeller; **b)** spanische Weinschenke. **2.** Warenlager in Seehäfen

Bo|dy ['bɔdi] *der;* -s, -s ⟨*engl.;* »Körper«⟩: Kurzform von ↑Bodysuit

Bo|dy|buil|der [...bɪldɐ] *der;* -s, -: jmd., der Bodybuilding betreibt

Bo|dy|buil|de|rin *die;* -, -nen: weibliche Form zu ↑Bodybuilder

Bo|dy|buil|ding [...bɪldɪŋ] *das;* -s: **a)** gezieltes Muskeltraining mit besonderen Geräten; **b)** Darstellung trainierter Muskeln im Wettkampf

Bo|dy|check [...tʃɛk] *der;* -s, -s: hartes, aber nach den Regeln in bestimmten Fällen erlaubtes Rempeln des Gegners beim Eishockey

Bo|dy|lo|ti|on [meist: 'bɔdiloʊʃn̩] *die;* -, -s ⟨*engl.*⟩: (parfümierte) Körperpflegemilch

Bo|dy-Mass-In|dex [...mæs...] *der;* - u. -es, -e u. ...dizes, auch: ...dices [...ditse:s] ⟨*engl.; lat.*⟩ (Med.): Maß für das Verhältnis von Körpergewicht zu Körpergröße (beim Menschen; Abk.: BMI)

Bo|dy|sto|cking [...stɔkɪŋ] *der;* -[s], -s: ↑Bodysuit

Bo|dy|suit [...sju:t] *der;* -s, -s: eng anliegende, einteilige Unterkleidung

Bo|fel vgl. Bafel

Bo|fe|se vgl. Pafese

Bo|gey ['boʊgi] *das;* -s, -s ⟨*engl.*⟩ (Golf): ein Schlag mehr als die für das Loch festgesetzte Einheit; vgl. Par

Bo|heme [bo'e:m, bo'ɛ:m, auch: bo'he:m, bo'hɛ:m] *die;* - ⟨*mlat.-fr.*⟩: ungebundenes, ungezwungenes Künstlerdasein; unkonventionelles Künstlermilieu

Bo|he|mi|en [boe'mi̯ɛ̃:, bohe...] *der;* -[s], -s: Angehöriger der Boheme; unbekümmerte, leichtlebige u. unkonventionelle Künstlernatur

Boi|ler ['bɔylɐ] *der;* -s, - ⟨*lat.-fr.-engl.*⟩: Gerät zur Bereitung u. Speicherung von heißem Wasser

Bo|jar *der;* -en, -en ⟨*russ.*⟩: **1.** Angehöriger des nicht fürstlichen Adels, der gehobenen Schicht in der Gefolgschaft der Fürsten u. Teilfürsten im mittelalterlichen Russland. **2.** adliger Großgrundbesitzer in Rumänien bis 1864

Bok|mål ['bo:kmo:l] *das;* -[s] ⟨*norw.;* »Buchsprache«⟩: vom Dänischen beeinflusste norwegische Schriftsprache (früher ↑Riksmål genannt); Ggs. ↑Nynorsk

Bol vgl. Bolus

Bo|la *die;* -, -s ⟨*lat.-span.;* »Kugel«⟩: südamerikanisches Wurf- u. Fanggerät

Bowle

Das auf das Englische zurückgehende Substantiv wird mit einem in der Lautung nicht hörbaren *-w-* geschrieben.

Bo|le|ro *der;* -s, -s ⟨*span.*⟩: **1.** stark rhythmischer spanischer Tanz mit Kastagnettenbegleitung. **2. a)** kurzes, offen getragenes Herrenjäckchen der spanischen Nationaltracht; **b)** kurzes, modisches Damenjäckchen. **3.** der zu dem spanischen Jäckchen getragene rund aufgeschlagene Hut

Bo|lid *der;* -s u. -en, -e[n] ⟨*gr.-lat.*⟩: **1.** großer, sehr heller Meteor, Feuerkugel. **2.** schwerer, einsitziger Rennwagen mit verkleideten Rädern

Bo|li|var *der;* -[s], -[s] ⟨nach dem südamerik. Staatsmann⟩: Währungseinheit in Venezuela (1 Bolivar = 100 Céntimo)

Bo|li|vi|a|no *der;* -[s], -[s] ⟨*span.*⟩: bolivianische Währungseinheit (100 Centavo)

Bol|ly|wood ['bɔliwʊd] ⟨*engl.;* aus: **Bombay** u. ↑**Hollywood**⟩: Bez. für die indische Filmindustrie

Bo|lo|me|ter *das;* -s, - ⟨*gr.-nlat.*⟩: Strahlungsmessgerät mit temperaturempfindlichem elektrischem Widerstand

Bo|lo|s|kop *das;* -s, -e ⟨*gr.-nlat.*⟩ (Med.): Gerät zum Aufsuchen von Fremdkörpern im Körper

Bol|sche|wik *der;* -en, -i (abwertend: -en) ⟨*russ.;* »Mehrheitler«⟩: **1.** Mitglied der von Lenin geführten revolutionären Fraktion in der Sozialdemokratischen Arbeiterpartei Russlands vor 1917. **2.** (bis 1952) Mitglied der Kommunistischen Partei Russlands bzw. der Sowjetunion. **3.** (abwertend) Kommunist

Bol|sche|wi|kin *die;* -, -nen: weibliche Form zu ↑Bolschewik

Bol|sche|wis|mus *der;* -: **1.** Theorie u. Taktik des revolutionären marxistischen Flügels der russischen Arbeiterbewegung mit dem Ziel, die Diktatur des Proletariats zu verwirklichen. **2.** (abwertend) Sozialismus, Kommunismus

Bol|sche|wist *der;* -en, -en: **1.** Bolschewik (1, 2). **2.** (abwertend) jmd., der die geltende Ordnung u. Kultur radikal verändern will; Kommunist

Bol|sche|wis|tin *die;* -, -nen: weibliche Form zu ↑Bolschewist

bol|sche|wis|tisch: 1. a) den Bolschewismus

betreffend; **b)** die Bolschewisten betreffend. **2.** (abwertend) die Kultur, geltende Ordnung usw. zerstörend; sozialistisch, kommunistisch

Bo|lus, Bol *der;* -, ...li ‹*gr.-nlat.*›: **1.** (ohne Plural) ein Tonerdesilikat (z. B. ↑Terra di Siena). **2. a)** (Med.) Bissen, Klumpen; **b)** (Tiermed.) große Pille

Bom|ba|ge [bɔmˈba:ʒə] *die;* -, -n ‹*gr.-lat.-it.-fr.*›: **1.** das Biegen von Glastafeln im Ofen. **2.** das Umbördeln oder Biegen von Blech. **3.** Aufwölbung des Deckels bei Konservenbüchsen, wenn sich der Inhalt zersetzt. **4.** elastisches Material als schonende Unterlage od. Umhüllung von Maschinenwalzen

Bom|bar|de *die;* -, -n ‹*gr.-lat.-fr.*›: **1.** Belagerungsgeschütz (Steinschleuder) des 15.–17. Jh.s. **2.** (in der bretonischen Volksmusik) schalmeiartiges Blasinstrument

Bom|bar|de|ment [...ˈmã:, österr.: bɔmbardˈmã:, schweiz.: bɔmbardəˈmɛnt] *das;* -s, -s, (schweiz.:) -e ‹*fr.*›: **1.** anhaltende Beschießung durch schwere Artillerie. **2.** massierter Abwurf von Fliegerbomben

bom|bar|die|ren: **1.** mit Artillerie beschießen. **2.** Fliegerbomben auf etwas abwerfen. **3.** (ugs.) mit [harten] Gegenständen bewerfen

Bom|bast *der;* -[e]s ‹*pers.-gr.-lat.-fr.-engl.*› (abwertend): [Rede]schwulst, Wortschwall

bom|bas|tisch: übertrieben viel Aufwand aufweisend, schwülstig; pompös

Bom|be *die;* -, -n ‹*gr.-lat.-it.-fr.*›: **1. a)** mit Sprengstoff od. Brandsätzen gefüllter Hohlkörper; **b)** (ugs.) Atombombe. **2.** (ugs.) wuchtiger, knallharter Schuss od. Wurf (Fußball u. a. Sportarten). **3.** von einem Vulkan ausgeworfene, in der Luft erstarrte Lavamasse. **4.** Eisenkugel mit Griff, die im Kunstkraftsport als Jongliergewicht benutzt wird. **5.** (ugs.) steifer, runder Herrenhut

bom|ben (ugs.): ↑bombardieren (2)

Bom|ber *der;* -s, -: **1.** Bombenflugzeug. **2.** (ugs.) Fuß-, auch Handballspieler mit überdurchschnittlicher Schuss- bzw. Wurfkraft

bom|bie|ren: **1.** Glasplatten im Ofen biegen. **2.** Blech umbördeln od. biegen, z. B. bombiertes Blech (Wellblech). **3.** den Deckel durch Gasdruck u. Ä. nach außen wölben (von Konservendosen); vgl. Bombage

bon [bɔŋ] ‹*lat.-fr.*› (ugs.): gut

Bon [bɔŋ, auch: bõ:] *der;* -s, -s: **1.** Gutschein für Speisen od. Getränke. **2.** Kassenzettel

bo|na fi|de ‹*lat.*›: guten Glaubens, auf Treu u. Glauben; vgl. mala fide

Bo|na|par|tis|mus *der;* - ‹nach Napoleon Bonaparte I. u. III.› (Geschichte): autoritärer Herrschaftsstil in Frankreich (bes. im 19. Jh.)

Bo|na|par|tist *der;* -en, -en: **a)** Anhänger des Bonapartismus; **b)** Anhänger der Familie Bonaparte

Bon|bon [bɔŋˈbɔŋ, auch: bõˈbõ:] *der* od. *das;* -s, -s ‹*lat.-fr.*›: **1.** geformtes Stück Zuckerware mit aromatischen Zusätzen. **2.** (ugs. scherzhaft) [rundes] Parteiabzeichen

Bon|bon|ni|e|re, Bon|bo|ni|e|re [bɔŋbɔˈni̯e:rə, ...i̯ɛ:rə] *die;* -, -n: **1.** Behälter (aus Kristall, Porzellan) für Bonbons, Pralinen o. Ä. **2.** hübsch aufgemachte Packung mit Pralinen od. Fondants

Bond *der;* -s, -s ‹*engl.*›: Schuldverschreibung mit fester Verzinsung

bon|gen ‹*lat.-fr.*› (ugs.): [an der Registrierkasse] einen ↑Bon tippen, bonieren; **ist gebongt:** ist abgemacht

Bo|ni|fi|ka|ti|on *die;* -, -en ‹*lat.-nlat.*›: **1.** Vergütung für schadhafte Teile einer Ware. **2. a)** Gutschrift am Ende des Jahres (Jahresbonus) im Großhandel; **b)** (bes. Radsport) Zeitgutschrift

bo|ni|fi|zie|ren: **1.** vergüten. **2.** gutschreiben

Bo|ni|tät *die;* -, -en ‹*lat.*›: **1.** (ohne Plural) [einwandfreier] Ruf einer Person od. Firma im Hinblick auf ihre Zahlungsfähigkeit u. -willigkeit. **2.** (Forst- u. Landwirtschaft) Güte, Wert eines Bodens

Bon|mot [bõˈmo:] *das;* -s, -s ‹*fr.*›: treffender geistreich-witziger Ausspruch

[1]**Bon|sai** *der;* -[s], -s ‹*jap.*›: japanischer Zwergbaum (durch besondere, kunstvolle Behandlung kleinwüchsig gehalten)

[2]**Bon|sai** *das;* -: japanische Kunst, Zwergbäume zu ziehen

Bo|nus *der;* - u. -ses, Plural: - u. ...ni (auch: -se) ‹*lat.-engl.*›: **1.** Vergütung, Rabatt. **2.** etwas, was jmdm. gutgeschrieben wird, was ihm als Vorteil, Vorsprung vor anderen angerechnet wird; Ggs. ↑Malus

Bo|nus|track [...trɛk] *der;* -s, -s: zusätzliche, nicht zu den eigentlichen Aufnahmen gehörende Aufnahme auf einer CD od. DVD (als besonderer Kaufanreiz)

Bon|vi|vant [bõviˈvã:] *der;* -s, -s ‹*lat.-fr.*›: **1.** (veraltend) Lebemann. **2.** (Theater) Rollenfach des leichtlebigen, eleganten Mannes

Bon|ze *der;* -n, -n ‹*jap.-port.-fr.*›: **1.** (abwertend) jmd., der die Vorteile seiner Stellung genießt [u. sich nicht um die Belange anderer kümmert]; höherer, dem Volk entfremdeter Funktionär. **2.** buddhistischer Mönch, Priester

Boo|gie-Woo|gie [ˈbʊgiˈvʊgi] *der;* -[s], -s ‹*ame-*

rik.⟩: **1.** vom Klavier gespielter ↑Blues mit ↑ostinaten Bassfiguren u. starkem ↑Offbeat. **2.** aus dem Boogie-Woogie (1) entwickelter Gesellschaftstanz (z. B. ↑Jitterbug, ↑Rock and Roll 1)

Book|let [ˈbʊklɪt] *das;* -[s], -s ⟨*engl.*⟩: [Werbe]broschüre [ohne Umschlag, Einband]; Beilage, Beiheft [in einer CD-Hülle]

Book|mark [ˈbʊkmark] *das* od. *der;* -s, -s, auch: *die;* -, -s ⟨*engl.*⟩: Eintrag in einem elektronischen Adressverzeichnis für ↑Homepages

boole|sche A̲u̲s|druck, Boole'sche A̲u̲s|druck [ˈbu:lʃə -] *der;* -n -s, -n Ausdrücke ⟨nach dem brit. Mathematiker George Boole, 1815–1864⟩: in Programmiersprachen verwendeter mathematischer Ausdruck, der nur zwei Werte (»wahr« od. »falsch«) haben kann

Boom [bu:m] *der;* -s, -s ⟨*engl.*⟩: plötzliches großes Interesse an etwas; [plötzlicher] wirtschaftlicher Aufschwung, Hochkonjunktur

boo|men [ˈbu:mən] (ugs.): einen Boom erleben

Boot [bu:t] *der;* -s, -s (meist Plural) ⟨*engl.*⟩: **1.** bis über den Knöchel reichender [Wildleder]schuh. **2.** Gummiglocke; Überzug aus Gummi für Hufe von Trabrenn- u. Springpferden

boo|ten [ˈbu:tn̩] ⟨*engl.*⟩ (EDV): einen Computer neu starten, wobei alle gespeicherten Anwenderprogramme neu geladen werden

Boot|leg|ger [ˈbu:t...] *der;* -s, - ⟨*engl.-amerik.*⟩: (Geschichte) Alkoholschmuggler; jmd., der illegal Schnaps brennt (in den USA zur Zeit der ↑Prohibition 2)

Bo̱r *das;* -s ⟨*pers.-arab.-mlat.*⟩: chem. Element; ein Nichtmetall (Zeichen: B)

Bo̱|ra *die;* -, -s ⟨*gr.-lat.-it.*⟩: trocken-kalter Fallwind an der dalmatinischen Küste

Bo|ra̱|go *der;* -s ⟨*arab.-mlat.*⟩ (Bot.): ein Raublattgewächs, bes. ↑Borretsch

Bo|ra̱t *das;* -[e]s, -e: Salz der Borsäure

Bo̱|rax *der,* österr.: *das;* -[es] ⟨*pers.-arab.-mlat.*⟩: in großen Kristallen vorkommendes Natriumsalz der Tetraborsäure

Bọrd|case [...keɪs] *das* od. *der;* -, -s [...sɪs] ⟨*dt.; engl.*⟩: kleines, kofferähnliches Gepäckstück, das man bei Flugreisen unter den Sitz legen kann

Bọrd|com|pu|ter *der;* -s, -: Computer an Bord von Flugzeugen u. Raumschiffen u. in Kraftfahrzeugen, der u. a. bordbezogene Daten auswertet u. Defekte anzeigt

Bor|dẹll *das;* -s, -e ⟨*germ.-roman.-niederl.;* »Bretterhüttchen«⟩: Haus, Räumlichkeiten, in denen Prostituierte ihr Gewerbe ausüben

Bor|de|reau [bɔrdəˈro:] vgl. Bordero

Bor|de|ro̱, Bor|de|reau [bɔrdəˈro:] *das;* -s, -s ⟨*germ.-fr.*⟩: Verzeichnis eingelieferter Wertpapiere, bes. von Wechseln

Bọr|der|preis *der;* -es, -e ⟨*engl.; dt.*⟩ (Wirtsch.): Preis frei Grenze (z. B. bei Erdgaslieferungen)

bor|di̲e̲|ren ⟨*germ.-fr.*⟩: einfassen, [mit einer Borte] besetzen

Bor|dü̱|re *die;* -, -n ⟨*germ.-fr.*⟩: Einfassung, Besatz, farbiger Geweberand

bo|re|a̱l ⟨*gr.-lat.*⟩: nördlich; dem nördlichen Klima Europas, Asiens u. Amerikas zugehörend

Bo̱|re|as *der;* - ⟨*gr.*⟩: **a)** Nordwind im Gebiet des Ägäischen Meeres (in der Antike als Gott verehrt); **b)** (dichter. veraltet) kalter Nordwind

bor|ni̲e̲rt ⟨*fr.*⟩: **a)** geistig beschränkt, eingebildet-dumm; **b)** engstirnig, unbelehrbar

Bọr|retsch *der;* -[e]s ⟨*arab.-mlat.-it.(-fr.)*⟩: Gurkenkraut (Gewürzpflanze)

Bọrschtsch *der;* - ⟨*russ.*⟩: (in Osteuropa sehr beliebte) Suppe mit roter Bete [und Fleisch]

Bör|si|a̱|ner *der;* -s, - ⟨*gr.-lat.-niederl.-nlat.*⟩ (ugs.): **a)** Börsenmakler; **b)** Börsenspekulant

Bör|si|a̱|ne|rin *die;* -, -nen: weibliche Form zu ↑Börsianer

Bo|rụs|sia *die;* - ⟨*nlat.*⟩: Frauengestalt als Sinnbild Preußens

Bọs|kop, Bọs|koop *der;* -s, - ⟨nach dem niederl. Ort Boskoop⟩: säuerlich schmeckender Winterapfel mit rauer Schale

Bọss *der;* -es, -e ⟨*niederl.-engl.-amerik.*⟩: jmd., der in einem Unternehmen, in einer Gruppe die Führungsrolle innehat, der bestimmt, was getan wird; Chef; Vorgesetzter

Bọs|se *die;* -, -n ⟨*fr.*⟩: **1.** rohe od. nur wenig bearbeitete Form eines Werksteins (z. B. einer Skulptur). **2.** erhabene Verzierung, bes. in der Metallkunst

bos|se|li̲e̲|ren vgl. bossieren

bọs|seln: 1. a) an etwas mit Ausdauer arbeiten, herumbasteln [um es besonders gut zu machen]; **b)** in Kleinarbeit [mühsam] herstellen; basteln. **2.** ↑bossieren

bos|si̲e̲|ren, bos|se|li̲e̲|ren: 1. die Rohform einer Figur aus Stein herausschlagen. **2.** roh gebrochene Mauersteine mit dem Bossiereisen behauen. **3.** in Ton, Gips od. Wachs (Bossierwachs) modellieren

Bọs|sing *das;* -[s] ⟨*engl.*⟩: das ↑Mobbing einzelner Mitarbeiter durch den Vorgesetzten

[1]**Bos|ton** [ˈbɔstɔn] *das;* -s ⟨nach der Stadt in den USA⟩: amerikanisches Kartenspiel

[2]**Bos|ton** *der;* -s, -s: langsamer amerikanischer Walzer mit sentimentalem Ausdruck

Bo|ta̱|nik *die;* - ⟨*gr.-nlat.*⟩: **1.** Pflanzenkunde, Teilgebiet der Biologie, das sich mit den Pflanzen

b

befasst. **2.** (ugs. scherzh.) die freie Natur; das Grüne

Bo|ta|ni|ker *der;* -s, -: Wissenschaftler u. Forscher auf dem Gebiet der Botanik (1)

Bo|ta|ni|ke|rin *die;* -, -nen: weibliche Form zu ↑Botaniker

bo|ta|nisch: pflanzenkundlich, pflanzlich; **botanischer Garten:** Anlage, in der Bäume u. andere Pflanzen nach einer bestimmten Systematik zu Schau- u. Lehrzwecken kultiviert werden

bo|ta|ni|sie|ren: Pflanzen zu Studienzwecken sammeln

Bo|tox® *das;* - ‹Kurzw. für **Botulinumintoxin**› (Med.): ein Nervengift, das dem Menschen in stark verdünnter Form zum Glätten von [Gesichts]falten gespritzt wird

Bot|tle|par|ty, Bot|tle-Par|ty ['bɔtl̩...] *die;* -, -s ‹*engl.*›: Party, zu der die geladenen Gäste die alkoholischen Getränke mitbringen

Bo|tu|lis|mus *der;* - ‹*lat.-nlat.*›: bakterielle Lebensmittelvergiftung (bes. Wurst-, Fleisch-, Konservenvergiftung)

¹Bou|c|lé, ¹Bu|k|lee [bu'kle:] *das;* -s, -s ‹*lat.-fr.*›: Garn mit Knoten u. Schlingen

²Bou|c|lé, ²Bu|k|lee [bu'kle:] *der;* -s, -s: **1.** Gewebe aus Bouclégarn; Noppengewebe. **2.** Haargarnteppich mit nicht aufgeschnittenen Schlingen

Bou|gain|vil|lea [bugɛ̃'vilea] *die;* -, ...leen [...leən] ‹*nlat.;* nach L.-A. de Bougainville (1729–1811), einem fr. Seefahrer› (Bot.): südamerikanische Gattung der Wunderblumengewächse

Bou|gie [bu'ʒi:] *die;* -, -s ‹*fr.*›: Dehnsonde (zur Erweiterung enger Körperkanäle, z. B. der Harnröhre); vgl. Bacillus (1)

Bouil|la|baisse [buja'bɛ:s] *die;* -, -s [buja'bɛ:s] ‹*fr.*›: würzige provenzalische Fischsuppe

Bouil|lon [bʊl'jɔŋ, auch: bʊl'jõ:, österr.: bu'jõ:] *die;* -, -s ‹*lat.-fr.*›: **1.** Kraft-, Fleischbrühe. **2.** bakteriologisches Nährsubstrat

Boule [bu:l] *das;* -[s] (auch: *die;* -) ‹*lat.-fr.*›: französisches Kugelspiel

Bou|le|vard [bulə'va:ɐ̯] *der;* -s, -s ‹*germ.-niederl.-fr.*›: breite [Ring]straße, Prachtstraße

Bou|le|vard|pres|se *die;* -: sensationell aufgemachte, in großen Auflagen erscheinende u. daher billige Zeitungen, die früher überwiegend im Straßenverkauf angeboten wurden

Bou|quet [bu'ke:] *das;* -s, -s ‹*fr.*›: ↑Bukett

Bou|qui|nist [buki...] *der;* -en, -en ‹*niederl.-fr.*›: Straßenbuchhändler, bes. am Seineufer in Paris, der an einem Stand antiquarische Bücher verkauft

Bour|bon ['bə:bən] *der;* -s, -s ‹*engl.-amerik.;* Kurzform von Bourbonwhiskey›: amerikanischer Whiskey; vgl. Scotch

Bou|ret|te [bu...] vgl. Bourrette

bour|geois [bʊr'ʒo̯a, in attributiver Verwendung: bʊr'ʒo̯a:z...] ‹*germ.-fr.*›: **a)** zur Bourgeoisie gehörend; **b)** die Bourgeoisie betreffend

Bour|geois *der;* -, -: Angehöriger der Bourgeoisie

Bour|geoi|sie [bʊrʒo̯a'zi:] *die;* -, ...ien: **1.** wohlhabender Bürgerstand, Bürgertum. **2.** (Marxismus) herrschende Klasse der kapitalistischen Gesellschaft, die im Besitz der Produktionsmittel ist

Bour|rée [bu're:] *die;* -, -s ‹*fr.*›: **a)** heiterer bäuerlicher Tanz aus der Auvergne; **b)** von etwa 1650 an Satz der ↑Suite (4)

Bour|ret|te [bu...] *die;* -, -n ‹*lat.-fr.*›: raues Gewebe in Taftbindung aus Abfallseide; Seidenfrottee

Bou|teil|le [bu'tɛ:j(ə)] *die;* -, -n [...jən] ‹*lat.-fr.*› (veraltet): Flasche

Bou|tique [bu'ti:k] *die;* -, -n [...kn̩], (selten:) -s [...ti:ks] ‹*fr.*›: kleiner Laden für [exklusive] modische Neuheiten

Bou|ton [bu'tõ:] *der;* -s, -s ‹*germ.-fr.;* »Knospe; Knopf«›: Schmuckknopf für das Ohr

Bow|den|zug ['bau̯dn̩...] *der;* -s, ...züge ‹*engl.; dt.;* nach dem engl. Erfinder H. Bowden, 1880–1960›: Drahtkabel zur Übertragung von Zugkräften, bes. an Kraftfahrzeugen

Bo|wie|mes|ser ['bo:vi...] *das;* -s, - ‹*engl.; dt.;* nach dem Amerikaner James Bowie, 1796–1836›: langes Jagdmesser

Bow|le ['bo:lə] *die;* -, -n ‹*engl.*›: **1.** Getränk aus Wein, Schaumwein, Zucker u. Früchten od. würzenden Stoffen. **2.** Gefäß zum Bereiten u. Auftragen einer Bowle (1)

bow|len ['bo:lən] ‹*lat.-fr.-engl.*›: Bowling spielen

Bow|ler ['bo:lɐ] *der;* -s, - ‹*engl.*›: runder, steifer [Herren]hut; vgl. Melone (2)

Bow|ling ['bo:lɪŋ] *das;* -s, -s ‹*lat.-fr.-engl.*›: **1.** englisches Kugelspiel auf glattem Rasen. **2.** amerikanische Art des Kegelspiels mit 10 Kegeln

Box *die;* -, -en ‹*lat.-vulgärlat.-engl.;* »Büchse, Behälter«›: **1. a)** von anderen gleichartigen Räumen abgeteilter [kastenförmiger] Raum innerhalb einer größeren Einheit; **b)** abgegrenzter Montageplatz für Rennwagen an einer Rennstrecke. **2.** einfache Rollfilmkamera in Kastenform. **3.** kastenförmiger Behälter od. Gegenstand; oft in Zusammensetzungen (z. B. Kühlbox, Lautsprecherbox)

Box|calf [auch engl.: 'bɔkska:f], **Box|kalf** *das;* -s, -s ‹*engl.*›: Kalbleder

bo|xen *‹engl.›*: [nach bestimmten sportlichen Regeln] mit den Fäusten kämpfen

Bo|xer *der;* -s, - *‹engl.›*: **1.** Sportler, der Boxkämpfe austrägt; vgl. boxen. **2.** (bes. südd., österr.) Faustschlag. **3.** Hund einer mittelgroßen Rasse mit kräftiger Schnauze (Wach- u. Schutzhund)

Bo|xe|rin *die;* -, -nen: weibliche Form zu ↑Boxer (1)

bo|xe|risch: den Boxsport betreffend, zu ihm gehörend

Box|kalf vgl. Boxcalf

Boy [bɔy] *der;* -s, -s *‹engl.›*: **1.** Laufjunge, Diener, Bote. **2.** (ugs.) junger Mann

Boy|group [...gru:p] *die;* -, -s: Popgruppe aus jungen, attraktiven Männern, deren Bühnenshow bes. durch tänzerische Elemente geprägt ist

Boy|kott [bɔy...] *der;* -[e]s, -s (auch: -e) *‹engl.; nach dem in Irland geächteten engl. Hauptmann u. Gutsverwalter Boycott, 1832–1897›*: **1.** politische, wirtschaftliche od. soziale Ächtung. **2.** das Boykottieren (2, 3)

boy|kot|tie|ren: **1.** mit einem Boykott (1) belegen. **2.** die Ausführung von etwas ablehnen u. zu verhindern suchen. **3.** zum Ausdruck der Ablehnung bewusst meiden

Boy|scout ['bɔyskaut] *der;* -s, -s *‹engl.›*: engl. Bez. für: Pfadfinder

Bra|ban|çonne [brabã'sɔn] *die;* - *‹fr.; nach der belg. Provinz Brabant›*: belgische Nationalhymne

bra|chi|al *‹gr.-lat.›*: **1.** (Med.) zum Oberarm gehörend. **2.** mit roher Körperkraft

Bra|chi|al|ge|walt *die;* -: rohe körperliche Gewalt als Mittel zur Durchsetzung von Zielen

Bra|chi|o|po|de *der;* -n, -n: Armfüßer (muschelähnliches, festsitzendes Meerestier)

> **bra|chy..., Bra|chy...**
>
> *‹gr.* brachýs »kurz, wenig, klein«›
> Wortbildungselement mit der Bedeutung »kurz«:
> - brachydaktyl
> - Brachygrafie
> - Brachypnoe

bra|chy|ka|ta|lek|tisch *‹gr.-lat.›*: am Versende um einen Versfuß (eine rhythmische Einheit) bzw. um zwei Silben verkürzt (von antiken Versen)

Brae|burn ['breɪbə:n] *der;* -s, -s *‹engl.; nach dem neuseeländischen Ort Braeburn›*: Apfelsorte mit festem, saftigem Fruchtfleisch

Brah|ma *der;* -s *‹sanskr.›*: zur Zeit des frühen Buddhismus höchster Gott des ↑Hinduismus

Brah|ma|huhn vgl. Brahmaputrahuhn

Brah|ma|is|mus *der;* -: ↑Brahmanismus

Brah|man *das;* -[s]: Weltseele, magische Kraft der indischen Religion, die der Brahmane im Opferspruch wirken lässt

Brah|ma|ne *der;* -n, -n: Angehöriger der indischen Priesterkaste

brah|ma|nisch: die Lehre od. die Priester des Brahmanentums betreffend

Brah|ma|nis|mus *der;* - *‹sanskr.-nlat.›*: **1.** eine der Hauptreligionen Indiens. **2.** (selten) Hinduismus

Brah|ma|pu|t|ra|huhn [auch: ...'pu:...] ‹nach dem indischen Fluss Brahmaputra›, **Brah|ma|huhn** *das;* -s, ...hühner: Huhn einer schweren Haushuhnrasse

Braille|schrift ['brai(l)...] *die;* - ‹nach dem fr. Erfinder L. Braille (1809–1852)›: international gebräuchliche Blindenschrift

Brain|drain, Brain-Drain ['breɪndreɪn] *der;* -s *‹engl.-amerik.; »Abfluss von Intelligenz«›*: Abwanderung von Wissenschaftlern ins Ausland

brain|stor|men ['breɪnstɔ:mən] *‹engl.-amerik.›*: ein Brainstorming durchführen

Brain|stor|ming [...stɔ:mɪŋ] *das;* -s, -s *‹engl.-amerik.; eigtl. »Geistesblitz«›* (bes. Wirtsch.): das Sammeln von spontanen Einfällen [der Mitarbeiter], um die beste Lösung eines Problems zu finden

Brain|trust, Brain-Trust [...trʌst] *der;* -s, -s *‹engl.; »Gehirntrust«›*: [wirtschaftlicher] Beratungsausschuss; Expertengruppe

Brak|te|at *der;* -en, -en *‹lat.; »mit Goldblättchen überzogen«›*: **1.** Goldblechabdruck einer griechischen Münze (4.–2. Jh. v. Chr.). **2.** einseitig geprägte Schmuckscheibe der Völkerwanderungszeit. **3.** einseitig geprägte mittelalterliche Münze

Brak|tee *die;* -, -n *‹lat.; »dünnes Blatt, Blättchen«›* (Bot.): Deckblatt, in dessen Winkel ein Seitenspross od. eine Blüte entsteht

Bram *die;* -, -en *‹niederl.›* (Seemannsspr.): zweitoberste Verlängerung der Masten sowie deren Takelung (meist als Bestimmungswort von Zusammensetzungen wie Bramsegel, ↑Bramstenge)

Bra|mar|bas *der;* -, -se ‹nach der literarischen Figur des 18. Jh.s›: Prahlhans, Aufschneider

bra|mar|ba|sie|ren: aufschneiden, prahlen

Bram|sten|ge *die;* -, -n *‹niederl.; dt.›* (Seemannsspr.): zweitoberste Verlängerung eines Mastes

Bran|che ['brã:ʃə] *die;* -, -n ‹*lat.-galloroman.-fr.*›: **a)** Wirtschafts-, Geschäftszweig; **b)** (ugs.) Fachgebiet

Bran|chi|at *der;* -en, -en ‹*gr.-nlat.*›: durch Kiemen atmendes Wirbel- od. Gliedertier

Bran|chie [...çi̯ə] *die;* -, -n (meist Plural) ‹*gr.-lat.*›: Kieme

Bran|ding ['brændɪŋ] *das;* - ‹*engl.*›: **1.** (Wirtsch.) Markengebung; Entwicklung von Markennamen. **2.** das Einbrennen von bestimmten Mustern in die Haut mithilfe einer heißen Nadel

Bran|dy ['brɛndi] *der;* -s, -s ‹*niederl.-engl.*›: engl. Bez. für: Weinbrand

[1]**Bra|sil** *der;* -s, -e u. -s ‹vom Namen des südamerik. Staates Brasilien›: **a)** dunkelbrauner, würziger südamerikanischer Tabak; **b)** eine Kaffeesorte

[2]**Bra|sil** *die;* -, -[s]: Zigarre aus Brasiltabak

Bra|sil|holz, Bra|si|li|en|holz *das;* -es: südamerikanisches Holz, das rote Farbstoffe liefert

Bras|se|rie *die;* -, ...i̯en ‹*fr.*›: Bierlokal

Brat|sche *die;* -, -n ‹*gr.-lat.-it.;* »Armgeige«›: Streichinstrument, das eine Quinte tiefer als die Violine gestimmt ist

Brat|schist *der;* -en, -en: Musiker, der Bratsche spielt

Brat|schis|tin *die;* -, -nen: weibliche Form zu ↑Bratschist

bra|vis|si|mo ‹*gr.-lat.-vulgärlat.-it.*›: sehr gut! (Ausruf od. Zuruf, durch den Beifall u. Anerkennung ausgedrückt werden)

bra|vo: gut!, vortrefflich! (Ausruf od. Zuruf, durch den Beifall u. Anerkennung ausgedrückt werden)

[1]**Bra|vo** *das;* -s, -s: Beifallsruf

[2]**Bra|vo** *der;* -s, -s u. ...vi: it. Bez. für: Meuchelmörder, Räuber

Bra|vour, Bra|vur [bra'vu:ɐ̯] *die;* -, -en ‹*gr.-lat.-vulgärlat.-it.-fr.*›: **1.** (ohne Plural) **a)** Tapferkeit, Mut, Schneid; **b)** Geschicklichkeit; sichtbar gekonnte Art u. Weise, etwas zu bewältigen. **2.** (nur Plural) meisterhaft ausgeführte Darbietungen

Bra|vur [bra'vu:ɐ̯] usw. vgl. Bravour usw.

break [breɪk] ‹*engl.*›: »geht auseinander!« (Kommando des Ringrichters beim Boxkampf)

[1]**Break** [breɪk] *der* od. *das;* -s, -s ‹*engl.;* »Durchbruch«›: **1. a)** (Sport) plötzlicher u. unerwarteter Durchbruch aus der Verteidigung heraus; Überrumpelung aus der Defensive, Konterschlag; **b)** Gewinn eines Spiels bei gegnerischem Aufschlag. **2.** kurzes Zwischensolo im Jazz

[2]**Break** [breɪk] *das;* -s: das Breaken (1)

Break|dance ['breɪkda:ns, amerik.: ...dæns] *der;* - ‹*engl.-amerik.*›: zu moderner Popmusik getanzte rhythmisch-akrobatische Darbietung mit pantomimischen, roboterhaft anmutenden Elementen

Break|dan|cer ['breɪkda:nsɐ, dt.-amerik.: ...dænsɐ] *der;* -s, -: jmd., der Breakdance tanzt

Break|dan|ce|rin *die;* -, -nen: weibliche Form zu ↑Breakdancer

brea|ken ['breɪkn̩]: **1. a)** sich mit einem entsprechenden Signal in ein laufendes Gespräch über CB-Funk einschalten; **b)** über CB-Funk ein Gespräch führen. **2.** (Tennis) das Aufschlagspiel des Gegners gewinnen

Break-even [breɪk'|i:vn̩] *der;* -[s], -s ‹*engl.*›: Kurzform von ↑Break-even-Point

Break-even-Point [breɪk'|i:vn̩pɔ̯ynt] *der;* -[s], -s ‹*engl.*› (Wirtsch.): Rentabilitätsschwelle, Übergang zur Gewinnzone

Brec|cie ['brɛtʃə], **Brek|zie** [...i̯ə] *die;* -, -n ‹*germ.-fr.-it.*›: Sedimentgestein aus kantigen, durch ein Bindemittel verkitteten Gesteinstrümmern

Bre|douil|le [bre'dʊljə] *die;* -, -n ‹*fr.*› (ugs.): Verlegenheit, Bedrängnis

Bree|ches ['brɪtʃəs] *die* (Plural) ‹*engl.*›, **Bree|ches|ho|se** *die;* -, -n: halblange, oben weite, an den Knien anliegende Sport- u. Reithose

Brek|zie [...i̯ə] vgl. Breccie

Bre|ve *das;* -s, -n u. -s ‹*lat.;* »kurz«›: päpstlicher Erlass in einfacherer Form

Bre|vet [bre've:] *das;* -s, -s ‹*lat.-fr.*›: **1.** (Geschichte) kurzer Gnadenbrief des französischen Königs (mit Verleihung eines Titels u. Ä.). **2.** Schutz-, Verleihungs-, Ernennungsurkunde (bes. in Frankreich)

bre|ve|tie|ren: ein Brevet ausstellen

Bre|vier *das;* -s, -e: **1. a)** Gebetbuch des kath. Klerikers mit den Stundengebeten; **b)** tägliches kirchliches Stundengebet. **2.** kurze Sammlung wichtiger Stellen aus den Werken eines Dichters od. Schriftstellers (z. B. Schillerbrevier)

Bridge [brɪtʃ, engl.: brɪdʒ] *das;* -, -s ‹*engl.;* »Brücke«›: **1.** (ohne Plural) ein Kartenspiel. **2.** (Musik) Überleitung von der Strophe zum Refrain. **3.** (EDV) Verbindungsrechner zwischen mehreren lokalen Netzen

Brie vgl. Briekäse

Brie|fing *das;* -s, -s ‹*engl.-amerik.*›: **1.** (bes. Militär) kurze Einweisung od. Lagebesprechung. **2. a)** Schriftstück, Informationsgesprăch zwischen Werbefirma u. Auftraggeber über eine Werbeidee; **b)** Informationsgespräch, kurze Konferenz, bes. zur Unterrichtung der Presse

Brie|kä|se *der;* -s, -, **Brie** *der;* -[s], -s ⟨nach der fr. Landschaft Brie⟩: Weichkäse mit Schimmelbildung

Bri|ga|de *die;* -, -n ⟨*it.-fr.*⟩: **1.** größere Truppenabteilung. **2.** (Gastron.) Gesamtheit der in einem Restaurationsbetrieb beschäftigten Köche u. Küchengehilfen. **3.** (DDR) kleinste Arbeitsgruppe in einem Produktionsbetrieb

[1]**Bri|ga|di|er** [...ˈdi̯eː] *der;* -s, -s ⟨*it.-fr.*⟩: Befehlshaber einer Brigade (1)

[2]**Bri|ga|di|er** [...ˈdi̯eː, auch: ...ˈdiːɐ̯] *der;* -s, -s [...ˈdi̯eːs], auch: -e [...ˈdiːrə] ⟨*it.-fr.(-russ.)*⟩ (DDR): Leiter einer Brigade (3)

Bri|ga|die|rin *die;* -, -nen: weibliche Form zu ↑[2]Brigadier (2)

Bri|gant *der;* -en, -en ⟨*it.*⟩ (Geschichte): **a)** Freiheitskämpfer; **b)** Straßenräuber in Italien

Brigg *die;* -, -s ⟨*it.-fr.-engl.*⟩ (Geschichte): zweimastiges Segelschiff

Bri|g|nole [brɪnˈjɔl] *die;* -, -s (meist Plural) ⟨*fr.;* nach der Stadt Brignoles in der Provence⟩: geschälte u. an der Luft getrocknete Pflaume; vgl. Prünelle

Bri|kett *das;* -s, -s (selten: -e) ⟨*niederl.-fr.*⟩: aus kleinstückigem oder staubförmigem Gut (z. B. Steinkohlenstaub) durch Pressen gewonnenes festes Formstück (bes. Presskohle)

bri|ket|tie|ren: zu Briketts formen

bri|ko|lie|ren: durch Rückprall [von der Billardbande] treffen

bril|lant [brɪlˈjant] ⟨*drawid.-mittelind.-gr.-lat.-it.-fr.*⟩: von einer Art, die sich z. B. durch bestechende, faszinierende Kunstfertigkeit, glänzende Form, gekonnte Beherrschung der Mittel auszeichnet; hervorragend

[1]**Bril|lant** [brɪlˈjant] *der;* -en, -en ⟨*fr.*⟩: geschliffener Diamant

[2]**Bril|lant** [brɪlˈjant] *die;* -: Schriftgrad von drei ↑Punkt (2)

Bril|lan|ti|ne *die;* -, -n: Haarpomade

Bril|lant|schliff *der;* -s, -e: Schliffform von Edelsteinen

Bril|lanz *die;* -: **1.** glänzende, meisterhafte Technik bei der Darbietung von etwas; Virtuosität. **2. a)** (Fotogr.) Bildschärfe; **b)** (Akustik) unverfälschte Wiedergabe, bes. von hohen Tönen; Tonschärfe

bril|lie|ren [brɪlˈjiːrən, auch: brɪˈliː...]: glänzen (in einer Fertigkeit)

Brim|bo|ri|um *das;* -s ⟨*lat.-fr.*⟩ (ugs. abwertend): unverhältnismäßiger Aufwand; überflüssiges Drumherum; Aufheben

Brio *das;* -s ⟨*kelt.-it.*⟩ (Musik): Feuer, Lebhaftigkeit, Schwung; Ekstatik, Leidenschaft; vgl. brioso

Bri|oche [briˈɔʃ] *die;* -, -s ⟨*norm.-fr.*⟩: feines Hefegebäck in Brötchenform

bri|o|so ⟨*kelt.-it.*⟩ (Musik): mit Feuer, mit Schwung (Vortragsanweisung)

bri|sant ⟨*fr.*⟩: **1.** (Waffentechnik) hochexplosiv; sprengend, zermalmend. **2.** hochaktuell; viel Zündstoff enthaltend (z. B. von einer [politischen] Rede)

Bri|sanz *die;* -, -en: **1.** Sprengkraft. **2.** (ohne Plural) brennende, erregende Aktualität

Bri|ti|zis|mus *der;* -, ...men ⟨*nlat.*⟩: **1.** sprachliche Besonderheit des britischen Englisch. **2.** Entlehnung aus dem britischen Englisch ins Deutsche; vgl. Anglizismus

Broad Church [- tʃəːtʃ] *die;* - - ⟨*engl.;* »breite Kirche«⟩: liberale Richtung der ↑anglikanischen Kirche im 19. Jh.

Broc|co|li [auch: ˈbro:...] vgl. Brokkoli

Broi|ler *der;* -s, - ⟨*engl.*⟩ (regional): **a)** zum Grillen gemästetes Hähnchen; **b)** gegrilltes Hähnchen

Bro|kat *der;* -[e]s, -e ⟨*gall.-galloroman.-it.*⟩: **1.** kostbares, meist mit Gold- od. Silberfäden durchwirktes, gemustertes [Seiden]gewebe. **2.** pulverisierte Zinn- od. Zinkbronze für Bronzefarben

Bro|ker [ˈbroʊkɐ] *der;* -s, - ⟨*engl.*⟩: Börsenmakler

Brok|ko|li, Broc|co|li [auch: ˈbro:...] *der;* -[s], -[s] ⟨*gall.-galloroman.-it.*⟩: dem Blumenkohl ähnlicher Gemüsekohl mit grünem Blütenstand

Brom *das;* -s ⟨*gr.-lat.;* »Gestank«⟩: chem. Element, Nichtmetall (Zeichen: Br)

Bro|mid *das;* -[e]s, -e ⟨*gr.-lat.-nlat.*⟩: Salz des Bromwasserstoffs, Verbindung eines Metalls od. Nichtmetalls mit Brom

Brom|sil|ber *das;* -s: äußerst lichtempfindliche Schicht auf Filmen u. Platten

bron|chi|al ⟨*gr.-lat.-nlat.*⟩: **a)** zu den Bronchien gehörend; **b)** die Bronchien betreffend

Bron|chie [...çi̯ə] *die;* -, -n (meist Plural) ⟨*gr.-lat.*⟩: Luftröhrenast

Bron|chi|tis *die;* -, ...itiden ⟨*gr.-nlat.*⟩: Entzündung der Bronchialschleimhäute, Luftröhrenkatarrh

Bron|ze [ˈbrõːsə] *die;* -, -n ⟨*it.(-fr.)*⟩: **1.** gelblich braune Kupfer-Zinn-Legierung [mit ganz geringem Zinkanteil]. **2.** Kunstgegenstand aus einer solchen Legierung. **3.** (ohne Plural) gelblich braune, metallische Farbe, gelblich brauner Farbton

b

bron|zen: **1.** aus Bronze. **2.** wie Bronze [aussehend]

Bron|zit [brɔn..., auch: ...ˈtsɪt] *der;* -s ⟨*nlat.*⟩: faseriges, oft bronzeartig schillerndes Mineral

Bro|sche *die;* -, -n ⟨*gall.-galloroman.-fr.;* »Spitze; Spieß; Nadel«⟩: Anstecknadel, Spange

bro|schie|ren ⟨»aufspießen; durchstechen«⟩ (Buchw.): [Druck]bogen in einen Papier- od. Kartonumschlag heften od. leimen

Bro|schü|re *die;* -, -n: leicht geheftete Druckschrift geringeren Umfangs, Druckheft, Flugschrift

Brow|ning [ˈbraʊnɪŋ] *der;* -s, -s ⟨nach dem amerik. Erfinder J. M. Browning, 1855–1926⟩: Pistole mit Selbstladevorrichtung

brow|sen [ˈbrau̯zn̩] ⟨*engl.*⟩ (EDV): [mehr od. weniger gezielt] in Datenbanken nach etwas suchen

Brow|ser [ˈbrau̯zɐ] *der;* -s, - (EDV): Software zum Verwalten, Finden u. Ansehen von Dateien (bes. von Websites im Internet)

Brunch [brantʃ, branʃ] *der;* -[e]s od. -, -[e]s od. -e ⟨engl. Bildung aus *engl.* **br**eakfast »Frühstück« und l**unch** »Mittagsmahlzeit«⟩: spätes, ausgedehntes u. reichliches Frühstück, das das Mittagessen ersetzt

brun|chen: einen Brunch einnehmen

brü|nett ⟨*germ.-fr.*⟩: **a)** braunhaarig; **b)** braunhäutig

Brü|net|te *die;* -[n], -n (aber: 2 -[n]): braunhaarige Frau

brüsk ⟨*it.-fr.;* »stachlig, rau«⟩: in unerwartet unhöflicher Weise barsch, schroff

brüs|kie|ren: sich jmdm. gegenüber unhöflich, schroff verhalten, sodass dieser sich [öffentlich] bloßgestellt, verletzt, herausgefordert fühlt

brut [bryt, fr.: bryt] ⟨*lat.-fr.*⟩: herb (niedrigster Trockenheitsgrad des Champagners)

bru|tal ⟨*lat.*⟩: roh u. gefühllos; ohne Rücksicht zu nehmen, sein Vorhaben o. Ä. [auf gewaltsame Art] durchsetzend, ausführend

bru|ta|li|sie|ren ⟨*lat.-nlat.*⟩: brutal, gewalttätig machen; verrohen

Bru|ta|li|tät *die;* -, -en ⟨*lat.-mlat.*⟩: **a)** (ohne Plural) brutales Verhalten; **b)** brutale Tat, Gewalttätigkeit

brut|to ⟨*lat.-it.*⟩: **a)** mit Verpackung; **b)** ohne Abzug [der Steuern]; roh, insgesamt gerechnet (Abk.: btto.); **brutto für netto:** der Preis versteht sich für das Gewicht der Ware einschließlich Verpackung (Handelsklausel) (Abk.: bfn.)

Brut|to...

⟨*lat.* brutus »schwer(fällig)« → *it.* brutto »unrein; roh«⟩
Wortbildungselement auf dem Gebiet der Wirtschaft u. des Handels mit der Bedeutung »ohne Abzug; mit Verpackung«:
- Bruttogewicht
- Bruttogewinn
- Bruttosozialprodukt

Ggs. ↑Netto...

Brut|to|ge|wicht *das;* -[e]s, -e: Gewicht einer Ware einschließlich der Verpackung

Brut|to|in|lands|pro|dukt *das;* -[e]s (Wirtsch.): Wert aller Waren und Dienstleistungen, die in einem Jahr innerhalb der Landesgrenzen einer Volkswirtschaft produziert werden

Brut|to|so|zi|al|pro|dukt *das;* -[e]s, -e: das gesamte Ergebnis des Wirtschaftsprozesses in einem Staat während eines Jahres (Abk.: BSP)

B. Sc. [ˈbiːɛsˈsiː] *der;* - = Bachelor of Science

BSE *die,* auch *das;* - ⟨kurz für: **b**ovine **s**pongiforme **E**nzephalopathie⟩: Rinderwahnsinn, Seuche, die vor allem bei Rindern unheilbare Veränderungen im Gehirn hervorruft

Bu|cin|to|ro [butʃɪn...] *der;* -s, auch relatinisiert: **Bu|zen|taur** *der;* -en ⟨*gr.-lat.-venez.-it.(-nlat.)*⟩: nach einem Untier der gr. Sage benannte Prunkbarke der venezianischen Dogen (12.–18. Jh.)

Bud|dha *der;* -s, -s ⟨*sanskr.;* »der Erleuchtete«; Ehrentitel des ind. Prinzen Siddhartha (um 500 v. Chr.)⟩: **1.** [Titel für einen] Verkünder der Lehren des historischen Buddhas. **2.** Statue, die einen Buddha (1) darstellt

Bud|dhis|mus *der;* - ⟨*sanskr.-nlat.*⟩: die von Buddha begründete indisch-ostasiatische Heilslehre

Bud|dhist *der;* -en, -en: Anhänger des Buddhismus

Bud|dhis|tin *die;* -, -nen: weibliche Form zu ↑Buddhist

bud|dhis|tisch: den Buddhismus betreffend, zu ihm gehörend

Bud|get [byˈdʒeː] *das;* -s, -s ⟨*gall.-lat.-fr.-engl.-fr.*⟩: Haushaltsplan, Voranschlag von öffentlichen Einnahmen u. Ausgaben

Bud|get|be|trag *der;* -s, ...träge: Posten im Haushaltsplan

bud|ge|tie|ren: ein Budget aufstellen

Bud|ge|tie|rung *die;* -, -en: Aufstellung eines Budgets

Bu|di|ke *die;* -, -n ⟨*gr.-lat.-provenzal.-fr.*⟩: **1.** kleiner Laden. **2.** kleine Kneipe
Bu|di|ker *der;* -s, -: Besitzer einer Budike
Bu̲|do *das;* -[s] ⟨*jap.*⟩: Sammelbez. für Judo, Karate u. ähnliche Sportarten
Bu|do̲|ka *der;* -[s], -[s] u. *die;* -, -[s]: jmd., der Budo als Sport betreibt
Bü|fẹtt *das;* -[e]s, -s u. -e, bes. österr. u. schweiz.: **Buf|fet** [bʏˈfeː] *das;* -s, -s ⟨*fr.*⟩: **1.** Geschirrschrank, Anrichte. **2. a)** Schanktisch in einer Gaststätte; **b)** Verkaufstisch in einem Restaurant od. Café; **kaltes Buffet:** auf einem langen Tisch zur Selbstbedienung zusammengestellte, meist kunstvoll arrangierte [kalte] Speisen (Salate, Fleisch, Pasteten u. Ä.)
Bü|fet|ti|er [...ˈti̯eː] *der;* -s, -s ⟨*fr.*⟩: jmd., der das Bier zapft, am Büfett (2) ausschenkt
Buf|fet [bʏˈfeː] vgl. Büfett
Bụf|fo *der;* -s, -s u. ...ffi ⟨*vulgärlat.-it.*⟩: Sänger komischer Rollen
buf|fo|nẹsk: in der Art eines Buffos
Bug [bag] *der;* -s, -s ⟨*engl.*⟩ (EDV): Fehler in einem Computerprogramm
Bug|gy [ˈbagi] *der;* -s, -s ⟨*engl.*⟩: **1.** leichter, ungedeckter, einspänniger Wagen mit zwei od. vier hohen Rädern (früher bei Trabrennen benutzt). **2.** geländegängiges Freizeitauto mit offener Kunststoffkarosserie. **3.** zusammenklappbarer Kindersportwagen
bug|sie̲|ren ⟨*lat.-port.-niederl.*⟩: **1.** (Seemannsspr.) [ein Schiff] ins Schlepptau nehmen u. zu einem bestimmten Ziel befördern. **2.** (ugs.) jmdn./etwas mühevoll irgendwohin bringen, lotsen
Bug|sie̲|rer *der;* -s, - (Seemannsspr.): kleiner [Hafen]schlepper
Bu̲|hurt *der;* -[s], -e ⟨*fr.*⟩: mittelalterliches Ritterkampfspiel, Turnier
Bu|kẹtt *das;* -s, -s u. -e ⟨*germ.-fr.*⟩: **1.** Blumenstrauß. **2.** Duft u. Geschmacksstoffe (sog. Blume) des Weines od. Weinbrands
¹Bu|k|lee [buˈkleː] vgl. ¹Bouclé
²Bu|k|lee [buˈkleː] vgl. ²Bouclé
Bu|ko̲|lik *die;* - ⟨*gr.-lat.*⟩: Hirten- od. Schäferdichtung (Dichtung mit Motiven aus der einfachen, naturnahen, friedlichen Welt der Hirten)
Bu|lẹt|te *die;* -, -n ⟨*lat.-fr.*⟩ (landsch.): ↑Frikadelle
Bu̲l|gur *der;* -s ⟨*arab.*⟩: lagerfähiges Nahrungsmittel aus gekochtem, getrocknetem Weizen
Bu|li|mi̲e *die;* - ⟨*gr.*⟩ (Med.): Störung des Essverhaltens mit Heißhungeranfällen u. anschließend selbsttätig herbeigeführtem Erbrechen
bu|li|misch (Med.): die ↑Bulimie betreffend, mit ihr einhergehend
Bulk|car|ri|er [ˈbʌlkkærɪɐ] *der;* -s, - ⟨*engl.*⟩: Frachtschiff zur Beförderung loser Massengüter; vgl. Carrier
Bu̲ll|dog® *der;* -s, -s ⟨*engl.*⟩: eine Zugmaschine
Bu̲ll|dog|ge *die;* -, -n: kurzhaariger, gedrungener Hund mit großem Schädel u. kurzer Schnauze
Bu̲ll|do|zer [...doːzɐ] *der;* -s, -: schweres Raupenfahrzeug für Erdbewegungen (z. B. als ↑Planierraupe)
Bu̲l|le *die;* -, -n ⟨*lat.;* »Wasserblase; Siegelkapsel«⟩: **1.** Siegel[kapsel] aus Metall (Gold, Silber, Blei) in kreisrunder Form (als Urkundensiegel, bes. im Mittelalter gebräuchlich). **2. a)** mittelalterliche Urkunde mit Metallsiegel (z. B. die Goldene Bulle Kaiser Karls IV.); **b)** feierlicher päpstlicher Erlass
Bul|le|tin [bʏlˈtɛ̃ː] *das;* -s, -s ⟨*lat.-fr.*⟩: **1.** amtliche Bekanntmachung, Tagesbericht. **2.** Krankenbericht. **3.** Titel von Sitzungsberichten u. wissenschaftlichen Zeitschriften
Bu̲ll|ter|ri|er *der;* -s, - ⟨*engl.*⟩: aus Bulldogge u. Terrier gezüchteter Hund (eine Hunderasse)
Bu̲l|ly *das;* -s, -s ⟨*engl.*⟩: das von zwei Spielern ausgeführte Anspiel im [Eis]hockey
Bu̲|me|rang [ˈbʊmə...] *der;* -s, -s u. -e ⟨*austr.-engl.*⟩: **a)** (Völkerkunde) gewinkeltes od. leicht gebogenes Wurfholz, das bes. von den Aborigines zur Jagd benutzt wurde; **b)** leichtes, gekrümmtes Wurfholz, das zum Werfer zurückkehrt (Spiel- u. Sportgerät)
Bu̲|na® *der* od. *das;* -[s] ⟨Kurzw. aus: **Bu**tadien u. **Na**trium⟩: synthetischer Kautschuk
Bun|ga|low [ˈbʊŋgalo] *der;* -s, -s ⟨*Hindi-engl.*⟩: frei stehendes, geräumiges eingeschossiges Wohn- od. Sommerhaus mit flachem od. flach geneigtem Dach
Bun|gee-Jum|ping, Bun|gee|jum|ping [ˈbʌndʒidʒʌmpɪŋ] *das;* -s ⟨*engl.*⟩: durch ein starkes Gummiseil gesichertes Springen kopfüber aus großer Höhe, wobei der bzw. die Springende kurz vor dem Boden aufgehalten wird u. federnd auspendelt
Bu̱n|ker *der;* -s, - ⟨*engl.*⟩: **1.** Behälter zur Aufnahme von Massengütern (Kohle, Erz). **2. a)** Betonunterstand [im Krieg]; **b)** Schutzbau aus Stahlbeton für militärische Zwecke od. für die Zivilbevölkerung. **3.** Sandloch als Hindernis beim Golf. **4.** Gefängnis
bu̱n|kern: **1.** Massengüter wie Kohle, Erz in Sammelbehälter einlagern. **2.** (ugs.) etwas in großer Menge ansammeln, aufbewahren

Bü|ret|te *die;* -, -n ⟨*germ.-fr.*⟩: Glasrohr mit Verschlusshahn u. Volumenskala (wichtiges Arbeitsgerät bei der Maßanalyse)

Bur|ger ['bøːɐ̯gɐ] *der;* -s, - ⟨*engl.;* Kurzform von ↑Hamburger⟩ (ugs.): nach Art des Hamburgers belegtes Brötchen

Bur|gun|der *der;* -s, -: Wein aus Burgund

bur|lesk ⟨*it.-fr.*⟩: possenhaft

Bur|les|ke *die;* -, -n: **1.** Schwank, Posse. **2.** derbspaßhaftes Musikstück

Bur|nus *der;* - u. -ses, -se ⟨*arab.-fr.*⟩: Kapuzenmantel der Beduinen

Bü|ro *das;* -s, -s ⟨*lat.-vulgärlat.-fr.*⟩: **1.** Arbeitsraum; Dienststelle, wo die verschiedenen schriftlichen od. verwaltungstechnischen Arbeiten eines Betriebes od. bestimmter Einrichtungen des öffentlichen Lebens erledigt werden. **2.** die zu der Dienststelle gehörenden Angestellten

Bü|ro|krat *der;* -en, -en ⟨*fr.*⟩ (abwertend): jmd., der in der Anwendung u. Auslegung von Bestimmungen einem starren Formalismus verhaftet ist

Bü|ro|kra|tie *die;* -, ...ien: **1.** (ohne Plural; abwertend) bürokratische Denk- u. Handlungsweise. **2.** Beamten-, Verwaltungsapparat

Bü|ro|kra|tin *die;* -, -nen: weibliche Form zu ↑Bürokrat

bü|ro|kra|tisch: **1.** (abwertend) sich übergenau an die Vorschriften haltend [ohne den augenblicklichen Gegebenheiten Rechnung zu tragen]. **2.** die Bürokratie (2) betreffend

bü|ro|kra|ti|sie|ren: den Ablauf, die Verwaltung von etwas einer schematischen, engstirnig-formalistischen Ordnung unterwerfen

Bü|ro|kra|tis|mus *der;* - (abwertend): pedantisches, engstirnig-formalistisches Denken u. Handeln

Bur|se *die;* -, -n ⟨*gr.-lat.*⟩: Studentenwohnheim

Bus *der;* -ses, -se ⟨*lat.-engl.*⟩: **1.** Kurzform von ↑Autobus, ↑Omnibus. **2.** (EDV) Sammelleitung zur Datenübertragung zwischen mehreren Funktionseinheiten eines Computers

Busi|ness ['bɪznɪs] *das;* - ⟨*engl.*⟩: **a)** (abwertend) Geschäftemacherei, vom Profitstreben bestimmtes Geschäft; **b)** Geschäftsleben

Busi|ness|class, Busi|ness-Class [...klaːs] *die;* -: bes. für Geschäftsreisende eingerichtete, bequemere Reiseklasse im Flugverkehr

Busi|ness-to-Busi|ness [...tʊ'bɪznɪs] *das;* - ⟨*engl.*⟩: Handel mit Waren od. Dienstleistungen zwischen Unternehmen [im Internet] (Abk.: B2B)

Bus

Autobus und die Kurzform *Bus* werden im Nominativ, Dativ und Akkusativ Singular nur mit einem *-s* geschrieben, obwohl der Genitiv Singular und die Pluralformen mit Doppel-*s* gebildet werden.

Bus|sard *der;* -s, -e ⟨*lat.-fr.*⟩: ein Greifvogel

Bus|so|le *die;* -, -n ⟨*lat.-vulgärlat.-it.*⟩: Kompass mit Kreisteilung u. Ziellinie zur Festlegung von Richtungen u. Richtungsänderungen in unübersichtlichem Gelände u. unter Tage

Bus|ti|er [bʏs'tieː] *das;* -s, -s ⟨*fr.*⟩: Teil der Unterkleidung für Frauen in Form eines miederartig anliegenden, kurzen Oberteils ohne Ärmel

Bus|t|ro|phe|don *das;* -s ⟨*gr.-lat.;* »sich wendend wie der Ochse beim Pflügen«⟩: Schreibrichtung, bei der die Schrift abwechselnd nach rechts u. nach links läuft (bes. in frühgriech. Sprachdenkmälern)

Bu|su|ki *die;* -, -s ⟨*gr.*⟩: griechisches, in der Volksmusik verwendetes Lauteninstrument

Bu|ta|di|en *das;* -s ⟨Kunstw.⟩: ungesättigter gasförmiger Kohlenwasserstoff (Ausgangsstoff für synthetischen Gummi)

Bu|tan *das;* -s, -e ⟨*gr.-nlat.*⟩: gesättigter gasförmiger Kohlenwasserstoff, der in Erdgas u. Erdöl enthalten ist

But|ler ['batlɐ] *der;* -s, - ⟨*lat.-fr.-engl.*⟩: Diener in einem vornehmen Haushalt, bes. in England

But|ter|fly ['batɐflai̯] *der;* -[s], -s ⟨*engl.;* »Schmetterling«⟩: **1.** bestimmter Spreizsprung im Eiskunstlaufen. **2.** (Turnen) Salto seitwärts gestreckt, der von einem Bein gesprungen und auf dem anderen Bein (Schwungbein) aufgefangen wird. **3.** (ohne Plural) Butterflystil

But|ter|fly|stil *der;* -[e]s: Schmetterlingsstil (im Schwimmsport)

But|ton ['batn̩] *der;* -s, -s ⟨*engl.;* »Knopf«⟩: **1.** runde Plakette zum Anstecken [mit einer Aufschrift], die die politische, religiöse u. a. Einstellung des Trägers zu erkennen gibt. **2.** (EDV) virtueller Schalter, Knopf zum Anklicken auf einer grafischen Benutzeroberfläche

Bu|tyl|al|ko|hol *der;* -s, -e: als Lösungsmittel od. Riechsalz verwendeter Alkohol mit vier Kohlenstoffatomen

Buy-out ['bai̯|au̯t] *das* u. *der;* -s, -s ⟨*engl.*⟩: Kurzform von ↑Management-Buy-out

Bu|zen|taur vgl. Bucintoro

Buz|zer ['bazɐ] *der;* -s, - ⟨*engl.*⟩: Gerät, das [auf Knopfdruck] einen Summton erzeugt

bye-bye ⟨*engl.*⟩: auf Wiedersehen!

By|pass ['baipas] *der;* -[es], ...pässe ⟨*engl.*⟩: **1. a)** (Technik) Umführung [einer Strömung], Nebenleitung; **b)** (Elektrot.) Kondensator (1) zur Funkentstörung. **2.** (Med.) **a)** Umleitung der Blutbahn; **b)** Ersatzstück, durch das die Umleitung der Blutbahn verläuft

Bys|sus *der;* - ⟨*gr.-lat.*⟩: **1.** kostbares, zartes Leinen- od. Seidengewebe des Altertums (z. B. ägyptische Mumienbinden). **2.** ® feines Baumwollgewebe für Leibwäsche. **3.** Haftfäden mehrerer Muschelarten (als Muschelseide verarbeitet)

Byte [bait] *das;* -[s], -[s] ⟨*engl.*⟩ (EDV): zusammengehörige Folge von acht Bits zur Darstellung je eines Zeichens (kleinste im Speicher eines Computers adressierbare Informationseinheit)

By|zan|ti|ner *der;* -s, - ⟨nach Byzanz, dem alten Namen von Istanbul/Konstantinopel⟩ (veraltet abwertend): Kriecher, Schmeichler

By|zan|ti|ne|rin *die;* -, -nen: weibliche Form zu ↑Byzantiner

by|zan|ti|nisch: 1. zu Byzanz gehörend. **2.** (veraltet, abwertend) kriecherisch, unterwürfig

By|zan|ti|nis|tik *die;* -: Wissenschaft, die sich mit der Erforschung der byzantinischen Kultur u. Geschichte befasst

B2B [bi:tʊ'bi:] *das;* -: Abk. für ↑Business-to-Business

C

Cab [kæb] *das;* -s, -s ⟨*engl.*⟩: einspännige englische Droschke

Ca|bal|le|ro [kabal'je:ro, auch: kava...] *der;* -s, -s ⟨*lat.-span.*⟩: **1.** (Geschichte) spanischer Edelmann, Ritter. **2.** Herr (spanischer Titel)

Ca|ba|nos|si vgl. Kabanossi

Ca|ba|ret [kaba're:, auch: 'kabare] vgl. Kabarett

Ca|b|rio *das;* -[s], -s: kurz für: ↑Cabriolet (1)

Ca|b|ri|o|let [...'le:] *das;* -s, -s ⟨*lat.-it.-fr.*⟩: **1.** Auto mit aufklappbarem od. versenkbarem Verdeck. **2.** (veraltet) leichter, zweirädriger Einspänner

Ca|cha|ça [ka'ʃasa] *der* od. *die;* - ⟨*port.*⟩: brasilianischer Zuckerrohrbranntwein

Cache [kæʃ, auch: kaʃ] *der;* -, -s ⟨*fr.-engl.*⟩ (EDV): Speichereinheit als Zwischenträger von Daten zweier kommunizierender Funktionseinheiten unterschiedlicher Datenflussgeschwindigkeiten; Pufferspeicher

Ca|chet [ka'ʃe:, auch: ka'ʃɛ] *das;* -s, -s ⟨*lat.-fr.*⟩ (veraltet): **1.** Siegel. **2.** Eigenart, Gepräge, Eigentümlichkeit

Ca|che|te|ro [katʃe...] *der;* -s, -s ⟨*lat.-vulgärlat.-span.*⟩: Stierkämpfer, der dem vom ↑Matador (1) verwundeten Stier den Gnadenstoß gibt

CAD [kæd] *das;* -s ⟨Abk. für *engl.* computer-aided design »computerunterstütztes Entwerfen«⟩: rechnerunterstützte Konstruktion u. Arbeitsplanung

Cad|die ['kɛdi, 'kædi] *der;* -s, -s ⟨*lat.-provenzal.-gaskogn.-fr.-engl.*⟩: **1.** Junge, der dem Golfspieler die Schläger trägt. **2.** zweirädriger Wagen zum Transportieren der Golfschläger. **3.** ® Einkaufswagen [in einem Supermarkt]

Cad|mi|um vgl. Kadmium

Cae|si|um ['tsɛ:...] vgl. Cäsium

Ca|fé [ka'fe:] *das;* -s, -s ⟨*arab.-türk.-it.-fr.*⟩: Gaststätte, die vorwiegend Kaffee u. Kuchen anbietet; Kaffeehaus; vgl. Kaffee

Ca|fé au Lait [kafeo'lɛ] *der;* - - -, -s - - ⟨*fr.*⟩: Milchkaffee

Ca|fé com|p|let [kafekõ'plɛ] *der;* - -, -s -s [...kõ'plɛ] (schweiz.): Kaffee mit Milch, Brötchen, Butter u. Marmelade

Ca|fé crème, Ca|fé Crème [kafe'krɛ:m] *der;* - -, -s - [- 'krɛ:m]: Kaffee mit Sahne

Ca|fe|te|ria *die;* -, -s u. ...ien ⟨*arab.-türk.-it.-amerik.-span.*⟩: Imbissstube, Restaurant mit Selbstbedienung

Cai|pi|rin|ha [kaipi'rinja] *der;* -s, -s u. *die;* -, -s ⟨*port.*⟩: Cocktail aus Cachaça, Zucker, Limetten u. zerstoßenem Eis

Cais|son [kɛ'sõ:] *der;* -s, -s ⟨*lat.-it.-fr.*⟩: Senkkasten für Bauarbeiten unter Wasser

Cais|son|krank|heit *die;* - (Med.): Krankheit, die nach Arbeiten unter erhöhtem Luftdruck auftritt; Druckluftkrankheit

Ca|la|ma|res *die* (Plural) ⟨*span.*⟩: Gericht aus frittierten Tintenfischstückchen

Ca|la|mus *der;* -, ...mi ⟨*gr.-lat.*⟩: **1.** antikes Schreibgerät aus Schilfrohr. **2.** hohler Teil des Federkiels bei Vogelfedern (Spule)

Cal|cit vgl. Kalzit

Cal|ci|um vgl. Kalzium

Cal|da|ri|um vgl. Kaldarium

Ca|lem|bour, Ca|lem|bourg [kalã'bu:ɐ̯] *der;* -s, -s ⟨*fr.*⟩ (veraltet): Wortspiel; vgl. Kalauer

Ca|len|dae [...dɛ] vgl. Kalenden

Ca|li|for|ni|um *das;* -s ⟨*nlat.;* nach dem US-Bundesstaat Kalifornien⟩: künstlich hergestelltes chem. Element, ein Transuran (Zeichen: Cf)

Ca|l|la *die;* -, -s ⟨*gr.-nlat.*⟩: (zu den Aronstabgewächsen gehörende) Pflanze mit breiten, glatten grünen Blättern u. lang gestieltem Blütenstand mit weißem Hüllblatt

Cal|la|ne|tics® [kɛlə'nɛtɪks] *die* (Plural) ⟨Kunstw.; nach der Amerikanerin Callan Pinckney, * 1939⟩: Fitnesstraining, das bes. auf die tieferen Bindegewebsschichten wirkt

Call|boy ['kɔ:lbɔy̯] *der;* -s, -s ⟨*engl.*⟩: junger Mann, der auf telefonischen Anruf hin Besuche macht od. Besucher empfängt u. gegen Bezahlung deren [homo]sexuelle Wünsche befriedigt

Call-by-Call ['kɔ:lbaɪ'kɔ:l] *das;* -s (meist ohne Artikel) ⟨*engl.*⟩: Auswahl einer bestimmten Telefongesellschaft durch Vorwählen einer bestimmten Nummer [bei jedem Anruf]

Call|cen|ter, Call-Cen|ter ['kɔ:lsɛntɐ] *das;* -s, - ⟨*engl.-amerik.*⟩: Büro, zentrale Stelle, an der eingehende Anrufe entgegengenommen u. bearbeitet od. weitergeleitet werden

Call|cen|ter|agent, Call-Cen|ter-Agent […|agɛnt, auch: …|eɪdʒənt] *der;* -en, -en od. -s, -s: jmd., der in einem ↑Callcenter Anrufe entgegennimmt

Call|cen|ter|agen|tin, Call-Cen|ter-Agen|tin *die;* -, -nen: weibliche Form zu ↑Callcenteragent

Call|girl ['kɔ:lgə:l] *das;* -s, -s ⟨*engl.*⟩: Prostituierte, die auf telefonischen Anruf hin Besucher empfängt od. Besuche macht

ca|lo|ri|sie|ren vgl. kalorisieren

Ca|lu|met [auch: kaly'mɛ] vgl. Kalumet

Cal|va|dos *der;* -, - ⟨*fr.;* nach dem fr. Departement⟩: französischer Apfelbranntwein

cal|vi|nisch, kal|vi|nisch ⟨*nlat.;* nach dem Genfer Reformator J. Calvin, 1509–1564⟩: die Lehre Calvins betreffend; nach der Art Calvins

Cal|vi|nis|mus, Kal|vi|nis|mus *der;* -: evangelisch-reformierte Glaubenslehre des Genfer Reformators J. Calvin, welche die nur geistige Präsenz Christi beim Abendmahl u. die [sich auch im irdischen Glück offenbarende] Prädestination der von Gott Auserwählten vertritt

Ca|lyp|so [ka'lɪpso] *der;* -[s], -s ⟨Herkunft unsicher⟩: **1.** volkstümliche Gesangsform der afroamerikanischen Musik Westindiens. **2.** figurenreicher Modetanz im Rumbarhythmus

Cal|zo|ne *die;* -, -n ⟨*it.*⟩: zusammengeklappte, gefüllte Pizza

Cam|cor|der *der;* -s, - ⟨*engl.;* Kurzw. aus **cam**era »Kamera« u. ↑Re**corder**⟩: Kurzw. für Kamerarekorder

Ca|mem|bert ['kaməmbe:ɐ̯, kamã'bɛ:ɐ̯] *der;* -s, -s ⟨*fr.;* nach der fr. Stadt in der Normandie⟩: vollfetter Weichkäse mit weißem Schimmelbelag

Ca|me|ra ob|s|cu|ra *die;* - -, …rae […rɛ] …rae […rɛ] ⟨*lat.;* »dunkle Kammer«⟩: innen geschwärzter Kasten mit transparenter Rückwand, auf der eine an der Vorderseite befindliche Sammellinse ein auf dem Kopf stehendes, seitenverkehrtes Bild erzeugt (Urform der fotografischen Kamera)

Ca|mor|ra, Ka|mor|ra *die;* - ⟨*it.*⟩: Geheimbund in Süditalien, bes. in Neapel

Ca|mou|f|la|ge [kamu'fla:ʒə] *die;* -, -n ⟨*fr.*⟩: **1.** (veraltet) Tarnung von Befestigungsanlagen. **2.** (abwertend) Tarnung von [politischen] Absichten

ca|mou|f|lie|ren ⟨*it.-fr.*⟩ (veraltet): tarnen, verbergen

Camp [kɛmp] *das;* -s, -s ⟨*lat.-it.-fr.-engl.*⟩: **1.** [Zelt]lager, Ferienlager (aus Zelten od. einfachen Häuschen). **2.** Gefangenenlager

Cam|pa|g|ne [kam'panjə] vgl. Kampagne

Cam|pa|ni|le vgl. Kampanile

Cam|pa|ri® *der;* -s, -s (aber: 2 -) ⟨*it.*⟩: ein Bitterlikör

Cam|pe|che|holz [kam'pɛtʃe…] vgl. Kampescheholz

cam|pen ['kɛmpn̩] ⟨*lat.-it.-fr.-engl.*⟩: am Wochenende od. während der Ferien im Zelt od. Wohnwagen leben

Cam|per *der;* -s, -: jmd., der am Wochenende od. während der Ferien im Zelt od. Wohnwagen lebt

Cam|pe|rin *die;* -, -nen: weibliche Form zu ↑Camper

Cam|pe|si|no *der;* -s, -s ⟨*lat.-span.*⟩: armer Landarbeiter, Bauer (in Spanien u. Südamerika)

cam|pie|ren (österr., schweiz.): ↑campen; vgl. kampieren

Cam|ping ['kɛm…] *das;* -s ⟨*lat.-it.-fr.-engl.*⟩: das Leben im Freien [auf Campingplätzen], im Zelt od. Wohnwagen während der Ferien od. am Wochenende

Cam|pus ['kam…, engl.: 'kæmpəs] *der;* -, Plur. - u. -se ⟨*lat.-engl.-amerik.*⟩: Gesamtanlage einer Hochschule; Universitätsgelände

Ca|nail|le [ka'naljə, auch: …'nai̯j(ə)] vgl. Kanaille

Can|can [kã'kã:] *der;* -[s], -s ⟨*lat.-fr.*⟩: lebhafter Tanz im $^{2}/_{4}$-Takt, heute vor allem Schautanz in Varietés u. Nachtlokalen

can|celn ['kɛnts̮l̩n] ⟨*lat.-fr.-engl.*⟩: streichen, absagen, rückgängig machen

Can|de|la *die;* -, - ⟨*lat.;* »Wachslicht, Kerze«⟩: Einheit der Lichtstärke (Zeichen: cd)

Can|dle-Light-Din|ner, Can|dle|light-Din|ner ['kændl̩lai̯t…] *das;* -s, -[s] ⟨*engl.*⟩: festliches Abendessen mit Kerzenbeleuchtung

Can|na, Kan|na *die;* -, -s ⟨*sumer.-babylon.-gr.-*

lat.): in tropischen Gebieten wild wachsende, als Zierpflanze kultivierte hohe Staude mit roten, gelben od. rosa Blüten

Can|na|bis *der;* - ‹*gr.-lat.-engl.*›: **a)** Hanf; **b)** andere Bez. für ↑Haschisch

Can|nae [...nɛ] vgl. Kannä

Can|nel|koh|le [ˈkɛnl̩...] vgl. Kännelkohle

Can|nel|lo|ni *die* (Plural) ‹*it.*›: mit Fleisch gefüllte u. mit Käse überbackene Nudelteigröllchen

Ca|ñon [ˈkanjɔn, auch: ˈkɛnjən] *der;* -s, -s ‹*lat.-span.*›: enges, tief eingeschnittenes, steilwandiges Tal, bes. im westlichen Nordamerika

Ca|nos|sa, Ka|nos|sa *das;* -s, -s ‹nach Canossa, einer Burg in Norditalien, in der Papst Gregor VII. 1077 den dt. Kaiser Heinrich IV. auf dessen Bußgang hin vom Bann lossprach›: tiefe Demütigung, Selbsterniedrigung; **ein Gang nach Canossa:** Demütigung

can|ta|bi|le ‹*lat.-it.*› (Musik): gesangartig, ausdrucksvoll (Vortragsanweisung)

Can|ta|ro *der;* -s, ...ari ‹*lat.-mgr.-arab.-it.*›: ↑Kantar

Can|ta|te vgl. [1]Kantate

Can|tha|ri|din vgl. Kantharidin

Can|ti|le|na *die;* -, ...nen ‹*spätlat.-it.*› (im Mittelalter): **a)** liedhafter Teil im liturgischen Gesang (z. B. Tropus 2 b); **b)** einstimmiges Spielmannslied; **c)** mehrstimmiger Liedsatz

Can|to *der;* -s, -s ‹*lat.-it.*›: Gesang

Can|tus *der;* -, - [...tu:s] ‹*lat.*›: Gesang, Melodie, melodietragende Oberstimme bei mehrstimmigen Gesängen; **Cantus choralis** [- ko...]: einstimmiger gregorianischer Gesang; **Cantus figuralis:** mehrstimmige Musik des 15.–17. Jh.s; **Cantus mensurabilis** od. **mensuratus:** in der gregorianischen Kirchenmusik Choralnoten mit Bezeichnung der Tondauer; **Cantus planus:** in der gregorianischen Kirchenmusik Choralnoten ohne Bezeichnung der Tondauer; ↑Kantus; **Cantus firmus:** [choralartige] Hauptmelodie eines polyfonen Chor- od. Instrumentalsatzes (Abk.: c. f.)

Can|yo|ning [ˈkɛnjənɪŋ] *das;* -s: eine Extremsportart, die Klettern in Gebirgsschluchten u. Schwimmen im Wildwasser vereint

Ca|pa *die;* -, -s ‹*lat.-span.*›: farbiger Umhang der Stierkämpfer

Cape [ke:p] *das;* -s, -s ‹*lat.-roman.-engl.*›: ärmelloser Umhang [mit Kapuze]

Ca|pe|a|dor *der;* -s, -es ‹*lat.-span.*›: Stierkämpfer, der den Stier mit der Capa reizt

Ca|po|tas|to *der;* -, ...ti ‹*it.*›: ↑Kapodaster

Cap|puc|ci|no [kapʊˈtʃi:no] *der;* -s, -s (aber: 2 -) ‹*it.*›: heißes Kaffeegetränk mit geschlagener Sahne od. aufgeschäumter Milch u. ein wenig Kakaopulver

Ca|p|ric|cio *das;* -s, -s (Musik): scherzhaftes, launiges Musikstück

ca|p|ric|cio|so (Musik): eigenwillig, launenhaft, kapriziös, scherzhaft (Vortragsanweisung)

Ca|p|ri|ce, Ka|p|ri|ce [kaˈpri:sə] *die;* -, -n ‹*lat.-it.-fr.*›: **1.** Eigensinn, Laune, wunderlicher Einfall. **2.** fr. Form von ↑Capriccio

Ca|p|ri|ho|se *die;* -, -n ‹nach der Mittelmeerinsel›: wadenlange Frauenhose

Cap|ta|tio Be|ne|vo|len|ti|ae [- ...tsi̯ɛ] *die;* - - ‹*lat.*›: das Werben um die Gunst des Publikums mit bestimmten Redewendungen; vgl. Kaptation

Ca|put mor|tu|um *das;* - - (»toter Kopf«): **1.** rote Farbe aus Eisenoxid, Englischrot (Malerfarbe, Poliermittel). **2.** (veraltet) Wertloses

Ca|que|lon [kak(ə)ˈlõ:] *das;* -s, -s ‹*fr.*›: Topf aus Steingut od. Keramik mit Stiel (z. B. zum Fondue)

Car *der;* -s, -s ‹*fr.*› (schweiz.): Kurzform von ↑Autocar

Ca|ra|bi|ni|e|re, Ka|ra|bi|ni|e|re *der;* -s, ...ri ‹*fr.-it.*›: italienischer Polizist

Ca|ra|cho vgl. Karacho

ca|ram|ba ‹*span.*› (ugs.): Teufel!; Donnerwetter!

Ca|ra|van [auch: ˈka..., ˈkɛrəvɛn] *der;* -s, -s ‹*pers.-it.-engl.*›: **1. a)** ® Wagen, der sowohl als Freizeitfahrzeug als auch als Fahrzeug für Transporte benutzt werden kann; **b)** Reisewohnwagen. **2.** Verkaufswagen

Ca|ra|va|ner *der;* -s, -: jmd., der im Caravan (1 b) lebt

Ca|ra|va|ning *das;* -s: das Leben im Caravan (1 b)

Car|bid vgl. Karbid

Car|bo|li|ne|um vgl. Karbolineum

Car|bo|nat vgl. [2]Karbonat

Car|bo|ne|um *das;* -s ‹*lat.-nlat.*›: veraltete Bez. für Kohlenstoff (Zeichen: C)

Car|bo|run|dum ® vgl. Karborund

Car|di|gan [engl.: ˈkɑ:dɪgən] *der;* -s, -s ‹*engl.;* nach J. Th. Brudenell, 7. Earl of Cardigan, 1797–1868›: lange, wollene, kragenlose ein- od. zweireihige Strickweste für Damen

CARE [kɛ:ɐ̯] ‹*engl.;* Abk. für: Cooperative for American Remittances to Europe; zugleich »Sorge«›: 1946 in den USA entstandene Hilfsorganisation, die sich um die Milderung wirtschaftlicher Not in Europa nach dem 2. Weltkrieg bemühte

care of [ˈkɛ:ɐ̯ ɔf] ‹*engl.*›: wohnhaft bei ... (Zusatz bei der Adressenangabe auf Briefumschlägen; Abk.: c/o)

Car|go, Kar|go *(gall.-lat.-vulgärlat.-span.) der;* -s, -s: Fracht, Ladung eines Flugzeugs, Lkws, Schiffs o. Ä.

Ca|ri|es vgl. Karies

Ca|ri|o|ca *die;* -, -s *(indian.-port.)*: um 1930 in Europa eingeführter lateinamerikanischer Modetanz im $^{4}/_{4}$-Takt, eine Abart der ↑Rumba

ca|ri|ta|tiv vgl. karitativ

Car|ja|cking, Car-Ja|cking ['ka:ɐ̯dʒɛkɪŋ] *das;* -[s], -s *(engl.)*: Autoraub; Vorgang, bei dem ein Auto unter Androhung von Gewalt seinem Fahrer weggenommen wird

Car|ma|g|no|le [karman'jo:lə] *die;* - (nach der piemontesischen Stadt Carmagnola): **1.** (ohne Plural) ein fr. Revolutionslied aus dem 18. Jh. **2.** ärmellose Jacke [der ↑Jakobiner (1)]

Car|men, Kar|men *das;* -s, ...mina *(lat.)*: [Fest-, Gelegenheits]gedicht

Car|nal|lit, Kar|nal|lit [auch: ...'lɪt] *der;* -s *(nlat.,* nach dem dt. Oberbergrat R. v. Carnall, 1804–1874): ein Mineral

Car|net [de Pas|sa|ges] [kar'nɛ (də pa'sa:ʒə)] *das;* - - -, -s [kar'nɛ] - - *(fr.)*: Sammelheft von ↑Triptyks, Zollpassierscheinheft für Kraftfahrzeuge

Ca|ro|tin vgl. Karotin

Car|pac|cio [kar'patʃo] *das* od. *der;* -s, -s *(it.;* wohl dem Maler Vittore Carpaccio (1455 od. 1465–1526) zu Ehren): kalte [Vor]speise, die aus rohen, dünn geschnittenen Fleisch- u. Gemüsescheiben, angerichtet mit Zitronensaft, Olivenöl u. Parmesan, besteht

Car|port *der;* -s, -s *(engl.-amerik.)*: überdachter Abstellplatz für Autos

Car|ra|ra *der;* -s (nach der Stadt in Oberitalien): Marmor aus Carrara

car|ra|risch: aus Carrara stammend; **carrarischer Marmor:** ↑Carrara

Car|ri|er ['kɛrɪə] *der;* -s, -[s] *(engl.)*: **a)** Unternehmen od. Organisation, die Personen od. Güter zu Wasser, zu Land u. in der Luft befördert; **b)** Netzbetreiber, der Kommunikationsdienstleistungen durchführt

Car|sha|ring, Car-Sha|ring ['ka:ɐ̯ʃɛ:ɐ̯rɪŋ] *das;* -[s] *(engl.)*: organisierte [gebührenpflichtige] Nutzung eines Autos von mehreren Personen

Carte blanche [kart 'blã:ʃ] *die;* - -, -s -s [kart 'blã:ʃ] *(fr.;* »weiße Karte«): unbeschränkte Vollmacht

car|te|si|a|nisch usw. vgl. kartesianisch usw.

Car|tha|min vgl. Karthamin

Car|toon [kar'tu:n] *der* od. *das;* -[s], -s *(gr.-lat.-it.-engl.)*: **1.** parodistische Zeichnung, Karikatur; gezeichnete od. gemalte [satirische] Geschichte in Bildern. **2.** (Plural) Comicstrips

Car|too|nist *der;* -en, -en: Künstler, der Cartoons zeichnet

Car|too|nis|tin *die;* -, -nen: weibliche Form zu ↑Cartoonist

Car|ving *das;* -[s] *(engl.)*: das schwungvolle Fahren auf der Kante, ohne zu rutschen (beim Ski- u. Snowboardfahren)

cä|sa|risch: **1.** kaiserlich. **2.** selbstherrlich

Cä|sa|ris|mus *der;* - *(lat.-nlat.)*: unbeschränkte, meist despotische Staatsgewalt

Cas|ca|deur [...'dø:ɐ̯] vgl. Kaskadeur

Ca|se|in vgl. Kasein

cash [kæʃ] *(engl.)*: bar; **cash bezahlen:** [eine Rechnung] mit Bargeld begleichen

Cash *das;* - *(lat.-it.-fr.-engl.)*: Bargeld, Barzahlung

Cash-and-car|ry-Klau|sel *die;* -: **1.** Vertragsklausel im Überseehandel, wonach der Käufer, die Käuferin die Ware bar bezahlen u. im eigenen Schiff abholen muss. **2.** Bestimmung der nordamerikanischen Neutralitätsgesetzgebung von 1937, dass an Krieg führende Staaten Waffen nur gegen Barzahlung u. auf Schiffen des Käufers geliefert werden dürfen

Ca|shew|nuss ['kɛʃu..., auch: kə'ʃu:...] *die;* -, ...nüsse *(Tupi-port.-engl.; dt.)*: essbare Frucht des Nierenbaums aus dem tropischen Amerika

Ca|si|no vgl. Kasino

Cä|si|um, Cae|si|um ['tsɛ:...], nicht fachspr. auch: **Zä|si|um** *das;* -s *(lat.)*: chem. Element; ein Metall (Zeichen: Cs)

Cas|sa|ta *die;* -, -s *(arab.-it.)*: italienische Eisspezialität mit kandierten Früchten

Cas|si|o|pei|um, Kas|si|o|pei|um *das;* -s *(nlat.;* nach dem Sternbild Kassiopeia): frühere Bez. für das chem. Element ↑Lutetium (Zeichen: Cp)

cas|ten *(engl.)* (Film): von jmdm. Probeaufnahmen für eine Rollenbesetzung machen

Cas|ting *das;* -s, -s *(engl.)*: **1.** (Film, Fernsehen) [Auswahl für die] Rollenbesetzung. **2.** (Sportfischerei) Wettkampf, der darin besteht, dass man die Angel weit od. auf ein bestimmtes Ziel hin auswirft

Ca|su|la vgl. Kasel

Ca|sus *der;* -, - [...zu:s]: lat. Schreibung für ↑Kasus

Cat|boot ['kɛ...] *das;* -[e]s, -e *(engl.; dt.)*: kleines einmastiges Segelboot

Catch-as-catch-can ['kɛtʃəz'kɛtʃ'kɛn] *das;* - *(amerik.)*: von Berufsringern ausgeübte Art des Freistilringens, bei der fast alle Griffe erlaubt sind

cat|chen ['kɛtʃn̩]: im Stil des Catch-as-catch-can ringen

Cat|cher ['kɛtʃɐ] *der;* -s, -: Berufsringer, der im Stil des Catch-as-catch-can ringt

Cat|che|rin *die;* -, -nen: weibliche Form zu ↑Catcher

Ca|te|nac|cio [kate'natʃo] *der;* -[s] ⟨*lat.-it.;* »Sperrkette, Riegel«⟩ (Fußball): Verteidigungstechnik, bei der sich bei einem gegnerischen Angriff die gesamte Mannschaft kettenartig vor dem eigenen Strafraum zusammenzieht

Ca|te|ring ['keɪtərɪŋ] *das;* -[s]: Beschaffung von Lebensmitteln, Verpflegung mit Speisen u. Getränken; Bewirtungsservice

Ca|ter|pil|lar® ['kɛtɐpɪlɐ] *der;* -[s], -[s] ⟨*engl.*⟩: Raupenschlepper (bes. im Straßenbau)

Ca|the|d|ra *die;* -, ...rae [...rɛ] ⟨*gr.-lat.*⟩: **1.** [Lehr]stuhl (vgl. Katheder). **2.** Ehrensitz, bes. eines Bischofs od. des Papstes; **Cathedra Petri:** der Päpstliche Stuhl

Cat|walk ['kɛtwɔ:k] *der;* -s, -s ⟨*engl.;* eigtl. »Katzenweg«⟩: Laufsteg

Cau|dil|lo [kau̯'dɪljo] *der;* -[s], -s ⟨*span.;* »Anführer, Heerführer«⟩: **1.** politischer Machthaber, Diktator. **2.** Heerführer

Cau|sa *die;* -, ...sae [...sɛ] ⟨*lat.*⟩: **1.** (Rechtswiss.) Grund, Ursache [z. B. eines Schadens]; Rechtsgrund. **2.** (österr.) sich in einer bestimmten Weise darstellender Fall

Cause cé|lè|b|re [koz se'lɛ:br(ə)] *die;* - -, -s -s [koz se'lɛ:br(ə)] ⟨*lat.-fr.*⟩: berühmter Rechtsstreit, berüchtigte Angelegenheit

Ca|va|li|e|re *der;* -, ...ri ⟨*lat.-it.*⟩: italienischer Adelstitel (Abk.: Cav.)

Ca|yenne|pfef|fer [ka'jɛn...] *der;* -s ⟨nach der Hauptstadt von Französisch-Guayana, Cayenne⟩: vorwiegend aus ↑Chili hergestelltes scharfes Gewürz

CD [tse:'de:] *die;* -, -[s] ⟨Abk. für *engl.* compact disc⟩: kurz für: ↑Compact Disc

CD-Play|er [tse:'de:pleɐ] *der;* -s, - ⟨*engl.*⟩: Abspielgerät für CDs

CD-R *die;* -, -[s] ⟨Abk. für *engl.* compact disc recordable⟩: einmal bespielbare CD

CD-ROM *die;* -, -[s] ⟨Abk. für *engl.* read only memory »Nurlesespeicher«⟩: Speicherplatte [für PCs mit entsprechendem Laufwerk], deren Programminhalt abgerufen, aber nicht verändert werden kann

CD-RW *die;* -, -[s] ⟨Abk. für *engl.* compact disc rewritable⟩: mehrfach bespielbare CD

Ce|dil|le [se'di:jə] *die;* -, -n ⟨*span.-fr.;* von span. zedilla = kleines z⟩: kommaartiges ↑diakritisches Zeichen [unterhalb eines Buchstabens] mit verschiedenen Funktionen (z. B. fr. ç [s] vor a, o, u od. rumän. ş [ʃ])

Ce|les|ta [tʃe...] *die;* -, -s u. ...ten ⟨*lat.-it.;* »die Himmlische«⟩: zart klingendes Tasteninstrument, das zur Tonerzeugung Stahlplatten u. röhrenförmige ↑Resonatoren verwendet

Cel|la *die;* -, Cellae [...lɛ], **Zel|la** *die;* -, Zellä ⟨*lat.*⟩: **1.** der Hauptraum im antiken Tempel, in dem das Götterbild stand. **2. a)** (veraltet) Mönchszelle; **b)** (Rel.) ↑Kellion. **3.** (Med.) kleinste Einheit eines Organismus, Zelle

Cel|list [tʃɛ...] *der;* -en, -en ⟨*it.*⟩: Musiker, der Cello spielt

Cel|lis|tin *die;* -, -nen: weibliche Form zu ↑Cellist

Cel|lo *das;* -s, -s u. ...lli: Kurzform von ↑Violoncello

Cel|lo|phan® vgl. Zellophan

cel|lo|pha|nie|ren vgl. zellophanieren

Cel|lu|li|te *die;* -, -n (Med.): anlagebedingte Veränderung des Bindegewebes der Unterhaut

Cel|lu|li|tis, Zel|lu|li|tis *die;* -, ...itiden: **1.** (ugs.) Cellulite. **2.** (Med.) Entzündung der Unterhaut

Cel|lu|loid [auch: ...lo'i:t] vgl. Zelluloid

Cel|lu|lo|se vgl. Zellulose

Cel|si|us ⟨nach dem schwed. Astronomen A. Celsius, 1701–1744⟩: Gradeinheit auf der Celsiusskala (Zeichen: C, fachspr.: °C)

Cem|ba|lo *das;* -s, -s u. ...li ⟨Kurzw. für: Clavicembalo⟩: Tasteninstrument des 14. bis 18. Jh.s (alte Form des Klaviers, bei dem die Saiten angerissen, nicht angeschlagen werden)

Cent [sɛnt] *der;* -[s], -[s] (aber: 5 -) ⟨*lat.-fr.-engl.*⟩: Münzeinheit der Währungen verschiedener Länder (z. B. USA, Kanada) und des Euros (Abk.: c u. ct, Plural: cts)

Cen|ta|vo *der;* -[s], -[s] (aber: 5 -) ⟨*lat.-port.-span.*⟩: Münzeinheit der Währungen verschiedener süd- u. mittelamerikanischer Länder (z. B. Argentinien, Brasilien)

Cen|ter ['sɛntɐ] *das;* -s, - ⟨*gr.-lat.-fr.-amerik.;* »Mittelpunkt«⟩: **a)** großes Kaufhaus, Einzelhandelsgeschäft; **b)** Einkaufszentrum

Cen|te|si|mo [tʃ...] *der;* -[s], ...mi ⟨*lat.-it.*⟩: Münzeinheit in Somalia

Cen|té|si|mo [sɛn'te:...] *der;* -[s], -[s] (aber: 5 -) ⟨*lat.-span.*⟩: Münzeinheit der Währungen in Panama u. Uruguay

Cen|time [sã'ti:m] *der;* -[s], -s (aber: 5 -) ⟨*lat.-fr.*⟩: Münzeinheit der Währungen verschiedener Länder (z. B. Haiti, Marokko, Schweiz; Abk.: c u. ct, Plural: ct[s], schweiz. nur: Ct)

Cén|ti|mo ['sɛn...] *der;* -[s], -s (aber: 5 -) ⟨*lat.-span.*⟩: Münzeinheit der Währungen mittel- u. südamerik. Länder (z. B. Costa Rica, Paraguay)

C

Cen|tu̱|rie [...i̯ə] vgl. Zenturie
Cen|tu̱|rio vgl. Zenturio
Ce̱r, Ze̱r *das;* -s ‹*lat.-nlat.;* nach dem 1801 entdeckten Asteroiden Ceres›: chem. Element; ein Metall (Zeichen: Ce)
Cẹr|be|rus vgl. Zerberus
Cer|c|le [ˈsɛrkl̩] *der;* -s, -s ‹*lat.-fr.*›: **1. a)** Empfang [bei Hofe]; **b)** vornehmer Gesellschaftskreis. **2.** (österr.) die ersten Reihen im Theater od. Konzertsaal
Ce|re|a̱|li|en *die* (Plural) ‹*lat.*›: **1.** altrömisches Fest zu Ehren der Ceres, der Göttin des Ackerbaus. **2.** ↑Zerealie
Ce|re|bẹl|lum vgl. Zerebellum
Ce̱|re|b|rum vgl. Zerebrum
Ce|re|si̱n vgl. Zeresin
Cer|to̱|sa [tʃ...] *die;* -, ...sen ‹*it.;* »Kartause«›: Kloster der ↑Kartäuser in Italien
Cer|ve|lat [ˈsɛrvəla] *der;* -s, -s ‹*fr.*› (schweiz.): Brühwurst aus Rindfleisch mit Schwarten u. Speck; vgl. Servela, Zervelatwurst
c'est la vie [sɛlaˈviː] ‹*fr.;* »das ist das Leben«›: so ist das [Leben] nun einmal!
ce̱|te|rum cẹn|seo ‹*lat.;* »im Übrigen meine ich« (dass Karthago zerstört werden muss); Schlusssatz jeder Rede Catos im römischen Senat›: im Übrigen meine ich (als Einleitung einer immer wieder vorgebrachten Forderung, Ansicht)
Ce|vap|ci|ci, Če|vap|či|ći [tʃeˈvaptʃitʃi] *die* (Plural) ‹*serbokroat.*›: gegrillte Hackfleischröllchen
CGS-Sys|te̱m *das;* -s ‹Abk. von Centimeter, Gramm, Sekunde›: älteres physikalisches Maßsystem, das auf den Grundeinheiten Zentimeter, Gramm u. Sekunde aufgebaut ist
Cha-Cha-Cha [ˈtʃaˈtʃaˈtʃa] *der;* -[s], -s ‹*span.*›: dem ↑Mambo ähnlicher Tanz aus Kuba
Cha|conne [ʃaˈkɔn] *die;* -, -s u. -n ‹*span.-fr.*›, **Cia|co|na** *die;* -, -s ‹*span.-it.*›: **1.** spanischer Tanz im $^{3}/_{4}$-Takt. **2.** (Musik) Instrumentalstück im $^{3}/_{4}$-Takt mit zugrunde liegendem achttaktigem ↑ostinatem Bassthema
Chair|man [ˈtʃɛːɐ̯mən] *der;* -, ...men [...mən] ‹*lat.-engl.; engl.*›: in Großbritannien u. Amerika der Vorsitzende eines politischen od. wirtschaftlichen Gremiums, bes. eines parlamentarischen Ausschusses
Chair|per|son [...pəːsn̩] *die;* -, -s ‹*lat.-engl.*›: engl. Bez. für: Vorsitzende od. Vorsitzender
Chair|wo|man [...wʊmən] *die;* -, ...women [...wɪmɪn]: weibliche Form zu ↑Chairman
Chai|se [ˈʃɛːzə] *die;* -, -n ‹*lat.-fr.*›: **1.** (veraltet) Stuhl, Sessel. **2. a)** (veraltet) halb verdeckter Wagen; **b)** (abwertend) altes, ausgedientes Fahrzeug. **3.** (veraltet) ↑Chaiselongue
Chai|se|longue [ʃɛzəˈlɔŋ, auch: ...ˈlõːk] *die;* -, Plur. -n u. -s (ugs. auch: *das;* -s, -s) ‹»Langstuhl«›: gepolsterte Liege mit Kopflehne
Cha|k|ra [ˈtʃa...] *das;* -[s], -s u. ...kren ‹*sanskr.;* »Rad«›: **1.** (nach indischer Vorstellung) eines von sieben Energiezentren im menschlichen Körper. **2.** ↑Tschakra
Chal|ce|do̱n [kaltse...] vgl. Chalzedon
Cha|let [ʃaˈleː, ʃaˈlɛ] *das;* -s, -s ‹*schweiz.-fr.*›: **1.** Sennhütte. **2.** Ferien-, Landhaus [in den Bergen]
Chal|ko|li|thi|kum [auch: ...ˈlɪt...] *das;* -s: jungsteinzeitliche Stufe, in der bereits Kupfergegenstände auftreten
Chal|ze|do̱n, Chal|ce|do̱n *der;* -s, -e [kaltse...] ‹wahrscheinlich nach der altgriech. Stadt Kalchedon (lat. = Chalcedon) am Bosporus›: ein Mineral (Quarzabart)
Cha|ma̱|de [ʃa...] vgl. Schamade
Cha|mä̱|le|on [ka...] *das;* -s, -s ‹*gr.-lat.;* »Erdlöwe«›: [auf Bäumen lebende] kleine Echse, die ihre Hautfarbe bei Gefahr rasch ändert
cha|mois [ʃaˈmo̯a] ‹*fr.*›: gämsfarben, gelbbräunlich
Cha|mois *das;* -: **1.** besonders weiches Gämsen-, Ziegen-, Schafleder. **2.** chamois Farbe
Cham|pa|g|ner *der;* -s, -: in Frankreich hergestellter weißer od. roter Schaumwein [aus Weinen der Champagne]
Cham|pi|g|non [ˈʃampɪnjɔŋ, selten: ˈʃãːpɪnjõ] *der;* -s, -s ‹*lat.-vulgärlat.-fr.*›: ein essbarer Pilz (auch gärtnerisch angebaut)
Cham|pi|on [ˈtʃɛmpi̯ən] *der;* -s, -s ‹*lat.-galloroman.-fr.-engl.*›: Meister[in] in einer Sportart, Spitzensportler[in]
Cham|pi|o|na̱t [ʃam...] *das;* -[e]s, -e ‹*fr.*›: Meisterschaft in einer Sportart
Cham|pi|ons League [ˈtʃɛmpi̯əns ˈliːg] *die;* - - ‹*engl.*› (Ballspiele): Pokalwettbewerb der europäischen Landesmeister u. anderer qualifizierter Spitzenmannschaften (z. B. im Fußball), bei dem die Viertelfinalgegner durch Punktspiele ermittelt werden
Cham|si̱n [ka...] vgl. Kamsin
Chan [kaːn, xaːn] vgl. Khan
Chan|ce [ˈʃãːsə, auch: ʃãːs] *die;* -, -n ‹*lat.-vulgärlat.-fr.*›: **1.** günstige Gelegenheit; Möglichkeit, etwas Bestimmtes zu erreichen. **2.** Aussicht auf Erfolg
Chan|cel|lor [ˈtʃɑːnsələ] *der;* -s, -s ‹*lat.-fr.-engl.*›: engl. Bez. für: Kanzler
Change [fr.: ʃãːʒ, engl.: tʃeɪndʒ] *die;* - (bei fr.

Ausspr.) u. *der;* - (bei engl. Ausspr.) ⟨*lat.-fr.* u. *engl.*⟩: Tausch, Wechsel [von Geld]

chan|geant [ʃãˈʒã:] ⟨*lat.-fr.*⟩: in mehreren Farben schillernd (von Stoffen)

Chan|geant *der;* -[s], -s: **1.** [taftbindiges] Gewebe mit verschiedenfarbigen Kett- u. Schussfäden, das bei Lichteinfall verschieden schillert. **2.** Schmuckstein mit schillernder Färbung

chan|gie|ren [ʃãˈʒi:rən]: **1.** (bildungsspr.) wechseln, tauschen, verändern. **2.** [verschieden]farbig schillern (von Stoffen). **3.** (Reiten, veraltet) vom Rechts- zum Linksgalopp übergehen. **4.** (Jägerspr.) die Fährte wechseln

[1]Chan|son [ʃãˈsõ:] *die;* -, -s ⟨*lat.-fr.*⟩: **a)** in der frühen fr. Dichtung episches od. lyrisches Lied, das im Sprechgesang vorgetragen wurde (z. B. Chanson de Geste); **b)** Liebes- od. Trinklied des 15.–17. Jh.s

[2]Chan|son *das;* -s, -s: witzig-freches, geistreiches rezitativisches Lied mit oft zeit- od. sozialkritischem Inhalt

Chan|so|net|te vgl. Chansonnette

Chan|son|net|te, Chan|so|net|te *die;* -, -n: **1.** kleines Lied komischen od. frivolen Inhalts. **2.** Chansonsängerin

Chan|son|ni|er, Chan|so|ni|er [...ˈnie:] *der;* -s, -s: **1.** fr. Liederdichter des 12.–14. Jh.s; vgl. Troubadour. **2.** Liedersammlung mit provenzalischen Troubadourliedern. **3.** Chansonsänger od. -dichter

Chan|son|ni|è|re, Chan|so|ni|e|re [...ˈnie:rə] *die;* -, -n: ↑Chansonnette (2)

Chan|teu|se [ʃãˈtø:zə] *die;* -, -n: Sängerin

Cha|nuk|ka [x...] *die;* - ⟨*hebr.;* »Weihe«⟩: jüdisches Fest der Tempelweihe im Dezember

Cha|os [ˈka:ɔs] *das;* - ⟨*gr.-lat.*⟩: totale Verwirrung, Auflösung aller Ordnungen, völliges Durcheinander

Cha|os|the|o|rie *die;* -: mathematisch-physikalische Theorie, die versucht, zufallsbedingte Vorgänge rechnerisch zu beschreiben

Cha|ot *der;* -en, -en: **a)** (meist Plural) jmd., der seine politischen Ziele durch Gewaltaktionen u. gezielte Zerstörungsmaßnahmen zu erreichen sucht; **b)** (ugs.) jmd., der Unruhe u. Verwirrung stiftet

Cha|o|tin *die;* -, -nen: weibliche Form zu ↑Chaot

cha|o|tisch ⟨*gr.-nlat.*⟩: wirr, ungeordnet

Cha|peau [ʃaˈpo:] *der;* -s, -s ⟨*lat.-vulgärlat.-fr.*⟩ (veraltet, aber noch scherzh.): Hut; **Chapeau!** (bildungsspr.): alle Achtung!, Respekt!

Chap|li|na|de [tʃa...] *die;* -, -n ⟨nach dem engl. Filmschauspieler Ch. Chaplin, 1889–1977⟩: komischer Vorgang, burlesk-groteskes Vorkommnis (wie in den Filmen Chaplins)

chap|li|nesk: in der Art Chaplins, burlesk-grotesk

Cha|ra|de [ʃa...]: ältere Schreibung für ↑Scharade

Cha|rak|ter [k...] *der;* -s, ...ere ⟨*gr.-lat.;* »eingekerbtes, eingeprägtes [Schrift]zeichen«⟩: **1. a)** Gesamtheit der geistig-seelischen Eigenschaften eines Menschen, seine Wesensart; **b)** Mensch als Träger bestimmter Wesenszüge. **2.** (ohne Plural) **a)** charakteristische Eigenart, Gesamtheit der einer Personengruppe od. einer Sache eigentümlichen Merkmale u. Wesenszüge; **b)** einer künstlerischen Äußerung od. Gestaltung eigentümliche Geschlossenheit der Aussage. **3.** (meist Plural) Schriftzeichen, Buchstaben. **4.** (veraltet) Rang, Titel

cha|rak|te|ri|sie|ren ⟨*gr.-lat.-fr.*⟩: **1.** jmdn./etwas in seiner Eigenheit darstellen, kennzeichnen, treffend schildern. **2.** für jmdn./etwas kennzeichnend sein

Cha|rak|te|ris|tik *die;* -, -en ⟨*gr.-nlat.*⟩: **1.** Kennzeichnung, treffende Schilderung einer Person oder Sache. **2.** grafische Darstellung einer physikalischen Gesetzmäßigkeit in einem Koordinatensystem; Kennlinie. **3.** (Math.) Kennziffer eines ↑Logarithmus

Cha|rak|te|ris|ti|kum *das;* -s, ...ka: bezeichnende, hervorstechende Eigenschaft

cha|rak|te|ris|tisch: bezeichnend, kennzeichnend für jmdn./etwas

cha|rak|ter|lich: den ↑Charakter (1 a) eines Menschen betreffend

Cha|rak|te|ro|lo|gie *die;* -: Persönlichkeitsforschung, Charakterkunde

cha|rak|te|ro|lo|gisch: die Charakterologie betreffend, charakterkundlich

Cha|rak|ter|rol|le *die;* -, -n: Rollenfach im Theater (Darstellung eines komplexen u. widersprüchlichen Charakters)

Cha|rak|ter|stu|die [...iə] *die;* -, -n: intensive Beobachtung, Analyse u. Beschreibung eines Charakters (bes. in der Literatur)

Char|cu|te|rie [ʃarky...] *die;* -, ...ien ⟨*fr.*⟩: **1.** (schweiz.) **a)** (ohne Plural) Wurstwaren; **b)** Wurstwarenhandlung, -abteilung. **2.** (südd. veraltet) [Schweine]schlachterei

Char|ge [ˈʃarʒə] *die;* -, -n ⟨*lat.-vulgärlat.-fr.;* »Last«⟩: **1. a)** Amt, Würde, Rang; **b)** Gefolgsmann, Untergebener. **2.** (Militär) **a)** Dienstgrad; **b)** Vorgesetzter. **3.** ↑Chargierter. **4.** (Technik) Ladung, Beschickung. **5.** (Theater) Nebenrolle mit übertrieben gezeichnetem Charakter.

6. (Med.) Serie von Arzneimitteln, die während eines Arbeitsabschnitts u. mit den gleichen Rohstoffen gefertigt u. verpackt worden sind

char|gie|ren [ʃarˈʒiː...] ‹*lat.-vulgärlat.-fr.*›: **1.** in der studentischen Festtracht erscheinen (von Chargierten). **2.** einen ↑Reaktor mit Brennstoff beschicken. **3.** (Theater) **a)** eine Nebenrolle spielen; **b)** in seiner Rolle übertreiben

Char|gier|te *der;* -n, -n: einer der drei Vorsitzenden eines ↑Korps (2)

Cha|ris [ˈçaːrɪs, auch: ˈçarɪs] *die;* -, ...riten ‹*gr.*›: **1.** (meist Plural) Göttin der Anmut. **2.** (ohne Plural) Anmut

Cha|ris|ma [ˈça(ː)rɪsma, ˈka(ː)..., auch: ...ˈrɪs...] *das;* -s, ...rismen u. ...rismata ‹*gr.-lat.;* »Gnadengabe«›: **1.** (Theol.) die durch den Geist Gottes bewirkten Gaben und Befähigungen des Christen in der Gemeinde. **2.** besondere Ausstrahlungskraft eines Menschen

cha|ris|ma|tisch: a) das Charisma betreffend; **b)** Charisma besitzend

Cha|ri|té [ʃariˈteː] *die;* -, -s ‹*lat.-fr.*› (veraltet): Krankenhaus, Pflegeanstalt

Cha|ri|tin [ç...] *die;* -, -nen ‹*gr.*›: ↑Charis (1)

Cha|ri|va|ri [ʃariˈvaːri] *das;* -s, -s ‹*gr.-spätlat.-fr.*›: **1.** (veraltet) **a)** Durcheinander; **b)** Katzenmusik. **2.** (veraltet) alle vier Damen in einer Hand (beim Kartenspiel). **3.** (bayr.) **a)** Uhrkette; **b)** Anhänger an einer Uhrkette

Charles|ton [ˈtʃarlstn̩] *der;* -, -s ‹nach der Stadt in den USA›: Modetanz der 1920er-Jahre im schnellen, stark synkopierten Foxtrottrhythmus

Char|lot|te [ʃar...] *die;* -, -n ‹*fr.*›: warme od. kalte Süßspeise aus Biskuits, Makronen u. Früchten

char|mant [ʃar...] ‹*lat.-fr.*›: bezaubernd, von liebenswürdig-gewinnender Wesensart

Charme [ʃarm] *der;* -s: liebenswürdig-gewinnende Wesensart

Char|meur [...ˈmøːɐ̯] *der;* -s, -s u. -e ‹*lat.-fr.*›: Mann, der mit gezieltem Charme Frauen für sich einzunehmen vermag

Char|meuse [...ˈmøːz] *die;* -: maschenfeste Wirkware aus synthetischen Fasern

char|mie|ren, schar|mie|ren ‹*lat.-fr.*› (veraltet): durch seinen Charme bezaubern

Chart [tʃart] *der* od. *das;* -s, -s ‹*engl.*›: **1.** grafische Darstellung von Zahlenreihen. **2.** (nur Plural) ↑Hitliste

Char|ta [ˈkarta] *die;* -, -s ‹*ägypt.-gr.-lat.*›: Verfassungsurkunde, Staatsgrundgesetz; vgl. Magna Charta

Char|te [ˈʃartə] *die;* -, -n ‹*lat.-fr.*›: wichtige Urkunde im Staats- u. Völkerrecht

Char|ter [ˈtʃ..., ˈʃ...] *der;* -s, -s ‹*lat.-fr.-engl.*›: **1.** engl. Bez. für: Urkunde, Freibrief. **2.** Miet- od. Pachtvertrag über ein Flugzeug, ein Schiff o. Ä.

Char|te|rer *der;* -s, -: jmd., der etwas chartert, gechartert hat

Char|ter|ma|schi|ne *die;* -, -n: von einer privaten Gesellschaft o. Ä. [für eine Flugreise] gemietetes Flugzeug

char|tern: ein Flugzeug, ein Schiff o. Ä. mieten

Cha|ryb|dis [ça...] *die;* - ‹*gr.-lat.*›: gefährlicher Meeresstrudel der griechischen Sage; vgl. Szylla

chas|mo|gam (Bot.): offenblütig, der Fremdbestäubung zugänglich (von Pflanzen); Ggs. ↑kleistogam

Chas|mo|ga|mie *die;* - (Bot.): Fremdbestäubung bei geöffneter Blüte; Ggs. ↑Kleistogamie

Chasse [ʃas] *die;* - ‹*lat.-vulgärlat.-fr.;* »Jagd«›: **1.** Billardspiel mit 15 Bällen. **2.** (Musik) dreistimmiger, gesungener Kanon in der französischen Musik des 14. Jh.s

Chas|sis [ʃaˈsiː] *das;* -, - ‹*lat.-fr.*›: **1.** Fahrgestell von Kraftfahrzeugen. **2.** Montagerahmen elektronischer Apparate (z. B. eines Rundfunkgerätes)

Cha|su|ble [ʃaˈzybl̩] *das;* -s, -s ‹*lat.-fr.(-engl.)*›: ärmelloses Überkleid für Damen in der Art einer Weste

Chat [tʃɛt] *der;* -s, -s ‹*engl.;* eigtl. »Plauderei«›: **a)** im Internet angebotenes Medium, mit dem online Kontakte hergestellt u. Informationen ausgetauscht werden können; **b)** Kommunikation mithilfe des Chats (a)

Cha|teau|bri|and [ʃatobriˈãː] *das;* -s, -s ‹nach F. R. Vicomte de Chateaubriand, 1768–1848› (Gastron.): doppelt dick geschnittene Rinderlende, die gegrillt od. gebraten wird

Chat|group, Chat-Group [ˈtʃɛtgruːp] *die;* -, -s ‹*engl.*›: Gruppe, die im Internet [über ein gemeinsames Thema] miteinander kommuniziert

Chat|room, Chat-Room [ˈtʃɛtruːm] *der;* -s, -s ‹*engl.*›: virtueller Gesprächsraum im Internet

chat|ten [ˈtʃɛtn̩] ‹*engl.*›: über Tastatur u. Bildschirm elektronisch im Internet kommunizieren

Chat|ter *der;* -s, -: jmd., der chattet

Chat|te|rin *die;* -, -nen: weibliche Form zu ↑Chatter

Chauf|feur [ʃɔˈføːɐ̯] *der;* -s, -e ‹*lat.-vulgärlat.-fr.;* »Heizer«›: jmd., der berufsmäßig andere Personen im Auto fährt, befördert

Chauf|feu|rin [ʃɔˈføːrɪn] *die;* -, -nen, **Chauf|feu-**

se [ʃɔˈføːzə] *die;* -, -n: weibliche Form zu ↑Chauffeur

chauf|fie|ren: **1.** ein Kraftfahrzeug lenken. **2.** jmdn. [berufsmäßig] in einem Kraftfahrzeug transportieren

Chaus|see [ʃɔˈseː] *die;* -, ...sseen ⟨*lat.-galloroman.-fr.*⟩: mit Asphalt, Beton od. Steinpflaster befestigte u. ausgebaute Landstraße

Chau|vi [ˈʃoːvi] *der;* -s, -s ⟨*fr.*⟩ (ugs. abwertend): Vertreter des ↑Chauvinismus (2)

Chau|vi|nis|mus [ʃovi...] *der;* -, ...men ⟨*fr.*⟩ (abwertend): **1. a)** (ohne Plural) exzessiver Nationalismus militaristischer Prägung; extrem patriotische, nationalistische Haltung; **b)** einzelne chauvinistische Äußerung, Handlung. **2.** selbstgefällige, überhebliche Art von Männern gegenüber Frauen aufgrund eines gesteigerten Selbstwertgefühls u. die damit verbundene gesellschaftliche Bevorzugung der Angehörigen des eigenen Geschlechts

Chau|vi|nist *der;* -en, -en (abwertend): Vertreter des ↑Chauvinismus (1a, 2)

Chau|vi|nis|tin *die;* -, -nen: weibliche Form zu ↑Chauvinist

chau|vi|nis|tisch (abwertend): von Chauvinismus erfüllt; dem Chauvinismus entsprechend

[1]**Check** [tʃɛk] *der;* -s, -s ⟨*pers.-arab.-fr.-engl.*⟩: jede Behinderung des Spielverlaufs im Eishockey

[2]**Check** [ʃɛk] vgl. Scheck

[3]**Check** [tʃɛk] *der;* -s, -s ⟨*engl.*⟩: Überprüfung hinsichtlich der Funktionsfähigkeit u. Ä.

che|cken [ˈtʃɛkn̩] ⟨*engl.*⟩: **1.** behindern, [an]rempeln (beim Eishockey). **2.** nachprüfen, kontrollieren. **3.** (ugs.) merken, begreifen, verstehen

Check-in *das* od. *der;* -[s], -s: **1.** Abfertigung des Fluggastes vor Beginn des Fluges. **2.** Anmeldung des Gastes im Hotel bei der Anreise

Check|list *die;* -, -s ⟨*engl.*⟩: Kontrollliste, mit deren Hilfe das einwandfreie Funktionieren komplizierter technischer Apparate überprüft wird

Check|lis|te *die;* -, -n: **1.** ↑Checklist. **2. a)** Liste der Flugpassagiere, die abgefertigt worden sind; **b)** Kontrollliste [zum Abhaken]

Check-out [...ˈlaut] *das* od. *der;* -[s], -s: **1.** Durchführung automatischer Kontrollmaßnahmen bei der Herstellung u. Prüfung technischer Geräte. **2.** Abmeldung des Gastes im Hotel bei der Abreise

Check|point [...pɔynt] *der;* -s, -s ⟨*engl.*⟩: Kontrollpunkt (bes. an einem Grenzübergang)

Check-up [ˈtʃɛk|ap] *der* od. *das;* -[s], -s: **1.** umfangreiche medizinische Vorsorgeuntersuchung. **2.** Überprüfung, Inspektion

chee|rio [ˈtʃɪərɪˈoʊ] ⟨*engl.*⟩ (ugs.): **1.** prost!, zum Wohl! **2.** auf Wiedersehen!

Cheese|bur|ger [ˈtʃiːsbøːɐ̯gɐ] *der;* -s, - ⟨*engl.; dt.*⟩: eine Art ↑Hamburger, der zusätzlich zu den übrigen Zutaten eine Scheibe Käse enthält

Chef [ʃɛf, österr.: ʃeːf] *der;* -s, -s ⟨*lat.-galloroman.-fr.*⟩: **1. a)** Leiter, Vorgesetzter, Geschäftsinhaber; **b)** (ugs.) Anführer. **2.** (ugs.) saloppe Anrede (als Aufforderung o. Ä.) an einen Unbekannten

Chef|arzt *der;* -es, ...ärzte: leitender Arzt in einem Krankenhaus

Chef|ärz|tin *die;* -, -nen: weibliche Form zu ↑Chefarzt

Chef de Mis|si|on [ʃɛfdəmɪˈsi̯õː] *der;* -[s] - -, -s - - [ʃɛfdəmɪˈsi̯õː] ⟨*fr.*⟩: Leiter einer sportlichen Delegation (z. B. bei den Olympischen Spielen)

Chef|lek|tor *der;* -s, -en: Leiter eines Verlagslektorats

Chef|lek|to|rin *die;* -, -nen: weibliche Form zu ↑Cheflektor

Chef|re|dak|teur *der;* -s, -e: Leiter einer Redaktion

Chef|re|dak|teu|rin [...tøːrɪn] *die;* -, -nen: weibliche Form zu ↑Chefredakteur

Chef|se|kre|tä|rin *die;* -, -nen: Sekretärin des Chefs

Chef|trai|ner [...trɛː..., ...treː...] *der;* -s, -: erster, leitender Trainer

Chef|trai|ne|rin *die;* -, -nen: weibliche Form zu ↑Cheftrainer

Chef|vi|si|te *die;* -, -n: ↑Visite des Chefarztes im Krankenhaus

Chel|sea|por|zel|lan [ˈtʃɛlsi...] *das;* -s ⟨nach dem Londoner Stadtteil Chelsea⟩: im 18. Jh. hergestelltes englisches Weichporzellan mit bunter Bemalung; vgl. Sèvresporzellan

chem..., Chem... vgl. chemo..., Chemo...

che|mi..., Che|mi... vgl. chemo..., Chemo...

Che|mie *die;* - ⟨*arab.-roman.*⟩: **1.** Naturwissenschaft, die die Eigenschaften, die Zusammensetzung u. die Umwandlung der Stoffe erforscht. **2.** (ugs.) (zu einem bestimmten Zweck eingesetzte) Chemikalien

Che|mie|la|bo|rant *der;* -en, -en: für Tätigkeiten in der chemischen Industrie ausgebildeter Laborant (Berufsbez.)

Che|mie|la|bo|ran|tin *die;* -, -nen: weibliche Form zu ↑Chemielaborant

Che|mi|graf, Che|mi|graph *der;* -en, -en ⟨*arab.-roman.; gr.*⟩: jmd., der Druckplatten mit chemischen Mitteln herstellt

Che|mi|gra|fie, Che|mi|gra|phie *die;* -: Herstellung von Druckplatten durch Ätzen od. Gravieren

Che|mi|gra|fin, Che|mi|gra|phin *die;* -, -nen: weibliche Form zu ↑Chemigraf

Che|mi|graph usw. vgl. Chemigraf usw.

Che|mi|kant *der;* -en, -en: Chemiefacharbeiter

Che|mi|kan|tin *die;* -, -nen: weibliche Form zu ↑Chemikant

Che|mi|ker *der;* -s, -: Wissenschaftler auf dem Gebiet der Chemie

Che|mi|ke|rin *die;* -, -nen: weibliche Form zu ↑Chemiker

che|misch [ç...] ⟨*arab.-roman.*⟩: **a)** die Chemie betreffend, mit der Chemie zusammenhängend; auf den Erkenntnissen der Chemie basierend; in der Chemie verwendet; **b)** den Gesetzen der Chemie folgend, nach ihnen erfolgend, ablaufend; durch Stoffumwandlung entstehend; **c)** mithilfe von [giftigen, schädlichen] Chemikalien erfolgend, [giftige, schädliche] Chemikalien verwendend

Che|mi|sett *das;* -[e]s, -s u. -e, **Che|mi|set|te** *die;* -, -n: **a)** gestärkte Hemdbrust an Frack- u. Smokinghemden; **b)** heller Einsatz an Damenkleidern

Che|mis|mus *der;* - ⟨*arab.-roman.-nlat.*⟩: Gesamtheit der chemischen Vorgänge bei Stoffumwandlungen (bes. im Tier- od. Pflanzenkörper)

che|mo..., Che|mo...

[çemo..., südd., österr.: kemo..., schweiz.: xemo...]
auch: **che|mi..., Che|mi...,** vor Vokalen meist: **chem..., Chem...**
⟨zu *gr.* chēmeía, chymeía »Kunst der Metallverwandlung« (→ *mlat.* (al)chimia »mittelalterliche Chemie«)⟩
Wortbildungselement mit der Bedeutung »chemisch, auf chemischem Weg (erfolgend), die Chemie betreffend«:
- Chemiatrie
- Chemigrafie
- Chemoresistenz
- chemotaktisch
- Chemotherapie

Che|mo|keu|le *die;* -, -n: Reizstoffsprühgerät als eine Art Kampfmittel bei polizeilichen Einsätzen; »chemische Keule«

Che|mo|nas|tie *die;* -, ...ien ⟨*arab.-roman.; gr.*⟩: durch chemische Reize ausgelöste Bewegung von Pflanzenteilen, die keine deutliche Beziehung zur Richtung des Reizes hat (z. B. Krümmungsbewegungen der Drüsenhaare des Sonnentaus)

Che|mo|ta|xis *die;* -, ...xen: durch chemische Reize ausgelöste Orientierungsbewegung von Tieren und Pflanzen

Che|mo|tech|ni|ker *der;* -s, -: Fachkraft der chemischen Industrie

Che|mo|tech|ni|ke|rin *die;* -, -nen: weibliche Form zu ↑Chemotechniker

che|mo|the|ra|peu|tisch: a) die Chemotherapie betreffend; **b)** nach den Methoden der Chemotherapie verfahrend

Che|mo|the|ra|pie [auch: ...ˈpiː] *die;* -, ...ien [...iːən]: Behandlung von Krankheiten mit chemischen Mitteln

Che|nil|le [ʃəˈnɪljə, auch: ʃəˈniːjə] *die;* -, -n ⟨*lat.-fr.*⟩: Garn, dessen Fasern in dichten Büscheln seitlich vom Faden abstehen

Cheque [ʃɛk] vgl. Scheck

Che|rub [ˈçeːrʊp, auch: k...], ökum.: **Ke|rub** *der;* -s, -im u. -inen ⟨*hebr.-gr.-lat.*⟩: [biblischer] Engel (mit Flügeln u. Tierfüßen), himmlischer Wächter (z. B. des Paradieses)

che|ru|bi|nisch: von der Art eines Cherubs; engelgleich

che|va|le|resk [ʃəvaləˈrɛsk] ⟨*lat.-it.-fr.*⟩: ritterlich

Che|va|li|er [ʃəvaˈli̯eː] *der;* -s, -s ⟨»Ritter«⟩: fr. Adelstitel; vgl. Cavaliere

Che|vi|ot [ˈʃɛvi̯ɔt, auch: ˈʃeːvi̯ɔt] *der;* -s, -s ⟨*engl.*⟩: aus der Wolle der Cheviotschafe hergestelltes, dauerhaftes Kammgarngewebe

Che|v|reau [ʃəˈvroː, auch: ˈʃɛvro] *das;* -[s], -s ⟨*lat.-fr.*⟩: Ziegenleder

Che|w|ing|gum [ˈtʃuːɪŋgʌm] *der;* -[s], -s ⟨*engl.*⟩: Kaugummi

Chi [çiː] *das;* -[s], -s ⟨*gr.*⟩: zweiundzwanzigster Buchstabe des griechischen Alphabets (X, χ)

Chi|an|ti [ˈki̯anti] *der;* -[s] ⟨nach der italienischen Landschaft⟩: ein kräftiger, herber italienischer Rotwein

Chi|as|ma [ç...] *das;* -s, ...men ⟨*gr.-lat.*⟩ (Biol.): Überkreuzung zweier Halbchromosomen eines Chromosomenpaares während der ↑Reduktionsteilung; **Chiasma opticum** (Med.): Sehnervenkreuzung

Chi|as|mus *der;* -, ...men ⟨*gr.-nlat.;* vom gr. Buchstaben Chi = X (= kreuzweise)⟩ (Rhet., Stilkunde): kreuzweise syntaktische Stellung von aufeinander bezogenen Wörtern od. Redeteilen (z. B.: groß war der Einsatz, der Gewinn war klein); Ggs. ↑Parallelismus (2)

chi|as|tisch: in der Form des Chiasmus gehalten

chic

[ʃɪk]
⟨franz.⟩
In der Grundform sind die Schreibweisen chic und *schick* korrekt: *Das Abendkleid ist besonders chic/schick.* In den gebeugten Formen wird jedoch nur die eingedeutschte Schreibung gebraucht: *Sie trägt ein schickes Abendkleid.*

Chic *der;* -s, **Schịck** *der;* -[e]s: modische Eleganz, gutes Aussehen, gefällige Form
Chi|ca|go Jazz [ʃiˈka:go ...] *der;* - ⟨nach der Stadt in den USA⟩: von Chicago ausgehende Stilform des Jazz in den Jahren nach dem Ersten Weltkrieg; vgl. New-Orleans-Jazz
Chi|chi [ʃiˈʃi:] *das;* -[s], -[s] ⟨*fr.*⟩: **1.** Getue, Gehabe. **2.** verspieltes ↑Accessoire
Chi|co|rée [ˈʃɪkore, ʃikoˈre:] *der;* -s, auch: *die;* - ⟨*gr.-lat.-it.-fr.*⟩: die als Gemüse od. Salat zubereiteten gelblich weißen Blätter der Salatzichorie
Chif|fon [ˈʃɪfõ, ʃɪˈfõ:, österr.: ʃiˈfo:n] *der;* -s, -s u. (österr.:) -e ⟨*fr.;* »Lumpen«⟩: feines, schleierartiges Seidengewebe in Taftbindung
Chif|f|re [ˈʃɪfrə, auch: ˈʃɪfɐ] *die;* -, -n ⟨*arab.-mlat.-fr.*⟩: **1.** Ziffer. **2.** geheimes Schriftzeichen, Geheimzeichen, Zeichen einer Geheimschrift. **3.** Kennziffer einer Zeitungsanzeige. **4.** (Literaturwiss.) Stilfigur [der modernen Lyrik]
chif|f|rie|ren: verschlüsseln, in einer Geheimschrift abfassen; Ggs. ↑dechiffrieren
Chi|g|non [ʃɪnˈjõ:] *der;* -s, -s ⟨*lat.-galloroman.-fr.*⟩: im Nacken getragener Haarknoten
Chi|hu|a|hua [tʃiˈu̯au̯a] *der;* -[s], -s ⟨*span.*⟩: kleinster, dem Zwergpinscher ähnlicher Hund mit übergroßen, fledermausartigen Ohren
Chi|li [ˈtʃi:li] *der;* -s ⟨*indian.-span.*⟩: **1.** mittelamerikanische Paprikaart, die den ↑Cayennepfeffer liefert. **2.** mit Cayennepfeffer scharf gewürzte Tunke
Chi|li|ạs|mus *der;* - ⟨*gr.-nlat.*⟩: [Lehre von der] Erwartung des Tausendjährigen Reichs Christi auf Erden nach seiner Wiederkunft vor dem Weltende (Offenbarung 20, 4 f.)
chi|li|ạs|tisch: den Chiliasmus betreffend
Chịli con Cạr|ne [tʃ... - -] *das;* -[s] - - ⟨*span.-engl.;* »Chili mit Fleisch«⟩: mit Chilischoten od. Cayennepfeffer scharf gewürztes mexikanisches Rinderragout mit [Kidney]bohnen
chịl|len [tʃ...] ⟨*engl.*⟩ (Jugendspr.): sich [nach einer Anstrengung] erholen; entspannen
Chil|lies [ˈtʃɪlɪs] *die* (Plural) ⟨*indian.-span.; engl.*⟩: Früchte des ↑Chilis (1), die getrocknet den ↑Cayennepfeffer liefern
Chill-out-Room [tʃɪlˈaʊtˈru:m] *der;* -s, -s ⟨*amerik.; engl.*⟩: Entspannungs-, Erholungsraum für ↑Raver
Chi|mä|re *die;* -, -n: **1.** ↑Schimäre. **2. a)** (Biol.) Organismus od. einzelner Trieb, der aus genetisch verschiedenen Zellen aufgebaut ist; **b)** (Med.) Lebewesen, dessen Körper Zellen mit abweichender Chromosomenstruktur besitzt
Chị|na|rin|de [ç...] *die;* -, -n ⟨*indian.-span.; dt.*⟩: chininhaltige Rinde bestimmter südamerikanischer Bäume
[1]**Chin|chil|la** [tʃɪnˈtʃɪla] *die;* -, -s ⟨*indian.-span.*⟩: südamerikanisches Nagetier mit wertvollem Pelz, Wollmaus
[2]**Chin|chịl|la** *das;* -s, -s: **1.** deutsche Kaninchenrasse mit bläulich aschgrauem Fell. **2.** Fell der [1]Chinchilla
Chi|nịn [ç...] *das;* -s ⟨*indian.-span.-it.*⟩: ↑Alkaloid der ↑Chinarinde (als Fieber-, bes. Malariamittel verwendet)
Chi|noi|se|rie [ʃino̯azəˈri:] *die;* -, ...i̯en: **1.** kunstgewerblicher Gegenstand (z. B. etw. aus Porzellan, Lackarbeit) in chinesischem Stil. **2.** an chinesische Vorbilder anknüpfende Zierform[en] in der Kunst des 18. Jh.s
Chintz [tʃɪnts] *der;* -[es], -e ⟨*Hindi-engl.*⟩: bunt bedrucktes Gewebe aus Baumwolle od. Chemiefasergarnen in Leinenbindung mit spiegelglatter, glänzender Oberfläche; vgl. Ciré
Chip [tʃɪp] *der;* -s, -s ⟨*engl.*⟩: **1.** Spielmarke (bei Glücksspielen). **2.** dünne, roh in Fett gebackene Kartoffelscheibe. **3.** (Mikroelektronik) sehr kleines Halbleiterplättchen, das einen integrierten Schaltkreis od. eine Gruppe solcher Schaltungen trägt u. auf dem Informationen gespeichert werden können
Chịp|kar|te *die;* -, -n ⟨*engl.; dt.*⟩: als Ausweis, Zahlungsmittel o. Ä. dienende Kunststoffkarte mit einem Chip (3)
Chip|pen|dale [ˈ(t)ʃɪp(ə)ndeɪl] *das;* -[s] ⟨nach dem engl. Tischler⟩: englischer Möbelstil des 18. Jh.s, der in sich Elemente des englischen Barocks, des französischen Rokokos, chinesische u. gotische Formen mit der Tendenz zum Geraden u. Flachen vereinigt
Chi|ro|man|tie *die;* -: Handlesekunst
Chi|ro|prạk|tik *die;* -: manuelles Einrenken verschobener Wirbelkörper u. Bandscheiben
Chi|ro|prạk|ti|ker *der;* -s, -: Fachmann auf dem Gebiet der Chiropraktik

Chi|ro|prak|ti|ke|rin *die;* -, -nen: weibliche Form zu ↑Chiropraktiker

Chi|r|urg *der;* -en, -en ⟨*gr.-lat.*⟩: Facharzt [u. Wissenschaftler] auf dem Gebiet der Chirurgie (1)

Chi|r|ur|gie *die;* -, ...ien: **1.** (ohne Plural) Teilgebiet der Medizin, Lehre von der operativen Behandlung krankhafter Störungen u. Veränderungen im Organismus. **2.** chirurgische Abteilung eines Krankenhauses

Chi|r|ur|gin *die;* -, -nen: weibliche Form zu ↑Chirurg

chi|r|ur|gisch: a) die Chirurgie betreffend; **b)** operativ

Chi|tin [ç...] *das;* -s ⟨*semit.-gr.-nlat.*⟩: stickstoffhaltiges ↑Polysaccharid, Hauptbestandteil der Körperhülle von Krebsen, Tausendfüßern, Spinnen, Insekten, bei Pflanzen in den Zellwänden von Flechten u. Pilzen

Chla|mys [ç..., auch: k...] *die;* -, -: knielanger, mantelartiger Überwurf für Reiter u. Krieger im Griechenland der Antike

Chlor [k...] *das;* -s ⟨*gr.;* »gelblich grün«⟩: chem. Element; ein Nichtmetall (Zeichen: Cl)

chlor..., Chlor... vgl. chloro..., Chloro...

Chlo|ral *das;* -s ⟨Kurzw. aus ↑**Chlor** u. ↑**Aldehyd**⟩: Chlorverbindung, stechend riechende, ätzende Flüssigkeit

chlo|ren: ↑chlorieren (2)

Chlo|rid *das;* -[e]s, -e: chemische Verbindung des Chlors mit Metallen od. Nichtmetallen

chlo|rie|ren: 1. in den Molekülen einer chemischen Verbindung bestimmte Atome od. Atomgruppen durch Chloratome ersetzen. **2.** mit Chlor keimfrei machen (z. B. Wasser)

chlo|rig: chlorhaltig, chlorartig

[1]**Chlo|rit** [auch: ...ˈrɪt] *das;* -s, -e: Salz der chlorigen Säure

[2]**Chlo|rit** [auch: ...ˈrɪt] *der;* -s, -e: ein grünes, glimmerähnliches Mineral

Chlor|kalk *der;* -[e]s: Bleich- u. Desinfektionsmittel

chlo|ro..., Chlo|ro...

[kloro...]
vor Vokalen meist: **chlor..., Chlor...**
⟨*gr.* chlōrós »von der Farbe des ersten Pflanzentriebes, gelblich grün«⟩
Wortbildungselement mit der Bedeutung »eine grünliche Farbe besitzend, grün«:
- Chlorophyll
- Chloroplast
- Chloropsie

Chlo|ro|form *das;* -s ⟨*gr.; lat.*⟩: süßlich riechende, farblose Flüssigkeit (früher ein Betäubungsmittel, heute nur noch als Lösungsmittel verwendet)

chlo|ro|for|mie|ren: durch Chloroform betäuben

Chlo|ro|phyll *das;* -s ⟨»Blattgrün«⟩: magnesiumhaltiger, grüner Farbstoff in Pflanzenzellen, der die ↑Fotosynthese ermöglicht

Choke [tʃoʊk] *der;* -s, -s, **Cho|ker** *der;* -s, - ⟨*engl.*⟩ (Kfz-Technik): Luftklappe im Vergaser (Kaltstarthilfe)

Cho|ker vgl. Choke

chol..., Chol... vgl. chole..., Chole...

cho|le..., Cho|le...

[çole...]
seltener: **cho|lo..., Cho|lo...,** vor Vokalen meist: **chol..., Chol...**
⟨*gr.* cholḗ u. chólos »Galle; bitteres Getränk«⟩
Wortbildungselement mit der Bedeutung »Galle, Gallenflüssigkeit«:
- Cholangitis
- Cholelith
- Cholesterin
- cholostatisch

Cho|le|ra [k...] *die;* - ⟨*gr.-lat.;* »Gallenbrechdurchfall«⟩ (Med.): schwere (epidemische) Infektionskrankheit (mit heftigen Brechdurchfällen)

Cho|le|ri|ker [k...] *der;* -s, - ⟨*gr.-lat.*⟩: (nach dem von Hippokrates aufgestellten Temperamentstyp) reizbarer, jähzorniger Mensch; vgl. Melancholiker, Phlegmatiker, Sanguiniker

Cho|le|ri|ke|rin *die;* -, -nen: weibliche Form zu ↑Choleriker

cho|le|risch ⟨*gr.-lat.*⟩: jähzornig, aufbrausend; vgl. melancholisch, phlegmatisch, sanguinisch

Cho|les|te|rin [auch: k...], **Cho|le|s|te|rol** *das;* -s, -e: wichtigstes, in allen tierischen Geweben vorkommendes ↑Sterin, Hauptbestandteil der Gallensteine

cho|lo..., Cho|lo... vgl. chole..., Chole...

Chop|per [tʃ...] *der;* -s, -[s] ⟨*engl.*⟩: **1.** vorgeschichtliches Hauwerkzeug, aus einem Steinbrocken o. Ä. geschlagen. **2.** (Physik) Vorrichtung zum wiederholten, zeitweisen Unterbrechen (»Zerhacken«) einer Strahlung, wodurch getrennte Impulse entstehen. **3.** Motorrad mit hohem, geteiltem

Lenker u. einem Sattel mit hoher Rückenlehne

Chop|su|ey [tʃɔpˈsuːi] *das;* -[s], -s ⟨*chin.-engl.*⟩ (Kochkunst): Anzahl mit verschiedenen Gemüsen, Zwiebeln u. Pilzen gebratener Fleisch- od. Fischstückchen, die mit Reis u. Sojasoße serviert werden

¹Chor [k...] *der,* seltener: *das;* -[e]s, Chöre ⟨*gr.-lat.*⟩: **1.** erhöhter Kirchenraum mit [Haupt]altar (ursprünglich für das gemeinsame Chorgebet der ↑Kleriker). **2.** Platz der Sänger auf der Orgelempore

²Chor *der;* -[e]s, Chöre ⟨*gr.-lat.*⟩ (Musik): **1.** Gruppe von Sängern, die sich zu regelmäßigem, gemeinsamem Gesang zusammenschließen. **2.** gemeinsamer [mehrstimmiger] Gesang von Sängern. **3.** Musikstück für gemeinsamen [mehrstimmigen] Gesang

Cho|ral *der;* -s, ...räle ⟨*gr.-nlat.*⟩: **a)** kirchlicher Gemeindegesang; **b)** Lied mit religiösem Inhalt

Cho|ral|no|ta|ti|on *die;* -, -en (Musik): mittelalterliche Notenschrift

Chor|da [ˈkɔrda], **Chor|de** [ˈkɔrdə] *die;* -, ...den ⟨*gr.-lat.*⟩: **1.** (Biol.) knorpelähnlicher Achsenstab als Vorstufe der Wirbelsäule (bei Schädellosen, Mantel- u. Wirbeltieren). **2.** (Anat.) Sehnen-, Knorpel- od. Nervenstrang

Chor|de [ˈkɔrdə] vgl. Chorda

Cho|reo|graf, Cho|reo|graph *der;* -en, -en ⟨*gr.-nlat.*⟩: jmd., der [als Leiter eines Balletts] eine Tanzschöpfung kreiert u. inszeniert

Cho|reo|gra|fie, Cho|reo|gra|phie *die;* -, ...ien: **a)** künstlerische Gestaltung u. Festlegung der Schritte u. Bewegungen eines Balletts; **b)** (früher) grafische Darstellung von Tanzbewegungen u. -haltungen

Cho|reo|gra|fin, Cho|reo|gra|phin *die;* -, -nen: weibliche Form zu ↑Choreograf

cho|reo|gra|fisch, cho|reo|gra|phisch: die Choreografie betreffend

Cho|reo|graph usw. vgl. Choreograf usw.

Cho|reut [ç...] *der;* -en, -en ⟨*gr.*⟩: **1.** Chorsänger. **2.** Chortänzer

cho|risch [k...] ⟨*gr.-lat.*⟩: den ²Chor betreffend, durch den Chor auszuführen

Cho|rist *der;* -en, -en ⟨*gr.-lat.-mlat.*⟩: Mitglied eines [Opern]chors

Cho|ris|tin *die;* -, -nen: weibliche Form zu ↑Chorist

Chör|lein *das;* -s, -: halbrunder od. vieleckiger Erker an mittelalterlichen Wohnbauten

Chor|re|gent *der;* -en, -en (südd.): Leiter eines katholischen Kirchenchors

Koryphäe

Das Substantiv wird trotz ähnlicher Herkunft aus dem Griechischen und gleichem Anlaut nicht wie *Chor, Choral* mit *Ch-* geschrieben, sondern mit *K-*.

Cho|se [ʃ...] *die;* -, -n ⟨*lat.-gr.*⟩ (ugs.): [unangenehme] Sache, Angelegenheit

Chow-Chow [tʃauˈtʃau, auch: ʃauˈʃau] *der;* -s, -s ⟨*chin.-engl.*⟩: Hund einer in China gezüchteten Rasse

Chres|to|ma|thie [krɛ...] *die;* -, ...ien ⟨*gr.;* »das Erlernen von Nützlichem«⟩: für den Unterricht bestimmte Sammlung ausgewählter Texte aus den Werken bekannter Autoren

Chri|sam [ˈçriːzam] *das* oder *der;* -s, **Chris|ma** [çrɪs...] *das;* -s ⟨*gr.-lat.*⟩: geweihtes Salböl (in der katholischen u. orthodoxen Kirche bei Taufe, Firmung, Bischofs- u. Priesterweihe verwendet)

Christ [k...] *der;* -en, -en ⟨*gr.-lat.*⟩: Anhänger [u. Bekenner] des Christentums; Getaufter

Christ|de|mo|krat *der;* -en, -en: Anhänger einer christlich-demokratischen Partei

Christ|de|mo|kra|tin *die;* -, -nen: weibliche Form zu ↑Christdemokrat

Chris|ten|tum *das;* -s: auf Jesus Christus, sein Leben u. seine Lehre gegründete Religion

chris|ti|a|ni|sie|ren: (die Bevölkerung eines Landes) zum Christentum bekehren

Chris|ti|a|ni|sie|rung *die;* -, -en: Bekehrung zum Christentum

Chris|tian Sci|ence [ˈkrɪstjən ˈsaɪəns] *die;* - - ⟨*engl.;* »christliche Wissenschaft«⟩: 1879 in den USA gegründete christliche Gemeinschaft, die durch enge Verbindung mit Gott menschliche Unzulänglichkeit überwinden will; vgl. Szientismus (2)

Chris|tin *die;* -, -nen: weibliche Form zu ↑Christ

christ|lich ⟨*gr.-lat.; dt.*⟩: **a)** auf Christus und seine Lehre zurückgehend; der Lehre Christi entsprechend; **b)** im Christentum verwurzelt, begründet; **c)** kirchlich

Chris|to|lo|gie *die;* -, ...ien: Lehre der christlichen Theologie von der Person Christi

Chris|to|pher Street Day [ˈkrɪstəfə ˈstriːt deɪ] *der;* - - -s, - - -s ⟨*amerik.*⟩: internat. Jahrestag der Homosexuellen, der mit Paraden, Partys u. Ä. begangen wird (Abk.: CSD)

Chris|tus|mo|no|gramm *das;* -s, -e: Symbol für den Namen Christus, das aus dessen griechischen Anfangsbuchstaben X (Chi) u. P (Rho) zusammengefügt ist

Chrom [k...] *das;* -s ⟨*gr.-lat.-fr.;* »Farbe«⟩: chem. Element; ein Metall (Zeichen: Cr)

Chro|ma|tik *die;* - ⟨*gr.-lat.*⟩: **1.** (Musik) Veränderung (»Färbung«) der sieben Grundtöne durch Versetzungszeichen um einen Halbton nach oben od. unten; Ggs. ↑Diatonik. **2.** (Physik) Farbenlehre

chro|ma|tisch ⟨*gr.-lat.*⟩: **1.** (Musik) in Halbtönen fortschreitend. **2.** die Chromatik (2) betreffend; **chromatische Aberration:** Abbildungsfehler von Linsen durch Farbzerstreuung

Chro|ma|to|gra|fie, Chro|ma|to|gra|phie *die;* -, ...ien: Verfahren zur Trennung chemisch nahe verwandter Stoffe

Chro|ma|to|gra|phie usw. vgl. Chromatografie usw.

Chro|ma|to|phor *das;* -s, -en (meist Plural) ⟨*gr.;* »Farbstoffträger«⟩: **1.** (Bot.) Farbstoff tragende ↑Organelle der Pflanzenzelle. **2.** (Zool.) Farbstoffzelle bei Tieren, die den Farbwechsel der Haut ermöglicht (z. B. beim Chamäleon)

Chrom|gelb *das;* -[s]: deckkräftige Malerfarbe, Bleichromat

Chrom|grün *das;* -[s]: Deckgrün, Mischfarbe aus Berliner Blau u. Chromgelb

Chro|mo|lith [auch: ...'lɪt] *der;* -s u. -en, -e[n]: unglasiertes Steinzeug mit eingelegten farbigen Verzierungen

Chro|mo|li|tho|gra|fie, Chro|mo|li|tho|gra|phie *die;* -, ...ien: Mehrfarben[stein]druck

Chro|mo|som *das;* -s, -en (meist Plural) ⟨*gr.*⟩ (Biol.): in jedem Zellkern in artspezifischer Anzahl u. Gestalt vorhandenes, das Erbgut eines Lebewesens tragendes, fadenförmiges Gebilde, Kernschleife

chro|mo|so|mal: das Chromosom betreffend

Chro|mo|sphä|re *die;* -: glühende Gasschicht um die Sonne

chron..., Chron... vgl. chrono..., Chrono...

Chro|nik [k...] *die;* -, -en ⟨*gr.-lat.*⟩: **1.** Aufzeichnung geschichtlicher Ereignisse in zeitlich genauer Reihenfolge. **2.** zusammenfassende Bez. für zwei geschichtliche Bücher des Alten Testaments

Chro|ni|ka *die* (Plural): ↑Chronik (2)

Chro|ni|ker *der;* -s, - ⟨*gr. -lat.*⟩ (Jargon): chronisch Kranker

Chro|ni|ke|rin *die;* -, -nen: weibliche Form zu ↑Chroniker

chro|nisch ⟨*gr.-lat.*⟩: **1.** (Med.) sich langsam entwickelnd, langsam verlaufend (von Krankheiten); Ggs. ↑akut (2). **2.** (ugs.) dauernd, ständig, anhaltend

Chro|nist *der;* -en, -en ⟨*gr.-nlat.*⟩: Verfasser einer Chronik

Chro|nis|tin *die;* -, -nen: weibliche Form zu ↑Chronist

chro|no..., Chro|no...

[krono...]
vor Vokalen auch: **chron..., Chron...**
⟨zu *gr.* chrónos »Zeit, Dauer, Lebenszeit, Alter«⟩
Wortbildungselement mit der Bedeutung »Zeit, die Zeit betreffend«:
– Chronogramm
– chronologisch
– Chronometer

Chro|no|gra|fie, Chro|no|gra|phie *die;* -, ...ien ⟨*gr.-lat.*⟩: Geschichtsschreibung nach der zeitlichen Abfolge

Chro|no|gramm *das;* -s, -e: **1.** ein Satz od. eine Inschrift (in lat. Sprache), in der hervorgehobene Großbuchstaben als Zahlzeichen die Jahreszahl eines geschichtlichen Ereignisses ergeben, auf das sich der Satz bezieht. **2.** Aufzeichnung eines Chronografen

Chro|no|lo|gie *die;* -, ...ien: **1.** Wissenschaft u. Lehre von der Zeitmessung u. -rechnung. **2.** Zeitrechnung. **3.** zeitliche Abfolge (von Ereignissen)

chro|no|lo|gisch: zeitlich geordnet

Chro|no|me|ter *das;* -s, - ⟨*gr.-nlat.;* »Zeitmesser«⟩: transportable Uhr mit höchster Ganggenauigkeit, die bes. in der Astronomie u. Schifffahrt eingesetzt wird

chro|no|me|t|risch: auf genauer Zeitmessung beruhend

Chry|s|an|the|me [kry...] *die;* -, -n, **Chry|s|an|the|mum** [auch: ç...] *das;* -s, ...men: Zierpflanze mit größeren strahlenförmigen Blüten

Chry|so|be|ryll *der;* -s, -e ⟨*gr.-lat.*⟩: ein grüner Edelstein

Chry|so|lith [auch: ...'lɪt] *der;* -s u. -en, -e[n] ⟨*gr.-lat.*⟩: ein Mineral

Chry|so|pras *der;* -es, -e: ein Halbedelstein

chtho|nisch [ç...] ⟨*gr.*⟩: der Erde angehörend, unterirdisch; **chthonische Götter:** Erdgottheiten; in der Erde wohnende u. wirkende Götter (z. B. Pluto, die Titanen)

Chut|ney ['tʃatni] *das;* -[s], -s ⟨*Hindi-engl.*⟩: Paste aus zerkleinerten Früchten mit Gewürzzusätzen

Chuz|pe [x...] *die;* - ⟨*hebr.-jidd.*⟩ (salopp abwertend): Unverfrorenheit, unbekümmerte Dreistigkeit, Unverschämtheit

Cia|co|na vgl. Chaconne

ciao! [tʃau̯] vgl. tschau

Ci|ce|ro [ˈtsɪtsero, auch: ˈtsiːtsero] *die* (schweiz.: *der*); - ⟨nach dem röm. Redner M. T. Cicero, 106–43 v. Chr.⟩ (Druckw.): Schriftgrad von 12 Punkt (ungefähr 4,5 mm Schrifthöhe)

Ci|ce|ro|ne [tʃitʃeˈroːnə] *der;* -[s], -s u. ...ni ⟨*lat.-it.;* aufgrund eines scherzhaften Vergleichs mit dem röm. Redner Cicero⟩: [sehr viel redender] Fremdenführer

Ci|d|re [ˈsiːdrə] *der;* -[s], -s ⟨*hebr.-gr.-lat.-vulgärlat.-fr.*⟩: französischer Apfelwein aus der Normandie od. Bretagne

Ci|ne|ạst [s...] *der;* -en, -en ⟨*gr.-fr.*⟩: **a)** Filmschaffender; **b)** Filmkenner, begeisterter Kinogänger

Ci|ne|as|tin *die;* -, -nen: weibliche Form zu ↑Cineast

ci|ne|ạs|tisch: die Cineastik betreffend

Ci|ne|ma|scope® [sinemaˈskoːp] *das;* - ⟨*gr.-engl.*⟩ (Film): besonderes Projektionsverfahren

Ci|ne|ma|thẹk [s...] vgl. Kinemathek

Cị|ne|max® [ˈsɪnə...] *das;* -, -e ⟨*engl.; lat.*⟩: Filmtheater mit mehreren Kinosälen, Kinocenter

Ci|ne|ra̱|ma® [s...] *das;* - ⟨*gr.-fr.-engl.*⟩: besonderes Projektionsverfahren

Cin|que|cẹn|to *das;* -[s]: Kultur u. Kunst des 16. Jh.s in Italien (Hochrenaissance, ↑Manierismus 1)

cịr|ca, zịr|ka ⟨*lat.*⟩: ungefähr, etwa (Abk.: ca.)

Cịr|ce *die;* -, -n ⟨nach der Zauberin der gr. Sage⟩: verführerische Frau, die es darauf anlegt, Männer zu betören

Cịr|cu|lus vi|ti|o̱|sus *der;* - -, ...li ...si: **1.** Zirkelschluss, bei dem das zu Beweisende in der Voraussetzung enthalten ist. **2.** (Med.) gleichzeitig bestehende Krankheitsprozesse, die sich gegenseitig ungünstig beeinflussen. **3.** Teufelskreis

Cịr|cus vgl. Zirkus

Ci|ré [siˈreː] *der;* -[s], -s ⟨*lat.-fr.;* »gewachst«⟩: Seidengewebe mit harter Glanzschicht

Cis|la|wẹng vgl. Zislaweng

ci|ta̱|to lo̱|co [auch: - ˈlɔko] ⟨*lat.*⟩: an der angeführten Stelle (Abk.: c. l.); vgl. loco citato

Ci|to|y|en [sitọaˈjɛ̃ː] *der;* -s, -s ⟨*lat.-mlat.-fr.*⟩: fr. Bez. für: Bürger

Ci|t|ra̱t vgl. Zitrat

Ci|ty [ˈsɪti] *die;* -, -s ⟨*lat.-fr.-engl.*⟩: Geschäftsviertel einer Großstadt, Innenstadt

Ci|vet [siˈveː, siˈvɛ] *das;* -s, -s ⟨*lat.-fr.*⟩: ↑Ragout von Hasen u. Wildkaninchen

Ci̱|vi|tas De̱i *die;* - - ⟨*lat.*⟩: Staat Gottes, der dem Staat des Teufels gegenübergestellt wird (geschichtsphilosophischer Begriff aus dem Hauptwerk des Augustinus)

Claim [kleɪm] *der,* auch *das;* -[s], -s ⟨*lat.-fr.-engl.*⟩: **1.** (Rechtswiss.) Anrecht, Rechtsanspruch; Patentanspruch. **2.** (Wirtsch.) Anteil (z. B. an einem Goldgräberunternehmen). **3.** Behauptung, die von der Werbung aufgestellt wird

Clair-ob|s|cur [klɛrɔpsˈkyːɐ̯] *das;* -[s] (Kunstwiss.): Helldunkelmalerei (Stil in Malerei u. Grafik)

Clan [klaːn, engl.: klæn] *der;* -s, -e u. (bei engl. Aussprache nur:) -s ⟨*kelt.-engl.*⟩: **1.** schottischer Lehns- u. Stammesverband. **2.** (iron. abwertend) durch gemeinsame Interessen od. verwandtschaftliche Beziehungen verbundene Gruppe

Cla|queur [klaˈkøːɐ̯] *der;* -s, -e: bestellter Beifallklatscher

Cla|queu|rin [...ˈkøːrɪn] *die;* -, -nen: weibliche Form zu ↑Claqueur

Cla|ri̱|no *das;* -s, -s u. ...ni ⟨*lat.-it.*⟩: **1.** hohe Trompete (Bachtrompete). **2.** Zungenstimme der Orgel

Cla|vi|cem|ba|lo [...ˈtʃɛm...] *das;* -s, -s u. ...li ⟨*(lat.; gr.) mlat.-it.*⟩: Cembalo

Cla|vi̱|cu|la vgl. Klavikula

clean [kliːn] ⟨*engl.*⟩: **a)** (ugs.) von Drogen nicht mehr abhängig; **b)** steril, sauber, nüchtern

Clea|ring [ˈkliːrɪŋ] *das;* -[s], -s: Verrechnung; Verrechnungsverfahren

Cle|ma̱|tis vgl. Klematis

Cle|men|ti̱|ne vgl. Klementine

Clerk [klark, klɑːk] *der;* -s, -s ⟨*gr.-lat.-fr.-engl.*⟩: **1.** kaufmännischer Angestellter (in Großbritannien od. Amerika). **2.** britischer od. amerikanischer Verwaltungsbeamter [beim Gericht]

cle|ver [ˈklɛvɐ] ⟨*engl.*⟩: in taktisch schlauer, geschickter Weise vorgehend; klug, gewitzt

Clẹ|ver|ness *die;* -: clevere Art u. Weise, cleveres Verhalten

Cli|ché [kliˈʃeː]: frühere Schreibung für: Klischee

Cli|ent [ˈklaɪənt] *der;* -s, -s ⟨*lat.-engl.*⟩ (EDV): Rechner innerhalb eines Netzwerks, der vom Server (1) Dienste in Anspruch nimmt

Clinch [klɪntʃ, klɪnʃ] *der;* -[e]s ⟨*engl.*⟩: das Umklammern u. Festhalten des Gegners im Boxkampf; **mit jmdm. im Clinch liegen:** eine Meinungsverschiedenheit, einen Streit haben

Clịp|per® *der;* -s, - ⟨*engl.*⟩ (veraltet): auf Überseestrecken eingesetztes amerikanisches Langstreckenflugzeug

Cli|que [ˈklɪkə, auch: ˈkliːkə] *die;* -, -n ⟨*fr.*⟩: **a)** (abwertend) Personengruppe, die vornehmlich ihre eigenen Gruppeninteressen verfolgt; **b)** Freundes-, Bekanntenkreis

Cli|via, Kli̱|vie *die;* -, ...vien ⟨*nlat.;* nach einer engl. Herzogin, Lady Clive›: Zimmerpflanze mit orangefarbenen Blüten

Clo|chard [klɔˈʃaːɐ̯] *der;* -[s], -s ‹*fr.*›: Stadtstreicher (bes. in Frankreich)

Clog [klɔk] *der;* -s, -s (meist Plural) ‹*engl.*›: Holzpantoffel mit dicker Sohle

Clou [kluː] *der;* -s, -s ‹*lat.-fr.;* »Nagel«›: Höhepunkt (im Ablauf) von etwas; Kernpunkt

Clown [klau̯n] *der;* -s, -s ‹*lat.-fr.-engl.*›: Spaßmacher [im Zirkus od. Varieté]

clow|nesk: nach Art eines Clowns beschaffen

Club vgl. Klub

Clus|ter [ˈklastɐ, ˈklʌstə] *der,* auch: *das;* -s, - ‹*engl.*›: **1.** (Physik) als einheitliches Ganzes zu betrachtende Menge von Einzelteilchen. **2.** (Musik) Klanggebilde, das durch Übereinanderstellen kleiner ↑Intervalle (2) entsteht; Klangfeld. **3.** (Sprachw.) **a)** Folge von aufeinanderfolgenden ungleichen Konsonanten; **b)** ungeordnete Menge semantischer Merkmale eines Begriffs. **4.** (Informatik) **a)** [nach logischen Kriterien zusammengesetzter] Block auf einem Datenträger; **b)** Gruppe von miteinander vernetzten Computern [mit der Funktion eines Großrechners]

[1]Coach [koːtʃ, kou̯tʃ] *der;* -[e]s, -[e]s ‹*engl.*›: **1.** jmd., der Sportler od. eine Sportmannschaft, auch Künstler u. Ä. trainiert, betreut. **2.** jmd., der anhand von wissenschaftlich begründeten Methoden einen Klienten berät u. betreut, um dessen berufliches Potenzial zu optimieren

[2]Coach *die;* -, -es: im 19. Jh. verwendete vierrädrige Kutsche für vier Personen

coa|chen [ˈkoːtʃn̩]: Sportler od. eine Sportmannschaft, auch Manager, Künstler u. Ä. trainieren u. betreuen

Coa|ching *das;* -[s], -s: das Coachen (z. B. das Betreuen von Sportlern; Förderung von Mitarbeitern, Beratung von Managern)

Co|a|gu|lum vgl. Koagulum

Co|balt vgl. Kobalt

Cob|b|ler *der;* -s, -[s] ‹*engl.*›: ↑Cocktail aus Likör, Weinbrand od. Weißwein, Fruchtsaft, Früchten u. Zucker

COBOL *das;* -s ‹Kurzw. aus: **common business oriented language;** *engl.*› (EDV): Programmiersprache zur problemorientierten Formulierung von Programmen der kommerziellen Datenverarbeitung

Co|ca-Co|la® *das;* -[s] od. *die;* - (5 [Flaschen] -) ‹Herkunft ungeklärt›: koffeinhaltiges Erfrischungsgetränk

Co|che|nil|le [kɔʃəˈnɪljə] vgl. Koschenille

Co|cker|spa|ni|el *der;* -s, -s ‹*engl.*›: englische Jagdhundrasse

Cock|pit *das;* -s, -s ‹*engl.;* »Hahnengrube«›: **1.** Pilotenkabine in [Düsen]flugzeugen. **2.** Fahrersitz in einem Rennwagen. **3.** vertiefter, ungedeckter Sitzraum für die Besatzung in Segel- u. Motorbooten

Cock|tail [ˈkɔkteɪl] *der;* -s, -s ‹*engl.;* »Hahnenschwanz«›: **1. a)** alkoholisches Mischgetränk aus verschiedenen Spirituosen, Früchten, Fruchtsaft u. anderen Zutaten; **b)** Mischung (z. B. von Speisen). **2.** ↑Cocktailparty

Cock|tail|par|ty *die;* -, -s: zwanglose Geselligkeit in den frühen Abendstunden, bei der Cocktails (1 a) serviert werden

Co|coo|ning [kəˈkuːnɪŋ] *das;* -s, -s ‹*engl.;* eigtl. »das Einspinnen«›: das Zu-Hause-Bleiben während der Freizeit; [völliger] Rückzug in die Privatsphäre

Co|da, Ko|da *die;* -, -s ‹*lat.-it.;* »Schwanz«›: Schluss od. Anhang eines musikalischen Satzes

Code, Kode [koːt] *der;* -s, -s ‹*lat.-fr.-engl.*›: **1.** System von Regeln u. Zeichen, das die Zuordnung von Zeichen[folgen] zweier verschiedener Zeichenvorräte erlaubt u. somit einen Schlüssel zur Übertragung verschlüsselter Texte darstellt. **2.** (Sprachw.) Gesamtheit sprachlicher Zeichen u. Regeln u. ihre Verknüpfungen. **3.** (Soziolinguistik) durch die Zugehörigkeit zu einer bestimmten sozialen Schicht vorgegebene Verwendungsweise von Sprache

Code ci|vil [koːdsiˈviːl] *der;* - - ‹*fr.*›: französisches Zivilgesetzbuch

Co|de|in, Ko|de|in *das;* -s ‹*gr.-nlat.*›: ein Alkaloid des Opiums, das als hustenstillendes Mittel verwendet wird

Code Na|po|lé|on [koːdnapɔleˈõː] *der;* - - ‹*fr.*›: Bezeichnung des Code civil zwischen 1807 u. 1814

Co|dex vgl. Kodex

co|die|ren, ko|die|ren ‹*lat.-fr.-engl.*›: **1.** eine Nachricht mithilfe eines ↑Codes (1) verschlüsseln; Ggs. ↑decodieren. **2.** etwas Mitzuteilendes mithilfe des ↑Codes (2) in eine sprachliche Form bringen

Coe|no|bit [tsø...] usw. vgl. Zönobit usw.

Cof|fee|shop [ˈkɔfɪʃɔp] *der;* -s, -s ‹*engl.*›: **1.** kleines Restaurant (oft innerhalb eines Hotels), in dem Erfrischungen u. kleine Mahlzeiten serviert werden. **2.** (Jargon) Laden, in dem man u. a. Haschisch u. Marihuana kaufen kann

Cof|fe|in vgl. Koffein

co|gi|to, er|go sum ‹*lat.;* »ich denke, also bin

ich«): Grundsatz des französischen Philosophen Descartes

Co|g|nac® *der;* -[s], -s (aber: 3 -) ‹nach der fr. Stadt›: (aus Weinen des Gebietes um Cognac hergestellter) französischer Weinbrand

Coif|feur [koaˈføːɐ̯] *der;* -s, -e ‹*fr.*› (bes. schweiz.): Friseur

Coif|feu|se [...ˈføzə] *die;* -, -n (schweiz.): Friseurin

Coif|fure [...ˈfyːɐ̯] *die;* -, -n: **1.** (geh.) Frisierkunst. **2.** (schweiz.) Frisiersalon. **3.** (veraltet) kunstvoll gestaltete Frisur

Co|i|tus vgl. Koitus

Coke® [koːk, koʊk] *das;* -[s], -s ‹*amerik.*›: kurz für: ↑Coca-Cola

Co|la *das;* -[s], -s od. *die;* -, -s (aber: 5 -) (ugs.): koffeinhaltiges Erfrischungsgetränk

Co|la|ni vgl. Kolani

Cold|cream [ˈkoʊldkriːm, auch: ˈkoʊld ˈkriːm] *die;* -, -s, **Cold Cream** *die;* - -, - -s ‹*engl.*›: pflegende, kühlende Hautcreme

Col|la|ge [kɔˈlaːʒə] *die;* -, -n ‹*fr.*›: [künstlerische] Komposition, die aus ganz Verschiedenartigem, aus vorgegebenen Dingen verschiedenen Ursprungs, Stils zusammengefügt ist (z. B. Klebebild)

col|la|gie|ren: als Collage zusammensetzen, -stellen

col|la par|te ‹*it.*› (Musik): mit der Hauptstimme [gehend] (Spielanweisung)

Col|lege [ˈkɔlɪdʒ] *das;* -[s], -s ‹*lat.-fr.-engl.*›: **a)** private höhere Schule mit Internat in Großbritannien; **b)** einer Universität angegliederte Lehranstalt mit Wohngemeinschaft von Dozenten u. Studenten in England; **c)** Eingangsstufe der Universität; die ersten Universitätsjahre in den USA

Col|lège [kɔˈlɛːʒ] *das;* -[s], -s ‹*lat.-fr.*›: höhere Schule in Frankreich, Belgien u. der französischsprachigen Schweiz

Col|le|gi|um mu|si|cum [-...kum] *das;* - -, ...gia ...ca ‹*lat.; gr.-lat.*›: freie Vereinigung von Musikliebhabern [an Universitäten]

Co|li|co® *der;* -s, -s (Kunstw.): zusammenlegbare, bahneigene Transportkiste aus Metall

Col|lie *der;* -s, -s ‹*engl.*›: schottischer Schäferhund

Co|lón *der;* -[s], -s (aber: 5 -) ‹nach der span. Namensform von Kolumbus›: Währungseinheit in Costa Rica u. El Salvador

Co|lo|nel [fr.: kɔlɔˈnɛl, engl.: ˈkəːnəl] *der;* -s, -s ‹*lat.-it.-fr. (-engl.)*›: fr. u. engl. Bez. für: Oberst

Co|lo|ra|do|kä|fer vgl. Koloradokäfer

Colt® *der;* -s, -s ‹nach dem amerik. Industriellen u. Erfinder S. Colt, 1814–1862›: (bes. im amerikanischen Westen der Kolonialzeit verwendeter) Revolver

Com|bine [kɔmˈbai̯n] vgl. Kombine

Com|bo *die;* -, -s ‹Kurzw. aus *engl.* combination »Zusammenstellung«›: kleines Jazz- od. Tanzmusikensemble, in dem jedes Instrument nur einmal vertreten ist

Come|back, Come-back [kamˈbɛk] *das;* -[s], -s ‹*engl.;* »Rückkehr«›: erfolgreiches Wiederauftreten eines bekannten Künstlers, Politikers, Sportlers nach längerer Pause

Co|me|dy [ˈkɔmədi] *die;* -, -s ‹*engl.*›: **1.** [oft als Serie produzierte] humoristische Sendung. **2.** Kurzform von ↑Comedyshow

Co|me|dy|show, Co|me|dy-Show [...ʃoʊ] *die;* -, -s: Show, bes. im Fernsehen, in der Sketche, Slapsticks u. Ä. dargeboten werden

Co|mes *der;* -, - u. Comites [...teːs] ‹*lat.;* »Begleiter«›: **1. a)** altrömischer Beamter im kaiserlichen Dienst; **b)** im Mittelalter Gefolgsmann od. Vertreter des Königs in Verwaltungs- u. Gerichtsangelegenheiten; Graf. **2.** (Musik) Wiederholung des Fugenthemas in der zweiten Stimme

Co|mes|ti|bles [...ˈtiːbl̩] *die* (Plural) ‹*lat.-fr.*› (schweiz.): Feinkost, Delikatessen; vgl. Komestibilien

Co|mic *der,* auch *das;* -[s], -s: Kurzform von ↑Comicstrip

Co|mic|strip [...strɪp] *der;* -[s], -s ‹*engl.;* »drolliger Streifen«›: mit Texten gekoppelte Bilderfortsetzungsgeschichte abenteuerlichen, grotesken od. utopischen Inhalts

Co|ming-out, Co|ming|out [kamɪŋˈlaut] *das;* -[s], -s ‹*engl.*›: das Öffentlichmachen von etwas (als bewusstes Handeln), bes. das öffentliche Sichbekennen zu seiner homosexuellen Veranlagung

Com|me|dia dell'Ar|te *die;* - - ‹*it.*›: volkstümliche italienische Stegreifkomödie des 16. bis 18. Jh.s

comme il faut [kɔmilˈfoː] ‹*fr.*›: wie es sich gehört; mustergültig

com|mit|ten [kɔˈmɪtn̩] ‹*engl.*›: sich committen: sich bekennen, verpflichten

Com|mon|wealth [...wɛlθ] *das;* -: Staatenbund, [britische] Völkergemeinschaft; **Commonwealth of Nations** [- əv neɪʃənz]: Staatengemeinschaft des ehemaligen britischen Weltreichs

Com|mu|ni|qué [kɔmyniˈkeː] vgl. Kommuniqué

Com|mu|ni|ty [kɔˈmjuːniti] *die;* -, -s ‹*engl.*›: Ge-

C

meinschaft, Gruppe von Menschen mit gleichen Interessen, Wertvorstellungen

Com|pact Disc, Com|pact Disk ['kɔmpɛkt 'dɪsk] *die; - -, - -s* ⟨*engl.*⟩: aus metallisiertem Kunststoff bestehende kleine, durch Laserstrahl abtastbare Speicherplatte von hoher Ton- bzw. Bildqualität

Com|pa|g|nie [kɔmpan'ji:] vgl. Kompanie

Com|pi|ler [kɔm'pailɐ] *der; -s, -* ⟨*engl.*⟩ (EDV): Programm (4), das die Anweisungen eines in einer höheren Programmiersprache geschriebenen Programms in die Maschinensprache des Computers übersetzt

Com|po|ser *der; -s, -* ⟨*lat.-fr.-engl.*⟩ (Druckw.): elektrische Schreibmaschine mit automatischem Randausgleich u. auswechselbarem Kugelkopf, die druckfertige Vorlagen liefert

Com|pu|ter [kɔm'pju:tɐ] *der; -s, -* ⟨*lat.-engl.*⟩: programmgesteuerte, elektronische Rechenanlage; Datenverarbeitungsanlage

Com|pu|ter|ani|ma|ti|on *die; -, -en*: durch Computer erzeugte Darstellung mehrdimensionaler bewegter Bilder auf einem Bildschirm

Com|pu|ter|ge|ne|ra|ti|on *die; -, -en*: ↑Generation (4) in der Entwicklung von Computern

com|pu|te|ri|sie|ren: a) Informationen u. Daten für einen Computer lesbar machen; **b)** Informationen in einem Computer speichern

Com|pu|ter|kri|mi|na|li|tät *die; -*: Gesamtheit der Straftaten (Datenmissbrauch, Informationsdiebstahl u. Ä.), die mithilfe von Computern begangen werden

com|pu|tern (ugs.): mit dem Computer arbeiten, umgehen

Com|pu|ter|si|mu|la|ti|on *die; -, -en*: modellhafte Darstellung [u. Berechnung] bestimmter Aspekte eines Systems, Vorgangs, Problems o. Ä. mithilfe des Computers

Com|pu|ter|to|mo|gra|fie, Com|pu|ter|to|mo|gra|phie *die; -, ...ien*: Röntgenuntersuchungstechnik, bei der aus den von einem Computer aufbereiteten Messergebnissen ein Dichteverteilungsgrad der untersuchten Schichten rekonstruiert wird (Abk.: CT)

Com|pu|ter|to|mo|gra|phie vgl. Computertomografie

Com|pu|ter|vi|rus *der,* auch: *das; -, ...viren* (EDV): unbemerkt in einen Rechner eingeschleustes Computerprogramm, das die vorhandene Software manipuliert od. zerstört

Comte [kõ:t] *der; -, -s* [kõ:t] ⟨*lat.-fr.*⟩: Graf [in Frankreich]

con..., Con... vgl. kon..., Kon...

con|axi|al vgl. koaxial

con brio ⟨*lat.-it.*⟩: ↑brioso

Con|ce|le|b|ra|tio vgl. Konzelebration

Con|cer|to gros|so *das; - -, ...ti ...ssi* ⟨»großes Konzert«⟩: **1.** Gesamtorchester. **2.** Hauptgattung des barocken Instrumentalkonzerts (für Orchester u. Soloinstrumente)

Con|cha vgl. Koncha

Con|ci|erge [kõ'si̯ɛrʃ, fr.: kõ'sjɛrʒ] *der* u. *die; -, -s,* (auch:) *-n* ⟨*lat.-vulgärlat.-fr.*⟩: fr. Bez. für: Hausmeister[in], Portier[sfrau]

Con|di|tio si|ne qua non *die; - - - -* ⟨*lat.*⟩: (Philos.) notwendige Bedingung, ohne die etwas anderes nicht eintreten kann, unerlässliche Voraussetzung

Con|dy|lus *der; -, ...li* ⟨*gr.-lat.*⟩ (Med.): Gelenkkopf, -fortsatz

con|fer ⟨*lat.*⟩: vergleiche (Abk.: cf., cfr., conf.)

Con|fé|rence [kõfe'rã:s] *die; -, -n* ⟨*lat.-mlat.-fr.*⟩: Ansage eines Conférenciers

Con|fé|ren|ci|er [...rã'si̯e:] *der; -s, -s*: [witzig unterhaltender] Ansager im Kabarett od. Varieté, bei öffentlichen u. privaten Veranstaltungen

Con|fi|se|rie, Kon|fi|se|rie [auch: kõ...] *die; -, ...ien* ⟨*lat.-fr.*⟩ (schweiz.): Betrieb, der Süßwaren, Pralinen o. Ä. herstellt u. verkauft

Con|fi|seur, Kon|fi|seur [...'zø:ɐ̯] *der; -s, -e* (schweiz.): jmd., der berufsmäßig Süßwaren, Pralinen o. Ä. herstellt

Con|fi|seu|rin, Kon|fi|seu|rin [...'zø:rɪn] *die; -, -nen*: weibliche Form zu ↑Confiseur

Con|foe|de|ra|tio Hel|ve|ti|ca *die; - -* ⟨*lat.*⟩: Schweizerische Eidgenossenschaft (Abk.: CH)

Con|se|cu|tio Tem|po|rum *die; - -* ⟨*lat.*⟩ (Sprachw.): Zeitenfolge in Haupt- und Nebensätzen

Con|sen|sus *der; -, -* ⟨*lat.*; »Übereinstimmung«⟩: Zustimmung; vgl. Konsens

Con|som|mé [kõsɔ'me:], **Kon|som|mee** *die; -, -s,* auch *das; -s, -s* ⟨*lat.-fr.*⟩ (Gastron.): Kraftbrühe [aus Rindfleisch u. Suppengemüse]

con sor|di|no ⟨*lat.-it.*⟩: mit dem Dämpfer (Spielanweisung für Streichinstrumente)

Con|s|ti|tu|ante [kõsti'tÿã:t] *die; -, -s* [...'tÿã:t], **Kon|s|ti|tu|an|te** *die; -, -n* ⟨*lat.-fr.*⟩: grundlegende verfassunggebende [National]versammlung (bes. die der Französischen Revolution von 1789)

Con|s|truc|tio ad Sen|sum *die; - - -* ⟨*lat.*⟩ (Sprachw.): Satzkonstruktion, bei der sich das Prädikat od. Attribut nicht nach der grammatischen Form des Subjekts, sondern nach dessen Sinn richtet (z. B. eine Menge *Äpfel fielen* vom Baum [statt: eine *Menge* Äpfel *fiel*...]); vgl. Synesis

Con|sul|tant [kən'saltənt] *der;* -[s], -s ⟨*engl.*⟩ (Wirtsch.): Berater

Con|sul|ting [kən'saltɪŋ] *das;* -s ⟨*lat.-engl.*⟩: Beratung, Beratungstätigkeit (bes. in der Wirtschaft)

Con|tai|ner [kɔn'te:nɐ] *der;* -s, - ⟨*lat.-fr.-engl.*⟩: **1.** der rationelleren u. leichteren Beförderung dienender [quaderförmiger] Großbehälter in standardisierter Größe. **2.** Großbehälter zur rationellen Beseitigung von [speziellem] Müll. **3.** Behälter zur Präsentation eines Angebots im Handel. **4. a)** behelfsmäßiger Wohn- od. Arbeitsraum (auf Baustellen); **b)** behelfsmäßiger Gewerberaum für Banken, Sparkassen o. Ä.

Con|tai|ner|schiff *das;* -[e]s, -e: Spezialfrachtschiff zum Transport von Containern

Con|te|nance, Kon|te|nance [kõtə'nã:s] *die;* - ⟨*lat.-vulgärlat.-fr.*⟩ (veraltend): Fassung, Haltung (in schwieriger Lage), Gelassenheit

Con|test *der;* -[e]s, -s u. -e ⟨*lat.-fr.-engl.*⟩: Wettbewerb (im Bereich der Unterhaltungsmusik)

Con|ti|nuo, Kon|ti|nuo *der;* -[s], -s ⟨*lat.-it.*⟩: Kurzform von ↑Basso continuo

con|t|ra vgl. kontra

Con|t|ra vgl. Kontra

con|t|ra|ria con|t|ra|ri|is: »Entgegengesetztes mit Entgegengesetztem« [bekämpfen] (ein Grundsatz des Volksglaubens); vgl. similia similibus

Con|t|ra|te|nor *der;* -s, ...öre: die dem ↑[1]Tenor (1) u. dem ↑Diskant (1) hinzugefügte Stimme in der Musik des 14. u. 15. Jh.s

Con|t|re|danse [...'dã:s] *die* od. *der;* -, -s [...'dã:s]: ↑Kontretanz

Con|t|re|tanz ['kõtrə...] vgl. Kontretanz

Con|t|rol|ler [kɔn'tro:lɐ] *der;* -s, - ⟨*fr.-engl.*⟩: Fachmann für Kostenrechnung u. Kostenplanung in einem Betrieb

Con|t|rol|ling *das;* -s ⟨*fr.-engl.*⟩ (Wirtsch.): von der Unternehmensführung ausgeübte Steuerungsfunktion

cool [ku:l] ⟨*engl.;* »kühl«⟩ (salopp): **1.** leidenschaftslos, nüchtern, sachlich u. kühl im Handeln od. Einschätzen einer Situation. **2.** sehr gut

Cool Jazz ['ku:l dʒæz] *der;* - - ⟨*amerik.*⟩: Jazzstil der 1950er-Jahre (als Reaktion auf den ↑Bebop)

Cool|ness ['ku:lnɛs] *die;* -: das Coolsein

Cop *der;* -s, -s ⟨*engl.*⟩ (ugs.): amerikanischer Polizist

Co|pi|lot usw. vgl. Kopilot usw.

Co|py|right ['kɔpirait, 'kɔpirait] *das;* -s, -s ⟨*engl.*⟩: Urheberrecht des britischen u. amerikanischen Rechts

co|ram pu|b|li|co ⟨*lat.*⟩: vor aller Welt, öffentlich; vgl. koram

Cord, Kord *der;* -[e]s, -e u. -s ⟨*gr.-lat.-fr.-engl.*⟩: geripptes, sehr haltbares [Baumwoll]gewebe

Cor|don bleu [kɔrdõ'blø:] *das;* - -, -s -s [...dõ'blø:] ⟨*fr.*⟩ (Gastron.): mit einer Käsescheibe u. mit gekochtem Schinken gefülltes Kalbsschnitzel

Cor|nea, Kor|nea *die;* -, ...neae [...neɛ] ⟨*lat.*⟩: Hornhaut des Auges

Cor|ne|muse [kɔrnə'my:z] *die;* -, -s [...'my:z] ⟨*(lat.; galloroman.) fr.*⟩: Dudelsack, Sackpfeife

Cor|ner ['kɔ:nɐ, 'kɔrnɐ], **Kor|ner** *der;* -s, - ⟨*lat.-fr.-engl.*⟩: **1.** Ringecke (beim Boxen). **2.** (Börsenw.) planmäßig herbeigeführter Kursanstieg an Effekten- u. Warenbörsen, um die Baissepartei in Schwierigkeiten zu bringen. **3.** (österr., schweiz.) Ecke, Eckball beim Fußballspiel

Corn|flakes ['kɔ:nfleɪks] *die* (Plural) ⟨*engl.*⟩: geröstete Maisflocken

Cor|ni|chon [kɔrni'ʃõ:] *das;* -s, -s ⟨*lat.-fr.*⟩: kleine, in Gewürzessig eingelegte Gurke; Pfeffergürkchen

Co|ro|na vgl. Korona

Cor|po|ra: *Plural* von ↑Corpus

Corps [ko:ɐ̯] usw. vgl. Korps usw.

Corps con|su|laire [kɔrkõsy'lɛ:r] *das;* - -, - -s [...'lɛ:r]: konsularisches Korps (Abk.: CC)

Corps de Bal|let [kɔrdəba'lɛ] *das;* - - -, - - - ⟨*fr.*⟩: Ballettgruppe, -korps

Corps di|p|lo|ma|tique [kɔrdiplɔma'ti:k] *das;* - -, - -s [...'tik]: diplomatisches Korps (Abk.: CD)

Cor|pus *das;* -, ...pora ⟨*lat.*⟩: **1.** (Med.) Hauptteil eines Organs od. Körperteils. **2.** (Bot.) der zentrale Strang des Vegetationskegels einer Pflanze. **3.** ↑[2]Korpus

Cor|pus De|lic|ti, Kor|pus De|lik|ti *das;* - -, ...pora -: etwas, was als Gegenstand für eine kriminelle, belastende Tat gedient hat u. Beweisstück für die Überführung des Täters ist

Cor|pus Iu|ris, Kor|pus Ju|ris *das;* - -: Gesetzbuch, Gesetzessammlung

Cor|pus Iu|ris Ci|vi|lis [- - tsi'vi:...] *das;* - - -: von dem oströmischen Kaiser Justinian im 6. Jh. n. Chr. veranlasste Sammlung der damals geltenden Rechtsvorschriften

Cor|pus lu|te|um *das;* - - (Med.): Gelbkörper des Eierstocks

Cor|ri|da [de To|ros] *die;* - [- -], -s [- -] ⟨*span.*⟩: spanische Bezeichnung für Stierkampf

cor|ri|ger la for|tune [kɔriʒelafɔr'ty:n] ⟨*lat.-fr.*⟩: durch betrügerische Manipulationen »dem Glück nachhelfen«, falschspielen

Cor|so vgl. Korso

Cor|tes *die* (Plural) ‹*lat.-span.* u. *port.*›: Volksvertretung in Spanien u. früher auch in Portugal

Cor|ti|co|s|te|ron vgl. Kortikosteron

Cor|ti|son vgl. Kortison

Co|sa Nos|t|ra *die;* - - ‹*it.*›: kriminelle Organisation in den USA (nach dem Vorbild der sizilianischen Mafia)

Cot|tage [ˈkɔtɪdʒ] *das;* -[s], -s ‹*fr.-engl.*›: engl. Bez. für: [einstöckiges] Haus auf dem Lande; Ferienhaus

Cot|ton [ˈkɔtn̩] *der* od. *das;* -s ‹*semit.-arab.-fr.-engl.*›: engl. Bez. für: [Gewebe aus] Baumwolle, Kattun

Couch [kau̯tʃ] *die,* schweiz. auch: *der;* -, -[e]s u. -en ‹*lat.-fr.-engl.*›: breiteres Sofa mit niedriger Rückenlehne

Couch-Po|ta|to, Couch|po|ta|to [ˈkau̯tʃpəteɪtoʊ] *der;* -[s], -[e]s u. *die;* -, -es [...toʊs] ‹zu *engl.* potato »Kartoffel«›: jmd., der am liebsten [fernsehend] auf der Couch sitzt od. liegt

Cou|la|ge [kuˈlaːʒə] *die;* - ‹*lat.-fr.*›: fr. Bez. für: ↑Leckage

Cou|leur [kuˈløːɐ̯] *die;* -, -en u. -s ‹*lat.-fr.*›: **1.** (innerhalb einer gewissen Vielfalt) bestimmte geistig-weltanschauliche Prägung (einer Person). **2.** Trumpf (im Kartenspiel). **3.** Band u. Mütze einer studentischen Verbindung

Cou|lomb [kuˈlõː] *das;* -s, - ‹nach dem fr. Physiker Ch. A. de Coulomb, 1736–1806›: Einheit der Elektrizitätsmenge (1 C = 1 Amperesekunde; Zeichen: C)

Count|down, Count-down [ˈkau̯ntˈdau̯n] *der,* selten: *das;* -[s], -s ‹*engl.;* »Herunterzählen«›: **1. a)** bis zum [Start]zeitpunkt null rückwärtsschreitende Ansage der Zeiteinheiten als Einleitung eines Startkommandos (z. B. beim Abschuss einer Rakete); **b)** die Gesamtheit der vor einem [Raketen]start auszuführenden letzten Kontrollen. **2.** letzte technische Vorbereitungen vor einem Unternehmen

Coun|ter|part *der;* -s, -s ‹*engl.*›: **1.** Konterpart (1). **2.** jmd., der einem Entwicklungsexperten in einem Land der Dritten Welt als Fach-, Führungskraft zugeordnet ist

Coun|ter|te|nor *der;* -s, ...öre ‹*engl.; lat.-it.*›: **a)** engl. Bez. für: ↑Contratenor; **b)** ↑Altus

Coun|t|ry|mu|sic [ˈkantrimjuːzɪk] *die;* - ‹*amerik.*›: Volksmusik [der Südstaaten der USA]

Coun|t|ry|song *der;* -s, -s ‹*engl.*›: Song der Countrymusic

Coun|ty [ˈkau̯nti] *das;* -s, -s od. *die;* -, -s ‹*lat.-fr.-engl.;* »Grafschaft«›: Gerichts- u. Verwaltungsbezirk in Großbritannien u. in den USA

Coup [kuː] *der;* -s, -s ‹*gr.-lat.-vulgärlat.-fr.;* »Faustschlag; Ohrfeige«›: überraschend durchgeführte, verwegen-erfolgreiche Unternehmung

Coup d'État [kudeˈta] *der;* - -, -s - [kudeˈta] ‹*fr.*› (veraltend): Staatsstreich

Coupe [kup] *die,* -, -s, auch: *der;* -s, -s ‹*fr.*›: Eisbecher

Cou|pé *das;* -s, -s ‹*fr.*›: **1.** (veraltet) Abteil in einem Eisenbahnwagen. **2.** geschlossene zweisitzige Kutsche. **3.** geschlossenes [zweisitziges] Auto mit versenkbaren Seitenfenstern

Cou|p|let [kuˈpleː] *das;* -s, -s ‹*lat.-fr.*›: scherzhaft-satirisches Strophengedicht mit Kehrreim, meist aktuellen [politischen] od. pikanten Inhalts

Cou|ra|ge [kuˈraːʒə] *die;* - ‹*lat.-fr.*›: Beherztheit, Schneid, Mut

cou|ra|giert [...ˈʒiːɐ̯t]: beherzt

cou|rant [ku...] vgl. kurant

Court [kɔːt] *der;* -s, -s ‹*lat.-altfr.-engl.*›: Spielfeld des Tennisplatzes

Cour|ta|ge, Kur|ta|ge [...ˈtaːʒə] *die;* -, -n ‹*fr.*›: Maklergebühr bei Börsengeschäften

Cour|ti|er [kurˈti̯e] *der;* -s, -s (veraltet): freiberuflicher Handelsmakler

Cous|cous [ˈkʊskʊs] ‹*arab.-fr.*›, **²Kus|kus** ‹*berberisch*› *der* u. *das;* -, -: zu kleinen Kügelchen verarbeiteter Hartweizengrieß oder Hirse

Cou|sin [kuˈzɛ̃ː] *der;* -s, -s ‹*lat.-vulgärlat.-fr.*›: Sohn von Bruder od. Schwester eines Elternteils; Vetter

Cou|si|ne [kuˈziːnə], **Ku|si|ne** *die;* -, -n: Tochter des Bruders od. der Schwester eines Elternteils; Base

Cou|ture [kuˈtyːɐ̯] *die;* - ‹*lat.-fr.*›: Kurzform von ↑Haute Couture

Cou|tu|ri|er [kutyˈri̯eː] *der;* -s, -s: Kurzform von ↑Haute Couturier

Cou|vert [kuˈveːɐ̯, kuˈvɛːɐ̯] vgl. Kuvert

Co|ver [ˈkavɐ] *das;* -s, -[s] ‹*engl.*›: **a)** Titelseite, Titelbild einer Illustrierten, eines Buches o. Ä.; **b)** Hülle eines Tonträgers

Co|ver|band [...bɛnt] *die;* -, -s ‹*engl.*›: Band, die bekannte Stücke von berühmten Bands [originalgetreu] nachspielt

Co|ver|girl [...gəːl] *das;* -s, -s: auf der Titelseite einer Illustrierten abgebildete junge Frau

co|vern [ˈkavɐn]: als Coverversion aufnehmen, herausbringen

Co|ver|sto|ry *die;* -, -s: Titelgeschichte; besonders herausgestellter Bericht einer Zeitung od. Zeitschrift

Co|ver|ver|si|on [engl.: ...vəːʃn] *die;* -, -en u. bei engl. Aussprache -s: (in der Unterhaltungsmusik) Fassung eines älteren Titels mit [einem] anderen Interpreten

Cow|boy ['kaubɔy] *der;* -s, -s ‹*engl.;* »Kuhjunge«›: **a)** berittener amerikanischer Rinderhirt; **b)** Cowboy (a) als Verkörperung des sogenannten männlichen Lebensstils

Cox Oran|ge [- 'ɔrɪndʒ] *der;* - -, - -, **Cox' Oran|ge** ['kɔks -] *die;* - -, - -n ‹nach dem engl. Züchter R. Cox›: aromatischer, feiner Winterapfel mit goldgelber bis orangefarbener Schale

Co|yo|te vgl. Kojote

¹Crack [krɛk] *der;* -s, -s ‹*engl.*›: **1.** hervorragender Sportler; Spitzensportler. **2.** bestes Pferd eines Rennstalls

²Crack [krɛk] *das;* -s: ein Kokain enthaltendes synthetisches Rauschgift

Cra|cker ['krɛkɐ] *der;* -s, -[s] (meist Plural) ‹*engl.*›: **1.** ungesüßtes, keksartiges Kleingebäck. **2.** Knallkörper, Knallbonbon. **3.** jmd., der [böswillig] in fremde Computersysteme einzudringen versucht, um Zugang zu fremden Daten[banken] zu erlangen; vgl. Hacker

Cra|co|vi|enne [krako'vi̯ɛn] *die;* -, -s ‹*fr.*›: ↑Krakowiak

Crash [krɛʃ] *der;* -s, -s ‹*engl.*›: **1.** Zusammenstoß, Unfall (bes. bei Autorennen). **2.** (Wirtsch.) Zusammenbruch eines Unternehmens, einer Bank o. Ä. mit weitreichenden Folgen. **3.** (Börsenw.) starker Abfall der Kurse innerhalb einer kurzen Zeit

Crash|kid *das;* -s, -s (Jargon): Jugendlicher, der Autos aufbricht, um sie kaputt zu fahren

Crash|kurs *der;* -es, -e: Lehrgang, in dem der Unterrichtsstoff besonders komprimiert u. in kurzer Zeit vermittelt wird

Crash|test *der;* -[e]s, -s (auch: -e): Test, mit dem das Unfallverhalten von Kraftfahrzeugen ermittelt werden soll

Crawl [krɔ:l] usw. vgl. Kraul usw.

Cra|y|on [krɛ'jõ:] vgl. Krayon

Cream [kri:m] *die;* -, -s: engl. Bez. für: ↑Creme

Cre̱|do, Kre̱|do *das;* -s, -s ‹*lat.;* »ich glaube«›: **1.** apostolisches Glaubensbekenntnis; vgl. Apostolikum (1). **2.** Teil der katholischen Messe. **3.** Leitsatz, Glaubensbekenntnis

creme [kre:m, krɛ:m]: mattgelb, gelblich

Creme, Crème *die;* -, -s (schweiz.: -n): **1.** pasten-, salbenartige Masse aus Fetten u. Wasser zur Pflege der Haut. **2. a)** dickflüssige od. schaumige, lockere Süßspeise; **b)** süße Masse als Füllung für Süßigkeiten od. Torten; **c)** dickflüssiger Likör; **d)** (selten) Cremesuppe. **3.** (selten) Kaffeesahne. **4. a)** (ohne Plural) das Feinste, Erlesenste; **b)** (ohne Plural) gesellschaftliche Oberschicht

Crème de la Crème [krɛ:m də la krɛ:m] *die;* - - - -: die höchsten Vertreter(innen) der gesellschaftlichen Oberschicht

Crème fraîche [- frɛʃ] *die;* - -, -s -s ‹»frische Sahne«›: saure Sahne mit ca. 30 % Fettgehalt

Cre|o̱|le, ²Kre|o̱|le *die;* -, -n (meist Plural) ‹*fr.*›: ringförmiger Ohrring, in den ein kleinerer Schmuckgegenstand eingehängt werden kann

¹Crêpe [krɛp] vgl. ¹Krepp

²Crêpe [krɛp], **²Kre̱pp** *die;* -, -s u. *der;* -[s], -s ‹*fr.*›: sehr dünner Eierkuchen

Crêpe de Chine [- də'ʃi:n] *der;* - - -, -s - - [krɛp - -] ‹*fr.*›: feinnarbiges Gewebe aus Natur- od. Kunstseide

Crêpe Geor|gette [- ʒɔr'ʒɛt] *der;* - -, -s - [krɛp -]: zartes, durchsichtiges Gewebe aus Kreppgarn

Crêpe Su|zette [- sy'zɛt] *die;* - -, -s - [krɛp -] (meist Plural): dünner Eierkuchen, der mit Weinbrand od. Likör flambiert wird

cre|scen|do [krɛ'ʃɛndo] ‹*lat.-it.*› (Musik): allmählich lauter werdend, im Ton anschwellend (Vortragsanweisung; Abk.: cresc.; Ggs. ↑decrescendo)

Cre|scen|do *das;* -s, -s u. ...di (Musik): allmähliches Anwachsen der Tonstärke; Ggs. ↑Decrescendo

Cre|tonne, Kre|tonne [kre'tɔn] *die;* -, -s u. *der;* -s, -s ‹*fr.*›: Baumwollgewebe in Leinenbindung; vgl. Kreton

Cre|ve̱t|te vgl. Krevette

Crew [kru:] *die;* -, -s ‹*lat.-engl.*›: **1. a)** Schiffsmannschaft; **b)** Besatzung eines Flugzeugs; **c)** Mannschaft eines Ruderbootes. **2.** Kadettenjahrgang bei der Marine. **3.** einem Zweck, einer bestimmten Aufgabe verpflichtete, gemeinsam auftretende Gruppe von Personen

Crois|sant [kro̯a'sã:] *das;* -s, -s ‹*lat.-fr.*›: Gebäck aus Plunderteig von der Form eines Hörnchens

Cro|m|ar|ga̱n® *das;* -s ‹Kunstw.›: hochwertiger rostfreier Chrom-Nickel-Stahl

Cro̱m|lech [...lɛk, auch: 'kro:m..., auch: ...lɛç] vgl. Kromlech

Cro|quet|te [kro'kɛtə] *die;* -, -s (meist Plural) ‹*fr.*›: fr. Schreibung für: Krokette

Cro|quis [kro'ki:] vgl. Kroki

cross [krɔs] ‹*lat.-engl.*› (Tennis): diagonal

Cro̱ss-Coun|t|ry, Cro̱ss|coun|t|ry [...'kantri] *das;* -[s], -s ‹*engl.*›: (Sport) Querfeldeinwettbewerb im Lauf, Rad- u. Motorradrennen u. a.

Cros|sing-over, Cros|sing|over ['krɔsɪŋ'loʊvɐ] *das;* - (Biol.): Erbfaktorenaustausch zwischen homologen Chromosomen

C

Cross-over, Cross|over ['krɔslouvɐ] *das;* -[s], -s: **1.** Vermischung unterschiedlicher [Musik]stile (z. B. Klassik u. Pop). **2.** ↑Crossing-over

Crou|pi|er [kru'pi̯e:] *der;* -s, -s ⟨*germ.-fr.*⟩: Angestellter einer Spielbank, der die Einsätze einzieht, die Gewinne auszahlt u. den äußeren Ablauf des Spiels überwacht

Crou|pon [kru'põ:] *der;* -s, -s: für die Lederherstellung bes. wertvoller Rückenteil der Haut von Rindern

Croû|ton [kru'tõ:] *der;* -[s], -s (meist Plural) ⟨*lat.-fr.*⟩: aus Weißbrot geschnittene u. in Fett gebackene Würfel, Scheibchen o. Ä. zum Garnieren von Speisen od. als Suppeneinlage

Cruise-Mis|sile, Cruise|mis|sile ['kru:s'mɪsai̯l] *das;* -[s], -s ⟨*engl.-amerik.*⟩: [fern]gelenkter, unbemannter Flugkörper mit konventionellem od. nuklearem Gefechtskopf; Marschflugkörper

crui|sen ['kru:zn̩] ⟨*engl.*⟩ (Jargon): ohne bestimmtes Ziel [gemächlich] herumfahren od. -gehen

Crui|sing ['kru:zɪŋ] *das;* -[s] ⟨*engl.*⟩ (Jargon): **a)** das Cruisen; **b)** das Suchen nach einem Sexualpartner

Crux vgl. Krux

Csar|das, Csár|dás ['tʃardas, 'tʃa:rda:ʃ] *der;* -, -: ungarischer Nationaltanz

Csi|kos, Csi|kós ['tʃi:ko:ʃ, auch: 'tʃɪko:ʃ] *der;* -, - ⟨*ung.*⟩: ungarischer Pferdehirt

cui bo|no? ⟨*lat.;* Zitat aus einer Rede von Cicero⟩: wem nützt es?, wer hat einen Vorteil davon?

Cu|lotte [ky'lɔt] *die;* -, -n [...tn̩] ⟨*lat.-fr.*⟩: im 17. u. 18. Jh. von der [französischen] Aristokratie getragene Kniehose; vgl. Sansculotte

Cu|ma|rin vgl. Kumarin

Cu|ma|ron vgl. Kumaron

cum gra|no sa|lis ⟨*lat.;* »mit einem Körnchen Salz«⟩: mit Einschränkung, nicht ganz wörtlich zu nehmen

cum lau|de ⟨*lat.;* »mit Lob«⟩: gut (drittbestes Prädikat bei der Doktorprüfung)

cum tem|po|re ⟨*lat.;* »mit Zeit«⟩: eine Viertelstunde nach der angegebenen Zeit; mit akademischem Viertel (Abk.: c. t.)

Cu|mu|lo|nim|bus usw. vgl. Kumulonimbus usw.

Cun|ni|lin|gus *der;* -, ...gi ⟨*lat.*⟩: Befriedigung bzw. sexuelle Stimulierung der weiblichen Geschlechtsorgane mit Lippen, Zähnen u. Zunge; vgl. Fellatio

Cup [kap] *der;* -s, -s ⟨*lat.-roman.-engl.*⟩: **1.** Siegespokal bei Sportwettkämpfen. **2.** Pokalwettbewerb. **3.** Schale des Büstenhalters

Cu|pi|do vgl. Kupido

Cu|p|rum *das;* -s: Kupfer; chem. Element (Zeichen: Cu)

Cu|ra|çao® [kyra'sa:o] *der;* -s, -s (aber: 2 -) ⟨nach der Insel im Karibischen Meer⟩: mit den getrockneten Schalen unreifer Pomeranzen aromatisierter Likör

Cu|ra|re vgl. Kurare

Cur|cu|ma vgl. Kurkuma

Cu|ré [ky're:] *der;* -s, -s ⟨*lat.-fr.*⟩: katholischer Pfarrer in Frankreich

Cu|ret|ta|ge [...'ta:ʒə] usw. vgl. Kürettage usw.

Cu|ret|te [ky...] usw. vgl. Kürette usw.

Cu|rie [ky'ri:] *das;* -, - ⟨nach dem fr. Physikerehepaar⟩: Einheit der Radioaktivität (Zeichen: Ci, älter: c)

Cu|ri|um *das;* -s ⟨*fr.-nlat.*⟩: radioaktives, künstlich hergestelltes chemisches Element; ein Transuran (Zeichen: Cm)

Cur|ling ['kə:lɪŋ] *das;* -s ⟨*engl.*⟩: aus Schottland stammendes, dem Eisschießen ähnliches Spiel auf dem Eis

cur|ren|tis ⟨*lat.*⟩ (veraltet): [des] laufenden [Jahres, Monats] (Abk.: cr.)

cur|ri|cu|lar: das Curriculum, Fragen des Curriculums betreffend

Cur|ri|cu|lum *das;* -s, ...la ⟨*lat.-engl.*⟩: auf einer Theorie des Lehrens u. Lernens aufbauender Lehrplan; Lehrprogramm

Cur|ri|cu|lum Vi|tae [-'vi:tɛ] *das;* - -, ...la - ⟨*lat.*⟩ (veraltet): Lebenslauf

Cur|ry ['kœri, seltener: 'kari] *der,* auch: *das;* -s, -s ⟨*angloind.*⟩: **1.** (ohne Plural) scharf-pikante, dunkelgelbe Gewürzmischung indischer Herkunft. **2.** ostindisches Fleisch- od. Fischragout mit einer Currysoße

Cur|sor ['kə:sɐ] *der;* -s, -[s] ⟨*lat.-engl.*⟩: Zeichen (Pfeil o. Ä.) auf dem Bildschirm, das anzeigt, an welcher Stelle die nächste Eingabe erfolgt

Cut [kœt, kat] *der;* -s, -s ⟨*engl.*⟩: **1.** Kurzform von ↑Cutaway. **2.** Riss der Haut, bes. rund um die Augenpartien (beim Boxen). **3.** Ausscheiden der schlechteren Spieler vor den Schlussrunden (beim Golf)

Cu|t|away ['kœtəve:, 'kat...] *der;* -s, -s: als offizieller Gesellschaftsanzug am Vormittag getragener, langer, schwarzer od. dunkler, vorn abgerundet geschnittener Sakko mit steigenden Revers

Cu|ti|cu|la vgl. Kutikula

Cu|tis vgl. Kutis

cut|ten ['katn̩] ⟨*engl.*⟩: Filmszenen od. Tonbandaufnahmen für die endgültige Fassung schneiden u. zusammenkleben

Cut|ter ['katɐ] *der;* -s, - ⟨*engl.*⟩: **1.** Schnittmeister; Mitarbeiter bei Film, Funk u. Fernsehen, der Filme od. Tonbandaufnahmen in Zusammenarbeit mit dem Regisseur für die endgültige Fassung zusammenschneidet u. montiert. **2.** sehr scharfes kleines Messer (z. B. zum Schneiden von Teppichböden)

Cut|te|rin *die;* -, -nen: weibliche Form zu ↑Cutter (1)

cut|tern vgl. cutten

Cu|vée [ky've:] *die;* -, -s (auch: *das;* -s, -s) ⟨*lat.-fr.*⟩: Verschnitt, Mischung verschiedener Weine (bes. bei der Herstellung von Schaumweinen)

Cy|an vgl. Zyan

cy|ber..., Cy|ber...

['sa̲ibɐ...]
⟨verkürzt aus *engl.* cybernetics »Wissenschaft von den Steuerungs- und Regelungsvorgängen«; vgl. Kybernetik (1)⟩
Wortbildungselement mit der Bedeutung »die von Computern erzeugte virtuelle Scheinwelt betreffend«:
– Cybersex
– Cyberspace

Cy|ber|mob|bing *das;* -s: Schikanieren, Diffamieren von Personen über das Internet

Cy|ber|space [...speɪs] *der;* -, -s [...sɪs]: von Computern erzeugte virtuelle Scheinwelt, die eine fast perfekte Illusion räumlicher Tiefe u. realitätsnaher Bewegungsabläufe vermittelt (z. B. zur Simulation von Flugmanövern)

cy̲|c|lisch [auch: 'ts̲yk...] vgl. zyklisch

cy|c|lo..., Cy|c|lo... vgl. zyklo..., Zyklo...

cy|ri̲l|lisch vgl. kyrillisch

D

da ca̲|po ⟨*lat.-it.* »vom Kopf an«⟩ (Musik): wiederholen, noch einmal vom Anfang an (Abk.: d. c.); **da capo al fine:** vom Anfang bis zum Schlusszeichen (wiederholen)

Da|ca̲|po, Da|ka̲|po *das;* -[s], -s ⟨*lat.-it.*⟩ (Musik): Wiederholung; vgl. da capo

d'ac|cord [da'ko:ɐ̯, da'kɔ:r] ⟨*lat.-vulgärlat.-fr.*⟩ (veraltet): einig, einverstanden

Dad [dɛd] vgl. Daddy

Da|da|i̲s|mus *der;* - ⟨*fr.-nlat.*⟩: internationale revolutionäre Kunst- u. Literaturrichtung um 1920, die jegliches Kunstideal negierte u. absolute Freiheit der künstlerischen Produktion sowie einen konsequenten Irrationalismus in der Kunst proklamierte

Da|da|i̲st *der;* -en, -en: Vertreter des Dadaismus

Dad|dy ['dɛdi] *der;* -s, -s ⟨*engl.*⟩: engl. ugs. Bez. für: Vater

Da|guer|reo|ty|pi̲e *die;* -, ...i̲en: **1.** (ohne Plural) heute nicht mehr übliches fotografisches Verfahren, bei dem Metallplatten verwendet werden. **2.** unter Verwendung einer Metallplatte hergestellte Fotografie

Da̲h|lie [...i̯e] *die;* -, -n ⟨*nlat.;* nach dem schwed. Botaniker A. Dahl⟩: zu den Korbblütlern gehörende, im Spätsommer u. Herbst blühende [Garten]pflanze mit großen Blüten; Georgine

Dai|ly Soap ['deɪli 'soʊp] *die;* - -, - -s ⟨*engl.;* »tägliche Seife[noper]«; ↑Soapopera⟩: werktäglich ausgestrahlte triviale Hörspiel- od. Fernsehspielserie

Dai|mo̲|ni|on, Dä|mo̲|ni|um *das;* -s ⟨*gr.*⟩: warnende innere Stimme [der Gottheit] bei Sokrates

Da̲i̲|qui|ri [...ki...] *der;* -s, -s ⟨nach der gleichnamigen Stadt an der Ostküste Kubas⟩: Cocktail aus Obstsaft, Zucker, Eis u. Rum

Da|ka̲|po vgl. Dacapo

Dak|ty̲|len: *Plural* von ↑Daktylus

dak|ty̲|lisch: aus ↑Daktylen bestehend

Dak|ty|lo|s|ko|pi̲e *die;* -, ...i̲en: Verfahren zur Auswertung von Fingerabdrücken

Da̲k|ty|lus *der;* -, ...y̲len ⟨*gr.-lat.;* »Finger«⟩: Versfuß (rhythmische Einheit) aus einer Länge u. zwei Kürzen (–◡◡)

Da̲|lai-La̲|ma *der;* -[s], -s ⟨*tibet.*⟩: höchster geistlicher Würdenträger des ↑Lamaismus

Da̲l|be, Da̲l|ben: Kurzform von ↑Duckdalben, ↑Duckdalbe

da̲l|li ⟨*poln.*⟩ (ugs.): schnell!

Dal|ma̲|tik, Dal|ma̲|ti|ka *die;* -, ...ken ⟨*lat.*⟩: **1.** liturgisches Gewand, bes. der katholischen ↑Diakone. **2.** spätrömisches Oberkleid (aus weißer dalmatinischer Wolle)

Dal|ma|ti̲|ner *der;* -s, -: **1.** schwere alkoholreiche Weinsorte aus Dalmatien. **2.** weißer Wachhund mit schwarzen od. braunen Tupfen

Da|ma̲st *der;* -[e]s, -e ⟨*it.*⟩: einfarbiges [Seiden]gewebe mit eingewebten Mustern

[1]**Da̲|me** *die;* -, -n ⟨*lat.-fr.*⟩: **1. a)** höfliche Bezeichnung für »Frau« od. in höflicher Anrede (ohne Namensnennung) an eine Frau; **b)** gebildete, kultivierte, vornehme Frau. **2.** (ohne Plural) ein altes Brettspiel. **3. a)** die Königin im Schachspiel; **b)** Doppelstein im Damespiel. **4.** Spielkarte

[2]**Dame** [deɪm] *die;* -, -s ‹*engl.*›: **a)** (in Großbritannien) Titel der Trägerinnen verschiedener Orden im Ritterstand; **b)** (in Großbritannien) Trägerin des Titels [2]Dame (a)

Dam|mar *das;* -s ‹*malai.*›: Dammarharz

Dam|ma|ra|fich|te *die;* -, -n: harzreiche ↑Araukarie der malaiischen Inseln u. Australiens

Dam|mar|harz *das;* -es: hellgelbes, durchsichtiges Harz südostasiatischer Bäume, das technisch vielfach verwendet wird

Da|mo|k|les|schwert *das;* -[e]s ‹nach dem Günstling des älteren Dionysios von Syrakus, über dessen Haupt ein Schwert an einem Pferdehaar aufgehängt war›: stets drohende Gefahr

Dä|mon *der;* -s, ...onen ‹*gr.-lat.*›: geisterhaftes, suggestive u. unheimliche Macht über jmdn. besitzendes Wesen, das den Willen des Betroffenen bestimmt

Dä|mo|nie *die;* -, ...ien ‹*gr.-nlat.*›: unerklärbare, bedrohliche Macht, die von jmdm./etwas ausgeht od. die das ihr unentrinnbar ausgelieferte Objekt vollkommen beherrscht; Besessenheit

dä|mo|nisch ‹*gr.-lat.*›: eine suggestive u. unheimliche Macht ausübend

dä|mo|ni|sie|ren: mit dämonischen Kräften erfüllen, zu einem Dämon machen

Dä|mo|nis|mus *der;* - ‹*gr.-nlat.*›: Glaube an Dämonen

Dä|mo|ni|um vgl. Daimonion

Dan *der;* -, - ‹*jap.;* »Stufe, Meistergrad«›: Leistungsgrad für Fortgeschrittene in allen Budosportarten

Da|na|er|ge|schenk *das;* -[e]s, -e ‹*gr.; dt.;* nach der Bez. Homers für die Griechen, die das Trojanische Pferd hinterlassen hatten›: etwas, was sich im Nachhinein für den, der es als Gabe o. Ä. bekommt, als unheilvoll erweist

Da|na|i|den|ar|beit *die;* - ‹nach der gr. Sage, in der die Töchter des Danaos in der Unterwelt ein Fass ohne Boden mit Wasser füllen sollten›: vergebliche, qualvolle Arbeit; sinnlose Mühe

Dance|floor [ˈdɑːnsflɔː] *der;* -s, -s ‹*engl.*›: **1.** Tanzfläche einer Diskothek. **2.** (ohne Plural) in Diskotheken gespielte Tanzmusik verschiedener Musikstile

Dan|cing [ˈdaːnsɪŋ] *das;* -s, -s: Tanz[veranstaltung], Tanzlokal

Dan|dy [ˈdɛndi] *der;* -s, -s ‹*engl.*›: **1.** Mann, der sich übertrieben modisch kleidet. **2.** Vertreter des ↑Dandyismus

dan|dy|haft: in der Art eines Dandys gehalten

Dan|dy|is|mus *der;* -: in der Mitte des 18. Jh.s in England aufgekommener Lebensstil, für den Exklusivität in Kleidung u. Lebensführung sowie ein geistreich-zynischer Konversationston u. eine gleichgültig-arrogante Haltung typisch waren

Da|ne|b|rog *der;* -[s] ‹*dän.*›: die dänische Flagge

Dan|tes, Tan|tes *die* (Plural) ‹*lat.-span.*› (veraltet): Spielmarken

Dar|jee|ling [daːɐ̯ˈdʒiːlɪŋ] *der;* -[s], -s ‹nach dem westbengal. Ort›: eine indische Teesorte

Dark|room [...ruːm] *der;* -s, -s, **Dark Room** *der;* - -s, - -s: meist völlig abgedunkeltes Hinter-, Nebenzimmer o. Ä. als Ort für sexuelle Kontakte in von Homosexuellen besuchten Lokalen

Dar|ling *der;* -s, -s ‹*engl.*›: Liebling

Darts [daːɐ̯ts] *das;* - ‹*germ.-altfr.-engl.*›: englisches Wurfpfeilspiel

Dar|wi|nis|mus *der;* - ‹*nlat.*›: von dem englischen Naturforscher C. Darwin (1809–1882) begründete Lehre von der stammesgeschichtlichen Entwicklung durch Mutation u. Selektion

Dar|wi|nist *der;* -en, -en: Anhänger der Lehre Darwins

Dar|wi|nis|tin *die;* -, -nen: weibliche Form zu ↑Darwinist

dar|wi|nis|tisch: den Darwinismus betreffend, auf ihm beruhend, für ihn charakteristisch

DAT *das;* -[s], -s ‹Abk. für *engl.: d*igital *a*udio *t*ape »digitales Tonband«›: ↑Digitaltonband

Date [deɪt] *das;* -s, -s ‹*lat.-engl.*› (bes. Jugendsprache): **1.** Verabredung, Treffen. **2.** jmd., mit dem man ein Date (1) hat

Da|tei *die;* -, -en ‹*lat.*› (bes. EDV): nach bestimmten Gesichtspunkten zusammengestellte Menge von Daten (in Form eines elektronischen Dokuments oder Programms)

Da|ten *die* (Plural): **1.** *Plural* von ↑Datum. **2.** (durch Beobachtungen, Messungen o. Ä. gewonnene) [Zahlen]werte, (auf Beobachtungen, Messungen u. Ä. beruhende) Angaben, formulierbare Befunde. **3.** (EDV) elektronisch gespeicherte Zeichen, Angaben, Informationen. **4.** (Math.) zur Lösung od. Durchrechnung einer Aufgabe vorgegebene Zahlenwerte, Größen

Da|ten|bank *die;* -, -en: elektronisches System, in dem große Datenbestände zentralisiert gespeichert sind

Da|ten|high|way [...ˈhaiweɪ] *der;* -s, -s: universell nutzbares Telekommunikationsnetz zur schnellen Übertragung von großen Datenmengen; Datenautobahn

da|tie|ren ‹*lat.-fr.*›: **1.** (einen Brief o. Ä.) mit dem Datum (1) versehen. **2.** die Entstehungszeit von etwas bestimmen, angeben. **3. a)** seit einem bestimmten Zeitpunkt bestehen, zu einer bestimmten Zeit begonnen haben; **b)** aus einer bestimmten Zeit stammen, von einem bestimmten Ereignis herrühren

Da|tiv *der;* -s, -e ‹*lat.*›: Wemfall, dritter Fall (Abk.: Dat.)

Da|tiv|ob|jekt *das;* -[e]s, -e: Ergänzung eines Verbs im ↑Dativ (z. B. sie gibt *ihm* das Buch)

Da|ti|vus ethi|cus *der;* - -, ...vi ...ci ‹*lat.; gr.-lat.*›: freier Dativ der inneren Anteilnahme (z. B. Du bist *mir* ein geiziger Kerl!)

da|to ‹*lat.*›: heute; **bis dato:** bis heute

Da|to|wech|sel *der;* -s, -: Wechsel, der zu einem bestimmten Zeitpunkt nach dem Ausstellungstag eingelöst werden kann

DAT-Re|kor|der, **DAT-Re|cor|der** *der;* -s, -: Gerät zur Aufnahme u. rauschfreien Wiedergabe von Digitaltonbändern

Dat|scha *die;* -, -s od. ...schen ‹*russ.*›: russisches Holzhaus, Sommerhaus

Dat|tel *die;* -, -n ‹*semit.-gr.-lat.-roman.*›: süße, pflaumenförmige Frucht der Dattelpalme

da|tum ‹*lat.*›: (in alten Briefen u. Urkunden) geschrieben, ausgefertigt (Abk.: dat.)

Da|tum *das;* -s, ...ten: **1. a)** dem Kalender entsprechende Zeitangabe, Tagesangabe; **b)** Zeitpunkt. **2.** Faktum

Dau, **Dhau** *die;* -, -en ‹*arab.*›: arabisches Zweimastschiff mit Trapezsegeln

Dau|phin [doˈfɛ̃ː] *der;* -s, -s ‹*gr.-lat.-galloroman.-fr.*› (Geschichte): Titel des französischen Thronfolgers

Da|vis|cup, **Da|vis-Cup** [ˈdeɪvɪskap] *der;* -s, **Da|vis|po|kal** *der;* -s, **Da|vis-Po|kal** *der;* -s ‹nach dem amerik. Stifter D. F. Davis, 1879–1945›: **1.** im Tennissport bei internationalen Mannschaftswettbewerben vergebener Wanderpokal. **2.** internationaler Wettbewerb, bei dem die siegreiche Mannschaft den Daviscup (1) gewinnt

da|wai ‹*russ.*›: los!; vorwärts!

DAX®, **Dax** *der;* -: Kennzahl für die Wertentwicklung der 30 wichtigsten deutschen Aktien

Day-Tra|ding, **Day|tra|ding** [ˈdeɪtreɪdɪŋ] *das;* -s ‹*engl.;* »Tageshandel«›: sehr rasches Kaufen und wieder Verkaufen von Wertpapieren o. Ä. (über das Internet)

D-Day [ˈdiːdeɪ] *der;* -s, -s ‹aus *engl.* Day-Day›: (als Deckname gedachte) Bez. für den Tag, an dem ein größeres militärisches Unternehmen beginnt (z. B. der Beginn der Invasion der Alliierten in Frankreich am 6. Juni 1944)

DDD [deːdeːˈdeː] ‹Abk. aus **d**igitale Aufnahme, **d**igitale Bearbeitung, **d**igitale Wiedergabe›: Kennzeichnung der technischen Verfahren bei einer CD-Aufnahme o. Ä.

Dead|line [ˈdɛdlain] *die;* -, -s ‹*engl.*›: **1.** letzter [Ablieferungs]termin [für Zeitungsartikel]; Redaktions-, Anzeigenschluss. **2.** Stichtag. **3.** äußerste Grenze [in Bezug auf die Zeit]

de|ak|ti|vie|ren ‹*lat.*›: **1.** (eine Maschine, einen Motor, eine Funktion o. Ä.) abschalten, außer Betrieb setzen. **2.** (Chemie) ↑desaktivieren

Deal [diːl] *der;* -s, -s ‹*engl.*› (Jargon): Handel, Geschäft

deal|len [ˈdiː...]: mit Rauschgift handeln

Deal|ler *der;* -s, -: **1.** (Jargon) jmd., der mit Rauschgift handelt; vgl. Pusher. **2.** (Börsenw.) jmd., der mit Wertpapieren handelt

De|ba|kel *das;* -s, - ‹*fr.*›: Zusammenbruch, Niederlage, unglücklicher, unheilvoller Ausgang

De|bat|te *die;* -, -n ‹*lat.-vulgärlat.-fr.*›: Erörterung, Aussprache zu einem bestimmten, festgelegten Thema, wobei die verschiedenen Meinungen dargelegt, die Gründe des Für u. Wider vorgebracht werden

de|bat|tie|ren ‹*fr.*›: eine Debatte führen, erörtern

De|bet *das;* -s, -s ‹*lat.*›: die linke Seite (Sollseite) eines Kontos; Ggs. ↑[2]Kredit

de|bil ‹*lat.*›: **a)** (Med. veraltet) in leichtem Grade geistig behindert; **b)** (ugs. abwertend) blödsinnig, unsinnig

De|bi|li|tät *die;* - (Med. veraltet): leichter Grad der geistigen Behinderung

De|bi|tor *der;* -s, ...oren (meist Plural) ‹*lat.*›: Schuldner, der Waren von einem Lieferer auf Kredit bezogen hat

De|b|re|czi|ner [ˈdɛbrɛtsiːnɐ], **De|b|re|zi|ner** *die;* -, -: nach der ungarischen Stadt Debreczin benanntes, stark gewürztes Würstchen

De|büt [deˈbyː] *das;* -s, -s ‹*fr.*›: erstes [öffentliches] Auftreten (z. B. eines Künstlers, Sportlers)

De|bü|tant *der;* -en, -en: erstmalig Auftretender; Anfänger

De|bü|tan|tin *die;* -, -nen: **1.** weibliche Form zu ↑Debütant. **2.** junge Frau aus der Oberschicht, die in die Gesellschaft eingeführt wird

De|bü|tan|tin|nen|ball *der;* -[e]s, ...bälle: Ball, auf dem die Debütantinnen (2) vorgestellt werden

de|bü|tie|ren: zum ersten Mal [öffentlich] auftreten

De|cha|nat [dɛç...], **De|ka|nat** *das;* -[e]s, -e ‹*lat.-mlat.*›: Amt od. Amtsbereich (Sprengel) eines ↑Dechanten (Dekans)

De|cha|nei, **De|ka|nei** *die;* -, -en: Wohnung eines ↑Dechanten

De|chant [dɛˈçant, auch, österr. nur: ˈdɛ...] *der;* -en, -en ‹*lat.*›: höherer katholischer Geistlicher, Vorsteher eines Kirchenbezirks innerhalb der

d

↑Diözese, auch eines ↑Domkapitels u. a.; vgl. Dekan

de|chif|f|rie|ren [deʃɪ...] ⟨*fr.*⟩: entschlüsseln; Ggs. ↑chiffrieren

De|chif|f|rie|rung *die;* -, -en: Entschlüsselung

De|co|der [auch: dɪˈkoʊdɐ] *der;* -s, - ⟨*engl.*⟩ (Technik): Vorrichtung zum Entschlüsseln codierter Signale (z. B. in Radio- und Fernsehgeräten); Ggs. ↑Encoder

de|co|die|ren, de|ko|die|ren ⟨*fr.*⟩: [eine Nachricht] mithilfe eines Codes entschlüsseln; Ggs. ↑codieren, ↑encodieren

De|co|die|rung, De|ko|die|rung *die;* -, -en: das Decodieren

De|col|la|ge [dekɔˈlaːʒə] *die;* -, -n ⟨*fr.*⟩: Bild, das durch die Veränderung von vorgefundenen Materialien entsteht (z. B. Zerstörung der Oberfläche durch Abreißen, Zerschneiden od. Ausbrennen, bes. von ↑Collagen)

Dé|colle|té vgl. Dekolleté

de|cou|ra|giert: mutlos, verzagt

De|court [deˈkuːɐ̯] *der;* -s, -s: ↑Dekort

de|cre|scen|do [dekrɛˈʃɛndo] ⟨*lat.-it.*⟩ (Musik): in der Tonstärke schwächer werdend, im Ton zurückgehend, leiser werdend (Vortragsanweisung; Abk.: decresc.; Ggs. ↑crescendo)

De|cre|scen|do *das;* -s, -s u. ...di (Musik): das Abnehmen, Schwächerwerden der Tonstärke; Ggs. ↑Crescendo

de da|to ⟨*lat.*⟩ (veraltet): vom Tag der Ausstellung an (auf Urkunden; Abk.: d. d.)

De|di|ka|ti|on *die;* -, -en ⟨*lat.*⟩: **1.** Widmung. **2.** Gabe, die jmdm. gewidmet, geschenkt worden ist (z. B. vom Autor); Schenkung

de|di|zie|ren ⟨*lat.*⟩: jmdm. etwas zueignen, für ihn bestimmen

De|duk|ti|on *die;* -, -en ⟨*lat.*⟩: **a)** (Philos.) Ableitung des Besonderen u. Einzelnen vom Allgemeinen; Erkenntnis des Einzelfalls durch ein allgemeines Gesetz; Ggs. ↑Induktion (1); **b)** (Logik) logische Ableitung von Aussagen aus anderen Aussagen mithilfe logischer Schlussregeln

de|duk|tiv [auch: ˈdeː...]: das Besondere, den Einzelfall aus dem Allgemeinen ableitend; Ggs. ↑induktiv (1)

de|du|zie|ren: das Besondere, den Einzelfall aus dem Allgemeinen ableiten; Ggs. ↑induzieren (1)

De|es|ka|la|ti|on [auch: ˈdeː...] *die;* -, -en ⟨*fr.-engl.*⟩: stufenweise Verringerung od. Abschwächung eingesetzter [militärischer] Mittel; Ggs. ↑Eskalation

de|es|ka|lie|ren [auch: ˈdeː...]: die eingesetzten [militärischen] Mittel stufenweise verringern od. abschwächen; Ggs. ↑eskalieren

de fac|to ⟨*lat.*⟩: tatsächlich [bestehend]; Ggs. ↑de jure

De-fac|to-An|er|ken|nung *die;* -, -en: Anerkennung eines Sachverhaltes o. Ä. aufgrund bestehender Tatsachen u. Gegebenheiten

De|fai|tis|mus [...fɛ...] vgl. Defätismus

De|fä|tis|mus *der;* - ⟨*lat.-vulgärlat.-fr.-nlat.*⟩: geistig-seelischer Zustand der Mutlosigkeit, Hoffnungslosigkeit u. Resignation; Schwarzseherei

De|fault [dɪˈfɔːlt] *das od. der;* -s, -s ⟨*engl.*⟩ (EDV): Voreinstellung, Standardeinstellung (z. B. eines Computerprogramms)

de|fekt ⟨*lat.*⟩: schadhaft, fehlerhaft, nicht in Ordnung

De|fekt *der;* -[e]s, -e ⟨*lat.*⟩: **1.** Schaden, Fehler. **2.** (nur Plural) **a)** zur Ergänzung einer vorhandenen Schrift von der Schriftgießerei bezogene Drucktypen; **b)** im Setzereimagazin aufbewahrte, zeitweilig überzählige Drucktypen. **3.** (nur Plural) **a)** Bücher mit Fehlern, die repariert werden; **b)** zum Aufbinden einer Auflage an der Vollzahl fehlende Bogen od. Beilagen

De|fek|tur *die;* -, -en ⟨*lat.-nlat.*⟩ (Fachspr.): ergänzende Herstellung von Arzneimitteln, die Apotheken in größeren Mengen vorrätig halten sollen

de|fen|siv [auch: ˈdeː...] ⟨*lat.-mlat.*⟩: **a)** verteidigend, abwehrend; Ggs. ↑offensiv; **b)** auf Sicherung od. Sicherheit bedacht; Risiken vermeidend

De|fen|si|ve *die;* -, -n: Verteidigung, Abwehr; Ggs. ↑Offensive

De|fi|lee *das;* -s, -s (veraltet: ...leen) ⟨*lat.-fr.*⟩: **1.** parademäßiger Vorbeimarsch, das Vorüberziehen an jmdm. **2.** (Geogr. veraltet) Enge, Engpass

de|fi|lie|ren: parademäßig an jmdm. vorüberziehen

de|fi|nie|ren ⟨*lat.;* »abgrenzen, bestimmen«⟩: **1.** den Inhalt eines Begriffs auseinanderlegen, feststellen. **2.** seine Stellung bestimmen; sein Selbstverständnis haben

de|fi|nit: bestimmt; **definite Größen** (Math.): Größen, die immer das gleiche Vorzeichen haben

De|fi|ni|ti|on *die;* -, -en ⟨*lat.*⟩: **1.** genaue Bestimmung [des Gegenstandes] eines Begriffes durch Auseinanderlegung u. Erklärung seines Inhaltes. **2.** (Rel.) als unfehlbar geltende Entscheidung des Papstes od. eines ↑Konzils über ein Dogma

de|fi|ni|tiv ⟨*lat.*⟩: (in Bezug auf eine Entscheidung, Festlegung, auf ein abschließendes Urteil) endgültig

De|fi|zit *das;* -s, -e ⟨*lat.-fr.*⟩: **1.** Fehlbetrag. **2.** Mangel

de|fi|zi|tär: a) mit einem Defizit belastet; **b)** zu einem Defizit führend

De|fla|ti|on *die;* -, -en ⟨*lat.-nlat.*⟩: **1.** (Wirtsch.) Verminderung des Geldumlaufs, um den Geldwert zu steigern u. die Preise zu senken; Ggs. ↑Inflation (1 a). **2.** (Geol.) Ausblasen u. Abtragen von lockerem Gestein durch Wind

de|fla|ti|o|när: die Deflation (1) betreffend

De|flek|tor *der;* -s, ...oren ⟨*lat.-nlat.*⟩: **1.** (Technik) Saug-, Rauchkappe, Schornsteinaufsatz. **2.** (Kernphysik) Vorrichtung im Beschleuniger zur Ablenkung geladener Teilchen aus ihrer Bahn

De|flo|ra|ti|on *die;* -, -en ⟨*lat.;* »Entblütung«⟩ (Med.): Zerstörung des ↑Hymens [beim ersten Geschlechtsverkehr]; Entjungferung

de|flo|rie|ren: das Hymen [beim ersten Geschlechtsverkehr] zerstören

De|for|ma|ti|on *die;* -, -en: **1.** Formänderung, Verformung. **2.** Verunstaltung, Fehlbildung (bes. von Organen lebender Wesen); vgl. ...ation/...ierung

de|for|mie|ren ⟨*lat.*⟩: **1.** verformen. **2.** (den Körper) verunstalten, entstellen

De|for|mie|rung *die;* -, -en: das Deformieren; vgl. ...ation/...ierung

De|for|mi|tät *die;* -, -en ⟨*lat.-nlat.*⟩: **1.** (Med.) Fehlbildung (von Organen od. Körperteilen). **2.** (ohne Plural) Zustand der Fehlbildung

De|frau|dant *der;* -en, -en ⟨*lat.*⟩ (österr., schweiz., sonst veraltend): jmd., der eine ↑Defraudation begeht

De|frau|da|ti|on *die;* -, -en ⟨*lat.*⟩ (veraltet): Betrug, Unterschlagung, Hinterziehung (bes. von Zollabgaben)

De|fros|ter *der;* -s, - ⟨*engl.*⟩: **1. a)** Einrichtung in Kraftfahrzeugen, die das Beschlagen od. Vereisen der Scheiben verhindern soll; **b)** Abtauvorrichtung in Kühlschränken. **2.** Mittel zum Enteisen von Kfz-Scheiben

De|ga|ge|ment [degaʒəˈmã:] *das;* -s, -s ⟨*fr.*⟩: **1.** (veraltet) Zwanglosigkeit. **2.** (veraltet) Befreiung [von einer Verbindlichkeit]. **3.** (Fechten) das Degagieren (2)

de|ga|gie|ren [...ˈʒi:...] ⟨*fr.*⟩: **1.** (veraltet) von einer Verbindlichkeit befreien. **2.** (Fechten) die Klinge von einer Seite auf die andere bringen, wobei die Hand des Gegners mit der Waffe umkreist wird

De|ge|ne|ra|ti|on *die;* -, -en ⟨*lat.-nlat.;* »Entartung«⟩: **1.** (Biol., Med.) Verfall von Zellen, Geweben od. Organen. **2.** (abwertend) vom Üblichen abweichende negative Entwicklung; körperlicher od. geistiger Verfall, Abstieg

de|ge|ne|ra|tiv: auf Degeneration beruhend, mit Degeneration zusammenhängend

de|ge|ne|rie|ren ⟨*lat.*⟩: **1.** (Biol., Med.) verfallen, verkümmern. **2.** vom Üblichen abweichend sich negativ entwickeln; körperlich od. geistig verfallen

De|gout [deˈgu:] *der;* -s ⟨*lat.-fr.*⟩: Ekel, Widerwille, Abneigung

de|gou|tant (geh.): ekelhaft, abstoßend

De|gra|da|ti|on *die;* -, -en ⟨*lat.;* »Herabsetzung«⟩: das [Zurück]versetzen in eine niedere Position (z. B. als Strafe für ein die Ehrauffassungen verletzendes Handeln); vgl. ...ation/...ierung

de|gra|die|ren ⟨*lat.*⟩: **1.** in eine niedere Position [zurück]versetzen (z. B. als Strafe für ein die Ehrauffassungen verletzendes Handeln). **2.** (Physik) Energie in Wärme umwandeln. **3.** (Landwirtsch.) einen Boden verschlechtern; vgl. Degradierung (2)

De|gra|die|rung *die;* -, -en: **1.** das Degradieren. **2.** (Landwirtsch.) Veränderung eines guten Bodens zu einem schlechten (durch Auswaschung, Kahlschlag u. a.); vgl. ...ation/...ierung

De|gres|si|on *die;* -, -en ⟨*lat.*⟩: **1.** (Wirtsch.) Verminderung der Stückkosten mit steigender Auflage. **2.** (Steuerrecht) Verminderung des jährlichen Abschreibungsbetrages

de|gres|siv ⟨*lat.-nlat.*⟩: abfallend, sich stufenweise od. kontinuierlich vermindernd (z. B. von Schulden)

De|hy|d|ra|ta|ti|on *die;* -, -en: Entzug von Wasser, Trocknung (z. B. von Lebensmitteln)

De|hy|d|ra|ti|on *die;* -, -en: Entzug von Wasserstoff; vgl. ...ation/...ierung

de|hy|d|ra|ti|sie|ren: Wasser entziehen

de|hy|d|rie|ren: einer chemischen Verbindung Wasserstoff entziehen

De|hy|d|rie|rung *die;* -, -en: ↑Dehydration; vgl. ...ation/...ierung

de|i|fi|zie|ren ⟨*lat.*⟩: zum Gott machen, vergotten

deik|tisch, de|ik|tisch ⟨*gr.*⟩: **1.** (Sprachw.) hinweisend (als Eigenschaft bestimmter sprachlicher Einheiten, z. B. von ↑Demonstrativpronomen). **2.** von der Anschauung ausgehend (als Lehrverfahren)

De|is|mus *der;* - ⟨*lat.-nlat.*⟩: Gottesauffassung der Aufklärung des 17. u. 18. Jh.s, nach der Gott die Welt zwar geschaffen hat, aber keinen weiteren Einfluss mehr auf sie ausübt

Dei|xis *die;* - ⟨*gr.*⟩ (Sprachw.), **De|ixis:** hinweisende ↑Funktion von Wörtern (z. B. Pronomen wie *dieser, jener,* Adverbien wie *hier, heute*) in einem Kontext

de ju|re ⟨*lat.*⟩: von Rechts wegen, rechtlich betrachtet; Ggs. ↑de facto

d

De-ju|re-An|er|ken|nung *die;* -, -en: Anerkennung auf rechtlicher Grundlage

De|ka|de *die;* -, -n ⟨*gr.-lat.*⟩: **1.** Satz od. Serie von 10 Stück. **2.** Zeitraum von 10 Tagen, Wochen, Monaten od. Jahren. **3.** (Literaturwiss.) Einheit von 10 Gedichten od. 10 Büchern

de|ka|dent ⟨*lat.-mlat.*⟩: infolge kultureller Überfeinerung ohne Kraft od. Widerstandsfähigkeit

De|ka|denz *die;* -: Verfall, sittlicher u. kultureller Niedergang

de|ka|disch ⟨*gr.*⟩: zehnteilig; auf die Zahl 10 bezogen; **dekadischer Logarithmus:** Zehnerlogarithmus, Logarithmus einer Zahl zur Basis 10 (Formelzeichen: $\log_{10}x$ oder lg*x*); **dekadisches System:** Zahlensystem mit der Grundzahl 10; Dezimalsystem

De|ka|eder *das;* -s, - ⟨*gr.-nlat.*⟩: ein Körper, der von zehn Vielecken (Flächen) begrenzt ist

De|ka|gramm [auch: ˈde:...] *das;* -s, -e (aber: 5 -): 10 g (Zeichen: Dg, [österr.:] dag, [österr. früher:] dkg)

De|ka|li|ter *der* od. *das;* -s, -: 10 l (Zeichen: dal, dkl)

De|ka|log *der;* -s ⟨*gr.-lat.*⟩: die Zehn Gebote

De|ka|me|ter *das;* -s, - ⟨*gr.-nlat.*⟩: 10 m (Zeichen: dam)

De|kan *der;* -s, -e ⟨*lat.;* »Führer von 10 Mann«⟩: **1.** in bestimmten evangelischen Landeskirchen ↑Superintendent. **2.** ↑Dechant. **3.** Vorsteher einer Fakultät (1 a)

De|ka|nat *das;* -[e]s, -e ⟨*lat.-mlat.*⟩: **1.** Amt, Bezirk eines Dekans; vgl. Dechanat. **2.** Fakultätsverwaltung. **3.** (Astrol.) Unterteilung des Tierkreises in Abschnitte von je zehn Grad

De|ka|nei *die;* -, -en: Wohnung eines Dekans (1 u. 2); vgl. Dechanei

De|ka|nin *die;* -, -nen: weibliche Form zu ↑Dekan (1, 3)

de|kan|tie|ren ⟨*mlat.-fr.*⟩ (bes. Chemie): eine Flüssigkeit abklären, vom Bodensatz abgießen (z. B. bei älteren Rot- u. Portweinen)

De|ka|po|de *der;* -n, -n (meist Plural) ⟨*gr.-nlat.*⟩: Zehnfußkrebs

De|k|ar *das;* -s, -e, schweiz.: **De|k|a|re** *die;* -, -n ⟨*lat.-nlat.*⟩: 10 Ar

de|kar|tel|lie|ren, häufiger: **de|kar|tel|li|sie|ren** ⟨*fr.*⟩ (Wirtsch.): Unternehmenszusammenschlüsse, ↑Kartelle auflösen, die eine Beschränkung des Wettbewerbs zum Ziel haben

De|ka|ster *der;* -s, -e u. -s ⟨*gr.-fr.*⟩ (veraltet): 10 Ster, 10 Kubikmeter

De|ka|teur [...ˈtø:ɐ̯] *der;* -s, -e ⟨*lat.-fr.*⟩: Fachmann, der dekatiert

de|ka|tie|ren: [Woll]stoffe mit Wasserdampf behandeln, um nachträgliches Einlaufen zu vermeiden

De|ka|tie|rer *der;* -s, -: ↑Dekateur

De|ka|tur *die;* -, -en ⟨*lat.-fr.*⟩: Vorgang des ↑Dekatierens

De|kla|ma|ti|on *die;* -, -en ⟨*lat.*⟩: **1.** kunstgerechter Vortrag (z. B. einer Dichtung); auf äußere Wirkung bedachte, oft auch pathetisch vorgetragene Äußerung, Meinung. **2.** (Musik) Hervorhebung u. ↑Artikulation einer musikalischen Phrase od. des Sinn- u. Ausdrucksgehalts eines vertonten Textes

De|kla|ma|tor *der;* -s, ...oren: Vortragskünstler

De|kla|ma|to|rin *die;* -, -nen: weibliche Form zu ↑Deklamator

de|kla|ma|to|risch: 1. ausdrucksvoll im Vortrag (z. B. eines Textes). **2.** beim Gesang auf Wortverständlichkeit Wert legend

de|kla|mie|ren ⟨*lat.*⟩: **1.** [kunstgerecht] vortragen. **2.** das entsprechende Verhältnis zwischen der sprachlichen u. musikalischen Betonung im Lied herstellen

De|kla|ra|ti|on *die;* -, -en ⟨*lat.*⟩: **1.** Erklärung [die etwas Grundlegendes enthält]. **2. a)** abzugebende Meldung gegenüber den Außenhandelsbehörden (meist Zollbehörden) über Einzelheiten eines Geschäftes; **b)** Inhalts-, Wertangabe (z. B. bei einem Versandgut)

de|kla|ra|tiv: in Form einer Deklaration (1)

de|kla|ra|to|risch: a) ↑deklarativ; **b)** (Rechtswiss.) bezeugend, klarstellend, beweiskräftig; **deklaratorische Urkunde:** nachträglich zu Beweiszwecken ausgestellte Beweisurkunde

de|kla|rie|ren: 1. eine Deklaration (2) abgeben. **2.** als etwas bezeichnen

de|klas|sie|ren ⟨*lat.-fr.*⟩: **1.** (Sport) einem Gegner eindeutig überlegen sein u. ihn überraschend hoch besiegen. **2.** (Soziol.) von einer bestimmten sozialen od. ökonomischen Klasse in eine niedrigere gelangen

de|kli|na|bel ⟨*lat.*⟩: beugbar (von Wörtern bestimmter Wortarten)

De|kli|na|ti|on *die;* -, -en: **1.** Formenabwandlung (Beugung) des Substantivs, Adjektivs, Pronomens und Numerales; vgl. Konjugation. **2.** (Astron.) Abweichung, Winkelabstand eines Gestirns vom Himmelsäquator. **3.** Abweichung der Richtungsangabe der Magnetnadel [beim Kompass] von der wahren (geografischen) Nordrichtung

De|kli|na|tor *der;* -s ...oren, **De|kli|na|to|ri|um** *das;* -s, ...ien ⟨*lat.-nlat.*⟩ (früher): Gerät zur Bestimmung [zeitlicher Änderungen] der Deklination (3)

de|kli|nie|ren ⟨*lat.*⟩: Substantive, Adjektive, Pronomen und Numeralia in ihren Formen abwandeln; beugen; vgl. konjugieren

de|ko|die|ren usw. vgl. decodieren usw.

De|kolle|té [dekɔlˈteː], **De|kolle|tee,** schweiz.: **Dé|colle|té** *das;* -s, -s ⟨*lat.-fr.*⟩: tiefer Ausschnitt an Damenkleidern o. Ä., der Schultern, Brustansatz od. Rücken frei lässt

de|kolle|tie|ren: 1. mit einem Dekolleté versehen. **2.** (ugs.) bloßstellen

de|kolle|tiert: tief ausgeschnitten

De|ko|lo|ni|sa|ti|on *die;* -, -en ⟨*lat.-nlat.*⟩: Entlassung einer ↑Kolonie aus der wirtschaftlichen, militärischen u. politischen Abhängigkeit vom Mutterland

de|ko|lo|ni|sie|ren ⟨*lat.-fr.*⟩: eine ↑Kolonie aus der politischen, wirtschaftlichen u. militärischen Abhängigkeit des Mutterlandes freigeben

de|kom|po|nie|ren ⟨*lat.-nlat.*⟩: zerlegen, auflösen [in die Grundbestandteile]

De|kom|po|si|ti|on *die;* -, -en: **1.** Auflösung. **2. a)** das Nachlassen einer Organfunktion; **b)** (Med.) körperlicher Verfall bei Säuglingen infolge einer schweren Ernährungsstörung (z. B. bei einer Milchunverträglichkeit)

de|kom|po|si|to|risch: in seine Einzelbestandteile zerlegend; zersetzend, zerstörend

De|kom|pres|si|on *die;* -, -en ⟨*lat.-nlat.*⟩: **1.** Druckabfall in einem technischen System. **2.** [allmähliche] Druckentlastung für den Organismus nach längerem Aufenthalt in Überdruckräumen (z. B. Taucherglocken)

de|kom|pri|mie|ren ⟨*lat.-nlat.*⟩: den Druck von etwas verringern

De|kon|s|t|ruk|ti|vis|mus *der;* - ⟨*lat.-engl.*⟩: (Archit.) seit Mitte der 80er-Jahre des 20. Jh.s bestehende Richtung in der Architektur, die, anknüpfend an den russischen ↑Konstruktivismus (1), durch die Auflösung traditioneller statischer Verhältnisse u. den Zusammenstoß unterschiedlicher Materialien, Räume u. Richtungen gekennzeichnet ist

De|kon|s|t|ruk|ti|vist *der;* -en, -en: Vertreter des Dekonstruktivismus

De|kon|s|t|ruk|ti|vis|tin *die;* -, -nen: weibliche Form zu ↑Dekonstruktivist

De|kon|ta|mi|na|ti|on *die;* - ⟨*lat.-nlat.*⟩: **a)** Entfernung von ↑Neutronen absorbierenden Spaltprodukten aus dem Reaktor; **b)** Entseuchung, Entgiftung (bes. eines durch atomare, biologische od. chemische Kampfstoffe verseuchten Objekts od. Gebiets); Ggs. ↑Kontamination (2); vgl. ...ation/...ierung

de|kon|ta|mi|nie|ren: eine Dekontamination (b) vornehmen; Ggs. ↑kontaminieren (2)

De|kon|ta|mi|nie|rung *die;* -, -en: das Dekontaminieren; vgl. ...ation/...ierung

De|kon|zen|t|ra|ti|on *die;* -, -en ⟨*(lat.; gr.-lat.) fr.-nlat.*⟩: Zerstreuung, Zersplitterung, Auflösung, Verteilung; Ggs. ↑Konzentration (1)

de|kon|zen|t|rie|ren: zerstreuen, zersplittern, auflösen, verteilen; Ggs. ↑konzentrieren (1)

De|kor *der,* auch: *das;* -s, -s u. -e ⟨*lat.-fr.*⟩: **1.** farbige Verzierung, Ausschmückung, Vergoldung, Muster. **2.** Ausstattung [eines Theaterstücks od. Films], Dekoration

De|ko|ra|teur [...ˈtøːɐ̯] *der;* -s, -e: Fachmann, der die Ausschmückung von Innenräumen, Schaufenstern usw. besorgt

De|ko|ra|teu|rin [...ˈtøːrɪn] *die;* -, -nen: weibliche Form zu ↑Dekorateur

De|ko|ra|ti|on *die;* -, -en: **1.** (ohne Plural) das Ausschmücken, Ausgestalten. **2.** Schmuck, Ausschmückung, Ausstattung, schmückende Dinge. **3.** Bühnenausstattung, Bühnenbild, [Film]kulisse. **4. a)** Ordensverleihung, Dekorierung; **b)** Orden, Ehrenzeichen; vgl. ...ation/...ierung

de|ko|ra|tiv: a) schmückend, (als Schmuck) wirkungsvoll; **b)** die Theater-, Filmdekoration betreffend

de|ko|rie|ren: 1. ausschmücken, künstlerisch ausgestalten. **2.** einen Orden verleihen

De|ko|rie|rung *die;* -, -en: **1. a)** das Ausschmücken; **b)** Ausschmückung eines Raumes o. Ä. **2. a)** Verleihung von Orden o. Ä. aufgrund besonderer Verdienste; **b)** Orden; vgl. ...ation/...ierung

De|kort [deˈkoːɐ̯, auch: deˈkɔrt] *der;* -s, -s u. bei dt. Ausspr.: -e ⟨*lat.-fr.*⟩ (Wirtsch. veraltet): **1.** Abzug vom Rechnungsbetrag (z. B. wegen schlechter Verpackung, Mindergewicht, Qualitätsmangel). **2.** Preisnachlass [im Exportgeschäft]

De|ko|rum *das;* -s ⟨*lat.*⟩ (veraltet): äußerer Anstand, Schicklichkeit

De|kre|ment *das;* -[e]s, -e ⟨*lat.*⟩: **1.** (bes. Fachspr.) Abnahme, Verminderung. **2.** (Med.) das Abklingen von Krankheitserscheinungen. **3.** ↑logarithmisches Dekrement

De|kre|scen|do [dekreˈʃɛndo] vgl. Decrescendo

De|kres|zenz *die;* -, -en ⟨*lat.*⟩: **1.** (Rechtsspr.) Abnahme [eines Erbteils]. **2.** (Musik veraltet) allmähliche Tonabschwächung

De|kret *das;* -[e]s, -e ⟨*lat.*⟩: Beschluss, Verordnung, behördliche, richterliche Verfügung

De|kre|ta|le *die;* -, -n (meist Plural) ⟨*lat.-mlat.*⟩: päpstliche Entscheidung in kirchlichen Einzelfragen (in Bezug auf das katholische ↑Dogma u. die ↑Kanonisation)

de|kre|tie|ren ⟨*lat.-fr.*⟩: verordnen, anordnen

De|ku|ma|ten|land, De|ku|mat|land *das;* -[e]s ⟨*lat.; dt.*⟩: vom ↑Limes (1) eingeschlossenes altrömisches Kolonialgebiet zwischen Rhein, Main und Neckar

de|ku|pie|ren ⟨*fr.*⟩: aussägen, ausschneiden

De|ku|rie [...i̯ə] *die;* -, -n ⟨*lat.*⟩: **a)** [Zehner]gruppe als Untergliederung des Senats od. des Richterkollegiums im Rom der Antike; **b)** Unterabteilung von zehn Mann in der altrömischen Reiterei

De|ku|rio *der;* -s u. ...onen, ...onen: **a)** Mitglied einer Dekurie (a); **b)** Anführer einer Dekurie (b)

De|ku|vert [...ˈveːɐ̯] *das;* -s, -s ⟨*lat.-fr.*⟩ (Börsenw.): Verkauf von Wertpapieren, die der Verkäufer noch gar nicht besitzt; Leerverkauf

De|la|ti|on *die;* -, -en (veraltet): **1.** [verleumderische] Anzeige. **2.** Übertragung, Anfall einer Erbschaft. **3.** (Geschichte) durch das Gericht auferlegte Verpflichtung zur Eidesleistung vor einem Richter; Ggs. ↑Relation (4)

de|le|a|tur ⟨*lat.;* »es möge getilgt werden«⟩ (Druckw.): Korrekturanweisung, dass etwas gestrichen werden soll (Abk.: del.; Zeichen: ₰)

De|le|a|tur *das;* -s, - (Druckw.): das Tilgungszeichen

De|le|gat *der;* -en, -en ⟨*lat.*⟩: Bevollmächtigter; **Apostolischer Delegat:** Bevollmächtigter des Papstes ohne diplomatische Rechte

De|le|ga|ti|on *die;* -, -en: **1.** Abordnung von Bevollmächtigten, die meist zu [politischen] Tagungen, zu Konferenzen usw. entsandt wird. **2.** (Rechtsspr., Wirtsch.) Übertragung von Zuständigkeiten, Leistungen, Befugnissen; vgl. ...ation/...ierung

de|le|gie|ren ⟨*lat.*⟩: **1.** abordnen. **2. a)** (Rechtswiss.) Zuständigkeiten, Leistungen, Befugnisse übertragen; **b)** eine Aufgabe auf einen anderen übertragen

De|le|gier|te *der* u. *die;* -n, -n: Mitglied einer Delegation (1)

De|le|gie|rung *die;* -, -en: Delegation (2); vgl. ...ation/...ierung

de|le|gi|ti|mie|ren: die Legitimation absprechen

De|le|gi|ti|mie|rung *die;* -, -en: das Absprechen der Legitimation

De|lete [diˈliːt] (ohne Artikel gebr.) ⟨*engl.;* »löschen«⟩ (EDV): **a)** Löschtaste auf der Computertastatur; **b)** Löschfunktion

[1]Del|fin, [1]Del|phin *der;* -s, -e ⟨*gr.-lat.*⟩: eine Walart

[2]Del|fin, [2]Del|phin *das;* -s: Delfinschwimmen (spezieller Schwimmstil)

Del|fi|na|ri|um, Del|phi|na|ri|um *das;* -s, ...ien ⟨*gr.-lat.-nlat.*⟩: Anlage mit großem Wasserbecken, in dem Delfine gehalten u. vorgeführt werden

De|li|cious [dɪˈlɪʃəs], **De|li|ci|us** *der;* -, - ⟨*engl.*⟩: Kurzform von ↑Golden Delicious

de|li|kat ⟨*lat.-fr.*⟩: **1.** auserlesen fein; lecker, wohlschmeckend. **2.** zart [fühlend], zurückhaltend, behutsam; Ggs. ↑indelikat. **3.** wählerisch, anspruchsvoll. **4.** Diskretion erfordernd, nur mit Zurückhaltung, mit Takt zu behandeln, durchzuführen sein

De|li|ka|tes|se *die;* -, -n: **1.** Leckerbissen; Feinkost. **2.** (ohne Plural) Zartgefühl

De|likt *das;* -[e]s, -e ⟨*lat.*⟩: ungesetzliche Handlung, Straftat

de|li|ne|a|vit ⟨*lat.;* »hat [es] gezeichnet«⟩: in Verbindung mit dem Namen Angabe des Künstlers, Zeichners, bes. auf Kupferstichen (Abk.: del., delin.)

de|lin|quent ⟨*lat.*⟩: straffällig, verbrecherisch

De|lin|quent *der;* -en, -en: jmd., der straffällig geworden ist

De|lin|quenz *die;* -: Straffälligkeit

de|li|rie|ren (Med.): irre sein, irrereden

De|li|ri|um *das;* -s, ...ien ⟨*lat.*⟩: Bewusstseinstrübung (Verwirrtheit), verbunden mit Erregung, Sinnestäuschungen u. Wahnideen

De|li|ri|um tre|mens *das;* - -: durch Alkoholentzug (bei Trinkern) ausgelöste Psychose, die durch Bewusstseinstrübung, Halluzinationen o. Ä. gekennzeichnet ist

De|li|zi|us: ↑Golden Delicious

Del|phin usw. vgl. [1]Delfin usw.

[1]Del|phin vgl. [1]Delfin

[2]Del|phin vgl. [2]Delfin

Del|phi|na|ri|um vgl. Delfinarium

del|phisch ⟨*gr.-lat.;* nach der altgriech. Orakelstätte Delphi⟩: doppelsinnig, rätselhaft [dunkel]

[1]Del|ta *das;* -[s], -s ⟨*gr.*⟩: vierter Buchstabe des gr. Alphabets (Δ, δ)

[2]Del|ta *das;* -s, -s u. ...ten: fächerförmiges, mehrarmiges Mündungsgebiet eines Flusses

Del|ta|strah|len, δ-Strah|len *die* (nur Plural) ⟨*gr.-lat.; dt.*⟩: beim Durchgang radioaktiver

Strahlung durch Materie freigesetzte Elektronenstrahlen

Del|to|id *das;* -[e]s, -e ⟨*gr.-nlat.*⟩: **a)** konkaves Viereck aus zwei Paaren gleich langer benachbarter Seiten, von denen ein Paar einen überstumpfen Winkel bildet u. dessen Diagonalenschnittpunkt außerhalb des Vierecks liegt; **b)** Drachenviereck

dem..., Dem... vgl. demo..., Demo...

De|m|a|go|ge *der;* -n, -n ⟨*gr.;* »Volksführer«⟩ (oft abwertend): jmd., der andere politisch aufhetzt, durch leidenschaftliche Reden verführt; Volksverführer

De|m|a|go|gie *die;* - (abwertend): Volksaufwiegelung, Volksverführung, politische Hetze

de|m|a|go|gisch (abwertend): aufwiegelnd, hetzerisch, Hetzpropaganda treibend

De|mant [auch: ...'mant] *der;* -[e]s, -e ⟨*gr.-lat.-vulgärlat.-fr.*⟩ (dichter.): Diamant

de|man|ten (dichter.): diamanten

De|man|to|id *der;* -[e]s, -e ⟨*nlat.*⟩: ein Mineral

De|mar|che [de'marʃ(ə)] *die;* -, -n ⟨*fr.*⟩: diplomatischer Schritt, mündlich vorgetragener diplomatischer Einspruch

De|mar|ka|ti|on *die;* -, -en ⟨*fr.*⟩: **a)** Abgrenzung; **b)** (Med.) scharfe Abgrenzung kranken Gewebes von gesundem

De|mar|ka|ti|ons|li|nie *die;* -, -n: zwischen Staaten vereinbarte vorläufige Grenzlinie

de|mar|kie|ren: abgrenzen

de|mas|kie|ren ⟨*fr.*⟩: **1. a)** die Maske abnehmen; **b)** jmdn. entlarven (z. B. in Bezug auf dessen schlechte Absichten). **2.** sich demaskieren: **a)** seine Maske abnehmen; **b)** sein wahres Gesicht zeigen

De|men: *Plural* von ↑Demos

de|ment ⟨*lat.*⟩ (Med.): an Demenz leidend

De|men|ti *das;* -s, -s ⟨*lat.-fr.*⟩: offizielle Berichtigung od. Widerruf einer Behauptung od. Nachricht

De|men|tia *die;* -, ...tiae [...tiɛ] ⟨*lat.*⟩: ↑Demenz

de|men|tie|ren ⟨*lat.-fr.*⟩: eine Behauptung od. Nachricht offiziell berichtigen od. widerrufen

De|menz *die;* -, -en ⟨*lat.*⟩: auf organischen Hirnschädigungen beruhender dauernder Intelligenzdefekt

de|mi|li|ta|ri|sie|ren ⟨*lat.-fr.*⟩: entmilitarisieren

De|mi|mon|de [dəmi'mõ:d(ə)] *die;* - ⟨*fr.*⟩: Halbwelt

de|mi-sec [dəmi'sɛk] ⟨*fr.*⟩: halbtrocken (von französischen Schaumweinen)

De|mis|si|on *die;* -, -en ⟨*lat.-fr.*⟩: **a)** Rücktritt eines Ministers od. einer Regierung; **b)** (veraltet) Entlassung eines Ministers od. einer Regierung

De|mis|si|o|när *der;* -s, -e (schweiz., sonst veraltet): entlassener, verabschiedeter Beamter

de|mis|si|o|nie|ren: 1. a) von einem Amt zurücktreten, seine Entlassung einreichen (von Ministern od. Regierungen); **b)** (schweiz.) kündigen. **2.** (veraltet) jmdn. entlassen (von Ministern)

De|mi|urg *der;* -en u. -s ⟨*gr.-lat.*⟩: Weltbaumeister, Weltenschöpfer (bei Platon u. in der ↑Gnosis)

de|mo..., De|mo...

vor Vokalen meist: **dem..., Dem...**
⟨*gr.* dẽmos »Volk, Land, Staat«⟩
Wortbildungselement mit der Bedeutung »Volk, Bevölkerung; Staat«:
- demagogisch
- Demografie
- Demökologie
- Demoskopie

De|mo|bi|li|sa|ti|on *die;* -, -en ⟨*lat.-fr.*⟩: **a)** Rückführung des Kriegsheeres auf den Friedensstand; Ggs. ↑Mobilisation (2); **b)** Umstellung der Industrie von Kriegs- auf Friedensproduktion; vgl. ...ation/...ierung

de|mo|bi|li|sie|ren: a) aus dem Kriegszustand in Friedensverhältnisse überführen; Ggs. ↑mobilisieren (1); **b)** die Kriegswirtschaft abbauen; **c)** (veraltet) jmdn. aus dem Kriegsdienst entlassen

De|mo|bi|li|sie|rung *die;* -, -en: das Demobilisieren; Ggs. ↑Mobilisierung (3); vgl. ...ation/...ierung

De|mo|du|la|tor *der;* -s, ...oren: Bauteil in einem Empfänger, der die Demodulation bewirkt; Gleichrichter

De|mo|graf, De|mo|graph *der;* -en, -en ⟨*gr.-nlat.*⟩: jmd., der berufsmäßig Demografie betreibt

De|mo|gra|fie, De|mo|gra|phie *die;* -, ...ien: **1.** Beschreibung der wirtschafts- u. sozialpolitischen Bevölkerungsbewegung. **2.** Bevölkerungswissenschaft

De|mo|gra|fin, De|mo|gra|phin *die;* -, -nen: weibliche Form zu ↑Demograf

de|mo|gra|fisch, de|mo|gra|phisch: die Demografie betreffend

De|moi|selle [demo̯a'zɛl, də...] *die;* -, -n ⟨*lat.-galloroman.-fr.*⟩ (veraltet): junges Mädchen; Fräulein

De|mo|krat *der;* -en, -en ⟨*gr.-mlat.-fr.*⟩: **1.** Vertreter demokratischer Grundsätze; Mensch mit demokratischer Gesinnung; jmd., der den Willen der Mehrheit respektiert. **2.** Mitglied einer bestimmten, sich auch im Namen als demokratisch bezeichnenden Partei

De|mo|kra|tie *die;* -, ...ien ⟨*gr.-mlat.;* »Volksherrschaft«⟩: **1.** (ohne Plural) **a)** politisches Prinzip, nach dem das Volk durch freie Wahlen an der Machtausübung im Staat teilhat; **b)** Regierungssystem, in dem die vom Volk gewählten Vertreter die Herrschaft ausüben. **2.** Staat mit demokratischer Verfassung, demokratisch regiertes Volkswesen. **3.** (ohne Plural) Prinzip der freien u. gleichberechtigten Willensbildung u. Mitbestimmung in gesellschaftlichen Gruppen

De|mo|kra|tin *die;* -, -nen: weibliche Form zu ↑Demokrat

de|mo|kra|tisch: **1.** in der Art einer Demokratie (1), die Demokratie (1) betreffend, sich auf sie beziehend. **2.** nach den Prinzipien der Demokratie (3) aufgebaut, verfahrend; nach Demokratie (3) strebend

de|mo|kra|ti|sie|ren: demokratische Prinzipien in einem bestimmten Bereich einführen u. anwenden

De|mo|kra|ti|sie|rung *die;* -, -en: das Demokratisieren

de|mo|lie|ren ⟨*lat.-fr.*⟩: **1.** gewaltsam, mutwillig zerstören. **2.** (österr.) abreißen

De|mo|lie|rung *die;* -, -en: das Demolieren, das Demoliertwerden

De|mons|t|rant *der;* -en, -en ⟨*lat.*⟩: Teilnehmer an einer Demonstration (1)

De|mons|t|ran|tin *die;* -, -nen: weibliche Form zu ↑Demonstrant

De|mons|t|ra|ti|on *die;* -, -en ⟨*lat.(-engl.)*⟩: **1.** Massenprotest, Massenkundgebung. **2.** sichtbarer Ausdruck einer bestimmten Absicht; eindringliche, nachdrückliche Bekundung (für od. gegen etwas/jmdn.). **3.** [wissenschaftliche] Vorführung (z. B. mit Lichtbildern) im Unterricht od. bei Veranstaltungen

de|mons|t|ra|tiv ⟨*lat.*⟩: **1.** in auffallender, oft auch provozierender Weise seine Einstellung bekundend; betont auffallend, herausfordernd. **2.** anschaulich, verdeutlichend, aufschlussreich. **3.** (Sprachw.) hinweisend

De|mons|t|ra|tiv *das;* -s, -e: hinweisendes Fürwort; ↑Demonstrativpronomen

De|mons|t|ra|tiv|pro|no|men *das;* -s, - u. ...mina: hinweisendes Fürwort (z. B. *dieser, jener*)

De|mons|t|ra|tor *der;* -s, ...oren: (veraltet) Beweisführer

de|mons|t|rie|ren: **1.** an einer Demonstration (1) teilnehmen. **2.** öffentlich zu erkennen geben. **3.** in anschaulicher Form darlegen, vorführen

De|mon|ta|ge [...ˈtaːʒə] *die;* -, -n ⟨*fr.*⟩: Abbau, Abbruch, Zerlegung; das Auseinandernehmen

de|mon|tie|ren: abbauen, zerlegen; auseinandernehmen

De|mon|tie|rung *die;* -, -en: ↑Demontage; das Demontieren

De|mo|ra|li|sa|ti|on *die;* -, -en ⟨*lat.-fr.*⟩: **1.** das Demoralisieren. **2.** das Demoralisiertsein

de|mo|ra|li|sie|ren: **a)** jmds. Moral untergraben; einer Person od. Gruppe durch bestimmte Handlungen, Äußerungen o. Ä. die sittlichen Grundlagen für eine entsprechende Gesinnung, ein Verhalten nehmen; **b)** jmds. Kampfgeist untergraben, mutlos machen, entmutigen

De|mo|ra|li|sie|rung *die;* -, -en: ↑Demoralisation; das Demoralisieren

De|mos *der;* -, Demen ⟨*gr.*⟩: **1.** Gebiet u. Volksgemeinde eines altgriechischen Stadtstaates. **2.** in Griechenland Bezeichnung für den kleinsten staatlichen Verwaltungsbezirk

De|mo|s|kop *der;* -en, -en: Meinungsforscher

De|mo|s|ko|pie *die;* -, ...ien: Meinungsumfrage, -forschung

De|mo|s|ko|pin *die;* -, -nen: weibliche Form zu ↑Demoskop

de|mo|s|ko|pisch: **a)** durch Meinungsumfragen [ermittelt]; **b)** auf Meinungsumfragen bezogen

de|mo|tisch: volkstümlich; **demotische Schrift:** altägyptische volkstümliche Schrägschrift; vgl. hieratische Schrift

De|mo|ti|va|ti|on *die;* -, -en ⟨*lat.-mlat.-nlat.*⟩: **1.** das Demotivieren. **2.** das Demotiviertsein; Ggs. ↑Motivation (3)

de|mo|ti|vie|ren: jmds. Interesse an etwas schwächen; bewirken, dass jmds. Motivation, etwas zu tun, nachlässt, vergeht; Ggs. ↑motivieren (2)

De|nar *der;* -s, -e ⟨*lat.*⟩: **a)** altrömische Silbermünze; **b)** (seit dem 7. Jh. n. Chr.) fränkische Silbermünze (Zeichen: d)

De|na|tu|ra|li|sa|ti|on *die;* -, -en ⟨*lat.-nlat.*⟩: Entlassung aus der bisherigen Staatsangehörigkeit

de|na|tu|ra|li|sie|ren: aus der bisherigen Staatsangehörigkeit entlassen, ausbürgern

de|na|tu|rie|ren ⟨*lat.-mlat.*⟩: **1.** Stoffe durch Zusätze so verändern, dass sie ihre ursprünglichen Eigenschaften verlieren. **2.** vergällen, ungenießbar machen. **3.** Eiweißstoffe chemisch ↑irreversibel verändern

de|na|zi|fi|zie|ren ⟨*lat.; nlat.*⟩: ↑entnazifizieren

Den|d|rit [auch: ...ˈdrɪt] *der;* -en, -en ⟨*gr.-nlat.*⟩: **1.** (Geol.) moos-, strauch- od. baumförmige

Eisen- u. Manganabsätze auf Gesteinsflächen. **2.** (Med.) verästelter Protoplasmafortsatz (vgl. Protoplasma) einer Nervenzelle

den|d|ri|tisch: verzweigt, verästelt (von Nervenzellen)

Den|d|ro|chro|no|lo|gie *die;* -, ...ien: Jahresringforschung; Verfahren zur Bestimmung des Alters vorgeschichtlicher Funde mithilfe der Jahresringe mitgefundener Holzreste

den|d|ro|chro|no|lo|gisch: die Dendrochronologie betreffend

Den|d|ro|lo|gie *die;* -: wissenschaftliche Baumkunde; Gehölzkunde

Den|d|ro|me|ter *das;* -s, -: Gerät zur Messung der Höhe u. Dicke stehender Bäume

Den|gue|fie|ber [ˈdɛŋge...] *das;* -s ⟨*span.; lat.*⟩: schnell u. heftig verlaufende Infektionskrankheit in den Tropen u. Subtropen

De|nim® *der* od. *das;* -[s] ⟨Kunstw. aus *fr.* serge **de Nîmes;** »Serge aus Nîmes«⟩: blauer Jeansstoff

De|no|mi|na|tiv *das;* -s, -e, **De|no|mi|na|ti|vum** *das;* -s, ...va: Ableitung von einem Substantiv od. Adjektiv (vgl. Nomen; z. B. *tröstlich* von *Trost, bangen* von *bang*)

De|no|tat *das;* -s, -e ⟨*lat.*⟩ (Sprachw.): **1.** vom Sprecher bezeichneter Gegenstand od. Sachverhalt in der außersprachlichen Wirklichkeit; Ggs. ↑Konnotat (1). **2.** begrifflicher Inhalt eines sprachlichen Zeichens im Gegensatz zu den emotionalen Nebenbedeutungen; Ggs. ↑Konnotat (2)

De|no|ta|ti|on *die;* -, -en: **1.** (Logik) Inhaltsangabe eines Begriffs. **2.** (Sprachw.) **a)** die auf den mit dem Wort gemeinten Gegenstand hinweisende Bedeutung (z. B. von Mond »Erdtrabant, der durch das von ihm reflektierte Sonnenlicht oft die Nächte erhellt« im Gegensatz zur Konnotation 2 a); **b)** die formale Beziehung zwischen dem Zeichen (↑Denotator) u. dem bezeichneten Gegenstand od. Sachverhalt in der außersprachlichen Wirklichkeit (↑Denotat); Ggs. ↑Konnotation (2 b)

de|no|ta|tiv (Sprachw.): nur den begrifflichen Inhalt eines sprachlichen Zeichens betreffend, ohne Berücksichtigung von Nebenbedeutungen, die es als Begleiterscheinungen beim Sprecher od. Hörer wachruft; Ggs. ↑konnotativ

De|no|ta|tor *der;* -s, ...oren (Sprachw.): sprachliches Zeichen, das einen Gegenstand od. Sachverhalt in der außersprachlichen Wirklichkeit bezeichnet

Den|si|me|ter *das;* -s, - ⟨*lat.; gr.*⟩: Gerät zur Messung des ↑spezifischen (1) Gewichts (vorwiegend von Flüssigkeiten)

den|tal ⟨*lat.-nlat.*⟩: **1.** (Med.) die Zähne betreffend, zu ihnen gehörend. **2.** (Sprachw.) mithilfe der Zähne gebildet (von Lauten)

Den|tal *der;* -s, -e: Zahnlaut (z. B. d, l)

Den|tist *der;* -en, -en: frühere Berufsbezeichnung für einen Zahnheilkundigen ohne akademische Ausbildung

Den|tis|tin *die;* -, -nen: weibliche Form zu ↑Dentist

Den|ti|ti|on *die;* -, -en (Med.): Zahndurchbruch; das Zahnen

Den|to|lo|gie *die;* -: Zahnheilkunde

De|nu|da|ti|on *die;* -, -en ⟨*lat.;* »Entblößung«⟩: **1.** (Geol.) flächenhafte Abtragung der Erdoberfläche durch Wasser, Wind u. a. **2.** (Med.) Entblößung von einer natürlichen Hülle, bes. des Zahnhalses vom Zahnfleisch

De|nun|zi|ant *der;* -en, -en ⟨*lat.*⟩: jmd., der einen anderen denunziert

De|nun|zi|an|tin *die;* -, -nen: weibliche Form zu ↑Denunziant

De|nun|zi|a|ti|on *die;* -, -en: Anzeige durch einen Denunzianten

de|nun|zie|ren ⟨*lat.-engl.*⟩: **a)** (abwertend) [aus persönlichen, niedrigen Beweggründen] anzeigen; **b)** als negativ hinstellen, brandmarken, öffentlich verurteilen

Deo *das;* -s, -s: kurz für: ↑Deodorant

De|o|do|rant *das;* -s, -s u. -e ⟨*engl.*⟩: kosmetisches Mittel gegen Körpergeruch

De|o|do|rant|spray *der* od. *das;* -s, -s: ↑Spray mit desodorierender Wirkung

de|o|do|rie|ren, de|o|do|ri|sie|ren: ↑desodorieren

Deo gra|ti|as ⟨*lat.*⟩: Gott sei Dank!

Deo|spray *der* od. *das;* -s, -s ⟨*engl.*⟩: kurz für: ↑Deodorantspray

De|par|te|ment [depart(ə)ˈmãː, schweiz. auch: ...təˈmɛnt] *das;* -s, -s u. (schweiz.) -e ⟨*lat.-fr.*⟩: **1.** Verwaltungsbezirk (in Frankreich). **2.** (schweiz.) Ministerium (beim Bund und in einigen Kantonen der Schweiz). **3.** (schweiz.) Verwaltungsabteilung (in einigen Gemeinden u. Universitäten der Schweiz)

De|part|ment [dɪˈpɑːtmənt] *das;* -s, -s ⟨*lat.-fr.-engl.*⟩: Fachbereich (an amerikanischen u. britischen Universitäten)

De|pen|dance, schweiz. meist: **Dé|pen|dance** [depãˈdãːs] *die;* -, -n ⟨*lat.-fr.*⟩: **1.** Niederlassung, Zweigstelle. **2.** Nebengebäude [eines Hotels]

De|pen|denz *die;* -, -en ⟨*lat.*⟩ (Philos., Sprachw.): Abhängigkeit

De|pen|denz|gram|ma|tik *die;* -, -en (Sprachw.): Forschungsrichtung der ↑Linguistik, die die hinter der linearen Erscheinungsform der gesprochenen od. geschriebenen Sprache verborgenen strukturellen Beziehungen zwischen den einzelnen Elementen im Satz untersucht od. darstellt, vor allem die Abhängigkeit der Satzglieder vom Verb

De|pe|sche *die;* -, -n ⟨*lat.-fr.*⟩: Telegramm

de|pi|lie|ren ⟨*lat.*⟩ (Med.): enthaaren

De|place|ment [deplas'mã:] *das;* -s, -s ⟨*fr.*⟩: Wasserverdrängung eines Schiffes

de|pla|ciert [depla'si:ɐ̯t] (schweiz., sonst veraltet): ↑deplatziert

de|plat|ziert: fehl am Platz, unangebracht

De|po|la|ri|sa|ti|on *die;* -, -en ⟨*(lat.; gr.) nlat.*⟩ (Physik): Aufhebung der ↑Polarisation in ↑galvanischen Elementen

De|po|la|ri|sa|tor *der;* -s, ...oren: Sauerstoff od. Chlor abgebende Chemikalie, die in ↑galvanischen Elementen den Wasserstoff bindet, durch den sich die positive Elektrode polarisiert

de|po|la|ri|sie|ren: eine Depolarisation vornehmen

De|po|nat *das;* -[e]s, -e ⟨*lat.*⟩: etwas, was jmd. deponiert hat, was deponiert worden ist

De|po|nens *das;* -, ...nentia u. ...nenzien ⟨*lat.*⟩: lateinisches Verb mit passivischen Formen u. aktivischer Bedeutung

De|po|nent *der;* -en, -en: jmd., der etwas hinterlegt, in Verwahrung gibt

De|po|nen|tin *die;* -, -nen: weibliche Form zu ↑Deponent

De|po|nie *die;* -, ...ien ⟨*lat.-fr.*⟩: Müllabladeplatz

de|po|nie|ren: niederlegen, hinterlegen, in Verwahrung geben

De|po|nie|rung *die;* -, -en: Speicherung, Lagerung

De|por|ta|ti|on *die;* -, -en ⟨*lat.*⟩: Zwangsverschickung, Verschleppung, Verbannung (von Verbrechern, politischen Gegnern od. ganzen Volksgruppen)

de|por|tie|ren: (Verbrecher, politische Gegner od. ganze Volksgruppen) zwangsweise verschicken, verschleppen, verbannen

De|po|si|ten: *Plural* von ↑Depositum

De|po|si|ten|bank *die;* -, -en: Bank, die sich auf Depositenannahme, Gewährung von kurzfristigen Krediten u. Ä. beschränkt; Kreditbank

De|po|si|ti|on *die;* -, -en: **1.** (Rechtsspr.) Hinterlegung. **2.** (Rel.) Absetzung eines katholischen Geistlichen ohne Wiederverwendung im Kirchendienst. **3.** (Rechtsspr.) [bei Gericht niedergelegte] Zeugenaussage

De|po|si|to|ri|um *das;* -s, ...ien: Aufbewahrungsort, Hinterlegungsstelle

De|po|si|tum *das;* -s, ...siten: **1.** etwas, was hinterlegt, in Verwahrung gegeben worden ist. **2.** (nur Plural) Gelder, die als kurz- od. mittelfristige Geldanlage bei einem Kreditinstitut gegen Verzinsung eingelegt u. nicht auf einem Spar- od. Kontokorrentkonto verbucht werden

De|pot [de'po:] *das;* -s, -s ⟨*lat.-fr.*⟩: **1. a)** Aufbewahrungsort für Sachen; **b)** Abteilung einer Bank, in der Wertsachen und -schriften verwahrt werden; **c)** aufbewahrte Gegenstände. **2.** (Gastron.) Bodensatz in Getränken, bes. im Rotwein. **3.** (Med.) Ablagerung. **4.** ↑Depotbehandlung. **5.** Sammelstelle für Omnibusse od. Schienenfahrzeuge

De|pot|be|hand|lung *die;* -, -en: Einspritzung von Medikamenten in schwer löslicher Form zur Erzielung länger anhaltender Wirkungen

De|pot|prä|pa|rat *das;* -[e]s, -e: Arzneimittel in schwer löslicher Form, das im Körper langsam abgebaut wird u. dadurch anhaltend wirksam bleibt

De|p|ra|va|ti|on *die;* -, -en ⟨*lat.*⟩: **1.** Wertminderung, bes. im Münzwesen. **2.** (Med.) Verschlechterung eines Krankheitszustands. **3.** Entartung

de|p|ra|vie|ren: **1.** etwas im Wert herabsetzen, bes. von Münzen. **2.** verderben

De|pres|si|on *die;* -, -en ⟨*lat.*⟩: **1.** Niedergeschlagenheit, traurige Stimmung. **2.** (Med.) Einsenkung, Einstülpung, Vertiefung (z. B. im Knochen). **3.** (Wirtsch.) Niedergangsphase im Konjunkturverlauf. **4.** (Geogr.) Landsenke; Festlandgebiet, dessen Oberfläche unter dem Meeresspiegel liegt. **5.** (Meteorol.) Tief, Tiefdruckgebiet. **6.** (Astron.) **a)** negative Höhe eines Gestirns, das unter dem Horizont steht; **b)** Winkel zwischen der Linie Auge–Horizont u. der waagerechten Linie, die durch das Auge des Beobachters verläuft. **7.** (Physik) vorübergehendes Herabsetzen des Nullpunktes [eines Thermometers] durch Überhöhung der Temperatur u. unmittelbar folgende Abkühlung auf 0°. **8.** (Bergbau) Unterdruck, der durch das Saugen der Ventilatoren bei der Zufuhr von Frischluft im Bergwerk entsteht

de|pres|siv: **1.** traurig, niedergeschlagen, seelisch gedrückt. **2.** (Wirtsch.) durch einen Konjunkturrückgang bestimmt

De|pres|si|vi|tät *die;* -: Zustand der Niedergeschlagenheit

de|pri|mie|ren ⟨*lat.-fr.*⟩: niederdrücken, entmutigen

De|pri|va|ti|ons|syn|drom *das;* -s, -e: körperlich-seelischer Entwicklungsrückstand bei Kindern (bes. in Heimen), die die Mutter od. eine andere Bezugsperson entbehren müssen (↑Hospitalismus)

De|pu|tant *der;* -en, -en ⟨*lat.*⟩: jmd., der auf ein Deputat Anspruch hat

De|pu|tan|tin *die;* -, -nen: weibliche Form zu ↑Deputant

De|pu|tat *das;* -[e]s, -e: **1.** zum Gehalt od. Lohn gehörende Sachleistungen. **2.** Anzahl der Pflichtstunden, die eine Lehrkraft zu geben hat

De|pu|ta|ti|on *die;* -, -en: Abordnung, die im Auftrag einer Versammlung einer politischen Körperschaft Wünsche od. Forderungen überbringt

de|pu|tie|ren ⟨*lat.-fr.*⟩: einen Bevollmächtigten od. eine Gruppe von Bevollmächtigten abordnen

De|pu|tier|te *der* u. *die;* -n, -n: **1.** Mitglied einer Deputation. **2.** Abgeordnete[r] (z. B. in Frankreich)

De|ran|ge|ment [derãʒəˈmã:] *das;* -s, -s ⟨*fr.*⟩: Störung, Verwirrung, Zerrüttung

de|ran|gie|ren [...ˈʒi:...] (veraltet): stören, verwirren

Der|by [ˈdɛrbi] *das;* -s, -s ⟨*engl.;* nach dem Begründer, dem 12. Earl of Derby⟩: **1.** alljährliche Zuchtprüfung für die besten dreijährigen Vollblutpferde in Form von Pferderennen. **2.** bedeutendes sportliches Spiel von besonderem Interesse (z. B. Lokalderby)

de|re|gu|lie|ren ⟨*lat.-nlat.*⟩: regelnde Maßnahmen aufheben

De|re|gu|lie|rung *die;* -, -en: das Deregulieren

De|ri|vat *das;* -[e]s, -e: **1.** (Sprachw.) abgeleitetes Wort (z. B. *Schönheit* von *schön*). **2.** (Biol.) Organ, das sich auf ein anderes, entwicklungsgeschichtlich älteres Organ zurückführen lässt (z. B. die Haut als Derivat des äußeren Keimblattes). **3.** (Chemie) Verbindung, die aus einer anderen entstanden ist. **4.** finanzwirtschaftliche Vertragsform, die auf den künftigen Kauf od. Verkauf bzw. über Rechte zum künftigen Kauf od. Verkauf traditioneller Finanzinstrumente abzielt (z. B. Optionen, Swaps, Futures)

De|ri|va|ti|on *die;* -, -en: **1.** (Sprachw.) Bildung neuer Wörter aus einem Ursprungswort; Ableitung. **2.** seitliche Abweichung eines Geschosses von der Visierlinie

de|ri|va|tiv (Sprachw.): durch Ableitung entstanden

De|ri|va|tiv *das;* -s, -e: **1.** (Sprachw.) abgeleitetes Wort, Ableitung (z. B. *täglich* von *Tag*). **2.** ↑Derivat (4)

de|ri|vie|ren ⟨*lat.*⟩: **1.** von der Visierlinie abweichen (von Geschossen); vgl. Derivation (2). **2.** [ein Wort] ableiten (z. B. *Verzeihung* von *verzeihen*)

derm..., Derm... vgl. dermato..., Dermato...

Der|ma *das;* -s, -ta ⟨*gr.*⟩ (Med.): Haut

der|mal, der|ma|tisch ⟨*gr.-nlat.*⟩: die Haut betreffend, von ihr stammend, an ihr gelegen

der|mat..., Der|mat... vgl. dermato..., Dermato...

Der|ma|ti|tis *die;* -, ...itiden (Med.): Hautentzündung

der|ma|to..., Der|ma|to...

vor Vokalen meist: **der|mat..., Der|mat...**, verkürzt: **der|mo..., Der|mo...**, oder: **derm..., Derm...**
⟨*gr.* dérma, Gen. dérmatos »Haut«⟩
Wortbildungselement mit der Bedeutung »Haut«:
– Dermalgie, Dermatoplastik, Dermatopsie
– dermatologisch, dermotrop

...dermie
die; -, ...ien (teilweise ohne Plural)
⟨zu *gr.* dérma »Haut«⟩
Wortbildungselement mit der Bedeutung »Veränderung, Krankheit der Haut«:
– Erythrodermie, Taxidermie, Xerodermie

Der|ma|to|lo|ge *der;* -n, -n: Hautarzt

Der|ma|to|lo|gie *die;* -: Lehre von den Hautkrankheiten

Der|ma|to|lo|gin *die;* -, -nen: weibliche Form zu ↑Dermatologe

der|ma|to|lo|gisch: die Dermatologie betreffend

Der|ma|to|plas|tik *die;* -, -en (Med.): Ersatz von kranker od. verletzter Haut durch Hauttransplantation

Der|ma|to|se *die;* -, -n (Med.): Hautkrankheit

Der|mo|gra|fie, Der|mo|gra|phie *die;* -, ...ien ⟨*gr.;* »Hautschrift«⟩ (Med.): Streifen- od. Striemenbildung auf mechanisch gereizten Hautstellen

Der|mo|plas|tik *die;* -, -en: **1.** ↑Dermatoplastik. **2.** Präparationsverfahren zur möglichst naturgetreuen Darstellung von Wirbeltieren

Der|ni|er Cri [dɛrnjeˈkri:] *der;* - -, -s -s [...nieˈkri:] ⟨*fr.;* »letzter Schrei«⟩: allerletzte Neuheit, neueste Mode

De|ro|ga|ti|on *die;* -, -en ⟨*lat.*⟩: Teilaufhebung, teilweise Außerkraftsetzung [eines Gesetzes]

de|ro|ga|tiv, de|ro|ga|to|risch: aufhebend, beschränkend

Der|rick|kran *der;* -[e]s, ...kräne, fachspr.: -e ⟨nach einem engl. Henker des 17. Jh.s namens Derrick⟩: Montagekran für Hoch- u. Tiefbau

d

Der|wisch *der;* -[e]s, -e ⟨*pers.-türk.;* »Bettler«⟩: Mitglied eines islamischen religiösen Ordens, zu dessen Riten Musik u. rhythmische Tänze gehören

des|ak|ti|vie|ren ⟨*lat.*⟩ (Chemie): in einen nicht aktiven (vgl. aktiv (5)) Zustand versetzen

des|ar|mie|ren ⟨*lat.-fr.*⟩: **1.** (veraltet) entwaffnen. **2.** (Fechtsport) dem Gegner die Klinge aus der Hand schlagen

De|sas|ter *das;* -s, - ⟨*it.-fr.;* »Unstern«⟩: Missgeschick, Unheil; Zusammenbruch

de|sas|t|rös: von einem ↑Desaster geprägt; verhängnisvoll; verheerend

de|s|a|vou|ie|ren [dɛs|avuˈiːrən, deza...] ⟨*lat.-fr.*⟩: **1.** im Stich lassen, bloßstellen. **2.** nicht anerkennen, verleugnen, in Abrede stellen

De|s|a|vou|ie|rung *die;* -, -en: Bloßstellung, Brüskierung

De|sen|si|bi|li|sa|ti|on, De|sen|si|bi|li|sie|rung *die;* -, -en ⟨*lat.-nlat.*⟩: **1.** Verringerung der Lichtempfindlichkeit von belichteten fotografischen Schichten mithilfe von Desensibilisatoren. **2.** (Med.) Schwächung od. Aufhebung der allergischen Reaktionsbereitschaft eines Organismus durch stufenweise gesteigerte Zufuhr des anfallauslösenden Allergens; vgl. Allergen

De|sen|si|bi|li|sa|tor *der;* -s, ...oren: Farbstoff, der Filme ↑desensibilisiert (2)

de|sen|si|bi|li|sie|ren: **1.** (Med.) unempfindlich machen. **2.** (Fotogr.) Filme mithilfe von ↑Desensibilisatoren weniger lichtempfindlich machen

De|sen|si|bi|li|sie|rung vgl. Desensibilisation

De|ser|teur [dezɛrˈtøːɐ̯] *der;* -s, -e ⟨*lat.-fr.*⟩: Fahnenflüchtiger, Überläufer

De|ser|teu|rin [...ˈtøːrɪn] *die;* -, -nen: weibliche Form zu ↑Deserteur

de|ser|tie|ren: fahnenflüchtig werden; zur Gegenseite überlaufen

De|ser|ti|on *die;* -, -en ⟨*lat.-fr.*⟩: Fahnenflucht

De|si|de|rat *das;* -s, ...ta ⟨»Gewünschtes«⟩: **1.** vermisstes u. zur Anschaffung in Bibliotheken vorgeschlagenes Buch. **2.** etw., was fehlt, was nötig gebraucht wird; Erwünschtes

De|sign [diˈzain] *das;* -s, -s ⟨*lat.-fr.-engl.*⟩: formgerechte u. funktionale Gestaltgebung u. daraus sich ergebende Form eines Gebrauchsgegenstandes o. Ä.; Entwurf[szeichnung]

De|si|g|na|ti|on *die;* -, -en ⟨*lat.*⟩: **1.** Bestimmung, Bezeichnung. **2.** vorläufige Ernennung

de|si|g|na|tus: im Voraus ernannt, vorgesehen (Abk.: des.)

de|si|g|nen [diˈzainən] ⟨*lat.-fr.-engl.*⟩: das Design von Gebrauchs- und Verbrauchsgütern entwerfen, gestalten

De|si|g|ner [diˈzainɐ] *der;* -s, -: Formgestalter für Gebrauchs- u. Verbrauchsgüter

De|si|g|ner|ba|by *das;* -s, -s (ugs.): aus einem künstlich gezeugten u. nach genetischen Merkmalen ausgewählten Embryo entstandenes Kind

De|si|g|ner|dro|ge *die;* -, -n: [in Abwandlung einer bekannten Droge] synthetisch hergestelltes, neuartiges Rauschmittel

De|si|g|ner|food [...fuːd] *das;* -[s]: **1.** ↑Novel Food. **2.** für bestimmte Konsumenten speziell entwickeltes [neues] Nahrungsmittel

De|si|g|ne|rin [diˈzainɐ...] *die;* -, -nen: weibliche Form zu ↑Designer

De|si|g|ner|mo|de: von Modedesignern entworfene Kleidung

de|si|g|nie|ren ⟨*lat.*⟩: bestimmen, bezeichnen; für ein [noch nicht besetztes] Amt vorsehen

Des|il|lu|si|on *die;* -, -en ⟨*lat.-fr.*⟩: **1.** (ohne Plural) Enttäuschung, Ernüchterung. **2.** enttäuschendes Erlebnis; Erfahrung, die eine Hoffnung zerstört

des|il|lu|si|o|nie|ren: enttäuschen, ernüchtern

Des|in|fek|ti|on *die;* -, -en ⟨*nlat.*⟩: **1.** Abtötung von Erregern ansteckender Krankheiten durch physikalische od. chemische Verfahren bzw. Mittel. **2.** (ohne Plural) Zustand, in dem sich etwas nach dem Desinfizieren befindet

des|in|fi|zie|ren: von Krankheitserregern befreien, entkeimen, entseuchen

Des|in|fi|zie|rung *die;* -, -en: ↑Desinfektion (1); vgl. ...ation/...ierung

Des|in|for|ma|ti|on *die;* -, -en ⟨*nlat.*⟩: bewusst falsche Information

Des|in|te|g|ra|ti|on *die;* -, -en ⟨*nlat.*⟩: **1.** Spaltung, Auflösung eines Ganzen in seine Teile; Ggs. ↑Integration (2). **2.** (ohne Plural) Zustand, in dem sich etwas nach der Auflösung o. Ä. befindet; Ggs. ↑Integration (3); vgl. ...ation/...ierung

Des|in|te|g|rie|rung *die;* -, -en: ↑Desintegration (1); Ggs. ↑Integrierung; vgl. ...ation/...ierung

Des|in|te|r|es|se *das;* -s ⟨*lat.-fr.*⟩: Unbeteiligtsein, innere Unbeteiligtheit, Gleichgültigkeit gegenüber jmdm./etwas; Ggs. ↑Interesse (1)

dẹs|in|te|r|es|siert: an etwas nicht interessiert; uninteressiert; Ggs. ↑interessiert

Des|in|ves|ti|ti|on *die;* -, -en ⟨*lat.-nlat.*⟩: Verringerung des Bestandes an Gütern für späteren Bedarf; ↑Devestition; Ggs. ↑Investition (2)

de|sis|tie|ren ⟨*lat.*⟩ (veraltet): von etwas absehen; Ggs. ↑insistieren

De|skrip|ti|on *die;* -, -en: Beschreibung

de|skrip|tiv: beschreibend; Ggs. ↑präskriptiv

De|skrip|tor *der;* -s, ...oren: Kenn- od. Schlüsselwort, durch das der Inhalt einer Information charakterisiert wird u. das zur Bestimmung von ↑Daten im Speicher eines ↑Computers dient

Dẹsk|top-Pu|b|li|shing, Dẹsk|top|pu|b|li|shing [...pablɪʃɪŋ] *das;* -[s] ⟨*engl.*⟩ (EDV): Erstellung von Satz u. Layout mithilfe eines PC (Abk.: DTP)

De|s|o|do|rạnt *das;* -s, -s (auch: -e): ↑Deodorant

de|s|o|do|rie|ren: schlechten, unangenehmen [Körper]geruch beseitigen od. überdecken

de|s|o|do|ri|sie|ren: ↑desodorieren

de|so|lat ⟨*lat.*⟩: **1.** trostlos, traurig (in Bezug auf einen Zustand, in dem sich etwas befindet). **2.** vereinsamt

De|s|or|dre [deˈzɔrdr(ə)] *der;* -s, -s ⟨*lat.-fr.*⟩: Unordnung, Verwirrung

Des|or|ga|ni|sa|ti|on *die;* -, -en ⟨*fr.*⟩: **1.** Auflösung, Zerrüttung. **2.** fehlende, mangelhafte Planung; Unordnung; vgl. ...ation/...ierung

des|or|ga|ni|sie|ren: etwas zerstören, zerrütten, auflösen

Des|ori|en|tie|rung *die;* -: **1.** falsche Orientierung. **2.** (Med.) Störung des normalen Zeit- u. Raumempfindens

Des|oxi|da|ti|on, Des|oxy|da|ti|on *die;* -, -en ⟨*nlat.*⟩ (Chemie): Entzug von Sauerstoff aus einer chemischen Verbindung; vgl. Oxidation (1)

des|oxi|die|ren, des|oxy|die|ren (Chemie): einer chemischen Verbindung Sauerstoff entziehen; vgl. oxidieren

Des|oxy|ri|bo|nu|k|le|in|säu|re *die;* - (Biochemie): in allen Lebewesen vorhandene Nukleinsäure, die als Träger der Erbinformation die stoffliche Substanz der Gene darstellt (Abk.: DNA, DNS)

de|s|pek|tier|lich: geringschätzig, abschätzig, abfällig

De|s|pe|ra|do *der;* -s, -s ⟨*lat.-span.-engl.;* »Verzweifelter«⟩: **1.** zu jeder Verzweiflungstat entschlossener politischer Abenteurer. **2.** Bandit (bes. im Wilden Westen Amerikas)

de|s|pe|rat ⟨*lat.*⟩: verzweifelt, hoffnungslos

Des|pot *der;* -en, -en ⟨*gr.*⟩: **1.** Gewaltherrscher. **2.** herrischer Mensch, Tyrann

Des|po|tie *die;* -, ...ien: Gewalt-, Willkürherrschaft

Des|po|tin *die;* -, -nen: weibliche Form zu ↑Despot

des|po|tisch: **1.** rücksichtslos, herrisch. **2.** willkürlich, tyrannisch

Des|po|tis|mus *der;* - ⟨*gr.-nlat.*⟩: System der Gewaltherrschaft

Des|sert [dɛˈseːɐ̯, dɛˈsɛːɐ̯, auch: deˈsɛrt] *das;* -s, -s ⟨*lat.-fr.*⟩: Nachtisch, Nachspeise

Des|sert|wein *der;* -[e]s, -e: Wein mit hohem Alkohol- u. Zuckergehalt; Süßwein, Südwein

Des|sin [dɛˈsɛ̃ː] *das;* -s, -s ⟨*lat.-it.-fr.*⟩: **1.** Plan, Zeichnung, [Web]muster. **2.** Weg des gestoßenen Balls beim ↑Billard

Des|si|na|teur [dɛsinaˈtøːɐ̯] *der;* -s, -e: Musterzeichner [im Textilgewerbe]; vgl. Designer

Des|si|na|teu|rin [...ˈtøːrɪn] *die;* -, -nen: weibliche Form zu ↑Dessinateur

des|si|nie|ren: Muster entwerfen, zeichnen

des|si|niert: gemustert

Des|si|nie|rung *die;* -, -en: Muster, Musterung

Des|sous [dɛˈsuː] *das;* - [dɛˈsuː(s)], - [dɛˈsuːs] (meist Plural) ⟨*lat.-fr.*⟩: Damenunterwäsche

de|sta|bi|li|sie|ren ⟨*lat.-engl.*⟩: instabil machen, der Stabilität berauben

De|sta|bi|li|sie|rung *die;* -, -en: das Destabilisieren; das Destabilisiertwerden

De|s|til|lat *das;* -[e]s, -e ⟨*lat.*⟩: Produkt einer ↑Destillation (1)

De|s|til|la|teur [...ˈtøːɐ̯] *der;* -s, -e ⟨*lat.-fr.*⟩: **1.** Branntweinbrenner. **2.** Gastwirt, der Branntwein ausschenkt

De|s|til|la|teu|rin [...ˈtøːrɪn] *die;* -, -nen: weibliche Form zu ↑Destillateur

De|s|til|la|ti|on *die;* -, -en ⟨*lat.*⟩: **1.** Reinigung u. Trennung meist flüssiger Stoffe durch Verdampfung u. anschließende Wiederverflüssigung. **2.** Branntweinbrennerei. **3.** kleine Schankwirtschaft

De|s|ti|l|le *die;* -, -n (ugs.): **1.** [kleinere] Gastwirtschaft, in der Branntwein ausgeschenkt wird. **2.** Brennerei, die Branntwein herstellt

De|s|til|le|rie *die;* -, ...ien ⟨*lat.; fr.*⟩: [Branntwein]brennerei

de|s|til|lie|ren ⟨*lat.*⟩: eine Destillation (1) durchführen

De|s|ti|na|tar ⟨*lat.-nlat.*⟩, **De|s|ti|na|tär** ⟨*lat.-fr.*⟩ *der;* -s, -e: **1.** die durch eine Stiftung begünstigte Person. **2.** Empfänger von Frachten, bes. im Seefrachtverkehr. **3.** diejenige [natürliche od.

juristische] Person, der [vom Gesetzgeber her] die Steuerlast zugedacht ist

De|s|ti|na|ti|on *die;* -, -en ⟨*lat.*⟩: Bestimmung, Endzweck

de|s|t|ru|ie|ren ⟨*lat.*⟩: zerstören

De|s|t|ruk|ti|on *die;* -, -en: **1.** Zerstörung. **2.** (Geol.) Abtragung der Erdoberfläche durch Verwitterung

d

de|s|t|ruk|tiv: **1.** zersetzend, zerstörend. **2.** (Med.) bösartig, zum Zerfall [von Geweben] führend

De|s|t|ruk|ti|vi|tät *die;* -: das Destruktivsein, destruktive Art, Anlage

de|s|zen|dent ⟨*lat.*⟩: (Geol.) nach unten sinkend (von Wasser od. wässrigen Lösungen); Ggs. ↑aszendent; **deszendente Lagerstätten:** Erzlagerstätten, die sich aus nach unten gesickerten Lösungen gebildet haben

De|s|zen|dent *der;* -en, -en (Ggs. ↑Aszendent): **1.** Nachkomme, Abkömmling. **2.** (Astron.) **a)** Gestirn im Untergang; **b)** Untergangspunkt eines Gestirns. **3.** (Astrol.) der im Augenblick der Geburt am Westhorizont absteigende Punkt der ↑Ekliptik

De|s|zen|denz *die;* -, -en ⟨*lat.-mlat.*⟩: **1.** (ohne Plural) Nachkommenschaft; Verwandtschaft in absteigender Linie. **2.** Untergang eines Gestirns; Ggs. ↑Aszendenz

De|s|zen|denz|the|o|rie *die;* -, -n: Abstammungstheorie, nach der die höheren Lebewesen aus niederen hervorgegangen sind

de|s|zen|die|ren ⟨*lat.*⟩: absteigen, absinken (z. B. von Gestirnen, von Wasser); vgl. deszendent

De|ta|che|ment [detaʃ(ə)'mã:, schweiz. auch: ...'mɛnt] *das;* -s, -s u. schweiz. -e: **1.** (Militär veraltet) für besondere Aufgaben abkommandierte Truppenabteilung. **2.** [auf Absonderung bedachte] kühle Distanzhaltung

[1]**de|ta|chie|ren** [...'ʃi:rən] ⟨*fr.*⟩: von Flecken reinigen

[2]**de|ta|chie|ren** ⟨*fr.*⟩: **1.** (Militär veraltet) eine Truppenabteilung für besondere Aufgaben abkommandieren. **2.** (Technik) das Mahlgut zerbröckeln

De|tail [de'tai̯, auch: de'ta:j] *das;* -s, -s ⟨*lat.-fr.*⟩: Einzelheit, Einzelteil, Einzelding

De|tail|han|del *der;* -s (schweiz., sonst veraltet): Klein-, Einzelhandel

de|tail|lie|ren [...'ji:...]: **1.** im Einzelnen darlegen. **2.** eine Ware in kleinen Mengen verkaufen

De|tail|list [detai̯'lɪst, auch: ...'jɪst] *der;* -en, -en (schweiz., sonst veraltet): Einzelhandelsunternehmer

De|tail|lis|tin *die;* -, -nen: weibliche Form zu ↑Detaillist

De|tek|tei *die;* -, -en ⟨*lat.*⟩: Detektivbüro, Ermittlungsbüro

de|tek|tie|ren ⟨*engl.*⟩ (Fachspr.): [durch, mithilfe von Detektoren] erkennen, feststellen, anzeigen, registrieren

De|tek|tiv *der;* -s, -e ⟨*lat.-engl.*⟩: **1.** Privatperson [mit polizeilicher Lizenz], die berufsmäßig Ermittlungen aller Art anstellt. **2.** Geheimpolizist, Ermittlungsbeamter

De|tek|ti|vin *die;* -, -nen: weibliche Form zu ↑Detektiv

de|tek|ti|visch: in der Art eines Detektivs, einem Detektiv eigen

De|tek|tor *der;* -s, ...oren: **1.** Gerät zum Nachweis od. Anzeigen nicht unmittelbar zugänglicher bzw. wahrnehmbarer Stoffe od. Vorgänge. **2.** (Funkw.) Hochfrequenzgleichrichter, ↑Demodulator

Dé|tente [de'tã:t] *die;* - ⟨*lat.-fr.*⟩: Entspannung zwischen Staaten

De|ter|gens *das;* -, ...gentia u. ...genzien (meist Plural) ⟨*lat.*⟩: **1.** (Med.) reinigendes, desinfizierendes Mittel. **2.** ⟨*lat.-engl.*⟩: seifenfreies, hautschonendes Wasch-, Reinigungs- u. Spülmittel; in Waschmitteln o. Ä. enthaltener Stoff, der die Oberflächenspannung des Wassers herabsetzt

De|te|ri|o|ra|ti|on *die;* -, -en ⟨*lat.-fr.;* »Verschlechterung«⟩ (Rechtswiss.): Wertminderung einer Sache; vgl. ...ation/...ierung

De|te|ri|o|rie|rung *die;* -, -en: ↑Deterioration; vgl. ...ation/...ierung

De|ter|mi|nan|te *die;* -, -n ⟨*lat.;* »abgrenzend, bestimmend«⟩: **1.** bestimmender Faktor. **2.** Rechenausdruck in der Algebra zur Lösung eines Gleichungssystems. **3.** (Biol. veraltet) im Aufbau u. in der chemischen Zusammensetzung noch nicht näher bestimmbarer Faktor der Keimentwicklung, der für die Vererbung u. Entwicklung bestimmend ist

De|ter|mi|na|ti|on *die;* -, -en ⟨*lat.;* »Abgrenzung«⟩: **1.** (Philos.) Bestimmung eines Begriffs durch einen nächstuntergeordneten, engeren. **2.** (Entwicklungsphysiologie) das Festgelegtsein eines Teils des Keims für die Ausbildung eines bestimmten Organs. **3.** Bestimmung, Zuordnung. **4.** (Psychol.) das Bedingtsein aller psychischen Phänomene durch äußere (z. B. soziale) od. innerseelische (z. B. Motivation) Gegebenheiten

de|ter|mi|na|tiv ⟨*lat.-nlat.*⟩: **1.** bestimmend, begrenzend, festlegend. **2.** entschieden, entschlossen

de|ter|mi|nie|ren ⟨*lat.*⟩: **1.** begrenzen; abgrenzen. **2.** bestimmen; entscheiden
De|ter|mi|niert|heit *die;* - (Philos.): Bestimmtheit, Abhängigkeit des (unfreien) Willens von inneren od. äußeren Ursachen
De|ter|mi|nis|mus *der;* - ⟨*lat.-nlat.*⟩: **1.** Lehre von der kausalen [Vor]bestimmtheit alles Geschehens. **2.** (Ethik) die der Willensfreiheit widersprechende Lehre von der Bestimmung des Willens durch innere od. äußere Ursachen; Ggs. ↑Indeterminismus
De|ter|mi|nist *der;* -en, -en: Vertreter des Determinismus
De|ter|mi|nis|tin *die;* -, -nen: weibliche Form zu ↑Determinist
[1]**De|to|na|ti|on** *die;* -, -en ⟨*lat.-fr.*⟩: stoßartig erfolgende, extrem schnelle chemische Reaktion von explosiven Gas- bzw. Dampfgemischen od. brisanten Sprengstoffen mit starker Gasentwicklung
[2]**De|to|na|ti|on** *die;* -, -en ⟨*gr.-lat.-fr.*⟩ (Musik): unreines Singen od. Spielen
De|to|na|tor *der;* -s, ...oren ⟨*lat.-nlat.*⟩: Hilfsmittel zur Übertragung der Zündung vom Zündmittel auf die Sprengladung eines Geschosses
[1]**de|to|nie|ren** ⟨*lat.-fr.*⟩: knallen, explodieren
[2]**de|to|nie|ren** ⟨*gr.-lat.-fr.*⟩ (Musik): unrein singen od. spielen
De|t|ri|tus *der;* - ⟨*lat.;* »das Abreiben«⟩: **1.** (Geol.) zerriebenes Gesteinsmaterial, Gesteinsschutt. **2.** (Biol.) Schwebe- u. Sinkstoffe in den Gewässern, deren Hauptanteil abgestorbene ↑Mikroorganismen bilden. **3.** (Med.) Überrest zerfallener Zellen od. Gewebe
det|to ⟨*it.*⟩ (bayr., österr.): dito
De|us ex Ma|chi|na [- - 'maxina] *der;* - - - ⟨»der Gott aus der [Theater]maschine« (im altgriechischen Theater schwebten die Götter an einer kranähnlichen Maschine auf die Bühne)⟩: unerwarteter Helfer aus einer Notlage; überraschende, in keinem unmittelbaren Zusammenhang stehende Lösung einer Schwierigkeit
Deu|te|r|a|go|nist *der;* -en, -en ⟨*gr.*⟩: zweiter Schauspieler auf der altgriechischen Bühne; vgl. Protagonist u. Tritagonist
Deu|te|ri|um *das;* -s: schwerer Wasserstoff, Wasserstoffisotop (Zeichen: D); vgl. Isotop
Deu|te|ron *das;* -s, ...onen: aus einem ↑Proton u. einem ↑Neutron bestehender Atomkern des Deuteriums (Abk.: d)
Deu|te|ro|no|mi|um *das;* -s ⟨*gr.-lat.;* »zweite Gesetzgebung«⟩: das 5. Buch Mose
Deut|zie [...i̯ə] *die;* -, -n ⟨*nlat.;* nach dem Holländer J. van der Deutz⟩: zur Gattung der Steinbrechgewächse gehörender Zierstrauch aus Ostasien
De|va|lu|a|ti|on *die;* -, -en ⟨*lat.-engl.*⟩: Abwertung einer Währung
de|val|vie|ren: [eine Währung] abwerten
De|vas|ta|ti|on *die;* -, -en ⟨*lat.*⟩: Verwüstung, Verheerung; vgl. ...ation/...ierung
de|vas|tie|ren: zerstören, verwüsten
De|ver|ba|tiv *das;* -s, -e, **De|ver|ba|ti|vum** *das;* -s, ...va ⟨*lat.-nlat.*⟩ (Sprachw.): von einem Verb abgeleitetes Substantiv od. Adjektiv (z. B. *Eroberung* von *erobern, tragbar* von *tragen*)
De|ves|ti|ti|on *die;* -, -en ⟨*lat.-nlat.*⟩: Desinvestition
de|vi|ant ⟨*lat.-nlat.*⟩ (Soziol.): von der Norm sozialen Verhaltens, vom Üblichen abweichend
De|vi|a|ti|on *die;* -, -en: Abweichung
De|vi|se *die;* -, -n ⟨*lat.-vulgärlat.-fr.*⟩: **1.** Wahl-, Leitspruch. **2.** (meist Plural) **a)** im Ausland zahlbare Zahlungsanweisung in fremder Währung; **b)** ausländisches Zahlungsmittel
De|von *das;* -[s] ⟨*nlat.;* nach der engl. Grafschaft Devonshire⟩ (Geol.): eine ↑Formation (5 a) des ↑Paläozoikums
de|vo|nisch: das Devon betreffend
de|vot ⟨*lat.*⟩: **1.** unterwürfig, ein übertriebenes Maß an Ergebenheit zeigend. **2.** (veraltet) demütig
De|vo|ti|on *die;* -, -en: **1.** Andacht. **2.** Unterwürfigkeit
Dex|t|rin *das;* -s, -e: **1.** Stärkegummi, Klebemittel. **2.** (Med., Chemie) ein wasserlösliches Abbauprodukt der Stärke
dex|t|ro|gyr ⟨*lat.; gr.*⟩ (Physik, Chemie): die Ebene ↑polarisierten (2 b) Lichts nach rechts drehend (Zeichen: d); Ggs. ↑lävogyr
Dex|t|ro|kar|die *die;* -, ...ien (Med.): Lage des Herzens in der rechten Brusthöhle
Dex|t|ro|se *die;* - ⟨Kunstw. aus *lat.* dexter »rechts«⟩: Traubenzucker
De|zem|ber *der;* -[s], -: zwölfter Monat im Jahr (Abk.: Dez.)
De|zem|vir *der;* -s u. -n, -n (Geschichte): Mitglied des Dezemvirats
De|zem|vi|rat *das;* -[e]s, -e (Geschichte): aus 10 Mitgliedern bestehendes Beamten- od. Priesterkollegium im antiken Rom zur Entlastung der Magistrate
De|zen|ni|um *das;* -s, ...ien: Jahrzehnt, Zeitraum von 10 Jahren
de|zent ⟨*lat.*⟩: **a)** vornehm-zurückhaltend, taktvoll, feinfühlig; **b)** unaufdringlich, nicht [als störend] auffallend; Ggs. ↑indezent

de|zen|t|ral ⟨*lat.-nlat.*⟩: vom Mittelpunkt entfernt; Ggs. ↑zentral (a)

De|zen|t|ra|li|sa|ti|on *die;* -, -en: **1.** Übertragung von Funktionen u. Aufgaben auf verschiedene [untergeordnete] Stellen; Ggs. ↑Zentralisation (1). **2.** (ohne Plural) Zustand, in dem sich etwas nach dem Dezentralisieren befindet; vgl. ...ation/...ierung; Ggs. ↑Zentralisation (2)

de|zen|t|ra|li|sie|ren: eine Dezentralisation (1) durchführen; Ggs. ↑zentralisieren

De|zen|t|ra|li|sie|rung *die;* -, -en: Dezentralisation; vgl. ...ation/...ierung

De|zenz *die;* - ⟨*lat.*⟩: **1.** vornehme Zurückhaltung; Unaufdringlichkeit; Ggs. ↑Indezenz. **2.** unauffällige Eleganz

De|zer|nat *das;* -[e]s, -e ⟨*lat.;* »es soll entscheiden ...«⟩: Geschäftsbereich eines Dezernenten

De|zer|nent *der;* -en, -en ⟨»Entscheidender«⟩: Sachbearbeiter mit Entscheidungsbefugnis bei Behörden u. Verwaltungen; Leiter eines Dezernats

De|zer|nen|tin *die;* -, -nen: weibliche Form zu ↑Dezernent

De|zi|bel *das;* -s, -: der 10. Teil des Bel; vgl. Bel (Zeichen: dB)

de|zi|die|ren ⟨*lat.*⟩: entscheiden

de|zi|diert: entschieden, bestimmt, energisch

De|zi|gramm *das;* -s, -e (aber: 5 -): $^1/_{10}$ Gramm (Zeichen: dg)

De|zi|li|ter *der* (auch: *das*); -s, -: $^1/_{10}$ Liter (Zeichen: dl)

de|zi|mal ⟨*lat.-mlat.*⟩: auf die Grundzahl 10 bezogen

De|zi|mal|bruch *der;* -[e]s, ...brüche: ein Bruch, dessen Nenner 10 od. eine ↑Potenz (4) von 10 ist (z. B. 0,54 = $^{54}/_{100}$)

De|zi|ma|le *die;* -[n], -n: eine Ziffer der Ziffernfolge, die rechts vom Komma eines Dezimalbruchs steht

de|zi|ma|li|sie|ren: auf das Dezimalsystem umstellen (z. B. eine Währung)

De|zi|mal|klas|si|fi|ka|ti|on *die;* -, -en: Ordnungssystem für Karteien, Register u. Ä., das das gesamte Wissensgebiet in 10 Hauptabteilungen einteilt, diese wieder in 10 Unterabteilungen usw. (Abk.: DK)

De|zi|mal|maß *das;* -es, -e: Maß, das auf das Dezimalsystem bezogen ist

De|zi|mal|sys|tem *das;* -s (Math.): ↑dekadisches System

De|zi|mal|waa|ge *die;* -, -n: eine Waage, bei der die Last zehnmal so schwer ist wie die Gewichtsstücke, die beim Wiegen aufgelegt werden

De|zi|me *die;* -, -n ⟨*lat.-nlat.*⟩: **1.** (Musik) ↑Intervall (2) von zehn ↑diatonischen Stufen. **2.** aus zehn Zeilen bestehende [spanische] Strophenform

De|zi|me|ter *der* (auch: *das*); -s, - ⟨(*lat.; gr.*) *fr.*⟩: $^1/_{10}$ Meter (Zeichen: dm)

de|zi|mie|ren ⟨*lat.*⟩: **1.** [durch einen gewaltsamen Eingriff, zerstörerische Einwirkung o. Ä.] in der Anzahl, im Bestand stark vermindern, verringern. **2.** (Geschichte) jeden zehnten Mann mit dem Tod bestrafen

De|zi|mie|rung *die;* -, -en: das Dezimieren; das Dezimiertwerden

de|zi|siv ⟨*lat.-mlat.-fr.*⟩: entscheidend, bestimmt

Dhau vgl. Dau

Di|a|be|tes *der;* - ⟨*gr.-lat.*⟩ (Med.): **a)** Harnruhr; **b)** Kurzform von Diabetes mellitus

Di|a|be|ti|ker *der;* -s, - (Med.): Zuckerkranker

Di|a|be|ti|ke|rin *die;* -, -nen: weibliche Form zu ↑Diabetiker

di|a|be|tisch (Med.): zuckerkrank

di|a|bo|lisch: teuflisch

Di|a|bo|lo *das;* -s, -s ⟨*gr.-lat.-it.*⟩: ein Geschicklichkeitsspiel mit einem Doppelkreisel

dia|chron [...ˈkroːn] ⟨*gr.-nlat.*⟩ (Sprachw.): **a)** die Diachronie betreffend; **b)** geschichtlich, entwicklungsmäßig betrachtet; Ggs. ↑synchron (2 a)

Dia|chro|nie *die;* - (Sprachw.): Darstellung der geschichtlichen Entwicklung einer Sprache; Ggs. ↑Synchronie

dia|chro|nisch: ↑diachron (a); Ggs. ↑synchronisch (1)

Di|a|dem *das;* -s, -e ⟨*gr.-lat.;* »Umgebundenes«⟩: Stirn- od. Kopfreif aus Edelmetall, meist mit Edelsteinen od. Perlen besetzt

Di|a|do|che *der;* -n, -n ⟨*gr.;* »Nachfolger«⟩: **1.** Nachfolger Alexanders des Großen. **2.** um den Vorrang streitende Nachfolger einer bedeutenden, einflussreichen Persönlichkeit

Dia|ge|ne|se *die;* -, -n ⟨*gr.-nlat.*⟩ (Geol.): nachträgliche Veränderung eines ↑Sediments (1) durch Druck u. Temperatur

Di|a|g|no|se *die;* -, -n ⟨*gr.-fr.;* »unterscheidende Beurteilung, Erkenntnis«⟩: **1.** aufgrund genauerer Beobachtungen, Untersuchungen abgegebene Feststellung, Beurteilung über den Zustand, die Beschaffenheit von etwas (z. B. von einer Krankheit). **2.** (Bot., Zool.) zusammenfassende Beschreibung der wichtigsten Merkmale für die Bestimmung der systematischen Stellung einer Pflanzen- od. Tierart (bzw. Gattung, Familie, Ordnung)

Di|a|g|nos|tik *die;* -, -en (Med., Psychol.): Fähigkeit u. Lehre, Krankheiten zu erkennen

Di|a|g|nos|ti|ker *der;* -s, -: jmd., der eine Diagnose stellt

Di|a|g|nos|ti|ke|rin *die;* -, -nen: weibliche Form zu ↑Diagnostiker

di|a|g|nos|tisch: **1.** durch Diagnose festgestellt. **2.** die Diagnose betreffend

di|a|g|nos|ti|zie|ren: eine Krankheit [durch eingehende Untersuchung des Patienten] feststellen

dia|go|nal ⟨*gr.-lat.;* »durch die Winkel führend«⟩: **a)** zwei nicht benachbarte Ecken eines Vielecks verbindend; **b)** schräg, quer verlaufend; **diagonales Lesen:** [oberflächliches] nicht alle Einzelheiten eines Textes beachtendes Lesen, durch das man sich einen allgemeinen Überblick verschafft

Dia|go|nal *der;* -[s], -s: schräg gestreifter Kleiderstoff in Köperbindung (eine Webart)

Dia|go|na|le *die;* -, -n: Gerade, die zwei nicht benachbarte Ecken eines Vielecks miteinander verbindet

Dia|graf, Dia|graph *der;* -en, -en ⟨*gr.-nlat.*⟩: **1.** Gerät zum Zeichnen von [Schädel]umrissen u. Kurven. **2.** ↑Diphthong

Dia|gramm *das;* -s, -e ⟨*gr.-lat.*⟩: **1.** zeichnerische Darstellung von Größenverhältnissen in anschaulicher, leicht überblickbarer Form. **2.** (Bot.) schematische Darstellung von Blütengrundrissen. **3.** Stellungsbild beim Schach. **4.** magisches Zeichen (Drudenfuß); vgl. Pentagramm

Dia|kaus|tik *die;* -, -en ⟨*gr.-nlat.*⟩: die beim Durchgang von ↑parallelem (1) Licht bei einer Linse entstehende Brennfläche (die im Idealfall ein Brennpunkt ist)

Di|a|kon *der;* -s u. -en, -e[n] ⟨*gr.-lat.;* »Diener«⟩: **1.** katholischer, anglikanischer od. orthodoxer Geistlicher, der um einen Weihegrad unter dem Priester steht. **2.** (ev. Kirche) kirchlicher Amtsträger, der in einer Kirchengemeinde karitative u. soziale Arbeit leistet; vgl. Diakonus

Di|a|ko|nat *das* (auch: *der*); -[e]s, -e: **1. a)** Amt eines Diakons; **b)** Wohnung eines Diakons. **2.** Pflegedienst (in Krankenhäusern)

Di|a|ko|nie *die;* -, ...ien: [berufsmäßiger] Dienst an Armen u. Hilfsbedürftigen (Krankenpflege, Gemeindedienst) in der evangelischen Kirche

Di|a|ko|nin *die;* -, -nen: weibliche Form zu ↑Diakon

di|a|ko|nisch ⟨*gr.-mlat.*⟩: die Diakonie betreffend

Di|a|ko|nis|se *die;* -, -n, **Di|a|ko|nis|sin** *die;* -, -nen ⟨*gr.-lat.*⟩: in der Diakonie tätige, in Schwesterngemeinschaft lebende Frau

Di|a|ko|nus *der;* -, ...one[n] ⟨*gr.-lat.*⟩ (veraltet): zweiter od. dritter Pfarrer einer evangelischen Gemeinde; Hilfsgeistlicher

Dia|kri|se, Dia|kri|sis *die;* -, ...isen ⟨*gr.;* »Unterscheidung; Entscheidung«⟩: **1.** ↑Differenzialdiagnose. **2.** entscheidende Krise einer Krankheit

dia|kri|tisch: unterscheidend; **diakritisches Zeichen:** Zeichen, das die besondere Aussprache eines Buchstabens anzeigt (z. B. die ↑Cedille [ç])

Di|a|lekt *der;* -[e]s, -e ⟨*gr.-lat.*⟩: Mundart; örtlich od. landschaftlich begrenzte sprachliche Sonderform; regionale Variante einer Sprache

di|a|lek|tal ⟨*gr.-lat.-nlat.*⟩: den Dialekt betreffend, mundartlich

Di|a|lek|tik *die;* -, -en ⟨*gr.-lat.*⟩: **1.** innere Gegensätzlichkeit. **2. a)** philosophische Arbeitsmethode, die ihre Ausgangsposition durch gegensätzliche Behauptungen (↑These u. ↑Antithese) infrage stellt u. in der ↑Synthese beider Positionen eine Erkenntnis höherer Art zu gewinnen sucht; **b)** die sich in antagonistischen Widersprüchen bewegende Entwicklung von Geschichte, Ökonomie u. Gesellschaft (dialektischer Materialismus). **3.** die Fähigkeit, den Diskussionspartner in Rede u. Gegenrede zu überzeugen; vgl. Sophistik (2)

Di|a|lek|ti|ker *der;* -s, -: **1.** ein in der Dialektik (3) Erfahrener; jmd., der geschickt zu argumentieren versteht. **2.** ein Vertreter der dialektischen (3) Methode

Di|a|lek|ti|ke|rin *die;* -, -nen: weibliche Form zu ↑Dialektiker

di|a|lek|tisch: **1.** ↑dialektal. **2.** die Dialektik (1) betreffend, gegensätzlich. **3.** in Gegensätzen, entsprechend der Methode der Dialektik (2 a) denkend; **dialektischer Materialismus:** wissenschaftliche Lehre des Marxismus von den allgemeinen Bewegungs-, Entwicklungs- u. Strukturgesetzen der Natur u. der Gesellschaft. **4.** haarspalterisch, spitzfindig

Di|a|lek|to|lo|gie *die;* -, -n: Teilgebiet der Sprachwissenschaft, das sich mit der Erforschung der Mundarten beschäftigt

Di|a|ler [ˈdaɪəlɐ] *der;* -s, - ⟨*engl.*⟩ (EDV): Computerprogramm, das eine Telefonverbindung zum Internet od. anderen Netzwerken herstellt

Di|a|log *der;* -[e]s, -e ⟨*gr.-lat.-fr.*⟩: **a)** von zwei Personen abwechselnd geführte Rede u. Gegenrede, Wechselrede; Ggs. ↑Monolog (b);

b) Gespräch, das zwischen zwei Gruppierungen geführt wird, um sich u. die gegenseitigen Standpunkte kennenzulernen
di|a|lo|gisch: in Dialogform
di|a|lo|gi|sie|ren: in Dialogform gestalten
Dia|ly|se *die;* -, -n ⟨*gr.;* »Auflösung, Trennung«⟩: **a)** Blutreinigung mittels einer künstlichen Niere; Blutwäsche; **b)** Verfahren zur Trennung niedermolekularer von höhermolekularen Stoffen mittels einer Membran, die nur für Erstere durchlässig ist
Dia|ly|se|zen|t|rum *das;* -s, ...tren: Spezialklinik, in der Dialysen (a) vorgenommen werden
dia|ly|sie|ren: eine Dialyse durchführen
Di|a|mant *der;* -en, -en ⟨*gr.-lat.-vulgärlat.-fr.;* »Unbezwingbarer«⟩: aus reinem Kohlenstoff bestehender wertvoller Edelstein von sehr großer Härte
di|a|man|ten: **a)** aus Diamant; **b)** fest wie Diamant; **diamantene Hochzeit:** der 60., mancherorts auch der 75. Jahrestag der Hochzeit
Dia|me|ter *der;* -s, - ⟨*gr.-lat.*⟩: Durchmesser eines Kreises od. einer Kugel
dia|me|t|ral: völlig entgegengesetzt
dia|me|t|risch ⟨*gr.*⟩: dem Durchmesser entsprechend
Di|a|pa|son *der* (auch: *das*); -s, -s u. ...one ⟨*gr.-lat.;* »durch alle (Töne)«⟩: ursprünglicher Name der altgriechischen Oktave
Di|a|pe|de|se *die;* -, -n ⟨*gr.*⟩ (Med.): Durchtritt von Blutkörperchen durch eine unverletzte Gefäßwand
di|a|phan ⟨*gr.*⟩: durchscheinend, durchsichtig
Di|a|pho|ra *die;* - ⟨*gr.;* »Verschiedenheit«⟩ (Rhet.): **1.** Darlegung, Betonung des Unterschieds zweier Dinge. **2.** Hervorhebung der Bedeutungsverschiedenheit eines im Text wiederholten Satzgliedes durch Emphase der Zweitsetzung (z. B. O Kind, meine Seele und nicht mein Kind!; Shakespeare)
Di|a|pho|re|se *die;* -, -n ⟨*gr.-lat.*⟩ (Med.): Schweißabsonderung
di|a|pho|re|tisch: schweißtreibend
Dia|phrag|ma *das;* -s, ...men ⟨*gr.-lat.*⟩: **1.** (Med.) Zwerchfell. **2.** durchlässige Scheidewand bei Trennverfahren (z. B. bei ↑Osmose u. ↑Filtration). **3.** Empfängnisverhütungsmittel in Form eines kleinen, in die Scheide einzuführenden Spiralrings. **4.** Austrittsstelle des Dampfstrahls bei Vakuumpumpen. **5.** (veraltet) Blende (in der Optik)
Dia|po|si|tiv [auch: ...'ti:f] *das;* -s, -e ⟨*gr.; lat.*⟩: durchsichtiges fotografisches Bild (zum ↑Projizieren auf eine weiße Fläche)
Dia|pro|jek|tor *der;* -s, -en: Gerät zum Vorführen von Diapositiven
Di|ä|re|se, Di|ä|re|sis *die;* -, ...resen ⟨*gr.-lat.*⟩: **1.** getrennte Aussprache zweier Vokale, die nebeneinanderstehen u. eigentlich einen ↑Diphthong ergäben (z. B. Deismus, naiv). **2.** Einschnitt im Vers, an dem das Ende des Wortes u. des Versfußes (der rhythmischen Einheit) zusammenfallen (z. B. Du siehst, wohin du siehst || nur Eitelkeit auf Erden; Gryphius). **3.** (Rhet.) Aufgliederung eines Hauptbegriffs in mehrere Unterbegriffe. **4.** (Philos.) Begriffszerlegung, Teilung eines Begriffs bis zum Unteilbaren. **5.** (Med.) Zerreißung eines Gefäßes mit Blutaustritt in die Umgebung
Di|a|ri|um *das;* -s, ...ien ⟨*lat.*⟩ (veraltet): Buch, stärkeres Heft für [tägliche] Eintragungen
Di|ar|rhö *die;* -, -en ⟨*gr.-lat.;* »Durchfluss«⟩: Durchfall
di|ar|rhö|isch ⟨*gr.*⟩: mit Durchfall verbunden
Dia|skop *das;* -s, -e: ↑Diaprojektor
Di|a|s|po|ra *die;* - ⟨*gr.;* »Zerstreuung«⟩: **a)** Gebiet, in dem die Anhänger einer Konfession (auch Nation) gegenüber einer anderen in der Minderheit sind; **b)** eine konfessionelle (auch nationale) Minderheit
Dia|s|to|le [auch: di'astole] *die;* -, ...olen ⟨*gr.-lat.*⟩: **1.** (Med.) mit der Zusammenziehung rhythmisch abwechselnde Erweiterung des Herzens. **2.** (antike Metrik) Dehnung eines kurzen Vokals aus Verszwang; Ggs. ↑Systole
dia|s|to|lisch: die Diastole betreffend, auf ihr beruhend, zur Diastole gehörend
Di|ät *die;* - ⟨*gr.;* »Lebensweise«⟩: Krankenkost, Schonkost; auf die Bedürfnisse eines Kranken, Übergewichtigen o. Ä. abgestimmte Ernährungsweise; aber: ↑Diäten
Di|ät|as|sis|tent *der;* -en, -en: Fachkraft, die bei der Aufstellung von Diätplänen beratend mitwirkt
Di|ät|as|sis|ten|tin *die;* -, -nen: weibliche Form zu ↑Diätassistent
Di|ä|ten *die* (Plural) ⟨*lat.-mlat.-fr.*⟩: **a)** Bezüge der Abgeordneten [im Bundestag] in Form von Tagegeld, Aufwandsentschädigung u. a.; **b)** (veraltet) Einkommen bestimmter außerplanmäßiger Lehrkräfte (Diätendozenten) an Hochschulen
Di|ä|te|tik *die;* -, -en ⟨*gr.-lat.-nlat.*⟩ (Med.): Ernährungs-, Diätlehre
Di|ä|te|ti|kum *das;* -s, ...ka: für eine ↑Diät geeignetes Nahrungsmittel
di|ä|te|tisch: der Diätetik gemäß

Dia|thek *die;* -, -en ⟨*gr.*⟩: Sammlung von ↑Diapositiven

dia|ther|man ⟨*gr.-nlat.*⟩ (Meteorol., Physik, Med.): wärmedurchlässig, Wärmestrahlen nicht absorbierend (z. B. bestimmte Gase)

Dia|ther|mie *die;* - (Med.): Heilverfahren, bei dem Hochfrequenzströme Gewebe im Körperinnern durchwärmen

Di|äthy|len|gly|kol, chem. fachspr.: **Di|ethy|len|gly|kol** *das;* -s ⟨*gr.-nlat.*⟩ (Chemie): Bestandteil von Frostschutzmitteln u. a.

di|ä|tisch ⟨*gr.-lat.-nlat.*⟩: die Ernährung betreffend

Di|ä|tis|tin *die;* -, -nen: ↑Diätassistentin

Di|a|to|mee *die;* -, ...meen (meist Plural) ⟨*gr.-nlat.*⟩: Kieselalge (einzelliger pflanzlicher Organismus)

Di|a|to|me|en|er|de *die;* -: Kieselgur, Ablagerung von Diatomeen im Süßwasser bei niederen Temperaturen

Dia|to|nik *die;* - ⟨*gr.-nlat.*⟩: Dur-Moll-Tonleitersystem mit 7 Stufen (Ganz- u. Halbtöne); Ggs. ↑Chromatik (1)

dia|to|nisch ⟨*gr.-lat.*⟩: in der Tonfolge einer Dur- od. Molltonleiter folgend; Ggs. ↑chromatisch (1)

Dia|t|ri|be *die;* -, -n ⟨*gr.-lat.*⟩: **a)** (Literaturwiss.) in Vers oder Prosa abgefasste [satirische] Moralpredigt [mit fingiertem Dialog]; **b)** gelehrte Streitschrift; weitläufige kritische Abhandlung

di|cho|tom, di|cho|to|misch [dıço...] ⟨*gr.;* »zweigeteilt«⟩: **1.** gegabelt (von Pflanzensprossen). **2.** in Begriffspaare eingeteilt; ↑Dichotomie (2); vgl. ...isch/-

Di|cho|to|mie *die;* -, ...ien: **1.** Zweiteilung des Pflanzensprosses (die Hauptachse gabelt sich in zwei gleich starke Nebenachsen). **2. a)** Zweiteilung, Gliederung (z. B. eines Gattungsbegriffs in zwei Arten); **b)** Gliederung eines Oberbegriffs in einen darin enthaltenen Begriff u. dessen Gegenteil

di|cho|to|misch [dıço...] vgl. dichotom

Di|chro|is|mus [dikro...] *der;* - ⟨*gr.-nlat.*⟩: Eigenschaft vieler ↑[1]Kristalle (1), Licht nach verschiedenen Richtungen in zwei Farben zu zerlegen; vgl. Pleochroismus

di|chro|ma|tisch: zweifarbig

Di|chro|s|kop *das;* -s, -e: besondere Lupe zur Erkennung des ↑Dichroismus od. ↑Pleochroismus bei Kristallen

di|chro|s|ko|pisch: a) das Dichroskop betreffend; **b)** mithilfe des Dichroskops

Di|dak|tik *die;* -, -en ⟨*gr.-nlat.*⟩: **1.** (ohne Plural) Lehre vom Lehren u. Lernen; Unterrichtslehre, -kunde. **2. a)** Theorie der Bildungsinhalte, Methode des Unterrichtens; **b)** Abhandlung, Darstellung einer didaktischen Theorie

Di|dak|ti|ker *der;* -s, -: **a)** Fachvertreter der Unterrichtslehre; **b)** jmd., der einer Gruppe von Personen einen Lehrstoff vermittelt

Di|dak|ti|ke|rin *die;* -, -nen: weibliche Form zu ↑Didaktiker

di|dak|tisch: a) die Vermittlung von Lehrstoff, das Lehren u. Lernen betreffend; **b)** für Unterrichtszwecke geeignet; **c)** belehrend, lehrhaft

Did|ge|ri|doo [dıdʒəriˈduː] *das;* -s, -s ⟨*engl.*⟩: langes, röhrenförmiges Blasinstrument der australischen Ureinwohner

Di|dym *das;* -s ⟨*gr.-nlat.*⟩: ein Seltenerdmetall (Gemisch aus den chemischen Elementen ↑Praseodym u. ↑Neodym)

Di|elek|t|ri|kum *das;* -s, ...ka ⟨*gr.-nlat.*⟩: luftleerer Raum od. isolierende Substanz, in der ein elektrisches Feld ohne Ladungszufuhr erhalten bleibt

di|elek|t|risch: elektrisch nicht leitend (von bestimmten Stoffen)

Di|elek|t|ri|zi|täts|kon|s|tan|te *die;* -[n], -n: Wert, der die elektrischen Eigenschaften eines Stoffes kennzeichnet (Zeichen: ε)

Di|es *der;* - ⟨*lat.*⟩: Kurzform von ↑Dies academicus

Di|es aca|de|mi|cus *der;* - - ⟨*lat.; gr.-lat.*⟩: vorlesungsfreier Tag an der Universität, an dem aus besonderem Anlass eine Feier od. Vorträge angesetzt sind

Di|es Irae [- ˈiːrɛ] *das;* - - ⟨*lat.;* »Tag des Zorns«⟩: Bezeichnung u. Anfang der Sequenz der Totenmesse

Di|ethy|len|gly|kol vgl. Diäthylenglykol

Dif|fa|ma|ti|on *die;* -, -en ⟨*lat.-nlat.*⟩: ↑Diffamierung; vgl. ...ation/...ierung

dif|fa|ma|to|risch: ehrenrührig, verleumderisch

Dif|fa|mie *die;* -, ...ien ⟨*lat.-fr.*⟩: **1.** (ohne Plural) verleumderische Bosheit. **2.** Beschimpfung, verleumderische Äußerung

dif|fa|mie|ren: jmdn. in seinem Ansehen, etwas in seinem Wert herabsetzen, verunglimpfen; jmdn./etwas in Verruf bringen

Dif|fa|mie|rung *die;* -, -en: Verleumdung, Verbreitung übler Nachrede; vgl. ...ation/...ierung

dif|fe|rent ⟨*lat.*⟩: verschieden, ungleich

dif|fe|ren|ti|al usw. vgl. differenzial usw.

dif|fe|ren|ti|ell vgl. differenziell

Dif|fe|renz *die;* -, -en ⟨*lat.*⟩: **1.** Unterschied (zwischen bestimmten Werten, Maßen o. Ä.). **2.** (Math.) Ergebnis einer ↑Subtraktion.

d

3. (meist Plural) Meinungsverschiedenheit, Unstimmigkeit, Zwist

dif|fe|ren|zi|al, dif|fe|ren|ti|al ‹*lat.-nlat.*›: ↑differenziell

Dif|fe|ren|zi|al, Dif|fe|ren|ti|al *das;* -s, -e: **1.** (Math.) Zuwachs einer Funktion (2) bei einer [kleinen] Änderung ihres Arguments (2). **2.** Kurzform von ↑Differenzialgetriebe

Dif|fe|ren|zi|al|di|a|g|no|se, Dif|fe|ren|ti|al|di|a|g|no|se *die;* -, -n (Med.): **a)** Krankheitsbestimmung durch unterscheidende, abgrenzende Gegenüberstellung mehrerer Krankheitsbilder mit ähnlichen Symptomen; **b)** jede der bei der Differenzialdiagnostik konkurrierenden Diagnosen (1)

Dif|fe|ren|zi|al|geo|me|t|rie, Dif|fe|ren|ti|al|geo|me|t|rie *die;* -: Gebiet der Mathematik, in dem die Differenzialrechnung auf Flächen u. Kurven angewandt wird

Dif|fe|ren|zi|al|ge|trie|be, Dif|fe|ren|ti|al|ge|trie|be *das;* -s, -: Ausgleichsgetriebe bei Kraftfahrzeugen

Dif|fe|ren|zi|al|quo|ti|ent, Dif|fe|ren|ti|al|quo|ti|ent *der;* -en, -en: **a)** Grundgröße der Differenzialrechnung; **b)** Grenzwert des ↑Quotienten, der den Tangentenwinkel bestimmt

Dif|fe|ren|zi|al|rech|nung, Dif|fe|ren|ti|al|rech|nung *die;* -: Teilgebiet der höheren Mathematik

Dif|fe|ren|zi|a|ti|on, Dif|fe|ren|ti|a|ti|on *die;* -, -en: **1.** (Geol.) **a)** Aufspaltung einer Stammschmelze in Teilschmelzen; **b)** Abtrennung von Mineralien aus Schmelzen während der Gesteinswerdung. **2.** Anwendung der Differenzialrechnung

dif|fe|ren|zi|ell, dif|fe|ren|ti|ell: einen Unterschied begründend od. darstellend; **differenzielle Psychologie:** Bereich der Psychologie, der das Erleben u. Verhalten des Einzelnen bes. unter dem Aspekt der individuellen Unterschiede betrachtet (nach L. W. Stern)

dif|fe|ren|zie|ren ‹*lat.-nlat.*›: **1. a)** fein trennen; genau, bis ins Einzelne unterscheiden; **b)** sich differenzieren: sich aufgliedern, Konturen gewinnen. **2.** (Math.) eine Funktion (2) nach den Regeln der Differenzialrechnung behandeln. **3.** Überfärbung von mikroskopischen Präparaten (Einzellern, Gewebeschnitten) mithilfe von Alkohol od. Säuren auf unterschiedliche Intensitätsstufen zurückführen (zum Zwecke besserer Unterscheidbarkeit einzelner Strukturen)

dif|fe|ren|ziert: aufgegliedert, vielschichtig, in die Einzelheiten gehend

Dif|fe|ren|zie|rung *die;* -, -en: **1.** Unterscheidung, Sonderung, Abstufung, Abweichung, Aufgliederung. **2. a)** Bildung verschiedener Gewebe aus ursprünglich gleichartigen Zellen; **b)** (Med.) charakteristische Ausprägung eines Tumors mit weitgehender Angleichung an das ihn umgebende Ausgangsgewebe; **c)** (Biol.) Aufspaltung systematischer Gruppen im Verlauf der Stammesgeschichte

dif|fe|rie|ren ‹*lat.*›: verschieden sein, voneinander abweichen

dif|fi|zil ‹*lat.-fr.*›: schwierig, schwer zu behandeln, zu bewältigen, zu handhaben aufgrund der komplizierten Gegebenheiten

Dif|flu|enz *die;* -, -en ‹*lat.*› (Geol.): Gabelung eines Gletschers; Ggs. ↑Konfluenz

Dif|frak|ti|on *die;* -, -en ‹*lat.-nlat.*› (Physik): Beugung der Lichtwellen und anderer Wellen

dif|fun|die|ren ‹*lat.*›: **1.** (Chemie) eindringen, verschmelzen. **2.** (Physik) zerstreuen (von Strahlen)

dif|fus: 1. (Chemie, Physik) zerstreut, ohne genaue Abgrenzung; **diffuses Licht:** Streulicht; Licht ohne geordneten Strahlenverlauf; **diffuse Reflexion:** Lichtbrechung an rauen Oberflächen. **2.** unklar, verschwommen

Dif|fu|si|on *die;* -, -en ‹*lat.;* »das Auseinanderfließen«›: **1. a)** (Chemie) ohne äußere Einwirkung eintretender Ausgleich von Konzentrationsunterschieden; **b)** (Physik) Streuung des Lichts. **2.** (Bergbau) Wetteraustausch. **3.** Auslaugung (bei der Zuckerherstellung)

Dif|fu|sor *der;* -s, ...oren ‹*lat.-nlat.*›: **1.** (Strömungstechnik) Rohrleitungsteil, dessen Querschnitt sich erweitert. **2.** (Fotogr.) transparente, Licht streuende Plastikscheibe zur Erweiterung des Messwinkels bei Lichtmessern. **3.** aufsetzbare Vorrichtung für Haartrockner zur besseren Verteilung der Luft

Di|gest [ˈdaɪdʒɛst] *der* od. *das;* -[s], -s ‹*lat.-engl.*›: **a)** bes. in den angelsächsischen Ländern übliche Art von Zeitschriften, die Auszüge aus Büchern, Berichten usw. bringen; **b)** Auszug [aus einem Buch od. Bericht]

Di|ges|ten *die* (Plural) ‹*lat.;* »Geordnetes«›: Gesetzsammlung des Justinian (Bestandteil des ↑Corpus Iuris Civilis)

Di|ges|ti|on *die;* -, -en: **1.** (Chemie) Auslaugung, Auszug. **2.** (Med.) Verdauung

Di|git [ˈdɪdʒɪt] *das;* -s, -s ‹*lat.-engl.*› (Technik): Ziffer, Stelle (in der Anzeige eines elektronischen Geräts)

¹di|gi|tal ‹*lat.*› (Med.): mit dem Finger

²di|gi|tal ‹*lat.-engl.*›: Signale, Daten in Ziffern (d. h. in Schritten u. nicht stufenlos bzw. analog)

darstellend od. dargestellt; digitalisiert; Ggs. ↑analog (2)

Di|gi|tal|fern|se|hen *das;* -s: Fernsehen, bei dem die Sendungen mithilfe der Digitaltechnik übertragen werden

di|gi|ta|li|sie|ren *‹lat.-engl.›*: analoge Signale, Daten in digitale Werte (meist ↑Binärziffern) umwandeln

Di|gi|ta|li|sie|rung *die;* -, -en: das Digitalisieren

Di|gi|tal|ka|me|ra *die;* -, -s: Kamera, bei der die Bilder in digitaler Form gespeichert werden

Di|gi|tal Na|tive [ˈdɪdʒɪtl̩ ˈneɪtɪv] *der;* - -s, - -s *‹lat.-engl.›*: Person, die mit [2]digitalen Technologien aufgewachsen u. in ihrer Benutzung geübt ist

Di|gi|tal|rech|ner *der;* -s, -: Computer, dessen Daten und Programme intern als ↑Binärziffern dargestellt sind; Ggs. ↑Analogrechner

Di|gi|tal|tech|nik *die;* -: Teilgebiet der Informationstechnik u. Elektronik, das sich mit der Erfassung, Darstellung, Verarbeitung u. Übertragung digitaler Größen befasst

Di|gi|tal|ton|band *das;* -[e]s, ...bänder: Magnetband, bei dem die Aufnahme akustischer Signale digital (u. dadurch in hoher Qualität) erfolgt

Di|gi|tal|uhr *die;* -, -en: Uhr, die die Uhrzeit nicht mit Zeigern angibt, sondern als Zahl (z. B. 18.20); Ggs. ↑Analoguhr

Di|glos|sie *die;* -, ...ien *‹gr.›*: Form der Zweisprachigkeit, bei der die eine Sprachform die Standard- od. Hochsprache darstellt, während die andere im täglichen Gebrauch, in informellen Texten auftritt

Di|glyph *der;* -s, -e *‹gr.;* »Zweischlitz«*›*: Platte mit zwei Schlitzen als Verzierung am Fries (bes. in der italienischen Renaissance bevorzugte Abart des ↑Triglyphs)

Di|gni|tät *die;* -, -en *‹lat.›*: **a)** (ohne Plural) Wert, hoher Rang, Würde; **b)** Amtswürde eines höheren kath. Geistlichen

Di|gres|si|on *die;* -, -en *‹lat.›*: **1.** Abweichung, Abschweifung. **2.** Winkel zwischen dem Meridian u. dem Vertikalkreis, der durch ein polnahes Gestirn geht

Di|jam|bus *der;* -, ...ben *‹gr.-lat.›*: doppelter ↑Jambus (◡–◡–)

di|klin *‹gr.-nlat.›* (Bot.): eingeschlechtige Blüten aufweisend (von Pflanzen)

Dik|ta|fon, Dik|ta|phon *das;* -s, -e *‹lat.; gr.›*: Diktiergerät

Dik|tam *der;* -s *‹gr.-lat.›*: ↑Diptam

Dik|tat *das;* -[e]s, -e *‹lat.›*: **1. a)** das Diktieren; **b)** das Diktierte; **c)** Nachschrift; vom Lehrer diktierte Sätze als Rechtschreibübung in der Schule. **2.** etwas, was jmdm. von einem anderen vorgeschrieben, auferlegt worden ist

Dik|ta|tor *der;* -s, ...oren: **1.** unumschränkter Machthaber an der Spitze eines Staates; Gewaltherrscher. **2.** (abwertend) herrischer, despotischer Mensch. **3.** (Geschichte) altrömischer Beamter, dem auf bestimmte Zeit die volle Staatsgewalt übertragen wurde (z. B. Cäsar)

Dik|ta|to|rin *die;* -, -nen: weibliche Form zu ↑Diktator

dik|ta|to|risch: 1. unumschränkt, einem unumschränkten Gewaltherrscher unterworfen. **2.** (abwertend) gebieterisch, keinen Widerspruch duldend

Dik|ta|tur *die;* -, -en *‹lat.›*: **1.** (ohne Plural) **a)** auf unbeschränkte Vollmacht einer Person od. Gruppe gegründete Herrschaft in einem Staat; **Diktatur des Proletariats:** (nach marxistischer Anschauung) politische Herrschaft der Arbeiterklasse im Übergangsstadium zwischen der kapitalistischen u. der klassenlosen Gesellschaftsform; **b)** autoritär, diktatorisch regiertes Staatswesen. **2.** (abwertend) autoritäre Führung, autoritärer Zwang, den eine Einzelperson, eine Gruppe od. Institution auf andere ausübt; Willkürherrschaft

dik|tie|ren *‹lat.›*: **1.** jmdm. etwas, was er [hin]schreiben soll, Wort für Wort ansagen, vorsprechen. **2.** zwingend vorschreiben, festsetzen; auferlegen

Dik|tier|ge|rät *das;* -[e]s, -e: Gerät zur Aufnahme u. Wiedergabe eines gesprochenen Textes

Dik|ti|on *die;* -, -en *‹lat.›*: mündliche od. schriftliche Ausdrucksweise; Stil (1)

Dik|ti|o|när *das* (auch:) *der;* -s, -e *‹lat.-mlat.-fr.›* (veraltet): Wörterbuch

Dik|tum *das;* -s, ...ta *‹lat.;* »Gesagtes«*›*: Ausspruch

di|la|ta|bel *‹lat.-nlat.›*: dehnbar

Di|la|ta|ti|on *die;* -, -en: **1.** (Physik) Ausdehnung, spezifische Volumenänderung, Verlängerung eines elastisch gedehnten Körpers. **2.** (Bot.) Erweiterungswachstum der Baumstämme. **3.** (Med.) krankhafte od. künstliche Erweiterung von Hohlorganen (z. B. von Gefäßen des Herzens)

di|la|tie|ren: (Med.) ein Hohlorgan mechanisch erweitern

Di|la|ti|on *die;* -, -en (Rechtswiss.): Aufschub, Aufschubfrist

di|la|to|risch *‹lat.›*: aufschiebend, verzögernd; **dilatorische Einrede** (Rechtswiss.): aufschiebende Einrede bei Gericht; Ggs. ↑peremptorische Einrede

Dil|do *der;* -[s], -s ⟨*engl.*⟩: künstliche Nachbildung des erigierten Penis, die von Frauen zur Selbstbefriedigung od. bei der Ausübung gleichgeschlechtlichen Verkehrs benutzt wird

d

Di|lem|ma *das;* -s, -s u. -ta ⟨*gr.-lat.*⟩: Wahl zwischen zwei [gleich unangenehmen] Dingen; Zwangslage, -entscheidung

Di|let|tant *der;* -en, -en ⟨*lat.-it.*⟩: **1.** (oft abwertend) Nichtfachmann; jmd., der sich ohne fachmännische Schulung in Kunst od. Wissenschaft betätigt. **2.** (veraltet) Kunstliebhaber

Di|let|tan|tin *die;* -, -nen: weibliche Form zu ↑Dilettant

Di|let|tan|tis|mus *der;* - ⟨*nlat.*⟩ (oft abwertend): **1.** Betätigung in Kunst od. Wissenschaft ohne Fachausbildung. **2.** Stümperhaftigkeit

di|let|tie|ren ⟨*lat.-it.*⟩: sich als Dilettant betätigen, sich versuchen

Di|lu|vi|um *das;* -s ⟨»Überschwemmung, Wasserflut«⟩: frühere Bez. für ↑Pleistozän

Dime [daim] *der;* -s, -s (aber: 10 -) ⟨*lat.-fr.-engl.*⟩: Silbermünze der USA im Wert von 10 Cent

Di|men|si|on *die;* -, -en ⟨*lat.*⟩: **1.** Ausdehnung, Abmessung (z. B. eines Körpers nach Länge, Breite, Höhe). **2.** Ausmaß

di|men|si|o|nal ⟨*lat.-nlat.*⟩: die Dimension bestimmend; Dimensionen habend

di|men|si|o|nie|ren: die [optimalen] Maße, Abmessungen von etwas festlegen

Di|me|ter *der;* -s, - ⟨*gr.-lat.*⟩: aus zwei gleichen Metren bestehender antiker Vers; vgl. Metrum

di|mi|nu|en|do ⟨*lat.-it.*⟩ (Musik): in der Tonstärke abnehmend, schwächer werdend (Vortragsanweisung; Abk.: dim.)

Di|mi|nu|en|do *das;* -s, -s u. ...di (Musik): allmähliches Nachlassen der Tonstärke

di|mi|nu|ie|ren ⟨*lat.*⟩: verkleinern, verringern, vermindern

Di|mi|nu|ti|on *die;* -, -en: **1.** Verkleinerung, Verringerung. **2.** (Musik) **a)** Verkleinerung des Themas durch Verwendung kürzerer Notenwerte; Ggs. ↑Augmentation (a); **b)** variierende Verzierung durch Umspielen der Melodienoten; **c)** Tempobeschleunigung durch Verkürzung der Noten

di|mi|nu|tiv (Sprachw.): verkleinernd (in Bezug auf den Inhalt eines Wortes)

Di|mi|nu|tiv *das;* -s, -e, **Di|mi|nu|tiv|form** *die;* -, -en, **Di|mi|nu|ti|vum** *das;* -s, ...va (Sprachw.): Ableitungsform eines Substantivs, die im Vergleich zur Bedeutung des Grundwortes eine Verkleinerung ausdrückt, oft emotionale Konnotationen hat u. auch als Koseform gebraucht wird (z. B. Öfchen, Gärtlein, ein Pfeifchen rauchen); Ggs. ↑Augmentativum

dim|men: (das Licht einer Lichtquelle) mithilfe eines ↑Dimmers regulieren

Dim|mer *der;* -s, - ⟨*germ.-engl.*⟩: schalterähnliche Vorrichtung, mit der die Helligkeit des elektrischen Lichts in fließenden Übergängen reguliert werden kann

di mol|to vgl. molto

di|morph ⟨*gr.*⟩: **1.** zweigestaltig. **2.** in zwei Kristallsystemen auftretend (von Kristallen)

[1]**DIN** *das;* -: Deutsches Institut für Normung e. V.

[2]**DIN**® *die;* -, -[s] ⟨*Abk. für* **Deutsche Industrie-Norm[en]**, *später gedeutet als* **Das Ist Norm**⟩: **1.** (mit einer Nummer) Bez. einer Norm (z. B. DIN 5008, DIN A4). **2.** (früher) Einheit für die Lichtempfindlichkeit eines Films

Di|nar *der;* -s, -e (aber: 6 -) ⟨*lat.-mgr.-arab.*⟩: Währungseinheit in verschiedenen arab. Ländern u. in Serbien

Di|ner [di'ne:] *das;* -s, -s ⟨*lat.-vulgärlat.-fr.*⟩: **1.** festliches Mittag- od. Abendessen. **2.** (in Frankreich) Hauptmahlzeit des Tages, die am Abend eingenommen wird

Din|gi *das;* -s, -s ⟨*Hindi-engl.*⟩: **a)** kleines Sportsegelboot; **b)** kleinstes Beiboot auf Kriegsschiffen

Din|go *der;* -s, -s ⟨*austr.*⟩: australischer Wildhund von der Größe eines kleinen Deutschen Schäferhunds

di|nie|ren ⟨*lat.-vulgärlat.-fr.*⟩: [festlich] speisen

Di|ning|room ['dainɪŋru:m] *der;* -s, -s: engl. Bez. für: Speisezimmer

Din|ner *das;* -s, -[s] ⟨*engl.*⟩: **1.** Festmahl. **2.** (in angelsächsischen Ländern) Hauptmahlzeit am Abend

Di|no|sau|ri|er *der;* -s, -, **Di|no|sau|rus** *der;* -, ...rier ⟨*gr.-nlat.*⟩: ausgestorbene, landbewohnende Riesenechse

Di|no|the|ri|um *das;* -s, ...ien: ausgestorbenes riesiges Rüsseltier

Di|o|de *die;* -, -n ⟨*gr.-nlat.*⟩ (Elektrot.): elektronisches Bauelement mit zwei ↑Elektroden unterschiedlicher Polarität

Di|o|ny|si|en *die* (Plural) ⟨*gr.-lat.*⟩: altgriechisches Fest zu Ehren des Wein- u. Fruchtbarkeitsgottes Dionysos

di|o|ny|sisch: **1.** dem Dionysos zugehörend, ihn betreffend. **2.** wild begeistert, rauschhaft dem Leben hingegeben (nach Nietzsche); Ggs. ↑apollinisch

di|o|phan|tisch ⟨nach dem gr. Mathematiker Diophantos aus Alexandria; 3. Jh. v. Chr.⟩: **dio-**

phantische Gleichung (Math.): Gleichung mit mehreren Unbekannten, für die ganzzahlige Lösungen zu finden sind

Di|op|t|rie *die;* -, ...ien *⟨gr.-nlat.⟩* (Physik): Einheit des Brechwertes optischer Systeme (Zeichen: dpt, Dptr. u. dptr.)

di|op|t|risch: **a)** zur Dioptrie gehörend; das Licht brechend; durchsichtig; **b)** nur lichtbrechende Elemente enthaltend (z. B. dioptrische Fernrohre)

Di|o|ra|ma *das;* -s, ...men *⟨gr.;* »Durchschaubild«⟩: plastisch wirkendes Schaubild, bei dem Gegenstände vor einem gemalten od. fotografierten Rundhorizont aufgestellt sind u. teilweise in diesen übergehen

Di|os|ku|ren *die* (Plural) *⟨gr.;* »Söhne des Zeus«; nämlich Kastor u. Pollux⟩: unzertrennliches Freundespaar

Di|oxid [auch: ...ˈksi:t], **Di|oxyd** [auch: ...ˈksy:t] *das;* -[e]s, -e (Chemie): anorganische Verbindung von einem Atom Metall od. Nichtmetall mit zwei Sauerstoffatomen

Di|oxin *das;* -s, -e *⟨gr.-nlat.⟩*: **1.** (meist Plural) äußerst beständige, hochgiftige, v. a. bei Verbrennungsprozessen entstehende mehrfach chlorierte (seltener bromierte) chemische Verbindung. **2.** (meist Singular) bestimmte, besonders giftige Verbindung aus der Gruppe der Dioxine (1)

Di|oxyd [auch: ...ˈksy:t] vgl. Dioxid

Di|ö|ze|san *der;* -en, -en: Angehöriger einer Diözese

Di|ö|ze|se *die;* -, -n: **a)** Amtsgebiet eines katholischen Bischofs; **b)** (früher auch:) evangelischer Kirchenkreis; vgl. Dekanat

Di|ö|zie *die;* - *⟨gr.-nlat.⟩*: Zweihäusigkeit bei Pflanzen (männliche u. weibliche Blüten stehen auf verschiedenen Individuen)

di|ö|zisch: zweihäusig (von Pflanzen)

Dip *der;* -s, -s *⟨engl.⟩*: kalte, dickflüssige Soße zum Eintunken von kleinen Happen wie Fleischstücken o. Ä.

Diph|the|rie *die;* -, ...ien *⟨gr.-nlat.⟩*: Infektionskrankheit im Hals- u. Rachenraum mit Bildung häutiger Beläge auf den Tonsillen u. Schleimhäuten

Di|ph|thong *der;* -[e]s, -e *⟨gr.-lat.⟩* (Sprachw.): aus zwei Vokalen gebildeter Laut, Doppellaut, Zwielaut (z. B. ei, au); Ggs. ↑Monophthong

di|ph|thon|gie|ren *⟨gr.-lat.⟩* (Sprachw.): einen Vokal zum Diphthong entwickeln (z. B. das i in mhd. *wip* zu ei in nhd. *Weib*); Ggs. ↑monophthongieren

di|ph|thon|gisch (Sprachw.): **a)** einen Diphthong enthaltend; **b)** als Diphthong lautend; Ggs. ↑monophthongisch

Di|p|lo|do|kus *der;* -, ...ken *⟨gr.-nlat.⟩*: ausgestorbene Riesenechse

di|p|lo|id *⟨gr.-nlat.⟩*: einen doppelten (d. h. vollständigen) Chromosomensatz aufweisend; Ggs. ↑haploid

Di|p|lo|kok|kus *der;* -, ...kken (Med.): paarweise zusammenhängende ↑Kokken (Krankheitserreger)

Di|p|lom *das;* -s, -e *⟨gr.-lat.* »zweifach Gefaltetes«; »Handschreiben auf zwei zusammengelegten Blättern«⟩: amtliche Urkunde über eine Auszeichnung od. über eine abgelegte Prüfung, bes. an einer Hochschule od. bei der Handwerkskammer (Abk.: Dipl.)

Di|p|lo|mand *der;* -en, -en *⟨gr.-lat.-nlat.⟩*: jmd., der sich auf eine Diplomprüfung vorbereitet

Di|p|lo|man|din *die;* -, -nen: weibliche Form zu ↑Diplomand

Di|p|lo|mat *der;* -en, -en *⟨gr.-lat.-nlat.-fr.⟩*: **1.** jmd., der im auswärtigen Dienst eines Staates steht u. bei anderen Staaten als Vertreter dieses Staates beglaubigt ist. **2.** jmd., der geschickt u. klug taktiert, um seine Ziele zu erreichen, ohne andere zu verärgern

Di|p|lo|ma|tie *die;* -: **1.** völkerrechtliche Regeln für außenpolitische Verhandlungen; Verhandlungstaktik. **2.** Gesamtheit der Diplomaten, die in einer Hauptstadt, in einem Land akkreditiert sind. **3.** kluges, geschicktes Verhalten

Di|p|lo|ma|tik *die;* -: Urkundenlehre

Di|p|lo|ma|ti|ker *der;* -s, -: Urkundenforscher u. -kenner

Di|p|lo|ma|ti|ke|rin *die;* -, -nen: weibliche Form zu ↑Diplomatiker

Di|p|lo|ma|tin *die;* -, -nen: weibliche Form zu ↑Diplomat

di|p|lo|mie|ren *⟨gr.-lat.-nlat.⟩*: jmdm. aufgrund einer Prüfung ein Diplom erteilen

Di|po|die *die;* -, ...ien *⟨gr.-lat.;* »Doppelfüßigkeit«⟩: Verbindung zweier Versfüße (rhythmischer Einheiten) zu einem Verstakt; vgl. Monopodie u. Tripodie

di|po|disch *⟨gr.⟩*: (bes. von jambischen u. trochäischen Versen) abwechselnd Haupt- u. Nebenton aufweisend

Di|pol *der;* -s, -e *⟨gr.-nlat.⟩*: **1.** Anordnung zweier gleich großer elektrischer Ladungen od. magnetischer Pole entgegengesetzter Polarität in geringem Abstand voneinander. **2.** ↑Dipolantenne

Di|pol|an|ten|ne *die;* -, -n: Antennenanordnung mit zwei gleichen, elektrisch leitenden Teilen

Dip|so|ma|nie *die;* -, ...ien: periodisches Auftreten von Trunksucht

Dip|tam *der;* -s ‹*gr.-lat.-mlat.*› (Bot.): zu den Rautengewächsen gehörende Staude, deren an ätherischen Ölen reiche Blätter entzündbar sind; Brennender Busch

d

Di|p|ty|chon *das;* -s, ...chen u. ...cha ‹*gr.-lat.*›: **1.** (im Altertum) zusammenklappbare Schreibtafel. **2.** (im Mittelalter) zweiflügeliges Altarbild; vgl. Triptychon, Polyptychon

Di|rect Mai|ling *das;* - -[s], - -s ‹*engl.*›: Form der Direktwerbung, bei der Werbematerial (Briefumschlag u. Prospekt mit Rückantwortkarte) an eine bestimmte Zielgruppe mit der Post geschickt wird

Di|rec|toire [dirɛkˈto̯aːɐ̯] *das;* -[s] ‹*lat.-fr.*›: französischer Kunststil zwischen ↑Louis-seize u. ↑[1]Empire (b)

Di|rec|tor's Cut [da̯iˈrɛktɐs kat] *der;* - -[s], - -s ‹*engl.*› (Film): meist längere, vom Regisseur od. von der Regisseurin freigegebene Fassung eines Films

di|rekt ‹*lat.*›: unmittelbar, ohne Umweg od. Verzögerung o. Ä., ohne dass etwas anderes dazwischenliegt od. unternommen wird (in Bezug auf das Verhältnis zwischen räumlichem od. zeitlichem Ausgangspunkt u. dem Zielpunkt); **direkte Rede:** in Anführungsstrichen stehende, wörtliche, unabhängige Rede (z. B.: Er sagte: »Ich gehe nach Hause.«); Ggs. ↑indirekte Rede

Di|rek|ti|on *die;* -, -en: **1.** (ohne Plural) Leitung eines Unternehmens o. Ä. **2.** die leitenden Personen eines Unternehmens, Geschäftsleitung o. Ä.; dazugehörige Büroräume. **3.** (veraltet) Richtung. **4.** (schweiz.) kantonales Ministerium

Di|rek|ti|ve *die;* -, -n ‹*lat.-nlat.*›: Weisung; Verhaltensregel

Di|rekt|man|dat *das;* -[e]s, -e: ↑Mandat (2), das der Kandidat einer Partei in einer Wahl persönlich erringt

Di|rek|tor *der;* -s, ...oren ‹*lat.*›: **1. a)** Leiter (einer Schule); **b)** jmd., der einem Unternehmen, einer Behörde vorsteht; Vorsteher. **2.** Zusatzelement für die ↑Dipolantenne mit Richtwirkung

Di|rek|to|rat *das;* -[e]s, -e ‹*lat.-nlat.*›: **1. a)** Leitung; **b)** Amt eines Direktors od. einer Direktorin. **2.** Dienstzimmer eines Direktors od. einer Direktorin

di|rek|to|ri|al: **a)** einem Direktor od. einer Direktorin zustehend; **b)** von einem Direktor od. einer Direktorin veranlasst; **c)** einem Direktor [in der Art des Benehmens] ähnelnd, entsprechend

Di|rek|to|rin *die;* -, -nen: weibliche Form zu ↑Direktor (1)

Di|rek|t|ri|ce [dirɛkˈtriːsə] *die;* -, -n ‹*lat.-fr.*›: leitende Angestellte, bes. in der Bekleidungsindustrie

Di|rek|t|rix *die;* - ‹*lat.*› (Math.): Leitlinie von Kegelschnitten, Leitkurve von gekrümmten Flächen

Di|rex *der;* -, -e u. *die;* -, -en ‹*lat.*› (Schülerspr.): Kurzw. für: ↑Direktor (1 a) u. Direktorin

Dir|ham, Dir|hem *der;* -s, -s (aber: 5 -) ‹*gr.-arab.*›: **1.** Währungs- u. Münzeinheit in verschiedenen arabischen Ländern (Abk.: DH). **2.** frühere Gewichtseinheit in den islamischen Ländern

Di|ri|gent *der;* -en, -en: **1.** Leiter eines Orchesters od. Chores, einer musikalischen Aufführung. **2.** jmd., der etwas leitet, lenkt, dirigiert (2)

Di|ri|gen|tin *die;* -, -nen: weibliche Form zu ↑Dirigent

di|ri|gie|ren: **1.** ein Orchester od. einen Chor, eine musikalische Aufführung (Konzert, Oper) leiten. **2.** die Leitung von etwas haben; den Gang, Ablauf von etwas steuern; durch Anweisungen o. Ä. an ein bestimmtes Ziel, in eine gewünschte Richtung lenken

Di|ri|gis|mus *der;* - ‹*lat.-nlat.*›: staatliche Lenkung der Wirtschaft

di|ri|gis|tisch: **1.** den Dirigismus betreffend. **2.** reglementierend, in der Bewegungsfreiheit einengend, Vorschriften machend

Dis|agio [dɪsˈlaːdʒo, auch: ...ˈlaːʒi̯o] *das;* -s, -s u. ...ien ‹*lat.-fr.-it.*›: Abschlag, um den der Preis od. Kurs hinter dem Nennwert od. der ↑Parität (2) eines Wertpapiers od. einer Geldsorte zurückbleibt

Disc [dɪsk], **Disk** *die;* -, -s ‹*engl.;* »Platte, Scheibe«› (EDV): kurz für: ↑CD, ↑DVD, ↑Diskette

Disc|jo|ckey, Disk|jo|ckey *der;* -s, -s ‹*engl.*›: jmd., der [bes. in Diskotheken] einem Publikum Musiktitel auswählt u. präsentiert

Disc|man® [ˈdɪskmən] *der;* -[s], -s od. ...men [...mən] ‹*engl.*›: tragbarer CD-Player mit Kopfhörern

Dis|co, Dis|ko *die;* -, -s ‹*engl.*›: **1.** Diskothek (1). **2.** Tanzveranstaltung mit Musik von CDs, Schallplatten, Tondateien o. Ä.

Dis|co|fox, Dis|ko|fox *der;* -[es], -e: moderne Form des ↑Foxtrotts

Dis|co|mu|sik, Dis|ko|mu|sik *die;* -: Musik, die durch einfache ↑Arrangements (3 a) u. durch verstärkte Betonung einer einfachen Rhythmik gekennzeichnet ist u. sich deshalb bes. als Tanzmusik in Discos (1) eignet

Dis|co|rol|ler, Dis|ko|rol|ler [auch: ...roʊlɐ] *der;* -s, - ‹*engl.*›: (bes. in den 80er-Jahren des 20. Jh.s populärer) Rollschuh mit daran befindlichen Schuhen

Dis|count [dɪsˈkaʊnt] *der;* -s, -s ⟨*lat.-fr.-engl.*⟩: Einkaufsmöglichkeit, bei der man in Selbstbedienung Waren verbilligt einkaufen kann

Dis|coun|ter *der;* -s, -: **1.** jmd., der eine Ware mit Preisnachlass verkauft. **2.** ↑Discountgeschäft

Dis|count|ge|schäft *das;* -[e]s, -e, **Dis|count|la|den** *der;* -s, ...läden: Einzelhandelsgeschäft, in dem Markenartikel u. andere Waren zu einem hohen Rabattsatz (mitunter zu Großhandelspreisen) verkauft werden

Di|seur [diˈzøːɐ̯] *der;* -s, -e ⟨*lat.-fr.*⟩: Sprecher, Vortragskünstler, bes. im Kabarett

Di|seu|se [diˈzøːzə] *die;* -, -n: weibliche Form zu ↑Diseur

dis|gru|ent ⟨*lat.-nlat.*⟩: nicht übereinstimmend; Ggs. ↑kongruent (1)

Dis|har|mo|nie [auch: ˈdɪs...] *die;* -, ...ien ⟨*lat.; gr.-lat.*⟩: **1.** (Musik) Missklang. **2.** Uneinigkeit, Unstimmigkeit, Misston

dis|har|mo|nie|ren: nicht zusammenstimmen, uneinig sein

dis|har|mo|nisch: 1. (Musik) einen Missklang bildend. **2.** eine Unstimmigkeit aufweisend; uneinig. **3.** (Geol.) unterschiedlich verformt (bei der Faltung von Gesteinen)

Dis|junk|ti|on *die;* -, -en: **1. a)** Trennung, Sonderung; **b)** (Logik) Verknüpfung zweier Aussagen durch das ausschließende »Entweder-oder«; **c)** (Logik) Verknüpfung zweier Aussagen durch das nicht ausschließende »Oder«. **2.** (Biol.) **a)** Trennung eines pflanzen- od. tiergeografischen Verbreitungsgebietes in mehrere nicht zusammenhängende Teilgebiete (z. B. die Verbreitung der Robben im Ozean u. in Binnenseen); **b)** Trennungsvorgang bei ↑Chromosomen

dis|junk|tiv: a) einander ausschließend, aber zugleich eine Einheit bewirkend (von Urteilen od. Begriffen); Ggs. ↑konjunktiv; **b)** (Sprachw.) eine Wahlmöglichkeit zwischen mehreren sprachlichen Formen aufweisend, die aber nicht frei ist, sondern von bestimmten Gegebenheiten abhängt (z. B. die Vergangenheitsform der schwachen Verben: entweder *et* in er wend-*et*-e oder *t* in er lach-*t*-e); **disjunktive Konjunktion:** ausschließendes Bindewort (z. B. *oder*)

Disk vgl. Disc

Dis|kant *der;* -s, -e ⟨*lat.-mlat.*⟩: **1.** (Musik) die dem ↑Cantus firmus hinzugefügte Gegenstimme; oberste Stimme, ↑Sopran. **2.** sehr hohe, schrille Stimmlage beim Sprechen. **3.** obere Hälfte der Tastenreihe beim Klavier

Dis|kant|schlüs|sel *der;* -s: Sopranschlüssel, C-Schlüssel auf der untersten der fünf Notenlinien

Dis|ket|te *die;* -, -n ⟨*gr.-lat.-fr.-engl.*⟩: Datenträger in Form einer kleinen, auf beiden Seiten magnetisierbaren Kunststoffplatte

Disk|jo|ckey vgl. Discjockey

Dis|ko vgl. Disco

Dis|ko|fox vgl. Discofox

Dis|ko|mu|sik vgl. Discomusik

Dis|kont *der;* -[s], -s u. ...ti ⟨*lat.-it.*⟩: **1.** der bei Ankauf einer noch nicht fälligen Zahlung, bes. eines Wechsels, abgezogene Zins; Vorzinsen. **2.** ↑Diskontsatz, Diskontierung

dis|kon|ti|nu|ier|lich ⟨*lat.-nlat.*⟩: aussetzend, unterbrochen, zusammenhangslos; Ggs. ↑kontinuierlich; **diskontinuierliche Konstituente** (Sprachw.): sprachliche Konstruktion, die in der linearen Redekette nicht als geschlossene, sondern als eine von anderen Konstituenten unterbrochene Einheit auftritt (z. B. sie *macht* das Fenster *auf*)

Dis|kon|ti|nu|i|tät *die;* -, -en: **1.** Ablauf von Vorgängen mit zeitlichen u./od. räumlichen Unterbrechungen; Ggs. ↑Kontinuität. **2.** Grundsatz, nach dem im Parlament eingebrachte Gesetzesvorlagen, die nicht mehr vor Ende einer Legislaturperiode behandelt werden konnten, vom neuen Parlament neu eingebracht werden müssen

Dis|kont|satz *der;* -es, ...sätze: Zinsfuß, der bei der Diskontberechnung zugrunde gelegt wird; vgl. Lombardsatz

dis|kor|dant ⟨*lat.*⟩ (Geol.): ungleichförmig zueinander gelagert (von Gesteinen)

Dis|kor|danz *die;* -, -en ⟨*lat.-mlat.*⟩: **1.** Uneinigkeit, Missklang. **2.** (meist Plural) Unstimmigkeit in der Komposition od. in der Wiedergabe eines musikalischen Werkes. **3.** (Geol.) ungleichförmige Lagerung zweier Gesteinsverbände

Dis|ko|rol|ler [auch: ...roʊlɐ] vgl. Discoroller

Dis|ko|thek *die;* -, -en ⟨*gr.-nlat.*⟩: **1.** (bes. auf Jugendliche zugeschnittene) mit Licht-, Lautsprecheranlagen u. a. ausgestattete Räumlichkeit, in der zu Musik von CDs u. Schallplatten getanzt wird. **2.** Sammlung, Archiv von Tonträgern (Schallplatten, CDs u. a.)

Dis|ko|the|kar *der;* -s, -e: Verwalter einer Diskothek (2) [beim Rundfunk]

Dis|kre|dit *der;* -[e]s ⟨*lat.-it.-fr.*⟩: übler Ruf

dis|kre|di|tie|ren: dem Ruf, Ansehen einer Person od. Sache schaden, abträglich sein

Dis|kre|panz *die;* -, -en: Widersprüchlichkeit, Missverhältnis zwischen zwei Sachen

d

dis|kret ‹*lat.-mlat.-fr.*›: **1. a)** so unauffällig behandelt, ausgeführt o. Ä., dass es von anderen kaum od. gar nicht bemerkt wird; vertraulich; **b)** taktvoll, rücksichtsvoll; Ggs. ↑indiskret. **2. a)** (Sprachw.) [von sprachlichen Einheiten] abgegrenzt, abgetrennt, abgrenzbar (z. B. durch Substitution); **b)** (Technik) in einzelne Punkte zerfallend, vereinzelt, abzählbar (bezogen auf eine Folge von Ereignissen od. Symbolen); **diskrete Zahlenwerte** (Math., Physik): Zahlenwerte, die durch endliche ↑Intervalle (4) voneinander getrennt stehen

Dis|kre|ti|on *die;* - ‹*lat.-fr.*›: **a)** Rücksichtnahme, taktvolle Zurückhaltung; **b)** Vertraulichkeit, Verschwiegenheit

Dis|kri|mi|nan|te *die;* -, -n ‹*lat.*› (Math.): mathematischer Ausdruck, der bei Gleichungen zweiten u. höheren Grades die Eigenschaft der Wurzel angibt

dis|kri|mi|nie|ren ‹*lat.;* »trennen, absondern«›: **1.** durch [unzutreffende] Äußerungen, Behauptungen in der Öffentlichkeit jmds. Ansehen, Ruf schaden, ihn herabsetzen. **2.** (durch unterschiedliche Behandlung) benachteiligen, zurücksetzen. **3.** (Fachspr.) unterscheiden

Dis|kri|mi|nie|rung *die;* -, -en: das Diskriminieren; vgl. ...ation/...ierung

Dis|kurs *der;* -es, -e: **1.** methodisch aufgebaute Abhandlung über ein bestimmtes [wissenschaftliches] Thema. **2. a)** Gedankenaustausch, Unterhaltung; **b)** heftiger Wortstreit, Wortwechsel. **3.** (Sprachw.) die von einem Sprachteilhaber auf der Basis seiner sprachlichen Kompetenz tatsächlich realisierten sprachlichen Äußerungen

dis|kur|siv ‹*lat.-mlat.*› (Philos.): von Begriff zu Begriff methodisch fortschreitend; Ggs. ↑intuitiv

Dis|kus *der;* - u. -ses, ...ken u. -se ‹*gr.-lat.*›: **1.** (Sport) scheibenförmiges Wurfgerät aus Holz mit Metallreifen u. Metallkern. **2.** (Bot.) wulstförmige Verdickung des Blütenbodens, bes. bei Doldenblütlern. **3.** in der orthodoxen Kirche Opferteller (vgl. Patene) für das geweihte Brot

Dis|kus|si|on *die;* -, -en ‹*lat.*›: Erörterung, Aussprache, Meinungsaustausch

dis|ku|ta|bel ‹*lat.-fr.*›: erwägenswert, annehmbar; Ggs. ↑indiskutabel

Dis|ku|tant *der;* -en, -en ‹*lat.-nlat.*›: Teilnehmer an einer Diskussion

Dis|ku|tan|tin *die;* -, -nen: weibliche Form zu ↑Diskutant

dis|ku|tie|ren ‹*lat.*›: **a)** etwas eingehend mit anderen erörtern, besprechen; **b)** Meinungen austauschen

Dis|lo|ka|ti|on *die;* -, -en ‹*lat.-nlat.*›: **1.** räumliche Verteilung von Truppen. **2.** (Med.) Lageveränderung, Verschiebung der Bruchenden gegeneinander bei Knochenbrüchen. **3.** (Physik) Verschiebung, Versetzung von Atomen in einem Kristallgitter. **4.** (Geol.) Störung der normalen Lagerung von Gesteinsverbänden durch Faltung od. Bruch; vgl. ...ation/...ierung

dis|lo|y|al [auch: ...lo̯a'ja:l] ‹*lat.; lat.-fr.*›: gegen die Regierung eingestellt; Ggs. ↑loyal (a)

Dis|lo|zie|rung *die;* -, -en: ↑Dislokation; vgl. ...ation/...ierung

Dis|ney|land® [...lænd] *das;* -s, -s ‹*amerik.; engl.;* nach dem amerik. Filmproduzenten W. Disney, 1901–1966›: Vergnügungspark, der nach Motiven von Walt Disney gestaltet ist

dis|pa|rat ‹*lat.*›: ungleichartig, unvereinbar, sich widersprechend

Dis|pa|ri|tät *die;* -, -en ‹*lat.-nlat.*›: Ungleichheit, Verschiedenheit

Dis|pat|cher [dɪs'pɛtʃɐ] *der;* -s, - ‹*lat.-it.-engl.*›: leitender Angestellter in der Industrie, der den Produktionsablauf überwacht

Dis|pat|che|rin [dɪs'pɛtʃə...] *die;* -, -nen: weibliche Form zu ↑Dispatcher

Dis|pens *die;* -, -en ‹*lat.-mlat.;* »Erlass«›: Befreiung von einer allgemein geltenden Vorschrift für einen jeweiligen Einzelfall (bes. im kath. Kirchenrecht)

Dis|pen|sa|ti|on *die;* -, -en ‹*lat.*›: ↑Dispensierung; vgl. ...ation/...ierung

Dis|pen|sa|to|ri|um *das;* -s, ...ien: Arzneibuch

Dis|pens|ehe *die;* -, -n: Ehe, die mit kirchlichem Dispens [von bestehenden Ehehindernissen] geschlossen wird

dis|pen|sie|ren: 1. jmdn. von etwas befreien, beurlauben. **2.** Arzneien bereiten u. abgeben

Dis|pen|sie|rung *die;* -, -en: **1.** Befreiung von einer Verpflichtung. **2.** Bereitung u. Abgabe einer Arznei; vgl. ...ation/...ierung

di|s|pers ‹*lat.*›: zerstreut; fein verteilt; **disperse Phase** (Physik, Chemie): der in einer Flüssigkeit je nach seiner Größe in grober, feiner od. feinster Form verteilte Stoff; ↑Phase (3)

Di|s|per|si|on *die;* -, -en: **1.** feinste Verteilung eines Stoffes in einem anderen in der Art, dass seine Teilchen in dem anderen schweben. **2.** (Physik) **a)** Abhängigkeit der Fortpflanzungsgeschwindigkeit einer Wellenbewegung (z. B. Licht, Schall) von der Wellenlänge bzw. der Frequenz; **b)** Zerlegung von weißem Licht in ein farbiges Spektrum.

3. (Statistik) Streuung der Einzelwerte vom Mittelwert

Dis|placed Per|son ['dɪspleɪsd 'pəːsn̩] *die;* - -, - -s ⟨*engl.*⟩: Ausländer, der während des Zweiten Weltkriegs nach Deutschland [zur Zwangsarbeit] verschleppt wurde (Abk.: D. P.)

Dis|play [auch: dɪs'pleɪ] *das;* -s, -s ⟨*engl.*⟩: **1.** Gerät od. Bauteil, das Informationen optisch darstellt; elektronische Anzeige. **2.** (Werbespr.) **a)** werbewirksames Auf-, Ausstellen von Waren; **b)** Dekorationselement, das den ausgestellten Gegenstand in den Blickpunkt rücken soll

Dis|play|er [...'pleɪɐ] *der;* -s, -: Entwerfer von Dekorationen u. Verpackungen

Dis|play|e|rin [...'pleɪə...] *die;* -, -nen: weibliche Form zu ↑Displayer

Di|spon|de|us *der;* -, ...een ⟨*gr.-lat.*⟩: doppelter ↑Spondeus (– – – –)

Dis|po|nent *der;* -en, -en: **1.** kaufmännischer Angestellter, der mit besonderen Vollmachten ausgestattet ist u. einen größeren Unternehmensbereich leitet. **2.** (Theater) künstlerischer Vorstand, der für den Vorstellungs- u. Probenplan, für die Platzmieten u. für den Einsatz der Schauspieler u. Sänger verantwortlich ist

Dis|po|nen|tin *die;* -, -nen: weibliche Form zu ↑Disponent

dis|po|ni|bel ⟨*lat.-nlat.*⟩: verfügbar

Dis|po|ni|bi|li|tät *die;* -: Verfügbarkeit

dis|po|nie|ren ⟨*lat.*⟩: **a)** in bestimmter Weise verfügen; **b)** im Voraus [ein]planen, kalkulieren

dis|po|niert: 1. a) [bes. für einen künstlerischen Vortrag] in einer bestimmten Verfassung; **b)** [bes. in Bezug auf eine bestimmte Krankheit o. Ä.] empfänglich; **c)** zu etwas eine Veranlagung, Begabung besitzend. **2.** (Orgelbau) aus einer Anzahl von Orgelregistern kombiniert

Dis|po|si|ti|on *die;* -, -en: **1. a)** das Verfügenkönnen; freie Verwendung; **b)** Planung, das Sicheinrichten auf etwas; **c)** Gliederung, Plan. **2. a)** bestimmte Veranlagung, Empfänglichkeit, innere Bereitschaft zu etwas; **b)** (Med.) Empfänglichkeit, Anfälligkeit für Krankheiten. **3.** Anzahl u. Art der Register bei der Orgel

Dis|po|si|ti|ons|kre|dit *der;* -[e]s, -e (Bankw.): [1]Kredit (2 a), der dem Inhaber eines Lohn- od. Gehaltskontos erlaubt, sein Konto in bestimmter Höhe zu überziehen; Überziehungskredit

dis|po|si|tiv ⟨*lat.-nlat.*⟩: anordnend, verfügend; **dispositives Recht:** rechtlich vorgeschriebene Regelung, die durch die daran Beteiligten geändert werden kann

Dis|po|si|tiv *das;* -s, -e (bes. schweiz.): **a)** Absichts-, Willenserklärung; **b)** Gesamtheit aller Personen u. Mittel, die für eine bestimmte Aufgabe eingesetzt werden können, zur Disposition (1 a) stehen

Dis|pro|por|ti|on [auch: 'dɪs...] *die;* -, -en ⟨*lat.-nlat.*⟩: Missverhältnis

Dis|pro|por|ti|o|na|li|tät [auch: 'dɪs...] *die;* -, -en: Missverhältnis, bes. in der Konjunkturtheorie

dis|pro|por|ti|o|niert [auch: 'dɪs...]: schlecht proportioniert, ungleich

Dis|put *der;* -[e]s, -e ⟨*lat.-fr.*⟩: kontrovers geführtes Gespräch; Streitgespräch

dis|pu|ta|bel ⟨*lat.*⟩: strittig; Ggs. ↑indisputabel

Dis|pu|tant *der;* -en, -en: jmd., der an einem Disput teilnimmt

Dis|pu|tan|tin *die;* -, -nen: weibliche Form zu ↑Disputant

Dis|pu|ta|ti|on *die;* -, -en: [wissenschaftliches] Streitgespräch

dis|pu|tie|ren: ein [wissenschaftliches] Streitgespräch führen; diskutieren

Dis|qua|li|fi|ka|ti|on *die;* -, -en ⟨*lat.-engl.*⟩: **1.** Ausschließung vom Wettbewerb bei sportlichen Kämpfen wegen Verstoßes gegen eine sportliche Regel; vgl. ...ation/...ierung. **2.** Untauglichkeit

dis|qua|li|fi|zie|ren: a) einen Sportler wegen groben Verstoßes gegen eine sportliche Regel vom Kampf ausschließen; **b)** für untauglich erklären

Dis|qua|li|fi|zie|rung *die;* -, -en: ↑Disqualifikation; vgl. ...ation/...ierung

dis|sen ⟨*amerik.*⟩ (Rapperjargon): verächtlich machen, schmähen

Dis|sens *der;* -es, -e ⟨*lat.*⟩: Meinungsverschiedenheit in Bezug auf bestimmte Fragen o. Ä.; Ggs. ↑Konsens

Dis|sen|ter *der;* -s, -[s] ⟨*lat.-engl.;* »anders Denkender«⟩: Mitglied einer [protestantischen] Kirche in Großbritannien, die sich von der Staatskirche getrennt hat

dis|sen|tie|ren ⟨*lat.*⟩: abweichender Meinung sein

Dis|ser|tant *der;* -en, -en ⟨*lat.*⟩: ↑Doktorand

Dis|ser|tan|tin *die;* -, -nen: weibliche Form zu ↑Dissertant

Dis|ser|ta|ti|on *die;* -, -en ⟨*lat.;* »Erörterung«⟩: schriftliche wissenschaftliche Abhandlung zur Erlangung des Doktorgrades (Abk.: Diss.)

dis|ser|tie|ren: an einer Dissertation arbeiten

dis|si|dent ⟨*lat.-engl.*⟩: von einer offiziellen Meinung o. Ä. abweichend; oppositionell

Dis|si|dent *der;* -en, -en ⟨*lat.;* »Getrennter«⟩: **1.** jmd., der außerhalb einer staatlich anerkannten Religionsgemeinschaft steht; Konfessionsloser. **2.** jmd., der mit der offiziellen [politischen] Meinung nicht übereinstimmt; anders Denkender, Abweichler

Dis|si|den|tin *die;* -, -nen: weibliche Form zu ↑Dissident

dis|si|die|ren: a) anders denken; **b)** [aus der Kirche] austreten

d

Dis|si|mi|la|ti|on *die;* -, -en ⟨*lat.;* »Entähnlichung«⟩: **1.** Änderung eines von zwei gleichen od. ähnlichen Lauten in einem Wort od. Unterdrückung des einen von ihnen (z. B. Ausfall eines *n* in König, aus früherem kuning); Ggs. ↑Assimilation (1 b). **2.** Abbau u. Verbrauch von Körpersubstanz unter Energiegewinnung; Ggs. ↑Assimilation (2). **3.** (Soziol.) Wiedergewinnung einer eigenen Volks- od. Gruppeneigenart

dis|si|mi|lie|ren: 1. (Sprachw.) zwei ähnliche od. gleiche Laute in einem Wort durch den Wandel des einen Lautes unähnlich machen, stärker voneinander abheben; vgl. Dissimilation (1). **2.** (Biol.) höhere organische Verbindungen beim Stoffwechsel unter Freisetzung von Energie in einfachere zerlegen

Dis|si|mu|la|ti|on *die;* -, -en: bewusste Verheimlichung von Krankheiten od. Krankheitssymptomen

dis|si|mu|lie|ren: (bes. eine Krankheit od. ihre Symptome) verbergen, verheimlichen

Dis|si|pa|ti|on *die;* -, -en ⟨*lat.;* »Zerstreuung, Zerteilung«⟩: Übergang einer umwandelbaren Energieform in Wärmeenergie

Dis|si|pa|ti|ons|sphä|re *die;* -: äußerste Schicht der Atmosphäre in über 800 km Höhe; vgl. Exosphäre

dis|si|pie|ren (Fachspr.): **1.** zerstreuen. **2.** umwandeln

dis|so|lu|bel ⟨*lat.*⟩: löslich, auflösbar, zerlegbar

Dis|so|lu|ti|on *die;* -, -en ⟨*lat.*⟩: **1.** (Med.) Auflösung, Trennung. **2.** Zügellosigkeit

dis|sol|vie|ren: auflösen, schmelzen

dis|so|nant ⟨*lat.*⟩: **1.** (Musik) misstönend, nach Auflösung strebend. **2.** unstimmig, unschön

Dis|so|nanz *die;* -, -en: **1.** (Musik) Zusammenklang von Tönen, der als Missklang empfunden wird u. nach der überlieferten Harmonielehre eine Auflösung fordert. **2.** Unstimmigkeit, Differenz

dis|so|nie|ren: 1. dissonant klingen. **2.** nicht übereinstimmen

Dis|so|zi|a|ti|on *die;* -, -en ⟨*lat.;* »Trennung«⟩: **1.** (Psychol.) psychische Störung, die durch den Zerfall zusammengehörender Denk-, Handlungs- od. Verhaltensabläufe in weitgehend unkontrollierte Einzelheiten gekennzeichnet ist (z. B. Gedächtnisstörungen, ↑Halluzinationen). **2.** (Med.) Störung des geordneten Zusammenspiels von Muskeln, Organteilen od. Empfindungen. **3.** (Chemie) Zerfall von ↑Molekülen in einfachere Bestandteile

dis|so|zi|ie|ren ⟨*lat.*⟩: **1.** trennen, auflösen. **2.** (Chemie) **a)** in ↑Ionen od. ↑Atome aufspalten; **b)** in Ionen zerfallen

Dis|stress [...st...], **Dys|stress** [ˈdʏs...] *der;* -es, -e ⟨*gr.; engl.*⟩: lang andauernder, starker ↑Stress (1); Ggs. ↑Eustress

di|s|tal ⟨*lat.-nlat.*⟩ (Biol., Med.): weiter von der Körpermitte (bei Blutgefäßen: vom Herzen) bzw. charakteristischen Bezugspunkten entfernt liegend als andere Körper- oder Organteile; Ggs. ↑proximal

Di|s|tanz *die;* -, -en ⟨*lat.*⟩: **1.** Abstand, Entfernung. **2. a)** (Leichtathletik, Pferderennsport) zurückzulegende Strecke; **b)** (Boxsport) Gesamtzeit der angesetzten Runden. **3.** (ohne Plural) Reserviertheit, abwartende Zurückhaltung

Di|s|tanz|ge|schäft *das;* -[e]s, -e: Kaufvertrag, bei dem der Käufer die Ware nicht an Ort u. Stelle einsehen kann, sondern aufgrund eines Musters od. Katalogs bestellt; Ggs. ↑Lokogeschäft

di|s|tan|zie|ren ⟨*lat.-fr.*⟩: **1. a)** von jmdm., etwas abrücken; Abstand nehmen; **b)** jmds. Verhalten nicht billigen. **2.** (Sport) in einem Wettkampf überrunden, besiegen

di|s|tan|ziert: Zurückhaltung wahrend; auf [gebührenden] Abstand bedacht

Di|s|tanz|re|lais [...rəˈlɛː] *das;* -, -: ↑Relais (1), das bei Kurzschluss den Wechselstromwiderstand u. damit die Entfernung zwischen seiner Einbaustelle u. der Kurzschlussstelle misst

Di|s|tanz|wech|sel *der;* -s, - (Wirtsch.): Wechsel, bei dem Ausstellungs- u. Zahlungsort verschieden sind

di|s|ti|chisch, di|s|ti|chi|tisch: 1. das Distichon betreffend. **2.** aus metrisch ungleichen Verspaaren bestehend; Ggs. ↑monostichisch

Di|s|ti|cho|my|thie *die;* -, ...ien: aus zwei Verszeilen (vgl. Distichon) bestehende Form des Dialogs im Versdrama; vgl. Stichomythie

Di|s|ti|chon *das;* -s, ...chen ⟨*gr.-lat.*⟩: aus zwei Verszeilen, bes. aus ↑Hexameter u. ↑Pentameter bestehende Verseinheit; vgl. Elegeion

di|s|tin|guie|ren [dɪstɪŋˈgiː...] ⟨*lat.*⟩: unterscheiden, in besonderer Weise abheben

di|s|tin|guiert: vornehm; sich durch betont gepflegtes Auftreten o. Ä. von anderen abhebend

di|s|tinkt ⟨*lat.*⟩: klar u. deutlich [abgegrenzt]

Di|s|tink|ti|on *die;* -, -en ⟨*lat.-fr.*⟩: **1. a)** Auszeichnung, [hoher] Rang; **b)** (österr.) Rangabzeichen. **2.** Unterscheidung

di|s|tink|tiv: unterscheidend; **distinktive Merkmale** (Sprachw.): bedeutungsunterscheidende Eigenschaften einer sprachlichen Einheit, die durch Vergleich mit anderen sprachlichen Einheiten festgestellt werden

Dis|tor|si|on *die;* -, -en ‹*lat.*›: **1.** (Med.) Verstauchung eines Gelenks; vgl. Luxation. **2.** (Optik) Bildverzerrung, -verzeichnung

dis|tra|hie|ren ‹*lat.*›: **a)** auseinanderziehen, trennen; **b)** (veraltet) zerstreuen, ablenken

Dis|trak|ti|on *die;* -, -en: **1.** (veraltet) Zerstreuung. **2.** Zerrung von Teilen der Erdkruste durch ↑tektonische Kräfte. **3.** (Med.) das Auseinanderziehen von ineinander verschobenen Bruchenden (zur Einrichtung von Knochenbrüchen)

Dis|tri|bu|ent *der;* -en, -en ‹*lat.*›: Verteiler

Dis|tri|bu|en|tin *die;* -, -nen: weibliche Form zu ↑Distribuent

dis|tri|bu|ie|ren: verteilen, austeilen

Dis|tri|bu|ti|on *die;* -, -en ‹*lat.-(engl.)*›: **1.** Verteilung. **2.** (Math.) verallgemeinerte Funktion, die sich durch Erweiterung des mathematischen Funktionsbegriffs ergibt. **3.** (Sprachw.) Summe aller Umgebungen, in denen eine sprachliche Einheit vorkommt im Gegensatz zu jenen, in denen sie nicht erscheinen kann

dis|tri|bu|tiv: **1. a)** (Sprachw.) eine sich wiederholende Verteilung angebend; **b)** in bestimmten Umgebungen vorkommend. **2.** (Math.) nach dem Distributivgesetz verknüpft

Dis|tri|bu|tiv|ge|setz *das;* -es: die Verknüpfungen mathematischer Größen bei Addition u. Multiplikation regelndes Gesetz

Dis|tri|bu|ti|vum *das;* -s, ...va (Sprachw.): Numerale, das das Verteilen einer bestimmten Menge auf gleichbleibende kleinere Einheiten ausdrückt; Verteilungszahlwort (z. B.: je)

Dis|tri|bu|tiv|zahl *die;* -, -en: ↑Distributivum

Dis|tri|bu|tor *der;* -s, ...oren ‹*lat.-engl.*› (Wirtsch.): **a)** Verkäufer; **b)** Vertriebsgesellschaft

Dis|zi|p|lin *die;* -, -en ‹*lat.*›: **1.** (ohne Plural) auf Ordnung bedachtes Verhalten; Unterordnung, bewusste Einordnung. **2. a)** Wissenschaftszweig, Spezialgebiet einer Wissenschaft; **b)** Teilbereich, Unterabteilung einer Sportart

Dis|zi|p|li|nar|ge|walt *die;* -: die rechtliche Gewalt des Staates seinen Beamten gegenüber

dis|zi|p|li|na|risch: **a)** der Dienstordnung gemäß; **b)** streng

Dis|zi|p|li|nar|stra|fe *die;* -, -n: aufgrund einer Disziplinarordnung verhängte Strafe

dis|zi|p|li|nell: ↑disziplinarisch (a)

dis|zi|p|li|nie|ren ‹*lat.-nlat.*›: **a)** an ↑Disziplin (1) gewöhnen, dazu erziehen; **b)** (selten) maßregeln

dis|zi|p|li|niert: **a)** an bewusste Einordnung gewöhnt; **b)** zurückhaltend, beherrscht, korrekt; sich nicht gehenlassend

Dis|zi|p|li|nie|rung *die;* -, -en: das Disziplinieren; das Diszipliniertwerden

dis|zi|p|lin|los: ohne Disziplin (1)

Di|thy|ram|be *die;* -, -n ‹*gr.-lat.*›: **a)** kultisches Weihelied auf Dionysos; **b)** Loblied, begeisternde Würdigung

di|thy|ram|bisch: begeistert

Di|thy|ram|bus *der;* -, ...ben ‹*gr.-lat.*›: ↑Dithyrambe

di|to ‹*lat.-it.-fr.;* »besagt«›: dasselbe, ebenso (steht stellvertretend für vorher Genanntes; Abk.: do., dto.); vgl. detto

Di|tro|chä|us *der;* -, ...äen ‹*gr.-lat.*›: doppelter ↑Trochäus (–◡–◡)

Dit|to|gra|fie, Dit|to|gra|phie *die;* -, ...ien ‹*gr.-nlat.;* »Doppelschreibung«›: **1.** fehlerhafte Wiederholung eines Buchstabens, einer Silbe, eines Wortes in handgeschriebenen od. gedruckten Texten. **2.** doppelte Lesart od. Fassung einzelner Stellen in antiken Texten

Di|u|re|se *die;* -, -n ‹*gr.-nlat.*› (Med.): Harnausscheidung

Di|u|re|ti|kum *das;* -s, ...ka ‹*gr.-lat.*›: harntreibendes Mittel

di|u|re|tisch ‹*gr.-lat.*› (Med.): harntreibend

Di|ur|nal *das;* -s, -e, **Di|ur|na|le** *das;* -, ...lia ‹*lat.-mlat.;* »das Tägliche«›: Gebetbuch der katholischen Geistlichen mit den Tagesgebeten; Auszug aus dem ↑Brevier (1 a)

Di|va *die;* -, -s u. ...ven ‹*lat.-it.;* »die Göttliche«›: **1. a)** gefeierte Sängerin, [Film]schauspielerin [die durch exzentrische Allüren von sich reden macht]; **b)** jmd., der durch besondere Empfindlichkeit, durch eine gewisse Exzentrik o. Ä. auffällt. **2. a)** Beiname altrömischer Göttinnen; **b)** Titel der nach ihrem Tode vergöttlichten römischen Kaiserinnen

di|ver|gent ‹*lat.-nlat.*›: **1.** entgegengesetzt, unterschiedlich; Ggs. ↑konvergent; vgl. divergierend. **2.** (Math.) keinen Grenzwert habend

Di|ver|genz *die;* -, -en: das Auseinandergehen, das Auseinanderstreben (von Meinungen, Zielen o. Ä.); Ggs. ↑Konvergenz (1, 4, 5)

di|ver|gie|ren: auseinandergehen, -streben; Ggs. ↑konvergieren (b)

di|ver|gie|rend: auseinandergehend, in entgegengesetzter Richtung verlaufend; Ggs. ↑konvergierend

di|vers ‹*lat.*›: einige, mehrere [verschiedene]

Di|ver|si|fi|ka|ti|on *die;* -, -en ‹1: *lat.-nlat.;* 2: *lat.-engl.*›: **1.** Veränderung, Abwechslung, Vielfalt. **2.** (Wirtsch.) Ausweitung der Produktion eines Unternehmens auf neue, bis dahin nicht erzeugte Produkte

d

di|ver|si|fi|zie|ren ‹*lat.-engl.*›: ein Unternehmen auf neue Produktions- bzw. Produktbereiche umstellen

Di|ver|si|on *die;* -, -en ‹1: *lat.;* 2: *lat.-russ.*›: **1.** (veraltet) Angriff von der Seite, Ablenkung. **2.** (DDR) Sabotage gegen den Staat. **3.** (Rechtswiss.) Absehen von einer Strafverfolgung zugunsten einer Resozialisierung des Täters

Di|ver|si|tät *die;* - ‹*lat.*›: Vielfalt, Vielfältigkeit

di|ver|tie|ren ‹*lat.-fr.*› (veraltet): ergötzen, belustigen

Di|ver|ti|men|to *das;* -s, -s u. ...ti ‹*lat.-it.*›: **1.** einer Suite od. Sonate ähnliche, heitere Instrumentalkomposition. **2.** ↑Potpourri (1). **3.** freies, die strenge Thematik auflockerndes Zwischenspiel in der Fuge

Di|ver|tis|se|ment [divɛrtɪsə'mã:] *das;* -s, -s ‹*lat.-fr.*›: **1.** Gesangs- od. Balletteinlage in französischen Opern des 17. u. 18. Jh.s. **2.** (selten) ↑Divertimento

Di|vi|dend *der;* -en, -en (Math.): Zahl, die durch eine andere geteilt wird; Ggs. ↑Divisor

Di|vi|den|de *die;* -, -n ‹*lat.-fr.*›: der jährlich auf eine Aktie entfallende Anteil am Reingewinn

di|vi|die|ren: teilen; Ggs. ↑multiplizieren (1)

di|vi|na|to|risch ‹*lat.-nlat.*›: vorahnend, seherisch

Di|vi|ni|tät *die;* - ‹*lat.*›: Göttlichkeit; göttliches Wesen

Di|vis *das;* -es, -e ‹*lat.*›: **1.** (veraltet) Teilungszeichen. **2.** (Druckw.) Bindestrich

Di|vi|si|on *die;* -, -en ‹1: *lat.;* 2: *lat.-fr.*›: **1.** (Math.) Teilung; Ggs. ↑Multiplikation. **2.** militärische Einheit

Di|vi|si|o|när *der;* -s, -e ‹*lat.-fr.*› (bes. schweiz.): Befehlshaber einer Division

Di|vi|sor *der;* -s, ...oren ‹*lat.*› (Math.): Zahl, durch die eine andere geteilt wird; Ggs. ↑Dividend

Di|wan *der;* -s, -e ‹*pers.-türk.-roman.*›: **1.** (veraltend) niedrige gepolsterte Liege ohne Rückenlehne. **2.** (Geschichte) türkischer Staatsrat. **3.** orientalische Gedichtsammlung

Di|xie *der;* -[s] (ugs.): Kurzform von ↑Dixieland

Di|xie|land [...lɛnt] *der;* -[s], **Di|xie|land-Jazz** [...dʒæz] *der;* -, **Di|xie|land|jazz** [...dʒæz] *der;* - ‹*amerik.*›: Variante des Jazz, die dem ↑Ragtime ähnelt

DJ ['di:dʒeɪ] *der;* -[s], -s: kurz für: ↑Discjockey

Dja|maa [dʒ...] vgl. Dschamaa

DJane [di'dʒeɪn] *die;* -, -s: weibliche Form zu ↑DJ

do ‹*it.*›: Silbe, auf die man den Ton c singen kann; vgl. Solmisation

Dock *das;* -s, -s, (selten:) -e ‹*niederl.* od. *engl.*›: Anlage zum Ausbessern von Schiffen

Do|cker *der;* -s, -: Hafenarbeiter

Do|cking *das;* -s, -s ‹*engl.*›: Ankoppelung eines Raumfahrzeugs an ein anderes

do|de|ka|disch: ↑duodezimal

Do|de|ka|eder *das;* -s, - ‹*gr.*›: **1.** ein von 12 Flächen begrenzter Körper. **2.** Kurzform von ↑Pentagondodekaeder

Do|de|ka|fo|nie, **Do|de|ka|pho|nie** *die;* -: Zwölftonmusik

Do|ga|res|sa *die;* -, ...ssen ‹*lat.-it.*›: Gemahlin des ↑Dogen

Dog|cart ['dɔgkɑ:t] *der;* -s, -s ‹*engl.;* »Hundekarren«›: offener, zweirädriger Einspänner [für die Jagd]

Do|ge ['do:ʒə] *der;* -n, -n ‹*lat.-it.;* »Herzog«› (Geschichte): **a)** (ohne Plural) Titel des Staatsoberhauptes in Venedig u. Genua; **b)** Träger dieses Titels

Dog|ge *die;* -, -n ‹*engl.*›: großer, schlanker Haus- u. Wachhund (eine Hunderasse)

¹Dog|ger *der;* -s, - ‹*niederl.*›: niederländisches Fischereifahrzeug

²Dog|ger *der;* -s ‹*engl.*›: mittlere ↑Formation (5 a) des Juras; Brauner Jura; vgl. ²Jura

Dog|ma *das;* -s, ...men ‹*gr.-lat.*›: fester, als Richtschnur geltender [religiöser, kirchlicher] Lehr-, Glaubenssatz

Dog|ma|tik *die;* -, -en ‹*gr.-nlat.*›: wissenschaftliche Darstellung der [christlichen] Glaubenslehre

Dog|ma|ti|ker *der;* -s, -: **1.** starrer Verfechter einer Ideologie, Anschauung od. Lehrmeinung. **2.** Lehrer der Dogmatik

Dog|ma|ti|ke|rin *die;* -, -nen: weibliche Form zu Dogmatiker

dog|ma|tisch ‹*gr.-lat.*›: starr an eine Ideologie od. Lehrmeinung gebunden bzw. daran festhaltend

dog|ma|ti|sie|ren: zum Dogma erheben

Dog|ma|tis|mus *der;* - ‹*gr.-nlat.*›: starres Festhalten an Anschauungen od. Lehrmeinungen

Dog|skin *das;* -[s] ‹*engl.;* »Hundefell«›: Leder aus kräftigem Schaffell

Do-it-your|self-Be|we|gung *die;* -: Bewegung,

die für die eigene Ausführung handwerklicher Arbeiten plädiert

Dok|tor *der;* -s, ...oren ‹*lat.-mlat.;* »Lehrer«): **1. a)** (ohne Plural) höchster akademischer Grad (Abk.: Dr.); **b)** jmd., der den Doktortitel hat (Abk.: Dr., im Plur. Dres., d. h. doctores). **2.** (ugs.) Arzt

Dok|to|rand *der;* -en, -en: jmd., der sich mit einer Dissertation auf seine Promotion vorbereitet (Abk.: Dd.)

Dok|to|ran|din *die;* -, -nen: weibliche Form von ↑Doktorand

Dok|to|rat *das;* -[e]s, -e: **1.** Doktorprüfung. **2.** Doktorgrad

dok|to|rie|ren (veraltet): **1.** den Doktorgrad erlangen. **2.** an der ↑Dissertation arbeiten

Dok|t|rin *die;* -, -en ‹*lat.*›: etwas, was als Grundsatz, programmatische Festlegung gilt

dok|t|ri|när ‹*lat.-fr.*›: **1. a)** auf einer Doktrin beruhend; **b)** in der Art einer Doktrin. **2.** (abwertend) theoretisch starr u. einseitig

Dok|t|ri|när *der;* -s, -e: Verfechter, Vertreter einer Doktrin

Dok|t|ri|na|ris|mus *der;* - ‹*nlat.*› (abwertend): wirklichkeitsfremdes, starres Festhalten an bestimmten Theorien od. Meinungen

Do|ku *die;* -, -s (ugs.): kurz für ↑Dokumentation (1 c), ↑Dokumentarfilm u. Ä.

Do|ku|ment *das;* -[e]s, -e ‹*lat.*›: **1.** Urkunde, Schriftstück. **2.** Beweisstück, Beweis. **3.** (EDV) strukturierte Menge von Daten; Datei

Do|ku|men|ta|list *der;* -en, -en ‹*lat.-nlat.*›: ↑Dokumentar

Do|ku|men|ta|lis|tin *die;* -, -nen: weibliche Form zu ↑Dokumentalist

Do|ku|men|tar *der;* -s, -e: jmd., der nach einer wissenschaftlichen Fachausbildung in einem Dokumentationszentrum od. in einer Spezialbibliothek tätig ist (Berufsbez.)

Do|ku|men|tar|film *der;* -[e]s, -e: Film, der Begebenheiten u. Verhältnisse möglichst genau, den Tatsachen entsprechend zu schildern versucht

Do|ku|men|ta|rin *die;* -, -nen: weibliche Form zu ↑Dokumentar

do|ku|men|ta|risch: amtlich, urkundlich; beweiskräftig

Do|ku|men|ta|rist *der;* -en, -en: jmd., der Dokumentarberichte, -filme o. Ä. herstellt

Do|ku|men|ta|ris|tin *die;* -, -nen: weibliche Form zu ↑Dokumentarist

Do|ku|men|tar|spiel *das;* -[e]s, -e: besondere Produktion des Fernsehens, in der ein historisches Ereignis in einer Spielhandlung nachgestaltet wird

Do|ku|men|ta|ti|on *die;* -, -en: **1. a)** Zusammenstellung, Ordnung u. Nutzbarmachung von Dokumenten u. [Sprach]materialien jeder Art (z. B. Akten, Zeitschriftenaufsätze); **b)** das Zusammengestellte; **c)** aus dokumentarischen Texten, Originalaufnahmen bestehende Sendung o. Ä. **2.** beweiskräftiges Zeugnis, anschaulicher Beweis

do|ku|men|tie|ren: **1.** zeigen. **2.** [durch Dokumente] beweisen

Do|ku|soap, Do|ku-Soap [...soʊp] *die;* -, -s ‹*engl.*›: in Fortsetzungen erscheinender Dokumentarbericht mit mehr od. weniger stark inszeniertem Ablauf, der bewusst unterhaltsam od. anrührend gestaltet ist

dol|ce [ˈdɔltʃə] ‹*lat.-it.*› (Musik): sanft, weich, lieblich (Vortragsanweisung)

dol|ce far ni|en|te: »süß ists, nichts zu tun«

Dol|ce|far|ni|en|te *das;* -: süßes Nichtstun

Dol|ce Vi|ta *das* od. *die;* - - ‹»süßes Leben«›: luxuriöses Leben, das aus Müßiggang u. Vergnügungen besteht

do|lie|ren vgl. dollieren

Do|li|ne *die;* -, -n ‹*slowen.*› (Geogr.): trichterförmige Vertiefung der Erdoberfläche, bes. im ↑Karst

Dol|lar *der;* -[s], -s (aber: 30 Dollar) ‹*niederd.-amerik.*›: Währungseinheit in den USA, in Kanada u. anderen Ländern (1 Dollar = 100 Cent; Zeichen: $)

Dol|lar|scrip *der;* -s, -s: Spezialgeldschein für die amerikanische Besatzungstruppe nach 1945; vgl. Scrip

dol|lie|ren ‹*lat.-fr.*›: Leder abschaben, abschleifen

Dol|ly *der;* -[s], -s ‹*engl.*›: **a)** fahrbares Stativ für eine Filmkamera; **b)** fahrbarer Kamerawagen mit aufmontierter Kamera

Dol|man *der;* -s, -e ‹*türk.(-ung.)*›: **1.** geschnürte Jacke der alttürkischen Tracht. **2.** mit Schnüren besetzte Jacke der Husaren. **3.** kaftanartiges Frauengewand in den ehemals türkischen Gebieten des Balkans

Dol|men *der;* -s, - ‹*breton.-fr.;* »Steintisch«›: tischförmig gebautes Steingrab der Jungsteinzeit u. frühen Bronzezeit

Dol|metsch *der;* -[e]s, -e ‹*Mitanni-türk.-ung.*›: **a)** (österr., sonst selten) ↑Dolmetscher; **b)** Fürsprecher

dol|met|schen: **a)** einen gesprochenen od. geschriebenen Text für jmdn. mündlich übersetzen; **b)** als ↑Dolmetscher tätig sein

Dol|met|scher *der;* -s, -: jmd., der [berufsmäßig] mündlich übersetzt

Dol|met|sche|rin *die;* -, -nen: weibliche Form zu ↑Dolmetscher

Do|lo|mit [auch: ...'mɪt] *der;* -s, -e ‹*fr.-nlat.;* nach dem fr. Mineralogen Dolomieu›: **1.** ein Mineral. **2.** ein Sedimentgestein

do|lo|ro|so ‹*lat.-it.*› (Musik): klagend, betrübt, trauervoll (Vortragsanweisung)

d

do|los ‹*lat.*› (Rechtsspr.): vorsätzlich

Do|lus *der;* - (Rechtsspr.): Arglist, böser Vorsatz

Do|lus even|tu|a|lis *der;* - - (Rechtsspr.): bedingter Vorsatz, d. h. bewusstes Inkaufnehmen der Nebenfolgen einer Tat

[1]**Dom** *der;* -[e]s, -e ‹*lat.-it.-fr.;* »Haus (der Christengemeinde)«›: Bischofs-, Haupt-, Stiftskirche mit ausgedehntem ↑[1]Chor (1)

[2]**Dom** *der;* -[e]s, -e ‹*gr.-provenzal.-fr.*›: **1.** Kuppel, gewölbte Decke. **2.** gewölbter Aufsatz eines Dampfkessels od. Destillierapparats

[3]**Dom** *der;* - ‹*lat.-port.;* »Herr«›: in Verbindung mit dem Taufnamen gebrauchte port. Bez. für Herr

[4]**Dom** *der;* -s, -s ‹*sanskr.-Hindi*›: Angehöriger einer niedrigen ↑Kaste Indiens

Do|ma *das;* -s, ...men ‹*gr.-lat.*›: Kristallfläche, die zwei Kristallachsen schneidet

Do|main [do'meɪn] *die;* -, -s od. *das;* -[s], -s ‹*lat.-fr.-engl.*›: **1.** Teilbereich eines elektronischen Netzwerks (meist Bestandteil einer Internetadresse). **2.** in einem Netzwerk miteinander verbundene Gruppe von Computern, die im Internet durch einen gemeinsamen Namen identifiziert werden

Do|mä|ne *die;* -, -n ‹*lat.-fr.;* »Herrschaftsgebiet«›: **1.** Staatsgut, -besitz. **2.** Spezialgebiet; Gebiet, auf dem sich jmd. besonders betätigt o. Ä. **3.** ↑Domain

Do|mes|tik *der;* -en, -en ‹*lat.-fr.*›: **1.** (meist Plural; veraltet) Dienstbote. **2.** Radrennfahrer, der dem besten Fahrer einer Mannschaft im Straßenrennen Hilfsdienste leistet

Do|mes|ti|ka|ti|on *die;* -, -en: Zähmung u. [planmäßige] Züchtung von Haustieren u. Kulturpflanzen aus Wildtieren bzw. Wildpflanzen

Do|mes|ti|ke *der;* -n, -n: ↑Domestik

Do|mes|ti|kin *die;* -, -nen: **1.** weibliche Form zu ↑Domestik (1). **2.** (Jargon) Masochistin, die sadistische Handlungen an sich vornehmen lässt

do|mes|ti|zie|ren: 1. Haustiere u. Kulturpflanzen aus Wildformen züchten. **2.** zähmen, bändigen

[1]**Do|mi|na** *die;* -, ...nä ‹*lat.;* »(Haus)herrin«›: Stiftsvorsteherin

[2]**Do|mi|na** *die;* -, -s: Prostituierte, die sadistische Handlungen an einem Masochisten vornimmt

do|mi|nant: 1. (Biol.) vorherrschend, überdeckend (von Erbfaktoren); Ggs. ↑rezessiv (1). **2.** beherrschend, bestimmend

Do|mi|nan|te *die;* -, -n ‹*lat.-it.*›: **1.** vorherrschendes Material. **2.** (Musik) **a)** Quinte; fünfte Stufe der ↑diatonischen Tonleiter; **b)** Durdreiklang über der Quinte einer Dur- od. Molltonleiter

Do|mi|nanz *die;* -, -en ‹*lat.-nlat.*›: **1.** (Biol.) Eigenschaft von Erbfaktoren, sich gegenüber anderen Erbfaktoren desselben Gens sichtbar durchzusetzen; Ggs. ↑Rezessivität. **2. a)** das Dominieren (1 a); **b)** das Dominieren (1 b); Vorherrschaft

Do|mi|nat *der* od. *das;* -[e]s, -e ‹*lat.*›: absolutes, göttlich sanktioniertes römisches Kaisertum

do|mi|nie|ren: 1. a) bestimmen, herrschen, vorherrschen; **b)** jmdn., etwas beherrschen. **2.** sadistische Handlungen an einem Masochisten vornehmen

Do|mi|ni|ka|ner *der;* -s, - ‹*mlat.*›: Angehöriger des vom hl. Dominikus im Jahre 1215 gegründeten Predigerordens (Abk.: O. P. od. O. Pr.)

[1]**Do|mi|no** *das;* -s, -s ‹*lat.-it.-fr.*›: Spiel, bei dem rechteckige, mit Punkten versehene Steine nach einem bestimmten System aneinandergelegt werden

[2]**Do|mi|no** *der;* -s, -s (österr.): (österr.) Spielstein im [1]Domino

Do|mi|no|ef|fekt *der;* -[e]s ‹nach den in der Art einer Kettenreaktion umfallenden hintereinander aufgestellten Dominosteinen›: durch ein Ereignis ausgelöste Folge von weiteren gleichartigen od. ähnlichen Ereignissen

Do|mi|nus *der;* -, ...ni ‹*lat.*› (katholische Liturgie): Gott der Herr

Do|mi|zil *das;* -s, -e ‹*lat.*›: **1.** Wohnsitz, Wohnhaus. **2.** Zahlungsort [von Wechseln]. **3.** (Astrol.) einem bestimmten Planeten zugeordnetes Tierkreiszeichen

Dom|ka|pi|tel *das;* -s, -: Gemeinschaft von Geistlichen an bischöflichen Kirchen, die für die Gestaltung des Gottesdienstes verantwortlich sind u. den Bischof beraten

Dom|ka|pi|tu|lar *der;* -s, -e: Mitglied des Domkapitels

Domp|teur [...'tøːɐ̯] *der;* -s, -e ‹*lat.-fr.*›: Tierbändiger

Domp|teu|rin [...'tøːrɪn] *die;* -, -nen, **Domp|teu|se** [...'tøːzə] *die;* -, -n: Tierbändigerin

Don (ohne Artikel) ‹*lat.-span.* u. *lat.-it.*›: **a)** in Verbindung mit dem Vornamen gebrauchte spanische Bezeichnung für Herr; **b)** in Verbindung mit dem Vornamen gebrauchter Titel der Priester u. der Angehörigen bestimmter Adelsfamilien in Italien

Do|ña ['dɔnja] (ohne Artikel) ‹*lat.-span.*›: in Verbindung mit dem Vornamen gebrauchte spanische Bezeichnung für Frau

Do|na̲|tor *der;* -s, ...o̲ren ‹*lat.;* »Spender«›: **1.** (schweiz., sonst veraltet) Stifter, Geber (bes. eines Buches). **2.** (Physik, Chemie) Atom od. Molekül, das beim Ablauf einer chemischen Reaktion ²Elektronen (1) od. Ionen abgibt

Do|na|to̲|rin *die;* -, -nen: weibliche Form zu ↑Donator (1)

Dö̲|ner *der;* -s, -: Kurzform von ↑Döner Kebab

Dö̲|ner Ke̲|bab *der;* - -[s], - -s, **Dö̲|ner Ke̲|bap** *der;* - -[s], - -s, **Dö̲|ner|ke|bab** *der;* -s, -s, **Dö̲|ner|ke|bap** *der;* -s, -s ‹*(arab.-)türk.*›: Kebab aus an einem senkrecht stehenden Spieß gebratenem, stark gewürztem Fleisch mit Fladenbrot, Knoblauchsoße u. weiteren Zutaten

Don|jon [dõ'ʒõ] *der;* -s, -s ‹*fr.*›: Hauptturm einer mittelalterlichen Burg in Frankreich

Don Ju|an [dɔn 'xu̯an, auch: dõ'ʒu̯ã:] *der;* - -s, - -s ‹nach der gleichnamigen Sagengestalt in der span. Literatur›: Mann, der ständig neue erotische Beziehungen sucht; Frauenheld

Don Qui|chotte [dɔnki'ʃɔt, auch: dõ...] *der;* - -[s], - -s ‹*span.-fr.;* Romanheld bei Cervantes›: lächerlich wirkender Schwärmer, dessen Tatendrang an den realen Gegebenheiten scheitert

Don|qui|chot|te|ri̲e̲ *die;* -, ...i̯en: törichtes, von Anfang an aussichtsloses Unternehmen aus weltfremdem Idealismus

Don Qui|jo|te, Don Qui|xo|te [dɔnki'xo:tə] ‹*span.*›: ↑Don Quichotte

Dont|ge|schäft ['dõ:...] *das;* -[e]s, -e ‹*fr.; dt.*› (Börsenw. veraltend): Börsengeschäft, bei dem die Erfüllung des Vertrages erst zu einem späteren Termin, aber zum Kurs des Abschlusstages erfolgt

Do|nut, Dough|nut ['doʊnat] *der;* -s, -s ‹*amerik.*›: rundes Hefegebäck mit einem Loch in der Mitte

Do|pa|mi̲n *das;* -s, -e ‹Kunstw.› (Biochemie): die Muttersubstanz der Hormone ↑Adrenalin u. Noradrenalin

Dope [do:p] *das;* -s ‹*niederl.-engl.*›: Rauschgift, bes. Haschisch

do̲|pen [auch: 'doʊpn̩]: durch (verbotene) Anregungsmittel zu einer vorübergehenden sportlichen Höchstleistung zu bringen versuchen

Do̲|ping [auch: 'doʊ...] *das;* -s, -s: (unerlaubte) Anwendung von Anregungsmitteln zur vorübergehenden Steigerung der sportlichen Leistung

Do̲p|pel|nel|son *der;* -[s], -[s]: doppelter ↑Nelson beim Ringen u. Rettungsschwimmen

Do̲pp|ler|ef|fekt *der;* -[e]s ‹nach dem österr. Physiker u. Mathematiker Chr. Doppler (1803–1853)› (Physik): Frequenzänderung je nach der abnehmenden od. zunehmenden Entfernung eines Erzeugers von Schall- od. Lichtwellen

Do|ra̲|de *die;* -, -n ‹*lat.-fr.*›: Goldmakrele

Do|ra̲|do vgl. Eldorado

Do|ra̲nt *der;* -[e]s, -e ‹*mlat.*›: (nach altem Volksglauben) zauberbrechende od. -abwehrende Pflanze (z. B. Löwenmaul)

do̲|risch ‹nach dem altgriech. Stamm der Dorer›: **a)** die [Kunst der] Dorer betreffend; **b)** aus der Landschaft Doris stammend; **dorische Tonart** (Musik): eine der drei altgriechischen Stammtonarten, aus der sich die auf dem Grundton d stehende Haupttonart im mittelalterlichen System der Kirchentonarten entwickelte

Dor|mi|to̲|ri|um *das;* -s, ...ien ‹*lat.*›: **a)** Schlafsaal in einem Kloster; **b)** Teil eines Klostergebäudes, der die Einzelzellen enthält

dor|sa̲l ‹*lat.-mlat.*›: **1.** (Med.) **a)** zum Rücken gehörend; **b)** am Rücken, an der Rückseite gelegen; zur Rückseite, zum Rücken hin; rückseitig. **2.** (Sprachw.) mit dem Zungenrücken gebildet (von Lauten)

Do̲s *die;* -, Dotes ['do:te:s] ‹*lat.*› (Rechtsspr.): Mitgift

dos à dos [doza'do:] ‹*lat.-vulgärlat.-fr.*› (Ballett): Rücken an Rücken

Do|sa|ge [do'za:ʒə] *die;* -, -n ‹*fr.*›: das Zusetzen von in Wein gelöstem Zucker bei der Schaumweinherstellung

do|si̲e̲|ren ‹*gr.-mlat.-fr.*›: [eine bestimmte Menge] ab-, zumessen

Do|si̲e̲|rung *die;* -, -en: **1.** das Dosieren. **2.** abgemessene, dosierte Menge von etwas

Do|si|me̲|ter *das;* -s, - ‹*gr.-nlat.*›: Gerät zur Messung der vom Menschen aufgenommenen Menge an radioaktiven Strahlen

Do|si|me|t|ri̲e̲ *die;* -, ...i̯en: Messung der Energiemenge von Strahlen (z. B. von Röntgenstrahlen)

Do̲|sis *die;* -, ...sen ‹*gr.-mlat.*›: entsprechende, zugemessene [Arznei]menge

Dos|si|er [dɔ'si̯e:] *das,* veraltet: *der;* -s, -s ‹*lat.-vulgärlat.-fr.*›: **1.** umfänglichere Akte, in der alle zu einer Sache, einem Vorgang gehörenden Schriftstücke enthalten sind. **2.** (bes. in der Presse) Dokumentation zu einem bestimmten Thema

Do|ta|ti|o̲n *die;* -, -en ‹*lat.-mlat.*›: **1.** Schenkung, Zuwendung von Geld od. anderen Vermögenswerten. **2.** Mitgift; vgl. ...ation/...ierung

Do̲t|com *das* -s, -s u. *die;* -, -s ‹*engl.*›: Bezeichnung für ein Unternehmen der ↑New Economy, das seine Geschäfte hauptsächlich im Internet abwickelt

do|tie|ren ⟨*lat.(-fr.)*⟩: **1.** (in Bezug auf gehobene berufliche Positionen) in bestimmter Weise bezahlen. **2.** mit einer bestimmten Geldsumme o. Ä. ausstatten. **3.** (Physik) (zur gezielten Veränderung der elektrischen Leitfähigkeit) Fremdatome in Halbleitermaterial einbauen

Do|tie|rung *die;* -, -en: **1.** das Dotieren. **2.** Entgelt, Gehalt, bes. in gehobeneren Angestelltenpositionen; vgl. ...ation/...ierung

dou|beln ['du:bl̩n] ⟨*lat.-fr.*⟩: **a)** die Rolle eines Filmschauspielers bei gefährlichen Szenen, bei Proben o. Ä. übernehmen; **b)** eine Szene mit einem Double (1 a) besetzen

Dou|ble ['du:bl̩] *das;* -s, -s: **1. a)** jmd., der einen Darsteller doubelt; **b)** Doppelgänger(in). **2.** (Musik) Variation eines Satzes der ↑Suite (4) durch Verdoppelung der Notenwerte u. Verzierung der Oberstimme. **3.** (Sport) Gewinn der Meisterschaft u. des Pokalwettbewerbs durch dieselbe Mannschaft in einer Spielzeit

Dough|nut ['doʊnat] vgl. Donut

down [daʊn] ⟨*engl.*⟩ (ugs.): sich körperlich, psychisch auf einem Tiefstand befindend; zerschlagen, ermattet; niedergeschlagen, bedrückt

Down|hill ['daʊnhɪl] *das,* auch *der;* -s, -s ⟨*engl.*⟩: Abfahrtsrennen [von Berggipfeln] mit speziellen Mountainbikes

Dow|ning Street ['daʊnɪŋ stri:t] *die;* - - ⟨nach dem engl. Politiker Sir George Downing⟩: **1.** Straße in London mit dem Amtssitz des britischen Premierministers. **2.** (ohne Artikel) die britische Regierung

Down|load ['daʊnloʊd] *der* od. *das;* -s, -s ⟨*engl.*⟩ (EDV): das Downloaden; Ggs. ↑Upload

down|loa|den (EDV): Daten von einem Computer, aus dem Internet herunterladen

down|shif|ten ['daʊnʃɪftn̩] ⟨*engl.*⟩: bewusst auf beruflichen Aufstieg, Konsum und Luxus o. Ä. verzichten, um zu mehr innerer Ruhe zu finden

Down|shif|ting ['daʊnʃɪftɪŋ] *das;* -s, -s (Plural selten): das Downshiften

Down|syn|drom, Down-Syn|drom ['daʊn...] *das;* -s ⟨nach dem britischen Arzt J. L. H. Down, 1828–1896⟩: (früher meist *Mongolismus* genanntes) genetisch bedingtes, durch schwerwiegende Entwicklungsstörungen u. Veränderungen gekennzeichnetes Erscheinungsbild eines Menschen

Do|y|en [doa'jɛ̃:] *der;* -s, -s ⟨*lat.-fr.*⟩: dienstältester diplomatischer Vertreter u. meist Sprecher eines diplomatischen Korps

Do|yenne [...'jɛn] *die;* -, -n [...nən]: weibliche Form zu ↑Doyen

Do|zent *der;* -en, -en ⟨*lat.;* »Lehrender«⟩: **a)** Lehrer an einer Hochschule, Fachhochschule od. Volkshochschule; **b)** Lehrer an einer Universität, der noch nicht zum Professor ernannt ist; **c)** Privatdozent

Do|zen|tin *die;* -, -nen: weibliche Form zu ↑Dozent

Do|zen|tur *die;* -, -en ⟨*lat.-nlat.*⟩: **a)** akademischer Lehrauftrag; **b)** Stelle für eine Dozentin/einen Dozenten

do|zie|ren ⟨*lat.*⟩: **a)** an einer Hochschule lehren; **b)** in belehrendem Ton reden

Drach|me *die;* -, -n ⟨*gr.-lat.*⟩: **1.** frühere griechische Währungseinheit. **2.** (Geschichte) ein Apothekergewicht unterschiedlicher Größe

Dra|gee, Dra|gée [...'ʒe:] *das;* -s, -s ⟨*gr.-lat.-fr.*⟩: **1.** mit einem Glanzüberzug versehene Süßigkeit, die eine feste oder flüssige Masse enthält. **2.** linsenförmige Arznei, die aus einem Arzneimittel mit einem geschmacksverbessernden Überzug besteht

Dra|go|man [auch: ...'ma:n] *der;* -s, -e ⟨*arab.-mgr.-it.*⟩: [einheimischer, sich als Fremdenführer betätigender] Dolmetscher im Nahen Osten

Dra|gon, Dra|gun *der od. das;* -s ⟨*arab.-roman.*⟩: ↑Estragon

Dra|go|na|de *die;* -, -n ⟨*gr.-lat.-fr.*⟩: **a)** (Geschichte) von Ludwig XIV. angeordnete Gewaltmaßnahme zur Bekehrung der französischen Protestanten durch Einquartierung von Dragonern; **b)** gewaltsame Maßregel

Dra|go|ner *der;* -s, - (Geschichte): Kavallerist auf leichterem Pferd, leichter Reiter

Dra|gun vgl. Dragon

Drain [drɛ:n, drɛ̃:] vgl. Drän

Drai|na|ge [drɛ'na:ʒə] vgl. Dränage

drai|nie|ren [drɛ...] vgl. dränieren

Drai|si|ne [auch: drɛ...] *die;* -, -n ⟨nach dem dt. Erfinder K. F. Drais Freiherr v. Sauerbronn (1785–1851)⟩: **1.** Vorläufer des Fahrrads, Laufrad. **2.** kleines Schienenfahrzeug zur Streckenkontrolle

dra|ko|nisch ⟨nach dem altgriech. Gesetzgeber Drakon⟩: sehr streng, hart

Dra|lon® *das;* -[s] ⟨Kunstw.⟩: synthetische Faser

Dra|ma *das;* -s, ...men ⟨*gr.-lat.;* »Handlung, Geschehen«⟩: **1. a)** (ohne Plural) Bühnenstück: Tragödie u. Komödie umfassende literarische Gattung, in der eine Handlung durch die beteiligten Personen auf der Bühne dargestellt wird; **b)** Schauspiel [mit tragischem Ausgang]. **2.** erschütterndes od. trauriges Geschehen

Dra|ma̱|tik *die;* -: **1.** dramatische Dichtkunst. **2.** Spannung, innere Bewegtheit

Dra|ma̱|ti|ker *der;* -s, -: Verfasser von Dramen

Dra|ma̱|ti|ke|rin *die;* -, -nen: weibliche Form zu ↑Dramatiker

dra|ma̱|tisch: 1. das Drama (1 a) betreffend, kennzeichnend, zum Drama gehörend. **2. a)** aufregend u. spannungsreich; **b)** drastisch, einschneidend

dra|ma|ti|sie̱|ren ⟨*nlat.*⟩: **1.** einen literarischen Stoff als Drama für die Bühne bearbeiten. **2.** etwas lebhafter, aufregender darstellen, als es in Wirklichkeit ist

Dra|ma|tu̩rg *der;* -en, -en ⟨*gr.;* »Schauspielmacher, -dichter«⟩: literatur- u. theaterwissenschaftlicher Berater bei Theater, Funk u. Fernsehen

Dra|ma|tur|gie̱ *die;* -, ...i̱en: **1.** Lehre von der äußeren Bauform u. den Gesetzmäßigkeiten der inneren Struktur des Dramas, bes. im Hinblick auf die praktische Realisierung. **2.** Bearbeitung u. Gestaltung eines Dramas, Hörspiels, [Fernseh]films o. Ä. **3.** Abteilung der beim Theater, Funk od. Fernsehen beschäftigten Dramaturgen

Dra|ma|tu̩r|gin *die;* -, -nen: weibliche Form zu ↑Dramaturg

dra|ma|tu̩r|gisch: 1. die Dramaturgie (1) betreffend. **2.** die Kunst der Gestaltung eines Stücks, einer Szene betreffend. **3.** die Dramaturgie (3) betreffend

Drä̱n *der;* -s, -s u. -e, **Drain** [drɛ:n, drɛ̃:] *der;* -s, -s ⟨*engl.-fr.*⟩: **1.** Entwässerungsgraben, -röhre. **2.** (Med.) Röhrchen aus Gummi od. anderem Material mit seitlichen Öffnungen

Drä|na̱|ge, Drai|na̱|ge [drɛˈna:ʒə] *die;* -, -n: **1.** (Technik) System von Gräben od. Rohren zur Entwässerung des Bodens. **2.** (Med.) Ableitung von Wundabsonderungen, Flüssigkeiten [nach außen] mithilfe eines Gummi- od. Glasröhrchens

drä|nie̱|ren, drai|nie̱|ren [drɛ...]: **1.** den Boden durch ↑Dränung entwässern. **2.** (Med.) Wundabsonderungen, Flüssigkeiten durch Dräns ableiten

Drä̱|nung *die;* -, -en: Entwässerung des Bodens durch Röhren- od. Grabensysteme, die das überschüssige Wasser sammeln u. ableiten

Drap [dra] *der;* - ⟨*vulgärlat.-fr.*⟩: festes Wollgewebe

Dra|pé̱ vgl. Drapee

Dra|pee, Dra|pé̱ *der;* -s, -s ⟨*vulgärlat.-fr.*⟩: feiner, einfarbiger Anzug- od. Kostümstoff aus Kammgarn [u. Streichgarn]

Dra|pe|rie̱ *die;* -, ...i̱en: **1.** kunstvoller Faltenwurf eines Vorhangs od. Kleides. **2.** strahlenförmiges Nordlicht

dra|pie̱|ren: 1. kunstvoll in Falten legen. **2.** mit kunstvoll gefaltetem Stoff behängen, schmücken. **3.** Gegenstände kunstvoll anordnen

dra̩s|tisch ⟨*gr.*⟩: **a)** anschaulich-derb [und auf diese Weise sehr wirksam]; **b)** sehr stark, deutlich in seiner [negativen] [Aus]wirkung spürbar

dra|wi̱|disch: zu der Völkergruppe der Drawida in Mittel- u. Südindien gehörend

Dread|locks [ˈdrɛd...] *die* (Plural) ⟨*engl.;* »Furchtlocken«⟩: (als Frisur getragene) durch Kämmen gegen den Strich verfilzte Haarsträhnen

Dre̩ss *der;* - u. -es, -e, österr.: *die;* -, -en ⟨*lat.-vulgärlat.-fr.-engl.*⟩: besondere Kleidung (z. B. Sportkleidung)

Dress|code, Dress-Code [ˈdrɛskoʊd] *der;* -s, -s ⟨*engl.*⟩: Kleiderordnung für Büro, Veranstaltungen u. Partys

Dres|seur [...ˈsø:ɐ̯] *der;* -s, -e ⟨*lat.-vulgärlat.-fr.*⟩: jmd., der Tiere dressiert, abrichtet

Dres|seu|rin [...ˈsø:rɪn] *die;* -, -nen: weibliche Form zu ↑Dresseur

dres|sie̱|ren: 1. a) Tiere abrichten; einem Tier bestimmte Fähigkeiten beibringen; **b)** (abwertend) jmdn. durch Disziplinierung zu einer bestimmten Verhaltensweise bringen. **2. a)** einem Gericht, bes. Geflügel, durch Zusammenbinden od. -nähen vor dem Braten eine zum Servieren geeignete Form geben; **b)** mit einer Creme o. Ä. verzieren, die aus einem Spritzbeutel gedrückt wird; **c)** durch Ausdrücken aus einem Spritzbeutel bestimmte Formen aus Teig, Creme o. Ä. bilden. **3.** Hüte unter Dampf in der Hutpresse formen. **4.** (Spinnerei) Schappeseide kämmen. **5.** (Technik) nachwalzen

Dre̩s|sing *das;* -s, -s ⟨*lat.-vulgärlat.-fr.-engl.*⟩: **1.** Marinade (1); Salatsoße. **2.** Kräuter- od. Gewürzmischung für Bratenfüllungen

Dre̩ss|man [...mən] *der;* -s, ...men [...mən] ⟨*dt. Bildung aus engl.* **dress** u. **man**⟩: **1. a)** männliche Person, die auf Modeschauen Herrenkleidung vorführt; **b)** männliches Fotomodell. **2.** (verhüllend in Anzeigen) junger Mann, der sich prostituiert

Dres|su̱r *die;* -, -en ⟨*lat.-vulgärlat.-fr.-nlat.*⟩: **1. a)** das Abrichten von Tieren; **b)** (abwertend) die Disziplinierung von Personen. **2.** Kunststück eines dressierten Tieres

dri̩b|beln (Sport): den Ball, die Scheibe (beim Hockey) durch kurze Stöße [über größere Strecken] vorwärtstreiben

d

Dribb|ling *das;* -s, -s: das Dribbeln
Drink *der;* -s, -s ⟨*engl.*⟩: alkoholisches [Misch]getränk
Drive [draif, engl.: draɪv] *der;* -s, -s ⟨*engl.*⟩: **1. a)** Schwung, Lebendigkeit, Dynamik; **b)** Neigung, starker Drang, Tendenz. **2.** besonderer Schlag (Treibschlag) beim Golfspiel u. Tennis. **3.** Steigerung der rhythmischen Intensität u. Spannung im Jazz
Dri|ver ['draivɐ] *der;* -s, -: **1.** Golfschläger für Abschlag und Treibschlag. **2.** (EDV) Programm (4), mit dem ein peripheres Gerät (z. B. ein Drucker) gesteuert wird; Treiber
Dro|ge *die;* -, -n ⟨*niederd.-fr.*⟩: **1. a)** Rauschgift; **b)** (veraltend) Arzneimittel. **2.** (durch Trocknen haltbar gemachter) pflanzlicher od. tierischer Stoff, der als Arznei-, Gewürzmittel u. für technische Zwecke verwendet wird
Dro|gen|dea|ler [...di:lɐ] *der;* -s, -: Rauschgifthändler; vgl. Dealer
Dro|ge|rie *die;* -, ...ien: Einzelhandelsgeschäft zum Verkauf von bestimmten, nicht apothekenpflichtigen Heilmitteln, Chemikalien u. kosmetischen Artikeln
Dro|gist *der;* -en, -en: Besitzer od. Angestellter einer Drogerie mit spezieller Ausbildung
Dro|gis|tin *die;* -, -nen: weibliche Form zu ↑Drogist
Dro|me|dar [auch: 'dro:...] *das;* -s, -e ⟨*gr.-lat.-fr.;* »Renner, Rennkamel«⟩: einhöckeriges Kamel in Nordafrika u. Arabien
Dron|te *die;* -, -n ⟨*fr.*⟩: (im 17. Jh. ausgestorbener) flugunfähiger Kranichvogel
Drop-down-Me|nü [...'daun...] *das;* -s, -s ⟨*(engl.; lat.-fr.) engl.*⟩ (EDV): Auswahlfenster, das sich unterhalb des Mauszeigers od. einer Menüleiste öffnet
Drop|kick *der;* -s, -s ⟨*engl.*⟩: Schuss (bes. beim Fußball), bei dem der Ball in dem Augenblick gespielt wird, in dem er auf den Boden aufprallt
Drop-out, Drop|out [...|aut] *der;* -[s], -s ⟨*engl.*⟩: **1. a)** jmd., der aus der sozialen Gruppe ausbricht, in die er integriert war; **b)** das Aufgeben, Beenden, Abbrechen einer [gemeinschaftlichen] Unternehmung, insbes. des Studiums. **2.** (Technik) durch unbeschichtete Stellen im Magnettonband od. Schmutz zwischen Band u. Tonkopf verursachtes Aussetzen in der Schallaufzeichnung
Drops *der;* -, - u. -e ⟨*engl.;* »Tropfen«⟩: **1.** (auch: *das;* meist Plural) ungefüllter, flacher, runder Fruchtbonbon. **2.** (ugs.) jmd., der durch sein Wesen, Benehmen auffällt
Drosch|ke *die;* -, -n ⟨*russ.*⟩: **1.** (Geschichte) leichtes ein- oder zweispänniges Mietfuhrwerk zur Beförderung von Personen. **2.** (veraltet) Taxi
Drug|store ['dragstɔ:] *der;* -[s], -s ⟨*engl.-amerik.*⟩: (bes. in den USA) Verkaufsgeschäft für alle Artikel des täglichen Bedarfs
Dru|i|de *der;* -n, -n ⟨*kelt.-lat.*⟩: keltischer Priester der vorchristlichen Zeit
Dru|i|din *die;* -, -nen: weibliche Form zu ↑Druide
dru|i|disch: zu den Druiden gehörend, die Druiden betreffend
Drum [dram] *die;* -, -s ⟨*engl.*⟩: **a)** engl. Bez. für Trommel; **b)** (nur Plural) Schlagzeug (bes. im Jazz)
Drum|com|pu|ter ['dram...] *der;* -s, -: elektronisches Schlagzeug
Drum|lin [engl.: 'drʌmlɪn] *der;* -s, -s u. Drums ⟨*kelt.-engl.*⟩: von Eiszeitgletschern geformter, lang gestreckter Hügel aus Grundmoränenschutt
Drum|mer ['dramɐ, 'drʌmɐ] *der;* -s, - ⟨*engl.*⟩: Schlagzeuger in einer Band
Drum|me|rin *die;* -, -nen: weibliche Form zu ↑Drummer
Dru|se *der;* -n, -n ⟨*arab.;* nach dem Gründer Ad Darasi, 1017 n. Chr.⟩: Angehöriger einer islamischen Sekte im Libanon u. in Syrien
dry [drai] ⟨*engl.;* »trocken«⟩: herb, trocken (von [Schaum]weinen u. anderen alkoholischen Getränken)
Dry|a|de *die;* -, -n (meist Plural) ⟨*gr.-lat.*⟩ (gr. Mythologie): Waldnymphe
Dscha|maa, Dja|maa [dʒ...] *die;* - ⟨*arab.*⟩ (islam. Rel.): Gemeinschaft der rechtgläubigen Muslime (die sich in Abgrenzung gegen alle Neuerungen an die wahre überlieferte Glaubenslehre halten)
Dsche|bel *der;* -[s] ⟨*arab.*⟩: Berg, Gebirge (in arabischen erdkundlichen Namen)
Dschi|had *der;* - ⟨*arab.;* »zielgerichtetes Mühen«⟩: in Europa oft als »heiliger Krieg« bezeichneter Kampf der Muslime zur Verteidigung u. Ausbreitung des ↑Islams
Dschinn *der;* -s, - u. -en ⟨*arab.;* »Dämonen«⟩: böser Geist (im [vor]islam. Volksglauben)
Dschun|gel *der,* selten: *das;* -s, - ⟨*Hindi-engl.*⟩: undurchdringlicher tropischer Sumpfwald
Dschun|ke *die;* -, -n ⟨*malai.-port.*⟩: chinesisches Segelschiff mit flachem Schiffsrumpf u. rechteckigen, aus Bast geflochtenen Segeln
DTP = Desktop-Publishing
du|al ⟨*lat.*⟩: eine Zweiheit bildend
Du|al *der;* -s, -e, **Du|a|lis** *der;* -, Duale: **1.** (Sprachw.) neben Singular u. Plural eigener Numerus (3) für zwei Dinge od. Wesen, der

heute nur noch in den slawischen u. baltischen Sprachen auftritt. **2.** (Kunstschach) vom Verfasser nicht beabsichtigte [Teil]nebenlösung eines Schachproblems

Du|a|lis|mus *der;* -, ...men: **1. a)** Zweiheit; **b)** Gegensätzlichkeit; Polarität zweier Faktoren. **2.** philosophisch-religiöse Lehre, nach der es nur zwei voneinander unabhängige ursprüngliche Prinzipien im Weltgeschehen gibt (z. B. Gott–Welt; Leib–Seele; Geist–Stoff); Ggs. ↑Monismus. **3.** Rivalität zweier Staaten od. zwischen zwei Parteien

Du|a|list *der;* -en, -en: Vertreter des Dualismus (2)

du|a|lis|tisch: 1. den Dualismus betreffend. **2.** zwiespältig, gegensätzlich

Du|a|li|tät *die;* - ‹*lat.*›: **1.** Zweiheit, Doppelheit; wechselseitige Zuordnung zweier Begriffe. **2.** (Math.) Eigenschaft zweier geometrischer Gebilde, die es gestattet, aus Kenntnissen über das eine Sätze über das andere abzuleiten

Du|al|sys|tem *das;* -s, -e: **1.** (ohne Plural) Zahlensystem, das als Basis die Zahl zwei verwendet u. mithilfe von nur zwei Zahlenzeichen (0 u. 1) alle Zahlen als Potenzen von 2 darstellt. **2.** (Soziol.) zweiseitiges Abstammungs-, Verwandtschaftsverhältnis

Dub|bing ['dabɪŋ] *das;* -s, -s ‹*engl.*›: das Überspielen, Kopieren von Video- od. Tonaufnahmen

du|bi|os, du|bi|ös ‹*lat.(-fr.)*›: zweifelhaft, fragwürdig

du|bi|ta|tiv: zweifelhaft, Zweifel ausdrückend

Du|bi|um *das;* -s, ...ia u. ...ien: Zweifelsfall

Du|b|let|te *die;* -, -n: **1.** doppelt vorhandenes Stück (in einer Sammlung o. Ä.). **2.** (Jägerspr.) das Erlegen von zwei Stück Wild mit zwei rasch aufeinanderfolgenden Schüssen aus einem Gewehr. **3.** Edelstein[imitation] aus zwei durch Übereinanderpressen zusammengesetzten verschiedenen Teilen. **4.** (Boxen) unmittelbar nacheinander erfolgende Abfolge von zwei Schlägen mit derselben Hand. **5.** (Druckw.) schlechter, unscharfer, durch doppelten Rand des Schriftbildes gekennzeichneter Druck

Du|b|lo|ne *die;* -, -n ‹*lat.-span.-fr.*›: frühere spanische Goldmünze

Du|b|lü|re *die;* -, -n ‹*lat.-fr.*›: **1. a)** (veraltend) Unterfutter; **b)** Aufschlag an Uniformen. **2.** (Buchw.) verzierte Innenseite des Buchdeckels; Spiegel

Duc [dyk] *der;* -[s], -s ‹*lat.-fr.;* »Herzog«›: höchste Rangstufe des Adels in Frankreich

Du|chesse [dy'ʃɛs] *die;* -, -n [...sn̩] ‹*lat.-fr.*›: **1.** (ohne Plural) schweres [Kunst]seidengewebe mit glänzender Vorder- u. matter Rückseite in Atlasbindung. **2.** Herzogin (in Frankreich)

Duck|dal|be *die;* -, -n (meist Plural), seltener: **Dück|dal|be** *die;* -, -n (meist Plural), **Duck|dal|ben** *der;* -s, - (meist Plural), seltener: **Dück|dal|ben** *der;* -s, - (meist Plural) ‹*niederl.;* nach dem Herzog von Alba (Duc d'Albe)› (Seemannsspr.): eingerammte Pfahlgruppe zum Festmachen von Schiffen im Hafen

Duc|tus *der;* -, - [...tu:s] ‹*lat.;* »Führung, Leitung«› (Med.): Gang, Kanal, Ausführungsgang von Drüsen; vgl. Duktus

due ‹*lat.-it.*› (Musik): zwei; a due (zu zweit)

Du|ell *das;* -s, -e ‹*lat.-fr.*›: Zweikampf

Du|el|lant *der;* -en, -en ‹*lat.-mlat.*›: jmd., der sich mit einem anderen duelliert

du|el|lie|ren, sich: ein Duell austragen

Du|en|ja *die;* -, -s ‹eingedeutschte Form von *span.* dueña = »Herrin«› (veraltet): Anstandsdame, Erzieherin

Du|ett *das;* -[e]s, -e ‹*lat.-it.*›: **a)** Komposition für zwei Singstimmen; **b)** (Musik) zweistimmiger musikalischer Vortrag

Duf|fle|coat ['dafl̩ko:t] *der;* -s, -s ‹anglisierende Neubildung zum Namen der belgischen Stadt Duffel u. *engl.* coat = »Mantel«›: dreiviertellanger, meist mit Knebeln zu schließender Sportmantel

du jour [dy'ʒu:ɐ̯] ‹*lat.-fr.;* »vom Tage«› (veraltet): vom Dienst; **du jour sein:** mit dem für einen bestimmten, immer wiederkehrenden Tag festgelegten Dienst an der Reihe sein

Du|ka|ten *der;* -s, - ‹*lat.-mlat.-it.*›: frühere Goldmünze

Duke [dju:k] *der;* -[s], -s ‹*lat.-fr.-engl.;* »Herzog«›: höchste Rangstufe des Adels in England

Duk|tus *der;* -: **a)** Schriftzug, Linienführung der Schriftzeichen; **b)** charakteristische Art der [künstlerischen] Formgebung; vgl. Ductus

Dul|zi|nea *die;* -, ...een ‹*lat.-span.;* nach der Angebeteten des Don Quichotte› (scherzh. abwertend): Freundin, Geliebte

Dum|dum *das;* -[s], -[s], **Dum|dum|ge|schoss** *das;* -es, -e ‹*angloind.*›: (völkerrechtlich verbotenes) Infanteriegeschoss mit abgekniffener Spitze u. dadurch freiliegendem Bleikern, das große Wunden verursacht

Dum|my ['dami] *der;* -s, -s ‹*engl.;* »Attrappe; Schaufensterpuppe«›: **a)** lebensgroße, bei Unfalltests in Kraftfahrzeugen verwendete [Kunst]stoffpuppe; **b)** (auch *das*) Attrappe, Schaupackung, Probeband (für Werbezwecke)

Dump [damp] *der;* -s, -s ‹*engl.*› (EDV): Speicherauszug, das Sichtbarmachen eines zusammenhängenden Teils eines Speichers

Dum|ping ['dampɪŋ] *das;* -s (Wirtsch.): Export einer Ware unter ihrem Inlandpreis, um damit einen ausländischen Markt zu erobern

Dun|king ['daŋkɪŋ] *der;* -s, -s ‹*engl.*› (Basketball): Korbwurf, bei dem die Hände der od. des Werfenden oberhalb des Korbrings sind

d

Duo *das;* -s, -s ‹*lat.-it.*›: **1.** Komposition für zwei meist ungleiche [Instrumental]stimmen. **2. a)** zwei gemeinsam musizierende Solisten; **b)** zwei Personen, die eine [strafbare] Handlung gemeinsam ausführen (z. B. ein Gaunerduo)

Duo|de|num *das;* -s, ...na ‹*lat.*› (Med.): Zwölffingerdarm

Duo|dez *das;* -es: Buchformat in der Größe eines zwölftel Bogens (Zeichen: 12^0)

Duo|dez|fürs|ten|tum *das;* -s, ...tümer (iron.): sehr kleines Fürstentum

duo|de|zi|mal ‹*lat.-nlat.*›: auf das Duodezimalsystem bezogen

Duo|de|zi|mal|sys|tem *das;* -s: Zahlensystem mit der Grundzahl 12

Duo|de|zi|me *die;* -, -n ‹*lat.-it.*›: **a)** zwölfter Ton einer ↑diatonischen Tonleiter; **b)** Intervall von zwölf diatonischen Tonstufen

Duo|dez|staat *der;* -[e]s, -en: sehr kleiner Staat

dü|pie|ren ‹*fr.*›: täuschen, überlisten, zum Narren halten

Du|pla: *Plural* von ↑Duplum

Du|plex|be|trieb *der;* -[e]s, -e ‹*lat.; dt.*›: **1.** Telegrafieverfahren, bei dem zu gleicher Zeit über die gleiche Leitung in verschiedenen Richtungen telegrafiert wird. **2.** Betrieb eines Computersystems in der Weise, dass bei seinem Ausfallen auf ein bereitstehendes gleichartiges System ausgewichen werden kann

Du|plik *die;* -, -en ‹*lat.-fr.*› (Rechtsspr. veraltet): Gegenerklärung des Beklagten auf eine ↑Replik (1 b)

Du|pli|kat *das;* -[e]s, -e ‹*lat.*›: Zweitausfertigung, Zweitschrift, Abschrift

Du|pli|ka|ti|on *die;* -, -en: **1.** das Duplizieren; Verdopplung. **2.** (Genetik) Verdopplung eines Chromosomenabschnitts

du|pli|zie|ren ‹*lat.*›: verdoppeln

Du|pli|zi|tät *die;* -, -en: **1.** Doppelheit; doppeltes Vorkommen, Auftreten von etwas. **2.** (veraltet) Zweideutigkeit

Du|plum *das;* -s, ...pla: ↑Duplikat

Dur *das;* -[s] ‹*lat.*›: Tongeschlecht aller Tonarten, bei denen nur ein Halbton zwischen der dritten u. vierten sowie der siebten u. achten Stufe der Tonleiter liegt; Ggs. ↑ [1]Moll

du|ra|bel: dauerhaft, bleibend

Dur|ak|kord *der;* -[e]s, -e: Akkord in Dur

Dur|alu|min® *das;* -s: sehr feste Aluminiumlegierung

du|ra|tiv [auch: ...'ti:f] ‹*lat.-nlat.*›: andauernd, anhaltend; **durative Aktionsart:** ↑Aktionsart eines Verbs, die die Dauer eines Seins od. Geschehens ausdrückt

Du|ro|plast *der,* auch: *das;* -[e]s, -e (meist Plural) ‹*lat.; gr.*›: in Hitze härtbarer, aber nicht schmelzbarer Kunststoff

Dur|ra *die;* - ‹*arab.*›: afrikanische Hirseart, die als Brotgetreide verwendet wird

Dust [dast] *der;* -[s] ‹*engl.;* »Staub«›: feinste Teeaussiebung

Dutch|man ['datʃmən] *der;* -s, ...men [...mən] ‹*engl.;* »Holländer«›: abwertende Bezeichnung Englisch sprechender Matrosen für deutsche Seeleute

Du|ty-free-Shop ['dju:tɪ'fri:ʃɔp] *der;* -s, -s ‹*engl.*›: ladenähnliche Einrichtung im Bereich eines Flughafens o. Ä., wo man Waren zollfrei kaufen kann

Du|um|vir *der;* -s u. -n, -n ‹*lat.*› (Geschichte): römischer Titel für die Beamten verschiedener Zweimannbehörden in Rom bzw. in römischen Kolonien u. ↑Munizipien

Du|um|vi|rat *das;* -[e]s, -e: Amt u. Würde der Duumvirn

Du|vet [dyvɛ] *das;* -s, -s ‹*altnord.-fr.*› (schweiz.): Daunendecke, Federbett

Duve|tine [dyf'ti:n] *der;* -s, -s ‹*fr.*›: Samtimitation aus [Baum]wolle od. Chemiefaser

Dux *der;* -, Duces ['du:tse:s] ‹*lat.*› (Musik): meist einstimmiges Fugenthema in der Haupttonart, das im ↑Comes (2) mündet

DVD [de:fau'de:] *die;* -, -s ‹Abk. für *engl.* **d**igital **v**ersatile **d**isc »vielseitige Digitalplatte«›: einer CD-ROM ähnlicher Datenträger für Audio- u. Videosignale mit hoher Speicherkapazität

DVD-Play|er [...pleɪɐ] *der;* -s, -: Gerät zum Abspielen von DVDs

Dy|a|de *die;* -, -n ‹*gr.-lat.;* »Zweiheit«›: **1.** (Math.) Zusammenfassung zweier Einheiten (Begriff aus dem Gebiet der Vektorrechnung). **2.** (Soziol.) Paarverhältnis

dy|a|disch: dem Zweiersystem zugehörend

Dy|as *die;* - ‹*gr.-lat.*› (veraltet): Perm

Dyn ‹Kurzform von *gr.* dýnamis; »Kraft«›: Einheit der Kraft im ↑CGS-System (Zeichen: dyn)

Dy|na|mik *die;* -, -en ‹*gr.-lat.*›: **1.** (ohne Plural) Lehre vom Einfluss der Kräfte auf die Bewegungsvorgänge von Körpern. **2.** (Plural selten) **a)** auf Veränderung, Entwicklung gerichtete

Kraft; Triebkraft; **b)** dynamische (2 b) Art, dynamisches (2 b) Wesen. **3.** (Musik) Differenzierung der Tonstärke

Dy|na|mis *die;* - (Philos.): Kraft, Vermögen, eine Änderung herbeizuführen

dy|na|misch ⟨*gr.*⟩: **1.** die von Kräften erzeugte Bewegung betreffend; Ggs. ↑statisch (2); **dynamische Geologie:** Wissenschaft von den Kräften, die das geografische Bild der Erde bestimmten u. bestimmen. **2. a)** eine Bewegung, Entwicklung aufweisend; **dynamische Rente:** Rente, deren Höhe nicht auf Lebenszeit festgesetzt, sondern periodisch der Entwicklung des Sozialprodukts angepasst wird; **b)** durch Schwung u. Energie gekennzeichnet; Tatkraft u. Unternehmungsgeist besitzend. **3.** (Musik) die Differenzierungen der Tonstärke betreffend

dy|na|mi|sie|ren: **a)** etwas in Bewegung setzen, vorantreiben, beschleunigen; **b)** bestimmte Leistungen an die Veränderungen [der allgemeinen Bemessensgrundlage] anpassen

Dy|na|mis|mus *der;* -, ...men ⟨*gr.-nlat.*⟩: **1.** (ohne Plural) philosophische Lehre, nach der alle Wirklichkeit auf Kräfte u. deren Wirkungen zurückgeführt werden kann. **2.** (ohne Plural) Glaube mancher Naturvölker an die Wirkung unpersönlicher übernatürlicher Kräfte in Menschen u. Dingen. **3. a)** (ohne Plural) Dynamik (2 a); **b)** dynamisches Element, dynamischer Zug

Dy|na|mit [auch: ...'mɪt] *das;* -s: auf der Grundlage des ↑Nitroglyzerins hergestellter Sprengstoff

Dy|na|mo|ma|schi|ne [auch: 'dy:...] *die;* -, -n: Maschine zur Erzeugung elektrischen Stroms

Dy|na|mo|me|ter *das;* -s, - ⟨»Kraftmesser«⟩: **1.** Vorrichtung zum Messen von Kräften und mechanischer Arbeit. **2.** (Physik) Messgerät für Ströme hoher Frequenzen

Dy|nas|tie *die;* -, ...ien ⟨*gr.*⟩: Herrschergeschlecht, Herrscherhaus

dys..., Dys...

⟨*gr.* dys... »un..., miss..., etwas Übles, Widerwärtiges, Schwieriges bezeichnend«⟩
Präfix mit der Bedeutung »von der Norm abweichend, übel, schlecht, krankhaft«:
- Dysfunktion
- Dyslexie
- dysphorisch
- Dystonie
- Dystrophie

Dy|s|en|te|rie *die;* -, ...ien ⟨*gr.-lat.*⟩ (Med.): Durchfall, Ruhr

Dys|funk|ti|on *die;* -, -en ⟨*gr.; lat.*⟩: **1.** (Med.) gestörte Funktion, Funktionsstörung eines Organs. **2.** für den Bestand eines Systems schädlicher Sachverhalt

Dys|pho|rie *die;* -, ...ien ⟨*gr.*⟩ (Med., Psychol.): ängstlich-bedrückte, traurige, mit Gereiztheit einhergehende Stimmungslage; Ggs. ↑Euphorie (b)

dys|pho|risch: ängstlich-bedrückt, freudlos, gereizt u. leicht reizbar; Ggs. ↑euphorisch

Dys|pro|si|um *das;* -s ⟨*gr.-nlat.*⟩: chem. metallisches Element aus der Gruppe der Lanthanoide (Zeichen: Dy)

Dys|stress ['dʏs...] vgl. Disstress

Dys|tro|phie *die;* -, ...ien (Med.): **a)** Ernährungsstörung; Ggs. ↑Eutrophie (a); **b)** mangelhafte Versorgung eines Organs mit Nährstoffen; Ggs. ↑Eutrophie (b)

Dys|tro|phi|ker *der;* -s, - (Med.): jmd., der an Dystrophie leidet

Dys|tro|phi|ke|rin *die;* -, -nen: weibliche Form zu ↑Dystrophiker

E

€ = Euro

e..., E... vgl. ex..., Ex...

Ea|gle ['i:gl̩] *der;* -[s], -s ⟨*lat.-fr.-engl.;* »Adler«⟩: **1.** Goldmünze der USA mit dem Adler als Prägebild, meist zu 10 Dollar. **2.** (Golf) das Treffen des Loches mit zwei Schlägen weniger als durch ↑Par vorgesehen

ea|sy ['i:zi] ⟨*engl.*⟩ (ugs.): leicht, keine Schwierigkeiten mit sich bringend

Ea|sy Ri|der ['i:zi 'raidɐ] *der;* - -s, - -[s] ⟨*engl.-amerik.*⟩: **1.** Motorrad mit hohem, geteiltem Lenker u. einem Sattel mit hoher Rückenlehne. **2.** Jugendlicher, der auf einem Easy Rider (1) fährt

Eau de Co|lo|g|ne ['o: d(ə) ko'lɔnjə] *das,* auch: *die;* - - -, Eaux [o:] - - ⟨*fr.*⟩: Kölnischwasser

Eau de Par|fum [- - par'fœ̃:] *das;* - - -, Eaux [o:] - -: Duftwasser, dessen Duftstärke zwischen Eau de Toilette u. Parfüm liegt

Eau de Toi|lette [- - toa'lɛt] *das;* - - -, Eaux [o:] - -: Duftwasser, dessen Duftstärke zwischen Eau de Parfum u. Eau de Cologne liegt

eBay®, E-Bay ['i:be:] *das;* -[s] (meist ohne Artikel): ein Auktionshaus im Internet

Ebo|la, Ebo|la|fie|ber *das;* -s ⟨nach dem Fluss Ebola in der Demokratischen Republik Kongo⟩: durch einen Virus hervorgerufenes hämorrhagisches Fieber, eine oft tödlich verlaufende epidemische Infektionskrankheit

Ebo|nit® [auch: ...ˈnɪt] *das;* -s ⟨*ägypt.-gr.-lat.-fr.-engl.*⟩: Hartgummi aus Naturkautschuk

E-Book [ˈi:bʊk] *das;* -[s], -s ⟨kurz für *engl.* electronic book »elektronisches Buch«⟩: **1.** in digitalisierter Form vorliegender Inhalt eines Buches, der mithilfe eines E-Book-Readers gelesen werden kann. **2.** ↑E-Book-Reader

E-Book-Rea|der [...ri:dɐ] *der;* -s, - (EDV): digitales Lesegerät [in Buchformat], mit dem E-Books (1) gelesen werden können

E-Busi|ness [ˈi:bɪznɪs] *das;* - ⟨kurz für *engl.* electronic business »elektronisches Geschäft«⟩: Gesamtheit aller Geschäftsformen, die elektronisch (z. B. über das Internet) vorgenommen werden; vgl. ↑E-Commerce

EC® = Eurocity

Ecart [eˈka:ɐ̯] vgl. Ekart

Ec|ce-Ho|mo *das;* -[s], -[s] ⟨nach dem Ausspruch des Pilatus, Joh. 19, 5: »Sehet, welch ein Mensch!«⟩: Darstellung des dornengekrönten Christus in der Kunst

Ec|cle|sia *die;* - ⟨*gr.-lat.*⟩: **1.** ↑Ekklesia. **2.** (Kunstwiss.) in der bildenden Kunst die Verkörperung des Neuen Testaments in Gestalt einer Frau mit Krone, Kelch u. Kreuzstab (immer zusammen mit der ↑Synagoge 2 dargestellt)

echauf|fie|ren [eʃɔˈfi:rən], sich ⟨*lat.-vulgärlat.-fr.*⟩: **a)** sich erhitzen; **b)** sich aufregen

Echi|nit [auch: ...ˈnɪt] *der;* -s u. -en, -e[n] ⟨*gr.-nlat.*⟩: versteinerter Seeigel

Echi|nus *der;* -, - ⟨*gr.-lat.*⟩: **1.** (Zool.) Seeigel. **2.** Wulst des ↑Kapitells einer ↑dorischen Säule zwischen der Deckplatte u. dem Säulenschaft

Echo *das;* -s, -s ⟨*gr.-lat.*⟩: **1.** Widerhall. **2.** Resonanz, Reaktion auf etwas (z. B. auf einen Aufruf). **3.** (Musik) Wiederholung eines kurzen ↑Themas (3) in geringerer Tonstärke

echo|en: 1. widerhallen. **2.** wiederholen

Echo|lot *das;* -[e]s, -e ⟨*gr.-lat.; dt.*⟩: Apparat zur Messung von Meerestiefen durch ↑akustische Methoden

Ec|lair [eˈklɛ:ɐ̯] *das;* -s, -s ⟨*lat.-vulgärlat.-fr.*⟩: Gebäck mit Cremefüllung und Zucker- oder Schokoladenguss

E-Com|merce [ˈi:kɔmə:s] *der;* -s ⟨kurz für *engl.* electronic commerce »elektronischer Handel«⟩: Vertrieb von Waren od. Dienstleistungen über das Internet

Eco|no|my|class, **Eco|no|my-Class** [ɪˈkɔnəmikla:s], **Eco|no|my|klas|se** *die;* - ⟨*engl.;* »Sparsamkeit«⟩: billigste Tarifklasse im Flugverkehr

E-Con|tent [ˈi:kɔntənt] *der;* -s, -s ⟨kurz für *engl.* electronic content »elektronischer Inhalt«⟩: qualifizierter Informationsgehalt in elektronischen Systemen (z. B. im Internet)

Ecos|sai|se [...ˈsɛ:zə] *die;* -, -n: **a)** schottischer Volkstanz im Dreiertakt; **b)** Gesellschaftstanz des 18. u. 19. Jh.s in raschem $^2/_4$-Takt (auch als Komposition der klassisch-romantischen Klaviermusik)

Ecu, **ECU** [eˈky:] *der;* -[s], -[s] od. *die;* -, - ⟨Abk. für: *engl.* European Currency Unit, in Anlehnung an eine alte fr. Silbermünze⟩: europäische Rechnungseinheit (1979–1998)

Eda|phon *das;* -s (Biol.): Gesamtheit der in u. auf dem Erdboden lebenden Kleinlebewesen (Pflanzen u. Tiere)

Eden *das;* -s ⟨*hebr.;* eigtl. »Wonne«⟩ (gehoben): ↑Paradies (2); **der Garten Eden:** das Paradies [der Bibel]

edie|ren ⟨*lat.*⟩: **1.** Bücher herausgeben, veröffentlichen. **2.** (EDV) editieren

Edikt *das;* -[e]s, -e ⟨*lat.*⟩: **a)** (Geschichte) amtlicher Erlass von Kaisern u. Königen; **b)** (österr.) [amtliche] Anordnung, Vorschrift

edi|tie|ren ⟨*lat.-fr.-engl.*⟩ (EDV): Daten eingeben, löschen, ändern o. Ä.

Edi|tio cas|ti|ga|ta *die;* - -, Editiones castigatae [...ne:s ...tɛ] ⟨*lat.*⟩: Buchausgabe, bei der religiös, politisch od. erotisch anstößige Stellen vom Herausgeber od. von der Zensur gestrichen wurden

Edi|ti|on *die;* -, -en: **1. a)** Ausgabe von Büchern, bes. Neuherausgabe von älteren klassischen Werken; **b)** Verlag. **2.** Herausgabe von ↑Musikalien, bes. in laufenden Sammlungen (Abk.: Ed.)

[1]**Edi|tor** [auch: eˈdi:...] *der;* -s, ...oren: Herausgeber eines Buches

[2]**Edi|tor** [ˈɛdɪtɐ] *der;* -s, -s ⟨*engl.*⟩ (EDV): Komponente des Betriebssystems eines Computers, die die Bearbeitung von Texten u. Grafiken steuert

Edi|to|ri|al [ɛdɪˈtɔ:rɪəl] *das;* -[s], -s ⟨*lat.-engl.*⟩: **1.** Vorwort des Herausgebers in einer [Fach]zeitschrift. **2.** Leitartikel des Herausgebers od. des Chefredakteurs einer Zeitung. **3. a)** Redaktionsverzeichnis, -impressum; **b)** Verlagsimpressum

edi|to|risch: a) die Herausgabe eines Buches betreffend, ihr eigentümlich; **b)** verlegerisch

Edu|ka|ti|on *die;* -, -en ⟨*lat.*⟩: Erziehung

Edukt *das;* -[e]s, -e: **1.** aus Rohstoffen abgeschiedener Stoff (z. B. Öl aus Sonnenblumenkernen).

2. (Geol.) Ausgangsgestein bei der ↑Metamorphose (4)

Edu|tain|ment [ɛdjuˈteɪnmənt] *das;* -s ‹Kunstw. aus *engl.* **education** »Erziehung« u. enter**tainment** »Unterhaltung«›: Vermittlung von Wissen auf unterhaltsame und spielerische Weise

ef..., Ef... vgl. ex..., Ex...

Efẹn|di vgl. Effendi

Ef|fẹkt *der;* -[e]s, -e ‹*lat.*›: **a)** Wirkung, Erfolg; **b)** (meist Plural) auf Wirkung abzielendes Ausdrucks- u. Gestaltungsmittel; **c)** Ergebnis, sich aus etwas ergebender Nutzen

Ef|fẹk|ten *die* (Plural) ‹*lat.-fr.*›: **1.** Wertpapiere, die an der Börse gehandelt werden (z. B. ↑Aktien). **2.** (schweiz.) bewegliche Habe, Habseligkeiten

Ef|fẹk|ten|bör|se *die;* -, -n: Börse, an der Effekten gehandelt werden

ef|fek|ti̱v ‹*lat.*›: **a)** tatsächlich, wirklich; **b)** wirkungsvoll (im Verhältnis zu den aufgewendeten Mitteln); **c)** (ugs.) überhaupt, ganz u. gar; **d)** lohnend

Ef|fek|ti̱v *das;* -s, -e (Sprachw.): Verb des Verwandelns (z. B. knechten = zum Knecht machen); vgl. Faktitiv

Ef|fek|ti|vi|tä̱t *die;* -: Wirksamkeit, Durchschlagskraft, Leistungsfähigkeit

Ef|fek|ti̱v|lohn *der;* -[e]s, ...löhne: wirklich gezahlter Lohn, der aus Tariflohn u. übertariflichen Zahlungen sowie zusätzlichen Leistungen besteht

ef|fek|tu|i̱e̱|ren ‹*lat.-mlat.-fr.*› (Wirtsch.): einen Auftrag ausführen, eine Zahlung leisten

Ef|fẹn|di, Efẹn|di *der;* -[s], -s ‹*gr.-ngr.-türk.;* »Herr«› (veraltet): Anrede u. Titel für höhere Beamte in der Türkei

Ef|fet [ɛˈfeː, auch: ɛˈfɛː] *der,* auch: *das;* -s, -s ‹*lat.-fr.;* »Wirkung«›: einer Kugel, einem Ball beim Stoßen, Schlagen, Treten o. Ä. durch seitliches Anschneiden verliehener Drall

Ef|fi|cien|cy [ɪˈfɪʃənsɪ] *die;* - ‹*lat.-engl.*›: **1.** Wirtschaftlichkeit, bestmöglicher Wirkungsgrad. **2.** Leistungsfähigkeit

ef|fi|li̱e̱|ren ‹*lat.-fr.*›: (dichte Haare) beim Schneiden gleichmäßig ausdünnen

ef|fi|zi|ẹnt ‹*lat.*›: besonders wirksam u. wirtschaftlich, leistungsfähig; Ggs. ↑ineffizient

Ef|fi|zi|ẹnz *die;* -, -en: **1.** Wirksamkeit u. Wirtschaftlichkeit; Ggs. ↑Ineffizienz. **2.** ↑Efficiency

ef|fi|zi̱e̱|ren: hervorrufen, bewirken

Ef|flo|res|zẹnz *die;* -, -en ‹*lat.-nlat.;* »das Aufblühen«›: **1.** (Med.) krankhafte Hautveränderung (z. B. Pusteln, Bläschen, Flecken). **2.** (Geol.) Bildung von Mineralüberzügen auf Gesteinen u. Böden (Ausblühung); vgl. Exsudation (2)

Ef|fu|si|o̱n *die;* -, -en ‹*lat.;* »das Ausgießen; das Herausströmen«› (Geol.): das Ausfließen von ↑Lava

ef|fu|si̱v ‹*lat.-nlat.*› (Geol.): durch Ausfließen von ↑Lava gebildet

Ef|fu|si̱v|ge|stein *das;* -s (Geol.): Ergussgestein, das sich bei der Erstarrung des ↑Magmas an der Erdoberfläche bildet

Ẹ̱FTA *die;* - ‹Kurzw. aus *engl.* European Free Trade Association›: Europäische Freihandelsassoziation (Freihandelszone)

ega̱l ‹*lat.-fr.*›: **1.** gleich, gleichartig, gleichmäßig. **2.** (ugs.) gleichgültig, einerlei

ega|li|si̱e̱|ren ‹*lat.-fr.*›: **1.** etwas Ungleichmäßiges ausgleichen, gleichmachen. **2.** (Sport) den Vorsprung des Gegners aufholen, ausgleichen; (einen Rekord) einstellen

ega|li|tä̱r: auf politische, bürgerliche od. soziale Gleichheit gerichtet

Ega|li|tä̱t *die;* -: Gleichheit

Éga|li|té [...ˈteː] *die;* - ‹*lat.-fr.*›: Gleichheit (eines der drei Schlagworte der Französischen Revolution); vgl. Fraternité, Liberté

Egg|head [ˈɛghɛd] *der;* -s, -s ‹*engl.-amerik.;* »Eierkopf«›: (oft scherzh. od. abwertend) Intellektueller

Ego *das;* -[s], -s ‹*lat.*› (Philos.): das Ich; vgl. Alter Ego

E̱go-Goo|geln [ˈegoguːgl̩n] *das;* -s ‹*engl.*› (ugs.): gezielte Suche nach dem eigenen Namen im Internet mithilfe der Suchmaschine Google®

Ego|is|mus *der;* -, ...men ‹*lat.-fr.*›: **1.** (ohne Plural) Selbstsucht, Eigenliebe, Ichsucht, Eigennutz; Ggs. ↑Altruismus. **2.** (nur Plural) selbstsüchtige Handlungen o. Ä.

Ego|i̱st *der;* -en, -en: jmd., der sein Ich u. seine persönlichen Interessen in den Vordergrund stellt; Ggs. ↑Altruist

Ego|i̱s|tin *die;* -, -nen: weibliche Form zu ↑Egoist

ego|i̱s|tisch: ichsüchtig, nur sich selbst gelten lassend; Ggs. ↑altruistisch

ego|ma̱n: krankhaft selbstbezogen

Ego|ma̱|ne *der;* -n, -n: jmd., der egoman ist, an Egomanie leidet

Ego|ma|ni̱e̱ *die;* -: krankhafte Selbstbezogenheit

Ego|ma̱|nin *die;* -, -nen: weibliche Form zu ↑Egomane

ego|ma̱|nisch: ↑egoman

E̱go|trip *der;* -s, -s (Jargon): jmds. augenblickliche Lebenshaltung, -gestaltung, bei der das Denken u. Verhalten fast ausschließlich auf die

a b c d e Ego f g h i j k l m n o p q r s t u v w x y z

eigene Person, die eigene Erlebensweise gerichtet ist

Ego|zen|t|rik *die; - ⟨(lat.; gr.-lat.) nlat.⟩*: Einstellung od. Verhaltensweise, die die eigene Person als Zentrum allen Geschehens betrachtet und alle Ereignisse nur in ihrer Bedeutung für u. in ihrem Bezug auf die eigene Person wertet

Ego|zen|t|ri|ker *der;* -s, -: jmd., der egozentrisch ist

e

Ego|zen|t|ri|ke|rin *die;* -, -nen: weibliche Form zu ↑Egozentriker

ego|zen|t|risch: ichbezogen; die eigene Person als Zentrum allen Geschehens betrachtend, alles in Bezug auf die eigene Person beurteilend

Ehec *die* od. *das;* - (meist ohne Artikel) ⟨Kurzw. aus Entero-hämorrhagische Escherichia Coli⟩ (Med.): **1.** Stamm bzw. Stämme von Kolibakterien, die beim Menschen Krankheiten auslösen können. **2.** bes. für Kinder gefährliche Infektionserkrankung, die durch ein Ehec (1) verursacht wird

Ei|de|tik *die; - ⟨gr.-nlat.⟩*: Fähigkeit, sich Objekte od. Situationen so anschaulich vorzustellen, als ob sie realen Wahrnehmungscharakter hätten

Ei|de|ti|ker *der;* -s, -: jmd., der die Fähigkeit hat, sich Objekte od. Situationen anschaulich, wie wirklich vorhanden vorzustellen

Ei|de|ti|ke|rin *die;* -, -nen: weibliche Form zu ↑Eidetiker

ei|de|tisch: **a)** die Eidetik betreffend; **b)** anschaulich, bildhaft

Ei|dos *das; - ⟨gr.⟩*: **1.** Gestalt, Form, Aussehen. **2.** Idee (bei Plato). **3.** Gegensatz zur Materie (bei Aristoteles). **4.** (Logik) Art im Gegensatz zur Gattung. **5.** Wesen, Sinneinheit (bei Husserl)

ein|bal|sa|mie|ren *⟨dt.; hebr.-gr.-lat.⟩*: (einen Leichnam) zum Schutz vor Verwesung mit bestimmten konservierenden Mitteln behandeln

ein|che|cken *⟨dt.; engl.⟩*: **1.** (Flugw.) **a)** (vor dem Abflug) abfertigen (z. B. Passagiere od. Gepäck); Ggs. auschecken (1 a); **b)** (vor dem Abflug) sich abfertigen lassen. **2.** (in ein Hotel o. Ä.) einziehen; sich anmelden (u. die entsprechenden Formalitäten erledigen); Ggs. ↑auschecken (2)

ein|log|gen *⟨dt.; engl.⟩* (EDV): durch Eingabe eines Passwortes o. Ä. Zugang zu einem Programm erhalten; sich anmelden

ein|quar|tie|ren *⟨dt.; lat.-fr.⟩*: [Soldaten] in einem ↑Quartier (1) unterbringen

ein|scan|nen [...skɛnən] *⟨dt.; engl.⟩*: mit dem Scanner eingeben

Ein|stei|ni|um *das;* -s *⟨nlat.;* nach dem Physiker A. Einstein (1879–1955)⟩: chem. Element (Zeichen: Es)

Eis|cru|sher [...krʌʃɐ] *der;* -s, - *⟨dt.; engl.⟩*: [elektrisches] Gerät zum Zerkleinern von Eiswürfeln

Ei|zes vgl. Ezzes

Eja|ku|lat *das;* -[e]s, -e (Med.): bei der Ejakulation ausgespritzte Samenflüssigkeit

Eja|ku|la|ti|on *die;* -, -en *⟨lat.-nlat.⟩* (Med.): Ausspritzung der Samenflüssigkeit beim ↑Orgasmus; Samenerguss

eja|ku|lie|ren *⟨lat.;* »hinauswerfen«⟩ (Med.): Samenflüssigkeit ausspritzen

Ejek|ti|on *die;* -, -en: **1.** (Geol.) explosionsartiges Ausschleudern von Materie (Schlacken, Asche) aus einem Vulkan. **2.** (veraltet) das Hinauswerfen; das Vertreiben [aus dem Besitz]

Ejek|tor *der;* -s, ...oren *⟨lat.-nlat.⟩*: **1.** automatisch arbeitender Patronenauswerfer bei Jagdgewehren. **2.** Strahlpumpe mit Absaugvorrichtung

eji|zie|ren: **1.** (Physik) [Materie] ausschleudern. **2.** (veraltet) jmdn. hinauswerfen, [aus dem Besitz] vertreiben

Ekart, bes. schweiz.: **Ecart** [eˈkaːɐ̯] *der;* -s, -s *⟨lat.-fr.⟩* (Börsenw.): Unterschied zwischen dem Kaufpreis (Geldkurs) und dem Briefkurs (Verkaufspreis) eines Finanzprodukts; Marge (4)

Ek|kle|sia *die; - ⟨gr.-lat.⟩*: Kirche; vgl. Ecclesia

Ek|kle|si|as|ti|kus *der;* -: Titel des alttest. Buches »Jesus Sirach« in der ↑Vulgata (1)

Ek|lat [eˈkla(ː)] *der;* -s, -s *⟨fr.⟩*: Aufsehen, Knall, Skandal; [in der Öffentlichkeit] starkes Aufsehen erregender Vorfall

ek|la|tant: **1.** offenkundig. **2.** Aufsehen erregend; auffallend

Ek|lek|ti|ker *der;* -s, - *⟨gr.⟩*: **a)** jmd., der weder ein eigenes philos. System aufstellt noch ein anderes übernimmt, sondern aus verschiedenen Systemen das ihm Passende auswählt; **b)** (abwertend) jmd., der (z. B. in einer Theorie) fremde Ideen nebeneinanderstellt, ohne eigene Gedanken dazu zu entwickeln

Ek|lek|ti|ke|rin *die;* -, -nen: weibliche Form zu ↑Eklektiker

ek|lek|tisch: **a)** (abwertend) in unschöpferischer Weise nur Ideen anderer (z. B. in einer Theorie) verwendend; **b)** aus bereits Vorhandenem auswählend u. übernehmend

Ek|lek|ti|zis|mus *der; - ⟨gr.-nlat.⟩*: **1.** (abwertend) unoriginelle, unschöpferische geistige Arbeitsweise, bei der Ideen anderer übernommen od. zu einem System zusammengetragen werden. **2.** (bildende Kunst; Literatur) Rückgriff auf die

Stilmittel verschiedener Künstler früherer Epochen mangels eigener schöpferischer Leistung

ek|lek|ti|zis|tisch: nach der Art des Eklektizismus verfahrend

Ek|lip|se *die;* -, -n ⟨*gr.;* »Ausbleiben, Verschwinden«⟩ (Astron.): Verfinsterung (in Bezug auf Mond od. Sonne)

Ek|lip|tik *die;* -, -en ⟨*gr.-nlat.*⟩ (Astron.): der größte Kreis, in dem die Ebene der Erdbahn um die Sonne die als unendlich groß gedachte Himmelskugel schneidet

ek|lip|tisch ⟨*gr.*⟩: die Eklipse betreffend

Ek|lo|ge *die;* -, -n ⟨*gr.-lat.;* »Auswahl«⟩: **a)** altröm. Hirtenlied; vgl. Idylle; **b)** kleineres, ausgewähltes Gedicht

Ekos|sai|se vgl. Ecossaise

Ek|ra|sit [auch: ...'zɪt] *das;* -s ⟨*fr.-nlat.*⟩: Sprengstoff, der ↑Pikrinsäure enthält

Ek|rü|sei|de *die;* -: nicht vollständig entbastete Naturseide von gelblicher Farbe

Ek|s|ta|se *die;* -, -n ⟨*gr.-lat.;* »Aus-sich-herausgetreten-Sein«⟩: [religiöse] Verzückung, rauschhafter Zustand, in dem der Mensch der Kontrolle des normalen Bewusstseins entzogen ist

Ek|s|ta|ti|ker *der;* -s, -: jmd., der in Ekstase geraten ist; verzückter, rauschhafter Schwärmer

Ek|s|ta|ti|ke|rin *die;* -, -nen: weibliche Form zu ↑Ekstatiker

ek|s|ta|tisch: in Ekstase, außer sich, schwärmerisch, rauschhaft

Ek|ta|se *die;* -, -n ⟨*gr.-lat.*⟩ (antike Metrik): Dehnung eines Vokals

Ek|ta|sie *die;* -, ...ien ⟨*gr.-nlat.*⟩ (Med.): Erweiterung, Ausdehnung eines Hohlorgans

Ek|ta|sis *die;* -: ↑Ektase

ek|to..., Ek|to...

⟨zu *gr.* ektós »außerhalb, nach außen«⟩
Präfix mit der Bedeutung »außen, außerhalb«:
- Ektoderm
- Ektoparasit
- Ektoskelett
- Ektoskopie
- ektotroph

Ek|to|derm *das;* -s, -e ⟨*gr.-nlat.*⟩ (Biol., Med.): äußere Hautschicht des tierischen und menschlichen Keims, die bei der Gastrulabildung (vgl. Gastrula) entsteht; vgl. Entoderm

Ek|to|mie *die;* -, ...ien ⟨*gr.-nlat.*⟩ (Med.): operatives Herausschneiden, vollständige Entfernung eines Organs im Unterschied zur ↑Resektion

Ek|to|pa|ra|sit *der;* -en, -en (Biol.; Med.): pflanzlicher od. tierischer Schmarotzer, der auf der Körperoberfläche lebt (z. B. Blut saugende Insekten); Ggs. ↑Entoparasit

Ek|ty|pus [auch: ɛk'ty:...] *der;* -, ...pen ⟨*gr.*⟩ (Fachspr.): Nachbildung, Abbild, Kopie; Ggs. ↑Prototyp (1)

Ek|zem *das;* -s, -e ⟨*gr.*⟩ (Med.): nicht ansteckende, in vielen Formen auftretende juckende Entzündung der Haut

Ela|bo|rat *das;* -[e]s, -e ⟨*lat.*⟩: **a)** (abwertend) flüchtig zusammengeschriebene Arbeit, die weiter keine Beachtung verdient; Machwerk; **b)** (selten) schriftliche Arbeit, Ausarbeitung

ela|bo|riert: differenziert ausgebildet; **elaborierter Code** (Sprachw.): hoch entwickelter sprachlicher Code (1) eines Sprachteilhabers; Ggs. ↑restringierter Code

Elan [auch: e'lã:] *der;* -s ⟨*lat.-fr.*⟩: innerer, zur Ausführung von etwas vorhandener Schwung; Spannkraft, Begeisterung

Elast *der;* -[e]s, -e (meist Plural) ⟨*gr.-nlat.*⟩: Kunststoff von gummiartiger Elastizität

Elas|tan, Elas|than *das;* -s: überwiegend zur Herstellung von Textilien verwendete, besonders dehnbare Chemiefaser

Elas|tik *das;* -s, -s (auch: *die;* -, -en): **1.** Gewebe aus sehr dehnbarem Material. **2.** (ohne Plural) Zwischenfutterstoff aus Rohleinen

elas|tisch: 1. dehnbar, biegsam. **2.** Elastizität (2) besitzend

Elas|ti|zi|tät *die;* -: **1.** (Physik) Fähigkeit eines Körpers, eine aufgezwungene Formänderung nach Aufhebung des Zwangs rückgängig zu machen. **2.** Spannkraft [eines Menschen], Beweglichkeit, Geschmeidigkeit

Elas|ti|zi|täts|mo|dul *der;* -s, -n: Messgröße der Elastizität

Elas|to|mer *das;* -s, -e, **Elas|to|me|re** *das;* -n, -n (meist Plural) (Chemie): ↑synthetischer (2) Kautschuk u. gummiähnlicher Kunststoff

Ela|tiv *der;* -s, -e ⟨*lat.*⟩ (Sprachw.): **1.** absoluter ↑Superlativ (ohne Vergleich; z. B. modernste Maschinen = sehr moderne Maschinen, höflichst = sehr höflich). **2.** in den finnisch-ugrischen Sprachen Kasus zur Bezeichnung der Wegbewegung von einem Ort

El|do|ra|do, Do|ra|do *das;* -[s], -s ⟨*lat.-span.;* »das vergoldete (Land)«⟩: Gebiet, das ideale Gegebenheiten, Voraussetzungen für jmdn. bietet (z. B. in Bezug auf eine bestimmte Betätigung); Traumland, Wunschland, Paradies, das jmdm. ausreichende Entfaltungsmöglichkeiten bietet

E-Lear|ning ['i:lə:nɪŋ] *das;* -[s] ⟨kurz für *engl.*

e

electronic **learning** »elektronisches Lernen«): computergestütztes Lernen unter Nutzung von Multimedia- u. Netzwerktechnologien

Ele|fant *der;* -en, -en ‹*kopt.-ägypt.-gr.-lat.*›: sehr großes Rüsseltier mit dicker Haut u. langen Stoßzähnen

Ele|fan|ti|a|sis, Ele|phan|ti|a|sis *die;* -, ...iasen ‹*gr.-lat.*› (Med.): durch Lymphstauungen bedingte, unförmige Verdickung des Haut- u. Unterhautzellgewebes mit Bindegewebswucherung

ele|fan|tös: 1. für einen Elefanten charakteristisch. **2.** (scherzh.) von außergewöhnlichem Umfang; wuchtig, ausladend

ele|gant ‹*lat.-fr.*›: **a)** (von der äußeren Erscheinung) durch Vornehmheit, erlesenen Geschmack, bes. der Kleidung od. ihrer Machart, auffallend; **b)** in gewandt und harmonisch wirkender Weise ausgeführt (z. B. eine elegante Lösung); **c)** kultiviert, erlesen (z. B. ein eleganter Wein; sie sprach ein elegantes Französisch)

Ele|gant [ele'gã:] *der;* -s, -s: eleganter, gepflegter u. sich sorgfältig kleidender Mann

Ele|ganz *die;* -: **a)** (in Bezug auf die äußere Erscheinung) geschmackvolle Vornehmheit; **b)** Gewandtheit, Geschmeidigkeit [in der Bewegung]

Ele|gei|on *das;* -s ‹*gr.*›: elegisches Versmaß, d. h. Verbindung von ↑Hexameter u. ↑Pentameter; vgl. Distichon

Ele|gie *die;* -, ...ien ‹*gr.-lat.*›: **1. a)** im ↑Elegeion abgefasstes Gedicht; **b)** wehmütiges Gedicht, Klagelied. **2.** Schwermut

ele|gisch: 1. a) die Gedichtform der Elegie betreffend; **b)** in Elegieform gedichtet. **2.** voll Wehmut, Schwermut; wehmütig

Eleg|jam|bus *der;* -, ...ben ‹*gr.-mlat.*› (antike Metrik): aus dem ↑Hemiepes u. dem jambischen ↑Dimeter bestehendes altgriech. Versmaß

Elei|son *das;* -s, -s ‹*gr.;* »Erbarme dich!«›: gottesdienstlicher Gesang; vgl. Kyrieeleison

Elek|ti|on *die;* -, -en ‹*lat.*›: Auswahl, Wahl; vgl. Selektion

elek|tiv: auswählend; vgl. selektiv (1)

Elek|to|rat *das;* -[e]s, -e ‹*lat.-nlat.*›: (Geschichte) **a)** Kurfürstentum; **b)** Kurfürstenwürde

Elek|t|ri|fi|ka|ti|on *die;* -, -en ‹*gr.-nlat.*› (schweiz.): ↑Elektrifizierung; vgl. ...ation/...ierung

elek|t|ri|fi|zie|ren: auf elektrischen Betrieb umstellen

Elek|t|ri|fi|zie|rung *die;* -, -en: Umstellung auf elektrischen Betrieb; vgl. ...ation/...ierung

Elek|t|rik *die;* -: **a)** Gesamtheit einer elektrischen Anlage od. Einrichtung (z. B. Autoelektrik); **b)** (ugs.) Elektrotechnik

Elek|t|ri|ker *der;* -s, -: Handwerker im Bereich der Elektrotechnik; Elektroinstallateur, -mechaniker

Elek|t|ri|ke|rin *die;* -, -nen: weibliche Form zu ↑Elektriker

elek|t|risch: 1. auf der Anziehungs- bzw. Abstoßungskraft geladener Elementarteilchen beruhend; durch [geladene] Elementarteilchen hervorgerufen. **2. a)** die Elektrizität betreffend, sie benutzend; **b)** durch elektrischen Strom angetrieben; mithilfe des elektrischen Stroms erfolgend; **elektrische Induktion:** Erscheinung, bei der durch ein sich änderndes Magnetfeld in einem Leiter eine elektrische Spannung erzeugt wird

Elek|t|ri|sche *die;* -n, -n (ugs. veraltet): Straßenbahn

elek|t|ri|sie|ren: 1. elektrische Ladungen erzeugen, übertragen. **2.** den Organismus mit elektrischen Stromstößen behandeln. **3.** sich elektrisieren: seinen Körper unabsichtlich mit einem Stromträger in Kontakt bringen u. dadurch einen elektrischen Schlag bekommen

Elek|t|ri|sier|ma|schi|ne *die;* -, -n: Maschine, die den elektrischen Strom zum Elektrisieren durch Reibungselektrizität erzeugt

Elek|t|ri|zi|tät *die;* -: **1.** auf der Anziehung bzw. Abstoßung elektrisch geladener Teilchen beruhendes Grundphänomen der Natur. **2.** elektrische Energie

elek|t|ro..., Elek|t|ro...

‹zu *gr.* élektron »Bernstein« (weil Reibungselektrizität zuerst nur am Bernstein beobachtet wurde)›
Wortbildungselement mit der Bedeutung »elektrisch, die Elektrizität betreffend«:
- Elektroauto
- elektrochemisch
- Elektroenergie
- Elektrokardiogramm
- Elektromotor

Elek|t|ro|akus|tik [auch: e'lɛktro...] *die;* -: Wissenschaft, die sich mit der Umwandlung der Schallschwingungen in elektrische Spannungsschwankungen u. umgekehrt befasst

elek|t|ro|akus|tisch [auch: e'lɛktro...]: die Elektroakustik betreffend

Elek|t|ro|au|to *das;* -s, -s: mit einem Elektromotor angetriebenes Auto

Elek|t|ro|che|mie [auch: eˈlɛktro...] *die;* -: die Wissenschaft von den Zusammenhängen zwischen elektrischen Vorgängen u. chemischen Reaktionen

elek|t|ro|che|misch [auch: eˈlɛktro...]: die Elektrochemie betreffend

Elek|t|ro|de *die;* -, -n ⟨*gr.-nlat.*⟩: elektrisch leitender, meist metallischer Teil, der den Übergang des elektrischen Stromes in ein anderes Leitermedium (z. B. Flüssigkeit, Gas) vermittelt; **negative Elektrode:** Kathode; **positive Elektrode:** Anode

Elek|t|ro|dy|na|mik *die;* -: im allgemeinsten Sinne die Theorie der Elektrizität bzw. sämtlicher elektromagnetischer Erscheinungen; Wissenschaft von der bewegten (strömenden) Elektrizität u. ihren Wirkungen

elek|t|ro|dy|na|misch: die Elektrodynamik betreffend

Elek|t|ro|en|ze|pha|lo|gramm *das;* -s, -e (Med.): Aufzeichnung des Verlaufs der Hirnaktionsströme (Abk.: EEG)

Elek|t|ro|in|ge|ni|eur *der;* -s, -e: auf dem Gebiet der Elektrotechnik ausgebildeter Ingenieur (Berufsbez.)

Elek|t|ro|in|ge|ni|eu|rin *die;* -, nen: weibliche Form zu ↑Elektroingenieur

Elek|t|ro|kar|dio|graf, Elek|t|ro|kar|dio|graph *der;* -en, -en (Med.): Gerät zur Aufzeichnung von Elektrokardiogrammen

Elek|t|ro|kar|dio|gramm *das;* -s, -e ⟨*gr.-nlat.*⟩ (Med.): Aufzeichnung des Verlaufs der Aktionsströme des Herzens (Abk.: EKG, Ekg)

Elek|t|ro|kar|ren *der;* -s, -: kleines, durch ↑Akkumulatoren (1) gespeistes Transportfahrzeug

Elek|t|ro|ly|se *die;* -, -n: durch elektrischen Strom bewirkte chem. Zersetzung von Salzen, Säuren od. Laugen

Elek|t|ro|lyt *der;* -en (selten: -s), -e (selten: -en) ⟨*gr.-nlat.*⟩: (Physik, Chemie) Substanz, die durch entgegengesetzt geladene, bewegliche Ionen elektrisch leitfähig ist

elek|t|ro|ly|tisch: den elektrischen Strom leitend u. sich durch ihn zersetzend (von [wässrigen] Lösungen)

Elek|t|ro|ma|g|net [auch: eˈlɛktro...] *der;* -en, -en u. -es, -e: Spule mit einem Kern aus Weicheisen, durch die elektrischer Strom geschickt u. ein Magnetfeld erzeugt wird

elek|t|ro|ma|g|ne|tisch [auch: eˈlɛktro...]: den Elektromagnetismus betreffend, auf ihm beruhend; **elektromagnetische Induktion:** Entstehung eines elektrischen Stromes durch das Bewegen eines Magnetpols

Elek|t|ro|me|cha|ni|ker *der;* -s, -: Handwerker od. Industriearbeiter, der aus Einzelteilen elektromechanische Anlagen u. Geräte montiert (Berufsbez.)

Elek|t|ro|me|cha|ni|ke|rin *die;* -, -nen: weibliche Form zu ↑Elektromechaniker

Elek|t|ro|me|ter *das;* -s, -: Gerät zum Messen elektrischer Ladungen u. Spannungen

Elek|t|ro|mo|tor *der;* -s, ...oren (auch: -e): Motor, der elektrische Energie in mechanische Energie umwandelt

[1]**Elek|t|ron** [auch: eˈlɛk... od.: ...ˈtro:n] *das;* -s, ...onen ⟨*gr.;* »Bernstein«⟩: negativ elektrisches Elementarteilchen

[2]**Elek|t|ron** *das;* -s: **1.** natürlich vorkommende Gold-Silber-Legierung. **2.** ® Magnesiumlegierung [mit wechselnden Zusätzen]

Elek|t|ro|nen|mi|k|ro|s|kop *das;* -s, -e: Mikroskop, das nicht mit Lichtstrahlen, sondern mit Elektronen arbeitet

Elek|t|ro|nen|röh|re *die;* -, -n: luftleeres Gefäß mit Elektrodenanordnung zum Gleichrichten, zur Verstärkung u. Erzeugung von elektromagnetischen Schwingungen

Elek|t|ro|nen|stoß *der;* -es, ...stöße: Stoß eines Elektrons auf Atome

Elek|t|ro|nen|the|o|rie *die;* -, ...ien: jede physikalische Theorie, die physikalische Eigenschaften u. Erscheinungen auf die Wirkung von [1]Elektronen zurückführt

Elek|t|ro|nen|volt *das;* - u. -[e]s, -: vgl. Elektronvolt

Elek|t|ro|nik *die;* - ⟨*gr.-nlat.*⟩: Zweig der Elektrotechnik, der sich mit der Entwicklung u. Verwendung von Geräten mit Elektronenröhren, Fotozellen, Halbleitern u. Ä. befasst

Elek|t|ro|ni|ker *der;* -s, -: Techniker der Elektronik

Elek|t|ro|ni|ke|rin *die;* -, -nen: weibliche Form zu ↑Elektroniker

elek|t|ro|nisch: die Elektronik betreffend; **elektronische Datenverarbeitung:** das Erfassen, Aufbereiten, Berechnen, Auswerten u. Aufbewahren von Daten mittels Computer (Abk.: EDV); **elektronische Musik:** Sammelbegriff für jede Art von Musik, bei deren Entstehung, Wiedergabe od. Interpretation elektronische Hilfsmittel eingesetzt werden; **elektronisches Publizieren:** Veröffentlichungen von Informationen online über Computernetze (z. B. ↑Internet)

Elek|t|ron|volt *das;* - u. -[e]s, -: Energieeinheit der Kernphysik (Zeichen: eV)

Elek|t|ro|pho|re|se *die;* - ‹*gr.-nlat.; gr.*›: Bewegung elektrisch geladener Teilchen in nicht leitender Flüssigkeit unter dem Einfluss elektrischer Spannung

Elek|t|ro|schock *der;* -s, -s: durch elektrische Stromstöße erzeugter künstlicher Schock zur Behandlung bestimmter Krankheiten

Elek|t|ro|smog *der;* -[s] (ugs.): (möglicherweise gesundheitsgefährdende) elektromagnetische Strahlung, die von Fernseh-, Radar-, Mikrowellen u. Ä. ausgeht

Elek|t|ro|sta|tik *die;* -: Wissenschaft von den unbewegten elektrischen Ladungen

elek|t|ro|sta|tisch: die Elektrostatik betreffend

Elek|t|ro|tech|nik *die;* -: Technik, die sich mit Erzeugung u. Anwendung der Elektrizität befasst

Elek|t|ro|tech|ni|ker *der;* -s, -: **a)** Elektroingenieur; **b)** Facharbeiter auf dem Gebiet der Elektrotechnik

Elek|t|ro|tech|ni|ke|rin *die;* -, -nen: weibliche Form zu ↑Elektrotechniker

elek|t|ro|tech|nisch: die Elektrotechnik betreffend

Ele|ment *das;* -[e]s, -e ‹*lat.*›: **1.** [Grund]bestandteil, Komponente; typisches Merkmal, Wesenszug. **2.** (ohne Plural) Kraft, Faktor. **3.** (nur Plural) Grundbegriffe, Grundgesetze, Anfangsgründe. **4.** (ohne Plural) [idealer] Lebensraum; Umstände, in denen sich ein Individuum [am besten] entfalten kann. **5. a)** (in der antiken u. mittelalterlichen Naturphilosophie) einer der vier Urstoffe Feuer, Wasser, Luft u. Erde; **b)** (meist Plural) Naturgewalt, Naturkraft. **6.** (Chemie) mit chemischen Mitteln nicht weiter zerlegbarer Stoff. **7.** (Elektrot.) Stromquelle, in der chemische Energie in elektrische umgewandelt wird. **8.** (meist Plural; abwertend) Person als Bestandteil einer nicht geachteten od. für schädlich angesehenen sozialen od. politischen Gruppe. **9.** eines von mehreren Einzelteilen, aus denen sich etwas zusammensetzt, aus denen etwas konstruiert, aufgebaut wird; Bauteil

ele|men|tar: **1. a)** grundlegend, wesentlich; **b)** selbst einem Anfänger, einem Unerfahrenen bekannt, geläufig [u. daher einfach, primitiv]. **2.** naturhaft, ungebändigt, ungestüm. **3.** (Chemie) als reines Element vorhanden (z. B. elementarer Schwefel)

Ele|men|tar...

‹*lat.* elementarius »zu den Anfangsgründen gehörend«›
Wortbildungselement mit der Bedeutung »den Grund, den Anfang, die Natur betreffend«:
- Elementargedanke
- Elementarmathematik
- Elementarteilchen
- Elementarunterricht

Ele|men|tar|teil|chen *das;* -s, -: Sammelbezeichnung für alle Sorten von kleinsten nachweisbaren geladenen u. ungeladenen Teilchen, aus denen Atome aufgebaut sind

Ele|phan|ti|a|sis vgl. Elefantiasis

Eleu|si|ni|en *die* (Plural) ‹*gr.-lat.;* nach dem altgriech. Ort Eleusis bei Athen›: altgriechisches Fest mit ↑Prozession zu Ehren der griechischen Fruchtbarkeitsgöttin Demeter

eleu|si|nisch: aus Eleusis stammend; **Eleusinische Mysterien:** nur Eingeweihten zugängliche kultische Feiern zu Ehren der griechischen Fruchtbarkeitsgöttin Demeter

Ele|va|ti|on *die;* -, -en ‹*lat.;* »Aufheben, Hebung«›: **1.** Erhöhung, Erhebung. **2.** Höhe eines Gestirns über dem Horizont. **3.** das Emporheben der Hostie u. des Kelches [vor der Wandlung] in der Messe. **4.** (Parapsychol.) [physikalisch unerklärbare] Anhebung eines Gegenstandes in Abhängigkeit von einem Medium. **5.** (Ballett) Sprungkraft, die den Tänzer befähigt, Bewegungen in der Luft auszuführen

Ele|va|tor *der;* -s, ...oren ‹*lat.-nlat.*›: Fördereinrichtung, die Güter weiterbefördert (z. B. Getreide, Sand, Schotter)

Ele|ve *der;* -n, -n ‹*lat.-vulgärlat.-fr.;* »Schüler«›: jmd., der sich als Anfänger in der praktischen Ausbildungszeit befindet (z. B. am Theater)

Ele|vin *die;* -, -nen: weibliche Form zu ↑Eleve

eli|die|ren ‹*lat.*›: **a)** eine ↑Elision vornehmen; **b)** streichen, tilgen

Eli|mi|na|ti|on *die;* -, -en ‹*lat.*›: **1.** Ausschaltung, Beseitigung, Entfernung. **2.** (Math.) rechnerische Beseitigung einer unbekannten Größe, die in mehreren Gleichungen vorkommt. **3.** (Biol.) das Verlorengehen bestimmter Erbmerkmale im Laufe der stammesgeschichtlichen Entwicklung

eli|mi|nie|ren: **a)** aus einem größeren Komplex herauslösen u. so beseitigen, unwirksam werden lassen; **b)** etwas aus einem größeren Komplex lösen, um es isoliert zu behandeln

Eli|mi|nie|rung *die;* -, -en: das Eliminieren
eli|sa|be|tha|nisch: aus dem Zeitalter Elisabeths I. von England stammend, sich darauf beziehend
Eli|si|on *die;* -, -en ‹*lat.*› (Sprachw.): **1.** Ausstoßung eines unbetonten Vokals im Wortinnern (z. B. Wand[e]rung). **2.** Ausstoßung eines Vokals am Ende eines Wortes vor einem folgenden mit Vokal beginnenden Wort (z. B. Freud[e] und Leid, sagt[e] er)
eli|tär ‹französierende Ableitung von Elite›: **a)** einer Elite angehörend; auserlesen; **b)** auf die [vermeintliche] Zugehörigkeit zu einer Elite begründet [u. daher dünkelhaft-eingebildet]
Eli|te [österr. auch: ...ˈlɪt] *die;* -, -n ‹*lat.-vulgärlat.-fr.*›: **1. a)** Auslese der Besten; **b)** Führungsschicht. **2.** (ohne Plural) Alterskategorie im Radsport. **3.** (ohne Plural) genormte Schriftgröße bei Schreibmaschinen (früher Perlschrift)
Eli|xier *das;* -s, -e ‹*gr.-arab.-mlat.*›: Heiltrank; Zaubertrank; Verjüngungsmittel (Lebenselixier)
El Kai|da [auch: - ˈka:ida] *die;* - - (meist o. Art.) ‹*arab.*›: weltweit operierende islamistische Terrororganisation
El|lip|se *die;* -, -n ‹*gr.-lat.*›: **1.** (Math.) Kegelschnitt; geometrischer Ort aller Punkte, die von zwei festen Punkten, den Brennpunkten, die gleiche Summe der Abstände haben. **2. a)** Ersparung, Auslassung von Redeteilen, die für das Verständnis entbehrlich sind (z. B. der [Täter] oder die Täter sollen sich melden; Karl fährt nach Italien, Wilhelm [fährt] an die Nordsee); **b)** Auslassungssatz; Satz, in dem Redeteile erspart sind (z. B. keine Zeit! = ich habe keine Zeit!)
el|lip|tisch ‹*gr.-nlat.*›: **1.** (Math.) in der Form einer Ellipse (1); **elliptische Geometrie:** ↑nichteuklidische Geometrie. **2.** (Sprachw.) die Ellipse (2) betreffend; unvollständig
El Ni|ño [- ˈninjɔ] *der;* - -[s] ‹*span.*›: anomale Wassererwärmung im tropischen Pazifik mit [starker] Auswirkung auf das Klima
Elo|ge [eˈlo:ʒə] *die;* -, -n ‹*gr.-(m)lat.-fr.*›: an einen anderen gerichtete Äußerung, mit der jmd. in betonter [überschwänglicher] Weise Lob u. Anerkennung zum Ausdruck bringt; Lobeserhebung
Elo|gi|um *das;* -s, ...ia ‹*gr.-lat.*›: **1.** in der römischen Antike Inschrift auf Grabsteinen, Statuen u. a. **2.** Lobrede
Elon|ga|ti|on *die;* -, -en ‹*lat.-nlat.*›: **1.** Winkel zwischen Sonne u. Planet. **2.** der Betrag, um den ein Körper aus einer stabilen Gleichgewichtslage entfernt wird
elo|quent ‹*lat.*›: beredsam, beredt
Elo|quenz *die;* -: Beredsamkeit
Elo|xal® *das;* -s ‹Kurzw. aus: **el**ektrisch **ox**idiertes **Al**uminium›: Schutzschicht aus Aluminiumoxid
elo|xie|ren: mit Eloxal überziehen
ely|sä|isch vgl. elysisch
Ély|sée [eliˈze:] *das;* -[s] ‹*fr.*›, **Ély|sée-Pa|last** *der;* -[e]s: Palast in Paris (Amtssitz des französischen Staatspräsidenten)
ely|sisch ‹*gr.-lat.*›, **ely|sä|isch** ‹*gr.-nlat.*›: zum Elysium gehörend; paradiesisch, himmlisch
Ely|si|um *das;* -s ‹*gr.-lat.*›: in der griechischen Sage das Land der Seligen in der Unterwelt
Ely|t|ron *das;* -s, ...ytren (meist Plural) ‹*gr.-nlat.*›: zur Schutzdecke umgewandelter Vorderflügel der Käfer, Wanzen, Grillen u. a.
El|ze|vir [ˈɛlzəvi:ɐ̯] *die;* - ‹nach dem Namen einer holländischen Buchdruckerfamilie des 17. Jh.s›: eine Antiquadruckschrift
El|ze|vi|ri|a|na *die* (Plural) ‹*nlat.*›: von der holländischen Buchdruckerfamilie Elzevir herausgegebene römische u. griechische Klassikerausgaben im Duodezformat; vgl. Duodez
Email [eˈmai̯, österr.: eˈmai̯l] *das;* -s, -s ‹*germ.-fr.*›: glasharter, gegen Korrosion u. Temperaturschwankungen beständiger Schmelzüberzug als Schutz auf metallischen Oberflächen od. als Verzierung
E-Mail [ˈi:meɪl] *die;* -, -s, auch, bes. südd., österr., schweiz.: *das;* -s, -s ‹*engl.*›: **1.** (meist ohne Art.) elektronischer Daten- u. Nachrichtenaustausch per Computer. **2.** Nachricht per E-Mail (1)
e-mai|len [ˈi:meɪlən], **emai|len** ‹*engl.*›: Nachrichten per E-Mail (1) versenden
Email|le [eˈmaljə, auch: eˈmai̯] vgl. Email
Email|leur [emaˈjø:ɐ̯, emalˈjø:ɐ̯] *der;* -s, -e: Emaillierer; jmd., der Schmuck, Industriewaren usw. mit Emailglasurfarben überzieht
email|lie|ren [emaˈji:..., emalˈji:...]: mit Email überziehen
Email|ma|le|rei *die;* -, -en: **a)** (ohne Plural) das Malen mit farbigem Glas, das als flüssige Masse auf Metall, zuweilen auch auf Glas od. Ton aufgetragen u. eingebrannt wird; **b)** einzelne Arbeit in der Technik der Emailmalerei (a)
Ema|na|ti|on *die;* -, -en ‹*lat.;* »Ausfluss«›: **1.** das Hervorgehen aller Dinge aus dem unveränderlichen, vollkommenen, göttlichen Einen (bes. in der neuplatonischen u. gnostischen Lehre) (bes. in der neuplatonischen u. gnostischen Lehre). **2.** (Psychol.) Ausstrahlung psychischer

Energie. **3.** (ohne Plural; veraltet) gasförmige radioaktive Isotope des Edelgases ↑Radon (Zeichen: Em)

ema|nie|ren ⟨*lat.*⟩: ausströmen; durch natürliche od. künstliche Radioaktivität Strahlen aussenden

Eman|ze *die;* -, -n (ugs., oft abwertend): [junge] Frau, die bewusst emanzipiert auftritt u. sich aktiv für die Emanzipation (2) einsetzt

e

Eman|zi|pa|ti|on *die;* -, -en ⟨*lat.;* »Freilassung«⟩: **1.** Befreiung aus einem Zustand der Abhängigkeit; Verselbstständigung. **2.** rechtliche u. gesellschaftliche Gleichstellung [der Frau mit dem Mann]

eman|zi|pa|to|risch ⟨*lat.-nlat.*⟩: auf Emanzipation (1, 2) gerichtet

eman|zi|pie|ren ⟨*lat.*⟩: **a)** (selten) aus einer bestehenden Abhängigkeit lösen; selbstständig, unabhängig machen; **b)** sich emanzipieren: sich aus einer bestehenden, die eigene Entfaltung hemmenden Abhängigkeit lösen; sich selbstständig, unabhängig machen

eman|zi|piert: die traditionelle Rolle [der Frau] nicht mehr akzeptierend, selbstständig, unabhängig, selbstbewusst

em|bal|lie|ren: [ver]packen, einpacken

Em|bar|go *das;* -s, -s ⟨*galloroman.-span.*⟩: **1.** Beschlagnahme od. das Zurückhalten fremden Eigentums (meist von Schiffen od. Schiffsladungen) durch einen Staat. **2.** staatliches Waren- u. Kapitalausfuhrverbot, Auflage- u. Emissionsverbot für ausländische Kapitalanleihen

Em|b|lem [auch: ãˈbleːm] *das;* -s, -e (bei dt. Aussprache auch: -ata) ⟨*gr.-lat.-fr.*⟩: **1.** Kennzeichen, Hoheitszeichen [eines Staates]. **2.** Sinnbild (z. B. Ölzweig für Frieden)

Em|b|le|ma|tik *die;* -: Forschungsrichtung, die sich mit der Herkunft u. Bedeutung von Emblemen (2) befasst

Em|bo|lie *die;* -, ...ien ⟨*gr.-nlat.*⟩ (Med.): Verstopfung eines Blutgefäßes durch in die Blutbahn geratene körpereigene oder körperfremde Substanzen (Embolus)

Em|b|ryo *der* (österr. auch: *das*); -s, ...onen u. -s ⟨*gr.-lat.*⟩: **1.** im Anfangsstadium der Entwicklung befindlicher Keim; in der Keimentwicklung befindlicher Organismus, beim Menschen die Leibesfrucht von der vierten Schwangerschaftswoche bis zum Ende des vierten Schwangerschaftsmonats (oft auch gleichbedeutend mit ↑Fetus gebraucht). **2.** (Bot.) Teil des Samens der Samenpflanzen, der aus Keimachse, Keimwurzel u. Keimblättern besteht

Em|b|ryo|lo|gie *die;* - (Med.): Lehre u. Wissenschaft von der vorgeburtlichen Entwicklung der Lebewesen

em|b|ry|o|nal, em|b|ry|o|nisch: a) zum Keimling gehörend; im Keimlingszustand, unentwickelt; **b)** unreif; **c)** ungeboren

Em|b|ryo|trans|fer *der;* -s, -s: Übertragung u. Einpflanzung von Eizellen, die außerhalb des Körpers befruchtet wurden

Eme|rit *der;* -en, -en ⟨*lat.;* »Ausgedienter«⟩: im Alter dienstunfähig gewordener Geistlicher (im kath. Kirchenrecht)

eme|ri|tie|ren ⟨*lat.-nlat.*⟩: jmdn. in den Ruhestand versetzen, entpflichten (z. B. einen Professor)

Eme|ri|tie|rung *die;* -, -en: Entbindung eines Hochschullehrers von der Verpflichtung, Vorlesungen abzuhalten (entsprechend der Versetzung in den Ruhestand bei anderen Beamten)

eme|ri|tus ⟨*lat.*⟩: (in Verbindung mit dem davorstehenden Titel) von seiner Lehrtätigkeit entbunden (Abk.: em., emer., emerit.)

Eme|ri|tus *der;* -, ...ti: im Ruhestand befindlicher, entpflichteter Hochschullehrer (Abk.: em.)

Emi|g|rant *der;* -en, -en ⟨*lat.*⟩: Auswanderer; jmd., der [aus politischen, wirtschaftlichen oder religiösen Gründen] sein Heimatland verlässt; Ggs. ↑Immigrant

Emi|g|ran|tin *die;* -, -nen: weibliche Form zu ↑Emigrant

Emi|g|ra|ti|on *die;* -, -en: **1.** Auswanderung (bes. aus politischen, wirtschaftlichen od. religiösen Gründen); Ggs. ↑Immigration. **2.** ↑Diapedese

emi|g|rie|ren: [aus politischen, wirtschaftlichen od. religiösen Gründen] auswandern

emi|nent ⟨*lat.-fr.*⟩: außerordentlich, äußerst [groß] (bes. in Bezug auf eine als positiv empfundene Qualität, Eigenschaft, die in hohem Maße vorhanden ist)

Emi|nenz *die;* -, -en ⟨*lat.*⟩: Hoheit (Titel der Kardinäle); **graue Eminenz:** nach außen kaum in Erscheinung tretende, aber einflussreiche [politische] Persönlichkeit

Emir [auch: eˈmiːɐ̯] *der;* -s, -e ⟨*arab.*⟩: Befehlshaber, Fürst, Gebieter (bes. in islamischen Ländern)

Emi|rat *das;* -[e]s, -e ⟨*arab.-nlat.*⟩: arabisches Fürstentum

Emis|sär *der;* -s, -e ⟨*lat.-fr.*⟩: Abgesandter mit einem bestimmten Auftrag

Emis|sä|rin *die;* -, -nen: weibliche Form zu ↑Emissär

Emis|si|on *die;* -, -en ⟨*lat.(-fr.)*⟩: **1.** Ausgabe von

Wertpapieren od. Geld. **2.** (Physik) Aussendung von elektromagnetischen Teilchen od. Wellen. **3.** (Med.) Entleerung (z. B. der Harnblase). **4.** das Ausströmen luftverunreinigender Stoffe in die Außenluft; Luftverunreinigung; vgl. Immission. **5.** (schweiz.) Rundfunksendung

emis|si|ons|arm: wenig Schadstoffe in die Luft abgebend

Emis|si|ons|stopp *der;* -s, -s (Wirtsch.): Ausgabestopp von Aktien u. Wertpapieren

Emit|tent *der;* -en, -en ‹*lat.*›: **1.** (Bankw.) jmd., der Wertpapiere ausstellt u. ausgibt. **2.** Verursacher einer Emission (4)

Emit|ten|tin *die;* -, -nen: weibliche Form zu ↑Emittent

Emit|ter *der;* -s, - ‹*lat.-engl.*›: Emissionselektrode eines ↑Transistors

emit|tie|ren ‹*lat.(-fr.)*›: **1.** ausgeben, in Umlauf setzen (von Wertpapieren). **2.** (Physik) aussenden (z. B. Elektronen). **3.** (umweltgefährdende Stoffe) in die Luft ablassen

Em|my [ˈæmɪ] *der;* -s, -s, **Em|my Award** [... əˈwɔːd] *der;* - -[s], - -s ‹*engl.-amerik.*›: jährlich verliehener amerikanischer Preis für Fernsehsendungen

Emo|ti|con *das;* -s, -s ‹Kurzw. aus *engl.* **emot**ion »Gefühl« u. **icon** »Bild«› (EDV): Zeichenkombination, mit der in einer E-Mail od. beim Chatten eine Gefühlsäußerung wiedergegeben werden kann, z. B. :-) für »glücklich« u. :-(für »traurig«; vgl. Smiley

Emo|ti|on *die;* -, -en ‹*lat.*›: Gemütsbewegung, seelische Erregung; Gefühlszustand; vgl. Affekt

emo|ti|o|nal, emo|ti|o|nell ‹*lat.-nlat.*›: mit Emotionen verbunden; aus einer Emotion, einer inneren Erregung erfolgend; gefühlsmäßig; vgl. affektiv (a); vgl. ...al/...ell

emo|ti|o|na|li|sie|ren: Emotionen wecken, Emotionen einbauen (z. B. in ein Theaterstück)

Emo|ti|o|na|li|tät *die;* -: inneres, gefühlsmäßiges Beteiligtsein an etwas; vgl. Affektivität

emo|ti|o|nell vgl. emotional

Em|pa|thie *die;* -, ...ien ‹*gr.-engl.*› (Psychol.): Bereitschaft u. Fähigkeit, sich in die Einstellung anderer Menschen einzufühlen

em|pa|thisch (Psychol.): bereit u. fähig, sich in die Einstellung anderer Menschen einzufühlen

Em|pha|se *die;* -, -n ‹*gr.-lat.*›: Nachdruck, Eindringlichkeit [im Reden]

em|pha|tisch (Rhet., Sprachw.): mit Nachdruck, stark, eindringlich

[1]**Em|pire** [ãˈpiːɐ̯] *das;* -[s] ‹*lat.-fr.*›: **a)** (Geschichte) französisches Kaiserreich unter Napoleon I. (Premier Empire, 1804–1815) u. unter Napoleon III. (Second Empire, 1852–1870); **b)** Stil[epoche] zur Zeit Napoleons I. u. der folgenden Jahre (etwa 1800 bis 1830)

[2]**Em|pi|re** [ˈɛmpaɪə] *das;* -[s] ‹*lat.-fr.-engl.*›: das frühere britische Weltreich

Em|pi|rie *die;* - ‹*gr.*›: **1.** Methode, die sich auf Erfahrung stützt, um [wissenschaftliche] Erkenntnisse zu gewinnen. **2.** aus der Erfahrung gewonnene Kenntnisse; Erfahrungswissen

Em|pi|ri|ker *der;* -s, - ‹*gr.-lat.*›: jmd., der aufgrund von Erfahrung denkt u. handelt; jmd., der die Empirie als einzige Erkenntnisquelle gelten lässt

Em|pi|ri|ke|rin *die;* -, -nen: weibliche Form zu ↑Empiriker

Em|pi|rio|kri|ti|zis|mus *der;* - ‹*gr.-nlat.*›: (von R. Avenarius begründete) erfahrungskritische Erkenntnistheorie, die sich unter Ablehnung der Metaphysik allein auf die kritische Erfahrung beruft

em|pi|risch ‹*gr.-lat.*›: erfahrungsgemäß; aus der Erfahrung, Beobachtung [erwachsen]; dem Experiment entnommen

Em|pi|ris|mus *der;* - ‹*gr.-nlat.*›: philosophische Lehre, die als einzige Erkenntnisquelle die Sinneserfahrung, die Beobachtung, das Experiment gelten lässt

Em|pi|rist *der;* -en, -en: Vertreter der Lehre des Empirismus

Em|pi|ris|tin *die;* -, -nen: weibliche Form zu ↑Empirist

em|pi|ris|tisch: den Grundsätzen des Empirismus entsprechend

em|py|re|isch ‹*gr.-nlat.*›: zum Empyreum gehörend; lichtstrahlend, himmlisch

Em|py|re|um *das;* -s: im Weltbild der antiken u. scholastischen Philosophie der oberste Himmel, der sich über der Erde wölbt, der Bereich des Feuers od. des Lichtes, die Wohnung der Seligen

Emu *der;* -s, -s ‹*port.*›: in Australien beheimateter, großer straußenähnlicher Laufvogel

Emu|la|ti|on *die;* - ‹*lat.(-engl.)*›: **1.** (veraltet) Wetteifer. **2.** (veraltet) Eifersucht, Neid. **3.** (EDV) Nachahmung der Funktionen eines anderen Computers od. Programms

Emul|ga|tor *der;* -s, ...toren ‹*lat.-nlat.*›: Mittel, das die Bildung einer ↑Emulsion (1) erleichtert

emul|gie|ren ‹*lat.*›: **a)** eine Emulsion herstellen; **b)** einen [unlöslichen] Stoff in einer Flüssigkeit verteilen

Emul|sin *das;* -s ‹*lat.-nlat.*›: ein in bitteren Mandeln enthaltenes ↑Enzym

Emul|si|on *die;* -, -en: **1.** Gemenge aus zwei ineinander unlösbaren Flüssigkeiten (z. B. Öl in Wasser), bei dem die eine Flüssigkeit in Form kleiner Tröpfchen in der anderen verteilt ist. **2.** lichtempfindliche Schicht fotografischer Platten, Filme u. Papiere

En|al|la|ge [auch: e'nalage] *die;* - ‹*gr.;* eigtl. »Verwechslung«› (Rhet., Stilkunde): [stilbedingte] Versetzung des Attributs (z. B. mit einem blauen Lächeln seiner Augen, statt: mit einem Lächeln seiner blauen Augen)

En|an|them *das;* -s, -e ‹*gr.-nlat.*› (Med.): dem ↑Exanthem der Haut entsprechender Schleimhautausschlag

en bloc [ã'blɔk] ‹*fr.*›: im Ganzen, in Bausch u. Bogen

En|chi|la|da [...tʃi..., auch: ...çi...] *die;* -, -s ‹*span. (mittelamerik.)* »mit Chili Gewürztes«›: mit Fleisch u. Gemüse gefüllte Tortilla

En|co|der [ɪn'koʊdɐ] *der;* -s, - ‹*lat.-fr.-engl.*›: Einrichtung zum Verschlüsseln von [codierten] Signalen; Ggs. ↑Decoder

en|co|die|ren, en|ko|die|ren ‹*lat.-fr.-engl.*›: [eine Nachricht] mithilfe eines ↑Codes (1) verschlüsseln; Ggs. ↑decodieren

En|coun|ter [ɪn'kauntɐ] *das* od. *der;* -s, - ‹*roman.-fr.-engl.*›: **1.** (Psychol.) Gruppentraining zur Steigerung der ↑Sensitivität (Sensitivitätstraining), bei dem die spontane Äußerung von ↑Aggressionen, ↑Sympathien u. ↑Antipathien eine besondere Rolle spielt. **2.** Begegnung, Zusammenstoß

end..., End... vgl. endo..., Endo...

En|de|ca|sil|la|bo *der;* -[s], ...bi ‹*gr.-lat.-it.*›: elfsilbiger italienischer Vers (des ↑Sonetts, der ↑Stanze u. der ↑Terzine); vgl. Hendekasyllabus

En|de|mie *die;* -, ...ien ‹*gr.-nlat.*› (Med.): örtlich begrenztes Auftreten einer Infektionskrankheit (z. B. der Malaria in [sub]tropischen Sumpfgebieten); vgl. Epidemie

en|de|misch: a) [ein]heimisch; **b)** (Med.) örtlich begrenzt auftretend (von Infektionskrankheiten); **c)** (Biol.) in einem begrenzten Gebiet verbreitet

En|de|mis|mus *der:* - (Biol.): das Vorkommen von Tieren u. Pflanzen in einem bestimmten begrenzten Bezirk

en dé|tail [ãde'taj] ‹*lat.-fr.*›: im Kleinen; einzeln; im Einzelverkauf; Ggs. ↑en gros

En|di|vie [...viə] *die;* -, -n ‹*ägypt.-gr.-lat.-vulgärlat.-roman.*›: eine Salatpflanze (Korbblütler)

en|do..., En|do...

vor Vokalen meist: **end..., End...**
‹*gr.* éndon »innen, innerhalb«›
Präfix mit der Bedeutung »innen, innerhalb«:
- Endaortitis
- Endogamie
- endogen
- Endoprothese
- Endoskop
- endotherm

En|do|ga|mie *die;* - ‹*gr.-nlat.*›: Heiratsordnung, nach der nur innerhalb eines bestimmten sozialen Verbandes (z. B. Stamm eines Naturvolkes, Kaste) geheiratet werden darf; Ggs. ↑Exogamie

en|do|gen ‹*gr.*›: **1. a)** (Med.) im Körper selbst, im Körperinnern entstehend, von innen kommend (von Stoffen, Krankheitserregern od. Krankheiten); Ggs. ↑exogen (1 a); **b)** (Bot.) innen entstehend (von Pflanzenteilen, die nicht aus Gewebeschichten der Oberfläche, sondern aus dem Innern entstehen u. die unbeteiligten äußeren Gewebeschichten durchstoßen); Ggs. ↑exogen (1 b). **2.** (Geol.) von Kräften im Erdinneren erzeugt; Ggs. ↑exogen (2)

En|do|karp *das;* -[e]s, -e ‹*gr.-nlat.*› (Bot.): bei Früchten die innerste Schicht der Fruchtwand (z. B. harte Schale des Steins bei Pfirsichen od. Aprikosen); vgl. Exokarp u. Mesokarp

en|do|krin ‹*gr.-nlat.*› (Med.): mit innerer ↑Sekretion verbunden (von Drüsen); Ggs. ↑exokrin

en|do|plas|ma|tisch: innerhalb des Zellplasmas gelegen; **endoplasmatisches Retikulum** (Biol.): in Zellen ausgebildetes System feinster Kanäle

En|do|pro|the|se *die;* -, -n ‹*gr.*› (Med.): aus Kunststoff, Metall o. Ä. gefertigtes Ersatzstück, das im ↑Organismus den geschädigten Körperteil ganz od. teilweise ersetzt

[1]**En|do|s|kop** *das;* -s, -e ‹*gr.-nlat.*› (Med.): in eine Lichtquelle eingeschlossenes optisches Instrument zur Untersuchung von Hohlorganen u. Körperhöhlen sowie zur gezielten Gewebsentnahme

[2]**En|do|s|kop** *der;* -en, -en (selten): Facharzt für Endoskopie

En|do|s|ko|pie *die;* -, ...ien ‹*gr.-nlat.*› (Med.): Ausleuchtung u. Ausspiegelung einer Körperhöhle mithilfe des [1]Endoskops

en|do|therm ‹*gr.-nlat.*›: Wärme aufnehmend, bindend; **endotherme Prozesse** (Physik, Chemie): Vorgänge, bei denen von außen Wärme zugeführt werden muss

Ener|ge̱|tik *die; -* ⟨*gr.-nlat.*⟩: **1.** Wissenschaft von allen industriell genutzten Formen der Energie u. ihrer Umwandlung. **2.** philosophische Lehre, die die Energie als Wesen u. Grundkraft aller Dinge erklärt (nach W. Ostwald)

ener|ge̱|tisch ⟨*gr.*⟩: **1.** die Energie betreffend, auf ihr beruhend. **2.** die Energetik betreffend; **energetischer Imperativ:** »Verschwende keine Energie, verwerte sie!« (Grundsatz der Philosophie von W. Ostwald). **3.** (Sprachw.) die wirkende Kraft der Sprache betreffend, auf ihr beruhend

Ener|gi̱e *die; -, ...i̱en* ⟨*gr.-lat.-fr.*⟩: **1. a)** (ohne Plural) mit Nachdruck, Entschiedenheit [u. Ausdauer] eingesetzte Kraft, um etw. durchzusetzen; **b)** (ohne Plural) starke geistige u. körperliche Spannkraft. **2.** (Physik) Fähigkeit eines Stoffes, Körpers od. Systems, Arbeit zu verrichten, die sich aus Wärme, Bewegung o. Ä. herleitet

ener|gi̱e|ef|fi|zi|ent: die verfügbare Energie (2) optimal ausnutzend, sie nicht verschwendend

Ener|gi̱e|kri|se *die; -, -n:* ↑Krise (2) in der Versorgung mit Stoffen, deren Energie (2) nutzbar gemacht werden kann

Ener|gi̱e|po|li|tik *die; -:* Maßnahmen o. Ä. auf dem Gebiet der Energieversorgung

ener̩|gisch ⟨*gr.*⟩: **a)** starken Willen u. Durchsetzungskraft habend u. entsprechend handelnd; zupackend, tatkräftig; **b)** von starkem Willen und Durchsetzungskraft zeugend; **c)** entschlossen, nachdrücklich

Ener|gy|drink, Ener|gy-Drink [ˈɛnədʒi...] *der; -s, -s* ⟨*engl.*⟩: Energie spendendes alkoholfreies Getränk

Ener|va|ti|o̱n *die; -, -en* ⟨*lat.*⟩: ↑Enervierung; vgl. ...ation/...ierung

ener|vi̱e|ren: **1.** jmds. Nerven überbeanspruchen; auf Nerven und seelische Kräfte zerstörerisch wirken. **2.** (Med.) die Verbindung zwischen Nerv und dazugehörigem Organ ausschalten

Ener|vi̱e|rung *die; -, -en:* **1.** Überbeanspruchung der Nerven; Belastung der seelischen Kräfte. **2.** (Med.) Ausschaltung der Verbindung zwischen Nerv und dazugehörigem Organ

en face [ãˈfas] ⟨*lat.-fr.*⟩: von vorn [gesehen]; in gerader Ansicht (bes. von Bildnisdarstellungen)

En|fant ter|ri|b|le [ãfãtɛˈriːbl̩] *das; - -, -s -s* [ãfãtɛˈriːbl̩] ⟨*lat.-fr.;* »schreckliches Kind«⟩: jmd., der seine Umgebung durch unangebrachte Offenheit in Verlegenheit bringt, sie durch sein Verhalten schockiert

En|ga|ge|ment [ãgaʒ(ə)ˈmãː] *das; -s, -s* ⟨*germ.-fr.*⟩: **1.** (ohne Plural) weltanschauliche Verbundenheit mit etwas; innere Bindung an etwas; Gefühl des inneren Verpflichtetseins zu etwas; persönlicher Einsatz. **2.** Anstellung, Stellung, bes. eines Künstlers. **3.** (veraltend) Aufforderung zum Tanz. **4.** (Börsenw.) Verpflichtung, zur festgesetzten Zeit gekaufte Papiere abzunehmen, zu bezahlen od. die für diesen Tag verkauften zu liefern

en|ga|gie|ren [ãgaˈʒiːrən] ⟨*germ.-fr.*⟩: **1.** jmdn. (bes. einen Künstler) unter Vertrag nehmen, für eine Aufgabe verpflichten. **2.** (veraltend) zum Tanz auffordern. **3.** sich engagieren: sich binden, sich verpflichten; einen geistigen Standort beziehen. **4.** (Fechten) die Klingen aneinander anlehnen, den Kontakt zwischen den Klingen herstellen

en|ga|gi̱ert: **a)** entschieden für etwas eintretend; **b)** ein starkes persönliches Interesse an etwas habend

En|gi|nee|ring [ɛndʒɪˈnɪərɪŋ] *das; -[s]* ⟨*lat.-altfr.-engl.*⟩: engl. Bez. für: Ingenieurwesen

En|g|lish spo|ken [ˈɪŋglɪʃ ˈspoʊkən] ⟨*engl.;* »Englisch gesprochen«⟩: hier wird Englisch gesprochen, hier spricht man Englisch (als Hinweis z. B. für Kunden in einem Geschäft)

En|g|lish|waltz [ˈɪŋglɪʃwɔ(ː)l(t)s] *der; -, -:* langsamer Walzer

eng|li|si̱e|ren: **1.** etwas nach englischer Art umgestalten; vgl. anglisieren (1). **2.** einem Pferd die niederziehenden Schweifmuskeln durchschneiden, damit es den Schwanz hoch trägt

En|go|be [ãˈgoːbə] *die; -, -n* ⟨*fr.*⟩: dünne keramische Überzugsmasse

en|go|bi̱e|ren: Tonwaren mit einer keramischen Gussmasse überziehen

En|gra̩mm *das; -s, -e* ⟨*gr.-nlat.*⟩ (Med.): im Zentralnervensystem hinterlassene Spur eines Reiz- oder Erlebniseindrucks, die dessen Reproduktion zu einem späteren Zeitpunkt möglich macht; Erinnerungsbild

en gros [ãˈgroː] ⟨*lat.-fr.*⟩: im Großen; Ggs. ↑en détail

En|gros|han|del *der; -s:* Großhandel

en|har|mo̱|nisch (Musik): mit einem anders benannten u. geschriebenen Ton den gleichen Klang habend (in Bezug auf die Tonhöhe); **enharmonische Verwechslung:** Vertauschung u. musikalische Umdeutung enharmonisch gleicher Töne od. Akkorde

En|jam|be|ment [ãʒã(bə)ˈmãː] *das; -s, -s* ⟨*fr.*⟩ (Metrik): Übergreifen des Satzes in den nächsten Vers; Nichtzusammenfall von Satz- u. Versende

En|kaus|tik *die;* - ‹*gr.*›: Malverfahren, bei dem die Farben durch Wachs gebunden sind

en|kaus|tisch: die Enkaustik betreffend, mit dieser Technik arbeitend, nach diesem Verfahren ausgeführt

En|kla|ve *die;* -, -n ‹*lat.-vulgärlat.-fr.*›: vom eigenen Staatsgebiet eingeschlossener Teil eines fremden Staatsgebietes; Ggs. ↑Exklave (1)

En|kli|se, En|kli|sis *die;* -, ...isen ‹*gr.;* »das Hinneigen«› (Sprachw.): Verschmelzung eines unbetonten Wortes [geringeren Umfangs] mit einem vorangehenden betonten (z. B. ugs. »denkste« aus: denkst du od. »zum« aus: zu dem); Ggs. ↑Proklise

En|kli|ti|kon *das;* -s, ...ka ‹*gr.*› (Sprachw.): unbetontes Wort, das sich an das vorhergehende betonte anlehnt (z. B. ugs. »kommste« aus »kommst du«)

en|kli|tisch ‹*gr.-lat.*› (Sprachw.): sich an ein vorhergehendes betontes Wort anlehnend; Ggs. ↑proklitisch

en|ko|die|ren usw. vgl. encodieren usw.

en masse [ãˈmas] ‹*fr.;* »in Masse«› (ugs. emotional): in großer Menge, Zahl [vorhanden, vorkommend]; überaus viel

en mi|ni|a|ture [ãminjaˈty:r] ‹*fr.*›: in kleinem Maßstab; einem Vorbild in kleinerem Ausmaß ungefähr entsprechend; im Kleinen dargestellt, vorhanden, und zwar in Bezug auf etwas, was eigentlich als Größeres existiert

enorm ‹*lat.-fr.*›: von außergewöhnlich großem Ausmaß, außerordentlich; erstaunlich

Enor|mi|tät *die;* -, -en: erstaunliche Größe; Übermaß

en pas|sant [ãpaˈsã:] ‹*fr.;* »im Vorübergehen«›: nebenher (in Bezug auf etwas, was neben dem Eigentlichen mehr am Rande noch mit erledigt, gemacht wird); **en passant schlagen** (Schach): einen gegnerischen Bauern, der aus der Grundstellung in einem Zug zwei Felder vorrückt u. neben einem eigenen Bauern zu stehen kommt, im nächsten Zug so schlagen, als ob er nur ein Feld vorgerückt wäre

en pro|fil [ãprɔˈfil] ‹*fr.*›: im Profil, von der Seite

En|quete [ãˈkɛ(:)t] *die;* -, -n ‹*lat.-fr.*›: **1.** amtliche Untersuchung, Erhebung, die bes. zum Zweck der Meinungs-, Bevölkerungs-, Wirtschaftsforschung u. Ä. durchgeführt wird. **2.** (österr.) Arbeitstagung

En|quete|kom|mis|si|on *die;* -, -en: Kommission, die eine Enquete durchführt

en route [ãˈrut] ‹*fr.*›: unterwegs

Ens *das;* - ‹*lat.*› (Philos.): das Seiende, Sein, Wesen, Idee

En|sem|b|le [ãˈsã:bl̩] *das;* -s, -s ‹*lat.-fr.*›: **1. a)** zusammengehörende, aufeinander abgestimmte Gruppe von Schauspielern, Tänzern, Sängern od. Orchestermusikern; **b)** kleine Besetzung in der Instrumental- u. Unterhaltungsmusik. **2.** mehrteiliges Kleidungsstück, dessen Teile aufeinander abgestimmt sind. **3.** Gesamtheit mehrerer Einzelteile, die [planvoll, wirkungsvoll] aufeinander abgestimmt sind

En|si|la|ge [ãsiˈla:ʒə] *die;* - ‹*fr.*›: Bereitung von Gärfutter

en suite [ãˈsɥi̯t] ‹*lat.-fr.*›: **1.** im Folgenden, demzufolge. **2.** ununterbrochen

ent..., Ent... vgl. ento..., Ento...

En|tente [ãˈtã:t] *die;* -, -n ‹*lat.-fr.*›: Einverständnis, Bündnis

En|tente cor|di|ale [ãtãtkɔrˈdjal] *die;* - - ‹»herzliches Einverständnis«› (Politik): das französisch-britische Bündnis nach 1904

en|ter..., En|ter... vgl. entero..., Entero...

en|te|ro..., En|te|ro...

vor Vokalen meist: **en|ter..., En|ter...**
‹*gr.* énteron »Darm«›
Wortbildungselement mit der Bedeutung »Darm; Eingeweide«:
- Enteritis
- enterogen
- Enterokokken
- Enteroneurose
- Enterovirus

En|te|ro|s|kop *das;* -s, -e (Med.): mit elektrischer Lichtquelle u. Spiegel versehenes Instrument zur Untersuchung des Dickdarms

En|ter|tai|ner [ˈɛntɐteɪnɐ] *der;* -s, - ‹*engl.*›: [Allein]unterhalter; jmd., dessen Beruf es ist, ein [größeres] Publikum auf angenehme, heitere Weise zu unterhalten (z. B. als Conférencier, Showmaster)

En|ter|tai|ne|rin *die;* -, -nen: weibliche Form zu ↑Entertainer

En|ter|tain|ment [ɛntɐˈteɪnmənt] *das;* -s: berufsmäßig gebotene Unterhaltung

en|thu|si|as|mie|ren ‹*gr.-fr.*›: begeistern, in Begeisterung versetzen, entzücken

En|thu|si|as|mus *der;* - ‹*gr.-nlat.*›: leidenschaftliche Begeisterung, Schwärmerei

En|thu|si|ast *der;* -en, -en: begeisterter, leidenschaftlicher Bewunderer, Schwärmer

En|thu|si|as|tin *die;* -, -nen: weibliche Form zu ↑Enthusiast

en|thu|si|as|tisch: begeistert, schwärmerisch

En|ti|tät *die;* -, -en ‹*lat.-mlat.*›: **1.** (Philos.) Dasein im Unterschied zum Wesen eines Dinges. **2.** [gegebene] Größe

ent|kof|fe|i|nie|ren: Kaffee das ↑Koffein teilweise od. vollständig entziehen

ent|ko|lo|ni|a|li|sie|ren: vom wirtschaftlichen, politischen u. kulturellen Einfluss der [ehemaligen] Kolonialmacht lösen; ↑dekolonisieren

ent|mi|li|ta|ri|sie|ren *(dt.; lat.)*: aus einem Gebiet die Truppen abziehen u. die militärischen Anlagen abbauen

Ent|mi|li|ta|ri|sie|rung *die; -, -en*: das Entmilitarisieren

ent|my|tho|lo|gi|sie|ren *(dt.; gr.-nlat.)*: mythische od. irrationale Vorstellungen von etwas beseitigen

Ent|my|tho|lo|gi|sie|rung *die; -, -en*: **1.** das Entmythologisieren. **2.** Versuch, die christliche Botschaft von alten Mythen zu befreien u. modernem Verständnis zu erschließen

ent|na|zi|fi|zie|ren *(dt.; nlat.)* (Geschichte): **1.** nationalsozialistische Einflüsse aus dem öffentlichen Leben entfernen. **2.** einen ehemaligen Nationalsozialisten politisch überprüfen u. ihn [durch Sühnemaßnahmen] entlasten

en|to..., En|to...

vor Vokalen meist: **ent..., Ent...**
(gr. entós »innen, innerhalb«)
Präfix mit der Bedeutung »innerhalb«:
- Entoderm
- Entoplasma
- entoptisch
- Entozoon

En|to|derm *das; -s, -e (gr.-nlat.)* (Biol., Med.): das innere Keimblatt in der Entwicklung der Vielzeller; vgl. Ektoderm

En|to|mo|lo|ge *der; -n, -n (gr.-nlat.)*: Insektenforscher

En|to|mo|lo|gie *die; -*: Insektenkunde

En|to|mo|lo|gin *die; -, -nen*: weibliche Form zu ↑Entomologe

en|to|mo|lo|gisch: die Entomologie betreffend

En|to|pa|ra|sit *der; -en, -en (gr.-nlat.)* (Biol.): ↑Parasit (1), der im Innern anderer Tiere u. Pflanzen lebt; Ggs. ↑Ektoparasit

En|tou|ra|ge [ãtuˈra:ʒə] *die; -, -n (fr.)*: Umgebung, Gefolge

ent|per|sön|li|chen: das Persönliche, die Persönlichkeit bei etw. ausschalten

En|t|ra|da vgl. Intrada

En|t|re|cote [ãtrəˈko:t] *das; -[s], -s (lat.-fr.)*: Rippenstück vom Rind, das in Scheiben gebraten wird

En|t|ree, schweizerisch häufig: **En|t|rée** [ãˈtre:] *das; -s, -s (lat.-fr.)*: **1.** Eintrittsgeld. **2. a)** Eintritt, Eingang; **b)** Eingangsraum, Vorzimmer. **3.** Vorspeise od. Zwischengericht. **4. a)** Eröffnungsmusik bei einem ↑Ballett; **b)** (Musik) Eintrittslied od. -arie, bes. in Singspiel u. Operette

en|t|re nous [ãtrəˈnu:] *(lat.-fr.;* »unter uns«*)*: ohne die Gegenwart eines Fremden u. daher in der nötigen Atmosphäre der Vertraulichkeit

En|t|re|pot [ãtrəˈpo:] *das; -, -s (lat.-fr.)*: zollfreier Stapelplatz, Speicher

En|tro|pie *die; -, ...ien (gr.-nlat.)*: **1.** physikalische Größe, die die Verlaufsrichtung eines Wärmeprozesses kennzeichnet. **2. a)** (Informationst.) Größe des Nachrichtengehalts einer nach statistischen Gesetzen gesteuerten Nachrichtenquelle; **b)** (Informationstheorie) mittlerer Informationsgehalt der Zeichen eines bestimmten Zeichenvorrats. **3.** Maß für den Grad der Ungewissheit über den Ausgang eines Versuchs

ent|ta|bu|i|sie|ren: [einer Sache] den Charakter des Tabus (2) nehmen

Ent|ta|bu|i|sie|rung *die; -, -en*: das Enttabuisieren, Enttabuisiertwerden

Enu|me|ra|ti|on *die; -, -en (lat.)* (fachspr.): Aufzählung

enu|me|ra|tiv (fachspr.): aufzählend

enu|me|rie|ren (fachspr.): aufzählen

En|ve|lop|pe [ãvəˈlɔp(ə)] *die; -, -n (fr.)*: **1.** (veraltet) **a)** Hülle; **b)** Futteral; **c)** Decke; **d)** [Brief]umschlag. **2.** (Math.) bestimmte (einhüllende) Kurve einer gegebenen Kurvenschar; Kurve, die alle Kurven einer gegebenen Schar (einer Vielzahl von Kurven) berührt u. umgekehrt in jedem ihrer Punkte von einer Kurve der Schar berührt wird. **3.** Anfang des 19. Jh.s übliches schmales, mantelähnliches Kleid

En|vi|ron|ment [ɛnˈvai̯(ə)rənmənt] *das; -s, -s (engl.)* (Kunstwiss.): Kunstform, die eine räumliche Situation durch Anordnung verschiedener Objekte u. Materialien (z. B. Sand, Blütenstaub) herstellt

en vogue [ãˈvo:k, auch: ãˈvɔg] *(fr.)*: zurzeit gerade beliebt, modern, in Mode, im Schwange

En|ze|pha|li|tis *die; -, ...itiden (gr.-nlat.)* (Med.): Gehirnentzündung

En|ze|pha|lo|gramm *das; -s, -e* (Med.): Röntgenbild der Gehirnkammern

En|zy|k|li|ka [auch: ...ˈt͜sʏk...] *die; -, ...ken (gr.-nlat.)*: [päpstliches] Rundschreiben

en|zy|k|lisch [auch: ...ˈt͜sʏk...]: einen Kreis durchlaufend; **enzyklische Bildung:** die Bildung, die sich der Mensch des Mittelalters durch das Studium der sieben freien Künste erwarb, des ↑Triviums u. des ↑Quadriviums

En|zy|k|lo|pä|die *die;* -, ...ien ⟨*gr.-nlat.*⟩: übersichtliche u. umfassende Darstellung des gesamten vorliegenden Wissensstoffs aller Disziplinen od. nur eines Fachgebiets in alphabetischer od. systematischer Anordnung; vgl. Konversationslexikon

e

en|zy|k|lo|pä|disch: **1. a)** allumfassende Kenntnisse habend; **b)** allumfassende Kenntnisse vermittelnd. **2.** nach Art der Enzyklopädie

En|zy|k|lo|pä|dist *der;* -en, -en: Herausgeber u. Mitarbeiter der großen französischen »Encyclopédie«, die unter Diderots u. d'Alemberts Leitung 1751–1780 erschien

En|zym *das;* -s, -e ⟨*gr.-nlat.*⟩ (Med.): in der lebenden Zelle gebildete organische Verbindung, die den Stoffwechsel des Organismus steuert; vgl. Ferment

en|zy|ma|tisch: von Enzymen bewirkt

En|zy|mo|lo|gie *die;* -: Wissenschaft, Lehre von den Enzymen

eo ip|so ⟨*lat.*⟩: **1.** eben dadurch. **2.** von selbst, selbstverständlich

Eo|lith [auch: ...'lɪt] *der;* -s u. -en, -e[n] ⟨*gr.-nlat.*⟩: Feuerstein mit natürlichen Absplitterungen, die an vorgeschichtliche Steinwerkzeuge erinnern

Eo|sin *das;* -s, -e: roter Farbstoff, der u. a. zur Herstellung von roten Tinten, Lippenstiften, Zuckerwaren verwendet wird

eo|zän ⟨*gr.-nlat.*⟩: das Eozän betreffend

Eo|zän *das;* -s (Geol.): zweitälteste Stufe des ↑Tertiärs

Eo|zo|i|kum *das;* -s: ↑Archäozoikum

eo|zo|isch: das Eozoikum betreffend

ep... vgl. epi..., Epi...

ep|a|go|gisch (Logik): zum Allgemeinen führend; vgl. induktiv (1); **epagogischer Beweis** (Logik): Beweis, der die Wahrheit eines Satzes dadurch zeigt, dass die Folgen des Satzes als wahr bewiesen werden

Ep|ak|me *die;* -, -en ⟨*gr.*⟩ (Zool.): in der Stammesgeschichte der Anfang der Entwicklung einer Organismengruppe (z. B. der Saurier; Ggs. ↑Akme 2)

Ep|a|na|lep|se ⟨*gr.-lat.*⟩, **Ep|a|na|lep|sis** ⟨*gr.*⟩ *die;* -, ...epsen (Rhet., Stilkunde): Wiederholung eines gleichen Wortes od. einer Wortgruppe im Satz

Ep|a|n|o|dos *die;* -, ...doi [...dɔy] ⟨*gr.;* »Rückweg«⟩ (Rhet., Stilkunde): Wiederholung eines Satzes, aber in umgekehrter Wortfolge (z. B. Ich preise den Herrn, den Herrn preise ich)

Epau|lett [epo...] *das;* -s, -s, **Epau|let|te** *die;* -, -n ⟨*lat.-fr.*⟩: Achsel-, Schulterstück auf Uniformen

Epen: *Plural* von ↑Epos

Ep|en|the|se, Ep|en|the|sis *die;* -, ...thesen ⟨*gr.-lat.;* »Einschiebung«⟩ (Sprachw.): Einschub von Lauten, meist zur Erleichterung der Aussprache (z. B. *t* in namen*t*lich); vgl. Anaptyxe u. Epithese

Ep|ex|e|ge|se *die;* -, -n ⟨*gr.-lat.*⟩ (Rhet.; Stilkunde): in der Art einer ↑Apposition (1) hinzugefügte Erklärung

Ephe|be *der;* -n, -n ⟨*gr.-lat.*⟩ (Geschichte): wehrfähiger junger Mann im alten Griechenland

ephe|bisch: in der Art eines Epheben

Ephe|d|rin® *das;* -s ⟨*gr.-lat.-nlat.*⟩: dem ↑Adrenalin verwandtes ↑Alkaloid (als Heilmittel vielfältig verwendet)

eph|e|mer ⟨*gr.-lat.;* »für einen Tag«⟩: **1.** nur kurze Zeit bestehend, flüchtig, rasch vorübergehend [u. daher ohne bleibende Bedeutung]. **2.** (Bot., Zool.) nur einen Tag lang lebend, bestehend (von kurzlebigen Organismen)

¹Eph|e|me|ri|de *die;* -, -n ⟨*gr.-nlat.*⟩ (Zool.): Eintagsfliege

²Eph|e|me|ri|de *die;* -, -n ⟨*gr.-lat.*⟩: **1.** (meist Plural; Astron., Astrol.) Tafel, in der die täglichen Stellungen von Sonne, Mond u. Planeten vorausberechnet sind; Tabelle des täglichen Gestirnstandes. **2.** (nur Plural) Tagebücher, periodische Schriften, Zeitschriften

Ephor *der;* -en, -en ⟨*gr.-lat.;* »Aufseher«⟩ (Geschichte): einer der fünf jährlich gewählten höchsten Beamten im antiken Sparta

Epho|rat *das;* -[e]s, -e ⟨*gr.-nlat.*⟩: **1.** (Geschichte) Amt eines Ephoren. **2.** Amt eines Ephorus

Epho|rie *die;* -, ...ien ⟨*gr.*⟩: [kirchlicher] Aufsichtsbezirk, Amtsbezirk

Epho|rus *der;* -, ...oren ⟨*gr.-lat.*⟩: **a)** ↑Dekan (1) in der reformierten Kirche; **b)** Leiter eines evangelischen Predigerseminars od. Wohnheims

epi..., Epi...

vor Vokalen meist: **ep..., Ep...**
⟨*gr.* epí »darauf, auf, an, während, durch, bei«⟩
Präfix mit der Bedeutung »darauf (örtlich u. zeitlich), daneben, bei, darüber«:
- Epidermis
- epikontinental
- Epizentrum
- Epulis

Epi|con|dy|lus *der;* -, ...li ⟨*gr.-nlat.*⟩ (Med.): Knochenvorsprung od. Knochenfortsatz, der auf einem ↑Condylus liegt

Epi|de|mie *die;* -, ...ien ⟨*gr.-mlat.*⟩: zeitlich u. örtlich in besonders starkem Maße auftretende Infektionskrankheit; Seuche, ansteckende Massenerkrankung in einem begrenzten Gebiet

Epi|de|mio|lo|ge *der;* -n, -n ⟨*gr.-nlat.*⟩: Wissenschaftler, der auf dem Gebiet der Epidemiologie arbeitet

Epi|de|mio|lo|gie *die;* -: Wissenschaft von der Entstehung, Verbreitung, Bekämpfung u. den sozialen Folgen von Epidemien, zeittypischen Massenerkrankungen u. Zivilisationsschäden

Epi|de|mio|lo|gin *die;* -, -nen: weibliche Form zu ↑Epidemiologe

epi|de|mio|lo|gisch: die Epidemiologie betreffend

epi|de|misch ⟨*gr.-mlat.*⟩: in Form einer Epidemie auftretend

Epi|der|mis *die;* -, ...men ⟨*gr.-lat.*⟩ (Med.): äußere Zellschicht der Haut, Oberhaut

Epi|dia|s|kop *das;* -s, -e ⟨*gr.-nlat.*⟩: Projektor, der als ↑Diaskop u. ↑Episkop verwendet werden kann

Epi|ge|ne|se *die;* -, -n ⟨*gr.-nlat.*⟩: Entwicklung eines jeden Organismus durch aufeinanderfolgende Neubildungen; vgl. Präformationstheorie

epi|ge|ne|tisch: 1. (Biol.) auf die Epigenese bezogen, durch sie entstanden. **2.** später entstanden, jünger als das Nebengestein (von geologischen Lagerstätten)

epi|go|nal ⟨*gr.-nlat.*⟩: unschöpferisch, nachahmend

Epi|go|ne *der;* -n, -n ⟨*gr.;* »Nachgeborener«⟩: jmd., der in seinen Werken schon vorhandene Vorbilder verwendet od. im Stil nachahmt, ohne selbst schöpferisch, stilbildend zu sein

epi|go|nen|haft: in der Art eines Epigonen, nachahmend

Epi|go|nen|tum *das;* -s: epigonenhafte Art u. Weise

Epi|gra|fik, Epi|gra|phik *die;* - ⟨*gr.-nlat.*⟩: Inschriftenkunde (als Teil der Altertumswissenschaft)

Epi|gramm *das;* -s, -e ⟨*gr.-lat.;* »Aufschrift«⟩: kurzes, meist in Distichen (vgl. Distichon) abgefasstes Sinn- od. Spottgedicht

Epi|gram|ma|ti|ker *der;* -s, -: Verfasser von Epigrammen

Epi|gram|ma|ti|ke|rin *die;* -, -nen: weibliche Form zu ↑Epigrammatiker

epi|gram|ma|tisch ⟨*gr.-lat.*⟩: **a)** das Epigramm betreffend; **b)** kurz, treffend, witzig, geistreich, scharf pointiert

Epik *die;* - ⟨*gr.-lat.*⟩: literarische Gattung, die jede Art von Erzählung in Versen od. Prosa umfasst

Epi|kard *das;* -[e]s ⟨*gr.-nlat.*⟩ (Med.): dem Herzen der Wirbeltiere u. des Menschen aufliegendes Hautblatt des Herzbeutels

Epi|ker *der;* -s, - ⟨*gr.-lat.*⟩: Dichter, der sich der Darstellungsform der ↑Epik bedient

Epi|kon|dy|li|tis *die;* -, ...itiden ⟨*gr.*⟩ (Med.): Entzündung eines ↑Epicondylus

Epi|kri|se *die;* -, -n ⟨*gr.;* »Beurteilung; Entscheidung«⟩ (Med.): abschließende kritische Beurteilung eines Krankheitsverlaufs vonseiten des Arztes

Epi|ku|re|er *der;* -s, - ⟨*gr.-lat.*⟩: **1.** Vertreter u. Anhänger der Lehre des gr. Philosophen Epikur. **2.** jmd., der die materiellen Freuden des Daseins unbedenklich genießt, Genussmensch

epi|ku|re|isch, epi|ku|risch: 1. nach der Lehre des gr. Philosophen Epikur lebend. **2.** genießerisch; auf Genuss, auf das Genießen gerichtet

epi|ku|risch vgl. epikureisch

Epi|la|ti|on *die;* -, -en ⟨*lat.-nlat.*⟩ (Med.): Entfernung von Körperhaaren

Epi|lep|sie *die;* -, ...ien ⟨*gr.-lat.-fr.;* »Anfassen; Anfall«⟩ (Med.): Krankheit, die sich in plötzlich einsetzenden starken Krämpfen u. kurzer Bewusstlosigkeit äußert; Fallsucht

Epi|lep|ti|ker *der;* -s, - ⟨*gr.-lat.*⟩: jmd., der an Epilepsie leidet

Epi|lep|ti|ke|rin *die;* -, -nen: weibliche Form zu ↑Epileptiker

epi|lep|tisch: a) durch Epilepsie verursacht; **b)** zur Epilepsie neigend, an Epilepsie leidend

epi|lie|ren ⟨*lat.-nlat.*⟩ (Med.): Körperhaare entfernen

Epi|log *der;* -[e]s, -e ⟨*gr.-lat.*⟩: **a)** Schlussrede, Nachspiel im Drama; Ggs. ↑Prolog (1 a); **b)** abschließendes Nachwort [zur Erläuterung eines literarischen Werkes]; Ggs. ↑Prolog (1 b)

Epi|pha|nia vgl. Epiphanie

Epi|pha|ni|as *das;* - ⟨*gr.*⟩: Fest der »Erscheinung des Herrn« am 6. Januar; Dreikönigsfest

Epi|pha|nie, Epi|pha|nia ⟨*gr.-lat.*⟩ *die;* -, ...ien: Erscheinung einer Gottheit (bes. Christi) unter den Menschen

Epi|pho|ra *die;* -, ...rä ⟨*gr.-lat.*⟩: **1.** (Med.) Tränenfluss. **2.** (Rhet., Stilkunde) Wiederholung eines od. mehrerer Wörter am Ende aufeinanderfolgender Sätze od. Satzteile; Ggs. ↑Anapher

Epi|phy|se *die;* -, -n ⟨*gr.;* »Zuwuchs, Ansatz«⟩ (Biol., Med.): **1.** Zirbeldrüse der Wirbeltiere. **2.** Gelenkstück der Röhrenknochen von Wirbeltieren u. vom Menschen

e

Epi|phyt *der;* -en, -en ‹*gr.-nlat.*› (Bot.): Pflanze, die auf anderen Pflanzen wächst, sich aber selbstständig ernährt; Überpflanze

episch ‹*gr.-lat.*›: **a)** die Epik betreffend; **b)** erzählerisch, erzählend; **c)** sehr ausführlich [berichtend]; nichts auslassend, alle Einzelheiten enthaltend

Epi|s|kop *das;* -s, -e ‹*gr.-nlat.*›: Bildwerfer für nicht durchsichtige Bilder (z. B. aus Büchern)

epi|s|ko|pal ‹*gr.-lat.*›: bischöflich

Epi|s|ko|pa|lis|mus *der;* - ‹*gr.-lat.-nlat.*›: kirchenrechtliche Auffassung, nach der das ↑Konzil der Bischöfe über dem Papst steht; Ggs. ↑Kurialismus u. ↑Papalismus

Epi|s|ko|pal|kir|che *die;* -: **1.** jede nicht katholische Kirche mit bischöflicher Leitung (z. B. die lutherischen Landeskirchen). **2.** nicht katholische Kirche mit bischöflicher Verfassung u. ↑apostolischer Sukzession (z. B. die ↑orthodoxe 2 u. die ↑anglikanische Kirche)

Epi|s|ko|pat *der* od. *das;* -[e]s; -e ‹*gr.-lat*›: **a)** Gesamtheit der Bischöfe [eines Landes]; **b)** Amt u. Würde eines Bischofs

epi|s|ko|pisch: ↑episkopal

Epi|s|ko|pus *der;* -, ...pi: Bischof

Epi|so|de *die;* -, -n ‹*gr.-fr.*›: **1.** flüchtiges Ereignis innerhalb eines größeren Geschehens; unbedeutende, belanglose Begebenheit. **2.** Nebenhandlung, Zwischenstück in Dramen od. Romanen. **3.** (Musik) eingeschobener Teil zwischen erster u. zweiter Durchführung des Fugenthemas. **4.** einzelner Teil, einzelne Folge einer Fernsehserie o. Ä.

epi|so|disch: dazwischengeschaltet, vorübergehend, nebensächlich

Epi|s|ta|se *die;* -, -n ‹*gr.*› (Biol.): das Zurückbleiben in der Entwicklung bestimmter Merkmale bei einer Art od. einer Stammeslinie gegenüber verwandten Formen

Epi|s|tel *die;* -, -n ‹*gr.-lat.*›: **1.** Sendschreiben, Apostelbrief im Neuen Testament. **2.** vorgeschriebene gottesdienstliche Lesung aus den neutestamentlichen Briefen u. der Apostelgeschichte; vgl. Perikope (1). **3.** (ugs.) [kunstvoller] längerer Brief. **4.** (ugs.) kritisch ermahnende Worte, Strafpredigt

Epi|s|te|mo|lo|gie *die;* - ‹*gr.-nlat.*›: Wissenschaftslehre, Erkenntnistheorie (bes. in der angelsächsischen Philosophie)

epi|s|te|mo|lo|gisch: die Epistemologie betreffend, erkenntnistheoretisch

Epi|s|tyl *das;* -s, -e ‹*gr.-lat.*›, **Epi|s|ty|li|on** *das;* -s, ...ien ‹*gr.*›: ↑Architrav

Epi|taph *das;* -s, -e, **Epi|ta|phi|um** *das;* -s, ...ien ‹*gr.-lat.*›: **1. a)** Grabschrift; **b)** Gedenktafel mit Inschrift für einen Verstorbenen an einer Kirchenwand od. an einem Pfeiler. **2.** in der orthodoxen Kirche das am Karfreitag aufgestellte Christusbild

Epi|thel *das;* -s, -e ‹*gr.-nlat.*›: oberste Zellschicht des tierischen u. menschlichen Haut- u. Schleimhautgewebes

epi|the|li|al: zum Epithel gehörend

Epi|the|li|um *das;* -s, ...ien (Med.): abgeschuppte Schleimhautepithelzelle; vgl. Epithel

Epi|the|se *die;* -, -n ‹*gr.;* »das Darauflegen«›: Anfügung eines Lautes an ein Wort, meist aus Gründen der Sprecherleichterung (z. B. eines *d* in niemand; mhd. *nieman*); vgl. Epenthese

Epi|the|ton *das;* -s, ...ta ‹*gr.-lat.;* »Hinzugefügtes«›: **1.** (Sprachw.) als Attribut gebrauchtes Adjektiv od. Partizip (z. B. das *große* Haus). **2.** in der biologischen Systematik der zweite Teil des Namens, der die Unterabteilungen der Gattung bezeichnet

Epi|the|ton or|nans *das;* - -, ...ta ...antia ‹*gr.-lat.; lat.*›: nur schmückendes, d. h. typisierendes, formelhaftes, immer wiederkehrendes Beiwort (z. B. *grüne* Wiese, *rotes* Blut, *brennendes* Problem)

Epi|tra|che|li|on *das;* -s, ...ien ‹*gr.-mgr.*›: stolaartiges Band, das Priester und Bischöfe der Ostkirche beim Gottesdienst um den Hals tragen; vgl. Stola

Epi|t|rit *der;* -en, -en ‹*gr.-lat.*›: aus drei Längen u. einer Kürze bestehender altgriechischer Versfuß

Epi|zen|t|rum *das;* -s, ...ren ‹*gr.-nlat.*›: senkrecht über einem Erdbebenherd liegendes Gebiet der Erdoberfläche

Epi|zy|k|lo|i|de *die;* -, -n ‹*gr.-nlat.*›: Kurve, die ein Punkt eines Kreises beschreibt, der auf dem Umfang eines festen Kreises abrollt

Epo, EPO *das;* - (Jargon): kurz für: ↑Erythropoietin

epo|chal ‹*gr.-mlat.-nlat.*›: **1. a)** über den Augenblick hinaus bedeutsam, in die Zukunft hineinwirkend; **b)** (ugs.) aufsehenerregend; bedeutend. **2.** (Päd.) die einzelnen Fächer nicht nebeneinander, sondern nacheinander zum Gegenstand habend

[1]Epo|che *die;* -, -n ‹*gr.-mlat.;* »das Anhalten (in der Zeit)«›: **1.** großer geschichtlicher Zeitabschnitt, dessen Beginn [u. Ende] durch einen deutlichen, einschneidenden Wandel der Verhältnisse, durch eine Wende o. Ä. gekennzeichnet ist. **2.** (Astron.) Zeitpunkt des Standortes eines Gestirns

²Epo|che *die; -* ⟨*gr.*⟩: **1.** das An-sich-Halten, Zurückhalten des Urteils (bei den Skeptikern). **2.** Abschaltung der Außenwelteinflüsse (bei dem Philosophen Husserl)

Ep|o|de *die; -, -n* ⟨*gr.-lat.;* »Nach-, Schlussgesang«⟩: **1.** [antike] Gedichtform, bei der auf einen längeren Vers ein kürzerer folgt. **2.** in antiken Gedichten u. bes. in den Chorliedern der altgriechischen Tragödie auf ↑Strophe (1) u. ↑Antistrophe (2) folgender dritter Kompositionsteil, Abgesang

Epos *das; -, Epen* ⟨*gr.-lat.*⟩: erzählende Versdichtung; Heldengedicht, das häufig Stoffe der Sage od. Geschichte behandelt

Ep|rou|vet|te [epruˈvɛt(ə)] *die; -, -n* [...tn̩] ⟨*lat.-fr.*⟩ (österr.): Reagenzglas

Ep|si|lon *das; -[s], -s* ⟨*gr.*⟩: fünfter Buchstabe des gr. Alphabets (Abk.: E, ε)

Equa|li|zer [ˈiːkwəlaɪzɐ] *der; -s, -* ⟨*lat.-engl.*⟩ (Elektrot.): [Zusatz]gerät an Verstärkern von Hi-Fi-Anlagen zur Verbesserung des Klangbildes

Equi|pa|ge [ek(v)iˈpaːʒə] *die; -, -n* ⟨*altnord.-fr.*⟩: **1.** elegante Kutsche. **2.** (veraltet) Schiffsmannschaft. **3.** (veraltet) Ausrüstung [eines Offiziers]

Equipe [eˈkiːp, eˈkɪp] *die; -, -n*: ausgewählte Mannschaft; Team (bes. [Reit]sport)

equi|pie|ren [ek(v)iˈpiːrən] (veraltet): ausrüsten, ausstatten

Equip|ment [ɪˈkwɪpmənt] *das; -s, -s* ⟨*fr.-engl.*⟩: technische Ausrüstung

Er|bi|um *das; -s* ⟨*nlat.;* nach dem schwed. Ort Ytterby⟩: chem. Element aus der Gruppe der seltenen Erdmetalle (Zeichen: Er)

erek|til ⟨*lat.-nlat.*⟩ (Med.): schwellfähig, erektionsfähig

Erek|ti|on *die; -, -en* ⟨*lat.;* »Aufrichtung«⟩: durch Blutstauung entstehende Versteifung u. Aufrichtung von Organen, die mit Schwellkörpern versehen sind (wie z. B. das männliche Glied)

Ere|mit *der; -en, -en* ⟨*gr.-lat.*⟩: aus religiösen Motiven von der Welt abgeschieden lebender Mensch; Klausner, Einsiedler; Ggs. ↑Zönobit

Ere|mi|tin *die; -, -nen*: weibliche Form zu ↑Eremit

Ere|this|mus *der; -* (Med.): Gereiztheit, krankhaft gesteigerte Erregbarkeit

Erg *das; -s, -* ⟨*gr.*⟩: Einheit der Energie u. der Arbeit im ↑CGS-System (Zeichen: erg)

er|go ⟨*lat.*⟩: also, folglich

er|go..., Er|go...

⟨*gr.* érgon »Arbeit, Werk, Tat«⟩
Wortbildungselement mit der Bedeutung »Arbeit, Arbeitsleistung; funktionelle Tätigkeit von Organen«:
- Ergologie
- ergonomisch
- Ergotherapie

...ergie

die; -, ...ien (teilweise ohne Plural)
⟨*gr.* érgon »Arbeit, Werk, Tat« → ...ergía »Arbeit, Wirken«⟩
Wortbildungselement mit der Bedeutung »wirksame Funktion, wirksamer Bestandteil«:
- Allergie
- Dysergie
- Energie
- Synergie

Er|go|lo|gie *die; -*: **a)** Arbeits- u. Gerätekunde; **b)** Erforschung der volkstümlichen Arbeitsbräuche u. Arbeitsgeräte sowie deren kultureller Bedeutung

Er|go|me|ter *das; -s, -* (Med.): Apparat zur Messung der Arbeitsleistung von Muskeln

Er|go|no|mie, Er|go|no|mik *die; -* ⟨*gr.-nlat.-engl.*⟩: Wissenschaft von den Leistungsmöglichkeiten u. -grenzen des arbeitenden Menschen sowie der besten wechselseitigen Anpassung zwischen dem Menschen u. seinen Arbeitsbedingungen

er|go|no|misch: die Ergonomie betreffend, auf den Erkenntnissen der Ergonomie beruhend

Er|gos|te|rin *das; -s* ⟨Kurzw. aus *fr.* **ergot** »Mutterkorn« u. Chole**sterin**⟩: Vorstufe des Vitamins D_2

Er|go|the|ra|peut [auch: ...ˈpɔy̯t] *der; -en, -en* ⟨*gr.*⟩: jmd., der mit einer ärztlich verordneten Ergotherapie betraut ist

Er|go|the|ra|peu|tin [auch: ...ˈpɔy̯...] *die; -, -nen*: weibliche Form zu ↑Ergotherapeut

Er|go|the|ra|pie [auch: ...ˈpiː] *die; -, ...ien* [...iːən] (Soziol., Med.): eine [bes. auf Bewegung u. gezielter Aktivität beruhende] Therapieform für Patienten mit motorischen und/oder sensorischen Störungen

eri|gi|bel ⟨*lat.-nlat.*⟩: ↑erektil

eri|gie|ren ⟨*lat.*⟩: **a)** sich aufrichten, versteifen; vgl. Erektion; **b)** eine Erektion haben

Erin|nye [...ny̆ə], **Erin|nys** ⟨*gr.-lat.*⟩ *die; -, ...yen* [...ny̆ən] (meist Plural): griechische Rachegöttin; vgl. Furie (1)

ero|die|ren ⟨*lat.*⟩ (Geol.): auswaschen u. zerstören

ero|gen ⟨*gr.-nlat.*⟩: **a)** geschlechtliche Erregung auslösend; **b)** geschlechtlich leicht erregbar, reizbar (z. B. erogene Körperstellen)

Eros [auch: ˈɛrɔs] *der;* - ⟨*gr.-lat.;* gr. Gott der Liebe⟩: **1.** das der geschlechtlichen Liebe innewohnende Prinzip [ästhetisch-]sinnlicher Anziehung. **2.** (verhüll.) Sexualität, geschlechtliche Liebe; **philosophischer Eros:** Drang nach Erkenntnis u. schöpferischer geistiger Tätigkeit; ↑Eroten

Eros|cen|ter *das;* -s, - ⟨*gr.; gr.-lat.-fr.-engl.*⟩: [behördlich genehmigtes u. kontrolliertes] Haus, in dem Prostitution betrieben wird; Bordell

Ero|si|on *die;* -, -en ⟨*lat.*⟩: **1.** (Geol.) zerstörende Wirkung von fließendem Wasser, von Eis u. Wind an der Erdoberfläche. **2.** (Med.) **a)** Gewebeschaden an der Oberfläche der Haut u. der Schleimhäute (z. B. Abschürfung); **b)** das Fehlen od. Abschleifen des Zahnschmelzes. **3.** (Technik) mechanische Zerstörung feuerfester Baustoffe

ero|siv ⟨*lat.-nlat.*⟩: **a)** die Erosion betreffend; **b)** durch Erosion entstanden

Ero|ten *die* (Plural) ⟨*gr.*⟩: allegorische Darstellungen geflügelter Liebesgötter, meist in Kindergestalt; vgl. Eros

Ero|tik *die;* - ⟨*gr.-fr.*⟩: **a)** den geistig-seelischen Bereich einbeziehende sinnliche Liebe; Liebes-, Geschlechtsleben; **b)** (verhüll.) Sexualität

Ero|ti|ka: *Plural* von ↑Erotikon

Ero|ti|ker *der;* -s, -: **a)** Verfasser von Erotika; **b)** sinnlicher Mensch

Ero|ti|ke|rin *die;* -, -nen: weibliche Form zu ↑Erotiker

Ero|ti|kon *das;* -s, ...ka u. ...ken ⟨*gr.*⟩: **1.** Werk, Dichtung mit erotischem Inhalt. **2.** im Hinblick auf sexuelle Betätigung anregendes Mittel

ero|tisch ⟨*gr.-fr.*⟩: **a)** die Liebe betreffend in ihrer [ästhetisch-]sinnlichen Anziehungskraft; **b)** (verhüll.) sexuell

ero|ti|sie|ren ⟨*gr.-nlat.*⟩: durch ästhetisch-sinnliche Reize sinnliches Verlangen hervorrufen, wecken

Er|ra|ta: *Plural* von ↑Erratum

er|ra|tisch ⟨*lat.;* »verirrt, zerstreut«⟩: vom Ursprungsort weit entfernt; **erratischer Block** (Geol.): Gesteinsblock (Findling) in ehemals vergletscherten Gebieten, der während der Eiszeit durch das Eis dorthin gelangte

Er|ra|tum *das;* -s, ...ta ⟨*lat.;* »Irrtum«⟩: Druckfehler

eru|ie|ren ⟨*lat.;* »herausgraben, zutage fördern«⟩: **a)** etwas durch gründliche Untersuchungen herausfinden; **b)** jmdn. ermitteln, ausfindig machen

Eru|ie|rung *die;* -, -en: das Eruieren

erup|tie|ren ⟨*lat.;* »hervorbrechen«⟩ (Geol.): ausbrechen (z. B. von Asche, Lava, Gas, Dampf)

Erup|ti|on *die;* -, -en: **1. a)** (Geol.) vulkanischer Ausbruch von Lava, Asche, Gas, Dampf; **b)** Gasausbruch auf der Sonne. **2.** (Med.) **a)** Ausbruch eines Hautausschlages; **b)** Hautausschlag

erup|tiv ⟨*lat.-nlat.*⟩: **1.** (Geol.) durch Eruption entstanden. **2.** (Med.) aus der Haut hervortretend

Erup|tiv|ge|stein *das;* -[e]s, -e (Geol.): Ergussgestein

Ery|them *das;* -s, -e ⟨*gr.;* »Röte«⟩ (Med.): entzündliche Rötung der Haut infolge verstärkter Durchblutung durch Gefäßerweiterung

Ery|th|ro|po|i|e|tin® *das;* -s (Med.): Medikament, das die Bildung roter Blutkörperchen fördert u. das wegen seiner die Ausdauer verbessernden Wirkung auch als Mittel zum Doping verwendet wird

Es|cha|to|lo|gie [ɛsça...] *die;* -, ...ien ⟨*gr.-nlat.*⟩: Lehre von den Letzten Dingen, d. h. vom Endschicksal des einzelnen Menschen u. der Welt

es|cha|to|lo|gisch: die Letzten Dinge, die Eschatologie betreffend

Es|cu|do *der;* -[s], -[s] ⟨*port.*⟩: frühere portugiesische Währungseinheit (Abk.: Es, Esc)

...esk

⟨*it.* ...esco, ...esca u. *fr.* ...esque »in der Art von«⟩
Suffix für Adjektive mit der Bedeutung »in der Art von«; oft in Verbindung mit einem Namen:
- chaplinesk
- kafkaesk
- romanesk

Es|ka|la|de *die;* -, -n ⟨*fr.*⟩ (Geschichte): Erstürmung einer Festung mit Sturmleitern

es|ka|la|die|ren: 1. eine Festung mit Sturmleitern erstürmen. **2.** eine Eskaladierwand überwinden

Es|ka|la|dier|wand *die;* -, ...wände: Hinderniswand für Kletterübungen

Es|ka|la|ti|on *die;* -, -en ⟨*fr.-engl.*⟩: der jeweiligen Notwendigkeit angepasste allmähliche Steigerung, Verschärfung, insbesondere beim Einsatz militärischer od. politischer Mittel; Ggs. ↑Deeskalation; vgl. ...ation/...ierung

es|ka|lie|ren: a) stufenweise steigern, verschärfen; **b)** durch ↑Eskalation steigern, verschärfen;

c) sich [allmählich] steigern, verschärfen, ausweiten; Ggs. ↑deeskalieren

Es|ka|lie|rung *die;* -, -en: ↑Eskalation; vgl. ...ation/...ierung

Es|ka|pa|de *die;* -, -n ‹*lat.-it.-fr.*›: **1.** falscher Sprung eines Dressurpferdes. **2.** mutwilliger Streich, Seitensprung, Abenteuer, abenteuerlich-eigenwillige Unternehmung

Es|ka|pis|mus *der;* - ‹*lat.-vulgärlat.-fr.-engl.*› (Psychol.): **a)** [Hang zur] Flucht vor der Wirklichkeit u. den realen Anforderungen des Lebens in eine imaginäre Scheinwirklichkeit; **b)** Zerstreuungs- u. Vergnügungssucht, bes. in der Folge einer bewussten Abkehr von eingefahrenen Gewohnheiten u. Verhaltensmustern

es|ka|pis|tisch (Psychol.): **a)** vor der Wirklichkeit u. den realen Anforderungen des Lebens in eine imaginäre Scheinwelt flüchtend; **b)** zerstreuungs- u. vergnügungssüchtig im Sinne des Eskapismus (b)

Es|ki|mo *der;* -[s], -[s] ‹*indian.-engl.*›: **1.** Angehöriger eines in arktischen u. subarktischen Gebieten lebenden Volkes; ↑Inuit. **2.** (ohne Plural) schwerer Mantelstoff

es|ki|mo|isch: nach Art der Eskimos (1)

Es|kor|te *die;* -, -n ‹*lat.-vulgärlat.-it.-fr.*›: Geleit, [militärische] Schutzwache, Schutz, Gefolge

es|kor|tie|ren (Militär): schützend, bewachend od. ehrend geleiten

Es|ku|do vgl. Escudo

Eso|te|rik *die;* - ‹*gr.*›: **1.** esoterische Geisteshaltung, esoterisches Denken. **2.** esoterische Beschaffenheit einer Lehre o. Ä. **3.** [Geheim]lehre mit astrologischen, okkultistischen u. religiösen Elementen

Eso|te|ri|ker *der;* -s, -: jmd., der in die Geheimlehren einer Religion, Schule od. Lehre eingeweiht ist; Ggs. ↑Exoteriker

Eso|te|ri|ke|rin *die;* -, -nen: weibliche Form zu ↑Esoteriker

eso|te|risch: 1. nur für Eingeweihte einsichtig, [geistig] zugänglich. **2.** die ↑Esoterik (3) betreffend, dazu gehörend

Es|pa|d|rille [...'dri:j] *die;* -, -s [...'dri:j] ‹*gr.-lat.-span.-fr.*›: Leinenschuh mit einer Sohle aus Espartogras [der mit Bändern kreuzweise um den unteren Teil der Waden geschnürt wird]

Es|pa|g|no|le [ɛspan'jo:lə] *die;* -, -n ‹*fr.*›: spanischer Tanz

Es|par|to *der;* -s, -s ‹*span.*›, **Es|par|to|gras** *das;* -es, ...gräser: **a)** in Spanien u. Algerien wild wachsendes Steppengras; **b)** das zähe Blatt des Espartograses, das bes. zur Papierfabrikation verwendet wird; vgl. Alfa

Es|pe|ran|tist *der;* -en, -en ‹*lat.-nlat.*›: jmd., der Esperanto sprechen kann

Es|pe|ran|tis|tin *die;* -, -nen: weibliche Form zu ↑Esperantist

Es|pe|ran|to *das;* -[s] ‹nach dem Pseudonym »Dr. Esperanto« »der Hoffende« des poln. Erfinders Zamenhof, 1859–1917›: übernationale, künstliche Weltsprache

Es|p|la|na|de *die;* -, -n ‹*lat.-it.-fr.*›: freier Platz, der meist durch Abtragung alter Festungswerke entstanden ist

es|pres|si|vo ‹*lat.-it.*› (Musik): ausdrucksvoll (Vortragsanweisung)

[1]**Es|pres|so** *der;* -[s], -s od. ...ssi: **1.** (ohne Plural) sehr dunkel gerösteter Kaffee. **2.** in einer Spezialmaschine zubereiteter, sehr starker Kaffee

[2]**Es|pres|so** *das;* -[s], -s: kleine Kaffeestube, kleines Lokal, in dem u. a. [1]Espresso (2) serviert wird

Es|p|rit [ɛs'pri:] *der;* -s ‹*lat.-fr.*›: geistreiche Art; feine, witzig-einfallsreiche Geistesart

Es|say ['ɛse, auch: ɛ'se:] *der* od. *das;* -s, -s ‹*lat.-fr.-engl.*›: Abhandlung, die eine literarische od. wissenschaftliche Frage in knapper u. anspruchsvoller Form behandelt

Es|say|ist *der;* -en, -en: Verfasser von Essays

Es|say|is|tin *die;* -, -nen: weibliche Form zu ↑Essayist

es|say|is|tisch: a) den Essay betreffend; **b)** für den Essay charakteristisch; von der Form, Art eines Essays

Es|se|ner *die* (Plural) ‹*hebr.-gr.*›: altjüdische Sekte (etwa von 150 v. Chr. bis 70 n. Chr.) mit einem Gemeinschaftsleben nach Art von Mönchen

Es|sen|tia *die;* - ‹*lat.*› (Philos.): Essenz, Wesen, Wesenheit (einer Sache)

Es|sen|tial [ɪ'sɛnʃəl] *das;* -s, -s (meist Plural) ‹*lat.-engl.*›: wesentlicher Punkt; unentbehrliche Sache

es|sen|ti|ell vgl. essenziell

Es|senz *die;* -, -en ‹*lat.*›: **1.** wesentlichster Teil, Kernstück. **2.** konzentrierter Duft- od. Geschmacksstoff aus pflanzlichen od. tierischen Substanzen. **3.** stark eingekochte Brühe zur Verbesserung von Speisen. **4.** Wesen, Wesenheit einer Sache

es|sen|zi|ell, es|sen|ti|ell ‹*lat.-fr.*›: **1. a)** wesentlich, hauptsächlich; **b)** (Philos.) wesensmäßig. **2.** (Chemie, Biol.) lebensnotwendig. **3.** (Med.) selbstständig (von Krankheitserscheinungen, die nicht symptomatisch für bestimmte Krankheiten sind, sondern ein eigenes Krankheitsbild darstellen); vgl. ...al/...ell

Es|ta|b|lish|ment [ɪsˈtɛblɪʃmɛnt] *das;* -s, -s ⟨*engl.*⟩: **a)** Oberschicht der politisch, wirtschaftlich od. gesellschaftlich einflussreichen Personen; **b)** (abwertend) etablierte bürgerliche Gesellschaft, die auf Erhaltung des Status quo bedacht ist

Es|tan|zia *die;* -, -s ⟨*lat.-span.*⟩: südamerikanisches Landgut [mit Viehwirtschaft]

Es|to|mi|hi ⟨*lat.;* nach dem Eingangsvers des Gottesdienstes, Psalm 31, 3: »Sei mir (ein starker Fels)«⟩: letzter Sonntag vor der Passionszeit; vgl. Quinquagesima (1)

Es|t|ra|de *die;* -, -n ⟨*lat.-it.-fr.;* »gepflasterter Weg«⟩: **1.** erhöhter Teil des Fußbodens (z. B. vor einem Fenster). **2.** (regional) volkstümliche künstlerische Veranstaltung mit gemischtem musikalischem u. artistischem Programm

Es|t|ra|den|kon|zert *das;* -[e]s, -e: ↑Estrade (2)

Es|t|ra|gon *der;* -s ⟨*arab.-mlat.-fr.*⟩: Gewürzpflanze mit langen, schmalen Blättern (Korbblütler)

Eta *das;* -[s], -s ⟨*gr.*⟩: siebenter Buchstabe des gr. Alphabets (Abk.: H, η)

eta|b|lie|ren ⟨*lat.-fr.*⟩: **1.** einrichten, gründen (z. B. eine Fabrik). **2.** sich etablieren: **a)** sich niederlassen, sich selbstständig machen (als Geschäftsmann); **b)** sich irgendwo häuslich einrichten; sich eingewöhnen; **c)** einen sicheren Platz innerhalb einer Ordnung od. Gesellschaft einnehmen (z. B. von politischen Gruppen)

Eta|b|lis|se|ment [...ˈmã:, schweiz.: ...ˈmɛnt] *das;* -s, -s u. (schweiz.:) -e: **1.** Unternehmen, Niederlassung, Geschäft, Betrieb. **2. a)** kleineres, gepflegtes Restaurant; **b)** Vergnügungsstätte, [zweifelhaftes] [Nacht]lokal; **c)** (verhüll.) Bordell

Eta|ge [eˈta:ʒə] *die;* -, -n ⟨*lat.-vulgärlat.-fr.*⟩: Stockwerk, [Ober]geschoss

Eta|ge|re [...ˈʒe:rə] *die;* -, -n: **1. a)** Gestell für Bücher od. für Geschirr; **b)** meist drei verschieden große, übereinander angeordnete, mit einem Stab in der Mitte verbundene Teller od. Schalen für Obst, Gebäck o. Ä. **2.** aufhängbare, mit Fächern versehene Kosmetiktasche

Eta|lon [...ˈlõ:] *der;* -s, -s ⟨*fr.*⟩: Normalmaß, Eichmaß

Eta|min *das,* bes. österr. auch: *der;* -[s], **Eta|mi|ne** *die;* - ⟨*lat.-vulgärlat.-fr.*⟩: gitterartiges, durchsichtiges Gewebe [für Vorhangsstoffe]

Etap|pe *die;* -, -n ⟨*niederl.-fr.;* »Warenniederlage«⟩: **1. a)** Teilstrecke, Abschnitt eines Weges; **b)** [Entwicklungs]stadium, Stufe. **2.** (Militär) [Nachschub]gebiet hinter der Front

Etat [eˈta:] *der;* -s, -s ⟨*lat.-fr.*⟩: **1. a)** [Staats]haushaltsplan; **b)** [Geld]mittel, die über einen begrenzten Zeitraum für bestimmte Zwecke zur Verfügung stehen. **2.** durch einen Probedruck festgehaltener Zustand der Platte während der Entstehung eines Kupferstiches

eta|ti|sie|ren: einen Posten in den Staatshaushalt aufnehmen

États gé|né|raux [etaʒeneˈro] *die* (Plural) (Geschichte): die französischen Generalstände (Adel, Geistlichkeit, Bürgertum) bis zum 18. Jh.

Eta|zis|mus *der;* - ⟨*gr.-nlat.*⟩: Aussprache des [alt]griechischen Eta wie langes e; vgl. Itazismus

et ce|te|ra ⟨*lat.;* »und die übrigen (Sachen)«⟩: und so weiter (Abk.: etc.)

ete|pe|te|te ⟨*niederd.* od. *fr.*⟩ (ugs.): **a)** geziert, zimperlich, übertrieben empfindlich; **b)** steif u. konventionell, nicht ungezwungen, nicht aufgeschlossen

Eter|nit® [auch: ...ˈnɪt] *das* od. *der;* -s ⟨*lat.-nlat.*⟩: wasserundurchlässiges u. feuerfestes Material, Faserzement

Ethan, veraltend: **Äthan** *das;* -s ⟨*gr.-nlat.*⟩: gasförmiger Kohlenwasserstoff

Etha|nol *das;* -s ⟨Kurzw. aus ↑**Ethan** u. ↑Alkohol⟩ (Chemie): chemische Verbindung aus der Gruppe der Alkohole (Äthylalkohol)

Ether vgl. Äther

Ether|net [ˈi:θɐnɛt, ˈe:tɐ...] *das;* -[s] ⟨*engl.*⟩ (EDV): Standard für [ursprünglich lokale] kabelgebundene Datennetzwerke

Ethik *die;* -, -en ⟨*gr.-lat.*⟩: **1. a)** (Philos.) Lehre vom sittlichen Wollen u. Handeln des Menschen in verschiedenen Lebenssituationen; **b)** die Ethik (1 a) darstellendes Werk. **2.** (ohne Plural) [allgemein gültige] Normen u. Maximen der Lebensführung, die sich aus der Verantwortung gegenüber anderen herleiten

Ethi|ker *der;* -s, -: **a)** Lehrer der philosophischen Ethik; **b)** Begründer od. Vertreter einer ethischen Lehre; **c)** jmd., der in seinem Wollen u. Handeln von ethischen Grundsätzen ausgeht

Ethi|ke|rin *die;* -, -nen: weibliche Form zu ↑Ethiker

ethisch ⟨*gr.-lat.*⟩: **1.** die Ethik betreffend. **2.** die von Verantwortung u. Verpflichtung anderen gegenüber getragene Lebensführung, -haltung betreffend, auf ihr beruhend; sittlich; **ethische Indikation:** Indikation für einen Schwangerschaftsabbruch aus ethischen Gründen (z. B. nach einer Vergewaltigung)

Eth|nie *die;* -, ...ien ⟨*gr.-nlat.*⟩ (Völkerkunde): Menschengruppe mit einheitlicher Kultur

eth|nisch ⟨*gr.-lat.*⟩: **a)** einer sprachlich u. kulturell einheitlichen Volksgruppe angehörend; **b)** die Kultur- u. Lebensgemeinschaft einer Volksgruppe betreffend; **ethnischer Konflikt:** Konfliktverlauf, in dem sich bestimmte Gruppen auf [konstruierte] ethnische Zugehörigkeit berufen und die daraus resultierenden Grenzlinien die Grundlage für politische und soziale Konflikte werden; **ethnische Säuberung** (verhüll.): gewaltsame Vertreibung von Volksgruppen aus einem ethnischen Mischgebiet zugunsten des Wohn- und Lebensrechts einer einzigen Ethnie

eth|no..., Eth|no...

⟨*gr.* éthnos »Volk, Volksstamm, Nation«⟩
Wortbildungselement mit der Bedeutung »Volk, Völker, das Volk, die Völker betreffend«:
- Ethnografie
- ethnologisch
- Ethnomedizin
- Ethnopop
- Ethnozentrismus

Eth|no|graf, Eth|no|graph *der;* -en, -en ⟨*gr.-nlat.*⟩: Wissenschaftler auf dem Gebiet der Ethnografie

Eth|no|gra|fie, Eth|no|gra|phie *die;* -: Teilbereich der Völkerkunde, der die Merkmale der verschiedenen Völker u. Kulturen systematisch beschreibt; beschreibende Völkerkunde

Eth|no|grafin, Eth|no|gra|phin *die;* -, -nen: weibliche Form zu ↑Ethnograf

eth|no|gra|fisch, eth|no|gra|phisch: die Ethnografie betreffend

Eth|no|graph usw. vgl. Ethnograf usw.

Eth|no|lo|ge *der;* -n, -n: Wissenschaftler auf dem Gebiet der Ethnologie, Völkerkundler

Eth|no|lo|gie *die;* -: **1.** allgemeine [vergleichende] Völkerkunde, in der die Ergebnisse der Ethnografie miteinander verglichen werden. **2.** Wissenschaft, die sich mit Sozialstruktur und Kultur der [primitiven (1)] Gesellschaften beschäftigt. **3.** in den USA betriebene Wissenschaft, die sich mit Sozialstruktur und Kultur aller Gesellschaften beschäftigt

Eth|no|lo|gin *die;* -, -nen: weibliche Form zu ↑Ethnologe

eth|no|lo|gisch: völkerkundlich

Etho|lo|gie *die;* -: Wissenschaft vom Verhalten der Tiere; Verhaltensforschung

Ethos *das;* - ⟨*gr.-lat.*⟩: vom Bewusstsein sittlicher Werte geprägte Gesinnung, Gesamthaltung; ethisches Bewusstsein

Ethyl vgl. Äthyl

Ethyl|al|ko|hol vgl. Äthylalkohol

Eti|kett *das;* -[e]s, -e[n], auch: -s ⟨*niederl.-fr.*⟩: mit einer Aufschrift versehenes [Papier]schildchen [zum Aufkleben]

eti|ket|tie|ren: mit einem Etikett versehen

Eti|ket|tie|rung *die;* -, -en: **1.** das Etikettieren. **2.** Etikett

Etü|de *die;* -, -n ⟨*lat.-fr.*⟩: Übungs-, Vortrags-, Konzertstück, das spezielle Schwierigkeiten enthält

Etui [ɛtˈviː, eˈty̆iː] *das;* -s, -s ⟨*fr.*⟩: kleines [flaches] Behältnis zum Aufbewahren kostbarer od. empfindlicher Gegenstände

Ety|mo|lo|ge *der;* -n, -n ⟨*gr.-lat.*⟩: Wissenschaftler, der die Herkunft u. Geschichte von Wörtern untersucht

Ety|mo|lo|gie *die;* -, ...ien: **a)** (ohne Plural) Wissenschaft von der Herkunft, Geschichte u. Grundbedeutung der Wörter; **b)** Herkunft, Geschichte u. Grundbedeutung eines Wortes

Ety|mo|lo|gin *die;* -, -nen: weibliche Form zu ↑Etymologe

ety|mo|lo|gisch: die Etymologie (b) betreffend

ety|mo|lo|gi|sie|ren: nach Herkunft u. Wortgeschichte untersuchen

Ety|mon [auch: ˈɛ...] *das;* -s, ...ma ⟨*gr.;* »das Wahre«⟩ (Sprachw.): die sogenannte ursprüngliche Form u. Bedeutung eines Wortes; Stammwort

Et-Zei|chen *das;* -s, -: Und-Zeichen (Zeichen: &)

eu..., Eu...

⟨*gr.* eũ »gut, wohl«⟩
Präfix mit der Bedeutung »wohl, gut, schön, reich«:
- Eucharistie
- Eugenik
- euphemistisch
- Euphorie
- Eustress
- eutroph

Eu|bi|o|tik *die;* - ⟨*gr.-nlat.*⟩: Lehre vom gesunden [körperlichen u. geistigen] Leben

Eu|cha|ris|tie [...ç...] *die;* -, ...ien ⟨*gr.-lat.;* »Danksagung«⟩: **a)** (ohne Plural) Sakrament des Abendmahls in der christlichen Kirche; ↑Altarsakrament; **b)** Feier des heiligen Abendmahls als Mittelpunkt des christlichen Gottesdienstes; **c)** die eucharistische Gabe (Brot u. Wein)

eu|cha|ris|tisch ⟨*gr.-nlat.*⟩: auf die Eucharistie bezogen; **Eucharistischer Kongress:** [internationale] katholische Tagung zur Feier u. Verehrung der Eucharistie

Eu|dä|mo|nie *die;* - ‹*gr.*› (Philos.): Glückseligkeit, seelisches Wohlbefinden

Eu|dä|mo|nis|mus *der;* - ‹*gr.-nlat.*›: philosophische Lehre, die im Glück des Einzelnen od. der Gemeinschaft die Sinnerfüllung menschlichen Daseins sieht

eu|dä|mo|nis|tisch: a) auf den Eudämonismus bezogen; **b)** dem Eudämonismus entsprechend

e

Eu|fo|nie, Eu|pho|nie *die;* -, ...ien ‹*gr.-lat.*› (bes. Sprachw., Musik): sprachlicher Wohlklang, Wohllaut; Ggs. ↑Kakofonie

eu|fo|nisch, eu|pho|nisch: a) (bes. Sprachw.; Musik) wohllautend, -klingend; **b)** die Aussprache erleichternd (von Lauten, z. B. t in eigen*t*lich)

Eu|ge|nik *die;* - (Med. veraltend): Wissenschaft von der Verbesserung der Erbanlagen in der menschlichen Bevölkerung (z. B. durch die Zurückdrängung von Erbkrankheiten)

eu|ge|nisch: die Eugenik betreffend

Eu|ka|lyp|tus *der;* -, ...ten u. - ‹*gr.-nlat.*›: aus Australien stammende Gattung immergrüner Bäume u. Sträucher

eu|k|li|disch: euklidische Geometrie (Math.): Geometrie, die auf den von Euklid festgelegten Axiomen beruht; Ggs. ↑nicht euklidische Geometrie

Eu|me|ni|de *die;* -, -n (meist Plural) ‹*gr.-lat.;* »die Wohlwollende«›: verhüllender Name der ↑Erinnye

Eu|nuch *der;* -en, -en ‹*gr.-lat.;* »Betthalter, -schützer«›: durch Kastration zeugungsunfähig gemachter Mann [als Haremswächter]

Eu|phe|mis|mus *der;* -, ...men ‹*gr.-nlat.*›: mildernde, verhüllende, beschönigende Umschreibung für ein anstößiges od. unangenehmes Wort (z. B. »dahinscheiden« für »sterben«)

eu|phe|mis|tisch: mildernd, verhüllend, beschönigend

Eu|pho|nie usw. vgl. Eufonie usw.

Eu|pho|rie *die;* -, ...ien ‹*gr.*›: **a)** augenblickliche, heiter-zuversichtliche Gemütsstimmung; Hochgefühl, Hochstimmung; **b)** (ohne Plural; Med., Psychol.) subjektives Wohlbefinden Schwerkranker; Ggs. ↑Dysphorie

eu|pho|risch: a) in heiterer Gemütsverfassung, hochgestimmt; **b)** die Euphorie (b) betreffend; Ggs. ↑dysphorisch

eu|pho|ri|sie|ren: [durch Drogen u. Rauschmittel] ein inneres Glücks- od. Hochgefühl erzeugen

eur..., Eur... vgl. euro..., Euro...

Eu|ra|si|en *das;* -[s]: Festland von Europa u. Asien, größte zusammenhängende Landmasse der Erde

Eu|ra|si|er *der;* -s, -: **1.** Bewohner Eurasiens. **2.** jmd., der als Kind eines europäischen u. eines asiatischen Elternteils geboren wurde

Eu|ra|si|e|rin *die;* -, -nen: weibliche Form zu ↑Eurasier

Eu|ra|tom *die;* - ‹Kurzw. aus **Eur**opäische **Atom**(energie)gemeinschaft›: eigenständige Organisation der Länder der Europäischen Union zur gemeinsamen friedlichen Nutzung der Atomenergie

Eu|rhyth|mie *die;* - ‹*gr.-lat.*›: **1.** Gleichmaß von Bewegungen. **2.** (Med.) Regelmäßigkeit des Pulses. **3.** ↑Eurythmie

Eu|ro *der;* -[s], -s (aber: 10 -) ‹Kunstw.›: Währungseinheit der Europäischen Währungsunion (Zeichen: €)

eu|ro..., Eu|ro...

vor Vokalen meist: **eur..., Eur...**
‹*gr.* Eurṓpē »der Erdteil Europa«›
Wortbildungselement mit der Bedeutung »Europa betreffend, in Europa befindlich, gültig«:
- Eurasien
- Eurocheque
- Eurovision
- eurozentrisch

Eu|ro|ci|ty® [...sɪti] *der;* -[s], -s ‹Kurzw. aus ↑euro... u. ↑Inter**city**›: Intercity im Fernverkehr mit dem Ausland (Abk.: EC)

Eu|ro|dol|lars *die* (Plural) ‹Kurzw. aus **europ**äisch u. ↑**Dollar**› (Wirtsch.): Dollarguthaben in Europa für Geld- u. Kreditgeschäfte europäischer Banken od. europäischer Niederlassungen von US-Banken

Eu|ro|norm *die;* -, -en: in der Europäischen Union geltende Norm (5) für Maße, Produkte, Verfahren u. Ä.

eu|ro|pä|i|sie|ren: nach europäischem Vorbild umgestalten

Eu|ro|pä|i|sie|rung *die;* -: das Europäisieren, Europäisiertwerden

Eu|ro|pa|par|la|ment *das;* -: kurz für: Europäisches Parlament

Eu|ro|pi|de *der* u. *die;* -n, -n (Anthropol. veraltet): Angehörige[r] des in Europa, Nordafrika u. dem Westteil Asiens einheimischen Menschentypus, der durch bestimmte äußere Merkmale (z. B. schwache Pigmentierung der Haut u. der Haare) gekennzeichnet ist

Eu|ro|pi|um *das;* -s: chem. Element aus der

Gruppe der Metalle der seltenen Erden (Zeichen: Eu)

Eu|ro|pol *die;* - ‹Kurzw. aus **Euro**päisches **Poli**zeiamt›: europäisches Kriminalamt

Eu|ro|star® *der;* -s, -s: Hochgeschwindigkeitszug zwischen London u. Paris bzw. Brüssel

Eu|ro|vi|si|on *die;* - ‹Kurzw. aus **euro**päisch u. ↑**Television**›: Zusammenschluss [west]europäischer Rundfunk- u. Fernsehorganisationen

eu|ry|therm: unabhängig von Temperaturschwankungen (von Lebewesen); Ggs. ↑stenotherm

Eu|ryth|mie *die;* - ‹*gr.-lat.;* vom Begründer der ↑Anthroposophie, R. Steiner, gebrauchte Schreibung›: in der Anthroposophie gepflegte Bewegungskunst u. -therapie, bei der Gesprochenes, Vokal- u. Instrumentalmusik in Ausdrucksbewegungen umgesetzt werden

eu|s|ta|chisch ‹nach dem it. Arzt Eustachi[o]›: **eustachische Röhre, eustachische Tube** (Biol., Med.): Ohrtrompete (Verbindungsgang zwischen Mittelohr u. Rachenraum)

Eu|stress *der;* -es, -se ‹gebildet aus *gr.* eu »gut« u. ↑Stress› (Med., Psychol.): anregender, motivierender Stress; Ggs. ↑Disstress

Eu|tha|na|sie *die;* - ‹*gr.;* »schöner, leichter Tod«›: **1.** (Med.) **a)** Erleichterung des Sterbens, bes. durch Schmerzlinderung mit Narkotika; **b)** absichtliche Herbeiführung des Todes bei unheilbar Kranken durch Medikamente od. durch Abbruch der Behandlung. **2.** (nationalsozialistisch verhüllend) systematische Ermordung psychisch kranker, geistig u. körperlich behinderter Menschen

Eu|thy|mie *die;* - ‹*gr.*› (veraltet): Heiterkeit, Frohsinn

Eu|to|nie *die;* - (Med.): normaler Spannungszustand der Muskeln u. Gefäße

eu|troph ‹*gr.;* »gut nährend«›: **a)** nährstoffreich (von Böden od. Gewässern); **eutrophe Pflanzen:** an nährstoffreichen Boden gebundene Pflanzen; **b)** zu viel Nährstoffe enthaltend, überdüngt (von Gewässern)

Eu|tro|phie *die;* -: (Med.) **a)** guter Ernährungszustand des Organismus (bes. von Säuglingen); Ggs. ↑Dystrophie (a); **b)** regelmäßige u. ausreichende Versorgung eines Organs mit Nährstoffen; Ggs. ↑Dystrophie (b)

Eu|tro|phie|rung *die;* -, -en: unerwünschte Zunahme eines Gewässers an Nährstoffen u. damit verbundenes nutzloses u. schädliches Pflanzenwachstum

eva|ku|ie|ren: 1. a) die Bewohner eines Gebietes oder Hauses [vorübergehend] aussiedeln, wegbringen; **b)** wegen einer drohenden Gefahr ein Gebiet [vorübergehend] von seinen Bewohnern räumen. **2.** (Technik) ein ↑Vakuum herstellen; luftleer machen. **3.** (veraltet) ausleeren, entleeren

eva|lu|ie|ren: a) bewerten; **b)** [Lehrpläne, Unterrichtsprogramme, Forschungsvorhaben] fachgerecht einschätzen u. beurteilen

Evan|ge|li|ar *das;* -s, -e u. -ien, **Evan|ge|li|a|ri|um** *das;* -s, ...ien: liturgisches Buch (↑Lektionar) mit dem vollständigen Text der vier Evangelien u. meist einem Verzeichnis der bei der Messe zu lesenden Abschnitte

evan|ge|li|kal ‹*gr.-mlat.-engl.*›: **1.** dem Evangelium gemäß. **2.** zur englischen ↑Low Church gehörend. **3.** die unbedingte Autorität des Neuen Testaments im Sinne des ↑Fundamentalismus (1) vertretend (von der Haltung evangelischer Freikirchen)

Evan|ge|li|ka|le *der* u. *die;* -n, -n: jmd., der der evangelikalen (vgl. evangelikal 3) Richtung angehört

Evan|ge|li|sa|ti|on *die;* -, -en ‹*gr.-lat.-nlat.*›: das Evangelisieren

evan|ge|lisch ‹*gr.-lat.*›: **1.** das Evangelium betreffend, auf dem Evangelium fußend; **evangelische Räte:** nach der katholischen Moraltheologie die drei Ratschläge Christi zu vollkommenem Leben (Armut, Keuschheit, Gehorsam), Grundlage der Mönchsgelübde. **2.** ↑protestantisch (Abk.: ev.)

evan|ge|lisch-lu|the|risch: einer protestantischen Bekenntnisgemeinschaft angehörend, die sich ausschließlich an Martin Luther (1483–1546) u. seiner Theologie orientiert (Abk.: ev.-luth.)

evan|ge|lisch-re|for|miert: einer protestantischen Bekenntnisgemeinschaft angehörend, die auf die schweizerischen Reformatoren Ulrich Zwingli (1484–1531) u. Johann Calvin (1509–1564) zurückgeht (Abk.: ev.-ref.)

evan|ge|li|sie|ren ‹*gr.-lat.-nlat.*›: mit dem Evangelium vertraut machen, zum Evangelium (1) bekehren

Evan|ge|list *der;* -en, -en ‹*gr.-lat.*›: **1.** Verfasser eines der vier Evangelien (2 a). **2.** das Evangelium verlesender Diakon. **3.** evangelisierender [Wander]prediger, bes. einer evangelischen Freikirche

Evan|ge|lis|tin *die;* -, -nen: weibliche Form zu ↑Evangelist (2, 3)

Evan|ge|li|um *das;* -s, ...ien ‹*gr.-lat.;* »gute Botschaft«›: **1.** (ohne Plural) die Frohe Botschaft von Jesus Christus, Heilsbotschaft Christi.

2. a) von einem der vier Evangelisten (1) verfasster Bericht über das Leben u. Wirken Jesu (Abk.: Ev.); **b)** für die gottesdienstliche Lesung vorgeschriebener Abschnitt aus einem Evangelium (2 a)

Eva|po|ra|ti|on *die;* -, -en ⟨*lat.;* »Ausdampfung«⟩: Verdampfung, Verdunstung [von Wasser]

eva|po|rie|ren: a) verdunsten; **b)** Wasser aus einer Flüssigkeit (bes. Milch) verdampfen lassen u. sie auf diese Weise eindicken

e

Eva|si|on *die;* -, -en ⟨*lat.*⟩: **1.** das Entweichen, Flucht; vgl. Invasion (1). **2.** Ausflucht

Event [i'vɛnt] *das* od. *der;* -s, -s ⟨*lat.-altfr.-engl.*⟩ (Jargon): Veranstaltung, Ereignis

Even|tu|a|li|tät *die;* -, -en: Möglichkeit, möglicher Fall

even|tu|ell ⟨*lat.-mlat.-fr.*⟩: **1.** möglicherweise eintretend. **2.** gegebenenfalls, unter Umständen, vielleicht (Abk.: evtl.)

Ever|green ['ɛvɐgri:n] *der,* auch: *das;* -s, -s ⟨*engl.;* »immergrün«⟩: **1.** Musikstück, bes. Schlager o. Ä., das längere Zeit beliebt bleibt u. immer wieder gespielt wird. **2.** ↑ [2]Standard

Ever|te|b|rat *der;* -en, -en (meist Plural) ⟨*lat.-nlat.*⟩: wirbelloses Tier; Ggs. ↑ Vertebrat

evi|dent ⟨*lat.*⟩: offenkundig u. klar ersichtlich; offen zutage liegend; überzeugend, offenbar

Evi|denz *die;* -: vollständige, unmittelbare Einsichtigkeit, Deutlichkeit, Gewissheit; **etwas in Evidenz halten** (österr.): etwas im Auge behalten

Evo|ka|ti|on *die;* -, -en ⟨*lat.;* »Herausrufen, Aufforderung«⟩: **1.** Erweckung von Vorstellungen od. Erlebnissen bei der Betrachtung eines Kunstwerkes. **2.** (Geschichte) Recht des Königs bzw. des Papstes, eine nicht erledigte Rechtssache unter Umgehung der Instanzen vor sein [Hof]gericht zu bringen. **3.** Vorladung eines Beklagten vor ein Gericht. **4.** (Geschichte) Herausrufung der Götter einer belagerten Stadt, um sie auf die Seite der Belagerer zu ziehen (altrömischer Kriegsbrauch)

evo|ka|tiv: bestimmte Vorstellungen enthaltend

Evo|lu|ti|on *die;* -, -en: **1. a)** allmählich fortschreitende Entwicklung; Fortentwicklung im Geschichtsablauf; **b)** stammesgeschichtliche Entwicklung der Lebewesen von niederen zu höheren Formen. **2.** ↑ Präformation

evo|lu|ti|o|när ⟨*lat.-nlat.*⟩: **a)** auf Evolution beruhend; **b)** sich allmählich u. stufenweise entwickelnd

Evo|lu|ti|o|nis|mus *der;* -: naturphilosophische Richtung des 19. Jh.s, in deren Mittelpunkt der Evolutionsgedanke stand

Evol|ven|te *die;* -, -n ⟨*lat.;* »Abwicklungslinie«⟩: Ausgangskurve einer Evolute

evol|vie|ren: entwickeln, entfalten; entfaltend, entwickelnd darstellen; vgl. involvieren

evo|zie|ren ⟨*lat.*⟩: **1.** durch ↑ Evokation (1) hervorrufen, bewirken. **2.** [einen Beklagten] vorladen

ev|vi|va [ɛ'vi:va] ⟨*lat.-it.;* »er lebe hoch!«⟩: italienischer Hochruf

ex ⟨*lat.;* »aus«⟩: **1.** Aufforderung, ein Glas ganz zu leeren, auszutrinken. **2.** (ugs.) vorbei, aus, zu Ende. **3.** (salopp) tot

ex..., Ex...

vor Konsonanten auch: **e..., E...,** und vor f: **ef..., Ef...**
⟨*lat.* ex »aus, aus ... heraus, von ... her«⟩
Präfix mit der Bedeutung »aus, aus ... heraus, weg, ent...«:
- effilieren
- Evakuierung
- exhibitionistisch
- Exkurs
- explodieren
- Export

Die Bedeutung »ehemalig« hat das Präfix ex..., Ex... in Bildungen wie z. B. Exfrau, Exfreund, Exgeneral, Exminister und Exweltmeister.

Ex|akt|heit *die;* -: Genauigkeit, Sorgfältigkeit

Ex|al|ta|ti|on *die;* -, -en ⟨*lat.-fr.*⟩: **a)** Zustand des Exaltiertseins; **b)** Vorgang des Exaltiertseins

ex|al|tie|ren: 1. sich überschwänglich benehmen. **2.** sich hysterisch erregen

ex|al|tiert: 1. aufgeregt. **2.** überspannt

Ex|a|men *das;* -s, - u. ...mina ⟨*lat.*⟩: Prüfung (bes. als Studienabschluss)

Ex|a|mi|nand *der;* -en, -en: Prüfling

Ex|a|mi|nan|din *die;* -, -nen: weibliche Form zu ↑ Examinand

Ex|a|mi|na|tor *der;* -s, ...oren: Prüfer

Ex|a|mi|na|to|rin *die;* -, -nen: weibliche Form zu ↑ Examinator

ex|a|mi|nie|ren: 1. im Rahmen eines Examens prüfen, befragen. **2.** prüfend ausfragen, ausforschen. **3.** prüfend untersuchen

Ex|an|them *das;* -s, -e ⟨*gr.-lat.;* »das Aufgeblühte«⟩ (Med.): ausgedehnter, meist entzündlicher Hautausschlag

Ex|arch *der;* -en, -en ⟨*gr.-lat.*⟩: **1.** (Geschichte) byzantinischer (oströmischer) Statthalter. **2.** in der orthodoxen Kirche Vertreter des ↑ Patriarchen (3) für ein bestimmtes Gebiet (↑ Diaspora a)

Ex|ar|chat *das,* auch: *der;* -[e]s, -e ⟨*gr.-mlat.*⟩: Amt u. Verwaltungsgebiet eines Exarchen

Ex|ar|ti|ku|la|ti|on *die;* -, -en ⟨*lat.-nlat.*⟩ (Med.): operative Abtrennung eines Gliedes im Gelenk

Ex|au|di ⟨*lat.;* nach dem Eingangsvers des Gottesdienstes, Psalm 27, 7: »Herr, höre meine Stimme, ...«⟩: in der evangelischen Kirche Bezeichnung des sechsten Sonntags nach Ostern

ex ca|the|d|ra ⟨*lat.; gr.-lat.;* »vom (Päpstlichen) Stuhl«⟩: **a)** aus päpstlicher Vollmacht u. daher unfehlbar; **b)** von maßgebender Seite, sodass etwas nicht angezweifelt werden kann

Ex|change [ɪksˈtʃeɪndʒ] *die;* -, -n ⟨*lat.-vulgärlat.-fr.-engl.*⟩: **1.** Tausch, Kurs (im Börsengeschäft). **2. a)** Börsenkurs; **b)** Börse

Ex|e|d|ra *die;* -, Exedren ⟨*gr.-lat.*⟩: **1.** halbrunder od. rechteckiger nischenartiger Raum als Erweiterung eines Saales od. einer Säulenhalle (in der antiken Architektur). **2.** Apsis (1) in der mittelalterl. Baukunst

Ex|e|ge|se *die;* -, -n ⟨*gr.*⟩: Wissenschaft der Erklärung u. Auslegung eines Textes, bes. der Bibel

Ex|e|get *der;* -en, -en: Fachmann für Bibelauslegung

Ex|e|ge|tik *die;* - ⟨*gr.-lat.*⟩ (veraltet): Wissenschaft der Bibelauslegung (Teilgebiet der Theologie)

Ex|e|ge|tin *die;* -, -nen: weibliche Form zu ↑Exeget

ex|e|ge|tisch ⟨*gr.*⟩: [die Bibel] erklärend

ex|e|ku|tie|ren ⟨*lat.-nlat.*⟩: **1. a)** an jmdm. ein Urteil vollstrecken, vollziehen; jmdn. hinrichten; **b)** (veraltet) jmdn. bestrafen. **2.** (österr.) pfänden

Exe|ku|ti|on *die;* -, -en: **1. a)** Vollstreckung eines Todesurteils, Hinrichtung; **b)** (veraltet) Vollziehung einer Strafe. **2.** Durchführung einer besonderen Aktion. **3.** (österr.) Pfändung

ex|e|ku|tiv ⟨*lat.-nlat.*⟩: ausführend

Ex|e|ku|ti|ve *die;* -, -n: **1.** vollziehende, vollstreckende Gewalt im Staat; vgl. Judikative, Legislative (a). **2.** (österr.) Gesamtheit der Organe zur Ausübung der vollziehenden Gewalt, bes. Polizei u. Gendarmerie

Ex|e|ku|tor *der;* -s, ...oren ⟨*lat.*⟩: **1.** Vollstrecker [einer Strafe]. **2.** (österr.) Gerichtsvollzieher

Exe|ku|to|rin *die;* -, -nen: weibliche Form zu ↑Exekutor

ex|e|ku|to|risch (selten): durch [Zwangs]vollstreckung erfolgend

Ex|em|pel *das;* -s, - ⟨*lat.*⟩: **1.** [abschreckendes] Beispiel, Lehre. **2.** kleine Erzählung mit sittlicher od. religiöser Nutzanwendung im Rahmen einer Rede od. Predigt. **3.** [Rechen]aufgabe

Ex|em|p|lar *das;* -s, -e ⟨»Abbild, Muster«⟩: [durch besondere Eigenschaften od. Merkmale auffallendes] Einzelstück (bes. Schriftwerk) od. Einzelwesen aus einer Reihe von gleichartigen Gegenständen od. Lebewesen (Abk.: Expl.)

ex|em|p|la|risch: a) beispielhaft, musterhaft; **b)** warnend, abschreckend; hart u. unbarmherzig vorgehend, um abzuschrecken

ex|em|p|li|fi|zie|ren ⟨*lat.-mlat.*⟩: an Beispielen erläutern

Ex|em|p|li|fi|zie|rung *die;* -, -en: das Exemplifizieren, das Exemplifiziertwerden

ex|emt ⟨*lat.*⟩: von bestimmten allgemeinen Lasten od. gesetzlichen Pflichten befreit

Exe|qui|en *die* (Plural): **a)** katholische Begräbnisfeier, Totenmesse; **b)** Musik bei Begräbnisfeiern

ex|er|zie|ren ⟨*lat.*⟩: **1.** militärische Übungen machen. **2.** etwas [wiederholt] einüben

Ex|er|zi|ti|en *die* (nur Plural): geistliche Übungen (in der katholischen Kirche nach dem Vorbild des hl. Ignatius v. Loyola)

Ex|er|zi|ti|um *das;* -s, ...ien (veraltet): Übung; schriftliche Übungs-, Hausarbeit

Ex|ha|la|ti|on *die;* -, -en ⟨*lat.*⟩: **1.** (Med.) Ausatmung, Ausdünstung. **2.** (Geol.) das Ausströmen vulkanischer Gase u. Dämpfe

ex|ha|lie|ren: 1. (Med.) ausatmen, ausdünsten. **2.** vulkanische Gase u. Dämpfe ausströmen

Ex|haus|ti|on *die;* - ⟨*lat.;* »Ausschöpfung«⟩ (Med.): Erschöpfung

ex|haus|tiv ⟨*lat.-nlat.*⟩: vollständig

ex|hi|bie|ren ⟨*lat.*⟩: **a)** zur Schau stellen, vorzeigend darbieten; **b)** exhibitionistisch (a) zur Schau stellen

Ex|hi|bi|ti|on *die;* -, -en: Zurschaustellung, bes. das Entblößen der Geschlechtsteile in der Öffentlichkeit

Ex|hi|bi|ti|o|nis|mus *der;* - ⟨*lat.-nlat.*⟩: krankhafte, auf sexuellen Lustgewinn gerichtete Neigung, bes. bei Männern, zur Entblößung der Geschlechtsteile in Gegenwart anderer Personen, meist des anderen Geschlechts

Ex|hi|bi|ti|o|nist *der;* -en, -en: jmd., der an Exhibitionismus leidet

Ex|hi|bi|ti|o|nis|tin *die;* -, -nen: weibliche Form zu ↑Exhibitionist

ex|hi|bi|ti|o|nis|tisch: a) an Exhibitionismus leidend; **b)** den Exhibitionismus betreffend

ex|hu|mie|ren: eine bestattete Leiche wieder ausgraben

Ex|hu|mie|rung *die;* -, -en: das Exhumieren; vgl. ...ation/...ierung

e

Exil *das;* -s, -e ⟨*lat.*⟩: **a)** Verbannung; **b)** Verbannungsort
Exi|lant *der;* -en, -en: jmd., der im ↑Exil lebt
Exi|lan|tin *die;* -, -nen: weibliche Form zu ↑Exilant
Exil|li|te|ra|tur *die;* -, -en: während eines aus politischen od. religiösen Gründen erzwungenen od. freiwilligen ↑Exils verfasste Literatur, bes. zur Zeit des Nationalsozialismus in Deutschland
Exil|re|gie|rung *die;* -, -en: Regierung, die gezwungen ist, ihren Sitz ins Ausland zu verlegen, od. die sich dort gebildet hat
ex|i|mie|ren ⟨*lat.*⟩: von einer Verbindlichkeit, bes. von der Gerichtsbarkeit eines anderen Staates, befreien; vgl. exemt, Exemtion
exis|tent ⟨*lat.*⟩: wirklich, vorhanden
exis|ten|ti|al usw. vgl. existenzial usw.
Exis|tenz *die;* -, -en ⟨*lat.*⟩: **1. a)** (Plural selten) Dasein, Leben; **b)** Vorhandensein, Wirklichkeit. **2.** (Plural selten) materielle Lebensgrundlage, Auskommen, Unterhalt. **3.** (mit abwertendem Attribut) Mensch (z. B. eine verkrachte, dunkle Existenz)
exis|ten|zi|al, exis|ten|ti|al ⟨*lat.-nlat.*⟩: die Existenz, das [menschliche] Dasein hinsichtlich seines Seinscharakters betreffend; vgl. existenziell
Exis|ten|zi|a|lis|mus, Exis|ten|ti|a|lis|mus *der;* -: **a)** (bes. auf Sartre zurückgehende) Form der Existenzphilosophie, die u. a. von der Absurdität des Daseins, von der Existenzangst sowie Vereinzelung des Menschen u. der Freiheit des Menschen, sich selbst zu entwerfen, ausgeht u. Begriffe wie Freiheit, Tod, Entscheidung in den Mittelpunkt stellt; **b)** vom Existenzialismus (a) geprägte nihilistische Lebenseinstellung
Exis|ten|zi|a|list, Exis|ten|ti|a|list *der;* -en, -en: **a)** Vertreter des Existenzialismus; **b)** Anhänger einer von der Norm abweichenden Lebensführung außerhalb der geltenden bürgerlichen, gesellschaftlichen u. moralischen Konvention
Exis|ten|zi|a|lis|tin, Exis|ten|ti|a|lis|tin *die;* -, -nen: weibliche Form zu ↑Existenzialist
exis|ten|zi|a|lis|tisch, exis|ten|ti|a|lis|tisch: den Existenzialismus betreffend
Exis|ten|zi|al|phi|lo|so|phie, Exis|ten|ti|al|phi|lo|so|phie *die;* -: ↑Existenzphilosophie
exis|ten|zi|ell, exis|ten|ti|ell ⟨*lat.-fr.*⟩: auf das unmittelbare und wesenhafte Dasein bezogen, daseinsmäßig; vgl. existenzial
Exis|tenz|mi|ni|mum *das;* -s, ...ma: Mindesteinkommen, das zur Lebenserhaltung eines Menschen erforderlich ist
Exis|tenz|phi|lo|so|phie *die;* -: neuere philosophische Richtung, die das Dasein des Menschen in einer von ihm nicht gewählten Weise zum Thema hat
exis|tie|ren: 1. vorhanden sein, da sein, bestehen. **2.** leben
Ex|kar|di|na|ti|on *die;* -, -en ⟨*lat.-mlat.*⟩: Entlassung eines katholischen Geistlichen aus seiner Diözese
Ex|ka|va|ti|on *die;* -, -en ⟨*lat.*⟩: **1.** (Med.) (krankhafte od. normale) Aushöhlung, Ausbuchtung [eines Organs]. **2.** (Zahnmed.) Entfernung kariösen Zahnbeins mit dem Exkavator. **3.** (Fachspr.) Ausschachtung, Ausbaggerung, Auswaschung
Ex|ka|va|tor *der;* -s, ...oren ⟨*lat.-nlat.*⟩: **1.** Maschine für Erdarbeiten. **2.** (Zahnmed.) löffelartiges Instrument zur Entfernung kariösen Zahnbeins
ex|ka|vie|ren ⟨*lat.*⟩: **1.** aushöhlen, ausschachten. **2.** (Zahnmed.) kariöses Zahnbein mit dem Exkavator entfernen
Ex|kla|ma|ti|on *die;* -, -en ⟨*lat.*⟩: Ausruf
ex|kla|ma|to|risch ⟨*lat.-nlat.*⟩: ausrufend; marktschreierisch
ex|kla|mie|ren ⟨*lat.*⟩: ausrufen
Ex|kla|ve *die;* -, -n ⟨Analogiebildung zu ↑Enklave⟩: **1.** von fremdem Staatsgebiet eingeschlossener Teil des eigenen Staatsgebiets; Ggs. ↑Enklave. **2.** gelegentliches Auftreten einer Pflanzen- od. Tierart außerhalb ihres üblichen Verbreitungsgebiets
ex|klu|die|ren ⟨*lat.*⟩: ausschließen; Ggs. ↑inkludieren
Ex|klu|si|on *die;* -, -en: Ausschließung
ex|klu|siv ⟨*lat.-mlat.-engl.*⟩: **1. a)** sich gesellschaftlich abschließend, abgrenzend, abhebend [u. daher in der allgemeinen Wertschätzung hochstehend]; **b)** den Ansprüchen der vornehmen Gesellschaft, höchsten Ansprüchen genügend; [vornehm u.] vorzüglich, anspruchsvoll. **2.** ausschließlich einem bestimmten Personenkreis od. bestimmten Zwecken, Dingen vorbehalten, anderen [Dingen] nicht zukommend
Ex|klu|siv|in|ter|view [...vju:] *das;* -s, -s: nur einer bestimmten Person (z. B. einem Reporter) gewährtes Interview
Ex|klu|si|vi|tät *die;* - ⟨*lat.-mlat.-engl.*⟩: das Exklusivsein, exklusiver Charakter, exklusive Beschaffenheit
Ex|kom|mu|ni|ka|ti|on *die;* -, -en ⟨*lat.*⟩: Ausschluss aus der Gemeinschaft der katholischen Kirche; Kirchenbann
ex|kom|mu|ni|zie|ren: aus der katholischen Kirchengemeinschaft ausschließen

Ex|kre|ment *das;* -[e]s, -e (meist Plural) ⟨*lat.*⟩: Ausscheidung (Kot, Harn)

Ex|kret *das;* -[e]s, -e ⟨*lat.*⟩: Stoffwechselprodukt, das vom Körper nicht weiter zu verwerten ist u. daher ausgeschieden wird (z. B. Schweiß, Harn, Kot); vgl. [1]Sekret (1 a), Inkret

Ex|kurs *der;* -es, -e ⟨*lat.;* »das Herauslaufen, der Streifzug«⟩: **a)** kurze Erörterung eines Spezial- od. Randproblems im Rahmen einer wissenschaftlichen Abhandlung; **b)** Erörterung in Form einer Abschweifung (z. B. während eines Vortrags)

Ex|kur|si|on *die;* -, -en ⟨*lat.-fr.*⟩: wissenschaftlich vorbereitete u. unter wissenschaftlicher Leitung durchgeführte Lehr- od. Studienfahrt

Ex|li|b|ris *das;* -, - ⟨*lat.;* »aus den Büchern«⟩: meist kunstvoll ausgeführter, auf die Innenseite des vorderen Buchdeckels geklebter Zettel mit dem Namen od. Monogramm des Eigentümers

Ex|ma|t|ri|ku|la|ti|on *die;* -, -en: Streichung aus dem Namenverzeichnis einer Hochschule; Ggs. ↑Immatrikulation

ex|ma|t|ri|ku|lie|ren: jmdn. aus dem Namenverzeichnis einer Hochschule streichen; Ggs. ↑immatrikulieren

Ex|mis|si|on *die;* -, -en ⟨*lat.-nlat.*⟩: gerichtliche Ausweisung aus einer Wohnung od. einem Grundstück

ex|mit|tie|ren (Rechtswiss.): zwangsweise aus einer Wohnung od. von einem Grundstück weisen

Ex|mit|tie|rung *die;* -, -en: Ausweisung aus einer Wohnung

exo..., Exo...

⟨*gr.* éxō »außen, außerhalb, heraus, hinaus«⟩
Präfix mit der Bedeutung »(nach) außen, außerhalb«:
- Exobiologie
- Exogamie
- exogen
- exotherm

Exo|bio|lo|gie *die;* -: Wissenschaft vom außerirdischen Leben

Ex|o|dos *der;* -, ...doi ⟨*gr.;* »Ausgang, Auszug«⟩: **a)** Schlusslied des Chors im altgriechischen Drama; **b)** Schlussteil des altgriechischen Dramas

Ex|o|dus *der;* -, -se ⟨*gr.-lat.;* nach dem 2. Buch Mose, das den Auszug der Juden aus Ägypten schildert⟩: Auszug, das Verlassen eines Gebietes usw. (in Bezug auf eine größere Anzahl von Menschen)

ex of|fi|cio ⟨*lat.*⟩ (Rechtswiss.): von Amts wegen, amtlich

Exo|ga|mie *die;* - ⟨*gr.-nlat.*⟩: Heiratsordnung, nach der nur außerhalb des eigenen sozialen Verbandes (z. B. Stamm, Sippe) geheiratet werden darf; Ggs. ↑Endogamie

exo|gen ⟨*gr.-nlat.*⟩: **1. a)** (Med.) außerhalb des Organismus entstehend; von außen her in den Organismus eindringend (von Stoffen, Krankheitserregern od. Krankheiten; Ggs. ↑endogen 1 a); **b)** (Bot.) außen entstehend (vor allem in Bezug auf Blattanlagen u. Seitenknospen; Ggs. ↑endogen 1 b). **2.** (Geol.) von Kräften ableitbar, die auf die Erdoberfläche einwirken, wie Wasser, Wind u. Ä.; Ggs. ↑endogen (2)

Exo|karp *das;* -s, -e ⟨*gr.-nlat.*⟩ (Bot.): bei Früchten die äußerste Schicht der Fruchtwand (z. B. der Haarüberzug beim Pfirsich)

exo|krin ⟨*gr.-nlat.*⟩ (Med.): nach außen absondernd (von Drüsen); Ggs. ↑endokrin

ex|or|bi|tant ⟨*lat.*⟩: außergewöhnlich; übertrieben; gewaltig

ex|or|zie|ren, ex|or|zi|sie|ren ⟨*gr.-lat.*⟩: Dämonen u. Geister durch Beschwörung austreiben

Ex|or|zis|mus *der;* -, ...men: Beschwörung von Dämonen u. Geistern durch Wort [u. Geste]

Ex|or|zist *der;* -en, -en: **1.** Geisterbeschwörer. **2.** (veraltet) jmd., der den dritten Grad der katholischen niederen Weihen besitzt

Ex|or|zis|tin *die;* -, -nen: weibliche Form zu ↑Exorzist

Exo|sphä|re *die;* -, -n ⟨*gr.-nlat.*⟩: oberste Schicht der ↑Atmosphäre (1 b); vgl. Dissipationssphäre

Exot, Exo|te *der;* ...ten, ...ten ⟨*gr.-lat.*⟩: **1.** Mensch, Tier od. Pflanze aus einem fernen, meist überseeischen, tropischen Land. **2.** (nur Plural) Wertpapiere aus kleinen, meist überseeischen Staaten, die im ungeregelten Freiverkehr gehandelt werden

Exo|te|ri|ker *der;* -s, - ⟨*gr.-lat.*⟩: Außenstehender, Nichteingeweihter; Ggs. ↑Esoteriker

exo|te|risch: für Außenstehende, für die Öffentlichkeit bestimmt; allgemein verständlich; Ggs. ↑esoterisch

Exo|tik *die;* - ⟨*gr.-lat.*⟩: exotisches Aussehen, Wesen; exotische Beschaffenheit, Gestaltung

Exo|tin *die;* -, -nen: weibliche Form zu ↑Exot

exo|tisch: a) fremdländisch, überseeisch; **b)** einen fremdartigen Zauber ausstrahlend

Ex|pan|der *der;* -s, - ⟨*lat.-engl.*⟩ (Sport): Trainingsgerät zur Kräftigung der Arm- u. Oberkörpermuskulatur

ex|pan|die|ren ⟨*lat.*⟩: [sich] ausdehnen

Ex|pan|si|on *die;* -, -en: das Expandieren, räumliche Ausdehnung [verbunden mit mehr Einfluss u. Macht]

ex|pan|si|o|nis|tisch: auf [wirtschaftliche] Expansion bedacht

Ex|pan|si|ons|po|li|tik *die;* -: **1.** auf Erweiterung des Macht- od. Einflussbereichs gerichtete Politik. **2.** (Wirtsch.) auf eine kräftige Steigerung des Umsatzes u. des Marktanteils gerichtete Unternehmensführung

e

ex|pan|siv: sich ausdehnend, auf Ausdehnung u. Erweiterung bedacht od. gerichtet, starke Expansion aufweisend

Ex|pa|t|ri|a|ti|on [...patria...] *die;* -, -en ⟨*lat.-mlat.*⟩: Ausbürgerung, Verbannung; vgl. ...ation/...ierung

ex|pa|t|ri|ie|ren: ausbürgern, verbannen

Ex|pe|di|ent *der;* -en, -en ⟨*lat.*⟩: **a)** Abfertigungsbeauftragter in der Versandabteilung einer Firma; **b)** Angestellter in einem Reisebüro, Reiseverkehrskaufmann

Ex|pe|di|en|tin *die;* -, -nen: weibliche Form zu ↑Expedient

ex|pe|die|ren ⟨*lat.;* »losmachen«⟩: absenden, abfertigen, befördern (von Gütern u. Personen)

Ex|pe|di|ti|on *die;* -, -en: **1. a)** Forschungsreise [in unbekannte Gebiete]; **b)** Personengruppe, die eine Expedition (1 a) unternimmt; **c)** (veraltet) Kriegszug, militärisches Unternehmen. **2.** Gruppe zusammengehörender Personen, die von einem Land, einem Verband od. einem Unternehmen zur Wahrnehmung bestimmter (bes. sportlicher) Aufgaben ins Ausland geschickt werden. **3. a)** (veraltend) Versand- od. Abfertigungsabteilung (z. B. einer Firma); **b)** das Expedieren. **4.** (veraltet) Anzeigenabteilung

Ex|pe|di|tor *der;* -s, ...oren ⟨*lat.-nlat.*⟩: ↑Expedient

Ex|pek|to|rans *das;* -, ...ranzien u. ...rantia ⟨*lat.*⟩, **Ex|pek|to|ran|ti|um** *das;* -s, ...tia ⟨*lat.-nlat.*⟩ (Med.): schleimlösendes Mittel, Hustenmittel

Ex|pe|ri|ment *das;* -[e]s, -e ⟨*lat.*⟩: **1.** wissenschaftlicher Versuch, durch den etwas entdeckt, bestätigt od. gezeigt werden soll. **2.** [gewagter] Versuch, Wagnis; gewagtes, unsicheres Unternehmen; Unternehmung mit unsicherem Ausgang

Ex|pe|ri|men|ta|tor *der;* -s, ...oren: jmd., der Experimente macht od. vorführt

Ex|pe|ri|men|ta|to|rin *die;* -, -nen: weibliche Form zu ↑Experimentator

ex|pe|ri|men|tell ⟨französierende Bildung⟩: auf Experimenten beruhend; vgl. ...al/...ell

ex|pe|ri|men|tie|ren ⟨*lat.-mlat.*⟩: Experimente anstellen

Ex|per|te *der;* -n, -n: jmd., der auf dem infrage kommenden Gebiet besonders gut Bescheid weiß; Sachverständiger, Kenner

Ex|per|ten|sys|tem *das;* -s, -e (EDV): Programmsystem, das Wissen über ein spezielles Gebiet speichert u. ansammelt, daraus Schlussfolgerungen zieht u. zu konkreten Problemen dieses Gebietes Lösungen vorschlägt

Ex|per|tin *die;* -, -nen: weibliche Form zu ↑Experte

Ex|per|ti|se *die;* -, -n: Gutachten eines Experten

Ex|pla|na|ti|on *die;* -, -en ⟨*lat.*⟩ (Literaturwiss.): Auslegung, Erläuterung, Erklärung von Texten in sachlicher Hinsicht

ex|pla|nie|ren: auslegen, erläutern

ex|pli|cit ⟨*lat.*⟩: »es ist vollzogen, es ist zu Ende« (gewöhnlich am Ende von Handschriften u. Frühdrucken); Ggs. ↑incipit; vgl. explizit

Ex|pli|ka|ti|on *die;* -, -en (selten): Darlegung, Erklärung, Erläuterung

ex|pli|zie|ren: darlegen, erklären, erläutern

ex|pli|zit: a) ausdrücklich, deutlich; Ggs. ↑implizit (1); **b)** ausführlich u. differenziert dargestellt; vgl. explicit; **explizite Funktion:** mathematische Funktion, deren Werte sich unmittelbar (d. h. ohne Umformung der Funktion) berechnen lassen

ex|pli|zi|te: in aller Deutlichkeit

ex|plo|die|ren ⟨*lat.*⟩: **1.** durch heftigen inneren [Gas]druck plötzlich auseinandergetrieben werden, mit Knall [zer]platzen, bersten. **2.** einen heftigen Gefühlsausbruch zeigen

Ex|plo|ra|ti|on *die;* -, -en: Untersuchung u. Befragung; Nachforschung; das Explorieren

ex|plo|ra|to|risch ⟨*lat.*⟩: [aus]forschend, prüfend

ex|plo|rie|ren ⟨*lat.*⟩: **1.** erforschen, untersuchen, erkunden (z. B. Boden, Gelände). **2.** (Psychol., Med.) [Personen]gruppen zu Untersuchungs-, Erkundungszwecken befragen, ausforschen; (Verhältnisse) durch Befragung u. Gespräche untersuchen, erkunden

ex|plo|si|bel ⟨*lat.-nlat.*⟩: **1.** explosionsfähig, -gefährlich. **2.** (Med., Psychol.) zu unvermittelten Gewalthandlungen u. plötzlichen Kurzschlussreaktionen neigend (von ↑Psychopathen)

Ex|plo|si|on *die;* -, -en ⟨*lat.*⟩: **1.** mit einem heftigen Knall verbundenes Zerplatzen u. Zerbersten eines Körpers. **2.** heftiger Gefühlsausbruch, bes. Zornausbruch

Ex|plo|si|ons|kra|ter *der;* -s, -: durch explosionsartige Vulkanausbrüche entstandener Krater (z. B. Maar)

Ex|plo|si|ons|mo|tor *der;* -s, ...oren, auch: -e:

Motor, der seine Energie aus der Explosion eines Treibstoff-Luft-Gemischs gewinnt

ex|plo|siv ⟨*lat.-nlat.*⟩: **1. a)** leicht explodierend (1); **b)** zu Gefühlsausbrüchen neigend. **2. a)** explosionsartig; **b)** sehr temperamentvoll, heftig

Ex|plo|siv *der;* -s, -e, **Ex|plo|si|va** *die;* -, ...vä [...vɛ]: Kurzform von ↑Explosivlaut

Ex|plo|si|vi|tät *die;* -: explosive Beschaffenheit, Art [u. Weise]

Ex|plo|siv|laut *der;* -[e]s, -e: Laut, der durch die plötzliche Öffnung eines Verschlusses entsteht (z. B. b, k)

Ex|po *die;* -, -s: kurz für: ↑Exposition (4)

Ex|po|nat *das;* -[e]s, -e ⟨*lat.-russ.*⟩: Ausstellungsstück, Museumsstück

Ex|po|nent *der;* -en, -en ⟨*lat.*⟩: **1.** herausgehobener Vertreter einer Richtung, einer Partei usw. **2.** Hochzahl, bes. in der Wurzel- u. Potenzrechnung (z. B. *n* bei a^n)

Ex|po|nen|ti|al|funk|ti|on *die;* -, -en ⟨*lat.-nlat.; lat.*⟩: mathematische Funktion, bei der die unabhängige Veränderliche als ↑Exponent (2) einer konstanten Größe (meist e) auftritt

Ex|po|nen|ti|al|glei|chung *die;* -, -en ⟨*lat.-nlat.; dt.*⟩: Gleichung mit einer Unbekannten im ↑Exponenten (2)

ex|po|nen|ti|ell ⟨*lat.*⟩: gemäß einer [speziellen] Exponentialfunktion verlaufend (z. B.: exponentieller Abfall einer physikalischen Größe)

Ex|po|nen|tin *die;* -, -nen: weibliche Form zu ↑Exponent (1)

ex|po|nie|ren: 1. a) darstellen, zur Schau stellen; **b)** (Fotogr. veraltet) belichten. **2.** sich exponieren: die Aufmerksamkeit auf sich lenken, sich durch sein Handeln sichtbar herausheben, herausstellen [u. sich dadurch auch der Kritik, Angriffen aussetzen]

ex|po|niert: (durch räumliche Lage, Stellung od. persönliche Situation) herausgehoben u. dadurch Gefährdungen od. Angriffen in erhöhtem Maß ausgesetzt

Ex|port *der;* -[e]s, -e ⟨*lat.-engl.*⟩: **1.** Ausfuhr, Absatz von Waren im Ausland. **2.** das Ausgeführte

Ex|por|ten *die* (Plural): Ausfuhrwaren

Ex|por|teur [...ˈtøːɐ̯] *der;* -s, -e ⟨französierende Bildung⟩: jmd. (auch ein Unternehmen), der ↑exportiert

ex|por|tie|ren ⟨*lat.-engl.*⟩: Waren ins Ausland ausführen

ex|port|in|ten|siv: viel für den Export produzierend

Ex|po|sé, Ex|po|see [...ˈzeː] *das;* -s, -s ⟨*lat.-fr.*⟩: **a)** Denkschrift, Bericht, Darlegung, zusammenfassende Übersicht; **b)** Entwurf, Plan, Handlungsskizze (bes. für ein Filmdrehbuch)

Ex|po|si|ti|on *die;* -, -en ⟨*lat.*⟩: **1.** (selten) Darlegung, Erörterung. **2.** einführender, vorbereitender Teil des Dramas (meist im 1. Akt od. als ↑Prolog). **3. a)** erster Teil des Sonatensatzes mit der Aufstellung der musikalisch zu verarbeitenden Themen; **b)** Kopfteil bei der Fuge mit der ersten Themadurchführung. **4.** Ausstellung, Schau. **5.** in der katholischen Kirche im Mittelalter aufgekommener Brauch, das Allerheiligste in der ↑Monstranz od. im ↑Ziborium zur Anbetung zu zeigen. **6.** (Biol.) Lage eines bewachsenen Berghanges in Bezug auf die Einfallsrichtung der Sonnenstrahlen. **7.** (Fotogr. veraltet) Belichtung. **8.** (Med.) Grad der Gefährdung für einen Organismus, der sich aus der Häufigkeit u. Intensität aller äußeren Krankheitsbedingungen ergibt, denen der Organismus ausgesetzt ist

Ex|po|si|tur *die;* -, -en ⟨*lat.-nlat.*⟩: **1.** abgegrenzter selbstständiger Seelsorgebezirk einer Pfarrei. **2.** (österr.) **a)** in einem anderen Gebäude untergebrachter Teil einer Schule; **b)** auswärtige Zweigstelle eines Geschäftes

Ex|po|si|tus *der;* -, ...ti ⟨*lat.*⟩: Geistlicher als Leiter einer ↑Expositur (1)

ex|press ⟨*lat.*⟩: **1.** eilig, Eil... **2.** (landsch.) eigens, ausdrücklich, zum Trotz

Ex|press *der;* -es, -e ⟨*lat.-engl.*⟩ (veraltet): Schnellzug

Ex|press|gut *das;* -[e]s, ...güter: Versandgut, das auf dem schnellsten Weg zum Bestimmungsort gebracht wird

Ex|pres|si|on *die;* -, -en ⟨*lat.*⟩: **1.** Ausdruck. **2.** besonderes Register beim Harmonium. **3.** (Med.) das Herauspressen (z. B. der Nachgeburt)

Ex|pres|si|o|nis|mus *der;* - ⟨*lat.-nlat.*⟩: **1.** Kunstrichtung des frühen 20. Jh.s, die im bewussten Gegensatz zum ↑Impressionismus (1, 2) steht. **2.** musikalischer Ausdrucksstil um 1920

Ex|pres|si|o|nist *der;* -en, -en: Vertreter des Expressionismus

Ex|pres|si|o|nis|tin *die;* -, -nen: weibliche Form zu ↑Expressionist

ex|pres|si|o|nis|tisch: a) im Stil des Expressionismus; **b)** den Expressionismus betreffend

ex|pres|sis ver|bis [...siːs ...biːs] ⟨*lat.*⟩: ausdrücklich

ex|pres|siv ⟨*lat.-nlat.*⟩: ausdrucksstark, mit Ausdruck, ausdrucksbetont

Ex|pres|si|vi|tät *die;* -: **1.** Fülle des Ausdrucks, Ausdrucksfähigkeit. **2.** (Biol.) Ausprägungsgrad einer Erbanlage im Erscheinungsbild

e

ex|pri|mie|ren ‹*lat.*›: etwas durch Druck entleeren, herausdrücken (z. B. einen Mitesser)
ex|qui|sit ‹*lat.*›: ausgesucht, erlesen, vorzüglich
Ex|spi|ra|ti|on *die;* - ‹*lat.*› (Med.): Ausatmung
Ex|su|da|ti|on *die;* -, -en: **1.** Ausschwitzung, Absonderung eines Exsudats. **2.** Ausscheidung von Mineralstoffen aus ↑kapillar aufsteigenden u. verdunstenden Bodenlösungen; vgl. ↑Effloreszenz (2)

Ekstase

Das aus dem Griechischen stammende Wort wird nicht mit *Ex-*, sondern mit *Eks-* geschrieben, obwohl es den gleichen Anlaut hat wie z. B. *Export, extra, extrem.*

Ex|tem|po|ra|le *das;* -s, ...lien ‹*lat.*› (veraltet): unvorbereitet anzufertigende [Klassen]arbeit
ex tem|po|re: aus dem Stegreif
Ex|tem|po|re *das;* -s, -s: **a)** improvisierte Einlage [auf der Bühne]; **b)** Stegreifspiel, Stegreifrede
ex|tem|po|rie|ren ‹*lat.-nlat.*›: **a)** eine improvisierte Einlage [auf der Bühne] geben; **b)** aus dem Stegreif reden, schreiben, musizieren usw.
Ex|ten|si|on *die;* -, -en ‹*lat.*›: **1.** Ausdehnung, Streckung. **2.** (Logik) Umfang eines Begriffs; Gesamtheit der Gegenstände, die unter diesen Begriff fallen (z. B. Obst: Äpfel, Birnen ...); Ggs. ↑Intension (2)
ex|ten|siv ‹*lat.*›: **1.** ausgedehnt, umfassend, in die Breite gehend (z. B. -e Beeinflussung). **2.** auf großen Flächen, aber mit verhältnismäßig geringem Aufwand betrieben (z. B. -e Nutzung des Bodens). **3.** (Rechtswiss.) ausdehnend, erweiternd (von der Auslegung eines Gesetzes)
Ex|te|ri|eur [...ˈri̯øːɐ̯] *das;* -s, -s u. -e ‹*lat.-fr.*›: **1.** Äußeres; Außenseite; Erscheinung. **2.** (Landwirtsch.) die Körperform eines Tieres im Hinblick auf einen bestimmten Zweck (z. B. beim Pferd als Zug- od. Reittier)
ex|ter|mi|na|to|risch: auf völlige Vernichtung ausgerichtet
ex|tern ‹*lat.*›: **1. a)** draußen befindlich, äußere; **b)** nicht angestellt, in freier Mitarbeit tätig. **2. a)** nicht im Internat wohnend; **b)** (bes. als Prüfling) von auswärts zugewiesen
ex|ter|na|li|sie|ren (Psychol.): nach außen verlagern (z. B. Ängste); vgl. internalisieren
Ex|ter|na|li|sie|rung *die;* -, -en: das Externalisieren; Externalisation
Ex|ter|nat *das;* -[e]s, -e ‹*lat.-nlat.;* Gegenbildung zu ↑Internat›: Lehranstalt, deren Schüler außerhalb der Schule wohnen
Ex|ter|ne *der* u. *die;* -n, -n ‹*lat.*›: **1.** Schüler[in], der bzw. die nicht im Internat wohnt. **2.** Schüler[in], der bzw. die die Abschlussprüfung an einer Schule ablegt, ohne diese zuvor besucht zu haben
Ex|ter|nist *der;* -en, -en ‹*lat.-nlat.*› (österr.): ↑Externe
Ex|ter|nis|tin *die;* -, -nen: weibliche Form zu ↑Externist
ex|ter|ri|to|ri|al ‹*lat.-nlat.*›: außerhalb der Landeshoheit stehend
Ex|ter|ri|to|ri|a|li|tät *die;* -: **a)** Unabhängigkeit bestimmter ausländischer Personen (z. B. Gesandter) von der Gerichtsbarkeit des Aufenthaltsstaates; **b)** Unverletzlichkeit u. Unantastbarkeit von Diplomaten im Gastland
Ex|tink|ti|on *die;* -, -en ‹*lat.*›: **1.** (veraltet) Auslöschung, Tilgung. **2.** (Physik, Astron., Meteorol.) Schwächung einer Wellenbewegung (Strahlung) beim Durchgang durch ein ↑[1]Medium (3)
ex|t|ra ‹*lat.*›: **a)** besonders, für sich, getrennt; **b)** zusätzlich, dazu; **c)** ausdrücklich; **d)** absichtlich; **e)** zu einem bestimmten Zweck; **f)** besonders, ausgesucht
Ex|t|ra *das;* -s, -s (meist Plural): Zubehörteil (speziell zu Autos), das über die übliche Ausstattung hinausgeht

ex|t|ra..., Ex|t|ra...

‹*lat.* extra »außer, über ... hinaus, ohne; außerhalb«›
Präfix mit folgenden Bedeutungen:
I. »außer, außerhalb« (bes. fachsprachlich):
- extragalaktisch
- extralingual
- Extraterrestrik
- extravertiert

II. »besonders, außerordentlich« (in Verbindung mit Adjektiven):
- extrafein
- extragroß
- extralang

III. »Besonderes, Zusätzliches« (in Verbindung mit Substantiven):
- Extrablatt
- Extraklasse
- Extratour
- Extrawurst

Ex|t|ra|blatt *das;* -[e]s, ...blätter: Sonderausgabe einer Zeitung mit besonders aktuellen Nachrichten
ex|t|ra dry [- drai̯] ‹*engl.*›: (von alkoholischen Getränken) besonders trocken

ex|t|ra|ga|lak|tisch ⟨*lat.; gr.*⟩ (Astron.): außerhalb der Milchstraße (vgl. Galaxie) liegend
ex|tra|hie|ren: (Med.) herausziehen (z. B. einen Zahn)
ex|t|ra|kor|po|ral ⟨*lat.*⟩ (Med.): außerhalb des Körpers erfolgend, verlaufend
Ex|trakt *der* (naturwissenschaftlich fachspr. auch:) *das;* -[e]s, -e ⟨*lat.*⟩: **1.** Auszug aus tierischen od. pflanzlichen Stoffen. **2.** konzentrierte Zusammenfassung der wesentlichsten Punkte eines Textes, Buches o. Ä.
ex|t|ra|or|di|när ⟨*lat.-fr.*⟩ (bildungsspr. veraltend): außergewöhnlich, außerordentlich
Ex|t|ra|po|la|ti|on *die;* -, -en ⟨*lat.-nlat.*⟩: näherungsweise Bestimmung von Funktionswerten außerhalb eines ↑Intervalls (4) aufgrund der Kenntnis von Funktionswerten innerhalb dieses Intervalls
ex|t|ra|po|lie|ren: aus dem Verhalten einer Funktion innerhalb eines mathematischen Bereichs auf ihr Verhalten außerhalb dieses Bereichs schließen
ex|t|ra|ter|res|t|risch (Astron., Physik): außerhalb der Erde (einschließlich ihrer Atmosphäre) gelegen
ex|t|ra|va|gant [auch: ˈɛks...] ⟨*lat.-mlat.-fr.*⟩: **1. a)** ausgefallenen Geschmack habend, zeigend; **b)** von ungewöhnlichem u. ausgefallenem Geschmack zeugend u. dadurch auffallend. **2.** überspannt, verstiegen, übertrieben
Ex|t|ra|va|ganz [auch: ˈɛks...] *die;* -, -en: **1.** etwas, was aus dem Rahmen des Üblichen herausfällt; ausgefallenes Verhalten, Tun. **2.** (ohne Plural) Ausgefallenheit. **3.** Überspanntheit, Verstiegenheit
Ex|t|ra|ver|si|on *die;* -, -en ⟨*lat.-nlat.*⟩: seelische Einstellung, die durch Konzentration der Interessen auf äußere Objekte gekennzeichnet ist; Ggs. ↑Introversion
ex|t|ra|ver|tiert, ex|t|ro|ver|tiert (Psychol.): nach außen gerichtet, für äußere Einflüsse leicht empfänglich; Ggs. ↑introvertiert
ex|t|ra|zel|lu|lär ⟨*lat.-nlat.*⟩ (Med.): außerhalb der Zelle
ex|t|rem ⟨*lat.*⟩: **1.** äußerst [hoch, niedrig]; ungewöhnlich. **2.** radikal; **extremer Wert:** a) Hoch- od. Tiefpunkt einer Funktion od. einer Kurve; b) größter od. kleinster Wert einer Messreihe
Ex|t|rem *das;* -s, -e: höchster od. niedrigster Grad, äußerste Grenze
Ex|t|re|mis|mus *der;* -, ...men: **1.** (ohne Plural) extreme, radikale [politische] Haltung od. Richtung. **2.** auf Extremismus (1) beruhende Handlung
Ex|t|re|mist *der;* -en, -en: radikal eingestellter Mensch
Ex|t|re|mis|tin *die;* -, -nen: weibliche Form zu ↑Extremist
ex|t|re|mis|tisch: eine extreme, radikale [politische] Einstellung zeigend; den Extremismus (1) verfechtend
Ex|t|re|mi|tät *die;* -, -en ⟨*lat.*⟩: **1.** (meist Plural; Med.) Gliedmaße. **2.** äußerstes Ende; Extremsein (z. B. einer Idee oder eines Planes)
Ex|t|rem|si|tu|a|ti|on *die;* -, -en: extreme Lage, Situation, in der sich jmd. [augenblicklich] befindet
Ex|t|rem|sport *der;* -[e]s, -e (Plural selten): mit höchster körperlicher Beanspruchung, mit besonderen Gefahren verbundener Sport (z. B. Triathlon, Freeclimbing)
ex|t|rin|sisch ⟨*lat.-fr.-engl.*⟩ (Psychol.): von außen her [angeregt], nicht aus eigenem innerem Anlass erfolgend, sondern aufgrund äußerer Antriebe; Ggs. ↑intrinsisch; **extrinsische Motivation:** durch äußere Zwänge, Strafen verursachte ↑Motivation (1); Ggs. ↑intrinsische Motivation
ex|t|ro|ver|tiert vgl. extravertiert
Ex|t|ru|der *der;* -s, - ⟨*lat.-engl.*⟩ (Technik): Maschine zur Herstellung von Formstücken (Rohre, Drähte, Bänder usw.) aus ↑thermoplastischem Material, das im formbaren Zustand durch Düsen gepresst wird
ex|t|ru|die|ren (Technik): Formstücke aus ↑thermoplastischem Material mit dem Extruder herstellen
ex usu ⟨*lat.;* »aus dem Gebrauch heraus«⟩: aus der Erfahrung, durch Übung, nach dem Brauch
ex vo|to ⟨*lat.*⟩: aufgrund eines Gelübdes (Inschrift auf ↑Votiven)
Ex|vo|to *das;* -s, -s od. Exvoten: Weihegabe, Votivbild od. -tafel
ex|ze|die|ren (veraltet): **a)** Unfug stiften; **b)** ausschweifen, übertreiben
ex|zel|lent ⟨*lat.-fr.*⟩: hervorragend, ausgezeichnet, vortrefflich
Ex|zel|lenz *die;* -, -en ⟨»Vortrefflichkeit, Erhabenheit«⟩: **1.** Anrede im diplomatischen Verkehr. **2.** (Geschichte) Titel von Ministern u. hohen Beamten (Abk.: Exz.)
ex|zel|lie|ren ⟨*lat.*⟩: hervorragen, glänzen
Ex|zen|ter *der;* -s, - ⟨*gr.-nlat.*⟩ (Technik): exzentrisch (2) auf einer Welle angebrachte Steuerungsscheibe
Ex|zen|t|rik *die;* -: **1.** von üblichen Verhaltensweisen abweichendes, überspanntes Beneh-

men. **2.** mit stark übertriebener Komik dargebotene ↑Artistik

Ex|ze̱n|t|ri|ker *der;* -s, -: **1.** überspannter, verschrobener Mensch. **2.** Artist in der Rolle eines Clowns

Ex|ze̱n|t|ri|ke|rin *die;* -, -nen: weibliche Form zu ↑Exzentriker (1)

ex|ze̱n|t|risch: 1. überspannt, verschroben. **2.** außerhalb des Mittelpunktes liegend

Ex|zen|t|ri|zi|tä̱t *die;* -, -en: **1.** das Abweichen, Abstand vom Mittelpunkt. **2.** Überspanntheit

f

ex|zep|ti|o|ne̱ll ⟨*lat.-fr.*⟩: ausnahmsweise eintretend, außergewöhnlich

ex|zer|pi̱e̱|ren ⟨*lat.;* »herausklauben, auslesen«⟩: ein Exzerpt anfertigen

Ex|ze̱rpt *das;* -[e]s, -e: schriftlicher, mit dem Text der Vorlage übereinstimmender Auszug aus einem Werk

Ex|zerp|ti|o̱n *die;* -, -en: **1.** das Exzerpieren. **2.** (selten) das Exzerpierte

Ex|ze̱rp|tor *der;* -s, ...o̱ren: jmd., der Exzerpte anfertigt

Ex|zerp|to̱|rin *die;* -, -nen: weibliche Form zu ↑Exzerptor

Ex|ze̱ss *der;* -es, -e ⟨*lat.*⟩: Ausschreitung; Ausschweifung; Maßlosigkeit

ex|zes|si̱v ⟨*lat.-nlat.*⟩: außerordentlich; das Maß überschreitend; ausschweifend; **exzessives Klima:** Landklima mit jährlichen Temperaturschwankungen über 40 °C

Ex|zi|si|o̱n *die;* -, -en ⟨*lat.*⟩ (Med.): das Herausschneiden von Gewebe (z. B. einer Geschwulst)

Eye|li|ner ['ai̯lainɐ] *der;* -s, -[s] ⟨*engl.*⟩: flüssiges Kosmetikum zum Ziehen eines Lidstriches

E̱y̱|rir *der* od. *das;* -s, Aurar ⟨*isländ.*⟩: isländische Währungseinheit

E̱z|zes, E̱i̱|zes *die* (nur Plural) ⟨*jidd.*⟩ (österr. ugs.): Tipps, Ratschläge

F

fa̱ ⟨*it.*⟩: Silbe, auf die man beim Solmisieren den Ton f singt; vgl. Solmisation

Fa|b|ri̱k *die;* -, -en ⟨*lat.-fr.*⟩: **a)** gewerblicher, mit Maschinen ausgerüsteter Produktionsbetrieb; **b)** Gebäude[komplex], in dem ein Industriebetrieb untergebracht ist; **c)** (ugs.) Belegschaft eines Industriebetriebs

Fa|b|ri|ka̱nt *der;* -en, -en: **a)** Besitzer einer Fabrik; **b)** Hersteller einer Ware

Fa|b|ri|ka̱n|tin *die;* -, -nen: weibliche Form zu ↑Fabrikant

Fa|b|ri|ka̱t *das;* -[e]s, -e ⟨*lat.-nlat.*⟩: **1.** fabrikmäßig hergestelltes Erzeugnis der Industrie. **2.** bestimmte Ausführung eines Fabrikats (1), Marke

Fa|b|ri|ka|ti|o̱n *die;* -, -en ⟨*lat.-fr.*⟩: Herstellung von Gütern in einer Fabrik

fa|b|ri|zi̱e̱|ren ⟨*lat.*⟩: **1.** (ugs., oft abwertend) **a)** zusammenbasteln; **b)** anstellen, anrichten. **2.** (veraltet) serienmäßig in einer Fabrik herstellen

Fa|bu|la̱nt *der;* -en, -en: **a)** Erfinder od. Erzähler von Fabeln, von fantastisch ausgeschmückten Geschichten; **b)** Schwätzer; Schwindler

Fa|bu|la̱n|tin *die;* -, -nen: weibliche Form zu ↑Fabulant

fa|bu|li̱e̱|ren: a) fantastische Geschichten erzählen; **b)** munter drauflosplaudern; schwätzen; **c)** schwindeln

fa|bu|lö̱s ⟨*lat.-fr.*⟩ (ugs. scherzh.): **1.** märchenhaft. **2.** unwirklich, unwahrscheinlich

Face [fa:s] *die;* -, -n ⟨*lat.-fr.*⟩ (veraltet): **1.** Gesicht, Vorderseite; vgl. en face. **2.** ↑Avers

Face|book® ['feɪsbʊk] (ohne Artikel) ⟨*amerik.*⟩: internationales Onlinenetzwerk

Face-to-Face-Kom|mu|ni|ka|ti|on ['feɪstə'feɪs...] *die;* -: persönliches Gespräch (ohne zwischengeschaltete Medien)

Fa|cet|te [...s...] *die;* -, -n ⟨*lat.-fr.*⟩: **1.** kleine eckige Fläche, die durch das Schleifen eines Edelsteins od. eines Körpers aus Glas od. Metall entsteht. **2.** Teilaspekt (einer Angelegenheit, eines Vorgangs u. Ä.). **3.** (Druckw.) abgeschrägte Kante an ↑Klischees (1) u. Ätzungen. **4.** Verblendteil bei Zahnersatz (z. B. bei einer Brücke)

Fa|ce̱t|ten|au|ge *das;* -s, -n (Zool.): Sehorgan der Insekten u. anderer Gliederfüßer, das aus zahlreichen Einzelaugen zusammengesetzt ist

Fa̱|ci|es [...ts̮iɛs] *die;* -, - ⟨*lat.*⟩: **1.** (Med.) **a)** Gesicht; **b)** Außenfläche an Organen u. Knochen; **c)** für bestimmte Krankheiten typischer Gesichtsausdruck. **2.** ↑Fazies

Fa̱|ci|es hip|po|c|ra̱|ti|ca *die;* - - ⟨*lat.; gr.-lat.*⟩ (Med.): ängstlicher, verfallener Gesichtsausdruck bei Sterbenden

Fact [fækt] *der;* -s, -s (meist Plural) ⟨*lat.-engl.*⟩: Tatsache, Tatsachenmaterial

Fac|to|ring ['fæktərɪŋ] *das;* -[s] ⟨*lat.-engl.*⟩ (Wirtsch.): Methode der Absatzfinanzierung, bei der die Lieferfirma ihre Forderungen aus Warenlieferungen einem Finanzierungsinstitut verkauft, das meist auch das volle Kreditrisiko übernimmt

Fac|to|ry-Out|let, Fac|to|ry|out|let ['fæktərɪaʊtlət] *das;* -s, -s ‹*engl.*›: Verkaufsstelle einer Firma, in der die Waren [mit Rabatt] direkt an den Verbraucher verkauft werden

Fa|cul|tas Do|cen|di *die;* - - ‹*lat.*›: **a)** Lehrauftrag an einer höheren Schule im Angestelltenverhältnis; **b)** Lehrbefähigung

Fa|ding [ˈfeɪdɪŋ] *das;* -s ‹*engl.*›: **1.** (Elektrot.) das An- u. Abschwellen der Empfangsfeldstärke elektromagnetischer Wellen (Schwund). **2.** das Nachlassen der Bremswirkung bei Kraftfahrzeugen infolge Erhitzung der Bremsen

Fa|do [port.: ˈfaðu] *der;* -[s], -s ‹*lat.-port.*›: melancholisch gestimmtes, zur Gitarre gesungenes volkstümliches portugiesisches Lied

Fae|ces [ˈfɛːtseːs] vgl. Fäzes

Fa|gott *das;* -s, -e ‹*it.*›: Holzblasinstrument in tiefer Tonlage mit u-förmig geknickter Röhre u. Doppelrohrblatt

Fa|got|tist *der;* -en, -en: Fagottspieler

Fa|got|tis|tin *die;* -, -nen: weibliche Form zu ↑Fagottist

Fai|b|le [ˈfɛːbl̩] *das;* -s, -s ‹*lat.-galloroman.-fr.*›: Vorliebe, Neigung

fair [fɛːɐ̯] ‹*engl.*›: **a)** anständig, ehrlich, gerecht; **b)** (Sport) den [Spiel]regeln entsprechend, sie beachtend; kameradschaftlich

Fair|ness [ˈfɛːɐ̯nɛs] *die;* - ‹*engl.*›: **1.** (Sport) ehrliches, anständiges Verhalten in einem sportlichen Wettkampf. **2. a)** gerechtes, anständiges Verhalten [im Geschäftsleben]; **b)** ehrliche Haltung anderen gegenüber

Fair Play [ˈfɛːɐ̯ ˈpleɪ, ˈfɛːɐ̯pleɪ] *das;* - -[s], **Fair|play** *das;* -[s] ‹*engl.;* »ehrliches Spiel«›: ↑Fairness (1)

Fair|way [ˈfɛːɐ̯weɪ] *das;* -s, -s ‹*engl.*›: kurz gemähte Spielbahn zwischen Abschlag u. Grün beim Golf

Fai|ry|chess, Fai|ry-Chess [ˈfɛːɐ̯rit∫ɛs] *das;* - ‹*engl.;* »Märchenschach«›: (Kunstschach) modernes Teilgebiet des ↑Problemschachs (z. B. Hilfsmatt) mit z. T. neu erfundenen Figuren (wie Nachtreiter, Kamelreiter, Grashüpfer) od. mit verändertem Schachbrett

Fait ac|com|p|li [fɛtakõˈpliː] *das;* - -, -s -s [fɛzakõˈpliː]: vollendeter Tatbestand, Tatsache

fä|kal ‹*lat.-nlat.*› (Med.): kotig

Fä|ka|li|en *die* (nur Plural) (Med.): von Menschen u. Tieren ausgeschiedener Kot u. Harn

Fake [feɪk] *das;* -s, -s ‹*engl.* »Fälschung«›: [bewusste] Veränderung von Fotos, Musiktiteln u. Ä. durch Montagen, Schnitte, Einblendungen u. Ä. (bes. in der Werbung)

fa|ken [ˈfeɪkn̩]: **1.** (ugs.) (Informationen) fälschen; vortäuschen. **2. a)** Bilddaten u. Ä. verändern, um bestimmte Effekte zu erzielen; **b)** unter falschem Namen auftreten (z. B. im Internet)

Fa|kir [österr.: faˈkiːɐ̯] *der;* -s, -e ‹*arab.;* »der Arme«›: **a)** Bettelmönch, frommer Asket [in islamischen Ländern]; **b)** Gaukler, Zauberkünstler [in Indien]

Fak|si|mi|le *das;* -s, -s ‹*lat.-engl.;* »mache ähnlich!«›: mit einem Original in Größe u. Ausführung genau übereinstimmende Nachbildung od. ↑Reproduktion (2 b), z. B. einer alten Handschrift

fak|si|mi|lie|ren ‹*lat.-nlat.*›: eine Vorlage getreu nachbilden

Fakt *der,* auch: *das;* -[e]s, -en, auch: -s: ↑Faktum

Fak|ta: *Plural* von ↑Faktum

Fak|ti|on *die;* -, -en ‹*lat.;* »Tatgemeinschaft«› (veraltend): Gruppierung innerhalb einer Partei, deren Ziele u. Ansichten von der Generallinie der Partei abweichen

Fak|ti|tiv [auch: ˈfak...] *das;* -s, -e, **Fak|ti|ti|vum** *das;* -s, ...va (Sprachw.): abgeleitetes Verb, das ein Bewirken zum Ausdruck bringt (z. B. schärfen = scharf machen)

Fak|ti|zi|tät *die;* -, -en (Philos.): Tatsächlichkeit, Gegebenheit, feststellbare Wirklichkeit; Ggs. ↑Logizität

Fak|tor *der;* -s, ...oren ‹*lat.;* »Macher«›: **1.** wichtiger Umstand; mitwirkende, mitbestimmende Ursache, Gesichtspunkt. **2.** technischer Leiter einer Setzerei, Buchdruckerei, Buchbinderei. **3.** Zahl od. Größe, die mit einer anderen multipliziert wird

Fak|to|rei *die;* -, -en ‹*lat.-mlat.*› (veraltet): größere Handelsniederlassung in Übersee

Fak|to|tum *das;* -s, -s u. ...ten ‹*lat.;* »mach alles!«›: jmd., der in einem Haushalt od. Betrieb alle nur möglichen Arbeiten und Besorgungen erledigt; Mädchen für alles

Fak|tum *das;* -s, ...ten, veraltend auch: ...ta ‹*lat.*›: [nachweisbare] Tatsache, Ereignis

Fak|tur *die;* -, -en ‹*lat.-it.*›: Warenrechnung; Lieferschein

Fak|tu|ra *die;* -, ...ren ‹*lat.-it.*› (österr., schweiz., sonst veraltet): ↑Faktur

fak|tu|rie|ren: Fakturen ausschreiben, Waren berechnen

Fak|tu|rier|ma|schi|ne *die;* -, -n: früher übliche Büromaschine zum Erstellen von Rechnungen in einem Arbeitsgang

Fak|tu|rist *der;* -en, -en: Angestellter eines kaufmännischen Betriebes, der mit der Aufstellung u. Prüfung von Fakturen betraut ist

Fak|tu|ris|tin *die;* -, -nen: weibliche Form zu ↑Fakturist

Fa|kul|tas *die;* - ⟨*lat.;* »Fähigkeit, Vermögen«⟩: Lehrbefähigung; vgl. Facultas Docendi

Fa|kul|tät *die;* -, -en ⟨*lat.-(mlat.)*⟩: **1. a)** eine Gruppe zusammengehörender Wissenschaften umfassende Abteilung an einer Universität od. Hochschule (z. B. Philosophie, Medizin); **b)** die Gesamtheit der Lehrer u. Studenten, die zu einer Fakultät gehören. **2.** ↑Fakultas. **3.** (kath. Kirchenrecht) die Rechte, die eine höhere kirchliche Stelle einer untergeordneten überträgt. **4.** (Math.) ↑Produkt, dessen Faktoren (3) durch die Gliederung der natürlichen Zahlenreihe, von 1 beginnend, gebildet werden (z. B. 1 · 2 · 3 · 4 · 5 [geschrieben = 5!, gesprochen: 5 Fakultät])

f

fa|kul|ta|tiv ⟨*lat.-nlat.*⟩: freigestellt, wahlfrei; dem eigenen Ermessen, Belieben überlassen; Ggs. ↑obligatorisch

fal|li|bel ⟨*lat.-nlat.*⟩ (veraltet): dem Irrtum unterworfen

fal|lie|ren ⟨*lat.-it.*⟩: **1.** in Konkurs gehen. **2.** (landsch.) missraten, misslingen

Fal|lott, Fal|lot *der;* -en, -en ⟨*fr.*⟩ (österr. ugs.): Gauner, Betrüger

Fal|sa: *Plural* von ↑Falsum

Fal|sett *das;* -[e]s, -e ⟨*lat.-it.*⟩: [durch Brustresonanz verstärkte] Kopfstimme bei Männern; vgl. Fistelstimme

Fal|sett|stim|me *die;* -, -n: ↑Fistelstimme

Fal|si|fi|kat *das;* -[e]s, -e ⟨*lat.;* »Gefälschtes«⟩: Fälschung, gefälschter Gegenstand

fal|si|fi|zie|ren: 1. eine Hypothese durch empirische Beobachtung widerlegen; Ggs. ↑verifizieren (1). **2.** (veraltet) [ver]fälschen

Fals|taff *der;* -s, -s ⟨nach einer komischen Dramenfigur bei Shakespeare⟩: dicker Prahlhans, Schlemmer

Fal|sum *das;* -s, ...sa ⟨*lat.*⟩ (veraltet): Betrug, Fälschung

Fa|ma *die;* - ⟨*lat.*⟩ (bildungsspr.): etwas, was gerüchtweise über jmdn. od. etwas verbreitet, erzählt wird; Gerücht

fa|mi|li|är: a) die Familie betreffend; **b)** ungezwungen, vertraulich

Fa|mi|li|a|ri|tät *die;* -, -en ⟨*lat.*⟩: familiäres (b) Verhalten; Vertraulichkeit

Fa|mi|lie *die;* -, -n: **1. a)** Gemeinschaft aus einem Elternpaar u. mindestens einem Kind; **b)** Gruppe der nächsten Verwandten; Sippe. **2.** (Biol.) systematische Kategorie, in der näher verwandte Gattungen zusammengefasst werden

fa|mos ⟨*lat.;* »viel besprochen; berühmt; berüchtigt«⟩: **1.** (ugs.) durch seine Art beeindruckend, Gefallen, Bewunderung erweckend; großartig, prächtig, ausgezeichnet. **2.** (veraltet) berüchtigt, verrufen; vgl. Famosschrift

Fa|mos|schrift *die;* -, -en (Geschichte): Schmähschrift im Zeitalter des Humanismus u. der Reformation

Fa|mu|la *die;* -, ...lä ⟨lat.⟩: weibliche Form zu Famulus

Fa|mu|lant *der;* -en, -en ⟨*lat.*⟩: [Medizin]student, der seine Famulatur ableistet

Fa|mu|lan|tin *die;* -, -nen: weibliche Form zu ↑Famulant

Fa|mu|la|tur *die;* -, -en ⟨*lat.-nlat.*⟩: Praktikum, das ein Student im Rahmen seiner Ausbildung ableisten muss

fa|mu|lie|ren ⟨*lat.*⟩: als Student[in] das Praktikum ableisten

Fa|mu|lus *der;* -, -se u. ...li ⟨»Diener«⟩ (veraltet): **a)** ↑Famulant; **b)** studentische Hilfskraft

Fan [fɛn] *der;* -s, -s ⟨*engl.-amerik.;* Kurzw. aus *engl.* fanatic »Fanatiker«⟩: begeisterter Anhänger von jmdm. od. etwas

Fa|nal *das;* -s, -e ⟨*gr.-arab.-it.-fr.*⟩: **1.** Ereignis, Tat, Handlung als weithin erkennbares u. wirkendes, Aufmerksamkeit erregendes Zeichen, das eine Veränderung, den Aufbruch zu etwas Neuem ankündigt. **2.** (Geschichte) Feuer-, Flammenzeichen

Fan|ar|ti|kel *der;* -s, -: für die Fans eines Vereins, Stars o. Ä. produzierter ↑Artikel (3), der in Farbgebung, Design, Bebilderung o. Ä. deutlich den Bezug zum jeweiligen Idol erkennen lässt

Fa|na|ti|ker *der;* -s, - ⟨*lat.(-fr.)*⟩: jmd., der sich für eine Überzeugung, eine Idee fanatisch einsetzt, sie fanatisch verficht; Eiferer; dogmatischer Verfechter einer Überzeugung od. einer Idee; vgl. Fan

Fa|na|ti|ke|rin *die;* -, -nen: weibliche Form zu ↑Fanatiker

fa|na|tisch: sich mit ↑Fanatismus, mit einer Art Verbohrtheit, mit blindem Eifer [u. rücksichtslos] für etwas einsetzend

fa|na|ti|sie|ren ⟨*lat.-fr.*⟩: jmdn. aufhetzen, fanatisch machen

Fa|na|tis|mus *der;* -, ...men ⟨*lat.-nlat.*⟩: rigoroses, unduldsames Eintreten für eine Sache od. Idee als Ziel, das kompromisslos durchzusetzen versucht wird

Fan|club ['fɛn...] vgl. Fanklub

Fan|cy ['fænsi] *der* od. *das;* -[s] ⟨*gr.-lat.-fr.-engl.;* »Fantasie«⟩: beidseitig gerauter ↑Flanell in Leinen- od. Köperbindung (eine Webart)

Fan|dan|go *der;* -s, -s ⟨*span.*⟩: schneller spanischer Volkstanz im $^3/_4$- od. $^6/_8$-Takt mit Kastagnetten- u. Gitarrenbegleitung

Fan|fa|re *die;* -, -n ⟨*fr.*⟩: **1.** lange, einfache Trompete ohne Ventile. **2.** Trompetensignal. **3.** kurzes Musikstück [für Trompeten u. Pauken] in der Militär- u. Kunstmusik

Fan|go ['faŋgo] *der;* -s ⟨*germ.-it.*⟩: ein vulkanischer Mineralschlamm, der zu Heilzwecken verwendet wird

Fan|klub, Fan|club ['fɛn...] *der;* -s, -s: ↑Klub (a) für die Fans einer bekannten Persönlichkeit, eines [bekannten] Sportklubs o. Ä.

Fan|shop ['fɛnʃɔp] *der;* -s, -s ⟨*engl.*⟩: Laden, in dem man Artikel eines Sportklubs o. Ä. kaufen kann

Fan|ta|sia *die;* -, -s ⟨*gr.-lat.-it.*⟩: **1.** wettkampfartiges Reiterspiel [der Araber u. Berber]. **2.** it. Bez. für ↑²Fantasie

¹**Fan|ta|sie, Phan|ta|sie** *die;* -, ...ien ⟨*gr.-lat.*⟩: **1. a)** (ohne Plural) Fähigkeit, sich etwas in Gedanken auszumalen; Vorstellungs-, Einbildungskraft; **b)** Vorstellung, Einbildung; Produkt der ¹Fantasie (1 a). **2.** (nur Plural; Med.) Fieberträume; bei Bewusstseinstrübungen wahrgenommene Trugbilder

²**Fan|ta|sie** *die;* -, ...ien (Musik): Instrumentalstück mit freier, improvisationsähnlicher Gestaltung ohne formale Bindung

¹**fan|ta|sie|ren, phan|ta|sie|ren** ⟨*gr.-lat.-mlat.*⟩: **1.** sich den wiederkehrenden Bildern, Vorstellungen der ↑¹Fantasie (1 a), der Einbildungskraft hingeben; frei erfinden; erdichten, ausdenken. **2.** (Med.) in Fieberträumen irrereden

²**fan|ta|sie|ren** (Musik): frei über eine Melodie od. ein Thema musizieren; vgl. improvisieren (2 a)

Fan|tast, Phan|tast *der;* -en, -en ⟨*gr.-mlat.*⟩ (abwertend): Träumer, Schwärmer; Mensch mit überspannten Ideen

Fan|tas|te|rei, Phan|tas|te|rei *die;* -, -en: wirklichkeitsfremde Träumerei, Überspanntheit

Fan|tas|tik, Phan|tas|tik *die;* -: das Fantastische, Unwirkliche

Fan|tas|tin, Phan|tas|tin *die;* -, -nen: weibliche Form zu ↑Fantast

fan|tas|tisch, phan|tas|tisch: 1. a) auf ¹Fantasie (1 a) beruhend, nur in der Fantasie bestehend; unwirklich; **fantastische Literatur:** über den Realismus hinausgehende, durch fantastische Elemente gekennzeichnete Literatur; **b)** verstiegen, überspannt. **2.** (ugs.) unglaublich; großartig, wunderbar

Fan|ta|sy ['fæntəzi] *die;* - ⟨*engl.;* »Fantasie«⟩: Gattung von Romanen, Filmen u. a., die märchen- u. mythenhafte Traumwelten voller Magie darstellen

Fan|zine ['fɛnzi:n] *das;* -s, -s ⟨amerik. Kurzw. aus *engl.* **fan** u. maga**zine**⟩: Zeitschrift für Anhänger u. Fans bestimmter Personen od. Sachen

FAQ [ɛf|eɪ'kju:] *die;* -, -[s] ⟨Abk. für *engl.* **f**requently **a**sked **q**uestions »häufig gestellte Fragen«⟩: Zusammenstellung von Informationen zu besonders häufig gestellten Fragen, häufig auftretenden Problemen (z. B. auf einer Homepage)

Fa|rad *das;* -[s], - ⟨nach dem engl. Physiker M. Faraday, 1791–1867⟩: Einheit der elektrischen ↑Kapazität (Zeichen: F)

Fa|ra|day|kä|fig ['farade:..., auch: 'fɛrədi...] *der;* -s, -e (Physik): ↑metallene Umhüllung zur Abschirmung eines begrenzten Raumes gegen äußere ↑elektrische (1) Felder u. zum Schutz empfindlicher [Mess]geräte gegen elektrische Störungen

fa|ra|disch: in der Fügung **faradischer Strom** (Physik): unsymmetrischer, durch Unterbrecherschaltung erzeugter Wechselstrom

Far|ce ['farsə] *die;* -, -n ⟨*lat.-vulgärlat.-fr.*⟩: **1.** derbkomisches Lustspiel. **2.** abgeschmacktes Getue, billiger Scherz. **3.** (Gastron.) Füllung für Fleisch od. Fisch [aus gehacktem Fleisch]

far|cie|ren [...'si:...] (Gastron.): mit einer Farce (3) füllen

Farm *die;* -, -en ⟨*lat.-fr.-engl.*⟩: **1.** größerer landwirtschaftlicher Betrieb in angelsächsischen Ländern. **2.** Landwirtschaftsbetrieb mit Geflügel- od. Pelztierzucht

Far|mer *der;* -s, -: Besitzer einer Farm

Far|me|rin *die;* -, -nen: weibliche Form zu ↑Farmer

Fa|san *der;* -[e]s, -e[n] ⟨*gr.-lat.-fr.;* nach dem Fluss Phasis, dem antiken Namen für den russischen Fluss Rioni am Schwarzen Meer⟩: ein Hühnervogel

Fa|sa|ne|rie *die;* -, ...ien: **a)** Gartenanlage zur Aufzucht von Fasanen; **b)** (bes. im 17. u. 18. Jh.) Gebäude in einer Fasanerie (a)

Fa|sche *die;* -, -n ⟨*lat.-it.*⟩ (österr.): **1.** lange Binde zum Umwickeln verletzter Gliedmaßen o. Ä. **2.** [farblich abgesetzte] Umrandung an Fenstern u. Türen. **3.** Eisenband zum Befestigen von Angeln an einer Tür, von Haken o. Ä.

fa|schen (österr.): mit einer Fasche (1) umwickeln

Fa|schi|ne *die;* -, -n ⟨*lat.-it.-fr.*⟩: Reisiggeflecht für [Ufer]befestigungsbauten

fa|schi|sie|ren ⟨*lat.-it.*⟩: mit faschistischen Tendenzen durchsetzen

Fa|schis|mus *der;* -: **1.** (Geschichte) das von Mussolini errichtete Herrschaftssystem in Italien (1922–1945). **2.** eine nach dem Führerprinzip organisierte, nationalistische, antidemokratische, antisozialistische u. antikommunistische rechtsradikale Bewegung, Herrschaftsform

Fa|schist *der;* -en, -en: Anhänger des Faschismus

Fa|schis|tin *die;* -, -nen: weibliche Form zu ↑Faschist

fa|schis|tisch: a) den Faschismus betreffend; zum Faschismus gehörend; **b)** vom Faschismus geprägt

fa|schis|to|id: dem Faschismus ähnlich, faschistische Züge zeigend

Fa|scho *der;* -s, -s: **1.** (Jargon) ↑Faschist. **2.** mit dem ↑Neofaschismus sympathisierender, meist gewalttätiger [u. in einer Clique organisierter] Jugendlicher

Fa|shion [ˈfɛʃn̩] *die;* - ‹*lat.-fr.-engl.*›: **a)** Mode; **b)** Vornehmheit; gepflegter Lebensstil

fa|shi|o|na|bel [faʃi̯oˈna:bl̩], **fa|shio|na|ble** [ˈfɛʃənəbl̩]: modisch, elegant, vornehm

Fas|sa|de *die;* -, -n ‹*lat.-vulgärlat.-it.-fr.*›: vordere (gewöhnlich der Straße zugekehrte) Außenseite eines Gebäudes; Front, Vorderseite

[1]**Fas|son** [faˈsõ:, südd., österr. u. schweiz. meist: faˈso:n] *die;* -, -s (südd., österr. u. schweiz. meist: -en [...ˈso:nən]) ‹*lat.-fr.*›: die bestimmte Art u. Weise (des Zuschnitts, Sitzes usw.)

[2]**Fas|son** [faˈsõ:] *das;* -s, -s: ↑[1]Revers

fas|so|nie|ren: 1. in Form bringen, formen (bes. von Speisen). **2.** (österr.) die Haare im Fassonschnitt schneiden

Fas|ta|ge [...ˈta:ʒə] vgl. Fustage

Fast Food [ˈfa:stfu:d] *das;* - -[s], **Fast|food** *das;* -[s] ‹*engl.;* »schnelles Essen«›: (in bestimmten Schnellgaststätten angebotene) schnell und leicht verzehrbare kleinere Gerichte

Fas|zes [...tse:s] *die* (Plural) ‹*lat.*› (Geschichte): Rutenbündel mit Beil (Abzeichen der altrömischen Liktoren als Symbol der Amtsgewalt der römischen Magistrate u. ihres Rechts, zu züchtigen u. die Todesstrafe zu verhängen)

Fas|zi|kel *der;* -s, -: **1.** [Akten]bündel, Heft. **2.** (Med.) kleines Bündel von Muskel- od. Nervenfasern

Fas|zi|na|ti|on *die;* -, -en ‹*lat.;* »Beschreiung, Behexung«›: fesselnde Wirkung, die von einer Person od. Sache ausgeht

fas|zi|nie|ren: eine fesselnde, anziehende Wirkung auf jmdn. ausüben

Fas|zi|no|sum *das;* -s: auf seltsame, geheimnisvolle Weise Faszinierendes, Fesselndes, Anziehendes

Fa|ta *die* (Plural): **1.** Parzen. **2.** *Plural* von ↑Fatum

fa|tal ‹*lat.;* »vom Schicksal bestimmt«›: **a)** sehr unangenehm u. peinlich; Unannehmlichkeiten, Ärger verursachend; in Verlegenheit bringend; misslich; **b)** unangenehme, schlimme Folgen nach sich ziehend; verhängnisvoll, verderblich, folgenschwer

Fa|ta|lis|mus *der;* -, ...men ‹*lat.-nlat.*›: völlige Ergebenheit in die als unabänderlich hingenommene Macht des Schicksals; Schicksalsgläubigkeit

Fa|ta|list *der;* -en, -en: jmd., der sich dem Schicksal ohnmächtig ausgeliefert fühlt; Schicksalsgläubiger

Fa|ta|lis|tin *die;* -, -nen: weibliche Form zu ↑Fatalist

fa|ta|lis|tisch: sich dem Schicksal ohnmächtig ausgeliefert fühlend; schicksalsgläubig

Fa|ta|li|tät *die;* -, -en ‹*lat.-mlat.*›: Verhängnis, Missgeschick, peinliche Lage

Fa|ta Mor|ga|na *die;* - -, - ...nen u. - -s ‹*it.*›: durch Luftspiegelung hervorgerufene Sinnestäuschung, bes. in Wüstengebieten, bei der entfernte Teile einer Landschaft näher gerückt scheinen od. bei der man Wasserflächen zu sehen meint

Fat|bur|ner [ˈfætbə:nɐ] *der;* -s, -s ‹*engl.*›: Substanz, Fitnesstraining oder Diät zur effektiven Körperfettverbrennung

Fa|tum *das;* -s, ...ta ‹*lat.*›: Schicksal, Geschick, Verhängnis; vgl. Fata

Fat|wa vgl. Fetwa

Faun *der;* -[e]s, -e ‹*lat.;* nach dem altröm. Feld- u. Waldgott Faunus›: geiler, lüsterner Mensch

Fau|na *die;* -, ...nen ‹nach der altröm. Fruchtbarkeitsgöttin›: **1.** Tierwelt eines bestimmten Gebiets (z. B. eines Erdteils, eines Landes). **2.** systematische Zusammenstellung der in einem bestimmten Gebiet vorkommenden Tierarten

faute de mieux [fotdəˈmjø] ‹*fr.*›: in Ermangelung eines Besseren; im Notfall

Fau|teuil [foˈtœj] *der;* -s, -s ‹*germ.-fr.*› (österr., schweiz., sonst veraltend): Armstuhl, Lehnsessel

Fau|vis|mus [foˈvɪs...] *der;* - ‹*germ.-fr.-nlat.;* nach fr. fauves »wilde Tiere«, wie eine Gruppe Pariser Maler scherzhaft genannt wurde› (Kunstwiss.): Richtung innerhalb der französischen Malerei des frühen 20. Jh.s, die im Gegensatz zum ↑Impressionismus steht

Fau|vist *der;* -en, -en: Vertreter des Fauvismus

fau|vis|tisch: **a)** den Fauvismus betreffend, zu ihm gehörend; **b)** im Stil des Fauvismus gestaltet

Faux|pas [fo'pa] *der;* -, - [...'pas] ⟨*fr.;* »Fehltritt«⟩: Taktlosigkeit; Verstoß gegen gesellschaftliche Umgangsformen

Fa|ve|la *die;* -, -s ⟨*port.*⟩: Elendsquartier, Slum [in südamerikanischen Großstädten]

fa|vo|ri|sie|ren: **1.** begünstigen, bevorzugen. **2.** als voraussichtlichen Sieger in einem Wettbewerb ansehen, nennen; zum Favoriten erklären

Fa|vo|rit *der;* -en, -en ⟨*lat.-it.-fr.(-engl.)*⟩: **1. a)** jmd., der bevorzugt, anderen vorgezogen wird; begünstigte Person; **b)** (veraltet) Günstling, Geliebter. **2.** Teilnehmer an einem Wettbewerb mit den größten Aussichten auf den Sieg

Fax *das,* schweiz. meist: *der;* -, -e: kurz für: ↑Telefax (1)

fa|xen: ein Fax übermitteln; vgl. telefaxen

Fa|yence [fa'jã:s] *die;* -, -n ⟨*it.-fr.;* nach der it. Stadt Faenza⟩: eine mit Zinnglasur bemalte Tonware; vgl. Majolika

Fä|zes, Fae|ces ['fɛ:tse:s] *die* (nur Plural) ⟨*lat.*⟩ (Med.): Stuhl, Kot

Fa|zi|es *die;* -, - [...e:s] ⟨*lat.*⟩: **1.** (Geol.) die verschiedene Ausbildung von Sedimentgesteinen gleichen Alters; vgl. Facies. **2.** (Bot.) kleinste Einheit einer Pflanzengesellschaft

Fa|zit *das;* -s, -e u. -s ⟨*lat.;* »es macht«⟩: **1.** [Schluss]summe einer Rechnung. **2.** Ergebnis; Schlussfolgerung

Fea|ture ['fi:tʃɐ] *die;* -, -s ⟨*lat.-fr.-engl.;* »Aufmachung«⟩: **1. a)** (Fernsehen, Rundfunk) Sendung in Form eines aus Reportagen, Kommentaren u. Dialogen zusammengesetzten [Dokumentar]berichtes; **b)** zu einem aktuellen Anlass herausgegebener, besonders aufgemachter Text- od. Bildbeitrag. **2.** Hauptfilm einer Filmvorstellung. **3.** (bes. Technik) Eigenschaft (bes. eines technischen Gerätes, einer Software), die dem Anwender besondere Möglichkeiten eröffnet

fe|b|ril ⟨*lat.-nlat.*⟩ (Med.): fieberhaft, fiebrig

Fe|b|ru|ar *der;* -[s], -e ⟨*lat.;* »Reinigungsmonat«⟩: zweiter Monat des Jahres (Abk.: Febr.)

fe|cit ['fe:tsɪt] ⟨*lat.*⟩: »hat (es) gemacht« (häufige Aufschrift auf Kunstwerken hinter dem Namen des Künstlers; Abk.: f., fec.); vgl. ipse fecit

Fe|da|jin *der;* -s, - ⟨*arab.;* »die sich Opfernden«⟩: **a)** arabischer Freischärler; **b)** Angehöriger einer arabischen politischen Untergrundorganisation

Feed|back, Feed-back ['fi:dbɛk] *das;* -s, -s ⟨*engl.*⟩: **1.** (Kybernetik) zielgerichtete Steuerung eines technischen, biologischen od. sozialen Systems durch Rückmelden der Ergebnisse, wobei die Eingangsgröße durch Änderung der Ausgangsgröße beeinflusst werden kann. **2.** (bes. Fachspr.) Reaktion, die jmdm. anzeigt, dass ein bestimmtes Verhalten, eine Äußerung o. Ä. verstanden wurde; Rückmeldung, Rückkoppelung

Fee|ling ['fi:lɪŋ] *das;* -s, -s ⟨*engl.*⟩: **a)** [den ganzen Körper erfüllendes] Gefühl; **b)** Gefühl für etwas; **c)** Stimmung, Atmosphäre

Feet [fi:t]: *Plural* von ↑Foot

Fein|mo|to|rik *die;* - (Physiol., Med.): besondere, differenziertere ↑Motorik, vor allem der Finger und (im Hinblick auf die Mimik) der Gesichtsmuskulatur

Fel|la|che *der;* -n, -n ⟨*arab.*⟩: Angehöriger der Ackerbau treibenden Landbevölkerung im Vorderen Orient; vgl. Beduine

Fel|la|chin *die;* -, -nen: weibliche Form zu ↑Fellache

Fel|la|tio *die;* -, ...onen ⟨*lat.*⟩: Praxis sexueller Befriedigung, bei der der Penis mit Lippen, Zähnen u. Zunge gereizt wird; vgl. Cunnilingus

Fel|low ['fɛloʊ] *der;* -s, -s ⟨*engl.;* »Geselle, Bursche«⟩: **1. a)** (in Großbritannien) ein mit Rechten u. Pflichten ausgestattetes Mitglied eines ↑College (a); **b)** (in Großbritannien) Inhaber eines Forschungsstipendiums; **c)** (in Großbritannien) Mitglied einer wissenschaftlichen Gesellschaft. **2.** (in den USA) Student höheren Semesters

Fe|lo|nie *die;* -, ...ien ⟨*mlat.-fr.*⟩ (Geschichte): vorsätzlicher Bruch des Treueverhältnisses zwischen Lehnsherr u. Lehnsträger im Mittelalter

Fe|lu|ke *die;* -, -n ⟨*arab.-span.-fr.*⟩: **a)** zweimastiges Küstenfahrzeug des Mittelmeers mit einem dreieckigen Segel (Lateinsegel); **b)** früher verwendetes kleines Kriegsschiff in Galeerenform

Fe|mel, Fim|mel *der;* -s, - ⟨*lat.*⟩: männliche Pflanze bei Hanf u. Hopfen

fe|mi|nin: **1. a)** für die Frau charakteristisch; weiblich; **b)** das Weibliche betonend; **c)** (oft abwertend) (als Mann) nicht die charakteristischen Eigenschaften eines Mannes habend, nicht männlich, [zu] weich. **2.** ['fe:mini:n] (Sprachw.) mit weiblichem Geschlecht

Fe|mi|ni|num *das;* -s, ...na (Sprachw.): **a)** weibliches Geschlecht eines Substantivs; **b)** weibliches Substantiv (z. B. *die* Uhr) (Abk.: F., f., Fem.)

Fe|mi|nis|mus *der;* -, ...men ⟨*lat.-nlat.*⟩: **1.** (ohne Plural) Richtung der Frauenbewegung, die, von den Bedürfnissen der Frau ausgehend, eine grundlegende Veränderung der gesellschaftlichen ↑Normen (1) (z. B. der traditionellen Rollenverteilung) u. der ↑patriarchalischen Kultur anstrebt. **2.** (Biol., Med.) das Vorhandensein od. die Ausbildung weiblicher Geschlechtsmerkmale beim Mann od. bei männlichen Tieren

Fe|mi|nist *der;* -en, -en: jmd., der sich zu den Überzeugungen u. Forderungen des Feminismus (1) bekennt

Fe|mi|nis|tin *die;* -, -nen: Vertreterin des Feminismus (1)

f

fe|mi|nis|tisch: **1.** den Feminismus (1) betreffend. **2.** den Feminismus (2) betreffend

fe|misch ‹Kunstw. aus *lat.* ferrum »Eisen« u. ↑Magnesium›: reich an Eisen u. Magnesium; Ggs. ↑salisch

Femme fa|tale [famfa'tal] *die;* - -, -s -s [famfa'tal] ‹*fr.*›: Frau mit Charme u. Intellekt, die durch ihren extravaganten Lebenswandel u. ihr verführerisches Wesen ihren Partnern häufig zum Verhängnis wird

Fench *der;* -[e]s, -e, **Fen|nich** *der;* -s, -e ‹*lat.*›: eine Hirseart

Fen|chel *der;* -s ‹*lat.*›: **1.** eine Gewürz- u. Heilpflanze (Doldengewächs). **2.** ein Gemüse

Fe|nek vgl. Fennek

Fen|nek, Fe|nek *der;* -s, -s u. -e ‹*arab.*›: Wüstenfuchs

Fen|nich vgl. Fench

Fen|no|sar|ma|tia *die;* - ‹*nlat.;* aus lat. **Fenni** »Finnen« u. lat. **Sarmatia** »polnisch-russisches Tiefland«› (Geol. veraltend): Baltica

Fen|no|skan|dia *die;* - ‹aus lat. **Fenni** »Finnen« u. lat. **Scandia** »Schweden«›: **1.** zusammenfassende Bez. für die skandinavischen Länder u. Finnland. **2.** (Geol.) zusammenfassende Bez. für den Baltischen Schild u. die ↑Kaledoniden

Fe|ra|li|en *die* (Plural) ‹*lat.*› (Geschichte): öffentliche Totenfeier am Schlusstag der ↑Parentalien

Fe|ria *die;* -, ...iae [...iɛ] ‹*lat.*›: Wochentag im Gegensatz zum Sonn- u. Feiertag in der katholischen ↑Liturgie

Fe|ri|en *die* (Plural) ‹*lat.*›: **a)** mehrere zusammenhängende Tage od. Wochen dauernde, der Erholung dienende, turnusmäßig wiederkehrende Arbeitspause einer Institution (z. B. der Schule, des Parlaments); **b)** dienst-, arbeitsfreie Zeit; Urlaub

ferm vgl. firm

fer|ma|men|te ‹*lat.-it.*› (Musik): sicher, fest, kräftig (Vortragsanweisung)

Fer|ma|te *die;* -, -n ‹*lat.-it.;* »Halt, Aufenthalt«›: **1.** (Musik) **a)** Zeichen der musikalischen Notation über einer Note od. einer Pause, die dadurch auf eine nicht genau festgelegte Zeit verlängert wird (Zeichen: 𝄐); **b)** durch eine Fermate (1 a) verlängerte Note od. Pause. **2.** Dehnung der [vor]letzten Silbe eines Verses, die das metrische Schema sprengt

Fer|ment *das;* -s, -e ‹*lat.;* »Gärung; Gärstoff«› (veraltet): ↑Enzym

Fer|men|ta|ti|on *die;* -, -en ‹*lat.-nlat.*›: **1.** chemische Umwandlung von Stoffen durch Bakterien u. ↑Enzyme (Gärung). **2.** biochemisches Verarbeitungsverfahren zur Aromaentwicklung in Lebens- u. Genussmitteln (z. B. Tee, Tabak)

fer|men|ta|tiv: durch Fermente hervorgerufen

fer|men|tie|ren ‹*lat.*›: durch Fermentation (2) veredeln

Fer|mi|on *das;* -s, ...ionen ‹*nlat.;* nach dem it. Physiker E. Fermi, 1901–1954› (Physik): Elementarteilchen mit halbzahligem ↑Spin

Fer|mi|um *das;* -s: chem. Element; ein Transuran (Zeichen: Fm)

Fer|nam|buk|holz vgl. Pernambukholz

Fer|rit [auch: ...'rɪt] *der;* -s, -e (meist Plural) ‹*lat.-nlat.*›: **1.** reine, weiche, fast kohlenstofffreie Eisenkristalle (α-Eisen). **2.** einer der magnetischen (1), zur Herstellung nachrichtentechnischer Bauteile verwendeten Werkstoffe

Fer|rit|an|ten|ne *die;* -, -n: Richtantenne mit hochmagnetischem Ferritkern (z. B. in Rundfunkempfängern)

fer|ro|ma|g|ne|tisch: sich wie Eisen magnetisch verhaltend

Fer|rum *das;* -s ‹*lat.*›: Eisen; chem. Element (Zeichen: Fe)

fer|til ‹*lat.*› (Biol., Med.): fruchtbar; Ggs. ↑steril (2)

Fer|ti|li|sa|ti|on *die;* -, -en ‹*lat.-nlat.*› (Med.): Befruchtung

Fer|ti|li|tät *die;* - (Biol., Med.): Fähigkeit von Organismen, Nachkommen hervorzubringen; Fruchtbarkeit; Ggs. ↑Sterilität (2)

Fes *der;* -[es], -[e] ‹*türk.;* nach der marokkanischen Stadt›: bes. in islamischen Ländern getragene kegelstumpfförmige rote Filzkappe

fesch [österr.: fe:ʃ] ‹*engl.*›: **a)** (österr. u. ugs.) schick, schneidig, flott, elegant; **b)** (österr.) nett, freundlich

Fes|ti|val ['fɛstivl̩, ...val] *das;* -s, -s ‹*lat.-fr.-engl.(-fr.)*›: [in regelmäßigen Abständen wiederkehrende] kulturelle Großveranstaltung; Festspiele

Fes|ti|vi|tät *die;* -, -en ‹*lat.*› (ugs.): Festlichkeit

Fes|ton [fɛs'tõ:] *das;* -s, -s ‹*lat.-vulgärlat.-it.-fr.*›: **1.** Schmuckmotiv von bogenförmig durchhängenden Gewinden aus Blumen, Blättern od. Früchten an Gebäuden od. in der Buchkunst.

2. mit Zierstichen gestickter bogen- od. zackenförmiger Rand eines Stück Stoffs
fes|to|nie|ren: **1.** mit Festons (1) versehen. **2.** Stoffkanten mit Festonstich versehen
fe|tal, fö|tal ⟨*lat.*⟩ (Med.): zum ↑Fetus gehörend, den Fetus betreffend
Fe|te [auch: ˈfɛːtə] *die;* -, -n ⟨*lat.-vulgärlat.-fr.*⟩ (ugs.): kleineres Fest, Party, ausgelassene Feier
Fe|tisch *der;* -[e]s, -e ⟨*lat.-port.-fr.*⟩ (Völkerkunde): Gegenstand, dem helfende od. schützende Zauberkraft zugeschrieben wird; vgl. Amulett u. Talisman
Fe|ti|schis|mus *der;* -, ...men ⟨*nlat.*⟩: **1.** (Völkerkunde) Glaube an die magischen Kräfte, die Ausstrahlung eines Fetischs; Fetischverehrung. **2.** (Psychol.) sexuelle Neigung, bei der bestimmte Körperteile od. Gegenstände (z. B. Strümpfe, Wäschestücke), die der begehrten Person gehören, als einzige od. bevorzugte Objekte sexueller Erregung u. Befriedigung dienen
Fe|ti|schist *der;* -en, -en: **1.** (Völkerkunde) Fetischverehrer. **2.** (Psychol.) Person mit fetischistischen Neigungen
Fe|ti|schis|tin *die;* -, -nen: weibliche Form zu ↑Fetischist
fe|ti|schis|tisch: den Fetischismus betreffend
Fet|tuc|ci|ne [...ˈtʃiːnə] *die* (Plural) ⟨*it.*⟩: Bandnudeln
Fe|tus, Fö|tus *der;* - u. -ses, -se u. ...ten ⟨*lat.*⟩ (Med.): [menschliche] Leibesfrucht vom vierten Schwangerschaftsmonat an
Fet|wa, Fat|wa *das;* -s, -s ⟨*arab.*⟩: Rechtsgutachten des ↑Muftis, in dem festgestellt wird, ob eine Handlung mit den Grundsätzen des islamischen Rechts vereinbar ist
feu|dal ⟨*germ.-mlat.*⟩: **1.** das Lehnswesen betreffend. **2. a)** vornehm, herrschaftlich; **b)** reichhaltig ausgestattet
Feu|dal|herr|schaft *die;* -: ↑Feudalismus
Feu|da|lis|mus *der;* - ⟨*nlat.*⟩: **1.** auf dem Lehnsrecht aufgebaute Wirtschafts- u. Gesellschaftsform, in der alle Herrschaftsfunktionen von der über den Grundbesitz verfügenden aristokratischen Oberschicht ausgeübt werden. **2. a)** System des Lehnswesens im mittelalterlichen Europa; **b)** Zeit des Feudalismus (2 a)
feu|da|lis|tisch: zum Feudalismus gehörend
Feu|dal|sys|tem *das;* -s: ↑Feudalismus
Feuil|la|ge [fœˈjaːʒə] *die;* -, -n ⟨*lat.-vulgärlat.-fr.*⟩: geschnitztes od. gemaltes Laub- od. Blattwerk
Feuil|le|ton [fœjəˈtõː, auch: ˈfœjətõ] *das;* -s, -s ⟨»Beiblättchen«⟩: **1.** kultureller Teil einer Zeitung. **2.** literarischer Beitrag im Feuilletonteil einer Zeitung. **3.** (österr.) populärwissenschaftlicher Aufsatz [zu kulturellen Themen]; Essay
Feuil|le|to|nist *der;* -en, -en: jmd., der Feuilletons schreibt
Feuil|le|to|nis|tin *die;* -, -nen: weibliche Form zu ↑Feuilletonist
feuil|le|to|nis|tisch: **a)** das Feuilleton betreffend; **b)** im Stil eines Feuilletons geschrieben
Feuil|le|ton|stil *der;* -[e]s: unterhaltender, geistreich-witziger Stil
[1]**Fez** [feːs, auch: feːts] *der;* -[es], -[e] ⟨*türk.*⟩: ↑Fes
[2]**Fez** *der;* - ⟨*fr.*⟩ (ugs.): Spaß, Vergnügen, Ulk, Unsinn
Fi|a|ker *der;* -s, - ⟨*fr.*⟩ (österr.): **a)** [zweispännige] Pferdedroschke; **b)** Kutscher, der einen Fiaker fährt
Fi|a|le *die;* -, -n ⟨*gr.-lat.-it.*⟩ (Archit.): schlankes, spitzes Türmchen an gotischen Bauwerken, das als Bekrönung von Strebepfeilern dient
Fi|as|co *der;* -s, -s u. ...chi ⟨*germ.-it.;* »Flasche«⟩: mit Stroh umflochtene Flasche für ↑Chianti
Fi|as|ko *das;* -s, -s: **1.** Misserfolg, Reinfall. **2.** Zusammenbruch
Fi|at *das;* -s, -s ⟨*lat.*⟩ (veraltet): Zustimmung, Genehmigung
[1]**Fi|bel** *die;* -, -n ⟨*gr.-lat.*⟩: **1.** bebildertes Lesebuch für Schulanfänger. **2.** Lehrbuch, das das Grundwissen eines Fachgebietes vermittelt
[2]**Fi|bel** *die;* -, -n ⟨*lat.*⟩: frühgeschichtliche Spange od. Nadel aus Metall zum Zusammenstecken der Kleidungsstücke
Fi|ber *die;* -, -n ⟨*lat.*⟩: **1.** [Muskel]faser. **2.** (ohne Plural) künstlich hergestellter Faserstoff
Fi|b|ril|le *die;* -, -n (Med.): sehr feine Muskel- od. Nervenfaser
Fi|b|rin *das;* -s, -e (Med.): Eiweißstoff des Blutes, der bei der Blutgerinnung aus Fibrinogen entsteht
Fi|b|ro|in *das;* -s ⟨*lat.*⟩: Eiweißstoff der Naturseide
Fi|b|rom *das;* -s, -e (Med.): gutartige Geschwulst aus Bindegewebe
fi|b|rös ⟨*lat.-nlat.*⟩ (Med.): aus derbem Bindegewebe bestehend; faserreich
[1]**Fiche** [fiːʃ] *die;* -, -s ⟨*lat.-vulgärlat.-fr.*⟩: **1.** Spielmarke. **2.** (veraltet) Pflock zum Lagerabstecken
[2]**Fiche** [fiːʃ] *das* od. *der;* -s, -s ⟨*lat.-vulgärlat.-fr.-engl.*⟩: mit einer lichtempfindlichen Schicht überzogene Karte, auf der in Form fotografischer Verkleinerungen Daten von Originalen gespeichert sind, die mit speziellen Lesegeräten gelesen werden
[3]**Fi|che** [ˈfiʃ(ə)] *die;* -, -n ⟨*lat.-vulgärlat.-fr.*⟩ (schweiz.): Karteikarte

Fi|chu [fiˈʃy:] *das;* -s, -s ⟨*fr.*⟩: großes dreieckiges, auf der Brust gekreuztes Schultertuch, dessen Enden vorn od. auf dem Rücken verschlungen werden

Fi|cus *der;* -, ...ci [...tsi] ⟨*lat.*⟩: Feigenbaum (Maulbeergewächs)

Fi|de|is|mus *der;* - ⟨*lat.-nlat.*⟩: **1.** (Philos.) erkenntnistheoretische Haltung, die den Glauben als einzige Erkenntnisgrundlage betrachtet u. ihn über die Vernunft setzt. **2.** evangelisch-reformierte Lehre, nach der nicht der Glaubensinhalt, sondern nur der Glaube an sich entscheidend sei

f

fi|del ⟨*lat.;* »treu«⟩: lustig, heiter, gut gelaunt, vergnügt

Fi|del *die;* -, -n ⟨Herkunft unsicher⟩: Saiteninstrument des Mittelalters

Fi|des *die;* -: im alten Rom das Treueverhältnis zwischen ↑ [1]Patron (1) u. Klient

Fi|di|bus *der;* - u. -ses, - u. -se ⟨Herkunft unsicher⟩: Holzspan od. gefalteter Papierstreifen zum Feuer- od. Pfeifeanzünden

Fi|es|ta *die;* -, -s ⟨*lat.-span.*⟩: spanisches [Volks]fest

fif|ty-fif|ty ⟨*engl.;* »fünfzig-fünfzig«⟩ (ugs.): in den Fügungen **fifty-fifty machen:** so teilen, dass jeder die Hälfte erhält; **fifty-fifty stehen/ausgehen:** unentschieden stehen/ausgehen

Fi|ga|ro *der;* -[s], -s ⟨nach der Bühnengestalt in Beaumarchais' Lustspiel »Der Barbier von Sevilla«⟩: **a)** (scherzh.) Friseur; **b)** (selten) gewitzter, redegewandter Mann

Fight [fait] *der;* -s, -s ⟨*engl.*⟩: **a)** Kampf, Wettkampf; harte Auseinandersetzung; **b)** Boxkampf

figh|ten [ˈfaitn̩]: **a)** hart, verbissen kämpfen; **b)** (beim Boxen) ungestüm, den Schlagabtausch suchend kämpfen

Figh|ter [ˈfaitɐ] *der;* -s, -: **a)** jmd., der fightet (a); Kämpfernatur; **b)** Boxer, der den Schlagabtausch u. eine ungestüme Kampfweise bevorzugt

Figh|te|rin *die;* -, -nen: weibliche Form zu ↑ Fighter

Fi|gur *die;* -, -en ⟨*lat.-fr.*⟩: **1.** Körperform, Gestalt, äußere Erscheinung eines Menschen im Hinblick auf ihre Proportioniertheit. **2.** [künstlerische] Darstellung eines menschlichen, tierischen od. abstrakten Körpers. **3.** Spielstein, bes. beim Schachspiel. **4. a)** [geometrisches] Gebilde aus Linien od. Flächen, Umrisszeichnung o. Ä.; **b)** Abbildung, die als Illustration einem Text beigegeben ist. **5. a)** (ugs.) Persönlichkeit, Person (in ihrer Wirkung auf ihre Umgebung, auf die Gesellschaft); **b)** Person, Mensch (meist männlichen Geschlechts), Typ (z. B. an der Theke standen ein paar Figuren); **c)** handelnde Person, Gestalt in einem Werk der Dichtung. **6.** (beim Tanz, Eistanz, Kunstflug, Kunstreiten u. a.) in sich geschlossene [tänzerische] Bewegungsfolge, die Teil eines größeren Ganzen ist. **7.** (Musik) in sich geschlossene Tonfolge als schmückendes u. vielfach zugleich textausdeutendes Stilmittel. **8.** (Sprachw.) von der normalen Sprechweise abweichende sprachliche Form, die als Stilmittel eingesetzt wird; ↑ Allegorie, ↑ Anapher, ↑ Chiasmus

Fi|gu|ra *die;* - ⟨*lat.*⟩: Bild, Figur; **wie Figura zeigt** (schweiz., sonst veraltend): wie klar vor Augen liegt, wie an diesem Beispiel klar zu erkennen ist

fi|gu|ral ⟨*lat.-nlat.*⟩: mit Figuren versehen

Fi|gu|ral|mu|sik *die;* -: mehrstimmiger ↑ kontrapunktischer Tonsatz in der Kirchenmusik des Mittelalters; Ggs. ↑ gregorianischer Choral

Fi|gu|rant *der;* -en, -en ⟨*lat.*⟩: **1.** (Ballett veraltet) Gruppentänzer im Gegensatz zum Solotänzer. **2.** (Theater veraltet) Statist, stumme [Neben]rolle. **3.** Nebenperson, Lückenbüßer

Fi|gu|ra|ti|on *die;* -, -en: **1.** (Musik) Auflösung einer Melodie od. eines Akkords in rhythmische [melodisch untereinander gleichartige] Notengruppen. **2.** (Kunstwiss.) **a)** figürliche Darstellung; **b)** Formgebilde; vgl. ...ation/...ierung

fi|gu|ra|tiv: 1. a) grafisch od. als Figur wiedergebend od. wiedergegeben; **b)** (etwas Abstraktes) gegenständlich wiedergebend. **2.** (veraltend) figürlich (3)

fi|gu|rie|ren: 1. eine Rolle spielen; in Erscheinung treten. **2.** (Musik) einen Akkord mit einer Figuration versehen

Fi|gu|rie|rung *die;* -, -en: ↑ Figuration; vgl. ...ation/...ierung

fi|gür|lich ⟨*lat.; dt.*⟩: **1.** in Bezug auf die Figur (1). **2.** (Kunstwiss.) eine Figur (2), Figuren (2) darstellend. **3.** (veraltend) in einem bildlichen, übertragenen Sinn gebraucht (von Wortbedeutungen)

Fik|ti|on *die;* -, -en ⟨*lat.*⟩: **1.** etwas, was nur in der Vorstellung existiert; etwas Vorgestelltes, Erdachtes. **2.** (Philos.) bewusst gesetzte widerspruchsvolle od. falsche Annahme als methodisches Hilfsmittel bei der Lösung eines Problems

fik|ti|o|nal ⟨*lat.-nlat.*⟩: auf einer Fiktion beruhend

fik|tiv ⟨*lat.-nlat.*⟩: eingebildet, erdichtet; angenommen, auf einer Fiktion (1) beruhend

Fi|la|ment *das;* -s, -e ⟨*lat.*⟩: **1.** (Bot.) Staubfaden der Blüte. **2.** (meist Plural; Astron.) dunkles, fadenförmiges Gebilde in der ↑Chromosphäre. **3.** auf chemisch-technischem Wege erzeugte, fast endlose Faser als Bestandteil von Garnen u. Kabeln. **4.** (Biochemie) fadenförmiges Gebilde aus Proteinen in einer Zelle

File [fail] *das,* auch: *der;* -s, -s ⟨*lat.-fr.-engl.*⟩ (EDV): engl. Bez. für: Datei

Fi|let [fi'le:] *das;* -s, -s ⟨*lat.-fr.*⟩: **1.** netzartig gewirkter Stoff. **2. a)** Handarbeitstechnik, bei der ein Gitterwerk aus quadratisch verknüpften Fäden hergestellt wird; **b)** Handarbeit, die durch Filet (2 a) entstanden ist. **3. a)** Lendenstück von Schlachtvieh u. Wild; **b)** Geflügelbrust[fleisch]; **c)** entgrätetes Rückenstück bei Fischen. **4.** Abnehmerwalze an der Auflockerungsmaschine (Krempel) in der Baumwollspinnerei

fi|le|tie|ren, fi|lie|ren: aus Fleisch Filetstücke herauslösen

Fi|li|a|le *die;* -, -n ⟨*lat.-mlat.-fr.*⟩: Zweiggeschäft eines Unternehmens

Fi|li|al|ge|mein|de *die;* -, -n: Gemeinde einer Filialkirche

Fi|li|al|ge|ne|ra|ti|on *die;* -, -en (Genetik): direkte Nachkommen eines Elternpaares bzw. eines sich durch ↑Parthenogenese (2) fortpflanzenden Lebewesens

Fi|li|a|list *der;* -en, -en: **1.** (Wirtsch.) Leiter einer Filiale. **2.** Seelsorger einer Filialgemeinde

Fi|li|a|lis|tin *die;* -, -nen: weibliche Form zu ↑Filialist

Fi|li|al|kir|che *die;* -, -n: von der Pfarrkirche der Hauptgemeinde aus betreute Kirche mit einer Filialgemeinde

Fi|li|a|ti|on *die;* -, -en ⟨*lat.-nlat.*⟩: **1.** (Geneal.) [Nachweis der] Abstammung einer Person von einer anderen. **2.** (Rechtswiss.) legitime Abstammung eines Kindes von seinen Eltern. **3.** (Politik) Gliederung des Staatshaushaltsplanes. **4.** (Geschichte) Verhältnis von Mutter- u. Tochterkloster im Ordenswesen des Mittelalters

fi|lie|ren ⟨*lat.-fr.*⟩: **1.** ein ↑Filet (2 b) anfertigen. **2.** vgl. filetieren. **3.** Karten beim Kartenspielen unterschlagen

fi|li|g|ran ⟨*lat.-it.*⟩: aus Filigran bestehend; filigranähnliche Formen aufweisend; sehr fein, feingliedrig

Fi|li|g|ran *das;* -s, -e, **Fi|li|g|ran|ar|beit** *die;* -, -en: Goldschmiedearbeit aus feinem Gold-, Silber- od. versilbertem Kupferdraht

Fi|li|g|ran|glas *das;* -es: durch eingeschmolzene, Gitter u. Muster bildende weiße Glasfäden verziertes Kunstglas; Fadenglas

Fi|li|us *der;* -, ...lii u. -se ⟨*lat.*⟩ (scherzh.): Sohn

Fil|mo|thek *die;* -, -en ⟨*germ.-engl.; gr.*⟩: ↑Kinemathek

Fi|lou [fi'lu:] *der,* auch: *das;* -s, -s ⟨*engl.-fr.*⟩ (scherzh.): jmd., der andere mit Schläue, Raffinesse [in harmloser Weise] zu übervorteilen versteht

Fil|t|rat *das;* -[e]s, -e ⟨*mlat.*⟩: die bei der Filtration anfallende geklärte Flüssigkeit

Fil|t|ra|ti|on *die;* -, -en: Verfahren zum Trennen von festen Stoffen u. Flüssigkeiten

fil|t|rie|ren ⟨*germ.-mlat.*⟩: eine Flüssigkeit od. ein Gas von darin enthaltenen Bestandteilen mithilfe eines Filters trennen; filtern

Fim|mel usw. vgl. Femel usw.

fi|nal ⟨*lat.*⟩: **1.** das Ende, den Schluss von etwas bildend. **2.** (Sprachw., Rechtswiss.) die Absicht, den Zweck betreffend, bestimmend od. kennzeichnend; **finale Konjunktion** (Sprachw.): den Zweck, die Absicht angebendes Bindewort (z. B. damit)

¹Fi|nal *der;* -s, -s (schweiz.): Finale (2)

²Fi|nal ['fainl] *das;* -s, -s ⟨*lat.-engl.*⟩: engl. Bezeichnung für: Finale (2)

Fi|na|le *das;* -s, - ⟨*lat.-it.(-fr.)*⟩: **1.** glanzvoller, aufsehenerregender Abschluss von etwas; Ende, Schlussteil. **2. a)** Endkampf, Endspiel, Endrunde eines aus mehreren Teilen bestehenden sportlichen Wettbewerbs; **b)** Endspurt. **3.** (Musik) **a)** letzter (meist der vierte) Satz eines größeren Instrumentalwerkes; **b)** Schlussszene der einzelnen Akte eines musikalischen Bühnenwerkes

Fi|na|list *der;* -en, -en ⟨*lat.-it.-fr.*⟩: Teilnehmer an einem Finale (2 a)

Fi|na|lis|tin *die;* -, -nen: weibliche Form zu ↑Finalist

Fi|na|li|tät *die;* -, -en ⟨*lat.*⟩: Bestimmung eines Geschehens od. einer Handlung nicht durch ihre Ursachen, sondern durch ihren Zweck; Zweckbestimmtheit; Ggs. ↑Kausalität

Fi|nal|satz *der;* -es, ...sätze (Sprachw.): Gliedsatz, der die Absicht, den Zweck eines Verhaltens angibt; Zwecksatz

Fi|nan|ci|er [...nã'sie:] vgl. Financier

Fi|nanz *die;* - ⟨*lat.-mlat.-fr.*⟩: **1.** Finanz-, Geldwesen. **2.** Gesamtheit der Fachleute des Bank- u. Geldwesens; Hochfinanz. **3.** (österr. ugs.) Finanzamt

Fi|nan|zen *die* (Plural): **1.** Finanz-, Geldwesen. **2.** Einkünfte od. Vermögen des Staates, eines Landes, einer Körperschaft des öffentlichen Rechts u. Ä. **3.** (ugs.) Geld, das jmd. zur Verfügung hat

fi|nan|zi|ell ‹französierende Bildung›: geldlich, wirtschaftlich

Fi|nan|zi|er [...ˈtsi̯eː], **Fi|nan|ci|er** [...nãˈsi̯eː] *der;* -s, -s ‹*lat.-mlat.-fr.*›: jmd., der über ein Vermögen verfügt u. damit bestimmte Dinge finanziert

fi|nan|zie|ren: **1.** die finanziellen Mittel für etwas, jmdn. zur Verfügung stellen. **2. a)** mithilfe eines Kredits kaufen, bezahlen; **b)** einen Kredit aufnehmen

f

Fin|ca *die;* -, -s ‹*span.*›: Landhaus mit Garten; in Südamerika auch Landgut, ↑Hazienda

Fin de Si|è|c|le [fɛ̃dˈsi̯ɛkl] *das;* - - - ‹*fr.;* »Jahrhundertende«; nach dem gleichnamigen Lustspiel von Jouvenot u. Micard, 1888›: Bezeichnung für die Zeit des ausgehenden 19. Jh.s, die in Gesellschaft, bildender Kunst u. Literatur ausgeprägte Verfallserscheinungen wie Überfeinerung u. Ä. aufwies

Fines Herbes [fiːn ˈzɛrp] *die* (Plural) ‹*fr.;* »feine Kräuter«› (Gastron.): fein gehackte Kräuter [mit Champignons od. Trüffeln]

Fi|nes|se *die;* -, -n ‹*lat.-fr.*›: **1. a)** (meist Plural) Kunstgriff, Trick, besondere Technik in der Arbeitsweise; **b)** Schlauheit, Durchtriebenheit. **2.** (meist Plural) [dem neuesten Stand der Technik entsprechende] Besonderheit, Feinheit in der Beschaffenheit. **3.** (ohne Plural) reiches ↑Bukett (2) (von Weinen)

fin|gie|ren ‹*lat.*›: in einer bestimmten Absicht vorspiegeln, vortäuschen; erdichten

Fi|nis *das;* -, - ‹*lat.;* »Ende«›: **1.** (veraltet) Schlussvermerk in Druckwerken. **2.** (ohne Artikel, ohne Plural) Schluss, Ende

Fi|nish [ˈfɪnɪʃ] *das;* -s, -s ‹*lat.-fr.-engl.*›: **1.** letzter Arbeitsgang, der einem Produkt die endgültige Form gibt; letzter Schliff, Vollendung. **2.** Endkampf, Endspurt; letzte entscheidende Phase eines sportlichen Wettkampfs

Fi|nis|sa|ge [...ˈsaːʒə] *die;* -, -n ‹*fr.*›: Veranstaltung zur Beendigung einer Kunstausstellung, Schließung einer Galerie o. Ä.

fi|nit ‹*lat.*› (Sprachw.): bestimmt; **finite Form:** in Person u. Zahl bestimmte Verbform im Unterschied zum Infinitiv u. Partizip

fin|nisch-ug|risch: die Sprachfamilie betreffend, deren Sprecher heute auf der finnischen Halbinsel, im nordwestlichen Sibirien u. in der ungarischen Steppe beheimatet sind

Finn|mark *die;* -, - ‹*schwed.*›: frühere finnische Währungseinheit (Abk.: Fmk); vgl. Markka

fin|no|ug|risch vgl. finnisch-ugrisch

Fin|te *die;* -, -n ‹*lat.-it.*›: **1.** Vorwand, Täuschung, Scheinmanöver. **2. a)** Scheinhieb beim Boxen; Scheinhieb od. -stoß beim Fechten; **b)** angedeuteter Griff beim Ringen, der den Gegner täuschen soll

Fire|wall [ˈfai̯ɐwɔːl] *die;* -, -s u. *der;* -s, -s ‹*engl.;* eigtl. »Brandmauer«› (EDV): Sicherungssystem, das ein Netzwerk od. einen einzelnen Computer vor unerwünschtem Zugriff schützt

Fir|le|fanz *der;* -es, -e ‹Herkunft unsicher› (ugs. abwertend): **1.** überflüssiges od. wertloses Zeug; Tand, Flitter. **2.** Unsinn, törichtes Zeug, Gerede, Gebaren. **3.** (selten) jmd., der nur Torheiten im Sinn hat, mit dem nicht viel anzufangen ist

firm ‹*lat.*›, österr. auch: **ferm** ‹*lat.-it.*›: **in etwas firm sein:** [in einem bestimmten Fachgebiet, Bereich] sicher, sattelfest, beschlagen sein

Fir|ma *die;* -, ...men ‹*lat.-it.*›: **1. a)** kaufmännischer Betrieb, gewerbliches Unternehmen; **b)** (Wirtsch.) der ins Handelsregister eingetragene Name eines Unternehmens, Geschäfts o. Ä. (Abk.: Fa.). **2.** (ugs. abwertend) Sippschaft, Gesellschaft

Fir|ma|ment *das;* -[e]s ‹*lat.*›: der sichtbare Himmel, das Himmelsgewölbe

fir|men: jmdm. die Firmung erteilen

fir|mie|ren ‹*lat.-it.*›: (von Firmen o. Ä.) unter einem bestimmten Namen bestehen, einen bestimmten Namen führen [u. mit diesem unterzeichnen]

Fir|mung *die;* -, -en: vom Bischof durch Salbung u. Handauflegen vollzogenes katholisches ↑Sakrament (a), das der Kräftigung im Glauben dienen soll

Fir|nis *der;* -ses, -se ‹*fr.*›: schnell trocknendes, farbloses Öl, das als Schutzanstrich auf etwas aufgetragen wird

first class [ˈfəːst ˈklaːs] ‹*engl.*›: der ersten Klasse, Spitzenklasse zugehörend, von hohem Standard

First-Class-Ho|tel *das;* -s, -s: Hotel von gehobenem Standard; Luxushotel

First La|dy [ˈfəːst ˈleɪdi] *die;* - -, - Ladies ‹*engl.*›: Frau eines Staatsoberhauptes

fis|ka|lisch: den Staat als Verwalter des Staatsvermögens betreffend

Fis|kus *der;* -, ...ken u. -se (Plural selten) ‹*lat.;* »Korb; Geldkorb«›: der Staat als Eigentümer des Staatsvermögens; Staatskasse

Fis|sur *die;* -, -en ‹*lat.*› (Med.): **1.** Riss, Schrunde, bes. der unelastisch gewordenen Haut od. Schleimhaut. **2.** Knochenriss

Fis|tel *die;* -, -n ‹*lat.;* »Röhre«›: **1.** (Med.) durch Gewebszerfall entstandener od. operativ angelegter röhrenförmiger Kanal, der ein Organ mit der Körperoberfläche od. einem anderen Organ verbindet. **2.** ↑Fistelstimme

Fis|tel|stim|me *die;* -, -n ⟨*lat.; dt.*⟩: **1.** (Musik) die männliche Kopfstimme ohne Brustresonanz. **2.** unangenehm hohe Sprechstimme bei Männern

fit ⟨*engl.-amerik.*⟩: **1.** in guter körperlicher Verfassung, sportlich durchtrainiert. **2.** leistungsfähig, kompetent, tüchtig

Fit|ness *die;* -: gute körperliche Verfassung, Leistungsfähigkeit (aufgrund eines planmäßigen sportlichen Trainings)

Fit|ness|cen|ter *das;* -s, -: mit Sportgeräten ausgestattete Einrichtung zur Erhaltung od. Verbesserung der körperlichen Leistungsfähigkeit

Fit|ness|stu|dio, Fit|ness-Stu|dio *das;* -s, -s: ↑Fitnesscenter

Fit|ness|trai|ning *das;* -s, -s: sportliches Training zur Erhaltung od. Verbesserung der körperlichen Leistungsfähigkeit

fit|ten: 1. (Technik) anpassen. **2.** (Schiffbau) einen Kiel auf Unebenheiten hin abtasten

Five o'Clock ['faivə'klɔk] *der;* - -, - -s ⟨*engl.*⟩: Kurzform von ↑Five o'Clock Tea

Five o'Clock Tea [- - 'ti:] *der;* - - -, - - -s: Fünfuhrtee

fix ⟨*lat.;* »angeheftet, fest«⟩: **1.** fest, feststehend; **fixe Idee:** Zwangsvorstellung. **2.** (ugs.) **a)** geschickt, anstellig, gewandt, pfiffig; **b)** flink, schnell

fi|xen ⟨*lat.-fr.-engl.*⟩: **1.** (Börsenw.) ein Spekulationsgeschäft tätigen in der Weise, dass man Papiere verkauft, die man noch nicht besitzt, von denen man aber hofft, sie vor dem Termin der Vertragserfüllung billiger, als man sie verkauft hat, zu bekommen. **2.** (Jargon) dem Körper durch Injektionen Rauschmittel zuführen

Fi|xer *der;* -s, -: **1.** Börsenspekulant, der auf eine erwartete Baisse hin Geschäfte tätigt. **2.** (Jargon) jmd., der harte Drogen (z. B. Opium od. Heroin) spritzt

Fi|xe|rin *die;* -, -nen: weibliche Form zu ↑Fixer

fi|xie|ren ⟨*lat.-(fr.)*⟩: **1. a)** schriftlich niederlegen, in Wort od. Bild dokumentarisch festhalten; **b)** [schriftlich] festlegen, formulieren; verbindlich bestimmen. **2. a)** an einer Stelle befestigen, festmachen, -heften; **b)** (Gewichtheben) das Gewicht mit gestreckten Armen über dem Kopf halten u. damit die Beherrschung des Gewichts demonstrieren; **c)** (Ringen) den Gegner so festhalten, dass er sich nicht befreien kann. **3.** (Psychol., Verhaltensforschung) sich emotional an jmdn., etwas binden. **4. a)** die Augen fest auf ein Objekt richten, heften [um es genau zu erkennen]; **b)** in für den Betroffenen unangenehmer, irritierender Weise mit starrem Blick unverwandt ansehen, anstarren, mustern. **5.** (Fachspr.) **a)** (fotografisches Material) im Fixierbad lichtbeständig machen; **b)** etwas mit einem Fixativ behandeln; **c)** (pflanzliche od. organische Gewebeteile) zum Zwecke mikroskopischer Untersuchung o. Ä. mit geeigneten Stoffen haltbar machen

Fi|xie|rung *die;* -, -en: **1.** das Fixieren, Fixiertwerden. **2.** Vorrichtung zur Befestigung von etwas

Fix|punkt *der;* -[e]s, -e: fester Bezugspunkt für eine Messung, Beobachtung o. Ä.

Fix|stern *der;* -[e]s, -e (Astron.): scheinbar unbeweglicher u. seine Lage zu anderen Sternen nicht verändernder, selbst leuchtender Stern

Fi|xum *das;* -s, ...xa ⟨*lat.*⟩: festes Gehalt, festes Einkommen

Fizz [fɪs] *der;* -[es], -e ⟨*engl.*⟩: alkoholisches Mischgetränk mit Früchten od. Fruchtsäften

Fjäll *der* od. *das;* -s, -s ⟨*schwed.*⟩, **Fjell** *der;* -s, -s ⟨*norw.*⟩: weite, baumlose Hochfläche in Skandinavien oberhalb der Waldgrenze

Fjeld *der;* -[e]s, -s ⟨*norw.*⟩ (veraltet): Fjell

Fjell vgl. Fjäll

Fjord *der;* -[e]s, -e ⟨*skand.*⟩: [an einer Steilküste] tief ins Landinnere hineinreichender, lang gestreckter Meeresarm

Fla|gel|lant *der;* -en, -en (meist Plural) ⟨*lat.;* »Geißler«⟩: **1.** (Geschichte) (im Mittelalter) Angehöriger religiöser Bruderschaften, die durch Selbstgeißelung Sündenvergebung erreichen wollen. **2.** (Med., Psychol.) Mensch, der in Züchtigung u. Geißelung sexuelle Erregung u. Befriedigung sucht

Fla|gel|lat *der;* -en, -en (meist Plural) ⟨*lat.*⟩ (Biol.): Einzeller mit einer od. mehreren Fortbewegungsgeißeln am Vorderende; Geißeltierchen

Fla|gel|le vgl. Flagellum

Fla|gel|lum *das;* -s, ...llen, **Fla|gel|le** *die;* -, -n ⟨*lat.*⟩: **1.** Fortbewegungsorgan vieler einzelliger Tiere u. Pflanzen. **2.** Riemen- od. Strickpeitsche eines Flagellanten (2)

Fla|geo|lett [flaʒo'lɛt] *das;* -s, -e od. -s ⟨*lat.-vulgärlat.-fr.*⟩ (Musik): **1.** besonders hohe Flöte, kleinster Typ der Schnabelflöte. **2.** Flötenton bei Streichinstrumenten u. Harfen. **3.** Flötenregister der Orgel

fla|g|rant ⟨*lat.-fr.*⟩: deutlich u. offenkundig [im Gegensatz zu etwas stehend], ins Auge fallend; vgl. in flagranti

Flag|ship-Store, Flag|ship|store ['flægʃɪpstɔ:] *der;* -s, -s ⟨*engl.*⟩: repräsentatives Geschäft einer

Kette, das durch Produkte, Design und Service die Philosophie der Marke vermitteln soll

Flair [flɛːɐ̯] *das;* -s ⟨*lat.-fr.*⟩: **1.** die einen Menschen od. eine Sache umgebende, als positiv empfundene persönliche Note, Atmosphäre, Fluidum. **2.** (bes. schweiz.) feiner Instinkt, Gespür

Fla|kon [flaˈkõː] *der* od. *das;* -s, -s ⟨*germ.-galloroman.-fr.*⟩: Glasfläschchen mit Stöpsel [zum Aufbewahren von Parfüm]

Flam|beau [flãˈboː] *der;* -s, -s ⟨*lat.-fr.*⟩: **a)** Fackel; **b)** mehrarmiger Leuchter mit hohem Fuß

flam|bie|ren: **1.** Speisen (z. B. Früchte, Eis o. Ä.) zur Geschmacksverfeinerung mit Alkohol übergießen, anzünden (u. brennend auftragen). **2.** (veraltet) absengen, abflammen

Fla|men|co *der;* -[s], -s ⟨*span.*⟩: **a)** andalusisches [Tanz]lied; **b)** stark rhythmisch bewegter Solo- od. Paartanz, der auf den Flamenco (a) getanzt wird

Fla|nell *der;* -s, -e ⟨*kelt.-engl.-fr.*⟩: [gestreiftes od. bedrucktes] gerautes Gewebe in Leinen- od. Köperbindung für Wäsche od. Oberbekleidung

Fla|neur [flaˈnøːɐ̯] *der;* -s, -e ⟨*altisländ.-fr.*⟩: jmd., der flaniert

fla|nie|ren: ohne bestimmtes Ziel langsam spazieren gehen

flan|kie|ren ⟨*germ.-fr.*⟩: zu beiden Seiten von etwas, jmdm. stehen, gehen; [schützend] begleiten; **flankierende Maßnahme:** zusätzliche, unterstützende Maßnahme zu einem Gesetz, einer politischen Entscheidung o. Ä.

fla|shen [ˈ...n̩] ⟨*engl.*⟩: **1.** (ugs.) begeistern. **2.** (EDV) ROM-gespeicherte Software überschreiben

Flash|mob [ˈflɛʃmɔp] *der;* -s, -s ⟨*engl.*⟩: **1.** kurze, überraschende öffentliche Aktion einer größeren Menschenmenge, die sich anonym, per moderner Telekommunikation dazu verabredet hat. **2.** sich zu einem Flashmob (1) zusammenfindende Menschenmenge

Flat|rate [ˈflɛtreɪt] *die;* -, -s, **Flat Rate** *die;* - -, - -s ⟨*engl.*⟩: monatlicher Pauschalpreis für eine nicht limitierte Nutzung von Internet und/oder Telefon

Fleece [fliːs] *das;* - ⟨*engl.*⟩: synthetisch hergestellter flauschiger Stoff mit gerauter Oberfläche

flek|tie|ren ⟨*lat.*⟩: ein Wort in seinen grammatischen Formen abwandeln, beugen; ↑deklinieren od. ↑konjugieren; **flektierende Sprache** (Sprachw.): Sprache, die die Beziehungen der Wörter im Satz zumeist durch ↑Flexion der Wörter ausdrückt; Ggs. ↑agglutinierende Sprache u. ↑isolierende Sprache

Fleur [fløːɐ̯] *die;* -, -s ⟨*lat.-fr.;* »Blume, Blüte«⟩: das Beste von etwas, Zierde, Glanz

Fleu|ret [fløˈreː] vgl. Florett

fle|xi|bel ⟨*lat.*⟩: **1.** biegsam, elastisch. **2.** beweglich, anpassungsfähig, geschmeidig. **3.** (Sprachw.) beugbar (von einem Wort, das man flektieren kann)

Fle|xi|bi|li|tät *die;* -: **1.** Biegsamkeit. **2.** Fähigkeit des Menschen, sich wechselnden Situationen rasch anzupassen

Fle|xi|on *die;* -, -en: **1.** (Sprachw.) ↑Deklination od. ↑Konjugation eines Wortes. **2.** (Med.) Beugung, Abknickung von Körperorganen. **3.** ↑Flexur (2)

fle|xi|visch ⟨*lat.-nlat.*⟩ (Sprachw.): die Flexion (1) betreffend, Flexion zeigend

Fle|xur *die;* -, -en ⟨*lat.*⟩: **1.** (Med.) Biegung, gebogener Abschnitt eines Organs. **2.** (Geol.) bruchlose Verbiegung von Gesteinsschichten

Flic *der;* -s, -s ⟨*fr.*⟩ (ugs.): fr. Bez. für: Polizist

Flick|flack *der;* -s, -s ⟨*fr.;* »klipp, klapp«⟩ (Sport): [in schneller Folge geturnter] Handstandüberschlag

Flip *der;* -s, -s ⟨*engl.*⟩: **1.** alkoholisches Mischgetränk mit Ei. **2.** ein Drehsprung im Eiskunstlauf

Flip|chart, **Flip-Chart** [...tʃart] *das;* -s, -s od. *die;* -, -s: auf einem Gestell befestigter großer Papierblock, dessen Blätter nach oben umgeschlagen werden können

Flip|flop *das;* -s, -s, **Flip|flop|schal|tung** *die;* -, -en ⟨*engl.; dt.*⟩: Kippschaltung in elektronischen Geräten

Flip|flops® *die* (Plural) ⟨*engl.*⟩ (ugs.): badeschuhähnliche Sandalen

Flip|per *der;* -s, - ⟨*engl.*⟩: Spielautomat, bei dem man eine Kugel möglichst lange auf dem abschüssigen Spielfeld halten muss

flip|pern: an einem Flipper spielen

Flirt [flœrt, auch: flɪrt] *der;* -s, -s ⟨*engl.*⟩: **1.** Bekundung von Zuneigung durch das Verhalten, durch Blicke u. Worte in scherzender, verspielter Form. **2.** unverbindliches Liebesabenteuer, Liebelei

flir|ten [ˈflœrtn̩, auch: ˈflɪrtn̩]: jmdm. durch sein Verhalten, durch Blicke u. Worte scherzend u. verspielt seine Zuneigung zu erkennen geben; in netter, harmloser Form ein Liebesverhältnis anzubahnen suchen

Float [floʊt] *der;* -s, -s ⟨*engl.*⟩: Summe der von Konten abgebuchten, aber noch nicht gutgeschriebenen Zahlungen im bargeldlosen Zahlungsverkehr

Floa|ting *das;* -s: durch die Freigabe des Wechselkurses eingeleitetes Schwanken des Außenwertes einer Währung in einem System fester Wechselkurse

Floor [flɔ:] *der;* -s, -s ‹*engl.*›: **1.** (an Produktenbörsen) abgegrenzter Raum, in dem sich die Makler zur Abwicklung von Termingeschäften zusammenfinden. **2.** (Börsenw.) vereinbarter Mindestzins bei zinsvariablen Anleihen. **3.** Tanzboden, Dancefloor (1)

Flop *der;* -s, -s ‹*engl.*›: **1.** Kurzform von ↑Fosburyflop (b). **2.** Angelegenheit od. Sache, die keinen Anklang findet u. deshalb nicht den erwarteten [finanziellen] Erfolg bringt

flop|pen: **1.** im Fosburyflop springen. **2.** ein Misserfolg, Flop sein

Flop|py Disk, **Flop|py Disc** *die;* - -, - -s: beidseitig beschichtete, als Datenspeicher dienende Magnetplatte; Diskette

[1]**Flor** *der;* -s, -e ‹*lat.*›: **1. a)** Blumen-, Blütenfülle, Blütenpracht; **b)** Menge blühender [schöner] Blumen [der gleichen Art]; Fülle von Blüten [einer Pflanze]. **2.** Wohlstand, Gedeihen

[2]**Flor** *der;* -s, -e, selten: Flöre ‹*lat.-provenzal.-fr.-niederl.*›: **1. a)** feines, zartes, durchsichtiges Gewebe; **b)** Trauerflor; schwarzes Band, das als Zeichen der Trauer am Ärmel od. Rockaufschlag getragen wird. **2.** aufrecht stehende Faserenden bei Samt, Plüsch u. Teppichen

Flo|ra *die;* -, ...ren ‹*lat.;* nach der altitalischen Frühlingsgöttin›: **1. a)** Pflanzenwelt eines bestimmten Gebietes; **b)** Bestimmungsbuch für die Pflanzen eines bestimmten Gebietes. **2.** (Med.) Gesamtheit der natürlich vorkommenden Bakterien in einem Körperorgan (z. B. Darmflora)

flo|ral: **a)** mit Blumen, geblümt; **b)** Blüten betreffend, darstellend

Flo|rett *das;* -s, -e, **Fleu|ret** [flø're:] *das;* -s, -s ‹*lat.-it.-fr.*›: Stoßwaffe zum Fechten

flo|rie|ren ‹*lat.*›: sich [geschäftlich] günstig entwickeln, gedeihen

Flo|rist *der;* -en, -en ‹*lat.-nlat.*›: **1.** Kenner u. Erforscher der ↑Flora (1 a). **2.** Blumenbinder (Berufsbez.)

Flo|ris|tin *die;* -, -nen: weibliche Form zu ↑Florist

Flos|kel *die;* -, -n ‹*lat.;* »Blümchen«›: nichtssagende Redensart, formelhafte Redewendung

Flot|te *die;* -, -n ‹*germ.-roman.*›: **1. a)** Gesamtheit der Schiffe eines Staates (Handels- od. Kriegsflotte); **b)** größerer [Kriegs]schiffsverband. **2.** Flüssigkeit, in der Textilien gebleicht, gefärbt od. imprägniert werden

flot|tie|ren: **1.** schwimmen, schweben, schwanken. **2.** sich verwickeln (von Kettfäden in der Weberei); **flottierender Faden:** im Gewebe freiliegender Kett- od. Schussfaden; **flottierende Schuld** (Rechtswiss.): schwebende, nicht fundierte Schuld

flu|id ‹*lat.*› (Chemie): flüssig, fließend

Flu|id *das;* -s, -s, **Flu|id** *das;* -s, -e: **1.** (Chemie, Kosmetik) flüssiges Mittel, Flüssigkeit. **2.** (Technik) Getriebeflüssigkeit, die Druckkräfte übertragen kann; Flud. **3.** (Strömungslehre) zusammenfassende Bez. für Flüssigkeiten, Gase und Plasmen (3)

Flu|i|dum *das;* -s, ...da ‹*lat.*›: besondere von einer Person od. Sache ausgehende Wirkung, die eine bestimmte [geistige] Atmosphäre schafft

Fluk|tu|a|ti|on *die;* -, -en: **1.** Schwanken, Schwankung, Wechsel. **2.** (Med.) das mit dem Finger spürbare Schwappen einer Flüssigkeitsansammlung unter der Haut

fluk|tu|ie|ren: **1.** schnell wechseln, schwanken. **2.** hin u. her schwappen (von abgekapselten Körperflüssigkeiten)

Flu|or *das;* -s ‹*lat.*›: chem. Element; ein Nichtmetall (Zeichen: F)

Flu|o|res|zenz *die;* -: Eigenschaft bestimmter Stoffe, bei Bestrahlung durch Licht-, Röntgen- od. Kathodenstrahlen selbst zu leuchten

flu|o|res|zie|ren: bei Bestrahlung (z. B. mit Licht) aufleuchten (von Stoffen)

Flu|o|rid *das;* -[e]s, -e: Salz der Fluorwasserstoffsäure

flu|o|ri|die|ren, flu|o|rie|ren: **a)** (Chemie) Fluor in chemische Verbindungen einführen; **b)** etwas mit Fluor anreichern (z. B. Trinkwasser)

Flu|o|rit [auch: ...'rɪt] *der;* -s, -e: ein Mineral (Flussspat)

flu|vi|al, flu|vi|a|til ‹*lat.*› (Geol.): von fließendem Wasser abgetragen od. abgelagert

Fly|er ['flai̯ɐ] *der;* -s, - ‹*engl.*›: **1.** Vorspinn-, Flügelspinnmaschine. **2.** Arbeiter an einer Vorspinnmaschine. **3.** (Jargon) Handzettel

Fly|e|rin *die;* -, -nen: weibliche Form zu ↑Flyer (2)

Fly|ing Dutch|man ['flai̯ɪŋ 'dat͡ʃmən] *der;* - -, - ...men ‹*engl.;* »fliegender Holländer«›: von zwei Personen zu segelndes Boot für den Rennsegelsport

Fly-over, **Fly|over** [flai̯'lo:vɐ] *der;* -s, -s: Straßenüberführung

fob, f. o. b. = free on board

Fob|klau|sel *die;* -, -n: Klausel (1), die in der Bestimmung ↑fob besteht

fö|de|ral ‹*lat.-fr.*›: ↑föderativ

Fö|de|ra|lis|mus *der;* -: das Streben nach Errichtung od. Erhaltung eines Bundesstaates mit weitgehender Eigenständigkeit der Einzelstaaten; Ggs. ↑Zentralismus

Fö|de|ra|list *der;* -en, -en: Anhänger des Föderalismus

Fö|de|ra|lis|tin *die;* -, -nen: weibliche Form zu ↑Föderalist

fö|de|ra|lis|tisch: den Föderalismus erstrebend, fördernd, erhaltend

Fö|de|ra|ti|on *die;* -, -en ‹*lat.*›: **a)** Verband; **b)** Verbindung, Bündnis [von Staaten]

f

fö|de|ra|tiv ‹*lat.-fr.*›: bundesmäßig

fo|kal ‹*lat.-nlat.*›: **1.** (Physik) den Brennpunkt betreffend, Brenn... **2.** (Med.) von einem infektiösen Krankheitsherd ausgehend, ihn betreffend

Fo|kus *der;* -, -se ‹*lat.*›: **1.** (Physik) Brennpunkt. **2.** (Med.) Streuherd einer Infektion

fo|kus|sie|ren: 1. a) (Physik) optische Linsen ausrichten; **b)** etwas (z. B. Lichtstrahlen) auf einen zentralen Punkt richten. **2.** Strahlen, die aus geladenen Teilchen bestehen, durch geeignete elektrische od. magnetische Felder sammeln

Fol|der [ˈfoʊldɐ] *der;* -s, - ‹*germ.-engl.*› (bes. Werbespr.): Faltblatt, Faltprospekt

Fo|li|ant *der;* -en, -en ‹*lat.-nlat.*›: **1.** (ugs.) großes, unhandliches [altes] Buch. **2.** Buch im Folioformat; vgl. Folio (1)

Fo|lie [...i̯ə] *die;* -, -n ‹*lat.-vulgärlat.*›: **1.** aus Metall od. Kunststoff in Bahnen hergestelltes, sehr dünnes Material zum Bekleben od. Verpacken. **2.** (Druckw.) auf einer dünnen Haut aufgebrachte u. auf Buchdecken aufgepresste Farbschicht. **3.** Hintergrund (von dem sich etwas abhebt)

fo|li|ie|ren ‹*lat.-nlat.*›: **1.** die Blätter eines Druckbogens nummerieren. **2.** etwas mit einer Folie unterlegen. **3.** (Wirtsch.) gegenüberliegende Bogenseiten gleich beziffern (in Geschäftsbüchern)

Fo|lin|säu|re vgl. Folsäure

Fo|lio *das;* -s, ...ien u. -s ‹*lat.*›: **1.** (veraltet) Buchformat in der Größe eines halben Bogens (gewöhnlich mehr als 35 cm; Abk.: Fol., fol.; Zeichen: 2°). **2.** Doppelseite des Geschäftsbuches

Fo|li|um *das;* -s, ...ia u. ...ien (meist Plural) (Pharm.): bes. als Bestandteil von Drogen od. Heilmittel verwendetes Pflanzenblatt

Folk [foʊk] *der;* -[s] ‹*engl.*›: Kurzform von ↑Folkmusic

Fol|ke|ting *das;* -[s] ‹*dän.*›: **a)** bis 1953 die zweite Kammer des dänischen Reichstags; **b)** ab 1953 das dänische Parlament

Fol|k|lo|re *die;* - ‹*engl.;* »Wissen des Volkes«›: **1. a)** Sammelbez. für die Volksüberlieferungen (z. B. Lied, Tracht, Brauchtum) als Gegenstand der Volkskunde; **b)** Volkskunde. **2. a)** Volkslied, -tanz u. -musik [als Gegenstand der Musikwissenschaft]; **b)** volkstümliche Musik in der Kunstmusik. **3.** Moderichtung, der volkstümliche Trachten u. bäuerliche Kleidung (auch anderer Länder) als Vorlage dienen

Fol|k|lo|ris|tik *die;* -: Wissenschaft von den Volksüberlieferungen, bes. Volksliedforschung

fol|k|lo|ris|tisch: 1. die Folklore betreffend. **2.** volksliedhaft, nach Art der Volksmusik (von Werken der Kunstmusik). **3.** volkskundlich

Folk|mu|sic [ˈfoʊkmju:zɪk] *die;* - ‹*engl.*›: moderne Musik, die ihre Elemente aus der traditionellen Volksmusik bezieht, deren Textinhalte jedoch zeitgenössisch [u. zeitkritisch] sind

Folk|song *der;* -s, -s ‹*engl.;* »Volkslied«›: Lied in der Art u. im Stil eines Volkslieds

Fol|li|kel *der;* -s, - ‹*lat.;* »kleiner Ledersack, -schlauch«› (Med.): **1.** Drüsenbläschen, kleiner [Drüsen]schlauch, Säckchen (z. B. Haarbalg, Lymphknötchen). **2.** Zellhülle des gereiften Eies im Eierstock

Fol|li|kel|hor|mon *das;* -s, -e: weibliches Geschlechtshormon

Fol|li|kel|sprung *der;* -s, ...sprünge: ↑Ovulation

Fol|säu|re, Fo|lin|säu|re *die;* - (Kunstw.): zum Vitamin-B-Komplex gehörendes Vitamin

[1]**Fon** vgl. Phon

[2]**Fon** *das;* -s: (bes. auf Briefbögen, Visitenkarten u. Ä.) Kurzform von ↑Telefon

Fond [fõ:] *der;* -s, -s ‹*lat.-fr.*›: **1.** Rücksitz im Auto. **2. a)** Hintergrund (z. B. eines Gemäldes od. einer Bühne); **b)** Stoffgrund, von dem sich ein Muster abhebt. **3.** Grundlage, Hauptsache. **4.** (Gastron.) beim Braten od. Dünsten zurückgebliebener Fleischsaft

Fon|dant [fõˈdã:] *der,* österr.: *das;* -s, -s ‹*lat.-fr.;* »schmelzend«›: unter Zugabe von Farb- u. Geschmacksstoffen hergestellte Zuckermasse od. -ware

Fonds [fõ:] *der;* - [fõ:(s)], - [fõ:s] ‹*lat.-fr.*›: **1. a)** Geld- od. Vermögensreserve für bestimmte Zwecke; **b)** (in der sozialistischen Planwirtschaft) Gesamtheit der im gesellschaftlichen Interesse verwendbaren materiellen u. finanziellen Mittel eines sozialistischen Betriebes. **2.** Schuldverschreibungen öffentlicher Körperschaften

Fonds|ma|na|ger [ˈfõ:mɛnɪdʒɐ] *der;* -s, -: Manager, der bei einem [Investment]fonds für die Geldanlage zuständig ist

Fonds|ma|na|ge|rin *die;* -, -nen: weibliche Form zu ↑Fondsmanager

Fon|due [fõ'dy:, schweiz.: 'fõdy:] *die;* -, -s ⟨*lat.-fr.;* »geschmolzen«⟩: **a)** Schweizer Spezialgericht aus geschmolzenem Käse, in den Brotwürfel getaucht werden; **b)** Fleischgericht, bei dem das in Würfel geschnittene Fleisch am Tisch in heißem Öl gegart wird; Fleischfondue; **c) chinesisches Fondue:** Fleischfondue, bei dem statt des Öls Brühe verwendet wird

Fo|nem vgl. Phonem

Fo|ne|ma|tik usw. vgl. Phonematik usw.

Fo|ne|tik usw. vgl. Phonetik usw.

fo|nisch vgl. phonisch

Fo|no|dik|tat vgl. Phonodiktat

Fo|no|graf usw. vgl. Phonograph usw.

Fo|no|thek vgl. Phonothek

Font *der;* -s, -s ⟨*fr.-engl.;* »Schriftsatz«⟩ (EDV): Schriftsatzinventar [eines Textverarbeitungssystems]; Zeichensatz

Fon|tä|ne *die;* -, -n ⟨*lat.-fr.*⟩: aufsteigender [Wasser]strahl (bes. eines Springbrunnens)

Fon|ta|nel|le *die;* -, -n ⟨*lat.-mlat.-fr.*⟩ (Med.): Knochenlücke am Schädel von Neugeborenen

Foot [fʊt] *der;* -, Feet [fi:t] (4 Feet od. Foot) ⟨*engl.*⟩: (britisches u. amerikanisches Längenmaß von $^1/_3$ Yard, geteilt in 12 Inches = 0,3048 m; Abk.: ft)

Foot|ball ['fʊtbɔ:l] *der;* -[s]: in Amerika aus dem ↑Rugby entwickeltes Kampfspiel

Force [fɔrs] *die;* - ⟨*lat.-vulgärlat.-fr.*⟩ (veraltet): Stärke, Gewalt, Zwang

Force de Frappe [- də 'frap] *die;* - - - ⟨*fr.*⟩: die Gesamtheit der mit Atomwaffen eigener Herstellung ausgerüsteten französischen militärischen Einheiten

for|cie|ren [...'si:...] ⟨*lat.-vulgärlat.-fr.*⟩: etwas mit Nachdruck vorantreiben, beschleunigen, steigern

for|ciert: gewaltsam, erzwungen, gezwungen, unnatürlich; **forcierter Marsch** (veraltet): Eilmarsch

Fö|re *die;* - ⟨*skand.*⟩: Eignung des Schnees zum [Ski]fahren; Geführigkeit

Fore|che|cking [...tʃɛkɪŋ] *das;* -s, -s ⟨*engl.*⟩ (Eishockey): das Stören des gegnerischen Angriffs in der Entwicklung, bes. bereits im gegnerischen Verteidigungsdrittel

Fo|reign Of|fice ['fɔrɪn 'ɔfɪs] *das;* - - ⟨*engl.*⟩: das britische Außenministerium

Fo|ren|sik *die;* -, -en ⟨*lat.*⟩: **1.** Gerichtsmedizin. **2.** Klinik für psychisch kranke u. suchtkranke Straftäter(innen)

fo|ren|sisch: 1. (veraltet) zur wortgewandten Rede gehörend, ↑rhetorisch. **2.** die Gerichtsverhandlung betreffend, gerichtlich; **forensische Chemie:** Teilgebiet der Chemie im Bereich der Rechtsmedizin, das sich mit dem Nachweis von Vergiftungen u. der Aufklärung von Verbrechen durch eine chemische Spurenanalyse beschäftigt; **forensische Pädagogik:** zusammenfassende Bez. für die Bereiche Kriminalpädagogik u. Jugendstrafvollzug; **forensische Psychologie:** Psychologie, die sich mit den in der Gerichtspraxis auftretenden psychologischen Problemen befasst

Fo|rint [bes. österr. auch: fo'rɪnt] *der;* -[s], -s, österr.: -e (aber: 10 -) ⟨*ung.*⟩: ungarische Währungseinheit (Abk.: Ft)

for|mal ⟨*lat.*⟩: **1.** die äußere Form betreffend; auf die äußere Form, Anlage o. Ä. bezüglich. **2.** nur der Form nach [vorhanden], ohne eigentliche Entsprechung in der Wirklichkeit

Form|al|de|hyd [auch: ...'hy:t] *der,* auch: *das;* -s ⟨Kurzw. aus *nlat.* Acidum **form**icum »Ameisensäure« u. ↑**Aldehyd**⟩: zur Desinfektion von Räumen verwendetes, farbloses, stechend riechendes Gas

For|ma|lie [...i̯ə] *die;* -, -n (meist Plural) ⟨*lat.*⟩: Formalität, Förmlichkeit, Äußerlichkeit

For|ma|lin® *das;* -s ⟨Kunstw. aus ↑**Formal**dehyd u. **-in**⟩: als Konservierungs- od. Desinfektionsmittel verwendete gesättigte Lösung von ↑Formaldehyd in Wasser

for|ma|li|sie|ren ⟨*lat.-nlat.*⟩: **1.** etwas in bestimmte [strenge] Formen bringen; sich an gegebene Formen halten. **2.** ein [wissenschaftliches] Problem mithilfe von Formeln allgemein formulieren u. darstellen. **3. a)** zur bloßen bzw. festen, verbindlichen Form machen; **b)** (selten) sich formalisieren: (selten) zur bloßen bzw. festen, verbindlichen Form werden

For|ma|lis|mus *der;* -, ...men: **1. a)** (ohne Plural) Bevorzugung der Form vor dem Inhalt, Überbetonung des rein Formalen, übertriebene Berücksichtigung von Äußerlichkeiten; **b)** etwas mechanisch Ausgeführtes; **c)** (ohne Plural; DDR abwertend) Vorwurf, die subjektive Kunstauffassung über den politisch-ideologischen Inhalt zu stellen u. somit im Widerspruch zum propagierten sozialistischen Realismus zu stehen. **2.** Auffassung der Mathematik als Wissenschaft von rein formalen ↑Strukturen (1)

for|ma|lis|tisch: das Formale überbetonend

For|ma|li|tät *die;* -, -en ⟨*lat.-mlat.*⟩: **1.** Förmlichkeit, Äußerlichkeit, Formsache. **2.** [amtliche] Vorschrift

For|mans *das;* -, ...anzien u. ...antia ⟨*lat.*⟩: grammatisches Bildungselement; gebundenes Morphem (z. B. lieb*lich*)

For|mat *das;* -[e]s, -e ‹»Geformtes; Genormtes«›: **1.** [genormtes] Größenverhältnis eines [Handels]gegenstandes nach Länge u. Breite (bes. bei Papierbogen). **2. a)** stark ausgeprägtes Persönlichkeitsbild; außergewöhnlicher Rang aufgrund der Persönlichkeit, bedeutender Fähigkeiten o. Ä.; **b)** besonderes Niveau, große Bedeutung. **3.** (Druckw.) aus den beim Schließen einer Buchdruckform zwischen die einzelnen Schriftkolumnen gelegten Eisen- od. Kunststoffstegen (Formatstegen) gebildeter Rahmen, der den gleichmäßigen Abstand der Druckseiten voneinander sichert

for|ma|tie|ren (EDV): **a)** Daten nach verbindlich vorgegebenen Vorschriften od. nach den Bedürfnissen des Benutzers anordnen u. zusammenstellen; **b)** einen Datenträger für die Aufnahme von Daten bereit machen

For|ma|ti|on *die;* -, -en ‹*lat.(-fr.)*›: **1.** Herausbildung durch Zusammenstellung. **2. a)** bestimmte Anordnung, Aufstellung, Verteilung; **b)** für einen bestimmten militärischen Zweck od. Auftrag gebildete Truppe, Gruppe, Verband. **3. a)** Gruppe, zu der man sich zusammengeschlossen hat; **b)** in bestimmter Weise strukturiertes, soziales, ökonomisches o. ä. Gebilde. **4.** Pflanzengesellschaft ohne Berücksichtigung der Artenzusammensetzung (z. B. Laubwald, Steppe). **5.** (Geol.) **a)** Zeitabschnitt in der Erdgeschichte, der sich hinsichtlich Fauna od. Flora von anderen unterscheidet; **b)** Folge von Gesteinsschichten, die sich in einem größeren erdgeschichtlichen Zeitraum gebildet hat

For|ma|ti|ons|flug *der;* -es, ...flüge: **a)** Flug mehrerer Luftfahrzeuge in Formation (2 a); **b)** Flug von zwei od. mehreren Raumfahrzeugen auf gleichen od. ähnlichen Bahnen als Vorbereitung eines Rendezvousmanövers

For|ma|ti|ons|tanz *der;* -es (Tanzsport): Tanz, bei dem acht Paare eine Formation (2 a) bilden

for|ma|tiv ‹*lat.-nlat.*›: die Gestaltung betreffend, gestaltend

For|mel *die;* -, -n ‹*lat.*›: **1.** fester sprachlicher Ausdruck, feste Formulierung für etwas Bestimmtes. **2.** Folge von Buchstaben, Zahlen od. Worten zur verkürzten Bez. eines mathematischen, chemischen od. physikalischen Sachverhalts (z. B. H_2O = Wasser). **3.** kurzer, knapper Satz od. Ausdruck, in dem sich ein gedanklicher Zusammenhang erhellend fassen lässt. **4.** durch eine Kommission des Internationalen Automobilverbandes od. durch einen Motorsportverband festgelegte Merkmale des Rennwagens einer bestimmten Klasse; Rennformel (z. B. Formel 1, 2, 3, V, Super-V)

for|mell ‹*lat.-fr.*›: **1. a)** dem Gesetz od. der Vorschrift nach, offiziell; **b)** bestimmten gesellschaftlichen Formen, den Regeln der Höflichkeit genau entsprechend. **2. a)** aufgrund festgelegter Ordnung, aber nur äußerlich, ohne eigentlichen Wert, um dem Anschein zu genügen; **b)** auf Distanz haltend, engeren persönlichen Kontakt meidend u. sich nur auf eine unverbindliche Umgangsform beschränkend

for|mi|da|bel ‹*lat.-fr.*›: **1.** außergewöhnlich, erstaunlich; großartig. **2.** (veraltet) furchtbar

for|mie|ren ‹*lat.(-fr.)*›: **1. a)** bilden, gestalten; **b)** sich formieren: sich zusammenschließen, sich nach einem bestimmten Plan organisieren. **2. a)** jmdn. od. etwas in einer bestimmten Reihenfolge aufstellen; **b)** sich formieren: sich in einer bestimmten Weise ordnen

For|mu|lar *das;* -s, -e ‹*lat.*›: [amtlicher] Vordruck; Formblatt, Muster

for|mu|lie|ren ‹*lat.-fr.*›: **1.** in eine angemessene sprachliche Form bringen. **2.** festlegen, entwerfen

For|mu|lie|rung *die;* -, -en: **1.** das Formulieren. **2.** etwas Formuliertes; in bestimmter Weise formulierter Text

For|sy|thie [fɔrˈzyːtsi̯ə, auch: ...ti̯ə, österr., schweiz.: fɔrˈziːtsi̯ə] *die;* -, -n ‹*nlat.;* nach dem engl. Botaniker Forsyth›: früh blühender Strauch (Ölbaumgewächs, Zierstrauch) mit leuchtend gelben, viergeteilten Blüten

Fort [foːɐ̯] *das;* -s, -s ‹*lat.-fr.*›: abgeschlossenes, räumlich begrenztes Festungswerk

for|te ‹*lat.-it.*› (Musik): laut, stark, kräftig (Vortragsanweisung; Abk.: f)

For|te *das;* -s, -s u. ...ti (Musik): große Lautstärke, starke Klangfülle

For|te|pi|a|no *das;* -s, -s u. ...ni: **1.** (Musik) laute u. sofort danach leise Tonstärke. **2.** (veraltet) Klavier, ↑Pianoforte

For|tis *die;* -, Fortes [...teːs] ‹*lat.*› (Sprachw.): mit großer Intensität gesprochener u. mit gespannten Artikulationsorganen gebildeter Konsonant (z. B. p, t, k, ß)

for|tis|si|mo ‹*lat.-it.*› (Musik): sehr laut, äußerst stark u. kräftig (Vortragsanweisung; Abk.: ff)

For|tis|si|mo *das;* -s, -s u. ...mi (Musik): sehr große Lautstärke, sehr starke Klangfülle

For|tran, **FORTRAN** *das;* -s ‹Kurzw. für *engl.* **for**mula **tran**slator› (EDV): bes. auf wissenschaftliche u. technische Aufgaben ausgerichtete Programmiersprache

For|tune [...ˈtyːn], eingedeutscht: **For|tü|ne** *die;* - ⟨*lat.-fr.*⟩: Glück, Erfolg

Fo|rum *das;* -s, ...ren u. ...ra ⟨*lat.*⟩: **1.** geeigneter Personenkreis, der eine sachverständige Erörterung von Problemen od. Fragen garantiert. **2.** geeigneter Ort für etwas, Plattform. **3.** öffentliche Diskussion, Aussprache. **4.** Markt- u. Versammlungsplatz in den römischen Städten der Antike (bes. im alten Rom)

for|zan|do vgl. sforzando

for|za|to vgl. sforzato

Fos|bu|ry|flop, Fos|bu|ry-Flop [ˈfɔsbəriflɔp] *der;* -s, -s ⟨nach dem amerik. Leichtathleten R. Fosbury⟩: **a)** (ohne Plural) Hochsprungtechnik, bei der der Springer sich nach dem Absprung so dreht, dass er mit dem Rücken die Latte überquert; **b)** einzelner Sprung in dieser Technik

fos|sil ⟨*lat.;* »ausgegraben«⟩: **a)** vorweltlich, urzeitlich; als Versteinerung erhalten; Ggs. ↑rezent (1); **b)** in früheren Zeiten entstanden [u. von jüngeren Ablagerungen überlagert]

Fos|sil *das;* -s, -ien: als Abdruck, Versteinerung o. Ä. erhaltener Überrest von Tieren od. Pflanzen aus früheren Epochen der Erdgeschichte

fot..., Fot... vgl. foto..., Foto...

fö|tal vgl. fetal

Fo|to *das;* -s, -s, schweiz. auch: *die;* -, -s: Kurzform von ↑Fotografie (2)

fo|to..., Fo|to...

vor Vokalen auch: **fot..., Fot...**
⟨zu *gr.* phōs, Gen. phōtós »Licht, Glanz, Helle; Sonnenlicht«⟩
Wortbildungselement mit der Bedeutung »Licht, durch Licht; Lichtbild«
Vor allem in allgemeinsprachlichen Wörtern wird das *ph* in photo..., Photo... meist durch *f* ersetzt:
- Fotoalbum
- Fotoapparat
- Fotomodell
- Fotomontage

Vielfach sind beide Schreibungen möglich, wobei die *f*-Schreibung überwiegt:
- fotografisch, auch: photographisch
- Fotometer, auch: Photometer

Auch fachsprachliche Wörter können generell mit *f* geschrieben werden:
- Fotochemie, auch: Photochemie
- fotophob, auch: photophob
- Fotosynthese, auch: Photosynthese
- Fototropismus, auch: Phototropismus

Fo|to|che|mie, Pho|to|che|mie [auch: ...ˈmiː] *die;* -: Teilgebiet der Chemie, das die chemischen Wirkungen des Lichtes erforscht

Fo|to|che|mi|gra|fie, Pho|to|che|mi|gra|phie [auch: ˈfoː...] *die;* -: Herstellung von Ätzungen aller Art im Lichtbildverfahren

fo|to|che|misch, pho|to|che|mi|sch [auch: ...ˈçeː...]: chemische Reaktionen betreffend, die durch Licht bewirkt werden

Fo|to|ef|fekt, Pho|to|ef|fekt *der;* -[e]s, -e (Elektrot.): Austritt von Elektronen aus bestimmten Stoffen durch deren Bestrahlung mit Licht

Fo|to|elek|t|ron, Pho|to|elek|t|ron *das;* -s, ...onen: durch Licht ausgelöstes Elektron; vgl. Fotoeffekt

Fo|to|ele|ment, Pho|to|ele|ment *das;* -[e]s, -e: elektrisches Element, Halbleiterelement, das (durch Ausnutzung des Fotoeffekts) Lichtenergie in elektrische Energie umwandelt

Fo|to|fi|nish [...fɪnɪʃ] *das;* -s, -s (Sport): Zieleinlauf, bei dem der Sieger nur durch Zielfotografie ermittelt werden kann

fo|to|gen, pho|to|gen ⟨*gr.-engl.*⟩: zum Filmen od. Fotografieren besonders geeignet, bildwirksam (bes. von Personen)

Fo|to|graf, Pho|to|graph *der;* -en, -en ⟨*gr.-engl.*⟩: jmd., der [berufsmäßig] Fotografien macht

Fo|to|gra|fie, Pho|to|gra|phie *die;* -, ...ien: **1.** (ohne Plural) Verfahren zur Herstellung dauerhafter, durch elektromagnetische Strahlen od. Licht erzeugter Bilder. **2.** einzelnes Lichtbild, Foto

fo|to|gra|fie|ren, pho|to|gra|phie|ren: mit dem Fotoapparat Bilder machen

Fo|to|gra|fin, Pho|to|gra|phin *die;* -, -nen: weibliche Form zu ↑Fotograf

fo|to|gra|fisch, pho|to|gra|phisch: a) mithilfe der Fotografie [erfolgend], die Fotografie betreffend; **b)** das Fotografieren betreffend

Fo|to|gramm, Pho|to|gramm *das;* -s, -e ⟨*gr.-nlat.*⟩: nach fotografischem Verfahren gewonnenes Bild für Messzwecke, Messbild

Fo|to|gra|vü|re, Pho|to|gra|vü|re *die;* -, -n: ↑Heliogravüre

Fo|to|han|dy *das;* -s, -s: Handy mit integrierter Fotokamera

Fo|to|ko|pie, Pho|to|ko|pie *die;* -, ...ien: fotografisch hergestellte Kopie eines Schriftstücks, einer Druckseite od. eines Bildes, Ablichtung

fo|to|ko|pie|ren, pho|to|ko|pie|ren: ein Schriftstück, eine Druckseite o. Ä. fotografisch vervielfältigen, ablichten

Fo|to|me|ter, Pho|to|me|ter *das;* -s, -: Gerät,

mit dem (durch Vergleich zweier Lichtquellen) die Lichtstärke gemessen wird

Fo̲|to|mo|dell *das;* -s, -e: fotogene Person, die als ↑Modell (8) für [Mode]fotos o. Ä. tätig ist

Fo̲|to|mon|ta|ge *die;* -, -n: **1.** Zusammensetzung verschiedener Bildausschnitte zu einem neuen Gesamtbild. **2.** ein durch Fotomontage hergestelltes Bild

Fo̲|ton [auch: fo'to:n] vgl. Photon

Fo̲|to|re|a|lis|mus *der;* -: **1.** Stilrichtung in der [modernen] Malerei, bei der dem Maler Fotografien als Vorlagen für seine Bilder dienen. **2.** Stilrichtung in der künstlerischen Fotografie (1), die Welt kritisch-realistisch zu erfassen

Fo̲|to|re|por|ter *der;* -s, -: Reporter, der für eine Zeitung o. Ä. fotografiert (Berufsbez.)

Fo̲|to|re|por|te|rin *die;* -, -nen: weibliche Form zu ↑Fotoreporter

Fo̲|to|shoo|ting [...ʃu:tɪŋ] *das;* -s, -s ⟨*engl.*⟩: Aufnahme, Anfertigung von Fotos für einen bestimmten Zweck (z. B. für eine Werbekampagne o. Ä.)

Fo|to|sphä̲|re, Pho|to|sphä̲|re *die;* - (Astron.): strahlende Gashülle der Sonne

Fo|to|syn|the̲|se, Pho|to|syn|the̲|se [auch: 'fo:...] *die;* - (Biol.): Aufbau organischer Substanzen aus anorganischen Stoffen in Pflanzen mithilfe von Sonnenlicht; vgl. Assimilation (2)

Fo|to|the̲k *die;* -, -en: geordnete Sammlung von Fotografien (2) od. Lichtbildern

fo|to|tro̲p, pho|to|tro̲p: 1. (Biol.) fototropisch. **2.** (Physik, Optik) sich unter Lichteinwirkung (UV-Licht) verfärbend (von Brillengläsern)

fo|to|tro̲|pisch, pho|to|tro̲|pisch (Biol.): den Fototropismus betreffend

Fo|to|tro|pi̲s|mus, Pho|to|tro|pi̲s|mus *der;* -, ...men (Biol.): durch einseitigen Einfall von Licht hervorgerufene Veränderung der Wachstumsbewegung (zur Lichtquelle hin od. auch von ihr weg)

Fo|to|vol|ta̲|ik, Pho|to|vol|ta̲|ik *die;* - ⟨↑Volt⟩: Teilgebiet der Elektronik bzw. der Energietechnik, das sich mit der Gewinnung von elektrischer Energie (bes. aus Sonnenenergie) befasst

Fo̲|to|zel|le, Pho̲|to|zel|le *die;* -, -n (Physik): Vorrichtung, die unter Ausnutzung des ↑Fotoeffektes Lichtschwankungen in Stromschwankungen umwandelt bzw. Strahlungsenergie in elektrische Energie

Fö̲|tus vgl. Fetus

foul [faul] ⟨*engl.*⟩ (Sport): regelwidrig, gegen die Spielregeln verstoßend

Foul *das;* -s, -s (Sport): regelwidrige Behinderung eines gegnerischen Spielers, Regelverstoß

fou|len ['faulən] ⟨*engl.*⟩ (Sport): regelwidrig, unfair spielen

Fou|ling ['faulɪŋ] *das;* -s ⟨*engl.*⟩: nachträgliche Veränderung von Farben, Lacken u. a. auf Holz od. Metall (z. B. durch den Einfluss von Bakterien, Pilzen od. Meeresorganismen)

Fou|rier [fu'ri:ɐ̯] *der;* -s, -e ⟨*fr.*⟩: **1. a)** (österr., schweiz.) für die Verpflegung u. das Rechnungswesen einer Einheit verantwortlicher Unteroffizier; **b)** (schweiz.) dritthöchster Dienstgrad eines Unteroffiziers. **2.** ↑Furier

Fo̲x *der;* -[es], -e ⟨*engl.*⟩: **1.** Kurzform von ↑Foxterrier. **2.** Kurzform von ↑Foxtrott

Fo̲x|ter|ri|er [...i̯ɐ] *der;* -s, -: rauhaariger englischer Jagdhund

Fo̲x|trott *der;* -s, -e u. -s ⟨*engl.;* »Fuchsschritt«⟩: Gesellschaftstanz im $^4/_4$-Takt (um 1910 in den USA entstanden)

Fo|y|er [fo̯a'je:] *das;* -s, -s ⟨*lat.-vulgärlat.-fr.*⟩: Wandelhalle, Wandelgang [im Theater]

Fra̲ ⟨Kurzform von ↑Frate⟩: Anrede und Bezeichnung italienischer Klosterbrüder (meist vor konsonantisch beginnenden Namen, z. B. Fra Bartolomeo)

Fra̲ck *der;* -[e]s, Fräcke, (ugs. auch:) -s ⟨*fr.-engl.*⟩: bei festlichen Anlässen od. von Kellnern u. Musikern als Berufskleidung getragene, vorn kurze, hinten mit langen, bis zu den Knien reichenden Rockschößen versehene, meist schwarze Jacke

fra|gi̲l ⟨*lat.*⟩: zerbrechlich; zart

Fra|gi|li|tä̲t *die;* -: Zartheit, Zerbrechlichkeit

Frag|me̲nt *das;* -[e]s, -e: **1.** Bruchstück, Überrest. **2.** unvollständiges [literarisches] Werk. **3.** (Med.) Knochenbruchstück

frag|men|ta̲|risch: bruchstückhaft, unvollendet

frais [frɛ:s], **frai|se** ['frɛ:zə] ⟨*lat.-vulgärlat.-fr.*⟩: erdbeerfarben

frak|ta̲l ⟨*engl.-fr.-lat.*⟩: vielfältig gebrochen, stark gegliedert

Frak|ta̲l *das;* -s, -e: komplexes geometrisches Gebilde, wie es ähnlich auch in der Natur vorkommt (z. B. das Adernetz der Lunge)

Frak|ta̲l|geo|me|t|rie *die;* - (Math.): Geometrie, die sich mit den Fraktalen befasst u. mit deren Hilfe z. B. komplexe Naturerscheinungen mathematisch erfasst u. am Computer simuliert werden können

Frak|ti|o̲n *die;* -, -en ⟨*lat.-fr.*⟩: **1. a)** ↑organisatorische Gliederung im Parlament, in der alle Abgeordneten einer Partei od. befreundeter Parteien zusammengeschlossen sind; **b)** Zusammenschluss einer Sondergruppe innerhalb einer Organisation; **c)** (österr.) [einzeln gelegener] Ortsteil. **2.** (Chemie) bei einem Trenn- bzw. Reinigungsverfahren anfallender Teil eines Substanzgemischs

frak|ti|o|nell: a) eine Fraktion betreffend; **b)** eine Fraktion bildend

Frak|ti|o|nier|ap|pa|rat *der;* -[e]s, -e (Chemie): Gerät zur Ausführung einer fraktionierten Destillation

frak|ti|o|nie|ren (Chemie): Flüssigkeitsgemische aus Flüssigkeiten mit verschiedenem Siedepunkt durch Verdampfung isolieren

Frak|ti|ons|chef *der;* -s, -s: Vorsitzender einer ↑Fraktion (1 a)

Frak|ti|ons|che|fin *die;* -, -nen: weibliche Form zu ↑Fraktionschef

Frak|ti|ons|dis|zi|p|lin *die;* -: politisch begründete Verpflichtung, sich bei wichtigen Entscheidungen der Mehrheitsentscheidung in der ↑Fraktion (1 a) zu unterwerfen

Frak|tur *die;* -, -en ‹*lat.;* »Bruch«›: **1.** (Med.) Knochenbruch. **2.** eine Druckschrift; **Fraktur reden:** deutlich u. unmissverständlich seine Meinung sagen

¹Frame [fre:m] *der;* -n [...mən], -n [...mən] ‹*engl.*›: Rahmen, Träger in Eisenbahnfahrzeugen

²Frame *der* u. *das;* -s, -s: **1. a)** (Sprachw., EDV) besondere Datenstruktur für die begriffliche Repräsentation von Objekten u. stereotypen Situationen in Modellen künstlicher Intelligenz; **b)** (EDV) Bez. für einen rechteckigen Abschnitt eines Fensters, das von einem Browser im Internet angezeigt wird. **2.** Lernschritt innerhalb eines Lernprogramms

Franc [frã:] *der;* -, -s (aber: 100 -) ‹*germ.-mlat.-fr.*›: **1.** Währungseinheit in der Schweiz u. verschiedenen afrikanischen Ländern (Abk.: fr, Plural: frs); **Schweizer Franc:** Abk.: sfr, Plural: sfrs. **2.** frühere Währungseinheit in Belgien, Frankreich u. Luxemburg; **französischer Franc:** Abk.: FF, fr. F; **belgischer Franc:** Abk.: bfr, Plural: bfrs; **Luxemburger Franc:** Abk.: lfr, Plural: lfrs

¹Fran|chi|se [frãˈʃiːzə] *die;* -, -n ‹*germ.-mlat.-fr.*›: **1.** (veraltet) Freiheit, Freimütigkeit. **2.** Abgaben-, Zollfreiheit. **3.** Freibetrag, für den die Versicherung [bei Bagatellschäden] nicht eintritt

²Fran|chise [ˈfrɛntʃais] *das;* - ‹*germ.-mlat.-fr.-engl.*›: Vertriebsform im Einzelhandel, bei der ein Unternehmen seine Produkte durch Einzelhändler(innen) in Lizenz verkaufen lässt

Fran|chi|sing [...zɪŋ] *das;* -s: ↑²Franchise

Fran|ci|um *das;* -s ‹*nlat.;* vom mlat. Namen Francia für Frankreich›: radioaktives Element aus der Gruppe der Alkalimetalle (Zeichen: Fr)

fran|co vgl. franko

Fran|ka|tur *die;* -, -en ‹*germ.-mlat.-it.*›: **a)** das Freimachen einer Postsendung; **b)** die zur Frankatur (a) bestimmten Briefmarken

fran|kie|ren: Postsendungen freimachen

fran|ko, fran|co ‹*germ.-mlat.-it.*›: portofrei für den Empfänger

fran|ko|fon, fran|ko|phon ‹*germ.-mlat.; gr.*›: französischsprachig

Fran|ko|fo|ne, Fran|ko|pho|ne *der* u. *die;* -n, -n: jmd., der Französisch (als seine Muttersprache) spricht

Fran|ko|fo|nie, Fran|ko|pho|nie *die;* -: Französischsprachigkeit

Fran|ko|ka|na|di|er *der;* -s, -: Französisch sprechender Bewohner Kanadas

Fran|ko|ka|na|di|e|rin *die;* -, -nen: weibliche Form zu ↑Frankokanadier

fran|ko|phil ‹*germ.-mlat.; gr.*›: Frankreich, seinen Bewohnern u. seiner Kultur besonders aufgeschlossen gegenüberstehend

fran|ko|phob: Frankreich, seinen Bewohnern u. seiner Kultur ablehnend gegenüberstehend

fran|ko|phon vgl. frankofon

Fran|ko|pho|ne vgl. Frankofone

Fran|ko|pho|nie vgl. Frankofonie

Fran|zis|ka|ner *der;* -s, - ‹nach dem Ordensgründer Franziskus›: Angehöriger des vom heiligen Franz v. Assisi 1209/10 gegründeten Bettelordens (Erster Orden; Abk.: O. F. M.); vgl. Kapuziner, Klarisse, Konventuale, Terziar

Fran|zis|ka|ner|bru|der *der;* -s, ...brüder: Laienbruder des klösterlichen Dritten Ordens (↑Terziar) des heiligen Franz

fran|zö|sie|ren: a) auf französische Art, nach französischem Geschmack gestalten; **b)** der französischen Sprache angleichen

frap|pant ‹*germ.-fr.*›: verblüffend, treffend, überraschend

frap|pie|ren: 1. jmdn. überraschen, in Erstaunen versetzen. **2.** Wein od. Sekt in Eis kalt stellen

Fras|ca|ti *der;* -, - ‹nach der it. Stadt›: italienischer Weißwein aus der Umgebung von Frascati

Fra|te ‹*lat.-it.*›: Anrede und Bezeichnung italienischer Klosterbrüder (meist vor vokalisch beginnenden Namen, z. B. Frate Elia, Frat' Antonio)

Fra|ter *der;* -s, Fratres [...re:s] ‹*lat.*›: **1.** [Kloster]bruder vor der Priesterweihe; vgl. Pater. **2.** Laienbruder eines Mönchsordens (Abk.: Fr.)

fra|ter|ni|sie|ren: sich verbrüdern, vertraut werden

Fra|ter|ni|tät *die;* - ‹*lat.*›: **1. a)** Brüderlichkeit; **b)** Verbrüderung. **2.** [kirchliche] Bruderschaft

Fra|ter|ni|té [...ni'te:] *die;* - ‹*lat.-fr.*›: Brüderlichkeit (eines der drei Schlagworte der Französischen Revolution); vgl. Égalité, Liberté

Fra|t|res: *Plural* von ↑Frater

Freak [fri:k] *der;* -s, -s ‹*engl.-amerik.*›: **1.** jmd., der sich nicht ins normale bürgerliche Leben einfügt, der seine gesellschaftlichen Bindungen aufgegeben hat. **2.** jmd., der sich in übertriebener Weise für etwas begeistert

f

Free|clim|bing [...mɪŋ] *das;* -s, **Free Clim|bing** *das;* - -s: Bergsteigen ohne Hilfsmittel (wie Seil, Haken o. Ä.); Freiklettern

Free Jazz ['fri: dʒæz] *der;* - -: auf freier Improvisation beruhendes Spielen von Jazzmusik

Free|lan|cer ['fri:la:nsɐ] *der;* -s, - ‹*engl.*›: **a)** freier Musiker oder Künstler (ohne Bindung an ein bestimmtes Ensemble); **b)** freier Schriftsteller, freier Journalist; **c)** freier Mitarbeiter

Free|lan|ce|rin *die;* -, -nen: weibliche Form zu ↑Freelancer

free on board ['fri: ɔn 'bɔ:d]: frei an Bord (Klausel, die besagt, dass der Verkäufer die Ware auf dem Schiff zu übergeben u. bis dahin alle Kosten u. Risiken zu tragen hat; Abk.: f. o. b., fob)

Free-TV ['fri:tivi:, -...'vi:] *das;* -[s], **Free TV** *das;* - -[s] ‹*engl.*›: kostenfrei zu empfangendes [Privat]fernsehen

Free|ware ['fri:wɛ:ɐ̯] *die;* -, -s ‹*engl.-amerik.*›: Software, die kostenlos abgegeben wird und beliebig kopiert, weitergegeben und verändert werden darf

Freeze [fri:z] *das;* - ‹*engl.*›: das Einfrieren aller atomaren Rüstung

Fre|gat|te *die;* -, -n ‹*roman.*›: schwer bewaffnetes, hauptsächlich zum Geleitschutz eingesetztes Kriegsschiff

fre|ne|tisch ‹*gr.-lat.-fr.*›: stürmisch, rasend, tobend (bes. von Beifall, Applaus)

fre|quent ‹*lat.*›: **1.** (veraltet) häufig, zahlreich. **2.** (Med.) beschleunigt (vom Puls). **3.** (Sprachw.) häufig vorkommend, häufig gebraucht

Fre|quen|ta|ti|on *die;* -, -en (veraltet): häufiges Besuchen

fre|quen|tie|ren: zahlreich besuchen, aufsuchen; häufig stark in Anspruch nehmen

Fre|quenz *die;* -, -en ‹»zahlreiches Vorhandensein«›: **1.** Höhe der Besucherzahl; Zustrom, Verkehrsdichte. **2.** (Physik) Schwingungs-, Periodenzahl von Wellen in der Sekunde. **3.** (Med.) Anzahl der Atemzüge od. der Herz- bzw. Pulsschläge in der Minute

Fres|ke *die;* -, -n ‹*germ.-it.-fr.*›: ↑Fresko

Fres|ko *das;* -s, ...ken ‹*germ.-it.;* »frisch«› (Kunstwiss.): auf frischem, noch feuchtem Putz ausgeführte Malerei

Fres|ko|ma|le|rei *die;* -: Malerei auf feuchtem Putz; Ggs. ↑Seccomalerei

Fres|nel|lin|se, Fres|nel-Lin|se [frɛ'nɛl...] *die;* -, -n ‹nach A. J. Fresnel›: aus Teilstücken zusammengesetzte Linse für Beleuchtungszwecke

Frett|chen *das;* -s, -, **Frett** *das;* -[e]s, -e ‹*lat.-vulgärlat.-fr.-niederl.*›: für die Kaninchenjagd verwendeter blassgelber Iltis

fri|de|ri|zi|a|nisch ‹zu Fridericus, der latinisierten Form von Friedrich›: auf die Zeit König Friedrichs II. von Preußen bezogen

Frien|d|ly Fire ['frɛndli 'fai̯ɐ] *das;* - -s ‹*engl.;* »Angriff von Verbündeten«›: **1.** (Militär) versehentlicher Beschuss durch eigene Truppen. **2.** (Jargon) Kritik aus den eigenen Reihen

fri|gid, fri|gi|de ‹*lat.*›: **1.** (Med. veraltend) sexuell nicht erregbar; orgasmusunfähig (von Frauen). **2.** (geh. veraltend) kühl, nüchtern

Fri|gi|di|tät *die;* -: (bei Frauen) mangelnde sexuelle Erregbarkeit, Unfähigkeit zum Orgasmus

Fri|ka|del|le *die;* -, -n ‹*lat.-galloroman.-it.*›: gebratener Kloß aus Hackfleisch; deutsches Beefsteak, Bulette

Fri|kas|see *das;* -s, -s ‹*fr.*›: Gericht aus hellem Fleisch in einer hellen, leicht säuerlichen Soße

fri|ka|tiv ‹*lat.-nlat.*› (Sprachw.): durch Reibung hervorgebracht (von Lauten)

Fri|ka|tiv *der;* -s, -e (Sprachw.): Reibelaut (z. B. sch, f)

Frik|ti|on *die;* -, -en ‹*lat.*›: **1.** Reibung. **2.** (Med.) **a)** Einreibung (z. B. mit Salben); **b)** eine Form der Massage (kreisförmig reibende Bewegung der Fingerspitzen). **3.** (Wirtsch.) Widerstand, Verzögerung, die der sofortigen Wiederherstellung des wirtschaftlichen Gleichgewichts beim Überwiegen von Angebot od. Nachfrage entgegensteht

Fri|maire [fri'mɛ:ɐ̯] *der;* -[s], -s ‹*germ.-fr.;* »Reifmonat«›: der dritte Monat im französischen Revolutionskalender (21. Nov. bis 20. Dez.)

Fris|bee® ['frɪsbi] *das;* -[s], -s ‹*engl.*›: kleine, runde Wurfscheibe aus Plastik (Sportgerät)

Fri|seur [...'zø:ɐ̯] ‹französierende Bildung zu ↑frisieren›, **Fri|sör** *der;* -s, -e: jmd., der anderen das Haar schneidet [u. frisiert]

Fri|seu|rin [...'zø:rɪn], **Fri|sö|rin** *die;* -, -nen: weibliche Form zu ↑Friseur

Fri|seu|se [...'zø:zə], **Fri|sö|se** *die;* -, -n (ugs., sonst veraltet): Friseurin

fri|sie|ren ⟨*fr.*⟩: **1.** jmdn. od. sich kämmen; jmdm. od. sich die Haare [kunstvoll] herrichten. **2. a)** (ugs.) Änderungen an etwas vornehmen, um dadurch einen ungünstigen Sachverhalt zu verschleiern, um etwas vorzutäuschen; **b)** die Leistung eines serienmäßig hergestellten Kfz-Motors durch nachträgliche Veränderungen steigern

Fri|sör usw. vgl. Friseur usw.

Fri|sur *die;* -, -en ⟨*nlat.* Bildung zu ↑frisieren⟩: **1.** Art und Weise, in der das Haar gekämmt, gelegt, gesteckt, geschnitten, frisiert ist. **2.** das Frisieren (2). **3.** gekräuselter Kleiderbesatz

Fri|teu|se [...'tø:zə], **fri|tie|ren:** frühere Schreibung für ↑Fritteuse, ↑frittieren

Frit|te *die;* -, -n ⟨*lat.-fr.;* »Gebackenes«⟩: **1.** aus dem Glasur- od. Emaillegemenge hergestelltes Zwischenprodukt bei der Glasfabrikation. **2.** (nur Plural) Kurzbezeichnung für: Pommes frites

frit|ten: 1. eine pulverförmige Mischung bis zum losen Aneinanderhaften der Teilchen erhitzen. **2.** (Geol.) sich durch Hitze verändern (von Sedimentgesteinen beim Emporsteigen von ↑Magma 1). **3.** (ugs.) frittieren

Frit|teu|se [...'tø:zə] *die;* -, -n ⟨französierende Bildung zu ↑frittieren⟩: elektrisches Gerät zum Frittieren von Speisen

frit|tie|ren ⟨*lat.-fr.*⟩ (Gastron.): Speisen od. Gebäck in heißem Fett schwimmend garen

Frit|tü|re *die;* -, -n: **1.** heißes Fett- od. Ölbad zum Ausbacken von Speisen. **2.** eine in heißem Fett ausgebackene Speise. **3.** ↑Fritteuse

fri|vol ⟨*lat.-fr.*⟩: **1. a)** leichtfertig, bedenkenlos; **b)** das sittliche Empfinden, die geltenden Moralbegriffe verletzend; schamlos, frech. **2.** (veraltet) eitel, nichtig

Fri|vo|li|tät *die;* -, -en: **1. a)** Bedenkenlosigkeit, Leichtfertigkeit; **b)** Schamlosigkeit, Schlüpfrigkeit. **2.** (meist Plural) Schiffchenspitze, ↑Occhispitze (eine Handarbeit)

Fro|mage de Brie [- də 'bri:] *der;* - - -, -s [fro'ma:ʒ] - - ⟨nach der fr. Landschaft Brie⟩: ein Weichkäse

Fron|de ['frõ:də] *die;* - ⟨*lat.-vulgärlat.-fr.*⟩: **1. a)** Oppositionspartei des französischen Hochadels im 17. Jh.; **b)** der Aufstand des französischen Hochadels gegen das absolutistische Königtum (1648–1653). **2.** scharfe politische Opposition, oppositionelle Gruppe innerhalb einer Partei od. einer Regierung

Fron|deur [frõ'dø:ɐ̯] *der;* -s, -e ⟨*lat.-vulgärlat.-fr.*⟩: **1.** scharfer politischer Opponent u. Regierungsgegner. **2.** Anhänger der Fronde (1)

Front *die;* -, -en ⟨*lat.-fr.*⟩: **1. a)** Vorder-, Stirnseite; **b)** die ausgerichtete vordere Reihe einer angetretenen Truppe. **2.** Gefechtslinie, an der feindliche Streitkräfte miteinander in Feindberührung kommen; Kampfgebiet. **3.** geschlossene Einheit; Block. **4.** (meist Plural) Trennungslinie, gegensätzliche Einstellung. **5.** (Meteorol.) Grenzfläche zwischen Luftmassen von verschiedener Dichte u. Temperatur

fron|tal ⟨*nlat.*⟩: **a)** an der Vorderseite befindlich, von der Vorderseite kommend, von vorn; **b)** unmittelbar nach vorn gerichtet; **c)** (Anat.) zur Stirn gehörend; stirnseitig

Front|frau *die;* -, -en: weibliche Form zu ↑Frontmann

Fron|ti|s|piz [...'spi:ts] *das;* -es, -e ⟨*lat.-mlat.-fr.*⟩: **1.** (Archit.) Giebeldreieck [über einem Gebäudevorsprung]. **2.** (Buchw.) Verzierung eines Buchtitelblattes

Front|man [...mɛn] *der;* -[s], ...men [...men], **Front|mann** *der;* -[e]s, ...männer u. ...leute ⟨*engl.*⟩: Musiker einer Rockgruppe o. Ä., der bei Auftritten [als Sänger] im Vordergrund agiert

Fros|ter *der;* -s, - ⟨anglisierende Bildung zu *dt.* Frost⟩: Tiefkühlfach eines Kühlgeräts

Frot|té ['frɔte, österr.: ...'te:] vgl. Frottee

Frot|tee, Frot|té ['frɔte, österr.: ...'te:] *das* od. *der;* -[s], -s ⟨*fr.*⟩: stark saugfähiges [Baum]wollgewebe mit noppiger Oberfläche

frot|tie|ren: 1. die Haut [nach einem Bad] mit Tüchern od. Bürsten [ab]reiben. **2.** (veraltet) bohnern

Fruc|to|se vgl. Fruktose

fru|gal ⟨*lat.-fr.;* »zu den Früchten gehörend, aus Früchten bestehend«⟩: einfach, bescheiden; nicht üppig (in Bezug auf die Lebensweise, bes. in Bezug auf Essen u. Trinken)

Fruk|ti|fi|ka|ti|on, Fruk|ti|fi|zie|rung *die;* -, -en ⟨*lat.*⟩: **1.** (selten) Nutzbarmachung, Verwertung. **2.** (Bot.) Ausbildung von Fortpflanzungskörpern in besonderen Behältern (z. B. Ausbildung der Sporen bei Farnen); vgl. ...ation/...ierung

Fruk|ti|fi|zie|rung vgl. Fruktifikation

Fruk|to|se, fachspr. auch: **Fruc|to|se** *die;* - ⟨*lat.-nlat.*⟩: Fruchtzucker

Frust *der;* -[e]s, -e (ugs.): **1.** (ohne Plural) das Frustriertsein; Frustration. **2.** frustrierendes Erlebnis

frus|ten (ugs.): ↑frustrieren

Frus|t|ra|ti|on *die;* -, -en ⟨*lat.*⟩ (Psychol.): Erlebnis einer wirklichen od. vermeintlichen Enttäuschung u. Zurücksetzung durch erzwungenen Verzicht od. versagte Befriedigung

frus|t|rie|ren: jmds. Erwartung enttäuschen,

jmdm. die Befriedigung eines Bedürfnisses versagen

Frụt|ti di Ma̲|re *die* (Plural) ⟨*it.*; »Früchte des Meeres«⟩: Meeresfrüchte (z. B. Muscheln)

fu̲|dit ⟨*lat.*; »hat (es) gegossen«⟩: Aufschrift auf gegossenen Kunstwerken u. Glocken hinter dem Namen des Künstlers od. Gießers (Abk.: fud.)

fu|ga̲|to ⟨*lat.-it.*⟩: fugenartig, frei nach der Fuge komponiert

Fu|ga̲|to *das*; -s, -s u. ...ti (Musik): Fugenthema mit freien kontrapunktischen Umspielungen ohne die Gesetzmäßigkeit der Fuge

f

Ful|gu|ri̱t [auch: ...'rɪt] *der*; -s, -e ⟨*lat.-nlat.*⟩: **1.** durch Blitzschlag röhrenförmig zusammengeschmolzene Sandkörner (Blitzröhre). **2.** ein Sprengstoff. **3.** ® Asbestzementbaustoff

Fụll|time-Job, Fụll|time|job [...ta̲imdʒɔp] *der*; -s, -s: Tätigkeit, Beschäftigung, die jmds. ganze Zeit beansprucht, ihn voll ausfüllt; Ganztagsarbeit

ful|mi|nạnt ⟨*lat.*⟩: sich in seiner außergewöhnlichen Wirkung od. Qualität in auffallender Weise mitteilend; glänzend, großartig

Fun [fan] *der*; -s ⟨*engl.*⟩: Vergnügen, das eine bestimmte Handlung, ein Ereignis o. Ä. bereitet

Func|tio|nal Food ['faŋkʃənəl 'fu:d] *das*; - -[s] - -s ⟨*engl.*⟩: Lebensmittel, das neben der Ernährung noch einen weiteren Zweck erfüllen (z. B. die Gesundheit fördern) soll

Fun|da|mẹnt *das*; -[e]s, -e ⟨*lat.*⟩: **1.** (Bauw.) Unterbau, Grundbau, Sockel. **2.** (Druckw.) die Druckform tragende Eisenplatte bei einer Buchdruckerschnellpresse. **3. a)** Grund, Grundlage; **b)** (Philos.) Grundbegriff, Grundlehre

fun|da|men|ta̲l: grundlegend; schwerwiegend

Fun|da|men|ta|lị|s|mus *der*; - ⟨*lat.-nlat.(-engl.)*⟩: **1.** geistige Haltung, die durch kompromissloses Festhalten an [ideologischen, religiösen] Grundsätzen gekennzeichnet ist. **2.** eine streng bibelgläubige, theologische Richtung im Protestantismus in den USA, die sich gegen Bibelkritik u. moderne Naturwissenschaft wendet

Fun|da|men|ta|lịst *der*; -en, -en: **1.** jmd., der kompromisslos an seinen [ideologischen, religiösen] Grundsätzen festhält. **2.** Anhänger, Vertreter des Fundamentalismus

Fun|da|men|ta|lịs|tin *die*; -, -nen: weibliche Form zu ↑Fundamentalist

fun|da|men|ta|lịs|tisch: 1. den Fundamentalismus betreffend. **2.** die Fundamentalisten betreffend, ihnen eigen

fun|da|men|ti̲e̲|ren ⟨*lat.-nlat.*⟩: ein Fundament (1) legen; gründen

Fụn|di *der*; -s, -s (bes. Politikjargon): kurz für: ↑Fundamentalist (1)

fun|di̲e̲|ren ⟨*lat.*; »den Grund legen (für etwas)«⟩: **1.** etwas mit dem nötigen Fundus (2) ausstatten, mit den nötigen Mitteln versehen. **2.** [be]gründen, untermauern (z. B. von Behauptungen)

Fụn|dus *der*; -, - ⟨*lat.*; »Boden, Grund, Grundlage«⟩: **1.** [Abteilung mit der] Gesamtheit der Ausstattungsmittel in Theater u. Film. **2.** [geistiger] Grundstock, auf den man für seinen Bedarf zurückgreifen kann. **3.** (Med.) [Hinter]grund, Boden eines Hohlorgans. **4.** (Geschichte) Grund u. Boden; Grundstück

fun|gi̲e̲|ren ⟨*lat.*⟩: eine bestimmte Funktion ausüben, eine bestimmte Aufgabe haben, zu etwas da sein

Fun|gi|zi̱d *das*; -[e]s, -e: im Garten- u. Weinbau verwendetes Mittel zur Bekämpfung Pflanzen schädigender Pilze

Funk [faŋk] *der*; -s ⟨*engl.-amerik.*⟩: **a)** bluesbetonte u. auf Elemente der Gospelmusik zurückgreifende Spielweise im Jazz; **b)** meist von Schwarzen in Amerika gespielte Popmusik, die eine Mischung aus Rock u. Jazz darstellt

Fụn|kie [...i̯ə] ⟨*nlat.*, nach dem dt. Apotheker H. Chr. Funck⟩: Gartenzierpflanze (Liliengewächs) mit weißen, blauen od. violetten Blütentrauben

fun|kig ['faŋkɪç] ⟨*engl.- amerik.*⟩: in der Art des ↑Funk

Fụnk|kol|leg *das*; -s, -s u. -ien ⟨*dt.*; *lat.*⟩: wissenschaftliche Vorlesungsreihe im Rundfunk als eine Form des Fernstudiums

Funk|ti|o̲n *die*; -, -en ⟨*lat.*⟩: **1. a)** (ohne Plural) Tätigkeit, das Arbeiten (z. B. eines Organs, eines Geräts); **b)** Amt, Stellung (von Personen); **c)** [klar umrissene] Aufgabe innerhalb eines größeren Zusammenhanges, Rolle. **2.** (Math.) veränderliche Größe, die in ihrem Wert von einer anderen abhängig ist. **3.** (Musik) auf die drei wesentlichen Hauptakkorde ↑Tonika, ↑Dominante (2) u. ↑Subdominante zurückgeführte harmonische Beziehung

funk|ti|o|na̲l ⟨*lat.-nlat.*⟩: die Funktion betreffend, auf die Funktion bezogen, der Funktion entsprechend; vgl. ...al/...ell; **funktionale Grammatik** (Sprachw.): Richtung innerhalb der Sprachwissenschaft, die grammatische Formen nicht nur formal, sondern auch hinsichtlich ihrer Funktion im Satz untersucht; **funktionale Satzperspektive** (Sprachw.): Gliederung des Satzes nicht nach der formalen, sondern nach der informationstragenden Struktur

funk|ti|o|na|li|sie|ren: dem Gesichtspunkt der Funktion entsprechend gestalten
Funk|ti|o|na|lis|mus *der;* -: **1.** (Archit.) ausschließliche Berücksichtigung des Gebrauchszweckes bei der Gestaltung von Gebäuden unter Verzicht auf jede zweckfremde Formung. **2.** philosophische Lehre, die das Bewusstsein als Funktion der Sinnesorgane u. die Welt als Funktion des Ich betrachtet. **3.** Richtung in der Psychologie, die die Bedeutung psychischer Funktionen für die Anpassung des Organismus an die Umwelt betont
Funk|ti|o|na|list *der;* -en, -en: Vertreter u. Verfechter des Funktionalismus
Funk|ti|o|na|lis|tin *die;* -, -nen: weibliche Form zu ↑Funktionalist
Funk|ti|o|na|li|tät *die;* -, -en: funktionale Beschaffenheit
Funk|ti|o|när *der;* -s, -e ⟨*lat.-fr.*⟩: offizieller Beauftragter eines wirtschaftlichen, sozialen od. politischen Verbandes od. einer Sportorganisation
Funk|ti|o|nä|rin *die;* -, -nen: weibliche Form zu ↑Funktionär
funk|ti|o|nell: 1. a) auf die Leistung bezogen, durch Leistung bedingt; **b)** wirksam; **c)** die Funktion (1 c) erfüllend, im Sinne der Funktion wirksam, die Funktion betreffend. **2.** die Beziehung eines Tones (Klanges) hinsichtlich der drei Hauptakkorde betreffend. **3.** die Leistungsfähigkeit eines Organs betreffend; **funktionelle Erkrankung** (Med.): Erkrankung, bei der nur die Funktion eines Organs gestört, nicht aber dieses selbst krankhaft verändert ist; **funktionelle Gruppen** (Chemie): Atomgruppen in organischen Molekülen, bei denen charakteristische Reaktionen ablaufen können
Funk|ti|o|nen|the|o|rie *die;* - (Math.): allgemeine Theorie der Funktionen (2)
funk|ti|o|nie|ren ⟨*lat.-fr.*⟩: in [ordnungsgemäßem] Betrieb sein; reibungslos ablaufen; vorschriftsmäßig erfolgen
Funk|ti|ons|leis|te *die;* -, -n (EDV): Aneinanderreihung von ↑Icons auf dem PC-Bild, bei deren Anklicken der Ablauf eines ↑Makros gestartet wird, um ein auf dem Icon in schriftlicher od. symbolischer Form dargestelltes Ergebnis zu erreichen
Funk|ti|ons|verb *das;* -s, -en (Sprachw.): ein Verb, das in einer festen Verbindung mit einem Substantiv gebraucht wird, wobei das Substantiv den Inhalt der Wortverbindung bestimmt (z. B. in Verbindung *treten;* in Gang *bringen*)
Fun|sport ['fan...] *der;* -[e]s ⟨*engl.*⟩: Freizeitsportart ohne Leistungsdruck, bei der ↑Fun im Vordergrund steht (z. B. Inlineskating)
Fu|rie [...i̯ə] *die;* -, -n: **1.** römische Rachegöttin; vgl. Erinnye. **2.** rasende, wütende Frau
Fu|rier *der;* -s, -e ⟨*germ.-fr.*⟩: **1.** der für Verpflegung u. Unterkunft einer Truppe sorgende Unteroffizier; vgl. Fourier. **2.** Rechnungsführer
fu|ri|os ⟨*lat.*⟩: **a)** wütend, hitzig; **b)** mitreißend, glänzend
fu|ri|o|so ⟨*lat.-it.*⟩ (Musik): wild, stürmisch, leidenschaftlich (Vortragsanweisung)
Fur|nier *das;* -s, -e ⟨*germ.-fr.*⟩: dünnes Deckblatt (aus gutem, meist auch gut gemasertem Holz), das auf weniger wertvolles Holz aufgeleimt wird
fur|nie|ren: mit Furnier belegen
Fu|ror *der;* -s ⟨*lat.*⟩: Wut, Raserei
Fu|ro|re *die;* -, seltener: *das;* -s ⟨*lat.-it.*⟩: rasender Beifall; Leidenschaftlichkeit; **Furore machen:** Aufsehen erregen, Beifall erringen
Fu|ror teu|to|ni|cus *der;* - - ⟨*lat.; germ.-lat.*⟩: germanisches bzw. deutsches Ungestüm
Fu|run|kel *der,* (auch:) *das;* -s, - ⟨*lat.;* »kleiner Dieb«⟩ (Med.): eitrige Entzündung eines Haarbalgs u. seiner Talgdrüse; Eitergeschwür
Fü|si|lier *der;* -s, -e ⟨*lat.-vulgärlat.-fr.*⟩ (schweiz., sonst veraltet): Infanterist
fü|si|lie|ren: standrechtlich erschießen
Fü|sil|la|de [fyzi'ja:də] *die;* -, -n (veraltet): standrechtliche [Massen]erschießung von Soldaten
Fu|si|on *die;* -, -en ⟨*lat.;* »Gießen, Schmelzen«⟩: **1.** Vereinigung, Verschmelzung (z. B. zweier od. mehrerer Unternehmen od. politischer Organisationen). **2.** (Optik, Med.) Vereinigung der Bilder des rechten u. des linken Auges zu einem einzigen Bild
fu|si|o|nie|ren ⟨*lat.-nlat.*⟩: verschmelzen (von zwei od. mehreren [großen] Unternehmen)
Fu|si|o|nie|rung *die;* -, -en: das Fusionieren
Fus|ta|ge [fʊs'ta:ʒə], **Fas|ta|ge** [...'ta:ʒə] *die;* -, -n ⟨französierende Bildung⟩: **1.** Leergut. **2.** Preis für Leergut
Fu|thark ['fu:θark] *das;* -s, -e ⟨nach den ersten sechs Runenzeichen⟩: das älteste germanische Runenalphabet
Fu|ton *der;* -s, -s ⟨*jap.*⟩: als Matratze dienende, relativ hart gepolsterte Matte eines japanischen Bettes
Fut|te|ral *das;* -s, -e ⟨*germ.-mlat.*⟩: [eng] der Form angepasste Hülle für einen Gegenstand (z. B. für eine Brille)
Fu|tur *das;* -s, -e ⟨*lat.*⟩: **1.** Zeitform, mit der ein verbales Geschehen od. Sein aus der Sicht des Sprechers als Vorhersage, Vermutung, als fester

Entschluss, als Aufforderung o. Ä. charakterisiert wird. **2.** Verbform im Futur (1)

fu|tu|risch (Sprachw.): **a)** das Futur betreffend; **b)** im Futur auftretend

Fu|tu|ris|mus *der;* - ⟨*lat.-nlat.*⟩: von Italien ausgehende literarische, künstlerische u. politische Bewegung des beginnenden 20. Jh.s, die den völligen Bruch mit der Überlieferung u. ihren Traditionswerten forderte

Fu|tu|rist *der;* -en, -en: Anhänger des Futurismus

Fu|tu|ris|tin *die;* -, -nen: weibliche Form zu ↑Futurist

fu|tu|ris|tisch: a) zum Futurismus gehörend; **b)** zukunftsorientiert, -weisend

Fu|tu|ro|lo|ge *der;* -n, -n ⟨*lat.; gr.*⟩: Wissenschaftler auf dem Gebiet der Futurologie

Fu|tu|ro|lo|gie *die;* -, ...ien: moderne Wissenschaft, die sich mit den erwartbaren zukünftigen Entwicklungen auf technischem, wirtschaftlichem u. sozialem Gebiet beschäftigt

Fu|tu|ro|lo|gin *die;* -, -nen: weibliche Form zu ↑Futurologe

fu|tu|ro|lo|gisch: die Futurologie betreffend

Fu|tu|rum *das;* -s, ...ra ⟨*lat.*⟩ (veraltet): ↑Futur

Fu|tu|rum ex|ak|tum *das;* - -, ...ra ...ta (Sprachw.): vollendetes Futur (z. B. er *wird gegangen sein*)

Fuz|zi *der;* -s, -s ⟨nach der gleichnamigen Gestalt einer amerik. Westernserie⟩ (meist abwertend): [nicht ganz ernst zu nehmender] Mensch; komischer Typ

Fuz|zy|lo|gik ['fazi...] *die;* - (EDV): bei Systemen der künstlichen Intelligenz angewandte Methode der Nachahmung des menschlichen Denkens

G

Ga|bar|dine ['gabardi:n, auch: ...'di:n] *der;* -s, -, auch: *die;* -, - [...'di:nə] ⟨*fr.*⟩: Gewebe mit steil laufenden Schrägrippen (für Kleider, Mäntel u. Sportkleidung)

Ga|do|li|ni|um *das;* -s: zu den seltenen Erdmetallen gehörendes chem. Element (Zeichen: Gd)

Gag [gɛk] *der;* -s, -s ⟨*engl.*⟩: **1.** (im Theater, Film, Kabarett) [durch technische Tricks herbeigeführte] komische Situation, witziger Einfall. **2.** etwas, was als eine überraschende Besonderheit angesehen wird

ga|ga ⟨*fr.*⟩: **1.** (ugs.) nicht recht bei Verstand. **2.** [ga'ga] (veraltet) trottelig

Ga|ge ['ga:ʒə] *die;* -, -n ⟨*germ.-fr.*⟩: Bezahlung, Gehalt von Künstlern

Gail|lard [ga'ja:r] *der;* -s, -s ⟨*fr.*⟩: fr. Bez. für: Bruder Lustig

Gail|lar|de *die;* -, -n: **1.** (früher) lebhafter, gewöhnlich als Nachtanz zur ↑Pavane getanzter Springtanz im $^3/_4$-Takt. **2.** bestimmter Satz der ↑Suite (4) (bis etwa 1600)

Ga|la [auch: 'gala] *die;* -, -s ⟨*span.*⟩: **1.** (ohne Plural) für einen besonderen Anlass vorgeschriebene festliche Kleidung; großer Gesellschaftsanzug. **2.** (Geschichte) Hoftracht. **3.** Theater-, Opernaufführung, Auftritt von Unterhaltungskünstlern o. Ä. [in festlichem Rahmen]; Galavorstellung

ga|lakt..., Ga|lakt... vgl. galakto..., Galakto...

ga|lak|tisch ⟨*gr.-lat.*⟩: zum System der Milchstraße (↑Galaxis) gehörend; **galaktisches Rauschen:** im Ursprung nicht lokalisierbare Radiowellen aus dem Milchstraßensystem

ga|lak|to..., Ga|lak|to...

vor Vokalen auch: **ga|lakt..., Ga|lakt...**
⟨*gr.* gála, Gen. gálaktos »Milch«⟩
Wortbildungselement mit der Bedeutung »Milch, milchartige Flüssigkeit; Milchstraße«:
- Galaktagogum
- Galaktometer
- Galaktorrhö
- Galaktostase

Die gleiche Bedeutung hat das Wortbildungselement **lakto..., Lakto...,** vor Vokalen **lakt...,** Lakt... Verwandt mit *gr.* gála, Gen. gálaktos, und vermittelt über *lat.* lac, Gen. lactis »Milch«, ist es Bestandteil vieler Fremdwörter, wie z. B. inlaktieren, Laktoflavin und Laktose.

Ga|lak|to|si|da|se *die;* -, -n: Milchzucker spaltendes Enzym

Ga|lan *der;* -s, -e ⟨*span.*⟩: **a)** (veraltet) Mann, der sich mit besonderer Höflichkeit, Zuvorkommenheit um eine Frau bemüht; **b)** (iron.) Liebhaber, Freund

ga|lant ⟨*fr.-span.*⟩: **a)** (von Männern) betont höflich u. gefällig gegenüber Frauen; **b)** ein Liebeserlebnis betreffend; amourös; vgl. Roman (b), Stil (2); **galante Dichtung:** geistreich-spielerische Gesellschaftspoesie als literarische Mode in Europa 1680–1720

Ga|lan|te|rie *die;* -, ...ien ⟨*fr.*⟩: **a)** sich bes. in geschmeidigen Umgangsformen ausdrückendes höfliches, zuvorkommendes Verhalten gegenüber Frauen; **b)** galantes ↑Kompliment

Ga|lan|te|rie|wa|ren *die* (Plural) (veraltet):

Mode-, Putz-, Schmuckwaren; modisches Zubehör wie Tücher, Fächer usw.

Ga|lant|homme [...'tɔm] *der;* -s, -s: fr. Bez. für: Ehrenmann, Mann von feiner Lebensart

Ga|la|xie *die;* -, ...ien ⟨*gr.-lat.-mlat.*⟩ (Astron.): **a)** großes Sternsystem außerhalb der Milchstraße; **b)** Spiralnebel

Ga|la|xis *die;* -, ...xien (Astron.): **a)** (ohne Plural) Milchstraße; **b)** ↑Galaxie

Ga|le|as|se *die;* -, -n ⟨*gr.-mgr.-mlat.-it.*⟩, **Gal|jass** *die;* -, -en ⟨*gr.-mgr.-mlat.-it.-fr.-niederl.*⟩: **1.** Küstenfrachtsegler mit Kiel u. plattem Heck, mit Großmast u. kleinem Besanmast (vgl. Besan). **2.** größere Galeere

Ga|lee|re *die;* -, -n ⟨*gr.-mgr.-mlat.-it.*⟩: mittelalterliches zweimastiges Ruderschiff des Mittelmeerraums mit 25–50 Ruderbänken, meist von Sklaven, Sträflingen gerudert

Ga|le|nik *die;* - ⟨nach dem gr. Arzt Galen (129–199 n. Chr.)⟩: Lehre von der Zubereitung u. Herstellung von Arzneimitteln

Ga|le|ni|kum *das;* -s, ...ka ⟨*nlat.*⟩: in der Apotheke aus ↑Drogen (2) zubereitetes Arzneimittel (im Gegensatz zum chemischen Fabrikerzeugnis)

ga|le|nisch: aus Drogen (2) zubereitet; vgl. Galenikum

Ga|le|o|ne, Ga|li|o|ne *die;* -, -n ⟨*gr.-mgr.-mlat.-span.-niederl.*⟩: großes spanisches u. portugiesisches Kriegs- u. Handelssegelschiff des 15.–18. Jh.s mit 3–4 Decks übereinander

Ga|le|o|te, Ga|li|o|te *die;* -, -n, **Gal|jot** *die;* -, -en: der ↑Galeasse (1) ähnliches kleineres Küstenfahrzeug

Ga|le|rie *die;* -, ...ien ⟨*it.*⟩: **1.** (Archit.) **a)** mit Fenstern, Arkaden u. Ä. versehener Gang als Laufgang an der Fassade einer romanischen od. gotischen Kirche; **b)** umlaufender Gang, der auf der Innenhofseite um das Obergeschoss eines drei- od. vierflügeligen Schlosses, Palastes o. Ä. geführt ist; **c)** außen an Bauernhäusern angebrachter balkonartiger Umgang. **2.** (Archit.) in alten Schlössern ein mehrere Räume verbindender Gang od. ein großer lang gestreckter, für Festlichkeiten od. auch zum Aufhängen od. Aufstellen von Bildwerken benutzter Raum. **3. a)** kurz für Gemäldegalerie; **b)** Kunst-, insbes. Gemäldehandlung, die auch Ausstellungen veranstaltet. **4. a)** Empore [in einem Saal, Kirchenraum]; **b)** (veraltend) oberster Rang im Theater; **c)** (veraltend) das auf der Galerie (4a, b) sitzende Publikum. **5.** Orientteppich in der Form eines Läufers. **6.** (bes. österr., schweiz.) Tunnel an einem Berghang mit fensterartigen Öffnungen nach der Talseite. **7.** (Geschichte) mit Schießscharten versehener, bedeckter Gang im Mauerwerk einer Befestigungsanlage. **8.** [glasgedeckte] Passage o. Ä. mit Läden. **9.** (Seemannsspr. veraltend) um das Heck laufender Rundgang an [alten Segel]schiffen. **10.** (meist scherzh.) größere Anzahl gleichartiger Dinge, Personen (z. B. sie besitzt eine ganze Galerie schöner Hüte). **11.** (österr. veraltend) Unterwelt, Verbrecherwelt

Ga|le|rist *der;* -en, -en: Besitzer einer Galerie (3 b)

Ga|le|ris|tin *die;* -, -nen: weibliche Form zu ↑Galerist

Gal|gant|wur|zel *die;* -, -n ⟨*arab.-mlat.; dt.*⟩: zu Heilzwecken u. als Gewürz verwendete Wurzel eines ursprünglich südchinesischen Ingwergewächses

Ga|li|ma|thi|as *der* od. *das;* - ⟨*fr.*⟩: sinnloses, verworrenes Gerede

Ga|li|on *das;* -s, -s ⟨*gr.-mgr.-mlat.-span.-niederl.*⟩: Vorbau am Bug älterer Schiffe

Ga|li|o|ne vgl. Galeone

Ga|li|ons|fi|gur *die;* -, -en: **1.** aus Holz geschnitzte Verzierung des Schiffsbugs (meist in Form einer Frauengestalt). **2.** zugkräftige, werbende Gestalt, Person an der Spitze einer Partei, Organisation, eines Verbands o. Ä.

Ga|li|o|te vgl. Galeote

Gal|jass vgl. Galeasse

Gal|jot vgl. Galeote

Gal|lert [auch: ...'lɛrt] *das;* -s, -e, **Gal|ler|te** *die;* -, -n ⟨*lat.-mlat.*⟩: steif gewordene, durchsichtige, gelatineartige Masse aus eingedickten pflanzlichen od. tierischen Säften

gal|ler|tig [auch: 'galɐtɪç]: aus Gallerte od. gallertähnlichem Stoff bestehend

gal|li|ka|nisch ⟨*mlat.;* nach dem lat. Namen Gallia für Frankreich⟩: dem Gallikanismus entsprechend; **gallikanische Kirche:** mit Sonderrechten ausgestattete katholische Kirche in Frankreich vor 1789

Galionsfigur

Die Bezeichnung kam im 16. Jh. in der nordd. Seemannssprache auf. Der erste Bestandteil ist über *mniederl.* galjoen aus *fr.* galion entlehnt, das auf *span.* galeón (»großes Segelschiff, Galeone«) zurückgeht. Wie in den Herkunftssprachen schreibt sich die *Galionsfigur* mit nur einem *-l-*. Ebenso: *Galeone, Galione.*

Gal|li|um *das;* -s ⟨*lat.-nlat.*⟩: chem. Element; ein Metall (Zeichen: Ga)

Gal|li|zis|mus *der;* -, ...men ⟨*lat.-nlat.*⟩: Übertragung einer für das Französische charakteristischen sprachlichen Erscheinung auf eine nicht französische Sprache im lexikalischen od. syntaktischen Bereich, sowohl fälschlicherweise als auch bewusst; vgl. Interferenz (3)

Gal|lo|ma|nie *die;* - ‹*lat.; gr.*›: ↑Frankomanie

Gal|lon ['gælən] *der* od. *das;* -[s], -s ‹*engl.-amerik.*›: ↑Gallone

Gal|lo|ne *die;* -, -n ‹*fr.-engl.*›: **a)** v. a. in Großbritannien verwendetes Hohlmaß (4,546 l; Zeichen: gal, gall); **b)** amerikanisches Hohlmaß (Zeichen: gal, gall)

g

gal|lo|ro|ma|nisch ‹*lat.-nlat.*›: das Galloromanische betreffend

Ga|lon [ga'lõ:] *der;* -s, -s ‹*fr.*›, **Ga|lo|ne** *die;* -, -n ‹*fr.-it.*›: Tresse, Borte, Litze

ga|lo|nie|ren ‹*fr.*›: **a)** mit Galons besetzen; **b)** langhaarige, dichte Felle durch Dazwischensetzen schmaler Lederstreifen o. Ä. verlängern

Ga|lopp *der;* -s, -s u. -e ‹*germ.-fr.(-it.)*›: **1.** Gangart, Sprunglauf des Pferdes. **2.** um 1825 aufgekommener schneller Rundtanz im $^3/_4$-Takt

Ga|lop|per *der;* -s, - ‹*germ.-fr.-engl.*›: für Galopprennen gezüchtetes Pferd

ga|lop|pie|ren ‹*germ.-fr.-it.*›: (von Pferden) im Sprunglauf gehen

Ga|lo|sche *die;* -, -n ‹*fr.*›: (veraltet) Gummiüberschuh

Gal|va|ni|sa|ti|on *die;* -, -en ‹*it.-nlat.*›: Anwendung des elektrischen Gleichstroms zu Heilzwecken

gal|va|nisch: auf der elektrolytischen Erzeugung von elektrischem Strom beruhend; **galvanische Hautreaktion** (Psychol.): Veränderung der elektrischen Leitfähigkeit, des Widerstandes der Haut (z. B. bei gefühlsmäßigen Reaktionen)

Gal|va|ni|seur [...'zø:ɐ̯] *der;* -s, -e ‹*it.-fr.*›: Facharbeiter für Galvanotechnik

gal|va|ni|sie|ren: durch Elektrolyse mit Metall überziehen

Gal|va|nis|mus *der;* - ‹*it.-nlat.*›: Lehre vom galvanischen Strom

Gal|va|no *das;* -s, -s ‹*it.*›: auf galvanischem Wege hergestellte Abformung von einer ↑Autotypie, einer Strichätzung, einem Schriftsatz u. a.

Gal|va|no|me|ter *das;* -s, -: elektromagnetisches Messinstrument für elektrischen Strom

Gal|va|no|plas|tik *die;* -: Verfahren zum Abformen von Gegenständen durch galvanisches Auftragen dicker, abziehbarer Metallschichten, wobei von den Originalen Wachs- od. andere Negative angefertigt werden, die dann in Kupfer, Nickel od. anderem Metall abgeformt werden können, wodurch z. B. Pressformen für die Schallplattenherstellung erzeugt, Druckplatten usw. hergestellt werden

gal|va|no|plas|tisch: die Galvanoplastik betreffend, auf ihr basierend

Gal|va|no|s|kop *das;* -s, -e ‹*it.; gr.*›: elektrisches Messgerät

Gal|va|no|tech|nik *die;* -: Technik des ↑Galvanisierens

...gam

‹zu *gr.* gámos »Vermählung, Ehe«›
Wortbildungselement mit folgenden Bedeutungen:
I. »Befruchtung, Bestäubung betreffend«:
- autogam
- hydrogam

II. »die Ehe betreffend«:
- Misogam
- monogam
- polygam

Von gleicher Herkunft ist das Wortbildungselement für weibliche Substantive **...gamie** mit den Bedeutungen »Befruchtung, Bestäubung«, wie z. B. in Kleistogamie u. Xenogamie, sowie »Ehe«, wie z. B. in Bigamie u. Monogamie.

Ga|ma|sche *die;* -, -n ‹*arab.-span.-provenzal.-fr.*›: **a)** über Strumpf u. Schuh getragene [knöpfbare] Beinbekleidung aus Stoff od. Leder; **b)** aus Bändern gewickelte Beinbekleidung

Gam|be *die;* -, -n ‹*vulgärlat.-it.*›: mit den Knien gehaltenes, sechssaitiges Streichinstrument des 16. bis 18. Jh.s; Viola da Gamba

Gam|bir *der;* -s ‹*malai.*›: als Gerb- u. Heilmittel verwendeter Saft eines ostasiatischen Kletterstrauches

Gam|bist *der;* -en, -en ‹*vulgärlat.-it.*›: Musiker, der Gambe spielt

Gam|bis|tin *die;* -, -nen: weibliche Form zu ↑Gambist

Game|boy® ['ge:m..., 'geɪm...] *der;* -[s], -s ‹*engl.*›: kleines elektronisches Spielgerät

Ga|me|lan, Ga|me|lang *das;* -s, -s ‹*indones.*›: auf einheimischen Schlag-, Blas- u. Saiteninstrumenten spielendes Orchester auf Java u. Bali, das vor allem Schattenspiele musikalisch begleitet

Ga|me|lang vgl. Gamelan

Ga|me|lle *die;* -, -n ⟨*lat.-span.-it.-fr.*⟩ (schweiz.): Koch- u. Essgeschirr der Soldaten

Game|show *die;* -, -s ⟨*engl.*⟩: Unterhaltungssendung im Fernsehen, in der bestimmte Spiele [um Preise, Gewinne] veranstaltet werden

Ga|met *der;* -en, -en ⟨*gr.-nlat.*⟩ (Biol.): geschlechtlich differenzierte Fortpflanzungszelle von Pflanze, Tier u. Mensch

Ga|me|to|phyt *der;* -en, -en (Biol.): Pflanzengeneration, die sich geschlechtlich fortpflanzt (im Wechsel mit dem ↑Sporophyten)

Gam|ma *das;* -[s], -s ⟨*semit.-gr.*⟩: dritter Buchstabe des griechischen Alphabets (Γ, γ)

Gam|ma|strah|len, γ-Strah|len *die* (Plural) ⟨*semit.-gr.-lat.; dt.*⟩: vom Ehepaar Curie entdeckte radioaktive Strahlung, kurzwellige Röntgenstrahlen, die in der Strahlentherapie u. zur Prüfung von Werkstoffen eingesetzt werden

Ga|neff *der;* -[s], -e u. -s ⟨*jidd.;* aus der Gaunerspr.⟩: ↑Ganove

Gang [gɛŋ] *die;* -, -s ⟨*engl.*⟩: organisierte Gruppe von [jungen] Menschen, die sich kriminell, gewalttätig verhält

Gan|g|li|en|zel|le *die;* -, -n: Nervenzelle

Gan|g|li|on *das;* -s, ...ien ⟨*gr.-lat.*⟩ (Med.): **1.** Nervenknoten (Anhäufung von Nervenzellen). **2.** (Med.) Überbein

Gangs|ta-Rap, Gangs|ta|rap [ˈgæŋstəræp] *der;* -[s], -s ⟨*amerik.; engl.*⟩: **a)** (an der amerik. Westküste entstandener) Stil der Rapmusik mit besonders aggressiven Texten; **b)** Song im Stil des Gangsta-Rap (a)

Gangs|ter [ˈgɛŋstɐ] *der;* -s, - ⟨*engl.*⟩: (meist in einer Gruppe organisierter) [Schwer]verbrecher

Gang|way [ˈgæŋweɪ] *die;* -, -s ⟨*engl.*⟩: an ein Schiff od. Flugzeug heranzuschiebende, einem Steg od. einer Treppe ähnliche Vorrichtung, über die die Passagiere ein- u. aussteigen

Ga|no|ve *der;* -n, -n ⟨*hebr.-jidd.;* aus der Gaunerspr.⟩ (ugs. abwertend): Verbrecher, Betrüger, Angehöriger der Unterwelt

Ga|ny|med [auch: ˈga:...] *der;* -[s], -e ⟨nach dem Mundschenk des Zeus in der gr. Sage⟩: junger Kellner, Diener

Ga|ra|ge [...ʒə] *die;* -, -n ⟨*germ.-fr.*⟩: **1.** Einstellraum für Kraftfahrzeuge. **2.** Autowerkstatt

Ga|ra|gen|fir|ma *die;* -, ...men: kleines, mit geringem Startkapital gegründetes Unternehmen

ga|ra|gie|ren [...ˈʒi:...]: (österr. u. schweiz.) in einer Garage einstellen

Ga|ra|gist [...ˈʒɪst] *der;* -en, -en (schweiz.): Besitzer einer Autowerkstatt, Mechaniker

Ga|ra|gis|tin *die;* -, -nen: weibliche Form zu ↑Garagist

Ga|ra|mond [...ˈmõ:] *die;* - ⟨nach dem fr. Stempelschneider Garamond, um 1480–1561⟩: eine Antiquadruckschrift; vgl. Garmond

Ga|rant *der;* -en, -en ⟨*germ.-fr.*⟩: Person, Institution o. Ä., die (durch ihr Ansehen) Gewähr für die Sicherung, Erhaltung o. Ä. von etwas bietet

Ga|ran|tie *die;* -, ...ien: **1.** Gewähr, Sicherheit. **2.** vom Hersteller schriftlich gegebene Zusicherung, innerhalb eines bestimmten begrenzten Zeitraums auftretende Defekte an einem gekauften Gegenstand kostenlos zu beheben. **3. a)** einen bestimmten Sachverhalt betreffende verbindliche Zusage, [vertraglich festgelegte] Sicherheit; **b)** (Bankw.) Haftungsbetrag, Sicherheit, Bürgschaft

Ga|ran|tie|fonds [...fõ:] *der;* -, - (Wirtsch.): geschlossener Fonds mit begrenzter Laufzeit und garantierter Auszahlung zu einem festgesetzten Zeitpunkt

ga|ran|tie|ren: bürgen, verbürgen, gewährleisten

ga|ran|tiert (ugs.): mit Sicherheit, bestimmt

Ga|ran|tin *die;* -, -nen: weibliche Form zu ↑Garant

Gar|çon [garˈsõ:] *der;* -s, -s ⟨*germ.-fr.*⟩: **1.** fr. Bez. für: Kellner. **2.** (veraltet) junger Mann; Junggeselle

Gar|çonne [...ˈsɔn] *die;* -, -n [...nən]: **1.** (veraltet) knabenhaft wirkende Frau. **2.** (ohne Plural) knabenhafte Mode um 1925 u. wieder um 1950

Gar|çon|ni|ère [garsɔˈni̯ɛ:r] *die;* -, -n [...rən] (österr.): Einzimmerwohnung

Gar|de *die;* -, -n ⟨*germ.-fr.*⟩: **1.** Leibwache eines Fürsten. **2.** Kern-, Elitetruppe. **3.** Fastnachtsgarde; [meist friderizianisch] uniformierte, in Karnevalsvereinen organisierte [junge] Frauen u. Männer

Gar|de|du|korps [gard(ə)dyˈko:ɐ̯] *das* u. *die;* -, - ⟨*fr.*⟩: **1.** Leibgarde eines Monarchen. **2.** früher in Potsdam stationiertes Gardekavallerieregiment

Gar|de|ro|be *die;* -, -n ⟨*germ.-fr.*⟩: **1.** [gesamte] Oberbekleidung, die jmd. besitzt od. gerade trägt. **2.** Kleiderablage[raum]. **3.** Ankleideraum (z. B. von Schauspielern)

Gar|de|ro|bi|er [...ˈbi̯e:] *der;* -s, -s (Theater): männliche Person, die im Theater Künstler ankleidet u. ihre Garderobe in Ordnung hält

Gar|de|ro|bi|e|re *die;* -, -n: **1.** (Theater) weibliche Form zu ↑Garderobier. **2.** (veraltend) Garderobenfrau, Angestellte, die in der Garderobe tätig ist

Gar|di|ne *die;* -, -n ‹*lat.-fr.-niederl.*›: [durchsichtiger] Fenstervorhang

Gar|dist *der;* -en, -en ‹*germ.-fr.*›: Angehöriger der ↑Garde

Gar|mond [gar'mõ:] *die;* - ‹nach dem fr. Stempelschneider Garamond, um 1480–1561› (südd., österr.): ↑ ³Korpus; vgl. Garamond

Gar|ne|le *die;* -, -n ‹*niederl.*›: (in verschiedenen Arten im Meer lebender) Krebs mit seitlich abgeflachtem Körper u. langem, kräftigem Hinterleib (z. B. Krabbe, ↑ ²Granat)

g

gar|ni vgl. Hotel garni

gar|nie|ren ‹*germ.-fr.*›: **a)** mit Zubehör, Zutat versehen; **b)** schmücken, verzieren

Gar|ni|son *die;* -, -en ‹*germ.-fr.*›: **1.** Standort militärischer Verbände u. ihrer Einrichtungen. **2.** Gesamtheit der Truppen eines gemeinsamen Standorts

gar|ni|so|nie|ren: in der Garnison [als Besatzung] liegen

Gar|ni|tur *die;* -, -en: **1. a)** mehrere zu einem Ganzen gehörende Stücke (z. B. Wäsche-, Polster-, Schreibtischgarnitur); **die erste, zweite Garnitur** (ugs.): die besten, weniger guten Vertreter aus einer Gruppe; **b)** zu einem Eisenbahnzug zusammengestellte Wagen, die mehrere Fahrten gemeinsam machen. **2.** Verzierung, Besatz

Ga|rot|te vgl. Garrotte

Gar|rot|te, Ga|rot|te *die;* -, -n ‹*span.*› (früher): Halseisen, Würgschraube zur Vollstreckung der Todesstrafe (in Spanien)

Gas|chro|ma|to|gra|fie, Gas|chro|ma|to|graphie *die;* -, ...ien (Chemie): Verfahren zur Trennung gasförmiger Stoffe

Ga|sel, Ga|se|le vgl. Ghasel

Ga|se|le vgl. Ghasele

ga|sie|ren ‹*gr.-niederl.-nlat.*›: Garne durch Absengen über Gasflammen von Faserenden befreien

Ga|so|me|ter *der;* -s, - ‹*gr.-niederl.; gr.*›: Behälter für Leuchtgas

gastr..., Gastr... vgl. gastro..., Gastro...

Gas|t|räa *die;* -, ...äen ‹*gr.-nlat.*›: hypothetisches Urdarmtier

gas|t|ral (Med.): zum Magen gehörend, den Magen betreffend

Gas|t|ral|gie *die;* -, ...ien (Med.): Magenkrampf

gas|t|risch (Med.): zum Magen gehörend, vom Magen ausgehend

Gas|t|ri|tis *die;* -, ...itiden: Magenschleimhautentzündung, Magenkatarrh

gas|t|ro..., Gas|t|ro...

vor Vokalen meist: **gastr..., Gastr...**
‹*gr.* gastḗr, Gen. gastrós »Bauch, (gefüllter) Magen«›
Wortbildungselement mit der Bedeutung »den Magen(-Darm)-Bereich, den Bauch betreffend, bauchig«:
- Gastralgie
- Gastritis
- Gastromyzet
- Gastronomie
- Gastroskopie
- gastrosophisch

Gas|t|ro|nom *der;* -en, -en ‹*gr.-fr.*›: Gastwirt mit besonderen Kenntnissen auf dem Gebiet der Kochkunst

Gas|t|ro|no|mie *die;* -: **1.** Gaststättengewerbe. **2.** feine Kochkunst

Gas|t|ro|no|min *die;* -, -nen: weibliche Form zu ↑Gastronom

gas|t|ro|no|misch: 1. das Gaststättengewerbe betreffend. **2.** die feine Kochkunst betreffend

Gas|t|ro|po|de *der;* -n, -n (meist Plural) (Zool.): Schnecke als Gattungsbezeichnung (eine Klasse der Weichtiere od. ↑Mollusken)

Gas|t|ro|s|kop *das;* -s, -e (Med.): mit Spiegel versehenes, durch die Speiseröhre eingeführtes Metallrohr zur Untersuchung des Mageninneren

Gas|t|ru|la *die;* - (Zool.): zweischichtiger Becherkeim (Entwicklungsstadium vielzelliger Tiere)

Gas|t|ru|la|ti|on *die;* -: Bildung der ↑Gastrula aus der ↑Blastula in der Entwicklung mehrzelliger Tiere

Gate [geɪt] *das;* -s, -s ‹*engl.;* »Tor, Pol«›: **1.** (Physik) spezielle Elektrode zur Steuerung eines Elektronenstroms. **2.** Flugsteig auf Flughäfen

gat|tie|ren ‹*dt.*, mit romanisierender Endung›: Ausgangsstoffe für Gießereiprodukte (z. B. Roheisen, Stahlschrott, Gussbruch) in bestimmten Mengenverhältnissen fachgemäß mischen

Gau|cho ['gaut͜ʃo] *der;* -[s], -s ‹*indian.-span.*›: berittener südamerikanischer Viehhirt

Gau|de|a|mus *das;* - ‹*lat.;* eigentlich: Gaudeamus igitur »Freuen wir uns denn!«›: Name eines alten Studentenliedes

Gau|di *die;* -, auch: *das;* -s (ugs.): kurz für: ↑Gaudium

gau|die|ren (veraltet): sich freuen

Gau|di|um *das;* -s: großer Spaß, Vergnügen

Gaul|lis|mus [go'lɪs...] *der;* - ‹*fr.-nlat.;* nach dem fr. Staatspräsidenten General Ch. de Gaulle, 1890–1970›: politische Bewegung, die eine autoritäre Staatsführung u. die führende Rolle Frankreichs in Europa zum Ziel hat

Gaul|lịst *der;* -en, -en: Anhänger des Gaullismus

Gaul|lịs|tin *die;* -, -nen: weibliche Form zu ↑Gaullist

Gault [gɔ:lt] *der;* -[e]s ⟨*engl.*⟩ (Geol.): zweitälteste Stufe der Kreide

Ga|vot|te [ga'vɔt(ə)] *die;* -, -n ⟨*provenzal.-fr.*⟩: **a)** Tanz im $^2/_4$-Takt; **b)** auf die Sarabande folgender Satz der Suite (4)

gay [geɪ] ⟨*engl.;* »fröhlich«⟩ (Jargon): [offen u. selbstbewusst] homosexuell

Gay *der;* -s, -s (Jargon): Homosexueller

Ga|ze ['ga:zə] *die;* -, -n ⟨*pers.-arab.-span.-fr.*⟩: **1.** [als Stickgrundlage verwendetes] weitmaschiges [gestärktes] Gewebe aus Baumwolle, Seide o. Ä. **2.** Verbandmull

Ga|zẹl|le *die;* -, -n ⟨*arab.-it.*⟩: Antilopenart der Steppengebiete Nordafrikas und Asiens

Ga|zẹt|te [auch: ga'zɛt(ə)] *die;* -, -n ⟨*venez.-it.-fr.*⟩ (oft iron.): Zeitung

Gaz|pa|cho [gas'patʃo] ⟨*span.*⟩: **a)** kalt angerichtete spanische Gemüsesuppe; **b)** als Brotbelag verwendetes Gericht aus Bröckchen eines in der Asche od. auf offenem Feuer gebackenen Eierkuchens

Gẹ|cko *der;* -s, -s u. ...o̱nen ⟨*malai.-engl.*⟩: tropisches u. subtropisches eidechsenartiges Kriechtier

Gẹ|gen|kon|di|ti|o|nie|rung *die;* -, -en ⟨*dt.; lat.-nlat.*⟩ (Psychol.): Lernvorgang mit dem Ergebnis der Umkehrung eines konditionierten Verhaltens; vgl. Konditionierung (1)

Gẹ|gen|kul|tur *die;* -, -en ⟨*dt.; lat.*⟩ (Soziol.): Kulturgruppierung, die in Ablehnung der bürgerlichen Gesellschaft eigene Kulturformen entwickelt; vgl. Subkultur

Gẹ|gen|re|for|ma|ti|on *die;* - ⟨*dt.; lat.*⟩: Gegenbewegung der katholischen Kirche gegen die ↑Reformation im 16. u. 17. Jh.

Ge|họn|na *die;* - ⟨*hebr.-gr.-lat.;* nach Ge-Hinnom (= Tal Hinnoms) bei Jerusalem (urspr. wurden hier Menschenopfer dargebracht)⟩: frühjüdisch-neutestamentliche Bez. für: Hölle

Gei̲|sa: *Plural* von ↑Geison

Gei̲|ser vgl. Geysir

Gei|sha ['ge:ʃa, auch: 'gaiʃa] *die;* -, -s ⟨*jap.-engl.*⟩: in Musik u. Tanz ausgebildete Gesellschafterin, die die Gäste in japanischen Teehäusern o. Ä. unterhält

Gei̲|son *das;* -s, -s u. ...sa ⟨*gr.*⟩: Kranzgesims des antiken Tempels

Gẹl *das;* -s, -e u. -s ⟨Kurzform von ↑**Gelatine**⟩: **1.** gallertartiger Niederschlag aus einer fein zerteilten Lösung. **2.** gallertartiges Kosmetikum

Ge|la|ti̲|ne [ʒe...] *die;* - ⟨*lat.-it.-fr.*⟩: geschmack- u. farblose, aus Knochen u. Häuten hergestellte Substanz, die bes. zum Eindicken von Speisen, aber auch in der pharmazeutischen u. Kosmetikindustrie Verwendung findet

ge|la|ti|nie̲|ren: a) zu Gelatine erstarren; **b)** eine fein zerteilte Lösung in Gelatine verwandeln

ge|la|ti|nö̱s: gelatineartig

Ge|lee [ʒe'le:, ʒə'le:] *das* od. *der;* -s, -s ⟨*lat.-vulgärlat.-fr.*⟩: **a)** süßer Brotaufstrich aus gallertartig eingedicktem Fruchtsaft; **b)** gallertartige, halbsteife Masse, z. B. aus Fleisch- od. Fischsaft; **c)** halbfeste, meist durchscheinende Substanz, die als Wirkstoffträger in der kosmetischen Industrie verwendet wird

ge|lie̲|ren [ʒe..., ʒə...] ⟨*lat.-vulgärlat.-fr.*⟩: zu Gelee werden

Ge|mi|na̱|ta *die;* -, ...ten: Doppelkonsonant, dessen Bestandteile auf zwei Sprechsilben verteilt werden (z. B. in it. freddo, gesprochen fred-do; im Deutschen nur noch orthografisches Mittel)

Ge|mi|na|ti|o̱n *die;* -, -en: **1.** Konsonantenverdoppelung; vgl. Geminata. **2.** ↑Epanalepse

Gẹm|me *die;* -, -n ⟨*lat.(-it.)*⟩: **1.** bes. im Altertum beliebter Edelstein mit vertieft od. erhaben eingeschnittenen Figuren. **2.** (Biol.) Brutkörper niederer Pflanzen (Form der ungeschlechtlichen Vermehrung)

Gem|mo|gly̱p|tik *die;* - ⟨*lat.; gr.*⟩: ↑Glyptik

Gem|mo|lo|gi̲e *die;* -: Edelsteinkunde

Ge̱n *das;* -s, -e ⟨*gr.*⟩: in den ↑Chromosomen lokalisierter Erbfaktor

...gen

⟨zu *gr.* gígnesthai »geboren werden, entstehen« u. ...genḗs »hervorbringend, verursachend; hervorgebracht, verursacht«⟩

Suffix mit folgenden Bedeutungen:

I. a) »etwas erzeugend, bildend, liefernd«:

- Allergen
- halluzinogen
- kanzerogen

b) »hervorgebracht, ausgehend von ... «:

- anthropogen
- endogen
- indigen

II. »einer Sache angemessen, für etwas geeignet«:

- fotogen
- telegen

ge|na̱nt [ʒe...] ⟨*germ.-fr.*⟩: **a)** lästig, unangenehm, peinlich; **b)** (landsch.) gehemmt u. unsicher, schüchtern; etwas als peinlich empfindend

Gen|bank *die;* -, -en (Bot., Landwirtsch.): Einrichtung zur Sammlung, Erhaltung u. Nutzung des Genmaterials bestimmter Pflanzenarten

Gen|darm [ʒan..., auch: ʒã...] *der;* -en, -en ⟨*fr.*⟩: (österr., schweiz., sonst veraltet) Polizist (bes. auf dem Land eingesetzt)

Gen|dar|me|rie *die;* -, ...ien (österr., sonst veraltet): staatliche Polizei in Landbezirken

Gen|de|fekt *der;* -[e]s, -e: Störung in der Struktur eines Gens

Gen|der|stu|dies [ˈdʒɛndɐstʌdiːz] *die* (Plural) ⟨*engl.* »Geschlechterforschung«⟩: Forschungsrichtung, die die Beziehungen zwischen den beiden Geschlechtern unter soziokulturellen Aspekten untersucht

g

Gen|di|a|g|nos|tik *die;* -, -en (Med.): Erkennung und Bestimmung genetischer Veränderungen im menschlichen Erbgut, die mit Krankheiten in Verbindung stehen können

Gene [ʒɛːn] *die;* - ⟨*germ.-fr.*⟩ (veraltet): [selbst auferlegter] Zwang; Unbehagen, Unbequemlichkeit; vgl. sans gêne

Ge|nea|lo|ge *der;* -n, -n ⟨*gr.*⟩: Forscher auf dem Gebiet der Genealogie

Ge|nea|lo|gie *die;* -, ...ien: Wissenschaft von Ursprung, Folge u. Verwandtschaft der Geschlechter; Ahnenforschung

Ge|nea|lo|gin *die;* -, -nen: weibliche Form zu ↑Genealoge

ge|nea|lo|gisch: die Genealogie betreffend

Ge|ne|ra [auch: ˈgeː...]: *Plural* von ↑Genus

Ge|ne|ral *der;* -s, -e u. ...räle ⟨*lat.(-fr.)*⟩: **1. a)** (ohne Plural) [höchster] Dienstgrad der höchsten Rangordnung der Offiziere (bei Heer u. Luftwaffe); **b)** Offizier dieses Dienstgrades. **2. a)** oberster Vorsteher eines katholischen geistlichen Ordens od. einer ↑Kongregation; **b)** oberster Vorsteher der Heilsarmee

ge|ne|ral..., Ge|ne|ral...

⟨*lat.* generalis »zur Gattung gehörend; allgemein«⟩
Wortbildungselement mit den Bedeutungen:
I. »alles umfassend, alles und alle betreffend«:
- Generalamnestie
- Generalstreik
- generalüberholen

II. »oberste[r] Vertreter[in]; höchste Institution«:
- Generaldirektorin
- Generalkonsul
- Generalsekretariat
- Generalsynode

Ge|ne|ral|ab|so|lu|ti|on *die;* -, -en (kath. Rel.): **1.** sakramentale Lossprechung ohne Einzelbeichte (in Notfällen). **2.** vollkommener Ablass, Nachlass der Sündenstrafe in Verbindung mit den Sakramenten der Buße u. ↑Eucharistie (für Sterbende od. Ordensmitglieder)

Ge|ne|ral|agent *der;* -en, -en: Hauptvertreter

Ge|ne|ral|agen|tin *die;* -, -nen: weibliche Form zu ↑Generalagent

Ge|ne|ral|agen|tur *die;* -, -en: Hauptgeschäftsstelle

Ge|ne|ral|am|nes|tie *die;* -, ...ien: Amnestie für eine größere Anzahl von Personen

Ge|ne|ra|lat *das;* -[e]s, -e ⟨*lat.-nlat.*⟩: **1.** Generalswürde. **2. a)** Amt eines katholischen Ordensgenerals; **b)** Amtssitz eines katholischen Ordensgenerals

Ge|ne|ral|bass *der;* -es, ...bässe: unter einer Melodiestimme stehende fortlaufende Bassstimme mit den Ziffern der für die harmonische Begleitung zu greifenden Akkordtöne (in der Musik des 17. u. 18. Jh.s)

Ge|ne|ral|di|rek|tor *der;* -s, -en: Leiter eines größeren Unternehmens od. einer größeren Institution

Ge|ne|ral|di|rek|to|rin *die;* -, -nen: weibliche Form zu ↑Generaldirektor

Ge|ne|ral|gou|ver|ne|ment [...guvɛrnəmã] *das;* -s, -s: **1.** Statthalterschaft. **2.** größeres ↑Gouvernement

Ge|ne|ral|gou|ver|neur [...nøːɐ̯] *der;* -s, -e: **1.** Leiter eines Generalgouvernements. **2.** Statthalter

Ge|ne|ra|lin *die;* -, -nen: weibliche Form zu ↑General (1 b, 2 b)

Ge|ne|ral|in|ten|dant *der;* -en, -en: Leiter mehrerer Theater, eines Staatstheaters od. einer Rundfunkanstalt

Ge|ne|ral|in|ten|dan|tin *die;* -, -nen: weibliche Form zu ↑Generalintendant

Ge|ne|ra|li|sa|ti|on *die;* -, -en ⟨*lat.-nlat.*⟩: **1.** ↑Generalisierung (2); vgl. ...ation/...ierung. **2.** (Geogr.) Vereinfachung bei der Verkleinerung einer Landkarte. **3.** (Philos.) Gewinnung des Allgemeinen, der allgemeinen Regel, des Begriffs, des Gesetzes durch ↑Induktion aus Einzelfällen

ge|ne|ra|li|sie|ren: verallgemeinern, aus Einzelfällen das Allgemeine (Begriff, Satz, Regel, Gesetz) gewinnen

Ge|ne|ra|li|sie|rung *die;* -, -en: **1.** das Generalisieren; Verallgemeinerung. **2.** (Psychol.) Fähigkeit, eine ursprünglich an einen bestimmten Reiz gebundene Reaktion auch auf nur ähnliche Reize folgen zu lassen; vgl. ...ation/ ...ierung

Ge|ne|ra|lis|si|mus *der;* -, ...mi u. -se ⟨*lat.-it.*⟩: oberster Befehlshaber, Kommandierender

Ge|ne|ra|list *der;* -en, -en: jmd., der in seinen Interessen nicht auf ein bestimmtes Gebiet festgelegt ist

Ge|ne|ra|lis|tin *die;* -, -nen: weibliche Form zu ↑Generalist

Ge|ne|ra|li|tät *die;* - ⟨*lat.(-fr.)*⟩: **1.** Gesamtheit der Generale. **2.** (veraltet) Allgemeinheit

ge|ne|ra|li|ter ⟨*lat.*⟩: im Allgemeinen, allgemein betrachtet

Ge|ne|ral|ka|pi|tel *das;* -s, -: Versammlung der Oberen u. Bevollmächtigten eines katholischen Ordens, bes. zur Neuwahl des Vorstehers

Ge|ne|ral|kom|man|do *das;* -s, -s: oberste Kommandostelle u. Verwaltungsbehörde eines Armeekorps

Ge|ne|ral|kon|su|lat *das;* -[e]s, -e: **a)** Amt eines Generalkonsuls; **b)** Sitz eines Generalkonsuls

Ge|ne|ral|leut|nant *der;* -s, -s: **a)** (ohne Plural) zweithöchster Dienstgrad in der Rangordnung der Generale (bei Heer u. Luftwaffe); **b)** Inhaber dieses Dienstgrades

Ge|ne|ral|ma|jor *der;* -s, -e: **a)** (ohne Plural) zweitniedrigster Dienstgrad in der Rangordnung der Generale (bei Heer u. Luftwaffe); **b)** Inhaber dieses Dienstgrades

Ge|ne|ral|mu|sik|di|rek|tor *der;* -s, -en: **a)** erster Dirigent; **b)** (ohne Plural) Amt u. Titel des leitenden Dirigenten (z. B. eines Opernhauses; Abk.: GMD)

Ge|ne|ral|pau|se *die;* -, -n: für alle Sing- u. Instrumentalstimmen geltende Pause (Abk.: GP)

Ge|ne|ral|pro|be *die;* -, -n: letzte Probe vor der ersten Aufführung eines Musik- od. Bühnenwerkes

Ge|ne|ral|sa|nie|rung *die;* -, -en: gründliche, komplette ↑Sanierung

Ge|ne|ral|se|kre|tär *der;* -s, -e: mit ↑exekutiven Vollmachten ausgestatteter hoher amtlicher Vertreter [internationaler] politischer, militärischer u. ä. Vereinigungen (z. B. der UNO od. NATO)

Ge|ne|ral|se|kre|tä|rin *die;* -, -nen: weibliche Form zu ↑Generalsekretär

Ge|ne|ral|staats|an|walt *der;* -[e]s, ...wälte: oberster Staatsanwalt beim Oberlandesgericht

Ge|ne|ral|stab *der;* -s, ...stäbe: zur Unterstützung des obersten militärischen Befehlshabers eingerichtetes zentrales Gremium, in dem besonders ausgebildete Offiziere (aller Ränge) die Organisation der militärischen Kriegsführung planen u. durchführen

Ge|ne|ral|stäb|ler *der;* -s, -: Offizier im Generalstab

Ge|ne|ral|streik *der;* -s, -s: [politischen Zielen dienender] allgemeiner Streik der Arbeitnehmer eines Landes

Ge|ne|ral|vi|kar *der;* -s, -e: Stellvertreter des katholischen [Erz]bischofs für die Verwaltungsaufgaben

Ge|ne|ra|ti|on *die;* -, -en: **1. a)** einzelnes Glied der Geschlechterfolge (Eltern, Kinder, Enkel usw.); vgl. Parentalgeneration u. Filialgeneration; **b)** in der Entwicklung einer Tier- od. Pflanzenart die zu einem Fortpflanzungs- od. Wachstumsprozess gehörenden Tiere bzw. Pflanzen. **2.** ungefähr die Lebenszeit eines Menschen umfassender Zeitraum. **3.** alle innerhalb eines bestimmten kleineren Zeitraumes geborenen Menschen, bes. im Hinblick auf ihre Ansichten zu Kultur, Moral u. ihre Gesinnung; **Generation X**: Altersgruppe der etwa 1965–1975 Geborenen, für die Orientierungslosigkeit, Desinteresse an Staat, Politik u. Ä. typisch sein soll. **4.** Gesamtheit der durch einen bestimmten Stand in der technischen Entwicklung o. Ä. gekennzeichneten Geräte

Ge|ne|ra|ti|o|nen|ver|trag *der;* -[e]s: Art u. Weise, in der in der Rentenversicherung jeweils die im Arbeitsleben stehende Generation die Renten für die Generation der Rentner erarbeitet

Ge|ne|ra|ti|ons|wech|sel *der;* -s, -: **1.** (Biol.) Wechsel zwischen geschlechtlicher u. ungeschlechtlicher Fortpflanzung bei Pflanzen u. wirbellosen Tieren. **2.** Ablösung von Angehörigen der älteren Generation durch Angehörige der jüngeren

ge|ne|ra|tiv ⟨*lat.-nlat.*⟩: (Biol.) die geschlechtliche Fortpflanzung betreffend

Ge|ne|ra|tor *der;* -s, ...oren ⟨*lat.*⟩: **1.** Gerät zur Erzeugung einer elektrischen Spannung od. eines elektrischen Stroms. **2.** Schachtofen zur Erzeugung von Gas aus Kohle, Koks od. Holz

ge|ne|rell ⟨*lat.;* französierende Neubildung⟩: allgemein, allgemeingültig, im Allgemeinen, für viele Fälle derselben Art zutreffend; Ggs. ↑speziell

ge|ne|rie|ren: a) hervorbringen, erzeugen, produzieren; **b)** (Sprachw.) sprachliche Äußerungen in Übereinstimmung mit einem grammatischen Regelsystem erzeugen, bilden; **c)** (EDV) durch ein Verarbeitungsprogramm automatisch erzeugen (z. B. Textelemente)

Ge|ne|ri|kum *das;* -s, ...ka ‹*lat.-fr.-engl.*›: Arzneimittel, das einem als Markenzeichen eingetragenen Präparat gleicht, aber meist billiger angeboten wird

ge|ne|risch ‹*lat.-nlat.*›: **a)** das Geschlecht od. die Gattung betreffend; **b)** (Sprachw.) in allgemeingültigem Sinne gebraucht

ge|ne|rös [auch: ʒe...] ‹*lat.-fr.;* »von (guter) Art, Rasse«›: **a)** großzügig, nicht kleinlich im Geben, im Gewähren von etwas; **b)** edel, großmütig denkend u. handelnd; von großherziger Gesinnung [zeugend]

g

Ge|ne|se *die;* -, -n ‹*gr.-lat.*›: Entstehung, Entwicklung; vgl. Genesis

Ge|ne|sis [auch: 'ge:n...] *die;* -: **1.** das Werden, Entstehen, Ursprung; vgl. Genese. **2.** das 1. Buch Mose mit der Schöpfungsgeschichte

Ge|ne|tik *die;* - ‹*gr.-nlat.*›: Vererbungslehre

ge|ne|tisch: a) die Entstehung, Entwicklung der Lebewesen betreffend, entwicklungsgeschichtlich; **b)** auf der Genetik beruhend, zu ihr gehörend; **genetische Philologie:** Erforschung der [sprachlichen] Entstehung von Werken der Dichtkunst; **genetischer Code:** Schlüssel für die Übertragung genetischer ↑Information (1 a) von den ↑Nukleinsäuren auf die ↑Proteine beim Proteinaufbau; **genetischer Fingerabdruck:** Muster des persönlichen Erbgutes, das durch molekularbiologische Genanalyse gewonnen wird

Ge|ne|tiv *der;* -s, -e (veraltet): ↑Genitiv

Ge|ne|ver [ʒe'ne:vɐ, ʒə'n..., auch: ge'n...] *der;* -s, - ‹*lat.-fr.*›: niederländischer Wacholderbranntwein

ge|ni|al ‹*lat.*›: **a)** hervorragend begabt; **b)** großartig, vollendet; vgl. ...isch/-

ge|ni|a|lisch: a) nach Art eines [1]Genies (2), genieähnlich; **b)** in oft exaltierter Weise das Konventionelle missachtend; vgl. ...isch/-

Ge|ni|a|li|tät *die;* - ‹*lat.-nlat.*›: überragende schöpferische Veranlagung

[1]**Ge|nie** [ʒe'ni:] ‹*lat.-fr.*›: **1.** überragende schöpferische Geisteskraft. **2.** hervorragend begabter, schöpferischer Mensch

[2]**Ge|nie** [ʒe...] *die;* -, -s (schweiz. ugs.): Kurzform von ↑Genietruppe

Ge|ni|en: *Plural* von ↑Genius

Ge|nie|of|fi|zier [ʒe...] *der;* -s, -e (schweiz.): Offizier der ↑Genietruppen

ge|nie|ren [ʒe...] ‹*germ.-fr.*›: **a)** sich genieren: gehemmt sein, sich unsicher fühlen, sich schämen; **b)** stören, verlegen machen (z. B. ihre Anwesenheit genierte ihn)

Ge|nie|trup|pe [ʒe...] *die;* -, -n (schweiz.): technische Kriegstruppe, ↑Pioniere (eine der Truppengattungen, aus denen sich die schweizerische Armee zusammensetzt)

ge|ni|tal ‹*lat.*› (Med.): zu den Geschlechtsorganen gehörend, von ihnen ausgehend, sie betreffend; vgl. ...isch/-

Ge|ni|tal, Ge|ni|ta|le *das;* -s, ...lien (meist Plural) (Med.): Geschlechtsorgan

Ge|ni|tiv *der;* -s, -e ‹*lat.*›: **1.** zweiter Fall, Wesfall (Abk.: Gen.). **2.** Wort, das im Genitiv (1) steht

Ge|ni|tiv|ob|jekt *das;* -[e]s, -e: Ergänzung eines Verbs im Genitiv (z. B.: ich bedarf *seines Rates*)

Ge|ni|ti|vus de|fi|ni|ti|vus, Ge|ni|ti|vus ex|pli|ca|ti|vus *der;* - -, ...vi ...vi: bestimmender, erklärender Genitiv (z. B.: das Vergehen *des Diebstahls* [Diebstahl = Vergehen])

Ge|ni|us *der;* -, ...ien ‹*lat.;* eigtl. »Erzeuger«›: **1.** (Geschichte) altrömischer Schutzgeist, göttliche Verkörperung des Wesens eines Menschen, einer Gemeinschaft, eines Ortes. **2. a)** (ohne Plural) schöpferische Kraft eines Menschen; **b)** schöpferisch begabter Mensch, [1]Genie (2). **3.** (meist Plural; Kunstwiss.) geflügelt dargestellte niedere Gottheit der römischen Mythologie

Ge|ni|us Lo|ci [- ...tsi] *der;* - -: [Schutz]geist eines Ortes; geistiges Klima, das an einem bestimmten Ort herrscht

Gen|ma|ni|pu|la|ti|on *die;* -, -en (Biol.; Med.): Manipulation am genetischen Material von Lebewesen in der Absicht, bestimmte Veränderungen herbeizuführen od. neue Kombinationen von Erbanlagen zu entwickeln

Gen|mu|ta|ti|on *die;* -, -en: erbliche Veränderung eines ↑Gens

Ge|nom *das;* -s, -e ‹*gr.-nlat.*› (Biol.): Gesamtheit des in einer Zelle enthaltenen Erbguts

Ge|nom|ana|ly|se *die;* -, -n: Entschlüsselung der im Genom kodierten genetischen Information

Ge|no|typ *der;* -s, -en, **Ge|no|ty|pus** *der;* -, ...pen: Gesamtheit der Erbfaktoren eines Lebewesens; vgl. Phänotyp

ge|no|ty|pisch: auf den Genotyp bezogen

Ge|no|ty|pus vgl. Genotyp

Ge|no|zid *der,* auch: *das;* -[e]s, -e u. -ien ‹*gr.; lat.*›: Völkermord

Gen|re ['ʒã:rə] *das;* -s, -s ‹*lat.-fr.*›: Gattung, Wesen, Art

Gen|re|bild *das;* -[e]s, -er: Bild im Stil der Genremalerei

gen|re|haft: im Stil, in der Art der Genremalerei gestaltet

Gen|re|ma|le|rei *die;* -: Malerei, die typische Zustände aus dem täglichen Leben einer bestimmten Berufsgruppe od. einer sozialen Klasse darstellt

Gens *die;* -, Gentes [...te:s] ⟨*lat.;* »Geschlechtsverband, Sippe«⟩ (Geschichte): altrömischer Familienverband

Gen|tech|nik *die;* -, -en (Plural selten): **1.** Technik der Erforschung u. Manipulation der Gene. **2.** ↑Gentechnologie

gen|tech|nisch: die Gentechnik betreffend

Gen|tech|no|lo|gie *die;* -; ...ien: Teilgebiet der Molekularbiologie u. der Biotechnologie, das sich mit der Isolierung, Analyse u. Veränderung des genetischen Materials befasst

gen|tech|no|lo|gisch: die Gentechnologie betreffend

Gen|the|ra|pie *die;* -, ...ien (Med.): Therapieform, bei der körpereigenen Zellen ein fremdes Gen übertragen wird, das diese aufgrund eines Gendefekts nicht selbst herstellen können

gen|til [ʒɛnˈti:l, ʒãˈti:l] ⟨*lat.-fr.*⟩ (veraltet): fein, nett, wohlerzogen

Gen|til|homme [ʒãtiˈjɔm] *der;* -s, -s ⟨*lat.-fr.*⟩: fr. Bez. für Mann von vornehmer Gesinnung, Gentleman

Gen|t|le|man [ˈdʒɛntl̩mən] *der;* -s, ...men [...mən] ⟨*engl.*⟩: Mann von Lebensart u. Charakter; ↑Gentilhomme; vgl. Lady

gen|t|le|man|like [...laɪk]: nach Art eines Gentlemans, vornehm, höchst anständig

Gen|t|le|man's Ag|ree|ment, Gen|t|le|men's Ag|ree|ment [ˈdʒɛntl̩mənz əˈgri:mənt] *das;* - -s, - -s: [diplomatisches] Übereinkommen ohne formalen Vertrag; Übereinkunft auf Treu u. Glauben

Gen|trans|fer *der;* -s, -s: Übertragung einer zusätzlichen genetischen Information (in Form einer DNA) in den Kern einer Zelle

ge|nu|in ⟨*lat.*⟩: **1.** echt, naturgemäß, rein, unverfälscht. **2.** (Med.; Psychol.) angeboren, erblich

Ge|nus [auch: ˈge:nʊs] *das;* -, Genera ⟨*lat.*⟩: **1.** Art, Gattung. **2.** grammatisches Geschlecht

Ge|nus Ver|bi [auch: ˈge:... -] *das;* - -, Genera Verbi (Sprachw.): Verhaltensrichtung des Verbs

Geo|bo|ta|nik *die;* -: Pflanzengeografie (Wissenschaft von der geografischen Verbreitung der Pflanzen)

Geo|che|mie *die;* -: Wissenschaft von der chemischen Zusammensetzung der Erde als Ganzes

Geo|dä|sie *die;* - ⟨*gr.*⟩: [Wissenschaft von der] Erdvermessung; Vermessungswesen

Geo|dät *der;* -en, -en ⟨*gr.-nlat.*⟩: Landvermesser

Geo|dä|tin *die;* -, -nen: weibliche Form zu ↑Geodät

geo|dä|tisch: die Geodäsie betreffend

Geo|drei|eck® *das;* -[e]s, -e ⟨Kunstw. aus ↑**Geometrie** u. **Dreieck**⟩: mathematisches Hilfsmittel in Form eines (transparenten) Dreiecks zum Ausmessen u. Zeichnen von Winkeln, Parallelen o. Ä.

Geo|ge|ne|se, Geo|ge|nie, Geo|go|nie *die;* -: Wissenschaft von der Entstehung der Erde

Geo|go|nie vgl. Geogenese

Geo|graf, Geo|graph *der;* -en, -en ⟨*gr.-lat.*⟩: Wissenschaftler auf dem Gebiet der Geografie

Geo|gra|fie, Geo|gra|phie *die;* -: Erdkunde

Geo|gra|fin, Geo|gra|phin *die;* -, -nen: weibliche Form zu ↑Geograf

geo|gra|fisch, geo|gra|phisch: a) die Geografie betreffend, erdkundlich; **b)** die Lage, das Klima usw. eines Ortes, Gebietes betreffend; **c)** sich auf einen bestimmten Punkt der Erdoberfläche beziehend

Geo|lo|ge *der;* -n, -n ⟨*gr.-nlat.*⟩: Wissenschaftler auf dem Gebiet der Geologie

Geo|lo|gie *die;* -: Wissenschaft von der Entwicklung[sgeschichte] u. vom Bau der Erde

Geo|lo|gin *die;* -, -nen: weibliche Form zu ↑Geologe

geo|lo|gisch: die Geologie betreffend; **geologische Formation:** bestimmter Zeitraum der Erdgeschichte

Geo|man|tie, Geo|man|tik *die;* - ⟨*gr.-nlat.*⟩: Kunst (bes. der Chinesen u. Araber), aus Linien u. Figuren im Sand wahrzusagen

Geo|ma|tik *die;* -: Wissenschaft von der Erfassung, Analyse und Verwaltung raumbezogener Daten und Prozesse

Geo|me|ter *der;* -s, - ⟨*gr.-lat.*⟩ (veraltet): ↑Geodät

Geo|me|t|rie *die;* -, ...ien: Zweig der Mathematik, der sich mit den Gebilden der Ebene u. des Raumes befasst

geo|me|t|risch: die Geometrie betreffend, durch Begriffe der Geometrie darstellbar; **geometrischer Ort:** geometrisches Gebilde, dessen sämtliche Punkte die gleiche Bedingung erfüllen; **geometrischer Stil:** nach seiner Linienornamentik benannter Stil der gr. Vasenmalerei; **geometrisches Mittel:** n-te Wurzel aus dem Produkt von n Zahlen

Geo|mor|pho|lo|ge *der;* -n, -n: Wissenschaftler auf dem Gebiet der Geomorphologie

Geo|mor|pho|lo|gie *die;* - (Geol.): Wissenschaft von den Formen der Erdoberfläche u. deren Veränderungen

Geo|phy|sik *die;* -: Wissenschaft von den physikalischen Vorgängen u. Erscheinungen auf, über u. in der Erde

geo|phy|si|ka|lisch: die Geophysik betreffend

Geo|plas|tik *die;* -, -en: räumliche Darstellung von Teilen der Erdoberfläche

Geo|po|li|tik *die;* -: Wissenschaft von der Einwirkung geografischer Faktoren auf politische Vorgänge u. Kräfte

geo|sta|ti|o|när: immer über demselben Punkt des Erdäquators stehend u. dabei über dem Äquator mit der Erdrotation mitlaufend (von Satelliten)

Geo|syn|kli|na|le, Geo|syn|kli|ne *die;* -, -n (Geol.): weiträumiges Senkungsgebiet der Erdkruste

Geo|tek|to|nik *die;* - (Geol.): Lehre von den allgemeinen Gesetzmäßigkeiten in der Entwicklung der gesamten Erdkruste

Geo|ther|mie, Geo|ther|mik *die;* -: Wissenschaft von der Temperaturverteilung u. den Wärmeströmen innerhalb des Erdkörpers

geo|trop, geo|tro|pisch ⟨*gr.-nlat.*⟩: auf die Schwerkraft ansprechend (von Pflanzen)

Geo|tro|pis|mus *der;* -, ...men: Erdwendigkeit; Vermögen der Pflanzen, sich in Richtung der Schwerkraft zu orientieren

geo|zen|t|risch: 1. auf die Erde als Mittelpunkt bezogen; Ggs. ↑heliozentrisch; **geozentrisches Weltsystem:** Weltsystem, das die Erde als Weltmittelpunkt betrachtet (z. B. bei Ptolemäus). **2.** auf den Erdmittelpunkt bezogen; vom Erdmittelpunkt aus gerechnet (z. B. der geozentrische Ort eines Gestirns)

geo|zy|k|lisch: den Umlauf der Erde um die Sonne betreffend

Ge|pard [auch: ge'part] *der;* -s, auch: -en, -e, auch: -en ⟨*mlat.-fr.*⟩: sehr schlankes, hochbeiniges, schnelles katzenartiges Raubtier (in Indien u. Afrika)

Ge|ra|nie *die;* -, -n, **Ge|ra|ni|um** *das;* -s, ...ien ⟨*gr.-lat.*⟩: Storchschnabel; Zierstaude mit zahlreichen Arten

Ge|ra|ni|um vgl. Geranie

Ger|be|ra *die;* -, -[s] ⟨*nlat.;* nach dem dt. Arzt u. Naturforscher T. Gerber, 1823–1891⟩: margeritenähnliche Blume in roten u. gelben Farbtönen (Korbblütler)

Ge|r|i|a|ter *der;* -s, - ⟨*gr.-nlat.*⟩: Arzt mit Spezialkenntnissen auf dem Gebiet der Geriatrie

Ge|r|i|a|te|rin *die;* -, -nen: weibliche Form zu ↑Geriater

Ge|r|i|a|t|rie *die;* -: Altersheilkunde; Zweig der Medizin, der sich mit den Krankheiten des alternden u. alten Menschen beschäftigt

Ge|r|i|a|t|ri|kum *das;* -s, ...ka: Mittel zur Behandlung von Alterserscheinungen

ge|r|i|a|t|risch: die Geriatrie betreffend

ge|rie|ren, sich ⟨*lat.*⟩: sich benehmen, auftreten

Ger|ma|nia *die;* - ⟨*lat.*⟩: Frauengestalt [im Waffenschmuck], die das ehemalige Deutsche Reich symbolisch verkörpert

ger|ma|ni|sie|ren: der deutschen Sprache angleichen, anpassen

Ger|ma|nis|mus *der;* -, ...men ⟨*lat.-nlat.*⟩ (Sprachw.): **1.** sprachliche Besonderheit des Deutschen. **2.** Entlehnung aus dem Deutschen [in eine andere Sprache]

Ger|ma|nist *der;* -en, -en: **1.** jmd., der sich wissenschaftlich mit der Germanistik befasst. **2.** (veraltet) Jurist auf dem Gebiet des deutschen u. germanischen Rechts

Ger|ma|nis|tik *die;* -: **1.** deutsche Sprach- u. Literaturwissenschaft, Deutschkunde im weiteren Sinne (einschließlich Volks- u. Altertumskunde). **2.** Wissenschaft von den germanischen Sprachen

Ger|ma|nis|tin *die;* -, -nen: weibliche Form zu ↑Germanist (1)

Ger|ma|ni|um *das;* -s: chem. Element; ein Metall (Zeichen: Ge)

Ger|mi|nal [ʒɛrmi'nal] *der;* -[s], -s ⟨*lat.-fr.;* »Keimmonat«⟩: siebter Monat des französischen Revolutionskalenders (21. März bis 19. April)

Ger|mi|na|ti|on *die;* -, -en ⟨*lat.;* »das Sprossen«⟩: Keimungsperiode der Pflanzen

Ge|ront *der;* -en, -en ⟨*gr.*⟩: Mitglied der ↑Gerusia

ge|ron|to..., Ge|ron|to...

⟨zu *gr.* gérōn, Gen. gérontos »alter Mensch, Greis«⟩

Wortbildungselement mit der Bedeutung »alte Menschen betreffend, auf Alter [u. Erfahrung] beruhend«:

- Gerontokratie
- gerontologisch
- Gerontopsychologie

Von verwandter Herkunft ist auch das Wortbildungselement **gero..., Gero...,** vor Vokalen auch: ger..., Ger..., mit der Bedeutung »das Alter betreffend; im Alter auftretend«. Vermittelt über *gr.* gẽras »hohes Alter«, ist es Bestandteil vieler Fremdwörter, wie z. B. in geriatrisch, Geroderma und Gerohygiene.

Ge|ron|to|lo|ge *der;* -n, -n: Forscher od. Arzt mit Spezialkenntnissen auf dem Gebiet der Gerontologie

Ge|ron|to|lo|gie *die;* -: Fachgebiet, auf dem die Alterungsvorgänge beim Menschen unter biologischen, medizinischen, psychologischen u. sozialen Aspekten erforscht werden

Ge|ron|to|lo|gin *die;* -, -nen: weibliche Form zu ↑Gerontologe

Ge|ron|to|tech|nik *die;* -: technische Geräte, die älteren Menschen das Leben erleichtern sollen

Ge|run|di|um *das;* -s, ...dien ⟨*lat.*⟩: gebeugter Infinitiv des lateinischen Verbs (z. B. lat. *[ars] amandi* = [die Kunst] des Liebens)

Ge|run|div *das;* -s, -e: (im Lateinischen) als Adjektiv fungierende Verbform mit passivischer Bedeutung, die eine Notwendigkeit ausdrückt (z. B. in puer *laudandus* = ein Junge, der gelobt werden muss)

Ge|ru|si|a, Ge|ru|sie *die;* - ⟨*gr.*⟩ (Geschichte): Rat der Alten (in Sparta)

Ge|span *der;* -[e]s, -e ⟨*ung.*⟩ (Geschichte): Verwaltungsbeamter in Ungarn

Ge|span|schaft *die;* -, -en (Geschichte): Grafschaft, Amt[sbereich] eines Gespans

Ges|ta|gen *das;* -s, -e (meist Plural) ⟨*lat.; gr.*⟩ (Biol., Med.): weibliches Keimdrüsenhormon des Corpus luteum, das der Vorbereitung u. Erhaltung der Schwangerschaft dient

Ges|te [auch: 'ge:...] *die;* -, -n: Gebärde, die Rede begleitende Ausdrucksbewegung des Körpers, bes. der Arme u. Hände

Ges|tik [auch: 'ge:...] *die;* - ⟨*lat.-nlat.*⟩: Gesamtheit der Gesten als Ausdruck der Psyche

Ges|ti|ku|la|ti|on *die;* -, -en ⟨*lat.*⟩: Gebärdenspiel, Gebärde[nsprache]

ges|ti|ku|lie|ren: Gebärden machen

ges|tisch [auch: 'ge:...]: die Gestik betreffend

Ges|tus *der;* - ⟨*lat.*⟩: **a)** Gestik; **b)** Ausdruck, geistiges Gebaren

Get|to, Ghet|to *das;* -s, -s ⟨*it.*⟩: **a)** von den übrigen Vierteln der Stadt [durch Mauern usw.] abgetrenntes Wohnviertel, in dem die jüdische Bevölkerung (im Anfang freiwillig, später zwangsweise) lebte; **b)** Stadtbezirk, in dem diskriminierte Minderheiten, Ausländer od. auch privilegierte Bevölkerungsschichten zusammenleben; **c)** bestimmter Bereich od. Rahmen, aus dem man sich nicht entfernen kann

Get|to|blas|ter, Ghet|to|blas|ter [...bla:stɐ] *der;* -s, - ⟨*engl.*⟩: großer, besonders leistungsstarker Radiorekorder

get|to|i|sie|ren, ghet|to|i|sie|ren: 1. zu einem Getto machen. **2.** in ein Getto bringen

Gey|sir ['gaizɪr] *der;* -s, -e ⟨*isländ.*⟩: durch Vulkanismus entstandene heiße Springquelle; vgl. Geiser

Gha|sel *das;* -s, -e, **Gha|se|le** *die;* -, -n, **Ga|sel** *das;* -s, -e, **Ga|se|le** *die;* -, -n ⟨*arab.*⟩: [orientalische] Gedichtform mit wiederkehrenden gleichen od. »rührenden« Reimen; vgl. Bait

Ghet|to usw. vgl. Getto usw.

Ghi|bel|li|ne, Gi|bel|li|ne *der;* -n, -n ⟨*it.*⟩: Anhänger der Hohenstaufenkaiser in Italien, Gegner der Guelfen

Ghib|li, Gi|b|li *der;* - ⟨*arab.-it.*⟩: trockenheißer, Staub u. Sand führender Wüstenwind in Libyen (bes. an der Küste)

Ghost|wri|ter ['goʊstraitɐ] *der;* -s, - ⟨*engl.;* »Geisterschreiber«⟩: Autor, der für eine andere Person schreibt u. nicht als Verfasser genannt wird

Ghost|wri|te|rin *die;* -, -nen: weibliche Form zu ↑Ghostwriter

Gi|aur *der;* -s, -s, auch -en, -en ⟨*pers.-türk.*⟩: Ungläubiger (im Islam Bezeichnung für Nichtmuslime)

Gib|bon *der;* -s, -s ⟨*fr.*⟩: südostasiatischer schwanzloser Langarmaffe

Gi|bel|li|ne vgl. Ghibelline

Gi|b|li vgl. Ghibli

[1]Gig *das;* -s, -s ⟨*engl.*⟩: Sportruderboot, Beiboot

[2]Gig *das;* -s, -s (früher): leichter, offener zweirädriger Wagen

[3]Gig *der;* -s, -s ⟨*engl.*⟩: bezahlter Auftritt einer Band od. eines Einzelmusikers in einem Konzert, einem [Nacht]lokal, einem Plattenstudio

Gi|ga|byte [...'bait] *das;* -[s], -[s] ⟨*gr.; engl.*⟩ (EDV): 1024 Megabyte (= 1 073 741 824 Byte; Zeichen: GByte)

Gi|ga|hertz *das;* -, - ⟨*gr.*⟩ (Physik): 1 Milliarde Hertz (Zeichen: GHz)

Gi|gant *der;* -en, -en ⟨*gr.-lat.*, nach den riesenhaften Söhnen der Gäa (= Erde) in der gr. Sage⟩: jmd., der riesig, hünenhaft, beeindruckend groß in seinen Ausmaßen u. in seiner [Leistungs]kraft ist

Gi|gan|tin *die;* -, -nen: weibliche Form zu ↑Gigant

gi|gan|tisch ⟨*gr.-lat.*⟩: riesenhaft, außerordentlich, von ungeheurer Größe

Gi|gan|tis|mus *der;* -, ...men ⟨*gr.-nlat.*⟩: **1.** (Med.) krankhafter Riesenwuchs. **2.** Gesamtheit der Erscheinungsformen, in denen Gigantomanie offenbar wird

Gi|gan|to|ma|chie *die;* - ⟨*gr.-lat.*⟩: der Kampf der Giganten gegen Zeus in der griechischen Mythologie (dargestellt im Fries am Pergamonaltar)

Gi|gan|to|ma|nie *die;* -, ...ien: Sucht, Bestreben, alles ins Riesenhafte zu übersteigern, mit riesenhaften Ausmaßen zu gestalten (z. B. in der Baukunst)

gi|gan|to|ma|nisch: die Gigantomanie betreffend, auf ihr beruhend

Gi|go|lo ['ʒi:golo, auch: 'ʒɪ...] *der;* -[s], -s ⟨*fr.*⟩: **1.** Eintänzer. **2.** (ugs.) jüngerer Mann, der sich von meist älteren Frauen aushalten lässt

Gigue [ʒi:g] *die;* -, -n ['ʒi:gn̩] ⟨*fr.-engl.-fr.*⟩ (Musik): **a)** nach 1600 entwickelter heiterer Schreittanz im Dreiertakt; **b)** seit dem 17. Jh. Satz einer Suite (4)

Gim|mick *der,* auch: *das;* -s, -s ⟨*engl.*⟩: überraschender, Aufmerksamkeit erregender, witziger Effekt, Gag (bes. in der Werbung)

Gin [dʒɪn] *der;* -s, -s (aber: 2 -) ⟨*lat.-fr.-niederl.-engl.*⟩: englischer Wacholderbranntwein

Gin|fizz, Gin-Fizz ['dʒɪnfɪs] *der;* -, - ⟨*engl.*⟩: Mixgetränk aus Gin, Mineralwasser, Zitrone u. Zucker

Gin|gan ['gɪŋgan] *der;* -s, -s ⟨*malai.*⟩: gemustertes Baumwollgewebe in Leinenbindung (eine Webart)

Gin|ger ['dʒɪndʒɐ] *der;* -[s], - ⟨*lat.-engl.*⟩: Ingwer

Gin|ger|ale, Gin|ger-Ale [...eɪl] *das;* -s, -s (aber: 2 -) ⟨*engl.*⟩: alkoholfreies Erfrischungsgetränk mit Ingwergeschmack

Ging|ham ['gɪŋəm] *der;* -s, -s ⟨*malai.-engl.*⟩: ↑Gingan

Gink|go ['gɪŋko], **Gin|ko** *der;* -s, -s ⟨*jap.*⟩: den Nadelhölzern verwandter, in Japan u. China heimischer Zierbaum mit fächerartigen Blättern

Gin|seng ['gɪnzɛŋ, auch: ʒ...] *der;* -s, -s ⟨*chin.*⟩: Wurzel eines ostasiatischen Araliengewächses (Anregungsmittel; Allheilmittel der Chinesen, das als lebensverlängernd gilt)

Gin To|nic [dʒɪn -] *der;* - -[s], - -s (aber: 2 - -): Gin mit Tonic [u. Zitronensaft o. Ä.]

Gi|raf|fe *die;* -, -n ⟨*arab.-it.*⟩: Säugetier der mittelafrikanischen Steppe mit 2 bis 3 m langem Hals (Wiederkäuer)

Girl [gø:ɐ̯l, gœrl] *das;* -s, -s ⟨*engl.*⟩: **1.** junges Mädchen. **2.** einer Tanzgruppe, einem Ballett angehörende Tänzerin

Gir|lan|de *die;* -, -n ⟨*it.-fr.*⟩: langes, meist in durchhängenden Bogen angeordnetes Gebinde aus Blumen, Blättern, Tannengrün o. Ä. od. aus buntem Papier zur Dekoration an Gebäuden, in Räumen usw.

Gir|lie ['gœrli] *das;* -s, -s ⟨*engl.*⟩: junge Frau, die unkonventionelle, mädchenhafte, aber körperbetonte Kleidung mit selbstbewusstem, manchmal frechem Auftreten verbindet

[1]Gi|ro ['ʒi:ro] *das;* -s, -s, österr. auch: Giri ⟨*gr.-lat.-it.; »Kreis«*⟩: **1.** Überweisung im bargeldlosen Zahlungsverkehr. **2.** Indossament; Vermerk, durch den ein Wechsel od. ein sonstiges Orderpapier auf einen anderen übertragen wird

[2]Gi|ro ['dʒi:ro] *der;* -s: Kurzform von ↑Giro d'Italia

Gi|ro d'Ita|lia ['dʒi:ro di'ta:li̯a] *der;* - -, Giri d'Italia ['dʒi:ri -]: Etappenrennen in Italien für Berufsfahrer im Radsport

Gi|ro|kon|to ['ʒi:ro...] *das;* -s, ...ten: Konto, über das Girogeschäfte durch Scheck od. Überweisung abgewickelt werden

Gi|tar|re *die;* -, -n ⟨*gr.-arab.-span.*⟩: sechssaitiges Zupfinstrument mit flachem Klangkörper, offenem Schallloch, Griffbrett u. 12 bis 22 Bünden

Gi|tar|rist *der;* -en, -en: Musiker, der Gitarre spielt

Gi|tar|ris|tin *die;* -, -nen: weibliche Form zu ↑Gitarrist

Give-away ['gɪvəweɪ] *das* od. *der;* -s, -s ⟨*engl.*⟩ (Werbespr.): [kleines] Werbegeschenk, Gratisprobe

Gla|cé, Gla|cee [gla'se:] *der;* -[s], -s ⟨*fr.; »Glanzie«*⟩: **1.** glänzendes, ↑changierendes Gewebe aus Naturseide od. Reyon. **2.** Glacéleder

Gla|cé|le|der, Gla|cee|le|der *das;* -s, -: feines, weiches, glänzendes Leder aus Fellen von jungen Schafen od. Ziegen

gla|cie|ren [gla'si:rən]: **1.** (veraltet) zum Gefrieren bringen. **2.** (Gastron.) mit geleeartigem Fleischsaft überziehen, überglänzen

Gla|cis [gla'si:] *das;* - [gla'si:(s)], - [gla'si:s]: Erdaufschüttung vor einem Festungsgraben, die keinen toten Winkel entstehen lässt

Gla|di|a|tor *der;* -s, ...oren ⟨*lat.*⟩: (im alten Rom) Fechter, Schwertkämpfer, der in Zirkusspielen auf Leben u. Tod gegen andere Gladiatoren od. gegen wilde Tiere kämpft

Gla|di|o|le *die;* -, -n ⟨»kleines Schwert«⟩: als Schnittblume beliebte Gartenpflanze mit hohem Stiel, breiten, schwertförmigen Blättern u. trichterförmigen Blüten, die in einem dichten Blütenstand auf eine Seite ausgerichtet sind

Gla|mour ['glæmɐ] *der* od. *das;* -s ⟨*engl.; »Blendwerk, Zauber«*⟩: blendender Glanz; auffällige, betörende Aufmachung

Gla|mour|girl, Gla|mour-Girl ['glæmɐgə:l] *das;* -s, -s: auffällig attraktives, die Blicke auf sich ziehendes, blendend aufgemachtes Mädchen; Film-, Reklameschönheit

gla|mou|rös [glamu...]: bezaubernd aufgemacht; von äußerlicher, blendender Schönheit

Glans *die;* -, Glandes ⟨*lat.*⟩ (Med.): Eichel; vorderer verdickter Teil des Penis, der Klitoris

gla|sie|ren ⟨mit romanisierender Endung zu dt. *Glas* gebildet⟩: mit einer Glasur überziehen

Glas|nost *die;* - ⟨*russ.;* »Öffentlichkeit«⟩: Transparenz, bes. in Bezug auf die Zielsetzungen der Regierung (in der Sowjetunion gegen Ende des 20. Jh.s)

Gla|sur *die;* -, -en: **1.** Zuckerguss. **2.** glasartige Masse als Überzug auf Tonwaren

Glau|kom *das;* -s, -e (Med.): grüner Star (Augenkrankheit)

Glau|ko|nit [auch: ...ˈnɪt] *der;* -s, -e: ein Mineral

gla|zi|al ⟨*lat.*⟩: **a)** eiszeitlich; **b)** Eis, Gletscher betreffend

Gla|zi|al *das;* -s, -e (Geol.): Eiszeit

Gla|zi|al|zeit *die;* -, -en: Glazial

Gla|zio|lo|ge *der;* -n, -n: Wissenschaftler auf dem Gebiet der Glaziologie

Gla|zio|lo|gie *die;* -: Wissenschaft von der Entstehung u. Wirkung des Eises u. der Gletscher; Gletscherkunde

Gla|zio|lo|gin *die;* -, -nen: weibliche Form zu ↑Glaziologe

Glen|check [ˈglɛntʃɛk] *der;* -[s], -s ⟨*engl.*⟩: [Woll]gewebe mit großer Karomusterung

Glis|san|do *das;* -s, -s u. ...di (Musik): der Vorgang des Glissandospieles

glo|bal ⟨*lat.-nlat.*⟩: **1.** auf die gesamte Erde bezüglich; weltumspannend. **2. a)** umfassend, gesamt; **b)** allgemein, ungefähr

glo|ba|li|sie|ren: auf die ganze Erde ausdehnen

Glo|ba|li|sie|rung *die;* -, -en: **a)** das Globalisieren; **b)** zusammenfassende Bez. für die weltweite Durchdringung von Wirtschaftsprozessen, Kapitalverflechtung u. die globale Ausrichtung von [multinationalen] Unternehmen

Glo|bal Play|er [ˈgloʊbl̩ ˈpleɪɐ] *der;* - -s, - -[s] ⟨*engl.*⟩: **1.** Konzern, Unternehmen mit weltweitem Wirkungskreis, das sich an internationalen Produktions- u. Absatzmärkten ausrichtet. **2.** (Politik) Weltmacht

Glo|be|trot|ter [auch: ˈglo:p...] *der;* -s, - ⟨*engl.*⟩: Weltenbummler

Glo|be|trot|te|rin *die;* -, -nen: weibliche Form zu ↑Globetrotter

Glo|bin *das;* -s, -e: Eiweißbestandteil des ↑Hämoglobins

Glo|bu|lin *das;* -s, -e (Med.; Biol.): wichtiger Eiweißkörper des menschlichen, tierischen u. pflanzlichen Organismus (vor allem in Blut, Milch, Eiern u. Pflanzensamen)

Glo|bus *der;* - u. -ses, ...ben u. -se ⟨»Kugel«⟩: Kugel mit dem Abbild der Erdoberfläche od. der scheinbaren Himmelskugel auf ihrer Oberfläche

¹Glo|ria *die;* - ⟨*lat.*⟩ (iron.): Ruhm, Herrlichkeit; **mit Glanz und Gloria** (ugs. iron.): ganz und gar

²Glo|ria *das;* -s: (nach dem Anfangswort bezeichneter) Lobgesang in der christlichen Liturgie

Glo|rie [...ri̯ə] *die;* -, -n ⟨*lat.*⟩: **1.** Ruhm, Herrlichkeit [Gottes]. **2.** Lichtkreis, Heiligenschein. **3.** helle, farbige Ringe um den Schatten eines Körpers (z. B. Flugzeug, Ballon) auf einer von Sonne od. Mond beschienenen Nebelwand od. Wolkenoberfläche, die durch Beugung des Lichts an den Wassertröpfchen od. Eiskristallen der Wolken entstehen

Glo|ri|en|schein *der;* -s, -e: Heiligenschein

Glo|ri|fi|ka|ti|on *die;* -, -en ⟨*lat.*⟩: Verherrlichung; vgl. Glorifizierung; vgl. ...ation/...ierung

glo|ri|fi|zie|ren: verherrlichen

Glo|ri|fi|zie|rung *die;* -, -en: das Glorifizieren; Verherrlichung; vgl. ...ation/...ierung

Glos|sar *das;* -s, -e ⟨*gr.-lat.*⟩: **1.** Sammlung von Glossen (1). **2.** Wörterverzeichnis [mit Erklärungen]

Glos|se [fachspr. auch: ˈglo:sə] *die;* -, -n ⟨*gr.-lat.;* »Zunge; Sprache«⟩: **1.** in alten Handschriften erscheinende Erläuterung eines der Erklärung bedürftigen Ausdrucks. **2. a)** spöttische Randbemerkung; **b)** kurzer Kommentar in Tageszeitungen mit [polemischer] Stellungnahme zu Tagesereignissen. **3.** spanische Gedichtform, bei der jede Zeile eines vorangestellten vierzeiligen Themas als jeweiliger Schlussvers von vier Strophen wiederkehrt. **4.** erläuternde Randbemerkung zu einer Gesetzesvorlage (im Mittelalter bes. die den Inhalt aufhellenden Anmerkungen im ↑Corpus Iuris Civilis)

glos|sie|ren ⟨*gr.-lat.*⟩: **1.** durch Glossen (1) erläutern. **2.** mit spöttischen Randbemerkungen versehen, begleiten

Glos|so|la|lie, Glot|to|la|lie *die;* -: **a)** Zungenreden, ekstatisches Reden in fremden Sprachen in der Urchristengemeinde (Apg. 2; 1. Kor. 14); **b)** (Psychol.) Hervorbringung von fremdartigen Sprachlauten u. Wortneubildungen, bes. in der ↑Ekstase

Glot|tal *der;* -s, -e: Kehlkopf-, Stimmritzenlaut

Glot|tis *die;* -, Glottides [...ˈti:dɛs] ⟨*gr.*⟩: **a)** aus den beiden Stimmbändern bestehendes Stimmorgan im Kehlkopf; **b)** Stimmritze zwischen den beiden Stimmbändern im Kehlkopf

Glot|tis|schlag *der;* -[e]s, ...schläge: beim Gesang als harter, unschöner Tonansatz empfundener Knacklaut vor Vokalen

Glot|to|la|lie vgl. Glossolalie

Glo|xi|nie [...ni̯ə] *die;* -, -n ⟨nach dem elsässischen Arzt B. P. Gloxin, † 1784⟩: **1.** aus Südbrasilien stammende Zierpflanze mit großen, glockenförmigen, leuchtenden Blüten. **2.** im tropi-

schen Südamerika vorkommende Pflanze mit glocken- bis röhrenförmigen Blüten
Glu|co̱|se vgl. Glukose
Glu|ko̱|se, fachspr.: **Glu|co̱|se** *die;* - ⟨*gr.*⟩: Traubenzucker
Glu|t|a|ma̱t *das;* -[e]s, -e ⟨*lat.; gr.*⟩: Salz der Glutaminsäure
Glu|t|a|mi̱n *das;* -s, -e: bes. im Pflanzenreich weitverbreitete, vor allem beim Keimen auftretende Aminosäure
Glu|te̱n *das;* -s ⟨*lat.;* »Leim«⟩: Eiweißstoff der Getreidekörner, der für die Backfähigkeit des Mehls wichtig ist; Kleber

g

Glu|ti̱n *das;* -s ⟨*lat.-nlat.*⟩: Eiweißstoff (Hauptbestandteil der Gelatine)
Gly|ce|ri̱n vgl. Glyzerin
Gly|ce|ro̱l *das;* -s, -e ⟨*gr.-fr.-engl.*⟩ (Chemie): Glyzerin
Gly|ko|ge̱n *das;* -s (Med.; Biol.): tierische Stärke, energiereiches Kohlehydrat in fast allen Körperzellen (bes. in Muskeln u. der Leber)
Gly|ko̱l *das;* -s, -e ⟨Kurzw. aus: *gr.* **glykýs** »süß« u. ↑Alkohol⟩: **1.** zweiwertiger giftiger Alkohol von süßem Geschmack. **2.** Äthylenglykol, ein Frostschutz- u. Desinfizierungsmittel
Gly|ko̱|se *die;* - ⟨*gr.-nlat.*⟩: ältere Form für ↑Glukose
Gly|ko|si̱d *das;* -[e]s, -e (meist Plural): Pflanzenstoff, der in Zucker u. a. Stoffe, bes. Alkohole, spaltbar ist
Gly̱|phe vgl. Glypte
Gly̱|phik *die;* - ⟨*gr.-nlat.*⟩ (veraltet): ↑Glyptik
Gly̱p|te [auch: ˈgly:...], **Gly̱|phe** *die;* -, -n ⟨*gr.*⟩: geschnittener Stein; Skulptur
Glyp|tik *die;* -: die Kunst, mit Meißel od. Grabstichel in Stein od. Metall zu arbeiten; Steinschneidekunst; das Schneiden der Gemmen; vgl. Glyphik u. Gemmoglyptik
Glyp|to|the̱k *die;* -, -en: Sammlung von Glypten
Gly|san|ti̱n® *das;* -s ⟨Kunstw.⟩: Kühlerschutzmittel aus ↑Glykol u. ↑Glyzerin
Gly|ze|ri̱n, chem. fachspr.: **Gly|ce|ri̱n** ⟨*gr.-nlat.*⟩ *das;* -s, -e: dreiwertiger, farbloser, sirupartiger Alkohol
Gly|zi̱|ne, Gly|zi̱|nie [...i̯ə] *die;* -, -n: sich in die Höhe windender Zierstrauch mit blauvioletten Blütentrauben; ↑Wistaria
G-Man [ˈdʒi:mæn] *der;* -[s], G-Men ⟨*engl.-amerik.;* Kurzw. für: government *man;* »Regierungsmann«⟩: Sonderagent des FBI
Gnoc|chi [ˈnjɔki] *die* (Plural) ⟨*it.*⟩: Klößchen aus Grieß, Mais, Kartoffeln u. Mehl, die in Salzwasser gegart in verschiedenen Zubereitungsarten als Vorspeise od. Beilage gereicht werden
Gno̱m *der;* -en, -en, auch -s, -e ⟨auf Paracelsus (1493–1541) zurückgehende Wortneuschöpfung, ohne sichere Deutung⟩: jmd., der sehr klein ist; Kobold, Zwerg
Gno̱|me *die;* -, -n ⟨*gr.-lat.*⟩: lehrhafter [Sinn-, Denk]spruch in Versform od. in Prosa; ↑Sentenz (1 b)
Gno̱|mi|ker *der;* -s, - ⟨*gr.*⟩: Verfasser von Gnomen
gno̱|misch: die Gnome betreffend, in der Art der Gnome; **gnomischer Aorist** (Sprachw.): in Gnomen zeitlos verwendeter ↑Aorist; **gnomisches Präsens** (Sprachw.): in Sprichwörtern u. Lehrsätzen zeitlos verwendetes Präsens (z. B. Gelegenheit *macht* Diebe)
Gno̱|mon *der;* -s, ...mo̱ne ⟨*gr.-lat.*⟩: senkrecht stehender Stab, dessen Schattenlänge zur Bestimmung der Sonnenhöhe gemessen wird (für Sonnenuhren)
Gno̱|sis *die;* - ⟨*gr.*⟩: [Gottes]erkenntnis; in der Schau Gottes erfahrene Welt des Übersinnlichen (hellenistische, jüdische u. bes. christliche Versuche der Spätantike, die im Glauben verborgenen Geheimnisse durch philosophische Spekulation zu erkennen u. so zur Erlösung vorzudringen); vgl. Gnostizismus u. Pneumatiker
Gno̱s|tik *die;* - ⟨*gr.-lat.*⟩ (veraltet): Lehre der Gnosis
Gno̱s|ti|ker *der;* -s, -: Vertreter der Gnosis od. des Gnostizismus
Gno̱s|ti|ke|rin *die;* -, -nen: weibliche Form zu ↑Gnostiker
gno̱s|tisch: die Gnosis od. den Gnostizismus betreffend
Gnos|ti|zi̱s|mus *der;* - ⟨*gr.-nlat.*⟩: **1.** Gesamtheit aller religiösen Richtungen, die die Erlösung durch [philosophische] Erkenntnis Gottes u. der Welt suchen. **2.** ↑synkretistische religiöse Strömungen u. Sekten (↑Gnosis) der späten Antike
Gnu̱ *das;* -s, -s ⟨*hottentott.*⟩: süd- u. ostafrikanische Antilope
Go̱ *das;* - ⟨*jap.*⟩: japanisches Brettspiel
Goal [go:l] *das;* -s, -s ⟨*engl.*⟩ (österr. und schweiz.): Tor, Treffer (im Sport)
Goal|get|ter [ˈgo:l...] *der;* -s, - ⟨anglisierende Bildung zu *engl.* to get a goal »ein Tor schießen«⟩ (Sport): besonders erfolgreicher Torschütze
Goa|lie [ˈgo:li] *der;* -s, -s (schweiz.): Torhüter
Goal|kee|per [ˈgo:lki:pɐ] *der;* -s, - ⟨*engl.*⟩ (bes. österr., schweiz.): Torhüter
Go|be|lin [gobəˈlɛ̃:] *der;* -s, -s ⟨*fr.;* nach der gleichnamigen fr. Färberfamilie⟩: Wandteppich mit eingewirkten Bildern

Go-go-Girl [...gəːl] *das;* -s, -s ⟨*engl.*⟩: Vortänzerin in einer Diskothek o. Ä.

Goi *der;* -[s], Gojim [auch: goˈjiːm] ⟨*hebr.*⟩: jüd. Bez. für Nichtjude

Go-in *das;* -s, -s ⟨*engl.*⟩: [gewaltsames] Eindringen demonstrierender Gruppen in einen Raum od. ein Gebäude [um eine Diskussion zu erzwingen]

Go|kart *der,* auch *das;* -[s], -s ⟨*engl.;* »Laufwagen«⟩: niedriger, unverkleideter kleiner Sportrennwagen

Go|lat|sche vgl. Kolatsche

Gol|den De|li|cious [ˈgoʊldn̩ dɪˈlɪʃəs] *der;* - -, - - ⟨*engl.*⟩: mittelgroßer Apfel mit grüngoldgelber, bräunlich punktierter Schale

Gol|den Goal [- ˈgoːl] *das;* - -s, - -s ⟨*engl.;* »goldenes Tor«⟩ (Ballspiele): Spielentscheidung durch das erste gefallene Tor in einem zusätzlichen Spielabschnitt (z. B. beim Fußball)

Go|lem *der;* -[s] ⟨*hebr.*⟩: durch Zauber zum Leben erweckte menschliche Tonfigur (↑Homunkulus) der jüdischen Sage

¹**Golf** *der;* -[e]s, -e ⟨*gr.-lat.-it.*⟩: größere Meeresbucht, Meerbusen

²**Golf** *das;* -s ⟨*schott.-engl.*⟩: Rasenspiel mit Hartgummiball u. Schläger

gol|fen: ²Golf spielen

Gol|fer *der;* -s, -: Golfspieler

Gol|fe|rin *die;* -, -nen: weibliche Form zu ↑Golfer

Gol|ga|tha, ökum.: **Gol|go|ta** *das;* -[s] ⟨*hebr.-gr.-kirchenlat.;* nach der Kreuzigungsstätte Christi⟩: tiefster Schmerz, tiefstes Leid, das jmd. zu erleiden hat

Go|na|de *die;* -, -n ⟨*gr.-nlat.*⟩ (Biol., Med.): Geschlechts-, Keimdrüse

Gon|del *die;* -, -n ⟨*venez.-it.*⟩: **1.** langes, schmales venezianisches Boot. **2.** Korb am Ballon; Kabine am Luftschiff. **3.** längerer, von allen Seiten zugänglicher Verkaufsstand in einem Kaufhaus. **4.** Hängegefäß für Topfpflanzen. **5.** (landsch.) einem Hocker ähnlicher Stuhl mit niedrigen Armlehnen

gon|deln (ugs.): gemächlich fahren

Gon|do|li|e|ra *die;* -, ...ren: italienisches Schifferlied im $^6/_8$- od. $^{12}/_8$-Takt (auch in die Kunstmusik übernommen)

Gon|do|li|e|re *der;* -, ...ri: Führer einer Gondel (1)

Gong *der* (selten: *das*); -s, -s ⟨*malai.-engl.*⟩: [an Schnüren aufgehängte, dickwandige] Metallscheibe, die einen dumpf hallenden Ton hervorbringt, wenn man sie mit einem Klöppel anschlägt

gon|gen: a) ertönen (vom Gong); **b)** den Gong schlagen

Go|nio|me|t|rie *die;* - (Math.): Winkelmessung; Teilgebiet der ↑Trigonometrie, das sich mit den Winkelfunktionen befasst

Go|nor|rhö *die;* -, -en: Tripper (Geschlechtskrankheit)

go|nor|rho|isch: a) den Tripper betreffend; **b)** auf Tripper beruhend

good|bye [gʊdˈbai̯] ⟨*engl.*⟩: englischer Gruß (= auf Wiedersehen!)

Good|will [ˈgʊdˈwɪl] *der;* -[s] ⟨*engl.*⟩: **a)** (Wirtsch.) ideeller Firmenwert, Geschäftswert; **b)** Ansehen, guter Ruf einer Institution o. Ä.; **c)** Wohlwollen, freundliche Gesinnung

goo|geln [ˈguːgl̩n] ⟨*engl.*⟩: mit Google im Internet suchen, recherchieren

Goo|gle® [ˈguːgl̩] (ohne Artikel) ⟨*engl.*⟩: eine Internetsuchmaschine

gor|disch ⟨nach der antiken Stadt Gordion, wo nach der gr. Sage am Streitwagen des Königs Gordios ein als unentwirrbar geltender Knoten befestigt war, wobei dem die Herrschaft über Asien verheißen war, der ihn lösen konnte (Alexander der Große durchhieb ihn mit dem Schwert)⟩: **ein gordischer Knoten:** ein schwieriges Problem; **den gordischen Knoten durchhauen:** eine schwierige Aufgabe verblüffend einfach lösen

Gore|tex® [ˈgɔː...] *das;* - ⟨Kunstw.⟩: wasser- u. windundurchlässiges, atmungsaktives Gewebe für Jacken, Schuhe u. a.

Gor|go|nen|haupt *das;* -[e]s, ...häupter ⟨nach dem weiblichen Ungeheuer Gorgo in der gr. Sage⟩: Unheil abwehrendes [weibliches] Schreckgesicht, bes. auf Waffen u. Geräten der Antike (z. B. auf der ↑Ägis)

Gor|gon|zo|la *der;* -[s], -s ⟨*it.;* nach dem gleichnamigen it. Ort⟩: mit Schimmelpilzen durchsetzter italienischer Weichkäse

Go|ril|la *der;* -s, -s ⟨*afrik.-gr.-engl.*⟩: **1.** größter Menschenaffe (in den Wäldern Äquatorialafrikas). **2.** (Jargon) Leibwächter von kräftig-robuster Statur

Gos|pel *das* od. *der;* -s, -s ⟨*engl.*⟩: ↑Gospelsong

Gos|pel|song *der;* -s, -s: etwa seit 1940 bestehende verstädterte Form des ↑Negrospirituals, bei der die jazzmäßigen Einflüsse zugunsten einer europäischen Musikalität zurückgedrängt sind

Gos|po|dar vgl. Hospodar

Gos|po|din *der;* -s, ...da ⟨*russ.*⟩: Herr (russische Anrede)

Got|cha [ˈgɔtʃɐ] *das;* -s ⟨*engl.-amerik.*⟩: ↑Paintball

Go|tik *die;* - ⟨*fr.*⟩: **a)** europäischer Kunststil von der Mitte des 12. bis zum Ende des 15. Jh.s; **b)** Zeit des gotischen Stils

go|tisch: 1. den (germanischen) Stamm der Goten betreffend. **2.** die Gotik betreffend; **gotische Schrift** (Druckw.): (seit dem 12. Jh. aus der karolingischen ↑Minuskel gebildete) Schrift mit spitzbogiger Linienführung u. engem Zusammenschluss der Buchstaben. **3.** eine Faltungsphase der obersilurischen Gebirgsbildung betreffend

Go|ti|sche *das;* -n: **a)** die gotische Sprache im Allgemeinen; **b)** das die Gotik Kennzeichnende

g

Gou|ache [gu̯a(:)ʃ] *die;* -, -n, **Gu|asch** *die;* -, -en ⟨*lat.-it.-fr.*⟩: **1.** (ohne Plural) deckende Malerei mit Wasserfarben in Verbindung mit Bindemitteln u. Deckweiß, deren dicker Farbauftrag nach dem Trocknen eine dem ↑Pastell ähnliche Wirkung ergibt. **2.** Bild in der Technik der Gouache

Gourde [gurd] *der;* -, -s [gurd] (aber: 10 -) ⟨*fr.*⟩: Währungseinheit auf Haiti (= 100 Centimes)

Gour|mand [gʊrˈmãː] *der;* -s, -s ⟨*fr.*⟩: jmd., der gern gut u. zugleich viel isst; Schlemmer

Gour|man|di|se [gʊrmãˈdiːzə] *die;* -, -n: besondere Delikatesse; Leckerbissen

Gour|met [gʊrˈmɛ, auch: ...ˈmeː] *der;* -s, -s: jmd., der ein Kenner von Speisen u. Getränken ist u. gern ausgesuchte Delikatessen isst; Feinschmecker; vgl. Gourmand

Gout [guː] *der;* -s, -s ⟨*lat.-fr.*⟩: Geschmack, Wohlgefallen; vgl. Hautgout

gou|tie|ren [guˈtiː...] ⟨»kosten, schmecken«⟩: Geschmack an etwas finden; gutheißen

Gou|ver|nan|te [guvɛr...] *die;* -, -n ⟨*lat.-fr.*⟩: [altjüngferliche, bevormundende, belehrende] Erzieherin, Hauslehrerin

gou|ver|nan|ten|haft: in der Art einer Gouvernante

Gou|ver|ne|ment [guvɛrnəˈmãː] *das;* -s, -s: **a)** Regierung; Verwaltung; **b)** Verwaltungsbezirk (militärischer od. ziviler Behörden)

Gou|ver|neur [guvɛrˈnøːɐ̯] *der;* -s, -e: **1.** Leiter eines Gouvernements; Statthalter (einer Kolonie). **2.** Befehlshaber einer größeren Festung. **3.** oberster Beamter eines Bundesstaates in den USA

GPS [dʒiːpiːˈlɛs, auch: geːpeː...] *das;* - ⟨Abk. für *engl.* global positioning system »weltweites Standortbestimmungssystem«⟩: satellitengestütztes Navigationssystem, mit dem Positionen auf der Erde mit sehr großer Genauigkeit ermittelt werden können

Gracht *die;* -, -en ⟨niederl.⟩: schiffbarer Kanal in niederländischen Städten

Gra|da|ti|on *die;* -, -en: **a)** Steigerung, stufenweise Erhöhung; Abstufung; **b)** Aneinanderreihung steigernder (vgl. Klimax (1)) od. abschwächender (vgl. Antiklimax) Ausdrucksmittel (z. B.: Goethe, *groß* als Forscher, *größer* als Dichter, *am größten* als Mensch)

Gra|di|ent *der;* -en, -en: **1.** (Meteorol.) Gefälle (z. B. des Luftdruckes od. der Temperatur) auf einer bestimmten Strecke. **2.** (Math.) Steigungsmaß einer Funktion (2) in verschiedenen Richtungen (Abk.: grad)

gra|die|ren: verstärken, auf einen höheren Grad bringen, bes. Salzsolen in Gradierwerken allmählich (gradweise) konzentrieren

Gra|die|rung *die;* -, -en: das Gradieren

Gra|dier|werk *das;* -[e]s, -e: hohes, mit Reisig belegtes Holzgerüst, über das Sole herabrieselt, die durch erhöhte Verdunstung konzentriert wird (früher zur Salzgewinnung, heute noch in Kurorten zur Erzeugung salzhaltiger u. heilkräftiger Luft)

gra|du|al ⟨*lat.-mlat.*⟩: den Grad, Rang betreffend

Gra|du|a|le *das;* -s, ...lien: **1.** kurzer Psalmgesang nach der ↑Epistel in der katholischen Messe (urspr. auf den Stufen des ↑Ambos). **2.** liturgisches Gesangbuch mit den Messgesängen

Gra|du|al|sys|tem *das;* -s: Erbfolge nach dem Grade der Verwandtschaft zum Erblasser durch Eintritt der übrigen Erben der gleichen Ordnung in die Erbfolge eines ausfallenden Erben (gesetzlich geregelt für Erben vierter u. höherer Ordnung); vgl. Parentelsystem

Gra|du|a|ti|on *die;* -, -en: Gradeinteilung auf Messgeräten, Messgefäßen u. dgl.; vgl. ...ation/...ierung

gra|du|ell ⟨*lat.-mlat.-fr.*⟩: grad-, stufenweise, allmählich

gra|du|ie|ren ⟨*lat.-mlat.*⟩: **1.** mit Graden versehen (z. B. ein Thermometer). **2. a)** einen akademischen Grad verleihen; **b)** einen akademischen Grad erwerben

Gra|du|ier|te *der* u. *die;* -n, -n: Träger[in] eines akademischen Titels

Gra|du|ie|rung *die;* -, -en: **a)** das Graduieren; **b)** ↑Graduation; vgl. ...ation/...ierung

Grae|cum [ˈgrɛː...] *das;* -s ⟨*gr.-lat.*⟩: durch eine Prüfung nachgewiesene Kenntnisse in der altgriechischen Sprache

[1]Graf vgl. [1]Graph

[2]Graf vgl. [2]Graph

Gra|fem usw. vgl. Graphem usw.

Graf|fi|a|to, Sgraf|fi|a|to *der;* -s, ...ti ⟨*germ.-it.*⟩: Verzierung von Tonwaren durch Anguss einer

Farbschicht, in die ein Ornament eingegraben wird

Graf|fi|to *der* od. *das;* -[s], ...ti ⟨*it.;* »Schraffierung«⟩: **a)** in Stein geritzte Inschrift; **b)** in eine Marmorfliese eingeritzte zweifarbige ornamentale od. figurale Dekoration; **c)** (meist Plural) auf Wände, Mauern, Fassaden usw. meist mit Spray gesprühte, gespritzte od. gemalte [künstlerisch gestaltete] Parole od. Darstellung; vgl. Sgraffito

Gra|fie, Gra|phie *die;* -, ...ien (Sprachw.): Schreibung, Schreibweise

Gra|fik, Gra|phik *die;* -, -en ⟨*gr.-lat.;* »Schreib-, Zeichenkunst«⟩: **1.** (ohne Plural) künstlerische, bes. zeichnerische Gestaltung von Flächen; Kunst u. Technik des Holzschnitts, Kupferstichs, der ↑Radierung, ↑Lithografie, Handzeichnung. **2.** (ohne Plural) Gesamtheit von Erzeugnissen der Grafik (1), des grafischen Schaffens. **3.** Werk der künstlerischen Grafik (z. B. Holzschnitt), einzelnes grafisches Blatt. **4.** [virtuell erzeugte] Illustration; Schaubild

Gra|fik|de|sign, Gra|phik|de|sign [...dizain] *das;* -s, -s ⟨*gr.-lat.; engl.*⟩: **1.** (ohne Plural) Bereich der ↑Grafik (1), der mithilfe von Bild, Fotografie, Typografie u. Ä. bestimmte Informationsinhalte in eine Bildsprache bzw. visuelle Zeichen umsetzt (z. B. in Werbung, Informationssystemen, Gelegenheitsgrafik); Gebrauchsgrafik. **2.** einzelnes Werk des ↑Grafikdesigns (1), z. B. ein Plakat, Zeichentrickfilm, Bucheinband

Gra|fi|ker, Gra|phi|ker *der;* -s, -: Künstler u. Techniker auf dem Gebiet der Grafik (1)

Gra|fi|ke|rin, Gra|phi|ke|rin *die;* -, -nen: weibliche Form zu ↑Grafiker

Gra|fik|kar|te, Gra|phik|kar|te *die;* -, -n: spezielle Steckkarte zur Erstellung [farbiger] Grafiken auf dem Bildschirm eines Computers

gra|fisch, gra|phisch: a) die Grafik betreffend; **b)** durch Grafik dargestellt, mithilfe von Grafik erfolgend

Gra|fit, Gra|phit [auch: ...'fɪt] *der;* -s, -e ⟨*gr.-nlat.*⟩: vielseitig in der Industrie verwendetes, weiches schwarzes Mineral aus reinem Kohlenstoff

Graffito

Das aus dem Italienischen übernommene, meist im Plural *Graffiti* erscheinende Substantiv wird nicht, wie oft fälschlicherweise angenommen, mit *-tt-*, sondern mit *-ff-* geschrieben.

Gra|fo|lo|gie, Gra|pho|lo|gie *die;* -: Wissenschaft von der Deutung der Handschrift als Ausdruck des Charakters

gra|fo|lo|gisch, gra|pho|lo|gisch: die Grafologie betreffend

Gra|fo|sta|tik, Gra|pho|sta|tik *die;* -: zeichnerische Methode zur Lösung statischer Aufgaben

Gra|ham|brot *das;* -[e]s, -e ⟨nach dem amerik. Arzt S. Graham (1794–1851), dem Verfechter einer auf Diät abgestellten Ernährungsreform⟩: ohne Gärung aus Weizenschrot hergestelltes Brot

Gral *der;* -s ⟨*fr.*⟩: in der mittelalterlichen Dichtung (in Verbindung mit den Sagen des Artus- u. Parzivalkreises) wundertätiger Stein od. Gefäß mit heilender Wirkung, in dem Christi Blut aufgefangen worden sein soll

Gram|ma|tik *die;* -, -en ⟨*gr.-lat.*⟩: **1. a)** Beschreibung der Struktur einer Sprache als Teil der Sprachwissenschaft; **inhaltsbezogene Grammatik:** primär auf das Feststellen der sprachlichen Inhalte abgestellte Grammatik; **b)** einer Sprache zugrunde liegendes Regelsystem. **2.** Werk, in dem Sprachregeln aufgezeichnet sind; Sprachlehre. **3.** gesetzmäßige Struktur von etwas (z. B. die - der Gefühle)

gram|ma|ti|ka|lisch: a) die Grammatik betreffend; vgl. grammatisch (a); **b)** sprachkundlich

Gram|ma|ti|ka|li|tät *die;* -: grammatikalische Korrektheit, Stimmigkeit der Segmente eines Satzes; vgl. Akzeptabilität (b)

Gram|ma|ti|ker *der;* -s, - ⟨*gr.-lat.*⟩: Wissenschaftler auf dem Gebiet der Grammatik

Gram|ma|ti|ke|rin *die;* -, -nen: weibliche Form zu ↑Grammatiker

gram|ma|tisch: a) die Grammatik betreffend; vgl. grammatikalisch; **b)** der Grammatik gemäß; sprachrichtig; nicht ungrammatisch

Gramm|ka|lo|rie vgl. Kalorie

Gramm|mol, Gramm-Mol, Gramm|mo|le|kül, Gramm-Mo|le|kül *das;* -s, -e ⟨*gr.; lat.*⟩: Masse in Gramm, deren Zahlenwert gleich der relativen Molekülmasse ist

Gram|mo|fon, Gram|mo|phon® *das;* -s, -e ⟨*gr.-nlat.*⟩: früher Plattenspieler

Gram|my ['græmi] *der;* -s, -s ⟨*amerik.*⟩: amerikanischer Schallplattenpreis

gram|ne|ga|tiv ⟨nach dem dän. Bakteriologen H. C. J. Gram, 1853–1938⟩ (Med.): nach dem gramschen Färbeverfahren sich rot färbend (von Bakterien); vgl. grampositiv

gram|po|si|tiv ⟨nach dem dän. Bakteriologen Gram⟩ (Med.): nach dem gramschen Färbeverfahren sich dunkelblau färbend (von Bakterien); vgl. gramnegativ

Gra|na|dil|le vgl. Grenadille

[1]Gra|nat *der;* -[e]s, -e, (österr.:) *der;* -en, -en ⟨*lat.*-

mlat.⟩: Mineral, das in mehreren Abarten u. verschiedenen Farben vorkommt

[2]**Gra|nat** *der;* -[e]s, -e ⟨*niederl.*⟩: kleines Krebstier (Garnelenart)

Gra|nat|ap|fel *der;* -s, ...äpfel ⟨*lat.; dt.*⟩: apfelähnliche Beerenfrucht des Granatbaumes

Gra|na|te *die;* -, -n ⟨*lat.-it.*⟩: mit Sprengstoff gefülltes, explodierendes Geschoss

Grand [grã:, ugs. auch: graŋ] *der;* -s, -s ⟨*lat.-fr.*⟩: höchstes Spiel im Skat, bei dem nur die Buben Trumpf sind; **Grand Hand:** Grand aus der Hand, bei dem der Skat nicht aufgenommen werden darf (verdeckt bleibt)

g

Gran|de *der;* -n, -n ⟨*lat.-span.*⟩: bis 1931 mit besonderen Privilegien u. Ehrenrechten verbundener Titel der Angehörigen des höchsten Adels in Spanien

Gran|deur [grãˈdøːɐ̯] *die;* -: strahlende Größe; Großartigkeit

Gran|dez|za *die;* - ⟨*lat.-span.*⟩: feierlich-hoheitsvolle Eleganz der Bewegung, des Auftretens

Grand|ho|tel [ˈgrã:...] *das;* -s, -s ⟨*fr.*⟩: großes, komfortables Hotel

gran|di|os ⟨*lat.-it.*⟩: großartig, überwältigend, erhaben

Grand Old La|dy [ˈgrænd ˈoʊld ˈleɪdi] *die;* - - -, - - Ladies ⟨*engl.;* »große alte Dame«⟩: älteste bedeutende weibliche Persönlichkeit auf einem bestimmten Gebiet

Grand Old Man [ˈgrænd ˈoʊld ˈmæn] *der;* - - -, - - Men [- - ˈmɛn] ⟨*engl.;* »großer alter Mann«⟩: älteste bedeutende männliche Persönlichkeit auf einem bestimmten Gebiet

Grand ou|vert [ˈgrã:uˈvɛːɐ̯, auch: ...uˈveːɐ̯] *der;* - -[s], - -s [...uˈveːɐ̯s od. ...uˈvɛːɐ̯s] ⟨*fr.*⟩: (im Skat) Grand aus der Hand, bei dem der Spieler seine Karten offen hinlegen muss

Grand Prix [ˈgrã: ˈpri:] *der;* - - [- ˈpri:], -s - [- ˈpri:] ⟨*lat.-fr.*⟩: fr. Bez. für: großer Preis, Hauptpreis

Grand|sei|g|neur [grãsɛnˈjøːɐ̯] *der;* -s, -s u. -e ⟨*fr.*⟩: vornehmer, weltgewandter Mann

Grand Slam® [ˈgrænd ˈslæm] *der;* - -[s], - -s ⟨*engl.*⟩: Gewinn der Einzelwettbewerbe bei den internationalen Tennismeisterschaften von Großbritannien, Frankreich, Australien u. den USA innerhalb eines Jahres durch einen Spieler od. eine Spielerin

Grand-Tou|ris|me-Ren|nen [grãtuˈrɪsmə...] *das;* -s, - ⟨*fr.; dt.*⟩: internationales Sportwagenrennen mit Wertungsläufen, Rundrennen, Bergrennen u. ↑[1]Rallyes

gra|nie|ren ⟨*lat.-nlat.*⟩: **1.** die Platte beim Kupferstich aufrauen. **2.** Papier körnen, aufrauen. **3.** (selten) ↑granulieren

Gra|nit [auch: ...ˈnɪt] *der;* -s, -e ⟨*lat.-it.*⟩: sehr hartes Gestein aus körnigen Teilen von Feldspat, Quarz u. Glimmer

gra|ni|ten [auch: ...ˈnɪ...]: **1.** ↑granitisch. **2.** hart wie Granit

gra|ni|tisch [auch: ...ˈnɪ...]: den Granit betreffend

Gran|ny Smith [ˈgrɛni ˈsmɪθ] *der;* - -, - - ⟨*engl.*⟩: glänzend grüner, saftiger, säuerlich schmeckender Apfel

Gra|nu|lat *das;* -[e]s, -e ⟨*lat.-nlat.*⟩: durch Granulieren in Körner zerkleinerte Substanz

Gra|nu|la|ti|on *die;* -, -en: **1.** Herstellung u. Bildung einer körnigen [Oberflächen]struktur. **2.** körnige [Oberflächen]struktur; vgl. ...ation/ ...ierung

Gra|nu|la|ti|ons|ge|we|be *das;* -s: **a)** sich bei der Heilung von Wunden u. Geschwüren neu bildendes gefäßreiches Bindegewebe, das nach einiger Zeit in Narbengewebe übergeht; **b)** (Med.) Gewebe, das sich bei bestimmten Infektionen u. chronischen Entzündungen im Gewebsinneren bildet

gra|nu|lie|ren: 1. (Fachspr.) [an der Oberfläche] körnig machen, in körnige, gekörnte Form bringen. **2.** (Med.) Körnchen, Granulationsgewebe bilden

Gra|nu|lit [auch: ...ˈlɪt] *der;* -s, -e: Weißstein; hellfarbiger kristalliner Schiefer aus Quarz, Feldspat, Granat u. Rutil

Gra|nu|lom *das;* -s, -e (Med.): Granulationsgeschwulst (bes. an der Zahnwurzelspitze); vgl. Granulationsgewebe (b)

gra|nu|lös: körnig, gekörnt

Grape|fruit [ˈgreɪpfru:t] *die;* -, -s ⟨*engl.*⟩: große, runde Zitrusfrucht mit gelber Schale u. säuerlich-bitter schmeckendem Fruchtfleisch

[1]**Graph,** [1]**Graf** *der;* -en, -en ⟨*gr.*⟩ (bes. Math.): grafische Darstellung, bes. von Relationen [von Funktionen] in Form von Punktmengen, bei denen gewisse Punktpaare durch Kurven (meist Strecken) verbunden sind

[2]**Graph,** [2]**Graf** *das;* -s, -e (Sprachw.): Schriftzeichen, kleinste, nicht bedeutungskennzeichnende Einheit in schriftlichen Äußerungen

Gra|phem, Gra|fem *das;* -s, -e (Sprachw.): kleinstes bedeutungsunterscheidendes grafisches Symbol, das ein od. mehrere ↑Phoneme wiedergibt

Gra|phie vgl. Grafie

Gra|phik vgl. Grafik

Gra|phik|de|sign [...dizain] vgl. Grafikdesign

Gra|phi|ker vgl. Grafiker

Gra|phi|ke|rin vgl. Grafikerin

Gra|phik|kar|te vgl. Grafikkarte
gra|phisch vgl. grafisch
Gra|phit [auch: ...ˈfɪt] vgl. Grafit
gra|pho|lo|gisch vgl. grafologisch
Gra|pho|sta|tik vgl. Grafostatik
Grap|pa *der;* -s, -s od. *die;* -, -s ⟨*it.*⟩: italienisches alkoholisches Getränk aus Trester (Traubenpressrückstände)
Grass *das;* - ⟨*engl.-amerik.;* »Gras«⟩ (ugs. verhüllend): ↑Marihuana
gras|sie|ren ⟨*lat.*⟩: um sich greifen; wüten, sich ausbreiten (z. B. von Seuchen)
Gra|ti|fi|ka|ti|on *die;* -, -en ⟨*lat.;* »Gefälligkeit«⟩: zusätzliches [Arbeits]entgelt zu besonderen Anlässen (z. B. zu Weihnachten)
gra|ti|fi|zie|ren (veraltend): als Sonderzuwendung zahlen
Gra|tin [graˈtɛ̃:] *das* od. *der;* -s, -s ⟨*fr.*⟩: überbackenes Gericht (z. B. Apfel-, Käse-, Kartoffelgratin)
Grä|ting *die;* -, -e od. -s ⟨*engl.;* »Gitterwerk«⟩ (Seemannsspr.): Holz- od. Metallrost als Laufsteg auf Schiffen
gra|ti|nie|ren ⟨*germ.-fr.*⟩ (Gastron.): überbacken, bis eine braune Kruste entsteht; vgl. au gratin
gra|tis ⟨*lat.*⟩: unentgeltlich, frei, unberechnet
Gra|tis|ak|tie *die;* -, -n: neue Aktie, die statt einer ↑Dividende an den Aktionär ausgegeben wird
Gra|tu|lant *der;* -en, -en: jmd., der jmdm. gratuliert
Gra|tu|lan|tin *die;* -, -nen: weibliche Form zu ↑Gratulant
Gra|tu|la|ti|on *die;* -, -en ⟨*lat.*⟩: **1.** das Gratulieren. **2.** Glückwunsch
Gra|tu|la|ti|ons|cour [...ku:ɐ̯] *die;* -, -en ⟨*lat.; lat.-fr.*⟩: Glückwunschzeremoniell zu Ehren einer hochgestellten Persönlichkeit
gra|tu|lie|ren ⟨*lat.*⟩: beglückwünschen, Glückwünsche aussprechen; Glück wünschen
gra|ve ⟨*lat.-it.*⟩ (Musik): schwer, feierlich, ernst (Vortragsanweisung)
Gra|veur [...ˈvø:ɐ̯] *der;* -s, -e ⟨*niederd.-niederl.-fr.*⟩: Metall-, Steinschneider, Stecher
Gra|veu|rin [...ˈvø:rɪn] *die;* -, -nen: weibliche Form zu ↑Graveur
gra|vie|ren ⟨*niederd.-niederl.-fr.*⟩: in Metall, Stein [ein]schneiden
gra|vie|rend ⟨*lat.*⟩: ins Gewicht fallend, schwerwiegend u. sich möglicherweise nachteilig auswirkend
Gra|vie|rung *die;* -, -en: **1.** das Gravieren. **2.** eingravierte Schrift, Verzierung o. Ä.
Gra|vi|me|t|rie *die;* -, ...ien: **1.** (Chemie) Messanalyse; Verfahren zur quantitativen Bestimmung von Elementen u. Gruppen in Stoffgemischen. **2.** (Geol.) Messung der Veränderlichkeit der Schwerkraft
Gra|vis *der;* -, - ⟨*lat.*⟩: Betonungszeichen für den »schweren«, fallenden Ton (z. B. à); vgl. Accent grave
Gra|vi|tät *die;* - ⟨*lat.*⟩: [steife] Würde, Gemessenheit im Gehaben
Gra|vi|ta|ti|on *die;* - ⟨*lat.-nlat.*⟩: Schwerkraft, Anziehungskraft, bes. die zwischen der Erde u. den in ihrer Nähe befindlichen Körpern
gra|vi|tä|tisch ⟨*lat.*⟩: ernst, würdevoll, gemessen
gra|vi|tie|ren ⟨*lat.-nlat.*⟩: **a)** infolge der Schwerkraft auf einen Punkt hinstreben; **b)** sich zu etwas hingezogen fühlen
Gra|vur *die;* -, -en ⟨mit lat. Endung zu ↑Gravüre⟩: eingravierte Verzierung
Gra|vü|re *die;* -, -n ⟨*niederd.-niederl.-fr.*⟩: **1.** ↑Gravur. **2. a)** Erzeugnis der Gravierkunst (Kupfer-, Stahlstich); **b)** auf fotomechanischem Wege hergestellte Tiefdruckform; **c)** Druck von einer auf fotomechanischem Wege hergestellten Tiefdruckform
Gray [greɪ] ⟨nach dem Namen des engl. Radiobiologen L. H. Gray, 1905–1965⟩: Maßeinheit der Energiedosis (Zeichen: Gy)
Gra|zie [...i̯ə] *die;* -, -n ⟨*lat.*⟩: (ohne Plural) Anmut, Liebreiz
gra|zil ⟨*lat.*⟩: fein gebildet, zartgliedrig, zierlich
Gra|zi|li|tät *die;* -: feine Bildung, Zartgliedrigkeit, Zierlichkeit
gra|zi|ös ⟨*lat.-fr.*⟩: anmutig, mit Grazie
gra|zi|o|so ⟨*lat.-it.*⟩ (Musik): anmutig, mit Grazie (Vortragsanweisung)
Grä|zis|mus *der;* -, ...men ⟨*gr.-nlat.*⟩: altgriechische Spracheigentümlichkeit in einer nicht griechischen Sprache, bes. in der lateinischen
Grä|zist *der;* -en, -en: jmd., der sich wissenschaftlich mit dem Altgriechischen befasst (z. B. Hochschullehrer, Student)
Grä|zis|tik *die;* -: Wissenschaft von der altgriechischen Sprache [u. Kultur]
Grä|zis|tin *die;* -, -nen: weibliche Form zu ↑Gräzist
Green [gri:n] *das;* -s, -s ⟨*engl.;* eigtl. »grün«⟩ (Golf): um das Loch herum kurz geschnittene Rasenfläche
Green|back [ˈgri:nbɛk] *der;* -[s], -s ⟨*engl.-amerik.*⟩: **a)** amerikanische Schatzanweisung mit Banknotencharakter mit grünem Rückseitenaufdruck; **b)** (volkstümlich in den USA) US-Dollar-Note
Green|card [ˈgri:nka:ɐ̯t] *die;* -, -s, **Green Card**

die; - -, - -s ⟨*engl.;* eigtl. »grüne Karte«⟩: **a)** Karte, die Ausländer in den USA benötigen, um legal eine Arbeitsstelle zu bekommen; **b)** Dokument, das Menschen aus Ländern außerhalb der Europäischen Union berechtigt, für eine begrenzte Zeit in Deutschland zu leben u. zu arbeiten

Green|horn ['gri:nhɔ:n] *das;* -s, -s ⟨*engl.*⟩: jmd., der auf einem für ihn neuen Gebiet zu arbeiten begonnen hat u. noch ohne einschlägige Erfahrungen ist; Neuling, Grünschnabel

Green|kee|per, Green-Kee|per ['gri:nki:pɐ] *der;* -s, - ⟨*engl.*⟩: jmd., der eine Golfanlage in Ordnung hält

Green|peace ['gri:npi:s] ⟨*engl.*⟩: internationale Umweltschutzorganisation

Grège [grɛ:ʃ] *die;* - ⟨*it.-fr.*⟩: Rohseide[nfaden] aus 3–8 Kokonfäden, die nur durch den Seidenleim zusammengehalten werden

gre|go|ri|a|nisch: in den Fügungen **gregorianischer Choral** od. **Gesang:** einstimmiger, rhythmisch freier, unbegleiteter liturgischer Gesang der kath. Kirche (benannt nach Papst Gregor I., 590–604); Ggs. ↑Figuralmusik; **gregorianischer Kalender:** der von Papst Gregor XIII. 1582 eingeführte, noch heute gültige Kalender

Gre|mi|um *das;* -s, ...ien ⟨*lat.;* »ein Armvoll, Bündel«⟩: **a)** Gemeinschaft, beratende oder beschlussfassende Körperschaft; Ausschuss; **b)** (österr.) Berufsvereinigung

Gre|na|dier *der;* -s, -e ⟨*lat.-it.-fr.;* »Handgranatenwerfer«⟩: **a)** Soldat der Infanterie (besonderer Regimenter); **b)** (ohne Plural) unterster Dienstgrad eines Teils der Infanterie

Gre|na|dil|le ⟨*lat.-span.-fr.*⟩, **Gra|na|dil|le** ⟨*lat.-span.*⟩ *die;* -, -n: essbare Frucht verschiedener Arten von Passionsblumen

[1]**Gre|na|di|ne** *die;* - ⟨*lat.-it.-fr.*⟩: Saft aus Granatäpfeln [Orangen u. Zitronen]

[2]**Gre|na|di|ne** *die;* - ⟨*fr.*⟩: **a)** hart gedrehter Naturseidenzwirn; **b)** durchbrochenes Gewebe aus [2]Grenadine (a) in Leinenbindung (Webart)

Grey|hound ['greɪhaʊnd] *der;* -[s], -s ⟨*engl.*⟩: **1.** englischer Windhund. **2.** Kurzform von ↑Greyhoundbus

Grey|hound|bus *der;* -ses, -se: Omnibus einer amerikanischen Busliniengesellschaft (in den Vereinigten Staaten ein wichtiges öffentliches Verkehrsmittel im Überlandverkehr)

grie|chisch-ka|tho|lisch: **1.** (auch:) griechisch-uniert: einer mit Rom ↑unierten orthodoxen Nationalkirche angehörend (die bei eigenen Gottesdienstformen in Lehre u. Verfassung den Papst anerkennt). **2.** (veraltet) ↑griechisch-orthodox

grie|chisch-or|tho|dox: der von Rom (seit 1054) getrennten morgenländischen od. Ostkirche od. einer ihrer ↑autokephalen Nationalkirchen angehörend

grie|chisch-rö|misch: **1.** (beim Ringen) nur Griffe oberhalb der Gürtellinie gestattend. **2.** ↑griechisch-katholisch

grie|chisch-uniert: ↑griechisch-katholisch

Grill *der;* -s, -s ⟨*lat.-fr.-engl.*⟩: Bratrost

Gril|la|de [gri'ja:də] *die;* -, -n ⟨*lat.-fr.*⟩: gegrilltes Stück Fisch, Fleisch, Geflügel o. Ä.; Rostbratenstück

gril|len ⟨*lat.-fr.-engl.*⟩: auf dem Grill rösten

gril|lie|ren [grɪ'li:rən, auch: gri'ji:rən] (schweiz.): ↑grillen

Grill|room ['grɪlru:m] *der;* -s, -s ⟨*engl.*⟩: Restaurant od. Speiseraum in einem Hotel, in dem hauptsächlich Grillgerichte [zubereitet u.] serviert werden

Gri|mas|se *die;* -, -n ⟨*germ.-fr.*⟩: eine bestimmte innere Einstellung, Haltung o. Ä. durch verzerrte Züge wiedergebender Gesichtsausdruck; Fratze

gri|mas|sie|ren: das Gesicht verzerren, Fratzen schneiden

Grin|go *der;* -s, -s ⟨*gr.-lat.-span.;* »griechisch« (= unverständlich)⟩ (abwertend): jmd., der nicht romanischer Herkunft ist (in Südamerika)

Grip *der;* -s ⟨*engl.;* »Griff«⟩: Griffigkeit, Bodenhaftung von Fahrzeugreifen

grip|pal: **a)** die Grippe betreffend; **b)** von einer Grippe herrührend; mit Fieber u. ↑Katarrh verbunden

Grip|pe *die;* -, -n ⟨*germ.-fr.;* »Grille, Laune«⟩: mit Fieber u. Katarrh verbundene [epidemisch auftretende] Virusinfektionskrankheit

grip|pös ⟨*germ.-fr.-nlat.*⟩ (Med.): grippeartig

Gris|li|bär ['grɪsli...] vgl. Grizzlybär

Grizz|ly|bär, Gris|li|bär ['grɪsli...] *der;* -en, -en ⟨*engl.; dt.;* »grauer Bär«⟩: dunkelbrauner amerikanischer Bär (bis 2,30 m Körperlänge)

Grog *der;* -s, -s ⟨*engl.;* vielleicht nach dem Spitznamen des engl. Admirals Vernon: »Old Grog«⟩: heißes Getränk aus Rum (auch Arrak od. Weinbrand), Zucker u. Wasser

grog|gy ⟨»vom Grog betrunken«⟩: schwer angeschlagen, nicht mehr zu etwas (z. B. zum Kämpfen) fähig

Groom [gru:m] *der;* -s, -s ⟨*engl.*⟩: **a)** engl. Bez. für Reitknecht; **b)** junger Diener, Page

Groove [gru:v] *der;* -s, -s ⟨*engl.*⟩: Art u. Weise, Musik in rhythmisch-melodischer Weise darzubieten, die innere Beteiligung, Anteilnahme erkennen lässt u. sich auf das Publikum überträgt

[1]**Gros** [gro:] *das;* -, - [gro:s] ⟨*lat.-fr.*⟩: überwiegender Teil einer Personengruppe

[2]**Gros** *das;* -ses, -se (aber: 6 -) ⟨*lat.-fr.-niederl.*⟩: 12 Dutzend = 144 Stück

Gros|sist *der;* -en, -en ⟨*lat.-fr.*⟩: Großhändler

Gros|sis|tin *die;* -, -nen: weibliche Form zu ↑Grossist

Groß|koph|ta [...kɔfta] *der;* -s ⟨nach dem angeblichen Gründer der ägypt. Freimaurerei; Herkunft unsicher⟩: Leiter des von Cagliostro gestifteten Freimaurerbundes (um 1770)

Groß|mo|gul *der;* -s, -n ⟨*dt.; pers.-Hindi-port.-fr.*⟩: **1.** nordindischer Herrscher (16.–19. Jh.). **2.** (ohne Plural) einer der größten Diamanten

Groß|we|sir *der;* -s, -e ⟨*dt.; arab.*⟩: **1.** (Geschichte) hoher islamischer Beamter, der nur dem Sultan unterstellt ist. **2.** (ohne Plural) Titel des türkischen Ministerpräsidenten (bis 1922)

gro|tesk ⟨*gr.-lat.-vulgärlat.-it.-fr.*⟩: **a)** durch eine Übersteigerung od. Verzerrung absonderlich, fantastisch wirkend; **b)** absurd, lächerlich

Gro|tesk *die;* -: gleichmäßig starke Antiquaschrift ohne ↑Serifen

Gro|tes|ke *die;* -, -n: **1.** fantastisch geformtes Tier- u. Pflanzenornament der Antike u. Renaissance. **2.** Erzählform, die Widersprüchliches, z. B. Komisches u. Grauenerregendes, verbindet. **3.** ↑Grotesktanz

Gro|tesk|tanz *der;* -es, ...tänze: karikierender Tanz mit drastischen Übertreibungen u. verzerrenden Bewegungen

Grot|te *die;* -, -n ⟨*gr.-lat.-vulgärlat.-it.*⟩: malerische, oft in Renaissance- u. Barockgärten künstlich gebildete Felsenhöhle

Ground Ze|ro [ˈgraʊnd ˈziərou] *der,* auch: *das;* - -s ⟨*engl.;* »(Boden)nullpunkt«⟩: Bezeichnung für das Gelände in New York, auf dem das bei den Terroranschlägen vom 11. September 2001 zerstörte World Trade Center stand

Grou|pie [ˈgru:pi] *das;* -s, -s ⟨*engl.*⟩: meist weiblicher ↑Fan, der möglichst engen Kontakt mit seinem Idol sucht

grub|ben vgl. grubbern

Grub|ber *der;* -s, - ⟨*engl.*⟩: mit starken Zinken versehenes landwirtschaftliches Gerät zur Bearbeitung, bes. Lockerung, des Bodens; vgl. Kultivator

grub|bern, grub|ben: mit dem Grubber pflügen

grun|die|ren: auf etw. den ersten Anstrich, die erste Farb- od. Lackschicht als Untergrund auftragen

Grunge [grandʒ] *der;* - ⟨*engl.-amerik.*⟩: **1.** Rockmusik, für die harte Gitarrenklänge u. eine lässige Vortragsweise typisch sind. **2.** Mode in Form bewusst unansehnlicher, schmuddeliger Kleidung

Grup|pen|dy|na|mik *die;* - ⟨*dt.; gr.-lat.*⟩ (Sozialpsychol.): **a)** koordiniertes Zusammenwirken, wechselseitige Steuerung des Verhaltens der Mitglieder einer Gruppe bzw. Verhältnis des Individuums zur Gruppe; **b)** Wissenschaft von der Gruppendynamik (a)

Grup|pen|the|ra|pie *die;* -, ...ien [...i:ən]: **a)** (Med.) gleichzeitige Behandlung mehrerer Patienten; **b)** (Psychol.) ↑psychotherapeutische Behandlung einer Gruppe von Patienten unter gruppendynamischen Aspekten

grup|pie|ren: nach Gruppen, in Gruppen ordnen, wirkungsvoll zusammenstellen

Gruy|ère [gryˈjɛ:r] *der;* -s: Hartkäse aus der gleichnamigen Schweizer Landschaft

GSM [ge:|ɛsˈ|ɛm] ⟨Abk. für *engl.* global system for mobile communication⟩: internationaler Standard für digitale Funknetze; vgl. UMTS

G-String [ˈdʒi:strɪŋ] *der;* -s, -s ⟨*engl.;* »G-Saite«⟩: oft von [Striptease]tänzerinnen als Slip getragenes Kleidungsstück, das aus einem nur die Geschlechtsteile bedeckenden Stoffstreifen besteht, der an einer um die Hüften geschlungenen Schnur befestigt ist

Gu|a|jak|harz *das;* -es, -e (Plural selten) ⟨*indian.-span.; dt.*⟩: als Heilmittel verwendetes Harz des in Mittelamerika wachsenden Guajakbaumes

Gu|a|ja|kol *das;* -s ⟨Kurzw. aus **Guajak** u. ↑Alko**hol**⟩: aromatischer Alkohol, der als ↑Antiseptikum u. ↑Expektorans verwendet wird

Gu|a|ja|ve, Gu|a|ve *die;* -, -n ⟨*indian.-span.*⟩: tropische Frucht in Apfel- od. Birnenform

Gu|a|na|ko ⟨*indian.-span.*⟩, **Hu|a|na|co** ⟨*indian.*⟩ *das,* älter: *der;* -s, -s: (in Südamerika lebendes) dem ↑[1]Lama ähnliches, zur Familie der Kamele gehörendes Tier mit langem, dichtem Fell

Gu|a|no *der;* -s ⟨*indian.-span.*⟩: aus Exkrementen von Seevögeln bestehender organischer Dünger

Gu|a|ra|ni, Gu|a|ra|ní *der;* -, -: Währungseinheit in Paraguay

Gu|ar|dia ci|vil [- siˈvil] *die;* - - ⟨*span.*⟩: span. ↑Gendarmerie

Gu|ar|di|an *der;* -s, -e ⟨*germ.-mlat.;* »Wächter«⟩: Vorsteher eines Konvents der ↑Franziskaner u. ↑Kapuziner

Gu|asch vgl. Gouache

Gu|a|ve vgl. Guajave

Gu|el|fe [auch: ˈgɛlfə] *der;* -n, -n ⟨*germ.-it.;* »Welfe«⟩ (Geschichte): Anhänger päpstlicher Politik, Gegner der ↑Gibellinen

¹Gue|ril|la [ge'rɪlja] *die;* -, -s ⟨*germ.-span.*⟩: **a)** Kleinkrieg, den irreguläre Einheiten der einheimischen Bevölkerung gegen eine Besatzungsmacht od. im Rahmen eines Bürgerkriegs führen; **b)** einen Kleinkrieg führende Einheit

²Gue|ril|la *der;* -[s], -s (meist Plural): Angehöriger einer ¹Guerilla (b)

Gue|ril|le|ra [gerɪl'je:ra] *die;* -, -s ⟨*span.*⟩: weibliche Form zu ↑Guerillero

Gue|ril|le|ro [...'je:ro] *der;* -s, -s ⟨*germ.-span.*⟩: Untergrundkämpfer in Südamerika

Guil|loche [gi'jɔʃ, gɪl'jɔʃ] *die;* -, -n ⟨*fr.*⟩: **1.** verschlungene Linienzeichnung auf Wertpapieren od. zur Verzierung auf Metall, Elfenbein, Holz. **2.** Werkzeug zum Anbringen verschlungener [Verzierungs]linien

g

Guil|lo|cheur [gijɔ'ʃø:ɐ̯, gɪljɔ...] *der;* -s, -e: Linienstecher

Guil|lo|cheu|rin [...'ʃø:rɪn] *die;* -, -nen: weibliche Form zu ↑Guillocheur

guil|lo|chie|ren [...'ʃi:...]: Guillochen stechen

Guil|lo|ti|ne [gijo..., gɪljo...] *die;* -, -n ⟨nach dem fr. Arzt Guillotin, 1738–1814⟩: mit einem Fallbeil arbeitendes Hinrichtungsgerät

guil|lo|ti|nie|ren: durch die Guillotine hinrichten

Gui|nea ['gɪni] *die;* -, -s, **Gui|nee** [gi'ne:(ə)] *die;* -, ...een ⟨*engl.(-fr.);* nach dem afrik. Staat Guinea, woher das Gold für die Prägung stammte⟩: **a)** frühere englische Goldmünze; **b)** frühere englische Rechnungseinheit von 21 Schilling

Guin|ness|buch, **Guin|ness-Buch** ['gi...] *das;* -[e]s, ...bücher ⟨nach Guinness®; *dt.*⟩: Buch, das Rekorde u. Ä. verzeichnet

Gu|lag *der;* -[s] ⟨Kurzw. aus *russ.* Glavnoe Upravlenije Lagerej⟩: Hauptverwaltung des Straflagersystems in der Sowjetunion (1930–1955)

Gu|lasch [auch: 'gʊ...] *das,* auch: *der;* -[e]s, -e u. -s, (österr. nur:) *das;* -[e]s, -e ⟨*ung.*⟩: scharf gewürztes Fleischgericht

Gu|lasch|ka|no|ne *die;* -, -n (scherzh.): Feldküche

Gul|ly *der,* auch: *das;* -s, -s ⟨*lat.-fr.-engl.*⟩: in die Fahrbahndecke eingelassener abgedeckter kastenförmiger Schacht, durch den das Straßenabwasser in die Kanalisation abfließen kann

Gu|lyás [auch: 'gʊlaʃ]: ↑Gulasch

¹Gum|mi *der* u. *das;* -s, -[s] ⟨*ägypt.-gr.-lat.*⟩: **a)** Vulkanisationsprodukt aus ↑Kautschuk; **b)** aus schmelzbaren Harzen gewonnener Klebstoff, z. B. ↑Gummiarabikum

²Gum|mi *der,* auch: *das;* -s, -s: **a)** Radiergummi; **b)** (ugs.) Kondom

³Gum|mi *das,* auch *der;* -s, -s: Gummiband

Gum|mi|ara|bi|kum *das;* -s ⟨*nlat.*⟩: wasserlöslicher Milchsaft verschiedener Akazienarten, der für Klebstoff u. Bindemittel verwendet wird

Gum|mi|elas|ti|kum *das;* -s ⟨*nlat.*⟩: ↑Kautschuk

gum|mie|ren: a) mit einer Klebstoffschicht versehen; **b)** (ein Gewebe) mit Latex, Kunststoff wasserdicht machen

Gum|mi|pa|ra|graf, **Gum|mi|pa|ra|graph** *der;* -en, -en (ugs.): Paragraf, der so allgemein od. unbestimmt formuliert ist, dass er die verschiedensten Auslegungen zulässt

Gup|py *der;* -s, -s ⟨nach dem britisch-westindischen Naturforscher R. J. L. Guppy (19. Jh.)⟩: zu den Zahnkarpfen gehörender beliebter Aquarienfisch

Gur|kha [...ka] *der;* -[s], -[s] ⟨*angloind.;* nach einem ostindischen Volk in Nepal⟩: Soldat einer nepalesischen Spezialtruppe in der indischen bzw. in der britischen Armee

Gu|ru *der;* -s, -s ⟨*Hindi*⟩: **a)** [als Verkörperung eines göttlichen Wesens verehrter] religiöser Lehrer im ↑Hinduismus; **b)** Idol; von einer Anhängerschaft als geistiger Führer verehrte u. anerkannte Persönlichkeit

gus|tie|ren ⟨*lat.-it.*⟩: **1.** (ugs.) ↑goutieren. **2.** (österr.) kosten, prüfen

gus|ti|ös ⟨*lat.-it.*⟩ (österr.): appetitlich, appetitanregend (von Speisen)

Gus|to *der;* -s, -s: Geschmack, Neigung

Gut|ta|per|cha *die;* - od. *das;* -[s] ⟨*malai.*⟩: kautschukähnliches Produkt aus dem Milchsaft einiger Bäume Südostasiens, das früher vor allem als Isoliermittel verwendet wurde

gut|tu|ral ⟨*lat.-nlat.*⟩ (Sprachw.): die Kehle betreffend

Gut|tu|ral *der;* -s, -e (Sprachw.): Gaumen-, Kehllaut, zusammenfassende Bez. für ↑Palatal, ↑Velar u. ↑Labiovelar

Gym|na|si|ast *der;* -en, -en ⟨*gr.-nlat.*⟩: Schüler eines Gymnasiums (1)

Gym|na|si|as|tin *die;* -, -nen: weibliche Form zu ↑Gymnasiast

Gym|na|si|um *das;* -s, ...ien ⟨*gr.-lat.*⟩: **1. a)** zur Hochschulreife führende höhere Schule; **b)** (früher) höhere Schule mit Latein- und Griechischunterricht (humanistisches Gymnasium); **c)** Gebäude eines Gymnasiums (1 a). **2.** im Altertum, bes. in Griechenland, Übungs- u. Wettkampfanlage zur körperlichen Ertüchtigung der Jugend

Gym|nast *der;* -en, -en ⟨*gr.*⟩: **1.** Trainer der Athleten in der altgriechischen Gymnastik. **2.** Lehrer der Heilgymnastik. **3.** jmd., der körperliche Bewegungsübungen ausführt

Gym|nas|tik *die;* -, -en ⟨*gr.-nlat.*⟩: rhythmische Bewegungsübungen zu sportlichen Zwecken, zur Körperertüchtigung od. zur Heilung bestimmter Körperschäden

Gym|nas|ti|ker *der;* -s, -: ↑Gymnast (3)

Gym|nas|tin *die;* -, -nen: weibliche Form zu ↑Gymnast (2, 3)

gym|nas|tisch: die Gymnastik betreffend

Gy|nä|kei|on *das;* -s, ...eien ⟨*gr.*⟩: Frauengemach des altgriechischen Hauses

Gy|nä|ko|lo|ge *der;* -n, -n ⟨*gr.-nlat.*⟩ (Med.): Frauenarzt, Wissenschaftler auf dem Gebiet der Frauenheilkunde

Gy|nä|ko|lo|gie *die;* - (Med.): Frauenheilkunde

Gy|nä|ko|lo|gin *die;* -, -nen: weibliche Form zu ↑Gynäkologe

gy|nä|ko|lo|gisch (Med.): die Frauenheilkunde betreffend

Gy|nä|ze|um *das;* -s, ...een ⟨*gr.-lat.*⟩: **1.** ↑Gynäkeion. **2.** Gesamtheit der weiblichen Blütenorgane einer Pflanze

Gy|ros *das;* -, - ⟨*ngr.*⟩ (Gastron.): griechisches Gericht aus Schweine-, Rind-, Hammelfleisch, das an einem senkrecht stehenden Spieß gebraten u. dann portionsweise abgeschnitten wird

Gy|ro|s|kop *das;* -s, -e: Messgerät für den Nachweis der Achsendrehung der Erde

H

Ha|ba|ne|ra *die;* -, -s ⟨*span.;* vom Namen der kuban. Hauptstadt Havanna (*span.* La Habana)⟩: kubanischer (auch in Spanien heimischer) Tanz in ruhigem $^2/_4$-Takt

ha|bil (veraltet): fähig, gewandt

Ha|bi|li|tand *der;* -en, -en ⟨*lat.-mlat.*⟩: jmd., der zur Habilitation zugelassen ist

Ha|bi|li|tan|din *die;* -, -nen: weibliche Form zu ↑Habilitand

Ha|bi|li|ta|ti|on *die;* -, -en: Erwerb der Lehrberechtigung an Hochschulen u. Universitäten durch Anfertigung einer schriftlichen Arbeit

ha|bi|li|tie|ren: a) sich habilitieren: die Lehrberechtigung an einer Hochschule od. Universität erwerben; **b)** jmdm. die Lehrberechtigung erteilen

¹Ha|bit [auch: ha'bɪt, auch: 'ha:...] *das,* auch: *der;* -s, -s ⟨*lat.-fr.*⟩: Kleidung, die einer beruflichen Stellung, einer bestimmten Gelegenheit od. Umgebung entspricht

²Ha|bit ['hɛbɪt] *das,* auch: *der;* -s, -s ⟨*lat.-fr.-engl.*⟩ (Psychol.): Gewohnheit, Erlerntes, Anerzogenes, Erworbenes

Ha|bi|tué [(h)abi'tye:] *der;* -s, -s ⟨*lat.-fr.*⟩: (österr., sonst veraltet) ständiger Besucher, Stammgast

ha|bi|tu|ell: 1. gewohnheitsmäßig; ständig. **2.** (Psychol.) verhaltenseigen; zur Gewohnheit geworden, zum Charakter gehörend; **habituelle Krankheit** (Med.): ständig vorkommende od. häufig wiederkehrende Krankheit

Ha|bi|tus *der;* - ⟨*lat.*⟩: **1.** Erscheinung; Haltung; Gehaben. **2.** (Med.) Besonderheiten im Erscheinungsbild eines Menschen, die einen gewissen Schluss auf Krankheitsanlagen zulassen. **3.** Aussehen, Erscheinungsbild (von Tieren, Pflanzen u. Kristallen). **4.** (kath. Theologie) auf einer Disposition aufgebaute, erworbene sittliche Haltung, z. B. guter Habitus (Tugend), böser Habitus (Laster)

Há|ček ['ha:tʃɛk], **Ha|t|schek** *das;* -s, -s ⟨*tschech.;* »Häkchen«⟩: ↑diakritisches Zeichen in Form eines Häkchens, das, bes. in den slawischen Sprachen, einen Zischlaut od. einen stimmhaften Reibelaut angibt, z. B. tschech. č [tʃ], ž [ʒ]

ha|cken [auch: 'hɛkn̩] ⟨*engl.*⟩: sich als Hacker betätigen

Ha|cker [auch: 'hɛkɐ] *der;* -s, - ⟨*engl.*⟩: jmd., der durch geschicktes Ausprobieren u. Anwenden verschiedener Programme unberechtigt in andere Computersysteme eindringt; vgl. Cracker (3)

Ha|cke|rin *die;* -, -nen: weibliche Form zu ↑Hacker

Haddsch usw. vgl. Hadsch usw.

Ha|dith *der,* auch: *das;* -, -e ⟨*arab.;* »Rede; Bericht«⟩: Überlieferung angeblicher Aussprüche Mohammeds, Hauptquelle der islamischen Religion neben dem ↑Koran

Hadsch, Haddsch *der;* - ⟨*arab.*⟩: Wallfahrt nach Mekka zur ↑Kaaba, die jeder volljährige Muslim einmal unternehmen soll

Ha|d|schi, Had|dschi *der;* -s, -s ⟨*arab.-türk.*⟩: **1.** Mekkapilger. **2.** christlicher Jerusalempilger im Orient

Ha|fis *der;* - ⟨*arab.;* »Hüter, Bewahrer«⟩: Ehrentitel eines Mannes, der den ↑Koran auswendig weiß

Haf|ni|um *das;* -s ⟨*nlat.;* von Hafnia, dem nlat. Namen für Kopenhagen⟩: chem. Element; ein Metall (Zeichen: Hf)

Ha|ga|na *die;* - ⟨*hebr.;* »Schutz, Verteidigung«⟩: jüdische militärische Organisation in Palästina zur Zeit des britischen Mandats (1920–48), aus der sich die reguläre Armee Israels entwickelte

Ha|gio|gra|fie, **Ha|gio|gra|phie** *die;* -, ...ien ⟨*gr.-nlat.*⟩: Erforschung u. Beschreibung von Heiligenleben

Hai *der;* -[e]s, -e ⟨*altnord.-isländ.-niederl.*⟩: spindelförmiger, meist räuberischer Knorpelfisch

Hai|kai *das;* -[s], -[s], **Hai|ku** *das,* auch: *der;* -[s], -[s], **Ho|ku|ku** *das;* -[s], -[s] ⟨*jap.*⟩: aus drei Zeilen mit zusammen 17 Silben bestehende japanische Gedichtform

Hair|sty|list, **Hair-Sty|list** ['hɛ:ɐ̯stai̯lɪst] *der;* -en, -en ⟨*engl.*⟩: Friseur mit künstlerischem Anspruch

Hair|sty|lis|tin *die;* -, -nen: weibliche Form zu ↑Hairstylist

h

Ha|la|cha [...'xa:] *die;* -, ...choth ⟨*hebr.;* eigtl. »Weg«⟩: aus der Bibel abgeleitete verbindliche Auslegung der Thora

Ha|la|li *das;* -s, -[s] ⟨*fr.*⟩: Jagdruf am Ende einer Treibjagd

Halb|fa|b|ri|kat *das;* -s, -e: zwischen Rohstoff u. Fertigerzeugnis stehendes ↑Produkt

Halb|vo|kal *der;* -s, -e (Sprachw.): **1.** unsilbisch gewordener, als ↑Konsonant gesprochener Vokal (z. B. j). **2.** unsilbischer ↑Vokal (z. B. das i in dem ↑Diphthong ai)

Ha|léř ['halɛ:rʃ] *der;* -, - (aber: 2 Haléře, 10 Haléřů) ⟨*dt.-tschech.*⟩: tschechische u. slowakische Münzeinheit

Half|pipe ['ha:fpai̯p] *die;* -, -s: untere Hälfte einer waagerechten Röhre aus Holz, Beton o. Ä., in der Skateboarder, BMX-Radfahrer od. (bei Ausstattung mit einer Schneeoberfläche) Snowboarder üben u. Kunststücke ausführen können

hal|le|lu|ja, al|le|lu|ja ⟨*hebr.-kirchenlat.*⟩: »lobet den Herrn«, (aus den Psalmen übernommener) gottesdienstlicher Freudenruf

Hal|le|lu|ja, Al|le|lu|ja *das;* -s, -s: liturgischer Freudengesang

Hal|lo|ween [hɛlo'vi:n] *das;* -[s], -s ⟨*engl.*⟩: Tag vor Allerheiligen (der bes. in den USA gefeiert wird)

Hal|lu|zi|na|ti|on *die;* -, -en: Sinnestäuschung, Trugwahrnehmung; Wahrnehmungserlebnis, ohne dass der wahrgenommene Gegenstand in der Wirklichkeit existiert

hal|lu|zi|na|tiv, hal|lu|zi|na|to|risch ⟨*lat.*⟩: auf Halluzination beruhend, in Form einer Halluzination

hal|lu|zi|nie|ren: a) eine Halluzination haben, einer Sinnestäuschung unterliegen; **b)** nicht Existierendes als existierend vortäuschen, sich vorstellen

Hal|lu|zi|no|gen *das;* -s, -e (Med.): Droge, die halluzinationsartige Erscheinungen hervorruft

Hal|ma *das;* -s ⟨*gr.;* »Sprung«⟩: ein Brettspiel für 2–4 Personen

ha|lo|gen ⟨*gr.*⟩: Salz bildend

Ha|lo|gen *das;* -s, -e: Salzbildner; chem. Element, das ohne Beteiligung von Sauerstoff mit Metallen Salze bildet (z. B. Fluor, Chlor, Brom, Jod)

Ha|lo|ge|nid *das;* -[e]s, -e: Verbindung aus einem Halogen u. einem chem. Element (meist Metall), Salz einer Halogenwasserstoffsäure

Ha|lo|gen|lam|pe *die;* -, -n: sehr helle Glühlampe mit einer Füllung aus Edelgas, der eine geringe Menge von Halogen beigemischt ist

Ha|lo|id *das;* -[e]s, -e: ↑Halogenid

Ha|lun|ke *der;* -n, -n ⟨*tschech.;* urspr. »Henkersknecht«⟩: **a)** (abwertend) jmd., dessen Benehmen od. Tun als gemein od. hinterhältig angesehen wird; **b)** (scherzh.) kleiner, frecher Junge

Häm *das;* -s ⟨*gr.;* »Blut«⟩: Farbstoffanteil im ↑Hämoglobin

häm..., Häm... vgl. hämo..., Hämo...

Ha|mam *der;* -[s], -s ⟨*türk.*⟩: türkisches Bad

Ha|ma|me|lis *die;* - ⟨*gr.*⟩: haselnussähnliches Gewächs (in Amerika u. Asien), aus dessen Rinde ein zu pharmazeutischen u. kosmetischen Präparaten verwendeter Extrakt gewonnen wird u. dessen Äste als Wünschelruten verwendet werden; Zaubernuss

Häm|an|gi|om *das;* -s, -e ⟨*gr.-nlat.*⟩ (Med.): gutartige Blutgefäßgeschwulst, Blutschwamm

Hä|ma|tin *das;* -s: eisenhaltiger Bestandteil des roten Blutfarbstoffs

Hä|ma|tit [auch: ...'tɪt] *der;* -s, -e: wichtiges Eisenerz

Hä|ma|to|lo|ge *der;* -n, -n (Med.): Arzt mit Spezialkenntnissen auf dem Gebiet der Blutkrankheiten

Hä|ma|to|lo|gie *die;* - (Med.): Teilgebiet der Medizin, das sich mit dem Blut u. den Blutkrankheiten befasst

Hä|ma|to|lo|gin *die;* -, -nen: weibliche Form zu ↑Hämatologe

Hä|ma|tom *das;* -s, -e (Med.): Ansammlung von Blut außerhalb der Blutbahn in den Weichteilen; Blutbeule, Bluterguss

Hä|ma|to|xy|lin *das;* -s: in der ↑Histologie zur Zellkernfärbung verwendeter Farbstoff aus dem Holz des südamerikanischen Blutholzbaumes

Hä|ma|to|zo|on *das;* -s, ...zoen (meist Plural) ⟨*gr.-nlat.*⟩ (Biol., Med.): tierische ↑Parasiten, die im Blut anderer Tiere od. des Menschen leben

Ham|bur|ger [auch: ˈhɛmbøːɐ̯gɐ] *der;* -s, - ⟨*dt.-amerik.;* nach der Stadt Hamburg⟩: aufgeschnittenes weiches, mit gebratenem Hackfleisch u. weiteren Zutaten belegtes Brötchen

...hä|mie vgl. ...ämie

Hä|min *das;* -s, -e (Med.): Porphyrin-Eisenkomplexsalz, ein Oxidationsprodukt des Häms

Ham|mam *der;* -[s], -s ⟨*arab.*⟩: Badehaus im Vorderen Orient

Ham|mond|or|gel [ˈhɛmənd...] *die;* -, -n ⟨nach dem amerik. Erfinder Hammond⟩: elektroakustische Orgel

hä|mo..., Hä|mo...

vor Vokalen meist: **häm..., Häm...**
⟨zu *gr.* haîma, Gen. haímatos »Blut«⟩
Wortbildungselement mit der Bedeutung »Blut; blutartig«:
- Hämarthrose
- Hämoglobin
- Hämophilie
- hämostatisch

Von gleicher Herkunft und Bedeutung ist auch das Wortbildungselement **hämato..., Hämato...**, vor Vokalen meist **hämat..., Hämat...** Es ist Bestandteil vieler Fremdwörter, wie z. B. in Hämatogramm, hämatologisch, Hämatom und Hämatophobie. Die gleiche Herkunft haben auch die im Kasten ...ämie aufgeführten Wortbildungselemente.

Hä|mo|glo|bin *das;* -s ⟨*gr.; lat.*⟩: Farbstoff der roten Blutkörperchen (Zeichen: Hb)

Hä|mo|phi|lie *die;* -, ...ien (Med.): Bluterkrankheit

Hä|mor|rho|i|de, Hä|mor|ri|de *die;* -, -n (meist Plural) ⟨*gr.-lat.*⟩ (Med.): knotenförmig hervortretende Erweiterung der Mastdarmvenen um den After herum

Hä|mo|zyt *der;* -en, -en (meist Plural) (Med.): Blutkörperchen

Hand|held [ˈhɛnthɛlt] *das;* -s, -s: **a)** kleiner handlicher Computer; **b)** Handgerät zur Steuerung einer Anlage u. Ä.

Han|di|cap, Han|di|kap [ˈhɛndikɛp] *das;* -s, -s ⟨*engl.*⟩: **1.** etwas, was für jmdn., etwas eine Behinderung od. ein Nachteil ist. **2.** (Sport) durch eine Vorgabe für den leistungsschwächeren Spieler, für das weniger leistungsfähige Pferd entstehender Ausgleich gegenüber dem Stärkeren

Han|di|kap [ˈhɛndikɛp] usw. vgl. Handicap usw.

Hand|kom|mu|ni|on *die;* -, -en ⟨*dt.; lat.*⟩: ↑Kommunion (1), bei der die ↑Hostie dem Gläubigen in die Hand gelegt wird

Hand|ling [ˈhɛ...] *das;* -[s] ⟨*germ.-engl.*⟩: Handhabung

Hands [hɛnts] *das;* -, - ⟨*germ.-engl.*⟩ (Fußball; österr.): Handspiel

Han|dy [ˈhɛndi] *das;* -s, -s ⟨anglisierende Bildung⟩: handliches Mobiltelefon

Han|gar [auch: ...ˈgaːɐ̯] *der;* -s, -s ⟨*germ.-fr.*⟩: Flugzeug-, Luftschiffhalle

Han|ni|bal ad por|tas!, fälschlich meist: **Han|ni|bal an|te por|tas!** ⟨*lat.;* »Hannibal an (vor) den Toren«; Schreckensruf der Römer im 2. Punischen Krieg⟩ (scherzh.): Achtung! Vorsicht! (es kommt gerade jmd., von dem etwas Unangenehmes o. Ä. zu erwarten ist)

han|tie|ren ⟨*fr.-niederl.*⟩: (mit einem Gegenstand in der Hand) sichtbar, hörbar tätig, beschäftigt sein

Ha|p|lo|gra|fie, Ha|p|lo|gra|phie *die;* -, ...ien: fehlerhafte Auslassung eines von zwei gleichen od. ähnlichen Lauten od. Wortteilen in geschriebenen od. gedruckten Texten; Ggs. ↑Dittografie

ha|p|lo|id (Biol.): nur einen einfachen Chromosomensatz aufweisend; Ggs. ↑diploid

Hap|pe|ning [ˈhɛpənɪŋ] *das;* -s, -s ⟨*engl.*⟩: [öffentliche] Veranstaltung eines Künstlers, die – unter Einbeziehung des Publikums – ein künstlerisches Erlebnis [mit überraschender od. schockierender Wirkung] vermitteln soll

hap|py [ˈhɛpi] ⟨*engl.*⟩: in glückseliger, zufriedener Stimmung

Hap|py End [ˈhɛpi ˈɛnt, ˈhɛpiˌɛnt] *das;* - -[s], - -s, **Hap|py|end** *das;* -[s], -s ⟨»glückliches Ende«⟩: [unerwarteter] glücklicher Ausgang eines Konflikts, einer Liebesgeschichte

Hap|py Hour [ˈhɛpi ˈauɐ̯] *die;* - -, - -s: festgesetzte Zeit, in der in bestimmten Lokalen die Getränke zu einem ermäßigten Preis angeboten werden

Hap|ten *das;* -s, -e (meist Plural) ⟨*gr.*⟩: organische, eiweißfreie Verbindung, die die Bildung von ↑Antikörpern im Körper verhindert, Halbantigen

Hap|tik *die;* - (Psychol.): Lehre vom Tastsinn

hap|tisch ⟨*gr.;* »greifbar«⟩: den Tastsinn betreffend

Ha|ra|ki|ri *das;* -[s], -s ⟨*jap.*⟩: ritueller Selbstmord durch Bauchaufschlitzen (in Japan); Seppuku

Ha|ram [auch: ˈhaːram] *der;* -s, -s ⟨*arab.*⟩: heiliger, verbotener Bezirk im islamischen Orient

Ha|rass *der;* -es, -e ⟨*fr.*⟩: Lattenkiste, Korb zum

Verpacken von Lebensmitteln od. zerbrechlichen Waren wie Glas, Porzellan

Hard|co|py ['ha:ɐ̯tkɔpi] *die;* -, -s, **Hard Co|py** *die;* - -, - -s ‹*engl.;* »feste (im Sinne von gegenständliche) Kopie«› (EDV): Ausdruck von im Computer gespeicherten Daten od. Texten über einen Drucker od. ↑Plotter (1); Ggs. ↑Softcopy (1)

Hard|core ['ha:ɐ̯tkɔ:] *der;* -s, -s ‹*engl.;* »harter Kern«›: **1.** (Physik) harter innerer Kern von Elementarteilchen. **2.** besonders harte u. aggressive Richtung der Rockmusik. **3.** Kurzform von ↑Hardcoreporno

Hard|core|film vgl. Hardcoreporno

Hard|core|por|no *der;* -s, -s: pornografischer Film, in dem geschlechtliche Vorgänge z. T. in Großaufnahme u. mit genauen physischen Details gezeigt werden

Hard|co|ver [...kʌvɐ] *das;* -s, -s ‹*engl.*›: Buch mit festem Einbanddeckel; Ggs. ↑Paperback

Hard|disk *die;* -, -s, **Hard|disc** *die;* -, -s, **Hard Disk** *die;* - -, - -s, **Hard Disc** *die;* - -, - -s (EDV): Festplatte

Hard|drink *der;* -s, -s, **Hard Drink** *der;* - -s, - -s: hochprozentiges alkoholisches Getränk; Ggs. ↑Softdrink

Hard Drug ['- drag] *die;* - -, - -s (Jargon): Rauschgift, das süchtig macht

Hard|li|ner [...lai̯nɐ] *der;* -s, - ‹*engl.*›: Vertreter eines harten [politischen] Kurses

Hard|rock *der;* -[s], **Hard Rock** *der;* - -[s] (Musik): Stilrichtung der Rockmusik, für die eine sehr einfache harmonische u. rhythmische Struktur u. extreme Lautstärke kennzeichnend sind

Hard Skill [... skɪl] *der* od. *das;* - -s, - -s ‹*engl.*› (Wirtsch.): rein fachliche Qualifikation; Ggs. ↑Soft Skill

Hard|stuff [...stʌf] *der;* -s, -s: starkes Rauschgift (z. B. Heroin, LSD)

Hard|top *das* od. *der;* -s, -s ‹*engl.*›: **1.** abnehmbares Verdeck von [Sport]wagen. **2.** Sportwagen mit einem Hardtop (1)

Hard|ware [...wɛ:ɐ̯] *die;* -, -s ‹*engl.;* »harte Ware«› (EDV): Gesamtheit der technisch-physikalischen Teile eines Computers; Ggs. ↑Software

Ha|rem *der;* -s, -s ‹*arab.-türk.;* »das Verbotene«›: **1.** (in den Ländern des Islams) abgetrennte Frauenabteilung der Wohnhäuser, zu der kein fremder Mann Zutritt hat. **2. a)** große Anzahl von Ehefrauen eines reichen orientalischen Mannes; **b)** alle im Harem (1) wohnenden Frauen

Hä|re|sie *die;* -, ...i̯en ‹*gr.-nlat.*›: von der offiziellen Kirchenmeinung abweichende Lehre, Irrlehre, Ketzerei

Hä|re|ti|ker *der;* -s, - ‹*gr.-lat.*›: jmd., der von der offiziellen Lehre abweicht; Ketzer

Hä|re|ti|ke|rin *die;* -, -nen: weibliche Form zu ↑Häretiker

hä|re|tisch: vom Dogma abweichend, ketzerisch

Ha|ri|d|schan, Ha|ri|jan *der;* -s, -s ‹*sanskr.;* »Gotteskinder«›: Inder, der keiner Kaste angehört; vgl. Paria (1)

Har|le|kin [...ki:n] *der;* -s, -e ‹*fr.-it.-fr.*›: **1.** Hanswurst, Narrengestalt [der it. Bühne]. **2.** Bärenschmetterling (ein lebhaft gefärbter Nachtfalter). **3.** Sprungspinne. **4.** Zwergpinscher

Har|le|ki|na|de *die;* -, -n: Possenspiel

har|le|ki|nisch [auch: ...'ki:...]: nach Art eines Harlekins, [lustig] wie ein Harlekin

Har|mo|nie *die;* -, ...i̯en ‹*gr.-lat.;* »Fügung«›: **1.** (Musik) wohltönender Zusammenklang mehrerer Töne od. Akkorde; schöner, angenehmer Klang. **2.** (Archit., bild. Kunst) ausgewogenes, ausgeglichenes, gesetzmäßiges Verhältnis der Teile zueinander; Ebenmaß. **3.** innere u. äußere Übereinstimmung; Einklang; Eintracht

Har|mo|nie|leh|re *die;* -, -n: **a)** (ohne Plural) Teilgebiet der Musikwissenschaft, das sich mit den harmonischen Verbindungen von Tönen u. Akkorden im musikalischen Satz befasst; **b)** von einem Musikwissenschaftler od. Komponisten aufgestellte Theorie, die sich mit den harmonischen Verbindungen von Tönen u. Akkorden befasst

har|mo|nie|ren: gut zu jmdm. od. zu etwas passen, ein als angenehm empfundenes Ganzes bilden; gut zusammenpassen, -klingen; miteinander übereinstimmen

Har|mo|nik *die;* - (Musik): Lehre von der Harmonie (1)

Har|mo|ni|ka *die;* -, -s u. ...ken ‹*gr.-lat.-nlat.*›: Musikinstrument, dessen Metallzungen durch Luftzufuhr (durch den Mund bzw. einen Balg) in Schwingung versetzt werden (z. B. Mund-, Zieh- od. Handharmonika)

Har|mo|ni|ka|tür *die;* -, -en: besonders konstruierte Tür, die wie eine Ziehharmonika zusammengeschoben werden kann; Falttür

har|mo|nisch: **1.** übereinstimmend, ausgeglichen, gut zusammenpassend. **2.** (Musik) den Harmoniegesetzen entsprechend; schön, angenehm klingend; **harmonische Teilung** (Math.): Teilung einer Strecke durch einen Punkt auf der

Strecke u. einen außerhalb, sodass gleiche Teilungsverhältnisse entstehen

har|mo|ni|sie|ren ‹*gr.-lat.-nlat.*›: **1.** (Musik) eine Melodie mit passenden Akkorden od. Figuren begleiten. **2.** in Einklang, in Übereinstimmung bringen, harmonisch gestalten

Har|mo|ni|sie|rung *die;* -, -en: das Harmonisieren

Har|mo|ni|um *das;* -s, ...ien od. -s: Tasteninstrument, dessen Töne von saugluftbewegten Durchschlagzungen erzeugt werden

Har|pu|ne *die;* -, -n ‹*germ.-fr.-niederl.*›: **1.** bes. zum Fang von Fischen u. Meeressäugetieren benutzter Wurfspeer od. pfeilartiges Geschoss mit Widerhaken u. Leine. **2.** (Textiltechnik) an Webautomaten Hilfsmittel zum Einweben der Querfäden

Har|pu|nier *der;* -s, -e: Harpunenwerfer

har|pu|nie|ren: mit der Harpune fangen

Ha|ru|s|pex *der;* -, -e u. Haruspizes [...tse:s] ‹*lat.*›: jmd., der aus den Eingeweiden von Opfertieren wahrsagt (bei Etruskern u. Römern)

Ha|sard *das;* -s ‹*arab.-span.-fr.*›: Hasardspiel

Ha|sar|deur [...'dø:ɐ̯] *der;* -s, -e (abwertend): jmd., der verantwortungslos handelt u. alles aufs Spiel setzt

Ha|sar|deu|rin [...'dø:rɪn] *die;* -, -nen: weibliche Form zu ↑Hasardeur

ha|sar|die|ren: alles aufs Spiel setzen, wagen

Ha|schee *das;* -s, -s ‹*germ.-fr.*›: Gericht aus fein gehacktem Fleisch

Ha|scher *der;* -s, - (ugs.): jmd., der hascht, der [gewohnheitsmäßig] Haschisch zu sich nimmt

Ha|sche|rin *die;* -, -nen: weibliche Form zu ↑Hascher

ha|schie|ren ‹*fr.*›: fein hacken, zu ↑Haschee verarbeiten

Ha|schisch *das,* auch: *der;* -[s] ‹*arab.*›: aus dem Blütenharz des indischen Hanfs gewonnenes Rauschgift

Ha|t|schek vgl. Háček

Hat|trick ['hɛtrɪk] *der;* -s, -s ‹*engl.*› (Sport): **a)** dreimaliger Erfolg (in einer Meisterschaft o. Ä.); **b)** drei von einem Spieler in unmittelbarer Folge in einem Spielabschnitt erzielte Tore (im Fußball, Handball u. a.)

Hau|bit|ze *die;* -, -n ‹*tschech.;* »Steinschleuder«›: Flach- und Steilfeuergeschütz

hau|sie|ren ‹zu *Haus* mit französierender Endung›: mit etwas handeln, indem man von Haus zu Haus geht u. Waren zum Kauf anbietet

Haus|se ['ho:s(ə), o:s] *die;* -, -n ‹*lat.-vulgärlat.-fr.*›: **1. a)** allgemeiner Aufschwung [in der Wirtschaft]; **b)** Steigen der Börsenkurse; Ggs. ↑Baisse. **2.** Griff am unteren Bogenende bei Streichinstrumenten, Frosch

Haus|si|er [...'si̯e:] *der;* -s, -s: Börsenspekulant, der mit Kurssteigerungen rechnet u. deshalb Wertpapiere ankauft; Ggs. ↑Baissier

haus|sie|ren: im Kurswert steigen (von Wertpapieren)

Haute Coif|fure [(h)o:tko̯a'fy:ɐ̯] *die;* - -: Frisierkunst, die für die Mode tonangebend ist (bes. in Paris u. Rom)

Haute Cou|ture [(h)o:tku'ty:ɐ̯] *die;* - -: Schneiderkunst, die für die elegante Mode tonangebend ist (bes. in Paris u. Rom)

Haute Cou|tu|ri|er [(h)o:tkuty'ri̯e:] *der;* - -s, - -s: Modeschöpfer

Haute|fi|nance [(h)o:tfi'nã:s] *die;* -: Hochfinanz; Finanzgruppe, die politische u. wirtschaftliche Macht besitzt

Haute|vo|lee [(h)o:tvo'le:] *die;* - ‹*fr.*› (oft iron.): gesellschaftliche Oberschicht; die feine, bessere Gesellschaft

Haut|gout [o'gu:] *der;* -s: **1.** eigentümlich scharfer, würziger Geschmack u. Geruch, den das Fleisch von Wild nach dem Abhängen annimmt. **2.** Anrüchigkeit

¹Ha|van|na *der;* -s ‹nach der kubanischen Stadt Havanna›: kubanische Tabaksorte

²Ha|van|na *die;* -, -s: Zigarre aus einer bestimmten kubanischen Tabaksorte

Ha|va|rie *die;* -, ...ien ‹*arab.-it.-fr.-niederl.*›: **1. a)** durch Unfall verursachter Schaden od. Beschädigung an Schiffen od. ihrer Ladung u. an Flugzeugen; **b)** (österr.) Schaden, Unfall bei einem Kraftfahrzeug. **2.** Beschädigung an Maschinen u. technischen Anlagen

ha|va|rie|ren: a) durch eine Havarie (1a, 2) beschädigt werden; **b)** (österr.) einen Autounfall haben

Ha|va|rist *der;* -en, -en: **1.** Eigentümer eines havarierten Schiffes. **2.** beschädigtes Schiff

Ha|va|ris|tin *die;* -, -nen: weibliche Form zu ↑Havarist (1)

Ha|waii|gi|tar|re *die;* -, -n ‹nach den Hawaii-Inseln›: große Gitarre mit leicht gewölbter Decke u. 6–8 Stahlsaiten

Ha|zi|en|da *die;* -, -s, auch: ...den ‹*lat.-span.*›: Landgut, Farm, bes. in Süd- u. Mittelamerika

HDTV ‹Abk. für *engl.* **h**igh **d**efinition **t**ele**v**ision›: hochauflösendes Fernsehen

Head|ban|ging ['hɛdbɛŋɪŋ] *das;* -s ‹engl.›: heftiges rhythmisches Nach-vorne-Schleudern des Kopfes als eine Art Tanzbewegung beim Hardrock

Head|hun|ter ['hɛdhantɐ] *der;* -s, - ‹*engl.;* »Kopfjäger«): jmd., der Führungskräfte [durch gezielte Abwerbung] vermittelt

Head|hun|te|rin *die;* -, -nen: weibliche Form zu ↑Headhunter

Head|line ['hɛdlain] *die;* -, -s: Schlagzeile; Überschrift in einer Zeitung, Anzeige o. Ä.

Hea|ring ['hi:rɪŋ] *das;* -s, -s ⟨*engl.*⟩: [öffentliche] Anhörung, Befragung von Sachverständigen, Betroffenen usw.

Hea|vi|side-Schicht, Hea|vi|side|schicht ['hɛvɪsaɪd...] *die;* - ⟨nach dem engl. Physiker⟩: elektrisch leitende Schicht der Atmosphäre in etwa 100 km Höhe über dem Erdboden, die mittellange u. kurze elektrische Wellen reflektiert

h

Hea|vy Me|tal ['hɛvi 'mɛtl̩] *das;* - -[s] ⟨*engl.;* »Schwermetall«⟩, **Hea|vy Rock** ['hɛvi 'rɔk] *der;* - -[s] ⟨*engl.*⟩: aggressivere Variante des Hardrocks

He|b|ra|i|cum *das;* -s ⟨*gr.-lat.*⟩: durch eine Prüfung nachgewiesene Kenntnisse in der hebräischen Sprache, die bes. für das Theologiestudium erforderlich sind

He|b|ra|ist *der;* -en, -en: jmd., der sich wissenschaftlich mit der hebräischen Geschichte u. Sprache beschäftigt

He|b|ra|is|tik *die;* -: Wissenschaft von der hebräischen Sprache [u. Kultur], bes. als wissenschaftliche Beschäftigung christlicher Gelehrter mit der hebräischen Sprache des Alten Testaments

He|b|ra|is|tin *die;* -, -nen: weibliche Form zu ↑Hebraist

He|do|ni|ker *der;* -s, -: ↑Hedonist

He|do|ni|ke|rin *die;* -, -nen: weibliche Form zu ↑Hedoniker

He|do|nis|mus *der;* - ⟨*gr.-nlat.*⟩: in der Antike begründete philosophische Lehre, nach welcher das höchste ethische Prinzip das Streben nach Sinnenlust u. Genuss ist

He|do|nist *der;* -en, -en: Vertreter der Lehre des Hedonismus

He|do|nis|tin *die;* -, -nen: weibliche Form zu ↑Hedonist

he|do|nis|tisch: 1. den Hedonismus betreffend, auf ihm beruhend. **2.** (Psychol.) das Lustprinzip befolgend

He|dsch|ra *die;* - ⟨*arab.;* »Auswanderung«⟩: Übersiedlung Mohammeds im Jahre 622 von Mekka nach Medina (Beginn der islamischen Zeitrechnung)

he|ge|mo|ni|al ⟨*gr.-nlat.*⟩: **a)** die Vormachtstellung habend; **b)** die Vormachtstellung erstrebend

He|ge|mo|nie *die;* -, ...ien ⟨*gr.;* »Oberbefehl«⟩: Vorherrschaft [eines Staates]; Vormachtstellung, Überlegenheit [kultureller, wirtschaftlicher, politischer u. a. Art]

he|ge|mo|nisch ⟨*gr.*⟩: die Hegemonie betreffend

Heim|trai|ner *der;* -s, - ⟨*dt.; engl.*⟩: ↑Hometrainer

Hek|t|ar [auch: ...'ta:ɐ̯] *das,* auch: *der;* -s, -e (aber: 2 -) ⟨*(gr.; lat.) fr.*⟩: Flächen-, bes. Feldmaß (= 100 Ar = 10 000 Quadratmeter; Zeichen: ha)

Hek|t|a|re *die;* -, -n (schweiz.): Hektar

Hek|tik *die;* - ⟨*gr.-mlat.*⟩: **1.** übersteigerte Betriebsamkeit, fieberhafte Eile. **2.** (Med. veraltet) krankhafte Abmagerung mit fortschreitendem Kräfteverfall (bes. bei Schwindsucht)

Hek|ti|ker *der;* -s, -: **1.** (ugs.) jmd., der voller Hektik (1) ist. **2.** (Med. veraltet) Lungenschwindsüchtiger

Hek|ti|ke|rin *die;* -, -nen: weibliche Form zu ↑Hektiker

hek|tisch: 1. fieberhaft-aufgeregt, von unruhig-nervöser Betriebsamkeit. **2.** (Med. veraltet) in Begleitung der Lungentuberkulose auftretend; **hektische Röte:** [fleckige] Wangenröte des Schwindsüchtigen

Hek|to|graf, Hek|to|graph *der;* -en, -en ⟨*gr.-nlat.*⟩: ein Vervielfältigungsgerät

Hek|to|gra|fie, Hek|to|gra|phie *die;* -, ...ien: **1.** ein Vervielfältigungsverfahren. **2.** eine mit dem Hektografen hergestellte Vervielfältigung

hek|to|gra|fie|ren, hek|to|gra|phie|ren: [mit dem Hektografen] vervielfältigen

Hek|to|graph usw. vgl. Hektograf usw.

Hek|to|li|ter [auch, österr. nur: 'hɛk...] *der,* auch: *das;* -s, - ⟨*gr.-fr.*⟩: 100 Liter (Zeichen: hl)

Hek|to|pas|cal [auch: 'hɛk...] *das;* -s, -: 100 Pascal (Zeichen: hPa)

Hel|fer|syn|drom (Psychol.): auf der Unfähigkeit, seine Bedürfnisse zu äußern, beruhende psychische Störung, die sich in einem übertriebenen Bedürfnis zu helfen zeigt

he|li... vgl. helio..., Helio...

He|li|ko|p|ter *der;* -s, - ⟨*gr.-nlat.*⟩: Hubschrauber

he|lio..., He|lio..., vor Vokalen meist: **he|li..., He|li...**

He|lio|graf, He|lio|graph *der;* -en, -en: **1.** astronomisches Fernrohr mit fotografischem Gerät für Aufnahmen von der Sonne. **2.** Blinkzeichengerät zur Nachrichtenübermittlung mithilfe des Sonnenlichts

He|lio|gra|fie, He|lio|gra|phie *die;* -, ...ien: **1.** (ohne Plural; Druckw.) älteres Druckverfahren, das sich der Fotografie bedient. **2.** (ohne Plural) (in der Antike und im Mittelalter) das Übermitteln von Nachrichten mithilfe des Sonnenlichts

he|lio|gra|fisch, he|lio|gra|phisch: den Heliografen betreffend
He|lio|graph usw. vgl. Heliograf usw.
He|lio|gra|vü|re *die;* -, -n ‹*gr.-fr.*›: **1.** (ohne Plural) ein Tiefdruckverfahren zur hochwertigen Bildreproduktion auf fotografischer Grundlage. **2.** im Heliogravüreverfahren hergestellter Druck
He|lio|s|kop *das;* -s, -e (Astron.): Gerät zur direkten Sonnenbeobachtung, das die Strahlung abschwächt
He|lio|the|ra|pie [auch: ...'pi:] *die;* -, ...ien [...i:ən] (Med.): Heilbehandlung mit Sonnenlicht u. -wärme
[1]**He|lio|trop** *das;* -s, -e: **1.** Sonnenwende, Zimmerpflanze, deren Blüten nach Vanille duften. **2.** (ohne Plural) blauviolette Farbe (nach den Blüten des Heliotrops). **3.** Sonnenspiegel zur Sichtbarmachung von Geländepunkten
[2]**He|lio|trop** *der;* -s, -e: Edelstein (Abart des Quarzes)
he|lio|zen|t|risch: die Sonne als Weltmittelpunkt betrachtend; Ggs. ↑geozentrisch; **heliozentrisches Weltsystem:** von Kopernikus entdecktes u. aufgestelltes Planetensystem mit der Sonne als Weltmittelpunkt
He|lio|zo|on *das;* -s, ...zoen (meist Plural) ‹*gr.-nlat.*›: Sonnentierchen (einzelliges, wasserbewohnendes Lebewesen)
He|li|port *der;* -s, -s ‹*gr.-lat.;* Kurzw. aus ↑**Helikopter** u. ↑**Airport**›: Landeplatz für Hubschrauber
He|li|ski|ing [...ski:ɪŋ] ‹Kunstw. aus *engl.* **helicopter** u. **skiing**›: Skilaufen auf Pisten, zu denen man sich mit einem Hubschrauber bringen lässt
He|li|um *das;* -s: chem. Element; ein Edelgas (Zeichen: He)
He|lix *die;* -, ...ices [...tse:s] ‹*gr.-lat.;* »spiralig Gewundenes«›: **1.** (Med.) der umgebogene Rand der menschlichen Ohrmuschel. **2.** (Zool.) Schnirkelschnecke (z. B. Weinbergschnecke). **3.** (Chemie) wendelförmige Molekülstruktur
hel|le|nisch ‹*gr.*›: **a)** das antike Hellas (Griechenland) betreffend; **b)** griechisch (in Bezug auf den heutigen Staat)
hel|le|ni|sie|ren ‹*gr.-nlat.*›: nach griechischem Vorbild gestalten; griechische Sprache u. Kultur nachahmen
Hel|le|nis|mus *der;* -: **1.** Griechentum; (nach J. G. Droysen:) die Kulturepoche von Alexander dem Griech. bis Augustus (Verschmelzung des griechischen mit dem orientalischen Kulturgut). **2.** die griechische nachklassische Sprache dieser Epoche; Ggs. ↑Attizismus (1)
Hel|le|nist *der;* -en, -en: **1.** jmd., der sich wissenschaftlich mit dem nachklassischen Griechentum befasst. **2.** (im Neuen Testament) Griechisch sprechender, zur hellenistischen Kultur neigender Jude der Spätantike
Hel|le|nis|tik *die;* -: Wissenschaft, die sich mit der hellenischen Sprache u. Kultur befasst
Hel|le|nis|tin *die;* -, -nen: weibliche Form zu ↑Hellenist (1)
hel|le|nis|tisch: den Hellenismus (1, 2) betreffend
Help *das;* -s ‹*engl.*› (EDV): Einrichtung zur Unterstützung des richtigen Programmablaufs im Computer
Help|desk, Help-Desk *der,* auch: *das;* -s, -s ‹*engl.*›: telefonisch od. über Internet zur Verfügung stehender Informationsdienst
hel|ve|tisch ‹*lat.*›: schweizerisch; **Helvetische Konfession, Helvetisches Bekenntnis:** Bekenntnis[schriften] der evangelisch-reformierten Kirche von 1536 u. bes. 1562/66 (Abk.: H. B.)
Hel|ve|tis|mus *der;* -, ...men ‹*lat.-nlat.*›: eine innerhalb der deutschen Sprache nur in der Schweiz (= Helvetien) übliche sprachliche Ausdrucksweise (z. B. Blocher = Bohnerbesen)
He|mi|e|pes *der;* -, - ‹*gr.*›: [unvollständiger] halber Hexameter
He|mi|ple|gie *die;* -, ...ien (Med.): Lähmung einer Körperseite (z. B. bei Schlaganfall); vgl. Monoplegie
He|mi|sphä|re *die;* -, -n ‹*gr.-lat.*›: **a)** eine der beiden bei einem gedachten Schnitt durch den Erdmittelpunkt entstehenden Hälften der Erde; Erdhälfte, Erdhalbkugel; **b)** Himmelshalbkugel; **c)** (Med.) rechte bzw. linke Hälfte des Großhirns u. des Kleinhirns
he|mi|sphä|risch: die Hemisphäre betreffend
He|mi|s|ti|cho|my|thie *die;* - ‹*gr.-nlat.*›: aus Hemistichien bestehende Form des Dialogs im Versdrama; vgl. Stichomythie
he|mi|zy|k|lisch [auch: ...'tsʏk...]: kreisförmig od. spiralig (von der Anordnung der [Blüten]blätter bei Pflanzen)
Hem|lock|tan|ne *die;* -, -n ‹*engl.; dt.*›: Tsuga
Hen|de|ka|syl|la|bus *der;* -, ...syllaben u. ...syllabi ‹*gr.-lat.*›: elfsilbiger Vers; vgl. Endecasillabo
Hen|di|a|dy|oin *das;* -[s], -, seltener: **Hen|di|a|dys** *das;* -, - ‹*gr.-mlat.;* »eins durch zwei«› (Stilkunde): **1.** die Ausdruckskraft verstärkende Verbindung zweier synonymer Substantive od. Verben (z. B. bitten und flehen). **2.** das bes. in der Antike beliebte Ersetzen eines Attributs

durch eine reihende Verbindung mit »und« (z. B.: die Masse *und die hohen Berge* statt: die Masse *der hohen Berge*)

Hen|na *das;* -[s], auch *die;* - ‹*arab.*›: aus Blättern u. Stängeln des Hennastrauchs gewonnenes rotgelbes Färbemittel für kosmetische Zwecke

He|no|the|is|mus *der;* - ‹*gr.-nlat.*›: religiöse Haltung, die die Hingabe an nur einen Gott fordert, ohne allerdings die Existenz anderer Götter zu leugnen od. ihre Verehrung zu verbieten; vgl. Monotheismus

Hen|ri|qua|t|re [ãri'katr(ə)] *der;* -[s] [...tr(ə)], -s [...tr(ə)]: nach Heinrich IV. von Frankreich benannter Spitzbart

He|pa|ti|tis *die;* -, ...itiden ‹*gr.-nlat.*› (Med.): Leberentzündung

He|pa|to|lo|gie *die;* - (Med.): Lehre von der Leber (einschließlich der Gallenwege), ihren Funktionen u. Krankheiten

Hep|ta|chord [...k...] *der* od. *das;* -[e]s, -e ‹*gr.-lat.*› (Musik): Folge von sieben ↑diatonischen Tonstufen (große Septime)

Hep|ta|gon *das;* -s, -e: Siebeneck

Hep|ta|teuch *der;* -[s] ‹*gr.-mlat.*›: die ersten sieben Bücher des Alten Testaments (1.–5. Buch Mose, Josua, Richter); vgl. Pentateuch

He|ra|k|li|de *der;* -n, -n ‹*gr.-lat.*›: Nachkomme des Herakles

He|ral|dik *die;* - ‹*germ.-mlat.-fr.*›: Wappenkunde, Heroldskunst (von den ↑Herolden 2 entwickelt)

He|ral|di|ker *der;* -s, -: Wappenforscher, -kundiger

He|ral|di|ke|rin *die;* -, -nen: weibliche Form zu ↑Heraldiker

he|ral|disch: die Heraldik betreffend

Her|ba|list *der;* -en, -en ‹*lat.*›: Heilkundiger, der auf Kräuterheilkunde spezialisiert ist

Her|bi|vo|re *der;* -n, -n: Tier, das nur pflanzliche Nahrung zu sich nimmt

Her|bi|zid *das;* -s, -e: chem. Mittel zur Abtötung von Pflanzen

he|re|di|tär: 1. (Biol., Med.) erblich, die Vererbung betreffend. **2.** (Geschichte) auf Erbfolge beruhend; durch die Erbfolge legitimiert

He|ris *der;* -, - ‹nach dem Ort Heris in Iran›: Sammelbezeichnung für verschiedenartige, handgeknüpfte Gebrauchsteppiche aus dem iranischen Aserbaidschan

Her|ku|les *der;* -, -se ‹nach dem Halbgott der griechischen Sage›: Mensch mit großer Körperkraft

Her|ku|les|ar|beit *die;* -, -en: anstrengende, schwere Arbeit

her|ku|lisch: riesenstark (wie Herkules)

Her|m|a|ph|ro|dis|mus vgl. Hermaphroditismus

Her|m|a|ph|ro|dit *der;* -en, -en ‹*gr.-lat.;* zum Zwitter gewordener Sohn der gr. Gottheiten Hermes u. Aphrodite› (Biol., Med.): Zwitter; Individuum (Mensch, Tier od. Pflanze) mit Geschlechtsmerkmalen von beiden Geschlechtern

her|m|a|ph|ro|di|tisch (Biol.; Med.): zweigeschlechtig; zwittrig

Her|m|a|ph|ro|di|tis|mus, Her|m|a|ph|ro|dis|mus *der;* - ‹*gr.-lat.-nlat.*› (Biol.; Med.): Zweigeschlechtigkeit; Zwittrigkeit

Her|me|neu|tik *die;* - ‹*gr.*›: **1.** wissenschaftliches Verfahren der Auslegung u. Erklärung von Texten, Kunstwerken od. Musikstücken. **2.** metaphysische Methode des Verstehens menschlichen Daseins (in der Existenzphilosophie)

her|me|neu|tisch: einen Text o. Ä. erklärend, auslegend

her|me|tisch: 1. a) dicht verschlossen, sodass nichts ein- od. herausdringen kann (z. B. hermetisch verschlossene Ampullen); **b)** durch eine Maßnahme od. einen Vorgang so beschaffen, dass nichts od. niemand eindringen od. hinausgelangen kann (z. B. ein Gebäude hermetisch abriegeln). **2.** vieldeutig, dunkel (in Bezug auf das Verständnis); eine geheimnisvolle Ausdrucksweise bevorzugend

Her|mi|ta|ge [ɛrmi'ta:ʒ(ə)] *der;* - ‹*fr.*›: fr. Wein aus dem Anbaugebiet um die Gemeinde Tain-l'Hermitage im Rhonetal

He|roa: Plur. von ↑Heroon

He|ro|ik *die;* -: Heldenhaftigkeit

[1]**He|ro|in** *die;* -, -nen ‹*gr.-lat.*›: **1.** Heldin. **2.** (Theater) Heroine

[2]**He|ro|in** *das;* -s ‹*gr.-nlat.*›: aus einem weißen, pulverförmigen Morphinderivat bestehendes, sehr starkes, süchtig machendes Rauschgift

He|ro|i|ne *die;* -, -n ‹*gr.-lat.*›: Darstellerin einer Heldenrolle auf der Bühne

he|ro|isch ‹*gr.-lat.*›: heldenmütig, heldenhaft; **heroische Landschaft:** a) großes Landschaftsbild mit Gestalten der antiken Mythologie (17. Jh.); b) Bild, das eine dramatisch bewegte, monumentale Landschaft darstellt (19. Jh.); **heroischer Vers:** Vers des Epos

he|ro|i|sie|ren ‹*gr.-lat.-nlat.*›: als Helden verherrlichen, zum Helden erheben

He|ro|is|mus *der;* -: Heldentum, Heldenmut

He|rold *der;* -[e]s, -e ‹*germ.-fr.*›: **1.** (früher) jmd., der eine Botschaft überbringt, der etwas verkündet. **2.** (früher) wappenkundiger Hofbeamter im Mittelalter

He|ro|on *das;* -s, ...roa ‹*gr.*›: Grabmal u. Tempel eines Heros (1)

He|ros *der;* -, ...oen ‹*gr.-lat.*›: **1.** (in der gr. Mythologie) zwischen Göttern u. Menschen stehender Held, Halbgott, der im Leben große Taten vollbracht u. nach seinem Tod die Fähigkeit erlangt hat, den Menschen aus eigener Macht Hilfe zu leisten. **2.** heldenhafter Mann, Held

He|ro|s|t|rat *der;* -en, -en ‹nach dem Griechen Hēróstratos, der 356 v. Chr. den Artemistempel zu Ephesus in Brand steckte, um berühmt zu werden› (bildungsspr.): Verbrecher aus Ruhmsucht

Her|pes *der;* - ‹*gr.-lat.*› (Med.): Bläschenausschlag

Her|pes Zos|ter [auch: -ˈtsɔstɐ] *der;* - -, **Zos|ter** *der;* -s ‹*gr.-nlat.*› (Med.): Viruserkrankung mit Hautbläschen in der Gürtelgegend; Gürtelrose

Her|pe|to|lo|gie *die;* - ‹*gr.-nlat.*› (Zool.): Kriechtierkunde (Wissenschaft von den ↑Amphibien u. ↑Reptilien)

Herz|in|farkt *der;* -[e]s, -e ‹*dt.; lat.-nlat.*›: ↑Myokardinfarkt

Herz|in|suf|fi|zi|enz *die;* - ‹*dt.; lat.*› (Med.): Herz[muskel]schwäche

Hes|pe|ros, Hes|pe|rus *der;* -: der Abendstern in der gr. Mythologie

He|tä|rie *die;* -, ...ien ‹*gr.-lat.*›: [alt]gr. (meist geheime) politische Verbindung; **Hetärie der Befreundeten:** gr. Geheimbund zur Befreiung von den Türken

he|ter..., He|ter... vgl. hetero..., Hetero...

He|te|ro *der;* -s, -s: heterosexueller Mann; Ggs. ↑²Homo

he|te|ro..., He|te|ro...

vor Vokalen gelegentlich: **he|ter..., He|ter...**
‹*gr.* héteros »der andere; anders«›
Präfix mit der Bedeutung »anders, fremd, ungleich, verschieden«:
- heterogen
- Heteronym
- heterosexuell

he|te|ro|dox ‹*gr.-mlat.*›: **1.** (Rel.) andersgläubig, von der herrschenden [Kirchen]lehre abweichend. **2.** (Schach) Schachprobleme betreffend, die nicht den normalen Spielbedingungen entsprechen, dem Märchenschach (vgl. Fairychess) angehörend

He|te|ro|fo|nie, He|te|ro|pho|nie *die;* - (Musik): auf der Grundlage eines bestimmten Themas improvisiertes Zusammenspiel von zwei od. mehr Stimmen, die tonlich u. rhythmisch völlig selbstständig spontan durch bestimmte Verzierungen vom Thema abweichen; Ggs. ↑Unisono

he|te|ro|gen: einer anderen Gattung angehörend; uneinheitlich, aus Ungleichartigem zusammengesetzt; Ggs. ↑homogen

He|te|ro|ge|ni|tät *die;* -: Ungleichartigkeit, Verschiedenartigkeit, Uneinheitlichkeit; Ggs. ↑Homogenität

He|te|ro|hyp|no|se *die;* -, -n: Versenkung in ↑Hypnose durch Fremde; Ggs. ↑Autohypnose

he|te|ro|log (bes. Med.): artfremd; **heterologe Insemination:** künstliche Befruchtung mit nicht vom Ehemann stammendem Samen; Ggs. ↑homologe Insemination

he|te|ro|mer (Bot.): verschieden gegliedert (von Blüten, in deren verschiedenen Blattkreisen die Zahl der Glieder wechselt); Ggs. ↑isomer

He|te|r|o|nym *das;* -s, -e: **1.** Wort, das von einer anderen Wurzel (einem anderen Stamm) gebildet ist als das Wort, mit dem es (sachlich) eng zusammengehört, z. B. *Schwester: Bruder* im Gegensatz zu gr. *adelphḗ* »Schwester«: *adelphós* »Bruder«; vgl. Heteronymie (1). **2.** Wort, das in einer anderen Sprache, Mundart od. einem anderen Sprachsystem dasselbe bedeutet (z. B. dt. *Bruder* / fr. *frère,* südd. *Samstag* / nordd. *Sonnabend*)

He|te|r|o|ny|mie *die;* - ‹*gr.*› (Sprachw.): **1.** Bildung sachlich zusammengehörender Wörter von verschiedenen Wurzeln (Stämmen). **2.** das Vorhandensein mehrerer Wörter aus verschiedenen Sprachen, Mundarten od. Sprachsystemen bei gleichbleibender Bedeutung

He|te|ro|se|xu|a|li|tät *die;* - (Med., Psychol.): auf das andere Geschlecht gerichtetes Geschlechtsempfinden; Ggs. ↑Homosexualität

he|te|ro|se|xu|ell (Med., Psychol.): in seinem sexuellen Empfinden und Verhalten zum anderen Geschlecht hinneigend; Ggs. ↑homosexuell

He|te|ro|se|xu|el|le *der* u. *die;* -n, -n: männliche bzw. weibliche heterosexuelle Person

He|te|ro|sphä|re *die;* - (Meteorol.): oberer Bereich der Erdatmosphäre (etwa ab 120 km Höhe); Ggs. ↑Homosphäre

He|te|ro|ste|reo|typ *das;* -s, -e ‹*gr.-engl.*› (Soziol.): Vorstellung, Vorurteil, das Mitglieder einer Gruppe od. Gemeinschaft von anderen Gruppen besitzen

he|te|ro|troph (Biol.): in der Ernährung auf Körpersubstanz od. Stoffwechselprodukte anderer Organismen angewiesen; Ggs. ↑autotroph

he|te|r|ö|zisch (Biol.): einen Wirtswechsel durchführend (von Parasiten)

he|te|ro|zy|got (Biol.): mischerbig, ungleicherbig (in Bezug auf die Erbanlagen von Eizellen oder Individuen, die durch Artkreuzung entstanden sind; z. B. rosa Blüte, entstanden aus einer roten und einer weißen); Ggs. ↑homozygot

He̩t|man *der;* -s, -e (auch: -s) ⟨*dt.-slaw.;* »Hauptmann«⟩: **1.** Oberhaupt der Kosaken. **2.** in Polen (bis 1792) vom König eingesetzter Oberbefehlshaber

Heu|ri̱s|tik *die;* -, -en ⟨*gr.-nlat.*⟩: Lehre, Wissenschaft von den Verfahren, Probleme zu lösen; methodische Anleitung, Anweisung zur Gewinnung neuer Erkenntnisse

heu|ri̱s|tisch: die Heuristik betreffend; **heuristisches Prinzip:** Arbeitshypothese als Hilfsmittel der Forschung; vorläufige Annahme zum Zweck des besseren Verständnisses eines Sachverhalts

He|xa|cho̱rd [...ˈk...] *der* od. *das;* -[e]s, -e ⟨*gr.-lat.;* »sechssaitig, -stimmig«⟩ (Musik): Aufeinanderfolge von sechs Tönen der ↑diatonischen Tonleiter (nach G. v. Arezzo als Grundlage der ↑Solmisation benutzt)

He|xa|e̱der *das;* -s, - ⟨*gr.-nlat.*⟩ (Math.): Sechsflächner, Würfel

he|xa|e̱d|risch: sechsflächig

He|xa|e̱me|ron *das;* -s ⟨*gr.-lat.*⟩: Sechstagewerk der Schöpfung (1. Mose, 1 ff.); vgl. Hexameron

He|xa|go̱n *das;* -s, -e: Sechseck

he|xa|go|na̱l ⟨*gr.-nlat.*⟩: sechseckig

He|xa|gra̱mm *das;* -s, -e: sechsstrahliger Stern aus zwei gekreuzten gleichseitigen Dreiecken; Sechsstern (Davidsstern der Juden)

He|xa̱|me|ron *das;* -s, -s: Titel für Sammlungen von Novellen, die an sechs Tagen erzählt werden; vgl. Hexaemeron

He|xa̱|me|ter *der;* -s, - ⟨*gr.-lat.*⟩: aus sechs ↑Versfüßen (meist ↑Daktylen) bestehender epischer Vers (letzter Versfuß um eine Silbe gekürzt)

he|xa|me̱|t|risch ⟨*gr.*⟩: in Hexametern verfasst, den Hexameter betreffend

He|xa|teu̲ch *der;* -[s] ⟨*gr.-nlat.*⟩: die ersten sechs Bücher des Alten Testaments (1.–5. Buch Mose, Buch Josua); vgl. Pentateuch

He|x|o̱|de *die;* -, -n: Elektronenröhre mit sechs Elektroden

hey [hɛi] ⟨engl.⟩ (bes. Jugendspr.): **1.** Zuruf, mit dem man jmds. Aufmerksamkeit zu erregen sucht. **2.** Ausruf des Erstaunens, der Empörung o. Ä. **3.** Grußformel

hi [hai̯] ⟨*engl.*⟩ (ugs.): Begrüßungsformel

hi|ber|na̱l: winterlich; den Winter, die Wintermonate betreffend

Hi|ber|na|ti|o̱n *die;* -, -en: (Med.) künstlich herbeigeführte Herabsetzung der Körpertemperatur; vgl. Hypothermie

Hi|bi̱s|kus *der;* -, ...ken ⟨*gr.-lat.*⟩: Malvengewächs, das viele Arten von Ziersträuchern u. Sommerblumen aufweist; Eibisch

[1]Hi̱|cko|ry *der;* -s, -s, auch *die;* -, -s ⟨*indian.-engl.*⟩: (in Nordamerika u. in China heimischer) Walnussbaum mit glatten, essbaren Nüssen u. wertvollem Holz

[2]Hi̱|cko|ry *das;* -s: Holz des [1]Hickorys

hi|d|ro̱|tisch (Med.): die Fähigkeit besitzend, zu schwitzen

Hi|e|r|ar|chi̲e *die;* -, ...i̯en: **1.** [pyramidenförmige] Rangordnung, Rangfolge, Über- u. Unterordnungsverhältnisse. **2.** Gesamtheit derer, die in der kirchlichen Rangordnung stehen

hi|e|r|a̱r|chisch: **1.** einer pyramidenförmigen Rangordnung entsprechend, in der Art einer Hierarchie streng gegliedert. **2.** den Priesterstand u. seine Rangordnung betreffend

hi|e|r|ar|chi|si̲e|ren ⟨*gr.-nlat.*⟩: in einer Hierarchie anordnen, abstufen

hi|e|ra̱|tisch [hi̯e...] ⟨*gr.-lat.*⟩: **1.** priesterlich; heilige Gebräuche od. Heiligtümer betreffend; **hieratische Schrift:** von den Priestern vereinfachte Hieroglyphenschrift, die beim Übergang vom Stein zum Papyrus (als Schreibmaterial) entstand; vgl. demotische Schrift. **2.** (bes. in der archaischen griechischen od. in der byzantinischen Kunst) streng, starr

[1]Hi|e|ro|du̱|le [hi̯e..., auch: hi...] *der;* -n, -n ⟨*gr.-lat.*⟩: Tempelsklave des griechischen Altertums

[2]Hi|e|ro|du̱|le *die;* -, -n: Tempelsklavin (des Altertums), die der Gottheit gehörte u. deren Dienst u. a. in sakraler Prostitution bestand

Hi|e|ro|gly̱|phe *die;* -, -n ⟨*gr.*⟩: **1.** Zeichen der altägyptischen, altkretischen u. hethitischen Bilderschrift. **2.** (nur Plural; scherzh.) schwer od. nicht lesbare Schriftzeichen

hi|e|ro|gly̱|phisch: **1.** in der Art der Hieroglyphen. **2.** die Hieroglyphen betreffend

Hi|e|ro|ma̱nt *der;* -en, -en: jmd., der aus Opfern (bes. geopferten Tieren) weissagt; vgl. Haruspex

high [hai̯] ⟨*engl.*⟩ (Jargon): in einem rauschhaften Zustand, in begeisterter Hochstimmung (z. B. nach dem Genuss von Rauschgift)

High Church [-ˈtʃə:tʃ] *die;* - -: Hochkirche; Richtung der englischen Staatskirche, die eine Vertiefung der liturgischen Formen anstrebt; vgl. Broad Church, Low Church

High Fi|de|li|ty [-fiˈdɛliti] *die;* - - ⟨*engl.*⟩: hochgradige Klangtreue (Abk.: Hi-Fi)

High Heels, **High|heels** [...hi:ls] *die* (nur Plural): hochhackige Schuhe; Stöckelschuhe

High|life [...laif] *das;* -[s], **High Life** *das;* - -[s]: **1.** exklusives Leben neureicher Gesellschaftskreise. **2.** Hochstimmung, Ausgelassenheit

High|light [...lait] *das;* -[s], -s: **1.** Höhepunkt, Glanzpunkt eines [kulturellen] Ereignisses. **2.** (bild. Kunst) Lichteffekt auf Bildern od. Fotografien

high|ligh|ten [...laaitn̩] (EDV): auf einem Bildschirm optisch hervorheben (z. B. durch Unterlegen einer Kontrastfarbe)

High|ri|ser [ˈhairaizɐ] *der;* -[s], - ‹*engl.*›: Fahrrad od. Moped mit hohem, geteiltem Lenker u. Sattel mit Rückenlehne

High|school [...sku:l] *die;* -, -s ‹*engl.-amerik.*›: amerik. Bez. für: höhere Schule

High Sno|bi|e|ty [- snɔˈbaɪətɪ] *die;* - - ‹scherzh. Bildung aus *engl.-amerik.* **high, snob** u. **society**›: Gruppe der Gesellschaft, die durch entsprechende ↑snobistische Lebensführung Anspruch auf Zugehörigkeit zur High Society erhebt

High So|ci|e|ty [- səˈsaɪətɪ] *die;* - - ‹*engl.*›: die vornehme Gesellschaft, die oberen Zehntausend

High|tech|in|dus|t|rie *die;* -, -n: Industrie, die Produkte der Hochtechnologie herstellt

High|way [ˈhaiweɪ] *der;* -s, -s: **1.** engl. Bez. für: Haupt-, Landstraße. **2.** amerik. Bez. für: Fernstraße

Hi|ja|cker [...dʒɛkɐ] *der;* -s, - ‹*engl.*›: Flugzeugentführer

Hi|li: *Plural* von ↑Hilus

Hill|bil|ly|mu|sic, **Hill|bil|ly-Mu|sic** [...mju:zɪk], **Hill|bil|li|mu|sik** *die;* -: **1.** ländliche Musik der nordamerik. Südstaaten. **2.** kommerzialisierte volkstümliche Musik der Cowboys

Hi|lus *der;* -, Hili (Med.): vertiefte Stelle an der Oberfläche eines Organs, wo Gefäße, Nerven u. Ausführungsgänge strangförmig ein- od. austreten

Hin|di *das;* - ‹*pers.*›: Amtssprache in Indien

[1]**Hin|du** *der;* -[s], -[s]: Anhänger des Hinduismus

[2]**Hin|du** *die;* -, -[s], **Hin|du|frau** *die;* -, -en: eingeborene Hindufrau, die Anhängerin des Hinduismus ist

Hin|du|is|mus *der;* - ‹*pers.-nlat.*›: **1.** aus dem ↑Brahmanismus entwickelte indische Volksreligion. **2.** (selten) Brahmanismus

hin|du|is|tisch: den Hinduismus betreffend

Hi|obs|bot|schaft *die;* -, -en ‹nach der Gestalt des Hiob im Alten Testament›: Unglücksbotschaft

hip [hɪp] ‹*engl.*› (Jargon): [in modischer Hinsicht] auf dem Laufenden; zeitgemäß

Hip-Hop, **Hip|hop** *der;* -s ‹*engl.-amerik.*›: auf dem ↑Rap basierender, bes. zum Tanzen geeigneter Musikstil, der durch elektronisch erzeugte, stark rhythmisierte Musik [u. Texte, die vor allem das Leben der unteren sozialen Schichten in amerik. Großstädten widerspiegeln] gekennzeichnet ist

Hip|pie *der;* -s, -s ‹*amerik.*›: Anhänger einer bes. in den USA in der 2. Hälfte der 1960er-Jahre ausgebildeten, betont antibürgerlichen u. pazifistischen Lebensform; Blumenkind

Hip|po|drom *der* od. (österr. nur:) *das;* -s, -e: **1.** (Geschichte) Pferde- und Wagenrennbahn. **2.** Reitbahn auf Jahrmärkten o. Ä.

Hip|po|gryph *der;* -s u. -en, -e[n] ‹*it.*›: von Ariost u. Bojardo (italienischen Dichtern der Renaissancezeit) erfundenes geflügeltes Fabeltier mit Pferdeleib u. Greifenkopf; bei neueren Dichtern ↑Pegasus

Hip|po|kra|ti|ker *der;* -s, - ‹nach dem altgriech. Arzt Hippokrates›: Anhänger des altgriechischen Arztes Hippokrates u. seiner Schule

hip|po|kra|tisch: **1.** auf den Arzt Hippokrates bezüglich, seiner Lehre gemäß; **hippokratischer Eid:** a) moralisch-ethische Grundlage des Arzttums (z. B. immer zum Wohle des Kranken zu handeln); b) (Geschichte) Schwur auf die Satzung der Ärztezunft; **hippokratisches Gesicht** (Med.): Gesichtsausdruck Schwerkranker u. Sterbender. **2.** den altgriechischen Mathematiker Hippokrates betreffend, seiner Lehre entsprechend; **hippokratische Möndchen:** zwei mondsichelförmige Flächen, die aus den drei Halbkreisen über den Seiten eines rechtwinkligen Dreiecks entstehen (die Flächen haben zusammen den gleichen Inhalt wie das Dreieck)

Hip|po|lo|gie *die;* -: wissenschaftliche Pferdekunde

hip|po|lo|gisch: die Hippologie betreffend

Hip|po|po|ta|mus *der;* -, ...mi (Biol.): großes Fluss- od. Nilpferd (Paarhufer)

Hip|po|the|ra|pie *die;* -, ...ien: Reittherapie

[1]**Hips|ter** *der;* -[s], - ‹*engl.*› (Jargon): **1.** Jazzmusiker, -fan. **2.** jmd., der über alles, was modern ist, Bescheid weiß u. ↑hip ist

[2]**Hips|ter** *der;* -[s], - ‹*engl.* hip »Hüfte«›: auf der Hüfte sitzender Slip

Hi|ra|ga|na *die;* - ‹*jap.*›: japanische Silbenschrift, die zur Darstellung grammatischer Beugungsendungen verwendet wird; vgl. Katakana

[1]**His|bol|lah** *die;* - ‹*arab.*›: Gruppe extremistischer, schiitischer Muslime, bes. im Libanon

²His|bo̢l|lah *der;* -s, -s: Anhänger der ¹Hisbollah
his|pa|ni|sie|ren ⟨*lat.-nlat.*⟩: spanisch machen, gestalten
His|pa|ni̢st *der;* -en, -en: jmd., der sich wissenschaftlich mit der Hispanistik befasst
His|pa|ni̢s|tik *die;* -: Wissenschaft von der spanischen Sprache u. Literatur (Teilgebiet der ↑Romanistik 1)
His|pa|ni̢s|tin *die;* -, -nen: weibliche Form zu ↑Hispanist
His|pa|no|ame|ri|ka̱|ner *der;* -s, -: in den USA lebender Einwanderer aus den Spanisch sprechenden Ländern Lateinamerikas
His|t|a|mi̱n *das;* -s, -e ⟨Kurzw. aus ↑**Histidin** u. ↑**Amin**⟩ (Med.): Gewebehormon
His|ti|di̱n *das;* -s ⟨*gr.-nlat.*⟩: eine ↑Aminosäure
His|to|lo|gie *die;* - (Med.): Wissenschaft von den Geweben des Körpers
his|to|lo̱|gisch (Med.): die Histologie betreffend, zu ihr gehörend
His|to̱|rie [...i̯ə] *die;* -, -n: **1.** (ohne Plural) [Welt]geschichte. **2.** (ohne Plural; veraltet) Geschichtswissenschaft. **3.** (veraltet) [abenteuerliche, erdichtete] Erzählung; Bericht
His|to̱|ri|en|ma|le|rei *die;* -, -en ⟨*gr.-lat.; dt.*⟩: Geschichtsmalerei (bildliche Darstellung von Ereignissen aus der Geschichte, der ↑Mythologie u. der Dichtung)
His|to̱|rik *die;* - ⟨*gr.-lat.*⟩: **a)** Geschichtswissenschaft; **b)** Lehre von der historischen Methode der Geschichtswissenschaft
His|to̱|ri|ker *der;* -s, -: Geschichtsforscher, -kenner, -wissenschaftler
His|to̱|ri|ke|rin *die;* -, -nen: weibliche Form zu ↑Historiker
His|to|rio|gra̱f, **His|to|rio|gra̱ph** *der;* -en, -en ⟨*gr.*⟩: Geschichtsschreiber
His|to|rio|gra|fie, **His|to|rio|gra|phie** *die;* -: Geschichtsschreibung
His|to|rio|gra̱|fin, **His|to|rio|gra̱|phin** *die;* -, -nen: weibliche Form zu ↑Historiograf
his|to̱|risch ⟨*gr.-lat.*⟩: **1.** geschichtlich, der Geschichte gemäß, überliefert; bedeutungsvoll für die Geschichte. **2.** einer früheren Zeit, der Vergangenheit angehörend; **historischer Materialismus** (Philos.): die von Marx u. Engels begründete Lehre, nach der die Geschichte von den ökonomischen Verhältnissen bestimmt wird; **historisches Präsens:** Präsensform des Verbs, die zur Schilderung eines vergangenen Geschehens eingesetzt wird
his|to|ri|sie|ren ⟨*gr.-lat.-nlat.*⟩: in geschichtlicher Weise darstellen, geschichtliche Elemente in stärkerem Maße mit einbeziehen, Historisches stärker hervorheben, ein historisches Aussehen geben, in ein historisches Gewand kleiden
His|to|ri̢s|mus *der;* -, ...men: **1.** (ohne Plural) eine Geschichtsbetrachtung, die alle Erscheinungen aus ihren geschichtlichen Bedingungen heraus zu verstehen u. zu erklären sucht. **2.** Überbewertung des Geschichtlichen. **3.** (Kunstwiss.) ↑Eklektizismus
his|to|ri̢s|tisch: a) den Historismus betreffend; **b)** in der Art des Historismus
Hi̢t *der;* -s, -s ⟨*engl.*⟩: **1.** etwas, was sehr erfolgreich, beliebt, begehrt ist, bes. ein Musikstück. **2.** (Jargon) für einen Trip (2 a) vorgesehene Menge von Rauschgift
Hitch|cock [ˈhɪtʃkɔk] *der;* -, -s ⟨nach dem engl. Regisseur u. Autor Alfred Hitchcock (1899–1980)⟩: spannender, Angst u. Schauder hervorrufender Film [von Hitchcock]; Thriller
Hi̢t|lis|te *die;* -, -n ⟨*engl.*⟩: Verzeichnis der (innerhalb eines bestimmten Zeitraums) beliebtesten od. meistverkauften Musikstücke
Hi̢t|pa|ra|de *die;* -, -n: **1.** ↑Hitliste. **2.** Radio-, Fernsehsendung, in der Hits vorgestellt werden
HIV [haːǀiːˈfau̯] *das;* -[s], -[s] (Plural selten) ⟨Abk. für *engl.* **h**uman **i**mmunodeficiency **v**irus »menschliches Immundefektvirus«⟩ (Med.): Aidserreger
HIV-ne̱|ga|tiv: nicht infiziert mit Aidserregern
HIV-po̱|si|tiv: mit dem Aidsvirus infiziert
Ho̢b|by *das;* -s, -s ⟨*engl.*⟩: Beschäftigung, der man aus Freude an der Sache [u. zum Ausgleich für die Berufs- od. Tagesarbeit] in seiner Freizeit nachgeht
Hob|by|i̢st *der;* -en, -en: jmd., der ein Hobby hat
Hob|by|i̢s|tin *die;* -, -nen: weibliche Form zu ↑Hobbyist
ho̱ch|fre|quent ⟨*dt.; lat.*⟩ (Physik): aus dem Bereich der Hochfrequenz
Ho̱ch|fre|quenz *die;* -, -en: Gebiet der elektrischen Schwingungen oberhalb der Mittelfrequenz (etwa 20 000 Hertz) bis zum Gebiet der Höchstfrequenz (etwa ab 100 Millionen Hertz; Abk.: HF)
ho̱ch|sti|li|sie|ren: einer Sache durch übertriebenes Lob, unverdiente Hervorhebung o. Ä. unangemessene Wichtigkeit od. übermäßigen Wert verleihen od. zu etwas Besserem machen, als sie in Wirklichkeit ist
Ho̢|ckey [...ke, auch: ...ki] *das;* -s ⟨*engl.*⟩: zwischen zwei Mannschaften ausgetragenes Ballspiel, bei dem ein kleiner Ball nach bestimmten Regeln mit gekrümmten Schlägern in das gegnerische Tor zu spielen ist
Ho̢|d|scha *der;* -[s], -s ⟨*pers.-türk.*⟩: **1.** islam.

h

[geistlicher] Lehrer. **2.** (nur Plural) Zweig der ↑Ismailiten (unter dem ↑Aga Khan)

ho|fie|ren ‹dt.; urspr. »jmdm. den Hof machen«›: sich mit besonderer [unterwürfiger] Höflichkeit u. Dienstbarkeit um jmds. Gunst bemühen

Hok|ka|i|do [hɔˈkaido, auch: hoˈka:ido:] *der;* -s, -s ‹nach der jap. Insel Hokkaido›: runder, orangeroter Speisekürbis (ein Kürbisgewächs)

Hok|ku vgl. Haikai

Holk vgl. Hulk

Hol|ly|wood|schau|kel [ˈhɔlɪvʊt...] *die;* -, -n ‹nach der amerik. Filmstadt›: Gartenmöbel in Form einer breiten, gepolsterten [u. überdachten] Bank, die frei aufgehängt ist u. wie eine Schaukel hin- u. herschwingen kann

Hol|mi|um *das;* -s ‹*nlat.;* nach Holmia, dem latinisierten Namen der Stadt Stockholm›: chem. Element, ein Seltenerdmetall (Zeichen: Ho)

Ho|lo|caust *der;* -[s], -s ‹*gr.-lat.-engl.*›: Massenvernichtung menschlichen Lebens, bes. die der Juden während des Nationalsozialismus

Ho|lo|gra|fie, Ho|lo|gra|phie *die;* -, ...ien: **1.** Technik zur Speicherung u. Wiedergabe von Bildern in dreidimensionaler Struktur mithilfe von Laserstrahlen; **akustische Holografie:** aus den Echos von Schallwellen mithilfe von Laser erzeugtes räumliches Bild des den Schall reflektierenden Objekts. **2.** durch ↑Holografie (1) erzeugtes Bild

ho|lo|gra|fisch, ho|lo|gra|phisch: **1.** (Rechtsspr.) eigenhändig geschrieben. **2.** mit der Technik der Holografie hergestellt

Ho|lo|gramm *das;* -s, -e: Speicherbild; dreidimensionale Aufnahme eines Gegenstandes, die bei der Holografie entsteht

ho|lo|kris|tal|lin (Geol.): ganz kristallin (von Gesteinen)

Ho|lo|zän *das;* -s: jüngste Abteilung des ↑Quartärs

Hols|ter *das;* -s, - ‹*mittelniederd.-niederl.-engl.*›: **1.** offene Ledertasche für eine griffbereit getragene Handfeuerwaffe. **2.** (Jägerspr.) Jagdtasche

hom..., Hom... vgl. homo..., Homo...

Home|ban|king, Home-Ban|king [ˈhoʊmbɛŋkɪŋ] *das;* -[s] ‹*engl.*›: Abwicklung von Bankgeschäften über das Internet von zu Hause aus

Home|land [...lɛnd] *das;* -[s], -s (meist Plural) (früher): in der Republik Südafrika den verschiedenen farbigen Bevölkerungsgruppen zugewiesenes Siedlungsgebiet

Home|lear|ning, Home-Lear|ning [...lə:nɪŋ] *das;* -[s]: **a)** [durch Lernsoftware, Internet o. Ä. unterstütztes] Lernen von zu Hause aus; **b)** Homeschooling

Home|page [...peɪdʒ] *die;* -, -s [...dʒɪs] (EDV): **a)** über das Internet als grafische Darstellung abrufbare Datei, die als Ausgangspunkt zu den angebotenen Informationen einer Person, Firma od. Institution dient; Leitseite, Startseite; **b)** Gesamtheit der Dateien einer Person, Firma od. Institution, die von der Homepage (a) erreichbar sind

ho|me|risch: von dem altgriechischen Dichter Homer stammend, zu seinem dichterischen Werk gehörend; typisch für den Dichter Homer, in seinen Werken häufig anzutreffen; **homerisches Gelächter:** schallendes Gelächter (nach Stellen bei Homer, wo von dem »unauslöschlichen Gelächter der seligen Götter« die Rede ist)

Home|schoo|ling, Home-Schoo|ling [...sku:lɪŋ] *das;* -[s] ‹*engl.*›: den Unterricht in der Schule ersetzender Unterricht zu Hause

Home|shop|ping, Home-Shop|ping [...ʃɔpɪŋ] *das;* -s: Einkaufen per Bestellung von zu Hause aus (bes. über das ↑Internet)

Home|trai|ner, Home-Trai|ner [...trɛ:..., ...tre:...] *der;* -s, -: Übungsgerät (z. B. stationäres Fahrrad od. Rudergerät) zum Konditions- u. Ausgleichstraining od. für heilgymnastische Zwecke

Hom|mage [ɔˈma:ʒ] *die;* -, -n [...ʒn̩] ‹*lat.-fr.*›: Huldigung, Ehrerbietung; Hommage à ...: Huldigung für ...

[1]Ho|mo *der;* -, ...mines [ˈhɔmine:s] ‹*lat.*› (Biol.): Frühform des Menschen; der Mensch selbst als Angehöriger einer Gattung der Hominiden

[2]Ho|mo *der;* -s, -s ‹*gr.*›: homosexueller Mann; Ggs. ↑Hetero

ho|mo..., Ho|mo...

vor Vokalen gelegentlich: **hom..., Hom...**
‹*gr.* homós »gleich, in gleicher Weise, ebenso«›
Präfix mit der Bedeutung »gleich, gleichartig, entsprechend«:
– Homoerotik
– homogen
– Homonym

Ho|mo-Ehe, Ho|mo|ehe *die;* -, -n ‹zusammengezogen aus Homosexuellenehe› (ugs.): gesetzlich anerkannte Lebensgemeinschaft zweier gleichgeschlechtlicher Partner od. Partnerinnen

Ho|mo erec|tus *der;* - -: Vertreter einer ausgestorbenen Art der Gattung [1]Homo

Ho|mo|ero|tik *die;* -: auf das eigene Geschlecht gerichtete ↑Erotik; vgl. Homosexualität

ho|mo|fon, ho|mo|phon ‹*gr.*›: **1.** (Musik) gleichstimmig, melodiebetont, in der Kompositionsart der Homofonie; Ggs. ↑polyfon (2). **2.** (Sprachw.) gleichlautend (von Wörtern od. Wortsilben); vgl. ...isch/-

Ho|mo|fon, Ho|mo|phon *das;* -s, -e (Sprachw.): Wort, das mit einem anderen gleich lautet, aber verschieden geschrieben wird (z. B. Lehre – Leere); vgl. Homograf, Homonym

Ho|mo|fo|nie, Ho|mo|pho|nie *die;* - (Musik): Satztechnik, bei der die Melodiestimme hervortritt, alle anderen Stimmen begleitend zurücktreten; Ggs. ↑Polyfonie; vgl. Harmonie u. Monodie

h

ho|mo|gen: gleich[artig]; gleichmäßig aufgebaut, einheitlich, aus Gleichartigem zusammengesetzt; Ggs. ↑heterogen; **homogene Gleichung** (Math.): Gleichung, in der alle Glieder den gleichen Grad haben wie die Unbekannte u. auf einer Seite der Gleichung stehen (die andere Seite hat den Wert null)

ho|mo|ge|ni|sie|ren: 1. (Chemie) nicht mischbare Flüssigkeiten (z. B. Fett u. Wasser) durch Zerkleinerung der Bestandteile mischen. **2.** Metall glühen, um ein gleichmäßiges Gefüge zu erhalten. **3.** (Physiol.) Organe od. Gewebe zerkleinern

Ho|mo|ge|ni|sie|rung *die;* -, -en: Vermischung von verschiedenen Elementen oder Teilen

Ho|mo|ge|ni|tät *die;* -: Gleichartigkeit, Einheitlichkeit, Geschlossenheit; Ggs. ↑Heterogenität

Ho|mo|graf, Ho|mo|graph *das;* -s, -e (Sprachw.): Wort, das sich in der Aussprache von einem anderen gleich geschriebenen unterscheidet, z. B. Tenor »Haltung« neben Tenor »hohe Männerstimme«; vgl. Homonym (1 b)

ho|mo|log ‹*gr.*›: gleichliegend; übereinstimmend; entsprechend; **homologe Insemination** (Med.): künstliche Befruchtung mit vom Ehemann stammendem Samen; Ggs. ↑heterologe Insemination; **homologe Organe** (Biol.): Organe von entwicklungsgeschichtlich gleicher Herkunft, aber mit verschiedener Funktion (z. B. Schwimmblase der Fische u. Lunge der Landwirbeltiere); **homologe Chromosomen** (Biol.): Chromosomen, die die gleichen Gene enthalten; **homologe Stücke** (Math.): sich entsprechende Punkte, Seiten oder Winkel in kongruenten oder ähnlichen geometrischen Figuren; **homologe Reihe** (Chemie): Gruppe chemisch nahe verwandter Verbindungen, für die sich eine allgemeine Reihenformel aufstellen lässt

ho|mo|lo|gie|ren ‹*gr.-nlat.*›: **1.** (Motorsport) den geltenden Regeln, Bestimmungen gemäß abnehmen, freigeben. **2.** (Skisport) eine Skirennstrecke nach bestimmten Normen anlegen

ho|m|o|nym ‹*gr.-lat.*› (Sprachw.): in Lautung u. Schreibung übereinstimmend, aber mit stark abweichender Bedeutung; ein Homonym darstellend; vgl. ...isch/-

Ho|m|o|nym *das;* -s, -e: **1. a)** (Sprachw.) Wort, das ebenso wie ein anderes geschrieben u. gesprochen wird, aber verschiedene Bedeutung hat u. sich grammatisch, z. B. durch Genus, Plural, Konjugation, von diesem unterscheidet, z. B. der/das Gehalt; die Bänke/Banken; sieben (Verb)/sieben (Zahl); vgl. Homograf; Homofon; **b)** (früher) Wort, das ebenso wie ein anderes lautet u. geschrieben wird, aber einen deutlich anderen Inhalt [u. eine andere Herkunft] hat, z. B. Schloss (Türschloss u. Gebäude). **2.** (Literaturwiss.) Deckname, der aus einem klassischen Namen besteht (z. B. Cassandra = William Neil Connor)

Ho|m|o|ny|mie *die;* -, ...ien (Sprachw.): die Beziehung zwischen Wörtern, die Homonyme sind

ho|m|o|ny|misch: auf die Homonymie bezogen; vgl. ...isch/-

Ho|möo|path *der;* -en, -en: homöopathisch behandelnder Arzt

Ho|möo|pa|thie *die;* -: Heilverfahren, bei dem die Kranken mit solchen Mitteln in hoher Verdünnung behandelt werden, die in größerer Menge bei Gesunden ähnliche Krankheitserscheinungen hervorrufen; Ggs. ↑Allopathie

Ho|möo|pa|thin *die;* -, -nen: weibliche Form zu ↑Homöopath

ho|möo|pa|thisch: die Homöopathie anwendend, betreffend

ho|möo|therm ‹*gr.-nlat.*›: warmblütig, gleichbleibend warm (von Tieren, deren Körpertemperatur bei schwankender Umwelttemperatur gleich bleibt, z. B. bei Vögeln u. Säugetieren); Ggs. ↑poikilotherm

ho|mo|phil: ↑homosexuell

Ho|mo|phi|lie *die;* -: ↑Homosexualität

ho|mo|phon usw. vgl. homofon usw.

Ho|mo sa|pi|ens *der;* - - ‹*lat.;* »vernunftbegabter Mensch«›: wissenschaftl. Bez. des heutigen Menschen

Ho|mo|se|xu|a|li|tät *die;* - ‹*gr.; lat.-nlat.*›: sich auf das eigene Geschlecht richtendes Geschlechtsempfinden, gleichgeschlechtliche Liebe (bes. von Männern); Ggs. ↑Heterosexualität

ho|mo|se|xu|ell: a) gleichgeschlechtlich empfindend (bes. von Männern), zum eigenen Geschlecht hinneigend; Ggs. ↑heterosexuell; **b)** für Homosexuelle u. deren Interessen bestimmt (z. B. eine -e Bar, -e Bücher)

Ho|mo|se|xu|el|le *der* u. *die;* -n, -n: homosexuelle männliche bzw. weibliche Person

Ho|mo|sphä|re *die;* - (Meteorol.): sich von den darüberliegenden Luftschichten abgrenzende untere Erdatmosphäre, die durch eine nahezu gleiche Zusammensetzung der Luft gekennzeichnet ist; Ggs. ↑Heterosphäre

ho|mo|zy|got (Biol.): mit gleichen Erbanlagen versehen; reinerbig (von Individuen, bei denen gleichartige mütterliche u. väterliche Erbanlagen zusammentreffen); Ggs. ↑heterozygot

Ho|mun|ku|lus *der;* -, ...lusse od. ...li ‹*lat.;* »Menschlein«›: (nach alchemistischer Vorstellung) künstlich erzeugter Mensch

ho|nett ‹*lat.-fr.*› (veraltend): anständig, ehrenhaft, rechtschaffen

Hon|neur [(h)ɔˈnøːɐ̯] *der;* -s, -s ‹*lat.-fr.*›: **1.** (meist Plural) Ehrenbezeigung, Ehre; **die Honneurs machen:** die Gäste willkommen heißen (bei Empfängen). **2.** das Umwerfen der mittleren Kegelreihe beim Kegeln. **3.** (nur Plural) höchste Karten bei ↑Whist u. ↑Bridge

ho|no|ra|bel ‹*lat.*› (veraltet): ehrenvoll, ehrbar

Ho|no|rant *der;* -en, -en: jmd., der einen Wechsel anstelle des Bezogenen annimmt od. zahlt (vgl. honorieren); vgl. Intervention

Ho|no|rar *das;* -s, -e ‹lat; »Ehrensold«›: Vergütung für frei- od. nebenberufliche wissenschaftliche, künstlerische o. ä. Tätigkeit

Ho|no|rar|kon|sul *der;* -s, -n: jmd., der das Konsularamt ehrenamtlich ausübt

Ho|no|rar|kon|su|lin *die;* -, -nen: weibliche Form zu ↑Honorarkonsul

Ho|no|rar|pro|fes|sor *der;* -s, -en: **a)** (ohne Plural) Ehrentitel für einen nicht beamteten Universitätsprofessor (Abk.: Hon.-Prof.); **b)** Träger dieses Titels

Ho|no|rar|pro|fes|so|rin *die;* -, -nen: weibliche Form zu ↑Honorarprofessor

Ho|no|rat *der;* -en, -en: jmd., für den ein Wechsel bezahlt wird; vgl. Intervention

ho|no|rie|ren ‹»ehren; belohnen«›: **1.** ein Honorar zahlen; vergüten. **2.** anerkennen, würdigen, durch Gegenleistungen abgelten. **3.** (Wechselrecht) einen Wechsel annehmen, bezahlen

Ho|no|rie|rung *die;* -, -en (Plural selten): das Honorieren, das Honoriertwerden

ho|no|rig: 1. ehrenhaft. **2.** freigebig

ho|no|ris cau|sa ‹*lat.*›: ehrenhalber (Abk.: h. c.); **Doktor honoris causa:** Doktor ehrenhalber (z. B. Dr. phil. h. c.) (Abk.: Dr. h. c.)

Hool [huːl] *der;* -s, -s ‹engl.› (ugs.): kurz für: ↑Hooligan

Hoo|li|gan [ˈhuːlɪgn̩] *der;* -s, -s ‹*engl.*›: Halbstarker, Rowdy; Randalierer (bes. bei Massenveranstaltungen)

Hop *der;* -s, -s ‹*engl.*›: in der Leichtathletik erster Sprung beim Dreisprung; vgl. Stepp

Ho|ra, Ho|re *die;* -, Horen (meist Plural) ‹*lat.*›: **a)** Gebetsstunde, bes. eine der acht Zeiten des Stundengebets in der katholischen Kirche; **b)** kirchliches Gebet zu verschiedenen Tageszeiten

Ho|ri|zont *der;* -[e]s, -e ‹*gr.-lat.;* »Grenzlinie; Gesichtskreis«›: **1.** Begrenzungslinie zwischen dem Himmel u. der Erde; **natürlicher Horizont:** sichtbare Grenzlinie zwischen Himmel u. Erde; **künstlicher Horizont:** a) (Astron.) spiegelnde Fläche (z. B. Quecksilber) zur Bestimmung der Richtung zum Zenit; b) (Flugw.) [Gerät zur] Anzeige der Lage im Verhältnis zur Horizontlinie. **2.** Gesichtskreis; geistiges Fassungsvermögen. **3.** (Geol.) kleinste Einheit innerhalb einer ↑Formation (5), räumlich die kleinste Schichteinheit, zeitlich die kleinste Zeiteinheit. **4.** Schnittgerade der vertikalen Zeichenebene mit der Ebene, die zur abzubildenden horizontalen Ebene parallel verläuft (in der Perspektive)

ho|ri|zon|tal ‹*gr.-lat.-nlat.*›: waagerecht

Ho|ri|zon|ta|le *die;* -, -n (drei -n, auch: -): **1. a)** waagerechte Gerade; Ggs. ↑Vertikale; **b)** waagerechte Lage. **2.** (salopp scherzh.) Prostituierte

Hor|mon *das;* -s, -e ‹*gr.-nlat.*› (Med.): körpereigener, von den Drüsen mit innerer Sekretion gebildeter u. ins Blut abgegebener Wirkstoff, der biochemisch-physiologische Abläufe steuert u. koordiniert

hor|mo|nal, hor|mo|nell (Med.): aus Hormonen bestehend, auf sie bezüglich; vgl. ...al/...ell

Hor|mon|prä|pa|rat *das;* -s, -e (Med.): aus Drüsen, Drüsenextrakten o. Ä. gewonnenes Arzneimittel, das z. B. bei fehlender od. unzureichender Produktion von Hormonen verwendet wird

Ho|ro|s|kop *das;* -s, -e ‹*gr.-lat.;* »Stundenseher«› (Astrol.): **a)** schematische Darstellung der Stellung der Gestirne zu einem bestimmten Zeitpunkt als Grundlage zur Schicksalsdeutung; **b)** Voraussage über kommende Ereignisse aufgrund von Sternkonstellationen; **c)** Aufzeichnung des Standes der Sterne bei der Geburt; Kosmogramm

hor|rend ‹*lat.*›: **1.** (emotional) jedes normale Maß überschreitend, sodass es entsprechende

Kritik hervorruft. **2.** (veraltet) durch seinen geistigen Gehalt entsetzenerregend

hor|ri|bel (veraltet): **1.** als Erlebnis, Mitteilung grauenerregend, grausig, furchtbar. **2.** ↑horrend (1)

hor|ri|bi|le dịc|tu ⟨*lat.*⟩: es ist furchtbar, dies sagen zu müssen; Gott seis geklagt

Hor̩|ror *der;* -s: **a)** auf Erfahrung beruhender, schreckerfüllter Schauder, Abscheu, Widerwille [sich mit etwas zu befassen]; **b)** schreckerfüllter Zustand, in den jmd. durch etwas gerät

Hor̩|ror|film *der;* -[e]s, -e: Film, dessen Thema u. Gestaltung bei den Zuschauenden Grauen u. Entsetzen erregen soll

h

Hor̩|ror|sze|na|rio *das;* -s, -s: Vorstellung, die von der schlimmsten aller Möglichkeiten ausgeht

Hor̩|ror|trip *der;* -s, -s: **1. a)** Reise voller Schrecken; Schreckensfahrt; **b)** schrecklicher Vorgang; schreckliches Ereignis. **2.** Rausch mit Angst- u. Panikgefühlen nach dem Genuss von starken Drogen

Hor̩|ror Va|cui [- ˈva:kui] *der;* - - (Philos.): Angst vor der Leere (von Aristoteles ausgehende Annahme, die Natur sei überall um Auffüllung eines leeren Raumes bemüht)

Hor|tẹn|sie [...i̯ə] *die;* -, -n ⟨*nlat.*, nach Hortense Lepaute, der Reisegefährtin des fr. Botanikers Commerson, 18. Jh.⟩: als Strauch- u. Topfpflanze verbreitetes Steinbrechgewächs mit kleinen weißen, grünlichen, roten od. blauen Blüten in Rispen od. [kugeligen] doldenähnlichen Blütenständen

ho|sạn|na vgl. hosianna

ho|si|ạn|na, ho|sạn|na ⟨*hebr.-gr.-mlat.;* »hilf doch!«⟩: alttestamentlicher Gebets- u. Freudenruf, der in die christliche Liturgie übernommen wurde

Ho|si|ạn|na *das;* -[s], -[s]: mit dem ↑²Sanctus verbundener Teil des christlichen Gottesdienstes vor der ↑Eucharistie

Hos|pi|ta̱l *das;* -s, -e u. ...tä̱ler ⟨*lat.*⟩: **1.** [kleineres] Krankenhaus. **2.** (veraltet) Armenhaus, Altersheim

hos|pi|ta|li|sie̱|ren ⟨*lat.-nlat.*⟩: in ein Krankenhaus od. Pflegeheim einliefern

Hos|pi|ta|lịs|mus *der;* - ⟨*lat.-nlat.*⟩: **1.** (Psychol., Päd.) das Auftreten von Entwicklungsstörungen u. -rückständen bei Kindern als Folge mangelnder Zuwendung, bes. bei Heimerziehung. **2.** (Med.) Infektion von Krankenhauspatienten od. -personal durch im Krankenhaus resistent gewordene Keime

Hos|pi|tạnt *der;* -en, -en ⟨*lat.*⟩: **a)** jmd., der hospitiert; **b)** unabhängiger od. einer kleinen Partei angehörender Abgeordneter, der als Gast Mitglied einer nahestehenden parlamentarischen Fraktion ist

Hos|pi|tạn|tin *die;* -, -nen: weibliche Form zu ↑Hospitant

hos|pi|tie̱|ren: sich als Gast an einer wissenschaftlichen, pädagogischen, kulturellen, politischen o. ä. Einrichtung aufhalten, um die innere Struktur derselben, ihre Arbeitsabläufe u. fachlichen Probleme kennenzulernen u. berufspraktische Erfahrung zu gewinnen

Hos|pi̱z *das;* -es, -e: **1.** von Mönchen errichtete Unterkunft für Pilger od. wandernde Mönche im Mittelalter (z. B. auf dem St.-Bernhard-Pass). **2.** Hotel od. Pension mit christlicher Hausordnung. **3.** Einrichtung zur Betreuung schwer kranker od. sterbender Menschen u. deren Angehöriger

Hos|po|da̱r, Gos|po|da̱r *der;* -s u. -en, -e[n] ⟨*slaw.;* »Herr«⟩ (Geschichte): slawischer Fürstentitel in einigen Ländern Südosteuropas

Hos|tẹss [auch: ˈhɔs...] *die;* -, -en ⟨*lat.-fr.-engl.;* »Gastgeberin«⟩: **1. a)** junge weibliche Person, die auf Messen, in Hotels o. Ä. zur Betreuung od. Beratung der Besucher, Gäste o. Ä. angestellt ist; **b)** Angestellte einer Fluggesellschaft, die im Flugzeug od. auf dem Flughafen die Reisenden betreut. **2.** (verhüll.) ↑Prostituierte, die ihre Dienste bes. über Zeitungsannoncen anbietet

Hos̩|tie [...i̯ə] *die;* -, -n ⟨*lat.;* »Opfer, Opfertier«⟩: **a)** (in der katholischen Kirche) ¹Oblate (1 a), die zum Leib Christi geweiht u. in der Kommunion (1) an die Gläubigen ausgeteilt wird; **b)** (in der lutherischen Kirche) ¹Oblate (1 b), die als Abendmahlsbrot verwendet wird

Hot̩ *der;* -s ⟨*engl.*⟩: Kurzform von ↑Hot Jazz

Hot̩|dog *der* od. *das;* -s, -s, **Hot̩ Dog** *der* od. *das;* - -s, - -s ⟨*engl.-amerik.*⟩: in ein aufgeschnittenes Brötchen gelegtes heißes Würstchen mit Ketchup o. Ä.

Ho|tẹl *das;* -s, -s ⟨*lat.-fr.*⟩: Beherbergungs- u. Verpflegungsbetrieb gehobener Art mit einem gewissen Mindestkomfort

Ho|tẹl|di|rek|tor *der;* -s, ...o̱ren: **1.** Direktor, Leiter eines Hotels. **2.** ↑Hotelier

Ho|tẹl|di|rek|to|rin *die;* -, -nen: weibliche Form zu ↑Hoteldirektor

Ho|tẹl gar|ni̱ *das;* - -, -s -s [hoˈtɛl garˈni:] ⟨*lat.-fr.; germ.-fr.*⟩: Hotel[betrieb], in dem es nur Frühstück gibt

Ho|te|li|er [...ˈli̯e:] *der;* -s, -s ⟨*lat.-fr.*⟩: Eigentümer od. Pächter eines Hotels

Ho|tel|ket|te *die;* -, -n ⟨*lat.-fr.; dt.*⟩: Reihe von Hotels desselben Unternehmens
Ho|tel|le|rie *die;* -: Gast-, Hotelgewerbe
Hot Jazz [- dʒæz] *der;* - - (Musik): Bez. für die frühen Jazzstile bis zum ↑Swing (1 b)
Hot|line [...lain] *die;* -, -s ⟨*engl.;* »heißer Draht«⟩: Telefonanschluss für raschen Service (z. B. von Computerfirmen)
Hot|pants, Hot Pants [...pɛnts] *die* (nur Plural) ⟨*engl.;* »heiße Hosen«⟩: von Frauen getragene kurze, eng anliegende Hose
Hot|spot [...spɔt] *der;* -s, -s, **Hot Spot** *der;* - -s, - -s ⟨*engl.;* »heiße Stelle«⟩: **1.** (Biol.) einzelne Stelle od. Bereich eines ↑Gens, an dem bes. häufig ↑Mutationen (1) auftreten. **2.** (Geol.) hypothetisch begrenzte Schmelzregion im Erdmantel unterhalb der ↑Lithosphäre. **3.** (EDV) grafisch od. farblich hervorgehobener Punkt od. Text auf einer Bildschirmseite, der als ↑Hyperlink (b) dient
hot|ten ⟨*engl.*⟩: **1.** (ugs.) zu Hot Jazz tanzen. **2.** Hot Jazz spielen
House [haus] *der;* - (meist ohne Artikel) ⟨*engl.;* »Haus«; nach der Diskothek »The Warehouse« in Chicago⟩: einfach strukturierte Variante des Dancefloors (2), die bei den dazu Tanzenden ein Trancegefühl erzeugen soll
Hous|se [ˈhʊsə] vgl. Husse
HTML *das;* - (meist ohne Artikel) ⟨Abk. für *engl.* Hypertext Mark-up Language⟩ (EDV): normierte Auszeichnungssprache zur Beschreibung strukturierter Texte bes. für das Internet
Hu|a|na|co vgl. Guanako
Hub|b|le|te|le|s|kop, Hub|b|le-Te|le|s|kop [ˈhʌbl...] *das;* -s, -e ⟨nach dem amerik. Astronomen E. P. Hubble, 1889–1953⟩: besonders leistungsstarkes Weltraumteleskop zur Beobachtung lichtschwacher galaktischer Objekte
Hu|ge|not|te *der;* -n, -n ⟨*dt.-fr.;* »Eidgenosse«⟩: **1.** Anhänger des Calvinismus in Frankreich. **2.** Nachkomme eines zur Zeit der Verfolgung aus Frankreich geflohenen Calvinisten
hu|ge|not|tisch: die Hugenotten betreffend, zu ihnen gehörend
Hu|ka *die;* -, -s ⟨*arab.*⟩: orientalische Wasserpfeife
Hu|la *der;* -s, -s ⟨*hawaiisch*⟩: [kultischer] Gemeinschaftstanz der Eingeborenen auf Hawaii
Hu|la-Hoop [...ˈhu:p], **Hu|la-Hopp** *das;* -s, -s ⟨*hawaiisch; engl.*⟩: **a)** ↑Hula-Hoop-Reifen; **b)** Reifenspiel, bei dem man einen Reifen um die Hüfte kreisen lässt
Hu|la-Hoop-Rei|fen [...ˈhʊp...] *der;* -s, -: Reifen, den man durch kreisende Bewegungen des Körpers um die Hüften schwingen lässt
Hu|la-Hopp usw. vgl. Hula-Hoop usw.
Hulk, Holk *die;* -, -e[n] od. *der;* -[e]s, -e[n] ⟨*engl.*⟩: abgetakelter, für Kasernen- u. Magazinzwecke verwendeter Schiffskörper
Hul|ly-Gul|ly [ˈhaliˈgali] *der;* -[s], -s ⟨engl.⟩: **1.** in den Sechzigerjahren aufgekommener Tanz in einer Reihe od. im Kreis. **2.** (ohne Artikel, ohne Plural; ugs.) fröhliches, lärmendes Treiben; ausgelassene Stimmung
hu|man ⟨*lat.*⟩: **1. a)** die Menschenwürde achtend, menschenwürdig; Ggs. ↑inhuman; **b)** ohne Härte, nachsichtig im Umgang mit anderen. **2.** zum Menschen gehörend, ihn betreffend

hu|man..., Hu|man...

⟨*lat.* humanus »irdisch; menschlich; menschenfreundlich; gebildet, kultiviert«⟩ Wortbildungselement mit der Bedeutung »den Menschen betreffend, zum Menschen gehörend«:
- humangenetisch
- Humanmedizin
- Humanwissenschaft

Hu|man|ge|ne|tik *die;* - ⟨*lat.; gr.-nlat.*⟩: Teilgebiet der Genetik, das sich mit den Erscheinungen der Vererbung beim Menschen, besonders mit der genetisch bedingten Variabilität, befasst
hu|ma|ni|sie|ren ⟨*lat.-nlat.*⟩: (bes. in Bezug auf die Lebens- u. Arbeitsbedingungen des Menschen) humaner, menschenwürdiger, menschlicher, sozialer gestalten
Hu|ma|ni|sie|rung *die;* -, -en: das Humanisieren
Hu|ma|nis|mus *der;* -: **1.** (auf das Bildungsideal der griechisch-römischen Antike gegründetes) Denken u. Handeln im Bewusstsein der Würde des Menschen; Streben nach einer echten Menschlichkeit. **2.** literarische u. philologische Neuentdeckung u. Wiedererweckung der antiken Kultur, ihrer Sprachen, ihrer Kunst u. Geisteshaltung vom 13. bis zum 16. Jh.
Hu|ma|nist *der;* -en, -en: **1.** jmd., der die Ideale des Humanismus (1) in seinem Denken u. Handeln zu verwirklichen sucht, vertritt. **2.** Vertreter des Humanismus (2). **3.** jmd., der über eine humanistische [Schul]bildung verfügt; Kenner der alten Sprachen
Hu|ma|nis|tin *die;* -, -nen: weibliche Form zu ↑Humanist
hu|ma|nis|tisch: **1. a)** im Sinne des Humanismus (1) handelnd; **b)** am klassischen Altertum orientiert. **2.** altsprachlich gebildet; **humanisti-**

sches Gymnasium: höhere Schule mit vorwiegend altsprachlichen Lehrfächern

hu|ma|ni|tär: menschenfreundlich, wohltätig, speziell auf das Wohl des Menschen gerichtet

Hu|ma|ni|tät *die;* -: vom Geist der Humanitas durchdrungene Haltung, Gesinnung; Menschlichkeit

Hu|man|me|di|zin *die;* -: Teilbereich der Medizin, der sich mit den Menschen befasst; Ggs.: Tiermedizin

hu|ma|no|id ⟨*lat.-gr.*⟩: menschenähnlich (bes. von Robotern)

Hu|man Re|sour|ces [- rɪˈsɔːsɪz] *die* (Plural) ⟨*engl.*⟩: alle [einem Unternehmen] zur Verfügung stehenden menschlichen Leistungspotenziale

h

Hu|man|wis|sen|schaft *die;* -, -en (meist Plural): in den Bereich der Geisteswissenschaften gehörende Wissenschaft, die sich mit dem Menschen beschäftigt (z. B. Anthropologie, Soziologie, Psychologie)

Hum|bug *der;* -s ⟨*engl.*⟩: etwas, was als unsinnig, töricht angesehen wird

hu|mid, hu|mi|de ⟨*lat.*⟩: feucht, nass; **humide Gebiete** (Meteorol.): Landstriche mit einer jährlichen Niederschlagsmenge von über 600 l/m^2

Hu|mi|di|tät *die;* - ⟨*lat.-nlat.*⟩: Feuchtigkeit (in Bezug auf das Klima)

Hu|mi|dor *der;* -s, -e ⟨*lat.-nlat.*⟩: Behälter mit konstanter [tropischer] Luftfeuchtigkeit zur Aufbewahrung od. Lagerung von Zigarren

Hu|mi|fi|ka|ti|on *die;* - ⟨*lat.-nlat.*⟩: die meist im Boden stattfindende Umwandlung organischer Stoffe in Humus; das Vermodern; Humusbildung

hu|mi|fi|zie|ren: zu Humus umwandeln; vermodern

Hu|mi|fi|zie|rung *die;* -: ↑Humifikation

Hu|mor *der;* -s, -e ⟨*lat.-fr.-engl.*⟩: **1.** (ohne Plural) Fähigkeit eines Menschen, über bestimmte Dinge zu lachen. **2.** (Plural selten) sprachliche, künstlerische o. ä. Äußerung einer von Humor (1) bestimmten Geisteshaltung; **schwarzer Humor:** Humor, der das Grauen, das Grauenhafte einbezieht

Hu|mo|ral|pa|tho|lo|gie *die;* -, ...ien: antike Lehre, nach der alle Krankheiten auf die fehlerhafte Zusammensetzung des Blutes u. anderer Körpersäfte zurückzuführen seien; Säftelehre; vgl. Solidarpathologie

Hu|mo|res|ke *die;* -, -n ⟨*dt.* Bildung aus ↑[1]Humor u. roman. Endung analog zu Groteske, Burleske⟩: **1.** kleine humoristische Erzählung. **2.** Musikstück von komischem od. erheiterndem Charakter

hu|mo|rig: launig, mit ↑Humor

Hu|mo|rist *der;* -en, -en ⟨*lat.-fr.-engl.*⟩: **1.** Künstler, dessen Werke sich durch eine humoristische Behandlungsweise des Stoffes auszeichnen. **2.** Vortragskünstler, der witzige Sketche o. Ä. darbietet

Hu|mo|ris|tin *die;* -, -nen: weibliche Form zu ↑Humorist

hu|mo|ris|tisch: den Humor betreffend; scherzhaft, launig, heiter

hu|mos ⟨*lat.-nlat.*⟩: reich an Humus

Hu|mus *der;* - ⟨*lat.;* »Erde, Erdboden«⟩: fruchtbarer Bodenbestandteil von dunkelbrauner Färbung, der durch mikrobiologische u. biochemische Zersetzung abgestorbener pflanzlicher u. tierischer Substanz in einem ständigen Prozess entsteht

Hun|d|red|weight [ˈhʌndrədweɪt] *das;* -[s], -s ⟨*engl.*⟩: englisches Handelsgewicht von etwa 51 kg (Abk.: cwt, cwt., eigtl. für *centweight*)

Hun|ter [ˈhantɐ] *der;* -s, - ⟨*engl.*⟩: **1.** Jagdpferd. **2.** Jagdhund

Hu|ri *die;* -, -s ⟨arab.⟩: schönes Mädchen im Paradies des ↑Islams

Hur|ri|kan [auch: ˈharikn̩] *der;* -s, -e u. (bei engl. Ausspr.:) -s ⟨*indian.-span.-engl.*⟩: Orkan; heftiger tropischer mittelamerikanischer Wirbelsturm

Hu|sar *der;* -en, -en ⟨*lat.-mlat.-it.-serbokroat.-ung.*⟩ (Geschichte): Angehöriger der leichten Reiterei in ungarischer Nationaltracht

Hus|ky [ˈhaski] *der;* -s, -s ⟨*engl.*⟩: Polarhund (mittelgroße, spitzähnliche Hunderasse)

Hus|se, Hous|se [ˈhʊsə] *die;* -, -n ⟨*germ.-fr.;* »Schutzkleidung«⟩: dekorativer textiler Überwurf für Sitzmöbel

Hus|sit *der;* -en, -en ⟨*nlat.;* nach dem tschech. Reformator Johannes Hus, 1370–1415⟩: Anhänger der religiös-sozialen Aufstandsbewegung im 15. u. 16. Jh. in Böhmen, die durch die Verbrennung des Reformators Hus auf dem Konzil zu Konstanz 1415 hervorgerufen wurde

Hy|ä|ne *die;* -, -n ⟨*gr.-lat.*⟩: (in Afrika u. Asien heimisches) nachtaktives hundeähnliches Raubtier, das sich vorwiegend von Aas ernährt

Hy|a|zin|the *die;* -, -n: winterharte Zwiebelpflanze mit stark duftenden, farbenprächtigen Blüten

Hy|b|ri|de *die;* -, -n, auch *der;* -n, -n ⟨*lat.*⟩ (Biol.): aus Kreuzungen verschiedener Arten hervorgegangene Pflanze; aus Kreuzungen verschiedener Rassen hervorgegangenes Tier

hy|b|ri|di|sie|ren (Biol.): kreuzen, um Hybriden zu züchten

Hy|b|rid|rech|ner *der;* -s, -: elektronische Rechenanlage, die Informationen sowohl in analoger als auch in digitaler Form verarbeiten kann

Hy|b|ris *die;* - ⟨*gr.*⟩: [in der Antike] frevelhafter Übermut, Selbstüberhebung (bes. gegen die Gottheit); Vermessenheit

hydr..., Hydr... vgl. hydro..., Hydro...

Hy|d|ra *die;* -, ...dren ⟨*gr.-lat.*⟩: **1.** (in der gr. Mythologie von Herakles getötetes) neunköpfiges Seeungeheuer, dessen abgeschlagene Köpfe doppelt nachwuchsen. **2.** Süßwasserpolyp

Hy|d|rant *der;* -en, -en ⟨*gr.-lat.*⟩: größere Zapfstelle zur Wasserentnahme aus Rohrleitungen

Hy|d|rar|gy|rum *das;* -s: chem. Element; Quecksilber (Zeichen: Hg)

Hy|d|rat *das;* -[e]s, -e ⟨*gr.-nlat.*⟩ (Chemie): Verbindung von Oxiden od. wasserfreien Säuren mit Wasser

Hy|d|ra|ta|ti|on, Hy|d|ra|ti|on *die;* -, -en: **1.** (Chemie) Bildung von Hydraten. **2.** (Geol.) durch Absorption von Wasser verursachte Quellung u. Volumenvergrößerung von Mineralien u. die dadurch hervorgerufene Sprengung der Gesteine

hy|d|ra|ti|sie|ren (Chemie): Hydrate bilden

Hy|d|rau|lik *die;* -, -en ⟨*gr.-lat.*⟩: **1.** Theorie u. Wissenschaft von den Strömungen der Flüssigkeiten (z. B. im Wasserbau). **2.** Gesamtheit der Steuer-, Regel-, Antriebs- und Bremsvorrichtungen von Fahrzeugen, Flugzeugen od. Geräten, deren Kräfte mithilfe des Drucks einer Flüssigkeit erzeugt od. übertragen werden

hy|d|rau|lisch: mit Flüssigkeitsdruck arbeitend, mit Wasserantrieb; **hydraulische Bremse:** Vorrichtung zum Abbremsen rotierender Räder durch flüssigkeitsgefüllte Druckzylinder; **hydraulische Presse:** Flüssigkeitsdruckpresse; **hydraulischer Abbau:** Gold- und Silbergewinnung durch Wasserschwemmung; **hydraulischer Mörtel:** besondere Art von Mörtel, die auch unter Wasser härtet; **hydraulisches Gestänge:** Gestänge, bei dem die Druckübertragung durch eine Flüssigkeitssäule erfolgt; **hydraulisches Getriebe:** Getriebe, in dem Flüssigkeiten zur Übertragung von Kräften u. Bewegungen dienen; **hydraulische Zuschläge:** ↑Hydraulite

Hy|d|rau|lit [auch: ...ˈlɪt] *der;* -[e]s, -e: Zusatzstoff zur Erhöhung der Bindefähigkeit von Baustoffen

Hy|d|ra|zin *das;* -s: chemische Verbindung von Stickstoff mit Wasserstoff (z. B. für Raketentreibstoffe)

hy|d|rie|ren (Chemie): Wasserstoff an ungesättigte Verbindungen anlagern

> **hy|d|ro..., Hy|d|ro...**
>
> vor Vokalen auch: **hydr..., Hydr...**
> ⟨*gr.* hýdōr »Wasser, Regenwasser, Trinkwasser, Quellwasser«⟩
> Wortbildungselement mit der Bedeutung »Wasser«:
> – Hydrämie
> – hydroelektrisch
> – Hydrokultur
> – Hydrologie
> – hydrophil

Hy|d|ro|bio|lo|gie *die;* - ⟨*gr.-nlat.*⟩: Teilgebiet der Biologie, das sich mit den im Wasser lebenden Organismen befasst

Hy|d|ro|chi|non *das;* -s ⟨*gr.; indian.*⟩: stark reduzierende organische Verbindung, die als fotografischer Entwickler verwendet wird

Hy|d|ro|dy|na|mik *die;* - (Physik): Wissenschaft von den Bewegungsgesetzen der Flüssigkeiten

hy|d|ro|dy|na|misch: sich nach den Gesetzen der Hydrodynamik verhaltend

Hy|d|ro|gen, Hy|d|ro|ge|ni|um *das;* -s ⟨*gr.-nlat.*⟩: chem. Element; Wasserstoff (Zeichen: H)

Hy|d|ro|gra|fie, Hy|d|ro|gra|phie *die;* -: Teilgebiet der Hydrologie, das sich mit den Gewässern im natürlichen Wasserkreislauf zwischen dem Niederschlag auf das Festland u. dem Rückfluss ins Meer befasst; Gewässerkunde

hy|d|ro|gra|fisch, hy|d|ro|gra|phisch: die Hydrografie betreffend

Hy|d|ro|lo|gie *die;* -: Wissenschaft vom Wasser, seinen Arten, Eigenschaften u. seinen Erscheinungsformen

hy|d|ro|lo|gisch: die Hydrologie betreffend

Hy|d|ro|ly|se *die;* -, -n: Spaltung chemischer Verbindungen durch Wasser

hy|d|ro|ly|tisch: die Hydrolyse betreffend, auf sie bezogen

Hy|d|ro|me|cha|nik *die;* -: aus ↑Hydrodynamik u. ↑Hydrostatik bestehende Mechanik der Flüssigkeiten

Hy|d|ro|me|ter *das;* -s, -: Gerät zur Messung der Geschwindigkeit fließenden Wassers, des Wasserstandes od. des spezifischen Gewichts von Wasser

Hy|d|ro|me|t|rie *die;* -: Wassermessung

Hy|d|ro|pa|thie *die;* -: ↑Hydrotherapie

hy|d|ro|phil: **1.** (Bot.; Zool.) im od. am Wasser

lebend (von Pflanzen u. Tieren); Ggs. ↑hydrophob (1). **2.** (Chemie) Wasser, Feuchtigkeit anziehend, aufnehmend; Ggs. ↑hydrophob (2)

hy|d|ro|phob *‹gr.-lat.›*: **1.** (Bot.; Zool.) trockene Lebensräume bevorzugend (von Pflanzen u. Tieren); Ggs. ↑hydrophil (1). **2.** (Chemie) Wasser, Feuchtigkeit abstoßend; nicht in Wasser löslich; Ggs. ↑hydrophil (2)

Hy|d|ro|phyt *der;* -en, -en (Bot.): Wasserpflanze

hy|d|ro|pneu|ma|tisch: gleichzeitig durch Luft u. Wasser angetrieben

Hy|d|ro|sta|tik *die;* - *‹gr.-nlat.›* (Physik): Wissenschaft von den Gleichgewichtszuständen bei ruhenden Flüssigkeiten

h

Hy|d|ro|tech|nik *die;* - *‹gr.›*: Technik des Wasserbaus

Hy|d|ro|the|ra|pie *die;* -, ...ien (Med.): **1.** (ohne Plural) als Teilbereich der Medizin Lehre von der Heilbehandlung durch Anwendung von Wasser. **2.** Heilbehandlung durch Anwendung von Wasser in Form von Bädern, Waschungen, Güssen, Dämpfen o. Ä.

Hy|d|ro|xid, Hy|d|ro|xyd *‹gr.› das;* -[e]s, -e: anorganische Verbindung mit einer od. mehreren funktionellen Hydroxylgruppen (OH^-)

Hy|d|ro|xyl|grup|pe *die;* -, -n *‹gr.; dt.›*: OH-Gruppe (Wasserstoff-Sauerstoff-Gruppe) in chemischen Verbindungen

Hy|d|ro|zo|on *das;* -s, ...zoen (meist Plural): zu den Nesseltieren gehörendes, im Wasser lebendes Tier, das meist in Kolonien entweder am Grund festsitzt od. im Wasser umherschwimmt

Hy|e|to|gra|fie, Hy|e|to|gra|phie *die;* - (Meteorol. veraltet): Messung der Menge u. Verteilung von Niederschlägen

Hy|gi|e|ne *die;* - *‹gr.-nlat.›*: **1.** Bereich der Medizin, der sich mit der Erhaltung u. Förderung der Gesundheit u. ihren natürlichen u. sozialen Vorbedingungen befasst; Gesundheitslehre. **2.** Gesamtheit der Maßnahmen in den verschiedenen Bereichen zur Erhaltung u. Hebung des Gesundheitsstandes u. zur Verhütung u. Bekämpfung von Krankheiten; Gesundheitspflege. **3.** Sauberkeit, Reinlichkeit; Maßnahmen zur Sauberhaltung

Hy|gi|e|ni|ker *der;* -s, -: **1.** Mediziner auf dem Gebiet der Hygiene (1). **2.** Fachmann für einen Bereich der Hygiene (2)

Hy|gi|e|ni|ke|rin *die;* -, -nen: weibliche Form zu ↑Hygieniker

hy|gi|e|nisch: **1.** die Hygiene (1, 2) betreffend, ihr entsprechend, auf ihr beruhend, zu ihr gehörend. **2.** hinsichtlich der Sauberkeit, Reinlichkeit einwandfrei; den Vorschriften über Sauberkeit entsprechend; sehr sauber

Hy|g|ro|me|ter *das;* -s, - *‹gr.›* (Meteorol.): Luftfeuchtigkeitsmesser

Hy|le *die;* - *‹gr.-lat.;* »Gehölz, Wald; Stoff«›: Stoff, Materie; (nach Aristoteles) der formbare Urstoff

Hy|men *das,* auch: *der;* -s, - *‹gr.-lat.;* »Häutchen«› (Med.): dünnes Häutchen am Scheideneingang bei der Frau, das im Allgemeinen beim ersten Geschlechtsverkehr (unter leichter Blutung) zerreißt; Jungfernhäutchen

Hym|ne *die;* -, -n, **Hym|nus** *der;* -, ...nen *‹gr.-lat.›*: **1.** feierlicher Festgesang; Lobgesang [für Gott], Weihelied. **2.** kirchliches od. geistliches Gesangs- u. Instrumentalwerk von betont feierlichem Ausdruck. **3.** (der Ode sehr ähnliches) feierliches Gedicht. **4.** Kurzform von ↑Nationalhymne

hym|nisch: in der Form od. Art der Hymne abgefasst

Hym|nus vgl. Hymne

Hy|os|cy|a|min, Hy|os|zy|a|min *das;* -s *‹gr.-nlat.›*: als Arzneimittel verwendetes ↑Alkaloid einiger Nachtschattengewächse

hyp..., Hyp... vgl. hypo..., Hypo...

Hyp|al|la|ge [hy'palage] *die;* - *‹gr.;* »Vertauschung«›: **1.** ↑Enallage. **2.** ↑Metonymie. **3.** (Sprachw.) Vertauschung eines attributiven Genitivs mit einem attributiven Adjektiv u. umgekehrt (z. B. »jagdliche Ausdrücke« statt »Ausdrücke der Jagd«)

Hype [haip] *der;* -s, -s *‹engl.›*: **a)** besonders spektakuläre, mitreißende Werbung; **b)** zu Medienzwecken inszenierte Täuschung; Betrug

hy|per..., Hy|per...

‹gr. hypér »über, über ... hinaus, über das Maß hinaus«›

Präfix mit der Bedeutung »über; übermäßig, über ... hinaus«:

- Hyperfunktion
- hyperkinetisch
- hyperkorrekt
- Hyperlink
- hypersensibel

Hy|per|aci|di|tät, Hy|per|azi|di|tät *die;* -: ↑Superacidität

Hy|per|azi|di|tät vgl. Hyperacidität

Hy|per|bel *die;* -, -n *‹gr.-lat.;* »Darüber-hinaus-Werfen«›: **1.** mathematischer Kegelschnitt, geometrischer Ort aller Punkte, die von zwei festen Punkten (Brennpunkten) gleichbleibende Differenz der Entfernungen haben. **2.** (Rhet.; Stilkunde) Übertreibung des Ausdrucks (z. B. himmelhoch)

hy|per|bo|lisch: 1. (Math.) hyperbelartig, hyperbelförmig, als Hyperbel darstellbar; **hyperbolische Geometrie:** ↑nicht euklidische Geometrie. **2.** (Rhet.) im Ausdruck übertreibend

Hy|per|bo|lo|id *das;* -[e]s, -e ⟨*gr.-nlat.*⟩ (Math.): Körper, der durch Drehung einer Hyperbel (1) um ihre Achse entsteht

Hy|per|funk|ti|on *die;* -, -en (Med.): Überfunktion, gesteigerte Tätigkeit eines Organs; Ggs. ↑Hypofunktion

hy|per|kor|rekt ⟨*gr.; lat.*⟩: **a)** übertrieben korrekt; **b) hyperkorrekte Bildung** (Sprachw.): irrtümlich nach dem Muster anderer standardsprachlich korrekter Formen gebildeter Ausdruck, den ein Mundartsprecher gebraucht, wenn er Standardsprache sprechen muss

hy|per|kri|tisch ⟨*gr.*⟩: überstreng, tadelsüchtig

Hy|per|link ['haipɐlɪŋk] *der;* -[s], -s ⟨*gr.; engl.*⟩ (EDV): **a)** Verknüpfung eines elektron. Dokuments mit einer [anderen] Internetseite od. einer anderen Stelle des Dokuments; **b)** [hervorgehobenes] Text- oder Bildelement, das beim Anklicken einen Hyperlink (a) aktiviert

Hy|per|me|ter *der;* -s, - ⟨*gr.*⟩ (antike Metrik): Vers, dessen letzte, auf einen Vokal ausgehende überzählige Silbe mit der mit einem Vokal beginnenden Anfangssilbe des nächsten Verses durch ↑Elision des Vokals verbunden wird

Hy|per|me|t|ro|pie *die;* - ⟨*gr.-nlat.*⟩ (Med.): Über-, Weitsichtigkeit; Ggs. ↑Myopie

hy|per|me|t|ro|pisch (Med.): weitsichtig; Ggs. ↑myop

Hy|per|mne|sie *die;* - ⟨*gr.-nlat.*⟩ (Med.): abnorm gesteigerte Gedächtnisleistung (z. B. in Hypnose); Ggs. ↑Amnesie

hy|per|mo|dern ⟨*gr.; lat.-fr.*⟩: übertrieben modern

hy|per|ner|vös [auch: 'hy:...]: übertrieben nervös

Hy|pe|ron *das;* -s, ...onen ⟨*gr.-nlat.*⟩ (Kernphysik): Elementarteilchen, dessen Masse größer ist als die eines ↑Nukleons

Hy|per|o|nym *das;* -s, -e ⟨*gr.-nlat.*⟩ (Sprachw.): übergeordneter Begriff; Wort, Lexem, das in einer übergeordneten Beziehung zu einem bzw. mehreren anderen Wörtern, Lexemen steht, aber inhaltlich allgemeiner, weniger merkmalhaltig ist (z. B. *zu sich nehmen* zu *essen, Medikament* zu *Pille, Tablette, Dragee, Kapsel*); Superonym; Ggs. ↑Hyponym

Hy|per|pla|sie *die;* -, ...ien ⟨*gr.-nlat.*⟩ (Med.; Biol.): Vergrößerung von Geweben u. Organen durch abnorme Vermehrung der Zellen; Ggs. ↑Hypoplasie; vgl. Hypertrophie

hy|per|sen|si|bel ⟨*gr.; lat.*⟩: überaus sensibel (1, 2), empfindsam

hy|per|so|nisch ⟨*gr.; lat.*⟩: Überschallgeschwindigkeit betreffend

Hy|per|text ['haipɐ...] *der;* -[e]s, -e ⟨*gr.; (lat.-)engl.*⟩ (EDV): über Hyperlinks (a) verbundenes Netz von Text-, Bild-, Audiodateien u. Ä. [im Internet]

Hy|per|ther|mie *die;* - ⟨*gr.-nlat.*⟩ (Med.): **1.** Wärmestauung im Körper, ungenügende Abfuhr der Körperwärme bei hoher Außentemperatur. **2.** sehr hohes Fieber. **3.** künstliche Überwärmung des Körpers zur Steigerung der Durchblutung; Ggs. ↑Hypothermie (2)

Hy|per|to|nie *die;* -, ...ien ⟨*gr.-nlat.*⟩ (Med.): **1.** gesteigerte Muskelspannung; Ggs. ↑Hypotonie (1). **2.** erhöhter Blutdruck; Ggs. ↑Hypotonie (2). **3.** erhöhte Spannung im Augapfel; Ggs. ↑Hypotonie (3)

hy|per|troph ⟨*gr.-nlat.*⟩: **1.** (Med.) durch Zellenwachstum vergrößert (von Geweben u. Organen). **2.** überspannt, überzogen; vgl. ...isch/-

Hy|per|tro|phie *die;* -, ...ien (Biol., Med.): übermäßige Vergrößerung von Geweben u. Organen infolge Vergrößerung der Zellen; Ggs. ↑Hypotrophie; vgl. Hyperplasie

Hy|per|ven|ti|la|ti|on *die;* - ⟨*gr.; lat.*⟩ (Med.): übermäßige Steigerung der Atmung, zu starke Beatmung der Lunge

Hy|ph|en *das;* -[s], - ⟨*gr.-lat.;* »in eins (zusammen)«⟩: **1.** der bei einem Kompositum verwendete Bindestrich. **2.** in der antiken Grammatik die Zusammenziehung zweier Wörter zu einem ↑Kompositum

Hyp|na|go|gum *das;* -s, ...ga (Med.): Schlafmittel

Hyp|no|se *die;* -, -n (Med., Psychol.): schlafähnlicher, eingeschränkter Bewusstseinszustand, der vom Hypnotiseur durch Suggestion herbeigeführt werden kann u. in dem die Willens- u. teilweise auch die körperlichen Funktionen leicht zu beeinflussen sind

Hyp|no|ti|kum *das;* -s, ...ka ⟨*gr.-lat.*⟩: ↑Hypnagogum

hyp|no|tisch: 1. a) zur Hypnose gehörend; **b)** zur Hypnose führend; einschläfernd. **2.** den Willen lähmend

Hyp|no|ti|seur [...'zø:ɐ̯] *der;* -s, -e ⟨*gr.-lat.-fr.*⟩: jmd., der andere hypnotisieren kann

Hyp|no|ti|seu|rin [...'zø:rɪn] *die;* -, -nen: weibliche Form zu ↑Hypnotiseur

hyp|no|ti|sie|ren: in Hypnose versetzen

hy|po..., Hy|po...

vor Vokalen meist: **hyp..., Hyp...**
⟨*gr.* hypó »darunter, unten, unterhalb«⟩
Präfix mit der Bedeutung »unter, darunter; unterhalb des Normalen«:
- Hypalgesie
- hypochondrisch
- Hypofunktion
- Hypotoniker

Hy|po|chọn|der [...x...] *der;* -s, - ⟨*gr.-nlat.*⟩: Mensch, der aus ständiger Angst, krank zu sein od. zu werden, sich fortwährend selbst beobachtet u. schon geringfügige Beschwerden als Krankheitssymptome deutet; eingebildeter Kranker

h

hy|po|chọn|d|risch ⟨*gr.*⟩: an Hypochondrie leidend; schwermütig, trübsinnig

Hy|po|funk|ti|o̱n *die;* -, -en ⟨*gr.; lat.*⟩ (Med.): Unterfunktion, verminderte Tätigkeit, Arbeitsleistung eines Organs; Ggs. ↑Hyperfunktion

Hy|po|gä̱|um *das;* -s, ...gä̱en ⟨*gr.-lat.*⟩: unterirdisches Gewölbe; Grabraum; unterirdischer Kultraum (z. B. in der persisch-römischen Mithrasreligion); vgl. Mithräum

Hy|po|kri|si̱e *die;* -, ...i̱en ⟨*gr.-lat.*⟩: Heuchelei, Verstellung

Hy|po|kri̱t *der;* -en, -en ⟨*gr.-lat.*⟩: Heuchler

hy|po|kri̱|tisch (veraltet): scheinheilig, heuchlerisch

Hy|p|o|ny̱m *das;* -s, -e ⟨*gr.-lat.*⟩ (Sprachw.): Wort, Lexem, das in einer untergeordneten Beziehung zu einem anderen Wort, Lexem steht, aber inhaltlich differenzierter, merkmalhaltiger ist (z. B. *essen* zu *zu sich nehmen, Tablette* zu *Medikament*); Ggs. ↑Hyperonym

Hy|po|pla|si̱e *die;* -, ...i̱en ⟨*gr.-nlat.*⟩ (Biol., Med.): unvollkommene Anlage; Unterentwicklung von Geweben od. Organen

hy|po|sen|si|bi|li|si̱e|ren ⟨lat.⟩ (Med.): gegen Allergien unempfindlich machen

Hy|po|s|ta̱|se *die;* -, -n ⟨*gr.-lat.;* »Unterlage; Grundlage«⟩: **1.** (bes. Philos.) Verdinglichung, Vergegenständlichung eines bloß in Gedanken existierenden Begriffs. **2. a)** Personifizierung göttlicher Eigenschaften od. religiöser Vorstellungen zu einem eigenständigen göttlichen Wesen (z. B. die Erzengel in der Lehre Zarathustras); **b)** Wesensmerkmal einer personifizierten göttlichen Gestalt. **3.** (Med.) vermehrte Anfüllung tiefer liegender Körperteile mit Blut (z. B. bei Bettlägerigen in den hinteren unteren Lungenpartien). **4.** (Sprachw.) Verselbstständigung eines Wortes als Folge einer Veränderung der syntaktischen Funktion (z. B. der Übergang eines Substantivs im Genitiv zum Adverb wie *des Mittags* zu *mittags*). **5.** (Biol.) die Unterdrückung der Wirkung eines Gens durch ein anderes, das nicht zum gleichen Erbanlagenpaar gehört; vgl. Epistase

hy|po|s|ta|si̱e|ren ⟨*gr.-nlat.*⟩: **a)** verdinglichen, vergegenständlichen; **b)** personifizieren

hy|po|s|ta̱|tisch: a) vergegenständlichend, gegenständlich; **b)** durch Hypostase hervorgerufen; **hypostatische Union:** Vereinigung göttlicher u. menschlicher Natur in der Person Christi zu einer einzigen ↑Hypostase (2 a)

hy|po|tạk|tisch ⟨*gr.*⟩ (Sprachw.): der Hypotaxe (2) unterliegend, unterordnend; Ggs. ↑parataktisch

Hy|po|ta̱|xe *die;* -, -n: **1.** (Med.) Zustand herabgesetzter Willens- u. Handlungskontrolle, mittlerer Grad der Hypnose. **2.** (Sprachw.) Unterordnung, ↑Subordination von Satzgliedern od. Sätzen, z. B. *Mutters* Schwester; er sagte, *dass er krank sei;* Ggs. ↑Parataxe

Hy|po|te|nu̱|se *die;* -, -n ⟨*gr.-lat.*⟩ (Math.): im rechtwinkligen Dreieck die dem rechten Winkel gegenüberliegende Seite

Hy|po|tha̱|la|mus *der;* -, ...mi ⟨*gr.; gr.-lat.*⟩ (Med.): unter dem ↑Thalamus liegender Teil im Zwischenhirn

Hy|po|the̱k *die;* -, -en ⟨*gr.-lat.;* »Unterlage; Unterpfand«⟩: **a)** (zu den Grundpfandrechten gehörendes) Recht an einem Grundstück, einem Wohnungseigentum o. Ä. zur Sicherung einer Geldforderung, das (im Gegensatz zur Grundschuld) mit dieser Forderung rechtlich verknüpft ist; **b)** durch eine Hypothek (a) entstandene finanzielle Belastung eines Grundstücks, eines Wohnungseigentums o. Ä.; **c)** durch eine Hypothek (a) gesicherte Geldmittel, die jmdm. zur Verfügung gestellt werden

Hy|po|the|ka̱r *der;* -s, -e: Pfandgläubiger, dessen Forderung durch eine Hypothek (a) gesichert ist

Hy|po|the|ka̱|rin *die;* -, -nen: weibliche Form zu ↑Hypothekar

Hy|po|ther|mi̱e *die;* -, ...i̱en ⟨*gr.-nlat.*⟩ (Med.): **1.** (ohne Plural) abnorm niedrige Körpertemperatur. **2.** künstliche Unterkühlung des Körpers zur Reduktion der Stoffwechsel- u. Lebensvorgänge im Organismus; Ggs. ↑Hyperthermie (3); vgl. Hibernation (2)

Hy|po|the̱|se *die;* -, -n ⟨*gr.-lat.*⟩: **1. a)** zunächst unbewiesene Annahme von Gesetzlichkeiten od. Tatsachen mit dem Ziel, sie durch Beweise zu ↑verifizieren (1) od. zu ↑falsifizieren (1) (als

Hilfsmittel für wissenschaftliche Erkenntnisse); Vorentwurf für eine Theorie; **b)** Unterstellung, unbewiesene Voraussetzung. **2.** Vordersatz eines hypothetischen Urteils (wenn A gilt, gilt auch B)

hy|po|the|tisch: nur angenommen, auf einer unbewiesenen Vermutung beruhend, fraglich, zweifelhaft; **hypothetischer Imperativ** (Philos.): nur unter gewissen Bedingungen notwendiges Sollen; vgl. kategorischer Imperativ; **hypothetisches Konstrukt:** gedankliche Hilfskonstruktion zur Beschreibung von Dingen od. Eigenschaften, die nicht konkret beobachtbar, sondern nur aus Beobachtbarem erschließbar sind

Hy|po|to|nie *die;* -, ...ien ⟨*gr.-nlat.*⟩ (Med.): **1.** herabgesetzte Muskelspannung; Ggs. ↑Hypertonie (1). **2.** zu niedriger Blutdruck; Ggs. ↑Hypertonie (2). **3.** Verminderung des Drucks im Auge; Ggs. ↑Hypertonie (3)

Hy|po|tra|che|li|on [...x...] *das;* -s, ...ien ⟨*gr.*⟩ (Archit.): Säulenhals (unter dem ↑Kapitell befindlich)

Hy|po|tro|phie *die;* -, ...ien ⟨*gr.-nlat.*⟩: **1.** (Med.) unterdurchschnittliche Größenentwicklung eines Gewebes oder Organs; Ggs. ↑Hypertrophie. **2.** Unterernährung

Hy|po|zen|t|rum *das;* -s, ...tren (Geol.): Erdbebenherd; Stelle im Erdinnern, von der ein Erdbeben ausgeht

Hy|po|zy|k|lo|i|de *die;* -, -n ⟨*gr.-nlat.*⟩ (Math.): Kurve, die ein Peripheriepunkt eines Kreises beschreibt, wenn dieser Kreis auf der inneren Seite eines anderen, festen Kreises abrollt

Hyp|so|me|ter *das;* -s, -: Luftdruckmessgerät zur Höhenmessung

Hys|te|r|ek|to|mie *die;* -, ...ien (Med.): operative Entfernung der Gebärmutter

Hys|te|rie *die;* -, ...ien ⟨*gr.-nlat.*⟩: **1.** (Med. veraltet) neurotische Störung mit vielfachen Symptomen ohne genau umschriebenes Krankheitsbild. **2.** (abwertend) [allgemeine] nervöse Aufgeregtheit, Erregtheit, Erregung, Überspanntheit

Hys|te|ri|ker *der;* -s, - ⟨*gr.-lat.*⟩ (Med.): jmd., der Symptome der Hysterie in Charakter od. Verhalten zeigt

Hys|te|ri|ke|rin *die;* -, -nen: weibliche Form zu ↑Hysteriker

hys|te|risch: **1.** (Med. veraltet) auf Hysterie beruhend. **2.** (abwertend) zu nervöser Aufgeregtheit neigend, übertrieben leicht erregbar; übertrieben nervös, erregt; überspannt

Hys|te|ron-Pro|te|ron *das;* -s, Hystera-Protera ⟨*gr.;* »das Spätere (ist) das Frühere«⟩: **1.** (Philos.) Scheinbeweis aus einem selbst erst zu beweisenden Satz. **2.** (Rhet.) Redefigur, bei der das begrifflich od. zeitlich Spätere zuerst steht (z. B. bei Vergil: Lasst uns sterben und uns in die Feinde stürzen!)

I

Iam|be usw. vgl. Jambe usw.

...i|a|t|rie
die; -
⟨*gr.* ...iatría »Heilkunde«⟩
Wortbildungselement mit der Bedeutung »Heilkunde«:
- Geriatrie
- Hippiatrie
- Pädiatrie
- Psychiatrie

...ia|ter
der; -s, -
⟨*gr.* iatrós »Arzt, Wundarzt, Helfer«⟩
Wortbildungselement mit der Bedeutung »Arzt«:
- Geriater
- Pädiater
- Phoniater

Die weibliche Form des Wortbildungselementes lautet ...iaterin, wie z. B. in Psychiaterin.

ibe|risch: die Pyrenäenhalbinsel betreffend

Ibe|ro|ame|ri|ka ohne Artikel; -s (in Verbindung mit Attributen: *das;* -[s]): das von der Iberischen Halbinsel aus kolonisierte u. durch Sprache u. Kultur mit ihr verbundene Lateinamerika

ibe|ro|ame|ri|ka|nisch: **1.** Iberoamerika betreffend. **2.** zwischen Spanien, Portugal u. Lateinamerika bestehend

ibi|dem [auch: 'i:bi..., 'ɪb...] ⟨*lat.*⟩: ebenda, ebendort (Hinweiswort in wissenschaftlichen Werken zur Ersparung der wiederholten vollständigen Anführung eines bereits zitierten Buches; Abk.: ib., ibd., ibid.)

Ibis *der;* Ibisses, Ibisse ⟨*ägypt.-gr.-lat.*⟩: Storchvogel der Tropen u. Subtropen mit sichelförmigem Schnabel (heiliger Vogel der ägyptischen Göttin Isis)

Ibn ⟨*arab.*⟩: Sohn (Teil arabischer Personennamen, z. B. Ibn Saud, Ibn Al Farid)

IC® = Intercityzug
ICE® = Intercityexpress[zug]
Ich|neu|mon *der* od. *das;* -s, -e u. -s ⟨*gr.-lat.;* »Spürer«⟩: große, langhaarige, grünlich graue Schleichkatze mit langem Schwanz u. sehr kurzen Beinen
Ich|thyo|lo|gie *die;* -: Wissenschaft von den Fischen; Fischkunde
Ich|thyo|sau|ri|er [...i̯ɐ] *der;* -s, -, **Ich|thyo|sau|rus** *der;* -, ...rier [...i̯ɐ]: Fischechse (ausgestorbenes Meereskriechtier der Jura- u. Kreidezeit)
Icing [ˈa̯isɪŋ] *das;* -s, -s ⟨*engl.-amerik.*⟩ (Eishockey): unerlaubter Weitschuss, Befreiungsschlag
Icon [ˈa̯ikən] *das;* -s, -s ⟨*gr.-lat.-engl.;* »Bild«⟩ (EDV): grafisches Symbol für Anwendungsprogramme, Dateien u. Ä. auf dem Bildschirm
ide|al ⟨*gr.-lat.*⟩: **1.** den höchsten Vorstellungen entsprechend, vollkommen. **2.** nur gedacht, nur in der Vorstellung so vorhanden, der Idee entsprechend. **3.** (veraltet) ideell, geistig, vom Ideellen bestimmt; vgl. ...isch/-
Ide|al *das;* -s, -e: **1.** jmd., etwas als Verkörperung von etwas Vollkommenem; Idealbild. **2.** als eine Art höchster Wert erkanntes Ziel; Idee, nach deren Verwirklichung man strebt
ide|a|lisch: einem Ideal entsprechend od. angenähert; vgl. ...isch/-
ide|a|li|sie|ren ⟨*gr.-lat.-fr.*⟩: jmdn., etwas vollkommener sehen, als die betreffende Person od. Sache ist; verklären, verschönern
Ide|a|li|sie|rung *die;* -, -en: das Idealisieren, das Idealisiertwerden
Ide|a|lis|mus *der;* - ⟨*gr.-lat.-nlat.*⟩: **1.** philosophische Anschauung, die die Welt u. das Sein als Idee, Geist, Vernunft, Bewusstsein bestimmt u. die Materie als deren Erscheinungsform versteht; Ggs. ↑Materialismus (1). **2.** [mit Selbstaufopferung verbundenes] Streben nach Verwirklichung von Idealen ethischer u. ästhetischer Natur; durch Ideale bestimmte Weltanschauung, Lebensführung
Ide|a|list *der;* -en, -en: **1.** Vertreter des ↑Idealismus (1); Ggs. ↑Materialist (1). **2.** jmd., der selbstlos, dabei aber auch die Wirklichkeit etwas außer Acht lassend, nach der Verwirklichung bestimmter Ideale (2) strebt; Ggs. ↑Realist (1)
Ide|a|lis|tin *die;* -, -nen: weibliche Form zu ↑Idealist
ide|a|lis|tisch: **1.** in der Art des ↑Idealismus (1); Ggs. ↑materialistisch (1). **2.** an Ideale (2) glaubend u. nach deren Verwirklichung strebend, dabei aber die Wirklichkeit etwas außer Acht lassend; Ggs. ↑realistisch (1)
Ide|al|kon|kur|renz *die;* -, -en (Rechtswiss.): Tateinheit, Erfüllung mehrerer strafrechtlicher Tatbestände durch eine strafwürdige Handlung; vgl. Realkonkurrenz
Ide|al|typ *der;* -s, -en: Individuum, das ausschließlich alle die Merkmale aufweist, aufgrund deren es einer bestimmten Gruppe zuzuordnen ist
ide|al|ty|pisch: einem Idealtyp[us] entsprechend
Ide|al|ty|pus *der;* -, ...pen: **a)** (Soziol.) Idealbild, das durch gedanklich einseitige Steigerung bestimmter Elemente der Wirklichkeit gewonnen wird; **b)** ↑Idealtyp
Idee *die;* -, Ideen ⟨*gr.-lat.(-fr.)*⟩: **1.** (Philos.) **a)** (in der Philosophie Platos) den Erscheinungen zugrunde liegender reiner Begriff der Dinge; **b)** Vorstellung, Begriff von etwas auf einer hohen Stufe der Abstraktion. **2.** Gedanke, der jmdn. in seinem Denken, Handeln bestimmt; Leitbild. **3.** schöpferischer Gedanke; guter Einfall; Vorstellung
Idée fixe [iˈde: ˈfɪks] *die;* - -, -s -s [iˈde: ˈfɪks] ⟨*fr.*⟩: **a)** Zwangsvorstellung; **b)** der über einem ganzen musikalischen Werk stehende Grundgedanke (z. B. in der Symphonie fantastique von H. Berlioz)
ide|ell ⟨französierende Bildung zu ↑ideal⟩: auf einer Idee beruhend, von ihr bestimmt; gedanklich, geistig
Ide|en|as|so|zi|a|ti|on *die;* -, -en: unwillkürlich sich einstellende Vorstellungs- u. Gedankenverbindung
Ide|en|dra|ma *das;* -s, ...men: Drama, dessen Handlung von einer allgemeingültigen Idee (Weltanschauung) bestimmt wird (z. B. Goethes »Pandora«)
Iden, Idus [ˈi:du:s] *die* (Plural) ⟨*lat.*⟩: der 13. od. 15. Monatstag des altrömischen Kalenders; **die Iden/Idus des März:** 15. März (Tag der Ermordung Cäsars)
Iden|ti|fi|ka|ti|on *die;* -, -en ⟨*lat.-nlat.*⟩: **1.** das Identifizieren. **2.** (Psychol.) emotionales Sichgleichsetzen mit einer anderen Person od. Gruppe u. Übernahme ihrer Motive u. Ideale in das eigene Ich; vgl. ...ation/...ierung
iden|ti|fi|zier|bar: so beschaffen, dass man es identifizieren kann
iden|ti|fi|zie|ren: **1.** genau wiedererkennen; die Identität, Echtheit einer Person od. Sache feststellen. **2. a)** mit einem anderen als dasselbe betrachten, gleichsetzen; **b)** sich identifizie-

ren: jmds. Anliegen o. Ä. zu seiner eigenen Sache machen; aus innerer Überzeugung ganz mit jmdm., etwas übereinstimmen; **c)** (sich identifizieren; Psychol.) sich mit einer anderen Person od. Gruppe emotional gleichsetzen u. ihre Motive u. Ideale in das eigene Ich übernehmen

Iden|ti|fi|zie|rung *die;* -, -en: das Identifizieren; vgl. ...ation/...ierung

iden|tisch: ein u. dasselbe [bedeutend], völlig gleich; wesensgleich; gleichbedeutend; **identischer Reim:** Reim mit gleichem Reimwort; rührender Reim (z. B. freien/freien); **identische Zwillinge** (Med.): eineiige Zwillinge

Iden|ti|tät *die;* -, -en ‹*lat.*›: **a)** vollkommene Gleichheit od. Übereinstimmung (in Bezug auf Dinge od. Personen); Wesensgleichheit; das Existieren von jmdm., etwas als ein Bestimmtes, Individuelles, Unverwechselbares; **b)** (Psychol.) die als »Selbst« erlebte innere Einheit der Person

Iden|ti|täts|kri|se *die;* -, -n (Psychol.): Krise im Erlebnis der Identität (1 b)

ideo..., Ideo...

‹*gr.* idéa »Erscheinung, Form, Plan, Urbild«› Wortbildungselement mit der Bedeutung »Begriff, Idee, Vorstellung«:
- Ideogramm
- Ideologie
- ideomotorisch

Ideo|lo|ge *der;* -n, -n: **1.** [exponierter] Vertreter od. Lehrer einer Ideologie. **2.** (veraltet) weltfremder Schwärmer, Träumer

Ideo|lo|gie *die;* -, ...ien ‹*gr.-fr.;* »Lehre von den Ideen«›: **a)** an eine soziale Gruppe, eine Kultur o. Ä. gebundenes System von Weltanschauungen, Grundeinstellungen u. Wertungen; **b)** weltanschauliche Konzeption, in der Ideen (2) der Erreichung politischer u. wirtschaftlicher Ziele dienen

Ideo|lo|gie|kri|tik *die;* -, -en: **a)** (Soziol.) das Aufzeigen der materiellen Bedingtheit einer Ideologie; **b)** Kritik der gesellschaftlichen ↑Prämissen bei der Textinterpretation

Ideo|lo|gin *die;* -, -nen: weibliche Form zu ↑Ideologe

ideo|lo|gisch: a) eine Ideologie betreffend; **b)** (veraltet) weltfremd, schwärmerisch

ideo|lo|gi|sie|ren: 1. mit einer bestimmten Ideologie durchdringen. **2.** zu einer Ideologie machen

id est ‹*lat.*›: das ist, das heißt (Abk.: i. e.)

idio..., Idio...

‹*gr.* ídios »eigen, privat, persönlich«› Wortbildungselement mit der Bedeutung »eigen, selbst, eigentümlich, besonders«:
- idiografisch
- Idiolatrie
- Idiofon
- idiosynkratisch

Idio|lekt *der;* -[e]s, -e ‹*gr.*› (Sprachw.): Sprachbesitz u. Sprachverhalten, Wortschatz u. Ausdrucksweise eines einzelnen Sprachteilhabers; vgl. Soziolekt

Idi|om *das;* -s, -e ‹*gr.-lat.-fr.*› (Sprachw.): **1.** die einer kleineren Gruppe od. einer sozialen Schicht eigentümliche Sprechweise od. Spracheigentümlichkeit (z. B. Mundart, Jargon). **2.** feste Wortverbindung, Redewendung (z. B. die Schwarze Kunst, ins Gras beißen)

Idio|ma|tik *die;* - ‹*gr.-nlat.*›: **1.** Teilgebiet der Sprachwissenschaft, auf dem man sich mit den Idiomen (1) befasst. **2.** Gesamtbestand der Idiome (2) in einer Sprache

idio|ma|tisch: die Idiomatik betreffend; **idiomatischer Ausdruck:** Redewendung, deren Gesamtbedeutung nicht aus der Bedeutung der Einzelwörter erschlossen werden kann

idio|ma|ti|siert (Sprachw.): zu einem Idiom (2) geworden u. damit ohne semantisch-morphologische Durchsichtigkeit

Idio|ma|ti|sie|rung *die;* -, -en (Sprachw.): [teilweiser] Verlust der semantisch-morphologischen Durchsichtigkeit eines Wortes od. einer Wortverbindung

idio|morph ‹*gr.-nlat.*› (Geol.): von eigenen echten Kristallflächen begrenzt (von Mineralien); Ggs. ↑allotriomorph

idio|pa|thisch (Med.): ohne erkennbare Ursache, selbstständig, unabhängig von anderen Krankheiten entstanden (von bestimmten Krankheitsbildern); Ggs. ↑traumatisch (1)

Idi|ot *der;* -en, -en ‹*gr.-lat.;* »Privatmann, einfacher Mensch; ungeübter Laie, Stümper«›: **1.** (Med. veraltet) an Idiotie (1) leidender Mensch. **2. a)** (veraltet) Laie, Ungelehrter; **b)** (abwertend) Dummkopf

Idi|o|tie *die;* -, ...ien ‹*gr.*›: **1.** (Med. veraltet) angeborener od. im frühen Kindesalter erworbener Intelligenzdefekt schwersten Grades; vgl. Debilität u. Imbezillität. **2.** (abwertend) Dummheit, Einfältigkeit

Idi|o|ti|kon *das;* -s, ...ken (auch: ...ka) ‹*gr.-nlat.*›:

Mundartwörterbuch; auf eine Sprachlandschaft begrenztes Wörterbuch

Idi|o|tin *die;* -, -nen: weibliche Form zu ↑Idiot

idi|o|tisch ⟨*gr.-lat.*⟩: (Med. veraltet) in schwerstem Grade geistig behindert

Idi|o|tis|mus *der;* -, ...men ⟨*gr.-nlat.*⟩: **1.** (Med. veraltet) **a)** Idiotie (1); **b)** Äußerung der Idiotie (1). **2.** (Sprachw.) kennzeichnender, eigentümlicher Ausdruck eines Idioms; Spracheigenheit

Idol *das;* -s, -e ⟨*gr.-lat.;* »Gestalt, Bild; Trugbild, Götzenbild«⟩: **1. a)** jmd., etwas als Gegenstand bes. großer Verehrung, meist als Wunschbild Jugendlicher; **b)** (veraltend, abwertend) falsches Ideal; Leitbild, dessen Zugkraft im vordergründig Äußerlichen liegt. **2.** Gottes-, Götzenbild [in Menschengestalt]

i

Ido|la|t|rie *die;* -, ...ien: Bilderverehrung, -anbetung, Götzendienst

ido|li|sie|ren ⟨*gr.-lat.-nlat.*⟩: zum Idol (1) machen

Idus [ˈiːduːs] vgl. Iden

Idyll *das;* -s, -e ⟨*gr.-lat.;* »Bildchen«⟩: Bild, Zustand eines friedlichen u. einfachen Lebens in meist ländlicher Abgeschiedenheit

Idyl|le *die* -, -n: **a)** Schilderung eines Idylls in Literatur (Vers, Prosa) u. bildender Kunst; **b)** ↑Idyll

Idyl|lik *die;* -: idyllischer Charakter, idyllische Atmosphäre

idyl|lisch: a) das Idyll, die Idylle betreffend; **b)** beschaulich-friedlich

IFOR, Ifor *die;* - ⟨Kurzw. aus Implementation Force⟩: ehemals von der NATO aufgestellte Einsatztruppe für Bosnien u. Herzegowina

Ig|lu *der* od. *das;* -s, -s ⟨*eskim.*⟩: runde Schneehütte der Eskimos

ig|no|rant (abwertend): von Unwissenheit, Kenntnislosigkeit zeugend

Ig|no|rant *der;* -en, -en (abwertend): unwissender, kenntnisloser Mensch; Dummkopf

Ig|no|ran|tin *die;* -, -nen: weibliche Form zu ↑Ignorant

Ig|no|ranz *die;* - (abwertend): Unwissenheit, Dummheit

ig|no|rie|ren: nicht wissen wollen; absichtlich übersehen, nicht beachten

Igu|a|na *die;* -, ...nen ⟨*indian.-span.*⟩: in tropischen Gebieten Amerikas vorkommender großer ↑Leguan mit sichelförmigem Kamm

Igu|a|n|o|don *das;* -s, -s od. ...odonten ⟨*indian.-span.; gr.*⟩ (Biol.): urzeitlicher, pflanzenfressender ↑Dinosaurier

Ike|ba|na *das;* -[s] ⟨*jap.;* »lebendige Blumen«⟩: japanische Kunst des Blumensteckens, des künstlerischen, symbolischen Blumenarrangements

Ikon *das;* -s, -e ⟨*gr.*⟩: stilisierte Abbildung eines Gegenstandes; Zeichen, das mit dem Gegenstand, den es darstellt, Ähnlichkeit aufweist

Iko|no|du|lie *die;* -: Bilderverehrung

Iko|no|graf, Iko|no|graph *der;* -en, -en: **1.** Wissenschaftler auf dem Gebiet der Ikonografie. **2.** dem Storchschnabel ähnliche Vorrichtung zur Bildabzeichnung für ↑Lithografen

Iko|no|gra|fie, Iko|no|gra|phie *die;* -, ...ien ⟨*gr.-lat.*⟩: **1.** wissenschaftliche Bestimmung von Bildnissen des griechischen u. römischen Altertums. **2. a)** Beschreibung, Form- u. Inhaltsdeutung von [alten] Bildwerken; **b)** ↑Ikonologie

Iko|no|klas|mus *der;* -, ...men ⟨*gr.-nlat.*⟩: Bildersturm; Abschaffung u. Zerstörung von Heiligenbildern (bes. der Bilderstreit in der byzantinischen Kirche des 8. u. 9. Jh.s)

Iko|no|la|t|rie *die;* -, ...ien ⟨*gr.-nlat.*⟩: ↑Ikonodulie

Iko|no|lo|gie *die;* -: Lehre vom Sinngehalt alter Bildwerke; vgl. Ikonografie (2 a)

Iko|sa|eder *das;* -s, - ⟨*gr.-nlat.*⟩ (Math.): regelmäßiger Zwanzigflächner (von 20 gleichseitigen Dreiecken begrenzt)

Ik|tus *der;* -, - [...uːs] u. Ikten ⟨*lat.;* »Stoß, Schlag«⟩: **1.** (Sprachw.) [nachdrückliche] Betonung der Hebung im Vers; Versakzent. **2.** (Med.) eine plötzlich auftretende neurologische Störung, bes. ein epileptischer Anfall. **3.** (Med.) Stoß, stoßförmige Erschütterung

Ilang-Ilang-Öl vgl. Ylang-Ylang-Öl

Ilex *die* (auch: *der*); -, - ⟨*lat.*⟩: Stechpalme

il|le|gal ⟨*lat.-mlat.*⟩: gesetzwidrig, ungesetzlich, ohne behördliche Genehmigung; Ggs. ↑legal

Il|le|ga|li|tät *die;* -, -en: **1. a)** (ohne Plural) Ungesetzlichkeit, Gesetzwidrigkeit; **b)** illegaler Zustand, illegale Lebensweise. **2.** einzelne illegale Handlung

il|le|gi|tim ⟨*lat.*⟩: **a)** unrechtmäßig, im Widerspruch zur Rechtsordnung [stehend], nicht im Rahmen bestehender Vorschriften [erfolgend]; Ggs. ↑legitim (1 a); **b)** (früher) nicht ehelich; außerehelich; Ggs. ↑legitim (1 b)

Il|le|gi|ti|mi|tät *die;* - ⟨*lat.-nlat.*⟩: unrechtmäßiges Verhalten

il|li|be|ral ⟨*lat.*⟩: engherzig, unduldsam

Il|li|te|rat *der;* -en, -en ⟨*lat.*⟩: Ungelehrter, nicht wissenschaftlich Gebildeter

Il|li|te|ra|tin *die;* -, -nen: weibliche Form zu ↑Illiterat

Il|lo|ku|ti|on *die;* -, -en ⟨*lat.-nlat.*⟩ (Sprachw.): Sprechhandlung mit kommunikativer Funktion

il|lo|ku|ti|o|när (Sprachw.): die Illokution betreffend; **illokutionärer Akt:** der Sprechakt im Hinblick auf seine ↑kommunikative Funktion (z. B. Aufforderung, Frage); ↑lokutionärer Akt, ↑perlokutionärer Akt

il|lo|ku|tiv: ↑illokutionär; **illokutiver Akt:** ↑illokutionärer Akt; **illokutiver Indikator:** Partikelwort od. kurze Phrase, die die Funktion hat, einen nicht eindeutigen Satz eindeutig zu machen, z. B.: du kannst *ja* noch überlegen (als Rat)

il|lo|y|al ['ɪlo̯aja:l, auch: ...'ja:l] ‹*lat.-fr.*›: **a)** den Staat, eine Instanz nicht respektierend; Ggs. ↑loyal (a); **b)** vertragsbrüchig, gegen Treu und Glauben; Ggs. ↑loyal (b); **c)** die Interessen der Gegenseite nicht achtend; Ggs. ↑loyal (b)

Il|lo|ya|li|tät *die;* -, -en: illoyale Gesinnung, Verhaltensweise

Il|lu|mi|nat *der;* -en, -en (meist Plural) ‹*lat.;* »der Erleuchtete«›: Angehöriger einer geheimen Verbindung, bes. des Illuminatenordens

Il|lu|mi|na|ti|on *die;* -, -en ‹*lat.(-fr.)*›: **1.** [farbige] Beleuchtung vor allem im Freien (von Gebäuden, Denkmälern). **2.** göttliche Erleuchtung des menschlichen Geistes (nach der theologischen Lehre Augustins). **3.** das Ausmalen von ↑Kodizes, Handschriften, Drucken mit ↑Lasurfarben

il|lu|mi|nie|ren ‹*lat.(-fr.)*›: **1.** festlich erleuchten. **2.** Handschriften ausmalen, Buchmalereien herstellen (von Künstlern des Mittelalters). **3.** erhellen

Il|lu|si|on *die;* -, -en ‹*lat.-fr.*›: **1.** beschönigende, dem Wunschdenken entsprechende Selbsttäuschung über einen in Wirklichkeit weniger positiven Sachverhalt. **2.** (Psychol.) falsche Deutung von tatsächlichen Sinneswahrnehmungen (im Unterschied zur Halluzination). **3.** (Ästhetik) Täuschung durch die Wirkung des Kunstwerks, das Darstellung als Wirklichkeit erleben lässt

il|lu|si|o|när ‹*lat.-nlat.*›: **1.** auf Illusionen beruhend. **2.** ↑illusionistisch (1)

Il|lu|si|o|nist *der;* -en, -en: **1.** jmd., der sich Illusionen macht; Träumer. **2.** Zauberkünstler

Il|lu|si|o|nis|tin *die;* -, -nen: weibliche Form zu ↑Illusionist

il|lu|si|o|nis|tisch: 1. (bildende Kunst) durch die künstlerische Darstellung Scheinwirkungen erzeugend. **2.** ↑illusionär (1)

il|lu|so|risch ‹*lat.-fr.*›: **a)** nur in der Illusion (1, 2) bestehend, trügerisch; **b)** vergeblich, sich erübrigend

il|lus|ter ‹*lat.-fr.*›: glanzvoll, vornehm, erlaucht

Il|lus|t|ra|ti|on *die;* -, -en ‹*lat.*›: **a)** Bebilderung, erläuternde Bildbeigabe; **b)** Veranschaulichung, Erläuterung

il|lus|t|ra|tiv ‹*lat.-nlat.*›: **a)** als ↑Illustration (a) dienend; mittels Illustration; **b)** veranschaulichend, erläuternd

Il|lus|t|ra|tor *der;* -s, ...oren ‹*lat.*›: Künstler, der ein Buch mit Bildern ausgestaltet

Il|lus|t|ra|to|rin *die;* -, -nen: weibliche Form zu ↑Illustrator

il|lus|t|rie|ren: a) ein Buch mit Bildern ausgestalten, bebildern; **b)** veranschaulichen, erläutern

Il|lus|t|rier|te *die;* -n, -n (zwei -, auch: -n): periodisch erscheinende Zeitschrift, die überwiegend Bildberichte u. Reportagen aus dem Zeitgeschehen veröffentlicht

Il|lus|t|rie|rung *die;* -, -en: Vorgang des Illustrierens

Il|me|nit [auch: ...'nɪt] *der;* -s, -e ‹*nlat.;* nach dem russ. Ilmengebirge›: ein Mineral (Titaneisen)

Image ['ɪmɪtʃ, 'ɪmɪdʒ] *das;* -[s], -s ['ɪmɪtʃ(s), 'ɪmɪdʒɪz] ‹*lat.-fr.-engl.*›: Vorstellung, [positives] Bild, das ein Einzelner od. eine Gruppe von einer Einzelperson od. einer anderen Gruppe (od. einer Sache) hat; Persönlichkeits-, Charakterbild

Image|kam|pa|g|ne *die;* -, -n: auf die Pflege des Image ausgerichtete ↑Kampagne (2)

ima|gi|när ‹*lat.-fr.;* »bildhaft«›: nur in der Vorstellung vorhanden, nicht wirklich, nicht ↑real (1); **imaginäre Zahl** (Math.): durch eine positive od. negative Zahl nicht darstellbare Größe, die durch das Vielfache von i (der Wurzel von −1) gegeben u. nicht auf ↑reelle Zahlen rückführbar ist

ima|gi|nie|ren ‹*lat.*›: sich vorstellen; bildlich, anschaulich machen; ersinnen

Ima|go *die;* -, ...gines [...gine:s] ‹*lat.*›: **1.** (Psychol.) im Unterbewusstsein existierendes [Ideal]bild einer anderen Person der sozialen Umwelt. **2.** (Biol.) fertig ausgebildetes, geschlechtsreifes Insekt. **3.** (im antiken Rom) wächserne Totenmaske von Vorfahren, die im Atrium des Hauses aufgestellt wurde

Imam *der;* -[s], -s u. -e ‹*arab.;* »Vorsteher«›: **1. a)** Vorbeter in der ↑Moschee; **b)** (ohne Plural) Titel für verdiente Gelehrte des Islams. **2.** Prophet u. religiöses Oberhaupt der ↑Schiiten. **3.** (Geschichte) Titel der Herrscher von Nordjemen (bis 1962)

Iman *das;* -s ‹*arab.;* »der Glaube«› (islam. Rel.): Glaube

IMAX® ['ai̯mɛks] *das;* - ‹Kurzw. aus Imagination maximum; *engl.*›: spezielle Form der Filmprojektion, bei der der Kinozuschauer sich durch das Bildformat, spezielle Linsen u. den Querlauf des Films als Handlungsbeteiligter fühlt

im|be|zil, im|be|zill ⟨*lat.*⟩ (Med. veraltet): in mittlerem Grade geistig behindert

Im|be|zil|li|tät *die;* - (Med. veraltet): angeborener od. frühzeitig erworbener Intelligenzdefekt mittleren Grades; vgl. Debilität u. Idiotie (1)

Imi|tat *das;* -[e]s, -e ⟨*lat.*⟩: minderwertige Nachahmung; ↑Imitation (1 b)

Imi|ta|ti|on *die;* -, -en: **1. a)** das Nachahmen; Nachahmung; **b)** [minderwertige] Nachbildung eines wertvollen ↑Materials (1) od. eines Kunstgegenstandes. **2.** genaue Wiederholung eines musikalischen Themas in anderer Tonlage (in Kanon u. Fuge)

Imi|ta|tor *der;* -s, ...oren: Nachahmer

Imi|ta|to|rin *die;* -, -nen: weibliche Form zu ↑Imitator

imi|ta|to|risch: nachahmend

imi|tie|ren: 1. nachahmen; nachbilden. **2.** (Musik) (ein Thema in einer anderen Stimme) wiederholen

im|ma|nent ⟨*lat.;* »darin bleibend«⟩: **1.** innewohnend, in etwas enthalten. **2.** die Grenzen möglicher Erfahrung nicht übersteigend, innerhalb dieser Grenzen liegend, bleibend; den Bereich des menschlichen Bewusstseins nicht überschreitend; Ggs. ↑transzendent (1)

Im|ma|nenz *die;* - ⟨*lat.-nlat.*⟩: **1.** das, was innerhalb einer Grenze bleibt u. sie nicht überschreitet. **2.** (Philos.) **a)** Beschränkung auf das innerweltliche Sein; **b)** Einschränkung des Erkennens auf das Bewusstsein od. auf Erfahrung; vgl. Transzendenz

Im|ma|nu|el *der;* -s ⟨*hebr.*⟩ (Rel.): symbolischer Name des Sohnes einer jungen Frau (bzw. Jungfrau), dessen Geburt Jesaja weissagt (Jesaja 7, 14); später bezogen auf Jesus Christus

Im|ma|te|ri|a|li|tät [auch: ˈɪm...] *die;* -: unkörperliche Beschaffenheit, stoffloses Dasein

im|ma|te|ri|ell [auch: ˈɪm...] ⟨*lat.-fr.*⟩: unstofflich, unkörperlich; geistig; Ggs. ↑materiell (1)

Im|ma|t|ri|ku|la|ti|on *die;* -, -en ⟨*lat.-mlat.*⟩: **1.** Einschreibung an einer Hochschule, Eintragung in die ↑Matrikel (1); Ggs. ↑Exmatrikulation. **2.** (schweiz.) amtliche Zulassung eines Kraftfahrzeugs o. Ä.

im|ma|t|ri|ku|lie|ren: 1. a) in die Matrikel (1) einer Hochschule aufnehmen; Ggs. ↑exmatrikulieren; **b)** sich immatrikulieren: seine Anmeldung im ↑Sekretariat (1) einer Universität abgeben; Ggs. ↑exmatrikulieren. **2.** (schweiz.) (ein Motorfahrzeug) anmelden

im|mens ⟨*lat.*⟩: staunens-, bewundernswert groß; unermesslich [groß]

Im|men|si|tät *die;* - (veraltet): Unermesslichkeit, Unendlichkeit

im|men|su|ra|bel: unmessbar

Im|mer|si|on *die;* -, -en ⟨*lat.;* »Eintauchung«⟩: **1.** Einbetten eines Objekts in eine Flüssigkeit mit besonderen lichtbrechenden Eigenschaften (zur Untersuchung von Kristallformen u. in der Mikroskopie). **2.** Eintritt eines Himmelskörpers in den Schatten eines anderen. **3.** (Geol.) ↑Inundation. **4.** (Med.) Eintauchen des Körpers in Wasser

Im|mi|g|rant *der;* -en, -en ⟨*lat.*⟩: Einwanderer (aus einem anderen Staat); Ggs. ↑Emigrant

Im|mi|g|ran|tin *die;* -, -nen: weibliche Form zu ↑Immigrant

Im|mi|g|ra|ti|on *die;* -, -en ⟨*lat.-nlat.*⟩: **1.** Einwanderung; Ggs. ↑Emigration (1). **2.** (Biol.) Form der ↑Gastrulation, bei der sich Zellen aus der Keimzellwand lösen, in das Innere des Keims wandern und dort die innere Zellwand ausbilden

im|mi|g|rie|ren ⟨*lat.*⟩: einwandern; Ggs. ↑emigrieren

im|mi|nent ⟨*lat.*⟩: drohend, nahe bevorstehend

Im|mis|si|on *die;* -, -en (meist Plural) ⟨*lat.*⟩: **1.** das Einwirken von Luftverunreinigungen, Schadstoffen, Lärm, Strahlen u. Ä. auf Menschen, Tiere, Pflanzen, Gebäude u. Ä. **2.** (veraltet) Einsetzung in ein Amt. **3.** Kurzform von ↑Immissionskonzentration

Im|mis|si|ons|kon|zen|t|ra|ti|on *die;* -, -en: Menge eines verunreinigten Spurenstoffes, die in der Volumeneinheit (Kubikmeter) Luft enthalten ist

Im|mis|si|ons|schutz *der;* -es: (gesetzlich festgelegter) Schutz vor Immissionen (1)

im|mo|bil [auch: ...ˈbiːl] ⟨*lat.*⟩: **1.** unbeweglich; Ggs. ↑mobil (1 a). **2.** nicht für den Krieg bestimmt od. ausgerüstet, nicht kriegsbereit (in Bezug auf Truppen); Ggs. ↑mobil (2)

Im|mo|bi|lie [...i̯ə] *die;* -, -n ⟨*lat.*⟩: unbeweglicher Besitz (z. B. Grundstück, Gebäude); Ggs. ↑Mobilien (2)

im|mo|bi|li|sie|ren (Med.): (ein Glied od. Gelenk) ruhig stellen

im|mo|ra|lisch [auch: ...ˈraː...] ⟨*lat.-nlat.*⟩ (Philos.): unmoralisch, unsittlich

Im|mo|ra|li|tät *die;* -: **a)** Unmoral, Unsittlichkeit; **b)** Gleichgültigkeit gegenüber moralischen Grundsätzen

im|mor|ta|li|sie|ren ⟨*lat.*⟩: (Gentechnik) dauerhaft, unsterblich machen (z. B. von Zellen)

Im|mor|ta|li|tät *die;* - ⟨*lat.*⟩: Unsterblichkeit

Im|mor|tel|le *die;* -, -n ⟨*lat.-fr.;* »Unsterbliche«⟩: Sommerblume mit strohtrockenen, gefüllten Blüten (Korbblütler); Strohblume

im|mun ⟨*lat.;* »frei von Leistungen«⟩: **1.** (Med.) für bestimmte Krankheiten unempfänglich, gegen Ansteckung gefeit. **2.** (Rechtswiss.) (als Angehöriger des diplomatischen Korps od. als Parlamentarier) vor Strafverfolgung geschützt

Im|mun|bio|lo|gie *die;* -: Teilgebiet der Immunologie, das sich mit den Fragen ererbter od. erworbener Immunität, mit Abwehrreaktionen bei Organtransplantationen u. Ä. befasst

im|mun|bio|lo|gisch: die Immunbiologie betreffend

im|mu|ni|sie|ren ⟨*lat.-nlat.*⟩: (gegen Bakterien u. Ä.) unempfindlich machen

Im|mu|ni|sie|rung *die;* -, -en: Bewirkung von Immunität (1)

Im|mu|ni|tät *die;* -, -en (Plural selten) ⟨*lat.*⟩: **1.** (Med.; Biol.) angeborene od. durch Impfung erworbene Unempfänglichkeit für Krankheitserreger od. deren ↑Toxine. **2.** verfassungsrechtlich garantierter Schutz vor Strafverfolgung (für Bundes- u. Landtagsabgeordnete); vgl. Indemnität. **3.** ↑Exterritorialität

Im|mu|no|lo|ge *der;* -n, -n ⟨*lat.; gr.*⟩ (Med.): Wissenschaftler auf dem Gebiet der Immunologie

Im|mu|no|lo|gie *die;* -: Wissenschaft, die sich mit der Reaktion des Organismus auf das Eindringen körperfremder Substanzen befasst

Im|mu|no|lo|gin *die;* -, -nen: weibliche Form zu ↑Immunologe

im|mu|no|lo|gisch: a) die Immunologie betreffend; **b)** die Immunität (1) betreffend

Im|mun|sup|pres|si|on *die;* -, -en: Unterdrückung einer immunologischen (b) Reaktion (z. B. bei Transplantationen)

Im|mun|sys|tem *das;* -s, -e: für die Immunität (1) verantwortliches Abwehrsystem des Körpers

Im|pa|ti|ens [...tsiɛns] *die;* - ⟨*lat.*⟩: Springkraut, Balsamine (beliebte Topfpflanze)

Im|pe|danz *die;* -, -en ⟨*lat.-nlat.*⟩ (Physik): elektrischer Scheinwiderstand; Wechselstromwiderstand eines Stromkreises

im|pe|ra|tiv ⟨*lat.*⟩: befehlend, zwingend, bindend; **imperatives Mandat:** ↑Mandat (2), das den Abgeordneten an den Auftrag seiner Wähler bindet

Im|pe|ra|tiv *der;* -s, -e: **1.** (Sprachw.) Befehlsform (z. B. geh!). **2.** (Philos.) Pflichtgebot; vgl. kategorischer Imperativ

im|pe|ra|ti|visch [auch: ˈɪm...]: in der Art des Imperativs (1); vgl. ...isch/-

Im|pe|ra|tor *der;* -s, ...oren: **1.** im Rom der Antike Titel für den Oberfeldherrn. **2.** von Kaisern gebrauchter Titel zur Bezeichnung ihrer kaiserlichen Würde (Abk.: Imp.); **Imperator Rex:** Kaiser u. König (Titel z. B. Wilhelms II.) (Abk.: I. R.)

im|pe|ra|to|risch: 1. den Imperator betreffend. **2.** in der Art eines Imperators, gebieterisch

Im|per|fekt [auch: ...ˈfɛkt] *das;* -s, -e ⟨*lat.*⟩: (ohne Plural) Zeitform, mit der ein verbales Geschehen od. Sein aus der Sicht des Sprechers als [unabgeschlossene, »unvollendete«] Vergangenheit charakterisiert wird

im|per|fek|tisch [auch: ...ˈfɛk...] ⟨*lat.*⟩: das Imperfekt betreffend

im|pe|ri|al ⟨*lat.*⟩: das Imperium betreffend; herrschaftlich, kaiserlich

Im|pe|ri|a|lis|mus *der;* - ⟨*lat.-fr.*⟩: **1.** Bestrebung einer Großmacht, ihren politischen, militärischen u. wirtschaftlichen Macht- u. Einflussbereich ständig auszudehnen. **2.** (nach marxistischer Anschauung) die Endstufe des Kapitalismus mit Verflechtung der Industrie- u. Bankmonopole

Im|pe|ri|a|list *der;* -en, -en: Vertreter des Imperialismus

Im|pe|ri|a|lis|tin *die;* -, -nen: weibliche Form zu ↑Imperialist

im|pe|ri|a|lis|tisch: dem Imperialismus zugehörend

Im|pe|ri|um *das;* -s, ...ien ⟨*lat.*⟩: **1.** [römisches] Kaiserreich; Weltreich, Weltmacht. **2.** sehr großer Herrschafts-, Macht- u. Einflussbereich

Im|per|so|na|le *das;* -s, ...lia u. ...lien ⟨*lat.*⟩: unpersönliches Verb, das nur in der 3. Person Singular vorkommt (z. B. *es schneit*); Ggs. ↑[1]Personale (1)

im|per|ti|nent ⟨*lat.;* »nicht dazu (zur Sache) gehörig«⟩: in herausfordernder Weise ungehörig, frech, unverschämt

Im|per|ti|nenz *die;* -, -en ⟨*lat.-mlat.*⟩: **1.** (ohne Plural) dreiste Ungehörigkeit, Frechheit, Unverschämtheit. **2.** impertinente Äußerung, Handlung

im|pe|tu|o|so ⟨*lat.-it.*⟩ (Musik): stürmisch, ungestüm, heftig (Vortragsanweisung)

Im|pe|tus *der;* - ⟨*lat.*⟩: **a)** [innerer] Antrieb, Anstoß, Impuls; **b)** Schwung[kraft], Ungestüm

Im|plan|tat *das;* -[e]s, -e ⟨*lat.-nlat.*⟩ (Med.): dem Körper eingepflanztes Gewebestück o. Ä.

Im|plan|ta|ti|on *die;* -, -en (Med.): Einpflanzung von Gewebe (z. B. Haut), Organteilen (z. B. Zähnen) od. sonstigen Substanzen in den Körper; Organeinpflanzung

im|plan|tie|ren: eine Implantation vornehmen

Im|ple|ment *das;* -[e]s, -e ‹*lat.*› (veraltet): Ergänzung, Erfüllung [eines Vertrages]

im|ple|men|tie|ren ‹*lat.-engl.*› (EDV): (Software, Hardware o. Ä.) in ein bestehendes Computersystem einsetzen, einbauen u. so ein funktionsfähiges Programm erstellen

Im|ple|men|tie|rung *die;* -, -en (EDV): das Implementieren, Implementiertwerden

Im|pli|ka|ti|on *die;* -, -en ‹*lat.;* »Verflechtung«›: **a)** Einbeziehung einer Sache in eine andere; **b)** (Philos.; Sprachw.) Bez. für die logische »Wenn-dann«-Beziehung

im|pli|zie|ren: einbeziehen, gleichzeitig beinhalten, bedeuten; mit enthalten

im|pli|zit: **1.** mit enthaltend, mit gemeint, aber nicht ausdrücklich gesagt; Ggs. ↑explizit (a). **2.** nicht aus sich selbst zu verstehen, sondern logisch zu erschließen. **3.** (Med.) als Anlage vorhanden

im|plo|die|ren ‹*lat.-nlat.*›: durch Implosion zerstört werden (z. B. die Bildröhre eines Fernsehers)

Im|plo|si|on *die;* -, -en: schlagartige Zertrümmerung eines Hohlkörpers durch äußeren Überdruck

Im|pon|de|ra|bi|li|en *die* (nur Plural): Unwägbarkeiten; Gefühls- u. Stimmungswerte; Ggs. ↑Ponderabilien

im|po|nie|ren ‹*lat.(-fr.)*›: **a)** Achtung einflößen, großen Eindruck machen; **b)** (veraltet) sich geltend machen

Im|port *der;* -[e]s, -e ‹*lat.-fr.-engl.*›: **1.** Einfuhr. **2.** das Eingeführte; Ggs. ↑Export

Im|por|te *die;* -, -n (meist Plural) ‹*lat.-fr.-engl.*›: **1.** Einfuhrware. **2.** (veraltend) im Ausland hergestellte Zigarre

Im|por|teur [...ˈtøːɐ̯] *der;* -s, -e ‹französierende Ableitung von ↑importieren›: Person, Firma, die etwas importiert

im|por|tie|ren ‹*lat.(-fr.-engl.)*›: Waren aus dem Ausland einführen

im|por|tun ‹*lat.*› (selten): ungeeignet; ungelegen; Ggs. ↑opportun

im|po|sant ‹*lat.-fr.*›: durch Größe, Bedeutsamkeit od. Ungewöhnlichkeit ins Auge fallend; einen bedeutenden Eindruck hinterlassend; eindrucksvoll, großartig, überwältigend

im|po|tent [auch: ...ˈtɛnt] ‹*lat.*›: **1. a)** (vom Mann) unfähig zum Geschlechtsverkehr; **b)** zeugungsunfähig; unfähig, Kinder zu bekommen, aufgrund der Unfruchtbarkeit des Mannes. **2.** nicht schöpferisch, leistungsschwach, unfähig, untüchtig

Im|po|tenz [auch: ...ˈtɛnts] *die;* -, -en: **1. a)** Unfähigkeit (des Mannes) zum Geschlechtsverkehr; **b)** Zeugungsunfähigkeit, Unfruchtbarkeit (des Mannes). **2.** Unvermögen, [künstlerische] Unfähigkeit

im|prä|g|nie|ren ‹*lat.;* »schwängern«›: **1.** feste Stoffe mit einem Schutzmittel gegen Feuchtigkeit, Zerfall u. a. behandeln. **2.** Getränken (z. B. Sekt, Wein) unter Druck Kohlensäure zusetzen, um ihnen ↑moussierende Eigenschaften zu verleihen

Im|prä|g|nie|rung *die;* -, -en: **a)** das Imprägnieren; **b)** durch Imprägnieren erreichter Zustand

Im|pre|sa|ria *die;* -, ...rien: weibliche Form zu ↑Impresario

Im|pre|sa|rio *der;* -s, Plural -s u. ...ri, auch: ...rien ‹*lat.-it.*› (veraltend): Theater-, Konzertagent, der für einen Künstler die Verträge abschließt u. die Geschäfte führt

Im|pres|si|on *die;* -, -en ‹*lat.-fr.;* »Eindruck«›: **1.** Sinneseindruck, Empfindung, Wahrnehmung, Gefühlseindruck; jeder unmittelbar empfangene Bewusstseinsinhalt (bei Hume). **2. a)** (Anat.) Einbuchtung od. Vertiefung an Organen od. anderen Körperteilen; **b)** (Med.) durch Druck od. Stoß verursachte ↑pathologische Eindellung eines Körperteils

Im|pres|si|o|nis|mus *der;* - ‹*lat.-fr.*›: Ende des 19. Jh.s entstandene Stilrichtung der bildenden Kunst, der Literatur u. der Musik, deren Vertreter persönliche Umwelteindrücke u. Stimmungen besonders in künstlerischen Kleinformen (Skizzen, Einaktern, Tonmalereien) wiedergeben

Im|pres|si|o|nist *der;* -en, -en: Vertreter des Impressionismus

Im|pres|si|o|nis|tin *die;* -, -nen: weibliche Form zu ↑Impressionist

im|pres|si|o|nis|tisch: **a)** im Stil des Impressionismus gestaltet; **b)** den Impressionismus betreffend

Im|pres|sum *das;* -s, ...ssen ‹*lat.*›: Angabe über Verleger, Drucker, Redakteure u. a. in Zeitungen, Zeitschriften, Büchern u. Ä.

im|pri|ma|tur ‹»es werde gedruckt«›: Vermerk des Autors od. Verlegers auf dem letzten Korrekturabzug, dass der Satz zum Druck freigegeben ist (Abk.: imp., impr.)

Im|pri|ma|tur *das;* -s, **Im|pri|ma|tur** *die;* -: **1.** Druckerlaubnis (allgemein). **2.** am Anfang od. Ende eines Werks vermerkte, nach katholischem Kirchenrecht erforderliche bischöfliche Druckerlaubnis für Bibelausgaben u. religiöse Schriften; vgl. approbatur

im|pri|mie|ren ‹*lat.-nlat.*›: das Imprimatur erteilen

Im|promp|tu [ɛ̃prõ'ty:] *das;* -s, -s ‹*lat.-fr.*›: Komposition der Romantik, bes. für Klavier, in der Art einer Improvisation

Im|pro|vi|sa|ti|on *die;* -, -en ‹*lat.-it.*›: **1.** das Improvisieren; Kunst des Improvisierens. **2.** ohne Vorbereitung, aus dem Stegreif Dargebotenes; Stegreifschöpfung, [an ein Thema gebundene] musikalische Stegreiferfindung u. -darbietung

Im|pro|vi|sa|tor *der;* -s, ...oren: jmd., der etwas aus dem Stegreif darbietet; Stegreifkünstler

Im|pro|vi|sa|to|rin *die;* -, -nen: weibliche Form zu ↑Improvisator

im|pro|vi|sie|ren: 1. etwas ohne Vorbereitung, aus dem Stegreif tun; mit einfachen Mitteln herstellen, verfertigen. **2. a)** Improvisationen (2) spielen; **b)** während der Darstellung auf der Bühne seinem Rollentext frei Erfundenes hinzufügen

Im|puls *der;* -es, -e ‹*lat.;* »Anstoß«›: **1. a)** Anstoß, Anregung; **b)** Antrieb, innere Regung. **2. a)** (Elektrot.) Strom- od. Spannungsstoß von relativ kurzer Dauer; **b)** (Med.) Anstoß, Erregung, die von den Nerven auf entsprechende Zellen, Muskeln o. Ä. übertragen wird. **3.** (Physik) **a)** Produkt aus Kraft u. Dauer eines Stoßes; **b)** Produkt aus Masse u. Geschwindigkeit eines Körpers

im|pul|siv ‹*lat.-nlat.*›: aus einem plötzlichen, augenblicklichen Impuls heraus handelnd, einer Eingebung sogleich folgend, spontan

Im|pul|si|vi|tät *die;* -: impulsives Wesen

in ‹*engl.*› (ugs.): in der Verbindung **in sein** (ugs.): a) im Brennpunkt des Interesses stehen, gefragt sein; Ggs. ↑out sein (a); b) sehr in Mode sein, von vielen begehrt sein, betrieben werden; Ggs. ↑out sein (b)

in ab|s|t|rac|to ‹*lat.*›: rein begrifflich, nur in der Vorstellung; Ggs. ↑in concreto; vgl. abstrakt

in|ad|äquat [...'kva:t] ‹*lat.-nlat.*›: unangemessen, nicht passend, nicht entsprechend; Ggs. ↑adäquat

In|ad|äquat|heit *die;* -, -en: **a)** (ohne Plural) Unangemessenheit; Ggs. ↑Adäquatheit; **b)** etwas Unangemessenes; Beispiel, Fall von Unangemessenheit

in|ak|ku|rat [auch: ...'ra:t] ‹*lat.-nlat.*›: ungenau, unsorgfältig

in|ak|tiv [auch: ...'ti:f] ‹*lat.-nlat.*›: **1.** sich untätig, passiv verhaltend; Ggs. ↑aktiv (1 a). **2. a)** außer Dienst; sich im Ruhestand befindend, verabschiedet, ohne Amt; **b)** (Studentenspr.) zur Verbindung in freierem Verhältnis stehend; Ggs. ↑aktiv (6). **3. a)** (Chemie, Med.) chemisch od. therapeutisch durch besondere Einflüsse unwirksam; **b)** ruhend; vorübergehend keine Krankheitssymptome zeigend (in Bezug auf Krankheitsprozesse wie z. B. Lungentuberkulose)

In|ak|ti|vi|tät [auch: ...'tɛ:t] *die;* -: **1.** Untätigkeit, passives Verhalten; Ggs. ↑Aktivität (1). **2.** chemische Unwirksamkeit. **3.** (Med.) das Ruhen eines krankhaften Prozesses

in|ak|tu|ell [auch: ...'tu̯ɛl]: nicht im augenblicklichen Interesse liegend, nicht zeitgemäß, nicht zeitnah; Ggs. ↑aktuell (1)

in|ak|zep|ta|bel [auch: ...'ta:...] ‹*lat.-nlat.*›: unannehmbar

in|ar|ti|ku|liert [auch: ...'li:ɐ̯t] ‹*lat.-nlat.*›: nicht artikuliert (vgl. artikulieren), ohne deutliche Gliederung gesprochen

In|au|gu|ral|dis|ser|ta|ti|on *die;* -, -en ‹*lat.-nlat.*›: wissenschaftliche Arbeit (↑Dissertation) zur Erlangung der Doktorwürde

In|au|gu|ra|ti|on *die;* -, -en ‹*lat.*›: feierliche Einsetzung in ein hohes [politisches, akademisches] Amt, eine Würde

in|au|gu|rie|ren: a) in ein hohes [politisches, akademisches] Amt, eine Würde einsetzen; **b)** etwas Neues [feierlich] einführen, etwas ins Leben rufen, schaffen; **c)** (österr. selten) einweihen

In|bus® *der;* -ses, -se ‹Kunstw. für **In**nensechskantschlüssel [der Firma] **B**auer **u**nd **S**chaurte›: Werkzeug mit Innensechskant zum Anziehen od. Lockern von Schrauben

In|cen|tive [ɪn'sɛntɪf] *das;* -s, -s ‹*lat.-engl.*›: **a)** (nur Plural) durch wirtschaftspolitische (meist steuerliche) Maßnahmen ausgelöste Anreizeffekte zu erhöhter ↑ökonomischer (a) Leistungsbereitschaft; **b)** von einem Unternehmen seinen Mitarbeitern angebotene Gratifikation, die zur Leistungssteigerung anreizen soll; **c)** ↑Inzentiv

In|cen|tive|rei|se *die;* -, -n: Reise, die ein Unternehmen bestimmten Mitarbeitern als Prämie od. als Anreiz zur Leistungssteigerung stiftet

Inch [ɪntʃ] *der;* -, -es [...tʃɪs] (4 Inch[es]) ‹*engl.*›: Längeneinheit in Großbritannien u. den USA (= 2,54 cm; Abk.: in.; Zeichen: ")

in|cho|a|tiv [...k...] ‹*lat.*› (Sprachw.): bei Verben einen Beginn ausdrückend (z. B. erwachen)

In|cho|a|tiv *das;* -s, -e: Verb mit inchoativer Aktionsart

In|cho|a|ti|vum *das;* -s, ...va: ↑Inchoativ

in|ci|pit [...ts...] ‹*lat.*›: »(es) beginnt« (am Anfang von Handschriften u. Frühdrucken); Ggs. ↑explicit

in con|cert [-ˈkɔnsɐt] ‹*engl.*› (Werbespr.): **a)** in einem öffentlichen Konzert, in öffentlicher Veranstaltung [auftretend]; **b)** in einem Mitschnitt eines öffentlichen Konzerts (im Unterschied zu einer Studioaufnahme)

in con|cre|to ‹*lat.*›: auf den vorliegenden Fall bezogen; im Einzelfall; in Wirklichkeit; Ggs. ↑in abstracto; vgl. konkret

in con|tu|ma|ci|am ‹*lat.;* »wegen Unbotmäßigkeit«› (Rechtsspr. veraltet): in Abwesenheit des Angeklagten; **in contumaciam urteilen:** in (wegen, trotz) Abwesenheit des Beklagten ein Urteil fällen; **in contumaciam verurteilen:** gegen jmdn. wegen Nichterscheinens vor Gericht (trotz ergangener Vorladung) ein Versäumnisurteil fällen; ↑Kontumaz (1)

in cor|po|re ‹*lat.*›: gemeinsam, alle zusammen

In|de|fi|nit|pro|no|men *das;* -s, - u. ...mina: unbestimmtes Fürwort (z. B. jemand, kein)

in|de|kli|na|bel [auch: ...ˈna:...] ‹*lat.*› (Sprachw.): nicht beugbar (z. B. klasse: ein klasse Auto)

in|de|li|kat [auch: ...ˈka:t] ‹*lat.-fr.*›: unzart; unfein; Ggs. ↑delikat (1, 2)

In|dem|ni|tät *die;* -: **1.** nachträgliche Billigung eines Regierungsaktes, den das Parlament zuvor [als verfassungswidrig] abgelehnt hatte. **2.** Straffreiheit der Abgeordneten in Bezug auf Äußerungen im Parlament

In|de|pen|dence Day [ɪndɪˈpɛnd(ə)ns deɪ] *der;* - - ‹*engl.-amerik.*›: Unabhängigkeitstag der USA (4. Juli)

In|de|pen|dent *der;* -en, -en (meist Plural) ‹*lat.-fr.-engl.*›: **a)** Anhänger eines radikalen Puritanismus in England im 17. Jh.; **b)** ↑Kongregationalist

In|de|pen|dent La|bour Par|ty [ɪndɪˈpɛndənt ˈleɪbə ˈpɑ:tɪ] *die;* - - - ‹*engl.*›: **a)** Name der ↑Labour Party bis 1906; **b)** 1914 von der Labour Party abgespaltene Partei mit pazifistischer Einstellung

In|de|ter|mi|nis|mus *der;* - ‹*lat.-nlat.*› (Philos.): Lehrmeinung, nach der ein Geschehen nicht od. nur bedingt durch Kausalität od. Naturgeschehen bestimmt ist; Ggs. ↑Determinismus (2)

In|dex *der;* - u. -es, -e u. ...dizes, auch: ...dices [...ditse:s] ‹*lat.;* »Anzeiger; Register, Verzeichnis«›: **1.** alphabetisches [Stichwort]verzeichnis (von Namen, Sachen, Orten u. a.). **2.** (Plural Indexe, Indices) Liste von Büchern, die nach päpstlichem Entscheid von den Gläubigen nicht gelesen werden durften; **auf dem Index stehen:** verboten sein (von Büchern). **3.** (Plural Indizes, Indices; Wirtsch.) statistischer Messwert, durch den eine Veränderung bestimmter wirtschaftlicher Tatbestände (z. B. Preisentwicklung in einem bestimmten Bereich) ausgedrückt wird. **4.** (Plural Indizes) **a)** (Math.) Buchstabe od. Zahl, die zur Kennzeichnung od. Unterscheidung gleichartiger Größen an diese (meist tiefer stehend) angehängt wird (z. B. a_1, a_2, a_3 od. allgemein a_i, a_n, a_l); **b)** (Lexikografie) hochgestellte Zahl, die ↑Homografen o. Ä. zum Zwecke der Unterscheidung vorangestellt wird. **5.** (Med.) Zeigefinger. **6.** Verhältnis der Schädelbreite zur Schädellänge in Prozenten (Messwert der ↑Anthropologie). **7.** (EDV) als separate ↑Datei gespeichertes Verzeichnis von ↑^{2}Adressen (2)

in|de|xie|ren ‹*lat.-nlat.*›: **1.** einen Index, eine Liste von Gegenständen od. Hinweisen anlegen; vgl. indizieren. **2.** Titel, Bücher auf den ↑Index (2) setzen

In|de|xie|rung *die;* -, -en: **1.** das Indexieren, Indexiertwerden. **2.** (Wirtsch.) Dynamisierung (vgl. dynamisieren (b)) eines Betrages durch Knüpfung an eine Indexklausel

In|dex|re|gis|ter *das;* -s, - (EDV): Register (5) eines Prozessors, mit dessen Hilfe der Prozessor ^{2}Adressen (2) finden, bilden und verändern kann

in|de|zent [auch: ...ˈtsɛnt] ‹*lat.*›: nicht taktvoll, nicht feinfühlig; Ggs. ↑dezent

In|de|zenz [auch: ...ˈtsɛnts] *die;* -, -en: Mangel an Takt, Feinfühligkeit; Ggs. ↑Dezenz (1)

In|di|a|na|po|lis|start *der;* -[e]s, -s, selten: -e ‹nach der Rennstrecke in Indianapolis, der Hauptstadt des US-Bundesstaates Indiana› (Motorsport): Form des Starts bei Autorennen, bei der die Fahrzeuge nach einer Einlaufrunde im fliegenden Start über die Startlinie fahren

In|di|a|ner *der;* -s, - ‹*lat.*›: **1.** Angehöriger der Ureinwohner Amerikas mit glänzend schwarzem Haar u. rötlich brauner bis gelblicher Hautfarbe. **2.** Späher, Kundschafter in geheimdienstlichem Auftrag

In|di|a|ne|rin *die;* -, -nen: weibliche Form zu ↑Indianer (2)

In|di|a|nis|tik *die;* -: Wissenschaft, die sich mit der Erforschung der indianischen Sprachen u. Kulturen beschäftigt

In|die [ˈɪndi] *das;* -s, -s ‹Kurzform von *engl.* independent »unabhängig«›: **a)** kleine, unabhängige Plattenfirma; **b)** unabhängiger Produzent von Musik, Filmen o. Ä.

in|dif|fe|rent [auch: ...ˈrɛnt] ‹*lat.*›: unbestimmt; gleichgültig, teilnahmslos, unentschieden; **indifferentes Gleichgewicht** (Mechanik): Gleichgewicht, bei dem eine Verschiebung die Energieverhältnisse nicht ändert; **indifferente Stoffe:** feste, flüssige od. gasförmige Substanzen, die entweder gar nicht od. unter extremen Bedingungen nur sehr geringfügig mit Chemikalien reagieren

In|dif|fe|renz [auch: ...'rɛnts] *die;* -, -en ‹*lat.*›: **1.** (ohne Plural) Gleichgültigkeit, Uninteressiertheit. **2.** (von chem. Stoffen [in Arzneimitteln]) Neutralität

in|di|gen ‹*lat.*›: eingeboren, einheimisch

in|di|g|niert: peinlich berührt, unwillig, entrüstet

In|di|go *der* od. *das;* -s, -s ‹*gr.-lat.-span.*› (Chemie): ältester u. wichtigster organischer, heute synthetisch hergestellter tief dunkelblauer ↑[Küpen]farbstoff

In|di|go|blau *das;* -[s]: ↑Indigo

In|dik *der;* -s ‹*gr.-lat.*›: Indischer Ozean

In|di|ka|ti|on *die;* -, -en ‹*lat.*›: **1.** (Med.) aus der ärztlichen Diagnose sich ergebende Veranlassung, ein bestimmtes Heilverfahren anzuwenden, ein Medikament zu verabreichen; Ggs. ↑Kontraindikation; vgl. indizieren; vgl. ...ation/...ierung. **2.** (bes. Rechtsspr.) das Angezeigtsein eines Schwangerschaftsabbruchs aus unterschiedlichen Gründen; **kriminologische Indikation:** (bei Vergewaltigung); **embryopathische Indikation:** (wegen möglicher Schäden des Kindes); **medizinische Indikation:** (bei Gefahr für das Leben der Mutter); **soziale Indikation:** (bei einer Notlage)

[1]**In|di|ka|tiv** *der;* -s, -e ‹*lat.*›: Wirklichkeitsform des Verbs (z. B. *fährt;* Abk.: Ind.; Ggs. ↑Konjunktiv)

[2]**In|di|ka|tiv** *das;* -s, -s ‹*lat.-fr.*›: Erkennungsmelodie; bestimmtes Musikstück, das immer wiederkehrende Radio- u. Fernsehsendungen einleitet

in|di|ka|ti|visch [auch: ...'ti:...] (Sprachw.): den [1]Indikativ betreffend, im [1]Indikativ [stehend]

In|di|ka|tor *der;* -s, ...oren ‹*lat.-nlat.*›: **1.** Umstand od. Merkmal, das als [beweiskräftiges] Anzeichen od. als Hinweis auf etwas anderes dient. **2.** (veraltet) Liste der ausleihbaren Bücher einer Bibliothek. **3.** Gerät zum Aufzeichnen des theoretischen Arbeitsverbrauches u. der ↑indizierten Leistung einer Maschine (z. B. Druckverlauf im Zylinder von Kolbenmaschinen). **4.** Stoff (z. B. Lackmus), der durch Farbwechsel eine bestimmte chemische Reaktion anzeigt

In|dio *der;* -s, -s ‹*span.*›: süd- od. mittelamerikanischer Indianer

in|di|rekt [auch: ...'rɛkt] ‹*lat.-mlat.*›: **1.** nicht durch eine unmittelbare Äußerung, Einflussnahme o. Ä.; nicht persönlich; über einen Umweg; Ggs. ↑direkt; **indirekte Rede:** abhängige Rede (z. B.: Er sagte, *er sei nach Hause gegangen*); Ggs. ↑direkte Rede; **indirekte Steuer:** Steuer, die im Preis bestimmter Waren, bes. bei Genuss- u. Lebensmitteln, Mineralöl o. Ä. enthalten ist; **indirekte Wahl:** Wahl [der Abgeordneten, des Präsidenten] durch Wahlmänner. **2.** (in Bezug auf räumliche Beziehungen) nicht unmittelbar, nicht auf einem direkten Weg; **indirekte Beleuchtung:** Beleuchtung, bei der die Lichtquelle nicht sichtbar ist

in|dis|kret [auch: ...'kre:t]: ohne den gebotenen Takt od. die gebotene Zurückhaltung in Bezug auf die Privatsphäre eines anderen; Ggs. ↑diskret

In|dis|kre|ti|on [auch: 'ɪn...] *die;* -, -en: **a)** Mangel an Verschwiegenheit; Vertrauensbruch; **b)** Taktlosigkeit

in|dis|ku|ta|bel [auch: ...'ta:...] (abwertend): nicht der Erörterung wert; Ggs. ↑diskutabel

in|dis|po|ni|bel [auch: ...'ni:...]: **a)** nicht verfügbar; festgelegt; **b)** (selten) unveräußerlich

in|dis|po|niert: unpässlich; nicht zu etwas aufgelegt; in schlechter Verfassung

in|dis|pu|ta|bel [auch: ...'ta:...] ‹*lat.*› (veraltet): nicht strittig, unbestreitbar; Ggs. ↑disputabel

In|di|um *das;* -s ‹*nlat.;* von *lat.* indicum »Indigo«, wegen der zwei indigoblauen Linien im Spektrum des Indiums›: chem. Element; ein Metall (Zeichen: In)

in|di|vi|du|a|li|sie|ren ‹*lat.-mlat.-fr.*›: die Individualität eines Gegenstandes bestimmen; das Besondere, Einzelne, Eigentümliche [einer Person, eines Falles] hervorheben

In|di|vi|du|a|li|sie|rung *die;* -, -en: **a)** das Individualisieren; **b)** individualisierte Darstellung

In|di|vi|du|a|lis|mus *der;* - ‹*lat.-mlat.-nlat.*›: **1.** (Philos.) Anschauung, die dem Individuum u. seinen Bedürfnissen den Vorrang vor der Gemeinschaft einräumt. **2.** Haltung eines Individualisten (2)

In|di|vi|du|a|list *der;* -en, -en: **1.** Vertreter des Individualismus. **2.** jmd., der einen ganz persönlichen, eigenwilligen Lebensstil entwickelt hat u. sich dadurch von anderen, ihren Verhaltens- u. Denkweisen abhebt

In|di|vi|du|a|lis|tin *die;* -, -nen: weibliche Form zu ↑Individualist

in|di|vi|du|a|lis|tisch: **1.** dem Individualismus entsprechend. **2.** der Haltung, Eigenart eines Individualisten entsprechend

In|di|vi|du|a|li|tät *die;* -, -en ‹*lat.-mlat.-fr.*›:

1. (ohne Plural) persönliche Eigenart; Eigenartigkeit, Einzigartigkeit. **2.** Persönlichkeit

In|di|vi|du|a|l|sphä|re *die;* -, -n: private Sphäre, persönlicher Bereich des Einzelnen

In|di|vi|du|a|l|tou|ris|mus *der;* -: Tourismus, der sich auf den individuell reisenden Urlauber bezieht; Ggs. ↑Pauschaltourismus

In|di|vi|du|a|l|ver|kehr *der;* -s (Amtsspr.): mit Privatfahrzeugen abgewickelter Verkehr im Unterschied zum Verkehr mit öffentlichen Verkehrsmitteln

In|di|vi|du|a|ti|on *die;* -, -en ⟨*lat.-nlat.*⟩: Prozess der Selbstwerdung des Menschen, in dessen Verlauf sich das Bewusstsein der eigenen Individualität bzw. der Unterschiedenheit von anderen zunehmend verfestigt; Ggs. ↑Sozialisation; vgl. ...ation/...ierung

i

in|di|vi|du|ell ⟨*lat.-mlat.-fr.*⟩: **1. a)** auf das Individuum (1), den einzelnen Menschen, seine Bedürfnisse, speziellen Verhältnisse u. Ä. zugeschnitten, ihnen angemessen, ihnen entsprechend; **b)** durch die Eigenart, Besonderheit u. Ä. der Einzelpersönlichkeit geprägt; je nach persönlicher Eigenart [verschieden]. **2.** [als persönliches Eigentum] einem Einzelnen gehörend, nicht gemeinschaftlich, öffentlich genutzt, verwendet, verbraucht. **3.** als Individuum (1), als Persönlichkeit zu respektieren; als Einzelpersönlichkeit in Erscheinung tretend, auffallend

In|di|vi|du|um *das;* -s, ...duen ⟨*lat.;* »das Unteilbare«⟩: **1.** der Mensch als Einzelwesen [in seiner jeweiligen Besonderheit]. **2.** (abwertend) Mensch von zweifelhaftem Charakter; in irgendeiner Hinsicht negativ eingeschätzte Person. **3.** (Biol.) einzelnes pflanzliches od. tierisches Lebewesen [als Vertreter seiner Spezies]. **4.** (Chemie) kleinstes chemisches Teilchen jeglicher Art

In|diz *das;* -es, -ien [...i̯ən] ⟨*lat.;* »Anzeige; Anzeichen«⟩: **1.** Hinweis, Anzeichen. **2.** (meist Plural; Rechtsspr.) Umstand, der mit großer Wahrscheinlichkeit auf einen bestimmten Sachverhalt (vor allem auf eine Täterschaft) schließen lässt; Tatumstand; Verdachtsmoment

In|di|zes: *Plural* von ↑Index

In|di|zi|en|be|weis *der;* -es, -e (Rechtswiss.): Beweis, der sich nur auf zwingende Verdachtsmomente stützt

in|di|zie|ren: 1. anzeigen, auf etwas hinweisen. **2.** (bes. Med.) etw., bes. eine bestimmte Behandlung, Heilmethode o. Ä., als angezeigt erscheinen lassen. **3.** (von Druckwerken) auf den Index (2) setzen. **4. a)** ↑indexieren (1); **b)** zum Zwecke der Unterscheidung mit einer hochgestellten Zahl versehen (z. B. Homonyme)

in|di|ziert: 1. angezeigt, ratsam. **2.** (Med.) ein bestimmtes Heilverfahren nahelegend; **indizierte Leistung:** durch den Indikator (3) angezeigte, von der Maschine aufgenommene Leistung

In|di|zie|rung *die;* -, -en: das Indizieren; vgl. ...ation/...ierung

in|do|a|risch: die von den ↑Ariern hergeleiteten Völker Vorderindiens betreffend

In|do|eu|ro|pä|er *der;* -s, -: ↑Indogermane

in|do|eu|ro|pä|isch: ↑indogermanisch

In|do|ger|ma|ne *der;* -n, -n: Angehöriger eines der Völker, die das Indogermanische als Grundsprache haben

in|do|ger|ma|nisch: die Indogermanen od. das Indogermanische betreffend (Abk.: idg.)

In|do|ger|ma|ni|sche *das;* -n: erschlossene Grundsprache der Indogermanen (benannt nach den räumlich am weitesten voneinander entfernten Vertretern, den Indern im Südosten u. den Germanen im Nordwesten)

In|do|ger|ma|nist *der;* -en, -en ⟨*nlat.*⟩: Wissenschaftler auf dem Gebiet der Indogermanistik

In|do|ger|ma|nis|tik *die;* -: Wissenschaft, die die einzelnen Sprachfamilien des Indogermanischen u. die Kultur der Indogermanen erforscht

In|do|ger|ma|nis|tin *die;* -, -nen: weibliche Form zu ↑Indogermanist

In|dok|t|ri|na|ti|on *die;* -, -en ⟨*lat.*⟩: [massive] psychologische Mittel nutzende Beeinflussung von Einzelnen od. ganzen Gruppen der Gesellschaft im Hinblick auf die Bildung einer bestimmten Meinung od. Einstellung; vgl. ...ation/...ierung

in|dok|t|ri|nie|ren: in eine bestimmte Richtung drängen, beeinflussen

In|dok|t|ri|nie|rung *die;* -, -en: das Indoktrinieren, Indoktriniertwerden

in|do|lent [auch: ...ˈlɛnt] ⟨*lat.*⟩: **1.** geistig träge u. gleichgültig; keine Gemütsbewegung erkennen lassend. **2. a)** schmerzunempfindlich; gleichgültig gegenüber Schmerzen; **b)** (vom Organismus od. von einzelnen Körperteilen) schmerzfrei; **c)** (von krankhaften Prozessen) keine Schmerzen verursachend

In|do|lenz [auch: ...ˈlɛnts] *die;* -: das Indolentsein

In|do|lo|ge *der;* -n, -n ⟨*gr.-nlat.*⟩: Wissenschaftler auf dem Gebiet der Indologie

In|do|lo|gin *die;* -, -nen: weibliche Form zu ↑Indologe

In|dos|sa|ment *das;* -[e]s, -e (Wirtsch.): Wechselübertragung, Wechselübertragungsvermerk

In|dos|sant, In|dos|sent *der;* -en, -en (Wirtsch.): jmd., der die Rechte an einem

Wechsel auf einen anderen überträgt; Wechselüberschreiber
In|dos|sat *der;* -en, -en, **In|dos|sa|tar** *der;* -s, -e (Bankw.): durch Indossament ausgewiesener Wechselgläubiger
In|dos|sent vgl. Indossant
in|dos|sie|ren (Wirtsch.): einen Wechsel durch Indossament übertragen
In|dos|so *das;* -s, -s u. ...ssi: Übertragungsvermerk eines Wechsels
in du|bio ⟨*lat.*⟩: im Zweifelsfall; **in dubio pro reo:** im Zweifelsfall für den Angeklagten (alter Rechtsgrundsatz, nach dem in Zweifelsfällen ein Angeklagter mangels Beweises freigesprochen werden soll)
In|duk|tanz *die;* - ⟨*lat.-nlat.*⟩ (Elektrot.): ↑induktiver Widerstand
In|duk|ti|on *die;* -, -en ⟨*lat.;* »das Hineinführen«⟩: **1.** wissenschaftliche Methode, vom besonderen Einzelfall auf das Allgemeine, Gesetzmäßige zu schließen; Ggs. ↑Deduktion (a). **2.** (Elektrot.) Erzeugung elektrischer Ströme u. Spannungen in elektrischen Leitern durch bewegte Magnetfelder. **3.** (Biol.) von einem bestimmten Keimteil ausgehende Wirkung, die einen anderen Teil des Keimes zu bestimmten Entwicklungsvorgängen zwingt
In|duk|ti|ons|ap|pa|rat *der;* -[e]s, -e ⟨*lat.-nlat.*⟩: Transformator zur Erzeugung hoher Spannung, der durch Gleichstromimpulse betrieben wird
In|duk|ti|ons|ofen *der;* -s, ...öfen (Technik): elektrischer Schmelzofen, Ofen für hohe Temperaturen, bei dem das Metall induktiv (2) geschmolzen wird
In|duk|ti|ons|strom *der;* -[e]s, ...ströme: durch Induktion (2) erzeugter Strom
in|duk|tiv ⟨*lat.*⟩: **1.** in der Art der Induktion (1) vom Einzelnen zum Allgemeinen hinführend; Ggs. ↑deduktiv. **2.** durch Induktion (2) wirkend od. entstehend; **induktiver Widerstand:** durch die Wirkung der Selbstinduktion bedingter Wechselstromwiderstand
In|duk|ti|vi|tät *die;* -, -en ⟨*lat.-nlat.*⟩: Verhältnis zwischen induzierter Spannung u. Änderung der Stromstärke pro Zeiteinheit
In|duk|tor *der;* -s, ...oren: Induktionsapparat
in dul|ci ju|bi|lo ⟨*lat.;* »in süßem Jubel«, Anfang eines mittelalterlichen Weihnachtsliedes mit gemischtem lateinischem u. deutschem Text (dt.: Nun singet u. seid froh!)⟩ (ugs.): herrlich u. in Freuden
in|dul|gent ⟨*lat.*⟩: nachsichtig
In|du|si *die;* -, -s ⟨Kurzw. für **induktive Zugsicherung**⟩ (Eisenbahn früher): durch Induktion (2) gesteuerte Sicherheitsvorrichtung zur automatischen Steuerung von Zügen
In|dus|t|ri|al De|sign [ɪnˈdʌstrɪəl dɪˈzaɪn] *das;* - -s ⟨*lat.-engl.*⟩: Formgebung, bewusste Gestaltung von Gebrauchsgegenständen
In|dus|t|ri|al De|si|g|ner [- dɪˈzaɪnə] *der;* - -s, - -: Formgestalter für Gebrauchsgegenstände
in|dus|t|ri|a|li|sie|ren ⟨*lat.-fr.*⟩: **a)** mit Industrie versehen, Industrie ansiedeln; **b)** industrielle Herstellungsmethoden in einem Produktionsbereich, einem Betrieb o. Ä. einführen
In|dus|t|ri|a|li|sie|rung *die;* -, -en: das Industrialisieren, Industrialisiertwerden
In|dus|t|ri|a|lis|mus *der;* -: Prägung einer Volkswirtschaft durch die Industrie mit ihren Auswirkungen
In|dus|t|rie *die;* -, ...ien ⟨»Fleiß, Betriebsamkeit«⟩: **1.** Wirtschaftszweig, der die Gesamtheit aller mit der Massenherstellung von Konsum- u. Produktionsgütern beschäftigten Fabrikationsbetriebe eines Gebietes erfasst. **2.** Gesamtheit der Fabrikationsbetriebe einer bestimmten Branche in einem Gebiet
In|dus|t|rie|de|sign [...dizaɪn] *das;* -s: ↑Industrial Design
in|dus|t|ri|ell: a) die Industrie betreffend; **b)** mithilfe der Industrie (1) hergestellt
In|dus|t|ri|el|le *der* u. *die;* -n, -n: Unternehmer[in], Eigentümer[in] eines Industriebetriebs
in|du|zie|ren ⟨*lat.*⟩: **1.** vom besonderen Einzelfall auf das Allgemeine, Gesetzmäßige schließen; Ggs. ↑deduzieren. **2.** (Elektrot.) elektrische Ströme u. Spannungen in elektrischen Leitern durch bewegte Magnetfelder erzeugen. **3.** (Fachspr.) bewirken, hervorrufen, auslösen; **induzierende Reaktion** (Chemie): Umsetzung von zwei Stoffen durch Vermittlung eines dritten Stoffes
in|ef|fek|tiv [auch: ...ˈtiːf] ⟨*lat.-nlat.*⟩: wenig od. nicht wirksam; Ggs. ↑effektiv
in|ef|fi|zi|ent [auch: ...ˈtsi̯ɛnt]: nicht wirksam, keine Wirkung habend, unwirtschaftlich; Ggs. ↑effizient
In|ef|fi|zi|enz [auch: ...ˈtsi̯ɛnts] *die;* -, -en: Unwirksamkeit, Wirkungslosigkeit, Unwirtschaftlichkeit; Ggs. ↑Effizienz
in|egal [auch: ...ˈgaːl] ⟨*lat.-fr.*⟩ (selten): ungleich
in|ert ⟨*lat.*⟩ (veraltet): untätig, träge; unbeteiligt; **inerter Stoff** (Chemie): reaktionsträger Stoff, der sich an gewissen chemischen Vorgängen nicht beteiligt (z. B. Edelgase)
in|es|sen|zi|ell, in|es|sen|ti|ell [auch: ...ˈtsi̯ɛl] (Philos.): nicht wesensmäßig, unwesentlich; Ggs. ↑essenziell

in|ex|akt [auch: ...'ksakt] ‹*lat.*›: ungenau
in|exis|tent [auch: ...'tɛnt] ‹*lat.*›: nicht vorhanden, nicht bestehend; Ggs. ↑existent
in ex|ten|so ‹*lat.*›: ausführlich; vollständig
in ex|t|re|mis ‹*lat.*› (Med.): im Sterben [liegend]
in|fal|li|bel ‹*lat.-nlat.*›: unfehlbar (vom Papst)
In|fal|li|bi|li|tät *die;* -: Unfehlbarkeit des Papstes in Dingen der Glaubenslehre
in|fam ‹*lat.;* »berüchtigt, verrufen«›: **1.** bösartig u. jmdm. auf durchtriebene, schändliche Weise schadend. **2.** (ugs.) **a)** in beeinträchtigender, schädigender Weise stark, z. B. infame Schmerzen; **b)** in beeinträchtigend, schädigend hohem Maße; sehr, z. B. es ist infam kalt
In|fa|mie *die;* -, ...ien: **1. a)** (ohne Plural) infame Art, Niedertracht; **b)** infame Äußerung, Handlung o. Ä.; Unverschämtheit. **2.** (kath. Kirchenrecht) Verlust der kirchlichen Ehrenhaftigkeit [als Folge richterlicher Ehrloserklärung]
In|fant *der;* -en, -en ‹*lat.-span.;* »Kind, Knabe; Edelknabe«› (Geschichte): Titel spanischer u. portugiesischer Prinzen
In|fan|te|rie [...t(ə)ri, auch: ...tə'ri:, ...'tri:] *die;* -, ...ien ‹*lat.-it.(-fr.)*›: **a)** auf den Nahkampf spezialisierte Waffengattung der Kampftruppen, die die meist zu Fuß mit der Waffe in der Hand kämpfenden Soldaten umfasst; **b)** (ohne Plural) Soldaten der Infanterie (a)
in|fan|til ‹*lat.*›: **a)** (abwertend) auf kindlicher Entwicklungsstufe stehen geblieben, geistig od. körperlich unterentwickelt; kindisch; **b)** (Fachspr.) der kindlichen Entwicklungsstufe entsprechend, einem Kind angemessen, kindlich
in|fan|ti|li|sie|ren: geistig unselbstständig, zum Kind machen; bevormunden
In|fan|ti|lis|mus *der;* -, ...men ‹*lat.-nlat.*›: **1.** (ohne Plural; Med., Psychol.) körperliches, geistiges Stehenbleiben auf kindlicher Entwicklungsstufe. **2.** Äußerung, Merkmal des Infantilismus (1)
In|fan|tin *die;* -, -nen: weibliche Form zu ↑Infant
In|farkt *der;* -[e]s, -e ‹*lat.-nlat.*›: (Med.) **a)** Absterben eines Gewebestücks od. Organteils nach längerer Blutleere infolge Gefäßverschlusses; **b)** plötzliche Unterbrechung der Blutzufuhr in den Herzkranzgefäßen; Herzinfarkt
In|fekt *der;* -[e]s, -e (Med.): **1.** Infektionskrankheit. **2.** ↑Infektion (1)
In|fek|ti|on *die;* -, -en ‹*lat.*› (Med.): **1.** Ansteckung [durch Krankheitserreger]. **2.** (ugs.) Infektionskrankheit, Entzündung. **3.** (Jargon) Infektionsabteilung (in einem Krankenhaus o. Ä.)
in|fek|ti|ös ‹*lat.-fr.*› (Med.): ansteckend; auf Ansteckung beruhend
In|fel vgl. Inful
In|fe|ri|o|ri|tät *die;* - ‹*lat.-nlat.*›: **1.** untergeordnete Stellung. **2.** Unterlegenheit. **3.** Minderwertigkeit
in|fer|nal (seltener), **in|fer|na|lisch** ‹*lat.;* »unterirdisch«›: **a)** höllisch, teuflisch; Vorstellungen von der Hölle weckend; **b)** schrecklich, unerträglich; vgl. ...isch/-
In|fer|no *das;* -s, -s ‹*lat.-it.*›: **1.** Unterwelt, Hölle. **2. a)** schreckliches, unheilvolles Geschehen, von dem viele Menschen gleichzeitig betroffen sind; **b)** Ort eines schrecklichen, unheilvollen Geschehens; **c)** Zustand entsetzlicher Qualen von unvorstellbarem Ausmaß
In|fight ['ɪnfait] *der;* -[s], -s, **In|figh|ting** *das;* -[s], -s ‹*engl.*› (Boxsport): Nahkampf
In|fil|t|ra|ti|on *die;* -, -en: **1.** das Eindringen, Einsickern, Einströmen (z. B. von Flüssigkeiten). **2.** ideologische Unterwanderung; vgl. ...ation/ ...ierung
in|fil|t|rie|ren: 1. a) eindringen, einsickern; **b)** einflößen. **2.** in fremdes Staatsgebiet, in eine Organisation eindringen [lassen] u. ideologisch unterwandern
In|fil|t|rie|rung *die;* -, -en: das Infiltrieren; vgl. ...ation/...ierung
in|fi|nit [auch: ...'ni:t] ‹*lat.*› (Sprachw.): unbestimmt; **infinite Form:** Form des Verbs, die keine Person oder Zahl bezeichnet (z. B. erwachen [Infinitiv], erwachend [Partizip Präsens], erwacht [Partizip Perfekt])
in|fi|ni|te|si|mal ‹*lat.-nlat.*› (Math.): zum Grenzwert hin unendlich klein werdend
In|fi|ni|te|si|mal|rech|nung *die;* -: ↑Differenzial- u. ↑Integralrechnung
In|fi|ni|tiv [auch: ...'ti:f] *der;* -s, -e ‹*lat.*›: Grundform, Nennform, durch Person, Numerus u. Modus nicht näher bestimmte Verbform (z. B. wachen)
In|fi|ni|tiv|kon|junk|ti|on *die;* -, -en: die im Deutschen vor dem Infinitiv stehende Konjunktion »zu«
in|fi|zie|ren ‹*lat.*› (Med.): **a)** eine Krankheit, Krankheitserreger übertragen; anstecken; **b)** sich infizieren: Krankheitskeime aufnehmen, sich anstecken
in fla|g|ran|ti ‹*lat.;* »in brennendem (Zustand)«›: auf frischer Tat
in|flam|ma|bel ‹*lat.-mlat.*›: entzündbar
in|flam|mie|ren (veraltet): entflammen, in Begeisterung versetzen
In|fla|ti|on *die;* -, -en ‹*lat.;* »das Sichaufblasen; das Aufschwellen«›: **1. a)** (Wirtsch.) mit Geldentwertung u. Preissteigerungen verbundene

beträchtliche Erhöhung des Geldumlaufs im Verhältnis zur Produktion; Ggs. ↑Deflation (1); **b)** Zeit, in der eine Inflation (1 a) stattfindet. **2.** das Auftreten in allzu großer Menge; übermäßige Ausweitung

in|fla|ti|o|när: die Geldentwertung vorantreibend, auf eine Inflation hindeutend

in|fla|to|risch: **1.** ↑inflationär. **2.** eine Inflation darstellend

in|fle|xi|bel [auch: ...'ksi:...] ⟨*lat.*⟩: **1.** (selten) unbiegsam, unelastisch. **2.** (Sprachw.) nicht beugbar. **3.** nicht anpassungsfähig

In|fle|xi|bi|li|tät *die;* - ⟨*lat.-nlat.*⟩: **1.** (selten) Unbiegsamkeit. **2.** starre Geisteshaltung; Unfähigkeit zu anpassungsfähigem Verhalten

In|flu|enz *die;* -, -en ⟨*lat.-mlat.;* »Einfluss«⟩: die Beeinflussung eines elektrisch ungeladenen Körpers durch die Annäherung eines geladenen (z. B. die Erzeugung von Magnetpolen in unmagnetisiertem Eisen durch die Annäherung eines Magnetpoles)

In|flu|en|za *die;* - ⟨*lat.-mlat.-it.*⟩ (veraltend): ↑Grippe

In|fo|line [...lain] *die;* -, -s ⟨*engl.*⟩: telefonischer Auskunftsdienst

In|fo|mo|bil [auch: 'ɪn...] *das;* -s, -e ⟨Kunstw. aus **Information** u. Auto**mobil**⟩ (ugs.): Fahrzeug, meist Omnibus, als fahrbarer Informationsstand

In|fo|post *die;* - (Postw.): in größeren Mengen verschickte Postsendungen (z. B. Werbung, Kataloge); Massendrucksachen

In|for|mand *der;* -en, -en ⟨»der zu Unterrichtende«⟩: **a)** jmd., der [im Rahmen einer praktischen Ausbildung] mit den Grundfragen eines bestimmten Tätigkeitsbereiches vertraut gemacht werden soll; **b)** Ingenieur, der sich in verschiedenen Abteilungen [über deren Aufgaben u. Arbeitsweise] informieren soll

In|for|man|din *die;* -, -nen: weibliche Form zu ↑Informand

In|for|mant *der;* -en, -en: jmd., der [geheime] Informationen liefert, Gewährsmann

In|for|man|tin *die;* -, -nen: weibliche Form zu ↑Informant

In|for|ma|tik *die;* - ⟨*lat.-nlat.*⟩: Wissenschaft von der systematischen Verarbeitung von Informationen, insbes. mithilfe von Computern

In|for|ma|ti|ker *der;* -s, -: Wissenschaftler, Fachmann auf dem Gebiet der Informatik

In|for|ma|ti|ke|rin *die;* -, -nen: weibliche Form zu ↑Informatiker

In|for|ma|ti|on *die;* -, -en ⟨*lat.*⟩: **1. a)** Nachricht, Mitteilung, Hinweis; Auskunft; Belehrung, Aufklärung; **b)** Kurzform von Informationsstand. **2.** (Informationstheorie) **a)** Gehalt einer Nachricht, die aus Zeichen eines Codes (1) zusammengesetzt ist; **b)** als räumliche od. zeitliche Folge physikalischer Signale, die mit bestimmten Wahrscheinlichkeiten od. Häufigkeiten auftreten, sich zusammensetzende Mitteilung

in|for|ma|ti|o|nell: die Information betreffend

In|for|ma|ti|ons|tech|no|lo|gie *die;* -, -n: Technologie (2) der Gewinnung, Speicherung u. Verarbeitung von Informationen

In|for|ma|ti|ons|the|o|rie *die;* -: **1.** Forschungszweig der Psychologie, der die Abhängigkeit menschlicher Entscheidungen vom Umfang der für eine sichere Entscheidung erforderlichen Informationen zu ermitteln versucht. **2.** mathematische Theorie, die sich mit der quantitativen u. strukturellen Erforschung der Information (2) befasst; Theorie der elektronischen Nachrichtenübertragung

in|for|ma|tiv ⟨*lat.-nlat.*⟩: belehrend; Einblicke, Aufklärung bietend, aufschlussreich

In|for|ma|tor *der;* -s, ...oren ⟨*lat.*⟩: jmd., der andere informiert (1), von dem andere Informationen beziehen

In|for|ma|to|rin *die;* -, -nen: weibliche Form zu ↑Informator

in|for|ma|to|risch ⟨*lat.-nlat.*⟩: dem Zwecke der Information dienend, einen allgemeinen Überblick verschaffend

in|for|mie|ren ⟨*lat.*⟩: **1.** Nachricht, Auskunft geben, in Kenntnis setzen; belehren. **2.** sich informieren: Auskünfte, Erkundigungen einziehen, sich unterrichten

In|for|mie|rung *die;* -, -en: das Informieren (1, 2); vgl. ...ation/...ierung

In|fo|tain|ment [...'teɪnmənt] *das;* -s ⟨Kurzw. aus ↑**Information** u. ↑Enter**tainment**⟩: durch Showelemente, -effekte aufgelockerte Vorstellung von Nachrichten, Fakten o. Ä. (z. B. bei einer Informationsveranstaltung, im Fernsehen od. in Nachschlagewerken)

in|f|ra|rot: zum Bereich des Infrarots gehörend

In|f|ra|rot *das;* -[s] ⟨*lat.; dt.*⟩ (Physik): unsichtbare Wärmestrahlen, die im Spektrum zwischen dem roten Licht u. den kürzesten Radiowellen liegen

In|f|ra|rot|film [auch: ...'ro:t...] *der;* -[e]s, -e: für infrarote Strahlen empfindlicher Film

In|f|ra|schall *der;* -[e]s: Schall, dessen Frequenz unter 20 Hertz liegt; Ggs. ↑Ultraschall

In|f|ra|struk|tur *die;* -, -en ⟨*lat.*⟩: **1.** notwendiger wirtschaftlicher u. organisatorischer Unterbau einer hoch entwickelten Wirtschaft (Verkehrsnetz, Arbeitskräfte u. a.). **2.** militärische Anlagen (Kasernen, Flugplätze usw.)

in|f|ra|struk|tu|rell: die Infrastruktur betreffend

In|ful *die; -, -n* ‹*lat.*›: **1.** altrömische weiße Stirnbinde der Priester u. der kaiserlichen Statthalter. **2.** katholisches geistliches Würdezeichen

In|fus *das;* -es, -e: Aufguss, wässriger Pflanzenauszug

In|fu|si|on *die;* -, -en (Med.): Einführung größerer Flüssigkeitsmengen (z. B. physiologische Kochsalzlösung) in den Organismus, bes. über die Blutwege (intravenös), über das Unterhautgewebe (subkutan) od. durch den After (rektal)

In|fu|si|ons|tier|chen *das;* -s, -: ↑Infusorium

In|fu|so|ri|um *das;* -s, ...ien (meist Plural) ‹*lat.-nlat.*›: Aufgusstierchen (einzelliges Wimpertierchen)

In|fu|sum *das;* -s, ...sa: ↑Infus

in ge|ne|re ‹*lat.*›: im Allgemeinen, allgemein

In|ge|ni|eur [ɪnʒeˈni̯øːɐ̯] *der;* -s, -e ‹*lat.-fr.*›: auf einer Hoch- od. Fachhochschule ausgebildeter Techniker; Abkürzungen: Ing., Dipl.-Ing., Dr.-Ing.

In|ge|ni|eu|rin *die;* -, -nen: weibliche Form zu ↑Ingenieur

in|ge|ni|ös: erfinderisch, kunstvoll erdacht; scharfsinnig, geistreich

In|ge|ni|o|si|tät *die;* -: **a)** Erfindungsgabe; **b)** Geist, Scharfsinn

In|ge|ni|um *das;* -s, ...ien ‹*lat.*›: natürliche Begabung, [schöpferische] Geistesanlage, Erfindungskraft, Genie

In|ges|ti|on *die;* - (Med.): Nahrungsaufnahme

In|gre|di|ens *das;* -, ...ienzien (meist Plural), **In|gre|di|enz** *die;* -, -en (meist Plural) ‹*lat.;* »Hineinkommendes«›: **1.** (Pharm., Gastron.) Zutat. **2.** Bestandteil (z. B. einer Arznei)

In|gres|si|on *die;* -, -en (Geogr.): kleinräumige Meeresüberflutung des Festlandes

in gros|so ‹*lat.-it.*› (veraltend): ↑en gros

Ing|wer *der;* -s, - ‹*sanskr.-gr.-lat.*›: **1.** (ohne Plural) tropische u. subtropische Gewürzpflanze. **2.** (ohne Plural) **a)** essbarer, aromatischer, brennend scharf schmeckender Teil des Wurzelstocks des Ingwers (1); **b)** aus dem Wurzelstock der Ingwerpflanze gewonnenes aromatisches, brennend scharfes Gewürz. **3.** mit Ingweröl gewürzter Likör

In|ha|la|ti|on *die;* -, -en ‹*lat.*›: Einatmung von Heilmitteln (z. B. in Form von Dämpfen)

In|ha|la|to|ri|um *das;* -s, ...ien: mit Inhalationsgeräten ausgestatteter Raum

in|ha|lie|ren ‹*lat.*›: **a)** eine Inhalation vornehmen; **b)** (ugs.) [Zigaretten] über die Lunge rauchen

in|hä|rent ‹*lat.*› (Philos.): an etwas haftend, ihm innewohnend; das Zusammengehören von Ding u. Eigenschaft betreffend

In|hä|renz *die;* - ‹*lat.-mlat.*› (Philos.): die Verknüpfung (das Anhaften) von Eigenschaften (↑Akzidenzien) mit den Dingen (↑Substanzen), zu denen sie gehören

in hoc sa|lus ‹*lat.*›: »in diesem (ist) Heil« (Auflösung der frühchristlichen Abkürzung des Namens Jesu in griechischer Form: IH[ΣΟΥ]Σ; Abk.: I. H. S., IHS)

in hoc si|g|no ‹*lat.;* eigtl.: in hoc signo vinces »in diesem Zeichen [wirst du siegen]«›: Inschrift eines Kreuzes, das nach der Legende dem römischen Kaiser Konstantin im Jahre 312 n. Chr. am Himmel erschien (Abk.: I. H. S., IHS)

in|ho|mo|gen [auch: ...ˈgeːn] ‹*lat.; gr.*›: nicht gleich[artig]; **inhomogene Gleichung:** Gleichung, bei der mindestens zwei Glieder verschiedenen Grades auftreten; ↑heterogen

in ho|no|rem ‹*lat.*›: zu Ehren

in|hu|man [auch: ...ˈmaːn] ‹*lat.*›: nicht menschenwürdig, unmenschlich; Ggs. ↑human (1 a)

In|hu|ma|ni|tät [auch: ˈɪn...] *die;* -, -en: Nichtachtung der Menschenwürde, Unmenschlichkeit; Ggs. ↑Humanität

in in|fi|ni|tum vgl. ad infinitum

in|i|ti|al ‹*lat.*›: anfänglich, beginnend

In|i|ti|al *das;* -s, -e (seltener), **In|i|ti|a|le** *die;* -, -n: großer, meist durch Verzierung u. Farbe ausgezeichneter Anfangsbuchstabe (in alten Büchern od. Handschriften)

In|i|ti|al|wort *das;* -[e]s, ...wörter: ↑Akronym

In|i|ti|al|zün|dung *die;* -, -en: Sprengstoffexplosion mit Initialsprengstoff

In|i|ti|and *der;* -en, -en: jmd., der in etwas eingeweiht werden soll; Anwärter für eine Initiation

In|i|ti|an|din *die;* -, -nen: weibliche Form zu ↑Initiand

In|i|ti|ant *der;* -en, -en: **1.** jmd., der die Initiative (1 a) ergreift. **2.** (schweiz.) **a)** jmd., der das Initiativrecht hat; **b)** jmd., der das Initiativrecht ausübt

In|i|ti|an|tin *die;* -, -nen: weibliche Form zu ↑Initiant

In|i|ti|a|ti|on *die;* -, -en: [durch bestimmte Bräuche geregelte] Aufnahme eines Neulings in eine Standes- od. Altersgemeinschaft, einen Geheimbund o. Ä., bes. die Einführung der Jugendlichen in den Kreis der Männer od. Frauen bei Naturvölkern; vgl. ...ation/...ierung

In|i|ti|a|ti|ons|ri|tus *der;* -, ...ten (Völkerkunde): Brauch bei der Initiation

in|i|ti|a|tiv *⟨lat.-fr.⟩*: **a)** die Initiative (1 a) ergreifend; Anregungen gebend; erste Schritte in einer Angelegenheit unternehmend; **b)** Unternehmungsgeist besitzend

In|i|ti|a|ti|ve *die;* -, -n: **1. a)** erster tätiger Anstoß zu einer Handlung, der Beginn einer Handlung; **b)** Entschlusskraft, Unternehmungsgeist. **2.** Recht zur Einbringung einer Gesetzesvorlage (in der Volksvertretung). **3.** (schweiz.) Volksbegehren

In|i|ti|a|tor *der;* -s, ...oren *⟨lat.⟩*: **1.** jmd., der etwas veranlasst u. dafür verantwortlich ist; Urheber, Anreger. **2.** (Chemie) Stoff, der bereits in geringer Konzentration eine chemische Reaktion einleitet

In|i|ti|a|to|rin *die;* -, -nen: weibliche Form zu ↑Initiator (1)

In|i|ti|en *die* (Plural) *⟨lat.⟩*: Anfänge, Anfangsgründe

in|i|ti|ie|ren: 1. a) den Anstoß geben; **b)** die Initiative (1 a) ergreifen. **2.** [mit einem Ritual] in einen Kreis einführen, in eine Gemeinschaft aufnehmen; einweihen

In|jek|ti|on *die;* -, -en *⟨lat.⟩*: **1.** (Med.) Einspritzung (intravenös, subkutan od. intramuskulär) von Flüssigkeiten in den Körper zu therapeutischen od. diagnostischen Zwecken. **2.** (Med.) starke Füllung u. damit Sichtbarwerden kleinster Blutgefäße im Auge bei Entzündungen. **3.** Einspritzung von Verfestigungsmitteln (z. B. Zement) in unfesten Bauuntergrund. **4.** (Geol.) das Eindringen ↑magmatischer Schmelze in Fugen u. Spalten des Nebengesteins. **5.** (Physik) das Einbringen von [Elementar]teilchen (Ladungsträgern) in einen Halbleiterbereich von bestimmter elektrischer Leitfähigkeit bzw. in der Hochenergie- u. Kernphysik in einen Teilchenbeschleuniger

In|jek|tor *der;* -s, ...oren *⟨lat.-nlat.⟩*: **1.** Pressluftzubringer in Saugpumpen. **2.** Dampfstrahlpumpe zur Speisung von Dampfkesseln

in|ji|zie|ren *⟨lat.⟩* (Med.): in den Körper einspritzen

In|ju|rie [...i̯ə] *die;* -, -n: Unrecht, Beleidigung durch Worte od. Taten

In|ka *der;* -[s], -[s] *⟨Quechua* »[Gott]könig«*⟩* (Geschichte): Angehöriger der ehemaligen indianischen Herrscher- u. Adelsschicht in Peru, bes. der König des Inkareiches

In|kar|di|na|ti|on *die;* -, -en *⟨lat.-mlat.⟩*: Eingliederung eines katholischen Geistlichen in eine bestimmte Diözese od. einen Orden [nach voraufgegangener ↑Exkardination]

In|kar|na|ti|on *die;* -, -en: **1.** Fleischwerdung, Menschwerdung eines göttlichen Wesens. **2.** Verkörperung

in|kar|nie|ren, sich: sich verkörpern

In|kas|sant *der;* -en, -en *⟨lat.-it.⟩* (österr.): Kassierer

In|kas|san|tin *die;* -, -nen: weibliche Form zu ↑Inkassant

In|kas|so *das;* -s, -s, auch, österr. nur: ...ssi: Beitreibung, Einziehung fälliger Forderungen

In|kli|na|ti|on *die;* -, -en *⟨lat.⟩*: **1.** Neigung, Hang zu jmdm., etw.; Vorliebe für jmdn., etw. **2.** (Geogr.) Neigung einer frei aufgehängten Magnetnadel zur Waagerechten. **3.** (Math.) Neigung zweier Ebenen od. einer Linie u. einer Ebene gegeneinander. **4.** (Astron.) Winkel, den eine Planeten- od. Kometenbahn mit der ↑Ekliptik bildet

in|klu|die|ren *⟨lat.⟩* (veraltet): einschließen; Ggs. ↑exkludieren

In|klu|sen *die* (Plural) *⟨lat.;* »Eingeschlossene«*⟩* (Geschichte): Menschen, die sich zu Askese u. Gebet einschließen od. einmauern ließen

in|ko|g|ni|to *⟨lat.-it.;* »unerkannt«*⟩*: unter fremdem Namen [auftretend, lebend]

In|ko|g|ni|to *das;* -s, -s: Verheimlichung der Identität einer Person, das Auftreten unter fremdem Namen

in|ko|hä|rent [auch: ...ˈrɛnt] *⟨lat.⟩*: unzusammenhängend; Ggs. ↑kohärent

In|ko|hä|renz [auch: ...ˈrɛnts] *die;* -, -en *⟨lat.-nlat.⟩*: mangelnder Zusammenhang; Ggs. ↑Kohärenz (1)

in|kom|men|su|ra|bel *⟨lat.⟩*: nicht messbar; nicht vergleichbar; **inkommensurable Größen** (Math.): Größen, deren Verhältnis irrational ist; Ggs. ↑kommensurabel

In|kom|men|su|ra|bi|li|tät *die;* - *⟨lat.-mlat.⟩* (Physik): Unvergleichbarkeit von Stoffen mit Messwerten wegen fehlender zum Vergleich geeigneter Eigenschaften; Ggs. ↑Kommensurabilität

in|kom|mo|die|ren *⟨lat.⟩* (veraltet): **a)** bemühen, Unbequemlichkeiten bereiten; belästigen; **b)** sich inkommodieren: sich Mühe, Umstände machen

In|kom|mo|di|tät *die;* -, -en (veraltet): Unbequemlichkeit, Lästigkeit

in|kom|pa|ra|bel *⟨lat.⟩*: **1.** (veraltet) unvergleichbar. **2.** (Sprachw. veraltet) nicht steigerungsfähig (von Adjektiven)

in|kom|pa|ti|bel *⟨lat.-mlat.⟩*: nicht ↑kompatibel

In|kom|pa|ti|bi|li|tät *die;* -, -en: das Inkompatibelsein

in|kom|pe|tent [auch: ...'tɛnt] ⟨*lat.*⟩: **1. a)** (bes. Rechtsspr.) nicht zuständig, nicht befugt, eine Angelegenheit zu behandeln; Ggs. ↑kompetent; **b)** nicht maßgebend, nicht urteilsfähig, nicht über den nötigen Sachverstand verfügend; Ggs. ↑kompetent (1 a). **2.** tektonisch verformbar (in Bezug auf Gesteine); Ggs. ↑kompetent (2)

In|kom|pe|tenz [auch: ...'tɛnts] *die;* -, -en ⟨*lat.-nlat.*⟩: **a)** das Nicht-zuständig-Sein, Nichtbefugnis; Ggs. ↑Kompetenz (1 b); **b)** Unfähigkeit, Unvermögen

in|kom|plett [auch: ...'plɛt] ⟨*lat.-fr.*⟩: unvollständig; Ggs. ↑komplett (1 a)

in|kon|gru|ent [auch: ...'ɛnt] ⟨*lat.*⟩: nicht übereinstimmend, nicht passend, nicht deckungsgleich; Ggs. ↑kongruent (2)

In|kon|gru|enz [auch: ...'ɛnts] *die;* -, -en: Nichtübereinstimmung, Nichtdeckung

in|kon|se|quent [auch: ...'kvɛnt] ⟨*lat.*⟩: nicht folgerichtig; widersprüchlich [in seinem Verhalten]; Ggs. ↑konsequent

In|kon|se|quenz [auch: ...'kvɛnts] *die;* -, -en: mangelnde Folgerichtigkeit; Widersprüchlichkeit [in seinem Verhalten]; Ggs. ↑Konsequenz

in|kon|sis|tent ⟨*lat.-nlat.*⟩: **a)** keinen Bestand habend; Ggs. ↑konsistent; **b)** widersprüchlich, unzusammenhängend in der Gedankenführung; Ggs. ↑konsistent

In|kon|sis|tenz [auch: ...'tɛnts] *die;* -: **a)** Unbeständigkeit; **b)** Widersprüchlichkeit; Ggs. ↑Konsistenz (2)

in|kon|s|tant [auch: ...'stant] ⟨*lat.*⟩: nicht feststehend, unbeständig; Ggs. ↑konstant

in|kon|ti|nent [auch: ...'nɛnt] ⟨*lat.*⟩: Inkontinenz aufweisend

In|kon|ti|nenz [auch: ...'nɛnts] *die;* -, -en ⟨*lat.*⟩ (Med.): Unvermögen, Harn od. Stuhl willkürlich zurückzuhalten; Ggs. ↑Kontinenz (2)

in|kon|ve|na|bel [auch: ...'na:...] ⟨*lat.-fr.*⟩ (veraltet): unpassend, ungelegen; unschicklich; Ggs. ↑konvenabel

In|kon|ve|ni|enz [auch: ...'ni̯ɛnts] *die;* -, -en (veraltet): **1.** Ungehörigkeit, Unschicklichkeit; Ggs. ↑Konvenienz (2 b). **2.** Unbequemlichkeit, Ungelegenheit; Ggs. ↑Konvenienz (2 a)

in|kon|zi|li|ant [auch: ...'li̯ant] ⟨*lat.*⟩: nicht umgänglich; unverbindlich; Ggs. ↑konziliant

in|kon|zinn [auch: ...'tsɪn] ⟨*lat.*⟩: **1.** (veraltet) unangemessen, nicht gefällig; Ggs. ↑konzinn (1). **2.** (Rhet.; Stilkunde) ungleichmäßig, unharmonisch im Satzbau; Ggs. ↑konzinn (2)

In|kor|po|ra|ti|on *die;* -, -en: **1.** Einverleibung. **2.** (Rechtswiss.) Eingemeindung; rechtliche Einverleibung eines Staates durch einen anderen Staat. **3.** Aufnahme in eine Körperschaft od. studentische Verbindung. **4.** Angliederung (z. B. einer Pfarrei) an ein geistliches Stift, um dieses wirtschaftlich besserzustellen (bes. im Mittelalter); vgl. ...ation/...ierung

in|kor|po|rie|ren: **1.** einverleiben. **2.** eingemeinden, einen Staat in einen andern eingliedern. **3.** in eine Körperschaft od. studentische Verbindung aufnehmen. **4.** angliedern, eine ↑Inkorporation durchführen; **inkorporierende Sprachen:** indianische Sprachen, die das Objekt in das Verb aufnehmen; vgl. polysyndetisch

In|kor|po|rie|rung *die;* -, -en: das Inkorporieren; vgl. ...ation/...ierung

in|kor|rekt [auch: ...'rɛkt] ⟨*lat.*⟩: ungenau, unrichtig; fehlerhaft, unangemessen [im Benehmen]; unordentlich; Ggs. ↑korrekt

In|kor|rekt|heit [auch: ...'rɛkt...] *die;* -, -en: **1.** (ohne Plural) **a)** inkorrekte Art, Fehlerhaftigkeit; Ggs. ↑Korrektheit (1); **b)** Unangemessenheit; Ggs. ↑Korrektheit (2). **2. a)** Fehler, Unrichtigkeit (in einer Äußerung usw.); **b)** Beispiel, Fall inkorrekten Verhaltens

In|kre|ment *das;* -[e]s, -e ⟨*lat.;* »Zuwachs«⟩ (Math.): Betrag, um den eine Größe zunimmt; Ggs. ↑Dekrement

In|kret *das;* -[e]s, -e ⟨*lat.*⟩: von den Blutdrüsen in den Körper abgegebener Stoff; ein Hormon; vgl. Exkret

In|kre|ti|on *die;* - ⟨*lat.-nlat.*⟩ (Med.): innere Sekretion

in|kri|mi|niert: (als Verstoß, Vergehen o. Ä.) zur Last gelegt, zum Gegenstand einer Strafanzeige, einer öffentlichen Beschuldigung gemacht

In|krus|ta|ti|on *die;* -, -en ⟨*lat.*⟩: **1.** (Kunstwiss.) farbige Verzierung von Flächen durch Einlagen (meist Stein in Stein). **2.** (Geol.) Krustenbildung durch chemische Ausscheidung (z. B. Wüstenlack). **3.** eingesetzter Besatzteil, Blende, Ornament; Inkrustierung (beim Schneiderhandwerk); vgl. ...ation/...ierung

in|krus|tie|ren: **1.** mit einer Inkrustation (1) verzieren. **2.** (Geol.) durch chemische Ausscheidung Krusten bilden. **3.** mit einer Inkrustation (3) versehen

In|ku|ba|ti|on *die;* -, -en: **1.** (Biol.) Bebrütung von Vogeleiern. **2.** (Med.) **a)** das Sichfestsetzen von Krankheitserregern im Körper; **b)** das Aufziehen von Frühgeborenen in einem Inkubator (1). **3.** (Geschichte) Tempelschlaf in der Antike (um

Heilung od. Belehrung durch den Gott zu erfahren)
In|ku|ba|ti|ons|zeit *die;* -, -en (Med.): Zeit von der Ansteckung bis zum Ausbruch einer Krankheit
In|ku|ba|tor *der;* -s, ...oren: **1.** (Med.) Brutkasten für Frühgeburten. **2.** Behälter mit Bakterienkulturen. **3.** (Wirtsch.) Fördereinrichtung für neu gegründete Wirtschaftsunternehmen
in|ku|lant [auch: ...ˈlant] ‹*lat.-nlat.*›: ungefällig (im Geschäftsverkehr), die Gewährung von Zahlungs- od. Lieferungserleichterungen ablehnend; Ggs. ↑kulant
In|ku|lanz [auch: ...ˈlants] *die;* -, -en: Ungefälligkeit (im Geschäftsverkehr); Ggs. ↑Kulanz
In|ku|na|bel *die;* -, -n (meist Plural) ‹*lat.;* »Windeln; Wiege«›: Wiegendruck, Frühdruck, Druckerzeugnis aus der Frühzeit des Buchdrucks (vor 1500)
in|ku|ra|bel [auch: ...ˈra:...] ‹*lat.*› (Med.): unheilbar
In|lay [ˈɪnleɪ] *das;* -s, -s ‹*engl.;* »Einlegestück«›: aus Metall (z. B. Gold), Keramik od. Porzellan gegossene Zahnfüllung
In|li|ner [ˈɪnlainɐ] *der;* -s, - ‹*engl.*›: **1.** ↑Inlineskater (1). **2.** ↑Inlineskater (2)
In|line|skate [ˈɪnlainskeɪt] *der;* -s, -s (meist Plural) ‹*engl.*›: Rollschuh mit schmalen, in einer Linie hintereinander angeordneten Rollen
in|line|ska|ten [...skeɪtn̩] ‹*engl.*›: auf Inlineskates laufen
In|line|ska|ter [...skeɪtɐ] *der;* -s, -: **1.** Rollschuh mit schmalen, hintereinander angeordneten Rollen. **2.** jmd., der mit Inlineskates läuft
In|line|ska|te|rin *die;* -, -nen: weibliche Form zu ↑Inlineskater (2)
In|line|ska|ting [...skeɪtɪŋ] *das;* -s: Rollschuhlaufen mit Inlineskates
in me|di|as res ‹*lat.;* »mitten in die Dinge hinein«›: ohne Einleitung u. Umschweife zur Sache
in me|mo|ri|am ‹*lat.*›: zum Gedächtnis, zum Andenken (z. B.: in memoriam des großen Staatsmannes; in memoriam Maria Theresia)
in na|tu|ra ‹*lat.;* »in Natur«›: **1.** leibhaftig, wirklich, persönlich. **2.** (ugs.) in Waren, in Form von Naturalien
in|ner|vie|ren: 1. (Med.) mit Nerven od. Nervenreizen versehen. **2.** anregen
In|no|va|ti|on *die;* -, -en ‹*lat.-nlat.*›: Einführung von etwas Neuem; Erneuerung, Neuerung
in|no|va|tiv ‹*lat.-nlat.*›: Innovationen schaffend, beinhaltend
in|no|va|to|risch: Innovationen zum Ziel habend
in nu|ce ‹*lat.;* »in der Nuss«›: im Kern; in Kürze, kurz u. bündig
in|of|fen|siv [auch: ...ˈzi:f]: nicht angreifend, nicht angriffslustig; Ggs. ↑offensiv
in|of|fi|zi|ell [auch: ...ˈtsi̯ɛl]: **1. a)** nicht in amtlichem, offiziellem Auftrag; nicht amtlich, außerdienstlich; **b)** einer amtlichen, offiziellen Stelle nicht bekannt, nicht von ihr bestätigt, anerkannt, nicht von ihr ausgehend; Ggs. ↑offiziell (1). **2.** nicht förmlich, nicht feierlich, nicht in offiziellem Rahmen; Ggs. ↑offiziell (2)
in|ope|ra|bel [auch: ...ˈra:...] (Med.): nicht operierbar; durch Operation nicht heilbar; Ggs. ↑operabel
in|op|por|tun [auch: ...ˈtu:n] ‹*lat.*›: nicht angebracht, nicht zweckmäßig, unpassend; Ggs. ↑opportun
In|op|por|tu|ni|tät [auch: ...ˈtɛt] *die;* -, -en: das Unangebrachtsein, Unzweckmäßigkeit, Ungünstigkeit; Ggs. ↑Opportunität
in per|pe|tu|um ‹*lat.*›: auf immer, für ewige Zeiten
in per|so|na ‹*lat.*›: in Person, persönlich, selbst
in pet|to ‹*lat.-it.;* »in der Brust«›: beabsichtigt, geplant; **etwas in petto haben:** etwas im Sinne, bereit haben, etwas vorhaben, im Schilde führen
in ple|no ‹*lat.*›: in voller Versammlung; vollzählig; vgl. Plenum
in pra|xi ‹*lat.; gr.-lat.*›: **a)** in der Praxis, im wirklichen Leben; tatsächlich; **b)** in der Rechtsprechung (im Gegensatz zur Rechtslehre); vgl. Praxis (1)
in punc|to ‹*lat.*›: in dem Punkt, hinsichtlich; **in puncto puncti [sexti]** (veraltet scherzh.): hinsichtlich [des sechsten Gebotes] der Keuschheit
In|put *der,* auch: *das;* -s, -s ‹*engl.;* »Zugeführtes«›: **1.** (Wirtsch.) die in einem Produktionsbetrieb eingesetzten, aus anderen Teilbereichen der Wirtschaft bezogenen Produktionsmittel; Ggs. ↑Output (1). **2.** (EDV) Eingabe von Daten in einen Computer; Ggs. ↑Output (2 b)
In|put-Out|put-Ana|ly|se [...ˈaut...] *die;* -, -n ‹*engl.*›: Methode zur Untersuchung der produktionsmäßigen Beziehungen zwischen den Teilbereichen der Wirtschaft
in|qui|rie|ren: nachforschen; [gerichtlich] untersuchen, verhören
In|qui|si|ti|on *die;* -, -en ‹»Untersuchung«›: (Geschichte) Untersuchung durch Institutionen der katholischen Kirche u. daraufhin durchgeführte staatliche Verfolgung der ↑Häretiker zur

Reinerhaltung des Glaubens (bis ins 19. Jh., bes. während der Gegenreformation)

In|qui|si|tor *der;* -s, ...oren: **1.** (Geschichte) jmd., der ein Inquisitionsverfahren leitet od. anstrengt. **2.** [strenger] Untersuchungsrichter

in|qui|si|to|risch ‹*lat.-nlat.*›: nach Art eines Inquisitors, peinlich ausfragend

in|schal|lah ‹*arab.*›: wenn Allah will (auf ein zukünftiges Ereignis bezogener Ausdruck in der muslimischen Welt)

In|sekt *das;* -[e]s, -en ‹*lat.*›: Kerbtier (geflügelter, Luft atmender Gliederfüßer)

¹In|sek|ti|vo|re *der;* -n, -n (meist Plural): insektenfressendes Tier

²In|sek|ti|vo|re *die;* -[n], -n (meist Plural): insektenfressende Pflanze

In|sek|ti|zid *das;* -s, -e: Insektenbekämpfungsmittel

In|sel|hop|ping *das;* -s ‹*dt.; engl.*›: touristische Unternehmung, bei der nacheinander mehrere Inseln eines Archipels besucht werden

In|se|mi|na|ti|on *die;* -, -en ‹*lat.-nlat.*›: **1.** künstliche Befruchtung; vgl. heterologe Insemination u. homologe Insemination. **2.** (Med.) das Eindringen der Samenfäden in das reife Ei

in|se|mi|nie|ren: künstlich befruchten

in|se|quent [auch: ...ˈkvɛnt] ‹*lat.*› (Geol.): keine Beziehung zum Schichtenbau der Erde habend (in Bezug auf Flussläufe); Ggs. ↑konsequent (3)

In|se|rat *das;* -[e]s, -e ‹*lat.-nlat.*›: Anzeige (in einer Zeitung, Zeitschrift o. Ä.)

In|se|rent *der;* -en, -en ‹*lat.*›: jmd., der ein Inserat aufgibt

In|se|ren|tin *die;* -, -nen: weibliche Form zu ↑Inserent

in|se|rie|ren: **a)** ein Inserat aufgeben; **b)** durch ein Inserat anbieten, suchen, vermitteln

In|sert *das;* -s, -s ‹*lat.-engl.*›: **1.** (Film, Fernsehen) (dem Verständnis dienende od. Hintergrundinformationen liefernde) Einblendung in Form von Texten, Grafiken o. Ä. **2.** Inserat, bes. in einer Zeitschrift, in Verbindung mit einer beigehefteten Karte zum Anfordern weiterer Informationen od. zum Bestellen der angebotenen Ware. **3.** in einen Kunststoff zur Verstärkung eingelassenes Element

In|ser|ti|on *die;* -, -en: **1.** das Aufgeben einer Anzeige. **2.** das Einfügen einer Urkunde in vollem Wortlaut in eine neue Urkunde als Form der Bestätigung, ↑Transsumierung. **3.** (Med.; Biol.; Bot.) Ansatz, Ansatzstelle (z. B. einer Sehne am Knochen, der Nabelschnur am Mutterkuchen od. eines Blattes am Spross)

In|side [ˈɪnsaid] *der;* -[s], -s ‹*engl.*› (Fußball; schweiz. veraltet): Innenstürmer, Halbstürmer

In|si|der [ˈɪnsaidɐ] *der;* -s, -: jmd., der bestimmte Dinge, Vorgänge od. Verhältnisse als ein Dazugehörender, Eingeweihter kennt

In|si|der|han|del *der;* -s (Börsenw.): illegales Börsengeschäft, das jmd. tätigt, der aufgrund seiner beruflichen Stellung über unternehmensinterne Informationen verfügt, die anderen noch nicht zugänglich sind

In|si|de|rin *die;* -, -nen: weibliche Form zu ↑Insider

In|si|der|tipp *der;* -s, -s: Geheimtipp

in|si|g|ni|fi|kant [auch: ...ˈkant] ‹*lat.*›: unbedeutend, unwesentlich

in|si|nu|ie|ren: **1. a)** unterstellen; **b)** einflüstern, zutragen; **c)** sich insinuieren: sich einschmeicheln. **2.** (veraltet) ein Schriftstück einem Gericht einreichen

in|sis|tie|ren: auf etwas bestehen, beharren; Ggs. ↑desistieren

in si|tu ‹*lat.*›: **a)** (Med.) in der natürlichen, richtigen Lage (von Organen, Körperteilen, Geweben o. Ä.); vgl. Situs; **b)** (Archäol.) in originaler Lage (von ausgegrabenen Gegenständen, Fundstücken)

In|skrip|ti|on *die;* -, -en (österr.): **a)** Einschreibung an einer Universität; **b)** Anmeldung zur Teilnahme an einer Vorlesung, Übung o. Ä.

In|so|la|ti|on *die;* -, -en ‹*lat.-nlat.*›: **1.** (Meteorol.) Strahlung der Sonne auf die Erde, Sonneneinstrahlung. **2.** Sonnenstich

in|so|lent [auch: ...ˈlɛnt] ‹*lat.*›: anmaßend, unverschämt

In|so|lenz [auch: ...ˈlɛnts] *die;* -, -en: Anmaßung, Unverschämtheit

in|so|lie|ren ‹*lat.-nlat.*› (veraltet): sich der Sonne aussetzen, sich sonnen; vgl. Insolation

in|sol|vent [auch: ˈɪn...] ‹*lat.-nlat.*› (Wirtsch.): zahlungsunfähig; Ggs. ↑solvent

In|sol|venz [auch: ˈɪn...] *die;* -, -en (Wirtsch.): Zahlungsunfähigkeit; Ggs. ↑Solvenz

in spe [- ˈspeː] ‹*lat.;* »in der Hoffnung«›: zukünftig, baldig

In|s|pek|teur [...ˈtøːɐ̯] *der;* -s, -e ‹*lat.-fr.*›: **1.** Leiter einer Inspektion (2). **2.** Dienststellung der ranghöchsten, Aufsicht führenden Offiziere der Teilstreitkräfte der Bundeswehr

In|s|pek|teu|rin [...ˈtøːrɪn] *die;* -, -nen: weibliche Form zu ↑Inspekteur

In|s|pek|ti|on *die;* -, -en ‹*lat.;* »Besichtigung, Untersuchung«›: **1. a)** Prüfung, Kontrolle; **b)** regelmäßige Untersuchung u. Wartung eines Kraftfahrzeugs (gegebenenfalls mit Reparaturen).

2. Behörde, der die Prüfung od. Aufsicht [über die Ausbildung der Truppen] obliegt

In|s|pek|tor *der;* -s, ...oren: **1.** Verwaltungsbeamter auf der ersten Stufe des gehobenen Dienstes (bei Bund, Ländern u. Gemeinden). **2.** jmd., der etwas inspiziert, dessen Amt es ist, Inspektionen durchzuführen

In|s|pek|to|rat *das;* -[e]s, -e (veraltet): Amt eines Inspektors

In|s|pek|to|rin *die;* -, -nen: weibliche Form zu ↑Inspektor

In|s|pi|ra|ti|on *die;* -, -en ⟨*lat.;* »Einhauchung«⟩: **1.** schöpferischer Einfall, Gedanke; plötzliche Erkenntnis, erhellende Idee, die jmdn., bes. bei einer geistigen Tätigkeit, weiterführt; Erleuchtung, Eingebung. **2.** (ohne Plural; Med.) Einatmung; das Einsaugen der Atemluft; Ggs. ↑Exspiration

In|s|pi|ra|tor *der;* -s, ...oren: jmd., der einen anderen inspiriert, zu etwas anregt

In|s|pi|ra|to|rin *die;* -, -nen: weibliche Form zu ↑Inspirator

in|s|pi|rie|ren ⟨*lat.*⟩: zu etwas anregen, animieren

In|s|pi|zi|ent *der;* -en, -en ⟨*lat.*⟩: **1.** für den reibungslosen Ablauf von Proben und Aufführungen beim Theater oder von Sendungen beim Rundfunk und Fernsehen Verantwortlicher. **2.** Aufsicht führende Person

In|s|pi|zi|en|tin *die;* -, -nen: weibliche Form zu ↑Inspizient

in|s|pi|zie|ren ⟨*lat.;* »besichtigen«⟩: be[auf]sichtigen; prüfen

in|sta|bil [auch: ...ˈbiːl] ⟨*lat.*⟩: unbeständig; Ggs. ↑stabil; **instabiles Atom** (Physik): Atom, dessen Kern durch radioaktiven Prozess von selbst zerfällt; **instabile Schwingungen:** Flatterschwingungen bei Flugzeugtragflügeln; angefachte, durch äußere Einwirkung entstandene Schwingungen bei Hängebrücken u. Ä.

In|sta|bi|li|tät *die;* -, -en (Plural selten): Unbeständigkeit, Veränderlichkeit, Unsicherheit

In|s|tal|la|teur [...ˈtøːɐ̯] *der;* -s, -e ⟨französierende Bildung zu ↑installieren⟩: Handwerker, der die technischen Anlagen eines Hauses (Rohre, Gas-, Elektroleitungen o. Ä.) verlegt, anschließt, repariert

In|s|tal|la|teu|rin [...ˈtøːrɪn] *die;* -, -nen: weibliche Form zu ↑Installateur

In|s|tal|la|ti|on *die;* -, -en ⟨*lat.-mlat.*⟩: **1. a)** Einbau, Anschluss (von technischen Anlagen); **b)** technische Anlage. **2.** (schweiz., sonst veraltet) Einweisung in ein [geistliches] Amt. **3.** (EDV) das Überspielen eines Computerprogramms auf die Festplatte

in|s|tal|lie|ren: **1.** technische Anlagen einrichten, einbauen, anschließen. **2.** in ein [geistliches] Amt einweisen. **3.** (EDV) ein Computerprogramm auf die Festplatte überspielen. **4. a)** irgendwo einrichten, in etwas unterbringen; **b)** sich installieren: sich einrichten

in|s|tant [auch: ˈɪnstənt] ⟨*lat.-engl.*⟩: sofort [löslich], ohne Vorbereitung zur Verfügung (als nachgestelltes Attribut gebraucht: z. B. Kartoffelsuppe instant)

In|s|tanz *die;* -, -en ⟨*lat.-mlat.*⟩: zuständige Stelle (bes. bei Behörden od. Gerichten)

In|s|tan|zen|weg *der;* -[e]s: Dienstweg

in sta|tu nas|cen|di ⟨*lat.*⟩: im Zustand des Entstehens

in sta|tu quo ⟨*lat.*⟩: im gegenwärtigen Zustand, unverändert

in sta|tu quo an|te ⟨*lat.*⟩: im früheren Zustand

In|s|tinkt *der;* -[e]s, -e ⟨*lat.-mlat.; instinctus* naturae »Anreizung der Natur, Naturtrieb«⟩: **1.** angeborene, keiner Übung bedürfende Verhaltensweise u. Reaktionsbereitschaft der Triebsphäre, meist im Interesse der Selbst- u. Arterhaltung (bes. bei Tieren). **2.** sicheres Gefühl für etwas

in|s|tink|tiv ⟨*lat.-fr.*⟩: **1.** instinktbedingt, durch den Instinkt geleitet. **2.** von einem Gefühl geleitet, gefühlsmäßig, unwillkürlich

in|s|ti|tu|ie|ren ⟨*lat.*⟩: **1.** einrichten, errichten. **2.** (veraltet) anordnen, unterweisen; stiften

In|s|ti|tut *das;* -[e]s, -e: **1. a)** Einrichtung, Anstalt, die [als Teil einer Hochschule] wissenschaftlichen Arbeiten, der Forschung, der Erziehung o. Ä. dient; **b)** Institutsgebäude. **2.** durch positives (gesetzlich verankertes) Recht geschaffenes Rechtsgebilde (z. B. Ehe, Familie, Eigentum o. Ä.)

In|s|ti|tu|ti|on *die;* -, -en: **1.** einem bestimmten Bereich zugeordnete öffentliche [staatliche, kirchliche] Einrichtung, die dem Wohl od. Nutzen des Einzelnen od. der Allgemeinheit dient. **2.** (bes. Soziol.) bestimmten stabilen Mustern folgende Form menschlichen Zusammenlebens (z. B. Ehe)

in|s|ti|tu|ti|o|na|li|sie|ren ⟨*lat.-nlat.*⟩: **a)** in eine gesellschaftlich anerkannte, feste [starre] Form bringen; **b)** sich institutionalisieren: eine [gesellschaftlich anerkannte] feste [starre] Form annehmen; zu einer Institution (2) werden

In|s|ti|tu|ti|o|na|li|sie|rung *die;* -: das Institutionalisieren

in|s|ti|tu|ti|o|nell ⟨*lat.-fr.*⟩: **1.** die Institution betreffend; **institutionelle Garantie** (Rechtswiss.): Unantastbarkeit bestimmter Einrichtungen (z. B. der Ehe, der Familie o. Ä.). **2.** ein Institut (1a, 2) betreffend, zu einem Institut gehörend

in|s|t|ru|ie|ren ⟨*lat.;* »herrichten; ausrüsten; unterweisen«⟩: **1.** in Kenntnis setzen; unterweisen, lehren, anleiten. **2.** (veraltet) eine Rechtssache zur Entscheidung vorbereiten

In|s|t|ruk|teur [...ˈtøːɐ̯] *der;* -s, -e ⟨*lat.-fr.*⟩: jmd., der andere unterrichtet, [zum Gebrauch von Maschinen, zur Auslegung von Vorschriften, Richtlinien o. Ä.] anleitet

In|s|t|ruk|teu|rin [...ˈtøːrɪn] *die;* -, -nen: weibliche Form zu ↑Instrukteur

In|s|t|ruk|ti|on *die;* -, -en ⟨*lat.*⟩: Anleitung; Vorschrift, Richtschnur, Dienstanweisung

in|s|t|ruk|tiv ⟨*lat.-fr.*⟩: lehrreich, aufschlussreich

In|s|t|ruk|tor *der;* -s, ...oren ⟨*lat.-mlat.*⟩: **1.** (veraltet) Lehrer; Erzieher (bes. von Einzelpersonen). **2.** (österr.) ↑Instrukteur

In|s|t|ruk|to|rin *die;* -, -nen: weibliche Form zu ↑Instruktor

In|s|t|ru|ment *das;* -[e]s, -e ⟨*lat.;* »Ausrüstung«⟩: **1.** Gerät, feines Werkzeug [für technische od. wissenschaftliche Arbeiten]. **2.** Kurzform von ↑Musikinstrument

in|s|t|ru|men|tal ⟨*lat.-nlat.*⟩: **1. a)** durch Musikinstrumente ausgeführt, Musikinstrumente betreffend; Ggs. ↑vokal; **b)** wie Instrumentalmusik klingend. **2.** als Mittel od. Werkzeug dienend. **3.** das Mittel od. Werkzeug bezeichnend; **instrumentale Konjunktion** (Sprachw.): das Mittel angebendes Bindewort (z. B. indem)

In|s|t|ru|men|tal *der;* -s, -e (Sprachw.): das Mittel od. Werkzeug bezeichnender Kasus (im Deutschen weitgehend durch Präpositionalfall ersetzt, im Slawischen noch erhalten)

In|s|t|ru|men|ta|lis *der;* -, ...les: Instrumental

in|s|t|ru|men|ta|li|sie|ren: 1. [in der Unterhaltungsmusik] ein Gesangsstück zu einem Instrumentalstück umschreiben; vgl. instrumentieren (1 b). **2.** (für seine Zwecke) als Instrument benutzen

In|s|t|ru|men|ta|list *der;* -en, -en: **1.** jmd., der [berufsmäßig] bes. in einem ↑Ensemble (1 b) ein Instrument spielt; Ggs. ↑Vokalist. **2.** Anhänger, Vertreter des Instrumentalismus

In|s|t|ru|men|ta|lis|tin *die;* -, -nen: weibliche Form zu ↑Instrumentalist

In|s|t|ru|men|tal|mu|sik *die;* -, -en: nur mit Instrumenten ausgeführte Musik; Ggs. ↑Vokalmusik

In|s|t|ru|men|ta|ri|um *das;* -s, ...ien: **1.** alles, was zur Durchführung einer Tätigkeit o. Ä. gebraucht wird. **2.** Instrumentensammlung. **3.** Gesamtzahl der in einem Klangkörper für eine bestimmte musikalische Aufführung vorgesehenen Musikinstrumente

In|s|t|ru|men|ta|ti|on *die;* -, -en: **a)** Besetzung der einzelnen Stimmen einer mehrstimmigen ↑Komposition (2 b) mit bestimmten Instrumenten (2) eines Orchesters zwecks bestimmter Klangwirkungen; **b)** Einrichtung einer (ursprünglich nicht für [verschiedene] Instrumente geschriebenen) Komposition für mehrere Instrumente, für ein Orchester; vgl. ...ation/...ierung

in|s|t|ru|men|tell: Instrumente (1) betreffend, mit Instrumenten versehen, unter Zuhilfenahme von Instrumenten; vgl. ...al/...ell

in|s|t|ru|men|tie|ren: 1. a) eine Komposition [nach der Klavierskizze] für die einzelnen Orchesterinstrumente ausarbeiten u. dabei bestimmte Klangvorstellungen realisieren; **b)** eine Komposition für Orchesterbesetzung umschreiben, eine Orchesterfassung von etwas herstellen. **2.** mit [technischen] Instrumenten ausstatten. **3.** einem operierenden Arzt die chirurgischen Instrumente zureichen

In|s|t|ru|men|tie|rung *die;* -, -en: das Instrumentieren (1a, 2); vgl. ...ation/...ierung

in|suf|fi|zi|ent [auch: ...ˈt͜si̯ɛnt] ⟨*lat.*⟩: **1.** unzulänglich, unzureichend. **2.** (Med.) ungenügend, unzureichend, geschwächt (von der Funktion, Leistungsfähigkeit eines Organs)

In|suf|fi|zi|enz [auch: ...ˈt͜si̯ɛnt͜s] *die;* -, -en: **1.** Unzulänglichkeit; Schwäche; Ggs. ↑Suffizienz (1). **2.** (Med.) ungenügende Leistung, Schwäche eines Organs; Ggs. ↑Suffizienz (2). **3.** (Rechtswiss.) Vermögenslage eines Schuldners, bei der die Gläubiger nicht ausreichend befriedigt werden können

In|su|la|ner *der;* -s, - ⟨*lat.*⟩: Inselbewohner

in|su|lar: die Insel od. Inseln betreffend; inselartig; Insel...

In|su|lin *das;* -s: **1.** Hormon der Bauchspeicheldrüse. **2.** Arzneimittel für Zuckerkranke

In|su|lin|schock *der;* -s, -s: **1.** bei Diabetikern durch hohe Insulingaben [nach Diätfehlern] ausgelöster Schock. **2.** durch Einspritzung von Insulin (2) künstlich erzeugter Schock zur Behandlung von ↑Schizophrenie

In|sult *der;* -[e]s, -e ⟨*lat.-mlat.*⟩: **1.** [schwere] Beleidigung, Beschimpfung. **2.** (Med.) Anfall (z. B. Schlaganfall)

in sum|ma ⟨*lat.*⟩: im Ganzen, insgesamt

In|sur|gent *der;* -en, -en ⟨*lat.*⟩ (veraltend): Aufständischer

In|sur|gen|tin *die;* -, -nen: weibliche Form zu ↑Insurgent

in|sur|gie|ren (veraltend): **1.** zum Aufstand reizen. **2.** einen Aufstand machen

In|sur|rek|ti|on *die;* -, -en: Aufstand; Volkserhebung

In|sze|na|tor *der;* -s, ...oren ⟨*lat.; gr.-lat.-fr.*⟩ (selten): Leiter einer Inszenierung

In|sze|na|to|rin *die;* -, -nen: weibliche Form zu ↑Inszenator

in|sze|nie|ren: **1.** (ein Stück beim Theater, Fernsehen, einen Film) vorbereiten, bearbeiten, einstudieren, künstlerisch gestalten; bei einem Bühnenstück, Fernsehspiel, Film Regie führen. **2.** (oft abwertend) geschickt ins Werk setzen, organisieren, vorbereiten, einfädeln

In|sze|nie|rung *die;* -, -en: **1.** das Inszenieren. **2.** inszeniertes Stück

in|takt ⟨*lat.*⟩: **a)** unversehrt, unberührt, heil; **b)** [voll] funktionsfähig, ohne Störungen funktionierend

In|tar|sia *die;* -, ...ien (meist Plural) ⟨*(lat.; arab.) it.*⟩: Einlegearbeit (andersfarbige Hölzer, Elfenbein, Metall usw. in Holz)

in|te|ger ⟨*lat.*⟩: **1.** unbescholten; ohne Makel; unbestechlich. **2.** (veraltet) neu; sauber, unversehrt

in|te|g|ral ⟨*lat.-mlat.*⟩: ein Ganzes ausmachend; für sich bestehend

In|te|g|ral *das;* -s, -e: **1.** Rechensymbol der Integralrechnung (Zeichen: ∫). **2.** mathematischer Summenausdruck über die ↑Differenziale eines endlichen od. unendlichen Bereiches

In|te|g|ral|glei|chung *die;* -, -en ⟨*lat.-mlat.; dt.*⟩: mathematische Gleichung, bei der die Unbekannte in irgendeiner Form unter dem Integralzeichen auftritt

In|te|g|ral|helm *der;* -[e]s, -e: mit einem durchsichtigen ↑Visier (1 b) zum Schutz des Gesichts versehener Sturzhelm für Motorradfahrer u. a., der infolge seiner Größe (im Unterschied zu anderen Sturzhelmen) auch Hals u. Kinnpartie schützt

In|te|g|ral|rech|nung *die;* -: Teilgebiet der ↑Infinitesimalrechnung (Umkehrung der Differenzialrechnung)

In|te|g|ra|ti|on *die;* -, -en ⟨*lat.;* »Wiederherstellung eines Ganzen«⟩: **1.** [Wieder]herstellung einer Einheit [aus Differenziertem]; Vervollständigung. **2.** Einbeziehung, Eingliederung in ein größeres Ganzes; Ggs. ↑Desintegration (2). **3.** Zustand, in dem sich etwas befindet, nachdem es integriert worden ist; Ggs. ↑Desintegration (2). **4.** Berechnung eines Integrals (2); vgl. ...ation/...ierung

In|te|g|ra|ti|ons|leh|rer *der;* -s, - ⟨*lat.; dt.*⟩ (österr.): Lehrer für Klassen, in denen behinderte und nicht behinderte Kinder gemeinsam unterrichtet werden

In|te|g|ra|ti|ons|leh|re|rin *die;* -, -nen: weibliche Form zu ↑Integrationslehrer

in|te|g|ra|tiv: eine Integration (1–3) darstellend, in der Art einer Integration, auf eine Integration hindeutend

in|te|g|rier|bar: (bes. Math., Soziol.) so geartet, dass man es integrieren kann; fähig, integriert zu werden

in|te|g|rie|ren ⟨*lat.;* »wiederherstellen; ergänzen«⟩: **1. a)** in ein übergeordnetes Ganzes aufnehmen; **b)** sich integrieren: sich in ein übergeordnetes Ganzes einfügen. **2.** (Math.) ein Integral (2) berechnen

in|te|g|rie|rend: zu einem Ganzen notwendig gehörend; wesentlich, unerlässlich

in|te|g|riert ⟨*lat.*⟩: durch Integration (1) entstanden, z. B. integrierte Gesamt[hoch]schule; **integrierter Typus** (Psychol.): die durch ganzheitliche Auffassungs-, Reaktions- u. Erlebnisweise gekennzeichnete Persönlichkeit

In|te|g|rie|rung *die;* -, -en: das Integrieren (2); vgl. ...ation/...ierung; Ggs. ↑Desintegrierung (1)

In|te|g|ri|tät *die;* - ⟨*lat.*⟩: **1.** Makellosigkeit, Unbescholtenheit, Unbestechlichkeit. **2.** (Rechtswiss.) Unverletzlichkeit [eines Staatsgebietes]

In|tel|lekt *der;* -[e]s ⟨*lat.;* »das Innewerden, Wahrnehmung; Erkenntnis(vermögen)«⟩: Fähigkeit, Vermögen, unter Einsatz des Denkens Erkenntnisse, Einsichten zu erlangen; Denk-, Erkenntnisvermögen; Verstand

in|tel|lek|tu|ell ⟨*lat.-fr.*⟩: **a)** den Intellekt betreffend; geistig-begrifflich; **b)** einseitig, betont verstandesmäßig; auf den Intellekt ausgerichtet; **c)** die Intellektuellen betreffend; vgl. ...al/...ell

In|tel|lek|tu|el|le *der* u. *die;* -n, -n: **1.** jmd., der wissenschaftlich [od. künstlerisch] gebildet ist u. geistig arbeitet. **2.** [übermäßig] vom Verstand bestimmter Mensch

in|tel|li|gent ⟨*lat.*⟩: **a)** Intelligenz (1) besitzend; verständig; klug; begabt; **b)** (EDV) mit künstlicher Intelligenz arbeitend

In|tel|li|genz *die;* -, -en: **1.** [besondere] geistige Fähigkeit; Klugheit; **künstliche Intelligenz** (EDV): Gebiet der Informatik, das menschliche Denk- und Erkennensprozesse in automatisierter Form nachzuahmen versucht. **2.** (ohne Plural) Schicht der wissenschaftlich Gebildeten.

3. (meist Plural; veraltend) Vernunftwesen, mit Intelligenz (1) ausgestattetes Lebewesen

In|tel|li|gẹnz|ler *der;* -s, - (abwertend): Angehöriger der Intelligenz (2)

In|tel|li|gẹnz|le|rin *die;* -, -nen: weibliche Form zu ↑Intelligenzler

In|tel|li|gẹnz|quo|ti|ent *der;* -en, -en: Maß für die allgemeine intellektuelle Leistungsfähigkeit, das sich aus dem Verhältnis von Intelligenzalter zum Lebensalter (od. auch anderen vergleichbaren Größen) ergibt (Abk.: IQ)

In|tel|li|gẹnz|test *der;* -[e]s, -s (auch: -e): psychologischer Test zur Messung der Intelligenz (1)

In|ten|dạnt *der;* -en, -en ‹*lat.-fr.*›: künstlerischer u. geschäftlicher Leiter eines Theaters, einer Rundfunk- od. Fernsehanstalt

In|ten|dạn|tin *die;* -, -nen: weibliche Form zu ↑Intendant

In|ten|dạnz *die;* -, -en: **a)** Amt eines Intendanten; **b)** Büro eines Intendanten

in|ten|di̲e̲|ren ‹*lat.*›: auf etwas hinzielen; beabsichtigen, anstreben, planen

In|ten|si|o̲n *die;* -, -en ‹*lat.*›: **1.** Anspannung; Eifer; Kraft. **2.** (Logik) Sinn, Inhalt einer Aussage; Ggs. ↑Extension (2)

In|ten|si|tä̲t *die;* - ‹*lat.-nlat.*›: **1.** [konzentrierte] Stärke, Kraft, Wirksamkeit. **2.** (Physik) Maß für die Stärke einer Strahlung

in|ten|si̲v ‹*lat.-fr.*›: **1.** gründlich u. auf die betreffende Sache konzentriert; **intensive Aktionsart** (Sprachw.): ↑Aktionsart, die den größeren oder geringeren Grad, die Intensität eines Geschehens kennzeichnet (z. B. *schnitzen* = kräftig u. ausdauernd schneiden). **2.** stark, kräftig, durchdringend (in Bezug auf Sinneseindrücke). **3.** (Landwirtsch.) auf kleinen Flächen, aber mit verhältnismäßig großem Aufwand betrieben (Landwirtsch.); Ggs. ↑extensiv (2)

in|ten|si|vi̲e̲|ren ‹*lat.-fr.*›: verstärken, steigern; gründlicher durchführen

In|ten|si|vi̲e̲|rung *die;* -, -en (Plural selten): Steigerung der Intensität

In|ten|si̲v|kurs *der;* -es, -e: ↑Kurs (2 a), bei dem Kenntnisse durch intensiven (1) Unterricht in vergleichsweise kurzer Zeit vermittelt werden

In|ten|si̲v|sta|ti|o̲n *die;* -, -en (Med.): Krankenhausstation zur Betreuung akut lebensgefährlich erkrankter Personen (z. B. bei Herzinfarkt) unter Anwendung bestimmter lebenserhaltender Sofortmaßnahmen (Sauerstoffzelt, Tropfinfusion, ständige ärztliche Überwachung)

In|ten|ti|o̲n *die;* -, -en ‹*lat.*›: **1.** Absicht; Vorhaben; Anspannung geistiger Kräfte auf ein bestimmtes Ziel. **2.** (Med.) Wundheilung

in|ten|ti|o|na̲l ‹*lat.-nlat.*›: mit einer Intention (1) verknüpft, zielgerichtet, zweckbestimmt; vgl. ...al/...ell

in|ter..., In|ter...

‹*lat.* inter »zwischen, unter, inmitten; während«›
Präfix mit der Bedeutung »zwischen« (lokal, temporal u. übertragen):
- interaktiv
- Intercity
- interdental
- Interesse
- interkontinental

in|ter|agi̲e̲|ren ‹*lat.-nlat.*›: sich, agierend u. aufeinander reagierend, wechselseitig in seinem Verhalten beeinflussen (von Menschen, auch z. B. von Computersystemen, Medien usw. u. deren Benutzern)

In|ter|ak|ti|o̲n *die;* -, -en ‹*lat.-nlat.*›: das Interagieren

in|ter|ak|ti̲v: interagierend, zur Interaktion bereit, Interaktion ermöglichend

In|ter|ak|ti|vi|tä̲t *die;* -: das Interaktivsein

in|ter|al|li|i̲e̲rt: mehrere Alliierte gemeinsam betreffend

In|ter|ci|ty® *der;* -[s], -s ‹*engl.*›: Kurzform von ↑Intercityzug

In|ter|ci|ty|zug [...'sɪti...] *der;* -[e]s, ...züge: mit besonderem ↑Komfort ausgestatteter Schnellzug, der nur an wichtigen Bahnhöfen hält, günstige Anschlusszüge hat und daher kürzere Fahrzeiten ermöglicht (Abk.: IC®)

in|ter|de|pen|dẹnt ‹*lat.-nlat.*›: voneinander abhängend

In|ter|de|pen|dẹnz *die;* -, -en: gegenseitige Abhängigkeit

in|ter|dis|zi|p|li|nä̲r ‹*lat.-nlat.*›: mehrere Disziplinen (2) umfassend, die Zusammenarbeit mehrerer Disziplinen betreffend; vgl. multidisziplinär

in|te|r|es|sạnt ‹*lat.-mlat.-fr.*›: **1.** geistige Teilnahme, Aufmerksamkeit erweckend; fesselnd. **2.** (Kaufmannsspr.) vorteilhaft

In|te|r|ẹs|se *das;* -s, -n ‹*lat.-mlat.(-fr.)*›: **1.** (ohne Plural) geistige Anteilnahme, Aufmerksamkeit; Ggs. ↑Desinteresse. **2. a)** (meist Plural) Vorliebe, Neigung; **b)** Neigung zum Kauf. **3. a)** (meist Plural) Bestrebung, Absicht; **b)** das, woran jmdm. sehr gelegen ist, was für jmdn. od. etwas wichtig od. nützlich ist; Vorteil, Nutzen. **4.** (nur Plural; veraltet) Zinsen

In|te|r|es|sen|sphä|re *die;* -, -n: Einflussgebiet eines Staates

In|te|r|es|sent *der;* -en, -en ⟨*lat.-mlat.-nlat.*⟩: **a)** jmd., der an etwas Interesse zeigt, hat; **b)** potenzieller Käufer

In|te|r|es|sen|tin *die;* -, -nen: weibliche Form zu ↑Interessent

in|te|r|es|sie|ren ⟨*lat.-mlat.(-fr.)*⟩: **1.** sich interessieren: **a)** Interesse zeigen, Anteilnahme bekunden; **b)** sich nach etwas erkundigen; etwas beabsichtigen, anstreben; an jmdm., an etwas interessiert sein (Interesse bekunden; haben wollen). **2.** (jmdn. interessieren) **a)** jmds. Interesse wecken; **b)** jmdn. zu gewinnen suchen

in|te|r|es|siert: [starken] Anteil nehmend; geistig aufgeschlossen; aufmerksam; Ggs. ↑desinteressiert

In|te|r|es|siert|heit *die;* -: das Interessiertsein an etwas, das Habenwollen, bekundetes Interesse; **materielle Interessiertheit:** (in sozialistischen Ländern) Interesse an der Verbesserung des eigenen Lebensstandards, das durch größere Leistungen befriedigt werden kann

In|ter|face [...feɪs] *das;* -, -s [...sɪs] ⟨*engl.*⟩ (EDV): Schnittstelle; Übergangs- bzw. Verbindungsstelle zwischen Bauteilen, Schaltkreisen, Programmen, Rechnern od. Geräten

In|ter|fe|renz *die;* -, -en ⟨*lat.-nlat.*⟩: **1.** (Physik) Überlagerung beim Zusammentreffen zweier od. mehrerer Wellenzüge. **2.** (Biol., Med.) Hemmung eines biologischen Vorgangs durch einen gleichzeitigen u. gleichartigen anderen (z. B. Hemmung des Chromosomenaustausches in der Nähe eines bereits erfolgten Chromosomenbruchs, einer Virusinfektion durch ein anderes Virus o. Ä.). **3.** (Sprachw.) **a)** Einwirkung eines sprachlichen Systems auf ein anderes, die durch die Ähnlichkeit von Strukturen verschiedener Sprachen od. durch die Vertrautheit mit verschiedenen Sprachen entsteht; **b)** falsche Analogie beim Erlernen einer Sprache von einem Element der Fremdsprache auf ein anderes (z. B. die Verwechslung ähnlich klingender Wörter); **c)** Verwechslung von ähnlich klingenden [u. semantisch verwandten] Wörtern innerhalb der eigenen Sprache. **4.** Erscheinung des ↑Interferierens, Überlagerung, Überschneidung

In|ter|fe|renz|er|schei|nung *die;* -, -en (Physik, Sprachw.): auf Interferenz (1, 3) beruhende Erscheinung

in|ter|fe|rie|ren ⟨*lat.-nlat.*⟩: sich überlagern, überschneiden

In|ter|fe|ro|me|ter *das;* -s, - ⟨*lat.; gr.*⟩: Gerät, mit dem man unter Ausnutzung der Interferenz Messungen ausführt (z. B. die Messung von Wellenlängen, der Konzentration bei Gasen, Flüssigkeiten o. Ä.)

In|ter|fe|ron *das;* -s, -e ⟨*lat.-nlat.*⟩ (Med.): von Körperzellen gebildeter Eiweißkörper, der als Abwehrsubstanz bei der ↑Interferenz (2) von Infektionen wirksam ist u. deshalb als Mittel zur Krebsbekämpfung angewendet wird

in|ter|ga|lak|tisch (Astron.): zwischen den verschiedenen Milchstraßensystemen (vgl. Galaxie) gelegen

in|ter|gla|zi|al: zwischeneiszeitlich; warmzeitlich

In|te|ri|eur [ɛ̃teˈri̯øːɐ̯] *das;* -s, -s u. -e ⟨*lat.-fr.*⟩: **1. a)** das Innere [eines Raumes]; **b)** die Ausstattung eines Innenraumes. **2.** einen Innenraum darstellendes Bild, bes. in der niederländischen Malerei des 17. Jh.s

In|te|rim *das;* -s, -s ⟨*lat.;* »inzwischen, einstweilen«⟩: **1.** Zwischenzeit. **2.** vorläufige Regelung, Übergangslösung (vor allem im politischen Bereich)

in|te|ri|mis|tisch ⟨*lat.-nlat.*⟩: vorläufig, einstweilig

In|ter|jek|ti|on *die;* -, -en ⟨*lat.;* »Dazwischenwurf«⟩: Ausrufe-, Empfindungswort (z. B.: au, bäh)

in|ter|kan|to|nal (schweiz.): zwischen den Kantonen bestehend, allgemein

in|ter|kom|mu|nal ⟨*lat.-nlat.*⟩: zwischen Städten, Kommunen bestehend

in|ter|kon|fes|si|o|nell: das Verhältnis verschiedener Konfessionen zueinander betreffend; über den Bereich einer Konfession hinausgehend; zwischenkirchlich

in|ter|kon|ti|nen|tal: **a)** zwischen zwei Kontinenten gelegen (in Bezug auf Mittelmeere); **b)** von einem Kontinent aus einen anderen erreichend (z. B.: interkontinentale Raketen)

In|ter|kon|ti|nen|tal|ra|ke|te *die;* -, -n: landgestützte militärische Rakete mit großer Reichweite

in|ter|kul|tu|rell: die Beziehungen zwischen den verschiedenen Kulturen betreffend

in|ter|li|ne|ar: zwischen die Zeilen des fremdsprachigen Urtextes geschrieben (von Übersetzungen, bes. in frühen mittelalterlichen Handschriften)

In|ter|li|ne|ar|glos|se *die;* -, -n: interlineare ↑Glosse (1)

In|ter|lu|di|um *das;* -s, ...ien ⟨*lat.-nlat.*⟩: musikalisches Zwischenspiel (bes. in der Orgelmusik)

in|ter|me|di|är ⟨*lat.-nlat.*⟩: in der Mitte liegend,

dazwischen befindlich, ein Zwischenglied bildend; **intermediärer Stoffwechsel** (Med.): Zwischenstoffwechsel; Gesamtheit der Abbau- u. Umbauvorgänge der Stoffe im Körper nach ihrer Aufnahme; **intermediäres Gestein** (Geol.): neutrales, weder saures noch basisches Eruptivgestein

In|ter|mez|zo *das;* -s, -s u. ...zzi ⟨*lat.-it.*⟩: **1. a)** Zwischenspiel im Drama, in der ernsten Oper; **b)** kürzeres Klavier- od. Orchesterstück. **2.** lustiger Zwischenfall; kleine, unbedeutende Begebenheit am Rande eines Geschehens

in|tern ⟨*lat.;* »inwendig«⟩: **1.** innerlich, inwendig. **2.** (Med.) die inneren Organe betreffend. **3.** nur den inneren, engsten Kreis einer Gruppe betreffend; im vertrauten Kreis erfolgend; nicht öffentlich. **4.** im Internat wohnend

i

In|ter|na: *Plural* von ↑Internum

in|ter|na|li|sie|ren: Werte, Normen, Auffassungen o. Ä. übernehmen u. sich zu eigen machen; verinnerlichen

In|ter|nat *das;* -[e]s, -e: **1.** [höhere] Lehranstalt, in der die Schüler zugleich wohnen u. verpflegt werden; vgl. Externat. **2.** an eine [höhere] Lehranstalt angeschlossenes Heim, in dem die Schüler wohnen u. verpflegt werden

in|ter|na|ti|o|nal [auch: ˈɪn...] ⟨*lat.-nlat.*⟩: **1.** zwischen mehreren Staaten bestehend. **2.** über den Rahmen eines Staates hinausgehend, nicht national begrenzt, überstaatlich, weltweit

[1]**In|ter|na|ti|o|na|le** *die;* -, -n ⟨*lat.-nlat.*⟩: **1.** ⟨Kurzf. von »Internationale Arbeiterassoziation«⟩: Vereinigung von Sozialisten u. Kommunisten (I., II. u. III. Internationale) unter dem Kampfruf: »Proletarier aller Länder, vereinigt euch!«. **2.** (ohne Plural) Kampflied der internationalen Arbeiterbewegung (»Wacht auf, Verdammte dieser Erde«)

[2]**In|ter|na|ti|o|na|le** *der* u. *die;* -n, -n (Sport): jmd., der als Mitglied einer Nationalmannschaft internationale Wettkämpfe bestreitet

in|ter|na|ti|o|na|li|sie|ren ⟨*lat.-nlat.*⟩: **1.** die Gebietshoheit eines Staates über ein bestimmtes Staatsgebiet zugunsten mehrerer Staaten od. der ganzen Völkerrechtsgemeinschaft beschränken. **2.** international (2) machen

In|ter|na|ti|o|na|li|sie|rung *die;* -, -en: das Internationalisieren

In|ter|na|ti|o|na|lis|mus *der;* -, ...men: **1.** (ohne Plural) das Streben nach zwischenstaatlichem Zusammenschluss. **2.** (Sprachw.) Wort, das in gleicher Bedeutung u. gleicher od. ähnlicher Form in verschiedenen Kultursprachen vorkommt (z. B. Container)

In|ter|na|ti|o|na|li|tät *die;* -: Überstaatlichkeit

In|ter|ne *der* u. *die;* -n, -n ⟨*lat.*⟩: Schüler[in] eines Internats; vgl. Externe

In|ter|net *das;* -s ⟨Kurzw. aus *engl.* **inter**national u. **net**work »internationales Netzwerk«⟩: weltweiter Verbund von Computernetzen, in dem verschiedene Dienste (z. B. WWW, E-Mail) angeboten werden

In|ter|net|ad|res|se *die;* -, -n: aus dem Namen einer Person, einer Firma o. Ä. sowie weiteren [standardisierten] Zeichen bestehende Angabe, unter der jmd. im Internet erreichbar ist

in|ter|net|af|fin: das Internet oft u. gern nutzend

In|ter|net|auk|ti|on *die;* -, -en: Auktion, die mithilfe des Internets durchgeführt wird

In|ter|net|ban|king, In|ter|net-Ban|king [...bɛŋkɪŋ] *das;* -[s]: das Abwickeln von Bankgeschäften mithilfe des Internets

In|ter|net|ca|fé *das;* -s, -s: Café, wo den Gästen Terminals zur Verfügung stehen, mit denen sie das Internet benutzen können

In|ter|net|dienst *der;* -[e]s, -e: **1.** eine spezifische Funktion erfüllende, über Internet angebotene Dienstleistung (z. B. E-Mail, World Wide Web, Telefonie). **2.** Anbieter eines Internetdienstes (1)

in|ter|net|fä|hig: [technisch] so ausgestattet, dass eine Verbindung zum Internet hergestellt werden kann

In|ter|net|por|tal *das;* -s, -e: Website, die so angelegt ist, dass man von ihr aus bequem auf eine Vielzahl von Informationen zu einem bestimmten Thema zugreifen kann

In|ter|net|sei|te *die;* -, -n: einzelnes Dokument im Internet

In|ter|net|shop|ping, In|ter|net-Shop|ping [...ʃɔpɪŋ] *das;* -s: das Einkaufen durch Bestellung von Waren über das Internet

In|ter|net|te|le|fo|nie *die;* -: Telefonieren mithilfe des Internets

in|ter|nie|ren ⟨*lat.-fr.*⟩: **1. a)** Angehörige eines gegnerischen Staates während des Krieges in staatlichen Gewahrsam nehmen, in Lagern unterbringen; **b)** jmdn. in einem Lager festsetzen. **2.** einen Kranken isolieren, in einer geschlossenen Anstalt unterbringen

In|ter|nie|rung *die;* -, -en: das Internieren, das Interniertwerden; das Interniertsein

In|ter|nie|rungs|la|ger *das;* -s, -: Lager, in dem Zivilpersonen [während des Krieges] gefangen gehalten werden

In|ter|nist *der;* -en, -en ⟨*lat.-nlat.*⟩: **1.** Facharzt für innere Krankheiten. **2.** (veraltet) ↑Interne

In|ter|nis|tin *die;* -, -nen: weibliche Form zu ↑Internist (1)

In|ter|num *das;* -s, ...na ⟨*lat.*⟩: **1.** Gebiet, das einer bestimmten Person, Gruppe od. Behörde vorbehalten u. Dritten gegenüber abgeschlossen ist. **2.** nur die eigenen inneren Verhältnisse angehende Angelegenheit

In|ter|nun|ti|us *der;* -, ...ien ⟨*lat.*⟩: diplomatischer Vertreter des Papstes in kleineren Staaten; vgl. Nuntius

in|ter|oze|a|nisch: Weltmeere verbindend

in|ter|par|la|men|ta|risch: die Parlamente der einzelnen Staaten umfassend; **Interparlamentarische Union:** Vereinigung von Parlamentariern verschiedener Länder (Abk.: IPU)

In|ter|pel|lant *der;* -en, -en ⟨*lat.*⟩: Parlamentarier, der eine Interpellation (1) einbringt

In|ter|pel|lan|tin *die;* -, -nen: weibliche Form zu ↑Interpellant

In|ter|pel|la|ti|on *die;* -, -en (»Unterbrechung«): **1.** parlamentarische Anfrage an die Regierung. **2.** (veraltet; Rechtsspr.) **a)** Einrede; das Recht, die Erfüllung eines Anspruchs ganz od. teilweise zu verweigern; **b)** Einspruchsrecht gegen Versäumnisurteile, Vollstreckungsbefehle o. Ä.; **c)** Mahnung des Gläubigers an den Schuldner. **3.** (veraltet) Unterbrechung, Zwischenrede

in|ter|pel|lie|ren: **1.** eine Interpellation einbringen. **2.** (veraltet) unterbrechen, dazwischenreden, ins Wort fallen

in|ter|pla|ne|tar, in|ter|pla|ne|ta|risch: zwischen den Planeten befindlich; vgl. ...isch/-

In|ter|pol *die;* - ⟨Kurzw. aus **Inter**nationale Kriminal**pol**izeiliche Organisation⟩: zentrale Stelle (mit Sitz in Paris) zur internationalen Koordination der Ermittlungsarbeit in der Verbrechensbekämpfung

In|ter|po|la|ti|on *die;* -, -en ⟨*lat.*⟩: **1.** (Math.) das Errechnen von Werten, die zwischen bekannten Werten einer ↑Funktion (2) liegen. **2.** spätere unberechtigte Einschaltung in den Text eines Werkes

in|ter|po|lie|ren: **1.** Werte zwischen bekannten Werten einer ↑Funktion (2) errechnen. **2.** eine Interpolation (2) vornehmen

In|ter|pret *der;* -en, -en ⟨*lat.*⟩: **1.** jmd., der etwas interpretiert (1). **2.** Künstler, der Lieder od. andere Musikkompositionen einem Publikum vermittelt (z. B. Musiker, Sänger)

In|ter|pre|ta|ti|on *die;* -, -en: **1.** Auslegung, Erklärung, Deutung [von Texten]. **2.** künstlerische Wiedergabe von Musik

in|ter|pre|ta|to|risch: den Interpreten, die Interpretation betreffend

in|ter|pre|tie|ren: **1.** [einen Text] auslegen, erklären, deuten. **2.** Musik künstlerisch wiedergeben

In|ter|pre|tin *die;* -, -nen: weibliche Form zu ↑Interpret

in|ter|pun|gie|ren ⟨*lat.*⟩: ↑interpunktieren

in|ter|punk|tie|ren ⟨*lat.-nlat.*⟩: Satzzeichen setzen

In|ter|punk|ti|on *die;* -, -en ⟨*lat.*⟩: Setzung von Satzzeichen; Zeichensetzung

In|ter|re|gio® *der;* -s, -s, **In|ter|re|gio|zug** *der;* -[e]s, ...züge: (früher) in einem bestimmten Zeittakt [gewöhnlich alle zwei Stunden] verkehrender Schnellzug (Abk.: IR®)

In|ter|reg|num *das;* -s, ...nen u. ...na ⟨*lat.*⟩: **1.** Zwischenregierung, vorläufige Regierung. **2.** Zeitraum, in dem eine vorläufig eingesetzte Regierung die Regierungsgeschäfte wahrnimmt. **3.** (ohne Plural; Geschichte) die kaiserlose Zeit zwischen 1254 u. 1273

in|ter|ro|ga|tiv ⟨*lat.*⟩ (Sprachw.): fragend

In|ter|ro|ga|tiv *das;* -s, -e: ↑Interrogativpronomen

In|ter|ro|ga|tiv|ad|verb *das;* -s, ...bien: Frageumstandswort (z. B. wo?, wann?)

In|ter|ro|ga|tiv|pro|no|men *das;* -s, - u. ...mina: fragendes Fürwort, Fragefürwort (z. B. wer?, welcher?)

In|ter|ro|ga|tiv|satz *der;* -es, ...sätze: (direkter od. indirekter) Fragesatz (z. B.: *Wo warst du gestern?;* Er fragte mich, *wo ich gewesen sei*)

In|ter|ro|ga|ti|vum *das;* -s, ...va: ↑Interrogativpronomen

In|ter|rup|ti|on *die;* -, -en ⟨*lat.*⟩: **1.** (Med.) [künstliche] Unterbrechung (z. B. einer Schwangerschaft od. des ↑Koitus). **2.** Unterbrechung; Störung

in|ter|se|xu|ell (Biol.): Intersexualität aufweisend (von Individuen)

in|ter|stel|lar ⟨*lat.-nlat.*⟩: zwischen den Fixsternen befindlich; **interstellare Materie:** nicht genau lokalisierbare, wolkenartig verteilte Materie zwischen den Fixsternen

In|ter|vall *das;* -s, -e ⟨*lat.*⟩: **1.** Zeitabstand, Zeitspanne; Frist; Pause. **2.** (Musik) Abstand zweier zusammen od. nacheinander klingender Töne. **3.** (Med.) **a)** symptom- od. schmerzfreie Zwischenzeit im Verlauf einer Krankheit; **b)** Zeit zwischen den ↑Menstruationen. **4.** (Math.) der Bereich zwischen zwei Punkten einer Strecke od. Skala

In|ter|vall|trai|ning *das;* -s, -s ⟨*lat.; engl.*⟩ (Sport): Trainingsmethode, bei der ein Trainingsprogramm stufenweise so durchgeführt wird, dass die einzelnen Übungen in einem bestimmten Rhythmus von kürzeren Entspannungspausen unterbrochen werden

in|ter|ve|nie|ren ‹*lat.-fr.*›: **1.** dazwischentreten; vermitteln; sich einmischen (von einem Staat in die Verhältnisse eines anderen). **2.** (Rechtswiss.) einem Prozess beitreten, sich vermittelnd in eine Rechtssache einschalten. **3.** als hemmender Faktor in Erscheinung treten

In|ter|ven|ti|on *die; -, -en* ‹*lat.-fr.*›: **1.** Vermittlung; diplomatische, wirtschaftliche, militärische Einmischung eines Staates in die Verhältnisse eines anderen. **2.** (Wechselrecht) Ehreneintritt eines Dritten zum Schutze eines Rückgriffschuldners; ↑Honorant, ↑Honorat. **3.** Maßnahme zur Verhinderung von Kursrückgängen bestimmter ↑Effekten

i

In|ter|view [ˈɪntɐvju:, auch: ...ˈvju:] *das; -s, -s* ‹*lat.-fr.-engl.*›: **1.** von einem Berichterstatter von Presse, Rundfunk od. Fernsehen vorgenommene Befragung einer meist bekannten Persönlichkeit zu bestimmten Themen od. zur eigenen Person. **2. a)** (Soziol.) gezielte Befragung beliebiger od. ausgewählter Personen zu statistischen Zwecken; **b)** (Med.; Psychol.) ↑methodische (2) Befragung eines Patienten zur Aufnahme einer ↑Anamnese u. zur Diagnose

in|ter|vie|w|en [...ˈvju:ən, auch: ˈɪn...]: **1.** mit jmdm. ein Interview führen. **2.** (ugs.) jmdn. in einer bestimmten Angelegenheit befragen, ausfragen

In|ter|vie|w|er [...ˈvju:ɐ, auch: ˈɪn...] *der; -s, -*: jmd., der mit jmdm. ein Interview führt

In|ter|vie|w|e|rin *die; -, -nen*: weibliche Form zu ↑Interviewer

in|ter|zel|lu|lar, in|ter|zel|lu|lär ‹*lat.-nlat.*› (Biol., Med.): zwischen den Zellen gelegen

In|ter|zes|si|on *die; -, -en* ‹*lat.*›: **1.** das Eintreten für die Schuld eines anderen (z. B. Bürgschaftsübernahme). **2.** (veraltet) ↑Intervention (1)

in|tes|ti|nal ‹*lat.-nlat.*› (Med.): zum Darmkanal gehörend

In|thro|ni|sa|ti|on *die; -, -en* ‹*(lat.; gr.-)mlat.*›: **a)** Thronerhebung eines Monarchen; **b)** feierliche Einsetzung eines neuen Abtes, Bischofs od. Papstes; vgl. ...ation/...ierung

in|thro|ni|sie|ren: a) einen Monarchen auf den Thron erheben; **b)** einen neuen Abt, Bischof od. Papst feierlich einsetzen

In|thro|ni|sie|rung *die; -, -en*: ↑Inthronisation; vgl. ...ation/...ierung

In|ti|fa|da *die; -* ‹*arab.*; »Aufstand, Erhebung«›: palästinensischer Widerstand in den von Israel besetzten Gebieten

in|tim ‹*lat.*; »innerst; vertrautest«›: **1.** innig; vertraut, eng [befreundet]. **2. a)** (verhüll.) sexuell; **mit jmdm. intim sein:** mit jmdm. geschlechtlich verkehren; **b)** den Bereich der Geschlechtsorgane betreffend. **3.** ganz persönlich, verborgen, geheim. **4.** gemütlich, anheimelnd. **5.** genau, bis ins Innerste

In|tim|feind *der; -[e]s, -e* ‹lat.; dt.›: Person, die jmd. gut kennt u. zu der er aufgrund einer unüberbrückbaren geistigen Gegnerschaft, Konkurrenz auf einem bestimmten Gebiet o. Ä. in einem besonders feindseligen, ablehnenden Verhältnis steht

In|tim|fein|din *die; -, -nen*: weibliche Form zu ↑Intimfeind

In|tim|hy|gi|e|ne *die; -*: Körperpflege im Bereich der Geschlechtsteile

In|ti|mi: *Plural* von ↑Intimus

in|ti|mis|tisch ‹*lat.-nlat.*›: [sehr] auf das Intime, Private bezogen

In|ti|mi|tät *die; -, -en* ‹*lat.-nlat.*›: **1. a)** (ohne Plural) vertrautes, intimes Verhältnis; Vertrautheit; **b)** Vertraulichkeit; vertrauliche Angelegenheit. **2.** (meist Plural) sexuelle, erotische Handlung, Berührung, Äußerung. **3.** (ohne Plural) gemütliche, intime Atmosphäre. **4.** (ohne Plural) ↑Intimsphäre

In|tim|schmuck *der; -[e]s, -e* (Plural selten) ‹*lat.; dt.*›: an den Geschlechtsteilen getragener, meist durch ↑Piercing befestigter Schmuck

In|tim|sphä|re *die; -*: innerster persönlicher Bereich

In|ti|mus *der; -, ...mi* ‹*lat.*›: Vertrauter; [eng] Befreundeter, Busenfreund

in|to|le|ra|bel ‹*lat.*› (veraltet): unerträglich; unleidlich, unausstehlich

in|to|le|rant ‹*lat.-fr.*›: unduldsam; [eine andere Meinung, Haltung, Weltanschauung] auf keinen Fall gelten lassend; Ggs. ↑tolerant (1)

In|to|le|ranz *die; -, -en*: **1.** Unduldsamkeit (gegenüber einer anderen Meinung, Haltung, Weltanschauung usw.); Ggs. ↑Toleranz (1). **2.** (Med.) auf Unverträglichkeit beruhende Abneigung des Organismus gegen bestimmte Stoffe (bes. gegen bestimmte Nahrungsmittel od. Alkohol); mangelnde Widerstandsfähigkeit des Organismus gegen schädigende äußere Einwirkungen; Ggs. ↑Toleranz (2)

In|to|na|ti|on *die; -, -en* ‹*lat.-mlat.*; »Einstimmung«›: **1.** (Sprachw.) Veränderung des Tones nach Höhe u. Stärke beim Sprechen von Silben od. ganzen Sätzen; Tongebung. **2.** (in der Gregorianik) vom Priester, Vorsänger od. Kantor gesungene Anfangsworte eines liturgischen Gesangs, der dann vom Chor od. von der Gemeinde weitergeführt wird. **3.** (Musik) präludierende Einleitung in größeren Tonsätzen; kurzes Orgelvorspiel. **4.** (Musik) Art der Tongebung bei Sängern u. Instrumentalisten, z. B. eine reine, unsaubere, weiche Intonation. **5.** (Musik) im Instrumentenbau, bes. bei Orgeln, der Ausgleich der Töne u. ihrer Klangfarben

in|to|nie|ren ⟨*lat.*⟩: **1.** (Physiol.) beim Sprechen od. Singen die Stimme auf eine bestimmte Tonhöhe einstellen. **2. a)** anstimmen, etwas zu singen od. zu spielen beginnen; **b)** den Ton angeben; **c)** Töne mit der Stimme od. auf einem Instrument in einer bestimmten Tongebung hervorbringen

in to|to ⟨*lat.*⟩: im Ganzen; insgesamt, vollständig

In|to|xi|ka|ti|on *die;* -, -en ⟨*gr.-nlat.*⟩ (Med.): Vergiftung; schädigende Einwirkung von Giftstoffen auf den Organismus

in|t|ra..., In|t|ra...

⟨*lat.* intra »innerhalb, in ... hinein; binnen, während«⟩
Präfix mit der Bedeutung »innerhalb«:
- intralingual
- intramuskulär
- Intranet
- intravenös

In|t|ra|da, En|t|ra|da *die;* -, ...den: ↑Intrade

In|t|ra|de *die;* -, -n ⟨*lat.-it.*⟩ (Musik): festliches, feierliches Eröffnungs- od. Einleitungsstück (z. B. der Suite)

in|t|ra|ku|tan ⟨*lat.-nlat.*⟩ (Med.): in der Haut [gelegen]; in die Haut hinein (z. B. von Injektionen)

in|t|ra|mo|le|ku|lar (Chemie): sich innerhalb der Moleküle vollziehend

in|t|ra mu|ros ⟨*lat.;* »innerhalb der Mauern«⟩: nicht öffentlich, geheim

in|t|ra|mus|ku|lär (Med.): im Innern eines Muskels gelegen; ins Innere des Muskels hinein erfolgend (von Injektionen; Abk.: i. m.)

In|t|ra|net *das;* -s, -s ⟨*lat.; engl.*⟩: betriebsinternes Computernetzwerk, das mit Internettechnologie arbeitet

in|tran|si|tiv ⟨*lat.*⟩ (Sprachw.): (von bestimmten Verben) nicht zielend; kein Akkusativobjekt nach sich ziehend u. kein persönliches Passiv bildend (z. B. danken); Ggs. ↑transitiv

In|tran|si|tiv *das;* -s, -e: intransitives Verb

in|t|ra|oku|lar (Med.): innerhalb des Auges gelegen (z. B. von Tumoren od. Fremdkörpern)

in|t|ra|ute|rin: innerhalb der Gebärmutter liegend bzw. erfolgend

In|t|ra|ute|rin|pes|sar *das;* -s, -e (Med.): in die Gebärmutter eingelegtes ↑Pessar

in|t|ra|ve|nös (Med.): innerhalb einer Vene gelegen bzw. vorkommend; in die Vene hinein erfolgend (von Injektionen; Abk.: i. v.)

in|t|ra|zel|lu|lar, in|t|ra|zel|lu|lär (Biol., Med.): innerhalb der Zelle[n] gelegen

in|t|ri|gant ⟨*lat.-it.-fr.*⟩: ständig auf Intrigen sinnend; ränkesüchtig, hinterlistig

In|t|ri|gant *der;* -en, -en: jmd., der intrigiert; Ränkeschmied

In|t|ri|gan|tin *die;* -, -nen: weibliche Form zu ↑Intrigant

In|t|ri|ge *die;* -, -n: hinterlistig angelegte Verwicklung, Ränkespiel

in|t|ri|gie|ren: Ränke schmieden, hinterlistig Verwicklungen inszenieren, einen gegen den anderen ausspielen

in|t|rin|sisch ⟨*lat.-fr.-engl.*⟩ (Psychol.): von innen her, aus eigenem Antrieb durch Interesse an der Sache erfolgend, durch in der Sache liegende Anreize bedingt; Ggs. ↑extrinsisch; **intrinsische Motivation:** durch die von einer Aufgabe ausgehenden Anreize bedingte ↑Motivation (1); Ggs. ↑extrinsische Motivation

In|t|ro *das;* -s, -s ⟨*lat.-engl.*⟩: **a)** einleitender Musiktitel; **b)** Vorbemerkung, einleitender Artikel einer Zeitschrift o. Ä.

in|t|ro..., In|t|ro...

⟨*lat.* intro »hinein«⟩
Präfix mit der Bedeutung »hinein, nach innen«:
- introduzieren
- Introspektion
- introvertiert

In|t|ro|duk|ti|on *die;* -, -en ⟨*lat.*⟩: **1.** (veraltet) Einleitung, Einführung. **2. a)** freier Einleitungssatz vor dem Hauptsatz einer Sonate, einer Sinfonie od. eines Konzerts; **b)** erste Gesangsnummer einer Oper

In|t|ro|i|tus *der;* -, - ⟨*lat.*⟩: **1.** (Med.) Eingang in ein Hohlorgan des Körpers (z. B. Scheideneingang). **2. a)** Eingangsgesang [im Wechsel mit Psalmversen] in der Messe; **b)** [im Wechsel gesungene] Eingangsworte od. Eingangslied im evangelischen Gottesdienst

In|t|ro|ver|si|on *die;* -, -en ⟨*lat.-nlat.*⟩ (Psychol.): Konzentration des Interesses von der Außenwelt weg auf innerseelische Vorgänge; Ggs. ↑Extraversion

in|t|ro|ver|tiert (Psychol.): nach innen gewandt,

zur Innenverarbeitung der Erlebnisse veranlagt; Ggs. ↑extravertiert

In|t|ru|si|on *die;* -, -en: **1.** (Geol.) Vorgang, bei dem Magma zwischen die Gesteine der Erdkruste eindringt u. erstarrt. **2.** widerrechtliches Eindringen in einen fremden Bereich

In|t|ru|siv|ge|stein *das;* -s, -e (Geol.): Tiefengestein (in der Erdkruste erstarrtes Magma)

In|tu|ba|ti|on *die;* -, -en ⟨*lat.-nlat.*⟩ (Med.): (bei Erstickungsgefahr) Einführung eines [Metall]rohrs vom Mund aus in den Kehlkopf zum Einbringen von Medikamenten in die Luftwege od. zu Narkosezwecken

in|tu|bie|ren (Med.): eine Intubation vornehmen

In|tu|i|ti|on *die;* -, -en ⟨*lat.-mlat.*⟩: **a)** das unmittelbare, nicht diskursive, nicht auf Reflexion beruhende Erkennen, Erfassen eines Sachverhalts od. eines komplizierten Vorgangs; **b)** Eingebung, [plötzliches] ahnendes Erfassen

in|tu|i|tiv ⟨*lat.-mlat.*⟩: **a)** auf Intuition (a) beruhend; Ggs. ↑diskursiv; **b)** mit Intuition (b)

In|tu|mes|zenz, In|tur|ges|zenz *die;* -, -en ⟨*lat.-nlat.*⟩ (Med.): Anschwellung

in|tus ⟨*lat.*⟩: innen, inwendig; **etwas intus haben** (ugs.): etwas begriffen haben; sich etwas einverleibt haben, etwas gegessen od. getrunken haben

Inu|it: *Plural* von ↑Inuk

Inuk *der;* -s, Inuit ⟨*eskim.;* »Mensch«⟩: Selbstbezeichnung der Eskimos, bes. in Kanada, Nordalaska u. Grönland

Inu|lin *das;* -s ⟨*gr.-lat.-nlat.*⟩: aus gewissen Pflanzenknollen (z. B. den Wurzeln von Löwenzahn, Alant, Dahlie) gewonnenes ↑Kohlenhydrat, das als Diätzucker für Zuckerkranke verwendet wird

In|un|da|ti|on *die;* -, -en ⟨*lat.*⟩ (Geogr.): völlige Überflutung großer Teile des Festlandes durch das Meer od. einen Fluss

In|un|da|ti|ons|ge|biet *das;* -[e]s, -e (Geogr.): Hochflutbett eines seichten Stromes

In|unk|ti|on *die;* -, -en ⟨*lat.*⟩ (Med.): Einreibung (von Arzneimitteln in flüssiger od. Salbenform)

in usum Del|phi|ni: ↑ad usum Delphini

in|va|lid, in|va|li|de ⟨*lat.-fr.*⟩: arbeits-, dienst-, erwerbsunfähig (infolge einer Verwundung, eines Unfalles, einer Krankheit o. Ä.)

In|va|li|de *der* u. *die;* -n, -n: Arbeits-, Dienst-, Erwerbsunfähige[r] (infolge von Unfall, Verwundung, Krankheit o. Ä.)

in|va|li|die|ren (veraltet): ungültig machen, umstoßen

in|va|li|di|sie|ren: 1. für invalide erklären. **2.** jmdm. eine Alters- od. Arbeitsunfähigkeitsrente gewähren

In|va|li|di|tät *die;* -, -en: [dauernde] erhebliche Beeinträchtigung der Arbeits-, Dienst-, Erwerbsfähigkeit

in|va|ri|a|bel [auch: ɪnvaˈri̯a:...] ⟨*lat.-nlat.*⟩: unveränderlich; **invariable Erdschicht** (Geol.): Erdschicht, in der sich die Temperaturschwankungen der Erdoberfläche nicht mehr auswirken

In|va|ri|an|te *die;* -, -n (Math.): Größe, die bei Eintritt gewisser Veränderungen unveränderlich bleibt

In|va|ri|an|ten|the|o|rie *die;* -: mathematische Theorie, die die [geometrischen] Größen untersucht, die bei einzelnen ↑Transformationen unverändert bleiben

In|va|ri|anz [auch: ...ri̯ˈants] *die;* -: Unveränderlichkeit (z. B. von Größen in der Mathematik)

In|va|si|on *die;* -, -en ⟨*lat.-fr.*⟩: **1.** Einfall; feindliches Einrücken von Truppen in fremdes Gebiet; vgl. Evasion (1). **2.** (Med.) das Eindringen von Krankheitserregern in die Blutbahn

in|va|siv (Med.): in das umgebende Bindegewebe wuchernd hineinwachsend (von Krebszellen)

In|va|sor *der;* -s, ...oren (meist Plural) ⟨*lat.*⟩: Eroberer; eindringender Feind

In|va|so|rin *die;* -, -nen: weibliche Form zu ↑Invasor

In|vek|ti|ve *die;* -, -n ⟨*lat.*⟩: Schmährede od. -schrift; beleidigende Äußerung; Beleidigung

in|ve|nit ⟨*lat.*⟩: hat [es] erfunden (auf grafischen Blättern vor dem Namen des Künstlers, der die Originalzeichnung schuf; Abk.: inv.)

In|ven|tar *das;* -s, -e: **1.** Gesamtheit der zu einem Betrieb, Unternehmen, Haus, Hof o. Ä. gehörenden Einrichtungsgegenstände u. Vermögenswerte (einschließlich Schulden). **2.** Verzeichnis des Besitzstandes eines Unternehmens, Betriebes, Hauses [das neben der ↑Bilanz jährlich zu erstellen ist]. **3.** Verzeichnis der Vermögensgegenstände u./od. Verbindlichkeiten aus einem Nachlass

In|ven|ta|ri|sa|ti|on *die;* -, -en ⟨*lat.-nlat.*⟩: Bestandsaufnahme [des Inventars]; vgl. ...ation/...ierung

in|ven|ta|ri|sie|ren: ein Inventar, den Bestand von etwas aufnehmen

In|ven|ta|ri|sie|rung *die;* -, -en: das Inventarisieren; vgl. ...ation/...ierung

In|ven|ti|on *die;* -, -en ⟨*lat.*⟩: **1.** (veraltet) Erfindung. **2.** kleines zwei- od. dreistimmiges Klavierstück in kontrapunktisch imitierendem Satzbau mit nur einem zugrunde liegenden Thema

In|ven|tur *die;* -, -en ⟨*lat.-mlat.*⟩: Bestandsaufnahme der Vermögensteile u. Schulden eines Unternehmens zu einem bestimmten Zeitpunkt durch Zählen, Messen o. Ä. anlässlich der Erstellung der ↑Bilanz; vgl. Skontro

in|vers *‹lat.›*: umgekehrt; **inverse Funktion** (Math.): durch Vertauschung der unabhängigen u. der abhängigen Variablen gewonnene Umkehrfunktion der ursprünglichen Funktion

In|ver|si|on *die;* -, -en ‹»Umkehrung«›: **1.** (bildungsspr., Fachspr.) Umkehrung, Umdrehung, Umwandlung. **2.** (Sprachw.) Umkehrung der üblichen Wortstellung (Subjekt–Prädikat), d. h. die Stellung Prädikat–Subjekt. **3.** (Chemie) Umwandlung von Rohrzucker in ein Gemisch aus Traubenzucker u. Fruchtzucker. **4.** (Meteorol.) Temperaturumkehr an einer Sperrschicht, an der die normalerweise mit der Höhe abnehmende Temperatur sprunghaft zunimmt. **5.** (Biol.) Form der Chromosomenmutation, bei der ein herausgebrochenes Teilstück sich unter Drehung um 180° wieder an der bisherigen Stelle einfügt. **6.** (Math.) Berechnung der inversen Funktion (Umkehrfunktion)

In|ver|te|b|rat *der;* -en, -en (meist Plural): ↑Evertebrat

In|ver|ter *der;* -s, - *‹lat.-engl.›*: **1.** (Technik) logische Schaltung, die ein digitales Signal in sein Gegenteil verkehrt. **2.** (Elektrot.) Gerät zur Umwandlung von Gleichstrom in Wechselstrom; Wechselrichter. **3.** (ugs.) Achterbahn, bei der die Züge unter den Schienen angebracht sind

in|ver|tie|ren *‹lat.›*: umkehren, umstellen, eine Inversion vornehmen

In|ver|tin *das;* -s: ↑Saccharase

In|vert|zu|cker *der;* -s *‹lat.; dt.›*: das bei der ↑Inversion (3) entstehende Gemisch aus Traubenzucker u. Fruchtzucker (z. B. im Bienenhonig)

in|ves|tie|ren *‹lat.;* »einkleiden«›: **1.** mit den Zeichen der Amtswürde bekleiden, in ein Amt einsetzen; vgl. Investitur (1). **2. a)** Kapital langfristig in Sachgütern anlegen; **b)** etwas auf jmdn./etwas [in reichem Maße] verwenden

In|ves|tie|rung *die;* -, -en: das Investieren (2); vgl. Investition

in|ves|ti|ga|tiv *‹lat.-engl.›*: nach-, ausforschend; enthüllend, aufdeckend

In|ves|ti|ti|on *die;* -, -en *‹lat.-nlat.›*: **1.** langfristige Anlage von Kapital in Sachwerten. **2.** Aufwendung, Geldausgabe

In|ves|ti|tur *die;* -, -en *‹lat.-mlat.›*: **1. a)** Einweisung in ein niederes geistliches Amt (katholisches Pfarramt); **b)** im Mittelalter feierliche Belehnung mit dem Bischofsamt durch den König. **2.** abschließender Akt der Eigentumsübertragung (im älteren deutschen Recht). **3.** Bestätigung des Ministerpräsidenten durch die Nationalversammlung (in Frankreich)

in|ves|tiv: als Investition, in Form von Investitionen, zur produktiven Verwendung; Ggs. ↑konsumtiv

In|ves|tiv|lohn *der;* -[e]s, ...löhne *‹lat.-nlat.; dt.›*: als Spareinlage gebundener Teil des Arbeitnehmerlohnes (z. B. in Form von Belegschaftsaktien)

In|vest|ment *das;* -s, -s *‹lat.-engl.›*: Kapitalanlage in Investmentzertifikaten

In|vest|ment|fonds [...fõ:] *der;* -, - [...fõ:s] (Wirtsch.): Sondervermögen einer Kapitalanlagegesellschaft, das in Wertpapieren od. Grundstücken angelegt wird

In|vest|ment|pa|pier *das;* -s, -e: ↑Investmentzertifikat

In|vest|ment|trust [...trast] *der;* -s, -s: Investmentgesellschaft; Kapitalanlage- u. Beteiligungsgesellschaft, die Investmentgeschäfte betreibt

In|vest|ment|zer|ti|fi|kat *das;* -[e]s, -e: Schein über einen Anteil am Vermögen eines Investmentfonds

In|ves|tor *der;* -s, ...oren *‹lat.-nlat.›*: Kapitalanleger

In|ves|to|rin *die;* -, -nen: weibliche Form zu ↑Investor

in vi|no ve|ri|tas *‹lat.;* »im Wein [ist] Wahrheit«›: jmd., der etwas getrunken hat, spricht Wahrheiten aus, die er im nüchternen Zustand sonst eher für sich behält

in vi|t|ro *‹lat.;* »im Glas«›: im Reagenzglas [durchgeführt] (von wissenschaftlichen Versuchen); vgl. aber: in vivo

in vi|vo *‹lat.;* »im Leben«›: am lebenden Objekt [beobachtet od. durchgeführt] (von wissenschaftlichen Versuchen); vgl. aber: in vitro

In|vo|ka|ti|on *die;* -, -en *‹lat.›*: Anrufung Gottes [u. der Heiligen] (z. B. am Anfang von mittelalterlichen Urkunden)

In|vo|ka|vit *‹lat.;* nach dem alten ↑Introitus des Gottesdienstes, Psalm 91, 15, »er hat (mich) angerufen«› (ev. Kirche): der erste Sonntag der Fastenzeit

In|vo|lu|ti|on *die;* -, -en *‹lat.;* »Windung«›: **1.** (Math.) Darstellung des Verhältnisses zwischen Punkten, Geraden od. Ebenen in der ↑projektiven Geometrie. **2.** (Med.) normale Rückbildung eines Organs (z. B. der Gebärmutter nach der Entbindung) od. des ganzen Organismus (als Alterungsvorgang). **3. a)** Verfall eines sozialen Organismus; **b)** Rückentwicklung demokratischer Systeme u. Formen in vor- od. antidemokratische

in|vol|vie|ren: **1.** einschließen, einbegreifen, enthalten (den Sinn eines Ausdrucks). **2.** an etwas beteiligen, in etwas verwickeln; vgl. evolvieren

In|zen|tiv *das;* -s, -e ‹*lat.*›: Anreiz, Ansporn

In|zest *der;* -[e]s, -e ‹*lat.*›: **a)** (Med.) sexuelle Beziehungen zwischen engsten Blutsverwandten; **b)** Paarung von eng verwandten Tieren

in|zes|tu|ös ‹*lat.-fr.*›: einen Inzest bedeutend, in der Art eines Inzests

in|zi|den|ter: beiläufig, am Rande

in|zi|die|ren ‹*lat.*› (Med.): einen Einschnitt machen

In|zi|si|on *die;* -, -en ‹*lat.*›: **1.** (Med.) operativer Einschnitt, Öffnung (z. B. eines Abszesses). **2.** (Völkerkunde) Beschneidung. **3.** (Metrik) Zäsur (2), bes. des Pentameters

i

In|zi|siv *der;* -s, -en, **In|zi|si|vus** *der;* -, ...vi ‹*lat.-nlat.*› (Med.): Schneidezahn

Iod vgl. Jod

Io|dat vgl. Jodat

Io|did vgl. Jodid

Ion [auch: ˈiːɔn] *das;* -s, Ionen ‹*gr.;* »Gehendes, Wanderndes«› (Physik, Chemie): elektrisch geladenes Atom od. Molekül

...i|on/...ie|rung vgl. ...ation/...ierung

Io|ni|sa|ti|on *die;* -, -en ‹*gr.-nlat.*› (Physik, Chemie): Versetzung von Atomen od. Molekülen in elektrisch geladenen Zustand

io|ni|sie|ren ‹*gr.-nlat.*› (Physik, Chemie): Ionisation bewirken

Io|ni|sie|rung *die;* -, -en: das Ionisieren; vgl. ...ation/...ierung

Io|no|sphä|re *die;* -, -n ‹*gr.-nlat.*›: durch eine hohe Ionendichte gekennzeichnete Schicht der Atmosphäre eines Planeten, bes. der Erde

Io|ta vgl. Jota

Io|ta|zis|mus vgl. Jotazismus

iPad®, I-Pad [ˈaipɛt] *das;* -[s], -s ‹geb. nach ↑iPod zu *engl.* pad »(Schreib)block«›: ein ↑Tablet-PC mit berührungsempfindlichem Bildschirm der Firma Apple

Ipe|ka|ku|an|ha [...ˈku̯anja] *die;* - ‹*indian.-port.*›: Brechwurz; Wurzel einer südamerikanischen Pflanze (Husten- u. Brechmittel)

iPhone®, I-Phone [ˈaifoːn] *das;* -[s], -s ‹geb. nach ↑iPod zu *engl.* phone »Telefon«›: ein Mobiltelefon der Firma Apple

iPod®, I-Pod [ˈaipɔt] *der;* -[s], -s ‹aus »i« für *engl.* internet (oder: information) u. pod »Gehäuse, Hülle«›: MP3-Player der Firma Apple

ip|se fe|cit ‹*lat.*›: er hat [es] selbst gemacht (auf Kunstwerken vor od. hinter der Signatur des Künstlers; Abk.: i. f.)

ip|so fac|to ‹»durch die Tat selbst«›: Rechtsformel, die besagt, dass die Folgen einer Tat von selbst eintreten

ip|so ju|re ‹»durch das Recht selbst«›: Rechtsformel, die besagt, dass die Rechtsfolgen einer Tat von selbst eintreten

Ira|de *der* od. *das;* -s, -n ‹*arab.-türk.;* »Wille«› (Geschichte): Erlass des Sultans (der Kabinettsorder des absoluten Herrschers entsprechend)

ira|nisch: den Iran, die Iraner betreffend; zum Iran gehörend, aus dem Iran stammend

Ira|nist *der;* -en, -en ‹*nlat.*›: Wissenschaftler auf dem Gebiet der Iranistik

Ira|nis|tik *die;* -: Wissenschaft von den iranischen Sprachen u. Kulturen

Ira|nis|tin *die;* -, -nen: weibliche Form zu ↑Iranist

Ir|bis *der;* -ses, -se ‹*mong.-russ.*›: Schneeleopard (in den Hochgebirgen Zentralasiens)

Ire|nik *die;* - ‹*gr.*›: das Bemühen um eine friedliche interkonfessionelle Auseinandersetzung mit dem Ziel der Aussöhnung

ire|nisch: friedliebend, friedfertig

Iri|d|ek|to|mie *die;* -, ...ien ‹*gr.-nlat.*› (Med.): Ausschneidung [eines Teils] der Regenbogenhaut

Iri|di|um *das;* -s: chem. Element; ein Edelmetall (Zeichen: Ir)

Iri|do|lo|gie *die;* -: Augendiagnose

Iris *die;* -, - ‹*gr.-lat.;* »Regenbogen«›: **1.** (Meteorol.) Regenbogen. **2.** (Plural auch: Iriden od. Irides [iˈriːdeːs]; Med.) Regenbogenhaut des Auges. **3.** Schwertlilie

Iris|blen|de *die;* -, -n (Fotogr.): verstellbare Blende, deren Öffnung in der Größe kontinuierlich verändert werden kann

Irish Cof|fee [ˈai̯rɪʃ ˈkɔfi] *der;* - -[s], - -s ‹*engl.*›: Kaffee mit einem Schuss Whiskey u. Schlagsahne

Irish Stew [- ˈstjuː] *das;* - -[s], - -s ‹*engl.*›: Eintopfgericht aus Weißkraut mit Hammelfleisch u. a.

iri|sie|ren ‹*gr.-lat.-nlat.*›: in Regenbogenfarben schillern; **irisierende Wolken** (Meteorol.): Wolken, deren Ränder perlmutterfarbene Lichterscheinungen zeigen

Iri|tis *die;* -, ...iti̱den (Med.): Regenbogenhautentzündung

Iro|nie *die;* -, ...ien (Plural selten) ‹*gr.-lat.*›: **a)** feiner, verdeckter Spott, mit dem man etwas dadurch zu treffen sucht, dass man es unter dem auffälligen Schein der eigenen Billigung lächerlich macht; **b)** paradoxe Konstellation, die einem als frivoles Spiel einer höheren Macht erscheint (z. B. eine Ironie des Schicksals, der Geschichte)

Iro|ni|ker *der;* -s, -: Mensch mit ironischer Geisteshaltung

Iro|ni|ke|rin *die;* -, -nen: weibliche Form zu ↑Ironiker

iro|nisch: voller Ironie; mit feinem, verstecktem Spott; durch übertriebene Zustimmung seine Kritik zum Ausdruck bringend

iro|ni|sie|ren ⟨*gr.-lat.-fr.*⟩: einer ironischen Betrachtung unterziehen

Iron|man® [ˈai̯ənmən] *der;* -s ⟨*engl.;* »eiserner Mann«⟩: Triathlonwettkampf über die volle Distanz von 3,8 km Schwimmen, 180 km Radfahren und 42,195 km Laufen

Ir|ra|di|a|ti|on *die;* -, -en ⟨*lat.-nlat.*⟩: **1. a)** (Med.) das Ausstrahlen von Erregung od. Schmerzen auf die Umgebung der gereizten Nerven; **b)** optische Täuschung, durch die ein heller Fleck auf dunklem Grund dem Auge größer erscheint als ein dunkler Fleck auf hellem Grund. **2.** (Wirtsch., Psychol.) das Assoziieren einer Eigenschaft eines Produktes mit einer anderen, davon unabhängigen (z. B. die Farbe Dunkelblau bei Duschgels mit der Duftnote männlich-herb). **3.** Überbelichtung von fotografischen Platten

ir|ra|di|ie|ren ⟨*lat.*⟩: ausstrahlen, als eine Irradiation (1 a) wirken

ir|ra|ti|o|nal [auch: ...ˈnaːl] ⟨*lat.*⟩: **a)** mit dem Verstand nicht fassbar, dem logischen Denken nicht zugänglich; **b)** vernunftwidrig

Ir|ra|ti|o|na|lis|mus *der;* -, ...men ⟨*lat.-nlat.*⟩: **1.** (ohne Plural) Vorrang des Gefühlsmäßigen vor der Verstandeserkenntnis. **2.** (ohne Plural) metaphysische Lehre, nach der Wesen u. Ursprung der Welt dem Verstand (der Ratio) unzugänglich sind. **3.** irrationale Verhaltensweise, Geschehen o. Ä.

Ir|ra|ti|o|na|li|tät *die;* -: die Eigenschaft des Irrationalen

ir|re|al: nicht wirklich, unwirklich; Ggs. ↑real (2)

Ir|re|al *der;* -s, -e: ↑Irrealis

Ir|re|a|lis *der;* -, ...les [...leːs]: ↑Modus des unerfüllbaren Wunsches, einer als unwirklich hingestellten Annahme (z. B.: Wenn ich ein Vöglein *wär ..., Hättest* du es doch nicht getan!)

Ir|re|a|li|tät *die;* -, -en: die Nicht- od. Unwirklichkeit; Ggs. ↑Realität

Ir|re|den|ta *die;* -, ...ten ⟨*lat.-it.*⟩: **1.** politische Unabhängigkeitsbewegung, die den Anschluss abgetrennter Gebiete an das Mutterland anstrebt. **2.** (ohne Plural) italienische Unabhängigkeitsbewegung im 19. Jh.

Ir|re|den|tis|mus *der;* - ⟨*lat.-it.-nlat.*⟩: Geisteshaltung der Irredenta

Ir|re|den|tist *der;* -en, -en: Angehöriger der Irredenta, Verfechter des Irredentismus

Ir|re|den|tis|tin *die;* -, -nen: weibliche Form zu ↑Irredentist

ir|re|den|tis|tisch: den Irredentismus betreffend

ir|re|du|zi|bel [auch: ...ˈt̮siː...] (Math.; Philos.): nicht zurückführbar, nicht ableitbar; Ggs. ↑reduzibel

ir|re|gu|lär [auch: ...ˈlɛːɐ̯]: **1. a)** nicht regelgemäß, nicht der Regel entsprechend; **b)** nicht dem Gesetz entsprechend, ungesetzlich, regelwidrig; Ggs. ↑regulär; **irreguläre Truppen:** außerhalb des regulären Heeres aufgebotene Verbände (Freikorps, Partisanen o. Ä.). **2.** vom Empfang der katholischen geistlichen Weihen ausgeschlossen

Ir|re|gu|lä|re *der* u. *die;* -n, -n: Angehöriger irregulärer Truppen

Ir|re|gu|la|ri|tät *die;* -, -en: **1. a)** Regellosigkeit; mangelnde Gesetzmäßigkeit; Ggs. ↑Regularität (a); **b)** (Sprachw.) vom üblichen Sprachgebrauch abweichende Erscheinung; Ggs. ↑Regularität (b). **2.** (kath. Kirchenrecht) kirchenrechtliches Hindernis, das vom Empfang der geistlichen Weihen ausschließt

ir|re|le|vant [auch: ...ˈvant]: unerheblich, belanglos; Ggs. ↑relevant

Ir|re|le|vanz [auch: ...ˈvant̮s] *die;* -, -en: Unwichtigkeit, Bedeutungslosigkeit; Ggs. ↑Relevanz

ir|re|li|gi|ös [auch: ...ˈgi̯øːs] ⟨*lat.*⟩: nicht religiös (2)

Ir|re|li|gi|o|si|tät [auch: ˈɪr...] *die;* -: irreligiöse Einstellung; Ggs. ↑Religiosität

ir|re|pa|ra|bel [auch: ...ˈraː...] ⟨*lat.*⟩: **a)** sich nicht durch eine Reparatur instand setzen lassend; **b)** sich nicht ersetzen, beheben lassend; **c)** (Med.) nicht heilbar, in der Funktion nicht wiederherzustellen

ir|re|po|ni|bel [auch: ...ˈniː...] (Med.): nicht wieder in die normale Lage zurückzubringen (z. B. von Gelenken); Ggs. ↑reponibel

ir|re|ver|si|bel [auch: ...ˈziː...] ⟨*lat.-fr.*⟩: nicht umkehrbar, nicht rückgängig zu machen; Ggs. ↑reversibel (1)

Ir|re|ver|si|bi|li|tät [auch: ˈɪr...] *die;* -: Unumkehrbarkeit; Ggs. ↑Reversibilität

Ir|ri|ga|ti|on *die;* -, -en ⟨*lat.;* »Bewässerung«⟩: **1.** (Med.) Ausspülung (bes. des Darms bei Verstopfung), Einlauf. **2.** (Fachspr. selten) Bewässerung

Ir|ri|ga|tor *der;* -s, ...oren (Med.): Spülapparat (z. B. für Spülungen des Dickdarms)

ir|ri|gie|ren (selten): bewässern

ir|ri|ta|bel ⟨*lat.*⟩ (bes. Med.): reizbar, erregbar, empfindlich (z. B. von Nerven)

Ir|ri|ta|bi|li|tät *die;* - (bes. Med.): Reizbarkeit, Empfindlichkeit (z. B. eines Gewebes)

Ir|ri|ta|ti|on *die;* -, -en: **a)** auf jmdn., etwas ausgeübter Reiz, Reizung; **b)** das Erregtsein; **c)** Verwirrung, Zustand der Verunsichertheit

ir|ri|tie|ren: a) [auf]reizen, erregen; **b)** unsicher machen, verwirren, beunruhigen, beirren; **c)** stören, lästig sein; **d)** (veraltend) ärgern

is... vgl. iso..., Iso...

Isa|bel|le *die;* -, -n ‹angeblich nach der Farbe des Hemdes, das die span. Erzherzogin Isabelle von 1601 bis 1604 getragen haben soll›: Pferd mit isabellfarbenem Fell u. gleichfarbenem od. hellerem Mähnen- u. Schweifhaar

isa|bell|far|ben, isa|bell|far|big: graugelb

ISAF, Isaf *die;* - ‹Kurzw. aus International Security Assistance Force›: internationale Schutztruppe [in Afghanistan]

Isa|tin *das;* -s ‹*gr.-lat.-nlat.*›: bei der Oxidation von Indigo mit Salpetersäure entstehendes Zwischen- u. Ausgangsprodukt in der pharmazeutischen u. Farbstoffindustrie

Isa|tis *die;* - ‹*gr.-lat.*› (Bot.): Gattung der Kreuzblütler; Waid

ISBN: Abk. für *engl.* International Standard Book Number (mehrstellige Nummer, die seit 1973 jedes Buch erhält)

...isch/-

Bei Adjektiven aus fremden Sprachen konkurrieren des Öfteren endungslose Adjektive mit solchen, die auf ...isch enden:
- genial/genialisch
- ideal/idealisch

Dabei haben die endungslosen Adjektive mehr die Qualität eines Eigenschaftswortes:
- antik
- sentimental

Die selteneren, auf ...isch endenden Relativadjektive drücken hingegen eine Beziehung (Zugehörigkeit, Vergleichsbildung, Gleichsetzung) aus:
- antikisch
- sentimentalisch

Is|ch|ä|mie *die;* -, ...ien ‹*gr.-nlat.*› (Med.): örtliche Blutleere, mangelnde Versorgung einzelner Organe mit Blut

Ische *die;* -, -n ‹*hebr.-jidd.*› (ugs. veraltend): Mädchen, junge Frau (aus der Sicht eines Jungen, jungen Mannes)

Is|chi|a|di|kus [ɪsˈçi̯a:..., ɪˈʃi̯a...] *der;* -, ...izi (Plural selten) ‹*gr.-lat.*›: Ischias-, Hüftnerv

Is|chi|al|gie [ɪsçi̯..., auch ɪʃi̯...] *die;* -, ...ien ‹*gr.-nlat.*›: ↑Ischias

Is|chi|as [auch: ˈɪsçi̯as] *der* od. *das,* fachspr. auch: *die;* - ‹*gr.-lat.*› (Med.): Hüftschmerzen; [anfallsweise auftretende] Neuralgie im Ausbreitungsbereich des ↑Ischiadikus

Is|ch|u|rie [ɪsç...] *die;* -, ...ien ‹*gr.-nlat.*› (Med.): Harnverhaltung; Unmöglichkeit, Harn zu entleeren

ISDN *das;* - ‹Abk. für *engl.* integrated services digital network »Dienste integrierendes digitales Netz«›: digitales Telekommunikationsnetz, das mehrere Telekommunikationsdienste (Telefonie, Fax, Datenübertragung etc.) integriert

Is|lam [auch: ˈɪslam] *der;* -[s] ‹*arab.;* »Hingabe [an Gott]«›: auf die im Koran niedergelegte Verkündigung des arabischen Propheten Mohammed (um 570–632) zurückgehende monotheistische Religion

Is|la|mi|sa|ti|on *die;* -, -en ‹*arab.-nlat.*›: Bekehrung zum Islam; vgl. ...ation/...ierung

is|la|misch: zum Islam gehörend

is|la|mi|sie|ren: zum Islam bekehren; unter die Herrschaft des Islams bringen

Is|la|mis|mus *der;* - ‹*arab.-nlat.*›: dem islamischen Fundamentalismus zugrunde liegende Ideologie

Is|la|mist *der;* -en, -en: **1.** Anhänger des Islamismus. **2.** (selten) jmd., der den Islam wissenschaftlich erforscht

Is|la|mis|tin *die;* -, -nen: weibliche Form zu ↑Islamist

is|la|mis|tisch: den Islamismus betreffend, von ihm geprägt

Is|ma|i|lit *der;* -en, -en ‹nach Ismail (†760), einem Nachkommen Mohammeds›: Angehöriger einer ↑schiitischen Glaubensgemeinschaft, in der nur sieben ↑Imame (2), als letzter Ismail, anerkannt werden

Is|mus *der;* -, Ismen: abwertende Bez. für eine bloße Theorie, eine von den vielen auf ...ismus endenden Richtungen in Wissenschaft, Kunst o. Ä., von Lehrmeinungen u. Systemen

iso..., Iso...

vor Vokalen meist: **is..., Is...**
‹*gr.* ísos »ähnlich, entsprechend, gleich«›
Präfix mit der Bedeutung »gleich«:
- Isanabase
- Isobare
- Isoglosse
- isometrisch
- isotonisch

Iso|ba|re *die;* -, -n: Verbindungslinie zwischen Orten, an denen gleicher Luftdruck herrscht

Iso|bu|tan *das;* -s: gesättigter Kohlenwasserstoff; farbloses, brennbares Gas

iso|chrom ‹*gr.-nlat.*›: ↑isochromatisch

Iso|chro|ma|sie *die;* -: gleiche Farbempfindlichkeit, Farbtonrichtigkeit, bes. bei fotografischen Emulsionen

iso|chro|ma|tisch: verschiedene Farben gleich behandelnd, für alle Spektralfarben gleich empfindlich, farbtonrichtig; **isochromatische Platte:** für den gesamten Spektralbereich gleich empfindliche fotografische Platte

iso|chron ‹*gr.-nlat.*› (Physik): gleich lange dauernd

Iso|chro|ne *die;* -, -n: Verbindungslinie zwischen Orten gleichzeitigen Auftretens bestimmter Erscheinungen (z. B. einer Erdbebenwelle)

Iso|drink *der;* -s, -s ‹*gr.; engl.*›: isotonisches Getränk, das vor allem zur Regeneration nach dem Sport getrunken wird

Iso|dy|na|me *die;* -, -n ‹*gr.-nlat.*›: Verbindungslinie zwischen Orten, an denen gleiche magnetische Stärke herrscht

Iso|dy|ne *die;* -, -n (Physik): Linie, die Punkte gleicher Kraft verbindet

Iso|ga|mie *die;* -, ...ien (Biol.): Vereinigung gleich gestalteter Geschlechtszellen

Iso|glos|se *die;* -, -n ‹*gr.-nlat.*› (Sprachw.): auf Sprachkarten Linie, die Gebiete gleichen Wortgebrauchs begrenzt

Iso|gon *das;* -s, -e ‹*gr.-nlat.*›: regelmäßiges Vieleck

iso|go|nal: winkelgetreu (bes. bei geometrischen Figuren u. bei Landkarten), gleichwinklig

Iso|go|ne *die;* -, -n (Meteorol.): Verbindungslinie zwischen Orten gleicher ↑Deklination (3) od. gleichen Windes

Iso|hy|e|te *die;* -, -n ‹*gr.-nlat.*› (Meteorol.): Verbindungslinie zwischen Orten mit gleicher Niederschlagsmenge

Iso|hyp|se *die;* -, -n ‹*gr.-nlat.*› (Geogr.): Verbindungslinie zwischen Orten gleicher Meereshöhe

Iso|kli|ne *die;* -, -n (Geogr.): Verbindungslinie zwischen Orten gleicher ↑Inklination (2)

Iso|la|ti|on *die;* -, -en ‹*lat.-it.-fr.*›: **1.** Absonderung, Getrennthaltung [von Infektionskranken, psychisch Auffälligen od. Häftlingen]. **2. a)** Vereinzelung, Vereinsamung (eines Individuums innerhalb einer Gruppe); Abkapselung; **b)** Abgeschnittenheit eines Gebietes (vom Verkehr, von der Kultur o. Ä.). **3. a)** Verhinderung des Durchgangs von Strömen (Gas, Wärme, Elektrizität, Wasser u. a.) mittels nicht leitender Stoffe; **b)** (Technik) Isoliermaterial; vgl. ...ation/...ierung

Iso|la|ti|o|nis|mus *der;* - ‹*lat.-it.-fr.-nlat.*›: politische Tendenz, sich vom Ausland abzuschließen u. staatliche Eigeninteressen zu betonen

Iso|la|ti|o|nist *der;* -en, -en: Verfechter des Isolationismus

Iso|la|ti|o|nis|tin *die;* -, -nen: weibliche Form zu ↑Isolationist

iso|la|ti|o|nis|tisch: den Isolationismus betreffend, dem Isolationismus entsprechend

Iso|la|ti|ons|haft *die;* -: Haft, bei der die Kontakte des Häftlings zur Außenwelt eingeschränkt od. unterbunden werden

Iso|la|tor *der;* -s, ...oren: **1.** Stoff, der Energieströme schlecht od. gar nicht leitet. **2. a)** Material zum Abdichten, Isolieren; **b)** zur Verhinderung von Kurzschlüssen o. Ä. verwendetes Material als Umhüllung u. Stütze für unter Spannung stehende elektrische Leitungen

iso|lie|ren ‹*lat.-it.-fr.*›: **1.** absondern; vereinzeln; abschließen; **isolierende Sprache:** Sprache, die die Beziehungen der Wörter im Satz nur durch die Wortstellung ausdrückt (z. B. das Chinesische); Ggs. ↑agglutinierende, ↑flektierende Sprache; **isolierte Bildung:** von einer Gruppe od. einer bestimmten Funktion losgelöste, erstarrte sprachliche Form (z. B. verschollen; lebt nicht mehr als 2. Partizip zu »verschallen«, sondern ist zum Adjektiv geworden). **2.** (Med.) Infizierte von Nichtinfizierten getrennt halten. **3.** (Technik) einen ↑Isolator anbringen

Iso|lier|mat|te *die;* -, -n: beim Schlafen im Freien verwendete dünne Unterlage

Iso|lier|sta|ti|on *die;* -, -en: Abteilung eines Krankenhauses, in der Patienten mit Infektionskrankheiten, seltener auch psychisch Kranke untergebracht werden

Iso|lie|rung *die;* -, -en: **a)** das Isolieren; **b)** Isolation (3 b); vgl. ...ation/...ierung

Iso|li|nie *die;* -, -n: Linie auf geografischen, meteorologischen u. sonstigen Karten, die Punkte gleicher Wertung od. gleicher Erscheinungen verbindet

iso|mer ‹*gr.;* »von gleichen Teilen«›: **1.** (Bot.) gleich gegliedert in Bezug auf die Blattkreise einer Blüte, die alle gleich viele Glieder aufweisen; Ggs. ↑heteromer. **2.** (Chemie) die Eigenschaft der Isomeren aufweisend

Iso|mer *das;* -s, -e (meist Plural), **Iso|me|re** *das;* -n, -n (meist Plural): **1.** chemische Verbindung, die trotz der gleichen Anzahl gleichartiger Atome im Molekül durch deren Anordnung von einer entsprechenden anderen Verbindung hinsichtlich ihrer chemischen u. physikalischen Eigenschaften unterschieden ist. **2.** Atomkern, der die gleiche Anzahl Protonen u. Neutronen wie ein anderer Atomkern hat, aber unterschiedliche kernphysikalische Eigenschaften aufweist

Iso|me|rie *die;* -, ...ien ⟨*gr.-nlat.*⟩: **1.** (Bot.) gleiche Gliederung in Bezug auf die Blattkreise einer Blüte, die alle gleich viele Glieder aufweisen. **2.** die Verhaltensweise der Isomeren

Iso|me|t|rie *die;* -, ...ien ⟨*gr.;* »gleiches Maß«⟩: **1.** Längengleichheit, Längentreue, bes. bei Landkarten. **2.** (Biol.) mit dem Gesamtwachstum übereinstimmendes, gleichmäßig verlaufendes Wachstum von Organen od. Organsystemen; Ggs. ↑Allometrie

i

iso|me|t|risch: die gleiche Längenausdehnung beibehaltend; **isometrisches Muskeltraining:** rationelle Methode des Krafttrainings, bei der die Muskulatur ohne Änderung der Längenausdehnung angespannt wird; **isometrisches Wachstum:** ↑Isometrie (2)

iso|morph ⟨*gr.-nlat.*⟩: **1.** (Physik, Chemie) von gleicher Gestalt (bes. bei Kristallen). **2.** (Math.) in der algebraischen Struktur einen Isomorphismus enthaltend. **3.** (Sprachw.) die gleiche sprachliche Struktur (die gleiche Anzahl von Konstituenten mit den gleichen Beziehungen zueinander, z. B. unbezähmbar, unverlierbar) aufweisend

Iso|mor|phie *die;* -, ...ien: isomorpher Zustand

Iso|mor|phis|mus *der;* -, ...men: **1.** Eigenschaft gewisser chemischer Stoffe, gemeinsam dieselben Kristalle (Mischkristalle) zu bilden. **2.** (Math.) spezielle, umkehrbar eindeutige Abbildung einer algebraischen Struktur auf eine andere

iso|pe|ri|me|t|risch ⟨*gr.-nlat.*⟩ (Math.): (von Flächen u. Körpern) von gleichem Ausmaß

Iso|po|de *der;* -n, -n (meist Plural) ⟨*gr.-nlat.*⟩: Assel

Iso|p|ren *das;* -s ⟨Kunstw.⟩: flüssiger, ungesättigter Kohlenwasserstoff

Iso|seis|te *die;* -, -n ⟨*gr.-nlat.*⟩: Verbindungslinie zwischen Orten mit gleicher Erdbebenstärke

Iso|s|ta|sie *die;* - ⟨*gr.-nlat.*⟩: Gleichgewichtszustand zwischen einzelnen Krustenstücken der Erdrinde u. der darunter befindlichen unteren Zone der Erdkruste

Iso|ther|me *die;* -, -n (Meteorol.): Verbindungslinie zwischen Orten mit gleicher Temperatur

Iso|ton *das;* -s, -e (meist Plural) ⟨*gr.-nlat.*⟩ (Kernphysik): Atomkern, der die gleiche Anzahl Neutronen wie ein anderer, aber eine von diesem verschiedene Protonenzahl enthält

iso|to|nisch: gleichen ↑osmotischen Druck habend (in Bezug auf Lösungen)

Iso|top *das;* -s, -e (meist Plural): Atom od. Atomkern, der sich von einem andern des gleichen chemischen Elements nur in seiner Massenzahl unterscheidet

Iso|to|pen|di|a|g|nos|tik *die;* - (Med.): Verwendung von radioaktiven Isotopen zu medizinisch-diagnostischen Zwecken

Iso|to|pen|the|ra|pie *die;* -, ...ien (Med.): Verwendung von radioaktiven Isotopen zu therapeutischen Zwecken

Iso|t|ron *das;* -s, ...trone, auch: -s ⟨*gr.-nlat.*⟩: Gerät zur Isotopentrennung, das die unterschiedliche Geschwindigkeit verschiedener Isotope gleicher Bewegungsenergie ausnutzt

iso|trop ⟨*gr.*⟩ (Physik): nach allen Richtungen hin gleiche Eigenschaften aufweisend; Ggs. ↑anisotrop

Iso|tro|pie *die;* - ⟨*gr.-nlat.*⟩: isotrope Eigenschaft

ISS [engl.: ˈaɪəsəs] ⟨Abk. für *engl.* International Space Station »Internationale Raumstation«⟩: Name einer [permanent] bemannten Raumstation mit internationaler Beteiligung

Isth|mus *der;* -, ...men: **1.** Landenge (z. B. die von Korinth od. Sues). **2.** (Plural ...mi od. ...men; Anat.) enger Durchgang, verengte Stelle, schmale Verbindung [zwischen zwei Hohlräumen]

IT [aiˈti:] ⟨Abk. für *engl.* information technology⟩: ↑Informationstechnologie

Ita|la *die;* - ⟨*lat.*⟩: **a)** wichtiger Typ unter den ältesten der Vulgata vorausgehenden lateinischen Bibelübersetzungen; **b)** fälschliche Bezeichnung für ↑Vetus Latina

ita|li|a|ni|sie|ren, ita|li|e|ni|sie|ren: a) auf italienische Art, nach italienischem Geschmack gestalten; **b)** der italienischen Sprache angleichen

ita|li|e|ni|sie|ren vgl. italianisieren

Ita|li|enne [...ˈli̯ɛn] *die;* - ⟨*lat.-fr.*⟩: Antiqua mit fetten Querstrichen; Schriftart

Ita|lique [...ˈlik] *die;* -: fr. Bez. für: Kursiv

ita|lisch: das antike Italien betreffend

Ita|lo|wes|tern *der;* -[s], -: Western mit besonderen, durch italienische Regisseure entwickelten Stilmerkmalen

Ita|zis|mus *der;* - ⟨*gr.-nlat.*⟩: Aussprache des [alt]griechischen Eta wie langes i; vgl. Etazismus

IT-Bran|che *die;* -, -n: den Bereich der ↑IT umfassende Branche

item ‹*lat.*› (veraltet): ebenso, desgleichen, ferner (Abk.: it.)

¹Item *das;* -s, -s ‹*lat.*› (veraltet): das Fernere, Weitere; weiterer [Frage]punkt

²Item [ˈaitm̩] *das,* auch *der;* -s, -s ‹*lat.-engl.*› (fachspr.): **a)** etwas einzeln Aufgeführtes; Einzelangabe, Posten, Bestandteil, Element, Einheit; **b)** einzelne Aufgabe innerhalb eines Tests

Ite|ra|ti|on *die;* -, -en ‹*lat.;* »Wiederholung«›: **1.** (Math.) wiederholte Anwendung des immer gleichen Prozesses auf bereits gewonnene Zwischenwerte. **2. a)** (Sprachw.) Verdoppelung einer Silbe od. eines Wortes (z. B. soso); **b)** (Rhet., Stilkunde) Wiederholung eines Wortes od. einer Wortgruppe im Satz. **3.** (Psychol.) zwanghafte u. gleichförmige ständige Wiederholung von Wörtern, Sätzen u. einfachen Bewegungen

ite|ra|tiv: 1. wiederholend; **iterative Aktionsart:** Aktionsart, die eine häufige Wiederholung von Vorgängen ausdrückt (z. B. sticheln = immer wieder stechen). **2.** (Math.) sich schrittweise in wiederholten Rechengängen der exakten Lösung annähernd

Ite|ra|tiv *das;* -s, -e: Verb mit iterativer Aktionsart

ite|rie|ren: wiederholen, eine Iteration (1) vornehmen

Iti|ne|rar *das;* -s, -e, **Iti|ne|ra|ri|um** *das;* -s, ...ien ‹*lat.*›: **1.** Straßen- und Stationenverzeichnis der römischen Kaiserzeit mit Angaben über Wegstrecken u. a. **2.** Verzeichnis der Wegeaufnahmen bei Forschungsreisen

J

Jab [dʒɛp] *der;* -s, -s ‹*engl.*› (Boxen): kurzer, hakenartiger Schlag

Ja|bot [ʒaˈbo:] *das;* -s, -s ‹*fr.*›: am Kragen befestigte Spitzen- od. Seidenrüsche (früher zum Verdecken des vorderen Verschlusses an Damenblusen, im 18. Jh. an Männerhemden)

Jacht, Yacht [j...] *die;* -, -en ‹*niederl.*›: leichtes, schnelles (Sport- od. Vergnügungs)schiff

Ja|cket|kro|ne [ˈdʒɛkɪt...] *die;* -, -n ‹*engl.; dt.*› (Med.): Zahnmantelkrone aus Porzellan od. Kunstharz

Ja|ckett [ʒa...] *das;* -s, -s, seltener: -e ‹*fr.*›: Jacke als Teil eines Herrenanzugs

Jack|pot [ˈdʒɛkpɔt] *der;* -s, -s ‹*engl.*›: **1.** Grundeinsatz beim Kauf von Pokerkarten. **2.** (bei Toto, Lotto) bes. hohe Gewinnquote, die dadurch entsteht, dass es in dem vorausgegangenen Spiel od. den vorausgegangenen Spielen keinen Gewinner gegeben hat

Jack|stag [ˈdʒɛk...] *das;* -[e]s, -e[n] ‹*engl.; niederd.*›: Schiene zum Festmachen von Segeln

Jac|quard [ʒaˈka:ɐ̯] *der;* -[s], -s ‹nach dem Erfinder dieses Webverfahrens, dem fr. Seidenweber Jacquard, 1752–1834›: Gewebe, dessen Musterung mithilfe von Lochkarten (sogenannten Jacquardkarten) hergestellt wird

Ja|cu|zi® [auch: dʒəˈku:zi] *der;* -[s], -s ‹nach dem Namen der amerik. Herstellerfirma›: [für therapeutische Zwecke genutzter] Whirlpool

Jaf|fa|ap|fel|si|ne, Jaf|fa-Ap|fel|si|ne *die;* -, -n ‹nach dem Ausfuhrhafen Jaffa, Teil der Stadt Tel Aviv-Jaffa in Israel›: im Vorderen Orient angebaute Apfelsine mit heller Schale

Ja|gu|ar *der;* -s, -e ‹*indian.-port.*›: dem Leoparden sehr ähnliches südamerikanisches Raubtier

Jah|ve, ökum.: **Jah|we** ‹*hebr.*›: Name Gottes im Alten Testament

Jah|we vgl. Jahve

Jak vgl. Yak

Ja|ko *der;* -s, -s ‹*fr.*›: Graupapagei

Ja|ko|bi *das;* - (meist ohne Artikel) ‹nach dem Apostel Jakobus d. Ä.›: Jakobstag (25. Juli), an dem nach altem Brauch die Ernte beginnt

Ja|ko|bi|ner *der;* -s, - ‹nach dem Dominikanerkloster St. Jakob in Paris›: **1.** Mitglied des radikalsten u. wichtigsten politischen Klubs während der Französischen Revolution. **2.** (selten) französischer Angehöriger des Dominikanerordens

Ja|ko|bi|ner|müt|ze *die;* -, -n: als Freiheitssymbol getragene rote Wollmütze der Jakobiner (1)

ja|ko|bi|nisch: a) zu den Jakobinern gehörend; **b)** die Jakobiner betreffend

Ja|lon [ʒaˈlõ:] *der;* -s, -s ‹*fr.*›: Absteckpfahl, Messlatte, Fluchtstab (für Vermessungen)

Ja|lou|set|te [ʒalu...] *die;* -, -n: Jalousie aus Leichtmetall- od. Kunststofflamellen

Ja|lou|sie *die;* -, ...ien ‹*gr.-lat.-vulgärlat.-fr.*›: Vorrichtung am Fenster, die meist aus Querleisten zusammengesetzt ist u. teilweise od. als Ganzes heruntergelassen wird

Jam [dʒæm] *das;* -s, -s, auch: *die;* -, -s ‹*engl.*›: engl. Bez. für Marmelade

Ja|mai|ka|ko|a|li|ti|on, Ja|mai|ka-Ko|a|li|ti|on *die;* -, -en ‹nach den Farben Schwarz, Gelb und Grün der Nationalflagge Jamaikas› (Politik): Koalition aus den Fraktionen von FDP und Bündnis 90/Die Grünen mit CDU/CSU [od. CDU od. CSU]

Ja|mai|ka|rum, Ja|mai|ka-Rum *der;* -s: auf Jamaika od. einer anderen Antilleninsel aus vergorenem Zuckerrohrsaft durch mehrmaliges Destillieren hergestellter hochprozentiger Rum

Jam|be *die;* -, -n: ↑Jambus

jam|bisch: den Jambus betreffend, nach der Art des Jambus

Jam|bo|ree [dʒɛmbəˈri:] *das;* -s, -s ⟨*engl.*⟩: **1.** internationales Pfadfindertreffen. **2.** Zusammenkunft zu einer Tanz- od. Unterhaltungsveranstaltung

Jam|bus *der;* -, ...ben ⟨*gr.-lat.*⟩: Versfuß aus einer kurzen (unbetonten) u. einer langen (betonten) Silbe (◡–)

James Grieve [ˈdʒeɪmz ˈgri:v] *der;* - -, - - ⟨*engl.;* nach dem Namen des Züchters⟩: mittelgroßer, hellgelb u. hellrot geflammter saftiger Tafelapfel

j

jam|men [ˈdʒɛmən] ⟨*engl.*⟩: eine ↑Jamsession veranstalten

Jam|ses|sion, Jam-Ses|sion [ˈdʒɛmsɛʃn̩] *die;* -, -s ⟨*engl.*⟩: zwanglose Zusammenkunft von [Jazz]musikern, bei der aus dem Stegreif gespielt wird (auch als Programmteil von Jazzkonzerten)

Jams|wur|zel *die;* -, -n ⟨*afrik.-port.-engl.; dt.*⟩: **a)** in tropischen Gebieten angebaute kletternde Pflanze mit essbaren Wurzelknollen; **b)** der Kartoffel ähnliche, sehr große Knolle der Jamswurzel (a), die in tropischen Gebieten ein wichtiges Nahrungsmittel ist

Jan|ga|da [auch: ʒaŋ...] *die;* -, -s ⟨*tamil.-port.*⟩: aus mehreren zusammengebundenen Baumstämmen bestehendes Floßboot, das bes. von den Fischern Nordostbrasiliens benutzt wird

Ja|ni|t|schar *der;* -en, -en ⟨*türk.;* »neue Streitmacht«⟩: Soldat einer Kerntruppe des osmanischen Sultans (14.–17. Jh.)

Ja|ni|t|scha|ren|mu|sik *die;* -, -en ⟨*türk.; dt.*⟩: **1.** [türkische] Militärmusik mit Trommeln, Becken, Triangel und Schellenbaum. **2.** charakteristisches Instrumentarium der Janitscharenmusik (1)

Jan Maat *der;* - -[e]s, - -e u. - -en, **Jan|maat** *der;* -[e]s, -e u. -en ⟨*niederl.*⟩ (scherzh.): Matrose

Jan|se|nis|mus *der;* - ⟨*nlat.;* nach dem niederl. Theologen Cornelius Jansen, 1585–1638⟩: romfeindliche, auf Augustin zurückgreifende katholisch-theologische Richtung des 17.–18. Jh.s in Frankreich

Jan|se|nist *der;* -en, -en: Anhänger des Jansenismus

Jan|se|nis|tin *die;* -, -nen: weibliche Form zu ↑Jansenist

Ja|nu|ar *der;* -[s], -e ⟨*lat.;* nach dem röm. Gott der Tür, Janus, der gleichzeitig Ein- u. Ausgang, Beginn u. Ende bedeutet u. mit einem zweigesichtigen Kopf, der vorwärts u. rückwärts blickt, dargestellt wird⟩: erster Monat im Jahr (Abk.: Jan.)

Ja|nus|ge|sicht *das;* -[e]s, -er: ↑Januskopf

Ja|nus|kopf *der;* -[e]s, ...köpfe ⟨*lat.; dt.*⟩: Kopf mit zwei in entgegengesetzter Richtung blickenden Gesichtern (oft als Sinnbild des Zwiespalts)

Ja|pa|no|lo|ge *der;* -n, -n ⟨*jap.; gr.*⟩: Wissenschaftler auf dem Gebiet der Japanologie

Ja|pa|no|lo|gie *die;* -: Wissenschaft von der japanischen Sprache u. Literatur

Ja|pa|no|lo|gin *die;* -, -nen: weibliche Form zu ↑Japanologe

Ja|pan|pa|pier *das;* -s, -e: weiches, biegsames, handgeschöpftes Papier, das aus Bastfasern jap. Pflanzen hergestellt wird

Jar|di|ni|e|re [ʒar..., auch: ...ˈni̯ɛ:rə] *die;* -, -n ⟨*germ.-fr.*⟩: Schale für Blumenpflanzen

Jar|gon [ʒarˈgõ:] *der;* -s, -s ⟨*fr.*⟩: **a)** umgangssprachlich geprägte Sondersprache einer Berufsgruppe od. einer sozialen Gruppe; **b)** (abwertend) saloppe, ungepflegte Ausdrucksweise

Ja|ro|wi|sa|ti|on *die;* -, -en ⟨*russ.-nlat.*⟩: künstliche Kältebehandlung von Samen u. Keimlingen, um eine Entwicklungsbeschleunigung zu erzielen

ja|ro|wi|sie|ren: Saatgut einer künstlichen Kältebehandlung aussetzen

Jas|min *der;* -s, -e ⟨*pers.-arab.-span.*⟩: **1.** zu den Ölbaumgewächsen gehörender Zierstrauch mit stark duftenden Blüten. **2.** zu den Steinbrechgewächsen gehörender Zierstrauch mit stark duftenden Blüten; Falscher Jasmin, Pfeifenstrauch

Jas|per|wa|re [ˈdʒɛspɐ...] *die;* -, -n ⟨*semit.-gr.-lat.-fr.-engl.; dt.*⟩: farbiges [mit weißen Reliefs verziertes] englisches Steingut aus Töpferton u. pulverisiertem Feuerstein

Jas|pis *der;* - u. -ses, -se ⟨*semit.-gr.-lat.*⟩: undurchsichtiges, intensiv grau, bläulich, gelb, rot od. braun gefärbtes, zum Teil gebändertes Mineral, das als Schmuckstein verwendet wird

Jau|se *die;* -, -n ⟨*slowen.*⟩ (österr.): Zwischenmahlzeit, Vesper

jaus|nen (österr.): **a)** eine Jause einnehmen; **b)** (etwas Bestimmtes) zur Jause essen, trinken

Jazz [dʒæz, dʒɛs, auch: jats] *der;* - ⟨*amerik.*⟩: **a)** aus der Volksmusik der nordamerikanischen Schwarzen entstandene Musik mit charakteristischen Rhythmusinstrumenten u. mit Bläsergruppen; **b)** Musik im Stil des Jazz (a)

Jazz|band ['dʒæzbænd, 'dʒɛsbɛnt] *die;* -, -s: aus zwei Instrumentalgruppen (mit rhythmischer u. melodischer Funktion) bestehende Band, die Jazz spielt

jaz|zen ['dʒɛsn̩, auch: 'jatsn̩]: Jazzmusik spielen

Jaz|zer *der;* -s, -: Jazzmusiker

Jaz|ze|rin *die;* -, -nen: weibliche Form zu ↑Jazzer

Jazz|gym|nas|tik ['dʒɛs...] *die;* -: Gymnastik zu Jazzmusik od. anderer moderner Musik

jaz|zig ['dʒɛsɪç, auch: 'jatsɪç] (ugs.): wie Jazz wirkend, den Jazz nachahmend

¹**Jeans** [dʒi:nz] *die;* -, - ⟨*amerik.*⟩: **a)** saloppe Hose [aus Baumwollstoff] im Stil der Bluejeans; **b)** Kurzform von ↑Bluejeans

²**Jeans** *das;* - (ugs.): verwaschener blauer Farbton, der der Farbe der ↑Bluejeans entspricht

Jeep® [dʒi:p] *der;* -s, -s ⟨*amerik.*⟩: (bes. als Militärfahrzeug, aber auch in Land- u. Forstwirtschaft usw. gebrauchtes) kleineres, meist offenes, geländegängiges Fahrzeug mit starkem Motor u. Vierradantrieb

Je|ho|va ⟨*hebr.*⟩: alte, aber unrichtige Lesung für ↑Jahve (entstanden durch Vermischung mit den im hebr. Text dazugeschriebenen Vokalzeichen von ↑Adonai, dem Ersatzwort für den aus religiöser Scheu vermiedenen Gottesnamen)

je|mi|ne ⟨entstellt aus *lat.* Jesu domine »o Herr Jesus!«⟩: du lieber Himmel! (Schreckensruf)

Jen vgl. Yen

je|nisch ⟨*Zigeunerspr.;* »klug, gescheit«⟩: wandernde Volksstämme betreffend; **jenische Sprache** (Sprachw.): Rotwelsch, Gaunersprache

Je|re|mi|a|de *die;* -, -n ⟨nach dem biblischen Propheten Jeremia⟩: Klagelied, Jammerrede

Je|rez ['çe:rɛs, x...] *der;* - ⟨nach der span. Stadt Jerez de la Frontera⟩: alkoholreicher, bernsteingelber Süßwein

Je|ri|cho|ro|se, Je|ri|cho-Ro|se *die;* -, -n: Pflanze des Mittelmeerraums, die bei Trockenheit ihre Zweige nach innen rollt, sodass ein kugeliges Gebilde entsteht, das sich erst bei Feuchtigkeit wieder entrollt

¹**Jer|sey** ['dʒø:ɐ̯zi, 'dʒœrzi] *der;* -[s], -s: feinmaschig gewirkter od. gestrickter Kleiderstoff aus Wolle, Baumwolle od. Chemiefasern

²**Jer|sey** *das;* -s, -s: eng anliegendes Hemd aus Trikot

Je|si|de, Je|zi|de [...z...] *der;* -n, -n ⟨*kurdisch*⟩: Angehöriger einer kurdischen Religionsgemeinschaft

Je|si|din, Je|zi|din [...z...] *die;* -, -nen: weibliche Form zu ↑Jeside

Je|su|it *der;* -en, -en ⟨*nlat.*⟩: **1.** Angehöriger des Jesuitenordens. **2.** Mensch, der trickreich u. oft wortverdrehend zu argumentieren versteht (als Schimpfwort)

Je|su|i|ten|or|den *der;* -s: vom hl. Ignatius v. Loyola 1534 gegründeter Orden (Abk.: SJ [= Societas Jesu])

Je|su|i|ten|tum *das;* -s: Geist u. Wesen des Jesuitenordens

je|su|i|tisch: 1. die Jesuiten betreffend. **2.** einem Jesuiten (2) entsprechend

Je|sus Peo|ple ['dʒi:zəs 'pi:pl̩] *die* (Plural) ⟨*engl.*⟩: Angehörige der Jesus-People-Bewegung

Je|sus-Peo|ple-Be|we|gung *die;* -: in den 1960er- und 1970er-Jahren in Amerika und Europa unter Jugendlichen verbreitete ekstatisch-religiöse Bewegung

¹**Jet** vgl. Jett

²**Jet** [dʒɛt] *der;* -[s], -s ⟨*engl.*⟩: durch ein Strahltriebwerk angetriebenes Flugzeug, Düsenflugzeug

Jet|lag [...læg] *der;* -s, -s: Störung des biologischen Rhythmus aufgrund der mit weiten Flugreisen verbundenen Zeitunterschiede

Jet|li|ner [...lainɐ] *der;* -s, - ⟨*engl.*⟩: Düsenverkehrsflugzeug

Je|ton [ʒə'tõ:] *der;* -s, -s ⟨*lat.-vulgärlat.-fr.*⟩: **a)** Spielmünze, Spielmarke; **b)** einer Münze ähnliche Marke, mit deren Hilfe ein Automat o. Ä. bedient werden kann; **c)** Rechenpfennig

Jet|set [...zɛt] *der;* -[s], -s ⟨*engl.*⟩: internationale Gesellschaftsschicht, die über genügend Geld verfügt, um sich – unter Benutzung eines [Privat]jets – mehr od. weniger häufig an den verschiedensten exklusiven Urlaubsorten od. entsprechenden Treffpunkten zu vergnügen

Jet|stream [...stri:m] *der;* -s, -s ⟨»Strahlstrom«⟩: **1.** (Meteorol.) starker Luftstrom in der Tropo- od. Stratosphäre. **2.** Gegenstromanlage (z. B. in [Hallen]bädern)

Jett [dʒɛt, auch: jɛt], ¹**Jet** *das;* -[e]s ⟨*gr.-lat.-fr.-engl.*⟩: als Schmuckstein verwendete Pechkohle; Gagat

jet|ten ['dʒɛtn̩] ⟨*engl.*⟩: **a)** mit einem ²Jet fliegen; **b)** mit dem ²Jet an einen bestimmten Ort bringen [lassen]; **c)** einen Flug machen (von einem ²Jet gesagt)

Jeu [ʒø:] *das;* -s, -s ⟨*lat.-fr.*⟩: Spiel, Kartenspiel

Jeu|nesse do|rée [ʒœnɛsdɔ're:] *die;* - - ⟨*lat.-fr.*⟩: zur begüterten Oberschicht gehörende Jugendliche, deren Leben durch Luxus u. Amüsement gekennzeichnet ist

Je|zi|de [...z...] usw. vgl. Jeside usw.

Jid|dis|tik *die;* -: jiddische Sprach- u. Literaturwissenschaft

Jin|gle ['dʒɪŋgl̩] *der;* -[s], -s ⟨*engl.*⟩: kurze, einprägsame Melodie, Tonfolge (z. B. als Bestandteil eines Werbespots)

Jit|ter|bug ['dʒɪtɐbak] *der;* -[s], -[s] ‹*amerik.*›: um 1920 in Amerika entstandener Jazztanz

Jiu-Jit|su ['dʒi:u'dʒɪtsu]: ältere Bez. für: ↑Ju-Jutsu

Jive [dʒaiv] *der;* -[s], -[s] ‹*amerik.*›: **1.** eine Art Swingmusik. **2.** gemäßigte Form des Jitterbug als Turniertanz

Job [dʒɔp] *der;* -s, -s ‹*engl.-amerik.*›: **1.** (ugs.) **a)** [Gelegenheits]arbeit, vorübergehende einträgliche Beschäftigung, Verdienstmöglichkeit; **b)** Arbeitsplatz, Stellung. **2.** (EDV) bestimmte Aufgabenstellung für den Computer

jọb|ben ['dʒ...] (ugs.): einen Job (1 a) haben

Jọb|ber *der;* -s, -: **1.** (ugs.) jmd., der jobbt. **2. a)** (Börsenw.) Händler an der Londoner Börse, der nur in eigenem Namen Geschäfte abschließen darf; **b)** (Börsenw. veraltend) Börsenspekulant. **3.** (ugs. abwertend) skrupelloser Geschäftemacher

Jọb|be|rin *die;* -, -nen: weibliche Form zu ↑Jobber

Jo|bel|jahr *das;* -[e]s, -e ‹zu *hebr.* yôvel »Widderhorn« (das zu Beginn geblasen wurde)›: nach 3. Mose 25, 8 ff. alle 50 Jahre von den Juden zu feierndes Jahr mit Schuldenerlass, Freilassung der israelitischen Sklaven u. Rückgabe von verkauftem Boden; vgl. Jubeljahr

Jọb|floa|ter, Job-Floa|ter [...floʊtɐ] *der;* -s, - ‹*engl.*›: Finanzierungshilfe für kleine und mittlere Unternehmen, die Arbeitslose dauerhaft einstellen

Jọb|hop|per, Jọb-Hop|per [...hɔpɐ] *der;* -s, -: jmd., der häufig seine Stelle wechselt [um Karriere zu machen]

Jọb|hop|pe|rin, Jọb-Hop|pe|rin *die;* -, -nen: weibliche Form zu ↑Jobhopper

Jọb|hop|ping, Jọb-Hop|ping [...hɔpɪŋ] *das;* -s: häufig u. in kürzeren Abständen vorgenommener Stellungs-, Firmenwechsel [um sich in höhere Positionen zu bringen]

Jọb|kil|ler *der;* -s, - (Jargon): etwas, das Arbeitsplätze überflüssig macht, beseitigt

Jọb|ma|schi|ne *die;* -, -n (Jargon): etwas (z. B. ein Unternehmen, eine Branche od. ein Land), das Arbeitsplätze schafft

Jọb|sha|ring [...ʃɛ:ɐ̯rɪŋ] *das;* -[s] ‹*engl.*›: Aufteilung eines Vollzeitarbeitsplatzes unter zwei od. mehrere Personen

Jọb|ti|cket *das;* -s, -s: zu einem günstigen Tarif überlassene Dauerkarte zur Benutzung öffentlicher Verkehrsmittel für Beschäftigte einer Firma

Jo|ckei ['dʒɔke, 'dʒɔki, auch: 'dʒɔkai, 'jɔkai] vgl. Jockey

Jo|ckey, Jo|ckei ['dʒɔke, 'dʒɔki, auch: 'dʒɔkai, 'jɔkai] *der;* -s, -s ‹*engl.*›: berufsmäßiger Rennreiter

Jọd, fachspr.: **Iọd** *das;* -[e]s ‹*gr.-fr.*›: chemisches Element, das weiche, dunkelgraue, metallisch glänzende Kristalle bildet, die bei Raumtemperatur bereits ein wenig ↑sublimieren (Zeichen: J bzw. I)

Jo|dạt, fachspr. auch: **Io|dạt** *das;* -[e]s, -e ‹*gr.-fr.-nlat.*›: Salz der Jodsäure

Jo|dịd, fachspr.: **Io|dịd** *das;* -[e]s, -e: Salz der Jodwasserstoffsäure

jo|die|ren: a) Jodate, Jodite zusetzen (z. B. bei Speisesalz); **b)** (Med.) mit Jod bestreichen (z. B. eine Operationsstelle)

Jọ|ga vgl. Yoga

jog|gen ['dʒɔgn̩] ‹*engl.*›: ↑Jogging betreiben

Jọg|ger *der;* -s, -: jmd., der joggt

Jọg|ge|rin *die;* -, -nen: weibliche Form zu ↑Jogger

Jọg|ging *das;* -s: Fitnesstraining, bei dem man entspannt in mäßigem Tempo läuft

Jọ|ghurt, Jọ|gurt *der,* bes. österr. u. schweiz. auch *das;* -[s], -[s], österr. seltener auch: *die;* -, -[s] ‹*türk.*›: durch Zusetzen bestimmter Milchsäurebakterien gewonnene Art Sauermilch

Jọ|gi vgl. Yogi

Jọ|gin vgl. Yogin

Jo|hạn|ni[s] *das;* - (meist ohne Artikel) ‹nach Johannes dem Täufer›: Johannistag (24. Juni)

Jo|hạn|nis|brot *das;* -[e]s, -e: getrocknete Schotenfrucht des im Mittelmeergebiet heimischen Johannisbrotbaumes

Jo|han|nị|ter *der;* -s, -: Angehöriger des Johanniterordens

Jo|han|nị|ter|kreuz *das;* -es, -e: achtspitziges [weißes Ordens]kreuz [der Johanniter]; vgl. Malteserkreuz

Jo|han|nị|ter|or|den *der;* -s: um 1100 in Jerusalem ursprünglich zur Pflege kranker Pilger gegründeter geistlicher Ritterorden

Joint [dʒɔynt] *der;* -s, -s ‹*engl.*›: selbst gedrehte Zigarette, deren Tabak mit Haschisch od. Marihuana vermischt ist

Joint Ven|ture [...'vɛntʃɐ] *das;* - -[s], - -s ‹*engl.-amerik.*› (Wirtsch.): vorübergehender od. dauernder Zusammenschluss von Unternehmen zum Zweck der gemeinsamen Ausführung von Projekten

Jo-Jo, Yo-Yo [jo'jo:, auch: 'jo:jo] *das;* -s, -s ‹*amerik.*›: Geschicklichkeitsspiel mit elastischer Schnur u. daran befestigten Holzscheiben

Jọ|jo|ba *die;* -, -s ‹*mex.*›: ein Buchsbaumgewächs

Jo-Jo-Ef|fekt, Yo-Yo-Ef|fekt *der;* -[e]s, -e: die Erscheinung, dass sich ein abwärts gerichteter Trend an seinem Tiefpunkt automatisch in sein Gegenteil verkehrt (z. B. Gewichtsab- u. -wiederzunahme bei Diäten)

Jo|ker [auch: ˈdʒoːkɐ] *der;* -s, - ‹*lat.-engl.*›: für jede andere Karte einsetzbare zusätzliche Spielkarte mit der Abbildung eines Narren

jo|kos ‹*lat.*› (bildungsspr. veraltet): scherzhaft, spaßig

Jo|kus *der;* -, -se (ugs.): Scherz, Spaß

Jom Kip|pur *der;* - - ‹*hebr.*›: Versöhnungstag (höchstes jüdisches Fest)

Jon|g|leur [ʒɔŋ(g)ˈløːɐ̯, auch: ʒõˈgløːɐ̯] *der;* -s, -e ‹*lat.-fr.*›: **1.** Artist, Geschicklichkeitskünstler im Jonglieren (1). **2.** Spielmann u. Possenreißer des Mittelalters. **3.** (Kunstkraftsport) jmd., der die Sportart des Jonglierens (2) ausübt

Jon|g|leu|rin [...ˈ(g)løːrɪn] *die;* -, -nen, **Jon|gleu|se** [...ˈ(g)løːzə] *die;* -, -n: weibliche Form zu ↑Jongleur

jon|g|lie|ren: 1. mit artistischem Können mehrere Gegenstände gleichzeitig spielerisch werfen u. auffangen. **2.** (Kunstkraftsport) mit Gewichten o. Ä. bestimmte Geschicklichkeitsübungen ausführen. **3.** [in verblüffender Weise] überaus geschickt mit jmdm., etwas umgehen

Jo|se|phi|nis|mus *der;* - ‹*nlat.;* nach Kaiser Joseph II., 1741–1790›: aufgeklärte katholische Staatskirchenpolitik im Österreich des 18. u. 19. Jh.s, die auch noch die Staatsauffassung der österreichischen Beamten u. Offiziere des 19. Jh.s bestimmte

Jot *das;* -, - ‹*semit.-gr.-lat.*›: zehnter Buchstabe des deutschen Alphabets

Jo|ta, Io|ta *das;* -[s], -s: neunter Buchstabe des griechischen Alphabets: Ι, ι; **kein Jota:** nicht das Geringste

Jo|ta|zis|mus, Io|ta|zis|mus *der;* - ‹*gr.-nlat.*›: ↑Itazismus

Joule [von DIN u. anderen Organisationen festgelegte Ausspr. nur: dʒuːl, sonst auch: dʒaul] *das;* -[s], - ‹nach dem engl. Physiker J. P. Joule, 1818–1889› (Physik): Einheit für die Arbeit, Energie u. Wärmemenge (z. B. für den Energieumsatz des Körpers; 1 cal = 4,186 Joule; Zeichen: J)

Jour|nail|le [ʒʊrˈnaljə, auch: ...ˈnai...] *die;* -: verantwortungslose, verleumderische Presse u. ihre Journalisten

Jour|nal [ʒʊr...] *das;* -s, -e: **1.** (veraltet) [Tages]zeitung. **2.** (geh. veraltend) bebilderte Zeitschrift unterhaltenden od. informierenden Inhalts. **3.** (veraltend) Tagebuch. **4.** Schiffstagebuch. **5.** (Wirtsch.) in der Buchführung neben dem Hauptbuch zu führendes Tagebuch

Jour|na|lis|mus *der;* -: **1. a)** Tätigkeit des Journalisten; **b)** (salopp, oft abwertend) journalistische Berichterstattung. **2.** Zeitungs-, Pressewesen

Jour|na|list *der;* -en, -en: jmd., der als freier Mitarbeiter, als Auslandskorrespondent od. Mitglied einer Redaktion Artikel o. Ä. für Zeitungen od. andere Medien verfasst bzw. redigiert od. der als Fotograf Bildberichte liefert

Jour|na|lis|tik *die;* -: **1.** den Journalismus beinhaltendes Studienfach. **2.** (geh., selten) Bericht, Arbeit aus der Feder eines Journalisten

Jour|na|lis|tin *die;* -, -nen: weibliche Form zu ↑Journalist

jour|na|lis|tisch: a) die Journalistik betreffend; **b)** in der Art des Journalismus (1)

jo|vi|al ‹*lat.-mlat.*›: [einem niedriger Stehenden gegenüber] betont wohlwollend u. partnerschaftlich auftretend; leutselig

Jo|vi|a|li|tät *die;* -: joviale Art, joviales Wesen, Leutseligkeit

Joy|stick [...stɪk] *der;* -s, -s ‹*engl.*›: [Vorrichtung mit] Steuerhebel für Computerspiele

Ju|bel|jahr ‹*hebr.-vulgärlat.; dt.*›: **1.** ↑Jobeljahr. **2.** heiliges Jahr mit besonderen Ablässen in der katholischen Kirche (alle 25 Jahre); **alle Jubeljahre:** selten

Ju|bi|lar *der;* -s, -e ‹*(hebr.-)vulgärlat.-mlat.*›: Gefeierter; jmd., der ein Jubiläum begeht

Ju|bi|la|rin *die;* -, -nen: weibliche Form zu ↑Jubilar

Ju|bi|la|te ‹*lat.-vulgärlat.;* nach dem alten ↑Introitus des Gottesdienstes, Psalm 66, 1, »Jauchzet (Gott, alle Lande)!«› (ev. Kirche): dritter Sonntag nach Ostern

Ju|bi|lä|um *das;* -s, ...äen ‹*(hebr.-)lat.-vulgärlat.*›: festlich begangener Jahrestag eines bestimmten Ereignisses

ju|bi|lie|ren ‹*lat.*›: **1.** jubeln, frohlocken. **2.** ein Jubiläum feiern

juch|ten ‹*russ.*›: aus Juchtenleder [gefertigt]

Juch|ten *der* od. *das;* -s: **1.** feines [Kalbs]leder, das mit Birkenteeröl wasserdicht gemacht wird u. dadurch seinen besonderen Geruch erhält. **2.** aus Birkenteeröl gewonnenes Parfüm mit dem charakteristischen Duft des Juchtenleders

Ju|da|i|ka *die* (Plural) ‹*hebr.-gr.-lat.*›: **a)** jüdische Schriften; **b)** Bücher, Sammelobjekte der jüdischen Kultur u. Religion

Ju|da|is|mus *der;* -: judenchristliche gesetzestreue Richtung im Urchristentum; jüdische Religion, Judentum

Ju|da|is|tik *die;* - ⟨*nlat.*⟩: Wissenschaft von der jüdischen Religion, Geschichte u. Kultur

Ju̱|di|ka ⟨*lat.;* nach dem alten ↑Introitus des Gottesdienstes, Psalm 43, 1, »Richte (mich, Gott)!«⟩ (ev. Kirche): vorletzter Sonntag vor Ostern

Ju|di|ka̱t *das;* -[e]s, -e (veraltet): Rechtsspruch, richterlicher Entscheid

Ju|di|ka|ti̱|ve *die;* -, -n ⟨*lat.-nlat.*⟩: richterliche Gewalt im Staat; Ggs. ↑Exekutive, ↑Legislative

ju|di|ka|to̱|risch ⟨*lat.*⟩ (Rechtsspr. veraltend): richterlich

Ju|di|ka|tu̱r *die;* -, -en ⟨*lat.-nlat.*⟩: Rechtsprechung

ju|di|zi̱e̱|ren ⟨*lat.*⟩ (Rechtsspr.): Recht sprechen; gerichtlich urteilen, entscheiden

Ju|di̱|zi|um *das;* -s, ...ien: auf langjährige Gerichtspraxis gegründetes Vermögen der Rechtsfindung

Ju̱|do *das;* -[s] ⟨*jap.*⟩: sportliche Form des ↑Jujutsu mit festen Regeln

Juice [dʒu:s] *der* od. *das;* -, -s [...sɪs] ⟨*lat.-fr.-engl.*⟩: Obst-, Gemüsesaft

Ju|ju̱|be *die;* -, -n ⟨*gr.-lat.-fr.*⟩: **1.** Gattung der Kreuzdorngewächse, Sträucher u. Bäume mit dornigen Zweigen u. mit Steinfrüchten. **2.** Brustbeere, Frucht der Kreuzdorngewächse

Ju-Ju̱t|su *das;* -[s] ⟨*jap.*⟩: in Japan entwickelte Technik der Selbstverteidigung ohne Waffen od. Gewalt; vgl. Judo, Kendo

Juke|box [ˈdʒu:k...] *die;* -, Plural -es [...sɪs, auch ...sɪz] od. -en ⟨*engl.*⟩: Musikautomat, der nach Einwurf entsprechender Geldmünzen durch Tastendruck gewählte Musikstücke spielt

Ju̱l *das;* -[s] ⟨*altnord.*⟩: **a)** (Geschichte) germanisches Fest der Wintersonnenwende; **b)** (in Skandinavien) Weihnachtsfest

Ju̱l|bock *der;* -[e]s, ...böcke ⟨*schwed.*⟩: in Skandinavien bei weihnachtlichen Umzügen auftretende, mit Fellen u. einem gehörnten Ziegenkopf maskierte Gestalt (oft als kleine Nachbildung aus Stroh od. in Form von Gebäck)

ju|li|a̱|nisch: julianischer Kalender: der von Julius Cäsar eingeführte Kalender

Ju̱|li|us|turm *der;* -[e]s ⟨nach einem Turm der früheren Zitadelle in Spandau, in dem sich bis 1914 ein Teil der von Frankreich an das Deutsche Reich gezahlten Kriegsentschädigung befand⟩: vom Staat angesparte, als Reserve zurückgelegte Gelder

Ju̱l|klapp *der;* -s ⟨*altnord.*⟩: [scherzhaft mehrfach verpacktes] kleines Weihnachtsgeschenk, das man im Rahmen einer Feier von einem unbekannten Geber erhält

Ju̥m|bo *der;* -s, -s: Kurzform von ↑Jumbojet

Ju̥m|bo|jet, Ju̥m|bo-Jet *der;* -[s], -s ⟨*engl.-amerik.;* »Düsenriese«⟩: Großraumflugzeug

Ju|me|la|ge [ʒyməˈla:ʃ] *die;* -, -n [...ʒn̩] ⟨*fr.*⟩: Städtepartnerschaft zwischen Städten verschiedener Länder

jum|pen [ˈdʒampn̩] ⟨*engl.*⟩ (ugs.): springen

Ju̥m|per [auch: ˈdʒampɐ, bes. südd., österr.: ˈdʒɛmpɐ] *der;* -s, - ⟨*engl.*⟩: gestricktes, gewirktes, blusen-, pulloverähnliches Kleidungsstück [für Damen]

Ju̱|ni *der;* -[s], -s (Plural selten) ⟨*lat.;* nach der altröm. Göttin Juno⟩: der 6. Monat des Jahres

ju̱|ni|or ⟨*lat.;* »jünger«⟩: (nur unflektiert hinter dem Personennamen) ... der Jüngere (z. B. Krause junior; Abk.: jr. u. jun.; Ggs. ↑senior)

Ju̱|ni|or *der;* -s, ...o̱ren: **1.** (ugs.) **a)** (ohne Plural) jüngerer Teilhaber, bes. Sohn eines Firmeninhabers; **b)** Sohn (im Verhältnis zum Vater). **2.** junger Sportler im Alter von 18 (u. je nach Sportart) bis 20, 21 od. 23 Jahren. **3.** Jugendlicher, Heranwachsender

Ju|ni|o|ra̱t *das;* -[e]s, -e: ↑Minorat

Ju̱|ni|or|chef *der;* -s, -s: Sohn des Geschäftsinhabers

Ju̱|ni|or|che|fin *die;* -, -nen: weibliche Form zu ↑Juniorchef

Ju|ni|o̱|rin *die;* -, -nen: weibliche Form zu ↑Junior (1a, 2)

Ju̱|ni|or|part|ner *der;* -s, - (Wirtsch.): mit weniger Rechten ausgestatteter [jüngerer] Geschäftspartner

Ju̱|ni|or|part|ne|rin *die;* -, -nen: weibliche Form zu ↑Juniorpartner

Ju̱|ni|or|pro|fes|sur *die;* -, -en: Professur an einer Hochschule, die jüngeren Wissenschaftler(inne)n ohne Habilitation eine akademische Laufbahn ermöglichen soll

Junk|food, Junk-Food [...ˈfu:d] *das;* -[s]: Nahrung von geringem Nährwert, aber von hoher Kalorienzahl (z. B. Süßigkeiten, Pommes frites)

Jun|kie [ˈdʒaŋki] *der;* -s, -s ⟨*engl.*⟩: in fortgeschrittenem Stadium drogenabhängige Person

Junk|mail, Junk-Mail [ˈdʒaŋkmeɪl] *die;* -, -s ⟨*engl.*⟩: unerwünscht eingehende E-Mails meist werbenden Inhalts; Spam

Ju̥nk|tim *das;* -s, -s ⟨*lat.;* »vereinigt«⟩: wegen innerer Zusammengehörigkeit notwendige Verbindung zwischen zwei Verträgen od. Gesetzesvorlagen

junk|ti|mi̱e̱|ren (bes. österr.): in einem Junktim verknüpfen, festlegen

ju|no̱|nisch ⟨nach der altröm. Göttin Juno⟩ (geh.): wie eine Juno, von stattlicher, erhabener Schönheit

Jun|ta ['xʊnta, auch: 'jʊnta] *die;* -, ...ten ⟨*lat.-span.;* »Vereinigung; Versammlung«⟩: **1.** Regierungsausschuss, bes. in Spanien, Portugal u. Lateinamerika. **2.** Kurzform von ↑Militärjunta

Jupe [ʒy:p] *die;* -, -s und *der,* seltener *das;* -s, -s ⟨*arab.-it.-fr.*⟩: **1.** (schweiz.) Damenrock. **2.** (veraltet) knöchellanger Damenunterrock; vgl. Jupon (1)

Ju|pi|ter|lam|pe® *die;* -, -n ⟨nach der Berliner Firma »Jupiterlicht«⟩: sehr starke elektrische Bogenlampe für Film- u. Fernsehaufnahmen

Ju|pon [ʒy'põ:] *der;* -[s], -s ⟨*arab.-it.-fr.*⟩: **1.** (früher) eleganter, knöchellanger Damenunterrock. **2.** (schweiz.) Unterrock

[1]**Ju|ra** (ohne Artikel) ⟨*lat.;* »die Rechte«⟩: Rechtswissenschaft; vgl. [1]Jus

[2]**Ju|ra** *der;* -s ⟨nach dem fr.-schweiz.-südd. Gebirge⟩ (Geol.): erdgeschichtliche Formation des ↑Mesozoikums, die ↑Lias, ↑[2]Dogger u. ↑Malm umfasst

Ju|ra|for|ma|ti|on *die;* -: ↑[2]Jura

ju|ras|sisch ⟨*fr.*⟩: **a)** zum [2]Jura gehörend; **b)** aus dem Juragebirge stammend

ju|ri|disch: juristisch

ju|rie|ren: a) Werke für eine Ausstellung, Filmfestspiele o. Ä. zusammenstellen; **b)** in einer Jury (1) mitwirken

Ju|ris|dik|ti|on *die;* -, -en: **1.** weltliche u. geistliche Gerichtsbarkeit, Rechtsprechung. **2.** Vollmacht, Recht des Klerus zur Leitung der Mitglieder der Kirche (mit den Funktionen Gesetzgebung, Rechtsprechung, Verwaltung)

Ju|ris|pru|denz *die;* -: Rechtswissenschaft

Ju|rist *der;* -en, -en ⟨*lat.-mlat.*⟩: jmd., der Rechtswissenschaften studiert hat bzw. auf diesem Gebiet arbeitet

Ju|ris|te|rei *die;* - ⟨dt. Bildung zu ↑Jurist⟩ (scherzh.): Rechtswissenschaft

Ju|ris|tik *die;* - ⟨*lat.-nlat.*⟩: Rechtswissenschaft

Ju|ris|tin *die;* -, -nen: weibliche Form zu ↑Jurist

ju|ris|tisch ⟨*lat.-mlat.*⟩: **a)** die Rechtswissenschaft, die Rechtsprechung betreffend; **b)** den Vorschriften der Rechtswissenschaft, Rechtsprechung genau entsprechend, ihre Mittel anwendend

Ju|ror *der;* -s, ...oren ⟨*lat.-engl.*⟩: Mitglied einer Jury

Ju|ro|rin *die;* -, -nen: weibliche Form zu ↑Juror

Jur|te *die;* -, -n ⟨*türk.*⟩: runde Filzhütte mittelasiatischer Nomaden

Ju|ry [ʒy'ri:, auch: 'ʒy:ri] *die;* -, -s ⟨*lat.-fr.-engl.(-fr.)*⟩: **1. a)** Kollegium von Sachverständigen als Preisrichter bei sportlichen, künstlerischen Wettbewerben, bei Quizveranstaltungen o. Ä.; **b)** Kollegium von Fachleuten, das Werke für eine Ausstellung, für Filmfestspiele o. Ä. auswählt. **2.** (in angelsächsischen Ländern) Versammlung, Kollegium der Geschworenen bei Prozessen des Schwurgerichts

ju|ry|frei: nicht von Fachleuten zusammengestellt

[1]**Jus** *das;* - ⟨*lat.*⟩ (österr.): ↑[1]Jura; **Jus Gentium:** Völkerrecht; **Jus Sanguinis:** Rechtsprinzip, wonach die Staatsangehörigkeit des Kindes derjenigen der Eltern bzw. eines Elternteils folgt; **Jus Soli:** Rechtsprinzip, wonach ein Kind die Staatsangehörigkeit jenes Staates erhält, auf dessen Staatsgebiet es geboren wird

[2]**Jus** [ʒy:] *die;* -, (auch, bes. südd. u. schweiz.: *das;* - u. bes. schweiz.: *der;* -) ⟨*lat.-fr.*⟩: **1.** Fleischsaft, Bratensaft. **2.** (schweiz.) Fruchtsaft, Gemüsesaft

jus|ta|ment ⟨*lat.-fr.*⟩: (veraltend, noch scherzh.) [nun] gerade

jus|tie|ren ⟨*lat.-mlat.;* »berichtigen«⟩: **1.** Geräte od. Maschinen, bei denen es auf genaue Einstellung ankommt, vor Gebrauch einstellen. **2.** (Druckw.) **a)** Druckstöcke auf Schrifthöhe u. Winkelständigkeit bringen; **b)** Fahnensatz auf Seitenhöhe bringen (umbrechen). **3.** das gesetzlich vorgeschriebene Gewicht einer Münze kontrollieren

Jus|tie|rer *der;* -s, -: jmd., der beruflich mit dem Justieren von etwas beschäftigt ist

Jus|tie|re|rin *die;* -, -nen: weibliche Form zu ↑Justierer

Jus|tie|rung *die;* -, -en: das ↑Justieren (1, 2 u. 3)

Jus|tier|waa|ge *die;* -, -n ⟨*lat.-mlat.; dt.*⟩: Münzkontrollwaage

Jus|ti|fi|ka|ti|on *die;* -, -en ⟨*lat.*⟩: **1.** Rechtfertigung. **2.** ↑Justifikatur

Jus|ti|fi|ka|tur *die;* -, -en ⟨*lat.-nlat.*⟩: Rechnungsgenehmigung nach erfolgter Prüfung

jus|ti|fi|zie|ren: 1. rechtfertigen. **2.** eine Rechnung nach Prüfung genehmigen

just in time [dʒʌst ɪn 'taɪm] Wirtsch. ⟨*engl.;* »gerade zur Zeit, rechtzeitig«⟩: zeitlich aufeinander abgestimmt, gleichzeitig

Just-in-time-Pro|duk|ti|on *die;* - ⟨*engl.; dt.*⟩ (Wirtsch.): Produktionsprinzip, bei dem Zulieferer- u. Produktionstermine genau aufeinander abgestimmt werden, um Lagerkosten zu vermeiden

Jus|ti|tia *die;* - ⟨*lat.*⟩: **a)** römische Göttin der Gerechtigkeit; **b)** Verkörperung, Personifizierung, Sinnbild der Gerechtigkeit

jus|ti|ti|a|bel usw. vgl. justiziabel usw.

Jus|tiz *die;* -: **1.** Rechtswesen, -pflege; Rechtsprechung. **2.** Behörde, Gesamtheit der Behörden, die für die Ausübung der Justiz (1), für Einhaltung der Rechtsordnung verantwortlich ist, sie gewährleistet

jus|ti|zi|a|bel, jus|ti|ti|a|bel ⟨*lat.-mlat.*⟩: vom Gericht abzuurteilen, richterlicher Entscheidung zu unterwerfen

Jus|ti|zi|ar, Jus|ti|ti|ar *der;* -s, -e: **1.** ständiger, für alle Rechtsangelegenheiten zuständiger Mitarbeiter eines Unternehmens, einer Behörde o. Ä. **2.** (Geschichte) in der Patrimonialgerichtsbarkeit Gerichtsherr, Gerichtsverwalter

Jus|ti|zi|a|ri|at, Jus|ti|ti|a|ri|at *das;* -[e]s, -e: Amt des Justiziars (1, 2)

Jus|ti|zi|a|rin, Jus|ti|ti|a|rin *die;* -, -nen: weibliche Form zu ↑Justiziar

Jus|ti|zi|um, Jus|ti|ti|um *das;* -s, ...ien ⟨*lat.*⟩: Unterbrechung der Rechtspflege durch Krieg od. höhere Gewalt

Jus|tiz|mi|nis|te|ri|um *das;* -s, ...ien: für die ↑Justiz zuständiges Ministerium

Jus|tiz|mord *der;* -[e]s, -e ⟨*lat.; dt.*⟩: (emotional) Hinrichtung eines Unschuldigen aufgrund eines fehlerhaften Gerichtsurteils

Ju|te *die;* - ⟨*bengal.-engl.*⟩: **1.** Gattung der Lindengewächse mit zahlreichen tropischen Arten. **2.** Bastfaser der Jutepflanzen

ju|ve|na|lisch ⟨nach dem röm. Satiriker Juvenal⟩: beißend, spöttisch, satirisch

ju|ve|na|li|sie|ren ⟨*lat.-nlat.*⟩: am Stil, Geschmack der Jugend orientieren

Ju|ve|na|li|sie|rung *die;* -, -en: Orientierung am Stil, Geschmack der Jugend

Ju|ve|nat *das;* -[e]s, -e (früher): katholisches Schülerheim; Internatsschule, bes. für jmdn., der in einen Orden eintreten will

ju|ve|nil ⟨*lat.*⟩: **1.** jugendlich, für junge Menschen charakteristisch. **2.** (Geol.) direkt aus dem Erdinnern stammend, aufgestiegen; vgl. vados

[1]**Ju|wel** *das* (auch: *der*) -s, -en (meist Plural) ⟨*lat.-vulgärlat.-fr.-niederl.*⟩: Edelstein, Schmuckstück

[2]**Ju|wel** *das;* -s, -e: Person od. Sache, die für jmdn. besonders wertvoll ist

Ju|we|lier *der;* -s, -e ⟨*lat.-vulgärlat.-fr.-niederl.*⟩: jmd., der [als ausgebildeter Goldschmied, Uhrmacher o. Ä.] mit Schmuckwaren u. Ä. handelt

Ju|we|lie|rin *die;* -, -nen: weibliche Form zu ↑Juwelier

Jux *der;* -es, -e ⟨durch Entstellung aus *lat. iocus* = »Scherz« entstanden⟩ (ugs.): Scherz, Spaß, Ulk

ju|xen (ugs.): Spaß machen

Jux|ta, österr.: **Jux|te** *die;* -, -n ⟨*lat.-nlat.*⟩: meist an der linken Seite von kleinen Wertpapieren (Lottozetteln) befindlicher Kontrollstreifen

Jux|ta|po|si|ti|on *die;* -, -en: **1.** (Sprachw.) **a)** Zusammenrückung der Glieder einer syntaktischen Fügung als besondere Form der Wortbildung; vgl. Juxtapositum; **b)** bloße Nebeneinanderstellung im Ggs. zur Komposition (4) (z. B. engl. *football game* = »Fußballspiel«). **2.** Ausbildung von zwei miteinander verwachsenen Kristallen, die eine Fläche gemeinsam haben

Jux|ta|po|si|tum *das;* -s, ...ta (Sprachw.): durch ↑Juxtaposition (1 a) entstandene Zusammensetzung (z. B. Dreikäsehoch, jahrelang)

Jux|te vgl. Juxta

K

Ka|a|ba *die;* - ⟨*arab.;* »Würfel«⟩: Steinbau in der großen Moschee von Mekka, Hauptheiligtum des Islams, Ziel der Mekkapilger; vgl. Hadsch

Ka|ba|le *die;* -, -n ⟨*hebr.-fr.*⟩ (veraltet): Intrige

Ka|ba|nos|si, Ca|ba|nos|si *die;* -, - ⟨Herkunft unsicher⟩: stark gewürzte, grobe, geräucherte Brühwurst

Ka|ba|rett [kabaˈrɛt, auch: ˈka..., ...ˈre:] *das;* -s, -s u. (bei eingedeutschter Ausspr. auch:) -e, auch, bes. österr.: **Ca|ba|ret** [kabaˈre:, auch: ˈkabare] *das;* -s, -s ⟨*lat.-fr.*⟩: **1.** (ohne Plural) Kleinkunst in Form von Sketchs u. Chansons, die in parodistischer, witziger Weise politische Zustände od. aktuelle Ereignisse kritisieren. **2. a)** Kleinkunstbühne; **b)** Ensemble, das Kabarett (1) macht. **3.** [drehbare] mit kleinen Fächern od. Schüsselchen versehene Salat- od. Speiseplatte

Ka|ba|ret|ti|er [...ˈte:] *der;* -s, -s: Leiter eines Kabaretts (2)

Ka|ba|ret|tist *der;* -en, -en: Künstler des Kabaretts (1)

Ka|ba|ret|tis|tin *die;* -, -nen: weibliche Form zu ↑Kabarettist

ka|ba|ret|tis|tisch: in der Art des Kabaretts (1)

Kab|ba|la [auch: ...ˈla] *die;* - ⟨*hebr.;* »Überlieferung«⟩: **a)** stark mit Buchstaben- und Zahlendeutung arbeitende jüdische Geheimlehre und Mystik vor allem im Mittelalter; **b)** esoterische u. theosophische Bewegung im Judentum

kab|ba|lis|tisch: a) auf die Kabbala bezüglich; **b)** [für Uneingeweihte] unverständlich

Ka|bel|jau *der;* -s, -e u. -s ⟨*niederl.*⟩: (bes. im Nordatlantik heimischer) großer, olivgrün gefleckter Raubfisch

Ka|bi|ne *die;* -, -n ⟨*lat.-provenzal.-fr.-engl.(-fr.)*⟩: **1. a)** Wohn- u. Schlafraum für Passagiere auf größeren [Fahrgast]schiffen; **b)** Raum, in dem in einem Flugzeug die Passagiere untergebracht werden. **2. a)** kleiner, abgeteilter Raum zum Aus- u. Ankleiden; Bade-, Umkleidekabine; **b)** kleiner, abgeteilter Raum, kleines Häuschen für bestimmte Tätigkeiten, Verrichtungen einzelner Personen. **3.** Gondel einer Seilbahn o. Ä.

Ka|bi|nẹtt *das;* -s, -e ‹*fr.;* »kleines Gemach, Nebenzimmer«›: **1. a)** (veraltet) abgeschlossener Beratungs- u. Arbeitsraum (bes. an Fürstenhöfen); **b)** kleinerer Museumsraum [für besonders wertvolle Objekte]; **c)** (österr.) kleines, einfenstriges Zimmer. **2. a)** Kollegium der die Regierungsgeschäfte eines Staates führenden Minister; **b)** (veraltet) engster Beraterkreis eines Fürsten. **3.** (regional) Lehr- u. Beratungszentrum; Fachunterrichtsraum. **4.** (nach dem deutschen Weingesetz) Wein der ersten Kategorie der Qualitätsweine mit Prädikat

Ka|bi|nẹtts|jus|tiz *die;* -: **a)** (Geschichte) Rechtsprechung od. Einflussnahme auf die Justiz durch einen Herrscher; **b)** [unzulässige] Einwirkung der Regierung auf die Rechtsprechung; vgl. Amnestie

Ka|bi|nẹtt|stück *das;* -[e]s, -e ‹*fr.; dt.*›: **1.** (veraltet) besonders wertvoller, in seiner Art einmaliger Gegenstand; Prunkstück. **2.** besonders geschicktes, erfolgreiches Vorgehen, Handeln

Ka|bi|nẹtt|wein *der;* -s, -e: ↑Kabinett (4)

Ka̱|bis *der;* - ‹*lat.-mlat.*› (südd., schweiz.): Kohl; vgl. Kappes

Ka|b|ri|o|lett [...ˈlɛt, auch, österr. nur: ...ˈle:] *das;* -s, -s ‹*lat.-it.-fr.*› (veraltet): Cabriolet

Ka|da̱|ver *der;* -s, - ‹*lat.;* »gefallener (tot daliegender) Körper«›: toter, in Verwesung übergehender Tierkörper; Aas

Ka|da̱|ver|mehl *das;* -[e]s ‹*lat.; dt.*›: Knochen- od. Fleischrückstände verendeter Tiere, die als Futter od. Dünger verwendet werden

Kad|di̱sch *das;* -s ‹*aram.*›: jüdisches Gebet, das bes. für das Seelenheil Verstorbener während des Trauerjahres gesprochen wird

Ka|dẹnz *die;* -, -en ‹*lat.-vulgärlat.-it.*›: **1.** (Musik) Akkordfolge als Abschluss od. Gliederung eines Musikstücks. **2.** (Musik) improvisierte od. [vom Komponisten] ausgeschriebene solistische Paraphrasierung eines Themas am Schluss [einzelner Sätze] eines Konzerts, die dem Künstler die Möglichkeit bietet, sein virtuoses Können zu zeigen. **3.** (Sprachw.) das Abfallen der Stimme. **4.** (Verslehre) metrische Form des Versschlusses. **5.** (Waffentechnik) Feuergeschwindigkeit

ka|den|zie̱|ren (Musik): **a)** durch eine Kadenz (1) zu einem harmonischen Abschluss leiten; **b)** eine Kadenz (3) ausführen

Ka̱|der|par|tie *die;* -, -n: bestimmte Partie im ↑Billard

Ka|dẹtt *der;* -en, -en ‹*lat.-provenzal.-fr.*›: **1.** (Geschichte) Zögling eines militärischen Internats für Offiziersanwärter. **2.** (schweiz.) Mitglied einer [Schul]organisation für vormilitärischen Unterricht. **3.** (ugs.) Bursche, Kerl

Ka|dẹt|ten|korps [...ko:ɐ̯] *das;* - [...ko:ɐ̯(s)], - [...ko:ɐ̯s] (früher): Gesamtheit der Zöglinge der Kadettenanstalten eines Landes

Ka̱|di *der;* -s, -s ‹*arab.;* »Richter«›: **1.** Richter in islamischen Ländern. **2.** (ugs.) richterliche Instanz, Gericht

kad|mie̱|ren, ver|kạd|men ‹*gr.-lat.-nlat.*›: Metalle zum Schutz gegen ↑Korrosion auf ↑galvanischem Wege mit einer Kadmiumschicht überziehen

Kạd|mi|um, chem. fachspr.: **Cạd|mi|um** *das;* -s: chem. Element; ein Metall (Zeichen: Cd)

Kạf|fee [auch, österr. nur: kaˈfe:] *der;* -s, -s ‹*arab.-türk.-it.-fr.*›: **1.** Kaffeepflanze, Kaffeestrauch. **2. a)** bohnenförmige Samen des Kaffeestrauchs; **b)** geröstete [gemahlene] Kaffeebohnen. **3.** aus den Kaffeebohnen bereitetes, anregendes, leicht bitter schmeckendes Getränk. **4. a)** kleine Zwischenmahlzeit am Nachmittag, bei der Kaffee getrunken wird; **b)** Morgenkaffee, Frühstück

Kạf|fee-Ex|trakt, Kạf|fee|ex|trakt *der;* -[e]s, -e: pulverisierter, [gefrier]getrockneter Auszug aus starkem Kaffeeaufguss

kaf|ka|ẹsk ‹nach dem österr. Schriftsteller F. Kafka, 1883 bis 1924›: in der Art der Schilderungen Kafkas; auf rätselvolle Weise unheimlich, bedrohlich

Kạf|tan *der;* -s, -e ‹*pers.-arab.-türk.-slaw.;* »[militär.] Obergewand«›: **1.** langes [orientalisches] Obergewand mit langen [weiten] Ärmeln, das oft mit einer breiten Schärpe zusammengehalten od. mit kleinen Knöpfen über der Brust geschlossen wird. **2.** (ugs.) langes, weites Kleidungsstück

Ka̱i *der;* -s, -s, **Quai** [ke:, auch: kɛ(:)] *der* od. *das;* -s, -s ‹*gall.-fr.-niederl.*›: durch Mauern befestigtes Ufer im Bereich eines Hafens zum Beladen u. Löschen von Schiffen

Ka̱i|man *der;* -s, -e ‹*indian.-span.*›: (bes. im tropischen Südamerika vorkommender) Alligator

Kains|mal [ˈkai̯ns..., auch: ˈka:ɪns...] *das;* -[e]s, -e ‹nach 1. Mose 4, 15 Zeichen, das Kain nach dem Brudermord an Abel erhalten haben soll u. das ihn als nur von Gott zu Richtenden kennzeichnen sollte⟩: Schuld, die jmdm. gleichsam an der Stirn geschrieben steht

Kains|zei|chen *das;* -s, -: ↑Kainsmal

Kai|zen [...zɛn] *das;* - ⟨*jap.;* »Verbesserung«⟩: Unternehmensführungskonzept aus Japan, das darin besteht, einen kontinuierlichen Verbesserungsprozess in Gang zu halten

Ka|jak *der,* selten: *das;* -s, -s ⟨*eskim.*⟩: **a)** schmales, einsitziges Männerboot der Eskimos; vgl. Umiak; **b)** ein- od. mehrsitziges Sportpaddelboot, das mit Doppelpaddel vorwärtsbewegt wird

Ka|jal *das;* -[s] ⟨*sanskr.*⟩: als Kosmetikum zum Umranden der Augen verwendete [schwarze] Farbe

Ka|je *die;* -, -n ⟨*niederl.*⟩ (nordd.): [Schutz]deich, Uferbefestigung

Ka|je|put|baum *der;* -[e]s, ...bäume ⟨*malai.; dt.*⟩: ein Myrtengewächs in Indonesien u. Australien, dessen Öl in der Medizin und Parfümerie verwendet wird

k

Ka|jü|te *die;* -, -n ⟨*niederd.,* weitere Herkunft unsicher⟩: Wohn- u. Schlafraum auf Booten u. Schiffen

Ka|ka|du [auch: ...'du:] *der;* -s, -s ⟨*malai.-niederl.*⟩: (bes. in Australien heimischer) großer Papagei mit weißem, schwarzem od. rosenrotem Gefieder, einem kräftigen Schnabel u. einem Schopf aus Federn auf dem Kopf

Ka|kao [...'kau̯, auch: ...'ka:o] *der;* -s, -s ⟨*mex.-span.*⟩: **1.** Kakaobaum, -pflanze. **2.** Samen des Kakaobaumes. **3.** aus gemahlenen Kakaobohnen hergestelltes Pulver. **4.** aus Kakaopulver, Milch u. Zucker bereitetes Getränk; **jmdn. durch den Kakao ziehen** (ugs.): spöttisch-abfällig über jmdn. reden

Ka|ke|mo|no *das;* -s, -s ⟨*jap.*⟩: japanisches Gemälde im Hochformat auf einer Rolle aus Seide od. Papier; vgl. Makimono

Ka|ker|lak *der;* -s u. -en, -en, **Ka|ker|la|ke** *die;* -, -n ⟨Herkunft unsicher⟩: **1.** Küchenschabe. **2.** (von Tieren) lichtempfindlicher ↑Albino (1)

[1]**Ka|ki,** [1]**Kha|ki** *das;* -[s] ⟨*pers.-Hindi-engl.*⟩: Erdfarbe, Erdbraun

[2]**Ka|ki,** [2]**Kha|ki** *der;* -[s]: gelbbrauner Stoff [für die Tropenuniform]

Ka|ko|fo|nie, **Ka|ko|pho|nie** *die;* -, ...ien ⟨*gr.*⟩: **1.** (Sprachw.) schlecht klingende Folge von Lauten; Ggs. ↑Eufonie. **2.** (Musik) Missklang, ↑Dissonanz

ka|ko|fo|nisch, **ka|ko|pho|nisch:** die Kakofonie betreffend, misstönend, schlecht klingend

Ka|ko|pho|nie usw. vgl. Kakofonie usw.

Kak|tee *die;* -, -n: ↑Kaktus

Kak|tus *der;* - (ugs. u. österr. auch: -ses), ...teen (ugs. u. österr. auch: -se) ⟨*gr.-lat.*⟩: (in vielen Arten in Trockengebieten vorkommende) meist säulen- od. kugelförmige Pflanze, die in ihrem verdickten Stamm Wasser speichert u. meist Dornen trägt

Ka|la|bas|se vgl. Kalebasse

Ka|la|b|re|ser *der;* -s, - ⟨nach der it. Landschaft Kalabrien⟩: Filzhut mit breiter Krempe u. nach oben spitz zulaufendem Kopfteil

Ka|la|mai|ka *die;* -, ...ken ⟨*slaw.*⟩: slawisch-ungarischer Nationaltanz im $^{2}/_{4}$-Takt

Ka|la|ma|ri|en *die* (Plural) ⟨*gr.-nlat.*⟩: mit den ↑Kalamiten verwandte ↑fossile Schachtelhalme

Ka|la|mit *der;* -en, -en (meist Plural) ⟨*gr.-nlat.*⟩: ausgestorbener baumhoher Schachtelhalm des ↑Karbons

Ka|la|mi|tät *die;* -, -en ⟨*lat.*⟩: **1.** [schlimme] Verlegenheit, missliche Lage. **2.** (Biol.) durch Schädlinge, Hagel, Sturm o. Ä. hervorgerufener schwerer Schaden in Pflanzenkulturen

Ka|lan|der *der;* -s, - ⟨*fr.*⟩: Maschine mit verschiedenen Walzen zum Glätten od. Prägen von Stoff, Papier, Folie o. Ä.

ka|lan|dern, **ka|lan|d|rie|ren** ⟨*fr.*⟩: einen Werkstoff mit dem Kalander bearbeiten

Ka|lasch|ni|kow *die;* -, -s ⟨nach dem sowjetischen Konstrukteur M. T. Kalaschnikow, * 1919⟩: ein sowjetisches Sturmgewehr

Ka|lau|er *der;* -s, - ⟨aus fr. **calembour** = »Wortspiel«, in Anlehnung an den Namen der Stadt Calau bei Cottbus umgebildet⟩: nicht sehr geistreicher, meist auf einem Wortspiel beruhender Witz

ka|lau|ern: Kalauer erzählen

Kal|da|ri|um, **Cal|da|ri|um** *das;* -s, ...ien ⟨*lat.;* »Warmzelle«⟩: **1.** altrömisches Warmwasserbad. **2.** (veraltet) warmes Gewächshaus

Kal|dau|ne *die;* -, -n (meist Plural) ⟨*lat.-mlat.*⟩: **a)** (landsch.) Stück der Innereien, bes. vom Rind; **b)** (salopp) Stück der Eingeweide des Menschen

Ka|le|bas|se, **Ka|la|bas|se** *die;* -, -n ⟨*arab.-span.-fr.*⟩: dickbauchiges, aus einem Flaschenkürbis od. der Frucht des Kalebassenbaumes hergestelltes Gefäß mit langem Hals

Ka|le|do|ni|den *die* (Plural) ⟨*nlat.;* nach dem lat. Namen Caledonia für Nordschottland⟩ (Geol.): die im älteren Paläozoikum entstandenen Gebirge, die sich innerhalb Europas vor allem vom Westen der Skandinavischen Halbinsel bis nach Schottland u. Irland erstrecken

Ka|lei|do|s|kop *das;* -s, -e ⟨*gr.-nlat.;* eigtl. »Schönbildschauer«⟩: **1.** fernrohrähnliches

Spielzeug, bei dem sich beim Drehen bunte Glassteinchen zu verschiedenen Mustern u. Bildern anordnen. **2.** lebendig-bunte [Bilder]folge, bunter Wechsel

ka|lei|do|s|ko|pisch: **1.** das Kaleidoskop betreffend. **2.** in bunter Folge, ständig wechselnd (z. B. von Bildern od. Eindrücken)

ka|len|da|risch ⟨*lat.*⟩: nach dem Kalender

Ka|len|da|ri|um *das;* -s, ...ien: **1.** Verzeichnis kirchlicher Gedenk- u. Festtage. **2.** [Termin]kalender. **3.** altrömisches Verzeichnis von Zinsen, die am Ersten des Monats fällig waren

Ka|len|den, Ca|len|dae [...dɛ] *die* (Plural): erster Tag des altrömischen Monats

Ka|le|sche *die;* -, -n ⟨*poln.*⟩: leicht gebaute Kutsche mit zusammenklappbarem Verdeck

Ka|le|va|la, Ka|le|wa|la *das;* - ⟨*finn.*⟩: finnisches Nationalepos

Ka|li *das;* -s, -s ⟨*arab.*⟩: **1.** bes. als Dünge- u. Ätzmittel verwendetes, natürlich vorkommendes Kalisalz. **2.** Kurzf. von Kalium[verbindungen]

Ka|li|an, Ka|li|un *der* od. *das;* -s, -e ⟨*pers.*⟩: persische Wasserpfeife

Ka|li|ban *der;* -s, -e ⟨nach Caliban, einer Gestalt in Shakespeares Drama »Tempest« (»Sturm«)⟩: roher, grobschlächtiger, primitiver Mensch

Ka|li|ber *das;* -s, - ⟨*gr.-arab.-fr.*⟩: **1. a)** innerer Durchmesser von Rohren u. Bohrungen; **b)** äußerer Durchmesser eines Geschosses. **2.** Gerät zum Messen des inneren od. äußeren Durchmessers an Werkstücken. **3. a)** Form eines Uhrwerks; **b)** Durchmesser eines Uhrgehäuses. **4.** Aussparung, Abstand zwischen zwei Walzen bei einem Walzwerk. **5.** (ugs.) Art, Schlag, Sorte

Ka|li|ber|maß *das;* -es, -e ⟨*gr.-arab.-fr.; dt.*⟩: ↑Kaliber (1 b)

ka|li|b|rie|ren: **1.** das Kaliber (1 a) bestimmen, messen. **2.** Werkstücke auf ein genaues Maß bringen, ausrichten. **3.** Messinstrumente eichen, prüfen u. mit der Norm in Übereinstimmung bringen

Ka|lif *der;* -en, -en ⟨*arab.;* »Nachfolger, Stellvertreter«⟩: **a)** (ohne Plural) Bez. für den Nachfolger des Propheten Mohammed als Oberhaupt der muslimischen Gemeinschaft; **b)** Träger des Titels Kalif (a)

Ka|li|fat *das;* -[e]s, -e ⟨*arab.-nlat.*⟩ (Geschichte): Amt, Herrschaft, Reich eines Kalifen

Ka|li|lau|ge *die;* -, -n ⟨*arab.; dt.*⟩: durch Lösung von Kaliumhydroxid in Wasser entstehende farblose, ätzende Flüssigkeit, die bes. in der Waschmittel- u. Farbindustrie verwendet wird

Ka|li|sal|pe|ter *der;* -s: bes. als Düngemittel u. bei der Herstellung von Feuerwerkskörpern, Glas u. Porzellan verwendetes Salz der Salpetersäure

Ka|li|salz *das;* -es, -e (meist Plural) ⟨*arab.; dt.*⟩: Doppelsalz od. Gemisch von Verbindungen des Kaliums, Kalziums, Magnesiums u. Natriums, das bes. als Düngemittel u. als Rohstoff in der chemischen Industrie verwendet wird

Ka|li|um *das;* -s ⟨*arab.-nlat.*⟩: chem. Element; ein Alkalimetall, das in der Natur nur in Verbindungen vorkommt (Zeichen: K)

Ka|li|um|bro|mid *das;* -[e]s, -e: halogenhaltiges Kaliumsalz, das in der Pharmazie für Beruhigungsmittel u. in der Fototechnik als Zusatz zu Entwicklern verwendet wird

Ka|li|um|chlo|rat *das;* -s, -e: aus Kalium und Chlorsäure entstehendes Salz, das bes. bei der Herstellung von Zündholzköpfen, Feuerwerkskörpern u. Ä. verwendet wird

Ka|li|um|hy|d|ro|xid, Ka|li|um|hy|d|ro|xyd *das;* -[e]s, -e: durch Elektrolyse der Lösung von Kaliumchlorid entstehendes Hydroxid, das eine harte weiße Masse bildet, die stark Wasser anzieht u. sich in Wasser zu Kalilauge löst

Ka|li|um|per|man|ga|nat *das;* -[e]s, -e: dunkelviolett glänzende, Kristalle bildende chemische Verbindung, die bes. als Desinfektions- u. Bleichmittel, zum Beizen von Holz u. Ä. verwendet wird

Ka|li|un vgl. Kalian

Ka|lix|ti|ner *der;* -s, - (meist Plural) ⟨*lat.-nlat.*⟩ (Geschichte): Anhänger der gemäßigten Richtung der Hussiten, die 1420 den Laienkelch beim Abendmahl forderten; vgl. Utraquist

Kal|kant *der;* -en, -en ⟨*lat.*⟩ (veraltet): jmd., der an der Orgel den Blasebalg tritt

[1]**Kal|kül** *das,* auch: *der;* -s, -e ⟨*lat.-fr.*⟩: etwas im Voraus abschätzende, einschätzende Berechnung, Überlegung

[2]**Kal|kül** *der;* -s, -e (Math.): durch ein System von Regeln festgelegte Methode, mit deren Hilfe bestimmte mathematische Probleme systematisch behandelt u. automatisch gelöst werden können (z. B. Verfahren zur Auflösung linearer u. quadratischer Gleichungen)

Kal|ku|la|ti|on *die;* -, -en ⟨*lat.;* »Berechnung«⟩: **1.** Kostenermittlung, [Kosten]voranschlag. **2.** in Bezug auf etwas angestellte Überlegung; Schätzung

Kal|ku|la|tor *der;* -s, ...oren: Angestellter des betrieblichen Rechnungswesens

Kal|ku|la|to|rin *die;* -, -nen: weibliche Form zu Kalkulator

kal|ku|la|to|risch: rechnungsmäßig

kal|ku|lie|ren: **1.** [be]rechnen, veranschlagen. **2.** abschätzen, überlegen

Kal|la vgl. Calla

Kal|li|graf, Kal|li|graph *der;* -en, -en ‹*gr.*› (veraltet): Schönschreiber

Kal|li|gra|fie, Kal|li|gra|phie *die;* -, ...ien: (ohne Plural) Schönschreibkunst

Kal|li|gra|fin, Kal|li|gra|phin *die;* -, -nen: weibliche Form zu ↑Kalligraf

kal|li|gra|fisch, kal|li|gra|phisch: die Kalligrafie betreffend

kal|lös ‹*lat.-nlat.*›: **1.** von Kallus (1) überzogen. **2.** (Med.) schwielig

Kal|lus *der;* -, -se ‹*lat.*›: **1.** (Bot.) an Wundrändern von Pflanzen durch vermehrte Teilung entstehendes Gewebe. **2.** (Med.) **a)** Schwiele; **b)** nach Knochenbrüchen neu gebildetes Gewebe

Ka|lo|ka|ga|thie *die;* -: körperliche u. geistige Vollkommenheit als Bildungsideal im antiken Griechenland

k

Ka|lo|rie ‹*lat.-nlat.*›, **Gramm|ka|lo|rie** *die;* -, ...ien: **1.** frühere physikalische Einheit der Wärme. **2.** (meist Plural) frühere Einheit für den Energiewert (Nährwert) von Lebensmitteln

ka|lo|ri|en|re|du|ziert: (von Lebensmitteln) einen deutlich geringeren physiologischen Brennwert besitzend, als ihn Produkte derselben Art üblicherweise haben

Ka|lo|rik *die;* -: Wärmelehre

Ka|lo|ri|me|ter *das;* -s, - ‹*lat.; gr.*›: Gerät zur Bestimmung von Wärmemengen, die durch chemische od. physikalische Veränderungen abgegeben od. aufgenommen werden

Ka|lo|ri|me|t|rie *die;* -: Lehre von der Messung von Wärmemengen

ka|lo|ri|me|t|risch: die Wärmemessung betreffend; **kalorimetrisches Gerät:** ↑Kalorimeter

ka|lo|risch ‹*lat.-nlat.*›: die Wärme betreffend; **kalorische Maschine:** ↑Generator mit Wärmeantrieb

ka|lo|ri|sie|ren, chem. fachspr.: **ca|lo|ri|sie|ren:** auf Metallen eine Schutzschicht durch Glühen in Aluminiumpulver herstellen

Ka|lot|te *die;* -, -n ‹*fr.*›: **1.** (Math.) gekrümmte Fläche eines Kugelabschnitts. **2.** (Archit.) flache Kuppel. **3.** (Med.) Schädeldach ohne Schädelbasis. **4.** Käppchen katholischer Geistlicher. **5.** wattierte Kappe unter Helmen. **6.** anliegende Kopfbedeckung der Frauen im 16. Jh.

Kal|pak, Kol|pak *der;* -s, -s ‹*türk.*›: **1. a)** tatarische Lammfellmütze; **b)** Filzmütze der Armenier. **2.** [Tuchzipfel an der] Husarenmütze

Ka|lu|met, Ca|lu|met [auch: kaly'mɛ] *das;* -s, -s ‹*gr.-lat.-fr.*›: Friedenspfeife der nordamerikanischen Indianer

Kal|va|ri|en|berg *der;* -[e]s, -e ‹*lat.; dt.*›: (bes. an katholischen Wallfahrtsorten als Nachbildung Golgathas) hügelartige Erhöhung mit plastischer Darstellung einer Kreuzigungsgruppe, zu der Kreuzwegstationen hinaufführen

kal|vi|nisch usw. vgl. calvinisch usw.

Kal|zit [auch: ...'ʦɪt], chem. fachspr.: **Cal|cit** *der;* -s, -e ‹*lat.-nlat.*›: Kalkspat

Kal|zi|um, chem. fachspr.: **Cal|ci|um** *das;* -s: chem. Element; ein Metall (Zeichen: Ca)

Kal|zi|um|chlo|rid, chem. fachspr.: **Cal|ci|um|chlo|rid** *das;* -[e]s: u. a. als Trockenmittel, Frostschutzmittel, in der Medizin verwendete Verbindung aus Kalzium u. Chlor

Kal|zi|um|kar|bid, chem. fachspr.: **Cal|ci|um|car|bid:** ↑Karbid

Kal|zi|um|kar|bo|nat, chem. fachspr.: **Cal|ci|um|car|bo|nat** *das;* -[e]s, -e: (kohlensaurer) Kalk

Ka|ma|ril|la [kama'rɪlja, auch: ...'rɪla] *die;* -, ...llen ‹*lat.-span.;* »Kämmerchen«›: Hofpartei od. ↑Clique (a) in unmittelbarer Umgebung eines Herrschers, die auf diesen einen unkontrollierbaren Einfluss ausübt

Kam|bi|um *das;* -s, ...ien ‹*gall.-lat.-mlat.-nlat.*› (Bot.): ein teilungsfähig bleibendes Pflanzengewebe

Kam|b|rik ['kambrɪk, auch: 'keɪmbrɪk] *der;* -s ‹nach der fr. Stadt Cambrai›: ein feinfädiges Zellwoll- od. Makogewebe

kam|b|risch ‹*nlat.;* nach dem kelt.-mlat. Namen Cambria für Nordwales›: das Kambrium betreffend

Kam|b|ri|um *das;* -s (Geol.): älteste Stufe des ↑Paläozoikums

Ka|mee *die;* -, -n ‹*it.-fr.*›: [Edel]stein mit erhabener figürlicher Darstellung

Ka|mel *das;* -[e]s, -e ‹*semit.-gr.-lat.*›: **1. a)** (in Wüsten- u. Steppengebieten beheimatetes) großes Säugetier mit einem od. zwei Höckern, das als Last- u. Reittier verwendet u. dessen zottiges Haar für Wolle genutzt wird; **b)** Trampeltier. **2.** (derb) jmd., der sich dumm verhalten hat

Ka|mel|lie [...i̯ə] *die;* -, -n ‹*nlat.;* nach dem aus Mähren stammenden Jesuiten G. J. Camel, 1661–1706›: eine Zierpflanze mit immergrünen, ledrigen Blättern u. roten bis weißen, rosenähnlichen Blüten

Ka|me|ra *die;* -, -s ‹Kurzform von Camera obscura›: **1.** Aufnahmegerät für Filme u. Fernsehübertragungen; vgl. Camera obscura. **2.** Fotoapparat

Ka|me|ra|de|rie *die;* - ‹*gr.-lat.-it.-fr.*› (meist abwertend): in entsprechenden Verhaltensweisen anderen bewusst vor Augen geführte Kameradschaft, Cliquengeist

Ka|me|ra|list *der;* -en, -en: **1.** Fachmann auf dem Gebiet der Kameralistik (2). **2.** (Geschichte) Beamter einer fürstlichen Kammer

Ka|me|ra|lis|tik *die;* -: **1.** (veraltet) Finanzwissenschaft. **2.** auf den Nachweis von Einnahmen u. Ausgaben sowie den Vergleich mit dem Haushaltsplan ausgerichtete Rechnungsführung

Ka|me|ra|lis|tin *die;* -, -nen: weibliche Form zu ↑Kameralist (1)

ka|me|ra|lis|tisch: staatswirtschaftlich, staatswissenschaftlich

Ka|me|ra|re|kor|der, Ka|me|ra|re|cor|der *der;* -s, -: Videoaufzeichnungsgerät, das Videokamera u. Videorekorder zusammen in einem Gehäuse enthält

Ka|mi|ka|ze *der;* -[s], -[s] ‹*jap.*›: japanischer Flieger im 2. Weltkrieg, der sich mit seinem Bomber auf das feindliche Ziel stürzte u. dabei sein eigenes Leben opferte

Ka|mil|le *die;* -, -n ‹*gr.-lat.-mlat.*›: eine Heilpflanze

Ka|min *der,* schweiz. meist: *das;* -s, -e ‹*gr.-lat.*›: **1.** offene Feuerstelle in Wohnräumen. **2.** (Alpinistik) steile, enge Felsenspalte. **3.** (landsch.) Schornstein

Ka|mor|ra vgl. Camorra

Kam|pa|g|ne, Cam|pa|g|ne [kam'panjə] *die;* -, -n ‹*lat.-it.-fr.*›: **1.** (veraltet) militärischer Feldzug. **2.** gemeinschaftliche, groß angelegte, aber zeitlich begrenzte ↑Aktion, Aktivität in Bezug auf jmdn., etwas

Kam|pa|ni|le *der;* -[s], -[s] ‹*lat.-it.*›: frei stehender Glockenturm [in Italien]

Kam|pe|sche|holz, Cam|pe|che|holz [kam'pɛtʃe...] *das;* -es, ...hölzer ‹nach dem Staat Campeche in Mexiko›: Hämatoxylin lieferndes Blauholz (Holz eines tropischen Baumes)

Kamp|fer *der;* -s ‹*sanskr.-arab.-mlat.*›: aus dem Holz des in Japan, China u. auf Taiwan vorkommenden Kampferbaums destillierte, auch synthetisch hergestellte harzartige Verbindung, die bes. in Medizin u. chemischer Industrie verwendet wird

kam|pie|ren ‹*lat.-it.-fr.*›: **a)** an einem bestimmten Ort (im Freien) für einige Zeit sein Lager aufschlagen, sich lagern; **b)** (ugs.) irgendwo behelfsmäßig untergebracht sein, wohnen, eine notdürftige Unterkunft haben

Kam|sin, Cham|sin [ka...] *der;* -s, -e ‹*arab.*› (Geogr.): trockenheißer Sandwind in der ägyptischen Wüste; vgl. Gibli u. Schirokko

Ka|na|di|er *der;* -s, -: **1.** offenes, [in halb kniender Haltung] mit einseitigem Paddel fortbewegtes Sportboot [mit gerundeten Steven]. **2.** (österr. veraltend) Polstersessel

Ka|nail|le, Ca|nail|le [ka'naljə, auch: ...'naij(ə)] *die;* -, -n ‹*lat.-it.-fr.*›: **1.** (abwertend) schurkischer Mensch. **2.** (ohne Plural; veraltend abwertend) Gesindel; Pack

Ka|na|ke *der;* -n, -n u. -r ‹*polynes.;* »Mensch«›: **1.** (Plural: -n) Ureinwohner Polynesiens u. der Südsee. **2.** [meist: ka'nakə] (ugs. abwertend) verachtenswerter, hassenswerter Mensch (stark diskriminierendes Schimpfwort)

Ka|nal *der;* -s, ...äle ‹*semit.-gr.-lat.-it.*›: **1. a)** künstlicher Wasserlauf als Verbindungsweg für Schiffe zwischen Flüssen od. Meeren; **b)** [unterirdischer] Graben zum Ableiten von Abwässern. **2.** (Med.) röhrenförmiger Durchgang. **3.** (Technik) bestimmter Frequenzbereich eines Senders

Ka|na|li|sa|ti|on *die;* -, -en: **1. a)** System von [unterirdischen] Rohrleitungen u. Kanälen zum Abführen der Abwässer; **b)** der Bau von [unterirdischen] Rohrleitungen u. Kanälen zum Abführen der Abwässer. **2.** Ausbau von Flüssen zu schiffbaren Wasserstraßen; vgl. ...ation/...ierung

ka|na|li|sie|ren: **1.** (eine Ortschaft, einen Betrieb o. Ä.) mit einer Kanalisation (1 a) versehen. **2.** (einen Fluss) schiffbar machen. **3.** gezielt lenken, in eine bestimmte Richtung leiten (z. B. von politischen od. geistigen Bewegungen)

Ka|na|li|sie|rung *die;* -, -en: **1.** ↑Kanalisation. **2.** gezielte Lenkung (z. B. von politischen od. geistigen Bewegungen); vgl. ...ation/...ierung

Ka|na|pee [österr. auch: ...'pe:] *das;* -s, -s ‹*gr.-lat.-mlat.-fr.*›: **1.** (veraltet) Sofa mit Rücken- u. Seitenlehne. **2.** (meist Plural) pikant belegtes u. garniertes [getoastetes] Weißbrothäppchen

Ka|na|ri *der;* -s, - ‹*fr.;* nach den Kanarischen Inseln› (südd., österr. ugs.): Kanarienvogel

Ka|na|rie [...i̯ə] *die;* -, -n (fachspr.): Kanarienvogel

Kan|da|har-Ren|nen, Kan|da|har|ren|nen *das;* -s, - ‹nach dem engl. Lord F. R. of Kandahar, 1832–1914›: ein jährlich stattfindendes alpines Skirennen

Kan|da|re *die;* -, -n ‹*ung.*›: Gebissstange im Maul des Pferdes

Kan|de|la|ber *der;* -s, - ‹*lat.-fr.*›: **a)** mehrarmiger Leuchter für Lampen od. Kerzen; **b)** mehrarmiger, säulenartiger Ständer für die Straßenbeleuchtung

Kan|del|zu|cker *der;* -s (landsch.): Kandis[zucker]

Kan|di|dat *der;* -en, -en ⟨*lat.;* »weiß Gekleideter«⟩: **1.** jmd., der sich um etwas, z. B. um ein Amt, bewirbt. **2. a)** Student höheren Semesters, der sich auf sein Examen vorbereitet; **b)** Prüfling

Kan|di|da|tin *die;* -, -nen: weibliche Form zu ↑Kandidat

Kan|di|da|tur *die;* -, -en ⟨*lat.-nlat.*⟩: Anwartschaft, das Kandidieren

kan|di|die|ren: sich (z. B. um ein Amt) bewerben

kan|die|ren ⟨*arab.-it.-fr.*⟩: (Früchte) mit einer Zuckerlösung überziehen u. dadurch haltbar machen

Kan|dis *der;* - ⟨*arab.-it.*⟩, **Kan|dis|zu|cker** *der;* -s: in großen Stücken an Fäden auskristallisierter Zucker

Kan|di|ten *die* (Plural) (österr.): kandierte Früchte

Ka|neel *der;* -s, -e ⟨*sumer.-babylon.-gr.-lat.-mlat.-fr.*⟩: hochwertige Zimtsorte

Ka|ne|vas *der;* - u. -ses, - u. -se ⟨*fr.*⟩: **1.** leinwandbindiges, gitterartiges Gewebe für Handarbeiten. **2.** (in der italienischen Stegreifkomödie) Einteilung des Stoffs in Akte u. Szenenbilder

ka|ne|vas|sen: aus Kanevas (1)

Kän|gu|ru *das;* -s, -s ⟨*austr.*⟩: australisches Springbeuteltier mit sehr langen Hinterbeinen

Ka|nis|ter *der;* -s, - ⟨*sumer.-babylon.-gr.-lat.-engl.*⟩: tragbarer Behälter für Flüssigkeiten

Kan|na vgl. Canna

Kan|nä, Can|nae [...nɛ] *das;* -, - ⟨nach der Schlacht bei Cannae, in der Hannibal 216 v. Chr. ein Römerheer völlig vernichtete⟩: katastrophale Niederlage; vgl. kannensisch

Kan|ne|lie|rung *die;* -, -en: **1.** (Geol.) Rinnen- u. Furchenbildung auf der Oberfläche von Kalk- u. Sandsteinen (verursacht durch Wasser od. Wind). **2.** Gestaltung der Oberfläche einer Säule od. eines Pfeilers mit ↑Kannelüren

Kän|nel|koh|le, Can|nel|koh|le [ˈkɛnl̩...] *die;* - ⟨*engl.; dt.*⟩: eine Steinkohlenart

Kan|ne|lü|re *die;* -, -n ⟨*sumer.-babylon.-gr.-lat.-fr.*⟩: senkrechte Rille am Säulenschaft

kan|nen|sisch ⟨zu ↑Kannä⟩: in der Fügung **kannensische Niederlage:** völlige Niederlage, Vernichtung

Kan|ni|ba|le *der;* -n, -n ⟨*span.;* nach dem Stammesnamen der Kariben⟩: **1.** Menschenfresser. **2.** roher, ungesitteter Mensch

Kan|ni|ba|lin *die;* -, -nen: weibliche Form zu ↑Kannibale

kan|ni|ba|lisch: 1. in der Art eines Kannibalen. **2.** roh, grausam, ungesittet. **3.** (ugs.) ungemein, sehr groß, überaus

kan|ni|ba|li|sie|ren ⟨*span.-nlat.*⟩: **1.** (Zool.) Kannibalismus (2) hervorrufen. **2.** (Jargon) einer Sache in hohem Maße schaden

Kan|ni|ba|lis|mus *der;* - ⟨*span.-nlat.*⟩: **1.** Menschenfresserei. **2.** das Fressen von Tieren der eigenen Art. **3.** unmenschliche Rohheit

¹Ka|non *der;* -s, -s ⟨*semit.-gr.-alban.*⟩: **1.** Richtschnur, Leitfaden. **2.** Gesamtheit der für ein bestimmtes [Fach]gebiet geltenden Regeln u. Vereinbarungen. **3.** (Musik) Musikstück, bei dem verschiedene Stimmen in bestimmten Abständen nacheinander mit derselben Melodie einsetzen. **4.** [von den alexandrinischen Grammatikern aufgestelltes] Verzeichnis mustergültiger Schriftsteller [der Antike]. **5. a)** unabänderliche Liste der von einer Religionsgemeinschaft anerkannten Schriften; **b)** die im ¹Kanon (5 a) enthaltenen Schriften. **6.** (Plural: -es [...e:s]) Einzelbestimmung des katholischen Kirchenrechts. **7.** Hochgebet der Eucharistie in der katholischen Liturgie. **8.** (ohne Plural) kirchenamtliches Verzeichnis der Heiligen. **9.** Regel von den [richtigen] Proportionen (z. B. in der bildenden Kunst). **10.** (Geschichte) jährlicher Grundzins, Abgabe des Lehnsmannes an den Lehnsherrn. **11.** (Math.) allgemeine Lösung einer mathematischen Aufgabe, nach der dann besondere Probleme gelöst werden können. **12.** (Astron.) **a)** Tafel für die Bewegungen der Himmelskörper; **b)** Zusammenstellung aller Mond- und Sonnenfinsternisse

²Ka|non *die;* - (Druckw. veraltet): ein Schriftgrad

Ka|no|na|de *die;* -, -n ⟨*sumer.-babylon.-gr.-lat.-it.-fr.*⟩: [anhaltendes] Geschützfeuer, Trommelfeuer

Ka|no|ne *die;* -, -n ⟨*sumer.-babylon.-gr.-lat.-it.*⟩: **1.** [schweres] Geschütz. **2.** (ugs.) jmd., der auf seinem Gebiet Bedeutendes leistet, [Sport]größe; **unter aller Kanone** (ugs.): sehr schlecht, unter aller Kritik. **3.** (salopp scherzh.) ↑Revolver (1)

Ka|no|nen|fut|ter *das;* -s (ugs. abwertend): im Krieg sinnlos u. gewissenlos geopferte Soldaten

Ka|no|nier *der;* -s, -e ⟨*sumer.-babylon.-gr.-lat.-it.-fr.*⟩: Soldat, der ein Geschütz bedient

ka|no|nie|ren: 1. (veraltet) mit Kanonen [be]schießen. **2.** (ugs.) einen kraftvollen Schuss auf das Tor abgeben (z. B. Fuß-, Handball)

Ka|no|nik *die;* - ⟨*sumer.-babylon.-gr.-lat.*⟩: Name der Logik bei Epikur

Ka|no|ni|ker *der;* -s, -, **Ka|no|ni|kus** *der;* -, ...ker

⟨*sumer.-babylon.-gr.-lat.*⟩: Mitglied eines Kapitels (2 a)

Ka|no|ni|sa|ti|on *die;* -, -en ⟨*sumer.-babylon.-gr.-lat.-mlat.*⟩ (kath. Rel.): Aufnahme in den ↑¹Kanon (8); Heiligsprechung

ka|no|nisch ⟨*sumer.-babylon.-gr.-lat.*⟩: **1.** als Vorbild dienend. **2.** (kath. Rel.) den kirchlichen [Rechts]bestimmungen gemäß. **3.** (Musik) den ↑¹Kanon (3) betreffend, ihm entsprechend, nach den musikalischen Gesetzen des Kanons gestaltet

ka|no|ni|sie|ren ⟨*sumer.-babylon.-gr.-lat.-mlat.*⟩: **1.** in den ¹Kanon aufnehmen, heiligsprechen. **2. a)** zum ¹Kanon machen; **b)** in eine Liste mustergültiger Autoren, Werke aufnehmen

Ka|no|nist *der;* -en, -en ⟨*sumer.-babylon.-gr.-lat.-nlat.*⟩: Lehrer des kanonischen (2) Rechts

Ka|nos|sa vgl. Canossa

Kä|no|zo|i|kum *das;* -s ⟨*gr.-nlat.*⟩ (Geol.): ↑Tertiär u. ↑Quartär umfassende erdgeschichtliche Neuzeit

kä|no|zo|isch: das Känozoikum betreffend

Kan|tar *der* od. *das;* -s, -e (aber: 2 Kantar) ⟨*lat.-mgr.-arab.*⟩: heute nicht mehr gebräuchliches Handelsgewicht Italiens u. der östlichen Mittelmeerländer; vgl. Cantaro

¹**Kan|ta|te, Can|ta|te** ⟨*lat.;* nach dem alten Introitus, Psalm 98, 1, »Singet (dem Herrn ein neues Lied)«⟩: vierter Sonntag nach Ostern

²**Kan|ta|te** *die;* -, -n ⟨*lat.-it.*⟩ (Musik): mehrteiliges, vorwiegend lyrisches Gesangsstück im ↑monodischen Stil für Solisten od. Chor mit Instrumentalbegleitung

Kan|tha|ri|din, chem. fachspr.: **Can|tha|ri|din** *das;* -s ⟨*gr.-lat.-nlat.*⟩: Drüsenabsonderung der Ölkäfer u. Spanischen Fliegen (früher zur Herstellung von Blasen ziehenden Pflastern verwendet)

Kan|ti|ne *die;* -, -n ⟨*gall.-it.-fr.*⟩: Speiseraum in Betrieben, Kasernen u. Ä.

Kan|ton *der;* -s, -e ⟨*lat.-it.-fr.*⟩: **1.** Bundesland der Schweiz (Abk.: Kt.). **2.** Bezirk, Kreis. **3.** (Geschichte) Wehrverwaltungsbezirk (in Preußen)

kan|to|nal: den Kanton betreffend, zu einem Kanton gehörend

Kan|to|ni|e|re *die;* -, -n ⟨*lat.-it.*⟩: Straßenwärterhaus in den italienischen Alpen

kan|to|nie|ren ⟨*lat.-it.-fr.*⟩ (veraltet): Truppen unterbringen, in Standorte legen

Kan|to|nist *der;* -en, -en (veraltet): ausgehobener Rekrut; **unsicherer Kantonist** (ugs.): unzuverlässiger Mensch

Kan|ton|ne|ment [kantɔnəˈmãː, schweiz.: ...ˈmɛnt] *das;* -s, -s u. (schweiz.:) -e (schweiz., sonst veraltet): **a)** Bezirk, in dem Truppen ↑kantoniert werden; **b)** Truppenunterkunft

Kan|tor *der;* -s, ...oren ⟨*lat.;* »Sänger«⟩: **1.** Vorsänger u. Leiter der ↑Schola im ↑gregorianischen Choral. **2.** Leiter des Kirchenchors, Organist, Dirigent der Kirchenmusik

Kan|to|rat *das;* -[e]s, -e ⟨*lat.-mlat.*⟩: Amt[szeit] eines Kantors

Kan|to|rei *die;* -, -en: **1.** evangelischer Kirchenchor. **2.** kleine Singgemeinschaft, Schulchor. **3.** Singbruderschaft, Gesangschor [mit nur geistlichen Mitgliedern] im Mittelalter. **4.** fürstliche Kapellinstitution im 15. u. 16. Jh.

Kan|to|rin *die;* -, -nen: weibliche Form zu ↑Kantor (2)

Kant|schu *der;* -s, -s ⟨*türk.-slaw.*⟩: Riemenpeitsche

Kan|tus *der;* -, -se ⟨*lat.*⟩ (Studentenspr.): Gesang; vgl. Cantus

Ka|nu [auch, österr. nur: kaˈnuː] *das;* -s, -s ⟨*karib.-span.-fr.-engl.*⟩: **1.** als Boot benutzter ausgehöhlter Baumstamm. **2.** ↑Kajak; ↑Kanadier (1)

Ka|nü|le *die;* -, -n ⟨*sumer.-babylon.-gr.-lat.-fr.*⟩ (Med.): **1.** Röhrchen zum Einführen od. Ableiten von Luft od. Flüssigkeiten. **2.** Hohlnadel an einer Injektionsspritze

Ka|nu|te *der;* -n, -n ⟨*karib.-span.-fr.-engl.*⟩ (Sport): Kanufahrer

Ka|nu|tin *die;* -, -nen: weibliche Form zu ↑Kanute

kan|ze|ro|gen ⟨*lat.; gr.*⟩ (Med.): krebserzeugend

kan|ze|rös ⟨*lat.*⟩ (Med.): krebsartig

Kanz|lei *die;* -, -en ⟨*lat.-mlat.*⟩: Büro [eines Rechtsanwalts od. einer Behörde]

Kanz|lei|stil *der;* -[e]s: die altertümliche u. schwerfällige Sprache der Kanzleien; Amtssprache

Kanz|list *der;* -en, -en (veraltet): Schreiber, Angestellter in einer Kanzlei

Kan|zo|ne *die;* -, -n ⟨*lat.-it.*⟩: **1.** eine romanische Gedichtform. **2.** leichtes, heiteres, empfindungsvolles Lied. **3.** (Musik) kontrapunktisch gesetzter A-cappella-Chorgesang im 14. u. 15. Jh. **4.** (Musik) seit dem 16. Jh. liedartige Instrumentalkomposition für Orgel, Laute, Klavier u. kleine Streicherbesetzung

Ka|o|lin *das;* -s, -e ⟨*chin.-fr.;* nach dem chin. Berg Kaoling⟩: weicher, formbarer Ton, der durch Zersetzung von Feldspaten entstanden ist; Porzellanerde

Kap *das;* -s, -s ⟨*lat.-vulgärlat.-provenzal.-fr.-niederl.*⟩: Vorgebirge; vorspringender Teil einer Felsenküste

Ka|paun *der;* -s, -e ‹*lat.-vulgärlat.-fr.*›: kastrierter Masthahn

ka|pau|nen, ka|pau|ni|sie|ren: (einen Hahn) kastrieren

Ka|pa|zi|tät *die;* -, -en: **1.** (ohne Plural) **a)** Fassungs- od. Speicherungsvermögen eines technischen Geräts od. Bauteils; **b)** ↑Kondensator (1) od. ähnlich wirkendes Element einer elektrischen Schaltung. **2. a)** Produktions- od. Leistungsvermögen einer Maschine od. Fabrik; **b)** (meist Plural) Produktionsstätte u. Gesamtheit aller Einrichtungen u. Arbeitskräfte, die zur Herstellung von Industriegütern zur Verfügung stehen. **3. a)** räumliches Fassungsvermögen [eines Gebäudes]; **b)** geistiges Leistungs- od. Fassungsvermögen. **4.** hervorragender Fachmann

ka|pa|zi|ta|tiv ‹*lat.-nlat.*›: ↑kapazitiv; **kapazitativer Widerstand** (Elektrot.): Wechselstromwiderstand eines Kondensators

ka|pa|zi|tiv ‹*lat.-engl.*›: **a)** die Kapazität eines Kondensators betreffend; **b)** die Kapazität (2, 3) betreffend

Ka|pee ‹mit französierender Endung zu ↑kapieren gebildet› (ugs.): **schwer von Kapee sein:** begriffsstutzig sein

[1]**Ka|pel|le** *die;* -, -n ‹*lat.-mlat.*›: **1.** kleines [privates] Gotteshaus ohne Gemeinde. **2.** abgeteilter Raum für Gottesdienste in einer Kirche od. einem Wohngebäude

[2]**Ka|pel|le** *die;* -, -n ‹*lat.-mlat.-it.*›: **a)** (im Mittelalter) ein Sängerchor in der Kirche, der die reine Gesangsmusik pflegte; vgl. a cappella; **b)** Musikergruppe, Instrumentalorchester

[3]**Ka|pel|le, Ku|pel|le** *die;* -, -n ‹*lat.-mlat.-fr.*›: Tiegel aus Knochenasche zum Untersuchen von silberhaltigem Blei, in dem das Silber nach dem Schmelzen des Bleis zurückbleibt

ka|pel|lie|ren, ku|pel|lie|ren: Silber mithilfe der [3]Kapelle von Blei trennen

Ka|pell|meis|ter *der;* -s, -: **a)** Leiter einer [2]Kapelle (b), eines Orchesters; **b)** nach dem ↑[General]musikdirektor rangierender Orchesterdirigent

Ka|pell|meis|te|rin *die;* -, -nen: weibliche Form zu ↑Kapellmeister

[1]**Ka|per** *die;* -, -n (meist Plural) ‹*gr.-lat.-roman.*›: [in Essig eingemachte] Blütenknospe des Kapernstrauches (ein Gewürz)

[2]**Ka|per** *der;* -s, - ‹*lat.-niederl.*› (Geschichte): **1.** Schiff, das (im Seekrieg) feindliche Handelsschiffe erbeutet. **2.** Freibeuter, Seeräuber

Ka|pe|rei *die;* -, -en (Geschichte): das Erbeuten feindlicher Handelsschiffe durch private Unternehmer aufgrund des Kaperbriefes

ka|pern: 1. a) (ein [Handels]schiff) auf See erbeuten; **b)** (ein Flugzeug, einen Zug o. Ä.) in seine Gewalt bringen u. entführen. **2.** (ugs.) **a)** jmdn. [wider dessen Willen] für etwas gewinnen; **b)** sich einer Sache bemächtigen

ka|pie|ren ‹*lat.*› (ugs.): begreifen, verstehen

ka|pil|lar ‹*lat.*› (Med.): haarfein (z. B. von Blutgefäßen)

Ka|pil|lar|ana|ly|se *die;* -, -n (Chemie): chemische Analyse, bei der die Geschwindigkeiten u. Erscheinungen beim Aufsteigen von Lösungen in senkrecht aufgehängten Filterpapierstreifen zur Trennung u. Unterscheidung benutzt werden

Ka|pil|la|re *die;* -, -n: **1.** (Biol.; Med.) Haargefäß, kleinstes Blutgefäß. **2.** (Physik) ein Röhrchen mit sehr kleinem Querschnitt

Ka|pil|la|ri|tät *die;* - ‹*lat.-nlat.*› (Physik): das Verhalten von Flüssigkeiten in engen Röhren

ka|pi|tal ‹*lat.*›: **a)** von solcher Art, dass die betreffende Person od. Sache alles Vergleichbare übersteigt; **b)** (Jägerspr.) außerordentlich groß, stark

Ka|pi|tal *das;* -s, -e u., österr. nur, -ien [...i̯ən] ‹*lat.-it.*›: **1. a)** (ohne Plural) alle Geld- u. Sachwerte, die zu einer Produktion verwendet werden, die Gewinn abwirft; **b)** Wert des Vermögens eines Unternehmens; Vermögen[sstamm]. **2. a)** verfügbare Geldsumme, die bei entsprechendem Einsatz Gewinn erbringt; **Kapital aus etwas schlagen:** Nutzen, Gewinn aus etwas ziehen; **b)** verfügbarer kleinerer Betrag an Bargeld. **3.** (ohne Plural) Gesamtheit der kapitalkräftigen Unternehmen [eines Landes]. **4.** (Buchw.) gewebtes [buntes] Band, das vom Buchbinder an die Ober- u. Unterkante des Buchblockrückens geklebt wird

Ka|pi|täl vgl. Kapitell

Ka|pi|tal|band, Kap|tal|band: ↑Kapital (4)

Ka|pi|täl|chen *das;* -s, - ‹*lat.; dt.*› (Druckw.): Großbuchstabe in der Größe der kleinen Buchstaben

Ka|pi|ta|le *die;* -, -n ‹*lat.-fr.*›: **1.** (veraltet) Hauptstadt. **2.** Majuskelschrift

Ka|pi|tal|ex|port *der;* -[e]s, -e: ↑Export von Kapital (1) ins Ausland

Ka|pi|tal|flucht *die;* -: das Fortbringen von Kapital (1) ins Ausland bei politischer ↑Instabilität, ungünstigen Steuergesetzen u. Ä.

Ka|pi|ta|lis *die;* - ‹*lat.*›: altrömische Monumentalschrift [auf Bauwerken]

Ka|pi|ta|li|sa|ti|on *die;* -, -en ‹*lat.-nlat.*›: Umwandlung eines laufenden Ertrags od. einer

Rente in einen einmaligen Kapitalbetrag; vgl. ...ation/...ierung

ka|pi|ta|li|sie|ren: in eine Geldsumme umwandeln

Ka|pi|ta|li|sie|rung *die;* -, -en: ↑Kapitalisation

Ka|pi|ta|lis|mus *der;* -: Wirtschaftssystem, das auf dem freien Unternehmertum basiert u. dessen treibende Kraft das Gewinnstreben Einzelner ist, während die Arbeiter keinen Besitzanteil an den Produktionsmitteln haben

Ka|pi|ta|list *der;* -en, -en: **1.** Kapitalbesitzer. **2.** Person, deren Einkommen überwiegend aus Zinsen, Renten od. Gewinnen besteht. **3.** (ugs. abwertend) jmd., der über viel Geld verfügt

Ka|pi|ta|lis|tin *die;* -, -nen: weibliche Form zu ↑Kapitalist

ka|pi|ta|lis|tisch: den Kapitalismus betreffend

Ka|pi|tal|ver|bre|chen *das;* -s, -: besonders schwere Straftat (z. B. Mord)

Ka|pi|tän *der;* -s, -e ‹*lat.-it.(-fr.)*›: **1.** Kommandant eines Schiffes; **Kapitän zur See:** Seeoffizier im Range eines Obersten. **2.** Kommandant eines Flugzeugs; Chefpilot. **3.** Anführer, Spielführer einer Sportmannschaft

Ka|pi|tä|nin *die;* -, -nen: weibliche Form zu ↑Kapitän

Ka|pi|täns|pa|tent *das;* -[e]s, -e: amtliches Zeugnis, das jmdn. zur Führung eines Schiffes berechtigt

Ka|pi|tel *das;* -s, - ‹*lat.;* »Köpfchen; Hauptabschnitt«›: **1.** Hauptstück, Abschnitt in einem Schrift- od. Druckwerk (Abk.: Kap.). **2. a)** Körperschaft der Geistlichen einer Dom- od. Stiftskirche od. eines Kirchenbezirks (Landkapitel); **b)** Versammlung eines [geistlichen] Ordens

Ka|pi|tell *das;* -s, -e ‹»Köpfchen«›: oberer Abschluss einer Säule, eines Pfeilers od. ↑Pilasters

Ka|pi|tel|saal *der;* -[e]s, ...säle: Sitzungssaal im Kloster

Ka|pi|tu|lant *der;* -en, -en ‹*lat.-mlat.*›: **1.** (veraltet) Soldat, der sich verpflichtet, über die gesetzliche Dienstzeit hinaus zu dienen. **2.** jmd., der vor Schwierigkeiten [leicht, schnell] kapituliert (2)

Ka|pi|tu|lan|tin *die;* -, -nen: weibliche Form zu ↑Kapitulant (2)

Ka|pi|tu|lar *der;* -s, -e: Mitglied eines Kapitels (2 a) (z. B. Domherr)

Ka|pi|tu|la|ti|on *die;* -, -en ‹*lat.-mlat.-fr.*›: **1. a)** das Kapitulieren (1); **b)** Vertrag über die Kapitulation (1 a). **2.** resignierendes Nachgeben, Aufgeben. **3.** (veraltet) Vertrag, der den Dienst eines Soldaten verlängert

ka|pi|tu|lie|ren: **1.** sich dem Feind ergeben; sich für besiegt erklären u. sich dem Gegner unterwerfen. **2.** (angesichts einer Sache) resignierend aufgeben, nachgeben, die Waffen strecken. **3.** (veraltet) eine Kapitulation (3) abschließen

Kap|la|ken, Kapp|la|ken *das;* -s, - ‹*niederl.-niederd.*› (Seemannsspr. veraltet): Sondervergütung für den Schiffskapitän über das vertraglich vereinbarte Entgelt hinaus

Ka|p|lan *der;* -s, ...läne ‹*lat.-mlat.;* »Kapellengeistlicher«›: **a)** dem Pfarrer untergeordneter katholischer Geistlicher; **b)** Geistlicher mit besonderen Aufgaben (z. B. in einem Krankenhaus od. beim Heer)

Ka|po|das|ter *der;* -s, - ‹*it.*›: ein über alle Saiten reichender, auf dem Griffbrett sitzender verschiebbarer Bund bei Lauten u. Gitarren; vgl. Capotasto

Kap|pa *das;* -[s], -s ‹*gr.*›: zehnter Buchstabe des griechischen Alphabets (Κ, κ)

Kap|pes, Kap|pus *der;* - ‹*lat.-mlat.*›: **1.** (landsch.) Weißkohl. **2.** (landsch. ugs.) **a)** dummes Zeug, törichtes Geschwätz; **Kappes/Kappus reden:** Unsinn reden; **b)** unbrauchbare Pfuscharbeit; vgl. Kabis

Kapp|la|ken vgl. Kaplaken

Kap|pus vgl. Kappes

Ka|p|ri|ce [ka'pri:sə] vgl. Caprice

Ka|p|ri|o|le *die;* -, -n ‹*lat.-it.;* »Bocksprung«›: **1.** Luftsprung. **2.** launenhafter, toller Einfall; übermütiger Streich. **3.** ein Sprung in der Reitkunst

ka|p|ri|o|len: Kapriolen machen

Ka|p|ri|ze vgl. Kaprice

ka|p|ri|zie|ren, sich ‹*lat.-it.-fr.*›: eigensinnig auf etwas bestehen; sich auf etwas festlegen

ka|p|ri|zi|ös: launenhaft, eigenwillig

Kap|tal *das;* -s, -e: ↑Kapitalband

Kap|tal|band vgl. Kapitalband

Kap|ta|ti|on *die;* -, -en ‹*lat.*› (veraltet): Erschleichung; Erbschleicherei

ka|putt ‹*fr.*› (ugs.): **a)** entzwei, zerbrochen; **b)** verloren, bankrott [im Spiel]; **c)** in Unordnung, aus der Ordnung gekommen; **kaputt sein:** matt, erschöpft sein

Ka|pu|ze *die;* -, -n ‹*lat.-it.*›: an einen Mantel od. eine Jacke angearbeitete Kopfbedeckung, die sich ganz über den Kopf ziehen lässt

Ka|pu|zi|ner *der;* -s, - ‹*lat.-it.*›: **1.** Angehöriger eines katholischen Ordens (Abk.: O. F. M. Cap., OFMCap). **2.** (österr.) ↑Kaffee (3) mit etwas Milch. **3.** Kapuzineraffe. **4.** (landsch.) Birkenröhrling

Ka|pu|zi|ne|rin *die;* -, -nen: Angehörige des weiblichen Zweigs des Kapuzinerordens

Kap|wein *der;* -[e]s, -e: südafrikanischer Wein aus der Kapprovinz

Ka|ra|bi|ner *der;* -s, - ‹*fr.*›: **1.** kurzes Gewehr. **2.** (österr.) Karabinerhaken

Ka|ra|bi|ner|ha|ken *der;* -s, -: federnder Verschlusshaken

Ka|ra|bi|ni|er [...ˈni̯e:] *der;* -s, -s: **1.** [mit einem Karabiner (1) ausgerüsteter] Reiter. **2.** Jäger zu Fuß

Ka|ra|bi|ni|e|re vgl. Carabiniere

Ka|ra|cho, Ca|ra|cho *das;* -s ‹*span.;* »Penis«› (ugs.): große Geschwindigkeit, Rasanz; **mit Karacho:** mit großer Geschwindigkeit, mit Schwung

Ka|rä|er *der;* -s, - ‹*hebr.;* »Schriftkundiger«›: Angehöriger einer [ost]jüdischen Sekte (seit dem 8. Jh.), die den ↑Talmud verwirft

Ka|raf|fe *die;* -, -n ‹*arab.-span.-it.-fr.*›: geschliffene, bauchige Glasflasche [mit Glasstöpsel]

Ka|ra|gös *der;* - ‹*türk.*›: **a)** Hanswurst im türkisch-arabischen Schattenspiel; **b)** das nach dem Karagös (a) benannte Schauspiel

Ka|ram|bo|la|ge [...ʒə] *die;* -, -n ‹*fr.*›: **1.** Zusammenstoß, Zusammenprall. **2.** das Anstoßen des Spielballes an die beiden anderen Bälle im Billardspiel. **3.** Zusammenstoß zweier od. mehrerer Spieler bei Sportwettkämpfen

[1]**Ka|ram|bo|le** *die;* -, -n: der Spielball (roter Ball) im Billardspiel

[2]**Ka|ram|bo|le** *die;* -, -n ‹*malai.-port.*›: sternförmig gerippte, gelbgrüne Frucht mit hohem Vitamin-C-Gehalt (in Brasilien, der Karibik u. im südpazifischen Raum)

ka|ram|bo|lie|ren ‹*fr.*›: **1.** zusammenstoßen. **2.** im Billardspiel mit dem Spielball die beiden anderen Bälle treffen

Ka|ra|mell *der;* -s: gebrannter Zucker

Ka|ra|mell|bon|bon *der* od. *das;* -s, -s: aus Karamell u. Milch od. Sahne hergestellte bonbonartige, weich-zähe Süßigkeit

Ka|ra|mel|le *die;* -, -n (meist Plural): ↑Karamellbonbon

ka|ra|mel|li|sie|ren: 1. Zucker zu Karamell brennen. **2.** Speisen (bes. Früchte) mit gebranntem Zucker übergießen od. in Zucker rösten

Ka|ra|o|ke *das;* -[s] ‹*jap.;* »leeres Orchester«›: **1.** Form der Unterhaltung, bei der zur (vom Band abgespielten) Instrumentalmusik eines Schlagers dessen Text (von nicht berufsmäßigen Sängern) gesungen wird. **2.** für Karaoke (1) geeignete Musikaufnahme

Ka|rat *das;* -[e]s, -e (aber: 2 -) ‹*gr.-arab.-mlat.-fr.;* nach dem Samen des Johannisbrotbaums›: **1.** Einheit für die Gewichtsbestimmung von Edelsteinen (1 Karat = etwa 205 mg, 1 metrisches Karat = 200 mg). **2.** Maß der Feinheit einer Goldlegierung (reines Gold = 24 Karat)

Ka|ra|te *das;* -[s] ‹*jap.;* »leere Hand«›: System waffenloser Selbstverteidigung

Ka|ra|wa|ne *die;* -, -n ‹*pers.-it.*›: **1.** durch unbewohnte Gebiete [Asiens od. Afrikas] ziehende Gruppe von Reisenden, Kaufleuten, Forschern o. Ä. **2.** größere Anzahl von Personen od. Fahrzeugen, die sich in einem langen Zug fortbewegen

Ka|ra|wan|se|rei *die;* -, -en: Unterkunft für Karawanen (1)

Kar|bid, chem. fachspr.: **Car|bid** *das;* -[e]s, -e ‹*lat.-nlat.*›: **1.** (ohne Plural) Kalziumkarbid (ein wichtiger Rohstoff der chemischen Industrie). **2.** chemische Verbindung aus Kohlenstoff u. einem Metall od. Bor (Borkarbid) od. Silicium (Siliciumkarbid)

Kar|bol *das;* -s (ugs.): ↑Karbolsäure

Kar|bo|li|ne|um, Car|bo|li|ne|um *das;* -s ‹*lat.-nlat.*›: ein Imprägnierungs- u. Schädlingsbekämpfungsmittel für Holz u. Bäume

Kar|bol|säu|re *die;* -: ↑Phenol

Kar|bon *das;* -s (Geol.): erdgeschichtliche Formation des ↑Paläozoikums

Kar|bo|na|de *die;* -, -n ‹*lat.-it.-fr.*›: **1.** (landsch.) Kotelett, [gebratenes] Rippenstück. **2.** (österr., sonst veraltet) Frikadelle

[1]**Kar|bo|nat** *der;* -[e]s, -e ‹*lat.-nlat.*›: grauschwarze Abart des Diamanten

[2]**Kar|bo|nat,** chem. fachspr.: **Car|bo|nat** *das;* -[e]s, -e: kohlensaures Salz

Kar|bo|ni|sa|ti|on *die;* -, -en: **1.** (Med.) Verbrennung vierten Grades, schwerster Grad eines Hitzeschadens. **2.** Umwandlung in [2]Karbonat

kar|bo|nisch: das ↑Karbon betreffend

kar|bo|ni|sie|ren: 1. a) verkohlen lassen; **b)** in [2]Karbonat umwandeln. **2.** Zellulosereste in Wolle durch Schwefelsäure od. andere Chemikalien zerstören

Kar|bon|säu|re *die;* -, -n (Chemie): Säure, die eine bestimmte organische Gruppe mit einem leicht abzuspaltenden Wasserstoffatom enthält

Kar|bo|rund *das;* -[e]s, **Car|bo|run|dum**® *das;* -s ‹Kunstw. aus *lat.* carbo »Kohle« u. ↑Korund›: ein Schleifmittel

Kar|bun|kel *der;* -s, - ‹*lat.*› (Med.): Ansammlung dicht beieinanderliegender ↑Furunkel

kar|bu|rie|ren ‹*lat.-nlat.*›: die Leuchtkraft von Gasgemischen durch Zusatz von Ölgas heraufsetzen

Kar|da|mom *der* od. *das;* -s, -e[n] ‹*gr.-lat.*›: reife

Samen indischer u. afrikanischer Ingwergewächse, die als Gewürz verwendet werden

Kar|dan|an|trieb *der;* -s ‹nach dem it. Erfinder Cardano, † 1576›: Antrieb über ein Kardangelenk

Kar|dan|ge|lenk *das;* -s, -e: Verbindungsstück zweier Wellen, das durch wechselnde Knickung Kraftübertragung unter einem Winkel gestattet

kar|da|nisch: in den Fügungen **kardanische Aufhängung:** nach allen Seiten drehbare Aufhängung für Lampen, Kompasse u. a., die ein Schwanken der aufgehängten Körper ausschließt; **kardanische Formel** (Math.): mathematischer Ausdruck zur Lösung kubischer Gleichungen

Kar|dan|wel|le *die;* -, -n: Antriebswelle mit Kardangelenk für Kraftfahrzeuge

kar|den, kar|die|ren ‹*lat.-nlat.*›: rauen, kämmen (von Wolle)

kar|di..., Kar|di... vgl. kardio..., Kardio...

kar|di|al (Med.): das Herz betreffend, von ihm ausgehend

Kar|di|al|gie *die;* -, ...ien ‹*gr.*› (Med.): **1.** Schmerzen im Bereich des Herzens. **2.** ↑Kardiospasmus

kar|die|ren vgl. karden

kar|di|nal ‹*lat.-mlat.*›: grundlegend, hauptsächlich

Kar|di|nal *der;* -s, ...näle: **1.** (kath. Rel.) höchster katholischer Würdenträger nach dem Papst. **2.** zu den ↑Tangaren gehörender, häufig als Stubenvogel gehaltener Singvogel. **3.** eine Art ↑Bowle, meist mit Pomeranzen[schalen] angesetzt

Kar|di|na|le *das;* -[s], ...lia (veraltet): Kardinalzahl

Kar|di|nal|punkt *der;* -[e]s, -e: **1.** Hauptpunkt. **2.** (nur Plural; Biol.) durch Temperatur, Nährstoffangebot u. a. bestimmtes Minimum, Maximum u. Optimum von Stoffwechsel, Wachstum o. Ä. von Organismen

Kar|di|nals|kol|le|gi|um *das;* -s, ...ien: Körperschaft der katholischen Kardinäle

Kar|di|nals|kon|gre|ga|ti|on *die;* -: ↑Kurienkongregation

Kar|di|nal|staats|se|kre|tär *der;* -s, -e: erster Berater des Papstes, bes. in politischen Fragen

Kar|di|nal|tu|gend *die;* -, -en (meist Plural): eine der vier wichtigsten Tugenden der christlichen Sittenlehre u. der philosophischen Ethik (Weisheit, Gerechtigkeit, Besonnenheit, Tapferkeit)

Kar|di|nal|zahl *die;* -, -en: Grundzahl, ganze Zahl (z. B. zwei, zehn)

kar|dio..., Kar|dio...

vor Vokalen gelegentlich: **kar|di..., Kar|di...**
‹zu *gr.* kardía »Herz; Seele«›
Wortbildungselement mit der Bedeutung »Herz«:
- Kardialgie
- Kardiogramm
- kardiologisch

Kar|dio|graf, Kar|dio|graph *der;* -en, -en: **1.** Gerät zur Aufzeichnung eines Kardiogramms (2). **2.** (Med.) Elektrokardiograf

Kar|dio|gramm *das;* -s, -e ‹*gr.-nlat.*› (Med.): **1.** ↑Elektrokardiogramm. **2.** grafische Darstellung der Herzbewegungen

Kar|dio|graph usw. vgl. Kardiograf usw.

Kar|di|o|i|de *die;* -, -n (Math.): eine Form der ↑Epizykloide (Herzkurve)

Kar|dio|lo|ge *der;* -n, -n (Med.): Facharzt auf dem Gebiet der Kardiologie; Herzspezialist

Kar|dio|lo|gie *die;* - (Med.): Teilgebiet der Medizin, das sich mit der Funktion u. den Erkrankungen des Herzens befasst

Kar|dio|lo|gin *die;* -, -nen: weibliche Form zu ↑Kardiologe

Kar|dio|spas|mus *der;* -, ...men (Med.): Krampf der Mageneingangsmuskulatur

Kar|di|tis *die;* -, ...itiden (Med.): Entzündung des Herzens

Ka|renz *die;* -, -en ‹*lat.;* »Nichthaben, Entbehren«›: **1.** Karenzzeit. **2.** (Med.) Enthaltsamkeit, Verzicht (z. B. auf bestimmte Nahrungsmittel)

ka|ren|zie|ren (österr.): für unbezahlten Urlaub freistellen

Ka|renz|ur|laub *der;* -[e]s, -e (österr.): **a)** unbezahlter Urlaub; **b)** vollständige od. teilweise berufliche Freistellung, die Mütter od. wahlweise Väter nach der Geburt eines Kindes beanspruchen können; Elternzeit

Ka|renz|zeit *die;* -, -en: Wartezeit, Sperrfrist, bes. in der Krankenversicherung

ka|res|sie|ren ‹*lat.-it.-fr.*› (landsch., sonst veraltet): **a)** liebkosen, schmeicheln; **b)** eine [geheime] Liebschaft haben

Ka|ret|te, Ka|rett|schild|krö|te *die;* -, -n ‹*span.-fr.*›: eine Meeresschildkröte

Ka|rez|za *die;* - ‹*lat.-it.*›: ↑Koitus, bei dem Orgasmus u. Samenerguss vermieden werden

Kar|fi|ol *der;* -s ‹*it.*› (südd., österr.): Blumenkohl

Kar|fun|kel *der;* -s, - ‹*lat.*›: **1.** feurig roter Edelstein (z. B. ↑[1]Granat, ↑Rubin). **2.** ↑Karbunkel

Kar|go vgl. Cargo

Ka̱|ri|bu *das* od. *der;* -s, -s ⟨*indian.-fr.*⟩: nordamerikanisches Ren
ka|rie̱|ren ⟨*lat.-fr.*⟩: mit Würfelzeichnung mustern, kästeln
ka|rie̱rt: 1. gewürfelt, gekästelt. **2.** (ugs. abwertend) wirr, ohne erkennbaren Sinn
Ka̱|ri|es, fachspr. auch: **Ca̱|ri|es** *die;* - ⟨*lat.;* »Morschheit, Fäulnis«⟩: **1.** (Zahnmed.) akuter od. chronischer Zerfall der harten Substanz der Zähne; Zahnkaries. **2.** (Med.) entzündliche Erkrankung des Knochens mit Zerstörung von Knochengewebe, bes. bei Knochentuberkulose
Ka|ri|ka|tu̱r *die;* -, -en ⟨*it.;* »Überladung«⟩: **1. a)** komisch übertreibende Zeichnung o. Ä., die eine Person, eine Sache od. ein Ereignis durch humoristische od. satirische Hervorhebung u. Überbetonung bestimmter charakteristischer Merkmale der Lächerlichkeit preisgibt; **b)** das Karikieren; Kunst der Karikatur (1 a). **2.** Zerr-, Spottbild
Ka|ri|ka|tu|ri̱st *der;* -en, -en: Karikaturenzeichner
Ka|ri|ka|tu|ri̱s|tin *die;* -, -nen: weibliche Form zu ↑Karikaturist
ka|ri|ka|tu|ri̱s|tisch: in der Art einer Karikatur
ka|ri|kie̱|ren: verzerren, zur Karikatur machen, als Karikatur darstellen
Ka|ri̱nth vgl. Karn
ka|rio|ge̱n ⟨*lat.; gr.*⟩ (Med.): Karies hervorrufend
ka|ri|ö̱s ⟨*lat.*⟩ (Med.): von ↑Karies befallen

Charisma

Das Substantiv stammt aus dem Griechischen und wird trotz seiner Aussprache mit *[k-]* wie das Herkunftswort mit *Ch-* geschrieben.

Ka̱|ri|tas *die;* - ⟨*lat.*⟩: [christliche] Nächstenliebe, Wohltätigkeit; vgl. Fides, Caritas
ka|ri|ta|ti̱v, ca|ri|ta|ti̱v ⟨*lat.-nlat.*⟩: von Nächstenliebe bestimmt, mildtätig
Kar|me|li̱t *der;* -en, -en, **Kar|me|li̱|ter** *der;* -s, - ⟨nach dem Berg Karmel im Norden Israels⟩: Angehöriger eines katholischen Mönchsordens
Kar|me|li̱|ter|geist *der;* -[e]s: ein Heilkräuterdestillat
Kar|me|li̱|te|rin, Kar|me|li̱|tin *die;* -, -nen: Angehörige des weiblichen Zweiges der Karmeliten
Ka̱r|men vgl. Carmen
Kar|me|si̱n ⟨*pers.-arab.-roman.*⟩, **Kar|mi̱n** ⟨*fr.*⟩ *das;* -s: roter Farbstoff
Ka̱rn, Ka|ri̱nth *das;* -s ⟨nach dem nlat. Namen Carinthia für Kärnten⟩ (Geol.): eine Stufe der alpinen ↑Trias (1)
Kar|nal|li̱t [auch: ...ˈlɪt] vgl. Carnallit
Kar|ne|o̱l *der;* -s, -e ⟨*lat.-it.*⟩: ein Schmuckstein
Ka̱r|ne|val *der;* -s, -e u. -s ⟨*it.*⟩: Fastnacht, Fastnachtszeit
Kar|ne|va|li̱st *der;* -en, -en: aktiver Teilnehmer am Karneval, bes. Vortragender (Büttenredner, Sänger usw.) bei Karnevalsveranstaltungen
Kar|ne|va|li̱s|tin *die;* -, -nen: weibliche Form zu ↑Karnevalist
kar|ne|va|li̱s|tisch: den Karneval betreffend
ka̱r|nisch: zum Karn gehörend, im Karn entstanden; **karnische Stufe:** ↑Karn
kar|ni|vo̱r ⟨*lat.*⟩ (Biol.): fleischfressend (von bestimmten Tieren u. Pflanzen)
[1]**Kar|ni|vo̱|re** *der;* -n, -n (Zool.): fleischfressendes Tier, vor allem Raubtier
[2]**Kar|ni|vo̱|re** *die;* -[n], -n: fleischfressende Pflanze
Ka|ro̱s|se *die;* -, -n ⟨*gall.-lat.-it.-fr.*⟩: von Pferden gezogener Prunkwagen; Staatskutsche
Ka|ros|se|rie̱ *die;* -, ...i̱en: Wagenoberbau, -aufbau [von Kraftwagen]
Ka|ros|seur [...ˈsøːɐ̯] *der;* -s, -e (österr.): Karosseriebauer
Ka|ros|seu|rin [...ˈsøːrɪn] *die;* -, -nen: weibliche Form zu ↑Karosseur
Ka|ros|si|er [...ˈsi̯eː] *der;* -s, -s: **1.** (veraltet) Kutschpferd. **2.** Karosseriebauer; Karosserieentwerfer
ka|ros|sie̱|ren: [ein Auto] mit einer Karosserie versehen
Ka|ro|ti̱n, fachspr.: **Ca|ro|ti̱n** *das;* -s, -e ⟨*gr.-lat.-nlat.*⟩: ein [pflanzlicher] Farbstoff als Vorstufe des Vitamins A
Ka|ro̱t|te *die;* -, -n ⟨*gr.-lat.-fr.-niederl.*⟩: **1.** Mohrrübe. **2.** (landsch.) Rote Rübe, Rote Bete. **3.** Bündel von ausgerippten, gebeizten Tabakblättern
Kar|ree̱ *das;* -s, -s ⟨*lat.-fr.*⟩: **1.** Viereck. **2.** (Gastron.) gebratenes od. gedämpftes Rippenstück vom Kalb, Schwein od. Hammel. **3.** eine Schliffform für ↑Diamanten
Kar|re̱t|te *die;* -, -n: **1.** (schweiz.) Schubkarren; zweirädriger Karren. **2.** schmalspuriges, geländegängiges Transport- u. Zugmittel der Gebirgstruppen. **3.** zweirädriger, kleiner Einkaufswagen
Kar|ri|e̱|re *die;* -, -n ⟨*gall.-lat.-provenzal.-fr.;* »Rennbahn; Laufbahn«⟩: **1.** schnellste Gangart des Pferdes. **2.** [bedeutende, erfolgreiche] Laufbahn
Kar|ri|e̱|re|frau *die;* -, -en: (auch abwertend)

Frau, die beruflich eine wichtige Stellung innehat u. auf eine erfolgreiche Laufbahn bedacht ist

Kar|ri|e|ris|mus *der;* - (abwertend): rücksichtsloses Karrierestreben

Kar|ri|e|rist *der;* -en, -en ⟨*nlat.*⟩ (abwertend): rücksichtsloser Karrieremacher

Kar|ri|e|ris|tin *die;* -, -nen: weibliche Form zu ↑Karrierist

kar|ri|e|ris|tisch: nach Art eines Karrieristen

Karst *der;* -[e]s, -e ⟨nach der Hochfläche nordöstlich von Triest⟩ (Geol.): durch die Wirkung von Oberflächen- u. Grundwasser in löslichen Gesteinen (Kalk, Gips) entstehende typische Oberflächenform

Kart *der;* -[s], -s ⟨*engl.-amerik.*⟩: kurz für: ↑Gokart

Kar|tät|sche *die;* -, -n ⟨*ägypt.-gr.-lat.-it.(-fr.-engl.)*⟩: **1.** (Geschichte) mit Bleikugeln gefülltes Artilleriegeschoss. **2.** (Bauw.) ein Brett zum Verreiben des Putzes

kar|tät|schen: 1. mit Kartätschen (1) schießen. **2.** den Putz mit der Kartätsche (2) verreiben

Kar|tau|se *die;* -, -n ⟨nach dem südfranz. Kloster Chartreuse⟩: Kloster (mit Einzelhäusern) der Kartäusermönche

Kar|täu|ser *der;* -s, -: **1.** Angehöriger eines katholischen Einsiedlerordens (Abk.: O. Cart., OCart). **2.** (ohne Plural) Kartäuserlikör

Kar|täu|se|rin *die;* -, -nen: weibliche Form zu ↑Kartäuser (1)

Kar|tell *das;* -s, -e ⟨*ägypt.-gr.-lat.-it.-fr.*⟩: **1.** Zusammenschluss bes. von wirtschaftlichen Unternehmen (die rechtlich u. wirtschaftlich weitgehend selbstständig bleiben). **2.** Zusammenschluss von studentischen Verbindungen mit gleicher Zielsetzung. **3.** befristetes Bündnis mehrerer Parteien [im Wahlkampf]

kar|te|si|a|nisch, car|te|si|a|nisch, kar|te|sisch, car|te|sisch ⟨*nlat.;* nach dem latinisierten Namen des fr. Philosophen Descartes »Cartesius«⟩: von Descartes eingeführt, nach ihm benannt

kar|te|sisch vgl. kartesianisch

Kar|tha|min, chem. fachspr.: **Car|tha|min** *das;* -s ⟨*arab.-nlat.*⟩: roter Farbstoff, der aus der Färberdistel gewonnen wird

kar|tie|ren ⟨*ägypt.-gr.-lat.-fr.*⟩: **1.** (Geogr.) auf einer Karte darstellen (ein vermessenes Gebiet o. Ä.). **2.** in eine Kartei einordnen

Kar|ting *das;* -s ⟨*engl.-amerik.*⟩: das Ausüben des Gokartsports

Kar|to|graf, Kar|to|graph *der;* -en, -en: Zeichner od. wissenschaftlicher Bearbeiter einer Landkarte

Kar|to|gra|fie, Kar|to|gra|phie *die;* -: Wissenschaft u. Technik von der Herstellung von Land- u. Seekarten

Kar|to|gra|fin, Kar|to|gra|phin *die;* -, -nen: weibliche Form zu ↑Kartograf

kar|to|gra|fisch, kar|to|gra|phisch: die Kartografie betreffend

Kar|to|gramm *das;* -s, -e ⟨*ägypt.-gr.-lat.-fr.; gr.*⟩ (Geogr.): Darstellung ↑statistischer Daten auf Landkarten

Kar|to|graph usw. vgl. Kartograf usw.

Kar|to|me|ter *das;* -s, -: Kurvenmesser

Kar|to|me|t|rie *die;* -: das Übertragen geometrischer Größen (Längen, Flächen, Winkel) auf Karten

Kar|ton [...'tõ:, ...'tɔŋ, auch, bes. südd., österr.: ...'to:n] *der;* -s, -s u. (bei nicht nasalierter Aussprache): -e (aber: 5 - Seife) ⟨*ägypt.-gr.-lat.-it.-fr.*⟩: **1.** [leichte] Pappe, Steifpapier. **2.** Schachtel aus [leichter] Pappe. **3.** Ersatzblatt, das nachträglich für ein fehlerhaftes Blatt in ein Buch eingefügt wird. **4.** Vorzeichnung zu einem [Wand]gemälde

Kar|to|na|ge [...'na:ʒə] *die;* -, -n: **1.** Pappverpackung. **2.** Einbandart, bei der Deckel u. Rücken eines Buches nur aus starkem Karton bestehen

kar|to|nie|ren: [ein Buch] in Pappe [leicht] einbinden, steif heften

Kar|tu|sche *die;* -, -n ⟨*ägypt.-gr.-lat.-it.-fr.*⟩: **1.** (Kunstwiss.) (bes. während der Zeit der Renaissance u. des Barocks) aus einer schildartigen Fläche (zur Aufnahme von Inschriften, Wappen, ↑Initialen o. Ä.) u. einem ornamental geschmückten Rahmen bestehende Verzierung. **2.** bes. dicht verschließbarer Behälter für bestimmte Stoffe (z. B. für Toner, Gas). **3.** (Militär) Metallhülse für die Pulverladung, Hülse mit Pulver als Treibladung von Artilleriegeschossen

Ka|rus|sell *das;* -s, -s u. -e ⟨*it.-fr.*⟩: auf Jahrmärkten od. Volksfesten aufgestellte, sich im Kreis drehende große, runde Bahn mit verschiedenartigen Aufbauten oder mit aufgehängten Sitzen für Fahrgäste, bes. Kinder

Ka|ry|a|ti|de *die;* -, -n ⟨*gr.-lat.*⟩: weibliche Statue mit langem Gewand, die anstelle einer Säule das Gebälk eines Bauwerks trägt (in der Architektur der Antike); vgl. Atlant

Kar|zer *der;* -s, - ⟨*lat.*⟩ (Geschichte): **1.** Arrestraum in Universitäten u. Gymnasien. **2.** (ohne Plural) Haftstrafe an Universitäten u. Gymnasien; Arrest

kar|zi|no..., Kar|zi|no...

⟨zu *gr.* karkínos »Krebs«⟩
Wortbildungselement mit der Bedeutung »krebsartig, den Krebs (als Krankheit) betreffend«:
- karzinogen
- Karzinologe
- Karzinophobie

Die gleiche Bedeutung hat **kanzero..., Kanzero...** (zu *lat.* cancer »Krebs; Krebsgeschwür« [verwandt mit *gr.* karkínos]) in Fremdwörtern wie kanzerogen und Kanzerologie.

kar|zi|no|gen ⟨*gr.-nlat.*⟩: ↑kanzerogen

Kar|zi|no|gen *das;* -s, -e (Med.): Substanz, Strahlung o. Ä., von der eine krebserzeugende Wirkung ausgeht

Kar|zi|no|lo|gie *die;* -: **1.** (Med.) Wissenschaft von den Krebserkrankungen, ihrer Entstehung, Bekämpfung u. Behandlung. **2.** (Zool.) Lehre von den Krebsen

Kar|zi|nom *das;* -s, -e ⟨*gr.-lat.*⟩: bösartige Krebsgeschwulst; Krebs (Abk.: Ca.)

kar|zi|no|ma|tös ⟨*gr.-lat.-nlat.*⟩ (Med.): krebsartig, von Krebs befallen

Ka|sach, Ka|sak *der;* -[s], -s ⟨nach dem mittelasiatischen Nomadenvolk der Kasachen⟩: handgeknüpfter kaukasischer Gebrauchsteppich mit fast ausschließlich geometrischen Musterformen

Ka|sak vgl. Kasach

Ka|sa|t|schok *der;* -s, -s ⟨*russ.*⟩: ein russischer Volkstanz

Kas|bah, Kas|ba *die;* -, -s od. Ksabi ⟨*arab.*⟩: **1.** Sultansschloss in Marokko. **2.** arabisches Viertel in nordafrikanischen Städten

Ka|schem|me *die;* -, -n ⟨*Zigeunerspr.*⟩ (abwertend): zweifelhaftes, schlechtes Lokal mit fragwürdigen Gästen

ka|schie|ren: 1. so darstellen, verändern, dass eine positivere Wirkung erzielt wird, bestimmte Mängel nicht erkennbar, nicht sichtbar werden; verhüllen, verbergen, verheimlichen. **2.** (Theater) plastische Teile mithilfe von Leinwand, Papier u. Leim od. Gips herstellen. **3.** (Druckw.) [Bucheinband]pappe mit buntem od. bedrucktem Papier überkleben. **4.** zwei Gewebe mithilfe eines Klebstoffs miteinander verbinden

Kasch|mir *der;* -s, -e ⟨*fr.;* nach der Himalajalandschaft⟩: feines Kammgarngewebe in Köper- od. Atlasbindung (eine Webart)

Ka|scho|long *der;* -s, -s ⟨*mong.-fr.*⟩: ein Halbedelstein (Abart des Opals 1)

Ka|se|in, chem. fachspr.: **Ca|se|in** *das;* -s, -e ⟨*lat.-nlat.*⟩: wichtigster Eiweißbestandteil der Milch

Ka|sel *die;* -, -n, **Ca|su|la** *die;* -, ...lae [...lɛ] ⟨*lat.-mlat.*⟩: seidenes Messgewand, das über den anderen Gewändern zu tragen ist

Ka|se|mat|te *die;* -, -n ⟨*gr.-mgr.-it.-fr.*⟩: **1.** (Militär) gegen feindlichen Beschuss gesicherter Raum in Festungen. **2.** durch Panzerwände geschützter Geschützraum eines Kriegsschiffes

Ka|ser|ne *die;* -, -n ⟨*lat.-vulgärlat.-provenzal.-fr.*⟩: Gebäude zur ortsfesten u. ständigen Unterbringung von Soldaten, einer militärischen Einheit; Truppenunterkunft in Friedenszeiten

ka|ser|nie|ren: [Truppen] in Kasernen unterbringen

Ka|ser|nie|rung *die;* -, -en: das Kasernieren

Ka|si|no, österr. auch: **Ca|si|no** *das;* -s, -s ⟨*lat.-it.*⟩: **1.** Gebäude mit Räumen für gesellige Zusammenkünfte. **2.** Speiseraum in bestimmten Betrieben. **3.** Spielkasino

Kas|ka|de *die;* -, -n ⟨*lat.-vulgärlat.-it.-fr.*⟩: **1.** [künstlicher] stufenförmiger Wasserfall. **2.** wagemutiger Sprung in der Artistik (z. B. Salto mortale). **3.** Anordnung hintereinandergeschalteter, gleichartiger Gefäße (in der chemischen Technik). **4.** ↑Kaskadenschaltung

Kas|ka|den|schal|tung *die;* -, -en (Elektrot.): Reihenschaltung gleichgearteter Teile, z. B. ↑Generatoren

Kas|ka|deur, Cas|ca|deur [...ˈdøːɐ̯] *der;* -s, -e: Artist, der eine Kaskade (2) ausführt

Kas|ka|deu|rin, Cas|ca|deu|rin [...ˈdøːrɪn] *die;* -, -nen: weibliche Form zu ↑Kaskadeur

[1]**Kas|ko** *der;* -s, -s ⟨*lat.-vulgärlat.-span.*⟩: **1.** Schiffsrumpf. **2.** Fahrzeug (im Unterschied zur Ladung). **3.** Spielart des ↑Lombers

[2]**Kas|ko** *die;* -, -s: Kurzform von ↑Kaskoversicherung

Kas|ko|ver|si|che|rung *die;* -, -en: Versicherung gegen Schäden an Beförderungsmitteln des Versicherungsnehmers

Kas|sa *die;* -, ...ssen ⟨*lat.-it.*⟩ (österr.): Kasse; vgl. per cassa

Kas|san|d|ra *die;* -, ...dren ⟨nach der Seherin Kassandra in der gr. Sage⟩: weibliche Person, die gegenüber etwas Bevorstehendem eine pessimistische Grundhaltung zeigt u. davor warnt

Kas|san|d|ra|ruf *der;* -[e]s, -e: Unheil kündende Warnung

[1]**Kas|sa|ti|on** *die;* -, -en ⟨*lat.-nlat.*⟩: **1.** Ungültigkeitserklärung (von Urkunden). **2.** Aufhebung eines Gerichtsurteils durch die nächsthöhere

Instanz. **3.** (veraltet) bedingungslose Entlassung aus dem Militärdienst od. aus dem Beamtenverhältnis; vgl. ...ation/...ierung

[2]**Kas|sa|ti|on** *die;* -, -en ⟨Herkunft unsicher⟩: mehrsätziges Tonwerk für mehrere Instrumente in der Musik des 18. Jh.s

kas|sa|to|risch: die ↑[1]Kassation betreffend; **kassatorische Klausel:** a) (Rechtswiss.) Vertragsklausel, die das Recht des Gläubigers, vom Vertrag zurückzutreten, für den Fall gewährleistet, dass der Schuldner seine Verbindlichkeiten nicht erfüllt; b) die Vereinbarung der Fälligkeit der Gesamtschuld bei teilweisem Verzug (z. B. bei Teilzahlungsgeschäften)

Kas|se *die;* -, -n ⟨*lat.-it.*⟩: **1.** verschließbarer Behälter zur Aufbewahrung von Geld. **2.** (ohne Plural) zur Verfügung stehendes Geld, Barmittel. **3.** Zahlungsraum, Bankschalter, an dem Geld aus- od. einbezahlt wird. **4.** (ugs.) **a)** Sparkasse, Bank; **b)** Krankenkasse; vgl. Kassa

Kas|set|te *die;* -, -n ⟨*lat.-it.-fr.*⟩: **1.** verschließbares Holz- od. Metallkästchen zur Aufbewahrung von Geld u. Wertsachen. **2.** flache, feste Schutzhülle für Bücher, Schallplatten o. Ä. **3.** (Fotogr.) lichtundurchlässiger Behälter in einem Fotoapparat od. in einer Kamera, in den der Film od. die Fotoplatte eingelegt wird. **4.** (Archit.) vertieftes Feld [in der Zimmerdecke]. **5.** Magnetband u. zwei kleine Spulen, die fest in ein kleines, flaches, rechteckiges Gehäuse aus Kunststoff eingebaut sind

Kas|set|ten|deck *das;* -s, -s: Teil einer Stereoanlage, mit dem Kassetten (5) bespielt od. abgespielt werden können

Kas|set|ten|de|cke *die;* -, -n: in Kassetten (4) aufgeteilte Zimmerdecke

Kas|set|ten|re|kor|der *der;* -s, -: Tonbandgerät, bei dem für Aufnahme u. Wiedergabe Kassetten (5) verwendet werden

kas|set|tie|ren: die Decke eines Raums mit Kassetten (4) versehen, täfeln

Kas|sia, Kas|sie [...i̯ə] *die;* -, ...ien ⟨*semit.-gr.-lat.*⟩: eine Heil- u. Gewürzpflanze

Kas|si|ber *der;* -s, - ⟨*hebr.-jidd.*⟩ (Gaunerspr.): heimliches Schreiben od. unerlaubte schriftliche Mitteilung eines Häftlings an einen anderen od. an Außenstehende

Kas|si|de *die;* -, -n ⟨*arab.*⟩: arabische Gedichtgattung

Kas|sie [...i̯ə] vgl. Kassia

Kas|sier *der;* -s, -e ⟨*lat.-it.*⟩ (südd., österr., schweiz.): ↑Kassierer

[1]**kas|sie|ren** ⟨*lat.-it.*⟩: **1.** Geld einnehmen, einziehen, einsammeln. **2.** (ugs.) **a)** etwas an sich nehmen; **b)** etwas hinnehmen; **c)** jmdn. gefangen nehmen

[2]**kas|sie|ren** ⟨*lat.*⟩: **a)** jmdn. seines Amtes entheben, jmdn. aus seinem Dienst entlassen; **b)** etwas für ungültig erklären, ein Gerichtsurteil aufheben

Kas|sie|rer *der;* -s, - ⟨*lat.-it.*⟩: Angestellter eines Unternehmens od. Vereins, der die Kasse führt

Kas|sie|re|rin *die;* -, -nen: weibliche Form zu ↑Kassierer

Kas|sie|rin *die;* -, -nen (südd., österr., schweiz.): weibliche Form zu ↑Kassier

Kas|si|o|pei|um vgl. Cassiopeium

Kas|ta|g|net|te [...tanˈjɛtə] *die;* -, -n ⟨*gr.-lat.-span.(-fr.)*⟩: kleines Rhythmusinstrument aus zwei ausgehöhlten Hartholzschälchen, die durch ein über den Daumen od. die Mittelhand gestreiftes Band gehalten und mit den Fingern gegeneinandergeschlagen werden

Kas|ta|nie [...i̯ə] *die;* -, -n ⟨*gr.-lat.*⟩: **1.** Edelkastanie. **2.** Rosskastanie. **3.** Frucht von Edel- od. Rosskastanie. **4.** (Jägerspr.) Wulst von Haaren an den Hinterläufen des Wildes

Kas|te *die;* -, -n ⟨*lat.-port.-fr.*⟩: **1.** Gruppe innerhalb der hinduistischen Gesellschaftsordnung. **2.** (abwertend) sich gegenüber anderen Gruppen streng absondernde Gesellschaftsschicht [deren Angehörige ein übertriebenes Standesbewusstsein pflegen]

Kas|tell *das;* -s, -e ⟨*lat.*⟩: **1.** (Geschichte) **a)** militärische Befestigungsanlage; **b)** Burg, Schloss. **2.** (veraltet) Aufbau auf dem Vorder- und Hinterdeck eines Kriegsschiffes

Kas|tel|lan *der;* -s, -e ⟨*lat.-mlat.*⟩: **1.** (Geschichte) Burg-, Schlossvogt. **2.** Aufsichtsbeamter in Schlössern u. öffentlichen Gebäuden

Kas|tel|la|nei *die;* -, -en: Schlossverwaltung

Kas|tel|la|nin *die;* -, -nen: weibliche Form zu ↑Kastellan (2)

Kas|t|rat *der;* -en, -en ⟨*lat.-it.*⟩: **1.** (veraltet) kastrierter Mann. **2.** (Musik) in der Jugend kastrierter Sänger mit hoher, umfangreicher Sopran- od. Altstimme (im 17. u. 18. Jh.)

Kas|t|ra|ti|on *die;* -, -en ⟨*lat.*⟩: **1.** Ausschaltung od. Entfernung der Keimdrüsen (Hoden od. Eierstöcke) bei Menschen u. Tieren; Verschneidung; **chemische Kastration:** Ausschaltung des Geschlechtstriebs durch Injektion bestimmter, den Geschlechtstrieb hemmender Präparate. **2.** Entfernung der Staubblätter bei Pflanzen (aus züchterischen Gründen)

Kas|t|ra|ti|ons|angst *die;* -, ...ängste (Psychol.): in der Kindheit durch den Vergleich zwischen

Jungen u. Mädchen auftretende Angst, das Geschlechtsorgan zu verlieren

kas|t|rie|ren: eine Kastration vornehmen; **kastrierte Ausgabe** (ugs. scherzh.): ↑Editio castigata

Ka|su|a|li|en *die* (Plural) ‹»Zufälligkeiten«›: **1.** (selten) nicht vorhersehbare Ereignisse. **2.** geistliche Amtshandlungen aus besonderem Anlass (Taufe, Trauung u. a.)

Ka|su|ar *der;* -s, -e ‹*malai.-niederl.*›: Straußvogel Australiens

Ka|su|ist *der;* -en, -en ‹*lat.-nlat.*›: **1.** Vertreter der Kasuistik. **2.** jmd., der spitzfindig argumentiert; Wortverdreher, Haarspalter

Ka|su|is|tik *die;* -: **1.** Teil der Sittenlehre, der für mögliche Fälle des praktischen Lebens im Voraus anhand eines Systems von Geboten das rechte Verhalten bestimmt (bei den Stoikern u. in der katholischen Moraltheologie). **2.** (Rechtswiss.) Versuch u. Methode einer Rechtsfindung, die nicht von allgemeinen, umfassenden, sondern spezifischen, für möglichst viele Einzelfälle gesetzlich geregelten Tatbeständen ausgeht. **3.** (Med.) Beschreibung von Krankheitsfällen. **4.** spitzfindige Argumentation; Wortverdreherei, Haarspalterei

Ka|su|is|tin *die;* -, -nen: weibliche Form zu ↑Kasuist

ka|su|is|tisch: **1.** Grundsätze bzw. Methoden der Kasuistik (1, 2) befolgend. **2.** spitzfindig argumentierend, haarspalterisch

Ka|sus *der;* -, - [...zu:s] ‹*lat.*›: **1.** Fall, Vorkommnis. **2.** (Sprachw.) Fall, Beugungsfall (z. B. Dativ, Akkusativ); vgl. Casus

Ka|sus|syn|kre|tis|mus *der;* - (Sprachw.): Zusammenfall zweier od. mehrerer Fälle (Kasus) in einer Form, z. B. Patienten (Gen., Dat., Akk. Sing. u. in allen Fällen des Plurals)

Ka|ta|chre|se [...ç...], **Ka|ta|chre|sis** [auch: ...ˈta:...] *die;* -, ...chresen ‹*gr.;* »Missbrauch«›: **1.** (Rhet.; Stilkunde) verblasste Bildlichkeit, gelöschte ↑Metapher (z. B. Bein des Tisches). **2.** (Rhet., Stilkunde) Bildbruch, d. h. Vermengung von nicht zusammengehörenden ↑Metaphern (z. B. das schlägt dem Fass die Krone ins Gesicht)

ka|ta|chres|tisch: in Form einer Katachrese

Ka|ta|falk *der;* -s, -e ‹*(gr.; lat.) vulgärlat.-it.-fr.*›: schwarz verhängtes Gestell, auf dem der Sarg während der Trauerfeierlichkeit steht

Ka|ta|ka|na *die;* - ‹*jap.*›: japanische Silbenschrift, die auf bestimmte Anwendungsbereiche begrenzt ist; vgl. Hiragana

Ka|ta|kaus|tik *die;* - ‹*gr.-nlat.*› (Optik): die beim Einfall von parallelem Licht auf einen Hohlspiegel entstehende Brennfläche, die im Idealfall ein Brennpunkt ist

ka|ta|kaus|tisch: einbrennend; **katakaustische Fläche** (Optik): Brennfläche eines Hohlspiegels

Ka|ta|kla|se *die;* -, -n ‹*gr.*› (Geol.): das Zerbrechen u. Zerreiben einzelner Mineralkomponenten eines Gesteins durch ↑tektonische Kräfte

Ka|ta|klas|struk|tur *die;* -, -en ‹*gr.; lat.*› (Geol.): kataklastische ↑Struktur (1) eines Gesteins

ka|ta|klas|tisch: die ↑Kataklase betreffend

Ka|ta|klys|mus *der;* -, ...men ‹*gr.-lat.*› (Geol.): erdgeschichtliche Katastrophe; plötzliche Vernichtung, Zerstörung

Ka|ta|kom|be *die;* -, -n (meist Plural) ‹*lat.-it.*›: (in frühchristlicher Zeit) unterirdische Anlage zur Beisetzung von Toten

Ka|ta|la|se *die;* -, -n ‹*gr.-nlat.*›: ↑Enzym, das das Zellgift Wasserstoffperoxid durch Spaltung in Wasser u. Sauerstoff unschädlich macht

ka|ta|lek|tisch ‹*gr.-lat.*› (antike Metrik): mit einem unvollständigen Versfuß endend

Ka|ta|lep|sie *die;* -, ...ien ‹*gr.*› (Med.): Starrkrampf der Muskeln

ka|ta|lep|tisch ‹*gr.-lat.*›: von Muskelstarre befallen; **kataleptische Totenstarre:** seltene Art der Totenstarre bereits bei Eintritt des Todes

Ka|ta|le|xe, Ka|ta|le|xis [auch: ...ˈlɛ] *die;* -, ...lexen ‹*gr.-lat.*› (antike Metrik): Unvollständigkeit des letzten Versfußes

Ka|ta|log *der;* -[e]s, -e ‹*gr.-lat.*›: [nach einem bestimmten System angelegtes] Verzeichnis (z. B. für Bücher, für eine Ausstellung)

ka|ta|lo|gi|sie|ren ‹*gr.-lat.-nlat.*›: **a)** zu einem Katalog zusammenstellen; **b)** in einen Katalog aufnehmen

Ka|ta|ly|sa|tor *der;* -s, ...oren ‹*gr.-nlat.*›: **1.** (Chemie) Stoff, der durch seine Anwesenheit chemische Reaktionen herbeiführt od. in ihrem Verlauf beeinflusst, selbst aber unverändert bleibt. **2.** Vorrichtung in Kraftfahrzeugen, mit deren Hilfe das Abgas von umweltschädlichen Stoffen gereinigt wird

Ka|ta|ly|sa|tor|au|to *das;* -s, -s: mit einem ↑Katalysator (2) ausgestattetet Pkw

Ka|ta|ly|se *die;* -, -n ‹*gr.-lat.*› (Chemie): Herbeiführung, Beschleunigung od. Verlangsamung einer Stoffumsetzung durch einen Katalysator

ka|ta|ly|sie|ren ‹*gr.-nlat.*›: eine chemische Reaktion durch einen Katalysator herbeiführen, verlangsamen od. beschleunigen

ka|ta|ly|tisch: durch eine Katalyse od. einen ↑Katalysator (1) bewirkt

Ka|ta|ma|ran *der;* -s, -e ‹*tamil.-engl.*›:

a) schnelles, offenes Segelboot mit Doppelrumpf; **b)** Boot mit doppeltem Rumpf

Ka|ta|m|ne|se *die;* -, -n ⟨*gr.-nlat.*⟩ (Med.): abschließender Krankenbericht eines Arztes

Ka|ta|pho|re|se *die;* -, -n ⟨*gr.-nlat.*⟩: ↑Elektrophorese positiv geladener Teilchen in Richtung der ↑Kathode

Ka|ta|plas|ma *das;* -s, ...men ⟨*gr.-lat.*⟩ (Med.): heißer Breiumschlag zur Schmerzlinderung (bei ↑Koliken)

Ka|ta|pult *das,* auch: *der;* -[e]s, -e ⟨*gr.-lat.*⟩: **1.** Wurf-, Schleudermaschine im Altertum. **2.** gabelförmige Schleuder mit zwei Gummibändern, mit der Kinder Steine o. Ä. schleudern od. schießen. **3.** Schleudervorrichtung zum Starten von Flugzeugen; Startschleuder

ka|ta|pul|tie|ren ⟨*gr.-lat.-nlat.*⟩: [mit einem Katapult] wegschnellen, [weg]schleudern

[1]**Ka|ta|rakt** *der;* -[e]s, -e ⟨*gr.-lat.*⟩: **a)** Stromschnelle; **b)** Wasserfall

[2]**Ka|ta|rakt** *die;* -, -e (Med.): Trübung der Augenlinse; grauer Star

Ka|tarrh *der;* -s, -e ⟨*gr.-lat.;* eigtl. »Herabfluss«⟩ (Med.): Schleimhautentzündung [der Atmungsorgane] mit meist reichlichen Absonderungen

ka|tar|rha|lisch ⟨*gr.-lat.-nlat.*⟩: zum Erscheinungsbild eines Katarrhs gehörend

Ka|ta|s|ter *der* (österr. nur so) od. *das;* -s, - ⟨*it.*⟩: amtliches Grundstücksverzeichnis, das als Unterlage für die Bemessung der Grundsteuer geführt wird

ka|ta|s|t|rie|ren ⟨*it.*⟩: in ein ↑Kataster eintragen

ka|ta|s|t|ro|phal ⟨*gr.-lat.-nlat.*⟩: einer Katastrophe gleichkommend; verhängnisvoll, entsetzlich, furchtbar, schlimm

Ka|ta|s|t|ro|phe *die;* -, -n ⟨*gr.-lat.;* »Umkehr, Wendung«⟩: **1.** Unglück von großen Ausmaßen u. entsetzlichen Folgen. **2.** entscheidende Wendung [zum Schlimmen] als Schlusshandlung im [antiken] Drama

ka|ta|s|t|ro|phisch: unheilvoll, verhängnisvoll

Ka|te|che|se *die;* -, -n ⟨*gr.-lat.;* »mündlicher Unterricht«⟩: **a)** die Vermittlung der christlichen Botschaft [an Ungetaufte]; **b)** Religionsunterricht

Ka|te|chet *der;* -en, -en ⟨*gr.-nlat.*⟩: Religionslehrer, bes. für die kirchliche Christenlehre außerhalb der Schule

Ka|te|che|tin *die;* -, -nen: weibliche Form zu ↑Katechet

ka|te|che|tisch: die kirchliche Unterweisung betreffend

Ka|te|chi|sa|ti|on *die;* -, -en: ↑Katechese

Ka|te|chis|mus *der;* -, ...men ⟨*gr.-mlat.*⟩: **1.** Lehrbuch für den christlichen Glaubensunterricht. **2.** Glaubensunterricht für die ↑Katechumenen (1)

Ka|te|chist *der;* -en, -en: einheimischer Laienhelfer in der katholischen Heidenmission

Ka|te|chis|tin *die;* -, -nen: weibliche Form zu ↑Katechist

Ka|te|chu *das;* -[s], -s ⟨*malai.-port.*⟩: ↑Gambir

Ka|te|chu|me|ne [auch: ...'çu...] *der;* -n, -n ⟨*gr.-mlat.*⟩: **1.** [erwachsener] Taufbewerber im Vorbereitungsunterricht. **2.** Konfirmand, bes. im 1. Jahr des Konfirmandenunterrichts

Ka|te|chu|me|nin *die;* -, -nen: weibliche Form zu ↑Katechumene

ka|te|go|ri|al ⟨*gr.-nlat.*⟩: in Kategorienart; Kategorien betreffend; vgl. ...al/...ell

Ka|te|go|rie *die;* -, ...ien ⟨*gr.-lat.;* »Grundaussage«⟩: **1.** Gruppe, in die jmd. od. etwas eingeordnet wird; Klasse, Gattung. **2.** (Philos.) (nach Aristoteles) eine der zehn möglichen Arten von Aussagen über einen realen Gegenstand; Aussageweise. **3.** (Philos.) eines der ↑Prädikamente der scholastischen Logik u. Ontologie. **4.** (Philos.) einer der zwölf reinen Verstandesbegriffe Kants, die die Erkenntnis u. denkende Erfassung von Wahrnehmungsinhalten erst ermöglichen

ka|te|go|risch: 1. keinen Widerspruch duldend; bestimmt, mit Nachdruck. **2.** einfach aussagend, behauptend; **kategorisches Urteil:** einfache, nicht an Bedingungen geknüpfte Aussage (A ist B). **3.** unbedingt gültig; **kategorischer Imperativ** (Philos.): unbedingt gültiges ethisches Gesetz, Pflichtgebot; vgl. hypothetischer Imperativ

ka|te|go|ri|sie|ren ⟨*gr.-nlat.*⟩: etwas nach Kategorien (1) ordnen, einordnen

Ka|te|go|ri|sie|rung *die;* -, -en: das Kategorisieren, Einordnen nach Kategorien (1)

Kat|gut [auch: 'kɛtgat] *das;* -s ⟨*engl.*⟩ (Med.): chirurgischer Nähfaden aus tierischen Darmsaiten (ursprünglich aus Katzendarm) od. aus synthetischen Fasern, der sich im Körper auflöst

Ka|tha|rer [auch: 'ka(:)...] *der;* -s, - (meist Plural) ⟨*gr.-mlat.;* »der Reine«⟩: Angehöriger verschiedener mittelalterlicher strenger Sekten, bes. der ↑Albigenser

Ka|tha|ro|bie [...i̯ə] *die;* -, -n (meist Plural), **Ka|tha|ro|bi|ont** *der;* -en, -en (meist Plural) (Biol.): in sauberem, nicht schlammigem Wasser lebender Organismus; Ggs. ↑Saprobie

Ka|thar|sis ['ka(:)..., auch: ...'tar...] *die;* - ⟨*gr.;* »(kultische) Reinigung«⟩: **1.** (Literaturwiss.)

Läuterung der Seele von Leidenschaften als Wirkung des [antiken] Trauerspiels. **2.** (Psychol.) das Sichbefreien von seelischen Konflikten u. inneren Spannungen durch eine emotionale Abreaktion

ka|thar|tisch: die Katharsis betreffend

Ka|the|der *das* od. *der;* -s, - ⟨*gr.-lat.(-mlat.)*⟩: **1.** [Lehrer]pult, Podium. **2.** (selten) Lehrstuhl [eines Hochschullehrers]; vgl. ex cathedra

Ka|the|der|blü|te *die;* -, -n (scherzh.): Stilblüte eines Lehrers od. Dozenten im Unterricht

Ka|the|der|so|zi|a|lis|mus *der;* - (Geschichte): Richtung innerhalb der deutschen Volkswirtschaftslehre am Ende des 19. Jh.s mit sozialreformerischen Zielen, die das Eingreifen des Staates in das soziale Leben forderte, um die Klassengegensätze abzubauen

Ka|the|d|ra|le *die;* -, -n ⟨*gr.-lat.-mlat.*⟩: **a)** [erz]bischöfliche Hauptkirche, bes. in Spanien, Frankreich u. England; **b)** ↑[1]Dom, Münster

k

Ka|the|d|ral|ent|schei|dung *die;* -, -en: eine Unfehlbarkeit beanspruchende Lehrentscheidung des Papstes; vgl. ex cathedra

Ka|the|te *die;* -, -n ⟨*gr.-lat.*⟩ (Math.): eine der beiden Seiten eines rechtwinkligen Dreiecks, die die Schenkel des rechten Winkels bilden (vgl. Hypotenuse)

Ka|the|ter *der;* -s, - (Med.): Röhrchen zur Einführung in Körperorgane (z. B. in die Harnblase) zu deren Entleerung, Füllung, Spülung od. Untersuchung

ka|the|te|ri|sie|ren ⟨*gr.-nlat.*⟩ (Med.): einen Katheter in Körperorgane einführen

ka|the|tern: ↑katheterisieren

Ka|tho|de, fachspr. auch: **Ka|to|de** *die;* -, -n ⟨*gr.-engl.*⟩: ↑negative (4) ↑Elektrode; Ggs. ↑Anode

Ka|tho|lik *der;* -en, -en ⟨*gr.-mlat.*⟩: Angehöriger der katholischen Kirche

Ka|tho|li|kin *die;* -, -nen: weibliche Form zu ↑Katholik

ka|tho|lisch ⟨*gr.-mlat.;* »das Ganze, alle betreffend; allgemein«⟩: **1.** zur katholischen Kirche gehörend; die katholische Kirche betreffend. **2.** allgemein, [die ganze Erde] umfassend (von der Kirche Christi); **Katholische Aktion:** Laienbewegung in kirchlichem Auftrag, die katholisches Gedankengut im weltanschaulichen, sozialen u. politischen Bereich verbreitet; **katholische Briefe:** die nicht an bestimmte Empfänger gerichteten neutestamentlichen Briefe des Jakobus, Petrus, Johannes u. Judas

ka|tho|lisch-apos|to|lisch: einer im 19. Jh. in England gegründeten, endzeitlich geprägten Sekte angehörend

ka|tho|li|sie|ren ⟨*gr.-mlat.-nlat.*⟩: **a)** für die katholische Kirche gewinnen; **b)** zum Katholizismus neigen

Ka|tho|li|zis|mus *der;* -: Geist u. Lehre des katholischen Glaubens

Kat|ion *das;* -s, -en ⟨*gr.-nlat.*⟩: positiv geladenes Ion, das bei der ↑Elektrolyse zur Kathode wandert

Ka|to|de usw. vgl. Kathode usw.

Kat|tun *der;* -s, -e ⟨*arab.-niederl.*⟩: einfarbiges od. buntes Baumwollgewebe in Leinwandbindung (sehr feste Webart)

kau|li|flor ⟨*lat.-nlat.*⟩ (Bot.): unmittelbar am Stamm der Pflanze ansetzend (von Blüten)

Kau|ma|zit [auch: ...'tsɪt] *der;* -s, -e ⟨*gr.-nlat.*⟩: Braunkohlenkoks

kau|sal ⟨*lat.*⟩: ursächlich, das Verhältnis Ursache – Wirkung betreffend, dem Kausalgesetz entsprechend; **kausale Konjunktion** (Sprachw.): begründendes Bindewort (z. B. weil)

Kau|sal|ge|setz *das;* -es: Grundsatz, nach dem für jedes Geschehen notwendig eine Ursache angenommen werden muss

Kau|sa|li|tät *die;* -, -en ⟨*lat.-nlat.*⟩: Zusammenhang von Ursache und Wirkung; Ggs. ↑Finalität

Kau|sal|kon|junk|ti|on *die;* -, -en (Sprachw.): begründende ↑Konjunktion (1) (z. B. »weil«)

Kau|sal|satz *der;* -es, ...sätze (Sprachw.): Adverbialsatz (Umstandssatz) des Grundes

kau|sa|tiv [auch: ...'ti:f] (Sprachw.): das Veranlassen ausdrückend, bewirkend

Kau|sa|tiv [auch: ...'ti:f] *das;* -s, -e ⟨*lat.*⟩ (Sprachw.): Verb des Veranlassens (z. B. fällen = fallen machen)

Kau|sa|ti|vum *das;* -s, ...va (veraltet): ↑Kausativ

Kaus|tik *die;* -, -en ⟨*gr.-nlat.*⟩: **1.** (Optik) Brennfläche einer Linse; vgl. Katakaustik. **2.** ↑Kauterisation

kaus|tisch: a) (Chemie) scharf, ätzend; Ggs. ↑akaustisch; **kaustische Alkalien** (Chemie): Ätzalkalien (↑Alkali); **b)** sarkastisch, spöttisch

Kau|te|ri|sa|ti|on *die;* -, -en ⟨*gr.-nlat.*⟩ (Med.): Gewebszerstörung durch Brenn- od. Ätzmittel

Kau|ti|on *die;* -, -en ⟨*lat.;* »Behutsamkeit, Vorsicht«⟩: Bürgschaft; Sicherheitsleistung in Form einer Geldhinterlegung (z. B. beim Mieten einer Wohnung od. bei der Freilassung von Untersuchungsgefangenen)

Kau|t|schuk *der;* -s, -e: Milchsaft des Kautschukbaumes (Rohstoff für die Gummiherstellung)

Ka|val *der;* -s, -s ⟨*lat.-it.*⟩: eine Spielkarte im ↑Tarock

Ka|va|lier *der;* -s, -e ⟨*lat.-it.-fr.;* »Reiter«, »Ritter«): **1.** Mann, der bes. Frauen gegenüber höflich-hilfsbereit, zuvorkommend ist (u. auf diese Weise für sich einnimmt). **2.** (scherzh., veraltet) Freund, Begleiter eines Mädchens od. einer Frau. **3.** (Geschichte) Edelmann

Ka|va|liers|de|likt *das;* -[e]s, -e ‹*lat.-it.; lat.*›: [strafbare] Handlung, die von der Gesellschaft, von der Umwelt als nicht ehrenrührig, als nicht sehr schlimm angesehen wird

Ka|val|le|rie [auch: ...ˈriː] *die;* -, ...ien: Reiterei; Reitertruppe

Ka|val|le|rist [auch: ...ˈrɪst] *der;* -en, -en: Angehöriger der Reitertruppe

Ka|vents|mann *der;* -[e]s, ...männer ‹*lat.-mlat.; dt.*›: **1.** (landsch.) durch seine Größe beeindruckendes Exemplar von etwas. **2.** (Seemannsspr.) sehr hoher Wellenberg

Ka|vi|ar *der;* -s, -e ‹*türk.-it.*›: mit Salz konservierter Rogen verschiedener Störarten

Ka|vi|tät *die;* -, -en ‹*lat.*› (Anat.): Hohlraum

Ka|wa *die;* - ‹*polynes.*›: säuerlich-erfrischendes, stark berauschendes Getränk der Polynesier, das aus der Wurzel eines Pfeffergewächses hergestellt wird

Ka|wi *das;* -[s] ‹*sanskr.-javan.*›: alte, stark vom ↑Sanskrit beeinflusste Literatursprache Javas

Ka|zi|ke *der;* -n, -n ‹*indian.-span.*›: **a)** (Geschichte) Häuptling bei den Indianern Süd- u. Mittelamerikas; **b)** Titel eines indianischen Ortsvorstehers

Ke|bab, Ke|bap *der;* -s, -s ‹*arab.-türk.*›: [süd]osteuropäisches u. orientalisches Gericht aus kleinen, am Spieß gebratenen [Hammel]fleischstückchen

Keep|smi|ling *das;* -: auch unter widrigen Umständen optimistische Lebensanschauung

Ke|fir *der;* -s ‹*tatar.*›: ein aus Kuhmilch (in Russland ursprünglich aus Stutenmilch) durch Gärung gewonnenes Getränk mit säuerlichem, prickelndem Geschmack u. geringem Alkoholgehalt

Keks *der* od. *das;* - u. -es, - u. -e, (österr.:) *das;* -[es], -[e] ‹*engl.*›: **1. a)** (ohne Plural) kleines trockenes Feingebäck; **b)** einzelner Keks (1 a). **2.** (salopp) Kopf

Kelch|kom|mu|ni|on *die;* -, -en ‹*dt.; lat.*›: das Trinken von ↑konsekriertem Wein bei Messe od. Abendmahl

Ke|lim, Ki|lim *der;* -[s], -[s] ‹*türk.*›: **a)** orientalischer Wandbehang od. Teppich mit gleichem Aussehen auf Vorder- u. Rückseite; **b)** der gewebte Teppichrand

Kel|li|on *das;* -s, Kellien ‹*lat.-mgr.*›: kleines Kloster der orthodoxen Kirche; vgl. Cella (2 b)

Kel|vin *das;* -[s], - ‹nach dem engl. Physiker Lord Kelvin, 1824–1907›: Gradeinheit auf der Kelvinskala (Zeichen: K)

Ke|ma|lis|mus *der;* - ‹*nlat.;* nach dem türk. Präsidenten Kemal Atatürk, 1880–1938›: von Kemal Atatürk begründete politische Richtung in der Türkei mit dem Ziel der Europäisierung von Wirtschaft u. Technik

Ke|ma|list *der;* -en, -en: Anhänger des Kemalismus

Ke|ma|lis|tin *die;* -, -nen: weibliche Form zu ↑Kemalist

Ken *das;* -, - ‹*jap.*›: Verwaltungsbezirk, ↑Präfektur (a) in Japan

Ken|do *das;* -[s] ‹*jap.*›: **1.** japanische Form des Schwertkampfs, die als sportliche Fechtkunst u. zugleich Selbstverteidigungskunst mit zusammengebundenen, elastischen Bambusstäben ausgeführt wird, wobei nur die geschützten Körperstellen des Gegners getroffen werden dürfen. **2.** (Geschichte) Fechtkunst der ↑Samurai (in der Feudalzeit Japans)

Ken|nel *der;* -s, - ‹*lat.-vulgärlat.-fr.-engl.*›: Hundezwinger [für die zur ↑Parforcejagd dressierte Meute]

Ken|nel|ly-Hea|vi|side-Schicht [ˈkɛn(ə)liˈhɛvisaɪd...] vgl. Heaviside-Schicht

Ken|taur vgl. Zentaur

Ken|tum|spra|che *die;* -, -n ‹*lat.; dt.;* nach der k-Aussprache des Anlauts in lat. *centum* = »hundert«› (Sprachw.): Sprache aus der westindogermanischen Gruppe des ↑Indogermanischen, in der sich bestimmte Verschlusslaute (bes. g u. k) erhalten haben; Ggs. ↑Satemsprache

Ke|ra|mik *die;* -, -en ‹*gr.-fr.*›: **1. a)** (ohne Plural) Erzeugnisse aus gebranntem Ton (Steingut, Majoliken, Porzellan usw.); **b)** (ohne Plural) gebrannter Ton als Grundmaterial für die Herstellung von Steingut, Porzellan u. Majoliken; **c)** (ohne Plural) Technik der Keramikherstellung. **2.** einzelnes Erzeugnis aus gebranntem Ton

ke|ra|misch: zur Keramik gehörend, sie betreffend

Ke|ra|tin *das;* -s, -e ‹*gr.-nlat.*›: Hornstoff; schwefelhaltiger Eiweißkörper in Haut, Haar u. Nägeln

Ke|ra|to|s|kop *das;* -s, -e: optisches Instrument zur Bestimmung der Krümmung der Augenhornhaut

Kern|phy|sik *die;* - ‹*dt.; gr.-lat.*›: Teilgebiet der Physik, auf dem der Aufbau u. die Eigenschaften der Atomkerne untersucht werden

Kern|re|ak|ti|on *die; -, -en* ⟨*dt.; lat.-nlat.(-fr.)*⟩: Umwandlung des Atomkerns durch Stöße von [Elementar]teilchen

Kern|re|ak|tor *der; -s, -en*: ↑Reaktor

Ke|ro|plas|tik vgl. Zeroplastik

Ke|ro|sin *das; -s, -e*: der im Erdöl vorkommende Petroleumanteil, der bes. als Treibstoff für Flugzeug- u. Raketentriebwerke verwendet wird

Ke|rub vgl. Cherub

Ke|ryg|ma *das; -s* ⟨*gr.*⟩ (Theol.): Verkündigung, bes. des ↑Evangeliums

Ket|ch|up, Ket|sch|up [ˈkɛtʃap, auch: ˈkɛtʃʊp, ˈkɛtʃəp] *der* od. *das; -[s], -s* ⟨*malai.-engl.*⟩: pikante, dickflüssige [Tomaten]soße

Ke|ton *das; -s, -e* ⟨von Aceton hergeleitet⟩: organische Verbindung mit einer od. mehreren CO-Gruppen, die an Kohlenwasserstoffreste gebunden sind

Ketsch *die; -, -en* ⟨*engl.*⟩ (Sport): zweimastiges Segelboot

k

Ket|schua vgl. Quechua

Ket|sch|up [ˈkɛtʃap, auch: ˈkɛtʃʊp, ˈkɛtʃəp] vgl. Ketchup

Kett|car® *der* od. *das; -s, -s* ⟨*dt.; engl.*⟩: mit ↑Pedalen (1) über eine Kette angetriebenes Kinderfahrzeug

Key-Ac|coun|ter [ˈkiː|əkaʊntɐ] *der; -s, -* ⟨*engl.*⟩ (Wirtsch.): ↑Key-Account-Manager

Key-Ac|coun|te|rin *die; -, -nen*: weibliche Form zu ↑Key-Accounter

Key-Ac|count-Ma|nage|ment [...mænɪdʒmənt] *das; -s, -s* ⟨*engl.*⟩ (Wirtsch.): Management, das für den Kontakt zu Partnerunternehmen u. Großkunden zuständig ist

Key-Ac|count-Ma|na|ger [...mɛnɪdʒɐ] *der; -s, -*: jmd., der als leitende Persönlichkeit im ↑Key-Account-Management tätig ist

Key|board [ˈkiːbɔːd] *das; -s, -s* ⟨*engl.*⟩: Tasteninstrument (z. B. elektronische Orgel, ↑Synthesizer)

Key|boar|der [ˈkiːbɔːdɐ] *der; -s, -*: jmd., der Keyboard spielt

Key|boar|de|rin *die; -, -nen*: weibliche Form zu ↑Keyboarder

Keyne|si|a|nis|mus [keɪnz...] *der; -* ⟨nach dem brit. Volkswirtschaftler J. M. Keynes, 1883–1946⟩: wirtschaftstheoretische u. -politische Konzeption, die das ökonomische Denken nach dem 2. Weltkrieg lange Zeit geprägt hat

[1]**Kha|ki** vgl. [1]Kaki

[2]**Kha|ki** vgl. [2]Kaki

Khan, Chan [kaːn, xaːn] *der; -s, -e* ⟨*mong.-türk.*⟩ (Geschichte): **1.** mongolisch-türkischer Herrschertitel. **2.** Statthalter im 16. Jh. in Persien

Kha|nat *das; -[e]s, -e* ⟨*türk.-nlat.*⟩: **a)** Amt eines Khans; **b)** Land eines Khans

Kib|buz *der; -, -im* u. *-e* ⟨*hebr.*⟩: Gemeinschaftssiedlung in Israel

Kib|buz|nik *der; -s, -s*: Mitglied eines Kibbuz

Kick *der; -s, -s* ⟨*engl.*⟩: **1. a)** (ugs.) Tritt, Stoß (beim Fußball); **b)** [An]stoß. **2. a)** Hochstimmung, Erregung, rauschhafter Zustand; **b)** durch ↑Drogen (1) hervorgerufene Hochstimmung

Kick|board [...bɔːd] *das; -s, -s* ⟨*engl.*⟩: Kombination aus Skateboard u. Tretroller mit schmaler Stehfläche, teilweise mit zwei Vorder- od. Hinterrädern sowie Lenkstange [u. Bremse], bes. als schnelles Fortbewegungsmittel auf Asphaltflächen

Kick|bo|xen *das; -s*: Kampfsportart, bei der die Gegner sowohl boxen als auch mit bloßen Füßen treten

Kick-down, Kick|down [...ˈdaʊn] *der* od. *das; -s, -s* ⟨*engl.*⟩: plötzliches kräftiges Durchtreten des Gaspedals (zum raschen Beschleunigen)

ki|cken (ugs.): Fußball spielen

Ki|cker *der; -s, -[s]* (ugs.): Fußballspieler

Ki|cke|rin *die; -, -nen*: weibliche Form zu ↑Kicker

Kick-off, Kick|off [auch: ...ˈ|ɔf] *der; -[s], -s*: (schweiz.) Beginn, Anstoß beim Fußballspiel

Kick|star|ter *der; -s, -*: Anlasser bei Motorrädern in Form eines Fußhebels

Kick|xia *die; -, ...ien* ⟨*nlat.;* nach dem belg. Botaniker J. Kickx, 1775–1831⟩: baumartiges Hundsgiftgewächs der westafrikanischen Tropenwälder, das Kautschuk liefert

Kid *das; -s, -s* ⟨*engl.*⟩: **1.** feines Kalb-, Ziegen-, Schafleder. **2.** (nur Plural) Handschuhe aus Kid (1). **3.** (meist Plural) Kind, Jugendlicher

Kid|die *das; -s, -s* (meist Plural) ⟨*engl.*⟩ (ugs.): Jugendliche[r], Kind

kid|nap|pen [ˈkɪtnɛpn̩] ⟨*engl.*⟩: einen Menschen entführen [um Lösegeld zu erpressen]

Kid|nap|per *der; -s, -*: jmd., der kidnappt

Kid|nap|pe|rin *die; -, -nen*: weibliche Form zu ↑Kidnapper

Kid|nap|ping *das; -s, -s*: Entführung eines Menschen

Kid|ney|boh|ne [ˈkɪtni...] *die; -, -n* ⟨*engl.; dt.;* »Nierenbohne« (nach Form und Farbe)⟩: mittelgroße, dunkelrote, nierenförmige Hülsenfrucht, die ursprünglich aus Amerika stammt u. als Nahrungsmittel kultiviert wird

Kiez *der; -es, -e* ⟨*slaw.*⟩: **1.** (landsch.) Fischersiedlung, -hütte. **2. a)** (landsch.) abgesonderter Ortsteil; **b)** (Jargon) Stadtviertel, in dem ↑Prostituierte u. Strichjungen ihrem Gewerbe nachgehen; Strich

kif|fen (Jargon): Haschisch od. Marihuana rauchen

Kif|fer *der;* -s, - (Jargon): jmd., der Haschisch od. Marihuana raucht

Kif|fe|rin *die;* -, -nen: weibliche Form zu ↑Kiffer

Ki|lim vgl. Kelim

Kil|ler *der;* -s, - (ugs.): jmd., der [in fremdem Auftrag] jmdn. tötet

Kil|le|rin *die;* -, -nen: weibliche Form zu ↑Killer

Kil|ler|sa|tel|lit *der;* -en, -en: ↑Satellit (3), der die Aufgabe hat, andere Flugkörper im All zu zerstören

Kil|ler|zel|le *die;* -, -n (meist Plural) ⟨*engl.*⟩ (Biol., Med.): Zelle, die die Zellsubstanz körperfremder Zellen schädigt

Ki|lo...

⟨zu *gr.* chílioi »Tausende« → *fr.* kilo... »tausend(mal)«⟩

I. Vorsatz vor naturwissenschaftlich-technischen Einheiten mit der Bedeutung »das Tausendfache der genannten Einheit« (Zeichen: k):
- Kilogramm
- Kilometer
- Kilowatt

II. Vorsatz vor binären Einheiten in der Datenverarbeitung mit der Bedeutung »das 2^{10}-Fache [= 1 024] der genannten Einheit« (Zeichen: k):
- Kilobit
- Kilobyte

Ki|lo|bit [auch: 'ki:lo...] *das;* -[s], -[s] (EDV): Einheit von 1 024 ↑Bit (2^{10} Bit; Zeichen: KBit, kBit)

Ki|lo|byte [...'bait, auch: 'ki:...] *das;* -[s], -[s] (EDV): Einheit von 1 024 ↑Byte (2^{10} Byte; Zeichen: KByte, kByte)

Ki|lo|gramm *das;* -s, -e (aber: 5 -): Einheit der Masse; 1 000 Gramm (das Tausendfache der Einheit Gramm; Zeichen: kg)

Ki|lo|hertz *das;* -, - ⟨nach dem dt. Physiker H. Hertz, 1857–1894⟩ (Physik): 1 000 Hertz (das Tausendfache der Frequenzeinheit Hertz; Zeichen: kHz)

Ki|lo|joule [...'dʒu:l, auch: ...'dʒaul] *das;* -[s], - (Physik): 1 000 Joule (das Tausendfache der Energieeinheit Joule; Zeichen: kJ)

Ki|lo|ka|lo|rie *die;* -, -n (Physik): 1 000 Kalorien (das Tausendfache der früheren Energieeinheit Kalorie; Zeichen: kcal)

Ki|lo|me|ter *der;* -s, - (Physik): 1 000 Meter (das Tausendfache der Längeneinheit Meter; Zeichen: km)

ki|lo|me|t|rie|ren: [Straßen, Flüsse usw.] mit Kilometersteinen versehen

Ki|lo|pond *das;* -s, - (veraltend): 1 000 Pond (das Tausendfache der früheren Krafteinheit Pond; Zeichen: kp)

Ki|lo|volt *das;* - u. -[e]s, - (Physik): 1 000 Volt (das Tausendfache der elektrischen Spannungseinheit Volt; Zeichen: kV)

Ki|lo|volt|am|pere [...'pɛ:ɐ̯] *das;* -[s], -: 1 000 Voltampere (das Tausendfache der elektrischen Leistungseinheit Voltampere; Zeichen: kVA)

Ki|lo|watt *das;* -s, - (Physik): 1 000 Watt (das Tausendfache der elektrischen Leistungseinheit Watt; Zeichen: kW)

Ki|lo|watt|stun|de *die;* -, -n (Physik): Leistung an elektrischer Energie (2) von einem Kilowatt während einer Stunde (Zeichen: kWh)

Kilt *der;* -[e]s, -s ⟨*skand.-engl.*⟩: **a)** bunt karierter schottischer Faltenrock für Männer; **b)** karierter Faltenrock für Damen

Ki|mo|no [auch: 'kɪ... oder: ki'mo:no] *der;* -s, -s ⟨*jap.*⟩: kaftanartiges japanisches Gewand für Männer u. Frauen mit angeschnittenen Ärmeln

Ki|ne|ma|thek *die;* -, -en: **a)** Sammlung wissenschaftlicher od. künstlerisch wertvoller Filme; **b)** Raum od. Gebäude, in dem eine Filmsammlung aufbewahrt wird

Ki|ne|ma|tik (Physik): Teil der Mechanik (1); Bewegungslehre

ki|ne|ma|tisch: die Kinematik betreffend; sich aus der Bewegung ergebend

Ki|ne|ma|to|graf, Ki|ne|ma|to|graph *der;* -en, -en ⟨*gr.-fr.*⟩: der erste Apparat zur Aufnahme u. Wiedergabe bewegter Bilder

Ki|ne|ma|to|gra|fie, Ki|ne|ma|to|gra|phie *die;* -: **1.** (Geschichte) Verfahren zur Aufnahme u. Wiedergabe von bewegten Bildern. **2.** Filmkunst, Filmindustrie

ki|ne|ma|to|gra|fisch, ki|ne|ma|to|gra|phisch: die Kinematografie betreffend

Ki|ne|ma|to|graph usw. vgl. Kinematograf usw.

Ki|ne|sio|the|ra|pie *die;* -, ...ien ⟨*gr.-nlat.*⟩ (Med.): Heilgymnastik, Bewegungstherapie

Ki|ne|tik *die;* -: **1.** (Physik) Lehre von der Bewegung durch Kräfte. **2.** (Kunstwiss.) Richtung der modernen Kunst, in der mit beweglichen Objekten, Bewegungen, Spiegelungen von Licht o. Ä. optisch variable Erscheinungsbilder erzeugt werden

ki|ne|tisch: bewegend, auf die Bewegung bezogen; **kinetische Energie** (Physik): Bewegungsenergie; **kinetische Kunst:** ↑Kinetik (2)

Ki|ne|to|se *die;* -, -n (Med.): durch Reizung des Gleichgewichtsorgans erregte Bewegungskrankheit (z. B. See- u. Luftkrankheit)

King|size [...saiz] *die,* auch: *das;* - ‹*engl.;* »Königsformat«›: Großformat, Überlänge (von Zigaretten)

Ki|no *das;* -s, -s ‹Kurzw. für ↑**Kinematograf**›: **1.** Filmtheater, Lichtspielhaus. **2.** Filmvorführung, Vorstellung im Kino. **3.** (ohne Plural) Film als Massenmedium, als Institution

Kin|topp *der* od. *das;* -s, -s u. ...töppe ‹Kurzw. für: **Kinematograph**› (ugs.): Kino

Ki|osk [auch: kiɔsk] *der;* -[e]s, -e ‹*pers.-türk.-fr.*›: **1.** Verkaufshäuschen [für Zeitungen, Getränke usw.]. **2.** orientalisches Gartenhäuschen. **3.** erkerartiger Vorbau vor den oberen Räumen orientalischer Paläste

Kips *das;* -es, -e (meist Plural) ‹*engl.*›: getrocknete Haut des ↑Zebus

Kir *der;* -[s], -s (aber: 3 -) ‹nach dem Bürgermeister von Dijon, Felix Kir, 1876–1968›: aus Johannisbeerlikör u. trockenem Weißwein bestehendes alkoholisches Getränk

Kir|ke vgl. Circe

Kir ro|y|al [- roa'ja:l] *der;* - -[s], -s -s (aber: 3 - -): Getränk aus Johannisbeerlikör und Champagner

Kis|met *das;* -s ‹*arab.-türk.;* »Zugeteiltes«›: das dem Menschen von Allah zugeteilte Los (zentraler Begriff der islamischen Religion)

Kit|fuchs, Kitt|fuchs *der;* -es, ...füchse ‹*engl.; dt.*›: kleiner, in den Wüsten Nordamerikas lebender Fuchs mit großen Ohren

Ki|tha|ra *die;* -, -s u. ...aren ‹*gr.-lat.*›: bedeutendstes altgriechisches 4- bis 18-saitiges Zupfinstrument mit kastenförmigem [1]Korpus (5)

Kitt|fuchs vgl. Kitfuchs

[1]**Ki|wi** *der;* -s, -s ‹*maorisch*›: **1.** auf Neuseeland beheimateter flugunfähiger Vogel. **2.** (ugs.) Neuseeländer

[2]**Ki|wi** *die;* -, -s ‹*engl.*›: länglich runde, behaarte Frucht mit saftigem, säuerlichem, glasigem Fruchtfleisch; chinesische Stachelbeere

Kjök|ken|möd|din|ger vgl. Kökkenmöddinger

Kla|mot|te *die;* -, -n ‹*Rotwelsch*›: **1.** (landsch.) größerer Stein. **2.** (salopp) **a)** wertloser Gegenstand, minderwertiges Stück; **b)** (meist Plural) [altes] Kleidungsstück. **3.** (Jargon) **a)** längst vergessenes u. wieder an die Öffentlichkeit gebrachtes Theaterstück, Lied, Buch o. Ä.; **b)** anspruchsloses Theaterstück

Klan *der;* -s, -e ‹*kelt.-engl.*›: **1.** (Völkerkunde) Gruppe eines Stammes, die sich von gleichen Vorfahren herleitet. **2.** ↑Clan (2)

klan|des|tin ‹*lat.*›: heimlich; **klandestine Ehe:** eine nicht nach ↑kanonischer Vorschrift vor zwei Zeugen geschlossene u. daher kirchlich ungültige Ehe

Kla|ri|net|te *die;* -, -n ‹*lat.-it.(-fr.)*›: ein Holzblasinstrument

Kla|ri|net|tist *der;* -en, -en: jmd., der [berufsmäßig] Klarinette spielt

Kla|ri|net|tis|tin *die;* -, -nen: weibliche Form zu ↑Klarinettist

Kla|ris|se *die;* -, -n, **Kla|ris|sin** *die;* -, -nen ‹*lat.-fr.;* nach der hl. Klara v. Assisi›: Angehörige des 1212 gegründeten Klarissenordens, des zweiten (weiblichen) Ordens der ↑Franziskaner

klas|sie|ren: 1. (Bergmannsspr.) Fördergut (z. B. Steinkohle) nach der Größe aussortieren. **2.** nach bestimmten Merkmalen einer Klasse zuordnen

Klas|si|fi|ka|ti|on *die;* -, -en ‹*lat.-nlat.*›: **1.** das Klassifizieren. **2.** das Klassifizierte; vgl. ...ation/ ...ierung

klas|si|fi|zie|ren: 1. jmdn. od. etwas (z. B. Tiere, Pflanzen) in Klassen einteilen, einordnen. **2.** jmdn. od. etwas als etwas abstempeln

Klas|si|fi|zie|rung *die;* -, -en: das Klassifizieren; Klassifikation; vgl. ...ation/...ierung

Klas|sik *die;* -: **1.** Kultur u. Kunst der griechisch-römischen Antike. **2.** Epoche, die sich Kultur u. Kunst der Antike zum Vorbild genommen hat. **3.** Epoche kultureller Höchstleistungen eines Volkes, die über ihre Zeit hinaus Maßstäbe setzt

Klas|si|ker *der;* -s, - ‹*lat.*›: **1.** Vertreter der Klassik (1, 2). **2.** Künstler, Schriftsteller, Wissenschaftler, der allgemein anerkannte, richtungsweisende Arbeit auf seinem Gebiet geleistet hat. **3.** Sache, die ↑klassisch (3) ist. **4.** Gegenstand, der ↑klassisch (4) ist. **5.** (Radsport) traditionelles Eintagesrennen, das stets auf [nahezu] gleichem Kurs ausgetragen wird (z. B. Mailand–San Remo)

Klas|si|ke|rin *die;* -, -nen: weibliche Form zu ↑Klassiker (1, 2)

klas|sisch: 1. die [antike] Klassik betreffend, z. B. klassische Sprachen (Griechisch u. Latein). **2. a)** die Merkmale der Klassik tragend (z. B. von einem Kunstwerk, einem Bauwerk); **b)** vollkommen, ausgewogen in Form u. Inhalt, ausgereift, Maßstäbe setzend (von Kunstwerken, wissenschaftlichen Leistungen o. Ä.). **3.** altbewährt, seit Langem verwendet. **4.** mustergültig, zeitlos (in Bezug auf Form od. Aussehen). **5.** (ugs.) toll, großartig

Klas|si|zis|mus *der; - ⟨lat.-nlat.⟩*: **1.** Nachahmung eines klassischen [antiken] Vorbildes (bes. in der Literatur des 16. u. 17. Jh.s). **2.** Baustil, der in Anlehnung an die Antike die Strenge der Gliederung u. die Gesetzmäßigkeit der Verhältnisse betont. **3.** europäischer Kunststil etwa von 1770 bis 1830

klas|si|zis|tisch: **a)** den Klassizismus betreffend, zum Klassizismus gehörend; **b)** die Antike [ohne Originalität] nachahmend

Klas|si|zi|tät *die; -* (veraltet): Mustergültigkeit

Klau|se *die; -, -n ⟨lat.-mlat.⟩*: **1.** Klosterzelle; Einsiedelei; weltabgeschiedene Behausung. **2.** enger Raum, kleines [Studier]zimmer. **3. a)** Engpass, Schlucht (bes. in den Alpen); **b)** enger Taldurchbruch durch eine ↑Antiklinale; vgl. Klus. **4.** Frucht der Windengewächse u. Lippenblütler. **5.** Damm zum Aufstauen von Bach-, Flusswasser, das bei Bedarf abgelassen wird u. dadurch die Holzflößerei ermöglicht; Klausdamm

Klau|sel *die; -, -n ⟨lat.;* »Schluss; Schlusssatz, -formel; Gesetzesformel«*⟩*: **1.** (Rechtswiss.) vertraglicher Vorbehalt, Sondervereinbarung. **2.** metrische Gestaltung des Satzschlusses [in der antiken Kunstprosa]. **3.** (Musik) formelhafter, melodischer Schluss; vgl. Kadenz

Klaus|ner *der; -s, - ⟨lat.-mlat.⟩*: Bewohner einer ↑Klause (1); Einsiedler

Klaus|ne|rin *die; -, -nen*: weibliche Form zu ↑Klausner

Klaus|t|ro|pho|bie *die; -, ...ien* (Psychol.): krankhafte Angst vor Aufenthalt in geschlossenen Räumen

klaus|t|ro|pho|bisch: an Klaustrophobie leidend

klau|su|lie|ren: in Klauseln fassen, bringen; verklausulieren

Klau|sur *die; -, -en ⟨lat.⟩*: **1.** (ohne Plural) Einsamkeit, Abgeschlossenheit. **2.** Bereich eines Klosters, der nur für einen bestimmten Personenkreis zugänglich ist. **3.** ↑Klausurarbeit

Klau|sur|ar|beit *die; -, -en*: unter Aufsicht zu schreibende Prüfungsarbeit

Klau|sur|ta|gung *die; -, -en*: Tagung unter Ausschluss der Öffentlichkeit

Kla|vi|chord [...'k...] *das; -[e]s, -e ⟨lat.; gr.-lat.⟩*: im 12. Jh. entstandenes Tasteninstrument, dessen waagerecht liegende Saiten mit einem Metallplättchen angeschlagen werden (Vorläufer des Klaviers)

Kla|vier *das; -s, -e ⟨lat.-mlat.-fr.⟩*: **1.** Musikinstrument mit schwarzen u. weißen Tasten zum Anschlagen der senkrecht zur Tastatur gespannten Saiten. **2.** (Fachspr.) (allgemein für) Tasteninstrument mit Klaviatur (z. B. Tafelklavier, Flügel)

kla|vie|ren (ugs.): an etwas herumfingern

kla|vie|ris|tisch *⟨lat.-fr.-nlat.⟩*: **a)** für das Klavier gedacht; **b)** die Technik des Klavierspiels betreffend, ihr gemäß

Kla|vi|ku|la, fachspr.: **Cla|vi|cu|la** *die; -, ...lae* [...lɛ] *⟨lat.⟩* (Med.): Schlüsselbein

kla|vi|ku|lar: die Clavicula betreffend

Kla|vi|zim|bel *das; -s, -*: ↑Clavicembalo

Klein|kli|ma *das; -s, -s u. ...mate ⟨dt.; gr.-lat.⟩*: ↑Mikroklima

kleis|to|gam *⟨gr.-nlat.⟩* (Bot.): sich in geschlossenem Zustand selbst bestäubend (von Blüten); Ggs. ↑chasmogam

Kleis|to|ga|mie *die; -* (Bot.): Selbstbestäubung geschlossener Blüten; Ggs. ↑Chasmogamie

Kle|ma|tis, fachspr.: **Cle|ma|tis** *die; -, - ⟨gr.-lat.⟩*: Kletterpflanze mit stark duftenden Blüten; Waldrebe

Kle|men|ti|ne, bes. fachspr.: **Cle|men|ti|ne** *die; -, -n* ⟨wohl nach dem ersten Züchter, dem fr. Trappistenmönch Père Clément⟩: süße [kernlose] mandarinenähnliche Frucht

Klep|to|ma|ne *der; -n, -n ⟨gr.-nlat.⟩*: jmd., der an Kleptomanie leidet

Klep|to|ma|nie *die; -, ...ien* (Med., Psychol.): zwanghafter Trieb zum Stehlen ohne Bereicherungsabsicht

Klep|to|ma|nin *die; -, -nen*: weibliche Form zu ↑Kleptomane

klep|to|ma|nisch: die Kleptomanie betreffend

kle|ri|kal *⟨gr.-lat.⟩*: **a)** dem Stand der katholischen Geistlichen angehörend, zu ihm gehörend; Ggs. ↑laikal; **b)** in der Gesinnung konsequent den Standpunkt des katholischen Priesterstandes vertretend; Ansprüche des Klerus fördernd, unterstützend

Kle|ri|ka|lis|mus *der; - ⟨gr.-lat.-nlat.⟩*: das Bestreben der [katholischen] Kirche, ihren Einflussbereich auf Staat u. Gesellschaft auszudehnen

Kle|ri|ker *der; -s, - ⟨gr.-lat.⟩*: Angehöriger des Klerus

Kle|rus *der; - ⟨gr.-lat.⟩*: katholische Geistlichkeit, Priesterschaft, -stand

Kli|ent *der; -en, -en ⟨lat.;* »der Hörige«*⟩*: **1.** Bürger mit wenigen Rechten im alten Rom, der einem ↑[1]Patron (1) zu Dienst verpflichtet war. **2.** Auftraggeber, Kunde bestimmter freiberuflich tätiger Personen od. bestimmter Einrichtungen

Kli|en|tel *die; -, -en*: **1.** Gesamtheit der Klienten (1). **2.** Gesamtheit der von einem ↑[1]Patron (1) abhängigen Bürger

Kli|en|tin *die; -, -nen*: weibliche Form zu ↑Klient

Kli̱|ma *das;* -s, -ta, (selten:) -s, bes. fachspr.: ...ma̱te ⟨*gr.-lat.*⟩: **1. a)** (Meteorol.) der für ein bestimmtes geografisches Gebiet charakteristische Ablauf der Witterung; **b)** künstlich hergestellte Luft-, Wärme- u. Feuchtigkeitsverhältnisse in einem Raum. **2.** durch bestimmte Ereignisse od. Umstände hervorgerufene Atmosphäre od. Beziehungen zwischen Personen, Gruppen, Staaten o. Ä.

Kli̱|ma|an|la|ge *die;* -, -n: Vorrichtung zur automatischen Regulierung der Frischluftzufuhr, der Lufttemperatur u. -feuchtigkeit in geschlossenen Räumen

Kli̱|ma|fak|tor *der;* -s, -en: die Klimaelemente bedingende geografische Beschaffenheit eines Ortes (z. B. Höhenlage, Lage zum Meer)

kli|mak|te̱|risch ⟨*gr.-lat.*⟩ (Med.): durch die Wechseljahre bedingt, sie betreffend

Kli|mak|te̱|ri|um *das;* -s ⟨*gr.-nlat.*⟩ (Med.): Wechseljahre [der Frau]; vgl. Klimax (2)

Kli|ma̱|te: *Plural* von ↑Klima

kli|ma̱|tisch ⟨*gr.-lat.-nlat.*⟩: das Klima betreffend

kli|ma|ti|si̲e̲|ren: a) in einen Raum od. ein Gebäude eine Klimaanlage einbauen; **b)** Temperatur, Luftzufuhr u. -feuchtigkeit [in geschlossenen Räumen] künstlich beeinflussen u. regeln

Kli|ma|to|lo|gi̲e̲ *die;* -: vergleichende Wissenschaft der klimatischen Verhältnisse auf der Erde

Kli̱|max *die;* -, -e ⟨*gr.-lat.*⟩: **1.** (Rhet., Stilkunde) Steigerung des Ausdrucks, Übergang vom weniger Wichtigen zum Wichtigeren; Ggs. ↑Antiklimax; vgl. Gradation. **2.** ↑Klimakterium. **3.** (Bot.) Endzustand der Boden- u. Vegetationsentwicklung in einem bestimmten Gebiet. **4.** Höhepunkt

Kli̱|nik *die;* -, -en: **1.** [großes] Krankenhaus [das auf die Behandlung bestimmter Krankheiten usw. spezialisiert ist]. **2.** (ohne Plural; Med.) praktischer Unterricht im Krankenhaus [für Medizinstudierende]

Kli̱|ni|kum *das;* -s, ...ka u. ...ken ⟨*gr.-nlat.*⟩: **1.** (ohne Plural) Hauptteil der praktischen ärztlichen Ausbildung in einem Krankenhaus. **2.** Zusammenschluss der [Universitäts]kliniken unter einheitlicher Leitung

kli̱|nisch: 1. a) die Klinik betreffend; **b)** die klinischen Semester betreffend. **2.** durch ärztliche Untersuchung feststellbar od. festgestellt

Kli̱p|per *der;* -s, - ⟨*engl.*⟩ (früher): schnelles Segelschiff für den Transport verderblicher Waren

Kli|sch̲e̲e̲ *das;* -s, -s ⟨*fr.*⟩: **1. a)** mittels ↑Stereotypie (1) od. ↑Galvanoplastik hergestellte Vervielfältigung eines Druckstockes; **b)** Druckstock. **2. a)** unschöpferische Nachbildung, Abklatsch; **b)** eingefahrene, überkommene Vorstellung; **c)** abgedroschene Redewendung

kli|schi̲e̲|ren: 1. ein Klischee (1 a) herstellen. **2. a)** talentlos etwas nachahmen; **b)** etwas in ein Klischee zwängen, klischeehaft darstellen

Klis|ti̲e̲r *das;* -s, -e ⟨*gr.-lat.;* »Spülung, Reinigung«⟩: Darmeinlauf, -spülung (meist mit warmem Wasser)

Kli̱|to|ris *die;* -, - u. ...o̱rides (Med.): schwellfähiges weibliches Geschlechtsorgan; Kitzler

Kli̱|vie vgl. Clivia

Klo|a̱|ke *die;* -, -n ⟨*lat.*⟩: **1.** [unterirdischer] Abzugskanal für Abwässer; Senkgrube. **2.** (Zool.) gemeinsamer Ausführungsgang für den Darm, die Harnblase u. die Geschlechtsorgane bei Reptilien u. einigen niederen Säugetieren

Klo̱|bas|se, Klo̱|bas|si *die;* -, ...ssen ⟨*slaw.*⟩ (österr.): eine grobe, gewürzte Wurst

Klo̱n *der;* -s, -e ⟨*gr.-engl.*⟩ (Biol.): durch Klonen entstandenes Lebewesen

klo̱|nen (Biol.): durch künstlich herbeigeführte ungeschlechtliche Vermehrung genetisch identische Exemplare von Lebewesen erzeugen

klo|ni̲e̲|ren: ein einzelnes Gen aus einer Zelle isolieren und weiterverarbeiten; vgl. klonen

Klo̱|nus *der;* -, ...ni (Med.): krampfartige Zuckungen infolge rasch aufeinanderfolgender Muskelzusammenziehungen; Schüttelkrampf

Klo|se̱tt *das;* -s, -s, (auch:) -e ⟨*lat.-fr.-engl.*⟩: **1.** Toilettenraum. **2.** Toilettenbecken

Klu̱b, Clu̱b *der;* -s, -s ⟨*altnord.-engl.*⟩: **a)** [geschlossene] Vereinigung mit politischen, geschäftlichen, sportlichen od. anderen Zielen; **b)** Gruppe von Leuten, die sich amüsieren; Clique; **c)** Gebäude, Räume eines Klubs (a)

Klu|ni|a|ze̱n|ser *der;* -s, - ⟨nach dem ostfr. Kloster Cluny⟩ (Geschichte): Mönch, der der ↑Kongregation (1) von Cluny, einer auf der Benediktinerregel fußenden [mönchisch-]kirchlichen Reformbewegung des 11./12. Jh.s, angehört

klu|ni|a|ze̱n|sisch: die Kluniazenser u. ihre Reformen betreffend

Klu̱s *die;* -, -en ⟨*lat.-mlat.*⟩ (schweiz.): Engpass, Schlucht; vgl. Klause (3)

Klu|si̱l *der;* -s, -e ⟨*lat.*⟩ (Sprachw.): Verschlusslaut

Klü̱|ver *der;* -s, - ⟨*niederl.*⟩: ein dreieckiges Vorsegel

Kly̱s|ma *das;* -s, ...men ⟨*gr.-lat.*⟩: ↑Klistier

Kna̲u̲s-Ogi̱|no-Me|tho̱|de *die;* - ⟨nach den Gynäkologen H. Knaus (1892–1970, Österreicher) u. K. Ogino (1882–1975, Japaner)⟩ (Med.): für Empfängnisverhütung u. Familienplanung anwendbare, auf der Berechnung des Eisprungs basierende Methode zur Bestimmung der fruchtbaren u. unfruchtbaren Tage einer Frau

Knes|set, Knes|seth *die; -* ⟨*hebr.;* »Versammlung«⟩: das Parlament in Israel

Kni|cker|bo|cker [auch: ˈnɪkɐ...] *die* (Plural) ⟨*engl.*⟩: unter dem Knie mit einem Bund geschlossene u. dadurch überfallende, halblange sportliche Hose

knock-out, knock|out [...ˈlaut] (Boxen): kampfunfähig nach einem Niederschlag (Abk.: k. o.)

Knock-out, Knock|out *der; -*[s], -s (Boxen): Kampfunfähigkeit bewirkender Niederschlag (Abk.: K. o.)

Know-how, Know|how [noʊˈhaʊ] *das; -*[s] ⟨*engl.*⟩: auf Forschung u. Erfahrung beruhendes Wissen, wie man eine Sache praktisch verwirklicht, anwendet

Knu|te *die; -, -n* ⟨*germ.-russ.;* »Knotenpeitsche«⟩: Peitsche aus Lederriemen

knu|ten: knechten, unterdrücken, tyrannisieren

ko..., Ko... vgl. kon..., Kon...

Ko|ad|ju|tor [auch: ...ˈju:...] *der; -s, ...oren* ⟨*lat.*⟩: katholischer ↑Vikar, der den durch Alter od. Krankheit behinderten Stelleninhaber mit dem Recht der Nachfolge vertritt

Ko|agu|lans *das; -, ...lantia* u. *...lanzien* (meist Plural) ⟨*lat.*⟩ (Med.): die Blutgerinnung förderndes od. beschleunigendes Mittel

Ko|agu|lat *das; -*[e]s, -e (Chemie): aus einer ↑kolloidalen Lösung ausgeflockter Stoff (z. B. Eiweißgerinnsel)

Ko|agu|la|ti|on *die; -, -en* (Chemie): Ausflockung, Gerinnung eines Stoffes aus einer ↑kolloidalen Lösung

ko|agu|lie|ren (Chemie): ausflocken, gerinnen [lassen]

Ko|agu|lum, fachspr. auch: **Co|a|gu|lum** *das; -s, ...la* (Med.): Blutgerinnsel

Ko|a|la *der; -s, -s* ⟨*austr.*⟩: in Australien auf Bäumen lebender kleiner Beutelbär (ein Beuteltier)

Ko|a|les|zenz *die; -, -en* ⟨*lat.*⟩ (veraltet): innere Vereinigung, Verwachsung

ko|a|lie|ren, ko|a|li|sie|ren ⟨*lat.-mlat.-engl.-fr.*⟩: **a)** verbinden; sich verbünden; **b)** mit jmdm. eine Koalition eingehen, bilden

Ko|a|li|ti|on *die; -, -en:* Vereinigung, Bündnis mehrerer Parteien od. Staaten zur Durchsetzung ihrer Ziele

Ko|a|li|ti|o|när *der; -s, -e* (meist Plural): Angehöriger einer Koalition

Ko|a|li|ti|o|nä|rin *die; -, -nen:* weibliche Form zu ↑Koalitionär

Ko|a|li|ti|ons|par|tei *die; -, -en:* die Partei, die zusammen mit einer anderen eine Koalition bildet

Ko|a|li|ti|ons|re|gie|rung *die; -, -en:* von mehreren Parteien gebildete Regierung

Ko|au|tor, Kon|au|tor *der; -s, -en* ⟨*lat.*⟩: Mitverfasser

Ko|au|to|rin, Kon|au|to|rin *die; -, -nen:* weibliche Form zu ↑Koautor

ko|axi|al ⟨*lat.-nlat.*⟩: mit gleicher Achse

Ko|axi|al|ka|bel *das; -s, -:* aus einem zylindrischen inneren u. einem rohrförmigen äußeren Leiter bestehendes elektrisches Kabel

Ko|balt, chem. fachspr.: **Co|balt** *das; -*[e]s ⟨*nlat.;* scherzhafte Umbildung aus *dt.* Kobold⟩: chem. Element; ein Metall (Zeichen: Co)

Ko|b|ra *die; -, -s* ⟨*lat.-port.*⟩: südasiatische Brillenschlange

Ko|da vgl. Coda

Kode [ko:t] vgl. Code

Ko|de|in vgl. Codein

Ko|dex *der; -es* u. *-, -e* u. *...dizes,* **Co|dex** *der; -, ...dices* ⟨*lat.*⟩: **1.** Sammlung von Gesetzen, Handschriften usw. **2.** eine mit Wachs überzogene hölzerne Schreibtafel der Antike, mit anderen zu einer Art Buch vereinigt

ko|die|ren vgl. codieren

Ko|di|fi|ka|ti|on *die; -, -en* ⟨*lat.-nlat.*⟩: **a)** systematische Erfassung aller Fakten, Normen usw. eines bestimmten Gebietes, z. B. des Rechts; **b)** Gesetzessammlung; vgl. ...ation/...ierung

ko|di|fi|zie|ren: a) eine Kodifikation (a) zusammenstellen; **b)** systematisch erfassen

Ko|di|fi|zie|rung *die; -, -en:* das Kodifizieren; vgl. ...ation/...ierung

Ko|edu|ka|ti|on [...ˈtsio:n] *die; -* ⟨*engl.*⟩: Gemeinschaftserziehung von Jungen u. Mädchen in Schulen u. Internaten

Ko|ef|fi|zi|ent *der; -en, -en* ⟨*lat.-nlat.*⟩: **1.** (Math.) Multiplikator einer veränderlichen Größe einer ↑Funktion (2). **2.** kennzeichnende Größe für bestimmte physikalische od. technische Verhaltensweisen

Ko|er|zi|tiv|feld|stär|ke *die; -* ⟨*lat.-nlat.; dt.*⟩: Fähigkeit eines Stoffes, der Magnetisierung zu widerstehen od. die einmal angenommene Magnetisierung zu behalten

Ko|er|zi|tiv|kraft vgl. Koerzitivfeldstärke

ko|exis|tent [auch: ...ˈtɛnt] ⟨*lat.*⟩: nebeneinander bestehend

Ko|exis|tenz [auch: ...ˈtɛnts] *die; -* ⟨*lat.-fr.*⟩: das gleichzeitige Vorhandensein, das Nebeneinanderbestehen, z. B. von unterschiedlichen geistigen, religiösen, politischen od. gesellschaftlichen Systemen

ko|exis|tie|ren: zusammen da sein, nebeneinander bestehen

Kof|fe|in, Cof|fe|in *das;* -s ⟨*arab.-türk.-engl.-nlat.*⟩: in Kaffee, Tee u. Kolanüssen (vgl. Kola) enthaltenes ↑Alkaloid

Ko|g|nak ['kɔnjak] *der;* -s, -s (aber: 2 -): Weinbrand; vgl. Cognac

Ko|g|nat *der;* -en, -en (meist Plural) ⟨*lat.*⟩ (Rechtswiss.): Blutsverwandter, der nicht ↑Agnat ist

Ko|g|ni|ti|on *die;* -, -en ⟨*lat.*⟩: **1.** Gesamtheit aller Prozesse, die mit dem Wahrnehmen u. Erkennen zusammenhängen. **2.** (veraltet) gerichtliche Untersuchung

ko|g|ni|tiv [auch: 'kɔ...] ⟨*lat.-nlat.*⟩: die Erkenntnis betreffend; erkenntnismäßig; **kognitive Entwicklung** (Päd., Psychol.): Entwicklung all der Funktionen beim Kind, die zum Wahrnehmen eines Gegenstandes od. zum Wissen über ihn beitragen

k

Ko|g|no|men *das;* -s, - u. ...mina ⟨*lat.*⟩: dem römischen Vor- u. Geschlechtsnamen beigegebener Name (z. B. Gaius Iulius *Caesar*); ↑Nomen gentile, ↑Pränomen

Ko|ha|bi|ta|ti|on *die;* -, -en ⟨*lat.(-fr.)*⟩: **1.** (Med.) Geschlechtsverkehr. **2.** (in Frankreich) Zusammenarbeit des Staatspräsidenten mit einer Regierung einer anderen politischen Richtung

ko|hä|rent ⟨*lat.*⟩: zusammenhängend; **kohärentes Licht** (Physik): Lichtbündel von gleicher Wellenlänge u. Schwingungsart

Ko|hä|renz *die;* -: **1.** Zusammenhang. **2.** (Physik) Eigenschaft von Lichtbündeln, die die gleiche Wellenlänge u. Schwingungsart haben

Ko|hä|si|on *die;* -, -en ⟨*lat.-nlat.*⟩: der innere Zusammenhalt der Moleküle eines Körpers

ko|hä|siv: zusammenhaltend

Koh|le|hy|d|rat vgl. Kohlenhydrat

Koh|len|di|oxid, Koh|len|di|oxyd *das;* -s ⟨*dt.; gr.-nlat.*⟩: farb-, geruch- u. geschmackloses Gas, das z. B. bei der vollständigen Verbrennung kohlenstoffhaltiger Brennstoffe entsteht (Zeichen: CO_2)

Koh|len|hy|d|rat, Koh|le|hy|d|rat *das;* -[e]s, -e ⟨*dt.; gr.-nlat.*⟩ (Chemie): aus Kohlenstoff, Sauerstoff u. Wasserstoff zusammengesetzte organische Verbindung (z. B. Stärke, Zellulose, Zucker)

Koh|len|mo|n|o|xid, Koh|len|mo|n|o|xyd *das;* -s ⟨*dt.; gr.-nlat.*⟩: farb- u. geruchloses, sehr giftiges Gas, das bei der Verbrennung kohlenstoffhaltiger Stoffe entsteht (Zeichen: CO)

Ko|hor|te *die;* -, -n ⟨*lat.*⟩: **1.** (Geschichte) den zehnten Teil einer römischen Legion umfassende Einheit. **2. a)** (Soziol., Med.) eine nach bestimmten Kriterien ausgewählte Personengruppe, deren Entwicklung u. Veränderung in einem bestimmten Zeitablauf soziologisch untersucht wird; **b)** (Tiermed.) nach bestimmten Kriterien (z. B. gleiche Abstammung) zusammengestellte Gruppe von Tieren. **3.** Schar, Gruppe (von gemeinsam auftretenden, agierenden Personen)

Koi *der;* -s, -s ⟨*jap.*⟩: als Zierfisch in vielen Farbkombinationen gezüchteter japanischer Karpfen

Koi|ne [kɔy'ne:] *die;* -, Koinai ⟨*gr.*⟩: **1.** (ohne Plural) griechische Umgangssprache im Zeitalter des Hellenismus. **2.** (Sprachw.) eine durch Einebnung von Dialektunterschieden entstandene Sprache

ko|in|zi|dent ⟨*lat.-nlat.*⟩: zusammenfallend; einander deckend

Ko|in|zi|denz *die;* -, -en: das Zusammentreffen, der Zusammenfall (z. B. zweier Ereignisse), gleichzeitiges Auftreten (z. B. mehrerer Krankheiten bei einer Person)

ko|in|zi|die|ren: zusammenfallen, einander decken

ko|i|tie|ren ⟨*lat.-nlat.*⟩: [mit jmdm.] den Geschlechtsverkehr vollziehen

Ko|i|tus, in lat. Fügungen: **Co|i|tus** *der;* -, - [...tu:s] ⟨*lat.*⟩ (Med.): geschlechtliche, genitale Vereinigung; Geschlechtsakt; Beischlaf

Ko|je *die;* -, -n ⟨*lat.-niederl.*⟩: **1.** fest eingebautes Bett [auf Schiffen]. **2.** Raum zur Aufbewahrung von Segeln. **3.** Ausstellungsstand

Ko|jo|te, Co|yo|te *der;* -n, -n ⟨*mex.-span.*⟩: **1.** nordamerikanischer Präriewolf. **2.** Schuft (Schimpfwort)

Ko|ka *die;* -, - ⟨*indian.-span.*⟩, **Ko|ka|strauch** *der;* -[e]s, ...sträucher: in Peru u. Bolivien vorkommender Strauch, aus dessen Blättern Kokain gewonnen wird

Ko|ka|in *das;* -s ⟨*indian.-span.-nlat.*⟩: aus den Blättern des Kokastrauches gewonnenes ↑Alkaloid (ein Rauschgift u. Betäubungsmittel)

Ko|ka|i|nis|mus *der;* - (Med.): **1.** Kokainsucht. **2.** Kokainvergiftung

Ko|kar|de *die;* -, -n ⟨*fr.*⟩: rosettenförmiges od. rundes Hoheitszeichen in den Landes- od. Stadtfarben an Kopfbedeckungen von Uniformen od. an Militärflugzeugen

Ko|ka|strauch vgl. Koka

ko|ken ⟨*engl.*⟩: [1]Koks (1) herstellen

Ko|ker *der;* -s, -: Arbeiter in einer Kokerei

Ko|ke|rei *die;* -, -en: Betrieb zur Herstellung von [1]Koks (1)

ko|kett *⟨fr.⟩*: [von eitel-selbstgefälligem Wesen u.] bestrebt, die Aufmerksamkeit anderer zu erregen u. ihnen zu gefallen

Ko|ket|te|rie *die;* -, ...ien: **1.** kokette Art. **2.** das Kokettieren

ko|ket|tie|ren: 1. sich als Frau einem Mann gegenüber kokett benehmen. **2.** mit etwas nur spielen, sich nicht wirklich darauf einlassen. **3.** auf etwas im Zusammenhang mit der eigenen Person hinweisen, um sich damit interessant zu machen, eine bestimmte Reaktion hervorzurufen

Kok|ke *die;* -, -n, **Kok|kus** *der;* -, ...ken (meist Plural) *⟨gr.-lat.⟩* (Med.): Kugelbakterie

Kök|ken|möd|din|ger, Kjök|ken|möd|din|ger *die* (Plural) *⟨dän.;* »Küchenabfälle«⟩: (in Dänemark) Abfallhaufen der Steinzeitmenschen aus Muschelschalen, Kohlenresten u. a.

Kok|kus vgl. Kokke

Ko|kon [koˈkõː, auch: koˈkɔŋ, österr.: koˈkoːn] *der;* -s, -s, österr.: -ne *⟨provenzal.-fr.⟩*: Hülle um die Eier od. die Puppen verschiedener Insekten (aus der z. B. beim Seidenspinner die Seide gewonnen wird)

Ko|ko|sette [...ˈzɛt] *das;* -s *⟨span.-fr.⟩* (österr.): geraspeltes Kokosmark

Ko|kos|pal|me *die;* -, -n *⟨span.; lat.⟩*: in Asien beheimatete Palme von hohem Nutzwert, deren große, braune Früchte eine sehr harte, mit einer Faserschicht bedeckte Schale besitzen und im Innern eine milchige Flüssigkeit sowie eine weiße, fleischige Schicht enthalten

Ko|kot|te *die;* -, -n *⟨fr.⟩*: **1.** (veraltet) Frau von einer gewissen Eleganz u. mit guten Umgangsformen, die mit Männern sexuell verkehrt u. sich von ihnen aushalten lässt. **2.** Schmortopf aus Ton, Glas

¹Koks *der;* -es, -e *⟨engl.⟩*: **1.** durch Erhitzen unter Luftabschluss gewonnener Brennstoff aus Stein- od. Braunkohle. **2.** (ohne Plural; salopp scherzh.) [zur Verfügung stehendes] Geld

²Koks *der;* -es ⟨Kurzform von ↑Kokain⟩ (Jargon): Kokain

³Koks *der;* -[es], -e *⟨jidd.⟩* (ugs.): steifer Hut, ↑Melone (2)

⁴Koks *der;* -, - ⟨Herkunft unsicher⟩: **1.** (ohne Plural; ugs.) Unsinn. **2.** (landsch.) ein Glas Rum mit Würfelzucker

Kok|ser *der;* -s, - (Jargon): jmd., der Kokain nimmt

Kok|se|rin *die;* -, -nen: weibliche Form zu ↑Kokser

Kok|zi|die [...di̯ə] *die;* -, -n (meist Plural) *⟨gr.-nlat.⟩*: parasitisches Sporentierchen (Krankheitserreger bei Tieren u. Menschen)

Kok|zi|di|o|se *die;* -, -n: durch Kokzidien hervorgerufene Krankheit (z. B. die Leberkokzidiose der Kaninchen)

kol..., Kol... vgl. kon..., Kon...

Ko|la *die;* - *⟨afrik.⟩*: der ↑Koffein enthaltende Samen des Kolastrauchs; Kolanuss

Ko|la|ni, Co|la|ni *der;* -s, -s ⟨Herkunft unsicher⟩: (bei der Marine getragenes) hüftlanges ↑Jackett aus dickem, dunkelblauem Wollstoff

Ko|lat|sche *die;* -, -n *⟨tschech.-poln.⟩* (österr.): kleiner, gefüllter Hefekuchen

Ko|la|tur *die;* -, -en *⟨lat.⟩* (veraltet): [durch ein Tuch] durchgeseihte Flüssigkeit; vgl. kolieren

Kol|chos *der,* (auch:) *das;* -, ...ose, **Kol|cho|se** *die;* -, -n *⟨russ.;* Kurzw. aus **kol**lektiwnoje **chos**jaistwo = Kollektivwirtschaft⟩: landwirtschaftliche Produktionsgenossenschaft (in der Sowjetunion, heute u. a. in Russland)

Ko|li|bak|te|rie [...i̯ə] *die;* -, -n (meist Plural) *⟨gr.⟩* (Med.): Darmbakterie bei Mensch u. Tier, außerhalb des Darms Krankheitserreger

Ko|li|b|ri *der;* -s, -s *⟨karib.-fr.⟩*: in Amerika vorkommender kleiner Vogel mit buntem, metallisch glänzendem Gefieder

ko|lie|ren *⟨lat.⟩* (veraltet): [durch]seihen; vgl. Kolatur

Ko|lik [auch: koˈliːk] *die;* -, -en *⟨gr.-lat.⟩* (Med.): krampfartig auftretender Schmerz im Leib u. seinen Organen (z. B. Magen-, Darm-, Nierenkolik)

Ko|li|tis *die;* -, ...itiden *⟨gr.-nlat.⟩* (Med.): Entzündung des Dickdarms

Kol|ko|thar *der;* -s, -e *⟨arab.-span.-mlat.⟩*: rotes Eisenoxid

kol|la|bie|ren: 1. (Med.) einen Kollaps (1) erleiden, plötzlich schwach werden, verfallen. **2.** (Astron.) in sich zusammenfallen (von Sternen in der Endphase ihrer Entwicklung)

Kol|la|bo|ra|teur [...ˈtøːɐ̯] *der;* -s, -e *⟨lat.-fr.⟩*: Angehöriger eines von feindlichen Truppen besetzten Gebiets, der mit dem Feind zusammenarbeitet

Kol|la|bo|ra|teu|rin [...ˈtøːrɪn] *die;* -, -nen: weibliche Form zu ↑Kollaborateur

kol|la|bo|rie|ren *⟨lat.-fr.⟩*: **1.** mit einer feindlichen Besatzungsmacht gegen die eigenen Landsleute zusammenarbeiten. **2.** zusammenarbeiten

kol|la|gen *⟨gr.-nlat.⟩* (Biol., Med.): aus Kollagenen bestehend

Kol|la|gen *das;* -s, -e (Biol.): leimartiger, stark

quellender Eiweißkörper in Bindegewebe, Sehnen, Knorpeln, Knochen

Kol|laps [auch: ...'laps] *der;* -es, -e ⟨*lat.-mlat.;* »Zusammenbruch«⟩: **1.** (Med.) plötzlicher Schwächeanfall infolge Kreislaufversagens. **2.** starkes Schwinden des Holzes senkrecht zur Faserrichtung während der Trocknung. **3.** (Astron.) Endphase der Sternentwicklung, bei der der Stern unter dem Einfluss der eigenen Gravitation in sich zusammenfällt. **4.** [wirtschaftlicher] Zusammenbruch

Kol|lar *das;* -s, -e ⟨*lat.-mlat.*⟩: steifer Halskragen, bes. des katholischen Geistlichen

kol|la|te|ral ⟨*lat.-nlat.*⟩ (Bot.): seitlich angeordnet (von den Leitbündeln, den strangartigen Gewebebündeln, in denen die Stoffleitung der Pflanzen vor sich geht)

Kol|la|te|ral|scha|den *der;* -s, ...schäden (Militär verhüll.): bei einer militärischen Aktion in Kauf genommener schwerer Schaden, bes. der Tod von Zivilisten

K

Kol|la|ti|on *die;* -, -en ⟨*lat.*⟩: **1.** Vergleich einer Abschrift mit der Urschrift zur Prüfung der Richtigkeit. **2. a)** Prüfung der Bogen in der Buchbinderei auf Vollzähligkeit; **b)** Prüfung antiquarischer Bücher auf Vollständigkeit. **3.** Übertragung eines frei gewordenen Kirchenamtes, bes. einer Pfarrei. **4. a)** [erlaubte] kleine Erfrischung an katholischen Fasttagen od. für einen Gast im Kloster; **b)** (veraltet, aber noch landsch.) kleine Zwischenmahlzeit, Imbiss. **5.** (Rechtsspr. veraltet) Hinzufügung der Vorausleistungen des Erblassers [an einen Erben] zu dem Gesamtnachlass

kol|la|ti|o|nie|ren ⟨*lat.-nlat.*⟩: **1.** [eine Abschrift mit der Urschrift] vergleichen. **2.** auf seine Richtigkeit u. Vollständigkeit prüfen. **3.** (veraltet) einen kleinen Imbiss einnehmen

Kol|la|tur *die;* -, -en ⟨*lat.-nlat.*⟩: das Recht zur Verleihung eines Kirchenamtes

Kol|lau|da|ti|on *die;* -, -en (schweiz.): Kollaudierung; vgl. ...ation/...ierung

kol|lau|die|ren (österr., schweiz.): [ein Gebäude] amtlich prüfen u. die Übergabe an seine Bestimmung genehmigen

Kol|lau|die|rung *die;* -, -en ⟨*lat.*⟩ (österr., schweiz.): amtliche Prüfung u. Schlussgenehmigung eines Bauwerks; vgl. ...ation/...ierung

Kol|leg *das;* -s, -s u. (selten:) -ien [...i̯ən] ⟨*lat.*⟩: **1. a)** Vorlesung[sstunde] an einer Hochschule; **b)** Fernunterricht im Medienverbund (z. B. Telekolleg). **2. a)** kirchliche Studienanstalt für katholische Theologen; **b)** Schule [mit ↑Internat] der Jesuiten. **3.** Kollegium

Kol|le|ge *der;* -n, -n ⟨»Mitabgeordneter«⟩: **1. a)** jmd., der mit anderen zusammen im gleichen Betrieb od. im gleichen Beruf tätig ist; **b)** jmd., der mit anderen zusammen der gleichen Einrichtung, Organisation (z. B. der Gewerkschaft) angehört; **c)** Klassen-, Schulkamerad. **2.** saloppe Anrede an einen Unbekannten, nicht mit Namen Bekannten

kol|le|gi|al: 1. freundschaftlich, hilfsbereit (wie ein guter Kollege). **2. a)** durch ein Kollegium erfolgend; **b)** nach Art eines Kollegiums zusammengesetzt

Kol|le|gi|a|li|tät *die;* - ⟨*lat.-nlat.*⟩: gutes Einvernehmen unter Kollegen, kollegiales Verhalten, kollegiale Einstellung

Kol|le|gi|at *der;* -en, -en ⟨*lat.*⟩: **1.** Teilnehmer an einem ↑Kolleg (2). **2.** Stiftsgenosse

Kol|le|gin *die;* -, -nen: weibliche Form zu ↑Kollege

Kol|le|gi|um *das;* -s, ...ien: Gruppe von Personen mit gleichem Amt od. Beruf

Kol|lek|ta|ne|en [auch: ...ta'ne:ən] *die* (Plural) ⟨*lat.*⟩ (veraltet): Sammlung von Auszügen aus literarischen od. wissenschaftlichen Werken

Kol|lek|te *die;* -, -n ⟨*lat.-mlat.*⟩: **1.** Sammlung freiwilliger Spenden [während u. nach einem Gottesdienst]. **2.** kurzes Altargebet

Kol|lek|ti|on *die;* -, -en: **a)** Mustersammlung von Waren, bes. der neuesten Modelle der Textilbranche; **b)** für einen bestimmten Zweck zusammengestellte Sammlung, Auswahl

kol|lek|tiv ⟨*lat.*⟩: **a)** gemeinschaftlich; **b)** alle Beteiligten betreffend, erfassend; umfassend

Kol|lek|tiv *das;* -s, -e (auch: -s) ⟨*lat.(-russ.)*⟩: **1. a)** Gruppe, in der Menschen zusammen leben [u. in der die Persönlichkeit des Einzelnen von untergeordneter Bedeutung ist]; **b)** Gruppe, in der die Menschen zusammen arbeiten; Team. **2.** Grundbegriff der kommunistischen Gesellschaftstheorie zur Bezeichnung einer von gemeinsamen Zielvorstellungen u. Überzeugungen getragenen Arbeits- u. Interessengemeinschaft. **3.** (Statistik) beliebig große Gesamtheit von Messwerten, Zähldaten, die an eindeutig gegeneinander abgrenzbaren Exemplaren einer statistischen Menge zu beobachten sind. **4.** (Physik) Gesamtheit von Teilchen, deren Bewegungen infolge ihrer gegenseitigen Wechselwirkung mehr od. weniger stark korreliert sind

kol|lek|ti|vie|ren ⟨*lat.-russ.*⟩: Privateigentum in Gemeineigentum überführen

Kol|lek|ti|vie|rung *die;* -, -en: Überführung privater Produktionsmittel in Gemeinwirtschaften

Kol|lek|ti|vis|mus *der;* -: **1.** Anschauung, die mit Nachdruck den Vorrang des gesellschaftlichen Ganzen vor dem Individuum betont u. Letzterem jedes Eigenrecht abspricht. **2.** kollektive Wirtschaftslenkung mit Vergesellschaftung des Privateigentums

Kol|lek|ti|vist *der;* -en, -en: Anhänger des Kollektivismus

Kol|lek|ti|vis|tin *die;* -, -nen: weibliche Form zu ↑Kollektivist

kol|lek|ti|vis|tisch: den Kollektivismus betreffend; im Sinne des Kollektivismus

Kol|lek|ti|vi|tät *die;* -: **1.** Gemeinschaftlichkeit. **2.** Gemeinschaft

Kol|lek|tiv|suf|fix *das;* -es, -e (Sprachw.): ↑Suffix, das typisch für eine Sammelbezeichnung ist (z. B.: -schaft)

Kol|lek|ti|vum *das;* -s, ...va u. ...ven ⟨*lat.*⟩ (Sprachw.): Sammelbezeichnung (z. B. Herde, Gebirge)

Kol|lek|tiv|ver|trag *der;* -[e]s, ...verträge ⟨*lat.; dt.*⟩: **1.** Vertrag zwischen Gewerkschaften u. Arbeitgeberverbänden zur gemeinsamen Regelung der arbeitsrechtlichen Probleme zwischen Arbeitgeber u. Arbeitnehmer (Tarifvertrag). **2.** (Völkerrecht) Vertrag zwischen mehreren Staaten

Kol|lek|tiv|wirt|schaft *die;* - (veraltet): landwirtschaftliche Produktionsgenossenschaft, bes. in der Sowjetunion

Kol|lek|tor *der;* -s, ...oren ⟨*lat.-nlat.*⟩: **1.** (Elektrot.) auf der Welle einer elektrischen Maschine (1) aufsitzendes Bauteil für die Stromzufuhr od. -aufnahme. **2.** (Physik) Vorrichtung, in der [unter Ausnutzung der Sonnenstrahlung] Strahlungsenergie gesammelt wird. **3.** Sammler

Kol|l|en|chym *das;* -s, -e (Bot.): Festigungsgewebe der Pflanzen

Kol|lett *das;* -s, -e ⟨*lat.-fr.*⟩ (veraltet): Reitjacke

Kol|li: *Plural* von ↑Kollo

kol|li|die|ren ⟨*lat.*⟩: **1.** (von Fahrzeugen) zusammenstoßen. **2.** (von Interessen, Ansprüchen, Rechten, Pflichten o. Ä.) nicht zu vereinbaren sein

Kol|li|ma|ti|on *die;* -, -en ⟨*lat.-nlat.*⟩: das Zusammenfallen von zwei Linien an einem Messgerät (z. B. beim Einstellen eines Fernrohrs)

Kol|li|ma|tor *der;* -s, ...oren: **1.** Vorrichtung in optischen Geräten, mit der ein unendlich entferntes Ziel in endlichem Abstand dargestellt wird. **2.** (Kernphysik) Vorrichtung, mit der aus einem [Teilchen]strahl ein Bündel mit bestimmtem Raumwinkel ausgeblendet wird

Kol|li|si|on *die;* -, -en ⟨*lat.*⟩: **1.** Zusammenstoß von Fahrzeugen. **2.** Widerstreit [nicht miteinander vereinbarer Interessen, Rechte u. Pflichten]

Kol|lo *das;* -s, -s u. ...li ⟨*it.*⟩: Frachtstück, Warenballen; vgl. Kolli

Kol|lo|di|um *das;* -s ⟨*gr.-nlat.*⟩: zähflüssige Lösung von ↑Nitrozellulose in Alkohol u. Äther (z. B. zum Verschließen von Wunden verwendet)

kol|lo|id, kol|lo|i|dal: fein zerteilt (von Stoffen)

Kol|lo|id *das;* -[e]s, -e (Chemie): Stoff, der sich in feinster, mikroskopisch nicht mehr erkennbarer Verteilung in einer Flüssigkeit od. einem Gas befindet

kol|lo|i|dal vgl. kolloid

Kol|lo|id|che|mie *die;* -: ↑physikalische Chemie, die sich mit den besonderen Eigenschaften der Kolloide befasst

Kol|lo|id|re|ak|ti|on *die;* -, -en (Med.): der Diagnostik dienende Methode zur Untersuchung von Blut u. Rückenmarksflüssigkeit

kol|lo|qui|al ⟨*lat.-engl.*⟩ (Sprachw.): wie im Gespräch üblich, für die Redeweise im Gespräch charakteristisch

Kol|lo|qui|um *das;* -s, ...ien ⟨*lat.*⟩: **1. a)** wissenschaftliches Gespräch [zwischen Fachleuten]; **b)** kleinere Einzelprüfung an einer Hochschule (bes. über eine einzelne Vorlesung). **2.** Zusammenkunft, Beratung von Wissenschaftlern od. Politikern über spezielle Probleme

kol|lu|die|ren ⟨*lat.*⟩: sich zur Täuschung eines Dritten mit jmdm. absprechen

Kol|lu|si|on *die;* -, -en ⟨*lat.*⟩: **1.** (Rechtswiss.) **a)** geheime, betrügerische Verabredung, sittenwidrige Absprache; **b)** Verdunkelung, Verschleierung (z. B. wichtigen Beweismaterials einer Straftat). **2.** (Psychol.) unbewusstes, die Partnerwahl bestimmendes gemeinsames Grundmotiv eines Paares

kol|ma|tie|ren ⟨*lat.-it.-fr.*⟩: Gelände mit sinkstoffhaltigem Wasser überfluten

Kol|ma|ti|on *die;* -, -en: künstliche Geländeerhöhung durch Überschwemmung des Gebiets mit sinkstoffhaltigem Wasser; Auflandung

Ko|lom|bi|ne, Ko|lum|bi|ne *die;* -, -n ⟨*lat.-it.;* »Täubchen«⟩: weibliche Hauptfigur der ↑Commedia dell' Arte

Ko|lon *das;* -s, -s u. ...la ⟨*gr.-lat.;* »Körperglied; gliedartiges Gebilde; Satzglied«⟩: **1.** (veraltet) Doppelpunkt. **2.** (antike Metrik u. Rhet.) auf der Atempause beruhende rhythmische Sprecheinheit in Vers u. Prosa. **3.** (Med.) ein Teil des Dickdarms; Grimmdarm

Ko|lo|nat *das* (auch: *der*); -[e]s, -e ⟨*lat.*⟩: **1.** Gebundenheit der Pächter an ihr Land in der römischen Kaiserzeit; Grundhörigkeit. **2.** Erbzinsgut

Ko|lo|ne *der;* -n, -n: **1.** persönlich freier, aber [erblich] an seinen Landbesitz gebundener Pächter in der römischen Kaiserzeit. **2.** Erbzinsbauer

Ko|lo|nel *die;* - ⟨*lat.-it.-fr.*⟩ (Druckw.): Schriftgrad von sieben Punkt (etwa 2,5 mm Schrifthöhe)

ko|lo|ni|al ⟨*lat.-fr.*⟩: **1. a)** aus den Kolonien stammend; **b)** die Kolonien betreffend. **2.** (Biol.; von Tieren od. Pflanzen) in enger, natürlicher Gemeinschaft lebend

ko|lo|ni|a|li|sie|ren: in koloniale Abhängigkeit bringen

Ko|lo|ni|a|lis|mus *der;* - ⟨*nlat.*⟩: **1.** (abwertend) System der politischen Unterdrückung u. wirtschaftlichen Ausbeutung unterentwickelter Völker [in Übersee] durch politisch u. wirtschaftlich einflussreiche Staaten. **2.** (Geschichte) auf Erwerb u. Ausbau von [überseeischen] Besitzungen ausgerichtete Politik eines Staates

Ko|lo|ni|a|list *der;* -en, -en: Anhänger des Kolonialismus

Ko|lo|ni|a|lis|tin *die;* -, -nen: weibliche Form zu ↑Kolonialist

Ko|lo|ni|al|stil *der;* -[e]s: vom Stil des kolonisierenden Landes geprägter Wohn- u. Baustil des kolonisierten Landes

Ko|lo|ni|al|wa|ren *die* (Plural) (veraltet): Lebens- u. Genussmittel [aus Übersee]

Ko|lo|nie *die;* -, ...ien ⟨*lat.*⟩: **1.** auswärtige Besitzung eines Staates, die politisch u. wirtschaftlich von ihm abhängig ist. **2.** Gruppe von Personen gleicher Nationalität, die im Ausland [am gleichen Ort] lebt u. dort das Brauchtum u. die Traditionen des eigenen Landes pflegt. **3.** (Biol.) häufig mit Arbeitsteilung verbundener Zusammenschluss ein- od. mehrzelliger pflanzlicher od. tierischer Individuen einer Art zu mehr od. weniger lockeren Verbänden. **4. a)** Siedlung; **b)** (Geschichte) römische od. griechische Siedlung in eroberten Gebieten. **5.** Lager (z. B. Ferienlager)

Ko|lo|ni|sa|ti|on *die;* -, -en ⟨*lat.-fr.* u. *engl.*⟩: **1.** Gründung, Entwicklung [u. wirtschaftliche Ausbeutung] von Kolonien. **2.** wirtschaftliche Entwicklung rückständiger Gebiete des eigenen Staates (innere Kolonisation); vgl. ...ation/...ierung

Ko|lo|ni|sa|tor *der;* -s, ...oren ⟨Substantivbildung zu ↑kolonisieren⟩: **1.** jmd., der führend an der Gründung u. Entwicklung von Kolonien (1) beteiligt ist. **2.** jmd., der kolonisiert (2)

Ko|lo|ni|sa|to|rin *die;* -, -nen: weibliche Form zu ↑Kolonisator

ko|lo|ni|sa|to|risch: die Kolonisation betreffend

ko|lo|ni|sie|ren ⟨*lat.-fr.* u. *engl.*⟩: **1.** zu einer Kolonie (1) machen. **2.** urbar machen, besiedeln u. wirtschaftlich erschließen

Ko|lo|ni|sie|rung *die;* -, -en: das Kolonisieren; vgl. ...ation/...ierung

Ko|lo|nist *der;* -en, -en ⟨*lat.-engl.*⟩: **1. a)** europäischer Siedler in einer Kolonie (1); **b)** jmd., der in einer Kolonie wohnt; **c)** jmd., der kolonisiert. **2.** (Bot.) ↑Adventivpflanze

Ko|lo|nis|tin *die;* -, -nen: weibliche Form zu ↑Kolonist (1)

Ko|lon|na|de *die;* -, -n ⟨*lat.-it.-fr.*⟩: Säulengang, -halle

Ko|lon|ne *die;* -, -n ⟨*lat.-fr.*⟩: **1. a)** in langer Formation marschierende Truppe, sich fortbewegende Gruppe von Menschen; **die fünfte Kolonne:** ein Spionage- u. Sabotagetrupp; **b)** lange Formation in gleichmäßigen Abständen hintereinanderfahrender [militärischer] Fahrzeuge; **c)** für bestimmte Arbeiten im Freien zusammengestellter Trupp. **2.** senkrechte Reihe untereinandergeschriebener Zahlen, Zeichen od. Wörter [einer Tabelle]. **3.** (Druckw.) Druckspalte, Kolumne. **4.** (Chemie) zur Destillation von Stoffen verwendeter säulen- od. turmartiger Apparat. **5. a)** Wettkampfgemeinschaft im Kunstkraftsport; **b)** bestimmte Darbietung einer Kolonne (5 a)

Ko|lo|pho|ni|um *das;* -s ⟨nach der altgriech. Stadt Kolophon⟩: ein Harzprodukt (z. B. als Geigenharz verwendet)

Ko|lo|ra|do|kä|fer *der;* -s, - ⟨nach dem US-Staat Colorado⟩: der aus Nordamerika eingeschleppte Kartoffelkäfer

Ko|lo|ra|tur *die;* -, -en ⟨*lat.-it.*⟩: Ausschmückung u. Verzierung einer Melodie mit einer Reihe umspielender Töne

Ko|lo|ra|tur|so|p|ran *der;* -s, -e: **a)** für hohe Sopranlage geeignete geschmeidige u. bewegliche Frauenstimme; **b)** Sängerin mit dieser Stimmlage

ko|lo|rie|ren ⟨*lat.(-it.)*⟩: **1.** mit Farben ausmalen (z. B. Holzschnitte). **2.** eine Komposition mit Verzierungen versehen (15. u. 16. Jh.)

Ko|lo|ri|me|ter *das;* -s, - ⟨*lat.; gr.*⟩: Gerät zur Bestimmung von Farbtönen

Ko|lo|ri|me|t|rie *die;* -: **1.** (Chemie) Bestimmung der Konzentration einer Lösung durch Messung ihrer Farbintensität. **2.** (Astron.) Temperaturbestimmung der Gestirne durch Vergleich von künstlich gefärbten Lichtquellen mit der Farbe der Gestirne

ko|lo|ri|me|t|risch: **a)** das Verfahren der Kolorimetrie anwendend; **b)** die Kolorimetrie (1) betreffend

Ko|lo|rist *der;* -en, -en: **a)** jmd., der Zeichnungen od. Drucke farbig ausmalt; **b)** Maler, der den Schwerpunkt auf das Kolorit (1) legt

Ko|lo|ris|tin *die;* -, -nen: weibliche Form zu ↑Kolorist

ko|lo|ris|tisch: die Farbgebung betreffend

Ko|lo|rit [auch: ...ˈrɪt] *das;* -[e]s, -e ⟨*lat.-it.*⟩: **1. a)** farbige Gestaltung od. Wirkung eines Gemäldes; **b)** Farbgebung; Farbwirkung. **2.** (Musik) die durch Instrumentation u. Harmonik bedingte Klangfarbe. **3.** (ohne Plural) eigentümliche Atmosphäre, Stil

Ko|lo|s|kop *das;* -s, -e ⟨*gr.*⟩ (Med.): Gerät zur direkten Untersuchung des Grimmdarms

Ko|loss *der;* -es, -e ⟨*gr.-lat.*⟩: **a)** (Geschichte) Riesenstandbild; **b)** etwas, jmd. von gewaltigem Ausmaß; eine Person von außergewöhnlicher Körperfülle

ko|los|sal ⟨*gr.-lat.-fr.*⟩: **a)** riesig, gewaltig; Riesen...; **b)** (ugs.) sehr groß, von ungewöhnlichem Ausmaß; **c)** (ugs.) äußerst, ungewöhnlich; vgl. ...isch/-

ko|los|sa|lisch (veraltet): kolossal; vgl. ...isch/-

Ko|los|t|ral|milch *die;* - ⟨*lat.-nlat.; dt.*⟩, **Ko|los|t|rum** *das;* -s ⟨*lat.*⟩ (Med.): Sekret der weiblichen Brustdrüsen, das bereits vor u. noch unmittelbar nach der Geburt abgesondert wird u. sich von der eigentlichen Milch unterscheidet

Ko|lo|to|mie *die;* -, ...ien ⟨*gr.-nlat.*⟩ (Med.): operative Öffnung des Dickdarms [zur Anlegung eines künstlichen Afters]

Kol|pak vgl. Kalpak

Kol|pi|tis *die;* -, ...itiden ⟨*gr.-nlat.*⟩ (Med.): Entzündung der weiblichen Scheide

Kol|por|ta|ge [...ˈtaːʒə, österr.: ...ˈtaːʃ] *die;* -, -n ⟨*lat.-fr.*⟩: **1.** literarisch minderwertiger, auf billige Wirkung abzielender Bericht. **2.** Verbreitung von Gerüchten. **3.** (veraltet) [Hausierer]handel mit Kolportageliteratur

Kol|por|teur [...ˈtøːɐ̯] *der;* -s, -e: **1.** jmd., der Gerüchte verbreitet. **2. a)** (veraltet) jmd., der mit Büchern od. Zeitschriften hausieren geht; **b)** (österr.) Zeitungsausträger

Kol|por|teu|rin [...ˈtøːrɪn] *die;* -, -nen: weibliche Form zu ↑Kolporteur

kol|por|tie|ren: **1.** Gerüchte verbreiten. **2.** (veraltet) von Haus zu Haus gehen u. Waren anbieten

Kol|po|s|kop *das;* -s, -e ⟨*gr.-nlat.*⟩ (Med.): vergrößerndes Spiegelgerät zur Untersuchung des Scheideninnern

Kol|po|s|ko|pie *die;* -, ...ien (Med.): Untersuchung der Scheidenschleimhaut mit dem Kolposkop

[1]**Kol|ter** *das;* -s, - ⟨*lat.-fr.*⟩ (landsch.): Messer vor der Pflugschar

[2]**Kol|ter** *die;* -, -n ⟨*lat.-fr.*⟩ (landsch.): [gesteppte Bett]decke

Ko|lum|ba|ri|um *das;* -s, ...ien ⟨*lat.;* »Taubenhaus«⟩: **1.** (Geschichte) römische Grabkammer der Kaiserzeit mit Wandnischen für Aschenurnen. **2.** Urnenhalle eines Friedhofs

Ko|lum|bi|ne vgl. Kolombine

Ko|lum|ne *die;* -, -n ⟨lat., »Säule«⟩: **1.** (Druckw.) Satzspalte. **2.** von stets demselben [prominenten] Journalisten verfasster, regelmäßig an bestimmter Stelle einer Zeitung od. Zeitschrift veröffentlichter Meinungsbeitrag

Ko|lum|nen|ti|tel *der;* -s, -: Überschrift über einer Buchseite

Ko|lum|nist *der;* -en, -en ⟨*lat.-nlat.*⟩: jmd., der Kolumnen (2) schreibt

Ko|lum|nis|tin *die;* -, -nen: weibliche Form zu ↑Kolumnist

kom..., Kom... vgl. kon..., Kon...

Ko|ma *das;* -s, -s u. -ta ⟨*gr.;* »tiefer Schlaf«⟩ (Med.): tiefste, durch keine äußeren Reize zu unterbrechende Bewusstlosigkeit

ko|ma|tös ⟨*gr.-nlat.*⟩ (Med.): in tiefster Bewusstlosigkeit befindlich; vgl. Koma

Kom|bat|tant *der;* -en, -en: **1.** [Mit]kämpfer, Kampfteilnehmer. **2.** Angehöriger der Kampftruppen, die nach dem Völkerrecht zur Durchführung von Kampfhandlungen allein berechtigt sind

Kom|bi|nat *das;* -[e]s, -e ⟨*lat.-russ.*⟩: (in sozialistischen Ländern üblicher) Großbetrieb, in dem Betriebe produktionsmäßig eng zusammengehörender Industriezweige zusammengeschlossen sind

[1]**Kom|bi|na|ti|on** *die;* -, -en ⟨*lat.*⟩: **1.** Verbindung, [geistige] Verknüpfung; Zusammenstellung. **2.** in der Farbe aufeinander abgestimmte u. zusammen zu tragende Kleidungsstücke. **3. a)** planmäßiges Zusammenspiel [im Fußball]; **b)** aus mehreren Disziplinen bestehender Wettkampf; **nordische Kombination:** Sprunglauf u. 15-km-Langlauf als Skiwettbewerb. **4.** Schlussfolgerung, Vermutung. **5.** (Math.) willkürliche Zusammenstellung einer bestimmten Anzahl aus gegebenen Dingen

[2]**Kom|bi|na|ti|on** [auch: kɔmbiˈneɪʃn̩] *die;* -, -en u. (bei engl. Ausspr.:) -s ⟨*lat.-fr.-engl.*⟩: **1.** einteili-

ger [Schutz]anzug, bes. der Flieger. **2.** (veraltend) Wäschegarnitur, bei der Hemd u. Schlüpfer in einem Stück gearbeitet sind

kom|bi|na|to|risch: die ¹Kombination (1) od. Kombinatorik betreffend; **kombinatorischer Lautwandel:** von einem Nachbarlaut abhängiger Lautwandel eines Lauts (z. B. beim Umlaut, der durch ein i od. j der folgenden Silbe hervorgerufen wird: ahd. *gast* »Gast« – *gesti* »Gäste«)

Kom|bi|ne [auch engl.: ...'bain] *die;* -, -n u. (bei engl. Ausspr.:) -s, **Com|bine** [kɔm'bain] *die;* -, -s ‹*engl.-russ.*›: landwirtschaftliche Maschine, die verschiedene Arbeitsgänge gleichzeitig ausführt (z. B. Mähdrescher)

kom|bi|nie|ren ‹*lat.*›: **1.** [gedanklich] miteinander verknüpfen. **2.** schlussfolgern. **3.** [im Fußball] planmäßig zusammenspielen

Kom|bi|nier|te *der;* -n, -n: jmd., der die nordische Kombination läuft

Kom|bi|schrank *der;* -[e]s, ...schränke ‹*lat.; dt.*›: Mehrzweckschrank

k

Kom|bi|wa|gen *der;* -s, -: kombinierter Liefer- u. Personenwagen

Kom|bu|cha *der;* -s ‹Herkunft unsicher; vielleicht *jap.*›: **1.** (auch: *die;* -) aus Meeresalgen gewonnener Teepilz. **2.** (auch: *das;* -s) mit Kombucha (1) vergorener Tee

Ko|me|do *der;* -s, ...onen ‹*lat.*›: **1.** (veraltet) Fresser, Schlemmer. **2.** (meist Plural; Med.) Mitesser

Ko|mes|ti|bi|li|en *die* (Plural): Esswaren, Lebensmittel

Ko|met *der;* -en, -en ‹*gr.-lat.*› (Astron.): Schweif-, Haarstern mit ↑elliptischer od. ↑parabolischer Bahn im Sonnensystem

Kom|fort [...'foːɐ̯] *der;* -s ‹*lat.-fr.-engl.*›: luxuriöse Ausstattung (z. B. einer Wohnung), behagliche Einrichtung; Annehmlichkeiten; Bequemlichkeit

kom|for|ta|bel: behaglich, wohnlich; mit allen Bequemlichkeiten des modernen Lebensstandards ausgestattet

Ko|mik *die;* - ‹*gr.-lat.-fr.*›: die einer Situation od. Handlung innewohnende od. davon ausgehende erheiternde, belustigende Wirkung

Ko|mi|ker *der;* -s, -: **1. a)** Vortragskünstler, der sein Publikum durch das, was er darstellt, u. durch die Art, wie er es darstellt, erheitert; **b)** Darsteller komischer Rollen auf der Bühne, im Film, im Fernsehen. **2.** Schimpfwort

Ko|mi|ke|rin *die;* -, nen: weibliche Form zu ↑Komiker

ko|misch ‹*gr.-lat.-fr.*›: **1.** zum Lachen reizend, belustigend. **2.** eigenartig, sonderbar

Ko|mi|tat *das* (auch: *der*); -[e]s, -e ‹*lat.-mlat.*›: **1.** (Geschichte) Begleitung; [feierliches] Geleit [für einen die Universität verlassenden Studenten]. **2.** (Geschichte) Verwaltungsbezirk in Ungarn; vgl. Gespanschaft. **3.** (Geschichte) Grafschaft

Ko|mi|tee *das;* -s, -s ‹*lat.-engl.-fr.*›: **a)** [leitender] Ausschuss; **b)** Gruppe von Personen, die mit der Vorbereitung, Organisation u. Durchführung einer Veranstaltung betraut ist

Ko|mi|ti|en *die* (Plural) ‹*lat.*›: Bürgerschaftsversammlungen im alten Rom

Kom|ma *das;* -s, -s u. -ta ‹*gr.-lat.;* »Schlag; Abschnitt, Einschnitt«›: **1. a)** Satzzeichen, das den Ablauf der Rede u. bes. den Satzbau kennzeichnet, indem es u. a. Haupt- u. Gliedsatz trennt, Einschübe u. Zusätze kenntlich macht u. Aufzählungen von Wörtern u. Wortgruppen unterteilt; **b)** Zeichen, das bei der Ziffernschreibung die Dezimalstellen abtrennt. **2.** (antike Metrik u. Rhet.) Untergliederung des ↑Kolons (2). **3.** (Musik) über der fünften Notenlinie stehendes Phrasierungszeichen (Bogenende od. Atempause). **4.** (Physik) kleiner Unterschied zwischen den Schwingungszahlen beinahe gleich hoher Töne

Kom|ma|ba|zil|lus *der;* -, ...llen (Med.): Erreger der asiatischen ↑Cholera

Kom|man|dant *der;* -en, -en ‹*lat.-vulgärlat.-fr.*›: **1.** Befehlshaber [einer Festung, eines Schiffs usw.]. **2.** (österr., schweiz.) Kommandeur

Kom|man|dan|tin *die;* -, -nen: weibliche Form zu ↑Kommandant

Kom|man|dan|tur *die;* -, -en ‹*nlat.*›: **1.** Amt des Befehlshabers einer Truppenabteilung (vom Bataillon bis zur Division). **2.** Dienstgebäude eines Kommandanten

Kom|man|deur [...'døːɐ̯] *der;* -s, -e ‹*lat.-vulgärlat.-fr.*›: Befehlshaber eines größeren Truppenteils (vom Bataillon bis zur Division)

Kom|man|deu|rin [...'døːrɪn] *die;* -, -nen: weibliche Form zu ↑Kommandeur

kom|man|die|ren: 1. a) befehligen; **b)** an einen bestimmten Ort beordern, dienstlich versetzen; **c)** etwas [im Befehlston] anordnen, ein Kommando geben. **2.** (ugs.) Befehle erteilen, den Befehlston anschlagen

Kom|man|di|tär *der;* -s, -e ‹*lat.-it.-fr.*› (schweiz.): Kommanditist

Kom|man|di|tä|rin *die;* -, -nen: weibliche Form zu ↑Kommanditär

Kom|man|di|te *die;* -, -n: **1.** (veraltet) Kommanditgesellschaft. **2.** Zweiggeschäft, Niederlassung

Kom|man|dit|ge|sell|schaft *die;* -, -en: Handelsgesellschaft, die unter gemeinschaftlicher Firma ein Handelsgewerbe betreibt u. bei der einer od. mehrere Gesellschafter persönlich haften u. mindestens einer der Gesellschafter nur mit seiner Einlage haftet (Abk.: KG)

Kom|man|di|tịst *der;* -en, -en (Wirtsch.): Gesellschafter einer ↑Kommanditgesellschaft, dessen Haftung auf seine Einlage beschränkt ist

Kom|man|di|tịs|tin *die;* -, -nen: weibliche Form zu ↑Kommanditist

Kom|mạn|do *das;* -s, -s (österr. auch: ...den) ⟨*lat.-it.*⟩: **1.** (ohne Plural) Befehlsgewalt. **2. a)** Befehl[swort]; **b)** befohlener Auftrag; **c)** vereinbarte Wortfolge, die als Startsignal dient. **3.** [militärische] Abteilung, die zur Erledigung eines Sonderauftrags zusammengestellt wird

Kom|mạn|do|zen|t|ra|le *die;* -, -n: [militärische] Führungsstelle, von der aus Kommandos gegeben werden

Kom|mas|sa|ti|o̱n *die;* -, -en ⟨*lat.; gr.-lat.-nlat.*⟩: Flurbereinigung; Grundstückszusammenlegung

kom|mas|sie̲|ren: Grundstücke zusammenlegen

Kom|me|mo|ra|ti|o̱n *die;* -, -en ⟨*lat.*⟩: **1.** (veraltet) Erwähnung, Gedächtnis, Andenken. **2.** Gedächtnis, Fürbitte in der katholischen Messe; kirchliche Gedächtnisfeier (z. B. Allerseelen)

kom|me|mo|rie̲|ren (veraltet): erwähnen, gedenken

Kom|mẹn|de *die;* -, -n ⟨*lat.-mlat.*⟩: **1.** ohne Amtsverpflichtung übertragene kirchliche Pfründe. **2.** Verwaltungsbezirk od. Ordenshaus der ↑Johanniter od. des Deutschherrenordens

Kom|men|sa|lịs|mus *der;* - (Biol.): das Leben als Kommensale

kom|men|su|ra̱|bel ⟨*lat.*⟩: mit gleichem Maß messbar; vergleichbar; Ggs. ↑inkommensurabel

Kom|men|su|ra|bi|li|tä̱t *die;* - ⟨*lat.-nlat.*⟩ (Math.; Physik): Messbarkeit mit gleichem Maß; Vergleichbarkeit; Ggs. ↑Inkommensurabilität

Kom|ment [kɔˈmãː] *der;* -s, -s ⟨*lat.-vulgärlat.-fr.;* »wie«⟩ (Verbindungsw.): Brauch, Sitte, Regel [des studentischen Lebens]

Kom|men|ta̱r *der;* -s, -e ⟨*lat.*⟩: **1. a)** mit Erläuterungen u. kritischen Anmerkungen versehenes Zusatzwerk zu einem Druckwerk (bes. zu einem Gesetzestext, einer Dichtung od. einer wissenschaftlichen Abhandlung); **b)** kritische Stellungnahme in Presse, Radio od. Fernsehen zu aktuellen Tagesereignissen. **2.** (ugs.) Anmerkung, Erklärung, Stellungnahme

Kom|men|ta̱|tor *der;* -s, ...o̱ren: **1.** Verfasser eines Kommentars (1 b). **2.** ↑Postglossator

Kom|men|ta|to̱|rin *die;* -, -nen: weibliche Form zu ↑Kommentator

kom|men|tie̲|ren: a) ein Druckwerk (bes. einen Gesetzestext od. eine wissenschaftliche Abhandlung) mit erläuternden u. kritischen Anmerkungen versehen; **b)** in einem Kommentar (1 b) zu aktuellen Tagesereignissen Stellung nehmen; **c)** eine Anmerkung zu etwas machen

Kom|mẹrs *der;* -es, -e ⟨*lat.-fr.*⟩ (Verbindungsw.): Trinkabend in festlichem Rahmen

Kom|mẹrs|buch *das;* -[e]s, ...bücher (Verbindungsw.): Sammlung festlicher u. geselliger Studentenlieder

Kom|mẹrz *der;* -es: **1.** Wirtschaft, Handel u. Verkehr. **2.** wirtschaftliches, auf Gewinn bedachtes Interesse

kom|mer|zi|a|li|sie̲|ren: 1. öffentliche Schulden in privatwirtschaftliche umwandeln. **2.** kulturelle Werte wirtschaftlichen Interessen unterordnen, dem Gewinnstreben dienstbar machen

Kom|mer|zi|a|li|sie̲|rung *die;* -: das Kommerzialisieren

Kom|mer|zi|a̱l|rat *der;* -[e]s, ...räte (österr.): ↑Kommerzienrat (Abk.: Komm.-Rat, KR)

kom|mer|zi|ẹll: 1. Wirtschaft u. Handel betreffend, auf ihnen beruhend. **2.** Geschäftsinteressen wahrnehmend, auf Gewinn bedacht

Kom|mẹr|zi|en|rat *der;* -[e]s, ...räte (früher): **a)** Titel für Großkaufleute u. Industrielle; **b)** Träger dieses Titels

Kom|mer|zi|en|rä|tin *die;* -: Ehefrau des Kommerzienrates (b)

Kom|mi|li|to̱|ne *der;* -n, -n ⟨*lat.;* »Mitsoldat, Waffenbruder«⟩ (Studentenspr.): Studienkollege

Kom|mi|li|to̱|nin *die;* -, -nen: weibliche Form zu ↑Kommilitone

Kom|mis [kɔˈmiː] *der;* - [...ˈmiː(s)], - [...ˈmiːs] ⟨*lat.-fr.*⟩ (veraltet): Handlungsgehilfe

Kom|mịss *der;* -es ⟨*lat.*⟩ (ugs.): Militär[dienst]

Kom|mis|sa̱r *der;* -s, -e ⟨*lat.-mlat.*⟩: **a)** [vom Staat] Beauftragter; **b)** Dienstrangbezeichnung [für Polizeibeamte]

Kom|mis|sä̱r *der;* -s, -e ⟨*lat.-fr.*⟩ (landsch.): Kommissar

Kom|mis|sa|ri|a̱t *das;* -[e]s, -e ⟨*lat.-mlat.-nlat.*⟩: **1.** Amt[szimmer] eines Kommissars. **2.** (österr.) Polizeidienststelle

Kom|mis|sa̱|rin *die;* -, -nen: weibliche Form zu ↑Kommissar

kom|mis|sa̱|risch: vorübergehend, vertretungsweise [ein Amt verwaltend]

Kom|mis|si|o̱n *die;* -, -en ⟨*lat.-mlat.*⟩: **1.** Ausschuss [von beauftragten Personen]. **2.** (veraltet) Auftrag; **in Kommission**: im eigenen Namen für fremde Rechnung ausgeführt (von einem Auftrag)

Kom|mis|si|o|när *der;* -s, -e ⟨*lat.-mlat.-fr.*⟩: jmd., der gewerbsmäßig Waren od. Wertpapiere in eigenem Namen für fremde Rechnung ankauft od. verkauft

Kom|mis|si|o|nä|rin *die;* -, -nen: weibliche Form zu ↑Kommissionär

kom|mis|si|o|nie|ren: 1. (österr.) [ein Gebäude] durch eine staatliche Kommission prüfen u. für die Übergabe an seine Bestimmung freigeben. **2.** (Wirtsch.) manuell nach vorgegebenen Aufträgen Güter u. Waren zusammenstellen

Kom|mis|si|ons|buch|han|del *der;* -s: Zwischenbuchhandel [zwischen Verlag u. ↑Sortiment (2)]

Kom|mit|tent *der;* -en, -en: Auftraggeber eines Kommissionärs

kom|mit|tie|ren: einen Kommissionär beauftragen, bevollmächtigen

k

kom|mod ⟨*lat.-fr.*⟩ (geh.): bequem, angenehm

Kom|mo|de *die;* -, -n: Möbelstück mit mehreren Schubladen

Kom|mo|di|tät *die;* -, -en (veraltet, noch landsch.): **1.** Bequemlichkeit. **2.** Toilette

Kom|mo|do|re *der;* -[s], -n u. -s ⟨*lat.-fr.-engl.*⟩: **1.** Geschwaderführer (bei Marine u. Luftwaffe). **2.** erprobter ältester Kapitän bei großen Schifffahrtslinien

kom|mun ⟨*lat.*⟩: gemeinschaftlich, gemein

kom|mu|nal: eine Gemeinde od. die Gemeinden betreffend, Gemeinde..., gemeindeeigen

kom|mu|na|li|sie|ren ⟨*lat.-nlat.*⟩: Privatunternehmen in Gemeindebesitz u. -verwaltung überführen

Kom|mu|nal|po|li|tik *die;* -: die Belange einer Gemeinde betreffende Politik

Kom|mu|nal|wahl *die;* -, -en: Wahl der Gemeindevertretungen (z. B. des Stadtrats)

Kom|mu|nar|de *der;* -n, -n ⟨*lat.-fr.*⟩: **1.** Mitglied einer Kommune (4). **2.** Anhänger der Pariser Kommune

Kom|mu|nar|din *die;* -, -nen: weibliche Form zu ↑Kommunarde (1)

Kom|mu|ne *die;* -, -n ⟨*lat.-vulgärlat.-fr.*⟩: **1.** Gemeinde als unterste Verwaltungseinheit. **2.** (ohne Plural; Geschichte) Pariser Gemeinderat während der Französischen Revolution u. von März bis Mai 1871. **3.** (ohne Plural; veraltet abwertend) Kommunisten. **4.** Wohngemeinschaft, die bürgerliche Vorstellungen hinsichtlich Eigentum, Leistung, Konkurrenz und Moral ablehnt

Kom|mu|ni|kant *der;* -en, -en ⟨*lat.*⟩: **1.** (kath. Rel.) jmd., der [zum ersten Mal] kommuniziert (3). **2.** (Sprachw.; Soziol.) Gesprächsteilnehmer, Teilhaber an einer ↑Kommunikation (1)

Kom|mu|ni|kan|tin *die;* -, -nen: weibliche Form zu ↑Kommunikant

Kom|mu|ni|ka|ti|on *die;* -, -en: **1.** (ohne Plural) Verständigung untereinander, Umgang, Verkehr. **2.** Verbindung, Zusammenhang

Kom|mu|ni|ka|ti|ons|zen|t|rum *das;* -s, ...ren: zentraler Begegnungsort von Menschen u. Gruppen

kom|mu|ni|ka|tiv ⟨*lat.-nlat.*⟩: **a)** mitteilbar, mitteilsam; **b)** auf die Kommunikation bezogen, die Kommunikation betreffend; **kommunikative Kompetenz** (Sprachw.): Fähigkeit eines Sprachteilhabers, [neue] Redesituationen zu bewältigen

Kom|mu|ni|ka|tor *der;* -s, ...oren: jmd., der leicht, mühelos mit anderen ins Gespräch kommt; leicht, mühelos mit anderen kommuniziert

Kom|mu|ni|ka|to|rin *die;* -, -nen: weibliche Form zu ↑Kommunikator

Kom|mu|ni|kee vgl. Kommuniqué

Kom|mu|ni|on *die;* -, -en ⟨*lat.*⟩ (kath. Kirche): **1.** Gemeinschaft der Gläubigen in der Feier des heiligen Abendmahls; vgl. Eucharistie (b). **2.** der [erste] Empfang des Abendmahls

Kom|mu|ni|qué [kɔmyniˈke:, auch: kɔmu...], **Kom|mu|ni|kee** *das;* -s, -s ⟨*lat.-fr.*⟩: **a)** [regierungs]amtliche Mitteilung (z. B. über Sitzungen, Vertragsabschlüsse); **b)** Denkschrift

Kom|mu|nis|mus *der;* - ⟨*lat.-engl.-fr.*⟩: **1.** nach Karl Marx die auf den Sozialismus folgende Entwicklungsstufe, in der alle Produktionsmittel u. Erzeugnisse in das gemeinsame Eigentum aller Staatsbürger übergehen u. in der alle sozialen Gegensätze aufgehoben sind. **2.** politische Richtung, Bewegung, die sich gegen den ↑Kapitalismus wendet u. eine zentral gelenkte Wirtschafts- u. Sozialordnung verficht

Kom|mu|nist *der;* -en, -en: **a)** Vertreter, Anhänger des Kommunismus; **b)** Mitglied einer kommunistischen Partei

Kom|mu|nis|tin *die;* -, -nen: weibliche Form zu ↑Kommunist

kom|mu|nis|tisch: a) den Kommunismus u. seine Grundsätze betreffend; **b)** auf den Grundsätzen des Kommunismus aufbauend, basierend

Kom|mu|ni|ta|ris|mus *der;* - ⟨*lat.-amerik.*⟩: (von den USA ausgehende) politische Bewegung, die bes. Gemeinsinn u. soziale Tugenden in den Vordergrund stellt u. eine auf das Gemeinwohl orientierte Erneuerung gesellschaftlicher Institutionen anstrebt

kom|mu|ni|ta|ris|tisch: **a)** den Kommunitarismus betreffend, zum Kommunitarismus gehörend; **b)** den Grundsätzen des Kommunitarismus entsprechend

Kom|mu|ni|tät *die;* -, -en ⟨*lat.*⟩: **1.** Gemeinschaft, Gemeingut. **2.** (veraltet) Ort, an dem sich bes. Studenten zum Essen versammeln. **3.** ordensähnliche evangelische Bruderschaft mit besonderen religiösen od. missionarischen Aufgaben

kom|mu|ni|zie|ren: **1. a)** sich verständigen, miteinander sprechen; **b)** mitteilen. **2.** zusammenhängen, in Verbindung stehen; **kommunizierende Röhren** (Physik): unten miteinander verbundene u. oben offene Röhren od. Gefäße, in denen eine Flüssigkeit gleich hoch steht. **3.** (kath. Rel.) das Altarsakrament empfangen, zur Kommunion gehen

kom|mu|ta|bel ⟨*lat.*⟩: veränderlich; vertauschbar

Kom|mu|ta|ti|on *die;* -, -en: **1. a)** (Math.) Umstellbarkeit, Vertauschbarkeit von Größen; **b)** (Sprachw.) Ersetzen einer sprachlichen Einheit (z. B. eines Buchstabens) durch eine andere u. Untersuchung der dadurch bewirkten Veränderung (z. B. der Bedeutung). **2.** (Astron.) Winkel zweier Geraden, die von der Sonne zur Erde u. zu einem anderen Planeten gehen. **3.** ↑Kommutierung

kom|mu|ta|tiv ⟨*lat.-nlat.*⟩: **1.** (Math., Sprachw.) umstellbar, vertauschbar (von mathematischen Größen u. sprachlichen Einheiten); vgl. Kommutation (1a, b). **2. a)** die ↑Kommutation (2) betreffend; **b)** die Kommutierung betreffend

Kom|mu|ta|tor *der;* -s, ...oren (Elektrot.): Stromwender, ↑Kollektor (1)

kom|mu|tie|ren ⟨*lat.*⟩: **1.** (Math., Sprachw.) Größen umstellen, miteinander vertauschen. **2.** die Richtung des elektrischen Stroms ändern

Kom|mu|tie|rung *die;* -: Umkehrung der Stromrichtung

Ko|mö|di|ant *der;* -en, -en ⟨*gr.-lat.-it.(-engl.)*⟩: **1.** Schauspieler. **2.** (abwertend) jmd., der anderen etwas vorzumachen versucht; Heuchler

Ko|mö|di|an|tin *die;* -, -nen: weibliche Form zu ↑Komödiant

ko|mö|di|an|tisch: zum Wesen des Komödianten gehörend; schauspielerisch [begabt]

Ko|mö|die [...i̯ə] *die;* -, -n ⟨*gr.-lat.*⟩: **1. a)** (ohne Plural) dramatische Gattung, in der menschliche Schwächen dargestellt u. [scheinbare] Konflikte heiter-überlegen gelöst werden; **b)** Bühnenstück mit heiterem Inhalt; Ggs. ↑Tragödie (1). **2.** kleines Theater, in dem vorwiegend Komödien gespielt werden. **3.** (ohne Plural) unechtes, theatralisches Gebaren, Heuchelei, Verstellung

Kom|pa|g|non [kɔmpanˈjõ:, ˈkɔmpanjõ, auch: ˈkɔmpanjɔŋ] *der;* -s, -s ⟨*lat.-vulgärlat.-fr.*⟩: Gesellschafter, Teilhaber, Mitinhaber eines Geschäfts od. eines Handelsunternehmens

kom|pakt ⟨*lat.-fr.*⟩: **1.** (ugs.) massig, gedrungen. **2.** undurchdringlich, dicht, fest. **3.** gedrängt, kurz gefasst, das Wesentliche zusammenfügend

Kom|pa|nie *die;* -, ...i̯en ⟨*lat.-vulgärlat.-it.* u. *fr.*⟩: **1.** (veraltet) Handelsgesellschaft (Abk.: Cie., Co.). **2.** Truppeneinheit von 100–250 Mann innerhalb eines ↑Bataillons (Abk.: Komp.)

kom|pa|ra|bel ⟨*lat.*⟩: vergleichbar

Kom|pa|ra|ti|on *die;* -, -en ⟨*lat.*⟩: **1.** das Vergleichen. **2.** (Sprachw.) Steigerung des Adjektivs, Adverbs

Kom|pa|ra|tis|tik *die;* -: **1.** vergleichende Literatur- od. Sprachwissenschaft. **2.** ↑Komparativistik

kom|pa|ra|tiv [auch: ...ˈti:f] ⟨*lat.*⟩: **1.** (Philos.) auf Vergleichung beruhend. **2.** (Sprachw.) **a)** vergleichend (von der Untersuchung zweier od. mehrerer Sprachen); **b)** steigernd

Kom|pa|ra|tiv [auch: ...ˈti:f] *der;* -s, -e (Sprachw.): Steigerungsstufe, Höherstufe, Mehrstufe

Kom|pa|ra|ti|vis|tik *die;* - ⟨*lat.-nlat.*⟩ (seltener): Teilgebiet der Sprachwissenschaft, das sich mit der gegenüberstellend-vergleichenden Untersuchung von zwei od. mehreren Sprachen befasst

Kom|pa|ra|tiv|satz [auch: ...ˈti:f...] *der;* -es, ...sätze ⟨*lat.-nlat.; dt.*⟩: Vergleichssatz, Konjunktionalsatz, der einen Vergleich enthält (z. B.: Eva ist größer, als ihre Schwester es im gleichen Alter war)

Kom|pa|ra|tor *der;* -s, ...oren ⟨*lat.*⟩: **1.** Gerät zum Vergleich u. zur genauen Messung von Längenmaßen. **2.** (Astron.) Gerät zur Feststellung von Lage- u. Helligkeitsveränderungen bestimmter Sterne. **3.** (Elektrot.) ein elektrischer ↑Kompensator (1)

¹**kom|pa|rie|ren** ⟨*lat.* comparere »erscheinen«⟩ (veraltet): vor Gericht erscheinen

²**kom|pa|rie|ren** ⟨*lat.* comparare »vergleichen«⟩: **a)** (veraltet) vergleichen; **b)** (Sprachw.) die Komparation (2) anwenden; steigern

Kom|par|se *der;* -n, -n ⟨*lat.-it.*⟩: jmd., der als

stumme Figur bei einem Film od. auch einem Theaterstück mitwirkt

Kom|par|se|rie *die;* -, ...ien: Gesamtheit der Komparsen; ↑Statisterie

Kom|par|sin *die;* -, -nen: weibliche Form zu ↑Komparse

Kom|pass *der;* -es, -e ‹*lat.-vulgärlat.-it.*›: Gerät zur Feststellung der Himmelsrichtung

kom|pa|ti|bel ‹*lat.-fr.(-engl.)*›: **1.** (Sprachw.) syntaktisch-semantisch anschließbar (von ↑Lexemen [im Satz]). **2.** miteinander vereinbar, zusammenpassend. **3.** (von Hard- u. Softwarekomponenten) austauschbar, zu einem System zusammensetzbar. **4.** (Med.) miteinander vereinbar, verträglich (von Medikamenten od. Blutgruppen)

Kom|pa|ti|bi|li|tät *die;* -, -en: **1.** Vereinbarkeit [zweier Ämter in einer Person]. **2.** Austauschbarkeit, Vereinbarkeit verschiedener Systeme (z. B. das Benutzen eines Programms auf einem anderen Computermodell). **3.** (Sprachw.) syntaktisch-semantische Anschließbarkeit, Kombinierbarkeit von ↑Lexemen [im Satz]. **4.** (Med.) Verträglichkeit verschiedener ↑Medikamente od. Blutgruppen

k

Kom|pa|t|ri|ot *der;* -en, -en ‹*(lat.; gr.-spätlat.-fr.) nlat.*› (veraltet): Landsmann

kom|pen|di|a|risch ‹*lat.*›: ↑kompendiös

kom|pen|di|ös (veraltet): das Kompendium betreffend, in der Art eines Kompendiums; zusammengefasst, gedrängt

Kom|pen|di|um *das;* -s, ...ien ‹lat.; »Ersparnis, Abkürzung«›: Abriss, kurz gefasstes Lehrbuch

Kom|pen|sa|ti|on *die;* -, -en: **1.** Ausgleich, Aufhebung von Wirkungen einander entgegenstehender Ursachen. **2.** (Rechtswiss.) **a)** Aufrechnung; **b)** Schuldaufwiegung im Falle wechselseitiger Täterschaft (bei Beleidigung u. leichter Körperverletzung), meist als strafmildernd od. strafbefreiend gewertet. **3.** (Psychol.) das Streben nach Ersatzbefriedigung als Ausgleich von Minderwertigkeitsgefühlen. **4.** (Med.) Ausgleich einer durch krankhafte Organveränderungen gestörten Funktion eines Organs durch den Organismus selbst od. durch Medikamente

Kom|pen|sa|tor *der;* -s, ...oren ‹*lat.-nlat.*›: **1.** (Optik) Gerät zur Messung einer elektrischen Spannung od. einer Lichtintensität. **2.** (Technik) Vorrichtung zum Ausgleichen (z. B. Zwischenglied bei Rohrleitungen zum Ausgleich der durch Temperaturwechsel hervorgerufenen Längenänderung)

kom|pen|sa|to|risch: ausgleichend; **kompensatorische Erziehung** (Päd., Psychol.): [vor der Einschulung einsetzende] Förderungsmaßnahmen, die bei Kindern auftretende sprachliche, ↑kognitive, ↑emotionale od. soziale Entwicklungsrückstände ausgleichen od. mildern sollen

kom|pen|sie|ren ‹*lat.*›: **1.** die Wirkungen einander entgegenstehender Ursachen ausgleichen. **2.** (Rechtswiss.) bei wechselseitigem Verschulden die Strafe ausgleichen. **3.** (Psychol.) Minderwertigkeitsgefühle durch Vorstellungen od. Handlungen ausgleichen, die das Bewusstsein der Vollwertigkeit erzeugen. **4.** (Med.) Funktionsstörungen eines Organs od. ihre Folgen ausgleichen

kom|pe|tent ‹*lat.*›: **1. a)** sachverständig, fähig; Ggs. ↑inkompetent (1 b); **kompetenter Sprecher** (Sprachw.): Sprecher, der fähig ist, in seiner Muttersprache beliebig viele Sätze zu bilden u. zu verstehen; **b)** zuständig, maßgebend, befugt; Ggs. ↑inkompetent (1 a). **2.** (Geol.) tektonisch wenig verformbar (von Gesteinen); Ggs. ↑inkompetent (2)

Kom|pe|tenz *die;* -, -en: **1. a)** Vermögen, Fähigkeit; Ggs. ↑Inkompetenz (b); **b)** Zuständigkeit, Befugnis; Ggs. ↑Inkompetenz (a). **2.** (ohne Plural; Sprachw.) [idealisierte] Fähigkeit des Sprechers einer Sprache, mit einer begrenzten Anzahl von Elementen u. Regeln eine unbegrenzte Zahl von Äußerungen zu bilden u. zu verstehen sowie über die sprachliche Richtigkeit von Äußerungen zu entscheiden. **3.** (Biol.) zeitlich begrenzte Reaktionsbereitschaft von Zellen gegenüber einem bestimmten Entwicklungsreiz. **4.** (kath. Kirchenrecht) zum Unterhalt eines Klerikers nötige, nicht pfändbare Mittel

Kom|pe|tenz|kom|pe|tenz *die;* -, -en (Rechtswiss.): **1.** (ohne Plural) das Recht eines Bundesstaates, seine Zuständigkeiten durch Verfassungsänderung auf Kosten der Gliedstaaten zu erweitern. **2.** gerichtliche Entscheidung über die Zulässigkeit eines Rechtsstreites

Kom|pe|tenz|kon|flikt *der;* -[e]s, -e (Rechtswiss.): Zuständigkeitsstreit zwischen Gerichten od. Verwaltungsbehörden

kom|pe|tie|ren (veraltet): **a)** gebühren, zustehen; **b)** sich mitbewerben

Kom|pi|la|ti|on *die;* -, -en ‹*lat.*›: **1.** Zusammenstellung, Zusammentragen mehrerer [wissenschaftlicher] Quellen. **2. a)** unschöpferisches Abschreiben aus mehreren Schriften; **b)** durch Zusammentragen unverarbeiteten Stoffes entstandene Schrift (ohne wissenschaftlichen Wert)

Kom|pi|la|tor *der;* -s, ...oren: Verfasser einer Kompilation

Kom|pi|la|to̱|rin *die;* -, -nen: weibliche Form zu ↑Kompilator

kom|pi|la|to̱|risch: auf Kompilation beruhend, aus Teilen verschiedener Werke zusammengeschrieben

kom|pi|lie̱|ren: [unverarbeiteten] Stoff zu einer Schrift [ohne wissenschaftlichen Wert] zusammentragen

Kom|ple|me̱nt *das;* -[e]s, -e ⟨*lat.*⟩: **1.** Ergänzung. **2.** (Math.) Komplementärmenge, Differenzmenge von zwei Mengen. **3.** (Med.) Serumbestandteil, der die spezifische Wirkung eines ↑Antikörpers ergänzt od. aktiviert

kom|ple|men|tä̱r ⟨*lat.-fr.*⟩: sich gegenseitig ergänzend; **komplementäre Distribution** (Sprachw.): das Vorkommen eines sprachlichen Elements in einer Umgebung, in der ein anderes nicht erscheinen kann u. umgekehrt

Kom|ple|men|tä̱r *der;* -s, -e: **1.** persönlich haftender Gesellschafter einer ↑Kommanditgesellschaft. **2.** (DDR) Eigentümer einer privaten Firma, die mit Staatsbeteiligung arbeitet

Kom|ple|men|tä̱r|far|be *die;* -, -n ⟨*lat.-fr.; dt.*⟩: Farbe, die eine andere Farbe, mit der sie gemischt wird, je nach Mischungsverhältnis zu Weiß od. fast zu Schwarz ergänzt; Ergänzungsfarbe

Kom|ple|men|tä̱|rin *die;* -, -nen: weibliche Form zu ↑Komplementär

Kom|ple|men|ta|ri|tä̱t *die;* -, -en ⟨*lat.-nlat.*⟩: **1.** (Biol.; Chemie) wechselseitige Entsprechung der Struktur zweier Größen. **2.** (Physik) Beziehung zwischen Messgrößen im Bereich der Quantenmechanik, die besagt, dass diese Messgrößen nicht gleichzeitig gemessen werden können. **3.** (Sprachw.) semantisches Gegensatzverhältnis

Kom|ple|men|ta|ti|o̱n *die;* -, -en (Genetik): das Ausgleichen von Erbgutschäden durch Kombination von ↑Genomen; vgl. ...ation/...ierung

kom|ple|men|tie̱|ren: ergänzen

Kom|ple|men|tie̱|rung *die;* -, -en: **a)** das Komplementieren; **b)** ↑Komplementation; vgl. ...ation/...ierung

Kom|ple|me̱nt|win|kel *der;* -s, - ⟨*lat.; dt.*⟩ (Math.): Ergänzungswinkel, der einen gegebenen Winkel zu 90° ergänzt

¹**Kom|ple̱t** *die;* -, -e ⟨*lat.-mlat.*⟩: Abendgebet als Schluss der katholischen kirchlichen Tageszeiten

²**Kom|plet** [kɔmˈple:, auch: kõˈple:] *das;* -[s], -s ⟨*lat.-fr.*⟩: Mantel (od. Jacke) u. Kleid aus gleichem Stoff

kom|ple̱tt ⟨*lat.-fr.*⟩: **1. a)** vollständig, abgeschlossen; **b)** ganz, gesamt, vollzählig; **c)** (ugs.) ganz u. gar, absolut. **2.** (österr. veraltend) voll, besetzt

kom|plet|tie̱|ren: etwas vervollständigen; auffüllen, ergänzen

Kom|plet|tie̱|rung *die;* -, -en: das Komplettieren, das Komplettiertwerden

kom|ple̱x ⟨*lat.*⟩: **a)** vielschichtig; viele, sehr verschiedene Dinge umfassend; **b)** zusammenhängend; **c)** allseitig, alles umfassend; **komplexe Integration** (Math.): Integration (4) einer Funktion längs eines Weges in der gaußschen Ebene; **komplexe Zahl** (Math.): Zahl, die nur als Summe aus einer ↑imaginären u. einer ↑reellen Zahl darstellbar ist

Kom|ple̱x *der;* -es, -e: **1.** Zusammenfassung, Verknüpfung von verschiedenen Teilen zu einem geschlossenen Ganzen. **2.** Gebiet, Bereich. **3.** Gruppe, [Gebäude]block. **4.** (Psychol.) stark affektbesetzte Vorstellungsgruppe, die nach Verdrängung aus dem Bewusstsein vielfach Zwangshandlungen, -vorstellungen od. einfache Fehlleistungen auslöst. **5.** (Chemie) chemische Vereinigung mehrerer Atome zu einer Gruppe, die freie ↑Valenzen (1) hat u. andere Reaktionen zeigen kann als das ihre Art bestimmende ↑Ion

Kom|ple̱x|bri|ga|de *die;* -, -n: (DDR) Gruppe von Arbeitern unterschiedlicher Berufe, die gemeinsam an einem Produktionsauftrag arbeiten

Kom|ple|xi|o̱n *die;* -, -en: **1.** (veraltet) Zusammenfassung. **2.** (Anthropol.) zusammenfassende Bez. für Augen-, Haar- u. Hautfarbe eines Menschen

Kom|ple|xi|tä̱t *die;* - ⟨*lat.-nlat.*⟩: **1.** Vielschichtigkeit. **2.** Gesamtheit aller Merkmale, Möglichkeiten (z. B. eines Begriffs, Zustandes)

Kom|pli̱|ce [...t̲sə, ...ˈpli:sə] vgl. Komplize

Kom|pli|ka|ti|o̱n *die;* -, -en ⟨*lat.*⟩: **1.** Schwierigkeit, Verwicklung; [plötzlich eintretende] Erschwerung. **2.** (Med.) ungünstige Beeinflussung od. Verschlimmerung eines normalerweise überschaubaren Krankheitszustandes, eines chirurgischen Eingriffs od. eines biologischen Prozesses durch einen unvorhergesehenen Umstand

Kom|pli|me̱nt *das;* -[e]s, -e ⟨*lat.-span.-fr.*⟩: **1.** höfliche Redensart, Schmeichelei. **2.** (veraltet) **a)** Gruß; **b)** Verbeugung

kom|pli|men|tie̱|ren (veraltet): **1.** jmdn. willkommen heißen. **2.** jmdn. mit höflichen Gesten u. Redensarten irgendwohin geleiten

Kom|pli̱|ze, Kom|pli̱|ce [...t̲sə, ...ˈpli:sə] *der;* -n, -n ⟨*lat.-fr.*⟩ (abwertend): jmd., der an einer Straftat beteiligt ist; Mittäter, Helfershelfer

kom|pli|zie|ren ‹*lat.*›: verwickeln; erschweren
kom|pli|ziert: schwierig, verwickelt; umständlich
Kom|pli|zin *die;* -, -nen: weibliche Form zu ↑Komplize
Kom|plott *das,* (ugs. auch:) *der;* -[e]s, -e ‹*fr.*›: Verabredung zu einer gemeinsamen Straftat; Anschlag, Verschwörung
kom|plot|tie|ren (veraltet): ein Komplott anzetteln
Kom|po|nen|te *die;* -, -n ‹*lat.*›: **a)** Teilkraft; **b)** Bestandteil eines Ganzen
kom|po|nie|ren: 1. [ein Kunstwerk nach bestimmten Gesetzen] aufbauen, gestalten. **2.** ein musikalisches Werk schaffen. **3.** etwas aus Einzelteilen zusammensetzen, gliedern
Kom|po|nist *der;* -en, -en ‹*lat.-nlat.*›: jmd., der ein musikalisches Werk komponiert
Kom|po|nis|tin *die;* -, -nen: weibliche Form zu ↑Komponist

k

Kom|po|si|ti|on *die;* -, -en ‹*lat.*›: **1.** Zusammensetzung, -stellung [von Dingen] aus Einzelteilen. **2. a)** (ohne Plural) das Komponieren eines Musikstücks; **b)** Musikwerk. **3.** Aufbau eines Kunstwerks (z. B. eines Gemäldes, eines Romans). **4.** (Sprachw.) **a)** das Zusammensetzen eines Wortes aus mehreren freien ↑Morphemen (als Art od. Vorgang der Wortbildung); **b)** Ergebnis der Komposition (4 a), Kompositum. **5.** (veraltet) gütliche Beilegung eines Rechtsstreites; Lösegeld, Sühnegeld
kom|po|si|to|risch ‹*lat.-nlat.*›: **1.** die Komposition [eines Musikwerks] betreffend. **2.** gestalterisch
Kom|po|si|tum *das;* -s, ...ta u. ...siten ‹*lat.*› (Sprachw.): zusammengesetztes Wort, Zusammensetzung; Ggs. ↑Simplex
Kom|post [auch: ˈkɔm...] *der;* -[e]s, -e ‹*lat.-mlat.-fr.*›: als Dünger verwendetes Produkt aus mit Erde vermischten pflanzlichen od. tierischen Abfällen
kom|pos|tie|ren: 1. zu Kompost verarbeiten. **2.** mit Kompost düngen
Kom|pott *das;* -[e]s, -e ‹*lat.-vulgärlat.-fr.*›: gekochtes Obst, das als Nachtisch od. zu bestimmten Gerichten gegessen wird
kom|press ‹*lat.*›: **1.** (veraltet) eng, dicht, zusammengedrängt. **2.** (Druckw.) ohne Durchschuss
Kom|pres|se *die;* -, -n ‹*lat.-fr.*›: **1.** feuchter Umschlag. **2.** zusammengelegtes Mullstück für Druckverbände
kom|pres|si|bel ‹*lat.-nlat.*› (Physik): zusammendrückbar, verdichtbar (z. B. von Flüssigkeiten, Gasen)
Kom|pres|si|bi|li|tät *die;* - (Physik): Zusammendrückbarkeit, Verdichtbarkeit
Kom|pres|si|on *die;* -, -en ‹*lat.*›: **1.** (Physik) Zusammenpressung (z. B. von Gasen, Dämpfen). **2.** (Med.) **a)** Quetschung eines Körperorgans od. einer Körperstelle durch mechanische Einwirkung; **b)** mechanische Abdrückung eines blutenden Gefäßes. **3.** (Skisport) Teil einer Abfahrtsstrecke, bei dem der aus einem Steilhang kommende Fahrer in ein flaches Teilstück hineingepresst wird
Kom|pres|si|ons|dia|gramm *das;* -s, -e ‹*lat.; gr.-lat.*›: grafische Wiedergabe der in den einzelnen ↑Zylindern (2) eines Motors gemessenen Kompression (1)
Kom|pres|sor *der;* -s, ...oren ‹*lat.-nlat.*› (Technik): Apparat zum Verdichten von Gasen od. Dämpfen
kom|pri|mier|bar ‹*lat.; dt.*›: zusammenpressbar
kom|pri|mie|ren ‹*lat.*›: **a)** zusammenpressen; **b)** verdichten
kom|pri|miert: in gedrängter Kürze dargestellt, nur das Wesentliche enthaltend
Kom|pro|miss *der,* (selten:) *das;* -es, -e ‹*lat.*›: Übereinkunft durch gegenseitige Zugeständnisse
Kom|pro|miss|ler *der;* -s, - (abwertend): jmd., der zu schnell bereit ist, Kompromisse zu schließen
Kom|pro|miss|le|rin *die;* -, -nen: weibliche Form zu ↑Kompromissler
kom|pro|miss|los: ohne Kompromisse, nicht zu Kompromissen bereit
Kom|pro|miss|lo|sig|keit *die;* -: kompromisslose Haltung
kom|pro|mit|tie|ren ‹*lat.-fr.*›: seinem eigenen od. dem Ansehen eines anderen durch ein entsprechendes Verhalten empfindlich schaden; jmdn., sich bloßstellen
komp|ta|bel ‹*lat.-fr.*› (Rechtsspr. veraltet): verantwortlich, rechenschaftspflichtig
Komp|ta|bi|li|tät *die;* -: Verantwortlichkeit, Rechenschaftspflicht [in Bezug auf die Verwaltung öffentlicher Stellen]
Kom|so|mol *der;* - ‹*russ.;* Kurzw. aus **Kom**munistitscheski **So**jus **Mol**odjoschi›: kommunistische Jugendorganisation in der ehemaligen UdSSR
Kom|so|mol|ze *der;* -n, -n: Mitglied des Komsomol
Kom|so|mol|zin *die;* -, -nen: weibliche Form zu ↑Komsomolze
Kom|tess, Kom|tes|se [beide auch: kõˈtɛs] *die;* -, ...essen ‹*lat.-fr.*›: unverheiratete Tochter eines Grafen

Kom|tur *der;* -s, -e ‹*lat.-mlat.-fr.*›: **1.** (Geschichte) Ordensritter als Leiter einer Komturei. **2.** Inhaber eines Komturkreuzes

Kom|tu|rei *die;* -, -en (Geschichte): Verwaltungsbezirk od. Ordenshaus eines geistlichen Ritterordens

Kom|tur|kreuz *das;* -es, -e ‹*lat.-nlat.-fr.; dt.*›: Halskreuz eines Verdienstordens

kon..., Kon...

vor b, m, p angeglichen zu: **kom..., Kom...,** vor l zu: **kol..., Kol...,** vor r zu: **kor..., Kor...,** vor Vokalen und h zu: **ko..., Ko...,** fach- und fremdsprachlich auch: **con..., Con..., co..., Co..., col..., Col..., com..., Com..., cor..., Cor...**

‹*lat.* com... → con... »zusammen, mit, völlig«›
Präfix mit der Bedeutung »zusammen, mit«:
- kohäsiv
- Kollekte
- komplex
- konfrontieren
- korrekt

Von gleicher Herkunft ist auch das Wortbildungselement **ko..., Ko...** Vermittelt über *engl.* co..., ist es in der Bedeutung »zusammen mit, gemeinsam, Zweit...« Bestandteil vieler Fremdwörter, wie z. B. in Koautor, Kopilot und Koproduktion.

Ko|nak *der;* -s, -e ‹*türk.*›: Palast, Amtsgebäude in der Türkei

Ko|na|ti|on *die;* -, -en ‹*lat.-engl.*› (Psychol.): zielgerichtete ↑Aktivität (1), Trieb, Antrieb, Streben

Kon|au|tor vgl. Koautor

Kon|au|to|rin vgl. Koautorin

Kon|cha, Con|cha *die;* -, -s u. ...chen ‹*gr.-lat.*›: **1.** (in frühchristlichen u. mittelalterlichen Kirchen) halbkreisförmige ↑Apsis. **2.** (Med.) muschelähnlicher Teil eines Organs

Kon|che *die;* -, -n: **1.** ↑Koncha (1). **2.** bei der Schokoladenherstellung verwendeter muschelförmiger Trog

kon|chie|ren ‹*gr.-lat.-fr.*›: Schokoladenmasse in der Konche (2) einer Wärmebehandlung aussetzen

Kon|chi|fe|re *die;* -, -n (meist Plural) ‹*gr.-lat.; lat.*›: Weichtier mit einheitlicher Schale

kon|chi|form (bes. Kunstwiss.): muschelförmig

Kon|cho|i|de *die;* -, -n ‹*gr.-nlat.*› (Math.): Muschellinie, Kurve vierter Ordnung

Kon|chy|lie [...i̯ə] *die;* -, -n (meist Plural) ‹*gr.-lat.*›: Schale der Weichtiere

Kon|chy|lio|lo|ge *der;* -n, -n ‹*gr.-nlat.*›: Wissenschaftler, der auf dem Gebiet der Konchyliologie arbeitet

Kon|chy|lio|lo|gie *die;* -: Teilgebiet der ↑Malakologie, das sich mit der Untersuchung von Weichtierschalen befasst

Kon|chy|lio|lo|gin *die;* -, -nen: weibliche Form zu ↑Konchyliologe

Kon|dem|na|ti|on *die;* -, -en ‹*lat.*›: **1.** (veraltet) Verurteilung, Verdammung. **2.** (Seerecht) Erklärung eines Sachverständigen, durch die festgestellt wird, dass ein durch ↑Kollision (1), Brand, Strandung o. Ä. beschädigtes Schiff nicht mehr repariert werden kann, sich eine Reparatur nicht mehr lohnt

Kon|den|sat *das;* -[e]s, -e ‹*lat.*› (Physik): bei der Kondensation (1) entstandene Flüssigkeit

Kon|den|sa|ti|on *die;* -, -en: **1.** (Physik) Verdichtung von Gas od. Dampf zu Flüssigkeit durch Druck od. Abkühlung. **2.** (Chemie) chemische Reaktion, bei der sich zwei Moleküle unter Austritt eines chemisch einfachen Stoffes (z. B. Wasser) zu einem größeren Molekül vereinigen

Kon|den|sa|ti|ons|punkt *der;* -[e]s: Temperatur, bei der sich Dampf verflüssigt; Taupunkt

Kon|den|sa|tor *der;* -s, ...oren ‹*lat.-nlat.;* »Verdichter«›: **1.** (Elektrot.) Gerät zur Speicherung elektrischer Ladungen. **2.** Anlage zur Kondensation (1) von Dämpfen; Verflüssiger

kon|den|sie|ren ‹*lat.*›: **1. a)** Gase od. Dämpfe durch Druck od. Abkühlung verflüssigen; **b)** aus dem gas- od. dampfförmigen in einen flüssigen Zustand übergehen, sich verflüssigen. **2.** eine Flüssigkeit durch Verdampfen eindicken; **kondensierte Ringe:** chemische Verbindungen, bei denen zwei od. mehrere Ringe gemeinsame Atome haben; **kondensierte Systeme:** organische Stoffe, deren Moleküle mehrere Benzolringe enthalten, von denen je zwei zwei nebeneinanderliegende Kohlenstoffatome gemeinsam haben

Kon|dens|milch *die;* - ‹*lat.; dt.*›: durch Wasserentzug eingedickte, in kleinere Gefäße abgefüllte [sterilisierte] Milch

Kon|den|sor *der;* -s, ...oren ‹*lat.-nlat.*›: ein System von Linsen in optischen Apparaten, mit dem ein Objekt möglichst hell ausgeleuchtet werden kann

Kon|dens|strei|fen *der;* -s, -: schmaler, weißer, wolkenähnlicher Streifen am Himmel, der sich durch Kondensation (1) von Wasserdampf in den Abgasen eines Flugzeugs bilden kann

Kon|dik|ti|on *die;* -, -en ‹*lat.*› (Rechtsspr. veraltet): Klage auf Rückgabe einer nicht rechtmäßig erworbenen Sache

kon|di|tern ‹*lat.*›: **1.** (landsch.) [häufig] Konditoreien besuchen. **2.** (ugs.) Feinbackwaren herstellen

Kon|di|ti|on *die;* -, -en ‹*lat.*›: **1.** (meist Plural) Geschäftsbedingung (Lieferungs- u. Zahlungsbedingung). **2.** (ohne Plural) **a)** körperlich-seelische Gesamtverfassung eines Menschen; **b)** körperliche Leistungsfähigkeit; Ausdauer (bes. eines Sportlers). **3.** (veraltet) Stellung, Dienst [eines Angestellten]

kon|di|ti|o|nal (Sprachw.): eine Bedingung angebend; bedingend (z. B. von Konjunktionen: *falls* er kommt ...); vgl. ...al/...ell

Kon|di|ti|o|nal *der;* -s, -e, **Kon|di|ti|o|na|lis** *der;* -, ...les [...le:s] (Sprachw.): Modus der Bedingung (z. B.: ich *würde* kommen, wenn ...)

Kon|di|ti|o|na|lis|mus, Kon|di|ti|o|nis|mus *der;* - ‹*lat.-nlat.*› (Philos.): philosophische Richtung, die den Begriff der Ursache durch den der Bedingung ersetzt

k

Kon|di|ti|o|nal|satz *der;* -es, ...sätze (Sprachw.): Adverbialsatz der Bedingung (z. B.: *wenn das wahr ist,* dann ...)

kon|di|ti|o|nell: die Kondition (2 b) betreffend; vgl. ...al/...ell

kon|di|ti|o|nie|ren: 1. (veraltet) in Stellung sein, in Diensten stehen. **2.** gereinigtes Getreide für die Vermahlung vorbereiten. **3.** den Feuchtigkeitsgrad von Textilrohstoffen ermitteln. **4.** Ausgangsrohstoffen vor der Verarbeitung bestimmte Eigenschaften verleihen. **5.** (Psychol.) bestimmte Reaktionen hervorrufen (von Reizen)

Kon|di|ti|o|nie|rung *die;* -, -en: **1.** (Psychol.) das Ausbilden bedingter Reaktionen bei Mensch od. Tier, wobei eine Reaktion auch dann eintritt, wenn anstelle des ursprünglichen Auslösereizes ein zunächst neutraler Reiz tritt; vgl. Gegenkonditionierung. **2.** Behandlung des Getreides vor dem Mahlen mit Feuchtigkeit u. Wärme. **3.** Ermittlung des Feuchtigkeitsgrades von Textilrohstoffen

Kon|di|ti|o|nis|mus vgl. Konditionalismus

Kon|di|ti|ons|trai|ning *das;* -s: auf die Verbesserung der ↑Kondition (2 b) ausgerichtetes Training

Kon|di|tor *der;* -s, ...oren ‹*lat.;* »Hersteller würziger Speisen«›: Feinbäcker

Kon|di|to|rei *die;* -, -en: **1.** Betrieb, der Feinbackwaren herstellt u. verkauft u. zu dem oft ein Café gehört. **2.** (ohne Plural) Feinbackwaren, Feingebäck

Kon|di|to|rin [auch: ...'di:...] *die;* -, -nen: weibliche Form zu ↑Konditor

kon|di|zie|ren (Rechtswiss.): (eine nicht rechtmäßig erworbene Sache) zurückfordern; vgl. Kondiktion

Kon|do|lenz *die;* -, -en ‹*lat.-nlat.*›: Beileid; Beileidsbezeigung

kon|do|lie|ren ‹*lat.*›: sein Beileid aussprechen

Kon|dom *das* od. *der;* -s, -e, (selten:) -s ‹*engl.;* Herkunft unsicher›: dünne Hülle aus vulkanisiertem Gummi für das männliche Glied zur Empfängnisverhütung sowie zum Schutz gegen Geschlechtskrankheiten u. Aids

Kon|dor *der;* -s, -e ‹*indian.-span.*›: sehr großer in Südamerika heimischer Geier

Kon|dot|ti|e|re *der;* -s, ...ri ‹*lat.-it.*›: Söldnerführer im 14. u. 15. Jh. in Italien

Kon|du|i|te [auch: kõ'dÿi:tə] *die;* - ‹*lat.-fr.*› (veraltet): Führung, Betragen

Kon|dukt *der;* -[e]s, -e ‹*lat.*› (veraltend): [feierliches] Geleit, Gefolge [bei Begräbnissen]

Kon|duk|teur [...'tø:ɐ̯, schweiz.: 'kɔn...] *der;* -s, -e ‹*lat.-fr.*› (schweiz., sonst veraltet): [Straßen-, Eisenbahn]schaffner

Kon|duk|tor *der;* -s, ...oren ‹*lat.*›: **1.** Hauptleiter der Elektrisiermaschine. **2.** (Med.) selbst gesund bleibender Überträger einer Erbkrankheit (z. B. Frauen bei der Übertragung der Bluterkrankheit, an der nur Männer erkranken)

Kon|du|ran|go [...ŋgo] *die;* -, -s ‹*indian.-span.*›: südamerikanischer Strauch, dessen Rinde ein bitteres Magenmittel liefert

Kon|dy|lom *das;* -s, -e ‹*gr.-lat.*› (Med.): nässende ↑Papel in der Genitalgegend

Ko|nen: *Plural* von ↑Konus

Kon|fekt *das;* -[e]s, -e ‹*lat.-mlat.;* »Zubereitetes«›: **1.** feine Zuckerwaren, Pralinen. **2.** (südd., österr., schweiz.) Teegebäck

Kon|fek|ti|on *die;* -, -en ‹*lat.-fr.*›: **1.** fabrikmäßige Serienherstellung von Kleidungsstücken. **2.** in Konfektion (1) hergestellte Kleidung. **3.** Bekleidungsindustrie

Kon|fek|ti|o|när *der;* -s, -e: jmd., der Konfektion (2) entwirft, herstellt

kon|fek|ti|o|nie|ren: 1. serien-, fabrikmäßig herstellen. **2.** die letzte Stufe eines Produktionsprozesses ausführen, die letzten Arbeitsgänge durchführen (z. B. Bücher zum Versand fertig machen, verpacken)

Kon|fek|ti|o|nie|rung *die;* -, -en: **1.** das Konfektionieren. **2.** konfektionierte Ware

Kon|fe|renz *die;* -, -en ‹*lat.-mlat.*›: **1.** Sitzung; Besprechung; Tagung. **2.** beratschlagende Versammlung. **3.** kartellartiger Zusammenschluss von Reedereien im Überseegeschäft

Kon|fe|renz|schal|tung *die;* -, -en ⟨*lat.-mlat.; dt.*⟩: drahtlose od. telefonische Zusammenschaltung verschiedener Teilnehmer (an verschiedenen Orten), bei der jeder mit allen in Kontakt treten kann

kon|fe|rie|ren ⟨*lat.-fr.*⟩: **1.** mit jmdm. verhandeln, über etwas [in größerem Kreis] beraten. **2.** bei einer Veranstaltung als ↑Conférencier arbeiten

Kon|fes|si|on *die;* -, -en ⟨*lat.*⟩: **1.** [christliche] Glaubensgemeinschaft; Gesamtheit der Menschen, die zu der gleichen Glaubensgemeinschaft gehören. **2.** literarische Zusammenfassung von Glaubenssätzen. **3. a)** christliches [Glaubens]bekenntnis; **b)** Geständnis, [Sünden]bekenntnis

Kon|fes|si|o|na|lis|mus *der;* -: [übermäßige] Betonung der eigenen Konfession

kon|fes|si|o|nell: zu einer Konfession gehörend

Kon|fes|si|ons|schu|le *die;* -, -n ⟨*lat.; dt.*⟩: Bekenntnisschule, in der der Unterricht im Geiste einer bestimmten Konfession, bes. der katholischen, gestaltet wird; Ggs. ↑Simultanschule

Kon|fet|ti *das;* -[s] ⟨*lat.-mlat.-it.*⟩: **1.** bunte Papierblättchen, die bes. bei Faschingsveranstaltungen geworfen werden. **2.** (österr. veraltet) Zuckergebäck, Süßigkeiten

Kon|fet|ti|pa|ra|de *die;* -, -n: (bes. in Amerika) Umzug, bei dem eine Persönlichkeit des öffentlichen Lebens gefeiert wird u. bei dem große Mengen von Konfetti geworfen werden

Kon|fi|dent *der;* -en, -en ⟨*lat.-fr.*⟩: **1. a)** (veraltet) Vertrauter, Freund; **b)** jmd., der mit bestimmten Gegebenheiten vertraut ist. **2.** (österr.) [Polizei]spitzel

kon|fi|den|ti|ell vgl. konfidenziell

Kon|fi|den|tin *die;* -, -nen: weibliche Form zu ↑Konfident

kon|fi|den|zi|ell, kon|fi|den|ti|ell (veraltend): vertraulich (von Briefen, Mitteilungen)

Kon|fi|gu|ra|ti|on *die;* -, -en ⟨*lat.*⟩: **1.** (veraltet) Gestaltung, Gestalt. **2.** (Med.) **a)** äußere Form, Gestalt od. Aufbau eines Organs od. Körperteils; **b)** Verformung (z. B. des kindlichen Schädels bei der Geburt). **3.** ↑Aspekt (2). **4.** (Chemie) die dreidimensionale, räumliche Anordnung der Atome um ein Zentralatom. **5.** (Psychol.) Anordnung u. wechselseitige Beziehung verschiedener Einzelerlebnisse in einem zusammenhängenden Sachverhalt. **6.** (Sprachw.) **a)** geordnete Menge bes. von semantischen Merkmalen; **b)** Gruppe syntaktisch verbundener Wörter. **7.** (Astron., Astrol.) bestimmte Stellung der Planeten. **8.** (EDV) konkrete Zusammenstellung einer Rechenanlage aus Zentraleinheit[en], Ein- u. Ausgabegeräten u. Speichergeräten sowie deren Vernetzungsstruktur; Auswahl, Zusammenstellung und Verknüpfung der Software für einen Rechner, eine Rechenanlage

Kon|fi|gu|ra|tor *der;* -s, ...oren ⟨*lat.-nlat.*⟩ (EDV): Website eines Herstellers, auf der der Kunde die Ausstattung eines Produkts, z. B. eines Autos, nach eigenem Wunsch zusammenstellen kann

kon|fi|gu|rie|ren: 1. (veraltet) gestalten. **2.** (fachspr.) verformen. **3.** (EDV) einen Computer für eine konkrete Aufgabenstellung od. Problemlösung einrichten

Kon|fir|mand *der;* -en, -en ⟨*lat.;* »der zu Bestärkende«⟩: jmd., der konfirmiert wird

Kon|fir|man|din *die;* -, -nen: weibliche Form zu ↑Konfirmand

Kon|fir|ma|ti|on *die;* -, -en: feierliche Aufnahme junger evangelischer Christen in die Gemeinde der Erwachsenen

kon|fir|mie|ren: einen evangelischen Jugendlichen nach vorbereitendem Unterricht feierlich in die Gemeinde der Erwachsenen aufnehmen

Kon|fi|se|rie [auch: kõ...] usw. vgl. Confiserie usw.

Kon|fis|ka|ti|on *die;* -, -en: entschädigungslose staatliche Enteignung einer Person od. Gruppe

kon|fis|zie|ren: etwas [von Staats wegen, gerichtlich] einziehen, beschlagnahmen

Kon|fi|tent *der;* -en, -en ⟨*lat.*⟩ (veraltet): Beichtender, Beichtkind

Kon|fi|tü|re *die;* -, -n ⟨*lat.-fr.*⟩: aus nur einer Obstsorte hergestellte Marmelade [mit ganzen Früchten od. Fruchtstücken]

kon|fli|gie|ren ⟨*lat.*⟩: mit etwas in Konflikt geraten

Kon|flikt *der;* -[e]s, -e ⟨*lat.;* »Zusammenstoß«⟩: **1. a)** [bewaffnete, militärische] Auseinandersetzung zwischen Staaten; **b)** Streit, Zerwürfnis. **2.** Widerstreit der Motive, Zwiespalt

Kon|flikt|kom|mis|si|on *die;* -, -en (DDR): außergerichtliche Schiedskommission in Betrieben u. staatlichen Verwaltungen

Kon|flu|enz *die;* -, -en ⟨*lat.*⟩ (Geol.): Zusammenfluss zweier Gletscher; Ggs. ↑Diffluenz

Kon|fö|de|ra|ti|on *die;* -, -en ⟨*lat.;* »Bündnis«⟩: Staatenbund

kon|fö|de|rie|ren, sich: sich verbünden; **die Konföderierten Staaten von Amerika** (Geschichte): die 1861 von den USA abgefallenen u. dann wieder zur Rückkehr gezwungenen Südstaaten der USA

Kon|fö|de|rier|te *der* u. *die;* -n, -n: **1.** Verbündete[r]. **2.** (Geschichte) Anhänger[in] der Südstaaten im Sezessionskrieg

kon|fo|kal ‹*lat.-nlat.*› (Physik): mit gleichen Brennpunkten

kon|form ‹*lat.;* »gleichförmig, ähnlich«›: **1.** einig, übereinstimmend (in den Ansichten); **mit etwas konform gehen:** mit etwas einig gehen, übereinstimmen. **2.** (Math.) winkel-, maßstabgetreu (von Abbildungen)

kon|for|mie|ren (veraltet): anpassen, einfügen, übereinstimmend machen

Kon|for|mis|mus *der;* - ‹*lat.-engl.*›: Haltung, die durch Angleichung der eigenen Einstellung an die herrschende Meinung gekennzeichnet ist; Ggs. ↑Nonkonformismus

Kon|for|mist *der;* -en, -en: **1.** jmd., der seine eigene Einstellung der herrschenden Meinung angleicht; Ggs. ↑Nonkonformist (1). **2.** Anhänger der anglikanischen Staatskirche; Ggs. ↑Nonkonformist (2)

k

Kon|for|mis|tin *die;* -, -nen: weibliche Form zu ↑Konformist

kon|for|mis|tisch: 1. den Konformismus betreffend, ihm entsprechend; Ggs. ↑nonkonformistisch (1). **2.** im Sinne der anglikanischen Staatskirche denkend od. handelnd; Ggs. ↑nonkonformistisch (2)

Kon|for|mi|tät *die;* - ‹*lat.-mlat.*›: **1. a)** Übereinstimmung mit der Einstellung anderer; Ggs. ↑Nonkonformität; **b)** (Soziol.) das Gleichgerichtetsein des Verhaltens einer Person mit dem einer Gruppe als Ergebnis der ↑Sozialisation. **2.** (Math.) Winkel- u. Maßstabtreue einer Abbildung

Kon|fra|ter *der;* -s, ...fratres [...re:s] ‹*lat.-mlat.;* »Mitbruder«›: Amtsbruder innerhalb der katholischen Geistlichkeit

Kon|fra|ter|ni|tät *die;* -, -en (veraltet): Bruderschaft innerhalb der katholischen Geistlichkeit

Kon|fron|ta|ti|on *die;* -, -en ‹*lat.-mlat.*›: **1.** Gegenüberstellung von einander widersprechenden Meinungen, Sachverhalten od. Personengruppen. **2.** [politische] Auseinandersetzung zwischen Gegnern. **3.** (Sprachw.) ↑synchronischer Vergleich von zwei Sprachzuständen, der das Ziel hat, die Unterschiede u. die Gemeinsamkeiten von zwei untersuchten Sprachen im Hinblick auf den Fremdsprachenunterricht festzustellen

Kon|fron|ta|ti|ons|kurs *der;* -es: Verhaltensweise, Vorgehen o. Ä., bei dem man eine Konfrontation (2), einen Konflikt in Kauf nimmt

kon|fron|tie|ren: a) jmdn. jmdm. anderen gegenüberstellen, bes. um etwas aufzuklären; **b)** jmdn. in eine Situation bringen, die ihn zur Auseinandersetzung mit etwas Unangenehmem zwingt; **c)** als ↑Kontrast (1), zum Vergleich einander gegenüberstellen

kon|fun|die|ren ‹*lat.*› (veraltet): vermengen, verwirren

kon|fus ‹*lat.;* »ineinandergegossen«›: verwirrt, verworren; wirr (im Kopf), durcheinander

Kon|fu|si|on *die;* -, -en: **1.** Verwirrung, Zerstreutheit; Unklarheit. **2.** (Rechtswiss.) das Erlöschen eines Rechtes, wenn Berechtigung u. Verpflichtung in einer Person zusammenfallen (z. B. durch Kauf)

kon|fu|zi|a|nisch: nach Art des Konfuzius gehalten

Kon|fu|zi|a|nis|mus *der;* -: auf dem Leben u. der Lehre des Konfuzius beruhende, weltanschauliche (ethische) Grundhaltung; zwischen dem 2. Jh. v. Chr. und dem 3. Jh. n. Chr. offizielle Staatsdoktrin in China

kon|fu|zi|a|nis|tisch: den Konfuzianismus betreffend

kon|ge|ni|al ‹*lat.-nlat.*›: hinsichtlich der Interpretation eines [genialen] Werks von entsprechendem [gleichem] Rang

Kon|ge|ni|a|li|tät *die;* -: Gleichrangigkeit hinsichtlich der Interpretation eines [genialen] Werks

kon|ge|ni|tal ‹*lat.-nlat.*› (Med.): angeboren; aufgrund einer Erbanlage bei der Geburt vorhanden (z. B. von Erbkrankheiten)

Kon|ges|ti|on *die;* -, -en ‹*lat.;* »Aufhäufung«› (Med.): lokaler Blutandrang (z. B. bei Entzündungen)

kon|ges|tiv ‹*lat.-nlat.*› (Med.): Blutandrang bewirkend

Kon|glo|me|rat *das;* -[e]s, -e ‹*lat.-fr.*›: **1.** Zusammenballung, Gemisch. **2.** (Geol.) Sedimentgestein aus gerundeten, durch ein Bindemittel verfestigten Gesteinstrümmern

Kon|go|rot *das;* -[s] ‹nach dem Namen des afrik. Flusses›: ↑Azofarbstoff, der als ↑Indikator (4) für Säuren u. Basen (früher auch als Textilfarbstoff) verwendet wird

Kon|gre|ga|ti|on *die;* -, -en ‹*lat.*›: **1.** kirchliche Vereinigung [mit einfacher Mönchsregel] für bestimmte kirchliche Aufgaben. **2.** engerer Verband von Klöstern innerhalb eines Mönchsordens. **3.** ↑Kardinalskongregation. **4.** (veraltet) Vereinigung, Versammlung

Kon|gre|ga|ti|o|na|list *der;* -en, -en: Angehöriger einer englisch-nordamerikanischen Kirchengemeinschaft

Kon|gre|ga|ti|o|na|lis|tin *die;* -, -nen: weibliche Form zu ↑Kongregationalist

Kon|gre|ga|ti|o|nist *der;* -en, -en ⟨*lat.-nlat.*⟩: Mitglied einer Kongregation

Kon|gre|ga|ti|o|nis|tin *die;* -, -nen: weibliche Form zu ↑Kongregationist

kon|gre|gie|ren: sich versammeln, vereinigen

Kon|gress *der;* -es, -e ⟨*lat.;* »Zusammenkunft; Gesellschaft«⟩: **1.** [größere] fachliche od. politische Versammlung, Tagung. **2.** (ohne Plural) aus ↑Senat (2) u. ↑Repräsentantenhaus bestehendes Parlament in den USA

kon|gru|ent ⟨*lat.*⟩: **1.** übereinstimmend (von Ansichten); Ggs. ↑disgruent. **2.** (Math.) **a)** deckungsgleich (von geometrischen Figuren); **b)** übereinstimmend (von zwei Zahlen, die, durch eine dritte geteilt, gleiche Reste liefern); Ggs. ↑inkongruent

Kon|gru|enz *die;* -, -en: **1.** Übereinstimmung. **2.** (Math.) **a)** Deckungsgleichheit; **b)** Übereinstimmung; vgl. kongruent (2 b). **3.** (Sprachw.) **a)** formale Übereinstimmung zusammengehöriger Teile im Satz in ↑Kasus (2), ↑Numerus (3), ↑Genus (2) u. ↑Person (5); **b)** inhaltlich sinnvolle Vereinbarkeit des ↑Verbs mit anderen Satzgliedern

kon|gru|ie|ren: übereinstimmen, sich decken

Ko|ni|die [...i̯ə] *die;* -, -n (meist Plural) ⟨*gr.-nlat.*⟩: durch Abschnürung entstehende Fortpflanzungszelle vieler Pilze

Ko|ni|fe|re *die;* -, -n (meist Plural) ⟨*lat.;* »Zapfen tragend«⟩: Nadelholzgewächs

Ko|ni|in *das;* -s ⟨*gr.-nlat.*⟩: giftiges ↑Alkaloid aus den unreifen Früchten des Gefleckten Schierlings

ko|nisch ⟨*gr.-nlat.*⟩: kegelförmig; **konische Projektion** (Math.): Kartenprojektion auf eine Kegeloberfläche

Kon|jek|tur *die;* -, -en: **1.** (veraltet) Vermutung. **2.** mutmaßlich richtige Lesart; Textverbesserung bei schlecht überlieferten Texten

kon|jek|tu|ral: die Konjektur betreffend, auf einer Konjektur beruhend

kon|ji|zie|ren: **1.** (veraltet) vermuten. **2.** Konjekturen (2) anbringen

Kon|ju|ga|ti|on *die;* -, -en ⟨lat.; »Verbindung; Beugung«⟩: **1.** (Sprachw.) Abwandlung, Beugung des Verbs nach ↑Person (5), ↑Numerus (3), ↑Tempus, ↑Modus (2) u. a.; vgl. Deklination. **2.** (Biol.) **a)** vorübergehende Vereinigung zweier Wimpertierchen, die mit Kernaustausch verbunden ist; **b)** Vereinigung der gleich gestalteten Geschlechtszellen von Konjugaten

kon|ju|gie|ren: **1.** (Sprachw.) ein Verb beugen; vgl. deklinieren. **2.** (veraltet) verbinden

Kon|junk|ti|on *die;* -, -en ⟨*lat.;* »Verbindung; Bindewort«⟩: **1.** (Sprachw.) neben- od. unterordnendes Bindewort (z. B. und, obwohl). **2.** (Astrol.) das Zusammentreffen mehrerer Planeten im gleichen Tierkreiszeichen. **3.** (Astron.) Stellung zweier Gestirne im gleichen Längengrad. **4.** (Logik) Verknüpfung zweier od. mehrerer Aussagen durch den ↑Konjunktor »und«

Kon|junk|ti|o|nal|ad|verb *das;* -s, ...ien: ↑Adverb, das auch die Funktion einer ↑Konjunktion (1) erfüllen kann (z. B. trotzdem: er hat *trotzdem* [Adv.] geraucht; er kennt die Gefahr, *trotzdem* [Konj.] will er es tun)

Kon|junk|ti|o|nal|satz *der;* -es, ...sätze: durch eine Konjunktion (1) eingeleiteter Gliedsatz (z. B.: er weiß nicht, *dass Maria und Klaus verreist sind*)

kon|junk|tiv [auch: ...'ti:f] ⟨*lat.*⟩: verbindend; Ggs. ↑disjunktiv (a); **konjunktives Urteil** (Philos.): Satz mit Subjekt u. mehreren Prädikaten (Formel: X = A + B)

Kon|junk|tiv *der;* -s, -e (Sprachw.): Aussageweise der Vorstellung; Möglichkeitsform (sie sagte, sie *sei* verreist); Ggs. ↑[1]Indikativ (Abk.: Konj.)

Kon|junk|ti|va *die;* -, ...vä (Med.): Bindehaut des Auges

kon|junk|ti|visch [auch: ...'ti:...]: den Konjunktiv betreffend, auf ihn bezogen

Kon|junk|ti|vi|tis *die;* -, ...itiden ⟨*lat.-nlat.*⟩ (Med.): Bindehautentzündung des Auges

Kon|junk|tor *der;* -s (Logik): die logische Partikel »und« zur Herstellung einer ↑Konjunktion (4) (Zeichen: $\wedge$)

Kon|junk|tur *die;* -, -en ⟨*lat.-mlat.*⟩ (Wirtsch.): **a)** Wirtschaftslage, -entwicklung; vgl. Depression (3) u. Prosperität; **b)** Wirtschaftsaufschwung (Hochkonjunktur)

kon|junk|tu|rell: die wirtschaftliche Gesamtlage u. ihre Entwicklungstendenz betreffend

Kon|junk|tur|kri|se *die;* -, -n: Verschlechterung der Wirtschaftslage, Verlangsamung der wirtschaftlichen Entwicklung

kon|kav ⟨*lat.;* »hohlrund, gewölbt«⟩ (Physik): hohl, vertieft, nach innen gewölbt (z. B. von Linsen od. Spiegeln); Ggs. ↑konvex

Kon|ka|vi|tät *die;* -: Wölbung nach innen; Ggs. ↑Konvexität

Kon|kav|spie|gel *der;* -s, -: Hohlspiegel

Kon|kla|ve *das;* -s, -n ⟨*lat.*⟩: **a)** streng abgeschlossener Versammlungsort der Kardinäle bei einer Papstwahl; **b)** Kardinalsversammlung zur Papstwahl

kon|klu|dẹnt ⟨*lat.*⟩ (bes. Philos.): eine Schlussfolgerung zulassend; schlüssig; **konkludentes Verhalten** (Rechtswiss.): eine ausdrückliche Willenserklärung rechtswirksam ersetzendes, schlüssiges Verhalten

kon|klu|die|ren (Philos.): etwas aus etwas folgern, einen Schluss ziehen

Kon|klu|si|on *die;* -, -en (Philos.): Schluss, Folgerung, Schlusssatz im ↑Syllogismus

kon|klu|siv ⟨*lat.-nlat.*⟩: **1.** (Philos.) folgernd. **2.** (Sprachw.) den allmählichen Abschluss eines Geschehens von Verben kennzeichnend (z. B. verklingen, verblühen)

kon|kor|dạnt ⟨*lat.*⟩: **1.** übereinstimmend. **2.** (Geol.) gleichlaufend übereinander gelagert (von Gesteinsschichten)

Kon|kor|dạnz *die;* -, -en ⟨*lat.; mlat.*⟩: **1. a)** alphabetisches Verzeichnis von Wörtern od. Sachen zum Vergleich ihres Vorkommens u. Sinngehaltes an verschiedenen Stellen eines Buches (bes. als Bibelkonkordanz); **b)** Vergleichstabelle von Seitenzahlen verschiedener Ausgaben eines Werkes. **2.** (Geol.) gleichlaufende Lagerung mehrerer Gesteinsschichten übereinander. **3.** (Biol.) die Übereinstimmung in Bezug auf ein bestimmtes Merkmal (z. B. von Zwillingen). **4.** (Druckw.) ein Schriftgrad (Einheit von 4 ↑Cicero). **5.** (Sprachw.) Ausdruck grammatischer Zusammenhänge durch formal gleiche Elemente, bes. durch ↑Präfixe (in bestimmten Sprachen)

Kon|kor|dạt *das;* -[e]s, -e: **1.** Vertrag zwischen einem Staat u. dem Vatikan. **2.** (schweiz.) Vertrag zwischen Kantonen

Kon|kọr|di|en|for|mel *die;* -: letzte, allgemein anerkannte lutherische Bekenntnisschrift von 1577

Kon|kre|mẹnt *das;* -[e]s, -e ⟨*lat.;* »Zusammenhäufung«⟩ (Med.): vorwiegend aus Salzen bestehendes, krankhaftes, festes Gebilde, das in Körperhöhlen bzw. ableitenden Systemen entsteht (z. B. Nierensteine)

kon|krẹt ⟨*lat.;* »zusammengewachsen«⟩: **1.** als etwas sinnlich, anschaulich Gegebenes erfahrbar; **konkrete Kunst:** Richtung der modernen Kunst, bes. der Malerei, deren bildnerische Elemente nur sich selbst bedeuten wollen; **konkrete Literatur:** Richtung der modernen Literatur, die versucht, mit sprachlichen Mitteln, losgelöst von syntaktischen Zusammenhängen, rein visuell od. akustisch eine Aussage zu gestalten; **konkrete Musik:** Richtung der modernen Musik, bei der Geräusche aus dem täglichen Leben in elektronischer Verarbeitung im Vordergrund stehen. **2.** im Einzelnen genau erklärt, genau dargelegt, tatsächlich. **3.** gerade anstehend, im Augenblick so gegeben

Kon|kre|ti|on *die;* -, -en: **1.** Vergegenständlichung. **2.** (Med.) Verklebung, Verwachsung. **3.** (Geol.) knolliger, kugeliger mineralischer Körper in Gesteinen

kon|kre|ti|sie|ren ⟨*lat.-nlat.*⟩: im Einzelnen ausführen, näher bestimmen, deutlich machen

Kon|kre|ti|sie|rung *die;* -, -en: **1.** das Konkretisieren. **2.** durch Konkretisieren entstandener Begriff. **3.** (Rechtswiss.) Umwandlung einer Gattungs- in eine Stückschuld

Kon|kre|tum *das;* -s, ...ta ⟨*lat.*⟩ (Sprachw.): Substantiv, das etwas Gegenständliches bezeichnet (z. B. Tisch); Ggs. ↑Abstraktum

Kon|ku|bi|nạt *das;* -[e]s, -e ⟨*lat.*⟩: **1.** (Rechtswiss.) eheähnliche Gemeinschaft ohne Eheschließung. **2.** in der römischen Kaiserzeit eine gesetzlich erlaubte außereheliche Verbindung zwischen Personen, die eine bürgerliche Ehe nicht eingehen durften

Kon|ku|bi|ne *die;* -, -n ⟨»Beischläferin«⟩: **1.** (veraltet) im Konkubinat lebende Frau. **2.** (abwertend) Geliebte

Kon|ku|pis|zẹnz *die;* - ⟨*lat.*⟩ (Philos., Theol.): sinnliche Begehrlichkeit, Begehrlichkeit des Menschen

Kon|kur|rẹnt *der;* -en, -en ⟨*lat.*⟩: **1.** jmd., der auf einem bestimmten Gebiet mit jmdm. konkurriert; Rivale (im geschäftlichen Bereich, in einer sportlichen Disziplin o. Ä.). **2.** (Plural; kath. Liturgie) zwei Feste, die auf aufeinanderfolgende Tage fallen

Kon|kur|rẹn|tin *die;* -, -nen: weibliche Form zu ↑Konkurrent (1)

Kon|kur|rẹnz *die;* -, -en ⟨*lat.-mlat.*⟩: **1.** (ohne Plural) das Konkurrieren, bes. im wirtschaftlichen Bereich. **2.** auf einem bestimmten Gebiet, bes. in einer sportlichen Disziplin, stattfindender Wettkampf, Wettbewerb; **außer Konkurrenz:** außerhalb der offiziellen Wertung. **3.** (ohne Plural) jmds. Konkurrent[en]. **4.** (ohne Plural) das Zusammentreffen bestimmter Umstände

kon|kur|ren|zie|ren ⟨*lat.-nlat.*⟩ (südd., österr., schweiz.): mit jmdm. konkurrieren, jmdm. Konkurrenz machen, jmds. Konkurrent sein

kon|kur|rie|ren ⟨*lat.;* »zusammenlaufen, -treffen, aufeinanderstoßen«⟩: mit anderen in Wettbewerb treten; sich gleichzeitig mit anderen um etwas bewerben

Kon|kụrs *der;* -es, -e: **1.** Zahlungsunfähigkeit, Zahlungseinstellung einer Firma. **2.** (früher) gerichtliches Vollstreckungsverfahren zur gleichmäßigen u. gleichzeitigen Befriedigung aller Gläubiger eines Unternehmens, das die Zahlungen eingestellt hat

Kon|ne|ta|bel *der;* -s, -s ‹*lat.-fr.*› (Geschichte): Oberfeldherr des französischen Königs

Kon|nex *der;* -es, -e ‹*lat.;* »Verflechtung, Verknüpfung«›: **1.** zwischen Dingen bestehende Zusammenhänge; Verbindung. **2.** persönlicher Kontakt

Kon|ne|xi|on *die;* -, -en ‹*lat.-fr.*›: **1.** (meist Plural) einflussreiche, vorteilhafte Bekanntschaft, Beziehung. **2.** (Sprachw.) Beziehung zwischen regierendem u. regiertem Element eines Satzes (in der ↑Dependenzgrammatik)

Kon|ne|xi|täts|prin|zip *das;* -s (Rechtswiss.): Verpflichtung einer staatlichen Ebene, für finanziellen Ausgleich zu sorgen, wenn sie Aufgaben an eine andere Ebene überträgt

kon|ni|vent ‹*lat.*›: **1.** nachsichtig, duldsam. **2.** (Rechtswiss.) Amtsdelikte untergebener od. beaufsichtigter Personen bewusst duldend od. dazu verleitend (von Vorgesetzten, Aufsichtsbeamten)

Kon|ni|venz *die;* -, -en: **1.** Nachsichtigkeit, Duldsamkeit. **2.** (Rechtswiss.) ↑konniventes (2) Verhalten, konnivente Handlung

kon|ni|vie|ren (veraltet): dulden, Nachsicht üben

Kon|nos|se|ment *das;* -[e]s, -e ‹*lat.-it.*›: Frachtbrief

Kon|no|tat *das;* -s, -e ‹*lat.*› (Sprachw.): **1.** vom Sprecher bezeichneter Begriffsinhalt (im Gegensatz zu den entsprechenden Gegenständen in der außersprachlichen Wirklichkeit); Ggs. ↑Denotat (1). **2.** konnotative [Neben]bedeutung; Ggs. ↑Denotat (2)

Kon|no|ta|ti|on *die;* -, -en: **1.** (Logik) Begriffsinhalt (im Gegensatz zum Umfang). **2.** (Sprachw.) **a)** assoziative, emotionale, stilistische, wertende [Neben]bedeutung; Ggs. ↑Denotation (2 a); **b)** Beziehung zwischen Zeichen u. Zeichenbenutzer; ↑Denotation (2 b)

kon|no|ta|tiv [auch: ˈkɔn...] (Sprachw.): die assoziative, emotionale, stilistische, wertende [Neben]bedeutung, Begleitvorstellung eines sprachlichen Zeichens betreffend; Ggs. ↑denotativ

Kon|nu|bi|um *das;* -s, ...ien (Rechtsspr. veraltet): Ehe[gemeinschaft]

Ko|no|id *das;* -[e]s, -e ‹*gr.-nlat.*› (Math.): kegelähnlicher Körper, der z. B. durch ↑Rotation (1) einer Kurve um ihre Achse entsteht

Kon|quis|ta|dor *der;* -en, -en ‹*lat.-span.*› (Geschichte): Teilnehmer an der spanischen Eroberung Südamerikas im 16. Jh.

Kon|rek|tor *der;* -s, ...oren ‹*lat.-nlat.*›: Stellvertreter des Rektors [einer Grund-, Haupt- od. Realschule]

Kon|rek|to|rin *die;* -, -nen: weibliche Form zu ↑Konrektor

Kon|se|k|ra|ti|on *die;* -, -en: **1.** (kath. Rel.) liturgische Weihe einer Person od. Sache. **2.** (kath. Rel.) liturgische Weihe von Brot u. Wein durch Verwandlung in Leib u. Blut Christi; vgl. Transsubstantiation. **3.** (Geschichte) die Vergöttlichung des verstorbenen Kaisers in der römischen Kaiserzeit

kon|se|k|rie|ren: (durch Konsekration 1, 2) liturgisch weihen

kon|se|ku|tiv [auch: ...ˈti:f] ‹*lat.-nlat.*›: **1.** zeitlich folgend; **konsekutives Dolmetschen:** zeitlich nachgetragenes Dolmetschen; Ggs. ↑simultanes Dolmetschen. **2.** (Philos.) aus einem konstitutiven Begriffsmerkmal folgend, abgeleitet. **3.** (Sprachw.) die Folge kennzeichnend, angebend

Kon|se|ku|tiv|satz *der;* -es, ...sätze (Sprachw.): Nebensatz, der die Folge (Wirkung) des im übergeordneten Satz genannten Sachverhalts angibt (z. B.: er ist so krank, *dass er zum Arzt muss*)

Kon|sens *der;* -es, -e ‹*lat.*›: **a)** (veraltet) Zustimmung, Einwilligung; **b)** Übereinstimmung der Meinungen; Ggs. ↑Dissens; vgl. Consensus

Kon|sen|sus *der;* -, - [...zu:s]: ↑Konsens

kon|sen|tie|ren ‹*lat.*› (veraltet): **1.** mit jmdm. übereinstimmen; einig sein. **2.** (Rechtswiss.) genehmigen

kon|se|quent ‹*lat.*›: **1.** folgerichtig, logisch zwingend. **2. a)** unbeirrbar, fest entschlossen; **b)** beharrlich, immer, jedes Mal. **3.** (Geol.) der Abdachung eines Gebietes od. einer ↑tektonischen Linie folgend (von Flüssen); Ggs. ↑insequent

Kon|se|quenz *die;* -, -en: **1.** (ohne Plural) **a)** Folgerichtigkeit; **b)** Zielstrebigkeit, Beharrlichkeit. **2.** (meist Plural) Folge, Aus-, Nachwirkung

Kon|ser|va|tis|mus vgl. Konservativismus

kon|ser|va|tiv [auch: ˈkɔ...] ‹*lat.-mlat.-engl.*›: **1.** am Hergebrachten festhaltend, auf Überliefertem beharrend, bes. im politischen Leben. **2.** althergebracht, bisher üblich. **3.** (Med.) erhaltend, bewahrend (im Sinne der Schonung u. Erhaltung eines verletzten Organs, im Gegensatz zu operativer Behandlung). **4.** politisch dem Konservativismus zugehörend, ihm eigen

Kon|ser|va|ti|ve *der* u. *die;* -n, -n: Anhänger[in]

des Konservativismus, einer konservativen Partei

Kon|ser|va|ti|vis|mus, Kon|ser|va|tis|mus *der;* -, ...men ⟨*lat.-nlat.*⟩: **1. a)** [politische] Anschauung, die sich am Hergebrachten, Überlieferten orientiert; **b)** [politische] Anschauung, Grundhaltung, die auf weitgehende Erhaltung der bestehenden Ordnung gerichtet ist. **2.** konservative politische Bewegung[en], Parteien o. Ä.

Kon|ser|va|ti|vi|tät *die;* -: konservative (1) Haltung, Art, Beschaffenheit, konservativer Charakter

Kon|ser|va|tor *der;* -s, ...oren ⟨*lat.*⟩: mit der Erhaltung von Kunstwerken, Kulturdenkmälern o. Ä. betrauter Beamter, insbesondere beamteter Kunsthistoriker

Kon|ser|va|to|rin *die;* -, -nen: weibliche Form zu ↑Konservator

kon|ser|va|to|risch ⟨*lat.-nlat.*⟩: **1.** die Bewahrung u. Erhaltung von Kunstwerken betreffend. **2.** das Konservatorium betreffend

Kon|ser|va|to|rist *der;* -en, -en: Schüler eines Konservatoriums

Kon|ser|va|to|ris|tin *die;* -, -nen: weibliche Form zu ↑Konservatorist

Kon|ser|va|to|ri|um *das;* -s, ...ien ⟨*lat.-it.*⟩: Musik[hoch]schule für die Ausbildung von Musikern

Kon|ser|ve *die;* -, -n ⟨*lat.-mlat.*⟩: **1. a)** Konservenbüchse od. -glas mit (durch Sterilisierung haltbar gemachten) Lebensmitteln o. Ä.; **b)** in einer Konservenbüchse od. einem Konservenglas enthaltenes konserviertes Lebensmittel o. Ä. **2.** Aufzeichnung auf Bild- u. Tonträger. **3.** (Med.) Blutkonserve (steril abgefülltes, mit gerinnungshemmenden Flüssigkeiten versetztes Blut für Blutübertragungen)

kon|ser|vie|ren ⟨*lat.*⟩: **1.** (bes. Lebensmittel) durch spezielle Behandlung haltbar machen. **2.** durch besondere Behandlung, Pflege erhalten, bewahren

Kon|si|g|nant *der;* -en, -en ⟨*lat.*⟩: Versender von Konsignationsgut

Kon|si|g|nan|tin *die;* -, -nen: weibliche Form zu ↑Konsignant

Kon|si|g|na|tar, Kon|si|g|na|tär *der;* -s, -e ⟨*lat.-nlat.*⟩: Empfänger [von Waren zum Weiterverkauf], bes. im Überseehandel

Kon|si|g|na|ta|rin, Kon|si|g|na|tä|rin *die;* -, -nen: weibliche Form zu ↑Konsignatar

Kon|si|g|na|ti|on *die;* -, -en ⟨*lat.*⟩: **1.** (bes. im Überseehandel) Kommissionsgeschäfte; Warenübergabe, -übersendung an einen ↑Kommissionär. **2.** (veraltet) Niederschrift, Aufzeichnung

kon|si|g|nie|ren (Wirtsch.): als Auftraggeber Waren an einen Konsignatär übergeben, übersenden (bes. im Überseehandel)

Kon|si|li|um *das;* -s, ...ien: Beratung [mehrerer Ärzte meist aus verschiedenen Fachbereichen über einen Krankheitsfall]

kon|sis|tent ⟨*lat.*⟩: **1. a)** dicht, fest od. zäh zusammenhängend; **b)** dickflüssig, von festem Zusammenhalt, in sich ↑stabil (1), beständig. **2.** (Logik) widerspruchsfrei; Ggs. ↑inkonsistent

Kon|sis|tenz *die;* - ⟨*lat.-nlat.*⟩: **1. a)** (Chemie) Grad u. Art des Zusammenhalts eines Stoffes; **b)** konsistente Beschaffenheit. **2.** strenger gedanklicher Zusammenhang; Widerspruchslosigkeit, Stringenz; Ggs. ↑Inkonsistenz (b)

Kon|sis|to|ri|al|rat *der;* -[e]s, ...räte ⟨*lat.-mlat.; dt.*⟩: [Amtstitel für ein] Mitglied des Konsistoriums (2) einer konsistorial verfassten evangelischen Landeskirche

Kon|sis|to|ri|um *das;* -s, ...ien ⟨*lat.*⟩: **1. a)** Plenarversammlung der Kardinäle unter Vorsitz des Papstes; **b)** Verwaltungsbehörde einer Diözese (in Österreich). **2.** oberste Verwaltungsbehörde einer evangelischen Landeskirche

kon|skri|bie|ren ⟨*lat.;* »verzeichnen; in eine Liste eintragen«⟩ (früher): zum Wehrdienst einberufen

Kon|skrip|ti|on *die;* -, -en (früher): das Konskribieren

Kon|so|le *die;* -, -n ⟨*fr.*⟩: **1.** (Archit.) Vorsprung (als Teil einer Wand, Mauer), der etwas trägt od. auf dem etwas aufgestellt werden kann. **2.** Wandbord, -brett; an der Wand angebrachtes tischartiges Möbel mit zwei Beinen (für Vasen, Uhren o. Ä.). **3.** (EDV) Ein- u. Ausgabegerät, Steuerpult am Computer, Anschlussmöglichkeit an ein Fernsehgerät

Kon|so|li|da|ti|on *die;* -, -en ⟨*lat.(-fr.)*⟩: **1.** Festigung, Sicherung. **2.** (Wirtsch.) **a)** Umwandlung kurzfristiger Staatsschulden in Anleihen; **b)** Vereinigung unterschiedlicher Staatsanleihen zu einer einheitlichen Anleihe; **c)** Senkung der Nettoneuverschuldung (eines Staates). **3.** (Med.) **a)** Stillstand eines Krankheitsprozesses (z. B. einer Tuberkulose); **b)** Verknöcherung des sich bei Knochenbrüchen neu bildenden Gewebes. **4.** (Geol.) Versteifung von Teilen der Erdkruste durch Zusammenpressung u. Faltung sowie durch Eindringen von ↑Magma (1)

kon|so|li|die|ren: **1.** [sich] in seinem Bestand festigen. **2.** (Wirtsch.) durch ↑Konsolidation (2) umwandeln od. zusammenlegen

Kon|so|li|die|rung *die;* -, -en: ↑Konsolidation; vgl. ...ation/...ierung

Kon|so|li|die|rungs|pha|se *die;* -, -n: Zeitraum, in dem sich etwas konsolidiert

Kon|som|mee vgl. Consommé

kon|so|nant ⟨*lat.*⟩: **1.** (veraltet) einstimmig, übereinstimmend. **2.** (Musik) harmonisch zusammenklingend. **3.** (Akustik) mitklingend, -schwingend

Kon|so|nant *der;* -en, -en (Sprachw.): Laut, bei dessen ↑Artikulation (1 b) der Atemstrom gehemmt od. eingeengt wird; Mitlaut (z. B. d, m); Ggs. ↑Vokal

kon|so|nan|tisch: [einen] Konsonanten betreffend, damit gebildet

Kon|so|nanz *die;* -, -en ⟨*lat.*⟩: **1.** Konsonantenverbindung, -häufung. **2.** (Musik) konsonanter Gleichklang von Tönen

kon|so|nie|ren: zusammen-, mitklingen; **konsonierende Geräusche** (Med.): durch Resonanz verstärkte Rasselgeräusche

Kon|sor|te *der;* -n, -n ⟨*lat.;* »Genosse«⟩: **1.** Mitglied eines Konsortiums. **2.** (nur Plural; abwertend) die Mitbeteiligten (bei Streichen, nicht einwandfreien Geschäften o. Ä.)

Kon|sor|ti|um *das;* -s, ...ien ⟨*lat.*⟩: vorübergehender Zusammenschluss von Unternehmen, bes. Banken, zur gemeinsamen Durchführung eines größeren Geschäfts

Kon|s|pekt *der;* -[e]s, -e ⟨*lat.*⟩: Zusammenfassung, Inhaltsangabe, -übersicht

kon|s|pek|tie|ren: einen Konspekt anfertigen

Kon|s|pi|ra|ti|on *die;* -, -en: Verschwörung

kon|s|pi|ra|tiv ⟨*lat.-nlat.*⟩: **a)** [politisch] eine Verschwörung bezweckend, anstrebend; **b)** zu einer Verschwörung, in den Zusammenhang einer Verschwörung gehörend

kon|s|pi|rie|ren ⟨*lat.*⟩: sich verschwören (bes. zur Erreichung politischer Ziele)

kon|s|tant ⟨*lat.*⟩: unveränderlich; ständig gleichbleibend; beharrlich; **konstante Größe:** ↑Konstante (2)

Kon|s|tan|te *die;* -[n], -n ⟨*lat.*⟩: **1.** unveränderliche, feste Größe; fester Wert. **2.** (Math.) mathematische Größe, deren Wert sich nicht ändert; Ggs. ↑Variable

Kon|s|tanz *die;* -: Unveränderlichkeit, Beständigkeit; das Konstantbleiben

kon|s|ta|tie|ren ⟨*lat.-fr.*⟩: [eine Tatsache] feststellen, bemerken

Kon|s|tel|la|ti|on *die;* -, -en ⟨*lat.*⟩: **1.** das Zusammentreffen bestimmter Umstände u. die daraus resultierende Lage. **2.** (Astron.) Planetenstand, Stellung der Gestirne zueinander

Kon|s|ter|na|ti|on *die;* -, -en ⟨*lat.*⟩: Bestürzung

kon|s|ter|nie|ren: bestürzt, fassungslos machen

kon|s|ter|niert: bestürzt, fassungslos

Kon|s|ti|pa|ti|on *die;* -, -en ⟨*lat.*⟩ (Med.): Verstopfung

Kon|s|ti|tu|an|te vgl. Constituante

Kon|s|ti|tu|en|te *die;* -, -n (Sprachw.): sprachliche Einheit, die Teil einer größeren, komplexeren Einheit ist

kon|s|ti|tu|ie|ren ⟨*lat.-fr.*⟩: **1. a)** gründen, ins Leben rufen; **konstituierende Versammlung:** verfassunggebende Versammlung; ↑Constituante; **b)** für etw. konstitutiv, grundlegend sein; etw. begründen. **2.** sich konstituieren: [zur Gründung zusammentreten u.] die eigene Organisationsform, Geschäftsordnung o. Ä. festlegen; sich bilden, zusammenschließen u. festen Bestand gewinnen

Kon|s|ti|tu|ie|rung *die;* -, -en: das [Sich]konstituieren

Kon|s|ti|tu|ti|on *die;* -, -en: **1. a)** allgemeine, bes. körperliche Verfassung; **b)** (bes. Med.) Körperbau. **2.** (Politik) Verfassung; Satzung. **3.** (kath. Kirche) **a)** Erlass eines Papstes bzw. Konzils; **b)** Statut, Satzung (eines klösterlichen Verbandes). **4.** (Chemie) Aufbau, Struktur eines Moleküls

Kon|s|ti|tu|ti|o|na|lis|mus *der;* - ⟨*lat.-nlat.*⟩ (Politik): **1.** Staatsform, bei der Rechte u. Pflichten der Staatsgewalt u. der Bürger in einer Verfassung festgelegt sind. **2.** für den Konstitutionalismus (1) eintretende Lehre

kon|s|ti|tu|ti|o|nell ⟨*lat.-fr.*⟩: **1.** (Rechtswiss.) verfassungsmäßig; an die Verfassung gebunden. **2.** (Med.) anlagebedingt

Kon|s|ti|tu|ti|ons|typ *der;* -s, -en: eine der Grundformen des menschlichen Körperbaus [u. die ihm zuzuordnenden psychischen Eigenheiten]

kon|s|ti|tu|tiv ⟨*lat.-nlat.*⟩: als wesentliche Bedingung den Bestand von etwas ermöglichend, das Bild der Gesamterscheinung bestimmend

Kon|s|t|rik|ti|on *die;* -, -en ⟨*lat.*⟩: **1.** (Med.) Zusammenziehung (eines Muskels). **2.** (Biol.) Einschnürung an bestimmten Stellen der Chromosomen

Kon|s|t|rik|tor *der;* -s, ...oren ⟨*lat.-nlat.*⟩ (Med.): Schließmuskel

kon|s|t|rin|gie|ren ⟨*lat.*⟩ (Med.): zusammenziehen

kon|s|t|ru|ie|ren ⟨*lat.*⟩: **1. a)** Form u. [Zusammen]bau eines technischen Objektes durch Ausarbeitung des Entwurfs, durch technische Berechnungen, Überlegungen usw. maßgebend gestalten; **b)** (bes. Math., Logik) mithilfe vorgeschriebener Operationen herleiten; **c)** eine geometrische Figur mithilfe bestimmter Zeichengeräte zeichnen; **d)** (Sprachw.) nach den Regeln der Grammatik bilden. **2. a)** gedanklich, begrifflich, logisch aufbauen, herstellen; **b)** (abwertend) weitgehend gedanklich, theoretisch mithilfe von Annahmen u. daher künstlich, in gezwungener Weise aufbauen, herstellen

Kon|s|t|rukt *das;* -[e]s, -e u. -s: Arbeitshypothese od. gedankliche Hilfskonstruktion für die Beschreibung erschlossener Phänomene

Kon|s|t|ruk|teur [...'tøːɐ̯] *der;* -s, -e ⟨*lat.-fr.*⟩: Fachmann (bes. Ingenieur, Techniker), der technische Objekte konstruiert

Kon|s|t|ruk|teu|rin [...'tøːrɪn] *die;* -, -nen: weibliche Form zu ↑Konstrukteur

Kon|s|t|ruk|ti|on *die;* -, -en ⟨*lat.*⟩: **1.** Bauart (z. B. eines Gebäudes, einer Maschine). **2.** (Math.) geometrische Darstellung einer Figur mithilfe gegebener Größen. **3.** (Sprachw.) nach den syntaktischen Regeln vorgenommene Zusammenordnung von Wörtern od. Satzgliedern zu einem Satz od. einer Fügung. **4.** (Philos.) **a)** Darstellung von Begriffen in der Anschauung; **b)** Aufbau eines der Erfahrung vorausgehenden Begriffssystems. **5.** wirklichkeitsfremder Gedankengang. **6. a)** (ohne Plural) das Entwerfen, die Entwicklung; **b)** Entwurf, Plan

k

kon|s|t|ruk|tiv ⟨*lat.-nlat.*⟩: **1.** die Konstruktion (1) betreffend. **2.** auf die Erhaltung, Stärkung u. Erweiterung des Bestehenden gerichtet; aufbauend, einen brauchbaren Beitrag liefernd; **konstruktives Misstrauensvotum:** Misstrauensvotum gegen den Bundeskanzler od. die Bundeskanzlerin, das nur durch die Wahl eines Nachfolgers od. einer Nachfolgerin wirksam wird

Kon|s|t|ruk|ti|vis|mus *der;* -: **1.** (Kunstwiss.) Kunst[richtung], bei der die geometrisch-technische Konstruktion wichtigstes Gestaltungsprinzip ist. **2.** (Wissensch., Philos.) Lehre, die ein herleitendes, methodisch konstruierendes Vorgehen vertritt u. darauf basierend verschiedene, u. a. erkenntnistheoretische Schlüsse zieht

Kon|s|t|ruk|ti|vist *der;* -en, -en: Vertreter des Konstruktivismus

Kon|s|t|ruk|ti|vis|tin *die;* -, -nen: weibliche Form zu ↑Konstruktivist

kon|s|t|ruk|ti|vis|tisch: in der Art des Konstruktivismus

Kon|sub|s|tan|ti|a|ti|on *die;* - ⟨*lat.-mlat.*⟩: (nach Luther) die Verbindung der realen Gegenwart Christi mit Brot u. Wein beim Abendmahl

Kon|sul *der;* -s, -n ⟨*lat.*⟩: **1.** (Geschichte) einer der beiden auf Zeit gewählten obersten Beamten der römischen Republik. **2.** mit der Wahrnehmung bestimmter [wirtschaftlicher] Interessen u. der Interessen von Staatsbürgern des Heimatstaates beauftragter (halbdiplomatischer) offizieller Vertreter eines Staates im Ausland

Kon|su|lar|agent *der;* -en, -en ⟨*lat.; lat.-it.*⟩: Bevollmächtigter eines Konsuls

kon|su|la|risch ⟨*lat.*⟩: **a)** den Konsul betreffend; **b)** das Konsulat betreffend

Kon|su|lat *das;* -[e]s, -e: **a)** (ohne Plural) Amt[szeit] eines Konsuls; **b)** Dienststelle eines Konsuls

Kon|su|lent *der;* -en, -en (veraltet): **1.** [Rechts]berater, Anwalt. **2.** (österr., schweiz.) Berater einer Firma, Behörde o. Ä.

Kon|su|len|tin *die;* -, -nen (österr., schweiz.): weibliche Form zu ↑Konsulent (2)

Kon|su|lin *die;* -, -nen: **1.** weibliche Form zu ↑Konsul (2). **2.** (veraltet) Frau eines Konsuls (2)

Kon|sul|tant *der;* -en, -en: fachmännischer Berater, Gutachter

Kon|sul|tan|tin *die;* -, -nen: weibliche Form zu ↑Konsultant

Kon|sul|ta|ti|on *die;* -, -en: **1.** Untersuchung u. Beratung [durch einen Arzt]. **2.** gemeinsame Beratung von Regierungen od. von Vertragspartnern. **3.** (regional) Beratung durch einen Wissenschaftler od. Fachmann; vgl. ...ation/...ierung

kon|sul|ta|tiv ⟨*lat.-nlat.*⟩: beratend

kon|sul|tie|ren ⟨*lat.*⟩: **1.** bei jmdm. [wissenschaftlichen, bes. ärztlichen] Rat einholen, jmdn. zurate ziehen. **2.** (mit Bündnispartnern) beratende Gespräche führen, sich besprechen, beratschlagen

[1]Kon|sum *der;* -s ⟨*lat.-it.*⟩: **1.** Verbrauch (bes. von Nahrungs-, Genussmitteln); Verzehr, Genuss. **2.** ↑Konsumtion (1)

[2]Kon|sum ['kɔnzuːm, ...zʊm, kɔn'zuːm] *der;* -s, -s ⟨urspr. kurz für: Konsumverein⟩: **1.** (ohne Plural; veraltet) Konsumverein. **2.** Laden einer Konsumgenossenschaft, eines Konsumvereins

Kon|sum|ar|ti|kel *der;* -s, -: für den ↑[1]Konsum bestimmter, der Erhaltung od. Hebung eines gewissen Lebensstandards dienender Gegenstand

Kon|su|ma|ti|on *die;* -, -en (österr., schweiz.): Verzehr, Zeche

Kon|su|ment *der;* -en, -en

Kon|su|men|tin *die;* -, -nen: weibliche Form zu ↑Konsument

kon|su|mie|ren: Konsumgüter, bes. Verbrauchsgüter, verbrauchen

Kon|su|mis|mus *der;* - ⟨*lat.-nlat.*⟩: in fortschrittlichen industriellen Gesellschaften ausgeprägte Lebenshaltung, die durch die intensive Werbung darauf ausgerichtet ist, ihr Bedürfnis nach neuen Konsumgütern stets zu befriedigen, und somit zu einem permanenten Verbrauch anregt

Kon|sump|ti|on usw. vgl. Konsumtion usw.

kon|sump|tiv vgl. konsumtiv

Kon|sum|ter|ror *der;* -s (emotional abwertend): durch die Werbung ausgeübter Druck, der den Verbraucher zur fortgesetzten Steigerung seines Konsums antreibt

Kon|sum|ti|on, Kon|sump|ti|on *die;* -, -en ⟨*lat.*⟩: **1.** Verbrauch von Wirtschaftsgütern. **2.** (Rechtswiss.) das Aufgehen eines einfachen [strafrechtlichen] Tatbestandes in einem übergeordneten, umfassenderen. **3.** (Med.) körperliche Auszehrung

kon|sum|tiv, kon|sump|tiv ⟨*lat.-nlat.*⟩: für den Verbrauch bestimmt; Ggs. ↑investiv

kon|ta|gi|ös (Med.): ansteckend

Kon|ta|gi|o|si|tät *die;* - ⟨*lat.-nlat.*⟩ (Med.): kontagiöse Beschaffenheit

Kon|takt *der;* -[e]s, -e ⟨*lat.*⟩: **1.** Verbindung, die jmd. (einmal od. in bestimmten Abständen wieder) für eine kurze Dauer herstellt; Fühlung. **2.** Berührung. **3.** (Elektrot.) **a)** Berührung, durch die eine Strom führende Verbindung hergestellt wird; **b)** Übergangsstelle, Kontaktstelle für den Strom; Verbindungsteil zur Herstellung des elektrischen Kontakts

Kon|takt|ad|res|se *die;* -, -n: Anschrift, über die man mit einer Person, Organisation, Gruppe o. Ä. Kontakt aufnehmen kann

Kon|takt|bör|se *die;* -, -n ⟨*lat.; niederl.*⟩: [virtueller] Ort, an dem Kontakte geknüpft werden können

kon|tak|ten ⟨*lat.-engl.-amerik.*⟩ (Wirtsch.): als Kontakter tätig sein, neue Geschäftsbeziehungen einleiten

Kon|tak|ter *der;* -s, -: Angestellter einer Werbeagentur, der den Kontakt zu den Auftraggebern hält

Kon|takt|frau *die;* -, -en: weibliche Form zu ↑Kontaktmann

kon|tak|tie|ren ⟨*lat.-nlat.*⟩: (mit jmdm.) Kontakt aufnehmen, unterhalten

Kon|takt|lin|se *die;* -, -n (meist Plural): dünne, die Brille ersetzende, durchsichtige, kleine Kunststoffschale, die unmittelbar auf die Hornhaut des Auges gesetzt wird

Kon|takt|mann *der;* -[e]s, ...männer: Verbindungsmann, Kontakter

Kon|takt|me|ta|mor|pho|se *die;* -, -n (Geol.): Umbildung des Nachbargesteins durch aufsteigendes Magma

Kon|takt|per|son *die;* -, -en: **1.** (Med.) jmd., der mit dem Träger od. der Quelle einer Infektion direkten od. indirekten Kontakt hat. **2.** jmd., zu dem man Kontakt aufnehmen kann

Kon|takt|stu|di|um *das;* -s, ...ien: weiterbildendes zusätzliches Studium, durch das bes. der Kontakt mit der Entwicklung der Wissenschaften hergestellt bzw. aufrechterhalten wird

Kon|ta|mi|na|ti|on *die;* -, -en ⟨*lat.*⟩: **1.** (Sprachw.) die Verschmelzung, Vermengung von Wörtern od. Fügungen, die zu einer Kontaminationsform führt (z. B. *Gebäulichkeiten* aus Gebäude und Baulichkeiten). **2.** Verschmutzung, Verunreinigung. **3.** Verunreinigung von Kernbrennstoff mit Neutronen absorbierenden Spaltprodukten; Ggs. ↑Dekontamination

kon|ta|mi|nie|ren: **1.** eine Kontamination (1) vornehmen. **2.** verschmutzen, verunreinigen, verseuchen. **3.** Kernbrennstoff mit Neutronen absorbierenden Spaltprodukten verunreinigen; Ggs. ↑dekontaminieren

kon|tant ⟨*lat.-it.*⟩ (Kaufmannsspr.): bar

Kon|tan|ten *die* (Plural): **1.** ausländische Münzen, die nicht als Zahlungsmittel, sondern als Ware gehandelt werden. **2.** Bargeld

Kon|tem|p|la|ti|on *die;* -, -en ⟨*lat.*⟩: **a)** (Rel.) innere Sammlung u. religiöse Betrachtung; Versenkung; **b)** beschauliches Nachdenken u. geistiges Sichversenken in etwas

kon|tem|p|la|tiv: beschaulich, besinnlich

kon|tem|p|lie|ren: sich der Kontemplation (b) hingeben

Kon|ten: *Plural* von ↑Konto

Kon|te|nance [kõtəˈnãːs] vgl. Contenance

Kon|ten|plan *der;* -[e]s, ...pläne: systematische Gliederung der Konten der Buchführung eines Unternehmens

Kon|ten|ten *die* (Plural) ⟨*lat.*⟩: Ladeverzeichnisse der Seeschiffe

Kon|ten|tiv|ver|band *der;* -[e]s, ...verbände ⟨*lat.-nlat.; dt.*⟩ (Med.): ruhig stellender Stützverband

Kon|ter *der;* -s, - ⟨*lat.-fr.-engl.*⟩: **1.** (Ringen) Griff, mit dem ein Ringer einen gegnerischen Angriff unterbindet u. seinerseits angreift. **2.** (Ballspiele) schneller Gegenangriff, nachdem ein Angriff des Gegners abgewehrt werden konnte. **3.** (Turnen) Pendelschwung zur Verlagerung des Körperschwerpunkts bei Griff- u. Positionswechsel am Stufenbarren. **4.** (Boxen) aus der Verteidigung heraus geführter Gegenschlag. **5.** Äußerung od. Handlung, mit der jmd. etwas ↑kontert (2)

Kon|ter|ad|mi|ral *der;* -s, -e, auch: ...äle: **a)** (ohne Plural) dritthöchster Offiziersdienstgrad der Marine; **b)** Offizier mit dem Dienstgrad Konteradmiral

Kon|ter|ban|de *die;* - ‹*it.-fr.*›: **1.** für eine Krieg führende Macht bestimmte kriegswichtige Güter, die verbotenerweise von neutralen Schiffen mitgeführt werden. **2.** Schmuggelware

Kon|ter|fei [auch: ...'fai̯] *das;* -s, -s ‹*lat.-fr.*› (veraltet, aber noch scherzh.): Bild[nis], Abbild, Porträt

kon|ter|fei|en [auch: ...'fai̯ən] (veraltet, aber noch scherzh.): abbilden, porträtieren

kon|ter|ka|rie|ren: hintertreiben, durchkreuzen

Kon|ter|mi|ne *die;* -, -n: **1. a)** durchkreuzende, hintertreibende Maßnahme; Gegenmaßnahme; **b)** Spekulation, bei der das Fallen der Kurse erwartet wird. **2.** (Geschichte) Mine der Belagerten zur Abwehr der feindlichen Minen

kon|tern ‹*lat.-fr.-engl.*›: **1.** (Sport) **a)** den Gegner im Angriff abfangen u. aus der Verteidigung heraus selbst angreifen; **b)** einen ↑Konter (3) ausführen. **2.** sich aktiv zur Wehr setzen, schlagfertig erwidern, entgegnen. **3.** (Druckw.) ein Druckbild umkehren. **4.** (Technik) eine Mutter auf einem Schraubengewinde durch Aufschrauben einer Kontermutter im Gegensinn fest anziehen

Kon|ter|part *der;* -s, -s ‹engl.›: **1.** passendes Gegenstück, Ergänzung. **2.** Gegenspieler, Kontrahent

Kon|ter|re|vo|lu|ti|on *die;* -, -en: **1.** Gegenrevolution. **2. a)** (marxistisch) antikommunistische Revolution od. Opposition; **b)** (ohne Plural) Gesamtheit von Kräften, Personen, die die Konterrevolution (2 a) anstreben

kon|ter|re|vo|lu|ti|o|när: die Konterrevolution betreffend, bezweckend, anstrebend

Kon|text [auch: ...'tɛkst] *der;* -[e]s, -e ‹*lat.*›: **1.** (Sprachw.) **a)** der umgebende Text einer sprachlichen Einheit; ↑Kotext; **b)** (relativ selbstständiges) Text- od. Redestück; **c)** der inhaltliche (Gedanken-, Sinn)zusammenhang, in dem eine Äußerung steht, u. der Sach- u. Situationszusammenhang, aus dem heraus sie verstanden werden muss. **2.** Zusammenhang

Kon|text|glos|se *die;* -, -n: in den Text [einer Handschrift] eingefügte Glosse

kon|tex|tu|ell ‹*lat.-nlat.*›: den Kontext betreffend; vgl. ...al/...ell

Kon|ti: *Plural* von ↑Konto

kon|tie|ren ‹*lat.-it.*›: für die Verbuchung eines Belegs das entsprechende Konto bestimmen [u. den Beleg verbuchen]

Kon|ti|gu|i|tät *die;* - ‹*lat.-mlat.;* »Berührung«›: **1.** (veraltet) Angrenzung, Berührung. **2.** (Psychol.) zeitliches Zusammentreffen (z. B. von Reiz u. Reaktion)

Kon|ti|nent [auch: 'kɔn...] *der;* -[e]s, -e ‹*lat.*›: **1.** (ohne Plural) [europäisches] Festland. **2.** Erdteil

kon|ti|nen|tal ‹*lat.-nlat.*›: den Kontinent betreffend, zu ihm gehörend, ihm eigentümlich; festländisch

Kon|ti|nen|tal|kli|ma *das;* -s: typisches Klima im Innern großer Landmassen (im Gegensatz zum Seeklima charakterisiert durch größere Temperaturschwankungen u. weniger Niederschläge)

Kon|ti|nenz *die;* - ‹*lat.*›: **1.** (selten) Enthaltsamkeit. **2.** (Med.) Fähigkeit, Harn od. Stuhl zurückzuhalten; Ggs. ↑Inkontinenz

kon|tin|gent ‹*lat.*›: zufällig; wirklich od. möglich, aber nicht [wesens]notwendig; Kontingenz (1) aufweisend, beinhaltend

Kon|tin|gent *das;* -[e]s, -e ‹*lat.(-fr.)*›: **1.** anteilmäßig zu erbringende od. zu erwartende Leistung, Menge, Anzahl. **2.** Truppenkontingent

kon|tin|gen|tie|ren ‹*lat.-nlat.*›: durch Beschränkung auf Kontingente (1) einteilen, in Umfang od. Menge begrenzen

Kon|tin|gen|tie|rung *die;* -, -en: die Einteilung, Zuteilung

Kon|tin|genz *die;* -, -en: **1. a)** (ohne Plural; Philos.) das Kontingentsein; kontingente Beschaffenheit; **b)** (Logik) Möglichkeit u. gleichzeitige Nichtnotwendigkeit (einer Aussage). **2.** (Statistik; Psychol.) die Häufigkeit bzw. der Grad der Wahrscheinlichkeit des gemeinsamen Auftretens zweier Sachverhalte, Merkmale usw.

kon|ti|nu|ier|lich: stetig, fortdauernd, unaufhörlich, durchlaufend; Ggs. ↑diskontinuierlich

Kon|ti|nu|i|tät *die;* -: lückenloser Zusammenhang, Stetigkeit, Fortdauer; ununterbrochener, gleichmäßiger Fortgang von etwas; Ggs. ↑Diskontinuität (1)

Kon|ti|nuo vgl. Continuo

Kon|ti|nu|um *das;* -s, ...nua u. ...nuen: kontinuierlich, lückenlos Zusammenhängendes

Kon|to *das;* -s, ...ten, (selten:) -s u. ...ti ‹*lat.-it.*›: von einem Unternehmen, bes. einer Bank, für einen Kunden im Rahmen längerer gegenseitiger Geschäftsbeziehungen geführte laufende Gegenüberstellung u. Abrechnung von Ein- u. Ausgängen bzw. Gut- u. Lastschriften; vgl. a conto, per conto

Kon|to|kor|rent *das;* -s, -e: **1.** im Rahmen einer dauernden Geschäftsverbindung vereinbarte periodische Abrechnung[sweise], bei der die beiderseitigen Leistungen laufend in Form eines Kontos verbucht werden. **2.** (ohne Plural) der die Personenkonten, d. h. die Konten der Debitoren u. der Kreditoren, umfassende Bereich der Buchführung. **3.** Hilfsbuch der doppelten Buchführung mit den Konten der Kunden u. Lieferanten

Kon|tor *das;* -s, -e ⟨*lat.-fr.-niederl.*⟩: **1.** Niederlassung eines Handelsunternehmens im Ausland. **2.** (DDR) Handelszentrale als Mittler zwischen Industrie u. Einzelhandel. **3.** (veraltet) Büro eines Kaufmanns, einer Firma

Kon|to|rist *der;* -en, -en: kaufmännischer Angestellter, der einfachere Verwaltungsarbeiten erledigt

Kon|to|ris|tin *die;* -, -nen: weibliche Form zu ↑Kontorist

Kon|tor|si|on *die;* -, -en ⟨*lat.-nlat.*⟩ (Med.): Verdrehung eines Gliedes od. Gelenkes, die zu einer Zerrung od. Verstauchung führen kann

Kon|tor|si|o|nist *der;* -en, -en: Schlangenmensch

Kon|tor|si|o|nis|tin *die;* -, -nen: weibliche Form zu ↑Kontorsionist

kon|t|ra, con|t|ra ⟨*lat.*⟩: gegen, entgegengesetzt

Kon|t|ra, Con|t|ra *das;* -s, -s: Ansage beim Kartenspiel, die in die Punktwertung eingeht; **jmdm. Kontra geben:** jmdm. energisch widersprechen, gegen jmds. Meinung Stellung nehmen

kon|t|ra..., Kon|t|ra...

⟨*lat.* contra »gegen; gegenüber; wider; dagegen«⟩
Präfix mit der Bedeutung »gegen, entgegengesetzt [wirkend]«:
- Kontradiktion
- kontraindiziert
- kontraproduktiv
- Kontrazeption

Kon|t|ra|bass *der;* -es, ...bässe (Musik): einem Violoncello ähnliches, jedoch größeres u. tiefer gestimmtes Streichinstrument

Kon|t|ra|bas|sist *der;* -en, -en: Musiker, der Kontrabass spielt

Kon|t|ra|bas|sis|tin *die;* -, -nen: weibliche Form zu ↑Kontrabassist

Kon|t|ra|dik|ti|on *die;* -, -en (Philos.): Widerspruch

kon|t|ra|dik|to|risch (Philos.): sich widersprechend, sich gegenseitig aufhebend (von zwei Aussagen)

Kon|t|ra|fa|gott *das;* -s, -e (Musik): eine Oktave tiefer als das Fagott stehendes Holzblasinstrument

Kon|t|ra|fak|tur *die;* -, -en ⟨*lat.-nlat.*⟩: geistliche Nachdichtung eines weltlichen Liedes (u. umgekehrt) unter Beibehaltung der Melodie

Kon|tra|ha|ge [...ˈha:ʒə] *die;* -, -n ⟨mit französischer Endung zu ↑kontrahieren (3) gebildet⟩ (Studentenspr. früher): Verabredung eines Duells

Kon|tra|hent *der;* -en, -en ⟨*lat.*⟩: **1.** (Rechtswiss.) Vertragspartner. **2.** Gegner in einem Streit od. Wettkampf

Kon|tra|hen|tin *die;* -, -nen: weibliche Form zu ↑Kontrahent

kon|tra|hie|ren: **1.** (Rechtswiss.) einen Vertrag schließen. **2. a)** (Med.) sich zusammenziehen (z. B. von einem Muskel); **b)** das Zusammenziehen von Muskeln bewirken. **3.** (Studentenspr. früher) jmdn. zum Duell fordern. **4.** (Fechten) einen gegnerischen Stoß abwehren u. seinerseits angreifen

Kon|tra|hie|rungs|zwang *der;* -[e]s (Rechtswiss.): gesetzliche Verpflichtung zum Abschluss eines Vertrages

Kon|t|ra|in|di|ka|ti|on *die;* -, -en (Med.): Umstand, der die [fortgesetzte] Anwendung einer an sich zweckmäßigen od. notwendigen ärztlichen Maßnahme verbietet; Ggs. ↑Indikation

kon|trakt ⟨*lat.*⟩ (veraltet): zusammengezogen, verkrümmt, gelähmt

Kon|trakt *der;* -[e]s, -e: Vertrag, Abmachung; Handelsabkommen

kon|trak|til ⟨*lat.-nlat.*⟩ (Med.): fähig, sich zusammenzuziehen

Kon|trak|ti|li|tät *die;* - (Med.): Fähigkeit, sich zusammenzuziehen

Kon|trak|ti|on *die;* -, -en ⟨*lat.*⟩: **1.** (Med.) das Sichzusammenziehen (bes. von Muskeln). **2.** (Wirtsch.) Verminderung der in einer Volkswirtschaft vorhandenen Geld- u. Kreditmenge. **3.** (Sprachw.) Zusammenziehung zweier od. mehrerer Vokale zu einem Vokal od. Diphthong, oft unter Ausfall eines dazwischenstehenden Konsonanten (z. B. bei »nein« aus: ni-ein). **4.** (Geol.) Schrumpfung der Erdkruste durch Abkühlung od. Austrocknung. **5.** (Physik) Zusammenziehung, Verringerung des Volumens, der Länge od. des Querschnitts eines Körpers (z. B. durch Abkühlung). **6.** (Sport) Abwehr eines gegnerischen Angriffs beim Fechten durch einen eigenen Angriff bei gleichzeitiger Deckung der Blöße

Kon|trak|tur *die;* -, -en ⟨*lat.*⟩ (Med.): **1.** bleibende Einschränkung der Beweglichkeit eines Gelenks; Versteifung. **2.** dauernde Verkürzung u. Schrumpfung von Weichteilen (z. B. der Haut nach Verbrennungen)

Kon|t|ra|post *der;* -[e]s, -e ⟨*lat.-it.;* »Gegenstück«⟩: der harmonische Ausgleich in der künstlerischen Gestaltung des stehenden menschlichen Körpers durch Unterscheidung von tragendem Stand- u. Spielbein u. entsprechender Hebung bzw. Senkung der Schulter

kon|t|ra|pro|duk|tiv: bestimmten Interessen zuwiderlaufend; ein gewünschtes Ergebnis verhindernd

Kon|t|ra|punkt *der;* -[e]s, -e ⟨*lat.-mlat.;* »Note gegen Note«⟩: **1.** (Musik) Technik des musikalischen Satzes, in der mehrere Stimmen gleichberechtigt nebeneinanderher geführt werden. **2.** etwas, was einen Gegenpol zu etwas anderem bildet

Kon|t|ra|punk|tik *die;* - ⟨*lat.-mlat.-nlat.*⟩ (Musik): die Lehre des Kontrapunktes; die Kunst kontrapunktischer Stimmführung

kon|t|ra|punk|tisch, kon|t|ra|punk|tis|tisch (Musik): den Kontrapunkt betreffend

kon|t|rär ⟨*lat.-fr.*⟩: gegensätzlich; entgegengesetzt

Kon|t|rast *der;* -[e]s, -e ⟨*lat.-vulgärlat.-it.*⟩: **1.** starker, ins Auge springender Gegensatz; auffallender Unterschied. **2. a)** (Fotogr.) Unterschied in der Helligkeit der hellen u. dunklen Partien eines Bildes; **b)** (Elektronik) Hell-Dunkel-Abstimmung auf einem Bildschirm, Display (1) u. Ä.

kon|t|ras|tie|ren ⟨*lat.-vulgärlat.-it.-fr.*⟩: **1.** einen augenfälligen Kontrast zu etwas bilden; sich von etwas abheben. **2.** (zu etwas) einen Kontrast schaffen

kon|t|ras|tiv: vergleichend, gegenüberstellend

Kon|t|rast|mit|tel *das;* -s, - (Med.): Stoff, der, vor einer Röntgenuntersuchung in den Körper eingebracht, auf dem Röntgenbild in Kontrast zu dem zu untersuchenden Gewebe erscheint

Kon|t|rast|pro|gramm *das;* -[e]s, -e: Rundfunk- od. Fernsehprogramm, das eine Alternative zu einem oder mehreren anderen bietet

Kon|t|ra|zep|ti|on *die;* - (Med.): Empfängnisverhütung

kon|t|ra|zep|tiv (Med.): empfängnisverhütend

Kon|t|ra|zep|tiv *das;* -s, -e, **Kon|t|ra|zep|ti|vum** *das;* -s, ...va (Med.): empfängnisverhütendes Mittel

Kon|t|re|tanz ['kɔntɐ...], **Con|t|re|tanz** ['kõ-trə...] *der;* -es, ...tänze ⟨*fr.*⟩: alter Gesellschaftstanz, bei dem jeweils vier Paare bestimmte Figuren miteinander ausführen; vgl. Contredanse

Kon|tri|bu|ti|on *die;* -, -en: **1.** (veraltet) für den Unterhalt der Besatzungstruppen erhobener Beitrag im besetzten Gebiet. **2.** von der Bevölkerung eines besetzten Gebietes erhobene Zahlung. **3.** (veraltet) Beitrag (zu einer gemeinsamen Sache)

Kon|t|ri|ti|on *die;* -, -en ⟨*lat.*⟩: vollkommene Reue als Voraussetzung für die Absolution

Kon|t|rol|le *die;* -, -n ⟨*lat.-fr.*⟩: **1.** Aufsicht, Überwachung; Überprüfung. **2.** Herrschaft, Gewalt

Kon|t|rol|ler *der;* -s, - ⟨*lat.-fr.-engl.*⟩: Steuerschalter an Elektromotoren

Kon|t|rol|leur [...'løːɐ̯] *der;* -s, -e ⟨*lat.-fr.*⟩: jmd., der eine Kontrollfunktion ausübt

Kon|t|rol|leu|rin [...'løːrɪn] *die;* -, -nen: weibliche Form zu ↑Kontrolleur

kon|t|rol|lie|ren: **1.** jmdn., etwas überwachen. **2.** etwas unter seinem Einflussbereich haben, beherrschen (einen Markt u. a.)

Kon|t|roll|kom|mis|si|on *die;* -, -en: zur Überwachung der Einhaltung bestimmter Verpflichtungen eingesetzter Ausschuss

Kon|t|rol|lor *der;* -s, -e ⟨*lat.-fr.-it.*⟩ (österr.): Kontrolleur

Kon|t|rol|lo|rin *die;* -, -nen: weibliche Form zu ↑Kontrollor

kon|t|ro|vers ⟨*lat.*⟩: **a)** [einander] entgegengesetzt; **b)** strittig; **c)** umstritten

Kon|t|ro|ver|se *die;* -, -n: Meinungsverschiedenheit, Auseinandersetzung (um eine Sachfrage)

Kon|tu|maz [...ts] *die;* - ⟨*lat.*⟩: **1.** (Rechtsspr. veraltet) das Nichterscheinen vor Gericht; vgl. in contumaciam. **2.** (österr. Amtsspr. veraltend) Quarantäne

kon|tun|die|ren ⟨*lat.*⟩ (Med.): quetschen (z. B. Gewebe); vgl. Kontusion

Kon|tur *die;* -, -en, (fachspr. auch:) *der;* -s, -en (meist Plural) ⟨*(lat.; gr.-lat.) vulgärlat.-it.-fr.*⟩: Linie, die durch etwas begrenzt ist; Umriss[linie]

kon|tu|rie|ren: in Umrissen zeichnen

Kon|tu|si|on *die;* -, -en ⟨*lat.*⟩ (Med.): Quetschung; vgl. kontundieren

Ko|nus *der;* -, -se (Technik auch: ...nen) ⟨*gr.-lat.;* »Pinienzapfen; Kegel«⟩: **1.** (Math.) Körper von der Form eines Kegels od. Kegelstumpfs.

k

2. (Druckw.) bei Drucktypen die Seitenflächen des das Schriftbild tragenden Oberteils

Kon|va|les|zent *der;* -en, -en ‹*lat.*› (selten): ↑Rekonvaleszent

Kon|va|les|zenz *die;* -, -en (Plural selten): **1.** (Med. selten) ↑Rekonvaleszenz. **2.** (Rechtswiss.) das nachträgliche Gültigwerden eines Rechtsgeschäfts

kon|va|les|zie|ren (selten): ↑rekonvaleszieren

Kon|vek|ti|on *die;* -, -en ‹*lat.*›: **1.** (Physik) Mitführung von Energie od. elektrischer Ladung durch die kleinsten Teilchen einer Strömung. **2.** (Meteorol.) vertikale Luftbewegung; Ggs. ↑Advektion (1). **3.** vertikale Bewegung von Wassermassen der Weltmeere; Ggs. ↑Advektion (2). **4.** (Physik) Strömungsbewegung in einem flüssigen od. gasförmigen Medium

kon|vek|tiv ‹*lat.-nlat.*› (Meteorol.): durch Konvektion bewirkt; auf die Konvektion bezogen

Kon|vek|tor *der;* -s, ...oren: Heizkörper, der die Luft durch Bewegung erwärmt

kon|ve|na|bel ‹*lat.-fr.*› (veraltet): **1.** schicklich. **2.** gelegen, passend, bequem; Ggs. ↑inkonvenabel

Kon|ve|ni|at *das;* -s, -s ‹*lat.;* »er (der Klerus) komme zusammen«›: Zusammenkunft der katholischen Geistlichen eines ↑Dechanats

Kon|ve|ni|enz *die;* -, -en (veraltend): **1.** ↑Kompatibilität (3). **2. a)** Bequemlichkeit, Annehmlichkeit; Ggs. ↑Inkonvenienz (2); **b)** das Schickliche, Erlaubte; Ggs. ↑Inkonvenienz (1)

kon|ve|nie|ren (veraltend): zusagen, gefallen, passen; annehmbar sein

Kon|vent *der;* -[e]s, -e: **1. a)** Versammlung der stimmberechtigten Mitglieder eines Klosters; **b)** Gesamtheit der Mitglieder eines Klosters; Kloster[gemeinschaft]; **c)** Zusammenkunft von evangelischen Pfarrern zum Zweck der Weiterbildung, der Beratung u. Ä. **2.** wöchentliche Zusammenkunft der [aktiven] Mitglieder einer Studentenverbindung

Kon|ven|ti|kel *das;* -s, -: **a)** [heimliche] Zusammenkunft; **b)** Zusammenkunft von Angehörigen außerkirchlicher religiöser Gemeinschaften

Kon|ven|ti|on *die;* -, -en ‹*lat.-fr.*›: **1.** Übereinkunft, Abkommen, [völkerrechtlicher] Vertrag. **2.** Regeln des Umgangs, des sozialen Verhaltens, die für die Gesellschaft als Verhaltensnorm gelten. **3.** Regel (beim Fechten mit Florett od. Säbel)

kon|ven|ti|o|nal ‹*lat.-fr.-nlat.*›: die Konvention (1) betreffend; vgl. konventionell; vgl. ...al/...ell

Kon|ven|ti|o|nal|stra|fe *die;* -, -n (Rechtswiss.): (bei Vertragsschluss vereinbarte) Geldsumme od. anderweitige Leistung, die ein Vertragspartner erbringen muss, wenn er die vertraglich vereinbarte Leistung nicht zum festgelegten Zeitpunkt od. in der festgelegten Weise erfüllt hat

kon|ven|ti|o|nell ‹*lat.-fr.*›: **1. a)** den gesellschaftlichen Konventionen entsprechend; **b)** förmlich, steif. **2.** (bes. Technik, Militär) herkömmlich, hergebracht (bes. im Gegensatz zu atomar, biologisch, chemisch)

Kon|ven|tu|a|le *der;* -n, -n ‹*lat.-mlat.*›: **1.** stimmberechtigtes Klostermitglied. **2.** Angehöriger eines Zweiges des Franziskanerordens

kon|ver|gent ‹*lat.-mlat.*›: sich einander annähernd, übereinstimmend; Ggs. ↑divergent; vgl. konvergierend

Kon|ver|genz *die;* -, -en: **1.** Annäherung, Übereinstimmung von Meinungen, Zielen u. Ä.; Ggs. ↑Divergenz. **2.** (Biol.) Ausbildung ähnlicher Merkmale hinsichtlich Gestalt u. Organen bei genetisch verschiedenen Lebewesen, meist durch Anpassung an gleiche Umweltbedingungen. **3.** (Med.) gegensinnige Bewegung der Augen nach innen beim Sehen in unmittelbarer Nähe. **4.** (Math.) Vorhandensein einer Annäherung od. eines Grenzwertes konvergenter Linien u. Reihen; Ggs. ↑Divergenz. **5.** (Physik) das Sichschneiden von Lichtstrahlen; Ggs. ↑Divergenz. **6.** (Psychol.) das Zusammenwirken von Anlage u. Umwelt als Prinzip der psychischen Entwicklung. **7.** Zusammentreffen von verschiedenen Strömungen des Meerwassers. **8.** das Auftreten von gleichen od. ähnlichen Oberflächenformen in unterschiedlichen Klimazonen

Kon|ver|genz|kri|te|ri|um *das;* -s, ...ien: **1.** (Wirtsch.) Bedingung für die Teilnahme an der Europäischen Wirtschafts- u. Währungsunion. **2.** (Math.) Angabe von Bedingungen, unter denen vor allem eine Reihe einen Grenzwert besitzt; vgl. Konvergenz (4)

Kon|ver|genz|the|o|rie *die;* - (Politik): Theorie, die eine allmähliche Annäherung kapitalistischer u. sozialistischer Industriestaaten annimmt

kon|ver|gie|ren: a) sich nähern, einander näher kommen, zusammenlaufen; **b)** demselben Ziel zustreben; übereinstimmen; Ggs. ↑divergieren

kon|ver|gie|rend: zusammenlaufend; Ggs. ↑divergierend; vgl. konvergent

Kon|ver|sa|ti|on *die;* -, -en ‹*lat.-fr.*›: [geselliges, leichtes] Gespräch, Plauderei

Kon|ver|sa|ti|ons|le|xi|kon *das;* -s, ...ka (auch:

...ken): alphabetisch geordnetes Nachschlagewerk zur raschen Information über alle Gebiete des Wissens; Enzyklopädie

Kon|ver|sa|ti|o̲ns|stück *das;* -[e]s, -e: [in der höheren Gesellschaft spielendes] Unterhaltungsstück, dessen Wirkung bes. auf geistvollen Dialogen beruht

kon|ver|sie̲|ren ⟨*lat.-fr.*⟩ (veraltet): sich unterhalten

Kon|ver|si|o̲n *die;* -, -en ⟨*lat.*⟩: **1.** der Übertritt von einer Konfession zu einer anderen, meist zur katholischen Kirche. **2.** (Sprachw.) **a)** Übergang von einer Wortart in eine andere ohne formale Veränderung (z. B. Dank – dank); **b)** Gegensätzlichkeit der Bedeutung, die sich ergibt, wenn ein Vorgang von zwei verschiedenen Standpunkten aus betrachtet wird (z. B.: der Lehrer *gibt* dem Schüler ein Buch – der Schüler *erhält* vom Lehrer ein Buch). **3.** (Rechtswiss.) sinngemäße, der Absicht der Vertragspartner entsprechende Umdeutung eines nichtigen Rechtsgeschäftes. **4.** (Bankw.) Schuldumwandlung zur Erlangung günstigerer Bedingungen. **5.** (Psychol.) **a)** grundlegende Einstellungs- od. Meinungsänderung; **b)** Umwandlung unbewältigter starker Erlebnisse in körperliche Symptome. **6.** (Kernphysik) Erzeugung neuer spaltbarer Stoffe in einem Reaktor. **7.** (Logik) Veränderung einer Aussage durch Vertauschen von Subjekt u. Prädikat. **8.** Umwandlung von militärischer in zivile Nutzung. **9.** ↑Konvertierung (3)

k

Kon|ve̲r|ter *der;* -s, - ⟨*lat.-fr.-engl.*⟩: **1.** (Technik) Gerät, mit dem Wechselspannungen bestimmter Frequenzen umgeformt werden können. **2.** (Fotogr.) Linsensystem, das zwischen Objektiv u. Kamera geschaltet wird, wodurch sich die Brennweite verlängert. **3.** (Hüttenw.) ein kippbares birnen- od. kastenförmiges Gefäß für die Stahlerzeugung u. Kupfergewinnung. **4.** (Kernphysik) Reaktor, in dem nicht spaltbares in spaltbares Material verwandelt wird. **5.** (EDV) Gerät od. Programm zum Umwandeln von Daten

kon|ver|ti̲|bel ⟨*lat.-fr.*⟩ (Wirtsch.): frei austauschbar; vgl. Konvertibilität

Kon|ver|ti|bi|li|tä̲t, Kon|ver|ti̲er|bar|keit *die;* - (Wirtsch.): die freie Austauschbarkeit der Währungen verschiedener Länder zum jeweiligen Wechselkurs

kon|ver|tie̲|ren ⟨*lat.(-fr.)*⟩: **1.** inländische gegen ausländische Währung tauschen u. umgekehrt. **2.** zu einem anderen Glauben übertreten. **3.** (EDV) **a)** Informationen von einem Datenträger auf einen anderen übertragen; **b)** Daten von einem Format in ein anderes umwandeln

Kon|ver|tie̲|rung *die;* -, -en: **1.** ↑Konversion (3, 4). **2.** das Konvertieren; das Konvertiertwerden. **3.** (Chemie) Verfahren zur Herstellung von Wasserstoff durch Umsetzung von Kohlenmonoxid mit Wasserdampf

Kon|ver|ti̲t *der;* -en, -en ⟨*lat.-engl.*⟩: jmd., der zu einem anderen Glauben übergetreten ist

Kon|ver|ti̲|tin *die;* -, -nen: weibliche Form zu ↑Konvertit

kon|ve̲x ⟨*lat.*⟩ (Physik): erhaben, nach außen gewölbt (z. B. von Spiegeln od. Linsen); Ggs. ↑konkav

Kon|ve|xi|tä̲t *die;* - (Physik): Wölbung nach außen (z. B. von Linsen); Ggs. ↑Konkavität

Kon|vi̲kt *das;* -[e]s, -e ⟨*lat.*⟩: **1.** Stift, Wohnheim für Theologiestudenten. **2.** (österr.) Schülerheim, katholisches Internat

Kon|vik|tu|a̲|le *der;* -n, -n ⟨*lat.-nlat.*⟩ (veraltet): Angehöriger eines Konvikts

Kon|vi|vi|a|li|tä̲t *die;* - (veraltet): Geselligkeit, Fröhlichkeit

Kon|vi̲|vi|um *das;* -s, ...ien (veraltet): [Fest]gelage

Kon|voi [...ˈvɔy̆, auch: ˈkɔn...] *der;* -s, -s ⟨*lat.-vulgärlat.-fr.-engl.*⟩: Geleitzug (bes. von Autos od. Schiffen); Fahrzeugkolonne

Kon|vo|ka|ti|o̲n *die;* -, -en ⟨*lat.*⟩ (veraltet): das Einberufen, Zusammenrufen der Mitglieder (von Körperschaften)

Kon|vo|lu̲t *das;* -[e]s, -e ⟨*lat.*⟩: **1. a)** Bündel von verschiedenen Schriftstücken od. Drucksachen; **b)** Sammelband, Sammelmappe. **2.** (Med.) Knäuel (z. B. von Darmschlingen)

Kon|vul|si|o̲n *die;* -, -en ⟨*lat.*⟩ (Med.): Schüttelkrampf

kon|vul|si̲v, kon|vul|si̲|visch ⟨*lat.-nlat.*⟩ (Med.): krampfhaft zuckend, krampfartig

kon|ze|di̲e|ren ⟨*lat.*⟩: zugestehen; erlauben; einräumen

Kon|ze|le|b|ra|ti|o̲n *die;* -, -en, **Con|ce|le|b|ra̲|tio** *die;* -, ...tiones [...ne:s] ⟨*lat.-mlat.*⟩ (kath. Kirche): die Feier der Eucharistie durch mehrere Geistliche gemeinsam

kon|ze|le|b|ri̲e|ren: gemeinsam mit anderen Geistlichen die Eucharistie feiern

Kon|zen|t|ra|ti|o̲n *die;* -, -en ⟨*(lat.; gr.-lat.) fr.*⟩: **1.** Zusammenballung [wirtschaftlicher od. militärischer Kräfte]; Ggs. ↑Dekonzentration. **2.** (ohne Plural) geistige Sammlung, Anspannung, höchste Aufmerksamkeit. **3.** (ohne Plural) gezielte Lenkung auf etwas hin. **4.** (Chemie) Gehalt einer Lösung an gelöstem Stoff

Kon|zen|t|ra|ti|o̲ns|la|ger *das;* -s, -: **1.** Bez. für nationalsozialistische Sammellager für politische Gegner, Zwangsarbeitslager u. Stätten der

Massenvernichtung von als minderwertig erachteten Menschen, bes. von Juden (Abk.: KZ). **2.** Massenlager, das Elemente des Arbeits-, Internierungs- u. Kriegsgefangenenlagers sowie des Gefängnisses u. Gettos vereinigt (Abk.: KZ)

kon|zen|t|rie|ren: 1. [wirtschaftliche od. militärische Kräfte] zusammenziehen, -ballen; Ggs. ↑dekonzentrieren. **2.** etwas verstärkt auf etwas od. jmdn. ausrichten. **3.** sich konzentrieren: sich [geistig] sammeln, anspannen. **4.** (Chemie) anreichern, gehaltreich machen

kon|zen|t|riert: 1. gesammelt, aufmerksam. **2.** (Chemie) einen gelösten Stoff in großer Menge enthaltend; angereichert

kon|zen|t|risch *((lat.; gr.-lat.-) mlat.)*: **1.** (Math.) einen gemeinsamen Mittelpunkt habend (von Kreisen). **2.** um einen gemeinsamen Mittelpunkt herum angeordnet, auf einen [Mittel]punkt hinstrebend

Kon|zen|t|ri|zi|tät *die; -* ‹*nlat.*›: Gemeinsamkeit des Mittelpunkts

Kon|zept *das; -*[e]s, -e ‹*lat.*›: **1.** [stichwortartiger] Entwurf einer Rede od. einer Schrift. **2.** Plan, Programm

Kon|zep|ti|on *die; -*, -en ‹*lat.*›: **1.** geistiger, künstlerischer Einfall; Entwurf eines Werkes. **2.** klar umrissene Grundvorstellung, Leitprogramm, gedanklicher Entwurf. **3.** (Biol., Med.) Befruchtung der Eizelle; Schwangerschaftseintritt, Empfängnis

kon|zep|ti|o|nell: die Konzeption betreffend

kon|zep|ti|o|nie|ren: 1. eine ↑Konzeption (1, 2) für etwas machen. **2.** (von einer bestimmten Vorstellung, Idee ausgehend) etwas planen, entwerfen, entwickeln

Kon|zep|ti|o|nie|rung *die; -*, -en: Entwicklung, Erarbeitung einer Konzeption

kon|zep|tu|a|li|sie|ren: ein Konzept (2) entwerfen, als Konzept (2) gestalten

kon|zep|tu|ell: ein Konzept (2) aufweisend

Kon|zern *der; -*[e]s, -e ‹*lat.-mlat.-fr.-engl.*› (Wirtsch.): Zusammenschluss von Unternehmen, die eine wirtschaftliche Einheit bilden, ohne dabei ihre rechtliche Selbstständigkeit aufzugeben

kon|zer|nie|ren (Wirtsch.): zu einem Konzern zusammenschließen

Kon|zert *das; -*[e]s, -e ‹*lat.-it.;* »Wettstreit (der Stimmen)«›: **1.** öffentliche Musikaufführung. **2.** Komposition für Solo u. Orchester. **3.** (ohne Plural) Zusammenwirken verschiedener Faktoren od. [politischer] Kräfte

Kon|zert|agen|tur *die; -*, -en ‹*lat.-it.; nlat.*›: Agentur, die Künstlern Konzerte vermittelt

kon|zer|tant: konzertmäßig, in Konzertform; **konzertante Sinfonie:** Konzert mit mehreren solistisch auftretenden Instrumenten od. Instrumentengruppen

Kon|zer|ta|ti|on *die; -*, -en ‹*fr.*›: **1.** (Politik) Absprache zum Zweck eines gemeinsamen, abgestimmten Vorgehens; Übereinkunft. **2.** (veraltet) (an Schulen der Jesuiten gepflegter) Wettstreit unter Schülern im Hinblick auf schulische Kenntnisse oder die Fähigkeit, zu diskutieren

kon|zer|tie|ren: 1. ein Konzert geben. **2.** (veraltet) etwas verabreden, besprechen

kon|zer|tiert ‹*lat.-engl.*›: verabredet, aufeinander abgestimmt, übereinstimmend; **konzertierte Aktion** (Wirtsch.): das Zusammenwirken verschiedener Gruppen (Gewerkschaften, Unternehmerverbände u. Ä.) zur Erreichung eines bestimmten Zieles

Kon|zer|ti|na *die; -*, -s ‹*lat.-it.-fr.-engl.*›: Handharmonika mit sechseckigem od. quadratischem Gehäuse

Kon|zes|si|on *die; -*, -en ‹*lat.*›: **1.** (meist Plural) Zugeständnis, Entgegenkommen. **2.** (Rechtswiss.) **a)** befristete behördliche Genehmigung zur Ausübung eines konzessionspflichtigen Gewerbes; **b)** dem Staat vorbehaltenes Recht, ein Gebiet zu erschließen, dessen Bodenschätze auszubeuten

Kon|zes|si|o|när *der; -*s, -e ‹*lat.-nlat.*›: Inhaber einer Konzession

Kon|zes|si|o|nä|rin *die; -*, -nen: weibliche Form zu ↑Konzessionär

kon|zes|si|o|nie|ren: eine Konzession erteilen, behördlich genehmigen

kon|zes|siv ‹*lat.*› (Sprachw.): einräumend; **konzessive Konjunktion:** einräumendes Bindewort (z. B. obgleich)

Kon|zes|siv|satz *der; -*es, ...sätze (Sprachw.): Adverbialsatz der Einräumung (z. B.: *obwohl es regnete,* ging er spazieren)

konzedieren

Das von *lat.* concedere mit der ursprünglichen Bedeutung »beiseitetreten« abgeleitete Verb wird mit *-e-* in der zweiten Silbe geschrieben. Vgl. aber: konzipieren, Konzipierung usw.

Kon|zil *das; -*s, -e u. -ien ‹*lat.*›: **1.** Versammlung von Bischöfen u. anderen hohen Vertretern der katholischen Kirche zur Erledigung wichtiger kirchlicher Angelegenheiten; vgl. ökumenisch. **2.** aus Professoren, Vertretern von Studenten u. nicht akademischen Bediensteten einer Hochschule gebildetes Gremium, das bestimmte Entscheidungsbefugnisse hat

kon|zi|li|ạnt ⟨*lat.-fr.*⟩: umgänglich, verbindlich, freundlich; versöhnlich

Kon|zi|li|ạnz *die;* -: Umgänglichkeit, Verbindlichkeit, freundliches Entgegenkommen

Kon|zi|li|a|rịs|mus *der;* - ⟨*lat.-nlat.*⟩ (kath. Kirchenrecht): vom ↑Episkopalismus vertretene Theorie, dass die Rechtmäßigkeit u. Geltung der Beschlüsse eines Konzils nicht von der Zustimmung des Papstes abhängig seien

kon|zịnn ⟨*lat.*⟩: **1.** (veraltet) angemessen, gefällig; Ggs. ↑inkonzinn (1). **2.** (Rhet., Stilkunde) syntaktisch gleich gebaut, harmonisch zusammengefügt, abgerundet; Ggs. ↑inkonzinn (2)

Kon|zi|pi|ẹnt *der;* -en, -en ⟨*lat.*⟩: **1.** (veraltet) Verfasser eines Schriftstücks. **2.** (österr.) Jurist [zur Ausbildung] in einem Anwaltsbüro

Kon|zi|pi|ẹn|tin *die;* -, -nen: weibliche Form zu ↑Konzipient

kon|zi|pie|ren: 1. a) ein schriftliches Konzept (1) für etwas machen; **b)** (von einer bestimmten Vorstellung, Idee ausgehend) etwas planen, entwerfen, entwickeln. **2.** (Med.) schwanger werden

kon|zis ⟨*lat.*⟩ (Rhet., Stilkunde): kurz, gedrängt

Ko|ope|ra|ti|on *die;* -, -en ⟨*lat.*⟩: Zusammenarbeit verschiedener Partner

Ko|ope|ra|tor *der;* -s, ...oren ⟨*lat.*⟩: **1.** (veraltet) Mitarbeiter. **2.** (landsch. u. österr.) katholischer Hilfsgeistlicher

ko|ope|rie|ren: [auf wirtschaftlichem od. politischem Gebiet] zusammenarbeiten

Ko|op|ta|ti|on *die;* -, -en ⟨*lat.*⟩: nachträgliche Hinzuwahl neuer Mitglieder in eine Körperschaft durch die dieser Körperschaft bereits angehörenden Mitglieder

ko|op|tie|ren: jmdn. durch eine Nachwahl noch in eine Körperschaft aufnehmen

Ko|or|di|na|te *die;* -, -n ⟨*lat.-nlat.*⟩: **1.** (meist Plural; Math., Geogr.) Zahl, die die Lage eines Punktes in der Ebene u. im Raum angibt. **2.** (nur Plural; Math.) ↑Abszisse u. ↑Ordinate

Ko|or|di|na|ten|sys|tem *das;* -s, -e (Math.): mathematisches System, in dem mithilfe von Koordinaten die Lage eines Punktes od. eines geometrischen Gebildes in der Ebene od. im Raum festgelegt wird

Ko|or|di|na|ti|on *die;* -, -en: **1.** gegenseitiges Abstimmen verschiedener Dinge, Faktoren od. Vorgänge. **2.** (Sprachw.) Neben-, Beiordnung von Satzgliedern od. Sätzen; Ggs. ↑Subordination (2). **3.** (Med.) das harmonische Zusammenwirken der bei einer Bewegung tätigen Muskeln. **4.** (Chemie) Zusammensetzung u. Aufbau von chemischen Verbindungen höherer Ordnung

Ko|or|di|na|tor *der;* -s, ...oren: jmd., der etwas aufeinander abstimmt, etwas mit etwas in Einklang bringt

Ko|or|di|na|to|rin *die;* -, -nen: weibliche Form zu ↑Koordinator

ko|or|di|nie|ren ⟨*lat.-mlat.*⟩: mehrere Dinge od. Vorgänge aufeinander abstimmen; **koordinierende Konjunktion** (Sprachw.): nebenordnendes Bindewort (z. B. *und*)

Ko|pa|i|va|bal|sam *der;* -s ⟨*indian.-span.-engl.; hebr.-gr.-lat.*⟩: Harz des tropischen Kopaivabaumes, das in der Lackverarbeitung u. als Heilmittel verwendet wird

Ko|pal *der;* -s, -e ⟨*indian.-span.*⟩: ein Harz verschiedener tropischer Bäume, das für Lacke verwendet wird

Ko|pe|ke *die;* -, -n ⟨*russ.*⟩: russische u. ukrainische Münzeinheit (Abk.: Kop.)

Ko|pe|po|de *der;* -n, -n ⟨*gr.-nlat.*⟩ (Zool.): ein schalenloses Krebstier; Ruderfußkrebs

Kö|per *der;* -s, - ⟨*niederl.*⟩: Gewebe in Köperbindung (Webart)

ko|per|ni|ka|nisch ⟨nach dem Astronomen N. Kopernikus, 1473–1543⟩: die Lehre des Kopernikus betreffend, auf ihr beruhend; **kopernikanisches Weltsystem:** ↑heliozentrisches Weltsystem

Kọph|ta *der;* -[s], -s ⟨Herkunft unsicher⟩ (Geschichte): ägyptischer Magier; vgl. Großkophta

kọph|tisch: den Kophta betreffend

Ko|pi|al|buch *das;* -[e]s, ...bücher ⟨*lat.-nlat.; dt.*⟩ (Geschichte): Sammlung von Urkundenabschriften

Ko|pi|a|li|en *die* (Plural) ⟨*lat.-nlat.*⟩ (veraltet): Abschreibegebühren

Ko|pi|a|tur *die;* -, -en (veraltet): das Abschreiben

Ko|pie [österr.: ˈko:pịə] *die;* -, ...ien [österr.: ˈko:...] ⟨*lat.*⟩: **1. a)** Abschrift, Durchschrift, originalgetreue Wiedergabe eines geschriebenen Textes; **b)** ↑Fotokopie. **2.** Nachbildung, Nachgestaltung [eines Kunstwerks]. **3. a)** durch Belichten hergestelltes Bild von einem Negativ; **b)** fotografisch hergestelltes Doppel eines Films

ko|pie|ren ⟨*lat.-mlat.*⟩: **1. a)** etwas in Zweitausfertigung, eine Kopie (1 a) von etwas herstellen; **b)** eine Fotokopie von etwas machen. **2.** [ein Kunstwerk] nachbilden. **3. a)** eine Kopie (3 a) herstellen; **b)** von einem Negativfilm einen Positivfilm herstellen

Ko|pie|rer *der;* -s, - (ugs.): Gerät, mit dem Fotokopien gemacht werden

ko|pier|ge|schützt (EDV): mit einem Kopierschutz versehen

Ko|pier|schutz *der;* -es ⟨*lat.; dt.*⟩ (EDV): Programm zur Verhinderung unautorisierten Kopierens von Software

Ko|pier|stift *der;* -[e]s, -e: Schreibstift mit einer Mine, die wasserlösliche Farbstoffe enthält u. nicht wegradiert werden kann

Ko|pi|lot, Co|pi|lot *der;* -en, -en: **a)** zweiter Pilot in einem Flugzeug; **b)** zweiter Fahrer in einem Rennwagen

Ko|pi|lo|tin, Co|pi|lo|tin *die;* -, -nen: weibliche Form zu ↑Kopilot

ko|pi|ös ⟨*lat.-fr.*⟩ (Med.): reichlich, massenhaft

Ko|pist *der;* -en, -en ⟨*lat.-mlat.*⟩: jmd., der eine Kopie anfertigt

Ko|pis|tin *die;* -, -nen: weibliche Form zu ↑Kopist

Ko|p|ra *die;* - ⟨*tamil.-port.*⟩: zerkleinerte u. getrocknete Kokosnusskerne

Ko|pro|duk|ti|on *die;* -, -en ⟨*lat.; lat.-fr.*⟩: Gemeinschaftsherstellung, bes. beim Film

Ko|pro|du|zent *der;* -en, -en: jmd., der mit jmd. anderem zusammen einen Film, eine Fernsehsendung o. Ä. produziert

Ko|pro|du|zen|tin *die;* -, -nen: weibliche Form zu ↑Koproduzent

ko|pro|du|zie|ren: mit jmd. anderem zusammen etwas herstellen (bes. einen Film)

Ko|p|ro|lith [auch: ...'lɪt] *der;* -s u. -en, -e[n]: **1.** (Med.) ↑Konkrement aus verhärtetem Kot u. Mineralsalzen im unteren Verdauungstrakt. **2.** (Geol.) versteinerter Kot urweltlicher Tiere

Ko|p|rom *das;* -s, -e (Med.): Scheingeschwulst in Form einer Ansammlung verhärteten Kots im Darm

ko|p|ro|phag (Biol.): Kot essend

Ko|p|ro|pha|ge *der;* -n, -n (Biol.): Tier, das sich von den Exkrementen anderer Tiere ernährt; Kotfresser

Ko|p|ro|pha|gie *die;* - (Med.): das Essen von Kot bei bestimmten psychischen Erkrankungen

Kops *der;* -es, -e ⟨*engl.*⟩ (Spinnerei): Spinnhülse mit aufgewundenem Garn, Garnkörper, Kötzer

Kop|te *der;* -n, -n ⟨*gr.-arab.*⟩: Angehöriger der christlichen Kirche in Ägypten

Kop|tin *die;* -, -nen: weibliche Form zu ↑Kopte

kop|tisch: a) zur christlichen Kirche Ägyptens, zu den Kopten gehörend; **b)** die jüngste Stufe des Ägyptischen, die Sprache der Kopten betreffend

Ko|pu|la *die;* -, -s u. ...lae [...lɛ] ⟨*lat.;* »Band«⟩: **1.** ↑Kopulation (2). **2. a)** (Sprachw.) Verbform, die die Verbindung zwischen Subjekt u. Prädikativ (Prädikatsnomen) herstellt; **b)** (Logik) Glied, das Subjekt und Prädikat zu einer Aussage verbindet

Ko|pu|la|ti|on *die;* -, -en: **1.** (Rechtsspr. veraltet) Trauung, eheliche Verbindung. **2.** (Biol.) Verschmelzung der verschiedengeschlechtigen Geschlechtszellen bei der Befruchtung. **3.** (Gartenbau) Veredlung von Pflanzen, bei der das schräg geschnittene Edelreis mit der schräg geschnittenen Unterlage genau aufeinandergepasst wird. **4.** ↑Koitus

ko|pu|la|tiv (Sprachw.): verbindend, anreihend; **kopulative Konjunktion:** anreihendes Bindewort (z. B. und, auch)

ko|pu|lie|ren: 1. (Biol.) miteinander verschmelzen (von Geschlechtszellen bei der Befruchtung). **2.** Pflanzen veredeln. **3.** (Rechtsspr. veraltet) jmdn. trauen. **4.** ↑koitieren

kor..., Kor... vgl. kon..., Kon...

Ko|ral|le *die;* -, -n ⟨*gr.-lat.-fr.*⟩: **1.** koloniebildendes Hohltier tropischer Meere. **2.** das als Schmuck verwendete [rote] Kalkskelett der Koralle (1)

ko|ral|len: a) aus Korallen bestehend; **b)** korallenrot

ko|ram ⟨*lat.;* »vor aller Augen, offen«⟩: öffentlich; **jmdn. koram nehmen** (veraltet): jmdn. scharf tadeln; vgl. coram publico

Ko|ran [auch: 'ko:...] *der;* -[s], -e ⟨*arab.;* »Lesung«⟩: Sammlung der Offenbarungen Mohammeds, das heilige Buch des Islams (7. Jh. n. Chr.)

Kord vgl. Cord

Kor|de *die;* -, -n ⟨*gr.-lat.-fr.*⟩ (veraltet): schnurartiger Besatz

Kor|del *die;* -, -n: **1.** (landsch.) Bindfaden. **2.** (österr.) ↑Korde

kor|di|al ⟨*lat.-mlat.*⟩ (veraltet): herzlich; vertraulich

kor|die|ren ⟨*gr.-lat.-fr.*⟩: **1.** feine schraubenförmige Linien in Gold- u. Silberdraht einarbeiten. **2.** Griffe an Werkzeugen zur besseren Handhabung aufrauen

Kor|dit *der;* -s ⟨*gr.-lat.-fr.-engl.*⟩: fadenförmiges, rauchschwaches Schießpulver

Kor|don [...'dõ:, bes. südd., österr.: ...'do:n] *der;* -s, -s u. (bes. südd., österr.:) -e [kɔr'do:nə] ⟨*gr.-lat.-fr.;* »Schnur, Seil; Reihe«⟩: **1.** Postenkette, polizeiliche od. militärische Absperrung. **2.** Ordensband. **3.** Spalierbaum

Kor|do|nett|sei|de *die;* - ⟨*gr.-lat.-fr.; dt.*⟩: schnurartig gedrehte Handarbeits- u. Knopflochseide

Ko|re *die;* -, -n ⟨*gr.;* »Mädchen«⟩: bekleidete Mädchenfigur der [archaischen] griechischen Kunst

Ko|re|fe|rat vgl. Korreferat

Ko|re|fe|rent vgl. Korreferent
Ko|re|fe|ren|tin vgl. Korreferentin
ko|re|fe|rie|ren vgl. korreferieren
Ko|re|gis|seur [...ʒɪˈsøːɐ̯] *der;* -s, -e ‹lat.; lat.-fr.›: jmd., der zusammen mit einem anderen Regie führt
Ko|re|gis|seu|rin *die;* -, -nen: weibliche Form zu ↑Koregisseur
Ko|ri|an|der *der;* -s, - ‹*gr.-lat.*›: **a)** Gewürzpflanze des Mittelmeerraums; **b)** aus den Samenkörnern des Korianders (a) gewonnenes Gewürz
Ko|ri|an|do|li *das;* -[s], - ‹*gr.-lat.-it.*› (österr. veraltet): ↑Konfetti
Ko|rin|the *die;* -, -n ‹nach der gr. Stadt Korinth›: kleine, getrocknete, kernlose Weinbeere
Kor|mo|phyt *der;* -en, -en (meist Plural) ‹*gr.-nlat.*›: in Wurzel, Stängel u. Blätter gegliederte Farn- od. Samenpflanze (Sprosspflanze)
Kor|mo|ran [österr.: ˈkɔr...] *der;* -s, -e ‹*lat.-fr.*›: großer, meist schwarzgrüner Schwimmvogel
Kor|mus *der;* - ‹*gr.-nlat.*› (Bot.): in Wurzel, Sprossachse od. Stängel u. Blätter gegliederter Pflanzenkörper; Ggs. ↑Thallus
Kor|nea vgl. Cornea
Kor|nel|kir|sche *die;* -, -n ‹*lat.; dt.*›: ein Zier- u. Heckenstrauch mit gelben Doldenblüten u. essbaren Früchten
Kor|ner vgl. Corner
Kor|nett *das;* -[e]s, -e u. -s (Musik): **1.** Orgelregister. **2.** ein kleines Horn mit Ventilen
Kor|net|tist *der;* -en, -en: jmd., der Kornett (2) spielt
Kor|net|tis|tin *die;* -, -nen: weibliche Form zu ↑Kornettist
Ko|rol|la, Ko|rol|le *die;* -, ...llen ‹*gr.-lat.*› (Bot.): Gesamtheit der Blütenblätter einer Blüte (Blumenkrone)
Ko|rol|lar *das;* -s, -e, **Ko|rol|la|ri|um** *das;* -s, ...ien (»Kränzchen; Zugabe«) (Logik): Satz, der aus einem bewiesenen Satz folgt, von ihm abgeleitet wird
Ko|rol|le vgl. Korolla
Ko|ro|man|del|holz *das;* -es ‹nach dem vorderindischen Küstenstrich Koromandel›: wertvolles Holz eines vorderindischen Baumes
Ko|ro|na *die;* -, ...nen ‹*gr.-lat.;* »Kranz, Krone«›: **1.** (bild. Kunst) Heiligenschein an einer Figur. **2.** (Astron.) [bei totaler Sonnenfinsternis sichtbarer] Strahlenkranz der Sonne. **3. a)** (ugs.) [fröhliche] Runde, [Zuhörer]kreis; **b)** (ugs. abwertend) Horde
ko|ro|nar (Med.): zu den Herzkranzgefäßen gehörend, von ihnen ausgehend
Ko|ro|nar|in|suf|fi|zi|enz *die;* -, -en ‹*gr.-lat.; lat.*› (Med.): mangelhafte Sauerstoffversorgung des Herzmuskels
Ko|ro|nar|skle|ro|se *die;* - (Med.): Verkalkung der den Herzmuskel versorgenden Koronargefäße
Ko|ro|nis *die;* -, ...nides [...nideːs] ‹*gr.-lat.;* »Krümmung«›: in altgriechischen Wörtern das Zeichen für ↑Krase (ʼ) (z. B. gr. *tàmá* für *tà emá* »das Meine«)
Kor|po|ra: *Plural* von ↑²Korpus
Kor|po|ral *der;* -s, -e (auch: ...äle) ‹*lat.-it.-fr.*›: **1.** (veraltet) Führer einer Korporalschaft; Unteroffizier. **2.** (schweiz.) niederster Unteroffiziersgrad
Kor|po|ral|schaft *die;* -, -en ‹*lat.-it.-fr.; dt.*› (veraltet): Unterabteilung der Kompanie im inneren Dienst
Kor|po|ra|ti|on *die;* -, -en ‹*lat.-mlat.-engl.*›: **1.** Körperschaft, Innung, juristische Person. **2.** Studentenverbindung
Kor|po|ra|tis|mus *der;* -, ...men (Politik): Beteiligung gesellschaftlicher Gruppen an politischen Entscheidungsprozessen
kor|po|ra|tiv: 1. körperschaftlich; geschlossen. **2.** eine Studentenverbindung betreffend
kor|po|riert ‹*lat.*›: einer Korporation (2) angehörend
Korps, Corps [koːɐ̯] *das;* - [koːɐ̯(s)], - [koːɐ̯s] ‹*lat.-fr.*›: **1.** größerer Truppenverband. **2.** studentische Verbindung
Korps|geist, Corps|geist [ˈkoːɐ̯...] *der;* -[e]s: **1.** Gemeinschafts-, Standesbewusstsein. **2.** Standeshochmut
kor|pu|lent ‹*lat.*›: beleibt, wohlgenährt
Kor|pu|lenz *die;* -: Beleibtheit, Wohlgenährtheit
¹Kor|pus *der;* -, -se ‹*lat.*›: **1.** (ugs. scherzh.) Körper. **2.** (bild. Kunst) der Leib Christi am Kreuz. **3.** (ohne Plural) das massive, hinsichtlich Holz od. Farbe einheitliche Grundteil ohne die Einsatzteile [bei Möbeln]. **4.** (schweiz.) Ladentisch; [Büro]möbel mit Fächern od. Schubladen, dessen Deckfläche als Ablage od. Arbeitstisch dient. **5.** (auch: *das;* ohne Plural; Musik) Klangkörper eines Musikinstruments, bes. eines Saiteninstruments
²Kor|pus *das;* -, ...pora: **1.** Belegsammlung von Texten od. Schriften [aus dem Mittelalter od. der Antike]. **2.** einer wissenschaftlichen [Sprach]analyse zugrunde liegendes Material, repräsentative Sprachprobe
³Kor|pus *die;* - (Druckw. veraltet): Schriftgrad von 10 Punkt (ungefähr 3,7 mm Schrifthöhe)
Kor|pus De|lik|ti vgl. Corpus Delicti
Kor|pus Ju|ris vgl. Corpus Iuris

Kor|pus|kel *das;* -s, -n (fachspr. auch: *die;* -, -n) ⟨*lat.;* »Körperchen«⟩ (Physik): kleinstes Teilchen der Materie; Elementarteilchen

Kor|pus|ku|lar|the|o|rie *die;* - (Geschichte): Theorie, die davon ausgeht, dass das Licht aus ↑Korpuskeln besteht

Kor|ral *der;* -s, -e ⟨*span.*⟩: [Fang]gehege für wilde Tiere

Kor|ra|si|on *die;* -, -en ⟨*lat.-nlat.*⟩: Abschleifung von Gesteinen durch windbewegten Sand

Kor|re|fe|rat [auch: ...'ra:t], bes. österr.: **Ko|re|fe|rat** *das;* -[e]s, -e ⟨*lat.-nlat.*⟩: zweiter Bericht; Nebenbericht [zu dem gleichen wissenschaftlichen Thema]

Kor|re|fe|rent [auch: ...'rɛnt], bes. österr.: **Ko|re|fe|rent** *der;* -en, -en: **a)** jmd., der ein Korreferat hält; **b)** zweiter Gutachter [bei der Beurteilung einer wissenschaftlichen Arbeit]

Kor|re|fe|ren|tin [auch: ...'rɛn...], bes. österr.: **Ko|re|fe|ren|tin** *die;* -, -nen: weibliche Form zu ↑Korreferent

kor|re|fe|rie|ren [auch: ...'ri:...], bes. österr.: **ko|re|fe|rie|ren: a)** ein Korreferat halten; **b)** als zweiter Gutachter berichten, mitberichten

kor|rekt ⟨*lat.*⟩: richtig, fehlerfrei; einwandfrei; Ggs. ↑inkorrekt

Kor|rekt|heit *die;* -, -en: **1.** Richtigkeit; Ggs. ↑Inkorrektheit (1 a). **2.** einwandfreies Benehmen; Ggs. ↑Inkorrektheit (1 b)

Kor|rek|ti|on *die;* -, -en (veraltet): Besserung; Verbesserung; Regelung

kor|rek|tiv ⟨*lat.-nlat.*⟩ (veraltet): bessernd; zurechtweisend

Kor|rek|tiv *das;* -s, -e: etwas, was dazu dienen kann, Missstände, Mängel, Gegensätzlichkeiten, Ungleichheiten o. Ä. auszugleichen

Kor|rek|tor *der;* -s, ...oren ⟨*lat.*⟩: **1.** jmd., der beruflich Schriftsätze auf Fehler hin durchsieht. **2.** (Geschichte) Aufsichtsbeamter der römischen Kaiserzeit. **3.** jmd., der eine Prüfungsarbeit korrigiert und benotet

Kor|rek|to|rat *das;* -[e]s, -e: Abteilung, in der Korrektoren u. Korrektorinnen arbeiten

Kor|rek|to|rin *die;* -, -nen: weibliche Form zu ↑Korrektor (1, 3)

Kor|rek|tur *die;* -, -en: **a)** Verbesserung, [Druck]berichtigung; **b)** schriftliche Berichtigung

kor|re|lat, kor|re|la|tiv ⟨*lat.-mlat.*⟩: sich gegenseitig bedingend

Kor|re|lat *das;* -[e]s, -e: **1.** etwas, was etwas anderem als Ergänzung, ergänzende Entsprechung zugeordnet ist. **2.** (Sprachw.) Wort, das mit einem anderen in bedeutungsmäßiger od. grammatischer Beziehung steht (z. B. Gatte–Gattin, Rechte–Pflichten; darauf [bestehen], dass ...). **3.** (Math.) eine bestimmte Art mathematischer Größen, die in der Ausgleichs- u. Fehlerrechnung auftreten

Kor|re|la|ti|on *die;* -, -en ⟨»Wechselbeziehung«⟩: **1.** wechselseitige Beziehung. **2.** (Math.) Zusammenhang zwischen statistischen Ergebnissen, die durch Wahrscheinlichkeitsrechnung ermittelt werden. **3.** (Med.) Wechselbeziehung zwischen verschiedenen Organen od. Organteilen

kor|re|la|tiv vgl. korrelat

kor|re|lie|ren: einander bedingen, miteinander in [Wechsel]beziehung stehen

kor|re|pe|tie|ren ⟨*lat.-nlat.*⟩ (Musik): [Solo]partien für Gesang, ein Instrument od. Ballett mit Klavierbegleitung einstudieren

Kor|re|pe|ti|tor *der;* -s, ...oren (Musik): Musiker, der korrepetiert

Kor|re|pe|ti|to|rin *die;* -, -nen: weibliche Form zu ↑Korrepetitor

kor|re|s|pek|tiv ⟨*lat.-nlat.*⟩ (Rechtsspr.): gemeinschaftlich

Kor|re|s|pon|dent *der;* -en, -en ⟨*lat.-mlat.*⟩: **1.** Journalist, der [aus dem Ausland] regelmäßig aktuelle Berichte für Presse, Rundfunk od. Fernsehen liefert. **2. a)** Angestellter eines Betriebs, der den kaufmännischen Schriftwechsel führt; **b)** (veraltet) Briefpartner

Kor|re|s|pon|den|tin *die;* -, -nen: weibliche Form zu ↑Korrespondent

Kor|re|s|pon|denz *die;* -, -en: **1.** Briefwechsel, -verkehr. **2.** Beitrag eines Korrespondenten (1) einer Zeitung. **3.** (veraltet) Übereinstimmung

Kor|re|s|pon|denz|bü|ro *das;* -s, -s: Agentur, die Berichte, Nachrichten, Bilder u. a. für die Presse sammelt

Kor|re|s|pon|denz|kar|te *die;* -, -n (österr. veraltet): Postkarte

kor|re|s|pon|die|ren ⟨*lat.-mlat.-fr.*⟩: **1.** in Briefverkehr stehen. **2.** übereinstimmen, entsprechen

Kor|ri|dor *der;* -s, -e ⟨*lat.-it.*⟩: **1.** [Wohnungs]flur, Gang. **2.** schmaler Gebietsstreifen, der durch das Hoheitsgebiet eines fremden Staates führt

Kor|ri|gend *der;* -en, -en ⟨*lat.*⟩ (veraltet): Sträfling

Kor|ri|gen|da *die* (Plural): Druckfehler, Fehlerverzeichnis

Kor|ri|gens *das;* -, ...gentia u. ...genzien (meist Plural) (Pharm.): geschmackverbessernder Zusatz in Arzneien

kor|ri|gie|ren ⟨*lat.*⟩: etwas berichtigen; verbessern

kor|ro|die|ren: angreifen, zerstören; der Korrosion unterliegen

Kor|ro|si|on *die;* -, -en ⟨*lat.-mlat.*⟩: **1.** chemische Veränderung im Material an der Oberfläche fester Körper (z. B. von Gesteinen u. Metallen). **2.** (Geol.) Wiederauflösung von früh ausgeschiedenen Mineralien durch die Schmelze. **3.** (Med.) durch Entzündung od. Ätzmittel hervorgerufene Zerstörung von Körpergewebe

kor|ro|siv: 1. angreifend, zerstörend. **2.** durch ↑Korrosion hervorgerufen

kor|rum|pie|ren ⟨*lat.*⟩: **a)** bestechen; **b)** moralisch verderben

kor|rum|piert: nur schwer od. nicht mehr zu entziffern (von Stellen in alten Texten u. Handschriften); verderbt

kor|rupt: a) bestechlich; **b)** moralisch verdorben

Kor|rup|ti|on *die;* -, -en: **a)** Bestechung, Bestechlichkeit; **b)** moralischer Verfall

Kor|sa|ge [...ʒə] *die;* -, -n ⟨*lat.-fr.*⟩: auf Figur gearbeitetes, versteiftes Oberteil eines Kleides

Kor|sar *der;* -en, -en ⟨*lat.-mlat.-it.*⟩ (Geschichte): **1. a)** Seeräuber; **b)** Seeräuberschiff. **2.** Zweimannjolle mit Vor- u. Großsegel

Kor|se|lett *das;* -s, -s (auch: -e) ⟨*lat.-fr.*⟩: leichteres Korsett (1)

Kor|sett *das;* -s, -s (auch: -e): **1.** mit Stäbchen versehenes u. mit Schnürung od. Gummieinsätzen ausgestattetes Mieder. **2.** (Med.) Stützvorrichtung für die Wirbelsäule

Kor|so *der;* -s, -s ⟨*lat.-it.*⟩: **1.** Umzug, festliche Demonstrationsfahrt. **2.** große, breite Straße für Umzüge. **3.** (Geschichte) Wettrennen von Pferden ohne Reiter

Kor|tex *der;* -[es], -e u. ...tizes [...titse:s] ⟨*lat.*⟩ (Med.): **1.** äußere Zellschicht eines Organs. **2.** Hirnrinde

kor|ti|kal ⟨*lat.-nlat.*⟩: **1.** (Med.) von der Hirnrinde ausgehend, in der Hirnrinde sitzend; **kortikale Zentren:** wichtige Teile der Hirnrinde, in denen z. B. Hör- u. Sehzentrum liegen. **2.** (Biol., Med.) die äußere Zellschicht von Organen betreffend

Kor|ti|ko|s|te|ron, fachspr.: **Cor|ti|co|s|te|ron** *das;* -s ⟨Kunstw.⟩ (Med.): Hormon der Nebennierenrinde

Kor|ti|son, fachspr.: **Cor|ti|son** *das;* -s ⟨Kunstw.⟩ (Med.): [Präparat aus dem] Hormon der Nebennierenrinde

Ko|rund *der;* -[e]s, -e ⟨*tamil.-nlat.*⟩: ein sehr hartes Mineral

Kor|vet|te *die;* -, -n ⟨*fr.*⟩: **1. a)** leichtes Kriegsschiff; **b)** (veraltet) Segelkriegsschiff. **2.** (Sport) Sprung in den Handstand

Kor|vet|ten|ka|pi|tän *der;* -s, -e: Marineoffizier im Majorsrang

Ko|ry|bant *der;* -en, -en ⟨*gr.-lat.*⟩ (Geschichte): Priester der phrygischen Muttergöttin Kybele

ko|ry|ban|tisch: wild begeistert; ausgelassen tobend

Ko|sak *der;* -en, -en ⟨*russ.*⟩ (Geschichte): Angehöriger der militärisch organisierten Grenzbevölkerung im zaristischen Russland

Ko|sa|kin: weibliche Form zu ↑Kosak

Ko|sche|nil|le [...ˈnɪljə] *die;* -, -n ⟨*span.-fr.*⟩: **1.** Weibchen der Scharlachschildlaus. **2.** (ohne Plural) karminroter Farbstoff

ko|scher ⟨*hebr.-jidd.*⟩: **1.** den jüdischen Speisegesetzen gemäß. **2.** (ugs.) in Ordnung, einwandfrei

Ko|se|kans *der;* -, - (auch: ...nten) ⟨*lat.-nlat.*⟩ (Math.): Kehrwert des ↑Sinus (1) im rechtwinkligen Dreieck (Zeichen: cosec)

Ko|si|nus *der;* -, - u. -se ⟨*lat.-nlat.*⟩ (Math.): Verhältnis von Ankathete zu Hypotenuse im rechtwinkligen Dreieck (Zeichen: cos)

Kos|me|tik *die;* - ⟨*gr.-fr.*⟩: **1.** Körper- u. Schönheitspflege. **2.** nur oberflächlich vorgenommene Ausbesserung, die nicht den Kern der Sache trifft

Kos|me|ti|ke|rin *die;* -, -nen: weibliche Fachkraft für Kosmetik (1) (Berufsbez.)

Kos|me|ti|kum *das;* -s, ...ka (meist Plural) ⟨*gr.-nlat.*⟩: Mittel zur Körper- u. Schönheitspflege

kos|me|tisch ⟨*gr.-fr.*⟩: **1. a)** die Kosmetik (1) betreffend; **b)** mithilfe der Kosmetik (1) [gepflegt]; **c)** der Verschönerung dienend, sie bewirkend; **kosmetische Chirurgie:** Teilgebiet der Chirurgie, bei dem [als entstellend empfundene] körperliche Mängel od. Verunstaltungen operativ behoben od. vermindert werden. **2.** nur oberflächlich [vorgenommen], ohne den eigentlichen Missstand aufzuheben od. ohne etwas von Grund aus wirklich zu verändern

kos|misch ⟨*gr.-lat.*⟩: **1.** das Weltall betreffend, aus ihm stammend. **2.** weltumfassend, unermesslich, unendlich

kos|mo..., Kos|mo...

⟨zu *gr.* kósmos »Ordnung; Weltordnung, Weltall, Welt« (→*russ.* kosmo... »Welt, Weltall«)⟩ Wortbildungselement mit der Bedeutung »Welt, Weltraum; die Welt, den Weltraum betreffend«:
- Kosmobiologie
- Kosmologie
- Kosmonaut
- kosmopolitisch

Kos|mo|bio|lo|gie *die;* -: Wissenschaftsbereich, in dem die Lebensbedingungen im Weltraum sowie die Einflüsse des Weltraums auf irdische Lebenserscheinungen untersucht werden

Kos|mo|drom *das;* -s, -e ⟨*gr.-russ.*⟩: (bes. in Russland) Startplatz für Weltraumraketen

Kos|mo|go|nie *die;* -, ...ien ⟨*gr.*⟩: **1.** [mythische Lehre von der] Entstehung der Welt. **2.** wissenschaftliche Theorienbildung über die Entstehung des Weltalls

kos|mo|go|nisch: die Kosmogonie betreffend

Kos|mo|gra|fie, **Kos|mo|gra|phie** *die;* -, ...ien: **1.** (veraltet) Beschreibung der Entstehung u. Entwicklung des Kosmos. **2.** (im Mittelalter) ↑Geografie

Kos|mo|lo|gie *die;* -, ...ien: Lehre von der Entstehung u. Entwicklung des Weltalls

kos|mo|lo|gisch: die Kosmologie betreffend

Kos|mo|naut *der;* -en, -en ⟨*gr.-russ.*⟩: (bes. in Russland) Weltraumfahrer, Teilnehmer an einem Raumfahrtunternehmen; vgl. Astronaut

Kos|mo|nau|tik *die;* -: ↑Astronautik

Kos|mo|nau|tin *die;* -, -nen: weibliche Form zu ↑Kosmonaut

kos|mo|nau|tisch: die Kosmonautik betreffend; vgl. astronautisch

Kos|mo|po|lit *der;* -en, -en ⟨*gr.*⟩: **1.** Weltbürger. **2.** Vertreter des Kosmopolitismus (2). **3.** Tier- od. Pflanzenart, die über die ganze Erde verbreitet ist

kos|mo|po|li|tisch: die Anschauung des Kosmopolitismus (1, 2) vertretend

Kos|mo|po|li|tis|mus *der;* - ⟨*gr.-nlat.*⟩: **1.** Weltbürgertum. **2.** (kommunistisch abwertend) Weltanschauung, die das Streben der imperialistischen Großmächte nach Weltherrschaft mit dem Vorwand begründet, der Nationalstaat, der Patriotismus usw. sei in der gegenwärtigen Epoche historisch überholt

Kos|mos *der;* - ⟨*gr.*⟩: **a)** Weltraum, Weltall; **b)** [die] Welt [als geordnetes Ganzes]

Kos|mo|the|is|mus *der;* - (Philos.): philosophische Anschauung, die Gott u. Welt als Einheit begreift

Kos|mo|t|ron [auch: ...'tro:n] *das;* -s, ...trone (auch: -s): Gerät zur Erzeugung äußerst energiereicher Partikelstrahlungen (Teilchenbeschleuniger)

kos|tal ⟨*lat.-nlat.*⟩ (Med.): zu den Rippen gehörend, sie betreffend

Kos|tüm *das;* -[e]s, -e ⟨*lat.-it.-fr.*⟩: **1.** [historische] Kleidung, Tracht. **2.** aus Rock u. Jacke bestehende Damenkleidung. **3. a)** zur Ausstattung eines Theaterstückes nötige Kleidung; **b)** Verkleidung für ein Maskenfest

kos|tü|mie|ren: [für ein Maskenfest] verkleiden

Ko|tan|gens *der;* -, - ⟨*lat.-nlat.*⟩ (Math.): Kehrwert des ↑Tangens im rechtwinkligen Dreieck (Zeichen: cot, cotg, ctg)

Ko|tau *der;* -s, -s ⟨*chin.*⟩: demütige Ehrerweisung, Verbeugung

Ko|te|lett [kɔt'lɛt, 'kɔtlɛt] *das;* -s, -s (selten: -e) ⟨*lat.-fr.*⟩: Rippenstück vom Kalb, Schwein, Lamm od. Hammel

Ko|te|let|ten *die* (Plural): Haare an beiden Seiten des Gesichts neben den Ohren

Ko|te|rie *die;* -, ...ien ⟨*fr.*⟩ (abwertend): Kaste; Klüngel; Sippschaft

Ko|text *der;* -[e]s, -e ⟨*lat.*⟩ (Sprachw.): der umgebende Text einer sprachlichen Einheit; ↑Kontext (1 a)

Ko|thurn *der;* -s, -e ⟨*gr.-lat.*⟩: **1.** Bühnenschuh der Schauspieler mit hoher Sohle (im antiken Trauerspiel); vgl. Soccus. **2.** erhabener, pathetischer Stil

ko|tie|ren ⟨*lat.-fr.*⟩: **1.** ein Wertpapier zur Notierung an der Börse zulassen. **2.** (veraltet) die Höhe eines Geländepunktes messen; vgl. nivellieren

Ko|tie|rung *die;* -, -en: Zulassung eines Wertpapiers zur amtlichen Notierung an der Börse

Ko|til|lon ['kɔtɪljõ, auch: ...'jõ:] *der;* -s, -s ⟨*germ.-fr.*⟩ (veraltet): Gesellschaftsspiel in Tanzform

Ko|to *die;* -, -s ⟨*jap.*⟩: 6- od. 13-saitiges zitherähnliches japanisches Musikinstrument

Ko|ton [ko'tõ:] *der;* -s, -s ⟨*arab.-fr.*⟩: Baumwolle; vgl. Cotton

ko|to|ni|sie|ren: Bastfasern durch chemische Behandlung die Beschaffenheit von Baumwolle geben

Ko|to|rin|de *die;* - ⟨*indian.-port.; dt.*⟩: Rinde eines bolivianischen Baumes, die früher als Heilmittel verwendet wurde

Ko|t|schin|chi|na|huhn *das;* -[e]s, ...hühner ⟨nach dem früheren Namen für den Süden Vietnams, Kotschinchina⟩: [in England gezüchtetes] großes u. kräftiges Huhn

Ko|ty|le|do|ne *die;* -, -n ⟨*gr.-lat.*⟩ (Biol.): **1.** Keimblatt der Samenpflanze. **2.** Zotte der tierischen Embryohülle

Ko|ty|lo|sau|ri|er *der;* -s, -, **Ko|ty|lo|sau|rus** *der;* -, ...rier ⟨*gr.-nlat.*⟩: ausgestorbenes Reptil der Trias- u. Permzeit

Ko|va|ri|an|ten|phä|no|men *das;* -s ⟨*lat.; gr.*⟩ (Psychol.): Täuschung in der Wahrnehmung von Raum u. Tiefe

Ko|va|ri|anz [auch: ...ˈri̯ants] *die;* -, -en: **1.** (Physik) Unveränderlichkeit der Form bestimmter physikalischer Gleichungen bei bestimmten Rechenvorgängen. **2.** (Statistik) Maß für die gegenseitige Abhängigkeit zweier Größen

Ko|x|al|gie *die;* -, ...i̲en ⟨*lat.; gr.*⟩ (Med.): Schmerz im Hüftgelenk od. im Bereich der Hüfte

Ko|xi|tis *die;* -, ...iti̲den ⟨*lat.-nlat.*⟩ (Med.): Entzündung des Hüftgelenks

Kraal vgl. Kral

kra|cken [auch: ˈkrɛkn̩] ⟨*engl.*⟩: in einem chemischen Verfahren Schweröle in Leichtöle (Benzine) umwandeln

Krä|cker *der;* -s, - (meist Plural): ↑Cracker (1, 2)

Kra|ke *der;* -n, -n, (ugs. auch:) *die;* -, -n ⟨*norw.*⟩: ein Riesentintenfisch

Kra|ko|wi|ak *der;* -s, -s ⟨*poln.;* »Krakauer (Tanz)«⟩: polnischer Nationaltanz im $^2/_4$-Takt mit Betonungswechsel von Ferse u. Stiefelspitze

Kral *der;* -s, -e (auch: -s) ⟨*port.-afrikaans*⟩: Runddorf afrikanischer Stämme

[1]**Kram|pus** *der;* -, ...pi ⟨*dt.-mlat.*⟩ (Med.): Muskelkrampf

[2]**Kram|pus** *der;* -[ses], -se ⟨Herkunft unsicher⟩ (bes. österr.): Begleiter des ↑Nikolaus (1)

kra|ni|al ⟨*gr.-nlat.*⟩ (Med.): **a)** zum Kopf gehörend; **b)** kopfwärts gelegen

Kra|nio|lo|gie *die;* - (Med.): Lehre vom Schädelbau

Kra|nio|me|t|rie *die;* -, ...i̲en (Med.): Schädelmessung

Kra|ni|o|te *der;* -n, -n (meist Plural) ⟨*gr.-nlat.*⟩: Wirbeltier mit Schädel; vgl. Akranier

Kra|nio|to|mie *die;* -, ...i̲en (Med.): **1.** das Zerschneiden des Schädels beim toten Kind im Mutterleib. **2.** operative Öffnung des Schädels

krap|pen ⟨*niederl.*⟩: Geweben Glanz verleihen; vgl. appretieren

Kra|se, Kra|sis *die;* -, Kra̲sen ⟨*gr.-lat.;* »Mischung«⟩: in der altgriechischen Grammatik die Zusammenziehung zweier aufeinanderfolgender Wörter, deren erstes auf einen Vokal ausgeht u. deren zweites mit einem Vokal beginnt, in ein einziges Wort; vgl. Koronis

[1]**Kra|ter** *der;* -s, - ⟨*gr.-lat.*⟩: **1.** trichter- od. kesselförmige Öffnung eines Vulkans. **2.** trichter- od. kesselförmige Vertiefung im Erd- od. Mondboden

[2]**Kra|ter** *der;* -s, -e ⟨*gr.*⟩: altgriechischer Krug, in dem Wein mit Wasser gemischt wurde

kra|ti|ku|lie|ren ⟨*lat.-nlat.*⟩: eine Figur mithilfe eines darübergelegten Gitters ausmessen, übertragen, verkleinern, vergrößern

Kraul *das;* -[s] ⟨*altnord.-engl.*⟩: Schwimmstil, bei dem die Arme lang gezogene Schaufelbewegungen zu einem rhythmischen Wechselschlag der Beine ausführen

krau|len: im Kraulstil schwimmen

Krau|ler *der;* -s, -: jmd., der im Kraulstil schwimmt

Kra|wat|te *die;* -, -n ⟨*dt.-fr.;* nach einer Mundartform *Krawat* für »Kroate«⟩: **1.** Schlips. **2.** (Sport) unerlaubter Würgegriff beim griechisch-römischen Ringkampf

Kra|y|on [krɛˈjõ:] *der;* -s, -s ⟨*lat.-fr.*⟩ (veraltet): **1.** [Dreh]bleistift. **2.** Kreide

Kra|y|on|ma|nier *die;* -: ein Radierverfahren nach Art einer Kreide- od. Rötelzeichnung

Kre|as *das;* - ⟨*breton.-altfr.-span.*⟩: ungebleichte Leinwand

Kre|a|tin *das;* -s ⟨*gr.-nlat.*⟩ (Biol.; Med.): Stoffwechselprodukt des Eiweißes im Blut u. in der Muskulatur der Wirbeltiere u. des Menschen

Kre|a|ti|on *die;* -, -en ⟨*lat.(-fr.)*⟩: **1.** Modeschöpfung, Modell[kleid]. **2.** (veraltet) Schöpfung, Erschaffung. **3.** (veraltet) Wahl, Ernennung

kre|a|tiv ⟨*lat.-nlat.*⟩: schöpferisch, Ideen habend u. diese gestalterisch verwirklichend

Kre|a|ti|vi|tät *die;* -: **1.** das Schöpferische; Schöpferkraft. **2.** (Sprachw.) die Kompetenz, neue, nie zuvor gehörte Sätze zu bilden u. zu verstehen

Kre|a|tur *die;* -, -en ⟨*lat.-mlat.*⟩: **1.** [Lebe]wesen, Geschöpf. **2. a)** bedauernswerter, verachtenswerter Mensch; **b)** Günstling, willenloses, gehorsames Werkzeug eines anderen

kre|a|tür|lich: dem Geschöpf eigen, für ein Lebewesen typisch

Kre|denz *die;* -, -en ⟨*lat.-mlat.-it.*⟩ (veraltet): Anrichte, Anrichteschrank

kre|den|zen: [ein Getränk] feierlich anbieten, darreichen, einschenken, auftischen

[1]**Kre|dit** [auch: ...ˈdɪt] *der;* -[e]s, -e ⟨*lat.-it.-fr.*⟩: **1.** Vertrauen in die Fähigkeit und Bereitschaft einer Person od. eines Unternehmens, bestehende Verbindlichkeiten ordnungsgemäß u. zum richtigen Zeitpunkt zu begleichen. **2. a)** die einer Person od. einem Unternehmen kurz- od. langfristig zur Verfügung stehenden fremden Geldmittel oder Sachgüter; **b)** (ohne Plural) gewährter Zahlungsaufschub; Stundung

[2]**Kre|dit** *das;* -s, -s ⟨*lat.*⟩: Kontoseite (Habenseite), auf der das Guthaben verzeichnet ist; Ggs. ↑Debet

kre|di|tie|ren ⟨*lat.-it.-fr.*⟩: **a)** ↑[1]Kredit (2 a) geben; **b)** gutschreiben

Kre|dit|in|s|ti|tut *das;* -[e]s, -e: Unternehmen, das überwiegend Bankgeschäfte betreibt, z. B. Banken u. Sparkassen

Kre|di|tor [österr.: ...'di:...] *der;* -s, ...oren ⟨*lat.*⟩: Gläubiger

Kre|di|to|ren|kon|to *das;* -s, ...ten (auch:) -s u. ...ti: Konto, auf dem die Verbindlichkeiten in Bezug auf Lieferungen u. Leistungen verbucht werden

Kre|do vgl. Credo

kre|ie|ren ⟨*lat.(-fr.)*⟩: **1.** eine neue Linie, einen neuen [Mode]stil schaffen, gestalten, erfinden. **2.** als Eigenes, eigene, persönliche Prägung o. Ä. hervorbringen. **3.** (Theater) eine Rolle als Erste[r] spielen. **4.** einen Kardinal ernennen

Kre|ma|ti|on *die;* -, -en ⟨*lat.*⟩: Einäscherung [von Leichen]

Kre|ma|to|ri|um *das;* -s, ...ien ⟨*lat.-nlat.*⟩: Einäscherungsanstalt, Anlage zur Feuerbestattung

kre|mie|ren ⟨*lat.*⟩ (schweiz., sonst veraltet): einäschern, Leichen verbrennen

Kreml [auch: 'kre:ml̩] *der;* -[s], - ⟨*russ.*⟩: **1.** Stadtteil in russischen Städten. **2.** (ohne Plural) **a)** Sitz der Regierung in Russland; **b)** die Regierung Russlands

Kren *der;* -[e]s ⟨*slaw.*⟩ (südd., bes. österr.): Meerrettich

[1]**Kre|o|le** *der;* -n, -n ⟨*lat.-port.-span.-fr.*⟩: **1.** Nachkomme weißer romanischer Einwanderer in Südamerika (weißer Kreole). **2.** Nachkomme von schwarzen Sklaven [in Brasilien] (schwarzer Kreole)

[2]**Kre|o|le** vgl. Creole

Kre|o|sot *das;* -[e]s ⟨*gr.-nlat.*⟩: ein aus Holzteer destilliertes Räucher- u. Arzneimittel

kre|pie|ren ⟨*lat.-it.*⟩: **1.** bersten, platzen, zerspringen (von Sprenggeschossen). **2.** (ugs.) sterben; verenden

Kre|pi|ta|ti|on *die;* -, -en ⟨*lat.;* »das Knarren«⟩ (Med.): **1.** Knisterrasseln; besondere Geräusche bei beginnender Lungenentzündung. **2.** Knirschen, das durch das Aneinanderreiben von Knochenbruchenden sowie von Sehnen u. Sehnenscheiden bei entzündlichen Veränderungen entsteht

[1]**Krepp** *der;* -s, -s u. -e, [1]**Crêpe** [krɛp] *der;* -[s], -s: Gewebe mit welliger od. gekräuselter Oberfläche

[2]**Krepp** vgl. [2]Crêpe

krep|pen: 1. (Textilfasergewebe) durch spezielle Behandlung zu Krepp verarbeiten. **2.** (Papier) kräuseln

Kre|sol *das;* -s, -e ⟨Kunstw.⟩: ein aus Teer destilliertes Desinfektionsmittel

kre|ta|ze|isch, kre|ta|zisch ⟨*lat.*⟩ (Geol.): zur Kreideformation gehörend, sie betreffend

Kre|te *die;* -, -n ⟨*lat.-fr.*⟩ (schweiz.): [Gelände]kamm, Grat

Kre|thi und Ple|thi ⟨nach den Kretern u. Philistern in der Söldnertruppe des biblischen Königs David⟩ (abwertend): jedermann, alle Welt

Kre|ti|kus *der;* -, ...izi ⟨*gr.-lat.*⟩: ein antiker Versfuß (rhythmische Einheit: –◡–)

Kre|tin [kre'tɛ̃:] *der;* -s, -s ⟨*gr.-lat.-fr.*⟩: **1.** (Med.) jmd., der an Kretinismus leidet. **2.** (ugs. abwertend) Dummkopf

Kre|ti|nis|mus *der;* - ⟨*gr.-lat.-fr.-nlat.*⟩ (Med.): auf Unterfunktion der Schilddrüse beruhendes Zurückbleiben der körperlichen u. geistigen Entwicklung

Kre|ti|zi: *Plural* von ↑Kretikus

Kre|ton *der;* -s, -e ⟨*fr.*⟩ (österr.): ↑Cretonne

Kre|tonne [kre'tɔn] vgl. Cretonne

Kret|scham, Kret|schem *der;* -s, -e ⟨*slaw.*⟩ (landsch., sonst veraltet): Gastwirtschaft

Kretsch|mer *der;* -s, - (landsch.): Wirt

Kre|vet|te, Cre|vet|te *die;* -, -n ⟨*lat.-fr.*⟩: Garnelenart (vgl. Garnele)

Kri|cket *das;* -s, -s ⟨*engl.*⟩: englisches Schlagballspiel

Kri|da *die;* - ⟨*lat.-mlat.*⟩ (österr. Rechtsspr.): Konkursvergehen

Kri|dar, Kri|da|tar *der;* -s, -e ⟨*nlat.*⟩ (österr.): Konkursschuldner

Kri|ko|to|mie *die;* -, ...ien ⟨*gr.-nlat.*⟩ (Med.): operative Spaltung des Ringknorpels der Luftröhre bei drohender Erstickung

Kri|mi [auch: 'kri:mi] *der;* -s, -s ⟨Kurzform von **Krimi**nalfilm od. **Krimi**nalroman⟩: **1.** Kriminalfilm. **2.** Kriminalroman

kri|mi|nal ⟨*lat.*⟩ (veraltet): strafrechtlich; vgl. ...al/...ell

Kri|mi|nal *das;* -s, -e (österr. veraltend): Strafanstalt, Zuchthaus

Kri|mi|na|le *der;* -n, -n, **Kri|mi|na|ler** *der;* -s, - (ugs.): Kriminalbeamter

Kri|mi|nal|film *der;* -[e]s, -e: ein Film, der die Aufdeckung u. Aufklärung eines Verbrechens (meist eines Mordes) schildert; Kurzw.: Krimi

kri|mi|na|li|sie|ren: 1. kriminell werden lassen, machen, in die Kriminalität (a) treiben. **2.** als kriminell erscheinen lassen, hinstellen

Kri|mi|na|li|sie|rung *die;* -, -en ⟨*lat.-nlat.*⟩: **a)** das Kriminalisieren; **b)** das Kriminalisiertwerden

Kri|mi|na|list *der;* -en, -en: **1.** Professor für Strafrecht an einer Universität; Strafrechtler. **2.** Beamter, Sachverständiger der Kriminalpolizei

Kri|mi|na|lis|tik *die;* -: (als Teilbereich der Kriminologie) Wissenschaft, Lehre von der Aufklärung u. Verhinderung von Verbrechen

Kri|mi|na|lis|tin *die;* -, -nen: weibliche Form zu ↑Kriminalist

kri|mi|na|lis|tisch: die Kriminalistik betreffend, die Mittel der Kriminalistik anwendend

Kri|mi|na|li|tät *die;* -: **a)** Straffälligkeit; **b)** Umfang der strafbaren Handlungen, die in einem bestimmten Gebiet innerhalb eines bestimmten Zeitraums [von einer bestimmten Tätergruppe] begangen werden

Kri|mi|nal|po|li|zei *die;* -, -en (Plural selten): die mit der Verhütung, Aufklärung u. Bekämpfung von Verbrechen od. Vergehen beauftragte Polizei; Kurzw.: Kripo

Kri|mi|nal|psy|cho|lo|gie *die;* -, ...ien: forensische Psychologie

Kri|mi|nal|ro|man *der;* -s, -e: Roman, bei dem ein Verbrechen u. seine Aufklärung im Mittelpunkt stehen; Kurzw.: Krimi

k

kri|mi|nell ⟨*lat.-fr.*⟩: **1. a)** straffällig; **b)** strafbar, verbrecherisch. **2.** (ugs.) sich an der Grenze des Erlaubten bewegend; rücksichtslos, unverantwortlich, schlimm; vgl. ...al/...ell

Kri|mi|nel|le *der* u. *die;* -n, -n (abwertend): jmd., der ein Verbrechen begangen hat

Kri|mi|no|lo|gie *die;* -: Wissenschaft, die Ursachen u. Erscheinungsformen von Verbrechen untersucht u. sich mit der Verhinderung, Aufklärung u. Bekämpfung von Verbrechen befasst

kri|mi|no|lo|gisch: a) die Kriminologie u. ihre Methoden betreffend; **b)** mit den Methoden, Mitteln der Kriminologie arbeitend

Krim|sekt *der;* -[e]s: aus Weinen der Halbinsel Krim hergestellter Schaumwein

Kri|no|i|de *der;* -n, -n (meist Plural) ⟨*gr.-nlat.*⟩ (Zool.): Haarstern od. Seelilie

Kri|no|li|ne *die;* -, -n ⟨*lat.-it.-fr.*⟩: um die Mitte des 19. Jh.s getragener Reifrock

Kri|po *die;* -, -s (Plural selten): kurz für: ↑Kriminalpolizei

Kris *der;* -es, -e ⟨*malai.*⟩: Dolch der Malaien

Kri|se, Kri|sis *die;* -, ...sen ⟨*gr.-lat.(-fr.)*⟩: **1.** Entscheidungssituation, Wende-, Höhepunkt einer gefährlichen Entwicklung. **2.** gefährliche Situation. **3.** (Med.) **a)** schneller Fieberabfall als Wendepunkt einer Infektionskrankheit; **b)** (meist Plural) plötzlich auftretende heftige Schmerzanfälle im Bereich verschiedener Körperorgane od. -regionen

kri|seln: nur unpersönlich **es kriselt:** es gibt Anzeichen für eine bevorstehende Krise

Kri|sis vgl. Krise

[1]Kris|tall *der;* -s, -e ⟨*gr.-lat.-mlat.*⟩: fester, regelmäßig geformter, von ebenen Flächen begrenzter Körper

[2]Kris|tall *das;* -s: **a)** geschliffenes Glas; **b)** Gegenstände aus geschliffenem Glas

kris|tal|len ⟨*gr.-lat.-mlat.*⟩: **1.** aus, von Kristallglas. **2.** kristallklar, wie Kristall

kris|tal|lin, kris|tal|li|nisch ⟨*gr.-lat.*⟩: aus vielen kleinen, unvollkommen ausgebildeten [1]Kristallen bestehend (z. B. Granit); **kristalline u. kristallinische Schiefer** (Geol.): durch ↑Metamorphose (4) veränderte Erguss- u. Absatzgesteine

Kris|tal|li|sa|ti|on *die;* -, -en ⟨*gr.-lat.-fr.*⟩ (Chemie): der Prozess, Zeitpunkt des Kristallisierens eines Stoffes

kris|tal|lisch: ↑kristallin

kris|tal|li|sie|ren: [1]Kristalle bilden

Kris|tal|lit [auch: ...ˈlɪt] *der;* -s, -e ⟨*gr.-lat.-nlat.*⟩: mikroskopisch kleiner [1]Kristall ohne deutlich ausgeprägte Oberflächenformen

Kris|tal|lo|gra|fie, Kris|tal|lo|gra|phie *die;* -: Wissenschaft von den chemischen u. physikalischen Eigenschaften der Kristalle

kris|tal|lo|gra|fisch, kris|tal|lo|gra|phisch: die Kristallografie betreffend

Kris|tal|lo|id *das;* -[e]s, -e: ein kristallähnlicher Körper od. ein Stoff mit kristallähnlicher Struktur

Kri|te|ri|um *das;* -s, ...ien ⟨*gr.-nlat.*⟩: **1.** Prüfstein, unterscheidendes Merkmal, Kennzeichen. **2.** (Sport) **a)** Wettbewerb, bei dem keine Meisterschaft ausgetragen, sondern nur ein Sieger ermittelt wird; **b)** Straßenradrennen auf einem Rundkurs, bei dem der Sieger durch die Ergebnisse einzelner Wertungen nach Punkten ermittelt wird

Kri|tik [auch: ...ˈtɪk] *die;* -, -en ⟨*gr.-lat.-fr.*⟩: **1.** [wissenschaftliche, künstlerische] Beurteilung, Begutachtung, Bewertung. **2.** Beanstandung, Tadel. **3. a)** kritische (1 a) Beurteilung, Besprechung einer künstlerischen Leistung, eines wissenschaftlichen, literarischen, künstlerischen Werkes (in einer Zeitung, im Rundfunk o. Ä.); **b)** (ohne Plural) Gesamtheit der kritischen Betrachter

Kri|ti|ka|li|tät *die;* -, -en (Kernphysik): das Kritischwerden eines ↑Reaktors, bei dem eine eingetretene Kettenreaktion nicht abreißt

Kri|ti|kas|ter *der;* -s, - ⟨*gr.-lat.-nlat.*⟩ (abwertend): Nörgler, kleinlicher Kritiker

Kri|ti|ker *der;* -s, - ⟨*gr.-lat.*⟩: **1.** Beurteiler. **2.** jmd., der beruflich Besprechungen von neu herausgebrachten Büchern, Theaterstücken o. Ä. verfasst. **3.** jmd., der eine Person tadelt od. etwas beanstandet

Kri|ti|ke|rin *die; -, -nen:* weibliche Form zu ↑Kritiker

kri|tisch *⟨gr.-lat.(-fr.)⟩:* **1. a)** nach präzisen [wissenschaftlichen od. künstlerischen] Maßstäben prüfend u. beurteilend, genau abwägend; **b)** eine negative Beurteilung enthaltend, missbilligend. **2.** schwierig, bedenklich, gefährlich. **3.** entscheidend. **4.** wissenschaftlich erläuternd; **kritische Ausgabe:** wissenschaftliche Ausgabe eines Originaltextes mit Angabe der Textvarianten u. der Textgeschichte; **kritischer Apparat:** Gesamtheit der einer Textausgabe beigegebenen textkritischen Anmerkungen (zu verschiedenen Lesarten, zur Textgeschichte usw.). **5.** (Kernphysik) nicht abreißend (von einer Kettenreaktion im ↑Reaktor)

kri|ti|sie|ren *⟨gr.-lat.-fr.⟩:* **1.** beanstanden, bemängeln, tadeln. **2.** als Kritiker beurteilen

Kri|ti|zis|mus *der; - ⟨gr.-lat.-nlat.⟩:* **1.** (Philos.) von Kant eingeführtes wissenschaftlich-philosophisches Verfahren, vor der Aufstellung eines philosophischen od. ideologischen Systems die Möglichkeit, Gültigkeit u. Gesetzmäßigkeit sowie die Grenzen des menschlichen Erkenntnisvermögens zu kennzeichnen. **2.** starker Hang zu kritisieren

Kro|cket [auch: krɔˈkɛt] *das; -s, -s ⟨engl.⟩:* englisches Rasenspiel

Kro|kant *der; -s ⟨fr.⟩:* **a)** aus zerkleinerten Mandeln od. Nüssen u. karamellisiertem Zucker hergestellte knusprige Masse; **b)** Konfekt, Pralinen aus Krokant (a)

Kro|ket|te *die; -, -n* (meist Plural): in Fett ausgebackenes Klößchen od. Röllchen aus Kartoffelbrei od. zerkleinertem Fleisch u. a.

Kro|ki, Cro|quis [kroˈki:] *das; -s, -s ⟨fr.⟩:* Plan, einfache Geländezeichnung

kro|kie|ren: ein Kroki zeichnen

Kro|ko *das; -[s], -s*

Kro|ko|dil *das; -s, -e ⟨gr.-lat.⟩:* im Wasser lebendes Kriechtier (zahlreiche, bis 10 m lange Arten)

Kro|kus *der; -, - u. -se ⟨gr.-lat.⟩:* früh blühende Gartenpflanze (Schwertliliengewächs)

Krom|lech, Crom|lech [...lɛk, auch: ˈkro:m..., auch: ...lɛç] *der; -s, -e u. -s ⟨kelt.⟩:* jungsteinzeitliche kreisförmige Steinsetzung; Kultstätte

Kro|ton *der; -s, -s ⟨gr.⟩:* ostasiatisches Wolfsmilchgewächs

Kro|ton|öl *das; -[e]s ⟨gr.; dt.⟩:* aus den Samen des ↑Krotons gewonnenes Abführmittel

krud, kru|de *⟨lat.⟩:* **1. a)** roh (von Nahrungsmitteln); **b)** unverdaulich. **2.** roh, grausam

Kru|di|tät *die; -, -en:* **a)** (ohne Plural) das Grob-, Derb-, Plumpsein; Rohheit; **b)** grober, derber Ausdruck; rohe, rücksichtslose Handlung; Grobheit

Krupp *der; -s ⟨engl.-fr.⟩* (Med.): akute Entzündung der Kehlkopfschleimhaut bei Diphtherie

Krup|pa|de *die; -, -n ⟨germ.-it.-fr.⟩:* eine Reitfigur der Hohen Schule

krup|pös *⟨engl.-fr.⟩* (Med.): kruppartig (von Husten); vgl. Krupp

kru|ral *⟨lat.⟩* (Med.): zum [Unter]schenkel gehörend, ihn betreffend; Schenkel

Krus|ta|de *die; -, -n* (meist Plural) *⟨lat.-it.-fr.⟩:* eine Pastete

Krus|ta|zee *die; -, ...een* (meist Plural) *⟨lat.-nlat.⟩:* Krebstier (Krustentier)

Krux *die; -,* **Crux** *die; -,* Cruces [ˈkru:tse:s] *⟨lat.; »Kreuz«⟩:* **a)** (ohne Plural) Last, Kummer, Leid; **b)** Schwierigkeit

Kru|zi|a|ner *der; -s, - ⟨lat.-nlat.⟩:* **a)** Schüler der Kreuzschule in Dresden; **b)** Mitglied des Dresdener Kreuzchors

Kru|zi|fe|re *die; -, -n* (meist Plural) (Bot.): Kreuzblütler

Kru|zi|fix [auch: ...ˈfiks] *das; -es, -e ⟨lat.-mlat.⟩:* plastische Darstellung des gekreuzigten Christus am Kreuz

Kru|zi|fi|xus *der; -:* die Figur des Gekreuzigten in der bildenden Kunst

kryo..., Kryo...

⟨zu *gr.* krýos »Eiskälte, Frost, Schauder«⟩ Wortbildungselement mit der Bedeutung »Kälte, Frost«:
- Kryochemie
- kryophil
- Kryotechnik
- Kryotherapie

Kryo|bio|lo|gie [auch: ...ˈgi:] *die; -:* Teilgebiet der Biologie, das sich mit der Einwirkung sehr tiefer Temperaturen auf Organismen o. Ä. befasst

Kryo|chi|r|ur|gie *die; -* (Med.): Anwendung der Kältetechnik in der Chirurgie; Kältechirurgie

Kryo|lith [auch: ...ˈlɪt] *der; -s u. -en, -e[n]:* ein Mineral

Kryo|the|ra|pie [auch: ...ˈpi:] *die; -, ...ien* [...i:ən] (Med.): Anwendung von Kälte zur Zerstörung von krankem Gewebe durch Erfrieren

Kryo|t|ron *das; -s, ...one, (auch:) -s* (EDV): Schaltelement [in ↑Computern]

Kryp|ta *die; -, ...ten ⟨gr.-lat.⟩:* unterirdische Grabanlage unter dem Chor alter romanischer od. gotischer Kirchen

Kryp|te *die; -, -n* (meist Plural) (Med.): Einbuchtung in Form einer Schleimhautsenkung (z. B.

bei den Gaumenmandeln od. in der Dickdarmschleimhaut)

kry̱p|tisch: unklar in seiner Ausdrucksweise oder Darstellung u. deshalb schwer zu deuten, dem Verständnis Schwierigkeiten bereitend

kryp|to..., Kryp|to...

vor Vokalen meist: **krypt-, Krypt-**
⟨zu *gr.* kryptós »verborgen, heimlich, geheim«⟩
Wortbildungselement mit der Bedeutung »geheim, verborgen«:
- Kryptästhesie
- Kryptogramm
- kryptomer
- Kryptonym
- Kryptovulkanismus

Kryp|to|ga̱|me *die;* -, -n (meist Plural) ⟨*gr.-nlat.*⟩: blütenlose Pflanze, Sporenpflanze (z. B. Farn, Alge); Ggs. ↑Phanerogame

k

kryp|to|ge̱n, kryp|to|ge|ne̱|tisch (Med.): von unbekanntem Ursprung (bei Krankheiten)

Kryp|to|gra|fie, Kryp|to|gra|phi̱e *die;* -, ...i̱en: **1.** (Psychol.) absichtslos entstandene Kritzelzeichnung bei Erwachsenen. **2.** (veraltet) Geheimschrift. **3.** (Informatik) Verschlüsselung u. Entschlüsselung von Informationen

Kryp|to|gra̱mm *das;* -s, -e: **1.** ein Text, aus dessen Worten sich durch einige besonders gekennzeichnete Buchstaben eine neue Angabe entnehmen lässt (z. B. eine Jahreszahl, eine Nachricht). **2.** (veraltet) Geheimtext

kryp|to|kris|tal|li̱n, kryp|to|kris|tal|li̱|nisch (Geol.): erst bei mikroskopischer Untersuchung als kristallinisch erkennbar

Kry̱p|ton [auch: ...'to:n] *das;* -s ⟨*gr.-engl.*⟩: chem. Element; ein Edelgas (Zeichen: Kr)

Kryp|t|or|chi̱s|mus *der;* -, ...men (Med.): das Verbleiben eines od. beider Hoden in der Bauchhöhle od. im Leistenkanal, das Ausbleiben der normalen Verlagerung der Hoden in den Hodensack

Chrysantheme

Das mit *[k-]* ausgesprochene Substantiv folgt in seiner für das Deutsche ungewöhnlichen Schreibweise dem griechischen Herkunftswort.

Ksa̱|bi: *Plural* von ↑Kasbah

Kte|no|i̱d|schup|pe *die;* -, -n ⟨*gr.-nlat; dt.*⟩ (Zool.): Kammschuppe vieler Fische

Ku|ba|tu̱r *die;* -, -en ⟨*gr.-lat.-nlat.*⟩ (Math.): **1.** Erhebung zur dritten ↑Potenz (4). **2.** Berechnung des Rauminhalts von [Rotations]körpern

Ku|be̱|be *die;* -, -n ⟨*arab.-mlat.-fr.*⟩: getrocknete Frucht eines indonesischen Pfeffergewächses

Ku̱|ben: *Plural* von ↑Kubus

ku|bie̱|ren ⟨*gr.-lat.-nlat.*⟩: **1.** (Forstwirtsch.) den Rauminhalt eines Baumstammes aus Länge u. Durchmesser ermitteln. **2.** (Math.) eine Zahl in die dritte Potenz erheben

Ku|bi̱k|de|zi|me|ter *der,* auch: *das;* -s, - (Math.): dem Rauminhalt eines Würfels mit einer Kantenlänge von 1 Dezimeter entsprechendes Raummaß (Zeichen: dm^3)

Ku|bi̱k|ki|lo|me|ter *der;* -s, - (Math.): dem Rauminhalt eines Würfels mit einer Kantenlänge von 1 Kilometer entsprechendes Raummaß (Zeichen: km^3)

Ku|bi̱k|maß *das;* -es, -e (Math.): Raummaß

Ku|bi̱k|me|ter *der,* auch: *das;* -s, - (Math.): dem Rauminhalt eines Würfels mit einer Kantenlänge von 1 Meter entsprechendes Raummaß (Zeichen: m^3)

Ku|bi̱k|mil|li|me|ter *der,* auch: *das;* -s, - (Math.): dem Rauminhalt eines Würfels mit einer Kantenlänge von 1 Millimeter entsprechendes Raummaß (Zeichen: mm^3)

Ku|bi̱k|wur|zel *die;* -, -n (Math.): dritte Wurzel

Ku|bi̱k|zahl *die;* -, -en (Math.): als dritte Potenz einer natürlichen Zahl darstellbare Zahl

Ku|bi̱k|zen|ti|me|ter *der,* auch: *das;* -s, - (Math.): dem Rauminhalt eines Würfels mit einer Kantenlänge von 1 Zentimeter entsprechendes Raummaß (Zeichen: cm^3)

ku̱|bisch: a) würfelförmig; **b)** (Math.) in die dritte Potenz erhoben

Ku|bi̱s|mus *der;* - ⟨*gr.-lat.-nlat.*⟩ (Kunstwiss.): Kunstrichtung in der Malerei u. Plastik Anfang des 20. Jh.s, bei der die Landschaften u. Figuren in geometrische Formen (wie Zylinder, Kugel, Kegel) aufgelöst sind

Ku|bi̱st *der;* -en, -en: Vertreter des Kubismus

Ku|bi̱s|tin *die;* -, -nen: weibliche Form zu ↑Kubist

ku|bi̱s|tisch: a) im Stil des Kubismus [gemalt]; **b)** den Kubismus betreffend

ku|bi|ta̱l ⟨*lat.*⟩: **a)** zum Ellbogen gehörend; **b)** (Med.) den Ellbogen betreffend

Ku̱|bus *der;* -, ...ben ⟨*gr.-lat.*⟩: **a)** Würfel; **b)** (Math.) dritte Potenz

Ku̱|du *der;* -s, -s ⟨*afrik.*⟩: eine afrikanische ↑Antilope

Ku̱ff *die;* -, -e ⟨*niederd.*⟩: früher verbreitetes ostfriesisches Küstenfahrzeug mit geringem Tiefgang

Ku̱|gu|ar *der;* -s, -e ⟨*indian.-port.-fr.*⟩: ↑Puma
Ku|jo̱n *der;* -s, -e ⟨*lat.-vulgärlat.-it.-fr.*⟩ (veraltend abwertend): Schuft, Quäler
ku|jo|nie̱|ren (ugs. abwertend): [bei der Arbeit] unwürdig behandeln, schikanieren, böswillig peinigen
Ku-Klux-Kla̱n [selten: ˈkju:klʌksˈklæn] *der;* -[s] ⟨*engl.*⟩: (1865 gegründeter) terroristischer Geheimbund in den USA
Ku|ku̱|mer *die;* -, -n ⟨*lat.*⟩ (landsch.): Gurke
Ku̱|ku|ruz [auch: ˈku:...] *der;* -[es] ⟨*slaw.*⟩ (landsch., bes. österr.): Mais
Ku|la̱k *der;* -en, -en ⟨*russ.*⟩ (Geschichte): Großbauer im zaristischen Russland
Ku|la̱n *der;* -s, -e ⟨*kirg.*⟩: asiatischer Wildesel
ku|la̱nt ⟨*lat.-fr.*⟩: gefällig, entgegenkommend, großzügig (im Geschäftsverkehr)
Ku|la̱nz *die;* -: Entgegenkommen, Großzügigkeit (im Geschäftsverkehr)
Ku̱|li *der;* -s, -s ⟨*Hindi-angloind.*⟩: **a)** Tagelöhner in [Süd]ostasien; **b)** (rücksichtslos) ausgenutzter, ausgebeuteter Arbeiter
Ku|lie̱r|wa|re *die;* -, -n ⟨*lat.-fr.; dt.*⟩: Maschenware mit waagerecht laufendem Faden
Ku|li|na̱|rik *die;* - ⟨*lat.*⟩: Kochkunst
ku|li|na̱|risch ⟨*lat.*⟩: **a)** auf die [feine] Küche, die Kochkunst bezogen; **b)** (leicht abwertend) ohne Anstrengung geistigen Genuss verschaffend, ausschließlich dem Genuss dienend
Ku|li̱s|se *die;* -, -n ⟨*lat.-fr.*⟩: **1.** (meist Plural) bewegliche Dekorationswand auf einer Theaterbühne; Bühnendekoration. **2. a)** Hintergrund; **b)** vorgetäuschte Wirklichkeit, Schein. **3.** äußerer Rahmen einer Veranstaltung. **4. a)** nicht amtlicher Börsenmarkt; **b)** Personen, die sich auf eigene Rechnung am Börsenverkehr beteiligen. **5.** (Technik) Hebel mit verschiebbarem Drehpunkt
[1]**Ku̱lm** *der* od. *das;* -[e]s, -e ⟨*slaw.* u. *roman.*⟩: abgerundete [Berg]kuppe
[2]**Ku̱lm** *das;* -s ⟨*engl.*⟩ (Geol.): sandig-schiefrige ↑Fazies (1) des unteren ↑Karbons
Kul|mi|na|ti|o̱n *die;* -, -en ⟨*lat.-fr.*⟩: **1.** Erreichung des Höhe-, Gipfelpunktes [einer Laufbahn]. **2.** (Astron.) Durchgang eines Gestirns durch den ↑Meridian (2) im höchsten od. tiefsten Punkt seiner Bahn
Kul|mi|na|ti|o̱ns|punkt *der;* -[e]s, -e: **1.** Höhepunkt [einer Laufbahn od. Entwicklung]. **2.** (Astron.) höchster od. tiefster Stand eines Gestirns (beim Durchgang durch den ↑Meridian 2)
kul|mi|nie̱|ren: seinen Höhepunkt erreichen
ku̱l|misch ⟨*engl.*⟩: das [2]Kulm betreffend

Ku̱lt *der;* -[e]s, -e, **Ku̱l|tus** *der;* -, Kulte ⟨*lat.;* »Pflege«⟩: **1.** an feste Vollzugsformen gebundene Religionsausübung einer Gemeinschaft. **2. a)** übertriebene Verehrung für eine bestimmte Person; **b)** übertriebene Sorgfalt für einen Gegenstand
ku̱l|tig (ugs.): bei einer bestimmten Gruppe, Anhängerschaft hohes Ansehen genießend
ku̱l|tisch ⟨*lat.*⟩: den Kult betreffend, zum Kult gehörend
Kul|ti|va̱|tor *der;* -s, ...o̱ren: ↑Grubber
kul|ti|vie̱|ren ⟨*lat.-fr.*⟩: **1. a)** (Land) bearbeiten, urbar machen; **b)** Kulturpflanzen anbauen. **2. a)** sorgsam pflegen; **b)** auf eine höhere Stufe bringen, verfeinern. **3.** mit dem Kultivator bearbeiten
kul|ti|vie̱rt: gebildet; verfeinert, gepflegt; von vornehmer Lebensart
Ku̱lt|sta|tus *der;* -, - ⟨*lat.*⟩: Zustand großer allgemeiner Popularität
Kul|tu̱r *die;* -, -en ⟨*lat.*⟩: **1.** (ohne Plural) Gesamtheit der geistigen u. künstlerischen Lebensäußerungen einer Gemeinschaft, eines Volkes. **2.** (ohne Plural) feine Lebensart, Erziehung u. Bildung. **3.** Zucht von Bakterien u. anderen Lebewesen auf Nährböden. **4.** Nutzung, Pflege u. Bebauung von Ackerboden. **5.** junger Bestand von Forstpflanzen. **6.** (ohne Plural) das Kultivieren (1)
Kul|tu̱r|at|ta|ché *der;* -s, -s ⟨*lat.-fr.*⟩: für kulturelle Belange zuständiger ↑Attaché (2) einer Auslandsvertretung
Kul|tu̱r|at|ta|chée *die;* -, -n: weibliche Form zu ↑Kulturattaché
Kul|tu̱r|ba|nau|se *der;* -n, -n (abwertend): jmd. ohne Kunstverständnis
kul|tu|re̱ll: die Kultur (1) u. ihre Erscheinungsformen betreffend; vgl. ...al/...ell
Kul|tu̱r|film *der;* -[e]s, -e ⟨*lat.; engl.*⟩: der Allgemeinbildung dienender, kürzerer dokumentarischer od. künstlerischer Film
Kul|tu̱r|flüch|ter *der;* -s, - ⟨*lat.; dt.*⟩ (Biol.): Tier- od. Pflanzenart, die aus einer Kulturlandschaft verschwindet; Ggs. ↑Kulturfolger
Kul|tu̱r|fol|ger *der;* -s, - ⟨*lat.; dt.*⟩ (Biol.): Tier- od. Pflanzenart, die sich in einer Kulturlandschaft ansiedelt; Ggs. ↑Kulturflüchter
kul|tu̱r|his|to|risch: kulturgeschichtlich
Kul|tu̱r|po|li|tik *die;* -: Tätigkeit des Staates od. anderer Institutionen zur Förderung von Bildung, Wissenschaft u. Kunst
Kul|tu̱r|re|vo|lu|ti|on *die;* -, -en: (marx.) Revolution im kulturellen Bereich mit dem Ziel der Herausbildung einer sozialistischen Kultur

a b c d e f g h i j **k** Kul l m n o p q r s t u v w x y z

Kul|tur|schock *der;* -[e]s, -s (Soziol.): schreckhaftes Erleben (beim unmittelbaren Kontakt mit einer fremden Kultur) der Andersartigkeit der durch die fremde Kultur erlebbaren Realität

Kul|tur|spon|so|ring *das;* -s: [meist] finanzielle Förderung von Kunst u. Kultur, z. B. durch Unternehmen, die dafür Werbungs- o. ä. Zwecken dienende Gegenleistungen erhalten

Kul|tus vgl. Kult

Kul|tus|mi|nis|ter *der;* -s, -: Leiter des ↑Kultusministeriums

Kul|tus|mi|nis|te|rin *die;* -, -nen: weibliche Form zu ↑Kultusminister

Kul|tus|mi|nis|te|ri|um *das;* -s, ...ien: für kulturelle Angelegenheiten, Bildung und Erziehung zuständiges Ministerium

Ku|ma|rin, fachspr. auch: **Cu|ma|rin** *das;* -s ⟨*indian.-port.-fr.*⟩: ein [pflanzlicher] Duftstoff

Ku|ma|ron, fachspr. auch: **Cu|ma|ron** *das;* -s ⟨*indian.-port.-fr.-nlat.*⟩: eine chemische Verbindung

k

Kum|pan *der;* -s, -e ⟨*lat.-vulgärlat.-fr.;* »Brotgenosse«⟩: **a)** (ugs.) Kamerad, Begleiter, Gefährte; **b)** (ugs. abwertend) Mittäter, Helfer

Kum|pa|nei *die;* -, -en: **1.** (ugs. abwertend) Gruppe, Zusammenschluss von ↑Kumpanen. **2.** (ohne Plural) kameradschaftliches Zusammengehörigkeitsgefühl, Freundschaft unter Kumpanen

Kum|pa|nin *die;* -, -nen: weibliche Form zu ↑Kumpan

Kum|pel *der;* -s, - (ugs.: -s): **1.** Bergmann. **2.** (ugs.) [Arbeits]kamerad, Freund

Ku|mu|la|ti|on *die;* -, -en ⟨*lat.*⟩: **1.** Anhäufung. **2.** (Med.) vergiftende Wirkung kleiner, aber fortgesetzt gegebener Dosen bestimmter Arzneimittel

ku|mu|la|tiv ⟨*lat.-nlat.*⟩: [an]häufend

ku|mu|lie|ren ⟨*lat.*⟩: **a)** [an]häufen; **b)** einem Wahlkandidaten mehrere Stimmen geben

Ku|mu|lo|nim|bus, fachspr.: **Cu|mu|lo|nim|bus** *der;* -, -se ⟨*lat.-nlat.*⟩ (Meteorol.): Gewitterwolke, mächtig aufgetürmte Haufenwolke (Abk.: Cb)

Ku|mu|lus, fachspr.: **Cu|mu|lus** *der;* -, ...li (Meteorol.): Haufenwolke (Abk.: Cu)

Ku|mys, Ku|myss *der;* - ⟨*russ.*⟩: alkoholhaltiges Getränk aus vergorener Stutenmilch, das bes. in Innerasien verbreitet ist

Ku|na *die;* -, -s: kroatische Währungseinheit (Abk.: HRK)

ku|ne|i|form ⟨*lat.-nlat.*⟩ (Med.): keilförmig, zugespitzt

Kü|net|te *die;* -, -n ⟨*lat.-it.-fr.*⟩ (Geschichte): Abzugsgraben auf der Sohle eines Festungsgrabens

Kung-Fu *das;* -[s] ⟨*chin.*⟩: Form der Selbstverteidigung

Kü|pe *die;* -, -n ⟨*lat.*⟩: **1.** (landsch.) Färbebad, -kessel. **2.** Lösung eines ↑Küpenfarbstoffs

Ku|pel|le vgl. [3]Kapelle

ku|pel|lie|ren vgl. kapellieren

Kü|pen|farb|stoff *der;* -[e]s, -e: wasch- u. lichtechter, auf Gewebefasern gut haftender Farbstoff

Kup|fer|vi|t|ri|ol *das;* -s: Kupfersulfat (vgl. Sulfat) in Form blauer Kristalle

Ku|pi|do, Cu|pi|do *die;* - (veraltet): sinnliche Begierde, Verlangen

ku|pie|ren ⟨*fr.*⟩: **1.** (veraltet) **a)** abschneiden; **b)** lochen, knipsen. **2.** durch Schneiden kürzen, stutzen (z. B. bei Pflanzen, bei Hunden u. Pferden). **3.** (Med.) einen Krankheitsprozess aufhalten od. unterdrücken

Ku|pol|ofen *der;* -s, ...öfen ⟨*lat.-it.; dt.*⟩: Schmelzofen zur Herstellung von Gusseisen

Kup|pel *die;* -, -n ⟨*lat.-it.*⟩: [halbkugelförmige] Überdachung eines größeren Raumes

Kur *die;* -, -en ⟨*lat.;* »Sorge, Pflege«⟩: ein unter ärztlicher Aufsicht durchgeführtes Heilverfahren; Heilbehandlung; Pflege

ku|ra|bel (Med.): heilbar (von Krankheiten)

ku|rant, cou|rant [ku...] ⟨*lat.-fr.*⟩ (veraltet): gangbar, gängig, umlaufend (Abk.: crt.)

Ku|ra|re, fachspr.: **Cu|ra|re** *das;* -[s] ⟨*indian.-span.*⟩: zu [tödlichen] Lähmungen führendes indianisches Pfeilgift, das in niedrigen Dosierungen als Narkosehilfsmittel verwendet wird

Kü|rass *der;* -es, -e ⟨*lat.-it.-fr.*⟩ (Geschichte): Brustharnisch

Kü|ras|sier *der;* -s, -e (Geschichte): Reiter mit Kürass; schwerer Reiter

Ku|rat *der;* -en, -en ⟨*lat.-mlat.*⟩: **a)** Hilfsgeistlicher mit eigenem Seelsorgebezirk; **b)** geistlicher Betreuer von Pfadfindergruppen o. Ä.

Ku|ra|tel *die;* -, -en (veraltet): Pflegschaft, Vormundschaft; **unter Kuratel stehen** (ugs.): unter [strenger] Aufsicht, Kontrolle stehen

Ku|ra|tie *die;* -, ...ien ⟨*nlat.*⟩: mit der Pfarrei lose verbundener Außenbezirk eines Kuraten

ku|ra|tiv (Med.): heilend

Ku|ra|tor *der;* -s, ...oren ⟨*lat.*⟩: **1.** (veraltet) Vormund, Pfleger. **2.** Verwalter [einer Stiftung]. **3.** Staatsbeamter in der Universitätsverwaltung zur Verwaltung des Vermögens u. zur Wahrnehmung der Rechtsgeschäfte. **4.** (wissenschaftlicher) Leiter eines Museums, einer zoologischen Sammlung, einer Ausstellung o. Ä.

Ku|ra|to|rin *die;* -, -nen: weibliche Form zu ↑Kurator

Ku|ra|to|ri|um *das;* -s, ...ien: **1.** Aufsichtsbehörde (von öffentlichen Körperschaften od. privaten Institutionen). **2.** Behörde eines Kurators (3)

Kur|bet|te *die;* -, -n ‹*lat.-vulgärlat.-fr.*› (Sport): Bogensprung, Aufeinanderfolge mehrerer rhythmischer Sprünge (von Pferden in der Hohen Schule)

kur|bet|tie|ren (Sport): eine Kurbette ausführen

Kü|ret|ta|ge, Cu|ret|ta|ge [...'ta:ʒə] *die;* -, -n ‹*lat.-fr.*› (Med.): Ausschabung bzw. Auskratzung der Gebärmutter zu therapeutischen od. diagnostischen Zwecken

Kü|ret|te, Cu|ret|te [ky...] *die;* -, -n (Med.): löffelartiges Instrument zur Ausschabung der Gebärmutter

kü|ret|tie|ren, cu|ret|tie|ren (Med.): (die Gebärmutter) mit der Kürette ausschaben, auskratzen

ku|ri|al ‹*lat.-mlat.*›: zur päpstlichen Kurie gehörend

Ku|ri|a|lis|mus *der;* - ‹*lat.-nlat.*›: katholische kirchenrechtliche Richtung, die der päpstlichen Kurie die oberste Gewalt zuspricht; Ggs. ↑Episkopalismus; vgl. Papalismus

Ku|ri|at|stim|me *die;* - ‹*lat.; dt.*› (Geschichte): Gesamtstimme von mehreren Stimmberechtigten eines Kollegiums

Ku|rie [...i̯ə] *die;* -, -n ‹*lat.*›: **1.** [Sitz der] päpstliche[n] Zentralbehörden; päpstlicher Hof. **2.** (Geschichte) eine der 30 Körperschaften, in die die altrömische Bürgerschaft aufgeteilt war

Ku|ri|en|kar|di|nal *der;* -s, ...äle: an der Kurie (1) tätiger Kardinal als Mitglied od. Leiter einer ↑Kardinalskongregation od. einer päpstlichen Behörde

Ku|ri|en|kon|gre|ga|ti|on *die;* -: oberste Behörde der römischen ↑Kurie (1), in der seit 1967 außer Kardinälen auch Diözesanbischöfe Mitglieder sind; vgl. Kardinalskongregation

Ku|rier *der;* -s, -e ‹*lat.-it.-fr.*›: jmd., der im Auftrag, Dienst des Staates, beim Militär o. Ä. wichtige Nachrichten, Informationen überbringt; Eilbote [im diplomatischen Dienst]

ku|rie|ren ‹*lat.*›: [durch ärztliche Behandlung] von einer Krankheit heilen, gesundheitlich wiederherstellen

Ku|rie|rin *die;* -, -nen: weibliche Form zu ↑Kurier

ku|ri|os ‹*lat.(-fr.)*›: auf unverständliche, ungereimte, fast spaßig anmutende Weise sonderbar, merkwürdig

Ku|ri|o|si|tät *die;* -, -en: **1.** (ohne Plural) das Kuriossein; Sonderbarkeit, Merkwürdigkeit. **2.** kuriose Sache; etwas, was merkwürdig ist, vom Normalen abweicht

Ku|ri|o|si|tä|ten|ka|bi|nett *das;* -s, -e: [Museums]raum mit einer Sammlung kurioser Dinge

Ku|ri|o|sum *das;* -s, ...sa ‹*lat.*›: kuriose Sache, Angelegenheit, Situation

Kur|ku|ma, Cur|cu|ma *die;* -, ...umen ‹*arab.-nlat.*›: Gelbwurzel, gelber ↑Ingwer

Kur|ku|ma|pa|pier *das;* -s: mit Kurkumin getränktes Fließpapier zum Nachweis von Laugen

Kur|ren|da|ner *der;* -s, - ‹*lat.-nlat.*›: Mitglied einer Kurrende (1)

Kur|ren|de *die;* -, -n: **1. a)** (Geschichte) Schülerchor, der vor den Häusern, bei Begräbnissen u. Ä. gegen eine Entlohnung geistliche Lieder singt; **b)** evangelischer Jugend- od. Studentenchor. **2.** (veraltet) Rundschreiben

kur|rent (österr.): in deutscher Schrift

Kur|rent|schrift *die;* - ‹*lat.; dt.*›: früher benutzte handschriftliche Form der sogenannten deutschen Schrift

Kur|ri|ku|lum *das;* -s, ...la ‹*lat.*› (veraltet): Laufbahn, Lebenslauf; vgl. Curriculum u. Curriculum Vitae

Kurs *der;* -es, -e ‹*lat.(-it., fr.* u. *niederl.)*›: **1. a)** Fahrtrichtung, Reiseroute; **b)** Rennstrecke. **2. a)** zusammengehörende Folge von Unterrichtsstunden, Vorträgen o. Ä.; Lehrgang; **b)** Gesamtheit der Teilnehmer eines Kurses (2 a). **3.** Preis, zu dem Wertpapiere, Devisen u. Ä. an der Börse gehandelt werden

Kur|sant *der;* -en, -en (regional): Kursteilnehmer

Kur|san|tin *die;* -, -nen: weibliche Form zu ↑Kursant

kur|sie|ren ‹*lat.*›: umlaufen, im Umlauf sein, die Runde machen

kur|siv ‹*lat.-mlat.*›: schräg (von Schreib- u. Druckschrift)

Kur|si|ve *die;* -, -n: schräg liegende Druckschrift

Kurs|kor|rek|tur *die;* -, -en: Änderung, Korrektur des Kurses (1 a)

kur|so|risch ‹*lat.*›: fortlaufend, nicht unterbrochen, hintereinander, rasch; **kursorische Lektüre:** schnelles Lesen eines Textes, das einen raschen Überblick verschaffen soll; Ggs. ↑statarisch

Kur|sus *der;* -, Kurse ‹*lat.-mlat.*›: ↑Kurs (2)

Kur|ta|ge [...'ta:ʒə] vgl. Courtage

Kur|ta|xe *die;* -, -n: Gebühr, die ein Gast in Erholungs- od. Kurorten zahlen muss

Kur|ti|san *der;* -s, -e ‹*lat.-it.-fr.*› (veraltet): Höfling, Liebhaber

Kur|ti|sa|ne *die;* -, -n (Geschichte): Geliebte eines Adligen [am Hof]; Halbweltdame
ku|ru|lisch ⟨*lat.; dt.*⟩: in der Fügung **kurulischer Stuhl:** Amtssessel der höchsten altrömischen Beamten
Ku|ruş [...'ʊʃ] *der;* -, - ⟨*türk.;* »Groschen«⟩: ↑Piaster (2)
Kur|va|tur *die;* -, -en ⟨*lat.*⟩: **1.** (Med.) Krümmung, gekrümmter Teil eines Organs. **2.** (Archit.) geringfügige Krümmung des Stufenbaus u. des Gebälks beim klassischen griechischen Tempel
Kur|ve [auch: ...fə] *die;* -, -n: **1.** [Straßen-, Fahrbahn]krümmung. **2.** gekrümmte Linie als Darstellung mathematischer od. statistischer Größen. **3.** Bogen, Bogenlinie; Wendung
kur|ven [auch: ...f...] (ugs.): in Kurven [kreuz u. quer] fahren
Kur|ven|dis|kus|si|on [auch: ...f...] *die;* -, -en (Math.): rechnerische Untersuchung mit grafischer Darstellung einer ↑Kurve (2) u. ihrer Eigenschaften
Kur|ven|li|ne|al [auch: ...f...] *das;* -s, -e (Math.): Zeichengerät mit vorgeschnittenen Kurven (z. B. ↑Parabel, ↑Hyperbel) od. Kurventeilen
kur|vig [auch: ...f...] ⟨*lat.*⟩: **1.** gekrümmt, gebogen. **2.** kurvenreich
Kur|vi|me|ter *das;* -s, - ⟨*lat.; gr.*⟩: **a)** (Math.) Gerät zum Messen der Bogenlänge einer Kurve; **b)** (Geogr.) Gerät zur Entfernungsmessung auf Landkarten
Ku|si|ne vgl. Cousine
[1]**Kus|kus** *der;* -, - ⟨Herkunft unsicher⟩: Gattung der Beuteltiere in Australien u. Indonesien
[2]**Kus|kus** vgl. Couscous
[1]**Kus|to|de** *die;* -, -n ⟨lat.⟩: **1.** (Geschichte) Kennzeichen der einzelnen Lagen einer Handschrift. **2.** ↑Kustos (3)
[2]**Kus|to|de** *der;* -n, -n: ↑Kustos (1)
Kus|to|din *die;* -, -nen: weibliche Form zu ↑[2]Kustode
Kus|tos *der;* -, ...toden ⟨»Wächter, Aufseher«⟩: **1.** wissenschaftlicher Sachbearbeiter an Museen u. Bibliotheken. **2.** (veraltet) Küster, Kirchendiener. **3.** (meist Plural; Geschichte) Zahl, Silbe od. Wort am Kopf od. am Fuß einer Buchseite zur Verbindung mit der kommenden Seite; vgl. [1]Kustode
ku|tan ⟨*lat.-nlat.*⟩ (Med.): zur Haut gehörend, sie betreffend
Ku|ti|ku|la *die;* -, -s u. ...lä, **Cu|ti|cu|la** *die;* -, -s u. ...lae ⟨*lat.*⟩ (Biol.): dünnes Häutchen über der äußeren Zellschicht bei Pflanzen u. Tieren; vgl. Pellicula
Ku|tis, Cu|tis *die;* -: **1.** Lederhaut der Wirbeltiere. **2.** nachträglich verkorktes Pflanzengewebe (z. B. an Wurzeln)
Kut|ter *der;* -s, - ⟨*engl.;* »(Wogen)schneider«⟩: **1. a)** einmastiges Segelfahrzeug; **b)** Jacht mit einer Kuttertakelung. **2.** motorgetriebenes Fischereifahrzeug. **3.** Rettungs-, Beiboot eines Kriegsschiffes
Kü|ve|la|ge [...'la:ʒə] *die;* -, -n ⟨*lat.-fr.*⟩ (Bergbau): Ausbau eines wasserdichten Schachts mit gusseisernen Ringen
kü|ve|lie|ren (Bergbau): einen wasserdichten Schacht mit gusseisernen Ringen ausbauen
Kü|ve|lie|rung *die;* -, -en: ↑Küvelage
Ku|vert [ku'veːɐ̯, ku'vɛːɐ̯, auch: ku'vɛrt] *das;* -s u. (bei dt. Ausspr.:) -[e]s, -s u. (bei dt. Ausspr.:) -e ⟨*lat.-fr.*⟩: **1.** Briefumschlag. **2.** [Tafel]gedeck für eine Person
ku|ver|tie|ren: mit einem [Brief]umschlag versehen
Ku|ver|tü|re *die;* -, -n: Überzugmasse für Gebäck od. Pralinen aus Kakao, Kakaobutter u. Zucker
Kü|vet|te *die;* -, -n ⟨*lat.-fr.*⟩: **1.** (veraltet) kleines Gefäß. **2.** ↑Künette. **3.** (veraltet) Innendeckel der Taschenuhr
Kux *der;* -es, -e ⟨*tschech.-mlat.*⟩: Wertpapier über den Anteil an einer bergrechtlichen Gewerkschaft
Kwass *der;* -es ⟨*russ.*⟩: russisches alkoholisches Getränk aus gegorenem Brot, Mehl, Malz u. a.
Ky|a|ni|sa|ti|on *die;* -, -en ⟨*nlat.;* nach dem engl. Erfinder J. H. Kyan, 1774–1850⟩: ein Verfahren zur Veredelung von Holz durch Imprägnieren mit einer Sublimatlösung
ky|a|ni|sie|ren: Holz durch Imprägnieren veredeln
Ky|a|thos *der;* -, - ⟨*gr.*⟩: antikes Schöpfgefäß, mit dem der Mundschenk den Wein aus dem Mischkrug in den Becher schöpfte, ähnlich einer Tasse mit einem über den Rand hochgezogenen Henkel
Ky|ber|ne|tik *die;* - ⟨*gr.;* »Steuermannskunst«⟩: **1.** wissenschaftliche Forschungsrichtung, die Systeme verschiedenster Art (z. B. biologische, technische, soziologische Systeme) auf selbsttätige Regelungs- u. Steuerungsmechanismen hin untersucht. **2.** (ev. Rel.) Lehre von der Kirchen- u. Gemeindeleitung
Ky|ber|ne|ti|ker *der;* -s, -: Wissenschaftler der Fachrichtung Kybernetik (1)
Ky|ber|ne|ti|ke|rin *die;* -, -nen: weibliche Form zu ↑Kybernetiker
ky|ber|ne|tisch: die Kybernetik betreffend
Ky|k|li|ker [auch: 'kʏk...] vgl. Zykliker
Ky|k|lop vgl. Zyklop

Ky|ma *das;* -s, -s, **Ky|ma|ti|on** *das;* -s, -s u. ...ien ⟨*gr.-lat.*⟩: Zierleiste mit stilisierten Eiformen (bes. am Gesims griechischer Tempel)

Ky|mo|graf, Ky|mo|graph *der;* -en, -en (Med.): Gerät zur mechanischen Aufzeichnung von rhythmischen Bewegungen (z. B. des Pulsschlags)

Ky|mo|gramm *das;* -s, -e ⟨*gr.-nlat.*⟩ (Med.): Röntgenbild von sich bewegenden Organen

Ky|ni|ker *der;* -s, - ⟨*gr.*⟩ (Geschichte): Angehöriger einer antiken Philosophenschule, die Bedürfnislosigkeit u. Selbstgenügsamkeit forderte; vgl. Zyniker

Ky|no|lo|ge *der;* -n, -n ⟨*gr.-nlat.*⟩: Hundezüchter; Hundekenner

Ky|no|lo|gie *die;* -: Lehre von Zucht, Dressur u. den Krankheiten der Hunde

Ky|no|lo|gin *die;* -, -nen: weibliche Form zu ↑Kynologe

Ky|pho|se *die;* -, -n ⟨*gr.*⟩ (Med.): Wirbelsäulenverkrümmung nach hinten

Ky|rie [...iə] *das;* -, -s ⟨*gr.*⟩: Kurzform von ↑Kyrieeleison

Ky|rie|elei|son [auch: ...e|e'le:i...] *das;* -s, -s: Bittruf [als Teil der musikalischen Messe]

Ky|rie elei|son [auch: - e'le:i...], **Ky|ri|eleis:** Herr, erbarme dich! (Bittruf in der Messe u. im lutherischen u. unierten Hauptgottesdienst; vgl. Leis)

ky|ril|lisch, cy|ril|lisch, zy|ril|lisch ⟨nach dem Slawenapostel Kyrill, 826–869⟩: auf das nach Kyrill benannte Alphabet verschiedener slawischer Sprachen bezogen

Kyu [kju:] *der;* -s, -s ⟨*jap.;* »vorherig(e Stufe)«⟩: in sechs Leistungsgrade eingeteilte Rangstufe der Anfänger in den Budosportarten

L

la ⟨*it.*⟩: Silbe, auf die man beim Solmisieren den Ton a singt; vgl. Solmisation

La Bam|ba *der;* - -s, - -s ⟨*port.*⟩: ein Modetanz in lateinamerikanischem Rhythmus

Lab|da|num *das;* -s ⟨*gr.-lat.*⟩: ↑Ladanum

La|bel [le:bl̩, engl.: leɪbl] *das;* -s, -s ⟨*engl.*⟩: **1. a)** [Klebe]etikett (z. B. zur Kennzeichnung von Waren); **b)** Produktlinie einer Firma; Marke. **2. a)** Etikett einer Schallplatte; **b)** Firma, die Schallplatten, CDs u. dergleichen herstellt und vertreibt. **3.** (EDV) Markierung eines Programmbeginns

La|ber|dan *der;* -s, -e ⟨*niederl.*⟩: eingesalzener Kabeljau aus Norwegen

La|bi|al *der;* -s, -e: mithilfe der Lippen gebildeter ↑Konsonant (z. B. b); vgl. bilabial, labioapikal, labiodental, Labiovelar

La|bi|al|laut *der;* -[e]s, -e: ↑Labial

La|bi|al|pfei|fe *die;* -, -n: Orgelpfeife, bei der der Ton durch Reibung des Luftstroms an der scharfkantigen Schneide des Labiums erzeugt wird; Ggs. ↑Lingualpfeife

La|bi|a|te *die;* -, -n (meist Plural) ⟨*lat.-nlat.*⟩ (Bot.): Lippenblütler

la|bil ⟨*lat.;* »leicht gleitend«⟩: **1.** schwankend, leicht aus dem Gleichgewicht kommend, veränderlich (in Bezug auf eine Konstruktion, auf Wetter, Gesundheit); Ggs. ↑stabil (1). **2.** unsicher, schwach, leicht zu beeinflussen (von Menschen); Ggs. ↑stabil (2)

La|bio|ve|lar *der;* -s, -e (Sprachw.): Laut, der mit Lippen u. Gaumen zugleich gebildet wird; Lippengaumenlaut (z. B. in der afrikanischen Ewesprache)

La|bi|um *das;* -s, ...ien u. ...ia ⟨*lat.*⟩: **1.** (Med.) Lippe. **2.** (Med.) **a)** »Schamlippe«, Hautfalte mit Fettgewebe am Eingang der Scheide; **b)** lippenförmiger Rand (z. B. eines Hohlorgans). **3. a)** Unterlippe der Insektenmundwerkzeuge; **b)** (Biol.) Lippe der ↑Labiaten. **4.** (bei ↑Labialpfeifen u. [Block]flöten) Teil, der die Luftaustrittsspalte nach oben und unten begrenzt u. damit die Qualität des Tons entscheidend bestimmt

La|bor [ostösterr., schweiz.: 'la:bo:ɐ̯] *das;* -s, -s, auch: -e ⟨Kurzform von **Labor**atorium⟩: Arbeitsstätte für naturwissenschaftliche, technische od. medizinische Arbeiten, Untersuchungen, Versuche o. Ä.

La|bo|rant *der;* -en, -en ⟨*lat.*⟩: Fachkraft in Labors u. Apotheken

La|bo|ran|tin *die;* -, -nen: weibliche Form zu ↑Laborant

La|bo|ra|to|ri|um *das;* -s, ...ien ⟨*lat.-mlat.*⟩: ↑Labor

la|bo|rie|ren ⟨*lat.*⟩ (ugs.): **1.** sich mit der Herstellung von etwas abmühen. **2.** an einer Krankheit o. Ä. leiden und sie ohne rechten Erfolg zu heilen suchen

La|bour Par|ty ['leɪbə 'pɑ:tɪ] *die;* - - ⟨*lat.-engl.*⟩: die englische Arbeiterpartei; vgl. Independent Labour Party

La|b|ra|dor *der;* -s, -e ⟨*nlat.;* nach der nordamerik. Halbinsel⟩: **1.** Labradorit. **2.** großer Jagdhund (eine Hunderasse)

La|b|ra|do|rit [auch: ...'rɪt] *der;* -s, -e: Abart des Feldspats (Schmuckstein)

Labs|kaus *das;* - ⟨*engl.*⟩: seemännisches Eintopfgericht aus Fleisch [u. Fisch] mit Kartoffeln u. Salzgurken

La|by|rinth *das;* -[e]s, -e ‹*gr.-lat.*›: **1.** Irrgang, -garten. **2.** undurchdringbares Wirrsal, Durcheinander. **3.** Innenohr

la|by|rin|thisch: wie in einem Labyrinth; verschlungen gebaut

la|cie|ren [...s...] ‹*lat.-fr.*› (selten): **a)** schnüren, einschnüren; **b)** mit Band durchflechten

la|ckie|ren ‹*sanskr.-pers.-arab.-it.*›: **1.** mit Lack überziehen. **2.** (salopp) hintergehen, hereinlegen

La|ckie|rer *der;* -s, -: Facharbeiter, der lackiert, z. B. Autolackierer (Berufsbez.)

La|ckie|re|rin *die;* -, -nen: weibliche Form zu ↑Lackierer

Lack|mus *das* od. *der;* - ‹*niederl.*›: aus einer Flechtenart (der Lackmusflechte) gewonnener blauer Farbstoff, der als chemischer ↑Indikator (4) verwendbar ist (reagiert in Säuren rot, in Laugen blau)

Lack|mus|pa|pier *das;* -s (Chemie): mit Lackmustinktur getränktes Papier, das zur Erkennung von Säuren u. Laugen dient

La|c|ri|ma Chris|ti, La|c|ri|mae Chris|ti [...mɛ -] *der;* - -, - - ‹*lat.;* »Träne[n] Christi«›: alkoholreicher, goldfarbener od. roter, süßer Wein von den Hängen des Vesuvs

la|c|ri|mo|so (Musik): klagend, traurig (Vortragsanweisung)

Lac|tam, Lak|tam *das;* -s, -e ‹*lat.; gr.*›: durch Wasserabspaltung aus bestimmten Aminosäuren entstehendes ↑Amid

Lac|tat, Lak|tat *das;* -s, -e ‹*lat.-nlat.*› (Chemie): Salz der Milchsäure

Lac|to|se vgl. Laktose

La|da|num *das;* -s ‹*gr.-lat.*›: aus Zistrosen gewonnene weiche Harzmasse (vor allem für Räucherpulver u. Parfüme)

lä|die|ren ‹*lat.*›: in einer das Aussehen beeinträchtigenden Weise beschädigen, verletzen

La|dy [ˈleɪdi] *die;* -, -s ‹*engl.*›: **1.** (ohne Plural) Titel der Frau des ↑Peers. **2.** Trägerin des Titels Lady (1). **3.** Dame. **4.** Kurzform von ↑Lady Mary Jane

la|dy|like [ˈleɪdilaɪk] ‹*engl.*›: nach Art einer Lady; damenhaft

La|dy Ma|ry Jane [- ˈmɛərɪ ˈdʒeɪn] *die;* - - - ‹*engl.*› (verhüll.): Marihuana

Lae|sio enor|mis [ˈlɛ... -] *die;* - - ‹*lat.;* »übermäßige Verletzung«› (österr. Rechtsspr.): Rechtsgrundsatz, nach dem ein Kauf rückgängig gemacht werden kann, wenn der Preis das Doppelte des Wertes einer Ware überschreitet

Lag [læg] *der;* -[s], -s ‹*engl.;* »Verzögerung«›: zeitliche Verschiebung zwischen dem Beginn eines wirtschaftlichen Ereignisses und seinen Folgen, z. B. Lohnlag

La|gu|ne *die;* -, -n ‹*lat.-it.*›: **1.** durch eine Reihe von Sandinseln od. durch eine Nehrung vom offenen Meer abgetrenntes Flachwassergebiet vor einer Küste. **2.** von Korallenriffen umgebene Wasserfläche eines Atolls

Laie *der;* -n, -n ‹*gr.-lat.-roman.;* »zum Volk gehörend; gemein; Nichtgeistlicher«›: **1.** Nichtfachmann; Außenstehender. **2.** Nichtkleriker

Lai|en|apo|s|to|lat *das,* fachspr. auch: *der;* -[e]s (kath. Kirche): Teilnahme von Laien an den Aufgaben der Kirche, ↑Apostolat (b) der Laien

la|i|kal: den ↑Laien (2) betreffend; Ggs. ↑klerikal (a)

La|i|sie|rung *die;* -, -en: das Laisieren; das Laisiertwerden

Lais|ser-al|ler [lɛseaˈleː], **Lais|ser-faire** [lɛseˈfɛːr] *das;* -: **1.** (veraltet) das Sich-gehen-Lassen; Ungezwungenheit, Ungebundenheit. **2.** das Gewährenlassen; Nichteinmischung

La|i|zis|mus *der;* - ‹*gr.-nlat.*›: weltanschauliche Richtung, die die radikale Trennung von Kirche und Staat fordert

la|i|zis|tisch: **1.** den Laizismus betreffend. **2.** das Laientum in der katholischen Kirche betonend

La|kai *der;* -en, -en ‹*fr.*›: **1.** (früher) herrschaftlicher, fürstlicher Diener [in Livree]. **2.** (abwertend) Mensch, der sich willfährig für die Interessen anderer gebrauchen lässt; Kriecher

Lak|ko|lith [auch: ...ˈlɪt] *der;* -s u. -en, -e[n] ‹*gr.-nlat.*› (Geol.): ein Tiefengesteinskörper; in relativ flachem Untergrund stecken gebliebenes ↑Magma (1)

La|ko|nie, La|ko|nik ‹*gr.*› *die;* -: lakonische Art des Ausdrucks; Kürze, Einfachheit

la|ko|nisch: kurz, einfach [u. treffend], ohne zusätzliche Erläuterungen

La|ko|nis|mus *der;* -, ...men ‹*gr.-nlat.*›: **1.** (ohne Plural) ↑Lakonik. **2.** lakonischer Ausdruck, lakonische Aussage

La|k|rit|ze *die;* -, -n, landsch.: **La|k|ritz** *der,* auch: *das;* -es, -e ‹*gr.-lat.-mlat.*›: aus einer süß schmeckenden, schwarzen Masse bestehende Süßigkeit, die aus eingedicktem Saft von Süßholz hergestellt ist

Lak|tam vgl. Lactam

Lak|ta|se *die;* -, -n: ↑Galaktosidase

Lak|tat vgl. Lactat

Lak|ta|ti|on *die;* -, -en ‹*lat.*› (Biol., Med.): **a)** Milchabsonderung aus der Brustdrüse; **b)** das Stillen, Zeit des Stillens

lak|tie|ren (Biol., Med.): **a)** Milch absondern; **b)** stillen

Lak|to|den|si|me|ter *das;* -s, - ⟨*lat.; gr.*⟩: Gerät zur Bestimmung des spezifischen Gewichtes der Milch, woraus der Fettgehalt errechnet werden kann

Lak|to|fla|vin *das;* -s ⟨*lat.-nlat.*⟩: Vitamin B_2

Lak|to|me|ter *das;* -s, - ⟨*lat.; gr.*⟩: ↑Laktodensimeter

Lak|to|se, fachspr. auch: **Lac|to|se** *die;* - ⟨*lat.-nlat.*⟩: Milchzucker (Zucker der Säugetier- u. Muttermilch)

Lak|to|s|kop *das;* -s, -e ⟨*lat.; gr.*⟩: Gerät zur Prüfung der Milch nach ihrer Durchsichtigkeit

Lak|to|s|u|rie *die;* -, ...ien (Med.): Auftreten von Milchzucker im Harn (nicht krankhaft bei Schwangeren u. Wöchnerinnen)

Lak|to|ve|ge|ta|ri|er *der;* -s, -: Anhänger des ↑Laktovegetarismus

Lak|to|ve|ge|ta|ri|e|rin: weibliche Form zu ↑Laktovegetarier

Lak|to|ve|ge|ta|ris|mus *der;* -: Ernährung mit laktovegetabiler Kost

la|ku|när ⟨*lat.-nlat.*⟩ (Med., Biol.): Ausbuchtungen enthaltend, Gewebelücken bildend; höhlenartig, buchtig; schwammig

La|ku|ne *die;* -, -n ⟨*lat.*⟩: **1.** (Sprachw.) Lücke in einem Text. **2.** (Med.) Vertiefung, Ausbuchtung (z. B. an der Oberfläche von Organen); Muskel- od. Gefäßlücke

la|kus|t|risch ⟨*lat.-nlat.*⟩ (Geol., Biol.): in Seen sich bildend od. vorkommend (von Gesteinen u. Lebewesen)

[1]**La|ma** *das;* -s, -s ⟨*peruan.-span.*⟩: **1.** in Südamerika heimisches, als Haustier gehaltenes (aus dem ↑Guanako gezüchtetes) höckerloses Kamel. **2.** flanellartiger Futter- od. Mantelstoff aus [Baum]wolle

[2]**La|ma** *der;* -[s], -s ⟨*tibet.;* »der Obere«⟩: buddhistischer Priester, Mönch in Tibet u. der Mongolei

La|ma|is|mus *der;* - ⟨*tibet.-nlat.*⟩: Form des ↑Buddhismus in Tibet u. der Mongolei

la|ma|is|tisch: den Lamaismus betreffend, auf ihm beruhend, ihm angehörend

La|mäng *die;* - ⟨*lat.-fr.;* zusammengezogen aus *fr.* la main »die Hand«⟩ (scherzh.): Hand; **aus der Lamäng:** unvorbereitet u. mit Leichtigkeit

La|man|tin *der;* -s, -e ⟨*indian.-span.-fr.*⟩: Seekuh im tropischen Amerika, deren Fleisch, Fett u. Fell wirtschaftlich verwertet werden

La|mar|ckis|mus *der;* - ⟨*nlat.;* nach dem Begründer, dem fr. Naturforscher J. B. de Lamarck, 1744–1829⟩: Hypothese Lamarcks über die Entstehung neuer Arten durch funktionelle Anpassung, die vererbbar sein soll

Lam|ba|da *der;* -[s], -s ⟨*port.*⟩: aus Brasilien stammender Modetanz in lateinamerikanischem Rhythmus

Lamb|da *das;* -[s], -s ⟨*gr.*⟩: elfter Buchstabe des gr. Alphabets (Λ, λ)

Lamb|da|son|de *die;* -, -n (Kfz-Technik): Messfühler im Auspuffsystem von Verbrennungsmotoren mit Katalysator (2), mit dem der Restsauerstoffgehalt im Abgas ermittelt wird

Lam|b|rus|co *der;* -[s], -[s] ⟨*lat.-it.*⟩: süßer, leicht schäumender italienischer Rotwein

Lambs|wool [ˈlæmzwʊl] *die;* -: **1.** weiche Lamm-, Schafwolle. **2.** feine Strickware aus Lamm-, Schafwolle

La|mé, La|mee *der;* -[s], -s: Gewebe aus Metallfäden, die mit [Kunst]seide übersponnen sind

la|mel|lar ⟨*lat.-nlat.*⟩: streifig, schichtig, in Lamellen (1) angeordnet

La|mel|le *die;* -, -n (meist Plural) ⟨*lat.-fr.*⟩: **1.** eines der strahlenförmig stehenden Blättchen an der Unterseite des Hutes der Blätterpilze. **2. a)** schmale, dünne Platte, Scheibe (bes. als Glied einer Schicht, Reihe); **b)** Glied, Rippe eines Heizkörpers

la|men|tie|ren: **1.** (ugs. abwertend) laut klagen, jammern. **2.** (landsch.) jammernd um etwas betteln

La|men|to *das;* -s, -s ⟨*lat.-it.*⟩: **1.** (abwertend) Klage, Gejammer. **2.** (Plural auch: ...ti) Musikstück von schmerzlich-leidenschaftlichem Charakter

La|met|ta *das;* -s ⟨*lat.-it.*⟩: **1.** aus schmalen, dünnen, glitzernden Metallstreifen bestehender Christbaumschmuck. **2.** (ugs. abwertend) Orden, Uniformschnüre, Schulterstücke usw.

La|mi|nat *das;* -[e]s, -e ⟨*lat.-nlat.*⟩: mit Kunstharz als Bindemittel imprägnierter Schichtpressstoff (z. B. für wetterfeste Verkleidungen, Isolierplatten)

la|mi|nie|ren ⟨*lat.-fr.*⟩: **1.** das Material strecken, um die Fasern längs zu richten (in der Spinnerei). **2.** [Werkstoffe] mit einer Schicht überziehen

Lam|pi|on [ˈlampi̯ɔŋ, ...ˈpi̯õ:, österr.: ...ˈpi̯o:n] *der,* seltener *das;* -s, -s ⟨*gr.-lat.-vulgärlat.-it.-fr.*⟩: Laterne aus Papier, dünnem Stoff o. Ä.

Lam|p|re|te *die;* -, -n ⟨*mlat.*⟩: Meeresneunauge (beliebter Speisefisch)

LAN *das;* -[s], -s ⟨Kurzw. für engl. Local Area Network⟩ (EDV): Computernetzwerk innerhalb eines räumlich begrenzten Bereichs; vgl. LAN-Party

Lan|ça|de [lãˈsa:də] *die;* -, -n ⟨*lat.-fr.*⟩: Sprung des Pferdes aus der ↑Levade nach vorn (Figur der Hohen Schule)

lan|cie|ren [lã'si:...]: **1.** auf geschickte Weise bewirken, dass etwas in die Öffentlichkeit gelangt, dass etwas bekannt wird. **2.** geschickt an eine gewünschte Stelle, auf einen vorteilhaften Posten bringen, zu Ansehen, Anerkennung verhelfen

Land|ro|ver® [...roʊvɐ] *der;* -s, - ⟨*engl.*⟩: geländegängiges Kraftfahrzeug mit Allradantrieb

Lands|mål ['lantsmo:l] *das;* -[s] ⟨*norw.;* »Landessprache«⟩ (veraltet): ↑Nynorsk

Langue ['lã:gə] *die;* - ⟨*lat.-fr.*⟩ (Sprachw.): die Sprache als grammatisches u. lexikalisches System (nach F. de Saussure, 1857–1913); Ggs. ↑[1]Parole

Lan|gus|te *die;* -, -n ⟨*lat.-vulgärlat.-provenzal.-fr.*⟩: scherenloser Panzerkrebs des Mittelmeers u. des Atlantischen Ozeans

La|no|lin *das;* -s ⟨*lat.-nlat.*⟩: in Schafwolle enthaltenes, gereinigtes Fett (Wollfett), das z. B. als Salbengrundlage dient

LAN-Par|ty *die;* -, -s: Veranstaltung, bei der die Teilnehmenden mithilfe eines ↑LANs gemeinsam Computerspiele spielen

Lan|than *das;* -s ⟨*gr.-nlat.*⟩: chem. Element; ein Metall (Zeichen: La)

Lan|tha|nit [auch: ...'nɪt] *der;* -s, -e: ein Mineral

Lan|tha|no|id *das;* -[e]s, -e: zu den seltenen Erden gehörendes unedles Metall

La|nu|go *die;* -, ...gines [...ne:s] ⟨*lat.*⟩: Wollhaarflaum des ↑Fetus in der zweiten Hälfte der Schwangerschaft, der kurz vor oder bald nach der Geburt verloren geht

Lan|zet|te *die;* -, -n ⟨*lat.-fr.*⟩ (Med.): zweischneidiges kleines Operationsmesser

La Ola *die;* - -, - -s (meist ohne Artikel) ⟨*span.;* »die Welle«⟩: durch abwechselndes Aufstehen und Sichniedersetzen der Zuschauer einer Sportveranstaltung in einem Stadion aus Begeisterung o. Ä. hervorgerufene Bewegung, die den Eindruck einer großen, im Stadion umlaufenden Welle entstehen lässt

La|pa|ro|s|kop *das;* -s, -e ⟨*gr.-nlat.*⟩ (Med.): ↑[1]Endoskop zur Untersuchung der Bauchhöhle

La|pa|ro|s|ko|pie *die;* -, ...ien (Med.): Untersuchung der Bauchhöhle mit dem Laparoskop

La|pa|ro|to|mie *die;* -, ...ien (Med.): operative Öffnung der Bauchhöhle; Bauchschnitt

la|pi|dar ⟨*lat.;* »in Stein gehauen«⟩: knapp [formuliert], ohne weitere Erläuterungen, kurz u. bündig

La|pi|da|ri|um *das;* -s, ...ien: Steinsammlung

La|pi|dar|schrift *die;* -: ↑Versalschrift ohne Verzierung

La|pil|li, Ra|pil|li *die* (Plural) ⟨*lat.-it.*⟩ (Geol.): hasel- bis walnussgroße Lavabröckchen, die bei einem Vulkanausbruch herausgeschleudert werden

La|pis|la|zu|li *der;* -, - ⟨(*lat.; pers.-arab.*) *mlat.*⟩: ↑Lasurit, blauer Schmuckstein

Lap|pa|lie [...i̯ə] *die;* -, -n ⟨*dt.-nlat.*⟩ (abwertend): höchst unbedeutende Sache, Angelegenheit; Nichtigkeit, Belanglosigkeit

Lap|sus *der;* -, - [...su:s] ⟨*lat.*⟩: Fehlleistung, Versehen, Schnitzer

Lap|sus Lin|gu|ae [- ...ɛ] *der;* - -, - [...su:s] -: das Sichversprechen

Lap|top ['lɛp...] *der,* auch: *das;* -s, -s ⟨*engl.*⟩: flacher, tragbarer PC

La|ren *die* (Plural) ⟨*lat.*⟩: altrömische Schutzgeister, bes. von Haus u. Familie

[1]**large** [larʒ(ə)] ⟨*lat.-fr.*⟩ (bes. schweiz.): großzügig, weitherzig

[2]**large** [la:ɐ̯dʒ] ⟨*lat.-fr.-engl.*⟩: groß (Kleidergröße; Abk.: L)

lar|ghet|to ⟨*lat.-it.*⟩ (Musik): etwas breit, etwas gedehnt, langsam (Vortragsanweisung)

Lar|ghet|to *das;* -s, -s u. ...tti: larghetto gespieltes Musikstück

lar|go (Musik): breit, gedehnt, im langsamsten Zeitmaß (Vortragsanweisung); **largo assai** od. **largo di molto:** sehr langsam, schleppend; **largo ma non troppo:** nicht allzu langsam; **un poco largo:** ein wenig breit

Lar|go *das;* -s, -s (auch: ...ghi): largo gespieltes Musikstück

La|ri|fa|ri *das;* -s (ugs. abwertend): Geschwätz, Unsinn

lar|mo|y|ant [larmo̯a'jant] ⟨*lat.-fr.*⟩: sentimental-weinerlich; mit allzu viel Gefühl [u. Selbstmitleid]

Lar|mo|y|anz *die;* -: Weinerlichkeit, Rührseligkeit

L'art pour l'art [larpur'la:r] *das;* - - - ⟨*fr.;* »die Kunst für die Kunst«⟩: Kunst als Selbstzweck; Kunst, die keine bestimmte Absicht u. keinen gesellschaftlichen Zweck verfolgt

Lar|ve ['larfə] *die;* -, -n: **1.** (Zool.) Tierlarve; Jugendform vieler Tiere, die in Gestalt [u. Lebensweise] vom ausgewachsenen Tier stark abweicht. **2. a)** (veraltend, noch landsch.) Gesichtsmaske; **b)** (iron. od. abwertend) Gesicht. **3.** (veraltet) Gespenst; böser Geist eines Verstorbenen

La|ryn|gen: *Plural* von ↑Larynx

La|ryn|gi|tis *die;* -, ...itiden (Med.): Kehlkopfentzündung

La|ryn|go|s|kop *das;* -s, -e (Med.): **a)** ebener Spiegel an einem Stiel zur indirekten Betrachtung des Kehlkopfs; Kehlkopfspiegel; **b)** röhrenförmiges Instrument mit Lichtquelle zur direkten Betrachtung des Kehlkopfs; Kehlkopfspatel

La|rynx *der;* -, Laryngen ⟨*gr.*⟩ (Med.): Kehlkopf

La|sa|g|ne [la'zanjə] *die;* -, -n ⟨*gr.-lat.-vulgärlat.-it.*⟩ (Gastron.): Auflaufgericht, bei dem Platten aus Nudelteig abwechselnd mit einer Hackfleischmasse, Tomaten od. anderen Zutaten geschichtet u. mit Käse überbacken sind

La|ser ['le:zɐ, engl.: 'leɪzə] *der;* -s, - ⟨*engl.;* Kurzw. aus light amplification by stimulated emission of radiation = Lichtverstärkung durch angeregte Aussendung von Strahlung⟩: **1.** (Physik) Gerät zur Verstärkung von Licht einer bestimmten Wellenlänge bzw. zur Erzeugung eines scharf gebündelten Strahls ↑kohärenten Lichts. **2.** Einmannjolle für den Rennsegelsport (Kennzeichen: stilisierter Laserstrahl)

La|ser|chi|r|ur|gie *die;* - ⟨*engl.; gr.-lat.*⟩: Chirurgie (1), die mit Laserstrahlen arbeitet

La|ser|drom *das;* -s, -e ⟨*engl.; gr.*⟩: Spielstätte, in der die Spieler aus Pistolen Laserstrahlen auf ihre jeweiligen Gegner abfeuern, um sie aktionsunfähig zu machen

la|sern ['le:zɐn] ⟨*engl.*⟩ (Med.): mit Laserstrahl behandeln

La|ser|poin|ter [...pɔyntɐ] *der;* -s, - ⟨*engl.*⟩: Lasergerät, mit dem ein farbiger Lichtpunkt zur Hervorhebung bestimmter Stellen auf Projektionen (1) erzeugt werden kann

La|ser|strahl *der;* -s, -en ⟨*engl.; dt.*⟩: von einem Laser (1) erzeugter Lichtstrahl

la|sie|ren ⟨*pers.-arab.-mlat.*⟩: **a)** (ein Bild) mit durchsichtigen Farben übermalen; **b)** (bes. Holz) mit einer durchsichtigen Schicht überziehen

La|sik, LASIK® *die;* - ⟨Kurzw. aus **las**erassistierte **I**n-situ-**K**eratomileusis⟩ (Med.): Verfahren zur Behandlung der Kurzsichtigkeit mithilfe der Laserchirurgie

Lä|si|on *die;* -, -en ⟨*lat.*⟩: **1.** (Med.) Verletzung od. Störung der Funktion eines Organs od. Körperglieds. **2.** ↑Laesio enormis

Las|sa|fie|ber *das;* -s ⟨nach dem Ort Lassa in Nigeria⟩ (Med.): durch ein Virus hervorgerufene, sehr ansteckende Erkrankung mit hohem Fieber, Gelenkschmerzen, Mund- u. Gaumengeschwüren u. anderen Symptomen

Las|so *das* (österr. nur so) od. (seltener) *der;* -s, -s ⟨*lat.-span.*⟩: Wurfschlinge zum [Ein]fangen von Tieren

Las|tex® *das;* - ⟨Kunstw.⟩: elastisches Gewebe aus Gummifäden, die mit Kunstseiden- od. Chemiefasern umsponnen sind

Last-Mi|nute-An|ge|bot ['la:st'mɪnɪt...] ⟨*engl.; dt.*⟩: kurzfristiges Angebot von Reiseveranstaltern, Fluggesellschaften u. Ä., um für frei gebliebene Plätze gegen Preisnachlass noch Interessenten zu gewinnen

La|sur *die;* -, -en ⟨*pers.-arab.-mlat.*⟩: Farb-, Lackschicht, die den Untergrund durchscheinen lässt

La|sur|far|be *die;* -, -n: durchsichtige Farbe zum Übermalen von Bildern

La|su|rit [auch: ...'rɪt] *der;* -s, -e ⟨*pers.-arab.-mlat.-nlat.*⟩: tiefblaues, mitunter grünliches od. violettes, feinkörniges, an Kalkstein gebundenes Mineral; Lapislazuli

La|sur|stein *der;* -[e]s, -e: ↑Lapislazuli

las|ziv ⟨*lat.*⟩: in einer an Anstößigkeit grenzenden Weise sinnlich, schwül-erotisch, schlüpfrig

Las|zi|vi|tät *die;* -: laszives Wesen, laszive Art

Lä|ta|re ⟨*lat.;* nach dem alten ↑Introitus des Gottesdienstes, Jesaja 66, 10: »Freue dich (Jerusalem)!«⟩: vierter Sonntag der Passionszeit

La-Tène-Zeit *die;* -: zweiter Abschnitt der europäischen Eisenzeit

Late-Night-Show ['leɪtnaɪtʃoʊ] *die;* -, -s ⟨*engl.-amerik.*⟩: Veranstaltung, Unterhaltungssendung, die am späten Abend beginnt bzw. stattfindet

la|tent ⟨*lat.(-fr.)*⟩: **1.** versteckt, verborgen; [der Möglichkeit nach] vorhanden, aber [noch] nicht in Erscheinung tretend, nicht offenkundig. **2.** (Med.) ohne typische Merkmale vorhanden, nicht gleich erkennbar, kaum od. nicht in Erscheinung tretend (von Krankheiten od. Krankheitssymptomen). **3.** (Fotogr.) unsichtbar, unentwickelt

La|tenz *die;* - ⟨*lat.-nlat.*⟩: **1.** (Med.) zeitweiliges Verborgensein, unbemerktes Vorhandensein einer Krankheit. **2.** (Psychol.) durch die Nervenleitung bedingte Zeit zwischen Reizeinwirkung u. Reaktion. **3.** Verstecktheit, Verborgenheit

La|tenz|pe|ri|o|de *die;* -, -n: Ruhepause in der sexuellen Entwicklung des Menschen zwischen dem 6. u. 10. Lebensjahr

La|tenz|zeit *die;* -, -en: ↑Inkubationszeit

la|te|ral ⟨*lat.*⟩: **1.** seitlich, seitwärts [gelegen]; **laterales Denken:** Denken, das alle Seiten eines Problems einzuschließen sucht, wobei auch unorthodoxe, beim logischen Denken oft unbeachtete oder ignorierte Methoden angewendet werden. **2.** (Med.) von der Mittellinie eines Organs abgewandt, an der Seite gelegen

La|te|ran *der;* -s ⟨nach der Familie der Laterani aus der röm. Kaiserzeit⟩: außerhalb der Vatikanstadt gelegener ehemaliger päpstlicher Palast in Rom mit ↑Basilika u. Museum

La|ter|na ma|gi|ca *die;* - -, ...nae ...cae [...nɛ ...kɛ] ⟨*gr.-lat.;* »Zauberlaterne«⟩: **1.** einfachster (im 17. Jh. erfundener) Projektionsapparat. **2.** Form der Bühnenaufführung (Ballettdarbietung) in Kombination mit vielfältiger Projektion von Filmen u. Diapositiven auf [variable] Bildwände

La|te̤r|ne *die;* -, -n ⟨*gr.-lat.-vulgärlat.*⟩: **1.** durch ein Gehäuse aus Glas, Papier o. Ä. geschützte [tragbare] Lampe. **2.** (Archit.) auf die Scheitelöffnung einer Kuppel gesetztes, von Fenstern durchbrochenes Türmchen

La̱|tex *der;* -, ...tizes [...tse:s] ⟨*gr.-lat.*⟩: Milchsaft einiger tropischer Pflanzen, aus dem ↑Kautschuk, Klebstoff u. a. hergestellt wird u. der zur Imprägnierung dient

La|ti|fu̥n|di|en|wirt|schaft *die;* - ⟨*lat.; dt.*⟩: Bewirtschaftung eines Großgrundbesitzes durch abhängige Bauern in Abwesenheit des Besitzers (z. B. in Südamerika)

La|ti|fu̥n|di|um *das;* -s, ...ien ⟨*lat.*⟩: **1.** (Geschichte) von Sklaven bewirtschaftetes Landgut im Römischen Reich. **2.** (nur Plural) Liegenschaften, großer Land- od. Forstbesitz

La|ti̱|na *die;* -, -s ⟨*lat.-span.-amerik.*⟩: weibliche Form zu ↑Latino

la|ti|ni|si̱e̱|ren ⟨*lat.*⟩: in lateinische Sprachform bringen; der lateinischen Sprachart angleichen

La|ti|ni̥s|mus *der;* -, ...men ⟨*lat.-mlat.*⟩: Entlehnung aus dem Lateinischen; dem Lateinischen eigentümlicher Ausdruck in einer nicht lateinischen Sprache

La|ti|ni̥st *der;* -en, -en: jmd., der sich wissenschaftlich mit der lateinischen Sprache u. Literatur befasst

La|ti|ni̥s|tin *die;* -, -nen: weibliche Form zu ↑Latinist

La|ti̱|no *der;* -s, -s ⟨*lat.-span.-amerik.*⟩: ↑Hispanoamerikaner

La|ti̱|num *das;* -s: durch eine Prüfung nachgewiesene Kenntnisse in der lateinischen Sprache

La̱t|te mac|chi|a|to [-...ˈki̯a:...] *der* u. *die;* - -, - -[s] ⟨*it.*⟩: Kaffeegetränk aus heißer, aufgeschäumter Milch und Espresso

Lau|da̱|tio *die;* -, ...o̱nes [...ne:s] u. ...o̱nen ⟨*lat.*⟩: anlässlich einer Preisverleihung o. Ä. gehaltene Rede, in der die Leistungen u. Verdienste des Preisträgers hervorgehoben werden

Lau|da̱|tor *der;* -s, ...o̱ren: jmd., der eine Laudatio hält; Redner bei einer Preisverleihung

Lau|da|to̱|rin *die;* -, -nen: weibliche Form zu ↑Laudator

La̱u̱|des [...de:s] *die* (Plural) ⟨»Lobgesänge«⟩: im katholischen ↑Brevier enthaltenes Morgengebet

La̱u|ra, La̱w|ra *die;* -, ...ren ⟨*gr.-mgr.;* »enge Gasse«⟩: **1.** Eremitensiedlung der Ostkirche. **2.** bedeutendes ↑zönobitisches Kloster

Lau|re|a̱t *der;* -en, -en ⟨*lat.*⟩: **a)** (Geschichte) mit dem Lorbeerkranz gekrönter Dichter; vgl. Poeta laureatus; **b)** jmd., der einen Preis erhält, dem eine besondere Auszeichnung zuteilwird; Preisträger

lau|re̥n|tisch: die Laurentia betreffend; **laurentische Faltung, laurentische Gebirgsbildung, laurentische Revolution** (Geol.): Hochgebirgsbildung am Ende des ↑Archaikums

lau|re|ta̱|nisch ⟨*nlat.;* nach dem it. Wallfahrtsort Loreto⟩: aus Loreto; **Lauretanische Litanei:** im 16. Jh. in Loreto entstandene Marienlitanei

Lau|te|ni̥st *der;* -en, -en ⟨*mlat.*⟩: jmd., der [als Berufsmusiker] Laute spielt; Lautenspieler

Lau|te|ni̥s|tin *die;* -, -nen: weibliche Form zu ↑Lautenist

La̱|va *die;* -, Laven ⟨*it.*⟩ (Geol.): bei Vulkanausbrüchen an die Erdoberfläche tretender Schmelzfluss u. das daraus durch Erstarrung hervorgehende Gestein

La|va̱|bo *das;* -[s], -s ⟨*lat.;* »ich werde waschen«; nach Psalm 26,6⟩: **1.** Handwaschung des Priesters in der katholischen Liturgie. **2.** vom Priester bei der Handwaschung verwendetes Waschbecken mit Kanne. **3.** [ˈla:...] (schweiz.) Waschbecken

La̱|ven: *Plural* von ↑Lava

la|ve̥n|del ⟨*lat.-mlat.-it.*⟩: [blau]violett (wie die Blüte des Lavendels)

La|ve̥n|del *der;* -s, -: Heil- u. Gewürzpflanze, die auch für Parfüme verwendet wird

la|vi̱e̱|ren ⟨*niederl.*⟩: **1.** (auch: sich lavieren) mit Geschick Schwierigkeiten überwinden, vorsichtig zu Werke gehen, sich durch Schwierigkeiten hindurchwinden. **2.** (Seemannsspr. veraltet) gegen den Wind kreuzen

lä|vo|gy̱r ⟨*gr.-lat.; gr.*⟩ (Physik; Chemie): die Ebene ↑polarisierten (2 b) Lichts nach links drehend (Zeichen: l); Ggs. ↑dextrogyr (1)

La|voir [laˈvo̯a:ɐ̯] *das;* -s, -s ⟨*lat.-fr.*⟩ (österr., sonst veraltet): Waschbecken, -schüssel

Law and Or|der [ˈlɔ: ənd ˈɔ:də] ⟨*engl.;* »Gesetz und Ordnung«⟩ (oft abwertend): Schlagwort, das die Bekämpfung von Kriminalität u. Gewalt durch drastische Gesetze und harte Polizeimaßnahmen fordert

La|wi̱|ne *die;* -, -n ⟨*lat.-mlat.-ladinisch*⟩: an Hängen niedergehende Schnee- od. Eismassen

La̱w|ra vgl. Laura

Law|ren|ci|um [lɔˈrɛ...] *das;* -s ⟨*nlat.;* nach dem amerik. Physiker E. O. Lawrence, 1901–1958⟩: künstlich hergestelltes chem. Element; ein Transuran (Zeichen: Lr)

la̱x ⟨*lat.*⟩: nachlässig, ohne feste Grundsätze, nicht streng auf etwas achtend

Lay|out, Lay-out [le:ˈla̯ut, auch: ˈle:...] *das;* -s, -s ⟨*engl.*⟩: **1.** Text- u. Bildgestaltung einer Seite bzw. eines Buches. **2.** skizzenhaft angelegter Entwurf von Text- u. Bildgestaltung eines Werbemittels (z. B. Anzeige, Plakat) od. einer Publikation (z. B.

Zeitschrift, Buch). **3.** (Elektronik) Schema für die Anordnung der Bauelemente einer Schaltung

lay|outen [le:ˈlautn̩, auch: ˈle:...]: ein Layout entwerfen

Lay|ou|ter *der;* -s, -: jmd., der Layouts entwirft

Lay|ou|te|rin *die;* -, -nen: weibliche Form zu ↑Layouter

La|za|rett *das;* -[e]s, -e ‹*venez.-it.-fr.;* als Wortbildung beeinflusst von dem Namen der biblischen Gestalt des Lazarus›: Krankenanstalt für verwundete od. erkrankte Soldaten; Militärkrankenhaus

La|za|rist *der;* -en, -en ‹nach dem Mutterhaus Saint-Lazare in Paris›: Angehöriger einer katholischen Kongregation von Missionspriestern; vgl. Vinzentiner

LBS = Location-based Services

Lead [li:d] *das;* -[s] ‹*engl.*›: **1.** Führungsstimme in einer [Jazz]band (z. B. Trompete). **2.** (Wirtsch.) das Vorauseilen, der Vorsprung bestimmter Werte vor anderen im Konjunkturverlauf. **3.** Anfang, Beginn, [kurz zusammenfassende] Einleitung zu einer Veröffentlichung od. Rede

Lea|der [ˈli:dɐ] *der;* -s, -: **1.** Kurzform von ↑Bandleader (2). **2.** Spitzenreiter (beim Sport)

Lea|de|rin *die;* -, -nen: weibliche Form zu ↑Leader (1)

Lead|gi|tar|re *die;* -, -n: elektrische Gitarre, auf der die Melodie gespielt wird; vgl. Rhythmusgitarre

Lead|gi|tar|rist *der;* -en, -en: jmd., der die Leadgitarre spielt

Lead|gi|tar|ris|tin *die;* -, -nen: weibliche Form zu ↑Leadgitarrist

Lean Ma|nage|ment [ˈli:n ˈmænɪdʒmənt] *das;* - -s, - -s ‹*engl.*› (Wirtsch.): Unternehmensführung nach einem Konzept, das auf die zielgerichtete Gestaltung der wirtschaftlichen Aktivitäten u. den Abbau unnötiger Kosten ausgerichtet ist

Lean Pro|duc|tion [... prəˈdʌkʃn] *die;* - - ‹*engl.*› (Wirtsch.): Fertigung von Industrieerzeugnissen bei weitgehender Einsparung von Arbeitskräften, Kosten u. Material (z. B. durch Automation)

Lear|jet® [ˈli:ɐ̯...] *der;* -[s], -s ‹*amerik.*›: ein Geschäftsflugzeug

Lear|ning by Do|ing [ˈlə:nɪŋ baɪ ˈdu:ɪŋ] *das;* - - - ‹*engl.;* eigtl. »Lernen durch Tun«›: Lernen durch selbstständiges Handeln, durch unmittelbares Anwenden

lea|sen [ˈli:zn̩] ‹*engl.*›: (im Leasingverfahren) mieten, pachten

Lea|sing *das;* -s, -s (Wirtsch.): Vermietung von [Investitions]gütern, bes. von Industrieanlagen, wobei die Mietzahlungen bei einem eventuellen späteren Kauf angerechnet werden können

Le|ci|thin vgl. Lezithin

Le|cka|ge [lɛˈka:ʒə] *die;* -, -n ‹aus **Leck** u. *fr.* **-age**›: **1.** Gewichtsverlust durch Verdunsten od. Aussickern aufgrund einer undichten Stelle. **2.** Leck

le|gal ‹*lat.*›: gesetzlich [erlaubt], dem Gesetz gemäß; Ggs. ↑illegal

Le|ga|li|sa|ti|on *die;* -, -en ‹*lat.-nlat.*›: Beglaubigung [von Urkunden]

le|ga|li|sie|ren: **1.** [Urkunden] amtlich beglaubigen. **2.** legal machen

Le|ga|li|tät *die;* - ‹*lat.-mlat.*›: Gesetzmäßigkeit; die Bindung der Staatsbürger u. der Staatsgewalt an das geltende Recht

Le|ga|li|täts|ma|xi|me *die;* -, -n, **Le|ga|li|täts|prin|zip** *das;* -s, -ien: Pflicht der Staatsanwaltschaft zur Verfolgung aller strafbaren Handlungen

le|g|as|then ‹*lat.; gr.*›: ↑legasthenisch

Le|g|as|the|nie *die;* -, ...ien ‹»Leseschwäche«› (Psychol.; Med.): mangelhafte Fähigkeit, Wörter, zusammenhängende Texte zu lesen od. zu schreiben

Le|g|as|the|ni|ker *der;* -s, -: jmd., der an Legasthenie leidet

Le|g|as|the|ni|ke|rin *die;* -, -nen: weibliche Form zu ↑Legastheniker

le|g|as|the|nisch: die Legasthenie betreffend, an Legasthenie leidend

¹**Le|gat** *der;* -en, -en ‹*lat.*›: **1.** (Geschichte) **a)** im alten Rom Gesandter [des Senats]; Gehilfe eines Feldherrn u. Statthalters; **b)** in der römischen Kaiserzeit Unterfeldherr u. Statthalter in kaiserlichen Provinzen. **2.** (kath. Rel.) päpstlicher Gesandter (meist ein Kardinal) bei besonderen Anlässen

²**Le|gat** *das;* -[e]s, -e: Vermächtnis; Zuwendung einzelner Vermögensgegenstände durch letztwillige Verfügung

Le|ga|tar *der;* -s, -e: jmd., der ein ↑²Legat erhält; Vermächtnisnehmer

Le|ga|ti|on *die;* -, -en: **1.** [päpstliche] Gesandtschaft. **2.** Provinz des früheren Kirchenstaates

le|ga|to (Musik): gebunden (Vortragsanweisung; Abk.: leg.); **ben legato** (Musik): gut, sehr gebunden (Vortragsanweisung)

Le|ga|to *das;* -s, -s u. ...ti (Musik): gebundenes Spiel

Le|gen|dar *das;* -s, -e: Legendenbuch; Sammlung von Heiligenleben, bes. zur Lesung in der ↑Mette

le|gen|dä̲r: **1.** legendenhaft, sagenhaft. **2.** unwahrscheinlich, unglaublich, fantastisch

Le|gen|da̲|ri|um *das;* -s, ...ien (veraltend): ↑Legendar

Le|ge̲n|de *die;* -, -n ‹»zu Lesendes«›: **1. a)** kurze, erbauliche religiöse Erzählung über Leben und Tod od. auch über das Martyrium von Heiligen; **b)** Person od. Sache, die so bekannt geworden ist, dass sich bereits zahlreiche Legenden (2) um sie gebildet haben; Mythos (2). **2.** sagenhafte, unglaubwürdige Geschichte od. Erzählung. **3.** (Musik) episch-lyrisches Tonstück, ursprünglich die Heiligenlegenden behandelnd. **4.** Erklärung der (in einer Landkarte, einer Abbildung o. Ä.) verwendeten Zeichen; Zeichenerklärung. **5.** Umschrift auf einer Münze

le|ger [le'ʒe:ɐ̯, le'ʒɛ:ɐ̯] ‹*lat.-vulgärlat.-fr.*›: **a)** lässig, zwanglos (in Bezug auf Benehmen u. Haltung); **b)** bequem, leicht (in Bezug auf die Kleidung); **c)** nachlässig, oberflächlich (in Bezug auf die Ausführung von etwas)

Le̲ges [...ge:s]: *Plural* von ↑Lex

Le̲g|gings, Le̲g|gins *die* (Plural) ‹*engl.*›: **1.** aus Leder hergestelltes, einer Hose ähnliches Kleidungsstück der nordamerikanischen Indianer. **2.** einer Strumpfhose ohne Füßlinge ähnliches Kleidungsstück

Le̲g|horn *das;* -s, -[s] (landsch. auch: ...hörner) ‹*engl.;* vom engl. Namen der it. Stadt Livorno›: Huhn einer weitverbreiteten weißen od. braunen Rasse mit hoher Legeleistung

¹le|gie̲|ren ‹*lat.*› (veraltet): ein ²Legat aussetzen

²le|gie̲|ren ‹*lat.-it.*›: **1.** eine Legierung herstellen. **2.** Suppen u. Soßen mit Ei od. Mehl eindicken

Le|gie̲|rung *die;* -, -en: durch Zusammenschmelzen mehrerer Metalle entstandenes Mischmetall (z. B. Messing)

Le|gi|o̲n *die;* -, -en ‹*lat.*›: **1.** (Geschichte) altrömische Heereseinheit. **2.** Truppe aus freiwilligen [fremdländischen] Soldaten; Söldnerheer; **die Legion** (Jargon): die französische Fremdenlegion. **3.** unbestimmt große Anzahl, Menge; **etwas ist Legion:** etwas ist in sehr großer Zahl vorhanden

Le|gi|o|na̲r *der;* -s, -e (Geschichte): Soldat einer römischen Legion

Le|gi|o|nä̲r *der;* -s, -e: Mitglied einer Legion (2), z. B. der französischen Fremdenlegion

Le|gi|o|nä̲rs|krank|heit *die;* - ‹nach dem ersten Auftreten 1976 bei einem Legionärstreffen in den USA› (Med.): Infektionskrankheit mit starkem Fieber, Anzeichen einer Lungenentzündung od. schweren Grippe

Le|gis|la|ti|o̲n *die;* - ‹*lat.*›: ↑Legislatur

le|gis|la|ti̲v ‹*lat.-nlat.*›: gesetzgebend

Le|gis|la|ti̲|ve *die;* -, -n: **a)** gesetzgebende Gewalt, Gesetzgebung; vgl. Exekutive; **b)** (veraltet) gesetzgebende Versammlung

le|gis|la|to̲|risch: gesetzgeberisch

Le|gis|la|tu̲r *die;* -, -en: **a)** Gesetzgebung; **b)** (veraltet) gesetzgebende Versammlung

Le|gis|la|tu̲r|pe|ri|o|de *die;* -, -n: Gesetzgebungsperiode, Wahlperiode; Amtsdauer einer [gesetzgebenden] Volksvertretung

le|gi|ti̲m ‹*lat.*›: **1. a)** rechtmäßig, gesetzlich anerkannt; Ggs. ↑illegitim (a); **b)** ehelich (von Kindern); Ggs. ↑illegitim (b). **2.** berechtigt, begründet; allgemein anerkannt, vertretbar

Le|gi|ti|ma|ti|o̲n *die;* -, -en ‹*lat.-fr.*›: **1.** Beglaubigung; [Rechts]ausweis. **2.** Berechtigung. **3.** Ehelichkeitserklärung (für ein vorher uneheliches Kind); vgl. ...ation/...ierung

le|gi|ti|mie̲|ren ‹*lat.-mlat.(-fr.)*›: **1. a)** beglaubigen; **b)** für gesetzmäßig erklären. **2.** ein Kind für ehelich erklären. **3.** sich legitimieren: sich ausweisen. **4.** jmdn. berechtigen

Le|gi|ti|mie̲|rung *die;* -, -en: das Legitimieren; vgl. ...ation/...ierung

Le|gi|ti|mi̲st *der;* -en, -en: **1.** Anhänger des Legitimismus. **2.** Vertreter des monarchischen Legitimitätsprinzips (z. B. in Frankreich um 1830 die Anhänger der Bourbonen)

Le|gi|ti|mi̲s|tin *die;* -, -nen: weibliche Form zu ↑Legitimist

le|gi|ti|mi̲s|tisch: a) den Legitimismus betreffend; **b)** den Legitimisten (2) betreffend

Le|gi|ti|mi|tä̲t *die;* - ‹*lat.-fr.*›: Rechtmäßigkeit einer Staatsgewalt; Übereinstimmung mit der [demokratischen od. dynastischen] Verfassung; Gesetzmäßigkeit [eines Besitzes, Anspruchs]

Le|gu|a̲n [auch: 'le:...] *der;* -s, -e ‹*karib.-span.*›: tropische Baumeidechse mit gezacktem Rückenkamm

Le|gu|mi|no̲|se *die;* -, -n (meist Plural): Hülsenfrüchtler (z. B. Mimose, Erbse, Bohne, Erdnuss)

Leg|war|mer ['lɛgwɔ:mɐ] *der;* -s, -[s] (meist Plural) ‹*engl.;* »Beinwärmer«›: von den Knöcheln bis zu den Knien reichender [Woll]strumpf ohne Füßling

Le̲icht|ath|let *der;* -en, -en ‹*dt.; gr.-lat.*›: Sportler, der Leichtathletik treibt

Le̲icht|ath|le|tik *die;* -: die Disziplinen Laufen, Gehen, Springen, Werfen, Stoßen umfassender Sport; vgl. Schwerathletik

Le̲icht|ath|le|tin *die;* -, -nen: weibliche Form zu ↑Leichtathlet

Le̲is *der;* - u. -es, -e[n] ‹aus: Kyrieleis, ↑Kyrie eleison›: geistliches Volkslied des Mittelalters mit dem Kehrreim »Kyrieleis«

Leit|fos|sil *das;* -s, -ien ‹*dt.; lat.*› (Geol.): für einen bestimmten geologischen Zeitabschnitt charakteristisches ↑Fossil

Lek|ti|on *die;* -, -en ‹*lat.*›: **1.** Unterrichtsstunde. **2.** Lernpensum, -abschnitt. **3.** Zurechtweisung, Verweis. **4.** liturgische [Bibel]lesung im christlichen Gottesdienst

Lek|ti|o|nar *das;* -s, -e u. -ien, **Lek|ti|o|na|ri|um** *das;* -s, ...ien ‹*lat.-mlat.*› (Rel.): **1.** liturgisches Buch mit den Bibelabschnitten für den christlichen Gottesdienst. **2.** Lesepult, an dem die Verlesung der nach der kirchlichen Ordnung vorgeschriebenen Bibelabschnitte vorgenommen wird

Lek|tor *der;* -s, ...oren ‹*lat.;* »Leser, Vorleser«›: **1.** Sprachlehrer für praktische Übungen an einer Hochschule. **2.** Mitarbeiter eines Verlags, der Manuskripte prüft u. bearbeitet, Autoren betreut, Projekte vorschlägt u. a. **3. a)** (früher) zweiter Grad der katholischen niederen Weihen; **b)** Gemeindemitglied, das während der ↑[1]Messe (1) od. im Gottesdienst [liturgische] Texte vorliest

Lek|to|rat *das;* -[e]s, -e ‹*lat.-mlat.*›: **1.** Lehrauftrag eines Lektors (1)/einer Lektorin. **2.** [Verlags]abteilung, in der Lektoren (2) u. Lektorinnen arbeiten

lek|to|rie|ren ‹*lat.-nlat.*›: als Lektor (2)/Lektorin ein Manuskript prüfen

Lek|to|rin *die;* -, -nen: weibliche Form zu ↑Lektor

Lek|tü|re *die;* -, -n ‹*lat.-mlat.-fr.*›: **1.** Lesestoff. **2.** (ohne Plural) das Lesen

Le|ky|thos *die;* -, ...ythen ‹*gr.-lat.*›: altgriechischer, als Ölgefäß dienender Henkelkrug aus Ton mit schlankem Hals

Lem|ma *das;* -s, -ta ‹*gr.-lat.*›: **1.** Stichwort in einem Nachschlagewerk (Wörterbuch, Lexikon). **2.** (veraltet) Überschrift, Motto als Inhaltsanzeige eines Werkes. **3. a)** (Math.; Logik) Hilfssatz, der in einer Beweisführung gebraucht wird; **b)** (gr. Philos.) Vordersatz eines Schlusses

lem|ma|ti|sie|ren ‹*gr.-lat.-nlat.*›: **1.** zum Stichwort (in einem Nachschlagewerk) machen. **2.** mit Stichwörtern versehen [u. entsprechend ordnen]

Lem|ming *der;* -s, -e ‹*dän.*›: zu den Wühlmäusen gehörendes Nagetier

Lem|nis|ka|te *die;* -, -n ‹*gr.-lat.*›: ebene algebraische Kurve vierter Ordnung von der Form einer liegenden Acht

Le|mur *der;* -en, -en, **Le|mu|re** *der;* -n, -n (meist Plural) ‹*lat.*›: **1.** (nach altröm. Glauben) Geist eines Verstorbenen; Gespenst. **2.** (auf Madagaskar heimischer) Halbaffe mit dichtem, weichem Fell, langem Schwanz u. langen Hinterbeinen

le|mu|ren|haft: gespenstisch

Le|mu|ria *die;* - ‹*lat.-nlat.*› (Geol.): früher zur Deutung der Verbreitung der Lemuren (2) für die Triaszeit vermutete Landmasse zwischen Vorderindien u. Madagaskar

le|mu|risch: a) zu den Lemuren (1) gehörend; **b)** ↑lemurenhaft

Le|ni|nis|mus *der;* - ‹*nlat.*›: der von Lenin (1870–1924) beeinflusste u. geprägte ↑Marxismus

Le|ni|nist *der;* -en, -en: Anhänger, Vertreter des Leninismus

Le|ni|nis|tin *die;* -, -nen: weibliche Form zu ↑Leninist

le|ni|nis|tisch: den Leninismus betreffend, im Sinne des Leninismus

len|tan|do, slen|tan|do (Musik): nachlassend, zögernd, nach u. nach langsamer (Vortragsanweisung)

len|to ‹*lat.-it.*› (Musik): langsam; **lento assai, lento di molto:** sehr langsam; **non lento:** nicht zu langsam, nicht schleppend (Vortragsanweisungen)

[1]le|o|ni|nisch ‹nach einem mittelalterlichen Dichter namens Leo od. nach einem Papst Leo›: in der Fügung **leoninischer Vers:** Hexameter od. Pentameter, dessen Mitte u. Versende sich reimen

[2]le|o|ni|nisch ‹»zum Löwen gehörend«; nach einer Fabel Äsops›: in der Fügung **leoninischer Vertrag:** Vertrag, bei dem der eine Partner allen Nutzen hat

le|o|nisch ‹nach der span. Stadt León›: mit Metallfäden umwickelt od. umsponnen

Le|o|pard *der;* -en, -en ‹*lat.*›: asiatische u. afrikanische Großkatze mit meist fahlgelbem bis rötlich gelbem Fell mit schwarzen Ringelflecken

Le|p|ra *die;* - ‹*gr.-lat.*› (Med.): in den Tropen u. Subtropen verbreitete Infektionskrankheit, die bes. zu entstellenden Veränderungen der Haut führt; Aussatz

le|p|ros, le|p|rös ‹*gr.-lat.*› (Med.): an Lepra leidend, aussätzig

Lep|ta: *Plural* von ↑[1]Lepton

[1]Lep|ton *das;* -s, Lepta ‹*gr.*›: **1.** frühere Münzeinheit in Griechenland. **2. a)** sehr kleines altgriechisches Gewicht; **b)** kleine altgriechische Münze

[2]Lep|ton *das;* -s, ...onen ‹*gr.-nlat.*› (Physik): Elementarteilchen mit halbzahligem Spin

lep|to|som (Med.): schmal-, schlankwüchsig

Lep|to|so|me *der* u. *die;* -n, -n (Med.): Mensch mit schlankem Körperbau u. schmalen, längeren, zartknochigen Gliedmaßen

les|bisch: (in Bezug auf Frauen) homosexuell; **lesbische Liebe:** Homosexualität bei Frauen

le|tal ‹*lat.*› (Med.): zum Tode führend, tödlich, todbringend

Le|ta|li|tät *die;* - ‹*lat.-nlat.*›: Wahrscheinlichkeit, an einer Krankheit zu sterben

Le|thar|gie *die;* - ‹*gr.-lat.*›: **1.** (Med.) krankheitsbedingte Schlafsucht mit Bewusstseinsstörungen (z. B. bei Vergiftungen). **2.** körperliche u. seelische Trägheit; Gleichgültigkeit, Teilnahmslosigkeit

Le|the *die;* - ‹Unterweltsfluss der gr. Sage› (dichter.): Vergessenheitstrank, Vergessenheit

Let|kiss *der;* -, - ‹*finn.-engl.*›: Modetanz der späten 1960er-Jahre mit folkloristischem Charakter

Let|ter *die;* -, -n ‹*lat.-fr.*›: **1.** Druckbuchstabe. **2.** Drucktype

Leu *der;* -, Lei ‹*lat.-rumän.;* »Löwe«›: rumänische Währungseinheit

Leu|k|ä|mie *die;* -, ...ien ‹*gr.-nlat.;* »Weißblütigkeit«› (Med.): bösartige Erkrankung mit Überproduktion von weißen Blutkörperchen; Blutkrebs

leu|k|ä|misch (Med.): **a)** die Leukämie betreffend; zum Krankheitsbild der Leukämie gehörend; **b)** an Leukämie leidend

leu|ko..., Leu|ko...

‹zu *gr.* leukós »klar, blank, glänzend; weiß«›
Wortbildungselement mit der Bedeutung »weiß, glänzend«:
- Leukämie
- leukoderm
- Leukometer
- Leukozyt

leu|ko|derm (Med.): (von der Haut) pigmentarm, hellhäutig; Ggs. ↑melanoderm

Leu|kom *das;* -s, -e (Med.): weiße Narbe auf der Hornhaut des Auges

Leu|ko|pa|thie *die;* -, ...ien: ↑Albinismus

[1]**Leu|ko|plast** *der;* -en, -en ‹*gr.-nlat.*›: farbloser Bestandteil der pflanzlichen Zelle

[2]**Leu|ko|plast®** *das;* -[e]s, -e: Zinkoxid enthaltendes Heftpflaster ohne Mullauflage

Leu|ko|to|mie *die;* -, ...ien (Med.): heute nicht mehr üblicher operativer Eingriff in die weiße Gehirnsubstanz bei bestimmten psychiatrischen Erkrankungen

Leu|ko|zyt *der;* -en, -en (meist Plural) (Med.): weißes Blutkörperchen

Leu|ko|zy|to|se *die;* -, -n (Med.): krankhafte Vermehrung der weißen Blutkörperchen

Leut|nant *der;* -s, -s (selten: -e) ‹*lat.-mlat.-fr.*›: Offizier der untersten Rangstufe (Abk.: Lt.)

Le|va|de *die;* -, -n ‹*lat.-fr.*›: das Sichaufrichten des Pferdes auf der Hinterhand als Figur der hohen Schule

Le|van|ti|ner *der;* -s, -: in der Levante geborener u. aufgewachsener Abkömmling eines Europäers u. einer Orientalin

Le|van|ti|ne|rin *die;* -, -nen: weibliche Form zu ↑Levantiner

Le|vel [ˈlɛvl̩] *der u. das;* -s, -[s] ‹*lat.-engl.*›: erreichtes Niveau, Leistungsstand, Rang, Stufe

Le|ver [ləˈveː] *das;* -s, -s ‹*lat.-fr.*› (Geschichte): Audienz am Morgen, Morgenempfang bei einem Fürsten

Le|vi|a|than, ökum.: **Le|vi|a|tan** [auch: ...ˈtaːn] *der;* -s, -e [...ˈtaːnə] ‹*hebr.-mlat.*›: **1.** (ohne Plural) Ungeheuer (Drache) der altorientalischen Mythologie (auch im Alten Testament). **2.** (ohne Plural) Symbol für den allmächtigen Staat bei dem englischen Philosophen Hobbes (17. Jh.). **3.** (Textilwesen) Waschmaschine für die Entfettung u. Reinigung von Wolle

Le|vit *der;* -en, -en ‹*hebr.-gr.-mlat.;* nach dem jüd. Stamm Levi›: **1.** Tempeldiener im Alten Testament. **2.** (nur Plural; kath. Kirche früher) Diakon u. Subdiakon als Assistenten des Priesters beim feierlichen Hochamt

Le|vi|ten ‹*hebr.-gr.-mlat.;* nach dem jüd. Stamm Levi›: in der Wendung **jmdm. die Leviten lesen** (ugs.): jmdn. wegen seines tadelnswerten Verhaltens zur Rede stellen u. ihn mit Nachdruck auf seine Pflichten usw. hinweisen (ursprünglich nach den Verhaltensvorschriften des Levitikus)

Le|vi|ti|kus *der;* -: lat. Bez. des 3. Buches Mose im Alten Testament

le|vi|tisch: auf die Leviten (1, 2) bezüglich

Lev|koie [lɛfˈkɔy̯ə] *die;* -, -n ‹*gr.-ngr.*› (älter für): Levkoje

Lev|ko|je *die;* -, -n: Pflanze mit länglichen, blassgrünen Blättern u. weiß bis violett gefärbten, meist stark duftenden Blüten in Trauben

Lew *der;* -[s], Lewa ‹*lat.-bulgar.*›: bulgarische Währungseinheit

Lex *die;* -, Leges [ˈleːgeːs] ‹*lat.*›: aus bestimmtem Anlass erlassenes Gesetz, das (unter Anspielung auf die römische Gesetzgebung) mit dem Namen des Antragstellers od. der betreffenden Sache versehen wird (z. B. Lex Heinze)

Le|xem *das;* -s, -e ‹*gr.-russ.*› (Sprachw.): Einheit des Wortschatzes, die die begriffliche Bedeutung trägt

Le|xik *die;* -: Wortschatz einer Sprache
le|xi|kal vgl. lexikalisch
le|xi|ka|lisch, seltener: **le|xi|kal: a)** das Wörterbuch betreffend; **b)** die Untersuchung von isolierten Wörtern ohne Berücksichtigung des Textzusammenhangs betreffend; vgl. ...isch/-
le|xi|ka|li|sie|ren (Sprachw.): als ein neues Lexem festlegen, zum festen inhaltlich-begrifflichen Bestandteil der Sprache machen
Le|xi|ko|graf, Le|xi|ko|graph *der;* -en, -en ⟨*gr.*⟩: Verfasser, Bearbeiter [einzelner Artikel] eines Wörterbuchs od. Lexikons
Le|xi|ko|gra|fie, Le|xi|ko|gra|phie *die;* -: [Wissenschaft von der] Aufzeichnung u. Erklärung des Wortschatzes in Form eines Wörterbuchs
Le|xi|ko|gra|fin, Le|xi|ko|gra|phin *die;* -, -nen: weibliche Form zu ↑Lexikograf
le|xi|ko|gra|fisch, le|xi|ko|gra|phisch: die Lexikografie betreffend
Le|xi|ko|lo|gie *die;* -: Bereich der Sprachwissenschaft, der sich mit der Erforschung des Wortschatzes (bes. mit der Struktur des Wortschatzes) befasst [u. die theoretischen Grundlagen für die Lexikografie schafft]
le|xi|ko|lo|gisch: die Lexikologie betreffend
Le|xi|kon *das;* -s, ...ka, auch: ...ken ⟨*gr.*⟩: **1.** nach Stichwörtern alphabetisch geordnetes Nachschlagewerk für alle Wissensgebiete od. für ein bestimmtes Sachgebiet. **2.** (veraltet) Wörterbuch. **3.** (Sprachw.) **a)** Gesamtheit der selbstständigen bedeutungstragenden Einheiten einer Sprache; Wortschatz im Unterschied zur Grammatik einer Sprache; **b)** (in der generativen Grammatik) Sammlung der Lexikoneinträge einer Sprache
le|xisch: die Lexik betreffend
Le|zi|thin, fachspr.: **Le|ci|thin** *das;* -s, -e ⟨*gr.-nlat.*⟩: als Bestandteil aller Zellen wichtiger, phosphorhaltiger, fettähnlicher Stoff
Li|ai|son [li̯ɛˈzõː, bes. südd., österr.: ...ˈzoːn] *die;* -, -s, bes. südd., österr.: ...onen [...ˈzoːnən] ⟨*lat.-fr.*⟩: **1.** (veraltend) Liebesverhältnis, Liebschaft. **2.** im Französischen das Aussprechen eines sonst stummen Konsonanten am Wortende vor einem vokalisch beginnenden Wort. **3.** (Gastron.) Mischung aus Ei, Sahne u. Butter od. Mehl, Fleischbrühe u. a. zur Herstellung von Soßen, Cremes o. Ä.
Li|as *der* od. *die;* - ⟨*(alt)fr.-engl.-fr.*⟩ (Geol.): älteste Abteilung des ↑²Jura
Li|bell *das;* -s, -e ⟨*lat.;* »Büchlein«⟩: **1.** (Geschichte) gerichtliche Klageschrift im alten Rom. **2.** Schmähschrift, Streitschrift
Li|bel|le *die;* -, -n ⟨*lat.;* »kleine Waage«⟩: **1.** am Wasser lebendes größeres Insekt mit schlankem Körper u. 2 Paar schillernden Flügeln. **2.** Hilfseinrichtung an [Mess]instrumenten zur genauen Horizontal- od. Vertikalstellung. **3.** Haarspange bestimmter Art
Li|bel|list *der;* -en, -en: Verfasser eines Libells (2)
Li|bel|lis|tin *die;* -, -nen: weibliche Form zu ↑Libellist
Li|ber *der;* -, Libri ⟨*lat.*⟩: lat. Bez. für: Buch
li|be|ral ⟨*lat.(-fr.)*⟩: **1.** dem Einzelnen wenige Einschränkungen auferlegend, die Selbstverantwortung des Individuums unterstützend, freiheitlich. **2.** die Weltanschauung des Liberalismus (1) betreffend, sie vertretend. **3.** eine den Liberalismus (1) vertretende Partei betreffend, zu ihr gehörend
Li|be|ra|le *der* u. *die;* -n, -n: Anhänger(in) einer liberalen (3) Partei, des Liberalismus (1)
li|be|ra|li|sie|ren ⟨*lat.-nlat.*⟩: **1.** von Einschränkungen befreien; liberal (1) gestalten. **2.** (Wirtsch.) stufenweise Einfuhrverbote u. -kontingente im Außenhandel beseitigen
Li|be|ra|lis|mus *der;* -: **1.** im Individualismus wurzelnde, im 19. Jh. in politischer, wirtschaftlicher u. gesellschaftlicher Hinsicht entscheidend prägende Denkrichtung u. Lebensform, die Freiheit, Autonomie, Verantwortung u. freie Entfaltung der Persönlichkeit vertritt u. staatliche Eingriffe auf ein Minimum beschränkt sehen will. **2.** liberales (1) Wesen, liberaler Zustand
Li|be|ra|list *der;* -en, -en: Anhänger, Verfechter des Liberalismus (1)
Li|be|ra|lis|tin *die;* -, -nen: weibliche Form zu ↑Liberalist
li|be|ra|lis|tisch: a) den Liberalismus betreffend, auf ihm beruhend; freiheitlich im Sinne des Liberalismus; **b)** extrem liberal
Li|be|ra|li|tät *die;* - ⟨*lat.*⟩: liberales (1) Wesen, Denken; liberale Gesinnung
Li|be|ro *der;* -[s], -s ⟨*lat.-it.;* »der Freie«⟩ (Fußball): Abwehrspieler ohne unmittelbaren Gegenspieler, der sich aber ins Angriffsspiel einschalten kann
Li|ber|tät *die;* -, -en: **1.** (Geschichte) ständische Freiheit. **2.** Freiheit, [beschränkte] Bewegungs- u. Handlungsfreiheit
Li|ber|té [...ˈteː] *die;* -: Freiheit (eines der drei Schlagworte der Französischen Revolution); vgl. Égalité, Fraternité
Li|bi|do [auch: liˈbiːdo] *die;* - (Med.; Psychol.): auf sexuelle Befriedigung gerichteter Trieb
Li|b|ret|tist *der;* -en, -en: Verfasser eines Librettos

Li|b|ret|tis|tin *die;* -, -nen: weibliche Form zu ↑Librettist

Li|b|ret|to *das;* -s, -s u. ...tti: Text[buch] von Opern, Operetten, Singspielen, Oratorien

Li|che|ni|fi|ka|ti|on *die;* -, -en (Med.): Vergröberung u. Verdickung der Haut, Vertiefung der Hautfurchen mit teilweisem Auftreten von Knötchen

Li|che|no|lo|ge *der;* -n, -n: Wissenschaftler auf dem Gebiet der Lichenologie

Li|che|no|lo|gin *die;* -, -nen: weibliche Form zu ↑Lichenologe

Li|do *der;* -s, -s (auch: Lidi) ‹*lat.-it.*›: schmaler, lang gestreckter Landstreifen vor einer Küste; Nehrung zwischen Lagune u. offenem Meer

Life|style [...stail] *der;* -[s], -s ‹*engl.*›: Lebensstil; [moderne] charakteristische Art u. Weise, das Leben zu gestalten

Life|time|sport [...taim...] *der;* -[e]s ‹*engl.*›: Sportart, die von Menschen jeder Altersstufe ausgeübt werden kann

[1]Lift *der;* -[e]s, -e u. -s ‹*altnord.-engl.*›: **1.** Fahrstuhl, Aufzug. **2.** (Plural nur: -e) Skilift, Sessellift

[2]Lift *der* od. *das;* -s, -s: kosmetische Operation zur Straffung der [Gesichts]haut

Lift|boy *der;* -s, -s ‹*engl.*›: [junger] Fahrstuhlführer

Lif|ting *das;* -s, -s: **1.** [2]Lift. **2.** (Leichtathletik) Übung, bei der die Fersen vom Boden abfedern u. die Fußspitzen auf dem Boden bleiben

Li|ga *die;* -, ...gen ‹*lat.-span.*›: **1.** Bund, Bündnis (bes. der kath. Fürsten im 16. u. 17. Jh.). **2.** (Sport) Wettkampfklasse, die mehrere Vereinsmannschaften eines bestimmten Gebietes zusammenfasst

Li|ga|tur *die;* -, -en: **1. a)** (Druckw.) Buchstabenverbindung auf einer Drucktype (z. B. ff, æ); **b)** das Zusammenziehen von Buchstaben in der Schrift (das ein flüssigeres Schreiben ermöglicht). **2.** (Musik) **a)** Zusammenfassung mehrerer (auf einer Silbe gesungener) Noten zu Notengruppen in der Mensuralmusik des 13. bis 16. Jh.s; **b)** das Zusammenbinden zweier Noten gleicher Tonhöhe mit dem Haltebogen zu einem Ton über einen Takt od. einen betonten Taktteil hinweg (zur Darstellung einer Synkope 3). **3.** (Med.) Unterbindung von Blutgefäßen mithilfe einer Naht (z. B. bei einer Operation)

light [lait] ‹*engl.;* »leicht«›: (in Bezug auf Nahrungs- u. Genussmittel) weniger unerwünschte, belastende o. ä. Inhaltsstoffe enthaltend

Light|show *die;* -, -s ‹*engl.*›: **a)** Darbietung von Lichteffekten und anderen optischen Effekten zur Verstärkung der Wirkung von Popmusikteln (bei Konzerten, Tanzveranstaltungen, in Diskotheken usw.); **b)** Anlage, die eine Lightshow (a) liefert

Light|ver|si|on *die;* -, -en ‹*engl.; lat.*›: Version (2) eines Produktes od. einer Idee, die auf die wichtigsten Bestandteile beschränkt ist; reduzierte Fassung

Li|gist *der;* -en, -en ‹*lat.-span.-nlat.*›: Angehöriger einer Liga (2)

Li|g|nin *das;* -s, -e: Verholzung bewirkender, farbloser, fester Stoff; Holzstoff

Li|g|nit [auch: ...ˈnɪt] *der;* -s, -e: **1.** junge Braunkohle mit noch sichtbarer Holzstruktur. **2.** Xylit (2)

Li|gu|o|ri|a|ner *der;* -s, - ‹nach dem heiligen Alfons von Liguori›: ↑Redemptorist

Li|gus|ter *der;* -s, - ‹*lat.*›: häufig in Zierhecken angepflanzter Strauch mit weißen Blütenrispen u. schwarzen Beeren

li|ie|ren, sich ‹*lat.-fr.*›: **a)** ein Liebesverhältnis mit jmdm. beginnen; **b)** eine Geschäftsverbindung eingehen; mit jmdm. [geschäftlich] zusammenarbeiten

Like|li|hood [ˈlaiklihʊt] *die;* - ‹*engl.;* »Wahrscheinlichkeit«› (Statistik): Maß, das die Wahrscheinlichkeit verschiedener unbekannter Werte eines Parameters (1) angibt

Li|kör *der;* -s, -e ‹*lat.-fr.*›: süßes alkoholisches Getränk aus Branntwein mit Zucker[lösung] u. aromatischen Geschmacksträgern

Lik|tor *der;* -s, ...oren ‹*lat.*› (Geschichte): Amtsdiener als Begleiter hoher Beamter im alten Rom, Träger der ↑Faszes

Lik|to|ren|bün|del *das;* -s, -: ↑Faszes

Li|kud|block, Li|kud-Block *der;* -[e]s ‹*hebr.;* »Einigung, Zusammenfassung«›: Bündnis von fünf Parteien in Israel

li|la ‹*sanskr.-pers.-arab.-span.-fr.*›: **1.** fliederblau, hellviolett. **2.** (ugs.) mittelmäßig

Li|la *das;* -[s], -[s]: lila Farbe

Li|lie [...iə] *die;* -, -n: stark duftende Gartenpflanze mit schmalen Blättern u. trichterförmigen Blüten in vielen Arten

Li|li|put (ohne Artikel) -s ‹nach »Lilliput«, dem Zwergenland in »Gullivers Reisen« von J. Swift, 1667–1745›: Märchenland, dessen Bewohner winzig klein sind

Li|li|pu|ta|ner *der;* -s, -: **1.** (veraltend abwertend) kleinwüchsiger Mensch. **2.** Bewohner von Liliput

Li|li|pu|ta|ne|rin *die;* -, -nen: weibliche Form zu ↑Liliputaner

Lim|bi: *Plural* von ↑Limbus

lim|bisch: in der Fügung **limbisches System** (Med.): Randgebiet zwischen Großhirn u. Gehirnstamm, das die hormonale Steuerung u. das vegetative Nervensystem beeinflusst u. von dem gefühlsmäßige Reaktionen auf Umweltreize ausgehen

Lịm|bo *der;* -s, -s ⟨*karib.*⟩: akrobatischer Tanz westindischer Herkunft, bei dem sich der/die Tanzende rückwärts beugt u. mit schiebenden Tanzschritten unter einer Querstange hindurchbewegt, die nach jedem gelungenen Durchgang niedriger gestellt wird

Lịm|bus *der;* -, ...bi ⟨*lat.;* »Rand«⟩: **1.** (ohne Plural) nach traditioneller, heute weitgehend aufgegebener katholischer Lehre die Vorhölle als Aufenthaltsort der vorchristlichen Gerechten u. der ungetauft gestorbenen Kinder. **2.** (Bot.) oberer, nicht verwachsener Teil einer Blüte. **3.** (Technik) Gradkreis, Teilkreis an Winkelmessinstrumenten

Li̲|me|rick *der;* -[s], -s ⟨*engl.;* nach der gleichnamigen irischen Stadt⟩: **1.** nach festliegendem Reimschema verfasstes fünfzeiliges Gedicht von ironischem od. grotesk-komischem Inhalt. **2.** in der Mode des 17. Jh.s Handschuh aus dem Fell ungeborener Kälber

Li̲|mes *der;* -, - ⟨*lat.*⟩: **1.** (Plural: Limites; Geschichte) von den Römern angelegter Grenzwall. **2.** (Plural auch: Limites; Math.) mathematischer Grenzwert, dem eine Zahlenfolge zustrebt (Zeichen: lim)

Li|mẹt|te *die;* -, -n ⟨*pers.-arab.-provenzal.-fr.-nlat.*⟩: dünnschalige westindische Zitrone

Li̲|mit *das;* -s, -s, auch: -e ⟨*lat.-fr.-engl.*⟩: **1.** Grenze, die räumlich, zeitlich, mengen- od. geschwindigkeitsmäßig nicht über- bzw. unterschritten werden darf. **2.** (Wirtsch.) obere od. untere Preisgrenze (für ein Geschäft). **3. a)** (Sport) für die Qualifikation festgelegte Mindestleistung; **b)** (Boxen) Grenze der jeweiligen Gewichtsklasse

Li|mi|ta|ti|o̲n *die;* -, -en ⟨*lat.*⟩: Begrenzung, Einschränkung

li|mi|ted [ˈlɪmɪtɪd] ⟨*lat.-fr.-engl.*⟩ (Wirtsch.): Zusatz bei Handelsgesellschaften mit beschränkter Haftung in Großbritannien (Abk.: Ltd., lim., Lim. od. Ld.)

li|mi|ti̲e̲|ren ⟨*lat.*⟩: begrenzen, einschränken

lịm|nisch: 1. (Biol.) im Süßwasser lebend od. entstanden (von Pflanzen u. Tieren); Ggs. ↑terrestrisch (2 a), marin (2). **2.** (Geol.) in Süßwasser abgelagert (von Kohlenlagern)

Lim|no|lo̲|ge *der;* -n, -n: Wissenschaftler auf dem Gebiet der Limnologie

Lim|no|lo̲|gin *die;* -, -nen: weibliche Form zu ↑Limnologe

Lim|no|plạnk|ton *das;* -s: das ↑Plankton des Süßwassers

Li|mo|na̲|de *die;* -, -n ⟨*pers.-arab.(-it.)-fr.*⟩: alkoholfreies Getränk aus Obstsaft, -sirup od. künstlicher Essenz, Zucker u. Wasser, meist mit Zusatz von Kohlensäure

Li|mo̲|ne *die;* -, -n ⟨*pers.-arab.-it.*⟩: **1.** (selten) Zitrone (b). **2.** ↑Limette

Li|mou|si̲|ne [limu...] *die;* -, -n ⟨*fr.;* nach der fr. Landschaft Limousin⟩: Personenwagen mit festem Verdeck

Li|ne|a̲l *das;* -s, -e ⟨*lat.-mlat.*⟩: meist mit einer Messskala versehenes Gerät zum Ziehen von Geraden

li|ne|a̲r ⟨*lat.*⟩: **1.** geradlinig, linienförmig. **2.** (Wirtsch.) für alle in gleicher Weise erfolgend; gleichmäßig, gleichbleibend (z. B. Steuersenkung). **3.** (Musik) den gleichzeitigen Verlauf selbstständiger Melodien, Stimmen in den Vordergrund stellend

Li|ne|a|ri|tä̲t *die;* - ⟨*lat.-nlat.*⟩ (Fachspr.): lineare Beschaffenheit

Li|ne|a|tu̲r *die;* -, -en: **1.** Linierung (z. B. in einem Schulheft). **2.** Linienführung (z. B. einer Zeichnung)

Li|ner [ˈla̲inɐ] *der;* -s, - ⟨*engl.*⟩: **1.** Überseedampfer, Linienschiff. **2.** Linien-, Passagierflugzeug

Lin|ge|rie [lɛ̃ʒəˈriː] *die;* -, ...i̲en (schweiz.): **a)** Wäschekammer; **b)** betriebsinterne Wäscherei; **c)** Wäschegeschäft

Lịn|gua frạn|ca *die;* - - ⟨*lat.-it.*⟩: **a)** Verkehrssprache meist für Handel u. Seefahrt im Mittelmeerraum mit romanischem, vor allem italienischem Wortgut, das mit arabischen Bestandteilen vermischt ist; **b)** Verkehrssprache eines großen, verschiedene mehrsprachige Länder umfassenden Raumes (z. B. Englisch als internationale Verkehrssprache)

Lin|gu|a̲l *der;* -s, -e (Sprachw.): mit der Zunge gebildeter Laut; Zungenlaut (z. B. das Zungen-R)

Lin|gu|a̲l|pfei|fe *die;* -, -n: Orgelpfeife, bei der der Ton mithilfe eines im Luftstrom schwingenden Metallblättchens erzeugt wird; Zungenpfeife; Ggs. ↑Labialpfeife

Lin|gu|ịst *der;* -en, -en ⟨*lat.-nlat.*⟩: Sprachwissenschaftler

Lin|gu|ịs|tik *die;* -: Sprachwissenschaft, bes. der modernen Prägung

Lin|gu|ịs|tin *die;* -, -nen: weibliche Form zu ↑Linguist

lin|gu|ịs|tisch: sprachwissenschaftlich

Li̲|nie [...i̯ə] *die;* -, -n ⟨*lat.;* »Leine, Schnur; (mit einer Schnur gezogene gerade) Linie«⟩: **1. a)** längerer (gezeichneter od. sich abzeichnender) Strich;

b) (Math.) zusammenhängendes, eindimensionales geometrisches Gebilde ohne Querausdehnung; **c)** (Sport) Markierungslinie, Begrenzungslinie; **d)** (Druckw.) Metallstreifen mit Druckbild zum Drucken einer Linie (1 b); **e)** (früher) kleines Längenmaß (zwischen 2 u. $2^1/_4$ mm). **2.** Umriss[linie], Umrissform, -gestalt. **3. a)** gedachte, angenommene Linie (1 a), die etwas verbindet (z. B. die Linie Freiburg–Basel); **b)** (ohne Plural; Seemannsspr.) ↑Äquator (1); **c)** Fechtlinie; Klingenlage, bei der der gestreckte Waffenarm u. die Klinge eine gerade Linie (3 a) bilden u. die Klingenspitze auf die gültige Trefffläche zeigt; **d)** einer der acht senkrechten, ein Feld breiten Abschnitte des Schachbretts. **4.** Reihe. **5.** (Militär) **a)** Front (2), Kampfgebiet mit den Stellungen der auf einer Seite kämpfenden Truppen; **b)** in gleichmäßigen Abständen nebeneinander aufgestellte Truppen; **c)** (ohne Plural) Truppen des stehenden Heeres. **6. a)** von [öffentlichen] Verkehrsmitteln regelmäßig befahrene, beflogene Verkehrsstrecke zwischen bestimmten Orten, Punkten; **b)** die Verkehrsmittel, Fahrzeuge einer bestimmten Linie (6 a). **7.** Verwandtschaftszweig. **8.** allgemeine Richtung, die bei einem Vorhaben, Verhalten usw. eingeschlagen, befolgt wird

li|nie|ren (österr. nur so), **li|ni|ie|ren:** mit Linien versehen, Linien ziehen

Li|nie|rung (österr.), **Li|ni|ie|rung** *die;* -, -en: das Linienziehen, das Versehen mit Linien

li|ni|ie|ren usw. vgl. linieren usw.

Links|ex|t|re|mis|mus *der;* - ⟨*dt.; lat.-nlat.*⟩: extrem sozialistische od. kommunistische Haltung u. Richtung

Links|ex|t|re|mist *der;* -en, -en: Anhänger, Vertreter des Linksextremismus

Links|ex|t|re|mis|tin *die;* -, -nen: weibliche Form zu ↑Linksextremist

Li|n|o|le|um [auch: lino'le:ʊm] *das;* -s ⟨*lat.-engl.*⟩: [Fußboden]belag aus starkem Jutegewebe, auf das eine Masse aus Leinöl, Kork, Harzen aufgepresst ist

Li|n|ol|schnitt *der;* -[e]s, -e: **1.** (ohne Plural) grafische Technik, bei der die Darstellung in eine Linoleumplatte geschnitten wird. **2.** Abzug in der Technik des Linolschnitts (1)

Li|non [li'nõ:, auch: 'lɪnɔn] *der;* -[s], -s ⟨*lat.-fr.*⟩: Baumwollgewebe in Leinwandbindung mit Leinenausrüstung

Li|no|type® ['lainotaip] *die;* -, -s ⟨*engl.*⟩ (Druckw.): Setz- u. Zeilengießmaschine

Li|nux® *das;* - ⟨Kunstw. aus **Li**nus Torvalds' U**NIX**⟩: freies Betriebssystem, das UNIX ähnlich ist

Li|on ['laiən] *der;* -s, -s ⟨*engl.*⟩: Mitglied des Lions Clubs

Li|ons Club ['laɪənz 'klʌb] ⟨*engl.*⟩: **1.** (ohne Plural) ↑Lions International. **2.** zu Lions International gehörender örtlicher Klub

Li|ons In|ter|na|tio|nal [- ɪntə'næʃ(ə)nl̩] *der;* - -: karitativ tätige, um internationale Verständigung bemühte Vereinigung führender Persönlichkeiten des öffentlichen Lebens

Lip|gloss *das* od. *der;* -[es], -[e] ⟨*engl.;* »Lippenglanz«⟩: Kosmetikmittel, das den Lippen Glanz verleiht

Li|pid *das;* -[e]s, -e ⟨*gr.-nlat.*⟩ (Chemie): **a)** (meist Plural) Fett od. fettähnliche Substanz; **b)** (nur Plural) Sammelbezeichnung für alle Fette u. ↑Lipoide

Li|piz|za|ner *der;* -s, - ⟨nach dem (heute slowenischen) Gestüt Lipizza (Lipica) bei Triest⟩: edles Warmblutpferd, meist Schimmel, mit etwas gedrungenem Körper, breiter Brust u. kurzen, starken Beinen

li|po|id ⟨*gr.-nlat.*⟩: fettähnlich

Li|po|id *das;* -s, -e (Chemie; Biol.): (meist Plural) **a)** lebenswichtige, in tierischen u. pflanzlichen Zellen vorkommende fettähnliche Substanz; **b)** Sammelbezeichnung für die uneinheitliche Gruppe fettähnlicher organischer Substanzen

li|quid, li|qui|de: 1. (Chemie) flüssig. **2.** (Wirtsch.) **a)** verfügbar; **b)** zahlungsfähig. **3.** (Sprachw.) die Eigenschaften einer Liquida aufweisend

Li|qui|da *die;* -, ...dä u. ...quiden (Sprachw.): Fließlaut; Laut, der sowohl ↑Konsonant wie ↑Sonant sein kann (z. B. r, l, [m, n])

Li|qui|da|ti|on *die;* -, -en ⟨*lat.-mlat.-roman.*⟩: **1.** Abwicklung der Rechtsgeschäfte einer aufgelösten Handelsgesellschaft. **2.** Abwicklung von Börsengeschäften. **3.** Kostenrechnung freier Berufe (z. B. eines Arztes). **4.** Beilegung eines Konflikts; Liquidierung. **5. a)** Beseitigung, Liquidierung; **b)** Tötung, Ermordung, Hinrichtung eines Menschen; Liquidierung; vgl. ...ation/...ierung

Li|qui|da|tor *der;* -s ...oren ⟨*lat.-nlat.*⟩: **1.** jmd., der eine Liquidation (1) durchführt. **2.** jmd., der einen anderen umbringt, liquidiert (5 b)

Li|qui|da|to|rin *die;* -, -nen: weibliche Form zu ↑Liquidator

li|qui|de vgl. liquid

li|qui|die|ren ⟨*lat.-mlat.-it.*⟩: **1.** eine Gesellschaft, ein Geschäft auflösen. **2.** eine Forderung in Rechnung stellen (von freien Berufen). **3.** Sachwerte in Geld umwandeln. **4.** einen Konflikt beilegen. **5. a)** beseitigen, abschaffen; **b)** hinrichten lassen, beseitigen, umbringen

Li|qui|die|rung *die;* -, -en: das Liquidieren

Li|qui|di|tät *die;* - ⟨*lat.-roman.*⟩: **1.** durch Geld od. Tauschmittel vertretene Verfügungsmacht über Bedarfsgüter. **2.** Möglichkeit, Sachgegenstände des Vermögens schnell in Geld umzuwandeln. **3.** Fähigkeit eines Unternehmens, seine Zahlungsverpflichtungen fristgerecht zu erfüllen; Zahlungsfähigkeit

Li|quor *der;* -, ...ores ⟨*lat.*⟩: **1.** (Med.) seröse Körperflüssigkeit. **2.** (Pharm.) flüssiges Arzneimittel (Abk.: Liq.)

[1]**Li|ra** *die;* -, ...ren ⟨*gr.-lat.-it.*⟩: birnenförmige, einsaitige Geige des Mittelalters; **Lira da Braccio** [- -ˈbratʃo]: Vorgängerin der Geige mit fünf Griff- u. zwei Bordunsaiten (Armhaltung); **Lira da Gamba:** celloähnliches Streichinstrument mit 9 bis 13 Spiel- u. zwei Bordunsaiten (Kniehaltung)

[2]**Li|ra** *die;* -, Lire ⟨*lat.-it.*⟩: frühere italienische Währungseinheit (Abk.: L., Lit.)

[3]**Li|ra** *die;* -, - ⟨*lat.-it.-türk.*⟩: türkische Währungseinheit (Abk.: TL)

Li|se|ne *die;* -, -n ⟨zu ↑Lisiere⟩: pfeilerartiger, wenig hervortretender Mauerstreifen ohne Kapitell u. Basis (bes. an romanischen Gebäuden)

Li|si|e|re *die;* -, -n ⟨*fr.*⟩ (veraltet): **1.** Waldrand, Feldrain. **2.** Saum, Kante (an Kleidern u. a.)

Lis|te|ria *die;* -, ...rien u. ...riae [...i̯ɛ] ⟨nach dem brit. Chirurgen J. Lister, 1827–1912⟩ (Med.): in der Natur (z. B. in Fäkalien) weitverbreitete, krankheitserregende Bakterie

Lis|ting *das;* -s, -s ⟨*engl.*⟩ (Börsenw.): Zulassung von Wertpapieren zum Börsenhandel

Li|ta|nei *die;* -, -en ⟨*gr.-mlat.*⟩: **1.** im Wechsel gesungenes Fürbitten- u. Anrufungsgebet des christlichen Gottesdienstes (z. B. die ↑Lauretanische Litanei). **2.** (abwertend) eintöniges Gerede; endlose Aufzählung

Li|ter [auch: ˈlɪ...] *der* (schweiz. nur so; auch:) *das;* -s, - ⟨*gr.-mlat.-fr.*⟩: Hohlmaß; 1 Kubikdezimeter (Zeichen: l)

Li|te|ra *die;* -, -s u. ...rä ⟨*lat.*⟩: **1.** Buchstabe (Abk.: Lit. od. lit.). **2.** auf Effekten, Banknoten, Kassenscheinen usw. aufgedruckter Buchstabe zur Kennzeichnung verschiedener ↑Emissionen (1)

Li|te|rar|his|to|ri|ker *der;* -s, - ⟨*lat.; gr.-lat.*⟩: Wissenschaftler auf dem Gebiet der Schrifttumsgeschichte eines Volkes

Li|te|rar|his|to|ri|ke|rin *die;* -, -nen: weibliche Form zu ↑Literarhistoriker

li|te|rar|his|to|risch: die Schrifttumsgeschichte betreffend, auf ihr beruhend

li|te|ra|risch ⟨*lat.*⟩: **1.** die Literatur (1) betreffend, schriftstellerisch. **2.** [vordergründig] symbolisierend, mit allzu viel Bildungsgut befrachtet (z. B. von einem [modernen] Gemälde)

Li|te|rar|kri|tik *die;* -, -en: **a)** literaturwissenschaftliches Verfahren bes. der biblischen ↑Exegese, mit dem die verschiedenen Quellen eines Textes isoliert werden, um die Geschichte seiner Entstehung zu rekonstruieren; **b)** ↑Literaturkritik

Li|te|rat *der;* -en, -en: Schriftsteller

Li|te|ra|tin *die;* -, -nen: weibliche Form zu ↑Literat

Li|te|ra|tur *die;* -, -en: **1.** schöngeistiges Schrifttum. **2.** Gesamtbestand aller Schriftwerke eines Volkes. **3.** (ohne Plural) Fachschrifttum eines bestimmten Bereichs; Schriftennachweise

Li|te|ra|tur|kri|tik *die;* -, -en: wissenschaftliche Beurteilung des Schrifttums

Li|te|ra|tur|spra|che *die;* -: **1.** in der Literatur (1) verwendete Sprache, die oft (z. B. durch Stilisierung) von der Gemeinsprache abweicht. **2.** (Sprachw.) ↑Standardsprache

Li|tew|ka *die;* -, ...ken ⟨*poln.*⟩ (früher): bequemer, weicher Uniformrock mit Umlegekragen

lith..., Lith... vgl. litho..., Litho...

Li|thi|um *das;* -s: chem. Element; ein Metall (Zeichen: Li)

Li|tho [auch: ˈlɪto] *das;* -s, -s: Kurzform von ↑Lithografie (2)

li|tho..., Li|tho...

vor Vokalen: **lith..., Lith...**
⟨zu *gr.* líthos »Stein, Felsen«⟩
Wortbildungselement mit der Bedeutung »Stein, Gestein«:
- Lithagogum
- lithografisch
- Lithosphäre

...lith
der; -s und -en, -e[n]
⟨zu *gr.* líthos »Stein, Felsen«⟩
Wortbildungselement mit der Bedeutung »Stein, Mineral«:
- Cholelith
- Eolith
- Megalith

...lithikum
das; -s
⟨zu *gr.* líthos »Stein, Felsen«; *lat.* ...icum⟩
Wortbildungselement mit der Bedeutung »Steinzeit«:
- Eolithikum
- Neolithikum
- Paläolithikum

Li|tho|graf, Li|tho|graph *der;* -en, -en: **1.** in der Lithografie, im Flachdruckverfahren ausgebildeter Drucker. **2.** jmd., der Steinzeichnungen, Lithografien (2) herstellt

Li|tho|gra|fie, Li|tho|gra|phie *die;* -, ...ien: **1. a)** (ohne Plural) [Verfahren zur] Herstellung von Platten für den Steindruck, für das Flachdruckverfahren; **b)** Originalplatte für Stein- od. Flachdruck. **2.** grafisches Kunstblatt in Steindruck; Steinzeichnung; Kurzform: Litho

li|tho|gra|fie|ren, li|tho|gra|phie|ren: 1. in Steindruck wiedergeben, im Flachdruckverfahren arbeiten. **2.** Steinzeichnungen, Lithografien (2) herstellen, auf Stein zeichnen

li|tho|gra|fisch, li|tho|gra|phisch: im Steindruckverfahren hergestellt, zum Steindruck gehörend

Li|tho|graph vgl. Lithograf

Li|tho|klast *der;* -en, -en (Med.): Instrument zur Zertrümmerung von Blasensteinen

Li|tho|lo|gie *die;* -: Gesteinskunde, bes. in Bezug auf Sedimentgesteine; vgl. Petrografie

Li|tho|sphä|re *die;* - (Geol.): bis in 100 km Tiefe reichende Gesteinshülle der Erde

Li|tho|trip|tor *der;* -s, ...oren: ↑Lithoklast

Li|th|ur|gik *die;* -: Lehre von der Verwendung u. Verarbeitung von Gesteinen u. Mineralien

li|to|ral ‹*lat.*› (Geogr.): die Küsten-, Ufer-, Strandzone betreffend

Li|to|ral *das;* -s, -e (Geogr.): Küsten-, Ufer-, Strandzone

Li|to|ri|na, fachspr. auch: **Lit|to|ri|na** *die;* -, ...nen ‹*lat.-nlat.*›: Uferschnecke (am Strand der Nord- u. Ostsee häufig)

Li|to|ri|na|meer *das;* -[e]s (Geol.): geologisches Stadium der Ostsee in der Litorinazeit

Li|to|tes [auch: liˈtɔ...] *die;* -, - ‹*gr.-lat.*› (Rhet.; Stilkunde): Redefigur, die durch doppelte Verneinung od. durch Verneinung des Gegenteils eine vorsichtige Behauptung ausdrückt u. die dadurch eine (oft ironisierende) Hervorhebung des Gesagten bewirkt (z. B. nicht der schlechteste [= ein guter] Lehrer; nicht unwahrscheinlich = ziemlich wahrscheinlich; er ist nicht ohne Talent = er hat Talent)

Lit|schi *die;* -, -s ‹*chin.*›, **Lit|schi|pflau|me** *die;* -, -n ‹*chin.; dt.*›: pflaumengroße, wohlschmeckende Frucht (mit dünner rauer Schale u. weißem, saftigem Fleisch) eines in China beheimateten Baumes

Lit|to|ri|na vgl. Litorina

Li|turg *der;* -en, -en, **Li|tur|ge** *der;* -n, -n ‹*gr.-mlat.*›: der den Gottesdienst, bes. die Liturgie, haltende Geistliche (im Unterschied zum Prediger)

Li|tur|gie *die;* -, ...ien ‹»öffentlicher Dienst«›: **a)** amtliche od. gewohnheitsrechtliche Form des Gottesdienstes; **b)** in der evangelischen Kirche am Altar [im Wechselgesang] mit der Gemeinde gehaltener Teil des Gottesdienstes

Li|tur|gik *die;* -: Theorie u. Geschichte der Liturgie

li|tur|gisch: den Gottesdienst, die Liturgie betreffend, zu ihr gehörend; **liturgisches Jahr:** in bestimmte Festkreise (Fest mit seiner Vorbereitungszeit u. Ausklangszeit) eingeteiltes, am 1. Adventssonntag beginnendes Jahr; Kirchenjahr

live [laif] ‹*engl.*›: **a)** direkt, original (von Rundfunk- od. Fernsehübertragungen); **b)** unmittelbar, in realer Anwesenheit, persönlich

Live|act, Live-Act [ˈlaif|ɛkt] *der;* -s, -s ‹*engl.; lat.-engl.*› (Jargon): musikalische Vorstellung, bei der die Sänger, Musiker live singen, spielen usw.; direkter, persönlicher Auftritt

Live|sen|dung, Live-Sen|dung *die;* -, -en ‹*engl.; dt.*›: Sendung, die unmittelbar vom Ort der Aufnahme aus gesendet wird; Originalübertragung, Direktsendung

Live|show, Live-Show [...ʃoʊ] *die;* -, -s ‹*engl.*›: **1.** live (a) ausgestrahlte, revueartige Unterhaltungssendung mit ↑Jazz, ↑Pop (2) u. Humor. **2. a)** ↑Peepshow; **b)** Vorführung sexueller Handlungen auf der Bühne (z. B. eines Nachtlokals)

Li|v|re *der* od. *das;* -[s], -s (aber: 6 -) ‹*lat.-fr.*›: **1.** französisches Gewichtsmaß. **2.** frühere französische Währungseinheit, Rechnungsmünze (bis zum Ende des 18. Jh.s)

Li|v|ree [liˈvre:] *die;* -, ...een ‹*lat.-mlat.-fr.*›: uniformartige Dienerkleidung

li|v|riert: Livree tragend

Li|zen|ti|at usw. vgl. ¹Lizenziat usw.

Li|zenz *die;* -, -en ‹*lat.*›: [behördliche] Erlaubnis, Genehmigung

¹Li|zen|zi|at, Li|zen|ti|at *das;* -[e]s, -e ‹*lat.-mlat.*›: akademischer Grad (vor allem in der Schweiz, z. B. Lizenziat der Theologie)

²Li|zen|zi|at, Li|zen|ti|at *der;* -en, -en: Inhaber eines Lizenziatstitels (Abk.: Lic. [theol.], [in der Schweiz] lic. phil.)

Li|zen|zi|a|tin, Li|zen|ti|a|tin *die;* -, -nen: weibliche Form zu ↑²Lizenziat

li|zen|zie|ren ‹*lat.-nlat.*›: Lizenz erteilen

Li|zenz|spie|ler *der;* -s, -: Fußballspieler, der auf der Basis einer vom Deutschen Fußballbund erteilten Spielerlizenz als Angestellter seines Vereins gegen feste monatliche Vergütung (u. zusätzliche Prämien) in der Fußballbundesliga spielberechtigt ist

Li|zenz|spie|le|rin *die;* -, -nen: weibliche Form zu ↑Lizenzspieler

Lla|ne|ra [lja...] *die;* -, -s ⟨*lat.-span.*⟩: weibliche Form zu ↑Llanero

Lla|ne|ro *der;* -s, -s: Bewohner eines Llanos

Lla|no ['lja:no] *der;* -s, -s (meist Plural): baumlose od. baumarme Ebene in den lateinamerikanischen Tropen u. Subtropen

Loa|fer ['loʊfɐ] *der;* -s, - ⟨*engl.;* eigtl. »Faulenzer, Müßiggänger«⟩: nach dem Schnitt des Mokassins gefertigter Lederschuh mit flachem Absatz

Lob *der;* -[s], -s ⟨*engl.*⟩: **1.** (Tennis, Badminton) hoch über den am Netz angreifenden Gegner hinweggeschlagener Ball. **2.** (Volleyball) angetäuschter Schmetterschlag, der an den am Netz verteidigenden Spielern vorbei od. hoch über sie hinwegfliegt

lob|ben ⟨*engl.*⟩ (Tennis, Badminton, Volleyball): einen ↑Lob schlagen

Lob|by *die;* -, -s ⟨*germ.-mlat.-engl.*⟩: **1.** Wandelhalle im [britischen, amerikanischen] Parlamentsgebäude, in der die Abgeordneten mit Wählern u. Interessengruppen zusammentreffen. **2.** Interessengruppe, die [in der Lobby (1)] versucht, die Entscheidung von Abgeordneten zu beeinflussen [u. die diese ihrerseits unterstützt]. **3.** Vestibül, Hotelhalle

Lob|by|ing *das;* -s, -s: Beeinflussung von Abgeordneten durch Interessen[gruppen]

Lob|by|is|mus *der;* -: [ständiger] Versuch, Gepflogenheit, Zustand der Beeinflussung von Abgeordneten durch Interessengruppen

Lob|by|ist *der;* -en, -en: jmd., der Abgeordnete für seine Interessen zu gewinnen sucht

Lob|by|is|tin *die;* -, -nen: weibliche Form zu ↑Lobbyist

Lo|bo|to|mie *die;* -, ...ien ⟨*gr.-nlat.*⟩: ↑Leukotomie

Lo|ca|tion [lɔ'keɪʃn̩] *die;* -, -s ⟨*lat.-engl.*⟩ (Jargon): **1.** Örtlichkeit, Lokalität. **2.** (Film) Drehort im Freien

Lo|ca|tion-based Ser|vi|ces [lɔ'keɪʃn̩beɪzd 'zø:ɐ̯vɪsɪs] *die* (Plural) ⟨*engl.*⟩: standortbezogene Dienste bei Mobiltelefonen (z. B. Routenplaner, Wetter- und Verkehrsinformationen; Abk.: LBS)

lo|co [auch: 'lɔko] ⟨*lat.*⟩: **1.** (Kaufmannsspr.) am Ort, hier; greifbar, vorrätig. **2.** (Musik) **a)** die Noten sind wieder in der gewöhnlichen Tonhöhe zu spielen (Aufhebung eines vorangegangenen Oktavenzeichens; vgl. ottava); **b)** wieder in gewöhnlichen Lagen zu spielen (bei Streichinstrumenten Aufhebung einer vorangegangenen abweichenden Lagenbezeichnung)

lo|co ci|ta|to: an der angeführten Stelle (eines Buches; Abk.: l. c.)

Lodge [lɔdʒ] *die;* -, -s [...dʒɪs] ⟨*germ.-mlat.-altfr.-engl.*⟩: **1.** (veraltet) Hütte, Wohnung eines Pförtners. **2.** Ferienhotel, Anlage mit Ferienwohnungen

Loft ⟨*engl.*⟩: **1.** (*das,* selten: *der;* -[s], -s) aus der Etage einer Fabrik o. Ä. umgebaute Großraumwohnung. **2.** (*der;* -[s]) Neigungsgrad der Schlagfläche eines Golfschlägers

Log *das;* -s, -e, **Log|ge** *die;* -, -n ⟨*engl.*⟩ (Seew.): Fahrgeschwindigkeitsmesser eines Schiffes

Lo|g|a|rith|men|ta|fel *die;* -, -n ⟨*gr.-nlat.; lat.-roman.-dt.*⟩ (Math.): tabellenartige Sammlung der ↑Mantissen (2) der Logarithmen

lo|g|a|rith|misch (Math.): den Logarithmus betreffend, auf einem Logarithmus beruhend, ihn anwendend; **logarithmisches Dekrement** (Math., Physik): den Abklingvorgang gedämpfter freier Schwingungen kennzeichnende Größe

Lo|g|a|rith|mus *der;* -, ...men (Math.): Zahl, mit der man eine andere Zahl, die ↑Basis (4 c), ↑potenzieren (3) muss, um eine vorgegebene Zahl, den ↑Numerus (2), zu erhalten (Abk.: log); **Logarithmus naturalis:** Logarithmus, bei dem die Basis die Konstante e (e = 2,71828) ist; natürlicher Logarithmus (Abk.: ln); **dekadischer Logarithmus:** Logarithmus mit der Basis 10, briggsscher Logarithmus; **dyadischer Logarithmus:** Logarithmus mit der Basis 2; Zweierlogarithmus (Abk.: ld)

Log|buch *das;* -[e]s, ...bücher ⟨*engl.; dt.*⟩: Schiffstagebuch

Lo|ge ['lo:ʒə] *die;* -, -n ⟨*germ.-mlat.-fr.(-engl.)*⟩: **1.** kleiner, abgeteilter Raum mit mehreren Sitzplätzen im Theater. **2.** Pförtnerraum. **3. a)** geheime Gesellschaft; Vereinigung von Freimaurern; **b)** Versammlungsort einer geheimen Gesellschaft, einer Vereinigung von Freimaurern

Log|gast *der;* -[e]s, -en ⟨*engl.; dt.*⟩ (Seew.): Matrose, der das ↑Log bedient

Log|ge vgl. Log

log|gen ⟨*engl.*⟩ (Seew.): die Fahrgeschwindigkeit eines Schiffes mit dem ↑Log messen

Log|ger *der;* -s, - ⟨*niederl.*⟩: kleineres Küsten[segel]fahrzeug zum Fischfang

Log|gia ['lɔdʒa, 'lɔdʒi̯a] *die;* -, -s od. ...ien ⟨*germ.-fr.-it.;* »Laube«⟩: **1.** (Archit.) Bogengang; gewölbte, von Pfeilern od. Säulen getragene, ein- od. mehrseitig offene Bogenhalle, die meist vor das Erdgeschoss gebaut od. auch selbstständiger Bau ist. **2.** nach einer Seite offener, überdeckter, kaum od. gar nicht vorspringender Raum im [Ober]geschoss eines Hauses

Lo|gi|cal ['lɔdʒɪkl̩] *das;* -s, -s ⟨*gr.-engl.*⟩: nach den Gesetzen der ↑Logik (1 b) aufgebautes Rätsel
lo|gie|ren [lo'ʒiː...] ⟨*germ.-fr.*⟩: **1.** [vorübergehend] wohnen. **2.** (veraltet) beherbergen, unterbringen
Lo|gik *die;* -, -en ⟨*gr.-lat.*⟩: **1. a)** (Philos.) Lehre, Wissenschaft von der Struktur, den Formen u. Gesetzen des Denkens; Lehre vom folgerichtigen Denken, vom richtigen Schließen aufgrund gegebener Aussagen; **b)** folgerichtiges, schlüssiges Denken, Folgerichtigkeit des Denkens. **2. a)** Fähigkeit, folgerichtig zu denken; **b)** Zwangsläufigkeit; zwingende, notwendige Folgerung
Lo|gi|ker *der;* -s, -: **1.** Wissenschaftler auf dem Gebiet der Logik (1 a). **2.** Mensch mit scharfem, klarem Verstand
Lo|gi|ke|rin *die;* -, -nen: weibliche Form zu ↑Logiker
Lo|gis [lo'ʒiː] *das;* - [...ʒiː(s)], - [lo'ʒiːs] ⟨*germ.-fr.*⟩: **1.** Wohnung, Bleibe. **2.** (Seemannsspr.) Mannschaftsraum auf Schiffen
lo|gisch ⟨*gr.-lat.*⟩: **1.** die Logik (1 a) betreffend. **2.** denkrichtig, folgerichtig, schlüssig. **3.** (ugs.) natürlich, selbstverständlich, klar
Lo|gis|mus *der;* -, ...men ⟨*gr.-nlat.*⟩ (Philos.): **1.** Vernunftschluss. **2.** (ohne Plural) Theorie, Lehre von der logischen Ordnung der Welt
[1]**Lo|gis|tik** *die;* -, -en ⟨*gr.*⟩: ↑mathematische Logik
[2]**Lo|gis|tik** *die;* -, -en ⟨*gr.-lat.-fr.-(engl.)*⟩: **1.** Versorgung der Truppe; militärisches Nachschubwesen. **2.** (Wirtsch.) Beschaffung, Lagerung u. Transport von Materialien u. Produkten
Lo|gis|ti|ker *der;* -s, - ⟨*gr.-lat.-nlat.*⟩: **1.** Vertreter der [1]Logistik. **2.** Fachmann, Spezialist auf dem Gebiet der [2]Logistik
Lo|gis|ti|ke|rin *die;* -, -nen: weibliche Form zu ↑Logistiker
Lo|gi|zi|tät *die;* - (Philos.): das Logische an einer Sache, an einem Sachverhalt; der logische Charakter; Denkrichtigkeit; Ggs. ↑Faktizität
lo|go (salopp, bes. Jugendsprache): logisch (3)
Lo|go *der* od. *das;* -s, -s ⟨*engl.;* Kurzw. für: logotype⟩: Marken-, Firmenzeichen
Lo|go|gramm *das;* -s, -e: Schriftzeichen für eine bedeutungstragende Einheit eines Wortes
Lo|go|pä|de *der;* -n, -n (Med., Psychol.): Spezialist auf dem Gebiet der Logopädie
Lo|go|pä|die *die;* - (Med., Psychol.): Sprachheilkunde; Lehre von den Sprachstörungen u. ihrer Heilung
Lo|go|pä|din *die;* -, -nen: weibliche Form zu ↑Logopäde
lo|go|pä|disch (Med., Psychol.): die Logopädie betreffend, auf ihr beruhend
Lo|gos *der;* -, Logoi (Plural selten) ⟨*gr.-lat.*⟩: **1.** (Philos.) menschliche Rede, sinnvolles Wort. **2.** (Philos.) logisches Urteil; Begriff. **3.** (Philos.) menschliche Vernunft, umfassender Sinn. **4.** (ohne Plural; Theol.) Offenbarung, Wille Gottes u. Mensch gewordenes Wort Gottes in der Person Jesu. **5.** (ohne Plural; Theol.) Gott, Vernunft Gottes als Weltschöpfungskraft. **6.** (ohne Plural; Philos.) göttliche Vernunft, Weltvernunft
Loi|pe *die;* -, -n ⟨*skand.*⟩ (Skisport): Langlaufbahn, -spur
Lok *die;* -, -s: Kurzform von ↑Lokomotive
lo|kal ⟨*lat.-fr.*⟩: **1.** örtlich. **2.** örtlich beschränkt
Lo|kal *das;* -[e]s, -e: **1.** Gaststätte, Restaurant, [Gast]wirtschaft. **2.** Raum, in dem Zusammenkünfte, Versammlungen o. Ä. stattfinden
Lo|kal|an|äs|the|sie *die;* -, ...ien (Med.): örtliche Betäubung
Lo|kal|der|by *das;* -s, -s: [Fußball]spiel zweier Ortsrivalen
Lo|ka|li|sa|ti|on *die;* -, -en ⟨*lat.-fr.*⟩: **1.** Ortsbestimmung, Zuordnung zu einer bestimmten Stelle. **2.** Niederlassung, Ansammlung an einem bestimmten Ort, Platz
lo|ka|li|sie|ren: **1.** örtlich beschränken, eingrenzen. **2.** örtlich bestimmen, festlegen, zuordnen
Lo|ka|li|sie|rung *die;* -, -en: das Lokalisieren (1, 2)
Lo|ka|li|tät *die;* -, -en: Örtlichkeit; Raum
Lo|kal|ko|lo|rit *das;* -[e]s, -e: besondere ↑Atmosphäre (3) einer Stadt od. Landschaft
Lo|kal|ma|ta|dor *der;* -s, -e (bes. Sport): örtliche Berühmtheit, erfolgreicher u. gefeierter Held in einem Ort, in einem begrenzten Gebiet
Lo|kal|ma|ta|do|rin *die;* -, -nen: weibliche Form zu ↑Lokalmatador
Lo|kal|pa|t|ri|o|tis|mus *der;* -: starke od. übertriebene Liebe zur engeren Heimat, zur Vaterstadt o. Ä.
Lo|kal|re|dak|ti|on *die;* -, -en: **a)** ↑Redaktion (2 a) einer Zeitung, die die Lokalnachrichten bearbeitet; **b)** Geschäftsstelle einer Zeitung, die für die Erstellung der Lokalseite verantwortlich ist
Lo|kal|satz *der;* -es, ...sätze (Sprachw.): Adverbialsatz des Ortes (z. B.: ich gehe, *wohin du gehst*)
Lo|ka|tiv *der;* -s, -e ⟨*lat.-nlat.*⟩ (Sprachw.): den Ort ausdrückender ↑Kasus; Ortsfall (z. B. gr. *oíkoi* = zu Hause)
lo|ko vgl. loco
Lo|ko|ge|schäft *das;* -[e]s, -e ⟨*lat.; dt.*⟩ (Wirtsch.): Geschäft über sofort verfügbare Ware; Ggs. ↑Distanzgeschäft
Lo|ko|mo|ti|ve *die;* -, -n ⟨*lat.-engl.*⟩: Fahrzeug auf Schienen zum Ziehen der Eisenbahnwagen; Kurzform: Lok

Lo̱|kus *der;* - u. -ses, -se (ugs.): Toilette (2)
Lo|ku|ti|o̱n *die;* -, -en ⟨*lat.*⟩: **a)** Redewendung, Redensart; **b)** Redestil, Ausdrucksweise
lo|ku|ti|o|nä̱r (Sprachw.): die Lokution betreffend; **lokutionärer Akt:** der Sprechakt im Hinblick auf Artikulation, Konstruktion u. Logik der Aussage; ↑illokutionärer Akt, ↑perlokutionärer Akt
Lo|li̱|ta *die;* -, -s ⟨nach dem Kosenamen der Heldin im gleichnamigen Roman von V. Nabokov, 1899–1977⟩: Mädchen, das seinem Alter nach noch fast ein Kind, körperlich aber schon entwickelt ist u. zugleich unschuldig u. raffiniert, naiv u. verführerisch wirkt; Kindfrau
Lọm|bard *der* od. *das;* -[e]s, -e ⟨*it.-fr.;* vom Namen der Lombardei⟩ (Wirtsch.): Kredit gegen Verpfändung beweglicher Sachen (Wertpapiere, Waren)
Lọm|bard|ge|schäft *das;* -[e]s, -e ⟨*it.-fr.; dt.*⟩: ↑Lombard
Lọm|bard|satz *der;* -es, ...sätze ⟨*it.-fr.; dt.*⟩ (Wirtsch.): von der Notenbank festgesetzter Zinsfuß für Lombardgeschäfte; vgl. Diskontsatz
Lọm|ber *das;* -s ⟨*lat.-span.-fr.*⟩: Kartenspiel
Lọng|drink *der;* -s, -s, **Lọng Drink** *der;* - -s, - -s ⟨*engl.*⟩: neben Alkohol vor allem Soda, Fruchtsaft o. Ä. enthaltendes Mixgetränk
Lon|ge [ˈlõ:ʒə] *die;* -, -n ⟨*lat.-fr.*⟩: **a)** (Reitsport) sehr lange Laufleine für Pferde; **b)** an einem Sicherheitsgurt befestigte Leine zum Abfangen von Stürzen bei gefährlichen Übungen beim Turnen od. beim Schwimmunterricht
lon|gie̱|ren [...ʒ...]: ein Pferd an der Longe laufen lassen
lon|gi|tu|di|na̱l ⟨*lat.-nlat.*⟩: **a)** in der Längsrichtung verlaufend, längs gerichtet; **b)** die geografische Länge betreffend
Lon|gi|tu|di|na̱l|schwin|gung *die;* -, -en (Physik): Schwingung, die entlang einer ausgezeichneten Richtung verläuft; Ggs. ↑Transversalschwingung
Lọng|sel|ler *der;* -s, - ⟨*engl.*⟩: Buch, das über einen langen Zeitraum gut verkauft wird; vgl. Steadyseller
Look *der;* -s, -s ⟨*engl.;* »Aussehen«⟩: Modestil, Modeerscheinung; Aussehen, Note
Loop [lu:p] *der;* -[s], -s ⟨*engl.;* »Schleife, Schlinge«⟩: **1.** (EDV) Programmschleife, Folge von Programmteilen, die mehrfach durchlaufen werden können. **2.** (Musik) kurzes, ständig wiederkehrendes Motiv im ↑Rap
Loo|ping [ˈlu:pɪŋ] *der* (auch: *das*); -s, -s: senkrechter Schleifenflug, Überschlag (beim Kunstflug)
Lọrd *der;* -s, -s ⟨*engl.*⟩: **1.** (ohne Plural) Titel für einen Vertreter des hohen englischen Adels. **2.** Träger des Titels Lord (1)
Lọrd May|or [- ˈmeːɐ] *der;* - -[s], - -s: Oberbürgermeister bestimmter Großstädte im britischen Commonwealth
Lọrd|ship [...ʃɪp] *die;* - ⟨*engl.*⟩: **1.** Lordschaft (Rang bzw. Titel, auch Anrede eines Lords). **2.** Herrschaftsgebiet eines Lords
Lor|g|net|te [lɔrnˈjɛtə] *die;* -, -n ⟨*fr.*⟩: bügellose, an einem Stiel vor die Augen zu haltende Brille
Lor|g|non [lɔrˈnjõ:] *das;* -s, -s: **a)** früher übliches Stieleinglas; **b)** Lorgnette, früher übliche Stielbrille
[1]**Lo̱|ri** *der;* -s, -s ⟨*malai.-engl.*⟩: farbenprächtiger, langflügeliger Papagei
[2]**Lo̱|ri** *der;* -s, -s ⟨*fr.;* Herkunft unsicher⟩: schwanzloser Halbaffe
Lo|ser [ˈlu:zɐ] *der;* -s, - ⟨*engl.*⟩: Verlierer, Versager
Lọst *der;* -[e]s ⟨Kunstw.⟩: chemischer Kampfstoff; Senfgas
Lọt *das;* -s, -s ⟨*engl.*⟩: [vom Händler angebotene] Zusammenstellung von Briefmarken
Lo|ti|o̱n [auch: ˈloʊʃn̩] *die;* -, -en u. (bei engl. Ausspr.:) -s ⟨*lat.-fr.(-engl.)*⟩: flüssiges Kosmetikum zur Reinigung u. Pflege der Haut
Lo̱|tos *der;* -, - ⟨*gr.-lat.*⟩, **Lo̱|tos|blu|me** *die;* -, -n ⟨*gr.-lat.; dt.*⟩: Wasserrose mit weißen, rosa od. hellblauen Blüten
Lo̱|tos|sitz *der;* -es: Sitzhaltung, bei der die Oberschenkel gegrätscht u. die Füße über Kreuz auf den Oberschenkeln liegen
Lot|te|ri̱e *die;* -, ...ien ⟨*germ.-niederl.*⟩: **1.** Zahlenglücksspiel, bei dem Lose gekauft od. gezogen werden. **2.** Verlosung. **3.** Kartenglücksspiel. **4.** Lotteriespiel, riskantes Handeln mit Inkaufnahme aller Eventualitäten
Lọt|to *das;* -s, -s ⟨*germ.-fr.-it.*⟩: **1.** Glücksspiel, bei dem man auf Zahlen wettet, die bei der jeweiligen Ziehung als Gewinnzahlen ausgelost werden; Zahlenlotterie. **2.** Gesellschaftsspiel, bei dem Karten mit Zahlen od. Bildern durch dazugehörige Karten bedeckt werden müssen
Lo̱|tus *der;* -, - ⟨*gr.-lat.*⟩: **1.** Hornklee. **2.** ↑Lotos
Lou|is|dor [lu̯iˈdo:ɐ̯] *der;* -[s], -e u. -s (aber: 5 -) ⟨*fr.;* nach Ludwig XIII., 1601–1643⟩: französische Goldmünze, die zuerst unter Ludwig XIII. geprägt wurde
Lou|is-qua|torze [...kaˈtɔrz] *das;* -: französischer Kunststil zur Zeit Ludwigs XIV. (französisches Barock)
Lou|is-quinze [...ˈkɛ̃:z] *das;* -: dem deutschen Rokoko vergleichbarer französischer Kunststil zur Zeit Ludwigs XV.

Lou|is-seize [...ˈsɛːz] *das;* -: französischer Kunststil zur Zeit Ludwigs XVI.

Lounge [laundʒ] *die;* -, -s [ˈlaundʒɪs] ⟨*engl.*⟩: **1.** Gesellschaftsraum in Hotels o. Ä.; Hotelhalle. **2.** Bar, Klub mit anheimelnder Atmosphäre

Love-Pa|rade®, Love|pa|rade [ˈlʌvpəreɪd] *die;* -, -s: [farbenfroher, turbulenter] Umzug der Raver u. Raverinnen mit Musik u. Tanz

Lo|ver [ˈlavɐ] *der;* -s, -[s]: Freund u. Liebhaber; Liebespartner

Love|sto|ry [ˈlʌv...] *die;* -, -s: Liebesgeschichte

Low-Bud|get-Pro|duk|ti|on [loʊˈbadʒɪt...] ⟨*engl.; lat.-fr.*⟩: mit geringen finanziellen Mitteln produzierter Film

Low Church [ˈloʊ ˈtʃəːtʃ] *die;* - ⟨*engl.*⟩: vom ↑Methodismus beeinflusste Richtung in der ↑anglikanischen Kirche; vgl. Broad Church, High Church

Low-Cost-Car|ri|er [ˈloʊ(ˈ)kɔst...] *der;* -s, -s ⟨*engl.*⟩: Billigfluglinie

Low-Fat-Di|ät, Low|fat|di|ät [ˈloʊ(ˈ)fɛt...] *die;* -, -en ⟨engl.; gr.⟩: Diät, bei der man möglichst wenig Fett zu sich nimmt

lo|y|al [lo̯aˈjaːl] ⟨*lat.-fr.*⟩: **a)** zur Regierung, zum Vorgesetzten stehend; die Gesetze, die Regierungsform respektierend; gesetzes-, regierungstreu; Ggs. ↑disloyal, ↑illoyal (a); **b)** die Interessen anderer achtend; vertragstreu; anständig, redlich; Ggs. ↑illoyal (b)

Lo|ya|li|tät *die;* -, -en: **a)** Treue gegenüber der herrschenden Gewalt, der Regierung, dem Vorgesetzten; Gesetzes-, Regierungstreue; **b)** Vertragstreue; Achtung vor den Interessen anderer; Anständigkeit, Redlichkeit

Lu|ci|fer vgl. Luzifer

Lu|es *die;* - ⟨*lat.;* »Seuche, Pest«⟩ (Med.): Syphilis

lu|e|tisch ⟨*lat.-nlat.*⟩ (Med.): syphilitisch

Luf|fa *die;* -, -s ⟨*arab.-span.-nlat.*⟩: kürbisartige Pflanze, aus deren schwammartiger Frucht die Luffaschwämme hergestellt werden

Lü|gen|de|tek|tor *der;* -s, -en ⟨*dt.; lat.-engl.*⟩: Registriergerät zur Feststellung unwillkürlicher körperlicher Reaktionen, die möglicherweise Rückschlüsse auf den Wahrheitsgehalt von gemachten Aussagen zulassen

lu|isch: ↑luetisch

Lu|kar|ne *die;* -, -n ⟨*fr.*⟩: **1.** (Archit.) Dacherker mit verziertem Giebelfenster (bes. in der Schlossbaukunst der französischen Spätgotik). **2.** (landsch.) Dachfenster, -luke

lu|k|ra|tiv ⟨*lat.*⟩: gewinnbringend, einträglich

lu|kul|lisch ⟨*lat.;* nach dem röm. Feldherrn Lucullus⟩: üppig, erlesen (von Speisen)

Lum|ba|go *die;* - ⟨*lat.*⟩ (Med.): Schmerzen im Bereich der Lendenwirbelsäule u. der angrenzenden Körperteile; Hexenschuss

Lum|bal|an|äs|the|sie *die;* -, -n (Med.): örtliche Betäubung durch Einspritzungen in den Wirbelkanal der Lendengegend

Lum|bal|punk|ti|on *die;* -, -en (Med.): ↑Punktion des Lendenwirbelkanals

Lu|men *das;* -s, - u. Lumina ⟨*lat.;* »Licht«⟩: **1.** (veraltet scherzh.) kluger Mensch, Könner, hervorragender Kopf. **2.** (Biol., Med.) Hohlraum eines röhrenförmigen Körperorgans (z. B. eines Blutgefäßes od. des Darms). **3.** (Biol., Med.) innerer Durchmesser eines röhrenförmig hohlen Organs. **4.** (Physik) Einheit des Lichtstroms (Zeichen: lm)

Lu|mi|nes|zenz *die;* -, -en ⟨*lat.-nlat.*⟩: das Leuchten eines Stoffes ohne gleichzeitige Temperaturerhöhung; kaltes Leuchten (z. B. von Phosphor im Dunkeln)

lu|mi|nes|zie|ren: ohne gleichzeitige Temperaturerhöhung leuchten

Lum|me *die;* -, -n ⟨*nord.*⟩: auf steilen Felsen der Nordmeerinseln lebender arktischer Seevogel mit kurzen Flügeln

lu|nar (Astron.): den Mond betreffend, zu ihm gehörend, von ihm ausgehend

lu|na|risch (veraltet): ↑lunar

Lu|na|ri|um *das;* -s, ...ien ⟨*lat.-nlat.*⟩: Gerät zur Veranschaulichung der Mondbewegung

Lu|na|tis|mus *der;* - ⟨*lat.-nlat.*⟩ (Med.): Mondsüchtigkeit, ↑Somnambulismus

Lunch [lanʃ, lantʃ] *der;* -[e]s u. -, -[e]s u. -e ⟨*engl.*⟩: (in den angelsächsischen Ländern) kleinere, leichte Mahlzeit in der Mittagszeit

lun|chen [ˈlanʃn̩, ˈlantʃn̩]: den Lunch einnehmen

lynchen

Das aus dem amerikanischen Englisch entlehnte Verb wird wie in der Herkunftssprache mit *-y-* geschrieben.

Lunch|pa|ket [ˈlanʃ..., ˈlantʃ...] *das;* -[e]s, -e: kleines Paket mit Verpflegung für die Teilnehmer an einem Ausflug o. Ä.

Lü|net|te *die;* -, -n ⟨*lat.-fr.;* »Möndchen«⟩: **1.** (Archit.) Bogenfeld als Abschluss über Türen od. Fenstern od. als Bekrönung eines Rechtecks. **2.** (veraltet) Grundrissform im Festungsbau bei Schanzen u. Forts. **3.** verstellbare Vorrichtung an Drehmaschinen, Setzstock bei der Metallverarbeitung zur Unterstützung langer Werkstücke

Lu|per|ka|li|en *die* (Plural) ⟨*lat.*⟩: altrömisches Fest, urspr. zu Ehren des Hirtengottes Faun, das später zur Reinigungs- u. Fruchtbarkeitsfeier wurde

Lu|pi|ne *die;* -, -n ⟨*lat.-nlat.*⟩: Pflanze mit meist gefingerten Blättern u. ährigen Blüten

Lu|pus *der;* -, -[se] ⟨*lat.;* »Wolf«⟩ (Med.): meist chronisch verlaufende tuberkulöse Hautflechte mit entstellender Narbenbildung (meist im Gesicht)

Lu|re *die;* -, -n ⟨*nord.*⟩: altes nordisches hornähnliches Blasinstrument

Lu|rex® *das;* - ⟨Kunstw.⟩: mit metallisierten Fasern hergestelltes Garn, Gewebe, Gewirk

Lus|ter *der;* -s, - ⟨*lat.-it.-fr.*⟩ (österr.): ↑Lüster

Lüs|ter *der;* -s, -: **1.** Kronleuchter. **2.** Glanzüberzug auf Glas-, Ton-, Porzellanwaren. **3.** in der Lederfabrikation (u. bei der Pelzveredlung) verwendetes Appreturmittel, das die Leuchtkraft der Farben erhöht u. einen leichten Glanz verleiht. **4.** glänzendes, etwas steifes [Halb]wollgewebe

Lüs|ter|far|be *die;* -, -n: zur Herstellung des Lüsters (2) verwendete Farbe, die wenig Metall enthält

Lus|t|ra: *Plural* von ↑Lustrum

Lus|t|ra|ti|on *die;* -, -en ⟨*lat.*⟩: **1.** (Rel.) feierliche kultische Reinigung [durch Sühneopfer]. **2.** (veraltet) Durchsicht, Musterung, Prüfung

Lus|t|ren: *Plural* von ↑Lustrum

lus|t|rie|ren ⟨*lat.*⟩: **1.** (Rel.) feierlich reinigen. **2.** (veraltet) durchsehen, mustern, prüfen

lüs|t|rie|ren ⟨*lat.-it.-fr.*⟩: Baumwoll- u. Leinengarne fest u. glänzend machen

Lus|t|rum *das;* -s, ...ren u. ...ra ⟨*lat.*⟩: **1.** (Geschichte) altrömisches Reinigungs- u. Sühneopfer, das alle fünf Jahre stattfand. **2.** Zeitraum von fünf Jahren

Lu|te|in *das;* -s ⟨*lat.-nlat.*⟩: gelber Farbstoff in Pflanzenblättern u. im Eidotter

Lu|te|ti|um *das;* -s ⟨*nlat.;* nach Lutetia, dem lat. Namen von Paris⟩: chem. Element; Metall (Zeichen: Lu); vgl. Cassiopeium

Lux *das;* -, - ⟨*lat.*⟩ (Physik): Einheit der Beleuchtungsstärke (Zeichen: lx)

Lu|xa|ti|on *die;* -, -en ⟨*lat.*⟩ (Med.): Verrenkung, Ausrenkung eines Gelenks; vgl. Distorsion (1)

Lux|me|ter *das;* -s, - ⟨*lat.; gr.*⟩: Messgerät für den Lichtstrom; Beleuchtungsmesser

lu|xu|ri|ös ⟨*lat.*⟩: sehr komfortabel ausgestattet; üppig, verschwenderisch; kostbar, prunkvoll

Lu|xus *der;* -: kostspieliger Aufwand, der den normalen Rahmen [der Lebenshaltung] übersteigt; nicht notwendiger, nur zum Vergnügen betriebener Aufwand; Pracht, verschwenderische Fülle

Lu|zer|ne *die;* -, -n ⟨*lat.-vulgärlat.-provenzal.-fr.*⟩: zur Familie der Schmetterlingsblütler zählende wichtige Futterpflanze mit meist blauen, violetten od. gelben Blüten

Lu|zi|fer, kirchenlat.: **Lu|ci|fer** *der;* -s: Teufel, Satan

lym|pha|tisch (Med.): auf Lymphe, Lymphknötchen, -drüsen bezüglich, sie betreffend

Lymph|drai|na|ge [...ʒə] *die;* -, -n ⟨*gr.-lat.; engl.-fr.*⟩ (Med.): Massage, bei der krankhaft gestaute Lymphgefäße ausgestrichen werden

Lym|phe *die;* -, -n ⟨*gr.-lat.*⟩: **1.** hellgelbe, eiweißhaltige, für den Stoffaustausch der Gewebe wichtige Körperflüssigkeit in eigenem Gefäßsystem u. in Gewebsspalten. **2.** Impfstoff gegen Pocken

Lym|pho|zyt *der;* -en, -en (meist Plural) (Med.): im lymphatischen Gewebe entstehendes, außer im Blut auch in der Lymphe u. im Knochenmark vorkommendes weißes Blutkörperchen

lyn|chen [auch: ˈlɪnçn̩] ⟨*engl.;* wahrscheinlich nach dem nordamerik. Pflanzer u. Friedensrichter Charles Lynch⟩: (jmdn.) für eine [als Unrecht empfundene] Tat ohne Urteil eines Gerichts grausam misshandeln od. töten

Lynch|jus|tiz *die;* -: das Lynchen; grausame Misshandlung od. Tötung eines Menschen [durch eine aufgebrachte Volksmenge]

lyo|phil ⟨*gr.-nlat.*⟩ (Chemie): Lösungsmittel aufnehmend, leicht löslich; Ggs. ↑lyophob

lyo|phob (Chemie): kein Lösungsmittel aufnehmend, schwer löslich; Ggs. ↑lyophil

Ly|ra *die;* -, ...ren ⟨*gr.-lat.*⟩: **1.** altgriechisches, der ↑Kithara ähnliches Zupfinstrument mit fünf bis sieben Saiten. **2.** Drehleier (10. Jh.). **3.** Streichinstrument, Vorgängerin der Violine (16. Jh.); vgl. Viola da Braccio. **4.** dem Schellenbaum ähnliches Glockenspiel der Militärkapellen. **5.** in Lyraform gebaute Gitarre mit sechs Saiten u. einem od. zwei Schalllöchern; Lyragitarre (frühes 19. Jh.)

Ly|rik *die;* - ⟨*gr.-lat.-fr.*⟩: Dichtungsgattung, in der subjektives Erleben, Gefühle, Stimmungen usw. od. Reflexionen mit den Formmitteln von Reim, Rhythmus, Metrik, Takt, Vers, Strophe u. a. ausgedrückt werden

Ly|ri|ker *der;* -s, -: Dichter, der Lyrik schreibt

Ly|ri|ke|rin *die;* -, -nen: weibliche Form zu ↑Lyriker

ly|risch: 1. a) die Lyrik betreffend, zu ihr gehörend; **b)** in der Art von Lyrik, mit stimmungsvollem, gefühlsbetontem Grundton. **2.** (Musik) weich, von schönem Schmelz u. daher für gefühlsbetonten Gesang geeignet (auf die Ge-

a b c d e f g h i j k l lyr m n o p q r s t u v w x y z

sangsstimme bezogen). **3.** gefühl-, stimmungsvoll

Ly|se vgl. Lysis

...ly|se

die; -, -n (teilweise ohne Plural)
⟨zu *gr.* lýein »(auf)lösen; trennen« → lýsis »das (Auf)lösen«⟩
Wortbildungselement mit der Bedeutung »Lösung, Auflösung«:
- Analyse
- Dialyse
- Hydrolyse

Ly|sin *das;* -s, -e (meist Plural) (Med.): Antikörper, der fremde Zellen u. Krankheitserreger, die in den menschlichen Organismus eingedrungen sind, aufzulösen vermag

Ly|sis, Ly|se *die;* -, ...sen ⟨*gr.;* »Auflösung«⟩: **1.** (Med.) allmählicher Fieberabfall. **2.** (Med.) Auflösung von Zellen (z. B. von Bakterien, Blutkörperchen). **3.** (Psychol.) Zerfall der Persönlichkeit

Ly|sol® *das;* -s: Kresolseifenlösung (Desinfektionsmittel); vgl. Kresol

Ly|ze|um *das;* -s, ...een ⟨*gr.-lat.*⟩ (veraltet): höhere Lehranstalt für Mädchen

M

M ⟨Abk. für *engl.* **medium**⟩ = medium: mittelgroß (Kleidergröße)

M. A. = Magister Artium; Magistra Artium; Master of Arts

mä|an|d|risch: in Mäanderform

Mac|chia ['makja], **Mac|chie** ['makjə] *die;* -, ...ien ⟨*lat.-it.*⟩: charakteristischer immergrüner Buschwald des Mittelmeergebietes; vgl. Maquis

Ma|che|te [auch: ma'tʃe:tə] *die;* -, -n ⟨*span.*⟩: großes südamerikanisches Buschmesser

Ma|chi|a|vel|lis|mus [makja...] *der;* - ⟨*nlat.;* nach dem it. Staatsmann Machiavelli, 1469–1527⟩: politische Lehre u. Praxis, die der Politik den Vorrang vor der Moral gibt; durch keine Bedenken gehemmte Machtpolitik

ma|chi|a|vel|lis|tisch: nach der Lehre Machiavellis, im Sinne des Machiavellismus

Ma|chis|mo [ma'tʃɪsmo] *der;* -[s] ⟨*lat.-span.*⟩: übersteigertes Männlichkeitsgefühl; Männlichkeitswahn, Betonung der männlichen Überlegenheit

Ma|cho ['matʃo] *der;* -s, -s (ugs.): sich übertrieben männlich gebender Mann

Ma|dame [ma'dam]: französische Anrede für eine Frau, etwa dem deutschen »gnädige Frau« entsprechend; als Anrede ohne Artikel (Abk.: Mme.; schweiz.: Mme); Plural: Mesdames [me'dam] (Abk.: Mmes.; schweiz.: Mmes)

Ma|de|moi|selle [mad(ə)moa'zɛl] ⟨*lat.-galloroman.-fr.*⟩: französische Anrede für: Fräulein; als Anrede ohne Artikel (Abk.: Mlle.; schweiz.: Mlle); Plural: Mesdemoiselles [medəmoa'zɛl] (Abk.: Mlles.; schweiz.: Mlles)

Ma|don|na *die;* -, ...nnen ⟨*lat.-it.;* »meine Herrin«⟩: **a)** (ohne Plural) die Gottesmutter Maria; **b)** die Darstellung der Gottesmutter [mit dem Kinde]

Ma|d|ri|gal *das;* -s, -e ⟨*it.*⟩: **1.** (Literaturwiss.) aus der italienischen Schäferdichtung entwickeltes Gedicht in zunächst freier, dann festerer Form. **2.** (Musik) **a)** meist zwei- bis dreistimmiger Gesang des 14. Jh.s; **b)** vier- od. mehrstimmiges weltliches Lied mit reichen Klangeffekten im 16. u. 17. Jh.

Ma|es|t|ro *der;* -s, -s u. ...stri ⟨»Meister«⟩: **a)** großer Musiker od. Komponist; **b)** Musiklehrer; **Maestro al Cembalo:** jmd., der vom Cembalo aus, Generalbass spielend, die Kapelle leitet

Mä|eu|tik *die;* - ⟨*gr.;* »Hebammenkunst«⟩: die sokratische Methode, durch geschicktes Fragen die im Partner schlummernden, ihm aber nicht bewussten richtigen Antworten u. Einsichten heraufzuholen

mä|eu|tisch: die Mäeutik betreffend

Ma|fia *die;* -, -s ⟨*arab.-it.;* eigtl. »Anmaßung«⟩: erpresserische Geheimorganisation (ursprünglich in Sizilien)

ma|fi|os, ma|fi|ös: die Mafia betreffend, zu ihr gehörend; nach Art der Mafia

Ma|fi|o|so *der;* -s, ...si: Angehöriger der Mafia

Ma|ga|zin *das;* -s, -e ⟨*arab.-it.(-fr.* u. *-engl.)*⟩: **1.** Vorratshaus. **2.** Lagerraum [für Bücher]. **3.** Laden. **4.** periodisch erscheinende, reich bebilderte, unterhaltende Zeitschrift. **5.** Rundfunk- od. Fernsehsendung, die über politische, wirtschaftliche, gesellschaftliche o. ä. Themen u. Ereignisse informiert. **6.** Aufbewahrungs- u. Vorführkasten für Diapositive, in dem die Diapositive einzeln eingesteckt sind. **7.** abnehmbares, lichtfest verschließbares Rückteil einer Kamera, das den Film enthält u. schnellen Wechsel des Films ermöglicht. **8.** Patronenkammer in [automatischen] Gewehren u. Pistolen

Ma|ga|zi|ner *der;* -s, - (schweiz.): Magazinarbeiter

Ma|ga|zi̱|ne|rin *die;* -, -nen: weibliche Form zu ↑Magaziner

Mag|da|lé|ni|en [...leˈni̯ɛ̃:] *das;* -s ⟨*fr.;* nach dem fr. Fundort, der Höhle La Madeleine⟩: Stufe der jüngeren Altsteinzeit

Ma|ge̱n|ta [auch: ...dʒ...] *das;* -s ⟨*it.;* nach einem Ort in Italien⟩: Anilinrot

Ma̱|gh|reb *der;* -[s] ⟨*arab.;* »Westen«⟩: Tunesien, Nordalgerien u. Marokko umfassender westlicher Teil der arabischen Welt

ma|gh|re|bi̱|nisch: zum Maghreb gehörend

Ma|gie *die;* - ⟨*pers.-gr.-lat.*⟩: **1.** Zauberkunst, Geheimkunst, die sich übersinnliche Kräfte dienstbar zu machen sucht (in vielen Religionen). **2.** Trickkunst des Zauberers im Varieté. **3.** Zauberkraft, Zauber

Ma̱|gi|er, Ma̱|gi|ker *der;* -s, -: **1.** [persisch-medischer] Zauberpriester. **2.** Zauberer, [berufsmäßiger] Zauberkünstler

Ma̱|gi|e|rin *die;* -, -nen: weibliche Form zu ↑Magier

Ma̱|gi|ker vgl. Magier

ma̱|gisch: **1.** die Magie (1) betreffend. **2.** zauberhaft, geheimnisvoll bannend

Ma|gi̱s|ter *der;* -s, - ⟨*lat.;* »Meister«⟩: **1. a)** in einigen Hochschulfächern verliehener akademischer Grad, gleichwertig mit einem Diplom; **b)** (Geschichte) zum Unterricht an Universitäten berechtigender akademischer Grad. **2.** (scherzh., veraltet) Lehrer

Ma|gi̱s|ter Ar|ti|um [- ˈartsi̯ʊm] *der;* -[s] -, - - ⟨*lat.;* »Meister der (freien) Künste«⟩: in den geisteswissenschaftlichen Hochschulfächern deutscher Universitäten verliehener Grad; vgl. Master of Arts (Abk.: M. A.)

Ma|gi̱s|t|ra Ar|ti|um [- ˈartsi̯ʊm] *die;* - -, ...ae [...trɛ] -: weibliche Form zu ↑Magister Artium (Abk.: M. A.)

Ma|gis|t|ra̱|le *die;* -, -n ⟨*lat.-nlat.*⟩: Hauptverkehrslinie, -straße [in einer Großstadt]

[1]**Ma|gis|t|ra̱t** *der;* -[e]s, -e ⟨*lat.*⟩: **1. a)** hoher altrömischer Beamter (z. B. Konsul, Prätor usw.); **b)** öffentliches Amt im alten Rom. **2.** Stadtverwaltung (in einigen Städten)

[2]**Ma|gis|t|ra̱t** *der;* -en, -en (schweiz.): Mitglied der Regierung bzw. der ausführenden Behörde

Ma̱g|ma *das;* -s, ...men ⟨*gr.-lat.*⟩: **1.** (Geol.) heiße natürliche Gesteinsschmelze im od. aus dem Erdinnern, aus der Erstarrungsgesteine entstehen. **2.** (Med.) knetbare Masse, Brei

mag|ma̱|tisch ⟨*gr.-nlat.*⟩: aus dem Magma (1) kommend (z. B. von Gasen bei Vulkanausbrüchen)

Ma̱|g|na Cha̱r|ta *die;* - - ⟨*lat.*⟩: **1.** englisches [Grund]gesetz von 1215, in dem der König dem Adel grundlegende Freiheitsrechte garantiert. **2.** Grundgesetz, Verfassung, Satzung

ma̱|g|na cum lau|de ⟨*lat.;* »mit großem Lob«⟩: sehr gut (zweitbestes Prädikat bei der Doktorprüfung)

Ma|g|na̱t *der;* -en, -en ⟨*lat.-mlat.*⟩: **1.** Inhaber [Branchen beherrschender] wirtschaftlicher Macht (z. B. Zeitungsmagnat, Ölmagnat). **2.** (Geschichte) hoher Adliger (bes. in Polen u. Ungarn)

Ma|g|ne̱|sia *die;* - ⟨*gr.-mlat.;* nach der altgriech. Landschaft⟩: Magnesiumoxid [in Form von weißem Pulver], das vor allem als Mittel gegen Magenübersäuerung u. zum Trockenhalten der Handflächen beim Geräteturnen gebraucht wird

Ma|g|ne|si̱t [auch: ...ˈzɪt] *der;* -s, -e ⟨*gr.-nlat.*⟩: ein Mineral

Ma|g|ne̱|si|um *das;* -s: chem. Element; ein Metall (Zeichen: Mg)

Ma|g|ne̱t *der;* -en, -en u. -es, -e ⟨*gr.-lat.*⟩: **1. a)** Eisen- od. Stahlstück, das andere ↑ferromagnetische Stoffe anzieht; **b)** Elektromagnet. **2.** anziehende Person, reizvoller Gegenstand, Ort

Ma|g|ne̱t|band *das;* -[e]s, ...bänder: mit einer magnetisierbaren Schicht versehenes Band, auf dem Informationen in Form magnetischer Aufzeichnungen gespeichert werden

ma|g|ne̱|tisch: **1.** die Eigenschaften eines Magneten (1 b) aufweisend; ↑ferromagnetische Stoffe anziehend. **2.** auf der Wirkung eines Magneten (1) beruhend, durch einen Magneten bewirkt. **3.** unwiderstehlich, auf geheimnisvolle Weise anziehend

ma|g|ne|ti|sie̱|ren: magnetisch (1) machen

Ma|g|ne|ti̱s|mus *der;* -, ...men ⟨*gr.-lat.-nlat.*⟩: **1.** Fähigkeit eines Stoffes, Eisen od. andere ↑ferromagnetische Stoffe anzuziehen. **2.** Wissenschaft von den magnetischen Erscheinungen. **3.** ↑Mesmerismus

Ma|g|ne|ti̱t [auch: ...ˈtɪt] *der;* -s, -e: wichtiges Eisenerz

Ma|g|ne|to|fo̱n, Ma|g|ne|to|pho̱n® *das;* -s, -e: ein Tonbandgerät

Ma̱|g|ne|ton *das;* -s, -s (aber: 2 -) (Kernphysik): Einheit des magnetischen Moments

Ma|g|ne|to|pho̱n® vgl. Magnetofon

Ma|g|ne|to|sphä̱|re *die;* -: Teil der die Erde umgebenden Atmosphäre, in dem die ↑[1]Elektronen u. ↑Ionen durch das Magnetfeld der Erde beeinflusst werden

Ma̱|g|ne|t|ron *das;* -s, ...o̱ne u. -s ⟨Kurzw. aus ↑**Magnet** u. ↑[1]**Elektron**⟩: eine Elektronenröhre, die magnetische Energie verwendet (für hohe Impulsleistungen)

Ma|g|ni|fi|kus *der;* -, ...fizi (veraltet): Rektor einer Hochschule; vgl. Rector magnificus

Ma|g|ni|fi|zenz *die;* -, -en: **a)** (ohne Plural) Titel für Hochschulrektor[inn]en u. a.; **b)** Träger[in] dieses Titels; als Anrede: Euer, Eure (Abk.: Ew.) Magnifizenz

Ma|g|no|lie [...i̯ə] *die;* -, -n ⟨*nlat.;* nach dem fr. Botaniker Pierre Magnol, 1638–1715⟩: früh blühender Zierbaum (aus Japan u. China) mit tulpenförmigen Blüten

Ma|g|num *die;* -, ...gna ⟨*lat.*⟩: **1.** Wein- od. Sektflasche mit doppeltem Fassungsvermögen (1,5 l). **2.** (Waffentechnik) spezielle Patrone mit verstärkter Ladung

Ma|gus *der;* -, ...gi ⟨*pers.-gr.-lat.*⟩: ↑Magier (2)

Ma|ha|bha|ra|ta [...ˈba:rata] *das;* - ⟨*sanskr.*⟩: altindisches Nationalepos, zugleich religiöses Gesetzbuch des Hinduismus

Ma|ha|go|ni *das;* -s ⟨*indian.-engl.*⟩: wertvolles, rotbraunes, hartes Holz

Ma|ha|ra|d|scha [auch: ...ˈradʒa] *der;* -[s], -s ⟨*sanskr.*⟩: **a)** (ohne Plural) Titel eines indischen Großfürsten; **b)** Träger dieses Titels

Ma|ha|ra|ni *die;* -, -s: **a)** (ohne Plural) Titel für die Frau eines Maharadschas; **b)** Trägerin dieses Titels

Ma|hat|ma *der;* -s, -s ⟨*sanskr.;* »große Seele«⟩: indischer Ehrentitel für geistig hochstehende Männer (z. B. Gandhi), die oft göttlich verehrt werden

Mah|di [ˈmaxdi, auch: ˈma:...] *der;* -[s], -s ⟨*arab.*⟩: von den Muslimen erwarteter letzter Prophet, Glaubens- u. Welterneuerer

Mai *der;* -[e]s u. - (dichter. auch: -en), -e ⟨*lat.*⟩: fünfter Monat im Jahr

Mail [meɪl] *die;* -, -s, auch, bes. südd., österr., schweiz.: *das;* -s, -s ⟨*engl.;* »Post«⟩: Kurzform von ↑E-Mail (1, 2)

Mail|box *die;* -, -en ⟨*engl.;* »Briefkasten«⟩ (EDV): Datei zur Speicherung und zum Austausch von Nachrichten

mai|len [ˈmeɪlən] ⟨*engl.*⟩: etwas als ↑E-Mail senden

Mai|ling [ˈmeɪlɪŋ] *das;* -s, -s ⟨*engl.*⟩: **a)** (ohne Plural) Versenden von Werbung, Informationsmaterial o. Ä. per Post od. E-Mail; **b)** per Post od. E-Mail versendetes Werbe-, Informationsmaterial o. Ä.

Mai|ling|lis|te *die;* -, -n: E-Mail-Adressenliste im Internet für das Versenden u. Empfangen von Beiträgen

Main|stream [ˈmeɪnstri:m] *der;* -s ⟨*engl.;* »Hauptstrom«⟩: **1.** stark vom Swing beeinflusste Form des modernen Jazz. **2.** (oft abwertend) vorherrschende Richtung (z. B. in der Gesellschaftspolitik, im Kulturleben, in der Musik)

Maire [mɛ:ɐ̯] *der;* -s, -s ⟨*lat.-fr.*⟩: Bürgermeister in Frankreich

Mai|rie [mɛ...] *die;* -, ...i̯en: Bürgermeisterei in Frankreich

Mai|so|nette, Mai|son|nette [mɛzɔˈnɛt] *die;* -, -s ⟨*fr.*⟩: zweistöckige Wohnung in einem [Hoch]haus

Ma|jes|tät *die;* -, -en: **1.** (ohne Plural) Herrlichkeit, Erhabenheit. **2.** Titel u. Anrede von Kaisern u. Königen

ma|jes|tä|tisch: herrlich, erhaben; hoheitsvoll

Ma|jo|li|ka *die;* -, ...ken u. -s ⟨*it.;* nach der span. Insel Mallorca⟩: Töpferware mit Zinnglasur; vgl. Fayence

Ma|jo|nä|se vgl. Mayonnaise

[1]Ma|jor *der;* -s, -e ⟨*lat.-span.*⟩: Offizier, der im Rang über dem Hauptmann steht

[2]Ma|jor *der;* - ⟨eigtl. major terminus; *lat.*⟩ (Logik): der größere, weitere Begriff im ↑Syllogismus

Ma|jo|ran [auch: ...ˈra:n] *der;* -s, -e ⟨*mlat.*⟩: **a)** Gewürz- u. Heilpflanze (Lippenblütler); **b)** als Gewürz verwendete, getrocknete Blätter des Majorans (a)

Ma|jo|rat *das;* -[e]s, -e ⟨*lat.-mlat.*⟩ (Rechtswiss.): **1.** Vorrecht des Ältesten auf das Erbgut; Ältestenrecht. **2.** nach dem Ältestenrecht zu vererbendes Gut; vgl. Minorat u. Juniorat

Ma|jor|do|mus *der;* -, - ⟨»Hausmeier«⟩ (Geschichte): oberster Hofbeamter, Befehlshaber des Heeres (unter den fränkischen Königen)

ma|jo|renn (Rechtsspr. veraltet): volljährig, mündig; Ggs. ↑minorenn

Ma|jo|ren|ni|tät *die;* - (Rechtsspr. veraltet): Volljährigkeit, Mündigkeit; Ggs. ↑Minorennität

Ma|jo|rette [...ˈrɛt] *die;* -, -s u. -n [...tn̩] ⟨*fr.*⟩: junge Frau in Uniform, die bei festlichen Umzügen paradiert

Ma|jo|rin *die;* -, -nen: **1.** weibliche Form zu ↑[1]Major. **2.** weibliches Mitglied der Heilsarmee im Rang eines [1]Majors. **3.** (veraltet) Frau eines [1]Majors

ma|jo|ri|sie|ren ⟨*lat.-nlat.*⟩: überstimmen, durch Stimmenmehrheit zwingen

Ma|jo|ri|tät *die;* -, -en ⟨*lat.-mlat.-fr.*⟩: [Stimmen]mehrheit; Ggs. ↑Minorität

Ma|jo|ri|täts|prin|zip *das;* -s: Grundsatz, dass bei Abstimmungen u. Wahlen die Mehrheit der Stimmen entscheidet

Ma|jo|ri|täts|wahl *die;* -, -en: Mehrheitswahl, nach der die Mehrheit den Kandidaten wählt, die Stimmen der Minderheit[en] hingegen unberücksichtigt bleiben

Ma|jọrz *der;* -es ⟨gebildet nach Proporz⟩ (schweiz.): ↑Majoritätswahl

Ma|jụs|kel *die;* -, -n ⟨*lat.*⟩: Großbuchstabe; Ggs. ↑Minuskel; vgl. Versal

ma|ka̱|ber ⟨*fr.;* weitere Herkunft unsicher, vielleicht aus dem Semit.⟩: **a)** (durch eine bestimmte Beziehung zum Tod) unheimlich, Grauen hervorrufend; **b)** mit Tod u. Vergänglichkeit Scherz treibend

Ma|ka|dạm *der* od. *das;* -s, -e ⟨nach dem schott. Straßenbauingenieur McAdam, 1756–1836⟩: Straßenbelag, in dem sich zahlreiche Hohlräume befinden

Ma̱|kak [auch: maˈka(:)k] *der;* -s u. -en, -en [maˈka(:)kn̩] ⟨*afrik.-port.-fr.*⟩: meerkatzenartiger Affe (zahlreiche Arten in Asien, bes. in Japan)

Ma|ka̱|me *die;* -, -n ⟨*arab.*⟩: **1.** kunstvolle alte arabische Stegreifdichtung. **2.** (Geschichte) **a)** im Orient ein Podium, auf dem die höfischen Sänger standen; **b)** Gesang der höfischen Sänger im Orient; vgl. Maqam

Make-up [meɪkˈ|ap] *das;* -s, -s ⟨*engl.;* »Aufmachung«⟩: **1.** Verschönerung des Gesichts mit kosmetischen Mitteln. **2.** kosmetisches Mittel; Creme zum Tönen u./od. Glätten der Haut. **3.** Aufmachung, Verschönerung eines Gegenstandes mit künstlichen Mitteln

Ma̱|ki *der;* -s, -s ⟨*madagassisch-fr.*⟩: ↑Lemure (2)

Ma|ki|mo̱|no *das;* -[s], -s ⟨*jap.*⟩: Bildrolle im Querformat (in der ostasiatischen Kunst)

mak|ka|ro̱|nisch: makkaronische Dichtung: scherzhafte Dichtung, in die lateinisch deklinierte Wörter einer anderen Sprache eingestreut sind (z. B.: totschlago vos sofortissime, nisi vos benehmitis bene, B. von Münchhausen; *it.* poesia maccaronica; »Knödeldichtung«)

Ma̱|ko *der* od. *das;* -[s], -s ⟨nach Mako Bey, dem Hauptförderer des ägypt. Baumwollanbaus⟩: **1.** ägyptische Baumwolle. **2.** Gewebe aus Mako (1)

makr..., Makr... vgl. makro..., Makro...

Ma|k|ra|mee̲ *das;* -[s], -s ⟨*arab.-türk.-it.*⟩: **a)** (ohne Plural) ursprünglich arabische Knüpftechnik, bei der gedrehte Fäden mit Fransen zu kunstvollen Mustern miteinander verknüpft werden; **b)** Knüpfarbeit in Makramee (a)

Ma|k|re̱|le *die;* -, -n ⟨*niederl.*⟩: bis 35 cm langer Speisefisch des Mittelmeergebiets, des Atlantiks u. nordischer Gewässer

Ma̱|k|ro *der* od. *das;* -s, -s (EDV): Kurzform von ↑Makrobefehl

ma|k|ro..., Ma|k|ro...

vor Vokalen auch: **makr..., Makr...**
⟨*gr.* makrós »groß, hoch, tief, fern, lange dauernd, weit«⟩
Wortbildungselement mit den Bedeutungen:
a) »lang, groß, im Großen«:
– Makroklima
– Makrokosmos
– makroökonomisch
– Makrostruktur
b) »groß, größer als normal«:
– Makrenzephalie
– Makromolekül
– makrozephal

Ma̱|k|ro|be|fehl *der;* -[e]s, -e ⟨*engl.; dt.*⟩ (EDV): zu einer Einheit zusammengefasste Folge von Befehlen

Ma|k|ro|bi|o̱|tik *die;* -: **1.** (Med.) Kunst, das Leben zu verlängern. **2.** spezielle, hauptsächlich auf Getreide u. Gemüse basierende Ernährungsweise

ma|k|ro|bi|o̱|tisch: die Makrobiotik betreffend; **makrobiotische Kost:** Kost, die sich hauptsächlich aus Getreide u. Gemüse zusammensetzt

Ma̱|k|ro|fau|na [auch: ...ˈfauna] *die;* -, ...nen (Biol.): die Arten der Tierwelt, die mit bloßem Auge sichtbar sind; Ggs. ↑Mikrofauna

Ma̱|k|ro|kli|ma *das;* -s, -s u. ...ma̱te: Großklima

ma|k|ro|kọs|misch [auch: ˈma:kro...]: den Makrokosmos betreffend; Ggs. ↑mikrokosmisch

Ma|k|ro|kos|mos *der;* -: das Weltall; Ggs. ↑Mikrokosmos

Ma|k|ro|mo|le|kü̱l [auch: ˈma:kro...] *das;* -s, -e: ein aus tausend od. mehr Atomen aufgebautes Molekül

ma|k|ro|mo|le|ku|la̱r [auch: ˈma:kro...]: aus Makromolekülen bestehend

Ma|k|ro̱|ne *die;* -, -n ⟨*it.-fr.*⟩: Gebäck aus Mandeln, Zucker u. Eiweiß

Ma|k|ro|öko|no|mie̲ [auch: ˈma:kro...] *die;* - ⟨*gr.-nlat.*⟩ (Wirtsch.): Teilgebiet der Wirtschaftstheorie, dessen Gegenstand die Untersuchung gesamtwirtschaftlicher Zusammenhänge ist; Ggs. ↑Mikroökonomie

ma|k|ro|öko|no̱|misch [auch: ˈma:kro...] (Wirtsch.): die Makroökonomie betreffend; Ggs. ↑mikroökonomisch

Ma|k|ro|phy|si̱k [auch: ˈma:kro...] *die;* -: die Teilbereiche der Physik, die den atomaren Aufbau der Materie nicht in ihre Betrachtungen einbeziehen; Ggs. ↑Mikrophysik

Ma|k|ro|phy̱t [auch: ˈma:kro...] *der;* -en, -en

(meist Plural) (Biol.): mit dem bloßen Auge sichtbarer pflanzlicher Organismus; Ggs. ↑Mikrophyt

ma|k|ro|s|ko|pisch: ohne optische Hilfsmittel, mit bloßem Auge erkennbar; Ggs. ↑mikroskopisch (1)

Ma|k|ro|spo|re *die;* -, -n (meist Plural): große weibliche Spore einiger Farnpflanzen

Ma|k|ro|struk|tur *die;* -, -en: ohne optische Hilfsmittel erkennbare Struktur (z. B. von pflanzlichen Geweben)

Ma|k|ro|the|o|rie *die;* -, -n: Teilbereich der wirtschaftswissenschaftlichen Theorie, dessen Erkenntnisobjekt die gesamte Volkswirtschaft darstellt; Ggs. ↑Mikrotheorie

Ma|k|ro|ze|pha|lie *die;* -, ...ien (Med.): anomale Vergrößerung des Kopfes; Ggs. ↑Mikrozephalie

Ma|ku|la|tur *die;* -, -en ⟨*lat.-mlat.*⟩: **a)** beim Druck schadhaft gewordene u. fehlerhafte Bogen; Fehldruck; **b)** Altpapier; Abfall der Papierindustrie; **Makulatur reden** (ugs.): Unsinn, dummes Zeug reden

Ma|la|chit [auch: ...ˈxɪt] *der;* -s, -e ⟨*gr.-nlat.*⟩: ein schwärzlich grünes Mineral; Schmuckstein

ma|lad, ma|la|de ⟨*lat.-vulgärlat.-fr.*⟩: [leicht] krank u. sich entsprechend lustlos, unwohl, elend fühlend

ma|la fi|de ⟨*lat.*⟩: in böser Absicht; trotz besseren Wissens; vgl. bona fide

Ma|la|ga *der;* -s, -s ⟨nach der span. Provinz⟩: südspanischer brauner Süßwein

Ma|la|gue|ña [malaˈgɛnja] *die;* -, -s (Musik): spanischer Tanz im $^3/_4$-Takt mit einem ostinaten Thema, über dem der Sänger frei improvisieren kann

Ma|lai|se [maˈlɛːzə] *die;* -, -n, (schweiz.) *das;* -s, - ⟨*lat.-fr.*⟩: **1.** Übelkeit, Übelbefinden; Unbehagen. **2.** Unglück, Widrigkeit, ungünstiger Umstand, Misere

Ma|la|ja|lam vgl. Malayalam

Ma|la|ko|lo|ge *der;* -n, -n ⟨*gr.-nlat.*⟩: Wissenschaftler, der sich auf Malakologie spezialisiert hat

Ma|la|ko|lo|gie *die;* -: Teilgebiet der Zoologie, das sich mit den Muscheln, Schnecken u. a. befasst; Weichtierkunde

Ma|la|ko|lo|gin *die;* -, -nen: weibliche Form zu ↑Malakologe

Ma|la|ria *die;* - ⟨*lat.-it.*⟩: Sumpffieber, Wechselfieber

Ma|la|ya|lam, Ma|la|ja|lam *das;* -[s]: eine drawidische Sprache in Südindien

ma|le|dei|en ⟨*lat.*⟩ (veraltet): verwünschen; vgl. vermaledeien

Ma|le|par|tus *der;* - ⟨*nlat.*⟩: Wohnung des Fuchses in der Tierfabel

Mal|heur [maˈløːɐ̯] *das;* -s, -e u. -s ⟨*lat.-fr.*⟩: **1.** (veraltet) Unglück, Unfall. **2.** (ugs.) Pech; kleines Unglück, [peinliches] Missgeschick

Ma|li|ce [maˈliːsə] *die;* -, -n (veraltet): **1.** Bosheit. **2.** boshafte Äußerung

ma|li|g|ne ⟨*lat.*⟩ (Med.): bösartig (z. B. von Gewebsveränderungen); Ggs. ↑benigne

Ma|li|g|ni|tät *die;* - (Med.): Bösartigkeit (z. B. einer Geschwulst); Ggs. ↑Benignität

ma|li|zi|ös ⟨*lat.-fr.*⟩: arglistig, hämisch, boshaft

[1]**Mall** *das;* -[e]s, -e ⟨*niederl.*⟩ (Seew.): Muster, Modell für Schiffsteile; Spantenschablone

[2]**Mall** [mɔːl] *die;* -, -s ⟨*engl.*⟩: (bes. in den USA) Einkaufszentrum

Malm *der;* -[e]s ⟨*engl.*⟩ (Geol.): die obere Abteilung des Juras (in Süddeutschland: Weißer Jura)

Ma|lo|che [auch: maˈlɔ...] *die;* - ⟨*hebr.-jidd.*⟩ (ugs.): [schwere] Arbeit

ma|lo|chen (ugs.): schwer arbeiten, schuften

Ma|lo|cher [auch: maˈlɔ...] *der;* -s, - (ugs.): Arbeiter

Ma|lo|che|rin *die;* -, -nen: weibliche Form zu ↑Malocher

Ma|los|sol *der;* -s ⟨*russ.*⟩: schwach gesalzener Kaviar

Mal|te|ser *der;* -s, - ⟨nach der Mittelmeerinsel Malta⟩: **1.** Angehöriger des katholischen Zweigs der Johanniter, deren Sitz 1530 bis 1798 Malta war. **2.** weißer Schoßhund mit langhaarigem Fell

Mal|te|ser|kreuz *das;* -es, -e: **1.** ↑Johanniterkreuz. **2.** Schaltteil in der Form eines achtspitzigen Kreuzes am Projektor zur ruckweisen Fortbewegung des Films

Mal|thu|si|a|nis|mus *der;* - (Geschichte): wirtschaftspolitische Bewegung, die die theoretischen Erkenntnisse des Engländers Malthus (die Bevölkerung wächst tendenziell schneller als der Bodenertrag) auf die Wirklichkeit anzuwenden suchte

Mal|to|se *die;* -: Malzzucker

mal|t|rä|tie|ren ⟨*lat.-fr.*⟩: misshandeln, quälen

Ma|lus *der;* - u. -ses, - u. -se: **1.** nachträglicher Prämienzuschlag bei Häufung von Schadensfällen in der Kraftfahrzeugversicherung. **2.** zum Ausgleich für eine bessere Ausgangsposition erteilter Punktnachteil (z. B. beim Vergleich der Abiturnoten aus verschiedenen Bundesländern); Ggs. ↑Bonus (2)

Ma|lve *die;* -, -n ⟨*lat.-it.*⟩: Käsepappel, eine krautige Heil- u. Zierpflanze

Mal|ware [...wɛːɐ̯] *die;* -, -s ⟨*engl.;* Kurzw. aus **ma**licious soft**ware**⟩: Sammelbez. für Programme, die in Computersysteme eindringen u. Störungen od. Schäden verursachen (z. B. ein ↑Computervirus)

Ma|ma [auch: ...'ma:] *die;* -, -s ⟨*fr.*⟩ (ugs.): Mutter

Mam|ba *die;* -, -s ⟨*Zulu*⟩: eine afrikanische Giftschlange

Mam|bo *die;* -, -s ⟨*kreol.*⟩: mäßig schneller lateinamerikanischer Tanz im $^4/_4$-Takt

[1]Ma|me|luck *der;* -en, -en ⟨*arab.-it.*⟩: Sklave; Leibwächter orientalischer Herrscher

[2]Ma|me|luck *der;* -en, -en (Geschichte): **1.** Angehöriger eines ägyptischen Herrschergeschlechts (13.–16. Jh.). **2.** Söldner islamischer Herrscher

Mam|ma *die;* -, ...mae [...mɛ] ⟨*lat.*⟩: **1.** (Med.) weibliche Brust, Brustdrüse. **2.** (Biol.) Zitze der Säugetiere

Mam|ma|lia *die* (Plural) ⟨*lat.-nlat.*⟩: Säugetiere

Mam|mo|gra|fie, Mam|mo|gra|phie *die;* -, ...ien ⟨*lat.; gr.*⟩ (Med.): röntgendiagnostische Methode zur Untersuchung der weiblichen Brust (vor allem zur Feststellung bösartiger Geschwülste)

Mam|mon *der;* -s ⟨*aram.-gr.-lat.*⟩ (meist abwertend): Geld als etwas, was begehrt, wonach gestrebt wird

Mam|mut *das;* -s, -e u. -s ⟨*russ.-fr.*⟩: ausgestorbene Elefantenart der Eiszeit mit langhaarigem Fell u. langen gebogenen Stoßzähnen

Mam|mut|baum *der;* -[e]s, ...bäume: ↑Sequoia

Mam|sell *die;* -, -en u. -s ⟨*lat.-galloroman.-fr.*⟩: **1.** Angestellte im Gaststättengewerbe. **2.** (veraltend) Hausgehilfin. **3.** (veraltend) Hauswirtschafterin auf einem Gutshof

Mä|na|de *die;* -, -n ⟨*gr.-lat.*⟩: sich wild gebärdende, rasende weibliche Person

Ma|nage|ment ['mænɪdʒmənt] *das;* -s, -s ⟨*lat.-it.-engl.*⟩: **1.** Leitung, Führung eines Unternehmens, die Planung, Grundsatzentscheidungen o. Ä. umfasst; Betriebsführung. **2.** Gesamtheit der Führungskräfte in einem Großunternehmen o. Ä.

Ma|nage|ment-Buy-out, Ma|nage|ment-Buy|out [...baɪ'aʊt] *das* u. *der;* -s, -s (Wirtsch.): Übernahme einer Firma durch die eigene Geschäftsleitung (Abk.: MBO)

ma|na|gen ['mɛnɪdʒn̩]: **1.** (ugs.) leiten, zustande bringen, geschickt bewerkstelligen, organisieren. **2.** (einen Berufssportler, Künstler o. Ä.) betreuen

Ma|na|ger ['mɛnɪdʒɐ] *der;* -s, -: **1.** mit weitgehender Verfügungsgewalt, Entscheidungsbefugnis ausgestattete leitende Persönlichkeit [eines großen Unternehmens]. **2.** Betreuer (eines Berufssportlers, Künstlers o. Ä.)

Ma|na|ge|rin *die;* -, -nen: weibliche Form zu ↑Manager

Man|ches|ter|tum *das;* -s: Richtung des extremen wirtschaftspolitischen Liberalismus mit der Forderung nach völliger Freiheit der Wirtschaft

Man|da|la *das;* -s, -s ⟨*sanskr.*⟩: **1.** mystisches Kreis- od. Vieleckbild in den indischen Religionen, ein Hilfsmittel zur Meditation. **2.** (Psychol.) Traumbild od. von Patienten angefertigte bildliche Darstellung als Symbol der Selbstfindung (nach C. G. Jung)

Man|dant *der;* -en, -en ⟨*lat.*⟩: Klient (bes. eines Rechtsanwalts), Kunde, Auftraggeber

Man|dan|tin *die;* -, -nen: weibliche Form zu ↑Mandant

[1]Man|da|rin *der;* -s, -e ⟨*sanskr.-malai.-port.*⟩ (Geschichte): europäischer Name für hohe Beamte des ehemaligen chinesischen Kaiserreichs

[2]Man|da|rin *das;* -[s]: Dialekt von Peking, der heute die Standardsprache Chinas ist

Man|da|ri|ne *die;* -, -n ⟨*sanskr.-malai.-port.-span.-fr.*⟩: kleine apfelsinenähnliche Zitrusfrucht von süßem Geschmack

Man|dat *das;* -[e]s, -e ⟨*lat.*⟩: **1.** (Rechtswiss.) Auftrag, jmdn. juristisch zu vertreten. **2.** (Politik) Amt eines gewählten Abgeordneten mit Sitz u. Stimme im Parlament. **3.** (Politik) in Treuhand von einem Staat verwaltetes Gebiet. **4.** (Geschichte) Erlass, Auftrag an einen Untergebenen

Man|da|tar *der;* -s, -e ⟨*lat.-mlat.*⟩: **1.** jmd., der im Auftrag, kraft Vollmacht eines anderen handelt (z. B. ein Rechtsanwalt). **2.** (österr.) Abgeordneter

Man|da|ta|rin *die;* -, -nen: weibliche Form zu ↑Mandatar

Man|dats|ge|biet *das;* -[e]s, -e: durch einen fremden Staat verwaltetes Gebiet

Man|di|o|ka *die;* - ⟨*indian.-span.*⟩: ↑Maniok

Man|do|la *die;* -, ...len ⟨*gr.-lat.-it.*⟩: eine Oktave tiefer als die Mandoline klingendes Zupfinstrument

Man|do|li|ne *die;* -, -n ⟨*gr.-lat.-it.-fr.*⟩: kleine Mandola; lautenähnliches Zupfinstrument mit stark gewölbtem, kürbisähnlichem Schallkörper u. vier Doppelsaiten, das mit einem ↑Plektron gespielt wird

Man|d|ra|go|ra, Man|d|ra|go|re *die;* -, ...oren ⟨*gr.-lat.*⟩: stängelloses Nachtschattengewächs mit großen Blättern und glockigen Blüten

Man|d|rill *der;* -s, -e ⟨*engl.*⟩: meerkatzenartiger Affe Westafrikas mit meist buntfarbigem Gesicht

Ma|ne|ge [...ʒə] *die;* -, -n ⟨*lat.-it.-fr.*⟩: runde Fläche für Darbietungen im Zirkus, in einer Reitschule

Ma|nen *die* (Plural) ⟨*lat.*⟩: gute Geister der Toten im altrömischen Glauben

Man|ga *das* od. *der;* -s, -[s] ⟨*jap.*⟩: aus Japan stammender handlungsreicher Comic, der durch besondere grafische Effekte gekennzeichnet ist

Man|ga|be *die;* -, -n ⟨*afrik.*⟩: langschwänzige, meerkatzenartige Affenart Afrikas

Man|gan *das;* -s ⟨*gr.-lat.-mlat.-it.-fr.*⟩: chem. Element; ein Metall (Zeichen: Mn)

Man|ga|nat *das;* -s, -e: Salz der Mangansäure

Man|ga|nit [auch: ...ˈnɪt] *der;* -s, -e: ein Mineral

Man|g|le|baum *der;* -[e]s, ...bäume ⟨*indian.-span.; dt.*⟩: dauerhaftes Holz liefernder Baum der amerikanischen u. westafrikanischen ↑Mangroven

Man|go *die;* -, ...onen od. -s ⟨*tamil.-port.*⟩: längliche, grüne bis rotgelbe, saftige, wohlschmeckende Frucht des Mangobaumes

Man|go|baum *der;* -[e]s, ...bäume: tropischer Obstbaum mit wohlschmeckenden Früchten

Man|g|ro|ve *die;* -, -n ⟨(*indian.-span.; engl.*) *engl.*⟩: immergrüner Laubwald in Meeresbuchten u. Flussmündungen tropischer Gebiete

Man|gus|te *die;* -, -n ⟨*Marathi-port.-fr.*⟩: südostasiatische Schleichkatze

Ma|ni|chä|is|mus *der;* - ⟨*nlat.*⟩: von Mani gestiftete, dualistische Weltreligion

Ma|nie *die;* -, ...ien ⟨*gr.-lat.*⟩: **1.** krankhaft übersteigerte Leidenschaft. **2.** (Psychol.) Phase der manisch-depressiven Psychose mit abnorm heiterem Gemütszustand, Enthemmung u. Triebsteigerung

Ma|nier *die;* -, -en ⟨*lat.-galloroman.-fr.*⟩: **1.** (ohne Plural) **a)** Art u. Weise, Eigenart; Stil [eines Künstlers]; **b)** (abwertend) Künstelei, Manieriertheit. **2.** (meist Plural) Umgangsform, Sitte, Benehmen. **3.** (Musik) Verzierung

ma|nie|riert ⟨*lat.-galloroman.-fr.*⟩ (abwertend): gekünstelt, unnatürlich

Ma|nie|riert|heit *die;* -, -en (abwertend): Geziertheit, Künstelei, unnatürliches Ausdrucksverhalten

Ma|nie|ris|mus *der;* -, ...men ⟨*lat.-galloroman.-fr.-nlat.*⟩: **1.** (ohne Plural; Kunstwiss.) Stilbegriff für die Kunst der Zeit zwischen Renaissance u. Barock. **2.** (ohne Plural; Literaturwiss.) Stil der Übergangsphase zwischen Renaissance u. Barock. **3.** (ohne Plural) Epoche des Manierismus (1, 2) von etwa 1520 bis 1580. **4.** (ohne Plural) in verschiedenen Epochen (z. B. Hellenismus, Romantik, Jugendstil) dominierender gegenklassischer Stil. **5.** manieriertes Verhalten, manierierte Ausdrucksweise

Ma|nie|rist *der;* -en, -en: Vertreter des Manierismus

Ma|nie|ris|tin *die;* -, -nen: weibliche Form zu ↑Manierist

ma|nier|lich ⟨*lat.-galloroman.-fr.; dt.*⟩: **1.** den guten Manieren entsprechend, wohlerzogen; sich als Kind od. Jugendlicher so benehmend, wie es die Erwachsenen im Allgemeinen erwarten. **2.** (ugs.) so beschaffen, dass sich daran eigentlich nichts aussetzen lässt; ganz gut, recht akzeptabel

ma|ni|fest ⟨*lat.*⟩: **1.** offenbar, offenkundig. **2.** (Med.) im Laufe der Zeit deutlich erkennbar (von Krankheiten u. Ä.)

Ma|ni|fest *das;* -[e]s, -e ⟨*lat.-mlat.*⟩: **1.** Grundsatzerklärung, Programm [einer Partei, Kunst- od. Literaturrichtung, politischen Organisation]; **Kommunistisches Manifest:** von K. Marx u. F. Engels verfasstes Grundsatzprogramm für den »Bund der Kommunisten« (1848). **2.** Verzeichnis der Güter auf einem Schiff

Ma|ni|fes|tant *der;* -en, -en ⟨*lat.*⟩ (veraltet): **1.** Teilnehmer an einer Kundgebung. **2.** (Rechtswiss.) jmd., der den Offenbarungseid leistet

Ma|ni|fes|tan|tin *die;* -, -nen: weibliche Form zu ↑Manifestant

Ma|ni|fes|ta|ti|on *die;* -, -en: **1.** das Offenbar-, Sichtbarwerden. **2.** (Rechtswiss.) Offenlegung, Darlegung; Bekundung. **3.** (Med.) das Erkennbarwerden (von latenten Krankheiten, Erbanlagen u. Ä.)

ma|ni|fes|tie|ren: **1. a)** offenbaren; kundgeben, bekunden; **b)** sich manifestieren: offenbar, sichtbar werden. **2.** (veraltet) den Offenbarungseid leisten

Ma|ni|kü|re *die;* -, -n ⟨*lat.-fr.*⟩: **1.** (ohne Plural) Hand-, bes. Nagelpflege. **2.** Kosmetikerin od. Friseurin mit einer Zusatzausbildung in Maniküre (1). **3.** Necessaire für die Geräte zur Nagelpflege

ma|ni|kü|ren: die Hände (bes. die Nägel) pflegen

Ma|ni|la|hanf *der;* -[e]s ⟨nach der Hafenstadt Manila⟩: Spinnfaser der philippinischen Faserbanane; Abaka

Ma|ni|ok *der;* -s, -s ⟨*indian.-span.-fr.*⟩: tropische Kulturpflanze, aus deren Wurzelknollen die ↑Tapioka gewonnen wird

Ma|ni|pel *der;* -s, - ⟨*lat.*⟩: **1.** (Geschichte) Unterabteilung der römischen ↑Kohorte. **2.** (auch: *die;* -, -n) am linken Unterarm getragenes gesticktes Band des katholischen Messgewandes

Ma|ni|pu|lant *der;* -en, -en ⟨*lat.-fr.*⟩: **1.** Manipulator (1); Person od. Einrichtung, die durch direkte od. unterschwellige Beeinflussung bestimmte [soziale] Verhaltensweisen auslöst od. steuert. **2.** (österr. Amtsspr. veraltend) Hilfskraft, Amtshelfer

Ma|ni|pu|lạn|tin *die;* -, -nen: weibliche Form zu ↑Manipulant

Ma|ni|pu|la|ti|o̱n *die;* -, -en: **1.** bewusster u. gezielter Einfluss auf Menschen ohne deren Wissen u. oft gegen deren Willen (z. B. mithilfe der Werbung). **2.** absichtliche Verfälschung von Informationen durch Auswahl, Zusätze od. Auslassungen. **3.** (meist Plural) Machenschaft, undurchsichtiger Kniff. **4.** (Technik) Handhabung, Verfahren. **5.** das Anpassen der Ware an die Bedürfnisse des Verbrauchers durch Sortieren, Mischen, Veredeln (z. B. bei Tabak). **6. a)** (veraltet) Handbewegung, Hantierung; **b)** (Med.) kunstgerechter u. geschickter Handgriff; vgl. ...ation/...ierung

Ma|ni|pu|la̱|tor *der;* -s, ...o̱ren: **1.** jemand, der andere zu seinem eigenen Vorteil lenkt oder beeinflusst. **2.** Vorrichtung zur Handhabung von etw. aus größerem Abstand od. hinter Schutzwänden. **3.** Zauberkünstler, Jongleur, Taschenspieler

Ma|ni|pu|la|to̱|rin *die;* -, -nen: weibliche Form zu ↑Manipulator (1, 3)

ma|ni|pu|li̱er|bar: sich manipulieren lassend

ma|ni|pu|li̱e|ren: **1.** Menschen bewusst u. gezielt beeinflussen od. lenken. **2.** Informationen verfälschen od. bewusst ungenau wiedergeben. **3. a)** (veraltet) etwas handhaben, betasten, sich an etwas zu schaffen machen; **b)** etwas geschickt handhaben, kunstgerecht damit umgehen. **4.** mit etwas hantieren; **manipulierte Währung** (Bankw.): staatlich gesteuerte Währung, bei der die ausgegebene Geldmenge nach den jeweiligen wirtschaftlichen Erfordernissen reguliert wird u. an keine Deckung durch Gold, Silber u. a. gebunden ist

Ma|ni|pu|li̱e|rung *die;* -, -en: ↑Manipulation (1, 2); vgl. ...ation/...ierung

ma̱|nisch ⟨*gr.*⟩: **1.** (Psychol.) für die ↑Manie (2) kennzeichnend; krankhaft heiter; erregt. **2.** einer ↑Manie (1) entspringend; krankhaft übersteigert

ma̱|nisch-de|pres|si̱v ⟨*gr.; lat.*⟩ (Psychol.): abwechselnd krankhaft heiter u. schwermütig

Ma̱|ni|tu *der;* -[s] ⟨*indian.*⟩: die allem innewohnende, unpersönliche, auch als Geist personifizierte Macht des indianischen Glaubens

Mạn|ko *das;* -s, -s ⟨*lat.-it.*⟩: **1.** Fehlbetrag. **2.** Fehler, Unzulänglichkeit, Mangel

Mạn|na *die;* - ⟨*hebr.-gr.-lat.*⟩: **1.** (Altes Testament) vom Himmel gefallene Nahrung für die Israeliten in der Wüste nach ihrem Auszug aus Ägypten. **2.** bestimmter essbarer Stoff (z. B. der süße Saft der Mannaesche, die Ausscheidung der Mannaschildlaus auf Tamarisken). **3.** Nahrung, die jmdm. auf wundersame Weise zuteilwird

Mạn|ne|quin [...kɛ̃, auch: ...ˈkɛ̃:] *das,* selten: *der;* -s, -s ⟨*niederl.-fr.;* »Männchen«⟩: **1.** weibliche Person, die Kleider vorführt. **2.** lebensechte Schaufensterpuppe. **3.** (veraltet) Gliederpuppe

Ma|no|me̱|ter *das;* -s, - ⟨*gr.-fr.*⟩: **1.** (Physik) Druckmesser für Gase u. Flüssigkeiten. **2.** (salopp) (als Ausruf des Erstaunens, des Unwillens) Mann!; Menschenskind!

ma|no|me̱|t|risch: mit dem Manometer gemessen

ma non trọp|po ⟨*it.*⟩ (Musik): aber nicht zu sehr (Vortragsanweisung)

Ma|nö̱|ver *das;* -s, - ⟨*lat.-vulgärlat.-fr.*⟩: **1.** (Militär) **a)** größere Truppen-, Flottenübung unter kriegsmäßigen Bedingungen; **b)** taktische Truppenbewegung. **2.** Bewegung, die mit einem Schiff, Flugzeug, Auto o. Ä. ausgeführt wird. **3.** Scheinmaßnahme, Kniff, Ablenkungs-, Täuschungsversuch

ma|nö|v|ri̱e|ren: **1.** ein Manöver (1 b) durchführen. **2.** eine Sache od. ein Fahrzeug (Schiff, Flugzeug, Raumschiff, Auto) geschickt lenken od. bewegen. **3.** Kunstgriffe anwenden, um sich od. jmdn. in eine bestimmte Situation zu bringen

Man|po|w|er [ˈmænpaʊɐ] *die;* - ⟨*engl.*⟩ (Jargon): Personal; Arbeitskräfte

Man|sạr|de *die;* -, -n ⟨*fr.;* nach dem fr. Baumeister J. Hardouin-Mansart, 1646–1708⟩: **1.** für Wohnzwecke ausgebautes Dachgeschoss, -zimmer. **2.** mit Heißluft beheizte Vorrichtung zum Trocknen bedruckter Gewebe (in der Stoffdruckerei)

Man|schẹt|te *die;* -, -n ⟨*lat.-fr.;* »Ärmelchen«⟩: **1.** [steifer] Ärmelabschluss an Herrenhemden od. langärmeligen Damenblusen; **Manschetten haben** (ugs.): Angst haben. **2.** Papierkrause für Blumentöpfe. **3.** unerlaubter Würgegriff beim Ringkampf. **4.** (Technik) Dichtungsring aus Gummi, Leder od. Kunststoff mit eingestülptem Rand

Mạn|tik *die;* - ⟨*gr.-lat.*⟩: Seher-, Wahrsagekunst

Man|tị|sse *die;* -, -n ⟨*lat.*⟩: **1.** (veraltet) Zugabe, Anhängsel. **2.** Ziffern des ↑Logarithmus hinter dem Komma

Mạn|t|ra *das;* -s, -s ⟨*sanskr.*⟩: als wirkungskräftig geltender religiöser Spruch, magische Formel der Inder

[1]Ma|nu|a̱l *das;* -s, -e, **Ma|nu|a|le** *das;* -[s], -[n]

⟨*lat.*⟩: **1.** Handklaviatur der Orgel. **2.** (veraltet) Handbuch, Tagebuch

[2]**Ma|nu|al** [ˈmɛnjuəl] *das;* -s, -s ⟨*lat.-engl.:*⟩ (bes. EDV): ausführliche Bedienungsanleitung; Handbuch

Ma|nu|a|le vgl. [1]Manual

ma|nu|ell ⟨*lat.-fr.*⟩: die Hände, die Tätigkeit der Hände betreffend; mit der Hand, von Hand

Ma|nu|fak|tur *die;* -, -en ⟨*lat.-fr.(-engl.)*⟩: **1.** (veraltet) Handarbeit. **2.** (Geschichte) vorindustrieller gewerblicher Großbetrieb mit Handarbeit. **3.** (veraltet) Web- u. Wirkwaren. **4.** in Handarbeit hergestelltes Industrieerzeugnis

Ma|nu|fak|tu|rist *der;* -en, -en (früher): **1.** Leiter einer ↑Manufaktur (2). **2.** Händler mit Manufakturwaren

ma|nu pro|p|ria ⟨*lat.*⟩: eigenhändig (Abk.: m. p.)

Ma|nu|skript *das;* -[e]s, -e ⟨*lat.-mlat.*⟩: **1.** Handschrift, handschriftliches Buch der Antike und des Mittelalters. **2.** Niederschrift eines literarischen, wissenschaftlichen o. ä. Textes als Vorlage für den Setzer (Abk.: Ms. od. Mskr., Plur.: Mss.). **3.** vollständige od. stichwortartige Ausarbeitung eines Vortrags, einer Vorlesung, Rede u. Ä.

Mao|is|mus *der;* - ⟨nach dem chin. Staatsmann Mao Tse-tung, 1893–1976⟩: politische Ideologie, die streng dem Konzept des chinesischen Kommunismus folgt

Mao|ist *der;* -en, -en: jmd., der die Ideologie des Maoismus vertritt

Mao|is|tin *die;* -, -nen: weibliche Form zu ↑Maoist

mao|is|tisch: den Maoismus betreffend; zum Maoismus gehörend

[1]**Ma|o|ri** [auch: ˈmau̯ri] *der;* -[s], -[s] ⟨*polynes.*⟩: Angehöriger eines polynesischen Volkes auf Neuseeland

[2]**Ma|o|ri** *das;* -: Sprache der [1]Maoris

Ma|qam [maˈkaːm] *der;* -, -en od. ...amat ⟨*arab.*⟩ (Musik): **a)** Melodiemodell auf 17 Stufen im arabischen Tonsystem; vgl. Makame; **b)** liedartiger Zyklus, der das Maqam (a) variiert

Ma|quet|te [maˈkɛtə] *die;* -, -n ⟨*fr.*⟩: Skizze, Entwurf, Modell

Ma|quis [maˈkiː] *der;* - ⟨*lat.-it.-fr.;* »Gestrüpp, Unterholz«⟩: **1.** französische Widerstandsorganisation im Zweiten Weltkrieg. **2.** fr. Bez. für ↑Macchia

Ma|qui|sard [makiˈzaːɐ̯] *der;* -, -s u. -en [...ˈzardn̩]: Angehöriger des Maquis (1)

Ma|ra|bu *der;* -s, -s ⟨*arab.-port.-fr.*⟩: tropische Storchenart mit kropfartigem Kehlsack

Ma|ra|but *der;* - u. -[e]s, -[s] ⟨*arab.-port.*⟩: islamischer Einsiedler od. Heiliger

Ma|ra|cu|ja *die;* -, -s ⟨*indian.-port.*⟩: essbare Frucht der Passionsblume

Ma|ras|chi|no [...ˈkiːno] *der;* -s, -s ⟨*lat.-it.*⟩: aus [dalmatinischen Maraska]kirschen hergestellter farbloser Likör

[1]**Ma|ra|thon** [auch: ˈma...] *der;* -s, -s ⟨nach dem gr. Ort, von dem aus ein Läufer die Nachricht vom Sieg der Griechen über die Perser (490 v. Chr.) nach Athen brachte u. dort tot zusammenbrach⟩: ↑Marathonlauf

[2]**Ma|ra|thon** [auch: ˈma...] *der, auch: das;* -s, -s (ugs.): etwas übermäßig lange Dauerndes u. dadurch Anstrengendes

Ma|ra|thon|lauf [auch: ˈma...] *der;* -[e]s, ...läufe ⟨*gr.; dt.*⟩: Langstreckenlauf über 42,2 km (olympische Disziplin)

mar|ca|to (Musik): markiert, scharf hervorgehoben, betont (Vortragsanweisung)

Mar|che|se [...ˈkeːzə] *der;* -, -n: **a)** (ohne Plural) hoher italienischer Adelstitel; **b)** Träger dieses Titels

Ma|re *das;* -, - od. ...ria ⟨*lat.;* »Meer«⟩: als dunkle Fläche erscheinende große Ebene auf dem Mond u. auf dem Mars

Ma|rel|le vgl. Morelle

Ma|rem|men *die* (Plural) ⟨*lat.-it.*⟩: sumpfige, heute zum Teil in Kulturland umgewandelte Küstengegend in Mittelitalien

Ma|ren|go *der;* -s: grau melierter Kammgarnstoff für Mäntel u. Kostüme

Mar|ga|ri|ne *die;* -, (Sorten) -n ⟨*gr.-fr.*⟩: streichfähiges, butterähnliches Speisefett aus tierischen u. pflanzlichen od. rein pflanzlichen Fetten

Mar|ge [ˈmarʒə] *die;* -, -n ⟨*lat.-fr.*⟩: **1.** Abstand, Spielraum, Spanne. **2.** (Wirtsch.) Unterschied zwischen Selbstkosten u. Verkaufspreisen; Handelsspanne. **3.** (Wirtsch.) Preisunterschied für dieselbe Ware od. dasselbe Wertpapier an verschiedenen Orten. **4.** (Wirtsch.) Abstand zwischen Ausgabekurs u. Tageskurs eines Wertpapiers. **5.** (Wirtsch.) Bareinzahlung bei Wertpapierkäufen auf Kredit, die an verschiedenen Börsen zur Sicherung der Forderungen aus Termingeschäften zu hinterlegen ist. **6.** Risikospanne; Unterschied zwischen dem Wert eines Pfandes u. dem darauf gewährten Vorschuss

mar|gi|nal ⟨*lat.-mlat.*⟩: **1.** am Rande liegend; nicht unmittelbar wichtig; geringfügig. **2.** (Psychol., Soziol.) in einer Grenzstellung befindlich; nicht fest einem bestimmten Bereich zuzuordnen. **3.** (Bot.) randständig, am Rande eines Fruchtblattes gelegen (von Samenanlagen)

Mar|gi|nal|glos|se *die;* -, -n: an den Rand der Seite geschriebene ↑Glosse (1)

Mar|gi|na̱|lie [...i̯ə] *die;* -, -n (meist Plural): **1.** Anmerkung am Rande einer Handschrift od. eines Buches. **2.** (Rechtswiss.) Randtitel bei Gesetzeserlassen

mar|gi|na|li|sie̱|ren: **1.** mit Marginalien versehen. **2.** [politisch] ins Abseits schieben

Ma|ri|a̱|ge [...ʒə] *die;* -, -n ⟨*lat.-fr.*⟩: **1.** (veraltet) Heirat, Ehe. **2.** das Zusammentreffen von König u. Dame in der Hand eines Spielers (bei verschiedenen Kartenspielen). **3.** Kartenspiel, das mit 32 Karten gespielt wird

ma|ri|a̱|nisch ⟨*hebr.-gr.-mlat.*⟩: die Gottesmutter Maria betreffend; **marianische Theologie:** ↑Mariologie; **marianische Antifon:** in der katholischen Liturgie Lobgesang zu Ehren Marias; **Marianische Kongregation:** nach Geschlecht, Alter u. Berufsständen gegliederte katholische Vereinigung mit besonderer Verehrung Marias

Ma|ri|hu|a̱|na *das;* -s ⟨*mex.-span.*⟩: aus getrockneten Blättern, Stängeln u. Blüten des indischen Hanfs hergestelltes Rauschgift

Ma|ri̱l|le *die;* -, -n (landsch., bes. österr.): Aprikose

Ma|ri̱m|ba *die;* -, -s ⟨*afrik.-span.*⟩: (bes. in Guatemala beliebtes) dem Xylofon ähnliches, ursprünglich aus Afrika stammendes Musikinstrument

Ma|rim|ba|fo̱n, Ma|rim|ba|pho̱n *das;* -s, -e ⟨*afrik.-span.; gr.*⟩: Xylofon mit Resonatoren

ma|ri̱n ⟨*lat.*⟩: **1.** zum Meer gehörend. **2.** aus dem Meer stammend, im Meer lebend; Ggs. ↑limnisch (1), ↑terrestrisch (2b)

Ma|ri|na̱|de *die;* -, -n ⟨*lat.-fr.*⟩: **1.** aus Öl, Essig u. Gewürzen hergestellte Beize zum Einlegen von Fleisch u. Fisch od. für Salate. **2.** in eine gewürzte Soße eingelegte Fische od. Fischteile

Ma|ri̱|ne *die;* -, -n: **1.** Seewesen eines Staates; Flottenwesen. **2.** Kriegsflotte, Flotte. **3.** (Kunstwiss.) bildliche Darstellung des Meeres, der Küste od. des Hafens; Seestück

ma|ri|nie̱|ren: in eine Marinade (1) einlegen od. damit beträufeln

Ma|ri|ni̱s|mus *der;* - ⟨*nlat.;* nach dem it. Dichter Marino, 1569–1625⟩: literarische Ausprägung des Manierismus (2) in Italien

Ma|rio|lo̱|ge *der;* -n, -n: Vertreter der Mariologie

Ma|rio|lo|gie̱ *die;* -: katholisch-theologische Lehre von der Gottesmutter

Ma|rio|lo̱|gin *die;* -, -nen: weibliche Form zu ↑Mariologe

Ma|ri|o|ne̱t|te *die;* -, -n ⟨*hebr.-gr.-lat.-fr.;* »Mariechen«⟩: **1.** an Fäden od. Drähten aufgehängte u. dadurch bewegliche Gliederpuppe. **2.** willenloses Geschöpf; ein Mensch, der einem anderen als Werkzeug dient

Ma|ri|o|ne̱t|ten|re|gie|rung *die;* -, -en (abwertend): von einem fremden Staat eingesetzte u. von ihm abhängige Regierung eines Landes

Ma|ri̱st *der;* -en, -en (meist Plural) ⟨*hebr.-gr.-lat.-nlat.*⟩: Priester einer [1824 in Frankreich gegründeten] ↑Kongregation zur Mission in der Südsee

ma|ri|ti̱m ⟨*lat.*⟩: **1.** das Meer betreffend; **maritimes Klima:** Seeklima. **2.** das Seewesen betreffend

mar|ka̱nt ⟨*germ.-it.-fr.*⟩: stark ausgeprägt

Ma̱r|ker [auch: ˈmaːɐ̯kɐ] *der;* -s, -[s] ⟨*engl.*⟩: **1.** (Sprachw.) **a)** Merkmal eines sprachlichen Elements, dessen Vorhandensein mit + u. dessen Fehlen mit − gekennzeichnet wird; **b)** Darstellung der Konstituentenstruktur in einem ↑Stemma; **c)** Darstellung der Reihenfolge von Transformationsregeln. **2.** (Biol.) genetisches Merkmal bei Viren. **3.** Stift zum Markieren (1)

Mar|ke|te̱n|der *der;* -s, - ⟨*lat.-it.*⟩ (früher): die Truppe bei Manövern u. im Krieg begleitender Händler

Mar|ke|te̱n|de|rin *die;* -, -nen: weibliche Form zu ↑Marketender

Mar|ke|te|rie̱ *die;* -, ...i̯en ⟨*germ.-it.-fr.*⟩: Einlegearbeit, bei der figürliche Darstellungen od. Ornamente aus Furnierblättern zusammengesetzt u. auf eine Grundfläche aufgeleimt werden

Ma̱r|ke|ting [auch: ˈmaːkɪtɪŋ] *das;* -[s] ⟨*lat.-fr.-engl.*⟩ (Wirtsch.): Ausrichtung der Teilbereiche eines Unternehmens auf die Förderung des Absatzes durch Werbung, durch Steuerung der eigenen Produktion u. a.

Mar|keur [...ˈkøːɐ̯] vgl. Markör

mar|kie̱|ren ⟨*germ.-it.-fr.*⟩: **1.** bezeichnen, kennzeichnen, kenntlich machen. **2. a)** hervorheben, betonen; **b)** sich markieren: sich deutlich abzeichnen. **3.** (österr.) entwerten (von Fahrkarten). **4.** (Gastron.) ein Gericht vorbereiten. **5.** etwas [nur] andeuten (z. B. auf einer [Theater]probe). **6.** (Sport) einen Treffer erzielen. **7.** (Sport) in einer bestimmten Art u. Weise decken. **8.** (ugs.) vortäuschen; so tun, als ob

Mar|kie̱|rung *die;* -, -en: Kennzeichnung; [Kenn]zeichen; Einkerbung

Mar|ki̱|se *die;* -, -n ⟨*germ.-fr.*⟩: **1.** Sonnendach, Schutzdach, -vorhang aus festem Stoff. **2.** länglicher Diamantenschliff

Mar|ki|se̱t|te vgl. Marquisette

Ma̱rk|ka *die;* -, - (aber: 10 Markkaa [...ka]) ⟨*germ.-finn.*⟩: frühere finnische Währungseinheit (Abk.: mk); vgl. Finnmark

Mar|kö̱r, Mar|keur [...ˈkøːɐ̯] *der;* -s, -e ⟨*germ.-it.-fr.*⟩: **1.** Schiedsrichter, Punktezähler beim Billardspiel. **2.** (österr. veraltet) Kellner. **3.** (Landwirtsch.) Furchenzieher (Gerät zur Anzeichnung der Reihen, in denen angepflanzt od. ausgesät wird)

Markt|lea|der *der;* -s, - (schweiz.): Marktführer

Markt|lea|de|rin *die;* -, -nen: weibliche Form von ↑Marktleader

Mar|me|la|de *die;* -, -n ‹*gr.-lat.-port.;* »Quittenmus«›: **1.** Brotaufstrich aus mit Zucker eingekochtem Fruchtmark bzw. eingekochten reifen Früchten. **2.** (nach einer Verordnung der Europäischen Gemeinschaft) süßer Brotaufstrich aus Zitrusfrüchten

Mar|mor *der;* -s, -e ‹*gr.-lat.*›: weißes od. farbiges, häufig geädertes, sehr hartes Kalkgestein, das bes. in der Bildhauerei u. als Baumaterial verwendet wird

mar|mo|rie|ren: marmorartig bemalen, ädern

mar|morn: aus Marmor

ma|rod ‹*fr.*› (österr. ugs.): leicht krank

ma|ro|de: **1.** (Soldatenspr. veraltet) marschunfähig, wegmüde. **2.** (veraltend, aber noch landsch.) erschöpft, ermattet, von großer Anstrengung müde. **3.** heruntergekommen, ruiniert, abgewirtschaftet

Ma|ro|deur [...ˈdøːɐ̯] *der;* -s, -e: plündernder Nachzügler einer Truppe

ma|ro|die|ren: [als Nachzügler einer Truppe] plündern

[1]**Ma|ro|ne** *die;* -, -n u. bes. südd., österr.: ...ni ‹*fr.-it.*›: [geröstete] essbare Edelkastanie

[2]**Ma|ro|ne** *die;* -, -n ‹nach der braunen Farbe›: essbarer Röhrenpilz mit dunkelbraunem Hut

Ma|ro|nen|pilz *der;* -es, -e ‹*it.; dt.*›: ↑[2]Marone

Ma|ro|ni *die;* -, - (südd., österr.): ↑[1]Marone; vgl. Marroni (1)

Ma|ro|quin [...ˈkɛ̃ː] *der;* -s ‹*fr.;* »marokkanisch«›: feines, genarbtes Ziegenleder

Ma|rot|te *die;* -, -n ‹*hebr.-gr.-lat.-fr.*›: Schrulle, wunderliche Neigung, merkwürdige Idee

Mar|quis [...ˈkiː] *der;* - [...kiː(s)], - [...kiːs] ‹*germ.-fr.;* »Markgraf«›: **1.** (ohne Plural) französischer Adelstitel. **2.** Träger dieses Titels

Mar|qui|se *die;* -, -n ‹»Markgräfin«›: **1.** (ohne Plural) weibliche Form zu ↑Marquis. **2.** Ehefrau eines Marquis

Mar|qui|set|te [...ki...], **Mar|ki|set|te** *die;* -, auch: *der;* -s: gazeartiges Gardinengewebe

Mar|ro|ni (schweiz.): ↑Maroni

Mar|seil|lai|se [...sɛˈjɛːz(ə)] *die;* - ‹nach der fr. Stadt Marseille›: französische Nationalhymne (1792 entstandenes Marschlied der Französischen Revolution)

Mar|shall|plan [ˈmarʃal..., auch: ˈmaːɐ̯ʃl̩...] *der;* -[e]s ‹nach dem früheren amerik. Außenminister Marshall, 1880–1959›: amerikanisches [wirtschaftliches] Hilfsprogramm für die westeuropäischen Staaten nach dem Zweiten Weltkrieg

mar|ti|a|lisch ‹*lat.*›: kriegerisch; grimmig, wild, verwegen

Mär|ty|rer *der;* -s, - ‹*gr.-lat.*›: jmd., der wegen seines Glaubens oder seiner Überzeugung Verfolgungen, körperliche Leiden, den Tod auf sich nimmt

Mär|ty|re|rin, Mär|ty|rin *die;* -, -nen: weibliche Formen zu ↑Märtyrer

Mar|ty|ri|um *das;* -s, ...ien: **1.** Opfertod, schweres Leiden [um des Glaubens oder der Überzeugung willen]. **2.** Grab[kirche] eines christlichen Märtyrers

Mar|xis|mus *der;* -, ...men ‹*nlat.*›: **1.** (ohne Plural) von Karl Marx u. Friedrich Engels entwickeltes System von philosophischen, politisch-sozialen und ökonomischen Lehren. **2.** aus dem marxistischen Jargon stammendes sprachliches od. stilistisches Element in gesprochenen od. geschriebenen Texten

Mar|xis|mus-Le|ni|nis|mus *der;* -: von Lenin weiterentwickelter Marxismus (1)

Mar|xist *der;* -en, -en: Vertreter u. Anhänger des Marxismus (1)

Mar|xis|tin *die;* -, -nen: weibliche Form zu ↑Marxist

Mar|xis|tin-Le|ni|nis|tin *die;* -, Marxistinnen-Leninistinnen: weibliche Form zu ↑Marxist-Leninist

mar|xis|tisch: **a)** den Marxismus (1) betreffend; **b)** im Sinne des Marxismus (1)

Mar|xist-Le|ni|nist *der;* des Marxisten-Leninisten, die Marxisten-Leninisten: Vertreter, Anhänger des Marxismus-Leninismus

Ma|ry Jane [ˈmɛərɪ ˈdʒeɪn] *die;* - - ‹*engl.*› (ugs. verhüllend): Marihuana

März *der;* -[es] (dichter. auch: -en), -e ‹lat.›: dritter Monat im Jahr

Mar|zi|pan [auch: ˈmar...] *das* (selten: *der*); -s, -e ‹*it.*›: weiche Masse aus Mandeln, Aromastoffen u. Zucker

Mas|ca|ra *die;* -, -s ‹*span.-engl.*›: Wimperntusche

Mas|car|po|ne *der;* -[s] ‹*it.*›: aus Molke hergestellter italienischer Frischkäse

Ma|schi|ne *die;* -, -n ‹*gr.-lat.-fr.*›: **1.** Gerät mit beweglichen Teilen, das Arbeitsgänge selbstständig verrichtet u. damit menschliche od. tierische Arbeitskraft einspart. **2. a)** Motorrad; **b)** Flugzeug; **c)** Rennwagen; **d)** Schreibmaschine. **3.** (ugs. scherzh.) große, dicke [weibliche] Person

ma|schi|nell ‹französierende Ableitung von

↑Maschine⟩: maschinenmäßig; mit einer Maschine [hergestellt]

ma|schi|nen|les|bar (EDV): für einen Computer o. Ä. lesbar

Ma|schi|ne|rie *die;* -, ...ien ⟨französierende Ableitung von ↑Maschine⟩: **1.** maschinelle Einrichtung. **2.** System von automatisch ablaufenden Vorgängen, in die einzugreifen schwer od. unmöglich ist

Ma|schi|nist *der;* -en, -en: **1.** jmd., der fachkundig Maschinen bedient u. überwacht. **2.** auf Schiffen der für Inbetriebsetzung, Instandhaltung u. Reparaturen an der Maschine Verantwortliche. **3.** Vertreter des Maschinismus

Ma|schi|nis|tin *die;* -, -nen: weibliche Form zu ↑Maschinist (1, 2)

Ma|ser [ˈmeɪzɐ] *der;* -s, - ⟨*engl.;* Kurzw. aus: **m**icrowave **a**mplification by **s**timulated **e**mission of **r**adiation = Kurzwellenverstärkung durch angeregte Aussendung von Strahlung⟩ (Physik): Gerät zur Verstärkung bzw. Erzeugung von Mikrowellen

Mas|ke *die;* -, -n ⟨*it.-fr.;* Bedeutung 7: *engl.*⟩: **1. a)** Gesichtsform aus Holz, Leder, Pappe, Metall als Requisit des Theaters, Tanzes, der Magie zur Veränderung des Gesichts; **b)** (Sport) beim Fechten u. Eishockey Gesichtsschutz aus festem, unzerbrechlichem Material; **c)** (Med.) bei der Narkose ein Mund u. Nase bedeckendes Gerät, mit dem Gase eingeatmet werden. **2.** verkleidete, vermummte Person. **3. a)** einer bestimmten Rolle entsprechende Verkleidung u. entsprechendes Geschminktsein eines Schauspielers; **b)** (bes. Fernsehen) Schminkraum. **4.** (Fotogr.) Schablone zum Abdecken eines Negativs beim Belichten od. Kopieren. **5.** (Fotogr.) halbdurchlässiger, selektiver Filter zur Farb- u. Tonwertkorrektur bei der Reproduktion von Fotografien. **6.** Verstellung, Vortäuschung. **7.** eine Art Schablone, die auf den Computerbildschirm abgerufen werden kann und in die Daten eingetragen werden

Mas|ke|ra|de *die;* -, -n ⟨*it.-fr.* (u. *-span.*)⟩: **1.** Verkleidung. **2.** Maskenfest, Mummenschanz. **3.** Heuchelei, Vortäuschung

mas|kie|ren ⟨*it.-fr.*⟩: **1.** verkleiden, eine Maske umbinden. **2.** verdecken, verbergen. **3.** (Gastron.) angerichtete Speisen mit einer Soße, Glasur o. Ä. überziehen

Mas|kie|rung *die;* -, -en: **1.** (Chemie) Bildung von chemischen Komplexen, um eine Ionenart quantitativ bestimmen zu können. **2.** Ton- u. Farbwertkorrektur mithilfe von Masken (5). **3.** (Zool.) Tarnung, Schutztracht mithilfe von Steinchen, Schmutz od. Pflanzenteilen bei Tieren. **4.** (EDV) Unterdrückung einer Aufforderung zur Unterbrechung eines Programms mithilfe einer Maske (7)

Mas|kott|chen *das;* -s, -, **Mas|kot|te** *die;* -, -n ⟨*provenzal.-fr.*⟩: Talisman (Anhänger, Puppe u. a.), der Glück bringen soll

mas|ku|lin [auch: ˈma...] ⟨*lat.*⟩: **a)** für den Mann charakteristisch; männlich (in Bezug auf Menschen); **b)** das Männliche betonend, hervorhebend (in Bezug auf die äußere Erscheinung); **c)** als Frau männliche Züge habend, nicht weiblich; **d)** (Sprachw.) mit männlichem Geschlecht (Abk.: m); vgl. ...isch/-

mas|ku|li|nisch (Biol., Med., Sprachw., veraltend): männlichen Geschlechts (Abk.: m); vgl. ...isch/-

Mas|ku|li|num *das;* -s, ...na (Sprachw.): **a)** männliches Geschlecht eines Substantivs; **b)** männliches Substantiv (z. B. der Wagen; Abk.: M., Mask.)

Ma|so|chis|mus *der;* -, ...men ⟨*nlat.;* nach dem österr. Schriftsteller Sacher-Masoch, 1836–1895⟩: **1.** (ohne Plural) das Empfinden von sexueller Erregung durch Erleiden von körperlichen od. seelischen Misshandlungen. **2.** masochistische Handlung; vgl. Sadismus

Ma|so|chist *der;* -en, -en: jmd., der durch Erleiden von Misshandlungen sexuelle Erregung empfindet

Ma|so|chis|tin *die;* -, -nen: weibliche Form zu ↑Masochist

ma|so|chis|tisch: den Masochismus betreffend

Mas|sa|ge [...ʒə] *die;* -, -n ⟨*arab.-fr.*⟩: Behandlung des Körpergewebes mit den Händen (durch Kneten, Klopfen, Streichen u. Ä.) od. mit mechanischen Apparaten zur Lockerung u. Kräftigung der Muskeln sowie zur Förderung der Durchblutung o. Ä.

Mas|sa|ge|sa|lon *der;* -s, -s: **1.** (veraltend) Arbeitsraum eines ↑Masseurs. **2.** (verhüll.) einem Bordell ähnliche, meist nicht offiziell geführte Einrichtung, in der bes. masturbatorische Praktiken geübt werden

Mas|sa|ker *das;* -s, - ⟨*fr.*⟩: Gemetzel, Blutbad, Massenmord

mas|sa|k|rie|ren: **1.** niedermetzeln, grausam umbringen. **2.** (ugs., meist scherzh.) quälen

Maß|ana|ly|se *die;* -, -n ⟨*dt.; gr.-mlat.*⟩ (Chemie): Verfahren, durch ↑Titration die Zusammensetzung von Lösungen zu ermitteln

Mas|sel *der,* österr. *das;* -s ⟨*hebr.-jidd. Gaunerspr.*⟩: Glück

Mas|sen|me|di|um *das;* -s, ...dien (meist Plural):

auf große Massen ausgerichteter Vermittler von Information u. Kulturgut (z. B. Presse, Film, Funk, Fernsehen)

Mas|seur [...ˈsøːɐ̯] *der;* -s, -e ⟨*arab.-fr.*⟩: jmd., der berufsmäßig Massagen verabreicht

Mas|seu|rin [...ˈsøːrɪn] *die;* -, -nen: weibliche Form zu ↑Masseur

Mas|seu|se [...ˈsøːzə] *die;* -, -n: **1.** weibliche Form zu ↑Masseur. **2.** (verhüll.) Prostituierte, bes. in einem Massagesalon (2)

¹mas|sie|ren ⟨*arab.-fr.*⟩: jmdn. mit einer Massage behandeln

²mas|sie|ren ⟨*gr.-lat.-fr.*⟩: **1.** Truppen zusammenziehen. **2.** verstärken

mas|siv: 1. ganz aus ein u. demselben Material, nicht hohl. **2.** fest, wuchtig. **3.** stark, grob, heftig; in bedrohlicher u. unangenehmer Weise erfolgend (z. B. massiven Druck auf jmdn. ausüben)

Mas|siv *das;* -s, -e: **1.** Gebirgsstock, geschlossene Gebirgseinheit. **2.** (Geol.) durch Hebung u. Abtragung freigelegte Masse alter Gesteine

Mas|ter *der;* -s, - ⟨*lat.-fr.-engl.*⟩: **1.** englische Anrede für: junger Herr. **2.** akademischer Grad. **3.** (bes. EDV) Einheit bei elektronisch gesteuerten Anlagen, die vorrangige Zugriffsrechte hat. **5.** Kopie (einer CD), die als Grundlage weiterer Kopien dient; Schallplattenmatrize

Mas|tiff *der;* -s, -s ⟨*lat.-vulgärlat.-fr.-engl.*⟩: doggenartiger Hund (englische Hunderasse)

Mas|ti|ka|tor *der;* -s, ...oren ⟨*gr.-lat.-nlat.*⟩: Knetmaschine

Mas|tix *der;* -[es] ⟨*gr.-lat.*⟩: **1.** Harz des Mastixbaumes, das für Pflaster, Kaumittel, Lacke u. a. verwendet wird. **2.** Gemisch aus Bitumen u. Gesteinsmehl, das als Straßenbelag verwendet wird

Mas|t|o|don *das;* -s, ...donten ⟨*gr.-nlat.*⟩: ausgestorbene Elefantenart des Tertiärs

Mas|tur|ba|ti|on *die;* -, -en ⟨*lat.-nlat.*⟩: **1.** geschlechtliche Selbstbefriedigung; Onanie. **2.** geschlechtliche Befriedigung eines anderen durch manuelle Reizung der Geschlechtsorgane

mas|tur|bie|ren ⟨*lat.*⟩: **1.** sich selbst geschlechtlich befriedigen; onanieren. **2.** bei jmdm. die Masturbation (2) ausüben

Ma|sur|ka [maˈzʊrka] vgl. Mazurka

Ma|sut *das;* -[e]s ⟨*turkotat.-russ.*⟩: hochsiedender Destillationsrückstand des Erdöls sowie Produkt der Hochtemperaturpyrolyse, das für Heizöl od. als Schmiermittel verwendet wird

Ma|ta|dor *der;* -s (auch: -en), -e (auch: -en) ⟨*lat.-span.*⟩: **1.** Stierkämpfer, der dem Stier den Todesstoß versetzt. **2.** wichtigster Mann, Hauptperson

Ma|ta|do|rin *die;* -, -nen: weibliche Form zu ↑Matador

Match [mɛtʃ] *das,* schweiz. *der;* -[e]s, Plur. -[e]s, auch -e ⟨*engl.*⟩: sportlicher Wettkampf in Form eines Spiels

Match|ball [ˈmɛtʃ...] *der;* -[e]s, ...bälle (Badminton, Tennis, Tischtennis): über den Sieg entscheidender Ball

Match|beu|tel *der;* -s, -: ein größerer, für Sport u. Wanderung geeigneter Beutel, den man über die Schulter hängen kann

Match|sack [ˈmɛtʃ...] *der;* -[e]s, ...säcke: ↑Matchbeutel

Match|stra|fe *die;* -, -n (Eishockey): Feldverweis für die gesamte Spieldauer

Match|win|ner *der;* -s, - ⟨*engl.*⟩: **1.** Spieler in einem Mannschaftsspiel, der die Entscheidung für einen Sieg herbeiführt. **2. a)** den Verlauf des Spiels entscheidend beeinflussender Spielzug; **b)** spielentscheidender Punkt

Match|win|ne|rin *die;* -, -nen: weibliche Form von ↑Matchwinner

¹Ma|te *der;* - ⟨*indian.-span.*⟩: aus den gerösteten, koffeinhaltigen Blättern der Matepflanze zubereiteter Tee

²Ma|te *die;* -, -n: südamerikanisches Stechpalmengewächs; Matepflanze

Ma|ter *die;* -, -n ⟨*lat.;* »Mutter«⟩ (Druckw.): **1.** ↑Matrize. **2.** eine Art Papptafel, in die der Satz zum nachfolgenden Guss der Druckplatte abgeformt ist

Ma|ter do|lo|ro|sa *die;* - - ⟨»schmerzensreiche Mutter«⟩ (Kunstwiss.; Rel.): Darstellung Marias in ihrem Schmerz über die Leiden ihres Sohnes; vgl. Pieta

ma|te|ri|al ⟨*lat.*⟩: **1.** stofflich, sich auf einen Stoff beziehend, als Material gegeben; vgl. materiell (1). **2.** (Philos.) inhaltlich, sich auf den Inhalt beziehend; vgl. ...al/...ell

Ma|te|ri|al *das;* -s, -ien ⟨*lat.-mlat.;* »zur Materie Gehörendes; Rohstoff«⟩: **1.** Stoff, Werkstoff, Rohstoff, aus dem etwas besteht, gefertigt wird. **2.** Hilfsmittel, Gegenstände, die für eine bestimmte Arbeit, für die Herstellung von etwas, als Ausrüstung o. Ä. benötigt werden. **3.** [schriftliche] Angaben, Unterlagen, Belege, Nachweise o. Ä.

Ma|te|ri|a|li|sa|ti|on *die;* -, -en ⟨*lat.-nlat.*⟩: **1.** (Physik) Umwandlung von [Strahlungs]energie in materielle Teilchen mit Ruhemasse. **2.** (Parapsychol.) Bildung körperhafter Gebilde in Abhängigkeit von einem ¹Medium (4)

ma|te|ri|a|li|sie|ren: verstofflichen, verwirklichen

m

Ma|te|ri|a|lis|mus *der; - ⟨lat.-fr.⟩*: **1.** philosophische Lehre, die die ganze Wirklichkeit (einschließlich Seele, Geist, Denken) auf Kräfte od. Bedingungen der Materie zurückführt; Ggs. ↑Idealismus (1); vgl. dialektischer Materialismus. **2.** Streben nach bloßem Lebensgenuss ohne ethische Ziele u. Ideale

Ma|te|ri|a|list *der;* -en, -en: **1.** Vertreter u. Anhänger des philosophischen Materialismus; Ggs. ↑Idealist (1). **2.** für höhere geistige Dinge wenig interessierter, nur auf eigenen Nutzen u. Vorteil bedachter Mensch

Ma|te|ri|a|lis|tin *die;* -, -nen: weibliche Form zu ↑Materialist

ma|te|ri|a|lis|tisch: 1. den Materialismus betreffend; Ggs. ↑idealistisch (1). **2.** nur auf eigenen Nutzen u. Vorteil bedacht

Ma|te|ri|a|li|tät *die;* -: Stofflichkeit, Körperlichkeit, das Bestehen aus Materie; Ggs. ↑Spiritualität

Ma|te|ri|al|kon|s|tan|te *die;* -, -n (Physik): feste Größe, die vom Material (1) eines untersuchten Körpers abhängt (z. B. die Dichte)

Ma|te|rie *die;* -, -n *⟨lat.⟩*: **1.** (ohne Plural; Physik) Stoff, Substanz, unabhängig vom Aggregatzustand. **2.** Gegenstand, Gebiet [einer Untersuchung]. **3.** Urstoff, Ungeformtes. **4.** (Philos.) die außerhalb unseres Bewusstseins vorhandene Wirklichkeit im Gegensatz zum Geist. **5.** Inhalt, Substanz im Gegensatz zur Form

ma|te|ri|ell *⟨lat.-fr.⟩*: **1.** stofflich, körperlich greifbar; die Materie betreffend; Ggs. ↑immateriell. **2.** auf Besitz, auf Gewinn bedacht. **3.** finanziell, wirtschaftlich; vgl. ...al/...ell

Ma|te|tee *der;* -s: ↑¹Mate

Ma|the|ma|tik [auch: ...'tɪk, österr.: ...'matɪk] *die; - ⟨gr.-lat.⟩*: Wissenschaft von den Raum- u. Zahlengrößen

Ma|the|ma|ti|ker *der;* -s, -: Wissenschaftler auf dem Gebiet der Mathematik

Ma|the|ma|ti|ke|rin *die;* -, -nen: weibliche Form zu ↑Mathematiker

ma|the|ma|tisch: die Mathematik betreffend; **mathematische Logik:** Behandlung der logischen Gesetze mithilfe von mathematischen Symbolen u. Methoden; vgl. ¹Logistik

ma|the|ma|ti|sie|ren: [in verstärktem Maß] mit mathematischen Methoden behandeln od. untersuchen

Ma|ti|nee *die;* -, ...een *⟨lat.-fr.⟩*: **1.** am Vormittag stattfindende künstlerische Veranstaltung. **2.** (veraltet) eleganter Morgenrock

Ma|tjes|he|ring *der;* -s, -e *⟨niederl.; »Mädchenhering«⟩*: gesalzener, junger Hering (ohne Milch od. Rogen)

Ma|t|rat|ze *die;* -, -n *⟨arab.-roman.⟩*: Bettpolster aus Rosshaar, Seegras, Wolle od. Schaumstoff; federnder Betteinsatz

Mä|t|res|se *die;* -, -n *⟨lat.-fr.⟩*: **1.** (Geschichte) Geliebte eines Fürsten. **2.** (abwertend) Geliebte eines Ehemannes

Ma|t|ri|ar|chat *das;* -[e]s, -e: Gesellschaftsordnung, bei der die Frau eine bevorzugte Stellung in Staat u. Familie innehat u. bei der in Erbfolge u. sozialer Stellung die weibliche Linie ausschlaggebend ist; vgl. Avunkulat; Ggs. ↑Patriarchat (2)

Ma|t|ri|kel *die;* -, -n: **1.** Verzeichnis von Personen (z. B. der Studenten an einer Universität); vgl. Immatrikulation. **2.** (österr.) Personenstandsregister

Ma|t|ri|osch|ka vgl. Matroschka

Ma|t|rix *die;* -, Matrizes, auch: Matrices [...tse:s] u. Matrizen *⟨lat.; »Muttertier; Gebärmutter; Quelle, Ursache«⟩*: **1.** (Biol.) **a)** Keimschicht, aus der etwas (z. B. das Nagelbett) entsteht; **b)** Hülle der ↑Chromosomen. **2. a)** (Math.) rechteckiges Schema von Zahlen, für das bestimmte Rechenregeln gelten; **b)** (EDV) System, das zusammengehörende Einzelfaktoren darstellt. **3.** (Mineral.) das natürliche Material (Gestein), in dem Mineralien eingebettet sind

Ma|t|ri|ze *die;* -, -n *⟨lat.-fr.⟩*: **1.** (Druckw.) **a)** bei der Setzmaschine die in einem Metallkörper befindliche Hohlform zum Erzeugen der Druckbuchstaben; **b)** die von einem Druckstock zur Anfertigung eines ↑Galvanos hergestellte [Wachs]form. **2.** bei der Formung eines Werkstücks derjenige Teil des Werkzeugs, in dessen Hohlform der Stempel eindringt

Ma|tr|josch|ka vgl. Matroschka

Ma|t|ro|ne *die;* -, -n *⟨lat.⟩*: **a)** ältere, Gesetztheit u. Würde ausstrahlende Frau; **b)** (abwertend) ältere, füllige Frau

Ma|t|ro|ny|mi|kon vgl. Metronymikon

Ma|t|ro|sch|ka, seltener: **Ma|t|ri|osch|ka, Ma|tr|josch|ka** *die;* -, -s *⟨russ.⟩*: aus zwei Teilen zusammengesetzte Figur mit aufgemalter Darstellung einer weiblichen Person, die in ihrem hohlen Inneren mehrere kleinere Exemplare der gleichen Form in Größenabstufungen enthält; Puppe in der Puppe

Ma|t|ro|se *der;* -n, -n *⟨niederl.-fr.-niederl.⟩*: Seemann

Ma|t|ro|sin *die;* -, -nen: weibliche Form zu ↑Matrose

Matt *das;* -s, -s *⟨arab.-roman.⟩*: das Ende einer Schachpartie bedeutende Stellung, bei der die

Bedrohung des Königs durch keinen Zug mehr abgewendet werden kann

mat|tie|ren ⟨*arab.-roman.-fr.*⟩: matt, glanzlos machen

Ma|tur *die;* - (schweiz.), **Ma|tu|rum** *das;* -s (veraltet) ⟨*lat.*⟩: ↑Abitur, Reifeprüfung

Ma|tu|ra *die;* - (österr., schweiz.): Reifeprüfung

Ma|tu|rand *der;* -en, -en (schweiz.): Abiturient

Ma|tu|ran|din *die;* -, -nen: weibliche Form zu ↑Maturand

Ma|tu|rant *der;* -en, -en (österr.): jmd., der die Reifeprüfung gemacht hat od. in der Reifeprüfung steht

Ma|tu|ran|tin *die;* -, -nen: weibliche Form zu ↑Maturant

ma|tu|rie|ren (österr., schweiz.): die Matura, die Reifeprüfung ablegen

Ma|tu|ri|tät *die;* -: **1.** (veraltet) Reife[zustand]. **2.** (schweiz.) Abitur; Hochschulreife

Ma|tu|rum vgl. Matur

Ma|tu|tin *die;* -, -e[n] ⟨*lat.*⟩: nächtliches Stundengebet; vgl. Mette

Mat|ze *die;* -, -n, **Mat|zen** *der;* -s, - ⟨*hebr.*⟩: ungesäuertes Fladenbrot, wie es die Juden während der Passahzeit essen

m

[1]**Mau-Mau** *die* (Plural) ⟨*afrik.*⟩: Geheimbund in Kenia

[2]**Mau-Mau** *das;* -[s] ⟨Herkunft unsicher⟩: Kartenspiel, bei dem in der Farbe od. im Kartenwert bedient werden muss u. derjenige gewonnen hat, der als Erster alle Karten ausgespielt hat

Mau|res|ke vgl. Moreske

Mau|ri|ner *der;* -s, - (meist Plural) ⟨nach dem hl. Maurus von Subiaco⟩: Angehöriger der französischen benediktinischen ↑Kongregation im 17./18. Jh., deren Mitglieder bedeutende Leistungen in der ↑Patristik und katholischen Kirchengeschichte vollbrachten

Mau|schel|be|te [...bɛ:tə] *die;* -, -n ⟨*hebr.-jidd.; lat.-vulgärlat.-fr.*⟩: doppelter Strafeinsatz beim Mauscheln; vgl. bête

mau|scheln ⟨*hebr.-jidd.*⟩: **1. a)** unter der Hand in undurchsichtiger Weise Vorteile aushandeln, begünstigende Vereinbarungen treffen, Geschäfte machen; **b)** beim [Karten]spiel betrügen. **2.** Mauscheln spielen. **3. a)** Jiddisch sprechen; **b)** undeutlich sprechen

Mau|so|le|um *das;* -s, ...een ⟨*gr.-lat.;* nach dem altkarischen König Mausolos, † um 353 v. Chr.⟩: monumentales Grabmal in Form eines Bauwerks

Maus|pad [...pɛd] ⟨*dt.; engl.*⟩, **Mouse|pad** ⟨*engl.*⟩ *das;* -s, -s (EDV): Unterlage, auf der die Maus bewegt wird

mauve [mo:f] ⟨*lat.-fr.*⟩: malvenfarbig

Mau|ve|in [move'i:n] *das;* -s ⟨*lat.-fr.-nlat.*⟩: ein Anilinfarbstoff

ma|xi ⟨*lat.;* Analogiebildung zu ↑mini⟩: knöchellang (von Röcken, Kleidern od. Mänteln); Ggs. ↑mini

[1]**Ma|xi** *das;* -s, -s: **1.** (ohne Plural) **a)** knöchellange Kleidung; **b)** (von Röcken, Kleidern, Mänteln) Länge bis zu den Knöcheln. **2.** (ugs.) knöchellanges Kleid

[2]**Ma|xi** *der;* -s, -s (ugs.): knöchellanger Rock, Mantel usw.

[3]**Ma|xi** *die;* -, -s: Kurzform von ↑Maxi-CD

Ma|xi-CD *die;* -s, -[s]: CD mit nur einem od. nur wenigen Titeln, bes. der Popmusik

Ma|xil|la *die;* -, ...llae [...lɛ] ⟨*lat.*⟩ (Med.): Oberkiefer[knochen]

ma|xi|mal ⟨*lat.-nlat.*⟩: **a)** sehr groß, größt..., höchst...; **b)** höchstens

Ma|xi|mal|pro|fit *der;* -[e]s, -e: der höchste Gewinn, der erreichbar ist

Ma|xi|me *die;* -, -n ⟨*lat.-mlat.(-fr.)*⟩: Leitsatz

ma|xi|mie|ren: systematisch bis zum Höchstwert steigern

Ma|xi|mie|rung *die;* -, -en: das Maximieren

Ma|xi|mum *das;* -s, ...ma ⟨*lat.*⟩: **1.** (Plural selten) größtes Maß, Höchstmaß; Ggs. ↑Minimum (1). **2. a)** (Math.) oberer Extremwert; Ggs. ↑Minimum (2 a); **b)** (Meteorol.) höchster Wert (bes. der Temperatur) eines Tages, einer Woche usw. od. einer Beobachtungsreihe; Ggs. ↑Minimum (2 b). **3.** (Meteorol.) Kern eines Hochdruckgebiets; Ggs. ↑Minimum (3)

Max|well ['mækswəl] *das;* -, - ⟨nach dem brit. Physiker, 1831–1879⟩ (Physik): Einheit des magnetischen Flusses im elektromagnetischen ↑CGS-System (Zeichen: M)

May|day ['meɪdeɪ] ⟨verkürzt aus *fr.* venez m'aider »helfen Sie mir«⟩: internationaler Notruf im Funksprechverkehr

Ma|yon|nai|se [majɔ'nɛ:zə], **Ma|jo|nä|se** *die;* -, -n ⟨*fr.;* nach der Stadt Mahón auf Menorca⟩: kalte, dickliche Soße aus Eigelb, Öl u. Gewürzen

Ma|y|or ['meə, auch: me:ɐ̯] *der;* -s, -s ⟨*lat.-fr.-engl.*⟩: Bürgermeister in Großbritannien u. in den USA

Maz|da|is|mus [mas...] *der;* - ⟨*awest.-nlat.;* nach dem pers. Gottesnamen Ahura Mazda⟩: von Zarathustra gestiftete altpersische Religion

Maz|daz|nan [masdas'na:n] *das,* auch: *der;* -s ⟨*awest.*⟩: (von O. Hanisch um 1900 begründete) auf der Lehre Zarathustras fußende Heilsbewegung

Mä|zen *der;* -s, -e ⟨*lat.;* nach Maecenas (dem Vertrauten des Kaisers Augustus), einem besonderen Gönner der Dichter Horaz u. Vergil): vermögender Privatmann, der [einen] Künstler od. Sportler bzw. Kunst, Kultur od. Sport mit finanziellen Mitteln fördert

Mä|ze|na|ten|tum *das;* -[e]s: freigebige, gönnerhafte Kunstpflege, -freundschaft

Mä|ze|na|tin vgl. Mäzenin

Mä|ze|nin, Mä|ze|na|tin *die;* -, -nen: weibliche Formen zu ↑Mäzen

Ma|zis *der;* -, **Ma|zis|blü|te** *die;* -, -n ‹*lat.-fr.*›: getrocknete Samenhülle der Muskatnuss (als Gewürz u. Heilmittel verwendet)

Ma|zur|ka, Ma|sur|ka [maˈzʊrka] *die;* -, ...ken u. -s ‹*poln.*›: polnischer Nationaltanz im $^3/_4$- od. $^3/_8$-Takt

MBA [ɛmbiːˈleɪ] *der;* -[s] ‹Abk. für *engl.* Master of Business Administration›: international anerkannter akademischer Abschluss eines Aufbaustudiengangs für Manager

Me|cha|nik *die;* -, -en ‹*gr.-lat.*›: **1.** (ohne Plural) Wissenschaft von der Bewegung der Körper unter dem Einfluss äußerer Kräfte od. Wechselwirkungen. **2.** Getriebe, Triebwerk, Räderwerk. **3.** automatisch ablaufender, selbsttätiger Prozess

Me|cha|ni|ker *der;* -s, -: Handwerker od. Facharbeiter, der Maschinen, technische Geräte o. Ä. zusammenbaut, prüft, instand hält u. repariert

Me|cha|ni|ke|rin *die;* -, -nen: weibliche Form zu ↑Mechaniker

me|cha|nisch: 1. den Gesetzen der Mechanik entsprechend. **2.** maschinenmäßig, von Maschinen angetrieben. **3.** gewohnheitsmäßig, unwillkürlich, unbewusst [ablaufend]. **4.** ohne Nachdenken [ablaufend], kein Nachdenken erfordernd

me|cha|ni|sie|ren ‹*gr.-lat.-fr.*›: auf mechanischen Ablauf, Betrieb umstellen

Me|cha|nis|mus *der;* -, ...men: **1.** Getriebe, Triebwerk, sich bewegende Einrichtung zur Kraftübertragung. **2.** [selbsttätiger] Ablauf (z. B. von ineinandergreifenden Vorgängen in einer Behörde od. Körperschaft); Zusammenhang od. Geschehen, das gesetzmäßig u. wie selbstverständlich abläuft. **3.** (Philos.) Richtung der Naturphilosophie, die Natur, Naturgeschehen od. auch Leben u. Verhalten rein mechanisch bzw. kausal erklärt

me|cha|nis|tisch: 1. den Mechanismus (3) betreffend. **2.** [nur] auf mechanischen Ursachen beruhend

Me|dail|le [meˈdaljə] *die;* -, -n ‹*gr.-lat.-vulgärlat.-it.-fr.*›: runde od. ovale Plakette mit Inschrift od. figürlicher Darstellung als Auszeichnung für besondere Leistungen od. zum Andenken an eine Person od. ein Geschehen

Me|dail|leur [...ˈjøːɐ̯] *der;* -s, -e: **a)** Künstler, der Medaillen vom Entwurf bis zur Vollendung herstellt; **b)** Handwerker, der Medaillen nach künstlerischem Modell gießt od. prägt

Me|dail|leu|rin [...ˈjørɪn] *die;* -, -nen: weibliche Form zu ↑Medailleur

Me|dail|lon [...dalˈjõː] *das;* -s, -s: **1.** (an einem Kettchen getragene) kleine, flache Kapsel, die ein Bild od. ein Andenken enthält. **2.** (Kunstwiss.) rundes od. ovales [in etwas eingearbeitetes] Relief od. Bild[nis]. **3.** (Gastron.) kleine, runde od. ovale kurz gebratene Fleisch-, Fischscheibe (bes. vom Filetstück)

Me|dia *die;* -, ...diä u. ...dien ‹*lat.*›: **1.** (Sprachw.) stimmhafter ↑Explosivlaut (z. B. b); Ggs. ↑Tenuis. **2.** (Med.) mittlere Schicht der Gefäßwand (von Arterien, Venen u. Lymphgefäßen). **3.** *Plural* von ↑[1]Medium

me|di|al: 1. das [1]Medium (2) betreffend. **2.** (Med.) in der Mitte liegend, die Mitte bildend. **3.** den Kräften u. Fähigkeiten eines [1]Mediums (4) entsprechend. **4.** von den [1]Medien (5) ausgehend, zu ihnen gehörend

Me|di|a|ti|on *die;* -, -en: **1.** Vermittlung eines Staates in einem Streit zwischen anderen Mächten. **2.** aussöhnende Vermittlung bei persönlichen od. sozialen Konflikten (z. B. zwischen Scheidungswilligen)

Me|di|a|ti|sie|rung *die;* -: **1.** (Geschichte) das Mediatisieren. **2.** (oft abwertend) die zunehmende Ausbreitung der [elektronischen] Medien in allen wirtschaftlichen, politischen u. gesellschaftlichen Bereichen

Me|di|a|tor *der;* -s, ...oren ‹*lat.-mlat.*›: **1.** Transmitter (2), der bes. bei einer Allergie u. beim Schock freigesetzt od. gebildet wird u. die jeweils charakteristischen Symptome hervorruft. **2. a)** Vermittler, bes. zwischen Scheidungswilligen; **b)** Schlichter, bes. bei sozialen Konflikten

Me|di|a|to|rin *die;* -, -nen: weibliche Form zu ↑Mediator (2)

me|di|ä|val ‹*lat.-nlat.*›: mittelalterlich

Me|di|ä|val *die;* -: Antiqua, bei der die einzelnen Letternteile nahezu gleich sind

Me|di|ä|vist *der;* -en, -en: Wissenschaftler auf dem Gebiet der Mediävistik

Me|di|ä|vis|tik *die;* -: Wissenschaft von der Geschichte, Kunst, Literatur usw. des europäischen Mittelalters

Me|di|ä|vis|tin *die;* -, -nen: weibliche Form zu ↑Mediävist

Me|di|en|kon|zern *der;* -[e]s, -e: Zusammenschluss mehrerer im Bereich der [1]Medien (5 a) tätigen Unternehmen

Me|di|ka|ment *das;* -[e]s, -e ⟨*lat.*⟩: Mittel, das in bestimmter Dosierung der Heilung von Krankheiten, der Vorbeugung od. der Diagnose dient; Arzneimittel

me|di|ka|men|tös: mithilfe von Medikamenten

Me|di|ka|ti|on *die;* -, -en ⟨*lat.*⟩: Verordnung, Verabreichung, Anwendung eines Medikaments (einschließlich Auswahl u. Dosierung)

Me|di|kus *der;* -, Medizi (scherzhaft): Arzt

Me|di|o|k|ri|tät *die;* -, -en: Mittelmäßigkeit

Me|di|ta|ti|on *die;* -, -en ⟨*lat.*⟩: **1.** [sinnende] Betrachtung. **2.** mystische, kontemplative Versenkung

me|di|ter|ran ⟨*lat.*⟩: dem Mittelmeerraum angehörend, eigen

me|di|tie|ren ⟨*lat.*⟩: **1.** nachsinnen, nachdenken; Betrachtungen anstellen. **2.** sich der Meditation (2) hingeben

me|di|um [ˈmiːdjəm] ⟨*lat.-engl.*⟩: **1.** mittelgroß (Kleidergröße; Abk.: M). **2.** (Gastron.) [auch: ˈmeːdi̯ʊm] nicht ganz durchgebraten (von Fleisch)

m

[1]**Me|di|um** *das;* -s, ...ien u. ...ia ⟨*lat.;* »Mitte«⟩: **1.** (Plural selten auch: ...ia) vermittelndes Element. **2.** (Plural ...ia; selten; Sprachw.) Mittelform zwischen [1]Aktiv u. Passiv (bes. im Griechischen; im Deutschen reflexiv ausgedrückt). **3.** (Plural ...ien; Physik; Chemie) Träger bestimmter physikalischer od. chemischer Vorgänge. **4.** (Plural ...ien) **a)** (Parapsychol.) jmd., der für Verbindungen zum übersinnlichen Bereich besonders befähigt ist; **b)** jmd., an dem sich aufgrund seiner körperlichen, seelischen Beschaffenheit Experimente, bes. Hypnoseversuche, durchführen lassen. **5. a)** (Plural selten auch: ...ia meist Plural) Einrichtung, organisatorischer u. technischer Apparat für die Vermittlung von Meinungen, Informationen od. Kulturgütern; eines der Massenmedien Film, Funk, Fernsehen, Presse; **b)** (Plural selten auch: ...ia meist Plural) Unterrichts[hilfs]mittel, das der Vermittlung von Information u. Bildung dient; **c)** (Plural meist ...ia meist Plural) für die Werbung benutztes Kommunikationsmittel, Werbeträger

[2]**Me|di|um** *die;* - ⟨*lat.-engl.-amerik.*⟩: genormter Schriftgrad für die Schreibmaschine u. den Computer

me|di|u|mis|tisch: den Mediumismus betreffend

Me|di|us *der;* - ⟨*lat.*⟩: Begriff, der die Prämissen des ↑Syllogismus verknüpft u. nicht in den Schlusssatz des Syllogismus eingeht

Me|di|zi: *Plural* von ↑Medikus

Me|di|zin *die;* -, -en ⟨*lat.*⟩: **1.** (ohne Plural) Wissenschaft vom gesunden u. kranken Organismus des Menschen, von seinen Krankheiten, ihrer Verhütung u. Heilung. **2.** [flüssiges] Medikament

Me|di|zi|ner *der;* -s, -: jmd., der Medizin studiert [hat]

Me|di|zi|ne|rin *die;* -, -nen: weibliche Form zu ↑Mediziner

me|di|zi|nisch: a) die Medizin betreffend, dazu gehörend; **b)** nach den Gesichtspunkten der Medizin [hergestellt]

me|di|zi|nisch-tech|nisch: die Medizin (1) in Verbindung mit der Technik betreffend; **medizinisch-technischer Assistent, medizinisch-technische Assistentin:** jmd., der durch praktisch-wissenschaftliche Arbeit (z. B. im Labor) die Tätigkeit eines Arztes o. Ä. unterstützt (Berufsbez.) (Abk.: MTA)

Me|di|zin|mann *der;* -[e]s, ...männer: (bei vielen Naturvölkern) eine Art Arzt u. Priester, der sich der Magie bedient

Med|ley [ˈmɛdli] *das;* -s, -s ⟨*lat.-mlat.-altfr.-engl.*⟩: Potpourri

Me|doc *der;* -s, -s ⟨nach der fr. Landschaft⟩: französischer Rotwein

Me|d|re|se, Me|d|res|se *die;* -, -n ⟨*arab.-türk.*⟩: **1.** islamische juristisch-theologische Hochschule. **2.** Koranschule einer Moschee

Me|du|se *die;* -, -n ⟨*gr.-lat.;* nach der Medusa, einem weiblichen Ungeheuer der gr. Sage⟩: Qualle

Me|du|sen|blick *der;* -[e]s, -e: fürchterlicher, schreckenerregender Blick

Me|du|sen|haupt *das;* -[e]s: **1.** vgl. Medusenblick. **2.** (Med.) Geflecht von Krampfadern im Bereich des Nabels

Mee|ting [ˈmiːtɪŋ] *das;* -s, -s ⟨*engl.*⟩: **1.** offizielle Zusammenkunft zweier od. mehrerer Personen zur Erörterung von Problemen u. Fachfragen. **2.** Sportveranstaltung [in kleinerem Rahmen]

Me|ga|byte [...ˈbai̯t, auch: ˈmeː...] *das;* -[s], -[s] (EDV): Einheit von 1 048 576 ↑Byte (= 2^{20} Byte; Zeichen: MB, MByte)

Me|ga|fon, Me|ga|phon *das;* -s, -e: Sprachrohr [mit elektrischem Verstärker]

Me|ga|hertz *das;* -, - ⟨nach dem dt. Physiker H. Hertz, 1857–1894⟩: 1 Million Hertz (Zeichen: MHz)

me|ga-in [auch: ˈmɛ...] ⟨*gr.; engl.*⟩: **mega-in sein:** besonders, sehr gefragt, begehrt sein; Ggs. ↑mega-out (sein)

Me|ga|lith [auch: ...ˈlɪt] *der;* -s u. -en, -e[n] ⟨»großer Stein«⟩: großer, roher Steinblock vorgeschichtlicher Grabbauten
Me|ga|lith|kul|tur [auch: ...ˈlɪt...] *die;* -, -en: Kultur der Jungsteinzeit, für die Megalithgräber u. der Ornamentstil der Keramik typisch sind
me|ga|lo|man, me|ga|lo|ma|nisch (Psychol.): größenwahnsinnig
me|ga|lo|ma|nisch vgl. megaloman
Me|ga|ohm [auch: ˈme:...], **Meg|ohm** *das;* -, - ⟨nach dem dt. Physiker G. S. Ohm, 1789–1854⟩: 1 Million Ohm (Zeichen: MΩ)
me|ga-out [...|aut, auch: ˈmɛ...] ⟨*gr.; engl.*⟩: **mega-out sein:** überhaupt, absolut nicht mehr gefragt, begehrt sein; Ggs. ↑mega-in (sein)
Me|ga|phon vgl. Megafon
Me|ga|star [auch: ˈmɛ...] *der;* -s, -s ⟨*gr.; engl.*⟩: überaus beliebter, bekannter Star
Me|ga|ton|ne [auch: ˈme:...] *die;* -, -n: 1 Million Tonnen
Me|ga|volt [auch: ˈme:...] *das;* - u. -[e]s, - ⟨nach dem it. Physiker A. Volta, 1745–1827⟩: 1 Million ↑Volt (Zeichen: MV)
Me|ga|watt [auch: ˈme:...] *das;* -, - ⟨nach dem engl. Ingenieur J. Watt, 1736–1819⟩: 1 Million Watt (Zeichen: MW)
Meg|ohm vgl. Megaohm
Mehn|di *das;* -[s], -s ⟨*Hindi*⟩: aus Indien stammende, mit Hennafarbe aufgetragene Hautmalerei
Mei|o|se *die;* -, -n ⟨*gr.;* »Verringern, Verkleinern«⟩ (Biol.): in zwei unterschiedlichen Prozessen verlaufende Reduktion des bei der Befruchtung verdoppelten Bestandes an Chromosomen um die Hälfte, um so ihre Zahl pro Zelle konstant zu halten (bei der Zellteilung); Reduktionsteilung; Reifeteilung
Mei|ran *der;* -s, -e ⟨*mlat.*⟩: ↑Majoran
Mek|ka *das;* -s, -s ⟨*arab.;* nach der heiligen Stadt des Islams⟩: Platz, Ort, der ein Zentrum für etwas Bestimmtes ist u. darum eine große Anziehungskraft ausübt
Me|lan|cho|lie [melaŋkoˈli:] *die;* -, ...ien ⟨*gr.-lat.*⟩: von großer Niedergeschlagenheit, Traurigkeit od. Depressivität gekennzeichneter Gemütszustand
Me|lan|cho|li|ker *der;* -s, -: (nach dem von Hippokrates aufgestellten Temperamentstyp) jmd., der zu Depressivität u. Schwermütigkeit neigt
Me|lan|cho|li|ke|rin *die;* -, -nen: weibliche Form zu ↑Melancholiker
me|lan|cho|lisch: schwermütig, niedergedrückt, trübsinnig; vgl. cholerisch, phlegmatisch, sanguinisch
Me|lan|ge [meˈlã:ʒə] *die;* -, -n ⟨*lat.-vulgärlat.-fr.*⟩: **1.** Mischung, Gemisch. **2.** (österr.) Milchkaffee, der zur Hälfte aus Milch besteht. **3.** aus verschiedenfarbigen Fasern hergestelltes Garn
Me|la|nin *das;* -s, -e ⟨*gr.-nlat.*⟩ (Biol.): vom Organismus gebildeter gelblicher bis brauner od. schwarzer Farbstoff
Me|la|nis|mus *der;* -, ...men: ↑Melanose
Me|la|nit [auch: ...ˈnɪt] *der;* -s, -e: bräunlich schwarzer Granat
me|la|no|derm (Med.): dunkelhäutig, dunkle Flecken bildend (von Hautveränderungen); Ggs. ↑leukoderm
Me|la|nom *das;* -s, -e (Med.): bösartige braune bis schwärzliche, an Haut u. Schleimhäuten auftretende Geschwulst
Me|la|no|se *die;* -, -n (Med.): [im Zusammenhang mit inneren Krankheiten] an Haut u. Schleimhäuten auftretende Dunkelfärbung der Haut
Me|la|no|t|ro|pin *das;* -s: Hormon des Hypophysenmittellappens, das bei Fischen u. Amphibien Verdunkelung der Haut bewirkt (Gegenspieler des ↑Melatonins)
Me|la|no|zyt *der;* -en, -en (meist Plural) (Med.): Zelle, in der Melanin gebildet wird
me|la|no|zy|tär (Med.): einen Melanozyten betreffend, in der Art von Melanozyten
Me|lan|za|ni *die;* -, - ⟨*it.*⟩ (österr.): Aubergine
Me|la|phyr *der;* -s, -e ⟨*gr.-fr.*⟩ (Geol.): [grünlich] schwarzes Ergussgestein
Me|las|ma *das;* -s, ...men u. -ta ⟨*gr.*⟩ (Med.): Hautkrankheit mit Bildung schwärzlicher Flecken
Me|las|se *die;* -, -n ⟨*lat.-span.-fr.*⟩: bei der Zuckergewinnung anfallender, zähflüssiger brauner Rückstand
Me|la|to|nin *das;* -s ⟨*gr.-nlat.*⟩: **a)** Hormon, das bei Säugetieren (einschließlich des Menschen) die Schilddrüsenfunktion hemmt u. den Stoffwechsel senkt; **b)** Hormon der Zirbeldrüse, das bei Amphibien Aufhellung der Haut bewirkt (Gegenspieler des ↑Melanotropins)
me|lie|ren ⟨*lat.-vulgärlat.-fr.*⟩: mischen, mengen
me|liert: a) aus verschiedenen Farben gemischt (z. B. von Wolle od. Stoffen); **b)** (vom Haar) leicht ergraut
Me|li|o|ra|ti|on *die;* -, -en ⟨*lat.*⟩: **1.** (veraltet) Verbesserung. **2.** Verbesserung des Bodens
me|li|o|rie|ren: [Ackerland] verbessern
Me|lis *der;* - ⟨*gr.-nlat.*⟩: weißer Zucker verschiedener Zuckersorten
me|lisch ⟨*gr.*⟩ (Musik): liedhaft

Me|lịs|ma *das;* -s, ...men (Musik): melodische Verzierung, Koloratur

Me|lis|ma̲|tik *die;* - ⟨*gr.-nlat.*⟩ (Musik): Kunst der melodischen Verzierung (beim Gesang)

me|lis|ma̲|tisch (Musik): koloraturhaft ausgeziert

Me|lịs|se *die;* -, -n ⟨*gr.-lat.-mlat.*⟩: (zu den Lippenblütlern gehörende) Pflanze mit unscheinbaren weißen Blüten u. zitronenähnlich duftenden Blättern, die als Heil- u. Gewürzpflanze verwendet wird

Me|lo|di̲e *die;* -, ...i̲en ⟨*gr.-lat.*⟩: **a)** singbare, sich nach Höhe od. Tiefe ändernde, abgeschlossene u. geordnete Tonfolge; **b)** Weise; Vertonung (eines Liedes); **c)** einzelnes [in einen größeren Rahmen gehörendes] Musikstück, Gesangsstück

Me|lo̲|dik *die;* - ⟨*gr.-nlat.*⟩: **1.** Lehre von der Melodie. **2.** die melodischen Merkmale eines Musikstücks

me|lo|di|ö̲s ⟨*gr.-lat.-fr.*⟩: wohlklingend; reich an klanglichen Nuancen

me|lo̲|disch ⟨*gr.-lat.*⟩: von einem dem Ohr angenehmen Klang; harmonisch klingend

Me|lo|dra̲m *das;* -s, -en: **1.** (Musik) einzelner melodramatischer Teil einer Bühnenmusik od. Oper. **2.** ↑Melodrama

Me|lo|dra̲|ma *das;* -s, ...men ⟨*gr.-fr.*⟩: **1.** (Literaturwiss., Musik) Schauspiel mit untermalender Musik (mit Pathos deklamiert). **2.** (Theater, Film; oft abwertend) Schauspiel mit rührenden od. schaurigen Effekten, oft mittelalterlichen od. orientalischen Schauplätzen (in pathetischer Inszenierung)

Me|lo|dra|ma̲|tik *die;* -: das Theatralische, (übertrieben) Pathetische (in einem Verhalten, in einer Situation)

me|lo|dra|ma̲|tisch: in der Art eines Melodramas

Me|lo̲|ne *die;* -, -n ⟨*gr.-lat.-it.(-fr.)*⟩: **1. a)** (zu den Kürbisgewächsen gehörende) Pflanze mit großen kugeligen, saftreichen Früchten; **b)** Frucht der Melone (1 a). **2.** (ugs. scherzh.) runder steifer Hut; vgl. Bowler

Me|lo̲|nen|baum *der;* -[e]s, ...bäume: (in tropischen Ländern kultivierter) Baum, an dessen Spitze die ↑Papayas (2) wachsen

Me̲|los *das;* - ⟨*gr.-lat.*⟩: **1.** gesangliches Element in der Musik; Melodie (im Unterschied zum Rhythmus). **2. a)** (Sprachw.) Sprachmelodie; **b)** klangliche Gestalt einer Dichtung

Mem|b|ra̲n, Mem|b|ra̲|ne *die;* -, ...nen ⟨*lat.*⟩: **1.** (Technik) dünnes Blättchen aus Metall, Papier o. Ä., das durch seine Schwingungsfähigkeit geeignet ist, Schallwellen zu übertragen. **2.** (Biol.) dünnes, feines Häutchen, das trennende od. abgrenzende Funktion hat. **3.** (Chemie, Physik) dünne Haut, die die Funktion eines Filters hat

Me|mẹn|to *das;* -s, -s ⟨*lat.*⟩: **1.** Fürbitte, Bitte um Fürsprache in der katholischen Messe. **2.** Mahnung

Me|mẹn|to mo̲|ri *das;* - -, - - ⟨»gedenke des Sterbens!«⟩: etwas, was an den Tod gemahnt

Me̲|mo *das;* -s, -s: **1.** kurz für: ↑Memorandum. **2.** Merkzettel

Me|moire [meˈmo̯a:ɐ̯] *das;* -s, -s ⟨*lat.-fr.*⟩: Denkschrift, Eingabe

Me|moi|ren [meˈmo̯a:rən] *die* (nur Plural): Denkwürdigkeiten; Lebenserinnerungen [in denen neben der Mitteilung des persönlichen Entwicklungsganges ein besonderes Gewicht auf die Darstellung der zeitgeschichtlichen Ereignisse gelegt wird]; vgl. Autobiografie

Me|mo|ra|bi̲|li|en *die* (nur Plural): Denkwürdigkeiten, Erinnerungen

Me|mo|rạn|dum *das;* -s, ...den u. ...da: Denkschrift

¹Me|mo|ri|a̲l *das;* -s, -e u. -ien ⟨*lat.*⟩ (veraltet): Tagebuch, Merkbuch

²Me|mo|ri|al [mɪˈmɔ:rɪəl] *das;* -s, -s ⟨*lat.-engl.*⟩: **1.** [sportliche] Veranstaltung zum Gedenken an einen Verstorbenen. **2.** Denkmal

me|mo|ri̲e̲|ren: a) (veraltend) auswendig lernen; **b)** (selten) wieder ins Gedächnis rufen, an etwas erinnern

Me|mo|ry® [...ri] *das;* -s, -s: Gesellschaftsspiel, bei dem man mit Bildern, Symbolen o. Ä. bedruckte, jeweils doppelt vorhandene Karten einzeln aufdeckt, um aus der Erinnerung das Gegenstück wiederzufinden

Me̲|mo|ry|stick® [...stɪk] *der;* -s, -s ⟨*engl.;* »Gedächtnis« u. »Stab«⟩ (EDV): kleinformatiger digitaler Datenspeicher

Me|na|ge [meˈna:ʒə] *die;* -, -n ⟨*lat.-galloroman.-fr.;* »Haushaltung«⟩: **1.** Tischgestell für Essig, Öl, Pfeffer u. a. **2.** (veraltet) Haushalt, [sparsame] Wirtschaft. **3.** (österr.) [militärische] Verpflegung

Me|na|ge|ri̲e *die;* -, ...i̲en (veraltend): Tierschau, Tiergehege

me|na|gie|ren [...ˈʒi:rən]: **1.** (veraltet) sich selbst verköstigen. **2.** (österr.) Essen in Empfang nehmen (beim Militär). **3.** sich menagieren: sich mäßigen

Me|n|a̲r|che *die;* - ⟨*gr.-nlat.*⟩ (Med.): Zeitpunkt des ersten Eintritts der Regelblutung; vgl. Menopause

Men|de|le̲|vi|um *das;* -s ⟨*nlat.;* nach dem russ.

m

Chemiker D. Mendelejew, 1834–1907⟩: chem. Element; ein Transuran (Zeichen: Md)

Men|de|lis|mus *der;* - ⟨*nlat.;* nach dem Augustinerabt u. Biologen J. G. Mendel, 1822–1884⟩: Richtung der Vererbungslehre, die sich auf die mendelschen Gesetze beruft

Men|di|kant *der;* -en, -en ⟨*lat.*⟩: Angehöriger eines Bettelordens

Me|nes|t|rel *der;* -s, -s ⟨*lat.-provenzal.-fr.*⟩: altprovenzalischer u. altfranzösischer Spielmann, fahrender Musikant; vgl. Minstrel

Me|ne|te|kel *das;* -s, - ⟨*aram.;* nach der Geisterschrift für den babylonischen König Belsazar (Daniel 5, 25)⟩: geheimnisvolles Anzeichen eines drohenden Unheils

Men|hir *der;* -s, -e ⟨*breton.-fr.*⟩: aufrecht stehender [unbehauener] Stein aus vorgeschichtlicher Zeit

Me|nin|gi|tis *die;* -, ...itiden: Hirnhautentzündung

Me|nis|kus *der;* -, ...ken ⟨*gr.-nlat.;* »Möndchen«⟩: **1.** (Med.) knorpelige Scheibe, bes. im Kniegelenk. **2.** gekrümmte Oberfläche einer Flüssigkeit in einer Röhre. **3.** (Physik) Linse mit zwei nach derselben Seite gekrümmten Linsenflächen

Men|ni|ge *die;* - ⟨*iber.-lat.*⟩: rote Malerfarbe aus Bleioxid, die als Schutzanstrich gegen Rost verwendet wird

Men|no|nit *der;* -en, -en ⟨nach dem Westfriesen Menno Simons, 1496–1561⟩: Anhänger einer evangelischen Freikirche, die die Erwachsenentaufe pflegt u. Wehrdienst u. Eidesleistung ablehnt

Men|no|ni|tin *die;* -, -nen: weibliche Form zu ↑Mennonit

Me|no|pau|se *die;* -, -n ⟨*gr.-nlat.*⟩ (Med.): das Aufhören der Monatsblutung in den Wechseljahren der Frau; vgl. Menarche

Me|no|ra *die;* -, - ⟨*hebr.*⟩: siebenarmiger Leuchter der jüdischen Liturgie

Me|nor|rha|gie *die;* -, ...ien ⟨*gr.-nlat.*⟩ (Med.): abnorm starke u. lang anhaltende Monatsblutung

Me|nor|rhö *die;* -, -en: ↑Menstruation

Me|no|s|ta|se *die;* -, -n (Med.): das Ausbleiben der Monatsblutung

Men|sa *die;* -, -s u. ...sen ⟨*lat.*⟩: **1.** (kath. Kirche) Altartisch. **2.** kantinenähnliche Einrichtung in einer Hochschule od. Universität, wo Studenten verbilligt essen können

Men|sa aca|de|mi|ca *die;* - -, ...sae ...cae [...zɛ ...tsɛ] (veraltet): Mensa (2)

Men|sche|wik *der;* -en, -en u. -i ⟨*russ.*⟩: Vertreter des Menschewismus

Men|sche|wi|kin *die;* -, -nen: weibliche Form zu ↑Menschewik

Men|sche|wis|mus *der;* - ⟨*russ.-nlat.*⟩ (Geschichte): gemäßigter russischer Sozialismus

Men|sche|wist *der;* -en, -en: ↑Menschewik

Men|sche|wis|tin *die;* -, -nen: weibliche Form zu ↑Menschewist

men|sche|wis|tisch: den Menschewismus betreffend

Men|ses [...ze:s] *die* (nur Plural) ⟨*lat.*⟩ (Med.): Monatsblutung

men|sis cur|ren|tis (veraltet): [des] laufenden Monats (Abk.: m. c.)

mens|t|ru|al ⟨*lat.*⟩ (Med.): zur Menstruation gehörend

Mens|t|ru|a|ti|on *die;* -, -en ⟨*lat.-nlat.*⟩ (Med.): Monatsblutung, Regel

mens|t|ru|ie|ren ⟨*lat.*⟩ (Med.): die Monatsblutung haben

Men|sur *die;* -, -en ⟨*lat.;* »das Messen, das Maß«⟩: **1.** (Fechten) Abstand der beiden Fechter. **2.** (Verbindungswesen) studentischer Zweikampf mit Schläger od. Säbel. **3.** (Musik) **a)** Maß, das (in der ↑Mensuralnotation) die Geltungsdauer der einzelnen Notenwerte untereinander bestimmt; **b)** Maßverhältnis bei Musikinstrumenten (z. B. Anordnung der Löcher bei Blasinstrumenten). **4.** (Chemie) Messzylinder, Messglas

men|su|ra|bel: messbar

Men|su|ra|bi|li|tät *die;* - ⟨*lat.-nlat.*⟩: Messbarkeit

Men|su|ral|mu|sik *die;* - (Musik): die in Mensuralnotation aufgezeichnete mehrstimmige Musik des 13.–16. Jh.s

Men|su|ral|no|ta|ti|on *die;* -: im 13. Jh. entwickelte Notenschrift, die im Gegensatz zur älteren Notenschrift auch die Tondauer mit rhythmisch differenzierten Noten- u. Pausenzeichen angibt; Ggs. ↑Choralnotation

Men|ta|li|tät *die;* -, -en ⟨*lat.-mlat.-engl.*⟩: Geistes- u. Gemütsart; besondere Art des Denkens u. Fühlens

Men|tal|re|ser|va|ti|on *die;* -, -en (Rechtswiss.): stiller Vorbehalt

Men|thol *das;* -s ⟨*lat.-nlat.*⟩: aus dem ätherischen Öl der Pfefferminze gewonnene, weiße kristalline Substanz

Me|nü *das;* -s, -s: **1.** Speisenfolge; aus mehreren Gängen bestehende Mahlzeit. **2.** (EDV, Elektronik) auf einem Bildschirm od. Display (1) angebotene Programmauswahl [u. deren systematische Abfolge]

Me|nu|ett *das;* -s, -e, auch: -s: **1.** aus Frankreich stammender, mäßig schneller Tanz im $^{3}/_{4}$-Takt. **2.** meist der dritte Satz in einer Sonate od. Sinfonie

Me|phis|to *der;* -[s], -s ‹nach der Gestalt in Goethes Faust›: jmd., der seine geistige Überlegenheit in zynisch-teuflischer Weise zeigt u. zur Geltung bringt
me|phis|to|phe|lisch: teuflisch, voll boshafter List
Mer|ca|tor|pro|jek|ti|on, Mer|ca|tor-Pro|jek|ti|on *die;* -, -en ‹nach dem niederl. Geografen G. Mercator, 1512–1594› (Geogr.): winkeltreuer Kartennetzentwurf mit rechtwinklig sich schneidenden Längen- u. Breitenkreisen
Mer|ce|rie [mɛrsə...] *die;* -, ...ien ‹*lat.-fr.*› (schweiz.): **1.** (ohne Plural) Kurzwaren. **2.** Kurzwarenhandlung
Mer|ce|ri|sa|ti|on vgl. Merzerisation
Mer|chan|di|sing [...daɪzɪŋ] *das;* -[s]: **a)** Gesamtheit der verkaufsfördernden Maßnahmen des Herstellers einer Ware; **b)** Vermarktung aller mit einem bestimmten Film in Zusammenhang stehenden Produkte
mer|ci [mɛrˈsi:] ‹*lat.-fr.*›: danke!
Me|re|dith *der;* -s, -s ‹nach dem Namen eines Engländers, der Schachprobleme erfand› (Problemschach): Sammelname für alle [orthodoxen] Schachprobleme mit 8 bis 12 Steinen
Mer|ger [ˈmə:dʒɐ] *der;* -s, -[s] ‹*engl.*› (Wirtsch.): Zusammenschluss von Firmen; Fusion
Me|ri|di|an *der;* -s, -e ‹*lat.*›: **1.** (Astron.) durch Zenit, Südpunkt, Nadir u. Nordpunkt gehender größter Kreis an der Himmelskugel; Mittagskreis. **2.** (Geogr.) Längenkreis (von Pol zu Pol)
Me|ri|di|an|kreis *der;* -es, -e: astronomisches Messinstrument zur Ortsbestimmung von Gestirnen
me|ri|di|o|nal: den Längenkreis betreffend
Me|rin|ge *die;* -, -n, **Me|rin|gel** *das;* -s, - ‹schweiz.›, **Me|ringue** [məˈrɛ̃:g] *die;* -, -s ‹*fr.*›: Gebäck aus Eischnee u. Zucker
Me|ri|no *der;* -s, -s ‹*span.*›: **1.** Merinoschaf, krauswolliges Schaf (eine Kreuzung nordafrikanischer u. spanischer Rassen). **2.** Kleiderstoff in Köperbindung aus Merinowolle. **3.** fein gekräuselte, weiche Wolle des Merinoschafs
Me|ris|tem *das;* -s, -e ‹*gr.-nlat.*› (Bot.): pflanzliches Bildungsgewebe, das durch fortgesetzte Zweiteilungen neue Gewebe liefert
me|ris|te|ma|tisch (Bot.): teilungsfähig (von pflanzlichem Gewebe)
Me|ri|ten: *Plural* von ↑Meritum
Me|ri|tum *das;* -s, ...iten (meist Plural): das Verdienst
mer|kan|til, mer|kan|ti|lisch ‹*lat.-it.-fr.*›: kaufmännisch, den Handel betreffend
Mer|kan|ti|lis|mus *der;* - (Geschichte): Wirtschaftspolitik im Zeitalter des ↑Absolutismus, die den Außenhandel u. damit die Industrie förderte, um den nationalen Reichtum u. die Macht des Staates zu vergrößern
Mer|kan|ti|list *der;* -en, -en: Vertreter des Merkantilismus
Mer|kan|ti|lis|tin *die;* -, -nen: weibliche Form zu ↑Merkantilist
mer|kan|ti|lis|tisch: dem Merkantilismus entsprechend, auf seinem System beruhend
Mer|kan|til|sys|tem *das;* -s: ↑Merkantilismus
Mer|ku|ri|a|lis|mus *der;* - ‹*lat.-nlat.*›: Quecksilbervergiftung
Mer|kur|stab *der;* -[e]s, ...stäbe: geflügelter, schlangenumwundener Stab des altröm. Gottes Merkur als Sinnbild des Handels
Mer|lan *der;* -s, -e ‹*lat.-fr.*›: Schellfischart (ein Speisefisch)
¹Mer|lin *der;* -s, -e ‹*germ.-fr.-engl.*›: Zwergfalke in Nord- u. Osteuropa
²Mer|lin [auch: ˈmɛr...] *der;* -s, -e ‹*fr.;* nach dem Seher u. Zauberer der Artussage›: Zauberer
Mer|ze|ri|sa|ti|on *die;* -, -en ‹*engl.-nlat.;* nach dem engl. Erfinder J. Mercer, 1791–1866›: das Veredeln und Glänzendmachen von Baumwolle
mer|ze|ri|sie|ren: Baumwolle veredeln
mes..., Mes... vgl. meso..., Meso...
Me|sa *die;* - ‹*span.;* »Tisch, Tafel«›: span., auch im spanischsprachigen Amerika u. in den USA übliche Bez. für Tafelberg
Me|s|al|li|ance [mezaˈliã:s] *die;* -, -n [...sn̩] ‹*fr.*›: **1.** (bes. früher) nicht standesgemäße Ehe; Ehe zwischen Partnern ungleicher sozialer Herkunft. **2.** unglückliche, unebenbürtige Verbindung od. Freundschaft
Mes|ca|lin vgl. Meskalin
me|schant ‹*fr.*› (landsch.): boshaft, ungezogen, niederträchtig
me|schug|ge ‹*hebr.-jidd.*› (ugs.): verrückt
Mes|dames [meˈdam]: *Plural* von ↑Madame
Mes|de|moi|selles [med(ə)moaˈzɛl]: *Plural* von ↑Mademoiselle
Me|s|en|chym *das;* -s, -e (Med.; Biol.): einzelliges Gewebe, aus dem sich die Formen des Stützgewebes entwickeln; embryonales Bindegewebe
Me|se|ta *die;* -, ...ten ‹*span.*›: span. Bez. für: Hochebene
Mes|ka|lin, Mes|ca|lin *das;* -s ‹*indian.-span.-nlat.*›: Alkaloid einer mexikanischen Kaktee, Rauschmittel

m

Mes|mer, Mess|mer *der;* -s, - ⟨*mlat.*⟩ (schweiz.): ↑Mesner

Mes|me|rin, Mess|me|rin *die;* -, -nen: weibliche Form zu ↑Mesmer

Mes|me|ris|mus *der;* - ⟨*nlat.;* nach dem dt. Arzt F. Mesmer, 1734–1815⟩: Lehre von der Heilkraft des Magnetismus, aus der die Hypnosetherapie entwickelt wurde

Mes|ner, Mess|ner *der;* -s, - ⟨*mlat.*⟩: [katholischer] Kirchendiener

Mes|ne|rin, Mess|ne|rin *die;* -, -nen: weibliche Form zu ↑Mesner

me|so..., Me|so...

vor Vokalen auch: **mes..., Mes...**
⟨zu *gr.* mésos »mitten; Mitte«⟩
Wortbildungselement mit der Bedeutung »mittlere(r), in der Mitte zwischen mehreren Dingen befindlich«:
- Mesenzephalon
- Mesoderm
- mesolithisch
- Mesozoikum

Me|so|derm *das;* -s, -e ⟨*gr.-nlat.*⟩ (Med.; Biol.): mittleres Keimblatt in der menschlichen u. tierischen Embryonalentwicklung

Me|so|karp *das;* -s, -e, **Me|so|kar|pi|um** *das;* -s, ...ien (Bot.): Mittelschicht der Fruchtwand bei Pflanzen (z. B. das fleischige Gewebe der Steinfrüchte); vgl. Endokarp u. Exokarp

Me|so|kli|ma *das;* -s, -s u. ...mate: Klima eines kleineren Landschaftsausschnittes (z. B. eines Hanges, Waldrandes); Kleinklima

Me|so|li|thi|kum [auch: ...ˈlɪ...] *das;* -s (Geol.): Mittelsteinzeit

me|so|li|thisch: die Mittelsteinzeit betreffend

Me|son *das;* -s, ...onen (meist Plural) (Physik): unstabiles Elementarteilchen, dessen Masse geringer ist als die eines ↑Protons, jedoch größer als die eines ↑²Leptons

Me|so|phyt *der;* -en, -en: Pflanze, die Böden mittleren Feuchtigkeitsgrades bevorzugt

Me|so|sphä|re *die;* - (Meteorol.): Schicht der Erdatmosphäre in etwa 50 bis 80 Kilometer Höhe

Me|so|s|ti|chon *das;* -s, ...chen u. ...cha ⟨*gr.*⟩: Gedicht, bei dem die an bestimmter Stelle in der Versmitte stehenden Buchstaben, von oben nach unten gelesen, ein Wort od. einen Satz ergeben; vgl. Akrostichon, Telestichon

Me|so|t|ron *das;* -s, ...onen ⟨*gr.-nlat.*⟩: ↑Meson

Me|so|zo|i|kum *das;* -s: das erdgeschichtliche Mittelalter (umfasst ↑Trias 1, ↑²Jura, Kreide)

me|so|zo|isch: das Mesozoikum betreffend

Mes|sage [ˈmɛsɪdʒ, ...sɪtʃ] *die;* -, -s [...dʒɪs] ⟨*lat.-mlat.-engl.*⟩: **1.** Mitteilung, Nachricht, Information, die durch die Verbindung von Zeichen ausgedrückt u. vom Sender zum Empfänger übertragen wird. **2.** Gehalt, Aussage, Botschaft (z. B. eines Kunstwerkes)

Mes|sa|li|na *die;* -, ...nen ⟨*lat.;* nach der wegen ihrer Sittenlosigkeit u. Grausamkeit berüchtigten Frau des röm. Kaisers Claudius⟩ (veraltet): genusssüchtige, zügellose Frau

¹Mes|se *die;* -, -n ⟨*lat.-mlat.;* nach der Schlussformel ↑ite, *missa* est⟩: **1.** katholischer Gottesdienst mit Feier der Eucharistie. **2.** geistliche Komposition als Vertonung der liturgischen Bestandteile der ¹Messe (1). **3. a)** große [internationale] Ausstellung von Warenmustern eines od. mehrerer Wirtschaftszweige; **b)** (landsch. ugs.) Jahrmarkt, Kirmes

²Mes|se *die;* -, -n ⟨*lat.-vulgärlat.-fr.-engl.*⟩: **1.** Tischgenossenschaft von [Unter]offizieren auf [Kriegs]schiffen. **2.** Speise- u. Aufenthaltsraum eines [Kriegs]schiffs; Schiffskantine

Mes|si|a|de *die;* -, -n ⟨*hebr.-gr.-mlat.-nlat.*⟩: geistliche Dichtung, die das Leben u. Leiden Jesu Christi (des Messias) schildert

mes|si|a|nisch: auf den Messias, den Messianismus bezüglich

Mes|si|a|nis|mus *der;* -: geistige Bewegung, die die religiöse od. politische Erlösung von einem Messias erwartet

Mes|si|as *der;* -, -se ⟨*hebr.-gr.-mlat.;* »der Gesalbte«⟩: **1.** (ohne Plural) der im Alten Testament verheißene Heilskönig, in der christlichen Religion auf Jesus von Nazareth bezogen. **2.** Befreier, Erlöser aus religiöser, sozialer o. ä. Unterdrückung

Mes|si|dor *der;* -[s], -s ⟨*(lat.; gr.) fr.;* »Erntemonat«⟩: der zehnte Monat (19. Juni bis 18. Juli) im Kalender der Französischen Revolution

Mes|sieurs [meˈsjøː]: *Plural* von ↑Monsieur

Mes|sing *das;* -s ⟨Herkunft unsicher⟩: Kupfer-Zink-Legierung

mes|sin|gen: aus Messing [bestehend]

Mess|mer usw. vgl. Mesmer usw.

Mess|ner vgl. Mesner

Mess|ne|rin vgl. Mesnerin

Mes|ti|ze *der;* -n, -n ⟨*lat.-span.*⟩: Nachkomme eines weißen u. eines indianischen Elternteils (bes. in Lateinamerika)

Mes|ti|zin *die;* -, -nen: weibliche Form zu ↑Mestize

met..., Met... vgl. meta..., Meta...

me|ta..., Me|ta...

vor Vokalen und h: **met..., Met...**
⟨*gr.* metá »inmitten, zwischen, hinter, nach«⟩
Präfix mit den Bedeutungen:
I. »zwischen, inmitten, nach, nachher, später, ver... (im Sinne der Umwandlung, des Wechsels)«:
– Metamorphose, metaphysisch
– Methämoglobin, metonymisch
II. »auf einer höheren Stufe, Ebene befindlich; übergeordnet, hinter etwas stehend«:
– Metakommunikation
– metasprachlich

me|ta|bol vgl. metabolisch

me|ta|bo|lisch, me|ta|bol: 1. (Biol.) veränderlich (z. B. in Bezug auf die Gestalt von Einzellern). **2.** (Med.; Biol.) im Stoffwechselprozess entstanden

Me|ta|bo|lis|mus *der; -* ⟨*gr.-nlat.*⟩: **1.** Umwandlung, Veränderung. **2.** (Med.; Biol.) Stoffwechsel

Me|ta|ge|ne|se *die; -, -n* ⟨*gr.-nlat.*⟩: ↑Generationswechsel bei Tieren u. Pflanzen

me|ta|ge|ne|tisch: die Metagenese betreffend

Me|ta|ge|schäft *das; -[e]s, -e* ⟨*lat.-it.; dt.*⟩: vertragliche Vereinbarung zwischen zwei Partnern, nach der Gewinn u. Verlust aus Geschäften, die die Vertragspartner abschließen, aufgeteilt werden

Me|ta|kri|tik *die; -, -en* ⟨*gr.-nlat.*⟩ (Philos.): auf die Kritik folgende u. sachlich über sie hinausgehende Kritik; Kritik der Kritik

Me|ta|lep|se, Me|ta|lep|sis *die; -, ...epsen* ⟨*gr.*⟩ (Rhet.): rhetorische Figur (Art der ↑Metonymie), bei der das Nachfolgende mit dem Vorhergehenden vertauscht wird (z. B. »Grab« statt »Tod«) od. ein mehrdeutiges Wort durch das Synonym zu einer im Kontext (1 a) nicht gemeinten Bedeutung ersetzt wird (z. B. »Geschickter« [zu »geschickt, gewandt, fähig«] statt »Gesandter« [zu »senden«])

Me|tall *das; -[e]s, -e* ⟨*gr.-lat.*⟩: chemischer Grundstoff, der sich durch charakteristischen Glanz, Undurchsichtigkeit, Legierbarkeit u. gute Fähigkeit, Wärme u. Elektrizität zu leiten, auszeichnet

me|tal|len: aus Metall [bestehend]

Me|tal|ler *der; -s, -* (ugs.): kurz für: Metallarbeiter [als Gewerkschaftsangehöriger]

Me|tal|le|rin *die; -, -nen:* weibliche Form zu ↑Metaller

me|tal|lic [...lɪk] ⟨*gr.-lat.-engl.*⟩: metallisch schimmernd u. dabei von einem stumpfen, nicht leuchtenden Glanz

Me|tal|li|sa|ti|on *die; -, -en* ⟨*gr.-lat.-nlat.*⟩: **1.** ↑Metallisierung; vgl. ...ation/...ierung. **2.** Vererzung (beim Vorgang der Gesteinsbildung)

me|tal|lisch ⟨*gr.-lat.*⟩: **1.** aus Metall bestehend, die Eigenschaften eines Metalls besitzend. **2. a)** hart klingend, im Klang hell u. durchdringend; **b)** in seinem optischen Eindruck wie Metall, an Metall erinnernd; metallartig

mé|tal|li|sé [metali'ze:] ⟨*gr.-lat.-fr.*⟩: ↑metallic

me|tal|li|sie|ren ⟨*gr.-nlat.*⟩: einen Gegenstand mit einer widerstandsfähigen metallischen Schicht überziehen

Me|tal|li|sie|rung *die; -, -en:* das Überziehen eines Gegenstandes mit Metall; vgl. ...ation/...ierung

Me|tal|lo|chro|mie *die; -* ⟨*gr.-nlat.*⟩: Färbung von Metallen im galvanischen Verfahren

Me|tal|lo|gie *die; -:* Wissenschaft vom Aufbau, von den Eigenschaften u. Verarbeitungsmöglichkeiten der Metalle

Me|tal|lo|gra|fie, Me|tal|lo|gra|phie *die; -:* Teilgebiet der Metallogie, auf dem mit mikroskopischen Methoden Aufbau, Struktur u. Eigenschaften der Metalle untersucht werden

Me|tal|lo|id *das; -[e]s, -e* (veraltet): chem. Element, das kein Metall ist

Me|tal|l|urg, Me|tal|l|ur|ge *der; ...gen, ...gen:* Fachwissenschaftler der Metallurgie

Me|tal|l|ur|gie *die; -:* Hüttenkunde; Wissenschaft vom Ausschmelzen der Metalle aus Erzen, von der Metallreinigung, -veredlung u. (im weiteren Sinne) -verarbeitung

Me|tal|l|ur|gin *die; -, -nen:* weibliche Form zu ↑Metallurg

me|tal|l|ur|gisch: die Metallurgie betreffend; Hütten...

Me|ta|me|ta|spra|che *die; -, -n* ⟨*gr.; dt.*⟩: Sprache, in der eine ↑Metasprache (als ↑Objektsprache) beschrieben wird

me|ta|morph, me|ta|mor|phisch ⟨*gr.-nlat.*⟩: die Gestalt, den Zustand wandelnd

Me|ta|mor|phis|mus *der; -, ...men:* ↑Metamorphose

Me|ta|mor|pho|se *die; -, -n* ⟨*gr.-lat.*⟩: **1.** Umgestaltung, Verwandlung. **2.** (Zool.) Entwicklung vom Ei zum geschlechtsreifen Tier durch Einschaltung gesondert gestalteter, selbstständiger Larvenstadien (bes. bei Insekten). **3.** (Bot.) Umwandlung der Grundform pflanzlicher Organe in Anpassung an die Funktion. **4.** (Geol.) Umwandlung, die ein Gestein durch Druck, Temperatur u. Bewegung in der Erdkruste erleidet. **5.** (nur Plural; Musik) Variationen. **6.** (gr. Mythol.) Verwandlung von Menschen in Tiere, Pflanzen, Steine o. Ä.

me|ta|mor|pho|sie|ren ‹*gr.-lat.-nlat.*›: verwandeln, umwandeln; die Gestalt ändern

Me|ta|pha|se *die;* -, -n ‹*gr.-nlat.*› (Biol.): Stadium der Kernteilung mit Anordnung der Chromosomen zu einer Kernplatte

Me|ta|pher *die;* -, -n ‹*gr.-lat.*› (Sprachw.): sprachlicher Ausdruck, bei dem ein Wort, eine Wortgruppe aus seinem eigentlichen Bedeutungszusammenhang in einen anderen übertragen wird, ohne dass ein direkter Vergleich zwischen Bezeichnendem u. Bezeichnetem vorliegt; bildhafte Übertragung (z. B. das Haupt der Familie)

Me|ta|pho|rik *die;* -: das Vorkommen, der Gebrauch von Metaphern [als Stilmittel]

me|ta|pho|risch: a) die Metapher betreffend; **b)** bildlich, übertragen [gebraucht]

Me|ta|phra|se *die;* -, -n ‹*gr.-lat.*›: **1.** (Literaturwiss.) umschreibende Übertragung einer Versdichtung in Prosa. **2.** (Stilkunde) erläuternde Wiederholung eines Wortes durch ein ↑Synonym

me|ta|phras|tisch: 1. die Metaphrase betreffend. **2.** umschreibend

Me|ta|phy|sik *die;* -: **1.** (Philos.) **a)** philosophische Disziplin od. Lehre, die das hinter der sinnlich erfahrbaren, natürlichen Welt Liegende, die letzten Gründe u. Zusammenhänge des Seins behandelt; **b)** die Metaphysik (1 a) darstellendes Werk. **2.** (Philos.) der ↑Dialektik entgegengesetzte Denkweise, die die Erscheinungen als isoliert u. als unveränderlich betrachtet (im Marxismus)

Me|ta|phy|si|ker *der;* -s, -: Vertreter der Metaphysik

Me|ta|phy|si|ke|rin *die;* -, -nen: weibliche Form zu ↑Metaphysiker

me|ta|phy|sisch: 1. (Philos.) zur Metaphysik (1 a) gehörend; überempirisch, jede mögliche Erfahrung überschreitend. **2.** die Metaphysik (2) betreffend; undialektisch

Me|ta|plas|mus *der;* -, ...men ‹*gr.-lat.*›: Umbildung von Wortformen aus Gründen des Wohlklangs, der Metrik u. a. (z. B. durch ↑Apokope)

Me|ta|psy|chik *die;* - ‹*gr.-nlat.*›: ↑Parapsychologie

me|ta|psy|chisch: die Metapsychik betreffend

Me|ta|psy|cho|lo|gie *die;* -, ...ien: **1.** (von S. Freud gewählte Bezeichnung für die von ihm begründete) psychologische Lehre in ihrer ausschließlich theoretischen Dimension. **2.** ↑Parapsychologie

Me|ta|se|quo|ia, Me|ta|se|quo|ie *die;* -, ...ien ‹*gr.; indian.-nlat.*›: chinesischer Mammutbaum

Me|ta|spra|che [auch: ˈmɛ...] *die;* -, -n ‹*gr.; dt.*› (Sprachw., Informatik, Math.): wissenschaftliche, terminologische Beschreibung der natürlichen Sprache; Sprache od. Symbolsystem, das dazu dient, Sprache od. ein Symbolsystem zu beschreiben od. zu analysieren; vgl. Metametasprache, Objektsprache

me|ta|sprach|lich: die Metasprache betreffend, auf ihr beruhend

Me|ta|s|ta|se *die;* -, -n ‹*gr.;* »Umstellung; Veränderung«›: **1.** (Med.) Tochtergeschwulst; durch Verschleppung von Geschwulstkeimen an vom Ursprungsort entfernt gelegene Körperstellen entstandener Tumor (z. B. bei Krebs). **2.** (antike Rhet.) Redefigur, mit der der Redner die Verantwortung für eine Sache auf eine andere Person überträgt

me|ta|s|ta|sie|ren ‹*gr.-nlat.*› (Med.): Tochtergeschwülste bilden

me|ta|s|ta|tisch (Med.): über die Blutbahn od. die Lymphgefäße an eine andere Körperstelle verschleppt (von Tumoren o. Ä.)

Me|ta|the|se, Me|ta|the|sis *die;* -, ...esen ‹*gr.-lat.*› (Sprachw.): Lautumstellung in einem Wort, auch bei Entlehnung in eine andere Sprache (z. B. Wepse–Wespe, Born–Bronn)

Me|ta|tro|pis|mus *der;* - ‹*gr.-nlat.;* »Umkehrung«› (Psychol.): anderes geschlechtliches Empfinden od. Gefühlsleben, d. h. Verschiebung od. Vertauschung der Rollen von Mann u. Frau, wobei die Frau den aktiveren, der Mann den passiveren Teil übernimmt

Me|ta|xa® *der;* -[s], -s (aber: 2 -) ‹*gr.*›: milder, aromatischer Branntwein aus Griechenland

me|ta|zen|t|risch ‹*gr.-nlat.*›: das Metazentrum betreffend, sich auf das Metazentrum beziehend; schwankend

Me|ta|zen|t|rum *das;* -s, ...ren (Schiffbau): der für die Stabilität wichtige Schnittpunkt der Auftriebsrichtung mit der vertikalen Symmetrieachse eines geneigten Schiffes

Me|ta|zo|on *das;* -s, ...zoen (meist Plural) ‹*gr.-nlat.*›: vielzelliges Tier, das echte Gewebe bildet; Ggs. ↑Protozoon

Me|t|em|psy|cho|se *die;* -, -n ‹*gr.-lat.*›: Seelenwanderung

Me|te|or *der* (selten: *das*); -s, ...ore ‹*gr.;* »Himmels-, Lufterscheinung«): Lichterscheinung (Feuerkugel), die durch in die Erdatmosphäre eindringende kosmische Partikeln hervorgerufen wird

me|te|o|risch (Meteorol.): die Lufterscheinungen u. Luftverhältnisse betreffend; **meteorische Blüte:** Blüte, deren Öffnung von den Wetterverhältnissen abhängt

Me|te|o|rit [auch: ...'rɪt] *der;* -en u. -s, -e[n]: in die Erdatmosphäre eindringender kosmischer Körper

me|te|o|ri|tisch [auch: ...'rɪ...]: **1.** von einem Meteor stammend. **2.** von einem Meteoriten stammend

Me|te|o|ro|lo|ge *der;* -n, -n: Wissenschaftler, zu dessen Arbeitsbereich die Erforschung des Wetters u. des Klimas gehört

Me|te|o|ro|lo|gie *die;* - ⟨*gr.*⟩: Wetterkunde; Wissenschaft von der Erdatmosphäre u. dem sich in ihr abspielenden Wettergeschehen

Me|te|o|ro|lo|gin *die;* -, -nen: weibliche Form zu ↑Meteorologe

me|te|o|ro|lo|gisch: die Meteorologie betreffend

m

me|te|o|ro|trop ⟨*gr.-nlat.*⟩: wetter-, klimabedingt

Me|te|o|ro|tro|pis|mus *der;* -: durch Wetterfühligkeit bedingter Krankheitszustand

Me|ter *der,* früher fachspr. auch *das;* -s, - ⟨*gr.-lat.-fr.*⟩: Längenmaß (Zeichen: m)

Me|tha|don *das;* -s ⟨Kurzw. aus *engl.* **d**i**methyl**-amino- u. **d**iphenyl u. hept**anon**e⟩: synthetisches ↑Derivat (3) des Morphins (als Ersatzdroge für Heroinabhängige)

Me|than *das;* -s ⟨*gr.-nlat.*⟩: farbloses, geruchloses u. brennbares Gas, einfachster gesättigter Kohlenwasserstoff (bes. als Heizgas verwendet)

Me|tha|nol *das;* -s ⟨Kurzw. aus **Methan** u. ↑Alkohol⟩: ↑Methylalkohol

Me|thod-Ac|ting ['mɛθədǀɛktɪŋ] *das;* -s ⟨*amerik.*⟩: Art der Schauspielerei, bei der die Schauspieler sich auf sich selbst konzentrieren, auf eigene Erfahrungen zurückgreifen

Me|tho|de *die;* -, -n ⟨*gr.-lat.*⟩: **1.** auf einem Regelsystem aufbauendes Verfahren, das zur Erlangung von [wissenschaftlichen] Erkenntnissen od. praktischen Ergebnissen dient. **2.** Art u. Weise eines Vorgehens

Me|tho|dik *die;* -, -en: **1.** Wissenschaft von den Verfahrensweisen der Wissenschaften. **2.** (ohne Plural) Unterrichtsmethode; Wissenschaft vom planmäßigen Vorgehen beim Unterrichten. **3.** in der Art des Vorgehens festgelegte Arbeitsweise

Me|tho|di|ker *der;* -s, -: **1.** planmäßig Verfahrender. **2.** Begründer einer Forschungsrichtung

Me|tho|di|ke|rin *die;* -, -nen: weibliche Form zu ↑Methodiker

me|tho|disch: **1.** die Methode (1) betreffend. **2.** planmäßig, überlegt, durchdacht, schrittweise

me|tho|di|sie|ren ⟨*lat.-nlat.*⟩: eine Methode in etwas hineinbringen

Me|tho|dis|mus *der;* - ⟨*gr.-lat.-engl.*⟩: aus dem Anglikanismus im 18. Jh. hervorgegangene evangelische Erweckungsbewegung mit religiösen Übungen u. bedeutender Sozialarbeit

Me|tho|dist *der;* -en, -en: Mitglied einer Methodistenkirche; vgl. Wesleyaner

Me|tho|dis|tin *die;* -, -nen: weibliche Form zu ↑Methodist

me|tho|dis|tisch: **a)** den Methodismus betreffend; **b)** in der Art des Methodismus denkend

Me|tho|do|lo|gie *die;* -, ...ien ⟨*gr.-nlat.*⟩: Methodenlehre, Theorie der wissenschaftlichen Methoden; vgl. Methodik (1)

me|tho|do|lo|gisch: zur Methodenlehre gehörend

Me|thyl *das;* -s ⟨*gr.-nlat.*⟩: einwertiger Methanrest in zahlreichen organisch-chemischen Verbindungen

Me|thyl|al|ko|hol *der;* -s: Methanol, Holzgeist, einfachster Alkohol; farblose, brennend schmeckende, sehr giftige Flüssigkeit

Me|thy|l|a|min *das;* -s, -e: einfachste organische ↑[1]Base, ein brennbares Gas

Me|thy|len *das;* -s ⟨*gr.-nlat.*⟩: eine frei nicht vorkommende, zweiwertige Atomgruppe (CH_2)

Me|thy|len|blau *das;* -[s] ⟨*gr.-nlat.; dt.*⟩: ein synthetischer Farbstoff

Me|ti|er [me'ti̯e:] *das;* -s, -s ⟨*lat.-fr.*⟩: bestimmte berufliche o. ä. Tätigkeit als jmds. Aufgabe, die er bzw. sie durch die Beherrschung der dabei erforderlichen Fertigkeiten erfüllt

Me|tist *der;* -en, -en ⟨*lat.-it.*⟩: Teilnehmer an einem ↑Metageschäft

Me|tis|tin *die;* -, -nen: weibliche Form zu ↑Metist

Me|t|ö|ke *der;* -n, -n ⟨*gr.-lat.*⟩: ortsansässiger Fremder ohne politische Rechte (in den altgriechischen Stadtstaaten)

Me|t|o|no|ma|sie *die;* -, ...ien ⟨*gr.;* »Umbenennung«⟩: Veränderung eines Eigennamens durch Übersetzung in eine fremde Sprache (z. B. Schwarzerd, gr. = Melanchthon)

Me|t|o|ny|mie *die;* -, ...ien ⟨*gr.;* »Namensvertauschung«⟩: übertragener Gebrauch eines Wortes od. einer Fügung für einen verwandten Begriff (z. B. Stahl für »Dolch«, Jung u. Alt für »alle«)

me|t|o|ny|misch: die Metonymie betreffend; nach Art der Metonymie

Me|t|o|pe *die;* -, -n ‹*gr.-lat.*›: abgeteilte, fast quadratische, bemalte od. mit Reliefs verzierte Platte aus gebranntem Ton od. Stein als Teil des Gebälks beim dorischen Tempel

Me|t|ra, Me|t|ren: *Plural* von ↑Metrum

Me|t|rik *die;* -, -en ‹*gr.-lat.*›: **1. a)** Verslehre; Lehre von den Gesetzmäßigkeiten des Versbaus u. den Versmaßen; **b)** Verskunst. **2.** (Musik) Lehre vom Takt u. von der Taktbetonung

Me|t|ri|ker *der;* -s, -: Fachmann auf dem Gebiet der Metrik

Me|t|ri|ke|rin *die;* -, -nen: weibliche Form zu ↑Metriker

me|t|risch: 1. die Metrik betreffend. **2.** auf den ↑Meter als Längeneinheit bezogen; **metrisches System:** urspr. auf dem Meter, dann auf Meter u. Kilogramm beruhendes Maß- u. Gewichtssystem

Me|t|ro *die;* -, -s ‹*gr.-lat.-fr.*›: Untergrundbahn (bes. in Paris u. Moskau)

Me|t|ro|lo|gie *die;* - ‹*gr.*›: Maß- u. Gewichtskunde

me|t|ro|lo|gisch: die Metrologie betreffend

Me|t|ro|nom *das;* -s, -e ‹*gr.*› (Musik): Gerät mit einer Skala, das im eingestellten Tempo zur Kontrolle mechanisch den Takt schlägt; Taktmesser

Me|t|ro|ny|mi|kon, Ma|t|ro|ny|mi|kon *das;* -s, ...ka ‹*gr.*›: vom Namen der Mutter abgeleiteter Name (z. B. Niobide: Sohn der Niobe); Ggs. ↑Patronymikon

Me|t|ro|po|le *die;* -, -n ‹*gr.-lat.;* »Mutterstadt«›: **a)** Hauptstadt mit weltstädtischem Charakter; Weltstadt; **b)** Stadt, die als Zentrum für etwas gilt

Me|t|ro|po|lis *die;* -, ...polen ‹*gr.:*› (veraltet): ↑Metropole

Me|t|ro|po|lit *der;* -en, -en: **a)** katholischer Erzbischof; **b)** in der orthodoxen Kirche Bischof als Leiter einer Kirchenprovinz

Me|t|ro|po|li|tan|kir|che *die;* -, -n ‹*gr.-lat.; gr.-dt.*›: Hauptkirche eines Metropoliten

Me|t|ro|ra|pid *der;* -[s] ‹Kurzw. aus ↑Metropole u. ↑rapid›: eine [für den Einsatz im Ruhrgebiet geplante] Magnetschwebebahn

me|t|ro|se|xu|ell ‹zu *engl.* metrosexual, zusammengezogen aus: **metro**politan »großstädtisch« u. hetero**sexual** »heterosexuell«›: als heterosexueller Mann bestimmte, sonst eher als feminin angesehene Interessen kultivierend

Me|t|rum *das;* -s, ...tren u. (älter:) ...tra ‹*gr.-lat.*›: **1.** Versmaß, metrisches Schema. **2.** (Musik) **a)** Zeitmaß, ↑Tempo (3); **b)** Taktart (z. B. $^3/_4$-Takt)

Met|ta|ge [...ʒə] *die;* -, -n ‹*lat.-fr.*›: Umbruch (Anordnung des Drucksatzes zu Seiten) [in einer Zeitungsdruckerei]

Met|te *die;* -, -n ‹*lat.-roman.*›: Nacht- od. Frühgottesdienst; nächtliches Gebet (Teil des ↑Breviers); vgl. Matutin

Met|teur [...ˈtøːɐ̯] *der;* -s, -e ‹*lat.-fr.*› (Druckw.): Schriftsetzer, der beim Bleisatz die Spalten zu Seiten umbricht u. druckfertig machte

Met|teu|rin [...ˈtørɪn] *die;* -, -nen: weibliche Form zu ↑Metteur

Meu|b|le|ment [møbləˈmãː] *das;* -s, -s ‹*lat.-mlat.-fr.*› (veraltet): Zimmer-, Wohnungseinrichtung

Mez|za|nin *das,* auch der; -s, -e ‹*lat.-it.-fr.*›: niedriges Zwischengeschoss, meist zwischen Erdgeschoss u. erstem Obergeschoss od. unmittelbar unter dem Dach (bes. in der Baukunst der Renaissance u. des Barocks)

mez|za vo|ce [-ˈvoːtʃə] ‹*lat.-it.*› (Musik): (Vortragsanweisung) mit halber Stimme (Abk.: m. v.)

mez|zo|for|te (Musik): halblaut, mittelstark (Abk.: mf)

Mez|zo|gior|no [...ˈdʒɔrno] *der;* - ‹*it.;* »Mittag«›: der Teil Italiens südlich von Rom, einschließlich Siziliens

mez|zo|pi|a|no (Musik): halbleise (Vortragsanweisung; Abk.: mp)

Mez|zo|so|p|ran *der;* -s, -e: **a)** Stimmlage zwischen Sopran u. Alt; **b)** Mezzosopransängerin

Mez|zo|tin|to *das;* -[s], -s u. ...ti: **a)** Schabkunst, Technik des Kupferstichs (bes. im 17. Jh.); **b)** Produkt dieser Technik

mi ‹*it.*›: Silbe, auf die beim Solmisieren der Ton e gesungen wird; vgl. Solmisation

Mi|as|ma *das;* -s, ...men ‹*gr.;* »Besudelung, Verunreinigung«›: früher angenommene giftige Ausdünstung des Bodens

mi|as|ma|tisch: giftig, ansteckend

mi|c|ro... vgl. mikro..., Mikro...

Mi|das|oh|ren *die* (Plural) ‹nach dem gr. Sagenkönig Midas›: Eselsohren

Mid|gard *der;* - ‹*altnord.*› (nord. Mythologie): von den Menschen bewohnte Welt; die Erde

Mid|gard|schlan|ge *die;* -: im Weltmeer lebendes Ungeheuer, das Midgard umschlingt (Sinnbild für das die Erde umgebende Meer)

mi|di ‹vermutlich Fantasiebildung zu *engl.* middle »Mitte« in Analogie zu ↑mini›: halblang, wadenlang (auf Kleider, Röcke od. Mäntel bezogen)

Mi|di|nette [...ˈnɛt] *die;* -, -n ‹*fr.*›: **1.** Pariser Modistin, Näherin. **2.** (veraltet) leichtlebiges Mädchen

Mid|life-Cri|sis, Mid|life|cri|sis ['mɪdlaifkraisɪs] *die; - ‹engl.-amerik.›*: Phase in der Lebensmitte [des Mannes], in der der Betroffene sein bisheriges Leben kritisch überdenkt, gefühlsmäßig in Zweifel zieht

Mid|ship|man [...ʃɪpmən] *der;* -s, ...men [...mən] *‹engl.›*: **a)** in der britischen Marine unterster Rang eines Seeoffiziers; **b)** in der amerikanischen Marine Seeoffiziersanwärter

Mi|g|non [mɪn'jõ:, 'mɪnjõ] *der;* -s, -s *‹fr.›* (veraltet): **1.** Liebling, Günstling. **2.** Kolonel

Mi|g|no|nette [...jo'nɛt] *die;* -, -s: **1.** schmale, feine Spitze aus Zwirn. **2.** klein gemusterter Kattun

Mi|g|non|fas|sung *die;* -, -en: Fassung für kleine Glühlampen

Mi|g|rä|ne *die;* -, -n *‹gr.-lat.-fr.›*: anfallsweise auftretender, meist einseitiger, u. a. mit Sehstörungen u. Erbrechen verbundener heftiger Kopfschmerz

Mi|g|rant *der;* -en, -en *‹lat.›*: **1.** (Zool.) ab- od. eingewandertes Tier. **2.** jmd., der eine Migration (2) vornimmt

m

Mi|g|ran|tin *die;* -, -nen: weibliche Form zu ↑Migrant (2)

Mi|g|ra|ti|on *die;* -, -en: **1.** (Zool.) **a)** dauerhafte Abwanderung od. dauerhafte Einwanderung einzelner Tiere od. einer Population in eine andere Population der gleichen Art; **b)** Wirtswechsel bei verschiedenen niederen Tieren, die von einer Pflanzenart auf eine andere überwandern. **2.** (Soziol.) Wanderung, Bewegung von Individuen od. Gruppen im geografischen od. sozialen Raum, die mit einem Wechsel des Wohnsitzes verbunden ist. **3.** das Wandern von Erdöl u. Erdgas vom Mutter- zum Speichergestein. **4.** (EDV) das Migrieren (2) von Daten, z. B. in ein anderes Betriebssystem

mi|g|rie|ren *‹lat.›*: **1. a)** (Biol.) wandern (z. B. von tierischen ↑Parasiten); **b)** emigrieren, auswandern. **2.** (EDV) Daten in ein anderes Betriebssystem o. Ä. überführen

Mijn|heer [mə'ne:ɐ̯] *der;* -s, -s *‹niederl.;* »mein Herr«›: **a)** (ohne Artikel) niederländische Anrede eines Herrn; **b)** (scherzh.) Niederländer

[1]**Mikado** *das;* -s, -s *‹jap.;* »erhabene Pforte«›: Geschicklichkeitsspiel mit dünnen, langen Holzstäbchen

[2]**Mi|ka|do** *der;* -s, -s: **1.** (Geschichte) Bezeichnung für den Kaiser von Japan; vgl. Tenno. **2.** das Hauptstäbchen im Mikadospiel

mikr..., Mikr... vgl. mikro..., Mikro...

mi|k|ro..., Mi|k|ro...

vor Vokalen meist: **mikr..., Mikr...**, bes. fachspr. auch: **mi|c|ro..., Mi|c|ro...**
‹gr. mikrós »klein, kurz, schwächlich, gering«›
Wortbildungselement mit den Bedeutungen:
a) »klein, fein, gering«:
- Mikrofaser
- Mikroklima
- Mikrokosmos
- mikroskopisch

b) »klein, kleiner als normal, sehr klein«:
- Mikrenzephalie
- Mikrochip
- mikrosoziologisch

Mi|k|ro...
Vorsatz vor naturwissenschaftlich-technischen Einheiten mit der Bedeutung »ein Millionstel der genannten Einheit« (Zeichen: *μ*):
- Mikrofarad
- Mikrometer

Mi|k|ro|ana|ly|se [auch: 'mi:kro...] *die;* -, -n: chemische Untersuchung mit kleinsten Stoffmengen

Mi|k|ro|be *die;* -, -n (meist Plural) *‹gr.-fr.›*: Mikroorganismus

mi|k|ro|bi|ell *‹gr.-nlat.›*: durch Mikroben hervorgerufen od. erzeugt

Mi|k|ro|bio|lo|ge *der;* -n, -n: Wissenschaftler auf dem Gebiet der Mikrobiologie

Mi|k|ro|bio|lo|gie *die;* -: Wissenschaftszweig, der sich mit der Erforschung der Mikroorganismen befasst

Mi|k|ro|bio|lo|gin *die;* -, -nen: weibliche Form zu ↑Mikrobiologe

Mi|k|ro|che|mie *die;* -: Zweig der Chemie, der mit mikroanalytischen Methoden arbeitet; vgl. Mikroanalyse

Mi|k|ro|chip [...tʃɪp] *der;* -s, -s: miniaturisierter ↑Chip (3)

Mi|k|ro|com|pu|ter *der;* -s, -: in extrem miniaturisierter Bauweise hergestellter Computer

Mi|k|ro|elek|t|ro|nik *die;* -: Zweig der ↑Elektronik, der sich mit Entwurf u. Herstellung von integrierten elektronischen Schaltungen mit hoher Dichte befasst

mi|k|ro|elek|t|ro|nisch: die Mikroelektronik betreffend, zu ihr gehörend

Mi|k|ro|fa|rad *das;* -[s], - (Physik): ein millionstel Farad (Zeichen: μF)

Mi|k|ro|fa|ser *die;* -, -n: Kunstfaser mit feinsten Strukturen, die zu leichten, wärme- u. feuchtigkeitsregulierenden Stoffen verarbeitet wird

Mi|k|ro|fau|na *die;* -, ...nen (Biol.): Kleintierwelt; Ggs. ↑Makrofauna

Mi|k|ro|fiche [...fi:ʃ] *das* od. *der;* -s, -s ⟨*gr.; fr.*⟩: Mikrofilm mit reihenweise angeordneten Mikrokopien

Mi|k|ro|film *der;* -[e]s, -e ⟨*gr.-nlat.*⟩: Film mit Mikrokopien

Mi|k|ro|fon, Mi|k|ro|phon *das;* -s, -e ⟨*gr.-nlat.*⟩: Gerät, durch das Töne, Geräusche u. Ä. auf Tonträger, über Lautsprecher u. Ä. übertragen werden können

mi|k|ro|fo|nisch, mi|k|ro|pho|nisch: zum Mikrofon gehörend, das Mikrofon betreffend

Mi|k|ro|gramm *das;* -s, -e: ein millionstel Gramm (Zeichen: µg)

Mi|k|ro|kli|ma *das;* -s, -s u. ...mate (Plural selten) (Meteorol.): **1.** ↑Mesoklima. **2.** Klima der bodennahen Luftschicht

Mi|k|ro|ko|pie *die;* -, ...ien: stark verkleinerte, nur mit Lupe o. Ä. lesbare fotografische Reproduktion von Schrift- od. Bilddokumenten

mi|k|ro|kos|misch: zum Mikrokosmos gehörend; Ggs. ↑makrokosmisch

Mi|k|ro|kos|mos, Mi|k|ro|kos|mus *der;* - ⟨*gr.-mlat.*⟩: **1.** (Biol.) die Welt der Kleinlebewesen. **2.** die Welt des Menschen als verkleinertes Abbild des Universums; Ggs. ↑Makrokosmos

[1]**Mi|k|ro|me|ter** *das;* -s, -: ein Feinmessgerät

[2]**Mi|k|ro|me|ter** *der od. das;* -s, -: ein millionstel Meter (Zeichen: µm)

Mi|k|ron *das;* -s, - (veraltet): [2]Mikrometer (Zeichen: µ)

Mi|k|ro|öko|no|mie *die;* -: wirtschaftstheoretisches Konzept, das die einzelnen wirtschaftlichen Erscheinungen untersucht; Ggs. ↑Makroökonomie

mi|k|ro|öko|no|misch: die Mikroökonomie betreffend; Ggs. ↑makroökonomisch

Mi|k|ro|or|ga|nis|mus *der;* -, ...men (meist Plural) (Biol.): pflanzlicher u. tierischer Organismus des mikroskopisch sichtbaren Bereiches

Mi|k|ro|phon vgl. Mikrofon

mi|k|ro|pho|nisch vgl. mikrofonisch

Mi|k|ro|phy|sik *die;* -: Physik der Moleküle u. Atome; Ggs. ↑Makrophysik

mi|k|ro|phy|si|ka|lisch: die Mikrophysik betreffend

Mi|k|ro|phyt *der;* -en, -en (meist Plural) (Biol., Med.): pflanzlicher Mikroorganismus (z. B. Pilze, Algen, Bakterien); Ggs. ↑Makrophyt

Mi|k|ro|pro|zes|sor *der;* -s, -en (EDV): standardisierter Baustein eines Computers, der Rechen- u. Steuerfunktion in sich vereint

Mi|k|ro|ra|dio|me|ter *das;* -s, -: Messgerät für kleinste Strahlungsmengen

Mi|k|ro|s|kop *das;* -s, -e ⟨*gr.*⟩: optisches Vergrößerungsgerät; Gerät, mit dem man sehr kleine Objekte vergrößert sehen kann

mi|k|ro|s|ko|pie|ren ⟨*gr.-nlat.*⟩: mit dem Mikroskop arbeiten

mi|k|ro|s|ko|pisch: **1.** nur durch das Mikroskop erkennbar. **2.** verschwindend klein, winzig. **3.** die Mikroskopie betreffend, mithilfe des Mikroskops

Mi|k|ro|spo|re *die;* -, -n (meist Plural): **a)** kleine männliche Spore einiger Farnpflanzen; **b)** Pollenkorn der Blütenpflanzen

Mi|k|ro|the|o|rie *die;* -, -n: Teilbereich der wirtschaftswissenschaftlichen Theorie, dessen Erkenntnisobjekt die Einzelgebiete der Volkswirtschaft od. einzelne Wirtschaftseinheiten sind; Ggs. ↑Makrotheorie

Mi|k|ro|tom *der* od. *das;* -s, -e (Biol., Med.): Präzisionsgerät zur Herstellung feinster Schnitte für mikroskopische Untersuchungen

Mi|k|ro|wel|le *die;* -, -n: **1.** (meist Plural) elektromagnetische Welle mit einer Länge zwischen 10 cm u. 1 mm, die bes. in der Radartechnik, zur Wärmeerzeugung u. Ä. eingesetzt wird. **2.** (ohne Plural) Bestrahlung mit Mikrowellen. **3.** (ugs.) Kurzform von ↑Mikrowellenherd

Mi|k|ro|wel|len|herd *der;* -[e]s, -e: Gerät bes. zum Auftauen u. Erwärmen von Speisen in wenigen Minuten mithilfe von Mikrowellen

Mi|k|ro|zen|sus *der;* -, - [...zu:s] ⟨*gr.; lat.*⟩: statistische Repräsentativerhebung der Bevölkerung u. des Erwerbslebens

Mi|k|ro|ze|pha|lie *die;* -, ...ien (Med.): abnorme Kleinheit des Kopfes (Abflachung des Hinterschädels u. fliehende Stirn); Ggs. ↑Makrozephalie

Mik|we *die;* -, Mikwaot u. -n ⟨*hebr.*⟩: jüdisches Ritualbad

mi|li|ar ⟨*lat.*⟩ (Med.): hirsekorngroß (z. B. von ↑Tuberkeln 2)

Mi|li|ar|tu|ber|ku|lo|se *die;* -, -n (Med.): meist rasch tödlich verlaufende Allgemeininfektion des Körpers mit kleinsten Herden in fast allen Organen

Mi|li|eu [mi'li̯ø:] *das;* -s, -s ⟨*lat.-fr.*⟩: **1.** [soziales] Umfeld, Umgebung. **2.** Lebensraum von Pflanzen, Tieren, Kleinstlebewesen u. Ä. **3.** (österr. veraltend) kleine Tischdecke. **4.** (bes. schweiz.) **a)** Welt der Prostituierten; **b)** Stadtteil, Straße, wo Prostituierte ihren Wirkungskreis haben

mi|li|tant ⟨*lat.*⟩: mit kriegerischen Mitteln für eine Überzeugung kämpfend; streitbar

Mi|li|tạnz *die;* -: militantes Verhalten, militante Einstellung

[1]**Mi|li|tä̱r** *das;* -s ⟨*lat.-fr.*⟩: **1.** Heerwesen, Gesamtheit der Soldaten eines Landes. **2.** (eine bestimmte Anzahl von) Soldaten

[2]**Mi|li|tä̱r** *der;* -s, -s (meist Plural): hoher Offizier

Mi|li|tä̱r|aka|de|mie *die;* -, -n: ↑Akademie (2) zur Aus- u. Weiterbildung von Soldaten u. Beamten der Militärverwaltung

Mi|li|tä̱r|at|ta|ché [...ʃeː] *der;* -s, -s ⟨*lat.-fr.; fr.*⟩: einer diplomatischen Vertretung zugeteilter Offizier

Mi|li|tä̱r|dik|ta|tur *die;* -, -en: ↑Diktatur, in der [2]Militärs die Herrschaft innehaben

Mi|li|ta̱|ria *die* (nur Plural) ⟨*lat.*⟩: **1.** (veraltet) Heeresangelegenheiten. **2. a)** Sammelobjekte verschiedenster Art aus dem militärischen Bereich; **b)** Bücher über das Militärwesen

mi|li|tä̱|risch ⟨*lat.-fr.*⟩: **1.** das [1]Militär betreffend; vgl. zivil (1). **2. a)** schneidig, forsch, soldatisch; **b)** streng geordnet

mi|li|ta|ri|si̲e̲|ren: militärische Anlagen errichten, Truppen aufstellen, das Heerwesen [eines Landes] organisieren

Mi|li|ta|rị̣s|mus *der;* -, ...men ⟨*lat.-fr.-nlat.*⟩: Zustand des Übergewichts militärischer Grundsätze, Ziele u. Wertvorstellungen in der Politik eines Staates u. die Übertragung militärischer Prinzipien auf alle Lebensbereiche

Mi|li|ta|rịst *der;* -en, -en: Anhänger des Militarismus

Mi|li|ta|rịs|tin *die;* -, -nen: weibliche Form zu ↑Militarist

Mi|li|tä̱r|jun|ta [...xʊnta, auch: ...jʊnta] *die;* -, ...ten ⟨*lat.-fr.; lat.-span.*⟩: Regierung von Offizieren, die meist durch einen militärischen Handstreich, durch Putsch an die Macht gekommen sind; vgl. Junta

Mi|li|tä̱r|mis|si|o̱n *die;* -, -en: **a)** ins Ausland entsandte Gruppe von Offizieren, die andere Staaten in militärischen Fragen beraten; **b)** Gebäude, in dem sich eine Militärmission (a) befindet

Mi|li|ta|ry [ˈmɪlɪtəri] *die;* -, -s ⟨*lat.-fr.-engl.*⟩: reitsportliche Vielseitigkeitsprüfung (bestehend aus Dressurprüfung, Geländeritt u. Jagdspringen)

Mi|li̱z *die;* -, -en ⟨*lat.*⟩: **1. a)** (Geschichte) Heer; **b)** Streitkräfte, deren Angehörige eine nur kurzfristige militärische Ausbildung haben u. erst im Kriegsfall einberufen werden. **2.** (bes. in einigen [ehemals] sozialistischen Staaten) Polizei mit halbmilitärischem Charakter. **3.** (schweiz.) Streitkräfte der Schweiz, denen nur Wehrpflichtige angehören

Mi|li|zi|o|nä̱r *der;* -s, -e: Angehöriger einer Miliz

Mi|li|zi|o|nä̱|rin *die;* -, -nen: weibliche Form zu ↑Milizionär

[1]**Mị̣l|le** *das;* -, - ⟨*lat.*⟩: Tausend (Abk.: M)

[2]**Mị̣l|le** *die;* -, - (meist Plural) (ugs.): tausend Euro

Mil|le|fi|o̱|ri|glas *das;* -es ⟨*lat.-it.; dt.*⟩: vielfarbiges, blumenartig gemustertes Kunstglas

Mil|l|e̱n|ni|um *das;* -s, ...ien: **1.** Jahrtausend. **2.** das Tausendjährige Reich der Offenbarung Johannis (20, 2 ff.); vgl. Chiliasmus

Mịl|li|am|pere [...lampɛːɐ̯] *das;* -[s], -: Einheit kleiner elektrischer Stromstärken; ein tausendstel ↑Ampere (Zeichen: mA)

Mịl|li|am|pere|me|ter *das;* -s, -: Gerät zur Messung geringer Stromstärken

Mil|li|ar|dä̱r *der;* -s, -e ⟨*lat.-fr.*⟩: Besitzer eines Vermögens von einer Milliarde od. mehr

Mil|li|ar|dä̱|rin *die;* -, -nen: weibliche Form zu ↑Milliardär

Mil|li|a̱r|de *die;* -, -n: 1 000 Millionen (Abk.: Md., Mrd. u. Mia.)

Mil|li|a̱rds|tel *das;* -s, -: der milliardste Teil

Mịl|li|bar *das;* -s, -s (aber: 2 -) (veraltend): Einheit für den Luftdruck, $^{1}/_{1000}$ Bar (Zeichen: mbar)

Mịl|li|gramm *das;* -s, -e (aber: 2 -): $^{1}/_{1000}$ Gramm (Zeichen: mg)

Mịl|li|li|ter *der,* auch: *das;* -s, -: $^{1}/_{1000}$ Liter (Zeichen: ml)

Mịl|li|me|ter [auch: ...ˈmeːtɐ] *der* od. *das;* -s, -: $^{1}/_{1000}$ Meter (Zeichen: mm)

Mil|li|o̱n *die;* -, -en ⟨*lat.-it.*⟩: 1 000 mal 1 000 (Abk.: Mill. u. Mio.)

Mil|li|o|nä̱r *der;* -s, -e ⟨*lat.-it.-fr.*⟩: Besitzer eines Vermögens von einer Million od. mehr

Mil|li|o|nä̱|rin *die;* -, -nen: weibliche Form zu ↑Millionär

Mil|li|o̱ns|tel, Mil|li|o̱n|tel *das,* schweiz. meist: *der;* -s, -: der millionste Teil

Mi̱|me *der;* -n, -n ⟨*gr.-lat.*⟩: Schauspieler; vgl. Mimus

mi̱|men (ugs.): **a)** ein Gefühl o. Ä. zeigen, das in Wirklichkeit nicht vorhanden ist; vortäuschen; **b)** so tun, als ob man jmd., etwas sei

Mi̱|men: *Plural* von ↑Mime u. ↑Mimus

Mi|me̱|se, Mi̱|me|sis *die;* -, ...e̱sen ⟨*gr.*⟩: **1.** nachahmende Darstellung der Natur im Bereich der Kunst (nach Plato, Aristoteles). **2.** (antike Rhet.) **a)** spottende Wiederholung der Rede eines anderen; **b)** Nachahmung eines Charakters dadurch, dass man der betreffenden Person Worte in den Mund legt, die den Charakter besonders gut kennzeichnen. **3.** (Biol.; nur Mimese) Schutztracht mancher Tiere, die sich vor allem in der Färbung ihrer Umgebung anpassen können; vgl. Mimikry

Mi|me|sis vgl. Mimese

mi|me|tisch ⟨*gr.-lat.*⟩: **1.** die Mimese betreffend; nachahmend, nachäffend. **2.** die Mimesie betreffend, durch Mimesie ausgezeichnet

Mi|mik *die;* -: Gebärden- u. Mienenspiel des Gesichts [des Schauspielers] als Nachahmung fremden od. als Ausdruck eigenen seelischen Erlebens

Mi|mi|ker *der;* -s, -: ↑Mimus (1)

Mi|mi|k|ry [...ri] *die;* - ⟨*gr.-lat.-engl.;* »Nachahmung«⟩: **1.** Selbstschutz von Tieren, der dadurch erreicht wird, dass das Tier die Gestalt, die Färbung, Zeichnung wehrhafterer od. nicht genießbarer Tiere täuschend nachahmt. **2.** der Täuschung u. dem Selbstschutz dienende Anpassung[sgabe]

Mi|min *die;* -, -nen: weibliche Form zu ↑Mime

mi|misch ⟨*gr.-lat.*⟩: **a)** die Mimik betreffend; **b)** den Mimen betreffend; **c)** schauspielerisch, von Gebärden begleitet

Mi|mo|se *die;* -, -n ⟨*gr.-lat.-nlat.*⟩: **1.** hoher Baum mit gefiederten Blättern, dessen gelbe Blüten wie kleine Kugeln an Rispen hängen; Silberakazie. **2.** (im tropischen Brasilien) als großer Strauch wachsende, rosaviolett blühende Pflanze, die ihre gefiederten Blätter bei der geringsten Erschütterung abwärtsklappt; Sinnpflanze. **3.** überempfindlicher, leicht zu kränkender Mensch

mi|mo|sen|haft: überaus empfindlich, verletzlich; verschüchtert

Mi|mus *der;* -, ...men ⟨*gr.-lat.*⟩: **1.** Darsteller in Mimen; vgl. Mimus (2). **2.** in der Antike [improvisierte] derb-komische Szene aus dem täglichen Leben auf der Bühne. **3.** (ohne Plural) ↑Mimik

Mi|na|rett *das;* -s, -e u. -s ⟨*arab.-türk.-fr.*⟩: schlanker Turm einer Moschee (zum Ausrufen der Gebetsstunden)

[1]**Mi|ne** *die;* -, -n ⟨*kelt.-mlat.-fr.*⟩: **1.** unterirdischer Gang. **2.** Bergwerk; unterirdisches Erzvorkommen. **3.** stäbchenförmige Bleistift-, Kugelschreibereinlage. **4.** gegen Personen, Landfahrzeuge u. Schiffe einsetzbarer Sprengkörper, der meist massenweise im Gelände bzw. im Wasser verlegt wird

[2]**Mi|ne** *die;* -, -n ⟨*gr.-lat.*⟩: **1.** altgriechische Gewichtseinheit. **2.** altgriechische Münze

Mi|ne|ral *das;* -s, -e u. -ien ⟨*kelt.-mlat.*⟩: jeder anorganische, chemisch u. physikalisch einheitliche u. natürlich gebildete Stoff der Erdkruste

mi|ne|ra|lisch: a) aus Mineralien entstanden; **b)** Mineralien enthaltend

Mi|ne|ra|lo|ge *der;* -n, -n ⟨*kelt.-mlat.-fr.; gr.*⟩: Kenner u. Erforscher der Mineralien u. Gesteine

Mi|ne|ra|lo|gie *die;* -: Wissenschaft von der Zusammensetzung der Mineralien u. Gesteine, ihrem Vorkommen u. ihren Lagerstätten

Mi|ne|ra|lo|gin *die;* -, -nen: weibliche Form zu ↑Mineraloge

mi|ne|ra|lo|gisch: die Mineralogie betreffend

Mi|ne|ral|öl *das;* -s, -e: durch ↑Destillation (1) von Erdöl erzeugter Kohlenwasserstoff (z. B. Heizöl, Benzin, Bitumen)

Mi|nes|t|ra *die;* -, ...ren ⟨*it.*⟩: **1.** (österr.) Kohlsuppe. **2.** ↑Minestrone

Mi|nes|t|ro|ne *die;* -, -n: italienische Gemüsesuppe mit Reis u. Parmesankäse

Mi|net|te *die;* -, -n ⟨*kelt.-mlat.-fr.*⟩: **1.** dunkelgraues, in gangförmiger Lagerung auftretendes Gestein. **2.** eisenhaltige, abbauwürdige Schichten des Mittleren ↑[2]Juras in Lothringen u. Luxemburg

mi|ni ⟨*lat.-it.-fr.-engl.;* Kurzform von *engl.* miniature⟩: sehr kurz, [weit] oberhalb des Knies endend (auf Kleider, Röcke od. Mäntel bezogen); Ggs. ↑maxi, ↑midi

[1]**Mi|ni** *das;* -s, -s: **1.** (ohne Plural) **a)** [weit] oberhalb des Knies endende, sehr kurze Kleidung; **b)** (von Röcken, Kleidern, Mänteln) Länge, die [weit] oberhalb des Knies endet. **2.** (ugs.) Kleid, das [weit] oberhalb des Knies endet; Minikleid

[2]**Mi|ni** *der;* -s, -s (ugs.): Rock, der [weit] oberhalb des Knies endet; Minirock

Mi|ni|a|tur *die;* -, -en ⟨*lat.-it.*⟩: **1. a)** Bild od. Zeichnung als Illustration einer [alten] Handschrift od. eines Buches; **b)** zierliche Kleinmalerei, kleines Bild[nis]. **2.** Schachproblem, das aus höchstens 7 Figuren gefügt ist

mi|ni|a|tu|ri|sie|ren: verkleinern (bes. von elektronischen Bauelementen)

Mi|ni|bi|ki|ni *der;* -s, -s: äußerst knapper, den Körper nur so wenig wie möglich bedeckender ↑Bikini

Mi|ni|car *der;* -s, -s ⟨*engl.*⟩: **1.** Kleintaxi. **2.** selbst gebasteltes Fahrzeug ohne Motor [mit dem Wettbewerbe ausgetragen werden]

mi|nie|ren ⟨*kelt.-mlat.-fr.*⟩: unterirdische Gänge, Stollen anlegen; vgl. [1]Mine (1)

mi|nim ⟨*lat.*⟩ (veraltet): geringfügig, minimal

mi|ni|mal ⟨*lat.-nlat.*⟩: **a)** sehr klein, sehr wenig, niedrigst; **b)** mindestens

Mi|ni|mal Art [ˈmɪnɪməl ˈa:ɐ̯t] *die;* - ⟨*engl.*⟩: amerikanische Kunstrichtung, die Formen u. Farbe auf die einfachsten Elemente reduziert

Mi|ni|ma|list *der;* -en, -en (Kunstwiss.): Vertreter der ↑Minimal Art

Mi|ni|ma|lis|tin *die;* -, -nen: weibliche Form zu ↑Minimalist

mi|ni|ma|lis|tisch: 1. die Minimal Art bzw. die

Minimal Music betreffend. **2.** geringfügig; in [bewusst] geringem Ausmaß; sich wenig bemühend

Mi|ni|mal|kon|sens *der;* -es, -e: ↑Konsens auf einer Basis, die trotz unterschiedlicher Weltanschauung od. politischer Richtung als kleinstmögliche Grundlage für ein gemeinsames Handeln dienen kann

Mi|ni|mal Mu|sic [ˈmɪnɪməl ˈmju:zɪk] *die;* - - ‹*engl.*›: Musikrichtung, die mit unaufhörlicher Wiederholung u. geringster ↑Variation einfachster Klänge arbeitet

mi|ni|mie|ren: so weit wie möglich verringern, verkleinern

Mi|ni|mie|rung *die;* -, -en: Verringerung, Verkleinerung

Mi|ni|mum *das;* -s, ...ma ‹*lat.;* »das Geringste, Mindeste«›: **1.** (Plural selten) geringstes, niedrigstes Maß; Mindestmaß; Ggs. ↑Maximum (1). **2. a)** (Math.) unterer Extremwert; Ggs. ↑Maximum (2 a); **b)** (Meteorol.) niedrigster Wert (bes. der Temperatur) eines Tages, einer Woche usw. od. einer Beobachtungsreihe; Ggs. ↑Maximum (2 b). **3.** (Meteorol.) Kern eines Tiefdruckgebiets; Ggs. ↑Maximum (3)

Mi|ni|rock *der;* -[e]s, ...röcke: sehr kurzer Rock

Mi|nis|ter *der;* -s, - ‹*lat.-fr.;* »Diener«›: Mitglied der Regierung eines Staates od. Landes, das einen bestimmten Geschäftsbereich verwaltet

Mi|nis|te|ri|al|di|rek|tor *der;* -s, -en: Abteilungsleiter in einem Ministerium

Mi|nis|te|ri|al|di|rek|to|rin *die;* -, -nen: weibliche Form zu ↑Ministerialdirektor

Mi|nis|te|ri|al|di|ri|gent *der;* -en, -en: Unterabteilungsleiter, Referatsleiter in einem Ministerium

Mi|nis|te|ri|al|di|ri|gen|tin *die;* -, -nen: weibliche Form zu ↑Ministerialdirigent

mi|nis|te|ri|ell ‹*lat.-mlat.-fr.*›: **a)** einen Minister betreffend; **b)** ein Ministerium betreffend; vgl. ...al/...ell

Mi|nis|te|rin *die;* -, -nen: weibliche Form zu ↑Minister

Mi|nis|te|ri|um *das;* -s, ...ien ‹*lat.-fr.*›: höchste Verwaltungsbehörde eines Staates od. Landes mit einem bestimmten Aufgabenbereich (Wirtschaft, Justiz u. a.)

Mi|nis|ter|prä|si|dent *der;* -en, -en: **1.** Leiter einer Landesregierung. **2.** Leiter der Regierung in bestimmten Staaten

Mi|nis|ter|prä|si|den|tin *die;* -, -nen: weibliche Form zu ↑Ministerpräsident

mi|nis|t|ra|bel ‹*lat.-nlat.*›: befähigt, Minister zu werden

Mi|nis|t|rant *der;* -en, -en ‹*lat.*›: katholischer Messdiener

Mi|nis|t|ran|tin *die;* -, -nen: weibliche Form zu ↑Ministrant

mi|nis|t|rie|ren: bei der Messe dienen

Mi|ni|um *das;* -s ‹*lat.*›: Mennige

Mink *der;* -s, -e ‹*engl.*›: nordamerikanische Marderart; Nerz

mi|no|isch ‹nach dem kretischen Sagenkönig Minos›: die Kultur Kretas von etwa 3000 bis 1200 v. Chr. (vor der Besiedlung durch griechische Stämme) betreffend

Mi|nor *der;* - ‹*lat.*› (Logik): der »kleinere, engere Begriff« im ↑Syllogismus

Mi|no|rat *das;* -[e]s, -e ‹*lat.-nlat.*›: **1.** Vorrecht des Jüngsten auf das Erbgut; Jüngstenrecht. **2.** (Rechtswiss.) nach dem Jüngstenrecht zu vererbendes Gut; vgl. Majorat

mi|no|renn ‹*lat.-mlat.*› (veraltet): minderjährig, unmündig; Ggs. ↑majorenn

Mi|no|ren|ni|tät *die;* - (Rechtsspr. veraltet): Minderjährigkeit, Unmündigkeit; Ggs. ↑Majorennität

Mi|no|rist *der;* -en, -en ‹*lat.-nlat.*›: katholischer Kleriker der niederen Weihegrade

Mi|no|rit *der;* -en, -en ‹»Geringerer«›: ↑Franziskaner, insbesondere Angehöriger des Zweiges der ↑Konventualen (2)

Mi|no|ri|tät *die;* -, -en ‹*lat.-mlat.-fr.*›: Minderzahl, Minderheit; Ggs. ↑Majorität

Mins|t|rel *der;* -s, -s ‹*lat.-fr.-engl.*›: **1.** mittelalterlicher Spielmann u. Sänger in England im Dienste eines Adligen; vgl. Menestrel. **2.** fahrender Musiker od. Sänger im 18. u. 19. Jh. in den USA

Mi|nu|end *der;* -en, -en ‹*lat.*›: Zahl, von der etwas abgezogen werden soll

Mi|nus|kel *die;* -, -n: Kleinbuchstabe; Ggs. ↑Majuskel

Mi|nu|te *die;* -, -n ‹*lat.-mlat.*›: **1.** der sechzigste Teil einer Stunde (Abk.: Min.; Zeichen: min (für die Uhrzeit: ^{min} od. ^{m}). **2.** (Math.) der sechzigste Teil eines Grades (Zeichen: ′)

mi|nu|ti|ös [minuˈtsi̯øːs], **mi|nu|zi|ös** ‹*lat.-fr.*›: **1.** peinlich genau, äußerst gründlich. **2.** (veraltet) kleinlich

mi|nüt|lich, mi|nut|lich: jede Minute

mi|nu|zi|ös vgl. minutiös

mio|zän ‹*gr.-nlat.*›: das Miozän betreffend

Mio|zän *das;* -s (Geol.): zweitjüngste Abteilung des ↑Tertiärs

Mi|ra|bel|le *die;* -, -n ‹*fr.*›: gelbe, kleinfruchtige, süße Pflaume[nart]

Mi|rage [miˈraːʒ] *die;* -, -n ‹*lat.-fr.*›: **a)** (Meteorol.) Luftspiegelung; **b)** (veraltet) leichter Selbstbetrug, Selbsttäuschung

Mi|ra|kel *das;* -s, - ‹*lat.*›: **1.** Wunder, wunderbare

Begebenheit; Gebetserhörung (an Wallfahrtsorten). **2.** mittelalterliches Drama über Marien- u. Heiligenwunder; Mirakelspiel

mi|ra|ku|lös (veraltet): durch ein Wunder bewirkt

Mir|za *der;* -[s], -s ‹*pers.;* »Fürstensohn«›: persischer Ehrentitel (vor dem Namen »Herr«; hinter dem Namen »Prinz«)

Mi|s|an|th|rop *der;* -en, -en: Menschenfeind, -hasser; Ggs. ↑Philanthrop

Mi|s|an|th|ro|pie *die;* -: Menschenhass, -scheu; Ggs. ↑Philanthropie

Mi|s|an|th|ro|pin *die;* -, -nen: weibliche Form zu ↑Misanthrop

mi|s|an|th|ro|pisch: menschenfeindlich, menschenscheu; Ggs. ↑philanthropisch

Misch|na *die;* - ‹*hebr.;* »Unterweisung«›: Sammlung der jüdischen Gesetzeslehre aus dem 2. Jh. n. Chr. (Grundlage des ↑Talmuds)

Mi|se *die;* -, -n ‹*lat.-fr.*›: **1.** einmalige Prämie bei der Lebensversicherung. **2.** Spieleinsatz beim Glücksspiel

mi|se|ra|bel ‹*lat.-fr.*› (ugs.): **a)** auf ärgerliche Weise sehr schlecht; **b)** erbärmlich; **c)** moralisch minderwertig, niederträchtig, gemein

Mi|se|re *die;* -, -n: Elend, Unglück, Notsituation, -lage

Mi|se|re|or *das;* -[s] ‹*lat.;* »ich erbarme mich«›: katholische Organisation, die mit einem jährlichen Fastenopfer der deutschen Katholiken den Menschen in den Entwicklungsländern helfen will (seit 1959)

Mi|se|re|re *das;* -s (»erbarme dich!«): **1.** Anfang und Bezeichnung des 51. Psalms (Bußpsalm) in der ↑Vulgata. **2.** (Med.) Koterbrechen bei Darmverschluss

Mi|se|ri|cor|di|as Do|mi|ni ‹nach dem alten ↑Introitus des Gottesdienstes, Psalm 89,2: »die Barmherzigkeit des Herrn«›: zweiter Sonntag nach Ostern

Mi|se|ri|kor|die [...i̯ə] *die;* -, -n: [mit Schnitzereien versehener] Vorsprung an den Klappsitzen des Chorgestühls als Stütze während des Stehens

Mi|so|gam *der;* -s u. -en, -e[n] ‹*gr.*›: Ehefeind

Mi|so|ga|mie *die;* - (Med., Psychol.): Ehescheu

Miss *die;* -, -es ‹*lat.-fr.-engl.*›: **1.** (ohne Artikel) englische Anrede für eine (meist unverheiratete) Frau. **2.** (veraltet) aus England stammende Erzieherin. **3.** Schönheitskönigin (häufig in Verbindung mit einem Länder- od. Ortsnamen, z. B. Miss Germany)

Mis|sa *die;* -, ...ae [...ɛ] ‹*lat.-mlat.*›: kirchenlat. Bez. der ↑¹Messe (1)

Mis|ses: *Plural* von ↑Miss

Mis|sile [ˈmɪsai̯l, auch: ˈmɪsl̩] *das;* -s, -s ‹*engl.*› (Militär): Flugkörpergeschoss

Mis|sing Link *das,* auch *der;* - -s, - -s ‹*engl.;* »fehlendes Glied«› (Biol.): [noch] nicht nachgewiesene Übergangsform in der stammesgeschichtlichen Entwicklung

Mis|si|on *die;* -, -en ‹*lat.-mlat.*›: **1.** Sendung, [ehrenvoller] Auftrag, innere Aufgabe. **2.** Verbreitung einer religiösen Lehre unter Andersgläubigen; **innere Mission:** religiöse Erneuerung u. Sozialarbeit im eigenen Volk. **3.** [ins Ausland] entsandte Person[engruppe] mit besonderem Auftrag (z. B. Abschluss eines Vertrages). **4.** diplomatische Vertretung eines Staates im Ausland

Mis|si|o|nar, österr. nur: **Mis|si|o|när** *der;* -s, -e ‹*lat.-nlat.*›: in der [christlichen] Mission (2) tätiger Geistlicher od. Laie; Glaubensbote

Mis|si|o|na|rin, österr. nur: **Mis|si|o|nä|rin** *die;* -, -nen: weibliche Form zu ↑Missionar

mis|si|o|na|risch: die Mission (2) betreffend; auf Bekehrung hinzielend

mis|si|o|nie|ren: eine (bes. die christliche) Glaubenslehre verbreiten

Mis|si|ons|chef *der;* -s, -s: **a)** Leiter einer diplomatischen Vertretung im Ausland; vgl. Mission (4); **b)** ↑Chef de Mission

Mis|t|ral *der;* -s, -e ‹*lat.-provenzal.-fr.*›: kalter Nord[west]wind im Rhonetal, in der Provence u. an der französischen Mittelmeerküste

Mis|zel|la|ne|en [auch: ...ˈla:neən], **Mis|zel|len** *die* (Plural) ‹*lat.*›: kleine Aufsätze verschiedenen Inhalts; Vermischtes, bes. in wissenschaftlichen Zeitschriften

Mi|th|rä|um *das;* -s, ...räen ‹*pers.-gr.-nlat.*›: unterirdischer Kultraum des altpersischen Rechts- u. Lichtgottes Mithra[s] (vielfach im römischen Heeresgebiet an Rhein u. Donau)

Mi|to|chon|d|ri|um [...x...] *das;* -s, ...ien ‹*gr.-nlat.*› (Biol.): faden- od. kugelförmiges Gebilde in menschlichen, tierischen u. pflanzlichen Zellen, das der Atmung u. dem Stoffwechsel der Zelle dient

Mi|to|se *die;* -, -n ‹*gr.-nlat.*› (Biol.): Zellkernteilung mit Längsspaltung der Chromosomen; indirekte Zellkernteilung; Ggs. ↑Amitose

Mi|t|ra *die;* -, ...ren ‹*gr.-lat.*›: **1.** Kopfbedeckung hoher katholischer Geistlicher; Bischofsmütze. **2.** mützenartige Kopfbedeckung altorientalischer Herrscher. **3. a)** bei den Griechen u. Römern Stirnbinde der Frauen; **b)** metallener Leibgurt der Krieger. **4.** (Med.) haubenartiger Kopfverband

Mi|t|rail|leu|se [mitra(l)ˈjø:zə] *die;* -, -n ‹*fr.*›: französisches Salvengeschütz (1870–1871), Vorläufer des Maschinengewehrs

Mi|t|ro|pa *die;* - ⟨Kunstw.⟩: Mitteleuropäische Schlaf- und Speisewagen-Aktiengesellschaft

Mix *der;* -[es], -e ⟨*lat.-fr.-engl.*⟩ (Jargon): Gemisch, spezielle Mischung

Mixed [mɪkst] *das;* -[s], -[s] ⟨*lat.-fr.-engl.*⟩: gemischtes Doppel (aus je einem Spieler u. einer Spielerin auf jeder Seite) im Tennis, Tischtennis u. Badminton

Mixed-Me|dia-Show [...ʃoʊ] *die;* -, -s: ↑Multimediashow

Mixed Pi|ck|les, Mixed|pi|ck|les [ˈmɪkst ˈpɪkl̩s, auch: ˈmɪkstpɪkl̩s], **Mix|pi|ck|les** [ˈmɪkspɪkl̩s] *die* (Plural) ⟨*engl.*⟩: in Essig eingelegte Stückchen verschiedener Gemüsesorten, bes. Gurken

mi|xen ⟨*lat.-fr.-engl.*⟩: **1.** (bes. Getränke) mischen. **2.** die auf verschiedene Bänder aufgenommenen akustischen Elemente eines Films (Sprache, Musik, Geräusche) aufeinander abstimmen u. auf eine Tonspur überspielen. **3.** Speisen mit einem elektrischen Küchengerät zerkleinern u. mischen. **4.** (Eishockey) den Puck mit dem Schläger schnell hin u. her schieben

m

Mi|xer *der;* -s, -: **1.** jmd., der [in einer Bar] alkoholische Getränke mischt. **2. a)** Tontechniker, der getrennt aufgenommene akustische Elemente eines Films auf eine Tonspur überspielt; **b)** Gerät zum Mixen (2). **3.** (bei der Zubereitung von Getränken, Speisen gebrauchtes) elektrisches Gerät zum Zerkleinern u. Vermischen

Mi|xe|rin *die;* -, -nen: weibliche Form zu ↑Mixer (1, 2 a)

Mix|pi|ck|les [ˈmɪkspɪkl̩s] vgl. Mixed Pickles

Mix|tum com|po|si|tum *das;* - -, ...ta ...ta: Durcheinander, buntes Gemisch

Mix|tur *die;* -, -en: **1.** Mischung; flüssige Arzneimischung. **2.** (Musik) Orgelregister, das auf jeder Taste mehrere Pfeifen in Oktaven, Terzen, Quinten, auch Septimen ertönen lässt

Mne|mo|nik *die;* - ⟨*gr.*⟩: ↑Mnemotechnik

Mne|mo|ni|ker *der;* -s, -: ↑Mnemotechniker

Mne|mo|ni|ke|rin *die;* -, -nen: weibliche Form zu ↑Mnemoniker

mne|mo|nisch: ↑mnemotechnisch

Mne|mo|tech|nik [...ˈtɛç...] *die;* -, -en: Technik, Verfahren, sich etwas leichter einzuprägen, seine Gedächtnisleistung zu steigern, z. B. durch systematische Übung od. Lernhilfen (wie z. B. Merkverse)

Mne|mo|tech|ni|ker [auch: ...ˈtɛç...] *der;* -s, -: jmd., der die Mnemotechnik beherrscht

Mne|mo|tech|ni|ke|rin *die;* -, -nen: weibliche Form zu ↑Mnemotechniker

mne|mo|tech|nisch [auch: ...tɛç...]: die Mnemotechnik betreffend

Moa *der;* -[s], -s ⟨*maorisch*⟩: ausgestorbener, sehr großer, straußenähnlicher neuseeländischer Laufvogel (bis 3,50 m hoch)

Mob *der;* -s, -s ⟨*lat.-engl.*⟩ (abwertend): **1.** Pöbel. **2.** kriminelle Bande, organisiertes Verbrechertum

mob|ben ⟨*engl.*⟩: (einen Kollegen, eine Kollegin) ständig schikanieren, quälen, verletzen [mit der Absicht, ihn zur Aufgabe seines Arbeitsplatzes zu veranlassen]

Mob|bing *das;* -[s]: das Mobben

mo|bil ⟨*lat.-fr.*⟩: **1. a)** beweglich, nicht an einen festen Standort gebunden; Ggs. ↑immobil (1); **b)** den Wohnsitz u. Arbeitsplatz häufig wechselnd. **2.** für den Krieg bestimmt od. ausgerüstet; einsatzbereit; Ggs. ↑immobil (2). **3.** (ugs.) wohlauf, gesund; lebendig, munter; **mobiles Buch:** Loseblattsammlung

Mo|bil|com|pu|ter *der;* -s, - (EDV): **a)** tragbarer Computer (z. B. ein Notebook); **b)** für den Einbau in Fahrzeuge konstruierter Computer

Mo|bi|le *das;* -s, -s ⟨*lat.-mlat.-engl.*⟩: hängend befestigtes Gebilde aus [Metall]plättchen, Stäben, Figuren u. Drähten, das durch Luftzug, Warmluft od. Anstoßen in Bewegung gerät

Mo|bil|funk *der;* -s: Funk zwischen mobilen od. zwischen mobilen u. festen Stationen

Mo|bi|li|ar *das;* -s, -e ⟨*lat.-mlat.-nlat.*⟩: Gesamtheit der Möbel u. sonstigen Einrichtungsgegenstände [einer Wohnung]

Mo|bi|li|en *die* (Plural) ⟨*lat.-mlat.*⟩: **1.** Hausrat, Möbel. **2.** (Wirtsch.) bewegliche Güter; Ggs. ↑Immobilien

Mo|bi|li|sa|ti|on *die;* -, -en ⟨*lat.-fr.*⟩: **1.** (Med.) das Mobilisieren (3). **2.** ↑Mobilmachung; Ggs. ↑Demobilisation (a). **3.** das Mobilisieren (4); vgl. ...ation/...ierung

mo|bi|li|sie|ren: **1.** (Militär) mobilmachen; Ggs. ↑demobilisieren (a). **2.** (Wirtsch.) beweglich, zu Geld machen. **3.** (Med.) auf operativem Weg ein Organ [wieder] beweglich machen. **4. a)** in Bewegung versetzen, zum Handeln veranlassen; **b)** rege, wirksam machen; aktivieren

Mo|bi|li|sie|rung *die;* -, -en: **1.** (Biol.) Aktivierung von Lebensvorgängen. **2.** Umwandlung von in Aktien o. Ä. gebundenem Kapital in Geldvermögen. **3.** ↑Mobilmachung; Ggs. ↑Demobilisierung. **4.** das Mobilisieren (3, 4); vgl. ...ation/...ierung

Mo|bi|li|tät *die;* - ⟨*lat.*⟩: **1.** (geistige) Beweglichkeit. **2.** Beweglichkeit von Individuen od. Gruppen innerhalb der Gesellschaft. **3.** (Bevölkerungsstatistik) Häufigkeit des Wohnsitzwechsels einer Person

Mo|bi|l|ma|chung *die;* -, -en: Vorbereitung auf einen bevorstehenden Krieg durch Einberufung der Reserve u. Aufstellung neuer Truppenteile

Mo|bil|te|le|fon *das;* -s, -e: (innerhalb eines bestimmten Gebiets) von praktisch jedem beliebigen Ort aus benutzbares Funktelefon

mö|b|lie|ren ‹*lat.-mlat.-fr.*›: mit Hausrat einrichten, ausstatten

Mobs|ter *der;* -s, - ‹*lat.-engl.-amerik.*›: Gangster, Bandit

mo|dal ‹*lat.-mlat.*›: **1.** (Philos.; Sprachw.) den Modus (1) betreffend, die Art u. Weise bezeichnend; **modale Konjunktion** (Sprachw.): die Art und Weise bestimmendes Bindewort (z. B. wie, indem); **modale Persönlichkeit** (Soziol.): Persönlichkeit mit Verhaltensweisen, die typisch für den Kulturkreis sind, dem sie angehört. **2.** (Musik) in Modalnotation notiert, sie betreffend

Mo|dal|be|stim|mung *die;* -, -en (Sprachw.): Umstandsbestimmung der Art u. Weise (z. B. sie malt *ausdrucksvoll*)

Mo|da|li|tät *die;* -, -en: **1.** (Philos.; Sprachw.) Art u. Weise [des Seins, des Denkens]. **2.** (meist Plural) Art u. Weise der Aus- u. Durchführung eines Vertrages, Beschlusses o. Ä.

Mo|dal|satz *der;* -es, ...sätze (Sprachw.): Adverbialsatz der Art u. Weise (z. B.: ich half ihm, *indem ich ihm Geld schickte*)

Mo|dal|verb *das;* -s, -en (Sprachw.): Verb, das in Verbindung mit einem reinen Infinitiv ein anderes Sein od. Geschehen modifiziert (z. B.: er *will* kommen)

Mo|de *die;* -, -n ‹*lat.-fr.*›: **1. a)** Brauch, Sitte zu einem bestimmten Zeitpunkt; **b)** Tages-, Zeitgeschmack. **2.** die zu einem bestimmten Zeitpunkt bevorzugte Art, sich zu kleiden od. zu frisieren. **3.** (meist Plural) dem herrschenden Zeitgeschmack entsprechende od. ihn bestimmende Kleidung

[1]**Mo|del** *der;* -s, -, **Mo|dul** *der;* -s, -n ‹*lat.*›: **1.** Halbmesser des unteren Teils einer antiken Säule (Maßeinheit zur Bestimmung architektonischer Verhältnisse, bes. in der Antike u. Renaissance). **2.** Hohlform für die Herstellung von Gebäck od. zum Formen von Butter. **3.** erhabene Druckform für Stoff- u. Tapetendruck. **4.** Stick- u. Wirkmuster

[2]**Mo|del** *das;* -s, -s ‹*lat.-vulgärlat.-it.-engl.*›: Mannequin, Fotomodell

Mo|dell *das;* -s, -e ‹*lat.-vulgärlat.-it.*›: **1.** Muster, Vorbild. **2.** Entwurf od. Nachbildung in kleinerem Maßstab (z. B. eines Bauwerks). **3.** [Holz]form zur Herstellung der Gussform. **4.** Kleidungsstück, das eine Einzelanfertigung ist. **5.** Mensch od. Gegenstand als Vorbild für ein Werk der bildenden Kunst. **6.** Typ, Ausführungsart eines Fabrikats. **7.** vereinfachte Darstellung der Funktion eines Gegenstands od. des Ablaufs eines Sachverhalts, die eine Untersuchung od. Erforschung erleichtert od. erst möglich macht. **8.** Mannequin; vgl. [2]Model. **9.** (verhüll.) ↑Callgirl

Mo|del|leur [...ˈløːɐ̯] *der;* -s, -e: ↑Modellierer

Mo|del|leu|rin [...ˈløːrɪn] *die;* -, -nen: weibliche Form zu ↑Modelleur

mo|del|lie|ren ‹*lat.-vulgärlat.-it.*›: [eine Plastik] formen, ein Modell herstellen

Mo|del|lie|rer *der;* -s, -: Former, Musterformer

Mo|del|lie|re|rin *die;* -, -nen: weibliche Form zu ↑Modellierer

Mo|dem *der,* auch: *das;* -s, -s ‹Kurzw. aus *engl.* **mo**dulator u. **dem**odulator›: Gerät zur Übertragung von Daten über Fernsprechleitungen

Mo|de|ra|men *das;* -s, - u. ...mina: **1.** (veraltet) Mäßigung. **2.** gewähltes Vorstandskollegium einer reformierten ↑Synode

mo|de|rat: gemäßigt, maßvoll

Mo|de|ra|ti|on *die;* -, -en: **1.** (veraltet) Mäßigung; Gleichmut. **2.** Leitung u. Redaktion einer Rundfunk- od. Fernsehsendung

mo|de|ra|to ‹*lat.-it.*› (Musik): (Vortragsanweisung) gemäßigt, mäßig schnell (Abk.: mod.)

Mo|de|ra|to *das;* -s, -s u. ...ti (Musik): Musikstück in mäßig schnellem Zeitmaß

Mo|de|ra|tor *der;* -s, ...oren ‹*lat.*›: **1.** [leitender] Redakteur einer Rundfunk- od. Fernsehanstalt, der durch eine Sendung führt u. dabei die einzelnen Programmpunkte ankündigt, erläutert u. kommentiert. **2.** (Kernphysik) Stoff, der Neutronen hoher Energie abbremst. **3.** Vorsteher eines Moderamens (2)

Mo|de|ra|to|rin *die;* -, -nen: weibliche Form zu ↑Moderator (1)

mo|de|rie|ren: **1.** (eine Rundfunk- od. Fernsehsendung) mit einleitenden u. verbindenden Worten versehen. **2.** (veraltet, aber noch landsch.) mäßigen

mo|dern ‹*lat.-fr.*›: **1.** der Mode entsprechend. **2.** neuzeitlich, -artig

Mo|der|ne *die;* -: **1.** moderne Richtung in Literatur, Musik u. Kunst. **2.** die jetzige Zeit u. ihr Geist

mo|der|ni|sie|ren: **1.** der gegenwärtigen Mode entsprechend umgestalten, umändern (von Kleidungsstücken o. Ä.). **2.** nach neuesten technischen od. wissenschaftlichen Erkenntnissen ausstatten od. verändern

Mo|der|nis|mus *der;* -, ...men ‹*lat.-fr.-nlat.*›:

1. (ohne Plural) Bejahung des Modernen; Streben nach Modernität [in Kunst u. Literatur]. 2. (ohne Plural) liberal-wissenschaftliche Reformbewegung in der katholischen Kirche (1907 von Pius X. verurteilt). 3. modernes Stilelement

Mo|der|nist *der;* -en, -en: Anhänger des Modernismus (1, 2)

Mo|der|nis|tin *die;* -, -nen: weibliche Form zu ↑Modernist

mo|der|nis|tisch: zum Modernismus gehörend; sich modern gebend

Mo|der|ni|tät *die;* -, -en: 1. (ohne Plural) neuzeitliches Verhalten, Gepräge. 2. Neuheit

Mo|dern Jazz ['mɔdən 'dʒæz] *der;* - - ⟨*engl.*⟩: Stilrichtung des Jazz, etwa seit 1945

Mo|di: *Plural* von ↑Modus

Mo|di|fi|ka|ti|on *die;* -, -en: 1. Abwandlung, Veränderung, Einschränkung. 2. (Biol.) das Abgewandelte, Veränderte, die durch äußere Faktoren bedingte nicht erbliche Änderung bei Pflanzen, Tieren od. Menschen. 3. (Chemie) durch die Kristallstruktur bedingte Zustandsform, in der ein Stoff vorkommt

mo|di|fi|zie|ren: einschränken, abändern; abwandeln; **modifizierendes Verb** (Sprachw.): Verb, das ein durch einen Infinitiv mit »zu« ausgedrücktes Sein od. Geschehen modifiziert (z. B.: er *pflegt* lange zu schlafen)

m

mo|disch ⟨*lat.-fr.*⟩: nach der Mode

Mo|dist *der;* -en, -en: 1. Schreibkünstler des Spätmittelalters. 2. (veraltet) Modewarenhändler

Mo|dis|tin *die;* -, -nen: Hutmacherin

Mo|dul vgl. ¹Model

¹Mo|dul *der;* -s, -n ⟨*lat.*⟩: 1. vgl. ¹Model. 2. (Math.) **a)** (in verschiedenen Zusammenhängen) zugrunde liegendes Verhältnis, zugrunde liegende Verhältniszahl; **b)** ↑Divisor (natürliche Zahl), in Bezug auf den zwei ganze Zahlen ↑kongruent (2b) sind, d. h. bei der ↑Division (1) den gleichen Rest ergeben; **c)** absoluter Betrag einer ↑komplexen Zahl. 3. **a)** (Physik, Technik) (in verschiedenen Zusammenhängen) ↑Materialkonstante (z. B. Elastizitätsmodul); **b)** (Technik) Maß für die Berechnung der Zahngröße bei Zahnrädern

²Mo|dul *das;* -s, -e ⟨*lat.-engl.*⟩: 1. (bes. Elektrot.) austauschbares, komplexes Teil eines Geräts od. einer Maschine, das eine geschlossene Funktionseinheit bildet. 2. (Informatik) eine sich aus mehreren Elementen zusammensetzende Einheit innerhalb eines Gesamtsystems, die jederzeit ausgetauscht werden kann

mo|du|lar ⟨*lat.-engl.*⟩: 1. in der Art eines ²Moduls (1); wie ein Bauelement beschaffen. 2. das ↑²Modul betreffend

Mo|du|la|ti|on *die;* -, -en ⟨*lat.*⟩: 1. Beeinflussung einer Trägerfrequenz zum Zwecke der Übertragung von Nachrichten auf Drahtleitungen od. auf drahtlosem Weg. 2. (Musik) Übergang von einer Tonart in die andere

Mo|du|la|tor *der;* -s, ...oren ⟨*lat.-nlat.*⟩: Gerät zur Modulation (1)

mo|du|lie|ren ⟨*lat.*⟩: 1. abwandeln. 2. (eine Frequenz) zum Zwecke der Nachrichtenübermittlung beeinflussen. 3. in eine andere Tonart übergehen

Mo|dus [auch: 'mɔ...] *der;* -, ...di: 1. Art u. Weise [des Geschehens od. Seins]. 2. (Sprachw.) grammatische Kategorie des Verbs zum Ausdruck der Modalität (1) (z. B. Indikativ, Konjunktiv, Imperativ). 3. (Musik) **a)** Kirchentonart; **b)** eine von sechs rhythmischen Grundformen (in Modalnotation aufgezeichneter) mehrstimmiger Musik des 13. Jh.s; **c)** (in der Mensuralnotation) Verhältnis zwischen Maxima u. Longa od. zwischen Longa u. Brevis. 4. (Statistik) statistischer Mittelwert, in einer Reihe am häufigsten vorkommender Wert

Mo|dus Ope|ran|di *der;* - -, ...di -: Art u. Weise des Handelns, Tätigwerdens

Mo|fa *das;* -s, -s ⟨Kurzw. aus **Motorfahrrad**⟩: Kleinkraftrad mit geringer Höchstgeschwindigkeit (bis 25 km/h) u. Pedalstart

Mo|fet|te *die;* -, -n ⟨*germ.-it.-fr.*⟩ (Geol.): Stelle der Erdoberfläche, an der Kohlensäure vulkanischen Ursprungs ausströmt

Mo|gul [auch: ...'gu:l] *der;* -s, -n ⟨*pers.*⟩ (Geschichte): muslimische Herrscherdynastie mongolischer Herkunft in Indien (1526–1857)

Mo|hair *der;* -s, -e ⟨*arab.-it.-engl.*⟩: 1. Wolle der Angoraziege. 2. Stoff aus der Wolle der Angoraziege

Mo|ham|me|da|ner *der;* -s, - ⟨nach dem Stifter des Islams, Mohammed, um 570–632 n. Chr.⟩: veraltete Bez. für ↑Muslim

Mo|ham|me|da|ne|rin *die;* -, -nen: weibliche Form zu ↑Mohammedaner

Mo|ham|me|da|nis|mus *der;* -: veraltete Bez. für ↑Islam

Mo|hi|ka|ner: in der Fügung **der letzte Mohikaner** od. **der Letzte** od. **letzte der Mohikaner** (ugs. scherzh.): jmd., der von vielen übrig geblieben ist; etwas, was von vielem übrig geblieben ist; der od. das Letzte

Moi|ra *die;* -, ...ren ⟨*gr.*⟩: 1. (ohne Plural) das nach griechischem Glauben Göttern u. Menschen zugeteilte Schicksal. **2.** griechische Schicksalsgöttin

Moi|ré [mo̯a're:] *das;* -[s], -s ⟨*arab.-it.-engl.-fr.*⟩: **1.** (auch: *der*) Stoff mit Wasserlinienmusterung (hervorgerufen durch Lichtreflexe). **2.** (Druckw.) fehlerhafte Musterung beim Mehrfarbendruck, z. B. wenn mehrere Rasterplatten übereinander gedruckt werden. **3.** bei der Überlagerung von Streifengittern auftretende [unruhige] Bildmusterung (z. B. auf dem Fernsehbildschirm)

moi|rie|ren [mo̯a...] ⟨*arab.-it.-engl.-fr.*⟩: Geweben ein schillerndes Aussehen geben; flammen; vgl. Moiré (1)

Mo|ji|to [mo'xi:to] *der;* -[s], -s ⟨*span.*⟩: Cocktail aus weißem Rum, Minzeblättern, Limettensaft, Rohrzucker u. Sodawasser

mo|kant ⟨*fr.*⟩: spöttisch

Mo|kas|sin [auch: 'mɔk...] *der;* -s, -s u.-e ⟨*indian.-engl.*⟩: **1.** [farbig gestickter] absatzloser Wildlederschuh der nordamerikanischen Indianer. **2.** modischer [Haus]schuh in der Art eines indianischen Mokassins

Mo|kett, Mo|quette [mo'kɛt] *der;* -s ⟨*fr.*⟩: Möbelplüsch aus [Baum]wolle

Mo|kick *das;* -s, -s ⟨Kurzw. aus **Moped** u. **Kickstarter**⟩: Kleinkraftrad mit Kickstarter anstelle von Tretkurbeln (Höchstgeschwindigkeit von 40 km/h); vgl. Moped

mo|kie|ren, sich ⟨*fr.*⟩: sich abfällig od. spöttisch äußern, sich lustig machen

Mol *das;* -s, -e (aber: 1000 -) (Chemie): Menge eines chemisch einheitlichen Stoffes, die seiner relativen ↑Molekülmasse in Gramm entspricht (Einheit der molaren Masse)

mo|lar ⟨*lat.-nlat.*⟩: das Mol betreffend; je 1 Mol; **molare Lösung:** ↑Molarlösung

Mo|lar *der;* -s, (auch:) -en, -en ⟨*lat.*⟩ (Med.): Mahlzahn, Backenzahn

Mo|lar|lö|sung *die;* -, -en: Lösung, die 1 Mol einer chemischen Substanz in 1 Liter enthält

Mo|las|se *die;* - ⟨*lat.-fr.*⟩ (Geol.): **1.** aus dem Tertiär stammende kalkige od. sandige Schichten im Alpenvorland. **2.** weicher, lockerer Sandstein im Alpenrandgebiet, bes. in der Schweiz

Mo|le|kel *die;* -, -n (österr. auch *das;* -s, -): ältere Bez. für ↑Molekül

Mo|le|kül *das;* -s, -e ⟨*lat.-fr.*⟩: kleinste Einheit einer chemischen Verbindung, die noch die charakteristischen Eigenschaften dieser Verbindung aufweist

mo|le|ku|lar: die Moleküle betreffend

Mo|le|ku|lar|bio|lo|ge *der;* -n, -n: Wissenschaftler auf dem Gebiet der Molekularbiologie

Mo|le|ku|lar|bio|lo|gie *die;* -: Forschungszweig der Biologie, der sich mit den chemisch-physikalischen Eigenschaften organischer Verbindungen im lebenden Organismus beschäftigt

Mo|le|ku|lar|bio|lo|gin *die;* -, -nen: weibliche Form zu ↑Molekularbiologe

Mo|le|ku|lar|ge|ne|tik *die;* -: Teilgebiet der Genetik u. der Molekularbiologie, das sich mit den Zusammenhängen zwischen der Vererbung u. den chemisch-physikalischen Eigenschaften der Gene beschäftigt

Mo|le|ku|lar|ge|wicht *das;* -[e]s, -e: ältere Bez. für ↑Molekülmasse

Mo|le|kül|mas|se *die;* -, -n: Masse eines Moleküls (Summe der Massen der in einem bestimmten Molekül vorhandenen Atome)

Mole|skin ['mo:lskɪn, auch: 'moʊl...] *der* od. *das;* -[s], -s ⟨*engl.;* »Maulwurfsfell«⟩: ein dichtes Baumwollgewebe in Atlasbindung; Englischleder

Mo|li: *Plural* von ↑Molo

[1]**Moll** *das;* -[s] ⟨*lat.-mlat.*⟩ (Musik): Tongeschlecht aller Tonarten mit einem Halbton zwischen der zweiten u. dritten Stufe, sodass der Dreiklang der Tonika mit einer kleinen Terz beginnt; Ggs. ↑Dur

[2]**Moll** *der;* -[e]s, -e u. -s: ↑Molton

Mol|lus|ke *die;* -, -n (meist Plural) ⟨*lat.-nlat.*⟩: Weichtier (Muscheln, Schnecken, Tintenfische u. Käferschnecken)

Mo|lo *der;* -s, Moli ⟨*lat.-it.*⟩ (österr.): Mole, Hafendamm

Mo|lo|tow|cock|tail, Mo|lo|tow-Cock|tail [...tɔf...] *der;* -s, -s ⟨nach dem sowjet. Außenminister W. M. Molotow, 1890–1986⟩: mit Benzin [u. Phosphor] gefüllte Flasche, die als einfache Handgranate verwendet wird

mol|to, di mol|to ⟨*lat.-it.*⟩ (Musik): viel, sehr (Vortragsanweisung); **molto adagio/adagio [di] molto:** sehr langsam

Mol|ton *der;* -s, -s ⟨*fr.*⟩: weiche, doppelseitig geraute Baumwollware in Köperbindung

Mol|to|pren® *das;* -s, -e ⟨Kunstw.⟩: sehr leichter, druckfester, schaumartiger Kunststoff

Mo|lyb|dän *das;* -s ⟨*gr.-lat.-nlat.*⟩: chem. Element; ein Metall (Zeichen: Mo)

[1]**Mo|ment** *der;* -[e]s, -e ⟨*lat.-fr.*⟩: **1.** Augenblick, Zeitpunkt. **2.** kurze Zeitspanne

[2]**Mo|ment** *das;* -[e]s, -e ⟨*lat.;* »Bewegung, Bewegkraft«⟩: **1.** ausschlaggebender Umstand; Merkmal; Gesichtspunkt; **erregendes Moment:** Szene im Drama, die zum Höhepunkt des Konflikts hinleitet. **2.** (Physik) Produkt aus zwei

physikalischen Größen, deren eine meist eine Kraft ist
mo|men|tan: augenblicklich, vorübergehend
mon..., Mon... vgl. mono..., Mono...
Mo|na|de *die;* -, -n ⟨*gr.-lat.*⟩: **1.** (ohne Plural; Philos.) das Einfache, nicht Zusammengesetzte, Unteilbare. **2.** (meist Plural; Philos.) eine der letzten, in sich geschlossenen, vollendeten, nicht mehr auflösbaren Ureinheiten, aus denen die Weltsubstanz zusammengesetzt ist
mo|na|disch: **1.** eine ↑Monade darstellend, ihr gleichend. **2.** (EDV) nur ein Argument verlangend (von Operatoren)
Mo|na|do|lo|gie *die;* - ⟨*gr.-nlat.*⟩: Lehre von den ↑Monaden
Mo|n|arch *der;* -en, -en ⟨*gr.-mlat.*⟩: legitimer [Allein]herrscher (z. B. Kaiser od. König) in einem Staat mit entsprechender Verfassung
Mo|n|ar|chie *die;* -, ...ien ⟨*gr.-lat.;* »Alleinherrschaft«⟩: **a)** (ohne Plural) Staatsform mit einem/einer durch Herkunft legitimierten Herrscher[in] an der Spitze; **b)** Staat mit der Monarchie (a) als Staatsform
Mo|n|ar|chin *die;* -, -nen: weibliche Form zu ↑Monarch
Mo|n|ar|chis|mus *der;* - ⟨*gr.-nlat.*⟩: ideologische Rechtfertigung der Monarchie
Mo|n|ar|chist *der;* -en, -en: Anhänger des Monarchismus, der Monarchie
Mo|n|ar|chis|tin *die;* -, -nen: weibliche Form zu ↑Monarchist
mo|n|ar|chis|tisch: den Monarchismus betreffend
Mo|nas|te|ri|um *das;* -s, ...ien ⟨*gr.-lat.*⟩: lat. Bez. für: Kloster, Klosterkirche, Münster
mo|n|au|ral ⟨*gr.; lat.*⟩: **1.** ein Ohr bzw. das Gehör auf einer Seite betreffend. **2.** einkanalig (von der Tonaufnahme u. Tonwiedergabe bei Tonträgern; Ggs. ↑binaural 2)
Mo|n|a|zit [auch: ...ˈtsɪt] *der;* -s, -e: glänzendes, hellgelbes bis dunkelbraunes Mineral
mon|dän ⟨*lat.-fr.*⟩: eine extravagante Eleganz zeigend, zur Schau tragend
Mo|nem *das;* -s, -e ⟨*gr.*⟩ (Sprachw.): kleinste bedeutungstragende Spracheinheit
mo|ne|tär ⟨*lat.*⟩: geldlich; die Finanzen betreffend
Mon|go|le *der;* -n, -n ⟨*mong.*⟩: **1.** Einwohner der Mongolei. **2.** (Anthropol.) Angehöriger einer zum mongoliden Menschentypus gehörenden Völkergruppe in Zentralasien
mon|go|lid ⟨*mong.; gr.*⟩ (Anthropol. veraltet): Merkmale der Mongoliden aufweisend
Mon|go|li|de *der* u. *die;* -n, -n (Anthropol. veraltet): Angehörige[r] des hauptsächlich in Asien, Indonesien, Ozeanien u. der Arktis verbreiteten Menschentypus, der durch bestimmte äußere Merkmale (z. B. gelblich-dunklen Teint) gekennzeichnet ist
Mon|go|lin *die;* -, -nen: weibliche Form zu ↑Mongole
mon|go|lisch: **a)** die Mongolei, die Mongolen betreffend, zu ihnen gehörend; **b)** in einer der Sprachen der Mongolen [verfasst]
Mon|go|lis|mus *der;* - ⟨*mong.-nlat.*⟩ (veraltet): ↑Downsyndrom
mon|go|lo|id ⟨*mong.; gr.*⟩: **1.** den Mongolen ähnlich. **2.** (veraltet) Symptome des ↑Downsyndroms aufweisend
Mon|go|lo|i|de *der* u. *die;* -n, -n: Angehörige[r] eines nicht [rein] mongoliden Menschentypus mit den für Mongolide typischen Gesichtsmerkmalen
Mo|nier|bau|wei|se *die;* - ⟨nach dem Erfinder des Stahlbetons, dem fr. Gärtner J. Monier, 1823–1906⟩: Bauweise mit Stahlbeton
mo|nie|ren ⟨*lat.*⟩: etwas bemängeln, beanstanden
Mo|ni|lia *die;* - ⟨*lat.-nlat.*⟩: Schlauchpilz, der als Erreger verschiedener Pflanzenkrankheiten gilt
Mo|nis|mus *der;* - ⟨*gr.-nlat.*⟩ (Philos.): philosophisch-religiöse Lehre von der Existenz nur eines einheitlichen Grundprinzips des Seins; Ggs. ↑Dualismus (2)
Mo|nist *der;* -en, -en: Vertreter des Monismus
Mo|nis|tin *die;* -, -nen: weibliche Form zu ↑Monist
mo|nis|tisch: den Monismus betreffend
Mo|ni|ta: *Plural* von ↑Monitum
Mo|ni|tor *der;* -s, ...oren (auch: -e) ⟨*lat.-engl.*⟩: **1.** Kontrollbildschirm beim Fernsehen für Redakteure, Sprecher u. Kommentatoren, die das Bild kommentieren. **2. a)** Kontrollgerät zur Überwachung elektronischer Anlagen; **b)** Kontrollgerät zur Überwachung der Herztätigkeit o. Ä. bei gefährdeten Patienten; **c)** Bildschirm eines Personal Computers o. Ä. **3.** (Kernphysik) einfaches Strahlennachweis- u. -messgerät. **4.** (Bergbau) Gerät zur Gewinnung von lockerem Gestein mittels Druckwasserspülung. **5.** (Plural meist -en; veraltet) Aufseher. **6.** veralteter Panzerschiffstyp
Mo|ni|to|ring [ˈmɔnɪtərɪŋ] *das;* -s, -s ⟨*engl.*⟩: [Dauer]beobachtung [eines bestimmten Systems]
Mo|ni|to|ri|um *das;* -s, ...ien ⟨*lat.-mlat.*⟩ (Rechtsspr. veraltet): Mahnschreiben
Mo|ni|tum *das;* -s, ...ta ⟨*lat.-nlat.*⟩: Mahnung, Rüge, Beanstandung
Mo|no *das;* -s: Kurzform von ↑Monofonie

m

mo|no..., Mo|no...

vor Vokalen meist: **mon..., Mon...**
⟨*gr.* mónos »allein, einzeln, einzig«⟩
Präfix mit der Bedeutung »allein, einzeln, einmalig«:
- monaural
- monochromatisch
- Monogamie
- monokausal
- Monokultur

Mo|no|chord [...k...] *das;* -s, -e ⟨*gr.-lat.*⟩ (Musik): Instrument zur Ton- u. Intervallmessung, das aus einer über einen Resonanzkasten gespannten Saite besteht

mo|no|chrom ⟨*gr.-nlat.*⟩: einfarbig

mo|no|chro|ma|tisch ⟨*gr.-nlat.*⟩ (Physik): einfarbig, zu nur einer Spektrallinie gehörend

mo|no|co|lor (österr.): von einer Partei gebildet

Mo|n|o|die *die;* -, ...ien ⟨*gr.-lat.*⟩ (Musik): **1.** einstimmiger Gesang. **2.** Sologesang mit Generalbassbegleitung

mo|n|o|disch: a) die Monodie betreffend; **b)** im Stil der Monodie; einstimmig

Mo|no|dra|ma *das;* -s, ...men: Einpersonenstück

mo|no|fil ⟨*gr.; lat.*⟩: aus einer einzigen [langen] Faser bestehend; Ggs. ↑multifil

mo|no|fon, mo|no|phon: einkanalig (in Bezug auf die Schallübertragung)

Mo|no|fo|nie, Mo|no|pho|nie *die;* -: einkanalige Schallübertragung

mo|no|gam ⟨*gr.-nlat.*⟩: **a)** von der Anlage her auf nur einen Geschlechtspartner bezogen; **b)** (Völkerkunde) nur die Einehe kennend

Mo|no|ga|mie *die;* -: Zusammenleben mit nur einem Partner; Ggs. ↑Polygamie (1 b)

mo|no|ga|misch: a) die Monogamie betreffend; **b)** ↑monogam; vgl. ...isch/-

mo|no|gen: 1. durch nur ein Gen bestimmt (von einem Erbvorgang); Ggs. ↑polygen (1). **2.** aus einer einmaligen Ursache entstanden; Ggs. ↑polygen (2); **monogener Vulkan:** durch einen einzigen Ausbruch entstandener Vulkan

Mo|no|ge|ne|se, Mo|no|ge|ne|sis *die;* -: **1.** (ohne Plural) biologische Theorie von der Herleitung jeder gegebenen Gruppe von Lebewesen aus je einer gemeinsamen Urform (Stammform); Ggs. ↑Polygenese. **2.** (Biol.) ungeschlechtliche Fortpflanzung

Mo|no|gra|fie, Mo|no|gra|phie *die;* -, ...ien: größere, wissenschaftliche Einzeldarstellung

mo|no|gra|fisch, mo|no|gra|phisch: ein einzelnes Problem od. eine einzelne Persönlichkeit untersuchend od. darstellend

Mo|no|gramm *das;* -s, -e ⟨*gr.-lat.*⟩: Namenszeichen, meist aus den Anfangsbuchstaben von Vor- u. Familiennamen bestehend

Mo|no|gra|phie usw. vgl. Monografie usw.

mo|no|kau|sal: sich auf nur eine Grundlage stützend; auf nur einen Grund zurückgehend

Mo|n|o|kel *das;* -s, - ⟨(*gr.; lat.*) *lat.-fr.*⟩: Einglas; Korrekturlinse für ein Auge, die durch die Muskulatur der Augenlider gehalten wird

mo|no|klin ⟨*gr.-nlat.*⟩: **1.** die Kristallform eines Kristallsystems betreffend, bei dem eine Kristallachse schiefwinklig zu den beiden anderen, zueinander senkrechten Achsen steht. **2.** (Bot.) zweigeschlechtig (von Blüten)

mo|no|klo|nal (Biol.): auf nur einen ↑Klon zurückgehend u. deshalb identisch aufgebaut (von Zellen)

Mo|no|ko|ty|le|do|ne *die;* -, -n (Bot.): einkeimblättrige Pflanze

mo|n|o|ku|lar ⟨(*gr.; lat.*) *lat.-nlat.*⟩ (Med.): **a)** mit [nur] einem Auge; **b)** für [nur] ein Auge

Mo|no|kul|tur *die;* -, -en ⟨*gr.; lat.*⟩: Form der landwirtschaftlichen Bodennutzung, bei der nur eine Nutzpflanze angebaut wird

Mo|no|la|t|rie *die;* - ⟨*gr.-nlat.*⟩: Verehrung nur eines Gottes

Mo|no|lith *der;* -s od. -en, -e[n]: Säule, Denkmal aus einem einzigen Steinblock

mo|no|li|thisch: 1. aus nur einem Stein bestehend; **monolithische Bauweise:** fugenlose Bauweise (z. B. Betonguss- od. Ziegelbauweise) im Ggs. zur Montagebauweise. **2.** aus sehr kleinen elektronischen Bauelementen untrennbar zusammengesetzt; vgl. ...isch/-

Mo|no|log *der;* -[e]s, -e ⟨*gr.-fr.*⟩: **a)** laut geführtes Selbstgespräch einer Figur auf der Bühne; **b)** [längere] Rede, die jmd. während eines Gesprächs hält; Ggs. ↑Dialog (a)

mo|no|lo|gisch: in der Form eines Monologs

mo|no|lo|gi|sie|ren: innerhalb eines Gesprächs für längere Zeit allein reden

Mo|nom *das;* -s, -e ⟨*gr.-nlat.*⟩ (Math.): eingliedrige Zahlengröße

mo|no|man (Psychol.): an einer Zwangsvorstellung leidend

Mo|no|ma|ne *der;* -n, -n: jmd., der an Monomanie leidet

Mo|no|ma|nie *die;* -, ...ien (Psychol.): krankhaftes Geprägtsein von einer Zwangsvorstellung oder einer Wahnidee

Mo|no|ma|nin *die;* -, -nen: weibliche Form zu ↑Monomane

mo|no|ma|nisch: ↑monoman
mo|no|mer (Chemie): aus einzelnen, voneinander getrennten, selbstständigen Molekülen bestehend; Ggs. ↑polymer
Mo|no|mer *das;* -s, -e, **Mo|no|me|re** *das;* -n, -n (Chemie): Stoff, dessen Moleküle monomer sind
mo|no|misch ⟨*gr.-nlat.*⟩ (Math.): eingliedrig
Mo|no|nom *das;* -s, -e: ↑Monom
mo|no|no|misch: ↑monomisch
mo|no|phon usw. vgl. monofon usw.
Mo|no|ph|thong *der;* -[e]s, -e ⟨*gr.*⟩ (Sprachw.): einfacher Vokal (z. B. a, i); Ggs. ↑Diphthong
mo|no|ph|thon|gie|ren ⟨*gr.-nlat.*⟩: **a)** einen Diphthong in einen Monophthong umbilden; **b)** (von Diphthongen) zum Monophthong werden; Ggs. ↑diphthongieren
mo|no|ph|thon|gisch: a) einen Monophthong enthaltend; **b)** als Monophthong [gesprochen]; Ggs. ↑diphthongisch
mo|no|phy|le|tisch (Biol.): einstämmig; von einer Urform abstammend; Ggs. ↑polyphyletisch
Mo|no|ple|gie *die;* -, ...ien: Lähmung eines einzelnen Gliedes od. Gliedabschnittes
Mo|no|po|die *die;* -, ...ien ⟨*gr.*⟩: aus nur einem Versfuß bestehender Takt in einem Vers
Mo|no|pol *das;* -s, -e ⟨*gr.-lat.*⟩: **1.** Vorrecht, alleiniger Anspruch, alleiniges Recht, bes. auf Herstellung u. Verkauf eines bestimmten Produktes. **2.** marktbeherrschendes Unternehmen od. Unternehmensgruppe, die auf einem Markt als alleiniger Anbieter od. Nachfrager auftritt u. damit die Preise diktieren kann
mo|no|po|li|sie|ren ⟨*gr.-lat.-nlat.*⟩: ein Monopol aufbauen, die Entwicklung von Monopolen vorantreiben
Mo|no|po|list *der;* -en, -en: Inhaber eines monopolistischen Unternehmens
Mo|no|po|lis|tin *die;* -, -nen: weibliche Form zu ↑Monopolist
mo|no|po|lis|tisch: auf Marktbeherrschung und Höchstgewinnerzielung ausgehend
Mo|no|pol|ka|pi|tal *das;* -s (abwertend): **1.** in Monopolen (2) arbeitendes Kapital. **2.** Gesamtheit monopolistischer Unternehmungen
Mo|no|pol|ka|pi|ta|lis|mus *der;* - (abwertend): Entwicklungsepoche des Kapitalismus, die durch Unternehmenszusammenschlüsse mit monopolähnlichen Merkmalen gekennzeichnet ist
Mo|no|pol|ka|pi|ta|list *der;* -en, -en (abwertend): Eigentümer eines marktbeherrschenden [Industrie]unternehmens
Mo|no|pol|ka|pi|ta|lis|tin *die;* -, -nen: weibliche Form zu ↑Monopolkapitalist
mo|no|pol|ka|pi|ta|lis|tisch (abwertend): den Monopolkapitalismus betreffend
Mo|no|po|ly® *das;* -: Gesellschaftsspiel, bei dem mithilfe von Würfeln, Spielgeld, Anteilscheinen u. Ä. Grundstücksspekulation simuliert wird
Mo|no|pos|to *der;* -s, -s ⟨(*gr.; lat.) it.*⟩ (Automobilsport): einsitziger Rennwagen mit unverkleideten Rädern
Mo|no|p|te|ros *der;* -, ...eren ⟨*gr.-lat.*⟩: von einer Säulenreihe umgebener, kleiner, runder Tempel [der Antike]
mo|no|sem (Sprachw.): nur eine Bedeutung habend (von Wörtern); Ggs. ↑polysem
Mo|no|se|mie *die;* - (Sprachw.): **1.** das Vorhandensein nur einer Bedeutung bei einem Wort; Ggs. ↑Polysemie. **2.** durch Monosemierung [im Kontext] erreichte Eindeutigkeit zwischen einem sprachlichen Zeichen (Wort) u. einer zugehörigen Bedeutung
mo|no|s|ti|chisch: das Monostichon betreffend; aus metrisch gleichen Einzelversen bestehend (in Bezug auf Gedichte); Ggs. ↑distichisch
Mo|no|s|ti|chon *das;* -s, ...cha ⟨*gr.*⟩ (Metrik): einzelner Vers
mo|no|syl|la|bisch: einsilbig (von Wörtern)
mo|no|syn|de|tisch (Sprachw.): in der Art eines Monosyndetons
Mo|no|syn|de|ton *das;* -s, ...ta (Sprachw.): Reihe von Satzteilen, bei der vor dem letzten Glied eine Konjunktion steht
Mo|no|the|is|mus *der;* -: Glaube an einen einzigen Gott
Mo|no|the|ist *der;* -en, -en: Bekenner des Monotheismus; jmd., der nur an einen Gott glaubt
Mo|no|the|is|tin *die;* -, -nen: weibliche Form zu ↑Monotheist
mo|no|the|is|tisch: an einen einzigen Gott glaubend
mo|no|the|ma|tisch: nur ein einzelnes Thema beinhaltend, bearbeitend, behandelnd
mo|no|ton ⟨*gr.-lat.-fr.*⟩: gleichförmig, ermüdend-eintönig; **monotone Funktion** (Math.): eine entweder dauernd steigende od. dauernd fallende Funktion
Mo|no|to|nie *die;* -, ...ien: Gleichförmigkeit, Eintönigkeit
mo|no|trop ⟨*gr.-lat.*⟩ (Biol.): beschränkt anpassungsfähig
Mo|no|type® [...taip] *die;* -, -s ⟨*gr.-engl.*⟩ (Druckw.): Gieß- u. Setzmaschine für Einzelbuchstaben
Mo|no|ty|pie *die;* -, ...ien ⟨*gr.-nlat.*⟩: **1.** (Kunstwiss.) grafisches Verfahren, das nur einen Ab-

druck gestattet. **2.** im Monotypieverfahren hergestellte Reproduktion

mo̱|no|va|lent ‹*gr.; lat.*› (Chemie): einwertig

Mọ|n|o|xid, Mọ|n|o|xyd *das;* -[e]s, -e: Oxid, das ein Sauerstoffatom enthält

Mo|n|ö|zie̱ *die;* - ‹*gr.-nlat.*› (Bot.): das Vorkommen männlicher u. weiblicher Blüten auf einem Pflanzenindividuum; Einhäusigkeit

mo|n|ö|zisch (Bot.): männliche u. weibliche Blüten auf einem Pflanzenindividuum aufweisend; einhäusig

Mo|no|zy̱t *der;* -en, -en (meist Plural) (Med.): größtes weißes Blutkörperchen

Mo|no|zy|to̱|se *die;* -, -n: krankhafte Vermehrung der Monozyten (z. B. bei Malaria)

Mon|roe|dok|t|rin [mən'roʊ..., 'mɔnro...] *die;* - ‹*amerik.;* nach dem amerik. Präsidenten Monroe, 1758–1831›: in der amerikanischen Außenpolitik des 19. u. frühen 20. Jh.s geltender Grundsatz der gegenseitigen Nichteinmischung

Mon|sei|g|neur [mõsɛn'jøːɐ̯] *der;* -s, -e u. -s ‹*lat.-fr.*›: **1.** (ohne Plural) Titel u. Anrede hoher Geistlicher, Adliger u. hochgestellter Personen (in Frankreich; Abk.: Mgr.). **2.** Träger dieses Titels (Abk.: Mgr.)

Mon|si|eur [mə'si̯øː] *der;* -[s], Messieurs [mɛ'si̯øː] ‹»mein Herr«›: fr. Bez. für Herr; als Anrede ohne Artikel (Abk.: M., Plural: MM.)

Mon|si|g|no|re [mɔnsɪn'joːrə] *der;* -[s], ...ri ‹*lat.-it.;* »mein Herr«›: **1.** (ohne Plural) Titel u. Anrede von Prälaten der kath. Kirche (Abk.: Mgr., Msgr.). **2.** Träger dieses Titels (Abk.: Msgr.)

Mọns|ter *das;* -s, - ‹*lat.-fr.-engl.*›: Ungeheuer

Mọns|te|ra *die;* -, ...rae [...rɛ] ‹*nlat.;* Herkunft unsicher›: ↑Philodendron

Mọns|ter|film *der;* -[e]s, -e: **1.** meist überlanger, mit sehr großem Aufwand gedrehter Film. **2.** Film, der von ↑Monstern handelt

Mọns|t|ra: *Plural* von ↑Monstrum

Mons|t|ra̱nz *die;* -, -en ‹*lat.-mlat.*›: kostbares Behältnis zum Tragen u. Zeigen der geweihten Hostie

mons|t|rö̱s ‹*lat.(-fr.)*›: ungeheuerlich

Mọns|t|rum *das;* -s, ...ren u. ...ra: **1.** Monster, Ungeheuer. **2.** großer, unförmiger Gegenstand; Ungetüm

Mon|su̱n *der;* -s, -e ‹*arab.-port.-engl.*›: **a)** jahreszeitlich wechselnder Wind in Asien; **b)** die Sommerregenzeit [in Süd- u. Ostasien]

mon|su̱|nisch: den Monsun betreffend, vom Monsun beeinflusst

Mon|ta̱|ge [...ʒə, auch: mõ..., österr.: ...'taːʃ] *die;* -, -n ‹*lat.-vulgärlat.-fr.*› (österr.): **1. a)** Zusammensetzen [einer Maschine, technischen Anlage] aus vorgefertigten Teilen zum fertigen Produkt; **b)** das Aufstellen u. Anschließen [einer Maschine] zur Inbetriebnahme. **2.** Kunstwerk (Literatur, Musik, bildende Kunst), das aus ursprünglich nicht zusammengehörenden Einzelteilen zu einer neuen Einheit zusammengesetzt ist. **3. a)** künstlerischer Aufbau eines Films aus einzelnen Bild- u. Handlungseinheiten; **b)** der zur letzten bildwirksamen Gestaltung eines Films notwendige Feinschnitt mit den technischen Mitteln der Ein- u. Überblendung und der Mehrfachbelichtung

Mon|ta|g|nard [mõta'njaːɐ̯] *der;* -s, -s ‹nach den höher gelegenen Plätzen in der verfassunggebenden Versammlung›: Mitglied der Bergpartei während der Französischen Revolution

mon|ta̱n ‹*lat.*›: Bergbau und Hüttenwesen betreffend

Mon|ta̱n|ge|sell|schaft *die;* -, -en: Handelsgesellschaft, die den Bergbau betreibt

Mon|ta̱n|in|dus|t|rie *die;* -, -n: Gesamtheit der bergbaulichen Industrieunternehmen

Mon|ta|nịs|mus *der;* - ‹*lat.-nlat.;* nach dem Begründer Montanus, † vor 179›: schwärmerische, sittenstrenge christliche Sekte in Kleinasien (2.–8. Jh.)

Mon|ta|nịst *der;* -en, -en ‹*lat.-nlat.*›: Fachmann im Bergbau u. Hüttenwesen

Mon|ta|nịs|tin *die;* -, -nen: weibliche Form zu ↑Montanist

mon|ta|nịs|tisch ‹*lat.-nlat.*›: ↑montan

Mon|ta̱n|uni|on *die;* -: Europäische Gemeinschaft für Kohle und Stahl

Mont|bre|tie [mõ'breːtsi̯ə] *die;* -, -n ‹*nlat.;* nach dem fr. Naturforscher A. F. E. C. de Montbret, † 1801›: (zu den Schwertlilien gehörende) in Südafrika heimische Pflanze mit ährenförmigem Blütenstand

Mon|tes|so̱|ri|schu|le *die;* -, -n ‹nach der Begründerin des pädagogischen Konzepts, Maria Montessori, 1870–1952›: Schule mit einem reformpädagogischen Bildungsangebot

Mon|teur [...'tøːɐ̯, auch: mõ...] *der;* -s, -e ‹*lat.-vulgärlat.-fr.*›: Montagefacharbeiter

Mon|teu|rin [...tøːrɪn] *die;* -, -nen: weibliche Form zu ↑Monteur

Mont|gol|fi|e̱|re [mõgɔl...] *die;* -, -n ‹*fr.;* nach den Erfindern, den Brüdern Montgolfier, 18. Jh.›: Heißluftballon

mon|tie̱|ren ‹*lat.-vulgärlat.-fr.*›: **1.** eine Maschine o. Ä. aus Einzelteilen zusammensetzen u. betriebsbereit machen. **2.** etwas an einer bestimmten Stelle mit technischen Hilfsmitteln anbringen; installieren. **3.** etwas aus nicht zusammengehörenden Einzelteilen zusammensetzen, um einen künstlerischen Effekt zu erzielen. **4.** einen Edelstein fassen

Mon|tur *die;* -, -en: **1.** (veraltet) Uniform, Dienstkleidung. **2.** (ugs., oft scherzh.) Kleidung, bes. als Ausrüstung für einen bestimmten Zweck. **3.** Unterbau für eine Perücke. **4.** Fassung für Edelsteine

Mo|nu|ment *das;* -[e]s, -e ⟨*lat.*⟩: **1.** [großes] Denkmal. **2.** [wichtiges] Zeichen der Vergangenheit; Erinnerungszeichen

mo|nu|men|tal: 1. denkmalartig. **2.** gewaltig, großartig

Mo|nu|men|ta|li|tät *die;* - ⟨*lat.-nlat.*⟩: eindrucksvolle Größe, Großartigkeit

Moon|boot® [ˈmu:nbu:t] *der;* -s, -s (meist Plural) ⟨*engl.*⟩: dick gefütterter Winterstiefel [aus synthetischem Material]

Mo|ped *das;* -s, -s ⟨Kurzw. aus **Mo**tor**ve**lozi**ped** od. **Mo**tor u. **Ped**al⟩: Kleinkraftrad mit geringem Hubraum u. begrenzter Höchstgeschwindigkeit

Mopp *der;* -s, -s ⟨*engl.*⟩: Staubbesen mit [ölgetränkten] Fransen

m

mop|pen ⟨*engl.*⟩: mit dem Mopp sauber machen

Mo|quette [moˈkɛt] vgl. Mokett

Mo|ra, Mo|re *die;* -, Moren ⟨*lat.;* »das Verweilen; Verzögerung«⟩: **1.** kleinste Zeiteinheit im Verstakt, der Dauer einer kurzen Silbe entsprechend. **2.** (veraltet) [Zahlungs-, Weisungs]verzug

Mo|ral *die;* -, -en ⟨*lat.-fr.*⟩: **1.** (Plural selten) Gesamtheit von ethisch-sittlichen Normen, Grundsätzen, Werten, die das zwischenmenschliche Verhalten in einer Gesellschaft regulieren, die von ihr als verbindlich akzeptiert werden. **2.** (ohne Plural) Stimmung, Kampfgeist. **3.** (Plural selten) philosophische Lehre von der Sittlichkeit. **4.** (Plural selten) das sittliche Verhalten eines Einzelnen od. einer Gruppe. **5.** (ohne Plural) lehrreiche Nutzanwendung

Mo|ra|lin *das;* -s ⟨*nlat.*⟩: heuchlerische Entrüstung in moralischen Dingen; enge, spießbürgerliche Sittlichkeitsauffassung

mo|ra|lisch ⟨*lat.-fr.*⟩: **1.** der Moral (1) entsprechend, sie befolgend; im Einklang mit den [eigenen] Moralgesetzen stehend. **2.** die Moral (3) betreffend. **3.** sittenstreng, tugendhaft. **4.** eine Moral (5) enthaltend. **5.** (veraltet) geistig, nur gedanklich, nicht körperlich

mo|ra|li|sie|ren: 1. moralische (1) Überlegungen anstellen. **2.** die Moral (2, 4) verbessern. **3.** sich für sittliche Dinge ereifern

Mo|ra|lis|mus *der;* - ⟨*nlat.*⟩: **1.** Haltung, die die Moral (1) als verbindliche Grundlage des zwischenmenschlichen Verhaltens anerkennt. **2.** [übertreibende] Beurteilung der Moral (1) als alleiniger Maßstab für das zwischenmenschliche Verhalten

Mo|ra|list *der;* -en, -en: **1.** Vertreter des Moralismus (1); Moralphilosoph. **2.** (oft abwertend) jmd., der alle Dinge in übertriebener Weise moralisierend beurteilt

Mo|ra|lis|tin *die;* -, -nen: weibliche Form zu ↑Moralist

mo|ra|lis|tisch: den Moralismus betreffend, ihm gemäß handelnd

Mo|ra|li|tät *die;* -, -en ⟨*lat.-fr.*⟩: **1.** (ohne Plural) moralische Haltung, moralisches Bewusstsein; sittliches Empfinden, Verhalten; Sittlichkeit. **2.** (Literaturwiss.) mittelalterliches Drama von ausgeprägt lehrhafter Tendenz mit Personifizierung u. Allegorisierung abstrakter Begriffe wie Tugend, Laster, Leben, Tod o. Ä.

Mo|ral|ko|dex *der;* -[es], -e u. ...dizes [...tse:s]: Kodex moralischen Verhaltens

Mo|ral|phi|lo|so|phie *die;* -: philosophische Lehre von den Grundlagen u. dem Wesen der Sittlichkeit; Ethik

Mo|ral|theo|lo|gie *die;* -, ...ien [...i:ən]: Disziplin der katholischen Theologie, die sich mit dem sittlichen Verhalten des Menschen angesichts der in der Bibel geoffenbarten Heilsordnung befasst

Mo|rä|ne *die;* -, -n ⟨*fr.*⟩: von einem Gletscher bewegte u. abgelagerte Masse von Gestein, Geröll

Mo|rast *der;* -[e]s, -e u. Moräste ⟨*germ.-fr.-niederd.*⟩: **a)** schlammiges Stück Land, Sumpfland; **b)** (ohne Plural) schlammiger Boden; Schlamm

mo|ras|tig: voll von Morast, feuchtem Schmutz, Schlamm; schlammig, sumpfig

Mo|ra|to|ri|um *das;* -s, ...ien ⟨*lat.-mlat.*⟩: gesetzlich angeordneter od. [vertraglich] vereinbarter Aufschub

mor|bid ⟨*lat.-fr.*⟩: **1.** (Med.) kränklich, krankhaft (in Bezug auf den körperlichen Zustand). **2.** im Verfall begriffen; brüchig (im Hinblick auf den inneren, moralischen Zustand)

Mor|bi|di|tät *die;* - ⟨*lat.-nlat.*⟩: **1.** morbider Zustand. **2.** (Med.) Häufigkeit der Erkrankungen innerhalb einer Bevölkerungsgruppe

Mor|bus *der;* -, ...bi (Med.): Krankheit; **Morbus Crohn:** chronische, in Schüben verlaufende Entzündung des Dünndarms; **Morbus sacer:** ↑Epilepsie ⟨»heilige Krankheit«⟩

Mor|dent *der;* -s, -e ⟨*lat.-it.;* »Beißer«⟩ (Musik): musikalische Verzierung, die aus einfachem od. mehrfachem Wechsel einer Note mit ihrer unteren Nebennote besteht; Pralltriller

Mo|re vgl. Mora
Mo|rel|le, Ma|rel|le *die;* -, -n ‹*roman.*›: eine bes. in Südosteuropa angepflanzte Sauerkirschenart; Süßweichsel
Mo|ren: *Plural* von ↑Mora
mo|ren|do ‹*lat.-it.*› (Musik): verhauchend (Vortragsanweisung)
Mo|ren|do *das;* -s, -s u. ...di (Musik): leise werdendes, verhauchendes Spiel
Mo|res [...re:s] *die* (Plural) ‹*lat.;* »[gute] Sitten«›: in der Wendung **jmdn. Mores lehren** (ugs.): jmdn. energisch zurechtweisen
Mo|res|ke, Mau|res|ke *die;* -, -n ‹*gr.-lat.-span.-fr.*›: aus der islamischen Kunst übernommenes Flächenornament aus schematischen Linien u. stilisierten Pflanzen
Mo|ria *die;* - ‹*gr.*› (Psychol.): heitere Geschwätzigkeit
mo|ri|bund ‹*lat.*› (Med.): im Sterben liegend; sterbend; dem Tode geweiht
Mo|rio-Mus|kat *der;* -[s], -s u. -e ‹nach dem dt. Züchter P. Morio›: **a)** (ohne Plural) Rebsorte aus einer Kreuzung zwischen Silvaner u. weißem Burgunder, die einen Wein mit muskatähnlichem Bukett liefert; **b)** Wein dieser Rebsorte
Mo|ris|ke *der;* -n, -n (meist Plural): nach der arabischen Herrschaft in Spanien zurückgebliebener Maure, der [nach außen hin] Christ war
Mor|mo|ne *der;* -n, -n ‹nach dem Buch Mormon des Stifters Joseph Smith, 1805–1844›: Angehöriger einer chiliastischen Religionsgemeinschaft in Nordamerika (Kirche Jesu Christi der Heiligen der letzten Tage)
Mor|mo|nin *die;* -, -nen: weibliche Form zu ↑Mormone
Mor|phe *die;* - ‹*gr.*›: Gestalt, Form, Aussehen, Eidos (1)
Mor|phem *das;* -s, -e ‹*gr.-nlat.*› (Sprachw.): kleinste bedeutungstragende Gestalteinheit in der Sprache, kleinstes sprachliches Zeichen; **freies Morphem:** isoliert auftretendes Morphem als eigenes Wort (z. B. Tür, gut); **gebundenes Morphem:** Morphem, das nur zusammen mit anderen Morphemen auftritt (z. B. aus- in *aus*fahren, -en in Frau*en*)
mor|phen ‹*gr.-engl.*› (ugs.): Morphing betreiben
Mor|pheus ‹*gr.-lat.*›: griechischer Gott des Schlafes; **in Morpheus' Armen:** in wohltuendem Schlaf
Mor|phin *das;* -s, -e ‹*gr.-nlat.;* nach dem gr. Gott Morpheus› (Chemie, Med.): aus Opium gewonnene Droge, die in der Medizin bes. als schmerzlinderndes Mittel eingesetzt wird
Mor|phing *das;* -s ‹*gr.-engl.*›: (bes. in der Werbung angewandtes) computergestütztes Verfahren, eine Gestalt, ein Bild o. Ä. übergangslos in ein anderes wechseln zu lassen
Mor|phi|nis|mus *der;* - ‹*gr.-nlat.*›: Morphiumsucht
Mor|phi|nist *der;* -en, -en: Morphiumsüchtiger
Mor|phi|nis|tin *die;* -, -nen: weibliche Form zu ↑Morphinist
Mor|phi|um *das;* -s (allgemeinsprachlich): ↑Morphin
Mor|pho|ge|ne|se, Mor|pho|ge|ne|sis *die;* -, ...nesen (Biol.): Ausgestaltung und Entwicklung von Organen od. Geweben eines pflanzlichen od. tierischen Organismus
mor|pho|ge|ne|tisch (Biol.): die Morphogenese betreffend
Mor|pho|ge|nie *die;* -, ...ien: ↑Morphogenese
Mor|pho|lo|ge *der;* -n, -n: **1.** Wissenschaftler auf dem Gebiet der Morphologie. **2.** ↑Geomorphologe
Mor|pho|lo|gie *die;* -: **1.** (bes. Philos.) Wissenschaft von den Gestalten u. Formen. **2.** (Biol., Med.) Wissenschaft von der Gestalt u. dem Bau des Menschen, der Tiere u. Pflanzen. **3.** (Sprachw.) Wissenschaft von den Formveränderungen, denen die Wörter durch Deklination (1) u. Konjugation (1) unterliegen; Formenlehre. **4.** ↑Geomorphologie. **5.** Teilgebiet der Soziologie, das sich mit der Struktur der Gesellschaft (z. B. Bevölkerungsdichte, Geschlecht, Alter, Berufe u. Ä.) befasst
Mor|pho|lo|gin *die;* -, -nen: weibliche Form zu ↑Morphologe
mor|pho|lo|gisch: die Morphologie betreffend, auf ihr beruhend, zu ihr gehörend; die äußere Gestalt, Form, den Bau betreffend; der Form nach
Mor|se|al|pha|bet, Mor|se-Al|pha|bet ‹nach dem amerik. Erfinder S. Morse, 1791–1872› *das;* -[e]s, -e: dem Alphabet entsprechende Folge von Zeichen, die beim Morsen verwendet werden u. aus Kombinationen von Punkten u. Strichen bzw. kurzen u. langen Stromimpulsen bestehen
Mor|se|ap|pa|rat, Mor|se-Ap|pa|rat *der;* -[e]s, -e: Gerät zur telegrafischen Übermittlung von Nachrichten mithilfe von Zeichen des Morsealphabets
mor|sen ‹nach dem amerik. Erfinder S. Morse, 1791–1872›: **1.** den Morseapparat bedienen. **2.** unter Verwendung des Morsealphabets hörbare od. sichtbare Zeichen geben
Mor|ta|del|la *die;* -, -s ‹*gr.-lat.-it.*›: dickere Brühwurst aus Schweine- u. Kalbfleisch

Mor|ta|li|tät *die;* -, -en ⟨*lat.*⟩ (Med.): Sterblichkeit, Sterblichkeitsziffer; Verhältnis der Zahl der Todesfälle zur Gesamtzahl der berücksichtigten Personen

Mo|ru|la *die;* -, ...lae [...lɛ] ⟨*lat.-nlat.*⟩ (Biol.): maulbeerähnlicher, kugeliger Zellhaufen, der nach mehreren Furchungsteilungen aus der befruchteten Eizelle entsteht

Mo|sa|ik *das;* -s, -en (auch: -e) ⟨*gr.-lat.-mlat.-it.-fr.*⟩: **1.** aus kleinen, bunten Steinen od. Glassplittern zusammengesetztes Bild, Ornament zur Verzierung von Fußböden, Wänden, Gewölben. **2.** eine aus vielen kleinen Teilen zusammengesetzte Einheit

Mo|schee *die;* -, ...scheen ⟨*arab.-span.-it.-fr.*⟩: islamisches Gotteshaus, das ein Zentrum des religiösen u. politischen Lebens der Muslime darstellt

Mo|schus *der;* - ⟨*sanskr.-pers.-gr.-lat.*⟩: Duftstoff aus der Moschusdrüse der männlichen Moschustiere

Mo|ses *der;* -, - ⟨*hebr.-gr.-lat.;* nach dem Stifter der israelitischen Religion⟩: **1.** (seemännisch spöttisch) jüngstes Besatzungsmitglied an Bord; Schiffsjunge. **2.** Beiboot einer Jacht, kleinstes Boot

Mos|ki|to *der;* -s, -s (meist Plural) ⟨*lat.-span.*⟩: **1.** tropische Stechmücke, die gefährliche Krankheiten (z. B. Malaria) übertragen kann. **2.** (Fachspr., sonst selten) Stechmücke

Mos|lem usw. vgl. Muslim usw.

Mos|li|me vgl. Muslima

mos|so ⟨*lat.-it.*⟩ (Musik): bewegt, lebhaft (Vortragsanweisung); **molto mosso:** sehr viel schneller; **più mosso:** etwas schneller

Mo|tel [auch: moˈtɛl] *das;* -s, -s ⟨*amerik.* Kurzw. für **mot**orists ho**tel**⟩: an Autobahnen o. Ä. gelegenes Hotel [für Autoreisende]

Mo|tet|te *die;* -, -n ⟨*lat.-vulgärlat.-it.*⟩: in mehrere Teile gegliederter mehrstimmiger Chorgesang [ohne Instrumentalbegleitung]

Mo|ti|li|tät *die;* - ⟨*lat.-nlat.*⟩: **1.** (Med.) Gesamtheit der nicht bewusst gesteuerten Bewegungen des menschlichen Körpers u. seiner Organe; Ggs. ↑Motorik (1). **2.** (Biol.) Bewegungsvermögen von Organismen u. Zellorganellen

Mo|ti|on *die;* -, -en ⟨*lat.-fr.*⟩: **1.** (veraltet) [Leibes]bewegung. **2.** (schweiz.) schriftlicher Antrag in einem Parlament. **3.** (Sprachw.) Bildung weiblicher Personenbezeichnungen aus den männlichen mit einem Suffix, z. B. »Freundin« zu »Freund«. **4.** (Fechten) Faustlage

Mo|ti|o|när *der;* -s, -e (schweiz.): jmd., der eine Motion (2) einreicht

Mo|ti|o|nä|rin *die;* -, -nen: weibliche Form zu ↑Motionär

Mo|tion-Pic|ture, Mo|tion|pic|ture [ˈmoʊʃənˈpɪktʃə] *das;* -[s], -s ⟨*lat.-fr.-engl.*⟩: engl. Bez. für: Film, Spielfilm

Mo|tiv *das;* -s, -e ⟨*lat.-mlat.(-fr.)*⟩: **1.** Beweggrund, Antrieb, Ursache; Leitgedanke. **2.** (bildende Kunst, Literaturwiss.) Gegenstand einer künstlerischen Darstellung; Vorlage. **3.** (Musik) kleinste, gestaltbildende musikalische Einheit [innerhalb eines Themas]

Mo|ti|va|ti|on *die;* -, -en ⟨*lat.-mlat.-nlat.*⟩: **1.** Summe der Beweggründe, die jmds. Entscheidung, Handlung beeinflussen. **2.** (Sprachw.) Durchschaubarkeit einer Wortbildung in Bezug auf die Teile, aus denen sie zusammengesetzt ist. **3.** das Motiviertsein; Ggs. ↑Demotivation (2); vgl. ...ation/...ierung

Mo|ti|va|tor *der;* -s, ...oren: Person od. Sache, die motiviert

Mo|ti|va|to|rin *die;* -, -nen: weibliche Form zu ↑Motivator

Mo|tiv|for|schung *die;* -, -en: Teil der Marktforschung, der die Motive für das Verhalten u. Handeln [der Käufer] untersucht

mo|ti|vie|ren ⟨*lat.-mlat.-fr.*⟩: **1.** begründen. **2.** zu etwas anregen, veranlassen; Ggs. ↑demotivieren

Mo|ti|vie|rung *die;* -, -en: das Motivieren; vgl. ...ation/...ierung

Mo|ti|vik *die;* - ⟨*lat.-mlat.-nlat.*⟩ (Musik): Kunst der Motivverarbeitung in einem Tonwerk

mo|ti|visch: a) das Motiv betreffend; **b)** die Motivik betreffend

Mo|to *das;* -s, -s ⟨*lat.-fr.*⟩ (schweiz.)

Mo|to|cross, Mo|to-Cross *das;* -, -e ⟨*engl.*⟩: Gelände-, Vielseitigkeitsprüfung für Motorradsportler; vgl. Autocross

Mo|to|drom *das;* -s, -e ⟨(*lat.; gr.*) *fr.*⟩: Rennstrecke (Rundkurs) für Motorsportveranstaltungen

Mo|tor *der;* -s, ...oren ⟨*lat.;* »Beweger«⟩: **1.** [moˈtoːɐ̯] (Plural auch: ...ore) Maschine, die Kraft erzeugt u. etwas in Bewegung setzt. **2.** Kraft, die etwas antreibt; jmd., der etwas voranbringt

Mo|to|rik *die;* - ⟨*lat.-nlat.*⟩: **1.** (Med.) Gesamtheit der aktiven, vom Gehirn aus gesteuerten, koordinierten Bewegungen des menschlichen Körpers; Ggs. ↑Motilität. **2.** (Med.) Lehre von den Funktionen der Bewegung des menschlichen Körpers u. seiner Organe. **3.** die Gesamtheit von [gleichförmigen, regelmäßigen] Bewegungsabläufen

Mo|to|ri|ker *der;* -s, - (Psychol.): jmd., dessen Persönlichkeit von einer auffallenden Motorik geprägt ist

m

Mo|to̩|ri|ke|rin *die;* -, -nen: weibliche Form zu ↑Motoriker

mo|to̩|risch ⟨*lat.*⟩: **1. a)** den Motor betreffend, im Hinblick auf den Motor; **b)** von einem Motor angetrieben. **2.** die Motorik (1) betreffend, auf ihr beruhend, ihr dienend. **3.** gleichförmig, mit nur geringen Schwankungen ablaufend (von Bewegungsabläufen, Rhythmen o. Ä.)

mo|to|ri|sie|ren ⟨*lat.-fr.*⟩: **1.** auf Maschinen od. Motorfahrzeuge umstellen; mit Maschinen od. Motorfahrzeugen ausrüsten. **2.** (ugs.) sich motorisieren: sich ein Kraftfahrzeug anschaffen. **3.** in etwas einen Motor einbauen, mit einem Motor versehen

Mo|to|ri|sie|rung *die;* -, -en: das Motorisieren (1, 3)

Mo̩t|to *das;* -s, -s ⟨*lat.-vulgärlat.-it.*⟩: Denk-, Wahl-, Leitspruch; Kennwort

Mo|tu|pro̩|p|rio *das;* -s, -s ⟨*lat.;* »aus eigenem Antrieb«⟩: (nicht auf Eingaben beruhender) päpstlicher Erlass

Mouche [muʃ] *die;* -, -s [muʃ] ⟨*fr.;* »Fliege«⟩: **1.** Schönheitspflästerchen. **2.** Treffer in den absoluten Mittelpunkt der Zielscheibe beim Schießen

mouil|lie|ren [mu'ji:...] ⟨*lat.-vulgärlat.-fr.*⟩: bestimmte Konsonanten mithilfe von j erweichen (z. B. l in brillant [= brɪl'jant])

Mouil|lie|rung *die;* -, -en: das Mouillieren; das Mouilliertwerden

Mou|la|ge [mu'la:ʒə] *der;* -, -s (auch *die;* -, -n) ⟨*lat.-fr.*⟩: aus Wachs, Gips o. Ä. hergestelltes [farbiges] Modell eines Organs, des Körpers od. eines Körperteils

Mou|li|né [...'ne:] *der;* -s, -s: **1.** Zwirn aus verschiedenfarbigen Garnen. **2.** gesprenkeltes Gewebe aus Mouliné (1)

mou|li|nie|ren: Seidenfäden zwirnen

Moun|tain|bike ['maʊ̯ntɪnbaɪ̯k] *das;* -s, -s ⟨*engl.;* »Bergfahrrad«⟩: Fahrrad für Gelände- bzw. Gebirgsfahrten

moun|tain|bi|ken: mit dem Mountainbike fahren

Moun|tain|bi|ker *der;* -s, -: jmd., der Mountainbike fährt

Moun|tain|bi|ke|rin *die;* -, -nen: weibliche Form zu ↑Mountainbiker

Mouse|pad ['maʊ̯spɛd, engl.: 'maʊspæd] vgl. Mauspad

Mousse [mus] *die;* -, -s [mus] ⟨*fr.;* »Schaum«⟩: **a)** kalte Vorspeise aus püriertem Fleisch o. Ä.; **b)** schaumartige Süßspeise

Mousse au Cho|co|lat [musoʃoko'la] *die;* - - -, -s - - [mus...'la]: mit Schokolade hergestellte Mousse (b)

Mous|se|line [mʊs(ə)'li:n] vgl. Musselin

mous|sie|ren: perlen, in Bläschen schäumen (von Wein, Sekt)

Mous|té|ri|en [mʊste'ri̯ɛ̃:] *das;* -[s] ⟨*fr.;* nach dem fr. Fundort Le Moustier⟩: Kulturstufe der Älteren Altsteinzeit

Move [mu:f] *der;* -s, -s ⟨*engl.;* »Bewegung«⟩: **1.** Bewegung, fester Bewegungsablauf beim Tanzen (bes. im Breakdance). **2.** (EDV) Schritt zur Steuerung spezieller Features (3) bei Computerspielen

Mo|vie ['mu:vi] *das;* -[s], -s, auch *der;* -[s], -s ⟨*lat.-fr.-engl.(-amerik.)*⟩: engl. Bez. für: Unterhaltungsfilm, Kino

mo|vie|ren ⟨*lat.*⟩ (Sprachw.): **a)** eine weibliche Personenbezeichnung o. Ä. von einer männlichen Form bilden; **b)** ein Adjektiv nach dem Geschlecht des zugehörigen Substantivs beugen

Mo|vie|rung *die;* -, -en: das Movieren

Moz|a̩ra|ber *die* (nur Plural) ⟨*arab.-span.*⟩: die unter arabischer Herrschaft lebenden spanischen Christen der Maurenzeit (711–1492)

Moz|za|re̩l|la *der;* -s, -s ⟨*it.*⟩: ein italienischer Frischkäse

MP3 *das;* -[s], -s ⟨*engl.;* mp3 = Dateiendung für das Datenformat MPEG Audio Layer 3⟩ (EDV): meistverwendetes Dateiformat für komprimierte Audiodateien

MP3-Play|er [...pleɪɐ] *der;* -s, - ⟨*engl.*⟩: kleines tragbares Gerät zur Wiedergabe von Audiodateien im MP3-Format

Much|ta̩r *der;* -s, -s ⟨*arab.-türk.*⟩: türkischer Gemeinde-, Ortsvorsteher

Mu|di̩r *der;* -s, -e ⟨*arab.(-türk.)*⟩: **1.** Leiter eines Verwaltungsbezirks (in Ägypten). **2.** Beamtentitel in der Türkei

Mud|ja|he̩d [...dʒ...] vgl. Mudschahed

Mu|d|scha|he̩d, Mud|ja|he̩d, Mu|ja|he̩d [...dʒ...] *der;* -, -di̩n ⟨*arab.;* »Kämpfer«⟩: Freischärler (im islamischen Raum)

Mu|e̩z|zin [auch, österr. nur: 'mu:ɛ...] *der;* -s, -s ⟨*arab.*⟩ (islam. Rel.): Ausrufer, der vom Minarett die Zeiten zum Gebet verkündet

Mu̩f|f|lon *der;* -s, -s ⟨*it.-fr.*⟩: braunes Wildschaf mit großen, quer geringelten, nach hinten gebogenen od. kurzen, nach oben gerichteten Hörnern (auf Sardinien, Korsika)

Mu̩f|ti *der;* -[s], -s ⟨*arab.*⟩: islamischer Rechtsgelehrter und Gutachter; vgl. par ordre du mufti

Mu̩g|gel [auch: 'magl̩, engl.: 'mʌgl̩] *der;* -s, -s ⟨*engl.;* nach den Harry-Potter-Romanen von J. K. Rowling; zu *engl.* mug, »Trottel, dumme Person«): Person, die nicht in etw. eingeweiht ist, die von bestimmten Dingen keine Kenntnis hat

Mu|ja|hed [...dʒ...] vgl. Mudschahed

mu|kös ⟨*lat.*⟩ (Med.): schleimig

Mu|ko|sa *die;* -, ...sen (Med.): Schleimhaut

Mu|ko|vis|zi|do|se *die;* -, -n ⟨*lat.-nlat.*⟩ (Med.): Erbkrankheit mit Funktionsstörungen der Sekrete produzierenden Drüsen

Mu|lat|te *der;* -n, -n ⟨*lat.-span.*⟩: Nachkomme eines weißen u. eines schwarzen Elternteils (oft als diskrimierend empfunden)

Mu|lat|tin *die;* -, -nen: weibliche Form zu ↑Mulatte (oft als diskriminierend empfunden)

Mu|le|ta *die;* -, -s ⟨*lat.-span.*⟩: rotes Tuch der Stierkämpfer

Mu|li *das* (auch: *der*); -s, -[s] ⟨*lat.*⟩ (südd., österr.): Kreuzung zwischen Esel u. Pferd; Maultier, -esel; vgl. Mulus (1)

Mul|lah *der;* -s, -s ⟨*arab.-pers.-türk.*⟩: **1. a)** (ohne Plural) Titel der untersten Stufe der ↑schiitischen Geistlichen; **b)** Träger dieses Titels. **2. a)** (ohne Plural) von ↑Sunniten für islamische Würdenträger u. Gelehrte gebrauchte Ehrenbezeichnung; **b)** Träger dieser Ehrenbezeichnung

Mul|ti *der;* -s, -s ⟨zu ↑**multi**national (b)⟩ (ugs.): multinationaler Konzern

m

mul|ti..., Mul|ti...

⟨*lat.* multus »viel, zahlreich, reichlich, groß«⟩
Präfix mit der Bedeutung »viel, vielfach, mehrfach«:
- multifaktoriell
- multifunktional
- multikulturell
- Multimedia
- Multimillionär

mul|ti|dis|zi|p|li|när: sehr viele Disziplinen (2 a) umfassend, die Zusammenarbeit vieler Disziplinen betreffend; vgl. interdisziplinär

mul|ti|fil: aus mehreren [miteinander verdrehten] einzelnen Fasern bestehend; vgl. monofil

mul|ti|funk|ti|o|nal: vielen Funktionen gerecht werdend

mul|ti|kul|ti (ugs.): Kurzform von ↑multikulturell

mul|ti|kul|tu|rell: viele Kulturen umfassend, beinhaltend

mul|ti|la|te|ral ⟨*lat.-nlat.*⟩: mehrseitig, mehrere Seiten betreffend

mul|ti|lin|gu|al: a) mehrsprachig; **b)** mehrsprachige Äußerungen, Mehrsprachigkeit betreffend, darauf bezogen

Mul|ti|me|dia *das;* -[s] (meist ohne Artikel) ⟨*lat.-engl.*⟩: das Zusammenwirken, die gleichzeitige Anwendung von verschiedenen Medien (Texten, Bildern, Animationen, Tönen) [mithilfe von Computern]

mul|ti|me|di|al: a) viele Medien betreffend, berücksichtigend; für viele Medien bestimmt; aus vielen Medien bestehend, zusammengesetzt; **b)** den Bereich, die Technik o. Ä. von Multimedia betreffend

Mul|ti|me|dia|show [...ʃoʊ] *die;* -, -s: Veranstaltung, Vorstellung, bei der verschiedene Kunstarten u. ihre Mischformen unter Einbeziehung der verschiedensten Medien in Abfolge od. auch gleichzeitig dargeboten werden

Mul|ti|me|dia|sys|tem *das;* -s, -e: Informations- u. Unterrichtssystem, das mehrere Medien (z. B. Fernsehen, Dias, Bücher) gleichzeitig verwendet

Mul|ti|mil|li|o|när *der;* -s, -e: mehrfacher Millionär

Mul|ti|mil|li|o|nä|rin *die;* -, -nen: weibliche Form zu ↑Multimillionär

mul|ti|na|ti|o|nal: a) aus vielen Nationen bestehend (von Vereinigungen); **b)** in vielen Staaten vertreten (z. B. von einem Industrieunternehmen)

Mul|ti|pa|ra *die;* -, ...paren ⟨*lat.-nlat.*⟩: ↑Pluripara

mul|ti|pel ⟨*lat.*⟩: **1.** (Psychol.) vielfältig; **multiple Persönlichkeit:** Persönlichkeit, in der anscheinend Erlebnis- u. Verhaltenssysteme mehrfach vorhanden sind. **2.** (Med.) an vielen Stellen am od. im Körper auftretend; **multiple Sklerose:** Erkrankung des Gehirns u. Rückenmarks unter Bildung zahlreicher Verhärtungsherde in den Nervenbahnen

Mul|ti|ple-Choice-Ver|fah|ren [ˈmaltɪpl̩ˈtʃɔys...] *das;* -s, - ⟨*engl.; dt.*⟩: Prüfungsmethode od. Test, bei dem der Prüfling unter mehreren vorgegebenen Antworten die richtige erkennen muss

mul|ti|plex (veraltet): vielfältig

Mul|ti|plex *das;* -[es], -e ⟨*engl.*⟩: großes Kinozentrum

Mul|ti|pli|kand *der;* -en, -en ⟨*lat.*⟩: Zahl, die mit einer anderen multipliziert werden soll

Mul|ti|pli|ka|ti|on *die;* -, -en: **a)** Vervielfachung einer Zahl um eine andere; Ggs. ↑Division (1); **b)** Vervielfältigung

mul|ti|pli|ka|tiv: die Multiplikation betreffend

Mul|ti|pli|ka|ti|vum *das;* -s, ...va: Zahlwort, das angibt, wievielmal etw. vorkommt; Wiederholungs-, Vervielfältigungszahlwort (z. B. zweimal, dreifach)

Mul|ti|pli|ka|tor *der;* -s, ...oren: **1.** Zahl, mit der eine vorgegebene Zahl multipliziert werden soll. **2.** Person, Einrichtung, die Wissen od. Informationen weitergibt u. dadurch zu deren Verbreitung beiträgt

mul|ti|pli|zie|ren: 1. (Math.) um eine bestimmte Zahl vervielfachen, malnehmen; Ggs. ↑dividieren. **2. a)** vervielfältigen, [steigernd] zunehmen lassen, vermehren; **b)** sich multiplizieren: sich steigern; zunehmen

mul|ti|re|sis|tent (Med.): gegenüber einer Vielzahl von Stoffen widerstandsfähig

Mul|ti|ta|lent *das;* -[e]s, -e: ein vielseitig begabter Mensch

Mul|ti|tas|king [...ta:s..., mʊlti'ta:s..., auch: maltɪ'ta:skɪŋ] *das;* -[s]: (EDV) gleichzeitiges Abarbeiten mehrerer Tasks in einem Computer

mul|ti|va|lent ⟨*lat.-nlat.*⟩ (Psychol.): mehr-, vielwertig (von Tests, die mehrere Lösungen zulassen)

Mul|ti|va|lenz *die;* -, -en (Psychol.): Mehrwertigkeit von psychischen Eigenschaften, Schriftmerkmalen, Tests

Mul|ti|vi|b|ra|tor *der;* -s, ...oren ⟨*lat.*⟩: elektrische Schaltung mit zwei steuerbaren Schaltelementen, von denen jeweils eines Strom führt

mul|tum, non mul|ta ⟨*lat.*⟩: »viel (= ein Gesamtes), nicht vielerlei (viele Einzelheiten)«, d. h. Gründlichkeit, nicht Oberflächlichkeit

Mu|lus *der;* -, Muli ⟨*lat.*⟩: **1.** lat. Bez. für: Maulesel, -tier; vgl. Muli. **2.** (scherzh. veraltet) Abiturient vor Beginn des Studiums

Mu|mie *die;* -, -n ⟨*pers.-arab.-it.*⟩: durch Einbalsamieren usw. vor Verwesung geschützter Leichnam

Mu|mi|fi|ka|ti|on *die;* -, -en ⟨*pers.-arab.-it.; lat.; nlat.*⟩: **1.** ↑Mumifizierung. **2.** (Med.) Austrocknung abgestorbener Gewebeteile an der Luft; vgl. ...ation/...ierung

mu|mi|fi|zie|ren: 1. einbalsamieren. **2.** (Med.) eintrocknen lassen, absterben lassen (bes. Gewebe)

Mu|mi|fi|zie|rung *die;* -, -en: Einbalsamierung; vgl. ...ation/...ierung

Mumps *der* (landsch. auch: *die*); - ⟨*engl.*⟩ (Med.): Ziegenpeter; Entzündung der Ohrspeicheldrüse mit schmerzhaften Schwellungen

Mun|di|um *das;* -s, ...ien u. ...ia ⟨*germ.-mlat.*⟩: Schutzverpflichtung, -gewalt im frühen deutschen Recht

¹Mun|go *der;* -[s], -s ⟨*tamil.-engl.*⟩: bräunliche, silbergrau gesprenkelte Schleichkatze in Afrika u. Asien

²Mun|go *der;* -[s], -s ⟨*engl.*⟩: Garn, Gewebe aus Reißwolle

Mu|ni|ti|on *die;* - ⟨*lat.-fr.*⟩: das aus Geschossen, Sprengladungen, Zünd- u. Leuchtspursätzen bestehende Schießmaterial für Feuerwaffen

mu|ni|ti|o|nie|ren: mit Munition versehen, ausrüsten

mu|ni|zi|pal ⟨*lat.*⟩: städtisch

Mu|ni|zi|pi|um *das;* -s, ...ien ⟨*lat.*⟩: **1.** (Geschichte) altrömische Landstadt. **2.** (veraltet) Stadtverwaltung

Mu|rä|ne *die;* -, -n ⟨*gr.-lat.*⟩: aalartiger Knochenfisch, bes. in [sub]tropischen Meeren

mu|ri|a|tisch ⟨*lat.*⟩: kochsalzhaltig (von Quellen)

Mur|phys Ge|setz ['mø:ɐ̯fi:s -] ⟨nach *engl.* »Murphy's Law« (erfundener Personenname)⟩: angenommene Gesetzmäßigkeit, nach der alles misslingt, was misslingen kann

Mu|sa|fa|ser *die;* -, -n: ↑Manilahanf

Mus|ca|det [myska'dɛ] *der;* -[s], -s [myska'dɛ(s)] ⟨*fr.*⟩: leichter, trockener, würziger Weißwein aus der Gegend um die französische Stadt Nantes

Mu|schik [auch: mʊ'ʃɪk] *der;* -s, -s ⟨*russ.*⟩: Bauer im zaristischen Russland

Musch|ko|te *der;* -n, -n ⟨entstellt aus ↑Musketier⟩ (Soldatenspr. abwertend): Fußsoldat

Mu|se *die;* -, -n ⟨*gr.-lat.*⟩ (gr. Mythologie): eine von neun Schwestern als Schutzgöttinnen der Künste

mu|se|al ⟨*gr.-lat.-nlat.*⟩: **1.** zum, ins Museum gehörend, Museums... **2.** (ugs.) veraltet, verstaubt, unzeitgemäß

Mu|se|en: *Plural* von ↑Museum

Mu|sel|man *der;* -en, -en ⟨*arab.-pers.-türk.-it.*⟩ (veraltet): ↑Muslim

Mu|sel|ma|nin [auch: ...'ma:...] *die;* -, -nen: weibliche Form zu ↑Muselman

mu|sel|ma|nisch [auch: ...'ma:...] (scherzh., veraltet): moslemisch

Mu|sen|al|ma|nach *der;* -s, -e ⟨*gr.-lat.; mlat.-niederl.*⟩: im 18. u. 19. Jh. jährlich erschienene Sammlung bisher ungedruckter Gedichte usw.

Mu|sette [my'zɛt] *die;* -, -s od. -n ⟨*fr.*⟩ (Musik): **1.** fr. Bez. für: Dudelsack. **2.** mäßig schneller Tanz im Dreiertakt mit liegendem Bass (den Dudelsack nachahmend). **3.** Zwischensatz der Gavotte. **4.** kleines Tanz- u. Unterhaltungsorchester mit Akkordeon

Mu|se|um *das;* -s, Museen ⟨*gr.-lat.*⟩: Ausstellungsgebäude für Kunstgegenstände u. wissenschaftliche od. technische Sammlungen

Mu|si|ca *die;* - ⟨*gr.-lat.*⟩: Musik, Tonkunst; Mu-

sica antiqua: alte Musik; **Musica mensurata:** ↑Mensuralmusik; **Musica mundana/celestis:** himmlische, sphärische Musik; **Musica nova:** neue Musik; **Musica sacra:** Kirchenmusik; **Musica viva:** moderne Musik

Mu|si|cal ['mju:zɪkl] *das;* -s, -s ⟨*gr.-lat.-mlat.-fr.-engl.-amerik.*⟩: populäres Musiktheater, das Elemente des Dramas, der Operette, Revue u. des Varietés miteinander verbindet

Mu|sic|box ['mju:zɪk...] *die;* -, -en u. -es [...ɪs] ⟨*amerik.*⟩: ↑Musikbox

mu|siert ⟨*gr.-lat.-nlat.*⟩: ↑musivisch

Mu|sik *die;* -, -en ⟨*gr.-lat.-fr.*⟩: **1.** (ohne Plural) die Kunst, Töne in melodischer, harmonischer u. rhythmischer Ordnung zu einem Ganzen zu fügen; Tonkunst. **2.** Kunstwerk, bei dem Töne u. Rhythmus eine Einheit bilden

Mu|sik|aka|de|mie *die;* -, -n: Musikhochschule

Mu|si|ka|li|en *die* (Plural) ⟨*gr.-lat.-mlat.*⟩: (urspr. in Kupfer gestochene, seit 1755 gedruckte) Musikwerke

mu|si|ka|lisch: 1. die Musik betreffend; tonkünstlerisch. **2.** musikbegabt, Musik liebend. **3.** klangvoll; wie Musik wirkend

Mu|si|ka|li|tät *die;* -: **1. a)** musikalisches Empfinden; **b)** Musikbegabung. **2.** Wirkung wie Musik (2)

Mu|si|kant *der;* -en, -en ⟨mit latinisierender Endung zu ↑Musik gebildet⟩: Musiker, der zum Tanz, zu Umzügen u. Ä. aufspielt

Mu|si|kan|tin *die;* -, -nen: weibliche Form zu ↑Musikant

mu|si|kan|tisch: musizierfreudig, musikliebhaberisch

Mu|sik|au|to|mat *der;* -en, -en: **a)** Apparat, der mit mechanischer Antriebsvorrichtung ein od. mehrere Musikstücke abspielt; **b)** ↑Musikbox

Mu|sik|box *die;* -, -en ⟨*amerik.*⟩: Schallplattenapparat (bes. in Gaststätten), der gegen Geldeinwurf nach freier Wahl Musikstücke (meist Schlager) abspielt

Mu|sik|di|rek|tor *der;* -s, -en: staatlicher od. städtischer Dirigent u. Betreuer musikalischer Aufführungen u. des Musikwesens (Abk.: MD)

Mu|sik|di|rek|to|rin *die;* -, -nen: weibliche Form zu ↑Musikdirektor

Mu|sik|dra|ma *das;* -s, ...men: Oper mit besonderem Akzent auf dem Dramatischen (bes. die Opern Richard Wagners)

Mu|si|ker *der;* -s, - ⟨*gr.-lat.*⟩: **a)** jmd., der beruflich Musik, eine Tätigkeit im musikalischen Bereich ausübt; **b)** Mitglied eines Orchesters; Orchestermusiker

Mu|si|ke|rin *die;* -, -nen: weibliche Form zu ↑Musiker

Mu|sik|in|s|t|ru|ment *das;* -[e]s, -e: Gerät zum Hervorbringen von Tönen u. Klängen, zum Musikmachen

Mu|sik|kas|set|te *die;* -, -n: Kassette (5), auf der Musik aufgenommen ist

Mu|si|ko|lo|ge *der;* -n, -n ⟨*gr.-lat.; gr.*⟩: Musikgelehrter, Musikwissenschaftler

Mu|si|ko|lo|gie *die;* -: Musikwissenschaft

Mu|si|ko|lo|gin *die;* -, -nen: weibliche Form zu ↑Musikologe

Mu|si|kus *der;* -, ...sizi ⟨*gr.-lat.*⟩ (veraltet, noch scherzh. od. iron.): Musiker

mu|sisch ⟨*gr.-lat.*⟩: **1.** die schönen Künste betreffend. **2.** künstlerisch [begabt], kunstempfänglich

Mu|siv|ar|beit *die;* -, -en ⟨*gr.-lat.; dt.*⟩: ↑Mosaik

Mu|siv|gold *das;* -es: goldglänzendes, schuppiges Pulver, das bes. früher in der Malerei für bronzene Farbtöne u. zur Vergoldung von Spiegel- u. Bilderrahmen verwendet wurde

mu|si|visch ⟨*gr.-lat.*⟩: eingelegt (von Glassplittern od. Steinen)

Mu|siv|sil|ber *das;* -s ⟨*gr.-lat.; dt.*⟩: Legierung aus Zinn, Wismut u. Quecksilber zum Bronzieren

mu|si|zie|ren ⟨*gr.-lat.*⟩: [mit jemandem zusammen] Musik machen, spielen, zu Gehör bringen; eine Musik darbieten

Mus|kat *der;* -[e]s, -e ⟨*sanskr.-pers.-gr.-lat.-mlat.-fr.*⟩: als Gewürz verwendeter Samenkern der Muskatfrucht

Mus|kat|blü|te *die;* -, -n: als Gewürz verwendete Samenhülle der Muskatfrucht

Mus|ka|te *die;* -, -n (veraltet): ↑Muskatnuss

Mus|ka|tel|ler *der;* -s, - ⟨*sanskr.-pers.-gr.-lat.-mlat.-it.*⟩: **1.** (ohne Plural) Traubensorte mit Muskatgeschmack. **2.** [süßer] Wein aus der Muskatellertraube

Mus|kat|nuss *die;* -, ...nüsse: getrockneter [als Gewürz verwendeter] Samenkern der Muskatfrucht

Mus|kel *der;* -s, -n ⟨*lat.*⟩: aus zusammenziehbaren Faserbündeln bestehender Teil des menschlichen u. tierischen Körpers, der der Bewegung von Gliedmaßen u. Körperteilen dient

Mus|ke|te *die;* -, -n ⟨*lat.-it.-fr.*⟩ (Geschichte): schwere Handfeuerwaffe

Mus|ke|tier *der;* -s, -e ⟨»Musketenschütze«⟩ (Geschichte): [mit einer Muskete bewaffneter] Fußsoldat; vgl. Muschkote

Mus|ko|vit, Mus|ko|wit [auch: ...'vɪt] *der;* -s, -e

⟨von *nlat.* Muscovia = Russland⟩: heller Glimmer

mus|ku|lär ⟨*lat.-nlat.*⟩: zu den Muskeln gehörend, die Muskulatur betreffend

Mus|ku|la|tur *die;* -, -en: Muskelgefüge, Gesamtheit der Muskeln eines Körpers od. Organs

mus|ku|lös ⟨*lat.; fr.*⟩: mit starken Muskeln versehen, äußerst kräftig

Mus|lim *der;* -[s], -e u. -s, **Mos|lem** *der;* -s, -s ⟨*arab.*⟩: Anhänger des Islams

Mus|li|ma *die;* -, -s u. (selten:) ...men, **Mos|li|me** *die;* -, -s u. (selten:) ...men, **Mus|li|min** *die;* -, -nen: weibliche Formen zu ↑Muslim

mus|li|misch, mos|le|misch: die Muslime, ihren Glauben, ihren Herrschaftsbereich betreffend

Mus|se|lin, schweiz.: **Mous|se|line** [mʊs(ə)'li:n] *der;* -s, -e ⟨*it.-fr.;* vom it. Namen der Stadt Mossul am Tigris⟩: feines, locker gewebtes [Baum]wollgewebe

mus|se|li|nen: aus Musselin bestehend

Mus|tang *der;* -s, -s ⟨*span.-engl.*⟩: wild lebendes Präriepferd in Nordamerika

Mu|ta *die;* -, ...tä ⟨*lat.*⟩ (Sprachw. veraltet): Explosiv-, Verschlusslaut; vgl. Explosiv u. Klusil; **Muta cum Liquida** (Sprachw.): Verbindung von Verschluss- u. Fließlaut

mu|ta|bel ⟨*lat.*⟩: veränderlich; wandelbar

Mu|ta|bi|li|tät *die;* -: Unbeständigkeit, Veränderlichkeit

Mu|tant *der;* -en, -en ⟨*lat.*⟩: **1.** (österr.) Junge, der mutiert (2). **2.** ↑Mutante

Mu|tan|te *die;* -, -n: durch Mutation (1) verändertes Individuum

Mu|ta|ti|on *die;* -, -en: **1.** (Biol.) spontane od. künstlich erzeugte Veränderung im Erbgefüge. **2.** (Med.) Stimmbruch (bei Eintritt der Pubertät). **3.** (veraltet) Änderung, Wandlung

mu|ta|tis mu|tan|dis: mit den nötigen Abänderungen (Abk.: m. m.)

mu|tie|ren ⟨*lat.*⟩: **1.** (Biol.) sich spontan im Erbgefüge ändern. **2.** (Med.) sich im Stimmwechsel befinden

mu|tu|al, mu|tu|ell ⟨*lat.-nlat.*⟩: gegenseitig, wechselseitig

Mu|tu|a|lis|mus *der;* -: **1.** (Biol.) Form der Lebensgemeinschaft zwischen Tieren od. zwischen Pflanzen mit gegenseitigem Nutzen. **2.** System des utopischen Sozialismus von Proudhon. **3.** (Wirtsch.) finanzwissenschaftliche Hypothese, nach der bei relativ gleicher steuerlicher Belastung jeder Steuerzahler auch solche Geldopfer auf sich nehmen würde, von denen andere einen Nutzen haben

mu|tu|ell vgl. mutual

Mu|zak ['mju:zɛk] *die;* - ⟨*engl.*⟩ (Jargon): [anspruchslose, gefällige] Hintergrundmusik für Büros, Einkaufszentren, Flughäfen o. Ä.

my..., My... vgl. myo..., Myo...

My|e|li|tis *die;* -, ...itiden (Med.): Rückenmarksentzündung

my|ke|nisch ⟨nach der altgriech. Ruinenstätte Mykenä⟩: die griechische Kultur der Bronzezeit betreffend

My|ko|lo|ge *der;* -n, -n: Wissenschaftler, der auf dem Gebiet der Mykologie arbeitet

My|ko|lo|gie *die;* -: **1.** (Biol.) Pilzkunde. **2.** (Med.) Wissenschaft von den Mykosen

My|ko|lo|gin *die;* -, -nen: weibliche Form zu ↑Mykologe

my|ko|lo|gisch: die Mykologie od. die Pilzkrankheiten betreffend

My|kor|rhi|za *die;* -, ...zen (Bot.): Lebensgemeinschaft zwischen den Wurzeln von Blütenpflanzen u. Pilzen

My|ko|se *die;* -, -n (Med.): jede durch [niedere] Pilze hervorgerufene Krankheit

My|la|dy [mi'le:di, mɪ'leɪdɪ] ⟨*engl.*⟩: (in Großbritannien, veraltend) Anrede an eine Trägerin des Titels Lady (1)

My|lo|nit [auch: ...'nɪt] *der;* -s, -e ⟨*gr.-nlat.*⟩ (Geol.): durch Druck an ↑tektonischen Bewegungsflächen zerriebenes u. wieder verfestigtes Gestein

Myn|heer [mə'ne:ɐ̯] vgl. Mijnheer

myo..., Myo...

vor Vokalen meist: **my..., My...**
⟨*gr.* mȳs, Gen. myós »Maus; Muskel«⟩
Wortbildungselement mit der Bedeutung »Muskel«:
- Myalgie
- Myofibrille
- Myokardinfarkt
- myomorph

Myo|car|di|um vgl. Myokard

Myo|kard *das;* -[e]s, -e, fachspr.: **Myo|car|di|um** *das;* -s, ...dia, **Myo|kar|di|um** *das;* -s, ...dia ⟨*gr.-nlat.*⟩ (Med.): [mittlere] Muskelschicht, Wandschicht des Herzens, Herzmuskel

Myo|kar|die *die;* -, ...ien, **Myo|kar|do|se** *die;* -, -n (Med.): Kreislaufstörungen mit Beteiligung des Herzmuskels

Myo|kard|in|farkt *der;* -[e]s, -e (Med.): Herzinfarkt

Myo|kar|di|tis *die;* -, ...itiden (Med.): Herzmuskelentzündung

Myo|kar|di|um vgl. Myokard
Myo|kar|do|se vgl. Myokardie
Myo|lo|gie *die;* - (Med.): Wissenschaft von den Muskeln, ihren Krankheiten u. deren Behandlung
My|om *das;* -s, -e (Med.): gutartige Geschwulst des Muskelgewebes
myo|morph (Med.): muskelfaserig
My|on *das;* -s, ...onen ⟨*gr.*⟩: **1.** (Physik) zur Klasse der ↑²Leptonen gehörendes Elementarteilchen. **2.** (Med.) kleinste Funktionseinheit eines Muskels, bestehend aus einer Nervenfaser mit Muskelfasern
my|op, my|o|pisch ⟨*gr.*⟩ (Med.): kurzsichtig; Ggs. ↑hypermetropisch
My|o|pe *der* od. *die;* -n, -n ⟨*gr.*⟩: Kurzsichtige[r]
My|o|pie *die;* -, ...ien (Med.): Kurzsichtigkeit; Ggs. ↑Hypermetropie
my|o|pisch vgl. myop
My|o|sin *das;* -s (Med.): Muskeleiweiß
My|o|si|tis *die;* -, ...itiden (Med.): Muskelentzündung
Myo|to|mie *die;* -, ...ien (Med.): operative Muskeldurchtrennung
Myo|to|nie *die;* -, ...ien (Med.): lang dauernde Muskelspannung; Muskelkrampf
My|ri|a|de *die;* -, -n ⟨*gr.-lat.*⟩: **1.** (nur Plural) Unzahl, unzählig große Menge. **2.** Anzahl von 10 000
My|ria|po|de, veraltet: **My|rio|po|de** *der;* -n, -n (meist Plural) (Zool.): Tausendfüßler
My|rio|po|de vgl. Myriapode
Myr|rhe *die;* -, -n ⟨*semit.-gr.-lat.*⟩: aus nordafrikanischen Bäumen gewonnenes Harz, das als Räuchermittel u. für Arzneien verwendet wird
Myr|rhen|öl *das;* -s ⟨*semit.-gr.-lat.; dt.*⟩: aus Myrrhe gewonnenes aromatisches Öl
Myr|rhen|tink|tur *die;* -, -en: alkoholischer Auszug aus Myrrhe zur Zahnfleischbehandlung
Myr|te *die;* -, -n ⟨*semit.-gr.-lat.*⟩: immergrüner Baum od. Strauch des Mittelmeergebietes u. Südamerikas, dessen weiß blühende Zweige oft als Brautschmuck verwendet werden
Mys|te|ri|en *die* (Plural): griechische u. römische Geheimkulte der Antike, die nur Eingeweihten zugänglich waren u. ein persönliches Verhältnis zu der verehrten Gottheit vermitteln wollten
Mys|te|ri|en|spiel *das;* -s, -e: mittelalterliches geistliches Drama
mys|te|ri|ös ⟨*gr.-lat.-fr.*⟩: geheimnisvoll; rätselhaft, dunkel
Mys|te|ri|um *das;* -s, ...ien ⟨*gr.-lat.*⟩: **1.** [religiöses] Geheimnis; Geheimlehre (vgl. Mysterien); **Mysterium tremendum:** die erschauern machende Wirkung des Göttlichen (↑Numen) in der Religion. **2.** ↑Mysterienspiel
Mys|te|ry ['mɪst(ə)ri] *die;* -, -s od. *das;* -s, -s (meist ohne Artikel) ⟨*lat.-engl.;* »Rätsel, Geheimnis«⟩: [Fernseh]film, Roman o. Ä. mit geheimnisvoller, schauriger Darstellung von mysteriösen, meist nicht mit natürlichen Phänomenen erklärbaren Verbrechen
Mys|ti|fi|ka|ti|on *die;* -, -en ⟨(*gr.-lat.-*)*fr.*⟩: Täuschung, Vorspiegelung
mys|ti|fi|zie|ren: 1. ein geheimnisvolles Gepräge geben, mystisch machen. **2.** (veraltet) täuschen, vorspiegeln
Mys|tik *die;* - ⟨*gr.-lat.-mlat.;* »Geheimlehre«⟩: besondere Form der Religiosität, bei der der Mensch durch Hingabe u. Versenkung zu persönlicher Vereinigung mit Gott zu gelangen sucht; vgl. Unio mystica
Mys|ti|ker *der;* -s, -: Vertreter, Anhänger der Mystik
Mys|ti|ke|rin *die;* -, -nen: weibliche Form zu ↑Mystiker
mys|tisch: 1. geheimnisvoll, dunkel. **2.** zur Mystik gehörend; **mystische Partizipation:** ↑Sympathie (2)
Mys|ti|zis|mus *der;* -, ...men ⟨*gr.-lat.-nlat.*⟩: **1.** (ohne Plural) Wunderglaube; [Glaubens]schwärmerei. **2.** schwärmerischer Gedanke
My|the *die;* -, -n ⟨*gr.-lat.*⟩: ↑Mythos (1)
my|thisch ⟨*gr.*⟩: dem Mythos angehörend; sagenhaft, erdichtet
My|tho|lo|gie *die;* -, ...ien: **1.** [systematisch verknüpfte] Gesamtheit der mythischen Überlieferungen eines Volkes. **2.** wissenschaftliche Erforschung u. Darstellung der Mythen
my|tho|lo|gisch: auf die Mythen bezogen, sie betreffend
My|thos, My|thus *der;* -, ...then ⟨*gr.-lat.*⟩: **1.** überlieferte Dichtung, Sage, Erzählung o. Ä. aus der Vorzeit eines Volkes (die sich bes. mit Göttern, Dämonen, der Entstehung der Welt, der Erschaffung des Menschen befasst). **2.** Person, Sache, Begebenheit, die (aus meist verschwommenen, irrationalen Vorstellungen heraus) glorifiziert wird, legendären Charakter hat. **3.** falsche Vorstellung
My|xo|my|zet *der;* -en, -en: Schleimpilz; niederer Pilz
My|zel, My|ze|li|um *das;* -s, ...lien ⟨*gr.-nlat.*⟩: Gesamtheit der Pilzfäden eines Pilzes
My|zet *der;* -en, -en (selten): Pilz

N

Na|bob *der;* -s, -s ⟨*Hindi-engl.*⟩: **1.** Provinzgouverneur in Indien. **2.** reicher Mann

Na|dir [auch: 'na:...] *der;* -s ⟨*arab.*⟩ (Astron.): Fußpunkt; dem Zenit genau gegenüberliegender Punkt an der Himmelskugel

Na|ga|na *die;* - ⟨*afrik.*⟩: durch die Tsetsefliege übertragene, oft seuchenartige, fiebrige Krankheit bei Haustieren (bes. Rindern u. anderen Huftieren) in Afrika

na|iv ⟨*lat.-fr.*⟩: **1. a)** von kindlich unbefangener, direkter u. unkritischer Gemüts-, Denkart [zeugend]; treuherzige Arglosigkeit beweisend; **b)** wenig Erfahrung, Sachkenntnis od. Urteilsvermögen erkennen lassend u. entsprechend einfältig, töricht [wirkend]. **2.** (Literaturwiss.) in vollem Einklang mit Natur u. Wirklichkeit stehend; Ggs. ↑sentimentalisch (b)

Na|i|ve *die;* -n, -n (aber: 2 -): Darstellerin jugendlich-naiver Mädchengestalten (Rollenfach beim Theater)

Na|ja|de *die;* -, -n ⟨*gr.-lat.*⟩: **1.** in Quellen u. Gewässern wohnende Nymphe des altgriechischen Volksglaubens. **2.** (Zool.) Flussmuschel (z. B. Teichmuschel, Flussperlmuschel)

Nan|du *der;* -s, -s ⟨*indian.-span.*⟩: straußenähnlicher flugunfähiger Laufvogel, der in den Steppen u. Savannen Südamerikas lebt

Na|no|fa|rad *das;* -[s], -: ein milliardstel ↑Farad (Zeichen: nF)

Na|no|me|ter *der* od. *das;* -s, -: ein milliardstel Meter (Zeichen: nm)

Na|palm® *das;* -s ⟨Kurzw. aus **Na**phtensäure u. ↑**Palm**itinsäure⟩: hochwirksamer Füllstoff für Benzinbrandbomben

Na|palm|bom|be *die;* -, -n: mit Napalm gefüllte Brandbombe, die bei der Explosion extrem hohe Temperaturen (über 2000 °C) erzeugt u. dadurch große zerstörerische Wirkung hat

Naph|tha *das;* -s od. *die;* - ⟨*pers.-gr.-lat.*⟩: **1.** (veraltet) Roherdöl. **2.** Schwerbenzin als wichtiger Rohstoff für die petrochemische Industrie

Naph|tha|lin *das;* -s ⟨*pers.-gr.-lat.-nlat.*⟩: aus Steinkohlenteer gewonnener bizyklischer aromatischer Kohlenwasserstoff, der u. a. als Ausgangsmaterial für Lösungsmittel, Farb-, Kunststoffe, Weichmacher sowie als stark riechendes Mottenvernichtungs- u. Desinfektionsmittel dient

Naph|the|ne *die* (Plural): Kohlenwasserstoffe, die Hauptbestandteil des galizischen u. kaukasischen Erdöls sind

Naph|tho|le *die* (Plural): aromatische Alkohole zur Herstellung künstlicher Farb- u. Riechstoffe

na|po|le|o|nisch: a) Napoleon betreffend, wie Napoleon (beschaffen, handelnd); **b)** auf die Zeit Napoleons bezogen

Na|po|li|tain [...'tɛ̃:] *das;* -s, -s ⟨*fr.;* nach der it. Stadt Napoli (Neapel)⟩: Schokoladentäfelchen

Nap|pa *das;* -[s], -s, **Nap|pa|le|der** *das;* -s, - ⟨nach der kalifornischen Stadt Napa⟩: durch Nachgerbung mit pflanzlichen Gerbstoffen od. mit Chromsalz waschbar gemachtes u. immer durchgefärbtes Glacéleder, vor allem aus Schaf- u. Ziegenfellen

Nar|de *die;* -, -n ⟨*semit.-gr.-lat.*⟩: **a)** eine der wohlriechenden Pflanzen, Pflanzenwurzeln o. Ä., die schon im Altertum für Salböle verwendet wurden, z. B. Indische Narde; **b)** Öl od. Salbe aus der Narde (a)

Nar|gi|leh [auch: ...'gi:le] *das;* -s, -s ⟨*pers.*⟩: orientalische Wasserpfeife zum Rauchen

Nar|ko|se *die;* -, -n ⟨*gr.;* »Erstarrung«⟩ (Med.): allgemeine Betäubung des Organismus mit zentraler Schmerz- u. Bewusstseinsausschaltung durch Zufuhr von Betäubungsmitteln

Nar|ko|ti|kum *das;* -s, ...ka ⟨*gr.-nlat.*⟩: Betäubungsmittel; Rauschmittel

nar|ko|ti|sie|ren ⟨*gr.-nlat.*⟩: betäuben, unter Narkose setzen

nar|ra|tiv (Sprachw.): erzählend, in erzählender Form darstellend

Nar|wal *der;* -[e]s, -e ⟨*nord.*⟩: 4,5 bis 6,6 m langer, grauweißer, dunkelbraun gefleckter Gründelwal der Arktis; Einhornwal

Nar|ziss *der;* - u. -es, -e ⟨*gr.-lat.;* schöner Jüngling der gr. Sage, der sich in sein Spiegelbild verliebte⟩: ganz auf sich selbst bezogener Mensch; jmd., der sich selbst bewundert u. liebt

Nar|zis|se *die;* -, -n: als Zier- u. Schnittpflanze beliebte, in etwa 30 Arten vorkommende, meist stark duftende Zwiebelpflanze

Nar|ziss|mus *der;* - ⟨*gr.-lat.-nlat.*⟩: [krankhafte] Selbstliebe, Selbstbewunderung, Ichbezogenheit; vgl. Autoerotik

Nar|zisst *der;* -en, -en: jmd., der [erotisch] nur auf sich selbst bezogen, zu sich hingewandt ist

Nar|ziss|tin *die;* -, -nen: weibliche Form zu ↑Narzisst

nar|ziss|tisch: a) eigensüchtig, voller Eigenliebe; **b)** den Narzissmus betreffend, auf ihm beruhend

NASA *die;* - ⟨Kurzw. aus *amerik.* National Aeronautics and Space Administration⟩: nationale Luft- u. Raumfahrtbehörde der USA

na|sal ⟨*lat.-nlat.*⟩: **1.** (Med.) zur Nase gehörend, die Nase betreffend. **2. a)** (Sprachw.) als Nasal ausgesprochen; **b)** [unbeabsichtigt] näselnd (z. B. von jmds. Aussprache, Stimme)

Na|sal *der;* -s, -e (Sprachw.): Konsonant od. Vokal, bei dessen Aussprache die Luft [zum Teil] durch die Nase entweicht; Nasenlaut (z. B. m, ng; fr. on [õ])

na|sa|lie|ren (Sprachw.): einen Laut durch die Nase, nasal aussprechen

Na|sa|lie|rung *die;* -, -en (Sprachw.): Aussprache eines Lautes durch die Nase, als Nasal

Na|sal|laut *der;* -[e]s, -e ⟨*lat.-nlat.; dt.*⟩: ↑Nasal

Na|sal|vo|kal *der;* -s, -e (Sprachw.): nasalierter Vokal (z. B. o in Bon [bõ:])

[1]**NASDAQ®** [ˈnɛsdɛk] *die;* - ⟨Kurzw. aus *engl.* National Association of Securities Dealers Automated Quotations System⟩: in den USA betriebene elektronische Börse

[2]**NASDAQ®** [ˈnɛsdɛk] *der;* -[s]: Aktienindex der an der [1]NASDAQ gehandelten Aktien

Na|si|go|reng *das;* -[s], -s ⟨*malai.*⟩: indonesisches Reisgericht

Nas|tie *die;* - ⟨*gr.-nlat.*⟩ (Bot.): durch Reiz ausgelöste Bewegung von Organen festgewachsener Pflanzen ohne Beziehung zur Richtung des Reizes; vgl. Chemonastie

Na|ta|li|tät *die;* - ⟨*lat.-nlat.*⟩: Geburtenhäufigkeit (Zahl der lebend Geborenen auf je 1000 Einwohner im Jahr)

Na|ti|on *die;* -, -en ⟨*lat.(-fr.)*⟩: **1.** große, meist geschlossen siedelnde Gemeinschaft von Menschen mit gleicher Abstammung, Geschichte, Sprache, Kultur. **2.** Staat, Staatswesen

na|ti|o|nal ⟨*lat.-fr.*⟩: **a)** zur Nation gehörend, sie betreffend, für sie charakteristisch; **b)** überwiegend die Interessen der eigenen Nation vertretend; vaterländisch

Na|ti|o|na|le *das;* -s, - (österr.): **a)** Personalangaben (Name, Alter, Wohnort u. a.); **b)** Formular, Fragebogen für die Personalangaben

Na|ti|o|nal|epos *das;* -, ...epen: Heldenepos eines Volkes, dessen Grundhaltung ihm besonders wesensgemäß zu sein scheint

Na|ti|o|nal|hym|ne *die;* -, -n: [meist bei feierlichen Anlässen gespieltes oder gesungenes] Lied als Ausdruck des Nationalbewusstseins eines Volkes

na|ti|o|na|li|sie|ren: 1. [einen Wirtschaftszweig] verstaatlichen, zum Nationaleigentum erklären. **2.** die Staatsangehörigkeit verleihen, ↑naturalisieren (1), einbürgern

Na|ti|o|na|lis|mus *der;* -, ...men: **a)** (abwertend) starkes, meist intolerantes, übersteigertes Nationalbewusstsein, das Macht u. Größe der eigenen Nation als höchsten Wert erachtet; **b)** erwachendes Selbstbewusstsein einer Nation mit dem Bestreben, einen eigenen Staat zu bilden

Na|ti|o|na|list *der;* -en, -en: jmd., der nationalistisch eingestellt ist; Verfechter des Nationalismus

Na|ti|o|na|lis|tin *die;* -, -nen: weibliche Form zu ↑Nationalist

na|ti|o|na|lis|tisch (abwertend): den Nationalismus (a) betreffend, aus ihm erwachsend, für ihn charakteristisch, im Sinne des Nationalismus

Na|ti|o|na|li|tät *die;* -, -en: **1.** Volks- od. Staatszugehörigkeit. **2.** Volksgruppe in einem Staat; nationale Minderheit

Na|ti|o|na|li|tä|ten|staat *der;* -[e]s, -en: Vielvölkerstaat; Staat, dessen Bevölkerung aus mehreren (weitgehend eigenständigen) nationalen Gruppen besteht; vgl. Nationalstaat

Na|ti|o|na|li|täts|prin|zip *das;* -s: (bes. im 19. Jh. erhobene) Forderung, dass jede Nation in einem Staat vereint sein solle

Na|ti|o|nal|kir|che *die;* -, -n: auf den Bereich einer Nation begrenzte, rechtlich selbstständige Kirche (z. B. die ↑autokephalen Kirchen des Ostens)

na|ti|o|nal|kon|ser|va|tiv: die Kombination von national ausgerichteten und konservativen Ideen betreffend

Na|ti|o|nal|kon|vent *der;* -[e]s: die 1792 in Frankreich gewählte Volksvertretung

na|ti|o|nal|li|be|ral: der Nationalliberalen Partei (von 1867 bis 1918) angehörend, sie betreffend, ihr Gedankengut vertretend

Na|ti|o|nal|öko|no|mie *die;* -: Volkswirtschaftslehre

Na|ti|o|nal|rat *der;* -[e]s, ...räte: **1.** in Österreich u. in der Schweiz Volksvertretung, Abgeordnetenhaus des Parlaments. **2.** in Österreich u. in der Schweiz Mitglied der Volksvertretung

Na|ti|o|nal|so|zi|a|lis|mus *der;* -: (nach dem 1. Weltkrieg in Deutschland aufgekommene) extrem nationalistische, imperialistische u. rassistische Bewegung [u. die darauf basierende faschistische Herrschaft in Deutschland von 1933 bis 1945]

Na|ti|o|nal|so|zi|a|list *der;* -en, -en: **a)** Anhänger des Nationalsozialismus; **b)** Mitglied der Nationalsozialistischen Deutschen Arbeiterpartei

Na|ti|o|nal|so|zi|a|lis|tin *die;* -, -nen: weibliche Form zu ↑Nationalsozialist

na|ti|o|nal|so|zi|a|lis|tisch: den Nationalsozialismus betreffend, für ihn charakteristisch, auf ihm beruhend

Na|ti|o|nal|staat *der;* -[e]s, -en: Staat, dessen Bürger einem einzigen Volk angehören; vgl. Nationalitätenstaat

na|tiv ⟨*lat.*⟩: **1.** (Chemie; Med.) natürlich, unverändert, im natürlichen Zustand befindlich (z. B. von Eiweißstoffen). **2.** (Med.) angeboren. **3.** (Sprachw.) einheimisch, nicht entlehnt

Na|ti|vist *der;* -en, -en: Vertreter des Nativismus

Na|ti|vis|tin *die;* -, -nen: weibliche Form zu ↑Nativist

NATO, Na|to *die;* - ⟨Kurzw. aus *engl.* North Atlantic Treaty Organization⟩: westliches Verteidigungsbündnis

Na|t|ri|um *das;* -s ⟨*ägypt.-arab.-nlat.*⟩: chem. Element; ein Alkalimetall (Zeichen: Na)

Na|t|ri|um|chlo|rid *das;* -[e]s: Kochsalz

Na|t|ron *das;* -s ⟨*ägypt.-arab.*⟩: in Back- u. Brausepulver u. als Mittel gegen Übersäuerung des Magens verwendetes Natriumsalz der Kohlensäure

Na|tur *die;* -, -en ⟨*lat.*⟩: **1.** (ohne Plural) Gesamtheit dessen, was an organischen u. anorganischen Erscheinungen ohne Zutun des Menschen existiert od. sich entwickelt; Stoff, Substanz, Materie in allen Erscheinungsformen. **2.** (ohne Plural) [Gesamtheit der] Pflanzen, Tiere, Gewässer u. Gesteine als Teil der Erdoberfläche od. eines bestimmten Gebietes [das nicht od. nur wenig von Menschen besiedelt od. umgestaltet ist]. **3. a)** [auf Veranlagung beruhende] geistige, seelische, körperliche od. biologische Eigentümlichkeit, Besonderheit, Eigenart von [bestimmten] Menschen od. Tieren, die ihr spontanes Verhalten o. Ä. entscheidend prägt; **b)** Mensch im Hinblick auf eine bestimmte, typische Eigenschaft, Eigenart. **4.** (ohne Plural) einer Sache o. Ä. eigentümliche Beschaffenheit. **5.** (ohne Plural) natürliche, ursprüngliche Beschaffenheit, natürlicher Zustand von etwas

Na|tu|ra|li|en *die* (Plural): **1.** Naturprodukte; Lebensmittel, Waren, Rohstoffe (meist im Hinblick auf ihre Verwendbarkeit als Zahlungsmittel). **2.** (selten) Gegenstände einer naturwissenschaftlichen Sammlung

Na|tu|ra|li|sa|ti|on *die;* -, -en ⟨*lat.-fr.*⟩: **1.** (Rechtswiss.) Einbürgerung eines Ausländers in einen Staatsverband. **2.** (Biol.) allmähliche Anpassung von Pflanzen u. Tieren in ihnen ursprünglich fremden Lebensräumen. **3.** (seltener) das Naturalisieren (3)

na|tu|ra|li|sie|ren: **1.** ausländischen Mitbürgern die Staatsbürgerrechte verleihen. **2.** (Biol.) sich in ursprünglich fremden Lebensräumen anpassen (von Pflanzen u. Tieren). **3.** (seltener) naturgetreu präparieren (z. B. die Tierköpfe bei Fellen)

Na|tu|ra|li|sie|rung *die;* -, -en: ↑Naturalisation; vgl. ...ation/...ierung

Na|tu|ra|lis|mus *der;* -, ...men ⟨*lat.-nlat.*⟩: **1. a)** (ohne Plural) Wirklichkeitstreue, -nähe in der Darstellung (bes. in Literatur u. Kunst); **b)** Wirklichkeitstreue aufweisender, naturalistischer Zug (z. B. eines Kunstwerks). **2.** (ohne Plural) philosophische, religiöse Weltanschauung, nach der alles aus der Natur u. diese allein aus sich selbst erklärbar ist. **3.** eine möglichst genaue Wiedergabe der Wirklichkeit (bes. auch des Hässlichen u. des Elends) anstrebender, naturgetreu abbildender u. auf jegliche Stilisierung verzichtender Kunststil, bes. die gesamteuropäische literarische Richtung von etwa 1880 bis 1900

Na|tu|ra|list *der;* -en, -en: Vertreter des Naturalismus (3)

Na|tu|ra|lis|tin *die;* -, -nen: weibliche Form zu ↑Naturalist

na|tu|ra|lis|tisch: **a)** den Naturalismus (3) betreffend; **b)** (bes. von künstlerischen Darstellungen) naturgetreu, wirklichkeitsnah

na|tu|rell ⟨*lat.-fr.*⟩: **1.** natürlich; ungefärbt, unbearbeitet. **2.** (Gastron.) ohne besondere Zutaten zubereitet

Na|tu|rell *das;* -s, -e: Veranlagung, Wesensart

na|tur|iden|tisch: natürlichen Stoffen angenähert, wie sie beschaffen; **naturidentische Aromastoffe:** Aromastoffe, die denselben chem. Aufbau wie natürliche haben, aber synthetisch hergestellt werden

Na|tu|ris|mus *der;* - ⟨*lat.-nlat.*⟩: ↑Nudismus

Na|tu|rist *der;* -en, -en: ↑Nudist

Na|tu|ris|tin *die;* -, -nen: weibliche Form zu ↑Naturist

Na|tur|phi|lo|so|phie *die;* -: Gesamtheit der philosophischen, erkenntniskritischen, metaphysischen Versuche u. Bemühungen, die Natur zu interpretieren u. zu einem Gesamtbild ihres Wesens zu kommen

Na|tur|recht *das;* -[e]s, -e: Recht, das unabhängig von der gesetzlich fixierten Rechtsauffassung eines bestimmten Staates o. Ä. in der Vernunft des Menschen begründet ist

Nau|arch *der;* -en, -en ⟨*gr.-lat.*⟩: Flottenführer im alten Griechenland

Nau|p|li|us *der;* -, ...ien (Zool.): Larve im ursprünglichen Stadium der Krebstiere

Nau|sea *die;* - ⟨*gr.-lat.*⟩ (Med.): Übelkeit, Brechreiz, vor allem im Zusammenhang mit einer ↑Kinetose; Seekrankheit

Nau|tik *die;* - ⟨*gr.-lat.*⟩: **1.** Schifffahrtskunde. **2.** Kunst, Fähigkeit, ein Schiff zu führen

Nau|ti|ker *der;* -s, -: Seemann, der in der Führung eines Schiffes Erfahrung besitzt

Nau|ti|lus *der;* -, - u. -se: im Indischen u. Pazifischen Ozean in 60–600 m Tiefe am Boden lebender Tintenfisch mit schneckenähnlichem Gehäuse

nau|tisch: die Nautik betreffend, zu ihr gehörend

Na|vel [ˈneɪvl̩] *die;* -, -s ⟨*engl.;* eigtl. »Nabel«⟩: kernlose Orange mit nabelförmiger Nebenfrucht

Na|vi|ga|ti|on *die;* - ⟨*lat.;* »Schifffahrt«⟩: bei Schiffen, Luft- u. Raumfahrzeugen Gesamtheit der Maßnahmen zur Bestimmung des Standorts u. zur Einhaltung des gewählten Kurses

Na|vi|ga|tor *der;* -s, ...oren ⟨*lat.;* »Schiffer, Seemann«⟩: Mitglied der Flugzeugbesatzung, das für die Navigation verantwortlich ist

na|vi|ga|to|risch: die Navigation betreffend, mit ihr zusammenhängend

na|vi|gie|ren: bei einem Schiff od. Flugzeug die Navigation durchführen

Na|za|re|ner *der;* -s, -: **1.** Beiname Jesu im Neuen Testament. **2.** Anhänger Jesu. **3.** Angehöriger einer adventistischen Sekte des 19. Jh.s in Südwestdeutschland u. der Schweiz. **4.** Angehöriger einer Gruppe deutscher romantischer Künstler, die eine Erneuerung christlicher Kunst im Sinne der Kunst des Mittelalters anstrebte

n

Na|zi *der;* -s, -s (abwertend): kurz für: ↑Nationalsozialist (a)

Na|zis|mus *der;* - ⟨*nlat.*⟩ (abwertend): Nationalsozialismus

na|zis|tisch (abwertend): nationalsozialistisch

Ne|ark|tis *die;* - ⟨*gr.-nlat.*⟩: tiergeografisches Gebiet, das Nordamerika u. Mexiko umfasst

ne|ark|tisch: die Nearktis betreffend; **nearktische Region:** ↑Nearktis

neb|bich ⟨Herkunft unsicher⟩: **1.** (Gaunerspr.) leider, schade. **2.** (ugs.) nun wenn schon!, was macht das!

Neb|bich *der;* -s, -e ⟨*jidd.*⟩ (abwertend): jmd., der als unbedeutend, unwichtig o. Ä. angesehen wird

ne|bu|los, ne|bu|lös ⟨*lat.*⟩: unklar, undurchsichtig, dunkel, verworren, geheimnisvoll

Ne|ces|saire [nesɛˈsɛːɐ̯], **Nes|ses|sär** *das;* -s, -s ⟨*lat.-fr.;* »Notwendiges«⟩: Täschchen, Beutel o. Ä. für Toiletten-, Nähutensilien u. a.

Ne|cking *das;* -[s], -s ⟨*engl.-amerik.*⟩: Austausch von Zärtlichkeiten, Liebkosungen (Vorstufe des ↑Pettings, bes. bei heranwachsenden Jugendlichen)

Ne|ga|ti|on *die;* -, -en ⟨*lat.*⟩: **1.** Verneinung; Ablehnung einer Aussage; Ggs. ↑Affirmation. **2.** Verneinungswort (z. B. nicht)

ne|ga|tiv [auch: negaˈtiːf]: **1. a)** verneinend, ablehnend; Ggs. ↑positiv (1 a); **b)** ergebnislos; ungünstig, schlecht; Ggs. ↑positiv (1 b). **2.** (Math.) kleiner als null (Zeichen: –). **3.** (Fotogr.) das Negativ betreffend; in der Helligkeit, in den Farben gegenüber dem Original vertauscht; Ggs. ↑positiv (3). **4.** (Physik) eine der beiden Formen elektrischer Ladung betreffend, bezeichnend; Ggs. ↑positiv (5). **5.** (Med.) nicht für das Bestehen einer Krankheit sprechend, keinen krankhaften Befund zeigend; Ggs. ↑positiv (5)

Ne|ga|tiv [auch: negaˈtiːf] *das;* -s, -e (Fotogr.): fotografisches Bild, das gegenüber der Vorlage od. dem Aufnahmeobjekt umgekehrte Helligkeits- od. Farbenverhältnisse aufweist u. aus dem das ↑²Positiv (2) entsteht

Ne|ga|tiv|image [...ɪmɪtʃ, engl.: ...ˈɪmɪdʒ] *das;* -[s], -s: durch negativ auffallendes Verhalten entstandenes Image

Ne|ga|tiv|lis|te *die;* -: Verzeichnis der Arzneimittel, deren Kosten von der gesetzlichen Krankenversicherung nicht übernommen werden

Ne|ga|ti|vum *das;* -s, ...va: etwas, was an einer Sache als negativ (1 b), ungünstig, schlecht empfunden wird; etwas Negatives; Ggs. ↑Positivum

ne|gie|ren ⟨*lat.*⟩: **1. a)** ablehnen, verneinen; **b)** bestreiten. **2.** mit einer Negation (2) versehen

Ne|gie|rung *die;* -, -en: **a)** Verneinung, Bestreitung; **b)** das Negiertwerden

Ne|g|li|gé, Ne|g|li|gee [...ˈʒeː] *das;* -s, -s: zarter, oft durchsichtiger Überwurfmantel, meist passend zur Damennachtwäsche

ne|g|li|geant [...ˈʒant]: unachtsam, sorglos, nachlässig

Ne|g|li|gee [...ˈʒeː] vgl. Negligé

ne|g|li|gen|te [...ˈdʒɛntə] ⟨*lat.-it.*⟩ (Musik): nachlässig, flüchtig darüber hinhuschend (Vortragsanweisung)

ne|g|li|gie|ren [...ˈʒiː...]: vernachlässigen

ne|g|rid ⟨*lat.-span.-nlat.*⟩ (Anthropol. veraltet): zum Menschentypus der Negriden gehörend

Ne|g|ro|spi|ri|tu|al [ˈniːɡroʊspɪrɪtjʊəl] *das,* auch: *der;* -s, -s ⟨*lat.-engl.-amerik.*⟩ (veraltet): geistliches Lied der im Süden Nordamerikas lebenden Afroamerikaner mit schwermütiger, synkopierter Melodie

Ne|k|ro|bi|o|se *die;* -, -n ⟨*gr.-nlat.*⟩ (Biol., Med.): allmähliches Absterben von Geweben, von Zellen im Organismus (als natürlicher od. pathologischer Vorgang)

Ne|k|ro|po|le, Ne|k|ro|po|lis *die;* -, ...polen ⟨*gr.;*

»Totenstadt«): großes Gräberfeld des Altertums, der vorgeschichtlichen Zeit

Ne|k|rop|sie *die;* -, ...ien ⟨*gr.-nlat.*⟩: Totenschau, Leichenöffnung

Nek|tar *der;* -s, -e ⟨*gr.-lat.*⟩: **1.** (ohne Plural) ewige Jugend spendender Göttertrank der griechischen Sage. **2.** (Biol.) von einem ↑Nektarium ausgeschiedene Zuckerlösung zur Anlockung von Insekten. **3.** (Fachspr.) Getränk aus zu Mus zerdrücktem, gezuckertem u. mit Wasser [u. Säure] verdünntem Fruchtfleisch

Nek|ta|ri|ne *die;* -, -n ⟨*gr.-lat.-nlat.*⟩: glatthäutiger Pfirsich mit leicht herauslösbarem Stein (eine Abart des Pfirsichs)

Nek|ta|ri|um *das;* -s, ...ien ⟨*gr.-lat.-nlat.*⟩ (Biol.): Honigdrüse im Bereich der Blüte, seltener der Blätter, die der Anlockung von Insekten und anderen Tieren für die Bestäubung dient

Nek|ton *das;* -s ⟨*gr.;* »Schwimmendes«⟩ (Biol.): das ↑Pelagial (2) bewohnende Organismen mit großer Eigenbewegung; Gesamtheit der sich im Wasser aktiv bewegenden Tiere

nek|to|nisch (Biol.): das Nekton betreffend, zu ihm gehörend

Nel|son *der;* -[s], -[s] ⟨*engl.*, vielleicht nach einem Personennamen⟩ (Sport): Nackenhebel beim Ringen

neo..., Neo...

⟨*gr.* néos »neu, frisch, zart, jung«⟩
Wortbildungselement mit den Bedeutungen:
a) »neu, jung«:
– Neolithikum
– Neologismus
b) »in erneuerter Form, weiterentwickelt; wieder aufgelebt«:
– Neoklassizismus
– neonazistisch

Neo|dym *das;* -s ⟨*gr.-nlat.*⟩: chem. Element; ein Metall der seltenen Erden (Zeichen: Nd)

Neo|fa|schis|mus *der;* -: rechtsradikale Bewegung, die in Zielsetzung u. Ideologie an die Epoche des Faschismus anknüpft

Neo|fa|schist *der;* -en, -en: Vertreter des Neofaschismus

Neo|fa|schis|tin *die;* -, -nen: weibliche Form zu ↑Neofaschist

neo|fa|schis|tisch: den Neofaschismus betreffend, zu ihm gehörend

Neo|gen *das;* -s (Geol.): Jungtertiär (umfasst ↑Miozän u. ↑Pliozän)

Neo|klas|si|zis|mus *der;* -: sich bes. in kolossalen Säulenordnungen ausdrückende formalistische u. historisierende Tendenzen in der Architektur des 20. Jh.s

Neo|ko|lo|ni|a|lis|mus *der;* -: Politik entwickelter Industrienationen, ehemalige Kolonien, Entwicklungsländer wirtschaftlich u. politisch abhängig zu halten

neo|kon|ser|va|tiv: den Neokonservativismus betreffend, für ihn charakteristisch, auf ihm beruhend

Neo|li|be|ra|lis|mus *der;* -: wirtschaftspolitisches u. sozialphilos. Konzept für eine Wirtschaftsordnung, die alles über den freien Wettbewerb steuert

Neo|li|thi|kum [auch: ...'lɪ...] *das;* -s: Jungsteinzeit; Epoche des vorgeschichtlichen Menschen, deren Beginn meist mit dem Beginn produktiver Nahrungserzeugung (Haustiere, Kulturpflanzen) gleichgesetzt wird

neo|li|thisch [auch: ...'lɪ...]: das Neolithikum betreffend, zu ihm gehörend

Neo|lo|gis|mus *der;* -, ...men (Sprachw.): [in den allgemeinen Gebrauch übergegangene] sprachliche Neuprägung (Neuwort od. Neubedeutung)

Ne|on *das;* -s ⟨*gr.;* »das Neue«⟩: chem. Element; ein Edelgas (Zeichen: Ne)

Neo|na|zi *der;* -s, -s: ↑Neonazist

Neo|na|zis|mus *der;* -: rechtsradikale Bewegung (nach 1945) zur Wiederbelebung des Nationalsozialismus

Neo|na|zist *der;* -en, -en: Anhänger des Neonazismus

Neo|na|zis|tin *die;* -, -nen: weibliche Form zu ↑Neonazist

neo|na|zis|tisch: den Neonazismus betreffend, zu ihm gehörend

Ne|on|fisch *der;* -[e]s, -e (Zool.): sehr kleiner Fisch mit einem schillernden Streifen auf beiden Körperseiten (beliebter Aquarienfisch)

Ne|on|röh|re *die;* -, -n: mit Neon gefüllte Leuchtröhre

Neo|pren® *das;* -s, -e ⟨Kunstw.⟩: stark wärmeisolierender synthetischer Kautschuk (z. B. für Taucheranzüge)

Neo|pren|an|zug *der;* -[e]s, ...züge: (u. a. von Tauchern, Schwimmern, Surfern benutzter) vor Kälte schützender Anzug aus Neopren

Neo|te|nie *die;* - ⟨*gr.-nlat.*⟩: **1.** (Med.) unvollkommener Entwicklungszustand eines Organs. **2.** (Biol.) Eintritt der Geschlechtsreife im Larvenstadium

Neo|tro|pis *die;* - ⟨*gr.-nlat.*⟩: tier- u. pflanzengeografisches Gebiet, das Zentral- u. Südamerika (ausgenommen die zentralen Hochflächen) umfasst

neo|tro|pisch: zu den Tropen der Neuen Welt gehörend, die Neotropis betreffend; **neotropische Region:** ↑Neotropis

Neo|zo|i|kum *das;* -s ⟨*gr.-nlat.*⟩: ↑Känozoikum

neo|zo|isch: ↑känozoisch

Ne|ph|ral|gie *die;* -, ...ien ⟨*gr.-nlat.*⟩ (Med.): Nierenschmerz

Ne|po|tis|mus *der;* -: Vetternwirtschaft, bes. bei den Päpsten der Renaissancezeit

nep|tu|nisch ⟨*lat.;* nach dem röm. Meeresgott Neptun⟩: den Meeresgott Neptun betreffend; **neptunisches Gestein** (Geol. veraltet): Sedimentgestein

Nep|tu|nis|mus *der;* - ⟨*lat.-nlat.*⟩ (Geol.): widerlegte geologische Hypothese, die sämtliche Gesteine (auch die vulkanischen) als Ablagerungen im Wasser erklärt

Nep|tu|ni|um *das;* -s: radioaktives chem. Element, ein ↑Transuran (Zeichen: Np)

Nerd [nə:d] *der;* -s, -s ⟨*engl.;* »Schwachkopf«⟩ (Jargon abwertend): sehr intelligenter, aber sozial isolierter Computerfan

Ne|re|i|de *die;* -, -n (meist Plural) ⟨*gr.-lat.;* »Tochter des (Meeresgottes) Nereus«⟩: **1.** Meernymphe der griechischen Sage. **2.** (Zool.) Vertreter der Familie der vielborstigen Würmer

Ne|ro|li|öl *das;* -[e]s, -e ⟨*it.; dt.*⟩: angenehm riechendes, für Parfüme, Liköre, Feinbackwaren verwendetes Blütenöl der Pomeranze

Nerv *der;* -s (fachspr. auch: -en), -en ⟨*lat.(-engl.)*⟩: **1.** Blattader oder -rippe. **2.** rippenartige Versteifung, Ader der Insektenflügel. **3.** (Med.) aus parallel angeordneten Fasern bestehender, in einer Bindegewebshülle liegender Strang, der der Reizleitung zwischen Gehirn, Rückenmark u. Körperorgan od. -teil dient. **4.** (nur Plural) nervliche Konstitution, psychische Verfassung. **5.** Kernpunkt; kritische Stelle

ner|val [...ˈva:l] (Med.): die Nerventätigkeit betreffend, durch die Nervenfunktion bewirkt; nervlich

Ner|va|tur *die;* -, -en ⟨*lat.-nlat.*⟩: **1.** Blattaderung. **2.** Aderung der Insektenflügel

ner|ven [...fn̩] (ugs.): **a)** jmdm. auf die Nerven gehen; **b)** nervlich strapazieren, anstrengen; an die Nerven gehen; **c)** hartnäckig bedrängen; jmdm. in zermürbender Weise zusetzen

ner|vig [...fıç, auch: ...vıç]: **1.** sehnig, kraftvoll. **2.** (ugs.) äußerst lästig werdend, aufreibend, unangenehm

ner|vös ⟨*lat.(-fr.* u. *engl.)*⟩: **1.** ↑nerval. **2. a)** unruhig, leicht reizbar, aufgeregt; **b)** fahrig, zerfahren

Ner|vo|si|tät *die;* -, -en: **1.** (ohne Plural) nervöser (2) Zustand, nervöse Art. **2.** einzelne nervöse Äußerung, Handlung. **3.** (veraltend) ↑Neurasthenie

Ner|vus *der;* -, ...vi ⟨*lat.*⟩ (Med.): Nerv

Ner|vus Re|rum *der;* - -: **1.** Triebfeder, Hauptsache. **2.** (scherzh.) Geld als Zielpunkt allen Strebens, als wichtige Grundlage

Nes|ca|fé® *der;* -s, -s ⟨Kurzw. für den Namen der Schweizer Firma **Nestlé** u. *fr.* **café** »Kaffee«⟩: löslicher Kaffeeextrakt in Pulverform

Nes|ses|sär vgl. Necessaire

Nes|tor *der;* -s, ...oren ⟨*gr.-lat.;* kluger u. redegewandter gr. Held der Ilias u. der Odyssee, der drei Menschenalter gelebt haben soll⟩: herausragender ältester Vertreter einer Wissenschaft, eines [künstlerischen] Faches; Ältester eines bestimmten Kreises

Nes|to|rin *die;* -, -nen: weibliche Form zu ↑Nestor

Net *das;* -s ⟨*engl.;* »Netz«⟩: Kurzform von ↑Internet

Net|book [...bʊk] *das;* -[s], -s ⟨*engl.*⟩: kleinformatiges Notebook

Ne|ti|quet|te [...ˈkɛtə] *die;* - ⟨Kurzw. aus *engl.* **net** »Netz« u. **etiquette** »Etikette«⟩: Gesamtheit der Regeln für soziales Kommunikationsverhalten im Internet

net|to ⟨*lat.-it.*⟩ (Wirtsch.; Handel): rein, nach Abzug, ohne Verpackung

Net|to...

⟨*lat.* nitidus »glänzend; sauber« → *it.* netto »gereinigt, unvermischt«⟩
Wortbildungselement auf dem Gebiet der Wirtschaft u. des Handels mit der Bedeutung »rein, nach Abzug (der Kosten); ohne Verpackung«:
– Nettogewicht
– Nettopreis
– Nettosozialprodukt
Ggs. ↑Brutto...

Net|to|ge|wicht *das;* -[e]s, -e: Reingewicht einer Ware ohne Verpackung

Net|to|preis *der;* -es, -e: Endpreis einer Ware, von dem keinerlei Abzug mehr möglich ist

Net|to|re|gis|ter|ton|ne *die;* -, -n: Raummaß im Seewesen zur Bestimmung des Schiffsraumes, der für die Ladung zur Verfügung steht (Abk.: NRT)

Net|work [ˈnɛtwə:k] *das;* -[s], -s ⟨*engl.;* eigtl. »Netzwerk«⟩: **1.** Rundfunkverbundsystem durch Zusammenschalten mehrerer Sender. **2.** (EDV) Datenverbundsystem zwischen mehreren, voneinander unabhängigen Geräten

Net|wor|king [...wə:kıŋ] *das;* -s ⟨*engl.*⟩: das

Knüpfen u. Pflegen von Kontakten, die dem Austausch von Informationen [u. dem beruflichen Fortkommen] dienen

neu|apo|s|to|lisch: einer aus den katholisch-apostolischen Gemeinden hervorgegangenen Religionsgemeinschaft angehörend, deren Bekenntnis entsprechend

Neu|me *die;* -, -n (meist Plural) ⟨*gr.-mlat.*⟩: vor der Erfindung der Notenschrift im Mittelalter übliches Notenhilfszeichen

neur..., Neur... vgl. neuro..., Neuro...

Neu|r|al|gie *die;* -, ...ien ⟨*gr.-nlat.*⟩ (Med.): in Anfällen auftretender Schmerz im Ausbreitungsgebiet bestimmter Nerven ohne nachweisbare entzündliche Veränderungen od. Störung der Sensibilität (2)

Neu|r|al|gi|ker *der;* -s, - (Med.): an Neuralgie Leidender

Neu|r|al|gi|ke|rin *die;* -, -nen: weibliche Form zu ↑Neuralgiker

neu|r|al|gisch: 1. (Med.) auf Neuralgie beruhend, für sie charakteristisch. **2.** sehr problematisch, kritisch

Neu|r|a|s|the|nie *die;* -, ...ien (Med. veraltend): Zustand nervöser Erschöpfung

Neu|r|a|s|the|ni|ker *der;* -s, - (Med.): an Neurasthenie Leidender

Neu|r|a|s|the|ni|ke|rin *die;* -, -nen: weibliche Form zu ↑Neurastheniker

neu|ri..., Neu|ri... vgl. neuro..., Neuro...

Neu|ri|tis *die;* -, ...itiden (Med.): akute od. chronische Erkrankung der peripheren Nerven mit entzündlichen Veränderungen, häufig auch mit degenerativen Veränderungen des betroffenen Gewebes u. Ausfallserscheinungen (wie partiellen Lähmungen); Nervenentzündung

neu|ro..., Neu|ro...

selten: **neu|ri..., Neu|ri...,** vor Vokalen auch: **neur..., Neur...**
⟨*gr.* neũron »Sehne, Faser, Nerv«⟩
Wortbildungselement mit der Bedeutung »Nerv; Nervengewebe; Nervensystem«:
- neuralgisch
- Neurinom
- Neurophysiologie

Neu|ro|bio|lo|gie *die;* -: interdisziplinäre Forschungsrichtung, die sich die Aufklärung von Struktur u. Funktion des Nervensystems zum Ziel gesetzt hat

Neu|ro|chi|r|ur|gie *die;* -, ...ien: Spezialgebiet der Chirurgie, das alle operativen Eingriffe am Zentralnervensystem umfasst

Neu|ro|der|mi|tis *die;* -, ...itiden (Med.): zu den Ekzemen zählende entzündliche, chronische Hauterkrankung mit Bläschenbildung u. ↑Lichenifikation

Neu|ro|lo|ge *der;* -n, -n: Facharzt auf dem Gebiet der Neurologie (2); Nervenarzt

Neu|ro|lo|gie *die;* -: **1.** Wissenschaft von Aufbau u. Funktion des Nervensystems. **2.** Wissenschaft von den Nervenkrankheiten, ihrer Entstehung u. Behandlung

Neu|ro|lo|gin *die;* -, -nen: weibliche Form zu ↑Neurologe

neu|ro|lo|gisch: 1. Aufbau u. Funktion des Nervensystems betreffend, zur Neurologie (1) gehörend, auf ihr beruhend. **2.** die Nervenkrankheiten betreffend; zur Neurologie (2) gehörend, auf ihr beruhend

Neu|ron *das;* -s, ...one (auch: ...onen) (Biol., Med.): Nerveneinheit, Nervenzelle mit Fortsätzen

Neu|ro|pa|thie *die;* -, ...ien (Med.): Nervenleiden, -krankheit, bes. anlagebedingte Anfälligkeit des Organismus für Störungen im Bereich des vegetativen Nervensystems

Neu|ro|pa|tho|lo|gie *die;* -, ...ien: Teilgebiet der ↑Pathologie, das sich mit den krankhaften Vorgängen u. Veränderungen des Nervensystems u. mit den Nervenkrankheiten befasst

Neu|ro|se *die;* -, -n ⟨*gr.-nlat.*⟩ (Med.): hauptsächlich durch unverarbeitete seelische Konflikte mit der Umwelt entstandene krankhafte, aber heilbare Verhaltensanomalie mit seelischen Ausnahmezuständen u. verschiedenen körperlichen Funktionsstörungen ohne organische Ursachen

Neu|ro|ti|ker *der;* -s, - (Med.): jmd., der an einer Neurose leidet

Neu|ro|ti|ke|rin *die;* -, -nen: weibliche Form zu ↑Neurotiker

neu|ro|tisch: a) auf einer Neurose beruhend, im Zusammenhang mit ihr stehend; **b)** an einer Neurose leidend

Neu|ro|to|mie *die;* -, ...ien (Med.): Nervendurchtrennung (zur Schmerzausschaltung, bes. bei einer Neuralgie)

Neu|t|ra: *Plural* von ↑Neutrum

neu|t|ral ⟨*lat.-mlat.*⟩: **1. a)** unparteiisch, unabhängig, nicht an eine Interessengruppe, Partei o. Ä. gebunden; **b)** keinem Staatenbündnis angehörend; nicht an einem Krieg, Konflikt o. Ä. zwischen anderen Staaten teilnehmend.
2. (Sprachw.) sächlich, sächlichen Geschlechts.
3. [nicht auffällig u. daher] zu allem passend, nicht einseitig festgelegt (z. B. von einer Farbe).

4. (Chemie) **a)** weder basisch noch sauer reagierend (z. B. von einer Lösung); **b)** weder positiv noch negativ reagierend (z. B. von Elementarteilchen)

Neu|t|ra|li|sa|ti|on *die;* -, -en ⟨*lat.-fr.*⟩: **1.** ↑Neutralisierung (1). **2.** (Chemie) Aufhebung der Säurewirkung durch Zugabe von Basen u. umgekehrt. **3.** (Physik) Aufhebung, gegenseitige Auslöschung von Spannungen, Kräften, Ladungen u. a. **4.** (Sport) vorübergehende Unterbrechung eines Wettkampfs, bei der die Wertung ausgesetzt wird; vgl. ...ation/...ierung

neu|t|ra|li|sie|ren: 1. unwirksam machen, eine Wirkung, einen Einfluss aufheben, ausschalten. **2.** (Rechtswiss.) einen Staat durch Vertrag zur Neutralität verpflichten. **3.** (Militär) ein [Grenz]gebiet von militärischen Anlagen u. Truppen räumen, frei machen. **4.** (Chemie) bewirken, dass eine Lösung weder basisch noch sauer reagiert. **5.** (Physik) Spannungen, Kräfte, Ladungen u. a. aufheben, gegenseitig auslöschen. **6.** (Sport) einen Wettkampf unterbrechen u. die Wertung aussetzen

Neu|t|ra|li|sie|rung *die;* -, -en: **1.** Aufhebung einer Wirkung, eines Einflusses. **2.** (Rechtswiss.) einem Staat durch Vertrag auferlegte Verpflichtung zur Neutralität bei kriegerischen Auseinandersetzungen. **3.** (Militär) Räumung bestimmter [Grenz]gebiete von militärischen Anlagen u. Truppen; vgl. ...ation/...ierung

Neu|t|ra|lis|mus *der;* - ⟨*lat.-nlat.*⟩: Grundsatz der Nichteinmischung in fremde Angelegenheiten (vor allem in der Politik)

Neu|t|ra|li|tät *die;* - ⟨*lat.-mlat.*⟩: **a)** unparteiische Haltung, Nichteinmischung, Nichtbeteiligung; **b)** Nichtbeteiligung eines Staates an einem Krieg od. Konflikt

Neu|t|ren: *Plural* von ↑Neutrum

Neu|t|ri|no *das;* -s, -s ⟨*lat.-it.*⟩ (Physik): masseloses Elementarteilchen ohne elektrische Ladung

Neu|t|ron *das;* -s, ...onen ⟨*lat.-nlat.*⟩ (Physik): Elementarteilchen ohne elektrische Ladung als Baustein des Atomkerns (Zeichen: n)

Neu|t|ro|nen|bom|be vgl. Neutronenwaffe

Neu|t|ro|nen|waf|fe *die;* -, -n: Kernwaffe, die bei verhältnismäßig geringer Sprengwirkung eine extrem starke Neutronenstrahlung auslöst u. dadurch bes. Lebewesen schädigt od. tötet, Objekte dagegen weitgehend unbeschädigt lässt

Neu|t|rum *das;* -s, ...tra, auch: ...tren ⟨*lat.;* »keines von beiden«⟩ (Sprachw.): **a)** sächliches Geschlecht eines Substantivs; **b)** sächliches Substantiv (z. B. das Kind; Abk.: n., N., Neutr.)

New Age ['nju: 'eɪdʒ] *das;* - - ⟨*engl.*⟩: neues Zeitalter als Inbegriff eines von verschiedenen Forschungsrichtungen u. alternativen Bewegungen vertretenen neuen integralen Weltbildes

New|bie ['nju:...] *der;* -[s], -s ⟨*engl.*⟩ (Jargon): Anfänger(in), Neuling (in Bezug auf Computerprogramme, Internet, Newsgroups u. Ä.)

New|co|mer ['nju:kamɐ] *der;* -s, -: jmd., der noch nicht lange bekannt, etwas, was noch neu ist [aber schon einen gewissen Erfolg hat]; Neuling

New Deal ['nju: 'di:l] *der;* - -: wirtschafts- u. sozialpolitisches Reformprogramm des ehemaligen amerikanischen Präsidenten F. D. Roosevelt

New Eco|no|my ['nju: ɪ'kɔnəmi] *die;* - - ⟨*engl.*⟩: Wirtschaftsbereich, der im Gegensatz zur ↑Old Economy junge, wachstumsorientierte Unternehmen aus Zukunftsbranchen (z. B. Biotechnologie, Informationstechnologie, Multimedia) umfasst u. für den u. a. neue Formen des Marktverhaltens (z. B. E-Business) charakteristisch sind

New Look ['nju: 'lʊk] *der* od. *das;* - -[s] ⟨*engl.;* »neues Aussehen«⟩: neue Linie, neuer Stil (z. B. in der Mode)

New-Or|leans-Jazz [nju'ɔ:lɪənzdʒæz, auch: ...ɔ:'li:nz...] *der;* -: frühester, improvisierender Jazzstil der nordamerikanischen Afroamerikaner in u. um New Orleans; vgl. Chicago Jazz

News [nju:s] *die* (Plural) ⟨*engl.*⟩: [sensationelle] Neuigkeiten, Nachrichten, Meldungen (häufig als Name englischer Zeitungen)

News|group ['nju:sgru:p] *die;* -, -s ⟨*engl.*⟩: Diskussionsforum im Internet zu einem bestimmten Thema

News|let|ter ['nju:slɛtɐ] *der;* -s, -s u. - ⟨*engl.;* »Rundschreiben«⟩: als E-Mail an einen Abonnentenkreis verschicktes, regelmäßig erscheinendes Informationsschreiben

New Work ['nju: 'wə:k] *das* od. *die;* - - ⟨*engl.*⟩: Sammelbezeichnung für moderne u. flexible Formen der [Büro]arbeit bzw. der Arbeitsorganisation (z. B. ↑Telearbeit)

Ne|xus *der;* -, - [...su:s] ⟨*lat.*⟩: Zusammenhang, Verbindung, Verflechtung

Ni|cae|num [ni'tsɛ:...] vgl. Nizänum

nicht eu|k|li|disch, nicht|eu|k|li|disch (Math.): **nicht euklidische Geometrie:** Geometrie, die sich in ihrem axiomatischen Aufbau von der Geometrie des Euklid bes. dadurch unterscheidet, dass sie das ↑Parallelenaxiom nicht anerkennt; Ggs. ↑euklidische Geometrie

Nick *der;* -s, -s: Kurzform von ↑Nickname

Nick|na|me [auch: 'nɪkneɪm] *der;* -ns, -n u. (bei engl. Ausspr.:) -[s], -s ⟨*engl.*⟩: selbst gewähltes

Pseudonym, unter dem jmd. im Internet (z. B. in Chatrooms od. Internetforen) auftritt

Ni|col [engl.: ˈnɪkəl] *das;* -s, -s ⟨nach dem engl. Physiker W. Nicol, 1768–1851⟩ (Optik): aus zwei geeignet geschliffenen Teilprismen aus Kalkspat zusammengesetzter ↑Polarisator des Lichts; Polarisationsprisma

Ni|co|tin vgl. Nikotin

Nie|der|fre|quenz *die;* -, -en: Bereich der elektrischen Schwingungen unterhalb der Mittelfrequenz (5000–10000 Hertz)

Ni|el|lo *das;* -[s], -s u. ...llen, bei Kunstwerken auch: ...lli (Kunstwiss.): **1.** Masse u. a. aus Blei, Kupfer u. Schwefel, die zum Ausfüllen einer in Metall eingravierten Zeichnung dient u. die sich als schwarze od. schwärzliche Verzierung von dem Metall abhebt. **2.** mit Niello (1) bearbeitete Metallzeichnung, mit Niello (1) verzierter Metallgegenstand (meist aus Silber od. Gold). **3.** Abdruck einer zur Aufnahme von Niello (1) bestimmten gravierten Platte auf Papier

Ni|fe [...fə, auch: ...fe] *das;* - ⟨Kurzw. aus **Ni**ckel u. *lat.* ferrum »Eisen«⟩ (Geol.): wahrscheinlich aus Nickel u. Eisen bestehender Erdkern

Ni|fe|kern *der;* -[e]s (Geol.): ↑Nife

Night|club [ˈnaɪtklʌb] *der;* -s, -s ⟨*engl.*⟩: Nachtbar, Nachtlokal

Ni|hi|lis|mus *der;* - ⟨*lat.-nlat.*⟩: **a)** [philosophische] Anschauung, Überzeugung von der Nichtigkeit alles Bestehenden, Seienden; **b)** weltanschauliche Haltung, die alle positiven Zielsetzungen, Ideale, Werte ablehnt; völlige Verneinung aller Normen, Werte, Ziele

Ni|hi|list *der;* -en, -en: Vertreter des Nihilismus; jmd., der nihilistisch eingestellt ist

Ni|hi|lis|tin *die;* -, -nen: weibliche Form zu ↑Nihilist

ni|hi|lis|tisch: a) in der Art des Nihilismus; **b)** alle positiven Zielsetzungen, Ideale, Werte, Normen bedingungslos ablehnend

Ni|kol vgl. Nicol

Ni|ko|laus [auch: ˈniːko...] *der;* -[es], -e, ugs.: ...läuse ⟨nach einem als Heiligem verehrten Bischof von Myra⟩: **1.** als hl. Nikolaus verkleidete Person. **2.** (ohne Plural) mit bestimmten Bräuchen verbundener Tag des hl. Nikolaus (6. Dezember); Nikolaustag. **3.** Geschenk [für Kinder] zum Nikolaustag

Ni|ko|lo *der;* -s, -s ⟨*gr.-it.*⟩ (österr.): ↑Nikolaus

Ni|ko|tin, chem. Fachspr.: **Ni|co|tin** *das;* -s ⟨*fr.*, nach dem fr. Gelehrten J. Nicot, um 1530–1600⟩: in den Wurzeln der Tabakpflanze gebildetes ↑Alkaloid, das sich in den Blättern ablagert u. beim Tabakrauchen als [anregendes] Genussmittel dient

Nim|bo|stra|tus *der;* -, ...ti ⟨*lat.-nlat.*⟩ (Meteorol.): sehr große, tief hängende Regenwolke

Nim|bus *der;* -, -se ⟨*lat.-mlat.*⟩: **1.** Heiligenschein, Gloriole. **2.** besonderes Ansehen, glanzvoller Ruhm. **3.** (veraltet) ↑Nimbostratus

Nin|ja *der;* -[s], -[s] ⟨*jap.;* »Spion, Kundschafter«⟩: in Geheimbünden organisierter Krieger der japanischen Feudalzeit, der sich spezieller Waffen u. eines besonderen Kampfstils bediente

Ni|ob, Ni|o|bi|um *das;* -s ⟨*nlat.;* nach der gr. Sagengestalt Niobe⟩: chem. Element; hellgraues, glänzendes Metall, das sich gut walzen u. schmieden lässt (Zeichen: Nb)

Ni|o|bi|um vgl. Niob

Nip|pes [auch: nɪps, nɪp] *der* ⟨*fr.*⟩: kleine Gegenstände, Figuren [aus Porzellan], die zur Zierde aufgestellt werden

Nir|wa|na *das;* -[s] ⟨*sanskr.;* »Erlöschen, Verwehen«⟩: (im Buddhismus) Endziel des Lebens als Zustand völliger Ruhe

Ni|t|rat *das;* -[e]s, -e ⟨*ägypt.-gr.-lat.-nlat.*⟩: häufig als Oxidations- u. Düngemittel verwendetes Salz der Salpetersäure

Ni|t|rid *das;* -[e]s, -e: chemische Verbindung von Stickstoff mit einem Metall

ni|t|rie|ren (Chemie, Technik): organische Substanzen mit Salpetersäure od. Gemischen aus konzentrierter Salpeter- u. Schwefelsäure behandeln, bes. zur Gewinnung von Sprengstoffen, Farbstoffen, Heilmitteln

Ni|t|ri|fi|ka|ti|on *die;* -, -en ⟨*ägypt.-gr.-lat.-nlat.*⟩: Bildung von Salpeter durch Oxidation, die von Bakterien im Boden bewirkt wird

ni|t|ri|fi|zie|ren: durch Oxidation Salpeter im Boden bilden

Ni|t|ril *das;* -s, -e ⟨*ägypt.-gr.-lat.-nlat.*⟩: organische Verbindung mit einer Zyangruppe

Ni|t|rit [auch: ...ˈtrɪt] *das;* -s, -e: farbloses, in Wasser meist leicht lösliches Salz der salpetrigen Säure

Ni|t|ro|cel|lu|lo|se vgl. Nitrozellulose

Ni|t|ro|ge|la|ti|ne [auch: ...ʒelaˈtiːnə] *die;* -: Sprenggelatine, brisanter Sprengstoff (wirksamer Bestandteil des Dynamits)

Ni|t|ro|gly|ce|rin [auch: ...ˈriːn] vgl. Nitroglyzerin

Ni|t|ro|gly|ze|rin, chem. fachspr.: **Ni|t|ro|gly|ce|rin** [auch: ...ˈriːn] *das;* -s: ölige, farblose bis gelbliche, geruchlose Flüssigkeit, die als brisanter Sprengstoff in Sprenggelatine und Dynamit verarbeitet und in der Medizin als gefäßerweiterndes Arzneimittel verwendet wird

Ni|t|ro|phos|phat *das;* -[e]s, -e: Stickstoff, Phosphor, Kali u. Kalk enthaltendes Düngemittel

Ni|t|ro|zel|lu|lo|se, früher chem. fachspr.: **Ni|t-ro|cel|lu|lo|se** *die;* - ⟨*ägypt.-gr.-lat.; lat.-nlat.*⟩: durch Nitrieren von Zellulose hergestellte, weiße, faserige Masse, die beim Entzünden sehr rasch verbrennt u. für die Herstellung von Lacken u. Zelluloid od. für Sprengstoffe verwendet wird

Ni|t|rum *das;* -s ⟨*ägypt.-gr.-lat.*⟩ (veraltet): ↑Salpeter

Ni|veau [ni'vo:] *das;* -s, -s ⟨*lat.-vulgärlat.-fr.*⟩: **1.** waagerechte, ebene Fläche in bestimmter Höhe. **2.** Stufe in einer Skala bestimmter Werte, auf der sich etwas bewegt. **3.** geistiger Rang; Stand, Grad, Stufe der bildungsmäßigen, künstlerischen o. ä. Ausprägung. **4.** feine Wasserwaage an geodätischen u. astronomischen Instrumenten. **5.** Gesamtbild einer persönlich gestalteten, ausdruckskräftigen Handschrift (in der Grafologie)

Ni|veau|li|nie *die;* -, -n (Geogr.): ↑Isohypse, Höhenlinie

Ni|vel|le|ment [nivɛl(ə)'mã:] *das;* -s, -s: **1.** Einebnung, Ausgleichung. **2.** (Geodäsie) **a)** Messung u. Bestimmung von Höhenunterschieden im Gelände mithilfe des Nivelliergeräts; **b)** Ergebnis des Nivellements (2 a)

ni|vel|lie|ren: 1. (Unterschiede) durch Ausgleichung aufheben, mildern. **2.** Höhenunterschiede mithilfe eines Nivelliergeräts bestimmen. **3.** ebnen, planieren

Ni|zä|num, Ni|cae|num [ni'tsɛ:...], **Ni|zä|um** *das;* -s ⟨*nlat.;* nach der kleinasiatischen Stadt Nizäa, heute Iznik⟩: auf dem ersten allgemeinen Konzil zu Nizäa 325 n. Chr. angenommenes und 381 in Konstantinopel fortgebildetes zweites ↑ökumenisches Glaubensbekenntnis

no|bel ⟨*lat.-fr.*⟩: **1.** in bewundernswerter Weise großmütig, edel [gesinnt], menschlich vornehm. **2.** elegant [wirkend]; luxuriös. **3.** (ugs.) freigebig, großzügig

No|be|li|um *das;* -s ⟨*nlat.;* nach dem schwed. Chemiker A. Nobel, 1833–1896⟩: chem. Element; ↑Transuran (Zeichen: No)

No|bel|preis *der;* -es, -e: von dem schwed. Chemiker A. Nobel gestifteter, jährlich für hervorragende kulturelle u. wissenschaftliche Leistungen auf verschiedenen Gebieten verliehener Geldpreis

No|bi|li|tät *die;* - ⟨*lat.*⟩: Amtsadel im alten Rom

No|b|les|se [auch: nɔ'blɛs] *die;* -, -n ⟨*lat.-fr.*⟩: **1.** (veraltet) Adel; adlige, vornehme Gesellschaft. **2.** (ohne Plural) edle Gesinnung, Vornehmheit, vornehmes Benehmen

no|b|lesse ob|lige [nɔblɛsɔ'bli:ʒ] ⟨»Adel verpflichtet«⟩: eine höhere gesellschaftliche Stellung verpflichtet zu Verhaltensweisen, die von anderen nicht unbedingt erwartet werden

No|bo|dy ['noʊbədi] *der;* -[s], -s ⟨*engl.*⟩: jmd., der unbedeutend, [noch] ein Niemand ist

Noc|turne [nɔk'tʏrn] *die;* -, -s ⟨*lat.-fr.*⟩ (Musik): **1.** elegisches od. träumerisches Charakterstück in einem Satz (für Klavier). **2.** (selten) ↑Notturno

No|e|sis *die;* -: **1.** geistige Tätigkeit, das Denken. **2.** Denkvorgang im Unterschied zum Inhalt eines Gedankens (in der Phänomenologie)

no fu|ture ['no: 'fju:tʃɐ] ⟨*engl.;* »keine Zukunft«⟩: Schlagwort meist arbeitsloser Jugendlicher als Ausdruck der Hoffnungslosigkeit

No-Fu|ture-Ge|ne|ra|tion *die;* - ⟨*engl.*⟩: junge Generation ohne Zukunftsaussichten, Jugend ohne Berufserwartungen (bes. in den 1980er-Jahren)

No-Go ['noʊ'goʊ] *das;* -, -s ⟨*engl.*⟩: (ugs.) Verbot; Tabu

no iron ['noʊ 'aiən] ⟨*engl.;* »nicht bügeln«⟩: bügelfrei (als Hinweis in Kleidungsstücken)

no|lens vo|lens ⟨*lat.;* »nicht wollend wollend«⟩: wohl od. übel

No|li|me|tan|ge|re *das;* -, - ⟨*lat.;* »rühr mich nicht an«⟩: **1.** Darstellung der biblischen Szene, in der der auferstandene Jesus Maria Magdalena erscheint. **2.** Springkraut, dessen Früchte den Samen bei Berührung ausschleudern

No|ma|de *der;* -n, -n ⟨*gr.-lat.;* »Viehherden weidend u. mit ihnen umherziehend«⟩: Angehöriger eines [Hirten]volkes, das innerhalb eines begrenzten Gebietes umherzieht

No|ma|din *die;* -, -nen: weibliche Form zu ↑Nomade

no|ma|di|sie|ren ⟨*gr.-lat.-nlat.*⟩: **a)** als Nomade leben, umherziehen; **b)** zu Nomaden machen

No|men *das;* -s, - u. ...mina ⟨*lat.*⟩ (Sprachw.): **1.** Substantiv. **2.** deklinierbares Wort, das weder Pronomen noch Artikel ist (zusammenfassende Bez. für Substantiv u. Adjektiv)

No|men Ac|ti|o|nis *das;* - -, Nomina -: von einem Verb abgeleitetes Substantiv, das ein Geschehen bezeichnet (z. B. *Schlaf* zu *schlafen*)

No|men Agen|tis *das;* - -, Nomina -: von einem Verb abgeleitetes Substantiv, das das [handelnde] Subjekt eines Geschehens bezeichnet (z. B. *Läufer* zu *laufen*)

no|men est omen ⟨*lat.*⟩: der Name deutet schon darauf hin

No|men gen|ti|le *das;* - -, Nomina gentilia: (in

der Antike) [an zweiter Stelle stehender] Geschlechtsname der Römer (z. B. Gaius *Julius* Caesar)

No|men In|s|t|ru|men|ti *das;* - -, Nomina -: von einem Verb abgeleitetes Substantiv, das ein Gerät od. Werkzeug, das Mittel einer Tätigkeit bezeichnet (z. B. *Bohrer* zu *bohren*)

no|men|kla|to|risch: eine Nomenklatur betreffend, darauf beruhend

No|men|kla|tur *die;* -, -en ‹»Namenverzeichnis«›: System der Namen u. Fachbezeichnungen, die für ein bestimmtes Fachgebiet, einen bestimmten Wissenschaftszweig o. Ä. [allgemeine] Gültigkeit haben

No|men|kla|tu|ra *die;* - ‹*(lat.-gr.; lat.) russ.*›: **1.** Verzeichnis der wichtigsten Führungspositionen (in der Sowjetunion). **2.** herrschende Klasse

No|men pro|p|ri|um *das;* - -, Nomina propria: Eigenname

...no|mie

die; -, ...ien (häufig ohne Plural)
‹zu *gr.* némein »teilen, zuteilen; verwalten« →...nómos »verwaltend« →...nomía›
Wortbildungselement mit der Bedeutung »Lehre von ...; Gesetz, Gesetzlichkeit«:
- Astronomie
- Ergonomie
- Heteronomie
- Ökonomie
- Taxonomie

No|mi|na: *Plural* von ↑Nomen

no|mi|nal ‹*lat.-fr.*›: **1. a)** (Sprachw.) das Nomen (2) betreffend, mit einem Nomen (2) gebildet; **b)** substantivisch. **2.** (Wirtsch.) zum Nennwert; vgl. ...al/...ell

No|mi|nal|ein|kom|men *das;* -s, - (Wirtsch.): in Form einer bestimmten Summe angegebenes Einkommen, dessen Höhe allein nichts über seine Kaufkraft aussagt; Ggs. ↑Realeinkommen

No|mi|na|lis|mus *der;* - ‹*lat.-nlat.*›: **1.** (Philos.) Denkrichtung, nach der die Begriffe nur als Namen, Bezeichnungen für einzelne Erscheinungen der Wirklichkeit fungieren, d. h. als Allgemeinbegriffe nur im Denken existieren u. keine Entsprechungen in der Realität haben. **2.** (Wirtsch.) volkswirtschaftliche Theorie, nach der das Geld einen Wert nur symbolisiert

No|mi|nal|ka|ta|log *der;* -[e]s, -e (Bibliothekswesen veraltend): nach Autoren [und Titeln] alphabetisch geordneter Katalog einer Bibliothek; Ggs. ↑Realkatalog

No|mi|nal|stil *der;* -[e]s: Stil, der durch Häufung von Substantiven gekennzeichnet ist; Ggs. ↑Verbalstil

No|mi|nal|wert *der;* -[e]s, -e (Wirtsch.): der auf Münzen, Banknoten, Wertpapieren usw. in Zahlen od. Worten angegebene Nennwert

No|mi|na|ti|on *die;* -, -en: **1. a)** (kath. Kirchenrecht) Ernennung der bischöflichen Beamten; **b)** (Geschichte) Benennung eines Bewerbers für das Bischofsamt durch die Landesregierung. **2.** (veraltet) Nominierung; vgl. ...ation/...ierung

No|mi|na|tiv *der;* -s -e (Sprachw.): **1.** (ohne Plural) Kasus, in dem vor allem die den Kern eines grammatischen Subjekts bildenden deklinierbaren Wörter stehen u. dessen [singularische] Formen als Grundformen der deklinierbaren Wörter gelten; Werfall, erster Fall (Abk.: Nom.). **2.** Wort, das im Nominativ (1) steht

no|mi|nell: **1.** [nur] dem Namen nach [bestehend], vorgeblich. **2.** ↑nominal (2); vgl. ...al/...ell

no|mi|nie|ren ‹*lat.*›: zur Wahl, für ein Amt, für die Teilnahme an etwas namentlich vorschlagen, ernennen

No|mi|nie|rung *die;* -, -en: das Vorschlagen eines Kandidaten, Ernennung; vgl. ...ation/...ierung

No|mo|gramm *das;* -s, -e ‹*gr.-nlat.*› (Math.): Schaubild, Zeichnung als Hilfsmittel zum grafischen Rechnen

No|mos *der;* -, ...moi ‹*gr.*›: **1.** (Philos.) menschliche Ordnung, von Menschen gesetztes Recht (im Unterschied zum Naturrecht, göttlichen Recht). **2.** (Musik) nach festen, urspr. für kultische Zwecke entwickelten Modellen, Regeln komponierte [gesungene] Weise der altgriechischen Musik

Non *die;* -, -en ‹*lat.-mlat.*›: ↑None (1)

No|na|gon *das;* -s, -e ‹*lat.; gr.*›: Neuneck

No-Name-Pro|dukt, No|name|pro|dukt ['noʊ-'neɪm...] *das;* -[e]s, -e ‹*engl.; lat.*›: neutral verpackte Ware ohne Marken- od. Firmenzeichen

Non-Book-Ab|tei|lung, Non|book|ab|tei|lung *die;* -, -en: einer Buchhandlung angeschlossene Abteilung, in der CDs, Spiele, Kunstblätter o. Ä. verkauft werden

Non|cha|lance [nõʃa'lã:s] *die;* - ‹*lat.-fr.*›: Nachlässigkeit; formlose Ungezwungenheit, Lässigkeit, Unbekümmertheit

non|cha|lant [...'lã:, bei attributivem Gebrauch: ...'lant]: nachlässig; formlos ungezwungen, lässig

No|ne *die;* -, -n ‹*lat.-mlat.*›: **1.** Teil des katholischen Stundengebets (zur neunten Tagesstunde = 15 Uhr). **2.** (Musik) **a)** neunter Ton einer diatonischen Tonleiter vom Grundton aus; **b)** Intervall (2) von neun diatonischen Tonstufen

No|nen *die* (Plural) ‹*lat.*›: im altrömischen Kalender der neunte Tag vor den ↑Iden

No|nen|ak|kord *der;* -[e]s, -e (Musik): aus vier Terzen bestehender Akkord

Non-Es|sen|tials, Non|es|sen|tials ['nɔn(|)ɪ(')sɛnʃl̩z] *die* (nur Plural) ‹*engl.*› (Wirtsch.): nicht lebensnotwendige Güter

No|nett *das;* -[e]s, -e ‹*lat.-it.*› (Musik): **a)** Komposition für neun Instrumente; **b)** aus neun Instrumentalsolisten bestehendes Ensemble

Non-Food-Ab|tei|lung, Non|food|ab|tei|lung *die;* -, -en ‹*engl.; dt.*›: Abteilung in einem Supermarkt, in der Artikel, die keine Lebensmittel sind, angeboten werden

No|ni|us *der;* -, ...ien u. -se ‹*nlat.;* latinisierter Name des port. Mathematikers Nuñez, 1492–1577›: verschiebbarer Messstabzusatz, der die Ablesung von Zehnteln der Einheiten des eigentlichen Messstabes ermöglicht

Non|kon|for|mis|mus *der;* - ‹*lat.-engl.*›: individualistische Haltung in politischen, weltanschaulichen, religiösen u. sozialen Fragen; Ggs. ↑Konformismus

Non|kon|for|mist *der;* -en, -en: **1.** jmd., der sich in seiner politischen, weltanschaulichen, religiösen, sozialen Einstellung nicht nach der herrschenden Meinung richtet; Ggs. ↑Konformist (1). **2.** Anhänger britischer protestantischer Kirchen (die die Staatskirche ablehnen); Ggs. ↑Konformist (2)

n

Non|kon|for|mis|tin *die;* -, -nen: weibliche Form zu ↑Nonkonformist

non|kon|for|mis|tisch: 1. auf Nonkonformismus beruhend; seine eigene Einstellung nicht nach der herrschenden Meinung richtend; Ggs. ↑konformistisch (1). **2.** im Sinne eines Nonkonformisten (2) denkend od. handelnd; Ggs. ↑konformistisch (2)

Non|kon|for|mi|tät *die;* -: **1.** Nichtübereinstimmung; mangelnde Anpassung; Ggs. ↑Konformität (1 a). **2.** ↑Nonkonformismus

Non|plus|ul|t|ra *das;* - ‹*lat.*›: Unübertreffbares, Unvergleichliches

Non-Pro|fit-Or|ga|ni|sa|ti|on, Non|pro|fit|or|ga|ni|sa|ti|on *die;* -, -en ‹*engl.; gr.-lat.-fr.*›: ohne Gewinnerzielungsabsicht agierende Organisation bzw. Institution (z. B. Gewerkschaft, Sportverein, Bildungseinrichtung)

non scho|lae, sed vi|tae dis|ci|mus [-'sço:lɛ ---, -'sko:lɛ ---] ‹*lat.;* »nicht für die Schule, sondern für das Leben lernen wir«›: was man lernt, lernt man für sich selbst (meist so umgekehrt zitiert nach einer Briefstelle des Seneca); vgl. non vitae, sed scholae discimus

Non|sens *der;* - u. -es ‹*lat.-engl.*›: Unsinn; absurde, unlogische Gedankenverbindung

non|stop ‹*engl.*›: ohne Unterbrechung, ohne Pause

non trop|po ‹*it.*›: ↑ma non troppo

non|ver|bal ‹*lat.*›: nicht mithilfe der Sprache; **nonverbale Kommunikation:** zwischenmenschliche Verbindung, Verständigung durch Gestik, Mimik od. andere optische Zeichen

non vi|tae, sed scho|lae dis|ci|mus [---'sço:lɛ, auch: 'sko:lɛ -] ‹*lat.;* »nicht für das Leben, sondern für die Schule lernen wir (leider)«›: (originaler Wortlaut der meist belehrend »non scholae, sed vitae discimus« zitierten Briefstelle bei Seneca)

Nord|at|lan|tik|pakt *der;* -[e]s ‹*dt.; gr.-lat.; lat.*›: ↑NATO

Nor|dic Wal|king [-'wɔ:kɪŋ] *das;* --[s] ‹*engl.*›: ↑Walking mit hüfthohen Stöcken

Norm *die;* -, -en ‹*gr.-etrusk.-lat.;* »Winkelmaß; Richtschnur, Regel«›: **1.** (meist Plural) allgemein anerkannte, als verbindlich geltende Regel für das Zusammenleben der Menschen. **2.** eigentlich übliche, den Erwartungen entsprechende Beschaffenheit, Größe o. Ä.; Durchschnitt. **3. a)** festgesetzte, vom Arbeitnehmer geforderte Arbeitsleistung; **b)** in der ehemaligen DDR als Richtwert geltendes Maß des für die Produktion von Gütern notwendigen Aufwands an Arbeit, Material u. Arbeitsmitteln. **4.** (Sport) als Voraussetzung zur Teilnahme an einem Wettkampf [für einen Sportverband] vorgeschriebene Mindestleistung. **5.** (in Wirtschaft, Industrie, Technik, Wissenschaft) Vorschrift, Regel, Richtlinien o. Ä. für die Herstellung von Produkten, die Durchführung von Verfahren, die Anwendung von Fachtermini o. Ä. **6.** (Druckw.) klein auf den unteren Rand der ersten Seite eines Druckbogens gedruckter Titel [u. Verfassername] eines Buches [in verkürzter od. verschlüsselter Form]

nor|mal: 1. a) der Norm entsprechend; vorschriftsmäßig; **b)** so [beschaffen, geartet], wie es sich die allgemeine Meinung als das Übliche, Richtige vorstellt; **c)** (ugs.) normalerweise. **2.** (veraltet) in [geistiger] Entwicklung u. Wachstum keine ins Auge fallenden Abweichungen aufweisend; geistig [u. körperlich] gesund

Nor|mal *das;* -s, -e: **1.** mit besonderer Genauigkeit hergestellter Maßstab, der zur Kontrolle für andere verwendet wird. **2.** (meist ohne Artikel; ohne Plural) Kurzform von ↑Normalbenzin

Nor|mal|ben|zin *das;* -s: Benzin mit geringerer Klopffestigkeit, mit niedrigerer Oktanzahl

Nor|ma|le *die;* -[n], -n (fachspr.: 2 -) (Math.): auf

einer Ebene od. Kurve in einem vorgegebenen Punkt errichtete Senkrechte; Tangentenlot

nor|ma|li|sie|ren *⟨gr.-etrusk.-lat.-fr.⟩*: **1.** wieder normal gestalten, auf ein normales Maß zurückführen. **2.** sich normalisieren: wieder normal (1 b) werden, wieder in einen normalen Zustand zurückkehren

Nor|ma|li|tät *die;* -: **1.** normale Beschaffenheit, normaler Zustand. **2.** (selten) Vorschriftsmäßigkeit

Nor|mal|null *das;* -s: festgelegte Höhe, auf die sich die Höhenmessungen beziehen (Abk.: N. N., NN)

nor|ma|tiv: als Norm (1) geltend, maßgebend, als Richtschnur dienend

Nor|ma|tiv *das;* -s, -e (regional): aufgrund von Erfahrung gewonnene, besonderen Erfordernissen entsprechende Regel, Anweisung, Vorschrift

Norm|blatt *das;* -[e]s, ...blätter: (vom Deutschen Institut für Normung herausgegebenes) Verzeichnis mit normativen Festlegungen

nor|men: (zur Vereinheitlichung) für etwas eine Norm aufstellen

nor|mie|ren *⟨gr.-etrusk.-lat.-fr.⟩*: **a)** vereinheitlichen, nach einem einheitlichen Schema, in einer bestimmten Weise festlegen, regeln; **b)** normen

Nor|mie|rung *die;* -, -en: das Normieren

Nor|mung *die;* -, -en: einheitliche Gestaltung, Festsetzung [als Norm (1)]

Nor|ne *die;* -, -n (meist Plural) *⟨altnord.⟩*: Schicksalsgöttin in der nordischen Mythologie

No|so|pho|bie *die;* -, ...ien (Med., Psychol.): krankhafte Angst, krank zu sein od. zu werden

No-Spiel *das;* -[e]s, -e *⟨jap.; dt.⟩*: streng stilisiertes japanisches Bühnenspiel mit Musik, Tanz, Gesang u. Pantomime

Nos|t|al|gie *die;* -, ...ien *⟨gr.-nlat.⟩*: **1.** von unbestimmter Sehnsucht erfüllte Gestimmtheit, die sich in der Rückwendung zu früheren, in der Erinnerung sich verklärenden Zeiten, Erlebnissen, Erscheinungen in Kunst, Musik, Mode u. a. äußert. **2.** (Med. veraltet) [krank machendes] Heimweh

Nos|t|al|gi|ker *der;* -s, -: jmd., der sich der Nostalgie überlässt, der nostalgisch gestimmt ist

Nos|t|al|gi|ke|rin *die;* -, -nen: weibliche Form zu ↑Nostalgiker

nos|t|al|gisch: **1.** die Nostalgie (1) betreffend, zu ihr gehörend; verklärend vergangenheitsbezogen. **2.** (Med. veraltet) an Nostalgie (2) leidend

No|ta|beln *die* (Plural) (Geschichte): die durch Bildung, Rang u. Vermögen ausgezeichneten Mitglieder der bürgerlichen Oberschicht in Frankreich

no|ta|be|ne *⟨lat.;* »merke wohl!«⟩: übrigens (Abk.: NB)

No|ta|be|ne *das;* -[s], -[s]: Merkzeichen, Vermerk

No|tar *der;* -s, -e *⟨lat.⟩*: staatlich vereidigter Volljurist, zu dessen Aufgabenkreis die Beglaubigung u. Beurkundung von Rechtsgeschäften gehört

No|ta|ri|at *das;* -[e]s, -e: **a)** Amt einer Notarin/eines Notars; **b)** Büro einer Notarin/eines Notars

no|ta|ri|ell, selten: **no|ta|risch** (Rechtswiss.): von einem Notar ausgefertigt u. beglaubigt

No|ta|rin *die;* -, -nen: weibliche Form zu ↑Notar

no|ta|risch vgl. notariell

No|tat *das;* -[e]s, -e: niedergeschriebene Bemerkung; Aufzeichnung, Notiz (1)

No|ta|ti|on *die;* -, -en: **1.** (Musik) das Aufzeichnen von Musik in Notenschrift. **2.** das Aufzeichnen der einzelnen Züge einer Schachpartie. **3.** System von Zeichen od. Symbolen einer Metasprache

Note|book [ˈnoʊtbʊk] *das;* -s, -s *⟨engl.;* »Notizbuch«⟩: tragbarer, leichter Computer, bei dem Bildschirm, Tastatur, Laufwerk usw. in das aufklappbare Gehäuse integriert sind

Note|pad [...pæd] *das;* -s, -s *⟨engl.;* »Notizblock«⟩: kleiner Computer vom Format eines Notizblocks, der zur Speicherung von Notizen, Adressen, Terminen o. Ä. dient

no|tie|ren *⟨lat.(-mlat.)⟩*: **1. a)** aufzeichnen, schriftlich vermerken, aufschreiben; **b)** vormerken. **2.** (Musik) in Notenschrift schreiben. **3.** (Wirtsch.) **a)** den offiziellen Kurs eines Wertpapiers an der Börse, den Preis einer Ware feststellen bzw. festsetzen; **b)** einen bestimmten Börsenkurs haben, erhalten

No|tie|rung *die;* -, -en: **1. a)** das Aufzeichnen, schriftliche Vermerken; **b)** das Vormerken. **2.** (Musik) Aufzeichnen von Musik in Notenschrift. **3.** (Wirtsch.) Feststellung bzw. Festsetzung von Kursen od. Warenpreisen [an der Börse]

No|tiz *die;* -, -en *⟨lat.⟩*: **1.** Aufzeichnung, Vermerk. **2.** Nachricht, Meldung, Anzeige. **3.** (Kaufmannsspr.) Notierung (3), Preisfeststellung; **Notiz von jmdm., etwas nehmen:** jmdm., einer Sache Beachtung schenken

no|to|risch *⟨lat.⟩*: **1.** offenkundig, allbekannt. **2.** für eine negative Eigenschaft, Gewohnheit bekannt

No|t|re-Dame [nɔtrəˈdam] *die;* - *⟨fr.;* »unsere Herrin«⟩: **1.** fr. Bez. für: Jungfrau Maria. **2.** Name französischer Kirchen

Not|tur|no *das;* -s, -s u. ...ni *⟨lat.-it.⟩* (Musik): **1. a)** stimmungsvolles Musikstück in mehreren Sätzen (für eine nächtliche Aufführung im

Freien); **b)** einem Ständchen ähnliches Musikstück für eine od. mehrere Singstimmen [mit Begleitung]. **2.** (selten) Nocturne (1)

Nou|gat ['nu:...] vgl. Nugat

Nou|veau Ro|man [nuvorɔ'mã:] *der;* - - ⟨*fr.;* »neuer Roman«⟩ (Literaturwiss.): nach 1945 in Frankreich entstandene experimentelle Form des Romans (a), die unter Verzicht auf den allwissenden Erzähler die distanzierte Beschreibung einer eigengesetzlichen Welt in den Vordergrund stellt

Nou|veau|té [nuvo'te:] *die;* -, -s ⟨*lat.-fr.*⟩: Neuheit, Neuigkeit [in der Mode]

Nou|velle Cui|sine [nu'vɛl kɥi'zi:n] *die;* - - ⟨*fr.*⟩ (Gastron.): Art der Kochkunst, die bes. die Verwendung frischer Ware bei kurzen Garzeiten vorsieht

[1]**No|va** *die;* -, ...vä u. ...vae u. ...ven ⟨*lat.*⟩ (Astron.): Stern, der kurzfristig durch innere Explosionen hell aufleuchtet

[2]**No|va: 1.** *Plural* von ↑Novum. **2.** *die* (Plural): Neuerscheinungen des Buchhandels

No|vel Food ['nɔvl̩ 'fu:d, 'nɔvl̩...] *das;* - -[s], **No|vel|food** *das;* -[s] ⟨*engl.*⟩: Lebensmittel, die aus gentechnisch veränderten Organismen bestehen od. gentechnisch hergestellte Zusätze enthalten

No|vel|le *die;* -, -n ⟨*lat.(-it.)*⟩: **1.** (ohne Plural) Erzählung kürzeren od. mittleren Umfangs, die von einem einzelnen Ereignis handelt u. deren geradliniger Handlungsablauf auf ein Ziel hinführt. **2.** (Rechtswiss.) abändernder od. ergänzender Nachtrag zu einem Gesetz

no|vel|lie|ren ⟨*lat.-it.*⟩ (Rechtswiss.): ein Gesetz[buch] mit Novellen (2) versehen

No|vel|list *der;* -en, -en: Schriftsteller, der Novellen verfasst

No|vel|lis|tin *die;* -, -nen: weibliche Form zu ↑Novellist

no|vel|lis|tisch: die Novelle (1) betreffend

No|vem|ber *der;* -[s], - ⟨*lat.*⟩: elfter Monat im Jahr (Abk.: Nov.)

No|vi|tät *die;* -, -en: **1.** Neuerscheinung; Neuheit (von Büchern, Theaterstücken, von Modeerscheinungen u. a.). **2.** (veraltet) Neuigkeit

[1]**No|vi|ze** *der;* -n, -n (»Neuling«) (kath. Kirche): Mann, der in einem Kloster eine Vorbereitungszeit verbringt, bevor er die Gelübde ablegt

[2]**Novize** vgl. Novizin

No|vi|zi|at *das;* -[e]s, -e ⟨*lat.-nlat.*⟩: **1.** Vorbereitungs-, Probezeit der Noviz[inn]en; Dienst, den die Noviz[inn]en versehen. **2.** Wohn- u. Ausbildungsstätte für die Noviz[inn]en

No|vi|zin *die;* -, -nen ⟨*lat.*⟩: Frau, die in einem Kloster eine Vorbereitungszeit verbringt, bevor sie die Gelübde ablegt

No|vum *das;* -s, Nova ⟨*lat.;* »Neues«⟩: Neuheit; neu hinzukommende Tatsache; etwas nie Dagewesenes

No|xe *die;* -, -n ⟨*lat.;* »Schaden«⟩ (Med.): Stoff od. Umstand, der eine schädigende Wirkung auf den Organismus ausübt

Nu|an|ce ['nỹã:sə, österr.: ny'ã:s] *die;* -, -n ⟨*lat.-fr.*⟩: **1.** feiner gradueller Unterschied. **2.** Kleinigkeit. **3.** (innerhalb eines Kunstwerks o. Ä.) besonders fein gestaltete Einzelheit; Feinheit

nu|an|cie|ren [nỹã'si:...]: **a)** sehr fein graduell abstufen; **b)** in seinen Feinheiten, feinen Unterschieden erfassen, darstellen

Nu|buk *das;* - ⟨*engl.*⟩: (bes. Kalb- od. Rind)leder, das aufgrund entsprechender Bearbeitung eine samtartige Oberfläche hat

Nu|dis|mus *der;* - ⟨*lat.-nlat.*⟩: Freikörperkultur; Lebensanschauung, nach der der gemeinsame Aufenthalt von Angehörigen beider Geschlechter im Freien mit nacktem Körper der physischen u. psychischen Gesundung dient

Nu|dist *der;* -en, -en: Anhänger des Nudismus

Nu|dis|tin *die;* -, -nen: weibliche Form zu ↑Nudist

Nu|gat, Nou|gat ['nu:...] *der* od. *das;* -s, -s ⟨*lat.-galloroman.-provenzal.-fr.*⟩: aus fein zerkleinerten gerösteten Nüssen, Zucker u. Kakao zubereitete Masse (als Süßware bzw. als Füllung von Süßwaren)

Nug|get ['nagɪt] *das;* -[s], -s ⟨*engl.*⟩: natürlicher Goldklumpen

nu|k|le|ar ⟨*lat.-nlat.*⟩: **a)** den Atomkern betreffend, Kern...; **b)** mit der Kernenergie zusammenhängend, durch Kernenergie erfolgend; **c)** Atom-, Kernwaffen betreffend; **nukleare Waffen:** Waffen, deren Wirkung auf Kernspaltung od. Kernverschmelzung beruht

Nu|k|le|ar|me|di|zin *die;* -: Teilgebiet der Medizin, das sich mit der Anwendung radioaktiver Stoffe für die Erkennung u. Behandlung von Krankheiten befasst

Nu|k|le|a|se *die;* -, -n (Chemie): Nukleinsäuren spaltendes Enzym

Nu|k|le|in *das;* -s, -e: ↑Nukleoproteid

Nu|k|le|in|säu|re *die;* -, -n (Biochemie): bes. im Zellkern u. in den Ribosomen vorkommende, aus Nukleotiden aufgebaute polymere (2) Verbindung, die als Grundsubstanz der Vererbung fungiert

Nu|k|le|on *das;* -s, ...onen ⟨*lat.-nlat.*⟩: Baustein des Atomkerns (Proton od. Neutron)

Nu|k|leo|pro|te|id *das;* -[e]s, -e ⟨*lat.; gr.*⟩: Eiweißverbindung des Zellkerns

Nu|k|le|us *der;* -, ...ei [...e-i] ⟨*lat.;* »[Frucht]kern«⟩: **1.** (Biol.) Zellkern. **2.** (Anat., Physiol.) Nervenkern. **3.** steinzeitlicher [Feuer]steinblock, von dem Stücke zur Herstellung von Werkzeugen abgeschlagen wurden. **4.** (Sprachw.) Kern, Kernglied einer sprachlich zusammengehörenden Einheit

Nul|li|fi|ka|ti|on *die;* -, -en ⟨*lat.(-engl.)*⟩ (Rechtswiss.): gesetzliche Aufhebung, Ungültigkeitserklärung

nul|li|fi|zie|ren (Rechtswiss.): für ungültig erklären, aufheben

Nul|li|tät *die;* -, -en ⟨*lat.-mlat.*⟩: **a)** Nichtigkeit; Ungültigkeit; **b)** Wertlosigkeit

Null|me|ri|di|an *der;* -s: durch Greenwich verlaufender Meridian, von dem aus die Meridiane nach Ost u. West von 0° bis 180° gezählt werden

Null ou|vert [- u'vɛːɐ̯, auch: - u've:ɐ̯] *der* (selten: *das*); - -[s] [- u'vɛːɐ̯(s)], - -s [- u'vɛːɐ̯s] ⟨*lat.; fr.*⟩: (beim Skat) Spiel, bei dem der od. die Spielende keinen Stich machen darf und seine od. ihre Karten offen auf den Tisch legen muss

Null|ta|rif *der;* -[e]s, -e: kostenlose Gewährung bestimmter, üblicherweise nicht unentgeltlicher Leistungen

Nu|men *das;* -s ⟨*lat.*⟩: göttliches Wesen als wirkende Kraft

Nu|me|ra|le *das;* -s, ...lien u. ...lia ⟨*lat.*⟩ (Sprachw.): Zahlwort

nu|me|risch ⟨*lat.-nlat.*⟩: **a)** zahlenmäßig, der Zahl nach; **b)** unter Verwendung von [bestimmten] Zahlen, Ziffern erfolgend; **c)** (EDV) sich nur aus Ziffern zusammensetzend

Nu|me|ro *das;* -s, -s ⟨*lat.-it.*⟩ (veraltet): Nummer (in Verbindung mit einer Zahl; Abk.: No.)

Nu|me|rus [auch: 'nʊ...] *der;* -, ...ri ⟨*lat.*⟩: **1.** Zahl; **Numerus currens** (veraltet): laufende Nummer, mit der ein neu eingehendes Buch in der Bibliothek versehen wird. **2.** (Math.) Zahl, zu der der Logarithmus gesucht wird. **3.** (Sprachw.) Zahlform des Nomens (2) od. Verbs (Singular, Plural, Dual). **4.** (Rhet., Stilkunde) Bau eines Satzes in Bezug auf Gliederung, Länge od. Kürze der Wörter, Verteilung der betonten od. unbetonten Wörter, in Bezug auf die Klausel (2) u. die Pausen, d. h. die Verteilung des gesamten Sprachstoffes im Satz

Nu|mis|ma|tik *die;* - ⟨*gr.-lat.-nlat.*⟩: Münzkunde

Nu|mis|ma|ti|ker *der;* -s, -: jmd., der sich [wissenschaftlich] mit der Numismatik beschäftigt; Münzkundiger; Münzsammler

Nu|mis|ma|ti|ke|rin *die;* -, -nen: weibliche Form zu ↑Numismatiker

Num|mer *die;* -, -n ⟨*lat.-it.*⟩: **1.** zur Kennzeichnung dienende Ziffer, Zahl; Kennzahl (z. B. für das Telefon, für die Schuhgröße, für das Heft einer Zeitschrift; Abk.: Nr., Plural: Nrn.); vgl. Numero. **2.** spaßige, unbekümmert-dreiste Person, Witzbold. **3. a)** einzelne Darbietung im Zirkus, Kabarett, Varieté; **b)** (ugs.) einzelnes Musikstück der Unterhaltungsmusik. **4.** (ugs.) Geschlechtsakt

num|me|rie|ren: beziffern, mit fortlaufenden Ziffern versehen

num|me|risch vgl. numerisch

Num|mern|kon|to *das;* -s, ...ten, (auch:) -s, ...ti: Konto, das nicht auf den Namen des Inhabers lautet, sondern nur durch eine Nummer (1) gekennzeichnet ist

Num|mu|lit [auch: ...'lɪt] *der;* -s u. -en, -e[n] ⟨*lat.-nlat.*⟩ (Geol.): versteinerter Wurzelfüßer im ↑Eozän mit Kalkgehäuse

Nun|cha|ku [...'tʃaku] *das;* -s, -s ⟨*jap.*⟩: asiatische Waffe aus zwei mit einer Schnur od. Kette verbundenen Holzstäben

Nun|ti|a|tur *die;* -, -en ⟨*lat.-nlat.*⟩: **a)** Amt eines Nuntius; **b)** Sitz eines Nuntius

Nun|ti|us *der;* -, ...ien ⟨*lat.;* »Bote«⟩: ständiger diplomatischer Vertreter des Papstes bei einer Staatsregierung (im Botschafterrang)

Nu|ta|ti|on *die;* -, -en ⟨*lat.;* »das Schwanken«⟩: **1.** (Bot.) selbsttätige, ohne äußeren Reiz ausgeführte Wachstumsbewegung der Pflanze. **2.** (Astron.) Schwankung der Erdachse gegen den Himmelspol

[1]**Nu|t|ria** *die;* -, -s ⟨*lat.-span.*⟩: in Südamerika heimische, bis zu einem halben Meter lange Biberratte mit braunem Fell; Sumpfbiber

[2]**Nu|t|ria** *der;* -s, -s: **a)** Fell der Biberratte; **b)** aus dem Fell der Biberratte gearbeiteter Pelz

Ny *das;* -[s], -s ⟨*gr.*⟩: dreizehnter Buchstabe des gr. Alphabets (N, ν)

Ny|lon ['nailɔn] *das;* -[s] ⟨*engl.-amerik.*⟩: haltbare synthetische Textilfaser

Ny|lons *die* (Plural) (ugs. veraltend): Damenstrümpfe aus Nylon

Nym|phe *die;* -, -n ⟨»Braut, Jungfrau«⟩: **1.** weibliche Naturgottheit des griechischen Volksglaubens. **2.** (Zool.) Larve der Insekten, die bereits Anlagen zu Flügeln besitzt

nym|pho|man, nym|pho|ma|nisch: an Nymphomanie leidend

Nym|pho|ma|nie *die;* -: [krankhaft] gesteigerter Geschlechtstrieb bei Frauen

Nym|pho|ma|nin *die;* -, -nen (Med.): an Nymphomanie Leidende
nym|pho|ma|nisch vgl. nymphoman
Ny|norsk *das;* - ⟨*norw.;* »Neunorwegisch«⟩: mit dem ↑Bokmål gleichberechtigte norwegische Schriftsprache, die im Gegensatz zum Bokmål auf den norwegischen Dialekten beruht; vgl. Landsmål

O

Oa|se *die;* -, -n ⟨*ägypt.-gr.-lat.*⟩: **1.** fruchtbare Stelle mit Wasser u. Pflanzen in der Wüste. **2.** [stiller] Ort der Erholung
Ob|duk|ti|on *die;* -, -en ⟨*lat.*⟩ (Med.): [gerichtlich angeordnete] Leichenöffnung [zur Klärung der Todesursache]
ob|du|zie|ren: eine Obduktion vornehmen
Ob|e|di|enz, Ob|ö|di|enz *die;* - ⟨*lat.*⟩: **1.** Gehorsamspflicht der Kleriker gegenüber den geistlichen Oberen. **2.** Anhängerschaft eines Papstes während eines ↑Schismas
Obe|lisk *der;* -en, -en ⟨*gr.-lat.*⟩: frei stehender, rechteckiger, spitz zulaufender Pfeiler (meist ↑Monolith)
Ober|li|ga *die;* -, ...gen ⟨*dt.; lat.-span.*⟩: Spielklasse in zahlreichen Sportarten
Obi *der* od. *das;* -[s], -s ⟨*jap.*⟩: **1.** breiter steifer Seidengürtel, der um den japanischen Kimono geschlungen wird. **2.** Gürtel der Kampfbekleidung beim Judo
Ob|jekt *das;* -[e]s, -e ⟨*lat.;* »das Entgegengeworfene«⟩: **1. a)** Gegenstand, auf den das Interesse, das Denken, das Handeln gerichtet ist; **b)** (Philos.) unabhängig vom Bewusstsein existierende Erscheinung der materiellen Welt, auf die sich das Erkennen, die Wahrnehmung richtet; Ggs. ↑Subjekt (1); **c)** (Kunstwiss.) aus verschiedenen Materialien zusammengestelltes plastisches Werk der modernen Kunst. **2.** [auch: 'ɔp...] (Sprachw.) Satzglied, das von einem Verb als Ergänzung gefordert wird (z. B. ich kaufe *ein Buch*); vgl. Prädikat (3), Subjekt (2). **3. a)** (Wirtsch.) Grundstück, Wertgegenstand, Vertrags-, Geschäftsgegenstand; **b)** (österr.) Gebäude
ob|jek|tiv ⟨*lat.-nlat.*⟩: **1.** außerhalb des subjektiven Bewusstseins bestehend. **2.** sachlich, nicht von Gefühlen u. Vorurteilen bestimmt; unvoreingenommen, unparteiisch; Ggs. ↑subjektiv (2)
Ob|jek|tiv *das;* -s, -e: die dem zu beobachtenden Gegenstand zugewandte Linse[nkombination] eines optischen Gerätes
Ob|jek|ti|va|ti|on *die;* -, -en: Vergegenständlichung; vom rein Subjektiven abgelöste Darstellung; vgl. ...ation/...ierung
ob|jek|ti|vier|bar: sich ↑objektivieren lassend
ob|jek|ti|vie|ren: 1. etwas in eine bestimmte, der objektiven Betrachtung zugängliche Form bringen; etwas von subjektiven, emotionalen Einflüssen befreien. **2.** (Physik) etwas so darstellen, wie es wirklich ist, unbeeinflusst vom Messinstrument oder vom Beobachter
Ob|jek|ti|vie|rung *die;* -, -en: das Objektivieren; vgl. ...ation/...ierung
Ob|jek|ti|vis|mus *der;* -: **1.** Annahme, dass es subjektunabhängige, objektive Wahrheiten u. Werte gibt. **2.** (Philos.) erkenntnistheoretische Lehre, wonach die Erfahrungsinhalte objektiv Gegebenes sind. **3.** (marxistisch abwertend) wissenschaftliches Prinzip, das davon ausgeht, dass wissenschaftliche Objektivität unabhängig von gesellschaftlichen Realitäten existieren kann
ob|jek|ti|vis|tisch: a) den Objektivismus (1, 2) betreffend, in der Art des Objektivismus; **b)** nach den Prinzipien des Objektivismus (3) verfahrend, ihn betreffend
Ob|jek|ti|vi|tät *die;* -: strenge Sachlichkeit; objektive (2) Darstellung unter größtmöglicher Ausschaltung des Subjektiven (Ideal wissenschaftlicher Arbeit); Ggs. ↑Subjektivität
Ob|jekt|kunst *die;* - (Kunstwiss.): moderne Kunstrichtung, die sich mit der Gestaltung von Objekten (1 c) befasst
Ob|jekt|satz *der;* -es, ...sätze ⟨*lat.; dt.*⟩ (Sprachw.): Gliedsatz in der Rolle eines Objekts (z. B.: Klaus weiß, *was Tim macht;* Brunhilde hilft, *wem sie helfen kann*)
Ob|jekt|spra|che *die;* - (Sprachw.): Sprache als Gegenstand der Betrachtung, die mit der ↑Metasprache beschrieben wird
[1]**Ob|la|te** *die;* -, -n ⟨*lat.-mlat.;* »(als Opfer) Dargebrachtes«⟩: **1. a)** (kath. Rel.) noch nicht ↑konsekrierte Hostie; **b)** (ev. Rel.) Abendmahlsbrot. **2. a)** eine Art Waffel; **b)** sehr dünne Scheibe aus einem Teig aus Mehl u. Wasser (als Gebäckunterlage). **3.** (landsch.) kleines Bildchen, das in ein Poesiealbum o. Ä. eingeklebt wird
[2]**Ob|la|te** *der;* -n, -n (meist Plural): **1.** (Geschichte) im Kloster erzogenes, für den Ordensstand bestimmtes Kind. **2.** Laie, der sich in stets widerruflichem Gehorsamsversprechen einem geistlichen Orden angeschlossen hat. **3.** Angehöriger kath. religiöser Genossenschaften

Ob|la|tin *die;* -, -nen: weibliche Form zu ↑²Oblate (2, 3)

Ob|la|ti|on *die;* -, -en: **1.** ↑Offertorium. **2.** von den Gläubigen in der Eucharistie dargebrachte Gabe (heute meist durch die Kollekte 1 ersetzt). **3.** feierliche Einsetzung von Oblatinnen u. ²Oblaten (2, 3)

ob|li|gat ⟨*lat.;* »verbunden, verpflichtet«⟩: **1. a)** unerlässlich, erforderlich, unentbehrlich; **b)** (meist spöttisch) regelmäßig dazugehörend, üblich, unvermeidlich. **2.** (Musik) als selbstständig geführte Stimme für eine Komposition unentbehrlich; Ggs. ↑ad libitum (2 b)

Ob|li|ga|ti|on *die;* -, -en: **1.** (Rechtswiss.) Verpflichtung; persönliche Verbindlichkeit. **2.** (Wirtsch.) Schuldverschreibung eines Unternehmers

ob|li|ga|to|risch ⟨*lat.*⟩: verpflichtend, bindend, verbindlich; Zwangs...; Ggs. ↑fakultativ

Ob|li|go [auch: ˈɔb...] *das;* -s, -s ⟨*lat.-it.*⟩: **1.** (Wirtsch.) Verbindlichkeit, Verpflichtung; **ohne Obligo:** ohne Gewähr (Abk.: o. O.). **2.** Wechselkonto im Obligobuch

Ob|li|go|buch *das;* -[e]s, ...bücher ⟨*lat.-it.; dt.*⟩: bei Kreditinstituten geführtes Buch, in das alle eingereichten Wechsel eingetragen werden

Ob|ö|di|enz vgl. Obedienz

Obo|e *die;* -, -n ⟨*fr.-it.;* »hohes (nämlich: hoch klingendes) Holz«⟩ (Musik): **1.** Holzblasinstrument mit Löchern, Klappen, engem Mundstück. **2.** im Klang der Oboe ähnelndes Orgelregister

Obo|ist *der;* -en, -en: Musiker, der Oboe spielt

Obo|is|tin *die;* -, -nen: weibliche Form zu ↑Oboist

Obo|lus *der;* -, - u. -se ⟨*gr.-lat.*⟩: **1.** kleine Münze im alten Griechenland. **2.** kleine Geldspende, kleiner Beitrag. **3.** (Plural: -; Geol.) primitiver, versteinerter Armfüßer (↑Brachiopode), der vom ↑Kambrium bis zum ↑Ordovizium gesteinsbildend war

Ob|ser|vant *der;* -en, -en: Angehöriger der strengeren Richtung eines Mönchsordens, bes. bei den Franziskanern

Ob|ser|vanz *die;* -, -en: **1.** Ausprägung, Form. **2.** (Rechtswiss.) Gewohnheitsrecht [in unwesentlicheren Sachgebieten]. **3.** Befolgung der eingeführten Regel [eines Mönchsordens]

Ob|ser|va|ti|on *die;* -, -en: **1.** wissenschaftliche Beobachtung [in einem Observatorium]. **2.** das Observieren (2)

Ob|ser|va|tor *der;* -s, ...oren: jmd., der in einem Observatorium tätig ist

Ob|ser|va|to|rin *die;* -, -nen: weibliche Form zu ↑Observator

Ob|ser|va|to|ri|um *das;* -s, ...ien ⟨*lat.-nlat.*⟩: [astronomische, meteorologische, geophysikalische] Beobachtungsstation; Stern-, Wetterwarte

ob|ser|vie|ren ⟨*lat.*⟩: **1.** wissenschaftlich beobachten. **2.** polizeilich überwachen

Ob|ses|si|on *die;* -, -en ⟨*lat.;* »das Besetztsein«⟩ (Psychol.): Zwangsvorstellung

ob|ses|siv ⟨*lat.-nlat.*⟩ (Psychol.): in der Art einer Zwangsvorstellung

ob|s|kur ⟨*lat.*⟩: **a)** dunkel; verdächtig; zweifelhafter Herkunft; **b)** unbekannt; vgl. Clair-obscur

Ob|s|ku|ran|tis|mus *der;* - ⟨*lat.-nlat.*⟩: Bestreben, die Menschen bewusst in Unwissenheit zu halten, ihr selbstständiges Denken zu verhindern u. sie an Übernatürliches glauben zu lassen

ob|so|let: ungebräuchlich, veraltet

ob|s|ti|nat ⟨*lat.*⟩: starrsinnig, widerspenstig, unbelehrbar

ob|s|t|ru|ie|ren ⟨*lat.*⟩: **1.** hindern; entgegenarbeiten; Widerstand leisten. **2.** (Med.) verstopfen (z. B. einen Kanal durch entzündliche Veränderungen)

Ob|s|t|ruk|ti|on *die;* -, -en: **1.** Widerstand; parlamentarische Verzögerungstaktik (z. B. durch sehr lange Reden, Fernbleiben von Sitzungen). **2.** (Med.) Verstopfung (z. B. von Körperkanälen o. Ä. durch entzündliche Prozesse)

ob|s|t|ruk|tiv ⟨*lat.-nlat.*⟩: **1.** hemmend. **2.** (Med.) Gefäße od. Körperkanäle verstopfend (z. B. von entzündlichen Prozessen)

ob|s|zön ⟨*lat.*⟩: **1.** in das Schamgefühl verletzender Weise auf den Sexual-, Fäkalbereich bezogen; unanständig, schlüpfrig. **2.** [sittliche] Entrüstung hervorrufend

Ob|s|zö|ni|tät *die;* -, -en: Schamlosigkeit, Schlüpfrigkeit

Obolus

Korrekt ist nur die Schreibweise mit *-o-* in der zweiten Silbe. Das Wort geht über *lat.* obolus zurück auf *gr.* obolós, eine mundartl. Form von obelós (»Spieß«). Vermutlich waren die ersten Münzen dieser Art kleine, spitze Metallstücke.

Oc|ca|si|on *die;* -, -en ⟨*lat.-fr.*⟩ (österr., schweiz.): ↑Okkasion (2)

Oc|chi|spit|ze [ˈɔki...], **Ok|ki|spit|ze** *die;* -, -n: mit einem Schiffchen hergestellte Knüpfspitze

o̩cker ⟨*gr.-lat.-roman.*⟩: von der Farbe des Ockers; gelbbraun

O̩cker *der* od. *das;* -s, -: **a)** zur Farbenherstellung verwendete, ihres Eisenoxidgehalts wegen an gelben Farbtönen reiche Tonerde; **b)** gelbbraune Malerfarbe; **c)** gelbbraune Farbe

Ock|ha|mis|mus [ɔka..., auch: ɔkɛ...] *der;* - ⟨*engl.-*

nlat.⟩: Lehre des englischen ↑Scholastikers Wilhelm von Ockham

Oc|tan vgl. Oktan

Od *das;* -[e]s ⟨zu *altnord.* ōðr »Gefühl«; geprägt von dem dt. Naturphilosophen C. L. v. Reichenbach, 1780–1869⟩: angeblich vom menschlichen Körper ausgestrahlte, das Leben lenkende Kraft

Odal *das;* -s, -e ⟨*altnord.*⟩: Sippeneigentum eines adligen germanischen Geschlechts an Grund u. Boden

Oda|lis|ke *die;* -, -n ⟨*türk.-fr.*⟩ (Geschichte): europäische od. kaukasische Sklavin in einem türkischen Harem

Odd|fel|low [...loʊ, auch: ...ˈfɛ...] *der;* -s, -s, **Odd Fel|low** *der;* - -s, - -s ⟨*engl.*⟩: Mitglied einer (urspr. englischen) ordensähnlichen Gemeinschaft, die in Verfassung u. Bräuchen den Freimaurern verwandt ist

Odds *die* (Plural) ⟨*engl.*⟩: **a)** (Sport) engl. Bez. für: Vorgaben; **b)** das vom Buchmacher festgelegte Verhältnis des Einsatzes zum Gewinn (bei Pferdewetten)

Ode *die;* -, -n ⟨*gr.-lat.*⟩: **1. a)** Chorgesangsstück der griechischen Tragödie; **b)** lyrisches Strophengedicht der Antike. **2.** erhabene, meist reimlose lyrische Dichtung in kunstvollem Stil. **3.** (Musik) Odenkomposition nach antiken Versmaßen (15. u. 16. Jh.)

Ödem *das;* -s, -e ⟨*gr.;* »Schwellung, Geschwulst«⟩ (Med.): Gewebewassersucht; krankhafte Ansammlung von Flüssigkeit im Gewebe infolge von Eiweißmangel, Durchblutungsstörungen u. a.

Ode|on *das;* -s, -s ⟨*gr.-lat.-fr.*⟩: ↑Odeum; Name für größere Bauten, in denen Filmvorführungen, Tanzveranstaltungen o. Ä. stattfinden

Ode|um *das;* -s, Odeen ⟨*gr.-lat.*⟩: im Altertum rundes, theaterähnliches Gebäude für musikalische u. schauspielerische Aufführungen

Odeur [oˈdøːɐ̯] *das;* -s, -s u. -e ⟨*lat.-fr.*⟩: **a)** wohlriechender Stoff, Duft; **b)** seltsamer Geruch

ödi|pal ⟨*gr.-nlat.*⟩: vom Ödipuskomplex bestimmt

Ödi|pus|kom|plex *der;* -es ⟨nach dem thebanischen König Ödipus, der, ohne es zu wissen, seine Mutter geheiratet hatte⟩ (Psychol.): zu starke Bindung eines Kindes zum gegengeschlechtlichen Elternteil, bes. des Sohnes an die Mutter

Odi|um *das;* -s ⟨*lat.*⟩ (geh.): hassenswerter Makel; übler Beigeschmack, der einer Sache anhaftet

Odon|to|lo|ge *der;* -n, -n: Wissenschaftler auf dem Gebiet der Odontologie; in der Forschung tätiger Zahnarzt

Odon|to|lo|gie *die;* -: Zahnheilkunde; Zahnkunde

Odon|to|lo|gin *die;* -, -nen: weibliche Form zu ↑Odontologe

Odys|see *die;* -, ...seen ⟨*gr.-lat.-fr.;* nach dem Epos Homers, in dem die abenteuerlichen Irrfahrten des Odysseus geschildert werden⟩: **1.** lange Irrfahrt; lange, mit Schwierigkeiten verbundene Reise. **2.** langer, mit Schwierigkeiten verbundener Prozess, mühevolle Aktion

OECD [oːeːt͜seːˈdeː] *die;* - ⟨Abk. für *engl.* **O**rganization for **E**conomic **C**ooperation and **D**evelopment⟩: Organisation für wirtschaftliche Zusammenarbeit und Entwicklung

Oe|so|pha|gus vgl. Ösophagus

Œu|v|re [ˈøːvrə, ˈœːvrə] *das;* -[s], -s [ˈøːvrə, ˈœːvrə] ⟨*lat.-fr.*⟩: Gesamtwerk eines Künstlers

off ⟨*engl.*⟩: **a)** hinter der Bühne sprechend; **b)** außerhalb der Kameraeinstellung zu hören; Ggs. ↑on

Off *das;* -[s]: unsichtbar bleibender Bereich, Hintergrund (einer Bühne, der Kameraeinstellung o. Ä.); Ggs. ↑On

Off|beat [ˈɔfbiːt, auch: ɔfˈbiːt] *der;* -[s], -s ⟨*engl.*⟩: Technik der Rhythmik im Jazz, die die melodischen Akzente zwischen den einzelnen betonten Taktteilen setzt

of|fen|siv ⟨*lat.-nlat.*⟩: angreifend, den Angriff bevorzugend; Ggs. ↑defensiv (a)

Of|fen|si|ve *die;* -, -n: **a)** [planmäßig vorbereiteter] Angriff [einer Heeresgruppe]; Ggs. ↑Defensive; **b)** (ohne Plural; Sport) auf Angriff (Stürmen) eingestellte Spielweise

Of|fe|rent *der;* -en, -en ⟨*lat.*⟩: jmd., der etwas anbietet, der eine Offerte macht

Of|fe|ren|tin *die;* -, -nen: weibliche Form zu ↑Offerent

of|fe|rie|ren: anbieten, darbieten

Of|fer|te *die;* -, -n: schriftliches [Waren]angebot; Anerbieten

Of|fer|to|ri|um *das;* -s, ...ien ⟨*lat.-mlat.*⟩: Darbringung von Brot u. Wein mit den dazugehörigen gesungenen Messgebeten, die die Konsekration (2) vorbereiten

Of|fice [ˈɔfɪs] *das;* -[s], -s [auch ...sɪs] ⟨*lat.-fr.-engl.*⟩: engl. Bez. für: Büro

Of|fi|zi|al|ver|tei|di|ger *der;* -s, - ⟨*lat.-mlat.; dt.*⟩ (Rechtswiss.): Pflichtverteidiger in Strafsachen, der vom Gericht in besonderen Fällen bestellt werden muss

Of|fi|zi|al|ver|tei|di|ge|rin *die;* -, -nen: weibliche Form zu ↑Offizialverteidiger

of|fi|zi|ell ⟨*lat.-fr.*⟩: **1.** amtlich, von einer Behörde,

Dienststelle ausgehend, bestätigt; Ggs. ↑inoffiziell (1). **2.** feierlich, förmlich; Ggs. ↑inoffiziell (2)

Of|fi|zier *der;* -s, -e ⟨*lat.-mlat.-fr.*⟩: **1. a)** (ohne Plural) militärische Rangstufe, die die Dienstgrade vom Leutnant bis zum General umfasst; **b)** Träger eines Dienstgrades innerhalb der Rangstufe der Offiziere. **2.** (Schach) Schachfigur mit größerer Beweglichkeit als die Bauern (z. B. Turm, Läufer, Springer)

Of|fi|zie|rin *die;* -, -nen: weibliche Form zu ↑Offizier (1)

of|fi|zi|nal, of|fi|zi|nell ⟨französierende Bildung⟩: arzneilich; als Heilmittel durch Aufnahme in das amtliche Arzneibuch anerkannt; vgl. ...al/ ...ell

of|fi|zi|ös ⟨*lat.-fr.*⟩: halbamtlich; nicht verbürgt

off li|mits ⟨*engl.*⟩: Zutritt verboten

off|line [ˈɔflain] ⟨*engl.;* eigtl. »ohne Verbindung«⟩ (EDV): **1.** getrennt von der Datenverarbeitungsanlage arbeitend, indirekt mit dieser gekoppelt (von bestimmten Geräten). **2.** nicht ans Datennetz, nicht an das Internet angeschlossen; außerhalb des Datennetzes, des Internets

Off|line|be|trieb [ˈɔflain...] *der;* -[e]s (EDV): Betriebsart, in welcher der Computer Daten nicht [direkt] senden od. empfangen kann (z. B. weil er nicht mit dem Internet verbunden ist)

Off|roa|der [ˈɔfroʊdɐ] *der;* -s, -: **1.** ↑Offroadfahrzeug. **2.** jmd., der sich gern [in einem Offroadfahrzeug] im freien Gelände, in der Natur aufhält

Off|road|fahr|zeug [ˈɔfroʊd...] *das;* -[e]s, -e: Geländefahrzeug

Off|set|druck *der;* -[e]s ⟨*engl.; dt.*⟩: Flachdruckverfahren, bei dem der Druck von einer Druckplatte über ein Gummituch (indirekter Druck) auf das Papier erfolgt

off|shore [ˈɔfʃɔːɐ̯, ...ʃɔː] ⟨*engl.*⟩: in einiger Entfernung von der Küste

Off|shore|boh|rung, Off-Shore-Boh|rung *die;* -, -en: von Plattformen aus durchgeführte Bohrung nach Erdöl od. Erdgas in Küstennähe

Off|shore|wind|park, Off-Shore-Wind|park *der;* -s, -s: Windenergieanlage auf See

off|side [...said] ⟨*engl.*⟩ (bes. schweiz.): abseits (beim Fußball)

Off|side *das;* -[s], -s (bes. schweiz.): Abseits (beim Fußball)

Off|stim|me, Off-Stim|me *die;* -, -n: [kommentierende] Stimme aus dem Off

Oger *der;* -s, - ⟨*lat.-fr.*⟩: menschenfressendes Ungeheuer (im Märchen)

ogi|val [auch: oʒi...] ⟨*fr.*⟩ (selten): spitzbogig

...o|id

⟨zu *gr.* eĩdos »Aussehen, Gestalt, Form; Idee« → ...eidḗs »...förmig«, in Verbindung mit dem Bindevokal oder Stammauslaut o⟩ Wortbildungselement für Adjektive und Substantive mit der Bedeutung »eine ähnliche Form aufweisend, ähnlich beschaffen oder aussehend«:
- ellipsoid
- faschistoid
- Kristalloid
- paranoid
- Planetoid

Oka|pi *das;* -s, -s ⟨*afrik.*⟩: kurzhalsige, dunkelbraune Giraffe mit weißen Querstreifen an den Oberschenkeln

Oka|ri|na *die;* -, -s u. ...nen ⟨*lat.-vulgärlat.-it.;* »Gänschen«⟩: kurze Flöte aus Ton od. Porzellan in Form eines Gänseeis (acht Grifflöcher)

okay [oˈkeː, oʊˈkeɪ] ⟨*engl.*⟩ (ugs.): **1.** abgemacht, einverstanden. **2.** in Ordnung, gut (Abk.: o. k. od. O. K.)

Okay *das;* -[s], -s (ugs.): Einverständnis, Zustimmung

Oke|a|ni|de *die;* -, -n ⟨*gr.-lat.*⟩: Meernymphe (Tochter des griechischen Meergottes Okeanos); vgl. Nereide

Ok|ka|si|on *die;* -, -en ⟨*lat.(-fr.)*⟩: **1.** (veraltet) Gelegenheit, Anlass. **2.** (Wirtsch.) Gelegenheitskauf

ok|ka|si|o|nell ⟨*lat.-fr.*⟩: gelegentlich, Gelegenheits...

Ok|klu|siv *der;* -s, -e (Sprachw.): Verschlusslaut (z. B. *p*)

ok|kult ⟨*lat.*⟩: verborgen, geheim (von übersinnlichen Dingen)

Ok|kul|tis|mus *der;* - ⟨*lat.-nlat.*⟩: Geheimwissenschaft; Lehren u. Praktiken, die sich mit der Wahrnehmung übersinnlicher Kräfte (z. B. Telepathie, Hellsehen, Materialisation) beschäftigen

Ok|kul|tist *der;* -en, -en: Anhänger des Okkultismus

Ok|kul|tis|tin *die;* -, -nen: weibliche Form zu ↑Okkultist

ok|kul|tis|tisch: zum Okkultismus gehörend

Ok|ku|pant *der;* -en, -en (meist Plural) ⟨*lat.*⟩ (abwertend): jmd., der fremdes Gebiet okkupiert; Angehöriger einer Besatzungsmacht

Ok|ku|pan|tin *die;* -, -nen: weibliche Form zu ↑Okkupant

Ok|ku|pa|ti|on *die;* -, -en: **1.** (abwertend) [militärische] Besetzung eines fremden Gebietes.

2. (Rechtswiss.) Aneignung herrenlosen Gutes; vgl. ...ation/...ierung

ok|ku|pie|ren (abwertend): ein fremdes Gebiet [militärisch] besetzen

Öko *der;* -s, -s ‹Kurzw.› (ugs. scherzh.): Anhänger der Ökologiebewegung

öko..., Öko...

‹zu *gr.* oĩkos »Haus; Haushaltung; Heimat«› Wortbildungselement mit den Bedeutungen:
I. »Lebensraum, Umwelt«:
- ökologisch
- Ökosystem
- Ökozid

Verkürzt aus ökologisch, ist **öko..., Öko...** in der Bedeutung »auf naturnahe Art und Weise erfolgend; der natürlichen Umwelt gerecht werdend; mit Umweltproblemen in Beziehung stehend« Bestandteil vieler Fremdwörter, wie z. B. in Ökobauer, Ökoprodukt und Ökosteuer.
II. »den Haushalt, die Wirtschaft betreffend«:
- ökonomisch
- Ökotrophologie

Öko|au|dit [...lɔ:dɪt] *das* od. *der;* -s, -s ‹*gr.; lat.-engl.*›: [unangekündigt durchgeführte] Betriebsprüfung von Industrieunternehmen nach ökologischen Gesichtspunkten, die deren Umweltverträglichkeit bewerten soll

Öko|bi|lanz *die;* -, -en: Bilanz (2) aller Auswirkungen eines Produktes od. Verfahrens auf die Umwelt

Öko|lo|ge *der;* -n, -n ‹*gr.-nlat.*›: Wissenschaftler, Fachmann auf dem Gebiet der Ökologie

Öko|lo|gie *die;* -: **1.** Wissenschaft von den Beziehungen der Lebewesen zu ihrer Umwelt. **2.** Wechselbeziehungen zwischen den Lebewesen u. ihrer Umwelt; ungestörter Haushalt der Natur

Öko|lo|gin *die;* -, -nen: weibliche Form zu ↑Ökologe

öko|lo|gisch: 1. die Ökologie (1) betreffend. **2.** die Wechselbeziehungen zwischen den Lebewesen u. ihrer Umwelt betreffend

Öko|nom *der;* -en, -en ‹*gr.-lat.;* »Haushalter, Verwalter«›: **a)** (veraltend) Landwirt, Verwalter [landwirtschaftlicher Güter]; **b)** Wirtschaftswissenschaftler

Öko|no|mie *die;* -, ...ien ‹*gr.-lat.*›: **1. a)** Wirtschaftswissenschaft; **b)** Wirtschaft; **c)** (ohne Plural) Wirtschaftlichkeit, sparsames Umgehen mit etwas, rationelle Verwendung od. Einsatz von etwas. **2.** (veraltet) Landwirtschaft[sbetrieb]

Öko|no|mie|rat *der;* -[e]s, ...räte (österr.): **a)** (ohne Plural) Ehrentitel für einen verdienten Landwirt; **b)** Träger dieses Titels

Öko|no|mie|rä|tin *die;* -, -nen: weibliche Form zu ↑Ökonomierat

Öko|no|min *die;* -, -nen: weibliche Form zu ↑Ökonom

öko|no|misch: a) die Wirtschaft betreffend; **b)** wirtschaftlich; **c)** sparsam

öko|no|mi|sie|ren: ökonomisch gestalten, auf eine ökonomische Basis stellen

Öko|steu|er *die;* -, -n (Wirtsch.): an ökologischen Gesichtspunkten orientierte Steuer (z. B. auf Energie)

Öko|sys|tem *das;* -s, -e: aus Organismen und unbelebter Umwelt bestehende natürliche Einheit, die durch deren Wechselwirkung ein gleichbleibendes System bildet (z. B. See)

Öko|tou|ris|mus [...tu...] *der;* -: Fremdenverkehr in ökologisch schützenswerte Gebiete mit minimaler Belastung der entsprechenden Ökosysteme

Öko|tro|pho|lo|ge *der;* -n, -n: Wissenschaftler auf dem Gebiet der Ökotrophologie

Öko|tro|pho|lo|gie *die;* -: Hauswirtschafts- u. Ernährungswissenschaft

Öko|tro|pho|lo|gin *die;* -, -nen: weibliche Form zu ↑Ökotrophologe

Ok|ta|eder *das;* -s, - ‹*gr.*›: Achtflächner (meist regelmäßig)

Ok|ta|gon vgl. Oktogon

Ok|tan, Oc|tan *das;* -s ‹*lat.-nlat.*›: gesättigter Kohlenwasserstoff mit acht Kohlenstoffatomen (in Erdöl und Benzin)

Ok|tant *der;* -en, -en ‹*lat.*›: **1.** Achtelkreis. **2.** nautisches Winkelmessgerät

Ok|tan|zahl *die;* -, -en ‹*lat.-nlat.; dt.*›: Maßzahl für die Klopffestigkeit der Motorkraftstoffe (Abk.: OZ)

[1]Ok|tav *das;* -s ‹*lat.*›: Achtelbogengröße (Buchformat); Zeichen: 8°, z. B. Lex.-8°

[2]Ok|tav *die;* -, -en: **1.** (österr.) ↑Oktave (1). **2.** in der katholischen Liturgie die Nachfeier der Hochfeste Weihnachten, Ostern u. Pfingsten mit Abschluss am achten Tag

Ok|ta|va *die;* -, ...ven ‹*lat.*› (österr.): achte Klasse eines Gymnasiums

Ok|ta|ve *die;* -, -n ‹*lat.-mlat.*›: **1.** (Musik) achter Ton einer diatonischen Tonleiter vom Grundton an, wobei der Zusammenklang als Konsonanz (2) empfunden wird. **2.** ↑Ottaverime

Ok|tav|for|mat *das;* -[e]s: ↑[1]Oktav

ok|ta|vie|ren ‹*lat.-nlat.*›: auf Blasinstrumenten beim Überblasen in die Oktave überschlagen

O

Ok|tett *das;* -[e]s, -e ⟨*lat.-it.*⟩: **1. a)** (selten) Komposition für acht solistische Instrumente od. (selten) für acht Solostimmen; **b)** Vereinigung von acht Instrumentalsolisten. **2.** Achtergruppe von Elektronen in der Außenschale der Atomhülle

Ok|to|ber *der;* -[s], - ⟨*lat.*⟩: zehnter Monat im Jahr (Abk.: Okt.)

Ok|t|o|de *die;* -, -n ⟨*gr.-nlat.*⟩: Elektronenröhre mit 8 Elektroden

Ok|to|gon *das;* -s, -e ⟨*gr.-nlat.*⟩: **a)** Achteck; **b)** Gebäude mit achteckigem Grundriss

ok|to|go|nal: achteckig

Ok|to|po|de *der;* -n, -n ⟨*gr.*⟩: achtarmiger Kopffüßer (z. B. Krake)

Ok|to|pus *der;* -, ...poden ⟨*gr.-nlat.*⟩: Gattung achtarmiger Kraken

ok|t|ro|y|ie|ren [...troa'ji:...]: **1.** (veraltet) **a)** verleihen; **b)** (ein Gesetz) kraft landesherrlicher Machtvollkommenheit ohne die verfassungsgemäße Zustimmung der Landesvertretung erlassen. **2.** aufdrängen, aufzwingen

oku|lar ⟨*lat.*⟩: **1.** das Auge betreffend. **2.** mit dem, für das Auge; dem Auge zugewandt

Oku|lar *das;* -s, -e: dem Auge zugewandte Linse[nkombination] eines optischen Gerätes

Oku|la|ti|on *die;* -, -en ⟨*lat.-nlat.*⟩: Veredlung einer Pflanze durch Anbringen von Augen (noch fest geschlossenen Pflanzenknospen) einer hochwertigen Sorte, die mit Rindenstückchen unter die angeschnittene Rinde der zu veredelnden Pflanze geschoben werden

Oku|li ⟨*lat.;* »Augen«⟩: Name des dritten Fastensonntags nach dem alten Introitus des Gottesdienstes, Psalm 25, 15: »Meine Augen sehen stets zu dem Herrn«

oku|lie|ren: durch Okulation veredeln

Öku|me|ne *die;* -, -n ⟨*gr.-mlat.*⟩: **a)** die bewohnte Erde als menschlicher Lebens- u. Siedlungsraum; **b)** Gesamtheit der Christen; **c)** ökumenische Bewegung

öku|me|nisch: allgemein, die ganze bewohnte Erde betreffend, Welt...; **ökumenische Bewegung:** allgemeines Zusammenwirken der christlichen Kirchen u. Konfessionen zur Einigung in Fragen des Glaubens u. der religiösen Arbeit

Öku|me|nis|mus *der;* - ⟨*gr.-nlat.*⟩: Streben nach Einigung aller christlichen Konfessionen

Ok|zi|dent [auch: ...'dɛnt] *der;* -s ⟨*lat.*⟩: **1.** Abendland (Europa). **2.** (veraltet) Westen

ok|zi|den|tal, ok|zi|den|ta|lisch: 1. abendländisch. **2.** (veraltet) westlich

Old Eco|no|my ['oʊld ɪ'kɔnəmɪ] *die;* - - ⟨*engl.*⟩: die traditionelle Wirtschaft u. ihre theoretische Grundlegung im Unterschied zur ↑New Economy

Ol|die ['oʊldi] *der;* -s, -s ⟨*engl.*⟩: **a)** alter, beliebt gebliebener Schlager, ↑Song (1); **b)** (ugs.) jmd., der einer älteren Generation angehört; **c)** etwas, was einer vergangenen Zeit angehört

Old|ti|mer ['oʊldtaimɐ] *der;* -s, - ⟨*engl.*⟩: **1.** altes, gut gepflegtes Modell eines Fahrzeugs (bes. Auto, aber auch Flugzeug, Schiff, Eisenbahn). **2.** (scherzh.) jmd., der über lange Jahre bei einer Sache dabei war u. daher das nötige Wissen, die nötige Erfahrung hat

olé [o'lɛ, o'le:] ⟨*span.;* aus *arab.* **Allah** = »der Gott«⟩: spanischer Ausruf mit der Bedeutung: los!, auf!, hurra!

Olea: *Plural* von ↑Oleum

Ole|an|der *der;* -s, - ⟨*mlat.-it.*⟩: Rosenlorbeer; immergrüner Strauch od. Baum aus dem Mittelmeergebiet mit rosa, weißen u. gelben Blüten

Ole|at *das;* -[e]s, -e ⟨*gr.-lat.-nlat.*⟩: Salz der Ölsäure

Ole|fin *das;* -s, -e ⟨Kunstw.⟩: ungesättigter Kohlenwasserstoff mit einer od. mehreren Doppelbindungen im Molekül

Ole|um *das;* -s, Olea ⟨*gr.-lat.*⟩: ölige Flüssigkeit, die sich u. a. zum Ätzen eignet; rauchende Schwefelsäure

ol|fak|to|risch ⟨*lat.*⟩ (Med.): den Riechnerv betreffend

Oli|fant [auch: ...'fant] *der;* -[e]s, -e ⟨*gr.-lat.-fr.;* Name des elfenbeinernen Hifthorns Rolands in der Karlssage⟩: im Mittelalter reich verziertes Signalhorn

olig..., Olig... vgl. oligo..., Oligo...

Oli|g|arch *der;* -en, -en ⟨*gr.*⟩: **a)** Anhänger der Oligarchie; **b)** jmd., der mit wenigen anderen zusammen eine Herrschaft ausübt

Oli|g|ar|chie *die;* -, ...ien: Herrschaft einer kleinen Gruppe

Oli|g|ar|chin *die;* -, -nen: weibliche Form zu ↑Oligarch

oli|g|ar|chisch: die Oligarchie betreffend

oli|go..., Oli|go...

vor Vokalen meist: **olig..., Olig...**
⟨*gr.* olígos »wenig, gering, klein«⟩
Wortbildungselement mit der Bedeutung »wenig, gering, arm an ...«:
- Oligämie
- Oligodontie
- Oligopol
- oligotroph

Oli|go|pol *das;* -s, -e (Wirtsch.): Form des Monopols, bei der der Markt von einigen wenigen Großunternehmen beherrscht wird

oli|go|troph (Biol., Landwirtsch.): nährstoffarm (von Seen od. Ackerböden)

oli|go|zän (Geol.): das Oligozän betreffend

Oli|go|zän *das;* -s (Geol.): mittlere Abteilung des ↑Tertiärs

Olim ⟨*lat.;* »ehemals«⟩: **seit, zu Olims Zeiten** (scherzh.): seit, vor undenklicher Zeit

oliv ⟨*gr.-lat.*⟩: von dunklem, bräunlichem Gelbgrün

Oli|ve *die;* -, -n: **1. a)** Frucht des Ölbaumes, die das Olivenöl liefert; **b)** Olivenbaum, Ölbaum. **2.** (Anat.) olivenförmige Erhabenheit im verlängerten Mark. **3.** Handgriff für die Verschlussvorrichtung an Fenstern, Türen o. Ä. **4.** eine länglich runde Bernsteinperle. **5.** (Med.) olivenförmiges Endstück verschiedener ärztlicher Instrumente od. Laborgeräte (z. B. eines Katheters)

Oli|vin *der;* -s, -e ⟨*gr.-lat.-nlat.*⟩: in ↑prismatischen bis dicktafligen Kristallen auftretendes glasig glänzendes, flaschengrün bis gelblich durchscheinendes Mineral

Olymp *der;* -s ⟨*gr.-lat.;* nach dem angenommenen Wohnsitz der altgriech. Götter auf dem Berg Olympos⟩: **1.** geistiger Standort, an dem sich jmd. weit über anderen zu befinden glaubt. **2.** (ugs. scherzh.) oberster Rang, Galerieplätze im Theater od. in der Oper

Olym|pia *das;* -[s] (meist ohne Artikel) ⟨*gr.;* altgriech. Kultstätte in Olympia (Elis) auf dem Peloponnes⟩: Olympische Spiele

Olym|pi|a|de *die;* -, -n ⟨*gr.-lat.*⟩: **1.** Zeitspanne von 4 Jahren, nach deren jeweiligem Ablauf im Griechenland der Antike die Olympischen Spiele gefeiert wurden. **2. a)** Olympische Spiele; **b)** Wettbewerb (häufig in Zusammensetzungen wie z. B. Schlagerolympiade)

Olym|pi|er *der;* -s, - ⟨*gr.-lat.;* nach dem Wohnsitz der Götter auf dem nordgr. Berg Olympos⟩: **1.** erhabene Persönlichkeit; Gewaltiger, Herrscher in seinem Reich. **2.** Beiname der griechischen Götter, bes. des Zeus

Olym|pi|o|ni|ke *der;* -n, -n ⟨*gr.-lat.;* nach der altgriech. Kultstätte in Olympia (Elis) auf dem Peloponnes⟩: **1.** Sieger bei den Olympischen Spielen. **2.** Teilnehmer an den Olympischen Spielen

Olym|pi|o|ni|kin *die;* -, -nen: weibliche Form zu ↑Olympionike

olym|pisch ⟨*gr.-lat.*⟩: **1.** göttergleich, hoheitsvoll, erhaben. **2.** die Olympiade betreffend; **Olympische Spiele:** alle 4 Jahre stattfindende Wettkämpfe der Sportler aus aller Welt

Om|buds|frau *die;* -, -en ⟨*schwed.; dt.*⟩: Frau, die die Rechte des Bürgers gegenüber den Behörden wahrnimmt

Om|buds|mann *der;* -[e]s, ...männer (selten: ...leute): Mann, der die Rechte des Bürgers gegenüber den Behörden wahrnimmt

Ome|ga *das;* -[s], -s ⟨*gr.*⟩: vierundzwanzigster (und letzter) Buchstabe des griechischen Alphabets (langes O; Ω, ω)

Ome|lett [ɔm(ə)ˈlɛt] *das;* -[e]s, -e u. -s, auch (österr., schweiz. nur): **Ome|lette** [ɔm(ə)ˈlɛt(ə)] *die;* -, -n ⟨*fr.*⟩: Eierkuchen; **Omelette aux Confitures:** mit eingemachten Früchten od. Marmelade gefüllter Eierkuchen; **Omelette aux fines Herbes:** Eierkuchen mit Kräutern; **Omelette soufflée:** Auflaufomelette

Omen *das;* -s, - u. Omina ⟨*lat.*⟩: (gutes od. schlechtes) Vorzeichen; Vorbedeutung

Omen|tum *das;* -s, ...ta ⟨*lat.*⟩ (Anat.): Teil des Bauchfells, das aus der schürzenartig vor dem Darm hängenden Bauchfellfalte (großes Netz) u. der Bauchfellfalte zwischen Magen u. unterem Leberrand (kleines Netz) besteht

Omi|k|ron *das;* -[s], -s ⟨*gr.*⟩: fünfzehnter Buchstabe des griechischen Alphabets (kurzes O; Ο, ο)

Omi|na: *Plural* von ↑Omen

omi|nös ⟨*lat.*⟩: **a)** von schlimmer Vorbedeutung, unheilvoll; **b)** bedenklich, verdächtig, anrüchig

om ma|ni pad|me hum ⟨*sanskr.*⟩: magisch-religiöse Formel des ↑lamaistischen Buddhismus, die z. B. in Gebetsmühlen als unaufhörliches Gebet wirken soll

Om|ni|bus *der;* -ses, -se ⟨*lat.-fr.;* »(Wagen) für alle«⟩: großer Kraftwagen mit vielen Sitzen zur Beförderung einer größeren Anzahl von Personen; Kurzform: Bus

om|ni|po|tent ⟨*lat.*⟩: allmächtig, einflussreich

Om|ni|po|tenz *die;* -: **a)** göttliche Allmacht; **b)** absolute Machtstellung

om|ni|prä|sent: allgegenwärtig

Om|ni|prä|senz *die;* - ⟨*lat.-nlat.*⟩: Allgegenwart (Gottes)

Om|ni|um *das;* -s, ...ien (Radsport): aus mehreren Bahnwettbewerben bestehender Wettkampf

Om|ni|vo|re *der;* -n, -n (meist Plural) (Zool.): Allesfresser, von Pflanzen u. Tiernahrung lebendes Tier

Omo|pho|ri|on *das;* -s, ...ien ⟨*gr.*⟩: ↑Pallium (3) der Bischöfe in der orthodoxen Kirche

on ⟨*engl.*⟩: auf der Bühne, im Fernsehbild beim Sprechen sichtbar; Ggs. ↑off

On *das;* -[s]: das Sichtbarsein eines Sprechers,

Kommentators im Fernsehen, auf der Bühne; Ggs. ↑Off

Ọnalger *der;* -s, - ‹*gr.-lat.*›: **1.** in Südwestasien heimischer Halbesel. **2.** (Geschichte) römische Wurfmaschine

Ona|nie *die;* - ‹*engl.;* Neubildung zum Namen der biblischen Gestalt Onan›: geschlechtliche Selbstbefriedigung durch manuelles Reizen der Geschlechtsorgane; ↑Masturbation

ona|nie|ren: durch manuelle Reizung der Geschlechtsorgane [sich selbst] sexuell erregen, zum Orgasmus bringen; ↑masturbieren

On|dit [õˈdiː] *das;* -[s], -s ‹*fr.;* »man sagt«›: Gerücht

On|du|la|ti|on *die;* -, -en ‹*lat.-fr.*›: das Wellen der Haare mit einer Brennschere

on|du|lie|ren: (Haare) [mit einer Brennschere] wellen

One-Night-Stand [ˈwʌnnaɪtstænd] *der;* -s, -s ‹*engl.*›: flüchtiges sexuelles Abenteuer (für eine einzige Nacht)

on|ko..., On|ko...

‹zu *gr.* ógkos »groß an Umfang, geschwollen«› Wortbildungselement mit der Bedeutung »Geschwulst«:
– onkogen
– Onkogenese
– Onkologe

On|ko|lo|ge *der;* -n, -n (Med.): Arzt mit speziellen Kenntnissen auf dem Gebiet der Geschwulstkrankheiten

On|ko|lo|gie *die;* -: Teilgebiet der Medizin, das sich mit den Geschwülsten befasst

On|ko|lo|gin *die;* -, -nen: weibliche Form zu ↑Onkologe

on|ko|lo|gisch: die Onkologie betreffend

on|line [ˈɔnlai̯n] ‹*engl.;* »in Verbindung«› (EDV): **1.** in direkter Verbindung mit einem Computer arbeitend, direkt mit diesem gekoppelt (von bestimmten Geräten). **2.** ans Datennetz, an das Internet angeschlossen; innerhalb des Datennetzes, des Internets

On|line|ban|king [...bæŋkɪŋ] *das;* -[s]: computergestützte Abwicklung von Bankgeschäften

On|line|be|trieb *der;* -[e]s (EDV): Betriebsart von Geräten, die direkt mit einem Computer od. einem Netzwerk (z. B. dem Internet) verbunden sind

Onlinedating [...deɪtɪŋ] *das;* -s, -s: Partnersuche über das Internet

Ọn|line|dienst *der;* -[e]s, -e: Telekommunikationsdienst, bei dem Text-, Ton-, Bild- u. Videoinformationen im Onlinebetrieb über Datennetze (bes. über das Telefonnetz) übertragen werden

Ọn|line|kri|mi|na|li|tät *die;* -: Gesamtheit der Straftaten, die im Internet begangen werden

Ọn|li|ner *der;* -s, - (Jargon): jmd., der das Internet sehr häufig nutzt

Ọn|li|ne|rin *die;* -, -nen: weibliche Form zu ↑Onliner

Ọn|line|shop|ping [...ʃɔpɪŋ] *das;* -s: das Einkaufen per Bestellung über das Internet

Ọn|line|zei|tung *die;* -, -en: **a)** online abrufbare Version einer elektronisch aufbereiteten Zeitung; **b)** online abrufbare Zusammenstellung von Informationen, Nachrichten, Beiträgen o. Ä.

Öno|lo|gie *die;* -: Wein[bau]kunde

öno|lo|gisch: die Önologie betreffend

Ono|ma|sio|lo|gie *die;* -, ...ien: Teilgebiet der Sprachwissenschaft, das sich damit befasst, wie Dinge, Wesen u. Geschehnisse sprachlich bezeichnet werden; Bezeichnungslehre

ono|ma|sio|lo|gisch: die Onomasiologie betreffend

ono|ma|to|po|e|tisch: die Onomatopöie betreffend; lautmalend

Ono|ma|to|pö|ie *die;* -, ...ien ‹*gr.-lat.*›: **a)** Laut-, Schallnachahmung, Lautmalerei bei der Bildung von Wörtern (z. B. grunzen, bauz); **b)** Wortbildung des Kleinkindes durch Lautnachahmung (z. B. Wauwau)

Ọ̈NORM *die;* -, -en ‹Kurzw. aus: Österreichische Norm›: österreichische Industrienorm

on the rocks [ɔn ðə ˈrɔks;] ‹*engl.;* »auf den Felsblöcken«›: mit Eiswürfeln (von Getränken)

On|to|ge|ne|se *die;* -, -n ‹*gr.-nlat.*› (Biol.): die Entwicklung des Individuums von der Eizelle zum geschlechtsreifen Zustand

on|to|ge|ne|tisch: die Entwicklung des Individuums betreffend

On|to|lo|gie *die;* -, ...ien: Lehre vom Sein, von den Ordnungs-, Begriffs- u. Wesensbestimmungen des Seienden

on|to|lo|gisch: die Ontologie betreffend

Ọnyx *der;* -[es], -e ‹*gr.-lat.*›: **1.** Halbedelstein, Abart des Quarzes. **2.** (Med.) Hornhautabszess von der Form eines Nagels

Oo|ge|ne|se *die;* -, -n (Med.; Biol.): Entwicklung des Eis vom Keimepithel bis zum reifen Ei

OP [oˈpeː] *der;* -[s], -[s]

opak ‹*lat.*›: undurchsichtig, lichtundurchlässig

Opal *der;* -s, -e ‹*sanskr.-gr.-lat.*›: **1.** glasig bis wächsern glänzendes, milchig weißes od. verschiedenfarbiges Mineral, das in einigen farbenprächtigen Spielarten auch als Schmuckstein verwendet wird. **2.** (ohne Plural) feines Baumwollgewebe von milchigem Aussehen

Opa|les|zenz *die;* - ‹*sanskr.-gr.-lat.-nlat.*›: opalartiges, rötlich bläuliches Schillern

Op-Art *die;* - ‹*engl.;* Kurzw. aus **op**tical **art**›: moderne illusionistisch dekorative Kunstrichtung (mit starkem Einfluss auf die Mode), die durch geometrische Abstraktionen (in hart konturierten Farben) charakterisiert ist

Opa|zi|tät *die;* - ‹*lat.*› (Optik): Undurchsichtigkeit

Open ['oʊpn̩] *das;* -s, - ‹*engl.*› (Jargon): offener Wettbewerb, offene Meisterschaft

Open-Air-Fes|ti|val ['oʊpn̩'lɛːɐ̯...] *das;* -s, -s: im Freien stattfindende kulturelle Großveranstaltung (für Folklore, Popmusik o. Ä.)

Open-Air-Ki|no *das;* -s, -s: im Freien stattfindende Filmvorführung[en]

open end ['oʊpn̩ 'ɛnd]: ohne ein vorher auf einen bestimmten Zeitpunkt festgesetztes Ende

Open-End-Dis|kus|si|on ['oʊpn̩'lɛnd...] *die;* -, -en ‹*engl.; lat.*›: Diskussion, deren Ende nicht durch einen vorher bestimmten Zeitpunkt festgelegt ist

Open-Source-Soft|ware [...'sɔːs...] *die;* - ‹*engl.*› (EDV): Software, deren Quellcode frei zugänglich ist u. die beliebig kopiert, genutzt u. verändert werden darf

Oper *die;* -, -n ‹*lat.-it.*›: **1. a)** (ohne Plural) Gattung von musikalischen Bühnenwerken mit Darstellung einer Handlung durch Gesang (Soli, Ensembles, Chöre) u. Instrumentalmusik; **b)** einzelnes Werk dieser Gattung. **2. a)** Opernhaus; **b)** Opernhaus als kulturelle Institution; **c)** (ohne Plural) Mitglieder, Personal eines Opernhauses

O

[1]**Opera:** *Plural* von ↑Opus

[2]**Ope|ra** *die;* -, ...re ‹*lat.-it.*›: it. Bez. für: Oper

ope|ra|bel ‹*lat.-fr.*›: **1.** (Med.) operierbar. **2.** so beschaffen, dass damit gearbeitet, operiert werden kann

Ope|ra buf|fa *die;* - -, ...re ...ffe ‹*lat.-it.*›: heitere, komische Oper (als Gattung)

Ope|rand *der;* -en, -en ‹*lat.*›: Information, die der Computer mit anderen zu einer bestimmten Operation (4 b) verknüpft

Ope|ra|teur [...'tøːɐ̯] *der;* -s, -e ‹*lat.-fr.*›: **1.** Arzt, der eine Operation vornimmt. **2.** (veraltend) **a)** Kameramann (bei Filmaufnahmen); **b)** Vorführer (in Lichtspieltheatern); **c)** Toningenieur. **3.** (selten) ↑Operator (2)

Ope|ra|teu|rin [...'tøːrɪn] *die;* -, -nen: weibliche Form zu ↑Operateur

Ope|ra|ti|on *die;* -, -en ‹*lat.*›: **1.** (Med.) chirurgischer Eingriff. **2.** zielgerichtete Bewegung eines [größeren] Truppen- od. Schiffsverbandes mit genauer Abstimmung der Aufgabe der einzelnen Truppenteile od. Schiffe. **3. a)** (Math.) Lösungsverfahren; **b)** wissenschaftlich nachkontrollierbares Verfahren, nach bestimmten Grundsätzen vorgenommene Prozedur.
4. a) Handlung, Unternehmung, Verrichtung; Arbeits-, Denkvorgang; **b)** (EDV) Ausführung einer Programmanweisung, eines Befehls

ope|ra|ti|o|nal ‹*lat.-nlat.*›: sich durch Operationen (4 a) vollziehend, verfahrensbedingt; vgl. ...al/...ell

ope|ra|ti|o|na|li|sie|ren: 1. (Soziol.) Begriffe präzisieren, standardisieren durch Angabe der Operationen (4 a), mit denen der durch den Begriff bezeichnete Sachverhalt erfasst werden kann, od. durch Angabe der Indikatoren (der messbaren Ereignisse), die den betreffenden Sachverhalt anzeigen. **2.** in der Curriculumforschung (vgl. Curriculum) Lernziele durch einen Ausbildungsgang in Verhaltensänderungen der Lernenden übersetzen, die durch Tests o. Ä. zu überprüfen sind

Ope|ra|ti|ons|ba|sis *die;* -: Ausgangs-, Nachschubgebiet einer Operation (2)

ope|ra|tiv ‹*lat.-nlat.*›: **1.** (Med.) die Operation (1) betreffend, auf dem Wege der Operation erfolgend, chirurgisch eingreifend. **2.** (Militär) strategisch. **3.** (bes. Wirtsch.) konkrete Maßnahmen treffend, sie unmittelbar wirksam werden lassend; **operatives Geschäft:** dem eigentlichen Zweck eines Unternehmens entsprechendes Geschäft

Ope|ra|tor *der;* -s, ...oren u. (bei engl. Aussprache:) -[s] ‹*lat.(-engl.)*›: **1.** (Fachspr., bes. Math., Sprachw.) Mittel, Verfahren, Symbol o. Ä. zur Durchführung linguistischer, logischer od. mathematischer Operationen (3, 4). **2.** [auch: 'ɔpəreɪtɐ] (EDV) jmd., der in einem Rechenzentrum die Rechner bedient u. überwacht

Ope|ra|to|rin *die;* -, -nen: weibliche Form zu ↑Operator (2)

Ope|ret|te *die;* -, -n ‹*lat.-it.;* »kleine Oper«›: **a)** (ohne Plural) Gattung von leichten, unterhaltenden musikalischen Bühnenwerken mit gesprochenen Dialogen, [strophenliedartigen] Soli u. Tanzeinlagen; **b)** einzelnes Werk dieser Gattung

ope|rie|ren ‹*lat.*›: eine Operation durchführen; **mit etwas operieren** (ugs.): etwas benutzen, mit etwas umgehen, arbeiten

Ophir, ökum.: **Ofir** *das;* -s (meist ohne Artikel) ‹*hebr.-gr.-mlat.*›: fernes, sagenhaftes Goldland im Alten Testament

Oph|thal|mo|lo|ge *der;* -n, -n: Augenarzt

Oph|thal|mo|lo|gie *die;* -: Augenheilkunde

Oph|thal|mo|lo|gin *die;* -, -nen: weibliche Form zu ↑Ophthalmologe

oph|thal|mo|lo|gisch: die Augenheilkunde betreffend

Opi|at *das;* -[e]s, -e ⟨*gr.-lat.-nlat.*⟩: **a)** Arzneimittel, das Opium enthält; **b)** (im weiteren Sinne) Arzneimittel, das dem Betäubungsmittelgesetz unterliegt

Opi|o|id *das;* -[e]s, -e (Med.): im Körper gebildetes ↑Peptid, das eine opiumähnliche Wirkung hat

Opi|um *das;* -s ⟨*gr.-lat.*⟩: aus dem Milchsaft des Schlafmohns gewonnenes schmerzstillendes Arzneimittel u. Rauschgift

Opos|sum *das;* -s, -s ⟨*indian.-engl.*⟩: **1.** nordamerikanische Beutelratte mit wertvollem Fell. **2.** Fell des Opossums (1)

Op|po|nent *der;* -en, -en ⟨*lat.*⟩: jmd., der eine gegenteilige Anschauung vertritt

Op|po|nen|tin *die;* -, -nen: weibliche Form zu ↑Opponent

op|po|nie|ren: 1. widersprechen, sich widersetzen. **2.** (Med.) gegenüberstellen

op|por|tun ⟨*lat.*⟩: in der gegenwärtigen Situation von Vorteil, angebracht; Ggs. ↑inopportun

Op|por|tu|nis|mus *der;* - ⟨*lat.-fr.*⟩: **1.** allzu bereitwillige Anpassung an die jeweilige Lage (um persönlicher Vorteile willen). **2.** (im marxistischen Sprachgebrauch) bürgerliche ideologische Strömung, die dazu benutzt wird, die Arbeiterbewegung zu spalten u. Teile der Arbeiterklasse an das kapitalistische System zu binden

Op|por|tu|nist *der;* -en, -en: **1.** jmd., der sich aus Nützlichkeitserwägungen schnell u. bedenkenlos der jeweiligen Lage anpasst. **2.** Anhänger, Vertreter des Opportunismus (2)

Op|por|tu|nis|tin *die;* -, -nen: weibliche Form zu ↑Opportunist

op|por|tu|nis|tisch: 1. a) den Opportunismus betreffend; **b)** in der Art eines Opportunisten handelnd. **2.** (Med.) (im Hinblick auf Keime, Erreger) nur unter bestimmten Bedingungen ↑pathogen werdend

Op|por|tu|ni|tät *die;* -, -en ⟨*lat.*⟩: Zweckmäßigkeit in der gegenwärtigen Situation; Ggs. ↑Inopportunität

Op|por|tu|ni|täts|prin|zip *das;* -s ⟨*lat.-nlat.*⟩ (Rechtswiss.): strafrechtlicher Grundsatz, der besagt, dass die Strafverfolgung in den gesetzlich gekennzeichneten Ausnahmefällen dem Ermessen der Staatsanwaltschaft überlassen ist (Einschränkung des ↑Legalitätsprinzips)

Op|po|si|ti|on *die;* -, -en ⟨*lat.(-fr.)*⟩: **1.** Widerstand, Widerspruch. **2.** Gesamtheit der an der Regierung nicht beteiligten u. mit der Regierungspolitik nicht einverstandenen Parteien u. Gruppen. **3.** (Astron.) Stellung eines Planeten od. des Mondes, bei der Sonne, Erde u. Planet auf einer Geraden liegen; 180° Winkelabstand zwischen Planeten. **4.** (Sprachw.) Gegensätzlichkeit sprachlicher Gebilde, z. B. zwischen Wörtern (kalt/warm) od. in rhetorischen Figuren (er ist nicht dumm, er ist gescheit). **5.** (Sprachw.) paradigmatische Relation einer sprachlichen Einheit zu einer anderen, gegen die sie in gleicher Umgebung ausgetauscht werden kann (z. B. *die Studentin* macht eine Prüfung/*der Student* macht eine Prüfung; *grünes* Tuch/*rotes* Tuch). **6.** (Med.) Gegenüberstellung des Daumens zu den anderen Fingern. **7.** (Schach) **a)** Gegenüberstellung zweier gleichartiger, aber verschiedenfarbiger Figuren auf der gleichen Linie, Reihe od. Diagonalen zum Zwecke der Sperrung; **b)** [unmittelbare] Gegenüberstellung beider Könige auf einer Linie od. Reihe. **8.** (beim Fechten) auf die gegnerische Klinge ausgeübter Gegendruck

op|po|si|ti|o|nell ⟨*lat.-fr.*⟩: **a)** gegensätzlich; gegnerisch; **b)** widersetzlich, zum Widerspruch neigend

Op|ta|tiv *der;* -s, -e: Modus (2) des Verbs, der einen Wunsch, die Möglichkeit eines Geschehens bezeichnet (z. B. im Altgriechischen)

op|tie|ren ⟨*lat.*⟩: vom Recht der Option (1–3) Gebrauch machen

Op|tik *die;* -, -en ⟨*gr.-lat.*⟩: **1.** Wissenschaft vom Licht, seiner Entstehung, Ausbreitung u. seiner Wahrnehmung. **2.** die Linsen enthaltender Teil eines optischen Gerätes. **3.** optischer Eindruck, optische Wirkung, äußeres Erscheinungsbild

Op|ti|ker *der;* -s, - ⟨*gr.-lat.-nlat.*⟩: Fachmann für Herstellung, Wartung u. Verkauf von optischen Geräten

Op|ti|ke|rin *die;* -, -nen: weibliche Form zu ↑Optiker

Op|ti|ma: *Plural* von ↑Optimum

op|ti|ma fi|de ⟨*lat.*⟩: im besten Glauben

op|ti|mal ⟨*lat.-nlat.*⟩: sehr gut, bestmöglich

Op|ti|mat *der;* -en, -en ⟨*lat.*⟩: Angehöriger der herrschenden Geschlechter u. Mitglied der Senatspartei im alten Rom

op|ti|mie|ren ⟨*lat.-nlat.*⟩: **1. a)** optimal gestalten; **b)** sich optimieren: sich optimal gestalten. **2.** (Math.) günstigste Lösungen für bestimmte Zielstellungen ermitteln

Op|ti|mie|rung *die;* -, -en: **1.** das Optimieren. **2.** Teilgebiet der numerischen Mathematik, das sich mit der optimalen Festlegung von Größen,

Eigenschaften, zeitlichen Abläufen u. a. eines Systems unter gleichzeitiger Berücksichtigung von Nebenbedingungen befasst

Op|ti|mis|mus *der;* - ‹*lat.-fr.*›: **1.** Lebensauffassung, die alles von der besten Seite betrachtet; heitere, zuversichtliche, lebensbejahende Grundhaltung; Ggs. ↑Pessimismus (1). **2.** (Philos.) philosophische Auffassung, wonach diese Welt die beste von allen möglichen und das geschichtliche Geschehen ein Fortschritt zum Guten und Vernünftigen sei; Ggs. ↑Pessimismus (2). **3.** heiter-zuversichtliche, durch positive Erwartung bestimmte Haltung; Ggs. ↑Pessimismus (3)

Op|ti|mist *der;* -en, -en: **a)** lebensbejahender, zuversichtlicher Mensch; Ggs. ↑Pessimist; **b)** (scherzh.) jmd., der die sich ergebenden Schwierigkeiten o. Ä. unterschätzt, sie für nicht so groß ansieht, wie sie in Wirklichkeit sind

Op|ti|mis|tin *die;* -, -nen: weibliche Form zu ↑Optimist

op|ti|mis|tisch: lebensbejahend, zuversichtlich; Ggs. ↑pessimistisch

Op|ti|mum *das;* -s, Optima ‹*lat.*›: **1.** das Beste, das Wirksamste; höchster erreichbarer Wert, Höchstmaß. **2.** (Biol.) günstigste Umweltbedingungen für ein Lebewesen (z. B. die günstigste Temperatur)

O

Op|ti|on *die;* -, -en ‹*lat.;* »freier Wille, Belieben«›: **1.** freie Entscheidung, bes. für eine bestimmte Staatsangehörigkeit (in Bezug auf Bewohner abgetretener Gebiete). **2. a)** (Rechtswiss.) Voranwartschaft auf Erwerb einer Sache od. das Recht zur zukünftigen Lieferung einer Sache; **b)** (Wirtsch.) Vorkaufsrecht, Vorrecht, etwas zu festgelegten Bedingungen innerhalb einer bestimmten Frist zu beziehen. **3.** [Wahl]möglichkeit. **4.** (EDV) Auswahlmöglichkeit in einem Anwendungsprogramm. **5.** (kath. Kirche) Recht der Kardinäle u. der ↑Kanoniker, in eine frei werdende Würde aufzurücken

op|ti|o|nal (fachspr.): nicht zwingend; fakultativ

Op|ti|ons|schein *der;* -[e]s, -e (Wirtsch.): an der Börse gehandelte Urkunde, in der bei Optionsanleihen das Recht auf den Bezug von Aktien verbrieft ist

op|tisch ‹*gr.*›: die Optik, die Augen, das Sehen betreffend; vom äußeren Eindruck her; **optisch aktiv:** die Schwingungsebene polarisierten Lichtes drehend

Op|to|elek|t|ro|nik *die;* -: modernes Teilgebiet der Elektronik, das die auf der Wechselwirkung von Optik u. Elektronik beruhenden physikalischen Effekte zur Herstellung besonderer elektronischer Schaltungen ausnutzt

opu|lent ‹*lat.*›: üppig, reichlich

Opu|lenz *die;* -: Üppigkeit, Überfluss

Opun|tie [...tsi̯ə] *die;* -, -n ‹*gr.-nlat.;* vom Namen der altgriech. Stadt Opus›: (in vielen Arten verbreiteter) Feigenkaktus (mit essbaren Früchten)

Opus [ˈɔ...] *das;* -, Opera ‹*lat.;* »Arbeit; erarbeitetes Werk«›: künstlerisches, literarisches, bes. musikalisches Werk (Abk.: (in der Musik) op)

ora et la|bo|ra ‹*lat.*›: bete und arbeite! (alte Mönchsregel)

Ora|kel *das;* -s, - ‹*lat.;* »Sprechstätte«›: **a)** Stätte (bes. im Griechenland der Antike), wo Priester[innen], Seher[innen] o. Ä. Weissagungen verkündeten oder [rätselhafte, mehrdeutige] Aussagen in Bezug auf gebotene Handlungen, rechtliche Entscheidungen o. Ä. machten; **b)** durch das Orakel (a) erhaltene Weissagung, [rätselhafte, mehrdeutige] Aussage

ora|keln: in dunklen Andeutungen sprechen

oral ‹*lat.-nlat.*›: **a)** (Med.) den Mund betreffend, am Mund gelegen, durch den Mund; **b)** mündlich (im Unterschied zu schriftlich überliefert, weitergegeben); **c)** mit dem Mund [geschehend]

Oral|sex *der;* -[es] (ugs.): oraler (c) Geschlechtsverkehr

Oral|ver|kehr *der;* -[e]s (Sexualkunde): oraler (c) Geschlechtsverkehr

oran|ge [oˈrãːʒə, auch: oˈraŋʒə] ‹*pers.-arab.-span.-fr.*›: rötlich gelb, orangenfarbig

[1]**Oran|ge** *die;* -, -n ‹*pers.-arab.-fr.-niederl.*›: ↑Apfelsine

[2]**Oran|ge** *das;* -, -, (ugs.:) -s: orange Farbe

Oran|gea|de [orãˈʒaːdə, auch: oraŋˈʒaːdə] *die;* -, -n: Getränk aus Orangen-, Zitronensaft, Wasser u. Zucker

Oran|geat [...ˈʒaːt, auch: ...ŋˈʒaːt] *das;* -s, -e: kandierte Apfelsinenschale

oran|gen [oˈrãːʒn̩, auch: oˈraŋʒn̩] (ugs.): ↑orange

Oran|ge|rie [orãʒəˈriː, auch: oraŋʒəˈriː] *die;* -, ...i̯en ‹*pers.-arab.-span.-fr.*›: [in die Anlage barocker Schlösser einbezogenes] Gewächshaus zum Überwintern von exotischen Gewächsen, bes. von Orangenbäumen (in Parkanlagen des 17. u. 18. Jh.s)

Orang-Utan *der;* -s, -s ‹*malai.;* »Waldmensch«›: Menschenaffe auf Borneo u. Sumatra

Ora|ri|on *das;* -[s], ...ia ‹*lat.-kirchenlat.-mgr.*›: Stola des Diakons im orthodoxen Gottesdienst

Ora|to|ri|a|ner *der;* -s, - ‹*lat.-nlat.*›: Mitglied einer Gemeinschaft von Weltpriestern, bes. der vom hl. Philipp Neri (16. Jh.) in Rom gegründeten

ora|to̱|risch ⟨*lat.*⟩: **1.** rednerisch, schwungvoll, hinreißend. **2.** in der Art eines Oratoriums (2)

Ora|to̱|ri|um *das;* -s, ...ien ⟨*lat.-mlat.*⟩: **1. a)** Betsaal, Hauskapelle in Klöstern u. a. kirchlichen Gebäuden; **b)** Versammlungsstätte der Oratorianer. **2. a)** (ohne Plural) Gattung von opernartigen Musikwerken ohne szenische Handlung mit meist religiösen od. episch-dramatischen Stoffen; **b)** einzelnes Werk dieser Gattung

O̱r|bis *der;* -: **1.** lat. Bez. für: (Erd)kreis. **2.** (Astrol.) Umkreis od. Wirkungsbereich, der sich aus der Stellung der Planeten zueinander u. zur Erde ergibt

O̱r|bis pi̱c|tus *der;* - - ⟨*lat.;* »gemalte Welt«⟩: im 17. u. 18. Jh. beliebtes Unterrichtsbuch des Pädagogen Comenius

O̱r|bit *der;* -s, -s ⟨*lat.-engl.*⟩: Umlaufbahn (eines Satelliten, einer Rakete) um die Erde od. einen anderen Himmelskörper

O̱r|bi|ta *die;* -, ...tae [...tɛ] ⟨*lat.*⟩ (Med.): Augenhöhle

or|bi|ta̱l ⟨*lat.-nlat.*⟩: **1.** den Orbit betreffend, zum Orbit gehörend. **2.** (Med.) zur Augenhöhle gehörend

Or|bi|ta̱l|ra|ke|te *die;* -, -n: ↑Interkontinentalrakete, die einen Teil ihrer Flugstrecke auf einem Abschnitt der Erdumlaufbahn zurücklegt

Or|ches|ter [...ˈkɛ..., auch: bes. österr.: ...ˈçɛ...] *das;* -s, - ⟨*gr.-lat.-roman.*⟩: **1.** größeres Ensemble von Instrumentalmusikern, in dem bestimmte Instrumente mehrfach besetzt sind u. das unter der Leitung eines Dirigenten spielt. **2.** Orchestergraben

Or|che̱s|t|ra [...ç...] *die;* -, ...ren ⟨*gr.-lat.*⟩: **a)** runder Raum im altgriechischen Theater, in dem sich der Chor bewegte; **b)** (im Theater des 15. u. 16. Jh.s) Raum zwischen Bühne u. Zuschauerreihen als Platz für die Hofgesellschaft; **c)** (im Theater des 17. Jh.s) Raum zwischen Bühne u. Zuschauerreihen als Platz für die Instrumentalisten

or|ches|t|ra̱l [...k..., auch: ...ç...] ⟨*gr.-lat.-roman.*⟩: das Orchester betreffend, von orchesterhafter Klangfülle, orchestermäßig

or|ches|t|rie̱|ren [...k..., auch: ...ç...]: **a)** ↑instrumentieren (1); **b)** eine Komposition für Orchesterbesetzung umarbeiten

Or|ches|t|rie̱|rung *die;* -, -en: das Orchestrieren; vgl. ...ation/...ierung

Or|che̱s|t|ri|on [...ç...] *das;* -s, -s u. ...ien ⟨*gr.-nlat.*⟩: **1.** mechanisches Musikwerk (1828 von den Gebrüdern Bauer konstruiert). **2.** Orgelklavier (1791 von Th. A. Kunz zuerst gebaut). **3.** tragbare Orgel (1769 von Abt Vogler konstruiert). **4.** Drehorgel (1851 von Fr. Th. Kaufmann zuerst gebaut)

Or|chi|da|ze̱|en *die* (Plural) ⟨*gr.-nlat.*⟩: artenreiche Pflanzenfamilie der Einkeimblättrigen mit Nutzpflanzen (z. B. Vanille) u. wertvollen Zierpflanzen (z. B. Orchidee)

Or|chi|dee [...ˈdeːə] *die;* -, -n ⟨*gr.-lat.-fr.*⟩: zu den Orchidazeen gehörende, in den Tropen und Subtropen in vielen Arten vorkommende, in Gewächshäusern als Zierpflanze gezüchtete Pflanze mit farbenprächtigen Blüten

Or|chi|de̱|en|fach *das;* -s, ...fächer (Jargon): ausgefallenes, ungewöhnliches u. deshalb nur von wenigen gewähltes Studienfach

O̱r|chis *der;* -, ...ches [...çeːs] ⟨*gr.-lat.*⟩ (Med.): Hoden

Or|chi̱|tis *die;* -, ...iti̱den ⟨*gr.-nlat.*⟩ (Med.): Hodenentzündung

O̱r|der *die;* -, -s u. -n ⟨*lat.-fr.*⟩: **1.** [militärischer] Befehl, Anweisung; **Order parieren** (veraltet): einen Befehl ausführen; gehorchen. **2.** (Plural: -s; bes. Börsenw.) Bestellung, Auftrag

O̱r|der|buch *das;* -[e]s, ...bücher (Kaufmannsspr., Börsenw.): Buch, in dem laufende Aufträge verzeichnet werden; Auftragsbuch

o̱r|dern ⟨*lat.-fr.*⟩ (Wirtsch.): einen Auftrag erteilen; eine Ware bestellen

O̱r|der|pa|pier *das;* -s, -e ⟨*lat.-fr.; dt.*⟩ (Wirtsch.): Wertpapier, das durch ↑Indossament der im Papier bezeichneten Person übertragen werden kann

Or|di|na̱|le *das;* -[s], ...lia ⟨*lat.*⟩ (selten): Ordinalzahl

Or|di|na̱l|zahl *die;* -, -en ⟨*lat.; dt.*⟩: Ordnungszahl (z. B. zweite, zehnte)

or|di|nä̱r ⟨*lat.-fr.*⟩: **1.** (abwertend) unfein, vulgär. **2.** alltäglich, gewöhnlich; **ordinärer Preis:** ↑Ordinärpreis

Or|di|na̱|ria *die;* -, ...ien, auch: ...iae [...iɛ] ⟨*lat.*⟩: Inhaberin eines Lehrstuhls an einer Hochschule

Or|di|na|ri|a̱t *das;* -[e]s, -e ⟨*lat.-nlat.*⟩: **1.** oberste Verwaltungsstelle eines katholischen Bistums od. eines ihm entsprechenden geistlichen Bezirks. **2.** Amt eines ordentlichen Hochschulprofessors

Or|di|na̱|ri|um *das;* -s, ...ien ⟨*lat.;* »das Regelmäßige«⟩: **1.** katholische [handschriftliche] Gottesdienstordnung. **2.** sogenannter ordentlicher Haushalt [eines Staates, Landes, einer Gemeinde] mit den regelmäßig wiederkehrenden Ausgaben u. Einnahmen

Or|di|na̱|ri|us *der;* -, ...ien: **1.** ordentlicher Professor an einer Hochschule. **2.** Inhaber einer katholischen Oberhirtengewalt (z. B. Papst, Diözesanbischof, Abt u. a.). **3.** (veraltet) Klassenlehrer an einer höheren Schule

Or|di|när|preis *der;* -es, -e ⟨*lat.-fr.; dt.*⟩: **1.** im Buchhandel vom Verleger festgesetzter Verkaufspreis. **2.** Marktpreis im Warenhandel

Or|di|na|te *die;* -, -n ⟨*lat.-nlat.*⟩ (Math.): Größe des Abstandes von der horizontalen Achse (Abszisse) auf der vertikalen Achse des rechtwinkligen Koordinatensystems

Or|di|na|ten|ach|se *die;* -, -n ⟨*lat.-nlat.; dt.*⟩ (Math.): vertikale Achse des rechtwinkligen Koordinatensystems

Or|di|na|ti|on *die;* -, -en ⟨*lat.(-mlat.)*⟩: **1. a)** feierliche Einsetzung in ein evangelisches Pfarramt; **b)** katholische Priesterweihe. **2. a)** ärztliche Verordnung; **b)** ärztliche Sprechstunde; **c)** (österr.) ärztliches Untersuchungszimmer

or|di|nie|ren: 1. a) (ev. Kirche) in das geistliche Amt einsetzen; **b)** (kath. Kirche) zum Priester weihen. **2.** (Med.) **a)** [eine Arznei] verordnen; **b)** Sprechstunde halten

Or|do *der;* -, Ordines [...ne:s]: **1.** (ohne Plural) Hinordnung alles Weltlichen auf Gott (im Mittelalter). **2.** Stand des ↑Klerikers, bes. des Priesters. **3.** (ohne Plural) verwandte Familien zusammenfassende systematische Einheit in der Biologie

or|do|li|be|ral ⟨*lat.-nlat.*⟩: einen durch straffe Ordnung gezügelten Liberalismus vertretend

Or|do|nanz usw. vgl. Ordonnanz usw.

Or|don|nanz, Or|do|nanz *die;* -, -en ⟨*lat.-fr.*⟩: **1.** (veraltet) Befehl, Anordnung. **2.** Soldat, der einem Offizier zur Befehlsübermittlung zugeteilt ist. **3.** (nur Plural) die königlichen Erlasse in Frankreich vor der Französischen Revolution

Or|do|vi|zi|um *das;* -s ⟨*nlat.*⟩ (Geol.): erdgeschichtliche Formation; Unterabteilung des ↑Silurs (Untersilur)

Or|d|re ['ɔrdrə, 'ɔrdʁ, 'ɔrdr] *die;* -, -s ⟨*lat.-fr.*⟩: französische Form von ↑Order

Öre *die;* -, - ⟨*skand.*⟩: dänische, norwegische u. schwedische Münzeinheit (100 Öre = 1 Krone)

Ore|a|de *die;* -, -n ⟨*gr.-lat.*⟩: Bergnymphe der griechischen Sage

Ore|ga|no ⟨*span.*⟩, **Ori|ga|no** ⟨*it.*⟩ *der;* -: als Gewürz verwendete getrocknete Blätter u. Zweigspitzen des ↑Oreganums

Ore|ga|num, Ori|ga|num *das;* -[s] ⟨*lat.*⟩: eine Gewürzpflanze; wilder Majoran

Or|gan *das;* -[e]s, -e ⟨*gr.-lat.(-fr.)*; »Werkzeug«⟩: **1.** Stimme. **2.** Zeitung, Zeitschrift einer politischen od. gesellschaftlichen Vereinigung. **3. a)** Institution od. Behörde, die bestimmte Aufgaben ausführt; **b)** Beauftragter. **4.** Sinn, Empfindung, Empfänglichkeit. **5.** (Med.) Körperteil mit einheitlicher Funktion

Or|gan|bank *die;* -, -en: Einrichtung, die der Aufbewahrung von Organen (5) od. Teilen davon für Transplantationen dient

Or|gan|dy [...di] *der;* -[s] ⟨*fr.-engl.*⟩: fast durchsichtiges, wie Glasbatist ausgerüstetes Baumwollgewebe in zarten Pastellfarben

Or|ga|nell *das;* -s, -en, **Or|ga|nel|le** *die;* -, -n ⟨*gr.-lat.-nlat.*⟩ (Biol.): organartige Bildung des Zellplasmas von Einzellern

Or|ga|ni|gramm *das;* -s, -e ⟨*gr.;* Kunstw.⟩: **1.** Stammbaumschema, das den Aufbau einer [wirtschaftlichen] Organisation erkennen lässt u. über Arbeitseinteilung od. über die Zuweisung bestimmter Aufgabenbereiche an bestimmte Personen Auskunft gibt. **2.** ↑Organogramm

Or|ga|nik *die;* - ⟨*gr.-lat.*⟩: **1.** Lehre vom geologischen, vegetabilischen und animalischen Organismus (bei Hegel). **2.** (Chemie) ↑organische Chemie

Or|ga|ni|sa|ti|on *die;* -, -en: **1.** (ohne Plural) **a)** das Organisieren; **b)** Aufbau, Gliederung, planmäßige Gestaltung. **2.** Gruppe, Verband mit [sozial]politischen Zielen (z. B. Partei, Gewerkschaft). **3.** (Biol.) Bauplan eines Organismus, Gestalt u. Anordnung seiner Organe. **4.** (Med.) Umwandlung abgestorbenen Körpergewebes in gefäßhaltiges Bindegewebe

Or|ga|ni|sa|tor *der;* -s, ...oren ⟨*gr.-lat.-fr.-nlat.*⟩: **1. a)** jmd., der etwas organisiert, eine Unternehmung nach einem bestimmten Plan vorbereitet; **b)** jmd., der organisatorische Fähigkeiten besitzt. **2.** (Biol.) Keimbezirk, der auf die Differenzierung der Gewebe Einfluss nimmt

Or|ga|ni|sa|to|rin *die;* -, -nen: weibliche Form zu ↑Organisator (1)

or|ga|ni|sa|to|risch: die Organisation betreffend

or|ga|nisch ⟨*gr.-lat.*⟩: **1. a)** (Biol.) ein Organ od. den Organismus betreffend; **b)** der belebten Natur angehörend; Ggs. ↑anorganisch (1 a); **c)** die Verbindungen des Kohlenstoffs betreffend; **organische Chemie:** Teilgebiet der Chemie, das sich mit den Verbindungen des Kohlenstoffs beschäftigt; Ggs. ↑anorganische Chemie. **2.** einer inneren Ordnung gemäß in einen Zusammenhang hineinwachsend, mit etwas eine Einheit bildend

or|ga|ni|sie|ren ⟨*gr.-lat.-fr.*⟩: **1. a)** etwas sorgfältig u. systematisch vorbereiten [u. für einen reibungslosen, planmäßigen Ablauf sorgen]; **b)** etwas sorgfältig u. systematisch aufbauen, für einen bestimmten Zweck ein-

O

heitlich gestalten. **2.** (ugs.) sich etwas [auf nicht ganz rechtmäßige Weise] beschaffen. **3. a)** in einer Organisation (2), einem Verband o. Ä. od. zu einem bestimmten Zweck zusammenschließen; **b)** sich organisieren: sich zu einem Verband zusammenschließen. **4.** (Med.) totes Gewebe in gefäßführendes Bindegewebe umwandeln. **5.** (Musik) auf der Orgel zum Cantus firmus frei fantasieren

Or|ga|nis|mus *der;* -, ...men: **1. a)** gesamtes System der Organe (5); **b)** (meist Plural; Biol.) [meist tierisches od. pflanzliches] Lebewesen. **2.** (Plural selten) größeres Ganzes, Gebilde, dessen Teile, Kräfte o. Ä. zusammenpassen, zusammenwirken

Or|ga|nist *der;* -en, -en ‹*gr.-lat.-mlat.*›: Musiker, der Orgel spielt

Or|ga|nis|tin *die;* -, -nen: weibliche Form zu ↑Organist

Or|ga|ni|zer [ˈɔːgənaizɐ] *der;* -s, - ‹*lat.-fr.-engl.*›: Mikrocomputer, der bes. als Terminkalender sowie als Adressen- u. Telefonverzeichnis benutzt wird; vgl. Notebook

Or|ga|no|gra|fie, Or|ga|no|gra|phie *die;* -, ...ien: **1.** (Biol., Med.) Beschreibung der Organe. **2.** (Biol. veraltet) Teilgebiet der Botanik, das sich mit dem äußeren Bau der Pflanzen befasst; Morphologie (2). **3.** (Musik veraltet) Beschreibung der Musikinstrumente

or|ga|no|gra|fisch, or|ga|no|gra|phisch (Biol., Med.): Lage u. Bau der Organe beschreibend

Or|ga|no|gramm *das;* -s, -e ‹*gr.*›: **1.** (Psychol.) schaubildliche Wiedergabe der Verarbeitung von Informationen im Organismus. **2.** ↑Organigramm

Or|ga|no|gra|phie usw. vgl. Organografie usw.

or|ga|no|lo|gisch: die Organologie betreffend, zu ihr gehörend

Or|gan|trans|plan|ta|ti|on *die;* -, -en (Med.): Übertragung eines gesunden Organs von einem Spender auf einen Empfänger mit einem entsprechend unheilbaren Organ

Or|ga|num *das;* -s, ...gana ‹*gr.-lat.*›: **1.** älteste Art der Mehrstimmigkeit, Parallelmelodien zu den Weisen des gregorianischen Gesanges. **2.** Musikinstrument, bes. Orgel

Or|gan|za *der;* -s ‹*it.*›: sehr dünnes Gewebe [aus nicht entbasteter Naturseide]

Or|gas|mus *der;* -, ...men ‹*gr.-nlat.*›: Höhepunkt der geschlechtlichen Erregung

or|gas|tisch: den Orgasmus betreffend; wollüstig

Or|gel *die;* -, -n ‹*gr.-lat.-mlat.*›: größtes Tasteninstrument mit [1]Manualen, Pedalen, Registern, Gebläse, Windladen, Pfeifenwerk, Schweller u. Walze

Or|gi|as|mus *der;* -, ...men ‹*gr.-nlat.*›: ausschweifende kultische Feier in antiken ↑Mysterien

or|gi|as|tisch: schwärmerisch; wild, zügellos

Or|gie [...i̯ə] *die;* -, -n ‹*gr.-lat.*›: **1.** geheimer, wild verzückter Gottesdienst [in altgriechischen ↑Mysterien]. **2. a)** ausschweifendes Gelage; **b)** keine Grenzen kennendes Ausmaß von etwas; **Orgien feiern:** in aller Deutlichkeit hervorbrechen u. sich austoben

Ori|ent [auch: oˈri̯ent] *der;* -s ‹*lat.*›: **1.** vorder- u. mittelasiatische Länder; östliche Welt; Ggs. ↑Okzident. **2.** (veraltet) Osten

Ori|en|ta|le *der;* -n, -n: Bewohner des Orients

Ori|en|ta|lin *die;* -, -nen: weibliche Form zu ↑Orientale

ori|en|ta|lisch: den Orient betreffend; östlich, morgenländisch; **orientalische Region:** tiergeografische Region (Vorder-, Hinterindien, Südchina, die Großen Sundainseln u. die Philippinen); **orientalischer Ritus:** die Riten der mit Rom unierten Ostkirchen

Ori|en|ta|list *der;* -en, -en ‹*lat.-nlat.*›: Wissenschaftler auf dem Gebiet der Orientalistik

Ori|en|ta|lis|tik *die;* -: Wissenschaft von den orientalischen Sprachen u. Kulturen

Ori|en|ta|lis|tin *die;* -, -nen: weibliche Form zu ↑Orientalist

ori|en|ta|lis|tisch: die Orientalistik betreffend

ori|en|tie|ren ‹*lat.-fr.*›: **1. a)** sich orientieren: eine Richtung suchen, sich zurechtfinden; **b)** ein Kultgebäude, eine Kirche in der West-Ost-Richtung anlegen. **2.** (bes. schweiz.) informieren, unterrichten. **3.** auf etwas einstellen, nach etwas ausrichten (z. B. sich, seine Politik an bestimmten Leitbildern orientieren). **4.** (regional) **a)** auf etwas hinlenken; **b)** sich orientieren: seine Aufmerksamkeit auf etwas, jmdn. konzentrieren

Ori|en|tie|rung *die;* -, -en: **1.** Anlage eines Kultgebäudes, einer Kirche in der West-Ost-Richtung. **2.** das Sichzurechtfinden im Raum. **3.** geistige Einstellung, Ausrichtung. **4.** Informierung, Unterrichtung. **5.** (regional) Hinlenkung auf etwas

Ori|en|tie|rungs|stu|fe *die;* -, -n ‹*lat.-fr.; dt.*›: Zwischenstufe von zwei Jahren zwischen Grundschule u. weiterführender Schule

Ori|ga|no vgl. Oregano

Ori|ga|num vgl. Oreganum

ori|gi|nal ‹*lat.*›: **1.** ursprünglich, echt; urschriftlich; eine Sendung original (direkt) übertragen. **2.** von besonderer, einmaliger Art, urwüchsig, originell (1); vgl. ...al/...ell

Ori|gi|nal *das;* -s, -e ‹*lat.-mlat.*›: **1.** Urschrift, Urfassung; Urbild, Vorlage; Urtext, ursprünglicher, unübersetzter fremdsprachiger Text; vom Künstler eigenhändig geschaffenes Werk der bildenden Kunst. **2.** eigentümlicher, durch seine besondere Eigenart auffallender Mensch

Ori|gi|na|li|tät *die;* -, -en ⟨*lat.-fr.*⟩: **1.** (ohne Plural) Ursprünglichkeit, Echtheit, Selbstständigkeit. **2.** Besonderheit, wesenhafte Eigentümlichkeit

Ori|gi|nal|ton *der;* -[e]s: im Rahmen einer Hörfunk-, Fernsehsendung verwendeter Ton einer Direktaufnahme, d. h. mit direkt sprechenden Personen, mit echter Geräuschkulisse o. Ä. (Abk.: O-Ton)

ori|gi|när ⟨*lat.*⟩: ursprünglich

ori|gi|nell ⟨*lat.-fr.*⟩: **1.** ursprünglich, in seiner Art neu, schöpferisch; original (1). **2.** eigenartig, eigentümlich, urwüchsig u. gelegentlich komisch; vgl. ...al/...ell

Or|kan *der;* -[e]s, -e ⟨*karib.-span.-niederl.*⟩: äußerst starker Sturm

Or|kus *der;* - ⟨*lat.;* altröm. Gott der Unterwelt⟩: Unterwelt, Totenreich

Or|le|a|nist *der;* -en, -en ⟨*fr.;* nach den Herzögen von Orléans⟩ (Geschichte): Anhänger des Hauses Orléans u. Gegner des französischen Königsgeschlechts der Bourbonen

Or|le|a|nis|tin *die;* -, -nen: weibliche Form zu ↑Orleanist

Or|le|ans [...leã] *der;* - [...leãs] ⟨nach der fr. Stadt Orléans⟩: leichter, glänzender Baumwollstoff, ähnlich dem Lüster (4)

Or|na|ment *das;* -[e]s, -e ⟨*lat.*⟩: Verzierung; Verzierungsmotiv

or|na|men|tal ⟨*lat.-nlat.*⟩: mit einem Ornament versehen, durch Ornamente wirkend; schmückend, zierend

Or|na|men|tik *die;* -: **1.** Ornamente im Hinblick auf ihre innerhalb einer bestimmten Stilepoche o. Ä. od. für einen bestimmten Kunstgegenstand typischen Formen. **2.** Verzierungskunst

Or|nat *der,* (auch:) *das;* -[e]s, -e ⟨*lat.*⟩: feierliche [kirchliche] Amtstracht

Or|ni|tho|ga|mie: ↑Ornithophilie

Or|ni|tho|lo|ge *der;* -n, -n: Wissenschaftler auf dem Gebiet der Vogelkunde

Or|ni|tho|lo|gie *die;* -: Vogelkunde

Or|ni|tho|lo|gin *die;* -, -nen: weibliche Form zu ↑Ornithologe

or|ni|tho|lo|gisch: vogelkundlich

Or|ni|tho|phi|lie *die;* -: Vogelblütigkeit, Befruchtung von Blüten durch Vögel

Oro|ge|ne|se *die;* -, -n (Geol.): Gebirgsbildung, die eine ↑Geosynklinale ausfaltet

orth..., Orth... vgl. ortho..., Ortho...

or|tho..., Or|tho...

vor Vokalen auch: **orth..., Orth...**
⟨*gr.* orthós »aufrecht, gerade, richtig, gerecht, wahr«⟩
Wortbildungselement mit der Bedeutung »gerade, aufrecht; richtig, recht«:
- Orthografie
- orthopädisch
- Orthoptik

or|tho|dox ⟨*gr.-lat.*⟩: **1.** rechtgläubig, strenggläubig. **2.** ↑griechisch-orthodox; **orthodoxe Kirche:** die seit 1054 von Rom getrennte morgenländische od. Ostkirche. **3. a)** der strengen Lehrmeinung gemäß; der herkömmlichen Anschauung entsprechend; **b)** starr, unnachgiebig

Or|tho|do|xie *die;* -; ...ien ⟨*gr.*⟩: **1.** (Rel.) Rechtgläubigkeit, Strenggläubigkeit. **2.** [engstirniges] Festhalten an Lehrmeinungen. **3.** Bezeichnung für die orthodoxe Kirche als christliche Konfession

Or|tho|gon *das;* -s, -e ⟨*gr.-lat.*⟩: Rechteck

or|tho|go|nal ⟨*gr.-nlat.*⟩: rechtwinklig

Or|tho|gra|fie, Or|tho|gra|phie *die;* -, ...ien ⟨*gr.-lat.*⟩: nach bestimmten Regeln festgelegte Schreibung der Wörter; Rechtschreibung

or|tho|gra|fisch, or|tho|gra|phisch: die Orthografie betreffend, rechtschreiblich

Or|tho|gra|phie usw. vgl. Orthografie usw.

Or|tho|pä|de *der;* -n, -n: Facharzt für Orthopädie

Or|tho|pä|die *die;* - ⟨*gr.-fr.*⟩: Wissenschaft von der Erkennung u. Behandlung angeborener od. erworbener Fehler der Haltungs- u. Bewegungsorgane

Or|tho|pä|die|me|cha|ni|ker *der;* -s, -: Handwerker, der künstliche Gliedmaßen, Korsetts u. a. für Körperbehinderte herstellt (Berufsbez.)

Or|tho|pä|die|me|cha|ni|ke|rin *die;* -, -nen: weibliche Form zu ↑Orthopädiemechaniker

Or|tho|pä|din *die;* -, -nen: weibliche Form zu ↑Orthopäde

or|tho|pä|disch: die Orthopädie betreffend

Or|tho|pä|dist *der;* -en, -en: Hersteller orthopädischer Geräte

Or|tho|pä|dis|tin *die;* -, -nen: weibliche Form zu ↑Orthopädist

Or|th|op|tist *der;* -en, -en: Helfer des Augenarztes, der Sehprüfungen, Schielwinkelmessungen o. Ä. vornimmt u. bei der Behandlung durch entsprechendes Muskeltraining hilft

Or|th|op|tis|tin *die;* -, -nen: weibliche Form zu ↑Orthoptist

Os|car *der;* -[s], -s ‹*engl.*›: jährlich verliehener amerikanischer Filmpreis für die beste künstlerische Leistung (in Form einer vergoldeten Statuette)

Os|ku|la|ti|on *die;* -, -en ‹*lat.;* »das Küssen«› (Math.): Berührung zweier Kurven

Os|mi|um *das;* -s ‹*gr.-nlat.*›: chem. Element; ein Metall (Zeichen: Os)

Os|mo|se *die;* - ‹*gr.-nlat.*› (Chemie): Übergang des Lösungsmittels (z. B. Wasser) einer Lösung in eine stärker konzentrierte Lösung durch eine feinporige (semipermeable) Scheidewand, die zwar für das Lösungsmittel, nicht aber für den gelösten Stoff durchlässig ist

os|mo|tisch: auf Osmose beruhend

Öso|pha|gus, fachspr.: **Oe|so|pha|gus** *der;* -, ...gi (Anat.): Speiseröhre

Os|sa|ri|um *das;* -s, ...ien: **1.** Beinhaus (auf Friedhöfen). **2.** Gebeinurne der Antike

Os|su|a|ri|um *das;* -s, ...ien ‹*lat.*›: ↑Ossarium

Os|tal|gie *die;* -: unbestimmte Sehnsucht an in der Erinnerung sich verklärende Zustände u. Erlebnisse in der DDR

os|tal|gisch: die Ostalgie betreffend, zu ihr gehörend

os|te..., Os|te... vgl. osteo..., Osteo...

os|ten|si|bel ‹*lat.-nlat.*›: zum Vorzeigen berechnet, zur Schau gestellt, auffällig

os|ten|siv (veraltend): **a)** augenscheinlich, handgreiflich, offensichtlich; **b)** zeigend; anschaulich machend, dartuend; **c)** ↑ostentativ

os|ten|ta|tiv ‹*lat.-nlat.*›: zur Schau gestellt, betont, herausfordernd

os|teo..., Os|teo...

vor Vokalen auch: **os|te..., Os|te...**
‹*gr.* ostéon »Knochen, Bein«›
Wortbildungselement mit der Bedeutung »Knochen«:
- Ostealgie
- osteoplastisch
- Osteoporose

Os|teo|lo|gie *die;* - (Med.): Wissenschaft von den Knochen

Os|teo|pa|thie *die;* -, ...ien ‹*gr.-nlat.*›: **1.** (Med.) Knochenleiden. **2.** (nur Sing.) therapeutisches Verfahren, durch das die Funktionsfähigkeit des Knochengerüsts erhalten od. wiederhergestellt wird

Os|teo|plas|tik *die;* -, -en: Schließung von Knochenlücken durch osteoplastische Operationen; vgl. [1]Plastik (2)

Os|teo|po|ro|se *die;* -, -n (Med.): Schwund des festen Knochengewebes bei Zunahme der Markräume

Os|te|ria *die;* -, -s, **Os|te|rie** *die;* -, ...ien ‹*lat.-it.*›: volkstümliche Gaststätte (in Italien)

os|ti|nat, os|ti|na|to ‹*lat.-it.*› (Musik): immer wiederkehrend, ständig wiederholt

Os|ti|na|to *der* od. *das;* -s, -s u. ...ti: ↑Basso ostinato

Os|t|ra|kis|mos *der;* - ‹*gr.*›: ↑Ostrazismus

Os|t|ra|zis|mus *der;* - ‹*gr.-nlat.;* »Scherbengericht«› (Geschichte): altathenisches Volksgericht, das die Verbannung eines Bürgers beschließen konnte (bei der Abstimmung wurde dessen Name von jedem ihn verurteilenden Bürger auf ein Ostrakon, eine Tonscherbe, geschrieben)

Ös|t|ro|gen *das;* -s, -e ‹*gr.-nlat.*› (Med.): weibliches Sexualhormon mit der Wirkung des ↑Follikelhormons

Os|zil|la|tor *der;* -s, ...oren ‹*lat.-nlat.*› (Physik): Schwingungserzeuger

os|zil|lie|ren ‹*lat.*›: **1. a)** (Physik) schwingen; **b)** schwanken, pendeln. **2. a)** sich durch Tektonik auf- od. abwärtsbewegen (von Teilen der Erdkruste); **b)** (Geogr.) hin u. her schwanken (von Eisrändern u. Gletscherenden)

Os|zil|lo|graf, Os|zil|lo|graph *der;* -en, -en (Physik): Apparatur zum Aufzeichnen [schnell] veränderlicher [elektrischer] Vorgänge, bes. Schwingungen

Os|zil|lo|gramm *das;* -s, -e ‹*lat.; gr.*› (Physik): von einem Oszillografen aufgezeichnetes Schwingungsbild

Os|zil|lo|graph vgl. Oszillograf

Ot|i|a|t|rie vgl. Otologie

Oti|tis *die;* -, ...itiden ‹*gr.-nlat.*›: Erkrankung des inneren Ohrs; Ohrenentzündung

Oto|lo|gie *die;* - (Med.): Ohrenheilkunde

ot|ta|va ‹*lat.-it.*› (Musik): in der Oktave [zu spielen]

Ot|ta|ve|ri|me *die* (Plural) ‹»acht Verse«›: ↑Stanze; vgl. Oktave (2)

Ot|to|man *der;* -s, -e ‹*türk.-fr.;* nach Osman, dem Begründer des türk. Herrscherhauses der Ottomanen›: Ripsgewebe mit breiten, stark ausgeprägten Rippen

Ot|to|ma|ne *die;* -, -n: niedriges Liegesofa

out: 1. (österr.) aus, außerhalb des Spielfeldes (bei Ballspielen). **2.** in der Verbindung **out sein** (ugs.): a) nicht mehr im Brennpunkt des Interesses stehen, nicht mehr gefragt sein; Ggs. ↑in sein (a); b) nicht mehr in Mode sein; Ggs. ↑in sein (b)

Out *das;* -[s], -[s] (österr.): Aus (wenn der Ball das Spielfeld verlässt; bei Ballspielen)

out..., Out...

[aut]
⟨engl. out »weg, aus ... hinaus, heraus, draußen«⟩
Wortbildungselement mit der Bedeutung »aus, (nach) außen«:
- Outfit
- Outlaw
- Output
- Outsider
- outsourcen

Out|back ['autbɛk] *das, auch der* -[s] ⟨*engl.*⟩: kaum besiedeltes australisches Landesinneres
Out|cast ['autka:st] *der;* -s, -s: **a)** von der Gesellschaft Ausgestoßener, Paria (2); **b)** außerhalb der Kasten stehender Inder, Paria (1)
Out|door *das;* -[s] ⟨*engl.;* »außer dem Haus, Außen...«⟩: Gesamtheit von Freizeitaktivitäten, die im Freien stattfinden (wie Wandern, Bergsteigen o. Ä.)
Out|door|be|klei|dung *die;* -, -en ⟨*engl.; dt.*⟩: für Freizeitaktivitäten im Freien (wie Wandern u. Ä.) bestimmte Kleidung
ou|ten ['autn̩] ⟨*engl.*⟩ (Jargon): **1.** die homosexuelle Veranlagung eines Prominenten ohne dessen Zustimmung bekannt machen. **2. a)** sich öffentlich zu seiner homosexuellen Veranlagung bekennen; **b)** eine bestimmte Vorliebe, Neigung o. Ä. [öffentlich] bekannt machen
Out|fit ['autfɪt] *das;* -s, -s ⟨*engl.*⟩: das äußere Erscheinungsbild bestimmende Kleidung, Ausstattung, Ausrüstung; Stil
Ou|ting ['autɪŋ] *das;* -s, -s: das [Sich]outen
Out|law ['autlɔ:] *der;* -s, -s: **1.** Geächteter, Verfemter. **2.** jmd., der sich nicht an die bestehende Rechtsordnung hält, Verbrecher
Out|let ['autlət] *das;* -s, -s ⟨*engl.*⟩: Factory-Outlet
Out-of-area-Ein|satz [aut əf 'eərɪə...] (Militär, Politik): [bes. von militär. Unternehmungen] Einsatz außerhalb des Bereichs der eigenen Zuständigkeit
Out|put ['autpʊt] *der,* auch: *das;* -s; -s ⟨*engl.;* »Ausstoß«⟩: **1.** (Wirtsch.) die von einem Unternehmen produzierten Güter; Güterausstoß; Ggs. ↑Input (1). **2. a)** (Elektrot.) Ausgangsleistung einer Antenne oder eines Niederfrequenzverstärkers; **b)** (EDV) Ausgabe von Daten, Informationen bei einem Computer (z. B. über den Bildschirm od. den Drucker); Ggs. ↑Input (2)
Out|si|der ['autsaidɐ] *der;* -s, - ⟨*engl.*⟩: Außenseiter
Out|si|de|rin *die;* -, -nen: weibliche Form zu ↑Outsider
out|sour|cen ['autsɔ:sn̩] ⟨*engl.*⟩: Outsourcing betreiben, Arbeiten u. Aufträge durch Outsourcing ausgliedern, nach außen verlegen
Out|sour|cing *das;* -s ⟨*engl.*⟩ (Wirtsch.): Auslagerung von bisher in einem Unternehmen selbst erbrachten Leistungen an externe Auftragnehmer od. Dienstleister
Out|take ['autteɪk] *der* od. *das;* -s, -s ⟨*engl.;* »Herausgenommenes«⟩: **1.** (Film) aufgenommene Szene einer Film-, Fernsehproduktion, die nicht verwendet wird. **2.** (Musikjargon) aufgenommenes Musikstück, das auf einem Album (2 b) nicht verwendet wird
Ou|ver|tü|re [uvɛr...] *die;* -, -n ⟨*lat.-vulgärlat.-fr.*⟩: **1. a)** einleitendes Instrumentalstück am Anfang einer Oper, eines Oratoriums, Schauspiels, einer Suite; **b)** einsätziges Konzertstück für Orchester (bes. im 19. Jh.). **2.** Einleitung, Eröffnung, Auftakt
Ou|zo ['u:zo] *der;* -[s], -s ⟨*ngr.*⟩: griechischer Anisbranntwein
oval ⟨*lat.-mlat.*⟩: eirund, länglich rund
Oval *das;* -s, -e: ovale Fläche, ovale Anlage, ovale Form
Oval Of|fice ['oʊvəl -] *das;* - -[s] ⟨*engl.*⟩: Amtszimmer des amerik. Präsidenten im Weißen Haus
Ova|ri|um *das;* -s, ...ien ⟨*lat.*⟩ (Biol., Med.): Gewebe od. Organ, in dem bei Tieren u. beim Menschen Eizellen gebildet werden; Eierstock
Ova|ti|on *die;* -, -en ⟨*lat.;* »kleiner Triumph«⟩: Huldigung, Beifall
Ove|r|all ['oʊvərɔ:l] *der;* -s, -s ⟨*engl.;* eigtl. »über alles«⟩: **a)** einteiliger, den ganzen Körper bekleidender Schutzanzug (für Mechaniker, Sportler u. a.); **b)** modischer, den ganzen Körper bedeckender einteiliger Anzug (für Frauen)
over|dressed ['oʊvɐdrɛst] ⟨*engl.*⟩: (für einen bestimmten Anlass) zu vornehm angezogen, zu feierlich gekleidet; Ggs. ↑underdressed
Over|drive ['oʊvɐdraɪf] *der;* -s, -s (Technik): zusätzlicher Gang im Getriebe von Kraftfahrzeugen, der nach Erreichen einer bestimmten Fahrgeschwindigkeit die Herabsetzung der Motordrehzahl ermöglicht
Over|head|pro|jek|tor ['oʊvɐhɛd...] *der;* -s, -en: Projektor, durch den eine auf einer horizontalen Glasfläche sich befindende Vorlage über den Kopf des Vortragenden rückseitig von ihm projiziert wird
Over|kill ['oʊvɐkɪl] *der;* -[s] ⟨*engl.;* »Übertöten«⟩: **1.** Situation, in der gegnerische Staaten mehr Waffen, bes. Atomwaffen, besitzen, als nötig

sind, um den Gegner zu vernichten. **2.** (ugs.) Übersättigung, Überflutung
ovi|par ⟨*lat.*⟩ (Biol.): Eier legend
ovo|vi|vi|par ⟨*lat.-nlat.*⟩ (Biol.): Eier mit mehr od. weniger entwickelten Embryonen ablegend (in Bezug auf Tiere, z. B. Feuersalamander, Kreuzotter)
Ovu|la|ti|on *die;* -, -en (Biol., Med.): Eisprung
Ovu|la|ti|ons|hem|mer *der;* -s, - (meist Plural) (Med.): Arzneimittel zur hormonalen Empfängnisverhütung
Ovu|lum *das;* -s, ...la: ↑Ovum
Ovum *das;* -s, Ova ⟨*lat.*⟩ (Biol., Med.): Ei, Eizelle
Oxa|lat *das;* -[e]s, -e ⟨*gr.-lat.-nlat.*⟩: Salz der Oxalsäure
Oxa|lit [auch: ...ˈlɪt] *der;* -s, -e ⟨*gr.-lat.-nlat.*⟩: ein Mineral
Oxal|säu|re *die;* - ⟨*gr.; dt.*⟩: Kleesäure, giftige, technisch vielfach verwendete organische Säure
Oxer *der;* -s, - ⟨*engl.*⟩: **a)** Absperrung zwischen Viehweiden; **b)** Hindernis beim Springreiten, das aus zwei Stangen besteht, zwischen die Buschwerk gestellt wird
Oxid, Oxyd *das;* -[e]s, -e ⟨*gr.-fr.*⟩: Verbindung eines chemischen Elements mit Sauerstoff
Oxi|da|ti|on, Oxy|da|ti|on *die;* -, -en ⟨*gr.-fr.*⟩: **1.** chemische Vereinigung eines Stoffes mit Sauerstoff; vgl. Desoxidation. **2.** Entzug von Elektronen aus den Atomen eines chemischen Elements
oxi|die|ren, oxy|die|ren ⟨*gr.-fr.*⟩: **1. a)** (ugs.) sich mit Sauerstoff verbinden, Sauerstoff aufnehmen; **b)** bewirken, dass sich eine Substanz mit Sauerstoff verbindet. **2.** [1]Elektronen abgeben, die von einer anderen Substanz aufgenommen werden; vgl. desoxidieren
oxi|disch, oxy|disch: Oxid enthaltend
Oxyd usw. vgl. Oxid usw.
Oxy|gen *das;* -s ⟨*gr.-fr.-nlat.*⟩: chem. Element; Sauerstoff (Zeichen: O)
Oxy|hä|mo|glo|bin *das;* -s ⟨*gr.; lat.-nlat.*⟩: sauerstoffhaltiger Blutfarbstoff
Oxy|mo|ron *das;* -s, ...ra ⟨*gr.;* »das Scharfdumme«⟩ (Rhet., Stilkunde): Zusammenstellung zweier sich widersprechender Begriffe in einem Additionswort od. als rhetorische Figur (z. B. bittersüß, eile mit Weile)
Oxy|to|non *das;* -s, ...na ⟨*gr.*⟩ (gr. Betonungslehre): ein Wort, das einen ↑Akut auf der betonten Endsilbe trägt (z. B. *gr.* ἀγρός »Acker«); vgl. Paroxytonon u. Proparoxytonon
Oza|lid® *das;* -s ⟨Kunstw.⟩: Markenbezeichnung für Papier, Gewebe, Filme mit lichtempfindlichen Emulsionen (2)

Oze|an *der;* -s, -e ⟨*gr.-lat.*⟩: große zusammenhängende Wasserfläche zwischen den Kontinenten
Oze|a|na|ri|um *das;* -s, ...ien ⟨*gr.-lat.-nlat.*⟩: größeres Meerwasseraquarium
Oze|a|naut *der;* -en, -en ⟨*gr.-lat.; gr.*⟩: ↑Aquanaut
Oze|a|nau|tin *die;* -, -nen: weibliche Form zu ↑Ozeanaut
oze|a|nisch: 1. den Ozean betreffend, durch ihn beeinflusst; Meeres...; **ozeanisches Klima:** vom Meer beeinflusstes Klima mit hoher Luftfeuchtigkeit, hohen Niederschlägen u. geringer Temperaturschwankung. **2.** Ozeanien (die Inseln des Stillen Ozeans) betreffend
Oze|a|no|gra|fie, Oze|a|no|gra|phie *die;* -: Meereskunde
oze|a|no|gra|fisch, oze|a|no|gra|phisch: meereskundlich
Ozel|le *die;* -, -n ⟨*lat.;* »kleines Auge«⟩ (Zool.): einfaches Lichtsinnesorgan niederer Tiere
Oze|lot [auch: ˈɔtṣ...] *der;* -s, -e u. -s ⟨*aztek.-fr.*⟩: **1.** katzenartiges Raubtier Mittel- u. Südamerikas (auch im südlichen Nordamerika) mit wertvollem Fell. **2. a)** Fell dieses Tieres; **b)** aus diesem Fell gearbeiteter Pelz
Ozon *der,* auch: *das;* -s ⟨*gr.;* »das Duftende«⟩: besondere Form des Sauerstoffs (O_3); starkes Oxidations-, Desinfektions- u. Bleichmittel
ozo|ni|sie|ren: mit Ozon behandeln, keimfrei machen
Ozon|kil|ler *der;* -s, - (meist Plural) (Jargon): chem. Verbindung, die bes. stark an der Zerstörung der Ozonosphäre beteiligt ist (z. B. bestimmte Treibgase)
Ozon|loch *das;* -[e]s, ...löcher: Stelle in der Ozonschicht in der Stratosphäre bes. der Antarktis, an der das Ozon abgebaut ist
Ozon|schicht *die;* - (Meteorol.): durch höheren Ozongehalt gekennzeichnete Schicht der Erdatmosphäre

P

Pä|an *der;* -s, -e ⟨*gr.-lat.*⟩: **1.** feierliches altgriechisches [Dank-, Preis]lied. **2.** ↑Päon
Pace [peɪs] *die;* - ⟨*lat.-fr.-engl.;* »Schritt«⟩ (Sport): Tempo eines Rennens, auch einer Jagd, eines Geländerittes
Pace|ma|cher [ˈpeɪs...] *der;* -s, - ⟨*engl.; dt.*⟩: ↑Pacemaker (1)
Pace|ma|ker [ˈpeɪsmeɪkɐ] *der;* -s, - ⟨*engl.;* »Schrittmacher«⟩: **1.** (Pferdesport) in einem

Rennen führendes Pferd, das (meist zugunsten eines anderen Pferdes, eines Stallgefährten) das Tempo des Rennens bestimmt. **2.** (Med.) elektrisches Gerät zur künstlichen Anregung der Herztätigkeit nach Ausfall der physiologischen Reizbildungszentren. **3.** (Med.) Schrittmacherzelle der glatten Muskulatur, die Aktionsströme zu erzeugen u. weiterzuleiten vermag

Pa|ckage ['pɛkɪtʃ] *das;* -s, -s ⟨*engl.*⟩: Paket

Pa|ckage|tour ['pɛkɪtʃ..., auch: 'pækɪdʒ...] *die;* -, -en ⟨*engl.; gr.-lat.-fr.*⟩: durch ein Reisebüro bis ins Einzelne organisierte Reise im eigenen Auto

Pad [pɛd] *das;* -s, -s ⟨*engl.;* »Polster«⟩: **1.** Kurzform von ↑Mauspad. **2.** (meist Plural) Kosmetikkissen zum Pudern, Schminken u. Ä.

päd..., Päd... vgl. pädo..., Pädo...

Pä|d|a|go|ge *der;* -n, -n ⟨*gr.-lat.;* »Kinder-, Knabenführer«⟩: **a)** Erzieher, Lehrer; **b)** Erziehungswissenschaftler

Pä|d|a|go|gik *die;* -, -en ⟨*gr.*⟩: Theorie u. Praxis der Erziehung u. Bildung; Erziehungswissenschaft

Pä|d|a|go|gi|kum *das;* -s, ...ka: (in mehreren Bundesländern) im Rahmen des 1. Staatsexamens abzulegende Prüfung in Erziehungswissenschaften für Lehramtskandidaten

Pä|d|a|go|gin *die;* -, -nen: weibliche Form zu ↑Pädagoge

pä|d|a|go|gisch: a) die Pädagogik betreffend, zu ihr gehörend; **b)** die [richtige] Erziehung betreffend; erzieherisch

pä|d|a|go|gi|sie|ren: unter pädagogischen Aspekten sehen, für pädagogische Zwecke auswerten

Pä|d|a|go|gi|um *das;* -s, ...ien ⟨*gr.-lat.*⟩ (veraltet): **1.** Erziehungsanstalt. **2.** Vorbereitungsschule für das Studium an einer pädagogischen Hochschule

Pad|dock ['pɛdɔk] *der;* -s, -s ⟨*engl.*⟩: Gehege, umzäunter Laufgang für Pferde

Pä|d|e|rast *der;* -en, -en ⟨*gr.*⟩: Homosexueller mit bes. auf männliche Jugendliche gerichtetem Sexualempfinden

Pä|d|e|ras|tie *die;* -: Sexualempfinden der Päderasten

Pä|d|i|a|ter *der;* -s, - ⟨*gr.-nlat.*⟩: Facharzt für Krankheiten des Säuglings- u. Kindesalters; Kinderarzt

Pä|d|i|a|te|rin *die;* -, -nen: weibliche Form zu ↑Pädiater

Pä|d|i|a|t|rie *die;* -: Teilgebiet der Medizin, auf dem man sich mit den Krankheiten des Säuglings- u. Kindesalters befasst; Kinderheilkunde

pä|d|i|a|t|risch: die Kinderheilkunde betreffend, zu ihr gehörend, auf ihr beruhend

Pa|di|schah *der;* -s, -s ⟨*pers.*⟩ (Geschichte): **1.** (ohne Plural) Titel islamischer Fürsten. **2.** islamischer Fürst als Träger dieses Titels

pä|do..., Pä|do...

vor Vokalen meist: **päd..., Päd...**
⟨zu *gr.* paîs, Gen. paidós »Kind, Knabe«⟩
Wortbildungselement mit der Bedeutung »das Kind bzw. das Kindesalter betreffend«:
- Pädagogik
- Pädatrophie
- Pädiater
- Pädologie
- pädophil

Pä|do|ge|ne|se, Pä|do|ge|ne|sis *die;* - (Biol.): Fortpflanzung im Larvenstadium (Sonderfall der Jungfernzeugung)

pä|do|phil: a) die Pädophilie betreffend; **b)** zur Pädophilie neigend

Pä|do|phi|le *der* u. *die;* -n, -n: pädophil veranlagter Mensch

Pä|do|phi|lie *die;* -: abnorme sexuelle Neigung Erwachsener zu Kindern od. Jugendlichen beiderlei Geschlechts

Pa|el|la [pa'ɛlja] *die;* -, -s ⟨*katal.-span.*⟩: **1.** spanisches Reisgericht mit verschiedenen Fleisch- u. Fischsorten, Muscheln, Krebsen u. Ä. **2.** zur Zubereitung der Paella (1) verwendete eiserne Pfanne

Pa|fel vgl. Bafel

Pa|fe|se, Po|fe|se, Po|ve|se, Bo|fe|se *die;* -, -n (meist Plural) ⟨*it.*⟩ (bayr., österr.): gefüllte, in Fett gebackene Weißbrotschnitte

Pa|ga|nis|mus *der;* -, ...men: **a)** (ohne Plural) Religionslosigkeit; **b)** nicht christliches Element im christlichen Glauben u. Brauchtum

Pa|gat *der;* -[e]s, -e ⟨*it.*⟩: Karte im Tarockspiel

pa|ga|to|risch ⟨*lat.-it.*⟩: Zahlungen, verrechnungsmäßige Buchungen betreffend, auf ihnen beruhend

Pa|ge ['pa:ʒə] *der;* -n, -n ⟨*fr.*⟩: **1.** (Geschichte) junger Adliger als Diener am Hof eines Fürsten. **2.** junger, uniformierter Diener, Laufbursche [eines Hotels]

Page|im|pres|sion ['peɪdʒɪmprɛʃn̩] *die;* -, -s ⟨*engl.*⟩ (Werbespr.): [für die Werbewirtschaft bedeutsame] Kennziffer, die angibt, wie oft eine bestimmte Webseite von den Internetnutzern angesehen wurde (Abk.: PI)

Pa|ger ['peɪdʒɐ] *der;* -s, - ⟨*engl.*⟩ (Funkw.): Funkgerät, das durch ein Signal anzeigt, dass eine Meldung gewünscht wird

Page|view [ˈpeɪdʒvjuː] *der;* -s, -s ⟨*engl.*⟩ (Werbespr.): ↑Pageimpression

Pa̱|gi|na *die;* -, -s u. ...nä ⟨*lat.*⟩ (veraltet): Buchseite, Blattseite (Abk.: p., pag.)

pa|gi|ni̱e̱|ren ⟨*lat.*⟩: mit Seitenzahlen versehen

Pa|gi|ni̱e̱|rung *die;* -, -en: **1.** (ohne Plural) das Paginieren. **2.** Seitenzahlen (mit denen Geschriebenes, Gedrucktes versehen ist)

pail|le [pa:jə, auch: pa̯i] ⟨*lat.-fr.*⟩: strohfarben, strohgelb

Pail|let|te [pa̯iˈjɛtə] *die;* -, -n (meist Plural): glitzerndes Metallblättchen zum Aufnähen

Pain [ˈpɛ̃ː] *der* od. *das;* -[s], -s ⟨*lat.-fr.*⟩ (Gastron.): Fleischkäse

Paint|ball [ˈpeɪntbɔːl] *der;* -[s] ⟨*engl.*⟩: einen militärischen Kampf simulierendes Spiel, bei dem zwei Mannschaften mit Patronen, die mit Farbe gefüllt sind, aufeinander schießen mit dem Ziel, die gegnerische Fahne in den Besitz zu nehmen

pair [pɛːɐ̯] ⟨*lat.-fr.*⟩: gerade (von den Zahlen beim Roulettspiel; Gewinnmöglichkeit)

Pair [pɛːɐ̯] *der;* -s, -s (Geschichte): Mitglied des französischen Hochadels

Pai|ri̱e̱ *die;* -, ...i̯en: Würde eines Pairs

Pa|ke̱t *das;* -[e]s, -e ⟨*fr.*⟩: **1. a)** mit Papier o. Ä. umhüllter [u. verschnürter] Packen; **b)** etwas in einen Karton, eine Schachtel o. Ä. Eingepacktes; vgl. Lunchpaket; **c)** größere Packung, die eine bestimmte größere Menge einer Ware enthält (z. B. ein Paket Waschpulver). **2.** größeres Päckchen als Postsendung in bestimmten Maßen u. mit einer Höchstgewichtsgrenze. **3.** zu einer Sammlung, einem Bündel zusammengefasste Anzahl politischer Pläne, Vorschläge, Forderungen. **4.** dichte Gruppierung von Spielern beider Mannschaften um den Spieler, der den Ball hält (beim Rugby)

pa|ke|ti̱e̱|ren ⟨*niederl.-fr.*⟩: einwickeln, verpacken, zu einem Paket machen

Pa̱|ko *der;* -s, -s ⟨*indian.-span.*⟩: ↑[1]Alpaka (1)

Pa̩kt *der;* -[e]s, -e ⟨*lat.*⟩: Vertrag, Übereinkommen; politisches od. militärisches Bündnis

pak|ti̱e̱|ren ⟨*lat.-nlat.*⟩: **a)** einen Vertrag schließen; **b)** (oft abwertend) eine Vereinbarung treffen, gemeinsame Sache machen

pal..., Pal... vgl. paläo..., Paläo...

pa|lä..., Pa|lä... vgl. paläo..., Paläo...

pa|lä|a̩rk|tisch: altarktisch

Pa|la|di̱n [auch: ˈpa(ː)...] *der;* -s, -e ⟨*lat.-mlat.-it.-fr.*⟩: **1.** Angehöriger des Heldenkreises am Hofe Karls des Großen. **2.** Hofritter, Berater eines Fürsten. **3.** treuer Gefolgsmann

Pa|lais [paˈlɛː] *das;* - [...ɛː(s)], - [...ɛːs] ⟨*lat.-fr.*⟩: Palast, Schloss

pa|läo..., Pa|läo...

vor Vokalen auch: **pa|lä..., Pa|lä..., pal..., Pal...**
⟨*gr.* palaiós »alt, aus früheren Zeiten herrührend«⟩
Wortbildungselement mit der Bedeutung »alt, altertümlich, ur..., Ur...«:
- paläanthropologisch
- Paläolithikum
- Paläozän
- Paleuropa

Pa|läo|bio|lo|gi̱e̱ *die;* -: Teilgebiet der Paläontologie, das sich mit den ↑fossilen Organismen, ihren Lebensumständen u. ihren Beziehungen zur Umwelt befasst

Pa|läo|bo|ta̱|nik *die;* -: Wissenschaft von den ↑fossilen Pflanzen

Pa|läo|geo|gra|fi̱e̱, Pa|läo|geo|gra|phi̱e̱ *die;* -: Teilgebiet der Geologie, das sich mit der geografischen Gestaltung der Erdoberfläche in früheren geologischen Zeiten befasst

Pa|läo|gra̱f, Pa|läo|gra̱ph *der;* -en, -en: Wissenschaftler auf dem Gebiet der Paläografie

Pa|läo|gra|fi̱e̱, Pa|läo|gra|phi̱e̱ *die;* -: Wissenschaft von den Formen u. Mitteln der Schrift im Altertum u. in der Neuzeit; Handschriftenkunde

Pa|läo|gra̱|fin, Pa|läo|gra̱|phin *die;* -, -nen: weibliche Form zu ↑Paläograf

pa|läo|gra̱|fisch, pa|läo|gra̱|phisch: die Paläografie betreffend, auf ihr beruhend; handschriftenkundlich

Pa|läo|gra̱ph usw. vgl. Paläograf usw.

Pa|läo|his|to|lo|gi̱e̱ *die;* -: Wissenschaft von den Geweben der ↑fossilen Lebewesen

Pa|läo|kli|ma|to|lo|gi̱e̱ *die;* -: Wissenschaft von den ↑Klimaten der Erdgeschichte

Pa|läo|li̱th [auch: ...ˈlɪt] *der;* -s u. -en, -e[n]: Steinwerkzeug des Paläolithikums

Pa|läo|li|thi|kum [auch: ...ˈlɪ...] *das;* -s: älterer Abschnitt der Steinzeit; Altsteinzeit

pa|läo|li̱|thisch [auch: ...ˈlɪ...]: zum Paläolithikum gehörend; altsteinzeitlich

Pa|lä|on|to|lo̱|ge *der;* -n, -n: Wissenschaftler, der sich mit den Lebewesen vergangener Erdperioden befasst

Pa|lä|on|to|lo|gi̱e̱ *die;* -: Wissenschaft von den Lebewesen vergangener Erdperioden

Pa|lä|on|to|lo|gin *die;* -, -nen: weibliche Form zu ↑Paläontologe
pa|lä|on|to|lo|gisch: die Paläontologie betreffend, zu ihr gehörend, auf ihr beruhend
Pa|läo|phy|ti|kum *das;* -s: Altertum der Entwicklung der Pflanzenwelt im Verlauf der Erdgeschichte
Pa|läo|zän *das;* -s (Geol.): älteste Abteilung des ↑Tertiärs
Pa|läo|zo|i|kum *das;* -s (Geol.): erdgeschichtliches Altertum, Erdaltertum
pa|läo|zo|isch: das Paläozoikum betreffend
Pa|läo|zoo|lo|gie *die;* -: Wissenschaft von den ↑fossilen Tieren
Pa|las *der;* -, -se ⟨*lat.-fr.*⟩: Hauptgebäude einer Ritterburg
Pa|last *der;* -[e]s, Paläste: schlossartiges Gebäude
Pa|läs|t|ra *die;* -, ...stren ⟨*gr.-lat.*⟩: (im Griechenland der Antike) Übungsplatz der Ringer
Pa|last|re|vo|lu|ti|on *die;* -, -en: **a)** Umsturzversuch von Personen in der nächsten Umgebung eines Herrschers, Staatsoberhaupts; **b)** Empörung in der Umgebung eines Vorgesetzten, Höhergestellten
pa|la|tal ⟨*lat.-nlat.*⟩: **a)** das ↑Palatum betreffend; **b)** (Sprachw.) im vorderen Mund am harten Gaumen gebildet (von Lauten)
Pa|la|tal *der;* -s, -e (Sprachw.): im vorderen Mundraum gebildeter Laut, Gaumenlaut (z. B. k)
Pa|la|tal|laut *der;* -[e]s, -e: ↑Palatal
Pa|la|tin *der;* -s, -e ⟨*lat.-mlat.-fr.*⟩ (Geschichte): **1.** Pfalzgraf (im Mittelalter). **2.** der Stellvertreter des Königs von Ungarn (bis 1848)
Pa|la|ti|nat *das;* -[e]s, -e (Geschichte): Würde eines Pfalzgrafen
pa|la|ti|nisch ⟨*lat.-mlat.-fr.*⟩: **1.** den Palatin betreffend. **2.** pfälzisch
Pa|la|t|schin|ke *die;* -, -n (meist Plural) ⟨*gr.-lat.-rumän.-ung.*⟩ (österr.): dünner, zusammengerollter [mit Marmelade o. Ä. gefüllter] Eierkuchen
Pa|la|tum *das;* -s, ...ta ⟨*lat.*⟩ (Med.): obere Wölbung der Mundhöhle; Gaumen
Pa|la|ver *das;* -s, - ⟨*gr.-lat.-port.-engl.;* urspr.: Ratsversammlung afrik. Stämme⟩ (ugs. abwertend): endloses, wortreiches, meist überflüssiges Gerede, Verhandeln
Pa|laz|zo *der;* -[s], ...zzi ⟨*lat.-it.*⟩: it. Bez. für: Palast
Pale Ale ['peɪl 'eɪl] *das;* - -[s], - -[s] ⟨*engl.*⟩: helles englisches Bier
Pa|le|tot ['paləto, auch, österr. nur: pal'to:, palə'to:] *der;* -s, -s ⟨*engl.-fr.*⟩: **1.** (veraltet) doppelreihiger, leicht taillierter Herrenmantel mit Samtkragen, meist aus schwarzem Tuch. **2.** dreiviertellanger Damen- od. Herrenmantel
Pa|let|te *die;* -, -n ⟨*lat.-fr.*⟩: **1.** meist ovales, mit Daumenloch versehenes Mischbrett für Farben. **2.** reiche Auswahl, viele Möglichkeiten bietende Menge. **3.** genormte hölzerne od. metallene Hubplatte zum Stapeln von Waren mit dem Gabelstapler
pa|let|ti ⟨Herkunft unsicher⟩: **[es ist] alles paletti** (ugs.): [es ist] alles in Ordnung
pa|let|tie|ren, pa|let|ti|sie|ren: Versandgut auf einer Palette (3) stapeln [u. so verladen]
Pa|lim|p|sest *der* od. *das;* -[e]s, -e ⟨*gr.-lat.*⟩: **1.** antikes oder mittelalterliches Schriftstück, von dem der ursprüngliche Text aus Sparsamkeitsgründen getilgt und das danach neu beschriftet wurde. **2.** (Geol.) Rest des alten Ausgangsgesteins in umgewandeltem Gestein
Pa|lin|drom *das;* -s, -e: Wort[folge] od. Satz, die vorwärts wie rückwärts gelesen [den gleichen] Sinn ergeben (z. B. Reliefpfeiler; Nebel – Leben; die Liebe ist Sieger – rege ist sie bei Leid)
Pa|lin|ge|ne|se *die;* -, -n ⟨*gr.-nlat.*⟩: **1.** Wiedergeburt der Seele (durch Seelenwanderung). **2.** (Biol.) das Auftreten von Merkmalen stammesgeschichtlicher Vorfahren während der Keimesentwicklung (z. B. die Anlage von Kiemenspalten beim Menschen). **3.** (Geol.) Aufschmelzung eines Gesteins u. Bildung einer neuen Gesteinsschmelze
Pa|li|n|o|die *die;* -, ...ien ⟨*gr.;* »Widerruf«⟩: bes. in der Zeit des Humanismus u. des Barocks gepflegte Dichtungsart, bei der vom selben Verfasser die in einem früheren Werk aufgestellten Behauptungen mit denselben formalen Mitteln widerrufen werden
Pa|li|sa|de *die;* -, -n ⟨*lat.-provenzal.-fr.*⟩: **1.** zur Befestigung dienender Pfahl; Schanzpfahl. **2.** Hindernis aus dicht nebeneinander in die Erde gerammten Pfählen; Pfahlzaun
Pa|li|san|der *der;* -s, - ⟨*indian.-fr.*⟩: rötlich braunes, von dunklen Adern durchzogenes, wertvolles brasilianisches Nutzholz
pa|li|san|dern: aus Palisanderholz
[1]Pal|la|di|um *das;* -s, ...ien ⟨*gr.-lat.*⟩: Bild der griechischen Göttin Pallas Athene als Schutzbild, schützendes Heiligtum
[2]Pal|la|di|um *das;* -s ⟨*nlat.;* nach dem Planetoiden Pallas⟩: chem. Element; dehnbares, silberweißes Edelmetall (Zeichen: Pd)
Pal|lasch *der;* -[e]s, -e ⟨*türk.-ung.*⟩: schwerer [Korb]säbel
Pal|la|watsch, Bal|la|watsch *der;* -[s], -e ⟨*it.*⟩ (ös-

terr. ugs.): **1.** (ohne Plural) Durcheinander, Blödsinn. **2.** Versager, Niete

pal|li|a|tiv ⟨*lat.-nlat.*⟩ (Med.): die Beschwerden einer Krankheit lindernd, aber nicht die Ursachen bekämpfend; schmerzlindernd

Pal|li|a|tiv *das;* -s, -e, **Pal|li|a|ti|vum** *das;* -s, ...va (Med.): die Krankheitsbeschwerden linderndes, aber nicht die Krankheit selbst beseitigendes Arzneimittel; Linderungsmittel

Pal|li|a|tiv|me|di|zin *die;* - (Med.): Behandlung von Patienten mit einer nicht heilbaren, [weit] fortgeschrittenen Erkrankung mit begrenzter Lebenserwartung mit dem Ziel, die Lebensqualität des Kranken zu erhalten oder zu verbessern

Pal|li|a|ti|vum vgl. Palliativ

Pal|li|um *das;* -s, ...ien ⟨*lat.*⟩: **1.** im antiken Rom mantelartiger Überwurf. **2.** Krönungsmantel der [mittelalterlichen] Kaiser. **3.** weiße Schulterbinde mit sechs schwarzen Kreuzen als persönliches Amtszeichen der katholischen Erzbischöfe

Pall-Mall [pɛlˈmɛl] *das;* - ⟨*engl.*⟩: schottisches Ballspiel

Pal|lot|ti|ner *der;* -s, - ⟨nach dem it. Priester V. Pallotti, 1795–1850⟩: Mitglied einer katholischen Vereinigung zur Förderung des ↑Laienapostolats u. der Mission (2)

Pal|ma|rum ⟨*lat.;* »(Sonntag) der Palmen«; nach der ↑Perikope (1) vom Einzug Christi in Jerusalem, Matth. 21, 1–11⟩: Sonntag vor Ostern

Pal|me *die;* -, -n: tropischer od. subtropischer Baum mit unverzweigtem Stamm u. großen gefiederten od. fächerförmigen Blättern

Pal|met|te *die;* -, -n ⟨*lat.-fr.*⟩: **1.** palmblattähnliches, streng symmetrisches Ornament der griechischen Kunst. **2.** an Wänden od. frei stehendem Gerüst gezogene Spalierbaumform

Pal|mi|tin *das;* -s: Hauptbestandteil der meisten Fette

Pal|mi|tin|säu|re *die;* -: feste, gesättigte Fettsäure, die in zahlreichen pflanzlichen u. tierischen Fetten vorkommt

Palm|top® [ˈpɑːmtɔp] *der;* -[s], -s ⟨*engl.*⟩: Computer, den man aufgrund seiner geringen Größe in einer Hand halten kann

Pal|pa|ti|on *die;* -, -en (Med.): Untersuchung durch Abtasten u. Befühlen von dicht unter der Körperoberfläche liegenden inneren Organen

Pam|pa *die;* -, -s (meist Plural) ⟨*indian.-span.*⟩: ebene, baumarme Grassteppe in Südamerika

Pam|pel|mu|se *die;* -, -n ⟨*niederl.*⟩: große, gelbe Zitrusfrucht von säuerlich-bitterem Geschmack

Pam|ph|let *das;* -[e]s, -e ⟨*engl.-fr.*⟩: [politische] Streit- u. Schmähschrift, verunglimpfende Flugschrift

Pam|ph|le|tist *der;* -en, -en: Verfasser von Pamphleten

Pam|ph|le|tis|tin *die;* -, -nen: weibliche Form zu ↑Pamphletist

Pam|pu|sche [auch: ...ˈpuːʃə] vgl. Babusche

pan..., Pan...

⟨*gr.* pãs, Neutrum pãn »jeder, alles, ganz«⟩ Präfix mit der Bedeutung »ganz, gesamt, umfassend, völlig«:
- Paneuropa
- panhellenisch
- Panoptikum
- Panorama
- Pantheismus

Pa|na|ché [...ˈʃeː] usw. vgl. Panaschee usw.

Pa|na|de *die;* -, -n ⟨*lat.-provenzal.-fr.*⟩ (Gastron.): **a)** Brei aus Semmelbröseln bzw. Mehl u. geschlagenem Eigelb zum ↑Panieren; **b)** breiige Mischung (z. B. aus Mehl, Eiern, Fett mit Gewürzen) als Streck- u. Bindemittel für ↑Farcen (3)

pan|af|ri|ka|nisch ⟨*gr.-nlat.*⟩: den Panafrikanismus, alle afrikanischen Staaten betreffend

Pan|af|ri|ka|nis|mus *der;* -: das Bestreben, die wirtschaftliche u. politische Zusammenarbeit aller afrikanischen Staaten zu verstärken

Pa|na|ma|hut *der;* -[e]s, ...hüte: aus den Blattfasern einer bestimmten Palmenart geflochtener Hut

pan|ame|ri|ka|nisch ⟨*gr.-nlat.*⟩: den Panamerikanismus, alle amerikanischen Staaten betreffend

Pan|ame|ri|ka|nis|mus *der;* -: das Bestreben, die wirtschaftliche u. politische Zusammenarbeit aller amerikanischen Staaten zu verstärken

Pan|ara|bis|mus *der;* - ⟨*gr.-nlat.*⟩: das Streben aller arab. Staaten nach Zusammenarbeit auf politischem u. kulturellem Gebiet

Pa|na|ri|ti|um *das;* -s, ...ien ⟨*gr.-lat.*⟩ (Med.): Nagelgeschwür, eitrige Entzündung an den Fingern

Pa|nasch *der;* -[e]s, -e ⟨*lat.-it.-fr.*⟩: Helmbusch, Federbusch

Pa|na|schee *das;* -s, -s (veraltet): **1.** mehrfarbiges Speiseeis. **2.** aus verschiedenen Obstsorten bereitetes Kompott, Gelee. **3.** ↑Panaschierung

pa|na|schie|ren ⟨»buntstreifig machen«⟩: bei einer Wahl seine Stimme für Kandidaten verschiedener Parteien abgeben (z. B. in bestimmten Bundesländern bei Gemeinderatswahlen)

Pa|na|schie|rung *die;* -, -en (Bot.): weiße Musterung auf Pflanzenblättern durch Mangel an Blattgrün in den Farbstoffträgern

Pa|na|schü|re *die;* -, -n: ↑Panaschierung

pan|asi|a|tisch ⟨*gr.-nlat.*⟩: **1.** alle asiatischen Staaten betreffend. **2.** Elemente verschiedener asiatischer Staaten und deren Kultur aufgreifend

Pan|athe|nä|en *die* (Plural) ‹*gr.*›: jährlich, bes. aber alle vier Jahre, gefeiertes Fest zu Ehren der Athene im alten Athen

Pa|n|a|zee [auch: ...'tse:] *die;* -, -n: Allheilmittel, Wundermittel

pan|chro|ma|tisch ‹*gr.-nlat.*› (Fotogr.): empfindlich für alle Farben u. Spektralbereiche (von Filmmaterial)

Pan|da *der;* -s, -s ‹aus einer nepalesischen Sprache›: **a)** vorwiegend im Himalaja heimisches Raubtier mit fuchsrotem, an Bauch u. Beinen schwarzbraunem Pelz; Katzenbär; **b)** scheuer Kleinbär, weiß mit schwarzem Gürtel, schwarzen Ohren u. Augenringen, der von Bambus lebt; Bambusbär

Pan|dai|mo|ni|on, Pan|dä|mo|ni|um *das;* -s, ...ien ‹*gr.-nlat.*›: **a)** Aufenthalt aller ↑Dämonen; **b)** Gesamtheit aller ↑Dämonen

Pan|da|ne *die;* -, -n, **Pan|da|nus** *der;* -, - ‹*malai.-lat.*›: Schraubenbaum (Zierpflanze mit langen, schmalen Blättern)

Pan|dek|ten *die* (Plural) ‹*gr.-lat.;* »allumfassend«›: Sammlung altrömischen Privatrechts im ↑Corpus Iuris Civilis; vgl. Digesten

Pan|de|mie *die;* -, ...ien ‹*gr.-nlat.*› (Med.): sich weit verbreitende, ganze Länder od. Landstriche erfassende Seuche; Epidemie großen Ausmaßes

pan|de|misch ‹*gr.*› (Med.): sich über mehrere Länder od. Landstriche ausbreitend (von Seuchen)

Pan|dit *der;* -s, -e u. -s ‹*sanskr.-Hindi*›: **1.** (ohne Plural) Titel brahmanischer Gelehrter. **2.** Träger dieses Titels

Pan|do|ra ‹*gr.-lat.;* die erste Frau in der gr. Mythologie; sie trägt alles Unheil in einem Gefäß, um es auf Zeus' Befehl unter die Menschen zu bringen›: in der Fügung **die Büchse der Pandora:** Unheilsquell

Pa|neel *das;* -s, -e ‹*lat.-mlat.-fr.-niederl.*›: **1. a)** das vertieft liegende Feld einer Holztäfelung; **b)** gesamte Holztäfelung. **2.** Holztafel der Gemälde

pa|nee|lie|ren: [eine Wand] mit Holz vertäfeln

Pa|n|e|gy|ri|ker *der;* -s, - ‹*gr.-lat.*›: Verfasser von Panegyriken

Pa|n|e|gy|ri|kon *das;* -[s], ...ka ‹*gr.*›: liturgisches Buch der orthodoxen Kirche mit predigtartigen Lobreden auf die Heiligen

Pa|n|e|gy|ri|kos *der;* -, ...koi ‹*gr.*›, **Pa|n|e|gy|ri|kus** *der;* -, ...ken u. ...zi ‹*gr.-lat.*›: Fest-, Lobrede, Lobgedicht im Altertum

pa|n|e|gy|risch: den Panegyrikus betreffend, lobrednerisch

Pa|nel ['pɛnl̩] *das;* -s, -s ‹*engl.*›: repräsentative Personengruppe für die Meinungsforschung

Pa|nel|tech|nik *die;* -, -en ‹*engl.; gr.*›: Methode der Meinungsforschung, die gleiche Gruppe von Personen innerhalb eines bestimmten Zeitraums mehrfach zu ein u. derselben Sache zu befragen

pa|nem et cir|cen|ses [- - ...ze:s] ‹*lat.;* »Brot und Zirkusspiele«›: Lebensunterhalt u. Vergnügungen als Mittel zur Zufriedenstellung des Volkes (urspr. Anspruch des römischen Volkes während der Kaiserzeit, den die Herrscher zu erfüllen hatten, wenn sie sich die Gunst des Volkes erhalten wollten)

Pan|en|the|is|mus *der;* - ‹*gr.-nlat.*›: religiös-philosophische Lehre, nach der die Welt in Gott eingeschlossen ist, ihren Halt hat; vgl. Pantheismus

pan|en|the|is|tisch: den Panentheismus betreffend, auf ihm beruhend; in der Art des Panentheismus

Pa|net|to|ne *der;* -[s], ...ni ‹*it.*›: italienischer Hefekuchen mit kandierten Früchten

Pan|eu|ro|pa *das;* -[s] ‹*gr.-nlat.*›: [von vielen Seiten erstrebte] künftige Gemeinschaft aller europäischen Staaten

pan|eu|ro|pä|isch: gesamteuropäisch

Pan|flö|te *die;* -, -n ‹nach dem altgriech. Hirtengott Pan›: aus verschieden langen, grifflochlosen, floßartig aneinandergereihten Pfeifen bestehendes Holzblasinstrument; Faunflöte, Faunpfeife, Papagenopfeife; vgl. Syrinx

Pan|hel|le|nis|mus *der;* -: Bestrebungen, alle griechischen Länder in einem großen griechischen Reich zu vereinigen; Allgriechentum

¹Pa|nier *das;* -s, -e ‹*germ.-fr.*›: **1.** (veraltet) Banner, Fahne. **2.** Wahlspruch; etwas, dem man sich zur Treue verpflichtet fühlt

²Pa|nier *die;* - (österr.): Panade (a)

pa|nie|ren ‹*lat.-fr.*›: (Fleisch, Fisch u. a.) vor dem Braten in geschlagenes Eigelb, Mehl o. Ä. tauchen u. mit Semmelbröseln bestreuen od. in Mehl wälzen

Pa|nik *die;* -, -en ‹*gr.-fr.;* nach dem altgriech. Hirtengott Pan›: durch eine plötzliche Bedrohung, Gefahr hervorgerufene unkontrollierte [Massen]angst

Pa|nik|ma|che *die;* - (abwertend): Heraufbeschwören einer Panikstimmung durch aufgebauschte Darstellung eines Sachverhalts o. Ä.

pa|nisch: von Panik bestimmt

Pan|is|la|mis|mus *der;* - ‹*gr.-nlat.*›: Streben nach Vereinigung aller islamischen Völker

Pan|je *der;* -s, -s ‹*slaw.*› (veraltet): polnischer od. russischer Bauer

Pan|je|pferd *das;* -[e]s, -e: polnisches od. russisches Landpferd

Pan|kar|di|tis *die;* -, ...itiden ‹*gr.-nlat.*› (Med.): Entzündung aller Schichten der Herzwand; vgl. Karditis

Pan|k|ra|ti|on *das;* -s, -s ‹*gr.;* »Allkampf«›: altgriechischer Zweikampf, der Freistilringen u. Faustkampf in sich vereinigte

Pan|k|re|as *das;* -, ...aten u. ...eata ‹*gr.*› (Med.): Bauchspeicheldrüse

Pan|k|re|a|ti|tis *die;* -, ...itiden (Med.): Entzündung der Bauchspeicheldrüse

Pan|lo|gis|mus *der;* - ‹*gr.-nlat.*› (Philos.): Lehre von der logischen Struktur des Universums, nach der das ganze Weltall als Verwirklichung der Vernunft aufzufassen sei

Pan|mi|xie *die;* -, ...ien ‹*gr.-nlat.;* »Allmischung«› (Biol.): **1.** Mischung guter u. schlechter Erbanlagen. **2.** das Zustandekommen rein zufallsbedingter Paarungen zwischen Angehörigen der gleichen Art, ohne dass Selektionsfaktoren od. bestimmte (z. B. geografische) Isolierungsfaktoren wirksam werden; Ggs. ↑Amixie

Pa|n|op|ti|kum *das;* -s, ...ken ‹*gr.-nlat.*›: Sammlung von Sehenswürdigkeiten, meist Kuriositäten, od. von Wachsfiguren

Pa|n|o|ra|ma *das;* -s, ...men ‹*gr.-nlat.;* »Allschau«›: **1.** Rundblick, Ausblick. **2. a)** Rundgemälde; **b)** fotografische Rundaufnahme

Pa|n|o|ra|ma|bus *der;* -ses, -se: doppelstöckiger Bus für Stadtrundfahrten o. Ä., von dessen oberer Etage ein freier Rundblick möglich ist

Pan|ple|gie *die;* -, ...ien ‹*gr.-nlat.*› (Med.): allgemeine, vollständige Lähmung der Muskulatur

Pan|se|xu|a|lis|mus *der;* - ‹*gr; lat.-nlat.*›: von nur sexuellen Trieben ausgehende frühe Richtung der ↑Psychoanalyse S. Freuds

Pan|sla|wis|mus *der;* - ‹*nlat.*›: Bestrebungen, alle slawischen Völker in einem Großreich zu vereinigen; Allslawentum

Pan|so|phie *die;* - ‹*gr.-nlat.*›: religiös-philosophische Bewegung des 16.–18. Jh.s, die eine Zusammenfassung aller Wissenschaften u. ein weltweites Gelehrten- u. Friedensreich anstrebte

Pan|sper|mie *die;* - ‹*gr.-nlat.*› (Biol.): Theorie von der Entstehung des Lebens auf der Erde durch Keime von anderen Planeten

Pan|ta|le|on *das;* -s, -s ‹nach dem Erfinder Pantaleon Hebenstreit›: Hackbrett mit doppeltem Resonanzboden u. Darm- od. Drahtsaiten (Vorläufer des Hammerklaviers)

Pan|ta|lo|ne *der;* -[s], -s u. ...ni ‹*it.*›: Maske, Figur des dummen, oft verliebten u. stets geprellten Alten im italienischen Volkslustspiel

Pan|ta|lons [pãtaˈlõ:s, ˈpantalõ:s] *die* (Plural) ‹*it.-fr.*›: während der Französischen Revolution aufgekommene lange Männerhose mit röhrenförmigen Beinen

pan|ta rhei ‹*gr.;* »alles fließt«›: es gibt kein bleibendes Sein (Heraklit [fälschlich?] zugeschriebener Grundsatz, nach dem das Sein als ewiges Werden, ewige Bewegung gedacht wird)

Pan|ter vgl. Panther

Pan|the|is|mus *der;* - ‹*gr.-nlat.*› (Philos.): Allgottlehre; Lehre, in der Gott u. Welt identisch sind; Anschauung, nach der Gott das Leben des Weltalls selbst ist

Pan|the|ist *der;* -en, -en: Vertreter des Pantheismus

Pan|the|is|tin *die;* -, -nen: weibliche Form zu ↑Pantheist

pan|the|is|tisch: den Pantheismus betreffend; in der Art des Pantheismus

Pan|the|on *das;* -s, -s ‹*gr.*›: **1.** antiker Tempel (bes. in Rom) für alle Götter. **2.** Ehrentempel (z. B. in Paris). **3.** Gesamtheit der Götter eines Volkes

Pan|ther, Pan|ter *der;* -s, - ‹*gr.-lat.*›: ↑Leopard

Pan|ti|ne *die;* -, -n (meist Plural) ‹*fr.-niederl.*›: Holzschuh, Holzpantoffel

Pan|tof|fel *der;* -s, -n (ugs.: -) (meist Plural) ‹*fr.*›: leichter Hausschuh [ohne Fersenteil]

Pan|to|graf, Pan|to|graph *der;* -en, -en ‹*gr.-nlat.*›: **1.** Instrument zum Übertragen von Zeichnungen im gleichen, größeren od. kleineren Maßstab; Storchschnabel. **2.** (Elektrot.) Scherenstromabnehmer (früher auf Zügen oder Straßenbahnen)

Pan|to|gra|fie, Pan|to|gra|phie *die;* -, ...ien: mit dem Pantografen hergestelltes Bild

Pan|to|graph usw. vgl. Pantograf usw.

Pan|to|let|te *die;* -, -n (meist Plural) ‹Kunstw. aus Pantoffel u. Sandalette›: leichter Sommerschuh ohne Fersenteil

[1]**Pan|to|mi|me** *die;* -, -n ‹*gr.-lat.(-fr.)*›: Darstellung einer Szene, Handlung nur mit Gebärden, Mienenspiel u. Tanz

[2]**Pan|to|mi|me** *der;* -n, -n: Darsteller einer [1]Pantomime

Pan|to|mi|mik *die;* - ‹*gr.-lat.*›: **1.** Kunst der Pantomime. **2.** (Psychol.) Gesamtheit der Ausdrucksbewegungen des Körpers; Gebärdenspiel, Körperhaltung u. Gang

Pan|to|mi|min *die;* -, -nen: weibliche Form zu ↑[2]Pantomime

pan|to|mi|misch: **1.** die Pantomime betreffend, mit den Mitteln, in der Art der Pantomime. **2.** (Psychol.) die Pantomimik (2), die Ausdrucksbewegungen des Körpers betreffend

Pan|t|ry ['pɛntri] *die;* -, -s ‹*lat.-fr.-engl.*›: Speisekammer, Raum zum Anrichten [auf Schiffen od. in Flugzeugen]

Pant|schen-La|ma *der;* -[s], -s ‹*tibet.*›: neben dem ↑Dalai-Lama höchster geistlicher Würdenträger des tibetischen Priesterstaates

Pan|ty ['pɛnti] *die;* -, -s ‹*engl.*›: **1.** Miederhöschen. **2.** Strumpfhose

Pä|n|ul|ti|ma *die;* -, ...mä u. ...men ‹*lat.*› (Sprachw.): vorletzte Silbe in einem Wort

Pä|on *der;* -s, -e ‹*gr.-lat.*› (antike Metrik): im ↑Päan (1) verwendeter antiker Versfuß mit drei kurzen Silben u. einer beliebig einsetzbaren langen Silbe

Pä|o|nie [...i̯ə] *die;* -, -n ‹*gr.-lat.*›: Pfingstrose (eine Zierstaude)

[1]**Pa|pa** [geh.: pa'pa:] *der;* -s, -s ‹*fr.*› (ugs.): Vater

[2]**Pa|pa** *der;* -s ‹*gr.-mlat.;* »Vater«›: **1.** kirchliche Bezeichnung des Papstes. **2.** in der orthodoxen Kirche Titel höherer Geistlicher (Abk.: P.); vgl. Papas, Pope

Pa|pa|bi|li *die* (Plural) ‹*lat.-it.*›: it. Bez. für: als Papstkandidaten infrage kommende Kardinäle

Pa|pa|gal|lo *der;* -[s], -s u. ...lli ‹*it.*›: auf erotische Abenteuer bei Touristinnen ausgehender [südländischer, bes. italienischer, junger] Mann

Pa|pa|gei [auch: 'pa...] *der;* -s u. -en, -e[n] ‹*fr.*›: meist auffallend bunt gefiederter tropischer Vogel mit kurzem, abwärts gebogenem, kräftigem Beißschnabel

Pa|pa|gei|en|krank|heit *die;* - (Med.): ↑Psittakose

pa|pal ‹*gr.-mlat.*›: päpstlich

Pa|pa|lis|mus *der;* - ‹*gr.-mlat.-nlat.*›: kirchenrechtliche Anschauung, nach der dem Papst die volle Kirchengewalt zusteht; Ggs. ↑Episkopalismus; vgl. Kurialismus

Pa|pa|raz|zo *der;* -s, ...zzi (meist Plural) ‹*it.*› (ugs., oft abwertend): [aufdringlicher] Pressefotograf, Skandalreporter

Pa|pas *der;* -, - ‹*ngr.*›: Weltgeistlicher in der orthodoxen Kirche

Pa|pat *der,* (auch:) *das;* -[e]s ‹*gr.-mlat.-nlat.*›: Amt u. Würde des Papstes

Pa|pa|ve|ra|ze|en *die* (Plural) ‹*lat.-nlat.*› (Bot.): Familie der Mohngewächse

Pa|pa|ve|rin *das;* -s: krampflösendes ↑Alkaloid des Opiums

Pa|pa|ya [...ja] *die;* -, -s, **Pa|pa|ye** [...jə] *die;* -, -n ‹*karib.-span.*›: **1.** Melonenbaum. **2.** Frucht des Melonenbaums; Baummelone

Pa|pel *die;* -, -n, **Pa|pu|la** *die;* -, ...lae [...lɛ] ‹*lat.*› (Med.): Hautknötchen, kleine, bis linsengroße Hauterhebung

Pa|per ['peɪpɐ] *das;* -s, -s ‹*engl.*›: schriftliche Unterlage, Schriftstück; vgl. Papier (2)

Pa|per|back [...bɛk] *das;* -s, -s ‹»Papierrücken«›: kartoniertes, meist in Klebebindung hergestelltes [Taschen]buch; Ggs. ↑Hardcover

Pa|pe|te|rie *die;* -, ...i̯en ‹*gr.-lat.-fr.*› (schweiz.): Papierwaren, Papierwarenhandlung

Pa|pier *das;* -s, -e ‹*gr.-lat.*›: **1.** aus Fasern hergestelltes, blattartig gepresstes, zum Beschreiben, Bedrucken, zur Verpackung o. Ä. dienendes Material. **2.** Schriftstück, Dokument, schriftliche Unterlage; vgl. Paper. **3.** (meist Plural) Ausweis, Personaldokument, Unterlagen. **4.** Wertpapier, Urkunde über Vermögensrechte

pa|pie|ren: 1. aus Papier. **2.** trocken, unlebendig, steif (im Stil, Ausdruck)

Pa|pier|ma|schee, Pa|pier|ma|ché [papi̯ːɐmaʃe:, papi̯ema'ʃe:] *das;* -s, -s ‹*fr.*›: verformbares Hartpapier

Pa|pil|la vgl. Papille

pa|pil|lar ‹*lat.-nlat.*› (Med.): warzenartig, -förmig

Pa|pil|le *die;* -, -n, **Pa|pil|la** *die;* -, ...llae [...lɛ] ‹*lat.;* »Warze; Bläschen«›: **1.** (Med.) **a)** Brustwarze; **b)** warzenartige Erhebung an der Oberfläche von Organen (z. B. Haarpapille, Sehnervenpapille). **2.** (meist Plural; Bot.) haarähnliche Ausstülpung der Pflanzenoberhaut

Pa|pil|lom *das;* -s, -e ‹*lat.-nlat.*› (Med.): Warzen-, Zottengeschwulst aus gefäßhaltigem Bindegewebe

Pa|pil|lon [papi'jõ:] *der;* -s, -s ‹*lat.-fr.*›: **1.** fr. Bez. für: Schmetterling. **2.** (veraltet) flatterhafter Mensch. **3.** feinfädiges Woll- od. Mischgewebe von ripsähnlichem Aussehen

Pa|pil|lo|te [...'jo:tə] *die;* -, -n ‹*lat.-fr.*›: **1.** Hülle aus herzförmig zugeschnittenem Pergamentpapier, die (mit Öl bestrichen) um kurz zu bratende od. grillende Fleisch- od. Fischstücke geschlagen wird. **2.** Haarwickel in Form einer biegsamen Rolle aus Schaumstoff, die an den aufgerollten Haarsträhnen befestigt wird, indem man die Enden u-förmig einbiegt

Pa|pi|ros|sa *die;* -, ...ossy [...si] ‹*gr.-lat.-dt.-poln.-russ.*›: russische Zigarette mit langem Hohlmundstück aus Pappe

Pa|pis|mus *der;* - ‹*gr.-mlat.-nlat.*› (abwertend): Papsttum

Pa|pist *der;* -en, -en (abwertend): Anhänger des Papsttums

Pa|pis|tin *die;* -, -nen: weibliche Form zu ↑Papist

pa|pis|tisch (abwertend): den Papismus betreffend, auf ihm beruhend

Papp|ma|schee, Papp|ma|ché *das;* -s, -s ‹*dt.; fr.*›: ↑Papiermaschee

Pạp|pus *der;* -, - u. -se ⟨*gr.-lat.*⟩ (Bot.): Haarkrone der Frucht von Korbblütlern

Pạ|p|ri|ka *der;* -s, -[s] ⟨*sanskr.-pers.-gr.-lat.-serb.-ung.*⟩: **1.** Gemüse-, Gewürzpflanze mit kleinen weißen Blüten u. hohlen Beerenfrüchten. **2.** (ohne Plural) leicht scharfes rotes Gewürz in Pulverform aus getrockneten Paprikaschoten. **3.** (auch: *die;* -, -[s]) grüne, gelbe, orange od. rote Frucht des Paprikas, die als Gemüse od. als Gewürz verwendet wird; Paprikaschote

Pạ|pu|la vgl. Papel

Pa|py|ri̱n *das;* -s ⟨*gr.-lat.-nlat.*⟩: Pergamentpapier

Pa|py|ro|lo|gi̱e *die;* -: Wissenschaft, die Papyri (3) erforscht, konserviert, entziffert u. zeitlich bestimmt; Papyruskunde

Pa|pỵ|rus *der;* -, ...ri ⟨*gr.-lat.*⟩: **1.** Papierstaude. **2.** in der Antike gebräuchliches, aus der Papierstaude gewonnenes Schreibmaterial in Blatt- u. Rollenform. **3.** aus der Antike u. bes. aus dem alten Ägypten stammendes beschriftetes Papyrusblatt; Papyrusrolle; Papyrustext

Pa̱r *das;* -[s], -s ⟨*engl.*⟩ (Golf): für jedes Loch des Golfplatzes festgesetzte Anzahl von Schlägen, die sich nach dem Abstand des Abschlags vom Loch richtet

par..., Par... vgl. para..., Para...

pa|ra..., Pa|ra...

vor Vokalen meist: **par..., Par...**
⟨*gr.* pará, pára »entlang; neben, bei; über ... hinaus; gegen«⟩
Präfix mit der Bedeutung »bei, neben, entlang; über ... hinaus; gegen, abweichend«:
- Paramedizin
- paramilitärisch
- Parodontose

Pa|ra|ba̱|se *die;* -, -n ⟨*gr.*⟩: in der attischen Komödie Einschub in Gestalt einer satirisch-politischen Aussprache, gemischt aus Gesang u. Rezitation des Chorführers u. des Chors

Pa|ra̱|bel *die;* -, -n ⟨*gr.-lat.*⟩: **1.** lehrhafte Dichtung, die eine allgemeingültige sittliche Wahrheit an einem Beispiel (indirekt) veranschaulicht; lehrhafte Erzählung, Lehrstück; Gleichnis. **2.** (Math.) eine symmetrisch ins Unendliche verlaufende Kurve der Kegelschnitte, deren Punkte von einer festen Geraden u. einem festen Punkt gleichen Abstand haben. **3.** (Physik) Wurfbahn in einem ↑Vakuum

Pa|ra|bẹl|lum® *die;* -, -s ⟨Kunstw.⟩, **Pa|ra|bẹl|lum|pis|to|le** *die;* -, -n: Selbstladepistole

Pa|ra|bo̱l|an|ten|ne *die;* -, -n ⟨*gr.-lat.; lat.-it.*⟩ (Technik): Antenne in der Form eines Parabolspiegels, mit deren Hilfe Ultrakurzwellen gebündelt werden

pa|ra|bo̱|lisch ⟨*gr.-lat.-nlat.*⟩: **1.** die Parabel (1) betreffend, in der Art einer Parabel (1); gleichnishaft, sinnbildlich. **2.** parabelförmig gekrümmt

Pa|ra|bo|lo|i̱d *das;* -[e]s, -e ⟨*gr.-nlat.*⟩ (Math.): gekrümmte Fläche, deren Schnitte parallel zur Mittelachse Parabeln ergeben

Pa|ra|bo̱l|spie|gel *der;* -s, -: Hohlspiegel von der Form eines Paraboloids, das durch die Drehung einer Parabel um ihre Achse entstanden ist (Rotationsparaboloid)

Pa|ra̱|de *die;* -, -n ⟨*lat.-fr.*⟩: Truppenschau, Vorbeimarsch militärischer Verbände; prunkvoller Aufmarsch

Pa|ra|dei̱|ser *der;* -s, - ⟨*pers.-gr.-mlat.*⟩ (österr.): Tomate

Pa|ra|den|to̱|se *die;* -, -n (veraltet): ↑Parodontose

pa|ra|di̱e|ren ⟨*lat.-fr.*⟩: **1.** [anlässlich einer Parade] vorbeimarschieren; feierlich vorbeiziehen. **2.** sich mit etwas brüsten; mit etwas prunken

Pa|ra|di̱es *das;* -es, -e ⟨*pers.-gr.-mlat.*⟩: **1.** (ohne Plural) **a)** Garten Eden, Garten Gottes; **b)** Himmel; Ort der Seligkeit. **2. a)** ein Ort od. eine Gegend, die durch ihre Gegebenheiten, ihre Schönheit, ihre guten Lebensbedingungen o. Ä. alle Voraussetzungen für ein schönes, glückliches o. ä. Dasein erfüllt (z. B.: diese Südseeinsel ist ein Paradies); **b)** Ort, Bereich, der für einen Personenkreis oder für eine Gruppe von Lebewesen ideale Gegebenheiten, Voraussetzungen bietet (z. B. ein Paradies für Angler, ein Paradies für Vögel). **3.** Portalvorbau an mittelalterlichen Kirchen

pa|ra|di̱e|sisch: **1.** das Paradies (1) betreffend. **2.** herrlich, himmlisch, wunderbar

Pa|ra|dig|ma *das;* -s, ...men (auch: -ta) ⟨*gr.-lat.*⟩: **1.** Beispiel, Muster; Erzählung, Geschichte mit beispielhaftem, modellhaftem Charakter. **2.** (Sprachw.) Muster einer bestimmten Deklinations- od. Konjugationsklasse, das beispielhaft für alle gleich gebeugten Wörter steht; Flexionsmuster. **3.** Anzahl von sprachlichen Einheiten, zwischen denen in einem gegebenen Kontext zu wählen ist (z. B.: er steht *hier/dort/oben/unten*), im Unterschied zu Einheiten, die zusammen vorkommen, ein Syntagma bilden (z. B. in Eile sein; *Eile* kann nicht ausgetauscht werden). **4.** Denkmuster, das das wissenschaftliche Weltbild, die Weltsicht einer Zeit prägt

pa|ra|dig|ma̱|tisch: **1.** als Beispiel, Muster dienend. **2.** (Sprachw.) das Paradigma (2) betreffend. **3.** (Sprachw.) Beziehungen zwischen sprachlichen Elementen betreffend, die an einer

Stelle eines Satzes austauschbar sind u. sich dort gegenseitig ausschließen (z. B.: ich sehe einen *Stuhl/Tisch/Mann*); Ggs. ↑syntagmatisch

Pa|ra|di|g|men|wech|sel *der;* -s, -: **1.** Wechsel von einer wissenschaftlichen Grundauffassung zu einer anderen. **2.** Wechsel von einer rationalistischen zu einer ganzheitlichen Weltsicht

pa|ra|dox ‹*gr.-lat.*›: widersinnig, einen Widerspruch in sich enthaltend

Pa|ra|dox *das;* -es, -e ‹*gr.-lat.*›: **1.** etw., was einen Widerspruch in sich enthält, paradox ist. **2.** (Philos.) ↑Paradoxon

Pa|ra|do|xie *die;* -, ...ien ‹*gr.*›: paradoxer Sachverhalt; etwas Widersinniges, Widersprüchliches

Pa|ra|do|xon *das;* -s, ...xa ‹*gr.-lat.*›: **1.** (bildungsspr.) ↑Paradox. **2.** scheinbar falsche Aussage (oft in Form einer Sentenz oder eines Aphorismus), die aber bei genauerer Analyse auf eine höhere Wahrheit hinweist

Pa|r|af|fin *das;* -s, -e ‹*lat.-nlat.*›: **1.** festes, wachsähnliches od. flüssiges, farbloses Gemisch wasserunlöslicher gesättigter Kohlenwasserstoffe, das bes. zur Herstellung von Kerzen, Bohnerwachs o. Ä. dient. **2.** (meist Plural) Sammelbez. für die gesättigten, aliphatischen Kohlenwasserstoffe (z. B. Methan, Propan, Butan)

pa|r|af|fi|nie|ren: mit Paraffin (1) behandeln

pa|r|af|fi|nisch: vorwiegend aus Paraffinen (2) bestehend; Eigenschaften der Paraffine aufweisend

P

Pa|ra|glei|ter *der;* -s, - ‹*engl.; dt.*›: **1.** Gleitschirm. **2.** jmd., der Paragliding betreibt

Pa|ra|glei|te|rin *die;* -, -nen: weibliche Form zu ↑Paragleiter

Pa|ra|gli|der [...glai...] *der;* -s, - ‹*engl.*›: ↑Paragleiter

Pa|ra|gli|de|rin [...glai...] *die;* -, -nen: weibliche Form zu ↑Paraglider

Pa|ra|gli|ding [...glaidɪŋ] *das;* -s ‹*engl.*›: das Fliegen von Berghängen mit einem Gleitschirm; Gleitschirmfliegen, Gleitsegeln

Pa|ra|graf, Pa|ra|graph *der;* -en, -en ‹*gr.-lat.*›: **a)** in Gesetzbüchern, wissenschaftlichen Werken u. a. ein fortlaufend nummerierter kleiner Abschnitt; **b)** das Zeichen für einen solchen Abschnitt (Zeichen: §; Plural: §§)

Pa|ra|gra|fie, Pa|ra|gra|phie *die;* -, ...ien ‹*gr.-nlat.*› (Med.): Störung des Schreibvermögens, bei der Buchstaben, Silben od. Wörter vertauscht werden

pa|ra|gra|fie|ren, pa|ra|gra|phie|ren ‹*gr.-nlat.*›: in Paragrafen einteilen

Pa|ra|gramm *das;* -s, -e ‹*gr.-lat.*›: Buchstabenänderung in einem Wort od. Namen (wodurch ein scherzhaft-komischer Sinn entstehen kann, z. B. *B*iberius [= Trunkenbold von lat. bibere = trinken] statt *T*iberius)

Pa|ra|graph usw. vgl. Paragraf usw.

Pa|ra|ki|ne|se *die;* -, -n ‹*gr.-nlat.*› (Med.): Störung in der Muskelkoordination, die zu irregulären Bewegungsabläufen führt

Pa|ra|kla|se *die;* -, -n ‹*gr.-nlat.*› (Geol.): Verwerfung

Pa|ra|k|let *der;* -[e]s u. -en, -e[n] ‹*gr.-mlat.*›: Helfer, Fürsprecher vor Gott, bes. der Heilige Geist (Johannes 14, 16 u. a.)

Pa|ra|la|lie *die;* -, ...ien ‹*gr.-nlat.*› (Med.; Psychol.): Sprachstörung, bei der es zu Lautverwechslungen u. -entstellungen kommt

Pa|ra|le|xie *die;* -, ...ien ‹*gr.-nlat.*› (Med.; Psychol.): Lesestörung mit Verwechslung der gelesenen Wörter

Pa|ra|li|po|me|non *das;* -s, ...mena ‹*gr.*›: **1.** (meist Plural) Randbemerkung, Ergänzung, Nachtrag zu einem literarischen Werk. **2.** (nur Plural) die Bücher der Chronik im Alten Testament

Pa|ra|lip|se *die;* -, -n ‹*gr.*›: rhetorische Figur, die darin besteht, dass man etwas durch die Erklärung, es übergehen zu wollen, nachdrücklich hervorhebt

pa|r|al|lak|tisch ‹*gr.*›: die Parallaxe betreffend, auf ihr beruhend, durch sie bedingt

Pa|r|al|la|xe *die;* -, -n ‹»Vertauschung; Abweichung«›: **1.** (Physik) Winkel, den zwei Geraden bilden, die von verschiedenen Standorten auf einen Punkt gerichtet sind. **2.** (Astron.) Entfernung eines Sterns, die mithilfe zweier von verschiedenen Standorten ausgehender Geraden bestimmt wird. **3.** (Fotogr.) Unterschied zwischen dem Bildausschnitt im Sucher u. auf dem Film

pa|r|al|lel ‹*gr.-lat.*›: **1.** (Math.) in gleichem Abstand ohne gemeinsamen Schnittpunkt nebeneinander verlaufend. **2.** (Musik) im gleichen Intervallabstand (z. B. in Quinten od. Oktaven), in gleicher Richtung fortschreitend. **3.** gleichlaufend, gleichgeschaltet, nebeneinandergeschaltet

Pa|r|al|le|le *die;* -, -n (aber: 3 Parallele[n]) ‹*gr.-lat.(-fr.)*›: **1.** (Math.) Gerade, die zu einer anderen Geraden in gleichem Abstand u. ohne Schnittpunkt im Endlichen verläuft. **2.** (Musik) (im strengen mehrstimmigen Satz verbotenes) gleichlaufendes Fortschreiten im Quint- od. Oktavabstand. **3.** Entsprechung; Vergleich; vergleichbarer Fall

Pa|r|al|le|len|axi|om *das;* -s (Math.): geometrischer Grundsatz des Euklid, dass es zu einer gegebenen Geraden durch einen nicht auf ihr gelegenen Punkt nur eine Parallele gibt

Pa|r|al|le̲l|epi|ped [...pe:t] *das;* -[e]s, -e, **Pa|r|al|lel|epi̲|pe|don** *das;* -s, ...da u. ...pe̲den ‹*gr.*›: ↑Parallelflach

Pa|r|al|le̲l|flach *das;* -[e]s, -e ‹*gr.-lat.; dt.*› (Math.): von drei Paaren paralleler Ebenen begrenzter Körper (z. B. Rhomboeder, Würfel)

pa|r|al|le|li|sie̲|ren ‹*gr.-lat.-nlat.*›: vergleichend nebeneinanderstellen, zusammenstellen

Pa|r|al|le|lịs|mus *der;* -, ...men: **1.** [formale] Übereinstimmung verschiedener Dinge od. Vorgänge. **2.** (Sprachw., Stilkunde) inhaltlich u. grammatisch gleichmäßiger Bau von Satzgliedern od. Sätzen; Ggs. ↑Chiasmus

Pa|r|al|le|li|tä̲t *die;* -, -en: **1.** (ohne Plural; Math.) Eigenschaft zweier paralleler Geraden. **2.** Gleichlauf, Gleichheit, Ähnlichkeit (von Geschehnissen, Erscheinungen o. Ä.)

Pa|r|al|le̲l|kreis *der;* -es, -e ‹*gr.-lat.; dt.*› (Geogr.): zum Äquator paralleler Breitenkreis

Pa|r|al|le|lo|grạmm *das;* -s, -e ‹*gr.*› (Math.): Viereck mit parallelen gegenüberliegenden Seiten

Pa|r|al|le̲l|pro|jek|ti|on *die;* -, -en (Math.): durch parallele Strahlen auf einer Ebene dargestelltes Raumgebilde

Pa|r|al|le̲l|ton|art *die;* -, -en ‹*gr.-lat.; dt.*›: mit einer Molltonart die gleichen Vorzeichen aufweisende Durtonart bzw. mit einer Durtonart die gleichen Vorzeichen aufweisende Molltonart (z. B. D-Dur u. h-Moll)

Pa|ra|lo|gie̲ *die;* -, ...ien ‹*gr.-nlat.*›: **1.** (Logik) Vernunftwidrigkeit, Widervernünftigkeit. **2.** (Med.; Psychol.) Gebrauch falscher Wörter beim Bezeichnen von Gegenständen, das Vorbeireden an einer Sache, Verfehlen eines Problems aus Konzentrationsmangel (z. B. bei Hirnschädigungen)

Pa|ra|lo|gịs|mus *der;* -, ...men (Logik): auf Denkfehlern beruhender Fehlschluss

Pa|ra|ly̯m|pics [engl.: pærəˈlɪmpɪks] *die* (Plural) ‹*engl.;* Kurzw. aus **paraplegic** »(doppelseitig) gelähmt« u. (the) **Olympics** »Olympische Spiele«›: olympische Spiele für Sportlerinnen u. Sportler mit Behinderungen

Pa|ra|ly|se *die;* -, -n ‹*gr.-lat.*›: vollständige Bewegungslähmung; **progressive Paralyse** (Med.): fortschreitende Gehirnerweichung, chronische Entzündung u. ↑Atrophie vorwiegend der grauen Substanz des Gehirns als Spätfolge der Syphilis

pa|ra|ly|sie̲|ren ‹*gr.-nlat.*›: **1.** (Med.) lähmen, schwächen. **2.** unwirksam machen, aufheben, entkräften

Pa|ra|ly̲|ti|ker *der;* -s, - ‹*gr.-lat.*›: **1.** an progressiver Paralyse Leidender. **2.** Patient, der an Kinderlähmung od. an Halbseitenlähmung leidet; Gelähmter

Pa|ra|ly̲|ti|ke|rin *die;* -, -nen: weibliche Form zu ↑Paralytiker

pa|ra|ly̲|tisch (Med.): die progressive Paralyse betreffend; gelähmt

pa|ra|ma|g|ne̲|tisch ‹*gr.-nlat.*› (Physik): den Paramagnetismus betreffend; in einem Stoff durch größere Dichte der magnetischen Kraftlinien den Magnetismus verstärkend

Pa|ra|ma|g|ne|tịs|mus *der;* - (Physik): Verstärkung des ↑Magnetismus durch Stoffe mit (von den Drehimpulsen der Elementarteilchen erzeugtem) atomarem magnetischem Moment

Pa̲|ra|me|di|zin *die;* - ‹*gr.; lat.*›: alle von der Schulmedizin abweichenden Auffassungen in Bezug auf Erkennung u. Behandlung von Krankheiten

Pa|ra|mẹnt *das;* -[e]s, -e (meist Plural) ‹*lat.-mlat.*› (Rel.): im christlichen Gottesdienst übliche, oft kostbar ausgeführte liturgische Bekleidung; für Altar, Kanzel u. liturgische Geräte verwendetes Tuch

Pa|ra̲|me|ter *der;* -s, - ‹*gr.-nlat.*›: **1.** (Math.) in Funktionen u. Gleichungen eine neben den eigentlichen ↑Variablen auftretende, entweder unbestimmt gelassene od. konstant gehaltene Hilfsgröße. **2.** (Math.) bei Kegelschnitten die im Brennpunkt die Hauptachse senkrecht schneidende Sehne. **3.** kennzeichnende Größe in technischen Prozessen o. Ä., mit deren Hilfe Aussagen über Aufbau, Leistungsfähigkeit einer Maschine, eines Gerätes, Werkzeugs o. Ä. gewonnen werden. **4.** (Wirtsch.) veränderliche Größe (z. B. Materialkosten, Zeit), durch die ein ökonomischer Prozess beeinflusst wird. **5.** Klangeigenschaft der Musik, eine der Dimensionen des musikalischen Wahrnehmungsbereichs

pa|ra|me|t|rie̲|ren, pa|ra|me|t|ri|sie̲|ren ‹*gr.-nlat.*›: mit einem Parameter versehen

pa̲|ra|mi|li|tä|risch ‹*gr.; lat.-fr.*›: halbmilitärisch, militärähnlich

Pa|ra|noia [...ˈnɔ̯ya] *die;* - ‹*gr.;* »Wahn«› (Med.; Psychol.): Form der Psychose, die durch das Auftreten von Wahnvorstellungen gekennzeichnet ist

pa|ra|no|i̲d ‹*gr.-nlat.*›: **a)** (Med.) an Paranoia leidend; **b)** (bildungsspr.) krankhaft misstrauisch

Pa|ra|no̲|i|ker *der;* -s, -: an Paranoia Leidender

Pa|ra|no̲|i|ke|rin *die;* -, -nen: weibliche Form zu ↑Paranoiker

pa|ra|no̲|isch (Med.): **1.** die Paranoia betreffend,

zu ihrem Erscheinungsbild gehörend. **2.** geistesgestört

pa|ra|nor|mal ⟨*gr.; lat.*⟩ (Parapsychol.): nicht auf natürliche Weise erklärbar; übersinnlich

Pa|ra|nuss *die;* -, ...nüsse ⟨nach der bras. Stadt Parà (Ausfuhrhafen)⟩: dreikantige, dick- u. hartschalige Nuss eines südamerikanischen Baumes

Pa|ra|phe *die;* -, -n ⟨*gr.-lat.-fr.*⟩: Namenszug, Namenszeichen, Namensstempel

pa|ra|phie|ren: mit der Paraphe versehen, abzeichnen; bes. einen Vertrag[sentwurf], ein Verhandlungsprotokoll als Bevollmächtigter unterzeichnen

Pa|ra|phra|se *die;* -, -n ⟨*gr.-lat.*⟩: **1.** (Sprachw.) **a)** Umschreibung eines sprachlichen Ausdrucks mit anderen Wörtern oder Ausdrücken; **b)** freie, nur sinngemäße Übertragung, Übersetzung in eine andere Sprache. **2.** (Musik) Ausschmückung; ausschmückende Bearbeitung einer Melodie o. Ä.

pa|ra|phra|sie|ren: 1. (Sprachw.) eine Paraphrase (1) von etwas geben; etwas verdeutlichend umschreiben. **2.** (Musik) eine Melodie frei umspielen, ausschmücken

Pa|ra|ple|gie *die;* -, ...ien ⟨*gr.*⟩ (Med.): doppelseitige Lähmung; auf beiden Körperseiten gleichmäßig auftretende Lähmung der oberen od. unteren Extremitäten

Pa|ra|psy|cho|lo|gie *die;* -, ...ien: Lehre von den okkulten, außerhalb der normalen Wahrnehmbarkeit liegenden, übersinnlichen Erscheinungen (z. B. Telepathie, Telekinese)

pa|ra|psy|cho|lo|gisch: die Parapsychologie betreffend

Pa|ra|sem *das;* -s, -e (Sprachw.): im Hinblick auf die Semantik (2) nebengeordneter Begriff

Pa|ra|sit *der;* -en, -en ⟨*gr.-lat.;* »Tischgenosse; Schmarotzer«⟩: **1.** (Biol.) Lebewesen, das aus dem Zusammenleben mit anderen Lebewesen einseitig Nutzen zieht, die es oft auch schädigt u. bei denen es Krankheiten hervorrufen kann; tierischer od. pflanzlicher Schmarotzer. **2.** Figur des hungernden, gefräßigen u. kriecherischen Schmarotzers im antiken Lustspiel. **3.** (Geol.) am Hang eines Vulkans entstandener kleiner Schmarotzerkrater

pa|ra|si|tär ⟨*gr.-lat.-fr.*⟩: **1.** Parasiten (1) betreffend, durch sie hervorgerufen. **2.** in der Art eines Parasiten; parasitenähnlich, schmarotzerhaft

pa|ra|si|tisch ⟨*gr.-lat.*⟩: parasitär, schmarotzerartig; **parasitischer Laut** (Sprachw.): eingeschobener Laut

Pa|ra|si|tis|mus *der;* - ⟨*gr.-lat.-nlat.*⟩: Schmarotzertum

Pa|ra|si|to|lo|gie *die;* - ⟨*gr.-nlat.*⟩: Wissenschaft von den pflanzlichen u. tierischen Schmarotzern, bes. den krankheitserregenden

Pa|ra|ski *der;* -: Kombination aus Fallschirm-Zielspringen u. Riesenslalom als Disziplin beim Wintersport

¹Pa|ra|sol *der* od. *das;* -s, -s ⟨*lat.-it.-fr.*⟩ (veraltet): Sonnenschirm

²Pa|ra|sol *der;* -s, -e u. -s: großer, wohlschmeckender Blätterpilz

Pa|ra|sol|pilz *der;* -es, -e: ↑²Parasol

Pa|r|äs|the|sie *die;* -, ...ien ⟨*gr.-nlat.*⟩ (Med.): anomale Körperempfindung (z. B. Kribbeln, Einschlafen der Glieder)

Pa|ra|sym|pa|thi|kus *der;* -, ...thizi ⟨*gr.-nlat.*⟩ (Med.): dem ↑Sympathikus entgegengesetzt wirkender Teil des vegetativen (3) Nervensystems

pa|rat ⟨*lat.*⟩: (für den Gebrauchs-, Bedarfsfall) zur Verfügung [stehend], bereit

pa|ra|tak|tisch ⟨*gr.*⟩ (Sprachw.): der Parataxe unterliegend, nebenordnend; Ggs. ↑hypotaktisch

Pa|ra|ta|xe *die;* -, -n (Sprachw.): Nebenordnung, Koordination (2) von Satzgliedern od. Sätzen; Ggs. ↑Hypotaxe

Pa|ra|ta|xis *die;* -, ...taxen (veraltet): ↑Parataxe

Pa|ra|ty|phus *der;* - ⟨*gr.-nlat.*⟩ (Med.): dem Typhus ähnliche, aber leichter verlaufende u. von anderen Erregern hervorgerufene Infektionskrankheit

Pa|ra|vent [...ˈvã:] *der* od. *das;* -s, -s ⟨*lat.-it.-fr.;* »den Wind Abhaltender«⟩ (veraltet): **1.** spanische Wand; Wandschirm aus bespannten Holzrahmen (z. B. als Raumteiler). **2.** Windschutz, Ofenschirm

par avion [paraˈvi̯õ:] ⟨*fr.*⟩: durch Luftpost (Vermerk auf Postsendungen)

pa|ra|zen|t|risch (Math.): um den Mittelpunkt liegend od. beweglich

par|boiled [ˈpa:ɐ̯bɔy̯lt] ⟨*lat.-fr.-engl.*⟩: (von Reis) in bestimmter Weise vorbehandelt, damit die Vitamine erhalten bleiben

Par|cours [...ˈku:ɐ̯] *der;* -, - [...s] ⟨*lat.-fr.*⟩: **1.** (Pferdesport) abgesteckte Hindernisbahn für Jagdspringen od. Jagdrennen. **2.** (Sport, bes. schweiz.) Lauf-, Rennstrecke

par dis|tance [pardɪsˈtã:s] ⟨*lat.-fr.*⟩: mit [dem nötigen] Abstand; aus der Ferne

Par|don [parˈdõ:, österr.: ...ˈdo:n] *der,* auch: *das;* -s ⟨*lat.-vulgärlat.-fr.*⟩ (veraltet): Verzeihung; Nachsicht; **Pardon!:** Verzeihung!; **kein[en] Pardon kennen:** keine Rücksicht kennen; schonungslos vorgehen

Par|dun *das;* -[e]s, -s, **Par|du|ne** *die;* -, -n ⟨*nie-*

derl.⟩ (Seemannsspr.): Tau, das die Masten od. Stengen nach hinten stützt

Pa|r|e|che|se *die;* -, -n ⟨*gr.;* »Lautnachahmung«⟩ (Rhet.): Zusammenstellung lautlich gleicher od. ähnlicher Wörter von verschiedener Herkunft; vgl. Paronomasie

Pa|r|en|chym *das;* -s, -e ⟨*gr.*⟩ (Biol., Med.): pflanzliches u. tierisches Grundgewebe, Organgewebe im Unterschied zum Binde- u. Stützgewebe

Pa|ren|tal|ge|ne|ra|ti|on *die;* -, -en (Biol.): Elterngeneration (Zeichen: P)

Pa|ren|ta|li|en *die* (Plural): altrömisches Totenfest im Februar; vgl. Feralien

Pa|ren|tel *die;* -, -en (Rechtswiss.): nach Ordnungen unterschiedene Gesamtheit der Abkömmlinge eines Erblassers

Pa|ren|tel|sys|tem *das;* -s (Rechtswiss.): für die 1.–3. Ordnung gültige Erbfolge nach Stämmen, bei der die Abkömmlinge eines wegfallenden Erben gleichberechtigt an dessen Stelle nachrücken; vgl. Gradualsystem

Pa|r|en|the|se *die;* -, -n ⟨*gr.-lat.*⟩ (Sprachw.): Redeteil, der außerhalb des eigentlichen Satzverbandes steht (z. B. Interjektion, Vokativ, absoluter Nominativ)

pa|r|en|the|tisch ⟨*gr.*⟩: **1.** die Parenthese betreffend. **2.** eingeschaltet, nebenbei [gesagt]

Pa|reo *der;* -s, -s ⟨*polynes.*⟩: großes Wickeltuch, das um die Hüften geschlungen wird

par ex|cel|lence [parɛksɛˈlã:s] ⟨*lat.-fr.*⟩: in typischer Ausprägung, in höchster Vollendung, schlechthin (immer nachgestellt)

Par|fait [...ˈfɛ] *das;* -s, -s ⟨*fr.*⟩: **1.** Pastete aus Fleisch od. Fisch. **2.** Halbgefrorenes

par force [parˈfɔrs] ⟨*lat.-fr.*⟩ (veraltet): **1.** mit Gewalt, heftig. **2.** unbedingt

Par|force|jagd *die;* -, -en ⟨*lat.-fr.; dt.*⟩: Hetzjagd mit Pferden u. Hunden

Par|force|ritt *der;* -[e]s, -e: mit großer Anstrengung, unter Aufbietung aller Kräfte bewältigte Leistung

Par|fum [...ˈfœ̃:] *das;* -s, -s, **Par|füm** *das;* -s, -e u. -s ⟨*lat.-it.-fr.*⟩: **1.** Flüssigkeit mit intensivem [länger anhaltendem] Duft (als Kosmetikartikel). **2.** Duft, Wohlgeruch

Par|fü|me|rie *die;* -, ...ien ⟨französierende Ableitung von ↑Parfum⟩: **1.** Geschäft, in dem Parfüme, Kosmetikartikel o. Ä. verkauft werden. **2.** Betrieb, in dem Parfüme hergestellt werden

Par|fü|meur [...ˈmø:ɐ̯] *der;* -s, -e ⟨*lat.-it.-fr.*⟩: Fachkraft für die Herstellung von Parfümen

Par|fü|meu|rin [...ˈmø:rɪn] *die;* -, -nen: weibliche Form zu ↑Parfümeur

par|fü|mie|ren: mit Parfüm besprengen; wohlriechend machen

Pa|ria *der;* -s, -s ⟨*tamil.-angloind.*⟩: **1.** außerhalb der Kasten stehender bzw. der niedersten Kaste angehörender Inder, ↑Outcast (b); vgl. Haridschan. **2.** von der menschlichen Gesellschaft Ausgestoßener, Entrechteter; Unterprivilegierter, ↑Outcast (a)

[1]**pa|rie|ren** ⟨*lat.-it.*⟩ (Sport): einen Angriff abwehren

[2]**pa|rie|ren** ⟨*lat.-span.-fr.*⟩ (Sport): ein Pferd (durch reiterliche Hilfen) in eine andere Gangart od. zum Stehen bringen

[3]**pa|rie|ren** ⟨*lat.-fr.*⟩ (Kochkunst): Fleischstücke sauber zuschneiden, von Haut u. Fett befreien

[4]**pa|rie|ren** ⟨*lat.*⟩ (ugs.): ohne Widerspruch gehorchen

Pa|ri|e|tal|au|ge *das;* -s, -n ⟨*lat.; dt.*⟩ (Biol.): vom Zwischenhirn gebildetes, lichtempfindliches Sinnesorgan niederer Wirbeltiere

Pa|ri|kurs *der;* -es, -e (Wirtsch.): dem Nennwert eines Wertpapiers entsprechender Kurs

Pa|ri|ser *der;* -s, - ⟨im Sinne von »Verhütungsmittel aus Paris«⟩ (salopp): ↑Kondom

Pa|ri|si|enne [...ˈzi̯ɛn] *die;* - ⟨*fr.*⟩: **1.** klein gemustertes, von Metallfäden durchzogenes Seidengewebe. **2.** französisches Freiheitslied zur Verherrlichung der Julirevolution von 1830. **3.** veraltete Schriftgattung

pa|ri|syl|la|bisch ⟨*lat.; gr.*⟩: in allen Beugungsfällen des Singulars u. des Plurals die gleiche Anzahl von Silben aufweisend (auf griechische u. lateinische Substantive bezogen)

Pa|ri|syl|la|bum *das;* -s, ...ba: parisyllabisches Substantiv

Pa|ri|tät *die;* -, -en (Plural selten) ⟨*lat.;* »Gleichheit«⟩: **1.** Gleichstellung, Gleichsetzung, [zahlenmäßige] Gleichheit. **2.** (Wirtsch.) im Wechselkurs zum Ausdruck kommendes Austauschverhältnis zwischen verschiedenen Währungen

pa|ri|tä|tisch: gleichgestellt, gleichberechtigt

Par|ka *die;* -, -s ⟨*russ.-eskim.-engl.*⟩: knielanger, oft mit Pelz gefütterter, warmer Anorak mit Kapuze

Park-and-ride-Sys|tem [ˈpa:kəndˈra̯id...] *das;* -s, -e ⟨*engl.-amerik.*⟩: Regelung, nach der Kraftfahrer ihre Autos auf Parkplätzen am Stadtrand abstellen u. von dort [unentgeltlich] mit öffentlichen Verkehrsmitteln in das Stadtzentrum weiterfahren

Par|kett *das;* -[e]s, -e u. -s ⟨*mlat.-fr.*⟩: **1.** Fußboden aus schmalen, kurzen Holzbrettern, die in einem bestimmten Muster zusammengesetzt sind. **2.** im Theater od. Kino meist vorderer Zuschauerraum zu ebener Erde. **3.** amtlicher Börsenverkehr. **4.** Schauplatz des großen gesellschaftlichen Lebens

Par|ket|te *die;* -, -n (österr.): Einzelbrett des Parkettfußbodens

par|ket|tie|ren: mit Parkettfußboden versehen

par|kie|ren (schweiz.): parken

Par|king *das;* -s, -s ‹*engl.*› (schweiz.): Parkhaus

Par|king|me|ter *der;* -s, - ‹*engl.*› (schweiz.): ↑Parkometer

Par|kin|son *der;* -s (ugs.): Kurzform von ↑Parkinsonkrankheit

Par|kin|son|krank|heit, Par|kin|son-Krankheit *die;* -: Erkrankung des Gehirns, die ein starkes Zittern (bes. der Hände) bei gleichzeitiger Muskelstarre auslöst; Schüttellähmung

Par|ko|me|ter *das* (auch: *der*); -s, - ‹*mlat.-fr.-engl.; gr.*›: Parkuhr

Park|stu|di|um *das;* -s (ugs.): bis zum Erhalt eines Studienplatzes im gewünschten Fach vorläufig aufgenommenes Studium in einem anderen [ähnlichen] Studienfach

Par|la|ment *das;* -[e]s, -e ‹*gr.-lat.-vulgärlat.-fr.-engl.*›: **1.** gewählte Volksvertretung mit beratender od. gesetzgebender Funktion. **2.** Parlamentsgebäude

Par|la|men|tär *der;* -s, -e ‹*gr.-lat.-vulgärlat.-fr.*›: Unterhändler zwischen feindlichen Heeren

Par|la|men|ta|ri|er *der;* -s, - ‹*gr.-lat.-vulgärlat.-fr.-engl.*›: Abgeordneter, Mitglied eines Parlaments

Par|la|men|ta|ri|e|rin *die;* -, -nen: weibliche Form zu ↑Parlamentarier

Par|la|men|tä|rin *die;* -, -nen: weibliche Form zu ↑Parlamentär

par|la|men|ta|risch: das Parlament betreffend, vom Parlament ausgehend

Par|la|men|ta|ris|mus *der;* - ‹*gr.-lat.-vulgärlat.-fr.-engl.-nlat.*›: demokratische Regierungsform, in der die Regierung dem Parlament verantwortlich ist

par|la|men|tie|ren ‹*gr.-lat.-vulgärlat.-fr.*›: **1.** (veraltet) unterhandeln. **2.** (landsch.) eifrig hin und her reden, verhandeln

par|lan|do ‹*gr.-lat.-vulgärlat.-it.*› (Musik): rhythmisch exakt u. mit nur leichter Tongebung, dem Sprechen nahekommend (von einer bestimmten Gesangsweise, bes. in Arien der komischen Oper)

Par|lan|do *das;* -s, -s u. ...di (Musik): parlando vorgetragener Gesang; Sprechgesang

par|lie|ren ‹*gr.-lat.-vulgärlat.-fr.*›: **a)** (veraltend) reden, plaudern; sich miteinander unterhalten, leichte Konversation machen; **b)** in einer fremden Sprache sprechen, sich unterhalten

Par|mä|ne *die;* -, -n ‹*fr.*›: Apfel einer zu den Renetten gehörenden Sorte

Par|me|san *der;* -[s] ‹nach der it. Stadt Parma›: sehr fester, vollfetter italienischer [Reib]käse

Par|nass *der;* - u. -es ‹*gr.-lat.;* nach dem mgriech. Gebirgszug›: Musenberg, Reich der Dichtkunst

par|nas|sisch ‹*gr.-lat.*›: den Parnass betreffend

Par|nas|sos, Par|nas|sus *der;* -: ↑Parnass

pa|r|o|chi|al ‹*gr.-lat.-mlat.*›: zum Kirchspiel, zur Pfarrei gehörend

Pa|r|o|chi|al|kir|che *die;* -, -n: Pfarrkirche

Pa|r|o|chie *die;* -, ...ien ‹*gr.-lat.-mlat.*›: Kirchspiel, Amtsbezirk eines Pfarrers

Pa|r|o|die *die;* -, ...ien ‹*gr.-lat.-fr.*›: **1.** komisch-satirische Umbildung od. Nachahmung eines meist künstlerischen, oft literarischen Werkes od. des Stils eines Künstlers; vgl. Travestie. **2.** [komisch-spöttische] Unterlegung eines anderen Textes unter eine Komposition. **3.** (Musik) **a)** Verwendung von Teilen einer eigenen od. fremden Komposition für eine andere Komposition (bes. im 15. u. 16. Jh.); **b)** Vertauschung geistlicher u. weltlicher Texte u. Kompositionen (Bachzeit)

Pa|r|o|die|mes|se *die;* -, -n: Messenkomposition unter Verwendung eines schon vorhandenen Musikstücks

pa|r|o|die|ren: in einer Parodie (1) nachahmen, verspotten

Pa|r|o|dist *der;* -en, -en: jmd., der Parodien (1) verfasst od. [im Varieté, Zirkus od. Kabarett] vorträgt

Pa|r|o|dis|tik *die;* -: Kunst, Art, Anwendung der Parodie (1)

Pa|r|o|dis|tin *die;* -, -nen: weibliche Form zu ↑Parodist

pa|r|o|dis|tisch: die Parodie (1), den Parodisten betreffend; in Form, in der Art einer Parodie (1); komisch-satirisch nachahmend, verspottend

Pa|r|o|don|ti|tis *die;* -, ...itiden ‹*gr.-nlat.*› (Med.): Entzündung des Zahnfleischsaumes mit Ablagerung von Zahnstein, Bildung eitriger Zahnfleischtaschen u. Lockerung der Zähne

Pa|r|o|don|to|se *die;* -, -n (Med.): ohne Entzündung verlaufende Erkrankung des Zahnbettes mit Lockerung der Zähne; Zahnfleischschwund

[1]**Pa|role** [paˈrɔl] *die;* - ‹*gr.-lat.-vulgärlat.-fr.*› (Sprachw.): die gesprochene (aktualisierte) Sprache, Rede (nach F. de Saussure); Ggs. ↑Langue

[2]**Pa|ro|le** *die;* -, -n: **1.** [militärisches] Kennwort; Losung. **2.** Leit-, Wahlspruch. **3.** [unwahre] Meldung, Behauptung

Pa|role d'Hon|neur [paˈrɔl dɔˈnøːɐ̯] *das;* - - ‹*fr.*› (veraltet): Ehrenwort

¹Pa|ro|li *das;* -s, -s ⟨*lat.-it.-fr.*⟩: Verdoppelung des ersten Einsatzes im Pharaospiel; vgl. ²Pharao

²Pa|ro|li: in der Fügung **Paroli bieten:** Widerstand entgegensetzen, sich widersetzen, dagegenhalten

Pa|r|ö|mie *die;* -, ...ien: altgriechisches Sprichwort, Denkspruch

Pa|r|ö|mio|lo|gie *die;* - ⟨*gr.-nlat.*⟩: Wissenschaft von den Parömien; Sprichwortkunde

Pa|r|o|no|ma|sie *die;* -, ...ien ⟨*gr.-lat.*⟩ (Rhet.): Zusammenstellung lautlich gleicher od. ähnlicher Wörter [von gleicher Herkunft]; ↑Parechese, ↑Annomination

Pa|r|o|ny|ma, Pa|r|o|ny|me: *Plural* von ↑Paronymon

Pa|r|o|ny|mik *die;* - ⟨*gr.-nlat.*⟩ (veraltet): die Paronymie betreffendes Teilgebiet der Sprachwissenschaft

pa|r|o|ny|misch (veraltet): die Paronymie betreffend, vom gleichen Wortstamm abgeleitet

Pa|r|o|ny|mon *das;* -s, ...ma u. ...nyme ⟨*gr.-lat.*⟩ (Sprachw. veraltet): stammverwandtes, mit einem od. mit mehreren anderen Wörtern vom gleichen Stamm abgeleitetes Wort (z. B. Rede–reden–Redner–redlich–beredt)

par or|d|re [paˈrɔrdr(ə)] ⟨*lat.-fr.*⟩: auf Befehl

par or|d|re du mu|f|ti [- dy -] ⟨*fr.*⟩: **a)** durch Erlass, auf Anordnung von vorgesetzter Stelle, auf fremden Befehl; **b)** notgedrungen

Pa|r|o|tis *die;* -, ...tiden ⟨*gr.-lat.*⟩ (Med.): Ohrspeicheldrüse

Pa|r|o|ti|tis *die;* -, ...itiden ⟨*gr.-nlat.*⟩ (Med.): virale Entzündung der Ohrspeicheldrüse; Ziegenpeter, Mumps

Pa|r|o|xys|mus *der;* -, ...men ⟨*gr.*⟩: **1.** (Med.) anfallartiges Auftreten einer Krankheitserscheinung; anfallartige starke Steigerung bestehender Beschwerden. **2.** (Geogr.) aufs Höchste gesteigerte Tätigkeit eines Vulkans

Pa|r|o|xy|to|non *das;* -s, ...tona: in der griechischen Betonungslehre ein Wort, das den ↑Akut auf der vorletzten Silbe trägt (z. B. *gr.* μανία = Manie); vgl. Oxytonon u. Proparoxytonon

par pré|fé|rence [parprefeˈrã:s] ⟨*lat.-fr.*⟩ (veraltet): vorzugsweise; vgl. Präferenz (1)

Par|se *der;* -n, -n ⟨*pers.*⟩: Anhänger des Parsismus [in Indien]

Par|sec *das;* -, - ⟨Kurzw. für **Parallaxensekunde**⟩ (Astron.): Maß der Entfernung von Sternen (1 Parsec = 3,257 Lichtjahre; Abk.: pc)

par|sen [auch: ˈpa:ɐ̯sn̩] ⟨*engl.*⟩ (EDV): analysieren, segmentieren u. kodieren (von maschinenlesbaren Daten)

par|sisch ⟨*pers.-nlat.*⟩: die Parsen betreffend

Par|sis|mus *der;* -: von Zarathustra gestiftete altpersische Religion, bes. in ihrer heutigen indischen Form

Pars pro To|to *das;* - - - ⟨*lat.*⟩ (Sprachw.): Redefigur, die einen Teilbegriff an die Stelle eines Gesamtbegriffs setzt (z. B. unter einem *Dach* = in einem *Haus*)

Part *der;* -s, -s, (auch:) -e ⟨*lat.-fr.;* »[An]teil«⟩: **1.** (Kaufmannsspr.) Anteil des Miteigentums an einem Schiff. **2. a)** Stimme eines Instrumental- od. Gesangsstücks; **b)** Rolle in einem Theaterstück, einem Film

Par|tei|se|kre|tär *der;* -s, -e ⟨*lat.-fr.; lat.-mlat.(-fr.)*⟩: für die Verwaltung der Parteiangelegenheiten bestelltes (meist leitendes) Parteimitglied

Par|tei|se|kre|tä|rin *die;* -, -nen: weibliche Form zu ↑Parteisekretär

par|terre [...ˈtɛr] ⟨*lat.-fr.*⟩: zu ebener Erde (Abk.: part.)

Par|ter|re [...ˈtɛr(ə)] *das;* -s, -s: **1.** Erdgeschoss (Abk.: Part.). **2.** Sitzreihen zu ebener Erde in Theater od. Kino

Par|ter|re|ak|ro|ba|tik [...ˈtɛr(ə)...] *die;* -: artistisches Bodenturnen

Par|te|zet|tel *der;* -s, - (österr.): Todesanzeige

Par|the|no|ge|ne|se *die;* -, -n ⟨*gr.-nlat.*⟩: **1.** (Rel.) Jungfrauengeburt; Geburt eines Gottes od. Helden durch eine Jungfrau. **2.** (Biol.) Jungfernzeugung; Fortpflanzung durch unbefruchtete Keimzellen (z. B. bei Insekten)

par|the|no|ge|ne|tisch (Biol.): die Parthenogenese (2) betreffend; aus unbefruchteten Keimzellen entstehend

par|ti|al ⟨*lat.*⟩: ↑partiell; vgl. ...al/...ell

Par|ti|al|bruch *der;* -[e]s, ...brüche (Math.): Bruch, dessen Nenner Potenzen von Polynomen des Grades 1 oder 2 und dessen Zähler Zahlen oder Polynome vom Grad 1 sind

Par|ti|al|ob|li|ga|ti|on *die;* -, -en (Wirtsch.): Teilschuldverschreibung

Par|tie *die;* -, ...ien ⟨*lat.-fr.*⟩: **1.** Abschnitt, Ausschnitt, Teil. **2.** Durchgang, Runde bei bestimmten Spielen. **3.** Rolle in einem gesungenen [Bühnen]werk. **4.** (veraltet) [gemeinsamer] Ausflug. **5.** (Kaufmannsspr.) Warenposten; **eine gute Partie sein:** viel Geld mit in die Ehe bringen; **eine gute Partie machen:** einen vermögenden Ehepartner heiraten

Par|tie|füh|rer *der;* -s, - (österr.): Vorarbeiter; Führer einer Gruppe von Arbeitern

Par|tie|füh|re|rin *die;* -, -nen: weibliche Form zu ↑Partieführer

par|ti|ell: teilweise [vorhanden]; einseitig; anteilig; vgl. ...al/...ell

Par|tie|wa|re *die;* -, -n: unmoderne od. unansehnliche Ware, die billiger verkauft wird

[1]**Par|ti|kel** [auch: ...'tı...] *die;* -, -n ⟨*lat.*⟩: **1.** (Sprachw.) Wort, das nicht flektiert werden kann (z. B. Präposition, Konjunktion, Adverb). **2.** (Sprachw.) die Bedeutung nur modifizierendes Wörtchen ohne syntaktische Funktion (z. B. doch, etwa). **3.** (kath. Kirche) **a)** Teilchen der ↑Hostie; **b)** als Reliquie verehrter Span des Kreuzes Christi

[2]**Par|ti|kel** *das;* -s, -, (auch:) *die;* -, -n (Fachspr.): [sehr] kleiner materieller Körper; Elementarteilchen

par|ti|ku|lar, par|ti|ku|lär: einen Teil, eine Minderheit betreffend; einzeln

Par|ti|ku|la|ris|mus *der;* - ⟨*lat.-nlat.*⟩ (meist abwertend): das Streben staatlicher Teilgebiete, ihre besonderen Interessen gegen die allgemeinen Interessen der übergeordneten staatlichen Gemeinschaft durchzusetzen

Par|ti|ku|la|rist *der;* -en, -en: Anhänger des Partikularismus

Par|ti|ku|la|ris|tin *die;* -, -nen: weibliche Form zu ↑Partikularist

par|ti|ku|la|ris|tisch: den Partikularismus betreffend

Par|ti|ku|lier *der;* -s, -e ⟨*lat.-fr.*⟩: selbstständiger Schiffseigentümer, Selbstfahrer in der Binnenschifffahrt

Par|ti|kü|li|er [...'li̯e:] *der;* -s, -s (veraltet): Privatmann; Rentner; vgl. Privatier

Par|ti|men|to *das* u. *der;* -[s], ...ti ⟨*lat.-it.*⟩ (Musik): Generalbassstimme

Par|ti|san *der;* -s u. -en, -en ⟨*lat.-it.-fr.;* »Parteigänger, Anhänger«⟩: jmd., der nicht als regulärer Soldat, sondern als Angehöriger bewaffneter, aus dem Hinterhalt operierender Gruppen od. Verbände gegen den in sein Land eingedrungenen Feind kämpft

Par|ti|sa|ne *die;* -, -n: spießartige Stoßwaffe (des 15.–18. Jh.s)

Par|ti|sa|nin *die;* -, -nen: weibliche Form zu ↑Partisan

Par|ti|ta *die;* -, ...ten ⟨*lat.-it.*⟩ (Musik): Folge von mehreren in der gleichen Tonart stehenden Stücken; vgl. Suite (4)

Par|ti|te *die;* -, -n: **1.** Geldsumme, die in Rechnung gebracht wird. **2.** (veraltet) Schelmenstreich

Par|ti|ti|on *die;* -, -en ⟨*lat.*⟩ (Logik): Zerlegung des Begriffsinhaltes in seine Teile od. Merkmale

par|ti|tiv ⟨*lat.-mlat.*⟩ (Sprachw.): die Teilung ausdrückend

Par|ti|tur *die;* -, -en ⟨*lat.-mlat.-it.*⟩: übersichtliche, Takt für Takt in Notenschrift auf einzelnen übereinanderliegenden Liniensystemen angeordnete Zusammenstellung aller zu einer vielstimmigen Komposition gehörenden Stimmen

Par|ti|zip *das;* -s, -ien ⟨*lat.*⟩ (Sprachw.): Mittelwort; **Partizip Perfekt:** zweites Mittelwort; Mittelwort der Vergangenheit (z. B. geschlagen); **Partizip Präsens:** erstes Mittelwort; Mittelwort der Gegenwart (z. B. schlafend)

Par|ti|zi|pa|ti|on *die;* -, -en: das Partizipieren

Par|ti|zi|pa|ti|ons|ge|schäft *das;* -[e]s, -e (Wirtsch.): ein auf der Basis vorübergehenden Zusammenschlusses von mehreren Personen getätigtes Handelsgeschäft

Par|ti|zi|pa|ti|ons|kon|to *das;* -s, ...ten (auch: -s u. ...ti) (Wirtsch.): das gemeinsame Konto der Teilhaber eines Partizipationsgeschäftes

par|ti|zi|pi|al: **a)** das Partizip betreffend; **b)** mittelwörtlich

Par|ti|zi|pi|al|grup|pe *die;* -, -n, **Par|ti|zi|pi|al|satz** *der;* -es, ...sätze (Sprachw.): Partizip, das durch das Hinzutreten anderer [von ihm abhängender] Glieder aus dem eigentlichen Satz herausgelöst ist, dessen Wirkungsbereich sich also deutlich vom verbalen Wirkungsbereich des eigentlichen Satzes abhebt; satzwertiges Partizip (z. B. *gestützt auf seine Erfahrungen[,]* konnte er die Arbeit in Angriff nehmen)

par|ti|zi|pie|ren: von etwas, was ein anderer hat, etwas abbekommen; teilhaben

Par|ti|zi|pi|um *das;* -s, ...pia (veraltet): Partizip; **Partizipium Perfekti, Partizipium Präsentis:** ↑Partizip Perfekt, ↑Partizip Präsens (vgl. Partizip); **Partizipium Präteriti:** ↑Partizip Perfekt

Part|ner *der;* -s, - ⟨*lat.-fr.-engl.*⟩: **1. a)** jmd., der mit anderen etwas gemeinsam [zu einem bestimmten Zweck] unternimmt, sich mit anderen zusammentut; **b)** jmd., der mit einem anderen zusammenlebt, ihm eng verbunden ist; **c)** (Sport) Mit-, Gegenspieler. **2.** Teilhaber

Part|ne|rin *die;* -, -nen: weibliche Form zu ↑Partner

Part|ner|look [...lʊk] *der;* -s: [modische] Kleidung, die der des Partners (1 b) in Farbe, Schnitt o. Ä. gleicht

par|tout [par'tu:] ⟨*fr.*⟩ (ugs.): durchaus, unbedingt, um jeden Preis

Part|time-Job, Part|time|job ['pɑːttaɪmdʒɔb] *der;* -s, -s ⟨*engl.*⟩: Teilzeitarbeit, -beschäftigung

Par|ty ['pa:ɐ̯ti, engl.: 'pɑːti] *die;* -, -s ⟨*lat.-fr.-engl.-*

amerik.⟩: zwangloses Fest, gesellige Feier [im Bekanntenkreis, mit Musik u. Tanz]

Pa̤r|ty|dro|ge *die;* -, -n: Droge, die bevorzugt auf Partys od. in Diskotheken (2) konsumiert wird

Pa̤r|ty|ser|vice [...zø:ɐ̯vɪs] *der;* -, -s [...vɪs u. ...vɪsɪs]: Unternehmen, das auf Bestellung Speisen, Getränke u. a. für Festlichkeiten ins Haus liefert

Pa|r|u|si̲e *die;* - ⟨*gr.;* »Anwesenheit«⟩: **1.** (Theol.) die Wiederkunft Christi beim Jüngsten Gericht. **2.** (Philos.) Anwesenheit, Gegenwart, Dasein der Ideen in den Dingen (Plato)

Par|ve|nṳ̈ *der;* -s, -s ⟨*lat.-fr.*⟩: Emporkömmling, Neureicher

Pa̤r|ze *die;* -, -n (meist Plural) ⟨*lat.*⟩: eine der drei altrömischen Schicksalsgöttinnen (Nona, Decuma, Morta)

Par|ze̤l|le *die;* -, -n ⟨*lat.-vulgärlat.-fr.*⟩: vermessenes Stück Land (als Bauland od. zur landwirtschaftlichen Nutzung)

par|zel|li̲e|ren: Großflächen in Parzellen zerlegen

Pas [pa] *der;* - [pa(s)], - [pas] ⟨*lat.-fr.*⟩: fr. Bez. für: Schritt, Tanzbewegung

Pas|ca̤l *das;* -s, - ⟨nach dem fr. Philosophen u. Physiker Blaise Pascal, 1623–1662⟩: Einheit des [Luft]drucks u. der mechanischen Spannung (Zeichen: Pa)

PASCA̤L [...'kal] *das;* -s (EDV): eine aus ↑ALGOL weiterentwickelte, weitverbreitete Programmiersprache

Pa̤sch *der;* -[e]s, -e u. Pä̤sche ⟨*lat.-fr.*⟩: **1.** Wurf mit gleicher Augenzahl auf mehreren Würfeln. **2.** Dominostein mit Doppelzahl

¹**pa̤|schen** ⟨*hebr.*⟩ (veraltet): schmuggeln

²**pa̤|schen** ⟨*lat.-fr.*⟩: würfeln

Pa̤|scher *der;* -s, - ⟨*hebr.*⟩ (ugs.): Schmuggler

pa|scho̤ll ⟨*russ.*⟩: los!, vorwärts!

Pas de deux [padə'dø:] *der;* - - -, - - - ⟨*lat.-fr.*⟩: Balletttanz für eine Solotänzerin u. einen Solotänzer

Pa̤s|lack *der;* -s, -s ⟨*slaw.*⟩ (landsch.): jmd., der für andere schwer arbeiten muss

Pa̤|so do̤|b|le *der;* - -, - - ⟨»Doppelschritt«⟩: Gesellschaftstanz in lebhaftem 2/4- od. 3/4-Takt

Pa̤s|pel *der;* -s, -, bes. österr.: **Passe|poil** [pas'po̤al] *der;* -s, -s ⟨*fr.*⟩: schmaler Nahtbesatz bei Kleidungsstücken

pas|pe|li̲e|ren, bes. österr.: **passe|poi|li̲e|ren:** mit Paspeln (Passepoils) versehen

Pas|qui̤ll *das;* -s, -e ⟨*it.*⟩: anonyme Schmäh-, Spottschrift, schriftlich verbreitete Beleidigung

Pas|quil|la̤nt *der;* -en, -en: Verfasser od. Verbreiter eines Pasquills

pas|sa̤|bel ⟨*lat.-vulgärlat.-fr.*⟩: annehmbar, leidlich

Pas|sa|ca|g|lia [...'kalja] *die;* -, ...ien ⟨*lat.-span.-it.*⟩: langsames Instrumentalstück mit Variationen in den Oberstimmen über einem ↑Ostinato, meist im 3/4-Takt

Pas|sa̤|ge [...ʒə] *die;* -, -n ⟨*lat.-vulgärlat.-fr.*⟩: **1.** Durchfahrt, Durchgang; das Durchfahren, Passieren. **2.** überdachte Ladenstraße. **3.** Reise mit Schiff od. Flugzeug, bes. übers Meer. **4.** (Astron.) Durchgang eines Gestirns durch den Meridian (2). **5.** aus melodischen Figuren zusammengesetzter Teil eines Musikwerks. **6.** fortlaufender, zusammenhängender Teil einer Rede od. eines Textes. **7.** (Reiten) Gangart der hohen Schule, bei der das Pferd im Trab die abfedernden Beine länger in der Beugung hält

pas|sa|ger [...'ʒe:ɐ] ⟨*lat.-fr.*⟩ (Med.): nur vorübergehend auftretend (von Krankheitszeichen, Krankheiten o. Ä.)

Pas|sa|gier [...'ʒi:ɐ̯] *der;* -s, -e ⟨*lat.-vulgärlat.-it.(-fr.)*⟩: Schiffsreisender; Flug-, Fahrgast

Pas|sa|gi̲e|rin *die;* -, -nen: weibliche Form zu ↑Passagier

Pa̤s|sah *das;* -[s] ⟨*hebr.-gr.-lat.*⟩: **1.** jüdisches Fest zum Gedenken an den Auszug aus Ägypten; vgl. Azymon (2). **2.** beim Passahmahl gegessenes Lamm

Pas|sa̤nt *der;* -en, -en ⟨*lat.-vulgärlat.-fr.*⟩: Fußgänger; Vorübergehender

Pas|sa̤n|tin *die;* -, -nen: weibliche Form zu ↑Passant

Pas|sa̤t *der;* -[e]s, -e ⟨*niederl.*⟩: beständig in Richtung Äquator wehender Ostwind in den Tropen

Pa̤s|se *die;* -, -n ⟨*lat.-fr.*⟩: maßgerecht geschnittener Stoffteil, der bei Kleidungsstücken im Bereich der Schultern angesetzt wird

pas|sé̤, pas|se̲e ⟨*lat.-vulgärlat.-fr.*⟩ (ugs.): vorbei, vergangen, abgetan, überlebt

pas|se̲e vgl. passé

Passe|par|tout [paspar'tu:] *das* (schweiz.: *der*); -s, -s ⟨*fr.*⟩: **1.** Umrahmung aus leichter Pappe für Grafiken, Aquarelle, Zeichnungen u. a. **2.** (schweiz., sonst veraltet) Freipass; Dauerkarte. **3.** (selten, noch schweiz.) Hauptschlüssel

Passe|poil [pas'po̤al] usw. vgl. Paspel usw.

Pa̤s|se|rel|le *die;* -, -n ⟨*fr.*⟩ (schweiz.): Fußgängerüberweg, kleiner Viadukt

pas|si̲e|ren ⟨*lat.-vulgärlat.-fr.*⟩: **1. a)** durchreisen, durch-, überqueren; vorüber-, durchgehen; **b)** durchlaufen (z. B. von einem Schriftstück). **2. a)** geschehen, sich ereignen, sich zutragen; **b)** widerfahren, zustoßen. **3.** (veraltet) noch angehen, gerade noch erträglich sein. **4. a)** (Gastron.) durchsieben; durch ein Sieb rühren; **b)** (Technik) durch eine Passiermaschine rühren

Pas|sier|ma|schi|ne *die;* -, -n: Gefäß mit verschiedenen Siebeinsätzen u. Rührwerk (z. B. bei der Schokoladenherstellung)

Pas|sier|schlag *der;* -[e]s, ...schläge (Tennis): meist hart geschlagener Ball, der an dem ans Netz vorgerückten Gegner vorbeigeschlagen wird

pas|sim ‹*lat.*›: da und dort, zerstreut, allenthalben (Abk.: pass.)

Pas|si|me|ter *das;* -s, - ‹*lat.; gr.*› (Technik): Feinmessgerät für Innenmessungen an Werkstücken

Pas|si|on *die;* -, -en ‹*lat.(-fr.)*›: **1. a)** Leidenschaft, leidenschaftliche Hingabe; **b)** Vorliebe, Liebhaberei. **2. a)** das Leiden u. die Leidensgeschichte Jesu Christi; **b)** die Darstellung der Leidensgeschichte Jesu Christi in der bildenden Kunst, die Vertonung der Leidensgeschichte Jesu Christi als Chorwerk od. Oratorium (2)

pas|si|o|na|to vgl. appassionato

Pas|si|o|na|to *das;* -s, -s u. ...ti (Musik): leidenschaftlicher Vortrag

pas|si|o|niert: leidenschaftlich [für etwas begeistert]

Pas|si|ons|sonn|tag *der;* -[e]s, -e: kath. Bez. für: Sonntag Judika

Pas|si|ons|spiel *das;* -[e]s, -e: volkstümliche dramatische Darstellung der Passion Christi

P

pas|siv [auch: ...'si:f] ‹*lat.(-fr.)*›: **1. a)** untätig, nicht zielstrebig, (eine Sache) nicht ausübend (aber davon betroffen); Ggs. ↑aktiv (1 a); **b)** teilnahmslos; still, duldend. **2.** ↑passivisch; **passive Bestechung** (Rechtswiss.): das Annehmen von Geschenken, Geld od. anderen Vorteilen durch einen Beamten für eine Handlung, die in seinen Amtsbereich fällt; Ggs. ↑aktive Bestechung; **passive Handelsbilanz** (Wirtsch.): Handelsbilanz eines Landes, bei der die Ausfuhren hinter den Einfuhren zurückbleiben; Ggs. ↑aktive Handelsbilanz; **passives Wahlrecht** (Politik): das Recht, gewählt zu werden; Ggs. ↑aktives Wahlrecht; **passiver Wortschatz** (Sprachw.): Gesamtheit aller Wörter, die ein Sprecher in seiner Muttersprache kennt, ohne sie jedoch in einer konkreten Sprechsituation zu gebrauchen; Ggs. ↑aktiver Wortschatz

Pas|siv *das;* -s, -e (Sprachw.): Leideform; Verhaltensrichtung des Verbs, die vom »leidenden« Subjekt her gesehen ist (z. B. der Hund *wird* [von Fritz] *geschlagen*); Ggs. ↑[1]Aktiv

Pas|si|va, Pas|si|ven (nur Plural) ‹*lat.*›: das auf der rechten Bilanzseite verzeichnete Eigen- u. Fremdkapital eines Unternehmens; Schulden, Verbindlichkeiten; Ggs. ↑Aktiva (1)

Pas|siv|ge|schäft *das;* -[e]s, -e: Bankgeschäft, bei dem sich die Bank Geld beschafft, um [1]Kredite (2 a) gewähren zu können; Ggs. ↑Aktivgeschäft

pas|si|vie|ren ‹*lat.-nlat.*›: **1.** Verbindlichkeiten aller Art in der Bilanz erfassen u. ausweisen; Ggs. ↑aktivieren (2). **2.** (Chemie) unedle Metalle in den Zustand der Passivität (2) überführen

pas|si|visch [auch: 'pas...] (Sprachw.): das Passiv betreffend, zum Passiv gehörend, im Passiv stehend; Ggs. ↑aktivisch

Pas|si|vi|tät *die;* - ‹*lat.-fr.*›: **1.** Untätigkeit, Teilnahmslosigkeit, Inaktivität; Ggs. ↑Aktivität. **2.** (Chemie) herabgesetzte Reaktionsfähigkeit bei unedlen Metallen

Pas|siv|le|gi|ti|ma|ti|on *die;* -, -en (Rechtswiss.): im Zivilprozess die sachliche Berechtigung (bzw. Verpflichtung) des Beklagten, seine Rechte geltend zu machen; Ggs. ↑Aktivlegitimation

Pas|siv|pos|ten *der;* -s, -: auf der Passivseite der Bilanz aufgeführter Posten

Pas|siv|rau|chen *das;* -s: unfreiwilliges Einatmen von Tabakrauch beim Aufenthalt in Räumen, in denen geraucht wird

Pas|siv|zin|sen *die* (Plural): Zinsen, die ein Unternehmen zu zahlen hat; Ggs. ↑Aktivzinsen

Pas|sus *der;* -, - [...su:s] ‹*lat.;* »Schritt«›: **1.** Abschnitt in einem Text, Textstelle. **2.** (selten) Angelegenheit, Fall

Pas|ta *die;* -, Pasten ‹*gr.-mlat.-it.*›: **1.** ↑Paste. **2.** (ohne Plural) it. Bez. für: Teigwaren

Pas|ta asciut|ta [-a'ʃʊta] *die;* - -, ...te ...tte, **Pas|ta|sciut|ta** [...'ʃʊta] *die;* -, ...tte ‹*it.*›: italienisches Spaghettigericht mit Hackfleisch, Tomaten, geriebenem Käse u. a.

Pas|te *die;* -, -n ‹*gr.-mlat.-it.*›: **1.** streichbare Masse [aus Fisch, Gänseleber o. Ä.]. **2.** streichbare Masse als Grundlage für Arzneien u. kosmetische Mittel. **3. a)** Abdruck von Gemmen od. Medaillen in einer weichen Masse aus feinem Gips od. Schwefel; **b)** [antike] Nachbildung von Gemmen in Glas

Pas|tell *das;* -[e]s, -e ‹*gr.-lat.-it.(-fr.)*›: **1.** Technik des Malens mit Pastellfarben (1). **2.** mit Pastellfarben (1) gemaltes Bild (von heller, samtartiger Wirkung). **3.** Kurzform von ↑Pastellfarbe (2)

pas|tel|len: [wie] mit Pastellfarben (1) gemalt; von heller, samtartiger Wirkung

Pas|tell|far|be *die;* -, -n: **1.** aus einer Mischung

von Kreide u. Ton mit einem Farbstoff u. einem Bindemittel hergestellte trockene Malfarbe in Stiftform. **2.** (meist Plural) zarter, heller Farbton

Pas|te|te *die;* -, -n ⟨*gr.-mlat.-roman.*⟩: **a)** meist zylinderförmige Hülle aus Blätterteig für die Füllung mit Ragout; **b)** mit fein gewürztem Ragout gefüllte Pastete (a); **c)** Speise aus gehacktem Fleisch, Wild, Geflügel od. Fisch, die in einer Hülle aus Teig gebacken od. in einer Terrine o. Ä. serviert wird

Pas|teu|ri|sa|ti|on [pastø...] *die;* -, -en ⟨*fr.;* nach dem fr. Chemiker Pasteur, 1822–1895⟩: Entkeimung u. Haltbarmachung von Nahrungsmitteln (z. B. Milch) durch schonendes Erhitzen; vgl. ...ation/...ierung

pas|teu|ri|sie|ren: durch Pasteurisation entkeimen, haltbar machen

Pas|teu|ri|sie|rung *die;* -, -en: das Pasteurisieren; vgl. ...ation/...ierung

Pas|til|le *die;* -, -n ⟨*lat.*⟩: Plättchen zum Lutschen, dem Heilmittel od. Geschmacksstoffe zugesetzt sind

Pas|ti|nak *der;* -s, -e, häufiger: **Pas|ti|na|ke** *die;* -, -n ⟨*lat.*⟩: **1.** hochwachsende Pflanze mit Pfahlwurzel, gefiederten Blättern u. in Dolde wachsenden Blüten. **2.** Wurzel der Pastinake, die als Gemüse u. Viehfutter verwendet wird

Pas|tor [auch: ...ˈtoːɐ̯] *der;* -s, ...oren ⟨*lat.-mlat.;* »(Seelen)hirte«⟩: Pfarrer (Abk.: P.)

pas|to|ral: **1.** ländlich, idyllisch. **2.** den Pastor, sein Amt betreffend, ihm zustehend; pfarramtlich, seelsorgerisch. **3. a)** feierlich, würdig; **b)** (abwertend) salbungsvoll

Pas|to|ral|brief *der;* -[e]s, -e (meist Plural): einer der dem Apostel Paulus zugeschriebenen, an Timotheus und Titus gerichteten Briefe, der die Abwehr der Gnosis durch die frühe Kirche zum Gegenstand hat

[1]**Pas|to|ra|le** *das;*-s, -s od. *die;* -, -n ⟨*lat.-it.*⟩: **1.** (Musik) **a)** Instrumentalstück (im $^6/_8$-Takt), bes. für Schalmei- u. Oboegruppen; **b)** kleines, ländlich-idyllisches Singspiel, das Stoffe aus dem idealisierten Hirtenleben zum Thema hat; musikalisches Schäferspiel. **2.** (Literaturwiss.) Schäferspiel. **3.** (Malerei) idyllische Darstellung des Hirtenlebens

[2]**Pas|to|ra|le** *das;* -s, -s: Hirtenstab eines katholischen Bischofs

Pas|to|ral|theo|lo|gie *die;* -: in der katholischen Kirche die praktische Theologie

Pas|to|rat *das;* -[e]s, -e: **1.** Pfarramt. **2.** Wohnung des Pfarrers bzw. der Pfarrerin

Pas|to|rel|le *die;* -, -n ⟨*lat.-it.*⟩: mittelalterliche Gedichtform, die das Werben eines Ritters um eine Schäferin, ein Landmädchen zum Gegenstand hat

Pas|to|rin *die;* -, -nen: **a)** Pfarrerin; **b)** (ugs.) Ehefrau eines Pastors

pas|tos ⟨*gr.-lat.-it.;* »teigig«⟩: **1.** dick aufgetragen (bes. von Ölfarben auf Gemälden, sodass eine reliefartige Fläche entsteht). **2.** (Gastron.) dickflüssig, teigartig

pas|tös ⟨*gr.-lat.-it.-fr.*⟩: **1.** (Med.) gedunsen, aufgeschwemmt. **2.** (Technik) pastenartig, teigig

Patch [pætʃ] *das;* -[s], -s ⟨*engl.*⟩: **1.** (Med.) Hautstück, das als Implantat od. Transplantat zur Abdeckung von Weichteil- od. Blutgefäßdefekten dient. **2.** (EDV) Softwareprogramm, das die in einem Programm enthaltenen Fehler beheben soll

Patch|work [ˈpætʃwəːk] *das;* -s, -s ⟨*engl.*⟩: **1.** (ohne Plural) Technik zur Herstellung von Kleiderstoffen, Decken, Wandbehängen o. Ä., bei der Stoff- od. Lederflicken in den verschiedensten Formen, Farben u. Mustern harmonisch zusammengesetzt werden. **2.** Arbeit in der Technik des Patchworks (1)

Pa|tel|la *die;* -, ...llen ⟨*lat.*⟩ (Med.): Kniescheibe

Pa|te|ne *die;* -, -n ⟨*gr.-lat.-mlat.*⟩: flacher [goldener] Teller für die Hostien od. das Abendmahlsbrot

pa|tent ⟨*lat.-mlat.*⟩: **1.** (ugs.) praktisch, tüchtig; brauchbar. **2.** (landsch.) elegant gekleidet

Pa|tent *das;* -[e]s, -e: **1. a)** amtlich verliehenes Recht zur alleinigen Benutzung u. gewerblichen Verwertung einer Erfindung; **b)** Urkunde über ein Patent (1 a); **c)** Erfindung, die durch das Patentrecht geschützt ist. **2.** Ernennungs-, Bestallungsurkunde, bes. eines [Schiffs]offiziers. **3.** (schweiz.) Erlaubnis[urkunde] für die Ausübung bestimmter Berufe, Tätigkeiten

pa|ten|tie|ren: **1.** eine Erfindung durch Patent schützen. **2.** (Technik) stark erhitzte Stahldrähte durch Abkühlen im Bleibad veredeln

Pa|tent|re|zept *das;* -[e]s, -e: erwünschte, einfache Lösung, die alle Schwierigkeiten behebt

Pa|ter *der;* -s, - u. Patres [...reːs] ⟨*lat.;* »Vater«⟩: katholischer Ordensgeistlicher (Abk.: P.; Plural PP.)

Pa|ter|fa|mi|li|as *der;* -, - u. Patresfamilias ⟨»Vater der Familie«⟩ (scherzh.): Familienoberhaupt, Familienvater

Pa|ter|ni|tät *die;* - (veraltet): Vaterschaft

[1]**Pa|ter|nos|ter** *das;* -s, - ⟨*lat.-mlat.*⟩: das Vaterunser, Gebet des Herrn

[2]**Pa|ter|nos|ter** *der;* -s, -: ständig umlaufender Aufzug ohne Tür zur Beförderung von Personen od. Gütern; Umlaufaufzug

Pa|ter|pec|ca|vi *das;* -, -: reuiges Geständnis

Pa|the̱|tik *die;* -: unnatürliche, übertriebene, gespreizte Feierlichkeit
pa|the̱|tisch ⟨*gr.-lat.*⟩: **1.** ausdrucksvoll, feierlich. **2.** (abwertend) übertrieben gefühlvoll, empfindungsvoll, salbungsvoll, affektiert
pa|tho|ge̱n ⟨*gr.-nlat.*⟩ (Med.): Krankheiten erregend, verursachend (z. B. von Bakterien im menschlichen Organismus); Ggs. ↑apathogen
Pa|tho|ge|ne̱|se *die;* -, -n (Med.): Gesamtheit der an Entstehung u. Entwicklung einer Krankheit beteiligten Faktoren
Pa|tho|ge|ni|tä̱t *die;* - (Med.): Fähigkeit bestimmter Substanzen u. Organismen, krankhafte Veränderungen im Organismus hervorzurufen
pa|tho|g|no|mo̱|nisch (Med.): für eine Krankheit, ein Krankheitsbild charakteristisch, kennzeichnend
pa|tho|g|no̱s|tisch: ↑pathognomonisch
Pa|tho|lo̱|ge *der;* -n, -n: Wissenschaftler auf dem Gebiet der Pathologie
Pa|tho|lo|gi̱e *die;* -, ...i̱en: **1.** (ohne Plural) Wissenschaft von den Krankheiten, bes. von ihrer Entstehung u. den durch sie hervorgerufenen organisch-anatomischen Veränderungen. **2.** pathologische Abteilung, pathologisches Institut
Pa|tho|lo̱|gin *die;* -, -nen: weibliche Form zu ↑Pathologe
pa|tho|lo̱|gisch (Med.): **1.** die Pathologie betreffend, zu ihr gehörend. **2.** krankhaft [verändert]
Pa|tho|pho|bi̱e *die;* -, ...i̱en: ↑Nosophobie
Pa|tho|phy|sio|lo|gi̱e *die;* - (Med.): Teilgebiet der Medizin, das sich mit den Krankheitsvorgängen u. Funktionsstörungen des menschlichen Organismus befasst
Pa|tho|psy|cho|lo|gi̱e *die;* -: **1.** Lehre von den durch Krankheiten bedingten psychischen Veränderungen. **2.** ↑Psychopathologie
Pa̱|thos *das;* - ⟨*gr.;* »Leiden«⟩: **1.** leidenschaftlich-bewegter Ausdruck, feierliche Ergriffenheit. **2.** (abwertend) Gefühlsüberschwang, übertriebene Gefühlsäußerung
Pa|ti|ence [pa'si̯ã:s] *die;* -, -n [...sn̩] ⟨*lat.-fr.;* »Geduld«⟩: **1.** Kartenspiel, bei dem die Karten so gelegt werden, dass Sequenzen in einer bestimmten Reihenfolge entstehen. **2.** Gebäck in Form von Figuren
Pa̱|ti|ens [...ts̮iɛns] *das;* -, - ⟨*lat.*⟩ (Sprachw.): Ziel eines durch ein Verbum ausgedrückten Verhaltens; ↑Akkusativobjekt
Pa|ti|e̱nt *der;* -en, -en: vom Arzt od. einem Angehörigen anderer Heilberufe behandelte Person
Pa|ti|e̱n|tin *die;* -, -nen: weibliche Form zu ↑Patient

Pa̱|ti|na *die;* - ⟨*it.*⟩: grünliche Schicht, die sich unter dem Einfluss der Witterung auf Kupfer od. Kupferlegierungen bildet; Edelrost
pa|ti|ni̱e̱|ren ⟨*it.*⟩: eine Patina chemisch erzeugen; mit Patina überziehen
Pa̱|tio *der;* -s, -s ⟨*vulgärlat.-span.*⟩: (bes. in Spanien u. Lateinamerika) Innenhof eines Hauses, zu dem hin sich die Wohnräume öffnen
Pa|tis|se|ri̱e *die;* -, ...i̱en ⟨*gr.-lat.-vulgärlat.-fr.*⟩: **1.** (schweiz.) **a)** feines Backwerk, Konditoreierzeugnisse; **b)** Feinbäckerei. **2.** [in Hotels] Raum zur Herstellung von Backwaren
Pa|tis|si|er [...'si̯e:] *der;* -s, -s: [Hotel]konditor
Pa̱t|na|reis *der;* -es, -e ⟨nach der ind. Stadt Patna⟩: langkörniger Reis
Pa|tois [pa'to̯a] *das;* -, - ⟨*fr.*⟩: Mundart, Sprechweise der Landbevölkerung [Frankreichs]
Pa̱|t|res [...re:s]: *Plural* von ↑Pater
Pa|t|ri|a̱rch *der;* -en, -en ⟨*gr.-lat.*⟩: **1.** biblischer Erzvater. **2. a)** (ohne Plural) Amts- od. Ehrentitel einiger römisch-katholischer [Erz]bischöfe; **b)** römisch-katholischer [Erz]bischof, der diesen Titel trägt. **3. a)** (ohne Plural) Titel der obersten orthodoxen Geistlichen (in Jerusalem, Moskau u. Konstantinopel) u. der leitenden Bischöfe in einzelnen autokephalen Ostkirchen; **b)** Träger dieses Titels. **4.** (oft abwertend) ältestes männliches Familienmitglied od. Mitglied eines Familienverbandes, das sich als Familienoberhaupt mit größter Autorität versteht
pa|t|ri|ar|cha̱l: ↑patriarchisch
pa|t|ri|ar|cha̱|lisch ⟨*gr.-lat.*⟩: **1. a)** das Patriarchat (2) betreffend; vaterrechtlich; **b)** den Patriarchen betreffend. **2.** als Mann seine Autorität (bes. im familiären Bereich) geltend machend; bestimmend
Pa|t|ri|ar|cha̱l|kir|che *die;* -, -n: dem Papst unmittelbar unterstehende Kirche in Rom (z. B. Peterskirche)
Pa|t|ri|ar|cha̱t *das;* -[e]s, -e ⟨*gr.-mlat.*⟩: **1.** (auch: *der*) Würde u. Amtsbereich eines kirchlichen Patriarchen. **2.** Gesellschaftsform, in der der Mann eine bevorzugte Stellung in Staat u. Familie innehat u. in der die männliche Linie bei Erbfolge u. sozialer Stellung ausschlaggebend ist; Ggs. ↑Matriarchat
pa|t|ri|a̱r|chisch ⟨*gr.-lat.*⟩: **a)** das Patriarchat (2) betreffend; **b)** durch das Patriarchat (2) geprägt
pa|t|ri|mo|ni|a̱l ⟨*lat.*⟩: das Patrimonium betreffend, erbherrlich
Pa|t|ri|mo̱|ni|um *das;* -s, ...ien: **a)** (im römischen Recht) Privatvermögen des Herrschers im Gegensatz zum Staatsvermögen; **b)** väterliches Erbgut

Pa|t|ri|o̱t *der;* -en, -en ⟨*gr.-spätlat.-fr.*⟩: jmd., der von Patriotismus erfüllt, patriotisch gesinnt ist
Pa|t|ri|o̱|tin *die;* -, -nen: weibliche Form zu ↑Patriot
pa|t|ri|o̱|tisch: auf Patriotismus beruhend, von ihm erfüllt, zeugend; vaterländisch
Pa|t|ri|o|ti̱s|mus *der;* -: durch eine gefühlsmäßige Bindung an die Werte, Traditionen o. Ä. des eigenen Landes geprägte, oft mit Überheblichkeit, mit unkritisch übertriebenem Stolz verbundene [politische] Haltung, Einstellung; vaterländische Gesinnung
Pa|t|ri̱s|tik *die;* - ⟨*lat.-nlat.*⟩: Wissenschaft von den Schriften u. Lehren der Kirchenväter; altchristliche Literaturgeschichte
Pa|t|ri̱s|ti|ker *der;* -s, -: Wissenschaftler auf dem Gebiet der Patristik
Pa|t|ri̱s|ti|ke|rin *die;* -, -nen: weibliche Form zu ↑Patristiker
pa|t|ri̱s|tisch: die Patristik u. das philosophisch-theologische Denken der Kirchenväter betreffend
Pa|t|ri̱|ze *die;* -, -n (Druckw.): in Stahl geschnittener, erhabener Stempel einer Schrifttype, mit der das negative Bild zur Vervielfältigung geprägt wird
Pa|t|ri|zi|a̱t *das;* -[e]s, -e ⟨*lat.*⟩ (Geschichte): **1.** Gesamtheit der altrömischen adligen Geschlechter. **2.** (selten) Gesamtheit der Patrizier (2)
Pa|t|ri̱|zi|er *der;* -s, -: **1.** Mitglied des altrömischen Adels. **2.** vornehmer, wohlhabender Bürger (bes. im Mittelalter)
Pa|t|ri̱|zi|e|rin *die;* -, -nen: weibliche Form zu ↑Patrizier
pa|t|ri̱|zisch: **1.** die Patrizier (1), den altrömischen Adel betreffend, zu ihm gehörend. **2.** die Patrizier (2) betreffend, für sie, ihre Lebensweise charakteristisch; vornehm
Pa|t|ro|lo|gi̱e *die;* -: ↑Patristik
[1]**Pa|t|ro̱n** *der;* -s, -e ⟨*lat.*⟩: **1.** (Geschichte) Schutzherr seiner Freigelassenen od. Klienten (2) (im alten Rom). **2.** Schutzheiliger einer Kirche od. einer Berufs- od. Standesgruppe. **3.** Inhaber eines kirchlichen Patronats (2). **4.** (veraltet) **a)** Schutzherr, Gönner; **b)** Schiffs-, Handelsherr. **5.** (ugs. abwertend) Bursche, Kerl
[2]**Pa|t|ron** [paˈtrõː] *der;* -s, -s ⟨*lat.-fr.*⟩ (schweiz.): Inhaber eines Geschäfts, einer Gaststätte o. Ä.
[3]**Pa|t|ron** [paˈtrõː] *das;* -s, -s ⟨*lat.-fr.*⟩ (Musik): Modell, äußere Form eines Saiteninstruments
Pa|t|ro̱|na *die;* -, ...nä ⟨*lat.*⟩: [heilige] Beschützerin
Pa|t|ro|na̱|ge [...ʒə] *die;* -, -n ⟨*lat.-fr.*⟩: Günstlingswirtschaft, Protektion
Pa|t|ro|na̱nz *die;* -, -en ⟨*lat.-nlat.*⟩: **1.** (veraltet) Patronage. **2.** (österr.) Patronat (3)
Pa|t|ro|na̱t *das;* -[e]s, -e ⟨*lat.*⟩: **1.** Würde u. Amt eines Schutzherrn (im alten Rom). **2.** Rechtsstellung des Stifters einer Kirche od. seines Nachfolgers, mit der bestimmte Rechte u. Pflichten verbunden sind. **3.** Schirmherrschaft
Pa|t|ro̱|ne *die;* -, -n ⟨*lat.-mlat.-fr.*⟩: **1.** als Munition gewöhnlich für Handfeuerwaffen dienende, Treibsatz, Zündung u. Geschoss bzw. Geschossvorlage enthaltende [Metall]hülse. **2.** wasserdicht abgepackter Sprengstoff zum Einführen in Bohrlöcher bei Sprengungen. **3.** Zeichnung auf kariertem Papier für das Muster in der Bindung eines textilen Gewebes. **4. a)** kleiner, fast zylindrischer Behälter aus Kunststoff für Tinte od. Tusche zum Einlegen in einen Füllfederhalter; **b)** fest schließende, lichtundurchlässige Kapsel mit einem Kleinbildfilm, die in die Kamera eingelegt wird. **5.** (Gastron. veraltet) [gefettetes] Papier, das man zum Schutz vor zu starker Hitze über Speisen deckt
Pa|t|ro|ny̱|mi|kon ⟨*gr.*⟩, **Pa|t|ro|ny̱|mi|kum** ⟨*gr.-lat.*⟩ *das;* -s, ...ka: vom Namen des Vaters abgeleiteter Name (z. B. Petersen = Peters Sohn); Ggs. ↑Metronymikon
pa|t|ro|ny̱|misch: das Patronym betreffend, vom Namen des Vaters abgeleitet
Pa|t|rouil|le [paˈtrʊljə, österr.: ...ˈtruːjə] *die;* -, -n ⟨*fr.*⟩: **1.** von (einer Gruppe) Soldaten durchgeführte Erkundung, durchgeführter Kontrollgang. **2.** Gruppe von Soldaten, die etwas erkundet, einen Kontrollgang durchführt
pa|t|rouil|lie|ren [patrʊlˈjiː...]: als Posten od. Wache auf u. ab gehen, auf Patrouille gehen, fahren, fliegen
Pa|t|ro|zi|ni|um *das;* -s, ...ien ⟨*lat.*⟩: **1.** (Geschichte) im alten Rom die Vertretung durch einen [1]Patron (1) vor Gericht. **2.** (Geschichte) im Mittelalter der Rechtsschutz, den der Gutsherr seinen Untergebenen gegen Staat u. Stadt gewährte. **3.** [himmlische] Schutzherrschaft eines Heiligen über eine Kirche. **4.** Festtag zu Ehren des od. der jeweiligen Ortsheiligen
Pa̱t|schu|li *das;* -[s], -s ⟨*tamil.-engl.-fr.*⟩: **a)** (ohne Plural) Duftstoff aus der Patschulipflanze; **b)** zur Herstellung von Parfüm aus den Blättern der Patschulipflanze gewonnenes Öl
pa̱tt ⟨*fr.*⟩: (beim Schachspiel) nicht mehr in der Lage, einen Zug zu machen, ohne seinen König ins Schach zu bringen
Pa̱tt *das;* -s, -s: **1.** als unentschieden gewertete Stellung im Schachspiel, bei der eine Partei patt

ist. **2.** Situation, in der keine Partei einen Vorteil erringen od. den Gegner schlagen kann

Pat|tern [ˈpɛtɐn] *das;* -s, -s ‹*lat.-fr.-engl.*›: **1.** (bes. Psychol.; Soziol.) [Verhaltens]muster, [Denk]schema, Modell. **2.** (Sprachw.) charakteristisches Sprachmuster, nach dem sprachliche Einheiten nachgeahmt u. weitergebildet werden

Pau|kant *der;* -en, -en ‹*dt.-nlat.*› (Studentenspr.): Teilnehmer einer Mensur (2)

Pau|kist *der;* -en, -en: jmd., der [berufsmäßig] die (Kessel)pauke schlägt

Pau|kis|tin *die;* -, -nen: weibliche Form zu ↑Paukist

pau|li|nisch ‹*nlat.;* nach dem Apostel Paulus›: der Lehre des Apostels Paulus entsprechend, auf ihr beruhend, von Paulus stammend

Pau|pe|ris|mus *der;* - ‹*lat.-nlat.*›: (bes. im 19. Jh.) Verarmung, Verelendung breiter Bevölkerungsschichten, bes. auch in intellektueller u. psychischer Hinsicht

pau|schal ‹*nlat.*›: **a)** im Ganzen, ohne Spezifizierung o. Ä.; **b)** sehr allgemein [beurteilt], ohne näher zu differenzieren

Pau|scha|le *die;* -, -n ‹latinisierende Bildung zu Pausche »Sattelpolsterung«›: Geldbetrag, durch den eine Leistung, die sich aus verschiedenen einzelnen Posten zusammensetzt, ohne Spezifizierung abgegolten wird

pau|scha|lie|ren: Teilsummen od. -leistungen zu einer einzigen Summe od. Leistung zusammenlegen

pau|scha|li|sie|ren: etwas pauschal (b) behandeln, sehr stark verallgemeinern

Pau|scha|li|tät *die;* -: das Pauschalsein, das Undifferenziertsein

Pau|schal|tou|ris|mus *der;* -: Form des Tourismus, bei der das Reisebüro die jeweilige Reise vermittelt u. Flug, Hotel usw. pauschal berechnet

Pausch|quan|tum *das;* -s, ...ten: ↑Pauschale

pau|sen: eine Originalzeichnung od. ein Originalschriftstück durch Nachzeichnen od. mit lichtempfindlichem Papier wiedergeben

pau|sie|ren ‹*gr.-lat.-roman.*›: **a)** eine Tätigkeit [für kurze Zeit] unterbrechen; mit etwas vorübergehend aufhören; **b)** ausruhen, ausspannen

Pa|va|ne *die;* -, -n ‹*it.-fr.*› (Musik): **1.** langsamer höfischer Schreittanz. **2.** Einleitungssatz der Suite

Pa|vi|an *der;* -s, -e ‹*fr.-niederl.*›: (in Afrika heimischer) großer, vorwiegend am Boden lebender Affe mit unbehaartem (rotem) Hinterteil

Pa|vil|lon [ˈpavɪljɔŋ, auch: ...jõ, österr.: paviˈjõ:] *der;* -s, -s ‹*lat.-fr.*›: **1.** großes viereckiges [Fest]zelt. **2.** kleines rundes od. mehreckiges, [teilweise] offenes, frei stehendes Gebäude (z. B. Gartenhaus). **3.** Einzelbau auf einem Ausstellungsgelände. **4.** (Archit.) vorspringender Eckteil des Hauptbaus eines [Barock]schlosses. **5.** (Archit.) zu einem größeren Komplex gehörender selbstständiger Bau

Pa|vil|lon|sys|tem *das;* -s (Archit.): System von mehreren, einem Hauptbau zugeordneten Pavillons (5)

Paw|lat|sche *die;* -, -n ‹*tschech.*› (österr.): **1.** offener Gang an der Hofseite eines [Wiener] Hauses. **2.** baufälliges Haus. **3.** Bretterbühne

Paw|lat|schen|the|a|ter *das;* -s, - (österr.): [Vorstadt]theater, das auf einer einfachen Bretterbühne spielt

[1]**Pax** *die;* - ‹*lat.;* »Friede«›: Friedensgruß, bes. der Friedenskuss in der katholischen Messe

[2]**Pax** *der;* -es, -e ‹Abk. für *engl.* **passenger X**›: Passagier, Fluggast

Pax vo|bis|cum: Friede (sei) mit euch! (Gruß in der katholischen Messliturgie)

Pay|ing Guest [ˈpeɪɪŋ ˈgɛst] *der;* - -s, - -s ‹*engl.*›: im Ausland bei einer Familie mit vollem Familienanschluss wohnender Gast, der für Unterkunft u. Verpflegung bezahlt

Pay-per-View [ˈpeɪpəˈvju:] *das;* -[s]: **a)** ↑Pay-TV; **b)** Übertragung gewünschter Informationen durch digitales Privatfernsehen nach einem Gebührensystem, bei dem nur die abgerufenen Einheiten bezahlt werden müssen

Pay-TV [ˈpeɪti:vi:] *das;* -[s] ‹*engl.*›: gegen eine Gebühr u. mithilfe eines Decoders zu empfangendes, verschlüsselt gesendetes Privatfernsehen

Pa|zi|fik *der;* -[s] ‹*lat.-engl.*›: Pazifischer od. Großer Ozean (zwischen asiatischem, australischem u. amerikanischem Kontinent)

pa|zi|fisch ‹*lat.-engl.*›: den Raum, den Küstentyp u. die Inseln des Pazifischen Ozeans betreffend

Pa|zi|fis|mus *der;* - ‹*lat.-fr.-nlat.*›: **a)** weltanschauliche Strömung, die jeden Krieg als Mittel der Auseinandersetzung ablehnt u. den Verzicht auf Rüstung u. militärische Ausbildung fordert; **b)** Haltung, Einstellung eines Menschen, die durch den Pazifismus (a) bestimmt ist

Pa|zi|fist *der;* -en, -en: Anhänger des Pazifismus

Pa|zi|fis|tin *die;* -, -nen: weibliche Form zu ↑Pazifist

pa|zi|fis|tisch: den Pazifismus betreffend

[1]**PC** [pe:ˈtse:] *der;* -[s], -[s] ‹Abk. für *engl.* Personal Computer›: ↑Personal Computer

[2]**PC** [pe:ˈtse:] *die;* - ‹Abk. für *engl.* **political correctness**›: ↑Political Correctness

PDF *das;* -s, -s ‹Abk. für *engl.* Portable Document Format› (EDV): **1.** (ohne Plural) universelles Dateiformat, das bes. für das elektronische Publizieren u. in der Druckvorstufe eingesetzt wird. **2.** Im Format PDF (1) erstellte Datei

Pea|nuts ['pi:nats] *die* (Plural; meist ohne Artikel) ‹*engl.;* »Erdnüsse«› (Jargon): Kleinigkeit; bes. als unbedeutend erachtete Geldsumme

Pe|co|ri̲|no *der;* -[s], -s ‹*it.*›: ein italienischer Hartkäse aus Schafsmilch

Pe|da̲l *das;* -s, -e ‹*lat.-nlat.*›: **1.** mit dem Fuß zu bedienender Teil an der Tretkurbel des Fahrrads. **2.** mit dem Fuß zu bedienender Hebel für Bremse, Gas u. Kupplung in Kraftfahrzeugen. **3. a)** Fußhebel am Klavier zum Dämpfen der Töne od. zum Nachschwingenlassen der Saiten; **b)** Fußhebel am Cembalo zum Mitschwingenlassen anderer Saiten; **c)** Fußhebel an der Harfe zum chromatischen Umstimmen. **4. a)** Tastatur (Klaviatur) an der Orgel, die mit den Füßen bedient wird; **b)** mit dem Fuß zu bedienende Taste an der Orgel

Pe|da̲|le *die;* -, -n: ↑Pedal (1)

Pe̲|da|lo *das;* -s, -s ‹*fr.*› (schweiz.): Tretboot

pe|dạnt ‹*gr.-it.-fr.*› (österr.): pedantisch

Pe|dạnt *der;* -en, -en: jmd., der die Dinge übertrieben genau nimmt

Pe|dạn|tin *die;* -, -nen: weibliche Form zu Pedant

pe|dạn|tisch: übertrieben genau, ordnungsliebend, gewissenhaft

Pe|dẹll *der;* -s, -e ‹*dt.-mlat.*› (veraltet): Hausmeister einer [Hoch]schule

Pe|di|g|ree ['pɛdigri] *der;* -s, -s ‹*engl.*› (Biol.): Stammbaum (in der Pflanzen- u. Tierzucht)

Pe|di|kü̲|re *die;* -, -n ‹*lat.-fr.*›: **1.** (ohne Plural) Fußpflege. **2.** Fußpflegerin

pe|di|kü̲|ren: die Füße, bes. die Fußnägel, pflegen

Pe|di|mẹnt *das;* -s, -e ‹*lat.-nlat.*› (Geogr.): mit Sandmaterial bedeckte Fläche am Fuß von Gebirgen in Trockengebieten

Pe|do|gra̲f, Pe|do|gra̲ph *der;* -en, -en ‹*lat.; gr.*›: Wegmesser

Pe|do|me̲|ter *das;* -s, - ‹*lat.; gr.*›: Schrittzähler

Pee|ling ['pi:...] *das;* -s, -s ‹*engl.*›: kosmetische Schälung der [Gesichts]haut zur Beseitigung von Hautunreinheiten u. abgestorbenen Hautschüppchen

Peep|show ['pi:pʃoʊ] *die;* -, -s ‹*engl.*›: auf sexuelle Stimulation zielendes Sich-zur-Schau-Stellen einer nackten [weiblichen] Person, die gegen Geldeinwurf durch das Guckfenster einer Kabine betrachtet werden kann

Peer [pi:ɐ̯, auch: pɪə] *der;* -s, -s ‹*lat.-fr.-engl.*›: **1.** Angehöriger des höchsten Adels in Großbritannien. **2.** Mitglied des britischen Oberhauses

Pee|rage ['pɪərɪdʒ] *die;* -: **1.** Würde eines Peers. **2.** Gesamtheit der Peers

Pee|ress ['pi:rɛs, auch: 'pɪərɪs] *die;* -, ...resses [...sɪs, auch: ...sɪz]: **1.** Frau eines Peers. **2.** Angehörige des Hochadels in Großbritannien. **3.** weibliches Mitglied des britischen Oberhauses

Peer|group ['pi:ɐ̯gru:p] *die;* -, -s (Psychol., Soziol.): Gruppe von etwa gleichaltrigen Jugendlichen, die als Orientierung für den Übergang von familienorientierter Kindheit zum Erwachsenendasein fungiert

Pe̲|ga|sos, Pe̲|ga|sus *der;* - ‹*gr.-lat.;* geflügeltes Ross der gr. Sage›: geflügeltes Pferd als Sinnbild dichterischer Fantasie; **den Pegasos besteigen** (scherzh.): dichten

Peg|ma|ti̲t [auch: ...'tɪt] *der;* -s, -e ‹*gr.-nlat.*› (Geol.): aus gasreichen Resten von Tiefengesteinsschmelzflüssen entstandenes grobkörniges Ganggestein

Pe̲i̲|es *die* (Plural) ‹*hebr.*›: lange Schläfenlocken orthodoxer Juden

pe|jo|ra|ti̲v (Sprachw.): die Pejoration betreffend; bedeutungsverschlechternd; abwertend

Pe|jo|ra|ti̲|vum *das;* -s, ...va (Sprachw.): pejoratives Wort (z. B. Jüngelchen, frömmeln)

Pe|kẹ|sche *die;* -, -n ‹*poln.*›: **1.** (in der polnischen Tracht) mit Knebeln geschlossener, oft mit Pelz verarbeiteter Überrock. **2.** geschnürte Festjacke der Verbindungsstudenten

Pe|ki|ne̲|se *der;* -n, -n ‹nach der chin. Hauptstadt Peking, dem früheren alleinigen Züchtungsort›: kleiner, kurzbeiniger Hund mit großem Kopf, Hängeohren u. langem, seidigem Haar

Pek|ta̲|se *die;* - ‹*gr.-nlat.*›: in Mohrrüben, Früchten u. Pilzen vorkommendes Enzym

Pẹk|ten|mu|schel *die;* -, -n ‹*lat.; dt.*› (Zool.): auf Sandgrund lebende Kammmuschel mit tief gerippten Schalen

Pek|ti̲n *das;* -s, -e (meist Plural) ‹*gr.-nlat.*›: gelierender Pflanzenstoff in Früchten, Wurzeln u. Blättern

pek|to|ra̲l ‹*lat.*› (Med.): die Brust betreffend, zu ihr gehörend

Pek|to|ra̲|le *das;* -[s], -s u. ...lien ‹*lat.-mlat.*›: **1.** Brustkreuz katholischer geistlicher Würdenträger. **2.** mittelalterlicher Brustschmuck (z. B. Schließe des geistlichen Chormantels)

pe|ku|ni|ä̲r ‹*lat.-fr.*›: das Geld betreffend; finanziell, geldlich

pek|zie̲|ren, pe|xie̲|ren ‹*lat.*› (landsch.): etwas anstellen, eine Dummheit machen

pe|la|gi|al ⟨*gr.-nlat.*⟩: ↑pelagisch

Pe|la|gi|al *das;* -s: **1.** (Geol.) freies Wasser der Meere u. Binnengewässer von der Oberfläche bis zur größten Tiefe. **2.** (Biol.) Gesamtheit der im freien Wasser lebenden Organismen

Pe|la|gi|a|nis|mus *der;* -: kirchlich verurteilte Lehre des Pelagius, die gegen Augustins Gnadenlehre die menschliche Willensfreiheit vertrat

pe|la|gisch ⟨*gr.-lat.*⟩: **1.** (Biol.) (von Tieren u. Pflanzen) im freien Meer u. in weiträumigen Binnenseen lebend. **2.** (Geol.) dem Meeresboden der Tiefsee angehörend (von Sedimenten)

Pe|lar|go|nie *die;* -, -n ⟨*gr.-nlat.*⟩: zur Gattung der Storchschnabelgewächse gehörende Pflanze mit meist leuchtenden Blüten; Geranie

Pe|la|ti *die* (Plural) ⟨*it.*⟩ (österr., schweiz.): Dosentomaten

Pele|mele [pɛlˈmɛl] *das;* -: **1.** Mischmasch, Durcheinander. **2.** Süßspeise aus Vanillecreme u. Fruchtgelee

Pe|le|ri|ne *die;* -, -n ⟨*lat.-fr.*⟩: **a)** über dem Mantel zu tragender, einem Cape ähnlicher Umhang, der etwa bis zur Taille reicht; **b)** (schweiz., sonst veraltend) Regencape

Pe|li|kan [auch: ...ˈka:n] *der;* -s, -e ⟨*gr.-mlat.*⟩: tropischer u. subtropischer Schwimmvogel mit mächtigem Körper u. langem, am unteren Teil mit einem dehnbaren Kehlsack versehenem Schnabel

Pel|la|g|ra *das;* -s ⟨*lat.-it.*⟩ (Med.): vor allem in südlichen Ländern auftretende Vitaminmangelkrankheit, die sich in Müdigkeit, Schwäche, Gedächtnis-, Schlafstörungen, Verdauungsstörungen u. Hautveränderungen äußert

Pel|let *das;* -s, -s (meist Plural): **1.** (Technik) beim Pelletieren entstehende kleinere Kugel. **2.** durch Pelletieren von gehäckseltem od. gemahlenem Trockenfutter hergestellter, meist zylinderförmiger Presskörper zur Verfütterung an Pferde, Schweine, Rinder u. Geflügel

pel|le|tie|ren, pel|le|ti|sie|ren ⟨*lat.-fr.-engl.*⟩ (Technik): feinkörnige Stoffe durch besondere Verfahren zu kleinen kugel- od. walzenförmigen Stücken (von einigen Zentimetern Durchmesser) zusammenfügen, granulieren (1)

Pel|li|cu|la *die;* -, ...lae [...lɛ] ⟨*lat.*⟩ (Biol.): äußerste, dünne, elastische Plasmaschicht des Zellkörpers vieler Einzeller; vgl. Kutikula

Pe|lo|ta *die;* - ⟨*lat.-vulgärlat.-fr.-span.*⟩: baskisches tennisartiges Rückschlagspiel, bei dem der Ball von zwei Spielern od. Mannschaften mit der Faust od. einem Lederhandschuh an eine Wand geschlagen wird

Pe|lo|ton [...ˈtõ:] *das;* -s, -s ⟨*lat.-vulgärlat.-fr.*⟩: **1.** (Geschichte) Schützenzug (militärische Unterabteilung). **2.** Exekutionskommando. **3.** (Radsport) geschlossenes Feld, Hauptfeld im Straßenrennen

Pe|lot|te *die;* -, -n (Med.): Druckpolster in der Form eines Ballons (z. B. an einem Bruchband od. in einem Schuh bei Spreizfuß)

Pel|sei|de *die;* - ⟨*lat.-it.; dt.*⟩: Rohseidefäden aus geringwertigen Kokons

Pel|tast *der;* -en, -en ⟨*gr.-lat.*⟩: leicht bewaffneter Fußsoldat im antiken Griechenland

Pe|lusch|ke *die;* -, -n ⟨*slaw.*⟩ (landsch.): als Futterpflanze angebaute Erbse mit etwas kantigen, graugrünen Samen mit braunen Punkten

Pem|mi|kan *der;* -s ⟨*indian.*⟩: haltbares Nahrungsmittel der Indianer Nordamerikas aus getrocknetem u. zerstampftem [Bison]fleisch, das mit heißem Fett übergossen [u. mit Beeren vermischt] ist

Pem|phi|gus *der;* - ⟨*gr.-nlat.*⟩ (Med.): Hautkrankheit, bei der Blasen auftreten, die mit einer gelblichen Flüssigkeit gefüllt sind

Pe|nal|ty [ˈpɛnl̩ti] *der;* -[s], -s ⟨*lat.-mlat.-engl.*⟩: Strafstoß (bes. im Eishockey, schweiz. auch im Fußball)

Pe|na|ten *die* (Plural) ⟨*lat.*⟩: altrömische Schutzgötter des Hauses u. der Familie

Pence [pɛns]: *Plural* von ↑Penny

Pen|chant [pãˈʃã:] *der;* -s, -s ⟨*lat.-vulgärlat.-fr.*⟩ (veraltet): Hang, Neigung, Vorliebe

Pen|dant [pãˈdã:] *das;* -s, -s ⟨*lat.-fr.*⟩: **1.** ergänzendes Gegenstück; Entsprechung. **2.** (veraltet) Ohrgehänge

pen|dent ⟨*lat.-it.*⟩ (schweiz.): unerledigt, schwebend, anhängig

Pen|den|tif [pãdã...] *das;* -s, -s ⟨*lat.-fr.*⟩ (Archit.): Konstruktion in Form eines sphärischen Dreiecks, die den Übergang von einem quadratischen od. mehreckigen Grundriss in die Rundung einer Kuppel ermöglicht

Pen|denz *die;* -, -en ⟨*lat.*⟩ (schweiz.): schwebende, unerledigte Sache, Angelegenheit

Pen|do|li|no® *der;* -[s], -s ⟨*it.*⟩: mit einer computergesteuerten Neigetechnik ausgestatteter Zug, der auch auf kurvenreichen Strecken hohe Geschwindigkeiten erreichen kann

Pen|du|le [pãˈdy:lə], **Pen|dü|le** *die;* -, -n ⟨*lat.-fr.*⟩: größere Uhr, die durch ein Pendel in Gang gehalten wird; Pendeluhr; Stutzuhr

Pe|nes: *Plural* von ↑Penis

pe|ne|t|rant: a) in störender Weise durchdringend; **b)** in störender Weise aufdringlich

Pe|ne|t|ranz *die;* -, -en: **1. a)** durchdringende Schärfe, penetrante (a) Beschaffenheit; **b)** Aufdringlichkeit. **2.** (Biol.) die prozentuale Häufigkeit, mit der ein Erbfaktor bei Individuen gleichen Erbgutes im äußeren Erscheinungsbild wirksam wird

Pe|ne|t|ra|ti|on *die;* -, -en ‹*lat.*›: **1.** Durchdringung, Durchsetzung, das Penetrieren. **2.** (Technik) Eindringtiefe (bei der Prüfung der ↑Viskosität von Schmierfetten). **3.** das Eindringen (in etwas, z. B. des Penis in die weibliche Scheide)

pe|ne|t|rie|ren ‹*lat.-fr.*›: **1.** durchsetzen, durchdringen. **2.** mit dem Penis [in die weibliche Scheide] eindringen

pe|ni|bel ‹*gr.-lat.-fr.*›: **1.** bis ins Einzelne so genau, dass es schon übertrieben od. kleinlich ist. **2.** (landsch.) peinlich

Pe|ni|bi|li|tät *die;* -: [ängstliche] Genauigkeit; Empfindlichkeit

Pe|ni|cil|lin vgl. Penizillin

Pe|ni|cil|li|um *das;* -s: Schimmelpilz, der das Penizillin liefert

Pen|in|su|la *die;* -, ...sul(e)n ‹*lat.*›: Halbinsel

Pe|nis *der;* -, -se u. Penes [...ne:s] ‹*lat.*› (Med.): Teil der äußeren Geschlechtsorgane des Mannes u. verschiedener männlicher Tiere, der mit Schwellkörpern versehen ist, die ein Steifwerden u. Aufrichten zum Zweck des Geschlechtsverkehrs möglich machen

Pe|ni|zil|lin, fachspr. u. österr.: **Pe|ni|cil|lin** *das;* -s, -e ‹*lat.-nlat.*›: besonders wirksames Antibiotikum; vgl. Penicillium

Pen|nal *das;* -s, -e ‹*lat.-mlat.*›: **1.** (veraltet) Federbüchse. **2.** (Schülerspr. veraltet) höhere Schule

Pen|nä|ler *der;* -s, - (ugs.): Schüler [einer höheren Schule]

Pen|nä|le|rin *die;* -, -nen: weibliche Form zu ↑Pennäler

Pen|ni *der;* -[s], -[s] (aber: 10 -) ‹*dt.-finn.*›: frühere finnische Münzeinheit (100 Penni = 1 Markkaa; Abk.: p)

Pen|ny ['pɛni] *der;* -s, (einzelne Stücke:) Pennys [...ni:s] u. (als Wertangabe:) Pence ‹*engl.*›: Münzeinheit in Großbritannien u. britischen Überseegebieten (Abk.: [für Singular u. Plural beim neuen Penny im Dezimalsystem]: p, vor 1971: d)

Pen|sa: *Plural* von ↑Pensum

pen|see [pã'se:] ‹*lat.-fr.*›: dunkelviolett

Pen|see [pã'se:] *das;* -s, -s: fr. Bez. für: Stiefmütterchen

Pen|sen: *Plural* von ↑Pensum

Pen|si|on [pã'zi̯o:n, auch: paŋ..., pɛn..., auch: pã'si̯o:n] *die;* -, -en ‹*lat.-fr.*›: **1. a)** (ohne Plural; meist ohne Artikel) Ruhestand der Beamten; **b)** Bezüge für Beamte im Ruhestand. **2.** Fremdenheim zur Beherbergung u. Verpflegung von Gästen. **3.** (ohne Plural) [Preis für die] Unterbringung u. Verpflegung in einer Pension (2)

Pen|si|o|när *der;* -s, -e: **1. a)** Beamter im Ruhestand; **b)** (landsch.) Rentner. **2.** (schweiz., sonst veraltet) jmd., der in einer Pension (2) wohnt

Pen|si|o|nä|rin *die;* -, -nen: weibliche Form zu ↑Pensionär

Pen|si|o|nat *das;* -[e]s, -e (veraltend): Internat, bes. für Mädchen

pen|si|o|nie|ren: jmdn., bes. einen Beamten, in den Ruhestand versetzen

Pen|si|o|nist *der;* -en, -en (österr., schweiz.): Pensionär

Pen|si|o|nis|tin *die;* -, -nen: weibliche Form zu ↑Pensionist

Pen|sum *das;* -s, Pensen u. Pensa ‹*lat.*›: **a)** Aufgabe, Arbeit, die innerhalb einer bestimmten Zeit zu erledigen ist; **b)** Lehrstoff

Pen|ta|de *die;* -, -n (Meteorol.): Zeitraum von fünf aufeinanderfolgenden Tagen

Pen|ta|eder *das;* -s, -: von fünf Flächen begrenzter Vielflächner; Fünfflächner

[1]**Pen|ta|gon** *das;* -s, -e ‹*gr.-lat.*›: Fünfeck

[2]**Pen|ta|gon** *das;* -s ‹*gr.-engl.-amerik.*›: auf einem fünfeckigen Grundriss errichtetes amerikanisches Verteidigungsministerium

Pen|ta|gon|do|de|ka|eder *das;* -s, - ‹*gr.-nlat.*›: von zwölf fünfeckigen Flächen begrenzter Körper

Pen|ta|gramm *das;* -s, -e: fünfeckiger Stern, der in einem Zug mit fünf gleich langen Linien gezeichnet werden kann; Drudenfuß

Pen|t|al|pha *das;* -[s], -s: ↑Pentagramm

Pen|ta|me|ter *der;* -s, - ‹*gr.-lat.*›: (nach deutscher Messung) aus sechs Versfüßen bestehender epischer Vers, der durch Zäsur in zwei Hälften geteilt ist

Pen|tan *das;* -s, -e ‹*gr.-nlat.*›: sehr flüchtiger (gesättigter) Kohlenwasserstoff mit fünf Kohlenstoffatomen

Pen|t|ar|chie *die;* -, ...ien: Herrschaft von fünf Mächten, Fünfherrschaft

Pen|ta|teuch *der;* -[s] ‹*gr.-lat.;* »Fünfrollenbuch«›: die fünf Bücher Mose im Alten Testament

Pen|t|ath|lon [auch: ...a:tlɔn] *das;* -s ‹*gr.*›: bei den Olympischen Spielen im Griechenland der Antike ausgetragener Fünfkampf (Diskuswerfen, Wettlauf, Weitsprung, Ringen, Speerwerfen)

Pen|ta|to|nik *die;* - ‹*gr.-nlat.*›: fünfstufiges, halbtonloses Tonsystem

Pen|te|kos|te *die;* - (Rel.): **a)** Pfingsten als der fünfzigste Tag nach Ostern; **b)** Zeitraum zwischen Ostern u. Pfingsten

Pen|te̱|re *die;* -, -n ‹*gr.-lat.;* »Fünfruderer«›: antikes Kriegsschiff, das von in fünf Reihen übereinandersitzenden Ruderern bewegt wurde

Pe̱nt|haus vgl. Penthouse

Pent|house ['pɛnthaus] *das;* -, -s [...zɪs] ‹*engl.-amerik.*›, **Pe̱nt|haus** *das;* -es, ...häuser ‹*engl.-amerik.; dt.*›: exklusives Apartment auf dem Flachdach eines Etagen- od. Hochhauses

Pe̱n|ti|um® *der;* -[s], -s ‹Kunstw.›: besonders schneller u. leistungsfähiger Mikroprozessor

Pen|t|o̱|de *die;* -, -n ‹*gr.-nlat.*› (Elektrot.): Fünfpolröhre (Schirmgitterröhre mit Anode, Kathode u. drei Gittern)

Pe|n|u̱m|b|ra *die;* - ‹*lat.-nlat.*› (Astron.): nicht ganz dunkles Randgebiet eines Sonnenflecks

Pe|nu̱n|ze *die;* -, -n (meist Plural) ‹*poln.*› (ugs.): Geld, Geldmittel

Pe̱p *der;* -[s] ‹*amerik.*›: mitreißender Schwung

Pe|pe|ro̱|ne *der;* -, ...o̱ni, häufiger: **Pe|pe|ro̱|ni** *die;* -, - (meist Plural): kleine, sehr scharfe [in Essig eingelegte] Paprikaschote

Pe|pi̱|ta *der* od. *das;* -s, -s ‹*span.;* spanische Tänzerin der Biedermeierzeit›: **a)** klein karierte [schwarzweiße] Hahnentrittmusterung; **b)** [Woll- od. Baumwoll]gewebe mit dieser Musterung

Pe̱|p|lon *das;* -s, ...plen u. -s, **Pe̱|p|los** *der;* -, ...plen u. - ‹*gr.*›: altgriechisches faltenreiches, gegürtetes Obergewand, bes. der Frauen

Pe̱|p|los vgl. Peplon

Pep|si̱n *das;* -s, -e ‹*gr.-nlat.*›: **1.** bestimmtes Enzym des Magensaftes. **2.** aus Pepsin (1) hergestelltes Arzneimittel

Pep|si̱n|wein *der;* -[e]s, -e: Dessertwein, der die Magentätigkeit anregt

Pep|ti̱d *das;* -[e]s, -e: bestimmtes Produkt des Eiweißabbaus

Pep|ti|sa|ti|o̱n *die;* -: das Peptisieren

pe̱p|tisch: das Pepsin betreffend, verdauungsfördernd

pep|ti|sie̱|ren: ein Gel in ein [2]Sol zurückverwandeln

Pep|to̱n *das;* -s, -e: Abbaustoff des Eiweißes

Pep|to|n|u|rie̱ *die;* - (Med.): Ausscheidung von Peptonen mit dem Harn

pe̱r ‹*lat.*›: **1.** mit, mittels, durch (z. B. per Bahn, per Telefon). **2.** (Amts-, Kaufmannsspr.) **a)** je, pro (z. B. etwas per Kilo verkaufen); **b)** bis zum, am (z. B. per ersten Januar liefern)

per a̱n|num ‹*lat.*› (veraltet): jährlich, für das Jahr (Abk.: p. a.)

per a̱s|pe|ra ad a̱s|t|ra ‹*lat.;* »auf rauen Wegen zu den Sternen«›: nach vielen Mühen zum Erfolg; durch Nacht zum Licht

Per|bo|ra̱t *das;* -[e]s, -e (meist Plural) ‹*lat.; pers.-arab.-mlat.*›: Sauerstoff abgebende Verbindung aus Wasserstoffperoxid u. Boraten

per ca̱s|sa ‹*lat.-it.*› (Kaufmannsspr.): gegen Barzahlung; vgl. Kassa

per co̱n|to ‹*lat.-it.*› (Kaufmannsspr.): auf Rechnung; vgl. Konto

Per|cus|sion [pə'kaʃn̩] *die;* -, -s ‹*lat.-engl.*› (Musik): **1.** in der Jazzkapelle o. Ä. Gruppe der Schlaginstrumente. **2.** kurzer od. langer Abklingeffekt bei der elektronischen Orgel; vgl. Perkussion

per de|fi|ni|ti|o̱|nem ‹*lat.*›: wie in der Aussage enthalten; erklärtermaßen

per|du [...'dy:] ‹*lat.-fr.*› (ugs.): verloren, weg, auf und davon

pe|r|emp|to̱|risch, pe|r|em|to̱|risch: aufhebend; **peremptorische Einrede** (Rechtswiss.): Klageansprüche vernichtende Einrede bei Gericht; Ggs. ↑dilatorische Einrede

pe|r|en|nie̱|rend: **1.** ausdauernd; hartnäckig. **2.** (Bot.) mehrjährig (von Stauden- u. Holzgewächsen). **3.** mit dauernder, wenn auch jahreszeitlich schwankender Wasserführung, Schüttung (von Wasserläufen, Quellen)

Pe|res|t|ro̱i|ka *die;* - ‹*russ.;* »Umbau«›: Umbildung, Neugestaltung (urspr. des sowjetischen politischen Systems)

per|fe̱kt ‹*lat.*›: **1.** vollendet, vollkommen [ausgebildet]. **2.** abgemacht, gültig

Pe̱r|fekt [auch: ...'fɛkt] *das;* -s, -e (Sprachw.): **1.** (ohne Plural) Zeitform, mit der ein verbales Geschehen od. Sein aus der Sicht des Sprechers als vollendet charakterisiert wird. **2.** Verbform im Perfekt (1) (z. B. ich *habe gegessen*)

per|fek|ti̱|bel ‹*lat.-nlat.*›: vervollkommnungsfähig (im Sinne des Perfektibilismus)

Per|fek|ti|bi|li̱s|mus *der;* -: Anschauung, Lehre aufklärerischen Geschichtsdenkens, nach der der Sinn der Geschichte im Fortschritt zu immer größerer Vervollkommnung der Menschheit liegt

Per|fek|ti|bi|li̱st *der;* -en, -en: Anhänger des Perfektibilismus

Per|fek|ti|bi|li̱s|tin *die;* -, -nen: weibliche Form zu ↑Perfektibilist

Per|fek|ti|bi|li|tä̱t *die;* -: Fähigkeit zur Vervollkommnung

Per|fek|ti|o̱n *die;* -, -en ‹*lat.-fr.*›: **1.** Vollendung, Vollkommenheit, vollendete Meisterschaft. **2.** (veraltet) das Zustandekommen eines Rechtsgeschäftes

per|fek|ti|o|nie̱|ren ‹*lat.-nlat.*›: etwas, jmdn. in

einen Zustand bringen, der [technisch] perfekt (1) ist

Per|fek|ti|o|nie|rung *die;* -: das Vervollkommnen, Perfektionieren

Per|fek|ti|o|nis|mus *der;* -: **1.** (abwertend) übertriebenes Streben nach Vervollkommnung. **2.** (Philos.) Lehre innerhalb der Aufklärung, nach der der Sinn der Geschichte sich in einer fortschreitenden ethischen Vervollkommnung der Menschheit verwirklicht

Per|fek|ti|o|nist *der;* -en, -en: **1.** (abwertend) jmd., der in übertriebener Weise nach Perfektion (1) strebt. **2.** (nur Plural) Vertreter, Anhänger des Perfektionismus (2)

Per|fek|ti|o|nis|tin *die;* -, -nen: weibliche Form zu ↑Perfektionist

per|fek|ti|o|nis|tisch (abwertend): **a)** in übertriebener Weise Perfektion (1) anstrebend; **b)** bis in alle Einzelheiten vollständig, umfassend

per|fek|tisch ⟨*lat.*⟩: das Perfekt betreffend, im Perfekt [gebraucht]

per|fek|tiv [auch: ...'ti:f] (Sprachw.): die zeitliche Begrenzung eines Geschehens ausdrückend; **perfektiver Aspekt:** zeitlich begrenzte Verlaufsweise eines verbalen Geschehens (z. B. verblühen)

per|fek|ti|visch ⟨*lat.*⟩: **1.** ↑perfektisch. **2.** (veraltet) ↑perfektiv

per|fid, per|fi|de ⟨*lat.-fr.*⟩: hinterhältig, hinterlistig, tückisch

Per|fi|die *die;* -, ...ien: **a)** (ohne Plural) Hinterhältigkeit, Hinterlist, Falschheit; **b)** perfide Handlung, Äußerung

Per|fi|di|tät *die;* -, -en: ↑Perfidie

per|fo|rat ⟨*lat.*⟩: durchlöchert

Per|fo|ra|ti|on *die;* -, -en: **1. a)** (Med.) Durchbruch eines Abszesses od. Geschwürs durch die Hautoberfläche od. in eine Körperhöhle; **b)** (Med.) unbeabsichtigte Durchstoßung der Wand eines Organs o. Ä. bei einer Operation; **c)** (Med. früher) operative Zerstückelung des Kopfes eines abgestorbenen Kindes im Mutterleib (bei bestimmten Komplikationen). **2. a)** Reiß-, Trennlinie an einem Papierblatt; Zähnung; **b)** zum Transportieren erforderliche Lochung am Rande eines Films

Per|fo|ra|tor *der;* -s, ...oren: **1.** (Technik) Gerät zum Herstellen einer Perforation (2 a). **2.** (Druckw. früher) Schriftsetzer, der mithilfe einer entsprechenden Maschine den Drucksatz auf Papierstreifen locht

per|fo|rie|ren: 1. (Med.) bei einer Operation unbeabsichtigt die Wand eines Organs o. Ä. durchstoßen. **2. a)** durchlöchern; **b)** eine ↑Perforation (2 a) herstellen, lochen

Per|for|mance [...'fɔːməns, auch: ...fɔr...] *die;* -, -s [...sɪs] ⟨*engl.;* »Vorführung«⟩: **1.** dem ↑Happening ähnliche, meist von einem einzelnen Künstler dargebotene künstlerische Aktion. **2.** (Bankw.) prozentualer Wertzuwachs des Vermögens einer Investmentgesellschaft od. auch eines einzelnen Wertpapiers. **3.** (EDV) Leistungsniveau, -stärke eines Rechners

Per|for|manz *die;* -, -en ⟨*lat.-engl.*⟩: (Sprachw.) Gebrauch der Sprache, konkrete Realisierung von Ausdrücken in einer bestimmten Situation durch einen individuellen Sprecher

per|for|ma|tiv, per|for|ma|to|risch (Sprachw.): eine mit einer sprachlichen Äußerung beschriebene Handlung zugleich vollziehend (z. B. ich gratuliere dir ...)

Per|for|mer [...'fɔː..., auch: ...'fɔr...] *der;* -s, - ⟨*engl.*⟩: Künstler, der Performances darbietet

Per|for|me|rin *die;* -, -nen: weibliche Form zu ↑Performer

Per|ga|ment *das;* -[e]s, -e ⟨*gr.*⟩: **1.** enthaarte, geglättete, zum Beschreiben zubereitete Tierhaut, die bes. vor der Erfindung des Papiers als Schreibmaterial diente. **2.** Handschrift auf Pergament (1)

per|ga|men|ten: aus Pergament (1)

Per|ga|min, Per|ga|myn *das;* -s ⟨Kunstw.⟩: pergamentartiges, durchscheinendes Papier

Per|go|la *die;* -, ...len ⟨*lat.-it.*⟩: Laube od. Laubengang aus Pfeilern od. Säulen als Stützen für eine Holzkonstruktion, an der sich Pflanzen [empor]ranken

per|hor|res|zie|ren ⟨*lat.*⟩: mit Abscheu zurückweisen; verabscheuen, entschieden ablehnen

Pe|ri *die;* -, -s (meist Plural) ⟨*pers.*⟩: [urspr. böses, aber] zum Licht des Guten strebendes feenhaftes Wesen der altpersischen Sage

pe|ri..., Pe|ri...

⟨*gr.* perí »ringsum; um ... herum; in der Nähe, bei; ungefähr«⟩
Präfix mit der Bedeutung »um ... herum, umher, über ... hinaus«:
- Perikard
- perinatal
- Periskop

Pe|ri|ar|th|ri|tis *die;* -, ...itiden ⟨*gr.-nlat.*⟩ (Med.): Entzündung in der Umgebung von Gelenken

Pe|ri|car|di|um vgl. Perikard

Pe|ri|chon|d|ri|tis *die;* -, ...itiden ⟨*gr.-nlat.*⟩ (Med.): Knorpelhautentzündung

Pe|ri|chon|d|ri|um *das;* -s, ...ien (Med.): den Knorpel umgebendes, aufbauendes u. ernährendes Bindegewebe; Knorpelhaut
pe|ri|cu|lum in mo|ra ‹*lat.;* »Gefahr besteht im Zögern«›: Gefahr ist im Verzug
Pe|ri|derm *das;* -s, -e ‹*gr.-nlat.*›: Pflanzengewebe, dessen äußere Schicht verkorkte Zellen bildet, während die innere unverkorkte blattgrünreiche Zellen aufbaut
Pe|ri|dot *der;* -s, -e ‹*fr.*›: ein Mineral
Pe|ri|do|tit [auch: ...'tɪt] *der;* -s, -e: körniges, grünes, oft schwarzes Tiefengestein
Pe|ri|gas|t|ri|tis *die;* -, ...itiden ‹*gr.-nlat.*› (Med.): Entzündung der Bauchfelldecke des Magens
Pe|ri|gä|um *das;* -s, ...äen ‹*gr.-nlat.*› (Astron.): erdnächster Punkt der Bahn eines Körpers um die Erde; Ggs. ↑Apogäum
Pe|ri|gon *das;* -s, -e, **Pe|ri|go|ni|um** *das;* -s, ...ien ‹*gr.-nlat.*› (Bot.): Blütenhülle aus gleichartigen, meist auffällig gefärbten Blättern (z. B. bei Tulpen, Lilien, Orchideen; Zeichen: P)
Pe|ri|hel *das;* -s, -e, **Pe|ri|he|li|um** *das;* -s, ...ien ‹*gr.-nlat.*› (Astron.): Punkt einer Planeten- od. Kometenbahn, der der Sonne am nächsten liegt; Ggs. ↑Aphel
Pe|ri|kard *das;* -[e]s, -e, **Pe|ri|kar|di|um** *das;* -s, ...ien, fachspr.: **Pe|ri|car|di|um** *das;* -s, ...ien ‹*gr.-nlat.*› (Med.): aus zwei ↑epithelialen Schichten (↑Myokard u. ↑Epikard) bestehende äußerste Umhüllung des Herzens; Herzbeutel
Pe|ri|kar|di|tis *die;* -, ...itiden: Herzbeutelentzündung
Pe|ri|kar|di|um vgl. Perikard
Pe|ri|karp *das;* -s, -e ‹*gr.-nlat.*› (Bot.): Fruchtwand der Früchte von Samenpflanzen
Pe|ri|klas *der;* - u. -es, -e ‹*gr.-nlat.*›: ein Mineral
Pe|ri|ko|pe *die;* -, -n ‹*gr.-mlat.*›: **1.** zur gottesdienstlichen Verlesung als ↑Evangelium (2 b) u. ↑Epistel (2) vorgeschriebener Bibelabschnitt. **2.** (Metrik) Strophengruppe, metrischer Abschnitt
pe|ri|me|t|rie|ren ‹*gr.-nlat.*› (Med.): das Gesichtsfeld ausmessen, bestimmen
pe|ri|me|t|risch (Med.): den Umfang des Gesichtsfeldes betreffend
pe|ri|na|tal ‹*gr.-nlat.*› (Med.): den Zeitraum kurz vor, während und nach der Entbindung betreffend, während dieser Zeit eintretend, in diesen Zeitraum fallend
Pe|ri|o|de *die;* -, -n ‹*gr.-lat.(-mlat.)*›: **1.** durch etwas Bestimmtes (z. B. Ereignisse, Persönlichkeiten) charakterisierter Zeitabschnitt, -raum. **2.** etwas periodisch Auftretendes, regelmäßig Wiederkehrendes. **3.** (Astron.) Umlaufzeit eines Sternes. **4.** (Geol.) Zeitabschnitt einer ↑Formation (5 a) der Erdgeschichte. **5.** (Elektrot.) Schwingungsdauer. **6.** (Math.) Zahl od. Zahlengruppe einer unendlichen Dezimalzahl, die sich ständig wiederholt (z. B. 1,171717... = $1,\overline{17}$). **7.** (Metrik) Verbindung von zwei od. mehreren Kola (vgl. Kolon 2) zu einer Einheit. **8.** (Sprachw., Stilkunde) meist mehrfach zusammengesetzter, kunstvoll gebauter längerer Satz; Satzgefüge, Satzgebilde. **9.** (Musik) in sich geschlossene, meist aus acht Takten bestehende musikalische Grundform. **10.** (Med.) Monatsblutung, Regel, ↑Menstruation
Pe|ri|o|den|sys|tem *das;* -s (Chemie): ↑periodisches System
Pe|ri|o|di|cum vgl. Periodikum
Pe|ri|o|dik *die;* - ‹*gr.*›: Periodizität
Pe|ri|o|di|kum, Pe|ri|o|di|cum *das;* -s, ...ka bzw. ...ca (meist Plural) ‹*gr.-lat.*›: periodisch erscheinende Schrift (z. B. Zeitung, Zeitschrift)
pe|ri|o|disch: regelmäßig auftretend, wiederkehrend; **periodisches System** (Chemie): natürliche Anordnung der chemischen Elemente nach steigenden Atomgewichten u. entsprechenden, periodisch wiederkehrenden Eigenschaften
pe|ri|o|di|sie|ren ‹*gr.-nlat.*›: in Zeitabschnitte einteilen
Pe|ri|o|di|zi|tät *die;* -, -en: regelmäßige Wiederkehr
Pe|ri|o|don|ti|tis *die;* -, ...itiden ‹*gr.-nlat.*› (Med.): Wurzelhautentzündung
Pe|ri|ö|ke *der;* -n, -n ‹*gr.;* »Umwohner«›: freier u. grundeigentumsberechtigter, aber politisch rechtloser Bewohner des antiken Sparta
pe|ri|oral ‹*gr.; lat.-nlat.*› (Med.): um den Mund herum [liegend]
Pe|ri|ost *das;* -[e]s, -e ‹*gr.*› (Med.): Knochenhaut
Pe|ri|os|ti|tis *die;* -, ...itiden (Med.): Knochenhautentzündung
Pe|ri|pa|te|ti|ker *der;* -s, - (meist Plural) ‹*gr.-lat.;* nach dem Wandelgang der Schule, dem Peripatos› (Philos.): Schüler des Aristoteles
pe|ri|pa|te|tisch: die Peripatetiker betreffend
Pe|ri|pa|tos *der;* - ‹*gr.*›: Wandelgang, Teil der Schule in Athen, wo Aristoteles lehrte
Pe|ri|pe|tie *die;* -, ...ien ‹*gr.*›: entscheidender Wendepunkt, Umschwung, bes. im Drama
pe|ri|pher ‹*gr.-lat.*›: **1.** am Rande befindlich, an der ↑Peripherie (2) liegend. **2.** (EDV) an die Zentraleinheit eines Rechners angeschlossen od. anschließbar
Pe|ri|phe|rie *die;* -, ...ien: **1.** (Math.) Umfangslinie, bes. des Kreises. **2.** Rand, Randgebiet (z. B. Stadtrand)

Pe|ri|phe|rie|ge|rät *das;* -[e]s, -e (EDV): Gerät, das über eine Schnittstelle an einen Computer angeschlossen werden kann

Pe|ri|phra|se *die;* -, -n ⟨*gr.-lat.*⟩: **1.** Umschreibung eines Begriffs, einer Person od. Sache durch kennzeichnende Eigenschaften (z. B. *der Allmächtige* für Gott). **2.** ↑Paraphrase (2)

pe|ri|phra|sie|ren ⟨*gr.-nlat.*⟩: eine Periphrase (1) von etwas geben

pe|ri|phras|tisch: die Periphrase (1) betreffend, umschreibend; **periphrastische Konjugation** (Sprachw.): Konjugation des Verbs, die sich umschreibender Formen bedient (z. B. ich *werde* schreiben)

Pe|ri|s|kop *das;* -s, -e ⟨*gr.-nlat.*⟩: [ausfahrbares, drehbares] Fernrohr mit geknicktem Strahlengang (z. B. Sehrohr für Unterseeboote)

pe|ri|s|ko|pisch: in der Art, mithilfe eines Periskops

Pe|ri|s|po|me|non *das;* -s, ...na ⟨*gr.-lat.*⟩: in der griechischen Betonungslehre Wort mit einem ↑Zirkumflex auf der letzten Silbe (z. B. gr. φιλῶ »ich liebe«); vgl. Properispomenon

Pe|ri|s|tal|tik *die;* - ⟨*gr.*⟩ (Med.): von den Wänden der muskulösen Hohlorgane (z. B. des Magens, Darms u. Harnleiters) ausgeführte Bewegung, bei der sich die einzelnen Organabschnitte nacheinander zusammenziehen u. so den Inhalt des Hohlorgans transportieren

pe|ri|s|tal|tisch (Med.): die Peristaltik betreffend

Pe|ri|s|ta|se *die;* -, -n ⟨*gr.*⟩: (ohne Plural; Biol., Med.) neben den ↑Genen auf die Entwicklung des Organismus einwirkende Umwelt

pe|ri|s|ta|tisch: 1. (veraltet) ausführlich, umständlich. **2.** (Vererbungslehre) die Peristase betreffend; umweltbedingt

Pe|ri|s|te|ri|um *das;* -s, ...ien ⟨*gr.-mlat.*⟩: mittelalterliches Hostiengefäß in Gestalt einer Taube

Pe|ri|s|tyl *das;* -s, -e, **Pe|ri|s|ty|li|um** *das;* -s, ...ien ⟨*gr.-lat.*⟩: von Säulen umgebener Innenhof eines antiken Hauses

Pe|ri|to|ne|um *das;* -s, ...neen ⟨*gr.-lat.*⟩ (Med.): die Bauchhöhle auskleidende Haut; Bauchfell

Pe|ri|to|ni|tis *die;* -, ...itiden ⟨*gr.-nlat.*⟩ (Med.): Bauchfellentzündung

Per|kal *der;* -s, -e ⟨*pers.-türk.-fr.*⟩: feinfädiger [bedruckter] Baumwollstoff in Leinwandbindung (eine Webart)

Per|ka|lin *das;* -s, -e ⟨*pers.-türk.-fr.-nlat.*⟩: stark appretiertes Baumwollgewebe für Bucheinbände

Per|kus|si|on *die;* -, -en ⟨*lat.*⟩: **1.** (Med.) Organuntersuchung durch Beklopfen der Körperoberfläche u. Deutung des Klopfschalles. **2.** Zündung durch Stoß od. Schlag (z. B. beim Perkussionsgewehr im 19. Jh.). **3.** Anschlagvorrichtung beim Harmonium, die bewirkt, dass zum klareren Toneinsatz zuerst Hämmerchen gegen die Zungen schlagen; vgl. Percussion

per|kus|siv ⟨*lat.-nlat.*⟩ (Musik): vorwiegend vom [außerhalb des melodischen u. tonalen Bereichs liegenden] Rhythmus geprägt, bestimmt; durch rhythmische Geräusche erzeugt, hervorgebracht

per|kus|so|risch (Med.): die Perkussion (1) betreffend, durch sie nachweisbar

per|ku|tan ⟨*lat.-nlat.*⟩ (Med.): durch die Haut hindurch (z. B. bei der Anwendung einer Salbe)

per|ku|tie|ren ⟨*lat.*⟩ (Med.): eine Perkussion (1) durchführen, Körperhohlräume zur Untersuchung abklopfen, beklopfen

per|ku|to|risch: ↑perkussorisch

Per|lit [auch: ...'lɪt] *der;* -s, -e ⟨*lat.-vulgärlat.-fr.-nlat.*⟩: **1.** Gefügebestandteil des Stahls (Gemenge von Ferrit u. Zementit). **2.** ein glasig erstarrtes Gestein

per|lo|ku|ti|o|när (Sprachw.): die Perlokution betreffend; **perlokutionärer Akt:** Sprechakt im Hinblick auf die Konsequenzen der Aussage (z. B. die Wirkung auf die Gefühle, Gedanken u. Handlungen des Hörers); ↑illokutionärer Akt, ↑lokutionärer Akt

Per|lon® *das;* -s ⟨Kunstw.⟩: sehr haltbare Kunstfaser

Per|lus|t|ra|ti|on *die;* -, -en ⟨*lat.-nlat.*⟩ (österr.): das Anhalten u. Durchsuchen [eines Verdächtigen] zur Feststellung der Identität o. Ä.; vgl. ...ation/...ierung

per|lus|t|rie|ren ⟨*lat.*⟩ (österr.): [einen Verdächtigen] anhalten u. genau durchsuchen; jmdn. zur Feststellung der Identität anhalten

Per|lus|t|rie|rung *die;* -, -en (österr.): das Perlustrieren; vgl. ...ation/...ierung

Perm *das;* -s ⟨nach dem alten Königreich Permia (dem ehemaligen russ. Gouvernement Perm)⟩ (Geol.): jüngste erdgeschichtliche Formation des ↑Paläozoikums (umfasst Rotliegendes u. Zechstein)

per|ma|nent ⟨*lat.*⟩: dauernd, anhaltend, ununterbrochen, ständig

Per|ma|nent|weiß *das;* -[es]: aus Bariumsulfat hergestellte Malerfarbe

Per|ma|nenz *die;* - ⟨*lat.-mlat.*⟩: ununterbrochene, permanente Dauer

Per|ma|nenz|the|o|rie *die;* - (Geol.): Annahme, nach der Kontinente u. Ozeane während der Erdgeschichte eine der heutigen Verteilung weitgehend gleichende Anordnung hatten

Per|man|ga|nat *das;* -s, -e ⟨*lat.; gr.-lat.-nlat.*⟩:

hauptsächlich als Oxidations- u. Desinfektionsmittel verwendetes, als wässrige Lösung stark violett gefärbtes Salz der Übermangansäure

per|me|a|bel ‹*lat.*›: durchdringbar, durchlässig

Per|me|a|bi|li|tät *die;* -, -en ‹*lat.-nlat.*›: **1.** (Fachspr.) Durchlässigkeit eines bestimmten Materials für bestimmte Stoffe, bes. Durchlässigkeit von Scheidewänden. **2.** im magnetischen Feld das Verhältnis zwischen magnetischer Induktion u. magnetischer Feldstärke. **3.** (Schiffbau) Verhältnis der tatsächlich im Leckfall in die Schiffsräume eindringenden Wassermenge zum theoretischen Rauminhalt

per mi|lle: ↑pro mille

per|misch: das Perm betreffend

Per|mis|si|on *die;* -, -en (veraltet): Erlaubnis

per|mis|siv (Soziol.): die Einhaltung bestimmter Verhaltensnormen nur locker kontrollierend; in nicht autoritärer (2b) Weise gewähren lassend

Per|mis|si|vi|tät *die;* - (Soziol.): freies, permissives Gewährenlassen

per|mit|tie|ren ‹*lat.*› (veraltet): erlauben, zulassen

per|mu|ta|bel ‹*lat.*› (Math.): aus-, vertauschbar

Per|mu|ta|ti|on *die;* -, -en: **1.** Vertauschung, Umstellung. **2.** (Math.) Umstellung in der Reihenfolge bei einer Zusammenstellung einer bestimmten Anzahl geordneter Größen, Elemente. **3.** (Sprachw.) Umstellung aufeinanderfolgender sprachlicher Elemente einer ↑linearen Redekette bei Wahrung der Funktion dieser Elemente; Umstellprobe, Verschiebeprobe

per|mu|tie|ren: **1.** vertauschen, umstellen. **2.** (Math.) die Reihenfolge in einer Zusammenstellung einer bestimmten Anzahl geordneter Größen, Elemente ändern. **3.** (Sprachw.) eine Permutation (3), Umstellprobe vornehmen

Per|nam|buk|holz *das;* -es, ...hölzer ‹nach dem bras. Staat Pernambuko›: ↑Brasilholz

Per|nio *der;* -, ...io̱nes u. ...io̱nen (meist Plural) ‹*lat.*› (Med.): Frostbeule

per|ni|zi|ös ‹*lat.-fr.*› (Med.): bösartig, unheilbar; **perniziöse Anämie** (Med.): schwere Blutkrankheit, die durch den Mangel an einem in der Magenwand produzierten Enzym hervorgerufen wird

Per|nod® [...'no:] *der;* -[s], -s ‹*fr.*›: aus echtem Wermut, Anis u. anderen Kräutern hergestelltes alkoholisches Getränk

Pe|ro|nis|mus *der;* - ‹*nlat.;* nach dem argentin. Staatspräsidenten Perón, 1895–1974›: Bewegung mit politisch-sozialen [u. diktatorischen] Zielen in Argentinien

pe|ro|nis|tisch: den Peronismus betreffend, auf ihm beruhend, in der Art des Peronismus

Pe|ro|no|s|po|ra *die;* - ‹*gr.-nlat.*›: Pflanzenkrankheiten hervorrufende Gattung von Algenpilzen

per|oral ‹*lat.-nlat.*› (Med.): durch den Mund, über den Verdauungsweg (z. B. von der Anwendung eines Arzneimittels); vgl. per os

per os ‹*lat.*› (Med.): durch den Mund (Anweisung für die Form der Einnahme von Medikamenten); vgl. peroral

Per|oxid, Per|oxyd *das;* -[e]s, -e: sauerstoffreiche chemische Verbindung

Per|oxyd usw. vgl. Peroxid usw.

per pe|des [apo|s|to|lo|rum] [- ...de:s (-)] ‹*lat.*› (ugs. scherzh.): zu Fuß [wie die Apostel]

Per|pen|di|kel *der* od. *das;* -s, - ‹*lat.;* »Richtblei, Senkblei«›: **1.** Uhrpendel. **2.** durch Vorder- u. Hintersteven gehende gedachte Senkrechte, deren Abstand voneinander die Länge des Schiffes angibt

per|pen|di|ku|lar, per|pen|di|ku|lär: senkrecht, lotrecht

per|pe|tu|ie|ren: ständig [in gleicher Weise] fortfahren, weitermachen; fortdauern

Per|pe|tu|um mo|bi|le *das;* - -, - -[s] u. ...tua ...bilia ‹*lat.;* »das sich ständig Bewegende«›: **1.** utopische Maschine, die ohne Energiezufuhr dauernd Arbeit leistet. **2.** (Musik) Musikstück, das von Anfang bis Ende in gleichmäßig raschem Tempo verläuft

per|plex ‹*lat.-fr.;* »verflochten, verworren«› (ugs.): verwirrt, verblüfft, überrascht, bestürzt, betroffen

Per|ple|xi|tät *die;* -: Bestürzung, Verwirrung, Verlegenheit, Ratlosigkeit

per pro|cu|ra ‹*lat.-it.*›: in Vollmacht (Abk.: pp., ppa.); vgl. Prokura

per rec|tum ‹*lat.*› (Med.): durch den Mastdarm (von der Anwendung eines Medikaments, z. B. eines Zäpfchens); vgl. Rektum

Per|ron [pɛˈrõ:, österr.: ...ro:n, schweiz.: ˈpɛrõ] *der;* -s, -s ‹*gr.-lat.-vulgärlat.-fr.*› (veraltet, aber noch schweiz.): Bahnsteig; Plattform

per sal|do ‹*it.*›: **1.** (Kaufmannsspr.) aufgrund des ↑Saldos; als Rest zum Ausgleich (auf einem Konto). **2.** (ugs.) überschlägig, alles in allem

per se ‹*lat.;* »durch sich«›: an sich, von selbst

Per|sen|ning, Pre|sen|ning *die;* -, -e[n] u. -s ‹*lat.-fr.-niederl.*›: **1.** (ohne Plural) starkfädiges, wasserdichtes Gewebe für Segel, Zelte u. a. **2.** Schutzbezug aus wasserdichtem Segeltuch

Per|se|ve|ranz *die;* - ‹*lat.*›: Ausdauer, Beharrlichkeit

Per|se|ve|ra|ti|on *die;* -, -en: **1.** (Psychol.) Tendenz seelischer Erlebnisse u. Inhalte, im Bewusstsein zu verharren. **2.** (Med., Psychol.) krankhaftes Verweilen bei ein u. demselben Denkinhalt; Hängenbleiben an einem Gedanken od. einer sprachlichen Äußerung ohne Rücksicht auf den Fortgang des Gesprächs

per|se|ve|rie|ren: **1.** bei etwas beharren; etwas ständig wiederholen. **2.** (Psychol.) hartnäckig immer wieder auftauchen (von Gedanken, Redewendungen, Melodien)

Per|shing ['pəːʃɪŋ] *die;* -, -s ‹nach dem amerik. General J. J. Pershing, 1860–1948› (Militär): Rakete, die in der Lage ist, ein Sprengmittel bis zu circa 900 km Entfernung zu transportieren

Per|si|a|ner *der;* -s, - ‹nach Persien›: **a)** klein gelocktes Fell von Lämmern des Karakulschafes; **b)** Pelz aus Persianer (a)

Per|si|f|la|ge [...ʒə] *die;* -, -n ‹*vulgärlat.-fr.*›: feine, geistreiche Verspottung durch übertreibende od. ironisierende Darstellung bzw. Nachahmung

per|si|f|lie|ren: durch Persiflage auf geistreiche Art verspotten

Per|si|ko *der;* -s, -s ‹*gr.-lat.-vulgärlat.-fr.*›: Likör aus Pfirsich- od. Bittermandelkernen

Per|si|mo|ne *die;* -, -n ‹*indian.-engl.-fr.*›: essbare Frucht einer nordamerikanischen Dattelpflaumenart

Per|si|pan [auch: 'pɛr...] *das;* -s, -e ‹Kunstw.›: mithilfe von Pfirsich- od. Aprikosenkernen bereiteter Marzipanersatz

per|sis|tent ‹*lat.*› (Biol., Med.): anhaltend, dauernd, hartnäckig

Per|sis|tenz *die;* -, -en ‹*lat.-nlat.*›: **1.** (veraltet) Beharrlichkeit, Ausdauer; Eigensinn. **2.** (Biol., Med.) Bestehenbleiben eines Zustandes über längere Zeiträume

Per|son *die;* -, -en ‹*etrusk.-lat.*›: **1. a)** Mensch, menschliches Wesen; **b)** Mensch als individuelles geistiges Wesen, in seiner spezifischen Eigenart als Träger eines einheitlichen, bewussten Ichs; **c)** Mensch hinsichtlich seiner äußeren Eigenschaften. **2.** Figur in einem Drama, Film o. Ä. **3.** (emotional) Frau, junges Mädchen. **4.** (Rechtsspr.) Mensch im Gefüge rechtlicher u. staatlicher Ordnung, als Träger von Rechten u. Pflichten. **5.** (ohne Plural; Sprachw.) Träger eines durch ein Verb gekennzeichneten Geschehens (z. B. *ich* gehe); vgl. Personalform

Per|so|na gra|ta *die;* - -: **1.** Angehöriger des diplomatischen Dienstes, gegen dessen Aufenthalt in einem fremden Staat vonseiten der Regierung dieses Staates keine Einwände erhoben werden. **2.** willkommener, gern gesehener Mensch

Per|so|na in|gra|ta *die;* - -: Angehöriger des diplomatischen Dienstes, dessen [vorher genehmigter] Aufenthalt in einem fremden Staat von der Regierung des betreffenden Staates nicht [mehr] gewünscht wird

per|so|nal: **1.** die Person (1 b), den Einzelmenschen betreffend; von einer Einzelperson ausgehend; ↑personell; vgl. ...al/...ell. **2.** (Sprachw.) die Person (5) betreffend

Per|so|nal *das;* -s ‹*etrusk.-lat.-mlat.*›: **1.** Gesamtheit der Hausangestellten. **2.** Gesamtheit der Angestellten, Beschäftigten in einem Betrieb o. Ä., Belegschaft

Per|so|nal|ak|te *die;* -, -n (meist Plural): Schriftstück, das persönliche Angaben über einen Menschen enthält

Per|so|nal Com|pu|ter ['pəːsənəl -] *der;* - -s, - - ‹*(lat.-)engl.*›: leistungsfähiger Computer mit vielfältigen Anwendungsmöglichkeiten, der mit benutzerfreundlichen Programmen ausgestattet u. leicht handhabbar ist (Abk.: PC)

[1]**Per|so|na|le** *das;* -s, ...lia u. ...lien: **1.** (Sprachw.) persönliches Verb, das in allen drei Personen (5) gebraucht wird; Ggs. ↑Impersonale. **2.** (veraltet) Personalie (1 a)

[2]**Per|so|na|le** *die;* -, -n (österr.): Ausstellung der Werke eines einzelnen Künstlers

Per|so|nal|form *die;* -, -en (Sprachw.): ↑finite Form, Form des Verbs, die die Person (5) kennzeichnet (z. B. er *geht*)

Per|so|na|lie [...i̯ə] *die;* -, -n ‹*etrusk.-lat.*›: **1.** (nur Plural) **a)** Angaben zur Person (wie Name, Lebensdaten usw.); **b)** [Ausweis]papiere, die Angaben zur Person enthalten. **2.** Einzelheit, die jmds. persönliche Verhältnisse betrifft

per|so|nal|in|ten|siv (Wirtsch.): viele Arbeitskräfte erfordernd

per|so|na|li|sie|ren: auf Einzelpersonen ausrichten

Per|so|na|li|tät *die;* -, -en: Persönlichkeit; Gesamtheit der das Wesen einer Person ausmachenden Eigenschaften

Per|so|na|li|täts|prin|zip *das;* -s (Rechtswiss.): Grundsatz des internationalen Strafrechts, bestimmte Straftaten nach den im Heimatrecht des Täters gültigen Gesetzen abzuurteilen; Ggs. ↑Territorialitätsprinzip

per|so|na|li|ter ‹*etrusk.-lat.*›: in Person, persönlich, selbst

Per|so|na|li|ty|show, Per|so|na|li|ty-Show [pəːsə'nælɪtiʃoʊ] *die;* -, -s ‹*engl.-amerik.*›: Show, Unterhaltungssendung im Fernsehen, in der die Fähigkeiten eines Künstlers [u. dessen Vielseitigkeit] demonstriert werden sollen

Per|so|na̱l|pro|no|men *das;* -s, - u. ...mina (Sprachw.): persönliches Fürwort (z. B. er, wir)

Per|so|na̱l|uni|on *die;* -: **1.** Vereinigung von Ämtern in der Hand einer Person. **2.** (Geschichte) [durch Erbfolge bedingte] zufällige Vereinigung selbstständiger Staaten unter einem Monarchen

per|so|ne̱ll ‹*etrusk.-lat.-fr.*›: **1.** das Personal, die Gesamtheit der Angestellten, Beschäftigten in einem Betrieb o. Ä. betreffend. **2.** die Person (1) betreffend; vgl. personal; vgl. ...al/...ell

Per|so̱|nen|kult *der;* -[e]s, -e (Plural selten) (abwertend): übertriebene persönliche Verehrung einer politischen Führungspersönlichkeit

Per|so|ni|fi|ka|ti|o̱n *die;* -, -en ‹*etrusk.-lat.; lat.*›: Vermenschlichung von Göttern, Begriffen od. leblosen Dingen (z. B. die Sonne *lacht*); vgl. ...ation/...ierung

per|so|ni|fi|zie̱|ren: vermenschlichen

Per|so|ni|fi|zie̱|rung *die;* -, -en: das Personifizieren; vgl. ...ation/...ierung

per|s|pek|ti̱v: ↑perspektivisch

Per|s|pek|ti̱v *das;* -s, -e ‹*lat.-mlat.*›: kleines Fernrohr

Per|s|pek|ti̱|ve *die;* -, -n: **1. a)** Betrachtungsweise, -möglichkeit von einem bestimmten Standpunkt aus; Sicht, Blickwinkel; **b)** Aussicht für die Zukunft. **2.** dem Augenschein entsprechende ebene Darstellung räumlicher Verhältnisse u. Gegenstände

P

per|s|pek|ti̱|visch: **1.** die Perspektive (1 b) betreffend; in die Zukunft gerichtet, planend. **2.** die Perspektive (2) betreffend, ihren Regeln entsprechend

Per|s|pi|ra|ti|o̱n *die;* - ‹*lat.-nlat.*› (Med.): Hautatmung

per|s|pi|ra|to̱|risch: die Perspiration betreffend, auf ihr beruhend

Per|su|a|si|o̱n *die;* -, -en: Überredung

per|su|a|si̱v, per|su|a|so̱|risch: überredend, zum Überzeugen, Überreden geeignet

Pe|ru̱|bal|sam *der;* -s, -e ‹nach dem südamerik. Staat Peru›: von einem mittelamerikanischen Baum gewonnener Wundbalsam

Pe|rü̱|cke *die;* -, -n ‹*fr.*›: **1.** zu einer bestimmten Frisur gearbeiteter Haarersatz aus echten od. künstlichen Haaren. **2.** (Jägerspr.) krankhafte Gehörn-, Geweihwucherung

per|ve̱rs ‹*lat.(-fr.);* »verdreht«›: ein von einer gesetzten Norm in erheblichem Maß abweichendes Verhalten zeigend

Per|ver|si|o̱n *die;* -, -en: von einer Norm in erheblichem Maß abweichendes Verhalten

Per|ver|si|tä̱t *die;* -, -en: **1.** (ohne Plural) das Perverssein. **2.** Erscheinungsform der Perversion; perverse Verhaltensweise

per|ver|tie̱|ren: **1.** von einer gesetzten Norm abweichen. **2.** verdrehen, verfälschen, ins Gegenteil verkehren

Per|ver|tie̱rt|heit *die;* -, -en: **1.** (ohne Plural) das Pervertiertsein. **2.** Perversität (2)

Per|ver|tie̱|rung *die;* -, -en: **1.** das Pervertiertsein. **2.** das Pervertieren

Per|ze̱nt *das;* -[e]s, -e ‹*lat.*› (österr. veraltet): Prozent

per|zen|tu|e̱ll vgl. prozentual

per|zep|ti̱|bel ‹*lat.*› (Philos.): wahrnehmbar, fassbar

Per|zep|ti|bi|li|tä̱t *die;* - ‹*lat.-nlat.*› (Philos.): Wahrnehmbarkeit, Fasslichkeit, Wahrnehmungsfähigkeit

Per|zep|ti|o̱n *die;* -, -en ‹*lat.*›: **1.** (Philos.) sinnliches Wahrnehmen als erste Stufe der Erkenntnis im Unterschied zur ↑Apperzeption (1). **2.** (Biol., Med.) Reizaufnahme durch Sinneszellen od. -organe

per|zep|ti̱v: ↑perzeptorisch

per|zep|to̱|risch: die Perzeption betreffend

per|zi|pie̱|ren: **1.** (Philos.) sinnlich wahrnehmen im Unterschied zu ↑apperzipieren. **2.** (Biol., Med.) durch Sinneszellen od. -organe Reize aufnehmen. **3.** (veraltet) [Geld] einnehmen

Pe|sa̱|de *die;* -, -n ‹*gr.-lat.-it.-fr.*› (Reitsport): Figur der Hohen Schule, bei der sich das Pferd, auf die Hinterhand gestützt, mit eingeschlagener Vorderhand kurz aufbäumt

pe|sa̱n|te ‹*lat.-it.*› (Musik): schwerfällig, schleppend, wuchtig, gedrungen (Vortragsanweisung)

Pe|sa̱n|te *das;* -[s], -s (Musik): wuchtiger Vortrag

Pesch|mer|ga̱ *der;* -[s], - ‹*kurdisch*›: Selbstbezeichnung der kurdischen Freiheitskämpfer im Irak

Pe|se̱|ta, Pe|se̱|te *die;* -, ...ten ‹*lat.-span.*›: frühere spanische Währungseinheit

Pe̱|so *der;* -[s], -[s]: Währungseinheit in Süd-, Mittelamerika u. auf den Philippinen

Pes|sa̱r *das;* -s, -e ‹*gr.-lat.-mlat.*› (Med.): länglich runder, ring- od. schalenförmiger Körper aus Kunststoff od. Metall, der um den äußeren Muttermund gelegt wird als Stützvorrichtung für Gebärmutter u. Scheide od. zur Empfängnisverhütung; Mutterring

Pes|si|mi̱s|mus *der;* - ‹*lat.-nlat.*›: **1.** Lebensauffassung, bei der alles von der negativen Seite betrachtet wird; negative Grundhaltung; Schwarzseherei; Ggs. ↑Optimismus (1). **2.** philosophische Auffassung, wonach die bestehende Welt schlecht ist, keinen Sinn enthält u. eine Entwicklung zum Besseren nicht zu erwarten ist; Ggs. ↑Optimismus (2). **3.** durch negative Erwartung bestimmte Haltung; Ggs. ↑Optimismus (3)

Pes|si|mịst *der;* -en, -en: negativ eingestellter Mensch, der immer die schlechten Seiten des Lebens sieht; Schwarzseher; Ggs. ↑Optimist

Pes|si|mịs|tin *die;* -, -nen: weibliche Form zu ↑Pessimist

pes|si|mịs|tisch: lebensunfroh, niedergedrückt, schwarzseherisch; Ggs. ↑optimistisch

Pẹs|si|mum *das;* -s, ...ma ⟨*lat.*⟩ (Biol.): schlechteste Umweltbedingungen für Tier u. Pflanze

Pes|ti|lẹnz *die;* -, -en ⟨*lat.*⟩ (veraltet): Pest; schwere Seuche

pes|ti|len|zi|a̲|lisch ⟨*lat.-nlat.*⟩: verpestet; stinkend

Pes|ti|zi̲d *das;* -s, -e: chemisches Mittel zur Vernichtung von pflanzlichen u. tierischen Schädlingen aller Art; Schädlingsbekämpfungsmittel

Pẹs|to *das* od. *der;* -s, -s ⟨*it.*⟩: Würzpaste aus Olivenöl, Knoblauch, Basilikum, Pinienkernen u. Ä.

PẸT *das;* - = Polyethylenterephthalat

Pe|tạr|de *die;* -, -n ⟨*lat.-fr.*⟩ (Geschichte): [zur Sprengung von Festungstoren u. a. benutztes] mit Sprengpulver gefülltes Gefäß, das mit einer Zündschnur zur Explosion gebracht wurde

Pe|tẹnt *der;* -en, -en ⟨*lat.*⟩: Bittsteller

Pe̲|ter|sil *der;* -s ⟨*gr.-lat.-mlat.*⟩ (österr.): Petersilie

Pe|ter|si̲|lie [...i̯ə] *die;* -, -n: zweijährige Gewürz- u. Gemüsepflanze, die sehr reich an Vitamin C ist u. deren Blätter als Küchenkraut dienen

Pe|tit [pəˈti:] *die;* - ⟨*fr.*⟩ (Druckw.): Schriftgrad von 8 Punkt (ungefähr 3 mm)

Pe|ti|tẹs|se *die;* -, -n ⟨*vulgärlat.-fr.*⟩: Kleinigkeit, Geringfügigkeit, unbedeutende Sache, Bagatelle

Pe|ti|ti|o̲n *die;* -, -en ⟨*lat.*⟩: Bittschrift, Eingabe

pe|ti|ti|o|ni̲e̲|ren ⟨*lat.-nlat.*⟩: eine Bittschrift einreichen

Pe|ti|ti|o̲ns|recht *das;* -[e]s, -e: verfassungsmäßig garantiertes Recht eines jeden, sich einzeln od. in Gemeinschaft mit anderen mit Bitten od. Beschwerden an die zuständigen Stellen u. die Volksvertretung zu wenden; Bittrecht, Beschwerderecht

Pe|tit|schrift [pəˈti...] *die;* -, -en (Druckw.): Druckschrift in ↑Petit

Pe|t|re|fạkt *das;* -[e]s, -e[n] ⟨*gr.; lat.*⟩ (Geol., Biol. veraltet): Versteinerung von Pflanzen od. Tieren

Pe|t|ri|fi|ka|ti|o̲n *die;* -, -en (Geol., Biol.): Vorgang des Versteinerns

pe|t|ri|fi|zi̲e̲|ren (Geol., Biol.): versteinern

Pe|t|ro|che|mi̲e̲ *die;* -: **1.** ↑Petrolchemie. **2.** (veraltend) Wissenschaft von der chemischen Zusammensetzung der Gesteine

pe|t|ro|che̲|misch: **1. a)** die Petrochemie betreffend; **b)** die chemische Zusammensetzung der Gesteine betreffend. **2.** petrolchemisch

Pe̲|t|ro|dol|lar [ˈpɛ...] *der;* -[s], -s (meist Plural) ⟨Kunstw. aus **Petroleum** u. **Dollar**⟩: amerikanische Währung im Besitz der Erdöl produzierenden Staaten, die auf dem internationalen Markt angelegt wird

Pe|t|ro|ge|ne̲|se *die;* -, -n ⟨*gr.-nlat.*⟩: Entstehungsgeschichte der Gesteine

pe|t|ro|ge|ne̲|tisch: die Gesteinsbildung betreffend

Pe|t|ro|gra|fi̲e̲, Pe|t|ro|gra|phi̲e̲ *die;* -, ...i̲en: Wissenschaft von der mineralogischen u. chemischen Zusammensetzung der Gesteine, ihrer Gefüge, ihrer ↑Nomenklatur u. ↑Klassifikation; beschreibende Gesteinskunde

pe|t|ro|gra̲|fisch, pe|t|ro|gra̲|phisch: die Petrografie betreffend

Pe|t|ro̲l *das;* -s ⟨(*gr.; lat.*) *mlat.;* »Steinöl«⟩ (schweiz.): Petroleum

Pe|t|ro̲l|che|mie *die;* -: Zweig der technischen Chemie, dessen Aufgabe bes. in der Gewinnung von chemischen Rohstoffen aus Erdöl u. Erdgas besteht

pe|t|ro̲l|che|misch: die Petrolchemie, die Gewinnung von chemischen Rohstoffen aus Erdöl u. Erdgas betreffend

Pe|t|ro̲|le|um *das;* -s: **1.** Erdöl. **2.** Destillationsprodukt des Erdöls

Pe|t|ro|lo|gi̲e̲ *die;* - ⟨*gr.-nlat.*⟩: Wissenschaft von der Bildung u. Umwandlung der Gesteine, von den physikalisch-chemischen Bedingungen bei der Gesteinsbildung

Pẹt|schaft *das;* -s, -e ⟨*tschech.*⟩: Siegelstempel mit eingraviertem Namenszug, Wappen od. Bild

pet|schi̲e̲|ren: mit einem Petschaft schließen

Pet|ti|coat [ˈpɛtiko:t] *der;* -s, -s ⟨*fr.-engl.;* »kleiner Rock«⟩: versteifter, weiter, in der Taille ansetzender Unterrock

Pẹt|ting *das;* -[s], -s ⟨*engl.-amerik.*⟩: [bis zum Orgasmus betriebene] Stimulierung durch Berühren und Reizen der Genitalien ohne Ausübung des eigentlichen Geschlechtsverkehrs

pẹt|to vgl. in petto

Pẹ|tum *das;* -s ⟨*indian.-port.*⟩: ursprüngliche Bez. für den Tabak in Europa

Pe|tu̲|nie [...i̯ə] *die;* -, -n ⟨*indian.-port.-fr.-nlat.*⟩: Balkonpflanze mit violetten, roten od. weißen Trichterblüten (Nachtschattengewächs)

peu à peu [pøaˈpø:] ⟨*fr.*⟩: allmählich, nach u. nach

pe|xi̲e̲|ren vgl. pekzieren

Pfef|fe|ro̲|ne *der;* -, ...ni (selten: -n), **Pfef|fe|ro̲|ni**

der; -, - ⟨*sanskr.-pers.-gr.-lat.; it.*⟩ (österr.): Peperone

Phä|a|ke *der;* -n, -n ⟨nach dem als besonders glücklich geltenden Volk der Phäaken in der gr. Sage⟩: sorgloser Genießer

Pha|ge *der;* -n, -n ⟨*gr.-lat.*⟩: ↑Bakteriophage

Pha|go|zyt *der;* -en, -en (meist Plural) ⟨*gr.-nlat.*⟩ (Med.): weißes Blutkörperchen, das eingedrungene Fremdstoffe, bes. Bakterien, aufnehmen, durch ↑Enzyme auflösen u. unschädlich machen kann

Pha|lanx *die;* -, ...langen ⟨*gr.-lat.*⟩: **1.** (Geschichte) tief gestaffelte, geschlossene Schlachtreihe des schweren Fußvolks im Griechenland der Antike. **2.** geschlossene Front (z. B. des Widerstands). **3.** Finger- od. Zehenglied

phal|lisch ⟨*gr.-lat.*⟩: den Phallus betreffend

Phal|los *der;* -, ...lloi [...ɔy] u. ...llen ⟨*gr.*⟩: ↑Phallus

Phal|lus *der;* -, ...lli u. ...llen, auch: -se ⟨*gr.-lat.*⟩: [erigiertes] männliches Glied (meist als Symbol der Kraft und Fruchtbarkeit)

Phal|lus|kult *der;* -[e]s (Völkerkunde): religiöse Verehrung des männlichen Gliedes als Sinnbild der Naturkraft, der Fruchtbarkeit

Pha|ne|ro|ga|me *die;* -, -n (meist Plural): Blütenpflanze; Ggs. ↑Kryptogame

Phä|no|lo|gie *die;* - (Biol.): Wissenschaft von den jahreszeitlich bedingten Erscheinungsformen bei Tier u. Pflanze (z. B. die Laubverfärbung der Bäume)

Phä|no|men *das;* -s, -e ⟨*gr.-lat.*⟩: **1.** etwas, was als Erscheinungsform auffällt, ungewöhnlich ist; Erscheinung. **2.** (Philos.) das Erscheinende, sich den Sinnen Zeigende; der sich der Erkenntnis darbietende Bewusstseinsinhalt. **3.** Mensch mit außergewöhnlichen Fähigkeiten

phä|no|me|nal ⟨*gr.-lat.-fr.*⟩: **1.** (Philos., Psychol.) das ↑Phänomen (2) betreffend; sich den Sinnen, der Erkenntnis darbietend. **2.** außergewöhnlich, einzigartig, erstaunlich, unglaublich

Phä|no|me|na|lis|mus *der;* - ⟨*nlat.*⟩: philosophische Richtung, nach der die Gegenstände nur so erkannt werden können, wie sie uns erscheinen, nicht wie sie an sich sind

Phä|no|me|no|lo|gie *die;* - ⟨*gr.-nlat.*⟩ (Philos.): **1.** Wissenschaft von den sich dialektisch entwickelnden Erscheinungen der Gestalten des [absoluten] Geistes u. Wissenschaft der Erfahrung des Bewusstseins (Hegel). **2.** streng objektive Aufzeigung u. Beschreibung des Gegebenen, der Phänomene (nach N. Hartmann). **3.** Wissenschaft, Lehre, die von der geistigen Anschauung des Wesens der Gegenstände od. Sachverhalte ausgeht u. die geistig-intuitive Wesensschau (anstelle rationaler Erkenntnis) vertritt (Husserl)

phä|no|me|no|lo|gisch: die Phänomenologie betreffend

Phä|no|me|non [auch: ...'nɔm...] *das;* -s, ...na ⟨*gr.-lat.*⟩: ↑Phänomen (2)

Phä|no|typ [auch: ...'ty:p] *der;* -s, -en ⟨*gr.-nlat.*⟩: ↑Phänotypus

phä|no|ty|pisch [auch: ...'ty:...] (Biol.): das Erscheinungsbild eines Organismus betreffend

Phä|no|ty|pus [auch: ...'ty:...] *der;* -, ...pen (Biol.): das Erscheinungsbild eines Organismus, das durch Erbanlagen u. Umwelteinflüsse geprägt wird; vgl. Genotypus

Phan|ta|sie usw. vgl. [1]Fantasie usw.

Phan|tas|ma *das;* -s, ...men ⟨*gr.-lat.*⟩ (Psychol.): Sinnestäuschung, Trugbild

Phan|tas|ma|go|rie *die;* -, ...ien ⟨*gr.*⟩: **1.** Zauber, Truggebilde, Wahngebilde. **2.** künstliche Darstellung von Trugbildern, Gespenstern u. a. auf der Bühne

phan|tas|ma|go|risch: traumhaft, bizarr, gespenstisch, trügerisch

Phan|tast vgl. Fantast

Phan|tas|te|rei vgl. Fantasterei

Phan|tas|tik vgl. Fantastik

Phan|tas|tin vgl. Fantastin

phan|tas|tisch vgl. fantastisch

Phan|tom *das;* -s, -e ⟨*gr.-vulgärlat.-fr.*⟩: **1.** gespenstische Erscheinung, Trugbild. **2.** (Med.) Nachbildung von Körperteilen u. Organen für den Unterricht

Phan|tom|bild *das;* -[e]s, -er: nach Zeugenaussagen erstelltes Bild eines gesuchten Täters

Phan|tom|schmerz *der;* -es, -en (Med.): Schmerzen, die man in einem bereits amputierten Körperglied empfindet

[1]**Pha|rao** *der;* -[s], ...onen ⟨*ägypt.-gr.*⟩: **a)** (ohne Plural; Geschichte) Titel der altägyptischen Könige; **b)** Träger dieses Titels

[2]**Pha|rao** *das;* -s ⟨*ägypt.-gr.-fr.*⟩: altes französisches Kartenglücksspiel

pha|ra|o|nisch ⟨*ägypt.-gr.*⟩: den [1]Pharao betreffend

Pha|ri|sä|er *der;* -s, - ⟨*hebr.-gr.-lat.*⟩: **1.** (Geschichte) Angehöriger einer altjüdischen, streng gesetzesfrommen religiös-politischen Partei. **2.** selbstgerechter Mensch; Heuchler. **3.** heißer Kaffee mit Rum und geschlagener Sahne

Pha|ri|sä|e|rin *die;* -, -nen: weibliche Form zu ↑Pharisäer (2)

pha|ri|sä|isch: **1.** die Pharisäer (1) betreffend. **2.** selbstgerecht; heuchlerisch

Pha|ri|sä|is|mus *der; -* ⟨*hebr.-gr.-lat.-nlat.*⟩: **1.** (Geschichte) religiös-politische Lehre der Pharisäer (1). **2.** Selbstgerechtigkeit; Heuchelei

Phar|ma...

⟨zu *gr.* phármakon »Hilfsmittel; Heilmittel, Arzneimittel; Gift«⟩
Wortbildungselement mit der Bedeutung »Arzneimittel«:
– Pharmaindustrie
– Pharmareferent
Von gleicher Herkunft und Bedeutung ist auch das Wortbildungselement **pharmako..., Pharmako...**, vor Vokalen auch: **pharmak..., Pharmak...** Es ist Bestandteil vieler Fremdwörter, wie z. B. in pharmakologisch und Pharmakopsychiatrie.

Phar|ma|in|dus|t|rie *die; -, -n:* Arzneimittelindustrie

Phar|ma|kant *der; -en, -en:* Facharbeiter für die Herstellung pharmazeutischer Erzeugnisse

Phar|ma|kan|tin *die; -, -nen:* weibliche Form zu ↑Pharmakant

Phar|ma|ko|lo|ge *der; -n, -n:* Wissenschaftler auf dem Gebiet der Pharmakologie

Phar|ma|ko|lo|gie *die; -:* Wissenschaft von Art u. Aufbau der Heilmittel, ihren Wirkungen u. Anwendungsgebieten; Arzneimittelkunde, Arzneiverordnungslehre

Phar|ma|ko|lo|gin *die; -, -nen:* weibliche Form zu ↑Pharmakologe

phar|ma|ko|lo|gisch: die Pharmakologie, Arzneimittel betreffend

Phar|ma|kon *das; -s, ...ka* ⟨*gr.*⟩: **1.** Arzneimittel. **2.** (veraltet) Zauber-, Liebestrank

Phar|ma|ko|pöe [...ˈpøː, selten: ...ˈpøːə] *die; -, -n* [...ˈpøːən]: amtliches Arzneibuch, Verzeichnis der offiziellen Arzneimittel mit Vorschriften über ihre Zubereitung, Beschaffenheit, Anwendung o. Ä.

Phar|ma|re|fe|rent *der; -en, -en:* Vertreter, der bei Ärzten für die Arzneimittel o. Ä. einer Firma wirbt

Phar|ma|re|fe|ren|tin *die; -, -nen:* weibliche Form zu ↑Pharmareferent

Phar|ma|un|ter|neh|men *das; -s, -:* Unternehmen der Pharmaindustrie

Phar|ma|zeut *der; -en, -en* ⟨*gr.*⟩: Fachmann, Wissenschaftler auf dem Gebiet der Pharmazie; Arzneimittelhersteller (z. B. Apotheker)

Phar|ma|zeu|tik *die; -:* Arzneimittelkunde

Phar|ma|zeu|ti|kum *das; -s, ...ka* ⟨*gr.-lat.*⟩: Arzneimittel

Phar|ma|zeu|tin *die; -, -nen:* weibliche Form zu ↑Pharmazeut

phar|ma|zeu|tisch: zur Pharmazie gehörend; die Herstellung von Arzneimitteln betreffend; **pharmazeutische Biologie:** Lehre von der Erkennung u. Bestimmung der als Arznei verwendeten Drogen

phar|ma|zeu|tisch-tech|nisch: die Pharmazie in Verbindung mit entsprechenden technischen, praktischen Handhabungen betreffend; **pharmazeutisch-technischer Assistent, pharmazeutisch-technische Assistentin:** Person, die durch Zubereitung, Kontrolle, Abgabe von Arzneimitteln, durch Verkauf von Körperpflege- u. Hygieneartikeln die Tätigkeit eines Apothekers o. Ä. unterstützt (Berufsbez.) (Abk.: PTA)

Phar|ma|zie *die; -* ⟨*gr.-mlat.*⟩: Wissenschaft von den Arzneimitteln, ihrer Zusammensetzung, Herstellung usw.

Pha|ro *das; -s* ⟨verkürzt aus **Pharao**⟩: ↑²Pharao

Pha|ryn|gis|mus *der; -, ...men* (Med.): Verkrampfung der Schlundmuskulatur, Schlundkrampf

Pha|ryn|gi|tis *die; -, ...itiden* (Med.): Rachenentzündung

Pha|ryn|go|s|kop *das; -s, -e* (Med.): Instrument zur Untersuchung des Rachens, Rachenspiegel

Pha|ryn|go|s|ko|pie *die; -, ...ien* (Med.): Untersuchung des Rachens mithilfe des Pharyngoskops, Ausspiegelung des Rachens

Pha|rynx *der; -, ...ryngen* ⟨*gr.*⟩ (Med.): zwischen Speiseröhre u. Mund- bzw. Nasenhöhle liegender Abschnitt der oberen Luftwege; Schlund, Rachen

Pha|se *die; -, -n* ⟨*gr.-fr.*⟩: **1.** Abschnitt einer [stetigen] Entwicklung; Zustandsform, Stufe. **2.** (Astron.) **a)** bei nicht selbst leuchtenden Monden od. Planeten die Zeit, in der die Himmelskörper nur z. T. erleuchtet sind; **b)** die daraus resultierende jeweilige Erscheinungsform der Himmelskörper. **3.** (Chemie) Aggregatzustand eines chemischen Stoffes (z. B. feste, flüssige Phase). **4.** (Physik) Größe, die den Schwingungszustand einer Welle an einer bestimmten Stelle, bezogen auf den Anfangszustand, charakterisiert. **5.** (Elektrot.) **a)** Schwingungszustand beim Wechselstrom; **b)** (nur Plural) die drei Wechselströme des Drehstromes; **c)** (nur Plural) die drei Leitungen des Drehstromnetzes

phat [fɛt] vgl. phatt

phatt, seltener: **phat** [fɛt] ⟨*engl.*⟩ (Jugendspr.): hervorragend (z. B. phatte Beats)

Phe|n|a|ce|tin *das; -s* ⟨*gr.; lat.-nlat.*⟩: ein Schmerz- u. Fiebermittel

Phe|nol *das; -s* ⟨*gr.; arab.*⟩: Karbolsäure, eine aus

dem Steinkohlenteer gewonnene, technisch vielfach verwendete organische Verbindung

Phe|no̲l|harz *das;* -es, -e: aus Phenolen u. Formaldehyd synthetisch hergestelltes Harz

Phe|nol|ph|tha|le|i̲n *das;* -s ‹Kunstw.›: als ↑Indikator (3) dienende chemische Verbindung

Phe|no|pla̲st *der;* -[e]s, -e: ↑Phenolharz

Phe|ro|mo̲n *das;* -s, -e (meist Plural) ‹*gr.-nlat.*› (Biol.): Wirkstoff, der nach außen abgegeben wird u. auf andere Individuen der gleichen Art Einfluss hat (z. B. Lockstoffe von Insekten)

Phi̲ *das;* -[s], -s ‹*gr.*›: einundzwanzigster Buchstabe des griechischen Alphabets: Φ, φ

Phi|a̲|le *die;* -, -n ‹*gr.-lat.*›: altgriechische flache [Opfer]schale

Phi|l|an|th|ro̲p *der;* -en, -en ‹*gr.*›: Menschenfreund; Ggs. ↑Misanthrop

Phi|l|an|th|ro|pi̲e̲ *die;* -: Menschenliebe; Ggs. ↑Misanthropie

Phi|l|an|th|ro|pi|ni̲s|mus, Phi|l|an|th|ro|pi̲s|mus *der;* -: am Ende des 18. Jh.s einsetzende, von Basedow begründete Erziehungsbewegung, die eine natur- u. vernunftgemäße Erziehung anstrebte

phi|l|an|th|ro̲|pisch ‹*gr.*›: menschenfreundlich, menschlich [gesinnt]; Ggs. ↑misanthropisch

Phi|l|an|th|ro|pi̲s|mus vgl. Philanthropinismus

Phi|l|a|te|li̲e̲ *die;* - ‹*gr.-fr.*›: [wissenschaftliche] Beschäftigung mit Briefmarken, das Sammeln von Briefmarken

p

Phi|l|a|te|li̲st *der;* -en, -en: jmd., der sich [wissenschaftlich] mit Briefmarken beschäftigt; Briefmarkensammler

Phi|l|a|te|li̲s|tin *die;* -, -nen: weibliche Form zu ↑Philatelist

Phil|har|mo|ni̲e̲ *die;* -, ...i̲en ‹*gr.*›: **1.** Name philharmonischer Orchester od. musikalischer Gesellschaften. **2.** [Gebäude mit einem] Konzertsaal eines philharmonischen Orchesters

Phil|har|mo̲|ni|ker *der;* -s, -: **a)** Mitglied eines philharmonischen Orchesters; **b)** (nur Plural) Name eines Sinfonieorchesters mit großer Besetzung (z. B. Berliner Philharmoniker, Wiener Philharmoniker)

Phil|har|mo̲|ni|ke|rin *die;* -, -nen: weibliche Form zu ↑Philharmoniker (a)

phil|har|mo̲|nisch: die Musikliebe, -pflege betreffend; Musik pflegend; **philharmonisches Orchester:** Sinfonieorchester mit großer Besetzung (als Name)

Phil|hel|le̲|ne *der;* -n, -n ‹*gr.*›: Anhänger, Vertreter des Philhellenismus

Phil|hel|le̲|nin *die;* -, -nen: weibliche Form zu ↑Philhellene

Phil|hel|le|ni̲s|mus *der;* - ‹*gr.-nlat.*› (Geschichte): politisch-romantische Bewegung, die den Befreiungskampf der Griechen gegen die Türken unterstützte

Phi|l|i̲p|pi|ka *die;* -, ...ken ‹*gr.-lat.;* nach den Kampfreden des Demosthenes gegen König Philipp von Mazedonien›: Straf-, Kampfrede

Phi|li̲s|ter *der;* -s, - ‹nach dem Volk an der Küste Südpalästinas, in der Bibel als ärgster Feind der Israeliten dargestellt›: **1.** kleinbürgerlicher Mensch; Spießbürger. **2.** (Verbindungsw.) im Berufsleben stehender Alter Herr. **3.** (Studentenspr. veraltend) Nichtakademiker

Phi|lis|te̲|ri|um *das;* -s ‹*nlat.*› (Verbindungsw.): das spätere Berufsleben eines Studenten

phi|lis|t|rö̲s ‹französierende Bildung›: spießig; engstirnig

Phil|lu|me|ni̲e̲ *die;* - ‹*gr.; lat.*›: das Sammeln von Streichholzschachteln od. Streichholzschachteletiketten

Phil|lu|me|ni̲st *der;* -en, -en: Sammler von Streichholzschachteln od. Etiketten von Streichholzschachteln

Phil|lu|me|ni̲s|tin *die;* -, -nen: weibliche Form zu ↑Phillumenist

Phi|lo|de̲n|d|ron *der,* auch: *das;* -s, ...ren ‹*gr.-nlat.*›: zu den Aronstabgewächsen gehörende Blattpflanze mit Luftwurzeln u. gelappten Blättern; vgl. Monstera

Phi|lo|lo̲|ge *der;* -n, -n ‹*gr.-lat.;* »Freund der Wissenschaften«›: jmd., der sich wissenschaftlich mit Philologie befasst (z. B. Hochschullehrer, Student)

Phi|lo|lo|gi̲e̲ *die;* -, ...i̲en: Sprach- u. Literaturwissenschaft

Phi|lo|lo̲|gin *die;* -, -nen: weibliche Form zu ↑Philologe

phi|lo|lo̲|gisch: die Philologie betreffend, auf ihr beruhend, zu ihr gehörend

Phi|lo|se|mi̲t *der;* -en, -en ‹*nlat.*›: Vertreter des Philosemitismus

Phi|lo|se|mi̲|tin *die;* -, -nen: weibliche Form zu ↑Philosemit

Phi|lo|se|mi|ti̲s|mus *der;* -: **a)** (bes. im 17. u. 18. Jh.) geistige Bewegung, die gegenüber Juden und ihrer Religion eine sehr tolerante Haltung einnimmt; **b)** (abwertend) unkritische Haltung, die die Politik des Staates Israel vorbehaltlos unterstützt

Phi|lo|so̲ph *der;* -en, -en ‹*gr.-lat.;* »Freund der Weisheit«›: **1. a)** jmd., der nach dem letzten Sinn, den Ursprüngen des Denkens u. Seins, dem Wesen der Welt, der Stellung des Menschen im Universum fragt; **b)** Begründer einer Denkmethode, einer Philosophie (1). **2.** Wissenschaftler auf dem Gebiet der Philosophie (2). **3.** jmd., der gern philosophiert (2), über etwas nachdenkt, grübelt

Phi|lo|so|phas|ter *der;* -s, -: philosophisch unzuverlässiger Schwätzer, Scheinphilosoph

Phi|lo|so|phem *das;* -s, -e ⟨*gr.*⟩: Ergebnis philosophischer Nachforschung od. Lehre; philosophisches Ergebnis

Phi|lo|so|phie *die;* -, ...ien ⟨*gr.-lat.;* »Weisheitsliebe«⟩: **1.** forschendes Fragen u. Streben nach Erkenntnis des letzten Sinnes, der Ursprünge des Denkens u. Seins, der Stellung des Menschen im Universum, des Zusammenhanges der Dinge in der Welt. **2.** (ohne Plural) Wissenschaft von den verschiedenen philosophischen Systemen, Denkgebäuden

phi|lo|so|phie|ren: 1. Philosophie (1) betreiben, sich philosophisch über einen Gegenstand verbreiten. **2.** über etwas nachdenken, grübeln; nachdenklich über etwas reden

Phi|lo|so|phin *die;* -, -nen: weibliche Form zu ↑Philosoph

phi|lo|so|phisch: 1. a) die Philosophie (1) betreffend; **b)** auf einen Philosophen (1) bezogen. **2.** durchdenkend, überlegend; weise. **3.** (abwertend) weltfremd, verstiegen

Phi|mo|se *die;* -, -n ⟨*gr.;* »das Verschließen, die Verengung«⟩ (Med.): angeborene od. erworbene Vorhautverengung des Penis

Phi|o|le *die;* -, -n ⟨*gr.-lat.-mlat.*⟩: kugelförmige Glasflasche mit langem Hals

Phi|shing [ˈfɪʃɪŋ] *das;* -[s] ⟨*engl.;* zu fishing »das Fischen«; die ph-Schreibung wohl nach *engl.-amerik.* (Jargon) phreaking »das Hacken«⟩ (EDV): das Erschleichen von persönlichen Daten wie Passwort, Kreditkartennummer o. Ä. mithilfe gefälschter E-Mails od. Websites

Phi|shing|mail, Phi|shing-Mail [ˈ...meɪl] *die;* -, -s, auch, bes. südd., österr., schweiz.: *das;* -s, -s (EDV): E-Mail mit der Aufforderung zum Besuch einer gefälschten Website, über die Betrüger versuchen, sich Bankzugangsdaten u. Ä. der Mailempfänger zu verschaffen

Phle|bi|tis *die;* -, ...itiden (Med.): Venenentzündung

Phleg|ma|ti|ker *der;* -s, - ⟨*gr.-lat.*⟩: **a)** (nach dem von Hippokrates aufgestellten Temperamentstyp) ruhiger, langsamer, schwerfälliger Mensch; vgl. Choleriker, Melancholiker, Sanguiniker; **b)** Vertreter dieses Temperamentstyps

Phleg|ma|ti|ke|rin *die;* -, -nen: weibliche Form zu ↑Phlegmatiker

Phleg|ma|ti|kus *der;* -, -se (ugs. scherzh.): träger, schwerfälliger Mensch

phleg|ma|tisch: träge, schwerfällig; gleichgültig; vgl. cholerisch, melancholisch, sanguinisch

Phlox *der;* -es, -e, auch: *die;* -, -e ⟨*gr.-lat.;* »Flamme«⟩: Zierpflanze mit rispenartigen, farbenprächtigen Blütenständen

...phob

⟨zu *gr.* phóbos »Furcht; Schrecken«⟩
Wortbildungselement mit der Bedeutung »eine Abneigung gegen etwas habend; etwas meidend«:
- fotophob
- gamophob

...pho|bie
die; -, ...ien (teilweise ohne Plural)
⟨zu *gr.* phóbos »Furcht; Schrecken«⟩
Wortbildungselement mit den Bedeutungen:
a) »[zwanghafte] Angst vor etwas oder jemandem, Abneigung gegen etwas«:
- Agoraphobie
- Arachnaphobie
- Klaustrophobie

b) »Überempfindlichkeit gegen etwas, Hang, etwas zu meiden«:
- Fotophobie

Pho|bie *die;* -, ...ien ⟨*gr.-nlat.*⟩ (Med.): krankhafte Angst

Phon, [1]Fon *das;* -s, -s (aber: 50 -) ⟨*gr.*⟩: Maßeinheit der Tonstärke (Zeichen: phon)

Pho|nem, Fo|nem *das;* -s, -e ⟨*gr.*⟩: **1.** (Sprachw.) kleinste bedeutungsunterscheidende, aber nicht selbst bedeutungstragende sprachliche Einheit (z. B. b in Bein im Unterschied zu p in Pein). **2.** (nur Plural; Med.) Gehörhalluzinationen in Form von Stimmen (z. B. bei Schizophrenie)

Pho|ne|ma|tik, Fo|ne|ma|tik *die;* - ⟨*gr.-nlat.*⟩: Phonologie, Phonemik

pho|ne|ma|tisch, fo|ne|ma|tisch (Sprachw.): das Phonem betreffend

Pho|ne|tik, Fo|ne|tik *die;* -: Teilgebiet der Sprachwissenschaft, das die Vorgänge beim Sprechen untersucht; Lautlehre, Stimmbildungslehre

Pho|ne|ti|ker, Fo|ne|ti|ker *der;* -s, -: Wissenschaftler auf dem Gebiet der Phonetik

Pho|ne|ti|ke|rin, Fo|ne|ti|ke|rin *die;* -, -nen: weibliche Form zu ↑Phonetiker

pho|ne|tisch, fo|ne|tisch (Sprachw.): die Phonetik betreffend, lautlich

Pho|ni|a|t|rie, Fo|n|i|a|t|rie *die;* -: Teilgebiet der Medizin, auf dem man sich mit krankhaften Erscheinungen bei der Sprach- u. Stimmbildung befasst; Stimm-, Sprachheilkunde
pho|nisch, fo|nisch: die Stimme, die Stimmbildung betreffend
Phö|nix *der;* -[es], -e ⟨*gr.-lat.*⟩: sich im Feuer verjüngender Vogel der altägyptischen Sage, der zum Symbol der ewigen Erneuerung u. zum christlichen Sinnbild der Auferstehung wurde
Pho|no|dik|tat, Fo|no|dik|tat *das;* -[e]s, -e: in ein Diktiergerät gesprochenes Diktat
Pho|no|graph, Fo|no|graf *der;* -en, -en (Technik): 1877 von Edison erfundenes Tonaufnahmegerät
Pho|no|la® *die;* -, -s ⟨Kunstw.⟩: mechanisches, mit Tretpedalen zu bedienendes Klavier, bei dem die Notenreihenfolge auf einem durchlaufenden Band festgelegt ist; vgl. Pianola
Pho|no|lo|gie, Fo|no|lo|gie *die;* -: Teilgebiet der Sprachwissenschaft, das sich mit der Funktion der Laute in einem Sprachsystem beschäftigt
Pho|no|me|t|rie, Fo|no|me|t|rie *die;* -: **1.** Teilgebiet der ↑Akustik, das sich mit akustischen Reizen u. ihrer Wirkung auf den Gehörsinn befasst. **2.** Forschungszweig der Phonetik, der sich mit den zähl- u. messbaren Werten von Lauten beschäftigt, mit technischen Mitteln das Sprechen untersucht
Pho|no|thek, Fo|no|thek *die;* -, -en: Tonarchiv mit Beständen an Schallplatten, Tonbändern, CDs u. a.
Phos|gen *das;* -s ⟨*gr.-nlat.*⟩: zur Herstellung von Farbstoffen und Arzneimitteln, im 1. Weltkrieg als Kampfgas verwendete Verbindung von Kohlenmonoxid u. Chlor (Carbonylchlorid)
Phos|phat *das;* -[e]s, -e: Salz der Phosphorsäure, dessen verschiedene Arten wichtige technische Rohstoffe sind (z. B. für Düngemittel)
Phos|phin *das;* -s, -e: Phosphorwasserstoff
Phos|phit *das;* -s, -e: Salz der phosphorigen Säure
Phos|phor *der;* -s, -e ⟨*gr.-nlat.;* eigtl. »Licht tragend«⟩: **1.** (ohne Plural) chem. Element; ein Nichtmetall (Zeichen: P). **2.** phosphoreszierender Stoff
Phos|pho|res|zenz *die;* -: vorübergehendes Aussenden von Licht, Nachleuchten bestimmter, vorher mit Licht o. Ä. bestrahlter Stoffe
phos|pho|res|zie|ren: nach vorheriger Bestrahlung nachleuchten
phos|pho|rig: Phosphor enthaltend
Phos|pho|ris|mus *der;* -, ...men: Phosphorvergiftung
Phos|pho|rit [auch: ...ˈrɪt] *der;* -s, -e: durch Verwitterung von ↑Apatit od. durch Umwandlung von phosphathaltigen tierischen Substanzen entstandenes Mineral (wichtiger Ausgangsstoff für die Phosphorgewinnung)
Phot *das;* -s, - ⟨*gr.*⟩: alte Leuchtstärkeeinheit (Zeichen: ph)
Pho|to|che|mie [auch: ...ˈmiː] usw. vgl. Fotochemie usw.
pho|to|che|mi|sch [auch: ...ˈçeː...] vgl. fotochemisch
Pho|to|ef|fekt vgl. Fotoeffekt
Pho|to|elek|t|ron vgl. Fotoelektron
Pho|to|ele|ment vgl. Fotoelement
pho|to|gen vgl. fotogen
Pho|to|gramm vgl. Fotogramm
Pho|to|graph usw. vgl. Fotograf usw.
Pho|to|gra|vü|re vgl. Fotogravüre
Pho|to|ko|pie usw. vgl. Fotokopie usw.
Pho|ton, Fo|ton [auch: foˈtoːn] *das;* -s, ...onen (Physik): in der Quantentheorie das kleinste Energieteilchen einer elektromagnetischen Strahlung
Pho|to|sphä|re vgl. Fotosphäre
Pho|to|syn|the|se [auch: ˈfoː...] vgl. Fotosynthese
pho|to|trop usw. vgl. fototrop usw.
Pho|to|vol|ta|ik usw. vgl. Fotovoltaik usw.
Pho|to|zel|le vgl. Fotozelle
[1]**Phra|se** *die;* -, -n ⟨*gr.-lat.*⟩: **1.** (Sprachw.) Satz; typische Wortverbindung, Redewendung. **2.** (Musik) selbstständiger Abschnitt eines musikalischen Gedankens
[2]**Phra|se** *die;* -, -n ⟨*gr.-lat.-fr.*⟩: abgegriffene, leere Redensart; Geschwätz
Phra|seo|lo|gie *die;* -, ...ien (Sprachw.): **a)** Gesamtheit typischer Wortverbindungen, charakteristischer Redensarten, Redewendungen einer Sprache; **b)** Zusammenstellung, Sammlung solcher Redewendungen
phra|seo|lo|gisch: die Phraseologie betreffend
Phra|seo|lo|gis|mus *der;* -, ...men: ↑Idiom (2)
phra|sie|ren (Musik): **a)** in das Notenbild Phrasierungszeichen eintragen; ein Tonstück in melodisch-rhythmische Abschnitte einteilen; **b)** beim Vortrag eines Tonstücks die entsprechenden Phrasierungszeichen beachten, die Gliederung in melodisch-rhythmische Abschnitte zum Ausdruck bringen

Phre|ni|tis *die;* -, ...iti̲den ⟨*gr.-lat.*⟩ (Med.): Zwerchfellentzündung
phry̲|gisch: 1. Phrygien, die Phrygier betreffend. **2.** in der Fügung **phrygische Mütze:** (in der Französischen Revolution) Sinnbild der Freiheit, ↑Jakobinermütze. **3.** in der Fügung **phrygische Tonart:** zu den authentischen Tonreihen gehörende, auf e stehende Tonleiter der Kirchentonarten des Mittelalters
Phthi̲|se, Phthi̲|sis *die;* -, ...sen ⟨*gr.-lat.*⟩ (Med.): **1.** allgemeiner Verfall des Körpers od. einzelner Organe. **2.** Lungentuberkulose, die mit Schrumpfung u. Einschmelzung des Lungengewebes verbunden ist
Phthi̲|sis vgl. Phthise
Phy|ko|lo|gi̲e *die;* -: auf die Algen spezialisiertes Teilgebiet der Botanik; Algenkunde
Phy̲|le *die;* -, -n ⟨*gr.*⟩: altgriechischer Stammesverband der Landnahmezeit, in Athen als politischer Verband des Stadtstaates organisiert; vgl. Tribus (1)
phy|le̲|tisch (Biol.): die Abstammung, die Stammesgeschichte betreffend
Phyl|li̲t [auch: ...ˈlɪt] *der;* -s, -e ⟨*gr.-nlat.*⟩ (Geol.): feinblättriger kristalliner Schiefer
Phyl|lo|ka̲k|tus *der;* -, ...e̲en: amerikanischer Kaktus mit blattartigen Sprossen u. großen Blüten, der in zahlreichen Zuchtsorten vorkommt
Phyl|lo|kla̲|di|um *das;* -s, ...ien (Bot.): blattähnlicher Pflanzenspross
Phyl|lo|ta̲|xis *die;* -, ...xen (Bot.): Blattstellung
Phyl|lo|xe̲|ra *die;* -, ...ren: Reblaus
Phy|lo|ge|ne̲|se *die;* -, -n ⟨*gr.-nlat.*⟩: ↑Phylogenie
phy|lo|ge|ne̲|tisch (Biol.): die Stammesgeschichte betreffend
Phy|lo|ge|ni̲e *die;* -, ...i̲en (Biol.): Stammesgeschichte der Lebewesen
Phy̲|lum *das;* -s, ...la ⟨*gr.-nlat.*⟩ (Biol.): systematische Bez. für: Tier- od. Pflanzenstamm
phys..., Phys... vgl. physio..., Physio...
Phy̲|sa|lis *die;* -, - u. ...a̲len ⟨*gr.*⟩: **a)** Lampionblume, Blasen- od. Judenkirsche; **b)** Kapstachelbeere (Nachtschattengewächs mit essbaren Beeren)
phy|si..., Phy|si... vgl. physio..., Physio...
Phy|s|i|a̲|ter *der;* -s, - ⟨*gr.-nlat.*⟩: Naturheilarzt
Phy|s|i|a|t|ri̲e *die;* -: Naturheilkunde
Phy|si̲k *die;* - ⟨*gr.-nlat.*⟩: der Mathematik u. Chemie nahestehende Naturwissenschaft, die vor allem durch experimentelle Erforschung u. messende Erfassung die Grundgesetze der Natur, bes. Bewegung u. Aufbau der unbelebten Materie u. die Eigenschaften der Strahlung u. der Kraftfelder, untersucht
phy|si|ka̲|lisch ⟨*gr.-nlat.*⟩: die Physik betreffend, zu ihr gehörend, auf ihr beruhend; **physikalische Chemie:** Gebiet der Chemie, in dem Stoffe u. Vorgänge durch exakte Messungen mittels physikalischer Methoden untersucht werden; **physikalische Geografie:** Gebiet der Geografie, das ↑Geomorphologie, ↑Klimatologie u. ↑Hydrologie umfasst; **physikalische Therapie:** arzneilose, nur mit physikalischen Mitteln (Wärme, Licht u. a.) arbeitende Heilmethode
Phy̲|si|ker *der;* -s, - ⟨*gr.-lat.*⟩: Wissenschaftler auf dem Gebiet der Physik
Phy̲|si|ke|rin *die;* -, -nen: weibliche Form zu ↑Physiker
Phy|si|ko|che|mi̲e *die;* -: physikalische Chemie
phy|si|ko|che̲|misch: die physikalische Chemie betreffend, zu ihr gehörend, auf ihr beruhend, für sie charakteristisch
Phy̲|si|kum *das;* -s, ...ka: ärztliches Vorexamen, bei dem die Kenntnisse auf dem Gebiet der allgemeinen naturwissenschaftlichen u. anatomischen Grundlagen der Medizin geprüft werden

phy|sio..., Phy|sio...

auch: **phy|si..., Phy|si...,** vor Vokalen meist: **phys..., Phys...**
⟨zu *gr.* phýein »hervorbringen; entstehen, wachsen« u. phýsis »Natur; natürliche Beschaffenheit; Wuchs«⟩
Wortbildungselement mit der Bedeutung »Natur; natürliche Beschaffenheit; Leben«:
– Physiatrie
– physiogen
– Physiologie
– Physiotherapeutin

Phy|si|o|g|no̲m *der;* -en, -en, **Phy|si|o|g|no̲|mi|ker** *der;* -s, - ⟨*gr.-lat.*⟩: jmd., der sich [wissenschaftlich] mit der Physiognomik beschäftigt, der die äußere Erscheinung eines Menschen deutet
Phy|si|o|g|no|mi̲e *die;* -, ...i̲en ⟨*gr.-mlat.*⟩: äußere Erscheinung, bes. der Gesichtsausdruck eines Menschen, auch eines Tieres
Phy|si|o|g|no̲|mik *die;* - ⟨*gr.-nlat.*⟩: **1.** Ausdruck, Form, Gestalt des menschlichen Körpers, bes. des Gesichtes, von denen aus auf innere Eigenschaften geschlossen werden kann. **2.** Teilgebiet der Ausdruckspsycholo-

gie, das sich mit der Möglichkeit befasst, aus der Physiognomie auf charakterliche Eigenschaften zu schließen

Phy|si|o|g|no|mi|ker vgl. Physiognom

Phy|si|o|g|no|mi|ke|rin *die;* -, -nen: weibliche Form zu ↑Physiognomiker

phy|si|o|g|no|misch ⟨*gr.-lat.*⟩: die Physiognomie betreffend

Phy|sio|krat *der;* -en, -en: Vertreter des Physiokratismus

phy|sio|kra|tisch: **1.** (veraltet) die Physiokratie betreffend. **2.** den Physiokratismus betreffend

Phy|sio|kra|tis|mus *der;* -: volkswirtschaftliche Theorie des 18. Jh.s, nach der Boden u. Landwirtschaft die alleinigen Quellen des Reichtums sind

Phy|sio|lo|ge *der;* -n, -n ⟨*gr.-lat.*⟩: Wissenschaftler auf dem Gebiet der Physiologie

Phy|sio|lo|gie *die;* -: Wissenschaft von den Grundlagen des allgemeinen Lebensgeschehens, bes. von den normalen Lebensvorgängen u. Funktionen des menschlichen Organismus

Phy|sio|lo|gin *die;* -, -nen: weibliche Form zu ↑Physiologe

phy|sio|lo|gisch: die Physiologie betreffend; die Lebensvorgänge im Organismus betreffend; **physiologische Chemie:** Teilgebiet der Physiologie, in dem die Lebensvorgänge mit physikalischen u. chemischen Methoden erforscht werden

Phy|sio|the|ra|peut *der;* -en, -en: Masseur, Krankengymnast, der nach ärztlicher Verordnung Behandlungen mit den Mitteln der Physiotherapie durchführt

Phy|sio|the|ra|peu|tin *die;* -, -nen: weibliche Form zu ↑Physiotherapeut

phy|sio|the|ra|peu|tisch: die Physiotherapie betreffend

Phy|sio|the|ra|pie *die;* -, ...ien [...i:ən]: Behandlung bestimmter Krankheiten mit Wärme, Wasser, Strom usw. sowie Krankengymnastik und Massagen

Phy|sis *die;* - ⟨*gr.-lat.*⟩: **1.** (Philos.) die Natur, das Reale, Wirkliche, Gewachsene, Erfahrbare im Gegensatz zum Unerfahrbaren der ↑Metaphysik. **2.** körperliche Beschaffenheit [des Menschen]

phy|sisch: **1.** in der Natur begründet, natürlich. **2.** die körperliche Beschaffenheit betreffend; körperlich; vgl. psychisch; **physische Geografie:** physikalische Geografie

phyt..., Phyt... vgl. phyto..., Phyto...

phy|to..., Phy|to...

vor Vokalen auch: **phyt..., Phyt...**
⟨zu *gr.* phýein »hervorbringen; entstehen, wachsen« u. phytón »das Gewachsene; Pflanze«⟩
Wortbildungselement mit der Bedeutung »Pflanze«:
- phytogen
- Phytohormon
- Phytologie
- Phytophage
- Phytoplankton

...phyt
der; -en, -en
⟨zu *gr.* phýein »hervorbringen; entstehen, wachsen« u. phytón »das Gewachsene; Pflanze«⟩
Wortbildungselement mit der Bedeutung »Pflanze, pflanzlicher Organismus; Pilz«:
- Epiphyt
- Gametophyt
- Hydrophyt

phy|to|gen ⟨*gr.-nlat.*⟩: **1.** aus Pflanzen[resten] entstanden (z. B. Torf, Kohle). **2.** (Med.) durch Pflanzen od. pflanzliche Stoffe verursacht (z. B. von Hautkrankheiten)

Phy|to|geo|gra|fie, **Phy|to|geo|gra|phie** *die;* -: Pflanzengeografie

Phy|to|me|di|zin *die;* - ⟨*gr.; lat.*⟩: Pflanzenmedizin; pflanzenpathologische Wissenschaft, die sich mit der Erforschung der Pflanzenkrankheiten u. -schädlinge sowie mit deren Verhütung bzw. Bekämpfung befasst

Phy|to|pa|tho|lo|gie *die;* - (Bot.): Wissenschaft von den Pflanzenkrankheiten u. -schädlingen

phy|to|pa|tho|lo|gisch: die Phytopathologie betreffend, zu ihr gehörend, auf ihr beruhend

phy|to|phag (Biol.): pflanzenfressend

Phy|to|pha|ge *der;* -n, -n (meist Plural) (Biol.): Pflanzenfresser

Phy|to|phar|ma|zie *die;* -: Fachrichtung der Pharmazie, die sich mit der Erforschung u. Herstellung von Arzneimitteln mit pflanzlichen Wirkstoffen befasst

Phy|to|plank|ton *das;* -s: Gesamtheit der im Wasser schwebenden pflanzlichen Organismen

Phy|to|the|ra|pie [auch: ...'pi:] *die;* -, ...ien [...i:ən]: Wissenschaft von der Heilbehandlung mit pflanzlichen Substanzen

Pi|af|fe *die;* -, -n ⟨*fr.*⟩ (Reitsport): trabähnliche Bewegung auf der Stelle (aus der Hohen Schule

P

übernommene Übung moderner Dressurprüfungen)

Pi|a|ni|no *das;* -s, -s ‹*lat.-it.*›: kleines Klavier

pi|a|nis|si|mo (Musik): sehr leise (Vortragsanweisung; Abk.: pp)

Pi|a|nis|si|mo *das;* -s, -s u. ...mi (Musik): sehr leises Spielen od. Singen

Pi|a|nist *der;* -en, -en ‹*lat.-it.-fr.*›: Musiker, der Klavier spielt

Pi|a|nis|tin *die;* -, -nen: weibliche Form zu ↑Pianist

pi|a|nis|tisch: die Technik, Kunst des Klavierspielens betreffend

pi|a|no ‹*lat.-it.*› (Musik): schwach, leise (Vortragsanweisung; Abk.: p)

[1]**Pi|a|no** *das;* -s, -s, auch: ...ni (Musik): schwaches, leises Spielen od. Singen

[2]**Pi|a|no** *das;* -s, -s ‹Kurzform von Pianoforte› (veraltend, noch scherzh.): Klavier

Pi|a|no|for|te *das;* -s, -s ‹*lat.-it.*› (veraltet): Klavier

Pi|a|no|la *das;* -s, -s: selbsttätig spielendes Klavier; vgl. Phonola

Pi|a|rist *der;* -en, -en ‹*lat.-nlat.*›: Mitglied eines priesterlichen katholischen Lehrordens

Pi|as|sa|va *die;* -, ...ven, **Pi|as|sa|ve** *die;* -, -n ‹*indian.-port.*›: für Besen u. Bürsten verwendete Blattfaser verschiedener Palmen

Pi|as|ter *der;* -s, - ‹*gr.-lat.-roman.*›: **1.** Münzeinheit in Ägypten, Syrien, Libanon u. Sudan. **2.** seit dem 17. Jh. die türkische Münzeinheit zu 40 Para (heutige Bezeichnung: Kurus). **3.** (Geschichte) spanischer u. südamerikanischer ↑Peso im europäischen Handelsverkehr

Pi|at|ti *die* (Plural) ‹*gr.-vulgärlat.-it.*› (Musik): Schlaginstrument aus zwei Becken

Pi|az|za *die;* -, -s u. Piazze ‹*gr.-lat.-vulgärlat.-it.*›: it. Bez. für: [Markt]platz

Pi|az|zet|ta *die;* -, ...tte: kleine Piazza

Pi|ca *die;* - ‹*engl.*›: aus dem Angloamerikanischen stammender, der Cicero entsprechender Schriftgrad mit 4,21 mm Schrifthöhe

[1]**Pic|co|lo,** [1]**Pik|ko|lo** *der;* -s, -s ‹*it.;* »Kleiner«› (österr.): Kellner, der sich noch in der Ausbildung befindet

[2]**Pic|co|lo,** [2]**Pik|ko|lo** *das;* -s, *Plur.* ...li u. -s: ↑Piccoloflöte

[3]**Pic|co|lo,** [3]**Pik|ko|lo** *die;* -, -[s] (ugs.): kleine Sektflasche für eine Person; Piccoloflasche

Pic|co|lo|flö|te, Pik|ko|lo|flö|te *die;* -, -n: kleine Querflöte

Pi|ckel|flö|te *die;* -, -n: ↑Piccoloflöte

Pi|ckles [ˈpɪkl̩s] *die* (Plural): ↑Mixed Pickles

Pick|nick *das;* -s, -e u. -s ‹*fr.*›: Mahlzeit, Imbiss im Freien

pick|ni|cken: ein Picknick abhalten

Pick-up [pɪkˈap] *der;* -s, -s ‹*engl.*›: **1.** kleiner Lieferwagen mit offener Ladefläche; Pritschenwagen. **2.** Aufsammelvorrichtung an landwirtschaftlichen Geräten. **3.** Tonabnehmer für Schallplatten

Pick-up-Shop [pɪkˈapʃɔp] *der;* -s, -s ‹*engl.*›: Laden, der dem Kunden auch für große, sperrige Artikel keinen Lieferservice bietet

pi|co|bel|lo ‹*niederd.* (italianisiert); *it.*› (ugs.): tadellos [in Ordnung], vorzüglich

Pi|co|fa|rad, Pi|ko|fa|rad *das;* -[s], - (Physik): ein billionstel ↑Farad (Zeichen: pF)

Pi|cot [piˈkoː] *der;* -s, -s ‹*fr.*›: Muster, bei dem mehrere Luftmaschen u. eine feste Masche gehäkelt werden

Pid|gin|eng|lisch, Pid|gin-Eng|lisch [ˈpɪdʒɪn...] *das;* -[s]: Mischsprache aus einem grammatisch sehr vereinfachten, im Vokabular stark begrenzten Englisch u. einer od. mehreren anderen [ostasiatischen, afrikanischen] Sprachen

Pid|gin|eng|lish, Pid|gin-Eng|lish [ˈpɪdʒɪnˈɪŋglɪʃ] *das;* -: ↑Pidginenglisch

Pi|e|ce [ˈpi̯ɛːs(ə)] *die;* -, -n ‹*gall.-mlat.-fr.*›: Stück, Tonstück, musikalisches Zwischenspiel

Pi|e|des|tal *das;* -s, -e ‹*it.-fr.*›: **1. a)** (Archit.) [gegliederter] Sockel; **b)** sockelartiger Ständer für bestimmte Zier-, Kunstgegenstände. **2.** hohes Gestell mit schräg gestellten Beinen für Vorführungen (bes. von Tieren) im Zirkus

pier|cen [ˈpiːɐ̯sn̩] ‹*lat.-fr.-engl.*›: ein Piercing vornehmen

Pier|cing [ˈpiːɐ̯sɪŋ] *das;* -s: das Durchbohren od. Durchstechen der Haut zur Anbringung von Körperschmuck

Pi|er|ret|te [pi̯ɛ...] *die;* -, -n ‹*gr.-lat.-fr.*›: weibliche Lustspielfigur, vor allem der französischen Pantomime

Pi|er|rot [pi̯ɛˈroː] *der;* -s, -s ‹*fr.;* »Peterchen«›: männliche Lustspielfigur, vor allem der französischen Pantomime

Pi|e|ta, it. Schreibung: **Pi|e|tà** *die;* -, -s ‹*lat.-it.*›: Darstellung Marias mit dem Leichnam Christi auf dem Schoß; Vesperbild

Pi|e|tät *die;* - ‹*lat.*›: **1.** (bes. in Bezug auf die Gefühle, die sittlichen, religiösen Wertvorstellungen anderer) ehrfürchtiger Respekt, taktvolle Rücksichtnahme. **2.** (landsch.) Beerdigungsinstitut

Pi|e|tis|mus *der;* - ‹*lat.-nlat.*›: protestantische Bewegung des 17. u. 18. Jh.s

Pi|e|tist *der;* -en, -en: Anhänger, Vertreter des Pietismus

Pi|e|tis|tin *die;* -, -nen: weibliche Form zu ↑Pietist

pi|e|ti̱s|tisch: **a)** den Pietismus betreffend, dazu gehörend; **b)** für die Pietisten charakteristisch, in der Art der Pietisten

pi|e|zo|elek̦|t|risch ⟨*gr.-nlat.*⟩: elektrisch durch Druck; **piezoelektrischer Effekt:** von P. Curie entdeckte Aufladung mancher Kristalle unter Druckeinwirkung

Pi|e|zo|elek|t|ri|zi|tä̱t *die;* -: durch Druck entstandene Elektrizität bei manchen Kristallen

Pi|e|zo|me̱|ter *das;* -s, - ⟨*gr.-nlat.*⟩ (Technik): Instrument zur Messung des Grades der Zusammendrückbarkeit von Flüssigkeiten, Gasen u. festen Stoffen

Pig|me̦nt *das;* -[e]s, -e ⟨*lat.;* »Färbestoff«⟩: **1.** (Med.; Biol.) die Färbung der Gewebe bestimmender Farbstoff. **2.** im Binde- od. Lösungsmittel unlöslicher, aber feinstverteilter Farbstoff

Pig|men|ta|ti|o̱n *die;* -, -en ⟨*lat.-nlat.*⟩: Einlagerung von Pigment, Färbung

Pig|me̦nt|druck *der;* -[e]s, -e: **1.** (ohne Plural; Technik) Verfahren zum Bedrucken bes. von Mischgeweben, bei dem Pigmente (2) verwendet werden. **2.** (Fotogr. früher) **a)** (ohne Plural) fotografisches Verfahren, bei dem das Negativ auf eine mit Pigmenten (2) versehene lichtempfindliche Schicht übertragen wird; **b)** durch Pigmentdruck (2 a) hergestelltes, reliefartiges Bild

pig|men|ti̱e|ren: **1.** körpereigenes Pigment bilden. **2.** als körperfremdes Pigment sich einlagern u. etwas einfärben

Pi|g|no|le [pɪnˈjoːlə], österr.: **Pi|g|no|lie** [...i̯ə] *die;* -, -n ⟨*lat.-it.*⟩: Pinienkern

Pi̱|ja|cke *die;* -, -n ⟨*engl.; dt.*⟩ (landsch.): blaue Seemannsüberjacke

¹Pi̱k *das;* -[s], -[s] ⟨*vulgärlat.-fr.*⟩: **a)** schwarzfarbige Figur in Form der stilisierten Spitze eines Spießes; **b)** durch ¹Pik (a) gekennzeichnete [zweithöchste] Farbe im Kartenspiel; **c)** Spiel mit Karten, bei dem ¹Pik (b) Trumpf ist; **d)** Spielkarte mit ¹Pik (b) als Farbe

²Pi̱k *der;* -s, -e u. -s ⟨*vulgärlat.-fr.*⟩: **1.** Piz. **2.** (ugs.) heimlicher Groll

pi|ka̦nt ⟨*vulgärlat.-fr.*⟩: **1.** angenehm scharf durch verschiedene, fein aufeinander abgestimmte Gewürze [u. Wein, Essig o. Ä.]. **2.** (veraltend) reizvoll. **3.** zweideutig, leicht frivol, schlüpfrig

Pi|kan|te||ri̱e *die;* -, ...i̱en: **1.** (ohne Plural) reizvolle Note, Reiz. **2.** Zweideutigkeit, Anzüglichkeit. **3.** (ohne Plural; selten) feine Würzigkeit

pi|ka|re̦sk, pi|ka̱|risch ⟨*span.*⟩: schelmenhaft

Pik|a̦ss, Pik-A̦ss [auch: ˈpiːk...] *das;* -es, -e: Ass (1 a) der Farbe ¹Pik (b)

Pi̱|ke *die;* -, -n ⟨*vulgärlat.-fr.*⟩ (Geschichte): (im späten Mittelalter) aus langem hölzernem Schaft u. Eisenspitze bestehende Stoßwaffe des Fußvolkes; **von der Pike auf:** von Grund auf, von der untersten Stufe an

Pi|ke̱e *der,* österr. auch: *das;* -s, -s: Doppelgewebe mit erhabenem Waben- od. Waffelmuster

Pi|ke|ni̱er *der;* -s, -e (Geschichte): mit der Pike kämpfender Landsknecht

Pi|ke̦tt *das;* -[e]s, -e: **1.** Kartenspiel für zwei Personen, in dem es keine Trumpffarbe gibt. **2.** (schweiz.) **a)** (im Heer u. bei der Feuerwehr) einsatzbereite Einheit; **b)** Bereitschaft

Pi|ke̦tt|stel|lung *die;* -, -en (schweiz.): Bereitstellung

pi|ki̱e|ren: **1.** zu dicht stehende junge Pflanzen ausziehen u. in größerem Abstand verpflanzen. **2.** festen Stoff auf die Innenseite eines Stoffes mit von außen nicht sichtbaren Stichen nähen

pi|ki̱ert: gekränkt, ein wenig beleidigt

¹Pi̱k|ko|lo vgl. ¹Piccolo

²Pi̱k|ko|lo vgl. ²Piccolo

³Pi̱k|ko|lo vgl. ³Piccolo

Pi̱k|ko|lo|flö|te vgl. Piccoloflöte

Pi̱|ko|fa|rad vgl. Picofarad

Pi|kö̱r *der;* -s, -e ⟨*vulgärlat.-fr.*⟩ (Sport): Aufseher der Hundemeute bei einer Parforcejagd

Pi|k|ra̱t *das;* -[e]s, -e ⟨*gr.-nlat.*⟩ (Chemie): Salz der Pikrinsäure

Pi|k|ri̱n|säu|re *die;* - ⟨*gr.-nlat.; dt.*⟩ (Chemie): Trinitrophenol; explosible organische Verbindung

Pik|to|gra|fi̱e, Pik|to|gra|phi̱e *die;* -: Bilderschrift

Pik|to|gra̦mm *das;* -s, -e ⟨*lat.; gr.*⟩: stilisierte Darstellung von etwas, die eine bestimmte Information, Orientierungshilfe vermittelt

Pi|kul *der* od. *das;* -s, - ⟨*malai.*⟩: Gewicht in Ostasien

Pi|la̱r *der;* -en, -en ⟨*lat.-span.*⟩: einer der beiden [Holz]pfosten, zwischen denen das mit den Zügeln angebundene Schulpferd Übungen der Hohen Schule erlernt

Pi|la̦s|ter *der;* -s, - ⟨*lat.-it.-fr.*⟩: flach aus der Wand hervortretender, in Fuß, Schaft u. Kapitell gegliederter Pfeiler

Pi|la̱|tes *das;* - ⟨nach dem dt. Erfinder J. H. Pilates, 1880–1967⟩: Fitnesstraining mit gymnastischen Übungen od. mit speziellen Übungsgeräten

Pi|la̱u, Pi|la̱w *der;* -s ⟨*pers.* u. *türk.*⟩: Reisgericht mit Hammel- od. Hühnerfleisch

pi|li̱e|ren ⟨*lat.-fr.*⟩: stampfen, zerstoßen, schnitzeln (bes. Rohseife zur Verarbeitung in Feinseife)

pil|li̱e|ren ⟨zu »Pille« mit französierender Endung⟩ (Landwirtsch.): (Samen für die Aussaat) mit einer nährstoffreichen Masse umhüllen u. zu Kügelchen formen

Pil|ling *das;* -s ⟨*engl.*⟩: unerwünschte Knötchenbildung an der Oberfläche von Textilien

Pi|lot *der;* -en, -en ⟨*gr.-mgr.-it.-fr.*⟩: **1. a)** jmd., der [berufsmäßig] ein Flugzeug steuert; Flugzeugführer; **b)** Rennfahrer. **2.** (veraltet) Lotse. **3.** Lotsenfisch (zu den Stachelflossern zählender räuberischer Knochenfisch im Atlantik u. Mittelmeer, Begleitfisch der Haie)

Pi|lot...

⟨*gr.* pēdón »Steuerruder« → *it.* pedoto, pedotta → piloto, pilota »Steuermann, Lotse« → *fr.* pilote »Pilot« → *engl.* pilot »Pilot, Lotse; Pilot..., Probe...«⟩
Wortbildungselement mit der Bedeutung »als Muster, Vorbild, Versuch oder zur Einführung dienend«:
– Pilotfilm
– Pilotprojekt
– Pilotstudie

Pi|lot|bal|lon *der;* -s, -s u. (bei nicht nasalierter Ausspr.:) -e (Meteorol.): unbemannter kleiner Ballon, der aufgelassen wird, um Windrichtung u. -stärke anzuzeigen

Pi|lo|te *die;* -, -n ⟨*lat.-roman.*⟩ (Bauw.): Stütze; einzurammender Pfahl

Pi|lot|film *der;* -[e]s, -e ⟨*gr.-it.-fr.-engl.; engl.*⟩: einer Fernsehserie od. -sendung vorausgehender Film, mit dem man das Interesse der Zuschauer zu wecken u. die Breitenwirkung zu testen versucht

Pi|lo|tin *die;* -, -nen: weibliche Form zu ↑Pilot (1, 2)

Pi|lot|pro|jekt *das;* -[e]s, -e: Projekt, in dem versuchsweise neuartige Verfahren, Arbeitsweisen o. Ä. angewendet werden

Pi|lot|stu|die *die;* -, -n ⟨*gr.-it.-fr.-engl.; lat.-nlat.*⟩: einem Projekt vorausgehende Untersuchung, in der alle in Betracht kommenden, wichtigen Faktoren zusammengetragen werden

Pi|lot|ton *der;* -[e]s, ...töne: **1.** zusätzlich aufgezeichneter hochfrequenter Ton, der bei getrennter Wiedergabe von Bild u. Ton zur synchronen Steuerung von Filmprojektor u. Tonbandgerät dient. **2.** hochfrequentes Signal, das der Sender bei Stereoprogrammen zusätzlich ausstrahlt u. das im ↑Decoder die Entschlüsselung der insgesamt übertragenen Signale bewirkt

Pi|ment *der* od. *das;* -[e]s, -e ⟨*lat.-roman.*⟩: Nelkenpfeffer; englisches Gewürz

Pim|per|nell *der;* -s, -e, **Pim|pi|nel|le** *die;* -, -n ⟨*sanskr.-pers.-gr.-lat.-mlat.*⟩: (zu den Doldengewächsen gehörende) Pflanze mit Fiederblättern u. weißen bis gelblichen od. rosafarbenen Blüten

Pin *der;* -s, -s ⟨*engl.*⟩: **1.** getroffener Kegel als Wertungseinheit beim Bowling (2). **2. a)** (Med.) langer, dünner Stift (zum Nageln von Knochen); **b)** Stecknadel. **3.** kleine bunte [metallene] Plakette, die als Anstecknadel getragen wird

PIN *die;* -, -s ⟨Kurzw. aus *engl.* **p**ersonal **i**dentification **n**umber⟩: persönliche Geheimzahl (z. B. zum Geldabheben am Bankautomaten)

Pi|na|ko|id *das;* -[e]s, -e ⟨*gr.-nlat.*⟩: Form eines Kristalls, bei der zwei (von mehreren) Flächen [spiegelbildlich] parallel zueinander liegen

Pi|na|ko|thek *die;* -, -en ⟨*gr.-lat.*⟩: Bilder-, Gemäldesammlung

Pi|nas|se *die;* -, -n ⟨*lat.-span.-fr.-niederl.*⟩: größeres Beiboot (von Kriegsschiffen)

Pi|nax *der;* -, Pinakes ⟨*gr.-lat.*⟩: altgriechische Tafel aus Holz, Ton od. Marmor, die beschriftet od. [als Weihgeschenk] bemalt wurde

pin|cé [pɛ̃ˈse] ⟨*fr.*⟩: ↑pizzicato

Pin|ce|nez [pɛ̃s(ə)ˈneː] *das;* - [...ˈneː(s)], - [...ˈneːs] (veraltet): Klemmer, Kneifer

Ping|pong [österr.: ...ˈpɔŋ] *das;* -s ⟨*engl.*⟩ (veraltend, oft abwertend): nicht turniermäßig betriebenes Tischtennis

Pin|gu|in *der;* -s, -e: flugunfähiger, im Wasser geschickt schwimmender Vogel mit flossenähnlichen Flügeln u. meist schwarzem, auf dem Bauch weißem Gefieder

Pi|nie *die;* -, -n ⟨*lat.*⟩: Kiefer des Mittelmeerraumes mit schirmförmiger Krone

Pink *das;* -s, -s: kräftiges, grelles Rosa

Pink La|dy [...ˈleɪdɪ] *die;* - -, - -s ⟨*engl.*⟩: mittelgroßer Apfel mit festem Fruchtfleisch und gelbgrüner bis rosafarbiger Schale

Pi|no|le *die;* -, -n ⟨*lat.-it.*⟩: Maschinenteil der Spitzendrehbank, in dem die Spitze gelagert ist

Pint [paint] *das;* -s, -s ⟨*fr.-engl.*⟩: englisches u. amerikanisches Hohlmaß, das etwas mehr als einem halben Liter entspricht (Abk.: pt)

Pin|te *die;* -, -n ⟨*fr.*⟩: **1.** früheres Flüssigkeitsmaß. **2.** (ugs.) kleines Wirtshaus, Kneipe. **3.** (schweiz.) [Blech]kanne

Pin-up-Girl [pɪnˈlap...] *das;* -s, -s ⟨*engl.-amerik.;* »Anheftmädchen«⟩: **1.** Bild einer erotisch anziehenden Frau, bes. als Poster od. als Ausschnitt aus einer Illustrierten od. einem Magazin. **2.** Frau, die einem solchen Bild gleicht, dafür posiert

pin|xit ⟨*lat.;* »hat [es] gemalt«⟩: gemalt von (Zusatz zur Signatur eines Künstlers auf Gemälden; Abk.: p. od. pinx.)

Pin|zet|te *die;* -, -n ‹*fr.*›: kleines Instrument mit federnden, an einem Ende zusammenlaufenden Schenkeln zum Fassen von kleinen Gegenständen

pin|zie|ren: entspitzen, den Kopftrieb einer Pflanze abschneiden (beim Obstbau)

Pi|om|bi *die* (Plural) ‹*lat.-it.;* »Bleidächer«› (Geschichte): Staatsgefängnisse im Dogenpalast von Venedig

Pi|o|nier *der;* -s, -e ‹*lat.-vulgärlat.-fr.*›: **1.** Soldat der technischen Truppe. **2.** jmd., der auf einem bestimmten Gebiet bahnbrechend ist; Wegbereiter. **3.** Mitglied einer kommunistischen Organisation für Kinder

Pi|o|nie|rin *die;* -, -nen: weibliche Form zu ↑Pionier (2)

Pipe [paip] *die;* -, -s ‹*lat.-vulgärlat.-engl.*›: **1.** (auch: *das*) englisches u. amerikanisches Hohlmaß von unterschiedlicher Größe für Wein u. Branntwein. **2.** runde od. ovale vulkanische Durchschlagsröhre

Pipe|line ['paiplain] *die;* -, -s ‹*engl.*›: (über weite Strecken verlegte) Rohrleitung für den Transport von Erdöl, Erdgas o. Ä.

Pi|pet|te *die;* -, -n ‹*lat.-vulgärlat.-fr.*›: kleines Glasröhrchen mit verengter Spitze zum Entnehmen, Abmessen u. Übertragen kleiner Flüssigkeitsmengen

Pi|ran|ha [pi'ranja] *der;* -[s], -s ‹*indian.-port.*›: in südamerikanischen Flüssen lebender kleiner Raubfisch mit sehr scharfen Zähnen, der in einem Schwarm jagt u. seine Beute in kürzester Zeit bis auf das Skelett abfrisst

Pi|rat *der;* -en, -en ‹*gr.-lat.-it.*›: Seeräuber

Pi|ra|te|rie *die;* -, ...ien ‹*gr.-lat.-fr.*›: Seeräuberei

Pi|ra|tin *die;* -, -nen: weibliche Form zu ↑Pirat

Pi|ra|ya vgl. Piranha

Pi|ro|ge *die;* -, -n ‹*karib.-span.-fr.*›: Einbaum der Indianer mit auf die Bordwand aufgesetzten Planken

Pi|rog|ge *die;* -, -n, auch -gi (meist Plural) ‹*russ.*›: osteuropäische Teigtasche, die mit Fleisch, Pilzen, Kraut u. Ä. gefüllt wird

Pi|rou|et|te [pi'ruɛtə] *die;* -, -n ‹*fr.*›: **1.** Drehschwung (beim Ringkampf). **2.** (Reitsport) Drehen auf der Hinterhand (Figur der Hohen Schule). **3.** Standwirbel um die eigene Körperachse (bei Eiskunst-, Rollschuhlauf u.Tanz)

pi|rou|et|tie|ren: eine Pirouette ausführen

PISA, Pi|sa ‹Kurzw. aus *engl.* Programme for International Student Assessment›: Kurzform von ↑PISA-Studie

PISA-E, Pi|sa-E ‹Kurzw.›: die PISA-Studie ergänzender, auf die dt. Bundesländer bezogener Schulleistungsvergleich

Pi|sang *der;* -s, *Plur.* -s und -e ‹*malai.-niederl.*›: malai. Bez. für: Banane

PISA-Stu|die, Pi|sa-Stu|die *die;* -: internationale Studie, in der Schülerleistungen verglichen werden; vgl. PISA

Pi|see|bau *der;* -[e]s ‹*lat.-fr.; dt.*›: Bauweise, bei der die Mauern durch Einstampfen von Lehm o. Ä. zwischen Schalungen hergestellt werden

Pis|soir [pɪ'so̯a:ɐ̯] *das;* -s, -e u. -s ‹*fr.*›: Toilette für Männer

Pis|ta|zie *die;* -, -n ‹*pers.-gr.-lat.*›: **1.** (im Mittelmeerraum wachsender) Strauch od. Baum mit gefiederten Blättern u. ölreichen, essbaren Samenkernen. **2.** Samenkern der Pistazie (1)

Pis|te *die;* -, -n ‹*lat.-it.-fr.*›: **1.** (Skisport) Strecke für Abfahrten. **2.** Rennstrecke, bes. für Rad- u. Autorennen. **3.** Rollbahn auf Flugplätzen. **4.** Verkehrsweg ohne feste Fahrbahndecke. **5.** Umrandung der Manege im Zirkus

Pis|till *das;* -s, -e ‹*lat.*›: **1.** Stößel, Stampfer, Mörserkeule. **2.** (Bot.) Blütenstempel

[1]**Pis|to|le** *die;* -, -n ‹*tschech.*›: kleinere Faustfeuerwaffe mit kurzem Lauf

[2]**Pis|to|le** *die;* -, -n ‹*tschech.-roman.*› (Geschichte): frühere, urspr. spanische Goldmünze

Pis|ton [pɪs'tõ:] *das;* -s, -s ‹*lat.-it.-fr.*›: **1.** (Musik) Pumpenventil der Blechblasinstrumente. **2.** Pumpenkolben. **3.** Zündstift bei Perkussionswaffen; vgl. Perkussion (2)

[1]**Pi|ta** *die;* - ‹*indian.-span.*›: vor allem zur Herstellung von Stricken u. Säcken verwendete Blattfaser aus zentral- u. südamerikanischen Agaven

[2]**Pi|ta, Pit|ta** *das* od. *die;* -, -s ‹*ngr.*›: flaches, rundes Fladenbrot aus Hefeteig, das mit Fleisch, Salat o. Ä. gefüllt werden kann

Pi|ta|val *der;* -[s], -s ‹nach dem fr. Rechtsgelehrten, 1673–1743› (Rechtswiss.): Sammlung berühmter Rechtsfälle u. Kriminalgeschichten

Pit|bull [...bʊl] *der;* -s, -s ‹*engl.*›: mit Bulldogge u. Terrier verwandter, als Kampfhund gezüchteter Hund

Pitch|pine ['pɪtʃpain] *die;* -, -s ‹*engl.*›: (in Nordamerika wachsende) Kiefer mit schwarzbrauner Rinde

Pi|the|k|an|th|ro|pus, fachspr. auch: **Pi|the|c|an|th|ro|pus** *der;* -, ...pi ‹*gr.-nlat.*›: javanischer u. chinesischer Frühmensch des Pleistozäns

pi|the|ko|id: affenähnlich

Pit|ta vgl. [2]Pita

pit|to|resk ‹*lat.-it.-fr.*›: malerisch

Pi|vot [pi'vo:] *der* od. *das;* -s, -s ‹*fr.*›: Schwenkzapfen an Drehkränen u. a.

Pi|xel *das;* -s, - ⟨*engl.;* Kunstw. aus **pic**ture **el**ement »Bildelement«⟩ (EDV): kleinstes Element bei der gerasterten, digitalisierten Darstellung eines Bildes auf einem Bildschirm; Bildpunkt

Piz *der;* -es, -e ⟨*ladin.*⟩: Bergspitze (meist als Teil von Bergnamen)

Piz|za *die;* -, -s, auch: ...zzen ⟨*it.*⟩: (meist heiß servierte) aus dünn ausgerolltem u. mit Tomatenscheiben, Käse u. a. belegtem Hefeteig gebackene pikante italienische Spezialität (meist in runder Form)

Piz|za|ser|vice [...zøːɐ̯vɪs] *der;* -, -s: Lieferdienst, der auf Bestellung Pizza u. a. italienische Speisen verzehrfertig ins Haus bringt

Piz|ze|ri|a *die;* -, ...ri̱en, auch: -s: Restaurant, in dem es neben anderen italienischen Spezialitäten hauptsächlich Pizzas gibt

piz|zi|ca|to ⟨*it.*⟩ (Musik): mit den Fingern gezupft (Vortragsanweisung bei Streichinstrumenten; Abk.: pizz.)

Piz|zi|ka|to *das;* -s, -s u. ...ti (Musik): gezupftes Spiel (bei Streichinstrumenten)

Pla|ce|bo *das;* -s, -s ⟨*lat.;* »ich werde gefallen«⟩ (Med.): Medikament, das einem echten Medikament in Aussehen u. Geschmack gleicht, ohne dessen Wirkung zu enthalten

Pla|ce|bo|ef|fekt *der;* -[e]s, -e (Med., Psychol.): durch ein Placebo hervorgerufene physiologische Wirkung

Pla|ce|ment [plasəˈmãː] *das;* -s, -s ⟨*gr.-lat.-vulgärlat.-fr.*⟩ (Wirtsch.): **1.** Absatz von Waren. **2.** Anlage von Kapitalien

pla|cet ⟨*lat.*⟩ (veraltet): es gefällt, wird genehmigt; vgl. Plazet

Pla|ci|tum *das;* -s, ...ta ⟨*lat.*⟩ (Rechtsspr. veraltet): Gutachten, Beschluss, Verordnung

plä|die|ren: 1. (Rechtswiss.) ein Plädoyer halten, in einem Plädoyer beantragen. **2.** sich für etwas aussprechen

Plä|do|y|er [...do̯aˈjeː] *das;* -s, -s: **1.** (Rechtswiss.) zusammenfassende Rede eines Rechtsanwalts od. Staatsanwalts vor Gericht. **2.** Äußerung, Rede o. Ä., mit der jmd. entschieden für od. gegen etwas eintritt

Pla|fond [...ˈfõː] *der;* -s, -s ⟨*fr.*⟩: **1.** [flache] Decke eines Raumes. **2.** (Wirtsch.) oberer Grenzbetrag bei der Kreditgewährung

pla|fo|nie|ren (bes. schweiz.): nach oben hin begrenzen

Pla|gi|at *das;* -[e]s, -e ⟨*lat.-fr.*⟩: **a)** unrechtmäßige Aneignung von Gedanken, Ideen o. Ä. eines anderen auf künstlerischem od. wissenschaftlichem Gebiet u. ihre Veröffentlichung; Diebstahl geistigen Eigentums; **b)** durch unrechtmäßiges Nachahmen entstandenes künstlerisches od. wissenschaftliches Werk

Pla|gi|a|tor *der;* -s, ...o̱ren ⟨*nlat.*⟩: jmd., der ein Plagiat begeht

Pla|gi|a|to|rin *die;* -, -nen: weibliche Form zu ↑Plagiator

pla|gi|a|to|risch: in der Weise eines Plagiators

pla|gi|ie|ren ⟨*lat.-fr.-nlat.*⟩: ein Plagiat begehen

Pla|gi|o|klas *der;* -es, -e: zu den Feldspaten gehörendes Mineral

Plaid [pleːt, engl.: pleɪd] *das,* (auch:) *der;* -s, -s ⟨*schott.-engl.*⟩: **1.** [Reise]decke im Schottenmuster. **2.** großes Umhangtuch aus Wolle

Pla|kat *das;* -[e]s, -e ⟨*niederl.-fr.-niederl.*⟩: **a)** großformatiges Stück festes Papier mit einem Text [u. Bildern], das zum Zwecke der Information, Werbung, politischen Propaganda o. Ä. öffentlich u. an gut sichtbaren Stellen befestigt wird; **b)** öffentlicher Anschlag

pla|ka|tie|ren: a) Plakate an etwas anbringen; **b)** durch Plakate öffentlich bekannt machen

Pla|ka|tie|rung, Pla|ka|ti|on *die;* -, -en: das Plakatieren; öffentliche Bekanntmachung durch Plakate; vgl. ...ation/...ierung

pla|ka|tiv: 1. wie ein Plakat wirkend. **2.** bewusst herausgestellt; betont auffällig; einprägsam

Pla|ket|te *die;* -, -n ⟨*niederl.-fr.*⟩: **1.** mit einer Inschrift od. einer figürlichen Darstellung versehene kleine, flache Scheibe (als Auszeichnung, Qualitäts-, Prüfzeichen o. Ä.). **2.** kleine Tafel aus Metall mit einer reliefartigen Darstellung (dem Gedanken an jmdn., etwas gewidmet)

Pla|ko|der|men *die* (Plural) ⟨*gr.-nlat.*⟩: ausgestorbene Panzerfische der Obersilur- u. Unterdevonzeit mit kieferlosen u. kiefertragenden Formen (älteste Wirbeltiere)

Pla|k|o|dont *der;* -en, -en: Vertreter einer ausgestorbenen Echsenart der Trias

Pla|ko|id|schup|pe *die;* -, -n ⟨*gr.-nlat.; dt.*⟩: Schuppe des Hais

plan ⟨*lat.*⟩: flach, eben, platt

Pla|na|rie *die;* -, -n ⟨*lat.-nlat.*⟩: stark abgeplatteter Strudelwurm mit einer halsartigen Einschnürung u. einem deutlich sichtbaren Kopf

Planche [plãːʃ] *die;* -, -n ⟨*vulgärlat.-fr.*⟩: Fechtbahn

Plan|chet|te [plãˈʃɛt(ə)] *die;* -, -n (Parapsychol.): Vorrichtung zum automatischen Schreiben für ein Medium im Spiritismus

Pla|net *der;* -en, -en ⟨*gr.-lat.*⟩: Wandelstern; nicht selbst leuchtender, sich um eine Sonne bewegender Himmelskörper

pla|ne|tar ⟨*gr.-lat.-nlat.*⟩: ↑planetarisch

pla|ne|ta|risch: die Planeten betreffend, auf sie bezüglich

Pla|ne|ta|ri|um *das;* -s, ...ien: **1.** Vorrichtung, Gerät zur Darstellung der Bewegung, Lage u. Größe der Gestirne. **2.** Gebäude, auf dessen halbkugelförmiger Kuppel durch Projektion aus einem Planetarium (1) die Erscheinungen am Sternenhimmel sichtbar gemacht werden

Pla|ne|ten|sys|tem *das;* -s -e: Gesamtheit der die Sonne od. einen entsprechenden Stern umkreisenden Planeten

Pla|ne|to|id *der;* -en, -en ⟨*gr.-nlat.*⟩: sich in elliptischer Bahn um die Sonne bewegender kleiner Planet

Plan|film *der;* -[e]s, -e: aus einzelnen Blättern bestehendes Filmmaterial (für Großbildkameras)

Pla|nier|bank *die;* -, ...bänke ⟨*lat.-fr.; dt.*⟩: Maschine zur Herstellung runder, hohler Metallgegenstände

pla|nie|ren ⟨*lat.-fr.*⟩: etwas [ein]ebnen

Pla|nier|rau|pe *die;* -, -n ⟨*lat.-fr.; dt.*⟩: Raupenschlepper mit verstellbarem Brustschild, der bei Erd- u. Straßenarbeiten die Unebenheiten beseitigt u. den Aushub transportiert u. verteilt

Pla|ni|me|ter *das;* -s, - ⟨*lat.; gr.*⟩: Instrument zum mechanischen Ausmessen krummlinig begrenzter ebener Flächen

Pla|ni|me|t|rie *die;* -: **1.** Messung u. Berechnung von Flächeninhalten. **2.** Lehre von den geometrischen Gebilden in einer Ebene

pla|ni|me|t|risch: die Planimetrie betreffend

Plank|ton *das;* -s ⟨»Umherirrendes, Umhertreibendes«⟩ (Biol.): Gesamtheit der (größtenteils sehr kleinen) im Wasser lebenden Lebewesen, die sich nicht selbst fortbewegen, sondern durch das Wasser bewegt werden

plank|to|nisch, plank|ton|tisch (Biol.): das Plankton, den Planktonten betreffend

Plank|tont *der;* -en, -en (Biol.): zum Plankton zählendes Lebewesen

plank|ton|tisch vgl. planktonisch

pla|no ⟨*lat.*⟩: glatt, ohne Falz (von Druckbogen u. [Land]karten)

Plan|ta|ge [...'ta:ʒə] *die;* -, -n ⟨*lat.-fr.*⟩: landwirtschaftlicher Großbetrieb in tropischen Ländern

plan|tar ⟨*lat.*⟩ (Med.): zur Fußsohle gehörend, sie betreffend

Pla|num *das;* -s ⟨*lat.*⟩: eingeebnete Fläche für den Unter- od. Oberbau einer Straße o. Ä.

Plaque [plak] *die;* -, -s [plak] ⟨*fr.;* »Platte, Fleck«⟩: **1.** (Med.) deutlich abgegrenzter, etwas erhöhter Fleck auf der Haut. **2.** (Zahnmed.) Zahnbelag. **3.** (Biol.) durch Auflösung einer Gruppe benachbarter Bakterienzellen entstandenes rundes Loch in einem Nährboden

Plä|san|te|rie *die;* -, ...ien ⟨*lat.-fr.*⟩ (veraltet): Scherz, Belustigung

Plä|sier *das;* -s, -e (landsch., sonst veraltend): besonderes Vergnügen (an etw.)

plä|sier|lich (veraltet): heiter, vergnüglich, angenehm, freundlich

Plas|ma *das;* -s, ...men ⟨*gr.-lat.;* »Gebildetes, Geformtes, Gebilde«⟩: **1.** (Biol.) Kurzform von ↑Protoplasma. **2.** (Med.) flüssiger Teil des Blutes; Blutplasma. **3.** (Physik) leuchtendes, elektrisch leitendes Gasgemisch, das u. a. in elektrischen Entladungen von Gas, in heißen Flammen u. bei der Explosion von Wasserstoffbomben entsteht. **4.** dunkelgrüne Abart des Chalzedons

Plas|ma|phy|sik *die;* -: modernes Teilgebiet der Physik, auf dem die Eigenschaften u. das Verhalten der Materie im Zustand des Plasmas (3) untersucht werden

Plas|mo|di|um *das;* -s, ...ien: **1.** Masse aus vielkernigem Protoplasma, die durch Kernteilung ohne nachfolgende Zellteilung entsteht. **2.** Protoplasmakörper der Schleimpilze. **3.** Malariaerreger

Plast *der;* -[e]s, -e ⟨*gr.-nlat.*⟩: makromolekularer Kunststoff

Plas|tics ['plɛstɪks] *die* (Plural) ⟨*gr.-lat.-engl.*⟩: engl. Bez. für: Kunststoffe, Plaste

Plas|ti|de *die;* -, -n (meist Plural) ⟨*gr.-nlat.*⟩: zur pflanzlichen Zelle gehörende Organelle mit einer eigenen, doppelsträngigen DNA

[1]**Plas|tik** *die;* -, -en ⟨*gr.-lat.-fr.*⟩: **1. a)** (ohne Plural) Bildhauerkunst; **b)** Werk der Bildhauerkunst; Bildwerk. **2.** (Med.) operative Formung, Wiederherstellung von zerstörten Gewebs- u. Organteilen. **3.** (ohne Plural) körperhafte Anschaulichkeit, Ausdruckskraft

[2]**Plas|tik** *das;* -s: Kunststoff

Plas|tik|bom|be *die;* -, -n: mit einem Zeit- od. Aufschlagzünder versehener Sprengkörper mit plastischen Sprengstoffen

Plas|ti|ker *der;* -s, -: Bildhauer

Plas|ti|ke|rin *die;* -, -nen: weibliche Form zu ↑Plastiker

Plas|ti|lin *das;* -s, **Plas|ti|li|na** *die;* - ⟨*gr.-nlat.*⟩: kittartige, oft farbige Knetmasse zum Modellieren

plas|tisch ⟨*gr.-lat.-fr.*⟩: **1.** bildhauerisch. **2.** Plastizität (2) aufweisend; modellierfähig, knetbar, formbar. **3. a)** räumlich [herausgearbeitet], körperhaft, nicht flächenhaft [wirkend]; **b)** anschaulich; bildhaft einprägsam. **4.** die operative Plastik betreffend, auf ihr beruhend

Plas|ti|zi|tä̱t *die;* - ⟨*gr.-nlat.*⟩: **1.** räumliche, körperhafte Anschaulichkeit. **2.** Formbarkeit (eines Materials)

Plas|t|ron [plasˈtrõ:, österr.: ...ˈtro:n] *der* od. *das;* -s, -s ⟨*gr.-lat.-it.-fr.*⟩: **1. a)** (früher) breite Seidenkrawatte (zur festlichen Kleidung des Herrn); **b)** breite weiße Krawatte, die zum Reitanzug gehört; **c)** mit Biesen od. Plissees versehener, eingenähter Einsatz im Oberteil von Kleidern. **2.** (Geschichte) stählerner Brust- od. Armschutz im Mittelalter. **3.** (Fechten) **a)** Stoßkissen zum Training der Genauigkeit der Treffer; **b)** Schutzpolster für Brust u. Arme beim Training. **4.** (Zool.) Bauchpanzer der Schildkröten

Pla|ta̱|ne *die;* -, -n ⟨*gr.-lat.*⟩: hochwachsender Laubbaum mit großen, gelappten Blättern u. kugeligen Früchten sowie heller, glatter, sich in größeren Teilen ablösender Borke

Pla|teau [...ˈto:] *das;* -s, -s ⟨*gr.-vulgärlat.-fr.*⟩: **1.** Hochebene. **2.** obere ebene Fläche eines Berges

Pla|teau|schuh *der;* -s, -e: (zur Mode der 1970er-Jahre gehörender) Schuh mit extrem hoher Sohle

pla|te|rẹsk ⟨*gr.-vulgärlat.-span.*⟩ (veraltet): eigenartig verziert

Pla|te|rẹsk *das;* -[e]s (Kunstwiss.): Baustil der spanischen Spätgotik u. der italienischen Frührenaissance mit reich verzierten Fassaden

Pla̱|tin [ˈpla:ti:n, auch: plaˈti:n] *das;* -s ⟨*span.*⟩: chem. Element; silbergrau glänzendes Edelmetall (Zeichen: Pt)

Pla|ti̱|ne *die;* -, -n ⟨*gr.-vulgärlat.-fr.*⟩: **1.** der Montage einzelner elektrischer Bauelemente dienende, meist mit Kupfer od. Silber beschichtete dünne Platte mit Löchern, durch die die Anschlüsse der Bauelemente zum weiteren Verlöten gesteckt werden. **2.** (Technik) flacher Metallblock, aus dem dünne Bleche gewalzt werden. **3.** (Weberei) bei der Jacquardmaschine Haken zum Anheben der Kettfäden. **4.** (Wirktechnik) Stahlblättchen, das gerade Fäden zu Schleifen umlegt

pla|ti|nie̱|ren ⟨*gr.-vulgärlat.-span.-nlat.*⟩: mit Platin überziehen

Pla|ti|no|i̱d *das;* -[e]s, -e ⟨*span.; gr.*⟩: Legierung aus Kupfer, Nickel u. a.

Pla|ti|tude [...ˈty:d(ə)] vgl. Plattitüde

Pla|tọ|ni|ker *der;* -s, - ⟨*gr.-lat.*⟩: Kenner od. Vertreter der Philosophie Platons

pla|tọ|nisch: 1. die Philosophie Platons betreffend, zu ihr gehörend, auf ihr beruhend. **2.** nicht sinnlich, rein seelisch-geistig

Pla|to|nịs|mus *der;* - ⟨*gr.-lat.-nlat.*⟩: Gesamtheit der philosophischen Richtungen in Fortführung der Philosophie Platons

plat|tie̱|ren ⟨*gr.-vulgärlat.-fr.*⟩: **1.** (Technik) unedle Metalle mit einer Schicht edleren Metalls überziehen. **2.** (Textilwesen) bei der Herstellung von Wirk- od. Strickwaren unterschiedliche Garne so verarbeiten, dass der eine Faden auf die rechte, der andere auf die linke Seite aller Maschen kommt

Plat|ti|tü̱|de, Pla|ti|tude [...ˈty:d(ə)] *die;* -, -n ⟨*gr.-vulgärlat.-fr.*⟩: nichtssagende, abgedroschene Redewendung; Plattheit

plat|zie̱|ren ⟨*gr.-lat.-vulgärlat.-fr.*⟩: **1.** an einen bestimmten Platz bringen, setzen, stellen; jmdm., einer Sache einen bestimmten Platz zuweisen. **2.** (schweiz.) jmdn. unterbringen. **3. a)** (Ballspiele) gezielt schießen, schlagen; **b)** (Fechten, Boxen) (einen Treffer) anbringen; **c)** (Tennis) so schlagen, dass der Gegner den Ball nicht od. kaum erreichen kann. **4.** (Sport) sich platzieren: einen bestimmten Platz erreichen, belegen. **5.** (Wirtsch.) Kapital anlegen

plau|si|bel ⟨*lat.-fr.*⟩: so beschaffen, dass es einleuchtet; verständlich, begreiflich

Plau|si|bi|li|tä̱t *die;* -: das Plausibelsein

Play-back, Play|back [ˈpleɪbɛk, ...ˈbɛk] *das;* -[s], -s ⟨*engl.*⟩ (Film, Fernsehen): Verfahren der synchronen Bild- u. Tonaufnahme zu einer bereits vorliegenden Tonaufzeichnung; Bandaufzeichnung

Play|boy [ˈpleɪbɔy] *der;* -s, -s ⟨*engl.-amerik.;* »Spieljunge«⟩: [jüngerer] Mann, der aufgrund seiner wirtschaftlichen Unabhängigkeit vor allem seinem Vergnügen lebt u. sich in Kleidung sowie Benehmen entsprechend darstellt

Play|girl [ˈpleɪgə:l] *das;* -s, -s ⟨*engl.-amerik.;* »Spielmädchen«⟩: **1.** dem Vergnügen u. dem Luxus lebende, bes. in Kreisen von Playboys verkehrende, leichtlebige, attraktive junge Frau. **2.** ↑Hostess (2)

Play-ọff, Play|ọff *das;* -[s], -s ⟨*engl.*⟩ (Sport): System von Ausscheidungsspielen in verschiedenen Sportarten, bei dem die Mannschaften, die die Endrunde erreicht haben, in Hin-, Rück- u. eventuell in Entscheidungsspielen gegeneinander spielen u. der Verlierer jeweils aus dem Turnier ausscheidet

Play|sta|tion® [ˈpleɪsteɪʃn̩] *die;* -, -s: Spielkonsole mit CD-ROM-, DVD- u. Blu-Ray-Laufwerk

Pla|zẹn|ta *die;* -, -s u. ...zẹnten ⟨*gr.-lat.;* »breiter, flacher Kuchen«⟩: **1.** (Med., Biol.) schwammiges, dem Stoffaustausch zwischen Mutter u. Embryo dienendes Organ, das sich während der Schwangerschaft ausbildet u. nach der Geburt ausgestoßen wird; Mutterkuchen. **2.** (Bot.) Verdickung auf dem Fruchtblatt, aus der die Samenanlage hervorgeht

pla|zen|tal: ↑plazentar

pla|zen|tar: die Plazenta betreffend, zu ihr gehörend

Pla|zet *das;* -s, -s ⟨*lat.;* »es gefällt«⟩: Zustimmung, Einwilligung (durch [mit]entscheidende Personen od. Behörden); vgl. placet

pla|zie|ren: frühere Schreibung für ↑platzieren

Ple|be|jer *der;* -s, - ⟨*lat.*⟩: **1.** (Geschichte) Angehöriger der [1]Plebs im alten Rom. **2.** (abwertend) gewöhnlicher, ungehobelter Mensch

Ple|be|je|rin *die;* -, -nen: weibliche Form zu ↑Plebejer

ple|be|jisch: **1.** zur [1]Plebs gehörend. **2.** (abwertend) ungebildet, ungehobelt

Ple|bis|zit *das;* -[e]s, -e: Volksbeschluss, Volksabstimmung; Volksbefragung

ple|bis|zi|tär ⟨*lat.-nlat.*⟩: das Plebiszit betreffend, auf ihm beruhend

[1]**Plebs** [auch: ple:ps] *die;* - ⟨*lat.*⟩: (im antiken Rom) das gemeine Volk

[2]**Plebs** *der;* -es u. (österr. nur) *die;* - (abwertend): Masse ungebildeter, niedrig u. gemein denkender, roher Menschen

Plei|n|air [plɛˈnɛ:ɐ̯] *das;* -s, -s ⟨*fr.*⟩: **a)** (ohne Plural) Freilichtmalerei; **b)** nach dem Verfahren der Freilichtmalerei gemaltes Bild

pleis|to|zän ⟨*gr.-nlat.*⟩: das Pleistozän betreffend

Pleis|to|zän *das;* -s (Geol.): vor dem Holozän liegende ältere Abteilung des Quartärs; Eiszeit[alter]

Plek|t|ron, Plek|t|rum *das;* -s, ...tren u. ...tra ⟨*gr.-lat.*⟩: Plättchen od. Stäbchen (aus Holz, Elfenbein, Metall o. Ä.), mit dem die Saiten von Zupfinstrumenten geschlagen od. angerissen werden

ple|ni|po|tent (veraltet): Plenipotenz habend

Ple|ni|po|tenz *die;* - ⟨*lat.-nlat.*⟩ (veraltet): **1.** unbeschränkte Vollmacht. **2.** Allmächtigkeit

ple|no or|ga|no ⟨*lat.; gr.-lat.*⟩ (Musik): mit allen Registern (bei der Orgel)

ple|no ti|tu|lo ⟨*lat.;* eigtl. »mit vollem Titel«⟩ (österr.): drückt aus, dass man auf die Angabe der Titel verzichtet (Abk.: P. T., p. t.); vgl. titulo pleno

Ple|num *das;* -s, ...nen ⟨*lat.-engl.*⟩: Vollversammlung einer Körperschaft, bes. der Mitglieder eines Parlaments

Pleo|chro|is|mus *der;* - ⟨*gr.-nlat.*⟩: Eigenschaft gewisser Kristalle, Licht nach mehreren Richtungen in verschiedene Farben zu zerlegen

pleo|morph usw. vgl. polymorph usw.

Ple|o|nas|mus *der;* -, ...men ⟨*gr.-lat.;* »Überfluss, Übermaß«⟩ (Rhet., Stilkunde): überflüssige Häufung sinngleicher od. sinnähnlicher Wörter, Ausdrücke (z. B. weißer Schimmel)

ple|o|nas|tisch ⟨*gr.-nlat.*⟩: einen Pleonasmus darstellend

Ple|o|n|e|xie *die;* - ⟨*gr.*⟩: **1.** (veraltet) Habsucht. **2.** (Psychol.) Drang, trotz mangelnder Sachkenntnis überall mitzureden

Ple|sio|sau|ri|er *der;* -s, -, **Ple|sio|sau|rus** *der;* -, ...rier: langhalsiges Kriechtier des Lias mit paddelförmigen Gliedmaßen

Ple|thi vgl. Krethi und Plethi

Ple|tho|ra *die;* -, ...ren ⟨*gr.*⟩ (Med.): vermehrter Blutandrang

Ple|thys|mo|graf, Ple|thys|mo|graph *der;* -en, -en ⟨*gr.-nlat.*⟩ (Med.): Apparat zur Messung von Umfangsveränderungen eines Gliedes od. Organs

Pleu|ra *die;* -, ...ren ⟨*gr.*⟩ (Med.): die inneren Wände des Brustkorbs auskleidende Haut; Brust-, Rippenfell

Pleu|reu|se [pløˈrø:zə] *die;* -, -n ⟨*lat.-fr.*⟩ (veraltet): lange Straußenfeder als Schmuck auf Damenhüten

Pleu|ri|tis *die;* -, ...itiden ⟨*gr.*⟩ (Med.): Rippenfellentzündung

Pleu|r|o|dy|nie *die;* -, ...ien ⟨*gr.-nlat.*⟩ (Med.): von der Pleura ausgehende Schmerzen

Pleu|ro|pneu|mo|nie *die;* -, ...ien (Med.): Rippenfell- und Lungenentzündung

ple|xi|form ⟨*lat.-nlat.*⟩ (Med.): geflechtartig

Ple|xi|glas® *das;* -es ⟨*lat.; dt.*⟩: nicht splitternder, glasartiger Kunststoff

Ple|xus *der;* -, - [...u:s] ⟨*lat.-nlat.*⟩ (Med.): netzartige Verknüpfung von Nerven, Blutgefäßen

Pli *der;* -s ⟨*lat.-fr.;* »Falte«⟩ (landsch.): [Welt]gewandtheit, Schliff [im Benehmen], Geschick

Plin|the *die;* -, -n ⟨*gr.-lat.*⟩: quadratische od. rechteckige [Stein]platte, auf der die Basis einer Säule o. Ä. ruht

plio|zän ⟨*gr.-nlat.*⟩: das Pliozän betreffend

Plio|zän *das;* -s (Geol.): gegenüber dem Miozän die jüngere Abteilung des Neogens

Plis|see *das;* -s, -s ⟨*lat.-fr.*⟩: **a)** Gesamtheit der Plisseefalten (eines Stoffes, Kleidungsstückes); **b)** plissiertes Gewebe, plissierter Stoff

plis|sie|ren: mit einer [großen] Anzahl dauerhafter [aufspringender] Falten versehen

Plom|be *die;* -, -n ⟨»Blei; Blei-, Metallverschluss«⟩: **1.** Klümpchen aus Blei o. Ä., durch das hindurch die beiden Enden eines Drahtes o. Ä. laufen, sodass dieser eine geschlossene Schlaufe bildet, die nur durch Beschädigung des Bleiklumpens od. des Drahtes geöffnet werden kann. **2.** (Med. veraltend) Zahnfüllung

plom|bie|ren: 1. mit einer Plombe (1) versehen. **2.** (Med. veraltend) mit einer Zahnfüllung versehen

Plot *der,* auch: *das;* -s, -s ‹*engl.*›: **1.** Handlung einer epischen od. dramatischen Dichtung, eines Films o. Ä. **2.** (EDV) mithilfe eines Plotters (1) hergestellte grafische Darstellung

Plot|ter *der;* -s, -: **1.** (EDV) an einen Computer angeschlossenes Zeichengerät, das Zeichnungen, Grafiken u. Ä. liefert; Kurvenschreiber. **2.** (Navigation) Gerät zum Aufzeichnen u. Auswerten der auf dem Radarschirm erscheinenden relativen Bewegung eines Objekts sowie der Eigenbewegung des Schiffes od. Flugkörpers

Plum|bum *das;* -s ‹*lat.*›: chem. Element; Blei (Zeichen: Pb)

Plu|meau [ply'mo:] *das;* -s, -s ‹*lat.-fr.*›: halblanges, dickeres Federbett

Plum|pud|ding ['plam...] *der;* -s, -s ‹*engl.*›: kuchenartige, schwere Süßspeise, die im Wasserbad gegart u. in Großbritannien [zur Weihnachtszeit] gegessen wird

plu|ral ‹*lat.*›: ↑pluralistisch

Plu|ral *der;* -s, -e: **1.** (ohne Plural) Numerus, der beim Nomen u. Pronomen anzeigt, dass dieses sich auf mehrere gleichartige Dinge o. Ä. bezieht, u. der beim Verb anzeigt, dass mehrere Subjekte zu dem Verb gehören; Mehrzahl. **2.** Wort, das im Plural steht; Pluralform

Plu|ra|le|tan|tum *das;* -s, -s u. Pluraliatantum: Substantiv, das nur als Plural vorkommt (z. B. Ferien, Leute)

plu|ra|lisch: im Plural stehend, durch den Plural ausgedrückt, zum Plural gehörend

Plu|ra|lis Ma|jes|ta|tis *der;* - -, ...les [...le:s] - ‹*lat.*›: Plural, mit dem eine einzelne Person, gewöhnlich ein regierender Herrscher, bezeichnet wird u. sich selbst bezeichnet (z. B. *Wir,* Wilhelm, von Gottes Gnaden deutscher Kaiser)

Plu|ra|lis|mus *der;* - ‹*lat.-nlat.*›: **1.** (Philos.) philosophische Anschauung, Theorie, nach der die Wirklichkeit aus vielen selbstständigen Prinzipien besteht, denen kein gemeinsames Grundprinzip zugrunde liegt; Ggs. ↑Singularismus. **2. a)** innerhalb einer Gesellschaft, eines Staates [in allen Bereichen] vorhandene Vielfalt gleichberechtigt nebeneinander bestehender u. miteinander um Einfluss, Macht konkurrierender Gruppen, Organisationen, Institutionen, Meinungen, Werte, Weltanschauungen usw.; **b)** politische Anschauung, Grundeinstellung, nach der ein Pluralismus (2 a) erstrebenswert ist

plu|ra|lis|tisch: den Pluralismus betreffend, auf ihm basierend

Plu|ra|li|tät *die;* -, -en ‹*lat.*›: **1.** mehrfaches, vielfaches, vielfältiges Vorhandensein, Nebeneinanderbestehen; Vielzahl. **2.** (selten) ↑Pluralismus. **3.** ↑Majorität

Plu|ri|pa|ra *die;* -, ...paren ‹*lat.-nlat.*› (Med.): Frau, die mehrmals geboren hat

plu|ri|po|tent ‹*lat.-nlat.*› (Biol., Med.): viele Entwicklungsmöglichkeiten in sich tragend (von noch nicht ausdifferenziertem Gewebe)

Plus *das;* -, -: **1.** etwas, was sich bei einer [End]abrechnung über den zu erwartenden Betrag hinaus ergibt; Mehrbetrag; Überschuss. **2. a)** Vorteil, Vorzug, Positivum; **b)** positives Urteil über eine Leistung, Eigenschaft (im Rahmen einer umfassenderen Beurteilung)

Plus|quam|per|fekt *das;* -s, -e ‹*lat.*› (Sprachw.): **1.** Zeitform, mit der bes. die Vorzeitigkeit (im Verhältnis zu etwas Vergangenem) ausgedrückt wird; Vorvergangenheit, vollendete Vergangenheit, dritte Vergangenheit. **2.** Verbform im Plusquamperfekt (1) (z. B. ich *hatte gegessen*)

Plu|to|krat *der;* -en, -en ‹*gr.*›: jmd., der aufgrund seines Reichtums politische Macht ausübt

Plu|to|kra|tie *die;* -, ...ien: **1.** Staatsform, in der die Besitzenden, die Reichen die politische Herrschaft ausüben; Geldherrschaft. **2.** Staat, Gemeinwesen, in dem eine Plutokratie (1) besteht

Plu|ton *der;* -s, -e ‹*gr.-nlat.;* nach Pluto (Hades), dem gr. Gott der Unterwelt› (Geol.): magmatischer Tiefengesteinskörper, der innerhalb der Erdkruste erstarrt ist

plu|to|nisch: 1. (Rel.) der Unterwelt zugehörig. **2.** (Geol.) in größerer Tiefe innerhalb der Erdkruste entstanden (von magmatischen Gesteinen)

Plu|to|nis|mus *der;* - (Geol.): **1.** Gesamtheit der Vorgänge innerhalb der Erdkruste, die durch Bewegungen u. das Erstarren von Magma hervorgerufen werden. **2.** widerlegte Hypothese u. Lehre, nach der das geologische Geschehen im Wesentlichen von den Kräften im Erdinnern bestimmt wird, alle Gesteine einen feuerflüssigen Ursprung haben

Plu|to|ni|um *das;* -s ‹nach dem Planeten Pluto›: radioaktives, metallisches, durch Kernumwandlung hergestelltes Transuran (Zeichen: Pu)

plu|vi|al ‹*lat.*›: (von Niederschlägen) als Regen fallend

Plu|vi|a|le *das;* -s, -[s] ‹*lat.-mlat.;* »Regenmantel«›: **1.** liturgisches Obergewand des katholischen Geistlichen für feierliche Gottesdienste außerhalb der Messe (z. B. bei Prozessionen). **2.** kaiserlicher od. königlicher Krönungsmantel

Plu|vi|al|zeit *die;* - ‹*lat.; dt.*› (Geogr.): Periode mit kühlerem Klima u. stärkeren Niederschlägen (in den heute trockenen subtropischen Gebieten)

Plu|vio|graf, Plu|vio|graph *der;* -en, -en ‹*lat.; gr.*› (Meteorol.): Gerät zum Messen u. automatischen Registrieren von Niederschlagsmengen

Plu|vio|me|ter *das;* -s, - (Meteorol.): Niederschlagsmesser

Plu|vio|ni|vo|me|ter *das;* -s, - (Meteorol.): auf Regen od. Schnee ansprechender Niederschlagsmesser

Plu|vi|ose [ply'vi̯o:s] *der;* -, -s [ply'vi̯o:s] ‹*fr.;* »Regenmonat«›: der fünfte Monat des französischen Revolutionskalenders (vom 20., 21. oder 22. Januar bis 18., 19. oder 20. Februar)

p. m. [pi:|'ɛm] ‹Abk. für *lat.* post meridiem »nach Mittag«›: nachmittags (engl. Uhrzeitangabe; Ggs. ↑a. m)

Pneu|ma *das;* -s ‹*gr.;* »Hauch, Atem«›: **1.** (Philos.) in der Stoa ätherische, luftartige Substanz, die als Lebensprinzip angesehen wurde. **2.** (Theol.) Geist Gottes, Heiliger Geist

pneu|mat..., Pneu|mat... vgl. pneumato..., Pneumato...

Pneu|ma|ti|ker *der;* -s, - ‹*gr.-lat.*›: **1.** Vertreter, Anhänger einer ärztlichen Richtung der Antike, die im Atem (Pneuma) den Träger des Lebens u. in seinem Versagen das Wesen der Krankheit sah. **2.** vom Geist Gottes Getriebener

pneu|ma|tisch ‹*gr.-lat.*›: **1.** (Philos.) das Pneuma (1) betreffend. **2.** (Theol.) geistgewirkt, vom Geist Gottes erfüllt; **pneumatische Exegese:** altchristliche Bibelauslegung, die mithilfe des Heiligen Geistes den übergeschichtlichen Sinn der Schrift erforschen will. **3.** (Med.) die Luft, das Atmen betreffend. **4.** (Technik) luftgefüllt, mit Luftdruck betrieben, Luft...; **pneumatische Knochen** (Biol.): Knochen mit luftgefüllten Räumen zur Verminderung des Körpergewichts (z. B. bei Vögeln)

pneu|ma|to..., Pneu|ma|to...

vor Vokalen und vor h meist: **pneu|mat..., Pneu|mat...**
‹zu *gr.* pneũma, Gen. pneúmatos »Luft, Hauch, Atem, Geist«›
Wortbildungselement mit der Bedeutung »Luft, Gas; Atem«:
– Pneumatometer
– Pneumaturie

pneu|mo..., Pneu|mo...
auch: **pneu|mo|no..., Pneu|mo|no...,** vor Vokalen meist **pneum..., Pneum... bzw. pneumon..., Pneu|mon...**
‹*gr.* pneũma »Luft, Hauch, Atem, Geist« u. pneúmōn, Gen. pneúmonos »Lunge«›
Wortbildungselement mit den Bedeutungen:
a) »Luft, Gas«:
– Pneumothorax
b) »Atem(luft)«:
– Pneumograf
c) »Lunge«:
– Pneumonose

Pneu|mo|graf, Pneu|mo|graph *der;* -en, -en (Med.): Apparat zur Aufzeichnung der Atembewegungen des Brustkorbs

Pneu|mon...

Pneu|mo|nie *die;* -, ...i̯en (Med.): Lungenentzündung

Pneu|mo|no...

Pneu|mo|tho|rax *der;* -[es], -e (Med.): krankhafte od. künstlich therapeutisch geschaffene Luftansammlung im Brustfellraum

po|chie|ren [pɔ'ʃi:...] ‹*germ.-fr.*› (Gastron.): Speisen, bes. aufgeschlagene Eier, in kochendem Wasser, einer Brühe o. Ä. gar werden lassen

Po|cket|ka|me|ra *die;* -, -s: kleiner, handlicher, einfach zu bedienender Fotoapparat

po|co ‹*lat.-it.*› (Musik): ein wenig, etwas (in vielen Verbindungen vorkommende Vortragsbezeichnung); **poco a poco:** nach u. nach, allmählich (Abk.: p. a. p.); **poco forte:** nicht sehr laut

Po|d|a|g|ra *das;* -[s] ‹*gr.-lat.*› (Med.): Fußgicht, bes. Gicht der großen Zehe

po|d|a|g|risch (Med.): an Podagra leidend, mit Podagra behaftet

Po|d|al|gie *die;* -, ...i̯en ‹*gr.-nlat.*› (Med.): Fußschmerzen

Pod|cast ['pɔtka:st] *der;* -s, -s ‹*engl.*› (EDV): Reportage, (Radio)beitrag o. Ä. zum Herunterladen als Audiodatei aus dem Internet

pod|cas|ten ‹*engl.*› (EDV): einen ↑Podcast produzieren, bereitstellen oder herunterladen

Pod|cas|ting *das;* -[s] ⟨*engl.*⟩: das Podcasten

Po|dest *das,* auch: *der;* -[e]s, -e: **1.** Treppenabsatz. **2.** schmales Podium

Po|des|tà, it. Schreibung: **Po|des|tà** *der;* -[s], -s ⟨*lat.-it.*⟩: it. Bez. für: Ortsvorsteher, Bürgermeister

Po|dex *der;* -[es], -e ⟨*lat.*⟩ (scherzh.): Gesäß

Po|di|um *das;* -s, Podien ⟨*gr.-lat.;* »Füßchen«⟩: **1.** trittartige, breitere Erhöhung (z. B. für Redner); Rednerpult. **2.** erhöhte hölzerne Plattform. **3.** (Archit.) erhöhter Unterbau für ein Bauwerk

Po|di|ums|dis|kus|si|on *die;* -, -en, **Po|di|ums|ge|spräch** *das;* -[e]s, -e ⟨*gr.-lat.; dt.*⟩: Diskussion, Gespräch mehrerer kompetenter Teilnehmer über ein bestimmtes Thema vor (gelegentlich auch unter Einbeziehung) einer Zuhörerschaft

Po|do|lo|ge *der;* -n, -n: staatlich geprüfte Fachkraft für medizinische Fußpflege

Po|do|lo|gie *die;* -: Fußheilkunde

Po|do|lo|gin *die;* -, -nen: weibliche Form zu ↑Podologe

Po|do|me|ter *das;* -s, - ⟨*gr.-nlat.*⟩: Schrittzähler

Pod|sol *der;* -s ⟨*russ.*⟩: graue bis weiße Bleicherde (durch Mineralsalzverlust verarmter, holzaschefarbener, unter Nadel- u. Mischwäldern vorkommender Oberboden in feuchten Klimabereichen)

Po|em *das;* -s, -e ⟨*gr.-lat.*⟩ (oft abwertend): [größeres] Gedicht

Po|e|sie *die;* -, ...ien ⟨*gr.-lat.-fr.;* »das Machen, das Verfertigen«⟩: **1.** Dichtkunst; Dichtung, bes. in Versen geschriebene Dichtung im Gegensatz zur Prosa (1). **2.** [dichterischer] Stimmungsgehalt, Zauber

Po|e|sie|al|bum *das;* -s, ...ben: (bes. bei Kindern u. jungen Mädchen) Album, in das Verwandte, Freunde, Lehrer zur Erinnerung Verse u. Sprüche schreiben

Po|et *der;* -en, -en ⟨*gr.-lat.*⟩ (meist scherzh. od. leicht abwertend): Dichter

Po|e|ta lau|re|a|tus *der;* - -, ...tae [...tɛ] ...ti ⟨*lat.*⟩ (Geschichte): ein mit dem Lorbeerkranz gekrönter Dichter; vgl. Laureat

Po|e|tas|ter *der;* -s, - ⟨*gr.-lat.-nlat.*⟩ (abwertend): Dichterling, Verseschmied

Po|e|tik *die;* -, -en ⟨*gr.-lat.*⟩: **1.** (ohne Plural) wissenschaftliche Beschreibung, Deutung, Wertung der Dichtkunst; Theorie der Dichtung als Teil der Literaturwissenschaft. **2.** Lehr-, Regelbuch der Dichtkunst

Po|e|tin *die;* -, -nen: weibliche Form zu ↑Poet

po|e|tisch ⟨*gr.-lat.-fr.*⟩: **a)** die Poesie betreffend, dichterisch; **b)** bilderreich, ausdrucksvoll, stimmungsvoll

po|e|ti|sie|ren: dichterisch ausschmücken; dichtend erfassen u. durchdringen

Po|e|t|ry-Slam, Po|e|t|ry|slam [ˈpoʊətrislæm] *der;* -s, -s ⟨*engl.*⟩: auf einer Bühne vor Publikum [das gleichzeitig die Jury ist] ausgetragener literarischer Wettbewerb

Po|fe|se vgl. Pafese

Po|gat|sche *die;* -, -n ⟨*ung.*⟩ (österr.): kleiner, flacher Eierkuchen mit Grieben

Po|go *der;* -[s], -s ⟨*engl.*⟩: Tanz zu Punk- u. Heavy-Metal-Musik, bei dem die Tänzer wild u. heftig springen [u. sich dabei anrempeln]

Po|g|rom *der,* auch: *das;* -s, -e ⟨*russ.*⟩: Hetze, Ausschreitungen gegen nationale, religiöse, ethnische Minderheiten

poi|ki|lo|therm (Biol.): wechselwarm; Ggs. ↑homöotherm

Poil [po̯ˈal] *der;* -s, -e ⟨*lat.-fr.*⟩: ↑²Pol

Poi|lu [po̯aˈly:] *der;* -s, -s: Spitzname für den französischen Soldaten

Point [po̯ɛ̃:] *der;* -s, -s ⟨*lat.-fr.*⟩: **1. a)** Stich (bei Kartenspielen); **b)** Auge (bei Würfelspielen). **2.** (Wirtsch.) Notierungseinheit von Warenpreisen an Produktenbörsen

Point d'Hon|neur [po̯ɛ̃dɔˈnø:ɐ̯] *der;* - - ⟨»Ehrenpunkt«⟩ (veraltet): Ehrenstandpunkt

Poin|te [ˈpo̯ɛ̃:tə] *die;* -, -n ⟨*lat.-vulgärlat.-fr.;* »Spitze, Schärfe«⟩: geistreicher, überraschender Schlusseffekt (z. B. bei einem Witz)

Poin|ter [ˈpɔyn...] *der;* -s, - ⟨*lat.-fr.-engl.*⟩: gescheckter Vorsteh- od. Hühnerhund

poin|tie|ren [po̯ɛ̃...] ⟨*lat.-fr.*⟩: betonen, unterstreichen, hervorheben

poin|tiert: betont, zugespitzt

poin|til|lie|ren [...tiˈji:...]: in der Art des Pointillismus malen

Poin|til|lis|mus [...tiˈjɪs...] *der;* - ⟨*lat.-fr.-nlat.*⟩: spätimpressionistische Stilrichtung in der Malerei, in der ungemischte Farben punktförmig nebeneinandergesetzt wurden

Poin|til|list *der;* -en, -en: Vertreter des Pointillismus

Poin|til|lis|tin *die;* -, -nen: weibliche Form zu ↑Pointillist

poin|til|lis|tisch: den Pointillismus betreffend, in der Art des Pointillismus [gemalt]

Po|kal *der;* -s, -e ⟨*gr.-lat.-it.*⟩: **1. a)** [kostbares] kelchartiges Trinkgefäß aus Glas od. [Edel]metall mit Fuß [u. Deckel]; **b)** Siegestrophäe in Form eines Pokals (1 a) bei sportlichen Wettkämpfen. **2.** (ohne Plural) kurz für Pokalwettbewerb; Wettbewerb um einen Pokal (1 b)

Po|ker *das;* -s ⟨*amerik.*⟩: amerikanisches Kartenglücksspiel

Po|ker|face [ˈpoʊkɐfeɪs, ...feɪs] *das;* -, -s [...feɪsɪs] ‹»Pokergesicht«›: **1.** Mensch, dessen Gesicht u. Haltung keine Gefühlsregung widerspiegeln. **2.** unbewegter, gleichgültig wirkender, sturer Gesichtsausdruck

po|kern: 1. Poker spielen. **2.** bei Geschäften, Verhandlungen o. Ä. ein Risiko eingehen, einen hohen Einsatz wagen

po|ku|lie|ren ‹*lat.-mlat.*› (veraltet): zechen, stark trinken

[1]**Pol** *der;* -s, -e ‹*gr.-lat.*›: **1.** Drehpunkt, Mittelpunkt, Zielpunkt. **2.** Endpunkt der Erdachse u. seine Umgebung; Nordpol, Südpol. **3.** (Astron.) Schnittpunkt der verlängerten Erdachse mit dem Himmelsgewölbe, Himmelspol. **4.** (Math.) Punkt, der eine besondere Bedeutung hat; Bezugspunkt. **5.** (Physik) der Aus- u. Eintrittspunkt des Stroms bei einer elektrischen Stromquelle. **6.** Aus- u. Eintrittspunkt magnetischer Kraftlinien beim Magneten

[2]**Pol** *der;* -s, -e ‹eindeutschend für ↑Poil›: bei Samt u. Teppichen die rechte Seite mit dem [2]Flor (2)

Po|lac|ca *die;* -, -s ‹*it.*›: Polonaise; vgl. alla polacca

po|lar ‹*gr.-lat.-nlat.*›: **1.** die Erdpole betreffend, zu den Polargebieten gehörend, aus ihnen stammend. **2.** gegensätzlich bei wesenhafter Zusammengehörigkeit; nicht vereinbar

Po|la|re *die;* -, -n (Math.): Verbindungslinie der Berührungspunkte zweier von einem Pol an einen Kegelschnitt gezogener Tangenten

Po|lar|front *die;* -, -en (Meteorol.): Front zwischen polarer Kaltluft u. tropischer Warmluft

Po|la|ri|sa|ti|on *die;* -, -en ‹*gr.-lat.-nlat.*›: **1.** das deutliche Hervortreten von Gegensätzen; Herausbildung einer Gegensätzlichkeit; Polarisierung. **2. a)** (Chemie) Herausbildung einer Gegenspannung (bei der Elektrolyse); **b)** (Physik) das Herstellen einer festen Schwingungsrichtung aus sonst regellosen ↑Transversalschwingungen des natürlichen Lichtes; vgl. ...ation/...ierung

Po|la|ri|sa|tor *der;* -s, ...oren: Vorrichtung, die linear polarisiertes Licht aus natürlichem erzeugt

po|la|ri|sie|ren: 1. a) spalten, trennen, Gegensätze schaffen; **b)** sich polarisieren: in seiner Gegensätzlichkeit immer deutlicher hervortreten, sich immer mehr zu Gegensätzen entwickeln. **2. a)** (Chemie) elektrische od. magnetische Pole hervorrufen; **b)** (Physik) bei natürlichem Licht eine feste Schwingungsrichtung aus sonst regellosen ↑Transversalschwingungen herstellen

Po|la|ri|sie|rung *die;* -, -en: ↑Polarisation (1); vgl. ...ation/...ierung

Po|la|ri|tät *die;* -, -en: **1.** (Geogr., Astron., Physik) Vorhandensein zweier [1]Pole (2, 3, 5, 6). **2.** Gegensätzlichkeit bei wesenhafter Zusammengehörigkeit. **3.** (Biol.) verschiedenartige Ausbildung zweier entgegengesetzter Pole einer Zelle, eines Gewebes, Organs od. Organismus (z. B. Spross u. Wurzel einer Pflanze)

Po|lar|kreis *der;* -es, -e: Breitenkreis von etwa 66,5° nördlicher bzw. südlicher Breite, der die Polarzone von der gemäßigten Zone trennt

Po|la|ro|id|ka|me|ra® [...ˈrɔy̯t..., auch: ...roˈit...] *die;* -, -s: Fotoapparat, der in Sekunden das fertige Bild produziert

Po|lar|stern *der;* -[e]s (Astron.): hellster Stern im Sternbild des Kleinen Bären, nach dem wegen seiner Nähe zum nördlichen Himmelspol die Nordrichtung bestimmt wird; Nord[polar]stern

Po|lei *der;* -[e]s, -e ‹*lat.*›: Arznei- u. Gewürzpflanze verschiedener Art

Po|le|mik *die;* -, -en ‹*gr.-fr.*›: **1.** literarische od. wissenschaftliche Auseinandersetzung; wissenschaftlicher Meinungsstreit, literarische Fehde. **2.** unsachlicher Angriff, scharfe Kritik

Po|le|mi|ker *der;* -s, -: **1.** jmd., der zur Polemik (2) neigt, gern scharfe, unsachliche Kritik übt. **2.** jmd., der in einer Polemik (1) steht

Po|le|mi|ke|rin *die;* -, -nen: weibliche Form zu ↑Polemiker

po|le|misch: 1. die Polemik (1) betreffend; streitbar. **2.** scharf u. unsachlich (von kritischen Äußerungen)

po|le|mi|sie|ren ‹französierende Bildung›: **1.** eine Polemik (1) ausfechten, gegen eine andere literarische od. wissenschaftliche Meinung kämpfen. **2.** scharfe, unsachliche Kritik üben; jmdn. mit unsachlichen Argumenten scharf angreifen

Po|len|ta *die;* -, ...ten u. -s ‹*lat.-it.*›: Brei aus Maisgrieß

Po|len|te *die;* - ‹*jidd.*› (salopp): Polizei

Pole|po|si|tion, Pole-Po|si|tion [ˈpoʊlpəzɪʃn̩] *die;* -, -s ‹*engl.-amerik.*›: **a)** bei Autorennen bester (vorderster) Startplatz für den Fahrer mit der schnellsten Zeit im ↑Qualifying; **b)** (Jargon) Marktführerschaft

Po|li|ce [poˈliːsə] *die;* -, -n ‹*gr.-mlat.-it.-fr.*›: Urkunde über einen Versicherungsvertrag, die vom Versicherer ausgefertigt wird

Po|li|ci|nel|lo [...tʃi...] *der;* -s, ...lli ‹*neapolitan.-it.*› (veraltet): ↑Pulcinella

Po|lier *der;* -s, -e ‹*gr.-lat.-vulgärlat.-fr.*›: Vorarbeiter der Maurer u. Zimmerleute; [Maurer]facharbeiter, der die Arbeitskräfte auf einer Baustelle beaufsichtigt; Bauführer

po|lie|ren ‹*lat.-fr.*›: **a)** glätten, schleifen; **b)** glänzend machen, blank reiben; putzen

Po|lie|rin *die;* -, -nen: weibliche Form zu ↑Polier

Po|li|kli|nik *die;* -, -en ‹*gr.-nlat.*›: Krankenhaus od. -abteilung für ambulante Krankenbehandlung

po|li|kli|nisch: die Poliklinik betreffend; in der Poliklinik erfolgend

Po|lio *die;* -: Kurzform von ↑Poliomyelitis

Po|lio|my|e|li|tis *die;* -, ...itiden (Med.): Entzündung der grauen Rückenmarksubstanz; spinale Kinderlähmung

Po|lis *die;* -, Poleis ‹*gr.*›: altgriechischer Stadtstaat (z. B. Athen)

Po|lit|bü|ro *das;* -s, -s ‹(*gr.-fr.; lat.-vulgärlat.-fr.*) *russ.*›: oberstes politisches Führungsorgan einer kommunistischen Partei

Po|li|ti|cal Cor|rect|ness [...kl̩ kəˈrɛktnɪs] *die;* - - ‹*engl.*›: von einer bestimmten Öffentlichkeit als richtig eingestufte Gesinnung, Haltung (die zum Ziel hat, alles zu vermeiden, was andere als diskriminierend empfinden könnten; Abk.: p. c.)

po|li|tie|ren ‹*lat.-fr.*› (österr.): glänzend reiben, polieren, mit Politur einreiben

Po|li|tik [auch: ...ˈtɪk] *die;* -, -en (Plural selten) ‹*gr.-fr.*›: **1.** auf die Durchsetzung bestimmter Ziele (bes. im staatlichen Bereich) u. auf die Gestaltung des öffentlichen Lebens gerichtetes Handeln von Regierungen, Parlamenten, Parteien, Organisationen o. Ä. **2.** berechnendes, zielgerichtetes Verhalten, Vorgehen

Po|li|ti|kas|ter *der;* -s, - ‹*gr.-lat.-nlat.*› (abwertend): jmd., der viel über Politik spricht, ohne viel davon zu verstehen

Po|li|ti|ker [auch: poˈlɪ...] *der;* -s, - ‹*gr.-mlat.*›: jmd., der aktiv an der Politik (1), an der Führung eines Gemeinwesens teilnimmt; Staatsmann

Po|li|ti|ke|rin *die;* -, -nen: weibliche Form zu ↑Politiker

Po|li|ti|kum [auch: ...ˈlɪ...] *das;* -s, ...ka ‹*gr.-nlat.*›: Tatsache, Vorgang von politischer Bedeutung

Po|li|ti|kus [auch: ...ˈlɪ...] *der;* -, -se (scherzh.): jmd., der sich eifrig mit Politik (1) beschäftigt

po|li|tisch [auch: poˈlɪ...] ‹*gr.-lat.-fr.*›: die Politik (1) betreffend, zu ihr gehörend; staatsmännisch; **politischer Gefangener, Häftling:** aus politischen Gründen gefangen gehaltene Person; **politischer Vers:** fünfzehnsilbiger, akzentuierender Vers der byzantinischen u. neugriechischen volkstümlichen Dichtung; **politisches Asyl:** Zufluchts- u. Aufenthaltsrecht in einem fremden Land für jemanden, der aus politischen Gründen geflüchtet ist

po|li|ti|sie|ren ‹*gr.-nlat.*›: **1.** [laienhaft] von Politik reden. **2.** bei jmdm. Anteilnahme, Interesse an der Politik (1) erwecken; jmdn. zu politischer Aktivität bringen. **3.** etwas, was nicht unmittelbar in den politischen Bereich gehört, unter politischen Gesichtspunkten behandeln, betrachten

Po|li|ti|sie|rung *die;* -, -en: **1.** das Erwecken politischer Interessen, Erziehung zu politischer Aktivität. **2.** politische Behandlung, Betrachtung von Dingen, die nicht unmittelbar in den politischen Bereich gehören

Po|li|to|lo|ge *der;* -n, -n: Wissenschaftler auf dem Gebiet der Politologie

Po|li|to|lo|gie *die;* -: Wissenschaft von der Politik

Po|li|to|lo|gin *die;* -, -nen: weibliche Form zu ↑Politologe

Po|li|tur *die;* -, -en ‹*lat.*›: **1.** durch Polieren hervorgebrachte Glätte, Glanz. **2.** Mittel zum Glänzendmachen; Poliermittel. **3.** (ohne Plural; veraltet) Lebensart; gutes Benehmen

Po|li|zei *die;* -, -en ‹*gr.-lat.-mlat.;* »Bürgerrecht; Staatsverwaltung; Staatsverfassung«›: **1.** Sicherheitsbehörde, die über die Wahrung der öffentlichen Ordnung zu wachen hat. **2.** (ohne Plural) Angehörige der Polizei. **3.** (ohne Plural) Dienststelle der Polizei

Po|li|zei|staat *der;* -[e]s, -en (abwertend): totalitärer Staat, in dem die Bürger durch einen staatlichen Kontrollapparat unterdrückt werden

Po|li|zist *der;* -en, -en ‹*gr.-lat.-mlat.-nlat.*›: Angehöriger der Polizei (1); Schutzmann

Po|li|zis|tin *die;* -, -nen: weibliche Form zu ↑Polizist

Po|liz|ze *die;* -, -n ‹*gr.-mlat.-it.*› (österr.): ↑Police

Pol|ka *die;* -, -s ‹*poln.-tschech.;* »Polin«›: Rundtanz im lebhaften bis raschen $^2/_4$-Takt mit Achtelrhythmus, wobei jeweils auf drei Schritte ein Hopser folgt (etwa seit 1835)

Pol|len *der;* -s, - ‹*lat.*› (Bot.): Blütenstaub

Pol|lu|ti|on *die;* -, -en ‹*lat.;* »Besudelung«› (Med.): unwillkürlicher Samenerguss im Schlaf (z. B. in der Pubertät)

Po|lo *das;* -s ‹*engl.*›: zu Pferde gespieltes Treibballspiel

Po|lo|hemd *das;* -[e]s, -en: kurzärmeliges, enges Trikothemd mit offenem Kragen

Po|lo|nai|se [...ˈnɛːzə], **Po|lo|nä|se** *die;* -, -n ‹*fr.;* »Polnischer« (= polnischer Tanz)›: Reihentanz; festlicher Schreittanz im $^3/_4$-Takt; vgl. Polacca

Po|lo|nist *der;* -en, -en: Wissenschaftler auf dem Gebiet der Polonistik

Po|lo|nis|tik *die;* -: Wissenschaft von der polnischen Sprache u. Literatur

Po|lo|nis|tin *die;* -, -nen: weibliche Form zu ↑Polonist

po|lo|nis|tisch: die Polonistik betreffend, zu ihr gehörend

Po|lo|ni|um *das;* -s ‹*nlat.;* nach Polonia, dem nlat. Namen für Polen›: radioaktives chem. Element (Zeichen: Po)

Po|lo|shirt [...ʃə:t] *das;* -s, -s ‹*engl.*›: ↑Polohemd

po|ly..., Po|ly...

‹*gr.* polýs »viel, vielfach, oft«›
Wortbildungselement mit der Bedeutung »viel, mehr, verschieden, oft«:
- Polyamid
- Polyarthritis
- polymetamorph
- Polyvinylchlorid

Po|ly|ac|ryl *das;* -s ‹*gr.-nlat.*›: leichte, weiche synthetische Faser

Po|ly|ac|ryl|ni|t|ril *das;* -s ‹Kunstw.›: polymerisiertes Acrylsäurenitril (Ausgangsstoff wichtiger Kunstfasern)

Po|ly|amid *das;* -[e]s, -e: hochmolekularer elastischer Kunststoff (z. B. Perlon, Nylon)

Po|ly|an|d|rie *die;* - ‹*gr.*› (Völkerkunde): Vielmännerei; Ehegemeinschaft einer Frau mit mehreren Männern (vereinzelt bei Naturvölkern); Ggs. ↑Polygynie; vgl. Polygamie (1 a)

Po|ly|ar|chie *die;* -, ...ien (selten): Herrschaft mehrerer in einem Staat, im Unterschied zur Monarchie

Po|ly|ar|th|ri|tis *die;* -, ...itiden ‹*gr.-nlat.*›: an mehreren Gelenken gleichzeitig auftretende Arthritis

Po|ly|äs|the|sie *die;* -, ...ien (Med.): subjektive Wahrnehmung einer Hautreizung an mehreren Stellen

Po|ly|äthy|len, fachspr.: **Po|ly|ethy|len** *das;* -s, -e: ein thermoplastischer Kunststoff

po|ly|chrom [...'kro:m] (Malerei, bild. Kunst): vielfarbig, bunt

Po|ly|chro|mie *die;* -, ...ien (Malerei, bild. Kunst): Vielfarbigkeit; [dekorative] bunte Bemalung ohne einheitlichen Gesamtton mit kräftig voneinander abgesetzten Farben (z. B. bei Keramiken, Glasgemälden, Bauwerken)

Po|ly|dak|ty|lie *die;* -, ...ien (Biol., Med.): angeborene Fehlbildung der Hand od. des Fußes mit Bildung überzähliger Finger od. Zehen

Po|ly|dä|mo|nis|mus *der;* -: Glaube an eine Vielheit von [nicht persönlich ausgeprägten] Geistern als Vorstufe des Polytheismus

Po|ly|eder *das;* -s, - ‹*gr.*› (Math.): Vielflächner; von Vielecken begrenzter Körper

Po|ly|eder|krank|heit *die;* -, -en: den Seidenspinner befallende tödliche Viruskrankheit

po|ly|ed|risch (Math.): vielflächig

Po|ly|es|ter *der;* -s, - ‹Kunstw.›: aus Säuren u. Alkoholen gebildete Verbindung mit hoher Molekülmasse, die als wichtiger Rohstoff zur Herstellung synthetischer Fasern u. Harze dient

Po|ly|ethy|len vgl. Polyäthylen

Po|ly|ethy|len|te|reph|tha|lat *das;* -s, -e: glasklarer, fester Kunststoff aus der Gruppe der Polyester, der v. a. für Flaschen und Folien verwendet wird (Abk.: PET)

po|ly|fon, po|ly|phon ‹*gr.;* »vielstimmig«› (Musik): **1.** die Polyfonie betreffend. **2.** nach den Gesetzen der Polyfonie komponiert; mehrstimmig; Ggs. ↑homofon (1)

Po|ly|fo|nie, Po|ly|pho|nie *die;* -, ...ien (Musik): Mehrstimmigkeit mit selbstständigem linearem (3) Verlauf jeder Stimme ohne akkordische Bindung; Ggs. ↑Homofonie

po|ly|gam ‹*gr.*›: **1. a)** von der Anlage her auf mehrere Geschlechtspartner bezogen (von Tieren u. Menschen); **b)** die Polygamie (1) betreffend; in Mehrehe lebend; mit mehreren Partnern geschlechtlich verkehrend; Ggs. ↑monogam. **2.** (Bot.) zwittrige u. eingeschlechtige Blüten gleichzeitig tragend (bezogen auf bestimmte Pflanzen)

Po|ly|ga|mie *die;* -: **1. a)** (Völkerkunde) Mehrehe, Vielehe, bes. Vielweiberei (meist in vaterrechtlichen Kulturen); vgl. Polyandrie, Polygynie; **b)** geschlechtlicher Verkehr mit mehreren Partnern; Ggs. ↑Monogamie. **2.** (Bot.) das Auftreten von zwittrigen u. eingeschlechtigen Blüten auf einer Pflanze

Po|ly|ga|mist *der;* -en, -en ‹*gr.-nlat.*›: in Vielehe lebender Mann

po|ly|gen: 1. (Biol.) durch mehrere Erbfaktoren bedingt; Ggs. ↑monogen (1). **2.** (Geol.) vielfachen Ursprung habend (z. B. von einem durch mehrere Ausbrüche entstandenen Vulkan); Ggs. ↑monogen (2)

Po|ly|ge|ne|se, Po|ly|ge|ne|sis *die;* -: biologische Theorie von der stammesgeschichtlichen Herleitung jeder gegebenen Gruppe von Lebewesen aus jeweils mehreren Stammformen; Ggs. ↑Monogenese (1)

po|ly|glott ‹*gr.*›: **1.** in mehreren Sprachen abgefasst, mehr-, vielsprachig (von Buchausgaben). **2.** viele Sprachen sprechend

Po|ly|gon *das;* -s, -e (Math.): Vieleck mit meist mehr als drei Seiten

po|ly|go|nal ‹*gr.-nlat.*› (Math.): vieleckig

Po|ly|gon|bo|den *der;* -s, ...böden (Geol.): durch

wechselndes Frieren u. Auftauen verursachte Sortierung der Bestandteile eines Bodens, die ein Muster hervorruft

Po|ly|gy|nie *die;* - (Völkerkunde): Vielweiberei; Ehegemeinschaft eines Mannes mit mehreren Frauen (in den unterschiedlichsten Kulturen vorkommend); Ggs. ↑Polyandrie; vgl. Polygamie (1 a)

Po|ly|hi̦s|tor *der;* -s, ...o̲ren ⟨*gr.;* »viel wissend«⟩ (veraltet): in vielen Fächern bewanderter Gelehrter

po|ly|ka̦rp, po|ly|ka̦r|pisch (Bot.): in einem bestimmten Zeitraum mehrmals Blüten u. Früchte ausbildend (von bestimmten Pflanzen)

Po|ly|kla|di̲e *die;* - (Bot.): nach Verletzung einer Pflanze entstehende Seitensprosse

Po|ly|kon|den|sa|ti|o̲n *die;* - (Chemie): Zusammenfügen einfachster Moleküle zu größeren (unter Austritt kleinerer Spaltprodukte wie Wasser, Ammoniak o. Ä.) zur Herstellung von Chemiefasern, Kunstharzen u. Kunststoffen

po|ly|me̦r ⟨*gr.*⟩: **1.** vielteilig, vielzählig. **2.** (Chemie) aus größeren Molekülen bestehend, die durch Verknüpfung kleinerer entstanden sind; Ggs. ↑monomer

Po|ly|me̦r *das;* -s, -e, **Po|ly|me̦|re** *das;* -n, -n (meist Plural) (Chemie): Verbindung aus Riesenmolekülen

Po|ly|me|ri̲e *die;* -, ...i̲en: **1.** (Biol.) Zusammenwirken mehrerer gleichartiger Erbfaktoren bei der Ausbildung eines erblichen Merkmals. **2.** Verbundensein, Zusammenschluss vieler gleicher u. gleichartiger Moleküle in einer chemischen Verbindung

Po|ly|me|ri|sa̦t *das;* -[e]s, -e ⟨*gr.-nlat.*⟩ (Chemie): durch Polymerisation entstandener neuer Stoff

Po|ly|me|ri|sa|ti|o̲n *die;* -, -en: auf Polymerie (2) beruhendes chemisches Verfahren zur Herstellung von Kunststoffen

po|ly|me|ri|si̲e|ren (Chemie): den Prozess der Polymerisation bewirken; einfache Moleküle zu größeren Molekülen vereinigen

Po|ly|me̦|ter *das;* -s, - ⟨*gr.*⟩ (Meteorol.): vorwiegend in der Klimatologie verwendetes, aus einer Kombination von ↑Hygrometer u. ↑Thermometer bestehendes Vielzweckmessgerät

Po|ly|me|t|ri̲e *die;* -, ...i̲en: **1.** Anwendung verschiedener ↑Metren (1) in einem Gedicht. **2.** (Musik) **a)** gleichzeitiges Auftreten verschiedener Taktarten in mehrstimmiger Musik; **b)** häufiger Taktwechsel innerhalb eines Tonstückes

po|ly|mo̦rph (bes. Mineral., Biol.): viel-, verschiedengestaltig

Po|ly|mor|phi̲e *die;* -, ...i̲en: **1.** Vielgestaltigkeit, Verschiedengestaltigkeit. **2.** (Mineral., Chemie) das Vorkommen mancher Mineralien in verschiedener Form, mit verschiedenen Eigenschaften, aber mit gleicher chemischer Zusammensetzung. **3.** (Bot.) **a)** Vielgestaltigkeit der Blätter od. der Blüte einer Pflanze; **b)** die Aufeinanderfolge mehrerer verschieden gestalteter ungeschlechtlicher Generationen bei Algen u. Pilzen. **4.** (Zool.) **a)** Vielgestaltigkeit in Tierstöcken u. Tierstaaten; **b)** jahreszeitlich bedingte Vielgestaltigkeit der Zeichnungsmuster bei Schmetterlingen. **5.** (Sprachw.) das Vorhandensein mehrerer sprachlicher Formen für den gleichen Inhalt, die gleiche Funktion (z. B. die verschiedenartigen Pluralbildungen in: die Wiese*n*, die Feld*er*, die Schaf*e*)

Po|ly|no̲m *das;* -s, -e ⟨*gr.*⟩: aus mehr als zwei Gliedern bestehender, durch Plus- od. Minuszeichen verbundener mathematischer Ausdruck

po|ly|nu|k|le|ä̲r ⟨*gr.; lat.-nlat.*⟩ (Med.): vielkernig (z. B. von Zellen)

Po|ly̲p *der;* -en, -en ⟨*gr.-lat.;* »vielfüßig«⟩: **1.** auf einem Untergrund festsitzendes Nesseltier, das oft große Stöcke bildet. **2.** (veraltet, noch Gastron.) Tintenfisch, bes. Krake. **3. a)** (Med.) gutartige, oft gestielte Geschwulst der Schleimhäute; **b)** (ugs.) Wucherung der Rachenmandel. **4.** (salopp) Polizist, Polizeibeamter

Po|ly|pha|gi̲e *die;* -, ...i̲en: **1.** (Med.) krankhaft gesteigerter Appetit, Gefräßigkeit. **2.** (Biol.) polyphage Ernährungsweise von Tieren bzw. von Parasiten, die auf vielen verschiedenen Wirtsorganismen schmarotzen

po|ly|pho̲n usw. vgl. polyfon usw.

po|ly|phy|le̦|tisch: mehrstämmig in Bezug auf die Stammesgeschichte; Ggs. ↑monophyletisch

Po|ly|pi|o|ni̲e *die;* - (Med.): Fettsucht, Fettleibigkeit

po|ly|plo|i̲d (Biol.): mehr als zwei Chromosomensätze aufweisend (von Zellen, Geweben, Organismen)

Po|ly̲|p|ty|chon *das;* -s, ...chen u. ...cha ⟨*gr.*⟩: **1.** aus mehr als drei Teilen bestehende, zusammenklappbare Schreibtafel des Altertums. **2.** Flügelaltar mit mehr als zwei Flügeln; vgl. Diptychon, Triptychon

Po|ly|re|ak|ti|o̲n *die;* -, -en (Chemie): Bildung hochmolekularer Verbindungen

Po|ly|rhy̲th|mik *die;* - ⟨*gr.-nlat.*⟩ (Musik): das Auftreten verschiedenartiger, aber gleichzeitig ablaufender Rhythmen in einer Komposition (im Jazz bes. in den afroamerikanischen Formen)

po|ly|rhy̲th|misch (Musik): **a)** die Polyrhythmik

betreffend; **b)** nach den Gesetzen der Polyrhythmik komponiert

Po|ly|sac|cha|rid, Po|ly|sa|cha|rid [...zaxa...] *das;* -[e]s, -e: Vielfachzucker, der in seinen Großmolekülen aus zahlreichen Molekülen einfacher Zucker aufgebaut ist (z. B. Glykogen)

po|ly|sem, po|ly|se|man|tisch (Sprachw.): Polysemie besitzend, mehrere Bedeutungen habend (von Wörtern); Ggs. ↑monosem

Po|ly|se|mie *die;* -, ...ien (Sprachw.): das Vorhandensein mehrerer Bedeutungen zu einem Wort (z. B. Pferd: 1. Tier. 2. Turngerät. 3. Schachfigur); Ggs. ↑Monosemie

Po|ly|sty|rol *das;* -s, -e ‹*gr.; lat.*› (Chemie): in zahlreichen Formen gehandelter, vielseitig verwendeter Kunststoff aus polymerisiertem ↑Styrol

po|ly|syn|de|tisch ‹*gr.;* »vielfach verbunden«›: **a)** das Polysyndeton betreffend; **b)** (Sprachw.) durch mehrere Bindewörter verbunden

Po|ly|syn|de|ton *das;* -s, ...ta: Wort- od. Satzreihe, deren Glieder durch Konjunktionen (1) miteinander verbunden sind (z. B. *Und* es wallet *und* siedet *und* brauset *und* zischt; Schiller); vgl. Asyndeton

po|ly|syn|the|tisch: vielfach zusammengesetzt; **polysynthetische Sprachen** (Sprachw.): Sprachen, die die Bestandteile des Satzes durch Einschachtelung zu einem großen Satzwort verschmelzen

Po|ly|syn|the|tis|mus *der;* - ‹*gr.-nlat.*› (Sprachw.): Erscheinung des polysynthetischen Sprachbaus

p

Po|ly|tech|ni|ker *der;* -s, - (veraltet): Student am Polytechnikum

Po|ly|tech|ni|ke|rin *die;* -, -nen: weibliche Form zu ↑Polytechniker

Po|ly|tech|ni|kum *das;* -s, ...ka, auch: ...ken: **a)** (früher) technische Hochschule, Ingenieurschule; **b)** höhere technische Lehranstalt; vgl. Technikum

po|ly|tech|nisch: mehrere Zweige der Technik, auch der Wirtschaft o. Ä. umfassend

Po|ly|the|is|mus *der;* -: Vielgötterei; Verehrung einer Vielzahl persönlich gedachter Götter; vgl. Polydämonismus

Po|ly|the|ist *der;* -en, -en: Anhänger des Polytheismus

Po|ly|the|is|tin *die;* -, -nen: weibliche Form zu ↑Polytheist

po|ly|the|is|tisch: den Polytheismus betreffend, zu ihm gehörend, auf ihm beruhend

po|ly|to|nal (Musik): verschiedenen Tonarten angehörende Melodien od. Klangfolgen gleichzeitig aufweisend

Po|ly|to|na|li|tät *die;* -, -en (Musik): Vieltonart; gleichzeitiges Durchführen mehrerer Tonarten in den verschiedenen Stimmen eines Tonstücks

po|ly|trop ‹*gr.*› (Biol.): sehr anpassungsfähig (von Organismen)

Po|ly|vi|nyl|chlo|rid *das;* -[e]s, -e: durch ↑Polymerisation von Vinylchlorid hergestellter Kunststoff, der durch Zusatz von Weichmachern biegsam gemacht u. hauptsächlich für Fußbodenbeläge, Folien usw. verwendet wird (Abk.: PVC)

Po|ma|de *die;* -, -n ‹*lat.-it.-fr.*› (veraltend): parfümierte salbenähnliche Substanz zur Haarpflege

po|ma|dig: 1. (veraltend) mit Pomade eingerieben. **2. a)** (ugs.) langsam, träge; **b)** (landsch.) blasiert, anmaßend, dünkelhaft

Po|me|ran|ze *die;* -, -n ‹*(lat.; pers.) it.-mlat.*›: **1.** kleiner Baum mit stark duftenden weißen Blüten u. runden orangefarbenen Früchten. **2.** der Apfelsine ähnliche, aber kleinere Zitrusfrucht; Frucht der Pomeranze (1)

Pom|mes *die* (nur Plural) ‹*lat.-fr.*›: Kurzform von ↑Pommes frites

Pommes Cro|quettes [pɔmkrɔˈkɛt] *die* (Plural) (Gastron.): in Fett gebackene Klößchen aus Kartoffelbrei; vgl. Krokette

Pommes Dau|phine [...doˈfin] *die* (Plural) (Gastron.): eine Art Kartoffelkroketten

Pommes frites [...ˈfrɪt] *die* (nur Plural) (Gastron.): roh in Fett gebackene Kartoffelstäbchen

Po|mo|lo|gie *die;* -: den Obstbau umfassendes Teilgebiet der Botanik

Pomp *der;* -[e]s ‹*gr.-lat.-fr.;* »Sendung, Geleit; festlicher Aufzug«›: [übertriebener] Prunk, Schaugepränge; glanzvoller Aufzug, großartiges Auftreten

Pom|pon [põˈpõ:, auch: pɔmˈpõ:] *der;* -s, -s ‹*fr.*›: knäuelartige Quaste aus Wolle od. Seide

pom|pös ‹*gr.-lat.-fr.*›: [übertrieben] prunkhaft, prächtig

Po|mu|chel *der;* -s, - ‹Herkunft unsicher; vielleicht aus dem Slawischen› (landsch.): Dorsch

Po|mu|chels|kopp *der;* -s, ...köppe (landsch. abwertend): dummer Mensch, Dummkopf, Trottel

Pön *die;* -, -en ‹*gr.-lat.*› (Rechtsspr. veraltet): Strafe, Buße

pö|nal (Rechtswiss.): die Strafe, das Strafrecht betreffend

Pö|na|le *das;* -s, ...lien, auch *die;* -, -n (österr., sonst veraltet): Strafe, Buße

pon|ceau [põˈso:] ‹*lat.-fr.*›: leuchtend orangerot

Pon|ceau *das;* -s: leuchtendes Orangerot

Pon|cette [põˈsɛt] *die;* -, -n [...tn̩] ‹*lat.-vulgärlat.-fr.*›: Kohlenstaubbeutel zum Durchpausen perforierter Zeichnungen

Pon|cho [ˈpɔntʃo] *der;* -s, -s ‹*indian.-span.*›: **1.** von den Indianern Mittel- u. Südamerikas getragene Schulterdecke mit Kopfschlitz. **2.** ärmelloser, nach unten radförmig ausfallender, mantelartiger Umhang, bes. für Frauen

pon|cie|ren [põˈsiː...] ‹*lat.-vulgärlat.-fr.*›: **1.** mit Bimsstein abreiben, schleifen. **2.** mit der ↑Poncette durchpausen

Pọnd *das;* -s, - ‹*lat.;* »Gewicht«›: alte physikalische Krafteinheit (tausendster Teil eines ↑Kiloponds; Zeichen: p)

Pon|de|ra|bi|li|en *die* (Plural): kalkulierbare, fassbare, wägbare Dinge; Ggs. ↑Imponderabilien

Pö|ni|tẹnt *der;* -en, -en ‹*lat.*› (kath. Kirche): Büßender; Beichtender

Pö|ni|tẹnz *die;* -, -en ‹*lat.*›: [kirchliche] Buße, Bußübung

Pọ|nor *der;* -s, Ponore ‹*serbokroat.*› (Geogr.): Schluckloch in Karstgebieten, in dem Flüsse u. Seen versickern

Pọnt *das;* -s ‹nach Pontus Euxinus, dem gr.-lat. Namen des Schwarzen Meeres› (Geol.): älteste Stufe des ↑Pliozäns

Pọn|te *die;* -, -n ‹*lat.-fr.*› (landsch.): breite Fähre

Pon|ti|cel|lo [...ˈtʃɛlo] *der;* -s, -s u. ...lli ‹*lat.-it.;* »Brückchen«›: Steg bei Geigeninstrumenten; vgl. sul ponticello

Pọn|ti|fex *der;* -, ...tifizes, auch: ...tifices [...tseːs] ‹*lat.*›: Oberpriester im alten Rom

Pọn|ti|fex mạ|xi|mus *der;* - -, ...ifices [...tseːs] ...mi ‹*lat.*›: **1.** (Geschichte) oberster Priester im alten Rom. **2.** (ohne Plural; Geschichte) Titel der römischen Kaiser. **3.** (ohne Plural) Titel des Papstes

Pon|ti|fi|ca|le Ro|ma|num *das;* - - ‹*lat.-mlat.*›: amtliches katholisches Formelbuch für die Amtshandlungen des Bischofs außerhalb der Messe

pon|ti|fi|kal: bischöflich

Pon|ti|fi|kal|amt *das;* -[e]s, ...ämter ‹*lat.-mlat.; dt.*›: vom Bischof (od. einem Prälaten) gehaltene feierliche Messe

Pon|ti|fi|ka|le *das;* -[s], ...lien ‹*lat.-mlat.*›: liturgisches Buch für die bischöflichen Amtshandlungen

Pon|ti|fi|kat *das* od. *der;* -[e]s, -e ‹*lat.*›: Amtsdauer u. Würde des Papstes od. eines Bischofs

Pon|ti|fi|zes: *Plural* von ↑Pontifex

pọn|tisch ‹*gr.-lat.*›: **1.** (von Pflanzen) aus südosteuropäischen Steppengebieten stammend. **2.** (Geol.) das ↑Pont betreffend

Pon|ton [põˈtõː, auch: pɔnˈtõː od. põnˈtoːn] *der;* -s, -s ‹*lat.-fr.*› (Seew., Militär): Brückenschiff, schwimmender Hohlkörper zum Bau von [behelfsmäßigen] Brücken o. Ä.

¹Pọ|ny *das;* -s, -s ‹*engl.*›: Pferd einer kleinen Rasse

²Pọ|ny *der;* -s, -s: fransenartig in die Stirn gekämmtes, glattes Haar

¹Pool [puːl] *der;* -s, -s ‹*germ.-engl.*›: Kurzform von ↑Swimmingpool (1)

²Pool [puːl] *der;* -s, -s ‹*lat.-fr.-engl.-amerik.*›: **1.** (Wirtsch.) Vereinbarung von Unternehmen zur Bildung eines gemeinsamen Fonds, aus dem die Gewinne nach vorher festgelegter Vereinbarung verteilt werden. **2.** (Wirtsch.) Zusammenfassung von Beteiligungen am gleichen Objekt. **3.** (Jargon) Zusammenschluss, Vereinigung

³Pool *das;* -s: Kurzform von ↑Poolbillard

Pool|bil|lard [ˈpuːl...] *das;* -s, -e ‹*engl.-amerik.; fr.*›: Billardspiel, bei dem eine Anzahl Kugeln, die unterschiedlich nach Punkten bewertet werden, in die an den vier Ecken u. in der Mitte der Längsseiten des Billardtisches befindlichen Löcher gespielt werden müssen

Pọp *der;* -[s] ‹*engl.-amerik.*›: **1.** Gesamtheit von Popkunst, -musik, -literatur o. Ä. **2.** ↑Popmusik

Pọ|panz *der;* -es, -e ‹*slaw.*›: **1. a)** etwas, was aufgrund vermeintlicher Bedeutung, Wichtigkeit einschüchtert, Furcht o. Ä. hervorruft; **b)** (veraltet) Schreckgestalt, Vogelscheuche. **2.** (abwertend) jmd., der sich willenlos gebrauchen, alles mit sich machen lässt

Pọp-Art *die;* - ‹*amerik.;* »populäre Kunst«›: moderne Kunstrichtung, die Dinge des alltäglichen Lebens in bewusster Hinwendung zum Populären bzw. Trivialen darstellt, um die Kunst aus ihrer Isolation herauszuführen u. mit der modernen Lebenswirklichkeit zu verbinden

Pọp|corn *das;* -s ‹*engl.*›: Puffmais, Röstmais

Pọ|pe *der;* -n, -n ‹*gr.-russ.*›: [Welt]priester im slawischen Sprachraum der orthodoxen Kirche

Po|pe|lin [auch: pɔpˈliːn] *der;* -s, -e, **Po|pe|line** [...ˈliːn] *der;* -s, - [...nə], auch *die;* -, - [...ˈliːnə] ‹*fr.*›: sehr fein geripptes, festes Gewebe in Leinenbindung

Pọp|far|be *die;* -, -n: poppige, auffallende Farbe, Farbzusammenstellung

Pọp|idol, Pọp-Idol *das;* -s, -e: Idol im Bereich des ↑Pop

Pọp|mu|sik *die;* -, -en: von ↑Beat u. ↑Rockmusik beeinflusste moderne [Unterhaltungs]musik verschiedener Stilrichtungen

pọp|pig: [Stil]elemente der Pop-Art enthaltend, modern-auffallend

Pọp|star *der;* -s, -s: erfolgreicher Künstler, erfolgreiche Künstlerin auf dem Gebiet der Popmusik

po|pu|lär ‹*lat.-fr.*›: **1.** gemeinverständlich, volkstümlich. **2. a)** beliebt, allgemein bekannt; **b)** Anklang, Beifall, Zustimmung findend

po|pu|la|ri|sie|ren: **1.** gemeinverständlich darstellen. **2.** verbreiten, in die Öffentlichkeit bringen

Po|pu|la|ri|tät *die;* - ‹*lat.-fr.*›: Volkstümlichkeit, Beliebtheit

po|pu|lär|wis|sen|schaft|lich: in gemeinverständlicher Form wissenschaftlich

Po|pu|la|ti|on *die;* -, -en ‹*lat.*›: **1.** (veraltend) Bevölkerung. **2.** (Biol.) Gesamtheit der an einem Ort vorhandenen Individuen einer Art. **3.** (Astron.) Gruppe von Sternen mit bestimmten astrophysikalischen Eigenheiten

Po|pu|lis|mus *der;* -: **1.** (Politik) von ↑Opportunismus geprägte, volksnahe, oft demagogische Politik, deren Vertreter durch Dramatisierung der politischen Lage die Gunst der Massen zu gewinnen suchen. **2.** literarische Richtung des 20. Jh.s, die bestrebt ist, das Leben des einfachen Volkes in natürlichem, realistischem Stil zu schildern

Po|pu|list *der;* -en, -en: Vertreter des Populismus

Po|pu|lis|tin *die;* -, -nen: weibliche Form zu ↑Populist

po|pu|lis|tisch: den Populismus betreffend, auf ihm beruhend

Pop-up-Buch *das;* -[e]s, ...-Bücher ‹*engl.; dt.*›: [Kinder]buch, in dem sich beim Aufschlagen Bildteile aufstellen

Pör|kel[t], Pör|költ *das;* -s ‹*ung.*›: dem Gulasch ähnliches Fleischgericht mit Paprika

Por|no *der;* -s, -s ‹*gr.*› (ugs.): kurz für: pornografischer Film, Roman o. Ä.

Por|no|graf, Por|no|graph *der;* -en, -en ‹*gr.;* »von Huren schreibend«›: Verfasser pornografischer Werke

Por|no|gra|fie, Pornographie *die;* -, ...ien ‹*gr.-nlat.*›: **a)** Darstellung geschlechtlicher Vorgänge unter einseitiger Betonung des genitalen Bereichs u. unter Ausklammerung der psychischen u. partnerschaftlichen Gesichtspunkte der Sexualität; **b)** pornografisches Erzeugnis

Por|no|gra|fin, Por|no|gra|phin *die;* -, -nen: weibliche Form zu ↑Pornograf

por|no|gra|fisch, por|no|gra|phisch: die Pornografie betreffend, in ihrer Art

Por|no|graph usw. vgl. Pornograf usw.

por|no|phil ‹*gr.*›: eine Vorliebe für Pornografie habend

po|ro|din ‹*gr.-nlat.*› (Geol.): glasig, erstarrt

po|rös ‹*gr.-lat.-fr.*›: durchlässig, porig; mit kleinen Löchern versehen

Po|ro|si|tät *die;* -: poröse Beschaffenheit

Por|phyr [auch: ...ˈfy:ɐ̯] *der;* -s, -e ‹*gr.*›: dichtes, feinkörniges Ergussgestein mit eingestreuten Kristalleinsprenglingen

Por|phy|rin *das;* -s, -e (meist Plural) (Biol., Med.): biologisch wichtiges, eisen- od. magnesiumfreies Abbauprodukt der Blut- u. Blattfarbstoffe

Por|phy|rit [auch: ...ˈrɪt] *der;* -s, -e (Geol.): dunkelgraues, oft auch grünliches od. braunes Ergussgestein mit Einsprenglingen

Por|ree *der;* -s, -s ‹*lat.-vulgärlat.-fr.*›: (als Gemüse angebauter) Lauch mit dickem, rundem Schaft

Por|ridge [ˈpɔrɪdʒ] *der* u. *das;* -s ‹*engl.*›: [Frühstücks]haferbrei (bes. in den angelsächsischen Ländern)

Por|tal *das;* -s, -e ‹»Vorhalle«›: **1.** [prunkvolles] Tor, Pforte, großer Eingang. **2.** torartige, fest stehende od. fahrbare Tragkonstruktion für einen Kran. **3.** (EDV) **a)** Website, die als Einstieg ins Internet dient (z. B. Suchmaschine); **b)** Zugang zu einem bestimmten Themengebiet im Internet (z. B. Sport-, Wissensportal)

Por|ta|ment *das;* -[e]s, -e, **Por|ta|men|to** *das;* -s, -s u. ...ti, **Por|tan|do la Vo|ce** [- - ˈvo:tʃə] *das;* - - -, ...di - - ‹*lat.-it.*› (Musik): das gleitende Übergehen von einem Ton zu einem anderen, aber abgehobener als beim ↑Legato

Por|ta|tiv *das;* -s, -e ‹*lat.-mlat.*›: kleine tragbare Orgel

por|ta|to ‹*lat.-it.*› (Musik): getragen, abgehoben, ohne Bindung (Vortragsanweisung)

Porte|chai|se [pɔrtˈʃɛ:zə] *die;* -, -n ‹*lat.-fr.*› (Geschichte): Tragsessel, Sänfte

Porte|feuille [pɔrtˈfœj] *das;* -s, -s ‹*fr.*›: **1.** (veraltet) Brieftasche, Aktenmappe. **2.** Geschäftsbereich eines Ministers. **3.** (Wirtsch.) Wertpapierbestand eines Anlegers, Investors

Porte|mon|naie [pɔrtmɔˈne:, auch: ˈpɔrt...], **Port|mo|nee** *das;* -s, -s ‹*fr.*›: Geldbörse

Por|t|e|pee *das;* -s, -s (früher): [silberne od. goldene] Quaste am Degen, Säbel od. Dolch (eines Offiziers od. Unteroffiziers vom Feldwebel an); **jmdn. beim Portepee fassen:** jmdm. nahelegen zu tun, was das Ehr- od. Pflichtgefühl verlangt bzw. was eigentlich selbstverständlich sein sollte

Por|ter *der* (auch: *das*); -s, - ‹*lat.-fr.-engl.*›: starkes [englisches] Bier

Por|ter|house|steak [...hausste:k] *das;* -s, -s ‹*engl.*›: (meist auf dem Rost gebratene) dicke Scheibe aus dem Rippenstück des Rinds mit [Knochen u.] Filet

Port|fo|lio *das;* -s, -s ‹*it.*›: **1. a)** (Buchw.) mit Fotografien ausgestatteter Bildband; **b)** (Kunstwiss.) Mappe mit einer Serie von Druckgrafiken od.

Fotografien eines od. mehrerer Künstler. **2.** (Wirtsch.) **a)** Portefeuille (3); **b)** (Jargon) schematische Abbildung zusammenhängender Faktoren im Bereich der strategischen Unternehmensplanung; **c)** (Jargon) gesamtes, aufeinander abgestimmtes Angebot eines Unternehmens

Por|ti: *Plural* von ↑Porto

Por|ti|er [...ˈti̯eː, österr. auch: ...ˈtiːɐ̯] *der;* -s, -s (österr. meist: -e) ⟨*lat.-fr.*⟩: **1.** Pförtner. **2.** Hauswart

Por|ti|e|re *die;* -, -n: schwerer Türvorhang

por|tie|ren ⟨*lat.-fr.*⟩ (schweiz.): zur Wahl vorschlagen

Por|ti|kus *der* (fachspr. auch: *die*); -, - [...kuːs] u. ...ken ⟨*lat.*⟩: Säulenhalle als Vorbau an der Eingangsseite eines Gebäudes

Por|ti|on *die;* -, -en ⟨*lat.*⟩: [An]teil, abgemessene Menge (bes. bei Speisen)

por|ti|o|nie|ren ⟨*lat.-fr.*⟩: in Portionen teilen

Por|ti|un|ku|la|ab|lass *der;* -es ⟨nach der Marienkapelle Porziuncola bei Assisi⟩ (kath. Kirche): vollkommener ↑Toties-quoties-Ablass, der am 2. August (Weihe der Portiunkula) vor allem in Franziskanerkirchen gewonnen werden kann

Port|mo|nee vgl. Portemonnaie

Por|to *das;* -s, -s u. ...ti ⟨*lat.-it.*⟩: Gebühr für die Beförderung von Postsendungen

Por|t|rait [...ˈtrɛː] *das;* -s, -s ⟨*lat.-fr.*⟩: frühere Schreibung für ↑Porträt

Por|t|rät [...ˈtrɛː] *das;* -s, -s: **a)** Bild (bes. Brustbild) eines Menschen; Bildnis; **b)** literarische od. filmische Darstellung, Beschreibung eines Menschen

Por|t|rät|fo|to|gra|fie, Por|t|rät|pho|to|gra|phie *die;* -: **1.** Bereich der Fotografie, der die Porträtdarstellung zum Gegenstand hat. **2.** Fotografie, die ein ↑Porträt zeigt

por|t|rä|tie|ren: jmds. Porträt anfertigen

Por|t|rä|tist *der;* -en, -en ⟨*lat.-fr.-nlat.*⟩: Fotograf, Künstler, der Porträts anfertigt

Por|t|rä|tis|tin *die;* -, -nen: weibliche Form zu ↑Porträtist

Por|tu|gie|ser *der;* -s, - ⟨Herkunft ungeklärt⟩: **a)** (ohne Plural) schwarzblaue Rebsorte; **b)** Rotwein der Rebsorte Portugieser (a)

Por|tu|lak *der;* -s, -e u. -s ⟨*lat.*⟩: in vielen Arten verbreitete Pflanze

Port|wein *der;* -[e]s, -e ⟨nach der port. Stadt Porto⟩: dunkelroter od. weißer Likörwein aus den portugiesischen Gebieten des Douro

Por|zel|lan *das;* -s, -e ⟨*lat.-it.*⟩: feinste Tonware, die durch Brennen einer aus Kaolin, Feldspat u. Quarz bestehenden Masse hergestellt wird

por|zel|la|nen: aus Porzellan

Po|sa|da *die;* -, ...den ⟨*gr.-lat.-span.*⟩: span. Bez. für: Wirtshaus

Po|sa|ment *das;* -[e]s, -en (meist Plural) ⟨*lat.-fr.*⟩: textiler Besatzartikel (Borte, Schnur, Quaste o. Ä.)

Po|sa|men|ter *der;* -s, -: Posamentenhersteller und -händler

Po|sa|men|te|rie *die;* -, ...ien: Geschäft, in dem Posamenten angeboten werden

Po|sa|men|tier *der;* -s, -e: ↑Posamenter

po|sa|men|tie|ren: Posamenten herstellen

Po|sa|men|tie|rer *der;* -s, -: ↑Posamenter

Po|sau|ne *die;* -, -n ⟨*lat.-vulgärlat.-fr.;* »Jagdhorn, Signalhorn«⟩: Blechblasinstrument mit kesselförmigem Mundstück u. dreiteiliger, doppelt u-förmig gebogener langer Schallröhre mit ausziehbarem Mittelteil

po|sau|nen: 1. (meist ugs.) die Posaune blasen. **2.** (ugs. abwertend) **a)** [etwas, was nicht bekannt werden sollte] überall herumerzählen; **b)** lautstark verkünden, ausposaunen

Po|sau|nist *der;* -en, -en: Musiker, der Posaune spielt

Po|sau|nis|tin *die;* -, -nen: weibliche Form zu ↑Posaunist

Po|se *die;* -, -n ⟨*gr.-lat.-fr.*⟩: **1.** (auf eine bestimmte Wirkung abzielende) Körperhaltung, Stellung. **2.** gekünstelte Stellung; gesuchte, unnatürliche, affektierte Haltung

Po|seur [...ˈzøːɐ̯] *der;* -s, -e (abwertend): Blender, Wichtigtuer; jmd., der sich ständig in Szene setzt

po|sie|ren ⟨*gr.-lat.-fr.*⟩: **1.** aus einem bestimmten Anlass eine Pose, eine besonders wirkungsvolle Stellung einnehmen. **2.** sich gekünstelt benehmen

Po|si|ti|on *die;* -, -en ⟨*lat.*⟩: **1. a)** Stellung, Stelle [im Beruf]; **b)** Situation, Lage, in der sich jmd. im Verhältnis zu einem anderen befindet; **c)** Einstellung, Standpunkt. **2.** bestimmte (räumliche) Stellung, Lage. **3.** Standort eines Schiffes od. Flugzeugs. **4.** (Sport) Platz, Stelle in einer Wertungsskala. **5.** Einzelposten einer [Waren]liste, eines Planes (Abk.: Pos.). **6.** (antike Metrik) Positionslänge eines an sich kurzen Vokals vor zwei od. mehr folgenden Konsonanten. **7.** (Philos.) **a)** Setzung, Annahme, Aufstellung einer These; **b)** Behauptung des Daseins einer Sache

po|si|ti|o|nell ⟨französierende Ableitung von ↑Position⟩: **1.** stellungsmäßig. **2.** in der Stellung (im strategischen Aufbau) einer Schachpartie begründet

po|si|ti|o|nie|ren: in eine bestimmte Position (2), Stellung bringen; einordnen

Po|si|ti|o|nie|rung *die;* -, -en: das Positionieren, Positioniertwerden

Po|si|ti|ons|win|kel *der;* -s, - (Astron.): Winkel zwischen der Richtung zum Himmelsnordpol u. der Richtung der Verbindungslinie zweier Sterne

po|si|tiv [auch: pozi'ti:f] ‹*lat.(-fr.)*›: **1. a)** bejahend, zustimmend; Ggs. ↑negativ; **b)** ein Ergebnis bringend; vorteilhaft, günstig, gut; Ggs. ↑negativ; **c)** sicher, genau, tatsächlich. **2.** (Math.) größer als null; Ggs. ↑negativ (2) (Zeichen: +). **3.** (Fotogr.) das ²Positiv (2) betreffend; der Natur entsprechende Licht- u. Schattenverteilung habend; Ggs. ↑negativ (3). **4.** (Physik) im ungeladenen Zustand mehr Elektronen enthaltend als im geladenen; Ggs. ↑negativ (4). **5.** (Med.) für das Bestehen einer Krankheit sprechend, einen krankhaften Befund zeigend; Ggs. ↑negativ (5)

¹Po|si|tiv [auch: pozi'ti:f] *der;* -s, -e ‹*lat.*› (Sprachw.): ungesteigerte Form des Adjektivs, Grundstufe (z. B. schön)

²Po|si|tiv [auch: pozi'ti:f] *das;* -s, -e: **1.** kleine Standorgel, meist ohne Pedal. **2.** (Fotogr.) über das ↑Negativ gewonnenes, seitenrichtiges, der Natur entsprechendes Bild

Po|si|ti|vis|mus *der;* - ‹*lat.-nlat.*›: Philosophie, die ihre Forschung auf das Positive, Tatsächliche, Wirkliche u. Zweifellose beschränkt, sich allein auf Erfahrung beruft u. jegliche Metaphysik als theoretisch unmöglich u. praktisch nutzlos ablehnt

Po|si|ti|vist *der;* -en, -en: Vertreter, Anhänger des Positivismus

Po|si|ti|vis|tin *die;* -, -nen: weibliche Form zu ↑Positivist

po|si|ti|vis|tisch: 1. den Positivismus betreffend, zu ihm gehörend, auf ihm beruhend. **2.** (abwertend) sich bei einer wissenschaftlichen Arbeit nur auf das Sammeln o. Ä. beschränkend [u. keine eigene Gedankenarbeit aufweisend]

Po|si|ti|vum *das;* -s, ...va: etwas, was an einer Sache als positiv (1 b), vorteilhaft, gut empfunden wird; etwas Positives; Ggs. ↑Negativum

Po|si|t|ron *das;* -s, ...onen ‹Kurzw. aus: **positiv** u. **Elektron**›: positiv geladenes Elementarteilchen, dessen Masse gleich der Elektronenmasse ist (Zeichen: e^+)

Po|si|tur *die;* -, -en ‹*lat.;* »Stellung, Lage«›: **1.** bewusst eingenommene Stellung, Haltung des Körpers. **2.** (landsch.) Gestalt, Figur, Statur

Pos|ses|si|on *die;* -, -en ‹*lat.*› (Rechtsspr. veraltet): Besitz

pos|ses|siv [auch: ...'si:f]: **1.** (seltener) sehr dazu neigend, von jmd., etwas Besitz zu ergreifen. **2.** (Sprachw.) besitzanzeigend

Pos|ses|siv [auch: ...'si:f] *das;* -s, -e: ↑Possessivpronomen

Pos|ses|siv|pro|no|men [auch: ...'si:f...] *das;* -s, - u. ...mina (Sprachw.): besitzanzeigendes Fürwort (z. B. mein)

pos|ses|so|risch ‹*lat.*› (Rechtswiss.): den Besitz betreffend

pos|sier|lich ‹*fr.; dt.*›: klein, niedlich u. dabei drollig

post..., Post...

‹*lat.* post »hinter, nach«›
Präfix mit der Bedeutung »nach, hinter«:
- postembryonal
- Postglazial
- Postmoderne
- posttraumatisch

pos|ta|lisch ‹*lat.-it.-nlat.*›: die Post betreffend, von der Post ausgehend

Pos|ta|ment *das;* -[e]s, -e ‹*lat.-it.*›: Unterbau, Sockel einer Säule od. Statue

Post|ar|beit *die;* -, -en (österr. ugs. veraltend): eilige, dringende Arbeit

post Chris|tum [na|tum] ‹*lat.*›: nach Christi [Geburt], nach Christus (Abk.: p. Chr. [n.])

post|da|tie|ren ‹*lat.-nlat.*› (veraltet): **a)** zurückdatieren; **b)** vorausdatieren

Post|doc [auch: 'poʊst...] *der;* -s, -s u. *die;* -, -s ‹*engl.*›: nach der Promotion auf dem jeweiligen Spezialgebiet noch weiterforschender Wissenschaftler bzw. -forschende Wissenschaftlerin

post|em|b|ry|o|nal ‹*lat.; gr.-nlat.*› (Med.): nach der Embryonalzeit

Pos|ter [engl.: 'poʊstə] *das,* seltener *der;* -s, - (bei engl. Desspr.: -s) ‹*engl.;* »Plakat«›: größeres, plakatartig aufgemachtes, gedrucktes Bild

poste re|s|tante ['pɔst rɛs'tã:t] ‹*lat.-it.-fr.*›: fr. Bez. für: postlagernd

Pos|te|ri|o|ra *die* (Plural) ‹*lat.;* »Nachfolgendes«› (scherzh.): Gesäß

Pos|te|ri|o|ri|tät *die;* - ‹*lat.-mlat.*› (veraltet): das Zurückstehen in Amt od. Rang; niedrigere Stellung

Pos|te|ri|tät *die;* -, -en ‹*lat.*› (veraltet): **a)** Nachkommenschaft; **b)** Nachwelt

Post|exis|tenz *die;* - ‹*lat.-nlat.*› (Philos.): das Fortbestehen der Seele nach dem Tod; Ggs. ↑Präexistenz (2)

post fes|tum ‹*lat.;* »nach dem Fest«›: hinterher, im Nachhinein; zu einem Zeitpunkt, wo es eigentlich zu spät ist, keinen Zweck od. Sinn mehr hat

post|gla|zi|al ⟨*lat.-nlat.*⟩ (Geol.): nacheiszeitlich

post|hum, pos|tum ⟨*lat.*⟩: **a)** nach jmds. Tod erfolgend (z. B. eine Ehrung); **b)** zum künstlerischen o. ä. Nachlass gehörend, nach dem Tod eines Autors veröffentlicht, nachgelassen (z. B. ein Roman); **c)** nach dem Tode des Vaters geboren; nachgeboren

pos|tie|ren ⟨*lat.-it.-fr.*⟩: **a)** jmdn., sich an einen bestimmten Platz stellen, aufstellen; **b)** etwas an eine bestimmte Stelle stellen, dort aufbauen, errichten; aufstellen

Pos|til|le *die;* -, -n ⟨*lat.-mlat.*⟩: **1.** religiöses Erbauungsbuch. **2.** Predigtbuch, -sammlung

Pos|til|li|on [auch: ...ˈjoːn] *der;* -s, -e ⟨*lat.-it.(-fr.)*⟩: **1.** (Geschichte) Postkutscher. **2.** heimischer Tagfalter mit orangegelben, schwarz gesäumten Flügeln

Po|s|til|lon d'Amour [pɔstijõdaˈmuːr] *der;* - -, -s [...jõː] - ⟨*fr.*⟩ (scherzh.): Überbringer eines Liebesbriefes

Post|kom|mu|ni|on *die;* -, -en ⟨*lat.-mlat.*⟩: Schlussgebet der katholischen Messe nach der ↑Kommunion

Post|lu|di|um *das;* -s, ...ien ⟨*lat.-nlat.*⟩: musikalisches Nachspiel

post me|ri|di|em vgl. p. m.

post|mo|dern: die Postmoderne betreffend

Post|mo|der|ne *die;* -: **1.** Stilrichtung der modernen Architektur, die durch eine Abkehr vom Funktionalismus u. Hinwendung zu freierem Umgang mit unterschiedlichen Bauformen auch aus früheren Epochen gekennzeichnet ist. **2.** der Moderne (2) folgende Zeit, für die Pluralität (1) in Kunst u. Kultur, in Wirtschaft u. Wissenschaft sowie demokratisch mitgestaltende Kontrolle der Machtzentren charakteristisch sind

post|mor|tal (Med.): nach dem Tode [auftretend] (z. B. von Organveränderungen)

post mor|tem ⟨*lat.*⟩: nach dem Tode (Abk.: p. m.)

post|na|tal (Med.): nach der Geburt [auftretend] (z. B. von Schädigungen des Kindes)

post|nu|me|ran|do ⟨*lat.-nlat.*⟩ (Wirtsch.): nachträglich (zahlbar); Ggs. ↑pränumerando

post|ope|ra|tiv ⟨*lat.-nlat.*⟩ (Med.): nach der Operation auftretend, einer Operation folgend

Post|re|gal *das;* -s: Recht des Staates, das gesamte Postwesen in eigener Regie zu führen

Post|skript *das;* -[e]s, -e, **Post|skrip|tum** *das;* -s, ...ta ⟨*lat.*⟩: Nachschrift (Abk.: PS)

post|so|zi|a|lis|tisch: nach dem Zusammenbruch eines sozialistischen Regierungssystems [auftretend]

Post|sze|ni|um *das;* -s, ...ien ⟨*lat.; gr.-nlat.*⟩: Raum hinter der Bühne; Ggs. ↑Proszenium (2)

post|ter|ti|är ⟨*lat.-nlat.*⟩ (Geol.): einen Zeitabschnitt nach dem ↑Tertiär betreffend

post|trau|ma|tisch ⟨*lat.; gr.-nlat.*⟩ (Med.): nach, infolge einer Verletzung auftretend, vor sich gehend

Pos|tu|lant *der;* -en, -en ⟨*lat.*⟩: **1.** Bewerber. **2.** Kandidat eines katholischen Ordens während der Probezeit

Pos|tu|lat *das;* -[e]s, -e: **1.** etwas, was aufgrund bestimmter Umstände erforderlich, unabdingbar erscheint; Forderung. **2.** (Philos.) sachlich od. denkerisch notwendige Annahme, These, die unbeweisbar od. noch nicht bewiesen, aber durchaus glaubhaft u. einsichtig ist. **3.** Probezeit für die Kandidaten eines katholischen Ordens

pos|tu|lie|ren: **1.** fordern, zur Bedingung machen. **2.** feststellen. **3.** ein Postulat (2) aufstellen

pos|tum vgl. posthum

Pos|tur *die;* - ⟨*lat.-it.*⟩ (schweiz.): ↑Positur

post ur|bem con|di|tam ⟨*lat.*⟩: nach Gründung der Stadt [Rom] (Abk.: p. u. c.); vgl. ab urbe condita

[1]**Pot** *das;* -s ⟨*engl.-amerik.*⟩ (Jargon): ↑Haschisch, ↑Marihuana

[2]**Pot** *der;* -s ⟨*engl.-amerik.*⟩: Summe aller Einsätze, Kasse

Po|ta|to|ri|um *das;* -s (Med.): Trunksucht

Potemkinschen Dörfer, po|tem|kin|schen Dör|fer, Po|tem|kin'schen Dör|fer [auch: paˈtjɔmkɪn... -] *die* (Plural) ⟨nach dem russ. Fürsten Potemkin (1739–1791), der Dorfattrappen errichten ließ, um Wohlstand vorzutäuschen⟩: **1.** Trugbilder, Vorgetäuschtes. **2.** Vorspiegelung falscher Tatsachen

po|tent ⟨*lat.*⟩: **1. a)** leistungsfähig; **b)** mächtig, einflussreich; **c)** zahlungskräftig, vermögend. **2.** (Med.) **a)** (vom Mann) fähig zum Geschlechtsverkehr; **b)** zeugungsfähig; Ggs. ↑impotent (1)

Po|ten|tat *der;* -en, -en: **1.** jmd., der Macht hat u. Macht zu seinem Vorteil ausübt. **2.** (veraltet) souveräner, regierender Fürst

Po|ten|ta|tin *die;* -, -nen: weibliche Form zu ↑Potentat

po|ten|ti|al usw. vgl. potenzial usw.

Po|ten|ti|a|lis vgl. Potenzialis

Po|ten|ti|a|li|tät vgl. Potenzialität

po|ten|ti|ell vgl. potenziell

Po|ten|til|la *die;* -, ...llen ⟨*lat.-nlat.*⟩: Fingerkraut (gelb od. weiß blühendes Rosengewächs mit vielen Arten, bes. auf Wiesen)

Po|ten|tio|me|ter usw. vgl. Potenziometer usw.

Po|tẹnz *die;* -, -en ‹*lat.*›: **1.** Fähigkeit, Leistungsvermögen. **2.** (Med.) **a)** Fähigkeit des Mannes zum Geschlechtsverkehr; **b)** Zeugungsfähigkeit. **3.** (Med.) Grad der Verdünnung einer Arznei in der ↑Homöopathie. **4.** (Math.) Produkt mehrerer gleicher Faktoren, dargestellt durch die ↑Basis (4 c) u. den ↑Exponenten (2)

Po|tẹnz|ex|po|nent *der;* -en, -en (Math.): Hochzahl einer Potenz (4)

po|ten|zi|a̲l, po|ten|ti|a̲l ‹*lat.-mlat.*›: **1.** (Philos.) die bloße Möglichkeit betreffend; Ggs. ↑aktual (1). **2.** (Sprachw.) die Möglichkeit ausdrückend

Po|ten|zi|a̲l, Po|ten|ti|a̲l *das;* -s, -e: **1.** Leistungsfähigkeit. **2.** (Physik) **a)** Maß für die Stärke eines Kraftfeldes in einem Punkt des Raumes; **b)** potenzielle Energie

Po|ten|zi|a̲l|dif|fe|renz, Po|ten|ti|a̲l|dif|fe|renz *die;* - (Physik): Unterschied des elektrischen Potenzials zwischen zwei Punkten eines elektrischen Feldes

Po|ten|zi|a̲|lis, Po|ten|ti|a̲|lis *der;* -, ...les [...le:s] ‹*lat.-mlat.*› (Sprachw.): ↑Modus (2) der Möglichkeit, Möglichkeitsform

Po|ten|zi|a|li|tä̲t, Po|ten|ti|a|li|tä̲t *die;* - (Philos.): Möglichkeit, die zur Wirklichkeit werden kann; Ggs. ↑Aktualität (3)

po|ten|zi|ẹll, po|ten|ti|ẹll ‹*lat.-mlat.-fr.*›: möglich (im Unterschied zu wirklich), denkbar; der Anlage, Möglichkeit nach; Ggs. ↑aktual (2, 3), ↑aktuell (2); **potenzielle Energie** (Physik): Energie, die ein Körper aufgrund seiner Lage in einem Kraftfeld besitzt

po|ten|zi̲e̲|ren: 1. verstärken, erhöhen, steigern. **2.** (Med.) **a)** die Wirkung eines Arznei- od. Narkosemittels verstärken; **b)** eine Arznei homöopathisch verdünnen. **3.** (Math.) eine Zahl mit sich selbst multiplizieren

Po|ten|zio|me̲|ter, Po|ten|tio|me̲|ter *das;* -s, - ‹*lat.; gr.*› (Elektrot.): Gerät zur Abnahme od. Herstellung von Teilspannungen, Spannungsteiler

po|ten|zio|me̲|t|risch, po|ten|tio|me̲|t|risch (Elektrot.): die Potenziometrie betreffend, mit ihrer Hilfe vor sich gehend

Po|tẹnz|pil|le *die;* -, -n (ugs.): die Potenz (2 a) steigerndes od. wiederherstellendes Mittel

Po|te|ri̲e̲ *die;* -, -n ‹*fr.*› (veraltet): **a)** Töpferware; **b)** Töpferwerkstatt

Pọt|pour|ri [...pʊri, auch: ...pʊˈri:] *das;* -s, -s ‹*fr.*›: **1.** Zusammenstellung verschiedenartiger, durch Übergänge verbundener (meist bekannter u. beliebter) Melodien. **2.** buntes Allerlei, Kunterbunt

Pou|lard [puˈla:ɐ̯] *das;* -s, -s, **Pou|lar|de** [puˈlardə] *die;* -, -n ‹*lat.-fr.*›: junges [verschnittenes] Masthuhn od. -hähnchen

Poule [pu:l] *die;* -, -n [...lən]: **1.** Spiel- od. Wetteinsatz. **2.** bestimmtes Spiel beim Billard od. Kegeln

Pou|let [puˈle:] *das;* -s, -s: junges, zartes Masthuhn od. -hähnchen

Pour le Mé|rite [...ləmeˈri:t] *der;* - - - ‹*fr.;* »für das Verdienst«›: hoher Verdienstorden, von dem seit 1918 nur noch die Friedensklasse für Wissenschaften u. Künste verliehen wird

pous|si̲e̲|ren [pu...]: **1.** (ugs. veraltend, noch landsch.) flirten, anbändeln; mit jmdm. in einem Liebesverhältnis stehen. **2.** (veraltet) jmdm. schmeicheln; jmdn. gut behandeln u. verwöhnen, um etwas zu erreichen

Pou|voir [puˈvo̯a:ɐ̯] *das;* -s, -s ‹*lat.-vulgärlat.-fr.*› (österr.): Handlungs-, Verhandlungsvollmacht

Po|ve̲|se vgl. Pafese

po̲|wer ‹*lat.-fr.*› (landsch.): armselig, ärmlich, dürftig, minderwertig

Po|w|er [ˈpa̯uɐ] *die;* - ‹*engl.*› (Jargon): Kraft, Stärke, Leistung

Po|w|er|frau [ˈpa̯uɐ...] *die;* -, -en: energische, zielstrebige Frau voll Kraft u. Stärke

po|w|ern [ˈpa̯uɐn] ‹*engl.*› (Jargon): **a)** große Leistung entfalten, sich voll einsetzen; **b)** mit großem Aufwand fördern, unterstützen

Po|w|er|play [ˈpa̯uɐpleɪ] *das;* -[s] ‹*engl.-amerik.;* »Kraftspiel«› (bes. Eishockey): gemeinsames, anhaltendes Anstürmen auf das gegnerische Tor

Po|w|er|slide [ˈpa̯uɐsla̯it] *das;* -[s], -s ‹*engl.;* »Kraftrutschen«›: (Motorsport) Kurventechnik, bei der der Fahrer das Fahrzeug, ohne die Geschwindigkeit zu vermindern, seitlich in die Kurve rutschen lässt, um es mit Vollgas geradeaus aus der Kurve herausfahren zu können

Po̲|widl *der;* -s, - ‹*tschech.*› (österr.): Pflaumenmus

PR = Public Relations

Prä̲ *das;* -s ‹*lat.*›: jmdm. zum Vorteil gereichender Vorrang

prä..., Prä...

‹*lat.* prae »vor«›
Präfix mit der Bedeutung »vor, voran, voraus«:
- Prädisposition
- prähistorisch
- Präkambrium
- Prämolar
- pränatal

Prä|a̲m|bel *die;* -, -n ‹*lat.-mlat.;* »Vorangehendes«›: **1. a)** Einleitung; **b)** feierliche Erklärung als Einleitung einer [Verfassungs]urkunde od. eines

Staatsvertrages. **2.** Vorspiel in der Lauten- u. Orgelliteratur des 15. u. 16. Jh.s

Prä|de|s|ti|na|ti|on *die; -* ‹*lat.-mlat.*›: **1.** göttliche Vorherbestimmung, bes. die Bestimmung des einzelnen Menschen zur Seligkeit oder Verdammnis durch Gottes Gnadenwahl (Lehre Augustins u. vor allem Calvins; auch im Islam); Ggs. ↑Universalismus (2). **2.** das Geeignetsein, Vorherbestimmtsein für ein bestimmtes Lebensziel, einen Beruf o. Ä. aufgrund gewisser Fähigkeiten, Anlagen

prä|de|s|ti|nie|ren: vorherbestimmen

prä|di|ka|bel ‹*lat.*› (veraltet): lobenswert, rühmlich

Prä|di|ka|ment *das; -[e]s, -e* (Philos.): eine der fünf Kategorien, die die Scholastik von den zehn Kategorien (2) des Aristoteles übernahm

Prä|di|kant *der; -en, -en* ‹*lat.-mlat.*›: [Hilfs]prediger in der evangelischen Kirche

Prä|di|kan|ten|or|den *der; -s* ‹*lat.-mlat.; dt.*›: katholischer Predigerorden (der ↑Dominikaner)

Prä|di|kan|tin *die; -, -nen:* weibliche Form zu ↑Prädikant

Prä|di|kat *das; -[e]s, -e* ‹*lat.*›: **1.** Note, Bewertung, Zensur. **2.** Rangbezeichnung, Titel (beim Adel). **3.** (Sprachw.) Verb od. Verben, die Inhalt und Struktur des Satzes bestimmen; Satzaussage (z. B. der Bauer *pflügt* den Acker); vgl. Objekt (2), Subjekt (2). **4.** (Logik, Philos.) der die Aussage enthaltende Teil des Urteils

prä|di|ka|tie|ren vgl. prädikatisieren

prä|di|ka|ti|sie|ren, prä|di|ka|tie|ren ‹*lat.-nlat.*›: mit einem Prädikat (1) versehen

prä|di|ka|tiv ‹*lat.*› (Sprachw.): das Prädikat (3) betreffend, zu ihm gehörend; aussagend

Prä|di|ka|tiv *das; -s, -e* (Sprachw.): auf Subjekt od. Objekt bezogener Teil der Satzaussage (z. B.: Karla ist *Lehrerin;* er ist *krank;* ich nenne ihn *feige;* ich nenne ihn *meinen Freund*)

Prä|di|ka|tiv|satz *der; -es, ...sätze* ‹*lat.; dt.*› (Sprachw.): Prädikativ in der Form eines Gliedsatzes (z. B.: er bleibt, *was er immer war*)

Prä|di|ka|ti|vum *das; -s, ...va* ‹*lat.*› (veraltet): ↑Prädikativ

Prä|di|kats|no|men *das; -s, - u. ...mina:* Prädikativ, das aus einem ↑Nomen (2) (Substantiv od. Adjektiv) besteht (z. B.: Klaus ist *Lehrer;* Tina ist *groß*)

Prä|di|kats|wein *der; -[e]s, -e:* Wein aus der obersten Güteklasse der deutschen Weine

Prä|dik|tor *der; -s, ...oren* (Statistik): zur Vorhersage eines Merkmals herangezogene Variable

Prä|di|lek|ti|on *die; -, -en* ‹*lat.-mlat.*› (veraltet): Vorliebe

prä|dis|po|nie|ren ‹*lat.-nlat.*›: (Med.) empfänglich machen (z. B. für eine Krankheit)

Prä|dis|po|si|ti|on *die; -, -en* (Med.): Anlage, Empfänglichkeit für bestimmte Krankheiten

prä|do|mi|nie|ren: vorherrschen, überwiegen

Prae|cep|tor Ger|ma|ni|ae [- ...ɛ] ‹*lat.*›: Lehrmeister, Lehrer Deutschlands (Beiname für Hrabanus Maurus u. Melanchthon); vgl. Präzeptor

prae|cox [ˈprɛːkɔks] ‹*lat.*› (Med.): vorzeitig, frühzeitig, zu früh auftretend

Prä|emi|nenz *die; -* ‹*lat.*› (veraltet): Vorrang

prae|mis|sis prae|mit|ten|dis [- ...diːs] ‹*lat.*› (veraltet): man nehme an, der gebührende Titel sei vorausgeschickt (Abk.: P. P.)

Prae|sens his|to|ri|cum *das; - -, ...sentia ...ca* ‹*lat.*›: Gegenwartsform des Verbs, die längst Vergangenes ausdrückt; historisches Präsens

Prä|exis|tenz *die; -, -en* ‹*lat.-nlat.*›: **1.** (Philos.) das Existieren, Vorhandensein der Welt als Idee im Gedanken Gottes vor ihrer stofflichen Erschaffung. **2.** (Philos.) das Bestehen der Seele vor ihrem Eintritt in den Leib (Plato); Ggs. ↑Postexistenz

prä|fa|b|ri|zie|ren ‹*lat.-nlat.*›: im Voraus in seiner Form, Art festlegen

Prä|fa|ti|on *die; -, -en* ‹*lat.;* »Vorrede«›: liturgische Einleitung der ↑Eucharistie

Prä|fekt *der; -en, -en* ‹*lat.*›: **1.** hoher Zivil- od. Militärbeamter im alten Rom. **2.** oberster Verwaltungsbeamter eines Departements (in Frankreich) od. einer Provinz (in Italien). **3.** mit besonderen Aufgaben betrauter leitender katholischer Geistlicher, bes. in Missionsgebieten (sogenannter Apostolischer Präfekt) u. im katholischen Vereinswesen. **4.** [ältester] Schüler in einem ↑Internat (1), der jüngere beaufsichtigt

Prä|fek|tin *die; -, -nen:* weibliche Form zu ↑Präfekt (2, 4)

Prä|fek|tur *die; -, -en:* **a)** Amt, Amtsbezirk eines Präfekten (2); **b)** Amtsräume eines Präfekten (2)

prä|fe|ren|ti|ell vgl. präferenziell

Prä|fe|renz *die; -, -en* ‹*lat.-fr.*›: **1. a)** Vorrang, Vorzug; Vergünstigung; **b)** (Wirtsch.) [bestimmten Ländern gewährte] Vergünstigung. **2.** Trumpffarbe (bei Kartenspielen)

prä|fe|ren|zi|ell, prä|fe|ren|ti|ell (Wirtsch.): Präferenzen (1 b) betreffend

Prä|fe|renz|zoll *der; -[e]s, ...zölle* ‹*lat.-fr.; dt.*›: Zoll, der einen Handelspartner begünstigt

prä|fe|rie|ren: vorziehen, den Vorzug geben

prä|fi|gie|ren ‹*lat.*› (Sprachw.): mit einem Präfix versehen

Prä|fix [auch: ...ˈfɪks] *das; -es, -e* ‹*lat.*› (Sprachw.): **1.** vor den Wortstamm oder vor ein Wort tretende Silbe, Vorsilbe (z. B. *un*schön, *be*steigen). **2.** Präverb

Prä|fi|xo|id *das;* -[e]s, -e ⟨*lat.-nlat.*⟩ (Sprachw.): präfixähnlicher Wortbestandteil (z. B. sau-, Sau- in *sau*blöd, *Sau*wetter)

Prä|for|ma|ti|on *die;* -, -en ⟨*lat.-nlat.*⟩ (Biol.): angenommene Vorherbildung des fertigen Organismus im Keim

Prä|for|ma|ti|ons|the|o|rie *die;* - (Biol.): im 18. Jh. vertretene Entwicklungstheorie, nach der jeder Organismus durch Entfaltung bereits in der Ei- od. Samenzelle vorgebildeter Teile entsteht

prä|for|mie|ren ⟨*lat.*⟩ (Biol.): im Keim vorbilden

prä|gla|zi|al ⟨*lat.-nlat.*⟩ (Geol.): voreiszeitlich

Prag|ma|tik *die;* -, -en ⟨*gr.-lat.*⟩: **1.** (ohne Plural) Orientierung auf das Nützliche, Sinn für Tatsachen, Sachbezogenheit. **2.** (österr.) Ordnung des Staatsdienstes, Dienstordnung. **3.** (ohne Plural; Sprachw.) das Sprachverhalten, das Verhältnis zwischen sprachlichen Zeichen u. interpretierendem Menschen untersuchende linguistische Disziplin

Prag|ma|ti|ker *der;* -s, -: **1.** Vertreter der pragmatischen Geschichtsschreibung. **2.** Vertreter des Pragmatismus, Pragmatist

Prag|ma|ti|ke|rin *die;* -, -nen: weibliche Form zu ↑Pragmatiker

prag|ma|tisch: 1. anwendungs-, handlungs-, sachbezogen; sachlich, auf Tatsachen beruhend; **pragmatische Geschichtsschreibung:** Geschichtsschreibung, die aus der Untersuchung von Ursache u. Wirkung historischer Ereignisse Erkenntnisse für künftige Entwicklungen zu gewinnen sucht; **Pragmatische Sanktion:** 1713 erlassenes Grundgesetz des Hauses Habsburg über die Unteilbarkeit der habsburgischen Länder u. die Erbfolge. **2.** fach-, geschäftskundig. **3.** (Sprachw.) das Sprachverhalten, die Pragmatik (3) betreffend

prag|ma|ti|sie|ren ⟨*gr.-lat.-nlat.*⟩ (österr.): [auf Lebenszeit] fest anstellen

Prag|ma|tis|mus *der;* -: **1.** philosophische Lehre, die im Handeln das Wesen des Menschen erblickt u. Wert u. Unwert des Denkens danach bemisst. **2.** pragmatische Einstellung, Denk-, Handlungsweise

Prag|ma|tist *der;* -en, -en: Vertreter des Pragmatismus, ↑Pragmatiker (2)

Prag|ma|tis|tin *die;* -, -nen: weibliche Form zu ↑Pragmatist

prä|g|nant ⟨*lat.-fr.;* »schwanger, trächtig; voll, strotzend«⟩: etwas in knapper Form genau, treffend darstellend

Prä|g|nanz *die;* -: Schärfe, Genauigkeit, Knappheit des Ausdrucks

Prä|his|to|rie [auch: ˈprɛ:...] *die;* -: Vorgeschichte

Prä|his|to|ri|ker [auch: ˈprɛ:...] *der;* -s, -: Wissenschaftler auf dem Gebiet der Prähistorie

Prä|his|to|ri|ke|rin [auch: ˈprɛ:...] *die;* -, -nen: weibliche Form zu ↑Prähistoriker

prä|his|to|risch [auch: ˈprɛ:...]: vorgeschichtlich

Prahm *der;* -[e]s, -e u. Prähme ⟨*tschech.*⟩: [kastenförmiger] großer Lastkahn

Prai|ri|al [prɛ...] *der;* -[s], -s ⟨*lat.-fr.;* »Wiesenmonat«⟩: der 9. Monat des französischen Revolutionskalenders (20. Mai bis 18. Juni)

Prä|ju|diz *das;* -es, -e ⟨*lat.*⟩: **1.** vorgefasste Meinung, Vorentscheidung. **2.** (Rechtswiss.) **a)** [Vor]entscheidung eines oberen Gerichts in einer Rechtsfrage, die sich in einem anderen Rechtsstreit erneut stellt; **b)** (veraltet) durch Nichtbefolgung einer Verordnung entstehender Schaden. **3.** (Politik) vorgreifende Entscheidung

prä|ju|di|zi|al ⟨*lat.-fr.*⟩: ↑präjudiziell; vgl. ...al/...ell

prä|ju|di|zi|ell (Rechtswiss.): bedeutsam für die Beurteilung eines späteren Sachverhalts; vgl. ...al/...ell

prä|ju|di|zie|ren ⟨*lat.*⟩ (Politik, Rechtsspr.): eine [richterliche] Vorentscheidung über etwas treffen, ein Präjudiz schaffen

prä|kam|b|risch (Geol.): die vor dem ↑Kambrium liegenden Zeiten betreffend

Prä|kam|b|ri|um (Geol.): ↑Archaikum u. ↑Algonkium umfassender Zeitraum der erdgeschichtlichen Frühzeit

prä|kar|bo|nisch ⟨*lat.-nlat.*⟩ (Geol.): vor dem ↑Karbon [liegend]

prä|kar|di|al, prä|kor|di|al (Med.): vor dem Herzen liegend, die vor dem Herzen liegende Brustwand betreffend

Prä|kar|di|al|gie *die;* -, ...ien ⟨*lat.; gr.*⟩ (Med.): Schmerzen in der Herzgegend

prä|klu|die|ren ⟨*lat.;* »verschließen, versperren«⟩ (Rechtswiss.): jmdm. die (verspätete) Geltendmachung eines Rechts[mittels, -anspruchs] wegen Versäumnis einer ↑Präklusivfrist gerichtlich verweigern

Prä|klu|si|on *die;* -, -en (Rechtswiss.): das Präkludieren; Rechtsverwirkung

prä|klu|siv, prä|klu|si|visch ⟨*lat.-nlat.*⟩ (Rechtswiss.): ausschließend; rechtsverwirkend infolge versäumter Geltendmachung eines Rechts

Prä|klu|siv|frist *die;* -, -en ⟨*lat.-nlat.; dt.*⟩ (Rechtswiss.): gerichtlich festgelegte Frist, nach deren Ablauf ein Recht infolge Versäumung nicht mehr geltend gemacht werden kann

prä|klu|si|visch vgl. präklusiv

prä|ko|lum|bisch: den Zeitraum vor der Entdeckung durch Kolumbus betreffend (in Bezug auf Amerika)

prä|kor|di|al vgl. präkardial

Prä|kor|di|al|angst *die; - ⟨lat.; lat.-mlat.; dt.⟩* (Med.): mit Angstgefühl verbundene Beklemmung in der Herzgegend

prak|ti|fi|zie|ren *⟨gr.-lat.⟩*: in die Praxis umsetzen, verwirklichen

Prak|tik *die; -, -en ⟨gr.-lat.-mlat.(-fr.)⟩*: **1.** [bestimmte Art der] Ausübung von etwas; Handhabung, Verfahrensweise. **2.** (meist Plural) nicht ganz korrekter Kunstgriff; nicht immer einwandfreies u. erlaubtes Vorgehen. **3.** vom 15. bis 17. Jh. Kalenderanhang od. selbstständige Schrift mit Wettervorhersagen, astrologischen Prophezeiungen, Gesundheitslehren, Ratschlägen u. Ä.

Prak|ti|ka: *Plural* von ↑Praktikum

prak|ti|ka|bel: **1.** brauchbar, benutzbar, zweckmäßig; durch-, ausführbar. **2.** fest gebaut u. daher begehbar, zum Spielen zu benutzen (von Teilen der Theaterdekoration)

Prak|ti|ka|bel *das; -s, -*: begehbarer, benutzbarer Teil der Theaterdekoration (z. B. ein Podium)

Prak|ti|ka|bi|li|tät *die; -*: Brauchbarkeit, Zweckmäßigkeit; Durchführbarkeit

Prak|ti|kant *der; -en, -en ⟨gr.-lat.-mlat.⟩*: jmd., der ein Praktikum absolviert

Prak|ti|kan|tin *die; -, -nen*: weibliche Form zu ↑Praktikant

Prak|ti|ker *der; -s, - ⟨gr.-lat.⟩*: **1.** Mann der [praktischen] Erfahrung; Ggs. ↑Theoretiker (1). **2.** (Jargon) praktischer Arzt

Prak|ti|ke|rin *die; -, -nen*: weibliche Form zu ↑Praktiker

Prak|ti|kum *das; -s, ...ka ⟨nlat.⟩*: **1.** zur praktischen Anwendung des Erlernten eingerichtete Übungsstunde, Übung (bes. an den naturwissenschaftlichen Fakultäten einer Hochschule). **2.** im Rahmen einer Ausbildung außerhalb der [Hoch]schule abzuleistende praktische Tätigkeit

Prak|ti|kus *der; -, -se* (scherzh.): jmd., der immer u. überall Rat weiß

prak|tisch *⟨gr.-lat.⟩*: **1. a)** die Praxis, das Tun, das Handeln betreffend; ausübend; **praktischer Arzt:** nicht spezialisierter Arzt, Arzt für Allgemeinmedizin; **b)** in der Wirklichkeit auftretend; wirklich, tatsächlich. **2.** zweckmäßig, gut zu handhaben. **3.** geschickt; [durch stetige Übung] erfahren; findig

prak|ti|zie|ren *⟨gr.-lat.-mlat.(-fr.)⟩*: **1. a)** etwas betreiben, ins Werk setzen; [Methoden] anwenden; **b)** etwas aktiv ausüben, in die Praxis umsetzen (z. B. praktizierender Katholik). **2.** seinen Beruf ausüben (bes. als Arzt). **3.** (österr.) seine praktische berufliche Ausbildung beginnen od. vervollkommnen. **4.** (ugs.) etwas geschickt irgendwohin bringen, befördern

prä|kul|misch *⟨lat.; engl.⟩* (Geol.): vor dem ↑²Kulm [liegend]

Prä|lat *der; -en, -en ⟨lat.-mlat.⟩*: **1.** katholischer geistlicher Würdenträger [mit bestimmter oberhirtlicher Gewalt]. **2.** leitender evangelischer Geistlicher in einigen deutschen Landeskirchen

Prä|la|tur *die; -, -en ⟨lat.-mlat.-nlat.⟩*: Amt od. Wohnung eines Prälaten

Prä|li|mi|nar|frie|den *der; -s, -* (Völkerrecht): vorläufiger, provisorisch abgeschlossener Frieden

Prä|li|mi|na|ri|en *die* (Plural): vorbereitende Handlungen

Pra|li|ne *die; -, -n ⟨fr.;* angeblich nach dem fr. Marschall du Plessis-Praslin⟩: kleines Stück Schokoladenkonfekt mit einer Füllung

prä|lu|die|ren *⟨lat.⟩*: durch ein musikalisches Vorspiel einleiten

Prä|lu|di|um *das; -s, ...ien ⟨lat.-nlat.⟩*: **a)** oft frei improvisiertes musikalisches Vorspiel (z. B. auf der Orgel vor dem Gemeindegesang im Gottesdienst); **b)** Einleitung der Suite u. Fuge; **c)** fantasieartiges, selbstständiges Instrumentalstück

Prä|ma|tu|ri|tät *die; - ⟨lat.-nlat.⟩* (Med.): Frühreife, vorzeitige Pubertät

prä|mens|t|ru|ell *⟨lat.-nlat.⟩* (Med.): vor der Menstruation auftretend (von bestimmten Symptomen)

Prä|mie [...i̯ə] *die; -, -n ⟨lat.⟩*: **1.** Belohnung, Preis. **2.** [einmalige] zusätzliche Vergütung für eine bestimmte Leistung. **3.** Zugabe beim Warenkauf. **4.** Beitrag, den ein Versicherter für einen bestimmten Versicherungsschutz zahlt. **5.** zusätzlicher Gewinn in der Lotterie, im Lotto o. Ä.

Prä|mi|en|de|pot [...po:] *das; -s, -s*: Guthaben, das ein Versicherter durch vorzeitige Zahlung bei einer [Lebens]versicherung hat

prä|mie|ren, prä|mi|ie|ren: mit einem Preis belohnen, auszeichnen

Prä|mis|se *die; -, -n ⟨lat.⟩*: **1.** (Philos.) Vordersatz im ↑Syllogismus. **2.** Voraussetzung

Prä|mons|t|ra|ten|ser *der; -s, - ⟨mlat.;* nach dem fr. Kloster Prémontré⟩: 1120 gegründeter Orden ↑regulierter Chorherren (Abk.: O. Praem.)

prä|na|tal *⟨lat.-nlat.⟩* (Med.): vor der Geburt, der Geburt vorausgehend

Prä|no|men *das; -s, - u. ...mina ⟨lat.⟩*: der an erster Stelle stehende altrömische Vorname (z. B. *Mar-*

cus Tullius Cicero); vgl. Kognomen u. Nomen gentile

prä|nu|me|ran|do ‹*lat.-nlat.*›: im Voraus (zu zahlen); Ggs. ↑postnumerando

Prä|nu|me|ra|ti|on *die;* -, -en (Wirtsch. veraltet): Vorauszahlung

prä|nu|me|rie|ren: vorausbezahlen

Prä|pa|rand *der;* -en, -en ‹*lat.*›: **1.** (Geschichte) Vorbereitungsschüler (bei der Lehrerausbildung). **2.** Kind, das den Vorkonfirmandenunterricht besucht

Prä|pa|ran|din *die;* -, -nen: weibliche Form zu ↑Präparand

Prä|pa|rat *das;* -[e]s, -e: **1.** für einen bestimmten Zweck hergestellte Substanz (z. B. Arzneimittel, chemisches Mittel). **2. a)** konservierte Pflanze od. konservierter Tierkörper [zu Lehrzwecken]; **b)** Gewebsschnitt zum Mikroskopieren

Prä|pa|ra|ti|on *die;* -, -en: **1.** (veraltet) Vorbereitung; häusliche Aufgabe. **2.** Herstellung eines Präparats (2)

Prä|pa|ra|tor *der;* -s, ...oren ‹*lat.*›: jmd., der (bes. an biologischen od. medizinischen Instituten, Museen o. Ä.) naturwissenschaftliche Präparate (2) herstellt u. pflegt

Prä|pa|ra|to|rin *die;* -, -nen: weibliche Form zu ↑Präparator

prä|pa|rie|ren: 1. a) (zu einem bestimmten Zweck) vorbereitend bearbeiten, vorbereiten; **b)** sich präparieren: sich vorbereiten. **2.** (einen toten Organismus od. Teile davon) sachgerecht zerlegen u. durch spezielle Behandlung auf Dauer haltbar machen

Prä|pon|de|ranz *die;* - ‹*lat.-fr.*›: Übergewicht (z. B. eines Staates)

prä|pon|de|rie|ren: überwiegen

prä|po|nie|ren ‹*lat.*›: voranstellen, vorsetzen

Prä|po|si|ti|on *die;* -, -en ‹»das Voransetzen«›: Verhältniswort (z. B. auf, in)

prä|po|si|ti|o|nal ‹*lat.-nlat.*›: die Präposition betreffend, verhältniswörtlich; **präpositionales Attribut:** ↑Präpositionalattribut

Prä|po|si|ti|o|nal|at|tri|but *das;* -[e]s, -e (Sprachw.): mit einer Präposition angeschlossenes Attribut (2) (z. B. das Haus *am Markt*)

Prä|po|si|ti|o|nal|ob|jekt *das;* -[e]s, -e (Sprachw.): mit einer Präposition angeschlossenes ↑Objekt; Verhältnisergänzung (z. B. ich denke *an dich*)

Prä|po|si|tur *die;* -, -en ‹*lat.-mlat.*›: Stelle eines Präpositus

Prä|po|si|tus *der;* -, ...ti ‹*lat.*›: lat. Bez. für: Vorgesetzter, Propst

prä|po|tent ‹*lat.*›: **1.** (veraltet) überlegen, übermächtig. **2.** (österr., abwertend) aufdringlich, frech, überheblich

Prä|po|tenz *die;* -, -en (veraltet): Übermacht, Überlegenheit

Prä|pu|ti|um *das;* -s, ...ien ‹*lat.*› (Med.): Vorhaut des Penis

Prä|raf|fa|e|lit *der;* -en, -en: Angehöriger einer (1848 gegründeten) Gruppe von englischen Malern, die im Sinne [der Vorläufer] Raffaels die Kunst durch seelische Vertiefung zu erneuern suchten

Prä|rie *die;* -, ...ien ‹*lat.-fr.;* »Wiese, Wiesenlandschaft«›: Grasland im mittleren Westen Nordamerikas

Prä|rie|aus|ter *die;* -, -n: je zur Hälfte aus Weinbrand u. einem mit Öl übergossenen Eigelb bestehendes, scharf gewürztes Mixgetränk

Prä|ro|ga|tiv *das;* -s, -e, **Prä|ro|ga|ti|ve** *die;* -, -n ‹*lat.*›: Vorrecht, früher bes. des Herrschers bei der Auflösung des Parlaments, dem Erlass von Gesetzen u. Ä.

Prä|sens *das;* -, ...sentia [...zia] od. ...senzien ‹*lat.*› (Sprachw.): **1.** Zeitform, mit der ein verbales Geschehen od. Sein aus der Sicht des Sprechers als gegenwärtig charakterisiert wird; Gegenwart. **2.** Verbform im Präsens (1) (z. B. ich *esse*); vgl. Praesens historicum

Prä|sens|par|ti|zip *das;* -s, -ien: ↑Partizip Präsens

prä|sent ‹*lat.*›: anwesend; gegenwärtig; mit dabei; vertreten

Prä|sent *das;* -[e]s, -e ‹*lat.-fr.*›: Geschenk, kleine Aufmerksamkeit

prä|sen|ta|bel: ansehnlich, vorzeigbar

Prä|sen|tant *der;* -en, -en ‹*lat.-nlat.*› (Wirtsch.): jmd., der einen Wechsel zur Annahme od. Bezahlung vorlegt

Prä|sen|ta|ti|on *die;* -, -en ‹*lat.-mlat.*›: **1.** Präsentierung. **2.** Vorlage, bes. das Vorlegen eines Wechsels; vgl. ...ation/...ierung

Prä|sen|tia: *Plural* von ↑Präsens

prä|sen|tie|ren ‹*lat.-fr.*›: **1.** überreichen, darbieten. **2.** vorlegen, vorzeigen, vorweisen (z. B. einen Wechsel zur Annahme od. Bezahlung). **3.** sich präsentieren: sich zeigen, vorstellen. **4.** mit der Waffe eine militärische Ehrenbezeigung machen

Prä|sen|tie|rung *die;* -, -en: Vorstellung, Vorzeigung, Überreichung; ↑Präsentation; vgl. ...ation/...ierung

prä|sen|tisch: das Präsens betreffend

Prä|senz *die;* -, -en ‹*lat.-fr.*›: **1.** Anwesenheit, [bewusst wahrgenommene] Gegenwärtigkeit; das

Dabeisein; das Vertretensein. **2.** körperliche Ausstrahlung[skraft]
Prä|sẹnz|bi|b|lio|thek *die;* -, -en: Bibliothek, deren Bücher nicht entliehen, sondern nur an Ort und Stelle benutzt werden dürfen
Prä|sẹnz|die|ner *der;* -s, - (österr. Amtsspr.): Soldat im Grundwehrdienst des österreichischen Bundesheeres
Prä|sẹnz|dienst *der;* -[e]s, -e (österr. Amtsspr.): Grundwehrdienst beim österreichischen Bundesheer
Prä|sẹnz|lis|te *die;* -, -n: Anwesenheitsliste
Pra|seo|dym *das;* -s ⟨*gr.-nlat.*⟩: chem. Element (seltene Erde; Zeichen: Pr)
prä|ser|va|ti̱v ⟨*lat.-fr.*⟩: vorbeugend, verhütend
Prä|ser|va|ti̱v *das;* -s, -e: ↑Kondom
Prä|sẹr|ve *die;* -, -n (meist Plural): nicht vollständig keimfreie Konserve; Halbkonserve
prä|ser|vie|ren: 1. schützen, vor einem Übel bewahren. **2.** erhalten, haltbar machen
Prä̱|ses *der* u. *die;* -, Prä̱sides [...de:s] u. Präsi̱den ⟨*lat.*⟩: **1.** geistlicher Vorstand eines katholischen kirchlichen Vereins. **2.** Vorsitzende[r] einer evangelischen Synode
Prä|si̱|de *der;* -n, -n: **1.** (ugs.) Mitglied eines Präsidiums (1 a). **2.** (Verbindungsw.) Vorsitzender, Leiter einer studentischen Kneipe, eines Kommerses
Prä|si|dẹnt *der;* -en, -en ⟨*lat.-fr.*⟩: **1.** Vorsitzender (einer Versammlung o. Ä.). **2.** Leiter (einer Behörde, einer Organisation o. Ä.). **3.** Staatsoberhaupt einer Republik
Prä|si|dẹn|tin *die;* -, -nen: weibliche Form zu ↑Präsident
Prä̱|si|des [...de:s]: *Plural* von ↑Präses
prä|si|di|a̱l ⟨*lat.*⟩: den Präsidenten od. das Präsidium (1) betreffend
Prä|si|di|a̱|le *die;* - (österr.): [Konferenz des] Präsidium[s] des Nationalrats
Prä|si|di|a̱l|sys|tem *das;* -s: Regierungsform, bei der der Staatspräsident aufgrund eigener Autorität u. unabhängig vom Vertrauen des Parlaments zugleich Chef der Regierung ist
prä|si|die|ren ⟨*lat.-fr.*⟩: **1.** (einem Gremium o. Ä.) vorsitzen. **2.** (eine Versammlung o. Ä.) leiten
Prä|si̱|di|um *das;* -s, ...ien ⟨*lat.*⟩: **1. a)** leitendes ↑Gremium (a) einer Versammlung, einer Organisation o. Ä.; **b)** Vorsitz, Leitung. **2.** Amtsgebäude eines [Polizei]präsidenten
prä|si|lu̱|risch ⟨*nlat.*⟩ (Geol.): vor dem ↑Silur [liegend]
prä|skri|bie|ren ⟨*lat.*⟩: **1.** vorschreiben, verordnen. **2.** (Rechtswiss.) für verjährt erklären
Prä|skrip|ti|o̱n *die;* -, -en: **1.** Vorschrift, Verordnung. **2.** (Rechtswiss.) Verjährung
prä|skrip|ti̱v (Fachspr.): vorschreibend, Normen setzend; Ggs. ↑deskriptiv
prä|sta|bi|lie|ren ⟨*lat.-nlat.*⟩: vorher festsetzen; **prästabilierte Harmonie** (Philos.): von Gott im Voraus festgelegte harmonische Übereinstimmung von Körper u. Seele (nach Leibniz)
Prä|s|tạnt *der;* -en, -en: große, sichtbar im ↑Prospekt (3) stehende Orgelpfeife
prä|s|tie|ren (veraltet): **a)** entrichten, leisten; **b)** für etwas haften
prä|su|mie|ren ⟨*lat.*⟩: **1.** (Philos.; Rechtsspr.) voraussetzen, annehmen, vermuten. **2.** (landsch.) argwöhnen
Prä|sum|ti|o̱n *die;* -, -en (Philos.; Rechtsspr.): Voraussetzung, Vermutung, Annahme
prä|sum|ti̱v (Philos.; Rechtsspr.): voraussetzend, wahrscheinlich, vermutlich
Prä|ten|dẹnt *der;* -en, -en ⟨*lat.-fr.*⟩: jmd., der Ansprüche auf ein Amt, eine Stellung, bes. auf den Thron, erhebt
Prä|ten|dẹn|tin *die;* -, -nen: weibliche Form zu ↑Prätendent
prä|ten|die|ren: 1. Anspruch erheben, fordern, beanspruchen. **2.** behaupten, vorgeben
Prä|ten|ti|o̱n *die;* -, -en: Anspruch, Anmaßung
prä|ten|ti|ö̱s: anspruchsvoll; anmaßend, selbstgefällig
prä|te|rie|ren ⟨*lat.*⟩: auslassen, übergehen
Prä|te|r|i̱|tio, Prä|te|r|i|ti|o̱n *die;* -, ...o̱nen ⟨*lat.*⟩: ↑Paralipse
Prä|te|r|i|to|prä̱|sens *das;* -, ...sẹntia od. ...sẹnzien ⟨*lat.-nlat.*⟩ (Sprachw.): Verb, dessen Präsens ein früheres starkes Präteritum ist (z. B. *kann* als Präteritum zu ahd. *kunnan,* das »wissen, verstehen« bedeutete)
Prä|te̱|r|i|tum *das;* -s, ...ta ⟨*lat.*⟩ (Sprachw.): **1.** Zeitform, die das verbale Geschehen od. Sein aus der Sicht des Sprechers als vergangen charakterisiert, bes. in literarischen erzählenden od. beschreibenden Texten, in denen etwas als abgeschlossen u. als ohne Bezug zur Gegenwart dargestellt wird; Imperfekt. **2.** Verbform im Präteritum (1) (z. B. ich *aß*)
prä̱|ter|prọp|ter: etwa, ungefähr
Prä̱|tor *der;* -s, ...o̱ren ⟨*lat.*⟩: höchster [Justiz]beamter im Rom der Antike
Prä|to|ri|a̱|ner *der;* -s, -: Angehöriger der Leibwache römischer Feldherren od. Kaiser
Prä|tu̱r *die;* -, -en: Amt, Amtszeit eines Prätors
Prau *die;* -, -e ⟨*malai.*⟩: Boot der Malaien
prä|ve|nie|ren ⟨*lat.*⟩: zuvorkommen
Prä|ven|ti|o̱n *die;* -, -en ⟨*lat.-mlat.*⟩: Vorbeugung,

Verhütung (bes. im Gesundheitswesen, in der Verbrechensbekämpfung, im Rechtswesen)

prä|ven|ti̱v ‹*lat.-nlat.*›: vorbeugend, verhütend

Prä|ven|ti̱v|krieg *der;* -[e]s, -e ‹*lat.-nlat.; dt.*›: Angriffskrieg, der dem voraussichtlichen Angriff des Gegners zuvorkommt

Prä|ven|ti̱v|me|di|zin *die;* -: Teilgebiet der ↑Medizin, auf dem man sich mit vorbeugender Gesundheitsfürsorge befasst

Prä|vẹrb *das;* -s, -en ‹*lat.-nlat.*› (Sprachw.): mit dem Wortstamm nicht fest verbundener Teil eines zusammengesetzten ↑Verbs; Verbzusatz (z. B. *teil*nehmen – ich nehme *teil*)

Pra̱|xis *die;* -, ...xen ‹*gr.-lat.*›: **1.** (ohne Plural) Anwendung von Gedanken, Vorstellungen, Theorien o. Ä. in der Wirklichkeit; Ausübung, Tätigsein, Erfahrung; Ggs. ↑Theorie (2 a); vgl. in praxi. **2.** (ohne Plural) durch praktische Tätigkeit gewonnene Erfahrung, Berufserfahrung. **3.** Handhabung, Verfahrensart, Praktik (1). **4. a)** gewerbliches Unternehmen, Tätigkeitsbereich, bes. eines Arztes od. Anwalts; **b)** Arbeitsräume eines Arztes od. Anwalts

Prä|ze̱|dens *das;* -, ...dẹnzien ‹*lat.*›: früherer Fall, früheres Beispiel

Prä|ze|dẹnz *die;* -, -en: Rangfolge, Vortritt bei Prozessionen u. Versammlungen der katholischen Kirche

Prä|ze|dẹnz|fall *der;* -[e]s, ...fälle ‹*lat.; dt.*›: Musterfall, der für zukünftige, ähnlich gelagerte Situationen richtungweisend ist; vgl. Präjudiz

prä|ze|di̱e̱|ren: in ↑Präzession sein

Prä|zẹp|tor *der;* -s, ...o̱ren (veraltet): Lehrer, Erzieher; vgl. Praeceptor Germaniae

prä|zes|si̱e̱|ren ‹*lat.-nlat.*›: ↑präzedieren

Prä|zes|si|o̱n *die;* -, -en: **1.** ausweichende Bewegung der Rotationsachse eines Kreisels bei Krafteinwirkung. **2.** (Astron.) durch Kreiselbewegung der Erdachse (in etwa 26 000 Jahren) verursachte Rücklaufbewegung des Schnittpunktes (Frühlingspunktes) zwischen Himmelsäquator u. Ekliptik

Prä|zi|pi|ta̱t *das;* -[e]s, -e ‹*lat.*›: **1.** (Med.; Chemie) [chemischer] Niederschlag, Bodensatz; Produkt einer Ausfällung od. Ausflockung. **2.** (Landwirtsch.) Dünger, der leicht aufgenommen wird

Prä|zi|pi|ta|ti|o̱n *die;* -, -en (Med.; Chemie): Ausfällung od. Ausflockung (z. B. von Eiweißkörpern)

prä|zi|pi|ti̱e̱|ren ‹*lat.*› (Med.; Chemie): ausfällen, ausflocken

Prä|zi|pi|ti̱n *das;* -s, -e ‹*lat.-nlat.*›: Antikörper, der Fremdstoffe im Blut ausfällt

prä|zi̱s (bes. österr.), **prä|zi̱|se** ‹*lat.-fr.;* »vorn abgeschnitten; abgekürzt; zusammengefasst«›: bis ins Einzelne gehend genau [umrissen, angegeben]; nicht nur vage

prä|zi|si̱e̱|ren: genauer bestimmen, eindeutiger beschreiben, angeben

Prä|zi|si|o̱n *die;* -: Genauigkeit; Feinheit

pre|bio̱|tisch ‹(*lat.; gr.-nlat.*) *engl.*›: nützlichen Darmbakterien als Nahrung dienend u. deshalb zu deren Vermehrung u. zur Gesunderhaltung beitragend

Pré|cis [preˈsiː] *der;* -, - [...ˈsiː(s)] ‹*fr.*›: kurz u. präzise abgefasste Inhaltsangabe (Aufsatzform)

Pre|dẹl|la *die;* -, -s u. ...llen, **Pre|dẹl|le** *die;* -, -n ‹*germ.-it.*›: **1.** Staffel eines [spätgotischen] Altars mit gemaltem od. geschnitztem Bildwerk. **2.** oberste Altarstufe

Pre|fe|rence [prefeˈrãːs] *die;* -, -n [...sn̩] ‹*lat.-fr.*›: französisches Kartenspiel

Prei̱s|in|dex *der;* -[es], -e u. ...dizes, auch: ...dices [...dit̮seːs] ‹*dt.; lat.*› (Wirtsch.): statistische Messzahl für die Höhe bestimmter Preise zu einem bestimmten Zeitpunkt

pre|kä̱r ‹*lat.-fr.;* »durch Bitten erlangt; widerruflich«›: misslich, schwierig, heikel

Pré|lude [preˈlyd] *das;* -s, -s ‹*lat.-fr.*›: **1.** fantasieartiges Musikstück für Klavier od. Orchester. **2.** fr. Bez. für ↑Präludium

Pre|mi|er [prəˈmi̯eː, pre...] *der;* -s, -s ‹*lat.-fr.;* »Erster«›: Kurzform von ↑Premierminister

Pre|mi|e̱|re *die;* -, -n: Erst-, Uraufführung

Pre|mi|er|mi|nis|ter *der;* -s, -: Ministerpräsident

Pre|mi|e̱r|mi|nis|te|rin *die;* -, -nen: weibliche Form zu ↑Premierminister

pre̱|mi|um ‹*lat.-engl.*›: von besonderer, bester Qualität

Pre|paid|han|dy [ˈpriːpeɪt...] *das;* -s, -s ‹*engl.; dt.*›: grundgebührenfreies Handy mit einem Guthabenkonto, das durch den Kauf von Guthabenkarten aufgeladen werden kann

Pre|print [ˈpriːprɪnt] *das;* -s, -s ‹*engl.*› (Buchw.): Vorausdruck, Vorabdruck (z. B. eines wissenschaftlichen Werks, eines Tagungsreferates o. Ä.); vgl. Reprint

Pre|quel [ˈpriːkwəl] *das;* -s, -s ‹*engl.;* Kurzw. aus **pre** »vor(her)« u. **sequel** »Fortsetzung«› (Filmjargon): Fortsetzungsfilm, dessen Handlung nicht nach, sondern vor den Ereignissen des älteren Films liegt; Ggs. ↑Sequel

Prẹs|by|ter *der;* -s, - ‹*gr.-lat.*›: **1.** Gemeindeältester im Urchristentum. **2.** Mitglied eines evangelischen Kirchenvorstands. **3.** lat. Bez. für: Priester (dritter Grad der katholischen höheren Weihen)

Pres|by|te|ri|a̱l|ver|fas|sung *die;* - ‹*gr.-nlat.; dt.*›:

evangelische [reformierte] Kirchenordnung, nach der sich die Einzelgemeinde durch ein Presbyterium (1) selbst verwaltet

Pres|by|te|ri|a|ner *der;* -s, - ⟨*gr.-nlat.*⟩: Angehöriger protestantischer Kirchen mit Presbyterialverfassung in England u. Amerika

Pres|by|te|ri|a|ne|rin *die;* -, -nen: weibliche Form zu ↑Presbyterianer

pres|by|te|ri|a|nisch: die Presbyterialverfassung, Kirchen mit Presbyterialverfassung betreffend

Pres|by|te|rin *die;* -, -nen: weibliche Form zu ↑Presbyter (2)

Pres|by|te|ri|um *das;* -s, ...ien ⟨*gr.-lat.*⟩: **1.** aus dem Pfarrer u. den Presbytern bestehender evangelischer Kirchenvorstand. **2.** Versammlungsraum eines evangelischen Kirchenvorstands. **3.** katholisches Priesterkollegium. **4.** Chorraum einer Kirche

Pre|sen|ning vgl. Persenning

Pre|shave [ˈpriːʃeɪv] *das;* -[s], -s ⟨*engl.*⟩: Kurzform von ↑Preshave-Lotion

Pre|shave-Lo|ti|on, Pre|shave|lo|ti|on [meist: ˈpriːʃeɪvloʊʃn̩] *die;* -, -s: vor der Rasur zu verwendendes Gesichtswasser; vgl. Aftershave-Lotion

pres|sant ⟨*lat.-fr.*⟩ (landsch.): eilig, dringend

Pres|se *die;* -, -n ⟨*lat.-mlat.(-fr.)*⟩: **1. a)** Vorrichtung, Maschine, die durch Druck Rohstoffe, Werkstücke o. Ä. formt; **b)** Gerät zum Auspressen von Obst; **c)** Druckmaschine, Druckpresse. **2.** (ohne Plural) **a)** Gesamtheit der periodischen Druckschriften, der Zeitungen u. Zeitschriften; **b)** Beurteilung in Zeitungen u. Zeitschriften, Presseecho. **3.** (ugs. abwertend) Privatschule zur intensiven Vorbereitung von [schwachen] Schülern auf bestimmte Prüfungen

Pres|se|kon|fe|renz *die;* -, -en: Zusammenkunft prominenter Persönlichkeiten od. ihrer Beauftragten mit Vertretern von Publikationsorganen zur Beantwortung gezielter Fragen

pres|sie|ren (bes. südd., österr., schweiz.): eilig, dringend sein; drängen

Pres|sing *das;* -s ⟨*engl.*⟩ (bes. Fußball): Spielweise, bei der der Gegner bereits in seiner eigenen Spielfeldhälfte stark unter Druck gesetzt wird (u. a. durch enge Manndeckung), sodass er seinerseits keine Gelegenheit zum Angriff findet

Pres|si|on *die;* -, -en ⟨*lat.*⟩: Druck, Nötigung, Zwang

Pres|ti: *Plural* von ↑Presto

Pres|ti|ge [...ˈtiːʒə, ...tiːʃ] *das;* -s ⟨*lat.-fr.;* »Blendwerk, Zauber«⟩: [positives] Ansehen, Geltung

pres|tis|si|mo ⟨*lat.-it.*⟩ (Musik): sehr schnell, in schnellstem Tempo (Vortragsanweisung)

Pres|tis|si|mo *das;* -s, -s u. ...mi: **1.** (Musik) äußerst schnelles Tempo. **2.** Musikstück in schnellstem Zeitmaß

pres|to (Musik): schnell (Vortragsanweisung)

Pres|to *das;* -s, -s u. ...ti: **1.** (Musik) schnelles Tempo. **2.** Musikstück in schnellem Zeitmaß

pre|ti|ös vgl. preziös

Pre|ti|o|sen vgl. Preziosen

Pre|view [ˈpriːvjuː] *die;* -, -s, auch: *das* u. *der;* -s, -s ⟨*engl.*⟩: **1.** Voraufführung (bes. eines Films). **2.** (EDV) Druckvorschau

pre|zi|ös, pre|ti|ös ⟨*lat.-fr.*⟩: geziert, gekünstelt, unnatürlich

Pre|zi|o|sen, Pre|ti|o|sen *die* (Plural): Kostbarkeiten, Geschmeide

Pri|a|mel *die;* -, -n (auch *das;* -s, -) ⟨*lat.-mlat.*⟩: **1.** kurzes volkstümliches Spruchgedicht, bes. des deutschen Spätmittelalters. **2.** ↑Präambel (2)

pri|a|pe|isch, pri|a|pisch: unzüchtig

pri|a|pisch vgl. priapeisch

prim ⟨*lat.*⟩ (Math.): nur durch 1 u. sich selbst teilbar (von Zahlen)

Prim *die;* -, -en: **1.** bestimmte Klingenhaltung beim Fechten. **2.** Morgengebet (bes. bei Sonnenaufgang) im katholischen Brevier. **3.** ↑Prime (1)

pri|ma ⟨*lat.-it.*⟩: **a)** vom Besten, erstklassig (Abk.: pa., I a); **b)** (ugs.) vorzüglich, prächtig, wunderbar, sehr gut, ausgezeichnet

Pri|ma *die;* -, Primen ⟨»erste (Klasse)«⟩ (veraltend): in Unter- u. Oberprima geteilte letzte Klasse eines Gymnasiums

Pri|ma|bal|le|ri|na *die;* -, ...nen ⟨*it.*⟩: die erste u. Vortänzerin einer Ballettgruppe; vgl. Ballerina

Pri|ma|don|na *die;* -, ...nnen ⟨»erste Dame«⟩: **1.** Darstellerin der weiblichen Hauptpartie in der Oper, erste Sängerin. **2.** verwöhnter u. empfindlicher Mensch, der eine entsprechende Behandlung u. Sonderstellung für sich beansprucht

Pri|ma|ge [priˈmaːʒə] *die;* -, -n ⟨*lat.-engl.-fr.*⟩ (Seew.): Prämie (2), die ein Ladungsinteressent unter bestimmten Bedingungen an den Schiffer zu zahlen bereit ist

Pri|ma|ner *der;* -s, - (veraltend): Schüler einer Prima

Pri|ma|ne|rin *die;* -, -nen: weibliche Form zu ↑Primaner

Pri|mar *der;* -s, -e ⟨*lat.*⟩ (österr.): Kurzform von ↑Primararzt

pri|mär ⟨*lat.-fr.*⟩: **1. a)** zuerst vorhanden, ursprünglich; **b)** an erster Stelle stehend; erst-, vorrangig; grundlegend, wesentlich. **2.** (von bestimmten chemischen Verbindungen o. Ä.) nur eines von mehreren gleichartigen Atomen durch nur ein bestimmtes anderes Atom ersetzend; vgl. sekundär (2), tertiär (3). **3.** (Elektrot.) den Teil eines Netzgeräts betreffend, der unmittelbar an das Stromnetz angeschlossen ist u. in den die umzuformende Spannung einfließt; vgl. sekundär (3)

Pri|mär...

⟨*lat.* primarius »Erster« → *fr.* primaire »Elementar..., Anfangs...«⟩
Wortbildungselement mit der Bedeutung »die Grundlage bildend; zuerst auftretend, ursprünglich«:
- Primärenergie
- Primärliteratur
- Primärtumor

Pri|mar|arzt *der;* -es, ...ärzte ⟨*lat.; dt.*⟩ (österr.): leitender Arzt eines Krankenhauses; Chefarzt, Oberarzt

Pri|mar|ärz|tin *die;* -, -nen: weibliche Form zu ↑Primararzt

Pri|mär|ener|gie *die;* -, -n (Technik): von natürlichen, noch nicht weiterbearbeiteten Energieträgern (wie Kohle, Erdöl, Erdgas) stammende Energie

Pri|ma|ria *die;* -, ...iae: weibliche Form zu ↑Primar

Pri|ma|ri|us *der;* -, ...ien: **1.** ↑Primgeiger, erster Geiger im Streichquartett. **2.** (österr.) ↑Primararzt. **3.** (veraltet) evangelischer Hauptpastor; Oberpfarrer

Pri|mär|li|te|ra|tur *die;* -: Literatur, die Gegenstand einer wissenschaftlichen Untersuchung ist; die Quellen, bes. der Sprach- u. Literaturwissenschaft; vgl. Sekundärliteratur

Pri|mar|schu|le *die;* -, -n ⟨*lat.; dt.*⟩ (schweiz.): allgemeine Volksschule

Pri|mär|sta|tis|tik *die;* -: direkte, gezielt für statistische Zwecke durchgeführte Erhebungen u. deren Auswertung (z. B. Volkszählung); vgl. Sekundärstatistik

Pri|mar|stu|fe *die;* -, -n ⟨*lat.; dt.*⟩: 1.–4. Schuljahr; vgl. Sekundarstufe

Pri|mas *der;* -, -se ⟨*lat.;* »der Erste, Vornehmste«⟩: **1.** (Plural auch: Primaten) [Ehren]titel des würdehöchsten Erzbischofs eines Landes. **2.** Solist und Vorgeiger einer Zigeunerkapelle

¹Pri|mat *der* od. *das;* -[e]s, -e: **1.** Vorrang, bevorzugte Stellung. **2.** Stellung des Papstes als Inhaber der obersten Kirchengewalt

²Pri|mat *der;* -en, -en (meist Plural) (Biol.): Herrentier (Halbaffen, Affen u. Menschen umfassende Ordnung der Säugetiere)

Pri|ma|wech|sel *der;* -s, - ⟨*lat.; dt.*⟩ (Wirtsch.): Erstausfertigung eines Wechsels

Pri|me *die;* -, -n ⟨*lat.-mlat.*⟩: **1.** (Musik) erster Ton, Grundton einer diatonischen Tonleiter. **2.** (Druckw., Buchbinderei) erste, die Norm (6) enthaltende Seite eines Druckbogens

Pri|mel *die;* -, -n ⟨*lat.-nlat.;* »Erste«⟩: Vertreter einer Pflanzenfamilie mit zahlreichen einheimischen Arten (z. B. Schlüsselblume, Aurikel)

Pri|men: *Plural* von ↑Prim, ↑Prima, ↑Prime

Prime|time ['praimtaim] *die;* -, -s, **Prime Time** *die;* - -, - -s ⟨*engl.*⟩ (Jargon): günstigste Zeit [für Fernsehsendungen]; abendliche Hauptsendezeit

Prim|gei|ger *der;* -s, - ⟨*lat.; dt.*⟩: erster Geiger in der Kammermusik, bes. im Streichquartett

Prim|geld *das;* -[e]s, -er: ↑Primage, ↑Kaplaken

Pri|mi: *Plural* von ↑Primus

Pri|mi|pa|ra *die;* -, ...paren ⟨*lat.*⟩ (Med.): Erstgebärende; Frau, die ihr erstes Kind gebiert, geboren hat

pri|mis|si|ma (ugs.): ganz prima, ausgezeichnet

Pri|mi|ti|al|op|fer *das;* -s, - ⟨*lat.-mlat.; dt.*⟩: der Gottheit dargebrachte Gabe aus der ersten Beute bzw. Ernte; Erstlingsopfer

pri|mi|tiv ⟨*lat.-fr.*⟩: **1.** auf einer einfachen Kultur-, Entwicklungsstufe stehend; urzuständlich, urtümlich. **2.** (abwertend) von geringem geistig-kulturellem Niveau. **3.** einfach; dürftig, behelfsmäßig; **primitives Symbol:** Zeichen der mathematischen Logik, dessen Bedeutung als bekannt vorausgesetzt wird

Pri|mi|ti|vis|mus *der;* - ⟨*lat.-fr.-nlat.*⟩: moderne Kunstrichtung, die sich von der Kunst der primitiven (1) Kulturen anregen lässt

Pri|mi|ti|vum *das;* -s, ...va ⟨*lat.*⟩ (Sprachw.): Stammwort im Unterschied zur Zusammensetzung (z. B. *geben* gegenüber *ausgeben, zugeben*)

Pri|miz *die;* -, -en ⟨*lat.-mlat.*⟩: erste [feierliche] Messe eines neu geweihten katholischen Priesters

Pri|mi|zi|ant *der;* -en, -en ⟨*lat.-nlat.*⟩: neu geweihter katholischer Priester

Pri|mi|zi|en *die* (Plural) ⟨*lat.*⟩: ↑Primitialopfer

Pri|mo|ge|ni|tur *die;* -, -en ⟨*lat.-mlat.*⟩: Erstgeburtsrecht; Vorzugsrecht des [fürstlichen] Erstgeborenen u. seiner Linie bei der Erbfolge; vgl. Sekundogenitur

Pri|mus *der;* -, Primi u. -se: Klassenbester, bes. einer höheren Schule

Pri|mus in|ter Pa|res *der;* - - -, Primi - -: Erster unter Ranggleichen

Prim|zahl *die;* -, -en ⟨*lat.; dt.*⟩ (Math.): Zahl größer als 1, die nur durch 1 und sich selbst teilbar ist (z. B. 7, 13, 67)

Prince of Wales [ˈprɪns əv ˈweɪlz] *der;* - - - ⟨*engl.*⟩: Fürst von Wales (Titel des britischen Thronfolgers)

Prin|cess of Wales [ˈprɪnses əv ˈweɪlz] *die;* - - -: Fürstin von Wales (Titel der Ehefrau des britischen Thronfolgers)

Prin|te *die;* -, -n (meist Plural) ⟨*lat.-fr.-niederl.;* »Aufdruck, Abdruck«⟩: lebkuchenähnliches Gebäck

prin|ted in ... [ˈprɪntɪd ɪn] ⟨*engl.*⟩: (mit nachfolgendem Namen eines Landes) gedruckt in ... (Vermerk in Büchern)

Prin|ter *der;* -s, - ⟨*engl.*⟩: **1.** Gerät zur Herstellung von Abzügen (von Fotos) in großen Stückzahlen. **2.** (EDV) Drucker

Prin|ting-on-De|mand [...dɪˈma:nd] *das;* - ⟨*engl.*⟩: schnelle Herstellung von Druck-Erzeugnissen [in kleinerer Zahl] auf Bestellung

Print|me|di|um *das;* -s, ...ien, selten auch: ...ia (meist Plural) ⟨*(lat.-)engl.*⟩: [1]Medium (5 a), bei dem die Informationen durch bedrucktes Papier vermittelt werden (z. B. Zeitung, Zeitschrift, Buch)

Prin|zeps *der;* -, Prinzipes [...tsipe:s] ⟨*lat.;* »der Erste (im Rang), Vornehmster«⟩: **1.** altrömischer Senator von großem politischem Einfluss. **2.** Titel römischer Kaiser

Prin|zip *das;* -s, -ien (selten -e) ⟨*lat.*⟩: **a)** Regel, Richtschnur; **b)** Grundlage, Grundsatz; **c)** Gesetzmäßigkeit, Idee, die einer Sache zugrunde liegt, nach der etwas wirkt; Schema, nach dem etwas aufgebaut ist

[1]**Prin|zi|pal** *der;* -s, -e ⟨*lat.*⟩: **1.** Leiter eines Theaters, einer Theatertruppe. **2.** Lehrherr; Geschäftsinhaber

[2]**Prin|zi|pal** *das;* -s, -e (Musik): **1.** Hauptregister der Orgel (Labialstimme mit weichem Ton). **2.** tiefe Trompete, bes. im 17. u. 18. Jh.

Prin|zi|pa|lin *die;* -, -nen: weibliche Form zu ↑[1]Prinzipal

Prin|zi|pat *das* (auch: *der*); -[e]s, -e: **1.** das ältere, auf Augustus zurückgehende römische Kaisertum; vgl. Dominat. **2.** (veraltet) Vorrang

prin|zi|pi|ell ⟨französierende Bildung⟩: **1.** im Prinzip, grundsätzlich. **2.** einem Prinzip, Grundsatz entsprechend, aus Prinzip

Prinz|re|gent *der;* -en, -en: Vertreter eines (z. B. durch schwere Krankheit) an der Ausübung der Herrschaft gehinderten Monarchen

Pri|on *das;* -s, ...onen (meist Plural) ⟨Kunstw. zu *engl.* proteinaceous infectious particle⟩: Eiweißpartikel, das bei bestimmten Gehirnerkrankungen (z. B. BSE, Creutzfeld-Jakob-Krankheit) gefunden wird u. vermutlich Erreger dieser Krankheiten ist

Pri|or *der;* -s, Prioren ⟨*lat.-mlat.;* »der Erstere, der dem Rang nach höher Stehende«⟩: **a)** katholischer Klosteroberer, -vorsteher (z. B. bei den Dominikanern); Vorsteher eines Priorats (2); **b)** Stellvertreter eines Abtes

Pri|o|rat *das;* -[e]s, -e: **1.** Amt, Würde eines Priors, einer Priorin. **2.** meist von einer Abtei abhängiges [kleineres] Kloster eines Konvents (1 a)

Pri|o|rin [auch: ˈpri:orɪn] *die;* -, -nen: **a)** Vorsteherin eines Priorats (2); **b)** Stellvertreterin einer Äbtissin

pri|o|ri|sie|ren: etw. vorrangig behandeln, einer Sache den Vorrang geben

Pri|o|ri|sie|rung *die;* -, -en: das Priorisieren; das Priorisiertwerden

pri|o|ri|tär ⟨*fr.*⟩: vorrangig, höchste Priorität habend

Pri|o|ri|tät *die;* -, -en ⟨*lat.-mlat.-fr.*⟩: **1. a)** Vorrecht, Vorrang eines Rechts, bes. eines älteren Rechts gegenüber einem später entstandenen; **b)** Rangfolge, Stellenwert, den etwas innerhalb einer Rangfolge einnimmt; **c)** (ohne Plural) höherer Rang, größere Bedeutung, Vorrangigkeit. **2.** (ohne Plural) zeitliches Vorgehen. **3.** (nur Plural; Wirtsch.) Aktien, Obligationen, die mit bestimmten Vorrechten ausgestattet sind

Pri|o|ri|täts|ak|tie *die;* -, -n (Wirtsch. veraltend): Aktie, die mit einem Vorzugsrecht ausgestattet ist

Pri|se *die;* -, -n ⟨*lat.-fr.;* »das Genommene; das Nehmen, Ergreifen«⟩: **1. a)** aufgebrachtes feindliches od. Konterbande führendes neutrales Schiff; **b)** beschlagnahmte Ladung eines solchen Schiffes. **2.** kleine Menge eines pulverigen od. feinkörnigen Stoffes (die man zwischen zwei Fingern greifen kann, z. B. Salz, Pfeffer, Schnupftabak)

Pris|ma *das;* -s, ...men ⟨*gr.-lat.;* »dreiseitige Säule«⟩: **1.** (Math.) von ebenen Flächen begrenzter Körper mit paralleler, kongruenter Grund- u. Deckfläche. **2.** (Mineral.) Kristallfläche, die nur zwei Achsen schneidet u. zur dritten parallel ist

pris|ma|tisch ⟨*gr.-nlat.*⟩: von der Gestalt eines Prismas, prismenförmig; **prismatische Absonderung** (Mineral.): säulenförmige Ausbildung senkrecht zur Abkühlungsfläche (von Basalten)

Pris|ma|to|id *das;* -[e]s, -e (Math.): Körper mit gradlinigen Kanten, beliebigen Begrenzungsflächen u. zwei parallelen Grundflächen, auf denen sämtliche Ecken liegen

Pris|men|glas *das;* -es, ...gläser: Feldstecher, Fernglas

pri|vat ⟨*lat.;* »(der Herrschaft) beraubt; gesondert, für sich stehend; nicht öffentlich«⟩: **1.** die eigene Person angehend, persönlich. **2.** vertraulich. **3.** familiär, häuslich, vertraut. **4.** nicht offiziell, nicht öffentlich, außeramtlich

Pri|vat|au|di|enz *die;* -, -en: private (4), nicht dienstlichen Angelegenheiten dienende Audienz

Pri|vat|de|tek|tiv *der;* -s, -e: freiberuflich tätiger od. bei einer Detektei angestellter Detektiv, der in privatem (2) Auftrag handelt

Pri|vat|de|tek|ti|vin *die;* -, -nen: weibliche Form zu ↑Privatdetektiv

Pri|vat|do|zent *der;* -en, -en: **a)** (ohne Plural) Titel eines Hochschullehrers, der [noch] nicht Professor ist u. nicht im Beamtenverhältnis steht; **b)** Träger dieses Titels

Pri|vat|do|zen|tin *die;* -, -nen: weibliche Form zu ↑Privatdozent

Pri|va|ti|er [priva'tie:] *der;* -s, -s ⟨französierende Bildung⟩: jmd., der keiner Erwerbstätigkeit nachgeht, der privatisiert

pri|va|tim ⟨*lat.*⟩: in ganz persönlicher, vertraulicher Weise; unter vier Augen

Pri|va|ti|on *die;* -, -en: **1.** (veraltet) Beraubung; Entziehung. **2.** (Philos.) Negation, bei der das negierende Prädikat dem Subjekt nicht nur eine Eigenschaft, sondern auch sein Wesen abspricht

P

pri|va|ti|sie|ren ⟨französierende Bildung⟩: **1.** staatliches Vermögen in Privatvermögen umwandeln. **2.** als Rentner[in] od. als Privatperson vom eigenen Vermögen leben

Pri|va|ti|sie|rung *die;* -: Umwandlung von staatlichem Vermögen in privates Vermögen

pri|va|tis|si|me ⟨*lat.*⟩: im engsten Kreise; streng vertraulich, ganz allein

Pri|va|tis|si|mum *das;* -s, ...ma: **1.** Vorlesung für einen ausgewählten Kreis. **2.** Ermahnung

Pri|va|tist *der;* -en, -en ⟨*lat.-nlat.*⟩ (österr.): Schüler, der sich, ohne die Schule zu besuchen, auf eine Schulprüfung vorbereitet

Pri|va|tis|tin *die;* -, -nen: weibliche Form zu ↑Privatist

Pri|vat|pa|ti|ent *der;* -en, -en: Patient, der nicht bei einer gesetzlichen Krankenkasse versichert ist, sondern sich auf eigene Rechnung od. als Versicherter einer privaten (4) Krankenkasse in [ärztliche] Behandlung begibt

Pri|vat|pa|ti|en|tin *die;* -, -nen: weibliche Form zu ↑Privatpatient

Pri|vat|per|son *die;* -, -en: jmd., der in privater (4) Eigenschaft, nicht im Auftrag einer Firma, Behörde o. Ä. handelt

Pri|vi|leg *das;* -[e]s, -ien (auch: -e) ⟨»besondere Verordnung, Ausnahmegesetz; Vorrecht«⟩: Vorrecht, Sonderrecht

pri|vi|le|gie|ren ⟨*lat.-mlat.*⟩: jmdm. eine Sonderstellung, ein Vorrecht einräumen

Pri|vi|le|gi|um *das;* -s, ...ien ⟨*lat.*⟩ (veraltet): ↑Privileg

Prix [pri:] *der;* -, - ⟨*lat.-fr.*⟩: fr. Bez. für: Preis

pro ⟨*lat.;* »für«⟩: je

pro..., Pro...

⟨*lat.* pro »vor, für, anstatt«⟩
Präfix mit folgenden Bedeutungen:
I. »vor, davor; anstelle von«:
- Prodekan
- prognathisch
- Provitamin

II. (in Verbindung mit Adjektiven) »eine wohlwollende, zustimmende Einstellung habend«:
- prowestlich

pro an|no ⟨*lat.*⟩: aufs Jahr, jährlich (Abk.: p. a.)

pro|ba|bel ⟨*lat.*⟩ (Philos.): wahrscheinlich, glaubwürdig; billigenswert

Pro|ba|bi|lis|mus *der;* - ⟨*lat.-nlat.*⟩: **1.** (Philos.) Auffassung, dass es in Wissenschaft u. Philosophie keine absoluten Wahrheiten, sondern nur Wahrscheinlichkeiten gibt. **2.** Lehre der katholischen Moraltheologie, nach der in Zweifelsfällen eine Handlung erlaubt ist, wenn gute Gründe dafür sprechen

Pro|ba|bi|li|tät *die;* -, -en ⟨*lat.*⟩ (Philos.): Wahrscheinlichkeit, Glaubwürdigkeit

Pro|band *der;* -en, -en: **1.** (Psychol.; Med.) Versuchsperson, Testperson (z. B. bei psychologischen Tests). **2.** (Geneal.) jmd., für den zu erbbiologischen Forschungen innerhalb eines größeren verwandtschaftlichen Personenkreises eine Ahnentafel aufgestellt wird. **3.** (Rechtsspr.) Verurteilter, dessen Strafe zur Bewährung ausgesetzt ist

Pro|ban|din *die;* -, -nen: weibliche Form zu ↑Proband

pro|bat: erprobt, bewährt, wirksam

pro|bie|ren: 1. einen Versuch machen, ausprobieren, versuchen. **2.** kosten, abschmecken. **3.** (Theaterjargon) proben, eine Probe abhalten

Pro|bie|rer *der;* -s, -: Prüfer im Bergbau, Hüttenwerk od. in der Edelmetallindustrie, der nach bestimmten Verfahren schnell Zusammensetzungen feststellen kann

Pro|bio|ti|kum *das;* -s, ...ka ⟨*lat.; gr.-nlat.*⟩: probiotisches Lebensmittel

pro|bio|tisch: durch hinzugefügte, sich im Darm ansiedelnde Mikroorganismen die Darmflora verbessernd u. zur Gesunderhaltung beitragend (von Lebensmitteln)

Pro|b|lem *das;* -s, -e ⟨*gr.-lat.;* »der Vorwurf, das Vorgelegte« usw.⟩: **1.** schwierige, zu lösende Aufgabe; Fragestellung; unentschiedene Frage; Schwierigkeit. **2.** schwierige, geistvolle Aufgabe im Kunstschach (mit der Forderung: Matt, Hilfsmatt usw. in n Zügen)

Pro|b|le|ma|tik *die;* -: aus einer Frage, Aufgabe, Situation sich ergebende Schwierigkeit

pro|b|le|ma|tisch: ungewiss u. schwierig, voller Problematik

pro|b|le|ma|ti|sie|ren: **a)** die Problematik von etwas darlegen, diskutieren, sichtbar machen; **b)** zum Problem (1) machen

pro|b|lem|ori|en|tiert: **a)** auf ein bestimmtes Problem, auf bestimmte Probleme ausgerichtet; **b)** (EDV) auf die Lösung bestimmter Aufgaben bezogen

Pro|b|lem|schach *das;* -s: Teilgebiet des Schachspiels, das sich mit dem Konstruieren von Schachaufgaben befasst

Pro|ce|de|re vgl. Prozedere

pro cen|tum ⟨*lat.*⟩: für hundert, für das Hundert (Abk.: p. c.; Zeichen: %)

Pro|de|kan *der;* -s, -e ⟨*lat.-nlat.*⟩: Vertreter des Dekans (an einer Hochschule)

Pro|de|ka|nin *die;* -, -nen: weibliche Form zu ↑Prodekan

pro do|mo ⟨*lat.;* »für das (eigene) Haus«⟩: in eigener Sache, zum eigenen Nutzen, für sich selbst

Pro|drom, Pro|dro|mal|sym|p|tom *das;* -s, -e ⟨*gr.-lat.*⟩ (Med.): Frühsymptom einer Krankheit

Pro|dro|mus *der;* -, ...omen ⟨*gr.-lat.;* »Vorläufer«⟩ (veraltet): Vorwort, Vorrede

Pro|du|cer [proˈdjuːsɐ] *der;* -s, - ⟨*lat.-engl.*⟩: **1.** engl. Bez. für: Hersteller, Fabrikant. **2. a)** Film-, Musikproduzent; **b)** (im Hörfunk) jmd., der eine Sendung technisch vorbereitet u. ihren Ablauf überwacht [u. für die Auswahl der Musik zuständig ist]

Pro|dukt *das;* -[e]s, -e ⟨*lat.*⟩: **1.** Erzeugnis, Ertrag. **2.** (Math.) Ergebnis einer Multiplikation. **3.** der Teil einer Zeitung od. Zeitschrift, der in einem Arbeitsgang gedruckt wird (z. B. besteht eine Zeitung aus meist zwei bis vier Produkten, die lose ineinandergelegt sind)

Pro|duk|ti|on *die;* -, -en ⟨*lat.-fr.*⟩: **1.** Herstellung von Waren u. Gütern. **2.** Herstellung eines Films, einer Schallplatte, einer Hörfunk-, Fernsehsendung o. Ä.

Pro|duk|ti|ons|bri|ga|de *die;* -, -n (DDR): ↑Brigade (3)

Pro|duk|ti|ons|fak|tor *der;* -s, -en (Wirtsch.): den Produktionsprozess mitbestimmender maßgeblicher Faktor (z. B. Boden, Arbeit, Kapital)

pro|duk|tiv: **1.** ergiebig, viel hervorbringend. **2.** leistungsstark, schöpferisch, fruchtbar

Pro|duk|ti|vi|tät *die;* -: **1.** Ergiebigkeit, Leistungsfähigkeit. **2.** schöpferische Leistung, Schaffenskraft

Pro|duk|tiv|kraft *die;* -, ...kräfte ⟨*lat.; dt.*⟩: Faktor des Produktionsprozesses (z. B. menschliche Arbeitskraft, Maschine, Rohstoff, Forschung)

Pro|du|zent *der;* -en, -en ⟨*lat.*⟩: **1.** jmd., der etwas produziert (1). **2. a)** Leiter einer Produktion (2); **b)** Beschaffer u. Verwalter der Geldmittel, die für eine Produktion (2) nötig sind. **3.** (Biol.) Lebewesen, das organische Nahrung aufbaut

Pro|du|zen|tin *die;* -, -nen: weibliche Form zu ↑Produzent (1, 2)

pro|du|zie|ren: **1.** (bes. Wirtsch.) [Güter] erzeugen, herstellen. **2. a)** die Herstellung eines Films, einer CD, einer Hörfunk-, Fernsehsendung o. Ä. leiten; **b)** Geldmittel zur Verfügung stellen u. verwalten. **3.** (oft iron.) sich produzieren: mit etwas die Aufmerksamkeit auf sich lenken. **4.** (schweiz., sonst veraltet) [herausnehmen u.] vorzeigen, vorlegen, präsentieren

Pro|en|zym *das;* -s, -e ⟨*gr.-nlat.*⟩: Vorstufe eines Enzyms

pro|fan ⟨*lat.;* »vor dem heiligen Bezirk liegend, ungeheiligt; gewöhnlich«⟩: **1.** (Rel.) weltlich, unkirchlich; ungeweiht, unheilig; Ggs. ↑sakral (1). **2.** alltäglich

Pro|fa|na|ti|on *die;* -, -en: ↑Profanierung; vgl. ...ation/...ierung

Pro|fan|bau *der;* -[e]s, -ten (Archit., Kunstwiss.): nicht kirchliches Bauwerk; Ggs. ↑Sakralbau

pro|fa|nie|ren: entweihen, entwürdigen

Pro|fa|nie|rung *die;* -, -en: Entweihung, Entwürdigung; vgl. ...ation/...ierung

Pro|fa|ni|tät *die;* -, -en: **1.** Weltlichkeit. **2.** Alltäglichkeit

pro|fa|schis|tisch ⟨*lat.-nlat.*⟩: sich für den Faschismus einsetzend

Pro|fes|si|on *die;* -, -en ⟨*lat.-fr.*⟩ (veraltend): Beruf, Gewerbe

pro|fes|si|o|nal: ↑professionell

Pro|fes|sio|nal [proˈfɛʃənəl] *der;* -s, -s ⟨*lat.-fr.-engl.*⟩: Berufssportler; Kurzw. Profi

pro|fes|si|o|na|li|sie|ren ⟨*lat.-fr.-nlat.*⟩: **1.** zum

Beruf, zur Erwerbsquelle machen. **2.** zum Beruf erheben, als Beruf anerkennen

Pro|fes|si|o|na|lis|mus *der;* - ⟨*lat.-fr.-engl.-nlat.*⟩: Professionalität

pro|fes|si|o|nell ⟨*lat.-fr.*⟩: **1.** (eine Tätigkeit) als Beruf ausübend, als Beruf betrieben. **2.** fachmännisch, von Fachleuten zu benutzen

Pro|fes|si|o|nist *der;* -en, -en ⟨*lat.-fr.-nlat.*⟩ (bes. österr.): Fachmann, [gelernter] Handwerker

Pro|fes|si|o|nis|tin *die;* -, -nen: weibliche Form zu ↑Professionist

Pro|fes|sor *der;* -s, ...oren ⟨*lat.*⟩: **a)** (ohne Plural) akademischer Titel für Hochschullehrer, Forscher, Künstler; **b)** Träger dieses Titels (Abk.: Prof.)

pro|fes|so|ral ⟨*lat.-nlat.*⟩: professorenhaft, würdevoll

Pro|fes|so|rin [auch: proˈfesorın] *die;* -, -nen: weibliche Form zu ↑Professor (b); im Titel u. in der Anrede auch: Frau Professor

Pro|fes|sur *die;* -, -en: Lehrstuhl, -amt

Pro|fi *der;* -s, -s ⟨Kurzw. für: Professional⟩: **1.** Berufssportler; Ggs. ↑Amateur (b). **2.** jmd., der etwas professionell betreibt

Pro|fil *das;* -s, -e ⟨*lat.-it.(-fr.)*⟩: **1.** Seitenansicht [eines Gesichts]; Umriss. **2. a)** stark ausgeprägte persönliche Eigenart, Charakter; **b)** (Jargon) Gesamtheit von Eigenschaften, die typisch für jmdn. od. etwas sind. **3. a)** Schnitt in od. senkrecht zu einer Achse; **b)** Walzprofil bei Stahlerzeugung; **c)** Riffelung bei Gummireifen od. Schuhsohlen; **d)** (Technik) festgelegter Querschnitt bei der Eisenbahn. **4.** (Geol.) grafische Darstellung eines senkrechten Schnitts durch die Erdoberfläche. **5.** (Archit.) aus einem Gebäude hervorspringender Teil eines architektonischen Elements (z. B. eines Gesimses). **6.** (veraltend) Höhe, Breite einer Durchfahrt

Pro|fil|ei|sen *das;* -s, - (Hüttenw.): gewalzte Stahlstangen mit besonderem Querschnitt

Pro|fi|ler [proˈfailɐ] *der;* -s, - ⟨*lat.-it.-engl.*⟩: Fachmann für die Erstellung des psychologischen Profils (1 b) eines gesuchten Täters anhand von Indizien, Tathergang o. Ä.

Pro|fi|le|rin *die;* -, -nen: weibliche Form zu ↑Profiler

pro|fi|lie|ren ⟨*lat.-it.-fr.*⟩: **1.** im Profil, im Querschnitt darstellen. **2. a)** einer Sache, jmdm. eine besondere, charakteristische, markante Prägung geben; **b)** sich profilieren: seine Fähigkeiten [für einen bestimmten Aufgabenbereich] entwickeln u. dabei Anerkennung finden, sich einen Namen machen. **3.** sich profilieren: sich im Profil (1) abzeichnen

pro|fi|liert: 1. mit Profil (3 c) versehen, gerillt. **2.** in bestimmtem Querschnitt hergestellt. **3.** scharf umrissen, markant, von ausgeprägter Art

Pro|fi|lie|rung *die;* -, -en: **1.** Umrisse eines Gebäudeteils. **2.** Entwicklung der Fähigkeiten [für einen bestimmten Aufgabenbereich]; das Sichprofilieren

Pro|fil|neu|ro|se *die;* -, -n (Psychol.): Befürchtung, Angst, zu wenig zu gelten [u. die daraus resultierenden größeren Bemühungen, sich zu profilieren]

Pro|fi|sport *der;* -[e]s: berufsmäßig betriebener Sport

Pro|fit [auch: ...ˈfıt] *der;* -[e]s, -e ⟨*lat.-fr.-niederl.*⟩: **1.** Nutzen, [materieller] Gewinn, den jmd. aus einer Sache od. Tätigkeit zieht. **2.** (Fachspr.) Kapitalertrag

pro|fi|ta|bel ⟨*lat.-fr.*⟩: gewinnbringend

Pro|fi|ta|bi|li|tät *die;* -, -en (Wirtsch.): Gewinnträchtigkeit

Pro|fit|cen|ter, Pro|fit-Cen|ter *das;* -s, - ⟨*engl.-amerik.*⟩: Unternehmensbereich mit eigener Verantwortung für den wirtschaftlichen Erfolg

Pro|fi|teur [...ˈtøːɐ̯] *der;* -s, -e ⟨*lat.-fr.*⟩ (abwertend): jmd., der Profit (1) aus etwas zieht; Nutznießer

Pro|fi|teu|rin [...ˈtøːrın] *die;* -, -nen: weibliche Form zu ↑Profiteur

pro|fi|tie|ren: Nutzen ziehen, Vorteil haben

pro for|ma ⟨*lat.*⟩: der Form wegen, zum Schein

Pro|fos *der;* -es u. -en, -e[n] ⟨*lat.-fr.-niederl.*⟩ (Geschichte): Verwalter der Militärgerichtsbarkeit

pro|fund ⟨*lat.-fr.*⟩: **1.** tief, tiefgründig, gründlich. **2.** (Med.) tief liegend, in den tieferen Körperregionen liegend, verlaufend

pro|fus ⟨*lat.*⟩ (Med.): reichlich, sehr stark [fließend]

Pro|ge|ni|tur *die;* -, -en ⟨*lat.-nlat.*⟩: Nachkommenschaft

Pro|ges|te|ron *das;* -s ⟨Kunstw.⟩: Gelbkörperhormon, das die Schwangerschaftsvorgänge reguliert

Pro|g|no|se *die;* -, -n ⟨*gr.-lat.;* »das Vorherwissen«⟩: Vorhersage einer zukünftigen Entwicklung (z. B. eines Krankheitsverlaufes) aufgrund kritischer Beurteilung des Gegenwärtigen

Pro|g|nos|tik *die;* -: Wissenschaft, Lehre von der Prognose

Pro|g|nos|ti|kon ⟨*gr.*⟩, **Pro|g|nos|ti|kum** ⟨*gr.-lat.*⟩ *das;* -s, ...ken u. ...ka (bes. Med.): Vorzeichen, Anzeichen, das etwas über den voraussichtlichen Verlauf einer zukünftigen Entwicklung (z. B. einer Krankheit) aussagt

pro|g|no̤s|tisch: die Prognose betreffend; vorhersagend (z. B. den Verlauf einer Krankheit)
pro|g|nos|ti|zie̲|ren ‹*gr.-nlat.*›: eine Prognose über etwas stellen, den voraussichtlichen Verlauf einer zukünftigen Entwicklung vorhersagen
Pro|gra̤mm *das;* -[e]s, -e ‹*gr.-lat.;* »schriftliche Bekanntmachung; Tagesordnung«›: **1. a)** Gesamtheit der Veranstaltungen, Darbietungen eines Theaters, Kinos, des Fernsehens, Rundfunks o. Ä.; **b)** [vorgesehener] Ablauf [einer Reihe] von Darbietungen (bei einer Aufführung, einer Veranstaltung, einem Fest o. Ä.); **c)** vorgesehener Ablauf, die nach einem Plan genau festgelegten Einzelheiten eines Vorhabens; **d)** festzulegende Folge, programmierbarer Ablauf von Arbeitsgängen einer Maschine (z. B. einer Waschmaschine). **2.** Blatt, Heft, das über eine Darbietung (z. B. Theateraufführung, Konzert) informiert. **3.** Konzeptionen, Grundsätze, die zur Erreichung eines bestimmten Zieles dienen. **4.** (EDV) Folge von Anweisungen für einen Computer zur Lösung einer bestimmten Aufgabe. **5.** Sortiment eines bestimmten Artikels in verschiedenen Ausführungen
Pro|gram|ma̲|tik *die;* -, -en: Zielsetzung, Zielvorstellung
Pro|gram|ma̲|ti|ker *der;* -s, - ‹*gr.-nlat.*›: jmd., der ein Programm (3) aufstellt od. erläutert
Pro|gram|ma̲|ti|ke|rin *die;* -, -nen: weibliche Form zu ↑Programmatiker
pro|gram|ma̲|tisch: 1. einem Programm (3), einem Grundsatz entsprechend. **2.** zielsetzend, richtungsweisend; vorbildlich
pro|gram|mie̲|ren: 1. nach einem Programm (3) ansetzen, im Ablauf festlegen; **programmierter Unterricht:** Unterrichtsverfahren, bei dem sich die Schüler den Unterrichtsstoff möglichst eigenständig nach einem vom Lehrer vorgegebenen, individuell zugeschnittenen Arbeitsprogramm erarbeiten. **2.** (EDV) ein Programm (4) für einen Computer, eine computergesteuerte Anlage o. Ä. schreiben; einen Computer mit Instruktionen versehen. **3.** jmdn. von vornherein auf etw. festlegen
Pro|gram|mie̲|rer *der;* -s, -: Person, die [berufsmäßig] programmiert (2)
Pro|gram|mie̲|re|rin *die;* -, -nen: weibliche Form zu ↑Programmierer
Pro|gram|mie̲r|spra|che *die;* -, -n (EDV): künstliche, formale Sprache (Wörter u. Symbole), die zur Formulierung von Programmen (4) verwendet wird
Pro|gram|mie̲|rung *die;* -, -en: das Programmieren

Pro|gra̤mm|ki|no *das;* -s, -s: Kino, in dem nach künstlerischen, kulturellen u. a. Gesichtspunkten ausgewählte Filme gezeigt werden, die sonst nicht [mehr] zu sehen sind
Pro|gra̤mm|mu|sik *die;* -: durch Darstellung literarischer Inhalte, seelischer, dramatischer, lyrischer od. äußerer [Natur]vorgänge die Fantasie des Hörers zu konkreten Vorstellungen anregende Instrumentalmusik; Ggs. ↑absolute Musik
Pro|gre̤ss *der;* -es, -e: **1.** Fortschritt. **2.** (Logik) Fortschreiten des Denkens von der Ursache zur Wirkung
Pro|gres|si|o̲n *die;* -, -en: **1.** Steigerung, Fortschreiten, Stufenfolge. **2.** mathematische Reihe. **3.** stufenweise Steigerung der Steuersätze
Pro|gres|si̤s|mus, Pro|gres|si|vi̤s|mus *der;* - ‹*lat.(-fr.)-nlat.*›: Fortschrittsglauben
Pro|gres|si̤st, Pro|gres|si|vi̤st *der;* -en, -en ‹*lat.(-fr.)-nlat.*›: Fortschrittler; Anhänger einer Fortschrittspartei
Pro|gres|si̤s|tin, Pro|gres|si|vi̤s|tin *die;* -, -nen: weibliche Form zu ↑Progressist
pro|gres|si̤s|tisch: [übertrieben] fortschrittlich
pro|gres|si̤v ‹*lat.-fr.*›: **1.** stufenweise fortschreitend, sich entwickelnd. **2.** fortschrittlich
Pro|gres|sive Jazz [prəˈgrɛsɪv ˈdʒæz] *der;* - - ‹*amerik.*›: Richtung des Jazz, die eine Synthese mit der europäischen Musik anstrebt; orchestraler Jazz
Pro|gres|si|vi̤s|mus usw. vgl. Progressismus usw.
Pro|gres|si̤v|steu|er *die;* -, -n: Steuer mit steigenden Belastungssätzen

Pogrom

Das Substantiv stammt aus dem Russischen und ist nicht verwandt mit Bildungen lateinischen Ursprungs auf *Pro-, pro-,* wie etwa *Programm, Produkt, Profit.* Es wird daher nach dem *P* ohne *r* geschrieben.

Pro̲|gym|na|si|um *das;* -s, ...ien ‹*gr.-nlat.*› (früher): meist sechsklassiges Gymnasium ohne Oberstufe
pro|hi|bie̲|ren ‹*lat.*› (veraltet): verhindern, verbieten
Pro|hi|bi|ti|o̲n *die;* -, -en ‹*lat.(-fr.-engl.)*›: **1.** (veraltet) Verbot, Verhinderung. **2.** staatliches Verbot von Alkoholherstellung u. -abgabe
Pro|hi|bi|ti|o|ni̤st *der;* -en, -en: Anhänger der Prohibition (2)
Pro|hi|bi|ti|o|ni̤s|tin *die;* -, -nen: weibliche Form zu ↑Prohibitionist

pro|hi|bi|tiv *(lat.-nlat.)*: verhindernd, abhaltend, vorbeugend

Pro|hi|bi|tiv|zoll *der;* -[e]s, ...zölle: besonders hoher Zoll zur Beschränkung der Einfuhr

Pro|jekt *das;* -[e]s, -e *(lat.)*: Plan, Unternehmung, Entwurf, Vorhaben

Pro|jek|tant *der;* -en, -en: jmd., der neue Projekte vorbereitet; Planer

Pro|jek|tan|tin *die;* -, -nen: weibliche Form zu ↑Projektant

pro|jek|tie|ren *(lat.)*: entwerfen, planen, vorhaben

Pro|jek|til *das;* -s, -e *(lat.-fr.)*: Geschoss

Pro|jek|ti|on *die;* -, -en *(lat.)*: **1.** (Optik) Wiedergabe eines Bildes auf eine helle Fläche mithilfe eines Projektors. **2.** (Geogr.) Abbildung von Teilen der Erdoberfläche auf einer Ebene mithilfe von verschiedenen Gradnetzen. **3.** (Math.) bestimmtes Verfahren zur Abbildung von Körpern mithilfe paralleler od. zentraler Strahlen auf einer Ebene

Pro|jek|ti|ons|ap|pa|rat *der;* -[e]s, -e: ↑Projektor

pro|jek|tiv *(lat.-nlat.)*: die Projektion betreffend; **projektive Geometrie** (Math.): Geometrie der Lage von geometrischen Gebilden zueinander ohne Rücksicht auf ihre Abmessungen

Pro|jekt|ma|nage|ment *das;* -s: Gesamtheit der Planungs-, Steuerungs- u. Kontrollmaßnahmen, die bei zeitlich befristeten u. terminlich vereinbarten Vorhaben (z. B. Forschungsprojekten, Produktentwicklungen) anfallen

Pro|jek|tor *der;* -s, ...oren: Gerät, mit dem man Bilder auf einer hellen Fläche vergrößert wiedergeben kann; Lichtbildwerfer

pro|ji|zie|ren *(lat.)*: **1.** (Math.) ein geometrisches Gebilde auf einer Fläche gesetzmäßig mithilfe von Strahlen darstellen. **2.** (Optik) Bilder mit einem Projektor auf einer hellen Fläche vergrößert wiedergeben. **3. a)** etwas auf etwas übertragen; **b)** Gedanken, Vorstellungen o. Ä. auf einen anderen Menschen übertragen, in diesen hineinsehen

Pro|ka|ta|lep|sis *die;* -, ...lepsen *(gr.; »Vorwegnahme«)*: Kunstgriff der antiken Redner, die Einwendungen eines möglichen Gegners vorwegzunehmen u. zu widerlegen

Pro|kla|ma|ti|on *die;* -, -en *(lat.-fr.)*: **a)** amtliche Verkündigung (z. B. einer Verfassung); **b)** Aufruf an die Bevölkerung; **c)** gemeinsame Erklärung mehrerer Staaten; vgl. ...ation/...ierung

pro|kla|mie|ren: [durch eine Proklamation] verkündigen, erklären; aufrufen; kundgeben

Pro|kla|mie|rung *die;* -, -en: das Proklamieren; vgl. ...ation/...ierung

Pro|kli|se, Pro|kli|sis *die;* -, Proklisen: Anlehnung eines unbetonten Wortes an ein folgendes betontes (z. B. *der* Tisch, *am* Ende); Ggs. ↑Enklise

Pro|kli|ti|kon *das;* -s, ...ka (Sprachw.): unbetontes Wort, das sich an das folgende betonte anlehnt (z. B. und 's = und *das* Mädchen sprach); Ggs. ↑Enklitikon

pro|kli|tisch (Sprachw.): sich an ein folgendes betontes Wort anlehnend; Ggs. ↑enklitisch

Pro|kon|sul *der;* -s, -n *(lat.)* (Geschichte): ehemaliger Konsul als Statthalter einer Provinz (im Römischen Reich)

Pro|kon|su|lat *das;* -[e]s, -e: Amt, Statthalterschaft eines Prokonsuls

Pro|k|rus|tes|bett *das;* -[e]s *(nach dem Räuber der altgriech. Sage, der arglose Wanderer in ein Bett presste, indem er überstehende Gliedmaßen abhieb od. zu kurze mit Gewalt streckte)*: **1.** Schema, in das etwas gezwängt wird. **2.** unangenehme Lage, in die jmd. mit Gewalt gezwungen wird

Prok|t|al|gie *die;* -, ...ien *(gr.-nlat.)* (Med.): neuralgische Schmerzen in After u. Mastdarm

Prok|ti|tis *die;* -, ...itiden (Med.): Mastdarmentzündung

Prok|to|lo|ge *der;* -n, -n: Facharzt auf dem Gebiet der Proktologie

Prok|to|lo|gie *die;* -: Wissenschaft und Lehre von den Erkrankungen des Mastdarms

Prok|to|lo|gin *die;* -, -nen: weibliche Form zu ↑Proktologe

prok|to|lo|gisch: die Proktologie betreffend, auf ihr beruhend

Prok|to|spas|mus *der;* -, ...men (Med.): Krampf in After u. Mastdarm

Prok|to|s|ta|se *die;* -, -n (Med.): Kotstauung u. -zurückhaltung im Mastdarm

Pro|ku|ra *die;* -, ...ren *(lat.-it.)*: einem od. einer Angestellten erteilte handelsrechtliche Vollmacht, alle Arten von Rechtsgeschäften für den Betrieb vorzunehmen

Pro|ku|ra|ti|on *die;* -, -en *(lat.-it.-nlat.)*: **1.** Stellvertretung durch Bevollmächtigte. **2.** Vollmacht

Pro|ku|ra|tor *der;* -s, ...oren *(lat.(-it.))*: **1.** (Geschichte) Statthalter einer Provinz des Römischen Reiches. **2.** (Geschichte) einer der neun höchsten Staatsbeamten der Republik Venedig, aus denen der Doge gewählt wurde. **3.** bevollmächtigter Vertreter einer Person im katholischen kirchlichen Prozess. **4.** Vermögensverwalter eines Klosters

Pro|ku|rist *der;* -en, -en *(lat.-it.-nlat.)*: Bevollmächtigter mit Prokura

Pro|ku|ris|tin *die;* -, -nen: weibliche Form zu ↑Prokurist
pro|la|bie|ren ⟨*lat.-nlat.*⟩ (Med.): aus einer natürlichen Körperöffnung heraustreten (von Teilen innerer Organe)
Pro|laps *der;* -es, -e, **Pro|lap|sus** *der;* -, - [...su:s] ⟨*lat.*⟩ (Med.): Vorfall, Heraustreten von Teilen eines inneren Organs aus einer natürlichen Körperöffnung infolge Bindegewebsschwäche
Pro|lep|se, Pro|lep|sis [auch: ˈpro:...] *die;* -, Prolepsen ⟨*gr.-lat.*⟩: **1.** ↑Prokatalepsis. **2.** (Rhet.) Vorwegnahme eines Satzgliedes, bes. des Satzgegenstandes eines Gliedsatzes (z. B.: Hast du *den Jungen* gesehen, wie er aussah?, statt: Hast du gesehen, wie *der Junge* aussah?); vgl. proleptischer Akkusativ. **3.** (Philos.) **a)** natürlicher, durch angeborene Fähigkeit unmittelbar aus der Wahrnehmung gebildeter Begriff (Stoiker); **b)** Allgemeinvorstellung als Gedächtnisbild, das die Erinnerung gleichartiger Wahrnehmungen desselben Gegenstandes in sich schließt (bei den Epikureern)
pro|lep|tisch ⟨*gr.*⟩: vorgreifend, vorwegnehmend; **proleptischer Akkusativ:** als Akkusativ in den Hauptsatz gezogener Satzgegenstand eines Gliedsatzes; ↑Prolepse (2)
Pro|let *der;* -en, -en ⟨*lat.;* Kurzform von **Proletarier**⟩: **1.** (ugs. veraltet) ↑Proletarier. **2.** (ugs. abwertend) roher, ungehobelter, ungebildeter Mensch
Pro|le|ta|ri|at *das;* -[e]s, -e (Plural selten) ⟨*lat.-fr.*⟩: wirtschaftlich abhängige, besitzlose [Arbeiter]klasse
Pro|le|ta|ri|er *der;* -s, - ⟨*lat.*⟩: Angehöriger des Proletariats
Pro|le|ta|ri|e|rin *die;* -, -nen: weibliche Form zu ↑Proletarier
pro|le|ta|risch: den Proletarier, das Proletariat betreffend
pro|le|ta|ri|sie|ren ⟨*lat.-nlat.*⟩: zu Proletariern machen
Pro|le|tin *die;* -, -nen: weibliche Form zu ↑Prolet
Pro|let|kult *der;* -[e]s ⟨*lat.-russ.*⟩: kulturrevolutionäre Bewegung im Russland der Oktoberrevolution mit dem Ziel, eine proletarische Kultur zu entwickeln
[1]**Pro|li|fe|ra|ti|on** *die;* -, -en ⟨*lat.-nlat.*⟩ (Med.): Wucherung des Gewebes durch Zellvermehrung (bei Entzündungen, Geschwülsten)
[2]**Pro|li|fe|ra|tion** [prolifəˈre:ʃn̩] *die;* - ⟨*lat.-fr.-engl.-amerik.*⟩: Weitergabe von Atomwaffen od. Mitteln zu deren Herstellung an Länder, die selbst keine Atomwaffen entwickelt haben
pro|li|fe|rie|ren (Med.): wuchern
Pro|log *der;* -[e]s, -e ⟨*gr.-lat.*⟩: **1. a)** einleitender Teil des Dramas; Ggs. ↑Epilog (a); **b)** Vorrede, Vorwort, Einleitung eines literarischen Werkes; Ggs. ↑Epilog (b). **2.** Rennen (meist Zeitfahren), das den Auftakt eines über mehrere Etappen (1 a) gehenden Radrennens bildet
Pro|lon|ga|ti|on *die;* -, -en ⟨*lat.-nlat.*⟩ (Wirtsch.): Stundung, Verlängerung einer Kreditfrist
pro|lon|gie|ren ⟨*lat.*⟩ (Wirtsch.): stunden, eine Kreditfrist verlängern
pro me|mo|ria ⟨*lat.*⟩: zum Gedächtnis
Pro|me|na|de *die;* -, -n ⟨*lat.-fr.*⟩: **1.** Spaziergang. **2.** Spazierweg
pro|me|nie|ren (geh.): spazieren gehen, sich ergehen
Pro|mes|se *die;* -, -n ⟨*lat.-fr.;* »Versprechen«⟩ (österr. Bankw., sonst veraltet): Schuldverschreibung
pro|me|the|isch ⟨nach Prometheus, dem Titanensohn der gr. Sage⟩: himmelstürmend; an Kraft, Gewalt, Größe alles übertreffend
Pro|me|thi|um *das;* -s ⟨*gr.-nlat.*⟩: chem. Element, Metall (Zeichen: Pm)
pro mil|le ⟨*lat.*⟩: **a)** für tausend; **b)** vom Tausend
Pro|mil|le *das;* -[s], -: **1.** ein Teil vom Tausend, Tausendstel. **2.** in Tausendsteln gemessener Alkoholanteil im Blut
Pro|mil|le|gren|ze *die;* -: gesetzlich festgelegter Grenzwert des Alkoholgehalts im Blut bei Kraftfahrern
pro|mi|nent ⟨*lat.*⟩: **a)** hervorragend, bedeutend, maßgebend; **b)** weithin bekannt, berühmt
Pro|mi|nen|te *der* u. *die;* -n, -n: prominente Persönlichkeit
Pro|mi|nenz *die;* -, -en: **1.** (nur Plural) prominente Persönlichkeiten. **2.** (ohne Plural) **a)** das Prominentsein; **b)** [hervorragende] Bedeutung. **3.** (ohne Plural) Gesamtheit der Prominenten
pro|misk (fachspr.): ↑promiskuitiv
Pro|mis|ku|i|tät *die;* - ⟨*lat.-nlat.*⟩: Geschlechtsverkehr mit verschiedenen, häufig wechselnden Partnern
pro|mis|ku|i|tiv: a) in Promiskuität lebend; **b)** durch Promiskuität gekennzeichnet
pro|mo|ten ⟨*engl.*⟩: für jmdn., etwas Werbung machen
Pro|mo|ter [auch: ...ˈmoʊ...] *der;* -s, - ⟨*lat.-fr.-engl.*⟩: **1.** Veranstalter (z. B. von Berufssportwettkämpfen, bes. Boxen, von Konzerten, Tourneen, Popfestivals). **2.** ↑Salespromoter
Pro|mo|te|rin *die;* -, -nen: weibliche Form zu ↑Promoter
[1]**Pro|mo|ti|on** *die;* -, -en ⟨*lat.;* »Beförderung«⟩: **1.** Erlangung, Verleihung der Doktorwürde.

2. (österr.) offizielle Feier, bei der die Doktorwürde verliehen wird
²Pro|mo|tion [...ˈmoʊʃn̩] *die;* -, -s ⟨*lat.-engl.*⟩: Absatzförderung, Werbung [durch besondere Werbemaßnahmen]
Pro|mo|tor *der;* -s, -oren ⟨*lat.*⟩: **1.** Förderer, Manager. **2.** (österr.) Professor, der die formelle Verleihung der Doktorwürde vornimmt
Pro|mo|vend *der;* -en, -en: jmd., der kurz vor seiner ¹Promotion (1) steht
Pro|mo|ven|din *die;* -, -nen: weibliche Form zu ↑Promovend
pro|mo|vie|ren: 1. a) eine Dissertation schreiben; **b)** die Doktorwürde erlangen. **2.** die Doktorwürde verleihen
prompt ⟨*lat.-fr.*⟩: **1.** unverzüglich, unmittelbar (als Reaktion auf etwas) erfolgend; umgehend, sofort. **2.** (ugs.) einer Befürchtung, Erwartung seltsamerweise genau entsprechend; tatsächlich. **3.** (Kaufmannsspr.) bereit, verfügbar, lieferbar
Pro|no|men *das;* -s, - u. ...mina ⟨*lat.*⟩ (Sprachw.): Wort, das für ein Nomen, anstelle eines Nomens steht; Fürwort (z. B. er, mein, welcher)
pro|no|mi|nal (Sprachw.): das Pronomen betreffend, fürwörtlich
Pro|no|mi|nal|ad|jek|tiv *das;* -s, -e (Sprachw.): Adjektiv, das die Beugung eines nachfolgenden [substantivierten] Adjektivs teils wie ein Adjektiv, teils wie ein Pronomen beeinflusst (z. B. beide, mehrere, kein)
Pro|no|mi|nal|ad|verb *das;* -s, -ien (Sprachw.): aus einem alten pronominalen Stamm u. einer Präposition gebildetes Adverb, das eine Fügung aus Präposition u. Pronomen vertritt; Umstandsfürwort (z. B. *darüber* für *über es, über das*)
pro|non|cie|ren [pronõˈsi:rən] ⟨*lat.-fr.*⟩ (veraltet): **a)** offen aussprechen, erklären; **b)** mit Nachdruck aussprechen, stark betonen
pro|non|ciert: a) eindeutig, entschieden; **b)** deutlich ausgeprägt
Pro|pä|deu|tik *die;* -, -en ⟨*gr.-nlat.*⟩: Einführung in die Vorkenntnisse zu einem wissenschaftlichen Studium
Pro|pä|deu|ti|kum *das;* -s, ...ka (schweiz.): medizinische Vorprüfung
pro|pä|deu|tisch: vorbereitend, in ein Studienfach einführend; **propädeutische Philosophie:** a) ↑Logik (1); b) in die Grundprobleme der Logik, Erkenntnistheorie u. Ethik einführender Unterricht an höheren Schulen des frühen 19. Jh.s
Pro|pa|gan|da *die;* - ⟨*lat.*⟩: **1.** systematische Verbreitung politischer, weltanschaulicher o. ä. Ideen u. Meinungen [mit massiven (publizistischen) Mitteln] mit dem Ziel, das allgemeine [politische] Bewusstsein in bestimmter Weise zu beeinflussen. **2.** (bes. Wirtsch.) Werbung, Reklame
Pro|pa|gan|dist *der;* -en, -en ⟨*lat.-nlat.*⟩: **1.** jmd., der Propaganda treibt. **2.** (Fachspr.) Werbefachmann
Pro|pa|gan|dis|tin *die;* -, -nen: weibliche Form zu ↑Propagandist
pro|pa|gan|dis|tisch: die Propaganda betreffend, auf Propaganda beruhend
Pro|pa|ga|tor *der;* -s, ...toren: jmd., der etwas propagiert, sich für etwas einsetzt
Pro|pa|ga|to|rin *die;* -, -nen: weibliche Form zu ↑Propagator
pro|pa|gie|ren: verbreiten, für etwas Propaganda treiben, werben
Pro|pan *das;* -s ⟨*gr.-nlat.*⟩: gesättigter Kohlenwasserstoff, der bes. als Brenngas verwendet wird
Pro|par|oxy|to|non *das;* -s, ...tona ⟨*gr.*⟩: in der griechischen Betonungslehre Wort, das den Akut auf der drittletzten Silbe trägt (z. B. *gr.* ανάλυσις = Analyse)
Pro|pel|ler *der;* -s, - ⟨*lat.-engl.;* »Antreiber«⟩: Antriebsschraube bei Schiffen, Flugzeugen u. Ä.
pro|per ⟨*lat.-fr.*⟩ (veraltend): **a)** durch eine saubere, gepflegte, ordentliche äußere Erscheinung ansprechend, einen erfreulichen Anblick bietend; **b)** ordentlich u. sauber [gehalten]; **c)** sorgfältig, solide ausgeführt, gearbeitet
Pro|per|ge|schäft *das;* -[e]s, -e ⟨*lat.-fr.; dt.*⟩ (Wirtsch.): Geschäft, Handel auf eigene Rechnung u. Gefahr; Eigengeschäft
Pro|pe|ri|s|po|me|non *das;* -s, ...mena ⟨*gr.*⟩: in der griechischen Betonungslehre Wort mit dem Zirkumflex auf der vorletzten Silbe (z. B. gr. *δῶρον* »Geschenk«); vgl. Perispomenon
Pro|pha|se *die;* -, -n ⟨*gr.;* »das Vorscheinenlassen«⟩ (Biol.): erste Phase der Kernteilung, in der die Chromosomen sichtbar werden
Pro|phet *der;* -en, -en ⟨*gr.-lat.*⟩: **1.** jmd., der von Gott dazu auserwählt wurde, als Mahner u. Weissager die göttliche Wahrheit zu verkünden (bes. im Alten Testament u. als Bezeichnung Mohammeds). **2.** (meist Plural) prophetisches Buch des Alten Testaments
Pro|phe|tie *die;* -, ...ien: Weissagung, Prophezeiung; Voraussage (durch einen Propheten)
Pro|phe|tin *die;* -, -nen: weibliche Form zu ↑Prophet (1)
pro|phe|tisch: 1. von einem Propheten (1) stammend, zu ihm gehörend. **2.** eine intuitive Prophezeiung enthaltend
pro|phe|zei|en: weissagen; voraussagen

Pro|phe|zei|ung *die;* -, -en: **1.** das Prophezeien. **2.** das, was prophezeit worden ist, die Weissagung

Pro|phy|lak|ti|kum *das;* -s, ...ka ⟨*gr.-nlat.*⟩ (Med.): vorbeugendes Mittel

pro|phy|lak|tisch ⟨»verwahrend, schützend«⟩ (Med.): vorbeugend, verhütend, vor einer Erkrankung schützend

Pro|phy|la|xe *die;* -, -n ⟨*gr.*⟩ (Med.): Vorbeugung, vorbeugende Maßnahme; Verhütung von Krankheiten

Pro|pi|on|säu|re *die;* - ⟨*gr.; dt.*⟩: farblose, stechend riechende organische Säure, die z. B. zur Herstellung von Arzneimitteln verwendet wird

Pro|po|nent *der;* -en, -en ⟨*lat.*⟩ (veraltet): Antragsteller

pro|po|nie|ren: vorschlagen, beantragen

Pro|por|ti|on *die;* -, -en ⟨*lat.*⟩: **1.** Größenverhältnis; rechtes Maß; Eben-, Gleichmaß. **2.** (Musik) Takt- u. Zeitmaßbestimmung der Mensuralmusik. **3.** (Math.) Verhältnisgleichung

pro|por|ti|o|nal: verhältnisgleich, in gleichem Verhältnis stehend; angemessen, entsprechend; **proportionale Konjunktion:** Bindewort, das in Verbindung mit einem anderen ein gleichbleibendes Verhältnis ausdrückt (z. B. je [desto])

Pro|por|ti|o|na|le *die;* -, -n (Math.): Glied einer Verhältnisgleichung

Pro|por|ti|o|na|li|tät *die;* -, -en: Verhältnismäßigkeit, richtiges Verhältnis

Pro|por|ti|o|nal|wahl *die;* -, -en: Verhältniswahl

pro|por|ti|o|niert ⟨*lat.-mlat.*⟩: bestimmte Proportionen aufweisend; ebenmäßig, wohlgebaut

Pro|porz *der;* -es, -e ⟨Kurzw. aus: Proportionalwahl⟩: **1.** Verteilung von Sitzen u. Ämtern nach dem Verhältnis der abgegebenen Stimmen bzw. der Partei-, Konfessionszugehörigkeit o. Ä. **2.** (österr., schweiz.) Verhältniswahl[system]

Pro|po|si|ti|on *die;* -, -en: **1.** (veraltet) Vorschlag, Antrag. **2.** (antike Rhet.; Stilkunde) Ankündigung des Themas. **3.** (Sprachw.) Satz als Informationseinheit (nicht im Hinblick auf seine grammatische Form). **4.** Ausschreibung bei Pferderennen

Pro|po|si|tum *das;* -s, ...ta (veraltet): Äußerung, Rede

Pro|prä|tor *der;* -s, ...oren ⟨*lat.*⟩ (Geschichte): ehemaliger Prätor als Statthalter einer Provinz (im Römischen Reich)

pro|p|re vgl. proper

Pro|p|re|ge|schäft *das;* -[e]s, -e: ↑Propergeschäft

Pro|p|re|tät *die;* - ⟨*lat.-fr.*⟩ (landsch.): Sauberkeit, Reinlichkeit

Pro|p|ri|e|tär *der;* -s, -e ⟨*lat.-fr.*⟩ (veraltet): Eigentümer

Pro|p|ri|e|tät *die;* -, -en (Rechtsspr. veraltet): Eigentum[srecht]

Pro|p|ri|um *das;* -s ⟨*lat.;* »das Eigene«⟩: **1.** (Psychol.) das Selbst, das Ich; Identität, Selbstgefühl. **2.** (kath. Kirche) die für einen bestimmten Tag vorgesehenen, im Laufe eines Kirchenjahres wechselnden Texte einer [1]Messe (1); **Proprium de Tempore:** nach den Erfordernissen des Kirchenjahres wechselnde Teile der Messliturgie u. des Breviers (1 a); **Proprium Sanctorum:** nach den Heiligenfesten wechselnde Texte. **3.** Kurzform von ↑Nomen proprium

Pro|pusk [auch: ˈprɔ..., proˈpʊsk] *der;* -[e]s, -e ⟨*russ.*⟩: russ. Bez. für: Passierschein, Ausweis

Pro|py|lä|en *die* (Plural) ⟨*gr.-lat.*⟩: **1.** Vorhalle griechischer Tempel. **2.** Zugang, Eingang

Pro|py|len *das;* -s ⟨*gr.-nlat.*⟩: gasförmiger, ungesättigter Kohlenwasserstoff, technisch wichtiger Ausgangsstoff für andere Stoffe

Pro|rek|tor *der;* -s, -en (auch: ...oren) ⟨*lat.-nlat.*⟩: Stellvertreter des amtierenden Rektors an Hochschulen

Pro|rek|to|rin *die;* -, -nen: weibliche Form zu ↑Prorektor

Pro|sa *die;* - ⟨*lat.;* »geradeaus gerichtete (= schlichte) Rede«⟩: **1.** Rede od. Schrift in ungebundener Form im Unterschied zur Poesie (1). **2.** Nüchternheit, nüchterne Sachlichkeit. **3.** geistliches Lied des frühen Mittelalters

Pro|sa|i|ker *der;* -s, -: **1.** ↑Prosaist. **2.** Mensch von nüchterner Geistesart

Pro|sa|i|ke|rin *die;* -, -nen: weibliche Form zu ↑Prosaiker

pro|sa|isch: **1.** in Prosa (1) [abgefasst]. **2.** sachlich-nüchtern, trocken, ohne Fantasie

Pro|sa|ist *der;* -en, -en ⟨*lat.-nlat.*⟩: Prosa schreibender Schriftsteller

Pro|sa|is|tin *die;* -, -nen: weibliche Form zu ↑Prosaist

Pro|sec|co *der;* -[s], -s (aber: 3 -) ⟨*it.*⟩: italienischer Schaum-, Perl- od. Weißwein

Pro|sek|tor *der;* -s, ...oren ⟨*lat.*⟩ (Med.): **1.** Arzt, der Sektionen (2) durchführt. **2.** Leiter der pathologischen Abteilung eines Krankenhauses

Pro|sek|tur *die;* -, -en ⟨*lat.-nlat.*⟩ (Med.): Abteilung eines Krankenhauses, in der Sektionen (2) durchgeführt werden

Pro|se|lyt *der;* -en, -en ⟨*gr.-lat.;* »hinzugekommen«⟩: Neubekehrter, im Altertum bes. zur Religion Israels übergetretener Ungläubiger; **Proselyten machen** (abwertend): Personen für einen

Glauben od. eine Anschauung durch aufdringliche Werbung gewinnen

Pro|se|ly|ten|ma|che|rei *die;* -, -en (abwertend): aufdringliche Werbung für einen Glauben od. eine Anschauung

Pro|se|ly|tin *die;* -, -nen: weibliche Form zu ↑Proselyt

Pro|se|mi|nar *das;* -s, -e ⟨*lat.-nlat.*⟩: einführende Übung [für Studierende im Grundstudium] an der Hochschule

pro|sit, prost ⟨*lat.*⟩: wohl bekomms!; zum Wohl!

Pro|sit *das;* -[e]s, -e: Zutrunk

pro|skri|bie|ren ⟨*lat.*⟩: ächten, verbannen

Pro|skrip|ti|on *die;* -, -en: **1.** Ächtung [politischer Gegner]. **2.** (Geschichte) öffentliche Bekanntmachung der Namen der Geächteten im alten Rom

Pro|s|o|die *die;* -, ...ien, **Pro|s|o|dik** *die;* -, -en ⟨*gr.(-lat.)*⟩: **1.** in der antiken Metrik die Lehre von der Tonhöhe u. der Quantität der Silben, Silbenmessungslehre. **2.** Lehre von der metrisch-rhythmischen Behandlung der Sprache

pro|s|o|disch ⟨*gr.-lat.*⟩: die Prosodie betreffend, die Silben messend

Pro|s|pekt *der,* österr. auch: *das;* -[e]s, -e ⟨*lat.;* »Hinblick; Aussicht«⟩: **1.** meist mit Illustrationen ausgestattete Werbeschrift (in Form eines Faltblattes o. Ä.). **2.** Preisliste. **3.** Vorderansicht der Orgel. **4.** (Theater) [perspektivisch gemalter] Bühnenhintergrund, Bühnenhimmel, Rundhorizont. **5.** (bildende Kunst) perspektivisch stark verkürzte Ansicht einer Stadt od. Landschaft als Gemälde, Zeichnung od. Kupferstich. **6.** russ. Bez. für: große, lang gestreckte Straße. **7.** (Wirtsch.) allgemeine Darlegung der Lage eines Unternehmens bei geplanter Inanspruchnahme des Kapitalmarktes

pro|s|pek|tie|ren (Fachspr., bes. Bergbau): mittels geologischer, geochemischer o. ä. Methoden Lagerstätten ausfindig machen, erkunden

Pro|s|pek|tie|rung *die;* -, -en ⟨*lat.-nlat.*⟩: **1.** (Bergbau, Archäol.) Erkundung nutzbarer Bodenschätze u. archäologischer Fundstätten. **2.** (Wirtsch.) Herausgabe des Lageberichts einer Unternehmung vor einer Wertpapieremission

pro|s|pek|tiv ⟨*lat.*⟩: **a)** der Aussicht, Möglichkeit nach; vorausschauend; **b)** die Weiterentwicklung betreffend; **prospektiver Konjunktiv** (Sprachw.): in der griechischen Sprache Konjunktiv der möglichen od. erwogenen Verwirklichung

Pro|s|pek|tor *der;* -s, ...oren ⟨*lat.-engl.*⟩ (Bergbau): Gold-, Erzschürfer

Pro|s|pek|to|rin *die;* -, -nen: weibliche Form zu ↑Prospektor

pro|s|pe|rie|ren ⟨*lat.-fr.*⟩ (bes. Wirtsch.): sich günstig entwickeln; gedeihen, vorankommen

Pro|s|pe|ri|tät *die;* -: Wohlstand, Blüte, Periode allgemeinen wirtschaftlichen Aufschwungs

prost usw. vgl. prosit usw.

Pro|s|ta|ta *die;* -, ...tae [...tɛ] ⟨*gr.-nlat.*⟩ (Med.): walnussgroßes Anhangsorgan der männlichen Geschlechtsorgane, das den Anfangsteil der Harnröhre umgibt; Vorsteherdrüse

Pro|s|ta|ti|ker *der;* -s, - (Med.): jmd., der an einer Vergrößerung der Prostata leidet

Pro|s|ta|ti|tis *die;* -, ...itiden (Med.): Entzündung der Prostata

pros|ter|nie|ren ⟨*lat.*⟩ (kath. Kirche): sich (zum Fußfall) niederwerfen

pro|s|ti|tu|ie|ren ⟨*lat.(-fr.)*⟩: herabwürdigen, öffentlich preisgeben, bloßstellen

Pro|s|ti|tu|ier|te *die* u. *der;* -n, -n: Person, die der Prostitution (1) nachgeht

Pro|s|ti|tu|ti|on *die;* - ⟨*lat.-fr.*⟩: **1.** gewerbsmäßige Ausübung sexueller Handlungen. **2.** (selten) Herabwürdigung, öffentliche Preisgabe, Bloßstellung

Pro|s|t|ra|ti|on *die;* -, -en ⟨*lat.*⟩: **1.** (kath. Kirche) liturgisches Sichhinstrecken auf den Boden (z. B. bei höheren Weihen u. bei der Einkleidung in eine geistliche Ordenstracht). **2.** (Med.) hochgradige Erschöpfung im Verlauf einer schweren Krankheit

Pro|sze|ni|um *das;* -s, ...ien ⟨*gr.-lat.*⟩: **1.** im antiken Theater Platz vor der ↑Skene. **2.** Raum zwischen Vorhang u. Rampe einer Bühne; Ggs. ↑Postszenium

Pro|t|ac|ti|ni|um *das;* -s ⟨*gr.-nlat.*⟩: radioaktives chem. Element; ein Metall (Zeichen: Pa)

Pro|t|a|go|nist *der;* -en, -en ⟨*gr.*⟩: **1.** Hauptdarsteller, erster Schauspieler im altgriechischen Drama; vgl. Deuteragonist u. Tritagonist. **2. a)** zentrale Gestalt, wichtigste Person; **b)** Vorkämpfer

Pro|t|a|go|nis|tin *die;* -, -nen: weibliche Form zu ↑Protagonist (2)

Pro|te|gé [...teˈʒeː] *der;* -s, -s ⟨*lat.-fr.*⟩: jmd., der protegiert wird; Günstling, Schützling

pro|te|gie|ren [...ˈʒiː...]: begünstigen, fördern, bevorzugen

Pro|te|id *das;* -[e]s, -e ⟨*gr.-nlat.*⟩ (Chemie): mit anderen chemischen Verbindungen zusammengesetzter Eiweißkörper

Pro|te|in *das;* -s, -e (Chemie): nur aus Aminosäuren aufgebauter einfacher Eiweißkörper

pro|te|isch ‹*gr.-nlat.*›: in der Art eines ↑Proteus (1), wandelbar, unzuverlässig
Pro|tek|ti|on *die;* -, -en ‹*lat.-fr.*›: Gönnerschaft, Förderung, Begünstigung, Bevorzugung
Pro|tek|ti|o|nis|mus *der;* - ‹*lat.-fr.-nlat.*› (Wirtsch.): Schutz der einheimischen Produktion gegen die Konkurrenz des Auslandes durch Maßnahmen der Außenhandelspolitik (z. B. durch Schutzzölle)
Pro|tek|ti|o|nist *der;* -en, -en: Anhänger des Protektionismus
Pro|tek|ti|o|nis|tin *die;* -, -nen: weibliche Form zu ↑Protektionist
pro|tek|ti|o|nis|tisch: den Protektionismus betreffend, in der Art des Protektionismus
Pro|tek|tor *der;* -s, ...oren ‹*lat.*›: **1. a)** Beschützer, Förderer; **b)** Schutz-, Schirmherr; Ehrenvorsitzender. **2.** mit Profil versehene Lauffläche des Autoreifens
Pro|tek|to|rat *das;* -[e]s, -e ‹*lat.-nlat.*›: **1.** Schirmherrschaft. **2. a)** Schutzherrschaft eines Staates über ein fremdes Gebiet; **b)** unter Schutzherrschaft eines anderen Staates stehendes Gebiet
Pro|tek|to|rin *die;* -, -nen: weibliche Form zu ↑Protektor (1)
Pro|te|ro|zo|i|kum *das;* -s: ↑Archäozoikum
Pro|test *der;* -[e]s, -e ‹*lat.-it.*›: **1.** meist spontane u. temperamentvolle Bekundung des Missfallens, der Ablehnung. **2.** (Wirtsch.) amtliche Beurkundung über Annahmeverweigerung bei Wechseln, über Zahlungsverweigerung bei Wechseln od. Schecks. **3. a)** (DDR Rechtsspr.) Rechtsmittel des Staatsanwalts gegen ein Urteil des Kreisgerichts od. ein durch die erste Instanz ergangenes Urteil des Bezirksgerichts; **b)** (Rechtsspr.; Völkerrecht) bestimmte Art der ↑Demarche als Mittel zur Wahrung u. Einhaltung von Rechten im zwischenstaatlichen Bereich
Pro|tes|tant *der;* -en, -en ‹*lat.*›: **1.** Angehöriger einer den Protestantismus vertretenden Kirche. **2.** (seltener) jmd., der gegen etwas protestiert (1)
Pro|tes|tan|tin *die;* -, -nen: weibliche Form zu ↑Protestant
pro|tes|tan|tisch: zum Protestantismus gehörend, ihn vertretend (Abk.: prot.)
Pro|tes|tan|tis|mus *der;* - ‹*nlat.;* nach der feierlichen Protestation der evangelischen Reichsstände auf dem Reichstag zu Speyer 1529›: aus der kirchlichen Reformation des 16. Jh.s hervorgegangene Glaubensbewegung, die die verschiedenen evangelischen Kirchengemeinschaften umfasst
Pro|tes|ta|ti|on *die;* -, -en ‹*lat.*›: Missfallensbekundung, Protest
pro|tes|tie|ren ‹*lat.-fr.*›: **1. a)** Protest (1) einlegen; **b)** eine Behauptung, Forderung, einen Vorschlag o. Ä. als unzutreffend, unpassend zurückweisen; widersprechen. **2.** (Wirtsch.) die Annahme, Zahlung eines Wechsels verweigern
Pro|test|no|te *die;* -, -n: offizielle Beschwerde, schriftlicher Einspruch einer Regierung bei der Regierung eines anderen Staates gegen einen Übergriff
Pro|test|song *der;* -s, -s: soziale, gesellschaftliche, politische Verhältnisse kritisierender ↑Song (1)
Pro|teus *der;* -, - ‹*gr.-lat.;* nach dem gr. Meergott mit der Gabe der Verwandlung›: **1.** wandelbarer, wetterwendischer Mensch. **2.** Olm (Schwanzlurch)
Prot|evan|ge|li|um vgl. Protoevangelium
Pro|the|se *die;* -, -n ‹*gr.*›: **1.** künstlicher Ersatz eines amputierten, fehlenden Körperteils, bes. der Gliedmaßen od. der Zähne. **2.** (Sprachw.) Bildung eines neuen Lautes (bes. eines Vokals) od. einer neuen Silbe am Wortanfang (z. B. *lat.* stella; *span.* estella)
Pro|the|tik *die;* - (Med.): Wissenschaft, Lehre vom Kunstgliederbau
pro|the|tisch: 1. (Med.) die Prothetik betreffend. **2.** (Sprachw.) die Prothese (2) betreffend, auf ihr beruhend
Pro|tist *der;* -en, -en (meist Plural) ‹*gr.-nlat.*› (Biol.): einzelliges Lebewesen
Pro|to|evan|ge|li|um, Prot|evan|ge|li|um ‹*gr.-lat.*› *das;* -s (kath. Kirche): als erste Verkündigung des Erlösers aufgefasste Stelle im Alten Testament (1. Mose 3, 15)
pro|to|gen ‹*gr.-nlat.*› (Geol.): am Fundort entstanden (von Erzlagerstätten)
Pro|to|koll *das;* -s, -e ‹*gr.-mgr.-mlat.*›: **1. a)** förmliche Niederschrift, Beurkundung einer Aussage, Verhandlung o. Ä.; **b)** schriftliche Zusammenfassung der wesentlichen Ergebnisse einer Sitzung; **c)** genauer schriftlicher Bericht über Verlauf u. Ergebnis eines Versuchs, Heilverfahrens o. Ä. **2.** die Gesamtheit der im diplomatischen Verkehr gebräuchlichen Formen. **3.** (EDV) **a)** Aufzeichnung der auf einem Computer ablaufenden Vorgänge; **b)** Festlegung von Standards u. Konventionen für die Datenübertragung
Pro|to|kol|lant *der;* -en, -en: jmd., der etwas protokolliert; Schriftführer
Pro|to|kol|lan|tin *die;* -, -nen: weibliche Form zu ↑Protokollant
pro|to|kol|la|risch ‹*gr.-mgr.-mlat.-nlat.*›: **1. a)** in

der Form eines Protokolls (1); **b)** im Protokoll (1) festgehalten, aufgrund des Protokolls. **2.** dem Protokoll (2) entsprechend

pro|to|kol|lie|ren ‹*gr.-mgr.-mlat.*›: bei einer Sitzung o. Ä. die wesentlichen Punkte schriftlich festhalten; ein Protokoll aufnehmen; beurkunden

Pro|ton *das;* -s, ...onen ‹*gr.-nlat.*›: positiv geladenes, schweres Elementarteilchen, das den Wasserstoffatomkern bildet u. mit dem Neutron zusammen Baustein aller Atomkerne ist (Zeichen: p)

Pro|to|no|tar *der;* -s, -e ‹*gr.; lat.*›: **1.** Notar der päpstlichen Kanzlei. **2.** (ohne Plural) Ehrentitel geistlicher Würdenträger

Pro|to|phy|te *die;* -, -n (meist Plural), **Pro|to|phy|ton** *das;* -s, ...yten (meist Plural) ‹*gr.-nlat.*›: einzellige Pflanze

Pro|to|plas|ma *das;* -s ‹*gr.-nlat.*›: Lebenssubstanz aller pflanzlichen, tierischen u. menschlichen Zellen

Pro|to|plast *der;* -en, -en: (Biol.) aus Zellkern, Zellplasma u. ↑Plastiden bestehende Pflanzenzelle ohne Zellwand

Pro|to|typ *der;* -s, -en ‹*gr.-lat.*›: **1.** Urbild, Muster, Inbegriff; Ggs. ↑Ektypus. **2.** erster Abdruck. **3.** erste Ausführung eines Flugzeugs, Autos, einer Maschine nach den Entwürfen zur praktischen Erprobung u. Weiterentwicklung. **4.** Rennwagen einer bestimmten Kategorie u. Gruppe, der nur in Einzelstücken gefertigt wird

pro|to|ty|pisch ‹*gr.-nlat.*›: den ↑Prototyp (1) betreffend, in der Art eines Prototyps; urbildlich

Pro|to|zo|on *das;* -s, ...zoen (meist Plural): einzelliges Tier; Ggs. ↑Metazoon

pro|tra|hie|ren ‹*lat.*› (Med.): die Wirkung (z. B. eines Medikaments, einer Bestrahlung) verzögern od. verlängern (z. B. durch geringe Dosierung)

Pro|tu|be|ranz *die;* -, -en ‹*lat.-nlat.*›: **1.** (Astron.) teils ruhende, teils aus dem Sonneninnern aufschießende, glühende Gasmasse. **2.** (Med.) Vorsprung (an Organen, Knochen)

Pro|ve|ni|enz *die;* -, -en ‹*lat.-nlat.*›: Bereich, aus dem jmd., etwas stammt; Herkunft, Ursprung

pro|ven|za|lisch: die Provence, die Provenzalen, das Provenzalische betreffend, aus der Provence stammend

Pro|verb *das;* -s, ...ien ‹*lat.*› (veraltet): Sprichwort

pro|ver|bi|al ‹*lat.*›, **pro|ver|bi|a|lisch, pro|ver|bi|ell** ‹*lat.-fr.*›: sprichwörtlich

Pro|vi|ant *der;* -s, -e ‹*lat.-vulgärlat.-it.* u. *fr.*›: als Verpflegung auf eine Wanderung, Expedition o. Ä. mitgenommener Vorrat an Nahrungsmitteln für die vorgesehene Zeit; Wegzehrung, Verpflegung, Ration

pro|vi|an|tie|ren (selten): mit Proviant versorgen

Pro|vi|der [pro'vaidɐ] *der;* -s, - ‹*engl.*› (bes. EDV): Anbieter eines Zugangs zu Kommunikationsdiensten (wie z. B. zum Internet)

Pro|vinz *die;* -, -en ‹*lat.*›: **1.** größeres Gebiet, das eine staatliche od. kirchliche Verwaltungseinheit bildet (Abk.: Prov.). **2.** (ohne Plural; oft abwertend) Gegend, in der (mit großstädtischem Maßstab gemessen) in kultureller, gesellschaftlicher Hinsicht, für das Vergnügungsleben o. Ä. nur sehr wenig od. nichts geboten wird

Pro|vin|zi|al *der;* -s, -e ‹*lat.-mlat.*›: Vorsteher einer (mehrere Klöster umfassenden) Ordensprovinz

Pro|vin|zi|a|lis|mus *der;* -, ...men ‹*lat.-mlat.*›: **1.** (Sprachw.) landschaftlich gebundene Spracheigentümlichkeit (z. B. »Breitlauch« für »Porree«). **2.** kleinbürgerliche, spießige Einstellung, Engstirnigkeit. **3.** (österr.) Lokalpatriotismus

pro|vin|zi|ell ‹*lat.-fr.*›: **1.** (meist abwertend) zur Provinz (2) gehörend, ihr entsprechend, für sie, das Leben in ihr charakteristisch; von geringem geistigem, kulturellem Niveau zeugend; engstirnig. **2.** landschaftlich, mundartlich

Pro|vinz|ler *der;* -s, - ‹*lat.; dt.*› (abwertend): Provinzbewohner, [kulturell] rückständiger Mensch

Pro|vinz|le|rin *die;* -, -nen: weibliche Form zu ↑Provinzler

pro|vinz|le|risch: 1. (abwertend) wie ein Provinzler. **2.** ländlich

Pro|vi|si|on *die;* -, -en ‹*lat.-it.*›: **1.** vorwiegend im Handel übliche Form der Vergütung, die meist in Prozenten vom Umsatz berechnet wird; Vermittlungsgebühr. **2.** (kath. Kirche) rechtmäßige Verleihung eines Kirchenamtes

Pro|vi|sor *der;* -s, ...oren ‹*lat.*›: **1.** (veraltet) Verwalter, Verweser. **2.** (österr.) Geistlicher, der vertretungsweise eine Pfarrei o. Ä. betreut. **3.** (veraltet) ↑approbierter, in einer Apotheke angestellter Apotheker

pro|vi|so|risch ‹*lat.-mlat.*›: nur als einstweiliger Notbehelf, nur zur Überbrückung eines noch nicht endgültigen Zustands dienend; nur vorläufig, behelfsmäßig

Pro|vi|so|ri|um *das;* -s, ...ien: **1.** etwas, was provisorisch ist; Übergangslösung. **2.** (Philatelie) Aushilfsausgabe

Pro|vi|t|a|min *das;* -s, -e (Chemie): Vorstufe eines Vitamins

Pro|vo *der;* -s, -s ‹*lat.-niederl.*›: Anhänger einer [1965 in Amsterdam entstandenen] antibürgerlichen Protestbewegung

pro|vo|kant ⟨*lat.*⟩: herausfordernd, provozierend

Pro|vo|ka|teur [...'tø:ɐ̯] *der;* -s, -e ⟨*lat.-fr.*⟩: jmd., der andere provoziert od. zu etwas aufwiegelt

Pro|vo|ka|teu|rin [...'tø:rɪn] *die;* -, -nen: weibliche Form zu ↑Provokateur

Pro|vo|ka|ti|on *die;* -, -en ⟨*lat.*⟩: **1.** Herausforderung, durch die jmd. zu [unbedachten] Handlungen veranlasst wird od. werden soll. **2.** (Med.) künstliches Hervorrufen von Krankheitserscheinungen (z. B. um den Grad einer Ausheilung zu prüfen)

pro|vo|ka|tiv ⟨*lat.-nlat.*⟩: herausfordernd, eine Provokation (1) enthaltend

pro|vo|zie|ren: 1. a) jmdn. herausfordern, aufreizen; **b)** bewirken, dass etwas ausgelöst wird. **2.** (Med.) zu diagnostischen od. therapeutischen Zwecken bestimmte Reaktionen, Krankheitserscheinungen künstlich hervorrufen

pro|xi|mal ⟨*lat.-nlat.*⟩ (Med.): dem zentralen Teil eines Körpergliedes, der Körpermitte zu gelegen; Ggs. ↑distal

Pro|ze|de|re, Pro|ce|de|re *das;* -[s], - ⟨*lat.*⟩: Verfahrensordnung, -weise; Prozedur

pro|ze|die|ren ⟨*lat.*⟩: nach einer bestimmten Methode verfahren

Pro|ze|dur *die;* -, -en ⟨*lat.-nlat.*⟩: **1.** Verfahren, [schwierige, unangenehme] Behandlungsweise. **2.** (EDV) Zusammenfassung mehrerer Befehle zu einem kleinen, selbstständigen Programm

Pro|zent *das;* -[e]s, -e (aber: 5 -) ⟨*lat.-it.*⟩: **1.** vom Hundert, Hundertstel (Abk.: p. c.; Zeichen: %). **2.** (nur Plural; ugs.) in Prozenten (1) berechneter Gewinn-, Verdienstanteil (z. B. jmdm. Prozente gewähren)

pro|zen|tisch: ↑prozentual

Pro|zent|punkt *der;* -[e]s, -e (meist Plural): Differenz zwischen zwei Prozentzahlen

Pro|zent|satz *der;* -es, ...sätze: bestimmte Anzahl von Prozenten

pro|zen|tu|al, per|zen|tu|ell, pro|zen|tu|ell ⟨*lat.-it.-nlat.*⟩: im Verhältnis zum Hundert, in Prozenten ausgedrückt

pro|zen|tu|a|li|ter: prozentual (nur als Adverb gebraucht, z. B. prozentualiter gesehen)

pro|zen|tu|ell vgl. prozentual

pro|zen|tu|ie|ren: in Prozenten (1) berechnen, ausdrücken

Pro|zess *der;* -es, -e ⟨*lat.(-mlat.)*⟩: **1.** Verlauf, Ablauf, Hergang, Entwicklung. **2.** vor einem Gericht ausgetragener Rechtsstreit

pro|zes|sie|ren ⟨*lat.-nlat.*⟩: zur Klärung eines Rechtsstreits gegen jmdn. gerichtlich vorgehen; einen Prozess (2) [durch]führen

Pro|zes|si|on *die;* -, -en ⟨*lat.*⟩ (kath. u. orthodoxe Kirche): feierlicher [kirchlicher] Umzug

Pro|zes|sor *der;* -s, ...oren (EDV): aus Leit- u. Rechenwerk bestehende Funktionseinheit in einem Computer

pro|zes|su|al ⟨*lat.-nlat.*⟩: **1.** einen Prozess (1) betreffend. **2.** (Rechtsspr.) einen Prozess (2) betreffend, gemäß den Grundsätzen des Verfahrensrechtes

pro|zy|k|lisch [auch: ...'tsʏk...] ⟨*lat.; gr.*⟩ (Wirtsch.): einem bestehenden Konjunkturzustand entsprechend; Ggs. ↑antizyklisch (2)

prü|de ⟨*lat.-vulgärlat.-fr.*⟩: in Bezug auf Sexuelles unfrei u. sich peinlich davon berührt fühlend

Prü|de|rie *die;* -, ...ien: prüde [Wesens]art, prüdes Verhalten

Prü|nel|le *die;* -, -n ⟨*gr.-lat.-vulgärlat.-fr.*⟩: entsteinte, getrocknete u. gepresste Pflaume

Pru|ri|go *die;* -, ...gines od. *der;* -s, -s (Med.): mit der Bildung juckender Hautknötchen einhergehende Hautkrankheit

Pru|ri|tus *der;* - (Med.): Hautjucken; Juckreiz

Pry|ta|ne *der;* -n, -n ⟨*gr.-lat.*⟩ (Geschichte): Mitglied der regierenden Behörde in altgriechischen Staaten

Pry|ta|nei|on *das;* -s, ...eien ⟨*gr.*⟩, **Pry|ta|ne|um** *das;* -s, ...een ⟨*gr.-lat.*⟩: Versammlungshaus der Prytanen

Psa|li|gra|fie, Psa|li|gra|phie *die;* - ⟨*gr.-nlat.*⟩: Kunst des Scherenschnittes

Psalm *der;* -[e]s, -en ⟨*gr.-lat.*⟩: eines der im Alten Testament gesammelten Lieder des jüdischen Volkes

Psal|mist *der;* -en, -en: Psalmendichter od. -sänger

Psal|m|o|die *die;* -, ...ien: rezitativisches Singen, bes. als vorwiegend auf einem bestimmten Ton ausgeführter liturgischer Sprechgesang, dessen Gliederung durch festliegende melodische Formeln markiert wird

psal|m|o|die|ren ⟨*gr.-nlat.*⟩: in der Art der Psalmodie singen

psal|m|o|disch: in der Art der Psalmodie

Psal|ter *der;* -s, - ⟨*gr.-lat.*⟩: **1. a)** Buch der Psalmen im Alten Testament; **b)** (im Mittelalter) für den liturgischen Gebrauch eingerichtetes Psalmenbuch. **2.** (im Mittelalter) trapezförmige od. dreieckige Zither ohne Griffbrett. **3.** (Zool.) Blättermagen der Wiederkäuer (mit blattartigen Falten)

pseud..., Pseud... vgl. pseudo..., Pseudo...

Pseu|d|epi|graf, Pseu|d|epi|graph *das;* -s, -en

(meist Plural) ⟨*gr.*⟩: **1.** (Fachspr.) Schrift aus der Antike, die einem Autor fälschlich zugeschrieben wurde. **2.** ↑Apokryph

pseu|do..., Pseu|do...

vor Vokalen meist: **pseud..., Pseud...**
⟨zu *gr.* pseúdein »täuschen, belügen, betrügen«⟩
Wortbildungselement mit der Bedeutung »falsch, unecht, vorgetäuscht, nur scheinbar«:
- Pseudarthrose
- Pseudokrupp
- Pseudonym
- pseudowissenschaftlich

Pseu|do|krupp *der;* -s (Med.): bei Kindern auftretende Krankheit, deren Symptome (Kehlkopfentzündung, Atemnot, Husten) dem ↑Krupp gleichen

Pseu|do|lo|gie *die;* -, ...ien ⟨*gr.*⟩ (Med., Psychol.): krankhafter Hang zum Lügen

pseu|do|morph: Pseudomorphose zeigend

Pseu|do|mor|pho|se *die;* -, -n: [Auftreten eines] ↑Mineral[s] in der Kristallform eines anderen Minerals

pseu|d|o|nym ⟨*gr.*⟩: unter einem Decknamen [verfasst]

Pseu|d|o|nym *das;* -s, -e: angenommener, nicht richtiger Name; Deckname [einer Autorin/eines Autors]

Pseu|do|po|di|um *das;* -s, ...ien ⟨*gr.-nlat.*⟩ (Biol.): Scheinfüßchen mancher Einzeller

[1]Psi *das;* -[s], -s ⟨*gr.*⟩: dreiundzwanzigster (u. vorletzter) Buchstabe des griechischen Alphabets: Ψ, ψ

[2]Psi *das;* -[s] (meist ohne Artikel) ⟨nach dem Anfangsbuchstaben von *gr.* psychḗ »Seele«⟩ (Parapsychol.): bestimmendes Element parapsychologischer Vorgänge

Psi|lo|me|lan *der;* -s, -e ⟨*gr.-nlat.*⟩: wirtschaftlich wichtiges Manganerz

Psi|phä|no|men *das;* -s, -e (Parapsychol.): durch [2]Psi hervorgerufene Wirkung, Erscheinung o. Ä.

Psit|ta|ko|se *die;* -, -n ⟨*gr.-nlat.*⟩ (Med.): auf den Menschen übertragbare Infektionserkrankung der Papageienvögel, die beim Menschen zu schweren grippeartigen Symptomen führt; Papageienkrankheit

Pso|ri|a|sis *die;* -, ...iasen ⟨*gr.*⟩ (Med.): chronische Hautkrankheit, bei der es zur Bildung von roten Flecken u. fest darauf haftenden, silberweißen Hautschuppen kommt; Schuppenflechte

Pso|ri|a|ti|ker *der;* -s, - (Med.): jmd., der an Psoriasis leidet

Pso|ri|a|ti|ke|rin *die;* -, -nen: weibliche Form zu ↑Psoriatiker

psych..., Psych... vgl. psycho..., Psycho...

Psy|ch|a|go|ge *der;* -n, -n ⟨*gr.-nlat.*⟩: Psychotherapeut, der sich auf Psychagogik spezialisiert hat

Psy|ch|a|go|gik *die;* -: Kinder-und-Jugendlichen-Psychotherapie

Psy|ch|a|go|gin *die;* -, -nen: weibliche Form zu ↑Psychagoge

Psy|che *die;* -, -n ⟨*gr.*⟩: **1. a)** Gesamtheit des menschlichen Fühlens, Empfindens u. Denkens; Seele; **b)** (Psychol.) Gesamtheit bewusster u. unbewusster Erlebens- und Verhaltensweisen. **2.** (österr. veraltend) mit Spiegel versehene Frisiertoilette

psy|che|de|lisch ⟨*gr.-engl.*⟩: **a)** das Bewusstsein verändernd; einen euphorischen, tranceartigen Gemütszustand hervorrufend; **b)** in einem (bes. durch Drogen hervorgerufenen) euphorischen, tranceartigen Gemütszustand befindlich

Psy|ch|i|a|ter *der;* -s, - ⟨*gr.-nlat.*⟩: Facharzt für Psychiatrie

Psy|ch|i|a|te|rin *die;* -, -nen: weibliche Form zu ↑Psychiater

Psy|ch|i|a|t|rie *die;* -: Teilgebiet der Medizin, das sich mit der Erkennung, den Ursachen, der Systematik u. der Behandlung psychischer Störungen befasst

psy|ch|i|a|t|rie|ren (bes. österr.): psychiatrisch untersuchen

psy|ch|i|a|t|risch: die Psychiatrie betreffend, zu ihr gehörend, auf ihr beruhend

psy|chisch: die Psyche betreffend

Psy|chis|mus *der;* -, ...men ⟨*gr.-nlat.*⟩ (Psychol.): **1.** (ohne Plural) idealistische Auffassung, nach der das Psychische das Zentrum alles Wirklichen ist. **2.** psychische Erscheinung, Verhaltensweise o. Ä.

psy|cho..., Psy|cho...

vor Vokalen auch: **psych..., Psych...**
⟨*gr.* psychḗ »Hauch, Atem, Leben; Seele«⟩
Wortbildungselement mit der Bedeutung »die Gesamtheit aller bewussten und unbewussten Erlebens- und Verhaltensweisen betreffend«:
- Psychiater
- Psychoanalyse
- Psychopharmakon
- psychosomatisch
- Psychotest
- Psychothriller

Psy|cho|ana|ly|se *die;* -, -n ⟨*gr.-nlat.*⟩: **1.** (ohne Plural) Ende des 19. Jh.s geschaffenes Verfahren zur Untersuchung u. Behandlung psychischer Fehlleistungen, das von S. Freud zu einer tiefenpsychologischen Lehre ausgebildet wurde. **2.** psychoanalytische Behandlung

psy|cho|ana|ly|sie|ren: jmdn. psychoanalytisch behandeln

Psy|cho|ana|ly|ti|ker *der;* -s, -: ein die Psychoanalyse vertretender od. anwendender Arzt

Psy|cho|ana|ly|ti|ke|rin *die;* -, -nen: weibliche Form zu ↑Psychoanalytiker

psy|cho|ana|ly|tisch: die Psychoanalyse betreffend, mit den Mitteln der Psychoanalyse erfolgend

Psy|cho|dra|ma *das;* -s, ...men: **1.** (Literaturwiss.) Einpersonenstück, das psychische Vorgänge als dramatische Handlung gestaltet. **2.** psychotherapeutische Methode, bei der durch szenische Darstellung Erlebtes od. Gedachtes bewusst wird u. verarbeitet werden kann

psy|cho|gen ⟨*gr.*⟩ (Med., Psychol.): psychisch bedingt, verursacht (von körperlichen Störungen)

Psy|cho|ge|ne|se, Psy|cho|ge|ne|sis *die;* -, ...nesen: Entstehung u. Entwicklung psychischer Vorgänge als Forschungsgebiet der Entwicklungspsychologie

Psy|cho|gramm *das;* -s, -e (Psychol.): grafische Darstellung aller psychischen sowie der wichtigsten körperlichen Daten, die an einer Person erhebbar sind

Psy|cho|ki|ne|se *die;* - (Parapsychol.): physikalisch nicht erklärbare, unmittelbare Einwirkung eines Menschen auf die Körperwelt (z. B. das Bewegen eines Gegenstands, ohne ihn zu berühren)

Psy|cho|kri|mi *der;* -[s], -s (ugs.): psychologischer Kriminalfilm, -roman, psychologisches Kriminalstück

Psy|cho|lin|gu|is|tik *die;* -: Wissenschaftszweig der Linguistik mit den Gegenstandsbereichen Sprachverstehen, Sprache u. Denken, Spracherwerb, Sprachstörungen u. a.

Psy|cho|lo|ge *der;* -n, -n ⟨*gr.*⟩: **1.** wissenschaftlich ausgebildeter Theoretiker od. Praktiker auf dem Gebiet der Psychologie. **2.** jmd., der psychologisches Verständnis hat

Psy|cho|lo|gie *die;* -, ...ien ⟨»Lehre von der Seele«⟩: **1.** Wissenschaft von den bewussten u. unbewussten Vorgängen u. Zuständen sowie deren Ursachen u. Wirkungen. **2.** Verständnis für, Eingehen auf die menschliche Psyche. **3.** psychische Verhaltens-, Reaktionsweise; psychisches Denken u. Fühlen

Psy|cho|lo|gin *die;* -, -nen: weibliche Form zu ↑Psychologe

psy|cho|lo|gisch: die Psychologie betreffend, zu ihr gehörend, auf ihr beruhend

psy|cho|lo|gi|sie|ren (abwertend): etwas in übersteigerter Weise psychologisch gestalten

Psy|cho|lo|gis|mus *der;* -, ...men: Überbewertung der Psychologie [als Grundlage aller wissenschaftlichen Disziplinen]

Psy|cho|me|t|rie *die;* -, ...ien: **1.** [Wissenschaft von der] Messung psychischer Erscheinungen. **2.** (Parapsychol.) außersinnliche Wahrnehmung, die über ein bestimmtes Objekt ermöglicht wird

Psy|cho|neu|ro|se *die;* -, -n ⟨*gr.-nlat.*⟩ (veraltet): **a)** Neurose, die weniger zu körperlichen als zu psychischen Symptomen führt; **b)** (nach S. Freud) Neurose, die als Ausdruck eines frühkindlichen Konflikts entsteht

Psy|cho|path *der;* -en, -en ⟨»seelisch Leidender«⟩ (Psychol. veraltet): jmd., der an Psychopathie leidet

Psy|cho|pa|thie *die;* -, ...ien: Persönlichkeitsstörung

Psy|cho|pa|thin *die;* -, -nen: weibliche Form zu ↑Psychopath

psy|cho|pa|thisch: **a)** (Med.; Psychol. veraltet) die Psychopathie betreffend; **b)** an Psychopathie leidend

Psy|cho|pa|tho|lo|gie *die;* -, ...ien: Wissenschaft von den als krankhaft eingestuften psychischen Erscheinungsformen

Psy|cho|phar|ma|kon *das;* -s, ...ka (meist Plural): Arzneimittel, das eine steuernde (dämpfende, beruhigende, stimulierende) Wirkung auf psychische Funktionen hat

Psy|cho|phy|sik *die;* -: Lehre von den Wechselwirkungen zwischen Körper u. Seele, insbesondere zwischen physischen Reizen u. den ihnen entsprechenden Erlebnissen

psy|cho|phy|sisch: die Psychophysik betreffend, auf ihr beruhend; **psychophysischer Parallelismus:** Hypothese, dass körperliche u. psychische Vorgänge parallel u. ohne kausalen Zusammenhang verlaufen

Psy|cho|se *die;* -, -n ⟨*gr.-nlat.*⟩: krankhafter Zustand mit erheblicher Beeinträchtigung der psychischen Funktionen u. gestörtem Realitätsbezug

Psy|cho|so|ma|tik *die;* - (Med.): medizinisch-psychologische Krankheitslehre, die psychischen Prozessen bei der Entstehung körperlicher Leiden wesentliche Bedeutung beimisst

psy|cho|so|ma|tisch: die Psychosomatik betreffend, auf psychisch-körperlichen Wechselwirkungen beruhend

Psy|cho|ter|ror *der;* -s: (bes. in der politischen Auseinandersetzung angewandte) Methode, einen Gegner mit psychologischen Mitteln (wie z. B. Verunsicherung, Bedrohung) einzuschüchtern u. gefügig zu machen

Psy|cho|the|ra|peut [auch: 'psy:ço...] *der;* -en, -en ⟨*gr.*⟩: die Psychotherapie anwendender Arzt od. Psychologe

Psy|cho|the|ra|peu|tik *die;* - (Med.): praktische Anwendung der Psychotherapie

Psy|cho|the|ra|peu|tin *die;* -, -nen: weibliche Form zu ↑Psychotherapeut

psy|cho|the|ra|peu|tisch (Med.): die Psychotherapeutik, die Psychotherapie betreffend

Psy|cho|the|ra|pie [auch: 'psy:ço...] *die;* -, ...ien: psychotherapeutische Behandlung

Psy|cho|thril|ler *der;* -s, -: Thriller, dessen Spannung psychologisch motiviert ist

psy|cho|tisch (Med.): zum Erscheinungsbild einer Psychose gehörend; an einer Psychose leidend

Psy|ch|ro|me|ter *das;* -s, - (Meteorol.): Luftfeuchtigkeitsmesser

[1]**PTA** *der;* -[s], -[s] = pharmazeutisch-technischer Assistent

[2]**PTA** *die;* -, -[s] = pharmazeutisch-technische Assistentin

Pte|r|a|n|o|don *das;* -s, ...donten ⟨*gr.-nlat.*⟩: Flugsaurier der Kreidezeit

Pte|ro|dak|ty|lus *der;* -, ...ylen: Flugsaurier des ↑[2]Juras mit rückgebildetem Schwanz

p

Pte|ro|sau|ri|er *der;* -s, -: urzeitliche Flugechse

Pte|ry|gi|um *das;* -s, ...ia ⟨*gr.-lat.;* »Flügelfell«⟩ (Med.): **1.** dreieckige Bindehautwucherung, die sich über die Hornhaut schiebt. **2.** häutige Verbindung zwischen Fingern u. Zehen bzw. im Gelenkbereich. **3.** Hautfalte am Hals. **4.** Wachstum eines Nagelhäutchens über die Nagelplatte

pto|le|mä|isch ⟨nach dem ägypt. Astronomen u. Mathematiker C. Ptolemäus, um 100–160⟩: die Lehre des Ptolemäus betreffend, auf ihr beruhend; **ptolemäisches Weltsystem:** ↑geozentrisches Weltsystem

Pto|ma|in *das;* -s, -e ⟨*gr.-nlat.*⟩: Leichengift

Pty|a|lin *das;* -s ⟨*gr.-nlat.*⟩: Stärke spaltendes Enzym im Speichel

Pub [pap, pʌb] *das* (auch: *der*); -s, -s ⟨*engl.*⟩: Lokal, Bar im englischen Stil

Pu|ber|tät *die;* - ⟨*lat.*⟩: Zeit der eintretenden Geschlechtsreife

pu|ber|tie|ren ⟨*lat.-nlat.*⟩: in die Pubertät eintreten, sich darin befinden

Pu|bes|zenz *die;* - ⟨*lat.-nlat.*⟩ (Med.): Geschlechtsreifung

pu|b|li|ce [...tse] ⟨*lat.*⟩ (veraltend): öffentlich

Pu|b|li|ci|ty [pa'blɪsiti] *die;* - ⟨*lat.-fr.-engl.*⟩: **1.** jmds. öffentliches Bekanntsein od. -werden. **2.** Propaganda, [Bemühung um] öffentliches Aufsehen; öffentliche Verbreitung

Pu|b|lic Re|la|tions ['pʌblɪk rɪ'leɪʃ(ə)nz] *die* (Plural) ⟨*amerik.;* »öffentliche Beziehungen«⟩: Öffentlichkeitsarbeit; Kontaktpflege (Abk.: PR)

pu|b|lik ⟨*lat.-fr.*⟩: öffentlich; offenkundig; allgemein bekannt

Pu|b|li|ka|ti|on *die;* -, -en ⟨*lat.-fr.*⟩: **1.** publiziertes, im Druck erschienenes Werk. **2.** Veröffentlichung, Publizierung; vgl. ...ation/...ierung

Pu|b|li|ka|ti|ons|or|gan *das;* -s, -e: Organ (2) zur Publikation (Zeitung, Zeitschrift o. Ä.)

Pu|b|li|kum *das;* -s, ...ka ⟨*lat.-mlat.(-fr.-engl.)*⟩: **1.** (ohne Plural) **a)** Gesamtheit von Zuhörern, Zuschauern (z. B. einer Veranstaltung, Aufführung); **b)** als Einheit gesehene, an Kunst, Wissenschaft o. Ä. interessierte Menschen; **c)** als Einheit gesehene Gäste, Besucher in einem Lokal, Ferienort o. Ä. **2.** (veraltet) unentgeltliche öffentliche Vorlesung

pu|b|li|zie|ren ⟨*lat.*⟩: **1.** ein (literarisches od. wissenschaftliches) Werk im Druck erscheinen lassen, veröffentlichen. **2.** publik machen, bekannt machen

Pu|b|li|zist *der;* -en, -en ⟨*lat.-nlat.*⟩: Journalist, Schriftsteller, der mit Analysen u. Kommentaren zum aktuellen [politischen] Geschehen aktiv an der Bildung der öffentlichen Meinung teilnimmt

Pu|b|li|zis|tik *die;* -: **a)** Bereich der Beschäftigung mit allen die Öffentlichkeit interessierenden Angelegenheiten in Buch, Presse, Rundfunk, Film, Fernsehen; **b)** Wissenschaft von den Massenmedien u. ihrer Wirkung auf die Öffentlichkeit

Pu|b|li|zis|tin *die;* -, -nen: weibliche Form zu ↑Publizist

pu|b|li|zis|tisch: a) die Publizistik (a) betreffend, ihr entsprechend, mit ihren Mitteln; **b)** die Publizistik (b) betreffend; vom Standpunkt der Publizistik aus

Pu|b|li|zi|tät *die;* -: **1.** das Bekanntsein. **2. a)** allgemeine Zugänglichkeit der Massenmedien u. ihrer Inhalte; **b)** öffentliche Darlegung der Geschäftsvorfälle u. der Entwicklung eines Unternehmens

Puck *der;* -s, -s ⟨*engl.*⟩: **1.** Kobold, schalkhafter Elf (in Shakespeares »Sommernachtstraum«). **2.** Hartgummischeibe beim Eishockey

Pud *das;* -[s], - ⟨*russ.*⟩: früheres russisches Gewicht (16,38 kg)

Pud|ding *der;* -s, -e u. -s ⟨*fr.-engl.*⟩: **1.** kalte Süßspeise aus in Milch aufgekochtem Puddingpulver od. Grieß. **2.** im Wasserbad gekochte Mehl-, Fleisch- od. Gemüsespeise

Pu|e|b|lo *der;* -s, -s ‹*span.*›: aus mehrstöckig zusammenhängenden terrassenartig angelegten Wohneinheiten bestehende Wohnanlage der Puebloindianer

Pu-Erh-Tee *der;* -s, -s ‹nach dem Ort Pu'er in China›: eine chinesische Teesorte

pu|e|ril ‹*lat.*› (Med.): kindlich, im Kindesalter vorkommend, dafür typisch

Pu|e|ri|li|tät *die;* - (Psychol., Med.): kindliches od. kindisches Wesen

Pu|er|pe|ral|fie|ber *das;* -s (Med.): Infektionskrankheit bei Wöchnerinnen; Kindbettfieber

Pu|er|pe|ri|um *das;* -s, ...ien ‹*lat.*› (Med.): Zeitraum von 6–8 Wochen nach der Entbindung; Wochenbett

Pul *der;* -[s], -s (aber: 5 -) ‹*pers.*›: Münzeinheit in Afghanistan (= 0,01 Afghani)

Pul|ci|nel|la [pʊltʃi...] *der;* -[s], ...elle, eindeutschend: **Pul|ci|nell** *der;* -s, -e ‹*it.*›: komischer Diener, Hanswurst in der neapolitanischen Commedia dell'Arte

Pull *der;* -s, -s ‹*engl.*›: Golfschlag, der dem Ball einen Linksdrall gibt

Pull-down-Me|nü [...'daun...] *das;* -s, -s (EDV): Menü (2), das durch Auswählen eines Begriffs in der Menüzeile eines Fensters [nach unten] aufgeblättert wird

pul|len: **1.** (Seemannsspr.) rudern. **2.** (Golf) einen Pull ausführen. **3.** (vom Pferd) mit vorgestrecktem Kopf stark vorwärtsdrängen

Pull|man|kap|pe *die;* -, -n (österr.): Baskenmütze

Pull|man|wa|gen, **Pull|man-Wa|gen** *der;* -s, - ‹nach dem amerik. Konstrukteur Pullman, 1831–1897›: komfortabel ausgestatteter Schnellzugwagen

Pul|lo|ver *der;* -s, - ‹*engl.*›: gestricktes od. gewirktes Kleidungsstück für den Oberkörper, das über den Kopf gezogen wird

Pul|lun|der *der;* -s, -: meist kurzer, ärmelloser Pullover, der über einem Oberhemd, einer Bluse getragen wird

pul|mo|nal ‹*lat.-nlat.*› (Med.): die Lunge betreffend, zu ihr gehörend

Pulp *der;* -s, -en ‹*lat.-fr.-engl.*›: **1.** breiige Masse mit größeren od. kleineren Fruchtstücken zur Marmeladeherstellung. **2.** bei der Gewinnung von Stärke aus Kartoffeln anfallender, als Futtermittel verwendeter Rückstand

Pul|pa *die;* -, ...pae [...pɛ] ‹*lat.*›: **1.** (Med.) **a)** Zahnmark; **b)** weiche Gewebemasse in der Milz. **2.** bei manchen Früchten (z. B. Bananen) ausgebildetes fleischiges Gewebe

Pul|pe, Pül|pe *die;* -, -n: ↑Pulp

Pul|pi|tis *die;* -, ...itiden ‹*lat.-nlat.*› (Med.): Entzündung des Zahnmarks

pul|pös ‹*lat.*› (Med.): fleischig, markig; aus weicher Masse bestehend

Pul|que ['pʊlkə] *der;* -[s] ‹*indian.-span.*›: (in Mexiko beliebtes) süßes, stark berauschendes Getränk aus gegorenem Agavensaft

Puls *der;* -es, -e ‹*lat.-mlat.*›: **1. a)** das Anschlagen der durch den Herzschlag fortgeleiteten Blutwelle an den Gefäßwänden; **b)** Stelle am inneren Handgelenk, an der der Puls (1 a) zu fühlen ist. **2.** (Elektrot.) gleichmäßige Folge gleichartiger Impulse (2 a)

Pul|sar *der;* -s, -e (Astron.): kosmische Strahlungsquelle mit Strahlungspulsen von höchster periodischer Konstanz

Pul|sa|ti|on *die;* -, -en ‹*lat.*›: **1.** (Med.) rhythmische Zu- u. Abnahme des Gefäßvolumens; Pulsschlag. **2.** (Astron.) Veränderung eines Sterndurchmessers

Pul|sa|tor *der;* -s, ...oren (Technik): Gerät zur Erzeugung pulsierender Bewegungen od. periodischer Druckänderungen (z. B. bei der Melkmaschine)

pul|sen: ↑pulsieren

pul|sie|ren: **1.** rhythmisch dem Pulsschlag entsprechend an- u. abschwellen; schlagen, klopfen. **2.** sich lebhaft regen, fließen, strömen

Pul|si|on *die;* -, -en (Fachspr.): Stoß, Schlag

Pul|so|me|ter *das;* -s, - ‹*lat.; gr.*› (Technik): kolbenlose Dampfpumpe, die durch Dampfkondensation arbeitet

Pul|ver ['pʊlfɐ, auch: ...lvɐ] *das;* -s, - ‹*lat.;* »Staub«›: **a)** fester Stoff in sehr feiner Zerteilung; **b)** Schießpulver; **c)** Medikament, Gift in Pulverform

Pul|ve|ri|sa|tor *der;* -s, ...oren ‹*lat.-nlat.*›: Maschine zur Pulverherstellung durch Stampfen od. Mahlen

pul|ve|ri|sie|ren: feste Stoffe zu Pulver (a) zerreiben, zerstäuben

Pu|ma *der;* -s, -s ‹*indian.*›: in Amerika heimisches Raubtier mit langem Schwanz, kleinem Kopf u. dichtem braunem bis [silber]grauem Fell

Pump|gun ['pampgan] *die;* -, -s ‹*engl.*›: großkalibriges mehrschüssiges Gewehr, bei dem das Repetieren durch Zurückziehen des Vorderschaftes erfolgt

Pumps [pœmps] *der;* -, - ‹*engl.*›: ausgeschnittener, nicht durch Riemen od. Schnürung gehaltener Damenschuh

Pu̲|na *die;* - ⟨*indian.-span.*⟩: Hochfläche der südamerikanischen Anden mit Steppennatur
Pun|cher ['pantʃɐ] *der;* -s, - (Boxen): **1.** Boxer, der über einen kraftvollen Schlag verfügt. **2.** Boxer, der mit dem Punchingball trainiert
Pun|ching|ball ['pantʃɪŋ...] *der;* -[e]s, ...bälle, **Pun|ching|bir|ne** *die;* -, -n: oben u. unten befestigter, frei beweglicher Lederball als Übungsgerät für Boxer
Pu̲nc|tum sa̲|li|ens *das;* - -: der springende Punkt, Kernpunkt; Entscheidendes
Punk [paŋk] *der;* -[s], -s ⟨*engl.-amerik.;* »Abfall, Mist«⟩: **1. a)** (ohne Plural, meist ohne Artikel) Protestbewegung von Jugendlichen mit bewusst rüdem, exaltiertem Auftreten u. bewusst auffallender Aufmachung (grelle Haare, zerrissene Kleidung, Metallketten o. Ä.); **b)** Anhänger des Punk (1 a). **2.** (ohne Plural) Kurzform von ↑Punkrock
Pun|ker ['paŋkɐ] *der;* -s, -: **1.** Musiker des Punkrock. **2.** Anhänger des Punk (1 a)
Pun|ke|rin *die;* -, -nen: weibliche Form zu ↑Punker
pun|kig ['paŋ...]: den Punk (1 a) betreffend, ihm entsprechend, für ihn charakteristisch
Punk|rock, Punk-Rock ['paŋk...] *der;* -[s]: Rockmusik, die durch einfache Harmonik, harte Akkorde, hektisch-aggressive Spielweise u. meist zynisch-resignative Texte gekennzeichnet ist
Pu̲nkt *der;* -[e]s, -e ⟨*lat.;* »Gestochenes; eingestochenes Zeichen«⟩: **1.** (Math.) geometrisches Gebilde ohne Ausdehnung; bestimmte Stelle im Raum, die durch Koordinaten festgelegt ist. **2.** kleines schriftliches Zeichen als Schlusszeichen eines Satzes od. einer im vollen Wortlaut gesprochenen Abkürzung, als Kennzeichen für eine Ordnungszahl, als Verlängerungszeichen hinter einer Note, als Morsezeichen u. a. **3.** sehr kleiner Fleck. **4.** (Druckw.) kleinste Einheit (0,376 mm) des typografischen Maßsystems für Schriftgrößen (z. B. eine Schrift von 8 Punkt). **5.** bestimmte Stelle, geografischer Ort. **6.** Stelle, Abschnitt (z. B. eines Textes, einer Rede); einzelner Teil aus einem zusammenhängenden Ganzen. **7.** Thema, Verhandlungsgegenstand innerhalb eines größeren Fragen-, Themenkomplexes. **8.** bestimmter Zeitpunkt, Augenblick. **9.** Wertungseinheit im Sport, bei bestimmten Spielen, für bestimmte Leistungen
Punk|ta̲l|glas® *das;* -es, ...gläser ⟨*lat.-nlat.; dt.*⟩: zur Vermeidung von Verzerrungen besonders geschliffenes Brillenglas
Punk|ta|ti|o̲n *die;* -, -en: **1.** (Rechtsspr.) nicht bindender Vorvertrag. **2.** [vorläufige] Festlegung der Hauptpunkte eines künftigen Staatsvertrages. **3.** Kennzeichnung der Vokale im Hebräischen durch Punkte u. Striche unter u. über den Konsonanten
pu̲nk|ten: 1. mit Punkten (9) bewerten. **2.** Punkte (9) sammeln
punk|tie̲|ren ⟨*lat.-mlat.;* »Einstiche machen; Punkte setzen«⟩: **1.** mit Punkten versehen, tüpfeln. **2.** (Musik) **a)** eine Note mit einem Punkt versehen u. sie dadurch um die Hälfte ihres Wertes verlängern; **b)** die Töne einer Gesangspartie um eine Oktave (od. Terz) niedriger od. höher versetzen. **3.** (Bildhauerei) die wichtigsten Punkte eines Modells auf den zu bearbeitenden Holz- od. Steinblock maßstabgerecht übertragen. **4.** (Med.) eine Punktion durchführen
Punk|tie̲|rung *die;* -, -en: **a)** (ohne Plural) das Punktieren; **b)** durch einen Punkt, durch Punkte gekennzeichnete Stelle
Punk|ti|o̲n *die;* -, -en ⟨*lat.*⟩ (Med.): Entnahme von Flüssigkeit od. Gewebe aus einer Körperhöhle durch Einstich mit Hohlnadeln
punk|tu|e̲ll: einen od. mehrere Punkte betreffend, Punkt für Punkt, punktweise; **punktuelle Aktionsart** (Sprachw.): Aktionsart des Zeitwortes, die einen bestimmten Punkt eines Geschehens herausgreift
Pu̲nk|tum ⟨*lat.*⟩: basta!, genug damit!, Schluss!
Punk|tu̲r *die;* -, -en: ↑Punktion
Pu̲n|ze *die;* -, -n ⟨*it.*⟩: **1.** Stempel, Stahlgriffel mit einer od. mehreren Spitzen zum Herstellen bestimmter Treib-, Ziselierarbeiten. **2.** eingestanzter Stempel, der den Feingehalt eines Edelmetalls anzeigt od. Auskunft über den Verfertiger o. Ä. gibt
pu̲n|zen, pun|zie̲|ren: 1. Zeichen, Muster in Metall, Leder u. a. einschlagen; ziselieren, Metall treiben. **2.** den Feingehalt von Gold u. Silberwaren kennzeichnen
Pu|pi̲ll *der;* -en, -en ⟨*lat.*⟩ (veraltet): Mündel, Pflegebefohlener
pu|pil|la̲r: 1. (Med.) die Pupille (1) betreffend, zu ihr gehörend. **2.** ↑pupillarisch
pu|pil|la̲|risch (Rechtsspr. veraltet): das Mündel betreffend
Pu|pi̲l|le *die;* -, -n ⟨»kleines Mädchen«⟩: **1.** schwarze Öffnung im Auge, durch die das Licht eindringt; Sehloch. **2.** (Rechtsspr. veraltet) weibliche Form zu ↑Pupill
pu|pi|ni|sie̲|ren: Pupinspulen einbauen
Pu|pi̲n|spu|le *die;* -, -n: mit pulverisiertem Eisen gefüllte Spule zur Verbesserung der Übertragungsqualität (bes. bei Telefonkabeln)
pu|pi|pa̲r ⟨*lat.-nlat.*⟩ (Zool.): sich gleich nach der

p

Geburt verpuppend (von Larven bestimmter Insekten)

pur ⟨*lat.*⟩: **1.** rein, unverfälscht, lauter; unvermischt. **2.** nur, bloß, nichts als; glatt

Pü|ree *das;* -s, -s ⟨*lat.-fr.*⟩: breiartige Speise aus Kartoffeln, Gemüse, Hülsenfrüchten, Fleisch, Obst o. Ä.

Pur|gans *das;* -, ...anzien u. ...antia [...tsia] ⟨*lat.*⟩ (Med.): Abführmittel mittlerer Stärke

Pur|ga|to|ri|um *das;* -s: in katholischem Glaubensverständnis Läuterungsort der Seelen Verstorbener; Fegefeuer

pur|gie|ren ⟨*lat.*⟩: **1.** reinigen, läutern. **2.** (Med.) abführen, ein Abführmittel anwenden

pü|rie|ren ⟨*lat.-fr.*⟩ (Gastron.): zu Püree machen, ein Püree herstellen

Pu|ri|fi|ka|ti|on *die;* -, -en ⟨*lat.*⟩: liturgische Reinigung der Altargefäße in der katholischen Messe

pu|ri|fi|zie|ren: reinigen, läutern

Pu|rim [auch: 'pu:...] *das;* -s ⟨*hebr.*⟩: im Februar/März gefeiertes jüdisches Fest zur Erinnerung an die im Buch Esther des Alten Testaments beschriebene Rettung der persischen Juden

Pu|rin *das;* -s, -e (meist Plural) ⟨*lat.-nlat.*⟩ (Chemie): aus der Nukleinsäure der Zellkerne entstehende organische Verbindung

Pu|ris|mus *der;* -: **1.** (Sprachw.) Streben nach Sprachreinheit, Kampf gegen Fremdwörter. **2.** Bewegung in der Denkmalpflege, ein Kunstwerk um der Stilreinheit willen von stilfremden Elementen zu befreien. **3.** Kunstrichtung im 20. Jh., die eine klare, strenge Kunst auf der Basis rein architektonischer u. geometrischer Form fordert

Pu|rist *der;* -en, -en: Vertreter des Purismus

Pu|ris|tin *die;* -, -nen: weibliche Form zu ↑Purist

pu|ris|tisch: den Purismus betreffend

Pu|ri|ta|ner *der;* -s, - ⟨*lat.-engl.*⟩: **a)** Anhänger des Puritanismus; **b)** sittenstrenger Mensch

Pu|ri|ta|ne|rin *die;* -, -nen: weibliche Form zu ↑Puritaner

pu|ri|ta|nisch: a) den Puritanismus betreffend; **b)** sittenstreng; **c)** bewusst einfach, spartanisch [in der Lebensführung]

Pu|ri|ta|nis|mus *der;* -: streng calvinistische Richtung im England des 16. u. 17. Jh.s

Pu|ri|tät *die;* - ⟨*lat.*⟩ (veraltet): [Sitten]reinheit

Pur|pur *der;* -s ⟨*gr.-lat.*⟩: **1. a)** sattroter, violetter Farbstoff; **b)** sattroter Farbton mit mehr od. weniger starkem Anteil von Blau. **2.** (von Herrschern, Kardinälen bei offiziellem Anlass getragenes) purpurfarbenes, prächtiges Gewand

pur|purn: mit Purpur (1) gefärbt, purpurfarbig

Pur|ser ['pə:sɐ] *der;* -s, - ⟨*engl.*⟩: **a)** Zahlmeister auf einem Schiff; **b)** Chefsteward im Flugzeug

Pur|se|rette [pə:sə'rɛt] *die;* -, -s: weibliche Form zu ↑Purser

pu|ru|lent ⟨*lat.*⟩ (Med.): eitrig

pu|schen vgl. pushen

pu|shen ['pʊʃn̩] ⟨*engl.*⟩: **1.** (salopp) **a)** durch forcierte Werbung jmds. Aufmerksamkeit auf jmdn., etwas lenken; **b)** antreiben, in Schwung bringen. **2.** (Jargon) mit harten Drogen handeln

Pu|sher *der;* -s, - (Jargon): Rauschgifthändler

Pu|she|rin *die;* -, -nen: weibliche Form zu ↑Pusher

Push-up-BH ['pʊʃlapbeha:] *der;* -[s], -[s] ⟨*engl.; dt.*⟩: ein üppiges Dekolleté formender Büstenhalter

Pus|tel *die;* -, -n ⟨*lat.*⟩ (Med.): Eiterbläschen; Pickel

pus|tu|lös (Med.): **a)** Pusteln aufweisend; zur Bildung von Pusteln neigend; **b)** mit Pusteln einhergehend

Pusz|ta ['pʊs...] *die;* -, ...ten ⟨*ung.*⟩: Grassteppe, Weideland in Ungarn

pu|ta|tiv ⟨*lat.*⟩ (Rechtswiss.): vermeintlich, auf einem Rechtsirrtum beruhend

Pu|ta|tiv|ehe *die;* -, -n (kath. Kirchenrecht): ungültige Ehe, die aber mindestens von einem Partner in Unkenntnis des bestehenden Ehehindernisses für gültig gehalten wird

Pu|ta|tiv|not|wehr *die;* - (Rechtswiss.): Abwehrhandlung in der irrtümlichen Annahme, die Voraussetzungen der Notwehr seien gegeben

Pu|t|re|fak|ti|on ⟨*lat.*⟩, **Pu|t|res|zenz** ⟨*lat.-nlat.*⟩ *die;* -, -en: **1.** (Biol.; Med.) Verwesung, Fäulnis. **2.** (Med.) faulige Nekrose

pu|t|res|zie|ren ⟨*lat.*⟩ (Med.): verwesen

Putt *der;* -[s], -s ⟨*engl.*⟩ (Golf): Schlag auf dem Grün, durch den der Ball in das Loch rollen soll (Rasenfläche am Ende der Spielbahn mit dem Loch)

Put|te *die;* -, -n, **Put|to** *der;* -s, ...tti u. ...tten ⟨*lat.-it.;* »Knäblein«⟩ (Kunstwiss.): (bes. im Barock u. Rokoko) Figur eines kleinen nackten Knaben, Kindes [mit Flügeln]

put|ten ⟨*engl.*⟩ (Golf): den Ball mit dem Putter schlagen

Put|ter *der;* -s, - ⟨*engl.*⟩ (Golf): Spezialgolfschläger, mit dem der Ball ins Loch getrieben wird

Put|to vgl. Putte

puz|zeln ['pʊzl̩n, 'pʊsl̩n, auch: 'pazl̩n, 'pasl̩n] ⟨*engl.*⟩: ein Puzzle zusammensetzen

Puz|zle ['pʊzl̩, 'pʊsl̩, auch: 'pazl̩, auch: 'pasl̩] *das;* -s, -s: aus vielen Einzelteilen in einem Geduldsspiel zusammenzusetzendes Bild

Puzz|ler *der;* -s, -: jmd., der ein Puzzle zusammensetzt
PVC *das;* -[s]: Abk. für: ↑Polyvinylchlorid
Py|ämie *die;* -, ...ien ‹*gr.-nlat.*› (Med.): Vorkommen zahlreicher Eitererreger im Blut
Py|e|li|tis *die;* -, ...itiden (Med.): Nierenbeckenentzündung
Py|e|lo|gra|fie, Py|e|lo|gra|phie *die;* -, ...ien (Med.): röntgenologische Darstellung des Nierenbeckens
Py|e|lo|gramm *das;* -s, -e (Med.): Röntgenbild des Nierenbeckens
Py|e|lo|gra|phie vgl. Pyelografie
Py|e|lo|ne|ph|ri|tis *die;* -, ...itiden (Med.): gleichzeitige Entzündung von Nierenbecken u. Nieren
Py|e|lo|zys|ti|tis *die;* -, ...itiden (Med.): gleichzeitige Entzündung von Nierenbecken u. Blase
Pyg|mäe *der;* -n, -n ‹*gr.-lat.;* »Fäustling«›: Angehöriger eines kleinwüchsigen Menschentyps in Afrika
pyg|mä|isch: kleinwüchsig
Py|ja|ma [py'dʒa:ma, auch: py'ʒa:ma, österr.: pi'dʒa:ma, selten: ...'ja:...] *der,* österr., schweiz. auch: *das;* -s, -s ‹*Hindi-engl.;* »Beinkleid«›: Schlafanzug
Py|k|ni|ker *der;* -s, -: Mensch von pyknischem Körperbau
py|k|nisch: (in Bezug auf den Körperbautyp) kräftig, gedrungen u. zu Fettansatz neigend
Py|k|no|me|ter *das;* -s, -: Glasgefäß mit genau bestimmtem Volumen zur Ermittlung der Dichte von Flüssigkeiten od. Pulvern
py|k|no|tisch: verdichtet, dicht zusammengedrängt (von der Zellkernmasse)
Py|lon *der;* -en (auch: -s), -en (auch: -e), **Py|lo|ne** *die;* -, -n ‹*gr.*›: **1.** von festungsartigen Türmen flankiertes Eingangstor ägyptischer Tempel. **2.** turm- od. portalartiger Teil von Hängebrücken o. Ä., der die Seile an den höchsten Punkten trägt. **3.** kegelförmige, bewegliche, der Absperrung dienende Markierung auf Straßen. **4.** an der Tragfläche od. am Rumpf eines Flugzeugs angebrachter, verkleideter Träger zur Befestigung einer Last
Py|lo|rus *der;* -, ...ren ‹*gr.-lat.;* »Türhüter«› (Med.): [Magen]pförtner, Schließmuskel am Magenausgang
pyo|gen (Med.): Eiterungen verursachend (von bestimmten Bakterien)
Py|or|rhö *die;* -, -en (Med.): eitriger Ausfluss
py|or|rho|isch: die Pyorrhö betreffend, in der Art einer Pyorrhö
py|ra|mi|dal ‹*ägypt.-gr.-lat.*›: **1.** pyramidenförmig. **2.** (ugs.) gewaltig, riesenhaft
Py|ra|mi|de *die;* -, -n ‹*ägypt.-gr.-lat.*›: **1.** monumentaler Grab- od. Tempelbau verschiedener Kulturen, bes. im alten Ägypten. **2.** (Math.) geometrischer Körper mit einem ebenen Vieleck als Grundfläche u. einer entsprechenden Anzahl von gleichschenkligen Dreiecken, die in einer gemeinsamen Spitze enden, als Seitenflächen. **3.** (Mineral.) Kristallfläche, die alle drei Kristallachsen schneidet. **4.** (Med.) pyramidenförmige Bildung an der Vorderseite des verlängerten Marks. **5.** Figur im Kunstkraftsport
Py|r|a|no|me|ter *das;* -s, - ‹*gr.-nlat.*› (Meteorol.): Gerät zur Messung der Sonnen- u. Himmelsstrahlung
Py|re|th|rum *das;* -s, ...ra ‹*gr.-lat.*›: **1.** (veraltend) Chrysanthemum. **2.** Insektizid aus den getrockneten Blüten verschiedener Chrysanthemen
Py|re|ti|kum *das;* -s, ...ka ‹*gr.-nlat.*› (Med.): Fiebermittel, Fieber erzeugendes Mittel
py|re|tisch (Med.): Fieber erzeugend (von Medikamenten)
Py|r|e|xie *die;* -, ...ien (Med.): Fieber[anfall]
Py|rit [auch: ...'rɪt] *der;* -s, -e ‹*gr.-lat.*› (Geol.): Mineral, das bes. zur Gewinnung von Schwefel[verbindungen] dient; Eisenkies, Schwefelkies
py|ro|gen ‹*gr.-nlat.*›: **1.** (Med.) Fieber erzeugend (z. B. von Medikamenten). **2.** (Geol.) aus Schmelze entstanden (von Mineralien)
Py|ro|ly|se *die;* -, -n: Zersetzung chemischer Verbindungen durch sehr große Wärmeeinwirkung
py|ro|ly|tisch: die Pyrolyse betreffend, auf ihr beruhend
Py|ro|ma|ne *der;* -n, -n (Med.): jmd., der an Pyromanie leidet
Py|ro|ma|nie *die;* - (Med.): zwanghafter Trieb, Brände zu legen [u. sich beim Anblick des Feuers sexuell zu erregen]
Py|ro|ma|nin *die;* -, -nen: weibliche Form zu ↑Pyromane
Py|ro|me|ter *das;* -s, - ‹*gr.-nlat.*›: Gerät zur Messung der Temperatur glühender Stoffe
py|ro|phor ‹*gr.*›: [in feinster Verteilung] sich an der Luft bei gewöhnlicher Temperatur selbst entzündend
Py|ro|phor *der;* -s, -e: Stoff mit pyrophoren Eigenschaften (z. B. Phosphor, Eisen, Blei)
Py|ro|tech|nik *die;* -: Herstellung u. Gebrauch von Feuerwerkskörpern; Feuerwerkerei
Py|ro|tech|ni|ker *der;* -s, -: Fachmann auf dem Gebiet der Pyrotechnik; Feuerwerker
py|ro|tech|nisch: die Pyrotechnik betreffend
Pyr|rho|nis|mus *der;* - ‹*gr.-nlat.;* nach dem gr. Philosophen Pyrrhon (360–270 v. Chr.)›: ↑Skeptizismus (2)

Py̲r|rhus|sieg *der;* -[e]s, -e ⟨nach den verlustreichen Siegen des Königs Pyrrhus von Epirus über die Römer⟩: Scheinsieg; Erfolg, der mit hohem Einsatz, mit großen Opfern verbunden ist u. daher eher einem Fehlschlag gleichkommt

Pyr|ro̲l *das;* -s ⟨*gr.-nlat.*⟩: stickstoffhaltige organische Verbindung mit vielen Abkömmlingen von biochemischer Bedeutung (z. B. Blutfarbstoff)

Py|tha|go|rä̲|er usw. vgl. Pythagoreer usw.

Py|tha|go|re̲|er, österr.: **Py|tha|go|rä̲|er** *der;* -s, -: Anhänger der Lehre des Pythagoras

py|tha|go|re̲|isch, österr.: **py|tha|go|rä̲|isch:** die Lehre des Pythagoras betreffend, nach der Lehre des Pythagoras; **pythagoreischer Lehrsatz** (Math.): Lehrsatz der Geometrie, nach dem im rechtwinkligen Dreieck das Quadrat über der Hypotenuse gleich der Summe der Quadrate über den Katheten ist

Py̲|thia *die;* -, ...ien ⟨nach der Priesterin des Orakels von Delphi⟩: Frau, die in orakelhafter Weise Zukünftiges voraussagt

py̲|thisch: dunkel, orakelhaft

Py̲|thon *der;* -s, -s, **Py̲|thon|schlan|ge** *die;* -, -n ⟨*gr.-lat.;* von Apollo getötetes Ungeheuer der gr. Sage⟩: in Afrika, Südasien u. Nordaustralien lebende Riesenschlange

Py̲|xis *die;* -, ...i̲den, auch: ...i̲des [...de:s] ⟨*gr.-lat.*⟩: Behältnis für liturgische Gegenstände, Hostienbehälter im Tabernakel

Q

Qi [tʃi:] *das;* -[s] ⟨*chin.;* »Dunst; Stoff«⟩: die Lebensenergie bezeichnender Begriff in der chinesischen Philosophie

Qi|gong [tʃiˈgʊŋ] *das;* -[s] ⟨*chin.*⟩: eine der chinesischen Tradition entstammende Heil- u. Selbstheilmethode, bei der Atem, Bewegung u. Vorstellungskraft methodisch eingesetzt werden, um Herz-, Kreislauf- u. Nervenerkrankungen zu behandeln

Qịn|dar [k...] *der;* -[s], -ka ⟨*alban.*⟩: Münzeinheit in Albanien (= 0,01 Lek)

Quad [kvɔt] *das;* -[s], -s ⟨*engl.*⟩: vierrädriges Motorrad

Qua|d|rạn|gel *das;* -s, - ⟨*lat.*⟩: Viereck

Qua|d|rạnt *der;* -en, -en ⟨*lat.;* »der vierte Teil«⟩: **1.** (Math.) **a)** Viertelkreis; **b)** beim ebenen Koordinatensystem die zwischen zwei Achsen liegende Viertelebene. **2. a)** ein Viertel des Äquators od. eines Meridians; **b)** (Geschichte) Instrument zur Messung der Durchgangshöhe der Sterne (Vorläufer des ↑Meridiankreises). **3.** (Militär früher) Instrument zum Einstellen der Höhenrichtung eines Geschützes beim Schuss ohne Sicht auf das Ziel

Qua|d|ra̲t *das;* -[e]s, -e[n]: **1.** (Plural nur: -e; Math.) **a)** Viereck mit vier rechten Winkeln u. vier gleichen Seiten; **b)** zweite ↑Potenz (4) einer Zahl. **2.** (Druckw.) rechteckiges, nicht druckendes Stück Blei, das zum Auffüllen von Zeilen beim Schriftsatz verwendet wird; Geviert. **3.** (Astrol.) 90° Winkelabstand zwischen Planeten

Qua|d|ra̲t|de|zi|me|ter *der,* auch: *das;* -s, -: Fläche von 1 dm Länge u. 1 dm Breite (Zeichen: dm^2)

qua|d|ra̲|tisch: **1.** in der Form eines Quadrats. **2.** (Math.) in die zweite Potenz erhoben

Qua|d|ra̲t|ki|lo|me|ter *der;* -s, -: Fläche von 1 km Länge u. 1 km Breite (Zeichen: km^2)

Qua|d|ra̲t|me|ter *der,* auch: *das;* -s, -: Fläche von 1 m Breite u. 1 m Länge (Zeichen: m^2)

Qua|d|ra̲t|mil|li|me|ter *der,* auch: *das;* -s, -: Fläche von 1 mm Breite u. 1 mm Länge (Zeichen: mm^2)

Qua|d|ra|tu̲r *die;* -, -en: **1.** (Math.) **a)** Umwandlung einer beliebigen, ebenen Fläche in ein Quadrat gleichen Flächeninhalts durch geometrische Konstruktion; **die Quadratur des Kreises:** Aufgabe, mit Zirkel u. Lineal ein zu einem gegebenen Kreis flächengleiches Quadrat zu konstruieren (aus bestimmten math. Gründen nicht möglich); **etwas ist die Quadratur des Kreises:** etwas ist unmöglich; **b)** Bestimmung des Flächeninhalts einer ebenen geometrischen Figur. **2.** (Astron.) zur Verbindungsachse Erde–Sonne rechtwinklige Planetenstellung. **3.** architektonische Konstruktionsform, bei der ein Quadrat zur Bestimmung konstruktiv wichtiger Punkte verwendet wird, bes. in der romanischen Baukunst

Qua|d|ra|tu̲r|ma|le|rei *die;* -, -en ⟨*lat.; dt.*⟩: **1.** (ohne Plural) perspektivische Ausmalung von Innenräumen mit dem Zweck, die Größenverhältnisse optisch zu verändern. **2.** Beispiel für die perspektivische Ausmalung von Innenräumen

Qua|d|ra̲t|wur|zel *die;* -, -n: zweite Wurzel einer Zahl od. mathematischen Größe (Zeichen: √)

Qua|d|ra̲t|zahl *die;* -, -en (Math.): Zahl, die die zweite ↑Potenz (4) einer anderen ist

Qua|d|ra̲t|zen|ti|me|ter *der,* auch: *das;* -s, -: Fläche von 1 cm Länge u. 1 cm Breite (Zeichen: cm^2)

Qua|d|ri|en|na|le *die;* -, -n ⟨*lat.-it.*⟩: alle vier Jahre stattfindende Ausstellung od. repräsentative Vorführung (auf dem Gebiet der bildenden Kunst u. des Films)

Qua|d|ri|en|ni|um *das;* -s, ...ien ⟨*lat.*⟩ (veraltet): Zeitraum von vier Jahren

qua|d|rie|ren (Math.): in die zweite ↑Potenz (4) erheben, d. h. mit sich selbst multiplizieren

Qua|d|ri|ga *die;* -, ...gen: von einem offenen Streit-, Renn- od. Triumphwagen [der Antike] aus gelenktes Viergespann (Darstellung in der Kunst [als Siegesdenkmal])

Qua|d|ril|le [kva'drɪljə, auch: ka..., österr.: ka'drɪl] *die;* -, -n ⟨*lat.-span.-fr.*⟩: von je vier Paaren im Karree getanzter Contretanz (im $^3/_8$- od. $^2/_4$-Takt)

Qua|d|ril|li|on *die;* -, -en ⟨*lat.-fr.*⟩: eine Million ↑Trillionen = vierte Potenz einer Million = 10^{24}

Qua|d|ri|nom *das;* -s, -e ⟨*lat.; gr.*⟩ (Math.): Summe aus vier Gliedern

Qua|d|ri|re|me *die;* -, -n ⟨*lat.*⟩: Vierruderer (antikes Kriegsschiff mit vier übereinanderliegenden Ruderbänken)

Qua|d|ri|vi|um *das;* -s ⟨»Vierweg«⟩: im mittelalterlichen Universitätsunterricht die vier höheren Fächer: Arithmetik, Geometrie, Astronomie, Musik; vgl. Trivium

Qua|d|ro [auch: 'kva...] *das;* -s: Kurzform von ↑Quadrofonie

qua|d|ro|fon, qua|d|ro|phon: (in Bezug auf die Übertragung von Musik, Sprache o. Ä.) über vier Kanäle laufend; vgl. stereofon

Qua|d|ro|fo|nie, Qua|d|ro|pho|nie *die;* - ⟨*lat.; gr.*⟩: quadrofone Übertragungstechnik, durch die ein gegenüber der ↑Stereofonie erhöhtes Maß an räumlicher Klangwirkung erreicht wird

qua|d|ro|phon usw. vgl. quadrofon usw.

Qua|d|ro|sound [...zaunt] *der;* -s ⟨*lat.; engl.*⟩: durch Quadrofonie erzeugte Klangwirkung

Qua|d|ru|pe|de *der;* -n, -n (meist Plural) (veraltet): **a)** Vierfüßer; **b)** Säugetier (nach Linné)

[1]**Qua|d|ru|pel** *das;* -s, - ⟨*lat.-fr.*⟩: vier zusammengehörende mathematische Größen

[2]**Qua|d|ru|pel** *der;* -s, - ⟨*span.*⟩: frühere spanische Goldmünze

Qua|d|ru|pel|al|li|anz *die;* -, -en ⟨*lat.; lat.-fr.*⟩: Bündnis von vier Staaten

Quag|ga *das;* -s, -s ⟨*hottentott.*⟩: ausgerottetes zebraartiges Wildpferd

Quai [ke:, auch: kɛ:] *der* od. *das;* -s, -s ⟨*gall.-fr.-niederl.*⟩: fr. Schreibung für ↑Kai

Quai d'Or|say [kedɔr'sɛ] *der;* - - ⟨*fr.*⟩: das an der gleichnamigen Straße in Paris gelegene französische Außenministerium

Quä|ker *der;* -s, - ⟨*engl.;* »Zitterer«; urspr. Spottname⟩: Mitglied der im 17. Jh. gegründeten englisch-amerikanischen Society of Friends (= Gesellschaft der Freunde), einer sittenstrengen, pazifistischen Religionsgemeinschaft mit bedeutender Sozialarbeit

Quä|ke|rin *die;* -, -nen: weibliche Form zu ↑Quäker

quä|ke|risch: nach Art der Quäker

Qua|li|fi|ka|ti|on *die;* -, -en ⟨*lat.-mlat.-fr.(-engl.)*⟩: **1.** das Sichqualifizieren. **2. a)** Befähigung, Eignung; **b)** Befähigungsnachweis. **3. a)** durch vorausgegangene sportliche Erfolge erworbene Berechtigung, an sportlichen Wettbewerben teilzunehmen; **b)** Wettbewerb für die Teilnahme an der nächsten Runde eines größeren Wettbewerbs. **4.** Beurteilung, Kennzeichnung; vgl. ...ation/...ierung

qua|li|fi|zie|ren: 1. sich qualifizieren: **a)** sich weiterbilden u. einen Befähigungsnachweis erbringen, eine Qualifikation (2 b) erwerben; **b)** die für die Teilnahme an einem sportlichen Wettbewerb erforderliche Leistung erbringen. **2.** die Voraussetzung für jmds. Eignung, Befähigung für etwas darstellen. **3.** als etwas beurteilen, einstufen, kennzeichnen, bezeichnen

qua|li|fi|ziert: tauglich, besonders geeignet

Qua|li|fy|ing ['kwɔlɪfaiɪŋ] *das;* -s, -s ⟨*engl.*⟩: Qualifikation (3 b) u. Festlegung der Startreihenfolge für ein [Auto]rennen

Qua|li|tät *die;* -, -en ⟨*lat.*⟩: **1. a)** Beschaffenheit; **b)** Güte, Wert. **2.** (Sprachw.) Klangfarbe eines Vokals. **3.** im Schachspiel der Turm hinsichtlich seiner relativen Überlegenheit gegenüber Läufer od. Springer; **die Qualität gewinnen:** Läufer od. Springer gegen einen Turm eintauschen

qua|li|ta|tiv ⟨*lat.-mlat.*⟩: hinsichtlich der Qualität (1)

Qua|li|täts|kon|t|rol|le *die;* -, -n: die Überwachung der Qualität von in Massen produzierten Gütern mithilfe statistischer Methoden

Quant *das;* -s, -en ⟨*lat.*⟩ (Physik): nicht weiter teilbares Energieteilchen, das verschieden groß sein kann

quan|teln: eine Energiemenge in Quanten darstellen

Quan|ten|bio|lo|gie *die;* -: Teilgebiet der Biophysik, auf dem man sich mit der Quantentheorie bei biologischen Vorgängen befasst

Quan|ten|me|cha|nik *die;* -: erweiterte elementare Mechanik, die es ermöglicht, das Geschehen des Mikrokosmos zu erfassen

Quan|ten|sprung *der;* -[e]s, ...sprünge ⟨*lat.; dt.*⟩: **1.** (Physik) (unter Emission od. Absorption von

Energie od. Teilchen erfolgender) plötzlicher Übergang eines mikrophysikalischen Systems aus einem Quantenzustand in einen anderen. **2.** [durch eine neue Idee, Entdeckung, Erfindung, Erkenntnis o. Ä. ermöglichter] Fortschritt, der eine Entwicklung innerhalb kürzester Zeit ein sehr großes Stück voranbringt

Quan|ten|the|o|rie *die;* -, ...ien: Theorie über die mikrophysikalischen Erscheinungen, die das Auftreten von Quanten in diesem Bereich berücksichtigt

quan|ti|fi|zier|bar: sich quantifizieren lassend

quan|ti|fi|zie|ren: in Mengenbegriffen, Zahlen o. Ä. beschreiben

Quan|ti|fi|zie|rung *die;* -, -en: das Quantifizieren; vgl. ...ation/...ierung

Quan|ti|tät *die;* -, -en ⟨*lat.*⟩: **1.** Menge, Anzahl. **2.** (antike Metrik; Sprachw.) Dauer einer Silbe (Länge od. Kürze des Vokals) ohne Rücksicht auf die Betonung

quan|ti|ta|tiv ⟨*lat.-nlat.*⟩: der Quantität (1) nach, mengenmäßig

Quan|ti|té né|g|li|gea|b|le [kãtitenegli'ʒa:bl̩] *die;* - - ⟨*lat.-fr.*⟩: wegen ihrer Kleinheit außer Acht zu lassende Größe, Belanglosigkeit

quan|ti|tie|ren ⟨*lat.-nlat.*⟩: Silben im Vers nach der Quantität (2) messen

Quan|tum *das;* -s, ...ten ⟨*lat.;* »wie groß, wie viel; so groß wie«⟩: jmdm. zukommende, einer Sache angemessene Menge von etwas (bes. Nahrungsmittel o. Ä.)

Qua|ran|tä|ne [ka...] *die;* -, -n ⟨*lat.-vulgärlat.-fr.;* »Anzahl von 40 (Tagen)«⟩: räumliche Absonderung, Isolierung Ansteckungsverdächtiger od. Absperrung eines Infektionsherdes (z. B. Wohnung, Ortsteil, Schiff) von der Umgebung als Schutzmaßregel gegen Ausbreitung od. Verschleppung von Seuchen

Qua|ran|tä|ne|sta|ti|on *die;* -, -en: Einrichtung zur Unterbringung von Personen, Tieren, die unter Quarantäne stehen

Quark [kwɔ:k] *das;* -s, -s ⟨*engl.;* Fantasiename aus »Finnegans Wake« von James Joyce⟩ (Physik): hypothetisches Elementarteilchen

[1]**Quart** *die;* -, -en ⟨*lat.(-mlat.)*⟩: **1.** (Musik) ↑Quarte. **2.** bestimmte Klingenhaltung beim Fechten

[2]**Quart** *das;* -s, -e (aber: 2 -) ⟨*lat.*⟩: **1.** (ohne Plural) Viertelbogengröße (Buchformat; Zeichen: 4°). **2.** früheres Flüssigkeitsmaß in Preußen u. Bayern

[3]**Quart** [kwɔ:t] *das;* -s, -s (aber: 2 -) ⟨*lat.-engl.*⟩: **a)** englisches Hohlmaß (1,136 l; Zeichen: qt); **b)** amerikanisches Hohlmaß (für Flüssigkeiten: 0,946 l; Zeichen: liq qt); **c)** amerikanisches Hohlmaß (für trockene Substanzen: 1,101 dm^3; Zeichen: dry qt)

Quar|ta *die;* -, ...ten ⟨*lat.*⟩ (veraltend): dritte, in Österreich vierte Klasse eines Gymnasiums

Quar|tal *das;* -s, -e ⟨*lat.-mlat.*⟩: Vierteljahr

Quar|tals|säu|fer *der;* -s, - ⟨*lat.-mlat.; dt.*⟩ (ugs.): Dipsomane; vgl. Dipsomanie

Quar|ta|na *die;* - ⟨*lat.*⟩ (Med.): Viertagewechselfieber (Verlaufsform der Malaria)

Quar|ta|ner *der;* -s, - (veraltend): Schüler der Quarta

Quar|ta|ne|rin *die;* -, -nen: weibliche Form zu ↑Quartaner

quar|tär ⟨*lat.*⟩: **1.** (Geol.) das Quartär betreffend. **2.** an vierter Stelle in einer Reihe, [Rang]folge stehend; viertrangig. **3.** (Chemie) **a)** das zentrale Atom bildend, an das vier organische Reste gebunden sind, die je ein Wasserstoffatom ersetzen (von Atomen in Molekülen); **b)** aus Molekülen bestehend, die ein quartäres (3 a) Atom als Zentrum haben (von chemischen Verbindungen)

Quar|tär *das;* -s (Geol.): erdgeschichtliche Formation des ↑Känozoikums (umfasst ↑Pleistozän u. ↑Alluvium)

Quar|te *die;* -, -n (Musik): **a)** vierter Ton einer diatonischen Tonleiter vom Grundton an; **b)** Intervall von vier diatonischen Tonstufen

Quar|tel *das;* -s, - (bayr.): kleines Biermaß

Quar|ten: *Plural* von ↑Quarta u. ↑[1]Quart

Quar|ter ['kwɔ:tɐ] *der;* -s, -s (aber: 5 Quarter) ⟨*lat.-fr.-engl.*⟩: **1.** englisches Gewicht (12,7 kg). **2.** englisches Hohlmaß (= 290,95 l). **3.** Getreidemaß in den USA (= 21,75 kg)

Quar|ter|back ['kwɔ:tɐbɛk] *der;* -s, -s ⟨*engl.*⟩: Spieler, der aus der Verteidigung heraus Angriffe einleitet u. führt; Spielmacher (im amerikanischen Football)

Quar|ter|deck *das;* -s, -s (Seew.): leicht erhöhtes hinteres Deck eines Schiffes

Quar|tett *das;* -[e]s, -e ⟨*lat.-it.*⟩: **1. a)** Komposition für vier solistische Instrumente od. vier Solostimmen; **b)** Vereinigung von vier Instrumental- od. Vokalsolisten; **c)** (oft iron.) Gruppe von vier Personen, die gemeinsam etwas tun. **2.** die erste od. zweite der beiden vierzeiligen Strophen des ↑Sonetts im Unterschied zum ↑Terzett (2). **3.** Kartenspiel, bes. für Kinder, bei dem jeweils vier zusammengehörende Karten abgelegt werden, nachdem man die fehlenden durch Fragen von den Mitspielern erhalten hat

Quar|tier *das;* -s, -e ⟨*lat.-fr.*⟩: **1.** Unterkunft. **2.** (österr., schweiz.) Stadtviertel

quar|tie|ren (veraltet): unterbringen; einquartieren
Quar|til *das;* -s, -e ⟨*lat.-nlat.*⟩ (bes. Statistik): Viertel (in einer bestimmten Rangliste)
Quart|sext|ak|kord *der;* -[e]s, -e (Musik): Akkord von Quarte u. Sexte über der Quinte des Grundtons
quar|zen ⟨*slaw.*⟩ (landsch. ugs.): rauchen
Qua|sar *der;* -s, -e ⟨Kurzw. aus **quasistellare Ra**dioquelle⟩ (Astron.): Sternsystem, Objekt im Kosmos mit extrem starker Radiofrequenzstrahlung
qua|si ⟨*lat.*⟩: gewissermaßen, sozusagen, so gut wie

qua|si..., Qua|si...

⟨*lat.* quasi »gewissermaßen, gleichsam, sozusagen«⟩
Wortbildungselement mit der Bedeutung »mit der bezeichneten Sache fast gleichzusetzen, im strengen Sinne aber doch etwas anderes; nur annähernd, aber nicht in vollem Maße«:
- quasioffiziell
- quasioptisch
- Quasisouveränität
- quasistellar

Qua|si|mo|do|ge|ni|ti ⟨nach dem alten ↑Introitus des Gottesdienstes, 1. Petrus 2,2: »Wie die eben geborenen (Kinder)«⟩ (ev. Kirche): erster Sonntag nach Ostern (Weißer Sonntag)
qua|si|of|fi|zi|ell: sozusagen, gewissermaßen offiziell
qua|si|op|tisch (Physik): sich ähnlich den Lichtwellen, also fast geradlinig ausbreitend (in Bezug auf Ultrakurzwellen)
Qua|si|sou|ve|rä|ni|tät *die;* -, -en: scheinbare Souveränität
Quas|sie [...i̯ə] *die;* -, -n ⟨*nlat.;* nach dem Medizinmann G. Quassi (18. Jh.)⟩: südamerikanischer Baum, dessen Holz einen früher als Magenmittel verwendeten Bitterstoff liefert
Quäs|ti|on *die;* -, -en ⟨*lat.*⟩: in einer mündlichen ↑Diskussion entwickelte u. gelöste wissenschaftliche Streitfrage (in der Scholastik)
Quäs|tor *der;* -s, ...oren ⟨*lat.*⟩: **1.** (Geschichte) hoher Finanz- u. Archivbeamter in der römischen Republik. **2.** Leiter einer Quästur (2). **3.** (schweiz.) Kassenwart (eines Vereins)
Quäs|to|rin *die;* -, -nen: weibliche Form zu ↑Quästor (2, 3)
Quäs|tur *die;* -, -en: **1. a)** Amt eines Quästors (1); **b)** Amtsbereich eines Quästors (1). **2.** Universitätskasse, die die Hochschulgebühren einzieht
Qua|tem|ber *der;* -s, - ⟨*lat.-mlat.*⟩: liturgisch begangener katholischer Fasttag (am Mittwoch, Freitag u. Samstag nach Pfingsten, nach dem dritten Advents- u. ersten Fastensonntag)
qua|ter|när ⟨*lat.*⟩ (Chemie): aus vier Bestandteilen zusammengesetzt, aus vier Teilen bestehend
Qua|ter|ne *die;* -, -n (veraltet): Gewinn von vier Nummern in der Zahlenlotterie od. im Lotto
Quat|t|ro|cen|tist [...tʃɛn...] *der;* -en, -en ⟨*lat.-it.*⟩: Künstler des Quattrocento
Quat|t|ro|cen|to *das;* -[s]: das 15. Jahrhundert als Stilbegriff der italienischen Kunst
Que|b|ra|cho [keˈbrat͜ʃo] *das;* -s ⟨*span.*⟩: bes. hartes Holz südamerikanischer Baumarten
Que|chua [ˈkɛt͜ʃu̯a], **Ket|schua** *das;* -[s] ⟨*indian.-span.*⟩: südamerikanische Indianersprache
Queen [kviːn] *die;* -, -s ⟨*engl.*⟩: **1.** englische Königin. **2.** (ugs.) weibliche Person, die in einer Gruppe, in ihrer Umgebung im Mittelpunkt steht, am beliebtesten, begehrtesten u. a. ist. **3.** femininer Homosexueller
Quell|code *der;* -s, -s ⟨*dt.; lat.-fr.-engl.*⟩ (EDV): in einer Programmiersprache geschriebener Text eines Computerprogramms
Quem|pas *der;* - ⟨*lat.;* Kurzw. aus den beiden Anfangssilben von: **Quem pas**tores laudavere »Den die Hirten lobeten sehre«⟩: alter volkstümlicher Wechselgesang der Jugend in der Christmette od. -vesper
Quent *das;* -[e]s, -e (aber: 5 -) ⟨*lat.-mlat.*⟩: ehemaliges kleines deutsches Gewicht unterschiedlicher Größe
Que|re|le *die;* -, -n (meist Plural) ⟨*lat.*⟩: auf gegensätzlichen Bestrebungen, Interessen, Meinungen beruhende [kleinere] Streiterei
Que|ru|lant *der;* -en, -en ⟨*lat.-nlat.*⟩: jmd., der immer etwas zu nörgeln hat u. sich über jede Kleinigkeit beschwert
Que|ru|lan|tin *die;* -, -nen: weibliche Form zu ↑Querulant
que|ru|lie|ren: nörgeln, ohne Grund klagen
¹Queue [køː] *das* (auch: *der*); -s, -s ⟨*lat.-fr.;* »Schwanz«⟩: Billardstock
²Queue *die;* -, -s: **1.** lange Reihe, Schlange (z. B. eine Queue bilden). **2.** (veraltet) Ende einer ↑Kolonne (1 a) oder reitenden Abteilung; Ggs. ↑Tete
Quiche [kiʃ] *die;* -, -s [kiʃ] ⟨*germ.-fr.*⟩ (Gastron.): Kuchen aus ungezuckertem Mürbe- od. Blätterteig mit herzhafter Füllung
Qui|ckie *der;* -s, -s ⟨*engl.*⟩ (ugs.): **1.** rasch vollzogene Handlung; schnell Erledigtes. **2.** rasch vollzogener Geschlechtsakt
Quick|stepp [...stɛp] *der;* -s, -s ⟨*engl.*⟩: Standardtanz in schnellem Marschtempo u. stampfen-

dem Rhythmus, der durch Fußspitzen- u. Fersenschläge ausgedrückt wird

Qui|dam *der;* - ‹*lat.*›: ein gewisser Jemand

Quid|pro|quo *das;* -[s], -s ‹*lat.;* »etwas für etwas«›: **a)** Vereinbarung zu gegenseitigem Nutzen; **b)** gegenseitiger Austausch; Vertauschung, Ersatz

Quie *die;* -, Quien ‹*altnord.*› (landsch.): **a)** junges weibliches Rind, das noch nicht gekalbt hat; **b)** gemästete junge Kuh

Qui|e|tis|mus *der;* - ‹*lat.-nlat.*›: passive Geisteshaltung, die bes. durch das Streben nach einer gottergebenen Frömmigkeit u. Ruhe des Gemüts gekennzeichnet ist

Qui|e|tist *der;* -en, -en: Anhänger des Quietismus

Qui|e|tis|tin *die;* -, -nen: weibliche Form zu ↑Quietist

qui|e|tis|tisch: den Quietismus betreffend

Qui|e|tiv *das;* -s, -e, **Qui|e|ti|vum** *das;* -s, ...va (Med., Pharm.): Beruhigungsmittel

Quil|la|ja *die;* -, -s ‹*indian.-span.*›: chilenischer Seifenbaum (liefert die als Reinigungsmittel verwendete Panamarinde)

Quilt *der;* -s, -s ‹*engl.*›: eine Art Steppdecke

quil|ten: einen Quilt herstellen

Qui|nar *der;* -s, -e ‹*lat.;* »Fünfer«›: römische Silbermünze der Antike

quin|ke|lie|ren ‹*lat.-mlat.*›: **1.** (landsch.) trällern, zwitschern; mit schwacher, dünner Stimme singen. **2.** (landsch.) Winkelzüge, Ausflüchte machen

Quin|qua|ge|si|ma *die;* -, (bei artikellosem Gebrauch auch:) ...mä: **1.** kath. Bez. des Fastnachtsonntags ↑Estomihi als des ungefähr 50. Tages vor Ostern. **2.** (früher) der 50-tägige Zeitraum zwischen Ostern u. Pfingsten

Quin|quen|ni|um *das;* -s, ...ien ‹*lat.*› (veraltet): Zeitraum von fünf Jahren

quin|qui|lie|ren vgl. quinkelieren

Quin|quil|li|on *die;* -, -en ‹*lat.-nlat.*›: ↑Quintillion

Quin|ta *die;* -, ...ten (veraltend): zweite, in Österreich fünfte Klasse eines Gymnasiums

Quin|tal [fr.: kɛ̃'tal, span. u. port.: kin'tal] *der;* -s, -e (aber: 5 -) ‹*lat.-mgr.-arab.-mlat.-roman.*›: Gewichtsmaß (Zentner) in Frankreich, Spanien u. in mittel- u. südamerik. Staaten (Zeichen: q)

Quin|ta|na *die;* - ‹*lat.*› (Med.): Infektionskrankheit mit periodischen Fieberanfällen im Abstand von meist fünf Tagen

Quin|ta|ner *der;* -s, - (veraltend): Schüler einer Quinta

Quin|ta|ne|rin *die;* -, -nen: weibliche Form zu ↑Quintaner

Quin|te *die;* -, -n (Musik): **a)** fünfter Ton einer ↑diatonischen Tonleiter vom Grundton an; **b)** Intervall von fünf diatonischen Tonstufen

Quin|ten|zir|kel *der;* -s (Musik): Kreis, in dem alle Tonarten in Dur u. Moll in Quintenschritten dargestellt werden

Quin|ter|ne *die;* -, -n ‹*lat.*› (veraltet): Fünfgewinn (5 Nummern in einer Reihe beim Lottospiel)

Quint|es|senz *die;* -, -en ‹*lat.-mlat.;* »fünftes Seiendes«›: Endergebnis, Hauptgedanke, -inhalt, Wesen einer Sache

Quin|tett *das;* -[e]s, -e ‹*lat.-it.*› (Musik): **a)** Komposition für fünf solistische Instrumente od. fünf Solostimmen; **b)** Vereinigung von fünf Instrumental- od. Vokalsolisten

Quin|til|li|on *die;* -, -en ‹*lat.-nlat.*›: 10^{30}, Zahl mit 30 Nullen

Quin|to|le *die;* -, -n (Musik): Notengruppe von fünf Tönen, die den Taktwert von drei, vier od. sechs Noten hat

Quint|sext|ak|kord *der;* -[e]s, -e (Musik): erste Umkehrung des Septimenakkordes, bei der die ursprüngliche Terz den Basston abgibt

Quin|tus *der;* - (Musik): die fünfte Stimme in den mehrstimmigen Kompositionen des 16. Jh.s

Quip|pu ['kɪpu] vgl. Quipu

Qui|pro|quo *das;* -[s], -s ‹*lat.*›: Verwechslung einer Person mit einer anderen

Qui|pu, Quip|pu ['kɪpu] *das;* -[s], -s ‹*indian.-span.*›: Knotenschnur der Inkas, die als Schriftersatz diente

Qui|ri|nal *der;* -s ‹*lat.;* einer der sieben Hügel Roms›: seit 1948 Sitz des italienischen Staatspräsidenten (früher des Königs)

Qui|ri|te *der;* -n, -n ‹*lat.*› (Geschichte): römischer Vollbürger zur Zeit der Antike

Quis|ling *der;* -s, -e ‹nach einem norw. Faschistenführer› (abwertend): ↑Kollaborateur

Quis|qui|li|en *die* (Plural) ‹*lat.*›: etwas, dem man keinen Wert, keine Bedeutung beimisst; Belanglosigkeiten

quit|tie|ren ‹*lat.-mlat.-fr.*›: **1.** den Empfang einer Leistung, einer Lieferung durch Quittung bescheinigen, bestätigen. **2.** auf etwas reagieren, etwas mit etwas beantworten; **etwas quittieren [müssen]:** etwas hinnehmen [müssen]

Quit|tung *die;* -, -en: **1.** Empfangsbescheinigung, -bestätigung (für eine Bezahlung). **2.** (iron.) unangenehme Folgen (z. B. einer Tat, eines Verhaltens); Vergeltung

Qui|vive [ki'vi:f] ‹*lat.-fr.*›: **auf dem Quivive sein** (ugs. veraltend): auf der Hut sein

Quiz [kvɪs] *das;* -, *Plur.* - od. -ze ‹*engl.;* »schrulliger

Kauz; Neckerei, Ulk«): Frage-und-Antwort-Spiel (bes. im Rundfunk u. Fernsehen), bei dem die Antworten innerhalb einer vorgeschriebenen Zeit gegeben werden müssen

Quiz|mas|ter ['kvɪsma:stɐ] *der;* -s, -: Fragesteller [u. Conférencier] bei einer Quizveranstaltung

quiz|zen ['kvɪsn̩]: Quiz spielen

quod erat de|mons|t|ran|dum ⟨*lat.;* »was zu beweisen war«⟩: durch diese Ausführung ist das klar, deutlich geworden (Abk.: q. e. d.)

Quod|li|bet *das;* -s, -s ⟨»was beliebt«⟩: **1.** humoristische musikalische Form, in der verschiedene Lieder unter Beachtung kontrapunktischer Regeln gleichzeitig od. [in Teilen] aneinandergereiht gesungen werden. **2.** ein Kartenspiel. **3.** (veraltet) Durcheinander

Quo|rum *das;* -s, ...ren (bes. südd., schweiz.): die zur Beschlussfähigkeit einer [parlamentarischen] Vereinigung, Körperschaft o. Ä. vorgeschriebene Zahl anwesender stimmberechtigter Mitglieder od. abgegebener Stimmen

Quo|ta|ti|on *die;* -, -en ⟨*lat.-mlat.-nlat.*⟩: Kursnotierung an der Börse; vgl. ...ation/...ierung

Quo|te *die;* -, -n ⟨*lat.-mlat.*⟩: **a)** Anteil, der bei Aufteilung eines Ganzen auf jmdn., etw. entfällt; im Verhältnis zu einem Ganzen bestimmte Anzahl, Menge; **b)** (Rundfunk, Fernsehen) Zahl der Personen, die eine Rundfunk-, Fernsehsendung eingeschaltet haben, gemessen an der Gesamtzahl der Rundfunk- oder Fernsehteilnehmer

Quo|ten|frau *die;* -, -en (Jargon): Frau, der unterstellt wird, eine bestimmte Position nur aufgrund einer Quotenregelung erreicht zu haben

Quo|ten|re|ge|lung *die;* -: Regelung, die vorsieht, dass in bestimmten Funktionen od. Positionen ein bestimmter Personenkreis (meist Frauen) in einer angemessenen Zahl vertreten sein soll

Quo|ti|ent *der;* -en, -en ⟨»wie oft?, wievielmal?«⟩ (Math.): **a)** Dividend, der durch den Divisor geteilt wird; **b)** Ergebnis einer Division

quo|tie|ren ⟨*lat.-mlat.*⟩ (Wirtsch.): den Preis (Kurs) angeben od. mitteilen, notieren

quo|ti|sie|ren (Wirtsch.): eine Gesamtmenge od. einen Gesamtwert in ↑Quoten aufteilen

quo va|dis? ⟨*lat.;* »wohin gehst du?« (nach: Domine, quo vadis? = Herr, wohin gehst du?; legendäre Frage des aus Rom flüchtenden Petrus an den ihm erscheinenden Christus)⟩: (meist als Ausdruck der Besorgnis) wohin wird das führen? wer weiß, wie das noch enden wird?

R

Ra|batt *der;* -[e]s, -e ⟨*lat.-vulgärlat.-it.*⟩: Preisnachlass, der aus bestimmten Gründen (z. B. Bezug größerer Mengen od. Dauerbezug) gewährt wird

Ra|bat|te *die;* -, -n ⟨*lat.-vulgärlat.-fr.-niederl.*⟩: **1.** schmales Beet [an Wegen, um Rasenflächen]. **2.** (veraltet) Umschlag an Kragen od. Ärmeln (bes. bei Uniformen)

ra|bat|tie|ren ⟨*lat.-vulgärlat.-it.*⟩: Rabatt gewähren

Ra|bau *der;* -s u. -en, -e[n] ⟨*dt.-fr.-niederl.*⟩ (landsch.): **1.** Rabauke. **2.** kleine graue ↑Renette

Rab|bi *der;* -s, ...inen (auch: -s) ⟨*hebr.-gr.-mlat.;* »mein Herr«⟩: **1.** (ohne Plural) Ehrentitel jüdischer Gesetzeslehrer. **2.** Träger dieses Titels

Rab|bi|ner *der;* -s, - ⟨*hebr.-gr.-mlat.*⟩: jüdischer Gesetzes- u. Religionslehrer, Prediger u. Seelsorger

Rab|bi|ne|rin *die;* -, -nen: weibliche Form zu ↑Rabbiner

ra|bi|at ⟨*lat.-mlat.*⟩: **a)** rücksichtslos u. roh; **b)** wütend

Ra|bu|list *der;* -en, -en ⟨*lat.-nlat.*⟩: jmd., der in geschickter Weise beredt-spitzfindig argumentiert, um damit einen Sachverhalt in einer von ihm gewünschten, aber nicht der Wahrheit entsprechenden Weise darzustellen; Wortverdreher

Ra|bu|lis|tin *die;* -, -nen: weibliche Form zu ↑Rabulist

Ra|chi|tis [...x...] *die;* -, ...itiden ⟨*gr.-nlat.*⟩ (Med.): Vitamin-D-Mangel-Krankheit, bes. im frühen Kleinkindalter mit mangelhafter Verkalkung des Knochengewebes

ra|chi|tisch: a) an Rachitis leidend, die charakteristischen Symptome einer Rachitis zeigend; **b)** (Med.) die Rachitis betreffend

Ra|cket ['rɛkət, engl.: 'rækɪt], **Ra|kett** *das;* -s, -s ⟨*arab.-fr.-engl.*⟩: Tennisschläger

Ra|dar [auch: 'ra:...] *das,* nicht fachspr. auch: *der;* -s, -e ⟨engl. Kurzw. aus **ra**dio **d**etecting **a**nd **r**anging⟩: **1.** Verfahren zur Ortung von Gegenständen im Raum mithilfe gebündelter elektromagnetischer Wellen, die von einem Sender ausgehen, reflektiert werden u. über einen Empfänger auf einem Anzeigegerät sichtbar gemacht werden. **2.** Radargerät, -anlage

Ra|dar|kon|t|rol|le [auch: 'ra:...] *die;* -, -n: Geschwindigkeitskontrolle mit Radargeräten

ra|di|al ⟨*lat.-mlat.*⟩: den Radius betreffend, in Radiusrichtung; strahlenförmig, von einem Mittelpunkt ausgehend, auf einen Mittelpunkt hinzielend

Ra|di|a̲l|rei|fen *der;* -s, -: Gürtelreifen

ra|di|a̲l|sym|me|t|risch: die Radialsymmetrie betreffend; vgl. bilateralsymmetrisch

Ra|di|ạnt *der;* -en, -en ‹*lat.*›: **1.** (Astron.) scheinbarer Ausstrahlungspunkt eines Meteorschwarms an der Himmelssphäre. **2.** Einheit des Winkels im Bogenmaß; ebener Winkel, für den das Längenverhältnis Kreisbogen zu Kreisradius den Zahlenwert 1 besitzt (Zeichen: rad)

ra|di|ä̲r ‹*lat.-fr.*›: strahlig

Ra|di|a|ti|o̲n *die;* -, -en: **1.** (Biol.) stammesgeschichtliche Ausstrahlung, d. h. aufgrund von Fossilfunden festgestellte Entwicklungsexplosion, die während eines relativ kurzen geologischen Zeitabschnittes aus einer Stammform zahlreiche neue Formen entstehen lässt. **2.** (Astron.) Strahlung, scheinbar von einem Punkt ausgehende Bewegung der Einzelteile eines Meteorschwarms

Ra|di|a̲|tor *der;* -s, ...o̲ren ‹*lat.-nlat.*›: Heizkörper bei Dampf-, Wasser-, Gaszentralheizungen

Ra|dic|chio [raˈdɪki̯o] *der;* -[s] ‹*lat.-it.*›: bes. in Italien angebaute Art der ↑Zichorie (3) mit rotweißen Blättern, die als Salat zubereitet werden

ra|di̲e̲|ren ‹*lat.;* »kratzen, schaben, auskratzen; reinigen«›: **1.** etwas Geschriebenes od. Gezeichnetes mit einem Radiergummi od. Messer entfernen, tilgen. **2.** eine Zeichnung in eine Kupferplatte einritzen

Ra|di̲e̲|rer *der;* -s, -: Künstler, der Radierungen herstellt

Ra|di̲e̲|re|rin *die;* -, -nen: weibliche Form zu ↑Radierer

Ra|di̲e̲|rung *die;* -, -en: **1.** (ohne Plural) Tiefdruckverfahren, bei dem die Zeichnung in eine Wachs-Harz-Schicht, die sich auf einer Kupferplatte befindet, eingeritzt wird, von der [nach der Ätzung durch ein Säurebad] Abzüge gemacht werden. **2.** durch das Radierverfahren hergestelltes grafisches Blatt

ra|di|ka̲l ‹*lat.-fr.;* »an die Wurzel gehend«›: **1. a)** bis auf die Wurzel gehend, vollständig, gründlich u. ohne Rücksichtnahme; **b)** hart, rücksichtslos. **2.** einen politischen od. weltanschaulichen Radikalismus vertretend. **3.** (Math.) die Wurzel betreffend

Ra|di|ka̲l *das;* -s, -e: **1.** (Chemie) chemisch sehr reaktionsfähiges Atom od. Molekül mit einem ungepaarten Elektron. **2.** (Math.) durch Wurzelziehen erhaltene mathematische Größe. **3.** (Sprachw.) **a)** Konsonant in den semitischen Sprachen, der (meist zusammen mit anderen Konsonanten) die Wurzel eines Wortes bildet; **b)** Teil des chinesischen Schriftzeichens, der einen Bedeutungsbereich angibt

ra|di|ka|li|si̲e̲|ren ‹*lat.-fr.-nlat.*›: radikal machen

Ra|di|ka|li|si̲e̲|rung *die;* -, -en: Entwicklung zu einer radikalen (2) Form

Ra|di|ka|lịs|mus *der;* -, ...men: **1.** rücksichtslos bis zum Äußersten gehende [politische, religiöse usw.] Richtung. **2.** unerbittliches, unnachgiebiges Vorgehen

Ra|di|ka|lịst *der;* -en, -en: Vertreter des Radikalismus

Ra|di|ka|lịs|tin *die;* -, -nen: weibliche Form zu ↑Radikalist

Ra|di|kạnd *der;* -en, -en ‹*lat.*› (Math.): mathematische Größe od. Zahl, deren Wurzel gezogen werden soll

Ra̲|dio *das;* -s, -s ‹*lat.-engl.*›: **1.** (ugs., bes. schweiz. auch: *der*) Rundfunkgerät. **2.** (ohne Plural) Rundfunk

ra|dio..., Ra|dio...

‹*lat.* radius »Stab; Speiche; Strahl«›
Wortbildungselement mit der Bedeutung »Strahl, Strahlung«:
– radioaktiv
– Radiologe
– Radiotherapie

ra|dio|ak|tịv ‹*lat.-nlat.*› (Physik): durch Kernzerfall od. -umwandlung bestimmte Elementarteilchen aussendend

Ra|dio|ak|ti|vi|tä̲t *die;* - (Physik): Eigenschaft der Atomkerne gewisser ↑Isotope, sich ohne äußere Einflüsse umzuwandeln und dabei bestimmte Strahlen auszusenden

Ra|dio|bio|lo|gi̲e *die;* -: Strahlenbiologie; Teilgebiet der Biologie, auf dem die Wirkung von Strahlen, bes. Lichtstrahlen, auf den lebenden Organismus erforscht wird

Ra|dio|car|bo̲n|me|tho|de vgl. Radiokarbonmethode

Ra|dio|che|mi̲e *die;* -: Teilgebiet der Kernchemie, auf dem man sich mit den radioaktiven Elementen, ihren chemischen Eigenschaften u. Reaktionen sowie ihrer praktischen Anwendung befasst

Ra̲|dio|ele|ment *das;* -[e]s, -e: chem. Element mit natürlicher Radioaktivität

Ra|dio|grạmm *das;* -s, -e: **1.** (Postw. veraltet) Funktelegramm. **2.** ↑Röntgenogramm

Ra|dio|kar|bo̲n|me|tho|de, chem. fachspr.: **Ra|dio|car|bo̲n|me|tho|de** *die;* - (Chemie, Geol.): Verfahren zur Altersbestimmung ehemals organischer Stoffe durch Ermittlung ihres Gehalts an radioaktivem Kohlenstoff

Ra|dio|lo|ge *der;* -n, -n ⟨*lat.; gr.*⟩ (Med.): Facharzt für Röntgenologie u. Strahlenheilkunde

Ra|dio|lo|gie *die;* -: Wissenschaft von den Röntgenstrahlen u. den Strahlen radioaktiver Stoffe u. ihrer Anwendung; Strahlenkunde

Ra|dio|lo|gin *die;* -, -nen: weibliche Form zu ↑Radiologe

ra|dio|lo|gisch: die Radiologie betreffend

Ra|dio|me|ter *das;* -s, -: Gerät zur Strahlungsmessung (bes. von Wärmestrahlung), das die Kraft nutzt, die infolge eines Temperaturunterschieds zwischen bestrahlter u. unbestrahlter Seite auf ein dünnes [Glimmer]plättchen ausgeübt wird

Ra|dio|me|t|rie *die;* -: **1.** Messung von [Wärme]strahlung. **2.** Messung radioaktiver Strahlung

Ra|dio|re|cor|der vgl. Radiorekorder

Ra|dio|re|kor|der, Ra|dio|re|cor|der *der;* -s, -: [tragbares] Rundfunkgerät mit eingebautem ↑Kassettenrekorder

Ra|dio|son|de *die;* -, -n (Technik, Meteorol.): aus einem Kurzwellensender u. verschiedenen Messgeräten bestehendes Gerät, das, an einem Ballon aufgelassen, die Verhältnisse der Erdatmosphäre erforscht

Ra|dio|te|le|gra|fie, Ra|dio|te|le|gra|phie *die;* -: drahtlose ↑Telegrafie

Ra|dio|te|le|s|kop *das;* -s, -e: ↑parabolisch gekrümmtes Gerät aus Metall für den Empfang von Radiofrequenzstrahlung aus dem Weltraum

Ra|dio|the|ra|pie [auch: ˈraːdi̯o:...] *die;* -, ...i̯en: Strahlenbehandlung, Behandlung von Krankheiten mit radioaktiven od. Röntgenstrahlen

Ra|di|um *das;* -s ⟨*lat.-nlat.*⟩: radioaktives chem. Element; ein Metall (Zeichen: Ra)

Ra|di|um|ema|na|ti|on *die;* - (veraltet): ↑Radon

Ra|di|us *der;* -, ...ien ⟨*lat.;* »Stab; Speiche; Strahl«⟩: **1.** (Math.) Halbmesser des Kreises (Abk.: R, r). **2.** (Med.) auf der Daumenseite liegender Knochen des Unterarms

Ra|dix *die;* -, Radizes (fachspr. auch: Radices) [raˈdiːtseːs] ⟨*lat.;* »Wurzel«⟩: **1.** Pflanzenwurzel. **2.** (Anat.) Basisteil eines Organs, Nervs od. sonstigen Körperteils

ra|di|zie|ren ⟨*lat.-nlat.*⟩ (Math.): die Wurzel (aus einer Zahl) ziehen

Ra|dom *das;* -s, -s ⟨*engl.;* Kurzw. aus **radar dome** = Radarkuppel⟩: für elektromagnetische Strahlen durchlässige, kugelförmige Hülle als Wetterschutz für Radar- od. Satellitenbodenantennen

Ra|don [auch: raˈdoːn] *das;* -s ⟨*lat.-nlat.*⟩: radioaktives chem. Element; ein Edelgas (Zeichen: Rn)

Raf|fi|na|de *die;* -, -n ⟨*lat.-fr.*⟩: fein gemahlener, gereinigter Zucker

Raf|fi|na|ti|on *die;* -, -en: Reinigung u. Veredlung von Naturstoffen u. technischen Produkten

Raf|fi|ne|ment [rafinəˈmãː] *das;* -s, -s ⟨*fr.*⟩: **1.** durch intellektuelle Geschicklichkeit erreichte höchste Verfeinerung [in einem kunstvollen Arrangement]. **2.** mit einer gewissen Durchtriebenheit u. Gerissenheit klug berechnendes Handeln, um andere unmerklich zu beeinflussen

Raf|fi|ne|rie *die;* -, ...i̯en: Betrieb zur Raffination von Zucker, Ölen u. anderen [Natur]produkten

Raf|fi|nes|se *die;* -, -n ⟨französierende Bildung⟩: **1.** besondere künstlerische, technische Vervollkommnung, Feinheit. **2.** schlau und gerissen ausgeklügelte Vorgehensweise

raf|fi|nie|ren: Zucker, Öle u. andere [Natur]produkte reinigen

raf|fi|niert: 1. durchtrieben, gerissen, schlau, abgefeimt. **2.** von Raffinement (1) zeugend, mit Raffinement (1) od. Raffinesse (1) erdacht, ausgeführt. **3.** (Technik) gereinigt

raf|ten ⟨*altnord.-engl.;* »flößen«⟩: Rafting betreiben

Raf|ter *der;* -s, -: jmd., der Rafting betreibt

Raf|ting *das;* -s: Wildwasserfahren einer Gruppe im Schlauchboot

Rag [rɛk] *der;* -[s] ⟨*engl.*⟩: Kurzform von ↑Ragtime (1, 2)

Ra|ge [ˈraːʒə] *die;* - ⟨*lat.-vulgärlat.-fr.*⟩ (ugs.): Wut, Raserei; **in der Rage:** in der Aufregung, Eile

Ra|g|lan [auch: ˈrɛglən] *der;* -s, -s ⟨nach dem engl. Lord Raglan, 1788–1855⟩: Mantel mit Raglanärmeln

Ra|g|lan|är|mel *der;* -s, - ⟨*engl.; dt.*⟩: Ärmel, dessen obere Naht schräg von der Achselhöhle bis zum Halsausschnitt verläuft u. der mit dem Schulterteil ein Stück bildet

Rag|na|rök *die;* - ⟨*altnord.;* »Götterschicksal«⟩: Weltuntergang in der nordischen Mythologie

Ra|gout [raˈguː] *das;* -s, -s ⟨*lat.-fr.*⟩: Mischgericht aus Fleisch, Wild, Geflügel od. Fisch in pikanter Soße

Ra|gout fin, Ra|goût fin [raguˈfɛ̃ː] *das;* - -, -s -s [raguˈfɛ̃ː]: Ragout aus hellem Fleisch (z. B. Kalbfleisch, Geflügel) mit [Worcester]soße

Rag|time [ˈrɛktai̯m] *der;* -[s], -s ⟨*engl.;* »zerrissener Takt«⟩: **1.** (ohne Plural) nordamerikanischer Musik-, bes. Klaviermusikstil mit melodischer Synkopierung bei regelmäßigem Beat (2). **2.** Musik im Rhythmus des Ragtime (1)

Rai|gras vgl. Raygras
ra|jo|len ‹*niederl.-fr.-niederd.*›: ↑rigolen
Ra|ke|te *die;* -, -n ‹*germ.-it.*›: **1.** Feuerwerkskörper. **2. a)** als militärische Waffe verwendeter, lang gestreckter, zylindrischer, vorn spitz zulaufender [mit einem Sprengkopf versehener] Flugkörper, der eine sehr hohe Geschwindigkeit erreicht; **b)** in der Raumfahrt verwendeter Flugkörper in der Form einer überdimensionalen Rakete (2 a), der dem Transport von Satelliten, Raumkapseln o. Ä. dient. **3.** begeistertes, das Heulen einer Rakete (1) nachahmendes Pfeifen bei [Karnevals]veranstaltungen
Ra|kett vgl. Racket
Ra|ki *der;* -s, -s ‹*türk.*›: in der Türkei u. in Balkanländern hergestellter Branntwein aus Rosinen (gelegentlich auch aus Datteln od. Feigen) u. Anis
Ral|ly ['ræli] vgl. ²Rallye
¹Ral|lye ['rali, auch: 'rɛli] *die;* -, -s, schweiz. auch *das;* -s, -s ‹*lat.-fr.-engl.-fr.*›: Autorennen [in mehreren Etappen] mit Sonderprüfungen
²Ral|lye, Ral|ly ['ræli] *die;* -, -s, schweiz. auch *das;* -s, -s ‹*engl.*› (Börsenw.): meist kurzer, steiler Anstieg der Börsenkurse
Ral|lye-Cross, Ral|lye|cross *das;* -, -e: dem Motocross ähnliches, jedoch mit Autos gefahrenes Rennen im Gelände
Ra|ma|dan *der;* -[s], -e ‹*arab.*›: islamischer Fastenmonat (9. Monat des Mondjahrs)
Ra|ma|ja|na *das;* - ‹*sanskr.*›: indisches religiöses Nationalepos von den Taten des göttlichen Helden Rama; vgl. Mahabharata
Ra|ma|su|ri, Re|ma|su|ri *die;* - ‹*rumän.*› (österr. ugs.): großes Durcheinander, Wirbel
Ram|bo *der;* -s, -s ‹nach dem amerik. Filmhelden› (ugs.): jmd., der sich rücksichtslos [u. mit Gewalt] durchsetzt; Kraftprotz
Ram|bur *der;* -s, -e ‹*fr.*›: gelblich grüner, säuerlicher Winterapfel
ram|po|nie|ren ‹*germ.-it.*› (ugs.): stark beschädigen
Ranch [rɛntʃ, auch: ra:ntʃ] *die;* -, -s, (auch:) -es ‹*span.-engl.*›: nordamerikanische Viehwirtschaft, Farm
Ran|cher ['rɛntʃɐ, auch: 'ra:ntʃɐ] *der;* -s, -[s]: nordamerikanischer Viehzüchter, Farmer
Ran|che|rin ['rɛntʃərɪn, auch: 'ra:ntʃərɪn] *die;* -, -nen: weibliche Form zu ↑Rancher
Rand [rɛnt] *der;* -s, -s (aber: 5 -) ‹*engl.*›: Währungseinheit der Republik Südafrika
Ran|da|le *die;* -, -n (ugs.): (ohne Plural) heftiger u. lautstarker Protest; Krawall; **Randale machen:** randalieren
ran|da|lie|ren: in einer Gruppe mutwillig lärmend durch die Straßen ziehen
Ran|da|lie|rer *der;* -s, -: jmd., der randaliert
Ran|da|lie|re|rin *die;* -, -nen: weibliche Form zu ↑Randalierer
Ran|ger ['reɪndʒɐ] *der;* -s, -[s] ‹*germ.-fr.-engl.-amerik.*›: **1.** (früher) Angehöriger einer [Polizei]truppe, z. B. die Texas Rangers. **2.** Aufseher in den Nationalparks. **3.** (in den USA) in besonderer Weise ausgebildeter Soldat, der innerhalb einer kleinen Gruppe Überraschungsangriffe im feindlichen Gebiet macht
ran|gie|ren [rã'ʒi:rən, auch: raŋ...] ‹*germ.-fr.*›: **1.** einen Rang innehaben [vor, hinter jmdm.]. **2.** Eisenbahnwagen durch entsprechende Fahrmanöver verschieben, auf ein anderes Gleis fahren. **3.** (landsch.) in Ordnung bringen, ordnen
Ran|king ['ræŋkɪŋ] *das;* -s, -s ‹*engl.*›: **a)** Rangliste; **b)** Einordnung in eine Rangliste; Bewertung
Ra|nun|kel *die;* -, -n: (zur Gattung Hahnenfuß gehörende) in einer meist leuchtenden Farbe blühende Pflanze
Rap [rɛp] *der;* -[s], -s ‹*engl.*›: schneller, rhythmischer Sprechgesang (in der Popmusik)
ra|pid (österr. nur so), **ra|pi|de** ‹*lat.-fr.*›: (bes. von Entwicklungen, Veränderungen o. Ä.) sehr, überaus, erstaunlich schnell [vor sich gehend]
ra|pi|de vgl. rapid
Ra|pier *das;* -s, -e ‹*germ.-galloroman.-fr.*› (Sport): Fechtwaffe, Degen
Ra|pil|li vgl. Lapilli
Rap|mu|sik ['rɛp...] *die;* -: Popmusik in der Form des Raps
rap|pen ['rɛpn̩] ‹*engl.*› (Musik): einen ↑Rap singen, spielen
Rap|per ['rɛpɐ] *der;* -s, -: jmd., der rappt
Rap|pe|rin ['rɛ...] *die;* -, -nen: weibliche Form zu ↑Rapper
Rap|ping ['rɛpɪŋ] *das;* -[s] (Musik): das Rappen
Rap|port *der;* -[e]s, -e ‹*lat.-mlat.-fr.*›: **1. a)** Bericht; **b)** (Militär veraltet) dienstliche Meldung. **2. a)** regelmäßige Meldung an zentrale Verwaltungsstellen eines Unternehmens über Vorgänge, die für die Lenkung des Unternehmens von Bedeutung sind; **b)** (Wirtsch.) Bericht eines Unternehmens an Behörden od. Wirtschaftsverbände für Zwecke der Statistik u. des Betriebsvergleichs. **3.** (Psychol.) unmittelbarer Kontakt zwischen zwei Personen, bes. zwischen Hypnotiseur u. Hypnotisiertem, zwischen Analytiker u. Analysand, Versuchsleiter u. Medium. **4.** sich [auf Geweben usw.] ständig wiederholendes Muster od. Motiv. **5.** Beziehung, Zusammenhang

rap|por|tie|ren: **1.** berichten, Meldung machen. **2.** sich als Muster od. Motiv ständig wiederholen

Rap|tus *der;* -, - [...tu:s] u. -se ⟨*lat.*⟩: **1.** (Plural: Raptusse; scherzh.) **a)** plötzlicher Zorn; **b)** Verrücktheit, plötzliche Besessenheit von einer merkwürdigen Idee. **2.** (Plural: Raptus; Med.) plötzlich einsetzender Wutanfall. **3.** (Plural: Raptus; Rechtsspr. veraltet) Raub, Entführung

rar ⟨*lat.-fr.*⟩: nur in [zu] geringer Menge, Anzahl vorhanden; selten, aber gesucht

Ra|ri|tät *die;* -, -en ⟨*lat.*⟩: etwas Rares

ra|sant ⟨*lat.-vulgärlat.-fr.;* »bestreichend, den Erdboden streifend«, volksetymologisch an *dt.* rasen angelehnt⟩: **1.** (ugs.) auffallend schnell; den Eindruck von Schnelligkeit vermittelnd; stürmisch. **2.** (ugs.) durch Schwung, Spannung o. Ä. begeisternd, imponierend. **3.** (Ballistik) sehr flach gestreckt (von der Flugbahn eines Geschosses)

Ra|sanz *die;* -: **1.** (ugs.) rasende Geschwindigkeit; erstaunliche Schnelligkeit; stürmische Bewegtheit. **2.** (ugs.) durch Schwung, Spannung o. Ä. bewirkte Faszination, Großartigkeit. **3.** (Ballistik) rasante (3) Flugbahn eines Geschosses

ra|sie|ren ⟨*lat.-vulgärlat.-fr.-niederl.*⟩: **1.** mit einem Rasiermesser od. -apparat die [Bart]haare entfernen. **2.** (ugs.) übertölpeln, betrügen

Rä|son [rɛˈzõ:] *die;* - ⟨*lat.-fr.*⟩ (veraltend): Vernunft, Einsicht; **jmdn. zur Räson bringen:** durch sein Eingreifen dafür sorgen, dass sich jmd. ordentlich u. angemessen verhält; aber: ↑Staatsräson

Rä|so|neur [...ˈnø:ɐ̯] *der;* -s, -e (veraltet): **a)** Schwätzer, Klugredner; **b)** Nörgler

Rä|so|neu|rin [...ˈnø:rɪn] *die;* -, -nen: weibliche Form zu ↑Räsoneur

Ras|sis|mus *der;* - ⟨*it.-fr.-nlat.*⟩: **a)** meist ideologisch begründete, zur Rechtfertigung von Diskriminierung, Unterdrückung u. Ä. entwickelte Theorie, nach der bestimmte Menschentypen od. auch Völker hinsichtlich ihrer kulturellen Leistungsfähigkeit anderen von Natur aus überlegen seien; Rassendenken; **b)** dem Rassismus (a) entsprechende Einstellung

Ras|sist *der;* -en, -en: Anhänger des Rassismus

Ras|sis|tin *die;* -, -nen: weibliche Form zu ↑Rassist

ras|sis|tisch: den Rassismus betreffend

Ras|ta *der;* -s, -s: Kurzform von ↑Rastafari

Ras|ta|fa|ri *der;* -s, -s ⟨*engl.;* nach Ras (= Herr) Tafari, dem späteren äthiopischen Kaiser Haile Selassie I.⟩: Anhänger einer religiösen Bewegung in Jamaika, die Ras, den äthiopischen Kaiser Haile Selassie I., als Gott verehrt

Ras|ter|mi|k|ro|s|kop *das;* -s, -e ⟨*lat.; gr.*⟩: ↑Elektronenmikroskop, bei dem das Objekt zeilenweise von einem Elektronenstrahl abgetastet wird u. das besonders plastisch wirkende Bilder liefert

Ra|sul|bad *das;* -[e]s, -bäder ⟨*arab.; dt.*⟩: orientalisches Pflegezeremoniell, bei dem Kräuterdampf u. verschiedene Heilschlämme eingesetzt werden

Ra|sur *die;* -, -en ⟨*lat.*⟩: **1.** das Rasieren; Entfernung der [Bart]haare. **2.** das Radieren; Schrifttilgung (z. B. in Geschäftsbüchern)

Rät, Rhät *das;* -s ⟨nach den Rätischen Alpen⟩ (Geol.): jüngste Stufe des Keupers; vgl. Trias

Ra|ta|touille [...ˈtuj] *das;* -s, -s ⟨*lat.-fr.*⟩: Gemüse aus Auberginen, Zucchini, Tomaten, Paprika u. a.

Ra|ter [ˈre:tɐ] *der;* -s, - ⟨*engl.*⟩: jmd., der ein Rating vornimmt

Ra|te|rin [ˈre:tərɪn] *die;* -, -nen: weibliche Form zu ↑Rater

Ra|ti|fi|ka|ti|on *die;* -, -en ⟨*lat.-mlat.*⟩: Genehmigung, Bestätigung eines von der Regierung abgeschlossenen völkerrechtlichen Vertrages durch die gesetzgebende Körperschaft; vgl. ...ation/...ierung

ra|ti|fi|zie|ren: als gesetzgebende Körperschaft einen völkerrechtlichen Vertrag in Kraft setzen

Ra|ti|fi|zie|rung *die;* -, -en: das Ratifizieren; vgl. ...ation/...ierung

Ra|ting [ˈre:tɪŋ] *das;* -[s], -s ⟨*engl.*⟩: **1.** (Wirtsch.) bonitätsmäßige Einstufung von Ländern, Banken, Firmen o. Ä. in ein Klassifikationssystem. **2.** (Psychol., Soziol.) Verfahren zur Einschätzung, Beurteilung von Personen, Situationen o. Ä. mithilfe von Ratingskalen. **3.** Verfahren zur Ermittlung der Einschaltquote von [Fernseh]sendungen, bes. zur Einschätzung der Wirksamkeit von Werbespots

Ra|ting|ska|la *die;* -, ...len u. -s (Psychol., Soziol.): in regelmäßige Intervalle aufgeteilte Strecke, die den Ausprägungsgrad (z. B. stark – mittel – gering) eines Merkmals (z. B. Ängstlichkeit) od. die Einstellung gegenüber einem Produkt zeigt

Ra|tio *die;* - ⟨*lat.*⟩: Vernunft, Verstand

Ra|ti|on *die;* -, -en ⟨*lat.-mlat.-fr.;* »berechneter Anteil«⟩: zugeteilte Menge an Lebens- u. Genussmitteln; [täglicher] Verpflegungssatz (bes. für Soldaten); **eiserne Ration** (Soldatenspr.): Proviant, der nur in einem bestimmten Notfall angegriffen werden darf

ra|ti|o|nal ⟨*lat.*⟩: **a)** von der Ratio, der Vernunft bestimmt; vgl. ...al/...ell; **b)** vernünftig, [überlegt und] sinnvoll

ra|ti|o|na|li|sie|ren ⟨*lat.-fr.*⟩: **1. a)** vernünftig, zweckmäßig gestalten; straffen; **b)** (im Bereich der Wirtschaft u. Verwaltung) Arbeitsabläufe zur Steigerung der Leistung u. Senkung des Aufwands durch Technisierung, Automatisierung, Arbeitsteilung u. a. wirtschaftlicher gestalten. **2.** vernunftgemäß gestalten; durch Denken erfassen, erklären. **3.** (Psychol.) ein [emotionales] Verhalten nachträglich verstandesmäßig begründen

Ra|ti|o|na|li|sie|rung *die;* -, -en: **1.** (Psychol.) nachträgliche verstandesmäßige Rechtfertigung eines aus irrationalen od. triebhaften Motiven erwachsenen Verhaltens. **2.** (Wirtsch.) Ersatz überkommener Verfahren durch zweckmäßigere u. besser durchdachte; Vereinheitlichung, Straffung

Ra|ti|o|na|lis|mus *der;* - ⟨*lat.-nlat.*⟩: Geisteshaltung, die das rationale Denken als einzige Erkenntnisquelle ansieht

Ra|ti|o|na|list *der;* -en, -en: Vertreter des Rationalismus; einseitiger Verstandesmensch

Ra|ti|o|na|lis|tin *die;* -, -nen: weibliche Form zu ↑Rationalist

ra|ti|o|na|lis|tisch: im Sinne des Rationalismus; einer Anschauung entsprechend, die die Vernunft in den Mittelpunkt stellt u. alles Denken u. Handeln von ihr bestimmen lässt

Ra|ti|o|na|li|tät *die;* - ⟨*lat.*⟩: **1.** das Rationalsein; rationales, von der Vernunft bestimmtes Wesen. **2.** (Math.) Eigenschaft von Zahlen, sich als Bruch schreiben zu lassen

ra|ti|o|nell ⟨*lat.-fr.*⟩: vernünftig, zweckmäßig, sparsam; vgl. ...al/...ell

ra|ti|o|nie|ren: in festgelegten, relativ kleinen Rationen zuteilen, haushälterisch einteilen

Ra|ton|ku|chen *der;* -s, - ⟨*fr.; dt.*⟩ (landsch.): Napfkuchen

Rat|tan *das;* -s, -e ⟨*malai.-engl.*⟩: aus den Stängeln bestimmter Rotangpalmen gewonnenes Rohr, das bes. zur Herstellung von Korbwaren verwendet wird

Rave [reɪv] *der* od. *das;* -s, -s ⟨*engl.*⟩: große Fete, Tanzparty, bei der die ganze Nacht über bes. zu Technomusik getanzt wird

ra|ven [ˈreɪvn̩] ⟨*engl.*⟩: an einem ↑Rave teilnehmen

Ra|ver [ˈreɪvɐ] *der;* -s, -: Teilnehmer, Mitwirkender an einem ↑Rave

Ra|ve|rin [ˈreɪvərɪn] *die;* -, -nen: weibliche Form zu ↑Raver

Ra|vi|o|li *die* (Plural) ⟨*it.*⟩ (Gastron.): mit Fleisch od. Gemüse gefüllte Nudelteigtaschen

rav|vi|van|do ⟨*lat.-it.*⟩ (Musik): wieder schneller werdend (Vortragsanweisung)

Ra|yé [rɛˈje:] *der;* -[s], -s ⟨*fr.;* »gestreift«⟩: Gewebe mit feinen Längsstreifen

Ray|gras, Rai|gras *das;* -es, ...gräser ⟨*engl.; dt.*⟩: **1.** Glatthafer (über 1 m hohe Futterpflanze). **2.** Gattung von Futter- u. Rasengräsern in Eurasien u. Nordafrika

Ra|y|on [rɛˈjõ:, österr. meist: raˈjo:n] *der;* -s, -s, auch -e [...ˈjo:nə] ⟨*lat.-fr.*⟩: **1.** (schweiz., sonst selten) Warenhausabteilung. **2.** (österr., schweiz., sonst veraltet) Bezirk, [Dienst]bereich. **3.** (Geschichte) Vorfeld von Festungen. **4.** engl. Schreibung für ↑Reyon. **5.** unterster Verwaltungsbezirk in Russland u. a. Staaten

Ra|y|on|chef *der;* -s, -s (österr., schweiz.): Abteilungsleiter [im Warenhaus]

Ra|y|on|che|fin *die;* -, -nen: weibliche Form zu ↑Rayonchef

Raz|zia *die;* -, ...ien (seltener: -s) ⟨*arab.-algerisch-fr.*⟩: groß angelegte, überraschende Fahndungsaktion der Polizei in einem Gebäude od. Gebiet

re ⟨*lat.-it.*⟩: Silbe, auf die man den Ton d singen kann; vgl. Solmisation

re..., Re...

⟨*lat.* »zurück, wieder«⟩
Präfix mit der Bedeutung »zurück; wieder« (räumlich und zeitlich):
- Reanimation
- Reinkarnation
- rekonstruieren
- reproduzieren

Rea|der [ˈri:dɐ] *der;* -s, - ⟨*engl.*⟩: [Lese]buch mit Auszügen aus der [wissenschaftlichen] Literatur u. verbindendem Text

Rea|dy|made, Rea|dy-made [ˈrɛdimeɪd] *das;* -[s], -s ⟨*engl.*⟩: beliebiger, serienmäßig hergestellter Gegenstand, der als Kunstwerk ausgestellt wird

Re|a|gens *das;* -, ...genzien (fachspr. auch: ...gentien), **Re|a|genz** *das;* -es, -ien ⟨*lat.-nlat.*⟩ (Chemie): Stoff, der mit einem anderen eine bestimmte chemische Reaktion herbeiführt u. ihn so identifiziert

Re|a|genz|glas *das;* -es, ...gläser: zylindrisches Prüf-, Probierglas

re|agie|ren: **1.** auf etwas ansprechen, antworten, eingehen; eine Gegenwirkung zeigen. **2.** (Chemie) eine chemische Reaktion eingehen, auf etwas einwirken

Re|ak|tanz *die;* -, -en (Elektrot.): Blindwiderstand, elektrischer Wechselstromwiderstand, der nur durch ↑induktiven u. ↑kapazitativen Widerstand bewirkt wird

Re|ak|ti|on *die;* -, -en ⟨*lat.-nlat.(-fr.)*⟩: **1. a)** das Reagieren; durch etwas hervorgerufene Wirkung; Gegenwirkung; **b)** ↑Response. **2.** (Chemie) unter stofflichen Veränderungen ablaufender Vorgang. **3.** (ohne Plural) **a)** fortschrittsfeindliches politisches Verhalten; **b)** Gesamtheit aller fortschrittsfeindlichen Kräfte

re|ak|ti|o|när ⟨*lat.-fr.*⟩ (abwertend): an nicht mehr zeitgemäßen [politischen] Inhalten, Verhältnissen festhaltend; rückschrittlich

Re|ak|ti|o|när *der;* -s, -e (abwertend): jmd., der reaktionäre Ansichten vertritt, reaktionäre Ziele verfolgt

Re|ak|ti|o|nä|rin *die;* -, -nen: weibliche Form zu ↑Reaktionär

Re|ak|ti|ons|ge|schwin|dig|keit *die;* -, -en: die Zeit, in der ein [chemischer] Vorgang abläuft

re|ak|tiv ⟨*lat.-nlat.*⟩: **1.** als Reaktion auf einen Reiz od. auf eine außergewöhnliche Belastung auftretend. **2.** eine chemische Reaktion (2) eingehend. **3.** Gegenwirkung ausübend od. erstrebend

re|ak|ti|vie|ren: 1. a) wieder in Tätigkeit setzen, in Gebrauch nehmen, wirksam machen; **b)** wieder anstellen, in Dienst nehmen. **2.** chemisch wieder umsetzungsfähig machen

Re|ak|ti|vi|tät *die;* -, -en: **1.** Rück-, Gegenwirkung, erneute Aktivität. **2.** (Psychol.) das Maß des Reagierens als Norm der Vitalität

Re|ak|tor *der;* -s, ...oren: **1.** Anlage, in der die geregelte Kernkettenreaktion zur Gewinnung von Energie od. von bestimmten radioaktiven Stoffen genutzt wird; Kernreaktor. **2.** (Physik) Vorrichtung, in der eine physikalische od. chemische Reaktion abläuft

Re|ak|tor|phy|sik *die;* -: Teilgebiet der Kernphysik, das die Vorgänge in Reaktoren behandelt

re|al ⟨*lat.-mlat.*⟩: **1.** dinglich, sachlich; Ggs. ↑imaginär. **2.** wirklich, tatsächlich; der Realität entsprechend; Ggs. ↑irreal

Re|al|akt *der;* -[e]s, -e (Rechtsspr.): rein tatsächliche, nicht rechtsgeschäftliche Handlung, die lediglich auf einen äußeren Erfolg gerichtet ist, an den jedoch vom Gesetz Rechtsfolgen geknüpft sind (z. B. der Erwerb eines Besitzes)

Re|al|ein|kom|men *das;* -s, - (Wirtsch.): in Form einer bestimmten Summe angegebenes Einkommen unter dem Aspekt der Kaufkraft; Ggs. ↑Nominaleinkommen

Re|al|en|zy|k|lo|pä|die *die;* -, -n: ↑Reallexikon

Re|al|gar *der;* -s, -e ⟨*arab.-span.-fr.*⟩: durchscheinend rotes Mineral, Arsenerz

Re|a|li|en *die* (Plural) ⟨*lat.-mlat.*⟩: **1.** wirkliche Dinge, Tatsachen. **2.** Naturwissenschaften als Grundlage der Bildung u. als Lehr- u. Prüfungsfächer. **3.** (Päd.) Sachkenntnisse; Ggs. ↑Verbalien; vgl. Verbale (3)

Re|a|li|sa|ti|on *die;* -, -en ⟨*lat.-mlat.-fr.*⟩: **1.** Verwirklichung. **2.** Herstellung, Inszenierung eines Films od. einer Fernsehsendung. **3.** (Sprachw.) Umsetzung einer abstrakten Einheit der ↑Langue in eine konkrete Einheit der ↑[1]Parole. **4.** (Wirtsch.) Umwandlung von Vermögenswerten in Geld; vgl. ...ation/...ierung

Re|a|li|sa|tor *der;* -s, ...oren ⟨*lat.-mlat.-nlat.*⟩: **1.** Hersteller, Autor, Regisseur eines Films od. einer Fernsehsendung. **2.** (Biol. veraltend) das Geschlecht bestimmender [meist genetischer] Faktor (Gen bzw. [z. B. bei Reptilien] äußerer Faktor)

re|a|li|sie|ren ⟨*lat.-mlat.-fr.*⟩: **1.** verwirklichen, in die Tat umsetzen. **2.** in Geld umwandeln. **3.** ⟨*lat.-mlat.-fr.-engl.*⟩: klar erkennen, einsehen, begreifen, indem man sich die betreffende Sache bewusst macht. **4.** eine Realisation (3) vornehmen

Re|a|li|sie|rung *die;* -, -en: das Realisieren (1, 2, 3); vgl. ...ation/...ierung

Re|a|lis|mus *der;* -, ...men ⟨*lat.-mlat.-nlat.*⟩: **1.** (ohne Plural) **a)** Wirklichkeitssinn, wirklichkeitsnahe Einstellung; auf Nutzen bedachte Grundhaltung; **b)** ungeschminkte Wirklichkeit. **2.** (ohne Plural) philosophische Denkrichtung, nach der eine außerhalb unseres Bewusstseins liegende Wirklichkeit angenommen wird, zu deren Erkenntnis man durch Wahrnehmung u. Denken kommt. **3. a)** die Wirklichkeit nachahmende, mit der Wirklichkeit übereinstimmende künstlerische Darstellung[sweise] in Literatur u. bildender Kunst; **b)** (ohne Plural) Stilrichtung in Literatur u. bildender Kunst, die sich des Realismus (3 a), der wirklichkeitsgetreuen Darstellung bedient; **sozialistischer Realismus:** realistische künstlerische Darstellung unter dem Aspekt des Sozialismus (bes. in der sowjetischen Kunst u. Literatur)

Re|a|list *der;* -en, -en: **1.** jmd., der die Gegebenheiten des täglichen Lebens nüchtern u. sachlich betrachtet u. sich in seinen Handlungen danach richtet; Ggs. ↑Idealist (2). **2.** Vertreter des Realismus (3)

Re|a|lis|tik *die;* -: ungeschminkte Wirklichkeitsdarstellung

Re|a|lis|tin *die;* -, -nen: weibliche Form zu ↑Realist

re|a|lis|tisch: 1. a) wirklichkeitsnah, lebensecht; **b)** ohne Illusion, sachlich-nüchtern; Ggs. ↑idealistisch (2). **2.** zum Realismus (3) gehörend

Re|a|li|tät *die;* -, -en ⟨*lat.-mlat.(-fr.)*⟩: Wirklichkeit, tatsächliche Lage, Gegebenheit; Ggs. ↑Irrealität
re|a|li|ter: in Wirklichkeit
Re|a|li|ty|show, Re|a|li|ty-Show [riˈɛlɪtiʃoː] *die;* -, -s ⟨*engl.*⟩: Unterhaltungssendung im Fernsehen, die tatsächlich Geschehendes (bes. Unglücksfälle) live zeigt bzw. nachgestellt darbietet
Re|a|li|ty-TV *das;* -[s]: Sparte des Fernsehens, in der Realityshows produziert werden
Re|al|ka|pi|tal *das;* -s (Wirtsch.): in Sachwerten (z. B. Grundstücken, Maschinen o. Ä.) bestehendes Kapital eines Unternehmens
Re|al|ka|ta|log *der;* -[e]s, -e (Bibliothekswesen veraltend): [systematisch] nach Sachgebieten geordnetes Verzeichnis von Büchern; Sachkatalog; Ggs. ↑Nominalkatalog
Re|al|kon|kor|danz *die;* -, -en: ↑Konkordanz (1 a), die ein alphabetisches Verzeichnis von Sachen enthält; vgl. Verbalkonkordanz
Re|al|kon|kur|renz *die;* -, -en (Rechtsspr.): Tatmehrheit; Verletzung mehrerer strafrechtlicher Tatbestände nacheinander durch den gleichen Täter; vgl. Idealkonkurrenz
Re|al|kre|dit *der;* -[e]s, -e (Wirtsch.): Kredit, bei dem der Schuldner mit Immobilien od. anderen Vermögenswerten für die Rückzahlung bürgt
Re|al|le|xi|kon *das;* -s, ...ka (auch: ...ken): ↑Lexikon, das die Sachbegriffe einer Wissenschaft od. eines Wissenschaftsgebietes enthält
Re|a|lo *der;* -s, -s (ugs.): jmd., der Realpolitik betreibt, sich an den realen Gegebenheiten orientiert (bes. bei den Grünen)
Re|al|po|li|tik *die;* -: Politik, die moralische Grundsätze od. nationale ↑Ressentiments nicht berücksichtigt, sondern auf der nüchternen Erkenntnis der Gegebenheiten u. des wirklich Erreichbaren beruht
Re|al|schu|le *die;* -, -n ⟨*lat.-mlat.; dt.*⟩: sechsklassige, auf der Grundschule aufbauende Lehranstalt, die bis zur mittleren Reife führt; Mittelschule
Real|time [ˈriːəltaim, -ˈtaim] *die;* -, **Real Time** *die;* - - ⟨*engl.*⟩ (EDV): die wirklich benötigte Zeit eines Computers, bis er eine ↑Operation (4 b) abgeschlossen hat
re|ama|teu|ri|sie|ren [...tø...] ⟨*lat.-fr.*⟩: einen Berufssportler wieder zum Amateur machen
Re|ani|ma|ti|on *die;* - ⟨*lat.-nlat.*⟩ (Med.): Wiederbelebung; das Ingangbringen erloschener Lebensfunktionen durch künstliche Beatmung, Herzmassage o. Ä.
Re|ani|ma|ti|ons|zen|t|rum *das;* -s, ...tren (Med.): klinische Einrichtung speziell für lebensbedrohlich Erkrankte, in der eine Reanimation versucht wird
re|ani|mie|ren (Med.): wiederbeleben
Re|ani|mie|rung *die;* -, -en: ↑Reanimation
Re|au|mur [ˈreːomyːɐ̯] ⟨nach dem fr. Physiker Réaumur, 1683–1757⟩: Gradeinteilung beim heute veralteten 80-teiligen Thermometer (Zeichen: R)
Reb|bach vgl. Reibach
Re|bell *der;* -en, -en ⟨*lat.-fr.;* »den Krieg erneuernd«⟩: Aufrührer, Aufständischer; jmd., der sich auflehnt, widersetzt, empört
re|bel|lie|ren: sich auflehnen, sich widersetzen, sich empören
Re|bel|lin *die;* -, -nen: weibliche Form zu ↑Rebell
Re|bel|li|on *die;* -, -en: Aufruhr, Aufstand, Widerstand, Empörung
re|bel|lisch: widersetzlich, aufsässig, aufrührerisch
Re|bound [riˈbaunt, auch ˈriːbaunt] *der;* -s, -s ⟨*engl.*⟩ (Basketball): vom Brett od. Korbring abprallender Ball
Re|break [ˈriːbreɪk] *der* od. *das;* -s, -s ⟨*engl.*⟩ (Tennis): [1]Break (1 b), das man [unmittelbar] nach einem gegnerischen Break erzielt
Re|bus *der* od. *das;* -, -se ⟨*lat.-fr.;* »durch Sachen«⟩: Bilderrätsel
Re|cei|ver [riˈsiːvɐ] *der;* -s, - ⟨*lat.-fr.-engl.;* »Empfänger«⟩: **1.** Hochfrequenzteil für den Satellitenempfang. **2.** (Sport) Spieler, der den Ball, bes. den Aufschlag, in die gegnerische Spielhälfte zurückschlägt; Rückschläger. **3.** Kombination von Rundfunkempfänger u. Verstärker für Hi-Fi-Wiedergabe
Re|chaud [reˈʃoː] *der* od. *das;* -s, -s ⟨*lat.-vulgärlat.-fr.*⟩: **1.** (südd., österr., schweiz.) [Gas]kocher. **2.** (Gastron.) durch Kerze od. Spiritusbrenner beheiztes Gerät od. elektrisch beheizbare Platte zum Warmhalten von Speisen u. zum Anwärmen von Tellern
Re|cher|che [reˈʃɛrʃə] *die;* -, -n ⟨*lat.-vulgärlat.-fr.*⟩: Nachforschung, Ermittlung
Re|cher|cheur [...ˈʃøːɐ̯] *der;* -s, -e: jmd., der [beruflich] in Bibliotheken, Archiven, im Internet u. a. recherchiert
Re|cher|cheu|rin [...ˈʃøːrɪn] *die;* -, -nen: weibliche Form zu ↑Rechercheur
re|cher|chie|ren: ermitteln, untersuchen, nachforschen, erkunden, sich genau über etwas informieren, um Bescheid zu wissen, Hintergründe u. Umstände kennenzulernen, sich ein Bild machen zu können
Rechts|ex|t|re|mis|mus *der;* - ⟨*dt.; lat.-nlat.*⟩: extrem nationalistische, gegen liberale u. demo-

kratische Verhältnisse ankämpfende Haltung u. Richtung

re|ci|pe ‹*lat.*›: auf ärztlichen Rezepten: nimm! (Abk.: Rec., Rp.)

Re|ci|tal [rɪˈsaitl̩] *das;* -s, -s ‹*engl.*›: Solistenkonzert

re|ci|tan|do [retʃi...] ‹*lat.-it.*› (Musik): frei, d. h. ohne strikte Einhaltung des Taktes, rezitierend (Vortragsanweisung)

re|com|man|dé [...mãˈde:] ‹*lat.-fr.*› (Postw.): fr. Bez. für: eingeschrieben (Abk.: R)

Re|cor|der vgl. Rekorder

rec|te ‹*lat.*›: richtig, recht

Rec|to, Rek|to *das;* -s, -s: Vorderseite eines Blattes in einem Papyrus, einer Handschrift, einem Buch; Ggs. ↑Verso

Rec|tor ma|g|ni|fi|cus *der;* - -, ...ores ...fici ‹»erhabener Leiter«›: Titel des Hochschulrektors

re|cy|celn [riˈsaikl̩n] ‹*engl.*›: einem Recycling zuführen

Re|cy|c|ling [riˈsaiklɪŋ] *das;* -s, -s ‹*engl.*›: **1.** Aufbereitung u. Wiederverwendung bereits benutzter Rohstoffe. **2.** (in den 1970er-Jahren) Wiederanlage der (in der Ölkrise stark gestiegenen) Erlöse Erdöl exportierender Staaten in den importierenden Staaten

Re|cy|c|ling|pa|pier *das;* -s: Papier, das aus Altpapier hergestellt ist; Umweltschutzpapier

Re|dak|teur [...ˈtøːɐ̯] *der;* -s, -e ‹*lat.-fr.*›: jmd., der für eine Zeitung, Zeitschrift, für Rundfunk od. Fernsehen, für ein [wissenschaftliches] Sammelwerk o. Ä. Beiträge auswählt, bearbeitet od. auch selbst schreibt

Re|dak|teu|rin [...ˈtøːrɪn] *die;* -, -nen: weibliche Form zu ↑Redakteur

Re|dak|ti|on *die;* -, -en: **1.** Tätigkeit des Redakteurs; das Redigieren. **2. a)** Gesamtheit der Redakteure; **b)** Raum, Abteilung, Büro, in dem Redakteure arbeiten. **3.** (Fachspr.) Veröffentlichung, [bestimmte] Ausgabe eines Textes

re|dak|ti|o|nell: die Redaktion betreffend

Re|dak|tor *der;* -s, ...oren ‹*lat.-nlat.*›: **1.** wissenschaftlicher Herausgeber. **2.** (schweiz.) Redakteur

Re|dak|to|rin *die;* -, -nen: weibliche Form zu ↑Redaktor

Re|d|emp|to|rist *der;* -en, -en ‹*lat.-nlat.*›: Mitglied einer 1732 gegründeten, speziell in der Missionsarbeit tätigen katholischen Kongregation

re|di|gie|ren ‹*lat.-fr.*›: [als Redakteur] einen Text bearbeiten, druckfertig machen

Re|din|gote [redɛ̃ˈgɔt, auch: rə...] *die;* -, -n od. *der;* -s, -s ‹*engl.-fr.*›: taillierter Damenmantel mit Reverskragen

re|dis|kon|tie|ren: diskontierte Wechsel ankaufen od. weiterverkaufen

re|di|vi|vus ‹*lat.*›: wiedererstanden

Re|dou|te [reˈduːtə, österr.: ...ˈdut] *die;* -, -n ‹*lat.-it.-fr.*›: **1.** (veraltet) Saal für festliche od. Tanzveranstaltungen. **2.** (österr., sonst veraltet) Maskenball. **3.** (Geschichte) Festungswerk in Form einer trapezförmigen geschlossenen Schanze

Re|duk|ti|on *die;* -, -en ‹*lat.*›: **1. a)** Zurückführung; **b)** Verringerung, Herabsetzung. **2.** (Logik) Zurückführung des Komplizierten auf etwas Einfaches. **3.** (Sprachw.) **a)** Verlust der ↑Qualität (2) u. ↑Quantität (2) bis zum Schwund des Vokals (z. B. *Nachbar* aus mhd. *nachgebur*); **b)** Sonderform der sprachlichen ↑Substitution, durch deren Anwendung sich die Zahl der sprachlichen Einheiten verringert (z. B.: ich fliege nach London, ich fliege dorthin). **4. a)** Laisierung; **b)** (meist Plural; Geschichte) christliche Indianersiedlung unter Missionarsleitung (z. B. bei den Jesuiten in Paraguay); vgl. Reservation. **5. a)** chemischer Vorgang, bei dem Elektronen von einem Stoff auf einen anderen übertragen u. von diesem aufgenommen werden (im Zusammenhang mit einer gleichzeitig stattfindenden ↑Oxidation); **b)** Entzug von Sauerstoff aus einer chemischen Verbindung od. Einführung von Wasserstoff in eine chemische Verbindung; **c)** Verarbeitung eines Erzes zu Metall. **6.** Verminderung der Chromosomenzahl während der ↑Reduktionsteilung. **7.** (Physik, Meteorol.) Umrechnung eines physikalischen Messwertes auf den Normalwert (z. B. Reduktion des Luftdrucks an einem beliebigen Ort auf das Meeresniveau)

Re|duk|ti|o|nis|mus *der;* - ‹*lat.-nlat.*›: isolierte Betrachtung von Einzelelementen ohne ihre Verflechtung in einem Ganzen od. von einem Ganzen als einfacher Summe aus Einzelteilen unter Überbetonung der Einzelteile, von denen aus generalisiert wird

re|duk|ti|o|nis|tisch: dem Reduktionismus entsprechend

Re|duk|ti|ons|di|ät *die;* -: kalorienarme Nahrung für eine Abmagerungskur

Re|duk|ti|ons|ofen *der;* -s, ...öfen ‹*lat.; dt.*›: Schmelzofen zur Läuterung der Metalle

Re|duk|ti|ons|tei|lung *die;* -, -en (Biol.): Zellteilung, durch die der doppelte Chromosomensatz auf einen einfachen reduziert wird

re|d|un|dant ⟨*lat.*⟩: Redundanz aufweisend, überreichlich [vorhanden]

Re|d|un|danz *die;* -, -en: **1.** Überreichlichkeit, Überfluss, Üppigkeit. **2.** (Sprachw.) **a)** im Sprachsystem angelegte mehrfache Kennzeichnung derselben Information (z. B. d*en* Kälb*ern:* mehrfach bezeichneter Dativ Plural; d*ie* groß*en* Wörterb*ü*ch*er sind* teuer: der Plural wird auf komplexe Weise ausgedrückt); **b)** stilistisch bedingte Überladung einer Aussage mit überflüssigen sprachinhaltlichen Elementen; vgl. Pleonasmus, Tautologie. **3.** (in der Informationstheorie bzw. Nachrichtentechnik) das Vorhandensein von weglassbaren Elementen in einer Nachricht, die keine zusätzliche Information liefern, sondern lediglich die beabsichtigte Grundinformation stützen

Re|du|p|li|ka|ti|on *die;* -, -en ⟨*lat.*⟩: Verdoppelung eines Wortes od. einer Anlautsilbe (z. B. Bonbon, Wirrwarr)

re|du|p|li|zie|ren: der Reduplikation unterworfen sein; **reduplizierendes Verb:** Verb, das bestimmte Formen mithilfe der Reduplikation bildet (z. B. lat. *cucurri* = ich bin gelaufen)

re|du|zi|bel ⟨*lat.-nlat.*⟩ (Philos., Math.): sich ableiten, auf eine Grundform zurückführen lassend; Ggs. ↑irreduzibel

re|du|zie|ren ⟨*lat.*⟩: **1. a)** auf etwas Einfacheres, das Wesentliche zurückführen; **b)** verringern, herabsetzen, beeinträchtigen. **2.** (Sprachw.) einen Vokal an ↑Qualität (2) u. ↑Quantität (2) abschwächen. **3. a)** einer chemischen Verbindung Elektronen zuführen; **b)** einer chemischen Verbindung Sauerstoff entziehen od. Wasserstoff in eine chemische Verbindung einführen. **4.** Erz zu Metall verarbeiten. **5.** einen physikalischen Messwert auf den Normalwert umrechnen (z. B. den Luftdruck an einem beliebigen Ort auf das Meeresniveau)

Re|du|zie|rung *die;* -, -en: das Reduzieren

re|ell ⟨*lat.-mlat.-fr.*⟩: **1. a)** anständig, ehrlich, redlich; **b)** (ugs.) ordentlich, den Erwartungen entsprechend. **2.** wirklich, tatsächlich [vorhanden]

Re|fait [rəˈfɛː] *das;* -s, -s ⟨*lat.-vulgärlat.-fr.*⟩: unentschiedenes Kartenspiel

Re|fak|tie [...tsi̯ə] *die;* -, -n ⟨*lat.-niederl.*⟩: Gewichts- od. Preisabzug wegen beschädigter od. fehlerhafter Waren; Nachlass, Rückvergütung

re|fak|tie|ren: Nachlass gewähren

Re|fek|to|ri|um *das;* -s, ...ien ⟨*lat.-mlat.*⟩: Speisesaal im Kloster

Re|fe|rat *das;* -[e]s, -e ⟨*lat.;* »er möge berichten ...«⟩: **1. a)** Vortrag über ein bestimmtes Thema; **b)** eine Beurteilung enthaltender schriftlicher Bericht; Kurzbesprechung [eines Buches]. **2.** Sachgebiet eines ↑Referenten (2)

Re|fe|ree [...ˈriː, auch: ˈrɛfəri] *der;* -s, -s ⟨*engl.*⟩ (Sport): Schiedsrichter, Ringrichter

Re|fe|ren|dar *der;* -s, -e ⟨*lat.-mlat.;* »(aus den Akten) Bericht Erstattender«⟩: **a)** Anwärter auf die höhere Beamtenlaufbahn nach der ersten Staatsprüfung; **b)** Lehramtsanwärter

Re|fe|ren|da|ri|at *das;* -[e]s, -e ⟨*lat.-mlat.-nlat.*⟩: Vorbereitungsdienst für Referendare

Re|fe|ren|da|rin *die;* -, -nen: weibliche Form zu ↑Referendar

Re|fe|ren|dum *das;* -s, ...den u. ...da ⟨*lat.;* »zu Berichtendes«⟩: Volksabstimmung, Volksentscheid; vgl. ad referendum

Re|fe|rent *der;* -en, -en: **1. a)** jmd., der ein Referat (1 a) hält; Redner; **b)** Gutachter [bei der Beurteilung einer wissenschaftlichen Arbeit]. **2.** Sachbearbeiter in einer Dienststelle. **3.** (Sprachw.) ↑Denotat (1)

Re|fe|ren|tin *die;* -, -nen: weibliche Form zu ↑Referent (1, 2)

Re|fe|renz *die;* -, -en ⟨*lat.-fr.;* »Bericht, Auskunft«⟩: **1.** (meist Plural) von einer Vertrauensperson gegebene Auskunft, die man als Empfehlung vorweisen kann; vgl. aber: Reverenz. **2.** Vertrauensperson, die über jmdn. eine positive Auskunft geben kann. **3.** (Sprachw.) Beziehung zwischen sprachlichen Zeichen u. ihren Referenten (3) in der außersprachlichen Wirklichkeit

re|fe|rie|ren: a) einen kurzen [beurteilenden] Bericht von etwas geben; **b)** ein Referat (1 a) halten

re|fi|nan|zie|ren, sich ⟨*lat.; lat.-fr.*⟩: fremde Mittel aufnehmen, um damit selbst Kredit zu geben

Re|fi|nan|zie|rung *die;* -, -en: das Refinanzieren

Re|fla|ti|on *die;* -, -en ⟨*lat.-engl.*⟩: finanzpolitische Maßnahme zur Erhöhung der im Umlauf befindlichen Geldmenge u. damit zur Überwindung einer ↑Depression (3)

re|fla|ti|o|när ⟨*lat.-nlat.*⟩: die Reflation betreffend

re|flek|tie|ren ⟨*lat.*⟩: **1.** zurückstrahlen, spiegeln. **2.** nachdenken; erwägen. **3.** (ugs.) an jmdm./etwas sehr interessiert sein, etwas erhalten wollen

Re|flek|tor *der;* -s, ...oren ⟨*lat.-nlat.*⟩: **1.** Hohlspiegel hinter einer Lichtquelle zur Bündelung des Lichtes (z. B. in einem Scheinwerfer). **2.** Teil einer Richtantenne, der einfallende elektromagnetische Strahlen zur Bündelung nach einem Brennpunkt zurückwirft (z. B. zur Bündelung in einem Brennpunkt). **3.** Fernrohr mit Parabolspiegel; Spiegelteleskop. **4.** Umhüllung eines Atomreaktors mit Material von kleinem Absorptionsvermögen u. großer Neutronenreflexion zur Erhöhung des Neutronenflusses im Reaktor. **5.** Gegenstand, Vorrichtung aus einem reflektierenden Material; Rückstrahler

Re|flex *der;* -es, -e ‹*lat.-fr.*›: **1.** Widerschein, Rückstrahlung. **2.** (Med.) Reaktion des Organismus auf eine Reizung seines Nervensystems; durch äußere Reize ausgelöste unwillkürliche Muskelkontraktion; **bedingter Reflex:** erworbene Reaktion des Organismus bei höher entwickelten Tieren u. beim Menschen auf einen [biologisch] neutralen Reiz; **unbedingter Reflex:** angeborene, immer auftretende Reaktion auf äußere Reize

Re|fle|xi|on *die;* -, -en ‹*lat.(-fr.)*›: **1.** das Zurückwerfen von Licht, elektromagnetischen Wellen, Schallwellen, Gaswellen und Verdichtungsstößen an Körperoberflächen. **2.** das Nachdenken; Überlegung, Betrachtung, vergleichendes u. prüfendes Denken; Vertiefung in einen Gedankengang

Re|fle|xi|ons|win|kel *der;* -s, - ‹*lat.(-fr.); dt.*› (Physik): Winkel zwischen reflektiertem Strahl u. Einfallslot

re|fle|xiv ‹*lat.-mlat.*›: **1.** (Sprachw.) sich (auf das Subjekt) rückbeziehend; rückbezüglich; **reflexives Verb:** rückbezügliches Verb (z. B. sich schämen). **2.** die Reflexion (2) betreffend, reflektiert

Re|fle|xiv *das;* -s, -e: ↑Reflexivpronomen

Re|fle|xiv|pro|no|men *das;* -s, - u. ...mina (Sprachw.): rückbezügliches Fürwort (z. B. sich)

Re|fle|xi|vum *das;* -s, ...va ‹*lat.-mlat.*›: ↑Reflexivpronomen

Re|flex|zo|nen|mas|sa|ge *die;* -, -n (Med.): Massage bestimmter Zonen der Körperoberfläche mit dem Ziel, gestörte Funktionen innerer Organe, die diesen Zonen zugeordnet sind, zu aktivieren

Re|form *die;* -, -en ‹*lat.-fr.*›: Umgestaltung, Neuordnung; Verbesserung des Bestehenden

Re|for|ma|ti|on *die;* -: **1.** durch Luther ausgelöste Bewegung zur Erneuerung der Kirche im 16. Jh., die zur Bildung der protestantischen Kirchen führte. **2.** Erneuerung, geistige Umgestaltung, Verbesserung

Re|for|ma|tor *der;* -s, ...oren: **1.** Begründer der Reformation (Luther, Zwingli, Calvin u. a.). **2.** Umgestalter, Erneuerer

Re|for|ma|to|rin *die;* -, -nen: weibliche Form zu ↑Reformator (2)

re|for|ma|to|risch ‹*lat.-nlat.*›: **1.** in der Art eines Reformators (1); umgestaltend, erneuernd. **2.** die Reformation betreffend, im Sinne der Reformation, der Reformatoren (2)

Re|for|mer *der;* -s, - ‹*lat.-fr.-engl.*›: Umgestalter, Verbesserer, Erneuerer

Re|for|me|rin *die;* -, -nen: weibliche Form zu ↑Reformer

re|for|me|risch: Reformen betreibend; nach Verbesserung, Erneuerung strebend

Re|form|haus *das;* -es, ...häuser ‹*lat.-fr.; dt.*›: Fachgeschäft für gesunde, an vollwertigen Nährstoffen reiche Kost

re|for|mie|ren ‹*lat.*›: **1.** verbessern, [geistig, sittlich] erneuern; neu gestalten. **2.** (Chemie) die ↑Oktanzahl von Benzinen durch Druck- u. Hochtemperaturbehandlung erhöhen

Re|for|mier|te *der* u. *die;* -n, -n: Angehörige[r] der reformierten Kirche

Re|for|mis|mus *der;* - ‹*lat.-nlat.*›: **1.** Bewegung zur Verbesserung eines [sozialen] Zustandes od. [politischen] Programms. **2.** (im marxistischen Sprachgebrauch, abwertend) Bewegung innerhalb der Arbeiterklasse, die soziale Verbesserungen durch Reformen, nicht durch Revolutionen erreichen will

Re|for|mist *der;* -en, -en: Anhänger des Reformismus (1, 2)

Re|for|mis|tin *die;* -, -nen: weibliche Form zu ↑Reformist

re|for|mis|tisch (marxistisch abwertend): den Reformismus (2) betreffend

Re|form|kom|mu|nis|mus *der;* -: Richtung des Kommunismus, die diktatorisch-bürokratische Ausprägungen des Kommunismus ablehnt

Re|form|kon|zil *das;* -s, -e u. -ien: Kirchenversammlung des 15. [u. 16.] Jh.s, die die spätmittelalterliche katholische Kirche reformieren sollte

Re|form|päd|a|go|gik *die;* -, -en: pädagogische Bewegung, die die Aktivität u. Kreativität des Kindes fördern will u. sich gegen eine Schule wendet, in der hauptsächlich auf das Lernen Wert gelegt wird

Re|form|po|li|tik *die;* -: politisches Konzept, das eine Veränderung der politischen u. gesellschaftlichen Verhältnisse mithilfe von Reformen anstrebt

Re|f|rain [rəˈfrɛ̃ː] *der;* -s, -s ‹*lat.-vulgärlat.-fr.;* »Rückprall (der Wogen von den Klippen)«›: in regelmäßigen Abständen wiederkehrende gleiche Laut- od. Wortfolge in einem Gedicht od. Lied; Kehrreim

re|frak|tär ‹*lat.;* »widerspenstig«› (Med.): nicht beeinflussbar, unempfindlich (bes. gegenüber Reizen)

Re|frak|ti|on *die;* -, -en ‹*lat.-nlat.*› (Physik): **a)** Brechung von Lichtwellen u. anderen an Grenzflächen zweier Medien (vgl. [1]Medium (3)); **b)** Brechungswert

Re|frak|tor *der;* -s, ...oren ⟨*lat.-nlat.*⟩: Linsenfernrohr mit mehreren Sammellinsen als Objektiv

Re|f|ri|ge|ra|tor *der;* -s, ...oren ⟨*lat.-nlat.*⟩: Gefrieranlage

Re|fu|gi|um *das;* -s, ...ien ⟨*lat.*⟩: Zufluchtsort, -stätte

Reg *die;* -, -[s] ⟨*hamitisch*⟩: Geröllwüste [in der algerischen Sahara]

[1]**Re|gal** *das;* -s, -e ⟨Herkunft unsicher⟩: **1.** [Bücher-, Waren]gestell mit Fächern. **2.** (Druckw.) Schriftkastengestell

[2]**Re|gal** *das;* -s, -e ⟨*fr.*⟩: **1.** kleine, tragbare, nur mit Zungenstimmen besetzte Orgel; vgl. Portativ. **2.** Zungenregister der Orgel

[3]**Re|gal** *das;* -s, -ien (meist Plural) ⟨*lat.-mlat.*⟩: [wirtschaftlich nutzbares] Hoheitsrecht (z. B. Zoll-, Münz-, Postrecht)

re|ga|lie|ren ⟨*fr.*⟩ (veraltet, noch landsch.): **1.** unentgeltlich bewirten, freihalten. **2.** sich an etwas satt essen, gütlich tun

Re|ga|li|tät *die;* -, -en ⟨*lat.-mlat.*⟩ (veraltet): Anspruch einer Regierung auf den Besitz von Hoheitsrechten

Re|gat|ta *die;* -, ...tten ⟨*venez.*⟩: **1.** (Wassersport) Bootswettkampf. **2.** schmal gestreiftes Baumwollgewebe in Köperbindung (eine Webart)

Re|ge|ne|rat *das;* -[e]s, -e ⟨*lat.*⟩: durch chemische Aufarbeitung gewonnenes Material (z. B. Kautschuk aus Altgummi)

Re|ge|ne|ra|ti|on *die;* -, -en ⟨*lat. (-fr.)*⟩: **1.** Wiederauffrischung, Erneuerung, Zurückversetzung in den ursprünglichen Zustand. **2. a)** Wiederherstellung bestimmter chemischer od. physikalischer Eigenschaften; **b)** Rückgewinnung chemischer Stoffe. **3.** Ersatz verloren gegangener Organe od. Organteile bei Tieren u. Pflanzen

re|ge|ne|ra|tiv ⟨*lat.-nlat.*⟩: **1.** wiedergewinnend od. wiedergewonnen (z. B. in der Chemie aus Abfällen). **2.** durch Regeneration (3) entstanden

Re|ge|ne|ra|tiv|ver|fah|ren *das;* -s: Verfahren zur Rückgewinnung von Wärme

Re|ge|ne|ra|tor *der;* -s, ...oren (Technik): der Wärmeaufnahme dienendes Mauerwerk beim Regenerativverfahren

re|ge|ne|rie|ren ⟨*lat.(-fr.)*⟩: **a)** erneuern, auffrischen, wiederherstellen; **b)** (Chemie) wiedergewinnen [von wertvollen Rohstoffen o. Ä. aus verbrauchten, verschmutzten Materialien]; **c)** (sich regenerieren; Biol.) sich neu bilden

Re|gens *der;* -, Regentes u. Regenten ⟨*lat.*⟩: Vorsteher, Leiter (bes. eines katholischen Priesterseminars)

Re|gens Cho|ri *der;* - -, Regentes -, österr.: **Regens|cho|ri** *der;* -, -: Chordirigent der katholischen Kirche

Re|gent *der;* -en, -en: **1.** [fürstliches] Staatsoberhaupt. **2.** verfassungsmäßiger Vertreter des Monarchen; Landesverweser

Re|gen|tes [...te:s]: *Plural* von ↑Regens

Re|gen|tin *die;* -, -nen: weibliche Form zu ↑Regent (1)

Re|gent|schaft *die;* -, -en ⟨*lat.; dt.*⟩: Herrschaft od. Amtszeit eines Regenten

Re|gest *das;* -[e]s, -en (meist Plural) ⟨*lat.*⟩: zusammenfassende Inhaltsangabe einer Urkunde, Teil eines zeitlich geordneten Verzeichnisses von Urkunden; Urkundenverzeichnis

Reg|gae [ˈrɛge, ˈrɛgi] *der;* -[s] ⟨*engl.;* westind. Slangwort⟩ (Musik): aus Jamaika stammende Stilrichtung der Popmusik, deren Rhythmus durch die Hervorhebung unbetonter Taktteile gekennzeichnet ist

Re|gie [reˈʒi:] *die;* -, ...ien ⟨*lat.-fr.*⟩: **1.** verantwortliche Führung, [künstlerische] Leitung bei der Gestaltung einer Aufführung, eines Spielgeschehens, eines bestimmten Vorhabens. **2.** (nur Plural; österr.) Regie-, Verwaltungskosten

Re|gie|as|sis|tent [reˈʒi:...] *der;* -en, -en: Assistent eines Regisseurs

Re|gie|as|sis|ten|tin *die;* -, -nen: weibliche Form zu ↑Regieassistent

re|gie|ren ⟨*lat.*⟩: **1.** [be]herrschen; die Verwaltung, die Politik eines [Staats]gebietes leiten. **2.** (Sprachw.) einen bestimmten Fall fordern. **3.** in der Gewalt haben; bedienen, handhaben, führen, lenken

Re|gie|rung *die;* -, -en: **1.** das Regieren; Ausübung der Regierungs-, Herrschaftsgewalt. **2.** oberstes Organ eines Staates, eines Landes; Gesamtheit der Personen, die einen Staat, ein Land regieren (1)

Re|gier|werk *das;* -[e]s, -e ⟨*lat.; dt.*⟩: die Einzelpfeifen der Orgel, Manuale u. Pedale, Traktur, Registratur (3)

Re|gime [reˈʒi:m] *das;* -s, - [reˈʒi:mə], auch: -s ⟨*lat.-fr.*⟩: **1.** einem bestimmten politischen System entsprechende, von ihm geprägte [volksfeindliche] Regierung, Regierungs-, Herrschaftsform. **2.** (selten) **a)** System, Schema, Ordnung; **b)** Lebensweise, -ordnung, Diätvorschrift (z. B.: der Patient musste sich einem strengen Regime unterziehen)

Re|gime|kri|ti|ker *der;* -s, -: jmd., der an dem [totalitären] Regime seines Landes aktiv Kritik übt

Re|gime|kri|ti|ke|rin *die;* -, -nen: weibliche Form zu ↑Regimekritiker

a b c d e f g h i j k l m n o p q r Reg s t u v w x y z

Re|gi|ment *das;* -[e]s, -e u. -er ‹*lat.*›: **1.** (Plural: -e) Regierung, Herrschaft; Leitung. **2.** (Plural: -er) größere [meist von einem Oberst od. Oberstleutnant befehligte] Truppeneinheit (Abk.: R., Reg., Regt., Rgt.)

Re|gi|o|lekt *der;* -[e]s, -e (Sprachw.): in einer bestimmten Region (1 a) gesprochener Dialekt

Re|gi|on *die;* -, -en ‹*lat.*›: **1. a)** Gebiet, Gegend; **b)** Bereich, Sphäre. **2.** (Anat.) Bezirk, Abschnitt (z. B. eines Organs od. Körperteils), Körpergegend

re|gi|o|nal: 1. sich auf einen bestimmten Bereich erstreckend; gebietsmäßig, -weise, Gebiets... **2.** ↑regionär

Re|gi|o|nal|ex|press® *der;* -es, -e: schneller Zug des Personennahverkehrs (Abk.: RE)

Re|gi|o|na|lis|mus *der;* - ‹*lat.-nlat.*›: **1.** Ausprägung landschaftlicher Eigeninteressen. **2.** Heimatkunst, bodenständige Literatur um 1900. **3.** (Sprachw.) regional gebundene Spracheigentümlichkeit (z. B. Broiler für Brathähnchen)

Re|gi|o|na|list *der;* -en, -en: Vertreter des Regionalismus (1, 2)

Re|gi|o|na|lis|tin *die;* -, -nen: weibliche Form zu ↑Regionalist

Re|gi|o|nal|li|ga *die;* -, ...ligen: auf bestimmte [Groß]regionen begrenzte deutsche Spielklasse in verschiedenen Sportarten (z. B. im Fußball)

Re|gi|o|nal|pro|gramm *das;* -[e]s, -e: Rundfunk-, Fernsehprogramm für ein bestimmtes, regional begrenztes Sendegebiet

re|gi|o|när (Med.): einen bestimmten Körperbereich betreffend

Re|gis|seur [reʒɪˈsøːɐ̯] *der;* -s, -e ‹*lat.-fr.*›: jmd., der [berufsmäßig] Regie (1) führt, die Regie hat

Re|gis|seu|rin [...ˈsøːrɪn] *die;* -, -nen: weibliche Form zu ↑Regisseur

Re|gis|ter *das;* -s, - ‹*lat.-mlat.*›: **1. a)** alphabetisches Namen- od. Sachverzeichnis; ↑Index (1); **b)** stufenförmig eingeschnittener u. mit den Buchstaben des Alphabets versehener Seitenrand in Telefon-, Wörter-, Notizbüchern o. Ä. **2. a)** meist den ganzen Umfang einer Klaviatur deckende Orgelpfeifengruppe mit charakteristischer Klangfärbung; **b)** im Klangcharakter von anderen unterschiedene Lage der menschlichen Stimme (Brust-, Kopf-, Falsettstimme) od. von Holzblasinstrumenten. **3.** amtliches Verzeichnis rechtlicher Vorgänge (z. B. Standesregister). **4.** genaues Aufeinanderpassen der Farben beim Mehrfarbendruck u. der auf dem Druckbogen gegenständigen Buchseiten u. Seitenzahlen. **5.** (EDV) kleiner Speicher mit kurzer Zugriffszeit für die kurzzeitige Speicherung von Daten

re|gis|tered [ˈrɛdʒɪstəd;] ‹*lat.-mlat.-fr.-engl.*›: **1.** in ein Register eingetragen, patentiert, gesetzlich geschützt (Abk.: reg.; Zeichen: ®). **2.** eingeschrieben (auf Postsendungen)

Re|gis|ter|ton|ne *die;* -, -n: Maß zur Angabe des Rauminhalts von Schiffen (1 RT = 2,832 m^3; Abk.: RT)

Re|gis|t|ra|tor *der;* -s, ...oren (veraltet): **1.** Register führender Beamter. **2.** Ordner[mappe]

Re|gis|t|ra|tur *die;* -, -en: **1.** das Registrieren (1 a), Eintragen; Buchung. **2. a)** Aufbewahrungsstelle für Karteien, Akten o. Ä.; **b)** Regal, Gestell, Schrank zum Aufbewahren von Akten o. Ä. **3.** die Register (2 a) und Koppeln auslösende Schaltvorrichtung bei Orgel u. Harmonium

re|gis|t|rie|ren: 1. a) [in ein Register] eintragen; **b)** selbsttätig aufzeichnen; einordnen. **2. a)** bewusst wahrnehmen, ins Bewusstsein aufnehmen; **b)** sachlich feststellen; ohne urteilenden Kommentar feststellen, zur Kenntnis nehmen. **3.** die geeigneten Registerstimmen verbinden u. mischen (bei Orgel u. Harmonium)

Re|g|le|ment [...ˈmãː, schweiz.: ...ˈmɛnt] *das;* -s, -s u. (schweiz.:) -e ‹*lat.-fr.*›: Gesamtheit von Vorschriften, Bestimmungen, die für einen bestimmten Bereich, für bestimmte Tätigkeiten gelten; ↑Statuten, Satzungen

re|g|le|men|ta|risch: der [Dienst]vorschrift, Geschäftsordnung gemäß, bestimmungsgemäß

re|g|le|men|tie|ren: durch Vorschriften regeln, einschränken

Re|g|le|men|tie|rung *die;* -, -en: **a)** das Reglementieren; **b)** Unterstellung (bes. von Prostituierten) unter behördliche Aufsicht

Re|gress *der;* -es, -e ‹»Rückkehr; Rückhalt, Zuflucht«›: **1.** (Rechtswiss.) Rückgriff eines ersatzweise haftenden Schuldners auf den Hauptschuldner. **2.** (Logik) das Zurückschreiten des Denkens vom Besonderen zum Allgemeinen, vom Bedingten zur Bedingung, von der Wirkung zur Ursache

Re|gres|si|on *die;* -, -en ‹*lat.*›: **1.** langsamer Rückgang; rückläufige Tendenz, Entwicklung. **2.** (Geogr.) das Zurückweichen des Meeres durch das Absinken des Meeresspiegels od. die Hebung des Landes. **3.** (Psychol.) das Zurückfallen auf frühere, kindliche Stufen der Triebvorgänge. **4.** (Rhet.) **a)** ↑Epanodos; **b)** nachträgliche, erläuternde Wiederaufnahme. **5.** (Statistik) Aufteilung einer Variablen in einen systematischen u. einen zufälligen Teil zur näherungsweisen Beschreibung einer Variablen als Funktion anderer. **6.** (Biol.) das Schrumpfen des Ausbreitungsgebiets einer Art o. Ä. von Lebewesen

re|gres|siv ‹*lat.-nlat.*›: **1.** (Logik) zurückschreitend in der Art des Regresses (2), zurückgehend vom Bedingten zur Bedingung. **2. a)** (Med.) sich zurückbildend (von Krankheiten); **b)** auf einer Regression (3) beruhend. **3.** nicht progressiv, rückschrittlich; rückläufig. **4.** (Rechtswiss.) einen Regress (1) betreffend. **5.** in der Fügung; **regressive Assimilation** (Sprachw.): Angleichung eines Lauts an den vorangehenden

Re|gu|lar *der;* -s, -e: Mitglied eines katholischen Ordens mit feierlichen Gelübden

re|gu|lär: 1. der Regel gemäß; vorschriftsmäßig; üblich, gewöhnlich; Ggs. ↑irregulär; **reguläres System** (Mineral.): Kristallsystem mit drei gleichen, aufeinander senkrecht stehenden Achsen; **reguläre Truppen:** gemäß dem Wehrgesetz eines Staates aufgestellte Truppen. **2.** (ugs.) regelrecht

Re|gu|la|ri|en *die* (Plural) (Wirtsch.): bei Aktionärs-, Vereinsversammlungen o. Ä. auf der Tagesordnung stehende, regelmäßig abzuwickelnde Geschäftsangelegenheiten

Re|gu|la|ri|tät *die;* -, -en ‹*lat.-nlat.*›: **a)** Gesetzmäßigkeit, Richtigkeit; Ggs. ↑Irregularität (1 a); **b)** (meist Plural; Sprachw.) sprachübliche Erscheinung; Ggs. ↑Irregularität (1 b)

Re|gu|lar|ka|no|ni|ker *der;* -s, -: in mönchsähnlicher Gemeinschaft lebender Chorherr

Re|gu|la|ti|on *die;* -, -en: **1.** ↑Regulierung. **2.** (Biol.) Regelung der Organsysteme eines lebenden Organismus durch verschiedene Steuerungseinrichtungen (z. B. Hormone, Nerven). **3.** (Biol.) selbsttätige Anpassung eines Lebewesens an wechselnde Umweltbedingungen unter Aufrechterhaltung eines physiologischen Gleichgewichtszustandes im Organismus

re|gu|la|tiv: regulierend, regelnd; als Norm dienend

Re|gu|la|tiv *das;* -s, -e: **a)** regelnde Verfügung, Vorschrift, Verordnung; **b)** steuerndes, ausgleichendes Element

Re|gu|la|tor *der;* -s, ...oren: **1.** Apparatur zur Einstellung des gleichmäßigen Ganges einer Maschine. **2.** Pendeluhr, bei der das Pendel reguliert werden kann. **3.** (Geschichte) **a)** Angehöriger einer 1767 gegründeten revolutionären Gruppe von Farmern in den amerikanischen Südstaaten; **b)** im 19. Jahrhundert im Kampf gegen Viehräuber zur Selbsthilfe greifender amerikanischer Farmer. **4.** steuernde, ausgleichende, regulierende Kraft

re|gu|la|to|risch: regulierend, steuernd

re|gu|lie|ren ‹*lat.*›: **1. a)** regeln, ordnen; **b)** sich regulieren: in ordnungsgemäßen Bahnen verlaufen; einen festen, geordneten Ablauf haben; sich regeln; **regulierter Kanoniker:** ↑Regularkanoniker; vgl. Augustiner (a). **2.** in Ordnung bringen, den gleichmäßigen, richtigen Gang einer Maschine, Uhr o. Ä. einstellen. **3.** (einen Fluss) begradigen

Re|gu|lie|rung *die;* -, -en: **1.** Regelung. **2.** Herstellung des gleichmäßigen, richtigen Ganges einer Maschine, Uhr o. Ä. **3.** Begradigung eines Flusslaufs

Re|ha|bi|li|tand *der;* -en, -en ‹*lat.-nlat.*›: jmd., dem die Wiedereingliederung in das berufliche u. gesellschaftliche Leben ermöglicht werden soll

Re|ha|bi|li|tan|din *die;* -, -nen: weibliche Form zu ↑Rehabilitand

Re|ha|bi|li|ta|ti|on *die;* -, -en: **1.** [Wieder]eingliederung eines Kranken, körperlich od. geistig Behinderten in das berufliche u. gesellschaftliche Leben. **2.** ↑Rehabilitierung (1); vgl. ...ation/...ierung

Re|ha|bi|li|ta|ti|ons|zen|t|rum *das;* -s, ...ren: der Rehabilitation (1) dienende Anstalt

re|ha|bi|li|tie|ren: 1. jmds. od. sein eigenes soziales Ansehen wiederherstellen, jmdn. in frühere [Ehren]rechte wieder einsetzen. **2.** (einen durch Krankheit od. Unfall Geschädigten) durch geeignete Maßnahmen wieder in die Gesellschaft eingliedern

Re|ha|bi|li|tie|rung *die;* -, -en: **1.** Wiederherstellung des sozialen Ansehens, Wiedereinsetzung in frühere [Ehren]rechte. **2.** ↑Rehabilitation (1)

Re|ha|zen|t|rum *das;* -s, ...ren: kurz für: ↑Rehabilitationszentrum

Rei|bach *der;* -s ‹*jidd.*›: unverhältnismäßig hoher Gewinn

Rei|ki [ˈreːki] *das;* -s ‹*jap.;* »universale Lebensenergie«›: japanische Heilkunst mittels Händeauflegen

Re|im|plan|ta|ti|on *die;* -, -en ‹*lat.-nlat.*› (Med.): Wiedereinpflanzung eines vorher entfernten Körperteils

Re|im|port *der;* -[e]s, -e, **Re|im|por|ta|ti|on** *die;* -, -en ‹*lat.-nlat.*›: Wiedereinfuhr ausgeführter Güter

re|im|por|tie|ren: (ausgeführte Güter) wieder einführen

Rei|ne|clau|de [rɛ(ː)nəˈkloːdə] vgl. Reneklode

Rei|net|te [rɛˈnɛtə] vgl. Renette

Re|in|farkt *der;* -[e]s, -e ‹*lat.*› (Med.): wiederholter ↑Infarkt

Re|in|fek|ti|on *die;* -, -en ‹*lat.-nlat.*› (Med.): Wiederansteckung [mit den gleichen Erregern]

Re|in|kar|na|ti|on *die;* -, -en ‹*lat.-nlat.*›: Übergang der Seele eines Menschen in einen neuen Körper u. eine neue Existenz (in der buddhistischen Lehre von der Seelenwanderung)

Re|in|te|g|ra|ti|on *die;* -, -en ⟨*lat.-nlat.*⟩: **1.** Wiedereingliederung. **2.** (veraltet) Wiederherstellung

Re|ka|pi|tu|la|ti|on *die;* -, -en ⟨*lat.*⟩: **1.** das Rekapitulieren. **2.** das Rekapitulierte. **3.** (Biol.) gedrängte Wiederholung der Stammesentwicklung (von der vorgeburtlichen Entwicklung der Einzelwesen)

re|ka|pi|tu|lie|ren: a) wiederholen, noch einmal zusammenfassen; **b)** in Gedanken durchgehen, sich noch einmal vergegenwärtigen

Re|kla|mant *der;* -en, -en ⟨*lat.*⟩ (Rechtswiss.): jmd., der Einspruch erhebt, Beschwerde führt

Re|kla|man|tin *die;* -, -nen: weibliche Form zu ↑Reklamant

Re|kla|ma|ti|on *die;* -, -en: Beanstandung, Beschwerde

Re|kla|me *die;* -, -n (Plural selten) ⟨*lat.-fr.*⟩: Werbung; Anpreisung [von Waren zum Verkauf]

re|kla|mie|ren ⟨*lat.;* »dagegenschreien, widersprechen«⟩: **1.** (bildungsspr.) [zurück]fordern, für sich beanspruchen. **2.** wegen irgendwelcher Mängel beanstanden, Einspruch erheben, Beschwerde führen

re|ko|g|nos|zie|ren: 1. die Echtheit einer Person, Sache od. Urkunde [gerichtlich od. amtlich] anerkennen. **2.** (scherzh.) auskundschaften. **3.** (Militär schweiz., sonst veraltet) [Stärke od. Stellung des Feindes] erkunden, aufklären

Re|ko|g|nos|zie|rung *die;* -, -en: **1.** Erkundung. **2.** Identifizierung

Re|kom|man|da|ti|on *die;* -, -en ⟨*lat.-fr.*⟩ (veraltet): **1.** Empfehlung. **2.** (Postw. österr.) Einschreiben

re|kom|man|die|ren: 1. (veraltet, landsch.) empfehlen; einschärfen. **2.** (Postw. österr.) einschreiben lassen; vgl. recommandé

Re|kom|pens *die;* -, -en ⟨*spätlat.-fr.-engl.*⟩: das Rekompensieren (1)

Re|kom|pen|sa|ti|on *die;* -, -en ⟨*spätlat.*⟩: **1.** (Wirtsch.) ↑Rekompens. **2.** (Med.) Wiederherstellung des Zustands der Kompensation

re|kom|pen|sie|ren: 1. (Wirtsch.) entschädigen. **2.** (Med.) den Zustand der Kompensation wiederherstellen

re|kon|s|t|ru|ie|ren ⟨*lat.-nlat.*⟩: **1.** den ursprünglichen Zustand wiederherstellen od. nachbilden. **2.** den Ablauf eines früheren Vorgangs od. Erlebnisses in den Einzelheiten darstellen, wiedergeben. **3.** (regional) zu größerem [wirtschaftlichem] Nutzen umgestalten u. ausbauen, modernisieren

Re|kon|s|t|ruk|ti|on *die;* -, -en: **1. a)** das Wiederherstellen, Wiederaufbauen, Nachbilden; **b)** das Wiederhergestellte, Wiederaufgebaute, Nachgebildete. **2. a)** das Wiedergeben, Darstellen eines Vorgangs in seinen Einzelteilen; **b)** detaillierte Wiedergabe, Darstellung. **3.** (regional) wirtschaftliche Umgestaltung, Modernisierung

re|kon|va|les|zent ⟨*lat.*⟩: sich im Stadium der Genesung befindend

Re|kon|va|les|zent *der;* -en, -en: Genesender

Re|kon|va|les|zen|tin *die;* -, -nen: weibliche Form zu ↑Rekonvaleszent

Re|kon|va|les|zenz *die;* - ⟨*lat.-nlat.*⟩: **a)** Genesung; **b)** Genesungszeit

re|kon|va|les|zie|ren ⟨*lat.*⟩: genesen

Re|kord *der;* -[e]s, -e ⟨*lat.-fr.-engl.*⟩: [anerkannte] sportliche Höchstleistung

Re|kor|der, Re|cor|der *der;* -s, - ⟨*lat.-fr.-engl.*⟩: **1.** Gerät zur elektromagnetischen Aufzeichnung u. Wiedergabe von Bild- u./od. Tonsignalen. **2.** Drehspulschnellschreiber im Funkdienst, ↑Undulator

Re|kord|tief *das;* -s, -s: außergewöhnlicher, noch nicht da gewesener Tiefstand bes. der Börsenkurse, Zinsen u. Ä.

Re|kre|a|ti|on *die;* -, -en ⟨*lat.*⟩ (veraltet): **a)** Erfrischung; **b)** Erholung

Re|k|rut *der;* -en, -en ⟨*lat.-fr.;* »Nachwuchs (an Soldaten)«⟩: Soldat in der ersten Ausbildungszeit

Re|k|ru|tie|rung *die;* -, -en: **1.** das Rekrutieren; das Sichrekrutieren. **2.** Beschaffung u. Auswahl od. die herkunftsmäßige Zusammensetzung der Mitglieder von Gruppen, Organisationen, sozialen Schichten

Re|k|ru|tin *die;* -, -nen: weibliche Form zu ↑Rekrut

Rek|ta: *Plural* von ↑Rektum

Rek|ta|in|dos|sa|ment *das;* -[e]s, -e, **Rek|ta|klau|sel** *die;* -, -n ⟨*lat.-nlat.*⟩ (Bankw.): Vermerk auf einem Wertpapier, der die Übertragung des Papiers durch Indossament ausschließt (»negative Orderklausel«)

rek|tal (Med.): **a)** den Mastdarm betreffend; **b)** durch den, im Mastdarm erfolgend

Rek|tal|nar|ko|se *die;* -, -n (Med.): Allgemeinbetäubung durch einen Darmeinlauf

Rek|tal|tem|pe|ra|tur *die;* -, -en (Med.): die im Mastdarm gemessene Körpertemperatur

Rek|ta|pa|pier *das;* -s, -e ⟨*lat.; gr.-lat.*⟩ (Bankw.): auf den Namen einer bestimmten Person ausgestelltes u. nicht übertragbares Wertpapier

Rek|t|a|s|zen|si|on *die;* -, -en ⟨*lat.-nlat.*⟩: gerade Aufsteigung, eine der beiden Koordinaten im äquatorialen astronomischen Koordinatensystem

Rẹk|ta|wech|sel *der;* -s, - ⟨*lat.; dt.*⟩: Wechsel, der eine Rektaklausel enthält

Rek|ti|on *die;* -, -en ⟨*lat.*⟩: Eigenschaft eines Verbs, Adjektivs od. einer Präposition, den Kasus (2) eines abhängigen Wortes im Satz zu bestimmen

Rẹk|to vgl. Recto

Rẹk|tor *der;* -s, ...oren ⟨*lat.-mlat.*⟩: **1.** Leiter einer Hochschule. **2.** Leiter einer Grund-, Haupt-, Sonder- od. Realschule. **3.** katholischer Geistlicher an einem Seminar o. Ä.

Rek|to|rat *das;* -[e]s, -e: **1. a)** Amt eines Rektors; **b)** Amtszimmer eines Rektors; **c)** Amtszeit eines Rektors bzw. einer Rektorin. **2.** Verwaltungsgremium, dem der Rektor, die Prorektoren u. der Kanzler angehören

Rek|to|rin *die;* -, -nen: weibliche Form zu ↑Rektor (1, 2)

Rek|to|s|kop *das;* -s, -e ⟨*lat.; gr.*⟩ (Med.): [1]Endoskop zur Untersuchung des Mastdarms

Rek|to|s|ko|pie *die;* -, ...ien (Med.): Untersuchung des Mastdarms mit dem Rektoskop

Rẹk|tum *das;* -s, ...ta ⟨*lat.-nlat.*⟩ (Med.): Mastdarm

re|kul|ti|vie|ren ⟨*lat.-fr.*⟩: [durch Bergbau] unfruchtbar gewordenen Boden wieder kultivieren, als Kulturland nutzen

Re|ku|pe|ra|tor *der;* -s, ...oren: Vorwärmer (in technischen Feuerungsanlagen)

re|kur|rie|ren: 1. Bezug nehmen, auf etwas zurückgreifen. **2.** (schweiz. Rechtsspr., sonst veraltet) Beschwerde, Einspruch einlegen gegen gerichtliche Urteile od. Verwaltungsakte

Re|kurs *der;* -es, -e: **1.** Rückgriff auf etwas, Bezug[nahme]. **2.** (Rechtswiss.) Einspruch, Beschwerde gegen gerichtliche Entscheidungen od. Verwaltungsakte

re|kur|siv ⟨*lat.-nlat.*⟩: **1.** (Math.) zurückgehend (bis zu bekannten Werten). **2.** Rekursivität zeigend

Re|lais [rəˈlɛː] *das;* - [rəˈlɛː(s)], - [rəˈlɛːs] ⟨*fr.*⟩: **1.** (Elektrot.) automatische Schalteinrichtung, die mittels eines schwachen Stroms Stromkreise mit einem stärkeren Strom öffnet u. schließt. **2.** (früher) **a)** Pferdewechsel im Postverkehr; **b)** Station für den Postpferdewechsel. **3.** (früher) an bestimmten Orten aufgestellte kleinere Reiterabteilung zur Überbringung von Befehlen u. Meldungen. **4.** (früher) Weg zwischen Wall u. Graben einer Festung

Re|la|ti|on *die;* -, -en ⟨*lat.*⟩: **1. a)** Beziehung, Verhältnis; **b)** (Math.) Beziehung zwischen den Elementen einer Menge; **c)** (veraltend) gesellschaftliche, geschäftliche o. ä. Verbindung. **2.** (veraltet) Bericht, Mitteilung. **3.** Rechtsgutachten. **4.** (Geschichte) Zurückschiebung eines zugeschobenen Eides im Zivilprozess an den Gegner; Ggs. ↑Delation (3). **5.** regelmäßig befahrene [Schifffahrts]linie

re|la|tiv [auch: ˈreː...]: **1.** verhältnismäßig, vergleichsweise. **2.** bezüglich; **relatives Tempus** (Sprachw.): auf das Tempus eines anderen Geschehens im zusammengesetzten Satz bezogenes Tempus

Re|la|tiv *das;* -s, -e: **a)** Oberbegriff für Relativpronomen u. Relativadverb; **b)** ↑Relativpronomen

Re|la|tiv|ad|verb *das;* -s, -ien (Sprachw.): bezügliches Umstandswort (z. B.: dort, *wo* er lebt)

re|la|ti|vie|ren ⟨*lat.-nlat.*⟩: mit etwas anderem in eine Beziehung bringen u. dadurch in seiner Gültigkeit einschränken

Re|la|ti|vis|mus *der;* -: **1.** erkenntnistheoretische Lehre, nach der nur die Verhältnisse der Dinge zueinander, nicht diese selbst erkennbar sind. **2.** (Philos.) Anschauung, nach der jede Erkenntnis nur relativ (bedingt durch den Standpunkt des Erkennenden) richtig ist, nicht allgemeingültig

re|la|ti|vis|tisch: 1. (Philos.) den Relativismus betreffend. **2.** (Physik) die Relativitätstheorie betreffend, auf ihr beruhend. **3.** die Relativität (2) betreffend

Re|la|ti|vi|tät *die;* -, -en: **1.** relative (1) Gültigkeit. **2.** Bezogenheit, Bedingtheit

Re|la|ti|vi|täts|the|o|rie *die;* - (Physik): von A. Einstein begründete physikalische Theorie, nach der Raum, Zeit u. Masse vom Bewegungszustand eines Beobachters abhängig u. deshalb relative (1) Größen sind

Re|la|tiv|pro|no|men *das;* -s, - u. ...mina: bezügliches Fürwort (z. B.: der Mann, *der* dort sitzt)

Re|la|tiv|satz *der;* -es, ...sätze ⟨*lat.-nlat.; dt.*⟩: durch ein Relativ eingeleiteter Attributsatz (z. B.: die Zeit, *die dafür noch bleibt ...;* kennst du ein Land, *wo es das noch gibt?*)

Re|la|ti|vum *das;* -s, ...va ⟨*lat.*⟩: ↑Relativ

Re|launch [ˈriːlɔːntʃ, riˈlɔːntʃ] *der* u. *das;* -[e]s, -[e]s ⟨*engl.*⟩ (Werbespr.): verstärkter Werbeeinsatz für ein schon länger auf dem Markt befindliches Produkt

re|laun|chen (Werbespr.): einen Relaunch durchführen

Re|lạ|xans *das;* -, ...xanzien [...i̯ən] u. ...xantia ⟨*lat.*⟩: Arzneimittel, das eine Erschlaffung [der Muskeln] bewirkt

re|laxed, re|laxt [ri'lɛkst] ⟨*lat.-engl.*⟩ (ugs.): gelöst, zwanglos

re|la|xen [ri'lɛksn̩] (ugs.): sich körperlich entspannen, sich nach einer Anspannung, Anstrengung erholen

Re|la|xing [ri'lɛksɪŋ] *das;* -s: das Relaxen

re|laxt [ri'lɛkst] vgl. relaxed

Re|lease|cen|ter, Re|lease-Cen|ter *das;* -s, - ⟨*engl.-amerik.*, zu *engl.* to release »befreien«⟩ (veraltet): Einrichtung zur Heilung Rauschgiftsüchtiger

Re|lea|ser [ri'li:zɐ] *der;* -s, -: (veraltet) Psychotherapeut, Sozialarbeiter o. Ä., der bei der Behandlung Drogenabhängiger mitwirkt

Re|lea|se|rin *die;* -, -nen: weibliche Form zu ↑Releaser

Re|lease|zen|t|rum, Re|lease-Zen|t|rum *das;* -s, ...tren (veraltet): ↑Releasecenter

Re|le|ga|ti|on *die;* -, -en ⟨*lat.*⟩: Verweisung von der [Hoch]schule

Re|le|ga|ti|ons|spiel *das;* -[e]s, -e ⟨*lat.; dt.*⟩ (Sport): Qualifikationsspiel zwischen [einer] der schlechtesten Mannschaft[en] der höheren u. [einer] der besten der tieferen Spielklasse um das Verbleiben in der bzw. den Aufstieg in die höhere Spielklasse

re|le|gie|ren: von der [Hoch]schule verweisen

re|le|vant ⟨*lat.-fr.*⟩: bedeutsam, wichtig; Ggs. ↑irrelevant

Re|le|vanz *die;* -, -en: Wichtigkeit, Erheblichkeit; Ggs. ↑Irrelevanz

Re|li|ef *das;* -s, -s u. -e ⟨*lat.-fr.*⟩: **1.** Geländeoberfläche od. deren plastische Nachbildung. **2.** plastisches Bildwerk auf einer Fläche

Re|li|gio *die;* -, ...ones [...ne:s] ⟨*lat.*⟩: katholische religiöse Vereinigung mit eigener Regel u. öffentlichen Gelübden; vgl. Religiose

Re|li|gi|on *die;* -, -en: **1.** Glaube[nsbekenntnis]. **2. a)** Gottesverehrung; **b)** innerliche Frömmigkeit

Re|li|gi|ons|phi|lo|so|phie *die;* -: Wissenschaft vom Ursprung, Wesen u. Wahrheitsgehalt der Religion u. ihrer Beziehung zur Philosophie

re|li|gi|ös ⟨*lat.-fr.*⟩: **1.** die Religion betreffend. **2.** gottesfürchtig, fromm; Ggs. ↑irreligiös

Re|li|gi|o|se *der* u. *die;* -n, -n (meist Plural) ⟨*lat.*⟩: im katholischen Kirchenrecht Mitglied religiöser Genossenschaften; vgl. Religio

Re|li|gi|o|si|tät *die;* -: [innere] Frömmigkeit, Gläubigkeit; Ggs. ↑Irreligiosität

re|likt ⟨*lat.*⟩: in Resten vorkommend (von Tieren u. Pflanzen)

Re|likt *das;* -[e]s, -e: **1.** Überrest, Überbleibsel. **2.** (Biol.) vereinzelter Restbestand von Pflanzen od. Tieren, die in früheren Erdperioden weit verbreitet waren. **3.** (Geol.) ursprünglich gebliebener Gesteinsteil in einem umgewandelten Gestein. **4.** (Geogr.) Boden, der von einer Klimaänderung kaum beeinflusst wurde. **5.** (Sprachw.) mundartliche Restform, deren geografische Streuung in einer Sprachlandschaft ihre frühere weitere Verbreitung erkennen lässt

Re|li|qui|ar *das;* -s, -e ⟨*lat.-mlat.*⟩: [künstlerisch gestalteter] Reliquienbehälter

Re|li|quie [...iə] *die;* -, -n ⟨»Zurückgelassenes, Überrest«⟩: **1.** körperlicher Überrest eines Heiligen, Überrest seiner Kleidung, seiner Gebrauchsgegenstände od. Marterwerkzeuge als Gegenstand religiöser Verehrung. **2.** (selten) kostbares Andenken

Re|lish ['rɛlɪʃ] *das;* -s, -es [...ʃɪs] ⟨*engl.*⟩: würzige Soße aus pikant eingelegten, zerkleinerten Gemüsestückchen (z. B. als Beigabe zu gegrilltem Fleisch)

Re|make ['ri:meɪk, ri'meɪk] *das;* -s, -s ⟨*engl.;* »wieder machen«⟩: **1.** Neufassung, Zweitfassung, Wiederholung einer künstlerischen Produktion. **2.** Neuverfilmung eines älteren Spielfilmstoffes

re|ma|nent ⟨*lat.*⟩: zurückbleibend

Re|ma|nenz *die;* - ⟨*lat.-nlat.*⟩: **1.** remanenter Magnetismus. **2.** Rückstand, Weiterbestehen eines Reizes, ↑Engramm

Re|ma|su|ri vgl. Ramasuri

Rem|bours [rã'bu:ɐ̯] *der;* - [...ɐ̯(s)], - [...ɐ̯s] ⟨*fr.*⟩: Begleichung einer Forderung aus einem Geschäft im Überseehandel durch Vermittlung einer Bank

rem|bour|sie|ren [rãbʊr...]: eine Forderung aus einem Geschäft im Überseehandel durch Vermittlung einer Bank begleichen

re|me|die|ren ⟨*lat.*⟩ (Med.): heilen

Re|me|di|um *das;* -s, ...ien u. ...ia: **1.** (Med.) Heilmittel. **2.** bei Münzen die zulässige Abweichung vom gesetzlich geforderten Gewicht u. Feingehalt

Re|mi|g|rant *der;* -en, -en ⟨*lat.*⟩: jmd., der in das Land zurückkehrt, aus dem er zuvor emigriert ist

Re|mi|g|ran|tin *die;* -, -nen: weibliche Form zu ↑Remigrant

re|mi|li|ta|ri|sie|ren ⟨*lat.-fr.*⟩: wieder bewaffnen, wieder mit eigenen Truppen besetzen; das [aufgelöste] Heerwesen eines Landes von Neuem organisieren

Re|mi|nis|zenz *die;* -, -en ⟨*lat.*⟩: Erinnerung, die etwas für jmdn. bedeutet; Anklang; Überbleibsel

Re|mi|nis|ze|re ‹*lat.;* nach dem alten Introitus (2) des Gottesdienstes, Psalm 25, 6, »Gedenke (Herr, an deine Barmherzigkeit)!«›: zweiter Fastensonntag

re|mis [rəˈmiː] ‹*lat.-fr.;* »zurückgestellt (als ob nicht stattgefunden)«›: unentschieden (bes. in Bezug auf Schachpartien u. Sportwettkämpfe)

Re|mis [rəˈmiː] *das;* - [rəˈmiː(s)], - [rəˈmiːs] u. (bes. Schach:) -en [rəˈmiːzn̩]: Schachpartie, Sportwettkampf mit unentschiedenem Ausgang

re|mi|sie|ren: eine Schachpartie oder einen sportlichen Wettkampf unentschieden gestalten

Re|mis|si|on *die;* -, -en ‹*lat.*›: **1.** (veraltet) Erlass, Nachsicht. **2.** (Med.) Rückgang, vorübergehendes Nachlassen von Krankheitssymptomen. **3.** (Optik) diffuse, gestreute Reflexion von Licht an undurchsichtigen Flächen. **4.** Rücksendung von Remittenden

Re|mit|ten|de *die;* -, -n ‹*lat.;* »Zurückzusendendes«›: beschädigtes od. fehlerhaftes Buch o. Ä., das an den Verlag zum Umtausch zurückgeschickt wird

Re|mit|tent *der;* -en, -en (Wirtsch.): Wechselnehmer, an den od. an dessen Order die Wechselsumme gezahlt werden soll

Re|mit|ten|tin *die;* -, -nen: weibliche Form zu ↑Remittent

re|mit|tie|ren: 1. (Bücher o. Ä.) als Remittenden zurücksenden. **2.** (Wirtsch.) Zahlung für empfangene Leistung einsenden. **3.** (Med.) zeitweilig nachlassen, zurückgehen (von Krankheitserscheinungen)

Re|mix [ˈriː...] *der;* -[es], -e, auch: *das;* -[es], -es ‹*engl.*› (Musik): neu gestaltete Tonaufnahme

Rem|mi|dem|mi *das;* -s ‹Herkunft unbekannt› (ugs.): lautes, buntes Treiben; großer Trubel, Betrieb

re|mon|s|t|rie|ren (Rechtsspr. veraltet): Einwände erheben, Gegenvorstellungen machen

re|mon|tant [auch: remõˈtant] ‹*lat.-fr.*› (Bot.): remontierend (1)

Re|mon|te [auch: reˈmõːtə] *die;* -, -n (früher): **1.** ↑Remontierung. **2.** junges Militärpferd

re|mon|tie|ren [auch: remõ...]: **1.** (Bot.) noch einmal blühen (nach der Hauptblüte). **2.** (früher) den militärischen Pferdebestand durch Jungpferde ergänzen

Re|mon|tie|rung [auch: remõ...] *die;* -, -en (früher): die Ergänzung des militärischen Pferdebestandes durch Jungpferde

Re|mon|toir|uhr [remõˈtoaːɐ̯...] *die;* -, -en ‹*lat.-fr.; dt.*› (veraltet): Taschenuhr mit einer Vorrichtung zum Aufziehen des Uhrwerks u. Stellen des Zeigers durch Kronenaufzug (gezahntes Rädchen)

Re|mou|la|de [remu...] *die;* -, -n ‹*fr.*›: eine Art Kräutermayonnaise

REM-Pha|se *die;* -, -n ‹Abk. für *engl.* rapid eye movements›: während des Schlafs [mehrmals] auftretende Traumphase, die an den schnellen Augenbewegungen des Schläfers erkennbar ist

Re|mu|ne|ra|ti|on *die;* -, -en ‹*lat.*› (veraltet): Vergütung, Entschädigung

re|mu|ne|rie|ren (veraltet): vergüten, entschädigen

Ren [rɛn] *das;* -s, Rene od. Rens, fachspr.: Rener ‹*nord.*›: Kälte liebende Hirschart nördlicher Gebiete, deren Weibchen ebenfalls Geweihe tragen

Re|nais|sance [rənɛˈsãːs] *die;* -, -n ‹*lat.-fr.;* »Wiedergeburt«›: **1. a)** Stil, kulturelle Bewegung in Europa im Übergang vom Mittelalter zur Neuzeit, von Italien ausgehend u. gekennzeichnet durch eine Rückbesinnung auf Werte u. Formen der griechisch-römischen Antike in Literatur, Philosophie, Wissenschaft u. bes. in Kunst u. Architektur; **b)** Epoche der Renaissance (1 a) vom 14. bis 16. Jh. **2.** geistige u. künstlerische Bewegung, die bewusst an ältere Traditionen, bes. an die griechisch-römische Antike, anzuknüpfen versucht (z. B. die karolingische Renaissance). **3.** Wiederaufleben, neue Blüte

re|na|tu|rie|ren ‹*lat.-nlat.*›: in einen naturnäheren Zustand zurückführen

Re|na|tu|rie|rung *die;* -, -en: Zurückführung in einen naturnäheren Zustand

Ren|con|t|re vgl. Renkontre

Ren|dant *der;* -en, -en ‹*lat.-vulgärlat.-fr.*›: Rechnungsführer in größeren Kirchengemeinden od. Gemeindeverbänden

Ren|dan|tin *die;* -, -nen: weibliche Form zu ↑Rendant

Ren|dan|tur *die;* -, -en ‹*lat.-vulgärlat.-fr.-nlat.*› (veraltet): Gelder einnehmende u. auszahlende Behörde

Ren|de|ment [rãdəˈmãː] *das;* -s, -s ‹*lat.-vulgärlat.-fr.*›: Gehalt eines Rohstoffs an reinen Bestandteilen, bes. der Gehalt an reiner [Schaf]wolle nach Abzug des Feuchtigkeitszuschlags

Ren|dez|vous, schweiz. auch: **Ren|dez-vous** [rãdeˈvuː, auch: ˈrãːdevu] *das;* - [...ˈvuː(s), auch: ˈrãːdevu(ːs)], - [...ˈvuːs, auch: ˈrãːdevuːs] ‹*fr.*›: **a)** Stelldichein, Verabredung; **b)** Annäherung u. Ankopplung von Raumfahrzeugen im Weltraum

Ren|dez|vous|ma|nö|ver *das;* -s, -: gesteuerte

Flugbewegung zur Annäherung u. Ankopplung von Raumfahrzeugen

Ren|di|te *die;* -, -n ⟨*lat.-vulgärlat.-it.*⟩: Jahresertrag eines angelegten Kapitals

Re|ne|gat *der;* -en, -en ⟨*lat.-mlat.*⟩: [Glaubens]abtrünniger

Re|ne|ga|tin *die;* -, -nen: weibliche Form zu ↑Renegat

Re|ne|k|lo|de, Rei|ne|clau|de [rɛ(:)nəˈklo:də] *die;* -, -n ⟨*fr.;* »Königin Claude« (Gemahlin Franz' I.)⟩: Pflaumenart mit grünen Früchten; vgl. Ringlotte

Re|net|te [rɛˈnɛtə] *die;* -, -n ⟨*fr.*⟩: saftiger, süß-säuerlich schmeckender Apfel

Ren|for|cé [rãfɔrˈse:] *der* od. *das;* -s, -s ⟨*lat.-fr.;* »verstärkt«⟩: feinfädiger, gebleichter Baumwollstoff in Leinenbindung (eine Webart); kräftiges Taftband

re|ni|tent ⟨*lat.*⟩: widerspenstig, widersetzlich

Re|ni|tenz *die;* - ⟨*lat.-mlat.*⟩: Widersetzlichkeit

Ren|kon|t|re [rãˈkõ:tɐ, auch: ...trə] *das;* -s, -s ⟨*lat.-fr.*⟩ (veraltend): Zusammenstoß; feindliche Begegnung

Ren|min|bi [rɛn...] *der;* -s, -s ⟨*chin.*⟩: Währungseinheit der Volksrepublik China (1 Renminbi = 10 Jiao = 100 Fen)

Re|nom|ma|ge [...ˈma:ʒə] *die;* -, -n ⟨*lat.-fr.*⟩ (veraltet): Prahlerei

Re|nom|mee *das;* -s, -s: **a)** Ruf, in dem jmd., etw. steht; Leumund; **b)** guter Ruf, Leumund, Ansehen

re|nom|mie|ren: angeben, prahlen, großtun

re|nom|miert: berühmt, angesehen, namhaft

Re|nom|mist *der;* -en, -en ⟨*lat.-fr.-nlat.*⟩: Prahlhans, Aufschneider

Re|nom|mis|tin *die;* -, -nen: weibliche Form zu ↑Renommist

Re|non|ce [rəˈnõ:s(ə), auch: re...] *die;* -, -n ⟨*lat.-fr.*⟩: Fehlfarbe (im Kartenspiel)

re|non|cie|ren [rənõ:ˈs..., auch: re...] (veraltet): verzichten

Re|no|va|ti|on *die;* -, -en ⟨*lat.*⟩ (schweiz., sonst veraltet): ↑Renovierung; vgl. ...ation/...ierung

re|no|vie|ren: erneuern, instand setzen, wiederherstellen

Re|no|vie|rung *die;* -, -en: Erneuerung, Instandsetzung; vgl. ...ation/...ierung

Ren|sei|g|ne|ment [rãsɛnjəˈmã:] *das;* -s, -s ⟨*lat.-fr.*⟩ (veraltet): Auskunft, Nachweis

ren|ta|bel ⟨französierende Bildung zu ↑rentieren⟩: einträglich, lohnend; gewinnbringend

Ren|ta|bi|li|tät *die;* -: Verhältnis des Gewinns einer Unternehmung zu dem eingesetzten Kapital in einem Rechnungszeitraum

Ren|te *die;* -, -n ⟨*lat.-vulgärlat.-fr.*⟩: regelmäßiges Einkommen aus angelegtem Kapital od. Beträgen, die aufgrund von Rechtsansprüchen gezahlt werden

Ren|ten|fonds *der;* -, - [...fõ:s] (Wirtsch.): Investmentfonds, bei dem das Geld der Anleger in festverzinsliche Wertpapiere investiert wird

[1]**Ren|tier** [auch: ˈrɛn...] *das;* -[e]s, -e ⟨*nord.; dt.*⟩: ↑Ren

[2]**Ren|ti|er** [rɛnˈti̯e:] *der;* -s, -s ⟨*lat.-vulgärlat.-fr.*⟩ (veraltend): Rentner

ren|tie|ren: Zins, Gewinn, Rendite bringen, einträglich sein; sich rentieren: sich lohnen

ren|tier|lich ⟨*lat.-vulgärlat.-fr.; dt.*⟩: ertragreich

Re|nu|me|ra|ti|on *die;* -, -en ⟨*lat.*⟩ (Wirtsch.): Rückzahlung, Rückgabe

re|nu|me|rie|ren: zurückzahlen, zurückgeben

Re|nun|ti|a|ti|on usw. vgl. Renunziation usw.

Re|nun|zi|a|ti|on *die;* -, -en ⟨*lat.*⟩: Abdankung [eines Monarchen]

re|nun|zie|ren: [als Monarch] abdanken

Ren|vers [rãˈvɛ:ɐ̯, auch: ...ˈvɛrs] *der;* - [rãˈvɛ:ɐ̯(s), auch: ...ˈvɛrs] ⟨*lat.-fr.*⟩: Seitengang des Pferdes, bei dem das Pferd in die Richtung der Bewegung gestellt ist, die Hinterhand auf dem Hufschlag geht u. die Vorhand mindestens einen halben Schritt vom Hufschlag des inneren Hinterfußes entfernt in die Bahn gestellt ist (beim Dressurreiten); vgl. Travers

Re|ok|ku|pa|ti|on *die;* -, -en ⟨*lat.-nlat.*⟩: [militärische] Wiederbesetzung eines Gebietes

re|ok|ku|pie|ren: [militärisch] wieder besetzen

Re|or|ga|ni|sa|ti|on *die;* -, -en ⟨*lat.; gr.-lat.-fr.*⟩: **1.** Neugestaltung, Neuordnung. **2.** (Med.) Neubildung zerstörten Gewebes im Rahmen von Heilungsvorgängen im Organismus

Re|or|ga|ni|sa|tor *der;* -s, ...oren: Neugestalter

Re|or|ga|ni|sa|to|rin *die;* -, -nen: weibliche Form zu ↑Reorganisator

re|or|ga|ni|sie|ren: neu gestalten, neu ordnen, wieder einrichten

re|pa|ra|bel ⟨*lat.*⟩: wiederherstellbar; Ggs. ↑irreparabel

Re|pa|ra|teur [...ˈtø:ɐ̯] *der;* -s, -e: jmd., der [berufsmäßig] repariert

Re|pa|ra|teu|rin [...ˈtø:rɪn] *die;* -, -nen: weibliche Form zu ↑Reparateur

Re|pa|ra|ti|on *die;* -, -en: **1.** (selten) Reparatur. **2.** eine Form der Regeneration, bei der durch Verletzung verloren gegangene Organe ersetzt werden; vgl. Restitution (3). **3.** (nur Plural) Kriegsentschädigungen, Wiedergutmachungsleistungen; vgl. ...ation/...ierung

Re|pa|ra|tur *die;* -, -en ‹*lat.-nlat.*›: Wiederherstellung, Ausbesserung, Instandsetzung
re|pa|rie|ren ‹*lat.*›: in Ordnung bringen, ausbessern, wiederherstellen
re|par|tie|ren ‹*lat.-fr.*›: (im Börsenhandel) Wertpapiere zuteilen, Teilbeträge auf einzelne Börsenaufträge zur Erledigung zuweisen, wenn Nachfrage u. Angebot nicht im Gleichgewicht sind od. wenn durch große Käufe bzw. Verkäufe zu starke Kursausschläge eintreten würden
Re|par|ti|ti|on *die;* -, -en: Verteilung im Verhältnis der Beteiligten; ↑repartieren
re|pa|t|ri|ie|ren: 1. die Staatsangehörigkeit wieder verleihen. **2.** (einen Kriegs- od. Zivilgefangenen) in die Heimat entlassen
Re|per|kus|si|on *die;* -, -en ‹*lat.*›: **1.** Sprechton beim Psalmenvortrag. **2.** (Musik) **a)** einmaliger Durchgang des Themas durch alle Stimmen bei der Fuge; **b)** Tonwiederholung bei einem Instrumentalthema
Re|per|toire [...'to̤a:ɐ̯] *das;* -s, -s ‹*lat.-fr.;* »Verzeichnis«, eigtl. »Fundstätte«›: Vorrat einstudierter Theaterstücke, Bühnenrollen, Partien, Kompositionen o. Ä.
Re|per|toire|stück *das;* -[e]s, -e ‹*lat.-fr.; dt.*›: sich über längere Zeit im Spielplan haltendes Bühnenwerk
Re|pe|tent *der;* -en, -en: **1.** (veraltet) Repetitor. **2.** Schüler, der repetiert (2)
Re|pe|ten|tin *die;* -, -nen: weibliche Form zu ↑Repetent
re|pe|tie|ren: 1. durch Wiederholen einüben, lernen. **2.** eine Klasse noch einmal durchlaufen (weil man das Klassenziel nicht erreicht hat). **3.** (fachspr., meist verneint) **a)** (von Uhren) auf Druck od. Zug die Stunde nochmals angeben, die zuletzt durch Schlagen angezeigt worden ist; **b)** (beim Klavier) als Ton richtig zu hören sein, richtig anschlagen
Re|pe|tier|ge|wehr *das;* -[e]s, -e ‹*lat.; dt.*›: Mehrladegewehr mit Patronenmagazin
Re|pe|tier|uhr *die;* -, -en: Taschenuhr mit Schlagwerk
Re|pe|ti|ti|on *die;* -, -en ‹*lat.*›: Wiederholung
Re|pe|ti|tor *der;* -s, ...oren: Akademiker, der Studierende [der juristischen Fakultät] durch Wiederholung des Lehrstoffes auf das Examen vorbereitet
Re|pe|ti|to|rin *die;* -, -nen: weibliche Form zu ↑Repetitor
Re|pe|ti|to|ri|um *das;* -s, ...ien ‹*lat.-nlat.*›: **1.** Wiederholungsunterricht. **2.** Wiederholungsbuch
Re|plik *die;* -, -en ‹*lat.-fr.*›: **1. a)** Entgegnung, Erwiderung; **b)** (Rechtswiss.) Gegeneinrede; Erwiderung des Klägers auf das Vorbringen des Beklagten. **2.** (Kunstwiss.) Nachbildung eines Kunstwerks durch den Künstler selbst
Re|pli|kat *das;* -[e]s, -e (Kunstwiss.): originalgetreue Nachbildung eines Kunstwerks
re|pli|zie|ren ‹*lat.*›: **1. a)** entgegnen, erwidern; **b)** (Rechtswiss.) eine Replik (1 b) vorbringen. **2.** (Kunstwiss.) eine Replik (2) herstellen
re|po|ni|bel ‹*lat.-nlat.*› (Med.): in die ursprüngliche Lage zurückbringbar (z. B. in Bezug auf einen Eingeweidebruch, der in die Bauchhöhle zurückgeschoben werden kann); Ggs. ↑irreponibel
re|po|nie|ren ‹*lat.*›: **1.** (veraltet) (Akten) zurücklegen, einordnen. **2.** (Med.) **a)** gebrochene Knochen od. verrenkte Glieder wieder einrichten; **b)** einen Eingeweidebruch in die Bauchhöhle zurückschieben
Re|port *der;* -[e]s, -e u. -s (1: *lat.-engl.;* 2: *lat.-fr.*): **1.** [Dokumentar]bericht. **2.** an der Wertpapierbörse Kursaufschlag bei der Prolongation von Termingeschäften
Re|por|ta|ge [...ʒə] *die;* -, -n ‹*lat.-fr.-engl.-fr.*›: von einem Reporter hergestellter u. von Presse, Funk od. Fernsehen verbreiteter Bericht vom Ort des Geschehens über ein aktuelles Ereignis; Berichterstattung
Re|por|ter *der;* -s, - ‹*lat.-fr.-engl.*›: Zeitungs-, Fernseh-, Rundfunkberichterstatter
Re|por|te|rin *die;* -, -nen: weibliche Form zu ↑Reporter
re|prä|sen|ta|bel ‹*lat.-fr.*›: würdig, stattlich; wirkungsvoll
Re|prä|sen|tant *der;* -en, -en: **1.** [offizieller] Vertreter (z. B. eines Volkes, einer Gruppe). **2.** Vertreter einer Firma. **3.** Abgeordneter
Re|prä|sen|tan|ten|haus *das;* -es, ...häuser ‹*lat.-fr.; dt.*›: deutsche Form des Namens der zweiten Kammer bestimmter Parlamente, bes. des Kongresses der USA
Re|prä|sen|tan|tin *die;* -, -nen: weibliche Form zu ↑Repräsentant
Re|prä|sen|tanz *die;* -, -en ‹*lat.-fr.*›: **1.** Vertretung. **2.** ständige Vertretung eines größeren Bank-, Makler- od. Industrieunternehmens im Ausland. **3.** (ohne Plural) das Repräsentativsein, repräsentative (3 a) Art
Re|prä|sen|ta|ti|on *die;* -, -en: **1.** Vertretung einer Gesamtheit von Personen durch eine einzelne Person od. eine Gruppe von Personen. **2.** (ohne Plural) das Repräsentativsein, Repräsentativität. **3. a)** Vertretung eines Staates, einer öffentlichen Einrichtung o. Ä. auf gesellschaftlicher Ebene u. der damit verbundene Aufwand; **b)** an einem gehobenen gesellschaftlichen Status orientierter,

auf Wirkung nach außen bedachter, aufwendiger [Lebens]stil

re|prä|sen|ta|tiv: **1.** vom Prinzip der Repräsentation (1) bestimmt; **repräsentative Demokratie:** ↑Repräsentativsystem (a). **2. a)** als Einzelner, Einzelnes so typisch für etwas, eine Gruppe o. Ä., dass es das Wesen, die spezifische Eigenart der gesamten Erscheinung, Richtung o. Ä. ausdrückt; **b)** verschiedene [Interessen]gruppen in ihrer Besonderheit, typischen Zusammensetzung berücksichtigend (z. B. repräsentativer Querschnitt, repräsentative Umfrage). **3. a)** in seiner Art, Anlage, Ausstattung wirkungs-, eindrucksvoll; **b)** der Repräsentation (3) dienend

Re|prä|sen|ta|ti|vi|tät *die;* -: das Repräsentativsein

Re|prä|sen|ta|tiv|sys|tem *das;* -s, -e: **a)** Regierungssystem, in dem das Volk nicht selbst, direkt die staatliche Gewalt ausübt, sondern durch bestimmte Körperschaften vertreten wird; ↑repräsentative Demokratie; **b)** System, in dem die verschiedenen [Interessen]gruppen in einer Gesellschaft durch Organisationen, bes. Parteien u. Verbände, vertreten werden

re|prä|sen|tie|ren: **1.** etw., eine Gesamtheit von Personen nach außen vertreten; Repräsentant, Repräsentantin von jmdm., etw. sein. **2.** repräsentativ (2) sein. **3.** seiner gehobenen gesellschaftlichen Stellung entsprechend auftreten. **4.** wert sein; etwas darstellen

Re|pres|sa|lie [...i̯ə] *die;* -, -n (meist Plural) ‹*lat.-mlat.*›: Druckmittel, Vergeltungsmaßnahme

Re|pres|si|on *die;* -, -en ‹*lat.*›: **1.** [gewaltsame] Unterdrückung von Kritik, Widerstand, politischen Bewegungen, individueller Entfaltung, individuellen Bedürfnissen. **2.** (Biol., Med.) Unterdrückung, Hemmung der DNA-Verdoppelung

re|pres|siv ‹*lat.-nlat.*›: hemmend, unterdrückend, Repression (1, 2) ausübend (bes. in Bezug auf Gesetze, die im Interesse des Staates gegen allgemein gefährliche Umtriebe erlassen werden)

re|pri|mie|ren ‹*lat.*›: unterdrücken, hemmen (von genetischen Informationen)

Re|print [auch: ˈri:...] *der;* -s, -s ‹*engl.*› (Buchw.): unveränderter Nachdruck, Neudruck; vgl. Preprint

Re|pri|se *die;* -, -n ‹*lat.-fr.*›: **1. a)** Wiederaufnahme eines lange nicht gespielten Theaterstücks od. Films in den Spielplan; Neuauflage einer vergriffenen Schallplatte; **b)** in einem Sonatensatz Wiederaufnahme des 1. Teiles nach der Durchführung. **2.** dem Feind wieder abgenommene Prise (1). **3.** (in der Textilindustrie) Normalfeuchtigkeitszuschlag auf das Trockengewicht der Wolle (in der Textilindustrie). **4.** (Börsenw.) Kurserholung, die vorhergegangene Kursverluste kompensiert

re|pri|va|ti|sie|ren ‹*lat.*›: ein verstaatlichtes Unternehmen in Privateigentum zurückführen; Ggs. ↑sozialisieren

Re|pri|va|ti|sie|rung *die;* -, -en: das Reprivatisieren; Ggs. ↑Sozialisierung (1)

Re|pro *das;* -s, -s ‹Kurzform von Reproduktion› (Druckw.): fotografische Reproduktion nach einer Bildvorlage

Re|pro|ba|ti|on *die;* -, -en ‹*lat.*›: **1.** in der Lehre von der Prädestination Verwerfung der Seele (Ausschluss von der ewigen Seligkeit). **2.** (Rechtsspr. veraltet) Zurückweisung, Missbilligung

re|pro|bie|ren (veraltet): etwas missbilligen, verwerfen

Re|pro|duk|ti|on *die;* -, -en ‹*lat.-nlat.*›: **1.** Wiedergabe. **2.** (bes. Druckw.) **a)** das Abbilden u. Vervielfältigen von Büchern, Karten, Bildern, Notenschriften o. Ä., bes. durch Druck; **b)** einzelnes Exemplar einer Reproduktion (2 a). **3.** stetige Wiederholung des gesellschaftlichen Produktionsprozesses. **4.** (Biol.) Fortpflanzung. **5.** (Psychol.) das Sicherinnern an früher erlebte Bewusstseinsinhalte

Re|pro|duk|ti|ons|me|di|zin *die;* -: Spezialgebiet der Medizin, das sich mit der Erforschung der medizinischen Grundlagen der menschlichen Fortpflanzung beschäftigt

re|pro|duk|tiv: nachbildend, nachahmend

re|pro|du|zie|ren: **1.** etwas genauso hervorbringen, [wieder]herstellen (wie das Genannte). **2.** eine Reproduktion (2 b) herstellen. **3. a)** ständig neu erzeugen, herstellen; **b)** die Reproduktion (3) bewirken. **4.** (sich reproduzieren; Biol.) sich fortpflanzen

Rep|til *das;* -s, -ien, selten auch: -e ‹*lat.-fr.*›: Kriechtier (z. B. Krokodil, Schildkröte, Eidechse, Schlange)

Rep|ti|li|en|fonds [...fõ:] *der;* -, - [...fõ:s]: **1.** (Geschichte) Fonds Bismarcks zur Bekämpfung geheimer Staatsfeinde (die Bismarck 1869 »bösartige Reptilien« nannte) mithilfe staatsfreundlicher Zeitungen. **2.** (iron.) Fonds, über dessen Verwendung hohe Regierungsstellen [angeblich] keine Rechenschaft abzulegen brauchen

Re|pu|b|lik *die;* -, -en ‹*lat.-fr.*›: Staatsform, bei der die Regierenden für eine bestimmte Zeit vom Volk od. von Repräsentanten des Volkes gewählt werden

Re|pu|b|li|ka|ner *der;* -s, - ‹*lat.-fr.(-engl.)*›: **1.** An-

r

hänger der republikanischen Staatsform. **2.** in den USA Mitglied od. Anhänger der Republikanischen Partei. **3.** in Deutschland Mitglied einer rechtsgerichteten Partei

Re|pu|b|li|ka|ne|rin *die;* -, -nen: weibliche Form zu ↑Republikaner

re|pu|b|li|ka|nisch: **1.** die Republik betreffend. **2.** die Republikanische Partei (der USA) betreffend. **3.** die Republikaner (3) betreffend

Re|pu|b|li|ka|nis|mus *der;* - ‹*lat.-fr.-nlat.*› (veraltend): das Eintreten für die republikanische Verfassung

Re|pu|di|a|ti|on *die;* -, -en ‹*lat.*›: **1.** (Rechtsspr. veraltet) Verwerfung, Verschmähung, Ausschlagung (z. B. eines Vermächtnisses). **2.** (Wirtsch.) Verweigerung der Annahme von Geld wegen geringer Kaufkraft. **3.** (Wirtsch.) ständige Ablehnung eines Staates, seine Anleiheverpflichtungen zu erfüllen

Re|puls *der;* -es, -e ‹*lat.*› (veraltet): Ab-, Zurückweisung [eines Gesuches]

Re|pul|si|on *die;* -, -en (Technik): Ab-, Zurückstoßung

Re|pul|si|ons|mo|tor *der;* -s, -en: für kleine Leistungen verwendeter Einphasenwechselstrommotor mit einfacher Drehzahl u. einem Anker, der über einen ↑Kommutator kurzgeschlossen wird

re|pul|siv ‹*lat.-nlat.*›: zurückstoßend, abstoßend (bei elektrisch u. magnetisch geladenen Körpern)

Re|pun|ze *die;* -, -n ‹*lat.; lat.-it.*›: Feingehaltsstempel für Waren aus Edelmetallen

re|pun|zie|ren: mit einem Feingehaltsstempel versehen

Re|pu|ta|ti|on *die;* -: [guter] Ruf, Ansehen

re|pu|tier|lich (veraltet): ansehnlich; achtbar; ordentlich

Re|qui|em *das;* -s, -s (österr. auch: ...quien) ‹*lat.;* nach dem Eingangsgebet »requiem aeternam dona eis, Domine« = »Herr, gib ihnen die ewige Ruhe«›: **a)** katholische Toten- od. Seelenmesse; **b)** komponierte Totenmesse

re|qui|es|cat in pa|ce: er, sie ruhe in Frieden! (Schlussformel der Totenmesse, Grabinschrift; Abk.: R. I. P.)

re|qui|rie|ren ‹»aufsuchen; nachforschen; verlangen«›: **1.** für Heereszwecke beschlagnahmen. **2.** (scherzh.) [auf nicht ganz rechtmäßige Weise] beschaffen, herbeischaffen. **3.** Nachforschungen anstellen, untersuchen. **4.** (Rechtsspr. veraltet) ein anderes Gericht od. eine andere Behörde um Rechtshilfe in einer Sache ersuchen

Re|qui|sit *das;* -s, -en: **1.** (meist Plural) Zubehör für eine Bühnenaufführung od. Filmszene. **2.** für etwas benötigtes Gerät, Zubehörteil

Re|qui|si|te *die;* -, -n (Jargon): **a)** Raum für Requisiten (1); **b)** für die Requisiten (1) zuständige Stelle

Re|qui|si|teur [...ˈtøːɐ̯] *der;* -s, -e ‹*lat.-fr.*›: Verwalter der Requisiten (bei Theater u. Film)

Re|qui|si|teu|rin [...ˈtøːrɪn] *die;* -, -nen: weibliche Form zu ↑Requisiteur

Re|search [rɪˈsəːtʃ] *das;* -[s], -s ‹*engl.*› (Soziol.): Marktforschung; Meinungsforschung

Re|se|da *die;* -, ...den, selten: -s, **Re|se|de** *die;* -, -n ‹*lat.*›: aus dem Mittelmeergebiet stammende krautige Zierpflanze mit grünlichen, wohlriechenden Blüten

Re|sek|ti|on *die;* -, -en ‹*lat.;* »das Abschneiden«› (Med.): operative Entfernung kranker Organteile im Unterschied zur Ektomie

Re|ser|va|ge [...ˈvaːʒə] *die;* - ‹*lat.-fr.*›: beim Färben von Stoffen mustergemäß aufgetragene Schutzbeize, die das Aufnehmen der Farbe verhindert

Re|ser|vat *das;* -[e]s, -e ‹*lat.*›: **1.** Vorbehalt, Sonderrecht. **2.** ↑Reservation (1). **3.** natürliches Großraumgehege zum Schutz bestimmter, in freier Wildbahn lebender Tierarten

Re|ser|va|ti|on *die;* -, -en ‹*lat.-nlat.(-engl.)*›: **1.** den Indianern in Nordamerika vorbehaltenes Gebiet. **2.** ↑Reservat (1)

Re|ser|ve *die;* -, -n ‹*lat.-mlat.-fr.*›: **1.** (ohne Plural) Zurückhaltung, Verschlossenheit, zurückhaltendes Wesen. **2.** Vorrat; Rücklage für den Bedarfs- od. Notfall. **3.** Gesamtheit der ausgebildeten, aber nicht aktiven (2 a) Soldaten; [Offizier, Leutnant] der Reserve (Abk.: d. R.). **4.** (Sport) [Gesamtheit der] Ersatzspieler einer Mannschaft

Re|ser|ve|ar|mee *die;* -, -n: größere Anzahl von Personen, die für den Bedarfsfall zur Verfügung stehen

Re|ser|ve|fonds [...fõː] *der;* -, - [...fõːs]: Rücklage

re|ser|vie|ren ‹*lat.*›: **a)** für jmdn. bis zur Inanspruchnahme freihalten od. zurücklegen; **b)** für einen bestimmten Anlass, Fall aufbewahren

re|ser|viert: zurückhaltend, kühl, abweisend

Re|ser|vist *der;* -en, -en ‹*lat.-mlat.-fr.-nlat.*›: **1.** Soldat der Reserve (3). **2.** (Fußball) Auswechselspieler, Ersatzspieler

Re|ser|vis|tin *die;* -, -nen: weibliche Form zu ↑Reservist

Re|ser|voir [...ˈvo̯aːɐ̯] *das;* -s, *Plur.* -e u. -s ‹*lat.-fr.*›: **1.** Sammelbecken, Wasserspeicher, Behälter für Vorräte. **2.** Reservebestand, -fonds

re|se|zie|ren ‹*lat.*› (Med.): eine Resektion vornehmen; operativ entfernen

Re|si|dent *der;* -en, -en ‹*lat.-fr.(-engl.)*›: **a)** Regierungsvertreter; Geschäftsträger; **b)** (veraltet) Statthalter; **c)** jmd., der sich [ständig] im [südlichen] Ausland an seinem zweiten Wohnsitz aufhält

Re|si|den|tin *die;* -, -nen: weibliche Form zu ↑Resident

Re|si|denz *die;* -, -en ‹*lat.-mlat.(-engl.)*›: **1. a)** Wohnsitz eines Staatsoberhauptes, eines Fürsten, eines hohen Geistlichen; **b)** [zweiter] Wohnsitz im Ausland. **2.** Hauptstadt

re|si|die|ren ‹*lat.(-engl.)*›: **a)** seinen Wohnsitz haben (in Bezug auf [regierende] Fürsten); **b)** sich im Ausland [am zweiten Wohnsitz] aufhalten

re|si|du|al ‹*lat.-nlat.*› (Med.): **a)** als Reserve zurückbleibend (z. B. in Bezug auf die nicht ausgeatmete Reserveluft); **b)** als Rest zurückbleibend (z. B. in Bezug auf Urin, der in der Harnblase zurückbleibt); **c)** als [Dauer]folge einer Krankheit zurückbleibend (in Bezug auf körperliche, geistige od. psychische Schäden, z. B. Dauerlähmung bestimmter Muskeln nach einem Schlaganfall)

Re|si|du|um *das;* -s, ...duen ‹*lat.*›: [als Folge einer Krankheit o. Ä.] Rückstand, Rest

Re|si|g|na|ti|on *die;* -, -en ‹*lat.-mlat.*›: **1.** das Resignieren; das Sichfügen in das unabänderlich Scheinende. **2.** (Amtsspr. veraltet) freiwillige Niederlegung eines Amtes

re|si|g|na|tiv ‹*lat.-nlat.*›: resignierend, durch Resignation (1) gekennzeichnet

re|si|g|nie|ren ‹*lat.;* »entsiegeln; ungültig machen; verzichten«›: entsagen, verzichten; sich widerspruchslos fügen, sich in eine Lage schicken

r

re|si|g|niert: durch Resignation (1) gekennzeichnet

Re|si|nat *das;* -[e]s, -e ‹*gr.-lat.-nlat.*›: Salz der Harzsäure

Ré|sis|tance [...'tã:s] *die;* - ‹*lat.-fr.*›: **1.** französische Widerstandsbewegung gegen die deutsche Besatzung im 2. Weltkrieg. **2.** Gruppe der konservativen französischen Parteien im 19. Jh.

re|sis|tent ‹*lat.*› (Biol., Med.): widerstandsfähig gegen äußere Einflüsse (in Bezug auf einen Organismus)

Re|sis|tenz *die;* -, -en: **1.** Widerstand, Gegenwehr. **2.** (Biol., Med.) Widerstandsfähigkeit eines Organismus gegenüber äußeren Einflüssen

re|sis|tie|ren ‹*lat.*› (Biol., Med.): äußeren Einwirkungen widerstehen; ausdauern

re|sis|tiv ‹*lat.-nlat.*› (Biol., Med.): widerstehend, hartnäckig

re|s|k|ri|bie|ren ‹*lat.*› (veraltet): schriftlich antworten, zurückschreiben

Re|s|k|ript *das;* -[e]s, -e: **1.** (veraltet) amtlicher Bescheid, Verfügung, Erlass. **2.** feierliche Rechtsentscheidung des Papstes od. eines Bischofs in Einzelfällen

re|so|lut ‹*lat.-fr.*›: betont entschlossen u. mit dem Willen, sich durchzusetzen; in einer Weise sich darstellend, sich äußernd, die Entschlossenheit, Bestimmtheit zum Ausdruck bringt

Re|so|lu|ti|on *die;* -, -en ‹*lat.(-fr.)*›: **1.** Beschluss, Entschließung. **2.** (Med.) Rückgang von Krankheitserscheinungen

re|sol|vie|ren: 1. (veraltet) beschließen. **2.** eine benannte Zahl durch eine kleinere Einheit darstellen (z. B. 1 km = 1 000 m)

Re|so|nanz *die;* -, -en ‹*lat.*›: **1. a)** (Physik) durch Schallwellen gleicher Schwingungszahl angeregtes Mitschwingen, Mittönen eines anderen Körpers od. schwingungsfähigen Systems; **b)** (Musik) Klangverstärkung u. -verfeinerung durch Mitschwingung in den Obertönen. **2.** Widerhall, Anklang, Verständnis, Wirkung

Re|so|na|tor *der;* -s, ...oren ‹*lat.-nlat.*›: bei der Resonanz mitschwingender Körper (z. B. Luftsäule bei Blasinstrumenten, Holzgehäuse bei Saiteninstrumenten)

re|so|nie|ren ‹*lat.*› (Musik): mitschwingen

Re|so|pal® *das;* -s ‹Kunstw.›: widerstandsfähiger Kunststoff, der als Schicht für Tischplatten o. Ä. verwendet wird

re|sor|bie|ren: bestimmte Stoffe aufnehmen, aufsaugen

Re|sorp|ti|on *die;* -, -en ‹*lat.-nlat.*›: **1.** das Aufnehmen flüssiger od. gelöster Stoffe in die Blut- u. Lymphbahn. **2.** Wiederauflösung eines Kristalls beim Erstarren einer Gesteinsschmelze

Re|sort [rɪ'zɔ:t] *das;* -s, -s ‹*lat.-fr.-engl.*›: Kurzform von ↑Urlaubsresort

re|so|zi|a|li|sie|ren ‹*lat.-engl.*› (Rechtswiss.): [nach Verbüßung einer längeren Haftstrafe] schrittweise wieder in die Gesellschaft eingliedern

Re|so|zi|a|li|sie|rung *die;* -, -en (Rechtswiss.): [nach Verbüßung einer längeren Haftstrafe] schrittweise Wiedereingliederung in die Gesellschaft mit den Mitteln der Pädagogik, Medizin u. Psychotherapie

Re|s|pekt *der;* -[e]s ‹*lat.-fr.;* »das Zurückblicken, das Sichumsehen; Rücksicht«›: **1. a)** Ehrerbietung; schuldige Achtung; **b)** Scheu. **2.** leerer Rand [bei Seiten, Kupferstichen]

Re|s|pek|ta|bi|li|tät *die;* - (veraltet): Achtbarkeit, Ansehen

Re|s|pẹkt|blatt *das;* -[e]s, ...blätter ⟨*lat.-fr.; dt.*⟩: leeres Blatt am Anfang eines Buches; freie Seite eines mehrseitigen Schriftstücks

re|s|pek|ti̱e|ren ⟨*lat.-fr.*⟩: **1.** achten; anerkennen, gelten lassen. **2.** (Wirtsch.) einen Wechsel bezahlen

re|s|pek|ti̱er|lich (veraltet): ansehnlich, achtbar

re|s|pek|ti̱v ⟨*lat.-mlat.*⟩ (veraltet): jedesmalig, jeweils

re|s|pek|ti̱|ve: beziehungsweise; oder (Abk.: resp.)

Re|s|pẹkts|per|son *die;* -, -en: jmd., dem aufgrund seiner übergeordneten, hohen Stellung gemeinhin Respekt entgegengebracht wird

Re|s|pi|ra|ti|o̱n *die;* - ⟨*lat.*⟩ (Med.): Atmung

Re|s|pi|ra̱|tor *der;* -s, ...o̱ren ⟨*lat.-nlat.*⟩: Atmungsgerät, Atemfilter

re|s|pi|ra|to̱|risch (Med.): die Atmung betreffend, auf ihr beruhend, zu ihr gehörend

re|s|pi|ri̱e|ren ⟨*lat.*⟩ (Med.): atmen

re|s|pon|di̱e|ren ⟨*lat.*⟩ (veraltet): **1.** antworten. **2.** entsprechen. **3.** widerlegen

Re|s|pọns *der;* -es, -e: Reaktion (1 a) auf bestimmte Bemühungen

re|s|pon|sa̱|bel ⟨*lat.-mlat.*⟩ (veraltet): verantwortlich

Re|s|ponse [rɪˈspɔns] *die;* -, -s [...sɪs, auch: ...sɪz] ⟨*engl.*⟩ (Psychol.; Sprachw.): durch einen Reiz ausgelöstes u. bestimmtes Verhalten

Re|s|pon|so̱|ri|um *das;* -s, ...ien: kirchlicher Wechselgesang

Res|sen|ti|ment [rɛsãtiˈmã:, rə...] *das;* -s, -s ⟨*lat.-fr.*⟩ (Psychol.): **1.** auf Vorurteilen, Unterlegenheitsgefühlen, Neid o. Ä. beruhende gefühlsmäßige Abneigung. **2.** (Psychol.) das Wiedererleben eines (durch das Wiederbeleben verstärkten) meist schmerzlichen Gefühls

Res|sort [rɛˈso:ɐ̯] *das;* -s, -s ⟨*fr.*⟩: Geschäfts-, Amtsbereich; Arbeits-, Aufgabengebiet

res|sor|ti̱e|ren: zugehören, unterstehen

Res|sour|ce [rɛˈsʊrsə] *die;* -, -n (meist Plural) ⟨*lat.-fr.*⟩: **a)** natürliches Produktionsmittel für die Wirtschaft; **b)** Hilfsmittel; Hilfsquelle, Reserve; Geldmittel

Re|s|tạnt *der;* -en, -en ⟨*lat.(-it.)*⟩: **1.** zahlungsrückständiger Schuldner. **2.** ausgelostes od. gekündigtes, aber nicht abgeholtes Wertpapier. **3.** Ladenhüter

Re|s|tạn|tin *die;* -, -nen: weibliche Form zu ↑Restant (1)

Re|s|tau|rant [rɛstoˈrã:] *das;* -s, -s ⟨*lat.-fr.*⟩: Speisegaststätte

Re|s|tau|ra|teur [...raˈtø:ɐ̯] *der;* -s, -e (veraltet): Gastwirt

[1]Re|s|tau|ra|ti|o̱n [...ta̯u...] *die;* -, -en ⟨*spätlat.*⟩: **1.** das Restaurieren (1). **2.** Wiedereinrichtung der alten politischen u. sozialen Ordnung nach einem Umsturz

[2]Re|s|tau|ra|ti|o̱n [auch: ...to...] *die;* -, -en ⟨*lat.-fr.*⟩ (österr., sonst veraltet): Gastwirtschaft

re|s|tau|ra|ti̱v [...ta̯u...] ⟨*lat.-nlat.*⟩: die [1]Restauration (2) betreffend, sich auf die Restauration stützend

Re|s|tau|ra̱|tor [...ta̯u...] *der;* -s, ...o̱ren ⟨*lat.*⟩: Fachmann, der Kunstwerke wiederherstellt

Re|s|tau|ra|to̱|rin *die;* -, -nen: weibliche Form zu ↑Restaurator

re|s|tau|ri̱e|ren ⟨*lat.(-fr.)*⟩: **1.** (ein Kunst-, Bauwerk, einen Kunstgegenstand, ein Gemälde o. Ä.) in seinen ursprünglichen Zustand bringen, wiederherstellen, ausbessern. **2.** eine frühere, überwundene politische, gesellschaftliche Ordnung wiederherstellen. **3.** (sich restaurieren; veraltend) sich erholen, sich erfrischen

Re|s|tau|ri̱e|rung *die;* -, -en: **1.** das Restaurieren. **2.** (veraltend) das Sichrestaurieren

re|s|ti|tu|i̱e|ren ⟨*lat.*⟩: **1.** wiederherstellen. **2.** zurückerstatten. **3.** ersetzen

Re|s|ti|tu|ti|o̱n *die;* -, -en: **1.** Wiederherstellung, Wiedererrichtung. **2. a)** Wiedergutmachung od. Schadensersatzleistung für alle einem anderen Staat widerrechtlich zugefügten Schäden; **b)** im römischen Recht Wiederaufhebung einer Entscheidung, die einen unbilligen Rechtserfolg begründete. **3.** (Biol.) eine Form der Regeneration, bei der die auf normalem Wege verloren gegangenen Organteile (z. B. Geweih, Federn, Haare) ersetzt werden; vgl. Reparation (2)

Re|s|ti|tu|ti|o̱ns|kla|ge *die;* -, -n ⟨*lat.; dt.*⟩ (Rechtswiss.): Klage auf Wiederaufnahme eines mit einem rechtskräftigen Urteil abgeschlossenen gerichtlichen Verfahrens wegen schwerwiegender Verfahrensmängel

Re|s|t|rik|ti|o̱n *die;* -, -en: **a)** Einschränkung, Beschränkung (von jmds. Rechten, Befugnissen, Möglichkeiten); **b)** (Sprachw.) für den Gebrauch eines Wortes, einer Wendung o. Ä. geltende, im System der Sprache liegende Einschränkung

re|s|t|rik|ti̱v ⟨*lat.-nlat.*⟩: einschränkend, einengend; **restriktive Konjunktion:** einschränkendes Bindewort (z. B. insofern); **restriktiver Code:** ↑restringierter Code

re|s|t|rin|gi̱e|ren ⟨*lat.*⟩ (veraltet): **1.** einschränken. **2.** (Med.) zusammenziehen

re|s|t|rin|gi̱ert: eingeschränkt; **restringierter Code** (Sprachw.): individuell nicht stark differenzierter sprachlicher ↑Code (1) eines Sprachteilhabers; Ggs. ↑elaborierter Code

re|s|t|ruk|tu|rie|ren *(lat.-nlat.)*: durch bestimmte Maßnahmen neu gestalten, neu ordnen, neu strukturieren

Re|s|t|ruk|tu|rie|rung *die;* -, -en: das Versehen mit einer neuen Struktur; Umgestaltung, Neuordnung

Re|sul|tan|te *die;* -, -n *(lat.-mlat.-fr.)*: Ergebnisvektor von verschieden gerichteten Bewegungs- od. Kraftvektoren

Re|sul|tat *das;* -[e]s, -e: **1.** (in Zahlen ausdrückbares) Ergebnis [einer Rechnung]. **2.** Erfolg, Ergebnis

re|sul|ta|tiv *(lat.-mlat.-nlat.)*: ein Resultat bewirkend; **resultative Aktionsart:** ↑Aktionsart eines Verbs, die das Resultat, das Ende eines Geschehens ausdrückt (z. B. finden)

re|sul|tie|ren *(lat.-mlat.-fr.;* »zurückspringen; entspringen; entstehen«): sich herleiten, sich [als Resultat] ergeben, die Folge von etwas sein

Re|sul|tie|ren|de *die;* -n, -n: ↑Resultante

Re|sü|mee *das;* -s, -s *(lat.-fr.;* »das Wieder[vor]genommene; das Wiederholte«): **1.** Zusammenfassung. **2.** Fazit

re|sü|mie|ren: zusammenfassen

Re|ta|bel *das;* -s, - *(lat.-span.-fr.)*: Altaraufsatz (mit dem Altar fest verbundene, künstlerisch gestaltete Rückwand)

Re|tard [rəˈtaːɐ̯] *der;* -s *(lat.-fr.)*: Hebelstellung zur Verringerung der Ganggeschwindigkeit von Uhren

Re|tar|da|ti|on *die;* -, -en: Verzögerung, Verlangsamung eines Ablaufs, einer Entwicklung; Entwicklungsverzögerung; vgl. ...ation/...ierung

re|tar|die|ren: 1. verzögern, hemmen; **retardierendes Moment** (Literaturwiss.): Szene im Drama, die zum Höhepunkt des Konflikts hinleitet od. durch absichtliche Verzögerung des Handlungsablaufs die Spannung erhöht. **2.** (veraltet) nachgehen (in Bezug auf Uhren)

r

Re|ten|ti|on *die;* -, -en: **1.** (Med.) **a)** Funktionsstörung, die darin besteht, dass zur Ausscheidung bestimmte Körperflüssigkeiten od. andere Stoffe (bes. Urin) nicht [in ausreichendem Maße] ausgeschieden werden; **b)** Abflussbehinderung seröser Flüssigkeit, die sich in einer Zyste angesammelt hat; **c)** unvollständige od. fehlende Entwicklung eines Organs od. Körperteils aus seinem Ausgangsbereich heraus (z. B. Zähne od. Hoden); **d)** Verankerung, Befestigung (der Kunststoffzähne in einer Prothese). **2.** (Psychol.) Leistung des Gedächtnisses in Bezug auf Lernen, Reproduzieren (1) und Wiedererkennen

Re|ti|kül vgl. Ridikül

re|ti|ku|lar, re|ti|ku|lär *(lat.-nlat.)*: netzartig; **retikulares** od. **retikuläres Gewebe** (Med.): Bindegewebe

re|ti|ku|liert: netzartig; **retikuliertes Glas:** Glas mit einem netzartigen Muster aus eingeschmolzenen Milchglasfäden

Re|ti|ku|lum *das;* -s, ...la *(lat.;* »kleines Netz«): **1.** (Zool.) Netzmagen der Wiederkäuer. **2.** (Biol.) im Ruhekern der teilungsbereiten Zelle nach Fixierung u. Färbung sichtbares Netzwerk aus Teilen von entspiralisierten Chromosomen

Re|ti|na *die;* -, ...nae [...nɛ] *(lat.-mlat.)* (Med.): Netzhaut des Auges

Re|ti|ni|tis *die;* -, ...itiden *(lat.-mlat.-nlat.)* (Med.): Netzhautentzündung

Re|ti|nol *das;* -s, -e: internationale Bez. für Vitamin A

Re|ti|ra|de *die;* -, -n *(fr.)*: **1.** (veraltend verhüll.) Toilette (2). **2.** [militärischer] Rückzug

re|ti|rie|ren: sich [fluchtähnlich, eilig] zurückziehen

rhetorisch

Das Adjektiv geht über das Lateinische auf gleichbedeutend *gr.* rhētorikós zurück und wird wie in der Ursprungssprache mit *rh-* geschrieben. Ebenso: *Rhetorik.*

Re|tor|si|on *die;* -, -en *(lat.-nlat.)*: Erwiderung einer Beleidigung; vor allem im zwischenstaatlichen [diplomatischen] Verkehr die einer unbilligen Maßnahme eines anderen Staates entsprechende Gegenmaßnahme (z. B. Ausweisung von Ausländern als Antwort auf ebensolche Vorkommnisse im Ausland)

Re|tor|te *die;* -, -n *(lat.-mlat.-fr.)*: **a)** rundliches Labordestillationsgefäß aus Glas mit umgebogenem, verjüngtem Hals; **aus der Retorte** (ugs.): auf künstliche Weise hergestellt, geschaffen; **b)** in der chemischen Industrie zylindrischer od. flacher langer Behälter, der innen mit feuerfestem Material ausgekleidet ist

Re|tor|ten|ba|by *das;* -s, -s: Baby, das sich aus einem außerhalb des Mutterleibs befruchteten u. dann wieder in die Gebärmutter zurückversetzten Ei entwickelt hat

re|tour [reˈtuːɐ̯] *(lat.-vulgärlat.-fr.)* (landsch., sonst veraltend): zurück

Re|tou|re [reˈtuːrə] *die;* -, -n (meist Plural): **1. a)** an den Verkäufer zurückgesandte Ware; **b)** nicht ausgezahlter, an den Überbringer zurückgegebener Scheck od. Wechsel. **2.** (österr. Amtsspr. veraltend) Rücksendung

Re|tour|kut|sche [reˈtuːɐ̯...] *die;* -, -n (ugs.): das Zurückgeben eines Vorwurfs, einer Beleidigung

o. Ä. [bei passender Gelegenheit] mit einem entsprechenden Vorwurf, einer entsprechenden Beleidigung

re|tour|nie|ren: 1. a) Waren zurücksenden (an den Verkäufer); **b)** (österr.) zurückgeben, -bringen. **2.** (Tennis) den gegnerischen Aufschlag zurückschlagen

Re|trai|te [rəˈtrɛ:tə] *die;* -, -n ⟨*lat.-fr.*⟩ (Militär veraltet): **1.** Zapfenstreich der Kavallerie. **2.** Rückzug

Re|trak|ti|on *die;* -, -en (Med.): Zusammenziehung, Verkürzung, Schrumpfung

Re|tri|bu|ti|on *die;* -, -en ⟨*lat.*⟩: **1.** Rückgabe, Wiedererstattung (z. B. eines Geldbetrages). **2.** Vergeltung

Re|t|rie|val [rɪˈtri:vl̩] *das;* -s, -s ⟨*engl.*⟩ (EDV): das Suchen und Auffinden gespeicherter Daten in einer Datenbank

Re|t|rie|ver [...ˈtri:vɐ] *der;* -s, - ⟨*engl.*⟩: zum Apportieren gezüchteter Jagdhund

re|t|ro..., Re|t|ro...

⟨*lat.* »hinter; zurück, rückwärts«⟩
Wortbildungselement mit der Bedeutung »hinter, rückwärts (gewandt)«:
- retrograd
- Retrolook
- Retrospektive

re|t|ro|da|tie|ren (veraltet): zurückdatieren

re|t|ro|flex (Sprachw.): mit zurückgebogener Zungenspitze gebildet (in Bezug auf Laute)

Re|t|ro|fle|xi|on *die;* -, -en (Med.): Abknickung von Organen (bes. der Gebärmutter) nach hinten

re|t|ro|grad ⟨*lat.*⟩ (Med.): rückläufig, rückwirkend, in zurückliegende Situationen zurückreichend (z. B. in Bezug auf eine Amnesie); **retrograde Bildung** (Sprachw.): Rückbildung; Wort (bes. Substantiv), das aus einem [meist abgeleiteten] Verb od. Adjektiv gebildet ist, aber den Eindruck erweckt, die Grundlage des betreffenden Verbs od. Adjektivs zu sein (z. B. *Kauf* aus kaufen, *Blödsinn* aus blödsinnig)

Re|t|ro|s|pek|ti|on *die;* -, -en: Rückschau, Rückblick

re|t|ro|s|pek|tiv: rückschauend, rückblickend

Re|t|ro|s|pek|ti|ve *die;* -, -n: **a)** Rückschau, Rückblick; **b)** Kunstausstellung od. Filmserie, die das Gesamtwerk eines Künstlers od. Filmregisseurs od. einer Epoche in einer Rückschau vorstellt

Re|t|ro|ver|si|on *die;* -, -en (Med.): Rückwärtsneigung, bes. der Gebärmutter

re|t|ro|ver|tie|ren ⟨*lat.*⟩: zurückneigen, zurückwenden

Re|t|ro|vi|rus *das,* auch: *der;* -, ...viren (meist Plural) (Med.): tumorerzeugendes Virus

re|t|ro|ze|die|ren: 1. (veraltet) **a)** zurückweichen; **b)** [etwas] wieder abtreten. **2.** (Wirtsch.) rückversichern

Re|t|ro|zes|si|on *die;* -, -en: **1.** (veraltet) Wiederabtretung. **2.** (Wirtsch.) besondere Form der Rückversicherung

Ret|si|na *der;* -[s], -s (aber: 3 -) ⟨*gr.-lat.-mlat.-ngr.*⟩: mit Harz versetzter griechischer Weißwein

[1]**Re|turn** [riˈtø:ɐ̯n, riˈtœrn] *der;* -s, -s ⟨*engl.*⟩ (Badminton, Tennis, Tischtennis): Rückschlag; zurückgeschlagener Ball [nach einem gegnerischen Aufschlag]

[2]**Re|turn** (ohne Artikel gebr.): Kurzform von ↑Returntaste

Re|turn|tas|te *die;* -, -n ⟨*engl.; dt.*⟩: Taste auf der Computertastatur zum Bestätigen od. Beenden eines Vorgangs

Re|tu|sche *die;* -, -n ⟨*fr.*⟩: **a)** das Retuschieren; **b)** Stelle, an der retuschiert worden ist

Re|tu|scheur [...ˈʃø:ɐ̯] *der;* -s, -e: jmd., der Retuschen ausführt

Re|tu|scheu|rin [...ˈʃø:rɪn] *die;* -, -nen: weibliche Form zu ↑Retuscheur

re|tu|schie|ren: (bes. an einem Foto, einer Druckvorlage) nachträglich Veränderungen anbringen (um Fehler zu korrigieren, Details hinzuzufügen od. zu entfernen)

re|unie|ren [re|yˈni:rən] ⟨*lat.-fr.*⟩: **1.** (veraltet) wieder vereinigen, versöhnen. **2.** sich reunieren: sich versammeln

Re|uni|ons|kam|mern *die* (Plural) ⟨*lat.-fr.; dt.*⟩: durch Ludwig XIV. eingesetzte französische Gerichte zur Durchsetzung territorialer Annexionen

re|üs|sie|ren ⟨*lat.-it.-fr.*⟩: Erfolg haben; ein Ziel erreichen

Re|vak|zi|na|ti|on *die;* -, -en ⟨*lat.-nlat.*⟩ (Med.): Wiederimpfung

re|vak|zi|nie|ren (Med.): wieder impfen

re|va|lie|ren: sich für eine Auslage schadlos halten

Re|va|lie|rung *die;* -, -en (Kaufmannsspr.): Deckung [einer Schuld]

Re|val|va|ti|on *die;* -, -en: Aufwertung einer Währung durch Korrektur des Wechselkurses

re|val|vie|ren: eine Währung (durch Korrektur des Wechselkurses) aufwerten

Re|van|che [reˈvã:ʃ(ə), ugs. auch: reˈvaŋʃə] *die;* -, -n [...ʃn̩] ⟨*lat.-fr.*⟩: **1.** (veraltend) Vergeltung (eines Landes) für eine erlittene militärische Niederlage. **2.** das Sichrevanchieren, Sichrächen. **3.** Gegendienst, Gegenleistung. **4. a)** Chance, eine erlittene Niederlage bei einem Wettkampf in einer Wiederholung wettzumachen; **b)** (Sport) Rückkampf, Rückspiel eines Hinspiels, das verloren wurde

re|van|chie|ren, sich: **1.** vergelten, sich rächen. **2.** sich erkenntlich zeigen, durch eine Gegenleistung ausgleichen, einen Gegendienst erweisen. **3.** (Sport) eine erlittene Niederlage durch einen Sieg in einem zweiten Spiel gegen denselben Gegner ausgleichen, wettmachen

Re|van|chis|mus *der;* - ‹*lat.-fr.-russ.*› (abwertend): Politik, die auf Rückgewinnung in einem Krieg verlorener Gebiete mit militärischen Mitteln gerichtet ist

Re|van|chist *der;* -en, -en (abwertend): Vertreter des Revanchismus

Re|van|chis|tin *die;* -, -nen: weibliche Form zu ↑Revanchist

re|van|chis|tisch (abwertend): den Revanchismus betreffend

Re|ve|nue [...ˈnyː] *die;* -, -n [...ˈnyːən] (meist Plural): Einkommen, Einkünfte

Re|ve|rend [ˈrɛvərənd] *der;* -s, -s ‹*lat.-engl.*›: **a)** (ohne Plural) Titel der Geistlichen in englischsprachigen Ländern (Abk.: Rev.); **b)** Träger dieses Titels

Re|ve|ren|dus *der;* -: Ehrwürden, Hochwürden (Titel katholischer Geistlicher; Abk.: Rev.); **Reverendus Pater:** ehrwürdiger Vater (Titel der Ordensgeistlichen) (Abk.: R. P.)

Re|ve|renz *die;* -, -en ‹»Scheu, Ehrfurcht«›: **a)** Ehrerbietung; **b)** Verbeugung; vgl. aber: Referenz

r

Re|ve|rie *die;* -, ...ien ‹*lat.-vulgärlat.-fr.*›: fr. Bez. für: Träumerei (elegisch-träumerisches Instrumentalstück, bes. Klavierstück der Romantik)

[1]**Re|vers** [rəˈvɛːɐ̯] *das* od. (österr. nur:) *der;* - [...ɐ̯(s)], - [...ɐ̯s] ‹*lat.-fr.*›: Umschlag od. Aufschlag an Kleidungsstücken

[2]**Re|vers** [auch: rəˈvɛːɐ̯] *der;* -es u. (bei fr. Ausspr.:) - [rəˈvɛːɐ̯(s)], -e u. (bei fr. Ausspr.:) - [rəˈvɛːɐ̯s] ‹*lat.-fr.*›: Rückseite [einer Münze]; Ggs. ↑Avers

[3]**Re|vers** *der;* -es, -e ‹*lat.-mlat.*›: Erklärung, Verpflichtungsschein

Re|verse [rɪˈvəːs] *das;* - ‹*engl.*›: Umschaltautomatik für den Rücklauf (bes. bei Kassettenrekordern)

re|ver|si|bel: 1. umkehrbar (z. B. von technischen, chemischen, biologischen Vorgängen); Ggs. ↑irreversibel. **2.** (Med.) heilbar

Re|ver|si|bi|li|tät *die;* -: Umkehrbarkeit; Ggs. ↑Irreversibilität

re|ver|sie|ren ‹*lat.-nlat.*›: **1.** (österr.) ein Fahrzeug wenden. **2.** (veraltet) sich schriftlich verpflichten. **3.** [bei Maschinen] den Gang umschalten

Re|ver|si|on *die;* -, -en ‹*lat.*›: Umkehrung, Umdrehung

Re|vi|dent *der;* -en, -en ‹*lat.*›: **1.** jmd., der Revision (3) einlegt. **2.** (veraltet) Revisor. **3.** (österr.) **a)** (ohne Plural) Beamtentitel; **b)** Träger dieses Titels

re|vi|die|ren ‹»wieder hinsehen«›: **1.** überprüfen, prüfen, kontrollieren, durchsuchen. **2.** formal abändern, korrigieren; nach eingehender Prüfung ändern

Re|vier *das;* -s, -e ‹*lat.-vulgärlat.-fr.-niederl.;* »Ufergegend entlang einem Wasserlauf«›: **1.** Bezirk, Gebiet; Tätigkeitsbereich (z. B. eines Kellners). **2.** kleinere Polizeidienststelle [eines Stadtbezirks]. **3.** (Militär) Krankenstube eines Truppenteils. **4.** (Forstwirtsch.) Teilbezirk eines Forstamts. **5.** (Bergbau) Abbaugebiet. **6.** Lebensraum, Wohngebiet bestimmter Tiere

re|vie|ren (Forstwirtsch.): ein Jagdgelände von einem Hund absuchen lassen

Re|view [riˈvjuː] *die;* -, -s ‹*lat.-fr.-engl.*›: Titel od. Bestandteil des Titels englischer u. amerikanischer Zeitschriften; vgl. Revue (1)

Re|vi|re|ment [...ˈmãː] *das;* -s, -s ‹*galloroman.-fr.*›: **1.** Wechsel in der Besetzung von Ämtern. **2.** Form der Abrechnung zwischen Schuldnern u. Gläubigern

Re|vi|si|on *die;* -, -en ‹*lat.-mlat.;* »prüfende Wiederdurchsicht«›: **1.** (Druckw.) [nochmalige] Durchsicht, Nachprüfung; bes. die Korrektur des bereits umbrochenen (zu Druckseiten zusammengestellten) Satzes. **2.** Änderung nach eingehender Prüfung (z. B. in Bezug auf eine Ansicht). **3.** (Rechtswiss.) bei einem Gericht mit grundsätzlicher Entscheidungsvollmacht (Bundesgerichtshof, Oberlandesgericht) gegen ein [Berufungs]urteil einzulegendes Rechtsmittel, das die Überprüfung dieses Urteils fordert

Re|vi|si|o|nis|mus *der;* - ‹*lat.-mlat.-nlat.*›: **1.** das Streben nach Änderung eines bestehenden [völkerrechtlichen] Zustandes od. eines [politischen] Programms. **2.** im 19. Jh. eine Richtung innerhalb der deutschen Sozialdemokratie mit der Tendenz, den orthodoxen Marxismus durch Sozialreformen abzulösen

Re|vi|si|o|nist *der;* -en, -en: Verfechter des Revisionismus

Re|vi|si|o|nis|tin *die;* -, -nen: weibliche Form zu ↑Revisionist

re|vi|si|o|nis|tisch: den Revisionismus betreffend

Re|vi|sor *der;* -s, ...oren ⟨*lat.-nlat.*⟩: **1.** [Wirtschafts]prüfer. **2.** Korrektor, dem die Überprüfung der letzten Korrekturen im druckfertigen Bogen obliegt

re|vi|ta|li|sie|ren ⟨*lat.-nlat.*⟩: **1.** (Med.) wieder kräftigen, wieder funktionsfähig machen. **2.** (Biol.) wieder in ein natürliches Gleichgewicht bringen

Re|vi|ta|li|sie|rung *die;* -, -en: das Revitalisieren

Re|vi|val [rɪˈvaɪvl̩] *das;* -s, -s ⟨*engl.*⟩: Wiederbelebung, Erneuerung (z. B. eines [erfolgreichen] Films)

Re|vo|ka|ti|on *die;* -, -en ⟨*lat.*⟩: Widerruf (z. B. eines wirtschaftlichen Auftrages)

Re|vol|te *die;* -, -n ⟨*lat.-vulgärlat.-it.-fr.;* »Umwälzung«⟩: Aufruhr, Aufstand (einer kleinen Gruppe)

re|vol|tie|ren: an einer Revolte teilnehmen; sich empören, sich auflehnen, meutern

Re|vo|lu|ti|on *die;* -, -en ⟨*lat.(-fr.)*⟩: **1.** [gewaltsamer] Umsturz der bestehenden politischen u. sozialen Ordnung. **2.** Aufhebung, Umwälzung der bisher als gültig anerkannten Gesetze od. der bisher geübten Praxis durch neue Erkenntnisse u. Methoden (z. B. in der Wissenschaft). **3.** (Geol.) Gebirgsbildung. **4.** (Astron.) Umlauf eines Himmelskörpers um ein Hauptgestirn. **5.** Solospiel im Skat

re|vo|lu|ti|o|när ⟨*lat.-fr.*⟩: **1.** die Revolution (1) betreffend, zum Ziele habend; für die Revolution eintretend. **2.** eine Revolution (2) bewirkend, umwälzend

Re|vo|lu|ti|o|när *der;* -s, -e: **1.** jmd., der auf eine Revolution (1) hinarbeitet od. an ihr beteiligt ist. **2.** jmd., der sich gegen Überkommenes auflehnt u. grundlegende Veränderungen auf einem Gebiet herbeiführt

Re|vo|lu|ti|o|nä|rin *die;* -, -nen: weibliche Form zu ↑Revolutionär

re|vo|lu|ti|o|nie|ren: 1. a) in Aufruhr bringen, für seine revolutionären (1) Ziele gewinnen; **b)** (selten) revoltieren. **2.** grundlegend verändern

Re|vo|luz|zer *der;* -s, - ⟨*lat.-it.*⟩ (abwertend): jmd., der sich [bes. mit Worten, in nicht ernst zu nehmender Weise] als Revolutionär gebärdet

Re|vo|luz|ze|rin *die;* -, -nen: weibliche Form zu ↑Revoluzzer

Re|vol|ver *der;* -s, - ⟨*lat.-fr.-engl.*⟩: **1.** kurze Handfeuerwaffe mit einer drehbaren Trommel als Magazin. **2.** drehbare Vorrichtung an Werkzeugmaschinen zum Einspannen mehrerer Werkzeuge

Re|vol|ver|pres|se *die;* - (abwertend): reißerisch aufgemachte Sensationszeitungen

re|vol|vie|ren ⟨*lat.*⟩ (Technik): zurückdrehen

Re|vol|ving|kre|dit [riˈvɔlvɪŋ...] *der;* -[e]s, -e ⟨*lat.-fr.-engl.; lat.-it.-fr.*⟩: **1.** Kredit, der dem Leistungsumschlag des Unternehmens entsprechend von diesem beglichen u. erneut beansprucht werden kann. **2.** (zur Finanzierung langfristiger Projekte dienender) Kredit in Form von immer wieder prolongierten od. durch verschiedene Gläubiger gewährten formal kurzfristigen Krediten

re|vo|zie|ren ⟨*lat.*⟩: **1.** [sein Wort] zurücknehmen; widerrufen. **2.** vor Gericht einen mündlichen Antrag sofort zurückziehen, wenn der Prozessgegner durch Beweise die im Antrag aufgestellte Behauptung widerlegt

Re|vue [rəˈvyː] *die;* -, -n [...ˈvyːən] ⟨*lat.-fr.;* »Übersicht, Überblick«⟩: **1.** Titel od. Bestandteil des Titels von Zeitschriften; vgl. Review. **2.** musikalisches Ausstattungsstück mit einer Programmfolge von sängerischen, tänzerischen u. artistischen Darbietungen, die oft durch eine Handlung verbunden sind. **3.** (veraltet) Truppenschau

[1]Rex *der;* -, Reges [ˈreːgeːs] ⟨*lat.*⟩: [altrömischer] Königstitel

[2]Rex *der;* -, -e (Schülerspr.): ↑Direx

Rex|ap|pa|rat® *der;* -[e]s, -e (österr.): Einwecktopf

Re|y|on [rɛˈjõː] *der* od. *das;* - ⟨*engl.-fr.;* dt. Schreibung für: ↑Rayon (4)⟩ (veraltet): ↑Viskose

Re|zen|sent *der;* -en, -en ⟨*lat.*⟩: Verfasser einer Rezension, [Literatur]kritiker

Re|zen|sen|tin *die;* -, -nen: weibliche Form zu ↑Rezensent

re|zen|sie|ren: eine künstlerische, wissenschaftliche o. ä. Arbeit kritisch besprechen

Re|zen|si|on *die;* -, -en: **1.** kritische Besprechung einer künstlerischen, wissenschaftlichen o. ä. Arbeit, bes. in einer Zeitung od. Zeitschrift. **2.** berichtigende Durchsicht eines alten, oft mehrfach überlieferten Textes

Re|zen|si|ons|ex|em|p|lar *das;* -s, -e: Exemplar einer Neuerscheinung, das der Verlag als Freiexemplar an mögliche Rezensenten verschickt

re|zent ⟨*lat.*⟩: **1. a)** (Biol.) gegenwärtig noch lebend (von Tier- u. Pflanzenarten); Ggs. ↑fossil; **b)** (österr., schweiz.) erst vor Kurzem entstanden. **2.** (schweiz., sonst landsch.) herzhaft, pikant, säuerlich

Re|zept *das;* -[e]s, -e ⟨*lat.*⟩: **1.** schriftliche Anweisung des Arztes an den Apotheker für die Abgabe von Heilmitteln. **2.** Back-, Kochanweisung

re|zep|tie|ren ⟨*lat.*⟩ (Med.): ein Rezept ausschreiben

re|zep|ti̱v *‹lat.-nlat.›*: [nur] aufnehmend, empfangend; empfänglich

Re|zep|ti|vi|tä̱t *die; -*: Aufnahmefähigkeit; bes. in der Psychologie die Empfänglichkeit für Sinneseindrücke

Re|zẹp|tor *der; -s, ...o̱ren ‹lat.›*: **1.** (veraltet) Empfänger; Steuereinnehmer. **2.** (meist Plural; Med.) Ende einer Nervenfaser od. spezialisierte Zelle in der Haut u. in inneren Organen zur Aufnahme von Reizen

Re|zep|tu̱r *die; -, -en ‹lat.-nlat.›*: **1. a)** Zubereitung von Arzneimitteln in kleinen Mengen nach Rezept (1); **b)** Zusammenstellung, Zubereitung nach einem bestimmten Rezept (2). **2.** (Geschichte) Steuereinnehmerei

Re|zẹss *der; -es, -e ‹lat.; »Rückzug«›* (Rechtswiss.): Auseinandersetzung, Vergleich

Re|zes|si|o̱n *die; -, -en* (»das Zurückgehen«): Verminderung der wirtschaftlichen Wachstumsgeschwindigkeit, leichter Rückgang der Konjunktur; vgl. Depression (3)

re|zes|si̱v *‹lat.-nlat.›*: **1.** (Biol.) zurücktretend, nicht in Erscheinung tretend (in Bezug auf Erbfaktoren); Ggs. ↑dominant (1). **2.** die Rezession betreffend

Re|zes|si|vi|tä̱t *die; -* (Biol.): Eigenschaft eines Gens bzw. des entsprechenden Merkmals, gegenüber seinem ↑allelen Partner nicht in Erscheinung zu treten; Ggs. ↑Dominanz

re|zi|di̱v *‹lat.›* (Med.): wiederkehrend, wieder auflebend; rückfällig (von einer Krankheit od. von Krankheitssymptomen)

Re|zi|di̱v *das; -s, -e* (Med.): Rückfall (von einer gerade überstandenen Krankheit)

re|zi|di|vie̱|ren *‹lat.-nlat.›* (Med.): in Abständen wiederkehren (von einer Krankheit)

Re|zi|pi|ẹnt *der; -en, -en ‹lat.›*: **1.** jmd., der einen Text, ein Werk der bildenden Kunst, ein Musikstück o. Ä. aufnimmt; Hörer, Leser, Betrachter. **2.** (Physik) Glasglocke mit Ansatzrohr für eine Vakuumpumpe zum Herstellen eines luftleeren Raumes

Re|zi|pi|ẹn|tin *die; -, -nen*: weibliche Form zu ↑Rezipient (1)

re|zi|pie̱|ren: **a)** fremdes Gedanken-, Kulturgut aufnehmen, übernehmen; **b)** einen Text, ein Werk der bildenden Kunst o. Ä. als Hörer, Leser, Betrachter aufnehmen

re|zi|p|ro̱k *‹lat.›*: wechsel-, gegenseitig; **reziproker Wert** (Math.): Kehrwert (Vertauschung von Zähler u. Nenner eines Bruches); **reziprokes Pronomen** (Sprachw.): wechselbezügliches Fürwort (z. B. sich [gegenseitig])

Re|zi|p|ro|zi|tä̱t *die; - ‹lat.-nlat.›*: Gegen-, Wechselseitigkeit

Re|zi|ta̱l vgl. Recital

Re|zi|ta|ti|o̱n *die; -, -en ‹lat.›*: künstlerischer Vortrag einer Dichtung, eines literarischen Werks

Re|zi|ta|ti̱v *das; -s, -e ‹lat.-it.›*: dramatischer Sprechgesang, eine in Tönen deklamierte u. vom Wort bestimmte Gesangsart (in Oper, Operette, Kantate, Oratorium)

re|zi|ta|ti̱|visch (Musik): in der Art des Rezitativs vorgetragen

Re|zi|ta̱|tor *der; -s, ...o̱ren ‹lat.›*: jmd., der rezitiert; Vortragskünstler

Re|zi|ta|to̱|rin *die; -, -nen*: weibliche Form zu ↑Rezitator

re|zi|tie̱|ren *‹lat.›*: eine Dichtung, ein literarisches Werk künstlerisch vortragen

Re|zy|k|la̱t *das; -[e]s, -e*: etwas, was rezykliert worden ist, Produkt eines Recyclingprozesses

re|zy|k|lie̱|ren ‹zu *Zyklus*›: ↑recyceln

Rhab|do̱m *das; -s, -e* (Med.): Sehstäbchen in der Netzhaut des Auges

Rha|ga̱|de *die; -, -n* (meist Plural) *‹gr.-lat.›* (Med.): Hautriss, Schrunde

Rhap|so̱|de *der; -n, -n ‹gr.›*: (im antiken Griechenland) fahrender Sänger, der eigene od. fremde [epische] Dichtungen z. T. mit Kitharabegleitung vortrug

Rhap|so|die̱ *die; -, ...i̱en*: **1. a)** von einem Rhapsoden vorgetragene epische Dichtung; **b)** Gedicht in freien Rhythmen. **2. a)** Instrumentalfantasie [für Orchester] (seit dem 19. Jh.); **b)** romantisches Klavierstück freien, balladesken Charakters; **c)** kantatenartige Vokalkomposition mit Instrumentalbegleitung (z. B. bei Brahms)

rhap|so̱|disch: **a)** die Rhapsodie betreffend; in freier [Rhapsodie]form; **b)** bruchstückartig, unzusammenhängend; **c)** den Rhapsoden betreffend, charakterisierend

Rhä̱t vgl. Rät

Rhe̱|ma *das; -s, -ta ‹gr.; »Rede, Aussage«›* (Sprachw.): **a)** Aussage eines Satzes, die formal in Opposition zur Subjektgruppe steht; **b)** Teil des Satzes, der die neue Information des Sprechers für den Hörer enthält; Ggs. ↑Thema (2)

rhe|na̱|nisch ‹von lat. *Rhenus* = »Rhein«›: rheinisch

Rhe̱|ni|um *das; -s ‹nlat.›*: metallisches chem. Element (Zeichen: Re)

Rheo|lo|gie̱ *die; -*: Teilgebiet der Physik, das sich mit den Erscheinungen, die beim Fließen u. Verformen von Stoffen unter Einwirkung äußerer Kräfte auftreten, befasst

Rhe|o|s|tat *der;* -[e]s u. -en, -e[n]: mit veränderlichen Kontakten ausgerüsteter Apparat zur Regelung des elektrischen Widerstandes

Rhe|sus *der;* -, - ⟨*nlat.*⟩: Kurzform von ↑Rhesusaffe

Rhe|sus|af|fe *der;* -n, -n ⟨*nlat.; dt.*⟩: zu den Meerkatzen gehörender, in Süd- u. Ostasien lebender Affe

Rhe|sus|fak|tor *der;* -s, -en ⟨nach seiner Entdeckung beim Rhesusaffen⟩: von den Blutgruppen unabhängiger Faktor der roten Blutkörperchen, dessen Vorhandensein od. Fehlen ein entscheidendes Bestimmungsmerkmal ist, um Komplikationen bei Schwangerschaften u. Transfusionen vorzubeugen; Zeichen: Rh (= Rhesusfaktor positiv), rh (= Rhesusfaktor negativ)

Rhe|tor *der;* -s, ...oren ⟨*gr.-lat.*⟩: Redner der Antike

Rhe|to|rik *die;* -, -en: **a)** (ohne Plural) Wissenschaft von der wirkungsvollen Gestaltung öffentlicher Reden; vgl. Stilistik (1); **b)** (ohne Plural) Redebegabung, Redekunst; **c)** Lehrbuch der Redekunst

Rhe|to|ri|ker *der;* -s, -: jmd., der die Rhetorik (a) beherrscht; guter Redner

Rhe|to|ri|ke|rin *die;* -, -nen: weibliche Form zu ↑Rhetoriker

rhe|to|risch: a) die Rhetorik (a) betreffend, den Regeln der Rhetorik entsprechend; **rhetorische Figur:** Redefigur; **rhetorische Frage:** nur zum Schein [aus Gründen der Rhetorik (a)] gestellte Frage, auf die keine Antwort erwartet wird; **b)** die Rhetorik (b) betreffend, rednerisch; **c)** phrasenhaft, schönrednerisch

Rheu|ma|ti|ker *der;* -s, -: an Rheumatismus Leidender

Rheu|ma|ti|ke|rin *die;* -, -nen: weibliche Form zu ↑Rheumatiker

rheu|ma|tisch: durch Rheumatismus bedingt, auf ihn bezüglich

Rheu|ma|tis|mus *der;* -, ...men ⟨*gr.-lat.;* »das Fließen«⟩: schmerzhafte Erkrankung der Gelenke, Muskeln, Nerven, Sehnen

Rheu|ma|to|lo|ge *der;* -n, -n (Med.): Arzt mit speziellen Kenntnissen auf dem Gebiet rheumatischer Krankheiten

Rheu|ma|to|lo|gin *die;* -, -nen: weibliche Form zu ↑Rheumatologe

Rh-Fak|tor [ɛrˈha:...] vgl. Rhesusfaktor

rhin..., Rhin... vgl. rhino..., Rhino...

Rhi|ni|tis *die;* -, ...itiden (Med.): Nasenkatarrh, Schnupfen, Nasenschleimhautentzündung

rhi|no..., Rhi|no...

vor Vokalen meist: **rhin..., Rhin...**
⟨zu *gr.* rhís, Gen. rhinós »Nase«⟩
Wortbildungselement mit der Bedeutung »Nase«:
- Rhinalgie
- Rhinallergose
- rhinogen
- Rhinologe
- Rhinoskop

Rhi|no|lo|gie *die;* -: Nasenheilkunde

Rhi|no|plas|tik *die;* -, -en (Med.): operative Bildung einer künstlichen Nase

Rhi|no|s|kop *das;* -s, -e (Med.): zangenähnliches Instrument zur Untersuchung der Nase von vorn; Nasenspiegel

Rhi|no|s|ko|pie *die;* -, ...ien (Med.): Untersuchung der Nase mit dem Rhinoskop

Rhi|no|ze|ros *das;* - u. -ses, -se ⟨*gr.-lat.*⟩: **1.** Nashorn. **2.** (ugs. abwertend) Dummkopf, Trottel

Rhi|zom *das;* -s, -e (Bot.): Wurzelstock, Erdspross mit Speicherfunktion

Rhi|zo|po|de *der;* -n, -n (meist Plural) (Biol.): Wurzelfüßer (Einzeller, der durch formveränderliche, kurzseitige, der Fortbewegung u. Nahrungsaufnahme dienende Protoplasmafortsätze gekennzeichnet ist)

Rh-ne|ga|tiv [ɛrha:...]: den Rhesusfaktor nicht aufweisend; Ggs. ↑Rh-positiv

Rho *das;* -[s], -s ⟨*gr.*⟩: siebzehnter Buchstabe des griechischen Alphabets (Ρ, ρ)

Rho|dan *das;* -s ⟨*gr.-nlat.*⟩ (Chemie): einwertige Schwefel-Kohlenstoff-Stickstoff-Gruppe in chemischen Verbindungen

Rho|de|län|der *das;* -s, - ⟨nach dem US-amerik. Staat Rhode Island⟩: Huhn einer amerikanischen Rasse mit guter Legeleistung

rho|di|nie|ren ⟨*gr.-nlat.*⟩: mit Rhodium überziehen

Rho|di|um *das;* -s: chem. Element; ein Edelmetall (Zeichen: Rh)

Rho|do|den|d|ron *der* (auch: *das*); -s, ...dren ⟨*gr.-lat.*⟩: als Zierstrauch kultivierte Pflanze mit ledrigen Blättern

rhom|bisch ⟨*gr.-nlat.*⟩: von der Form eines Rhombus

Rhom|bo|eder *das;* -s, - ⟨*gr.-nlat.*⟩: von sechs Rhomben begrenzte Kristallform

Rhom|bo|id *das;* -[e]s, -e: Parallelogramm mit paarweise ungleichen Seiten

Rhom|bus *der;* -, ...ben: Parallelogramm mit gleichen Seiten

Rho|ta|zis|mus *der;* -, ...men ⟨*gr.-nlat.*⟩: Übergang eines zwischen Vokalen stehenden stimmhaften s zu r (z. B. gr. gene*s*eos gegenüber lat. gene*r*is)

Rh-po|si|tiv [ɛrha:...]: den Rhesusfaktor aufweisend; Ggs. ↑Rh-negativ

Rhus *der u. die;* - ⟨*gr.-lat.*⟩: tropischer u. subtropischer, sommer- od. immergrüner Baum od. [Zier]strauch mit gefiederten od. dreizähligen Blättern, Blüten in Rispen u. kleinen trockenen Steinfrüchten; Essigbaum; vgl. Sumach

Rhyth|mik *die;* - ⟨*gr.-lat.*⟩: **1.** rhythmischer Charakter, Art des Rhythmus. **2. a)** Kunst der rhythmischen Gestaltung; **b)** Lehre vom Rhythmus, von rhythmischer Gestaltung. **3.** (Päd.) rhythmische Erziehung; Anleitung zum Umsetzen von Melodie, Rhythmus, Dynamik der Musik in Bewegung

Rhyth|mi|ker *der;* -s, -: **1.** Musiker, bes. Komponist, der das rhythmische Element bes. gut beherrscht u. in seiner Musik hervorhebt. **2.** Pädagoge, der Rhythmik (2) unterrichtet (Berufsbez.)

Rhyth|mi|ke|rin *die;* -, -nen: weibliche Form zu ↑Rhythmiker

rhyth|misch: 1. den Rhythmus betreffend. **2.** nach, in einem bestimmten Rhythmus erfolgend; **rhythmische Travée:** in einem bestimmten Rhythmus (4) gegliederter Wandabschnitt (z. B. durch den Wechsel von Pfeiler u. Säule)

rhyth|mi|sie|ren ⟨*gr.-nlat.*⟩: in einen bestimmten Rhythmus versetzen

Rhyth|mus *der;* -, ...men ⟨*gr.-lat.;* »das Fließen«⟩: **1.** Gleichmaß, gleichmäßig gegliederte Bewegung; periodischer Wechsel, regelmäßige Wiederkehr natürlicher Vorgänge (z. B. Ebbe u. Flut). **2.** einer musikalischen Komposition zugrunde liegende Gliederung des Zeitmaßes, die sich aus dem Metrum des thematischen Materials, aus Tondauer u. Wechsel der Tonstärke ergibt. **3.** Gliederung des Sprachablaufs, bes. in der Versdichtung durch den geregelten, harmonischen Wechsel von langen u. kurzen, betonten u. unbetonten Silben, durch Pausen u. Sprachmelodie. **4.** Gliederung eines Werks der bildenden Kunst, bes. eines Bauwerks durch regelmäßigen Wechsel bestimmter Formen

Rhyth|mus|gi|tar|re *die;* -, -n: elektrische Gitarre zur Erzeugung od. Unterstützung des Beats (2); vgl. Leadgitarre

Rhyth|mus|grup|pe *die;* -, -n: zur Erzeugung des Beats (2) benötigte Schlagzeuggruppe [mit zusätzlichen Zupfinstrumenten]

Ria *die;* -, -s ⟨*span.*⟩: Meeresbucht, die durch Eindringen des Meeres in ein Flusstal u. dessen Nebentäler entstanden ist

Ri|al *der;* -[s], -s (aber: 100 -) ⟨*pers.* u. *arab.*⟩: Währungseinheit in Iran, Jemen u. Oman (Abk.: Rl., Rl, R); vgl. Riyal

Ri|bat|tu|ta *die;* -, ...ten ⟨*lat.-it.*⟩: langsam beginnender, allmählich schneller werdender Triller

Ri|bi|sel *die;* -, -n ⟨*arab.-mlat.-it.*⟩ (österr.): Johannisbeere

Ri|bo|fla|vin *das;* -s, -e ⟨Kunstw.⟩: ↑Laktoflavin

Ri|bo|nu|k|le|in|säu|re *die;* -, -n: ↑Ribosenukleinsäure

Ri|bo|se *die;* -, -n ⟨Kunstw.⟩: bes. im Zellplasma vorkommendes Monosaccharid der Ribonukleinsäure

Ri|bo|se|nu|k|le|in|säu|re *die;* -, -n: wichtiger Bestandteil des Kerneiweißes der Zelle (Abk.: RNS)

Ri|bo|som *das;* -s, -en (meist Plural) ⟨Kunstw.⟩ (Biol.): hauptsächlich aus Ribosenukleinsäuren u. Protein bestehendes, für den Eiweißaufbau wichtiges, submikroskopisch kleines Körnchen am ↑endoplasmatischen Retikulum

Ri|che|li|eu|sti|cke|rei [rɪʃəˈli̯ø:...] *die;* -, -en ⟨nach dem fr. Staatsmann u. Kardinal Richelieu, 1585–1642⟩: Weißstickerei mit ausgeschnittenen Mustern

Ri|cot|ta *der;* -s ⟨*it.*⟩: ein Frischkäse

Ri|deau [...ˈdo:] *der;* -s, -s ⟨*fr.*⟩ (bes. schweiz.): [Fenster]vorhang, Gardine

ri|di|kül ⟨*lat.-fr.*⟩ (veraltend): lächerlich

Ri|di|kül, Re|ti|kül *das;* -s, -e u. -s ⟨*lat.-fr.*⟩: [gehäkelte] Handtasche, Handarbeitsbeutel (bes. 18./19. Jh.)

ri|en ne va plus [rjɛ̃n(ə)vaˈply:] ⟨*fr.;* »nichts geht mehr«⟩: beim Roulettespiel die Ansage des Croupiers, dass nicht mehr gesetzt werden kann

Rie|sen|sla|lom *der;* -s, -s ⟨*dt.; norw.*⟩ (Skisport): Slalom, bei dem die durch Flaggen gekennzeichneten Tore in größerem Abstand stehen, sodass er dem Abfahrtslauf ähnlicher ist

Riff *der;* -s, -s ⟨*engl.-amerik.*⟩: melodische [1]Phrase (2) in Jazz, Rock- u. Popmusik, die von einem Instrument fast unverändert wiederholt wird

Ri|fi|fi *das;* -s ⟨nach dem gleichnamigen fr. Spielfilm (1955)⟩: raffiniert ausgeklügeltes, in aller Heimlichkeit durchgeführtes Verbrechen

Rigg *das;* -s, -s ⟨*engl.*⟩: gesamte Takelung eines Schiffs

Rig|gung *die;* -, -en: ↑Rigg

ri|gid, ri|gi|de ⟨*lat.*⟩: **1.** streng, unnachgiebig. **2.** starr, steif, fest (z. B. bezogen auf die Beschaffenheit der Arterien bei Arteriosklerose)

Ri|gi|di|tät *die;* -, -en: **1. a)** Unnachgiebigkeit; **b)** (Psychol.) Unfähigkeit, sich wechselnden Bedingungen schnell anzupassen. **2.** Versteifung, [Muskel]starre

Ri|go|le *die;* -, -n ‹*niederl.-fr.*›: tiefe Rinne, Entwässerungsgraben

ri|go|len: tief pflügen od. umgraben (z. B. bei der Anlage eines Weinbergs)

Ri|gor *der;* -s ‹*lat.*›: ↑Rigidität (1)

Ri|go|ris|mus *der;* - ‹*lat.-nlat.*›: unbeugsames, starres Festhalten an Grundsätzen (bes. in der Moral)

Ri|go|rist *der;* -en, -en: Vertreter des Rigorismus

Ri|go|ris|tin *die;* -, -nen: weibliche Form zu ↑Rigorist

ri|go|ris|tisch: den Rigorismus betreffend

ri|go|ros ‹*lat.-mlat.*›: sehr streng, unerbittlich, hart, rücksichtslos

Ri|go|ro|si|tät *die;* -: Strenge, Rücksichtslosigkeit

Ri|go|ro|sum *das;* -s, ...sa ‹*lat.-mlat.*›: mündliche Prüfung bei der [1]Promotion (1)

Rig|we|da *der;* -[s] ‹*sanskr.*›: Sammlung der ältesten indischen Opferhymnen (Teil der Weden)

Ri|kam|bio *der;* -s, ...ien ‹*lat.-it.*› (Bankw.): Rückwechsel, den ein rückgriffsberechtigter Inhaber eines protestierten Wechsels auf einen seiner Vormänner zieht

Rik|scha *die;* -, -s ‹*jap.-engl.*›: zweirädriger Wagen in Ostasien, der von einem Menschen gezogen wird u. zur Beförderung von Personen dient

Riks|mål [...mo:l] *das;* -[s] ‹*norw.;* »Reichssprache«›: ältere Bez. für ↑Bokmål

Ri|mes|sa *die;* -, ...ssen ‹*lat.-it.*› (Fechten): Angriffsverlängerung (Fortsetzung des Angriffs nach einer parierten ↑Riposte)

Ri|mes|se *die;* -, -n (Wirtsch.): **1. a)** auf einen Dritten ausgestellter Wechsel; **b)** Wechsel, der vom Aussteller seinem Warenlieferanten in Zahlung gegeben wird. **2.** Wechsel od. Scheck, den der Bankkunde seiner Bank zur Gutschrift auf sein Konto einreicht. **3.** Geldüberweisung ins Ausland (z. B. von Gastarbeitern, Auswanderern in ihr Heimatland)

rin|for|zan|do ‹*lat.-it.*› (Musik): plötzlich deutlich stärker werdend (Vortragsanweisung; Abk.: rf., rfz.)

Rin|for|zan|do *das;* -s, -s u. ...di (Musik): plötzliche Verstärkung des Klanges auf einem Ton od. einer kurzen Tonfolge

Rin|g|lot|te *die;* -, -n (landsch.): Reneklode

Ri|pos|te *die;* -, -n ‹*lat.-it.-fr.*›: unmittelbarer Gegenstoß nach einem parierten Angriff (beim Fechten)

ri|pos|tie|ren: eine Riposte ausführen

Rips *der;* -es, -e ‹*engl.*›: Gewebe mit Längs- od. Querrippen

Ri|sa|lit *der;* -s, -e ‹*lat.-it.*› (Bauw.): in ganzer Höhe des Bauwerks vorspringender Gebäudeteil (Mittel-, Eck- od. Seitenrisalit) zur Aufgliederung der Fassade (bes. im Barock)

Ri|si|ko *das;* -s, -s u. ...ken (österr. auch: Risken) ‹*it.*›: Wagnis; Gefahr, Verlustmöglichkeit bei einer unsicheren Unternehmung

Ri|si|ko|fak|tor *der;* -s, -en: **1.** Faktor, der ein besonderes Risiko für etwas darstellt. **2.** (Plur.); Med., Soziol.) Gesamtheit der durch Anlage, Umwelt u. Verhalten bedingten Faktoren, die die Wahrscheinlichkeit des Auftretens bestimmter Krankheiten wesentlich erhöhen, z. B. Rauchen, Übergewicht

Ri|si|ko|ka|pi|tal *das;* -s, -e u. -ien: Kapital, das bes. in kapitalschwachen Unternehmen investiert wird, wobei der Kapitalgeber bewusst ein höheres Risiko eingeht, jedoch auf hohe Wertsteigerungen spekuliert

Ri|si|ko|pa|ti|ent *der;* -en, -en (Med.): Patient, der aufgrund früherer od. bestehender Krankheiten bes. gefährdet ist

Ri|si|ko|pa|ti|en|tin *die;* -, -nen: weibliche Form zu ↑Risikopatient

Ri|si|ko|prä|mie *die;* -, -n: **1.** Zuschlag bei der Kalkulation für erwartete Risiken. **2.** Gewinnanteil als Vergütung für die Übernahme des allgemeinen Unternehmerrisikos

Ri|si-Pi|si, Ri|si|pi|si *das;* -[s], - ‹*it.*›: Gericht aus Reis u. Erbsen

ris|kant ‹*it.-fr.*›: gefährlich, gewagt

ris|kie|ren: a) aufs Spiel setzen; **b)** wagen; **c)** sich einer bestimmten Gefahr aussetzen

Ri|skon|t|ro vgl. Skontro

Ri|sor|gi|men|to [...dʒi...] *das;* -[s] ‹*lat.-it.;* »Wiedererstehung«›: italienische Einigungsbestrebungen im 19. Jh.

Ri|sot|to *das;* -s, -[s] ‹*sanskr.-pers.-gr.-lat.-mlat.-it.*›: italienisches Reisgericht

Ris|so|le *die;* -, -n: kleine Pastete

ri|stor|nie|ren ‹*lat.-it.*› (Wirtsch.): eine falsche Buchung rückgängig machen

ri|s|ve|g|li|an|do [...vɛl'ja...] ‹*lat.-it.*› (Musik): [wieder] munter, lebhaft werdend (Vortragsanweisung)

ri|s|ve|g|li|a|to [...vɛl'ja:to] (Musik): [wieder] munter, lebhaft (Vortragsanweisung)

Ri|ta *das;* - ‹*sanskr.*›: Wahrheit; Recht als höchstes, alles durchwirkendes Prinzip der wedischen Religion

ri|tar|dan|do ‹*lat.-it.*› (Musik): das Tempo verzögernd, langsamer werdend (Vortragsanweisung; Abk.: rit., ritard.)

Ri|tar|dan|do *das;* -s, -s u. ...di (Musik): allmähliches Langsamerwerden

ri|te ⟨*lat.*⟩: **1.** genügend (geringstes Prädikat bei Doktorprüfungen). **2.** ordnungsgemäß, in ordnungsgemäßer Weise

Ri|ten: *Plural* von ↑Ritus

ri|te|nen|te ⟨*lat.-it.*⟩ (Musik): im Tempo zurückhaltend, zögernd (Vortragsanweisung)

ri|te|nu|to ⟨*lat.-it.*⟩ (Musik): im Tempo zurückgehalten, verzögert (Vortragsanweisung; Abk.: rit., riten.)

Ri|te|nu|to *das;* -s, -s u. ...ti (Musik): Verlangsamung des Tempos

Ri|tor|nell *das;* -s, -e: **1.** (Musik) instrumentales Vor-, Zwischen- od. Nachspiel im Concerto grosso u. beim Gesangssatz mit instrumentaler Begleitung (17. u. 18. Jh.). **2.** aus der volkstümlichen italienischen Dichtung stammende dreizeilige Einzelstrophe (im 14./15. Jh. als Refrain verwendet)

Ri|trat|te *die;* -, -n ⟨*lat.-it.*⟩: ↑Rikambio

ri|tu|al ⟨*lat.*⟩: den Ritus betreffend

Ri|tu|al *das;* -s, -e u. -ien: **1. a)** Ordnung für gottesdienstliches Brauchtum; **b)** religiöser [Fest]brauch in Worten, Gesten u. Handlungen; Ritus (1). **2. a)** das Vorgehen nach festgelegter Ordnung; Zeremoniell; **b)** Verhalten in bestimmten Grundsituationen, bes. bei Tieren (z. B. Droh-, Fluchtverhalten)

ri|tu|a|li|sie|ren ⟨*lat.-nlat.*⟩: zum Ritual (2 b) formalisieren

Ri|tu|a|lis|mus *der;* -: Richtung in der anglikanischen Kirche des 19. Jh.s, die den Kultus katholisierend umgestalten wollte

Ri|tu|a|list *der;* -en, -en: Anhänger des Ritualismus

ri|tu|ell ⟨*lat.-fr.*⟩: dem Ritus (1) entsprechend

Ri|tus *der;* -, Riten ⟨*lat.*⟩: **1.** religiöser [Fest]brauch in Worten, Gesten u. Handlungen. **2.** das Vorgehen nach festgelegter Ordnung; Zeremoniell

Ri|va|le *der;* -n, -n ⟨*lat.-fr.;* »Bachnachbar«⟩: Nebenbuhler, Mitbewerber, Konkurrent; Gegenspieler

Ri|va|lin *die;* -, -nen: weibliche Form zu ↑Rivale

ri|va|li|sie|ren: um den Vorrang kämpfen

Ri|va|li|tät *die;* -, -en: Nebenbuhlerschaft, Kampf um den Vorrang

Ri|ver|boat|shuf|fle, Ri|ver|boat-Shuf|fle [...bo:tʃafl] *die;* -, -s ⟨*amerik.*⟩: zwanglose Geselligkeit mit Jazzband auf einem Schiff (bei einer Fahrt auf einem Fluss od. einem See)

ri|ver|so ⟨*lat.-it.*⟩ (Musik): in umgekehrter Reihenfolge der Töne, rückwärts zu spielen (Vortragsanweisung)

Ri|y|al [ri'ja:l] *der;* -[s], -s (aber: 100 -) ⟨*arab.*⟩: Währungseinheit in Saudi-Arabien u. anderen arabischen Staaten (Abk.: S. Rl., Rl.); vgl. Rial

Ri|zi|nus *der;* -, - u. -se ⟨*lat.*⟩: strauchiges Wolfsmilchgewächs mit fettreichem, sehr giftigem Samen

Road|ma|na|ger ['roʊdmɛnɪdʒɐ] *der;* -s, -: für die Bühnentechnik, den Transport der benötigten Ausrüstung u. Ä. verantwortlicher Begleiter einer Rockgruppe

Road|map ['roʊdmæp] *die;* -, -s ⟨*engl.*⟩: **1.** Plan für die zukünftige Entwicklung von Technologien u. Produkten. **2.** (ohne Plural; Politik) amerik. Plan zur Beilegung des Nahostkonfliktes

Road|mo|vie ['roʊdmu:vi] *das;* -s, -s: Spielfilm, dessen Handlung sich unterwegs, auf einer Fahrt mit dem Auto abspielt

Roads|ter ['roʊdstɐ] *der;* -s, - ⟨*engl.*⟩: meist zweisitziger Sportwagen mit zurückklappbarem Verdeck

Roa|ring Twen|ties ['rɔ:rɪŋ 'twɛnti:z] *die* (Plural) ⟨*amerik.;* »brüllende Zwanziger«⟩: die 20er-Jahre des 20. Jh.s in den USA u. in Westeuropa, die durch die Folgeerscheinungen der Wirtschaftsblüte nach dem 1. Weltkrieg, durch Vergnügungssucht und Gangstertum gekennzeichnet waren

Roast|beef ['ro:stbi:f, 'rɔst...] *das;* -s, -s ⟨*engl.*⟩: [Braten aus einem] Rippenstück vom Rind

Rob|ber vgl. [2]Rubber

Ro|bi|nie [...i̯ə] *die;* -, -n ⟨*nlat.;* nach dem fr. Botaniker J. Robin, 1550–1629⟩: falsche Akazie (Zierbaum od. -strauch)

Ro|bin|son *der;* -s, -e ⟨nach der Titelfigur des Romans »Robinson Crusoe« des engl. Schriftstellers D. Defoe, 1659–1731⟩: jmd., der fern von der Zivilisation [auf einer einsamen Insel], in der freien Natur lebt

[1]Ro|bin|so|na|de *die;* -, -n: **a)** Abenteuerroman, der das Motiv des »Robinson Crusoe« (↑Robinson) aufgreift; **b)** Erlebnis, Abenteuer ähnlich dem des Robinson Crusoe

[2]Ro|bin|so|na|de *die;* -, -n ⟨nach dem engl. Torhüter John Robinson, 1878–1949⟩ (Fußball): im Sprung erfolgende, gekonnte Abwehrreaktion des Torwarts, bei der er sich einem Gegenspieler entgegenwirft

Ro|bin|son|lis|te *die;* -, -n ⟨zu »Robinson Crusoe« (↑Robinson)⟩ (Jargon): Liste, in die sich jmd. eintragen lassen kann, der keine auf dem Postweg verschickten Werbesendungen haben möchte

r

Ro̩|bot *die;* -, -en ⟨*tschech.*⟩ (veraltet): Frondienst (in slawischen Ländern)

ro̩|bo|ten (ugs.): schwer arbeiten

Ro̩|bo|ter *der;* -s, -: **1.** (ugs.) Schwerarbeiter. **2. a)** äußerlich wie ein Mensch gestaltete Apparatur, die manuelle Funktionen eines Menschen ausführen kann; Maschinenmensch; **b)** elektronisch gesteuerte Einrichtung zur Ausführung von komplexen Arbeitsvorgängen mithilfe von Sensoren u. mechanischen Dreh- u. Greifvorrichtungen

ro|bu̩st ⟨*lat.;* »aus Hart-, Eichenholz«⟩: stark, kräftig, derb, widerstandsfähig, unempfindlich

Ro|caille [ro'ka:j] *das* od. *die;* -, -s ⟨*galloroman.-fr.*⟩: Muschelwerk (wichtigstes Dekorationselement des Rokokos)

Ro|cha|de [rɔ'xa:də, auch: rɔ'ʃa:də] *die;* -, -n ⟨*pers.-arab.-span.-fr.*⟩: **1.** (Schach) unter bestimmten Voraussetzungen zulässiger Doppelzug von König u. Turm. **2.** (schweiz.) [Ämter]tausch

Ro|chett [rɔ'ʃɛt] *das;* -s, -s ⟨*germ.-fr.*⟩: spitzenbesetztes Chorhemd der höheren katholischen Geistlichen

ro|chie|ren [rɔ'xi:..., auch: rɔ'ʃi:...] ⟨*pers.-arab.-span.-fr.*⟩: **1.** eine Rochade ausführen. **2.** die Position auf dem Spielfeld wechseln (u. a. beim Fußball)

Ro̩|chus ⟨*hebr.-jidd.*⟩: **einen Rochus auf jmdn. haben** (landsch.): über jmdn. sehr verärgert, wütend sein

Rock and Roll ['rɔk ɛnt 'rɔl, - - 'ro:l, 'rɔk ənd 'roʊl], **Rock 'n' Roll** *der;* - - -[s], - - -s ⟨*amerik.*⟩: **1.** (ohne Plural) (Anfang der 1950er-Jahre in Amerika entstandene Form der) Musik, die u. a. Elemente der Countrymusic u. des Dixieland-Jazz verbindet. **2.** stark synkopierter Tanz in flottem $^4/_4$-Takt

ro̩|cken ⟨*amerik.*⟩: stark synkopiert, im Rhythmus des Rock and Roll spielen, tanzen, sich bewegen

Ro̩|cker *der;* -s, -: zu aggressivem Verhalten neigender Angehöriger einer lose organisierten Clique von männlichen Jugendlichen, meist in schwarzer Lederkleidung u. mit schwerem Motorrad

Ro̩|cke|rin *die;* -, -nen: weibliche Form zu ↑Rocker

Ro̩ck|mu|sik *die;* -: von Bands gespielte, aus einer Vermischung von Rock and Roll (1) mit verschiedenen anderen Musikstilen entstandene Form der Unterhaltungs- u. Tanzmusik

Ro̩ck|mu|si|ker *der;* -s, -: jmd., der Rockmusik macht

Ro̩ck|mu|si|ke|rin *die;* -, -nen: weibliche Form zu ↑Rockmusiker

Rock 'n' Roll vgl. Rock and Roll

Ro|de̲o *der* od. *das;* -s, -s ⟨*lat.-span.-engl.*⟩: mit Geschicklichkeitsübungen u. Wildwestvorführungen verbundene Reiterschau der Cowboys in den USA

ro|do|mon|tie̲|ren (veraltet): prahlen

Ro|don|ku|chen [ro'dõ:...] *der;* -s, - ⟨*fr.; dt.*⟩ (landsch.): ↑Ratonkuchen

Ro|ga̲|te ⟨*lat.;* nach dem alten Introitus des Gottesdienstes, Joh. 16, 24: »Bittet (so werdet ihr nehmen)!«⟩: fünfter Sonntag nach Ostern

Ro|ga|ti|o̲n *die;* -, -en (veraltet): Bitte, Fürbitte

ro|ger ['rɔdʒɐ] ⟨*engl.*⟩: **1.** (Funkw.) verstanden! **2.** (ugs.) in Ordnung!; einverstanden!

Ro̩|ko|ko [auch: ro'kɔko, ...'ko:] *das;* -[s] ⟨*galloroman.-fr.*⟩: **1.** durch zierliche, beschwingte Formen u. eine weltzugewandte, heitere od. empfindsame Grundhaltung gekennzeichneter Stil der europäischen Kunst des 18. Jh.s. **2.** Zeit des Rokokos (1)

Rol|la̲|tor *der;* -s, ...o̲ren ⟨*lat.-fr.-dt.-nlat.*⟩: Gehhilfe mit Rädern

Roll|back, Roll-back ['roʊlbɛk] *das;* -[s], -s ⟨*engl.-amerik.*⟩: [erzwungenes] Zurückstecken, das Sichzurückziehen

Rol|ler|blade® ['roʊləbleɪd] *der;* -s, -s (meist Plural) ⟨*engl.*⟩: bestimmter ↑Inlineskate

Rol|ler|skate ['roʊləskeɪt] *der;* -s, -s (meist Plural): ↑Discoroller

rol|lie̲|ren ⟨*lat.-mlat.-fr.-dt.*⟩: **1.** einen dünnen Stoff am Rand od. Saum zur Befestigung einrollen, rollend umlegen. **2.** nach einem bestimmten System turnusmäßig abwechseln, auswechseln. **3.** die Oberfläche eines zylindrischen Werkstücks glätten, indem man eine Rolle sich unter hohem Druck auf dem sich drehenden Werkstück abrollen lässt

Ro̩l|lo [auch: rɔ'lo:] *das;* -s, -s: aufrollbarer Vorhang (z. B. an Fenstern)

Roll|out, Roll-out [...'la̲ut] *der* od. *das;* -s, -s ⟨*engl.*⟩: **1.** öffentliche Vorstellung eines neuen Fahrzeugtyps (bes. eines Flugzeugs). **2.** (EDV) Einführung neuer IT-Lösungen und deren Integration in ein bestehendes System

Ro̩m *der;* -, -a ⟨*sanskr.-Zigeunerspr.;* »Mann, Ehemann«⟩: Angehöriger einer bes. in Südosteuropa beheimateten Gruppe eines urspr. aus Indien stammenden Volkes (das vielfach als diskriminierend empfundene *Zigeuner* ersetzende Selbstbezeichnung); vgl. Romani; Sinto

RO̩M *das;* -[s], -[s] ⟨Kurzw. aus *engl.* read only memory⟩ (EDV): Datenspeicher, dessen Daten nach dem Einprogrammieren nur noch abgerufen, aber nicht mehr verändert werden können; Festwertspeicher

Ro|ma|dur [auch: ...ˈduːɐ̯] *der;* -s, -s ⟨*fr.*⟩: ein Weichkäse

Ro|man *der;* -s, -e ⟨*lat.-vulgärlat.-fr.*⟩: **a)** (ohne Plural) literarische Gattung einer epischen Großform in Prosa, die in großen Zusammenhängen Zeit u. Gesellschaft widerspiegelt u. das Schicksal einer Einzelpersönlichkeit od. einer Gruppe von Individuen in ihrer Auseinandersetzung mit der Umwelt darstellt; **b)** ein Exemplar dieser Gattung; **galanter Roman:** auf spätantike u. französische Vorbilder zurückgehender Roman des Barocks mit Anspielungen auf höher gestellte Personen, die unter der Schäfermaske auftreten

Ro|man|ci|er [romãˈsi̯eː] *der;* -s, -s: Verfasser von Romanen; Romanschriftsteller

Ro|mand [roˈmãː] *der;* -[s], -s ⟨*fr.*⟩: Schweizer mit französischer Muttersprache

Ro|man|de [roˈmãːd(ə)] *die;* -, -s [roˈmãːd(ə)] ⟨*fr.*⟩: weibliche Form zu ↑Romand

Ro|man|die [romãˈdiː] *die;* - ⟨*fr.*⟩ (schweiz.): die französischsprachige Schweiz

Ro|ma|ne *der;* -n, -n ⟨*lat.*⟩: Angehöriger eines Volkes mit romanischer Sprache

Ro|man|fi|gur *die;* -, -en: Figur, Gestalt aus einem Roman (b)

Ro|ma|ni [auch: ˈrɔ...] *das;* - ⟨*sanskr.-Zigeunerspr.*⟩: Sprache der Sinti und Roma; Zigeunersprache

Ro|ma|nik *die;* - ⟨*lat.*⟩: der Gotik vorausgehende europäische Stilepoche des frühen Mittelalters, die sich bes. in der [Sakral]architektur, der [Architektur]plastik und der Wand- u. Buchmalerei ausprägte

Ro|ma|nin *die;* -, -nen: weibliche Form zu ↑Romane

ro|ma|nisch: 1. a) aus dem Vulgärlatein entwickelt (zusammenfassend in Bezug auf Sprachen, z. B. Französisch, Italienisch, Spanisch u. a.); **b)** die Romanen u. ihre Kultur betreffend, kennzeichnend; zu den Romanen gehörend. **2.** die Kunst der Romanik betreffend, für die Romanik charakteristisch

ro|ma|ni|sie|ren ⟨*lat.-nlat.*⟩: **1.** (veraltet) römisch machen. **2.** romanisch machen. **3.** (Sprachw.) in lateinische Schriftzeichen umsetzen

Ro|ma|nist *der;* -en, -en: **1.** jmd., der sich wissenschaftlich mit einer od. mehreren romanischen (1 a) Sprachen u. Literaturen (bes. mit Französisch) befasst. **2.** Wissenschaftler auf dem Gebiet des römischen Rechts

Ro|ma|nis|tik *die;* -: **1.** Wissenschaft von den romanischen (1 a) Sprachen u. Literaturen. **2.** Wissenschaft vom römischen Recht

Ro|ma|nis|tin *die;* -, -nen: weibliche Form zu ↑Romanist

ro|ma|nis|tisch: die Romanistik betreffend

Ro|man|tik *die;* - ⟨*lat.-vulgärlat.-fr.-engl.*⟩: **1.** Epoche des europäischen, bes. des deutschen Geisteslebens, der Literatur u. Kunst vom Ende des 18. bis zur Mitte (in der Musik bis zum Ende) des 19. Jh.s. **2. a)** durch eine schwärmerische od. träumerische Idealisierung der Wirklichkeit gekennzeichnete romantische (2) Art; **b)** romantischer (2) Reiz, romantische Stimmung

Ro|man|ti|ker *der;* -s, -: **1.** Vertreter, Künstler der Romantik (1). **2.** Fantast, Gefühlsschwärmer

Ro|man|ti|ke|rin *die;* -, -nen: weibliche Form zu ↑Romantiker

ro|man|tisch: 1. die Romantik (1) betreffend, im Stil der Romantik. **2. a)** fantastisch, gefühlsschwärmerisch, die Wirklichkeit idealisierend; **b)** stimmungsvoll, malerisch-reizvoll; geheimnisvoll

ro|man|ti|sie|ren: 1. den Stil der Romantik (1) gestalten; den Stil der Romantik imitieren, nachempfinden. **2.** in einem idealisierenden Licht erscheinen lassen, verklären, schönfärben

Ro|man|ti|zis|mus *der;* -, ...men: **1.** (ohne Plural) sich auf die Romantik (1) beziehende Geisteshaltung. **2.** romantisches (1) Element

Ro|mantsch *das;* -: rätoromanische Sprache (in Graubünden)

Ro|man|ze *die;* -, -n ⟨*lat.-vulgärlat.-provenzal.-span.-fr.*⟩: **1.** [spanisches] volksliedhaftes episches Gedicht mit balladenhaften Zügen, das hauptsächlich Heldentaten u. Liebesabenteuer sehr farbig schildert. **2.** (Musik) lied- u. balladenartiges, gefühlsgesättigtes Gesangs- od. Instrumentalstück erzählenden Inhalts. **3.** episodenhaftes Liebesverhältnis [das durch die äußeren Umstände als romantisch erscheint]

Ro|man|ze|ro *der;* -s, -s ⟨*lat.-vulgärlat.-provenzal.-span.*⟩: Sammlung von [spanischen] Romanzen

Ro|meo *der;* -s, -s ⟨nach der Titelfigur von Shakespeares Drama »Romeo und Julia«⟩: **1.** (ugs.) Liebhaber, Geliebter. **2.** (Jargon) Agent (2), der sich über ein Liebesverhältnis zu einer an geeigneter Position tätigen Frau Zugang zu bestimmten geheimen Informationen verschafft

rö|misch-ka|tho|lisch: die vom Papst in Rom geleitete katholische Kirche betreffend, ihr angehörend (Abk.: r.-k., rk, röm.-kath.)

Rom|mé, Rom|mee [ˈrɔme, auch: rɔˈmeː] *das;* -s, -s ‹*engl.-fr.*›: Kartenspiel, bei dem jeder Spieler versucht, seine Karten möglichst schnell nach bestimmten Regeln abzulegen

Rom|ni *die;* -, -: weibliche Form zu ↑Rom

Ron|de [auch: ˈrõːdə] *die;* -, -n ‹*lat.-fr.*›: **1.** (veraltet) **a)** (Militär) Rundgang, Streifwache; **b)** Wachen u. Posten kontrollierender Offizier. **2.** (ohne Plural) Schriftart. **3.** (Technik) ebenes Formteil aus Blech, das durch Umformen weiterverarbeitet wird

Ron|deau [rõˈdoː, auch: rɔnˈdoː] *das;* -s, -s: **1. a)** mittelalterliches französisches Tanzlied beim Rundtanz; **b)** im 13. Jh. Gedicht mit zweireimigem Refrain, später bes. eine 12- bis 15-zeilige zweireimige Strophe, deren erste Wörter nach dem 6. u. 12. bzw. nach dem 8. u. 14. Vers als verkürzter Refrain wiederkehren. **2.** (österr.) **a)** rundes Beet; **b)** runder Platz

Ron|dell, Run|dell *das;* -s, -e: **1.** Rundteil (an einer Bastei). **2.** Rundbeet. **3.** Rückteil des Überschlags bei einer Überschlag[hand]tasche

Ron|do *das;* -s, -s ‹*lat.-it.*›: **1.** mittelalterliches Tanzlied, Rundgesang, der zwischen Soloteil u. Chorantwort wechselt. **2.** Satz (meist Schlusssatz in Sonate u. Sinfonie), in dem das Hauptthema nach mehreren in Tonart u. Charakter entgegengesetzten Zwischensätzen [als Refrain] immer wiederkehrt

rönt|ge|ni|sie|ren (österr.): röntgen

Rönt|ge|no|gra|fie, Rönt|ge|no|gra|phie *die;* -, ...ien: Untersuchung u. Bildaufnahme mit Röntgenstrahlen

Rönt|ge|no|gramm *das;* -s, -e: Röntgenbild

Rönt|ge|no|gra|phie usw. vgl. Röntgenografie usw.

Rönt|ge|no|lo|ge *der;* -n, -n: Facharzt für Röntgenologie

Rönt|ge|no|lo|gie *die;* -: von W. C. Röntgen begründetes Teilgebiet der Physik, auf dem die Eigenschaften, Wirkungen u. Möglichkeiten der Röntgenstrahlen untersucht werden

Rönt|ge|no|lo|gin *die;* -, -nen: weibliche Form zu ↑Röntgenologe

rönt|ge|no|lo|gisch: in das Gebiet der Röntgenologie gehörend

Rönt|ge|no|s|ko|pie *die;* -, ...ien (Med.): Durchleuchtung mit Röntgenstrahlen

Rooi|bos|tee [ˈrɔy...] *der;* -s ‹*afrikaans;* »roter Busch«; *chin.*›: Tee aus der in Südafrika heimischen Rooibospflanze; Rotbuschtee

Roo|ming-in, Roo|ming|in [ˈruːmɪŋˈlɪn] *das;* -[s], -s ‹*engl.*›: (im Krankenhaus) gemeinsame Unterbringung in einem Zimmer von Mutter u. Kind nach der Geburt od. bei Krankheit des Kindes

Rope-Skip|ping, Rope|skip|ping [ˈroʊp...] *das;* -s ‹*engl.*› (Sport): **1.** Sportart, bei der mit speziellen Springseilen in verschiedenen Sprungformationen zu Musik seilgesprungen wird. **2.** als Fitnesstraining betriebenes Seilspringen

Roque|fort [ˈrɔkfoːɐ̯, auch: rɔkˈfoːɐ̯] *der;* -[s], -s ‹*fr.;* nach der fr. Ortschaft Roquefort-sur-Soulzon›: französischer Edelpilzkäse aus reiner Schafmilch

ro|sa ‹*lat.*›: **1.** blassrot. **2.** (Jargon) sich auf Homosexualität, Homosexuelle beziehend

Ros|ani|lin *das;* -s ‹Kunstw.›: Farbstoff aus einer bestimmten chemischen Verbindung zum Rotfärben

Ro|sa|ri|um *das;* -s, ...ien ‹*lat.*›: **1.** Rosenpflanzung. **2.** katholisches Rosenkranzgebet

Ro|sa|zee *die;* -, -n (meist Plural) (Bot.): zur Familie der Rosen gehörende Pflanze; Rosengewächs

ro|sé [roˈzeː] ‹*lat.-fr.*›: rosig, zartrosa

Ro|sé *der;* -[s], -s: ↑Roséwein

Ro|se|no|bel [auch: ...ˈnoːbl̩] *der;* -s, - ‹*engl.*›: Goldmünze Eduards III. von England

Ro|sé|wein [roˈzeː...] *der;* -[e]s, -e ‹*fr.; dt.*›: blassroter Wein aus hell gekelterten Rotweintrauben

Ro|si|nan|te *die;* -, -n ‹*span.;* Don Quichottes Pferd› (selten): minderwertiges Pferd

Ro|si|ne *die;* -, -n ‹*lat.-vulgärlat.-fr.*›: getrocknete Weinbeere

Ros|ma|rin [auch: ...ˈriːn] *der;* -s ‹*lat.*›: immergrüner Strauch des Mittelmeergebietes, aus dessen Blättern u. Blüten das Rosmarinöl für Heil- u. kosmetische Mittel gewonnen wird u. der als Gewürz verwendet wird

Ro|so|lio *der;* -s, -s ‹*lat.-it.*›: italienischer Likör aus [Orangen]blüten u. Früchten

Ros|t|ra *die;* -, ...ren ‹*lat.;* »Schnäbel; Schiffsschnäbel; mit erbeuteten Schiffsschnäbeln verzierte Rednerbühne«›: Rednertribüne [im alten Rom]

Ros|t|rum *das;* -s, ...ren (Biol.): über das Vorderende des Tierkörpers hinausragender Fortsatz (z. B. der Vogelschnabel od. der schnabelförmige Fortsatz am Schädel der Haie u. anderer Fische)

Ro|ta *die;* -, **Ro|ta Ro|ma|na** *die;* - - ‹*lat.-it.*›: höchster (päpstlicher) Gerichtshof der katholischen Kirche

Ro|tang, Ro|tan *der;* -s, -e ‹*malai.*›: Markrohr der Rotangpalme (für Stuhlbezüge)

Ro|ta|print® *die;* -, -s ‹*lat.; engl.*›: Offsetdruck- u. Vervielfältigungsmaschine

Ro|ta|ri|er *der;* -s, - ‹*lat.-engl.*›: Angehöriger des ↑Rotary Clubs

Ro|ta̱|ri|e|rin *die;* -, -nen: weibliche Form zu ↑Rotarier

ro|ta̱|risch: a) den Rotary Club betreffend; **b)** zum Rotary Club gehörend

Ro̱|ta Ro|ma̱|na vgl. Rota

Ro|ta|ry [ˈroːtəri] *die;* -, -s (Druckw.): Bogenanlegeapparat für Druck- u. Falzmaschinen

Ro̱|ta|ry Club [engl.: ˈroʊtəri ˈklʌb] *der;* - -s, - -s ⟨*engl.*⟩: **1.** zu Rotary International gehörender örtlicher Klub. **2.** (ohne Plural) ↑Rotary International

Ro̱|ta|ry In|ter|na|tio|nal [auch engl.: ˈroʊtəri ɪntəˈnæʃənəl, - ...ˈnɛʃənl̩] *der;* - -s: internationale Vereinigung führender Persönlichkeiten unter dem Gedanken des Dienstes am Nächsten

Ro|ta|ti|o̱n *die;* -, -en ⟨*lat.;* »kreisförmige Umdrehung«⟩: **1.** (Physik) Drehung (z. B. eines Körpers od. einer Kurve) um eine feste Achse, wobei jeder Punkt eine Kreisbahn beschreibt; Ggs. ↑Translation (3). **2.** (Landwirtsch.) geregelte Aufeinanderfolge der Kulturpflanzen beim Ackerbau. **3.** Regelung der Bewässerung in der Landwirtschaft. **4.** das Mitdrehen des Oberkörpers im Schwung (beim Skilaufen). **5.** im Uhrzeigersinn erfolgender Wechsel der Positionen aller Spieler einer Mannschaft (beim Volleyball). **6.** (Politik) Wechsel in der Besetzung eines Amtes in bestimmten Zeitabständen

Ro|ta|ti|o̱ns|druck *der;* -[e]s: Druckverfahren, bei dem das Papier zwischen zwei gegeneinander rotierenden Walzen hindurchläuft u. von einer zylindrisch gebogenen, einer der Walzen anliegenden Druckform bedruckt wird

Ro|ta|ti|o̱ns|el|lip|so|id *das;* -[e]s, -e: **a)** durch Rotation einer Ellipse um eine ihrer Achsen gebildeter Körper in der Form eines Ellipsoids; **b)** durch Rotation einer Ellipse gebildete Fläche

Ro|ta|ti|o̱ns|ma|schi|ne *die;* -, -n: im Verfahren des Rotationsdrucks arbeitende Druckmaschine

Ro|ta|ti|o̱ns|prin|zip *das;* -s: Prinzip, ein [politisches] Amt nach einer bestimmten Zeit an einen anderen abzugeben

Ro|ta|to̱|ri|en *die* (Plural) ⟨*lat.-nlat.*⟩: Rädertierchen (mikroskopisch kleine, wasserbewohnende Tiere mit charakteristischem Strudelapparat)

ro|ti̱e|ren ⟨*lat.*⟩: **1.** umlaufen, sich um die eigene Achse drehen. **2.** (ugs.) aus der Fassung geraten, sich in Aufregung u. Unruhe befinden. **3.** die Position[en] wechseln (beim Volleyball)

Ro|tis|se|ri̱e *die;* -, ...i̱en ⟨*germ.-fr.*⟩: Fleischbraterei, Fleischgrill; Restaurant, in dem bestimmte Fleischgerichte auf einem Grill vor den Augen des Gastes zubereitet werden

Ro̱|tor *der;* -s, ...o̱ren ⟨*lat.-engl.*⟩: **1.** sich drehender Teil einer elektrischen Maschine; Ggs. ↑Stator (1). **2.** sich drehender Zylinder, der als Schiffsantrieb ähnlich wie ein Segel im Wind wirkt. **3.** Drehflügel des Hubschraubers. **4.** zylindrischer, kippbarer Drehofen zur Herstellung von Stahl aus flüssigem Roheisen. **5.** (in mechanischen Armbanduhren) auf einer Welle sitzendes Teil, durch dessen Pendelbewegungen sich die Uhr automatisch aufzieht

Ro̱|tu|lus *der;* -, ...li ⟨*lat.-mlat.;* »Rädchen; Rolle«⟩: **1.** (veraltet) **a)** Stoß Urkunden; **b)** [Akten]verzeichnis. **2.** (veraltet) Theaterrolle

Ro|tu̱n|de *die;* -, -n ⟨*lat.*⟩: **1.** Rundbau; runder Saal. **2.** (veraltend) rund gebaute öffentliche Toilette

Roué [ru̯eː] *der;* -[s], -s ⟨*lat.-fr.*⟩ (veraltet): **1.** vornehmer Lebemann. **2.** durchtriebener, gewissenloser Mensch

Rouge [ruːʒ] *das;* -s, -s ⟨*lat.-fr.;* »rot«⟩: **1.** Make-up (2) in roten Farbtönen, mit dem die Wangen u. Lippen geschminkt werden. **2.** (ohne Plural) Rot als Farbe (u. Gewinnmöglichkeit) beim Roulette

Rouge et noir [ˈruːʃ e ˈno̯aːɐ̯] *das;* - - - ⟨*fr.;* »rot u. schwarz«⟩: ein Glücksspiel

Rou|la̱|de [ru...] *die;* -, -n ⟨*lat.-mlat.-fr.*⟩: **1.** Fleischscheibe, die mit Speck, Zwiebeln o. Ä. belegt, gerollt u. dann geschmort wird. **2.** (Musik) virtuose Gesangspassage (vor allem in der Oper des 17. u. 18. Jh.s)

Rou|leau [ruˈloː] *das;* -s, -s: ältere Bez. für ↑Rollo

Rou|lette [ruˈlɛt] *das;* -s, -s, **Rou|le̱tt** *das;* -s, -e u. -s ⟨*lat.-fr.*⟩: **1.** Glücksspiel, bei dem auf Zahl u./od. Farbe gesetzt wird u. der Gewinner durch eine Kugel ermittelt wird, die, auf eine sich drehende Scheibe mit rot u. schwarz nummerierten Fächern geworfen, in einem der Fächer liegen bleibt; **russisches Roulett[e]:** eine auf Glück od. Zufall abzielende, selbst herbeigeführte Schicksalsentscheidung, die darauf beruht, dass jmd. einen nur mit einer Patrone geladenen Trommelrevolver auf sich selbst abdrückt, ohne vorher zu wissen, ob die Revolverkammer leer ist od. nicht. **2.** drehbare Scheibe, mit der Roulett[e (1)] gespielt wird

rou|li̱e|ren: a) (veraltet) umlaufen; **b)** ↑rollieren (2)

Round Ta|b|le [ˈraʊnd ˈteɪbl̩] *der;* - - ⟨*engl.;* eigtl. »runder Tisch«⟩: Kurzform von ↑Round-Table-Konferenz

Round-Ta|b|le-Kon|fe|renz *die;* -, -en: Konferenz

r

am runden Tisch, d. h. eine Konferenz, deren Sitzordnung ausdrückt, dass die Teilnehmer gleichberechtigt sind

Rout [raut] *der;* -s, -s ‹*lat.-mlat.-fr.-engl.*› (veraltet): Abendgesellschaft, -empfang

Rou|te ['ru:tə] *die;* -, -n ‹*lat.-vulgärlat.-fr.;* »gebrochener (= gebahnter) Weg«›: **a)** [vorgeschriebener od. geplanter] Reiseweg; Weg[strecke] in bestimmter [Marsch]richtung; **b)** Kurs, Richtung (in Bezug auf ein Handeln, Vorgehen)

Rou|ten|pla|ner ['ru:...] *der;* -s, -: über das Internet aufzurufendes Programm, das nach Eingabe des Abfahrts- und Zielortes die optimale Wegstrecke berechnet u. anzeigt

Rou|ti|ne [ru...] *die;* -, -n ‹*lat.-vulgärlat.-fr.;* »Wegerfahrung«›: **1. a)** durch längere Erfahrung erworbene Fähigkeit, eine bestimmte Tätigkeit sehr sicher, schnell u. überlegen auszuführen; **b)** (meist abwertend) [technisch perfekte] Ausführung einer Tätigkeit, die zur Gewohnheit geworden ist u. jedes Engagement vermissen lässt. **2.** (Seew.) Zeiteinteilung für den Borddienst. **3.** (EDV) zu einem größeren Programmkomplex gehörendes Teilprogramm mit einer bestimmten, gewöhnlich häufiger benötigten Funktion

Rou|ti|ne|kon|t|rol|le *die;* -, -n: regelmäßig durchgeführte Kontrolle ohne besonderen Anlass

Rou|ting ['ru:tɪŋ] *das;* -s, -s ‹*lat.-vulgärlat.-fr.-engl.*› (EDV): das Ermitteln eines geeigneten [bes. günstigen] Wegs für die Übertragung von Daten in einem Netzwerk

Rou|ti|ni|er [...'nie:] *der;* -s, -s ‹*lat.-vulgärlat.-fr.*›: jmd., der Routine (1 a) besitzt; routinierter Praktiker

rou|ti|niert: [durch Erfahrung, Übung] gewandt, geschickt, gekonnt, überlegen

Row|dy ['raudi] *der;* -s, -s ‹*engl.-amerik.*›: [jüngerer] Mann, der sich in der Öffentlichkeit flegelhaft benimmt, gewalttätig wird

ro|y|al [roa'ja:l] ‹*lat.-fr.*›: **1.** königlich. **2.** königstreu

Ro|y|al Air Force ['rɔyəl 'ɛ:ɐ fo:ɐs] *die;* - - - ‹*engl.*›: die [königliche] britische Luftwaffe (Abk.: R. A. F.)

Ro|y|a|lis|mus [roaja...] *der;* - ‹*lat.-fr.-nlat.*›: Königstreue

Ro|y|a|list *der;* -en, -en: Anhänger des Königshauses

Ro|y|a|lis|tin *die;* -, -nen: weibliche Form zu ↑Royalist

ro|y|a|lis|tisch: den Royalismus betreffend

RSS [ɛrlɛs'lɛs] ‹Abk. für *engl.* really simple syndication› (EDV): Datenformat, mit dem Inhalte von Webseiten besonders übersichtlich bereitgestellt werden können

RSS-Feed [ɛrlɛs'lɛsfi:d] *das;* -s, -s ‹*engl.*› (EDV): Bereitstellung von Inhalten im Format RSS

ru|ba|to ‹*germ.-it.*› (Musik): durch kleine Tempoverschiebungen zu beleben; nicht im strengen Zeitmaß (Vortragsanweisung)

Ru|ba|to *das;* -s, -s u. ...ti (Musik): in Tempo u. Ausdruck freier Vortrag

[1]**Rubber** ['rabɐ, 'rʌbə] *der;* -s ‹*engl.*›: engl. Bez. für: Kautschuk, Gummi

[2]**Rub|ber** ['rabɐ] *der;* -s, - ‹*engl.;* Herkunft unsicher›: Doppelpartie im Whist- od. Bridgespiel

Ru|bel *der;* -s, - ‹*russ.*›: Währungseinheit in Belarus u. in der Russischen Föderation (1 Rubel = 100 Kopeken)

Ru|bi|di|um *das;* -s: chem. Element; ein Alkalimetall (Zeichen: Rb)

Ru|bi|kon ‹nach dem Grenzfluss zwischen Italien u. Gallia cisalpina, mit dessen Überschreitung Cäsar 49 v. Chr. den Bürgerkrieg begann›: **den Rubikon überschreiten:** einen [strategisch] entscheidenden Schritt tun

Ru|bin *der;* -s, -e ‹*lat.-mlat.*›: kostbarer roter Edelstein

Ru|b|ra, Ru|b|ren: *Plural* von ↑Rubrum

Ru|b|rik *die;* -, -en: **1. a)** Spalte, in die etwas nach einer bestimmten Ordnung [unter einer Überschrift] eingetragen wird; **b)** Kategorie, in die man jmdn./etwas gedanklich einordnet. **2.** rot gehaltene Überschrift od. Initiale, die in mittelalterlichen Handschriften u. Frühdrucken die einzelnen Abschnitte trennte. **3.** rot gedruckte Anweisung für rituelle Handlungen in [katholischen] liturgischen Büchern

ru|b|ri|zie|ren ‹*lat.-mlat.*›: **1. a)** in eine bestimmte Rubrik (1 a) einordnen; **b)** kategorisieren, klassifizieren. **2.** mit einer roten Überschrift, mit roten Initialen versehen (in Bezug auf den Rubrikator)

Ru|b|rum *das;* -s, ...bra u. ...bren ‹*lat.*›: **a)** kurze Inhaltsangabe als Aufschrift auf Akten; **b)** Kopf eines amtlichen Schreibens

Ru|co|la [...k...], **Ru|ko|la** *die;* - ‹*lat.; it.*›: einjähriges Kraut, dessen junge Blätter als Salat gegessen werden; Rauke

Ru|de|ra *die* (Plural) ‹*lat.*› (veraltet): Schutthaufen, Trümmer

Ru|de|ral|pflan|ze *die;* -, -n ‹*lat.-nlat.; dt.*›: Pflanze, die auf Schuttplätzen und an Wegrändern gedeiht

Ru|di|ment *das;* -[e]s, -e ‹*lat.*›: **1.** etwas, was sich aus einer früheren Epoche, einem früheren Lebensabschnitt noch als Rest erhalten hat; Rest,

Überbleibsel; Bruchstück. **2.** (Biol.) verkümmertes, teilweise od. gänzlich funktionslos gewordenes Organ (z. B. die Flügel der Strauße)

ru|di|men|tär ⟨*lat.-nlat.*⟩: **1. a)** nur noch als Rudiment (1) [vorhanden]; **b)** unvollständig, unvollkommen, nur in Ansätzen [vorhanden], unzureichend. **2.** (Biol.) nur [noch] als Anlage, im Ansatz, andeutungsweise vorhanden, unvollständig [entwickelt]

Rug|by [ˈrakbi, engl.: ˈrʌgbi] *das;* -[s] ⟨*engl.*⟩ (Sport): Kampfspiel, bei dem der eiförmige Ball nach bestimmten Regeln mit den Füßen od. Händen in die Torzone des Gegners zu spielen ist

Ru|in *der;* -s ⟨*lat.-fr.*⟩: Zustand, in dem die betreffende Person, Institution o. Ä. wirtschaftlich, moralisch am Ende od. sonst in ihrer Existenz getroffen, vernichtet ist

Ru|i|ne *die;* -, -n: **a)** stehen gebliebene Reste eines zum [größeren] Teil zerstörten od. verfallenen [historischen] Bauwerkes; **b)** (nur Plural) Trümmer von Ruinen (a)

ru|i|nie|ren ⟨*lat.-mlat.-fr.*⟩: **a)** eine Person, Sache in ihrer Existenz radikal schädigen, zugrunde richten, vernichten; **b)** aufgrund von Unachtsamkeit stark beschädigen, unbrauchbar, unansehnlich machen

ru|i|nös ⟨*lat.-fr.*⟩: **1.** zum Ruin führend, beitragend. **2.** (veraltend) in baulichem Verfall begriffen, davon bedroht; baufällig, verfallen

Ru|ko|la vgl. Rucola

Rum *der;* -s, -s ⟨*engl.*⟩: Edelbranntwein aus Rohrzuckermelasse od. Zuckerrohrsaft

Rum|ba *die;* -, -s (ugs. auch, österr. nur: *der;* -s, -s) ⟨*kuban.-span.*⟩: aus Kuba stammender Tanz in mäßig schnellem $^4/_4$- od. $^2/_4$-Takt (seit etwa 1930)

r

Rum|my [ˈrœmi, auch: ˈrʌmi] *das;* -s, -s ⟨*engl.*⟩ (österr.): ↑Rommé

Ru|mor *der;* -s ⟨*lat.*⟩ (landsch., sonst veraltet): Lärm, Unruhe

ru|mo|ren: 1. durch Bewegung dumpfen Lärm machen; geräuschvoll hantieren. **2.** jmdm. im Magen kollern. **3.** in jmdm. Unruhe hervorrufen

Rump|steak [...ste:k] *das;* -s, -s ⟨*engl.;* »Rumpfstück«⟩: Scheibe [mit Fettrand] aus dem Rückenstück des Rindes, die kurz gebraten od. gegrillt wird

Run [ran, engl.: rʌn] *der;* -s, -s ⟨*engl.*⟩: großer Ansturm auf etwas wegen drohender Knappheit (in einer krisenhaften Situation)

Run|dell vgl. Rondell

Run|ning Gag *der;* - -s, - -s ⟨*engl.*⟩: Gag, der sich immer wiederholt, der oft verwendet wird

Ru|no|lo|ge *der;* -n, -n ⟨*altnord.; gr.*⟩: Wissenschaftler auf dem Gebiet der Runologie

Ru|no|lo|gie *die;* -: Runenforschung

Ru|no|lo|gin *die;* -, -nen: weibliche Form zu ↑Runologe

Ru|pi|ah *die;* -, - ⟨*Hindi*⟩: Währungseinheit in Indonesien (= 100 Sen)

Ru|pie [...i̯ə] *die;* -, -n: Währungseinheit, z. B. in Indien

Rup|tur *die;* -, -en ⟨*lat.*⟩: **1.** (Med.) Zerreißung (eines Gefäßes od. Organs), Durchbruch. **2.** (Geol.) Riss, durch tektonische Bewegungen hervorgerufene Spalte im Gestein

ru|ral ⟨*lat.*⟩: ländlich, bäuerlich

Rush [raʃ] *der;* -s, -s ⟨*engl.*⟩: **1.** plötzlicher Vorstoß (eines Läufers, eines Pferdes) beim Rennen. **2.** [wirtschaftlicher] Aufschwung; Ansturm

Rush|hour [ˈraʃlau̯ɐ] *die;* -, -s (Plural selten): Hauptverkehrszeit

rus|sisch-or|tho|dox: der orthodoxen Kirche in ihrer russischen Ausprägung angehörend

Russ|ki *der;* -[s], -[s] (salopp): Russe; russischer Soldat

Rus|ti|co *der* od. *das;* -s, Rustici [...tʃi] ⟨*lat.-it.*⟩ (schweiz.): **a)** tessinisches Bauernhaus; **b)** Ferienhaus in diesem Stil

Rus|ti|ka *die;* - (Archit.): Mauerwerk aus rohen, nur an den Rändern gleichmäßig behauenen Quadern

rus|ti|kal ⟨*lat.-nlat.*⟩: **1. a)** ländlich-schlicht, bäuerlich; **b)** eine ländlich-gediegene Note habend. **2. a)** von bäuerlich-robuster, unkomplizierter Wesensart; **b)** (abwertend) grob, ungehobelt

Rus|ti|ka|li|tät *die;* -: rustikale Art, rustikales Wesen

Ru|the|ni|um *das;* -s ⟨*nlat.;* nach Ruthenien, dem alten Namen der Ukraine⟩: chem. Element, Edelmetall (Zeichen: Ru)

Ru|ther|for|di|um [rʌðə...] *das;* -s ⟨nach dem engl. Physiker E. Rutherford, 1871–1937⟩: künstlich hergestelltes chem. Element; ein Transuran (Zeichen: Rf)

Ru|til *der;* -s, -e ⟨*lat.;* »rötlich«⟩: zu den Titanerzen gehörendes, metallisch glänzendes, meist rötliches Mineral (auch als Schmuckstein verwendet)

Ru|ti|lis|mus *der;* - ⟨*lat.-nlat.*⟩: **1.** Rothaarigkeit. **2.** (Med.; Psychol.) krankhafte Neigung zu erröten

Ru|tin *das;* -s ⟨*gr.-lat.-nlat.*⟩: in vielen Pflanzen enthaltene kristalline Substanz, die gegen Schäden an den Blutgefäßen u. gegen Brüchigkeit der Kapillaren eingesetzt wird

Rye [raɪ] *der;* -, -s ⟨*engl.-amerik.*⟩: amerikanischer Whiskey, dessen Getreidemaische überwiegend aus Roggen bereitet ist

Rhythmus

Das Substantiv ist über das Lateinische aus dem Griechischen ins Deutsche entlehnt worden. Wie das Herkunftswort wird es am Wortanfang mit *Rhy-* geschrieben.

S

Sạb|bat, Schạb|bat *der;* -s, -e ⟨*hebr.-gr.-lat.*⟩: nach jüdischem Glauben geheiligter, von Freitag- bis Samstagabend dauernder Ruhetag, der mit bestimmten Ritualen begangen wird

Sab|ba|ta̱|ri|er *der;* -s, - ⟨*hebr.-gr.-lat.-nlat.*⟩: Anhänger einer christlichen Sekte, die nach jüdischer Weise den Sabbat einhält

Sab|ba|ta̱|ri|e|rin *die;* -, -nen: weibliche Form zu ↑Sabbatarier

Sab|ba|ti|cal [səˈbɛtɪkl̩] *das;* -s, -s ⟨*hebr.-gr.-lat.-fr.-engl.*⟩: [neben dem jährlichen Erholungsurlaub gewährte] längere Freistellung; vgl. Sabbatjahr (2)

Sab|ba|tịst *der;* -en, -en ⟨*hebr.-gr.-lat.-nlat.*⟩: ↑Sabbatarier

Sab|ba|tịs|tin *die;* -, -nen: weibliche Form zu ↑Sabbatist

Sạb|bat|jahr *das;* -[e]s, -e ⟨*hebr.-gr.-lat.; dt.*⟩: **1.** alle sieben Jahre wiederkehrendes Ruhejahr, in dem der Boden brachliegt, Schulden erlassen u. Sklaven freigelassen werden (im Alten Testament). **2.** einjährige Freistellung von beruflicher Tätigkeit

Sa|bo|ta̱|ge [...ˈtaːʒə] *die;* -, -n ⟨*fr.*⟩: vorsätzliche Schädigung od. Zerstörung von wirtschaftlichen u. militärischen Einrichtungen durch [planmäßige] Beschädigung u. Vernichtung von Anlagen, Maschinen o. Ä.

Sa|bo|teur [...ˈtøːɐ̯] *der;* -s, -e: jmd., der Sabotage treibt

Sa|bo|teu|rin [...ˈtøːrɪn] *die;* -, -nen: weibliche Form zu ↑Saboteur

sa|bo|ti̱e̱|ren: **a)** etwas durch Sabotage stören, vereiteln; **b)** hintertreiben, zu vereiteln suchen

Sa̱|b|ra *die;* -, -s: weibliche Form zu ↑Sabre

Sa̱|b|re *der;* -[s], -s (meist Plural) ⟨*hebr.*⟩: in Israel geborener u. ansässiger Jude

Sac|cha|ra̱|se, Sa|cha|ra̱|se [zaxa...] *die;* -, -n ⟨*sanskr.-gr.-lat.(-nlat.)*⟩ (Chemie): Enzym, das Rohrzucker in Traubenzucker u. Fruchtzucker spaltet

Sac|cha|ri̱n vgl. Sacharin

Sac|cha|ro̱|se, Sa|cha|ro̱|se *die;* - (Chemie): aus bestimmten Pflanzen (bes. Zuckerrüben u. Zuckerrohr) gewonnener Zucker

Sa|cha|ra̱|se [zaxa...] usw. vgl. Saccharase usw.

Sa|cha|ri̱n, fachspr.: **Sac|cha|ri̱n** *das;* -s ⟨*sanskr.-gr.-lat.(-nlat.)*⟩: (künstlich hergestellter) Süßstoff

Sa|cha|ro̱|se vgl. Saccharose

sa|cker|lo̱t ⟨zu *fr.* sacre nom (de Dieu) = heiliger Name (Gottes)⟩ (veraltet): Ausruf des Erstaunens od. der Verwünschung

sa|cker|mẹnt ⟨entstellt aus Sakrament⟩ (veraltet): ↑sackerlot

Sad|du|zä̱|er *der;* -s, - ⟨*hebr.-gr.-lat.*⟩ (Geschichte): Angehöriger einer altjüdischen konservativen Partei (Gegner der Pharisäer)

Sa|dhu [...du] *der;* -[s], -s ⟨*sanskr.;* »guter Mann, Heiliger«⟩: als Eremit u. bettelnder Asket lebender Hindu

Sa|dịs|mus *der;* -, ...men ⟨*fr.-nlat.;* nach dem fr. Schriftsteller de Sade, 1740–1814⟩: **a)** (ohne Plural) Veranlagung, beim Quälen anderer zu sexueller Erregung, Lust zu gelangen; **b)** (ohne Plural) Lust am Quälen, an Grausamkeiten; **c)** sadistische Handlung; vgl. Masochismus

Sa|dịst *der;* -en, -en: **a)** jmd., der sich durch Quälen anderer sexuell zu befriedigen sucht; **b)** jmd., der Freude daran hat, andere zu quälen

Sa|dịs|tin *die;* -, -nen: weibliche Form zu ↑Sadist

sa|dịs|tisch: **a)** den Sadismus (a) betreffend, darauf beruhend; sexuelle Erregung, Lust bei Quälereien empfindend; **b)** in grausamer Weise von Sadismus (b) bestimmt, geprägt

Sa|do|ma|so|chịs|mus *der;* -, ...men: **a)** (ohne Plural) Veranlagung, beim Ausführen u. Erdulden von Quälereien zu sexueller Erregung, Lust zu gelangen; **b)** sadomasochistische Handlung

sa|do|ma|so|chịs|tisch: den Sadomasochismus betreffend, auf ihm beruhend, zu ihm gehörend

Sa|fa̱|ri *die;* -, -s ⟨*arab.*⟩: **a)** längerer Fußmarsch [mit Trägern u. Lasttieren] (bes. in Ostafrika); **b)** [Gesellschafts]reise (nach Afrika) mit der Möglichkeit, Großwild zu beobachten [u. zu jagen]

Sa|fa̱|ri|park *der;* -s, -s ⟨*arab.; dt.*⟩: Wildpark mit exotischen Tieren

Safe [seɪf] *der* (auch: *das*); -s, -s ⟨*lat.-fr.-engl.;* »der Sichere«⟩: **a)** Geldschrank; **b)** Schließfach im Tresor [eines Geldinstituts] zur sicheren Aufbewahrung von Geld, kostbarem Schmuck, Wertpapieren o. Ä.

Sa|fer Sex ['seɪfɐ 'sɛks] *der;* - -[es] ⟨*engl.;* »sichererer Sex«⟩: die Gefahr einer Aidsinfektion minderndes Sexualverhalten

Saf|fi|an *der;* -s ⟨*pers.-türk.-slaw.*⟩: feines, weiches (oft leuchtend eingefärbtes) Ziegenleder

Sa|f|ran *der;* -s, -e ⟨*pers.-arab.-mlat.-fr.*⟩: **1.** (zu den Krokussen gehörende) im Herbst blühende Pflanze mit schmalen Blättern u. purpurfarbenen Blüten, die bes. im Mittelmeerraum als Gewürz- u. Heilpflanze u. zur Gewinnung von Farbstoff angebaut wird. **2.** (ohne Plural) aus Teilen des getrockneten Fruchtknotens des Safrans (1) gewonnenes Gewürz, Heil- u. Färbemittel

Sa|ga ['za(:)ga] *die;* -, -s ⟨*altnord.;* »Erzählung«⟩: **1.** altisländische, meist von den Kämpfen heldenhafter Bauerngeschlechter handelnde Prosaerzählung. **2.** literarisch gestaltete od. für das Fernsehen aufbereitete Familiengeschichte, -chronik

Sa|go *der,* österr. meist: *das;* -s ⟨*indones.-engl.-niederl.*⟩: aus dem Mark bes. der Sagopalme gewonnenes feinkörniges Stärkemehl (zur Zubereitung von Pudding, Grütze, Kaltschale o. Ä., aber auch als Einlage in Suppen u. Brühen)

Sa|hib *der;* -[s], -s ⟨*arab.-Hindi;* »Herr«⟩: in Indien u. Pakistan titelähnliche Bez. für: Europäer

Sai|son [zɛ'zõ:, auch: zɛ'zɔŋ] *die;* -, -s (bes. südd. u. österr. auch: ...onen) ⟨*lat.-fr.*⟩: **a)** für etwas wichtigster Zeitabschnitt innerhalb eines Jahres, in dem etwas Bestimmtes am meisten vorhanden ist, stattfindet; **b)** Zeitabschnitt im Hinblick auf Aktuelles (z. B. in der Mode)

sai|so|nal ⟨*lat.-fr.-nlat.*⟩: die [wirtschaftliche] Saison betreffend, von ihr bedingt

Sai|son|ni|er, Sai|so|ni|er [...'ni̯e:] *der;* -s, -s (österr., schweiz.): Arbeiter, der nur zu bestimmten Jahreszeiten, z. B. zur Ernte, beschäftigt wird; Saisonarbeiter

S

Sa|ke *der;* - ⟨*jap.*⟩: Reiswein

Sak|ko [österr.: za'ko:] *das* (österr. nur so), auch *der;* -s, -s ⟨italienisierende Bildung zu dt. »Sack«⟩: Jackett [als Teil einer ²Kombination (2)]

sa|k|ra ⟨*lat.;* zu Sakrament⟩ (südd. salopp): verdammt! (Ausruf des Erstaunens, der Verwünschung)

sa|k|ral ⟨*lat.-nlat.*⟩: **1. a)** [geweiht u. daher] heilig; religiösen Zwecken dienend; **b)** Heiliges, Religiöses betreffend. **2.** (Med.) das Kreuzbein betreffend

Sa|k|ral|bau *der;* -[e]s, -ten (Archit., Kunstwiss.): religiösen Zwecken dienendes Bauwerk

Sa|k|ra|ment *das;* -[e]s, -e ⟨*lat.*⟩ (Rel., bes. kath. Kirche): **a)** von Jesus Christus eingesetzte zeichenhafte Handlung, die in traditionellen Formen vollzogen wird u. nach christlichem Glauben dem Menschen in sinnlich wahrnehmbarer Weise die Gnade Gottes übermittelt; **b)** Mittel (z. B. Hostie), mit dem das Sakrament (a) gespendet wird

sa|k|ra|men|tal ⟨*lat.-mlat.*⟩: ein Sakrament betreffend, zu ihm gehörend

Sa|k|ri|fi|zi|um *das;* -s, ...ien ⟨*lat.*⟩: [Mess]opfer (kath. Kirche)

Sa|k|ri|leg *das;* -s, -e, **Sa|k|ri|le|gi|um** *das;* -s, ...ien: Vergehen, Frevel gegen Personen, Gegenstände, Stätten usw., denen religiöse Verehrung entgegengebracht wird

sa|k|ri|le|gisch: frevelhaft, gotteslästerlich

Sa|k|ri|le|gi|um vgl. Sakrileg

Sa|k|ris|tan *der;* -s, -e ⟨*lat.-mlat.*⟩: [katholischer] Kirchendiener; Küster, Mesner

Sa|k|ris|ta|nin *die;* -, -nen: weibliche Form zu ↑Sakristan

Sa|k|ris|tei *die;* -, -en: Nebenraum in der Kirche für den Geistlichen u. die für den Gottesdienst benötigten Gegenstände

sa|k|ro|sankt ⟨*lat.*⟩: unantastbar, hochheilig, unverletzlich

sä|ku|lar ⟨*lat.*⟩: **1. a)** alle hundert Jahre wiederkehrend; **b)** hundert Jahre dauernd; **c)** ein Jahrhundert betreffend. **2.** außergewöhnlich, herausragend, einmalig. **3.** weltlich, der Welt der (kirchlichen) Laien angehörend. **4.** (Astron., Geol.) in langen Zeiträumen ablaufend od. entstanden (von Bewegungen von Himmelskörpern, Veränderungen der Erdoberfläche)

Sä|ku|lar|fei|er *die;* -, -n: Hundertjahrfeier

Sä|ku|la|ri|sa|ti|on *die;* -, -en ⟨*lat.-nlat.*⟩: **1.** Einziehung od. Nutzung kirchlichen Besitzes durch weltliche Hoheitsträger. **2.** Säkularisierung (1, 2); vgl. ...ation/...ierung

sä|ku|la|ri|sie|ren: 1. kirchlichen Besitz einziehen u. verstaatlichen. **2.** aus kirchlicher Bindung, Abhängigkeit lösen, unter weltlichem Gesichtspunkt betrachten, beurteilen

Sä|ku|la|ri|sie|rung *die;* -: **1.** Loslösung des Einzelnen, des Staates u. gesellschaftlicher Gruppen aus den Bindungen an die Kirche (seit Ausgang des Mittelalters); Verweltlichung. **2.** (kath. Kirche) Erlaubnis für Angehörige eines Ordens, das Kloster zu verlassen u. ohne Bindung an die Gelübde zu leben. **3.** Säkularisation (1); vgl. ...ation/...ierung

Sä|ku|lum *das;* -s, ...la ⟨*lat.*⟩: **1.** Zeitraum von hundert Jahren; Jahrhundert. **2.** Zeitalter

Sa|la|man|der *der;* -s, - ⟨*gr.-lat.*⟩: Schwanzlurch

mit rundem, langem Schwanz u. teilweise auffallender Zeichnung des Körpers

Sa|la|mi *die;* -, -[s] ⟨*lat.-it.;* »Salzfleisch; Schlackwurst«⟩: kräftig gewürzte, rötlich braune, luftgetrocknete Dauerwurst, deren Haut oft mit einem natürlichen weißen Belag überzogen ist od. einen weißen Überzug aus Kreide o. Ä. hat

Sa|la|mi|tak|tik *die;* -, -en: Taktik, [politische] Ziele durch kleinere Forderungen u. entsprechende Zugeständnisse von der Gegenseite zu erreichen zu suchen

Sa|lär *das;* -s, -e ⟨*lat.-fr.*⟩ (bes. schweiz.): Honorar, Gehalt, Lohn

Sa|lat *der;* -s, -e ⟨*it.*⟩: **1. a)** mit verschiedenen süßen od. sauren Marinaden od. Dressings zubereitete kalte Speise aus zerkleinerten Salatpflanzen, Obst, frischem od. gekochtem Gemüse, Fleisch, Wurst, Fisch o. Ä.; **b)** Blattsalat, Kopfsalat. **2.** (ugs.) Wirrwarr, Durcheinander, Unordnung

Sal|ba|der *der;* -s, - ⟨Herkunft unsicher⟩ (abwertend): langweiliger, frömmelnder Schwätzer

Sal|ba|de|rin *die;* -, -nen: weibliche Form zu ↑Salbader

Sal|chow [...ço] *der;* -[s], -s ⟨nach dem schwed. Eiskunstlaufweltmeister U. Salchow, 1877 bis 1949⟩ (Eiskunstlauf, Rollkunstlauf): mit einem Bogen rückwärts eingeleiteter Sprung, bei dem die Läuferin/der Läufer mit einem Fuß abspringt, in der Luft eine Drehung ausführt u. mit dem anderen Fuß wieder aufkommt

Sal|do *der;* -s, Salden u. -s u. Saldi: **1.** Differenzbetrag, der sich nach Aufrechnung der Soll- u. Habenseite des Kontos ergibt. **2.** Betrag, der nach Abschluss einer Rechnung zu deren völliger Begleichung fällig bleibt

Sales|ma|na|ger [ˈseɪls...] *der;* -s, - ⟨*engl.-amerik.*⟩ (Wirtsch.): Verkaufsleiter in einem Unternehmen

Sales|ma|na|ge|rin *die;* -, -nen: weibliche Form zu ↑Salesmanager

Sales|pro|mo|ter *der;* -s, -: Vertriebskaufmann mit besonderen Kenntnissen auf dem Gebiet der Marktbeeinflussung

Sales|pro|mo|te|rin *die;* -, -nen: weibliche Form zu ↑Salespromoter

Sales|pro|mo|tion [...ʃn̩] *die;* - (Wirtsch.): Verkaufswerbung, Verkaufsförderung

Sa|li|ne *die;* -, -n ⟨*lat.;* »Salzwerk, Salzgrube«⟩: **1.** Anlage zur Gewinnung von Kochsalz durch Verdunstung von Wasser, in dem Kochsalz enthalten ist. **2.** Gradierwerk

sa|lisch ⟨Kunstw. zu *lat.* silex u. Aluminium⟩: (von Mineralien) reich an Kieselsäure u. Tonerde; Ggs. ↑femisch

Sa|li|zyl|säu|re, chem. fachspr.: **Sa|li|cyl|säu|re** ⟨*lat.; gr.; dt.*⟩: farblose, süß schmeckende kristalline Substanz, die wegen ihrer antibakteriellen u. fäulnishemmenden Wirkung als Konservierungsmittel verwendet wird

[1]**Salm** *der;* -[e]s, -e ⟨*gall.-lat.*⟩: Lachs

[2]**Salm** *der;* -s ⟨*gr.-lat.*⟩ (ugs.): umständlich-breites Gerede, Geschwätz

Sal|mi|ak [auch, österr. nur: ˈzal...] *der* (auch: *das*); -s ⟨*lat.-mlat.*⟩: Verbindung von Ammoniak u. Salzsäure mit einem durchdringend-beizenden Geruch

Sal|mo|nel|le *die;* -, -n (meist Plural) ⟨*nlat.;* nach dem amerik. Pathologen u. Bakteriologen D. E. Salmon, 1850–1914⟩: Bakterie, die beim Menschen Darminfektionen hervorruft

sa|lo|mo|nisch ⟨nach dem biblischen König Salomo⟩: einem Weisen entsprechend ausgewogen, Einsicht zeigend; klug, weise

Sa|lon [zaˈlõ:, auch: zaˈlɔŋ, zaˈlo:n] *der;* -s, -s ⟨*germ.-it.-fr.*⟩: **1.** größerer, repräsentativer Raum als Gesellschafts- od. Empfangszimmer. **2. a)** [regelmäßig stattfindendes] Zusammentreffen eines literarisch od. künstlerisch interessierten Kreises; **b)** Kreis von Personen, der sich regelmäßig trifft u. die Meinungen über Kunst, Literatur, Wissenschaft u. Politik austauscht. **3.** [modern eingerichtetes, elegantes u. großzügig mit Luxus ausgestattetes] Geschäft (z. B. eines Friseurs). **4. a)** Ausstellungsraum, -saal; **b)** Ausstellung (bes. Kunst- u. Gemäldeausstellung)

Sa|lon|kom|mu|nist *der;* -en, -en (iron.): jmd., der sich für die Theorien des Kommunismus begeistert, sie aber in der Praxis nur dann vertritt, wenn er dadurch nicht auf persönliche Vorteile verzichten muss

Sa|lon|kom|mu|nis|tin *die;* -, -nen: weibliche Form zu ↑Salonkommunist

Sa|loon [səˈlu:n] *der;* -s, -s ⟨*amerik.*⟩: Lokal, dessen Einrichtung dem Stil der Wildwestfilme nachempfunden ist

sa|lopp ⟨*fr.*⟩: **1.** (von Kleidung) betont bequem u. etwaige bestehende Formen od. Vorschriften nicht berücksichtigend. **2.** (von Benehmen u. Haltung) unbekümmert zwanglos, die Nichtachtung gesellschaftlicher Normen ausdrückend

Sal|pe|ter *der;* -s ⟨*lat.*⟩: weißes od. hellgraues Salz der Salpetersäure, das früher vor allem zur Herstellung von Düngemitteln u. Schießpulver verwendet wurde

Sal|pe|ter|säu|re *die;* -: stark oxidierende, farblose Säure, die Silber u. die meisten unedlen Metalle löst

sal|pet|rig: (von bestimmten Säuren) nur in verdünnten wässrigen Lösungen u. ihren Salzen beständig

Sal|pinx *die;* -, ...ingen ⟨*gr.-lat.*⟩: **1.** trompetenähnliches Instrument der griechischen Antike. **2.** (Anat. selten) **a)** Eileiter; **b)** ↑eustachische Röhre

Sal|ta *das;* -s ⟨*lat.*⟩: auf einem Damebrett zu spielendes Brettspiel für zwei Personen mit je 15 Steinen

Sal|to *der;* -s, -s u. ...ti ⟨*lat.-it.;* »Sprung, Kopfsprung«⟩: **1.** (Sport) frei in der Luft ausgeführte Rolle, schnelle Drehung des Körpers um seine Querachse (als Teil einer sportlichen Übung). **2.** (Fliegersprache) Looping

Sal|to mor|ta|le *der;* - -, - - u. ...ti ...li ⟨»Todessprung«⟩: [meist dreifacher] Salto, der in großer Höhe ausgeführt wird

Sa|lut *der;* -[e]s, -e ⟨*lat.-fr.*⟩: Ehrung, z. B. anlässlich von Staatsbesuchen, durch Abfeuern einer Salve aus Geschützen; Ehrengruß

Sa|lu|ta|ti|on *die;* -, -en ⟨*lat.*⟩ (veraltet): das Salutieren

sa|lu|tie|ren: 1. a) bei militärischem Zeremoniell vor einem Vorgesetzten od. Ehrengast Haltung annehmen u. ihn grüßen, indem man die Hand an die Kopfbedeckung legt; **b)** [durch Anlegen der Hand an die Kopfbedeckung, an die Schläfe] grüßen. **2.** (veraltend) Salut schießen

sal|ve [...ve]: sei gegrüßt! (lateinischer Gruß)

Sal|ve *die;* -, -n ⟨*lat.-fr.*⟩: [auf ein Kommando] gleichzeitig abgefeuerte Anzahl von Schüssen aus mehreren Gewehren od. Geschützen

Sa|ma|ri|ter *der;* -s, - ⟨nach dem barmherzigen Mann aus Samaria in Lukas 10, 30 ff.⟩: **1.** selbstlos helfender Mensch. **2.** (schweiz.) Sanitäter

Sa|ma|ri|te|rin *die;* -, -nen: weibliche Form zu ↑Samariter

Sa|ma|ri|um *das;* -s ⟨*nlat.;* nach dem russ. Mineralogen Samarski, 1803–1870⟩: chem. Element; hellgraues, in der Natur nur in Verbindungen vorkommendes Metall der seltenen Erden (Zeichen: Sm)

Sam|ba *der;* -s, -s ⟨*afrik.-port.*⟩: aus Brasilien stammender beschwingter Gesellschaftstanz im $^{2}/_{4}$-Takt

Sam|bu|ca *der;* -s, -s, auch *die;* -, -s ⟨*it.*⟩: italienischer Anislikör

Sa|mi|el [...mie:l, auch: ...miɛl] *der;* -[s] ⟨*hebr.-gr.*⟩: Satan in der jüdischen Legende u. der deutschen Sage

sä|misch ⟨Herkunft unsicher⟩: fettgegerbt (von Leder)

Sa|mis|dat *der;* -, -s ⟨*russ.;* Kurzform von **samoisdat**elstwo = Selbstverlag⟩: **1.** Selbstverlag von Büchern, die nicht erscheinen dürfen. **2.** im Selbstverlag erschienene [verbotene] Literatur in der UdSSR

Sa|mo|je|de *der;* -n, -n ⟨*russ.*⟩: (aus der Tundra stammender) Hund mit einem breiten, flachen Kopf, kurzen, an der Spitze abgerundeten Ohren, einem langhaarigen, weichen, meist weißen Fell u. einem buschigen, über den Rücken gerollten Schwanz

Sa|mo|war [auch: 'za...] *der;* -s, -e ⟨*russ.*⟩: [kupferner] Kessel, in dem Wasser zur Zubereitung von Tee erhitzt u. gespeichert wird u. aus einem kleinen Hahn entnommen werden kann; russische Teemaschine

Sam|pan *der;* -s, -s ⟨*chin.*⟩: flaches, breites Ruderod. Segelboot, das in Ostasien auch als Hausboot verwendet wird

Sam|ple [...pl̩, 'sɑ:mp(ə)l] *das;* -[s], -s ⟨*lat.-fr.-engl.;* »Muster, Probe«⟩: **1.** (Statistik) **a)** repräsentative Stichprobe, Auswahl; **b)** aus einer größeren Menge ausgewählte Gruppe von Personen, die repräsentativ für die Gesamtheit ist. **2.** Warenprobe, Muster

Sam|p|ler ['sɛmplɐ, 'zamplɐ] *der;* -s, -: **1.** Langspielplatte od. CD, auf der [erfolgreiche] Titel von verschiedenen bekannten Musikern, Sängern, Gruppen zusammengestellt sind. **2.** geologischer Assistent bei Erdölbohrungen

Sa|mum [auch: za'mu:m] *der;* -s, -s u. -e ⟨*arab.*⟩: Staub od. Sand mitführender Wüstenwind in Nordafrika u. auf der Arabischen Halbinsel

Sa|mu|rai *der;* -[s], -[s] ⟨*jap.*⟩: Angehöriger der japanischen Adelsklasse, der obersten Klasse der japanischen Feudalzeit

Sa|na|to|ri|um *das;* -s, ...ien ⟨*lat.-nlat.*⟩: unter ärztlicher Leitung stehende stationäre Einrichtung [in klimatisch günstiger, landschaftlich schöner Lage] zur Behandlung und Pflege chronisch Kranker od. Genesender

San|cho Pan|sa ['zantʃo -] *der;* - -, - -s ⟨nach dem Namen des Begleiters von ↑Don Quichotte⟩: mit Mutterwitz ausgestatteter, realistisch denkender Mensch

Sanc|ta Se|des [- ...dɛs] *die;* - -: lat. Bez. für: Heiliger (Apostolischer) Stuhl

Sanc|ti|tas *die;* -: Heiligkeit (Titel des Papstes)

[1]**Sanc|tus, Sank|tus** ...ti, ...ti: lat. Bez. für: Sankt

[2]**Sanc|tus** *das;* -, -: Lobgesang vor der Eucharistie

San|da|le *die;* -, -n ‹*gr.-lat.*›: leichter, meist flacher Schuh, dessen Oberteil aus Riemen od. durchbrochenem Leder besteht

San|da|let|te *die;* -, -n ‹französierende Bildung›: der Sandale ähnlicher, leichter, oft eleganter Damenschuh

San|da|rak *der;* -s ‹*gr.-lat.*›: gelbliches Harz einer Zypressenart, das bes. zur Herstellung von Lacken u. Pflastern sowie als Räuchermittel verwendet wird

San|di|nis|mus *der;* - ‹nach dem nicaraguanischen Guerillaführer A. C. Sandino (1895–1934)›: (in den 1970er- u. 1980er-Jahren entstandene) am ↑Marxismus-Leninismus orientierte (Befreiungs)bewegung, Ideologie in Nicaragua

San|di|nist *der;* -en, -en: Anhänger des Sandinismus, Mitglied der sandinistischen Befreiungsbewegung

San|di|nis|tin *die;* -, -nen: weibliche Form zu ↑Sandinist

Sand|wich [ˈzɛntvɪtʃ] *das,* auch: *der;* -s od. -[es], -s od. -es [...is], auch: -e ‹*engl.;* nach dem 4. Earl of Sandwich, 1718–1792›: **1.** zwei zusammengelegte, innen mit Butter bestrichene u. mit Fleisch, Fisch, Käse, Salat o. Ä. belegte Brotscheiben od. Hälften von Brötchen. **2.** (Fotogr.) Kurzform von ↑Sandwichmontage. **3.** Belag des Tischtennisschlägers aus einer Schicht Schaumgummi o. Ä. u. einer Schicht Gummi mit Noppen. **4.** auf Brust u. Rücken zu tragendes doppeltes Plakat, das für politische Ziele, für Produkte o. Ä. wirbt

Sand|wich|mon|ta|ge *die;* -, -n: Fotomontage, die dadurch entsteht, dass zwei Negative Schicht an Schicht aufeinandergelegt u. vergrößert od. kopiert werden

san|fo|ri|sie|ren ‹*engl.;* nach dem amerik. Erfinder Sanford L. Cluett, 1874–1968›: (Gewebe, bes. aus Baumwolle) durch ein bestimmtes Verfahren mit trockener Hitze so behandeln, dass es später beim Waschen nicht mehr od. nur noch wenig einläuft

San|g|ria *die;* -, -s ‹*span.*›: einer Bowle ähnliches spanisches Getränk aus Rotwein mit [Zucker u.] klein geschnittenen Früchten

San|gu|i|ni|ker *der;* -s, - ‹*lat.*›: (nach dem von Hippokrates aufgestellten Temperamentstyp) lebhafter, temperamentvoller, meist heiterer, lebensbejahender Mensch

San|gu|i|ni|ke|rin *die;* -, -nen: weibliche Form zu ↑Sanguiniker

san|gu|i|nisch ‹»aus Blut bestehend; blutvoll«›: das Temperament eines Sanguinikers habend, seinen Typ verkörpernd; vgl. cholerisch, melancholisch, phlegmatisch

San|he|d|rin *der;* -s ‹*gr.-hebr.*›: hebr. Form von Synedrion

sa|nie|ren ‹*lat.;* »gesund machen, heilen«›: **1. a)** (Med.) [eine bestimmte Stelle des Körpers] so behandeln, dass ein Krankheitsherd beseitigt wird; **b)** (Militär früher) [einem Soldaten] nach dem Geschlechtsverkehr die Harnröhre mit einer desinfizierenden Lösung spülen, um eventuell vorhandene Erreger von Geschlechtskrankheiten abzutöten. **2. a)** durch Renovierung, Modernisierung od. Abriss alter Gebäude u. den Bau neuer Gebäude o. Ä. umgestalten; **b)** modernisierend umgestalten, reformieren; **c)** wieder in einen intakten Zustand versetzen. **3. a)** (Wirtsch.) aus finanziellen Schwierigkeiten herausbringen, wieder rentabel machen; **b)** sich sanieren: seine finanziellen, wirtschaftlichen Schwierigkeiten überwinden, wieder rentabel werden

Sa|nie|rung *die;* -, -en: **1.** Behandlung (von bestimmten Stellen des Körpers), durch die ein Krankheitsherd beseitigt od. ein Krankheitserreger abgetötet wird. **2.** Instandsetzung; modernisierende Umgestaltung [durch Renovierung od. Abriss alter Gebäude sowie durch Neubau]. **3.** erfolgreiche Bewältigung finanzieller Schwierigkeiten

sa|ni|tär ‹*lat.-fr.*›: **1.** mit der Körperpflege, der Hygiene in Zusammenhang stehend, sie betreffend, ihr dienend. **2.** (veraltend) gesundheitlich

sa|ni|ta|risch ‹*lat.-nlat.*› (schweiz.): **1.** sanitär (1). **2.** das Gesundheitswesen betreffend, zu ihm gehörend, von den Gesundheitsbehörden ausgehend

Sa|ni|tät *die;* - ‹*lat.*› (schweiz. u. österr.): **1. a)** (ohne Plural) militärisches Gesundheitswesen, Sanitätswesen; **b)** Sanitätstruppe. **2.** (ugs.) Unfallwagen, Sanitätswagen

Sa|ni|tä|ter *der;* -s, -: **1.** jmd., der in Erster Hilfe, Krankenpflege ausgebildet ist [u. in diesem Bereich tätig ist]. **2.** als Sanitäter (1) dienender Soldat

Sa|ni|tä|te|rin *die;* -, -nen: weibliche Form zu ↑Sanitäter

San|ka, San|k|ra *der;* -[s], -[s] (Soldatenspr.): militärischer Sanitätswagen

San|k|ra vgl. Sanka

Sankt ‹*lat.*›: heilig (in Heiligennamen u. auf solche zurückgehenden geografischen Namen, z. B. Sankt Peter, Sankt Anna, Sankt Gallen; Abk.: St.)

Sank|ti|on *die;* -, -en ‹*lat.-fr.;* »Heiligung, Billigung; geschärfte Verordnung, Strafgesetz«›:

1. Bestätigung, Anerkennung. 2. (Rechtswiss.) a) Anweisung, die einen Gesetzesinhalt zum verbindlichen Rechtssatz erhebt; b) (meist Plural) Maßnahme, die gegen einen Staat eingeleitet wird, der das Völkerrecht verletzt hat. 3. (meist Plural) Zwangsmaßnahme, Sicherung[sbestimmung]. 4. (Soziol.) gesellschaftliche Reaktion sowohl auf normgemäßes als auch auf von der Norm abweichendes Verhalten; **negative Sanktion:** Reaktion auf von der Norm abweichendes Verhalten in Form einer Zurechtweisung o. Ä.; **positive Sanktion:** Reaktion auf normgerechtes Verhalten in Form von Belohnung o. Ä.

sank|ti|o|nie|ren: 1. Gesetzeskraft erteilen. 2. bestätigen, gutheißen. 3. mit bestimmten Maßnahmen, z. B. Tadel, auf eine Normabweichung reagieren; Sanktionen verhängen

Sank|tis|si|mum *das;* -s ⟨*lat.;* »Allerheiligstes«⟩ (kath. Kirche): die geweihte Hostie

Sank|tus vgl. [1]Sanctus

Sans|cu|lot|te [sãsky'lɔt(ə)] *der;* -n, -n [...tn̩] ⟨»ohne Kniehose«⟩: proletarischer Revolutionär der Französischen Revolution

sans gêne [sã'ʒɛn] (veraltet): ungezwungen; nach Belieben

Sans|k|rit *das;* -[s] ⟨*sanskr.*⟩: noch heute in Indien als Literatur- und Gelehrtensprache verwendete altindische Sprache

sans|k|ri|tisch: das Sanskrit betreffend; in Sanskrit [abgefasst]

Sans|k|ri|tist *der;* -en, -en ⟨*sanskr.-nlat.*⟩: Wissenschaftler auf dem Gebiet der Sanskritistik

Sans|k|ri|tis|tik *die;* -: Wissenschaft von der altindischen Literatursprache Sanskrit, der in dieser Sprache geschriebenen Literatur u. der altindischen Kultur

Sans|k|ri|tis|tin *die;* -, -nen: weibliche Form zu ↑Sanskritist

San|ta Claus ['sæntə 'klɔːz] *der;* - -, - - ⟨*niederl.-engl.-amerik.*⟩: amerik. Bez. für: Weihnachtsmann

Sa|phir [auch: za'fiːɐ̯] *der;* -s, -e ⟨*semit.-gr.-lat.-mlat.*⟩: [durchsichtig blauer] Edelstein

Sa|pin *der;* -s, -e, **Sa|pi|ne** *die;* -, -n, **Sap|pel** *der;* -s, - ⟨*it.-fr.*⟩ (Forstwirtsch. österr.): Spitzhacke, Pickel zum Heben u. Wegziehen von gefällten Baumstämmen

Sa|po|nin *das;* -s, -e: in vielen Pflanzen enthaltener Stoff, der zur Herstellung von Reinigungs- u. Arzneimitteln verwendet wird

Sap|pel vgl. Sapin

sap|phisch ['zapfɪʃ, auch: 'zafɪʃ] ⟨nach der altgriech. Dichterin Sappho (um 600 v. Chr. auf der Insel Lesbos)⟩: die Dichterin Sappho u. ihre Werke betreffend, auf sie bezüglich, für sie typisch; **sapphische Strophe** (Verslehre): antike vierzeilige Strophe aus drei gleich gebauten elfsilbigen Versen u. einem abschließenden zweitaktigen Kurzvers; **sapphische Liebe** (selten): ↑lesbische Liebe

Sa|p|ro|bie [...i̯ə] *die;* -, -n (meist Plural) ⟨*gr.-nlat.*⟩ (Biol.): Lebewesen, das in od. auf faulenden Stoffen lebt u. sich von ihnen ernährt; Ggs. ↑Katharobie

sa|p|ro|gen: Fäulnis erregend

Sa|p|ro|pel *das;* -s, -e: Faulschlamm, der unter Sauerstoffabschluss in Seen u. Meeren entsteht

sa|p|ro|phil: (von Organismen) auf, in od. von faulenden Stoffen lebend

Sa|p|ro|phyt *der;* -en, -en: Organismus, bes. Bakterie, Pilz, der von faulenden Stoffen lebt

Sa|ra|ze|ne *der;* -n, -n ⟨*arab.-mgr.-mlat.*⟩ (Geschichte): Araber, Muslim

Sa|ra|ze|nin *die;* -, -nen: weibliche Form zu ↑Sarazene

sa|ra|ze|nisch: zu den Sarazenen gehörend, sie betreffend

Sar|del|le *die;* -, -n ⟨*lat.-it.*⟩: 1. (im Mittelmeer, im Schwarzen Meer u. an den Atlantikküsten Westeuropas u. -afrikas vorkommender) kleiner, dem Hering verwandter Fisch, der als Speisefisch gepökelt od. mariniert gegessen wird. 2. (meist Plural; ugs. scherzh.) Haarsträhne (von noch verbliebenem Haar), die schräg über eine Glatze gelegt ist

Sar|di|ne *die;* -, -n: (an den Küsten West- u. Südwesteuropas vorkommender) kleiner, zu den Heringen gehörender bläulich silbern schillernder Speisefisch

sar|do|nisch ⟨*gr.-lat.*⟩: (vom Lachen, Lächeln o. Ä.) boshaft, hämisch u. fratzenhaft verzerrt; **sardonisches Lachen** (Med.): scheinbares Lachen, das durch Gesichtskrämpfe hervorgerufen wird

Sa|ri *der;* -[s], -s ⟨*sanskr.-Hindi*⟩: kunstvoll um den Körper gewickeltes Gewand indischer Frauen

Sar|kas|mus *der;* -, ...men ⟨*gr.-lat.*⟩: 1. (ohne Plural) beißender, verletzender Spott. 2. sarkastische Äußerung, Bemerkung

sar|kas|tisch: mit, von beißendem, verletzendem Spott

Sar|kom *das;* -s, -e, **Sar|ko|ma** *das;* -s, -ta ⟨*gr.;* »Fleischgewächs«⟩ (Med.): aus dem Bindegewebe hervorgehende bösartige Geschwulst

sar|ko|ma|tös ⟨*gr.-nlat.*⟩ (Med.): a) (von Geweben) verändert in der Art eines Sarkoms; b) auf Sarkomatose beruhend

S

Sar|ko|ma|to|se *die;* -, -n (Med.): ausgebreitete Sarkombildung

Sar|ko|phag *der;* -[e]s, -e ‹*gr.-lat.;* »Fleischverzehrer«›: (meist aus Stein od. Metall gefertigter) prunkvoller, großer, in einer Grabkammer od. der Krypta einer Kirche o. Ä. aufgestellter Sarg, in dem hochgestellte Persönlichkeiten beigesetzt werden

Sa|rong *der;* -[s], -s ‹*malai.*›: **1.** um die Hüfte geschlungener, bunter Rock der Indonesierinnen. **2.** gebatikter od. bunt gewebter Baumwollstoff für Umschlagtücher

Sar|rass *der;* -es, -e ‹*poln.*› (veraltet): Säbel mit schwerer Klinge

SARS, Sars ‹Kurzw. aus engl. severe acute respiratory syndrome = schweres akutes respiratorisches Syndrom› (Med.): (bes. in Teilen Asiens auftretende) durch Viren hervorgerufene Infektionskrankheit, die mit Husten, hohem Fieber u. Halsschmerzen einhergeht

Sa|sa|ni|de [...s...] usw. vgl. Sassanide usw.

Sas|sa|f|ras *der;* -, - ‹*span.-fr.*›: (zu den Lorbeergewächsen gehörender) Baum, dessen Holz u. Rinde durch ein darin enthaltenes ätherisches Öl einen intensiven Duft ausströmen

Sas|sa|ni|de, fachspr. auch: **Sa|sa|ni|de** [...s...] *der;* -n, -n ‹*pers.*› (Geschichte): Angehöriger eines persischen Herrschergeschlechts (224–651)

sas|sa|ni|disch, fachspr. auch: **sa|sa|ni|disch:** die Sassaniden betreffend

Sa|tan *der;* -s, -e ‹*hebr.-gr.-lat.;* »Widersacher«›: **1.** (ohne Plural) der Widersacher Gottes, der Teufel, der Versucher. **2.** (häufig als Schimpfwort) boshafter Mensch

Sa|ta|nas *der;* -: ↑Satan

sa|ta|nisch: sehr böse, boshaft; teuflisch

Sa|ta|nis|mus *der;* -: **1.** Teufelsverehrung. **2.** Darstellung des Bösen, Krankhaften u. Grausamen in der Literatur

Sa|ta|nist *der;* -en, -en: Teufelsverehrer, Teufelsanbeter

Sa|ta|nis|tin *die;* -, -nen: weibliche Form zu ↑Satanist

Sa|tel|lit *der;* -en, -en ‹*lat.;* »Leibwächter, Trabant; Gefolge«›: **1.** (Astron.) Himmelskörper, der einen Planeten auf einer unveränderlichen Bahn umkreist. **2.** Flugkörper, der – auf eine Umlaufbahn gebracht – in elliptischer o. kreisförmiger Bahn die Erde (od. den Mond) umkreist u. dabei bestimmte wissenschaftliche od. technische Aufgaben erfüllt. **3.** Kurzform von ↑Satellitenstaat. **4.** Kurzform von ↑Satellitenbox

Sa|tel|li|ten|box *die;* -, -en (Elektronik): (in Verbindung mit einer großen Box für die tiefen Frequenzen beider Kanäle zur stereofonen Wiedergabe verwendete) kleinere Lautsprecherbox für die hohen u. mittleren Frequenzen eines Kanals

Sa|tel|li|ten|fern|se|hen *das;* -s: flächendeckende Fernsehversorgung durch Übertragung der Sendungen über spezielle Nachrichtensatelliten auf ↑geostationären Umlaufbahnen

Sa|tel|li|ten|fo|to *das;* -s, -s: von einem [Wetter]satelliten aufgenommenes Foto von einem bestimmten Bereich der Erdoberfläche

Sa|tel|li|ten|na|vi|ga|ti|on *die;* - (Seew., Flugw.): Navigation, bei der die Position des Schiffs od. Flugzeugs mithilfe von einem Satelliten (2) ausgesendeter Funksignale bestimmt wird

Sa|tel|li|ten|pro|gramm *das;* -[e]s, -e: über einen Satelliten (2) ausgestrahltes Fernsehprogramm

Sa|tel|li|ten|staat *der;* -[e]s, -en (abwertend): Staat, der (trotz formaler äußerer Unabhängigkeit) von einem anderen Staat (bes. von einer Großmacht) abhängig ist

Sa|tel|li|ten|stadt *die;* -, ...städte: größere, weitgehend eigenständige Ansiedlung in unmittelbarer Nähe einer Großstadt

Sa|tem|spra|che *die;* -, -n ‹*altiran.; dt.;* nach der s-Aussprache des Anlauts in dem altiranischen Wort satem = »hundert«› (Sprachw.): Sprache aus der Gruppe der indogermanischen Sprachen, die die palatalen Verschlusslaute der indogermanischen Grundsprache in Reibelaute od. Zischlaute verwandelt haben; Ggs. ↑Kentumsprache

Sa|tin [za'tɛ̃:, auch: za'tɛŋ] *der;* -s, -s ‹*arab.-span.-fr.*›: Gewebe, Stoff in Atlasbindung mit glatter, glänzender Oberfläche

Sa|ti|na|ge [zati'na:ʒə] *die;* -, -n: das Satinieren

sa|ti|nie|ren ‹*arab.-span.-fr.*›: mit einer Satiniermaschine (unter starkem Druck) glätten u. mit Hochglanz versehen

Sa|ti|nier|ma|schi|ne *die;* -, -n: ↑Kalander

Sa|ti|re *die;* -, -n ‹*lat.;* »bunt gemischte Früchteschale«›: **1.** künstlerisches Werk, das zur Gattung der Satire (2) gehört. **2.** (ohne Plural) Kunstgattung (Literatur, Karikatur, Film), die durch Übertreibung, Ironie u. Spott an Personen od. Zuständen Kritik übt, sie der Lächerlichkeit preisgibt, Zustände anprangert, mit scharfem Witz geißelt

Sa|ti|ri|ker *der;* -s, -: **a)** Verfasser von Satiren; **b)** jmd., der sich gern bissig-spöttisch, ironisch äußert

Sa|ti|ri|ke|rin *die;* -, -nen: weibliche Form zu ↑Satiriker

sa|ti|risch: **a)** in der Art der Satire (1); **b)** spöttisch-tadelnd, beißend

Sa|tis|fak|ti|on *die;* -, -en ‹*lat.*›: **a)** (veraltend) Genugtuung, bes. in Form einer Ehrenerklärung; **b)** (Verbindungsw. veraltet) Zurücknahme einer Beleidigung durch die Bereitschaft zum Duell

Sa|t|rap *der;* -en, -en ‹*pers.-gr.-lat.*› (Geschichte): Statthalter einer Provinz im Persien der Antike

Sa|t|ra|pie *die;* -, ...ien (Geschichte): Amt des Statthalters

Sa|t|ra|pin *die;* -, -nen: weibliche Form zu ↑Satrap

Sa|tu|ra|ti|on *die;* -, -en ‹*lat.*›: **1.** Sättigung. **2.** spezielles Verfahren bei der Zuckergewinnung, bei dem überschüssiger Kalk aus dem Zuckersaft durch Kohlendioxid abgeschieden wird

sa|tu|rie|ren ‹*lat.*›: **1.** sättigen. **2.** bewirken, dass jmds. Verlangen, etwas Bestimmtes zu bekommen, gestillt wird; [Ansprüche] befriedigen

sa|tu|riert (abwertend): ohne geistige Ansprüche, selbstzufrieden

Sa|tur|na|li|en *die* (Plural) ‹nach dem im Rom der Antike zu Ehren des Gottes Saturn im Dezember gefeierten Fest›: ausgelassenes Fest

Sa|tyr *der;* -s (auch: -n), -n (meist Plural) ‹*gr.-lat.*›: **1.** lüsterner Waldgeist u. Begleiter des Dionysos in der griechischen Sage. **2.** sinnlich-lüsterner Mensch

Sa|ty|ri|a|sis *die;* - ‹*gr.-lat.*› (Psychol.): extrem gesteigerter männlicher Geschlechtstrieb

Sa|tyr|spiel *das;* -s, -e ‹*gr.-lat.; dt.*›: (im Griechenland der Antike) heiter-groteskes mythologisches Nachspiel einer Tragödientrilogie mit einem Chor aus Satyrn

Sau|ce ['zo:sə, österr.: zo:s] vgl. Soße

Sauce bé|ar|naise [sosbear'nɛ:z] *die;* - -: dicke, weiße Soße aus Weinessig, Weißwein, Butter, Eigelb u. Gewürzen, bes. Estragon u. Kerbel

Sauce hol|lan|daise [sosɔlã'dɛ:z] *die;* - -: Soße, bei der Weißwein, Eigelb u. Butter im Wasserbad cremig gerührt u. mit Pfeffer, Salz u. Zitronensaft abgeschmeckt werden

Sau|ci|e|re [zo'si̯e:rə] *die;* -, -n: zum Servieren von Soße verwendete, mit einer Art Untertasse fest verbundene kleine Schüssel

sau|cie|ren [zo'si:...]: Tabak mit einer Soße behandeln, beizen

Sau|cis|chen [zo'si:sçən, auch: so...] *das;* -s, -: kleine [Brat]wurst

Sau|na *die;* -, -s u. ...nen ‹*finn.*›: **1.** (mit Holz ausgekleideter) Raum od. Holzhäuschen, in dem trockene Hitze herrscht u. von Zeit zu Zeit Wasser zum Verdampfen gebracht wird. **2.** dem Schwitzen dienender Aufenthalt in einer Sauna (1)

sau|nen, sau|nie|ren: ein Saunabad nehmen

Sau|ri|er *der;* -s, - ‹*gr.;* »Eidechse«›: ausgestorbene [Riesen]echse der Urzeit

Sau|ternes [so'tɛrn] *der;* -, - ‹nach dem fr. Ort u. der Landschaft Sauternes›: französischer Weißwein

sau|tie|ren [zo...] ‹*lat.-fr.*›: **a)** kurz in der Pfanne braten; **b)** (bereits gebratene Stücke Fleisch od. Fisch) kurz in frischem, heißem Fett schwenken

Sa|van|ne *die;* -, -n ‹*indian.-span.*›: tropische Steppe mit einzeln od. gruppenweise stehenden Bäumen (Baumsteppe)

Sa|voir-vi|v|re [savo̯a:ɐ̯'vi:vrə, fr.: sawvar...] *das;* -: die Kunst, das Leben zu genießen

Sa|xi|f|ra|ga [auch: ...'fra:ga] *die;* -, ...agen ‹*lat.*›: Steinbrech; Gebirgspflanze, auch Polster bildende Zierpflanze mit weißen, roten od. gelben Blüten in Steingärten

Sa|xo|fon, Sa|xo|phon *das;* -s, -e ‹*nlat.;* nach dem belg. Erfinder Antoine Sax, 1814–1894› (Musik): mit Klarinettenschnabel anzublasendes Instrument aus Messing in vier bis sechs Tonhöhen mit nach oben gerichtetem Schalltrichter

Sa|xo|fo|nist, Sa|xo|pho|nist *der;* -en, -en: Saxofonspieler

Sa|xo|fo|nis|tin, Sa|xo|pho|nis|tin *die;* -, -nen: weibliche Form zu ↑Saxofonist

Sa|xo|phon usw. vgl. Saxofon usw.

sa|zer|do|tal ‹*lat.*›: priesterlich

Sa|zer|do|ti|um *das;* -s: **1.** Priestertum, Priesteramt. **2.** die geistliche Gewalt des Papstes im Mittelalter

S-Bahn-Sur|fen ['ɛs...sə:fn̩] *das;* -s (ugs.): aus Übermut betriebenes waghalsiges Mitfahren auf dem Dach od. an der Außenseite eines S-Bahn-Wagens

Sca|bi|es vgl. Skabies

Scam|pi [sk...] *die* (Plural) ‹*it.*›: it. Bez. für eine Art kleiner Krebse

Scan [skɛn] *der* od. *das;* -s, -s ‹*lat.-engl.*›: ↑Scanning

Scan|di|um ['ska...] *das;* -s ‹*nlat.;* von Scandia, dem lat. Namen für Skandinavien›: chem. Element; ein Leichtmetall (Zeichen: Sc)

scan|nen ['skɛnən] ‹*engl.*›: mit einem Scanner abtasten

Scan|ner ['skɛnɐ] *der;* -s, - ‹*lat.-engl.*›: Gerät, das ein zu untersuchendes Objekt (z. B. den menschlichen Körper) mit einem Licht- od. Elektronenstrahl punkt- bzw. zeilenweise abtastet [u. die erhaltenen Messwerte weiterverarbeitet]

Scan|ner|kas|se ['skɛnɐ...] *die;* -, -n: mit einem Scanner zum Einlesen von Preisen u. anderen Daten ausgestattete elektronische Kasse

Scan|ning ['skɛnɪŋ] *das;* -s: Untersuchung, Abtasten mithilfe eines Scanners
Scart [skɑ:t] *der;* -s, -s ⟨*fr.-engl.*⟩: Steckverbindung, bes. zum Anschluss von Videogeräten
Scat [skæt] *der;* -, -s ⟨*engl.*⟩: Gesangsstil [im Jazz], bei dem anstelle von Wörtern zusammenhanglose Silben verwendet werden
scat|ten ['skætn̩]: Scat singen
Scene [si:n] *die;* -, -s (Plural selten) ⟨*engl.*⟩ (Jargon): Milieu (meist junger Menschen), in dem bestimmte Vorlieben o. Ä. ausgelebt, bestimmte Lebensformen, vorübergehende Moden o. Ä. gepflegt werden
Schab|bat vgl. Sabbat
Scha|b|lo|ne *die;* -, -n ⟨Herkunft unsicher⟩: **1.** ausgeschnittene Vorlage [zur Vervielfältigung], Muster. **2.** vorgeprägte, herkömmliche Form, geistlose Nachahmung ohne eigene Gedanken
scha|b|lo|nie|ren, scha|b|lo|ni|sie|ren: **a)** nach einer Schablone [be]arbeiten, behandeln; **b)** in eine Schablone pressen
Scha|b|ra|cke *die;* -, -n ⟨*türk.-ung.*⟩: **1. a)** verzierte Decke über od. unter dem Sattel; Untersatteldecke; Prunkdecke; **b)** übergelegte, überhängende Zier- und Schutzdecke (bes. für Polstermöbel); **c)** aus dem gleichen Stoff wie die Übergardine gefertigter Behang, der quer oberhalb des Fensters angebracht ist. **2.** (ugs. abwertend) **a)** alte [hässliche] Frau; **b)** altes Pferd; **c)** alte, abgenutzte Sache. **3.** (Jägerspr.) weißer Fleck auf den Flanken des männlichen Wildschafs
schach|matt ⟨*pers.-arab.-roman.*⟩: **1.** unfähig, den im Schachspiel unmittelbar angegriffenen König zu verteidigen, u. damit die Partie verlierend. **2.** handlungsunfähig, erschöpft
Scha|dor vgl. Tschador
Scha|fott *das;* -[e]s, -e ⟨*vulgärlat.-niederl.*⟩: Stätte, meist erhöhtes Gerüst, für Enthauptungen
Schah *der;* -s, -s ⟨*pers.*⟩: **a)** (ohne Plural) persischer Herrschertitel; **b)** Träger dieses Titels
Schah-in-Schah *der;* -[s], -s ⟨»König der Könige«⟩: **a)** (früher) offizieller Titel des iranischen Herrschers; **b)** Träger dieses Titels
Scha|kal [auch: 'ʃa:...] *der;* -s, -e ⟨*sanskr.-pers.-türk.*⟩: (in Asien, Südosteuropa u. Afrika heimisches) hundeartiges Raubtier, das überwiegend nachts jagt
Schak|ta, Shak|ta [ʃ...] *der;* -s, -s ⟨*sanskr.*⟩: Anhänger einer hinduistischen Religionsgemeinschaft, die die Göttin Schakti verehrt
Scha|lot|te *die;* -, -n ⟨*lat.-vulgärlat.-fr.;* vom Namen der Stadt Askalon in Palästina⟩: kleine Zwiebel von mildem Aroma und weißem bis violettem Fleisch
Scha|lup|pe *die;* -, -n ⟨*fr.*⟩: Frachtfahrzeug; großes Beiboot
Scha|ma|de, Cha|ma|de [ʃa...] *die;* -, -n ⟨*lat.-it.-fr.*⟩ (veraltet): [mit Trommel od. Trompete gegebenes] Zeichen der Kapitulation; **Schamade schlagen:** sich ergeben
Scha|ma|ne *der;* -n, -n ⟨*sanskr.-tungus.*⟩: (bei bestimmten Naturvölkern) Zauberpriester, der mit Geistern u. den Seelen Verstorbener Verbindung aufnimmt
Scha|ma|nis|mus *der;* - ⟨*sanskr.-tungus.-nlat.*⟩ (Völkerkunde): Glaube an die Fähigkeit der Schamanen
scham|po|nie|ren: das Haar mit Shampoo waschen
scham|pu|nie|ren: schamponieren
Scham|pus *der;* - (ugs.): Sekt
Scha|ra|de *die;* -, -n ⟨*fr.*⟩: Worträtsel, bei dem das zu erratende Wort in Silben od. sonstige Bestandteile zerlegt wird
Schä|re *die;* -, -n (meist Plural) ⟨*schwed.*⟩: kleine, buckelartige Felseninsel od. -klippe, bes. vor der schwedischen od. der finnischen Ostseeküste
Scha|ria, Sche|ria *die;* - ⟨*arab.*⟩: religiöses Gesetz des Islams, das kultische Pflichten verzeichnet sowie ethische Normen u. Rechtsgrundsätze für alle Lebensbereiche aufstellt
Scha|rif vgl. Scherif
Schar|la|tan *der;* -s, -e ⟨*it.-fr.*⟩: jmd., der bestimmte Fähigkeiten vortäuscht u. andere damit hinters Licht führt
Schar|la|ta|ne|rie *die;* -, ...ien: **a)** Verhaltensweise eines Scharlatans; **b)** Schwindelei eines Scharlatans
Schar|la|ta|nin *die;* -, -nen: weibliche Form zu ↑Scharlatan
schar|mie|ren vgl. charmieren
Schar|müt|zel *das;* -s, - ⟨*dt.-it.*⟩: kurzes, kleines Gefecht, Plänkelei
Schar|nier *das;* -s, -e ⟨*lat.-vulgärlat.-fr.*⟩: **1.** drehbares Gelenk [an Türen]. **2.** (Geol.) Umbiegungslinie einer Flexur
Schar|wen|zel, Scher|wen|zel *der;* -s, - ⟨*tschech.*⟩: **1.** Bube, Unter in Kartenspielen. **2.** (ugs.) übergeschäftiger, dienstbeflissener Mensch. **3.** (Jägerspr.) Fehlschuss
schar|wen|zeln, scher|wen|zeln (ugs.): schmeichlerisch, liebedienernd um jmdn. herum sein
Schasch|lik *der* od. *das;* -s, -s ⟨*turkotat.-russ.*⟩: Spieß, auf dem kleine, scharf gewürzte Stückchen Fleisch [zusammen mit Speck, Zwiebeln,

Paprika u. Tomaten] gereiht u. gebraten od. gegrillt werden

schas|sen ⟨*lat.-vulgärlat.-fr.*⟩ (ugs.): **1.** kurzerhand [von der Schule, der Lehrstätte, aus der Stellung] entlassen. **2.** fassen, ergreifen. **3.** (landsch.) jagen

schas|sie|ren: mit kurzen Schritten geradlinig tanzen

Scha|tul|le *die;* -, -n ⟨*mlat.*⟩: **1.** Geld-, Schmuckkästchen. **2.** (veraltet) Privatkasse eines Staatsoberhaupts od. eines Fürsten

Schech vgl. Scheich

Scheck, schweiz. auch: **²Check** [ʃɛk], **Cheque** [ʃɛk] *der;* -s, -s ⟨*engl.*⟩: Zahlungsanweisung an eine Bank

Sched|bau, Shed|bau [ʃ...] *der;* -[e]s, ...bauten ⟨*engl.; dt.*⟩: eingeschossiger Bau mit Satteldach

Scheich, Schech, Scheik *der;* -s, -e u. -s ⟨*arab.;* »Ältester«⟩: **1. a)** (ohne Plural) arabischer Ehrentitel führender Persönlichkeiten der traditionellen islamischen Gesellschaft; **b)** Träger dieses Titels. **2.** (ugs.) Freund eines Mädchens, einer Frau

Scheik vgl. Scheich

Sche|kel *der;* -s, - ⟨*hebr.*⟩: **1.** israelische Währungseinheit. **2.** vgl. Sekel

Schelf *der* od. *das;* -s, -e ⟨*engl.*⟩ (Geogr.): Festlandsockel; Flachmeer entlang der Küste

Schel|lack *der;* -[e]s, -e ⟨*niederl.*⟩: (auch synthetisch hergestellte) Mischung aus Baumharz u. Wachsabscheidungen (bes. der Lackschildlaus), die zur Herstellung von Lacken u. Firnis verwendet wird

Sche|ma *das;* -s, -s u. -ta, ...men ⟨*gr.-lat.*⟩: **1.** Muster, anschauliche [grafische] Darstellung, Aufriss. **2.** Entwurf, Plan, Form

sche|ma|tisch: **1.** einem Schema folgend, anschaulich zusammenfassend u. gruppierend. **2.** gleichförmig; gedankenlos

sche|ma|ti|sie|ren ⟨*gr.-lat.-nlat.*⟩: nach einem Schema behandeln; in eine Übersicht bringen

Sche|ma|tis|mus *der;* -, ...men ⟨*gr.-lat.*⟩: **1.** gedankenlose Nachahmung eines Schemas. **2.** statistisches Handbuch einer katholischen Diözese od. eines geistlichen Ordens

Sche|ria vgl. Scharia

Sche|rif, Scha|rif *der;* -s u. -en, -s u. -e[n] ⟨*arab.;* »erhaben«⟩: **a)** (ohne Plural) Titel der Nachkommen des Propheten Mohammed; **b)** Träger dieses Titels

Scher|wen|zel usw. vgl. Scharwenzel usw.

scher|zan|do [skɛr...] ⟨*germ.-it.*⟩ (Musik): in der Art eines Scherzos (Vortragsanweisung)

Scher|zo [ˈsk...] *das;* -s, -s u. ...zi (Musik): Tonstück von heiterem Charakter, (meist dritter) Satz in Sinfonie, Sonate u. Kammermusik

Schi usw. vgl. Ski usw.

Schia *die;* - ⟨*arab.;* »Sekte, Partei«⟩: eine der beiden Hauptrichtungen des Islams, die allein Ali, den Schwiegersohn Mohammeds, sowie dessen Nachkommen als rechtmäßige Stellvertreter des Propheten anerkennt

Schib|bo|leth [auch: ˈʃ...] *das;* -s, -e u. -s ⟨*hebr.;* »Ähre« od. »Strom«, nach der Losung der Gileaditer, Richter 12, 5 f.⟩: Erkennungszeichen, Losungswort; Merkmal

schick ⟨*dt.-fr.*⟩: modisch, schön, geschmackvoll gekleidet; vgl. chic

Schick vgl. Chic

Schi|cke|ria *die;* - ⟨*it.*⟩: in der Mode u. im Gesellschaftsleben tonangebende Schicht

Schi|is|mus *der;* - ⟨*arab.-nlat.*⟩: Lehre der Schiiten

Schi|it *der;* -en, -en: Anhänger der Schia

Schi|i|tin *die;* -, -nen: weibliche Form zu ↑Schiit

schi|i|tisch: zur Schia gehörend, sie betreffend

Schi|ka|ne *die;* -, -n ⟨*fr.*⟩: **1.** böswillig bereitete Schwierigkeit, Bosheit. **2.** (Sport) [eingebaute] Schwierigkeit in einer Autorennstrecke. **3.** (Rechtsspr.) [unzulässige] Ausübung eines Rechts zur ausschließlichen Schädigung eines anderen; **mit allen Schikanen:** mit allem verwöhnten Ansprüchen genügenden Zubehör; mit besonderer technischer o. a. Vollkommenheit, Vervollkommnung [für hohe Ansprüche]

schi|ka|nie|ren: jmdm. in kleinlicher u. böswilliger Weise Schwierigkeiten machen

schi|ka|nös: **1.** andere schikanierend. **2.** von Böswilligkeit zeugend

Schi|mä|re, Chi|mä|re *die;* -, -n ⟨*gr.-lat.-fr.;* nach dem Ungeheuer ↑Chimära⟩: Trugbild, Hirngespinst

schi|mä|risch: trügerisch

Schim|pan|se *der;* -n, -n ⟨*afrik.*⟩: kleiner afrikanischer Menschenaffe

Schi|na|kel *das;* -s, -[n] ⟨*ung.*⟩ (österr. ugs.): **1.** kleines Ruderboot. **2.** (nur Plural) breite, ausgetretene Schuhe

Schin|to|is|mus, Shin|to|is|mus *der;* - ⟨*nlat.,* von *chin.-jap.* shintō »Weg der Götter«⟩: japanische Nationalreligion mit Verehrung der Naturkräfte u. Ahnenkult

Schin|to|ist, Shin|to|ist *der;* -en, -en: Anhänger des Schintoismus

Schin|to|is|tin, Shin|to|is|tin *die;* -, -nen: weibliche Form zu ↑Schintoist

S

schin|to|is|tisch, shin|to|is|tisch: zum Schintoismus gehörend

Schi|ras *der;* -, - ⟨nach der iran. Stadt⟩: **1.** weicher Teppich aus glänzender Wolle u. mit ziemlich langem Flor. **2.** persianerähnliches Fettschwanzschaf

Schi|rok|ko *der;* -s, -s ⟨*arab.-it.*⟩: sehr warmer, oft stürmischer Mittelmeerwind

Schir|ting *der;* -s, -e u. -s ⟨*engl.*⟩: oft als Futterstoff verwendetes Baumwollgewebe in Leinwandbindung (eine Webart)

Schir|wan *der;* -[s], -s ⟨nach der kaukas. Landschaft⟩: dichter, kurz geschorener Teppich mit geometrischer Musterung

Schis|ma [auch: ˈsçɪs...] *das;* -s, ...men u. -ta ⟨*gr.-lat.*⟩: **1. a)** Kirchenspaltung; **b)** in der Weigerung, sich dem Papst, den ihm unterstehenden Bischöfen unterzuordnen, bestehendes kirchenrechtliches Delikt. **2.** (Musik) kleinstes musikalisches Intervall

Schis|ma|ti|ker [auch: sç...] *der;* -s, -: Verursacher einer Kirchenspaltung, Anhänger einer schismatischen Gruppe

schis|ma|tisch [auch: sç...]: **a)** die Kirchenspaltung betreffend; **b)** eine Kirchenspaltung betreibend

Schiss|la|weng vgl. Zislaweng

schi|zo..., Schi|zo...

⟨zu *gr.* schízein »spalten, durchschneiden, trennen«⟩
Wortbildungselement mit der Bedeutung »Spaltung, Trennung«:
- Schizogonie
- Schizonychie
- Schizophasie
- schizophren

schi|zo|gen (Biol.): (von Gewebslücken) durch Spaltung od. Auseinanderweichen von Zellwänden entstanden

schi|zo|id (Psychol.): der Schizophrenie ähnlich

schi|zo|phren: 1. (Med.) an Schizophrenie leidend, zum Erscheinungsbild der Schizophrenie gehörend. **2.** (ugs.) in sich widersprüchlich, unvereinbar (mit anderem). **3.** (ugs.) verrückt, absurd

Schi|zo|phre|nie *die;* -, ...ien: **1.** (Med., Psychol.) extreme Verhaltensstörung mit den Hauptsymptomen Denkstörung, Wahn, Wahrnehmungsstörung, motorische und affektive Störungen. **2.** (ugs.) innere Widersprüchlichkeit, Zwiespältigkeit, Unsinnigkeit, absurdes Verhalten

Schla|mas|sel *der;* -s, auch, österr. nur: *das;* -s ⟨*jidd.*⟩ (ugs.): Unglück; verfahrene, schwierige Situation

Schle|mihl [auch: ...ˈmi:l] *der;* -s, -e ⟨*hebr.*⟩ (ugs.): **1.** jmd., dem [durch eigene Dummheit] alles misslingt; Pechvogel. **2.** gerissener Mensch

Schlipp vgl. Slip

Schlup vgl. Slup

Schmal|te *die;* -, -n ⟨*germ.-it.*⟩: pulverig gemahlener, kobaltblauer Farbstoff für feuerfeste Glasuren

Schma|sche *die;* -, -n ⟨*poln.*⟩: Fell eines tot geborenen Lamms

Schmock *der;* -[e]s, Schmöcke (auch: -e u. -s) ⟨*slowen.;* nach dem Namen einer Romanfigur in G. Freytags »Die Journalisten«⟩ (abwertend): gesinnungsloser Journalist, Schriftsteller

Schmo|ne es|re *das;* - - ⟨*hebr.;* »das Achtzehnbittengebet«⟩: längeres Gebet des werktäglichen jüdischen Gottesdienstes

Schmon|zes *der;* -, - ⟨*jidd.*⟩: leeres Geschwätz

Schmon|zet|te *die;* -, -n (ugs. abwertend): wenig geistreiches, kitschiges Stück, albernes Machwerk

Schmu *der;* -s ⟨*hebr.-jidd.*⟩ (ugs.): etwas, was nicht ganz korrekt ist; **Schmu machen:** auf harmlose Weise betrügen

Schmus *der;* -es ⟨*hebr.-jidd.*⟩ (ugs.): leeres Gerede, Geschwätz; Schönrednerei, Lobhudelei

schmu|sen (ugs.): **1.** mit jmdm. zärtlich sein, Liebkosungen austauschen. **2.** (abwertend) schwatzen, schmeicheln, schöntun

Scho|ah, Sho|ah [ʃ...] *die;* - ⟨*hebr.*⟩: Holocaust während des Nationalsozialismus

Schock *der;* -[e]s, -s ⟨*niederl.-engl.*⟩: **1.** durch ein plötzliches katastrophenartiges od. außergewöhnlich belastendes Ereignis ausgelöste Erschütterung, ausgelöster großer Schreck [wobei der Betroffene nicht mehr fähig ist, seine Reaktionen zu kontrollieren]. **2.** (Med.) akutes Kreislaufversagen mit ungenügender Sauerstoffversorgung lebenswichtiger Organe

scho|ckant ⟨*niederl.-fr.*⟩ (veraltend): anstößig

scho|cken ⟨*niederl.-fr.-engl.*⟩: **1.** (Med.) mit künstlich erzeugtem (z. B. elektrischem) Schock behandeln. **2.** (ugs.) jmdm. einen Schock (1) versetzen, jmdn. verstören, aus dem seelischen Gleichgewicht bringen

scho|ckie|ren ⟨*niederl.-fr.*⟩: Entrüstung, moralische Empörung hervorrufen; jmdn. aufbringen

Schock|the|ra|pie *die;* -, -...ien [...i:ən]: Heilverfahren, das den gezielten Einsatz von elektrischen Schocks beinhaltet

scho|fel, scho|fe|lig, schof|lig ‹*hebr.-jidd.*› (ugs.): **1.** gemein, niedrig, schäbig. **2.** knauserig, armselig, kümmerlich

Scho|fel *der;* -s, - (ugs.): **1.** Schund, schlechte Ware. **2.** gemeiner Mensch

scho|fe|lig vgl. schofel

schof|lig vgl. schofel

Scho|gun vgl. Shogun

Scho|ko|la|de *die;* -, -n ‹*mex.-span.-niederl.*›: **1.** mit Zucker [Milch o. Ä.] gemischte Kakaomasse, die meist in Tafeln gewalzt od. in Figuren gegossen ist. **2.** Getränk aus Schokoladenmasse und Milch

Scho|la [auch: ˈsç..., ˈsko:la] *die;* -, ...ae [...ɛ] ‹*gr.-lat.*› (Musik): institutionelle Vereinigung von Lehrern u. Schülern, bes. zur Pflege u. Weiterentwicklung des gregorianischen Chorals (im Mittelalter)

Scho|lar, Scho|last [ʃ...] *der;* -en, -en ‹*gr.-lat.*› (Geschichte): [herumziehender] Schüler, Student [im Mittelalter]

Schol|l|arch *der;* -en, -en ‹*gr.*› (Geschichte): Vorsteher einer Kloster- od. Domschule im Mittelalter

Scho|last [ʃ...] vgl. Scholar

Scho|las|tik *die;* - ‹*gr.-mlat.;* »Schulwissenschaft, Schulbetrieb«›: **1.** die auf die antike Philosophie gestützte, christliche Dogmen verarbeitende Philosophie u. Theologie des Mittelalters (etwa 9.–14. Jh.). **2.** engstirnige, dogmatische Schulweisheit

Scho|las|ti|ker *der;* -s, - ‹*gr.-mlat.*›: **1.** Vertreter der Scholastik (1). **2.** junger Ordensgeistlicher während des philosophisch-theologischen Studiums, bes. bei den Jesuiten. **3.** (abwertend) reiner Verstandesmensch, spitzfindiger Haarspalter

Scho|las|ti|ke|rin *die;* -, -nen: weibliche Form zu ↑Scholastiker (3)

scho|las|tisch: 1. nach der Methode der Scholastik, die Philosophie der Scholastik betreffend. **2.** (abwertend) spitzfindig, rein verstandesmäßig

Scho|las|ti|zis|mus *der;* - ‹*gr.-mlat.-nlat.*›: **1.** einseitige Überbewertung der Scholastik. **2.** (abwertend) übertriebene Spitzfindigkeit

Scho|li|ast *der;* -en, -en ‹*gr.-mgr.-mlat.*›: Verfasser von Scholien

Scho|lie [...i̯ə] *die;* -, -n, **Scho|li|on** *das;* -s, Scholien ‹*gr.*›: erklärende Randbemerkung [alexandrinischer Philologen] in griechischen u. römischen Handschriften

schraf|fie|ren ‹*it.-niederl.*› (Kunstwiss.): [eine Fläche] mit parallelen Linien stricheln

Schrap|nell *das;* -s, -e u. -s ‹nach dem engl. Artillerieoffizier H. Shrapnel›: **1.** (veraltet) Sprenggeschoss mit Kugelfüllung. **2.** (abwertend) ältere, als unattraktiv empfundene Frau

Schred|der *der;* -s, - ‹*engl.*›: **a)** technische Anlage zum Verschrotten u. Zerkleinern von Autowracks; **b)** Zerkleinerungsmaschine (z. B. für Gartenabfälle)

Schwa|d|ron *die;* -, -en ‹*lat.-vulgärlat.-it.*› (Militär): kleinste Truppeneinheit der Kavallerie

Schwa|d|ro|neur [...ˈnøːɐ̯] *der;* -s, -e ‹*lat.-it.-fr.*›: jmd., der schwadroniert

schwa|d|ro|nie|ren: schwatzen, viel u. lebhaft erzählen

Schwer|ath|let *der;* -en, -en: Sportler, der Schwerathletik treibt

Schwer|ath|le|tik *die;* -: sportliche Disziplin, die Ringen, Gewichtheben, Kunst- u. Rasenkraftsport umfasst; Kraftsport; vgl. Leichtathletik

Schwer|ath|le|tin *die;* -, -nen: weibliche Form zu ↑Schwerathlet

Sci|ence-Fic|tion, Sci|ence|fic|tion [ˈsai̯əns-ˈfɪkʃn̩] *die;* - ‹*engl.*›: abenteuerlich-fantastische Literatur utopischen Inhalts auf naturwissenschaftlich-technischer Grundlage

Sci|en|to|lo|ge [sai̯ənto...] *der;* -n, -n ‹*amerik.*›: Angehöriger der Scientology®

Sci|en|to|lo|gin *die;* -, -nen: weibliche Form zu ↑Scientologe

Sci|en|to|lo|gy® [sai̯ənˈtɔlədʒi] *die;* - ‹*amerik.*›: Religionsgemeinschaft, deren Anhänger glauben, eine wissenschaftliche Theorie über das Wissen u. damit den Schlüssel zu vollkommener geistiger u. seelischer Gesundheit zu besitzen

sci|li|cet [ˈstsi:litsɛt] ‹*lat.*›: nämlich (Abk.: sc., scil.)

Scil|la [ˈstsɪla] vgl. Szilla

Scoop [sku:p] *der;* -s, -s ‹*engl.*›: Exklusivmeldung, Knüller

Scoo|ter [ˈsku:tɐ] *der;* -s, - ‹*engl.*›: **1.** Segelboot mit Stahlkufen zum Wasser- u. Eissegeln. **2.** ↑Skooter

Scor|da|tu|ra [sk...], **Skor|da|tur** *die;* - ‹*lat.-it.*› (Musik): von der üblichen Stimmung abweichende Umstimmung von Saiteninstrumenten (z. B. zur Erzeugung besonderer Klangeffekte); Ggs. ↑Accordatura

Score [sko:ɐ̯] *der;* -s, -s ‹*engl.*›: **1. a)** Spielstand, Spielergebnis; **b)** Zahl der erreichten Treffer im Lotto od. der erreichten Punkte in einem sportlichen Wettkampf. **2.** (Psychol.) geschätzter od.

gemessener Zahlenwert, Messwert (z. B. bei Testergebnissen)

sco|ren ['sko:rən] (Sport): einen Punkt, ein Tor o. Ä. erzielen

Scotch [skɔtʃ] *der;* -s, -s ‹*engl.;* Kurzw. aus: scotch whisky›: schottischer Whisky; vgl. Bourbon

Scotch|ter|ri|er ['skɔtʃ...] *der;* -s, - ‹*engl.*›: ein schottischer Jagdhund

Sco|tist *der;* -en, -en: Vertreter des Scotismus

Scou|bi|dou [skubi'du:] *das;* -s, -s ‹*fr.*›: Bastelspiel aus bunten Plastikbändern, die zu Figuren verknüpft werden

Scout [skaut] *der;* -s, -s ‹*engl.*›: **1. a)** Pfadfinder; vgl. Boyscout; **b)** Wegbereiter, Vorreiter, Vordenker. **2.** (Jargon) **a)** jmd., der Erfolg versprechende [Börsen]geschäfte ausfindig macht; **b)** jmd., der im Ausland nach erfolgreichen Büchern Ausschau hält, um für seinen Verlag die Lizenz zu erwerben

Scrab|b|le® ['skrɛbl̩] *das;* -[s], -s ‹*engl.*›: Spiel für zwei bis vier Mitspieler, bei dem aus Spielsteinen mit Buchstaben Wörter nach einem bestimmten Verfahren zusammengesetzt werden müssen

Scra|pie ['skre:pi] *die;* - ‹*engl.*› (Tiermed.): Traberkrankheit (der BSE ähnliche, vor allem bei Schafen auftretende Tierseuche)

scrat|chen ['skrɛtʃn̩] ‹*engl.*›: Scratching betreiben

Scrat|ching ['skrɛtʃɪŋ] *das;* -s ‹*engl.*›: das Hervorbringen bestimmter akustischer Effekte durch Manipulieren der laufenden Schallplatte (bes. in der Discomusik)

Screen [skri:n] *der;* -s, -s ‹*engl.*›: engl. Bez. für: Bildschirm

Scree|ning ['skri:nɪŋ] *das;* -s, -s, **Scree|ning|test** *der;* -[e]s, -s (auch: -e) (Med.): Verfahren zur Reihenuntersuchung (z. B. auf Krebs)

Scrip *der;* -s, -s ‹*lat.-fr.-engl.*›: **1.** Interimsschein als Ersatz für noch nicht fertig gestellte Stücke von neu ausgegebenen Wertpapieren. **2.** Gutschein über nicht gezahlte Zinsen, durch den der Zinsanspruch zunächst abgegolten ist; vgl. Dollarscrip

Scu|do *der;* -, ...di ‹*lat.-it.;* »Schild«›: alte italienische Münze

sculp|sit ‹*lat.;* »hat [es] gestochen«›: gestochen von (hinter dem Namen des Künstlers auf Kupferstichen; Abk.: sc., sculps.)

Scyl|la ['stsʏla] vgl. Szylla

Seal [zi:l, auch: si:l] *der* od. *das;* -s, -s ‹*engl.*›: **1.** Fell des Seebären (Ohrenrobbe). **2.** Pelz aus Seal (1)

Seal|skin ['zi:lskɪn, auch: 'si:lskɪn] *der* od. *das;* -[s], -s: **1.** Seal. **2.** Plüschgewebe als Nachahmung des echten Seals

Sé|an|ce [ze'ã:s(ə)] *die;* -, -n [...sn̩] ‹*lat.-fr.*›: [spiritistische] Sitzung

Se|bor|rhö *die;* -, -en ‹*lat.; gr.*› (Med.): krankhaft gesteigerte Absonderung der Talgdrüsen; Schmerfluss

sec [sɛk] ‹*lat.-fr.*›: ↑dry

sec|co ‹*lat.-it.*›: it. Bez. für: trocken

Sec|co *das;* -[s], -s (Musik): nur von einem Tasteninstrument begleitetes Rezitativ

Sec|co|ma|le|rei *die;* -: Wandmalerei auf trockenem Putz; Ggs. ↑Freskomalerei

Se|cen|tis|mus [zetʃɛn...] *der;* - ‹*lat.-it.-nlat.*›: Stilrichtung in der italienischen Barockpoesie des 17. Jh.s; vgl. Marinismus

Se|cen|tist *der;* -en, -en: Dichter, Künstler des Secentismus

Se|cen|tis|tin *die;* -, -nen: weibliche Form zu ↑Secentist

Se|cen|to [se'tʃɛnto] vgl. Seicento

Se|ces|si|on *die;* - ‹*lat.*›: **a)** Form des Jugendstils in Österreich; **b)** Ausstellungsgebäude in Wien

se|cond|hand ['sɛkənt'hɛnt] ‹*engl.*›: aus zweiter Hand; gebraucht

Se|cond|hand|shop *der;* -s, -s ‹*engl.*›: Laden, in dem gebrauchte Ware (insbesondere gebrauchte Kleidung) verkauft wird

Se|c|ret Ser|vice ['si:krɪt 'sə:vɪs] *der;* - - ‹*engl.*›: britischer Geheimdienst

Se|cu|ri|ty [sɪ'kjʊərəti] *die;* -, -s ‹*lat.-fr.-engl.*›: **1.** Sicherheit [vor Gefahr od. Schaden]. **2.** Sicherheitsdienst. **3.** (meist Plural) **a)** (Bankw.) bankübliche Sicherheit, Kaution; **b)** (Börsenw.) Wertpapier

Se|da: *Plural* von ↑Sedum

se|da|tiv ‹*lat.-nlat.*› (Med.): beruhigend, schmerzstillend (von Medikamenten)

Se|da|tiv *das;* -s, -e, **Se|da|ti|vum** *das;* -s, ...va ‹*lat.*› (Med.): Beruhigungsmittel; schmerzlinderndes Mittel

Se|dez *das;* -es ‹*lat.*›: Buchformat, bei dem der Bogen 16 Blätter = 32 Seiten hat

Se|di|ment *das;* -[e]s, -e ‹*lat.*›: **1.** (Geol.) das durch Sedimentation entstandene Schicht- oder Absatzgestein. **2.** (Med.) Bodensatz einer [Körper]flüssigkeit (bes. des Urins)

se|di|men|tär ‹*lat.-nlat.*› (Geol.): durch Ablagerung entstanden (von Gesteinen u. Lagerstätten)

Se|di|men|ta|ti|on *die;* -, -en: **1.** (Geol.) Ablagerung von Stoffen, die an anderen Stellen abgetragen wurden. **2.** (Chemie, Med.) Bodensatzbildung in Flüssigkeiten

se|di|men|tie|ren: 1. (Geol.) ablagern (von Staub, Sand, Kies usw. durch Wind, Wasser od. Eis). **2.** (Chemie, Med.) einen Bodensatz bei Flüssigkeiten bilden

Se|dis|va|kanz *die;* -, -en ‹*lat.-mlat.*›: Zeitraum, während dessen das Amt des Papstes od. eines Bischofs unbesetzt ist

Se|dum *das;* -s, ...da ‹*lat.*›: Pflanzengattung der Dickblattgewächse

Seer|su|cker [ˈsiːɐ̯sakɐ] *der;* -s ‹*Hindi-engl.*›: Baumwollgewebe mit Kreppeffekt

Seg|ment *das;* -[e]s, -e ‹*lat.*›: **1.** Abschnitt, Teilstück (in Bezug auf ein Ganzes). **2.** Abschnitt eines [gegliederten] Organs (z. B. des Rückenmarks) od. eines Körpers (z. B. der Gliedertiere)

seg|men|tal ‹*lat.-nlat.*›: segmentförmig, als Segment vorliegend

seg|men|tär: aus einzelnen Abschnitten zusammengesetzt

seg|men|tie|ren: [in Segmente] zerlegen; gliedern

Seg|men|tie|rung *die;* -, -en: das Segmentieren

se|gre|gie|ren ‹*lat.*›: absondern, aufspalten

Sei|cen|to [zeiˈtʃɛnto], **Se|cen|to** [seˈtʃɛnto] *das;* -[s] ‹*lat.-it.*›: die italienische Kunst des 17. Jh.s als eigene Stilrichtung

Seiches [sɛ(ː)ʃ] *die* (Plural) ‹*fr.*›: stehende Wellen, bei denen der Wasserspiegel am einen Ufer steigt, am entgegengesetzten fällt (bei Binnenseen)

Sei|g|neur [zɛnˈjøːɐ̯] *der;* -s, -s ‹*lat.-fr.*›: **1.** (Geschichte) französischer Grund-, Lehnsherr. **2.** (veraltet) vornehmer, gewandter Herr

Seis|mik *die;* - ‹*gr.-nlat.*›: Wissenschaft, Lehre von der Entstehung, Ausbreitung u. Auswirkung der Erdbeben

S

seis|misch: 1. die Seismik betreffend. **2.** Erdbeben betreffend, durch Erdbeben verursacht

Seis|mo|graf, Seis|mo|graph *der;* -en, -en: Erdbebenmesser, der Richtung und Dauer des Bebens aufzeichnet

seis|mo|gra|fisch, seis|mo|gra|phisch: mit Seismografen aufgenommen (von Erschütterungen im Erdinnern)

Seis|mo|gramm *das;* -s, -e: Erdbebenkurve des Seismografen

Seis|mo|graph usw. vgl. Seismograf usw.

Seis|mo|lo|ge *der;* -n, -n: Wissenschaftler, Forscher, Fachmann auf dem Gebiet der Seismik

Seis|mo|lo|gie *die;* -: ↑Seismik

Seis|mo|lo|gin *die;* -, -nen: weibliche Form zu ↑Seismologe

seis|mo|lo|gisch: seismisch (1)

Sejm [zaim, poln.: sɛjm] *der;* -s ‹*poln.*›: polnische Volksvertretung

Se|kans *der;* -, - (auch: Sekanten) ‹*lat.*› (Math.): Verhältnis der Hypotenuse zur Ankathete im rechtwinkligen Dreieck (Zeichen: sec)

Se|kan|te *die;* -, -n (Math.): Gerade, die eine Kurve (bes. einen Kreis) schneidet

Se|kel, Sche|kel *der;* -s, - ‹*hebr.*›: altbabylonische u. jüdische Gewichts- u. Münzeinheit

sek|kant ‹*lat.-it.*› (österr., sonst veraltet): lästig, zudringlich

[1]**Se|kret** *das;* -[e]s, -e ‹*lat. (-mlat.)*›: **1.** (Med.) **a)** von einer Drüse produzierter u. abgesonderter Stoff, der im Organismus bestimmte biochemische Aufgaben erfüllt (z. B. Speichel, Hormone); **b)** Ausscheidung, Absonderung [einer Wunde]; vgl. Exkret, Inkret. **2.** vertrauliche Mitteilung

[2]**Se|kret** *die;* -, -en (Plural selten) ‹*lat.*›: stilles Gebet des Priesters während der Messe

Se|kre|tar *der;* -s, -e ‹*lat.-mlat.*› (veraltet): Geschäftsführer, Abteilungsleiter

Se|kre|tär *der;* -s, -e ‹*lat.-mlat.(-fr.);* »Geheimschreiber«›: **1.** jmd., der für eine [leitende] Persönlichkeit des öffentlichen Lebens die Korrespondenz, die organisatorischen Aufgaben o. Ä. erledigt. **2. a)** leitender Funktionär einer Organisation; **b)** Schriftführer. **3.** Beamter des mittleren Dienstes. **4.** Schreibschrank. **5.** afrikanischer Raubvogel (Kranichgeier)

Se|kre|ta|ri|at *das;* -[e]s, -e ‹*lat.-mlat.*›: **a)** der Leitung einer Organisation, Institution, eines Unternehmens beigeordnete, für Verwaltung u. organisatorische Aufgaben zuständige Abteilung; **b)** Raum, Räume eines Sekretariats (a)

se|kre|tie|ren ‹*lat.-nlat.*›: **1.** (Med.) absondern, ausscheiden. **2.** geheim halten, verschließen, bes. Bücher in einer Bibliothek

Se|kre|ti|on *die;* -, -en ‹*lat.*›: **1.** (Med.) Vorgang der Produktion u. Absonderung von Sekreten durch Drüsen. **2.** (Geol.) das Ausfüllen von Hohlräumen im Gestein durch Minerallösungen

se|kre|to|risch ‹*lat.-nlat.*› (Med.): die Sekretion von Drüsen betreffend

Sek|te *die;* -, -n ‹*lat.-mlat.;* »befolgter Grundsatz«›: **1.** kleinere, von einer größeren Glaubensgemeinschaft, einer Kirche abgespaltene religiöse Gemeinschaft, die andere Positionen als die ursprüngliche Gemeinschaft betont. **2.** (meist abwertend) kleinere Gemeinschaft, die in meist radikaler, einseitiger Weise bestimmte Ideologien vertritt, die nicht den ethischen Grundwerten der Gesellschaft entsprechen

Sek|tie|rer *der;* -s, -: **1.** Anhänger einer Sekte. **2.** (meist abwertend) jmd., der von der herrschenden politischen od. von einer philosophischen Richtung abweicht

Sek|tie|re|rin *die;* -, -nen: weibliche Form zu ↑Sektierer

sek|tie|re|risch: 1. einer Sekte anhängend. **2.** nach Art eines Sektierers

Sek|ti|on *die;* -, -en ⟨*lat.*⟩: **1.** Abteilung, Gruppe [innerhalb einer Behörde od. Institution]. **2.** ↑Obduktion. **3.** (Technik) vorgefertigtes Bauteil, bes. eines Schiffs

Sek|ti|ons|chef [...ʃɛf] *der;* -s, -s (bes. österr.): Abteilungsleiter in einer Behörde [in einem Ministerium]

Sek|ti|ons|che|fin *die;* -, -nen: weibliche Form zu ↑Sektionschef

Sek|tor *der;* -s, ...oren: [Sach]gebiet (als Teil von einem Ganzen), Bezirk

Se|kund *die;* -, -en ⟨*lat.*⟩ (österr.): ↑Sekunde (4)

Se|kun|da *die;* -, ...den (veraltend): **1.** die sechste u. siebente Klasse eines Gymnasiums. **2.** (österr.) die zweite Klasse einer höheren Schule

Se|kund|ak|kord *der;* -[e]s, -e (Musik): die 3. Umkehrung des Dominantseptimenakkords (in der Generalbassschrift mit einer »2« unter der Bassstimme angedeutet)

Se|kun|da|ner *der;* -s, - (veraltend): Schüler einer Sekunda

Se|kun|da|ne|rin *die;* -, -nen: weibliche Form zu ↑Sekundaner

Se|kun|dant *der;* -en, -en ⟨*lat.(-fr.)*⟩: **1.** Zeuge bei einem Duell. **2.** Helfer, Berater, Betreuer eines Sportlers während eines Wettkampfes (bes. beim Berufsboxen). **3.** Helfer, Beistand

Se|kun|dan|tin *die;* -, -nen: weibliche Form zu ↑Sekundant (2, 3)

Se|kun|dar... vgl. Sekundär...

se|kun|där ⟨*lat.-fr.*⟩: **1. a)** an zweiter Stelle stehend, zweitrangig, in zweiter Linie in Betracht kommend; **b)** nachträglich hinzukommend. **2.** (von chemischen Verbindungen o. Ä.) jeweils zwei von mehreren gleichartigen Atomen durch zwei bestimmte andere Atome ersetzend od. mit zwei bestimmten anderen verbindend; vgl. primär (2), tertiär (2). **3.** (Elektrot.) den Teil eines Netzgerätes betreffend, über den die umgeformte Spannung als Leistung abgegeben wird; vgl. primär (3)

Se|kun|där...

bes. österr. und schweiz. auch: **Se|kun|dar...** ⟨*lat.* secundarius »(der Reihe nach) folgend, zweitrangig« → *fr.* secondaire »zweitrangig«⟩ Wortbildungselement mit der Bedeutung »an zweiter Stelle; in zweiter Linie in Betracht kommend; nachträglich hinzukommend«:
– Sekundärenergie
– Sekundärliteratur
– Sekundarstufe

Se|kun|dar|arzt *der;* -es, ...ärzte (österr.): Assistenzarzt; Krankenhausarzt ohne leitende Stellung; Ggs. ↑Primararzt

Se|kun|dar|ärz|tin *die;* -, -nen: weibliche Form zu ↑Sekundararzt

Se|kun|där|ener|gie *die;* -, -n (Technik): aus einer Primärenergie gewonnene Energie

Se|kun|där|li|te|ra|tur *die;* - (Literaturwiss.): wissenschaftliche u. kritische Literatur über Primärliteratur

Se|kun|där|roh|stoff *der;* -[e]s, -e: Altmaterial

Se|kun|dar|schu|le *die;* -, -n (schweiz.): höhere Volksschule

Se|kun|där|sta|tis|tik *die;* -, -en: statistische Auswertung von Material, das nicht primär für statistische Zwecke erhoben wurde; vgl. Primärstatistik

Se|kun|dar|stu|fe *die;* -, -n: auf der Primarstufe aufbauende weiterführende Stufe, weiterführender Bildungsgang

Se|kun|da|wech|sel *der;* -s, - ⟨*lat.; dt.*⟩: zweite Ausfertigung eines Wechsels

Se|kun|de *die;* -, -n ⟨*lat.*⟩: **1. a)** der 60. Teil einer Minute, eine Grundeinheit der Zeit (Abk.: Sek.; Zeichen: s, älter sec, sek); **b)** (ugs.) sehr kurze Zeitspanne, kurzer Augenblick. **2.** (Math.) Winkelmaß (der 3 600ste Teil eines Winkelgrads; Kurzzeichen: "). **3.** die dritte Seite eines Druckbogens mit der Sternchenziffer. **4.** (Musik) **a)** zweiter Ton einer diatonischen Tonleiter; **b)** Intervall von zwei diatonischen Tonstufen

se|kun|die|ren ⟨*lat.(-fr.)*⟩: **1. a)** jmdn., etwas [mit Worten] unterstützen; beipflichtend äußern; **b)** die zweite Stimme singen od. spielen u. jmdn., etwas damit begleiten. **2.** als Sekundant tätig sein. **3.** (Sport, bes. Boxen u. Schach) einen Teilnehmer während des Wettkampfs persönlich betreuen u. beraten

Se|kun|do|ge|ni|tur *die;* -, -en: Besitz[recht] des zweitgeborenen Sohnes u. seiner Linie in Fürstenhäusern; vgl. Primogenitur

Se|ku|rit® [auch: ...ˈrɪt] *das;* -s ⟨*lat.-nlat.*⟩: nicht splitterndes Sicherheitsglas

Se|la *das;* -s, -s: Musikzeichen in den Psalmen

Se|lam|lik *der;* -[s], -s ⟨*türk.*⟩: **1.** Empfangsraum in einem vornehmen muslimischen Haus. **2.** (Geschichte) die Auffahrt des Sultans od. Kalifen zum Freitagsgebet

se|le|gie|ren ⟨*lat.*⟩: auswählen

se|lek|tie|ren ⟨*lat.-nlat.*⟩: aus einer Anzahl von Individuen od. Dingen diejenigen heraussuchen, deren Eigenschaften sie für einen bestimmten Zweck besonders geeignet machen

Se|lek|ti|on *die;* -, -en ⟨*lat.*⟩: **1.** Aussonderung, Auswahl. **2.** (Biol.) Auslese, Zuchtwahl; vgl. Elektion

se|lek|ti|o|nie|ren ⟨*lat.-nlat.*⟩: ↑selektieren

se|lek|tiv: 1. auf Auswahl, Auslese beruhend; auswählend; vgl. elektiv. **2.** trennscharf (im Rundfunk)

Se|lek|ti|vi|tät *die;* -: **1.** selektive Beschaffenheit. **2.** (Funkw.) Trennschärfe

Se|len *das;* -s ⟨*gr.-nlat.*⟩: chem. Element; ein Halbmetall (Zeichen: Se)

Se|le|nat *das;* -[e]s, -e: Salz der Selensäure

Se|le|no|gra|fie, Se|le|no|gra|phie *die;* - (Astron.): Beschreibung u. Darstellung der topografischen u. physikalischen Beschaffenheit des Mondes

Se|le|no|lo|gie *die;* -: Wissenschaft von der Beschaffenheit des Mondes, Mondgeologie

se|le|no|lo|gisch: mondkundlich

Se|len|zel|le *die;* -, -n (Physik): spezielle Fotozelle, die Lichtimpulse in elektrische Stromschwankungen umwandelt

Self|ak|tor *der;* -s, -s ⟨*engl.*⟩: Spinnmaschine mit einem sich bewegenden Wagen, der die Spindeln trägt

Self|ful|fil|ling Pro|phe|cy [ˈsɛlffʊlfɪlɪŋ ˈprɔfɪsi] *die;* - -, - -s ⟨*engl.;* »sich selbst erfüllende Voraussage«⟩ (Psychol., Soziol.): Zunahme der Wahrscheinlichkeit, dass ein bestimmtes Ereignis eintritt, wenn es vorher bereits erwartet wird

Self|made|man [...mæn] *der;* -s, ...men [...mən]: jmd., der aus eigener Kraft zu beruflichem Erfolg gelangt ist

Sel|ler [ˈsɛlɐ] *der;* -s, - ⟨*engl.*⟩: Kurzform von ↑Longseller, ↑Bestseller

Sel|le|rie [österr.: ...ˈri:] *die;* -, - (österr.: ...rien) ⟨*gr.-lat.-it.*⟩: eine Gemüse- u. Gewürzpflanze

Sem *das;* -s, -e ⟨*gr.*⟩ (Sprachw.): eines von mehreren Bedeutungselementen, Merkmalen, die zusammen ein Semem ausmachen (z. B. das Merkmal *männlich* im Lexem *Hengst*)

Se|man|tik *die;* - (Sprachw.): **1.** Teilgebiet der Linguistik, das sich mit den Bedeutungen sprachlicher Zeichen u. Zeichenfolgen befasst. **2.** Bedeutung, Inhalt (eines Wortes, Satzes od. Textes)

se|man|tisch: a) den Inhalt eines sprachlichen Zeichens betreffend; **b)** die Semantik betreffend

Se|ma|sio|lo|gie *die;* -; ...ien: Wissenschaft, Lehre von den Bedeutungen; Teilgebiet der [älteren] Sprachwissenschaft, das sich besonders mit den Wortbedeutungen u. ihren [historischen] Veränderungen befasst

se|ma|sio|lo|gisch: die Semasiologie betreffend, deren Methode anwendend

Se|men *das;* -s, Semina ⟨*lat.*⟩ (Bot.): Pflanzensamen

Se|mes|ter *das;* -s, - ⟨*lat.;* »Zeitraum von 6 Monaten«⟩: **1.** Studienhalbjahr an einer Hochschule. **2.** (Studentenspr.) Student eines bestimmten Semesters. **3.** (ugs. scherzh.) Jahrgang (in Bezug auf eine [ältere] Person)

se|mi..., Se|mi...

⟨*lat.* semi... »halb«⟩
Wortbildungselement mit der Bedeutung »halb, fast, teilweise«:
- Semifinale
- semipermeabel
- semiprofessionell

Se|mi|fi|na|le *das;* -s, - ⟨*lat.-it.*⟩: Vorschlussrunde bei Sportwettkämpfen, die in mehreren Ausscheidungsrunden durchgeführt werden

Se|mi|ko|lon *das;* -s, -s u. ...la ⟨*lat.; gr.*⟩: aus einem Komma mit einem darüber gesetzten Punkt bestehendes Satzzeichen, das etwas stärker trennt als ein Komma, aber doch den Zusammenhang eines [größeren] Satzgefüges verdeutlicht; Strichpunkt (Zeichen: ;)

se|mi|lu|nar: halbmondförmig

Se|mi|nar *das;* -s, -e (österr. auch: -ien) ⟨*lat.;* »Pflanzschule, Baumschule«⟩: **1.** Hochschulinstitut für einen bestimmten Fachbereich mit den entsprechenden Räumlichkeiten. **2. a)** Lehrveranstaltung (z. B. an einer Hochschule); **b)** Schulung, [berufliche] Weiterbildungsveranstaltung. **3.** kirchliches Institut zur Ausbildung von Geistlichen (Priester-, Predigerseminar). **4. a)** (früher) Institut für die Ausbildung von Volksschullehrern; **b)** mit dem Schulpraktikum einhergehender Lehrgang für Studienreferendare vor dem 2. Staatsexamen

Se|mi|na|rist *der;* -en, -en ⟨*lat.-nlat.*⟩: jmd., der an einem Seminar (3, 4) ausgebildet wird

Se|mi|na|ris|tin *die;* -, -nen: weibliche Form zu ↑Seminarist

se|mi|na|ris|tisch: **a)** das Seminar betreffend; **b)** den Seminaristen betreffend

Se|mio|lo|gie *die;* - ⟨*gr.-nlat.*⟩: **1.** (Philos., Sprachw.) Lehre von den Zeichen, Zeichentheorie. **2.** ↑Symptomatologie

Se|mi|o|tik *die;* -: **1.** ↑Semiologie (1). **2.** Wissenschaft vom Ausdruck, Bedeutungslehre. **3.** ↑Symptomatologie

se|mi|o|tisch: **a)** die Semiotik betreffend; **b)** das [sprachliche] Zeichen betreffend

se|mi|per|me|a|bel ⟨*lat.-nlat.*⟩ (Chemie, Biol.): halbdurchlässig (z. B. von Membranen)

Se|mi|per|me|a|bi|li|tät *die;* -: Halbdurchlässigkeit

se|mi|pro|fes|si|o|nell: weitgehend, fast schon professionell

Se|mit *der;* -en, -en ⟨nach Sem, dem ältesten Sohn Noahs im Alten Testament⟩: Angehöriger einer sprachlich u. anthropologisch verwandten Gruppe von Völkern, bes. in Vorderasien und Nordafrika

Se|mi|tin *die;* -, -nen: weibliche Form zu ↑Semit

se|mi|tisch: die Semiten betreffend

Se|mi|tist *der;* -en, -en ⟨*nlat.*⟩: Wissenschaftler auf dem Gebiet der Semitistik

Se|mi|tis|tik *die;* -: Wissenschaft von den alt- u. neusemitischen Sprachen u. Literaturen

Se|mi|tis|tin *die;* -, -nen: weibliche Form zu ↑Semitist

se|mi|tis|tisch: die Semitistik betreffend

Se|mi|vo|kal *der;* -s, -e: ↑Halbvokal

Sem|st|wo *das;* -s, -s ⟨*russ.*⟩ (Geschichte): ständische Selbstverwaltung im zaristischen Russland (1864–1917)

Se|nar *der;* -s, -e ⟨*lat.*⟩ (antike Metrik): dem griechischen Trimeter entsprechender lateinischer Vers mit sechs Hebungen

Se|nat *der;* -[e]s, -e ⟨*lat.;* »Rat der Alten«⟩: **1.** (Geschichte) Staatsrat als Träger des Volkswillens im Rom der Antike. **2.** eine Kammer des Parlaments im parlamentarischen Zweikammersystem (z. B. in den USA). **3. a)** Regierungsbehörde in Hamburg, Bremen u. Berlin; **b)** ↑[1]Magistrat (2) (z. B. in Lübeck). **4.** Verwaltungsbehörde an Hochschulen und Universitäten. **5.** Richterkollegium an höheren deutschen Gerichten (z. B. an Oberlandesgerichten, Bundessozialgerichten)

Se|na|tor *der;* -s, ...oren: Mitglied eines Senats

Se|na|to|rin *die;* -, -nen: weibliche Form zu ↑Senator

se|na|to|risch: den Senat betreffend

Se|na|tus Po|pu|lus|que Ro|ma|nus: »der Senat u. das römische Volk« (historische formelhafte Bez. für das gesamte römische Volk; Abk.: S. P. Q. R.)

Se|ne|schall *der;* -s, -e ⟨*germ.-fr.*⟩ (Geschichte): Oberhofbeamter im merowingischen Reich

Se|nes|zenz *die;* - ⟨*lat.-nlat.*⟩ (Med.): das Altern u. die dadurch bedingten körperlichen Veränderungen

Se|n|hor [sɛnˈjoːɐ̯] *der;* -s, -es ⟨*lat.-port.*⟩: port. Bez. für: Herr; Gebieter, Besitzer

Se|n|ho|ra [...ˈjoːra] *die;* -, -s: port. Bez. für: Dame, Frau

Se|n|ho|ri|ta [...jo...] *die;* -, -s: port. Bez. für: unverheiratete Frau

se|nil ⟨*lat.*⟩: **1.** (Med.) **a)** greisenhaft, altersschwach; **b)** das Greisenalter betreffend, im hohen Lebensalter auftretend. **2.** (abwertend) verkalkt

Se|ni|li|tät *die;* - ⟨*lat.-nlat.*⟩: **1.** (meist abwertend) das Senilsein; Greisenhaftigkeit. **2.** (Med.) verstärkte Ausprägung normaler Alterserscheinungen (z. B. Gedächtnisschwäche, psychische Veränderungen)

se|ni|or ⟨*lat.;* »älter«⟩: der Ältere (nur unflektiert hinter dem Personennamen, z. B. Krause senior; Abk.: sen.; Ggs. ↑junior)

Se|ni|or *der;* -s, ...oren: **1.** (ugs.) **a)** ↑Seniorchef; **b)** Vater (im Verhältnis zum Sohn); Ggs. ↑Junior (1). **2.** der ältere Mann (im Unterschied zum jüngeren, jungen Mann), bes. der Sportler im Alter von mehr als 18 od. (je nach Sportart) 20, 21, 23 Jahren; Ggs. ↑Junior (2). **3.** Vorsitzender. **4.** (ugs.) der Älteste (in einem [Familien]kreis, einer Versammlung o. Ä.). **5.** (meist Plural) älterer Mensch

Se|ni|o|rat *das;* -[e]s, -e ⟨*lat.-nlat.*⟩: **1.** (Geschichte) Aufsicht u. Verantwortung des Grundherrn gegenüber seinen Abhängigen im Frankenreich. **2.** (Rechtsgeschichte) Vorrecht des Ältesten innerhalb eines Familienverbandes (bes. auf das Erbgut). **3.** (veraltet) Ältestenwürde, Amt des Vorsitzenden

Se|ni|or|chef *der;* -s, -s: Geschäfts-, Firmeninhaber, dessen Sohn in der Firma mitarbeitet

Se|ni|or|che|fin *die;* -, -nen: weibliche Form zu ↑Seniorchef

Sen|na *die;* - ⟨*arab.-roman.*⟩: ↑Kassia

Sen|nes|blät|ter *die* (nur Plural) ⟨*arab.-roman.; dt.*⟩ (Med.): getrocknete Blätter verschiedener indischer u. ägyptischer Pflanzen (ein Abführmittel); vgl. Senna

Se|non *das;* -s ⟨nach dem kelt. Stamm der Senonen⟩ (Geol.): zweitjüngste Stufe der oberen Kreideformation

Se|ñor [sɛn'jo:ɐ̯] *der;* -s, -es ⟨*lat.-span.*⟩: span. Bez. für: Herr

Se|ño|ra *die;* -, -s: span. Bez. für: Dame, Frau

Se|ño|ri|ta *die;* -, -s: span. Bez. für: unverheiratete Frau

Sen|sal *der;* -s, -e ⟨*lat.-it.*⟩ (österr.): ↑Courtier

Sen|sa|lie, Sen|sa|rie *die;* -, ...ien (österr.): Maklergebühr

Sen|sa|ti|on *die;* -, -en ⟨*lat.-mlat.-fr.;* »Empfindung«⟩: **1.** aufsehenerregendes, unerwartetes Ereignis; aufsehenerregende, erstaunliche, verblüffende Leistung, Darbietung. **2.** (Med.) subjektive körperliche Empfindung, Gefühlsempfindung

sen|sa|ti|o|nell ⟨*lat.-mlat.-fr.*⟩: aufsehenerregend, verblüffend, [höchst] eindrucksvoll

sen|si|bel ⟨*lat.-fr.*⟩: **1.** empfindsam, empfindlich. **2.** (Med.) die Empfindung, Reizaufnahme betreffend, Hautreize aufnehmend (von Nerven)

Sen|si|bi|li|sa|tor *der;* -s, ...oren ⟨*lat.-nlat.*⟩: Farbstoff zur Erhöhung der Empfindlichkeit fotografischer Schichten für gelbes u. rotes Licht

sen|si|bi|li|sie|ren: 1. empfindlich, sensibel (1) machen (für die Aufnahme von Reizen u. Eindrücken). **2.** (von Filmen) mithilfe von Sensibilisatoren lichtempfindlich machen. **3.** (Med.) den Organismus gegen bestimmte Antigene empfindlich machen, die Bildung von Antikörpern bewirken

Sen|si|bi|li|tät *die;* -, -en ⟨*lat.-fr.*⟩: **1.** Empfindlichkeit, Empfindsamkeit; Feinfühligkeit. **2.** (Med., Psychol.) Fähigkeit des Organismus od. bestimmter Teile des Nervensystems, Gefühls- u. Sinnesreize aufzunehmen. **3.** Empfangsempfindlichkeit bei Funkempfängern

sen|si|tiv ⟨*lat.-mlat.(-fr.)*⟩ (Med.): leicht reizbar, überempfindlich (z. B. in Bezug auf die Psyche)

Sen|si|ti|vi|tät *die;* -, -en: Überempfindlichkeit, Feinfühligkeit

Sen|si|to|me|ter *das;* -s, - ⟨*lat.; gr.*⟩: Instrument zur Empfindlichkeitsmessung fotografischer Platten u. Filme

Sen|si|to|me|t|rie *die;* -: Verfahren zur Messung der Empfindlichkeit von fotografischen Platten u. Filmen

Sen|sor *der;* -s, ...oren (Technik): **1.** elektronischer Fühler, Signalmesser. **2.** durch bloßes Berühren zu betätigende Schaltvorrichtung

sen|so|ri|ell ⟨*lat.-fr.*⟩: ↑sensorisch

Sen|so|ri|en *die* (Plural) ⟨*lat.-nlat.*⟩ (Med.): Gebiete der Großhirnrinde, in denen Sinnesreize bewusst werden; vgl. Sensorium

sen|so|risch (Med.): die Sinnesorgane, die Aufnahme von Sinnesempfindungen betreffend

Sen|so|ri|um *das;* -s, ...ien ⟨*lat.-nlat.*⟩: **1.** (Med.) Bewusstsein; vgl. Sensorien. **2.** Gespür

Sen|su|a|lis|mus *der;* -: **1.** (Philos.) Lehre, nach der alle Erkenntnis allein auf Sinneswahrnehmung zurückführbar ist. **2.** (selten) Sinnlichkeit, Sinnenfreude

Sen|su|a|list *der;* -en, -en: Vertreter des Sensualismus

sen|su|a|lis|tisch: den Sensualismus betreffend

Sen|su|a|li|tät *die;* - ⟨*lat.*⟩ (Med.): Empfindungsvermögen der Sinnesorgane

sen|su|ell ⟨*lat.-fr.*⟩ (Med.): **a)** die Wahrnehmung durch Sinnesorgane, die Sinnesorgane betreffend; **b)** sinnlich wahrnehmbar

Sen|sus *der;* -, - [...zu:s] ⟨*lat.*⟩ (Med.): Empfindungsvermögen eines bestimmten Sinnesorgans

Sen|tenz *die;* -, -en ⟨*lat.*⟩: **1. a)** einprägsamer, weil kurz u. treffend formulierter Ausspruch; **b)** Sinnspruch, Denkspruch als dichterische Ausdrucksform; vgl. Gnome. **2.** (Rechtswiss.) richterliches Urteil. **3.** (nur Plural) Sammlung von Stellen aus der Bibel u. aus Schriften der Kirchenväter

sen|ten|zi|ös ⟨*lat.-fr.*⟩: in der Art der Sentenz, sentenzenreich

Sen|ti|ment [sãti'mã:] *das;* -s, -s ⟨*lat.-fr.*⟩: Empfindung, Gefühl, Gefühlsäußerung

sen|ti|men|tal ⟨*lat.-fr.-engl.*⟩: **a)** empfindsam; **b)** rührselig, übertrieben gefühlvoll

sen|ti|men|ta|lisch: a) (veraltet) ↑sentimental (a); **b)** (Literaturwiss.) die verloren gegangene ursprüngliche Natürlichkeit durch Reflexion wiederzugewinnen suchend; vgl. ...isch/-; Ggs. ↑naiv (2)

Sen|ti|men|ta|li|tät *die;* -, -en ⟨*lat.-fr.-engl.*⟩: Empfindsamkeit; Rührseligkeit

se|pa|rat: [ab]gesondert; einzeln, für sich

Se|pa|ra|ti|on *die;* -, -en ⟨*lat.(-fr.)*⟩: **1.** (veraltet) Absonderung. **2.** Gebietsabtrennung zum Zwecke der Angliederung an einen anderen Staat od. der politischen Verselbstständigung. **3.** (Geschichte) Flurbereinigung, Auflösung der genossenschaftlichen Wirtschaftsweise auf dem Agrarsektor im 18./19. Jh. in Deutschland

Se|pa|ra|tis|mus *der;* - ⟨*lat.-nlat.*⟩ (oft abwertend): das Streben (im politischen, kirchlich-religiösen od. weltanschaulichen Bereich) nach Separation (1, 2), bes. um einen separaten Staat zu gründen

Se|pa|ra|tist *der;* -en, -en: Verfechter, Anhänger des Separatismus

Se|pa|ra|tis|tin *die;* -, -nen: weibliche Form zu ↑Separatist

se|pa|ra|tis|tisch: a) den Separatismus betreffend; **b)** Tendenzen des Separatismus zeigend

Se|pa|ra|tor *der;* -s, ...oren: Gerät zur Trennung verschiedener Bestandteile von Stoffgemischen [durch Zentrifugalkräfte]

Se|pa|ree, Sé|pa|rée [zepa're:] *das;* -s, -s ‹*lat.-fr.*›: Nebenraum in einem Lokal

se|pa|rie|ren ‹*lat.(-fr.)*›: **1.** (Fachspr.) mithilfe eines Separators trennen. **2.** (veraltend) absondern, ausschließen

se|phar|disch: die Sephardim betreffend

se|pia ‹*gr.-lat.*›: grau- bis schwarzbraun

Se|pia, Se|pie [...i̯ə] *die;* -, ...ien: **1.** zehnarmiger Kopffüßer (z. B. Tintenfisch). **2.** (ohne Plural) aus dem Sekret des Tintenbeutels der Sepia (1) hergestellter grau- bis schwarzbrauner Farbstoff

Se|pia|kno|chen *der;* -s, -, **Se|pia|scha|le** *die;* -, -n: kalkhaltige Rückenplatte der Kopffüßer

Se|pia|zeich|nung *die;* -, -en: Feder- od. Pinselzeichnung mit aus Sepia (2) hergestellter Tinte, Tusche

Se|pie [...i̯ə] vgl. Sepia

Sep|sis *die;* -, ...sen ‹*gr.;* »Fäulnis«› (Med.): Blutvergiftung

Sep|ta: *Plural* von ↑Septum

Sept|ak|kord vgl. Septimenakkord

Sep|ta|rie [...i̯ə] *die;* -, -n ‹*lat.-nlat.*› (Geol.): birnenförmige bis knollige Konkretion (3) von Mergel in Ton

Sep|tem|ber *der;* -[s], -: neunter Monat im Jahr (Abk.: Sept.)

Sep|tett *das;* -[e]s, -e ‹*lat.-it.*› (Musik): **a)** Komposition für sieben solistische Instrumente od. sieben Solostimmen; **b)** Ensemble von sieben Instrumental- od. Vokalsolisten

Sep|tim *die;* -, -en ‹*lat.-mlat.*› (österr.): ↑Septime

Sep|ti|me *die;* -, -n (Musik): **a)** siebenter Ton einer diatonischen Tonleiter vom Grundton an; **b)** Intervall von sieben diatonischen Tonstufen

Sep|ti|men|ak|kord, Sept|ak|kord *der;* -[e]s, -e (Musik): Akkord aus Grundton, Terz, Quinte u. Septime od. aus drei übereinandergebauten Terzen (mit Septime)

sep|tisch ‹*gr.-lat.*› (Med.): **1.** die Sepsis betreffend, mit Sepsis verbunden. **2.** nicht keimfrei, mit Keimen behaftet; Ggs. ↑aseptisch (a)

Sep|tu|a|ge|si|ma *die;* - ‹*lat.-mlat.*›: neunter Sonntag vor Ostern

Sep|tu|a|gin|ta *die;* - ‹*lat.;* »siebzig«; nach der Legende von 72 Gelehrten verfasst›: älteste u. wichtigste griechische Übersetzung des Alten Testaments (Zeichen: LXX)

Sep|tum *das;* -s, ...ta u. ...ten ‹*lat.*› (Med.): Scheidewand, Zwischenwand, die benachbarte anatomische Strukturen voneinander trennt od. ein Gebilde unterteilt

Se|quel ['si:kwəl] *das;* -s, -s ‹*lat.-engl.*›: Fortsetzungsfilm [im Fernsehen]

se|quen|ti|ell vgl. sequenziell

Se|quenz *die;* -, -en: **1.** Aufeinanderfolge von etwas Gleichartigem; Folge, Reihe. **2.** (Musik) Wiederholung eines musikalischen Motivs auf höherer od. tieferer Tonstufe. **3.** (Musik) hymnusähnlicher Gesang in der mittelalterlichen Liturgie. **4.** (Film) aus einer unmittelbaren Folge von Einstellungen gestaltete, kleinere filmische Handlungseinheit. **5.** eine Serie aufeinanderfolgender Karten gleicher Farbe (im Kartenspiel). **6.** (EDV) Befehlsfolge in einem Programmierabschnitt

se|quen|zi|ell, se|quen|ti|ell (EDV): fortlaufend, nacheinander zu verarbeiten (von der Speicherung u. Verarbeitung von Anweisungen eines Computerprogramms)

[1]Se|ques|ter *der,* auch *das;* -s, - ‹*lat.-nlat.*›: **1.** ↑Sequestration (1). **2.** (Med.) abgestorbenes Knochenstück, das mit dem gesunden Knochen keine Verbindung mehr hat

[2]Se|ques|ter *der;* -s, - ‹*lat.*› (Rechtswiss.): jmd., der amtlich durch Gerichtsbeschluss mit der treuhänderischen Verwaltung einer strittigen Sache beauftragt wird; [Zwangs]verwalter

Se|ques|t|ra|ti|on *die;* -, -en ‹*lat.*›: **1.** (Rechtswiss.) gerichtlich angeordnete Übergabe einer strittigen Sache an einen [2]Sequester. **2.** Zwangsverwaltung eines Staates od. eines bestimmten Staatsgebietes, dessen Regierung abgesetzt ist. **3.** (Med.) Abstoßung eines [1]Sequesters (2)

se|ques|t|rie|ren: 1. eine Sequestration (2) anordnen. **2.** (Rechtswiss.) einen [2]Sequester bestellen. **3.** (Med.) ein abgestorbenes Knochenstück abstoßen (in Bezug auf den Organismus od. ein Gewebe)

Se|quo|ia [...ja] *die;* -, -s, **Se|quo|ie** [...jə] *die;* -, -n ‹*indian.-nlat.*›: Mammutbaum (ein Sumpfzypressengewächs)

Se|ra: *Plural* von ↑Serum

Sé|rac [ze'rak, se...] *der;* -s, -s ‹*lat.-fr.*› (Geogr.): zacken- od. turmartiges Gebilde an Gletschern

Se|ra|fim [...fi:m]: ökum. Plural von ↑Seraph

Se|rail [ze'rai̯, ...l] *das;* -s, -s ‹*pers.-türk.-it.-fr.*›: **a)** Palast des Sultans; **b)** orientalisches Fürstenschloss

Se|ra|pei|on *das;* -s, ...eia ‹*ägypt.-gr.*›, **Se|ra|pe|um** *das;* -s, ...een ‹*ägypt.-gr.-lat.*›: Tempelanlage, die dem ägyptisch-griechischen Gott Serapis geweiht war

Se|raph *der;* -s, Plural: -e u. -im [...fi:m], ökum.

Serafim ‹*hebr.-lat.*›: Engel des Alten Testaments mit sechs Flügeln [u. der Gestalt einer Schlange]

se|ra|phisch: a) zu den Engeln gehörend; **b)** engelgleich; **c)** verzückt

Se|ren: *Plural* von ↑Serum

Se|re|na|de *die;* -, -n ‹*lat.-it.-fr.*› (Musik): **1. a)** aus einer lockeren Folge von fünf bis sieben Einzelsätzen, bes. Tanzsätzen, bestehende Komposition für meist kleines Orchester; **b)** Konzertveranstaltung [im Freien], auf deren Programm bes. Serenaden (1 a) stehen. **2.** (veraltet) Ständchen

Se|re|nis|si|mus *der;* -, ...mi ‹*lat.*› (veraltet): **a)** Anrede für einen regierenden Fürsten; Durchlaucht; **b)** (scherzh.) Fürst eines Kleinstaates

Se|re|ni|tät *die;* - (veraltet): Heiterkeit

Serge [zɛrʃ, sɛrʒ] *die* (auch, österr. nur:) *der;* -, -n, **Ser|sche** *die* (österr. auch:) *der;* -, -n ‹*gr.-lat.-vulgärlat.-fr.*›: Gewebe in Köperbindung (einer bestimmten Webart), bes. für Futterstoffe

Ser|geant [zɛrˈʒant, engl.Ausspr.: ˈsɑːdʒənt] *der;* -en, -en u. (bei engl. Ausspr.:) -[s], -s ‹*lat.-fr.(-engl.)*›: **1.** (ohne Plural) Unteroffiziersdienstgrad. **2.** Träger dieses Dienstgrades

Se|rie [...i̯ə] *die;* -, -n ‹*lat.*›: **1. a)** Reihe bestimmter gleichartiger Dinge, Folge; **b)** Anzahl in gleicher Ausführung gefertigter Erzeugnisse der gleichen Art. **2.** Aufeinanderfolge gleicher, ähnlicher Geschehnisse, Erscheinungen. **3.** mehrteilige Fernseh- oder Radiosendung

se|ri|ell ‹*lat.-nlat.*›: **1.** (Musik) eine Reihentechnik verwendend, die vorgegebene, konstruierte Tonreihen zugrunde legt u. zueinander in Beziehung setzt (von einer Sonderform der Zwölftonmusik). **2.** (EDV) zeitlich nacheinander (in Bezug auf die Übertragung bzw. Verarbeitung von Daten). **3.** in Serie herstellbar, gefertigt, erscheinend; serienmäßig

S

Se|ri|fe *die;* -, -n (meist Plural) ‹*niederl.-engl.*› (Druckw.): kleiner, abschließender Querstrich am oberen od. unteren Ende von Buchstaben

se|ri|ös ‹*lat.-mlat.-fr.*›: **a)** ernsthaft, ernst gemeint; **b)** gediegen, anständig; würdig; **c)** glaubwürdig, vertrauenswürdig, [gesetzlich] zulässig

Se|ri|o|si|tät *die;* -: seriöse Art

Ser|mon *der;* -s, -e ‹*lat.(-fr.)*›: **1.** (veraltet) Rede, Gespräch, Predigt. **2.** (ugs.) **a)** Redeschwall; langweiliges Geschwätz; lange, inhaltsleere Rede; **b)** Strafpredigt

Se|ro|di|a|g|nos|tik *die;* -, -en ‹*lat.; gr.*› (Med.): Diagnostik von Krankheiten durch serologische Untersuchungsmethoden

se|rös (Med.): **a)** aus Serum bestehend, mit Serum vermischt; **b)** Serum absondernd

Se|ro|to|nin *das;* -s, -e ‹*lat.; gr.*› (Med.): im Darm u. im Nervensystem vorkommender hormonähnlicher Stoff, der verschiedene Organfunktionen reguliert

Ser|pen|tin *der;* -s, -e ‹*lat.*›: ein Mineral; Schmuckstein

Ser|pen|ti|ne *die;* -, -n: **a)** Schlangenlinie; in Schlangenlinie ansteigender Weg an Berghängen; **b)** Windung, Kehre, Kehrschleife

Ser|ra|del|la, Ser|ra|del|le *die;* -, ...llen: mitteleuropäische Futterpflanze; Vogelfuß (Schmetterlingsblütler)

Ser|sche vgl. Serge

Se|rum *das;* -s, Sera u. Seren ‹*lat.*› (Med.): **a)** flüssiger, hauptsächlich Eiweißkörper enthaltender, nicht mehr gerinnbarer Anteil des Blutplasmas; **b)** mit Immunkörpern angereichertes, als Impfstoff verwendetes Blutserum

Ser|val *der;* -s, -e u. -s ‹*lat.-port.-fr.*›: katzenartiges afrikanisches Raubtier

Ser|ve|la *die* od. *der;* -, -s (schweiz.: -) ‹*lat.-it.-fr.*›: **1.** (landsch., bes. schweiz.) ↑Zervelatwurst. **2.** (landsch.) kleine Fleischwurst

Ser|ve|lat|wurst vgl. Zervelatwurst

Ser|ver [ˈsəːvɐ] *der;* -s, - ‹*lat.-fr.-engl.;* »Bediener«›: **1.** (EDV) Rechner, der für andere in einem Netzwerk mit ihm verbundene Systeme bestimmte Aufgaben übernimmt u. von dem diese ganz od. teilweise abhängig sind. **2.** (Tennis) Spieler, der den Aufschlag macht

ser|ver|ba|siert (EDV): durch einen Server (1) unterstützt

[1]**Ser|vice** [zɛrˈviːs] *das;* - [...ˈviːs] u. -s [...ˈviːsəs], - [...ˈviːs u. ...viːsə] ‹*lat.-fr.*›: zusammengehörender Geschirr- od. Gläsersatz

[2]**Ser|vice** [ˈzøːɐ̯vɪs, engl.: ˈsəːvɪs] *der* (selten: *das*); -, -s [...vɪs u. ...vɪsɪs] ‹*lat.-fr.-engl.*›: **1.** Bedienung, Kundendienst, Kundenbetreuung. **2.** Aufschlag[ball] im Tennis

Ser|vice pu|b|lic [sɛrˈvis pyˈblik] *der;* - - ‹fr.› (schweiz.): vom Staat erbrachte u. zu erbringende Dienstleistung

ser|vie|ren [zɛr...] ‹*lat.-fr.*›: **1.** bei Tisch bedienen; zum Essen, Trinken auf den Tisch bringen. **2.** (Sport) **a)** den Ball aufschlagen (beim Tennis); **b)** einem Mitspieler den Ball [zum Torschuss] genau vorlegen (z. B. beim Fußball). **3.** (ugs. abwertend) [etwas Unangenehmes] vortragen, erklären, darstellen

Ser|vie|re|rin *die;* -, -nen: weibliche Bedienung in einer Gaststätte

Ser|vier|toch|ter *die;* -, ...töchter ‹*lat.-fr.; dt.*› (schweiz.): Kellnerin

Ser|vi|et|te *die;* -, -n ⟨*lat.-fr.*⟩: Stoff- od. Papiertuch zum Abwischen des Mundes beim Essen

Ser|vo|brem|se *die;* -, -n ⟨*lat.; dt.*⟩: Bremse mit einem Bremskraftverstärker

Ser|vo|len|kung *die;* -, -en: Lenkung bei Kraftwagen, bei der die vom Fahrer aufgewendete Kraft hydraulisch unterstützt wird

Ser|vo|mo|tor *der;* -s, -en ⟨*lat.-nlat.*⟩ (Technik): Hilfsmotor zur Betätigung von Steuervorrichtungen

ser|vus ⟨*lat.;* »(Ihr) Diener!«⟩ (bes. südd., österr.): freundschaftlicher Gruß beim Abschied od. zur Begrüßung

Se|sam *der;* -s, -s ⟨*semit.-gr.-lat.*⟩: **a)** in Indien u. Afrika beheimatete Ölpflanze mit fingerhutartigen Blüten u. Fruchtkapseln; **b)** Samen der Sesampflanze; **Sesam, öffne dich:** scherzhafter Ausruf bei dem [vergeblichen] Versuch, etwas zu öffnen od. ein Hindernis zu überwinden, eine Lösung herbeizuführen o. Ä. (nach der Zauberformel zum Öffnen einer Schatzkammer in dem Märchen »Ali Baba u. die 40 Räuber« aus »Tausendundeiner Nacht«)

Se|sam|bein *das;* -s, -e ⟨*semit.-gr.-lat.; dt.*⟩ (Med.): kleiner, plattrunder Knochen im Bereich von Gelenken der Hand u. des Fußes

Se|sam|öl *das;* -s, -e: Speiseöl aus dem Samen einer indischen Sesamart

Se|sel *der;* -s, - ⟨*gr.-lat.*⟩: eine Heil- u. Gewürzpflanze

Ses|ter *der;* -s, - ⟨*lat.*⟩: ein altes Getreidemaß (= 15 Liter)

Ses|terz *der;* -es, -e: antike römische Münze

Ses|ter|zi|um *das;* -s, ...ien: 1 000 Sesterze

Ses|ti|ne *die;* -, -n ⟨*lat.-it.*⟩: **1.** sechszeilige Strophe. **2.** Gedichtform aus sechs Strophen zu je sechs Zeilen u. einer dreizeiligen Schlussstrophe

Set [zɛt] *das* od. *der;* -[s], -s ⟨*engl.*⟩: **1.** Satz zusammengehörender, oft gleichartiger Dinge. **2.** (meist Plural) Platzdeckchen für ein Gedeck. **3.** Erwartungszustand u. körperliche Verfassung eines Drogensüchtigen, die die Wirkung einer Droge beeinflussen. **4.** (bei Film u. Fernsehen) (nur: *der*) Szenenaufbau, Dekoration

Set|te|cen|to [zeteˈt͜ʃɛnto] *das;* -[s] ⟨*lat.-it.*⟩: das 18. Jh. in Italien als Stilepoche

Set|ter [auch: ˈsɛtɐ] *der;* -s, - ⟨*engl.*⟩: langhaariger englischer Jagd- u. Haushund

Set-up, Set|up [ˈzɛt|ap, auch: ˈsɛtap] *das;* -s, -s ⟨*engl.*⟩: **1.** (EDV) **a)** Hilfsprogramm, das neue Software auf dem Computer installiert; **b)** Installation einer neuen Software auf dem Computer. **2.** (Kfz-Technik) Einstellungen am Fahrwerk eines [Renn]autos

Sè|v|res|por|zel|lan [ˈsɛvr...] *das;* -s ⟨nach dem Pariser Vorort Sèvres⟩: Porzellan aus der französischen Staatsmanufaktur in Sèvres; vgl. Chelseaporzellan

Sex *der;* -[es] ⟨*lat.-engl.*⟩: **1.** Geschlechtlichkeit, Sexualität [in ihren durch Kommunikationsmittel (z. B. Film, Zeitschriften) verbreiteten Erscheinungsformen]. **2.** Geschlechtsverkehr. **3.** Geschlecht, Sexus. **4.** ↑Sexappeal

Se|xa|ge|si|ma *die;* - ⟨*lat.-mlat.*⟩: achter Sonntag vor Ostern

Se|xa|ge|si|mal|sys|tem *das;* -s: Zahlensystem, das auf der Basis 60 aufgebaut ist

Sex-Ap|peal, Sex|ap|peal [...ləpi:l] *der;* -s ⟨*engl.*⟩: erotische, sexuelle Anziehungskraft

Sex|bom|be *die;* -, -n (ugs.): Frau, von der eine starke sexuelle Reizwirkung ausgeht

Se|xis|mus *der;* -: Haltung, Grundeinstellung, die darin besteht, einen Menschen allein aufgrund seines Geschlechts zu benachteiligen; insbesondere diskriminierendes Verhalten gegenüber Frauen

Se|xist *der;* -en, -en: Vertreter des Sexismus

Se|xis|tin *die;* -, -nen: weibliche Form zu ↑Sexist

se|xis|tisch: den Sexismus betreffend

Se|xo|lo|ge *der;* -n, -n: Wissenschaftler auf dem Gebiet der Sexologie

Se|xo|lo|gie *die;* -: Wissenschaft, die sich mit der Erforschung der Sexualität u. des sexuellen Verhaltens befasst

Se|xo|lo|gin *die;* -, -nen: weibliche Form zu ↑Sexologe

se|xo|lo|gisch: die Sexologie betreffend

Sex|shop *der;* -s, -s ⟨*engl.*⟩: [kleiner] Laden, in dem Erotika u. Mittel zur sexuellen Stimulation verkauft werden

Sext *die;* -, -en ⟨*lat.-mlat.*⟩: **1.** drittes Tagesgebet des Breviers (1 a) (zur sechsten Tagesstunde, 12 Uhr). **2.** vgl. Sexte

Sex|ta *die;* -, ...ten ⟨*lat.*⟩ (veraltend): erste Klasse eines Gymnasiums

Sext|ak|kord *der;* -[e]s, -e (Musik): erste Umkehrung des Dreiklangs mit der Terz im Bass

Sex|ta|ner *der;* -s, - (veraltend): Schüler einer Sexta

Sex|ta|ne|rin *die;* -, -nen: weibliche Form zu ↑Sextaner

Sex|tant *der;* -en, -en: (bes. in der Seefahrt zur astronomisch-geografischen Ortsbestimmung benutztes) Winkelmessinstrument zur Bestimmung der Höhe eines Gestirns

Sex|te, Sext *die;* -, ...ten ⟨*lat.-mlat.*⟩: **a)** sechster Ton einer diatonischen Tonleiter vom Grundton an; **b)** Intervall von sechs diatonischen Tonstufen

Sex|tett *das;* -s, -e ‹*lat.-it.*›: **a)** Komposition für sechs solistische Instrumente od. auch sechs Solostimmen; **b)** Ensemble von sechs Instrumental- od. auch Vokalsolisten

Sex|til|li|on *die;* -, -en ‹*lat.-nlat.*›: sechste Potenz einer Million (10^{36} = 1 Million Quintillionen)

Sex|to|le *die;* -, -n (Musik): Notengruppe von sechs Tönen, die den Taktwert von vier od. acht Noten hat

Sex|tou|ris|mus *der;* - ‹*engl.*›: Tourismus mit dem Ziel sexueller Kontakte [bes. in Länder der Dritten Welt]

se|xu|al ‹*lat.*›: ↑sexuell; vgl. ...al/...ell

Se|xu|al|de|likt *das;* -[e]s, -e: Delikt auf sexuellem Gebiet (z. B. Vergewaltigung)

Se|xu|al|ethik *die;* -: Ethik im Bereich des menschlichen Geschlechtslebens

Se|xu|al|hor|mon *das;* -s, -e (Med.): **a)** von den Keimdrüsen gebildetes Hormon, das regulativ auf die Entwicklung der sekundären Geschlechtsmerkmale und auf die Tätigkeit der Eierstöcke einwirkt (z. B. Östrogen, Progesteron); **b)** Hormon, das auf die Keimdrüsen einwirkt

Se|xu|al|hy|gi|e|ne *die;* -: Hygiene im Bereich des menschlichen Geschlechtslebens

se|xu|a|li|sie|ren: die Sexualität in den Vordergrund stellen, überbetonen

Se|xu|a|li|tät *die;* - ‹*lat.-nlat.*›: Geschlechtlichkeit, Gesamtheit der im Sexus begründeten Lebensäußerungen

Se|xu|al|pä|d|a|go|gik *die;* -: Teilgebiet der Pädagogik, das sich mit Theorie und Praxis der Geschlechtserziehung u. der sexuellen Aufklärung befasst

S

Se|xu|al|pa|tho|lo|gie *die;* - (Med., Psychol.): Wissenschaftszweig, der sich mit krankhaften Störungen des Geschlechtslebens befasst

Se|xu|al|psy|cho|lo|gie *die;* -, ...ien: Teilbereich der Psychologie, der sich mit dem menschlichen Verhalten auf sexuellem Gebiet befasst

se|xu|ell ‹*lat.-fr.*›: die Sexualität betreffend, geschlechtlich; vgl. ...al/...ell

Se|xus *der;* -, - [...u:s] ‹*lat.*›: **1.** (Plural selten; fachspr.) **a)** differenzierte Ausprägung eines Lebewesens im Hinblick auf seine Aufgabe bei der Fortpflanzung; **b)** Geschlechtstrieb als zum Wesen des Menschen gehörende elementare Lebensäußerung; Sexualität. **2.** (selten) ↑Genus (2)

se|xy ‹*lat.-fr.-engl.*› (ugs.): Sex-Appeal besitzend, von starkem sexuellem Reiz; erotisch attraktiv

Sey|chel|len|nuss, Sey|chel|len-Nuss [ze'ʃɛlən...] *die;* -, ...nüsse ‹nach der Inselgruppe der Seychellen im Indischen Ozean›: Frucht der Seychellenpalme

se|zer|nie|ren ‹*lat.*› (Med.): ein Sekret absondern (z. B. von Drüsen od. offenen Wunden)

Se|zes|si|on *die;* -, -en ‹*lat.(-engl.)*›: **1.** Absonderung, Trennung von einer Künstlergruppe, von einer älteren Künstlervereinigung. **2.** Absonderung, Verselbstständigung von Staatsteilen. **3.** ↑Secession

Se|zes|si|o|nist *der;* -en, -en ‹*lat.-nlat.*›: **1.** Künstler, Mitglied einer Sezession (1). **2.** Anhänger einer Sezession (2)

Se|zes|si|o|nis|tin *die;* -, -nen: weibliche Form zu ↑Sezessionist

se|zes|si|o|nis|tisch: die Sezession betreffend, ihr angehörend

se|zie|ren ‹*lat.;* »schneiden, zerschneiden, zerlegen«› (Anat.): [eine Leiche] öffnen, anatomisch zerlegen

sfor|zan|do usw. vgl. sforzato usw.

sfor|za|to ‹*lat.-it.*› (Musik): verstärkt, hervorgehoben, plötzlich betont (Vortragsanweisung für Einzeltöne od. -akkorde; Abk.: sf, sfz)

Sfor|za|to *das;* -s, -s u. ...ti (Musik): plötzliche Betonung eines Tones od. Akkordes

sfu|ma|to ‹*lat.-it.*›: mit weichen, verschwimmenden Umrissen gemalt

Sgraf|fi|a|to vgl. Graffiato

Sgraf|fi|to *das;* -s, -s u. ...ti ‹*it.*›: Fassadenmalerei, bei der die Zeichnung in die noch feuchte helle Putzschicht bis auf die darunterliegende dunkle Grundierung eingeritzt wird (bes. in der italienischen Renaissance verwendete, in der Gegenwart wieder aufgenommene Technik); vgl. Graffito

Shag [ʃɛk] *der;* -s, -s ‹*engl.*›: **1.** fein geschnittener Pfeifentabak. **2.** amerikanischer Modetanz bes. der 1930er- u. 1940er-Jahre

[1]**Shake** [ʃe:k] *das;* -s, -s ‹*engl.;* eigtl. »schütteln«› (Jazz): **a)** bes. von Trompete u. Posaune geblasenes, heftiges Vibrato über einer einzelnen Note; **b)** besondere Betonung einer Note

[2]**Shake** *der;* -s, -s ‹*engl.-amerik.*›: **1.** Mixgetränk. **2.** Modetanz der späten 1960er-Jahre, bei dem die Tänzer schüttelnde Bewegungen machen

Shake|hands ['ʃe:k'hɛnts, engl.: 'ʃeɪk'hændz] *das;* -, - (meist Plural) ‹*engl.*›: Händedruck, Händeschütteln

Sha|ker ['ʃe:kɐ] *der;* -s, -: Mixbecher, bes. für alkoholische Getränke

Shak|ta [ʃ...] vgl. Schakta

Sham|poo ['ʃampu, 'ʃampo, österr.: ...'po:], **Sham|poon** [ʃɛm'pu:n, auch, österr. nur: ʃam'po:n] *das;* -s, -s ‹*Hindi-engl.*›: Haarwaschmittel

sham|poo|nie|ren [ʃampo..., auch: ʃɛmpu...]: ↑schamponieren

Shan|ty [ˈʃɛnti] *das;* -s, -s ⟨*lat.-fr.-engl.*⟩: Seemannslied

Sha|ping|ma|schi|ne *die;* -, -n ⟨*engl.; gr.-lat.-fr.*⟩: Hobelmaschine zur Metallbearbeitung, bei der das Werkzeug stoßende Bewegungen ausführt, während das Werkstück fest eingespannt ist

Share [ʃɛːɐ̯] *der;* -, -s ⟨*engl.*⟩: engl. Bez. für: Aktie

Share|hol|der-Va|lue, Share|hol|der|va|lue [...ˈvɛljuː] *der;* -[s], -s (Wirtsch.): Marktwert des sich auf die Aktionäre aufteilenden Eigenkapitals eines Unternehmens

Share|ware [ˈʃɛːɐ̯wɛːɐ̯] *die;* -, -s: zu Testzwecken kostengünstig angebotene Software, die erst nach Eignungsnachweis bezahlt werden muss

Shed|bau [ʃ...] vgl. Schedbau

She-DJ [ˈʃiːˈdiːdʒeɪ] *die;* -, -s ⟨*engl.*⟩ (schweiz.): weibliche Form zu ↑DJ

She|riff [ˈʃɛrɪf] *der;* -s, -s ⟨*germ.-engl.*⟩: **1.** hoher Verwaltungsbeamter in einer englischen od. irischen Grafschaft. **2.** oberster, auf Zeit gewählter Vollzugsbeamter einer amerikanischen Stadt mit begrenzten richterlichen Aufgaben

Sher|pa [ʃ...] *der;* -[s], -s ⟨*tibet.-engl.*⟩: (als Träger u. Bergführer bei Expeditionen im Himalajagebiet bekannt gewordener) Angehöriger einer Bergbevölkerung mit tibetischer Sprache in Ostnepal

Sher|ry [ˈʃɛri] *der;* -s, -s ⟨*span.-engl.;* vom Namen der span. Stadt Jerez de la Frontera⟩: spanischer Likörwein

Shet|land [engl.: ˈʃɛtlənd] *der;* -s, -s ⟨nach den schottischen Shetlandinseln⟩: grau melierter Wollstoff in Tuch- od. Köperbindung

Shet|land|po|ny *das;* -s, -s: Kleinpferd von den Shetland- u. Orkneyinseln

Shi|at|su [ʃ...] *das;* -[s] ⟨*jap.;* »Druck mit den Fingern«⟩: Druckmassage (japanische Variante der Akupressur)

Shift|tas|te [ˈʃɪft...] *die;* -, -n (EDV): Taste zum Umschalten von Klein- auf Großbuchstaben bzw. auf die obere Tastenbelegung auf einer Computertastatur

Shi|i|ta|ke|pilz [ʃ...] *der;* -es, -e ⟨*jap.*⟩: (in Japan u. China an Stämmen von Bambus u. Eichen kultivierter u. als Speisepilz beliebter) Blätterpilz mit rötlich braunem Hut u. festem weißlichem Fleisch

Shil|ling [ʃ...] *der;* -s, -s (aber: 5 -) ⟨*engl.*⟩: **1.** bis 1971 im Umlauf befindliche britische Münze (20 Shilling = 1 Pfund Sterling; Zeichen: s od. sh). **2.** Münzeinheit in Kenia, Somalia, Tansania u. Uganda

Shim|my [ˈʃɪmi] *der;* -[s], -s ⟨*engl.-amerik.*⟩: Gesellschaftstanz der 1920er-Jahre im $^2/_2$- od. $^2/_4$-Takt

Shin|to|is|mus usw. vgl. Schintoismus usw.

Shirt [ʃəːt] *das;* -s, -s ⟨*engl.*⟩: [kurzärmeliges] Baumwollhemd

Shit [ʃ...] *der* od. *das;* -s ⟨*engl.*⟩ (Jargon): Haschisch

Sho|ah [ʃ...] vgl. Schoah

sho|cking ⟨*niederl.-fr.-engl.*⟩ (ugs.): anstößig, schockierend, peinlich

Sho|gun [ˈʃoːguːn], **Scho|gun** *der;* -s, -e ⟨*chin.-jap.*⟩ (Geschichte): **a)** (ohne Plural) [erblicher] Titel japanischer kaiserlicher Feldherren, die lange Zeit anstelle der machtlosen Kaiser das Land regierten; **b)** Träger dieses Titels

Shoo|ting|star [ˈʃuː...] *der;* -s, -s ⟨*engl.*⟩: Person od. Sache, die schnell an die Spitze gelangt; Senkrechtstarter(in)

Shop [ʃ...] *der;* -s, -s ⟨*engl.*⟩: Laden, Geschäft

shop|pen: einen Einkaufsbummel machen

Shop|ping *das;* -s: Einkaufsbummel

Shop|ping|cen|ter, Shop|ping-Cen|ter *das;* -s, -: Einkaufszentrum

Shorts [ʃ...] *die* (Plural) ⟨*engl.*⟩: kurze, sportliche Hose

Short|track [...trɛk] *der;* -s: Eisschnelllauf auf einer kurzen (nur ca. 110 m langen) Bahn

Shor|ty [...ti] *das,* auch: *der;* -s, -s: Damenschlafanzug mit kurzer Hose

Show [ʃoʊ] *die;* -, -s ⟨*engl.-amerik.*⟩: Vorführung eines großen bunten, aufwendigen Unterhaltungsprogramms in einem Theater, Varieté o. Ä., bes. als Fernsehsendung

Show|block *der;* -s, ...blöcke: Show als Einlage in einer Fernsehsendung

Show|busi|ness [...bɪznɪs] *das;* -: Vergnügungs-, Unterhaltungsbranche; Schaugeschäft

Show|down, Show-down [ʃoʊˈdaʊn] *der;* -[s], -s: dramatische, entscheidende Konfrontation; Entscheidungskampf

Show|man [...mən] *der;* -s, ...men [...mən]: **1.** jmd., der im Showbusiness tätig ist. **2.** geschickter Propagandist

Show|mas|ter *der;* -s, - ⟨anglisierende Bildung⟩: Unterhaltungskünstler, der eine Show arrangiert u. präsentiert

Show|mas|te|rin *die;* -, -nen: weibliche Form zu ↑Showmaster

Show|view® [...vjuː] *das;* -s ⟨*engl.*⟩: in bestimmten Ziffernreihen dargestelltes (bes. in Programmzeitschriften abgedrucktes) Programm, das die Videoprogrammierung ermöglicht

Shred|der [ʃ...]: englische Schreibung von: Schredder

Shrimp [ʃrɪmp] *der;* -s, -s (meist Plural) ‹*engl.*›: kleine, essbare Garnele, Nordseekrabbe

Shuf|f|le|board [ˈʃaflbɔ:d] *das;* -s ‹*engl.*›: Spiel, bei dem auf einem länglichen Spielfeld Scheiben mit langen Holzstöcken möglichst genau von der Startlinie in das gegenüberliegende Zielfeld geschoben werden müssen

Shunt [ʃant] *der;* -s, -s ‹*engl.*›: **1.** (Physik) elektrischer Nebenschlusswiderstand. **2.** (Med.) **a)** infolge eines angeborenen Defekts bestehende Verbindung zwischen großem u. kleinem Kreislauf; **b)** operativ hergestellte künstliche Verbindung zwischen Blutgefäßen des großen u. kleinen Kreislaufs zur Kreislaufentlastung

shun|ten [ˈʃantn̩]: in elektrischen Geräten durch Parallelschaltung eines Widerstandes die Stromstärke regeln

Shut|tle [ˈʃatl̩] *der;* -s, -s ‹*engl.*›: **1.** Kurzform von ↑Spaceshuttle. **2. a)** Pendelverkehr; **b)** im Pendelverkehr eingesetztes Fahr- od. Flugzeug

Shy|lock [ˈʃailɔk] *der;* -[s], -s ‹*engl.; nach der Figur in Shakespeares* »Kaufmann von Venedig«›: erpresserischer Geldverleiher; mitleidloser Gläubiger

si [si:] ‹*it.*›: Silbe, auf die beim Solmisieren der Ton h gesungen wird

Si|al *das;* -[s] ‹Kurzw. aus **Si**licium u. **Al**uminium› (Geol.): oberste Schicht der Erdkruste

si|a|me|sisch ‹nach Siam (heute Thailand), dem Herkunftsland der zusammengewachsenen Zwillingsbrüder Chang u. Eng Bunkes (1811–1874), deren Fall erstmals weltweit bekannt wurde›: in der Fügung **siamesische Zwillinge** (Med.): bei eineiigen Zwillingen selten auftretende Fehlbildung in Form zweier völlig entwickelter Individuen, die an einem Körperabschnitt (meist Brust- od. Kreuzbein) miteinander verwachsen sind

Si|bi|lant *der;* -en, -en ‹*lat.*› (Sprachw.): Zischlaut, Reibelaut (z. B. *s*)

si|bi|lie|ren (Sprachw.): zu Sibilanten machen (von Lauten)

Si|byl|le *die;* -, -n ‹*gr.-lat.*›: weissagende Frau, geheimnisvolle Wahrsagerin

si|byl|li|nisch: geheimnisvoll, rätselhaft

sic [auch: zɪk] ‹*lat.*›: so, ebenso; wirklich so! (mit Bezug auf etwas Vorangegangenes, das in dieser [falschen] Form gelesen od. gehört worden ist)

sic tran|sit glo|ria mun|di ‹*lat.*›: »so vergeht die Herrlichkeit der Welt« (Zuruf an den neuen Papst beim Einzug zur Krönung, wobei symbolisch ein Büschel Werg verbrannt wird)

Side|board [...bɔ:d] *das;* -s, -s ‹*engl.*›: Anrichte, Büfett (1)

Si|de|rit [auch: ...ˈrɪt] *der;* -s, -e ‹*gr.-nlat.*›: **1.** karbonatisches Eisenerz. **2.** Meteorit aus reinem Eisen

Si|de|ro|lith [auch: ...ˈlɪt] *der;* -s u. -en, -e[n]: Eisensteinmeteorit

si|e|na [s...] ‹*it.;* nach der it. Stadt Siena›: rotbraun

Si|e|na|er|de *die;* -, -n: als Farbstoff zur Herstellung sienafarbener Malerfarbe verwendete, gebrannte, tonartige, feinkörnige Erde; Terra di Siena

Si|er|ra [s...] *die;* -, ...ren u. -s ‹*lat.-span.;* »Säge«›: span. Bez. für: Gebirgskette

Si|es|ta [s...] *die;* -, -s ‹*lat.-span.*›: Ruhepause [nach dem Essen]

Sif|flö|te *die;* -, -n ‹*lat.-vulgärlat.-fr.; dt.*›: hohe Orgelstimme

Si|gel *das;* -s, - ‹*lat.*›, **Si|gle** *die;* -, -n ‹*lat.-fr.*› [ˈzi:gl̩]: festgelegtes Abkürzungszeichen für Silben, Wörter od. Wortgruppen

Sight|see|ing [ˈsaitsi:ɪŋ] *das;* -s, -[s] ‹*engl.*›: Besichtigung von Sehenswürdigkeiten

Sight|see|ing|tour, **Sight|see|ing-Tour** [...tu:ɐ̯] *die;* -, -en: Stadtrundfahrt [mit einem Bus] zur Besichtigung von Sehenswürdigkeiten

Si|gil|la|rie [...i̯ə] *die;* -, -n ‹*lat.-nlat.*›: Siegelbaum (eine ausgestorbene Pflanzengattung)

Si|gle [ˈzi:gl̩] vgl. Sigel

Sig|ma *das;* -[s], -s ‹*gr.*›: **1.** (Σ, σ, am Wortende: ς). **2.** (Med.) ↑Sigmoid

Sig|mo|id *der;* -[e]s, -e (Med.): s-förmiger Abschnitt des Dickdarms

Si|g|na: *Plural* von ↑Signum

Si|g|nal *das;* -s, -e ‹*lat.-fr.*›: **1.** [optisches od. akustisches] Zeichen mit einer bestimmten Bedeutung. **2. a)** für den Schienenverkehr an der Strecke aufgestelltes Schild mit einer bestimmten Bedeutung od. bewegbare [fernbediente] Vorrichtung, deren Stellung eine besondere Bedeutung hat; an der Strecke installierte Vorrichtung zum Geben von Lichtsignalen; **b)** (bes. schweiz.) Verkehrszeichen. **3.** (Physik, Informatik) Träger einer Information (z. B. eine elektromagnetische Welle), der entsprechend dem Inhalt der zu übermittelnden Information moduliert wird

Si|g|na|le|ment [...ˈmã:, schweiz.: ...ˈmɛnt] *das;* -s, -s (schweiz. auch: -e): **1.** (bes. schweiz.) Personenbeschreibung, Kennzeichnung (z. B. in einem Personalausweis od. einer Vermisstenanzeige). **2.** Gesamtheit der Merkmale, die ein bestimmtes Tier charakterisieren (in der Pferdezucht)

S

si|g|na|li|sie|ren ⟨französierende Bildung⟩: **1.** etwas deutlich, auf etwas aufmerksam machen, ein Signal geben. **2.** etwas ankündigen. **3.** benachrichtigen, warnen

Si|g|na|tar *der;* -s, -e ⟨*lat.-nlat.*⟩: **1.** Kurzform von ↑Signatarmacht. **2.** (Rechtsspr. veraltet) Unterzeichner eines Vertrages

Si|g|na|tar|macht *die;* -, ...mächte ⟨*lat.-nlat.; dt.*⟩: einen [internationalen] Vertrag unterzeichnender Staat

Si|g|na|tion [sɪˈgneːʃn̩] *die;* -, -s ⟨*engl.*⟩ (österr.): Erkennungsmelodie

si|g|na|tum ⟨*lat.*⟩: unterzeichnet (Abk.: sign.)

Si|g|na|tur *die;* -, -en ⟨*lat.-mlat.*⟩: **1.** Kurzzeichen als Aufschrift od. Unterschrift, Namenszug. **2.** Kennzeichen auf Gegenständen aller Art, bes. beim Versand. **3.** Name (auch abgekürzt) od. Zeichen von Künstlern auf ihrem Werk. **4.** Kombination aus Buchstaben und Zahlen, unter der ein bestimmtes Buch in der Bibliothek zu finden ist; Standortnummer. **5.** kartografisches Zeichen zur lage-, richtungs- od. formgerechten, dem Maßstab angepassten Darstellung von Dingen u. Gegebenheiten. **6.** (Druckw.) Ziffer od. Buchstabe zur Bezeichnung der Reihenfolge der Bogen einer Druckschrift (Bogennummer)

Si|g|net [zɪnˈjeː, auch: zɪˈgnɛt] *das;* -s, -s u. (bei dt. Ausspr.:) -e ⟨*lat.-fr.*⟩: **1.** Buchdrucker-, Verlegerzeichen. **2.** (veraltet) Handsiegel, Petschaft. **3.** Aushängeschild, Visitenkarte. **4.** Marke, Firmensiegel

si|g|nie|ren ⟨*lat.*⟩: **a)** mit einer Signatur versehen; **b)** unterzeichnen, abzeichnen

si|g|ni|fi|kant ⟨*lat.*⟩: **a)** bedeutsam; in deutlicher Weise als wesentlich, wichtig, erheblich erkennbar; **b)** kennzeichnend; typisch; **c)** (Statistik) zu groß, um noch als zufällig gelten zu können

Si|g|ni|fi|kanz *die;* -, -en: Bedeutsamkeit, Wesentlichkeit

si|g|ni|fi|zie|ren: bezeichnen, anzeigen

Si|g|nor [zɪnˈjoːɐ̯] *der;* -, ...ri ⟨*lat.-it.*⟩: it. Bez. für Herr (mit folgendem Namen od. Titel)

Si|g|no|ra [zɪnˈjoːra] *die;* -, -s u. ...re: it. Bez. für: Frau

[1]**Si|g|no|re** [zɪnˈjoːrə] *der;* -, ...ri: it. Bez. für: [mein] Herr (ohne folgenden Namen od. Titel)

[2]**Si|g|no|re:** *Plural* von ↑Signora

Si|g|no|ria, Si|g|no|rie [zɪnjo...] *die;* -, ...ien: die höchste [leitende] Behörde der italienischen Stadtstaaten (bes. der Rat in Florenz)

Si|g|no|ri|na [zɪnjo...] *die;* -, -s u. ...ne: it. Bez. für eine unverheiratete Frau

Si|g|no|ri|no [zɪnjo...] *der;* -, -s u. ...ni: it. Bez. für: junger Herr

Si|g|num *das;* -s, ...na ⟨*lat.*⟩: verkürzte Unterschrift; Zeichen

Si|g|rist [auch: ziˈgrɪst] *der;* -en, -en ⟨*lat.-mlat.*⟩ (schweiz.): Küster

Si|ka|hirsch *der;* -s, -e ⟨*jap.; dt.*⟩: ein in Japan u. China vorkommender kleiner Hirsch mit [rot]braunem, weiß geflecktem Fell

Sikh [ziːk] *der;* -[s], -s ⟨*Hindi;* »Jünger«⟩: Anhänger des Sikhismus

Sik|ka|tiv *das;* -s, -e ⟨*lat.*⟩: Trockenstoff, der Druckfarben, Ölfarben u. a. zugesetzt wird

Si|la|ge [...ʒə] *die;* -, -n ⟨*fr.*⟩: **1.** (meist Plural) Gärfutter. **2.** Einlagerung von Futter in Silos; Ensilage

Si|lan *das;* -s, -e ⟨Kunstw. aus ↑**Sili**kon u. ↑**Methan**⟩: Siliziumwasserstoff

Sild *der;* -[e]s, -[e] ⟨*skand.*⟩: pikant eingelegter junger Hering

Si|len *der;* -s, -e ⟨*gr.-lat.*⟩: zweibeiniges Fabelwesen der griechischen Sage mit menschlichem Oberkörper u. Pferdeleib

Sil|hou|et|te [ziˈlu̯ɛtə] *die;* -, -n ⟨*fr.*⟩: **1. a)** Umriss, der sich [dunkel] vom Hintergrund abhebt; **b)** Schattenriss. **2.** (Mode) Umriss[linie]; Form der Konturen

sil|hou|et|tie|ren [zilu̯ɛˈtiːrən] ⟨*fr.-nlat.*⟩ (veraltend): im Schattenriss zeichnen od. schneiden

Si|li|cat vgl. Silikat

Si|li|ci|um vgl. Silizium

Si|li|con vgl. Silikon

Si|li|con Val|ley [ˈsɪlɪk(ə)n ˈvæli] *das;* - -[s] ⟨*engl.;* »Siliziumtal«⟩: Zentrum der amerikanischen Elektronik- u. Computerbranche bei San Francisco

si|lie|ren ⟨*span.-nlat.*⟩: Grünfutter, Gemüse in einem Silo einlagern

Si|li|fi|ka|ti|on *die;* -, -en ⟨*lat.-nlat.*⟩: Verkieselung

si|li|fi|zie|ren: verkieseln (von Gesteinen u. Versteinerungen)

Si|li|kat, fachspr.: **Si|li|cat** *das;* -[e]s, -e ⟨*lat.-nlat.*⟩: Salz der Kieselsäure

Si|li|kon, chem. fachspr.: **Si|li|con** *das;* -s, -e: siliziumhaltiger Kunststoff von großer Wärme- u. Wasserbeständigkeit

Si|li|kon|im|plan|tat *das;* -[e]s, -e: aus Silikon gefertigtes Implantat, bes. für die weibliche Brust

Si|li|ko|se *die;* -, -n (Med.): durch eingeatmeten kieselsäurehaltigen Staub verursachte Staublungenerkrankung; Steinstaublunge

Si|li|zi|um, fachspr.: **Si|li|ci|um** *das;* -s ⟨*lat.-nlat.*⟩: chem. Element; ein Nichtmetall (Zeichen: Si)

Sil|len *die* (Plural) ⟨*gr.*⟩: parodistische, zum Teil aus homerischen Versen zusammengestellte altgriechische Spottgedichte auf Dichter u. Philosophen

Si̱|lo *der,* auch: *das;* -s, -s ⟨*span.*⟩: **a)** Großspeicher (für Getreide, Erz u. Ä.); **b)** Gärfutterbehälter

Silhouette

Das Wort geht auf den Namen eines französischen Politikers zurück. Es hat seine französische Schreibweise im Deutschen behalten.

Si|lu̱r *das;* -s ⟨*nlat.;* nach dem vorkeltischen Volksstamm der Silurer⟩ (Geol.): erdgeschichtliche Formation des Paläozoikums

si|lu̱|risch: a) das Silur betreffend; **b)** im Silur entstanden

Sil|va̱|ner *der;* -s, - ⟨vielleicht zu Transsilvanien = Siebenbürgen (Rumänien), dem angeblichen Herkunftsland⟩: **a)** (ohne Plural) Rebsorte für einen milden, feinfruchtigen bis vollmundigen Weißwein; **b)** Wein der Rebsorte Silvaner (a)

si|mi|lä̱r ⟨*lat.-fr.*⟩ (veraltet): ähnlich

si̱|mi|le ⟨*lat.-it.*⟩ (Musik): ähnlich, auf ähnliche Weise weiter, ebenso

Si̱|mi|li *das* od. *der;* -s, -s: Nachahmung, bes. von Edelsteinen

si|mi̱|lia si|mi̱|li|bus ⟨*lat.*⟩: »Gleiches [wird] durch Gleiches [geheilt]« (ein Grundgedanke der Volksmedizin); vgl. contraria contrariis u. Sympathie (4)

Si̱|mi|li|stein *der;* -[e]s, -e (Fachspr.): imitierter Edelstein

Si|mo|ni̱e *die;* -, ...i̱en ⟨*mlat.;* nach dem Zauberer Simon, Apg. 8, 9 ff.⟩: Kauf od. Verkauf von geistlichen Ämtern o. Ä.

si|mo̱|nisch, si|mo|ni̱s|tisch: die Simonie betreffend

si̱m|pel ⟨*lat.-fr.*⟩: **1.** so einfach, dass es keines besonderen geistigen Aufwands bedarf, nichts weiter erfordert, leicht zu bewältigen ist; unkompliziert. **2.** in seiner Beschaffenheit anspruchslos-einfach; nur das Übliche und Notwendigste aufweisend

Si̱m|pel *der;* -s, - (landsch. ugs.): einfältiger Mensch, Dummkopf

Si̱m|plex *das;* -, -e u. Simpli̱zia ⟨*lat.*⟩ (Sprachw.): nicht zusammengesetztes (u. nicht abgeleitetes) Wort; Ggs. ↑Kompositum

Sim|p|li|fi|ka|ti|o̱n *die;* -, -en ⟨*lat.-nlat.*⟩: ↑Simplifizierung; vgl. ...ation/...ierung

sim|p|li|fi|zi̱e|ren: sehr stark vereinfachen

Sim|p|li|fi|zi̱e|rung *die;* -, -en: Vereinfachung; vgl. ...ation/...ierung

Sim|p|li̱|zia: *Plural* von ↑Simplex

Sim|p|li|zi|tä̱t *die;* - ⟨*lat.*⟩: **1.** Einfachheit. **2.** Einfalt

Si|mu|la̱nt *der;* -en, -en ⟨*lat.*⟩: jmd., der etwas, bes. eine Krankheit, vortäuscht

Si|mu|la̱n|tin *die;* -, -nen: weibliche Form zu ↑Simulant

Si|mu|la̱|tor *der;* -s, ...o̱ren (Technik): Gerät, in dem künstlich die Bedingungen u. Verhältnisse herstellbar sind, wie sie in Wirklichkeit bestehen (z. B. Flugsimulator)

si|mu|li̱e|ren: 1. [eine Krankheit] vortäuschen, vorgeben. **2.** [technische] Vorgänge wirklichkeitsgetreu nachahmen

si|mul|ta̱n ⟨*lat.-mlat.*⟩: gleichzeitig; **simultanes Dolmetschen:** Form des Dolmetschens, bei der die Übersetzung gleichzeitig mit dem Originalvortrag über Kopfhörer erfolgt; Ggs. ↑konsekutives Dolmetschen

Si|mul|ta̱n|büh|ne *die;* -, -n: Bühne, bei der alle im Verlauf des Spiels erforderlichen Schauplätze nebeneinander u. dauernd sichtbar aufgebaut sind (z. B. bei den Passionsspielen des Mittelalters)

Si|mul|ta|ne|i|tä̱t, Si|mul|ta|ni|tä̱t *die;* -, -en: **a)** Gemeinsamkeit; Gleichzeitigkeit; **b)** die Darstellung von zeitlich od. räumlich auseinanderliegenden Ereignissen auf einem Bild

Si|mul|ta|ni|tä̱t vgl. Simultaneität

Si|mul|ta̱n|kir|che *die;* -, -n: Kirchengebäude, das mehreren Bekenntnissen offen steht

Si|mul|ta̱n|schu|le *die;* -, -n: Gemeinschaftsschule für verschiedene Konfessionen; Ggs. ↑Konfessionsschule

Si|mul|ta̱n|spiel *das;* -[e]s, -e: Spiel, bei dem ein Schachspieler gegen mehrere, meist leistungsschwächere Gegner gleichzeitig spielt

Si|n|an|th|ro|pus *der;* -, ...pi u. ...pen ⟨*gr.-nlat.*⟩: Frühmensch, dessen fossile Reste in China gefunden wurden

si̱|ne a̱n|no ⟨*lat.;* »ohne Jahr«⟩ (Buchw. veraltet): ohne Angabe des Erscheinungsjahres (Abk.: s. a.)

si̱|ne i̱ra et stu̱|dio ⟨*lat.;* »ohne Hass u. Eifer«⟩: objektiv u. sachlich; unvoreingenommen

Si|ne|ku̱|re *die;* -, -n ⟨*lat.-nlat.;* »ohne Sorge«⟩: **1.** (Geschichte) Pfründe ohne Amtsgeschäfte. **2.** müheloses, einträgliches Amt

si̱|ne lo̱|co ⟨*lat.;* »ohne Ort«⟩ (Buchw. veraltet): ohne Angabe des Erscheinungsortes (Abk.: s. l.)

si̱|ne lo̱|co et a̱n|no ⟨*lat.;* »ohne Ort und Jahr«⟩ (Buchw. veraltet): ohne Nennung von Erscheinungsort u. -jahr (Abk.: s. l. e. a.)

si̱|ne te̱m|po|re ⟨*lat.;* »ohne Zeit«⟩: ohne akademischen Viertel, d. h. pünktlich (zur genannten Zeit; Abk.: s. t.); vgl. cum tempore

Sin|fo|nie ⟨*gr.-lat.-it.*⟩, **Sym|pho|nie** ⟨*gr.-lat.*⟩ *die;* -, ...ien (Musik): auf das Zusammenklingen des ganzen Orchesters hin angelegte Instrumentalkomposition in mehreren (meist vier) Sätzen

Sin|fo|ni|et|ta *die;* -, ...tten ⟨*gr.-lat.-it.*⟩: kleine Sinfonie

Sin|fo|ni|ker ⟨*gr.-lat.-it.*⟩, **Sym|pho|ni|ker** ⟨*gr.-lat.-nlat.*⟩ *der;* -s, - (Musik): **1.** Komponist von Sinfonien. **2.** Mitglied eines Sinfonieorchesters

Sin|fo|ni|ke|rin, Sym|pho|ni|ke|rin *die;* -, -nen (Musik): weibliche Form zu ↑Sinfoniker

sin|fo|nisch ⟨*gr.-lat.-it.*⟩, **sym|pho|nisch** ⟨*gr.-lat.-nlat.*⟩ (Musik): sinfonieartig, in Stil u. Charakter einer Sinfonie

[1]**Single** [ˈsɪŋl̩] *das;* -[s], -s ⟨*lat.-fr.-engl.*⟩: **1.** Einzelspiel zweier Spieler, Spielerinnen im Tennis. **2.** Zweierspiel im Golf

[2]**Sin|gle** *die;* -, -s: kleine Schallplatte, CD mit nur einem Titel

[3]**Sin|gle** *der;* -[s], -s: jmd., der allein, ohne Bindung an einen Partner lebt

Sin|gu|lar *der;* -s, -e ⟨*lat.*⟩: **1.** (ohne Plural) Numerus, der beim Nomen u. Pronomen anzeigt, dass dieses sich auf eine einzige Person od. Sache bezieht, u. der beim Verb anzeigt, dass nur ein Subjekt zu dem Verb gehört; Einzahl. **2.** Wort, das im Singular steht; Singularform

sin|gu|lär ⟨*lat.(-fr.)*⟩: **1.** vereinzelt vorkommend, einen Einzel- od. Sonderfall darstellend. **2.** einzigartig

Sin|gu|la|re|tan|tum *das;* -s, -s u. Singulariatantum (Sprachw.): nur im Singular vorkommendes Wort (z. B. das All)

sin|gu|la|risch: **a)** den Singular betreffend; **b)** im Singular [gebraucht, vorkommend]

Sin|gu|la|ris|mus *der;* - ⟨*lat.-nlat.*⟩ (Philos.): metaphysische Lehre, nach der die Welt als eine Einheit aus nur scheinbar selbstständigen Teilen angesehen wird; Ggs. ↑Pluralismus (1)

Sin|gu|la|ri|tät *die;* -, -en ⟨*lat.*⟩: **1.** vereinzelte Erscheinung; Seltenheit, Besonderheit. **2.** (Math.) Stelle, an der sich Kurven od. Flächen anders verhalten als bei ihrem normalen Verlauf. **3.** (Meteorol.) die zu bestimmten Zeiten des Jahres stetig wiederkehrenden Wettererscheinungen

Sin|gu|lar|suk|zes|si|on *die;* -, -en (Rechtswiss.): Eintritt in ein einzelnes, bestimmtes Rechtsverhältnis

si|nis|ter ⟨*lat.;* »links«⟩: **1.** (Med.) links, auf der linken Seite befindlich. **2.** unheilvoll, unglücklich

Si|no|lo|ge *der;* -n, -n ⟨*gr.-nlat.*⟩: jmd., der sich wissenschaftlich mit der chinesischen Sprache u. Literatur befasst (z. B. Hochschullehrer, Studierende)

Si|no|lo|gie *die;* -: Wissenschaft von der chinesischen Sprache u. Literatur

Si|no|lo|gin *die;* -, -nen: weibliche Form zu ↑Sinologe

si|no|lo|gisch: die Sinologie betreffend

Sin|ti|za *die;* -, -s ⟨*Zigeunerspr.*⟩: weibliche Form zu ↑Sinto

Sin|to *der;* -, ...ti (meist Plural): Angehöriger einer im deutschsprachigen Raum beheimateten Gruppe eines urprünglich aus Indien stammenden Volks (das vielfach als diskriminierend empfundene *Zigeuner* ersetzende Selbstbezeichnung); vgl. Rom

Si|nu|i|tis vgl. Sinusitis

Si|nus *der;* -, - [...nuːs] u. -se: **1.** (Math.) Winkelfunktion im rechtwinkligen Dreieck, die das Verhältnis der Gegenkathete zur Hypotenuse darstellt (Zeichen: sin). **2.** (Med.) **a)** Hohlraum, bes. innerhalb von Schädelknochen; **b)** venöses Blut führender Kanal zwischen den Hirnhäuten

Si|nu|si|tis, Si|nu|i|tis *die;* -, ...itiden ⟨*lat.-nlat.*⟩ (Med.): Entzündung im Bereich der Nebenhöhlen

Si|nus|kur|ve *die;* -, -n (Math.): zeichnerische Darstellung der Sinusfunktion (vgl. Sinus) in einem Koordinatensystem

Si|pho *der;* -s, ...onen ⟨*gr.-lat.;* »Röhre, Wasserröhre, Saugröhre«⟩: Atemröhre der Schnecken, Muscheln u. Tintenfische

Si|phon [ˈziːfõ, österr.: ziˈfoːn] *der,* selten auch: *das;* -s, -s ⟨*gr.-lat.-fr.*⟩: **1.** s-förmiger Geruchsverschluss bei Wasserausgüssen zur Abhaltung von Abwassergasen. **2.** Getränkegefäß, aus dem beim Öffnen die eingeschlossene Kohlensäure die Flüssigkeit herausdrückt; Siphonflasche. **3.** (österr. ugs.) Sodawasser. **4.** Abflussanlage, die unter eine Straße führt

Si|pho|no|pho|re *die;* -, -n (meist Plural) ⟨*gr.-nlat.*⟩: Staats- od. Röhrenqualle

Sire [ziːɐ̯] ⟨*lat.-fr.*⟩: fr. Anrede für: Majestät

Si|re|ne *die;* -, -n ⟨*gr.-lat.(-fr.);* nach göttlichen Wesen der gr. Sage, die mit betörendem Gesang begabt waren⟩: **1.** schöne, verführerische Frau. **2.** Anlage zur Erzeugung eines Alarm- od. Warnsignals. **3.** Seekuh

Sir|ta|ki *der;* -[s], -s ⟨*ngr.*⟩: ein griechischer Volkstanz

Si|rup *der;* -s, -e od. -s ⟨*arab.-mlat.*⟩: **a)** eingedickter, wässriger Zuckerrübenauszug; **b)** zähflüssige Lösung aus Zucker u. Wasser od. Fruchtsaft

Si|sal *der;* -s ⟨nach der mex. Hafenstadt Sisal⟩: Faser aus den Blättern einer Agave, die zur Herstellung von Seilen u. Säcken verwendet wird

sis|tie|ren ⟨*lat.*⟩: **1.** (Rechtswiss.) ein Verfahren unterbrechen, vorläufig einstellen. **2.** jmdn. zur Feststellung seiner Personalien zur Wache bringen

Sis|tie|rung *die;* -, -en: **1.** das Feststellen der Personalien auf der Polizeiwache. **2.** (Rechtswiss.) Unterbrechung, vorläufige Einstellung eines Verfahrens

Sis|t|rum *das;* -s, ...tren ⟨*gr.-lat.*⟩: ein altägyptisches Rasselinstrument, bei dem durch Metallstäbe ein klirrendes Geräusch hervorgerufen wird

Si|sy|phus|ar|beit *die;* -, -en ⟨nach Sisyphos, einer Gestalt der gr. Sage, der zu einem nie endenden Steinwälzen verurteilt war⟩: sinnlose Anstrengung; vergebliche, nie ans Ziel führende Arbeit

Si|tar *der;* -[s], -[s] u. die; -, -[s] ⟨*iran.*⟩: ein iranisches u. indisches Zupfinstrument

Sit|com [ˈsɪtkɔm] *die;* -, -s ⟨*engl.;* kurz für: **situation comedy**⟩: Situationskomödie (bes. als Fernsehserie)

Site [sait] *die;* -, -s ⟨*engl.;* »Standort, Stelle«⟩: Kurzform von ↑Website

Sit-in, Sit|in [s...] *das;* -s, -s ⟨*engl.*⟩: demonstratives Sichhinsetzen einer Gruppe zum Zeichen des Protests; Sitzstreik

Si|tu|a|ti|on *die;* -, -en ⟨*lat.-mlat.-fr.*⟩: **1. a)** allgemeine [Sach]lage, Stellung; Zustand; **b)** jmds. augenblickliche Lage, Verhältnisse, Umstände. **2.** (Geogr.) Lageplan. **3.** (Soziol.) die Gesamtheit der äußeren Bedingungen des sozialen Handelns u. Erlebens

S

Si|tu|a|ti|o|nist *der;* -en, -en ⟨*lat.-mlat.-fr.-nlat.*⟩ (selten): jmd., der sich schnell u. zu seinem Vorteil jeder [neuen] Lage anzupassen versteht

Si|tu|a|ti|ons|ko|mik *die;* -: Komik, die durch eine erheiternde u. zum Lachen reizende Situation entsteht

Si|tu|a|ti|ons|ko|mö|die *die;* -, -n: Komödie, deren Komik bes. durch Verwechslungen, Verkettung überraschender Umstände, Intrigen o. Ä. entsteht

si|tu|a|tiv: durch die (jeweilige) Situation bedingt

si|tu|ie|ren ⟨*lat.-mlat.-fr.*⟩: legen, stellen, in die richtige Lage bringen, [an]ordnen (meist als Partizip Perfekt in Verbindung mit Adjektiven wie »gut« gebraucht, z. B. *gut situiert* = wirtschaftlich gut gestellt)

Si|tu|la *die;* -, ...ulen ⟨*lat.*⟩: vorgeschichtliches, bes. für die Eisenzeit typisches, meist aus Bronze getriebenes eimerartiges Gefäß

Si|tus *der;* -, - [...tu:s] ⟨*lat.*⟩ (Med.): **a)** [natürliche] Lage der Organe im Körper; **b)** Lage des Fetus in der Gebärmutter; vgl. in situ

sit ve|nia ver|bo ⟨*lat.;* »dem Wort sei Verzeihung [gewährt]«⟩: man möge mir diese Ausdrucksweise gestatten, nachsehen (Abk.: s. v. v.)

Si|zi|li|a|ne *die;* -, -n ⟨*it.*⟩: aus Sizilien stammende Abart der Stanze (1) mit nur zwei Reimen

Ska|bi|es, fachspr.: **Sca|bi|es** *die;* - ⟨*lat.*⟩ (Med.): Krätze (eine Hautkrankheit)

ska|bi|ös (Med.): krätzig, die typischen Hauterscheinungen der Krätze zeigend

Ska|bi|o|se *die;* -, -n ⟨*lat.-nlat.*⟩: Pflanze mit gefiederten, behaarten Blättern u. Blütenköpfen von blauvioletter od. gelber Farbe

ska|b|rös ⟨*lat.-fr.*⟩ (veraltet): heikel, schlüpfrig

Ska|la *die;* -, Skalen u. -s ⟨*lat.-it.;* »Treppe, Leiter«⟩: **1.** (Technik) Maßeinteilung an Messinstrumenten. **2.** Stufenleiter, vollständige Reihe sich abstufender Erscheinungen. **3.** (Musik) Tonleiter. **4.** (Druckw.) beim Mehrfarbendruck die Zusammenstellung der Farben, mit denen jede Platte gedruckt werden muss

ska|lar (Math.): durch ↑reelle Zahlen bestimmt

[1]**Ska|lar** *der;* -s, -e (Math.): mathematische Größe, die allein durch einen Zahlenwert bestimmt wird

[2]**Ska|lar** *der;* -s, -e: ein Süßwasserfisch aus dem Amazonasgebiet; Segelflosser

Skal|de *der;* -n, -n ⟨*altnord.*⟩: altnordischer Dichter u. Sänger

Ska|le *die;* -, -n (bes. fachspr.): ↑Skala (1)

ska|lie|ren ⟨*lat.-it.-nlat.*⟩: (Psychol., Soziol.) Verhaltensweisen od. Leistungen in einer statistisch verwendbaren Wertskala einstufen

Skalp *der;* -s, -e ⟨*skand.-engl.*⟩ (Geschichte): bei den Indianern die abgezogene Kopfhaut des getöteten Gegners als Siegeszeichen

Skal|pell *das;* -s, -e ⟨*lat.*⟩: kleines chirurgisches Messer mit fest stehender Klinge

skal|pie|ren ⟨*skand.-engl.-nlat.*⟩: den Skalp nehmen, die Kopfhaut abziehen

Skan|dal *der;* -s, -e ⟨*gr.-lat.-fr.*⟩: **1.** Ärgernis; aufsehenerregendes, schockierendes Vorkommnis. **2.** (landsch. veraltend) Lärm

skan|da|li|sie|ren (veraltet): etwas zu einem Skandal machen; Anstoß nehmen

skan|da|lös ⟨*gr.-lat.-fr.*⟩: ärgerlich, unglaublich, unerhört; anstößig

skan|die|ren ⟨*lat.*⟩: **a)** Verse taktmäßig, mit besonderer Betonung der Hebungen u. ohne Rücksicht auf den Sinnzusammenhang sprechen; **b)** rhythmisch abgehackt, in einzelnen Silben sprechen

Ska|po|lith [auch: ...'lɪt] *der;* -s u. -en, -e[n] ⟨*lat.; gr.*⟩: ein Mineral

Ska|pu|lier *das;* -s, -e ⟨*lat.-mlat.;* »Schulterkleid«⟩: Überwurf über Brust u. Rücken in der Tracht mancher Mönchsorden

Ska|ra|bä|en|gem|me *die;* -, -n ⟨*gr.-lat.; lat.(-it.)*⟩: Skarabäus (2)

Ska|ra|bä|us *der;* -, ...äen ⟨*gr.-lat.*⟩: **1.** (überwiegend in wärmeren Gebieten heimischer) Käfer, der aus Kot Kugeln formt, die ihm als Nahrung u. zur Eiablage dienen; Pillendreher. **2.** als Amulett od. Siegel benutzte [altägyptische] Nachbildung des Skarabäus (1), der im alten Ägypten als Sinnbild des Sonnengottes verehrt wurde, in Stein, Glas od. Metall

Ska|ra|muz *der;* - u. -es, -e ⟨*germ.-it.*⟩: Charakterfigur der italienischen Commedia dell'Arte u. des französischen Lustspiels (prahlerischer Soldat)

Skarn *der;* -s, -e ⟨*schwed.*⟩ (Geol.): aus Kalkstein, Dolomit od. Mergel entstandenes erzhaltiges Gestein

skar|tie|ren ⟨*lat.-vulgärlat.-it.*⟩ (österr. Amtsspr.): alte Akten u. Ä. aussortieren

Skat *der;* -[e]s, -e u. -s ⟨*lat.-it.*⟩: **1.** Kartenspiel für drei Spieler. **2.** die zwei bei diesem Kartenspiel verdeckt liegenden Karten

Skate|board ['skeɪt...] *das;* -s, -s ⟨*engl.*⟩: als Spiel- u. Sportgerät dienendes Brett auf vier federnd gelagerten Rollen, mit dem man sich stehend [mit Abstoßen] fortbewegt u. das nur durch Gewichtsverlagerung gesteuert wird

skate|boar|den ['skeɪtbɔ:dn̩]: Skateboard fahren

Skate|boar|der ['skeɪtbɔ:dɐ] *der;* -s, -: jmd., der Skateboard fährt

Skate|boar|de|rin *die;* -, -nen: weibliche Form zu ↑Skateboarder

[1]**ska|ten** ⟨*lat.-it.*⟩ (ugs.): Skat spielen

[2]**ska|ten** ['skeɪtn̩] ⟨*engl.*⟩: **a)** mit, auf einem Skateboard fahren; **b)** Kurzform von ↑inlineskaten

Skate|night ['skeɪtnaɪt] *die;* -, -s ⟨*engl.*⟩: nächtliche Veranstaltung für ↑Inlineskater (2) in [größeren] Städten

[1]**Ska|ter** *der;* -s, - ⟨*lat.-it.*⟩ (ugs.): Skatspieler

[2]**Ska|ter** ['ske:tɐ] *der;* -s, - ⟨*engl.*⟩: **a)** jmd., der Skateboard fährt; **b)** jmd., der auf Inlineskates läuft

[1]**Ska|te|rin** *die;* -, -nen ⟨*lat.-it.*⟩: weibliche Form zu ↑[1]Skater

[2]**Ska|te|rin** ['ske:tə...] *die;* -, -nen ⟨*engl.*⟩: weibliche Form zu ↑[2]Skater

Ska|tol *das;* -s ⟨*gr.; lat.*⟩: übel riechende, bei der Fäulnis von Eiweißstoffen entstehende chemische Verbindung (z. B. im Kot)

Ska|to|pha|ge *der* u. *die;* -n, -n ⟨*gr.*⟩: ↑Koprophage

Skeet|schie|ßen ['ski:t...] *das;* -s ⟨*engl.; dt.*⟩ (Sport): Wettbewerb des Wurftauben-, Tontaubenschießens, bei dem die Schützen halbkreisförmig um die Wurfmaschinen stehen u. auf jede Taube nur einen Schuss abgeben

Ske|let vgl. Skelett

Ske|le|ton [...lətn̩, ...letɔn] *der;* -s, -s ⟨*gr.-engl.*⟩ (Sport): niedriger, schwerer Sportrennschlitten

Ske|lett *das;* -[e]s, -e ⟨*gr.;* »ausgetrockneter (Körper), Mumie«⟩: **1.** (medizinisch fachspr.: Skelet; Biol., Med.) inneres od. äußeres, [bewegliches] stützendes Körpergerüst aus Knochen, Chitin od. Kalk bei Tieren u. dem Menschen; Gerippe. **2.** (Bot.) das zur Festigung von Pflanzenorganen dienende Gewebe. **3.** der tragende Unterbau, Grundgerüst

Ske|lett|bo|den *der;* -s, ...böden ⟨*gr.; dt.*⟩: Bodenkrume mit groben Mineral- u. Gesteinsteilen (in Gebirgen)

ske|let|tie|ren ⟨*gr.-nlat.*⟩: **1.** das Skelett (1) bloßlegen. **2.** [ein Blatt] bis auf das Skelett (2) abfressen. **3.** zum Skelett (1) werden

Ske|ne *die;* -, ...nai ⟨*gr.*⟩: im altgriechischen Theater ein Ankleideräume enthaltender Holzbau, der als Bühnenabschluss diente u. vor dem die Schauspieler auftraten; vgl. Szene

Skep|sis *die;* - ⟨*gr.*⟩: Zweifel, Bedenken (aufgrund sorgfältiger Überlegung); Zurückhaltung; Ungläubigkeit; Zweifelsucht

Skep|ti|ker *der;* -s, -: **1.** Zweifler; misstrauischer Mensch. **2.** Anhänger des Skeptizismus

Skep|ti|ke|rin *die;* -, -nen: weibliche Form zu ↑Skeptiker

skep|tisch: zum Zweifel neigend, zweiflerisch, misstrauisch, ungläubig; kühl abwägend

Skep|ti|zis|mus *der;* - ⟨*gr.-nlat.*⟩: **1.** skeptische Haltung. **2.** die den Zweifel zum Denkprinzip erhebende, die Möglichkeit einer Erkenntnis der Wirklichkeit u. Wahrheit infrage stellende philosophische Schulrichtung; vgl. Pyrrhonismus

Sketch [skɛtʃ] *der;* -[es], -e ⟨*it.-niederl.-engl.;* »Skizze; Stegreifstudie«⟩: (bes. im Kabarett, Varieté, Fernsehen aufgeführte) kurze, effektvolle Szene mit meist witziger Pointierung

Ski [ʃi:], **Schi** *der;* -[s], -, (auch:) -er ⟨*norw.*⟩:

1. aus Holz, Kunststoff od. Metall gefertigtes, langes schmales Brett mit Spezialbindung zur Fortbewegung auf Schnee. **2.** kurz für das Skilaufen (bes. in Zusammensetzungen, z. B. Abfahrtski)

Ski|a|s|ko|pie *die;* -, ...ien (Med.): Schattenprobe zur Bestimmung des Brechungsvermögens des Auges

Ski|bob ['ʃi:...], **Schi|bob** *der;* -s, -s ‹*norw.; engl.*›: **1.** einkufiger Schlitten mit Lenkvorrichtung, der von einem Fahrer mit Kurzskiern an den Füßen, wie auf einem Fahrrad sitzend, gefahren wird. **2.** mit dem Skibob (1) betriebener Sport

Skiff *das;* -[e]s, *Plur.* -e u. -s ‹*germ.-roman.-engl.*› (Sport): schmales nordisches Einmannruderboot

Ski|gym|nas|tik ['ʃi:...], **Schi|gym|nas|tik** *die;* -, -en: spezielle Gymnastik, die den Körper für das Skilaufen kräftigt

Ski|lift ['ʃi:...], **Schi|lift** *der;* -[e]s, -e u. -s: Seilbahn od. ähnliche Anlage, die Skiläufer bergaufwärts befördert

Skim|ming *das;* -s ‹*engl.*› (EDV-Jargon): illegales, in betrügerischer Absicht erfolgendes Auslesen von Daten, die in Bank- u. Kreditkarten gespeichert sind

Skin|head [...hɛt] *der;* -s, -s ‹*engl.*›: Angehöriger einer Gruppe männlicher Jugendlicher, die äußerlich durch Kurzhaarschnitt bzw. Glatze gekennzeichnet sind u. zu aggressivem Verhalten u. Gewalttätigkeiten neigen [auf der Grundlage rechtsradikalen Gedankenguts]

Skink *der;* -[e]s, -e ‹*gr.-lat.*›: (in den Tropen u. Subtropen lebende) gelbliche bis graubraune Eidechse mit keilförmigem Kopf u. glatten, glänzenden Schuppen

S

Skip|per *der;* -s, - ‹*engl.*›: Kapitän einer [Segel]jacht

Ski|zir|kus ['ʃi:...], **Schi|zir|kus** *der;* -, -se ‹*norw.; gr.-lat.*› (Jargon): **1.** (ohne Plural) alpine Skirennen mit allen damit in Zusammenhang stehenden Veranstaltungen der Saison. **2.** über ein ganzes Skigebiet verteiltes, in sich geschlossenes System von Skiliften

Skiz|ze *die;* -, -n ‹*it.;* »Spritzer«›: **1.** das Festhalten eines Eindrucks od. einer Idee in einer vorläufigen Form. **2.** [erster] Entwurf, flüchtig entworfene Zeichnung für ein Gemälde, eine Plastik, eine Architektur. **3.** kleine Geschichte

skiz|zie|ren: **1.** (einen Eindruck od. eine Idee) vorläufig [auf dem Papier] festhalten; (ein Problem) umreißen. **2.** entwerfen; in den Umrissen zeichnen; andeuten

Skla|ve *der;* -n, -n ‹*slaw.-mgr.-mlat.*›: (Geschichte) Leibeigener, in völliger wirtschaftlicher u. rechtlicher Abhängigkeit von einem anderen Menschen lebender Mensch

Skla|ve|rei *die;* -: **1.** Leibeigenschaft, völlige wirtschaftliche u. rechtliche Abhängigkeit eines Sklaven (1). **2.** harte, ermüdende Arbeit

Skla|vin *die;* -, -nen: weibliche Form zu ↑Sklave

skla|visch: **1.** unterwürfig, blind gehorchend, willenlos. **2.** einem Vorbild genau nachgebildet

Skle|ra *die;* -, ...ren ‹*gr.-nlat.*› (Med.): Lederhaut des Auges, die äußere Hülle des Auges

Skle|ri|tis *die;* -, ...itiden (Med.): Entzündung der Lederhaut des Auges

Skle|ro|der|mie *die;* -, ...ien (Med.): Darrsucht; krankhafte Quellung des Bindegewebes mit Verhärtung der Haut

Skle|ro|me|ter *das;* -s, -: Instrument zur Härtebestimmung bei Mineralien

Skle|ro|se *die;* -, -n (Med.): krankhafte Verhärtung von Geweben u. Organen

skle|ro|tisch (Med.): verhärtet (von Geweben)

Sko|li|on *das;* -s, ...ien: altgriechisches Tisch- u. Trinklied mit vielfach gnomischem, vaterländischem od. religiösem Inhalt

Sko|li|o|se *die;* -, -n (»Krümmung«) (Med.): seitliche Verkrümmung der Wirbelsäule

Sko|lo|pen|der *der;* -s, - ‹*gr.-lat.*›: (in den Tropen u. Subtropen in vielen Arten verbreiteter) gelblich brauner bis grüner Gliederfüßer mit länglichem Rumpf, vielen Beinpaaren u. giftigen Klauen

skon|tie|ren ‹*lat.-it.*›: Skonto gewähren

Skon|to *der* od. *das;* -s, -s (auch: ...ti): prozentualer Abschlag vom Preis einer Ware od. Dienstleistung beim Barkauf; Barzahlungsrabatt

Skon|t|ra|ti|on *die;* -, -en ‹*lat.-it.-nlat.*› (Wirtsch.): Fortschreibung, Bestandsermittlung durch Zu- u. Abschreibungen der Zu- und Abgänge

skon|t|rie|ren (Wirtsch.): [die Zu- und Abgänge] fortschreiben

Skon|t|ro *das;* -s, -s ‹*lat.-it.*› (Wirtsch.): Nebenbuch der Buchhaltung zur täglichen Ermittlung von bestimmten Bestandsmengen

Skoo|ter ['sku:tɐ] *der;* -s, - ‹*engl.*›: **1.** [elektrisches] Kleinauto auf Jahrmärkten. **2.** Motorroller

Skop *der;* -s, -s ‹*angelsächs.*› (Geschichte): Dichter u. Sänger in der Gefolgschaft eines westgermanischen Fürsten

...s|kop

das; -s, -e
⟨zu *gr.* skopeĩn »betrachten, beschauen; forschen, prüfen«⟩
Wortbildungselement mit der Bedeutung »Gerät für [optische] Untersuchungen und Messungen bzw. zur Sichtbarmachung von etwas«:
- Endoskop
- Mikroskop
- Stethoskop
- Teleskop

...s|ko|pie
die; -, ...ien (teilweise ohne Plural)
⟨zu *gr.* skopía »das Spähen, die Umschau«⟩
Wortbildungselement mit der Bedeutung »[optische] Untersuchung oder Betrachtung«:
- Arthroskopie
- Demoskopie
- Endoskopie
- Gastroskopie

Skop|ze *der;* -n, -n (meist Plural) ⟨*russ.*⟩: Anhänger einer zu Anfang des 19. Jh.s gegründeten, von ihren Mitgliedern strenge Enthaltsamkeit fordernden, schwärmerischen russischen Glaubensgemeinschaft

Skor|but *der;* -[e]s ⟨*mlat.*⟩ (Med.): auf einem Mangel an Vitamin C beruhende Krankheit, bei der es vor allem zu Blutungen des Zahnfleischs kommt

skor|bu|tisch: an Skorbut leidend

Skor|da|tur vgl. Scordatura

sko|ren ⟨*engl.*⟩ (österr.): ↑scoren

Skor|pi|on *der;* -s, -e ⟨*gr.-lat.*⟩: **1.** tropisches u. subtropisches Spinnentier mit Giftstachel. **2.** (ohne Plural) ein Sternbild. **3. a)** (ohne Plural) das 8. Tierkreiszeichen; **b)** in diesem Zeichen geborener Mensch

Sko|to|di|nie *die;* -, ...ien ⟨*gr.-nlat.*⟩ (Med.): Schwindel-, Ohnmachtsanfall

Sko|tom *das;* -s, -e (Med.): Gesichtsfelddefekt; Abdunkelung bzw. Ausfall eines Teils des Gesichtsfeldes

Skri|bent *der;* -en, -en ⟨*lat.*⟩ (veraltend): Vielschreiber, Schreiberling

Skri|ben|tin *die;* -, -nen: weibliche Form zu ↑Skribent

Skript *das;* -[e]s, -e[n] u. -s ⟨*lat.-fr.-engl.;* »Geschriebenes«⟩: **1.** schriftliche Ausarbeitung, Schriftstück. **2.** Nachschrift einer Hochschulvorlesung. **3.** (Plural meist -s) **a)** Drehbuch für einen Film; **b)** einer Rundfunk-, Fernsehsendung zugrunde liegende schriftliche Aufzeichnung

Skript|girl *das;* -s, -s ⟨*engl.*⟩: Mitarbeiterin, Sekretärin eines Filmregisseurs, die während der Dreharbeiten alle technischen Daten als Grundlage für die weitere Filmbearbeitung notiert

Skrip|tum *das;* -s, ...ten u. ...ta ⟨*lat.*⟩: ↑Skript

skrip|tu|ral ⟨*lat.-nlat.*⟩: die Schrift betreffend; **skripturale Malerei:** von den Schriftzeichen, vor allem den ostasiatischen, inspirierte Form der abstrakten Malerei

skro|fu|lös ⟨*lat.-mlat.-nlat.*⟩ (Med.): zum Erscheinungsbild der Skrofulose gehörend, an ihr leidend

Skro|fu|lo|se *die;* -, -n (Med.): [tuberkulöse] Haut- u. Lymphknotenerkrankung bei Kindern

Skru|pel *der;* -s, - (meist Plural): Zweifel, ob ein bestimmtes Handeln mit dem eigenen Gewissen vereinbar ist; auf moralischen Bedenken beruhende Hemmung

skru|pu|lös ⟨*lat.*⟩ (veraltend): bedenkenvoll, ängstlich; peinlich genau

Skull *das;* -s, -s ⟨*engl.*⟩: der nur mit einer Hand geführte Holm mit Ruderblatt eines Skullboots

Skull|boot *das;* -[e]s, -e ⟨*engl.; dt.*⟩: Ruderboot, das mithilfe von Skulls vorwärtsbewegt wird

skul|len ⟨*engl.*⟩ (Sport): mit Skulls rudern

Skul|ler *der;* -s, -: **1.** Skullboot. **2.** jmd., der das Skullen als Sport betreibt; Sportruderer

Skul|le|rin *die;* -, -nen: weibliche Form zu ↑Skuller (2)

Skulp|teur [...ˈtøːɐ̯] *der;* -s, -e ⟨*lat.-fr.*⟩: Künstler, der Skulpturen herstellt

Skulp|teu|rin [...ˈtøːrɪn] *die;* -, -nen: weibliche Form zu ↑Skulpteur

skulp|tie|ren ⟨*lat.-nlat.*⟩: eine Skulptur herstellen, ausmeißeln

Skulp|tur *die;* -, -en ⟨*lat.*⟩: **1.** Bildhauerarbeit, -werk. **2.** (ohne Plural) Bildhauerkunst

skulp|tu|ral ⟨*lat.-nlat.*⟩: die Form einer Skulptur betreffend, in der Form einer Skulptur

skur|ril ⟨*etrusk.-lat.*⟩: (in Aussehen u. Wesen) sonderbar, auf lächerliche oder befremdende Weise eigenwillig

Sky|bea|mer [ˈska̯ibiːmɐ] *der;* -s, - ⟨*engl.*⟩: starker Scheinwerfer, der zu Diskotheken (2) od. ähnlichen Veranstaltungen lockende gebündelte Lichtstrahlen am Nachthimmel erzeugt

Sky|light [ˈska̯ila̯it] *das;* -s, -s ⟨*engl.*⟩ (Seemannsspr.): Oberlicht, Luke (auf Schiffen)

Sky|line [ˈska̯ila̯in] *die;* -, -s: Horizont[linie], [charakteristische] Silhouette einer aus der Ferne gesehenen Stadt

Skyl|la ⟨*gr.*⟩: griechische Form von ↑Szylla

sky|pen [ˈska̯ipn̩] ⟨*engl.*⟩: mit der Software Skype® über das Internet telefonieren

Sla|lom *der;* -s, -s ⟨*norw.;* »geneigte Skispur«⟩: **a)** (Ski- u. Kanusport) Torlauf; **b)** Zickzacklauf, -fahrt

Slang [slɛŋ] *der;* -s, -s ⟨*engl.*⟩: **a)** (oft abwertend) nachlässige, saloppe Umgangssprache; **b)** umgangssprachliche Ausdrucksweise bestimmter sozialer, beruflicher o. ä. Gruppen; [Fach]jargon

Slap|stick [ˈslɛpstɪk] *der;* -s, -s ⟨*engl.*⟩: **a)** (bes. in Bezug auf Stummfilme) Burleske (1); **b)** burleske Einlage, grotesk-komischer Gag, wobei meist die Tücke des Objekts als Mittel eingesetzt wird

Sla|wist *der;* -en, -en: Wissenschaftler auf dem Gebiet der Slawistik

Sla|wis|tik *die;* -: wissenschaftliche Erforschung der slawischen Sprachen u. Literaturen

Sla|wis|tin *die;* -, -nen: weibliche Form zu ↑Slawist

sla|wis|tisch: die Slawistik betreffend

slen|tan|do vgl. lentando

Sli|bo|witz, Sli|wo|witz *der;* -[es], -e ⟨*serb.* u. *kroat.*⟩: Pflaumenbranntwein

Slice [slai̯s] *der;* -, -s [...sɪs] ⟨*germ.-fr.-engl.*⟩: **1.** (Golf) Schlag, bei dem der Ball in einer bestimmten Richtung von der Geraden abweicht. **2.** (Tennis) Schlag, bei dem sich Schlägerbahn u. Schlagfläche in einem Winkel von weniger als 45° schneiden u. der Schläger schnell nach unten gezogen wird

Slick *der;* -s, -s ⟨*engl.-amerik.*⟩ (Motor- und Radsport): für trockene Strecken verwendeter Rennreifen mit einer klebrigen Gummimischung, die bei starker Erhitzung ihre beste Haftfähigkeit erlangt

Slide|show [ˈslai̯t...] *die;* -, -s ⟨*engl.*⟩: [automatisch ablaufende] Vorführung einer Serie digitaler Bilder

S

Sli|ding Tack|ling [ˈslai̯dɪŋ ˈtɛklɪŋ] *das;* - -s, - -s ⟨*engl.*⟩: ↑Tackling

Sling|pumps *der;* -, -: Pumps mit ausgesparter Hinterkappe, der über der Ferse mit einem Riemchen gehalten wird

Slip *der;* -s, -s ⟨*engl.*⟩: **1.** (Technik) Unterschied zwischen dem tatsächlich zurückgelegten Weg eines durch Propeller angetriebenen Flugzeugs, Schiffes u. dem aus der Umdrehungszahl des Propellers theoretisch sich ergebenden Weg. **2.** (Seew.) schiefe Ebene in einer Werft für den Stapellauf eines Schiffes. **3.** kleine, eng anliegende Unterhose, deren Beinteil in der Schenkelbeuge endet. **4.** (Flugw.) gezielt seitwärtsgesteuerter Gleitflug mit starkem Höhenverlust. **5.** (Bankw.) [Abrechnungs]beleg bes. bei Bank- u. Börsengeschäften

Sli|pon *der;* -s, -s: bequemer Herrensportmantel mit Raglanärmeln

Slip|per *der;* -s, -: **1.** bequemer Schuh mit niederem Absatz u. ohne Verschnürung. **2.** (österr.) ↑Slipon

Sli|wo|witz vgl. Slibowitz

Slo|gan [ˈslo:gn̩, engl.: ˈsloʊgən] *der;* -s, -s ⟨*gäl.-engl.*⟩: Werbeschlagwort od. -zeile, einprägsame, wirkungsvoll formulierte Redewendung

Sloop [slu:p] *die;* -, -s ⟨*niederl.-engl.*⟩: ↑Slup

Slot *der;* -[s], -s ⟨*engl.;* eigtl. »Schlitz«⟩ (EDV): normierte Anschlussstelle an einem Computer zur Anbringung einer Steckkarte

slow [slo:, sloʊ] ⟨*engl.-amerik.*⟩: Tempobezeichnung im Jazz, etwa zwischen adagio u. andante

Slow Food [ˈsloʊfu:d] *das;* - -[s], **Slow|food** *das;* -[s] ⟨*engl.*⟩: bewusst naturbelassenes u. in Ruhe zu verzehrendes Essen

Slow|fox *der;* -[es], -e: dem Blues ähnlicher langsamer Foxtrott

Slow Mo|tion [... moʊʃən] *die;* - -: **a)** Zeitlupe; **b)** in Zeitlupe abgespielter Film[ausschnitt]

Slum [slam, slʌm] *der;* -s, -s (meist Plural) ⟨*engl.;* »kleine, schmutzige Gasse«⟩: Elendsviertel [einer Großstadt]

Slup *die;* -, -s ⟨eindeutschend für ↑Sloop⟩: **1.** einmastige Jacht mit Groß- u. Vorsegel. **2.** Kurzform von Sluptakelung (Takelungsart mit Groß- u. Vorsegel)

small [smɔ:l] ⟨*engl.*⟩: klein (Kleidergröße)

Small Band [ˈsmɔ:lbænd] *die;* - -, - -s, **Small|band** *die;* -, -s ⟨*engl.-amerik.*⟩: kleine Jazzbesetzung, bes. für den Swingstil

Small Cap [ˈsmɔ:lkɛp] *der;* - -s, - -s, **Small|cap** *der;* -s, -s ⟨*engl.;* kurz für small capital »kleiner Großbuchstabe«⟩ (Wirtsch.): Bez. für kleinere Unternehmen bzw. deren Wertpapiere

Small Talk [ˈsmɔ:ltɔ:k] *der* (auch: *das*); - -[s], - -s, **Small|talk** *der* (auch: *das*); -[s], -s ⟨*engl.*⟩: leichte, beiläufige Konversation; Geplauder

Smal|te vgl. Schmalte

Sma|ragd *der;* -[e]s, -e ⟨*gr.-lat.*⟩: tiefgrün gefärbter Beryll, der als wertvoller Edelstein gilt

sma|rag|den: grün wie ein Smaragd

smart [auch: smart] ⟨*engl.*⟩: **a)** schlau, geschäftstüchtig, durchtrieben; **b)** schick, flott (von der Kleidung)

Smart|card [...ka:ɐ̯t] *die;* -, -s, **Smart Card** *die;* - -, - -s ⟨*engl.;* eigtl. »schlaue Karte«⟩: Plastikkarte mit Mikrochip, die als Zahlungsmittel, Datenträger, Ausweis o. Ä. dient

Smar|tie *der;* -s, -s (ugs.): jmd., der smart ist

Smart|phone [...foʊn] *das;* -s, -s, **Smart Phone** *das;* - -s, - -s ⟨*engl.*⟩: Mobiltelefon mit zahlreichen zusätzlichen Funktionen wie GPS, Internetzugang, Digitalkamera u. a.

Smash [smɛʃ] *der;* -[s], -s ⟨*engl.*⟩ (Tennis): **a)** Schmetterschlag; **b)** Schmetterball

Smeg|ma *das;* -[s] ⟨*gr.-nlat.;* »das Schmieren«⟩ (Med.): von den Talgdrüsen unter der Vorhaut sowie zwischen Klitoris u. kleinen Schamlippen abgesondertes Sekret

Smi|ley [ˈsmai̯li] *das;* -s, -s ⟨*engl.*⟩ (EDV): ↑Emoticon in Form eines lächelnden Gesichts

Smog *der;* -[s], -s ⟨*engl.;* Bildung aus engl. **smo**ke »Rauch« u. f**og** »Nebel«⟩: mit Abgasen, Rauch u. a. gemischter Dunst od. Nebel über Industriestädten

Smok|ar|beit *die;* -, -en ⟨*engl.; dt.*⟩: Näharbeit, bei der der Stoff durch einen Zierstich in kleine Fältchen gerafft wird

smo|ken ⟨*engl.*⟩: eine Smokarbeit anfertigen

Smo|king *der;* -s, -s (österr. auch: -e) ⟨*engl.*⟩: bei kleineren gesellschaftlichen Veranstaltungen getragener, meist schwarzer Abendanzug mit seidenen Revers für Herren

Smoo|thie [ˈsmu:ði:] *der;* -s, -s ⟨*engl.*⟩: kaltes Mixgetränk aus Obst und Milchprodukten

Smør|re|bröd *das;* -[s], -s ⟨*dän.*⟩: reich belegtes Brot

smor|zan|do ⟨*lat.-vulgärlat.-it.*⟩ (Musik): ersterbend, verlöschend, verhauchend, abnehmend (Vortragsanweisung)

Smor|zan|do *das;* -s, -s u. ...di (Musik): ersterbendes, verlöschendes, verhauchendes Spiel

Smyr|na *der;* -[s], -s ⟨nach der kleinasiat. Stadt (heute İzmir)⟩: langfloriger Teppich mit großer Musterung

Snack|bar [ˈsnɛk...] *die;* -, -s: engl. Bez. für: Imbissstube

Snea|ker [ˈsni:kɐ] *der;* -s, -s u. - (meist Plural) ⟨*engl.-amerik.;* eigtl. »Schleicher«⟩: bes. von Jugendlichen getragener, in Design u. Material weiterentwickelter Turnschuh

Sneak|pre|view, Sneak-Pre|view [ˈsni:k(ˈ)pri:vju:] *die;* -, -s ⟨*engl.*⟩: Überraschungsvorstellung eines Films vor dem offiziellen Kinostart

Snob *der;* -s, -s ⟨*engl.*⟩: Mensch, der sich durch zur Schau getragene Extravaganz den Schein geistiger, kultureller Überlegenheit zu geben sucht u. nach gesellschaftlicher Exklusivität strebt

Sno|bi|e|ty [snɔˈbai̯əti] *die;* -: ↑High Snobiety

Sno|bis|mus *der;* -, ...men ⟨*engl.-nlat.*⟩: **1.** (ohne Plural) Vornehmtuerei, Wichtigtuerei. **2.** für einen Snob typische Verhaltensweise od. Eigenschaft

sno|bis|tisch: in der Art eines Snobs; von Snobismus (1) geprägt

Snow|board [ˈsnoʊbɔ:d] *das;* -s, -s ⟨*engl.;* »Schneebrett«⟩: einem Brett ähnliches Sportgerät zum Gleiten auf Schnee

snow|boar|den: Snowboarding betreiben

Snow|boar|der *der;* -s, -: jmd., der Snowboarding betreibt

Snow|boar|de|rin *die;* -, -nen: weibliche Form zu ↑Snowboarder

Snow|boar|ding *das;* -s: sportliche Betätigung auf einem Snowboard

Soap-Ope|ra, Soap|ope|ra [ˈsoʊp|ɔpəra] *die;* -, -s ⟨*engl.-amerik.;* »Seifenoper«⟩: Seifenoper; rührselige, seichte, melodramatische, komische o. ä. Hörspiel- od. Fernsehserie, Unterhaltungsserie

so|a|ve ⟨*lat.-it.*⟩ (Musik): lieblich, sanft, angenehm, süß (Vortragsanweisung)

Soc|cer [ˈzɔkɐ] *das* (auch: *der*); -s ⟨*engl.*⟩: amerik. Bez. für: Fußball (im Unterschied zu ↑Football u. ↑Rugby)

Soc|cus *der;* -, Socci [ˈzɔktsi] ⟨*gr.-lat.*⟩: leichter, niedriger Schuh der Schauspieler mit flacher Sohle (in der antiken Komödie im Unterschied zum ↑Kothurn des tragischen Schauspielers)

So|cial Me|dia [ˈsoʊʃəl ˈmi:di̯ɐ] *die* (Plural) ⟨*engl.*⟩ (EDV): Gesamtheit der digitalen Technologien und Medien wie ↑Weblogs, ↑Wikis, ↑Social Networks u. Ä., über die Nutzerinnen und Nutzer miteinander kommunizieren und Inhalte austauschen können

So|cial Net|work [ˈsoʊʃəl ˈnɛtwə:k] *das;* - -s, - -s ⟨*engl.*⟩ (EDV): ↑Portal (3 a) im Internet, das Kontakte zwischen Menschen vermittelt u. die Pflege von persönlichen Beziehungen über ein entsprechendes Netzwerk ermöglicht

So|ci|e|tas Je|su *die;* - - ⟨*nlat.;* »Gesellschaft Jesu«⟩: Orden der Jesuiten (Abk.: SJ hinter Personennamen = Societatis Jesu »von der Gesellschaft Jesu«)

So|ci|e|ty [səˈsai̯əti] *die;* -: ↑High Society

So|da *das;* -s ⟨*span.*⟩: **1.** Natriumkarbonat. **2.** (nur: *das;* -s) mit Kohlensäure versetztes Mineralwasser, Sodawasser

So|da|le *der;* -n, -n ⟨*lat.*⟩: Mitglied einer katholischen Sodalität

So|da|li|tät *die;* -, -en: katholische Bruderschaft od. Kongregation (1)

So|da|lith [auch: ...ˈlɪt] *der;* -s, -e ⟨*span.; gr.*⟩: als Schmuckstein verwendetes meist farbloses Mineral

So|dom *das;* - ⟨nach der biblischen Stadt⟩: Stadt od. Stätte der Sünde u. Lasterhaftigkeit

So|do|mie *die;* - ⟨*nlat.*⟩: Geschlechtsverkehr mit Tieren

So|do|mit *der;* -en, -en: jmd., der seinen Geschlechtstrieb durch Sodomie befriedigt

So|do|mi|tin *die;* -, -nen: weibliche Form zu ↑Sodomit

So|fa *das;* -s, -s ⟨*arab.-türk.(-fr.); »*Ruhebank«⟩: gepolstertes Sitzmöbel für mehrere Personen

Sof|fit|te, Suf|fit|te *die;* -, -n (meist Plural) ⟨*lat.-vulgärlat.-it.*⟩: **1.** (Theater) vom Schnürboden herabhängendes Deckendekorationsstück, das eine Bühne nach oben abschließt. **2.** Kurzform von ↑Soffittenlampe

Sof|fit|ten|lam|pe *die;* -, -n: röhrenförmige Glühlampe

soft [meist: sɔft] ⟨*engl.*⟩: **1.** weich (Vortragsweise in der Musik, bes. im Jazz). **2.** (ugs.) (von Männern) nicht den althergebrachten Vorstellungen entsprechend, sondern sanft, weich, seinen Gefühlen Ausdruck gebend

Soft|co|py [...kɔpi] *die;* -, -s, **Soft Co|py** *die;* - -, - -s ⟨*engl.;* »weiche (im Sinn von nicht gegenständliche) Kopie«⟩ (EDV): Darstellung von Daten od. Texten auf dem Monitor eines Computers (im Unterschied zur ausgedruckten ↑Hardcopy)

Soft|drink *der;* -s, -s, **Soft Drink** *der;* - -s, - -s: alkoholfreies Getränk; Ggs. ↑Harddrink

Soft Drug [- ˈdrag] *die;* - -, - -s: Rauschgift mit geringerem Suchtpotenzial (z. B. Haschisch, Marihuana)

Soft|eis *das;* -es, - ⟨*engl.; dt.*⟩: sahniges, weiches Speiseeis

Sof|tie *der;* -s, -s (ugs.): Mann von sanftem, zärtlichem, empfindungsfähigem Wesen

Soft|por|no *der;* -s, -s: Sexfilm, in dem keine ausgefallenen Sexualpraktiken dargestellt u. die Vorgänge nicht allzu detailliert gezeigt werden

Soft|rock *der;* -[s], **Soft Rock** *der;* - -[s]: gemilderte, leisere Form der Rockmusik

Soft Skill [auch: ˈ- ˈskɪl] *der* od. *das;* - -s, - -s (meist Plural) ⟨*engl.*⟩ (Wirtsch.): Kompetenz im zwischenmenschlichen Bereich, Fähigkeit im Umgang mit anderen Menschen; Ggs. ↑Hard Skill

Soft|ware [...wɛːɐ̯] *die;* -, -s (Plural selten) ⟨*engl.;* »weiche Ware«⟩: zum Betrieb eines Computers erforderliche nicht apparative Funktionsbestandteile (Programme u. Ä.); Ggs. ↑Hardware

soi|g|nie|ren [zo̯anˈjiː...] ⟨*germ.-fr.*⟩ (veraltet): besorgen, pflegen

soi|g|niert (bildungsspr. veraltend): gepflegt; gediegen; seriös (bes. in Bezug auf die äußere Erscheinung)

Soi|ree [zo̯aˈreː] *die;* -, Soireen ⟨*lat.-fr.*⟩: Abendgesellschaft; Abendvorstellung

So|ja *die;* -, Sojen ⟨*jap.-niederl.*⟩, **So|ja|boh|ne** *die;* -, -n: südostasiatische wertvolle, eiweißreiche Nutzpflanze

So|ja|so|ße *die;* -, -n: aus gegorenen Sojabohnen gewonnene Speisewürze

So|k|ra|tik *die;* - ⟨nach dem gr. Philosophen Sokrates, 469–399 v. Chr.⟩: Art des Philosophierens, bei der die Einsicht in das menschliche Leben die wesentliche Aufgabe ist

So|k|ra|ti|ker *der;* -s, - (meist Plural): Vertreter der Sokratik bzw. der an sie anknüpfenden Richtungen

So|k|ra|ti|ke|rin *die;* -, -nen: weibliche Form zu ↑Sokratiker

so|k|ra|tisch: die Sokratik betreffend; **sokratische Methode:** auf die sokratische Art des Philosophierens zurückgehendes Unterrichtsverfahren, den Schüler durch geschicktes Fragen die Antworten u. Einsichten selbst finden zu lassen

sol ⟨*lat.-it.*⟩ (Musik): Silbe, auf die beim Solmisieren der Ton g gesungen wird; vgl. Solmisation

¹Sol *der;* -[s], -s (aber: 5 -) ⟨*lat.-span.*⟩: (bis 1985) Währungseinheit in Peru; **Neuer Sol:** (seit 1991) gültige Währungseinheit in Peru

²Sol *das;* -s, -e ⟨Kunstw.⟩ (Chemie): kolloide Lösung

So|la|nin *das;* -s ⟨*lat.-nlat.*⟩: stark giftiges Alkaloid verschiedener Nachtschattengewächse

So|la|num *das;* -s, ...nen ⟨*lat.*⟩: Nachtschattengewächs mit zahlreichen Nutzpflanzen (z. B. Kartoffel, Tomate)

so|lar, so|la|risch ⟨*lat.*⟩ (Physik, Astron., Meteorol.): die Sonne betreffend, zur Sonne gehörend

So|lar|ener|gie *die;* - (Physik): Sonnenenergie; im Innern der Sonne erzeugte Energie, die an die Oberfläche der Sonne gelangt u. von dort abgestrahlt wird

So|la|ri|sa|ti|on *die;* -, -en ⟨*lat.-nlat.*⟩ (Fotogr.): Erscheinung der Umkehrung der Lichteinwirkung bei starker Überbelichtung des Films

so|la|risch vgl. solar

So|la|ri|um *das;* -s, ...ien: Anlage, Gerät mit künstlich ultraviolette Strahlung erzeugenden Lichtquellen zur Bräunung des Körpers

So|lar|jahr *das;* -[e]s, -e (Astron.): Sonnenjahr

So|lar|kol|lek|tor *der;* -s, -en: Sonnenkollektor; Vorrichtung, mit deren Hilfe Sonnenenergie absorbiert wird

So|lar|kon|s|tan|te *die;* -, -n (Meteorol.): mittlere Wärmemenge der pro Minute auf einen Qua-

S

dratzentimeter der Erdoberfläche auftreffenden Sonnenstrahlen

So|lar|ple|xus [auch: ...'plɛ...] *der;* -, - (Med.): Sonnengeflecht (des sympathischen Nervensystems im Oberbauch)

So|lar|tech|nik *die;* -: Technik, die sich mit der Nutzbarmachung u. den Anwendungsmöglichkeiten der Sonnenenergie befasst

So|lar|teur® [zolar'tøːɐ̯, ...'tøːɐ̯] *der;* -s, -e ⟨Kunstw. aus **solar** u. Installa**teur**⟩: Fachkraft für den Bau u. die Instandhaltung von Solaranlagen

So|lar|teu|rin *die;* -, -nen: weibliche Form zu ↑Solarteur

So|lar|zel|le *die;* -, -n: Sonnenzelle; Element (7) aus bestimmten Halbleitern, das die Energie der Sonnenstrahlen in elektrische Energie umwandelt

So|la|wech|sel *der;* -s, - ⟨*lat.-it.; dt.*⟩ (Wirtsch.): Wechsel, bei dem sich der Aussteller selbst zur Zahlung einer Geldsumme verpflichtet; Eigenwechsel

Sol|dat *der;* -en, -en ⟨*lat.-vulgärlat.-it.;* »der in Wehrsold Genommene«⟩: **1. a)** Angehöriger der Streitkräfte eines Landes; **b)** unterster militärischer Dienstgrad, unterste Ranggruppe der Land- u. Luftstreitkräfte. **2.** (bei Insekten) [unfruchtbares] Exemplar, das für die Verteidigung des Stocks sorgt (bes. bei Ameisen u. Termiten). **3.** (landsch.) Feuerwanze

Sol|da|tes|ka *die;* -, ...ken: gewalttätig u. rücksichtslos vorgehende Soldaten

Sol|da|tin *die;* -, -nen: weibliche Form zu ↑Soldat (1)

sol|da|tisch: in Art u. Haltung eines ↑Soldaten (1)

Sol|do *der;* -s, -s u. Soldi (Geschichte): italienische Münze

so|lenn ⟨*lat.*⟩: feierlich, festlich

So|len|ni|tät *die;* -, -en (veraltet): Feierlichkeit

So|le|no|id *das;* -[e]s, -e ⟨*gr.;* »rinnen-, röhrenförmig«⟩: zylindrische Metallspule, die bei Stromdurchfluss wie ein Stabmagnet wirkt

Sol|fa|ta|ra, Sol|fa|ta|re *die;* -, ...ren ⟨*it.;* nach dem Krater bei Neapel⟩: ↑Exhalation (2) schwefelhaltiger heißer Wasserdämpfe in ehemaligen Vulkangebieten

sol|feg|gie|ren [...fɛ'dʒiː...] ⟨*it.*⟩ (Musik): Solfeggien singen

Sol|feg|gio [...dʒo] *das;* -s, ...ggien [...dʒn̩]: auf die Solmisationssilben gesungene Gesangsübung

so|lid, so|li|de ⟨*lat.-fr.*⟩: **1.** fest, haltbar; gediegen (von Gegenständen). **2.** ordentlich, maßvoll, nicht ausschweifend, nicht vergnügungssüchtig; anständig (von Personen)

so|li|da|risch ⟨*lat.-fr.*⟩: **a)** gemeinsam; übereinstimmend; **b)** füreinander einstehend, eng verbunden

so|li|da|ri|sie|ren ⟨*lat.-fr.-nlat.*⟩: **a)** sich solidarisieren: für jmdn., etwas eintreten; sich mit jmdm. verbünden, um gemeinsame Ziele und Interessen zu verfolgen; **b)** zu solidarischem Verhalten bewegen

So|li|da|ris|mus *der;* -: Richtung der [katholischen] Sozialphilosophie, die im rechten Ausgleich zwischen dem Einzelnen und der Gemeinschaft das Gemeinwohl zu fördern sucht

So|li|da|ri|tät *die;* - ⟨*lat.-fr.*⟩: Zusammengehörigkeitsgefühl, Gemeinsinn

So|li|da|ri|täts|zu|schlag *der;* -[e]s: zur Beschaffung der durch die deutsche Vereinigung zusätzlich benötigten Mittel erhobener Zuschlag zur Einkommens- u. Körperschaftssteuer

So|li|dar|pakt *der;* -[e]s, -e (Politik): Übereinkommen zwischen Politik, Unternehmensverbänden u. Gewerkschaften zur Finanzierung außergewöhnlicher Vorhaben durch eine möglichst sozial verträgliche Verteilung der Lasten

So|li|dar|pa|tho|lo|gie *die;* - ⟨*lat.-nlat.; gr.*⟩ (Med.): Lehre, die in den festen Bestandteilen des Körpers die Ursachen der Krankheiten sucht

so|li|de vgl. solid

so|li|die|ren ⟨*lat.*⟩ (veraltet): befestigen, versichern

So|li|di|tät *die;* - ⟨*lat.-fr.*⟩: **1.** Festigkeit, Haltbarkeit. **2.** Zuverlässigkeit; Mäßigkeit, Gesetztheit

So|li|lo|qui|um *das;* -s, ...ien ⟨*lat.*⟩: Selbstgespräch, ↑Monolog der antiken Bekenntnisliteratur

So|ling *das* od. *der;* -s, -s ⟨Herkunft unsicher⟩: mit drei Personen zu segelndes Kielboot im Rennsegelsport

So|lip|sis|mus *der;* - ⟨*lat.-nlat.*⟩ (Philos.): erkenntnistheoretischer Standpunkt, der nur das eigene Ich mit seinen Bewusstseinsinhalten als das einzig Wirkliche gelten lässt u. alle anderen Ichs mit der ganzen Außenwelt nur als dessen Vorstellungen annimmt

So|lip|sist *der;* -en, -en: Vertreter des Solipsismus

So|lip|sis|tin *die;* -, -nen: weibliche Form zu ↑Solipsist

so|lip|sis|tisch: den Solipsismus betreffend; ichbezogen

So|list *der;* -en, -en ⟨*lat.-it.-fr.*⟩: **a)** jmd., der ein ↑Solo (1) singt, spielt od. tanzt; **b)** (Jargon) Spieler, der einen Alleingang unternimmt (bei Mannschaftsspielen, bes. beim Fußball)

So|li̱s|tin *die;* -, -nen: weibliche Form zu ↑Solist

so|li̱s|tisch: a) den Solisten/die Solistin betreffend; **b)** sich als Solist[in] betätigend; **c)** für ↑Solo (1) komponiert

So|li|tạ̄r *der;* -s, -e: **1.** einzeln gefasster Brillant od. Edelstein. **2.** Einsiedlerspiel (ein Brettspiel für eine Person). **3.** einzeln [außerhalb des Waldes] stehender Baum

So|li|tude [...ˈty:d], **So|li|tü̱|de** *die;* -, -n ‹*fr.;* »Einsamkeit«›: Name von Schlössern

Sol|ja̱n|ka *die;* -, -s ‹*russ.*›: stark gewürzte Suppe mit Fleisch od. Fisch, Gemüse, saurer Gurke u. saurer Sahne

Sol|mi|sa|ti|o̱n *die;* - ‹*it.*› (Musik): von Guido v. Arezzo im 11. Jh. ausgebildetes System, bei dem die Töne der Tonleiter anstatt mit c, d, e usw. mit den Tonsilben ↑ut (später: do), ↑re, ↑mi, ↑fa, ↑sol, ↑la, ↑si bezeichnet werden

sol|mi|si̱e̱|ren (Musik): die Solmisation, die Silben der Solmisation anwenden, damit arbeiten, danach singen; Ggs. ↑abecedieren

so̱|lo ‹*lat.-it.*›: **1.** als Solist (a) (z. B. bei einer musikalischen Darbietung). **2.** (ugs.) allein; unbegleitet, ohne Partner

So̱|lo *das;* -s, -s u. Soli: **1.** musikalische od. tänzerische Darbietung eines einzelnen Künstlers, meist zusammen mit einem [als Begleitung auftretenden] Ensemble; Einzelgesang, -spiel, -tanz; Ggs. ↑Tutti. **2. a)** Einzelspiel, Alleinspiel (bei Kartenspielen mit mehreren Teilnehmern); **b)** Alleingang eines Spielers (vor allem beim Fußball)

so|lo̱|nisch ‹nach Solon, dem altathenischen Gesetzgeber, 640 bis 560 v. Chr.›: klug, weise [wie Solon]

S

So|lö|zi̱s|mus *der;* -, ...men ‹*gr.-lat.*› (Rhet., Stilkunde veraltet): grober sprachlicher Fehler, bes. in der syntaktischen Verbindung der Wörter

Sol|sti̱|ti|um *das;* -s, ...ien, **Sol|sti̱z** *das;* - u. -es, -e (Astron.): Sonnenwende

so|lu̱|bel, so|lu̱|bi|le ‹*lat.*› (Chemie): löslich, auflösbar

So̱l|vens *das;* -, ...vẹnzien u. ...vẹntia ‹*lat.*› (Med.): [schleim]lösendes Mittel

sol|vẹnt ‹*lat.-it.*› (Wirtsch.): zahlungsfähig; Ggs. ↑insolvent

Sol|vẹnz *die;* -, -en ‹*lat.-nlat.*› (Wirtsch.): Zahlungsfähigkeit; Ggs. ↑Insolvenz

sol|vi̱e̱|ren ‹*lat.*› (Chemie): auflösen

So̱|ma *das;* -, -ta ‹*gr.*› (Med.): **1.** Körper (im Gegensatz zum Geist). **2.** Gesamtheit der Körperzellen im Gegensatz zu den Keimzellen

so|ma̱|tisch: 1. (Med.; Psychol.) den Körper betreffend (im Unterschied zu Geist, Seele, Gemüt); körperlich. **2.** (Med.; Biol.) die Körperzellen (im Ggs. zu den Keim-, Geschlechtszellen) betreffend

so|ma|to|ge̱n ‹*gr.-nlat.*›: **1.** (Med.; Psychol.) körperlich bedingt, verursacht. **2.** (Biol.) von Körperzellen [und nicht aus der Erbmasse] gebildet (von Veränderungen an Individuen)

So|ma|to|lo|gi̱e̱ *die;* - (Anthropol.): Wissenschaft von den allgemeinen Eigenschaften des menschlichen Körpers

Som|b|re̱|ro *der;* -s, -s ‹*lat.-span.*›: breitrandiger, leichter Strohhut aus Mittel- u. Südamerika

Som|me|li|er [...ˈli̯e:] *der;* -s, -s ‹*lat.-nlat.-fr.*›: speziell für die Getränke, vor allem für den Wein zuständiger Kellner

som|nam|bu̱l ‹*lat.-fr.*›: schlafwandlerisch, nachtwandelnd, mondsüchtig

Som|nam|bu̱|le *der* u. *die;* -n, -n: weibliche Person, die schlafwandelt

Som|nam|bu|li̱s|mus *der;* - (Med.): Schlaf-, Nachtwandeln, Mondsüchtigkeit

So|na|grạmm *das;* -s, -e: grafische Darstellung einer akustischen Struktur (z. B. der menschlichen Stimme)

So|nạnt *der;* -en, -en ‹*lat.;* »tönend«›: Silben bildender Laut (außer den Vokalen auch sonantische Konsonanten, z. B. *l* in Dirnd*l*)

so|nạn|tisch: a) den Sonanten betreffend; **b)** Silben bildend

So|na̱r *das;* -s, -e ‹Kurzw. aus **so**und **na**vigation and **r**anging›, **So|na̱r|ge|rät** *das;* -[e]s, -e: Unterwasserortungsgerät; Gerät zur Aufspürung u. Lokalisierung von Gegenständen unter Wasser (z. B. von Minen) mittels Schallwellen

So|na̱|te *die;* -, -n ‹»Klingstück«›: zyklisch angelegte Instrumentalkomposition mit meist mehreren Sätzen in kleiner od. solistischer Besetzung

So|na|ti̱|ne *die;* -, -n: kleinere, meist leicht zu spielende Sonate mit verkürzter Durchführung

son|di̱e̱|ren ‹*fr.*›: **1.** mit einer Sonde untersuchen. **2.** vorsichtig erkunden, ausforschen, vorfühlen. **3.** (Seew.) loten, die Wassertiefe messen

So|nẹtt *das;* -[e]s, -e ‹*lat.-it.;* eigtl. etwa »Klinggedicht«›: in Italien entstandene Gedichtform von insgesamt 14 Zeilen in zwei Teilen, von denen der erste aus zwei Strophen von je vier Versen (vgl. Quartett 2), der zweite aus zwei

Strophen von je drei Versen (vgl. Terzett 2) besteht
Song *der;* -s, -s ‹*engl.*›: **1.** Lied (der populären Unterhaltungsmusik o. Ä.). **2.** (musikalisch u. textlich meist einfaches) einprägsames, oft als Sprechgesang vorgetragenes Lied mit zeitkritischem, sozialkritischem, satirischem, lehrhaftem o. ä. Inhalt
Song|wri|ter [...raɪtɐ] *der;* -s, - ‹*engl.*›: jmd., der Songs schreibt, komponiert
Song|wri|te|rin *die;* -, -nen: weibliche Form zu ↑Songwriter
Son|ny|boy [ˈzanibɔy, ˈzɔni...] *der;* -s, -s ‹*engl.;* »(mein) Söhnchen, (mein) Junge«; sonny = Koseform von son »Sohn«›: junger Mann, der eine unbeschwerte Fröhlichkeit ausstrahlt, Charme hat, dem die Sympathien zufliegen
So|no|gra|fie, So|no|gra|phie *die;* -, ...ien (Med.): Untersuchung u. Aufzeichnung organischen Gewebes mithilfe von Ultraschall; Echografie
so|nor ‹*lat.-fr.*›: **1.** klangvoll, volltönend. **2.** (Sprachw.) stimmhaft
So|no|ri|tät *die;* - (Sprachw.): Klangfülle eines Lautes, Grad der Stimmhaftigkeit
Soor *der;* -[e]s, -e ‹Herkunft unsicher; vielleicht zu *mittelniederd.* sōr »ausgedörrt, trocken«› (Med.): Pilzinfektion (bes. bei Säuglingen), die sich in grauweißem Belag bes. der Mundschleimhaut äußert
So|phia [zoˈfiːa] *die;* - ‹*gr.-lat.;* »Weisheit«›: **1.** (Philos.) das Wissen von den göttlichen Ideen, die in ihrer Reinheit nur von der körperlosen Seele geschaut werden (bei Plato). **2.** (in der russischen Religionsphilosophie) schöpferische Weisheit Gottes
So|phis|ma *das;* -s, ...men, **So|phis|mus** *der;* -, ...men: Scheinbeweis; Trugschluss, der mit Täuschungsabsicht gemacht wird
So|phist *der;* -en, -en ‹»Weisheitslehrer«›: **1.** Angehöriger einer Gruppe von Philosophen u. Rhetoren im antiken Athen des 5. u. 4. Jh.s v. Chr., die als berufsmäßige Wanderlehrer die Jugend in Wissenschaft, Philosophie u. Redekunst ausbildeten. **2.** jmd., der in geschickter u. spitzfindiger Weise etwas aus u. mit Worten zu beweisen versucht; Wortverdreher
So|phis|te|rei *die;* -, -en (abwertend): Spitzfindigkeit, Spiegelfechterei
So|phis|tik *die;* -: **1.** Lehre der Sophisten. **2.** scheinbare, spitzfindige Weisheit; Spitzfindigkeit
So|phis|tin *die;* -, -nen: weibliche Form zu ↑Sophist (2)
so|phis|tisch ‹*gr.-lat.*›: **1.** den od. die Sophisten betreffend. **2.** spitzfindig, wortklauberisch
So|phro|sy|ne *die;* - ‹*gr.-lat.*›: antike Tugend der Selbstbeherrschung u. der Mäßigung, Beherrschung der Begierden durch Vernunft u. Besonnenheit
So|por *der;* -s ‹*lat.*› (Med.): starke Benommenheit
so|po|rös ‹*lat.-nlat.*› (Med.): stark benommen
So|p|ran *der;* -s, -e ‹*lat.-mlat.-it.*›: **1.** höchste Stimmlage von Knaben u. Frauen. **2.** Sopransängerin. **3.** (ohne Plural) Gesamtheit der Sopranstimmen im gemischten Chor. **4.** (ohne Plural) Sopranpartie, Sopranstimme in einem Musikstück
So|p|ra|nist *der;* -en, -en: Sänger (meist Knabe) mit Sopranstimme
So|p|ra|nis|tin *die;* -, -nen: Sopransängerin
So|p|ran|schlüs|sel *der;* -s: ↑Diskantschlüssel
So|p|ra|por|te, Su|p|ra|por|te *die;* -, -n ‹*lat.-it.*›: Wandfeld [mit Gemälde od. Relief] über einer Tür (bes. im Baustil des Rokokos)
So|ra|bist *der;* -en, -en ‹*lat.-nlat.*›: Wissenschaftler auf dem Gebiet der Sorabistik
So|ra|bis|tik *die;* -: Wissenschaft von der sorbischen Sprache und Kultur
Sor|bet [zɔrˈbeː, auch: ˈzɔrbɛt] *der* od. *das;* -s, -s ‹*arab.-türk.-it.-fr.*›, **Sor|bett** *der* od. *das;* -[e]s, -e ‹*arab.-türk.-it.*›: **1.** halbgefrorene [Süß]speise aus Saft, Wein od. Schaumwein [u. Zucker]. **2.** eisgekühltes Getränk aus gesüßtem Fruchtsaft od. Wein
Sor|bin|säu|re *die;* -, -n ‹*lat.-nlat.; dt.*› (Chemie): organische Säure, Konservierungsstoff (für Lebensmittel)
[1]**Sor|bit** [auch: ...ˈbɪt] *der;* -s ‹*lat.-nlat.*›: sechswertiger Alkohol; pflanzlicher Wirkstoff
[2]**Sor|bit** [auch: ...ˈbɪt] *der;* -s ‹*nlat.;* nach dem engl. Forscher H. C. Sorby› (veraltet): Bestandteil von Stahl
Sor|di|ne *die;* -, -n, **Sor|di|no** *der;* -s, -s u. ...ni ‹*lat.-it.*›: Dämpfer (bei Musikinstrumenten); vgl. con sordino
sor|do (Musik): gedämpft
Sor|dun *der* od. *das;* -s, -e: **1.** mit Oboe u. Fagott verwandte Schalmei mit Doppelrohrblatt u. dumpfem Klang (16. u. 17. Jh.). **2.** dunkel klingendes Orgelregister
So|re *die;* -, -n ‹*hebr.-jidd.*› (Gaunerspr.): Diebesgut
Sor|gho [...go] *der;* -s, -s ‹*it.*›, **Sor|ghum** [...gʊm] *das;* -s, -s ‹*it.-nlat.*›: in Afrika u. Südeuropa angebaute Getreidepflanze; Durra
Sorp|ti|on *die;* -, -en ‹*lat.-nlat.*› (Chemie): Auf-

nahme eines Gases od. gelösten Stoffes durch einen anderen festen od. flüssigen Stoff

Sor|tes [...te:s] *die* (Plural) ⟨*lat.*⟩: in der Antike beim Orakel verwendete Eichenstäbchen od. Bronzeplättchen

sor|tie|ren ⟨*lat.-it.*⟩: nach Art, Farbe, Größe, Qualität o. Ä. sondern, ordnen, auslesen

Sor|tie|rer *der;* -s, -: **a)** Arbeiter, der Waren, Werkstücke, Materialien o. Ä. sortiert; **b)** Arbeiter an einer Sortiermaschine; **c)** Sortiermaschine

Sor|tie|re|rin *die;* -, -nen: weibliche Form zu ↑Sortierer (a, b)

sor|tiert: 1. ein reichhaltiges [Waren]angebot aufweisend. **2.** erlesen, ausgewählt, hochwertig

Sor|ti|le|gi|um *das;* -s, ...ien ⟨*lat.-mlat.*⟩: (in der Antike) Weissagung durch Sortes

Sor|ti|ment *das;* -[e]s, -e ⟨*lat.-it.*⟩: **1.** Warenangebot (Warenauswahl) in einem Geschäft. **2.** Kurzform von ↑Sortimentsbuchhandel

Sor|ti|men|ter *der;* -s, -: Angehöriger des Sortimentsbuchhandels; Ladenbuchhändler

Sor|ti|men|te|rin *die;* -, -nen: weibliche Form zu ↑Sortimenter

Sor|ti|ments|buch|han|del *der;* -s: Buchhandelszweig, der in Läden für den Käufer ein Sortiment von Büchern aus den verschiedensten Verlagen bereithält

So|ße, Sau|ce ['zo:sə, österr.: zo:s] *die;* -, -n ⟨*fr.*⟩: **1.** mehr od. weniger dickflüssige Zutat, Beigabe zu verschiedenen Gerichten, Salaten, Nachspeisen o. Ä. **2.** (Tabakindustrie) Beize

sos|te|nu|to ⟨*lat.-it.*⟩ (Musik): [aus]gehalten, breit, getragen (Abk.: sost.)

So|te|rio|lo|gie *die;* -, ...ien ⟨*gr.-nlat.*⟩: theologische Lehre vom Erlösungswerk Christi

Sot|ti|se *die;* -, -n (meist Plural): **1.** Dummheit, Unsinnigkeit. **2.** Grobheit. **3.** freche, stichelnde Äußerung, Rede

sot|to ⟨*lat.-it.*⟩ (Musik): (beim Klavierspiel mit gekreuzten Händen) unter der anderen Hand zu spielen

sot|to vo|ce [- 'vo:tʃə] (Musik): halblaut, gedämpft (Vortragsanweisung)

Sou [zu:, auch: su] *der;* -, -s [zu:, auch: su] ⟨*lat.-fr.*⟩: **1.** (früher) französische Münze im Wert von 5 Centime. **2.** (veraltend) Münze, Geldstück von geringem Wert

Sou|b|ret|te [zu..., auch: su...] *die;* -, -n ⟨*lat.-provenzal.-fr.*⟩: Sopranistin, die auf die naiv-heiteren, komischen Partien in Oper, Operette, Singspiel spezialisiert ist

Sou|chong ['zu:(')ʃɔŋ, auch: 'su:...] *der;* -[s], -s ⟨*chin.-engl.*⟩: chinesischer Tee mit größeren, breiteren Blättern

Souf|f|lé, Souf|f|lee [zu'fle:, auch: su...] *das;* -s, -s ⟨*lat.-fr.*⟩ (Gastron.): Auflauf

Souf|f|leur [...'flø:ɐ̯] *der;* -s, -e: Mann, der souffliert

Souf|f|leu|se [...'flø:zə] *die;* -, -n: Frau, die souffliert

souf|f|lie|ren: einem Schauspieler, einer Schauspielerin auf der Bühne den Rollentext flüsternd vorsprechen

Soul [soʊl] *der;* -[s] ⟨*amerik.*⟩: expressive afroamerikanische Jazzmusik als bestimmte Variante des Rhythm and Blues

Sound [zau̯nt, auch: saʊnd] *der;* -s, -s ⟨*engl.*⟩: charakteristischer Klang, Klangfarbe, bes. in der Rock- u. Jazzmusik

Sound|check ['zau̯nttʃɛk, auch: 'saʊnd...] *der;* -s, -s: das Ausprobieren des Klangs, der Akustik (vor dem Konzert bes. einer Jazz-, Rockgruppe o. Ä.)

Sound|kar|te *die;* -, -n: spezielle Steckkarte, die der Wiedergabe von Tönen bei Computern dient

Sound|track [...trɛk] *der;* -s, -s: **a)** Tonstreifen eines Tonfilms; **b)** Musik zu einem Film

Sou|per [zu'pe:, auch: su...] *das;* -s, -s ⟨*germ.-galloroman.-fr.*⟩: festliches Abendessen [mit Gästen]

sou|pie|ren ⟨»eine Suppe zu sich nehmen«⟩: an einem Souper teilnehmen, festlich zu Abend essen

Sou|sa|fon, Sou|sa|phon [zu...] *das;* -s, -e ⟨nach dem amerik. Komponisten J. Ph. Sousa⟩: tiefes, in der nordamerikanischen Jazzmusik verwendetes Blechblasinstrument mit kreisförmig gebogenem Rohr, das der Spieler um den Oberkörper trägt

Sous|chef ['zu:..., auch: 'su:...] *der;* -s, -s ⟨*fr.*⟩: **a)** (Gastron.) Stellvertreter des Küchenchefs; **b)** (schweiz.) Stellvertreter des Bahnhofsvorstandes

Sous|che|fin *die;* -, -nen: weibliche Form zu ↑Souschef

Sou|ta|che [zu'taʃ(ə), auch: su'taʃ], **Su|tasch** *die;* -, -n ⟨*ung.-fr.*⟩: schmale, geflochtene Schnur für Besatzzwecke

sou|ta|chie|ren: Soutache aufnähen, mit Soutache verzieren

Sou|ta|ne [zu..., auch: su...] *die;* -, -n ⟨*lat.-it.-fr.;* »Untergewand«⟩: Gewand der katholischen Geistlichen

Sou|ta|nel|le *die;* -, -n (früher): bis ans Knie

S

reichender Gehrock der katholischen Geistlichen

Sou|ter|rain [zutɛˈrɛ̃:, ˈzu..., auch: sutɛˈrɛ̃, auch: ˈsu...] *das;* -s, -s ⟨*lat.-fr.;* »unterirdisch«⟩: Kellergeschoss, Kellerwohnung

Sou|ve|nir [zuvə..., auch: su...] *das;* -s, -s ⟨*lat.-fr.*⟩: [kleines Geschenk als] Andenken, Erinnerungsstück

sou|ve|rän [zuvə...] ⟨*lat.-mlat.-fr.;* »darüber befindlich; überlegen«⟩: **1.** die staatlichen Hoheitsrechte [unumschränkt] ausübend. **2.** einer besonderen Lage od. Aufgabe jederzeit gewachsen; überlegen

Sou|ve|rän *der;* -s, -e: [unumschränkter] Herrscher, Fürst eines Landes

Sou|ve|rä|ni|tät *die;* -: **1.** die höchste Herrschaftsgewalt eines Staates, Hoheitsgewalt; Unabhängigkeit (vom Einfluss anderer Staaten). **2.** Überlegenheit

Sove|reign [ˈzɔvrɪn] ⟨*lat.-mlat.-fr.-engl.*⟩: ehemalige englische Goldmünze im Wert von 1 £

Sow|chos [ˈsɔfxɔs] *der;* -, ...chose, u. (österr. nur:): **Sow|cho|se** [auch: zɔfˈço:...] *die;* -, -n ⟨*russ.;* Kurzw. aus **so**wetskoje **chos**jaistwo = Sowjetwirtschaft⟩: staatlicher landwirtschaftlicher Großbetrieb in der Sowjetunion

So|w|jet [auch: ˈzɔ...] *der;* -s, -s ⟨*russ.;* »Rat«⟩: **1.** (Geschichte) Arbeiter-, Bauern- u. Soldatenrat der russischen Revolutionen (1905 u. 1917). **2.** Behörde od. Organ der Selbstverwaltung in der Sowjetunion; **Oberster Sowjet:** höchstes Organ der Volksvertretung in der Sowjetunion. **3.** (nur Plural; ugs.) Sowjetbürger

so|w|je|tisch: den Sowjet od. die Sowjetunion betreffend

So|w|jet|re|pu|b|lik [auch: ˈzɔ...] *die;* -, -en: Gliedstaat der Sowjetunion

so|zi|a|bel (Soziol.): gesellig, umgänglich, menschenfreundlich

So|zi|a|bi|li|tät *die;* - ⟨*lat.-nlat.*⟩ (Soziol.): soziales Wesen, Verhalten

so|zi|al ⟨*lat.-fr.*⟩: **1.** die menschliche Gesellschaft betreffend; **soziale Indikation:** Indikation für einen Schwangerschaftsabbruch aus sozialen Gründen (z. B. wirtschaftliche Notlage der Mutter). **2.** das Gemeinwohl betreffend, der Allgemeinheit nutzend. **3.** auf das Wohl der Allgemeinheit bedacht; gemeinnützig, menschlich, wohltätig, hilfsbereit. **4.** die gesellschaftliche Stellung betreffend. **5.** gesellig lebend (von Tieren, bes. von Staaten bildenden Insekten)

so|zi|al..., So|zi|al...

⟨*lat.* socialis »gesellig; gesellschaftlich« → *fr.* social »gesellschaftlich, Gesellschafts...«⟩
Wortbildungselement mit der Bedeutung »die Gesellschaft oder Gemeinschaft betreffend, auf sie bezogen«:
- Sozialkritik
- Sozialkunde
- sozialpolitisch
- Sozialprestige

Von verwandter Herkunft und Bedeutung ist auch das Wortbildungselement **sozio..., Sozio...** Vermittelt über *lat.* socius »gemeinsam«, bedeutet es »die Gesellschaft oder eine soziale Gruppe betreffend«. Es ist Bestandteil vieler Fremdwörter, wie z. B. in Soziogramm, soziokulturell und Soziologie.

So|zi|al|de|mo|krat *der;* -en, -en: Mitglied, Anhänger einer sozialdemokratischen Partei

So|zi|al|de|mo|kra|tie *die;* -, ...ien: **1.** politische Richtung, die eine Verbindung zwischen ↑Sozialismus u. ↑Demokratie herstellen will. **2. a)** Sozialdemokratische Partei (eines Landes); **b)** Gesamtheit der sozialdemokratischen Parteien

So|zi|al|de|mo|kra|tin *die;* -, -nen: weibliche Form zu ↑Sozialdemokrat

so|zi|al|de|mo|kra|tisch: die Sozialdemokratie betreffend

So|zi|al|ethik *die;* -: Lehre von den Pflichten des Menschen gegenüber der Gesellschaft, dem Gemeinschaftsleben

So|zi|a|li|sa|ti|on *die;* -, -en ⟨*lat.-nlat.*⟩ (Soziol.): Prozess der Einordnung des [heranwachsenden] Individuums in die Gesellschaft u. die damit verbundene Übernahme gesellschaftlich bedingter Verhaltensweisen; Ggs. ↑Individuation; vgl. ...ation/...ierung

so|zi|a|li|sie|ren: ein Unternehmen, einen Wirtschaftszweig vergesellschaften, verstaatlichen; Ggs. ↑reprivatisieren

So|zi|a|li|sie|rung *die;* -, -en: **1.** Verstaatlichung, Vergesellschaftung der Privatwirtschaft; Ggs. ↑Reprivatisierung. **2.** ↑Sozialisation; vgl. ...ation/...ierung

So|zi|a|lis|mus *der;* -, ...men ⟨*lat.-fr.*⟩: **1.** (nach Karl Marx die dem Kommunismus vorausgehende) Entwicklungsstufe, die auf gesellschaftlichen od. staatlichen Besitz der Produktionsmittel u. eine gerechte Verteilung der Güter an alle Mitglieder der Gemeinschaft hinzielt. **2.** politische Richtung, Bewegung, die den gesellschaftlichen Besitz der Produktionsmittel u. die Kontrolle der Warenproduktion u. -verteilung verficht

So|zi|a|list *der;* -en, -en: **a)** Anhänger, Verfechter des Sozialismus; **b)** Mitglied einer sozialistischen Partei

So|zi|a|lis|tin *die;* -, -nen: weibliche Form zu ↑Sozialist

so|zi|a|lis|tisch: **1.** den Sozialismus betreffend, zum Sozialismus gehörend. **2.** (österr.) sozialdemokratisch

So|zi|al|kom|pe|tenz *die;* -: Fähigkeit einer Person, in ihrer sozialen Umwelt selbstständig zu handeln

So|zi|al|kri|tik *die;* -, -en: Kritik an einer bestehenden Gesellschaft; Gesellschaftskritik

so|zi|al|kri|tisch: die Sozialkritik betreffend, darauf beruhend

So|zi|al|kun|de *die;* -: **1.** Darstellung und Beschreibung der politischen, ökonomischen und sozialen Verhältnisse in einer Gesellschaft. **2.** der politischen Erziehung u. Bildung dienendes Unterrichtsfach, das gesellschaftliche Fragen zusammenhängend darstellt

so|zi|al|li|be|ral, so|zi|al-li|be|ral: die Kombination von Sozialismus od. Sozialdemokratie u. Liberalismus betreffend; **sozialliberale Koalition:** Regierungsbündnis zwischen einer sozialistischen od. sozialdemokratischen u. einer liberalen Partei

So|zi|al|öko|no|mie, So|zi|al|öko|no|mik *die;* -: Wissenschaft, die sich mit der gesamten Wirtschaft einer Gesellschaft befasst; Volkswirtschaftslehre

So|zi|al|pä|d|a|go|ge *der;* -n, -n: jmd., der in der Sozialpädagogik (1) tätig ist (Berufsbez.)

So|zi|al|pä|d|a|go|gik *die;* -, -en: **1.** Teilgebiet der Pädagogik, das sich mit der Erziehung des Einzelnen zur Gemeinschaft u. zu sozialer Verantwortung außerhalb der Familie u. der Schule befasst. **2.** Gesamtheit der Bemühungen, die der Behebung von gesellschaftsbedingten Erziehungsschwierigkeiten dienen

So|zi|al|pä|d|a|go|gin *die;* -, -nen: weibliche Form zu ↑Sozialpädagoge

so|zi|al|pä|d|a|go|gisch: die Sozialpädagogik betreffend

So|zi|al|part|ner *der;* -s, -: Arbeitgeber od. Arbeitnehmer bzw. deren Vertreter (z. B. bei Tarifverhandlungen)

So|zi|al|po|li|tik *die;* -: Planung u. Durchführung staatlicher Maßnahmen zur Verbesserung der sozialen Verhältnisse der Bevölkerung

so|zi|al|po|li|tisch: die Sozialpolitik betreffend

So|zi|al|pres|ti|ge *das;* -s: Ansehen, das jmd. aufgrund seiner gesellschaftlichen Stellung genießt

So|zi|al|pro|dukt *das;* -[e]s; -e: Gesamtheit aller Güter, die eine Volkswirtschaft in einem Zeitraum mithilfe der Produktionsfaktoren erzeugt (nach Abzug sämtlicher Vorleistungen)

So|zi|al|psy|cho|lo|gie *die;* -, ...ien: Teilgebiet sowohl der Soziologie als auch der Psychologie, das sich mit den Erlebnis- u. Verhaltensweisen unter dem Einfluss gesellschaftlicher Faktoren befasst

So|zi|al|staat *der;* -[e]s: Demokratie, die bestrebt ist, die soziale Sicherheit ihrer Bürger zu gewährleisten

So|zi|al|struk|tur *die;* -, -en: inneres Beziehungsgefüge einer Gesellschaft, das aus Schichten, Gruppen, Institutionen, Rollen besteht

So|zi|al|wis|sen|schaft|en *die* (nur Plural): Gesamtheit der Wissenschaften, die sich mit dem sozialen Aspekt des menschlichen Lebens beschäftigen; Gesellschaftswissenschaften

So|zi|e|tät *die;* -, -en ‹*lat.*›: **1.** (Soziol.) menschliche Gemeinschaft; soziale, durch gleiche Interessen u. Ziele verbundene Gruppe, Gesellschaft. **2.** Zusammenschluss bes. von Angehörigen freier Berufe wie Ärzte, Rechtsanwälte u. Ä. zu gemeinsamer Arbeit

so|zi|ie|ren: sich wirtschaftlich vereinigen, anschließen, sich assoziieren

So|zi|ni|a|ner *der;* -s, - ‹*nlat.;* nach den it. Begründern Lelio u. Fausto Sozini› (Geschichte): Angehöriger einer Religionsgemeinschaft des 16. Jh.s in Polen, die die Lehre von der Trinität ablehnt

So|zio|gra|fie, So|zio|gra|phie *die;* -, ...ien (Soziol.): sozialwissenschaftliche Forschungsrichtung in der Soziologie, die die deskriptive Erfassung konkreter (oft geografisch bestimmter) Bereiche anstrebt

So|zio|gramm *das;* -s, -e ‹*lat.; gr.*› (Soziol.): grafische Darstellung sozialer Verhältnisse od. Beziehungen innerhalb einer Gruppe

So|zio|gra|phie vgl. Soziografie

so|zio|kul|tu|rell: die soziale Gruppe u. ihr kulturelles Wertsystem betreffend

So|zio|lekt *der;* -[e]s, -e: Sprachgebrauch einer sozialen Gruppe (z. B. Berufssprache, Teenagersprache); vgl. Idiolekt

So|zio|lin|gu|is|tik *die;* - (Sprachw.): Teilgebiet der Linguistik, das das Sprachverhalten von gesellschaftlichen Gruppen untersucht

so|zio|lin|gu|is|tisch: die Soziolinguistik betreffend

So|zio|lo|ge *der;* -n, -n: jmd., der sich wissenschaftlich mit der Soziologie befasst (z. B. Hochschullehrer), der als wissenschaftlich ausgebildeter Fachmann auf dem Gebiet der Soziologie tätig ist

So|zio|lo|gie *die;* -, ...ien: Wissenschaft, die sich mit dem Ursprung, der Entwicklung u. der Struktur der menschlichen Gesellschaft befasst

So|zio|lo|gin *die;* -, -nen: weibliche Form zu ↑Soziologe

so|zio|lo|gisch: die Soziologie betreffend; auf den Forschungsergebnissen der Soziologie beruhend; mit den Methoden der Soziologie durchgeführt

so|zio|öko|no|misch: die Gesellschaft wie die Wirtschaft, die [Volks]wirtschaft in ihrer gesellschaftlichen Struktur betreffend

So|zi|us *der;* -, ...zien, ...zii, auch: -se ⟨*lat.*⟩: **1.** (Wirtsch.) Teilhaber. **2. a)** Beifahrer auf einem Motorrad, -roller; **b)** Beifahrersitz. **3.** (ugs. scherzh.) Genosse, Kompagnon

So|zi|us|sitz *der;* -es, -e: Rücksitz auf dem Motorrad, -roller

Spa *das;* -[s], -s ⟨nach dem belgischen Kurort Spa⟩: Wellnessbad

Space|lab [ˈspeɪslæb] *das;* -[s], -s: von ESA u. NASA entwickeltes Raumlabor

Space|shut|tle [...ʃʌtl̩] *der* od. *das;* -s, -s: dem Transport von der Erdoberfläche auf eine Satellitenbahn dienender Flugkörper, der, zur Erde zurückgeführt, wieder verwendbar ist

Spa|da [ˈspa:..., ˈʃpa:...] *die;* -, -s ⟨*gr.-lat.-it.*⟩ (Sport): it. Bez. für: Degen

Spa|dil|le [spaˈdɪljə, ʃpaˈdɪlə] *die;* -, -n ⟨*gr.-lat.-span.-fr.*⟩: höchste Trumpfkarte (Pikass) im Lomber

[1]**Spa|gat** *der* (österr. nur so) od. *das;* -[e]s, -e ⟨*it.*⟩ (Ballett, Gymnastik): Stellung, bei der die gespreizten Beine eine Linie bilden

[2]**Spa|gat** *der;* -[e]s, -e (österr.): Bindfaden

Spa|ghet|ti, Spa|get|ti [ʃpaˈgɛti, auch: sp...] *die* (nur Plural) ⟨*it.*⟩: lange, dünne, stäbchenförmige Teigwaren

Spa|lett *das;* -[e]s, -e (österr.): hölzerner Laden vor einem Fenster

Spa|lier [ʃp...] *das;* -s, -e: **1.** Gitterwand, an der Obstbäume, Wein o. Ä. gezogen werden. **2.** Ehrenformation beiderseits eines Weges

Span|d|ril|le *die;* -, -n ⟨*lat.-roman.*⟩ (Archit.): Bogenzwickel

Spa|ni|el [ˈʃpani̯əl, auch: ˈspɛ...] *der;* -s, -s ⟨*lat.-span.-fr.-engl.*⟩: Jagd- und Haushund mit großen Schlappohren u. seidigem Fell

Spare|ribs [ˈspɛəˈrɪbz] *die* (Plural) ⟨*engl.*⟩: Schälrippchen

Spart *der* od. *das;* -[e]s, -e ⟨*gr.-lat.*⟩: ↑Esparto

Spar|ta|ki|a|de [ʃp..., auch: sp...] *die;* -, -n ⟨*nlat.;* in Anlehnung an ↑Olympiade nach Spartakus, dem Führer des Sklavenaufstandes 73 v. Chr. im alten Rom⟩: (aus Arbeitersportfesten hervorgegangene, in den osteuropäischen Ländern bis 1990 durchgeführte) sportliche Großveranstaltung mit Wettkämpfen in verschiedenen Disziplinen

Spar|ta|kist *der;* -en, -en: Angehöriger des Spartakusbundes

Spar|ta|kis|tin *die;* -, -nen: weibliche Form zu ↑Spartakist

Spar|ta|kus|bund *der;* -[e]s ⟨*lat.; dt.*⟩: 1917 gegründete linksradikale Bewegung in Deutschland, die 1918 den Namen »Kommunistische Partei« annahm

spar|ta|nisch ⟨*gr.-lat.;* nach der Hauptstadt Sparta der altgriech. peloponnesischen Landschaft Lakonien⟩: streng, hart; genügsam, einfach, anspruchslos

Spar|te [ˈʃpa...] *die;* -, -n ⟨Herkunft unsicher; vielleicht *gr.-nlat.*⟩: **1.** spezieller Bereich, Abteilung eines Fachgebiets, Geschäfts-, Wissenszweig o. Ä. **2.** Spalte, Teil einer Zeitung, in dem [unter einer bestimmten Rubrik] etwas abgehandelt wird

Spar|ten|sen|der [ˈʃpa...] *der;* -s, -: privater Fernsehsender, dessen Sendungen inhaltlich auf einen ganz speziellen Bereich beschränkt sind

Spar|te|rie *die;* - ⟨*gr.-lat.-fr.*⟩: Flechtwerk aus Span od. Bast

spar|tie|ren [ʃp..., sp...] ⟨*lat.-it.*⟩ (Musik): ein nur in den einzelnen Stimmen vorhandenes Musikwerk in Partitur setzen

spas|misch, spas|mo|disch ⟨*gr.*⟩: krampfhaft, krampfartig, verkrampft (vom Spannungszustand der Muskulatur)

Spas|mus *der;* -, ...men ⟨*gr.-lat.;* »Zuckung; Krampf«⟩ (Med.): Krampf, Verkrampfung

Spas|ti|ker *der;* -s, -: jmd., der an einer spasmischen Krankheit leidet

Spas|ti|ke|rin *die;* -, -nen: weibliche Form zu ↑Spastiker

Spa|tha [ˈʃpa:..., ˈspa:...] *die;* -, ...then ⟨*gr.-lat.*⟩: **1.** (Bot.) auffällig gefärbtes Hochblatt bei Palmen- u. Aronstabgewächsen, das den Blütenstand umschließt. **2.** zweischneidiges germanisches Langschwert

Spa|ti|en [ˈʃpa:tsi̯ən, ˈsp...]: *Plural* von ↑Spatium

spa|ti|ie|ren ⟨*lat.*⟩: ↑spationieren

spa|ti|o|nie|ren ⟨*lat.-nlat.*⟩ (Druckw.): [mit Zwischenräumen] durchschießen, gesperrt drucken

spa|ti|ös (Druckw.): geräumig, weit, licht

Spa|ti|um *das;* -s, ...ien: **1.** [Zwischen]raum (z. B.

zwischen Notenlinien). **2.** (Druckw.) dünnes Ausschlussstück

spa|zie|ren [ʃp...] ⟨*lat.-it.*⟩: **1.** sich gemütlich, ohne Eile [u. ohne bestimmtes Ziel] fortbewegen, schlendern. **2.** (veraltend) spazieren gehen, einen Spaziergang machen

Spe|cial [ˈspɛʃl̩] *das;* -s, -s ⟨*lat.-engl.*⟩ (Rundfunk, Fernsehen): **a)** Sondersendung, Sonderbericht zu einem Thema; **b)** Sendung, in der eine Persönlichkeit (meist ein Künstler) od. eine Gruppe im Mittelpunkt steht

Spe|cial Ef|fect [- ɪˈfɛkt] *der;* - -s, - -s ⟨*engl.*⟩: von Computern erzeugter besonderer Bild- od. Toneffekt (bes. bei Actionfilmen)

Spe|cu|lum [ˈʃpeː..., ˈspeː...] *das;* -s, ...la ⟨*lat.;* »Spiegel«⟩: Titel von spätmittelalterlichen ↑Kompilationen (1) theologischer, lehrhafter u. unterhaltender Art

spe|die|ren [ʃp...] ⟨*lat.-it.*⟩: [Waren] versenden, abfertigen

Spe|di|teur [...ˈtøːɐ̯] *der;* -s, -e ⟨*lat.-it.;* mit französischer Endung gebildet⟩: Kaufmann, der gewerbsmäßig in eigenem od. fremdem Namen Speditionsgeschäfte besorgt; Transportunternehmer

Spe|di|teu|rin [...ˈtøːrɪn] *die;* -, -nen: weibliche Form zu ↑Spediteur

Spe|di|ti|on *die;* -, -en ⟨*lat.-it.*⟩: **1.** gewerbsmäßige Verfrachtung od. Versendung von Gütern. **2.** Transportunternehmen

spe|di|tiv ⟨*lat.-it.*⟩ (schweiz.): rasch vorankommend, zügig

Speech [spiːtʃ] *der;* -es, -e u. -es [...ɪs] ⟨*engl.*⟩ (selten): Rede, Ansprache

[1]**Speed** [spiːd] *der;* -[s], -s ⟨*engl.*⟩ (Sport): Geschwindigkeit[ssteigerung] eines Rennläufers od. Pferdes; Spurt

[2]**Speed** *das;* -[s] (Jargon): Aufputsch-, Rauschmittel

Speed|way [...weɪ] *der;* -s, -s ⟨*engl.;* »Schnellweg«⟩: engl. Bez. für: Autorennstrecke

Speed|way-Ren|nen, **Speed|way|ren|nen** *das;* -s, - (Sport): Motorradrennen auf einer Aschen-, Sand- od. Eisbahn

Spek|ta|bi|li|tät *die;* -, -en ⟨*lat.;* »Ansehnlichkeit, Würde«⟩: **a)** Titel für den Dekan (3) an einer Hochschule; **b)** Träger des Titels Spektabilität (a)

[1]**Spek|ta|kel** [ʃp...] *der;* -s, - ⟨*lat.;* »Schauspiel«⟩ (ugs.): Lärm, Krach; laute Auseinandersetzung

[2]**Spek|ta|kel** [ʃp..., sp...] *das;* -s, -: **1.** (veraltet) [aufsehenerregendes, die Schaulust befriedigendes] Theater-, Ausstattungsstück. **2.** aufsehenerregender Vorgang, Anblick

spek|ta|keln [ʃp...] ⟨*lat.*⟩ (veraltend): lärmen

spek|ta|ku|lär ⟨*lat.-nlat.*⟩: aufsehenerregend

Spek|ta|ku|lum *das;* -s, ...la ⟨*lat.*⟩ (scherzh.): Anblick, Schauspiel

Spek|t|ra: *Plural* von ↑Spektrum

spek|t|ral [ʃp..., sp...] ⟨*lat.-nlat.*⟩: das ↑Spektrum (1) betreffend, davon ausgehend

Spek|t|ral|ana|ly|se *die;* -, -n: **1.** Ermittlung der chemischen Zusammensetzung eines Stoffes durch Auswertung seines Spektrums. **2.** (Astron.) Verfahren zur Feststellung der physikalischen Natur u. chemischen Beschaffenheit von Himmelskörpern durch Beobachtung der Spektren u. deren Vergleich mit bekannten Spektren

Spek|t|ral|far|be *die;* -, -n: eine der sieben ungemischten, reinen Farben verschiedener Wellenlänge, die bei der spektralen Zerlegung von Licht entstehen u. die nicht weiter zerlegbar sind

Spek|t|ren: *Plural* von ↑Spektrum

Spek|t|ro|s|kop *das;* -s, -e (Physik; Astron.): meist als Handinstrument konstruierter besonderer Spektralapparat zum Bestimmen der Wellenlängen von Spektrallinien

Spek|t|ro|s|ko|pie *die;* -, ...ien (Physik; Astron.): Beobachtung u. Bestimmung von Spektren mit dem Spektroskop

spek|t|ro|s|ko|pisch: (Physik; Astron.) die Spektroskopie betreffend, darauf beruhend; **spektroskopische Untersuchung:** (Med.) Anwendung der Spektroskopie bei laborchem. Untersuchungen, zum Nachweis von Blut im Stuhl, von ↑Porphyrin im Urin u. a.

Spek|t|rum *das;* -s, ...tren u. ...tra ⟨*lat.*⟩: **1.** [relative] Häufigkeits- bzw. Intensitätsverteilung der Bestandteile eines [Strahlen]gemisches in Abhängigkeit von einer gemeinsamen Eigenschaft, vor allem von der Wellenlänge bzw. Frequenz. **2.** bei der Brechung von weißem Licht durch ein Glasprisma entstehende Farbfolge von Rot bis Violett. **3.** Buntheit, Vielfalt

Spe|ku|la [ˈʃpeː..., ˈspeː...]: *Plural* von ↑Spekulum

Spe|ku|lant [ʃp...] *der;* -en, -en: jmd., der spekuliert (3), sich in Spekulationen (3) einlässt

Spe|ku|la|ti|on *die;* -, -en: **1. a)** auf bloßen Annahmen, Mutmaßungen beruhende Erwartung, Behauptung, dass etwas eintrifft; **b)** (Philos.) hypothetischer, über die erfahrbare Wirklichkeit hinausgehender Gedankengang. **2.** (Wirtsch.) Geschäftsabschluss, der auf Gewinne aus zukünftigen Veränderungen der Preise abzielt. **3.** gewagtes Geschäft

Spe|ku|la|ti|us *der;* -, - ⟨*lat.-roman.-niederl.;* Herkunft unsicher⟩: flaches Gebäck aus gewürztem Mürbeteig in Figurenform

spe|ku|la|tiv ⟨*lat.*⟩: **1.** in der Art der Spekulation (1 b) denkend. **2.** in reinen Begriffen denkend. **3.** die Spekulation (2) betreffend. **4.** grüblerisch

spe|ku|lie|ren ‹»spähen, beobachten; ins Auge fassen«›: **1.** (ugs.) **a)** grübeln; **b)** auf etwas rechnen. **2.** (ugs.) ausforschen, auskundschaften. **3.** [an der Börse] durch Spekulationen (2) Gewinne zu erzielen suchen

Spe|ku|lum ['ʃpe:..., 'spe:...] *das;* -s, ...la: meist mit einem Spiegel versehenes röhren- od. trichterförmiges Instrument zum Betrachten u. Untersuchen von Hohlräumen u. Organen, die dem bloßen Auge nicht [genügend] zugänglich sind

Spe|läo|lo|gie [ʃp..., sp...] *die;* - ‹*gr.-nlat.*›: Wissenschaft, die sich mit der Erforschung von Höhlen befasst

spe|läo|lo|gisch: die Speläologie betreffend

Spe|lun|ke [ʃp...] *die;* -, -n ‹*gr.-lat.;* »Höhle, Grotte«› (abwertend): wenig gepflegtes, verrufenes Wirtshaus

spen|da|bel ‹mit romanischer Endung zu *dt.* spenden gebildet› (ugs.): freigebig, großzügig

spen|die|ren (ugs.): (für jmdn.) bezahlen; (jmdn.) zu etwas einladen

Spen|ser ['spɛnsɐ] vgl. Spenzer

Spen|zer ['ʃpɛn...], **Spen|ser** ['spɛnsɐ] *der;* -s, - ‹nach dem engl. Grafen G. J. Spencer›: kurzes, eng anliegendes Jäckchen od. Hemd

Spe|renz|chen, Spe|ren|zi|en *die* (Plural) ‹*lat.-mlat.*› (ugs.): **a)** Umschweife, Umstände; Schwierigkeiten, Ausflüchte; **b)** kostspielige Vergnügungen od. Gegenstände

Sper|ma ['ʃpɛr..., 'spɛr...] *das;* -s, ...men u. -ta ‹*gr.-lat.;* »Samen«› (Biol.): männliche Keimzellen enthaltende Samenflüssigkeit (von Mensch u. Tier)

Sper|ma|to|ge|ne|se, Sper|mio|ge|ne|se *die;* -, -n (Biol., Med.): Samenbildung im Hoden

Sper|ma|tor|rhö *die;* -, -en (Med.): Samenfluss ohne geschlechtliche Erregung

Sper|ma|to|zo|on *das;* -s, ...zoen: ↑Spermium

Sper|men: *Plural* von ↑Sperma

Sper|mi|en: *Plural* von ↑Spermium

Sper|mio|ge|ne|se vgl. Spermatogenese

Sper|mi|um *das;* -s, ...ien (Biol.): reife männliche Keimzelle bei Mensch u. Tier

Spe|sen *die* (Plural) ‹*lat.-vulgärlat.-it.*›: Auslagen, [Un]kosten im Dienst o. Ä. [die ersetzt werden]

Spe|ze|rei *die;* -, -en (meist Plural) ‹*lat.-it.*› (veraltend): Gewürz[ware]

spe|zi|al: ↑speziell

Spe|zi|al *der;* -s, -e (landsch.): **1.** vertrauter Freund. **2.** [kleinere Menge] Tageswein, Schankwein

Spe|zi|a|li|sa|ti|on *die;* -, -en ‹*lat.-fr.*›: ↑Spezialisierung; vgl. ...ation/...ierung

spe|zi|a|li|sie|ren: 1. gliedern, sondern, einzeln anführen, unterscheiden. **2.** sich spezialisieren: sich, seine Interessen innerhalb eines größeren Rahmens auf ein bestimmtes Gebiet konzentrieren

Spe|zi|a|li|sie|rung *die;* -, -en: **1.** das Spezialisieren (1). **2.** das Sichspezialisieren

Spe|zi|a|list *der;* -en, -en: Fachmann auf einem bestimmten Gebiet; Facharbeiter, Facharzt

Spe|zi|a|lis|tin *die;* -, -nen: weibliche Form zu ↑Spezialist

Spe|zi|a|li|tät *die;* -, -en: **1.** Besonderheit. **2.** Gebiet, auf dem die besonderen Fähigkeiten od. Interessen eines Menschen liegen. **3.** Feinschmeckergericht

Spe|zi|al|sla|lom *der;* -s, -s: Slalom, der als Einzelwettbewerb u. nicht als Teil einer [1]Kombination (3 b) ausgetragen wird

spe|zi|ell ‹französierende Umbildung von spezial›: vor allem, besonders, eigentümlich; eigens; Ggs. ↑generell

Spe|zi|es ['ʃpe:tsiɛs, 'sp...] *die;* -, - [...e:s] ‹*lat.*›: **1.** besondere, bestimmte Art, Sorte von etwas, einer Gattung. **2.** Tier- od. Pflanzenart (in der biologischen Systematik). **3.** Grundrechnungsart in der Mathematik. **4.** (Rechtswiss.) eine bestimmte, nicht auswechselbare Sache, die Gegenstand eines Schuldverhältnisses ist (z. B. Spezieskauf: Kauf eines bestimmten Gegenstandes; Speziesschuld: Verpflichtung zur Leistung einer bestimmten Sache). **5.** (Pharm.) Teegemisch

Spe|zi|es|ta|ler *der;* -s, - (Geschichte): ein harter Taler im Gegensatz zu Papiergeld

Spe|zi|fi|ka|ti|on *die;* -, -en ‹*lat.-mlat.*›: **1.** (Logik) Einteilung der Gattung in Arten. **2.** Einzelaufzählung. **3.** (Rechtswiss.) Umbildung, Behandlung eines Stoffes durch Arbeiten, die ihn erheblich verändern; vgl. ...ation/...ierung

Spe|zi|fi|kum *das;* -s, ...ka ‹*lat.*›: **1.** Besonderes, Entscheidendes. **2.** (Med.) gegen eine bestimmte Krankheit wirksames Mittel

spe|zi|fisch ‹*lat.-fr.*›: einer Sache ihrer Eigenart nach zukommend, bezogen [auf eine besondere Art], arteigen, kennzeichnend; **spezifisches Gewicht:** Gewicht eines Körpers im Verhältnis zu seinem Volumen; **spezifische Wärme:** Wärmemenge, die erforderlich ist, um 1 g eines Stoffes um 1 °C zu erwärmen

Spe|zi|fi|tät *die;* -, -en: **1.** Eigentümlichkeit, Besonderheit. **2.** (Chemie) charakteristische Reaktion

spe|zi|fi|zie|ren: **1.** einzeln aufführen, verzeichnen. **2.** zergliedern

Spe|zi|fi|zie|rung *die;* -, -en: ↑Spezifikation; vgl. ...ation/...ierung

Sphä|re *die;* -, -n ⟨*gr.-lat.(-fr.)*⟩: **1.** kugelförmig erscheinendes Himmelsgewölbe. **2.** Gesichts-, Gesellschafts-, Wirkungskreis; [Macht]bereich

Sphä|ren|har|mo|nie, Sphä|ren|mu|sik *die;* -: durch die Bewegung der Planeten entstehendes kosmisches, für den Menschen nicht hörbares, harmonisches Tönen (nach der Lehre des altgriechischen Philosophen Pythagoras)

sphä|risch: **1.** die Himmelskugel betreffend. **2.** (Math.) auf die Kugel bezogen, mit der Kugel zusammenhängend; **sphärische Trigonometrie:** Berechnung von Dreiecken auf der Kugeloberfläche

Sphä|ro|id *das;* -[e]s, -e ⟨*gr.-nlat.*⟩: **1.** kugelähnlicher Körper (bzw. seine Oberfläche). **2.** Rotationsellipsoid (durch Drehung der Ellipse um ihre kleine Achse entstehend)

sphä|ro|i|disch: kugelähnlich

Sphä|ro|lith [auch: ...'lɪt] *der;* -s u. -en, -e[n] (Mineral.): strahlig angeordnete Zusammenwachsung verschiedener Mineralindividuen

sphä|ro|li|thisch [auch: ...'lɪt...]: (vom Gefüge mancher magmatischer Gesteine) von kugeliger Form u. strahlenförmigem Aufbau

Sphä|ro|lo|gie *die;* -: Teil der Geometrie, der sich mit der Kugel befasst

Sphä|ro|me|ter *das;* -s -: Instrument mit Feinstellschraube (Mikrometerschraube) zur exakten Messung von Krümmungsradien (z. B. bei Linsen)

Sphä|ro|si|de|rit [auch: ...'rɪt] *der;* -s, -e: Variation des Eisenspats in Kugelform

Sphen *der;* -s, -e ⟨*gr.;* »Keil«⟩: Titanit

Sphe|no|id *das;* -[e]s, -e ⟨*gr.-nlat.*⟩: keilförmige Kristallform

sphe|no|i|dal: keilförmig

Sphink|ter *der;* -s, ...tere ⟨*gr.-lat.;* »Schnürer«⟩ (Med.): Ring-, Schließmuskel

Sphra|gis|tik *die;* - ⟨*gr.*⟩: Siegelkunde

Sphyg|mo|graf, Sphyg|mo|graph *der;* -en, -en ⟨*gr.-nlat.*⟩ (Med.): Pulsschreiber; Gerät zur Aufzeichnung der Pulskurve

Spi|der ['ʃpaidɐ, 'sp...] *der;* -s, - ⟨*engl.*⟩: **1.** Roadster. **2.** (EDV) Suchmaschinensonderprogramm, das mithilfe von ↑Hyperlinks (a) von Webseite zu Webseite »krabbelt«, Informationen sammelt u. diese in einer Datenbank speichert

Spike [ʃpaik, spaik] *der;* -s, -s ⟨*engl.;* »langer Nagel, Stachel«⟩: **1.** Metalldorn an der Sohle von Laufschuhen (in der Leichtathletik). **2.** (meist Plural) rutschfester Laufschuh mit Spikes (1)

Spil|la|ge [ʃpɪ'la:ʒə, sp...] *die;* -, -n ⟨*dt.*, mit französischer Endung *-age*⟩ (Wirtsch.): Verluste, die durch falsche Verpackung trockener Waren entstehen

Spin [spɪn] *der;* -s, -s ⟨*engl.;* »schnelle Drehung«⟩ (Physik): Eigendrehimpuls der Elementarteilchen im Atom

Spi|na ['ʃpi:..., 'spi:...] *die;* -, ...nen ⟨*lat.*⟩: **1.** (Med.) Stachel, Dorn; spitzer Knochenvorsprung. **2.** (Anat.) Rückgrat

spi|nal [ʃp..., sp...]: zur Wirbelsäule, zum Rückenmark gehörend; **spinale Kinderlähmung:** Erkrankung des Rückenmarks; vgl. Poliomyelitis

Spi|nat *der;* -[e]s, (Sorten) -e ⟨*pers.-arab.-span.*⟩: dunkelgrünes Blattgemüse

Spi|nell *der;* -s, -e ⟨*lat.-it.*⟩: ein Mineral, Edelstein

Spi|nett *das;* -[e]s, -e ⟨*it.;* vielleicht nach dem Erfinder G. Spinetto, um 1500⟩: dem ↑Cembalo ähnliches Musikinstrument, bei dem die Saiten mit einem Dorn angerissen werden

Spin|na|ker *der;* -s, - ⟨*engl.*⟩ (Seew.): großes, halbrundes, sich stark wölbendes Jachtvorsegel

Spin|ning® [sp...] *das;* -s ⟨*engl.*⟩ (Sport): Gruppentraining auf speziellen stationären Fahrrädern zur Verbesserung der Kondition

Spin-off [auch: 'spɪn...] *das;* -[s], -s ⟨*engl.;* eigtl. »Nebenprodukt«⟩: **1.** Übernahme innovativer Verfahren od. Produkte in andere Technikbereiche. **2.** (Wirtsch.) Ausgliederung einzelner Geschäftsbereiche aus dem Mutterunternehmen. **3.** von Universitätsangehörigen gegründete Firma, die auf den an der Universität geleisteten Forschungen aufbaut. **4.** Fernsehproduktion, die aus einer anderen, erfolgreichen Fernsehserie hervorgegangen ist u. bei der Randfiguren der Serie nun die Hauptpersonen sind

spi|nös [ʃp..., sp...] ⟨*lat.*⟩ (veraltend): heikel u. sonderbar, schwierig (z. B. im Umgang)

Spi|no|zis|mus [ʃp..., sp...] *der;* - ⟨*nlat.;* nach dem Philosophen Spinoza, 1632–1677⟩: Lehre u. Weiterführung der Philosophie Spinozas

spi|no|zis|tisch: den Spinozismus betreffend

spin|ti|sie|ren ⟨vermutlich eine französierende Weiterbildung zu *dt.* spinnen⟩ (ugs.): grübeln; ausklügeln; fantasieren

Spi|on *der;* -s, -e ⟨*germ.-it.*⟩: **1.** Späher, Horcher; heimlicher Kundschafter; Person, die geheime Informationen unerlaubterweise [an eine fremde Macht] übermittelt. **2.** ein außen am Fenster angebrachter Spiegel, in dem man die Vorgänge auf der Straße beobachten kann.

3. [vergittertes] Guckloch an den Zellentüren im Gefängnis od. an Haustüren

Spi|o|na|ge [...ˈna:ʒə] *die;* - ⟨*germ.-it.(-fr.)*⟩: Auskundschaftung von Geheimnissen für eine fremde Macht

spi|o|nie|ren: [für eine fremde Macht] Geheimnisse auskundschaften

Spi|o|nin *die;* -, -nen: weibliche Form zu ↑Spion (1)

Spi|rae [ʃp..., sp...] *die;* -, -n ⟨*gr.-lat.*⟩: Pflanzengattung der Rosengewächse mit zahlreichen Ziersträuchern

spi|ral [ʃp...] ⟨*gr.-lat.-mlat.*⟩ (Technik): schneckenförmig gedreht

Spi|ra|le *die;* -, -n: **1. a)** sich gleichmäßig um eine Achse windende Linie; **b)** (Math.) ebene Kurve, die in unendlich vielen, immer weiter werdenden Windungen einen festen Punkt umläuft. **2.** Gegenstand in der Form einer Spirale (1) (z. B. Uhrfeder)

spi|ra|lig: schraubenförmig, schneckenförmig

Spi|rans [ˈʃp..., ˈsp...] *die;* -, Spiranten, **Spi|rant** *der;* -en, -en ⟨*lat.*⟩: Reibelaut, ↑Frikativ

spi|ran|tisch: die Spirans, den Spiranten betreffend

Spi|ril|le *die;* -, -n (meist Plural) ⟨*gr.-lat.-nlat.*⟩: Schraubenbakterie

Spi|rit [ˈspɪ...] *der;* -s, -s ⟨*lat.-fr.-engl.*⟩: [↑mediumistischer] Geist

Spi|ri|tis|mus [ʃp..., sp...] *der;* - ⟨*lat.-nlat.*⟩: Geisterlehre; Glaube an Erscheinungen von Seelen Verstorbener, mit denen man durch ein ↑¹Medium (4) zu verkehren sucht; Versuch, okkulte Vorgänge als Einwirkungen von Geistern zu erklären; Ggs. ↑Animismus (3)

Spi|ri|tist *der;* -en, -en: Anhänger des Spiritismus

Spi|ri|tis|tin *die;* -, -nen: weibliche Form zu ↑Spiritist

spi|ri|tis|tisch: den Spiritismus betreffend

spi|ri|tu|al ⟨*lat.-mlat.*⟩: auf den [Heiligen] Geist bezogen; geistig, übersinnlich

Spi|ri|tu|a|li|en *die* (Plural): geistliche Dinge

spi|ri|tu|a|li|sie|ren ⟨*lat.-mlat.-nlat.*⟩: vergeistigen

Spi|ri|tu|a|lis|mus *der;* -: **1.** metaphysische Lehre, die das Wirkliche als geistig od. als Erscheinungsweise des Geistigen annimmt. **2.** theologische Richtung, die die unmittelbare geistige Verbindung des Menschen mit Gott gegenüber der geschichtlichen Offenbarung betont

Spi|ri|tu|a|list *der;* -en, -en: Vertreter des Spiritualismus

Spi|ri|tu|a|lis|tin *die;* -, -nen: weibliche Form zu ↑Spiritualist

spi|ri|tu|a|lis|tisch: den Spiritualismus betreffend

Spi|ri|tu|a|li|tät *die;* - ⟨*lat.-mlat.*⟩: Geistigkeit; Ggs. ↑Materialität

spi|ri|tu|ell ⟨*lat.-mlat.-fr.*⟩: geistig; geistlich

¹Spi|ri|tus [ˈspi:...] *der,* -, - [...tu:s] ⟨*lat.*⟩: Hauch, Atem, [Lebens]geist

²Spi|ri|tus [ˈʃpi:...] *der;* -, -se: Weingeist; Alkohol

Spi|ro|chä|te [ʃp..., sp...] *die;* -, -n ⟨*gr.-nlat.*⟩: krankheitserregende Bakterie (z. B. Erreger der Syphilis u. des Rückfallfiebers)

Spi|ro|me|ter [ʃp..., sp...] *das;* -s, - ⟨*lat.; gr.*⟩ (Med.): Gerät, mit dem die verschiedenen Eigenschaften des Atems gemessen werden

Spi|ro|me|t|rie *die;* -, ...ien (Med.): Messung u. Aufzeichnung der Atmung (z. B. zur Messung des Grundumsatzes od. der Lungenkapazität)

Spi|tal *das;* -s, Spitäler ⟨*lat.-mlat.*⟩: **1.** (veraltend, aber noch landsch., bes. österr., schweiz.) Krankenhaus. **2.** (veraltet) **a)** Pflegeheim, Altersheim; **b)** Armenhaus

Spitt|ler *der;* -s, -: **1.** (veraltend, aber noch landsch., bes. schweiz.) Krankenhauspatient. **2.** (veraltet) Insasse eines Spitals (2)

Splanch|no|lo|gie *die;* - ⟨*gr.-nlat.*⟩ (Med.): Teilgebiet der Medizin, das sich mit den Eingeweiden befasst

Splat|ter|mo|vie [ˈsplɛtɐmu:vi] *das;* -[s], -s ⟨*engl.-amerik.*⟩ (Jargon): Horrorfilm mit vielen blutrünstigen Szenen

Spleen [ʃpli:n, seltener: sp...] *der;* -s, -e u. -s ⟨*gr.-lat.-engl.*⟩: Schrulle, Marotte; Überspanntheit

splee|nig: schrullig, verrückt, überspannt

splen|did [ʃp..., sp...] ⟨*lat.*⟩: **1.** freigebig. **2.** glanzvoll, kostbar. **3.** (Druckw.) weit auseinandergerückt

Splen|did Iso|la|tion [ˈsplɛndɪd aɪsəˈleɪʃən] *die;* - - ⟨*engl.;* »glänzendes Alleinsein«⟩: **1.** freiwillige Bündnislosigkeit eines Landes, einer Partei o. Ä. **2.** (Geschichte) die Bündnislosigkeit Großbritanniens im 19. Jh.

split|ten [ˈʃplɪtn̩, ˈsp...] ⟨*engl.*⟩: das Splitting anwenden, aufteilen

Split|ting *das;* -s, -s: **1.** (ohne Plural) Form der Haushaltsbesteuerung, bei der das Einkommen der Ehegatten zusammengezählt, halbiert u. jeder Ehegatte mit der Hälfte des Gesamteinkommens bei der Steuerberechnung berücksichtigt wird. **2.** Teilung eines Anteilspapiers (z. B. einer Aktie), wenn der Kurs erheblich gestiegen ist. **3.** Verteilung der Erst- u. Zweitstimme auf verschiedene Parteien (bei Wahlen)

Spo|di|um ['ʃpo:..., 'spo:...] *das;* -s ‹*gr.-lat.*› (Chemie): adsorbierende Knochenkohle

Spo|du|men *der;* -s, -e ‹*gr.-nlat.*›: ein Mineral, Schmuckstein

Spoi|ler ['ʃpɔy̯lɐ, 'sp...] *der;* -s, - ‹*engl.;* zu to spoil »(Luft[widerstand]) wegnehmen«›: **1.** Luftleitblech an [Renn]autos zum Zweck der besseren Bodenhaftung. **2.** Verlängerung des Skistiefels am Schaft als Stütze bei der Rücklage. **3.** Klappe an den Tragflächen von Flugzeugen, die die Strömungsverhältnisse verändert; Störklappe

Spo|li|en *die* (Plural): **1.** *Plural* von ↑Spolium. **2.** (Geschichte) beweglicher Nachlass eines katholischen Geistlichen. **3.** (Archit.) aus anderen Bauten wieder verwendete Bauteile (z. B. Säulen, Friese o. Ä.)

Spo|li|en|recht *das;* -[e]s, -e: **a)** im Mittelalter das Recht eines Kirchenpatrons (vgl. [1]Patron (3)), die Spolien (2) eines verstorbenen Geistlichen einzuziehen; **b)** der Anspruch des Kaisers od. später des Papstes auf den Nachlass eines Bischofs

spo|li|ie|ren (veraltet, aber noch landsch.): berauben, plündern, stehlen

Spo|li|um *das;* -s, ...ien: Beutestück, erbeutete Waffe (im alten Rom)

spon|de|isch [ʃp..., sp...] ‹*gr.-lat.*›: **1.** den Spondeus betreffend. **2.** in, mit Spondeen geschrieben, verfasst

Spon|de|us *der;* -, ...deen: aus zwei Längen bestehender antiker Versfuß (– –)

Spon|dy|l|ar|th|ri|tis [ʃp..., sp...] *die;* -, ...itiden ‹*gr.-nlat.*› (Med.): Entzündung der Wirbelgelenke

Spon|dy|li|tis *die;* -, ...itiden (Med.): Wirbelentzündung

Spon|dy|lo|se *die;* -, -n (Med.): krankhafte Veränderung an den Wirbelkörpern u. Bandscheiben

Spon|gia ['ʃpɔŋgia, 'spɔŋgia] *die;* -, ...ien ‹*gr.-lat.*›: Schwamm, einfachst gebautes, vielzelliges Tier

spon|gi|form ‹*lat.*› (bes. Tiermed.): schwammförmig (z. B. von der Hirnsubstanz bei BSE)

Spon|gin *das;* -s ‹*gr.-nlat.*›: Gerüstsubstanz der Hornschwämme

spon|gi|ös ‹*gr.-lat.*›: schwammig

Spon|sa|li|en *die* (Plural) (Rechtsspr. veraltet): Verlöbnis; Verlobungsgeschenke

spon|sern: aus Werbegründen jmdn. od. etwas (z. B. einen Sportverein) finanziell od. auch durch Sach- u. Dienstleistungen unterstützen, fördern; vgl. Sponsor (1)

Spon|si|on *die;* -, -en (österr.): Feier, bei der der Magistergrad verliehen wird

Spon|sor ['ʃpɔnzɐ, 'spɔnzɐ, engl.: 'spɔnsə] *der;* -s, ...oren u. (bei engl. Aussprache) -s ‹*lat.-engl.*›: **1.** Person, Organisation o. Ä., die jmdn. od. etwas sponsert; Förderer, Geldgeber (z. B. im Sport). **2.** (bes. in den USA) Person[engruppe], die eine Sendung im Rundfunk od. Fernsehen finanziert, um sie für Werbezwecke zu nutzen

Spon|so|rin [ʃp..., sp...] *die;* -, -nen: weibliche Form zu ↑Sponsor (1)

Spon|so|ring ['ʃpɔn..., 'spɔn..., engl.: 'spɔnsərɪŋ] *das;* -s, -s: das Sponsern

spon|tan [ʃp..., sp...] ‹*lat.*›: von selbst; von innen heraus, freiwillig, ohne Aufforderung, aus eigenem plötzlichem Antrieb; unmittelbar

Spon|ta|ne|i|tät *die;* -, -en: ↑Spontanität

Spon|ta|ni|tät *die;* -, -en ‹*lat.-nlat.*›: Handeln ohne äußere Anregung; innerer Antrieb; unmittelbare, spontane Reaktion

Spon|ti *der;* -s, -s (ugs.): Angehöriger einer undogmatischen linksgerichteten Gruppe

spo|ra|disch [ʃp..., sp...] ‹*gr.-fr.*›: **1.** vereinzelt [vorkommend], verstreut. **2.** gelegentlich, selten

Spo|r|an|gi|um *das;* -s, ...ien [...i̯ən] ‹*gr.-nlat.*› (Bot.): Sporenbildner u. -behälter bei Pflanzen

spor|co ['ʃpɔrko..., 'sp...] ‹*lat.-it.*› (veraltet): ↑brutto; mit Verpackung [gewogen]

Spo|re *die;* -, -n (meist Plural) ‹*gr.*›: **1.** (Bot.) ungeschlechtliche Fortpflanzungszelle. **2.** (Biol., Med.) sehr widerstandsfähige Dauerform der Bakterien

Spor|ko *das;* -s: Bruttogewicht; Masse mit Verpackung

Spo|ro|phyt *der;* -en, -en (Bot.): Sporen bildende Generation bei Pflanzen

Spo|ro|zo|on *das;* -s, ...zoen (meist Plural): Sporentierchen (parasitischer Einzeller)

Spor|tel *die;* -, -n (meist Plural) ‹*gr.-etrusk.-lat.*›: mittelalterliche Form des Beamteneinkommens

spor|tiv [sp..., ʃp...] ‹*engl., fr.*›: sportlich

Sports|wear ['spɔ:tswɛ:ɐ̯] *die;* auch: *der* od. *das;* -[s] ‹*engl.*›: sportliche Tageskleidung, Freizeitkleidung

Spot [spɔt, ʃpɔt] *der;* -s, -s ‹*engl.*›: **1. a)** Werbekurzfilm (in Kino u. Fernsehen); **b)** in Hörfunksendungen eingeblendeter Werbetext. **2.** Kurzform von ↑Spotlight

Spot|ge|schäft *das;* -[e]s, -e ‹*engl.; dt.*›: Geschäft gegen sofortige Lieferung u. Kasse im Geschäftsverkehr der internationalen Warenbörsen

Spot|light [...lai̯t] *das;* -s, -s ‹*engl.*›: Beleuchtung od. Scheinwerfer, der auf einen Punkt gerichtet ist u. dabei die Umgebung im Dunkeln lässt

Spot|markt *der;* -[e]s, ...märkte ‹*engl.; dt.*›: Handelsplatz, an dem nicht vertraglich gebundene

Mengen von Rohöl an den Meistbietenden verkauft werden

Spray [ʃpreː, spreː, engl.: spreɪ] *der* od. *das;* -s, -s ⟨*niederl.-engl.*⟩: Flüssigkeit, die durch Druck [oft mithilfe eines Treibgases] aus einem Behältnis in feinsten Tröpfchen versprüht wird

spray|en: a) Spray versprühen; **b)** mit Spray besprühen

Spray|er *der;* -s, -: jmd., der [Graffiti an Wände o. Ä.] sprayt

Spray|e|rin *die;* -, -nen: weibliche Form zu ↑Sprayer

Sprink|ler *der;* -s, - ⟨*engl.*⟩: **1.** Teil einer Beregnungsanlage zum Feuerschutz (z. B. in Kaufhäusern), der bei bestimmter Temperatur Wasser versprüht. **2.** Rasensprenger

Sprint *der;* -s, -s ⟨*engl.*⟩: kurzer, schneller Lauf

sprin|ten: eine kurze Strecke mit größtmöglicher Geschwindigkeit zurücklegen

Sprin|ter *der;* -s, -: Kurzstreckenläufer

Sprin|te|rin *die;* -, -nen: weibliche Form zu ↑Sprinter

Sprit *der;* s, -e ⟨volkstümliche Umbildung von ↑²Spiritus⟩ (ugs.): Benzin, Treibstoff

spri|tig: spritähnlich

Sprue *die;* - ⟨*niederl.-engl.*⟩ (Med.): fieberhafte Erkrankung mit Gewebsveränderungen im Bereich von Zunge u. Dünndarmschleimhaut

Spu|man|te [sp..., ʃp...] *der;* -[s], -s ⟨*lat.-it.*⟩: it. Bez. für Schaumwein

Spurt *der;* -[e]s, -s (selten: -e) ⟨*engl.*⟩ (Sport): Steigerung der Geschwindigkeit bei Rennen; äußerst schnelles Laufen über eine kürzere Strecke

spur|ten (Sport): einen Spurt machen

Spu|ta [ˈʃp..., ˈsp...]: *Plural* von ↑Sputum

Sput|nik [ʃp..., sp...] *der;* -s, -s ⟨*russ.;* »Gefährte«⟩: Name der ersten künstlichen Erdsatelliten

Spu|tum *das;* -s, ...ta ⟨*lat.*⟩ (Med.): Auswurf, Gesamtheit der Sekrete der Luftwege

Square|dance [...dɑːns] *der;* -, -s [...sɪs] ⟨*engl.-amerik.*⟩: beliebter amerikanischer Volkstanz, bei dem jeweils vier Paare, in Form eines Quadrates aufgestellt, gemeinsam verschiedene Figuren ausführen

Squash *das;* -[s] ⟨*lat.-vulgärlat.-fr.-engl.*⟩: **1.** (Sport) Ballspiel, bei dem ein kleiner Ball mit einer Art Tennisschläger gegen eine Wand geschlagen wird u. der Gegner daraufhin versuchen muss, den Ball beim Rückprall zu erreichen u. seinerseits zu schlagen. **2.** ausgepresster Saft [mit Mark] von Zitrusfrüchten

Squat|ter [ˈskvɔtɐ, engl.: ˈskwɔtə] *der;* -s, - ⟨*lat.-vulgärlat.-fr.-engl.*⟩: (bes. früher in den USA) Siedler, der ohne Rechtsanspruch auf unbebautem Land siedelt

Squaw [skwɔː] *die;* -, -s ⟨*indian.-engl.*⟩: nordamerikanische Indianerfrau

Squi|re [ˈskvaiɐ, engl.: ˈskwaɪə] *der;* -[s], -s ⟨*lat.-fr.-engl.*⟩: englischer Gutsherr

Staats|ka|pi|ta|lis|mus *der;* -: Wirtschaftsform, die Elemente des Sozialismus mit Prinzipien der Marktwirtschaft verbindet

staats|mo|no|po|lis|tisch: (im Marxismus-Leninismus) durch die Verbindung der Macht der Monopole mit der Macht des Staates gekennzeichnet

Staats|rä|son *die;* - (Geschichte): der Grundsatz [des Nationalstaates], dass die Staatsinteressen allen anderen Interessen voranstehen

Sta|bat Ma|ter [ˈst... -] *das;* - -, - - ⟨*lat.;* »die Mutter (Jesu) stand (am Kreuz)«⟩: **1.** (ohne Plural) Anfang u. Bezeichnung einer ↑Sequenz (3). **2.** Komposition, die den Text dieser Mariensequenz zugrunde legt

Sta|bel|le *die;* -, -n ⟨*lat.-roman.*⟩ (schweiz.): hölzerner Stuhl, Schemel

sta|bil ⟨*lat.*⟩: **1.** beständig, sich im Gleichgewicht haltend (z. B. Wetter, Gesundheit); Ggs. ↑labil (1). **2.** seelisch robust, widerstandsfähig; Ggs. ↑labil (2). **3.** körperlich kräftig, widerstandsfähig. **4.** fest, dauerhaft, der Abnutzung standhaltend (z. B. in Bezug auf Gegenstände)

Sta|bi|li|sa|tor *der;* -s, ...oren ⟨*lat.-nlat.*⟩: **1.** Gerät, das Schwankungen von elektrischen Spannungen o. Ä. verhindert od. vermindert. **2.** (bes. bei Kraftwagen verwendetes) Bauteil, das bei der Federung einen Ausgleich bei einseitiger Belastung o. Ä. bewirkt. **3.** Zusatz, der unerwünschte Reaktionen chemischer Verbindungen verhindert oder verlangsamt. **4.** (Med.) gerinnungshemmende Flüssigkeit für die Konservierung des Blutes. **5.** Vorrichtung in Schiffen, die dem Schlingern entgegenwirkt

sta|bi|li|sie|ren: festsetzen; festigen, dauerhaft, standfest machen

Sta|bi|li|sie|rung *die;* -, -en: **1.** das Entfernen von leicht verdampfenden Stoffen aus Treibstoffen unter hohem Druck. **2.** Herstellung od. Herbeiführung eines festen, dauerhaften Zustandes

Sta|bi|li|tät *die;* - ⟨*lat.*⟩: **1.** Beständigkeit, Dauerhaftigkeit. **2.** Standfestigkeit, Gleichgewichtssicherheit

stac|ca|to [ʃt..., st...] ⟨*germ.-it.*⟩ (Musik): kurz abgestoßen (Vortragsanweisung; Abk.: stacc.; Ggs. ↑legato)

sta|di|al ⟨*gr.-lat.-nlat.*⟩: stufen-, abschnittweise

Sta|di|on *das;* -s, ...ien ⟨*gr.*⟩: **1.** mit Zuschauerrängen versehenes ovales Sportfeld; Kampfbahn. **2.** alt- u. neugriechisches Längenmaß (1 Stadion alt = 184,98 m, 1 Stadion neu = 1 km)

Sta|di|um *das;* -s, ...ien ⟨*gr.-lat.*⟩: Zeitraum aus einer gesamten Entwicklung; Entwicklungsstufe, -abschnitt

Sta|fet|te *die;* -, -n ⟨*germ.-it.*⟩: **1.** (Geschichte) reitender Eilbote, Meldereiter. **2.** (bes. Sport) Staffel, Staffellauf

Staf|fa|ge [...ˈfa:ʒə] *die;* -, -n ⟨mit französierender Endung zu staffieren gebildet⟩: **1.** Beiwerk; Nebensächliches; Ausstattung, trügerischer Schein. **2.** Menschen u. Tiere als Belebung eines Landschafts- od. Architekturgemäldes (bes. in der Malerei des Barocks)

staf|fie|ren ⟨*fr.-niederl.*⟩: **1.** (veraltet) ausstaffieren, ausrüsten, ausstatten (bes. mit Bekleidung, Wäsche). **2.** (österr.) schmücken, putzen (z. B. einen Hut). **3.** Stoff auf einen anderen nähen (z. B. Futter in einen Mantel nähen)

[1]Sta|ge [ˈsta:ʒə] *die;* -, -n ⟨*lat.-fr.*⟩: Vorbereitungszeit, Probezeit

[2]Stage [steɪdʒ] *die;* -, -s [...dʒɪs] ⟨*lat.-vulgärlat.-fr.-engl.*⟩: engl. Bez. für Bühne, Konzertbühne (bes. bei Rockkonzerten)

Stage|di|ving [ˈsteɪdʒdaɪvɪŋ] *das;* -s, -s ⟨*engl.;* eigtl. »Bühnentauchen«⟩: Sprung des Sängers od. eines anderen Mitglieds einer Band von der Konzertbühne in das Publikum

Stag|fla|ti|on [ʃt..., st...] *die;* -, -en ⟨Kurzw. aus Stagnation u. Inflation⟩: Stillstand des Wirtschaftswachstums bei gleichzeitiger Geldentwertung

Sta|gi|aire [staˈʒi̯ɛ:r] *der;* -[s], -s ⟨*fr.*⟩: Probekandidat

Sta|g|na|ti|on [ʃt..., auch: st...] *die;* -, -en ⟨*lat.-nlat.*⟩: **1.** Stockung, Stauung, Stillstand. **2.** (Geogr.) kalte Wasserschicht in Binnenseen, die sich im Sommer nicht mit der oberen erwärmten Schicht mischt; vgl. ...ation/...ierung

sta|g|nie|ren ⟨*lat.*⟩: **1.** stocken, sich stauen; sich festfahren. **2.** stehen (von Gewässern ohne sichtbaren Abfluss u. vom Stillstand eines Gletschers)

Sta|g|nie|rung *die;* -, -en: ↑Stagnation; vgl. ...ation/...ierung

Sta|ket *das;* -[e]s, -e ⟨*germ.-it.-fr.-niederl.*⟩: Staketenzaun, Lattenzaun

Sta|ke|te *die;* -, -n (österr.): Latte

Stak|ka|to [ʃt..., st...] *das;* -s, -s u. ...ti ⟨*germ.-it.*⟩: ein die einzelnen Töne kurz abstoßender musikalischer Vortrag; vgl. staccato

Sta|lag|mit [ʃt..., st..., auch: ...ˈmɪt] *der;* -s u. -en, -e[n] ⟨*gr.-nlat.*⟩: Tropfstein, der vom Boden der Höhle nach oben wächst; vgl. Stalaktit

sta|lag|mi|tisch: wie ein Stalagmit geformt

Sta|lak|tit [ʃt..., st..., auch: ...ˈtɪt] *der;* -s u. -en, -e[n]: Tropfstein, der von der Höhlendecke nach unten wächst; vgl. Stalagmit

Sta|li|nis|mus [ʃt..., st...] *der;* - ⟨*nlat.;* nach dem sowjetischen Politiker J. W. Stalin, 1879–1953⟩: von Stalin geprägte Interpretation des Marxismus u. die darauf beruhenden autoritär-bürokratischen Methoden u. Herrschaftsformen

Sta|li|nist *der;* -en, -en: Anhänger, Verfechter des Stalinismus

Sta|li|nis|tin *die;* -, -nen: weibliche Form zu ↑Stalinist

sta|li|nis|tisch: den Stalinismus betreffend

Sta|lin|or|gel *die;* -, -n (Jargon): (von den sowjetischen Streitkräften im 2. Weltkrieg eingesetzter) Raketenwerfer, mit dem eine Reihe von Raketengeschossen gleichzeitig abgefeuert wurde

Stal|ker [ˈstɔ:kɐ] *der;* -s, - ⟨*engl.*⟩: jmd., der eine andere Person fortgesetzt verfolgt oder ihr auflauert; vgl. Stalking

Stal|ke|rin [ˈstɔkɛrɪn] *die,* -, -nen: weibliche Form zu ↑Stalker

Stal|king [ˈstɔ:kɪŋ] *das;* -[s] ⟨*engl.*⟩: das Verfolgen, Auflauern u. Terrorisieren von Menschen (durch unablässige Liebesbriefe, Telefonanrufe, Drohungen u. Ä.) aufgrund nicht erwiderter Liebe, aus Rache u. a.

Sta|men [ʃt..., st...] *das;* -s, ...mina ⟨*lat.*⟩ (Bot.): Staubblatt der Pflanzenblüte

Sta|mi|no|di|um *das;* -s, ...ien ⟨(*lat.; gr.*) *nlat.*⟩ (Bot.): rückgebildetes od. umgebildetes Staubblatt

Sta|mo|kap *der;* -[s]: Kurzw. für *sta*ats*mo*nopolistischer *Kap*italismus

Stam|pe|de [ʃt..., st..., engl.: stæmˈpi:d] *die;* -, -n u. (bei engl. Aussprache:) -s ⟨*germ.-span.(-mex.)-engl.-amerik.*⟩: wilde Flucht einer in Panik geratenen [Rinder]herde

Stam|pi|g|lie [...ˈpɪljə, ...ˈpi:li̯ə] *die;* -, -n ⟨*germ.-fr.-span.-it.*⟩ (österr.): Gerät zum Stempeln; Stempelaufdruck

[1]Stan|dard [ˈʃt..., auch: ˈst...] *der;* -s, -s ⟨*germ.-fr.-engl.*⟩: **1.** Normalmaß, Durchschnittsbeschaffenheit, Richtschnur. **2.** allgemeines Leistungs-, Qualitäts-, Lebensführungsniveau; Lebensstandard. **3.** (DDR) staatlich vorgeschriebene Norm. **4.** Feingehalt (Verhältnis zwischen edlem u. unedlem Metall) einer Münze. **5.** anerkannter Qualitätstyp, Qualitätsmuster, Normalausführung einer Ware

[2]Stan|dard [ˈstændəd] *der* od. *das;* -s, -s ⟨*engl.*⟩:

S

Musikstück, das zum festen Repertoire [einer Jazzband] gehört

stan|dar|di|sie|ren: [nach einem Muster] vereinheitlichen

Stan|dar|di|sie|rung *die;* -, -en: das Standardisieren; vgl. ...ation/...ierung

Stan|dard|spra|che *die;* -, -n: die über Umgangssprache, Gruppensprachen u. Mundarten stehende, allgemein verbindliche Sprachform, die sich im mündlichen und schriftlichen Gebrauch normsetzend entwickelt hat; Hochsprache, Schriftsprache, Literatursprache

Stan|dar|te [ʃt...] *die;* -, -n ‹*germ.-fr.*›: **1.** Feldzeichen, Fahne einer berittenen od. motorisierten Truppe; Flagge eines Staatsoberhaupts. **2.** die etwa einem Regiment entsprechende Einheit von SA u. SS zur Zeit des Nationalsozialismus. **3.** (Jägerspr.) Schwanz des Fuchses (od. Wolfes)

Stand-by, Stand|by [stænd'bai] *das;* -[s], -s ‹*engl.*›: **1.** Flugreise (zu verbilligtem Preis) mit Platzvergabe nach einer Warteliste, in die sich die Fluggäste vor der Abflugzeit eintragen. **2.** (Elektronik) Bereitschaftsschaltung; Kurzform von ↑Stand-by-Betrieb

Stand-by-Be|trieb, Stand|by|be|trieb *der;* -[e]s, -e (Elektronik): Betriebsart, bei der ein Gerät auf die Fernbedienung anspricht, im Übrigen aber abgeschaltet ist

Stan|ding ['stændɪŋ] *das;* -s ‹*engl.*›: engl. Bez. für Rang, Ansehen, Name

Stan|ding Ova|tions [stændɪŋ o've:ʃn̩s] *die* (Plural) ‹*engl.*›: das Beifallklatschen, Ovationen im Stehen

Sta|nit|zel, Sta|nitzl *das;* -s, -[n] ‹Herkunft unsicher› (bayr., österr. ugs.): spitze Papiertüte

Stan|ni|ol *das;* -s, -e: **1.** (ugs.) silberglänzende Aluminiumfolie. **2.** silberglänzende Zinnfolie

Stan|num *das;* -s: Zinn; chem. Element (Zeichen: Sn)

stan|te pe|de ['st... -, auch: 'ʃt... -] ‹*lat.;* »stehenden Fußes«› (ugs. scherzh.): sofort, auf der Stelle (im Hinblick auf etwas, was zu unternehmen ist)

Stan|ze ['ʃt...] *die;* -, -n ‹*lat.-it.*›: **1.** (urspr. italienische) Strophenform aus acht elfsilbigen jambischen Verszeilen (Reimfolge: ab ab ab cc). **2.** (nur Plural) von Raffael u. seinen Schülern ausgemalte Wohnräume des Papstes Julius II. im Vatikan

Sta|phy|lo|kok|kus *der;* -, ...kken (meist Plural) (Med.): traubenförmige Bakterie, Eitererreger

Star [st..., auch: ʃt...] *der;* -s, -s ‹*engl.;* »Stern«›: **1.** (Film, Musik, Theater) gefeierter, berühmter Künstler; gefeierte, berühmte Künstlerin. **2.** jmd., der auf einem bestimmten Gebiet Berühmtheit erlangt hat

Sta|rost [st..., auch: ʃt...] *der;* -en, -en ‹*poln.*›: **1.** (Geschichte) Dorfvorsteher in Polen. **2.** Kreishauptmann, Landrat in Polen

Sta|ros|tei *die;* -, -en: Amt[sbezirk] eines Starosten

Stars and Stripes ['stɑ:z ənd 'straɪps] *die* (Plural) ‹*engl.;* »Sterne u. Streifen«›: Nationalflagge der USA, Sternenbanner

Start|au|to|ma|tik *die;* -, -en ‹*engl.; gr.-lat.-fr.*›: über die Temperatur des Motors automatisch geregelter Choke

Star|ter|kit ['sta:ɐ̯tɐ...] *das* od. *der;* -[s], -s ‹*engl.*›: Startausstattung, Startset

Start-up [...'ap] *das;* -s, -s ‹*engl.*›: neu gegründetes Wirtschaftsunternehmen

Sta|se, Sta|sis ['st..., 'ʃt...] *die;* -, Stasen ‹*gr.*› (Med.): Stockung, Stauung

Sta|sis ['st..., 'ʃt...] vgl. Stase

sta|ta|risch ‹*lat.*›: verweilend, langsam fortschreitend; **statarische Lektüre:** durch ausführliche Erläuterungen des gelesenen Textes immer wieder unterbrochene Lektüre; Ggs. ↑kursorisch

State De|part|ment ['steɪt dɪ'pɑ:tmənt] *das;* -[s] ‹*engl.*›: Außenministerium der USA

State|ment ['steɪtmənt] *das;* -s, -s: öffentliche [politische] Erklärung od. Behauptung

Sta|ter *der;* -s, -e ‹*gr.(-lat.)*›: Münze des Altertums

sta|tie|ren [ʃt...] ‹*lat.-nlat.*›: als Statist tätig sein

Sta|tik ['ʃt..., 'st...] *die;* -, -en ‹*gr.*›: **1.** (ohne Plural) **a)** Teilgebiet der Mechanik, auf dem man sich mit dem Gleichgewicht von Kräften an ruhenden Körpern befasst; **b)** Lehre vom Gleichgewicht der Kräfte an ruhenden Körpern. **2.** Stabilität bewirkendes Verhältnis der auf ruhende Körper, bes. auf Bauwerke, wirkenden Kräfte. **3.** statischer (3) Zustand

Sta|ti|ker *der;* -s, -: Bauingenieur mit speziellen Kenntnissen auf dem Gebiet statischer Berechnungen von Bauwerken

Sta|ti|ke|rin *die;* -, -nen: weibliche Form zu ↑Statiker

Sta|ti|on *die;* -, -en ‹*lat.*›: **1.** Haltestelle (eines öffentlichen Verkehrsmittels); [kleiner] Bahnhof. **2. a)** Halt, Aufenthalt, Rast; **b)** Stelle, an der bei einer Prozession haltgemacht wird. **3.** Bereich, Krankenhausabteilung. **4.** Ort, an dem sich eine technische Anlage befindet, Sende-, Beobachtungsstelle

sta|ti|o|när ‹*lat.(-fr.)*›: **1. a)** an einen festen Standort gebunden; **b)** örtlich u. zeitlich nicht verändert; unverändert. **2.** (Med.) an eine Krankenhausaufnahme gebunden, die Behandlung in einer Klinik betreffend; Ggs. ↑ambulant (2)

sta|ti|o|nie|ren ‹*lat.-fr.*›: **1.** an einen bestimmten Platz stellen, aufstellen, anstellen. **2.** eine Truppe an einen bestimmten Standort verlegen

sta|tisch ['ʃt..., 'st...] ‹*gr.*›: **1.** (Bauw.) die Statik betreffend. **2.** keine Bewegung, Entwicklung aufweisend; Ggs. ↑dynamisch (1). **3.** (Physik) das von Kräften erzeugte Gleichgewicht betreffend; **statische Elektrizität:** elektrische Aufladung (bei Schallplatten, Hartgummi- u. Kunststoffgegenständen); **statisches Moment:** Drehmoment = Kraft mal Hebelarm (senkrechter Abstand vom Drehpunkt); **statisches Organ** (Med.): Gleichgewichtsorgan

Sta|tist [ʃt...] *der;* -en, -en ‹*lat.-nlat.*›: jmd., der als stumme Figur in einer Theater- od. Filmszene mitwirkt

Sta|tis|te|rie *die;* -, ...ien: Gesamtheit der Statisten

Sta|tis|tik *die;* -, -en: **1.** (ohne Plural) wissenschaftliche Methode zur zahlenmäßigen Erfassung, Untersuchung u. Darstellung von Massenerscheinungen. **2.** [schriftlich] dargestelltes Ergebnis einer Untersuchung nach der statistischen Methode. **3.** Auswertung einer großen Zahl physikalischer Größen zur Bestimmung von physikalischen Gesetzen

Sta|tis|ti|ker *der;* -s, -: **1.** Wissenschaftler, der sich mit den theoretischen Grundlagen u. den Anwendungsmöglichkeiten der Statistik befasst. **2.** Bearbeiter u. Auswerter von Statistiken

Sta|tis|ti|ke|rin *die;* -, -nen: weibliche Form zu ↑Statistiker

Sta|tis|tin *die;* -, -nen: weibliche Form zu ↑Statist

sta|tis|tisch: die Statistik betreffend, auf Ergebnissen der Statistik beruhend

Sta|tiv *das;* -s, -e ‹*lat.*›: dreibeiniges Gestell zum Aufstellen von Geräten (z. B. für Kamera, Nivellierinstrument)

Sta|to|blast [ʃt..., st...] *der;* -en, -en ‹*gr.-nlat.*› (Biol.): ungeschlechtlicher Fortpflanzungskörper der Moostierchen

Sta|to|lith [auch: ...'lɪt] *der;* -s u. -en, -e[n] (meist Plural): **1.** (Med.; Biol.) Steinchen in Gleichgewichtsorganen von Tieren, Gehörsand. **2.** (Bot.) Stärkekorn in Pflanzenwurzeln

Sta|tor *der;* -s, ...oren ‹*lat.-nlat.*›: **1.** fest stehender Teil eines Elektromotors od. einer Dynamomaschine; Ggs. ↑Rotor (1). **2.** fest stehendes Plattenpaket beim Drehkondensator, in das der Rotor hineingedreht werden kann. **3.** fest stehende Spule beim Variometer

sta|tu|a|risch ‹*lat.*›: auf die Bildhauerkunst od. eine Statue bezogen; standbildhaft

Sta|tue [...tu̯ə] *die;* -, -n: Standbild (plastische Darstellung eines Menschen od. Tieres)

Sta|tu|et|te *die;* -, -n ‹*lat.-fr.*›: kleine Statue

sta|tu|ie|ren ‹*lat.*›: aufstellen, festsetzen; bestimmen; **ein Exempel statuieren:** ein warnendes Beispiel geben

Sta|tur [ʃt...] *die;* -, -en: [Körper]gestalt, Wuchs

Sta|tus ['ʃt..., 'st...] *der;* -, - [...tu:s]: **1.** Zustand; Bestand. **2.** (Med.) **a)** allgemeiner Gesundheits- od. Krankheitszustand; der sich aus der ärztlichen Untersuchung ergebende Allgemeinbefund; **b)** akutes Stadium einer Krankheit mit gehäuft auftretenden Symptomen. **3.** (Med.) anlagemäßig bedingte Neigung zu einer bestimmten Krankheit. **4.** Stand, Stellung in der Gesellschaft, innerhalb einer Gruppe

Status

Das aus dem Lateinischen stammende Substantiv lautet im Genitiv und im Plural gleich wie im Nominativ Singular, also *des Status* und *die Status.* Ein Unterschied besteht lediglich in der Aussprache. Im Plural wird das *u* lang gesprochen.

Sta|tus Nas|cen|di [- ...ts...] *der;* - - (Chemie): besonders reaktionsfähiger Zustand chem. Stoffe im Augenblick ihres Entstehens

Sta|tus quo *der;* - - ‹*lat.*› (bes. Rechtsspr.): gegenwärtiger Zustand

Sta|tus|sym|bol *das;* -s, -e: etwas, womit jmds. gehobener Status (4), seine tatsächliche od. erstrebte Zugehörigkeit zu einer Gesellschaftsschicht dokumentiert werden soll

Sta|tut [ʃt...] *das;* -[e]s, -en: Satzung, [Grund]gesetz

sta|tu|ta|risch ‹*lat.-nlat.*›: auf einem Statut beruhend, satzungs-, ordnungsgemäß

Stea|dy|sel|ler ['stɛdi...] *der;* -s, - ‹*engl.-amerik.*›: Buch, das über längere Zeit gleichmäßig gut verkauft wird; vgl. Longseller

Steak [ste:k, selten: ʃt...] *das;* -s, -s ‹*altnord.-engl.*›: Fleischscheibe aus der Lende (vor allem von Rind, Kalb, Schwein), die nur kurz gebraten wird

Stea|mer ['sti:mɐ] *der;* -s, -: engl. Bez. für Dampfer

Ste|a|rin *das;* -s, -e: festes Gemisch aus Stearin- u. Palmitinsäure nach Entfernen der flüssigen Ölsäure; Rohstoff zur Kerzenherstellung

Ste|a|tit [auch: ...'tɪt] *der;* -s, -e ‹*gr.-lat.*›: ein Mineral; Speckstein

Ste|a|to|py|gie *die;* - (Med.): starker Fettansatz am Steiß

Ste|a|to|se *die;* -, -n (Med.): Verfettung

Steel|band ['sti:lbɛnt, engl.: ...bænd] *die;* -, -s ⟨*amerik.*⟩: Band, deren Instrumente aus verschieden großen leeren Ölfässern bestehen

Stee|ple|chase ['sti:pl̩tʃe:s, ...tʃeɪs] *die;* -, Plur. -n [...tʃe:sn̩] u. -s [...sɪs] ⟨*engl.*⟩: Hindernisrennen, Jagdrennen (beim Pferdesport)

Steep|ler ['sti:plɐ] *der;* -s, -: Pferd, das eine Steeplechase läuft

Ste|go|don *das;* -s, ...donten: ausgestorbenes Rüsseltier

Ste|go|sau|ri|er *der;* -s, -: Gattung der ausgestorbenen Dinosaurier mit sehr kleinem Schädel

Ste|le ['st..., 'ʃt...] *die;* -, -n ⟨*gr.*⟩: **1.** (Kunstwiss.) frei stehende, mit einem Relief od. einer Inschrift versehene Platte oder Säule (bes. als Grabdenkmal). **2.** Leitbündelstrang des Pflanzensprosses (Zentralzylinder der Pflanze)

Stel|la|ge [...'la:ʒə] *die;* -, -n ⟨*niederl.*⟩: Aufbau aus Stangen u. Brettern o. Ä. [zum Abstellen, Aufbewahren von etwas]; Gestell

Stel|la|ge|ge|schäft *das;* -[e]s, -e ⟨*niederl.; dt.*⟩: Form des Prämiengeschäftes der Terminbörse

stel|lar [ʃt..., st...] ⟨*lat.*⟩: die Fixsterne betreffend

Stel|lar|as|t|ro|no|mie *die;* -: Teilgebiet der Astronomie, das sich mit den Sternen bzw. Sternsystemen, ihrer Verteilung im Weltraum u. ihren Bewegungen befasst

Stem|ma ['ʃt..., 'st...] *das;* -s, -ta ⟨*gr.-lat.*⟩: **1.** (Literaturwiss.) [in grafischer Form erstellte] Gliederung der einzelnen Handschriften eines literarischen Werks in Bezug auf ihre zeitliche Folge u. textliche Abhängigkeit. **2.** (Sprachw.) ¹Graph zur Beschreibung der Struktur eines Satzes

Ste|no|graf, Ste|no|graph *der;* -en, -en ⟨*gr.-engl.*⟩: jmd., der Stenografie schreibt, Kurzschriftler

Ste|no|gra|fie, Ste|no|gra|phie *die;* -, ...ien: Kurzschrift (Schreibsystem mit besonderen Zeichen u. Schreibbestimmungen zum Zwecke der Schriftkürzung)

ste|no|gra|fie|ren, ste|no|gra|phie|ren: in Stenografie schreiben

Ste|no|gra|fin, Ste|no|gra|phin *die;* -, -nen: weibliche Form zu ↑Stenograf

ste|no|gra|fisch, ste|no|gra|phisch: a) die Stenografie betreffend; **b)** in Kurzschrift geschrieben, kurzschriftlich

Ste|no|gramm *das;* -s, -e: in Stenografie geschriebenes Diktat, geschriebene Rede

Ste|no|graph usw. vgl. Stenograf usw.

Ste|no|kar|die *die;* -, ...ien (Med.): Herzbeklemmung, Herzangst (Angina Pectoris)

Ste|no|kon|to|ris|tin [ʃt...] *die;* -, -nen: Kontoristin mit Kenntnissen in Stenografie und Maschineschreiben

Ste|no|se *die;* -, -n, **Ste|no|sis** *die;* -, ...osen ⟨*gr.;* »Einengung«⟩ (Med.): Verengung von Öffnungen, Kanälen

ste|no|therm ⟨*gr.-nlat.*⟩ (Biol.): empfindlich gegenüber Temperaturschwankungen (von Pflanzen u. Tieren); Ggs. ↑eurytherm

ste|no|top (Biol.): nicht weit verbreitet (von Pflanzen u. Tieren)

ste|no|ty|pie|ren: stenografisch niederschreiben u. danach in Maschinenschrift übertragen

Ste|no|ty|pis|tin *die;* -, -nen ⟨*gr.-engl.-fr.*⟩: weibliche Kraft, die Stenografie u. Maschineschreiben beherrscht

Sten|tor|stim|me ['ʃt..., 'st...] *die;* -, -n ⟨nach dem stimmgewaltigen Helden des Trojanischen Krieges⟩: laute, gewaltige Stimme

Step: frühere Schreibung für ↑Stepp (1)

Stepp [ʃtɛp, stɛp] *der;* -s, -s ⟨*engl.;* »Schritt, Tritt«⟩: **1.** (Leichtathletik) zweiter Sprung beim Dreisprung; vgl. Hop (1). **2.** artistischer Tanz, bei dem die mit Eisen beschlagenen Spitzen u. Absätze der Schuhe dem Rhythmus entsprechend in schnellem Bewegungswechsel auf den Boden gesetzt werden

Stepp|ae|ro|bic *das,*-s od. *die;* -: Aerobic unter Zuhilfenahme einer stufenartigen Vorrichtung

Step|pe *die;* -, -n ⟨*russ.*⟩: überwiegend baumlose, trockene Graslandschaft außereuropäischer Klimazonen

Ster *der;* -s, -e u. -s (aber: 3 -) ⟨*gr.-fr.*⟩: ein vor allem in der Forstwirtschaft verwendetes Raummaß für Holz (1 m^3)

Ste|ra|di|ant *der;* -en, -en ⟨*gr.; lat.*⟩ (Math.): Einheit des Raumwinkels (Zeichen: sr)

ste|reo: 1. Kurzform von ↑stereofon. **2.** (ugs.) bisexuell

ste|reo..., Ste|reo...

[ʃt..., st...]
⟨zu *gr.* stereós »starr, hart, fest«⟩
Wortbildungselement mit den Bedeutungen:
a) »starr, fest, massiv, unbeweglich«
– stereotyp
b) »räumlich, körperlich«
– Stereoakustik
– stereofon

Ste|reo|bild *das;* -[e]s, -er: Bild, das bei der Betrachtung einen räumlichen Eindruck hervorruft; Raumbild

Ste|reo|che|mie *die;* -: Teilgebiet der Chemie, das die räumliche Anordnung der Atome im Molekül erforscht

ste|reo|fon, ste|re|o|phon: über zwei od. mehr Kanäle elektroakustisch übertragen, räumlich klingend; vgl. ...isch/-; Ggs. ↑quadrofon (1)

Ste|reo|fo|nie, Ste|reo|pho|nie *die;* - ‹*gr.-nlat.*›: elektroakustische Schallübertragung über zwei od. mehr Kanäle, die räumliches Hören gestattet; vgl. Quadrofonie

Ste|reo|fo|to|gra|fie, Ste|reo|pho|to|gra|phie *die;* -, ...ien: **1.** (ohne Plural) Verfahren zur Herstellung von räumlich wirkenden Fotografien. **2.** fotografisches Raumbild

Ste|reo|me|ter *das;* -s, -: **1.** (Physik) optisches Gerät zur Messung des Volumens fester Körper. **2.** Gerät zur Auswertung von Stereofotografien

Ste|reo|me|t|rie *die;* - ‹*gr.*› (Math.): Wissenschaft von der Geometrie u. der Berechnung räumlicher Gebilde; vgl. Planimetrie

ste|reo|me|t|risch: die Stereometrie betreffend

ste|re|o|phon usw. vgl. stereofon usw.

Ste|reo|pho|to|gra|phie vgl. Stereofotografie

Ste|reo|plat|te *die;* -, -n: Schallplatte, die stereofonisch abgespielt werden kann

Ste|reo|s|kop *das;* -s, -e ‹*gr.-nlat.*›: optisches Gerät zur Betrachtung von Stereobildern

Ste|reo|s|ko|pie *die;* -: Gesamtheit der Verfahren zur Aufnahme u. Wiedergabe von raumgetreuen Bildern

ste|reo|s|ko|pisch: räumlich erscheinend, dreidimensional wiedergegeben

ste|reo|typ ‹*gr.-fr.*›: **1.** mit fest stehenden Schrifttypen gedruckt. **2.** feststehend, unveränderlich. **3.** ständig [wiederkehrend]; leer, abgedroschen

S

Ste|reo|typ *das;* -s, -e (meist Plural) ‹*gr.-engl.*›: **1.** (Sozialpsychol., Psychol.) eingebürgertes Vorurteil mit festen Vorstellungsklischees innerhalb einer Gruppe; vgl. Autostereotyp u. Heterostereotyp. **2.** ↑Stereotypie (2)

Ste|reo|typ|druck *der;* -[e]s, -e: Druck von der Stereotypplatte

Ste|reo|ty|peur [...ˈpøːɐ̯] *der;* -s, -e ‹*gr.-fr.*› (Druckw.): jmd., der Matern herstellt u. ausgießt

Ste|reo|ty|peu|rin [...ˈpøːrɪn] *die;* -, -nen: weibliche Form zu ↑Stereotypeur

Ste|reo|ty|pie *die;* -, ...ien: **1.** (Druckw.) das Herstellen u. Ausgießen von Matern. **2.** (Psychol., Med.) das Wiederholen von sprachlichen Äußerungen od. motorischen Abläufen über einen längeren Zeitraum; vgl. Perseveration

ste|reo|ty|pie|ren ‹*gr.-fr.-nlat.*› (Druckw.): Matern herstellen u. zu Stereotypplatten ausgießen

Ste|reo|typ|plat|te *die;* -, -n: Abguss einer Mater in Form einer festen Druckplatte

ste|ril [ʃt..., st...] ‹*lat.-fr.;* »unfruchtbar; ertraglos«›: **1.** keimfrei; vgl. aseptisch (a). **2.** unfruchtbar, nicht fortpflanzungsfähig; Ggs. ↑fertil. **3. a)** langweilig, geistig unfruchtbar, unschöpferisch; **b)** kalt, nüchtern wirkend, ohne eigene Note gestaltet

Ste|ri|li|sa|ti|on *die;* -, -en: das Sterilisieren

Ste|ri|li|sa|tor *der;* -s, ...oren ‹*lat.-fr.-nlat.*›: Entkeimungsapparat

ste|ri|li|sie|ren ‹*lat.-fr.*›: **1.** keimfrei [u. dadurch haltbar] machen (z. B. Nahrungsmittel). **2.** unfruchtbar, zeugungsunfähig machen

Ste|ri|li|sie|rung *die;* -, -en: das Sterilisieren; vgl. ...ation/...ierung

Ste|ri|li|tät *die;* -: **1.** Keimfreiheit (von chirurgischen Instrumenten u. a.). **2.** Unfruchtbarkeit (der Frau), Zeugungsunfähigkeit (des Mannes); Ggs. ↑Fertilität. **3.** geistiges Unvermögen, Ertraglosigkeit

Ste|rin [ʃt..., st...] *das;* -s, -e ‹*gr.-nlat.*›: in jeder tierischen od. pflanzlichen Zelle vorhandene Kohlenwasserstoffverbindung

Ster|ling [ˈʃtɛr..., ˈstɛr..., engl.: ˈstəːlɪŋ] *der;* -s, -e (aber: 5 Pfund -) ‹*engl.*›: **1.** Währungseinheit in Großbritannien; Pfund Sterling (Zeichen u. Abk.: £, £Stg). **2.** altenglische Silbermünze

Ste|tho|s|kop [ʃt..., st...] *das;* -s, -e ‹*gr.-nlat.*›: Hörrohr zur Auskultation

Ste|ward [ˈstjuːɐt] *der;* -s, -s ‹*engl.*›: Betreuer der Passagiere an Bord von Schiffen u. Flugzeugen; Flugbegleiter

Ste|war|dess [ˈstjuːɐdɛs, auch: ...ˈdɛs] *die;* -, -en: Betreuerin von Passagieren, bes. in Flugzeugen

Sti|bi|um [ˈʃt..., ˈst...] *das;* -s ‹*gr.-lat.*›: ↑Antimon

Sti|cho|my|thie *die;* -, ...ien ‹*gr.*›: Wechsel von Rede u. Gegenrede mit jedem Vers im [altgriechischen] Drama; vgl. Distichomythie u. Hemistichomythie

Sti|cker [ˈʃt..., auch: ˈst...] *der;* -s, -: Aufkleber aus Papier od. Plastik

Stie|fo|gra|fie, Stie|fo|gra|phie *die;* - ‹nach dem Erfinder H. Stief, 1906–1977›: ein Kurzschriftsystem

stie|kum ‹*jidd.*› (landsch.): heimlich, leise

Stig|ma [ˈʃt..., ˈst...] *das;* -s, ...men u. -ta ‹*gr.-lat.;* »Stich«›: **1. a)** Mal, Zeichen; Wundmal; **b)** (nur Plural) Wundmale Christi. **2. a)** Narbe der Blütenpflanzen; **b)** Augenfleck der Einzeller; **c)** äußere Öffnung der Tracheen (1). **3.** den Sklaven aufgebranntes Mal bei Griechen u. Römern. **4.** (Med.) auffälliges Krankheitszeichen, bleibende krankhafte Veränderung (z. B. bei Berufskrankheiten)

Stig|ma|ti|sa|ti|on *die;* -, -en ‹*gr.-mlat.-nlat.*›: **1.** Auftreten der fünf Wundmale Christi bei einem Menschen. **2.** Brandmarkung der Sklaven im Altertum. **3.** das Auftreten von Hautblutungen u. anderen psychogen bedingten Veränderungen bei hysterischen Personen

stig|ma|ti|sie|ren ‹*gr.-mlat.*›: **1. a)** mit den Wundmalen des gekreuzigten Jesus kennzeichnen; **b)** jmdn. brandmarken, anprangern. **2.** (Soziol.) jmdm. bestimmte, von der Gesellschaft als negativ bewertete Merkmale zuordnen, jmdn. in diskriminierender Weise kennzeichnen

Stig|ma|ti|sier|te *der* u. *die;* -n, -n: Person, bei der die Wundmale Christi erscheinen

Stig|ma|ti|sie|rung *die;* -, -en: das Stigmatisieren

Stil [ʃti:l, sti:l] *der;* -[e]s, -e ‹*lat.*›: **1.** Art des sprachlichen Ausdrucks [eines Individuums]. **2.** einheitliche u. charakteristische Darstellungs- u. Ausdrucksweise einer Epoche od. eines Künstlers; **galanter Stil:** französisch beeinflusste, freiere Kompositionsweise, die im 18. Jh., bes. in der Cembalomusik in Deutschland, die streng gebundene Musik der Zeit Bachs u. Händels ablöste. **3.** Lebensweise, die dem besonderen Wesen od. den Bedürfnissen von jmdm. entspricht. **4.** [vorbildliche u. allgemein anerkannte] Art, etwas (z. B. eine Sportart) auszuführen

Stilb [ˈʃt..., ˈst...] *das;* -s, - ‹*gr.*› (Physik): frühere Einheit der Leuchtdichte auf einer Fläche (Zeichen: sb)

Sti|lett *das;* -s, -e: kleiner Dolch

Stil|fi|gur *die;* -, -en: ↑rhetorische Figur

sti|li|sie|ren ‹französierende Bildung zu Stil›: **1.** Formen, die in der Natur vorkommen, [in dekorativer Absicht] vereinfachen od. verändern, um die Grundstrukturen sichtbar zu machen. **2.** (veraltend) in einen bestimmten Stil bringen

Sti|li|sie|rung *die;* -, -en: **a)** nach einem bestimmten Stilideal od. -muster geformte [künstlerische] Darstellung; **b)** Vereinfachung od. Reduktion auf die Grundstruktur[en]

Sti|list *der;* -en, -en ‹*lat.-nlat.*›: Beherrscher des Stils, des sprachlichen Ausdrucks

Sti|lis|tik *die;* -, -en: **1.** (ohne Plural) Stillehre, -kunde; vgl. Rhetorik (a). **2.** Lehrbuch für guten Stil (1); systematische Beschreibung der Stilmittel

Sti|lis|tin *die;* -, -nen: weibliche Form zu ↑Stilist

sti|lis|tisch: den Stil (1, 2, 4) betreffend

Sti|mu|lans [ˈʃt..., ˈst...] *das;* -, ...lanzien u. ...lantia: anregendes Arzneimittel, Reizmittel

Sti|mu|lanz *die;* -, -en: Anreiz, Antrieb

Sti|mu|la|ti|on *die;* -, -en: das Stimulieren

sti|mu|lie|ren: anregen, anreizen; ermuntern

Sti|mu|lie|rung *die;* -, -en: das Stimulieren; vgl. ...ation/...ierung

Sti|mu|lus *der;* -, ...li: **a)** Reiz, Antrieb; **b)** (Sprachw.) ein dem Sprechakt vorausgehender [äußerer] Reiz

Sti|pel [ˈʃt..., ˈst...] *die;* -, -n ‹*lat.*› (Bot.): Nebenblatt

Sti|pen|di|at [ʃt...] *der;* -en, -en: jmd., der ein Stipendium erhält

Sti|pen|di|a|tin *die;* -, -nen: weibliche Form zu ↑Stipendiat

Sti|pen|di|um *das;* -s, ...ien ‹*lat.*›: finanzielle Unterstützung vom Staat, von der Kirche o. Ä. für Schüler, Studierende u. jüngere Wissenschaftler

Sti|pu|la|ti|on [ʃt..., st...] *die;* -, -en: vertragliche Abmachung; Übereinkunft

sti|pu|lie|ren: **1.** vertraglich vereinbaren, übereinkommen. **2.** festlegen, festsetzen

Stoa [ˈst..., ˈʃt...] *die;* -, Stoen ‹nach der stoa poikile, einer mit Bildern geschmückten Säulenhalle im antiken Athen›: **1.** (ohne Plural) Philosophenschule, deren oberste Maxime der Ethik darin bestand, in Übereinstimmung mit sich selbst u. mit der Natur zu leben u. Neigungen u. Affekte als der Einsicht hinderlich zu bekämpfen. **2.** (Kunstwiss.) altgriechische Säulenhalle [in aufwendigem Stil]

Sto|chas|tik [stɔˈxas..., ʃt...] *die;* - ‹*gr.*›: Teilgebiet der Statistik, das sich mit der Analyse zufallsabhängiger Ereignisse u. deren Wert für statistische Untersuchungen befasst

sto|chas|tisch: zufallsabhängig

Stock|car *der* od. *das;* -s, -s ‹*amerik.*›: Serienauto, das einen sehr starken Motor hat u. mit dem Rennen gefahren werden

Stock-Op|ti|on, Stock|op|ti|on [ˈstɔklɔpʃn, auch: ...lɔptsio:n] *die;* -, -en u. (bei engl. Ausspr.:) -s (meist Plural) ‹*engl.*› (Wirtsch.): Form der Mitarbeiterbeteiligung, bei der die Mitarbeiter berechtigt werden, Aktien des Unternehmens zu erwerben

Sto|i|ker [ˈʃt..., ˈst...] *der;* -s, - ‹*gr.-lat.*›: **1.** Angehöriger der Stoa. **2.** Vertreter des Stoizismus. **3.** Mensch von stoischer Gelassenheit

Sto|i|ke|rin *die;* -, -nen: weibliche Form zu ↑Stoiker (2, 3)

sto|isch: **1.** die Stoa od. den Stoizismus (1) betreffend. **2.** von unerschütterlicher Ruhe, gleichmütig, gelassen

Sto|i|zis|mus *der;* - ⟨*gr.-nlat.*⟩: **1.** von der Stoa ausgehende, weitreichende Philosophie u. Geisteshaltung mit dem Ideal des Weisen, der naturgemäß u. affektfrei unter Betonung der Vernunft u. der Ataraxie lebt. **2.** Unerschütterlichkeit, Gleichmut

Sto|la [ˈʃt..., ˈst...] *die;* -, ...len ⟨*gr.-lat.*⟩: **1.** altrömisches knöchellanges Obergewand für Frauen. **2.** schmaler, über beide Schultern herabhängender Teil des priesterlichen Messgewandes; vgl. Epitrachelion u. Orarion. **3.** langer, schmaler Umhang aus Stoff od. Pelz

Stol|ge|büh|ren [ˈʃt...] *die* (Plural) ⟨*gr.; dt.*⟩: Gebühren für bestimmte Amtshandlungen des Geistlichen (Taufe, Trauung u. Ä.)

Sto|ma [ˈst..., ˈʃt...] *das;* -s, -ta ⟨*gr.;* »Mund, Öffnung«⟩: **1.** (Med., Zool.) Mundöffnung. **2.** (meist Plural; Med.) sehr kleine Öffnung in Blut- u. Lymphgefäßen, durch die Zellen hindurchtreten können. **3.** künstlich hergestellter Ausgang von Darm od. Harnblase. **4.** (Bot.) Spaltöffnung des Pflanzenblattes

sto|ma|chal ⟨*gr.-nlat.*⟩ (Med.): durch den Magen gehend, aus dem Magen kommend, den Magen betreffend

Sto|ma|ti|tis *die;* -, ...itiden ⟨*gr.-nlat.*⟩ (Med.): Entzündung der Mundschleimhaut

Sto|ma|to|lo|gie *die;* - (Med.): Wissenschaft von den Krankheiten der Mundhöhle

sto|ma|to|lo|gisch: die Stomatologie betreffend

stop [ʃt..., st...] ⟨*gr.-lat.-vulgärlat.-engl.*⟩: **1.** (auf Verkehrsschildern) halt!; vgl. stopp. **2.** Punkt (im Telegrafenverkehr)

Stop-and-go-Ver|kehr [ˈstɔplɛndˈgoʊ...] *der;* -[e]s ⟨*engl.; dt.*⟩: durch langsame Fahrweise u. häufiges Anhalten der Fahrzeuge gekennzeichneter Verkehr

Stop|over, Stop-over [ˈstɔploʊvɐ] *der;* -s, -s ⟨*engl.*⟩: Zwischenlandung, Zwischenaufenthalt auf einer Reise

stopp [ʃtɔp]: halt!; vgl. stop

Sto|rax [ˈst..., ˈʃt...] vgl. Styrax

[1]**Store** [ʃtoːɐ̯, stoːɐ̯, schweiz.: ˈʃtoːrə] *der;* -s, -s (schweiz.: *die;* -, -n) ⟨*lat.-it.-fr.*⟩: durchsichtiger Fenstervorhang

[2]**Store** [stoːɐ̯] *der;* -s, -s ⟨*lat.-fr.-engl.*⟩: engl. Bez. für: Vorrat, Lager, Laden

Sto|ren *der;* -s, - ⟨*lat.-it.-fr.*⟩ (schweiz.): **1.** Vorhang, der von oben vor ein Fenster gezogen od. herabgelassen wird, um direkte Sonnenstrahlung abzuhalten; Rollo. **2.** aufrollbares, schräges Sonnendach; Markise

stor|nie|ren ⟨*lat.-vulgärlat.-it.*⟩: **1.** einen Fehler in der Buchhaltung durch Eintragung eines Gegenpostens berichtigen. **2.** [einen Auftrag] rückgängig machen

Stor|no *der* u. *das;* -s, ...ni (Wirtsch.): Berichtigung eines Buchhaltungsfehlers, Rückbuchung

Stor|ting [ˈst..., ˈʃt...] *das;* -[s] ⟨*norw.*⟩: norwegisches Parlament

Sto|ry [ˈstɔːri, ˈstɔri] *die;* -, -s ⟨*gr.-lat.-fr.-engl.-amerik.*⟩: **1.** den Inhalt eines Films, Romans o. Ä. ausmachende Geschichte. **2.** (ugs.) **a)** ungewöhnliche Geschichte, die sich so zugetragen haben soll; **b)** Bericht, Report

Sto|tin|ka [st...] *die;* -, ...ki ⟨*bulgar.*⟩: Münzeinheit in Bulgarien (= 0,01 Lew)

Stout [staʊt] *der;* -[s], -s ⟨*germ.-fr.-engl.;* »stark«⟩: dunkles englisches Bier mit starkem Hopfengeschmack

[1]**Strac|cia|tel|la** [stratʃaˈtɛla] *das;* -[s] ⟨*lat.-it.*⟩: Speiseeissorte, die aus Milchspeiseeis mit Schokoladenstückchen besteht

[2]**Strac|cia|tel|la** *die;* -, ...le: italienische [Eier]einlaufsuppe

Strad|dle [ˈstrɛdl̩] *der;* -[s], -s ⟨*engl.*⟩ (Leichtathletik): Art des Hochsprungs, bei der sich der Körper beim Überqueren der Latte so dreht, dass die Brust nach unten zeigt

Stra|di|va|ri [st...] *die;* -, -[s] ⟨*it.*⟩, **Stra|di|va|ri|us** *die;* -, - ⟨*it.-nlat.*⟩: Geige aus der Werkstatt des italienischen Geigenbauers Antonio Stradivari (1644–1737)

Stra|min *der;* -s, -e ⟨*lat.-vulgärlat.-fr.-niederl.*⟩: appretiertes Gittergewebe als Grundmaterial für [Kreuz]stickerei

Stran|gu|la|ti|on [ʃt..., st...] *die;* -, -en ⟨*gr.-lat.*⟩: **1.** das Strangulieren. **2.** (Med.) Abklemmung innerer Organe (z. B. des Darms); vgl. ...ation/...ierung

stran|gu|lie|ren: durch Zuschnüren, Zudrücken der Luftröhre töten; erdrosseln

Stran|g|u|rie *die;* -, ...ien (Med.): schmerzhaftes Wasserlassen, Harnzwang

Stra|pa|ze *die;* -, -n ⟨*it.*⟩: große Anstrengung, Mühe, Beschwerlichkeit

stra|pa|zie|ren: **1.** übermäßig anstrengen, beanspruchen; abnutzen, verbrauchen. **2. a)** auf anstrengende Weise in Anspruch nehmen; **b)** sich strapazieren: sich [körperlich] anstrengen, nicht schonen

stra|pa|zi|ös ⟨französierende Bildung⟩: anstrengend, beschwerlich

Straps [ʃt..., st..., engl.: stræps] *der;* -es, -e ⟨*engl.*⟩: **a)** Strumpfhalter; **b)** [schmaler] Hüftgürtel mit vier Strapsen (a)

Strass *der;* - u. -es, -e ⟨nach dem fr. Juwelier G. F. Stras, 1700–1773⟩: **a)** (ohne Plural) aus bleihaltigem Glas mit starker Lichtbrechung hergestelltes, glitzerndes Material bes. für Nachbildungen von Edelsteinen; **b)** aus Strass (a) hergestellte Nachbildung von Edelsteinen

Stra|te|ge [ʃt..., st...] *der;* -n, -n ⟨*gr.-lat.(-fr.)*⟩: jmd., der nach einer bestimmten Strategie, strategisch vorgeht

Stra|te|gie *die;* -, ...ien ⟨*gr.-lat.(-fr.)*⟩: genauer Plan des eigenen Vorgehens, der dazu dient, ein militärisches, politisches, psychologisches, wirtschaftliches o. ä. Ziel zu erreichen, u. in dem man diejenigen Faktoren, die in die eigene Aktion hineinspielen könnten, von vornherein einzukalkulieren versucht

Stra|te|gin *die;* -, -nen: weibliche Form zu ↑Stratege

stra|te|gisch ⟨*gr.-lat.*⟩: genau geplant, einer Strategie folgend; **strategische Waffe:** Waffe von größerer Sprengkraft u. Reichweite, die zur Abwehr u. zur Zerstörung des feindlichen Kriegspotenzials bestimmt ist

Stra|ti|fi|ka|ti|on *die;* -, -en ⟨*lat.-nlat.*⟩: **1.** Schichtung [von Gesteinen]. **2.** (Landwirtsch.) Schichtung von Saatgut in feuchtem Sand od. Wasser, um das Keimen zu beschleunigen

stra|ti|fi|zie|ren: **1.** (Geol.) in die Schichtenfolge einordnen, sie feststellen (von Gesteinen). **2.** (Landwirtsch.) langsam keimendes Saatgut in feuchtem Sand od. Wasser schichten, um es schneller zum Keimen zu bringen

Stra|ti|gra|fie, Stra|ti|gra|phie *die;* -, ...ien ⟨*lat.; gr.*⟩ (Geol.): Teilgebiet der Geologie, das sich mit der senkrechten u. damit auch zeitlichen Aufeinanderfolge der Schichtgesteine befasst

stra|ti|gra|fisch, stra|ti|gra|phisch (Geol.): die Altersfolge der Schichtgesteine betreffend

Stra|ti|gra|phie usw. vgl. Stratigrafie usw.

Stra|to|sphä|re *die;* - ⟨*lat.; gr.*⟩ (Meteorol.): Teilschicht der Atmosphäre in einer Höhe von etwa 12 bis 80 km über der Erde

stra|to|sphä|risch: die Stratosphäre betreffend

Stra|tum *das;* -s, ...ta: **1.** (Sprachw.) Strukturebene in der Stratifikationsgrammatik, Teilsystem der Sprache (z. B. Phonologie, Syntax). **2.** (Med.) flache, ausgebreitete Schicht von Zellen. **3.** (Biol.) Lebensraumschicht eines Biotops. **4.** (Soziol.) soziale Schicht

Stra|tus *der;* -, ...ti ⟨*lat.-nlat.*⟩ (Meteorol.): tief hängende, ungegliederte Schichtwolke (Abk.: St)

Straz|za [ˈʃt..., ˈst...] *die;* -, ...zzen ⟨*lat.-vulgärlat.-it.*⟩: Abfall bei der Seidenbearbeitung

Straz|ze *die;* -, -n (Kaufmannsspr.): Geschäftsbuch, Kladde

Strea|ming [ˈstri:mɪŋ] *das;* -[s] ⟨*engl.*⟩ (EDV): Datenübertragungsverfahren, bei dem die Daten bereits während der Übertragung angesehen od. angehört werden können [und nicht erst nach der vollständigen Übertragung der Daten]

Street|ball [ˈstri:tbɔ:l] *der;* -s ⟨*engl.;* »Straßenball«⟩: auf Plätzen, Höfen o. Ä. gespielte Variante des Basketballs mit drei Spielern in einer Mannschaft

Street|wear [...wɛ:ɐ̯] *die;* - ⟨*engl.*⟩: Alltagskleidung

Street|work [ˈstri:twə:k] *die;* - ⟨*engl.;* »Straßenarbeit«⟩ (Jargon): Hilfe u. Beratung für Drogenabhängige, gefährdete od. straffällig gewordene Jugendliche innerhalb ihres Wohnbereichs, ihres Milieus

Street|wor|ker [ˈstri:twə:kɐ] *der;* -s, - (Jargon): Sozialarbeiter, der Streetwork betreibt

Street|wor|ke|rin *die;* -, -nen: weibliche Form zu ↑Streetworker

Strep|to|kok|ke *die;* -, -n, **Strep|to|kok|kus** *der;* -, ...kken (meist Plural): kugelförmige Bakterie, die sich mit anderen ihrer Art in Ketten anordnet (Eitererreger)

Stress [ʃt..., st...] *der;* -es, -e (Plural selten) ⟨*lat.-vulgärlat.-fr.-engl.*⟩: **1.** erhöhte Beanspruchung, Belastung physischer od. psychischer Art (die bestimmte Reaktionen hervorruft u. zu Schädigungen der Gesundheit führen kann). **2.** (ugs.) Ärger. **3.** (Geol.) gerichteter, einseitiger Druck

stres|sen [ˈʃt...] (ugs.): als Stress auf jmdn. wirken; körperlich u. seelisch überbeanspruchen

Stretch [strɛtʃ] *der;* -[e]s, -es ⟨*engl.;* »strecken«⟩: elastisches Gewebe aus Stretchgarn, bes. für Strümpfe

Stret|ching [ˈstrɛtʃɪŋ] *das;* -s ⟨*engl.*⟩: Beweglichkeitstraining, das aus langsam ausgeführten Dehnübungen besteht

Stretch|li|mou|si|ne [ˈstrɛtʃlimu...] *die;* -, -n ⟨*engl.; fr.*⟩: Limousine mit bes. langem Fahrgastteil

stric|te [ˈʃt..., ˈst...] ⟨*lat.*⟩: lat. Form von ↑strikte

Stri|du|la|ti|ons|or|gan *das;* -s, -e: Werkzeug bestimmter Insekten zur Erzeugung zirpender Laute (z. B. bei Grillen u. Heuschrecken)

Strike [straik] *der;* -s, -s ⟨*engl.*⟩: **1.** das Abräumen mit dem ersten Wurf (beim Bowling). **2.** ordnungsgemäß geworfener Ball, der entweder nicht angenommen, verfehlt od. außerhalb des Feldes geschlagen wird (beim Baseball)

strikt [ˈʃt..., ˈst...] ⟨*lat.*⟩: streng; genau; pünktlich

strik|te: ohne Einschränkung, aufs Genaueste, strengstens

Strik|tur *die;* -, -en (Med.): Verengung eines Körperkanals (z. B. der Speise-, Harnröhre)

String [st...] *der;* -s, -s ⟨*engl.*⟩: **1.** (EDV) Zeichenkette. **2.** (Physik) theoretisches Gebilde in der Stringtheorie. **3.** (ugs.) Kurzform von ↑Stringtanga

strin|gen|do [strɪnˈdʒɛndo] ⟨*lat.-it.*⟩ (Musik): schneller werdend, eilend (Vortragsanweisung; Abk.: string.)

strin|gent [ʃt..., st...] ⟨*lat.*⟩ (bes. Philos.): bündig, zwingend, streng

Strin|genz *die;* - ⟨*lat.-nlat.*⟩ (bes. Philos.): Bündigkeit, strenge Beweiskraft

strin|gie|ren [ʃt..., st...] ⟨*lat.*⟩: **1.** (veraltet) zusammenziehen, -schnüren. **2.** (Fechtsport) die Klinge des Gegners mit der eigenen Waffe abdrängen, auffangen

String|re|gal *das;* -s, -e ⟨*engl.; dt.*⟩: Regal, bei dem die einzelnen Bretter in ein an der Wand befestigtes Gestell eingelegt sind

String|tan|ga [st...] *der;* -s, -s ⟨*engl.; indian.-port.*⟩: Tanga od. Tangaslip, dessen rückwärtiger Teil aus einem schmalen, schnurförmigen Stück Stoff o. Ä. besteht

Strip [ʃt..., st...] *der;* -s, -s ⟨*engl.*⟩: **1.** Kurzform von ↑Striptease (1, 2). **2.** in Streifen verpacktes, gebrauchsfertiges Wundpflaster

strip|pen: **1.** eine Entkleidungsnummer vorführen; sich in einem Varieté od. Nachtlokal entkleiden. **2.** (Fotogr.) die Emulsionsschicht von Filmen od. Platten abziehen, um eine Sammelform zu montieren. **3.** (Jargon) [als Student] durch nebenberufliches Musizieren auf einer Veranstaltung, im Café u. Ä. sich etwas dazuverdienen

Strip|per *der;* -s, - ⟨*engl.;* »Abstreifer«⟩: **1.** Instrument zum Entfernen eines Blutpfropfs od. einer krankhaft veränderten Vene. **2.** (ugs.) Stripteasetänzer. **3.** (Hüttenw.) Spezialkran zum Abstreifen der Gussformen von gegossenen Blöcken

Strip|pe|rin *die;* -, -nen (ugs.): Stripteasetänzerin

Strip|tease [ˈʃtrɪpti:s, ˈst...] *der* (auch: *das*); - ⟨*engl.-amerik.*⟩: **1.** Vorführung von erotisch stimulierenden Tänzen, bei denen sich die Akteure nach u. nach entkleiden (in Nachtlokalen, Varietés o. Ä.). **2.** (scherzh.) Entblößung

Striz|zi *der;* -s, -s ⟨*it.*⟩ (bes. bayr., österr. ugs.): **1.** leichtsinniger Mensch; Strolch. **2.** Zuhälter

Stro|bo|s|kop [ʃt..., st...] *das;* -s, -e ⟨*gr.-nlat.*⟩: **1.** Gerät zur Bestimmung der Frequenz schwingender od. rotierender Systeme (z. B. der Umlaufzeit von Motoren). **2.** als Vorläufer des Films geltendes Gerät zur Sichtbarmachung von Bewegungen (zwei gegenläufig rotierende Scheiben, von denen die eine Schlitze od. Löcher, die andere Bilder trägt). **3.** (Med.) Gerät zum Sichtbarmachen von Schwingungsbewegungen der Stimmlippen sowie der auftretenden Formveränderung bei der Stimmbildung

stro|bo|s|ko|pisch: das Stroboskop betreffend

Stron|ti|um *das;* -s: chem. Element; ein Metall (Zeichen: Sr)

Stro|ph|an|thin [ʃt..., st...] *das;* -s, -e ⟨*gr.-nlat.*⟩: als Herzmittel verwendeter, hochwirksamer Extrakt aus Strophanthussamen

Stro|phan|thus *der;* -, -: (in den Tropen vorkommende) meist kletternde Pflanze mit farbigen Blüten, von deren Blättern oft lange Fortsätze herabhängen

Stro|phe *die;* -, -n ⟨*gr.-lat.;* »das Drehen, die Wendung«⟩: aus mehreren rhythmisch gegliederten [u. gereimten] Verszeilen bestehender [in gleicher Form sich wiederholender] Abschnitt eines Liedes, Gedichtes od. Versepos

stro|phisch: **1.** in Strophen geteilt. **2.** mit der gleichen Melodie zu singen (von einer [Lied]strophe)

Struk|to|gramm *das;* -s, -e ⟨*lat.; gr.*⟩ (EDV): grafische Darstellung für Computerprogramme

Struk|tur [ʃt..., st...] *die;* -, -en ⟨*lat.*⟩: **1.** [unsichtbare] Anordnung der Teile eines Ganzen zueinander, gegliederter Aufbau; innere Gliederung. **2.** Gefüge, das aus Teilen besteht, die wechselseitig voneinander abhängen. **3.** (ohne Plural) erhabene Musterung bei Textilien, Tapeten o. Ä. **4.** geologische Bauform (z. B. Falte, Salzstock u. Ä.)

struk|tu|ral ⟨*lat.-nlat.*⟩: sich auf die Struktur von etwas beziehend, in Bezug auf die Struktur; vgl. ...al/...ell

Struk|tu|ra|lis|mus *der;* -: **1.** Forschungsrichtung, die Sprache als ein geschlossenes Zeichensystem versteht u. die Struktur (1) dieses Systems erfassen will. **2.** Forschungsmethode in der Völkerkunde, die eine Beziehung zwischen der Struktur der Sprache u. der Kultur einer Gesellschaft herstellt. **3.** Wissenschaftstheorie, die von einer synchronen Betrachtungsweise ausgeht u. die alle zugrunde liegenden, unwandelbaren Grundstrukturen erforschen will

Struk|tu|ra|list *der;* -en, -en: Vertreter des Strukturalismus

Struk|tu|ra|lis|tin *die;* -, -nen: weibliche Form zu ↑Strukturalist

struk|tu|ra|lis|tisch: den Strukturalismus betreffend; vom Strukturalismus ausgehend

Struk|tur|ana|ly|se *die;* -, -n: Untersuchung, Analyse der Struktur (1, 2), der einzelnen Strukturelemente von etwas

struk|tu|rell: a) eine bestimmte Struktur aufweisend; von der Struktur her; **b)** ↑struktural

Struk|tur|for|mel *die;* -, -n: formelhafte grafische Darstellung vom Aufbau einer chemischen Verbindung

struk|tu|rie|ren: mit einer Struktur versehen

Stru|ma [ʃt..., st...] *die;* -, ...men od. ...mae [...mɛ] ⟨*lat.*⟩ (Med.): **1.** Vergrößerung der Schilddrüse; Kropf. **2.** krankhafte Veränderung von Eierstock, Vorsteherdrüse, Nebenniere od. Hypophyse

stru|mös ⟨*lat.-fr.*⟩ (Med.): kropfig, kropfartig

Strych|nin [ʃt..., st...] *das;* -s ⟨*gr.-nlat.*⟩: farbloses, giftiges Alkaloid aus den Samen eines indischen Baumes

Stu|art|kra|gen [ˈstjʊət..., ˈʃtu:art...] *der;* -s, - ⟨nach der schott. Königin Maria Stuart⟩: steifer, breiter, nach hinten hoch stehender [Spitzen]kragen

Stu|cka|teur [...ˈtø:ɐ̯] *der;* -s, -e ⟨*germ.-it.-fr.*⟩: **a)** Stuckarbeiter; **b)** (selten) Stuckator

Stu|cka|teu|rin [...ˈtø:rɪn] *die;* -, -nen: weibliche Form zu ↑Stuckateur

Stu|cka|tor *der;* -s, ...oren ⟨*germ.-it.*⟩: Künstler, der Stuckplastiken herstellt; Stuckkünstler

Stu|cka|to|rin *die;* -, -nen: weibliche Form zu ↑Stuckator

Stu|cka|tur *die;* -, -en: [künstlerische] Stuckarbeit

Stu|dent *der;* -en, -en ⟨*lat.*⟩: **a)** zur wissenschaftlichen Ausbildung an einer Hochschule od. Fachhochschule Immatrikulierter; Studierender, Hochschüler; **b)** (österr.) Schüler einer höheren Schule

Stu|den|tin *die;* -, -nen: weibliche Form zu ↑Student

stu|den|tisch: a) [die] Studierenden betreffend; **b)** von, durch, mit Studierenden

Stu|die [...i̯ə] *die;* -, -n: Entwurf, kurze [skizzenhafte] Darstellung; Vorarbeit [zu einem Werk der Wissenschaft od. Kunst]; Übung

Stu|di|en: *Plural* von ↑Studie u. ↑Studium

Stu|di|en|as|ses|sor *der;* -s, -en (früher): Anwärter auf das höhere Lehramt nach der zweiten Staatsprüfung

Stu|di|en|as|ses|so|rin *die;* -, -nen: weibliche Form zu ↑Studienassessor

Stu|di|en|di|rek|tor *der;* -s, -en: **a)** Ehrentitel für einen Lehrer in der DDR; **b)** Beförderungsstufe für einen Oberstudienrat (als Stellvertreter des Direktors)

Stu|di|en|di|rek|to|rin *die;* -, -nen: weibliche Form zu ↑Studiendirektor

Stu|di|en|kol|leg *das;* -s, -s u. -ien: Vorbereitungskurs an einer Hochschule, bes. für ausländische Studierende

Stu|di|en|rat *der;* -s, ...räte: **1.** beamteter Lehrer an einer höheren Schule. **2.** Ehrentitel für einen Lehrer in der DDR

Stu|di|en|rä|tin *die;* -, -nen: weibliche Form zu ↑Studienrat

Stu|di|en|re|fe|ren|dar *der;* -s, -e: Anwärter auf das höhere Lehramt nach der ersten Staatsprüfung

Stu|di|en|re|fe|ren|da|rin *die;* -, -nen: weibliche Form zu ↑Studienreferendar

stu|die|ren ⟨*lat.;* »etwas eifrig betreiben«⟩: **1. a)** eine Universität, Hochschule besuchen; **b)** Kenntnisse auf einem bestimmten Fachgebiet durch ein Studium erwerben. **2. a)** genau untersuchen, beobachten, erforschen; **b)** genau, prüfend durchlesen

Stu|die|ren|de *der* u. *die;* -n, -n: jmd., der an einer Hochschule, Universität studiert; Student, Studentin

Stu|dio *das;* -s, -s ⟨*lat.-it.*⟩: **1.** Künstlerwerkstatt, Atelier (z. B. einer Malerin). **2.** Produktionsstätte für Rundfunk-, Fernsehsendungen, Filme, Schallplatten. **3.** kleines [Zimmer]theater od. Kino, in dem bes. experimentelle Stücke, Filme od. Inszenierungen gebracht werden. **4.** Übungs- u. Trainingsraum für Tänzer[innen]. **5.** (veraltend) abgeschlossene Einzimmerwohnung

Stu|dio|mu|si|ker *der;* -s, -: Musiker, der selbst nicht öffentlich auftritt, sondern für Aufnahmen anderer Künstler engagiert wird

Stu|dio|mu|si|ke|rin *die;* -, -nen: weibliche Form zu ↑Studiomusiker

Stu|di|o|sus *der;* -, ...si ⟨*lat.*⟩ (scherzh. veraltend): Studierender, Student

Stu|di|um *das;* -s, ...ien ⟨*lat.(-mlat.)*⟩: **1.** (ohne Plural) akademische Ausbildung an einer Hochschule. **2. a)** eingehende [wissenschaftliche] Beschäftigung mit etwas; **b)** (ohne Plural) genaue, kritische Prüfung, kritisches Durchlesen; **c)** (ohne Plural) das Einüben, Erlernen

Stu|di|um ge|ne|ra|le *das;* - - ⟨*lat.-mlat.*⟩: **1.** frühe Form der Universität im Mittelalter. **2.** Vorlesungen allgemeinbildender Art an Hochschulen

Stuk|ka|teur [ʃtʊkaˈtø:ɐ̯]: frühere Schreibung für ↑Stuckateur

Stunt [stʌnt] *der;* -s, -s ⟨*engl.-amerik.*⟩: gefährliches akrobatisches Kunststück, bes. als Szene eines Films

Stunt|frau ['stʌnt...] *die;* -, -en: ↑Stuntwoman
Stunt|girl [...gə:l] *das;* -s, -s: ↑Stuntwoman
Stunt|man [...mən] *der;* -[s], ...men [...mən]: Mann, der sich auf Stunts spezialisiert hat u. entsprechende Szenen für den eigentlichen Darsteller übernimmt
Stunt|wo|man [...wʊmən] *die;* -, ...men [...wɪmɪn]: weibliche Form zu ↑Stuntman
stu|pend [ʃt..., st...] ‹*lat.*›: erstaunlich, verblüffend
stu|pid [ʃtu..., st...], **stu|pi|de** [ʃt..., st...] ‹*lat.-fr.*›: **a)** dumm, beschränkt; ohne geistige Interessen; **b)** langweilig, monoton, stumpfsinnig
Stu|pi|di|tät *die;* -, -en ‹*lat.-nlat.*›: **1.** (ohne Plural) **a)** Beschränktheit, Dummheit, Geistlosigkeit; **b)** Langeweile, Monotonie, Stumpfsinn. **2.** von Geistlosigkeit zeugende Handlung, Bemerkung o. Ä.
Stu|por *der;* -s ‹*lat.*› (Med.): völlige körperliche u. geistige Regungslosigkeit, Starrheit
sty|gisch: schauerlich, kalt
sty|len ['stailən] ‹*lat.-engl.*›: **1.** das Styling von etwas entwerfen, gestalten. **2.** seine äußere Aufmachung durch Kosmetik, Kleidung u. Ä. zurechtmachen
Sty|ling ['stailɪŋ] *das;* -s, -s ‹*lat.-engl.*›: **1.** Formgebung, Design, Gestaltung. **2.** durch Frisur, Kleidung, Kosmetik u. Ä. bestimmte Aufmachung eines Menschen
sty|lish, **sty|lisch** ['stailɪʃ] ‹*engl.*›: stilvoll, nobel, besonders schick
Sty|list [stai'lɪst] *der;* -en, -en ‹*engl.*›: Formgestalter; jmd., der das Styling (1) entwirft (Berufsbez.)
Sty|lis|tin *die;* -, -nen: weibliche Form zu ↑Stylist
Sty|lit [st..., ʃt...] *der;* -en, -en ‹*gr.*›: frühchristlicher Asket, der auf einer Säule lebte; Säulenheiliger
Stym|pha|li|de [st..., ʃt...] *der;* -n, -n (meist Plural) ‹*gr.-lat.*›: vogelartiges Ungeheuer in der griechischen Mythologie
Sty|rax ['sty:..., 'ʃt...], **Sto|rax** ['st..., 'ʃt...] *der;* -[es], -e ‹*gr.-lat.*›: **1.** (in vielen Arten in den Tropen u. Subtropen heimischer) Strauch od. Baum mit weißen Blüten. **2.** aromatisch riechender Balsam, der für Heilzwecke sowie in der Parfümindustrie verwendet wird
Sty|rol *das;* -s ‹*gr.; arab.*›: zu den Kohlenwasserstoffen gehörende farblose, benzolartig riechende Flüssigkeit, die zur Herstellung von Kunststoffen verwendet wird
Sty|ro|por® *das;* -s ‹*gr.; lat.*›: weißer, sehr leichter, aus kleinen zusammengepressten Kügelchen bestehender, schaumstoffartiger Kunststoff, der bes. als Dämmstoff u. Verpackungsmaterial verwendet wird
Su|a|da, Su|a|de *die;* -, ...den ‹*lat.*›: **1.** wortreiche Rede, ununterbrochener Redefluss, Redeschwall. **2.** (ohne Plural) Beredsamkeit, Überredungskunst
Su|a|he|li, Swa|hi|li *das;* -[s] ‹*arab.;* nach dem afrik. Volk der Suaheli›: zu den Bantusprachen gehörende, weitverbreitete Handels- u. Amtssprache in Ostafrika
su|a|so|risch: zum Überreden geeignet, der Überredung dienend
su|a|ve ‹*lat.-it.*› (Musik): lieblich, sanft (Vortragsanweisung)

sub..., Sub...

‹*lat.* sub »unter, um, gegen; unterhalb, bei«›
Präfix mit der Bedeutung »unter, sich unterhalb befindend, niedriger als ...«:
- Subkontinent
- Subkultur
- subkutan
- submarin
- subtropisch

sub|al|pin, sub|al|pi|nisch: **1.** (Geogr.) räumlich unmittelbar an die Alpen anschließend. **2.** (von der Nadelwaldzone in 1600–2000 m Höhe) bis zur Baumgrenze reichend
sub|al|tern ‹*lat.*›: **1.** (abwertend) in beflissener Weise unterwürfig, untertänig, devot. **2. a)** nur einen untergeordneten Rang einnehmend, nur beschränkte Entscheidungsbefugnis habend; **b)** (abwertend) geistig unselbstständig; auf einem niedrigen geistigen Niveau stehend
sub|ant|ark|tisch (Geogr.): zwischen Antarktis u. gemäßigter Klimazone gelegen
sub|ark|tisch (Geogr.): zwischen Arktis u. gemäßigter Klimazone gelegen
Sub|bot|nik *der;* -[s], -s ‹*russ.*› (früher): in der DDR in einem besonderen Einsatz [an einem Sonnabend] freiwillig u. unentgeltlich ausgeführte Arbeit
Sub|di|a|kon *der;* -s u. -en, -e[n] ‹(*lat.; gr.*) *lat.*› (kath. Kirche früher): Geistlicher, der unter einem Diakon steht
Sub|do|mi|nan|te *die;* -, -n ‹*lat.-it.*› (Musik): **a)** vierte Stufe einer diatonischen Tonleiter; **b)** auf einer Subdominante (a) aufgebauter Dreiklang
sub|fos|sil ‹*lat.-nlat.*› (Biol.): in geschichtlicher Zeit ausgestorben (von Tieren u. Pflanzen)
sub|gla|zi|al ‹*lat.-nlat.*› (Geol.): unter dem Gletscher[eis] befindlich, vor sich gehend

S

Su|bi|ta̱n|ei *das;* -[e]s, -er ‹*lat.; dt.*›: von einigen niederen Tieren (z. B. Wasserflöhen, Blattläusen) in der warmen Jahreszeit abgelegtes dünnschaliges, dotterarmes, sich schnell entwickelndes Ei

su̱|bi|to ‹*lat.-it.*› (Musik): schnell, sofort anschließend (Vortragsanweisung)

Sub|je̱kt *das;* -[e]s, -e ‹*lat.*›: **1.** [auch: ˈzʊp...] (Philos.) erkennendes, mit Bewusstsein ausgestattetes, handelndes Ich; Ggs. ↑Objekt (1 b). **2.** [auch: ˈzʊp...] (Sprachw.) Satzglied, in dem dasjenige (z. B. eine Person, ein Sachverhalt) genannt ist, worüber eine Aussage gemacht wird; Satzgegenstand. **3.** [auch: ˈzʊp...] (Musik) Thema einer kontrapunktischen Komposition, bes. einer Fuge. **4.** (abwertend) verachtenswerter Mensch

Sub|jek|ti|o̱n *die;* -, -en (Rhet.): das Aufwerfen einer Frage, die man anschließend selbst beantwortet

sub|jek|ti̱v [auch: ˈzʊp...]: **1.** (Philos.) zu einem Subjekt (1) gehörend, von einem Subjekt ausgehend, abhängig. **2.** von persönlichen Gefühlen, Interessen, von Vorurteilen bestimmt; voreingenommen, befangen, unsachlich

Sub|jek|ti|vi̱s|mus *der;* - ‹*lat.-nlat.*›: **1.** philosophische Anschauung, nach der es keine objektive Erkenntnis gibt. **2.** subjektivistische (2) Haltung, Ichbezogenheit

sub|jek|ti|vi̱s|tisch: **1.** den Subjektivismus (1) betreffend, von ihm geprägt, zu ihm gehörend. **2.** ichbezogen

Sub|jek|ti|vi|tä̱t *die;* -: **1.** (bes. Philos.) subjektives (1) Wesen (einer Sache); das Subjektivsein. **2.** subjektive (2) Haltung; das Subjektivsein

Sub|je̱kt|satz *der;* -es, ...sätze (Sprachw.): Subjekt (2) in Gestalt eines Gliedsatzes

Su̱b|junk|tiv [auch: ...ˈti:f] *der;* -s, -e ‹*lat.*› (selten): ↑Konjunktiv

Su̱b|kon|ti|nent *der;* -[e]s, -e ‹*lat.-nlat.*›: geografisch geschlossener Teil eines Kontinents, der aufgrund seiner Größe u. Gestalt eine gewisse Eigenständigkeit hat (z. B. der indische Subkontinent)

Su̱b|kul|tur *die;* -, -en ‹*lat.-nlat.*› (Soziol.): innerhalb eines Kulturbereichs, einer Gesellschaft bestehende, von einer bestimmten gesellschaftlichen, ethnischen o. ä. Gruppe getragene Kultur mit eigenen Normen u. Werten

su̱b|kul|tu|rell: zu einer Subkultur gehörend, sie betreffend

sub|ku|ta̱n ‹*lat.*› (Med.): **1.** unter der Haut befindlich. **2.** unter die Haut appliziert

su|b|li̱m ‹*lat.*›: **a)** nur mit großer Feinsinnigkeit wahrnehmbar, verständlich; nur einem sehr feinen Verständnis od. Empfinden zugänglich; **b)** von Feinsinnigkeit, feinem Verständnis, großer Empfindsamkeit zeugend

Su|b|li|ma̱t *das;* -[e]s, -e ‹*lat.-nlat.*›: **1.** (veraltet) Quecksilberchlorid. **2.** bei der Sublimation (2) sich niederschlagende feste Substanz

Su|b|li|ma|ti|o̱n *die;* -, -en: **1.** das Sublimieren (1 a). **2.** (Chemie) das Sublimieren (2); vgl. ...ation/...ierung

su|b|li|mie̱|ren ‹*lat.*›: **1. a)** auf eine höhere Ebene erheben, ins Erhabene steigern; verfeinern, veredeln; **b)** (Psychol.) einen Trieb in kulturelle, künstlerische o. ä. Leistungen umsetzen. **2.** (Chemie) **a)** unmittelbar vom festen in den gasförmigen Zustand übergehen u. umgekehrt; **b)** vom festen unmittelbar in den gasförmigen Zustand überführen u. umgekehrt

Su|b|li|mie̱|rung *die;* -, -en ‹*lat.-nlat.*›: **1.** das Sublimieren (1). **2.** das Sublimieren (2); vgl. ...ation/...ierung

Su|b|li|mi|tä̱t *die;* - ‹*lat.*› (selten): das Sublimsein; Erhabenheit

sub|ma|ri̱n ‹*lat.-nlat.*› (Geol., Biol.): unter der Meeresoberfläche lebend od. befindlich

sub|me̱rs ‹*lat.;* »untergetaucht«›: unter Wasser lebend (von Wasserpflanzen)

Sub|mer|si|o̱n *die;* -, -en: **1.** (Geol.) Untertauchen des Festlandes unter den Meeresspiegel. **2.** (veraltet) Überschwemmung. **3.** (Theol.) das Hineintauchen des Täuflings ins Wasser

sub|mi̱ss ‹*lat.*› (veraltet): ehrerbietig; untertänig, demütig

Sub|mis|si|o̱n *die;* -, -en: **1.** (veraltet) Ehrerbietigkeit, Unterwürfigkeit; Unterwerfung. **2.** öffentliche Ausschreibung einer Arbeit [durch die öffentliche Hand] u. Vergabe des Auftrags an denjenigen, der das günstigste Angebot liefert. **3.** (regional) **a)** Kaufhandlung; **b)** Musterausstellung der Herstellerbetriebe zur Entgegennahme von Aufträgen des Handels

Sub|mit|te̱nt *der;* -en, -en (Wirtsch.): jmd., der sich um einen Auftrag bewirbt

Sub|mit|te̱n|tin *die;* -, -nen: weibliche Form zu ↑Submittent

sub|mit|tie̱|ren (Wirtsch.): sich um einen Auftrag bewerben

su̱b|op|ti|mal ‹*lat.-engl.*›: weniger gut, nicht optimal

Sub|or|di|na|ti|o̱n *die;* -, -en ‹*lat.-mlat.*›: **1.** (veraltend) **a)** Unterordnung; Gehorsam, bes. gegenüber einem militärischen Vorgesetzten; **b)** untergeordnete, abhängige Stellung. **2.** (Sprachw.) ↑Hypotaxe; Ggs. ↑Koordination (2)

sub|or|di|nie̱|ren: **1.** (Sprachw.) einen Satz un-

a b c d e f g h i j k l m n o p q r s sub t u v w x y z

terordnend bilden; **subordinierende Konjunktion:** unterordnendes Bindewort. **2.** (veraltend) einer weisungsbefugten Institution unterstellen

sub|po|lar (Geogr.): zwischen den Polen u. der gemäßigten Klimazone gelegen

sub|se|ku|tiv ⟨*lat.-nlat.*⟩ (veraltet): nachfolgend

sub|se|quent ⟨*lat.*⟩ (Geogr.): den weicheren Gesteinsschichten folgend (von Flüssen)

sub|si|di|är ⟨*lat.-fr.*⟩, **sub|si|di|a|risch** ⟨*lat.*⟩: **a)** unterstützend, Hilfe leistend; **b)** behelfsmäßig, als Behelf dienend; **subsidiäres Recht** (Rechtswiss.): Rechtsbestimmung, die nur dann zur Anwendung gelangt, wenn das übergeordnete Recht keine Vorschriften enthält

Sub|si|di|a|ris|mus *der;* - ⟨*lat.-nlat.*⟩: **a)** das Gelten des Subsidiaritätsprinzips (in einer sozialen Ordnung); **b)** das Streben nach, das Eintreten für Subsidiarismus (a)

Sub|si|di|a|ri|tät *die;* -: **1.** (Politik, Soziol.) gesellschaftspolitisches Prinzip, nach dem übergeordnete gesellschaftliche Einheiten (z. B. der Staat, ein Staatenbündnis) nur solche Aufgaben übernehmen sollen, zu deren Wahrnehmung untergeordnete Einheiten (z. B. die Familie, ein Gliedstaat) nicht in der Lage sind. **2.** (Rechtswiss.) das Subsidiärsein einer Rechtsnorm

Sub|si|di|um *das;* -s, ...ien ⟨*lat.*⟩: **1.** (veraltet) Beistand, Rückhalt, Unterstützung. **2.** (meist Plural) einem Krieg führenden Staat von einem Verbündeten zur Verfügung gestellte Hilfsgelder (od. materielle Hilfen)

Sub|sis|tenz *die;* -, -en ⟨*lat.*⟩: **1.** (ohne Plural; Philos.) das Bestehen durch sich selbst, das Substanzsein (in der Scholastik). **2.** (veraltet) **a)** [Lebens]unterhalt, materielle Lebensgrundlage; **b)** (ohne Plural) materielle Existenz

S

sub|sis|tie|ren: **1.** (Philos.) für sich [unabhängig von anderem] bestehen. **2.** (veraltet) seinen Lebensunterhalt haben

Sub|skri|bent *der;* -en, -en ⟨*lat.;* »Unterzeichner«⟩ (Buchw.): jmd., der etwas subskribiert

Sub|skri|ben|tin *die;* -, -nen: weibliche Form zu ↑Subskribent

sub|skri|bie|ren (Buchw.): sich verpflichten, ein noch nicht [vollständig] erschienenes Druck-Erzeugnis zum Zeitpunkt des Erscheinens abzunehmen; vorausbestellen

Sub|skrip|ti|on *die;* -, -en: **1.** (Buchw.) Vorherbestellung von später erscheinenden Büchern [durch Unterschrift] (meist zu niedrigerem Preis). **2.** am Schluss einer antiken Handschrift stehende Angabe über Inhalt, Verfasser, Schreiber usw. des Werkes. **3.** Verpflichtung, eine bestimmte Anzahl von ↑emittierten (1) Wertpapieren zu kaufen

sub spe|cie ae|ter|ni|ta|tis [- 'spe:tsi̯e ε...] ⟨*lat.*⟩: unter dem Gesichtspunkt der Ewigkeit

Sub|spe|zi|es *die;* -, - ⟨*lat.-nlat.*⟩: Unterart (in der Tier- u. Pflanzensystematik)

Sub|stan|dard *der;* -s, -s ⟨*lat.; engl.*⟩: **a)** (bes. österr.) unterdurchschnittliche Qualität; **b)** (Sprachw.) Sprachebene unterhalb der Standardsprache

Sub|stan|dard|woh|nung *die;* -, -en (bes. österr.): Wohnung ohne eigene Toilette u. ohne fließendes Wasser

sub|s|tan|ti|al usw. vgl. substanzial usw.

Sub|s|tan|tiv [auch: ...'ti:f] *das;* -s, -e ⟨*lat.*⟩ (Sprachw.): Wort, das ein Ding, ein Lebewesen, einen Begriff o. Ä. bezeichnet; Nomen; Haupt-, Dingwort

sub|s|tan|ti|vie|ren ⟨*lat.-nlat.*⟩: zu einem Substantiv machen, als Substantiv gebrauchen

Sub|s|tan|ti|vie|rung *die;* -, -en: **1.** (ohne Plural) das Substantivieren. **2.** substantivisch gebrauchtes Wort (einer nicht substantivischen Wortart)

sub|s|tan|ti|visch [auch: ...'ti:...] ⟨*lat.*⟩: als Substantiv, wie ein Substantiv [gebraucht], durch ein Substantiv [ausgedrückt]; nominal; haupt-, dingwörtlich; **substantivischer Stil:** ↑Nominalstil

Sub|s|tanz *die;* -, -en: **1.** Stoff, Materie. **2.** (Philos.) **a)** für sich Seiendes, unabhängig (von anderen) Seiendes; **b)** das eigentliche Wesen der Dinge. **3.** das den Wert Ausmachende, das Wesentliche, Wichtige. **4.** das als Grundstock Vorhandene; fester Bestand

sub|s|tan|zi|al, **sub|s|tan|ti|al:** ↑substanziell; vgl. ...al/...ell

Sub|s|tan|zi|a|li|tät, **Sub|s|tan|ti|a|li|tät** *die;* -: **1.** (Philos.) das Substanzsein, substanzielles Wesen. **2.** das Substanziellsein

sub|s|tan|zi|ell, **sub|s|tan|ti|ell:** **1.** die Substanz (1) betreffend, stofflich, materiell. **2.** die Substanz (4) betreffend, zu ihr gehörend, sie [mit] ausmachend. **3.** die Substanz (3) einer Sache betreffend, wesentlich. **4.** (veraltend) nahrhaft, gehaltvoll. **5.** (Philos.) wesenhaft; vgl. ...al/...ell

sub|s|tan|zi|ie|ren, **sub|s|tan|ti|ie|ren** ⟨*lat.-nlat.*⟩: mit Substanz (3) erfüllen, [durch Tatsachen] belegen, begründen

sub|s|ti|tu|ie|ren: austauschen, ersetzen; einen Begriff anstelle eines anderen setzen

[1]**Sub|s|ti|tut** *das;* -[e]s, -e: Ersatz[mittel], Surrogat

²Sub|s|ti|tut *der;* -en, -en: **a)** Stellvertreter, Ersatzmann, Untervertreter; **b)** Verkaufsleiter

Sub|s|ti|tu|ti|on *die;* -, -en: das Substituieren

Sub|s|t|rat *das;* -[e]s, -e ⟨*lat.*⟩: **1.** das einer Sache Zugrundeliegende; Grundlage, Basis. **2.** (Philos.) die eigenschaftslose Substanz eines Dinges als Träger seiner Eigenschaften. **3.** (Sprachw.) **a)** Sprache, Sprachgut eines [besiegten] Volkes im Hinblick auf den Niederschlag, den sie in der übernommenen od. aufgezwungenen Sprache [des Siegervolkes] gefunden hat; **b)** aus einer Substratsprache stammendes Sprachgut einer Sprache; Ggs. ↑Superstrat. **4.** (Biol.) Nährboden. **5.** (Biochemie) Substanz, die bei fermentativen Vorgängen abgebaut wird

sub|su|mie|ren ⟨*lat.-nlat.*⟩: **1.** einem Oberbegriff unterordnen, unter einer Kategorie einordnen; unter einem Thema zusammenfassen. **2.** (Rechtswiss.) einen konkreten Sachverhalt unter eine Rechtsnorm unterordnen

Sub|sum|ti|on *die;* -, -en: **1.** Unterordnung von Begriffen unter einen Oberbegriff. **2.** Unterordnung eines Sachverhaltes unter den Tatbestand einer Rechtsnorm

sub|sum|tiv (Philos.): unterordnend, einbeziehend

Sub|teen [ˈsʌbti:n] *der;* -s, -s ⟨*engl.-amerik.*⟩ (bes. Werbespr.): Junge od. Mädchen im Alter von etwa 10 bis 12 Jahren

sub|til ⟨*lat.*⟩: **a)** mit viel Feingefühl, mit großer Behutsamkeit, Sorgfalt, Genauigkeit vorgehend od. ausgeführt; detailliert; in die Feinheiten gehend; **b)** fein strukturiert [u. daher schwer zu durchschauen, zu verstehen]; schwierig, kompliziert

Sub|ti|li|tät *die;* -, -en: **1.** (ohne Plural) subtiles Wesen, das Subtilsein. **2.** etwas Subtiles; Feinheit

Sub|tra|hend *der;* -en, -en ⟨*lat.*⟩ (Math.): Zahl, die von einer anderen Zahl subtrahiert wird

sub|tra|hie|ren (Math.): abziehen, vermindern

Sub|trak|ti|on *die;* -, -en: das Subtrahieren; Ggs. ↑Addition (1)

sub|trak|tiv ⟨*lat.-nlat.*⟩: mit Subtraktion durchgeführt

Sub|tro|pen *die* (Plural) (Geogr.): zwischen den Tropen und der gemäßigten Zone gelegene Klimazone

sub|tro|pisch [auch: ...ˈtro:...]: in den Subtropen gelegen, für sie charakteristisch

Su|b|urb [ˈsʌbə:b] *die;* -, -s ⟨*lat.-engl.*⟩: engl. Bez. für: Vorstadt

Su|b|ur|bia [səˈbə:bɪə] *die;* - ⟨*lat.-engl.(-amerik.)*⟩: Gesamtheit der um die großen Industriestädte wachsenden Trabanten- u. Schlafstädte (in Bezug auf ihre Erscheinung u. die für sie typischen Lebensformen)

sub|ur|bi|ka|risch ⟨*lat.*⟩: vor der Stadt gelegen; **suburbikarisches Bistum:** eines von sieben kleinen, vor Rom gelegenen Bistümern, das einem Kardinalbischof ohne Leitungsvollmacht übergeben wird

Sub|ur|bi|um *das;* -s, ...ien: Vorstadt (bes. einer mittelalterlichen Stadt)

sub ut|ra|que spe|cie [- - ˈspe:t͜si̯ə] ⟨*lat.*⟩ (Rel.): in beiderlei Gestalt (als Brot u. Wein, in Bezug auf das Abendmahl)

sub|ve|nie|ren ⟨*lat.*⟩ (veraltet): zu Hilfe kommen, unterstützen

Sub|ven|ti|on *die;* -, -en: zweckgebundene [finanzielle] Unterstützung bestimmter Wirtschaftszweige od. einzelner Unternehmen aus öffentlichen Mitteln; Staatszuschuss

sub|ven|ti|o|nie|ren ⟨*lat.-nlat.*⟩: durch zweckgebundene öffentliche Mittel unterstützen; mitfinanzieren

Sub|ver|si|on *die;* -, -en ⟨*lat.*⟩: meist im Verborgenen betriebene, auf den Umsturz der bestehenden staatlichen Ordnung zielende Tätigkeit

sub|ver|siv ⟨*lat.-nlat.*⟩: Subversion betreibend, umstürzlerisch

sub vo|ce [- ˈvo:t͜sə] ⟨*lat.*⟩: unter [dem Stichwort, dem Thema] (Abk.: s. v.)

Sub|woo|fer [ˈsʌbwʊfɐ] *der;* -s, - ⟨*engl.*⟩: (in Verbindung mit zwei kleineren Satellitenboxen zur stereofonen Wiedergabe verwendete) große Lautsprecherbox für die tiefen Frequenzen beider Kanäle; vgl. Woofer

Su|c|re *der;* -, - ⟨*span.*⟩: frühere Währungseinheit in Ecuador (= 100 Centavo)

Su|cus *der;* -, ...ci [...t͜si], **Suc|cus** *der;* -, Succi [ˈzʊkt͜si] ⟨*lat.*⟩ (Med.): zu Heilzwecken verwendeter Pflanzensaft

Su|da|ti|on *die;* - ⟨*lat.*⟩ (Med.): das Schwitzen

Sud|den Death [ˈsadn̩ ˈdɛθ] *der;* - -, - - ⟨*engl.;* eigtl. »plötzlicher Tod«⟩ (Sport, bes. Eishockey): bei unentschiedenem Stand in einem zusätzlichen Spielabschnitt durch den ersten Treffer herbeigeführte Entscheidung

Su|do|ku [ˈsu:..., auch: zuˈdo:ku] *das;* -[s], -s ⟨*jap.*⟩: ein Rätselspiel mit Zahlenquadraten

suf|fi|cit ⟨*lat.*⟩ (veraltet): es ist genug

suf|fi|gie|ren ⟨*lat.*⟩ (Sprachw.): mit einem Suffix versehen

Süf|fi|sance [...ˈzã:s] *die;* - ⟨*lat.-fr.*⟩: ↑Süffisanz

süf|fi|sant: ein Gefühl von [geistiger] Überlegenheit genüsslich zur Schau tragend; selbstgefällig, spöttisch-überheblich

Süf|fi|sanz *die;* -: süffisantes Wesen, süffisante Art; Selbstgefälligkeit

Suf|fit|te vgl. Soffitte

Suf|fix [auch: ...'fɪks] *das;* -es, -e ‹*lat.*› (Sprachw.): an ein Wort, einen Wortstamm angehängte Ableitungssilbe; Nachsilbe (z. B. *-ung, -chen, -heit*)

Suf|fi|xo|id *das;* -[e]s, -e (Sprachw.): Wortbildungsmittel, das sich aus einem selbstständigen Lexem zu einer Art Suffix entwickelt hat u. das sich vom selbstständigen Lexem unterscheidet durch Reihenbildung u. Entkonkretisierung (z. B. *-papst* in Literaturpapst, *-verdächtig* in olympiaverdächtig)

suf|fi|zi|ent ‹*lat.*› (Med.): genügend, ausreichend (von der Leistungsfähigkeit eines Organs)

Suf|fi|zi|enz *die;* -, -en: **1.** Zulänglichkeit, Können; Ggs. ↑Insuffizienz (1). **2.** (Med.) ausreichendes Funktionsvermögen (z. B. des Herzens); Ggs. ↑Insuffizienz (2)

Suf|f|ra|gan *der;* -s, -e ‹*lat.-mlat.*›: einem Erzbischof unterstellter Diözesanbischof

Suf|f|ra|get|te *die;* -, -n ‹*lat.-fr.-engl.*›: **a)** radikale Frauenrechtlerin in Großbritannien vor 1914; **b)** (veraltet abwertend) Frauenrechtlerin

Suf|f|ra|gi|um *das;* -s, ...ien ‹*lat.*›: **1. a)** politisches Stimmrecht; **b)** Abstimmung. **2.** Gebet zu den Heiligen um ihre Fürbitte

Suf|fu|si|on *die;* -, -en ‹*lat.*› (Med.): größerer, flächiger, unscharf begrenzter Bluterguss

Su|fi *der;* -[s], -s ‹*arab.;* »Wollkleidträger«›: islamischer Mystiker

Su|fis|mus *der;* - ‹*arab.-nlat.*›: islamische Mystik

sug|ge|rie|ren ‹*lat.*›: **1.** jmdm. etwas [ohne dass dies dem Betroffenen bewusst wird] einreden od. auf andere Weise eingeben. **2.** darauf abzielen, einen bestimmten [den Tatsachen nicht entsprechenden] Eindruck entstehen zu lassen

sug|ges|ti|bel ‹*lat.-nlat.*›: durch Suggestion [leicht] beeinflussbar

Sug|ges|ti|bi|li|tät *die;* -: das Suggestibelsein

Sug|ges|ti|on *die;* -, -en ‹*lat.*›: **1. a)** (ohne Plural) Beeinflussung eines Menschen [mit dem Ziel, ihn zu einem bestimmten Verhalten zu veranlassen]; **b)** etwas, was jmdm. suggeriert (1) wird. **2.** (ohne Plural) suggestive Wirkung, Kraft

sug|ges|tiv ‹*lat.-nlat.*›: **a)** darauf abzielend, jmdm. etwas zu suggerieren; auf Suggestion beruhend; **b)** eine starke psychische, emotionale Wirkung ausübend; einen Menschen stark beeinflussend

Sug|ges|to|pä|die *die;* - ‹*lat.; gr.*›: (urspr. für den Fremdsprachenbereich entwickelte) Lernmethode, die es ermöglichen soll, auf kreativ-spielerische Weise (z. B. durch Malen, Verkleiden, Sketche) möglichst viel innerhalb kurzer Zeit zu lernen

sui ge|ne|ris ‹*lat.*›: nur durch sich selbst eine Klasse bildend; einzig, besonders

Sui|te ['svi:t(ə), auch: 'sui:tə] *die;* -, -n ‹*lat.-fr.*›: **1.** (veraltet) Gefolge einer hochgestellten Persönlichkeit. **2.** Folge von zusammengehörenden Zimmern in Hotels, Palästen o. Ä.; Zimmerflucht. **3.** (veraltet) lustiger Streich. **4.** aus einer Folge von in sich geschlossenen, nur lose verbundenen Sätzen (oft Tänzen) bestehende Komposition

Su|i|zid *der* od. *das;* -[e]s, -e ‹*lat.-nlat.*›: Selbstmord; Selbsttötung

su|i|zi|dal: a) den Suizid betreffend, zum Suizid neigend; **b)** durch Suizid [erfolgt]

Su|i|zi|dant *der;* -en, -en: jmd., der einen Suizid begeht od. versucht

Su|i|zi|dent *der;* -en, -en: ↑Suizidant

Su|i|zi|den|tin *die;* -, -nen: weibliche Form zu ↑Suizident

Su|jet [zy'ʒe:, sy'ʒe:] *das;* -s, -s ‹*lat.-fr.*›: Gegenstand, Motiv, Thema einer [künstlerischen] Gestaltung, Darstellung

Suk|ka|de *die;* -, -n ‹*roman.*›: kandierte Schale verschiedener Zitrusfrüchte

Suk|ku|bus *der;* -, ...kuben ‹*lat.-mlat.*›: (im mittelalterlichen Volksglauben) weiblicher Dämon, der einen Mann im Schlaf heimsucht u. mit dem Schlafenden geschlechtlich verkehrt

suk|ku|lent ‹*lat.*›: **a)** (Bot.) saftreich u. fleischig (von pflanzlichen Organen); **b)** (Med.) flüssigkeitsreich (von Geweben)

Suk|ku|len|te *die;* -, -n: hauptsächlich in trockenen Gebieten vorkommende Pflanze mit besonderen, Wasser speichernden Geweben in Wurzeln, Blättern od. Stamm

Suk|ku|lenz *die;* - ‹*lat.-nlat.*› (Bot., Med.): sukkulente Beschaffenheit

Suk|kurs *der;* -es, -e ‹*lat.-nlat.*›: **1.** (veraltet) Hilfe, Unterstützung, Beistand. **2.** Gruppe von Personen, Einheit, die als Verstärkung, zur Unterstützung eingesetzt ist

suk|ze|die|ren (veraltet): nachfolgen (z. B. in einem Amt)

Suk|zes|si|on *die;* -, -en: **1.** Thronfolge. **2.** ↑apostolische Sukzession. **3.** Übernahme der Rechte u. Pflichten eines Staates durch einen anderen; Staatensukzession. **4.** Eintritt einer Person in ein bestehendes Rechtsverhältnis; Rechtsnachfolge. **5.** (Ökol.) zeitliche Aufeinanderfolge der an einem Standort einander ablösenden Pflanzen- u./od. Tiergesellschaften

suk|zes|si̱v ‹*lat.-nlat.*›: allmählich, nach u. nach, schrittweise [eintretend, erfolgend]
suk|zes|si̱|ve: allmählich, nach und nach, in allmählicher Weise
Sul|fa̱t *das;* -[e]s, -e ‹*lat.-nlat.*›: Salz der Schwefelsäure
Sul|fi̱d *das;* -[e]s, -e: Salz der Schwefelwasserstoffsäure
sul|fi̱|disch: Schwefel enthaltend
Sul|fi̱t [auch: ...ˈfɪt] *das;* -s, -e: Salz der schwefligen Säure
Sul|fo|n|a|mi̱d *das;* -[e]s, -e ‹Kunstw. aus **Sulfon**(säure) u. ↑**Amid**›: antibakteriell wirksames chemotherapeutisches Heilmittel gegen Infektionskrankheiten
Su̱l|fur *das;* -s ‹*lat.*›: chem. Element; Schwefel (Zeichen: S)
Sul|ky [ˈzʊlki, ˈsʌlkɪ] *das;* -s, -s ‹*engl.*›: bei Trabrennen verwendetes zweirädriges Gefährt
su̱l pon|ti|cel|lo [- ...ˈtʃɛlo] (Musik): nahe am Steg (den Geigenbogen ansetzen)
Su̱l|tan *der;* -s, -e ‹*arab.;* »Herrscher«›: **1. a)** (ohne Plural) Titel islamischer Herrscher; **b)** Träger dieses Titels. **2.** türkischer Nomadenteppich aus stark glänzender Wolle
Sul|ta|na̱t *das;* -[e]s, -e ‹*arab.-nlat.*›: **1.** Herrschaftsgebiet eines Sultans. **2.** Herrschaft eines Sultans
Su̱l|ta|nin *die;* -, -nen: Frau eines Sultans (1 b)
Sul|ta|ni̱|ne *die;* -, -n ‹*arab.-it.*›: große, kernlose Rosine
Su̱|mach *der;* -[s], Plur. -e u. -s ‹*arab.-mlat.*›: Baum od. Strauch mit kleinen, trockenen Steinfrüchten u. [gefiederten] Blättern, die zusammen mit den jungen Trieben zum Gerben von Saffianleder verwendet werden
Su̱m|ma *die;* -, Su̱mmen ‹*lat.*›: **1.** (veraltet) Summe (Abk.: Sa.). **2.** auf der scholastischen Methode aufbauende, systematische Gesamtdarstellung eines Wissensstoffs (bes. der Theologie u. der Philosophie des Mittelalters)
su̱m|ma cu̱m lau̲|de ‹*lat.;* »mit höchstem Lob«›: mit Auszeichnung (bestes Prädikat bei Doktorprüfungen)
Sum|ma̱nd *der;* -en, -en (Math.): Zahl, die hinzuzuzählen ist, addiert wird; Addend
sum|ma̱|risch ‹*lat.-mlat.*›: mehreres gerafft zusammenfassend [u. dabei wichtige Einzelheiten außer Acht lassend]
su̱m|ma sum|ma̱|rum ‹*lat.*›: alles zusammengerechnet; alles in allem; insgesamt
Sum|ma|ti|o̱n *die;* -, -en ‹*lat.-nlat.*›: **1.** (Math.) Bildung einer Summe. **2.** Anhäufung
Su̱m|me *die;* -, -n ‹*lat.*›: **1.** Resultat einer Addition. **2.** Gesamtzahl. **3.** Geldbetrag
sum|mie̲|ren ‹*lat.*›: **1. a)** zusammenzählen; **b)** zusammenfassen, vereinigen. **2.** sich summieren: immer mehr werden, anwachsen
Su̱m|mum Bo̱|num *das;* - - ‹*lat.*›: höchstes Gut; höchster Wert; Gott (in der christlichen Philosophie u. Theologie)
Su̱m|mus Epi̱|s|co|pus *der;* - - ‹*lat.; gr.-lat.*›: **1.** (kath. Kirche) der Papst als oberster Bischof. **2.** (Geschichte) der Landesherr als Oberhaupt einer evangelischen Landeskirche in Deutschland (bis 1918)
Su̱|mo *das;* - ‹*jap.*›: japanische Form des Ringkampfes
Sun|blo|cker [ˈsan...] *der;* -s, - ‹*engl.; niederl.-fr.-dt.*›: Sonnenschutzmittel
Sun|ni̱t *der;* -en, -en ‹*arab.-nlat.*›: Anhänger der orthodoxen Hauptrichtung des Islams, die sich auf die Sunna stützt; vgl. Schia
Sun|ni̱|tin *die;* -, -nen: weibliche Form zu ↑Sunnit
sun|ni̱|tisch: die Sunna betreffend
su̱|per ‹*lat.(-engl.)*› (ugs.): sehr gut, großartig, hervorragend

su|per..., Su|per...

‹*lat.* super »über, oberhalb, über ... hinaus; während; mehr als« (→*engl.* super »großartig«)›
Präfix mit den Bedeutungen »über, übergeordnet; sehr, äußerst; hervorragend, ausgezeichnet«:
- Supercup
- supermodern
- Superrevision
- Superstar

Su|per|aci|di|tä̱t, Su|per|azi|di|tä̱t *die;* - ‹*lat.-nlat.*› (Med.): übermäßig hoher Säuregehalt des Magensaftes
Su|per|azi|di|tä̱t vgl. Superacidität
su|pe̱rb, sü|pe̱rb ‹*lat.-fr.*›: ausgezeichnet, vorzüglich; prächtig
Su̱|per|ben|zin *das;* -s, -e: Benzin von hoher Klopffestigkeit, mit hoher Oktanzahl
Su|per|ca̱r|go, Su|per|ka̱r|go *der;* -s, -s: vom Auftraggeber bevollmächtigter Frachtbegleiter [auf Schiffen]
Su̱|per|cup [...kap] *der;* -s, -s ‹*engl.*› (Fußball früher): **1.** Pokalwettbewerb zwischen den Europapokalgewinnern der Landesmeister u. der Pokalsieger. **2.** Siegestrophäe beim Supercup (1)
Su̱|per-G [...dʒi:] *der;* -[s], -[s] ‹*engl.;* wohl kurz für: supergiant »riesengroß; Riesen-«›: alpine

Disziplin mit Elementen von Abfahrtslauf u. Riesenslalom

Su|per|he|te|ro|dyn|emp|fän|ger *der;* -s, - ⟨*lat.; gr.; dt.*⟩: Rundfunkempfänger mit hoher Verstärkung, guter Regelung u. hoher Trennschärfe

Su|per|in|ten|dent [auch: ˈzu:...] *der;* -en, -en ⟨*lat.-mlat.*⟩: höherer evangelischer Geistlicher, Vorsteher eines Kirchenkreises

Su|per|in|ten|den|tur *die;* -, -en ⟨*lat.-mlat.-nlat.*⟩: **a)** Amt eines Superintendenten; **b)** Amtssitz eines Superintendenten

su|pe|ri|or ⟨*lat.*⟩: überlegen

Su|pe|ri|or *der;* -s, ...oren: Vorsteher eines Klosters od. Ordens

Su|pe|ri|o|ri|tät *die;* - ⟨*lat.-mlat.*⟩: Überlegenheit; Übergewicht

Su|per|kar|go vgl. Supercargo

su|per|la|tiv ⟨*lat.*⟩: **a)** überragend; **b)** (Rhet.) übertreibend, übertrieben; vgl. ...isch/-

Su|per|la|tiv *der;* -s, -e: **1.** (Sprachw.) Höchststufe des Adjektivs bei der Steigerung. **2. a)** (nur Plural) etwas, was sich in seiner höchsten, besten Form darstellt; etwas, was zum Besten gehört u. nicht zu überbieten ist; **b)** Ausdruck höchsten Wertes, Lobes

su|per|la|ti|visch: 1. den Superlativ betreffend. **2. a)** überragend; **b)** übertrieben, superlativ (b); vgl. ...isch/-

Su|per|lear|ning [ˈsju:pɐlə:nɪŋ] *das;* -s ⟨*engl.*⟩: Lernmethode für Fremdsprachen, die darin besteht, durch gezielte Entspannungsübungen eine bessere Aufnahmefähigkeit zu erreichen

Su|per|markt *der;* -[e]s, ...märkte ⟨*engl.; dt.*⟩: großer [Lebensmittel]laden mit umfangreichem Sortiment zu meist niedrigen Preisen

Su|per|na|tu|ra|lis|mus usw. vgl. Supranaturalismus usw.

Su|per|no|va *die;* -, Plur. ...vae [...vɛ], auch ...vä, und ...ven ⟨*lat.-nlat.*⟩ (Astron.): besonders lichtstarke [1]Nova

Su|per|phos|phat *das;* -[e]s, -e: phosphathaltiger Kunstdünger

Su|per|re|vi|si|on *die;* -, -en (Wirtsch.): Nach-, Überprüfung

Su|per|star *der;* -s, -s ⟨*lat.; engl.*⟩ (ugs.): bes. erfolgreicher Star

Su|per|strat *das;* -[e]s, -e ⟨*lat.*⟩ (Sprachw.): Sprache eines Erobervolkes im Hinblick auf den Niederschlag, den sie in der Sprache der Besiegten gefunden hat; Ggs. ↑Substrat (3)

Su|per|vi|si|on [engl.: s(j)u:pəˈvɪʒən] *die;* - ⟨*lat.-engl.*⟩: **a)** Beratung eines Arbeitsteams, einer Organisation zur Erhöhung der Effektivität; **b)** Beratung u. Beaufsichtigung von Psychotherapeuten

Su|per|vi|sor [engl.: ˈs(j)u:pɐvaizɐ] *der;* -s, -...oren, bei engl. Ausspr. -s, -s: **1.** (Wirtsch.) jmd., der innerhalb eines Betriebes eine Aufseher- u. Kontrollfunktionen wahrnimmt. **2. a)** psychologisch ausgebildete Person, die berufsmäßig Supervision (a) betreibt; **b)** Psychoanalytiker, -therapeut, Psychologe, der Supervision (b) betreibt. **3.** (EDV) ↑Administrator (2)

Su|per|vi|so|rin *die;* -, -nen: weibliche Form zu ↑Supervisor (1, 2)

Su|pi|num *das;* -, ...na: Verbform zur Bezeichnung einer Absicht od. eines Bezugs (bes. im Lateinischen)

Sup|ple|ant *der;* -en, -en ⟨*lat.-fr.*⟩ (schweiz.): Ersatzmann [in einer Behörde]

Sup|ple|an|tin *die;* -, -nen: weibliche Form zu ↑Suppleant

Sup|ple|ment *das;* -[e]s, -e ⟨*lat.*⟩: **1.** Ergänzung (Ergänzungsband od. Ergänzungsteil), Nachtrag, Anhang. **2.** (Math.) Ergänzungswinkel od. -bogen, der einen vorhandenen Winkel od. Bogen zu 180° ergänzt

Sup|ple|ment|win|kel *der;* -s, - ⟨*lat.; dt.*⟩: der Winkel β, der einen gegebenen Winkel zu 180° (gestreckter Winkel) ergänzt

sup|ple|to|risch (veraltet): ergänzend, stellvertretend, nachträglich, zusätzlich

sup|plie|ren ⟨*lat.*⟩ (veraltet): **a)** ergänzen, hinzufügen; **b)** vertreten

Sup|pli|kant *der;* -en, -en ⟨*lat.*⟩ (veraltet): Bittsteller

Sup|pli|kan|tin *die;* -, -nen: weibliche Form zu ↑Supplikant

sup|pli|zie|ren ⟨*lat.*⟩ (veraltet): ein Bittgesuch einreichen

sup|po|nie|ren ⟨*lat.*⟩: voraussetzen, unterstellen, annehmen

Sup|port *der;* -[e]s, -e ⟨*lat.-fr.(-engl.)*⟩: **1.** zweiseitig verschiebbarer, schlittenförmiger Werkzeugträger auf dem Bett einer Drehbank. **2.** (bes. EDV) Unterstützung, Hilfe

Sup|po|si|ti|on *die;* -, -en ⟨*lat.;* »Unterstellung«⟩: **1.** Voraussetzung, Annahme. **2.** (Philos.) Verwendung ein u. desselben Wortes zur Bezeichnung von Verschiedenem

Sup|po|si|to|ri|um *das;* -s, ...ien ⟨*lat.-nlat.*⟩ (Med.): Arzneizäpfchen

Sup|po|si|tum *das;* -s, ...ta: Annahme

Sup|pres|si|on *die;* -, -en ⟨*lat.*⟩: **1.** (Med.) Unterdrückung, Hemmung (einer Blutung o. Ä.). **2.** (Biol.) Unterdrückung od. Kompensation der

S

Wirkung von mutierten Genen durch Suppressoren

sup|pres|si̱v ‹*lat.-nlat.*›: unterdrückend; hemmend

sup|pri|mi̱e̱|ren ‹*lat.*›: unterdrücken, hemmen, zurückdrängen

su|p|ra..., Su|p|ra...

‹*lat.* supra »über, oberhalb«›
Präfix mit der Bedeutung »über, übergreifend; oberhalb«:
- Supraleiter
- supranational
- suprarenal

Su̱|p|ra|lei|ter *der;* -s, - ‹*lat.; dt.*›: elektrischer Leiter, der in der Nähe des absoluten Nullpunktes ohne Widerstand Strom leitet

su|p|ra|na|ti|o|na̱l: überstaatlich, übernational

Su|p|ra|na|tu|ra|li̱s|mus, Su|per|na|tu|ra|li̱s|mus *der;* -: **1.** (Philos.) Glaube an das Übernatürliche, an ein die erfahrbaren Dinge bestimmendes übernatürliches Prinzip. **2.** (Theol.) dem Rationalismus entgegengesetzte Richtung in der evangelischen Theologie des 18. u. 19. Jh.s

su|p|ra|na|tu|ra|li̱s|tisch, su|per|na|tu|ra|li̱s|tisch: den Supranaturalismus betreffend

Su|p|ra|po̱r|te vgl. Sopraporte

Su|p|re|ma̱t *der* od. *das;* -[e]s, -e ‹*lat.-nlat.*›: [päpstliche] Oberhoheit, Vorrang[stellung]

Su|p|re|ma|ti̱s|mus *der;* - ‹*lat.-russ.*›: eine von K. Malewitsch (1878–1935) begründete Art des Konstruktivismus (1)

Su|p|re̱|mum *das;* -s, ...ma ‹*lat.*› (Math.): kleinste obere Schranke (in der Mengenlehre); obere Grenze

Su̱|re *die;* -, -n ‹*arab.;* »Reihe«›: Kapitel des Korans

Surf|board [ˈsəːfbɔːd] *das;* -s, -s ‹*engl.*›: flaches, stromlinienförmiges Brett aus Holz od. Kunststoff, das beim Surfing verwendet wird

Surf|brett *das;* -[e]s, -er ‹*engl.; dt.*›: ↑Surfboard

sur|fen [ˈsəːfn̩] ‹*engl.*›: **1.** Surfing betreiben. **2. a)** Windsurfing betreiben; **b)** surfend (2 a) irgendwohin gelangen. **3.** (Jargon) **a)** im Internet wahllos od. gezielt nach Informationen suchen, sie abfragen; **b)** von einer Website zur anderen springen

Sur|fer *der;* -s, -: jmd., der Surfing betreibt

Sur|fe|rin *die;* -, -nen: weibliche Form zu ↑Surfer

Sur|fing [ˈsəːfɪŋ] *das;* -s ‹*engl.*›: **1.** Wassersport, bei dem man sich, auf einem Surfboard stehend, von den Brandungswellen ans Ufer tragen lässt. **2.** ↑Windsurfing. **3.** (Jargon) die wahllose od. gezielte Suche nach od. Abfrage von Informationen (im Internet)

Su|ri̱|mi *das;* -[s] ‹*jap.;* eigtl. »gehacktes Fleisch«›: aus minderwertigem Fisch o. Ä. hergestelltes Krebsfleischimitat

Sur|plus [ˈsəːpləs] *das;* -, - ‹*lat.-mlat.-fr.-engl.*› (Wirtsch.): Überschuss, Gewinn, Profit

sur|re|a̱l [auch: zʏr...] ‹*lat.-fr.*›: traumhaft, unwirklich

Sur|re|a|li̱s|mus [auch: zyr...] *der;* -: (nach dem 1. Weltkrieg in Paris entstandene) Richtung der modernen Literatur u. Kunst, die das Unbewusste, Träume, Visionen u. Ä. als Ausgangspunkt künstlerischer Produktion ansieht

Sur|re|a|li̱st *der;* -en, -en: Anhänger, Vertreter des Surrealismus

Sur|re|a|li̱s|tin *die;* -, -nen: weibliche Form zu ↑Surrealist

sur|re|a|li̱s|tisch: den Surrealismus betreffend, dafür typisch

Sur|ro|ga̱t *das;* -[e]s, -e ‹*lat.-nlat.*›: **1.** Stoff, Mittel o. Ä. als behelfsmäßiger, nicht vollwertiger Ersatz. **2.** (Rechtswiss.) Ersatz für einen Gegenstand, Wert

Sur|ro|ga|ti|o̱n *die;* -, -en ‹*lat.*› (Rechtswiss.): Austausch eines Wertes, Gegenstandes gegen einen anderen, der den gleichen Rechtsverhältnissen unterliegt

su̱r|sum co̱r|da ‹*lat.;* »empor die Herzen!«›: Ruf zu Beginn der Präfation in der lateinischen Messe

Su|shi [ˈzuːʃi] *das;* -[s], -[s] ‹*jap.*›: aus rohem Fisch [Fleisch, Krustentieren, Gemüse, Pilzen u. a.] auf einer Unterlage aus Reis bestehendes Gericht

Su|si̱|ne *die;* -, -n ‹*it.;* vom Namen der pers. Stadt Susa›: eine italienische Pflaume

su|s|pe̱kt ‹*lat.*›: verdächtig, fragwürdig, zweifelhaft (von einer Art, dass man an der Echtheit, Glaubwürdigkeit stärkere Zweifel hat)

sus|pen|di̱e̱|ren ‹*lat.*›: **1. a)** [einstweilen] des Dienstes entheben; aus einer Stellung entlassen; **b)** zeitweilig aufheben; **c)** von einer Verpflichtung befreien. **2.** (Chemie) fein verteilen, aufschwemmen (in Bezug auf Teilchen in einer Flüssigkeit). **3.** (Med.) Körperglieder hoch hängen, hoch lagern

Sus|pen|si|o̱n *die;* -, -en (lat.): **1.** [einstweilige] Dienstenthebung; zeitweilige Aufhebung. **2.** (Chemie) Aufschwemmung feinstverteilter fester Stoffe in einer Flüssigkeit. **3.** (Med.) schwebende Aufhängung (von Körpergliedern)

sus|pen|si̱v ‹*lat.-nlat.*›: aufhebend; aufschiebend

Sus|pen|so̱|ri|um *das;* -s, ...ien ‹*lat.-nlat.*›:

1. (Med.) beutelförmige Tragevorrichtung für erschlaffte, schwer herabhängende Glieder (z. B. die weibliche Brust). **2.** beutelförmiger Schutz für die männlichen Geschlechtsteile

sus|zep|ti|bel ⟨*lat.*⟩ (veraltet): empfindlich, reizbar

Sus|zep|ti|bi|li|tät *die;* -, -en ⟨*lat.-nlat.*⟩: **1.** (veraltet) Empfindlichkeit, Reizbarkeit. **2.** Maß für die Magnetisierbarkeit eines Stoffes

Sus|zep|ti|on *die;* -, -en ⟨*lat.*⟩: **1.** (veraltet) An-, Übernahme. **2.** (Bot.) Aufnahme eines Reizes (z. B. durch Absorption des Lichts beim Fototropismus)

sus|zi|pie|ren: **1.** (veraltet) an-, übernehmen. **2.** (Bot.) einen Reiz aufnehmen

Su|tasch vgl. Soutache

Su|tur *die;* -, -en ⟨*lat.*⟩: **1.** (Med.) Naht, Knochennaht. **2. a)** zackige Naht in Kalksteinen, die durch Lösung unter Druck entsteht; **b)** Anheftungslinie (Artmerkmal versteinerter Ammoniten)

su|um cu|i|que ⟨*lat.;* »jedem das Seine«⟩: jeder soll haben, was ihm zusteht, was er gern möchte (geflügeltes Wort in der Antike, das zum Wahlspruch des preußischen Schwarzen-Adler-Ordens wurde)

SUV [ɛsjuːˈviː, auch: zʊf] *das* od. *der;* -[s], -[s] ⟨Abk. für *engl.* sport utility vehicle⟩: Geländewagen

Swa|hi|li vgl. Suaheli

Swa|mi *der;* -[s], -s ⟨*Hindi*⟩: hinduistischer Mönch, Lehrer

Swap [svɔp] *der;* -s, -s ⟨*engl.*⟩ (Bankw.): Austausch bestimmter Verbindlichkeiten, Forderungen, Rechte o. Ä. [um sich gegen Zinsänderungs- und Währungsrisiken abzusichern]

S

Swap|ge|schäft [ˈsvɔp...] *das;* -[e]s, -e ⟨*engl.; dt.*⟩: [von den Zentralbanken] meist zum Zweck der Kurssicherung vorgenommener Austausch von Währungen in einer Verbindung von Kassageschäft u. Termingeschäft

Swas|ti|ka *die;* -, ...ken (auch *der;* -[s], -s) ⟨*sanskr.*⟩: altindisches Glückssymbol in Form eines Sonnenrades, Hakenkreuzes

Swea|ter [ˈsveːtɐ, ˈsvɛtɐ] *der;* -s, - ⟨*engl.;* »Schwitzer«⟩: Pullover

Sweat|shirt [ˈsvɛtʃəːt] *das;* -s, -s: weit geschnittener Sportpullover (meist aus Baumwolle)

Swim|ming|pool [ˈsvɪmɪŋpuːl] *der;* -s, -s ⟨*engl.*⟩: **1.** (auf einem Privatgrundstück befindliches) Schwimmbecken innerhalb od. außerhalb eines Gebäudes. **2.** Cocktail von blauer Farbe (mit blauem Curaçao)

Swing *der;* -[s], -s ⟨*engl.;* »das Schwingen«⟩: **1.** (ohne Plural) **a)** rhythmische Qualität des Jazz, die durch die Spannung zwischen dem Grundrhythmus u. den melodisch-rhythmischen Akzenten sowie durch Überlagerungen verschiedener Rhythmen entsteht; **b)** Jazzstil, bei dem die afroamerikanischen Elemente hinter europäischen Klangvorstellungen zurücktreten (bes. 1930–1945). **2.** Kurzform von ↑Swingfox

swin|gen: **1. a)** in der Art des Swing (1 a) ein Musikstück spielen, Musik machen; **b)** zur Musik des Swing (1 b) tanzen. **2.** Gruppensex betreiben

Swin|ger *der;* -s, -: **1.** (Mode) Kurzmantel in schwingender Weite. **2.** (Jargon) jmd., der swingt (2)

Swin|ge|rin *die;* -, -nen: weibliche Form zu ↑Swinger (2)

Swing|fox *der;* -[es], -e: aus dem Foxtrott entwickelter Gesellschaftstanz

swit|chen [ˈsvɪtʃn̩] ⟨*engl.*⟩: **1.** (Wirtsch.) ein ↑Switchgeschäft tätigen. **2.** [hin u. her] wechseln. **3.** (ugs.) ↑zappen

Switch|ge|schäft *das;* -[e]s, -e ⟨*engl.; dt.*⟩: Außenhandelsgeschäft, das über ein drittes Land abgewickelt wird (u. a. zur Ausnutzung von Kursdifferenzen)

sy..., Sy... vgl. syn..., Syn...

Sy|ba|rit *der;* -en, -en ⟨*gr.-lat.;* nach der antiken unterit. Stadt Sybaris, deren Einwohner als Schlemmer verrufen waren⟩ (veraltet): Schlemmer

sy|ba|ri|tisch (veraltet): genusssüchtig, schwelgerisch

Sy|e|nit [auch: ...ˈnɪt] *der;* -s, -e ⟨*gr.-lat.;* nach der altägypt. Stadt Syene bei Assuan⟩: mittel- bis grobkörniges Tiefengestein

Sy|ko|mo|re *die;* -, -n ⟨*gr.-lat.*⟩: in Ostafrika beheimateter Feigenbaum mit essbaren Früchten u. festem Holz

Sy|ko|phant *der;* -en, -en ⟨*gr.;* »Feigenanzeiger«⟩ (veraltet): **1.** gewerbsmäßiger Ankläger im alten Athen. **2.** Verräter, Verleumder

Sy|ko|phan|tin *die;* -, -nen: weibliche Form zu ↑Sykophant (2)

sy|ko|phan|tisch (veraltet): anklägerisch, verleumderisch

Sy|ko|se *die;* -, -n ⟨*gr.-nlat.*⟩: **1.** (veraltet) ↑Sacharin. **2.** (Med.) Bartflechte

syl... vgl. syn..., Syn...

syl|la|bisch ⟨*gr.-lat.*⟩: **1.** silbenweise, nach Silben gegliedert. **2.** silbenweise komponiert, sodass jeder Silbe des Textes eine Note zugehörig ist

Sy̱l|la|bus *der;* -, - u. ...bi: **1.** Zusammenfassung, Verzeichnis. **2.** (Geschichte) päpstliche Auflistung kirchlich verurteilter religiöser, philosophischer u. politischer Lehren

Syl|lẹp|se, Sy̱l|lep|sis *die;* -, ...ẹpsen ⟨*gr.-lat.*⟩ (Rhet.): Ellipse (2), bei der ein Satzteil anderen in Person, Numerus od. Genus verschiedenen Satzteilen zugeordnet wird (z. B. ich gehe meinen Weg, ihr den eurigen)

syl|lẹp|tisch ⟨*gr.-nlat.*⟩: in der Form einer Syllepse

Syl|lo|gi̱s|mus *der;* -, ...men ⟨*gr.-lat.*⟩ (Philos.): aus zwei Prämissen gezogener logischer Schluss vom Allgemeinen auf das Besondere

syl|lo|gi̱s|tisch: den Syllogismus, die Syllogistik betreffend

Syl|phi̱|de *die;* -, -n ⟨*lat.-nlat.*⟩: **1.** weiblicher Luftgeist. **2.** zartes, anmutiges Mädchen

syl|phi̱|den|haft: zart, anmutig

Silvester

Die Bezeichnung für den letzten Tag im Jahr wird, anders als der Vorname *Sylvester/Silvester,* ausschließlich mit *i* geschrieben.

Syl|vi̱n *das* (auch: *der*); -s, -e ⟨*nlat.;* nach dem fr. Arzt F. Sylvius, 1614–1672⟩: zu den Kalisalzen gehörendes Mineral

sym..., Sym... vgl. syn..., Syn...

Sym|bi|ọnt *der;* -en, -en ⟨*gr.*⟩: Lebewesen, das mit Lebewesen anderer Art in Symbiose lebt

Sym|bi|o̱|se *die;* -, -n: das Zusammenleben von Lebewesen verschiedener Art zu gegenseitigem Nutzen

sym|bi|o̱|tisch: in Symbiose lebend

Sym|bo̱l *das;* -s, -e ⟨*gr.-lat.;* »Kennzeichen, Zeichen«⟩: **1.** in der Antike ein durch Boten überbrachtes Erkennungs- od. Beglaubigungszeichen zwischen Freunden, Vertragspartnern o. Ä. **2.** Sinnbild. **3.** (Psychol.) Ausdruck des Unbewussten, Verdrängten in Worten, Handlungen, Traumbildern u. Ä. **4.** christliches Tauf- od. Glaubensbekenntnis. **5.** Zeichen, das eine Rechenanweisung gibt (verkürzte Kennzeichnung eines mathematischen Verfahrens). **6.** Zeichen für eine physikalische Größe (als deutscher, lateinischer od. griechischer Buchstabe geschrieben). **7.** (EDV) Zeichen od. Wort zur Darstellung od. Beschreibung einer Informationseinheit od. Operation

Sym|bo̱l|fi|gur *die;* -, -en: Figur, Person, die ein Symbol darstellt

Sym|bo̱|lik *die;* -: **1. a)** symbolische Bedeutung; **b)** symbolische Darstellung. **2. a)** Verwendung von Symbolen; **b)** Wissenschaft von den Symbolen u. ihrer Verwendung. **3.** Lehre von den christlichen Bekenntnissen

sym|bo̱|lisch: a) als Symbol für etwas anderes stehend; ein Symbol darstellend; **b)** sich eines Symbols bedienend

sym|bo|li|si̱e̱|ren ⟨*gr.-nlat.*⟩: sinnbildlich darstellen

Sym|bo|li̱s|mus *der;* -: **1.** (seit etwa 1890 verbreitete u. als Gegenströmung zum Naturalismus entstandene) [literarische] Bewegung, die eine symbolische Darstellungs- u. Ausdrucksweise anstrebt. **2.** (Fachspr.) System von Formelzeichen

Sym|bo|li̱st *der;* -en, -en: Vertreter des Symbolismus (1)

Sym|bo|li̱s|tin *die;* -, -nen: weibliche Form zu ↑Symbolist

sym|bo|li̱s|tisch: den Symbolismus, die Symbolisten betreffend

Sym|ma|chi̱e̱ *die;* -, ...i̱en ⟨*gr.*⟩ (Geschichte): Bundesgenossenschaft der altgriechischen Stadtstaaten

Sym|me|t|ri̱e̱ *die;* -, ...i̱en ⟨*gr.-lat.*⟩: **1.** Gleich-, Ebenmaß; die harmonische Anordnung mehrerer Teile zueinander; Ggs. ↑Asymmetrie. **2.** (Math., Biol.) Spiegelungsgleichheit; Eigenschaft von Figuren, Körpern o. Ä., die beiderseits einer [gedachten] Mittelachse ein jeweils spiegelgleiches Bild ergeben; Ggs. ↑Asymmetrie. **3.** (Musik, Literaturwiss.) die wechselseitige Entsprechung von Teilen in Bezug auf die Größe, die Form od. die Anordnung

sym|mẹ|t|risch ⟨*gr.-nlat.*⟩: **1.** gleich-, ebenmäßig. **2.** (Math.) auf beiden Seiten einer [gedachten] Mittelachse ein Spiegelbild ergebend (von Körpern, Figuren u. Ä.). **3.** (Med.) auf beiden Körperseiten gleichmäßig auftretend. **4.** (Musik, Literaturwiss.) wechselseitige Entsprechungen aufweisend (in Bezug auf die Form, Größe, Anordnung von Teilen)

sym|pa|the̱|tisch ⟨*gr.;* »mitfühlend«⟩: **1.** (veraltet) Sympathie empfindend, auf Sympathie beruhend; **sympathetischer Dativ** (Sprachw.): Dativ des Zuwendens, Mitfühlens (z. B.: *dem Freund* die Hand schütteln). **2.** eine geheimnisvolle Wirkung ausübend

Sym|pa|thi̱e̱ *die;* -, ...i̱en ⟨*gr.-lat.*⟩: **1.** aufgrund gewisser Übereinstimmung, Affinität positive gefühlsmäßige Einstellung zu jmdm., einer Sache; [Zu]neigung; Wohlgefallen; Ggs. ↑Antipathie. **2.** Verbundenheit aller Teile des Ganzen, sodass, wenn ein Teil betroffen ist, auch alle anderen Teile betroffen sind (in der Naturphilosophie).

3. im Volksglauben die Vorstellung von geheimer gegenseitiger Einwirkung aller Wesen u. Dinge aufeinander. **4.** (Psychol., Soziol.) Ähnlichkeit in der Art des Erlebens u. Reagierens, Gleichgerichtetheit der Überzeugung u. Gesinnung

Sym|pa|thi|kus *der;* -, ...thizi ‹*gr.-nlat.*› (Med.): Grenzstrang des sympathischen Teils des autonomen Nervensystems, der bes. die Eingeweide versorgt; vgl. Parasympathikus

Sym|pa|thi|sant *der;* -en, -en ‹*gr.-nlat.*›: jmd., der einer [extremen] politischen od. gesellschaftlichen Gruppe (seltener einer Einzelperson), Anschauung wohlwollend gegenübersteht [u. sie unterstützt]

Sym|pa|thi|san|tin *die;* -, -nen: weibliche Form zu ↑Sympathisant

sym|pa|thisch ‹*gr.-(fr.)*›: **1.** Sympathie erweckend. **2.** (Med.) zum vegetativen Nervensystem gehörend; den Sympathikus betreffend. **3.** (veraltet) mitfühlend, aufgrund innerer Verbundenheit gleich gestimmt

sym|pa|thi|sie|ren ‹*gr.-nlat.*›: die Anschauungen einer Gruppe, einer Einzelperson teilen, ihnen zuneigen, sie unterstützen

Sym|pho|nie usw. vgl. Sinfonie usw.

Sym|phy|se *die;* -, -n ‹*gr.*› (Med.): **a)** Verwachsung zweier Knochenstücke; **b)** Knochenfuge, bes. Schambeinfuge

sym|phy|tisch (Med.): zusammengewachsen

Sym|po|si|on [auch: ...ˈpo:...] *das;* -s, ...ien ‹*gr.*›: **1.** Zusammenkunft von Wissenschaftlern, Fachleuten, bei der bestimmte fachbezogene Themen (in Vorträgen u. Diskussionen) erörtert werden. **2.** Trinkgelage im antiken Griechenland, bei dem das [philosophische] Gespräch im Vordergrund stand. **3.** Sammelband mit Beiträgen verschiedener Autoren zu einem Thema

Sym|p|tom *das;* -s, -e ‹*gr.;* »Zufall; vorübergehende Eigentümlichkeit«›: **1.** Anzeichen, Vorbote, Warnungszeichen; Kennzeichen; Merkmal. **2.** (Med.) Krankheitszeichen, für eine bestimmte Krankheit charakteristische, zu einem bestimmten Krankheitsbild gehörende krankhafte Veränderung

Sym|p|to|ma|tik *die;* -: **1.** Gesamtheit von Symptomen. **2.** ↑Symptomatologie

sym|p|to|ma|tisch: 1. bezeichnend. **2.** (Med.) die Symptome betreffend; nur auf die Symptome, nicht auf die Krankheitsursache einwirkend

Sym|p|to|ma|to|lo|gie *die;* - ‹*gr.-nlat.*›: Wissenschaft von den Krankheitszeichen

syn..., Syn...

vor b, m, p angeglichen zu: **sym..., Sym...,** vor l zu: **syl..., Syl...,** gelegentlich verkürzt zu: **sy..., Sy...**
‹*gr.* sýn »zusammen; mit; übereinstimmend mit«›
Präfix mit der Bedeutung »mit, zusammen; gemeinsam; gleichzeitig mit; gleichartig«:
- Syllogismus
- Symbiose
- Synarthrose
- synchron

sy|n|a|go|gal ‹*gr.-lat.-nlat.*›: **1.** den jüdischen Gottesdienst betreffend. **2.** die Synagoge betreffend

Sy|n|a|go|ge *die;* -, -n ‹*gr.-lat.;* »Versammlung«›: **1.** Gebäude, Raum, in dem sich die jüdische Gemeinde zu Gebet u. Belehrung versammelt. **2.** (ohne Plural; Kunstwiss.) zusammen mit der Ecclesia (2) dargestellte weibliche Figur (mit einer Binde über den Augen u. einem zerbrochenen Stab in der Hand) als Allegorie des Alten Testaments

Syn|al|la|ge *die;* -, ...agen, **Syn|al|lag|ma** *das;* -s, ...men ‹*gr.*› (Rechtswiss.): gegenseitiger Vertrag

syn|al|lag|ma|tisch ‹*gr.-nlat.*›: gegenseitig; **synallagmatischer Vertrag:** ↑Synallage

Sy|n|a|lö|phe *die;* -, -n ‹*gr.*› (antike Metrik): Verschmelzung zweier Silben durch Elision (1) od. Krasis

sy|n|an|d|risch ‹*gr.-nlat.*› (Bot.): verwachsene Staubbeutel aufweisend (von Blüten)

Sy|n|ap|se *die;* -, -n ‹*gr.*› (Biol., Med.): **1.** Kontakt-, Umschaltstelle zwischen Nervenfortsätzen, an der nervöse Reize von einem Neuron auf ein anderes weitergeleitet werden. **2.** Berührungsstelle der Grenzflächen zwischen Muskel u. Nerv

Sy|n|ap|sis *die;* - (Biol.): die Paarung der sich entsprechenden Chromosomen während der ersten Phase der Reduktionsteilung

Sy|n|ä|re|se, Sy|n|ä|re|sis *die;* -, ...resen ‹*gr.*›: Zusammenziehung zweier verschiedenen Silben angehörender Vokale zu einer Silbe (z. B. *gehen* zu *gehn*)

Sy|n|äs|the|sie *die;* -, ...ien ‹*gr.-nlat.*›: **a)** Reizempfindung eines Sinnesorgans bei Reizung eines anderen (z. B. Farbwahrnehmung bei akustischem Reiz); **b)** (Stilkunde) durch sprachlichen Ausdruck hervorgerufene Verschmelzung mehrerer Sinneseindrücke

sy|n|äs|the|tisch: a) die Synästhesie betreffend; **b)** durch einen nicht spezifischen Reiz erzeugt

syn|chron [...k...] ‹*gr.-nlat.*›: **1.** gleichzeitig; mit

S

gleicher Geschwindigkeit [ab]laufend. **2. a)** als sprachliche Gegebenheit in einem bestimmten Zeitraum geltend, anzutreffen; **b)** ↑synchronisch (a); vgl. ...isch/-

Syn|chro|nie *die;* -: **a)** Zustand einer Sprache in einem bestimmten Zeitraum (im Gegensatz zu ihrer geschichtlichen Entwicklung); **b)** Beschreibung sprachlicher Phänomene, eines sprachlichen Zustandes innerhalb eines bestimmten Zeitraums

Syn|chro|ni|sa|ti|on *die;* -, -en: **1. a)** Zusammenstimmung von Bild, Sprechton u. Musik im Film; **b)** bild- und bewegungsechte Übertragung fremdsprachiger Partien eines Films. **2.** Ergebnis einer Synchronisation; synchronisierte Fassung; vgl. ...ation/...ierung

syn|chro|nisch (Sprachw.): **a)** die Synchronie betreffend; **b)** synchron (2 a); vgl. ...isch/-

syn|chro|ni|sie|ren: **1.** eine Synchronisation (1) vornehmen. **2.** den Gleichlauf zwischen zwei Vorgängen, Maschinen od. Geräte[teile]n herstellen. **3.** zeitlich aufeinander abstimmen

Syn|chro|ni|sie|rung *die;* -, -en: das Synchronisieren; vgl. ...ation/...ierung

Syn|chro|nis|mus *der;* -, ...men: **1.** (ohne Plural; Technik) Gleichlauf, übereinstimmender Bewegungszustand mechanisch voneinander unabhängiger Schwingungserzeuger. **2.** (für die geschichtliche Datierung wichtiges) zeitliches Zusammentreffen von Ereignissen

syn|chro|nis|tisch: **1.** (Technik) den Synchronismus (1) betreffend. **2.** Gleichzeitiges zusammenstellend

Syn|chro|t|ron *das;* -s, ...trone (auch: -s) (Kernphysik): ringförmiger Beschleuniger für geladene Elementarteilchen, der diese auf einer Kreisbahn beschleunigt

Syn|dak|ty|lie *die;* -, ...ien ⟨*gr.-nlat.*⟩ (Med.): Verwachsung der Finger od. Zehen

syn|de|tisch (Sprachw.): durch eine Konjunktion verbunden (von Satzteilen od. Sätzen)

Syn|di|ka|lis|mus *der;* - ⟨*gr.-lat.-nlat.*⟩: gegen Ende des 19. Jh.s in der Arbeiterbewegung entstandene Richtung, die in den gewerkschaftlichen Zusammenschlüssen der Lohnarbeiter u. nicht in einer politischen Partei den Träger revolutionärer Bestrebungen sah

Syn|di|ka|list *der;* -en, -en: Anhänger des Syndikalismus

Syn|di|ka|lis|tin *die;* -, -nen: weibliche Form zu ↑Syndikalist

syn|di|ka|lis|tisch: den Syndikalismus betreffend

Syn|di|kat *das;* -[e]s, -e ⟨*gr.-lat.(-engl.-amerik.)*⟩: **1.** (Wirtsch.) Kartell, bei dem die Mitglieder ihre Erzeugnisse über eine gemeinsame Verkaufsorganisation absetzen müssen. **2.** als geschäftliches Unternehmen getarnte Verbrecherorganisation (in den USA)

Syn|di|kus *der;* -, -se u. ...dizi ⟨*gr.-lat.*⟩ (Rechtswiss.): der von einer Körperschaft zur Besorgung ihrer Rechtsgeschäfte aufgestellte Bevollmächtigte, Rechtsbeistand

Syn|drom *das;* -s, -e ⟨*gr.;* »das Zusammenlaufen«⟩: **a)** (Med.) Krankheitsbild, das sich aus dem Zusammentreffen verschiedener charakteristischer Symptome ergibt; **b)** (Soziol.) Gruppe von Merkmalen od. Faktoren, deren gemeinsames Auftreten einen bestimmten Zusammenhang od. Zustand anzeigt

Sy|n|e|chie *die;* -, ...ien ⟨*gr.*⟩ (Med.): Verwachsung von Regenbogenhaut u. Augenlinse bzw. Hornhaut

Sy|n|e|d|ri|on *das;* -s, ...ien ⟨*gr.;* »Versammlung«⟩: **1.** altgriechische Ratsbehörde. **2.** ↑Synedrium

Sy|n|e|d|ri|um *das;* -s, ...ien ⟨*gr.-lat.*⟩ (Geschichte): der Hohe Rat der Juden in der griechischen u. römischen Zeit

Sy|n|ek|do|che *die;* -, ...dochen ⟨*gr.-lat.*⟩ (Rhet., Stilkunde): das Ersetzen eines Begriffs durch einen engeren od. weiteren Begriff (z. B. *Kiel* für *Schiff*)

sy|n|er|ge|tisch: zusammen..., mitwirkend

Sy|n|er|gie *die;* -, ...ien: **1.** Energie, die für den Zusammenhalt u. die gemeinsame Erfüllung von Aufgaben zur Verfügung steht. **2.** positives [ökonomisches] Potenzial, das zum Synergieeffekt führen kann. **3.** (ohne Plural) ↑Synergismus (1)

Sy|n|er|gie|ef|fekt *der;* -[e]s, -e: **a)** positive Wirkung, die sich aus dem Zusammenschluss od. der Zusammenarbeit zweier Unternehmen o. Ä. ergibt; **b)** die durch das Zusammenwirken einer [Arbeits]gruppe entstehende Summe von positiven Ergebnissen u. Problemlösungen, die größer ist als die Summe der Einzelbeiträge

Sy|n|er|gis|mus *der;* -: **1.** das Zusammenwirken von Substanzen od. Faktoren, die sich gegenseitig fördern. **2.** (Rel.) Heilslehre, nach der der Mensch an der Erlangung des Heils mitwirken kann; vgl. Pelagianismus

sy|n|er|gis|tisch: den Synergismus betreffend

Sy|n|e|sis *die;* -, ...esen ⟨*gr.*⟩ (Sprachw.): sinngemäß richtige Wortfügung, die streng genommen nicht den grammatischen Regeln entspricht (z. B.: eine *Menge* Äpfel *fielen* herunter); vgl. Constructio ad Sensum

Syn|kar|pie *die;* - (Bot.): Zusammenwachsen der Fruchtblätter zu einem Fruchtknoten

syn|kli|na̱l ⟨*gr.-nlat.*⟩ (Geol.): zum Muldenkern hin einfallend (von der Gesteinslagerung)

Syn|kli|na̱|le, Syn|kli̱|ne *die;* -, -n (Geol.): Mulde

Syn|ko|pe *die;* -, ...ko̱pen ⟨*gr.-lat.*⟩: **1. a)** [ˈzʏnkope] (Sprachw.) Ausfall eines unbetonten Vokals zwischen zwei Konsonanten im Wortinnern (z. B. ew'ger statt ewiger); **b)** [ˈzʏnkope] (Metrik) Ausfall einer Senkung im Vers. **2.** [ˈzʏnkope] (Med.) plötzliche, kurzzeitige Ohnmacht infolge einer Störung der Gehirndurchblutung. **3.** [zʏnˈkoːpə] (Musik) rhythmische Verschiebung durch Bindung eines unbetonten Wertes an den folgenden betonten

syn|ko|pie̱|ren ⟨*gr.-nlat.*⟩: **1.** (Sprachw.) einen unbetonten Vokal zwischen zwei Konsonanten ausfallen lassen. **2.** (Metrik) eine Senkung im Vers ausfallen lassen. **3.** (Musik) durch eine Synkope (3), durch Synkopen rhythmisch verschieben

syn|ko̱|pisch: die Synkope betreffend, in der Art der Synkope

Syn|kre|ti̱s|mus *der;* - ⟨*gr.-nlat.*⟩: **1.** Vermischung verschiedener Religionen, Konfessionen od. philosophischer Lehren, meist ohne innere Einheit (z. B. in der späten Antike). **2.** ↑Kasussynkretismus

Syn|kre|ti̱st *der;* -en, -en: Vertreter des Synkretismus

Syn|kre|ti̱s|tin *die;* -, -nen: weibliche Form zu ↑Synkretist

syn|kre|ti̱s|tisch: den Synkretismus betreffend

Sy|n|o̱d *der;* -s, -e ⟨*gr.-russ.*⟩: oberstes Organ der russisch-orthodoxen Kirche (bis 1917)

sy|n|o|da̱l ⟨*gr.-lat.*⟩: die Synode betreffend, zu ihr gehörend

Sy|n|o|da̱|le *der* u. *die;* -n, -n: Mitglied einer Synode

Sy|n|o̱|de *die;* -, -n ⟨*gr.;* »Zusammenkunft«⟩: **1.** (ev. Kirche) aus Beauftragten der Gemeinden bestehende Versammlung, die Fragen der Lehre u. kirchlichen Ordnung regelt u. Trägerin kirchlicher Selbstverwaltung ist. **2.** (kath. Kirche) beratende, beschließende u. gesetzgebende Versammlung von Bischöfen in einem Konzil (1) [unter Vorsitz des Papstes]

sy|n|o̱|disch: 1. (Astron.) auf die Stellung von Himmelskörpern zueinander bezogen. **2.** ↑synodal

Sy|n|ö|kie̱ vgl. Synözie

sy|n|o|ny̱m ⟨*gr.-lat.*⟩: (Sprachw.; von Wörtern) eine gleiche od. ähnliche Bedeutung habend; sinnverwandt (z. B. alt/betagt, Sieg/Erfolg)

Sy|n|o|ny̱m *das;* -s, -e, auch: Syno̱nyma (Sprachw.): Wort, das einem anderen in Bezug auf die Bedeutung ähnlich od. gleich ist (z. B. starten/anfahren/anlassen, Mann/Herr); Ggs. ↑Antonym

Sy|n|o|ny|mie̱ *die;* -, ...i̱en (Sprachw.): inhaltliche Übereinstimmung von verschiedenen Wörtern od. Konstruktionen in derselben Sprache

Sy|n|o|ny̱|mik *die;* -, -en ⟨*gr.*⟩: **1.** (ohne Plural) Teilgebiet der Sprachwissenschaft, das sich mit der Synonymie befasst. **2.** Wörterbuch der Synonyme. **3.** (ohne Plural) ↑Synonymie

sy|n|o|ny̱|misch: die Synonymie betreffend

Sy|n|o̱p|se, Sy̱|n|op|sis *die;* -, ...o̱psen ⟨*gr.-lat.;* »Zusammenschau«⟩: **1.** knappe Zusammenfassung, vergleichende Übersicht. **2. a)** vergleichende Gegenüberstellung von Texten o. Ä.; **b)** sachliche bzw. wörtliche Nebeneinanderstellung der Evangelien nach Matthäus, Markus u. Lukas

Sy|n|o̱p|tik *die;* -, -en ⟨*gr.*⟩ (Meteorol.): für eine Wettervorhersage notwendige großräumige Wetterbeobachtung

Sy|n|o̱p|ti|ker *die* (nur Plural): die drei Evangelisten Matthäus, Markus u. Lukas, deren Texte beim Vergleich weitgehend übereinstimmen

sy|n|o̱p|tisch: 1. [übersichtlich] zusammengestellt, nebeneinandergereiht. **2.** von den Synoptikern stammend

Sy|n|ö|zie̱, Sy|n|ö|kie̱ *die;* -, ...i̱en ⟨*gr.-nlat.;* »Zusammenhausen«⟩: **1.** das Zusammenleben zweier od. mehrerer Arten von Organismen, ohne dass die Gemeinschaft den Wirtstieren nützt od. schadet (z. B. bei Ameisen u. Termiten, die andere Insekten in ihren Bauten dulden u. ernähren). **2.** ↑Monözie

sy|n|ö̱|zisch: die Synözie betreffend

Syn|ta̱g|ma *das;* -s, ...men od. -ta ⟨*gr.;* »Zusammengestelltes, Sammlung«⟩: **1.** (veraltet) Sammlung von Schriften, Aufsätzen, Bemerkungen verwandten Inhalts. **2.** (Sprachw.) Verknüpfung von Wörtern zu Wortgruppen, Wortverbindungen (z. B. von *in* und *Eile* zu *in Eile*)

syn|tag|ma̱|tisch ⟨*gr.-nlat.*⟩ (Sprachw.): die Beziehung, die zwischen ein Syntagma (2) bildenden Einheiten besteht, betreffend

Syn|ta̱k|tik *die;* -: Teilgebiet der Semiologie (1), das sich mit der Untersuchung der formalen Beziehungen zwischen den Zeichen einer Sprache befasst

syn|ta̱k|tisch ⟨*gr.*⟩: die Syntax (1, 2) betreffend

Sy̱n|tax *die;* -, -en ⟨*gr.-lat.;* »Zusammenordnung; Wortfügung; Satzgefüge«⟩ (Sprachw.): **1.** in einer Sprache übliche Verbindung von Wörtern zu Wortgruppen u. Sätzen; korrekte Verknüpfung sprachlicher Einheiten im Satz. **2.** Lehre vom

S

Bau des Satzes als Teilgebiet der Grammatik; Satzlehre. **3.** wissenschaftliche Darstellung der Syntax (2)

Syn|the|se *die;* -, -n ‹*gr.-lat.*›: **1.** (Philos.) **a)** Vereinigung verschiedener [gegensätzlicher] geistiger Elemente, von These u. Antithese zu einem neuen [höheren] Ganzen; **b)** Verfahren, von elementaren zu komplexen Begriffen zu gelangen. **2.** (Chemie) Aufbau einer Substanz aus einfacheren Stoffen

Syn|the|si|zer [ˈzʏntəsaizɐ, engl.: ˈsɪnθɪsaɪzə] *der;* -s, - ‹*gr.-lat.-engl.*›: elektronisches Musikinstrument aus einer Kombination aufeinander abgestimmter elektronischer Bauelemente zur Erzeugung von Klängen u. Geräuschen

Syn|the|tics *die* (Plural) ‹*gr.-lat.-engl.*›: **a)** auf chemischem Wege gewonnene Textilfasern; Gewebe aus Kunstfasern; **b)** Textilien aus Synthetics (a)

Syn|the|tik *das;* -s (meist ohne Artikel): [Gewebe aus] Kunstfaser, Chemiefaser

syn|the|tisch ‹*gr.*›: **1.** zusammensetzend; **synthetische Sprachen:** Sprachen, die die Beziehung der Wörter im Satz durch Endungen u. nicht durch freie Morpheme ausdrücken (z. B. lat. *amavi* gegenüber dt. *ich habe geliebt*); Ggs. ↑analytische Sprachen. **2.** (Chemie) aus einfacheren Stoffen aufgebaut; künstlich hergestellt. **3.** gleichsinnig einfallend (von einem geologischen Verwerfungssystem)

syn|the|ti|sie|ren ‹*gr.-nlat.*› (Chemie): durch Synthese (2) herstellen

Syn|zy|ti|um *das;* -s, ...ien ‹*gr.-nlat.*›: mehrkernige Plasmamasse (durch Verschmelzung mehrerer Zellen entstanden)

Sy|phi|lis *die;* - ‹*nlat.;* nach dem Titel eines lat. Lehrgedichts des 16. Jh.s, in dem die Geschichte eines an Syphilis erkrankten Hirten namens Syphilus erzählt wird›: chronisch verlaufende Geschlechtskrankheit, die mit Schädigungen der Haut, der inneren Organe, Knochen, des Gehirns u. Rückenmarks einhergeht; Lues

Sy|phi|li|ti|ker *der;* -s, -: jmd., der an Syphilis leidet

Sy|phi|li|ti|ke|rin *die;* -, -nen: weibliche Form zu ↑Syphilitiker

sy|phi|li|tisch: die Syphilis betreffend

Siphon

Wie im Französischen, aus dem wir das Wort entlehnt haben, wird *Siphon* mit *i* geschrieben.

Sy|rin|ge *die;* -, -n ‹*gr.-mlat.*› (Bot.): Flieder

Sy|rinx *die;* -, ...ingen ‹*gr.-lat.*›: **1.** Panflöte. **2.** Töne erzeugendes Organ an der Gabelung der Luftröhre in die beiden Hauptbronchien (bei [Sing]vögeln)

Sy|ro|lo|ge *der;* -n, -n ‹*gr.-nlat.*›: Wissenschaftler auf dem Gebiet der Syrologie

Sy|ro|lo|gie *die;* -: Wissenschaft von den Sprachen, der Geschichte u. den Altertümern Syriens

Sy|ro|lo|gin *die;* -, -nen: weibliche Form zu ↑Syrologe

Sys|tem *das;* -s, -e ‹*gr.-lat.;* »Zusammenstellung«›: **1.** Prinzip, Ordnung, nach der etwas organisiert od. aufgebaut wird, Plan, nach dem vorgegangen wird. **2.** Gefüge; einheitlich geordnetes Ganzes. **3.** wissenschaftliches Schema, Lehrgebäude. **4.** Form der staatlichen, wirtschaftlichen u. gesellschaftlichen Organisation; Regierungsform. **5.** (bes. Logik) eine Menge von Elementen, zwischen denen bestimmte Beziehungen bestehen od. die nach bestimmten Regeln zu verwenden sind. **6.** (Biol.) Zusammenfassung u. Einordnung der Tiere u. Pflanzen in verwandte od. ähnlich gebaute Gruppen. **7.** in festgelegter Weise zusammengeordnete Linien o. Ä. zur Eintragung u. Festlegung von etwas

Sys|tem|ana|ly|se *die;* -, -n (EDV): **1.** Untersuchung eines Problems u. seine Zerlegung in Einzelprobleme als Vorstufe des Programmierens. **2.** Untersuchung der Computertechnik u. der jeweiligen Einsatzmöglichkeiten in einem Bereich

Sys|te|ma|tik *die;* -, -en: **1.** planmäßige Darstellung; einheitliche Gestaltung nach bestimmten Ordnungsprinzipien. **2.** (ohne Plural) Teilgebiet der Zoologie u. Botanik mit der Aufgabe der Einordnung aller Lebewesen in ein System

Sys|te|ma|ti|ker *der;* -s, -: **1.** jmd., der systematisch vorgeht. **2.** Wissenschaftler auf dem Gebiet der Systematik (2)

sys|te|ma|tisch: **1.** das System, die Systematik betreffend. **2.** in ein System gebracht, ordentlich gegliedert. **3.** planmäßig, gezielt, absichtlich

sys|te|ma|ti|sie|ren ‹*gr.-nlat.*›: in ein System bringen, in einem System darstellen

Sys|te|ma|ti|sie|rung *die;* -, -en: das Systematisieren

sys|tem|im|ma|nent: **a)** einem System innewohnend; in den Rahmen eines Systems (3, 4) gehörend; **b)** sich [im Denken u. Handeln] innerhalb der Grenzen eines Systems (4) bewegend; angepasst

sys|te|misch (Biol., Med.): ein Organsystem od. mehrere Organe in gleicher Weise betreffend od. auf sie wirkend; **systemische Insektizide:** Insektengifte, die von der Pflanze durch Blätter u. Wurzeln mit dem Saftstrom aufgenommen wer-

a b c d e f g h i j k l m n o p q r s sys t u v w x y z

den u. so von innen her einen wirksamen Schutz gegen saugende Schädlinge bieten

sys|tem|kon|form: mit einem bestehenden politischen System im Einklang

Sys|tem|kri|ti|ker *der;* -s, -: jmd., der eine politische od. gesellschaftliche Ideologie angreift u. kritisiert

Sys|tem|kri|ti|ke|rin *die;* -, -nen: weibliche Form zu ↑Systemkritiker

Sy|s|to|le [auch: 'zʏstole] *die;* -, ...olen ⟨*gr.-lat.;* »Zusammenziehung, Kürzung«⟩: **1.** (Med.) mit der Diastole rhythmisch abwechselnde Zusammenziehung des Herzmuskels. **2.** (antike Metrik) Kürzung eines langen Vokals od. eines Diphthongs aus Verszwang

sy|s|to|lisch ⟨*gr.-nlat.*⟩: die Systole betreffend

Sy|zy|gie *die;* -, ...ien ⟨*gr.-lat.;* »Zusammenfügung«⟩: **1.** (Astron.) Stellung von Sonne, Mond u. Erde in annähernd gerader Linie (d. h. die Zeit um Vollmond od. Neumond). **2.** (antike Metrik) Verbindung von zwei Versfüßen; Dipodie

Sze|nar *das;* -s, -e ⟨*gr.-lat.*⟩: **1.** ↑Szenarium (1). **2.** ↑Szenario (1, 3)

Sze|na|rio *das;* -s, -s, auch: ...ien ⟨*gr.-lat.-it.*⟩: **1.** szenisch gegliederter Entwurf eines Films (als Entwicklungsstufe zwischen Exposé u. Drehbuch). **2.** (Theater) Szenarium (1). **3.** hypothetische Aufeinanderfolge von Ereignissen, die zur Beachtung kausaler Zusammenhänge konstruiert wird (in der öffentlichen u. industriellen Planung). **4.** Szenerie (2), Bild, Ambiente

Sze|na|ri|um *das;* -s, ...ien ⟨*gr.-lat.*⟩: **1.** (Theater) für die Regie u. das technische Personal erstellte Übersicht mit Angaben über Szenenfolge, auftretende Personen u. Ä. **2.** (Film) ↑Szenario (1). **3.** ↑Szenario (3). **4.** Schauplatz

Sze|ne *die;* -, -n ⟨*gr.-lat.-fr.*⟩: **1.** ↑Skene. **2.** Schauplatz einer [Theater]handlung; Bühne. **3.** kleinste Einheit des Dramas od. Films; Auftritt (als Unterabteilung des Aktes). **4.** auffallender Vorgang, Vorfall, der sich zwischen Personen [vor anderen] abspielt. **5.** Auseinandersetzung; heftige Vorwürfe, die jmdm. gemacht werden. **6.** (Plural selten) charakteristischer Bereich für bestimmte [kulturelle] Aktivitäten

Sze|ne|rie *die;* -, ...ien: **1.** das mittels der Bauten, Dekorationen u. Ä. dargestellte Bühnenbild. **2.** Schauplatz, Rahmen von etwas

sze|nisch: die Szene betreffend, bühnenmäßig

Szep|ter vgl. Zepter

szi|en|ti|fisch ⟨*lat.-nlat.*⟩: wissenschaftlich

Szi|en|tis|mus *der;* -: **1.** (Fachspr.) Wissenschaftstheorie, nach der die Methoden der exakten [Natur]wissenschaften auf die Geistes- u. Sozialwissenschaften übertragen werden sollen; auf strenger Wissenschaftlichkeit gründende Haltung. **2.** Lehre der Christian Science, nach der Sünde, Tod u. Krankheit Einbildungen sind, die durch das Gebet zu Gott geistig überwunden werden können

Szi|en|tist *der;* -en, -en: Vertreter des Szientismus

Szi|en|tis|tin *die;* -, -nen: weibliche Form zu ↑Szientist

szi|en|tis|tisch: den Szientismus, die Szientisten betreffend

Szil|la, bes. fachspr.: **Scil|la** ['stsɪla] *die;* -, - od. ...en ⟨*gr.-lat.*⟩: (im Frühjahr blühende) Pflanze mit schmalen Blättern u. kleinen, sternförmigen blauen Blüten

Szin|ti|gramm *das;* -s, -e ⟨*lat.; gr.*⟩ (Med.): durch die Einwirkung der Strahlung radioaktiver Stoffe auf eine fluoreszierende Schicht erzeugtes Leuchtbild

Szin|til|la|ti|on *die;* -, -en ⟨*lat.*⟩: **1.** (Astron.) das Sternfunkeln. **2.** Lichtblitze beim Auftreffen radioaktiver Strahlung auf fluoreszierende Stoffe

szin|til|lie|ren (Astron., Physik): funkeln, leuchten, flimmern

Szyl|la, Scyl|la ['stsʏla] *die;* - ⟨*gr.-lat.;* nach dem sechsköpfigen Seeungeheuer der gr. Sage in einem Felsenriff in der Straße von Messina (gegenüber der Charybdis, einem gefährlichen Meeresstrudel)⟩: **zwischen Szylla und Charybdis:** in einer Situation, in der nur zwischen zwei Übeln zu wählen ist; in einer ausweglosen Lage

T

Tab [auch: tɛp] *der;* -s, -s ⟨*engl.*⟩: vorspringender Teil einer Karteikarte zur Kenntlichmachung bestimmter Merkmale

Ta|bak [auch: 'ta:... u. bes. österr.: ...'bak] *der;* -s, -e ⟨*span.*⟩: **1.** (ohne Plural) eine Pflanze, deren Blätter zu Zigaretten, Zigarren u. Pfeifentabak verarbeitet werden. **2.** das aus den Blättern der Tabakpflanze hergestellte Genussmittel

Ta|bak|tra|fik *die;* -, -en (österr.): kleines Geschäft, in dem man Tabakwaren, Briefmarken, Zeitschriften u. Ä. kaufen kann

Ta|bas|co® *der;* -s ⟨nach dem mex. Bundesstaat⟩, **Ta|bas|co|so|ße** *die;* -, **Ta|bas|co|sau|ce** *die;* -: aus roten ↑Chillies unter Beigabe von Essig, Salz u. anderen Gewürzen hergestellte, scharfe Würzsoße

Ta|ba|ti|e̱|re *die;* -, -n ⟨*span.-fr.*⟩: **1.** (veraltet) Schnupftabakdose. **2.** Zigarettendose

ta|bel|la̱|risch ⟨*lat.*⟩: in Tabellenform

ta|bel|la|ri|sie̱|ren ⟨*lat.-nlat.*⟩: übersichtlich in Tabellen anordnen

Ta|bẹl|le *die;* -, -n ⟨*lat.;* »Täfelchen, Merktäfelchen«⟩: **a)** listenähnliche Zusammenstellung von Zahlenmaterial, Fakten, Namen u. a.; Übersicht, [Zahlen]tafel, Liste; **b)** (Sport) Tabelle (a), die die Rangfolge von Mannschaften, Sportlern entsprechend den von ihnen erzielten Ergebnissen wiedergibt

ta|bel|lie̱|ren ⟨*lat.-nlat.*⟩: Angaben in Tabellenform darstellen

Ta|ber|na̱|kel *das* (auch, bes. in der kath. Kirche: *der*); -s, - ⟨*lat.;* »Zelt, Hütte«⟩: **1. a)** kunstvoll gearbeitetes (im Mittelalter tragbares) festes Gehäuse zur Aufbewahrung der geweihten Hostie auf dem katholischen Altar; **b)** ↑Ziborium (1). **2.** (in der Gotik) Ziergehäuse mit säulengestütztem Spitzdach [für Figuren]

Ta̱|bes *die;* - ⟨*lat.*⟩ (Med.): **1.** (veraltet) Auszehrung, Schwindsucht. **2.** [Rückenmarks]schwindsucht

Ta̱|bi|ker *der;* -s, - (Med.): jmd., der an Rückenmarksschwindsucht (↑Tabes (2)) erkrankt ist

Ta̱|bi|ke|rin *die;* -, -nen: weibliche Form zu ↑Tabiker

ta̱|bisch (Med.): **a)** an Rückenmarksschwindsucht leidend; **b)** die Rückenmarksschwindsucht betreffend

Tạ|b|lar *das;* -s, -e ⟨*lat.-fr.*⟩ (schweiz.): Regalbrett

Ta|b|leau [ta'blo:] *das;* -s, -s: **1.** (Theater, Film) wirkungsvoll gruppiertes Bild (auf der Bühne od. Leinwand). **2.** (veraltet) Gemälde. **3.** Tafel im Flur eines Mietshauses, auf der die Namen der Mieter verzeichnet sind. **4.** Zusammenstellung von im gleichen Maßstab angefertigten Vorlagen für eine Gesamtaufnahme in der Reproduktionstechnik. **5.** (bes. Literaturwiss.) breit ausgeführte, personenreiche Schilderung

Ta̱|b|le d'Hôte [- 'do:t] *die;* - - ⟨*fr.*⟩ (veraltet): [gemeinsame] Speisetafel im Hotel

Ta|b|let-PC ['tɛblɛt...] *der;* -[s], -[s] ⟨*engl.*⟩: per Stift bedienbarer, flacher Computer [ohne Tastatur]

Ta|b|lẹtt *das;* -[e]s, -s (auch: -e) ⟨*lat.-fr.*⟩: Servierbrett

Ta|b|lẹt|te *die;* -, -n: ein in eine feste [runde] Form gepresstes Arzneimittel zum Einnehmen

ta|b|let|tie̱|ren ⟨*lat.-fr.-nlat.*⟩: in Tablettenform bringen

Ta|b|li|num *das;* -s, ...na ⟨*lat.*⟩: Hauptraum des altrömischen Hauses

Ta|bo|ri̱t *der;* -en, -en ⟨*nlat.;* nach der tschech. Stadt Tábor⟩: Angehöriger einer radikalen Gruppe der ↑Hussiten (15. Jh.)

Tä̱|b|ris *der;* -, - ⟨nach der iran. Stadt⟩: feiner, kurz geschorener Teppich aus Wolle od. Seide, meist mit Medaillonmusterung

ta|bu̱ ⟨*polynes.*⟩: einem Tabu unterliegend; unverletzlich, unantastbar

Ta|bu̱ *das;* -s, -s: **1.** (Völkerkunde) Verbot, bestimmte Handlungen auszuführen, bes. geheiligte Personen od. Gegenstände zu berühren, anzublicken, zu nennen, bestimmte Speisen zu genießen. **2.** ungeschriebenes Gesetz, das aufgrund bestimmter Anschauungen verbietet, bestimmte Dinge zu tun; sittliche, konventionelle Schranke

ta|bu|ie̱|ren ⟨*polynes.-nlat.*⟩: ↑tabuisieren

ta|bu|i|sie̱|ren: für tabu erklären

Ta|bu|i|sie̱|rung *die;* -, -en: das Tabuisieren

Ta̱|bu|la ra̱|sa *die;* - - ⟨*lat.;* »abgeschabte Tafel«⟩: **1.** (Philos.) Zustand der Seele, in dem sie noch keine Eindrücke von außen empfangen u. keine Vorstellungen entwickelt hat. **2. a)** etwas, was durch nichts [mehr] vorgeprägt ist; **b)** unbeschriebenes Blatt; **Tabula rasa machen:** reinen Tisch machen; energisch Ordnung schaffen

Ta|bu|la̱|ten *die* (Plural) ⟨*lat.-nlat.*⟩: ausgestorbene Korallen mit quer gefächerten Röhren

Ta|bu|la̱|tor *der;* -s, ...o̱ren: Vorrichtung an Büro-, bes. Schreibmaschinen für das Weiterrücken des Wagens auf vorher eingestellte Stellen beim Schreiben von Tabellen o. Ä.

Ta|bu|rẹtt *das;* -[e]s, -e ⟨*arab.-fr.*⟩ (veraltet, aber noch schweiz.): Hocker, Stuhl ohne Lehne

Ta|bu̱|wort *das;* -[e]s, ...wörter ⟨*polynes.; dt.*⟩ (Sprachw.): Wort, das ein Tabu berührt u. das man deswegen meidet u. durch ein anderes ersetzt (z. B. *der Leibhaftige* anstelle von *der Teufel*)

Tạ|che|les ⟨*hebr.-jidd.*⟩: **Tacheles reden:** a) offen miteinander reden; b) jmdm. seine Meinung sagen

ta|chi|nie̱|ren ⟨Herkunft unsicher⟩ (österr. ugs.): [während der Arbeitszeit] untätig herumstehen, faulenzen

Ta|chis|mus [ta'ʃɪs...] *der;* - ⟨*germ.-fr.-nlat.*⟩: Richtung der informellen Malerei, die seelische Regungen durch spontanes Auftragen von Farbflecken auf die Leinwand auszudrücken sucht u. jede bewusste Formgestaltung ablehnt

Ta̱|cho *der;* -s, -s (ugs.): Kurzform von ↑Tachometer (2)

Ta|cho|gra̱f, Ta|cho|gra̱ph *der;* -en, -en ⟨*gr.-nlat.*⟩: Gerät zum Aufzeichnen von Geschwindigkeiten; Fahrtenschreiber

Ta|cho|me|ter *der* (auch: *das*); -s, -: **1.** Messgerät, das die Anzahl der Umdrehungen von rotierenden Maschinenteilen anzeigt; Drehzahlmesser. **2.** Messgerät, das die Fahrgeschwindigkeit eines Fahrzeugs anzeigt; Geschwindigkeitsmesser

Ta|chy|graf, Ta|chy|graph *der;* -en, -en: **1.** (Geschichte) Schreiber, der die Tachygrafie beherrscht. **2.** ↑Tachograf

Ta|chy|gra|fie, Ta|chy|gra|phie *die;* -, ...ien: Kurzschriftsystem des Altertums

Ta|chy|graph usw. vgl. Tachygraf usw.

Ta|chy|kar|die *die;* -, ...ien (Med.): stark beschleunigter Herzschlag; Herzjagen

Ta|chy|me|ter *das;* -s, -: Instrument zur geodätischen Schnellmessung, das neben Vertikal- u. Horizontalwinkeln auch Entfernungen misst

Ta|chy|on *das;* -s, ...onen (Physik): hypothetisches Elementarteilchen, das sich stets mit Überlichtgeschwindigkeit bewegt

Ta|cker *der;* -s, - ⟨*engl.*⟩: Gerät, mit dem etwas geheftet werden kann

ta|ckern (ugs.): mit dem Tacker heften

Tack|ling ['tɛk...] *das;* -s, -s ⟨*engl.*⟩ (Fußball): Aktion eines Abwehrspielers mit dem Ziel, den Angreifer vom Ball zu trennen, wobei der Abwehrspieler in die Beine des Angreifers hineingrätscht

Täcks, Täks *der;* -es, -e ⟨*engl.*⟩ (Schuhherstellung): kleiner keilförmiger Nagel zur Verbindung von Oberleder u. Brandsohle

Tae|k|won|do [tɛ...] *das;* -[s] ⟨*korean.*⟩: **a)** traditionelle koreanische Form der waffenlosen Selbstverteidigung; **b)** moderne Zweikampfsportart

Tael [tɛ:l, te:l] *das;* -[s], -s (aber: 5 Tael) ⟨*sanskr.-Hindi-malai.-port.*⟩: **1.** eine alte chinesische Münzeinheit. **2.** ein ehemaliges asiatisches Handelsgewicht

Taft *der;* -[e]s, -e ⟨*pers.-türk.-it.*⟩: **a)** dichtes, feinfädiges [Kunst]seidengewebe in Leinwandbindung; **b)** ein Futterstoff

taf|ten: aus Taft

Tag-Cloud, Tag|cloud [...klaud] *die;* -, -s ⟨*engl.*⟩ (EDV): auf einer Fläche angezeigte, in einem lockeren Neben-, Unter- u. Übereinander angeordnete Wörter, deren Gewichtung als Schlagwörter o. Ä. (z. B. durch unterschiedliche Schriftgröße) optisch verdeutlicht wird

Ta|ge|tes *die;* -, - ⟨*lat.-nlat.*⟩: eine Zierpflanze; Studentenblume

Ta|g|li|a|ta [tal'ja:ta] *die;* -, -s ⟨*lat.-vulgärlat.-it.*⟩ (Sport): ein bestimmter Fechthieb

Ta|g|li|a|tel|le [talja...], **Ta|g|li|a|ti** [tal'ja:ti] *die* (Plural): italienische Bandnudeln

Tai-Chi [tai'tʃi:] *das;* -[s] ⟨*chin.*⟩: **1.** (in der chinesischen Philosophie) Urgrund des Seins, aus dem alles entsteht. **2.** Abfolge von Übungen mit langsamen, fließenden Bewegungen; Schattenboxen

Tai|fun *der;* -s, -e ⟨*chin.-engl.*⟩: tropischer Wirbelsturm [in Südostasien]

Tai|ga *die;* - ⟨*russ.*⟩: Wald- u. Sumpflandschaft bes. in Sibirien

Tail|le ['taljə, österr.: 'tailjə] *die;* -, -n ⟨*lat.-vulgärlat.-fr.*⟩: **1. a)** oberhalb der Hüfte schmaler werdende Stelle des menschlichen Körpers; Gürtellinie; **b)** (ugs.) die Taille (1 a) bedeckender Teil von Kleidungsstücken. **2.** (Geschichte) **a)** Vasallensteuer in England u. Frankreich; **b)** bis 1789 in Frankreich eine Staatssteuer. **3.** (Musik) tiefere Tenorlage bei Instrumenten (z. B. Bratsche). **4.** (Kartenspiele) das Aufdecken der Blätter für Gewinn od. Verlust

tail|lie|ren [ta(l)'ji:...]: **1.** (ein Kleidungsstück) auf Taille arbeiten. **2.** (Kartenspiele) die Karten aufdecken; vgl. Taille (4)

Tai|lor|made [...me:t] *das;* -[s], -s: im konventionellen Stil geschneidertes Kostüm

Take [te:k, engl.: teɪk] *der* od. *das;* -s, -s ⟨*engl.*⟩: **1.** Abschnitt, Teil einer Filmszene, die in einem Stück gedreht wird. **2.** (Jargon) Zug aus einer Haschisch- od. Marihuanazigarette

Take-away, Take|away ['teɪk|əweɪ, auch: ...'weɪ] *das* od. *der;* -s, -s ⟨*engl.*⟩: Laden, der Snacks zum Mitnehmen verkauft

Ta|ke|la|ge [...ʒə] *die;* -, -n ⟨mit *fr.* Endung *-age* zu *niederd.* Takel »Tauwerk u. Hebezeug eines Schiffes« gebildet⟩: Segelausrüstung eines Schiffes; Takelwerk

Take-off, Take|off ['teɪk|ɔf, auch: ...'|ɔf] *das* u. *der;* -s, -s ⟨*engl.*⟩: **a)** Start (einer Rakete, eines Flugzeugs); **b)** Beginn

Take-over, Take|over [...'|oʊvɐ] *das* u. *der;* -s, -s ⟨*engl.*⟩ (Wirtsch.): Kauf, Übernahme eines Unternehmens bzw. Übernahme der Leitung eines erworbenen Unternehmens

Täks vgl. Täcks

¹tak|tie|ren ⟨*lat.-nlat.*⟩: den Takt angeben, schlagen

²tak|tie|ren ⟨*gr.-fr.*⟩: in einer bestimmten Weise taktisch vorgehen

Tak|tik *die;* -, -en ⟨*gr.-fr.;* »Kunst der Anordnung u. Aufstellung«⟩: **1.** auf genauen Überlegungen basierende, von bestimmten Erwägungen bestimmte Art u. Weise des Vorgehens; berechnendes Verhalten. **2.** (Militär) Praxis der geschickten Kampf- od. Truppenführung

Tak|ti|ker *der;* -s, -: jmd., der eine Situation planmäßig u. klug berechnend zu seinem Vorteil zu nutzen versteht

Tak|ti|ke|rin *die;* -, -nen: weibliche Form zu ↑Taktiker

tak|til ‹*lat.*› (Med.): das Tasten, die Berührung, den Tastsinn betreffend

tak|tisch ‹*gr.-fr.*›: **a)** die Taktik betreffend; **b)** geschickt u. planvoll vorgehend, auf einer bestimmten Taktik beruhend; **taktische Waffe:** Waffe von geringerer Sprengkraft u. Reichweite, die zum Einsatz gegen feindliche Streitkräfte u. deren Einrichtungen bestimmt ist; vgl. strategische Waffe

Ta|lar *der;* -s, -e ‹*lat.-it.*›: bis zu den Knöcheln reichendes, weites, schwarzes Amts- od. Festgewand (z. B. des Pfarrers)

Ta|lent *das;* -[e]s, -e ‹*gr.-lat.*›: **1. a)** Anlage zu überdurchschnittlichen geistigen od. körperlichen Fähigkeiten auf einem bestimmten Gebiet; angeborene besondere Begabung; **b)** jmd., der über eine besondere Begabung auf einem bestimmten Gebiet verfügt. **2.** altgriechische Gewichts- u. Geldeinheit

ta|len|tiert: begabt, geschickt

Ta|li|ban *die* (nur Plural) ‹*Paschtu* (afghanische Amtssprache)›: Angehörige einer radikalen islamischen Miliz in Afghanistan [u. angrenzenden Gebieten]

Ta|li|on *die;* -, -en ‹*lat.*› (Rechtswiss.): die Vergeltung von Gleichem mit Gleichem (umstrittener mittelalterlicher, im Volksbewusstsein z. T. noch nachwirkender Strafrechtsgrundsatz, der z. B. die Todesstrafe für Mord fordert)

Ta|lis|man *der;* -s, -e ‹*gr.-mgr.-arab.-roman.*›: Glücksbringer, Maskottchen; vgl. Fetisch

¹Talk *der;* -[e]s ‹*arab.-span.-fr.*›: ein Mineral

²Talk [tɔ:k] *der;* -s, -s ‹*engl.*›: Plauderei, Unterhaltung, [öffentliches] Gespräch

tal|ken [ˈtɔ:kn̩] ‹*engl.*›: **1.** eine Talkshow durchführen. **2.** sich unterhalten, Konversation machen

Talk|er|de *die;* -, -n ‹*arab.-span.-fr.; dt.*› (veraltet): ↑Magnesia

Talk|mas|ter [ˈtɔ:k...] *der;* -s, - ‹*engl.*›: jmd., der eine Talkshow leitet

Talk|mas|te|rin *die;* -, -nen: weibliche Form zu ↑Talkmaster

Talk|show [...ʃoʊ] *die;* -, -s: Unterhaltungssendung im Fernsehen, in der ein Gesprächsleiter [bekannte] Persönlichkeiten durch Fragen zu Äußerungen über private, berufliche u. allgemein interessierende Dinge anregt

Tal|kum *das;* -s ‹*arab.-span.-fr.-nlat.*›: **1.** feiner weißer Talk als Streupulver. **2.** ↑¹Talk

tal|ku|mie|ren: mit Talkum bestreuen

Tal|mi *das;* -s ‹Kurzform von Talmigold; Herkunft unsicher›: **1.** schwach vergoldeter ↑Tombak. **2.** etwas Unechtes

tal|min (selten): **1.** aus Talmi bestehend. **2.** unecht

Tal|mud *der;* -[e]s u. -, -e ‹*hebr.;* »Lehre«›: Sammlung der Gesetze u. religiösen Überlieferungen des Judentums nach der Babylonischen Gefangenschaft; vgl. Mischna

tal|mu|disch: den Talmud betreffend; im Sinne des Talmuds

Tal|mu|dis|mus *der;* - ‹*hebr.-nlat.*›: aus dem Talmud geschöpfte Lehre u. Weltanschauung

Ta|lon [taˈlõ:, österr.: taˈlo:n] *der;* -s, -s ‹*lat.-vulgärlat.-fr.*›: **1. a)** (Börsenw.) Erneuerungsschein bei Wertpapieren, der zum Empfang eines neuen Kuponbogens berechtigt; **b)** Kontrollabschnitt [einer Eintrittskarte, Wertmarke o. Ä.]. **2. a)** Kartenrest (beim Geben); **b)** Kartenstock (bei Glücksspielen); **c)** einer der noch nicht verteilten Steine (beim Dominospiel). **3.** unterer Teil des Bogens von Streichinstrumenten

Ta|ma|got|chi [...t͜ʃi] *das,* auch *der;* -s, -s ‹*jap.-engl.*›: **1.** kleines, eiförmiges elektron. Gerät, auf dessen Display (1) eine kleine Fantasiegestalt erscheint, die auf bestimmte akustische Signale hin wie ein Lebewesen versorgt werden kann. **2.** kleine Fantasiegestalt auf dem Display (1) eines Tamagotchis (1)

Ta|ma|rin|de *die;* -, -n ‹*arab.-mlat.*›: tropische Pflanze

Ta|ma|ris|ke *die;* -, -n ‹*vulgärlat.*›: Strauch od. Baum mit schuppenförmigen Blättern u. kleinen, rosafarbenen, in Trauben stehenden Blüten

Tam|bour [...bu:ɐ̯, auch: ...ˈbu:ɐ̯] *der;* -s, -e, (schweiz.) -en ‹*pers.-arab.-span.-fr.*›: **1.** Trommel. **2.** Trommler. **3.** (Archit.) zylinderförmiges Zwischenteil [mit Fenstern] in Kuppelbauten. **4.** (Spinnerei) mit Stahlzähnen besetzte Trommel an Krempeln. **5.** Trommel zum Aufrollen von Papier

Tam|bou|rin [tãbuˈrɛ̃:] *das;* -s, -s ‹*fr.*›: längliche, zylindrische Trommel, die mit zwei Fellen bespannt ist

Tam|bour|ma|jor [auch: ...ˈbu:r...] *der;* -s, -e: Leiter eines [uniformierten] Spielmannszuges

¹Tam|bur *der;* -s, -e ‹*pers.-arab.-span.-fr.*›: Stickrahmen, Sticktrommel; vgl. Tambour

²Tam|bur vgl. Tanbur

tam|bu|rie|ren: **1.** mit ↑Tamburierstichen sticken. **2.** zur Fertigung des Scheitelstrichs einer Perücke Haare zwischen Tüll und Gaze einknoten

Tam|bu|rier|stich *der;* -[e]s, -e: Kettenstich, der

mit einer entsprechenden Nadel auf den straff gespannten Stoff gehäkelt wird

Tam|bu|rin [auch: ...ˈri:n] *das;* -s, -e: **1.** Handtrommel mit Schellen. **2.** Stickrahmen

Ta|mil *das;* -[s] ⟨*tamil.*⟩: zu den ↑drawidischen Sprachen gehörende Literatursprache der (bes. in Südindien u. Sri Lanka lebenden) Tamilen

Tam|pon [auch: ...ˈpõ:, österr. nur: ...ˈpo:n] *der;* -s, -s ⟨*germ.-fr.*⟩: **1. a)** (Med.) [Watte-, Mull]bausch zum Aufsaugen von Flüssigkeiten; **b)** in die Scheide einzuführender länglicher Tampon (1 a), der von Frauen während der ↑Menstruation benutzt wird. **2.** (Druckw.) Einschwärzballen für den Druck gestochener Platten

Tam|po|na|de *die;* -, -n (Med.): das Ausstopfen (z. B. von Wunden) mit Tampons

Tam|po|na|ge [...ʒə] *die;* -, -n: Abdichtung eines Bohrlochs gegen Wasser od. Gas

tam|po|nie|ren (Med.): mit Tampons ausstopfen

Tam|tam [auch: ˈtam...] *das;* -s, -s ⟨*Hindi-fr.*⟩: **1. a)** asiatisches, mit einem Klöppel geschlagenes Becken; Gong; **b)** afrikanische Holztrommel. **2.** (auch: *der;* ohne Plural; ugs.) laute Betriebsamkeit, mit der auf etwas aufmerksam gemacht werden soll

TAN *die;* -, -s ⟨Abk. für Transaktions**n**ummer⟩: Kodenummer, die für jede Buchung beim Onlinebanking o. Ä. zusätzlich zur ↑PIN anzugeben ist

Ta|na|g|ra|fi|gur, Ta|na|g|ra-Fi|gur *die;* -, -en ⟨nach dem Fundort, der altgriech. Stadt Tanagra⟩: meist weibliche bemalte Tonfigur

Tan|bur, ²Tam|bur *der;* -s, -e u. -s ⟨*arab.-fr.*⟩: arabisches Zupfinstrument mit 3 bis 4 Stahlsaiten

Tan|dem *das;* -s, -s ⟨*lat.-mlat.-engl.*⟩: **1.** Wagen mit zwei hintereinandergespannten Pferden. **2.** Doppelsitzerfahrrad mit zwei hintereinander angeordneten Sitzen u. Tretlagern. **3.** (Technik) zwei hintereinandergeschaltete Antriebe, die auf die gleiche Welle wirken

Tan|ga *der;* -s, -s ⟨*indian.-port.*⟩: sehr knapper Bikini od. Slip

Tan|ga|re *die;* -, -n (meist Plural) ⟨*indian.-port.*⟩: mittel- u. südamerikanischer bunt gefiederter Singvogel

Tan|gens *der;* -, - ⟨*lat.*⟩ (Math.): im rechtwinkligen Dreieck das Verhältnis von Gegenkathete zu ↑Ankathete (Zeichen: tan, tang, tg)

Tan|gen|te *die;* -, -n: **1.** (Math.) Gerade, die eine gekrümmte Linie (z. B. einen Kreis) in einem Punkt berührt. **2.** dreieckiges Messingplättchen, das beim ↑Klavichord von unten an die Saiten schlägt. **3.** Autostraße, die am Rande eines Ortes vorbeiführt

tan|gen|ti|al ⟨*lat.-nlat.*⟩ (Math.): eine gekrümmte Linie od. Fläche berührend

tan|gie|ren ⟨*lat.*⟩: **1.** (Math.) eine gekrümmte Linie od. Fläche berühren (von Geraden od. Kurven). **2.** berühren, betreffen, beeindrucken. **3.** (Druckw.) auf Flachdruckplatten ein Rastermuster anbringen

Tan|go *der;* -s, -s ⟨*span.*⟩: lateinamerikanischer Tanz im langsamen $^2/_4$- od. $^4/_8$-Takt

Tan|g|ram *das;* -s ⟨*chin.-engl.;* Herkunft unsicher⟩: **a)** Spiel, bei dem aus Dreiecken, Quadraten o. Ä. Figuren gelegt werden; **b)** Computerspiel auf der Grundlage von Tangram (a)

Tan|ka *das;* -, - ⟨*jap.*⟩: japanische Kurzgedichtform aus einer dreizeiligen Ober- u. einer zweizeiligen Unterstrophe mit zusammen 31 Silben

Tan|nat *das;* -[e]s, -e ⟨*gall.-fr.-nlat.*⟩: Salz der Gerbsäure

tan|nie|ren: mit Tannin beizen

Tan|nin *das;* -s, -e: aus Blattgallen von Pflanzen gewonnene Gerbsäure

Tan|tal *das;* -s ⟨*gr.-lat.-nlat.;* nach Tantalus, einem König der gr. Sage⟩: chem. Element; vor allem für die Herstellung von Chips und Kondensatoren für Computer und Handys verwendetes Metall (Zeichen: Ta)

Tan|ta|lus|qua|len *die* (Plural) ⟨*gr.-lat.; dt.*⟩: Qualen, die dadurch entstehen, dass etwas Ersehntes zwar in greifbarer Nähe, aber doch nicht zu erlangen ist

Tan|tes vgl. Dantes

Tan|ti|e|me [auch: tã...] *die;* -, -n ⟨*lat.-fr.*⟩: **1.** Gewinnbeteiligung an einem Unternehmen. **2.** (meist Plural) an Autoren, Sänger u. a. gezahlte Vergütung für Aufführung bzw. Wiedergabe musikalischer od. literarischer Werke

Tan|t|ra *das;* -[s], -s, selten: ...en ⟨*sanskr.*⟩: **1.** ein Lehrsystem der indischen Religion; vgl. Tantrismus. **2.** Lehrschrift der ↑Schaktas

Tan|t|ris|mus *der;* - ⟨*sanskr.-nlat.*⟩: indische Heilsbewegung

Tao [auch: tau] *das;* - ⟨*chin.;* »der Weg«⟩: Grundbegriff der chinesischen Philosophie (z. B. Urgrund des Seins, Vernunft)

Tao|is|mus [auch: tau...] *der;* - ⟨*chin.-nlat.*⟩: philosophisch bestimmte chinesische Volksreligion

¹Ta|pa *die;* -, -s ⟨*polynes.*⟩: in Polynesien, Ostafrika u. Südamerika verwendeter Stoff aus Bastfasern

²Ta|pa *die;* -, -s od. *der;* -s, -s (meist Plural) ⟨*span.*⟩: (bes. in Spanien servierter) kleiner Appetithappen

Tape [te:p, teɪp] *das,* (auch:) *der;* -[s], -s ⟨*engl.*⟩:

1. Lochstreifen, Magnetband. 2. (veraltend) Tonband. 3. Kassette. 4. Klebeband

Tape|deck *das;* -s, -s: Tonbandgerät (als Baustein einer Hi-Fi-Anlage)

ta|pen ['te:pn̩, 'teɪpn̩] ⟨*engl.*⟩ (Jargon): einen ↑Tapeverband anlegen

Ta|pet *das;* -[e]s, -e ⟨*gr.-lat.(-fr.)*⟩ (veraltet): Bespannung, Überzug eines Konferenztisches; **etwas aufs Tapet bringen** (ugs.): etwas zur Sprache bringen; **aufs Tapet kommen** (ugs.): zur Sprache kommen

Tape|ver|band ['te:p..., 'teɪp...] *der;* -[e]s, ...bände ⟨*engl.; dt.*⟩: Verband aus klebenden Binden od. Pflastern zur Vorbeugung od. bei Quetschungen u. Verstauchungen

Ta|pe|zier *der;* -s, -e ⟨*gr.-mgr.-fr.-it.*⟩ (südd.): Tapezierer

ta|pe|zie|ren: 1. [Wände] mit Tapeten bekleben od. verkleiden. 2. (österr.) mit einem neuen Stoff beziehen (Sofa u. a.)

Ta|pe|zie|rer *der;* -s, -: Handwerker, der tapeziert, mit Stoffen bespannt [u. Möbel polstert]

Ta|pe|zie|re|rin *die;* -, -nen: weibliche Form zu ↑Tapezierer

Ta|pi|o|ka *die;* - ⟨*bras.-port.*⟩: Stärkemehl aus den Knollen des Maniokstrauches

Ta|pir [österr.: ta'pi:ɐ̯] *der;* -s, -e ⟨*indian.-port.-fr.*⟩: in Amerika u. Asien heimisches Säugetier mit plumpem Körper u. kurzem Rüssel

Ta|pis|se|rie *die;* -, ...i̯en ⟨*gr.-mgr.-fr.*⟩: **1. a)** Wandteppich; **b)** Stickerei auf gitterartigem Grund. **2.** (veraltet) Geschäft, in dem Handarbeiten u. Handarbeitsmaterial verkauft werden

Ta|ra *die;* -, Taren ⟨*arab.-it.*⟩: **1.** Verpackungsgewicht einer Ware. **2.** Verpackung einer Ware (Abk.: T, Ta)

Ta|ran|tel *die;* -, -n ⟨*it.*⟩: südeuropäische Wolfsspinne, deren Biss Entzündungen hervorruft

Ta|ran|tel|la *die;* -, -s u. ...llen: süditalienischer Volkstanz im $^{3}/_{8}$- od. $^{6}/_{8}$-Takt

Tar|busch *der;* -[e]s, -e ⟨*pers.-arab.*⟩: orientalische Kopfbedeckung; vgl. Fes

tar|dan|do ⟨*lat.-it.*⟩ (Musik): zögernd; langsamer werdend (Vortragsanweisung)

Ta|ren: *Plural* von ↑Tara

Tar|hon|ya [...ja] *die;* - ⟨*ung.*⟩: eine aus Mehl u. Eiern bereitete ungarische Beilage od. Suppeneinlage

ta|rie|ren ⟨*arab.-it.*⟩: **1.** (Wirtsch.) die ↑Tara bestimmen. **2.** (Physik) durch Gegengewichte das Reingewicht einer Ware auf der Waage ausgleichen

Ta|rif *der;* -[e]s, -e ⟨*arab.-it.-fr.*⟩: **1.** verbindliches Verzeichnis der Preis- bzw. Gebührensätze für bestimmte Lieferungen, Leistungen, Steuern u. a. **2.** durch Vertrag od. Verordnung festgelegte Höhe von Preisen, Löhnen, Gehältern u. a.

Ta|rif|au|to|no|mie *die;* -, ...i̯en ⟨*arab.-it.-fr.; gr.*⟩: Befugnis der ↑Sozialpartner, Tarifverträge auszuhandeln u. zu kündigen

ta|ri|fie|ren: die Höhe einer Leistung durch Tarif bestimmen

Ta|rif|kom|mis|si|on *die;* -, -en: Arbeitsgruppe aus Gewerkschaftsvertretern u. Vertretern von Arbeitgeberverbänden für die Beratung von Tarifverträgen

ta|rif|lich: den Tarif betreffend

Ta|rif|part|ner *der;* -s, -: zum Abschluss von Tarifverträgen berechtigter Vertreter der Arbeitnehmer u. Arbeitgeber (Gewerkschaften u. Arbeitgeberverbände)

Ta|rif|part|ne|rin *die;* -, -nen: weibliche Form zu ↑Tarifpartner

Ta|rif|ver|trag *der;* -[e]s, ...verträge ⟨*arab.-it.-fr.; dt.*⟩: Vertrag zur Regelung der arbeitsrechtlichen Beziehungen (Lohn, Arbeitszeit, Urlaub u. a.) zwischen Arbeitgebern u. Arbeitnehmern

Tar|la|tan *der;* -s, -e ⟨*fr.*⟩: stark appretierter Baumwoll- od. Zellwollstoff [für Faschingskostüme]

Ta|ro *der;* -s, -s ⟨*polynes.*⟩: stärkehaltige Knolle eines Aronstabgewächses (Nahrungsmittel der Südseeinsulaner)

Ta|rock *das* (österr. nur so) od. *der;* -s, -s ⟨*it.*⟩: ein Kartenspiel

ta|ro|cken, ta|ro|ckie|ren: Tarock spielen

Ta|rot [ta'ro:] *das* od. *der;* -s, -s ⟨*it.-fr.(-engl.)*⟩: dem Tarock ähnliches Kartenspiel, das zu spekulativen Deutungen verwendet wird

Tar|pan *der;* -s, -e ⟨*russ.*⟩: ausgestorbenes europäisches Wildpferd

[1]Tar|tan [auch: 'ta:ɐ̯tn̩] *der;* -[s], -s ⟨*engl.*⟩: **1.** spezifische Musterung des ↑Kilts (a) od. ↑Plaids (1). **2.** Plaid od. Kilt mit Tartanmuster

[2]Tar|tan® *der;* -s ⟨Kunstw.⟩: wetterfester Belag für Laufbahnen o. Ä. (aus Kunstharzen)

Tar|ta|ne *die;* -, -n ⟨*provenzal.-it.*⟩: ungedecktes, einmastiges Fischerfahrzeug im Mittelmeer

Tar|ta|ros *der;* - ⟨*gr.*⟩: ↑[1]Tartarus

[1]Tar|ta|rus *der;* - ⟨*gr.-lat.*⟩: Unterwelt, Schattenreich der griechischen Sage

[2]Tar|ta|rus *der;* - ⟨*mlat.*⟩: Weinstein

Tar|t|rat *das;* -[e]s, -e ⟨*mlat.-fr.*⟩: Salz der Weinsäure

Tart|sche *die;* -, -n ⟨*germ.-fr.*⟩: ein mittelalterlicher Schild

Tar|tüff *der;* -s, -e ⟨nach Tartuffe, der Hauptperson eines Lustspiels von Molière⟩: Heuchler

Tar|tu|fo *das:* -s, -s ‹*lat.-it.;* »Trüffel«›: mit Schokolade, Kakao o. Ä. überzogene Halbkugel aus Speiseeis

Task *der;* -s, -s ‹*lat.-vulgärlat.-fr.-engl.*›: (EDV) in sich geschlossene Aufgabe, dargestellt durch ein Programm, das gleichzeitig neben anderen Programmen abgearbeitet werden kann

Tas|ta|tur *die;* -, -en ‹*lat.-vulgärlat.-it.*›: **1.** größere Anzahl von in bestimmter Weise (meist in mehreren übereinanderliegenden Reihen) angeordneten Tasten. **2.** (Musik) sämtliche Ober- u. Untertasten bei Tasteninstrumenten

Ta|ta|mi *die;* -, -s ‹*jap.*›: Unterlage für Futons o. Ä.

Ta|tar *das;* -s ‹nach dem Volksstamm der Tataren›: rohes gehacktes mageres Rindfleisch [angemacht mit Ei u. Gewürzen]

ta|tau|ie|ren ‹*tahit.-engl.(-fr.)*› (Völkerkunde): ↑tätowieren

tä|to|wie|ren ‹*tahit.-engl.-fr.*›: Muster od. Zeichnungen mit Farbstoffen in die Haut einritzen

Tä|to|wie|rung *die;* -, -en: **1.** das Tätowieren. **2.** auf die Haut tätowierte Zeichnung

Tat|ter|sall *der;* -s, -s ‹nach dem engl. Stallmeister R. Tattersall, 1724–1795›: **1.** geschäftliches Unternehmen für reitsportliche Veranstaltungen. **2.** Reitbahn, -halle

[1]**Tat|too** [tɛˈtuː] *das;* -[s], -s ‹*niederl.-engl.*›: engl. Bez. für: Zapfenstreich

[2]**Tat|too** [tɛˈtuː] *der* od. *das;* -s, -s ‹*tahit.-engl.*›: **1.** ↑Tätowierung (2). **2.** auf die Haut aufgebrachter [farbiger] Aufdruck, der einer Tätowierung (2) ähnlich, aber nicht dauerhaft ist

Tau *das;* -[s], -s ‹*gr.*›: neunzehnter Buchstabe des griechischen Alphabets (Τ, τ)

tau|schie|ren ‹*arab.-it.-fr.*›: Edelmetalle (Gold od. Silber) in unedle Metalle (z. B. Bronze) zur Verzierung einhämmern (einlegen)

Tau|to|lo|gie *die;* -, ...ien ‹*gr.-lat.*›: **1.** einen Sachverhalt doppelt wiedergebende Fügung (z. B. schwarzer Rappe, alter Greis). **2.** ↑Pleonasmus; vgl. Redundanz (2 b). **3.** (Logik) (aufgrund formallogischer Gründe) wahre Aussage

tau|to|lo|gisch: a) die Tautologie betreffend; **b)** durch Tautologie wiedergebend; vgl. pleonastisch

tau|to|mer ‹*gr.-nlat.*›: der Tautomerie unterliegend

Tau|to|me|rie *die;* -, ...ien (Chemie): das Nebeneinander-Vorhandensein von zwei im Gleichgewicht stehenden isomeren Verbindungen (vgl. Isomerie), die sich durch den Platzwechsel eines ↑Protons unter Änderung der Bindungsverhältnisse unterscheiden

Ta|ver|ne *die;* -, -n ‹*lat.-it.*›: italienisches Wirtshaus

Ta|xa|me|ter *das* od. *der;* -s, - ‹*lat.-mlat.; gr.*›: **1.** Fahrpreisanzeiger in einem Taxi. **2.** (veraltet) ↑Taxi

Ta|xa|ti|on *die;* -, -en ‹*lat.-fr.*›: Bestimmung des Geldwertes einer Sache od. Leistung

ta|xa|tiv (österr.): vollständig, erschöpfend

Ta|xa|tor *der;* -s, ...oren ‹*lat.*›: Wertsachverständiger, Schätzer

Ta|xi *das* (schweiz.: *der*); -s, -s ‹Kurzw. für: Taxameter›: Auto, mit dem man sich gegen ein Entgelt befördern lassen kann

ta|xie|ren ‹*lat.-fr.*›: **1.** einschätzen, abschätzen, veranschlagen. **2.** prüfend betrachten u. danach ein Urteil fällen

[1]**Ta|xis** *die;* -, Taxes [...kseːs] ‹*gr.;* »das Ordnen, die Einrichtung«› (Med.): das Wiedereinrichten eines Knochen- od. Eingeweidebruchs

[2]**Ta|xis** *die;* -, Taxen (Biol.): durch einen äußeren Reiz ausgelöste Bewegung (eines Organismus)

Tax|ler *der;* -s, - (österr. ugs.): Taxifahrer

Tax|le|rin *die;* -, -nen: weibliche Form zu ↑Taxler

ta|xo|nom, ta|xo|no|misch: 1. (Biol.) systematisch; vgl. Taxonomie (1). **2.** (Sprachw.) nach der Methode der Taxonomie (2) vorgehend, die Taxonomie betreffend

Ta|xo|no|mie *die;* -, -...ien: **1.** (Biol.) Einordnung der Lebewesen in ein biologisches System. **2.** (Sprachw.) Teilgebiet der Linguistik, auf dem man durch Segmentierung u. Klassifikation sprachlicher Einheiten den Aufbau eines Sprachsystems beschreiben will

ta|xo|no|misch vgl. taxonom

Ta|xus *der;* -, - ‹*lat.*›: Eibe

Ta|zet|te *die;* -, -n ‹*it.*›: in Südeuropa heimische Narzisse

T-Bone-Steak [ˈtiːboːnsteːk] *das;* -s, -s ‹*engl.*›: dünne Scheibe aus dem Rippenstück des Rinds, dessen Knochen (engl. »bone«) die Form eines T hat

T-Car [ˈtiːkaːɐ̯] *das;* -s, -s ‹Abk. für *engl.* **t**raining u. **car** »Auto«›: Rennwagen [der Formel-1-Klasse] für das Training bzw. als Ersatzauto

Teach-in, Teach|in [tiːtʃˈ|ɪn] *das;* -s, -s ‹*engl.*›: [politische] Diskussion mit demonstrativem Charakter, bei der Missstände aufgedeckt werden sollen

Teak [tiːk] *das;* -s ‹*drawid.-port.-engl.*›: Kurzform von ↑Teakholz

tea|ken (selten): aus Teakholz

Teak|holz *das;* -es, ...hölzer: wertvolles Holz des südostasiatischen Teakbaums

Team [ti:m] *das;* -s, -s ‹*engl.*›: **a)** Gruppe von Personen, die mit der Bewältigung einer gemeinsamen Aufgabe beschäftigt ist; **b)** (Sport) Mannschaft

Team|chef ['ti:m...] *der;* -s, -s (Sport): Betreuer, Trainer einer Mannschaft

Team|che|fin *die;* -, -nen: weibliche Form zu ↑Teamchef

Team|geist *der;* -[e]s: Mannschaftsgeist

team|ori|en|tiert: auf ein Team ausgerichtet

Team|work [...wə:k] *das;* -s, -s: **a)** Gemeinschafts-, Gruppen-, Zusammenarbeit; **b)** gemeinsam Erarbeitetes

Tea|room ['ti:ru:m] *der,* schweiz. auch *das;* -s, -s ‹*engl.;* »Teeraum«›: **1.** kleines, nur tagsüber geöffnetes Lokal, in dem in erster Linie Tee gereicht wird; Teestube; vgl. Five o'Clock Tea. **2.** (schweiz.) Café, in dem kein Alkohol ausgeschenkt wird

Tea|ser ['ti:zɐ] *der;* -s, - ‹*engl.*›: Neugierde weckendes Werbeelement

Tech|ne|ti|um *das;* -s ‹*gr.-nlat.*›: chem. Element; ein Metall (Zeichen: Tc)

tech|ni|fi|zie|ren: Errungenschaften der Technik auf etwas anwenden

Tech|nik *die;* -, -en ‹*gr.-fr.*›: **1.** (ohne Plural) Gesamtheit der Maßnahmen, Einrichtungen u. Verfahren, die dazu dienen, naturwissenschaftliche Erkenntnisse praktisch nutzbar zu machen. **2.** ausgebildete Fähigkeit, Kunstfertigkeit, die zur richtigen Ausübung einer Sache notwendig ist. **3.** (ohne Plural) Gesamtheit der Kunstgriffe u. Verfahren, die auf einem bestimmten Gebiet üblich sind. **4.** Herstellungsverfahren. **5.** (österr.) technische Hochschule

Tech|ni|ker *der;* -s, -: **1.** Fachmann auf einem Gebiet der Ingenieurwissenschaften. **2.** in einem Zweig der Technik fachlich ausgebildeter Arbeiter. **3.** jmd., der auf technischem Gebiet besonders begabt ist. **4.** jmd., der die Feinheiten einer bestimmten Sportart sehr gut beherrscht

Tech|ni|ke|rin *die;* -, -nen: weibliche Form zu ↑Techniker

Tech|ni|kum *das;* -s, ...ka (auch: ...ken) ‹*gr.-nlat.*›: technische Fachschule, Ingenieurfachschule; vgl. Polytechnikum

tech|ni|sie|ren ‹*gr.-nlat.*›: **1.** Maschinenkraft, technische Mittel einsetzen. **2.** etw. auf technischen Betrieb umstellen, für technischen Betrieb einrichten

Tech|ni|zis|mus *der;* -, ...men: **1.** technischer Fachausdruck, technische Ausdrucksweise. **2.** (ohne Plural) weltanschauliche Auffassung, die den Wert der Technik losgelöst von den bestehenden Verhältnissen, vom sozialen Umfeld sieht u. den technischen Fortschritt als Grundlage u. Voraussetzung jedes menschlichen Fortschritts betrachtet

Tech|no ['tɛkno] *das* od. *der;* -[s] ‹*gr.-engl.*› (Musik): rein elektronisch erzeugte, von besonders schnellem Rhythmus bestimmte Tanzmusik

Tech|no|krat *der;* -en, -en ‹*gr.-engl.*›: Vertreter der Technokratie

Tech|no|kra|tie *die;* -, ...ien: **1.** (abwertend) die Beherrschung des Menschen u. seiner Umwelt durch die Technik. **2.** von den USA ausgehende Wirtschaftslehre, die die Vorherrschaft der Technik über Wirtschaft u. Politik propagiert u. deren kulturpolitisches Ziel es ist, die technischen Errungenschaften für den Wohlstand der Menschen nutzbar zu machen

Tech|no|kra|tin *die;* -, -nen: weibliche Form zu ↑Technokrat

tech|no|kra|tisch: **1.** die Technokratie (1) betreffend. **2.** (abwertend) von der Technik bestimmt, rein mechanisch

Tech|no|lo|ge *der;* -n, -n: Wissenschaftler, der auf dem Gebiet der Technologie arbeitet

Tech|no|lo|gie *die;* -, ...ien: **1.** (ohne Plural; Verfahrenskunde) Wissenschaft von der Umwandlung von Rohstoffen in Fertigprodukte. **2.** ↑Technik (4). **3.** Gesamtheit der zur Gewinnung u. Bearbeitung od. Verformung von Stoffen nötigen Prozesse. **4.** Methodik u. Verfahren in einem bestimmten Forschungsgebiet (z. B. Raumfahrt)

Tech|no|lo|gie|park *der;* -s, -s: Gelände, auf dem bestimmte Firmen (auf privatwirtschaftlicher Basis) moderne Technologien entwickeln

Tech|no|lo|gie|trans|fer *der;* -s, -s: Weitergabe betriebswirtschaftlicher u. technologischer Kenntnisse u. Verfahren

Tech|no|lo|gin *die;* -, -nen: weibliche Form zu ↑Technologe

tech|no|lo|gisch: verfahrenstechnisch, den technischen Bereich von etwas betreffend

Tech|tel|mech|tel [auch: 'tɛç...] *das;* -s, - ‹Herkunft unsicher› (ugs.): Liebelei, Flirt

TED [tɛt] *der;* -s ‹Kurzw. aus Teledialog›: Computer, der telefonische Stimmabgaben registriert u. hochrechnet

Te|de|um *das;* -s, -s ‹*lat.;* nach den Anfangsworten des Hymnus »Te Deum laudamus« = »Dich, Gott, loben wir!«›: **1.** (ohne Plural) frühchristlicher ↑ambrosianischer Lobgesang. **2.** musikalisches Werk über diesen Hymnus

[1]**Tee** *der;* -s, -s ⟨*chin.*⟩: **1.** auf verschiedene Art aufbereitete Blätter u. Knospen des asiatischen Teestrauchs. **2.** aus den Blättern des Teestrauchs bereitetes Getränk. **3.** Absud aus getrockneten [Heil]kräutern. **4.** gesellige Zusammenkunft [am Nachmittag], bei der Tee gereicht wird

[2]**Tee** [ti:] *das;* -s, -s ⟨*engl.;* »T«⟩ (Golf): **1.** kleiner Stift aus Holz od. Kunststoff, der in den Boden gedrückt u. auf den der Golfball vor dem Abschlag aufgesetzt wird. **2.** kleine rechtwinklige Fläche, von der aus bei jedem zu spielenden Loch mit dem Schlagen des Golfballes begonnen wird

Teen [ti:n] *der;* -s, -s (meist Plural), **Teen|ager** [ˈti:nleɪdʒɐ] *der;* -s, - ⟨*engl.*⟩: Junge od. Mädchen im Alter zwischen etwa 13 u. 19 Jahren; vgl. Twen

Te|fil|la *die;* - ⟨*hebr.*⟩: **1.** jüdisches Gebetbuch. **2.** jüdisches Gebet, bes. das ↑Schmone esre

Te|fil|lin *die* (Plural): Gebetsriemen der Juden (beim Morgengebet an Stirn u. linkem Oberarm getragene Kapseln mit Schriftworten)

Te|f|lon® [auch: ...ˈlo:n] *das;* -s ⟨Kunstw.⟩: hitzebeständiger Kunststoff

Tei|cho|s|ko|pie *die;* - ⟨*gr.;* »Mauerschau«⟩: Mittel im Drama, auf der Bühne nicht od. nur schwer darstellbare Ereignisse dem Zuschauer dadurch nahezubringen, dass ein Schauspieler sie schildert, als sähe er sie außerhalb der Bühne vor sich gehen

Te|in, The|in *das;* -s ⟨*chin.-nlat.*⟩: in Teeblättern enthaltenes Koffein

Teint [tɛ̃:, tɛŋ] *der;* -s, -s ⟨*lat.-fr.*⟩: Beschaffenheit od. Tönung der menschlichen Gesichtshaut; Gesichts-, Hautfarbe

tek|tie|ren ⟨*lat.-nlat.*⟩: eine fehlerhafte Stelle in einem Buch überkleben; vgl. Tektur

Tek|to|gen *das;* -s, -e ⟨*gr.-nlat.*⟩ (Geol.): der Teil der Erdkruste, der tektonisch einheitlich bewegt wurde

Tek|to|nik *die;* - ⟨*gr.-lat.*⟩: **1.** (Geol.) Teilgebiet der Geologie, das sich mit dem Bau der Erdkruste u. ihren inneren Bewegungen befasst. **2.** [Lehre von der] Zusammenfügung von Bauteilen zu einem Gefüge. **3.** [strenger, kunstvoller] Aufbau einer Dichtung

tek|to|nisch: die Tektonik betreffend

Tek|tur *die;* -, -en ⟨*lat.*⟩: **1.** Deckstreifen mit dem richtigen Text, der über eine falsche Stelle in einem Buch geklebt wird. **2.** Blatt mit Ergänzungen, das in Bücher, Broschüren o. Ä. eingeklebt wird

te|le..., Te|le...

⟨zu *gr.* têle »in der Ferne, fern, weit«⟩
Wortbildungselement mit den Bedeutungen:
a) »fern, weit, in der/die Ferne«:
- Telefax
- telefonieren
- Teleobjektiv

b) »Fernsehen«:
- Telekolleg
- Teleshopping

Te|le|ar|beit *die;* - ⟨*gr.; dt.*⟩: Form der Heimarbeit, bei der der Arbeitnehmer über Datenleitungen mit dem Arbeitgeber verbunden ist

Te|le|ban|king [...bɛŋkɪŋ] *das;* -[s] ⟨(*gr.; engl.*)*engl.*⟩: Abwicklung von Bankgeschäften über Post u. ↑Telekommunikation; Homebanking

Te|le|fax *das;* -, -e ⟨Kunstw. aus *gr.* **tele** »weit, fern« u. ↑**Faksimile**; das x in Anlehnung an ↑Telex⟩: **1.** durch Telefax (2 a) übermittelte Fotokopie. **2. a)** Telekopierer; **b)** (ohne Plural) Einrichtung, die das Telekopieren ermöglicht (Abk.: Fax)

te|le|fa|xen: ein Telefax übermitteln

Te|le|fon [auch: ˈte:...] *das;* -s, -e ⟨*gr.-nlat.*⟩: Fernsprecher, Fernsprechanschluss

Te|le|fo|nat *das;* -[e]s, -e: Ferngespräch, Anruf

Te|le|fon|ban|king [...bɛŋkɪŋ] *das;* -[s] ⟨*gr.-nlat.; engl.*⟩: Erledigung von Bankangelegenheiten per Telefon

Te|le|fo|nie *die;* - ⟨*gr.-nlat.*⟩: **1.** Sprechfunk. **2.** Fernsprechwesen

te|le|fo|nie|ren: 1. anrufen, durch das Telefon mit jmdm. sprechen. **2.** telefonisch (b) mitteilen

te|le|fo|nisch: a) das Telefon betreffend; **b)** mithilfe des Telefons [erfolgend]

Te|le|fo|nist *der;* -en, -en: Angestellter im Fernsprechverkehr

Te|le|fo|nis|tin *die;* -, -nen: Angestellte im Fernsprechverkehr

Te|le|fo|ni|tis *die;* - (ugs. scherzh.): Neigung, häufig zu telefonieren

Te|le|fon|sex *der;* - (ugs.): auf sexuelle Stimulation zielender telefonischer Kontakt

Te|le|fon|ter|ror *der;* -s: durch [anonyme] Anrufe mit Drohungen o. Ä. ausgeübter Terror

Te|le|fo|to *das;* -s, -s: Kurzform von ↑Telefotografie

Te|le|fo|to|gra|fie, Te|le|pho|to|gra|phie *die;* -, ...ien: fotografische Aufnahme entfernter Objekte mit einem ↑Teleobjektiv

te|le|gen: in Fernsehaufnahmen besonders wirkungsvoll zur Geltung kommend

Te|le|graf, Te|le|graph *der;* -en, -en ⟨*gr.-fr.*⟩: Apparat zur Übermittlung von Nachrichten durch vereinbarte Zeichen; Fernschreiber

Te|le|gra|fie, Te|le|gra|phie *die;* -: Fernübertragung von Nachrichten durch vereinbarte Zeichen

te|le|gra|fie|ren, te|le|gra|phie|ren: eine Nachricht telegrafisch übermitteln

te|le|gra|fisch, te|le|gra|phisch: auf drahtlosem Weg, drahtlos, durch Telegrafie

Te|le|gramm *das;* -s, -e ⟨*gr.-engl.(-fr.)*⟩: telegrafisch übermittelte Nachricht

Te|le|graph usw. vgl. Telegraf usw.

Te|le|ka|me|ra *die;* -, -s: Kamera mit Teleobjektiv

Te|le|ki|ne|se *die;* - ⟨*gr.-nlat.*⟩: das Bewegtwerden von Gegenständen allein durch übersinnliche Kräfte

Te|le|kol|leg *das;* -s, -s u. -ien: allgemeinbildende od. fachspezifische Unterrichtssendung in Serienform im Fernsehen

Te|le|kom *die;* - ⟨kurz für: Deutsche Telekom AG⟩: in der Telekommunikation tätiges Dienstleistungsunternehmen

Te|le|kom|mu|ni|ka|ti|on *die;* -: Austausch von Informationen u. Nachrichten mithilfe der Nachrichtentechnik

te|le|ko|pie|ren: mithilfe eines Telekopierers fotokopieren

Te|le|ko|pie|rer *der;* -s, -: Gerät, das zu kopierendes Material aufnimmt u. per Telefonleitung an ein anderes Gerät weiterleitet

Te|le|kra|tie *die;* -, ...ien ⟨*gr.-nlat.*⟩ (abwertend, scherzh.): Vorherrschaft, übermäßiger Einfluss des Fernsehens

te|le|kra|tisch (abwertend, scherzh.): die Telekratie betreffend, auf ihr beruhend

Te|le|ma|tik *die;* - ⟨Kurzw. aus ↑**Tele**kommunikation u. ↑Infor**matik**⟩: Forschungsbereich, in dem man sich mit der wechselseitigen Beeinflussung u. Verflechtung von verschiedenen nachrichtentechnischen Disziplinen befasst

Te|le|me|ter *das;* -s, - ⟨*gr.-nlat.*⟩: Entfernungsmesser

Te|le|me|t|rie *die;* -: Übertragung von Messwerten auf drahtgebundenem od. drahtlosem Weg; Fernmessung

Te|le|ob|jek|tiv *das;* -s, -e (Fotogr.): Kombination von Linsen zur Erreichung großer Brennweiten für Fernaufnahmen

Te|leo|lo|gie *die;* - ⟨*gr.-nlat.*⟩ (Philos.): die Lehre von der Zielgerichtetheit u. Zielstrebigkeit jeder Entwicklung im Universum od. in seinen Teilbereichen

te|leo|lo|gisch: a) die Teleologie betreffend; **b)** zielgerichtet, auf einen Zweck hin ausgerichtet

Te|le|path *der;* -en, -en ⟨*gr.-nlat.*⟩: für Telepathie Empfänglicher

Te|le|pa|thie *die;* - (Parapsychol.): das Fernfühlen, das Wahrnehmen der seelischen Vorgänge eines anderen Menschen ohne Vermittlung der Sinnesorgane

Te|le|pa|thin *die;* -, -nen: weibliche Form zu ↑Telepath

te|le|pa|thisch: a) die Telepathie betreffend; **b)** auf dem Weg der Telepathie

Te|le|phon: frühere Schreibung für ↑Telefon usw.

Te|le|pho|to|gra|phie vgl. Telefotografie

Te|le|plas|ma *das;* -s, ...men: bei der ↑Materialisation angeblich durch das Medium abgesonderter Stoff

Te|le|play|er® [...pleɪɐ] *der;* -s, - ⟨*gr.; engl.*⟩: Abspielgerät für Videoaufnahmen; vgl. Videorekorder

Te|le|promp|ter® *der;* -s, - (Jargon): Vorrichtung, die es ermöglicht, den vorzutragenden Text ohne Blicksenkung vom Monitor abzulesen

Te|le|shop|ping [...ʃɔpɪŋ] *das;* -s ⟨*gr.; engl.*⟩: Einkaufen per Bestellung von im Fernsehen od. durch andere elektronische Medien angebotenen Waren

Te|le|s|kop *das;* -s, -e: Fernrohr

te|le|s|ko|pisch: 1. a) das Teleskop betreffend; **b)** durch das Fernrohr sichtbar. **2.** die Teleskopie betreffend

Te|le|s|ti|chon *das;* -s, ...chen u. ...cha ⟨*gr.*⟩: **a)** Wort od. Satz, der aus den Endbuchstaben, -silben od. -wörtern der Verszeilen od. Strophen eines Gedichts gebildet ist; **b)** Gedicht, das Telestichen enthält; vgl. Akrostichon, Mesostichon

Te|le|vi|si|on [auch: ˈtɛlɪvɪʒ(ə)n] *die;* - ⟨*engl.*⟩: Fernsehen (Abk.: TV)

Te|lex *das* (österr., schweiz.: *der*); -, -e ⟨Kurzw. aus engl. **tele**printer **ex**change = »Fernschreiber-Austausch«⟩: **1. a)** (ohne Plural) international übliche Bez. für: Fernschreiber[teilnehmer]netz; **b)** Fernschreiber. **2.** Fernschreiben

te|le|xen: ein Fernschreiben per Telex übermitteln

Tell *der;* -s, -e ⟨*arab.;* »Hügel, Anhöhe«⟩ (Archäol.): Hügel aus in Schichten übereinandergelagerten Ruinen, die aus unterschiedlichen Zeiten der Besiedlung stammen

Tel|lur *das;* -s ⟨*lat.-nlat.*⟩: chem. Element; ein Halbmetall (Zeichen: Te)

tel|lu̱|risch: die Erde betreffend

Tel|lu̱|ri|um *das;* -s, ...ien (Astron.): Gerät zur modellhaften Darstellung der Bewegungen von Erde u. Mond um die Sonne

Te|lo|pha̱|se *die;* -, -n (Biol.): Endstadium der Kernteilung

Tẹm|pel *der;* -s, - ⟨*lat.*⟩: **1. a)** nicht christlicher, bes. antiker Kultbau für eine Gottheit; **b)** Synagoge. **2.** heilige, weihevolle Stätte (z. B. ein Tempel der Kunst). **3.** Gotteshaus (z. B. der Mormonen)

Tẹm|pe|ra|far|be *die;* -, -n ⟨*lat.-it.; dt.*⟩: aus anorganischen Pigmenten, einer Emulsion aus bestimmten Ölen u. einem Bindemittel hergestellte Farbe, die auf Papier einen matten u. deckenden Effekt hervorruft

Tẹm|pe|ra|ma|le|rei *die;* -, -en: **1.** (ohne Plural) Technik des Malens mit Temperafarben. **2.** mit Temperafarben gemaltes Bild

Tem|pe|ra|mẹnt *das;* -[e]s, -e ⟨*lat.-fr.;* »das richtige Verhältnis gemischter Dinge; die gehörige Mischung«⟩: **1.** Wesens-, Gemütsart; vgl. Choleriker, Melancholiker, Phlegmatiker, Sanguiniker. **2.** (ohne Plural) Gemütserregbarkeit, Lebhaftigkeit, Munterkeit, Schwung

Tem|pe|rạn|ti|um *das;* -s, ...ia ⟨*lat.-nlat.*⟩ (Med.): Beruhigungsmittel

Tem|pe|ra|tu̱r *die;* -, -en ⟨*lat.*⟩: **1.** Wärmegrad eines Stoffes. **2.** (Med.) Körperwärme; **[erhöhte] Temperatur haben:** leichtes Fieber haben. **3.** (Musik) temperierte Stimmung bei Tasteninstrumenten

Tem|pe|rẹnz *die;* - ⟨*lat.-fr.-engl.*⟩: Mäßigkeit [im Alkoholgenuss]

Tem|pe|rẹnz|ler *der;* -s, -: Anhänger einer Mäßigkeits- od. Enthaltsamkeitsbewegung

Tem|pe|rẹnz|le|rin *die;* -, -nen: weibliche Form zu ↑Temperenzler

Tẹm|per|guss *der;* -es, ...güsse ⟨*engl.; dt.*⟩: durch Glühverfahren unter Abscheidung von [Temper]kohle schmiedbar gemachtes Gusseisen

tem|pe|rie̱|ren ⟨*lat.*⟩: **1. a)** die Temperatur regeln; **b)** [ein wenig] erwärmen. **2.** mäßigen, mildern. **3.** (Musik) die Oktave in zwölf gleiche Halbtonschritte einteilen

tẹm|pern ⟨*engl.*⟩: Eisen in Glühkisten unter Hitze halten (entkohlen), um es leichter hämmer- u. schmiedbar zu machen

Tẹm|pest [...pɪst] *die;* -, -s ⟨*engl.*⟩: mit zwei Personen zu segelndes Kielboot für den Rennsegelsport

tem|pes|to̱|so ⟨*lat.-it.*⟩ (Musik): stürmisch, heftig, ungestüm

Tẹm|pi pas|sa̱|ti ⟨*it.;* »vergangene Zeiten!«⟩: das sind [leider/zum Glück] längst vergangene Zeiten!

Tem|p|lei̱|se *der;* -n, -n (meist Plural) ⟨*lat.-fr.*⟩: Gralshüter, -ritter der mittelalterlichen Parzivalsage

Tẹmp|ler *der;* -s, -: **1.** (Geschichte) Angehöriger eines mittelalterlichen geistlichen Ritterordens. **2.** Mitglied der Tempelgesellschaft, einer 1856 von Ch. Hoffmann gegründeten pietistischen Freikirche

tẹm|po ⟨*lat.-it.*⟩: Bestandteil bestimmter Fügungen mit der Bedeutung »im Zeitmaß, Rhythmus von ... ablaufend«; **tempo di marcia** [- di ˈmartʃa]: im Marschtempo; **tempo giusto** [- ˈdʒʊsto]: in angemessener Bewegung; **tempo primo:** im früheren, anfänglichen Tempo

Tẹm|po *das;* -s, -s u. Tempi: **1.** (ohne Plural) Geschwindigkeit, Schnelligkeit, Hast. **2. a)** zeitlicher Vorteil eines Zuges im Schach; **b)** (Fechten) bei der Parade Hieb in den gegnerischen Angriff, um einem Treffer zuvorzukommen. **3.** Taktbewegung, das zähl- u. messbare musikalische (absolute) Zeitmaß. **4.** (Plural nur -s; ugs.)

Tẹm|po|li|mit [...lɪmɪt] *das;* -s, -s, auch: -e ⟨*lat.-it.; engl.*⟩: Geschwindigkeitsbeschränkung

Tẹm|po|ra: *Plural* von ↑Tempus

Tem|po|ra̱|li|en *die* (Plural) ⟨*lat.-mlat.*⟩ (kath. Kirchenrecht): die mit einem Kirchenamt verbundenen Einkünfte

Tem|po|ra̱l|satz *der;* -es, ...sätze ⟨*lat.; dt.*⟩: Adverbialsatz der Zeit (z. B. *während er kochte,* spielte sie mit den Kindern)

tem|po|rä̱r ⟨*lat.-fr.*⟩: zeitweilig [auftretend], vorübergehend

Tẹm|pus *das;* -, Tẹmpora ⟨*lat.*⟩ (Sprachw.): Zeitform des Verbs (z. B. Präsens)

Te|na̱|kel *das;* -s, - ⟨*lat.*⟩: **1.** (Druckw.) Gerät zum Halten des Manuskripts beim Setzen. **2.** (veraltet) Rahmen zum Befestigen eines Filtertuchs

Te|na|zi|tä̱t *die;* - ⟨*lat.*⟩: **1.** (Physik, Chemie, Technik) Zähigkeit; Ziehbarkeit; Zug-, Reißfestigkeit. **2.** (Med.) Widerstandsfähigkeit eines Mikroorganismus (z. B. eines Virus) gegenüber äußeren Einflüssen. **3.** (Psychol.) Beharrlichkeit, Hartnäckigkeit; Zähigkeit, Ausdauer

Ten|dẹnz *die;* -, -en ⟨*lat.-fr.*⟩: **1.** Hang, Neigung. **2. a)** erkennbare Absicht, Zug, Richtung; eine Entwicklung, die gerade im Gange ist, die sich abzeichnet; **b)** (abwertend) Darstellungsweise, mit der etwas bezweckt od. ein bestimmtes (meist politisches) Ziel erreicht werden soll

ten|den|zi|ẹll ⟨*lat.-fr.*⟩: der Tendenz nach, entwicklungsmäßig

ten|den|zi|ö̱s: von einer weltanschaulichen, politischen Tendenz beeinflusst u. daher als nicht objektiv empfunden

ten|die|ren ⟨*lat.*⟩: neigen zu etwas; gerichtet sein auf etwas

Ten|d|re [ˈtã:drə] *das;* -s, -s ⟨*lat.-fr.*⟩ (veraltet): Vorliebe, Neigung

Ten|nis *das;* - ⟨*lat.-fr.-engl.*⟩: ein Ballspiel mit Schlägern

Ten|no *der;* -[s], -s ⟨*jap.*⟩: japanischer Kaisertitel; vgl. ²Mikado (1)

¹Te|nor *der;* -s, Tenöre (österr. auch: -e) ⟨*lat.-it.*⟩: **1.** hohe Männerstimme. **2.** Tenorsänger. **3.** (ohne Plural) Gesamtheit der Tenorsänger in einem Chor. **4.** (ohne Plural) solistischer, für den ¹Tenor (1) geschriebener Teil eines Musikwerks

²Te|nor *der;* -s ⟨*lat.*⟩: **1.** grundlegender Gehalt, Sinn, Wortlaut. **2.** (Rechtswiss.) **a)** Haltung, Inhalt eines Gesetzes; **b)** der entscheidende Teil des Urteils. **3.** Stimme, die im ↑Cantus firmus den Melodieteil trägt (Abk.: T, t)

Te|nor|buf|fo *der;* -s, -s: **1.** zweiter Tenor an einem Operntheater. **2.** Tenor für heitere Opernrollen

Te|no|rist *der;* -en, -en ⟨*lat.-it.*⟩: Tenorsänger [im Chor]

Ten|sid *das;* -[e]s, -e ⟨*lat.-nlat.; gr.*⟩: die Oberflächenspannung des Wassers herabsetzender Zusatz in Wasch- u. Reinigungsmitteln

Ten|si|on *die;* -, -en ⟨*lat.*⟩ (Physik): Spannung von Gasen u. Dämpfen; Druck

Ten|ta|kel *der* od. *das;* -s, - (meist Plural): **1.** Fanghaar fleischfressender Pflanzen. **2.** beweglicher Fortsatz in der Kopfregion niederer Tiere zum Ergreifen der Beutetiere

Ten|ta|ku|lit [auch: ...ˈlɪt] *der;* -en, -en: eine ausgestorbene Flügelschnecke

Ten|ta|men *das;* -s, ...mina ⟨*lat.*⟩: **1.** Vorprüfung (z. B. beim Medizinstudium). **2.** (Med.) Versuch

ten|tie|ren: 1. (veraltet, noch landsch.) untersuchen, prüfen; versuchen, unternehmen, betreiben, arbeiten. **2.** (österr. ugs.) beabsichtigen

Te|nue [təˈny:], **Te|nü** *das;* -s, -s ⟨*lat.-fr.*⟩ (schweiz.): **1.** Art und Weise, wie jmd. gekleidet ist. **2. a)** Anzug; **b)** Uniform

Te|nu|is *die;* -, Tenues [...e:s]: stimmloser Verschlusslaut (z. B. *p*); Ggs. ↑Media (1)

te|nu|to ⟨*lat.-it.*⟩ (Musik): ausgehalten, getragen (Vortragsanweisung; Abk.: t, ten.); **ben tenuto** (Musik): gut gehalten (Vortragsanweisung)

Te|pi|da|ri|um *das;* -s, ...ien ⟨*lat.*⟩: **1.** lauwarmer Raum der römischen Thermen. **2.** (veraltet) Gewächshaus

Te|qui|la [teˈki:la] *der;* -[s], -[s] ⟨*mex.-span.*⟩: ein aus ↑Pulque gewonnener mexikanischer Branntwein

Te|ra|byte [...ˈbait] *das;* -[s], -[s] ⟨*gr.; engl.*⟩ (EDV): Einheit für sehr große Speicherkapazitäten; 2^{40} Byte (Zeichen: TB, TByte)

Terrasse

In diesem Wort, das aus gleichbedeutend *fr.* terrasse entlehnt wurde, steckt *lat.* terra, welches die Schreibung mit *-rr-* bedingt. Ebenfalls mit Doppel-*r* schreiben sich deshalb z. B. auch *Terrain, Terrarium* und *Terrazzo.*

te|ra|to|gen ⟨*gr.*⟩ (Med.): Fehlbildungen bewirkend (z. B. von Medikamenten)

Te|ra|to|lo|gie *die;* - (Med.): Teilgebiet der Medizin, das sich mit den körperlichen u. organischen Fehlbildungen befasst

te|ra|to|lo|gisch: die Teratologie betreffend

Ter|bi|um *das;* -s ⟨*nlat.;* nach dem schwed. Ort Ytterby⟩: chem. Element; ein Metall aus der Gruppe der Lanthanoide (Zeichen: Tb)

Te|re|bin|the *die;* -, -n ⟨*gr.-lat.*⟩: ↑Pistazie (1) des Mittelmeergebietes, aus der Terpentin u. Gerbstoff gewonnen werden; Terpentinbaum

Term *der;* -s, -e ⟨*lat.-fr.*⟩: **1.** [Reihe von] Zeichen in einer formalisierten Theorie, mit der od. dem eines der in der Theorie betrachteten Objekte dargestellt wird. **2.** (Physik) Zahlenwert der Energie eines Atoms, Ions od. Moleküls. **3.** (Sprachw.) Terminus

Ter|me *der;* -n, -n (veraltet): Grenzstein, -säule

Ter|min *der;* -[e]s, -e ⟨*lat.;* »Grenze«⟩: **1. a)** festgesetzter Zeitpunkt, Tag; **b)** Liefer-, Zahlungstag; Frist. **2.** vom Gericht festgesetzter Zeitpunkt für eine Rechtshandlung

ter|mi|nal: die Grenze, das Ende betreffend, zum Ende gehörend

Ter|mi|nal [ˈtø:ɐ̯minl̩, ˈtœr..., auch: ˈtə:mɪnl] *der* (auch: *das*); -s, -s ⟨*engl.*⟩: **1. a)** Abfertigungshalle für Fluggäste; **b)** Anlage zum Be- und Entladen in einem Bahnhof od. einem Hafen. **2.** (nur *das*) Ein- u. Ausgabeeinheit einer EDV-Anlage

Ter|min|ge|schäft *das;* -[e]s, -e ⟨*lat.; dt.*⟩: Zeitgeschäft, bei dem zu einem späteren Zeitpunkt zum Kurs bei Vertragsabschluss zu liefern ist

Ter|mi|ni: *Plural* von ↑Terminus

ter|mi|nie|ren: 1. a) befristen; **b)** zeitlich festlegen. **2.** innerhalb eines zugewiesenen Gebiets Almosen sammeln (von Bettelmönchen)

Ter|mi|no|lo|ge *der;* -n, -n ⟨*lat.; gr.*⟩: Fachmann,

der fachsprachliche Begriffe definiert u. Terminologien erstellt

Ter|mi|no|lo|gie *die;* -, ...ien: **a)** Fachwortschatz (eines bestimmten Fachgebiets); **b)** Wissenschaft vom Aufbau eines Fachwortschatzes

Ter|mi|no|lo|gin *die;* -, -nen: weibliche Form zu ↑Terminologe

ter|mi|no|lo|gisch: die Terminologie betreffend, dazu gehörend

Ter|mi|nus *der;* -, ...ni ⟨*lat.*⟩: **1.** (Philos.) Begriff. **2.** Fachausdruck, Fachwort

Ter|mi|nus tech|ni|cus *der;* - -, Termini technici: Fachwort, Fachausdruck

Ter|mi|te *die;* -, -n (meist Plural) ⟨*lat.-nlat.*⟩: Staaten bildendes, den Schaben ähnliches Insekt bes. der Tropen u. Subtropen

ter|när ⟨*lat.-fr.*⟩: dreifach; aus drei Stoffen bestehend; **ternäre Verbindung:** aus drei Elementen aufgebaute chemische Verbindung

Ter|ne *die;* -, -n ⟨*lat.-it.*⟩ (veraltet): Zusammenstellung von drei Nummern (beim Lottospiel)

Ter|no *der;* -s, -s ⟨*lat.-it.*⟩ (österr.): Terne

Ter|pen *das;* -s, -e ⟨*gr.-lat.-mlat.-nlat.*⟩: organische Verbindung (Hauptbestandteil ätherischer Öle)

Ter|pen|tin *das* (österr. meist: *der*); -s, -e ⟨*gr.-lat.-mlat.*⟩: **a)** Harz verschiedener Nadelbäume; **b)** (ugs.) Terpentinöl, das als Lösungsmittel für Harze u. Lacke dient

Ter|ra *die;* - ⟨*lat.*⟩ (Geogr.): Erde, Land

Ter|ra|cot|ta usw. vgl. Terrakotta usw.

Ter|ra di Si|e|na *die;* - - - ⟨*it.*⟩: Sienaerde

Ter|rain [tɛˈrɛ̃ː] *das;* -s, -s ⟨*lat.-vulgärlat.-fr.*⟩: **1. a)** Gebiet, Gelände; **b)** Boden, Baugelände, Grundstück. **2.** (Geogr.) Erdoberfläche (im Hinblick auf ihre Formung)

Ter|ra in|co|g|ni|ta *die;* - - ⟨*lat.*⟩: **1.** unerforschtes, fremdes Wissensgebiet. **2.** unbekanntes Land

Ter|ra|kot|ta, Ter|ra|cot|ta, Ter|ra|kot|te *die;* -, ...tten ⟨*lat.-it.*⟩: **1.** gebrannte Tonerde, die beim Brennen eine weiße, gelbe, braune, hell- od. tiefrote Farbe annimmt. **2.** [antikes] Gefäß od. kleine Plastik aus dieser Tonerde

Ter|ra|ri|um *das;* -s, ...ien ⟨*lat.*⟩: **1.** Behälter für die Haltung kleiner Landtiere. **2.** Gebäude [in einem zoologischen Garten], in dem Lurche u. Reptilien gehalten werden

Ter|ras|se *die;* -, -n ⟨*lat.-galloroman.-fr.;* »Erdaufhäufung«⟩: **1.** stufenförmige Erderhebung, Geländestufe, Absatz, Stufe. **2.** nicht überdachter größerer Platz vor od. auf einem Gebäude

ter|ras|sie|ren: ein Gelände terrassen-, treppenförmig anlegen, erhöhen (z. B. Weinberge)

Ter|raz|zo *der;* -[s], ...zzi ⟨*lat.-galloroman.-it.*⟩: Fußbodenbelag aus Zement u. verschieden getönten Steinkörnern

ter|res|t|risch ⟨*lat.*⟩: **1. a)** die Erde betreffend; Erd...; **b)** nicht über Satellit (gesendet, empfangen). **2. a)** (Geol.) auf dem Festland gebildet, geschehen (z. B. der indische Subkontinent); **b)** (Biol.) zur Erde gehörend, auf dem Erdboden lebend; Ggs. ↑limnisch (1), ↑marin (2)

ter|ri|bel ⟨*lat.*⟩ (veraltet): schrecklich

Ter|ri|er *der;* -s, - ⟨*lat.-mlat.-engl.*⟩: kleiner bis mittelgroßer britischer Jagdhund (zahlreiche Rassen, z. B. ↑Airedaleterrier)

ter|ri|gen ⟨*lat.; gr.*⟩ (Biol.): vom Festland stammend

Ter|ri|ne *die;* -, -n ⟨*lat.-vulgärlat.-fr.*⟩: [Suppen]schüssel

ter|ri|to|ri|al ⟨*lat.-fr.*⟩: zu einem Gebiet gehörend, ein Gebiet betreffend

Ter|ri|to|ri|a|li|tät *die;* - ⟨*lat.-fr.*⟩: Zugehörigkeit zu einem Staatsgebiet

Ter|ri|to|ri|a|li|täts|prin|zip *das;* -s (Rechtswiss.): [internationaler] Rechtsgrundsatz, der besagt, dass eine Person den Rechtsbestimmungen des Staates unterworfen ist, in dem sie sich aufhält; Ggs. ↑Personalitätsprinzip

Ter|ri|to|ri|um *das;* -s, ...ien ⟨*lat.(-fr.)*⟩: **a)** Grund u. Boden, Land, Bezirk, Gebiet; **b)** Hoheitsgebiet eines Staates

Ter|ror *der;* -s ⟨*lat.*⟩: **1.** [systematische] Verbreitung von Angst u. Schrecken durch Gewaltaktionen. **2.** Zwang, Druck [durch Gewaltanwendung]. **3.** (ugs.) **a)** Zank u. Streit; **b)** großes Aufheben um Geringfügigkeiten

ter|ro|ri|sie|ren ⟨*lat.-fr.*⟩: **1.** Terror ausüben, Schrecken verbreiten. **2.** jmdn. unterdrücken, bedrohen

Ter|ro|ris|mus *der;* - ⟨*lat.-fr.-nlat.*⟩: **1.** Schreckensherrschaft. **2.** das Verbreiten von Terror durch Anschläge u. Gewaltmaßnahmen zur Erreichung eines bestimmten [politischen] Ziels. **3.** Gesamtheit der Personen, die Terrorakte verüben

Ter|ro|rist *der;* -en, -en: jmd., der Terroranschläge plant u. ausführt

Ter|ro|ris|tin *die;* -, -nen: weibliche Form zu ↑Terrorist

ter|ro|ris|tisch: sich des Terrors bedienend; Terror ausübend

Ter|tia *die;* -, ...ien: **1.** (veraltend) die vierte u. fünfte Klasse eines Gymnasiums. **2.** (österr.) dritte Klasse eines Gymnasiums

Ter|ti|al *das;* -s, -e ⟨*lat.-nlat.*⟩ (veraltet): Jahresdrittel

Ter|ti|a|ner *der;* -s, - ⟨*lat.*⟩ (veraltend): Schüler einer Tertia

Ter|ti|a|ne|rin *die;* -, -nen: weibliche Form zu ↑Tertianer

ter|ti|är ⟨*lat.-fr.*⟩: **1.** dritte Stelle in einer Reihe einnehmend; drittrangig. **2.** (von chemischen Verbindungen) jeweils drei gleichartige Atome durch drei bestimmte andere ersetzend od. mit drei bestimmten anderen verbindend. **3.** (Geol.) das Tertiär betreffend

Ter|ti|är *das;* -s (Geol.): erdgeschichtliche Formation des ↑Känozoikums

Ter|ti|a|ri|er vgl. Terziar

Ter|ti|um Com|pa|ra|ti|o|nis *das;* - -, ...tia - (Philos.): Vergleichspunkt, das Gemeinsame zweier verschiedener, miteinander verglichener Gegenstände od. Sachverhalte

Terz *die;* -, -en ⟨*lat.-mlat.*⟩: **1.** (Musik) **a)** dritter Ton einer diatonischen Tonleiter vom Grundton an; **b)** Intervall von drei diatonischen Tonstufen. **2.** bestimmte Klingenhaltung beim Fechten. **3.** Gebet des Breviers um die dritte Tagesstunde (9 Uhr)

Ter|zel *der;* -s, - ⟨*lat.-mlat.*⟩ (Jägerspr.): männlicher Falke

Ter|ze|rol *das;* -s, -e ⟨*lat.-mlat.-it.*⟩: kleine Pistole

Ter|zett *das;* -[e]s, -e ⟨*lat.-it.*⟩: **1. a)** (Musik) Komposition für drei Singstimmen [mit Instrumentalbegleitung]; **b)** (Musik) dreistimmiger musikalischer Vortrag; **c)** (Musik) Gruppe von drei gemeinsam singenden Solisten; **d)** Gruppe von drei Personen, die häufig gemeinsam in Erscheinung treten. **2.** die erste od. zweite der beiden dreizeiligen Strophen des Sonetts

Ter|zi|ar *der;* -s, -en, **Ter|ti|a|ri|er** *der;* -s, - ⟨*lat.-mlat.*⟩: Angehöriger einer Ordensgemeinschaft von Männern u. Frauen, die zwar nach einer anerkannten Regel, jedoch nicht im Kloster leben

Ter|zi|ne *die;* -, -n (meist Plural) ⟨*lat.-it.*⟩: meist durch Kettenreim mit den anderen Strophen verbundene Strophe aus drei elfsilbigen Versen

Te|sching *das;* -s, -e u. -s ⟨Herkunft unsicher⟩: kleine Handfeuerwaffe

Tes|la *das;* -, - ⟨nach dem kroat. Physiker N. Tesla, 1856–1943⟩: Einheit der magnetischen Induktion

Test *der;* -[e]s, -s (auch: -e) ⟨*lat.-fr.-engl.*⟩: nach einer genau durchdachten Methode vorgenommener Versuch, Prüfung zur Feststellung der Eignung, der Leistung o. Ä. einer Person od. Sache

Tes|ta|ment *das;* -[e]s, -e ⟨*lat.*⟩: **1. a)** letztwillige Verfügung, in der jmd. die Verteilung seines Vermögens nach seinem Tode festlegt; **b)** [politisches] Vermächtnis. **2.** Verfügung, Ordnung [Gottes], Bund Gottes mit den Menschen (danach das Alte u. das Neue Testament der Bibel; Abk.: A. T., N. T.)

tes|ta|men|ta|risch: durch letztwillige Verfügung festgelegt

Tes|tat *das;* -[e]s, -e: **1.** Bescheinigung, Beglaubigung. **2.** (früher) Bestätigung über den Besuch einer Vorlesung, eines Seminars o. Ä. **3.** (Fachspr.) Bestätigung (in Form einer angehefteten Karte o. Ä.), dass ein Produkt getestet worden ist

Tes|ta|tor *der;* -s, ...oren: **1.** (Rechtswiss.) jmd., der ein Testament macht. **2.** jmd., der ein Testat ausstellt

Tes|ta|to|rin *die;* -, -nen: weibliche Form zu ↑Testator

Tes|ta|zee *die;* -, -n (meist Plural) ⟨*lat.*⟩ (Biol.): Schalen tragende Amöbe

tes|ten ⟨*lat.-fr.-engl.*⟩: einem Test unterziehen

Tes|ter *der;* -s, -: jmd., der jmdn. od. etwas testet

Tes|te|rin *die;* -, -nen: weibliche Form zu ↑Tester

tes|tie|ren ⟨*lat.*⟩: **1.** ein Testat geben, bescheinigen, bestätigen. **2.** (Rechtswiss.) ein Testament machen

Tes|tie|rer *der;* -s, -: jmd., der testiert

Tes|tie|re|rin *die;* -, -nen: weibliche Form zu ↑Testierer

Tes|ti|kel *der;* -s, - (Med.): Hoden

Tes|ti|mo|ni|um *das;* -s, ...ien u. ...ia (Rechtsspr. veraltet): Zeugnis

Tes|ti|mo|ni|um Pau|per|ta|tis *das;* - -, Testimonia - (Rechtsspr. veraltet): amtliche Bescheinigung der Mittellosigkeit für Prozessführende zur Erlangung einer Prozesskostenhilfe

Tes|to|s|te|ron *das;* -s ⟨Kunstw.⟩ (Med.): Hormon der männlichen Keimdrüsen

Test|se|rie [...i̯ə] *die;* -, -n: **1.** Reihe von Tests. **2.** Produktserie, an der die Qualität getestet wird

Tes|tu|do *die;* -, ...dines [...dine:s] ⟨*lat.;* »Schildkröte«⟩: **1.** (Geschichte) bei Belagerungen verwendetes Schutzdach. **2.** Verband zur Ruhigstellung des gebeugten Knie- od. Ellbogengelenks; Schildkrötenverband. **3. a)** (bei den Römern) Lyra (1); **b)** (vom 15. bis 17. Jh.) Laute

Te|ta|nie *die;* -, ...ien ⟨*gr.-nlat.*⟩ (Med.): schmerzhafter Muskelkrampf; Starrkrampf

te|ta|nisch ⟨*gr.-nlat.*⟩: den Tetanus betreffend, auf Tetanus beruhend, vom Tetanus befallen

Te|ta|nus [auch: ˈtɛ...] *der;* - ⟨*gr.-lat.*⟩ (Med.): nach Infektion einer Wunde auftretende Krankheit, die sich durch Muskelkrämpfe, Fieber u. Ä. äußert; Wundstarrkrampf

Te|te [ˈteːtə, ˈtɛːtə] *die;* -, -n ⟨*lat.-fr.*⟩ (veraltet): Anfang, Spitze [einer marschierenden Truppe]

tête-à-tête [tɛtaˈtɛːt] ⟨»Kopf an Kopf«⟩ (veraltet): vertraulich, unter vier Augen

Te|t|ra|chlor|koh|len|stoff *der;* -[e]s ⟨*gr.; dt.*⟩: nicht entflammbares Lösungsmittel

Te|t|ra|chord [...k...] *der* od. *das;* -[e]s, -e ⟨*gr.-lat.*⟩ (Musik): Folge von vier Tönen einer Tonleiter, die Hälfte einer Oktave

Te|t|ra|eder *das;* -s, - ⟨*gr.-nlat.*⟩: von vier gleichseitigen Dreiecken begrenzter Körper, dreiseitige Pyramide

Te|t|ra|gon *das;* -s, -e ⟨*gr.-lat.*⟩: Viereck

te|t|ra|go|nal: das Tetragon betreffend, viereckig

Te|t|ra|lin® *das;* -s ⟨Kunstw.⟩: ein Lösungsmittel

Te|t|ra|lo|gie *die;* -, ...ien ⟨*gr.*⟩: Folge von vier eine innere Einheit bildenden Dichtwerken (bes. Dramen), Kompositionen u. a.

Te|t|ra|me|ter *der;* -s, - ⟨*gr.-lat.*⟩: aus vier Metren bestehender Vers

Te|t|ra|po|die *die;* ...ien: (in der griechischen Metrik) Verbindung von vier Versfüßen zu einem Verstakt

Te|t|rarch *der;* -en, -en ⟨*gr.-lat.*⟩ (Geschichte): Herrscher über den vierten Teil eines Landes

Te|t|rar|chie *die;* -, ...ien: **a)** Gebiet eines Tetrarchen; **b)** Herrschaft eines Tetrarchen

Te|t|ro|de *die;* -, -n ⟨*gr.-nlat.*⟩: Vierpolröhre

Tex *das;* -, - ⟨*lat.*⟩: Maß für die längenbezogene Masse textiler Fasern u. Garne (Zeichen: tex)

Te|xas|fie|ber *das;* -s ⟨nach dem US-Bundesstaat⟩: Malaria der Rinder

[1]**Text** *der;* -[e]s, -e ⟨*lat.;* »Gewebe, Geflecht«⟩: **1.** Wortlaut eines Schriftstücks, Vortrags o. Ä. **2.** (Sprachw.) Folge von Aussagen, die untereinander in Zusammenhang stehen. **3.** Bibelstelle als Predigtgrundlage. **4.** Beschriftung (z. B. von Abbildungen). **5.** die zu einem Musikstück gehörenden Worte

[2]**Text** *die;* - (Druckw.): Schriftgrad von 20 Punkt (ungefähr 7,5 mm Schrifthöhe)

tex|ten ⟨*lat.*⟩: einen [Schlager-, Werbe]text verfassen

Tex|ter *der;* -s, -: Verfasser von [Schlager-, Werbe]texten

Tex|te|rin *die;* -, -nen: weibliche Form zu ↑Texter

tex|til ⟨*lat.-fr.*⟩: **1.** die Textiltechnik, die Textilindustrie betreffend. **2.** gewebt, gewirkt

Text|kri|tik *die;* -: [vergleichende] philologische Untersuchung eines überlieferten Textes auf Echtheit und Inhalt

Text|lin|gu|is|tik *die;* -: Teilgebiet der modernen Sprachwissenschaft, das sich mit dem Wesen, dem Aufbau und den inneren Zusammenhängen von Texten befasst

Tex|tur *die;* -, -en ⟨*lat.*⟩: **1.** Gewebe, Faserung. **2.** (Geol.) räumliche Anordnung u. Verteilung der Gemengteile eines Gesteins. **3.** (Chemie; Technik) gesetzmäßige Anordnung der Kristallite in Faserstoffen u. technischen Werkstücken. **4.** (Technik) strukturelle Veränderung des Gefügezustandes von Stoffen bei Kaltverformung. **5.** (Computergrafik) Oberflächenstruktur eines grafisch dargestellten Objekts

tex|tu|rie|ren: synthetischen Geweben ein Höchstmaß an textilen Eigenschaften geben (z. B. Fördern von Feuchtigkeitsaufnahme)

Tha|la|mus *der;* -, ...mi ⟨*gr.-lat.*⟩ (Med.): Hauptteil des Zwischenhirns

tha|las|so|gen ⟨*gr.-nlat.*⟩ (Geogr., Geol.): durch das Meer entstanden

Tha|las|so|me|ter *das;* -s, -: Meerestiefenmesser; Messgerät für Ebbe u. Flut

Tha|las|so|the|ra|pie [auch: ˈtaːlaso...] *die;* -, ...ien: Teilbereich der Medizin, der sich mit der heilklimatischen Wirkung von Seeluft u. Bädern im Meerwasser befasst

Thal|li|um *das;* -s ⟨*gr.-nlat.*⟩: chem. Element; ein Metall (Zeichen: Tl)

Thal|lus *der;* -, ...lli ⟨*gr.-lat.*⟩: primitiver Pflanzenkörper der Thallophyten (ohne Wurzeln u. Blätter); Ggs. ↑Kormus

Tha|na|to|lo|gie *die;* -: interdisziplinäres Forschungsgebiet, das sich mit den Problemen des Sterbens u. des Todes befasst

Thanks|gi|ving Day [θæŋksˈgɪvɪŋ deɪ] *der;* - -[s], - -s ⟨*engl.*⟩: Erntedanktag in den USA

The|a|ter *das;* -s, - ⟨*gr.-lat.(-fr.)*⟩: **1. a)** Gebäude, in dem regelmäßig Schauspiele aufgeführt werden, Schauspielhaus; **b)** künstlerisches Unternehmen, das die Aufführungen von Schauspielen, Opern o. Ä. arrangiert; **c)** (ohne Plural) Schauspiel-, Opernaufführung, Vorstellung; **d)** (ohne Plural) darstellende Kunst [eines Volkes od. einer Epoche] mit allen Erscheinungen. **2.** (ohne Plural; ugs.) Unruhe, Aufregung, Getue

The|a|ti|ner *der;* -s, - (meist Plural) ⟨*nlat.;* nach der it. Bischofsstadt Theate, heute Chieti⟩: Angehöriger eines italienischen Ordens (Abk.: OTheat)

The|a|t|ra|lik *die;* - ⟨*gr.-lat.-nlat.*⟩: übertriebenes schauspielerisches Wesen, Gespreiztheit

the|a|t|ra|lisch ⟨*gr.-lat.*⟩: **1.** das Theater betreffend, bühnengerecht. **2.** übertrieben, unnatürlich, gespreizt

Thé dan|sant [tedãˈsã:] *der;* - -, -s -s [tedãˈsã:] ⟨*fr.*⟩ (veraltet): kleiner [Haus]ball

The|is|mus *der;* - ⟨*gr.-nlat.*⟩: Glaube an einen persönlichen, von außen auf die Welt einwirkenden Schöpfergott

The|ist *der;* -en, -en: Anhänger des Theismus

The|is|tin *die;* -, -nen: weibliche Form zu ↑Theist

the|is|tisch: den Theismus, den Theisten betreffend

...thek

die; -, -en
⟨zu *gr.* thēkē »Behältnis, Truhe, Kiste«⟩
Wortbildungselement mit der Bedeutung »Zusammenstellung, Sammlung von [zum Verleih bestimmten] Dingen od. die diese enthaltenden Räumlichkeiten«:
– Artothek
– Kartothek
– Videothek
– Vinothek

The|ke *die;* -, -n: **1.** Schanktisch. **2.** Ladentisch

The|ma *das;* -s, ...men u. (veraltend) -ta ⟨*gr.-lat.;* »das Aufgestellte«⟩: **1.** Aufgabe, [zu behandelnder] Gegenstand; Leitgedanke, Leitmotiv; Sache, Gesprächsstoff. **2.** (Sprachw.) Gegenstand der Rede, psychologisches Subjekt des Satzes; Ggs. ↑Rhema. **3.** (Musik) [aus mehreren Motiven bestehende] Melodie, die den musikalischen Grundgedanken einer Komposition bildet

The|ma|tik *die;* -, -en ⟨*gr.*⟩: **1.** ausgeführtes, gewähltes, gestelltes Thema; Themastellung; Komplexität eines Themas; Leitgedanke. **2.** (Musik) Kunst der Themaaufstellung, -einführung und -verarbeitung

the|ma|tisch: **1.** das Thema betreffend. **2.** (Sprachw.) mit einem Themavokal gebildet (von Wortformen); Ggs. ↑athematisch (2)

the|ma|ti|sie|ren: **1.** zum Thema (1) von etwas machen, als Thema behandeln. **2.** mit einem Themavokal versehen

The|ma|vo|kal *der;* -s, -e (Sprachw.): Vokal, der bei der Bildung von Verbformen zwischen Stamm u. Endung eingeschoben wird

theo..., Theo...

⟨*gr.* theós »Gott, Gottheit«⟩
Wortbildungselement mit der Bedeutung »Gott, Götter; göttlich«:
– Theodizee
– Theonomie
– theozentrisch

Theo|bro|min *das;* -s: Alkaloid der Kakaobohnen

Theo|di|zee *die;* -, ...zeen (Philos.): Rechtfertigung Gottes hinsichtlich des von ihm in der Welt zugelassenen Übels u. Bösen, das mit dem Glauben an seine Allmacht, Weisheit u. Güte in Einklang zu bringen gesucht wird

Theo|do|lit *der;* -[e]s, -e ⟨Herkunft unsicher⟩: geodätisches Instrument zur Horizontal- u. Höhenwinkelmessung

Theo|gno|sie, Theo|gno|sis *die;* - ⟨*gr.*⟩ (Philos.): die Gotteserkenntnis

Theo|go|nie *die;* -, ...ien ⟨*gr.-lat.*⟩: mythische Lehre od. Vorstellung von der Entstehung u. Abstammung der Götter

Theo|kra|tie *die;* -, ...ien ⟨»Gottesherrschaft«⟩: Herrschaftsform, bei der die Staatsgewalt allein religiös legitimiert wird, aber im Gegensatz zur Hierokratie nicht von Priestern ausgeübt zu werden braucht

theo|kra|tisch: die Theokratie betreffend

Theo|lo|ge *der;* -n, -n ⟨*gr.-lat.*⟩: jmd., der sich wissenschaftlich mit der Theologie beschäftigt

Theo|lo|gie *die;* -, ...ien: wissenschaftliche Lehre von einer als wahr vorausgesetzten [christlichen] Religion, ihrer Offenbarung, Überlieferung und Geschichte

Theo|lo|gin *die;* -, -nen: weibliche Form zu ↑Theologe

theo|lo|gisch: die Theologie betreffend

theo|lo|gi|sie|ren ⟨*gr.-nlat.*⟩: Theologie treiben, das Gebiet der Theologie berühren

Theo|man|tie *die;* -, ...ien: das Weissagen durch göttliche Eingebung

theo|morph, theo|mor|phisch: in göttlicher Gestalt auftretend, erscheinend

Theo|pha|nie *die;* -, ...ien ⟨*gr.*⟩: Gotteserscheinung; vgl. Epiphanie

The|or|be *die;* -, -n ⟨*it.-fr.*⟩: (bes. im Barock) tiefe Laute mit zwei Hälsen (von denen der eine die Fortsetzung des anderen bildet) u. doppeltem Wirbelkasten

The|o|rem *das;* -s, -e ⟨*gr.-lat.*⟩ (Philos., Math.): Lehrsatz

The|o|re|ti|ker *der;* -s, -: jmd., der sich theoretisch mit der Lösung von [wissenschaftlichen] Problemen auseinandersetzt

The|o|re|ti|ke|rin *die;* -, -nen: weibliche Form zu ↑Theoretiker

the|o|re|tisch: **1.** die Theorie von etwas betreffend; Ggs. ↑experimentell. **2.** [nur] gedanklich, die Wirklichkeit nicht [genügend] berücksichtigend

the|o|re|ti|sie|ren ⟨*gr.-nlat.*⟩: gedanklich, theoretisch durchspielen

The|o|rie *die;* -, ...ien ⟨*gr.-lat.*⟩: **1. a)** System wissenschaftlich begründeter Aussagen zur Erklärung bestimmter Tatsachen od. Erscheinungen u. der ihnen zugrunde liegenden Gesetzmäßigkeiten; **b)** Lehre von den allgemeinen Begriffen, Gesetzen, Prinzipien eines bestimmten Bereichs. **2.** (ohne Plural) **a)** rein begriffliche, abstrakte [nicht praxisorientierte od. -bezogene] Betrachtung[sweise], Erfassung von etwas; Ggs. ↑Praxis (1); **b)** wirklichkeitsfremde Vorstellung, bloße Vermutung

Theo|soph *der;* -en, -en ⟨*gr.-mlat.*⟩: Anhänger der Theosophie

Theo|so|phie *die;* -, ...ien ⟨»Gottesweisheit«⟩: religiös-weltanschauliche Richtung, die in meditativer Berührung mit Gott den Weltbau und den Sinn des Weltgeschehens erkennen will

theo|so|phisch: die Theosophie betreffend

The|ra|peut *der;* -en, -en ⟨*gr.;* »Diener, Pfleger«⟩: jmd., der eine Therapie vornimmt

The|ra|peu|tik *die;* -, -en: Wissenschaft von der Behandlung der Krankheiten

The|ra|peu|ti|kum *das;* -s, ...ka ⟨*gr.-nlat.*⟩: Heilmittel

The|ra|peu|tin *die;* -, -nen: weibliche Form zu ↑Therapeut

t

the|ra|peu|tisch ⟨*gr.*⟩: zur Therapie gehörend

The|ra|pie *die;* -, ...ien (Med.; Psychol.): Heilbehandlung

the|ra|pie|ren: jmdn. einer Therapie unterziehen

the|ra|pie|re|sis|tent: (von Krankheiten) auf keine mögliche Therapie ansprechend

ther|mal (Physik): auf Wärme bezogen, die Wärme betreffend, Wärme...

Ther|mal|quel|le *die;* -, -n: warme Quelle

Ther|me *die;* -, -n ⟨*gr.-lat.*⟩: **1.** Thermalquelle. **2.** (nur Plural; Geschichte) antike römische Badeanlage

Ther|mi|dor *der;* -[s], -s ⟨*gr.-fr.;* »Hitzemonat«⟩: der elfte Monat des französischen Revolutionskalenders (19. Juli bis 17. Aug.)

Ther|mik *die;* -, -en ⟨*gr.-nlat.*⟩ (Meteorol.): aufwärtsgerichtete Warmluftbewegung

ther|misch (Meteorol.): die Wärme betreffend, Wärme...

ther|mo..., Ther|mo...

⟨zu *gr.* thermós »warm, heiß«⟩
Wortbildungselement mit der Bedeutung »Wärme, Hitze; Wärmeenergie; Temperatur«:
- Thermodynamik
- Thermometer
- thermophil
- Thermostat

...therm
⟨*gr.* thermós »warm, heiß«⟩
Wortbildungselement mit der Bedeutung »warm, Wärme hervorrufend od. benötigend«:
- endotherm
- exotherm

Ther|mo|che|mie *die;* -: Untersuchung der Wärmeumsätze bei chemischen Vorgängen

Ther|mo|chro|mie *die;* - (Chemie): Farbänderung eines Stoffes bei Temperaturänderungen

Ther|mo|dy|na|mik *die;* - (Physik): Teilgebiet der Physik, das sich mit der Untersuchung des Verhaltens physikalischer Systeme bei Temperaturänderung, bes. beim Zuführen u. Abführen von Wärme, befasst

ther|mo|dy|na|misch: die Thermodynamik betreffend, den Gesetzen der Thermodynamik folgend

ther|mo|elek|t|risch: auf Thermoelektrizität beruhend

Ther|mo|elek|t|ri|zi|tät *die;* -: Gesamtheit der Erscheinungen in elektrisch leitenden Stoffen, bei denen Temperaturunterschiede elektrische Spannungen bzw. Ströme hervorrufen u. umgekehrt

Ther|mo|ele|ment *das;* -[e]s, -e: [Temperaturmess]gerät, das aus zwei Leitern verschiedener Werkstoffe besteht, die an ihren Enden zusammengelötet sind

Ther|mo|graf, Ther|mo|graph *der;* -en, -en (Meteorol.): Gerät zur selbsttätigen Temperaturaufzeichnung

Ther|mo|gra|fie, Ther|mo|gra|phie *die;* -: **1.** Verfahren zur fotografischen Aufnahme von Objekten mittels ihrer an verschiedenen Stellen unterschiedlichen Wärmestrahlung (z. B. zur Lokalisierung von Tumoren). **2.** Gesamtheit von Kopierverfahren, bei denen mit wärmeempfindlichen Materialien u. Wärmestrahlung gearbeitet wird

Ther|mo|gramm *das;* -s, -e: bei der Infrarotfotografie von Wärmestrahlen erzeugtes Bild

Ther|mo|graph usw. vgl. Thermograf usw.

Ther|mo|kau|ter *der;* -s, - (Med.): elektrisch beheiztes od. gekühltes chirurgisches Instrument zur Durchführung von Operationen od. zur Verschorfung von Gewebe

Ther|mo|me|ter *das,* österr. u. schweiz. auch *der;* -s, -: Temperaturmessgerät

ther|mo|nu|k|le|ar: die bei einer Kernreaktion auftretende Wärme betreffend

Ther|mo|pane® [...ˈpeɪn, auch: ...ˈpe:n] *das;* - ⟨*gr.; engl.*⟩: aus zwei od. mehreren Scheiben bestehendes Fensterglas, das wegen eines Vakuums zwischen den Scheiben isolierende Wirkung hat

Ther|mo|pa|pier *das;* -s, -e: Spezialpapier mit einer Schicht, die sich unter Wärmeeinwirkung verfärbt (z. B. für Faxgeräte)

ther|mo|phil (Biol.): Wärme liebend (z. B. von Bakterien)

Ther|mo|plast *der;* -[e]s, -e (meist Plural): bei höheren Temperaturen ohne chemische Veränderung erweichbarer u. verformbarer Kunststoff

ther|mo|plas|tisch: in erwärmtem Zustand formbar, weich

Ther|mo|s|tat *der;* -[e]s u. -en, -e[n] u. *das;* -[e]s, -e: [automatischer] Temperaturregler

The|ro|phyt *der;* -en, -en ⟨*gr.*⟩: einjährige Pflanze

the|sau|rie|ren ⟨*gr.-lat.-nlat.*⟩: einen Thesaurus (2) zusammenstellen

The|sau|rie|rung *die;* -, -en: das Thesaurieren

The|sau|rus *der;* -, ...ren u. ...ri ⟨*gr.-lat.*⟩: **1.** Titel wissenschaftlicher Sammelwerke, bes. großer Wörterbücher der alten Sprachen. **2.** alphabetisch u. systematisch geordnete Sammlung von Wörtern eines bestimmten [Fach]bereichs. **3.** (bes. EDV) [allgemeinsprachliches] Wörterbuch der sinn- und sachverwandten Wörter. **4.** Schrein in einem Heiligtum zur Aufbewahrung von kostbaren Weihegaben (in der Antike)

The|se *die;* -, -n ⟨*gr.-lat.-fr.*⟩: **1.** aufgestellter [Lehr-, Leit]satz, der als Ausgangspunkt für die weitere Argumentation dient. **2.** in der ↑dialektischen Argumentation die Ausgangsbehauptung, der die ↑Antithese (1) gegenübergestellt wird

The|sis [auch: ˈtɛzɪs] *die;* -, Thesen ⟨*gr.-lat.*⟩: **1. a)** betonter Taktteil im altgriechischen Versfuß; Ggs. ↑Arsis (1 a); **b)** abwärtsgeführter Schlag beim musikalischen Taktieren; Ggs. ↑Arsis (1 b). **2.** unbetonter Taktteil in der neueren Metrik; Ggs. ↑Arsis (2)

Thes|pis|kar|ren *der;* -s, - ⟨nach Thespis, dem Begründer der altgriech. Tragödie⟩ (scherzh.): Wanderbühne

The|ta *das;* -[s], -s ⟨*gr.*⟩: achter Buchstabe des gr. Alphabets

Thig|mo|ta|xis *die;* -, ...xen ⟨*gr.-nlat.*⟩ (Biol.): durch Berührungsreiz ausgelöste Orientierungsbewegung von Tieren u. niederen pflanzlichen Organismen

Think|tank, Think-Tank [ˈθɪŋktæŋk] *der;* -s, -s ⟨*engl.;* »Beraterstab«⟩: Denkfabrik, Institution zur wissenschaftlichen, praxisorientierten Zukunftsforschung u. für wirtschaftliche Weiterentwicklung

Thi|o|phen *das;* -s ⟨*gr.-nlat.*⟩: farblose, flüssige Schwefelverbindung, die bei der Herstellung von Insektiziden u. Ä. verwendet wird

Thi|xo|tro|pie *die;* -: Eigenschaft bestimmter kolloidaler Mischungen, sich bei mechanischer Einwirkung (z. B. Rühren) zu verflüssigen

Tho|los *die,* auch: *der;* -, ...loi [...lɔy] u. ...len ⟨*gr.*⟩: altgriechischer Rundbau mit Säulenumgang

Tho|mis|mus *der;* - ⟨*nlat.*⟩: Sammelbez. für an Thomas v. Aquin anschließende theologisch-philosophische Richtungen des 14.–19. Jh.s, die die Grundlage des kirchlichen Lehramtes in der katholischen Kirche bilden

Tho|mist *der;* -en, -en: Vertreter, Anhänger des Thomismus

Tho|mis|tin *die;* -, -nen: weibliche Form zu ↑Thomist

tho|mis|tisch: die Lehre des Thomas v. Aquin u. den Thomismus betreffend

Thon *der;* -s, -s ⟨*gr.-lat.-fr.*⟩ (schweiz.): Thunfisch

Thor vgl. Thorium

Tho|ra [auch: ˈto:ra] *die;* - ⟨*hebr.;* »Lehre«⟩: die fünf Bücher Mose, das mosaische Gesetz

tho|ra|kal ⟨*gr.-nlat.*⟩ (Med.): zum Brustkorb gehörend, an ihm gelegen

Tho|rax *der;* -[es], -e (fachspr.: ...races [...tse:s]) ⟨*gr.-lat.*⟩: **1.** (Med.) Brustkorb. **2.** (Zool.) zwischen Kopf u. Hinterleib liegendes mittleres Segment bei Gliederfüßern

Tho|ri|um, Thor *das;* -s ⟨*altnord.-nlat.;* nach Thor, einem Gott der nordischen Sage⟩: chem. Element; ein Metall (Zeichen: Th)

Thrill [θrɪl] *der;* -s, -s ⟨*engl.*⟩: Nervenkitzel; prickelnde Erregung

Thril|ler [ˈθrɪlɐ] *der;* -s, - ⟨*engl.-amerik.*⟩: Film, Roman, der Spannungseffekte u. Nervenkitzel erzeugt

Thrips *der;* -, -e ⟨*gr.-lat.*⟩ (Zool.): artenreiches Insekt mit blasenartigen Haftorganen an den Füßen

Throm|bo̱|se *die;* -, -n ⟨*gr.;* »das Gerinnen«⟩: völliger od. teilweiser Verschluss eines Blutgefäßes durch Blutgerinnsel

throm|bo̱|tisch: die Thrombose betreffend; auf einer Thrombose beruhend

Throm|bo|zy̱t *der;* -en, -en ⟨*gr.-nlat.*⟩ (Med.): Blutplättchen

Thro̱m|bus *der;* -, ...ben ⟨*gr.-nlat.*⟩ (Med.): zu einer Thrombose führendes Blutgerinnsel; Blutpfropf

Thu̱|ja, Thu̱|je *die;* -, ...jen ⟨*gr.-mlat.*⟩ (Bot.): immergrüner Baum mit schuppenförmigen Blättern; Lebensbaum

Thu̱|je vgl. Thuja

Thu̱|li|um *das;* -s ⟨*gr.-lat.-nlat.;* nach der sagenhaften Insel Thule⟩: chem. Element; ein Metall (Zeichen: Tm)

Thu̱n|fisch, Tu̱n|fisch *der;* -[e]s, -e ⟨*gr.-lat.; dt.*⟩: großer Fisch mit mondsichelförmiger Schwanzflosse

Thy̱|mi|an *der;* -s, -e ⟨*gr.-lat.*⟩: **a)** Pflanze mit würzig duftenden kleinen Blättern u. hellroten bis violetten Blüten, die als Gewürz od. zu Heilzwecken verwendet wird; **b)** Gewürz aus getrockneten Blättern des Thymians (a)

Thy|mus *der;* -, Thymi, **Thy̱|mus|drü|se** *die;* -, -n (Med.): hinter dem Brustbein gelegenes drüsenartiges Organ, das sich nach der Pubertät zurückbildet

Thy|re|o|i|di̱|tis *die;* -, ...iti̱den (Med.): Entzündung der Schilddrüse

Thy|ri̱s|tor *der;* -s, ...o̱ren ⟨*gr.; engl.*⟩: steuerbares elektronisches Bauelement auf Siliciumbasis

Thy̱r|sos *der;* -, ...soi [...so̱y] ⟨*gr.*⟩, **Thy̱r|sus** *der;* -, ...si ⟨*gr.-lat.*⟩: mit Efeu u. Weinlaub umwundener, von einem Pinienzapfen gekrönter Stab des Dionysos u. der Mänaden

Ti|a̱|ra *die;* -, ...ren ⟨*pers.-gr.-lat.*⟩: **1.** (Geschichte) hohe, spitze Kopfbedeckung altpersischer u. assyrischer Könige. **2.** (heute nicht mehr getragene) hohe, aus drei übereinandergesetzten Kronen bestehende Kopfbedeckung des Papstes als Zeichen seiner weltlichen Macht

Ti̱c *der;* -s, -s ⟨*fr.*⟩ (Med.): in kurzen Abständen wiederkehrende, unwillkürliche Muskelzuckung (bes. im Gesicht)

Ti̱ck *der;* -s, -s: **1.** (ugs.) wunderliche Eigenart, Schrulle, Fimmel. **2.** ↑Tic. **3.** (ugs.) Kleinigkeit, Nuance (2)

Ti̱|cker *der;* -s, - ⟨*engl.*⟩: **1.** (Jargon) vollautomatischer Fernschreiber zum Empfang von [Börsen]nachrichten. **2.** (Medizinjargon) Gerät zur Überwachung der Pulsfrequenz

Ti̱|cket *das;* -s, -s ⟨*niederl.-fr.-engl.*⟩: Flug-, Fahr-, Eintrittskarte

Ti̱|cke|ting *das;* -[s]: Verkauf von ↑Tickets

Tie|break, Tie-Break [ˈta̱ibreɪk] *der od. das;* -s, -s ⟨*engl.*⟩: besondere Zählweise beim Tennis, durch die ein Spiel bei unentschiedenem Stand (6:6 od. 7:7) zur Entscheidung gebracht wird

Ti|fo̱|so *der;* -, ...si (meist Plural) ⟨*it.*⟩: it. Bez. für: [Fußball]fan

Til|bu|ry [ˈtɪlbəri] *der;* -[s], -s ⟨*engl.*⟩ (früher): leichter zweirädriger u. zweisitziger offener Wagen mit aufklappbarem Verdeck

Ti̱l|de *die;* -, -n ⟨*lat.-span.*⟩: **1.** diakritisches Zeichen in Gestalt einer kleinen liegenden Schlangenlinie, das im Spanischen über einem n die Palatalisierung, im Portugiesischen über einem Vokal die Nasalierung angibt (z. B. *span.* Señor, *port.* São Paulo). **2.** Zeichen in Gestalt einer kleinen liegenden Schlangenlinie auf der Mitte der Zeile, das die Wiederholung eines Wortes od. eines Teils davon angibt (bes. in Wörterbüchern; Zeichen: ~)

Tim|b|re [ˈtɛ̃ːbrə, auch: ˈtɛ̃ːbɐ] *das;* -s, -s ⟨*gr.-mgr.-fr.*⟩: charakteristische Klangfarbe eines Instruments, einer Stimme

tim|b|rie̱|ren [tɛ̃...]: mit einer bestimmten Klangfarbe versehen; einer Sache ein bestimmtes Timbre verleihen

ti|men [ˈta̱imən] ⟨*engl.*⟩: **1.** die Zeit [mit der Stoppuhr] messen. **2.** für etwas den geeigneten, passenden Zeitpunkt bestimmen, benutzen u. dadurch einen gut koordinierten Ablauf herbeiführen

Time-out *das;* -[s], -s: Auszeit; Spielunterbrechung, die einer Mannschaft nach bestimmten Regeln zusteht (z. B. beim Basketball, Volleyball)

Ti|mer [ˈta̱imɐ] *der;* -s, -: elektronischer Zeitmesser, der zeitlich gebundene Vorgänge exakt regelt; Zeitschaltuhr

Time|sha|ring [ˈta̱imʃɛːɐ̯rɪŋ] *das;* -[s]: **1.** gekauftes Wohnrecht an einer Ferienwohnung während einer bestimmten Zeit. **2.** (EDV früher) Zeitzuteilung bei der Inanspruchnahme einer Großrechenanlage durch verschiedene Benutzer

Ti|ming [ˈta̱imɪŋ] *das;* -s, -s ⟨*engl.*⟩: das Timen, Aufeinanderabstimmen von Abläufen

Ti|mo|kra|tie̱ *die;* -, ...i̱en ⟨*gr.-mlat.;* »Vermögensherrschaft«⟩: **1.** (ohne Plural) Staatsform, in der die Rechte der Bürger nach ihrem Vermögen bemessen werden. **2.** Staat, Gemeinwesen, in dem eine Timokratie (1) besteht

ti|mo|kra̱|tisch: die Timokratie betreffend

Tim|pa|no *der;* -s, ...ni (meist Plural) ‹*gr.-lat.-it.*›: [Kessel]pauke

tin|gie|ren ‹*lat.*› (Chemie): eintauchen; färben

Tink|ti|on *die;* -, -en (Chemie): Färbung

Tink|tur *die;* -, -en: **1.** (veraltet) Färbung. **2.** dünnflüssiger, meist alkoholischer Auszug aus pflanzlichen od. tierischen Stoffen (Abk.: Tct)

Tin|nef *der;* -s ‹*hebr.-jidd.;* »Kot, Schmutz«› (ugs.): **1.** wertlose Ware; Schund, Plunder. **2.** Unsinn

Tin|ni|tus *der;* -, - ‹*lat.;* »Geklingel«› (Med.): Ohrgeräusch; von den Betroffenen subjektiv wahrgenommenes Rauschen, Klingeln od. Pfeifen in den Ohren

Tip: frühere Schreibung für ↑Tipp

Ti|pi *das;* -s, -s ‹*indian.*›: mit Leder od. Leinwand überspanntes kegelförmiges Zelt der Prärieindianer

Tipp *der;* -s, -s ‹*engl.;* »Anstoß; Andeutung, Wink«›: **1.** Andeutung, Information über gute Aussichten für Wertpapiere an der Börse. **2. a)** Wetthinweis; **b)** Vorhersage des wahrscheinlichen Ergebnisses eines Sportwettkampfes. **3.** (ugs.) nützlicher Hinweis, guter Rat, der jmdm. bei etwas hilft

Ti|ra|de *die;* -, -n ‹*vulgärlat.-it.-fr.*›: **1.** wortreiche, geschwätzige [nichtssagende] Äußerung; Wortschwall. **2.** (Musik) Lauf von schnell aufeinanderfolgenden Tönen als Verzierung zwischen zwei Tönen einer Melodie

Ti|ra|mi|su *das;* -[s], -s ‹*it.;* »zieh mich hoch«›: aus Eigelb, Mascarpone u. in Likör u. Kaffee getränkten Biskuits hergestellte cremige Süßspeise

Ti|rass *der;* -es, -e ‹*vulgärlat.-fr.*› (Jägerspr.): Deckgarn zum Fangen von Feldhühnern

ti|ras|sie|ren (Jägerspr.): [Vögel, Feldhühner] mit dem Tirass fangen

Ti|ro *der;* -s, ...onen ‹*lat.*› (veraltet): **1.** Anfänger. **2.** Rekrut

Ti|ro|li|enne [tiroˈli̯ɛn] *die;* -, -n [...nən] ‹*fr.;* nach dem österr. Bundesland Tirol›: einem Ländler ähnlicher tirolischer Rundtanz im $^3/_4$-Takt

[1]Ti|tan *der;* -en, -en (meist Plural), **Ti|ta|ne** *der;* -n, -n (meist Plural) ‹*gr.-lat.*›: **1.** Angehöriger eines Geschlechts riesenhafter, von Zeus gestürzter Götter der griechischen Sage. **2.** jmd., der durch außergewöhnlich große Leistungen, durch Machtfülle o. Ä. beeindruckt

[2]Ti|tan *das;* -s ‹*gr.-lat.-nlat.*›: chem. Element; ein Metall (Zeichen: Ti)

Ti|ta|ne vgl. [1]Titan

Ti|ta|ni|de *der;* -n, -n ‹*gr.*›: Abkömmling der [1]Titanen (1)

ti|ta|nisch ‹*gr.-lat.*›: **1.** die [1]Titanen (1) betreffend, zu ihnen gehörend. **2.** von, in der Art eines [1]Titanen (2)

Ti|ta|nit [...ˈnɪt] *der;* -s, -e ‹*gr.-lat.-nlat.*›: titanhaltiges Mineral

Ti|ta|no|ma|chie *die;* - ‹*gr.*›: Kampf der [1]Titanen (1) gegen Zeus in der griechischen Sage

Ti|tel *der;* -s, - ‹*lat.*›: **1. a)** kennzeichnender Name eines Buches, einer Schrift, eines Kunstwerks o. Ä.; **b)** unter einem bestimmten Titel (1 a) bes. als Buch, CD o. Ä. veröffentlichtes Werk. **2. a)** Beruf, Stand, Rang, Würde kennzeichnende Bezeichnung, häufig als Zusatz zum Namen (Abk.: Tit.); **b)** im sportlichen Wettkampf errungene Bezeichnung eines bestimmten Ranges, einer bestimmten Würde. **3.** (Rechtswiss.) **a)** Abschnitt eines Gesetzes- od. Vertragswerks; **b)** gesetzlicher, durch ein rechtskräftiges Urteil erworbener Grund, einen Anspruch durchzusetzen; Rechtstitel. **4.** Verwendungszweck von einer zu einer Gruppe zusammengefassten Anzahl von Ausgaben, Beträgen (z. B. im Haushalt eines Staates)

Ti|te|lei *die;* -, -en: Gesamtheit der dem Textbeginn eines Druckwerkes vorangehenden Seiten mit den Titelangaben, Impressum, Inhaltsangaben u. Ä.

ti|teln: etwas (z. B. einen Zeitungsartikel, einen Film) mit einem Titel versehen

Ti|tel|song *der;* -s, -s: Lied aus einem Film, einem Musical, einer CD, dessen Titel (1 b) dem entsprechenden Werk den Namen gibt

Ti|ter *der;* -s, - ‹*lat.-fr.*›: **1.** (Chemie) Gehalt an aufgelöster Substanz in einer Lösung. **2.** Maß für die Feinheit eines Garns

Ti|thon *das;* -s ‹*gr.-lat.-nlat.;* nach dem unsterblichen Greis Tithonos in der gr. Sage› (Geol.): Übergang zwischen [2]Jura u. Kreide

Ti|to|is|mus *der;* - ‹*nlat.;* nach dem jugoslawischen Staatspräsidenten Tito, 1892–1980› (Geschichte): in Jugoslawien entwickelte kommunistische, aber von der Sowjetunion unabhängige Politik u. Staatsform

Ti|t|ra|ti|on *die;* -, -en ‹*lat.-fr.-nlat.*›: Bestimmung des Titers, Ausführung einer chemischen Maßanalyse

ti|t|rie|ren ‹*lat.-fr.*›: den Titer (1) bestimmen, eine chemische Maßanalyse ausführen

Ti|tu|lar *der;* -s, -e ‹*lat.-nlat.*›: **1.** jmd., der mit dem Titel eines Amtes bekleidet ist, ohne die damit verbundenen Funktionen auszuüben. **2.** (veraltet) Titelträger

Ti|tu|la|tur *die;* -, -en: Betitelung; Rangbezeichnung

ti|tu|lie|ren ‹*lat.*›: **1.** (veraltet) [mit dem Titel] anreden, benennen. **2.** mit einem meist negativen Begriff bezeichnen

ti|tu|lo ple|no: mit vollständigem Titel u. Namen (Abk.: t. p.)

Ti|tu|lus *der;* -, ...li ⟨*lat.(-mlat.)*⟩: **1.** meist in Versform gebrachte mittelalterliche Bildunterschrift. **2.** Amts-, Dienstbezeichnung, Ehrenname

ti|zi|an|rot: ein goldenes bis braunes Rot aufweisend (bes. von Haaren)

Tjalk *die;* -, -en ⟨*niederl.*⟩: ein- od. anderthalbmastiges niederländisches Segelschiff mit breitem Bug u. flachem Boden

Tjost *die;*-, -en od. *der;* -[e]s, -e ⟨*fr.*⟩: im Mittelalter mit scharfen Waffen geführter ritterlicher Zweikampf zu Pferde

tjos|tie|ren: einen Tjost ausfechten

Tme|sis *die;* -, Tmesen ⟨*gr.-lat.*⟩ (Sprachw.): Trennung eigentlich zusammengehörender Wortteile (z. B. *ob* ich *schon* ... statt *obschon* ich ...)

Toast [to:st] *der;* -[e]s, -e u. -s ⟨*lat.-fr.-engl.*⟩: **1. a)** geröstete Weißbrotscheibe; **b)** zum Toasten geeignetes Weißbrot, Toastbrot. **2.** Trinkspruch

toas|ten: **1.** Weißbrot rösten. **2.** einen Trinkspruch ausbringen

Toas|ter *der;* -s, -: Gerät zum Rösten von Weißbrot

To|bak *der;* -[e]s, -e ⟨*span.-fr.*⟩ (scherzh.): Tabak; **starker Tobak** (ugs.): etwas, was von jmdm. als unerhört, als Zumutung empfunden wird

To|bog|gan *der;* -s, -s ⟨*indian.-engl.*⟩: länglich flacher [kanadischer Indianer]schlitten

Toc|ca|ta, **Tok|ka|ta** *die;* -, ...ten ⟨*vulgärlat.-it.*⟩ (Musik): in freier Improvisation gestaltetes Musikstück für Tasteninstrumente, bes. als Präludium

Tod|dy [...di] *der;* -[s], -s ⟨*Hindi-engl.*⟩: **1.** alkoholisches Getränk aus dem Saft von Palmen; Palmwein. **2.** grogartiges Getränk

Toe|loop, **Toe-Loop** [ˈtu:lu:p, ˈto:..., engl.: ˈtoʊlu:p] *der;* -[s], -s ⟨*engl.*⟩: Drehsprung beim Eiskunstlauf

Tof|fee [ˈtɔfi, auch: ˈtɔfe] *das;* -s, -s ⟨*engl.*⟩: eine Weichkaramelle

To|fu *der;* -[s] ⟨*jap.*⟩: aus Sojabohnen gewonnenes halbfestes eiweißreiches Produkt

To|ga *die;* -, ...gen ⟨*lat.*⟩: altrömisches, von den vornehmen Bürgern getragenes Obergewand

To|hu|wa|bo|hu *das;* -[s], -s ⟨*hebr.;* »wüst u. leer« (1. Mose 1,2)⟩: Wirrwarr, Durcheinander

Toile [toa:l] *der;* -s, -s ⟨*lat.-fr.*⟩: feinfädiges, zart gemustertes [Kunst]seidengewebe in Leinwandbindung

To|i|let|te [toa...] *die;* -, -n ⟨*lat.-fr.*⟩: **1. a)** (ohne Plural; geh.) das Sichankleiden, Sichzurechtmachen; **b)** (geh. veraltend) [elegante] Damenkleidung samt Zubehör. **2. a)** meist kleinerer Raum mit einem Toilettenbecken [u. Waschgelegenheit]; **b)** Toilettenbecken in einer Toilette (2 a)

Toise [toa:s] *die;* -, -n [...sn̩] ⟨*lat.-vulgärlat.-fr.*⟩: altes französisches Längenmaß (= 1,949 m)

To|ka|dil|le [...ˈdɪljə] *das;* -s ⟨*span.*⟩: spanisches Brettspiel mit Würfeln

To|kai|er, To|ka|jer *der;* -s, - ⟨nach der ung. Stadt Tokaj⟩: süßer ungarischer Dessertwein von hellbrauner Farbe

To|ken [ˈtoʊkən] *das;* -s, -[s] ⟨*engl.*⟩ (EDV): Folge zusammengehöriger Zeichen od. Folge von Bits

Tok|ka|ta vgl. Toccata

To|lar *der;* -s, -s (aber: 30 -): frühere Währungseinheit in Slowenien

to|le|ra|bel ⟨*lat.*⟩: geeignet, toleriert, gebilligt zu werden; annehmbar, erträglich

to|le|rant ⟨*lat.-fr.*⟩: **1.** (in Fragen der religiösen, politischen Überzeugung, der Lebensführung anderer) bereit, eine andere Anschauung, Einstellung, andere Sitten u. a. gelten zu lassen. **2.** verschiedenen sexuellen Praktiken gegenüber aufgeschlossen

To|le|ranz *die;* -, -en ⟨*lat.*⟩: **1.** (ohne Plural) das Tolerantsein; Duldsamkeit. **2.** (Med.) begrenzte Widerstandsfähigkeit des Organismus gegenüber [schädlichen] äußeren Einwirkungen (bes. gegenüber Giftstoffen od. Strahlen). **3.** (bes. Technik) zulässige Differenz zwischen der angestrebten Norm u. den tatsächlichen Maßen, Größen, Mengen o. Ä.

to|le|rie|ren: **1.** dulden, zulassen, gelten lassen [obwohl etwas nicht den eigenen Wertvorstellungen entspricht]. **2.** (bes. Technik) eine Toleranz (3) in bestimmten Grenzen zulassen

To|lu|bal|sam *der;* -s ⟨nach der Stadt Santiago de Tolú in Kolumbien⟩: aus einem Baum gewonnener Balsam, der als Duftstoff verwendet wird

To|lu|i|din *das;* -s (Chemie): zur Herstellung verschiedener Farbstoffe verwendetes aromatisches Amin des Toluols

To|lu|ol *das;* -s (Chemie): farbloser, benzolartig riechender Kohlenwasserstoff, Verdünnungs- u. Lösungsmittel

To|ma|hawk [...ha:k, auch: ˈto:...] *der;* -s, -s ⟨*indian.-engl.*⟩: Streitaxt der nordamerikanischen Indianer

Tom|bak *der;* -s ⟨*sanskr.-malai.-span.-fr.-niederl.*⟩: bes. als Goldimitation bei Schmuck verwendete kupferreiche Kupfer-Zink-Legierung

Tom|bo|la *die;* -, -s u. ...len ‹*it.*›: Verlosung von [gestifteten] Gegenständen, meist anlässlich von Festen

...to|mie

die; -, ...ien (teilweise ohne Plural)
‹zu *gr.* témnein »schneiden« u. tomḗ »das Schneiden, der Schnitt«›
Wortbildungselement mit der Bedeutung »operative Öffnung eines Organs od. Körperteils, Zergliederung eines Körpers od. Gewebes«:
- Laparotomie
- Osteotomie
- Vasotomie

Von verwandter Herkunft ist das Wortbildungselement **...ektomie** mit der Bedeutung »operatives Herausschneiden, Entfernung eines Organs«. Zurückgehend auf *gr.* éktomḗ (»das Ausschneiden; Ausschnitt«), ist es Bestandteil vieler Fremdwörter, wie z. B. in Appendektomie oder Tonsillektomie.

Tom|my [...mi] *der;* -[s], -s ‹*engl.; Verkleinerungsform von Thomas*›: Spitzname für die britischen Soldaten des 1. u. 2. Weltkriegs

To|mo|gra|fie, To|mo|gra|phie *die;* -, ...ien ‹*gr.*› (Med.): röntgenologisches Schichtaufnahmeverfahren (z. B. zur besseren Darstellung u. Lokalisierung von Krankheitsherden im Körper)

To|mo|gra|phie vgl. Tomografie

to|nal ‹*gr.-lat.-mlat.*› (Musik): auf die Tonika der Tonart bezogen, in der ein Musikstück steht

To|na|li|tät *die;* -, -en ‹*gr.-lat.-nlat.*› (Musik): **a)** jegliche Beziehung zwischen Tönen, Klängen u. Akkorden; **b)** Bezogenheit von Tönen, Harmonien u. Akkorden auf die Tonika der Tonart, in der ein Musikstück steht

Ton|do *das* (auch: *der*); -s, -s u. ...di ‹*lat.-it.*›: Bild von kreisförmigem Format, bes. in der Florentiner Kunst des 15. u. 16. Jh.s

To|ner *der;* -s, - ‹*lat.-fr.-engl.*›: Farbpulver als Druckfarbe für Kopiergeräte, Drucker o. Ä.

To|nic *das;* -[s], -s ‹*gr.-fr.-engl.*›: **1.** mit Kohlensäure u. Chinin versetztes, leicht bitter schmeckendes Wasser [zum Verdünnen hochprozentiger alkoholischer Getränke]. **2.** Gesichtswasser, Haarwasser

To|nic|wa|ter [...wɔ:tɐ] *das;* -[s], -[s]: ↑Tonic

To|ni|ka *die;* -, ...ken ‹*gr.-nlat.*› (Musik): **1.** Grundton eines Musikstücks. **2.** Grundton einer Tonleiter. **3.** Dreiklang auf der ersten Stufe (Zeichen: T)

To|ni|kum *das;* -s, ...ka ‹*gr.-nlat.*› (Med.): Kräftigungsmittel, Stärkungsmittel

Ton|na|ge [...ʒə] *die;* -, -n ‹*gall.-mlat.-fr.-engl.-fr.*›: **1.** der Rauminhalt (Bruttoraumzahl) eines Schiffes. **2.** gesamte Flotte (einer Reederei, eines Staates)

Ton|sil|le *die;* -, -n ‹*lat.*› (Med.): Gaumen-, Rachenmandel

Ton|sil|lek|to|mie *die;* -, ...ien ‹*lat.; gr.*› (Med.): operative Entfernung der Gaumenmandeln

Ton|sil|li|tis *die;* -, ...itiden ‹*lat.-nlat.*› (Med.): Mandelentzündung

Ton|sur *die;* -, -en ‹*lat.;* »das Scheren, die Schur«› (kath. Kirche früher): kreisrund geschorene Stelle auf dem Kopf von katholischen Geistlichen, bes. Mönchen

ton|su|rie|ren ‹*lat.-nlat.*› (veraltet): bei jmdm. die Tonsur schneiden

To|nus *der;* -, Toni ‹*gr.-lat.*›: **1.** (Med.) normaler Spannungszustand eines Muskels; Muskeltonus. **2.** (Musik) Ganzton

Tool [tu:l] *das;* -s, -s ‹*engl.;* »Werkzeug«›: **1.** (EDV) Programm, das bestimmte zusätzliche Aufgaben innerhalb eines anderen Programms übernimmt. **2.** Werkzeug, Instrumentarium, das man für eine bestimmte Aufgabe benötigt

top ‹*engl.*›: von höchster Güte; hochmodern

Top *das;* -s, -s ‹*engl.*›: zu Röcken u. Hosen getragenes, einem T-Shirt ähnliches Oberteil mit Trägern

top..., Top...

‹*engl.* top »Spitze, oberer Teil; oberst... höchst...«›
Wortbildungselement mit der Bedeutung »höchst, best..., Spitzen...«:
- topfit
- Topmanagement
- topsecret

To|pas [österr.: ˈto:pas] *der;* -es, -e ‹*gr.-lat.*›: farbloses, gelbes, blaues, grünes, braunes od. rotes glasglänzendes Mineral; Edelstein

top|fit ‹*engl.*›: gut in Form, in bester körperlicher Verfassung (bes. von Sportler[inne]n)

To|pik *die;* - ‹*gr.-lat.*›: **1.** (Rhet.) Wissenschaft, Lehre von den Topoi. **2.** (Philos.) Lehre von den Sätzen u. Schlüssen, mit denen argumentiert werden kann. **3.** (veraltet) Lehre von der Wort- u. Satzstellung. **4.** (Philos.) Stelle, die ein Begriff in der Sinnlichkeit od. im Verstand einnimmt (nach Kant). **5.** (Med.) Lehre von der Lage der einzelnen Organe im Organismus zueinander

To|pi|nam|bur *die;* -, -en ‹*bras.-fr.*›: **a)** Pflanze, deren unterirdische Ausläufer den Kartoffeln ähnliche Knollen bilden; **b)** Knolle der Topinambur (a)

to|pisch ⟨*gr.-lat.*⟩: **1.** (Med.) örtlich, äußerlich (von der Anwendung u. Wirkung bestimmter Arzneimittel). **2.** einen Topos behandelnd, Topoi ausdrückend

top|less ⟨*engl.-amerik.; »oben ohne«*⟩: ohne Oberteil; mit unbedecktem Busen

Top|ma|nage|ment *das;* -s, -s (Wirtsch.): oberste Ebene der Unternehmensleitung

To|po|gra|fie, To|po|gra|phie *die;* -, ...ien ⟨*gr.-lat.*⟩: **1.** Beschreibung u. Darstellung geografischer Örtlichkeiten; Lagebeschreibung. **2.** ↑topografische Anatomie. **3.** kartografische Darstellung der Atmosphäre

to|po|gra|fisch, to|po|gra|phisch ⟨*gr.*⟩: die Topografie betreffend; **topografische Anatomie** (Med.): Beschreibung der Körperregionen u. der Lageverhältnisse der einzelnen Organe

To|po|gra|phie usw. vgl. Topografie usw.

To|poi [ˈtɔpɔy]: *Plural* von ↑Topos

To|po|lo|gie *die;* - ⟨*gr.-nlat.*⟩: **1.** (Math.) Lehre von der Lage u. Anordnung geometrischer Gebilde im Raum. **2.** (Sprachw.) [Lehre von der] Wortstellung im Satz

to|po|lo|gisch: die Topologie betreffend

To|pos *der;* -, Topoi [ˈtɔpɔy] ⟨*gr.*⟩: feste Wendung, stehende Rede od. Formel, feststehendes Bild o. Ä.

top|se|c|ret [...ˈsi:krɪt] ⟨*engl.*⟩: engl. Bez. für: streng geheim

Top|spin *der;* -s, -s ⟨*engl.; »Kreiseldrall«*⟩ (Golf, Tennis, Tischtennis): **a)** starker, in der Flugrichtung des Balles wirkender Aufwärtsdrall, der dem Ball durch einen lang gezogenen Bogenschlag vermittelt wird; **b)** Bogenschlag, der dem Ball einen starken Aufwärtsdrall vermittelt

Top|star *der;* -s, -s: Star der Spitzenklasse

Toque [tɔk] *die;* -, -s ⟨*span.-fr.*⟩: kleiner, barettartiger Damenhut

Tord|alk *der;* -[e]s od. -en, -e[n] ⟨*schwed.*⟩: arktischer Seevogel

To|re|a|dor *der;* -s u. -en, -e[n] ⟨*lat.-span.*⟩: ↑Torero

To|re|ra *die;* -, -s: Stierkämpferin

To|re|ro *der;* -s, -s: Stierkämpfer

To|reu|tik *die;* -: Kunst der Metallbearbeitung durch Treiben, Ziselieren o. Ä.

To|ries [ˈtɔri:s, ˈtɔ:rɪz]: *Plural* von ↑Tory

Törn *der;* -s, -s ⟨*gr.-lat.-mlat.-fr.-engl.*⟩: **1.** Fahrt mit einem Segelboot; Segeltörn. **2.** Zeitspanne, Turnus für eine bestimmte, abwechselnd ausgeführte Arbeit an Bord. **3.** (nicht beabsichtigte) Schlinge in einer Leine. **4.** ↑Turn (2)

Tor|na|do *der;* -s, -s ⟨*lat.-span.-engl.*⟩: starker Wirbelsturm im südlichen Nordamerika

Tor|nis|ter *der;* -s, - ⟨*slaw.*⟩: **a)** auf dem Rücken getragener großer Ranzen der Soldaten; **b)** (veraltet, aber noch landsch.) Schulranzen

tor|pe|die|ren ⟨*lat.-nlat.*⟩: **1.** (ein Schiff) mit Torpedos beschießen, versenken. **2.** in gezielter Weise bekämpfen u. dadurch verhindern

Tor|pe|do *der;* -s, -s ⟨*lat.*⟩: mit eigenem Antrieb u. selbsttätiger Zielsteuerung ausgestattetes Unterwassergeschoss

tor|quie|ren: 1. peinigen, quälen, foltern. **2.** (Technik) drehen, krümmen

Tor|ren|te *der;* -, -n ⟨*lat.-it.*⟩: Wasserlauf mit breitem, oft tief eingeschnittenem Bett, das nur nach starken Niederschlägen Wasser führt; Gießbach, Regenbach

Tor|si|on *die;* -, -en ⟨*lat.*⟩: **1.** (Physik, Technik) Verdrehung, Verdrillung; Formveränderung fester Körper durch entgegengesetzt gerichtete Drehmomente. **2.** (Math.) Verdrehung einer Raumkurve

Tor|si|ons|mo|dul *der;* -s, -n (Technik): Materialkonstante, die bei der Torsion auftritt

Tor|so *der;* -s, -s u. ...si ⟨*gr.-lat.-spätlat.-it.; »Kohlstrunk; Fruchtkern«*⟩: **1.** unvollendete od. unvollständig erhaltene Statue, meist nur der Rumpf dieser Statue. **2.** Bruchstück, unvollendetes Werk

Tort *der;* -[e]s ⟨*lat.-vulgärlat.-fr.*⟩ (veraltend): etwas Unangenehmes, Ärger, Kränkung

Tor|te|lett *das;* -[e]s, -s, **Tor|te|let|te** *die;* -, -n ⟨*spätlat.-it.*, mit französierender Endung⟩: kleiner Tortenboden aus Mürbeteig, der mit Obst belegt od. mit Creme bestrichen wird

Tor|til|la [...ˈtɪlja] *die;* -, -s ⟨*spätlat.-span.*⟩: **1.** (in Lateinamerika) aus Maismehl hergestelltes Fladenbrot. **2.** (in Spanien) Omelett

Tor|tur *die;* -, -en ⟨*lat.-mlat.*⟩: **1.** Folter. **2.** Qual, Quälerei, Strapaze

To|ry [...ri] *der;* -s, -s u. ...ries ⟨*engl.*⟩: **1.** (Geschichte) Angehöriger einer britischen Partei, aus der im 19. Jh. die Konservative Partei hervorging; Ggs. ↑Whig (1). **2.** Vertreter der konservativen Politik in Großbritannien; Ggs. ↑Whig (2)

to|tal ⟨*lat.-mlat.-fr.*⟩: **1. a)** so beschaffen, dass es in einem bestimmten Bereich, Gebiet, Zustand o. Ä. ohne Ausnahme alles umfasst; in vollem Umfang; vollständig; **b)** völlig, ganz und gar, durch u. durch. **2.** ↑totalitär. **3.** (schweiz.) insgesamt

To|tal *das;* -s, -e (bes. schweiz.): Gesamtheit; Gesamtsumme

To|ta|le *die;* -, -n (Film, Fotogr.): **a)** Kameraeinstellung, die das Ganze einer Szene erfasst; **b)** Gesamtaufnahme, -ansicht

To|ta|li|sa|tor *der;* -s, ...oren ‹*lat.-mlat.-fr.-nlat.*›: **1.** Einrichtung zum Wetten beim Renn- u. Turniersport. **2.** (Meteorol.) [bes. in unzugänglichen Gebieten verwendetes] Sammelgefäß für Niederschläge

to|ta|li|tär ‹französierende Bildung zu ↑total›: **1.** die Gesamtheit umfassend. **2.** (abwertend) mit diktatorischen Methoden jegliche Demokratie unterdrückend, das gesamte politische, gesellschaftliche, kulturelle Leben sich total unterwerfend, es mit Gewalt reglementierend

To|ta|li|ta|ris|mus *der;* -, ...men ‹*lat.-mlat.-nlat.*› (Politik abwertend): totalitäres System, totalitäre Machtausübung

To|ta|li|tät *die;* -, -en ‹*lat.-mlat.-fr.*›: **1. a)** (Philos.) universeller Zusammenhang aller Dinge u. Erscheinungen in Natur u. Gesellschaft; **b)** Ganzheit; Vollständigkeit. **2.** (Astron.) totale Sonnen- od. Mondfinsternis. **3.** totale Machtausübung; totaler Machtanspruch

To|tem *das;* -s, -s ‹*indian.-engl.*›: bei Naturvölkern ein Wesen od. Ding (Tier, Pflanze, Naturerscheinung), das als Ahne od. Verwandter eines Menschen, eines Clans od. einer sozialen Gruppe gilt, als zauberischer Helfer verehrt wird u. nicht getötet od. verletzt werden darf

To|te|mis|mus *der;* - ‹*indian.-engl.-nlat.*›: Glaube an die übernatürliche Kraft eines Totems u. seine Verehrung

to|te|mis|tisch: den Totemismus betreffend

To|tem|pfahl *der;* -[e]s, ...pfähle ‹*indian.-engl.; dt.*›: (bei den Indianern Nordwestamerikas) geschnitzter Wappenpfahl mit Bildern des Totemtiers od. aus der Ahnenlegende der Sippe

To|ti|es-quo|ti|es-Ab|lass *der;* -es, ...lässe ‹*lat.* toties quoties »so oft wie«; *dt.*› (kath. Kirche): Ablass, der so oft erlangt werden kann, wie die gestellten Bedingungen erfüllt werden

Touch [tatʃ] *der;* -s, -s ‹*vulgärlat.-fr.-engl.*›: etwas, was jmdm., einer Sache als leicht angedeutete Eigenschaft ein besonderes Fluidum gibt; Anflug, Hauch

tou|chie|ren: **1.** (nur leicht) berühren. **2.** (Med.) mit dem Finger betastend untersuchen. **3.** (Med.) mit dem Ätzstift bestreichen, abätzen

Touch|screen *der;* -s, -s ‹*engl.*›: Computerbildschirm mit Sensorfeldern, durch deren Berühren der Programmablauf gesteuert werden kann

tough [tʌf] ‹*engl.*› (ugs.): robust, zäh, durchsetzungsfähig

Tou|pet [tu'pe:] *das;* -s, -s ‹*germ.-fr.*›: **1.** (früher) Haartracht, bei der das Haar über der Stirn toupiert war. **2.** Haarteil, das als Ersatz für teilweise fehlendes eigenes Haar getragen wird. **3.** (schweiz.) Unverfrorenheit, Dreistigkeit

tou|pie|ren ‹dt. Bildung zu ↑Toupet›: das Haar strähnenweise in Richtung des Haaransatzes in schnellen u. kurzen Bewegungen kämmen, um es fülliger erscheinen zu lassen

Tour [tu:ɐ̯] *die;* -, -en ‹*gr.-lat.-fr.;* »Dreheisen; Drehung, Wendung«›: **1.** Ausflug, Fahrt, Exkursion. **2.** bestimmte Strecke. **3. a)** (abwertend) Art u. Weise, mit Tricks u. Täuschungsmanövern etwas zu erreichen; **b)** Vorhaben, Unternehmen [das nicht ganz korrekt ist]. **4.** (meist Plural; Technik) Umdrehung, Umlauf eines rotierenden Körpers, bes. einer Welle. **5.** in sich geschlossener Abschnitt einer Bewegung. **6.** einzelne Lektion im Dressurreiten

Tour de France [- - 'frã:s] *die;* - - -, -s - - [tur - -] ‹*fr.*›: alljährlich in Frankreich von Berufsradfahrern ausgetragenes Straßenrennen, das über zahlreiche Etappen führt u. als schwerstes Straßenrennen der Welt gilt

Tour d'Ho|ri|zon [- dɔri'zõ:] *die* (auch: *der*); - -, -s - [- dɔri'zõ:]: informativer Überblick (über zur Diskussion stehende Fragen)

tou|ren ['tu:...]: **1.** (Jargon) auf Tournee gehen, sein. **2.** (ugs.) auf Tour (1) gehen, sein

Tou|ris|mus [tu...] *der;* - ‹*gr.-lat.-fr.-engl.-nlat.*›: das Reisen, der Reiseverkehr [in organisierter Form]; Fremdenverkehr

Tou|rist *der;* -en, -en: **1.** [Urlaubs]reisender, jmd., der reist, um fremde Orte u. Länder kennenzulernen. **2.** (veraltet) Ausflügler, Wanderer, Bergsteiger

Tou|ris|ten|klas|se *die;* -, -n: preiswerte Reiseklasse mit geringerem Komfort

Tou|ris|tik *die;* -: **1.** organisierter Reise-, Fremdenverkehr. **2.** (veraltet) das Wandern od. Bergsteigen

Tou|ris|tin *die;* -, -nen: weibliche Form zu ↑Tourist

tou|ris|tisch: die Touristik, den Tourismus betreffend; für den Tourismus charakteristisch

Tour|nai|tep|pich [tur'nɛ...] *der;* -s, -e ‹nach der belg. Stadt Tournai›: auf der Jacquardmaschine hergestellter Webteppich

Tour|nant [tʊr'nã:] *der;* -[s], -s ‹*gr.-lat.-fr.*›: Ersatzkraft im Hotelgewerbe

Tour|né [tʊr'ne:] *das;* -s, -s: aufgedecktes Kartenblatt, dessen Farbe als Trumpf gilt

Tour|ne|dos [tʊrnəˈdo:] *das;* - [...ˈdo:(s)], - [...ˈdo:s] ‹*fr.* › (Gastron.): wie ein Steak zubereitete, meist auf einer Röstbrotschnitte angerichtete Lendenschnitte von der Filetspitze des Rinds

Tour|nee [tʊr...] *die;* -, -s u. ...neen: Gastspielreise von Künstlern, Künstlerinnen o. Ä.

tour-re|tour [tu:ɐ̯reˈtu:ɐ̯] ‹*fr.*› (österr. veraltend): hin u. zurück

To|wa|rischtsch *der;* -[s], -s (auch: -i) ‹*russ.*›: russ. Bez. für: Genosse

To|w|er [ˈtau̯ɐ] *der;* -s, - ‹*engl.;* »Turm«›: **1.** Kontrollturm auf Flughäfen. **2.** bis 60 cm hohes Computergehäuse

Town|ship [ˈtau̯nʃɪp] *die;* -, -s ‹*engl.*›: von Farbigen bewohnte städtische Siedlung in Südafrika

to|xi|gen, to|xo|gen ‹*gr.-nlat.*› (Med.): **1.** Giftstoffe erzeugend (z. B. von Bakterien). **2.** durch Vergiftung verursacht

To|xi|ko|lo|gie *die;* - (Med.): Wissenschaft, Lehre von den Giften und ihren Einwirkungen auf den Organismus

to|xi|ko|lo|gisch: die Toxikologie betreffend

To|xi|kum *das;* -s, ...ka ‹*gr.-lat.*› (Med.): Gift, Giftstoff

To|xin *das;* -s, -e ‹*gr.-nlat.*›: von Bakterien, Pflanzen od. Tieren ausgeschiedener od. beim Zerfall von Bakterien entstandener organischer Giftstoff

to|xisch (Med.): giftig, auf einer Vergiftung beruhend

To|xi|zi|tät *die;* - (Med.): giftige Eigenschaft u. Wirkung chemischer Substanzen u. physikalischer Faktoren

to|xo|gen vgl. toxigen

tra... vgl. trans..., Trans...

Tra|ban|ten|stadt *die;* -, ...städte ‹*tschech.; dt.*›: am Rande einer Großstadt gelegene größere, weitgehend eigenständige Ansiedlung; Wohnstadt

Tra|chea [auch: ˈtraxea] *die;* -, ...een ‹*gr.-lat.-mlat.*› (Med.): Luftröhre

Tra|chee *die;* -, -n ‹*gr.-lat.-mlat.*›: **1.** (Zool.) Atmungsorgan der meisten Gliedertiere. **2.** (Bot.) durch Zellfusion entstandenes Gefäß der Pflanzen

Tra|che|en: *Plural* von ↑Trachea, ↑Trachee

Tra|chyt [auch: ...ˈxʏt] *der;* -s, -e ‹*gr.-nlat.*›: graues od. rötliches, meist poröses vulkanisches Gestein

Track [trɛk] *der;* -s, -s ‹*germ.-fr.-engl.*›: **1.** (Schifffahrt) übliche Schiffsroute zwischen zwei Häfen. **2.** der Übertragung von Zugkräften dienendes Element (wie Seil, Kette, Riemen). **3.** (Jargon) Musikstück, Nummer (bes. auf einer CD). **4.** (EDV) abgegrenzter Bereich auf einem Datenträger, in dem eine einfache Folge von Bits gespeichert werden kann

Trade|mark [ˈtre:t...] *die;* -, -s ‹*engl.*›: engl. Bez. für: Warenzeichen, Markenname

Tra|des|kan|tie [...tsi̯ə] *die;* -, -n ‹*nlat.;* nach dem britischen Gärtner J. Tradescant, † 1638›: eine Zierpflanze

Trade-Uni|on, Trade|uni|on [ˈtreɪd(ˈ)ju:njən] *die;* -, -s ‹*engl.*›: engl. Bez. für: Gewerkschaft

tra|die|ren ‹*lat.*›: überliefern, weitergeben; etwas Überliefertes weiterführen

Tra|ding [ˈtreɪdɪŋ] *das;* -s ‹*engl.*›: **1.** (Wirtsch.) Handel. **2.** (Börsenw.) das Ausnutzen kurzfristiger Kursschwankungen durch häufige Käufe u. Verkäufe von Wertpapieren

Tra|di|ti|on *die;* -, -en: **1. a)** Überlieferung, Herkommen; **b)** Brauch, Gewohnheit, Gepflogenheit; **c)** das Tradieren, Weitergabe (an spätere Generationen). **2.** außerbiblische, von der katholischen Kirche als verbindlich anerkannte Überlieferung von Glaubenslehren seit der Apostelzeit

Tra|di|ti|o|na|lis|mus *der;* - ‹*lat.-nlat.*›: geistige Haltung, die bewusst an der Tradition festhält, sich ihr verbunden fühlt

Tra|di|ti|o|na|list *der;* -en, -en: Anhänger des Traditionalismus

tra|di|ti|o|na|lis|tisch: den Traditionalismus betreffend, für ihn charakteristisch; dem Traditionalismus verbunden, verhaftet

tra|di|ti|o|nell ‹*lat.-fr.*›: überliefert, herkömmlich; einer Tradition entsprechend

Tra|fik *die;* -, -en ‹*it.-fr.*› (bes. österr.): Tabak- u. Zeitschriftenladen, -handel

Tra|fi|kant *der;* -en, -en: Inhaber einer Trafik

Tra|fi|kan|tin *die;* -, -nen: weibliche Form zu ↑Trafikant

Tra|fo *der;* -[s], -s: kurz für: ↑Transformator

Tra|gant *der;* -[e]s, -e ‹*gr.-lat.-mlat.*›: **1.** Pflanze mit Blüten verschiedener Form u. Farbe. **2.** aus verschiedenen Arten des Tragants (1) gewonnene, gallertartige, quellbare Substanz, bes. zur Herstellung von Klebstoffen

Tra|g|e|laph *der;* -en, -en ‹*gr.-lat.;* »Bockhirsch«›: **1.** altgriechisches Fabeltier. **2.** (veraltet) uneinheitliches literarisches Werk, das man mehreren Gattungen zuordnen kann

tra|gie|ren ‹*gr.-nlat.*›: eine Rolle tragisch spielen

Tra|gik *die;* -: außergewöhnlich schweres, schicksalhaftes, Konflikte, Untergang od. Verderben bringendes, unverdientes Leid, das Mitempfinden auslöst

t

Tra|gi|ker *der;* -s, - ‹*gr.-lat.*›: Tragödiendichter
Tra|gi|ke|rin *die;* -, -nen: weibliche Form zu ↑Tragiker
Tra|gi|ko|mik *die;* - ‹*gr.-nlat.*›: halb tragische, halb komische Wirkung
tra|gi|ko|misch: halb tragisch, halb komisch
Tra|gi|ko|mö|die *die;* -, -n ‹*gr.-lat.*›: Drama, in dem Tragik u. Komik eng miteinander verknüpft sind
tra|gisch: die Tragik betreffend; schicksalhaft, erschütternd, ergreifend
Tra|gö|de *der;* -n, -n: eine tragische Rolle spielender Schauspieler; Heldendarsteller
Tra|gö|die [...i̯ə] *die;* -, -n ‹»Bocksgesang«›: **1. a)** (ohne Plural) Dramengattung, in der das Tragische gestaltet wird, meist aufgezeigt an Grundsituationen des Menschen zwischen Freiheit u. Notwendigkeit, zwischen Sinn u. Sinnlosigkeit; **b)** einzelnes Drama, Bühnenstück dieser Gattung; Trauerspiel; Ggs. ↑Komödie (1). **2.** tragisches Ereignis, Unglück
Tra|gö|din *die;* -, -nen: weibliche Form zu ↑Tragöde
Trail [treɪl] *der;* -s, -s ‹*engl.*›: engl. Bez. für: [Wander]pfad
Trai|ler [ˈtreɪlɐ] *der;* -s, - ‹*engl.*›: **1.** kurzer, aus einigen Szenen eines Films zusammengestellter Vorfilm, der als Werbemittel für diesen Film vorgeführt wird. **2.** nicht belichteter Filmstreifen am inneren Ende einer Filmrolle. **3.** Fahrzeuganhänger
Trail|le [ˈtraːj(ə), ˈtraljə] *die;* -, -n ‹*lat.-fr.*› (veraltet): **1.** Fähre. **2.** Fährseil, Tau u. Rolle, an denen eine Fähre läuft; vgl. Tralje
Train [trɛ̃ː, auch, österr. nur: trɛːn] *der;* -s, -s ‹*lat.-vulgärlat.-fr.*›: Tross; für den Nachschub sorgende Truppe
Trai|nee [trɛˈniː, tre...] *der;* -s, -s ‹*lat.-vulgärlat.-fr.-engl.*› (Wirtsch.): jmd., bes. Hochschulabsolvent, der innerhalb eines Unternehmens für eine bestimmte Aufgabe vorbereitet wird, eine praktische Ausbildung absolviert
Trai|ner [ˈtrɛː..., ˈtreː...] *der;* -s, -: jmd., der Sportler trainiert (a)
Trai|ne|rin *die;* -, -nen: weibliche Form zu ↑Trainer
trai|nie|ren [trɛ..., tre...]: **a)** durch systematisches Training auf einen Wettkampf vorbereiten; **b)** Training betreiben; **c)** durch Training [bestimmte Übungen, Fertigkeiten] technisch vervollkommnen; **d)** (ugs.) einüben; planmäßig, gezielt üben
Trai|ning [ˈtrɛː..., ˈtreː...] *das;* -s, -s: planmäßige Durchführung eines Programms von vielfältigen Übungen zur Ausbildung von Können, Stärkung der Kondition u. Steigerung der Leistungsfähigkeit
Trai|teur [trɛˈtøːɐ̯] *der;* -s, -e: (schweiz.) Hersteller, Verkäufer u. Lieferant von Fertiggerichten
Trai|teu|rin [...ˈtøːrɪn] *die;* -, -nen: weibliche Form zu ↑Traiteur
Tra|jekt *der* od. *das;* -[e]s, -e ‹*lat.*›: **1.** (veraltet) Überfahrt. **2.** [Eisenbahn]fährschiff
Trakt *der;* -[e]s, -e ‹*lat.*›: **1.** Gebäudeteil. **2.** Zug, Strang; Gesamtlänge (z. B. Darmtrakt). **3.** Landstrich
trak|ta|bel: leicht zu behandeln, umgänglich
Trak|tan|den|lis|te *die;* -, -n (schweiz.): Tagesordnung
trak|tan|die|ren ‹*lat.*› (schweiz.): auf die Tagesordnung setzen
Trak|tan|dum *das;* -s, ...den ‹*lat.*› (schweiz.): Verhandlungsgegenstand
Trak|tat *das* (auch: *der*); -[e]s, -e ‹*lat.*›: **1.** Abhandlung. **2.** religiöse Flugschrift. **3.** (veraltet) [Staats]vertrag
trak|tie|ren: 1. (veraltet) literarisch darstellen, gestalten. **2.** plagen, quälen, misshandeln. **3. a)** (veraltet) bewirten; **b)** [mit etwas] überfüttern, in sehr reichlicher Menge anbieten
Trak|ti|on *die;* -, -en: **1.** (bes. Physik, Technik) das Ziehen, Zug, Zugkraft. **2.** Art des Antriebs von Zügen [durch Triebfahrzeuge]
Trak|tor *der;* -s, ...oren ‹*lat.-engl.*› (Landwirtsch.): [landwirtschaftliche] Zugmaschine, Schlepper
Trak|to|rist *der;* -en, -en ‹*lat.-russ.*›: Traktorfahrer
Trak|to|ris|tin *die;* -, -nen: weibliche Form zu ↑Traktorist
Tral|je *die;* -, -n (meist Plural) ‹*lat.-fr.-niederl.*› (landsch.): Geländer-, Gitterstab; Gitterwerk; vgl. Traille, Treille
Tram *die;* -, -s (schweiz.: *das;* -s, -s) ‹*engl.*› (landsch.): Straßenbahn
Tra|mon|ta|na, Tra|mon|ta|ne *die;* -, ...nen ‹*lat.-it.*›: ein kalter Nordwind in Oberitalien
Tramp [trɛmp] *der;* -s, -s ‹*engl.*›: **1.** engl. Bez. für: Landstreicher, umherziehender Gelegenheitsarbeiter. **2.** Fußwanderung. **3.** Dampfer mit unregelmäßiger Route für Gelegenheitsfahrten
tram|pen [ˈtrɛmpn̩]: **1.** [durch Winken o. Ä.] Autos anhalten, um unentgeltlich mitfahren zu können. **2.** (veraltend) lange wandern, als Tramp (1) umherziehen
Tram|per [ˈtrɛmpɐ] *der;* -s, -: jmd., der trampt (1)
Tram|pe|rin *die;* -, -nen: weibliche Form zu ↑Tramper

Tram|po|lin [auch: ...ˈliːn] *das;* -s, -e ⟨*dt.-it.*⟩: in Sport u. Artistik verwendetes Federsprunggerät

Tram|way [...vai̯] *die;* -, -s ⟨*engl.*⟩ (österr.): Straßenbahn; vgl. Tram

tran... vgl. trans..., Trans...

Tran|ce [ˈtrã:s(ə)] *die;* -, -n ⟨*lat.-fr.-engl.*⟩: **a)** schlafähnlicher Zustand [in Hypnose]; **b)** Dämmerzustand, Übergangsstadium zum Schlaf

Tranche [ˈtrã:ʃ(ə)] *die;* -, -n ⟨*fr.*⟩: **1.** fingerdicke Fleisch- od. Fischschnitte. **2.** (Wirtsch.) Teilbetrag einer Wertpapieremission

tran|chie|ren [trãˈʃi:...] ⟨*fr.*⟩: Fleisch, Geflügel kunstgerecht in Stücke schneiden, zerlegen

Tran|qui|li|zer [ˈtræŋkwɪlai̯zɐ] *der;* -s, - (meist Plural) ⟨*lat.-fr.-engl.*⟩: beruhigendes Medikament gegen Psychosen, Depressionen, Angst- u. Spannungszustände

tran|quil|la|men|te [traŋ...] vgl. tranquillo

tran|qui|llo, tran|quil|la|men|te [traŋ...] ⟨*lat.-it.*⟩ (Musik): ruhig (Vortragsanweisung)

trans..., Trans...

vor s auch: **tran..., Tran...**, verkürzt auch: **tra..., Tra...**
⟨*lat.* trans »jenseits; über; über ... hin«⟩
Präfix mit den Bedeutungen »hindurch, quer durch, hinüber, über ... hin(aus)«:
- Trajekt
- Transept
- transnational
- Transuran

Trans|ak|ti|on *die;* -, -en ⟨*lat.*⟩: **1.** größere [finanzielle] Unternehmung. **2.** (Psychol.) [wechselseitige] Beziehung. **3.** (EDV) kurzer Teilauftrag an einen Computer, der vorrangig bearbeitet wird

trans|al|pin, trans|al|pi|nisch ⟨*lat.*⟩: jenseits der Alpen (von Rom aus)

trans|at|lan|tisch: überseeisch

Tran|sept *der* od. *das;* -[e]s, -e ⟨*lat.-engl.*⟩: Querschiff, Querhaus einer Kirche

Trans|fer *der;* -s, -s ⟨*lat.-engl.;* »Übertragung, Überführung«⟩: **1.** Zahlung ins Ausland in fremder Währung. **2.** (Psychol., Päd.) Übertragung der im Zusammenhang mit einer bestimmten Aufgabe erlernten Vorgänge auf eine andere Aufgabe. **3.** Überführung, Weitertransport im Reiseverkehr (z. B. vom Flughafen zum Hotel). **4.** (Sport) Wechsel eines Berufsspielers in einen andern Verein. **5.** (Sprachw.) **a)** positiver Einfluss der Muttersprache auf eine Fremdsprache bei deren Erlernung; **b)** ↑Transferenz. **6.** Übermittlung, Übertragung

Trans|fe|renz *die;* -, -en (Sprachw.): **a)** (ohne Plural) Vorgang u. Ergebnis der Übertragung einer bestimmten Erscheinung in einer Fremdsprache auf das System der Muttersprache; **b)** Übernahme fremdsprachiger Wörter, Wortverbindungen, Bedeutungen o. Ä. in die Muttersprache

trans|fe|rie|ren: 1. Geld in eine fremde Währung umwechseln, Zahlungen an das Ausland leisten. **2.** (Sport) den Wechsel eines Berufsspielers in einen andern Verein vornehmen. **3.** (österr., Amtsspr.) jmdn. dienstlich versetzen

Trans|fi|gu|ra|ti|on *die;* -, -en ⟨*lat.*⟩: die Verklärung Christi u. ihre Darstellung in der Kunst

Trans|for|ma|ti|on *die;* -, -en ⟨*lat.*⟩: Umwandlung, Umformung, Umgestaltung, Übertragung

Trans|for|ma|ti|ons|gram|ma|tik *die;* -, -en (Sprachw.): Grammatik, die mit Transformationen arbeitet, die Regeln zur Umwandlung von Sätzen in andere Sätze enthält

Trans|for|ma|tor *der;* -s, ...oren ⟨*lat.-nlat.*⟩: aus Eisenkörper, Primär- u. Sekundärspule bestehendes Gerät zur Umformung elektrischer Spannungen ohne bedeutenden Energieverbrauch

trans|for|mie|ren ⟨*lat.*⟩: **a)** umwandeln, umformen, umgestalten; **b)** elektrische Spannung umformen

trans|fun|die|ren ⟨*lat.*⟩ (Med.): eine Transfusion (1) vornehmen

Trans|fu|si|on *die;* -, -en: intravenöse Einbringung von Blut, Blutersatzlösungen od. anderen Flüssigkeiten in den Organismus; Blutübertragung

Trans|gres|si|on *die;* -, -en: **1.** (Geogr.) Vordringen des Meeres über größere Gebiete des Festlands. **2.** (Biol.) das Auftreten von ↑Genotypen, die in ihrer Leistungsfähigkeit die Eltern- u. Tochterformen übertreffen

Tran|sis|tor *der;* -s, ...oren ⟨*lat.-engl.*⟩ (Physik): Halbleiterbauelement, das die Eigenschaften einer ↑Triode besitzt

tran|sis|to|rie|ren, tran|sis|to|ri|sie|ren (Technik): mit Transistoren versehen

Tran|sit [auch: ...ˈzɪt, ˈtran...] *der;* -s, -e ⟨*lat.-it.*⟩: **1.** Durchfuhr, Durchreise durch ein Land. **2.** Zustandekommen von ↑Aspekten (2) infolge der Bewegung der Planeten; das Überschreiten eines Tierkreises

tran|si|tie|ren ⟨*lat.-it.-nlat.*⟩: durchgehen, durchführen

tran|si|tiv: (von einem Verb) zielend; ein Akkusativobjekt nach sich ziehend u. ein persönliches Passiv bildend; Ggs. ↑intransitiv

Tran|si|tiv *das;* -s, -e: transitives Verb

Tran|si|ti|vum *das;* -s, ...va ⟨*lat.*⟩: ↑Transitiv

t

tran|si|to̱|risch (Wirtsch.): vorübergehend, später

Tran|si|to̱|ri|um *das;* -s, ...ien: Ausgabenbewilligung im Staatshaushalt, die nur für die Dauer eines Ausnahmezustandes gilt

Tran|si̱t|vi|sum *das;* -s, ...sa u. ...sen: Durchreisevisum

trans|kon|ti|nen|ta̱l: einen Erdteil durchquerend, sich über einen ganzen Erdteil erstreckend

tran|skri|bie̱|ren ⟨*lat.*⟩: **1.** in eine andere Schrift (z. B. in eine phonetische Umschrift) übertragen; bes. Wörter aus Sprachen, die keine Lateinschrift haben, mit lautlich ungefähr entsprechenden Zeichen des lateinischen Alphabets wiedergeben. **2.** (Musik) eine Transkription (2) vornehmen

Tran|skrip|ti|o̱n *die;* -, -en ⟨aus *lat.* transcriptio »die (schriftliche) Übertragung, das Umschreiben«⟩: **1. a)** lautgerechte Übertragung in eine andere Schrift; **b)** phonetische Umschrift. **2.** Umarbeitung eines Musikstückes für eine andere Besetzung (z. B. Umgestaltung einer Klavier- in eine Orchesterfassung). **3.** Übertragung der genetischen Information von der DNA auf einen als Boten dienenden RNA-Strang

Trans|la|ti|o̱n *die;* -, -en ⟨*lat.*⟩: **1.** Übertragung, Übersetzung. **2.** ↑Trope. **3.** (Physik) geradlinige, fortschreitende Bewegung. **4.** (kath. Kirche) feierliche Überführung der Reliquien eines Heiligen an einen anderen Ort. **5.** (Biochemie) Prozess, durch den unter Weitergabe bestimmter genetischer Informationen Proteine gebildet werden

Trans|li|te|ra|ti|o̱n *die;* -, -en ⟨*lat.-nlat.*⟩: buchstabengetreue Umsetzung eines nicht in lateinischen Buchstaben geschriebenen Wortes in lateinische Schrift [unter Verwendung ↑diakritischer Zeichen]

trans|li|te|rie̱|ren: eine Transliteration vornehmen

Trans|lo|ka|ti|o̱n *die;* -, -en ⟨*lat.-nlat.*⟩: **1.** (veraltet) Ortsveränderung, Versetzung. **2.** (Biol.) Verlagerung eines Chromosomenbruchstückes in ein anderes Chromosom

trans|lo|zie̱|ren: **1.** (veraltet) [an einen anderen Ort] versetzen. **2.** (Biol.) verlagern (von Chromosomenbruchstücken)

Trans|mis|si|o̱n *die;* -, -en ⟨*lat.*⟩: **1.** Vorrichtung zur Kraftübertragung u. -verteilung auf mehrere Arbeitsmaschinen (z. B. durch einen Treibriemen). **2.** Durchlassung von Strahlung (Licht) durch einen Stoff (z. B. Glas) ohne Änderung der Frequenz

Trans|mịt|ter *der;* -s, - ⟨*lat.-amerik.*⟩: **1.** (Technik) amerik. Bez. für: Messumformer. **2.** (Med.) Überträgersubstanz, Überträgerstoff

trans|mit|tie̱|ren: übertragen, übersenden

trans|na|ti|o|na̱l (bes. Wirtsch., Politik): mehrere Nationen umfassend, übergreifend

trans|oze|a̱|nisch: jenseits des Ozeans liegend

trans|pa|rẹnt ⟨*lat.-mlat.-fr.*⟩: **1.** durchscheinend; durchsichtig. **2.** deutlich, verstehbar, erkennbar

Trans|pa|rẹnt *das;* -[e]s, -e: **1.** Spruchband. **2.** Bild, das von hinten beleuchtet wird; Leuchtbild

Trans|pa|rẹnz *die;* -, -en: **1. a)** das Durchscheinen; Durchsichtigkeit; **b)** Lichtdurchlässigkeit (z. B. des Papiers). **2.** Deutlichkeit, Verstehbarkeit

Tran|s|pi|ra|ti|o̱n *die;* - ⟨*lat.-vulgärlat.-fr.*⟩: **1.** (Med.) Hautausdünstung, Schwitzen. **2.** (Bot.) Abgabe von Wasserdampf durch die Spaltöffnungen der Pflanzen

tran|s|pi|rie̱|ren: ausdünsten, schwitzen

Trans|plan|ta̱t *das;* -[e]s, -e ⟨*lat.*⟩ (Med.): transplantiertes od. zu transplantierendes Gewebestück (z. B. Haut, Knochen, Gefäße) od. Organ

Trans|plan|ta|ti|o̱n *die;* -, -en ⟨*lat.-nlat.*⟩: **1.** (Med.) das Transplantieren von lebenden Geweben od. Organen. **2.** (Bot.) Pfropfung

trans|plan|tie̱|ren ⟨*lat.*⟩: lebendes Gewebe od. Organe operativ dem einen Organismus entnehmen u. in einen anderen einsetzen

Trans|po̱n|der *der;* -s, - ⟨*engl.;* Kunstw. aus **trans**mitter = Messumformer u. res**ponder** = Antwortgeber⟩: Gerät, das Funksignale empfängt u. automatisch beantwortet

trans|po|nie̱|ren ⟨*lat.*⟩: ein Tonstück in eine andere Tonart übertragen

Trans|pọrt *der;* -[e]s, -e ⟨*lat.-fr.*⟩: **1.** Versendung; Beförderung von Menschen, Tieren od. Gegenständen. **2.** Fracht, zur Beförderung zusammengestellte Sendung. **3.** (veraltet) Übertrag

trans|por|ta̱|bel: beweglich, tragbar, beförderbar

Trans|pọr|ter *der;* -s, - ⟨*lat.-fr.-engl.*⟩: Transportauto, -flugzeug, -schiff

Trans|por|teur [...ˈtøːɐ̯] *der;* -s, -e ⟨*lat.-fr.*⟩: **1.** jmd., der etwas transportiert. **2.** (Math.) mit einer Gradeinteilung versehener Voll- od. Halbkreis zur Winkelmessung od. Winkelauftragung. **3.** Zubringer an der Nähmaschine

Trans|por|teu|rin [...ˈtøːrɪn] *die;* -, -nen: weibliche Form zu ↑Transporteur (1)

trans|por|tie̱|ren: **1. a)** versenden, befördern, wegbringen; **b)** mechanisch bewegen, weiterschieben (z. B. einen Film). **2.** die Basis für etwas abgeben, was an andere weitergegeben wird (z. B. Wörter transportieren Bedeutungen)

Trans|po|si|ti|on *die;* -, -en ⟨*lat.-nlat.*⟩: das Transponieren

Trans|ra|pid® *der;* -[s] ⟨Kunstw. aus *lat.* **trans** u. ↑rapid⟩: Magnetschwebebahn

Trans|se|xu|a|lis|mus *der;* - ⟨*lat.-nlat.*⟩: Gefühl der Zugehörigkeit zum anderen Geschlecht, häufig verbunden mit dem Bestreben nach Geschlechtsumwandlung

Trans|se|xu|a|li|tät *die;* -: ↑Transsexualismus

trans|se|xu|ell: a) sich dem anderen Geschlecht zugehörig fühlend; **b)** den Transsexualismus betreffend

Trans|se|xu|el|le *der* u. *die;* -n, -n: Person, die transsexuell ist, empfindet

Trans|sub|s|tan|ti|a|ti|on *die;* -, -en ⟨*lat.-mlat.;* »Wesensverwandlung«⟩ (kath. Kirche): durch die ↑Konsekration (2) im Messopfer (Wandlung) sich vollziehende Verwandlung der Substanz von Brot u. Wein in Leib u. Blut Christi; vgl. Konsubstantiation

Trans|su|dat *das;* - [e]s, -e ⟨*lat.-nlat.*⟩ (Med.): die bei der Transsudation abgesonderte Flüssigkeit

Trans|su|mie|rung *die;* -, -en ⟨*lat.-nlat.*⟩: ↑Insertion (3) einer Urkunde

Trans|uran *das;* -s, -e (meist Plural) ⟨*lat.; gr.-lat.-nlat.*⟩: künstlich hergestelltes radioaktives chemisches Element mit höherer Ordnungszahl als das Uran

trans|ver|sal ⟨*lat.-mlat.*⟩: quer verlaufend, senkrecht zur Ausbreitungsrichtung stehend, schräg

Trans|ver|sa|le *die;* -, -n (Math.): Gerade, die eine Figur (Dreieck od. Vieleck) schneidet

Trans|ver|sal|schwin|gung *die;* -, -en (meist Plural) ⟨*lat.-mlat.; dt.*⟩: Schwingung, die senkrecht zu einer ausgezeichneten Richtung verläuft; Ggs. ↑Longitudinalschwingung

trans|ves|tie|ren ⟨*lat.-nlat.*⟩ (Psychol., Med.): mittels Kleidung, Schminke u. Gestik die Rolle des anderen Geschlechts annehmen wollen

t

Trans|ves|tis|mus, Trans|ves|ti|tis|mus *der;* - (Med., Psychol.): das Bedürfnis, z. B. mittels Kleidung, Schminke u. Gestik die Rolle des anderen Geschlechts anzunehmen

Trans|ves|tit *der;* -en, -en: Mann, der sich [zum Lustgewinn] wie eine Frau kleidet, frisiert, schminkt

Trans|ves|ti|tis|mus vgl. Transvestismus

tran|s|zen|dent ⟨*lat.*⟩: **1.** (Philos.) die Grenzen der Erfahrung u. der sinnlich erkennbaren Welt überschreitend; übersinnlich, übernatürlich; Ggs. ↑immanent (2). **2.** (Math.) nicht algebraisch; über das Algebraische hinausgehend

tran|s|zen|den|tal ⟨*lat.-mlat.*⟩ (Philos.): **1.** ↑transzendent (1) (in der Scholastik). **2.** die ↑a priori mögliche Erkenntnisart von Gegenständen betreffend (bei Kant)

Tran|s|zen|denz *die;* - ⟨*lat.*⟩: **a)** das jenseits der Erfahrung, des Gegenständlichen Liegende; Jenseits; **b)** (Philos.) das Überschreiten der Grenzen der Erfahrung, des Bewusstseins, des Diesseits

tran|s|zen|die|ren (Philos.): über einen Bereich hinaus in einen anderen [hin]übergehen

Trap *der;* -s, -s ⟨*engl.*⟩: Geruchsverschluss eines Waschbeckens, Ausgusses o. Ä.

Tra|pez *das;* -es, -e ⟨*gr.-lat.;* »Tischchen«⟩: **1.** (Math.) Viereck mit zwei parallelen, aber ungleich langen Seiten. **2.** an Seilen hängendes Schaukelreck

Tra|pez|akt *der;* -[e]s, -e: am Trapez (2) ausgeführte Zirkusnummer

Tra|pe|zo|eder *das;* -s, - ⟨*gr.-nlat.*⟩ (Math.): Körper, der von gleichschenkligen Trapezen begrenzt wird

Tra|pe|zo|id *das;* -[e]s, -e (Math.): Viereck ohne zueinander parallele Seiten

Trap|per *der;* -s, - ⟨*engl.;* »Fallensteller«⟩: Pelztierjäger in Nordamerika

Trap|pist *der;* -en, -en ⟨*fr.;* nach der Abtei La Trappe in der Normandie⟩: Angehöriger des 1664 gegründeten Ordens der reformierten Zisterzienser (mit Schweigegelübde; Abk.: OCR; OCSO)

Trap|pis|tin *die;* -, -nen: Angehörige des weiblichen Zweiges des Trappistenordens

Trap|schie|ßen *das;* -s, - ⟨*engl.; dt.*⟩: **a)** (ohne Plural) Wurftauben- od. Tontaubenschießen; **b)** einzelner Wettkampf im Trapschießen (a)

Trash [træʃ] *der;* -[s] ⟨*engl.*⟩: **a)** Schund, Ramsch o. Ä.; **b)** Richtung in Musik, Literatur u. Film, für die bewusst banal, trivial od. primitiv wirkende Inhalte u. eine billige Machart typisch sind

tra|shig [træʃɪç]: **a)** kitschig, geschmacklos; **b)** Stilelemente des Trash enthaltend

Tras|sant *der;* -en, -en ⟨*lat.-vulgärlat.-it.*⟩ (Wirtsch.): Aussteller eines gezogenen Wechsels

Tras|san|tin *die;* -, -nen: weibliche Form zu ↑Trassant

Tras|sat *der;* -en, -en (Wirtsch.): zur Bezahlung eines Wechsels Verpflichteter

Tras|sa|tin *die;* -, -nen: weibliche Form zu ↑Trassat

Tras|see *das;* -s, -s ⟨*lat.-vulgärlat.-fr.*⟩ (schweiz.): **1.** Trasse (im Gelände abgesteckte Linie für neue Verkehrswege). **2.** Bahnkörper, Bahn-, Straßendamm

tras|sie|ren: eine Trasse zeichnen, berechnen, im Gelände abstecken

Trat|te *die;* -, -n ⟨*lat.-it.*⟩: gezogener Wechsel

Trat|to|ria *die;* -, ...ien: einfaches Speiselokal [in Italien]

Trau|ma *das;* -s, ...men u. -ta ⟨*gr.;* »Verletzung, Wunde«⟩: **1.** (Med., Psychol.) seelischer Schock, starke seelische Erschütterung, die [im Unterbewusstsein] noch lange wirksam ist. **2.** (Med.) Wunde, Verletzung durch äußere Gewalteinwirkung

trau|ma|tisch ⟨*gr.-lat.*⟩: **1.** (Psychol., Med.) das Trauma (1) betreffend, auf ihm beruhend, dadurch entstanden; Ggs. ↑idiopathisch. **2.** (Med.) durch Gewalteinwirkung verletzt

Trau|men: *Plural* von ↑Trauma

Tra|vel|ler [ˈtrɛvəlɐ] *der;* -s, -[s] ⟨*engl.*⟩: **1.** (Plural: -s) engl. Bez. für: Reisender, Tourist. **2.** (Seemannsspr.) auf einem Stahlbügel od. einer Schiene gleitende Vorrichtung, durch die bes. die Schot des Großsegels gezogen wird

Tra|vel|ler|scheck *der;* -s, -s ⟨*engl.*⟩: Reisescheck

tra|vers ⟨*lat.-fr.*⟩ (Mode): quer gestreift

Tra|vers [...ˈvɛ:ɐ̯, auch: ...ˈvɛrs] *der;* - (Dressurreiten): Seitengang des Pferdes, das in die Richtung der Bewegung gestellt ist u. so weit um den inneren Reiterschenkel gebogen ist, dass die Vorhand auf dem Hufschlag geht u. die Hinterhand einen halben Schritt vom Hufschlag des äußeren Vorderbeins entfernt ist

Tra|ver|se *die;* -, -n: **1.** (Archit., Technik) Querbalken, -träger. **2.** (Technik) Querverbinder zweier fester od. parallel beweglicher Maschinenteile. **3.** zu einem Leitwerk senkrecht zur Strömung in den Fluss gezogener Querbau, der die Verlandung der Zwischenflächen beschleunigt. **4.** (Militär) Schulterwehr. **5.** (Fechten) seitliche Ausweichbewegung. **6.** (Bergsteigen) Querungsstelle an Hängen od. Wänden; Quergang

tra|ver|sie|ren: 1. a) quer durchgehen; **b)** durchkreuzen, hindern. **2.** (Dressurreiten) eine Reitbahn in der Diagonale durchreiten. **3.** (Fechten) durch Seitwärtstreten dem Hieb od. Stoß des Gegners ausweichen. **4.** (Bergsteigen) horizontal an einem Abhang entlanggehen od. -klettern

Tra|ver|tin *der;* -s, -e ⟨*lat.-it.*⟩: leicht zu bearbeitender mineralischer Kalkabsatz bei Quellen u. Bächen

Tra|ves|tie *die;* -, ...ien ⟨*lat.-it.-fr. (-engl.);* »Umkleidung«⟩: komisch-satirische literarische Gattung, die bekannte Stoffe der Dichtung in eine ihnen nicht angemessene Form überträgt; vgl. Parodie (1)

tra|ves|tie|ren ⟨*lat.-it.-fr.*⟩: **1.** als Travestie darbieten. **2.** ins Lächerliche ziehen

Trawl [trɔ:l] *das;* -s, -s ⟨*engl.*⟩: Grundschleppnetz, das von Fischereifahrzeugen verwendet wird

Traw|ler [ˈtrɔ:lɐ] *der;* -s, -: mit dem Grundschleppnetz arbeitender Fischdampfer

Trax *der;* -[es], -e ⟨Kurzw. für *amerik.* Traxcavator®⟩ (schweiz.): Bagger, Schaufellader

Treat|ment [ˈtri:tmənt] *das;* -s, -s ⟨*lat.-fr.-engl.*⟩ (Film, Fernsehen): erste schriftliche Fixierung des Handlungsablaufs, der Schauplätze u. der Charaktere der Personen eines Films

Tre|cen|tist [...tʃɛn...] *der;* -en, -en ⟨*lat.-it.*⟩: Künstler des Trecentos

Tre|cen|to *das;* -[s]: italienischer Kunststil des 14. Jh.s

tre|cken usw. vgl. trekken usw.

Tre|cking usw. vgl. Trekking usw.

trei|fe ⟨*hebr.-jidd.*⟩: unrein, verboten (von Speisen); Ggs. ↑koscher

Treil|le [ˈtrɛ:jə] *die;* -, -n ⟨*lat.-fr.*⟩: Gitterwerk, [Treppen]geländer; vgl. Traille, Tralje

trek|ken, tre|cken ⟨*afrikaans-engl.*⟩: ↑Trekking betreiben

Trek|king, Tre|cking *das;* -s, -s: mehrtägige Wanderung einer geführten, kleineren Gruppe durch oft unwegsames Gebiet im Hochgebirge

Trek|king|bike, Tre|cking|bike [...baik] *das;* -s, -s: Fahrrad, das bes. für längere Touren mit Gepäck geeignet ist

Tre|ma *das;* -s, -s u. -ta ⟨*gr.*⟩: **1.** (Sprachw.) ↑diakritisches Zeichen in Form von zwei Punkten über einem von zwei getrennt auszusprechenden Vokalen (z. B. fr. naïf); vgl. Diärese (1). **2.** (Med.) Lücke zwischen den mittleren Schneidezähnen

Tre|ma|to|de *die;* -, -n (meist Plural) ⟨*gr.-nlat.*⟩ (Zool.): Saugwurm

tre|mo|lan|do ⟨*lat.-vulgärlat.-it.*⟩ (Musik): zitternd, bebend, mit Tremolo (1) auszuführen (Vortragsanweisung; Abk.: trem.)

tre|mo|lie|ren, tre|mu|lie|ren (Musik): **1.** mit einem Tremolo (1) ausführen, vortragen, spielen. **2.** mit einem Tremolo (2) singen

Tre|mo|lo *das;* -s, -s u. ...li (Musik): **1.** bei Tasten-, Streich- od. Blasinstrumenten in verschiedener Weise erzeugte Bebung. **2.** [fehlerhafte] bebende Tonführung beim Gesang

Tre|mor *der;* -s, ...ores ⟨*lat.*⟩ (Med.): Muskelzittern, rhythmische Zuckungen einzelner Körperteile (z. B. der Lippen)

Tre|mu|lant *der;* -en, -en ⟨*lat.-vulgärlat.*⟩: Vorrichtung an der Orgel, die den Ton einzelner Register zu einem vibratoähnlichen Schwanken der Lautstärke bringt

tre|mu|lie|ren vgl. tremolieren

Trench|coat [ˈtrɛntʃko:t] *der;* -[s], -s ⟨*engl.*⟩: zweireihiger [Regen]mantel mit Schulterklappen u. Gürtel

Trend *der;* -s, -s ⟨*engl.*⟩: Grundrichtung einer [statistisch erfassbaren] Entwicklung, Entwicklungstendenz

Trend|scout [...skaut] *der;* -s, -s: jmd., der Trends nachspürt

Trend|set|ter *der;* -s, -: **a)** jmd., der etwas Bestimmtes in Mode bringt, der einen Trend auslöst; **b)** Produkt, das auf dem Markt einen Trend auslöst

Trend|set|te|rin *die;* -, -nen: weibliche Form zu ↑Trendsetter (a)

tren|dy (Jargon): modisch; dem vorherrschenden Trend entsprechend

Trente-et-qua|rante [trãtekaˈrã:t] *das;* - ⟨*lat.-fr.;* »dreißig u. vierzig«⟩: Kartenglücksspiel

Tre|pang *der;* -s, -e u. -s ⟨*malai.-engl.*⟩: getrocknete Seegurke (chinesisches Nahrungsmittel)

Tre|sor *der;* -s, -e ⟨*gr.-lat.-fr.;* »Schatz, Schatzkammer«⟩: Panzerschrank, Stahlkammer [einer Bank] zur Aufbewahrung von Wertgegenständen

tres|sie|ren ⟨*it.-fr.*⟩ (Perückenmacherei): kurze Haare mit Fäden aneinanderknüpfen

Tre|vi|ra® *das;* -[s] ⟨Kunstw.⟩: aus synthetischer Faser hergestelltes Gewebe

Tri|a|ge [...ʒə] *die;* -, -n ⟨*fr.*⟩: **1.** Ausschuss (bei Kaffeebohnen). **2.** das Einteilen der Verletzten (bei einem Katastrophenfall) nach der Schwere ihrer Verletzungen

t

Tri|al-and-Er|ror-Me|tho|de [ˈtraiəlˈəndˈɛrə...] *die;* - ⟨*engl.; gr.-lat.*⟩: **1.** Methode, den besten Weg zur Lösung eines Problems zu finden, indem verschiedene Möglichkeiten ausprobiert werden, um Fehler[quellen] zu finden u. zu beseitigen. **2.** Lernverfahren, das davon ausgeht, dass Fehler zum Lernprozess gehören

Tri|an|gel *der* (österr.: *das*); -s, - ⟨*lat.;* »dreieckig; Dreieck«⟩: **1.** Schlaginstrument in Form eines dreieckig gebogenen Stahlstabes, der, frei hängend u. mit einem Metallstäbchen angeschlagen, einen hellen, in der Tonhöhe nicht bestimmbaren Ton angibt. **2.** (ugs.) Winkelriss in Kleidungsstücken

tri|an|gu|lär: dreieckig

Tri|an|gu|la|ti|on *die;* -, -en ⟨*lat.-mlat.*⟩: **1.** (Geodäsie) Festsetzung eines Netzes von Dreiecken zur Landvermessung. **2.** geometrisches Hilfsmittel in Gestalt eines gleichseitigen Dreiecks zur Bestimmung u. Konstruktion von Maßverhältnissen eines Bauwerks od. seiner Teile. **3.** bestimmte Veredelungsart bei Gehölzen

tri|an|gu|lie|ren (Geodäsie): mithilfe der Triangulation (1) vermessen

Tri|an|gu|lie|rung *die;* -, -en: ↑Triangulation (1)

Tri|a|ri|er *der;* -s, - (meist Plural) ⟨*lat.*⟩: altgedienter, schwer bewaffneter Soldat im alten Rom, der in der dritten Schlachtreihe kämpfte

Tri|as *die;* -, - ⟨*gr.-lat.;* »Dreiheit«⟩: **1.** (ohne Plural; Geol.) erdgeschichtliche Formation des ↑Mesozoikums, die Buntsandstein, Muschelkalk u. Keuper umfasst. **2.** Dreizahl, Dreiheit

tri|as|sisch ⟨*gr.-nlat.*⟩: die Trias (1) betreffend

Tri|ath|let *der;* -en, -en ⟨*gr.; gr.-lat.*⟩: jmd., der Triathlon betreibt

Tri|ath|le|tin *die;* -, -nen: weibliche Form zu ↑Triathlet

Tri|ba|de *die;* -, -n ⟨*gr.-lat.*⟩ (veraltet): lesbische Frau

Tri|ba|lis|mus *der;* - ⟨*lat.-nlat.*⟩: Stammesbewusstsein, -zugehörigkeitsgefühl (bes. in Afrika)

Tri|bun *der;* -s u. -en, -e[n] ⟨*lat.*⟩: **1.** altrömischer Volksführer. **2.** zweithöchster Offizier einer altrömischen Legion

Tri|bu|nal *das;* -s, -e ⟨*lat. (-fr.)*⟩: **1.** im Rom der Antike der erhöhte Platz, auf dem der Prätor Recht sprach. **2.** [hoher] Gerichtshof. **3.** Forum, das in einer öffentlichen Untersuchung gegen behauptete Rechtsverstöße von Staaten o. Ä. protestiert; [Straf]gericht

Tri|bu|nat *das;* -[e]s, -e ⟨*lat.*⟩: Amt, Würde eines Tribuns

Tri|bü|ne *die;* -, -n ⟨*lat.-it.-fr.*⟩: **1.** Rednerbühne. **2. a)** erhöhtes Gerüst mit Sitzplätzen für Zuschauer; **b)** die Zuschauer auf einem solchen Gerüst

tri|bu|ni|zisch ⟨*lat.*⟩: einen Tribunen betreffend

Tri|bus *die;* -, - [...bu:s]: **1.** Wahlbezirk im antiken Rom. **2.** (Biol.) Kategorie, die nah verwandte Gattungen einer Familie od. Unterfamilie zusammenfasst; Gattungsgruppe

Tri|but *der;* -[e]s, -e: **1.** im Rom der Antike die direkte Steuer. **2.** Opfer, Beitrag. **3.** schuldige Verehrung, Hochachtung

tri|bu|tär (veraltet): steuer-, zinspflichtig

Tri|chi|ne *die;* -, -n (meist Plural) ⟨*gr.-engl.*⟩: parasitischer Fadenwurm (Übertragung auf den Menschen durch infiziertes Fleisch)

tri|chi|nös: von Trichinen befallen

Tri|chi|no|se *die;* -, -n (Med.): durch Trichinen verursachte Erkrankung

Trick *der;* -s, -s ⟨*fr.-engl.*⟩: **1.** listig ausgedachtes, geschicktes Vorgehen; Kunstgriff, Kniff, Finesse. **2.** bei einer artistischen Vorführung ausgeführte, verblüffende Aktion

trick|sen (ugs.): sich eines Tricks bedienen; mit Tricks bewerkstelligen

Trick|track *das;* -s, -s ⟨*fr.*⟩: ein Brett- u. Würfelspiel

tri|cky [...ki] ⟨*engl.*⟩ (ugs.): **a)** trickreich, listig; **b)** knifflig, schwierig (von Sachen)

Tri|dent *der;* -[e]s, -e ⟨*lat.*⟩: Dreizack

tri|den|ti|nisch ⟨*lat.-mlat.*⟩: zu der Stadt Trient gehörend

Tri|du|um *das;* -s, ...duen ⟨*lat.*⟩: Zeitraum von drei Tagen (bes. für katholische kirchliche Veranstaltungen)

Tri|en|na|le *die;* -, -n: Veranstaltung im Turnus von drei Jahren

Tri|en|ni|um *das;* -s, ...ien: Zeitraum von drei Jahren

Tri|e|re *die;* -, -n ⟨*gr.-lat.*⟩: Dreiruderer (antikes Kriegsschiff mit drei übereinanderliegenden Ruderbänken)

Tri|eur [tri'øːɐ̯] *der;* -s, -e ⟨*lat.-vulgärlat.-fr.*⟩: Maschine zum Trennen von Gemischen fast gleicher Körnungsgrößen (z. B. bei der Getreidereinigung)

Tri|fle ['traifl] *das;* -s, -s ⟨*engl.*⟩: kuchenartige englische Süßspeise

Tri|fo|kal|glas *das;* -es, ...gläser (meist Plural) ⟨*lat.-nlat.; dt.*⟩: Dreistärkenglas, Brillenglas für drei Entfernungen; vgl. Bifokalglas

Tri|fo|li|um *das;* -s, ...ien ⟨*lat.;* »Dreiblatt«⟩: **1.** (Bot.) Klee (Schmetterlingsblütler). **2.** drei Personen, die als zusammengehörig gelten, sich zusammengehörig fühlen; Kleeblatt

Tri|fo|ri|um *das;* -s, ...ien ⟨*lat.-mlat.*⟩ (Archit.): in romanischen u. bes. in gotischen Kirchen unter den Chorfenstern vorgeblendete Wandgliederung, die später zu einem Laufgang ausgebildet wurde

Tri|ga *die;* -, -s u. ...gen ⟨*lat.*⟩: Dreigespann

Tri|ge|mi|nus *der;* -, ...ni ⟨*lat.*⟩ (Med.): im Mittelhirn entspringender 5. Hirnnerv, der sich in 3 Hauptäste gabelt

trig|gern (Fachspr.): einen Vorgang mittels eines Triggers auslösen

Tri|glyph *der;* -s, -e, **Tri|gly|phe** *die;* -, -n ⟨*gr.-lat.*⟩: mit den ↑Metopen abwechselndes dreiteiliges Feld am Fries des dorischen Tempels

Tri|gon *das;* -s, -e ⟨*gr.-lat.*⟩: Dreieck

tri|go|nal: dreieckig

Tri|go|no|me|t|rie *die;* - (Math.): Dreiecksmessung; Zweig der Mathematik, der sich mit der Berechnung von Dreiecken unter Benutzung der trigonometrischen Funktionen befasst

tri|go|no|me|t|risch: die Trigonometrie betreffend

tri|klin, tri|kli|nisch ⟨*gr.-nlat.*⟩ (Kristallografie): auf drei verschieden große Achsen bezogen, die sich schiefwinklig schneiden

Tri|kli|ni|um *das;* -s, ...ien ⟨*gr.-lat.*⟩: **1.** an drei Seiten von Polstern für je drei Personen umgebener altrömischer Esstisch. **2.** altrömisches Speisezimmer

Tri|ko|lo|re *die;* -, -n ⟨*lat.-fr.*⟩: dreifarbige Fahne, bes. die französische Nationalfahne

¹Tri|kot [...'koː, auch: 'trɪko] *der,* selten auch: *das;* -s, -s ⟨*fr.*⟩: maschinengestricktes Gewebe

²Tri|kot *das;* -s, -s: **a)** meist eng anliegendes, gewirktes, hemdartiges Kleidungsstück, das bes. beim Sport getragen wird; **b)** ²Trikot (a) in bes. festgelegter Farbe zur Kennzeichnung des Spitzenreiters bei Radrennen über mehrere Etappen

Tri|ko|ta|ge [...ʒə] *die;* -, -n ⟨*fr.*⟩: Wirkware

tri|la|te|ral ⟨*lat.*⟩: dreiseitig, von drei Seiten ausgehend, drei Seiten betreffend

Tril|li|ar|de *die;* -, -n ⟨*lat.-nlat.*⟩: 1 000 Trillionen (= 10^{21})

Tril|li|on *die;* -, -en: eine Million Billionen (= 10^{18})

Tri|lo|bit [auch: ...'bɪt] *der;* -en, -en ⟨*gr.-nlat.*⟩: Dreilappkrebs; ausgestorbener Urkrebs

Tri|lo|gie *die;* -, ...ien ⟨*gr.*⟩: Folge von drei eine innere Einheit bildenden Werken

Tri|ma|ran *der;* -s, -e ⟨*lat.; tamil.-engl.*⟩: offenes Segelboot mit drei Rümpfen

Tri|mes|ter *das;* -s, - ⟨*lat.*⟩ (Unterrichtswesen): Zeitraum von drei Monaten; Dritteljahr eines Unterrichtsjahres

Tri|me|ter *der;* -s, - ⟨*gr.-lat.*⟩: aus drei Metren bestehender antiker Vers; ↑Senar

tri|när ⟨*lat.*⟩: dreifach, dreiteilig

Tri|ni|ta|ri|er *der;* -s, - ⟨*lat.-nlat.*⟩: **1.** Bekenner der Dreieinigkeit, Anhänger der Lehre von der Trinität; Ggs. ↑Unitarier. **2.** Angehöriger eines katholischen Bettelordens

Tri|ni|tät *die;* - ⟨*lat.*⟩: Dreieinigkeit, Dreifaltigkeit Gottes (Gott Vater, Sohn u. Heiliger Geist)

Tri|ni|ta|tis *das;* -: Sonntag nach Pfingsten (Fest der Dreifaltigkeit)

Tri|ni|t|ro|to|lu|ol *das;* -s ⟨Kunstw.⟩: stoßunempfindlicher Sprengstoff (bes. für Geschosse); vgl. Trotyl

Tri|nom *das;* -s -e ⟨*lat.-nlat.*⟩ (Math.): Zahlengröße aus drei Gliedern (z. B. x+y+z)

tri|no|misch (Math.): dreigliedrig, aus drei Gliedern bestehend

Trio *das;* -s, -s ⟨*lat.-it.*⟩: **1. a)** Musikstück für drei Instrumente; **b)** Mittelteil des ↑Menuetts od. ↑Scherzos. **2.** Vereinigung von drei Instrumental-, seltener Vokalsolisten. **3.** (oft iron.) drei Personen, die etwas gemeinsam ausführen

Tri|o|de *die;* -, -n ⟨*gr.-nlat.*⟩: Verstärkerröhre mit drei Elektroden (Anode, Kathode u. Gitter)

Tri|o|le *die;* -, -n ⟨*lat.-it.*⟩: **1.** (Musik) Notengruppe von drei Tönen, die den Taktwert von zwei od. vier Noten hat. **2.** ↑Triolismus

Tri|o|lett *das;* -[e]s, -e ⟨*lat.-fr.*⟩: achtzeilige Gedichtform mit zwei Reimen, wobei die erste Zeile als vierte u. die ersten beiden als letzte Zeilen wiederholt werden

Tri|o|lis|mus *der;* - ⟨*lat.-nlat.*⟩: Geschlechtsverkehr zwischen drei Partnern

Trip *der;* -s, -s ⟨*germ.-fr.-engl.*⟩: **1.** Ausflug, Reise, Fahrt. **2. a)** Rauschzustand nach dem Genuss eines Rauschgiftes; **b)** ↑Hit (2)

Tri|pel *das;* -s, - ⟨*lat.-fr.*⟩ (Math.): die Zusammenfassung dreier Dinge (z. B. Dreieckspunkte, Dreiecksseiten)

Tri|pel|al|li|anz *die;* -, -en ⟨*lat.-fr.*⟩: staatlicher Dreibund

Tri|ph|thong *der;* -[e]s, -e ⟨*gr.-nlat.*⟩ (Sprachw.): Dreilaut; drei eine Silbe bildende Selbstlaute (z. B. *it.* miei »meine«)

Tri|plé [...'ple:] *das;* -s, -s: Zweibandenball beim Billard

Tri|plik *die;* -, -en ⟨*lat.-nlat.*⟩ (Rechtsspr. veraltend): die Antwort des Klägers auf eine ↑Duplik des Beklagten

Tri|pli|kat *das;* -[e]s, -e ⟨*lat.*⟩: dritte Ausfertigung [eines Schreibens]

tri|p|lo|id ⟨*gr.-nlat.*⟩ (Biol.): einen dreifachen Chromosomensatz aufweisend (von Zellen)

Trip|ma|dam *die;* -, -en ⟨*fr.*⟩: Fetthenne

Tri|po|den: *Plural* von ↑Tripus

Tri|po|die *die;* -, ...ien ⟨*gr.;* »Dreifüßigkeit«⟩: Verbindung dreier Versfüße (rhythmischer Einheiten) zu einem Verstakt; vgl. Monopodie u. Dipodie

Tri|p|tik vgl. Triptyk

Tri|p|ty|chon *das;* -s, ...chen u. ...cha ⟨*gr.*⟩: dreiteiliges [Altar]bild, bestehend aus dem Mittelbild u. zwei Seitenflügeln; vgl. Diptychon, Polyptychon

Tri|p|tyk, Tri|p|tik *das;* -s, -s ⟨*gr.-fr.-engl.*⟩: dreiteiliger Grenzübertrittsschein für Kraft- u. Wasserfahrzeuge

Tri|pus [...pu:s] *der;* -, ...poden ⟨*gr.-lat.*⟩: Dreifuß; altgriechisches dreifüßiges Gestell für Gefäße

Tri|re|me *die;* -, -n ⟨*lat.*⟩: ↑Triere

Tris|mus *der;* -, ...men ⟨*gr.-lat.*⟩ (Med.): Kiefersperre, Kaumuskelkrampf

trist ⟨*lat.-fr.*⟩: traurig, öde, trostlos, freudlos; langweilig, unfreundlich, jämmerlich

Tris|tesse [...'tɛs] *die;* -, -n [...sn̩]: Traurigkeit, Trübsinn, Melancholie, Schwermut

Tris|ti|en *die* (Plural) ⟨*lat.*⟩: Trauergedichte (bes. die des römischen Dichters Ovid über seine Verbannung)

Tri|t|a|go|nist *der;* -en, -en ⟨*gr.*⟩: dritter Schauspieler im altgriechischen Drama; vgl. Deuteragonist u. Protagonist (1)

Tri|ti|um *das;* -s ⟨*gr.-nlat.*⟩: radioaktives Wasserstoffisotop, überschwerer Wasserstoff (Zeichen: T)

1**Tri|ton** *der;* ...onen, ...onen ⟨*gr.-lat.*⟩: **1. a)** (ohne Plural) griechischer Meergott, Sohn des Poseidon u. der Amphitrite; **b)** (nur Plural) griechische Meergötter im Gefolge Poseidons. **2.** (Biol.) Salamandergattung mit zahlreichen einheimischen Arten

2**Tri|ton** *das;* -s, -s ⟨Kunstw.⟩ (österr.): Kinder[tritt]roller

3**Tri|ton** *das;* -s, ...onen ⟨*gr.-nlat.*⟩: Atomkern des ↑Tritiums

Tri|to|nus *der;* - ⟨*gr.-nlat.*⟩ (Musik): die übermäßige Quarte, die ein Intervall von drei Ganztönen ist

Tri|umph *der;* -[e]s, -e ⟨*lat.*⟩: **1. a)** großer Erfolg, Sieg; **b)** Genugtuung, Frohlocken, Siegesfreude. **2.** im Rom der Antike der feierliche Einzug eines siegreichen Feldherrn

tri|um|phal: herrlich, ruhmvoll, glanzvoll, großartig

Tri|um|pha|tor *der;* -s, ...oren ⟨*lat.*⟩: **1.** im Rom der Antike feierlich einziehender siegreicher Feldherr. **2.** frohlockender, jubelnder Sieger

tri|um|phie|ren: a) jubeln, frohlocken; **b)** jmdm. hoch überlegen sein; über jmdn., etwas siegen

Tri|um|vir [...vɪr] *der;* -s u. -n, -n ⟨*lat.*⟩: Mitglied eines Triumvirats

Tri|um|vi|rat *das;* -[e]s, -e: (in der römischen Antike) Bund dreier Männer (als eine Art Kommission zur Erledigung bestimmter Staatsgeschäfte)

tri|va|lent ⟨*lat.-nlat.*⟩ (Chemie): dreiwertig

tri|vi|al ⟨*lat.-fr.;* »zum Dreiweg gehörend, jedermann zugänglich«⟩: **a)** im Ideengehalt, gedanklich recht unbedeutend, nicht originell; **b)** alltäglich, gewöhnlich, nichts Auffälliges aufweisend

Tri|vi|al|li|te|ra|tur *die;* -: Unterhaltungs-, Konsumliteratur, die auf den Geschmack eines anspruchslosen Leserkreises zugeschnitten ist

Tri|vi|um *das;* -s ⟨*lat.-mlat.;* »Dreiweg«⟩: im mittelalterlichen Universitätsunterricht die drei unteren Fächer: Grammatik, Rhetorik, Dialektik; vgl. Quadrivium

Tri|zeps *der;* -[es], -e ⟨*lat.*⟩ (Med.): dreiköpfiger Muskel des Oberarms, der den Unterarm im Ellbogengelenk streckt

tro|chä|isch [...x...] ⟨*gr.-lat.*⟩: den Trochäus betreffend; aus Trochäen bestehend

Tro|chä|us *der;* -, ...äen: [antiker] Versfuß (– ᴗ)

Tro|chi|lus *der;* -, ...ilen: Hohlkehle in der ↑Basis ionischer Säulen

Tro|chit [auch: ...ˈxɪt] *der;* -s u. -en, -en ⟨*gr.-nlat.*⟩: Stiel ausgestorbener Seelilien

Tro|cho|pho|ra *die;* -, ...phoren (Zool.): Larve der Ringelwürmer

Tro|gon *der;* -s, -s u. ...onten ⟨*gr.;* »Nager«⟩: südamerikanischer Nageschnäbler (bunt gefiederter Urwaldvogel)

Troi|ka [auch: ˈtroːika] *die;* -, -s u. ...ken ⟨*russ.*⟩: **1.** russisches Dreigespann. **2.** aus drei Personen bestehende [politische] Führungsgruppe

Trol|ley [...li] *der;* -s, -s ⟨*engl.*⟩: Rollenkoffer

Trol|ley|bus [ˈtrɔli...] *der;* -ses, -se ⟨*engl.*⟩ (schweiz.): Oberleitungsomnibus

Trom|be *die;* -, -n ⟨*germ.-it.(-fr.)*⟩: Wirbelwind in Form von Wasser- u. Windhosen

Trom|pe|te *die;* -, -n ⟨*germ.-fr.*⟩: aus gebogener Messingröhre mit Schallbecher u. Kesselmundstück bestehendes Blasinstrument

trom|pe|ten: 1. Trompete blasen. **2.** (ugs.) **a)** sehr laut u. aufdringlich sprechen; **b)** sich sehr laut die Nase putzen

Trom|pe|ter *der;* -s, -: jmd., der [berufsmäßig] Trompete spielt; Trompetenbläser

Trom|pe|te|rin *die;* -, -nen: weibliche Form zu ↑Trompeter

Tro|pe *die;* -, -n ⟨*gr.-lat.;* »Wendung«⟩ (Sprachw.): bildlicher Ausdruck; Wort (Wortgruppe), das im übertragenen Sinn gebraucht wird (z. B. *Bacchus* statt *Wein*)

Tro|pen *die* (Plural) ⟨*gr.-lat.*⟩: heiße Zone zu beiden Seiten des Äquators zwischen den Wendekreisen

...troph

⟨zu *gr.* tréphein »(sich) nähren«⟩
Wortbildungselement mit der Bedeutung »eine bestimmte Ernährungsweise bevorzugend, sich ernährend«:
- dystroph
- endotroph
- oligotroph

...tro|phie

die; -, ...ien (teilweise ohne Plural)
⟨zu *gr.* trophḗ »das Ernähren, Ernährung, Lebensweise«⟩
Wortbildungselement mit der Bedeutung »bestimmte Ernährungsweise u. Lebensweise«:
- Autotrophie
- Dystrophie

Tro|phäe *die;* -, -n ⟨*gr.-lat.-fr.*⟩: **1.** erbeutete Fahne, Waffe o. Ä. als Zeichen des Sieges über den Feind. **2.** aus einem bestimmten Gegenstand (z. B. Pokal) bestehender Preis für den Sieger in einem [sportlichen] Wettbewerb. **3.** Teil eines erlegten Tiers als Zeichen erfolgreicher Jagd; Jagdtrophäe

tro|phisch ⟨*gr.-nlat.*⟩ (Med.): die Ernährung [der Gewebe] betreffend, gewebsernährend

Tro|pi|ka *die;* - ⟨*gr.-lat.-engl.-nlat.*⟩ (Med.): schwere Form der Malaria

tro|pisch ⟨*gr.-lat.-engl.*⟩: **1.** die ↑Tropen betreffend, für sie charakteristisch; südlich, heiß. **2.** (Sprachw.) die ↑Trope betreffend; übertragen

Tro|pis|mus *der;* -, ...men ⟨*gr.-nlat.*⟩ (Biol.): durch äußere Reize verursachte Bewegung festsitzender Tiere u. Pflanzen

Tro|po|sphä|re *die;* - (Meteorol.): die unterste, bis zu einer Höhe von 12 km reichende, wetterwirksame Luftschicht der Erdatmosphäre

Tro|pus *der;* -, Tropen ⟨*gr.-lat.*⟩: **1.** ↑Trope. **2.** (Musik) **a)** Kirchenton (Tonart); **b)** textliche [u. musikalische] Ausschmückung, Erweiterung liturgischer Gesänge

Tross *der;* -es, -e ⟨*lat.-vulgärlat.-fr.*⟩: **1.** (veraltet) die Truppe mit Verpflegung u. Munition versorgender Wagenpark. **2.** (oft abwertend) **a)** Anhang, Gefolge, Mitläufer; **b)** Schar, Haufen

Tros|se *die;* -, -n: starkes Tau, Drahtseil

Trot|teur [...ˈtøːɐ̯] *der;* -s, -s ⟨*germ.-fr.*⟩: **1.** eleganter, bequemer Schuh mit flachem od. mittlerem Absatz. **2.** (veraltend) kleiner Hut für Damen

Trot|ti|nett *das;* -s, -e (schweiz.): Kinderroller

Trot|toir [...ˈtoaːɐ̯] *das;* -s, -e u. -s (landsch.): Bürgersteig

Tro|tyl *das;* -s ⟨Kunstw.⟩: ↑Trinitrotoluol

Trotz|kịs|mus *der; - ‹nlat.;* nach dem russ. Revolutionär L. D. Trotzki, 1879–1940›: von Trotzki u. seinen Anhängern vertretene Variante des Kommunismus mit der Forderung der unmittelbaren Verwirklichung der Weltrevolution

Trou|ba|dour [ˈtru:badu:ɐ̯, auch: ...ˈdu:ɐ̯] *der;* -s, -e u. -s *‹provenzal.-fr.;* »Erfinder«›: provenzalischer Dichter u. Sänger höfischer Liebeslyrik des 12. bis 14. Jh.s; vgl. Trouvère

Trou|b|le [ˈtrʌbl̩] *der;* -s *‹lat.-vulgärlat.-fr.-engl.›* (ugs.): Ärger, Unannehmlichkeit[en], Aufregung

Trou|b|le|shoo|ter [ˈtrʌbl̩ʃu:tɐ] *der;* -s, - *‹engl.›*: jmd., der sich bemüht, Konflikte auszuräumen, Probleme aus der Welt zu schaffen

Trou|vère [truˈvɛ:r] *der;* -[s], -s *‹provenzal.-fr.›*: nordfranzösischer Minnesänger des Mittelalters

Troy|ge|wicht [ˈtrɔy...] *das;* -[e]s, -e *‹engl.; dt.;* nach der fr. Stadt Troyes›: Gewicht in Großbritannien u. den USA für Edelmetall u. Edelsteine

Truck [trak] *der;* -s, -s *‹engl.-amerik.›*: [großer] Lastkraftwagen [mit Sattelauflieger]

Tru|cker [ˈtrakɐ] *der;* -s, -: Lastwagenfahrer

Truck|sys|tem [ˈtrak...] *das;* -s, -e *‹engl.; gr.-lat.›*: frühere Entlohnungsform, bei der der Arbeitnehmer Waren teilweise od. ausschließlich als Entgelt für seine Leistungen erhielt

trun|kie|ren *‹lat.-engl.›* (EDV): (eine Zeichenfolge) [teilweise] durch einen Platzhalter ersetzen

Trust [trast, auch: trʌst, selten: trʊst] *der;* -[e]s, -e u. -s *‹altnord.-engl.›*: Zusammenfassung mehrerer Unternehmen unter einer Leitung zum Zweck der Monopolisierung

Trus|tee [trasˈti:] *der;* -s, -s: engl. Bez. für: Treuhänder

Try|pa|no|so|ma *das;* -s, ...men *‹gr.-nlat.›*: Vertreter einer Gattung der Geißeltierchen mit zahlreichen Krankheitserregern

Tryp|sin *das;* -s (Med.): Eiweiß spaltendes ↑Enzym der Bauchspeicheldrüse

Tsa|t|si|ki [t͡saˈt͡si:ki] vgl. Zaziki

Tscha|dor [auch: ...ˈdo:ɐ̯], **Tscha|dyr** *der;* -s, -s *‹pers.›*: (von persischen Frauen getragener) langer, den Kopf u. teilweise das Gesicht u. den Körper bedeckender Schleier

Tscha|ko *der;* -s, -s *‹ung.›* (früher): im Heer u. (nach 1918) von der Polizei getragene zylinder-, helmartige Kopfbedeckung

Tscha|k|ra *das;* -[s], -s *‹sanskr.;* »Rad«›: altindische Schleuderwaffe

Tschan *das;* -[s] *‹sanskr.-chin.›*: chinesische buddhistische Richtung; vgl. Zen

Tschap|ka *die;* -, -s *‹dt.-poln.›*: frühere, mit viereckigem Deckel versehene (urspr. polnische) Mütze der Ulanen

Tschar|dasch: alte Schreibung für ↑Csardas

tschau, ciao! [tʃau̯] *‹lat.-it.›*: tschüs!, hallo! (freundschaftlicher Gruß zum Abschied, zur Begrüßung)

Tsche|ka *die;* - *‹russ.;* Kurzw.›: (1917–1922) Name der politischen Polizei in Sowjetrussland

Tsche|kist *der;* -en, -en: **a)** Angehöriger der Tscheka; **b)** (in den [ehemaligen] sozialistischen Ländern) Angehöriger des Staatssicherheitsdienstes

Tsche|kis|tin *die;* -, -nen: weibliche Form zu ↑Tschekist

Tscher|no|sem, Tscher|no|s|jom *‹russ.›* [...ˈsjɔm] *das;* -[s]: Schwarzerde (fruchtbarer, humushaltiger Lössboden in Südrussland)

Tscher|wo|nez *der;* -, ...wonzen (aber: 5 -) *‹russ.›*: frühere russische Währungseinheit

Tschi|buk *der;* -s, -s *‹türk.›*: lange türkische Tabakspfeife mit kleinem Kopf

Tschis|ma *der;* -s, ...men (meist Plural) *‹ung.›*: niedriger, farbiger ungarischer Stiefel

tschüs, tschüss *‹lat.-fr.›* (ugs.): auf Wiedersehen!

Tschusch *der;* -en, -en ‹Herkunft unsicher› (österr. ugs. abwertend): Fremder (bes. Angehöriger eines südosteuropäischen od. orientalischen Volkes)

tschüss vgl. tschüs

Tse|t|se|flie|ge *die;* -, -n *‹Bantuspr.; dt.›*: im tropischen Afrika vorkommende Stechfliege, die den Erreger der Schlafkrankheit überträgt

T-Shirt [ˈti:ʃə:t] *das;* -s, -s *‹engl.›*: [kurzärmeliges] Oberteil aus Trikotstoff

Tsu|ga *die;* -, -s u. ...gen *‹jap.-nlat.›*: Hemlocktanne; Schierlingstanne

Tsu|na|mi *der;* -, -s *‹jap.›*: meist durch ein Seebeben verursachte Meereswelle (oft mit verheerender Wirkung an den Küsten)

Tu|ba *die;* -, Tuben *‹lat.›*: **1.** zur Bügelhörnerfamilie gehörendes tiefstes Blechblasinstrument mit nach oben gerichtetem Schalltrichter u. vier Ventilen. **2.** altrömisches Blasinstrument, Vorläufer der Trompete. **3.** (Med.) röhrenförmige Verbindung zwischen der Paukenhöhle des Ohrs u. dem Rachen, Ohrtrompete. **4.** (Med.) Ausführungsgang der Eierstöcke; Eileiter

Tu|ben: *Plural* von ↑Tuba u. ↑Tubus

Tu|ber|kel *der;* -s, - (österr. auch: *die;* -, -n) *‹lat.›* (Med.): **1.** kleiner Höcker, Vorsprung (bes. an

Knochen). **2.** knötchenförmige Geschwulst, [Tuberkulose]knötchen

tu|ber|ku|lar ⟨*lat.-nlat.*⟩ (Med.): knotig, mit Bildung von Tuberkeln einhergehend

Tu|ber|ku|lin *das;* -s: aus Zerfallsstoffen der Tuberkelbakterien gewonnener Giftstoff, der in der Medizin zur Diagnosestellung der Tuberkulose verwendet wird

tu|ber|ku|lös, österr. ugs. auch: **tu|ber|ku|los** (Med.): **a)** die Tuberkulose betreffend, mit ihr zusammenhängend; **b)** an Tuberkulose leidend; schwindsüchtig

Tu|ber|ku|lo|se *die;* -, -n (Med.): durch Tuberkelbakterien hervorgerufene chronische Infektionskrankheit (z. B. von Lunge, Haut, Knochen; Abk.: Tbc)

tu|be|ros, tu|be|rös ⟨*lat.*⟩ (Med.): höckerig, knotenartig, geschwulstartig

Tu|be|ro|se *die;* -, -n ⟨*lat.-nlat.*⟩: aus Mexiko stammende stark duftende Zierpflanze mit weißen Blüten an langem Stängel

Tu|bist *der;* -en, -en: Tubaspieler

Tu|bis|tin *die;* -, -nen: weibliche Form zu ↑Tubist

tu|bu|lär, tu|bu|lös ⟨*lat.-nlat.*⟩ (Med.): schlauch-, röhrenförmig

Tu|bus *der;* -, ...ben u. -se ⟨*lat.;* »Röhre«⟩: **1.** bei optischen Geräten linsenfassendes Rohr. **2.** bei Glasgeräten Rohransatz. **3.** (Med.) Röhre aus Metall, Gummi od. Kunststoff zur Einführung in die Luftröhre

Tu|chent *die;* -, -en ⟨Herkunft unsicher; vielleicht *slaw.*⟩ (österr.): Federbett

Tu|dor|bo|gen [ˈtjuːdə..., auch: ˈtuːdɔr..., ...doːɐ̯...] *der;* -s, - ⟨*engl.; dt.*⟩ (Archit.): Spitzbogen der englischen Spätgotik

Tu|dor|stil *der;* -s ⟨*engl.; lat.*⟩: Stil der englischen Spätgotik zwischen 1485 u. 1558, in den auch Renaissanceformen einflossen

Tu|kan [auch: ...ˈkaːn] *der;* -s, -e ⟨*indian.-span.-fr.*⟩: Pfefferfresser (mittel- u. südamerikanischer spechtartiger Vogel)

Tu|la|r|ä|mie *die;* -, ...ien ⟨*indian.; gr.;* nach der kaliforn. Landschaft Tulare⟩ (Med.): Hasenpest, auf den Menschen übertragbare Seuche wild lebender Nager

Tu|li|pan *der;* -[e]s, -e, **Tu|li|pa|ne** *die;* -, -n ⟨*pers.-türk.-it.*⟩ (veraltet): Tulpe

Tum|ba *die;* -, ...ben ⟨*gr.-lat.*⟩: **1.** Scheinbahre beim katholischen Totengottesdienst. **2.** sarkophagartiger Überbau eines Grabes mit Grabplatte

Tum|b|ler [ˈtamblɐ] *der;* -s, - ⟨*engl.*⟩ (schweiz.): elektrischer Wäschetrockner

Tu|mor [ugs. auch: ...ˈmoːɐ̯] *der;* -s, ...oren (auch: ...ore) ⟨*lat.*⟩ (Med.): Geschwulst, Gewächs, Gewebswucherung

Tu|mu|li: *Plural* von ↑Tumulus

Tu|mult *der;* -[e]s, -e ⟨*lat.*⟩: **a)** Lärm; Unruhe; **b)** Auflauf lärmender u. aufgeregter Menschen; Aufruhr

Tu|mul|tu|ant *der;* -en, -en: Unruhestifter; Ruhestörer, Aufrührer

Tu|mul|tu|an|tin *die;* -, -nen: weibliche Form zu ↑Tumultuant

tu|mul|tu|a|risch: lärmend, unruhig, erregt, wild, ungestüm, aufrührerisch

Tu|mu|lus *der;* -, ...li ⟨*lat.*⟩: Hügelgrab

Tun|d|ra *die;* -, ...ren ⟨*finn.-russ.*⟩: baumlose Kältesteppe jenseits der arktischen Waldgrenze

Tu|nell *das;* -s, -e (südd., österr., schweiz.): Tunnel

tu|nen [ˈtjuːnən] ⟨*engl.*⟩: die Leistung eines Kraftfahrzeugmotors nachträglich erhöhen, einen Motor frisieren

Tu|ner [ˈtjuːnɐ] *der;* -s, -: **1. a)** Vorrichtung an einem Fernseh- oder Rundfunkgerät zur Einstellung des Frequenzkanals; Kanalwähler; **b)** diese Vorrichtung enthaltendes Bauteil. **2.** (Jargon) Spezialist für Tuning

Tun|fisch vgl. Thunfisch

Tu|ni|ka *die;* -, ...ken: **1.** im Rom der Antike (urspr. ärmelloses) Untergewand für Männer u. Frauen. **2.** über dem Kleid getragener Überrock; ärmelloses, vorn offenes Übergewand

Tu|ning [ˈtjuːnɪŋ] *das;* -s, -s ⟨*engl.*⟩: nachträgliche Erhöhung der Leistung eines Kraftfahrzeugmotors

Tun|nel *der;* -s, - (auch: -s) ⟨*gall.-mlat.-fr.-engl.*⟩: **a)** röhrenförmiges unterirdisches Bauwerk, bes. als Verkehrsweg durch einen Berg, unter einem Gewässer hindurch o. Ä.; **b)** unterirdischer Gang; **c)** (beim Rugby bei einem Gedränge) freier Raum zwischen den Spielern; vgl. Tunell

Tu|pa|ma|ro *der;* -s, -s (meist Plural) ⟨nach dem Inkakönig Túpac Amaru⟩: uruguayischer Stadtguerillero

Tu|pi *das;* - ⟨*indian.*⟩: eine Indianersprache Südamerikas

Tu|ras *der;* -, -se ⟨Kunstw.⟩: großes Kettenrad (z. B. beim Eimerkettenbagger)

Tur|ban *der;* -s, -e ⟨*pers.-türk.-mgr.-roman.*⟩: aus [einer kleinen Kappe u.] einem in bestimmter Weise um den Kopf gewundenen langen, schmalen Tuch bestehende Kopfbedeckung (bes. der Muslime u. Hindus)

Tur|bel|la|rie [...ri̯ə] *die;* -, -n (meist Plural) ⟨*lat.-nlat.*⟩: Strudelwurm

Tur|bi|ne *die;* -, -n ⟨*lat.-fr.*⟩: Kraftmaschine, die die Energie strömenden Gases, Dampfes od. Wassers mithilfe eines Schaufelrades in eine Rotationsbewegung umsetzt

Tur|bo *der;* -s, -s ⟨*lat.*⟩ (ugs.): **1.** Kurzform von ↑Turbomotor (1), ↑Turbolader. **2.** Auto mit Turbomotor

Tur|bo|ka|pi|ta|lis|mus *der;* - (abwertend): rücksichtsloser, unverhüllt ausschließlich auf Profitmaximierung ausgerichteter Kapitalismus

Tur|bo|la|der *der;* -s, -: mit einer Abgasturbine arbeitende Vorrichtung zum Aufladen eines Motors

Tur|bo|mo|tor *der;* -s, -en: **1.** Motor mit einem Turbolader. **2.** mit einer Gasturbine arbeitendes Triebwerk

Tur|bo-Prop-Flug|zeug *das;* -[e]s, -e ⟨Kurzw.⟩: Flugzeug mit einem Triebwerk, bei dem eine Turbine den Propeller antreibt

Tur|bo|ven|ti|la|tor *der;* -s, -en: Kreisellüfter

tur|bu|lent ⟨*lat.*⟩: **1.** stürmisch, ungestüm, lärmend. **2.** (Physik, Astron., Meteorol.) durch das Auftreten von Wirbeln gekennzeichnet, ungeordnet

Tur|bu|lenz *die;* -, -en: **1.** (Physik) Wirbelbildung bei Strömungen in Gasen u. Flüssigkeiten. **2.** (Physik, Astron., Meteorol.) ungeordnete Wirbelströmung der Luft. **3.** Unruhe; wildes Durcheinander

Turf [auch: tə:f] *der;* -s ⟨*engl.*⟩: **a)** Pferderennbahn; **b)** Pferderennen, Pferdesport

Tur|gor *der;* -s ⟨*lat.*⟩: **1.** (Med.) Spannungszustand, Flüssigkeitsdruck in einem Gewebe. **2.** (Bot.) Druck des Zellsaftes auf die Pflanzenzellwand

Tur|key [ˈtø:ɐ̯ki] *der;* -s, -s ⟨*engl.*⟩ (Jargon): durch Entzugserscheinungen gekennzeichneter körperlicher Zustand (Zittern usw.) von Drogenabhängigen

t

tür|kis ⟨*türk.-fr.*⟩: blaugrün, türkisfarben

[1]**Tür|kis** *der;* -es, -e: blauer, auch grüner Edelstein (ein Mineral)

[2]**Tür|kis** *das;* -: blaugrüne Farbe, blaugrüner Farbton

tur|ki|sie|ren ⟨*türk.-nlat.*⟩: türkisch machen, gestalten

Turk|me|ne *der;* -n, -n ⟨nach dem vorderasiatischen Volk der Turkmenen⟩: turkmenischer Orientteppich

Tur|ko|lo|gie *die;* - ⟨*türk.; gr.*⟩: Wissenschaft von sämtlichen Turksprachen u. -kulturen

Turn [tø:ɐ̯n] *der;* -s, -s ⟨*gr.-lat.-engl.*⟩: **1.** Kehre, hochgezogene Kurve im Kunstfliegen. **2.** (Jargon) Rauschzustand (bes. durch Haschisch, Marihuana bewirkt)

tur|nen [ˈtø:ɐ̯nən] (ugs.): eine berauschende Wirkung haben

Tur|nier *das;* -s, -e ⟨*gr.-lat.-fr.*⟩: **1.** ritterliches Kampfspiel im Mittelalter. **2.** sportliche Veranstaltung, bei der in einzelnen Wettkämpfen aus einer Anzahl von Teilnehmern od. Mannschaften der Sieger ermittelt wird

tur|nie|ren (veraltet): ein Turnier austragen

Tur|nus *der;* - (österr.: -ses), -se ⟨*gr.-lat.-mlat.*⟩: festgelegte, bestimmte Wiederkehr, Reihenfolge, regelmäßiger Wechsel; Umlauf; in gleicher Weise sich wiederholender Ablauf einer Tätigkeit

Tu|ron *das;* -s ⟨nach der fr. Stadt Tours (*lat.* civitas Turonum)⟩ (Geol.): zweitälteste Stufe der Oberen Kreide

tu|schie|ren ⟨*fr.*⟩: **1.** ebene Metalloberflächen herstellen (durch Abschaben der erhabenen Stellen, die vorher sichtbar gemacht wurden). **2.** (veraltet) beleidigen; vgl. touchieren

Tus|ku|lum *das;* -s, ...la ⟨*lat.;* nach der altröm. Stadt Tusculum⟩ (veraltet): **1.** ruhiger, behaglicher Landsitz. **2.** Lieblingsaufenthalt

Tu|tand *der;* -en, -en ⟨*lat.*⟩: Studienanfänger, der von einem Tutor betreut wird

Tu|tan|din *die;* -, -nen: weibliche Form zu ↑Tutand

Tu|tel *die;* -, -en ⟨*lat.*⟩: Vormundschaft

tu|te|la|risch (veraltend): vormundschaftlich

Tu|tor *der;* -s, ...oren ⟨*lat.*⟩: **1. a)** Leiter eines Tutoriums; **b)** Lehrer u. Ratgeber von Studenten. **2.** (röm. Recht) Vormund, Erzieher

Tu|to|rin *die;* -, -nen: weibliche Form zu ↑Tutor (1)

Tu|to|ri|um *das;* -s, ...rien: ein ↑Seminar (2 a) begleitender, meist in einer kleineren Gruppe gehaltener Übungskurs an einer Universität

tut|ti ⟨*lat.-it.*⟩ (Musik): alle [Instrumenten- u. Gesangs]stimmen zusammen

Tut|ti *das;* -[s], -[s] (Musik): alle Stimmen, volles Orchester; Ggs. ↑Solo (1)

Tut|ti|frut|ti *das;* -[s], -[s] ⟨»alle Früchte«⟩: **1.** Vielfruchtspeise; Süßspeise aus verschiedenen Früchten. **2.** (veraltet) Allerlei, Durcheinander

Tu|tu [tyˈty:] *das;* -[s], -s ⟨*fr.*⟩: kurzes Tanzröckchen, Ballettröckchen

Tweed [tvi:t, auch: twi:d] *der;* -s, -s u. -e ⟨*engl.*⟩: kräftiges, oft meliertes Woll- od. Mischgewebe mit kleiner Bindungsmusterung

Twen *der;* -s, -s ⟨anglisierende Bildung zu *engl.* twenty = »zwanzig«⟩: jmd., der in den Zwanzigern ist; vgl. Teen

Twill *der;* -s, -s u. -e ‹*engl.*›: geköperter Baumwollfutterstoff od. Seidenstoff, Feinköper

Twin|set *das* (auch: *der*); -[s], -s ‹*engl.*›: Pullover u. Jacke von gleicher Farbe u. aus gleichem Material

[1]**Twist** *der;* -[e]s, -e ‹*engl.*›: mehrfädiges Baumwoll[stopf]garn

[2]**Twist** *der;* -s, -s ‹*engl.*›: **1.** aus den USA stammender Modetanz im $^4/_4$-Takt. **2.** (Tennis) **a)** (ohne Plural) Drall eines geschlagenen Balls; **b)** mit [2]Twist (2 a) gespielter Ball. **3.** (Turnen) Schraube; Sprung mit ganzer Drehung um die Längsachse des gestreckten Körpers

twis|ten: [2]Twist (1) tanzen

twit|tern ‹*engl.*›: über den Internetdienst Twitter® Kurznachrichten senden u. empfangen

Two|stepp [ˈtuːstɛp] *der;* -s, -s ‹*engl.;* »Zweischritt«›: schneller englischer Tanz im $^3/_4$-Takt

Ty|coon [taiˈkuːn] *der;* -s, -s ‹*chin.-jap.-engl.*›: **1.** sehr einflussreicher, mächtiger Geschäftsmann; Großkapitalist, Industriemagnat. **2.** mächtiger Führer (z. B. einer Partei)

Tym|pa|non *das;* -s, ...na ‹*gr.*› (Archit.): oft mit Reliefs geschmücktes Giebelfeld, Bogenfeld über Portal, Tür od. Fenster

Tym|pa|num *das;* -s, ...na ‹*gr.-lat.*›: **1.** trommelartiges Schöpfrad in der Antike. **2.** ↑Tympanon. **3.** (Med.) Paukenhöhle im Mittelohr. **4.** (Musik) Handpauke

Typ *der;* -s, -en ‹*gr.-lat.;* »Schlag; Gepräge, Form; Muster«›: **1.** (ohne Plural; Philos.) Urbild, Grundform, Beispiel. **2. a)** (Psychol.) bestimmte psychische Ausprägung einer Person, die mit einer Gruppe anderer Personen eine Reihe von Merkmalen gemeinsam hat; **b)** (Literaturwiss., bildende Kunst) als klassischer Vertreter einer bestimmten Kategorie von Menschen gestaltete, stark stilisierte, keine individuellen Züge aufweisende Figur. **3.** Schlag, Menschentyp, Gattung. **4.** (Technik) Bauart, Muster, Modell. **5.** (Genitiv auch: -en; ugs.) männliche Person

Ty|pe *die;* -, -n ‹*gr.-lat.-fr.*›: **1.** (Druckw.) gegossener Druckbuchstabe, Letter. **2.** (ugs.) Mensch von ausgeprägt absonderlicher, schrulliger Eigenart; komische Figur. **3.** (Fachspr.) Mehltype. **4.** (selten) Typ (4)

ty|pen ‹zu ↑Typ›: industrielle Artikel zum Zwecke der ↑Rationalisierung nur in bestimmten notwendigen Größen herstellen; vgl. typisieren

Ty|ph|li|tis *die;* -, ...itiden ‹*gr.-nlat.*› (Med.): Blinddarmentzündung

ty|phös ‹*gr.-nlat.*› (Med.): typhusartig; zum Typhus gehörend

Ty|phus *der;* - (Med.): mit schweren Bewusstseinsstörungen verbundene, fieberhafte Infektionskrankheit

Ty|pik *die;* -, -en ‹*gr.-nlat.*›: **1.** (Psychol.) die Wissenschaft vom Typ (2); vgl. Typologie (1). **2.** (veraltet) Typologie (2)

ty|pisch ‹*gr.-lat.*›: **1.** einen Typus betreffend, darstellend, kennzeichnend. **2.** charakteristisch, bezeichnend, unverkennbar. **3.** (veraltet) vorbildlich, mustergültig

ty|pi|sie|ren ‹*gr.-nlat.*›: **1.** typisch (1), als Typ, nicht als individuelle Person darstellen, auffassen. **2.** nach Typen (vgl. Typ 2, 3) einteilen. **3.** ↑typen

Ty|po|lo|gie *die;* -, ...ien: **1.** (Psychol.) Wissenschaft, Lehre von der Gruppenzuordnung aufgrund einer umfassenden Ganzheit von Merkmalen, die den ↑Typ (2) kennzeichnen; Einteilung nach Typen. **2.** (Rel.) Lehre von der Vorbildlichkeit alttestamentlicher Personen u. Ereignisse für das Neue Testament u. die christliche Kirche (z. B. Adam im Verhältnis zu Christus)

ty|po|lo|gisch: die Typologie betreffend, zur Typologie gehörend

Ty|po|skript *das;* -[e]s, -e ‹*gr.; lat.*› (Buchw., Druckw.): maschinegeschriebenes Manuskript (bes. als Satzvorlage)

Ty|pung *die;* -, -en: das Typen

Ty|rann *der;* -en, -en ‹*gr.-lat.*›: **1.** unumschränkter Gewaltherrscher. **2.** Gewaltmensch, strenger, herrschsüchtiger Mensch, Peiniger. **3.** nord- u. südamerikanischer, meist sehr gewandt u. schnell fliegender Schreivogel

Ty|ran|nei *die;* - ‹*gr.-lat.-fr.*›: **a)** Herrschaft eines Tyrannen, Gewaltherrschaft; Willkür[herrschaft]; **b)** tyrannisches, willkürliches Verhalten; Unterdrückung

Ty|ran|nin *die;* -, -nen: weibliche Form zu ↑Tyrann (1, 2)

Ty|ran|nis *die;* - ‹*gr.-lat.*›: **1.** Gewaltherrschaft (bes. im alten Griechenland). **2.** ↑Tyrannei (a)

ty|ran|nisch (abwertend): gewaltsam, willkürlich, herrschsüchtig, herrisch, grausam, diktatorisch

ty|ran|ni|sie|ren ‹*gr.-lat.-fr.*›: gewaltsam, willkürlich behandeln, unterdrücken, rücksichtslos beherrschen; quälen, anderen seinen Willen aufzwingen

Ty|ran|no|sau|rus Rex *der;* - -: sehr großer, zur Gattung Tyrannosaurus gehörender Dinosaurier

Ty|ro|sin *das;* -s (Chemie): in den meisten Eiweißstoffen enthaltene ↑Aminosäure

U

ü̱ber|di|men|si|o|nal: übermäßig groß, riesig

Ubi|qui̱st *der;* -en, -en ⟨*lat.-nlat.*⟩ (Biol.): nicht an einen bestimmten ↑Biotop gebundene, in verschiedenen Lebensräumen auftretende Tier- od. Pflanzenart

ubi|qui|tä̱r (bes. Biol.): überall verbreitet

U̱d *die;* -, -s ⟨*arab.;* »Holz«⟩: Laute persischer Herkunft, die als Vorstufe der europäischen Laute gilt

Ufo|lo̱|ge *der;* -n, -n ⟨*engl.; gr.*⟩: jmd., der Ufologie betreibt

Ufo|lo|gie̱ *die;* -: Beschäftigung mit Ufos

Ufo|lo̱|gin *die;* -, -nen: weibliche Form zu ↑Ufologe

U̱kas *der;* -ses, -se ⟨*russ.*⟩: **1.** Anordnung, Befehl. **2.** (Geschichte) Erlass des Zaren

Uku|le̱|le *die* od. *das;* -, -n ⟨*hawaiisch;* »hüpfender Floh«⟩: aus Hawaii stammende kleine ↑Gitarre mit vier Saiten

Ula̱n *der;* -en, -en ⟨*türk.-poln.*⟩ (früher): [leichter] Lanzenreiter

Ule|ma̱ *der;* -s, -s ⟨*arab.-türk.;* Plural: »die Gelehrten«⟩: islamischer Rechts- u. Religionsgelehrter

U̱l|kus *das;* -, U̱lzera ⟨*lat.*⟩ (Med.): Geschwür

U̱l|ti|ma *die;* -, ...mä u. ...men ⟨*lat.*⟩ (Sprachw.): letzte Silbe eines Wortes

U̱l|ti|ma Ra̱|tio *die;* - -: letztes, äußerstes Mittel, letztmöglicher Weg, wenn nichts anderes mehr Aussicht auf Erfolg hat

ul|ti|ma|ti̱v ⟨*lat.-nlat.*⟩: **1.** in Form eines Ultimatums; nachdrücklich. **2.** sich nicht mehr verbessern lassend

Ul|ti|ma̱|tum *das;* -s, ...ten: Aufforderung, binnen einer Frist eine schwebende Angelegenheit befriedigend zu lösen (unter der Androhung harter Maßnahmen, falls der Aufforderung nicht entsprochen wird)

u̱l|ti|mo ⟨*lat.*⟩: am Letzten [des Monats] (Abk.: ult.)

U̱l|ti|mo *der;* -s, -s: letzter Tag [des Monats]

U̱l|t|ra *der;* -s, -s ⟨*lat.*⟩: politischer, religiöser ↑Extremist

ul|t|ra..., Ul|t|ra...

⟨*lat.* ultra »jenseits, über, über ... hinaus«⟩
Präfix mit der Bedeutung »jenseits von, über ... hinaus, äußerst, zu sehr, übertrieben«:
- ultrakonservativ
- Ultraschall
- ultraviolett

u̱l|t|ra|kon|ser|va|tiv: extrem konservativ

ul|t|ra|ma|ri̱n ⟨*lat.-nlat.*⟩: kornblumenblau

Ul|t|ra|ma|ri̱n *das;* -s: leuchtend blaue Mineralfarbe

ul|t|ra|mon|ta̱n ⟨»jenseits der Berge (Alpen)«⟩: streng päpstlich gesinnt

u̱l|t|ra|rot ⟨*lat.; dt.*⟩: ↑infrarot

U̱l|t|ra|rot *das;* -[s]: ↑Infrarot

U̱l|t|ra|schall *der;* -[e]s ⟨*lat.; dt.*⟩: Schall mit Frequenzen von mehr als 20 Kilohertz (vom menschlichen Ohr nicht mehr wahrnehmbar); Ggs. ↑Infraschall

U̱l|t|ra|strah|lung *die;* - ⟨*lat.; dt.*⟩: kosmische Höhenstrahlung

ul|t|ra|vi|o|le̱tt ⟨*lat.; lat.-fr.*⟩: im Spektrum an Violett anschließend (Abk.: UV)

Ul|t|ra|vi|o|le̱tt *das;* -[s]: unsichtbare, im Spektrum an Violett anschließende Strahlung mit kurzer Wellenlänge (unter 0,0004 mm) u. starker chemischer u. biologischer Wirkung

U̱l|ze|ra: *Plural* von ↑Ulkus

U̱m|b|ra *die;* - ⟨*lat.;* »Schatten«⟩: **1.** dunkler Kern eines Sonnenflecks, der von der helleren ↑Penumbra umgeben ist. **2.** Erdbraun; braune Malerfarbe aus eisen- od. manganhaltigem Ton

U̱mi|ak *der* od. *das;* -s, -s ⟨*eskim.*⟩: mit Fellen bespanntes Boot der Eskimofrauen; vgl. Kajak

UMTS [uːɛmteːˈɛs] ⟨Abk. für *engl.* **u**niversal **m**obile **t**elecommunications **s**ystem⟩: Mobilfunkstandard mit direktem Zugang zum Internet u. vielen multimedialen Funktionen

U̱na Sa̱nc|ta *die;* - - ⟨*lat.;* »eine heilige (Kirche)«⟩: die eine heilige katholische und apostolische Kirche (Selbstbezeichnung der römisch-katholischen Kirche); vgl. Apostolikum (1)

Un|cle Sam [ˈaŋkl̩ ˈsɛm] ⟨*engl.;* »Onkel Samuel«; nach der ehemaligen amtlichen Bezeichnung U.S.-Am. für die USA⟩ (scherzh.): symbolische Bezeichnung für die USA, bes. für die Regierung

Un|der|co|ver|agent [ˈandɐkavɐ...] *der;* -en, -en ⟨*engl.*⟩: [in eine zu observierende Gruppe eingeschleuster] verdeckter Ermittler

Un|der|dog [ˈandɐdɔg] *der;* -s, -s ⟨*engl.*⟩: [sozial] Benachteiligter, Schwächerer

un|der|dressed [ˈandɐdrɛst] ⟨*engl.*⟩: (für einen bestimmten Anlass) zu lässig, zu wenig feierlich gekleidet; Ggs. ↑overdressed

Un|der|ground [ˈandɐgraʊnd] *der;* -[s] ⟨*engl.*⟩: **1.** Gruppe, Organisation außerhalb der etablierten Gesellschaft. **2.** avantgardistische künstlerische Protestbewegung gegen das kulturelle ↑Establishment

Un|der|state|ment [ˈʌndəˈsteɪtmənt] *das;* -s, -s

⟨*engl.*⟩: das [bewusste] Untertreiben, Unterspielen

Un|de|zi|me *die;* -, -n ⟨*lat.*⟩ (Musik): der elfte Ton vom Grundton an (die Quarte der Oktave)

Un|di|ne *die;* -, -n ⟨*lat.-nlat.*⟩: weiblicher Wassergeist

Un|du|la|ti|on *die;* -, -en ⟨*lat.-nlat.*⟩: **1.** (Physik) Wellenbewegung, Schwingung. **2.** (Geol.) Sattel- u. Muldenbildung durch ↑Orogenese; vgl. Ondulation

Un|du|la|tor *der;* -s, ...oren: Instrument zur Aufzeichnung empfangener Morsezeichen bei langen Telegrafenkabeln (z. B. Seekabel)

un|du|la|to|risch (Physik): in Form von Wellen, wellenförmig

uni [y'ni:, 'ʏni] ⟨*lat.-fr.;* »einfach; eben«⟩: einfarbig, nicht gemustert

¹Uni [y'ni:, 'ʏni] *das;* -s, -s: einheitliche Farbe

²Uni [auch: 'u:ni] *die;* -, -s ⟨*lat.*⟩ (ugs.): Kurzform von ↑Universität

unie|ren: vereinigen (bes. in Bezug auf Religionsgemeinschaften)

Uni|fi|ka|ti|on *die;* -, -en ⟨*lat.-mlat.*⟩: ↑Unifizierung; vgl. ...ation/...ierung

Uni|fi|zie|rung *die;* -, -en: Konsolidierung, Vereinheitlichung, Vereinigung (z. B. von Staatsschulden, Anleihen); vgl. ...ation/...ierung

uni|form ⟨*lat.-fr.*⟩: gleich-, einförmig; gleichmäßig, einheitlich

Uni|form [auch: 'ʊni...] *die;* -, -en: einheitliche Dienstkleidung, bes. des Militärs, aber auch der Eisenbahn-, Post-, Forstbeamten u. a.; Ggs. ↑Zivil

uni|for|mie|ren: **1.** einheitlich einkleiden, in Uniformen stecken. **2.** gleichförmig machen

Uni|for|mi|tät *die;* -, -en ⟨*lat.-fr.*⟩: Einförmigkeit, Gleichförmigkeit (z. B. im Denken)

Uni|kat *das;* -[e]s, -e ⟨*lat.-nlat.*⟩: **a)** einzige Ausfertigung eines Schriftstücks im Unterschied zum ↑Duplikat u. ↑Triplikat; **b)** Unikum (1); **c)** einziges Kunstwerk seiner Art

Uni|kum *das;* -s, ...ka (auch: -s) ⟨*lat.*⟩: **1.** (Plural: ...ka) nur in einem Exemplar vorhandenes Erzeugnis der grafischen Künste. **2.** (Plural: -s; ugs.) origineller Mensch, der oft auf andere belustigend wirkt

uni|la|te|ral ⟨*lat.-nlat.*⟩: einseitig, nur auf einer Seite

Unio mys|ti|ca *die;* - - ⟨*lat.; gr.-lat.*⟩: die geheimnisvolle Vereinigung der Seele mit Gott als Ziel der Gotteserkenntnis in der ↑Mystik

Uni|on *die;* -, -en ⟨*lat.*⟩: Bund, Vereinigung, Verbindung (bes. von Staaten u. von Kirchen mit verwandten Bekenntnissen)

Uni|o|nist *der;* -en, -en ⟨*lat.-nlat.(-engl.)*⟩: **1.** Anhänger einer Union. **2.** (Geschichte) Gegner der ↑Konföderierten im nordamerikanischen Bürgerkrieg

Uni|o|nis|tin *die;* -, -nen: weibliche Form zu ↑Unionist

Uni|on Jack ['ju:njən 'dʒɛk] *der;* - -s, - -s ⟨*engl.*⟩: Nationalflagge Großbritanniens

uni|po|lar: einpolig, den elektrischen Strom nur in einer Richtung leitend

Uni|sex *der;* -[es]: [Tendenz zur] Verwischung der Unterschiede zwischen den Geschlechtern, bes. im Erscheinungsbild

uni|so|no: **1.** (Musik) auf demselben Ton od. in der Oktave (zu singen, zu spielen). **2.** in voller Übereinstimmung

Uni|so|no *das;* -s, -s u. ...ni: das Zusammenklingen von mehreren Tönen auf derselben Tonhöhe od. im Oktavabstand; Einklang

Uni|ta|ri|er *der;* -s, - (Geschichte): Vertreter einer nachreformatorischen kirchlichen Richtung, die die Einheit Gottes betont u. die Lehre von der ↑Trinität teilweise od. ganz verwirft; Ggs. ↑Trinitarier

uni|ta|risch: **1.** Einigung bezweckend od. erstrebend. **2.** die Lehre der Unitarier betreffend

Uni|ta|ris|mus *der;* -: **1.** das Bestreben, innerhalb eines Bundesstaates die Befugnisse der Bundesbehörden gegenüber den Ländern zu erweitern u. damit die Zentralgewalt zu stärken. **2.** theologische Lehre der Unitarier. **3.** (Med.) Lehre von der ursächlichen Übereinstimmung verschiedener Krankheitsformen

Uni|tät *die;* -, -en ⟨*lat.*⟩: **1.** Einheit, Übereinstimmung. **2.** Brüderunität (eine pietistische Freikirche). **3.** (scherzh.) Kurzw. für: Universität

uni|ver|sal ⟨*lat.-fr.*⟩: allgemein, gesamt; [die ganze Welt] umfassend, weltweit; vgl. ...al/...ell

Uni|ver|sal|ge|nie *das;* -s, -s: **1.** auf vielen Gebieten zu großen Leistungen befähigter Mensch. **2.** (scherzh.) Alleskönner

Uni|ver|sa|lis|mus *der;* - ⟨*lat.-nlat.*⟩: **1.** (bes. Philos.) Denkart, die den Vorrang des Allgemeinen, des Ganzen gegenüber dem Besonderen u. Einzelnen betont. **2.** theologische Lehre, nach der der Heilswille Gottes die ganze Menschheit umfasst; Ggs. ↑Prädestination (1)

Uni|ver|sa|li|tät *die;* - ⟨*lat.*⟩: **1.** Allgemeinheit, Gesamtheit. **2.** Allseitigkeit, alles umfassende Bildung

Uni|ver|si|a|de *die;* -, -n ⟨*lat.-nlat.*⟩: internationale Studentenwettkämpfe mit Weltmeisterschaften in verschiedenen sportlichen Disziplinen

uni|ver|si|tär: die Universität betreffend

Uni|ver|si|tät *die;* -, -en: [in Fakultäten gegliederte] Anstalt für wissenschaftliche Ausbildung u. Forschung; Hochschule

Uni|ver|sum *das;* -s ‹*lat.*›: das zu einer Einheit zusammengefasste Ganze; Weltall

UNIX® ['ju:nɪks] *das;* - ‹engl. Kunstw.›: universell einsetzbares Betriebssystem für vernetzte Computer

un|plugged ['anplakt, ʌn'plʌgd] ‹*engl.*› (Jargon): ohne elektronische Verstärkung [gesungen] (bes. in der Popmusik)

un po|co [auch: - 'po:ko] (Musik): ein wenig, etwas

un|pro|duk|tiv ‹*dt.; lat.-fr.*›: nicht produktiv, nicht lohnend

Un|zi|a|le *die;* -, -n ‹*lat.*›: **1.** mittelalterliche griechische u. römische Buchschrift aus gerundeten Großbuchstaben. **2.** (Druckw.) ↑Initiale

Upa|ni|schad *die;* -, ...aden (meist Plural) ‹*sanskr.;* »(geheime, belehrende) Sitzung«›: zum ↑wedischen Schrifttum gehörende philosophisch-theologische Abhandlung über die Erlösung des Menschen

Up|date ['apdeɪt] *das;* -s, -s ‹*engl.*› (EDV): aktualisierte [u. verbesserte] Version einer Software, einer Datei o. Ä.

up|gra|den: ein Upgrade vornehmen

Up|load ['aploʊd] *der* od. *das;* -s, -s ‹*engl.*› (EDV): das Uploaden; Ggs. ↑Download

up|loa|den: Daten von einem Computer auf einen anderen Computer übertragen, aufladen; Ggs. ↑downloaden

Up|per|class ['apɐkla:s, 'ʌpə'klɑ:s] *die;* - ‹*engl.*›: die oberen Zehntausend; Oberschicht

Up|per|cut ['apɐkat, 'ʌpəkʌt] *der;* -s, -s ‹*engl.*› (Boxen): Aufwärtshaken

up to date [ap tu 'de:t, 'ʌp tə 'deɪt] ‹*engl.*› (oft scherzh.): zeitgemäß, auf dem neuesten Stand

Ur|ä|mie *die;* -, ...ien ‹*gr.-nlat.*› (Med.): Harnvergiftung

Uran *das;* -s ‹*gr.-lat.-nlat.;* nach dem Planeten Uranus›: chem. Element; ein Metall (Zeichen: U)

Ura|nist *der;* -en, -en (selten): Homosexueller

Urä|us|schlan|ge *die;* -, -n ‹*gr.-nlat.; dt.*›: afrikanische Hutschlange, eine Giftnatter (als Sonnensymbol am Diadem der altägyptischen Könige)

ur|ban ‹*lat.;* »städtisch«›: **1.** gebildet u. weltgewandt, weltmännisch. **2.** für die Stadt charakteristisch, in der Stadt üblich

Ur|ba|ni|sa|ti|on *die;* -, -en ‹*lat.-nlat.*›: **1.** durch städtebauliche Erschließung entstandene moderne Stadtsiedlung. **2.** städtebauliche Erschließung. **3.** Verstädterung; kulturelle, zivilisatorische Verfeinerung; vgl. ...ation/...ierung

ur|ba|ni|sie|ren: **1.** städtebaulich erschließen. **2.** kulturell, zivilisatorisch verfeinern; verstädtern

Ur|ba|ni|sie|rung *die;* -, -en: das Urbanisieren; vgl. ...ation/...ierung

Ur|ba|nis|tik *die;* -: Wissenschaft vom Städtebau, von der Stadtplanung

Ur|ba|ni|tät *die;* - ‹*lat.*›: **1.** Bildung, weltmännische Art. **2.** städtische Atmosphäre

ur|bi et or|bi ‹*lat.;* »der Stadt (= Rom) u. dem Erdkreis«›: Formel für päpstliche Erlasse u. Segensspendungen, die für die ganze katholische Kirche bestimmt sind; **etwas urbi et orbi verkünden:** etwas aller Welt mitteilen

Ur|du *das;* - ‹*Hindi*›: neuindische Sprache, die in Pakistan als Amtssprache gilt

Ure|ter *der;* -s, ...teren (auch: -) (Med.): Harnleiter

Ure|th|ra *die;* -, ...ren ‹*gr.-lat.*› (Med.): Harnröhre

ure|tisch ‹*gr.-lat.*› (Med.): harntreibend

ur|gent ‹*lat.*› (veraltend): unaufschiebbar, dringend, eilig

Ur|genz *die;* -, -en ‹*lat.-mlat.*›: Dringlichkeit

...u|rie

die; -, ...ien (teilweise ohne Plural)
‹zu *gr.* oũron »Urin, Harn«›
Wortbildungselement mit der Bedeutung »[Ausscheidung mit dem] Harn; das Harnen«:
– Glykosurie
– Phenylketonurie
Von gleicher Herkunft ist das Wortbildungselement **uro...**, **Uro...** In der Bedeutung »Harn« ist es Bestandteil vieler Fremdwörter, wie z. B. in urogenital, Urolith, Urologe und Uroskopie.

Urin *der;* -s, -e ‹*lat.*›: von den Nieren abgesonderte Flüssigkeit, die sich in der Blase sammelt u. durch die Harnröhre ausgeschieden wird

Uri|nal *das;* -s, -e: **1.** Uringlas, Urinflasche. **2.** an der Wand befestigtes Becken zum Urinieren (in Herrentoiletten)

uri|nie|ren: harnen

Ur|laubs|re|sort [...rɪ'zɔ:t] *das;* -s, -s: landschaftlich u. klimatisch attraktiv gelegene Ferienanlage

Ur|ning *der;* -s, -e (selten): ↑Uranist

uro|ge|ni|tal ‹*gr.; lat.*› (Med.): Harn- u. Geschlechtsorgane betreffend, zu ihnen gehörend

Uro|ge|ni|tal|sys|tem *das;* -s (Biol., Med.): Gesamtheit der harnabsondernden u. -abführenden sowie der Fortpflanzung dienenden Organe

Uro|lo|ge *der;* -n, -n: Facharzt für Krankheiten der Harnorgane

Uro|lo|gie *die;* -: Wissenschaft von den Krankheiten der Harnorgane

Uro|lo|gin *die;* -, -nen: weibliche Form zu ↑Urologe
uro|lo|gisch: Krankheiten der Harnorgane betreffend
Uro|s|ko|pie *die;* -, ...ien (Med.): Harnuntersuchung
Ur|su|li|ne *die;* -, -n, **Ur|su|li|ne|rin** *die;* -, -nen ⟨*nlat.;* nach der hl. Ursula⟩: Angehörige eines katholischen Nonnenordens für Jugenderziehung (seit 1535)
Usam|ba|ra|veil|chen *das;* -s, - ⟨nach einem Gebirge in Ostafrika⟩: Zierpflanze mit veilchenähnlichen Blüten u. fleischigen, rundlichen, behaarten Blättern
Usance [y'zã:s] *die;* -, -n ⟨*lat.-vulgärlat.-fr.*⟩: Brauch, Gepflogenheit im Geschäftsverkehr
Usanz *die;* -, -en (schweiz.): ↑Usance
USB *der;* -[s], -s ⟨Abk. für *engl.* Universal Serial Bus⟩ (EDV): Leitung zur Datenübertragung, die es ermöglicht, dass alle ↑peripheren (2) Komponenten eines Computers über einen Anschluss mit dem Computer verbunden werden u. kommunizieren
USB-Stick *der;* -s, -s ⟨*engl.;* »Stab«⟩: als Datenspeicher dienendes kleines stäbchenförmiges USB-Gerät
User ['ju:zɐ] *der;* -s, - ⟨*engl.*⟩: **1.** (EDV) **a)** jmd., der mit einem Computer arbeitet, Computerprogramme anwendet; **b)** jmd., der im Internet chattet, surft, recherchiert u. a. **2.** (Jargon) Drogenabhängiger
Use|rin *die;* -, -nen: weibliche Form zu ↑User
Uso *der;* -s ⟨*lat.-it.*⟩: Gebrauch, Handelsbrauch
usu|ell ⟨*lat.-fr.*⟩: gebräuchlich, üblich, landläufig
Usur|pa|ti|on *die;* -, -en ⟨*lat.*⟩: widerrechtliche Inbesitznahme, Anmaßung der öffentlichen Gewalt, gesetzwidrige Machtergreifung
Usur|pa|tor *der;* -s, ...oren: jmd., der widerrechtlich die [Staats]gewalt an sich reißt
usur|pa|to|risch: die Usurpation od. den Usurpator betreffend
usur|pie|ren: widerrechtlich die [Staats]gewalt an sich reißen
Usus *der;* - ⟨*lat.*⟩: Gebrauch; Brauch, Gewohnheit, Herkommen, Sitte
ut ⟨*mlat.(-fr.)*⟩: erste Silbe der ↑Solmisation (seit 1659 durch ↑do ersetzt)
Uta *das;* -, - ⟨*jap.*⟩: ↑Tanka
Uten|sil *das;* -s, -ien (meist Plural) ⟨*lat.*⟩: [notwendiges] Gerät, Gebrauchsgegenstand; Hilfsmittel; Zubehör
ute|rin ⟨*lat.*⟩ (Med.): zur Gebärmutter gehörend, auf sie bezogen
Ute|rus *der;* -, ...ri (Med.): Gebärmutter
Uti|li|ta|ris|mus *der;* -: philosophische Lehre, die im Nützlichen die Grundlage des sittlichen Verhaltens sieht u. ideale Werte nur anerkennt, sofern sie dem Einzelnen od. der Gemeinschaft nützen
uti|li|ta|ris|tisch: den Utilitarismus betreffend
Uto|pia *das;* -s ⟨*gr.-fr.;* »Land, das nirgends ist«; nach Utopia, dem Titel eines Romans v. Th. Morus⟩: Traumland, erdachtes Land, wo ein gesellschaftlicher Idealzustand herrscht
Uto|pie *die;* -, ...ien ⟨*gr.-fr.-nlat.*⟩: als unausführbar geltender Plan; Wunschbild; Idee, Vorstellung ohne reale Grundlage
Uto|pi|en *das;* -s (meist ohne Artikel): ↑Utopia
uto|pisch: nur in der Vorstellung, Fantasie möglich, mit der Wirklichkeit [noch] nicht vereinbar, nicht durchführbar
Uto|pis|mus *der;* -, ...men ⟨*gr.-fr.-nlat.*⟩: **1.** Neigung zu Utopien. **2.** utopische Vorstellung
Uto|pist *der;* -en, -en: jmd., der utopische Pläne u. Ziele hat
Uto|pis|tin *die;* -, -nen: weibliche Form zu ↑Utopist
Ut|ra|quis|mus *der;* - ⟨*lat.-nlat.*⟩: **1.** Bildungskonzept, nach dem gleichermaßen geistes- u. naturwissenschaftliche Bildungsinhalte vermittelt werden sollen. **2.** Lehre der ↑Utraquisten
Ut|ra|quist *der;* -en, -en (Geschichte): Anhänger der ↑Kalixtiner, die das Abendmahl ↑sub utraque specie zu empfangen forderten
ut|ra|quis|tisch: den Utraquismus, die Utraquisten betreffend
ut su|p|ra ⟨*lat.*⟩ (Musik): wie oben, wie vorher [zu singen, zu spielen] (Abk.: u. s.)
Uvu|la *die;* -, ...lae [...lɛ] ⟨*lat.-mlat.*⟩ (Med.): Gaumenzäpfchen
uvu|lar ⟨*lat.-mlat.-nlat.*⟩ (Sprachw.): mit dem Halszäpfchen gebildet (von Lauten)

V

Va|banque|spiel *das;* -[e]s, -e: hohes Risiko, Wagnis
va|cat ⟨*lat.;* »es fehlt«⟩ (veraltet): [etwas ist] nicht vorhanden, leer; [es] fehlt; vgl. Vakat
Va|de|me|kum *das;* -s, -s ⟨*lat.;* »geh mit mir!«⟩: Taschenbuch, Leitfaden, Ratgeber
va|dos ⟨*lat.*⟩ (Geol.): durch Versickerung von Niederschlägen u. aus Oberflächengewässern gebildet (vom Grundwasser)
Va|ga|bund *der;* -en, -en: Landstreicher, Herumtreiber

a b c d e f g h i j k l m n o p q r s t u v Vag w x y z

va|ga|bun|die|ren: herumstrolchen, sich herumtreiben
Va|ga|bun|din *die;* -, -nen: weibliche Form zu ↑Vagabund
Va|gans *der;* - ‹*lat.*› (Musik): Quintus
Va|gant *der;* -en, -en: **1.** (im Mittelalter) umherziehender, fahrender Student od. Kleriker; Spielmann. **2.** (veraltet) Herumtreiber, Vagabund
Va|gan|tin *die;* -, -nen: weibliche Form zu ↑Vagant (2)
va|ge, vag ‹*lat.-fr.*›: unbestimmt, ungewiss, unsicher; dunkel, verschwommen
Va|gi|na [auch: 'va:...] *die;* -, ...nen ‹*lat.*›: **1.** (Med.) **a)** aus Haut u. Bindegewebe- od. Muskelfasern bestehende Gleithülle od. Kanal; **b)** weibliche Scheide. **2.** (Bot.) Blattscheide
va|gi|nal ‹*lat.-nlat.*› (Med.): zur Vagina gehörend
Va|gi|nis|mus *der;* -, ...men (Med.): Scheidenkrampf
Va|gus *der;* - ‹*lat.;* »umherschweifend«› (Med.): Hauptnerv des parasympathischen Systems
va|kant ‹*lat.*›: frei, unbesetzt, offen
Va|kanz *die;* -, -en ‹*lat.-mlat.*›: **1.** freie Stelle. **2.** (veraltet, noch landsch.) Ferien
Va|kat *das;* -[s], -s ‹*lat.*› (Druckw.): leere Seite in einem Buch
Va|ku|o|le *die;* -, -n ‹*lat.-nlat.*› (Biol.): mit Flüssigkeit od. Nahrung gefülltes Bläschen im Zellplasma [der Einzeller]
Va|ku|um *das;* -s, ...kua od. ...kuen ‹*lat.*›: **1. a)** nahezu luftleerer Raum; **b)** Zustand des geringen Drucks in einem Vakuum (1 a). **2.** unausgefüllter Raum, Leere
Va|ku|um|me|ter *das;* -s, - ‹*lat.; gr.*›: Luftdruckmesser für kleinste Drücke
Vak|zin *das;* -s, -e ‹*lat.;* »von Kühen«›: ↑Vakzine
Vak|zi|ne *die;* -, -n ‹*lat.*› (Med.): Impfstoff aus lebenden od. toten Krankheitserregern
Va|lenz *die;* -, -en: **1.** chemische Wertigkeit. **2.** (Biol.) Entfaltungsstärke der auf die Ausbildung der Geschlechtsorgane wirkenden Geschlechtsfaktoren in den Chromosomen u. im Zellplasma. **3.** (Sprachw.) Fähigkeit eines Wortes, ein anderes semantisch-syntaktisch an sich zu binden, bes. Fähigkeit eines Verbs, eine bestimmte Zahl von Ergänzungen zu fordern. **4.** (Psychol.) Aufforderungscharakter, den Objekte der Wahrnehmung besitzen (bei Tieren). **5.** (Ökol.) Ausmaß der Wirkung eines Umweltfaktors auf den pflanzlichen od. tierischen Organismus
va|lid ‹*lat.(-fr.)*›: **1.** kräftig, gesund. **2.** rechtskräftig

va|li|die|ren ‹*lat.*›: etwas für rechtsgültig erklären, geltend machen, bekräftigen
Va|li|di|tät *die;* -: **1.** Rechtsgültigkeit. **2.** Gültigkeit eines wissenschaftlichen Versuchs. **3.** (Soziol., Psychol.) Übereinstimmung eines Ergebnisses [einer Meinungsumfrage] mit dem tatsächlichen Sachverhalt
Va|li|um® *das;* -s ‹Kunstw.›: ein Beruhigungsmittel
va|lo|ri|sie|ren: Preise durch staatliche Maßnahmen zugunsten der Produzenten beeinflussen
Va|lu|ta *die;* -, ...ten ‹*lat.-it.*›: **1. a)** ausländische Währung; **b)** Geld, Zahlungsmittel ausländischer Währung. **2.** Wert, Gegenwert. **3.** Wertstellung im Kontokorrent. **4.** (nur Plural) Zinsscheine von ausländischen od. auf fremde Währung lautenden Wertpapieren
va|lu|tie|ren ‹*lat.-it.-nlat.*›: **1. a)** eine Wertstellung festsetzen; **b)** einen [durch eine Hypothek od. Grundschuld gesicherten] Betrag zur Verfügung stellen u. dadurch (aus der Sicht des Schuldners) schulden. **2.** dem Wert nach bestimmen, bewerten, abschätzen
Val|va|ti|on *die;* -, -en ‹*lat.-fr.*›: Schätzung des Wertes einer Sache, bes. von Münzen
Vamp [vɛmp] *der;* -s, -s ‹*serb.-dt.-fr.-engl.*›: verführerische, erotisch anziehende, oft kühl berechnende Frau
Vam|pir [auch: 'vam...] *der;* -s, -e ‹*serb.*›: **1.** blutsaugendes Gespenst des südosteuropäischen Volksglaubens. **2.** Wucherer, Blutsauger. **3.** Fledermaus, die sich vom Blut von Tieren ernährt
Vam|pi|rin *die;* -, -nen: weibliche Form zu ↑Vampir (1, 2)
Van [væn] *der;* -s, -s ‹*engl.-amerik.;* »Lieferwagen«›: Großraumlimousine; Kraftfahrzeug mit großem Innenraum für mehr als fünf Personen u. teilweise herausnehmbaren Sitzen
Va|na|din vgl. Vanadium
Va|na|di|um, älter: **Va|na|din** *das;* -s: chem. Element; ein Metall (Zeichen: V)
Van-Al|len-Gür|tel [vɛn'lɛ...] *der;* -s ‹nach dem amerik. Physiker J. A. van Allen, 1914-2006›: Strahlungsgürtel um den Äquator der Erde in großer Höhe
Van|da|le, Wan|da|le *der;* -n, -n ‹nach dem ostgermanischen Volksstamm›: zerstörungswütiger Mensch
Van|da|lin, Wan|da|lin *die;* -, -nen: weibliche Form zu ↑Vandale
Va|nil|le *die;* - ‹*lat.-span.-fr.;* »kleine Schote«›: zu den Orchideen gehörende mexikanische Pflanze, aus deren Schoten ein aromatisch duftendes Gewürz für Süßspeisen gewonnen wird

Va|nil|lin *das;* -s ⟨*lat.-span.-fr.-nlat.*⟩: in den Früchten bestimmter Arten der Vanille vorkommende Substanz, die bes. als Riech- u. Aromastoff verwendet wird

Va|que|ro [va'ke:ro, span.: ba'kero] *der;* -[s], -s ⟨*lat.-span.*⟩: Cowboy (im Südwesten der USA u. in Mexiko)

Va̱|ria *die* (Plural) ⟨*lat.*⟩ (bes. Buchw.): Vermischtes, Verschiedenes, Allerlei

va|ri|a̱|bel ⟨*lat.-fr.*⟩: nicht auf nur eine Möglichkeit beschränkt; veränderbar, [ab]wandelbar

Va|ri|a|bi|li|tä̱t *die;* -, -en ⟨*lat.-nlat.*⟩: das Variabelsein

Va|ri|a̱|b|le *die;* -n, -n (ohne Artikel fachspr. auch: -): **1.** (Math., Physik) veränderliche Größe; Ggs. ↑Konstante. **2.** (Logik) [Symbol für] ein beliebiges Element aus einer vorgegebenen Menge

va|ri|a̱nt (Math.): bei bestimmter Umformung veränderlich

Va|ri|a̱n|te *die;* -, -n: **1.** leicht veränderte Art, Form von etwas; Abwandlung, Abart, Spielart. **2.** (Literaturwiss.) abweichende Lesart einer Textstelle bei mehreren Fassungen eines Textes. **3.** (Musik) Wechsel von Moll nach Dur (u. umgekehrt) durch Veränderung der großen Terz in eine kleine (u. umgekehrt) im Tonikadreiklang

Va|ri|a̱nz *die;* -, -en ⟨*lat.*⟩: **1.** (Statistik) Maß für die Größe der Abweichung von einem Mittelwert. **2.** (Math.) Veränderlichkeit bei bestimmten Umformungen

Va|ri|a|ti|o̱n *die;* -, -en ⟨*lat.-fr.*⟩: **1. a)** das Variieren; Veränderung, Abwandlung; **b)** das Variierte, Veränderte, Abgewandelte. **2.** (Musik) melodische, harmonische od. rhythmische Abwandlung eines Themas. **3.** (Biol.) Abweichung von der Norm im Erscheinungsbild bei Individuen einer Art. **4.** (Math.) geordnete Auswahl, Anordnung von Elementen unter Beachtung der Reihenfolge

Va|ri|e|tä̱t *die;* -, -en ⟨*lat.*⟩: **a)** Ab-, Spielart (Bez. der biologischen Systematik für geringfügig abweichende Formen einer Art; Abk.: var.); **b)** sprachliche Variante

va|ri|ie̱|ren: verschieden sein; verändern, abwandeln (bes. ein Thema in der Musik)

Va|ri|ko̱|se *die;* -, -n (Med.): Krampfaderleiden

Va|rio|me̱|ter *das;* -s, - ⟨*lat.; gr.*⟩: **1.** (Elektrot., Physik) Messgerät für Selbstinduktionen bei Wechselströmen. **2.** Gerät zur Beobachtung der erdmagnetischen Schwankungen. **3.** Gerät zur Bestimmung der Steig- od. Sinkgeschwindigkeit von Flugzeugen. **4.** (Physik) Spulenanordnung mit stetig veränderbarer Selbstinduktion zur Frequenzabstimmung in Hochfrequenzgeräten. **5.** (Meteorol.) Gerät zur Bestimmung kleinster Luftdruckschwankungen innerhalb kurzer Zeitabschnitte

Va|ri̱s|tor *der;* -s, ...o̱ren ⟨*lat.-engl.*⟩ (Physik): Widerstand, dessen Leitwert mit steigender Spannung wächst

Va|ri|ze̱l|le *die;* -, -n (meist Plural) ⟨*lat.-nlat.*⟩ (Med.): Windpocke

Va|sa̱ll *der;* -en, -en ⟨*gall.-mlat.-fr.*⟩: mittelalterlicher Lehnsmann; Gefolgsmann

Va|sa̱l|len|staat *der;* -[e]s, -en: ↑Satellitenstaat

Va̱|se *die;* -, -n ⟨*lat.-fr.*⟩: oft kunstvoll gearbeitetes offenes Gefäß (aus Glas, Porzellan o. Ä.), in das bes. Schnittblumen gestellt werden

Va|s|ek|to|mi̱e *die;* -, ...i̱en ⟨*lat.; gr.*⟩: ↑Vasoresektion

Va|se|li̱n *das;* -s: ↑Vaseline

Va|se|li̱|ne *die;* - ⟨Kunstw. aus *dt.* Wasser u. *gr.* élaion »Öl«⟩: aus Rückständen der Erdöldestillation gewonnene Salbengrundlage für pharmazeutische, kosmetische u. a. Zwecke

Va|so|re|sek|ti|o̱n *die;* -, -en (Med.): **1.** operative Entfernung eines Stückes des Samenleiters des Mannes (z. B. zur Sterilisation). **2.** operative Entfernung eines Teils eines Blutgefäßes

Va|ti|ka̱n *der;* -s ⟨*lat.-mlat.;* nach der Lage auf dem Mons Vaticanus, einem Hügel in Rom⟩: **1.** Papstpalast in Rom. **2.** oberste Behörde der katholischen Kirche

va|ti|ka̱|nisch: zum Vatikan gehörend

Ve̱|da, We̱|da ⟨*sanskr.;* »Wissen«⟩ *der;* -s, ...den u. -s: die heiligen Schriften der altindischen Religion

ve̱|disch, we̱|disch: die Veden betreffend, darauf beruhend

Ve|du̱|te *die;* -, -n ⟨*lat.-it.*⟩: topografisch naturgetreue Darstellung einer Landschaft (bes. in der Malerei des 17.–19. Jh.s)

ve|ga̱n ⟨*lat.-engl.*⟩: den Veganismus betreffend, zu ihm gehörend, ihm folgend

Ve|ga̱|ner *der;* -s, -: Anhänger des Veganismus

Ve|ga̱|ne|rin *die;* -, -nen: weibliche Form zu ↑Veganer

ve|ge|ta|bi̱l: ↑vegetabilisch

Ve|ge|ta|bi̱|li|en *die* (Plural) ⟨*lat.*⟩ (Fachspr., sonst veraltend): pflanzliche Nahrungsmittel

ve|ge|ta|bi̱|lisch: pflanzlich

Ve|ge|ta|ri|a̱|ner *der;* -s, -: ↑Vegetarier

Ve|ge|ta̱|ri|er *der;* -s, - ⟨*lat.-mlat.-engl.*⟩: jmd., der ausschließlich od. vorwiegend pflanzliche Nahrung zu sich nimmt

Ve|ge|ta̱|ri|e|rin *die;* -, -nen: weibliche Form zu ↑Vegetarier

ve|ge|ta̱|risch: a) dem Vegetarismus entsprechend, auf ihm beruhend; **b)** pflanzlich (in Bezug auf die Ernährungsweise)

Ve|ge|ta|ris|mus *der; -* ⟨*lat.-mlat.-engl.-nlat.*⟩: Ernährung ausschließlich von Pflanzenkost, meist aber ergänzt durch Eier u. Milchprodukte

Ve|ge|ta|ti|on *die;* -, -en ⟨*lat.*⟩: **1.** (Bot.) Gesamtheit des Pflanzenbestandes [eines bestimmten Gebietes]. **2.** (Med.) Wucherung des lymphatischen Gewebes

Ve|ge|ta|ti|ons|ke|gel *der;* -s, - (Bot.): Wachstumszone der Wurzel- u. Sprossspitze einer Pflanze

Ve|ge|ta|ti|ons|pe|ri|o|de *die;* -, -n: Zeitraum des allgemeinen Wachstums der Pflanzen innerhalb eines Jahres

ve|ge|ta|tiv ⟨*lat.-mlat.*⟩: **1.** pflanzlich, pflanzenhaft. **2.** (Biol.) ungeschlechtlich. **3.** (Physiol.) dem Willen nicht unterliegend (von Nerven)

ve|ge|tie|ren ⟨*lat.*⟩: **1.** kümmerlich, kärglich [dahin]leben. **2.** (Biol.) nur in der vegetativen (2) Phase leben (von Pflanzen)

ve|he|ment ⟨*lat.*⟩: heftig, energisch

Ve|he|menz *die;* -: Heftigkeit, Ungestüm; Schwung, Elan

Ve|hi|kel *das;* -s, - ⟨*lat.*⟩: **1.** Hilfsmittel; etwas, was als Mittel dazu dient, etwas anderes deutlich, wirksam werden zu lassen, zu ermöglichen. **2.** (ugs.) [altes, schlechtes] Fahrzeug. **3.** (Med.) wirkungsloser Stoff in Arzneien, in dem die wirksamen Stoffe gelöst od. verteilt sind

Vek|tor *der;* -s, ...oren ⟨*lat.;* »Träger, Fahrer«⟩ (Math., Physik): Größe, die durch Pfeil dargestellt wird u. durch Richtung u. Betrag festgelegt werden kann

vek|to|ri|ell ⟨*lat.-nlat.*⟩ (Math.): den Vektor, die Vektorrechnung betreffend

Ve|la: *Plural* von ↑Velum

Ve|lar *der;* -s, -e (Sprachw.): Gaumensegellaut, [Hinter]gaumenlaut (z. B. *k*)

Ve|lo [auch: ˈvɛ...] *das;* -s, -s ⟨Kurzw. aus **Veloziped**⟩ (schweiz.): Fahrrad

Ve|lo|drom *das;* -s, -e ⟨(*lat.-fr.; gr.*) *fr.*⟩: [geschlossene] Radrennbahn

Ve|lours|le|der *das;* -s, -: Leder, dessen Oberfläche durch Schleifen ein samtartiges Aussehen hat

Velt|li|ner *der;* -s, - ⟨nach der it. Landschaft Veltlin⟩: **1.** Traubensorte, Rebsorte. **2.** Weinsorte

Ve|lum *das;* -s, Vela ⟨*lat.;* »Hülle; Segel«⟩: **1.** altrömischer Vorhang od. Teppich. **2.** (kath. Kirche) **a)** Seiden- od. Leinentuch (zur Bedeckung der Abendmahlsgeräte); **b)** Schultertuch des Priestergewandes. **3.** (Sprachw.) Gaumensegel, weicher Gaumen, wo die Velare gebildet werden. **4.** (Biol.) **a)** Wimperkranz der Larven von Schnecken u. Muscheln; **b)** Randsaum der Quallen; **c)** Hülle vieler junger Blätterpilze

Vel|vet *der* od. *das;* -s, -s ⟨*lat.-vulgärlat.-fr.-engl.*⟩: Baumwollsamt mit glatter Oberfläche

Ven|det|ta *die;* -, ...tten ⟨*lat.-it.*⟩: it. Bez. für: Blutrache

Ve|ne *die;* -, -n ⟨*lat.*⟩ (Med.): Blutgefäß, das das Blut zum Herzen hinführt; Ggs. ↑Arterie

Ve|ne|ra|bi|le *das;* -[s]: ↑Sanktissimum

ve|ne|risch ⟨vom Namen der Venus, der röm. Liebesgöttin⟩: geschlechtskrank, die Geschlechtskrankheiten betreffend; **venerische Krankheiten** (Med.): Geschlechtskrankheiten

Ve|nia Le|gen|di *die;* - - ⟨*lat.*⟩: Erlaubnis, an Hochschulen zu lehren

ve|nös ⟨*lat.*⟩ (Med.): die Venen betreffend, zu ihnen gehörend

Ven|til *das;* -s, -e ⟨*lat.-mlat.*⟩: **1.** Absperr-, Steuervorrichtung für das Einlassen, Auslassen od. Durchlassen von Gasen od. Flüssigkeiten an Leitungen o. Ä. **2. a)** bewegliche Klappe bei der Orgel, durch die die Windzufuhr geregelt wird; **b)** mechanische Vorrichtung bei den Blechblasinstrumenten zur Erzeugung der vollständigen Tonskala

Ven|ti|la|ti|on *die;* -, -en ⟨*lat.-fr.*⟩: **1.** Lufterneuerung in geschlossenen Räumen zur Beseitigung von verbrauchter u. verunreinigter Luft; Lüftung, Luftwechsel. **2.** (Med.) Belüftung der Lungen. **3.** Ventilierung; vgl. ...ation/...ierung

Ven|ti|la|tor *der;* -s, ...oren ⟨*lat.-engl.*⟩: mechanisch arbeitendes Gerät mit einem Flügelrad zum Absaugen u. Bewegen von Luft od. Gasen

ven|ti|lie|ren ⟨*lat.-fr.*⟩: **1.** lüften, die Luft erneuern. **2.** sorgfältig erwägen, prüfen, überlegen, von allen Seiten betrachten, untersuchen; eingehend erörtern

Ven|ti|lie|rung *die;* -, -en: **1.** (seltener) das Ventilieren (1). **2.** Erörterung; eingehende Prüfung, Überlegung, Erwägung; vgl. ...ation/...ierung

ven|t|ral ⟨*lat.*⟩ (Med.): **1.** bauchwärts gelegen. **2.** im Bauch lokalisiert, an der Bauchwand auftretend

Ven|t|ri|kel *der;* -s, - ⟨»kleiner Bauch«⟩: **1.** (Med.) Kammer, Hohlraum, bes. von Organen (z. B. Herz u. Hirn). **2.** bauchartige Verdickung, Ausstülpung eines Organs od. Körperteils (z. B. der Magen)

Ven|t|ri|lo|quist *der;* -en, -en: Bauchredner

Ven|t|ri|lo|quis|tin *die;* -, -nen: weibliche Form zu ↑Ventriloquist

V

Ve|ran|da *die;* -, ...den *⟨port.-engl.⟩*: gedeckter [u. an drei Seiten verglaster] Vorbau an einem Wohnhaus

Verb *das;* -s, -en *⟨lat.⟩*: Zeitwort, Tätigkeitswort

ver|bal: 1. das Verb betreffend, als Verb [gebraucht]. **2.** wörtlich, mit Worten, mündlich

Ver|ba|le *das;* -s, ...lien: **1.** von einem Verb abgeleitetes Wort (z. B. Sprecher von sprechen). **2.** (meist Plural; veraltet) verbale, mündliche Äußerung. **3.** (nur Plural; veraltet) bloße Kenntnisse von Ausdrücken; Wortkenntnisse; Ggs. ↑Realien (3)

Ver|bal|in|ju|rie [...riə] *die;* -, -n (Rechtswiss.): Beleidigung durch Worte

ver|ba|li|sie|ren *⟨lat.-nlat.⟩*: **1.** in Worte fassen, mit Worten zum Ausdruck bringen. **2.** (Sprachw.) ein Wort durch Anfügen einer verbalen Endung zu einem Verb umbilden (z. B. Dank zu dank*en*)

Ver|bal|kon|kor|danz *die;* -, -en: Konkordanz (1 a), die ein alphabetisches Verzeichnis von gleichen od. ähnlichen Wörtern od. Textstellen enthält; vgl. Realkonkordanz

Ver|bal|stil *der;* -[e]s: Schreib- od. Sprechstil, der das Verb bevorzugt; Ggs. ↑Nominalstil

Ver|bal|sub|s|tan|tiv *das;* -s, -e: zu einem Verb gebildetes Substantiv, das (zum Zeitpunkt der Bildung) eine Geschehensbezeichnung ist (z. B. Gabe zu geben)

ver|bar|ri|ka|die|ren *⟨dt.-galloroman.-fr.⟩*: **1.** durch einen od. mehrere schnell herbeigeschaffte Gegenstände, die als Hindernis dienen sollen, versperren, unpassierbar machen. **2.** sich durch Barrikaden gegen Eindringlinge, Angreifer o. Ä. schützen

Ver|be|ne *die;* -, -n *⟨lat.⟩*: Eisenkraut (Garten- u. Heilpflanze)

Ver|bum *das;* -s, ...ba *⟨lat.⟩*: ↑Verb; **Verbum finitum:** Verbform, die die Angabe einer Person u. der Zahl enthält, Personalform (z. B. [du] liest); vgl. finit; **Verbum infinitum:** Verbform, die keine Angabe einer Person enthält (z. B. lesend, gelesen); vgl. infinit; **Verba Dicendi [et Sentiendi]:** Verben des Sagens [und Denkens]

ver|da|ten: auf im Computer speicherbare Daten (3) reduzieren, in solche Daten umsetzen

Ver|dikt *das;* -[e]s, -e *⟨lat.-mlat.-engl.⟩*: **1.** (Rechtsspr. veraltet) Urteil, Urteilsspruch [der Geschworenen]. **2.** Verdammungsurteil

Ve|ri|fi|ka|ti|on *die;* -, -en *⟨lat.-mlat.⟩*: **1.** das Verifizieren. **2.** Beglaubigung, Unterzeichnung eines diplomatischen Protokolls durch alle Verhandlungspartner

ve|ri|fi|zier|bar: nachprüfbar

ve|ri|fi|zie|ren *⟨lat.-mlat.⟩*: **1.** durch Überprüfen die Richtigkeit von etwas bestätigen; Ggs. ↑falsifizieren (1). **2.** beglaubigen

Ve|ris|mo *der;* - *⟨lat.-it.⟩*: am Ende des 19. Jh.s aufgekommene Stilrichtung der italienischen Literatur, Musik u. bildenden Kunst mit dem Ziel einer schonungslosen Darstellung der Wirklichkeit

Ve|ris|mus *der;* - *⟨lat.-nlat.⟩*: **1.** ↑Verismo. **2.** schonungslose u. sozialkritische künstlerische Darstellung der Wirklichkeit

ve|ri|ta|bel *⟨lat.-fr.⟩*: in der wahren Bedeutung des betreffenden Wortes; echt

ver|kad|men vgl. kadmieren

ver|klau|su|lie|ren: 1. mit (zahlreichen) Klauseln, Vorbehalten o. Ä. versehen. **2.** verwickelt u. daher nur schwer verständlich formulieren

ver|ma|le|dei|en (ugs.): verfluchen, verwünschen

ver|meil [vɛrˈmɛːj] *⟨lat.-fr.⟩*: gelblich rot, hellrot

Ver|meil *das;* -s: vergoldetes Silber

Ver|nis|sa|ge [...ˈsaːʒə] *die;* -, -n *⟨fr.⟩*: Eröffnung einer Ausstellung, bei der die Werke eines lebenden Künstlers [mit geladenen Gästen] vorgestellt werden

Vers *der;* -es, -e *⟨lat.;* »das Umwenden; Furche«*⟩*: **1.** durch Metrum, Rhythmus, Zäsuren gegliederte, eine bestimmte Anzahl von Silben, oft einen Reim aufweisende Zeile einer Dichtung in gebundener Rede wie Gedicht, Drama, Epos. **2. a)** Strophe eines Gedichtes, Liedes; **b)** kleinster Abschnitt des Bibeltextes

Ver|sal *der;* -s, -ien (meist Plural) *⟨lat.-nlat.⟩*: Großbuchstabe

Ver|sal|schrift *die;* - *⟨lat.-nlat.; dt.⟩*: Schriftart, die nur aus Versalien, Ziffern u. Interpunktionszeichen besteht

Vers|fuß *der;* -es, ...füße: kleinste rhythmische Einheit eines Verses, die sich aus einer charakteristischen Reihung von langen u. kurzen od. betonten u. unbetonten Silben ergibt

ver|siert: auf einem bestimmten Gebiet durch längere Erfahrung gut Bescheid wissend u. daher gewandt, geschickt

Ver|si|on *die;* -, -en *⟨lat.-fr.⟩*: **1.** eine von mehreren möglichen Arten, einen bestimmten Sachverhalt auszulegen u. darzustellen. **2.** Ausführung, die in einigen Punkten vom ursprünglichen Typ, Modell o. Ä. in bestimmter Weise abweicht. **3. a)** eine von mehreren möglichen Darstellungen, Fassungen, Gestaltungsformen; **b)** Übersetzung

Ver|so *das;* -s, -s *⟨lat.⟩*: Rückseite eines Blattes in einem Buch od. einer Handschrift; Ggs. Recto

ver|sus ⟨*lat.*⟩: gegen[über]; im Gegensatz zu (Abk.: vs.)
Ver|te|b|rat *der;* -en, -en (meist Plural) ⟨*lat.-nlat.*⟩: Wirbeltier; Ggs. ↑Evertebrat
Ver|tex *der;* -, ...tices [...tit̮se:s] ⟨*lat.;* »Scheitel«⟩: **1.** (Med.) Scheitel, Spitze eines Organs, bes. der höchstgelegene Teil des Schädels. **2.** (Astron.) gemeinsamer Zielpunkt der Bewegung einer Gruppe von Sternen
ver|ti|kal ⟨*lat.;* »scheitellinig«⟩: senkrecht, lotrecht
Ver|ti|ka|le *die;* -, -n: senkrechte Gerade; Senkrechte; Ggs. ↑Horizontale
Ver|ti|kal|kreis *der;* -es, -e ⟨*lat.; dt.*⟩ (Astron.): auf dem Horizont senkrecht stehender Großkreis am Himmelsgewölbe
Ver|ti|ko [ˈvɛ...] *das* (selten: *der*); -s, -s ⟨angeblich nach dem ersten Verfertiger, dem Berliner Tischler Vertikow⟩: kleiner Schrank mit zwei Türen, der nach oben mit einer Schublade u. einem Aufsatz abschließt
Ver|tum|na|li|en *die* (Plural) ⟨*lat.;* nach dem altröm. Vegetationsgott Vertumnus⟩: altrömisches Fest
Ver|ve [ˈvɛrvə] *die;* - ⟨*lat.-vulgärlat.-fr.*⟩: Schwung, Begeisterung (bei einer Tätigkeit)
¹Ves|per [ˈfɛ...] *die;* -, -n ⟨*lat.;* »Abend, Abendzeit«⟩: **a)** vorletzte, abendliche Gebetsstunde der Gebetszeiten des Stundengebets; **b)** (christlicher) Gottesdienst am frühen Abend
²Ves|per *die;* -, -n, (südd. auch:) *das;* -s, - (bes. südd.): kleinere Zwischenmahlzeit (bes. am Nachmittag)
Ves|per|bild *das;* -s, -er ⟨*lat.; dt.*⟩: Darstellung Marias mit dem Leichnam Christi; vgl. Pieta
ves|pern (bes. südd.): die ²Vesper einnehmen
Ves|ta|lin *die;* -, -nen ⟨*lat.*⟩: altrömische Priesterin der Vesta, der Göttin des Herdfeuers
Ves|ti|bül *das;* -s, -e ⟨*lat.-fr.*⟩: Vorhalle, Eingangshalle [in einem Theater od. Konzertsaal]
Ves|ti|bu|lum *das;* -s, ...la ⟨*lat.*⟩: **1.** Vorhalle des altrömischen Hauses. **2.** (Med.) den Eingang zu einem Organ bildende Erweiterung
Ves|ti|tur *die;* -, -en ⟨*lat.*⟩: ↑Investitur
Ves|ton [vɛsˈtõ:] *der,* auch das; -s, -s ⟨*lat.-fr.*⟩ (schweiz.): [sportliches] Herrenjackett
Ve|te|ran *der;* -en, -en ⟨*lat.*⟩: **1.** jmd., der (bes. beim Militär) altgedient ist, sich in langer Dienstzeit o. Ä. bewährt hat. **2.** ↑Oldtimer (2)
ve|te|ri|när ⟨*lat.-fr.*⟩: tierärztlich
Ve|te|ri|när *der;* -s, -e: Tierarzt
Ve|te|ri|nä|rin *die;* -, -nen: weibliche Form zu ↑Veterinär
Ve|te|ri|när|me|di|zin *die;* -: Tierheilkunde
Ve|to *das;* -s, -s ⟨*lat.-fr.;* »ich verbiete«⟩: **a)** (bes. in der Politik) offizieller Einspruch, durch den das Zustandekommen od. die Durchführung eines Beschlusses o. Ä. verhindert od. verzögert wird; **b)** Recht, gegen etwas ein Veto (a) einzulegen
Ve|tus La|ti|na *die;* - - ⟨*lat.*⟩: der Vulgata vorausgehende lateinische Bibelübersetzung
Ve|xier|bild *das;* -[e]s, -er ⟨*lat.; dt.*⟩: Bild, auf dem eine od. mehrere versteckt eingezeichnete Figuren zu suchen sind; Suchbild
via ⟨*lat.*⟩: **a)** [auf dem Wege] über ... (z. B. via München nach Wien fliegen); **b)** durch, über [eine bestimmte Instanz o. Ä. erfolgend] (z. B.: er wurde via Verwaltungsgericht zur sofortigen Zahlung aufgefordert)
Via|dukt *der,* auch: *das;* -[e]s, -e ⟨*lat.-nlat.*⟩: über ein Tal, eine Schlucht führende Brücke, deren Tragwerk meist aus mehreren Bogen besteht
Vi|b|ra|fon, Vi|b|ra|phon *das;* -s, -e ⟨*lat.; gr.*⟩: (bes. für Tanz- u. Unterhaltungsmusik verwendetes) dem Xylofon ähnliches Schlaginstrument, mit dem vibrierende Töne hervorgebracht werden
Vi|b|ra|phon vgl. Vibrafon
Vi|b|ra|ti|on *die;* -, -en ⟨*lat.*⟩: Schwingung, Beben, Erschütterung
vi|b|ra|to ⟨*lat.-it.*⟩: schwingend, leicht zitternd, bebend (in Bezug auf die Tongestaltung im Gesang, bei Streich- u. Blasinstrumenten)
Vi|b|ra|to *das;* -s, -s u. ...ti: leichtes Zittern, Beben des Tons beim Singen od. beim Spielen
Vi|b|ra|tor *der;* -s, ...oren ⟨*lat.-nlat.*⟩: **1.** Gerät zur Erzeugung mechanischer Schwingungen. **2. a)** Massagestab; **b)** Gerät zur sexuellen Stimulation
vi|b|rie|ren ⟨*lat.*⟩: in leise schwingender [akustisch wahrnehmbarer] Bewegung sein
vi|ce ver|sa ⟨*lat.*⟩: umgekehrt (in der gleichen Weise zutreffend, genauso; Abk.: v. v.)
Vi|comte [viˈkõ:t] *der;* -[s], -s ⟨*lat.-mlat.-fr.*⟩: **a)** französischer Adelstitel im Rang zwischen Graf u. Baron; **b)** Träger des Adelstitels Vicomte (a)
Vi|com|tesse [vikõˈtɛs] *die;* -, -n [...sn̩]: dem Vicomte entsprechender weiblicher Adelstitel
Vi|deo *das;* -s, -s ⟨*lat.-engl.*⟩: **1.** Kurzform von ↑Videoclip, ↑Videoband, ↑Videofilm. **2.** (ohne Plural) **a)** Kurzform von ↑Videotechnik; **b)** Video (2 a) als Einrichtung der Freizeitindustrie

vi|deo..., Vi|deo...

⟨zu *lat.* video »ich sehe« (1. Pers. Sing. Präs. von videre »sehen«) → *engl.* video »Fernseh...«⟩ Wortbildungselement mit der Bedeutung »die magnetische Aufzeichnung, Übertragung und Wiedergabe von [Fernseh]bildern betreffend«:
- Videofilm
- Videokonferenz
- Videotext

Vi̲|deo|band *das;* -[e]s, ...bänder: Magnetband zur Aufzeichnung u. Wiedergabe von Fernsehsendungen, Filmen o. Ä.

Vi̲|deo|clip *der;* -s, -s ⟨*lat.-engl.; engl.* clip »(Film)streifen«⟩: kurzer Videofilm zu einem Titel der Popmusik bzw. über eine Person od. Sache

Vi̲|deo|film *der;* -[e]s, -e: **a)** mit einer Videokamera aufgenommener Film; **b)** Kinofilm auf Videokassette od. DVD

Vi̲|de|o|game [...geɪm] *das;* -s, -s: Videospiel; elektron. Spiel, das über einen Monitor läuft u. in das der Spieler [mit einem Joystick] eingreift

Vi̲|deo|ka|me|ra *die;* -, -s: elektronische Kamera zur Aufnahme von Videofilmen

Vi̲|deo|kas|set|te *die;* -, -n: auswechselbare Kassette (5), die ein Videoband enthält

Vi̲|deo|kon|fe|renz *die;* -, -en: Konferenz, bei der die Teilnehmenden sich an verschiedenen Orten befinden, durch Videotechnik aber optisch u. akustisch miteinander verbunden sind

Vi̲|deo-on-De|mand [...dɪˈmaːnd] *das;* - ⟨*engl.*⟩: Form des Fernsehens, bei der Zuschauer einen gewünschten Film aus einem elektronischen Archiv abrufen u. ihn gegen eine Gebühr ansehen können

Vi̲|deo|re|kor|der, Vi̲|deo|re|cor|der *der;* -s, -: Rekorder (2) zur Aufzeichnung von Fernsehsendungen u. zum Abspielen der Videokassetten

Vi̲|deo|spiel *das;* -[e]s, -e: ↑Videogame

Vi̲|deo|tech|nik *die;* -: Gesamtheit aller Geräte, Vorrichtungen, Maßnahmen, Verfahren o. Ä. im Bereich der magnetischen Bild- u. Tonaufzeichnung u. -wiedergabe

Vi̲|deo|text *der;* -[e]s, -e: Textinformationen (z. B. aktuelle Meldungen o. Ä.), die auf Abruf über den Fernsehbildschirm vermittelt werden

Vi|deo|the̲k *die;* -, -en ⟨*lat.-engl.; gr.*⟩: **1.** Sammlung von Filmen u. Fernsehsendungen, die auf Videobändern od. DVDs aufgezeichnet sind. **2.** Geschäft zum Verleihen von Videofilmen (b)

Vi̲|di *das;* -[s], -[s] (veraltet): [auf einem Schriftstück vermerktes] Zeichen der Kenntnisnahme u. des Einverständnisses

vi|di|mie̲|ren (veraltet): **a)** etwas mit dem Vidi versehen; beglaubigen; **b)** für druckreif erklären

Vi|gi̲l *die,* -, -ien ⟨*lat.(-mlat.);* »Nachtwache«⟩: **1.** nächtliches Gebet der mönchischen Gebetsordnung. **2.** [liturgische Feier am] Vortag eines kirchlichen Festes

Vi|gi|lie [...i̯ə] *die;* -, -n: **1.** (Geschichte) Nachtwache. **2.** ↑Vigil

Vi|g|net|te [vɪnˈjɛtə] *die;* -, -n ⟨*lat.-fr.;* eigtl. »(kleine) Weinranke«⟩: **1.** Ornament in Form einer Weinranke auf mittelalterlichen Handschriften. **2.** Zier-, Titelbildchen, Randverzierung [in Druckschriften]. **3.** (Fotogr.) Maskenband zur Verdeckung bestimmter Stellen des Negativs vor dem Kopieren. **4.** Werbe- od. Spendenmarke ohne amtlichen Charakter. **5.** Gebührenmarke für die Autobahnbenutzung (z. B. in Österreich od. der Schweiz)

vi|go|ro̲|so ⟨*lat.-it.*⟩ (Musik): kräftig, stark, energisch (Vortragsanweisung)

Vi|ka̲r *der;* -s, -e ⟨*lat.;* »Stellvertreter«⟩: **1.** (kath. Kirche) ständiger od. zeitweiliger Vertreter einer geistlichen Amtsperson; vgl. Generalvikar. **2.** Kandidat der evangelischen Theologie, der einem Pfarrer zur Ausbildung zugewiesen ist. **3.** (schweiz.) Stellvertreter eines Lehrers

Vi|ka|ri|a̲t *das;* -[e]s, -e ⟨*lat.-mlat.*⟩: Amt eines Vikars

Vi|ka̲|rin *die;* -, -nen: weibliche Form zu ↑Vikar (2, 3)

vik|to|ri|a̲|nisch: dem Viktorianismus entsprechend

Vik|tu|a|li|en *die* (Plural) ⟨*lat.*⟩ (veraltet): Lebensmittel [für den täglichen Bedarf]

Vi|ku̲n|ja *die;* -, ...jen ⟨*indian.-span.*⟩: höckerloses südamerikanisches Kamel, aus dessen braungelbem Fell sehr feine Wolle gewonnen wird

Vi̲l|la *die;* -, Vi̲llen ⟨*lat.-it.*⟩: **a)** größeres, vornehmes, in einem Garten od. Park [am Stadtrand] liegendes Einfamilienhaus; **b)** herrschaftliches Landhaus

Vil|la|ne̲ll *das;* -s, -e: ↑Villanella

Vil|la|ne̲l|la, Vil|la|ne̲l|le *die;* -, ...llen ⟨*lat.-it.*⟩: meist dreistimmiges italienisches Bauern-, Hirtenlied des 16. u. 17. Jh.s

Vi|n|ai|g|ret|te [vinɛˈgrɛt(ə)] *die;* -, -n ⟨*lat.-fr.*⟩: aus Essig, Öl, Senf u. Gewürzen bereitete Soße

Vin|di|ka|ti|o̲n *die;* -, -en (Rechtswiss.): Anspruch des Eigentümers gegen den Besitzer einer Sache auf deren Herausgabe; vgl. ...ation/...ierung

Vin|di|zie̲|rung *die;* -, -en: ↑Vindikation; vgl. ...ation/...ierung

vi|ni|fi|zie|ren: zu Wein verarbeiten

Vin|ku|la|ti|on *die;* -, -en ‹*lat.-nlat.*› (Bankw.): Bindung des Rechtes der Übertragung eines Wertpapiers an die Genehmigung des Emittenten; vgl. ...ation/...ierung

Vin|ku|lie|rung *die;* -, -en: ↑Vinkulation; vgl. ...ation/...ierung

Vi|no|thek *die;* -, -en ‹*lat.; gr.*›: **a)** Sammlung kostbarer Weine; **b)** Weinkeller mit Weinausschank

[1]**Vi|nyl** *das;* -s ‹*lat.; gr.*›: von Äthylen abgeleiteter ungesättigter Kohlenwasserstoffrest

[2]**Vi|nyl** *das;* -s, -s ‹*engl.*› (Jargon): Schallplatte

Vin|zen|ti|ner *der;* -s, - ‹nach dem Stifter, dem hl. Vinzenz v. Paul, † 1660›: ↑Lazarist

[1]**Vi|o|la, Vi|o|le** *die;* -, ...olen ‹*lat.*› (Bot.): Veilchen

[2]**Vi|o|la** *die;* -, ...len ‹*provenzal.-it.*›: Bratsche

Vi|o|la da Brac|cio [- - ˈbratʃo] *die;* - - -, ...le - - ‹*it.;* »Armgeige«›: in Armhaltung gespieltes Streichinstrument, bes. Bratsche

Vi|o|la da Gam|ba *die;* - - -, ...le - -: ↑Gambe

Vi|o|la d'Amo|re *die;* - -, ...le -: der Bratsche ähnliches Streichinstrument [der Barockzeit] in Altlage mit meist sieben Saiten

Vi|o|le vgl. [1]Viola

Vi|o|len: *Plural* von ↑[1]Viola

vi|o|lent ‹*lat.*› (veraltet): heftig; gewaltsam

vi|o|lett ‹*lat.-fr.*›: in der Färbung zwischen Blau u. Rot liegend; veilchenfarben

Vi|o|lett *das;* -[s], -[s]: violette Farbe

Vi|o|li|ne *die;* -, -n: Geige (als ausführendes, einen spezifischen Klangeindruck hervorrufendes Instrument)

Vi|o|li|nist *der;* -en, -en ‹*provenzal.-it.-nlat.*›: Geiger, Geigenvirtuose

Vi|o|li|nis|tin *die;* -, -nen: weibliche Form zu ↑Violinist

Vi|o|lon|cel|lo [vi̯olɔnˈtʃɛlo] *das;* -s, ...lli u. -s: Kniegeige; viersaitiges, eine Oktave tiefer als die Bratsche gestimmtes Instrument, das beim Spielen, auf einen Stachel gestützt, zwischen den Knien gehalten wird; Kurzw.: Cello

Vi|o|lo|ne *der;* -[s], -s u. ...ni: **a)** Vorläufer des Kontrabasses; **b)** eine Orgelstimme

VIP [vɪp] *der;* -[s], -s u. *die;* -, -s ‹Kurzw. aus *engl.* very important person »sehr wichtige Person«›: wichtige, bedeutende od. allgemein bekannte Persönlichkeit

Vi|per *die;* -, -n ‹*lat.*›: zu den Ottern gehörende Giftschlange

VIP-Lounge [ˈvɪplaʊndʒ] *die;* -, -s: Lounge (1) für wichtige Persönlichkeiten

vi|ral ‹*lat.*› (Med.): durch einen Virus verursacht

Vi|re|ment [virəˈmã:] *das;* -s, -s ‹*vulgärlat.-fr.*›: Übertragung von Mitteln von einem Titel (4) auf einen anderen, von einem Haushaltsjahr auf das andere (im Staatshaushalt)

Vi|ren: *Plural* von ↑Virus

Vir|gel *die;* -, -n ‹*lat.;* »kleiner Zweig; Strich«›: Schrägstrich zwischen zwei Wörtern od. Zahlen (z. B. 1870/71)

vi|ril ‹*lat.*› (Med.): [in Bezug auf das Erscheinungsbild] in charakteristischer Weise männlich

Vi|ri|li|tät *die;* - ‹*lat.*› (Med.): männliche [Zeugungs]kraft, Manneskraft, Männlichkeit

Vi|ro|lo|ge *der;* -n, -n ‹*lat.; gr.*›: Wissenschaftler auf dem Gebiet der Virologie

Vi|ro|lo|gie *die;* -: Wissenschaft u. Lehre von den Viren

Vi|ro|lo|gin *die;* -, -nen: weibliche Form zu ↑Virologe

vi|ro|lo|gisch: die Virologie betreffend

vi|rös ‹*lat.*› (Med.): durch Viren bedingt

vir|tu|al ‹*lat.-mlat.*›: ↑virtuell; vgl. ...al/...ell

Vir|tu|al Re|a|li|ty [ˈvə:tʃʊəl riˈɛlɪti] *die;* - - ‹*engl.*›: [von Computern erzeugte] ↑virtuelle Realität

vir|tu|ell ‹*lat.-mlat.-fr.*›: **a)** entsprechend seiner Anlage als Möglichkeit vorhanden, die Möglichkeit zu etwas in sich begreifend; **b)** nicht echt, nicht in Wirklichkeit vorhanden, aber echt erscheinend, dem Auge, den Sinnen vortäuschend; **virtuelle Realität:** vom Computer simulierte Wirklichkeit, künstliche Welt, in die man sich mithilfe der entsprechenden technischen Ausrüstung scheinbar hineinversetzen kann

vir|tu|os ‹*lat.-it.*›: meisterhaft, technisch vollendet

Vir|tu|o|se *der;* -n, -n: ausübender Künstler (bes. Musiker), der seine Kunst mit vollendeter Meisterschaft beherrscht

Vir|tu|o|sin *die;* -, -nen: weibliche Form zu ↑Virtuose

Vir|tu|o|si|tät *die;* - ‹*lat.-it.-nlat.*›: meisterhaft vollendete Beherrschung einer [künstlerischen] Technik

vi|ru|lent ‹*lat.*›: **1.** (Med.) aktiv, ansteckend (von Krankheitserregern); Ggs. ↑avirulent. **2.** sich gefahrvoll auswirkend

Vi|ru|lenz *die;* -: **1.** (Med.) aktive Wirkung von Krankheitserregern; Ansteckungsfähigkeit; Giftigkeit. **2.** das Virulentsein

Vi|rus *das,* auch: *der;* -, Viren ‹*lat.;* »Schleim, Saft, Gift«›: **1.** kleinstes [krankheitserregendes] Partikel, das sich nur in lebendem Gewebe entwickelt. **2.** Computerprogramm, das falsche od. zerstörerische Befehle in anderen Programmen auslöst

Vi|sa: *Plural* von ↑Visum
Vi|sa|ge [viˈza:ʒə] *die;* -, -n ⟨*lat.-fr.*⟩: **a)** (ugs. abwertend) Gesicht; **b)** (salopp) Miene, Gesichtsausdruck
Vi|sa|gist *der;* -en, -en: Spezialist für die vorteilhafte Gestaltung des Gesichts mit den Mitteln der dekorativen Kosmetik
Vi|sa|gis|tin *die;* -, ...nen: weibliche Form zu ↑Visagist
Vi|sa|vis [...ˈvi:] *das;* - [...ˈvi:(s)], - [...ˈvi:s] ⟨*lat.-fr.*⟩: Gegenüber
Vi|sen: *Plural* von ↑Visum
Vi|sier *das;* -s, -e ⟨*lat.-fr.*⟩: **1. a)** beweglicher, das Gesicht bedeckender, mit Sehschlitzen versehener Teil des [mittelalterlichen] Helms; **b)** visierähnlicher Teil des Schutzhelms für Rennfahrer u. Zweiradfahrer. **2.** Vorrichtung zum Zielen an Feuerwaffen u. a.
vi|sie|ren: **1. a)** nach etwas sehen, zielen; **b)** etwas ins Auge fassen. **2.** eichen, ausmessen. **3.** (veraltet) beglaubigen. **4.** ein Dokument, einen Pass mit einem Visum versehen
Vi|si|on *die;* -, -en ⟨*lat.*⟩: **a)** übernatürliche Erscheinung als religiöse Erfahrung; **b)** optische Halluzination; **c)** in jmds. Vorstellung bes. in Bezug auf die Zukunft entworfenes Bild
vi|si|o|när ⟨*lat.-nlat.*⟩: **a)** zu einer Vision gehörend, dafür charakteristisch; **b)** sich in einer Vision, in Visionen ausdrückend; seherisch
Vi|si|o|när *der;* -s, -e: visionär begabter Mensch, bes. Künstler
Vi|si|o|nä|rin *die;* -, -nen: weibliche Form zu ↑Visionär
Vi|si|ta|ti|on *die;* -, -en ⟨*lat.(-fr.)*⟩: **1.** Durchsuchung (z. B. des Gepäcks od. der Kleidung [auf Schmuggelware]). **2. a)** Besuch[sdienst] des vorgesetzten Geistlichen in den ihm unterstellten Gemeinden; **b)** (veraltend) Besuch des Schulrats zur Überprüfung des Unterrichts
Vi|si|te *die;* -, -n ⟨*lat.-fr.*⟩: **1.** Krankenbesuch des Arztes [im Krankenhaus]. **2.** (veraltet, aber noch scherzh.) [Höflichkeits]besuch
Vi|si|ten|kar|te *die;* -, -n: kleine Karte mit aufgedrucktem Namen u. aufgedruckter Adresse
vi|si|tie|ren ⟨*lat.(-fr.)*⟩: **1.** aufgrund eines bestimmten Verdachts jmdn., jmds. Kleidung, Gepäck, Wohnung durchsuchen. **2.** zur Überprüfung besichtigen, besuchen
Vi|sit|kar|te *die;* -, -n (österr.): ↑Visitenkarte
vis|kos, vis|kös ⟨*lat.*⟩: zähflüssig, leimartig
Vis|ko|se *die;* - ⟨*lat.-nlat.*⟩: glänzende Chemiefaser aus Zellulose
Vis|ko|si|tät *die;* - ⟨*lat.-nlat.*⟩ (Chemie, Technik): Zähflüssigkeit; Zähigkeit von Flüssigkeiten u. Gasen
Vis ma|jor *die;* - - ⟨*lat.*⟩ (Rechtswiss.): höhere Gewalt
Vis|ta *die;* - ⟨*lat.-it.*⟩ (Wirtsch.): Sicht, Vorzeigen eines Wechsels
vi|su|a|li|sie|ren ⟨*lat.-engl.*⟩: auf optisch ansprechende Weise darstellen
Vi|su|a|li|sie|rung *die;* -, -en: das Visualisieren
vi|su|ell ⟨*lat.-fr.*⟩: den Gesichtssinn betreffend; **visueller Typ:** Menschentyp, der Gesehenes besser behält als Gehörtes; Ggs. ↑akustischer Typ
Vi|sum *das;* -s, Visa u. Visen ⟨*lat.;* »Gesehenes«⟩: Urkunde [in Form eines Vermerks im Pass] über die Genehmigung des Grenzübertritts
Vi|ta *die;* -, Viten u. Vitae [...ɛ] ⟨*lat.*⟩: **1. a)** Lebensbeschreibung [antiker u. mittelalterlicher Persönlichkeiten u. Heiliger]; **b)** Leben[slauf] eines Menschen. **2.** (Med.) Lebensfunktion, Lebenskraft
vi|tal ⟨*lat.-fr.*⟩: **1.** von entscheidender Wichtigkeit; lebenswichtig. **2.** voller Lebenskraft, im Besitz seiner vollen Leistungskraft
vi|ta|li|sie|ren ⟨*lat.-nlat.*⟩: beleben, anregen
Vi|ta|lis|mus *der;* -: naturphilosophische Richtung, nach der das organische Leben einer überindividuellen Lebenskraft zuzuschreiben ist
vi|ta|lis|tisch: den Vitalismus betreffend
Vi|ta|li|tät *die;* - ⟨*lat.-fr.*⟩: Lebenskraft, Lebensfülle; Lebendigkeit
Vi|t|a|min *das;* -s, -e ⟨Kunstw. aus *lat.* **vita** »Leben« u. **Amin**⟩: lebenswichtiger, die biologischen Vorgänge im Organismus regulierender, vorwiegend in Pflanzen gebildeter Wirkstoff, der mit der Nahrung zugeführt wird (z. B. Vitamin A)
vite [vi:t] ⟨*lat.-vulgärlat.-fr.*⟩ (Musik): schnell, rasch (Vortragsanweisung)
vi|te|ment [vitəˈmã:, vɪtˈmã:]: ↑vite
Vi|t|ri|ne *die;* -, -n ⟨*lat.-vulgärlat.-fr.*⟩: **a)** Schaukasten; **b)** Glasschrank
vi|va|ce [...tʃə] ⟨*lat.-it.*⟩ (Musik): lebhaft
vi|va|cis|si|mo [...tʃ...] (Musik): sehr lebhaft
Vi|vat *das;* -s, -s ⟨*lat.*⟩: Hochruf
vi|vi|par ⟨*lat.*⟩: **1.** (Zool.) lebend gebärend. **2.** (Bot.) auf der Mutterpflanze auskeimend (von Pflanzen)
Vi|vi|sek|ti|on *die;* -, -en (Fachspr.): Eingriff am lebenden Tier (zu Forschungszwecken)
Vi|ze [ˈfi:t͡sə, auch: ˈvi:t͡sə] *der;* -[s], -s ⟨*lat.-nlat.*⟩ (ugs.): Stellvertreter
Vi|ze|kanz|ler *der;* -s, -: Stellvertreter des Kanzlers

Vi|ze|kanz|le|rin *die;* -, -nen: weibliche Form zu ↑Vizekanzler

Vi|ze|prä|si|dent *der;* -en, -en: stellvertretender Präsident

Vi|ze|prä|si|den|tin *die;* -, -nen: weibliche Form zu ↑Vizepräsident

Vi|zin *die;* -, -nen: weibliche Form von ↑Vize

Vogue [vo:k, vɔg] *die;* - ⟨*fr.*⟩ (veraltet): Ansehen, Beliebtheit

Voice|mail [ˈvɔysmeɪl] *die;* -, -s ⟨*engl.*⟩: elektronisches Kommunikationssystem, mit dem gesprochene Nachrichten gespeichert u. weitergeleitet werden können

voi|pen [ˈvɔypn̩] ⟨zu *engl.* VoIP = Voice over Internet Protocol⟩: über das Internet telefonieren

Vo|ka|bel *die;* -, -n, österr. auch *das;* -s, - ⟨*lat.*⟩: **a)** einzelnes Wort in einer fremden Sprache; **b)** Bezeichnung, Ausdruck; Begriff, wie er sich in einem Wort manifestiert

Vo|ka|bu|lar *das;* -s, -e ⟨*lat.-mlat.*⟩: **a)** Wörterverzeichnis; **b)** Wortschatz, dessen man sich bedient, der zu einem bestimmten [Fach]bereich gehört

vo|kal ⟨*lat.*⟩ (Musik): von einer od. mehreren Singstimmen ausgeführt; durch die Singstimme hervorgebracht, für sie charakteristisch

Vo|kal *der;* -s, -e (Sprachw.): Laut, bei dessen Artikulation die Atemluft verhältnismäßig ungehindert ausströmt; Selbstlaut; Ggs. ↑Konsonant

Vo|ka|li|sa|ti|on *die;* -, -en ⟨*lat.-nlat.*⟩: **1.** Feststellung der Aussprache des (vokallosen) hebräischen Textes des Alten Testaments durch Striche od. Punkte. **2.** Bildung u. Aussprache der Vokale beim Singen. **3.** vokalische Aussprache eines Konsonanten; vgl. vokalisieren (2); vgl. ...ation/...ierung

vo|ka|lisch ⟨*lat.*⟩: den Vokal betreffend, selbstlautend

vo|ka|li|sie|ren ⟨*lat.-nlat.*⟩: **1.** (Musik) beim Singen die Vokale bilden u. aussprechen. **2.** einen Konsonanten wie einen Vokal sprechen (z. B. r in *Kurt* [kʊrt] wie ɐ̯ [ku:ɐ̯t])

Vo|ka|li|sie|rung *die;* -, -en: Vokalisation (3); vgl. ...ation/...ierung

Vo|ka|list *der;* -en, -en ⟨*lat.-fr.*⟩ (veraltet): Sänger im Gegensatz zum Instrumentalisten

Vo|ka|lis|tin *die;* -, -nen: weibliche Form zu ↑Vokalist

Vo|kal|mu|sik *die;* -: Gesangsmusik im Gegensatz zur Instrumentalmusik

Vo|ka|tiv *der;* -s, -e (Sprachw.): Kasus der Anrede

Vo|lant [voˈlã:] *der* (schweiz. meist, österr. auch: *das*); -s, -s ⟨*fr.*⟩: **1.** (bei Kleidungsstücken) als Besatz auf- od. angesetzter, angekrauster Stoffstreifen. **2.** Steuerrad eines Kraftwagens

Vo|la|pük *das;* -s ⟨Kunstw. aus **vol** (engl. world = Welt) u. **pük** (engl. speak = sprechen)⟩: im 19. Jh. geschaffene Welthilfssprache; vgl. Esperanto

Vo|li|e|re *die;* -, -n: großer Vogelkäfig, in dem die Vögel fliegen können

vol|ley [ˈvɔli] ⟨*lat.-fr.-engl.*⟩ (Tennis, Fußball): aus der Luft [geschlagen], ohne dass der Ball aufspringt

Vol|ley *der;* -s, -s (Tennis): Flugball

Vol|ley|ball *der;* -s, ...bälle: **1.** (auch: *das;* ohne Plural, meist ohne Artikel) Mannschaftsballspiel, bei dem ein Ball mit den Händen über ein Netz zurückgeschlagen werden muss u. nicht den Boden berühren darf. **2.** Ball für das Volleyballspiel. **3.** Flugball, direkt aus der Luft angenommener u. weitergeschlagener od. -getretener Ball

Vo|lon|tär *der;* -s, -e ⟨*lat.-fr.;* »Freiwilliger«⟩: jmd., der zur Vorbereitung auf seine künftige berufliche Tätigkeit [gegen geringe Bezahlung] bei einer Redaktion, bei einem kaufmännischen Betrieb o. Ä. arbeitet

Vo|lon|ta|ri|at *das;* -s, -e ⟨*lat.-fr.-nlat.*⟩: **1.** Ausbildungszeit einer Volontärin, eines Volontärs. **2.** Stelle einer Volontärin, eines Volontärs

Vo|lon|tä|rin *die;* -, -nen: weibliche Form zu ↑Volontär

vo|lon|tie|ren: als Volontär[in] arbeiten

Volt *das;* - u. -[e]s, - ⟨nach dem it. Physiker A. Volta, 1745–1827⟩: internationale Bez. für die Einheit der elektr. Spannung (Zeichen: V)

Vol|ta|ele|ment *das;* -s ⟨zu: Volta, Volt⟩: galvanisches Element (aus Kupfer- u. Zinkelektroden in verdünnter Schwefelsäure)

Volt|am|pere [...lampɛ:ɐ̯] *das;* -[s], -: Einheit der elektrischen Leistung (Zeichen: VA)

Vol|te *die;* -, -n ⟨*lat.-vulgärlat.-it.-fr.*⟩: **1.** Kunstgriff beim Mischen im Kartenspiel. **2.** (Reiten) das Reiten eines Kreises von kleinem Durchmesser. **3.** (Fechten) seitliches Ausweichen

vol|tie|ren: ↑voltigieren

vol|ti|gie|ren [...ˈʒi:...]: **1.** eine Volte (1) ausführen. **2.** am galoppierenden Pferd turnen. **3.** (veraltet) ein leichtes Gefecht führen, plänkeln; vgl. Voltigierer (2)

Vol|ti|gie|rer *der;* -s, -: **1.** jmd., der am galoppierenden Pferd turnt. **2.** (Militär veraltet) jmd., der ein leichtes Gefecht führt, Plänkler

Vol|ti|gie|re|rin *die;* -, -nen: weibliche Form zu ↑Voltigierer (1)

Volt|me|ter *das;* -s, -: Gerät zur Messung von elektrischen Spannungen

Volt|se|kun|de *die;* -, -n: Einheit des magnetischen Flusses (Zeichen: Vs)

Vo|lu|men *das;* -s, - u. ...mina: **1.** (Plural: -) Rauminhalt eines festen, flüssigen od. gasförmigen Körpers (Zeichen: V). **2.** (Plural: ...mina) Schriftrolle, Band (eines Werkes; nur in der Abk.: vol., Vol.). **3.** (Plural: -) Stromstärke einer Fernsprech- od. Rundfunkübertragung. **4.** (Plural: -) Umfang, Gesamtmenge von etwas

Vo|lu|men|pro|zent vgl. Volumprozent

Vo|lu|me|t|rie *die;* -: Maßanalyse, Messung von Rauminhalten

vo|lu|mi|nös *⟨lat.-fr.⟩*: von beträchtlichem Umfang

Vo|lum|pro|zent, Vo|lu|men|pro|zent *das;* -[e]s, -e: Hundertsatz vom Rauminhalt (Abk.: Vol.-%)

Vo|lun|ta|ris|mus *der;* - *⟨lat.-nlat.⟩*: philosophische Lehre, die den Willen als Grundprinzip des Seins ansieht

Vo|lun|ta|rist *der;* -en, -en: Vertreter des Voluntarismus

Vo|lun|ta|ris|tin *die;* -, -nen: weibliche Form zu ↑Voluntarist

vo|lun|ta|ris|tisch: den Voluntarismus betreffend

Vo|lu|te *die;* -, -n *⟨lat.⟩* (Kunstwiss.): spiralförmige Einrollung am Kapitell ionischer Säulen od. als Bauornament in der Renaissance

Voo|doo ['vu:du, vu'du:], **Vou|dou** [vu'du:], **Wo|du, Wu|du** *der;* - *⟨westafrik.-kreol.⟩*: aus Westafrika stammender, synkretistischer, mit katholischen Elementen durchsetzter, magisch-religiöser Geheimkult [auf Haiti]

Vo|ta: *Plural* von ↑Votum

Vo|ten: *Plural* von ↑Votum

vo|tie|ren: **1.** seine Stimme für od. gegen jmdn., etwas abgeben; sich für od. gegen jmdn., etwas entscheiden; für od. gegen jmdn. stimmen. **2.** sich für od. gegen jmdn., etwas aussprechen

Vo|tiv *das;* -s, -e *⟨lat.⟩*, **Vo|tiv|ga|be** *die;* -, -n (kath. Kirche): als Bitte um od. Dank für Hilfe in einer Notlage einem Heiligen dargebrachte Gabe

Vo|tiv|mes|se *die;* -, -n: Messe, die für ein besonderes Anliegen gefeiert wird (z. B. Braut-, Totenmesse)

Vo|tum *das;* -s, ...ten u. ...ta *⟨lat.-mlat.(-engl.)⟩*: **1.** [feierliches] Gelübde. **2. a)** Urteil, Stimme; **b)** [Volks]entscheidung; **c)** Gutachten

Vou|cher ['vautʃɐ] *das* od. *der;* -s, -[s] *⟨engl.⟩* (Touristik): Gutschein für im Voraus bezahlte Leistungen

Vox *die;* -, Voces ['vo:tse:s] *⟨lat.⟩*: lat. Bez. für: Stimme, Laut; **Vox acuta:** hohes, scharfes Orgelregister; **Vox celestis:** lieblich, schwebend klingendes Orgelregister; **Vox humana:** menschenstimmenähnliches Orgelregister; **Vox media** (Rhet., Stilkunde): inhaltlich neutrales, von zwei Extremen gleich weit entferntes Wort (z. B. »Geschick« gegenüber »Glück« od. »Unglück«); **vox populi vox Dei:** das ist die Stimme des Volkes [der man Rechnung tragen, entsprechen muss], das ist die öffentliche Meinung ⟨»Volkes Stimme [ist] Gottes Stimme«⟩

Vo|y|eur [voa'jø:ɐ] *der;* -s, -e u. -s *⟨lat.-fr.⟩* (Med., Psychol.): jmd., der durch [heimliches] Zuschauen bei sexuellen Handlungen anderer Lust empfindet

Vo|yeu|rin [...'jø:rɪn] *die;* -, -nen: weibliche Form zu ↑Voyeur

Vo|y|eu|ris|mus *der;* -: sexuelles Empfinden u. Verhalten der Voyeure

vo|y|eu|ris|tisch: den Voyeurismus betreffend

vul|gär *⟨lat.-fr.⟩*: **1.** (abwertend) auf abstoßende Weise derb u. gewöhnlich, ordinär. **2.** zu einfach u. oberflächlich; nicht wissenschaftlich dargestellt

vul|ga|ri|sie|ren: **1.** (abwertend) in unzulässiger Weise vereinfachen; allzu oberflächlich darstellen. **2.** (veraltet) unter das Volk bringen, allgemein bekannt machen

Vul|ga|ri|tät *die;* -, -en *⟨lat.⟩*: **1. a)** (ohne Plural) vulgäres (1) Wesen, vulgäre Art; **b)** vulgäre (2) Beschaffenheit. **2.** vulgäre (1) Äußerung

Vul|gär|la|tein *das;* -s: umgangssprachliche Form der lateinischen Sprache (aus der sich die romanischen Sprachen entwickelten)

Vul|ga|ta *die;* - ⟨»die allgemein Verbreitete«⟩: vom hl. Hieronymus im 4. Jh. begonnene, später für authentisch erklärte latein. Übersetzung der Bibel

vul|go: gemeinhin, gewöhnlich genannt

Vul|kan *der;* -s, -e *⟨lat.;* nach Vulkanus, dem altröm. Gott des Feuers⟩ (Geol.): Berg, aus dessen Innerem Lava u. Gase ausgestoßen werden; Feuer speiender Berg

Vul|ka|ni|sa|ti|on *die;* -, -en: Umwandlung von Kautschuk in Gummi mithilfe von Schwefel o. Ä.; vgl. ...ation/...ierung

vul|ka|nisch *⟨lat.⟩*: durch Vulkanismus entstanden

Vul|ka|ni|seur [...'zø:ɐ] *der;* -s, -e *⟨lat.; fr.⟩*: Facharbeiter in der Gummiherstellung

Vul|ka|ni|seu|rin [...'zø:rɪn] *die;* -, -nen: weibliche Form zu ↑Vulkaniseur

vul|ka|ni|sie|ren: **1.** Kautschuk in Gummi umwandeln. **2.** Gummiteile durch Vulkanisation miteinander verbinden

Vul|ka|ni|sie|rung *die;* -, -en: ↑Vulkanisation; vgl. ...ation/...ierung

Vul|ka|nis|mus *der;* - ⟨*lat.-nlat.*⟩ (Geol.): Bez. für alle mit dem Empordringen von ↑Magma (1) an die Erdoberfläche zusammenhängenden Erscheinungen u. Vorgänge

Vul|va *die;* -, ...ven ⟨*lat.*⟩ (Med.): äußeres ↑Genitale der Frau

W

Wa|di *das;* -s, -s ⟨*arab.*⟩: tief eingeschnittenes, meist trocken liegendes Flussbett eines Wüstenflusses

Wa|fer [ˈveː..., ˈweɪ...] *der;* -s, -[s] ⟨*engl.*⟩ (EDV): Mikroplättchen

Wag|gon, Wa|gon [vaˈgõː, vaˈgɔŋ, südd., österr. auch: vaˈgoːn] *der;* -s, -s (südd., österr. auch: -e [...goːnə]) ⟨*niederl.-engl.*⟩: [Eisenbahn]wagen, Güterwagen

Wah|ha|bit *der;* -en, -en ⟨*arab.-nlat.*⟩: Angehöriger einer puritanischen Glaubensgemeinschaft des Islams

Wah|ha|bi|tin *die;* -, -nen: weibliche Form zu ↑Wahhabit

Wake|board [ˈweɪkbɔːd] *das;* -s, -s ⟨engl.⟩: Brett zum Wasserskifahren u. Springen auf dem Wasser

Wake|boar|ding *das;* -s: Funsportart, bei der man auf einem Wakeboard gleitet

Wal|kie-Tal|kie [ˈwɔːkiˈtɔːki] *das;* -[s], -s ⟨*engl.*⟩: tragbares Funksprechgerät

Wal|king [ˈwɔːkɪŋ] *das;* -[s] ⟨*engl.*⟩: intensives Gehen (als sportliche Betätigung)

Walk|man® [ˈwɔːkmən] *der;* -s, -s u. ...men [...mən] ⟨*engl.*⟩: tragbarer ↑Kassettenrekorder mit Kopfhörern

Wal|kü|re [auch: ˈval...] *die;* -, -n ⟨*altnord.;* »Totenwählerin«⟩: **1.** göttliche Kampfjungfrau der nordischen Sage, die die Gefallenen nach Walhall, der Halle Odins, geleitet. **2.** (scherzh.) große, stattliche [blonde] Frau

Wam|pum [auch: ...ˈpuːm] *das;* -s, -s u. -e ⟨*indian.*⟩: (bei den nordamerikanischen Indianern) Gürtel aus Muscheln u. Schnecken als Zahlungsmittel u. Urkunde

Wan|da|le usw. vgl. Vandale usw.

Wa|pi|ti *der;* -[s], -s ⟨*indian.*⟩: nordamerikanische Hirschart mit großem Geweih

Wa|ran *der;* -s, -e ⟨*arab.*⟩: bis zu drei Meter lange tropische Echse

Warm-up [ˈwɔːmlap, wɔːmˈlap] *das;* -s, -s ⟨*engl.*⟩: **1. a)** (Motorsport) das Warmlaufenlassen der Motoren; **b)** (Sport) das Sichaufwärmen des Sportlers vor dem Wettkampf. **2.** Einstimmung des Publikums vor Beginn einer Veranstaltung

wash and wear [ˈwɔʃ ənd ˈwɛːɐ̯] ⟨*engl.;* »waschen u. tragen«⟩: Qualitätsbezeichnung für Kleidungsstücke, die nach dem Waschen ohne Bügeln wieder getragen werden können

Wa|ter|loo *das;* -, -s ⟨nach der Schlacht bei Waterloo, in der Napoleon vernichtend geschlagen wurde⟩: vernichtende Niederlage, Untergang

wa|ter|proof [ˈwɔːtɐpruːf]: wassergeschützt (z. B. als Hinweis auf Uhren)

Wa|ter|proof *der;* -s, -s: **1.** wasserdichtes Material. **2.** wasserdichter Regenmantel

Watt *das;* -s, - ⟨nach dem engl. Ingenieur J. Watt, 1736–1819⟩: Einheit der [elektrischen] Leistung (Zeichen: W)

wat|tie|ren: mit Watte füttern

Watt|me|ter *das;* -s, -: Gerät zur Messung elektrischer Leistung

Watt|se|kun|de *die;* -, -n: Einheit der Energie bzw. der Arbeit (Zeichen: Ws)

Web *das;* -[s] ⟨*engl.;* »Netz«⟩: Kurzform von ↑World Wide Web; **Web 2.0:** durch die Mitwirkung der Benutzer[innen] geprägte Internetangebote

Web|brow|ser [...brauzɐ] *der;* -s, - ⟨*engl.*⟩: Programm, das den Zugang zum World Wide Web bzw. dem Internet ermöglicht

Web|de|sign [...dizain] *das;* -s, -s: [werbe]wirksame u. funktionale Gestaltung von Websites

Web|log [ˈwɛblɔg] *das,* auch: *der;* -s, -s ⟨*engl.;* web »Netz« u. logbook »Logbuch«⟩ (EDV): tagebuchartig geführte, öffentlich zugängliche Website, die ständig ergänzt wird

Web|site [...sait] *die;* -, -s ⟨*engl.*⟩: Gesamtheit der hinter einer ²Adresse (2) stehenden Seiten im World Wide Web

We|ck|a|min *das;* -s, -e ⟨Kunstw. aus **wecken** u. ↑**Amin**⟩: der körperlich-geistigen Abspannung entgegenwirkendes, stimulierendes Kreislaufmittel

We|da vgl. Veda

We|den: *Plural* von ↑Weda

Wedg|wood [ˈwɛdʒwʊd] *das;* -[s] ⟨nach dem engl. Kunsttöpfer J. Wedgwood, 1730–1795⟩: feines, verziertes Steingut

we|disch vgl. vedisch

Week|end [ˈwiːk|ɛnd] *das;* -s, -s ⟨*engl.*⟩: Wochenende

Weft *das;* -[e]s, -e ⟨*engl.*⟩: Schussgarn aus harter englischer Cheviotwolle (vgl. Cheviot)

Wei|muts|kie|fer vgl. Weymouthskiefer

Well|ness *die; -* ‹*engl.*›: durch leichte körperliche Betätigung od. Anwendungen erzieltes Wohlbefinden

Werst *die; -, -en* (aber: 5 -) ‹*russ.*›: altes russisches Längenmaß (= 1,067 km; Zeichen: W)

We|sir *der; -s, -e* ‹*arab.(-türk.)*› (Geschichte): **1.** höchster Würdenträger des türkischen Sultans. **2.** Minister in islamischen Staaten

Wes|ley|a|ner [vɛsli'a:nɐ, vɛsle'ja:nɐ] *der; -s, -* ‹*nlat.;* nach dem engl. Geistlichen J. Wesley, 1703–1791›: Anhänger des von Wesley begründeten ↑Methodismus

Wes|ley|a|ne|rin *die; -, -nen:* weibliche Form zu ↑Wesleyaner

West|end *das; -s, -s* ‹*engl.;* nach dem Londoner Stadtteil West End›: vornehmer Stadtteil einer Großstadt

Wes|tern *der; -[s], -* ‹*engl.*›: Film, der während der Pionierzeit im sogenannten Wilden Westen (Amerikas) spielt

Wey|mouths|kie|fer ['vaimu:ts...], **Wei|muts|kie|fer** *die; -, -n* ‹nach Lord Weymouth, † 1714›: eine nordamerikanische Kiefernart

Whig [vɪk, wɪg] *der; -s, -s* ‹*engl.*›: **1.** (Geschichte) Angehöriger einer ehemaligen englischen Partei, aus der sich die liberale Partei entwickelte; Ggs. ↑Tory (1). **2.** englischer Politiker, der in Opposition zu den Konservativen steht; Ggs. ↑Tory (2)

Whirl|pool® ['wə:lpu:l] *der; -s, -s* ‹*engl.*›: Bassin mit warmem, durch Düsen in brodelnde Bewegung gebrachtem Wasser, in dem man sich sitzend od. liegend aufhält

Whis|key [...ki, 'wɪski] *der; -s, -s* ‹*gäl.-engl.;* »Lebenswasser«›: (in Irland od. Amerika hergestellter) Whisky

Whis|ky ['vɪski, 'wɪski] *der; -s, -s* ‹*gäl.-engl.*›: aus Gerste od. Malz hergestellter [schottischer] Branntwein

Whist [vɪst, wɪst] *das; -[e]s* ‹*engl.*›: aus England stammendes Kartenspiel mit 52 Karten

Who's who ['hu:z 'hu:] ‹*engl.;* »Wer ist wer?«›: Titel biografischer Lexika

Wide|screen ['waɪdskri:n] *der; -s, -s* ‹*engl.*›: besonders breites Format eines Fernseh- od. Monitorbildschirms

Wid|get ['wɪdʒɪt] *das; -s, -s* ‹*engl.*› (EDV): kleines Computerprogramm, das in ein anderes Programm integriert wird, bes. als Teil einer grafischen Benutzeroberfläche, in der über den Mauszeiger Befehle eingegeben werden können

Wig|wam *der; -s, -s* ‹*indian.-engl.*›: kuppelförmiges Zelt, zeltartige Hütte nordamerikanischer Indianer

Wi|ki *das; -s, -s* ‹hawaiisch› (EDV): **1.** Sammlung von Informationen und Beiträgen im Internet zu einem bestimmten Thema, die von den Nutzern selbst bearbeitet werden können. **2.** System zur einfachen Bearbeitung eines Wikis (1)

Wi|ki|pe|dia *die; -* ‹*engl.*›: Internetportal mit Informationen zu allen Wissensgebieten, die allgemein zugänglich sind (u. von den Nutzern selbst erweitert u. verändert werden können)

Wi|la|jet *das; -[e]s, -s* ‹*arab.-türk.*›: türkische Provinz, Verwaltungsbezirk

Wild|card ['wailtka:ɐt] *die; -, -s,* **Wild Card** *die; - -, - -s* ‹*engl.;* »wilde (= beliebig verwendbare) Spielkarte«›: **1.** freie Platzierung bei einem Tennisturnier, die der Veranstalter nach Gutdünken vergeben kann. **2.** (EDV) Zeichen (z. B. *, %), das für verschiedene andere Zeichen stehen kann

Wil|liams Christ|bir|ne *die; - -, - -n* ‹Herkunft unbekannt›: große Birne mit gelber, bräunlich gepunkteter Schale u. gelblich weißem, zartem Fruchtfleisch

Wind|chill [...tʃɪl] *der; -s* ‹*engl.*›: durch Wind verursachte verstärkte Kälteempfindung

Wind|jam|mer *der; -s, -:* großes Segelschiff

Wind|sur|fing [...sə:fɪŋ] *das; -s:* Segeln auf einem mit einem Segel ausgerüsteten langen, flachen, stromlinienförmigen Brett aus Kunststoff

Win-win-Si|tu|a|ti|on [auch: wɪn'wɪn...] *die; -, -en* ‹*engl.*› (bes. Wirtsch.): Situation, Gegebenheit, Konstellation, die für alle Beteiligten Vorteile bietet

Wis|ta|ria *die; -* ‹*nlat.;* nach dem amerik. Anatomen C. Wistar›: ↑Glyzine

WLAN [ve'la:n] *das; -[s], -s* ‹Kurzw. für engl. Wireless Local Area Network› (EDV): drahtloses LAN

wob|beln ‹*engl.*› (Physik): **1.** eine Frequenz sinusförmig gegenüber einer anderen (niedrigeren) gering schwanken lassen. **2.** eine periodische Schwankung verursachen

Wod|ka *der; -s, -s* ‹*russ.;* »Wässerchen«›: hochprozentiger [russischer] Trinkbranntwein

Wo|du vgl. Voodoo

Woi|wod, Woi|wo|de [woy...] *der; ...den, ...den* ‹*poln.*›: **1.** (Geschichte) Heerführer (in Polen, in der Walachei). **2.** oberster Beamter einer polnischen Provinz; Landeshauptmann

Woi|wod|schaft *die; -, -en* ‹*poln; dt.*›: Amt[sbezirk] eines Woiwoden

Wok *der; -, -s* ‹*chin.*›: Kochtopf mit kugelförmig gerundetem Boden u. hochgezogenem Rand, in dem die Speisen unter ständigem Umrühren od.

Schütteln gegart werden (bes. in der chinesischen Küche)

Wo|ma|ni|zer ['wʊmənaizɐ] *der;* -s, - ⟨*engl.*⟩: Frauenheld

Wom|bat *der;* -s, -s ⟨*austr.-engl.*⟩: australisches Beuteltier

Won|der|bra® ['wʌndəbrɑ:] *der;* -s, -s ⟨Kunstw.⟩: bestimmter ↑Push-up-BH

Woo|fer ['wʊfɐ] *der;* -[s], - ⟨*engl.*⟩: [Tiefton]lautsprecher an elektroakustischen Anlagen

Worces|ter|so|ße, Worces|ter|sau|ce ['vʊstɐ..., auch: 'wʊstə...] *die;* -, -n ⟨nach der engl. Stadt Worcester⟩: pikante Soße zum Würzen

Wor|k|a|ho|lic [vø:ɐ̯kə'hɔlɪk, wə:k...] *der;* -s, -s ⟨*engl.*⟩: jmd., der unter dem Zwang steht, ununterbrochen zu arbeiten

Work|flow ['wə:kfloʊ] *der;* -s, -s ⟨*engl.*⟩: **1.** Ablauf arbeitsteiliger Vorgänge bzw. Geschäftsprozesse in Unternehmen u. Behörden mit dem Ziel größtmöglicher Effizienz. **2.** (EDV) Arbeitsablauf bei Computerprogrammen

Work|shop *der;* -s, -s ⟨*engl.;* »Werkstatt«⟩: Kurs, Seminar o. Ä., in dem in freier Diskussion bestimmte Themen erarbeitet u. praktische Übungen durchgeführt werden

Work|sta|tion [...ste:ʃn̩, ...steɪʃn̩] *die;* -, -s ⟨*engl.*⟩: an einem Arbeitsplatz installierter, meist an ein lokales Netz angeschlossener Computer

World Wide Web ['wə:ld 'waid 'wɛb] *das;* - - -[s] ⟨*engl.;* »weltweites Netz«⟩ (EDV): weltweites Informationssystem im Internet (Abk.: WWW)

Wrap [rɛp] *der* od. *das;* -s, -s ⟨*engl.*⟩: gefüllte Teigrolle

Wrest|ling ['rɛslɪŋ] *das;* -s ⟨*engl.*⟩: überwiegend auf Show ausgerichtetes Catchen

Wu|du vgl. Voodoo

WWW *das;* -[s] = World Wide Web

X

Xan|then *das;* -s (Chemie): kristalline Substanz (1), die die Grundlage bestimmter Farbstoffe bildet

Xan|thin *das;* -s ⟨*gr.-nlat.*⟩ (Med., Biochemie): eine Stoffwechselverbindung, die im Organismus beim Abbau der ↑Purine entsteht

Xan|tho|phyll *das;* -s ⟨*gr.*⟩ (Bot.): gelber Farbstoff der Pflanzenzellen

X-Chro|mo|som ['ɪkskro...] *das;* -s, -en ⟨*gr.*⟩ (Biol., Med.): ↑Chromosom, das beim Vorkommen in der Samenzelle das Geschlecht des gezeugten Kindes auf weiblich festlegt; Ggs. ↑Y-Chromosom

Xe|nie [...ni̯ə, auch: 'ksɛ...] *die;* -, -n, **Xe|ni|on** *das;* -s, ...ien [...i̯ən] ⟨*gr.(-lat.)*⟩ (Literaturwiss.): kurzes Sinngedicht (ein ↑Distichon)

Xe|no|kra|tie *die;* -, ...ien ⟨*gr.*⟩: Fremdherrschaft; Regierung eines Staates durch ein fremdes Herrscherhaus

Xe|no|lo|gie *die;* -: ↑Okkultismus

Xe|non *das;* -s: chem. Element; ein Edelgas (Zeichen: Xe)

xe|no|phil: fremdenfreundlich; Ggs. ↑xenophob

Xe|no|phi|lie *die;* -: Fremdenliebe, Vorliebe für Fremde; Ggs. ↑Xenophobie

xe|no|phob: fremdenfeindlich; Ggs. ↑xenophil

Xe|no|pho|bie *die;* -, ien: Fremdenfeindlichkeit; Ggs. ↑Xenophilie

Xe|res ['ç...] vgl. Jerez

xe|ro..., Xe|ro...

⟨*gr.* xērós »trocken, dürr, saftlos«⟩
Wortbildungselement mit der Bedeutung »trocken«:
- Xerodermie
- xerophil
- Xerophyt

Xe|ro|gra|fie, Xe|ro|gra|phie *die;* -, ...ien ⟨*gr.-engl.*⟩ (Druckw.): ein Vervielfältigungsverfahren

xe|ro|phil (Bot.): Trockenheit liebend oder bevorzugend (von Pflanzen)

Xe|ro|phyt *der;* -en, -en (Bot.): an trockene Standorte angepasste Pflanze

Xe|t|ra® *das;* -[s] ⟨Abk. für *engl.* exchange electronic trading; »elektronischer Wertpapierhandel«⟩ (Börsenw.): vollelektronisches Handelssystem für börsennotierte Wertpapiere

Xi *das;* -[s], -s ⟨*gr.*⟩: vierzehnter Buchstabe des gr. Alphabets (Ξ, ξ)

XL ⟨Abk. für *engl.* extra large⟩: besonders groß (Kleidergröße)

XS ⟨Abk. für *engl.* extra small⟩: besonders klein (Kleidergröße)

XXL ⟨Abk. für *engl.* extra extra large⟩: extrem groß (Kleidergröße)

XXS ⟨Abk. für *engl.* extra extra small⟩: extrem klein (Kleidergröße)

Xy|lit [auch: ...'lɪt] *der;* -s, -e: **1.** (Chemie) von der Xylose abgeleiteter Alkohol. **2.** Holzbestandteil der Braunkohle

Xy|lo|fon, Xy|lo|phon *das;* -s, -e ⟨»Holzstimme«⟩:

Schlaginstrument, bei dem auf einem Holzrahmen befestigte Holzstäbe mit zwei Holzklöppeln geschlagen werden

Xy|lo|graf, Xy|lo|graph *der;* -en, -en ⟨*gr.-nlat.*⟩: Holzschneider

Xy|lo|gra|fie, Xy|lo|gra|phie *die;* -, ...ien: **a)** (ohne Plural) Holzschneidekunst; **b)** Holzschnitt

Xy|lo|gra|fin, Xy|lo|gra|phin *die;* -, -nen: weibliche Form zu ↑Xylograf

Xy|lo|graph usw. vgl. Xylograf usw.

Xy|lol *das;* -s ⟨*gr.; arab.*⟩ (Chemie): eine aromatische Kohlenstoffverbindung, Ausgangsstoff für Farb-, Duft-, Kunststoffe

Xy|lo|me|ter *das;* -s, - ⟨*gr.*⟩: Gerät zur Bestimmung des Rauminhalts unregelmäßig geformter Hölzer

Xy|lo|phon vgl. Xylofon

Xy|lo|se *die;* -: Holzzucker

Y

Yacht [j...] vgl. Jacht

Yak [jak], **Jak** *der;* -s, -s, nicht fachspr. auch *das;* -s, -s ⟨*tibet.*⟩: wild lebendes asiatisches Hochgebirgsrind

Ya|ku|za [ja'ku:za] *die;* -, - ⟨*jap.*⟩: japanische Verbrecherorganisation

Yams|wur|zel ['jams...] vgl. Jamswurzel

Yang [jaŋ] *das;* - ⟨*chin.*⟩: die lichte männliche Urkraft, das schöpferische Prinzip in der chinesischen Philosophie; vgl. Yin

Yan|kee ['jɛŋki] *der;* -s, -s ⟨*engl.*⟩: **1.** Spitzname für den US-Amerikaner. **2.** Spitzname für Bewohner der amerikanischen Nordstaaten (bes. Neuenglands)

Yan|kee Doo|dle [- du:dl] *der;* - -[s]: amerikanischer Nationalgesang aus dem 18. Jh.

Yard [ja:ɐ̯t] *das;* -s, -s (aber: 5 Yard[s]) ⟨*engl.*⟩: angelsächsisches Längenmaß (= 91,44 cm; Abk.: y., yd., Plur. yds.)

Y-Chro|mo|som ['ʏpsilɔnkro...] *das;* -s, -en ⟨*gr.*⟩ (Biol., Med.): Geschlechtschromosom, das beim Vorkommen in der Samenzelle das Geschlecht des gezeugten Kindes als männlich bestimmt

Yen [jɛn] *der;* -[s], -[s] (aber: 5 -) ⟨*jap.*⟩: Währungseinheit in Japan (= 100 Sen)

Ye|ti ['je...] *der;* -[s], -s ⟨*nepalesisch*⟩: legendärer Schneemensch im Himalaja

Yin [jɪn] *das;* - ⟨*chin.*⟩: die dunkle weibliche Urkraft, das schöpferische Prinzip in der chinesischen Philosophie; vgl. Yang

Yip|pie ['jɪ...] *der;* -s, -s ⟨*engl.*⟩: aktionistischer, radikalisierter Hippie

Ylang-Ylang-Öl ['i:laŋ'li:laŋ...], **Ilang-Ilang-Öl** *das;* -s ⟨*malai.; dt.*⟩: ätherisches Öl des asiatischen Ylang-Ylang-Baumes, das als Duftstoff verwendet wird

Yo|ga ['jo:ga], **Jo|ga** *das,* auch: *der;* -[s] ⟨*sanskr.;* »Anschirrung«⟩: **a)** indische philosophische Lehre, deren Ziel es ist, durch Meditation, Askese u. bestimmte körperliche Übungen den Menschen von dem Gebundensein an die Last der Körperlichkeit zu befreien; **b)** Gesamtheit der Übungen, die aus dem Yoga (a) herausgelöst wurden u. die zum Zweck einer gesteigerten Beherrschung des Körpers, der Konzentration u. Entspannung ausgeführt werden

Yo|gi ['jo:...], **Jo|gi, Yo|gin, Jo|gin** *der;* -[s], -s ⟨*sanskr.*⟩: indischer Büßer ↑brahmanischen Glaubens, der ↑Yoga (b) ausübt

Yo|him|bin [j...] *das;* -s ⟨*Bantuspr.-nlat.*⟩: Alkaloid aus der Rinde eines westafrikanischen Baumes (als ↑Aphrodisiakum verwendet)

York|shire|ter|ri|er ['jɔ:kʃə...] *der;* -s, - ⟨nach der engl. Grafschaft Yorkshire⟩: englischer Zwergterrier

Youngs|ter ['jaŋstɐ] *der;* -s, -[s] ⟨*engl.*⟩: **a)** junger Sportler; **b)** Jugendlicher

Yo-Yo [jo'jo:, auch: 'jo:jo] vgl. Jo-Jo

Yo-Yo-Ef|fekt vgl. Jo-Jo-Effekt

Yp|si|lon *das;* -[s], -s ⟨*gr.*⟩: **1.** zwanzigster Buchstabe des griechischen Alphabets (Υ, υ). **2.** ↑Ypsiloneule

Yp|si|lon|eu|le *die;* -, -n ⟨*gr.; dt.*⟩ (Biol.): Nachtschmetterling mit y-förmigem Fleck auf den Vorderflügeln

Ysop ['i:...] *der;* -s, -e ⟨*semit.-gr.-lat.*⟩ (Bot.): Heil- u. Gewürzpflanze des Mittelmeergebietes

Ytong® *der;* -s, -s ⟨Kunstw.⟩ (Bauw.): Leichtkalkbeton

Yt|ter|bi|um *das;* -s ⟨*nlat.;* nach dem schwed. Fundort Ytterby⟩: chem. Element; Seltenerdmetall (Zeichen: Yb)

Yt|t|ri|um *das;* -s ⟨*nlat.*⟩: chem. Element; eisengraues Seltenerdmetall (Zeichen: Y)

Yu|an ['ju:...] *der;* -[s], -[s] (aber: 5 -) ⟨*chin.*⟩: Währungseinheit der Volksrepublik China

Yuc|ca ['jʊ...] *die;* -, -s ⟨*span.-nlat.*⟩ (Bot.): Palmlilie aus Mittelamerika (Zier- u. Heilpflanze)

Yup|pie ['jʊpi, auch: 'jʌpi] *der;* -s, -s ⟨*engl.;* Kurzw. aus young urban professional (people)⟩: junger, karrierebewusster Stadtmensch

Z

Za|ba|io|ne [...ba'jo:nə], **Za|ba|g|li|o|ne** [...bal'jo:nə] *die; -, -s* ⟨*it.*⟩: Weinschaumcreme, -soße

Zạm|pa|no *der; -[s], -s* ⟨nach der gleichnamigen Gestalt in F. Fellinis Film »La Strada« (1954)⟩: auffälliger, sich lautstark in Szene setzender Mann; Angeber; Aufschneider

zạp|pen [auch: 'zɛpn̩] ⟨*engl.*⟩ (ugs.): beim Fernsehen mit der Fernbedienung in rascher Folge von einem Programm ins andere schalten

Zạp|ping [auch: 'zɛpɪŋ] *das; -s* (ugs.): das Zappen

Zar *der; -en, -en* ⟨*lat.-got.-slaw.*⟩ (Geschichte): Herrschertitel bei Russen, Serben, Bulgaren

Za|re|witsch, Zes|sa|re|witsch *der; -[s], -e* ⟨*russ.*⟩ (Geschichte): Sohn eines russischen Zaren, russischer Kronprinz

Za|rẹw|na *die; -, -s* (Geschichte): Tochter eines russischen Zaren

Za|rin *die; -, -nen:* **1.** weibliche Form zu ↑Zar. **2.** Ehefrau eines Zaren

Za|rịs|mus *der; -* ⟨*lat.-got.-slaw.-nlat.*⟩: Zarentum, unumschränkte Herrschaft der Zaren

za|rịs|tisch: den Zaren od. den Zarismus betreffend

Zä|si|um vgl. Cäsium

Zä|sur *die; -, -en* ⟨*lat.*⟩: **1.** Einschnitt (besonders in einer geschichtlichen Entwicklung); markanter Punkt. **2.** (Metrik) an bestimmter Stelle auftretender Einschnitt im Vers, bei dem Wortende u. Versfußende nicht zusammenfallen. **3.** (Musik) Unterbrechung des Verlaufs eines Musikstücks

Za|zi|ki, Tsa|t|si|ki [tsa'tsi:ki] *der* u. *das; -s, -s* ⟨*türk.-ngr.*⟩: Joghurt mit Knoblauch u. geriebener Salatgurke

Zea *die; -* ⟨*gr.-lat.*⟩ (Bot.): Mais

Ze|b|ra *das; -s, -s* ⟨*lat.-vulgärlat.-span.(-fr./engl.)*; »Wildpferd«⟩: südafrikanisches Wildpferd mit weißen und schwarzen Streifen

Ze|b|ro|id *das; -[e]s, -e* ⟨*afrik.; gr.*⟩: ↑Bastard (1) von Zebra u. Pferd od. Zebra u. Esel

Ze|bu *der* od. *das; -s, -s* ⟨*tibet.-fr.*⟩: asiatisches Buckelrind

Ze|chi|ne *die; -, -n* ⟨*it.*⟩: alte venezianische Goldmünze

ze|le|b|rie|ren: **1.** [ein Fest] feierlich begehen. **2.** eine Messe lesen. **3.** etwas feierlich gestalten, betont langsam u. genussvoll ausführen

Zẹl|la vgl. Cella

Zẹll|mem|b|ran *die; -, -en* ⟨*lat.*⟩ (Biol.): ↑Protoplast (1) einer Zelle

Zel|lo|phan, fachspr.: **Cel|lo|phan**® *das; -s* ⟨*lat.; gr.*⟩: durchsichtige, leicht dehnbare u. weiche, aber konsistente Folie (als Verpackungsmaterial)

zel|lo|pha|nie|ren, cel|lo|pha|nie|ren: eine Ware in Zellophan verpacken

zel|lu|lar, zel|lu|lär ⟨*lat.-nlat.*⟩: (Biol.) zellenähnlich, zellenartig; aus Zellen gebildet

Zel|lu|li|tis vgl. Cellulitis

Zel|lu|loid, fachspr.: **Cel|lu|loid** [auch: ...lo'i:t] *das; -[e]s* [auch: ...lo'i:dəs] ⟨*lat.; gr.-engl.-amerik.*⟩: Kunststoff aus Zellulosenitrat; Zellhorn

Zel|lu|lo|se, fachspr.: **Cel|lu|lo|se** *die; -, -n* ⟨*lat.-nlat.*⟩: Hauptbestandteil der pflanzlichen Zellwände, Grundstoff zur Herstellung von Papier u. ↑Azetatseide

Ze|lot *der; -en, -en* ⟨*gr.-lat.*⟩: **1.** fanatischer [Glaubens]eiferer. **2.** Angehöriger einer antirömischen jüdischen Partei zur Zeit Christi

Ze|lo|tin *die; -, -nen:* weibliche Form zu ↑Zelot

Ze|mẹnt *der; -[e]s, -e* ⟨*lat.-fr.*⟩: **1.** aus gebranntem u. sehr fein vermahlenem Kalk, Ton o. Ä. hergestellter, bes. als Bindemittel zur Herstellung von Beton u. Mörtel verwendeter Baustoff, der bei Zugabe von Wasser erhärtet. **2.** (Zahnmed.) zementähnlicher, pulvriger Werkstoff für Zahnfüllungen u. Unterfüllungen

Ze|men|ta|ti|on *die; -, -en* ⟨*lat.-fr.-nlat.*⟩: **1.** (Chemie) Abscheidung von Metallen aus Lösungen durch elektrochemische Reaktionen. **2.** das Veredeln von Metalloberflächen durch chemische Veränderung (z. B. Aufkohlung von Stahl)

ze|men|tie|ren: **1.** mit Zement ausfüllen, verkitten; verfestigen. **2.** (einen Zustand, einen Standpunkt, eine Haltung u. Ä.) starr u. unverrückbar festlegen

Zen [z..., auch: ts...] *das; -[s]* ⟨*sanskr.-chin.-jap.*; »Meditation«⟩ (Rel.): japanische Richtung des Buddhismus, die durch Meditation die Erfahrung der Einheit allen Seins u. damit tätige Lebenskraft u. größte Selbstbeherrschung zu erreichen sucht

Zend|awẹs|ta *das; -* ⟨*pers.*; »Kommentar-Grundtext«⟩ (veraltet): ↑Awesta

Ze|ner|di|o|de *die; -, -n* ⟨nach dem amerik. Physiker C. M. Zener⟩ (Elektrot.): ↑Diode, die in einer Richtung bei Überschreiten einer bestimmten Spannung einen sehr starken Anstieg des Stroms zeigt

Ze|nit *der; -[e]s* ⟨*arab.-it.*⟩: **1.** (Astron.) senkrecht über dem Beobachtungspunkt gelegener höchster Punkt des Himmelsgewölbes; Scheitelpunkt; Ggs. ↑Nadir. **2.** Gipfelpunkt, Höhepunkt; Zeitpunkt, an dem sich das Höchste an Erfolg, Entfaltung o. Ä. innerhalb eines Gesamtablaufs vollzieht

zen|sie|ren ⟨*lat.*⟩: **1.** eine Arbeit od. Leistung mit einer Note bewerten. **2.** ein Buch, einen Film o. Ä. auf verbotene od. unsittliche Inhalte hin kontrollieren

Zen|sor *der;* -s, ...oren: **1.** altrömischer Beamter, der u. a. die Vermögensschätzung der Bürger durchführte u. eine sittenrichterliche Funktion ausübte. **2. a)** behördlicher Beurteiler, Überprüfer von Druckschriften; **b)** Kontrolleur von Postsendungen

zen|so|risch: 1. den Zensor (2) betreffend. **2.** (veraltet) sittenrichterlich

Zen|sur *die;* -, -en: **1.** Amt des Zensors (1). **2.** von zuständiger, bes. staatlicher Stelle vorgenommene Kontrolle, Überprüfung von Briefen, Druckwerken, Filmen o. Ä. **3.** kirchliche Prüfung religiöser Literatur von katholischen Verfassern. **4.** Note, Bewertung einer Leistung

zen|su|rie|ren ⟨*lat.-nlat.*⟩ (österr., schweiz.): ↑zensieren

Zen|sus *der;* -, - [...zu:s] ⟨*lat.*⟩: **1.** (Geschichte) die durch die Zensoren (1) vorgenommene Schätzung der Bürger nach ihrem Vermögen. **2.** (Bibliothekswiss.) Verzeichnis aller bekannten Exemplare von Frühdrucken. **3.** Abgabe, Pachtzins (bes. im Mittelalter). **4.** Volkszählung

Zent *die;* -, -en ⟨*lat.-mlat.*⟩ (Geschichte): **1.** (in fränkischer Zeit) mit eigener Gerichtsbarkeit ausgestatteter Siedlungsverband. **2.** (im Hoch- u. Spätmittelalter) Unterbezirk einer Grafschaft

Zen|taur, Ken|taur *der;* -en, -en ⟨*gr.-lat.*⟩: [wildes] Fabelwesen der griechischen Sage mit menschlichem Oberkörper u. Pferdeleib

Zen|te|nar *der;* -s, -e ⟨*lat.-mlat.*⟩: **1.** Hundertjähriger. **2.** [gewählter] Vorsteher der Zent (1) u. Vorsitzender ihrer Gerichtsbarkeit

Zen|te|na|ri|um *das;* -s, ...ien [...i̯ən]: Hundertjahrfeier

Zent|ge|richt *das;* -s, -e ⟨*lat.-mlat.; dt.*⟩ (Geschichte): Gericht einer fränkischen ↑Zent (2)

Zen|ti|gramm [auch: 'tsɛn...] *das;* -s, -e ⟨*(lat.; gr.) fr.*⟩: der hundertste Teil eines Gramms (Zeichen: cg)

Zen|ti|li|ter [auch: 'tsɛn...] *der* (schweiz. nur so), auch: *das;* -s, - ⟨*fr.*⟩: der hundertste Teil eines Liters (Zeichen: cl)

Zen|ti|me|ter [auch: 'tsɛn...] *der* (schweiz. nur so) od. *das;* -s, -: der hundertste Teil eines Meters (Zeichen: cm)

zen|t|ral ⟨*gr.-lat.*⟩: **a)** im Zentrum [liegend], vom Zentrum ausgehend, nach allen Seiten hin günstig gelegen; Ggs. ↑dezentral; **b)** von einer [übergeordneten] Stelle aus [erfolgend]; **c)** sehr wichtig, sehr bedeutend, hauptsächlich, entscheidend

Zen|t|ral|ab|i|tur *das;* -s, -e ⟨*gr.-lat.; lat.-nlat.*⟩: zentral (b) durchgeführtes Abitur mit gleichen Aufgaben[stellungen] und einheitlicher Bewertung

Zen|t|ra|le *die;* -, -n ⟨*gr.-lat.*⟩: **1.** zentrale Stelle, von der aus etwas organisiert od. geleitet wird; Hauptort, -stelle. **2.** Fernsprechvermittlung mit mehreren Anschlüssen. **3.** (Math.) Verbindungslinie zwischen den Mittelpunkten zweier Kreise (od. Kugeln)

Zen|t|ra|li|sa|ti|on *die;* -, -en ⟨*gr.-lat.-fr.*⟩: **1.** organisatorische Zusammenfassung gleichartiger Aufgaben, Arbeitsplätze u. a. nach bestimmten Merkmalen zu einem einheitlichen Komplex; Ggs. ↑Dezentralisation (1). **2.** (ohne Plural) Zustand, in dem sich etwas nach dem Zentralisieren befindet; Ggs. ↑Dezentralisation (2); vgl. ...ation/...ierung

zen|t|ra|li|sie|ren: mehrere Dinge organisatorisch so zusammenfassen, dass sie von einer zentralen Stelle aus gemeinsam verwaltet und geleitet werden können; Ggs. ↑dezentralisieren

Zen|t|ra|li|sie|rung *die;* -, -en: Zentralisation (1); vgl. ...ation/...ierung

Zen|t|ra|lis|mus *der;* - ⟨*gr.-lat.-nlat.*⟩: das Bestreben, Politik und Verwaltung eines Staates zusammenzuziehen u. nur eine Stelle mit der Entscheidung zu betrauen; Ggs. ↑Föderalismus

zen|t|ra|lis|tisch: nach Zusammenziehung strebend; vom Mittelpunkt aus bestimmt

Zen|t|ral|ko|mi|tee *das;* -s, -s: Führungsgremium, bes. einer kommunistischen od. sozialistischen Partei (Abk.: ZK)

Zen|t|ral|ner|ven|sys|tem *das;* -s, -e: von Gehirn u. Rückenmark gebildeter Teil des Nervensystems bei Mensch u. Wirbeltieren

Zen|t|ral|or|gan *das;* -s, -e: offizielles Presseorgan einer politischen Partei od. einer anderen Organisation [in sozialistischen Ländern]

zen|t|rie|ren: 1. etwas auf die Mitte einstellen, um etwas anordnen. **2.** sich genau, speziell auf jmdn. od. etwas als das Zentrum des Handelns einstellen

zen|t|ri|fu|gal ⟨*gr.-lat.; lat.-nlat.*⟩: **1.** (Physik) auf die Zentrifugalkraft bezogen; durch Zentrifugalkraft wirkend; Ggs. ↑zentripetal (1). **2.** (Med.) vom Zentrum zur Peripherie verlaufend (z. B. von den motorischen Nerven); Ggs. ↑zentripetal (2)

Zen|t|ri|fu|gal|kraft *die;* - ⟨*gr.-lat.; lat.-nlat.; dt.*⟩

(Physik): bei der Bewegung eines Körpers auf einer gekrümmten Bahn od. bei der Drehung um eine Achse auftretende, nach außen gerichtete Kraft; Fliehkraft; Ggs. ↑Zentripetalkraft

Zen|t|ri|fu|ge *die;* -, -n ⟨*fr.*⟩: Schleudergerät zur Trennung von Substanzen mithilfe der Zentrifugalkraft

zen|t|ri|fu|gie|ren: etwas mithilfe einer Zentrifuge trennen, ausschleudern, zerlegen

zen|t|ri|pe|tal ⟨*gr.-lat.; lat.-nlat.*⟩: **1.** (Physik) zum Mittelpunkt, zum Drehzentrum hinstrebend; auf die Zentripetalkraft bezogen; Ggs. ↑zentrifugal (1). **2.** (Med.) von der Peripherie zum Zentrum ziehend, zum Mittelpunkt hin gerichtet (z. B. von den sensiblen Nerven); Ggs. ↑zentrifugal (2)

Zen|t|ri|pe|tal|kraft *die;* - ⟨*gr.-lat.; lat.-nlat.; dt.*⟩ (Physik): bei der Bewegung eines Körpers auf einer gekrümmten Bahn od. bei der Drehung um eine Achse auftretende, nach dem Mittelpunkt hin wirkende Kraft; Ggs. ↑Zentrifugalkraft

zen|t|risch ⟨*gr.-lat.-nlat.*⟩: mittig, in der Mitte, im Mittelpunkt befindlich

Zen|t|ri|win|kel *der;* -s, - ⟨*gr.-lat.; dt.*⟩ (Math.): Winkel zwischen zwei Kreisradien; Mittelpunktswinkel

Zen|t|rum *das;* -s, ...ren ⟨*gr.-lat.*⟩: **1.** Mittelpunkt; innerster Bezirk, Brennpunkt. **2.** Innenstadt. **3.** (ohne Plural) politische katholische Partei des Bismarckreiches u. der Weimarer Republik. **4.** Mittelfeld des Schachbretts. **5.** ↑Center

Zen|tu|rie, Cen|tu|rie [...i̯ə] *die;* -, -n ⟨*lat.*⟩: Heeresabteilung von 100 Mann im Rom der Antike

Zen|tu|rio, Cen|tu|rio *der;* -s, ...onen: Befehlshaber einer Zenturie

Zeo|lith [auch: ...ˈlɪt] *der;* -s u. -en, -e[n] ⟨*gr.-nlat.*⟩: feldspatähnliches Mineral, das u. a. für die Enthärtung von Wasser verwendet wird

Ze|phir [auch: ...ˈfiː...], **Ze|phyr** [auch: ...ˈfyː...] *der;* -s, -e ⟨*gr.-lat.*⟩: **1.** feiner einfarbiger od. gestreifter Baumwollstoff in Leinwandbindung. **2.** (ohne Plural; dichter. veraltet) milder [Süd]westwind

Ze|phyr [auch: ...ˈfyː...] usw. vgl. Zephir usw.

Zep|ter, österr.: **Szep|ter** *das,* auch: *der;* -s, - ⟨*gr.-lat.*⟩: **1.** mit besonderen Verzierungen ausgeschmückter Stab als Zeichen der Würde u. Macht eines Herrschers. **2.** höchste Gewalt, Herrschaft, Macht

Zer vgl. Cer

Ze|rat *das;* -[e]s, -e ⟨*lat.-nlat.*⟩: als Salbengrundlage dienendes, wasserfreies Gemisch aus Wachs u. Fett

Zer|be|rus, Cer|be|rus *der;* -, -se ⟨*gr.-lat.;* nach dem Hund Kerberos der gr. Mythologie, der den Eingang der Unterwelt bewacht⟩ (scherzh.): grimmiger Wächter

Ze|re|a|lie [...i̯ə] *die;* -, -n ⟨*lat.*⟩: **1.** (meist Plural) Getreide, Feldfrucht. **2.** (nur Plural) [Gericht aus] Getreideflocken; vgl. Cerealien

Ze|re|bel|lum, fachspr.: **Ce|re|bel|lum** *das;* -s, ...bella ⟨*lat.*⟩ (Med.): Kleinhirn

ze|re|b|ral: 1. (Med.) das Großhirn betreffend, von ihm ausgehend. **2.** (Sprachw.) ↑retroflex. **3.** intellektuell, geistig

Ze|re|b|rum, fachspr.: **Ce|re|b|rum** *das;* -s, ...bra (Med.): [Groß]hirn, Gehirn

Ze|re|mo|nie [auch, österr. meist: ...ˈmoːni̯ə] *die;* -, ...ien [auch: ...ˈmoːni̯ən] ⟨*lat.-mlat.(-fr.)*⟩: **1.** [traditionsgemäß begangene] feierliche Handlung; Förmlichkeit. **2.** (nur Plural; Rel.) die zum ↑Ritus gehörenden äußeren Zeichen u. Handlungen

ze|re|mo|ni|ell ⟨*lat.-fr.*⟩: **a)** feierlich, förmlich, gemessen; **b)** steif, umständlich

Ze|re|mo|ni|ell *das;* -s, -e: Gesamtheit der Regeln u. Verhaltensweisen, die zu bestimmten [feierlichen] Handlungen gehören

Ze|re|sin, fachspr.: **Ce|re|sin** *das;* -s ⟨*lat.-nlat.*⟩ (Chemie): gebleichtes Erdwachs aus hochmolekularen Kohlenwasserstoffen

Ze|rin *das;* -s ⟨*lat.-nlat.*⟩ (Chemie): eine Fettsäure (Bestandteil des Bienenwachses)

Ze|ro [ˈzeːro] *das;* -s, -s ⟨*arab.-mlat.-it.-fr.*⟩: **1.** Null, Nichts. **2.** das Gewinnfeld des Bankhalters im Roulette. **3.** (Sprachw.) **a)** sprachliche Einheit, die keinen kommunikativen Beitrag leistet; **b)** sprachliche Einheit, die nicht formal, sondern nur inhaltlich vorhanden ist (z. B. »du« im Imperativ »geh!«)

Ze|ro|graf, Ze|ro|graph *der;* -en, -en ⟨*gr.*⟩: jmd., der Wachsgravierungen anfertigt

Ze|ro|gra|fin, Ze|ro|gra|phin *die;* -, -nen: weibliche Form zu ↑Zerograf

Ze|ro|graph usw. vgl. Zerograf usw.

Ze|ro|plas|tik, Ke|ro|plas|tik *die;* -, -en: **1.** (ohne Plural) Wachsbildnerei. **2.** Wachsbild

Ze|ro|tin|säu|re *die;* - ⟨*gr.-nlat.; dt.*⟩: ↑Zerin

Zer|ti|fi|kat *das;* -[e]s, -e ⟨*lat.-mlat.*⟩: **1.** [amtliche] Bescheinigung, Beglaubigung, Schein, Zeugnis. **2. a)** Anteilschein bei Investmentgesellschaften; vgl. Investment; **b)** Urkunde für hinterlegte Wertpapiere

Zer|ti|fi|ka|ti|on *die;* -, -en: ↑Zertifizierung; vgl. ...ation/...ierung

zer|ti|fi|zie|ren: [amtlich] bescheinigen, beglaubigen; mit einem Zertifikat versehen

Zer|ti|fi|zie|rung *die;* -, -en: das Beglaubigen, Bescheinigen; vgl. ...ation/...ierung

Zer|ve|lat|wurst [z..., ts...], **Ser|ve|lat|wurst** *die;* -, ...würste ⟨*lat.-it.; dt.*⟩: Dauerwurst aus Schweinefleisch, Rindfleisch u. Speck (Schlackwurst); vgl. Servela

Zes|sa|re|witsch vgl. Zarewitsch

Zes|si|o|nar *der;* -s, -e ⟨*lat.-mlat.*⟩ (Rechtswiss.): jmd., an den eine Forderung abgetreten wird; neuer Gläubiger

Zes|si|o|na|rin *die;* -, -nen: weibliche Form zu ↑Zessionar

Ze|ta *das;* -[s], -s ⟨*gr.*⟩: sechster Buchstabe des gr. Alphabets (Z, ζ)

Zeug|ma *das;* -s, -s u. -ta ⟨*gr.-lat.;* »Verbindung, Joch«⟩ (Sprachw.): ungewohnte Zuordnung eines Satzgliedes (meist des Prädikats) zu mehreren (meist zwei) verschiedenartigen Satzteilen (z. B. er schlug die Stühl' und Vögel tot [Struwwelpeter])

Zi|be|be *die;* -, -n ⟨*arab.-it.*⟩ (landsch.): große Rosine

Zi|bet|kat|ze *die;* -, -n ⟨*arab.-mlat.-it.; dt.*⟩: asiatische Schleichkatze

Zi|bo|ri|um *das;* -s, ...ien [...i̯ən] ⟨*gr.-lat.*⟩: **1.** (Archit.) von Säulen getragener Überbau über einem Altar, Grabmal u. Ä.; vgl. Baldachin (2), Tabernakel (1 b). **2.** mit einem Deckel zu verschließendes, kelchförmiges Behältnis, in dem die geweihte Hostie auf dem Altar aufbewahrt wird; vgl. Pyxis

Zi|cho|rie [tsɪ'ço:ri̯ə] *die;* -, -n ⟨*gr.-mlat.-it.*⟩: **1.** Wegwarte (ein Korbblütler). **2.** Kaffeezusatz, Kaffee-Ersatz. **3.** Stammform verschiedener Salat- u. Gemüsepflanzen

Zi|der vgl. Cidre

Zi|ga|ret|te *die;* -, -n ⟨*span.-fr.*⟩: zum Rauchen dienende dünne Papierhülse, die mit fein geschnittenem Tabak gefüllt ist

Zi|ga|ril|lo [auch: ...'rɪljo] *der,* auch *das;* -s, -s, ugs. auch *die;* -, -s ⟨*span.*⟩: kleine, dünne Zigarre

Zi|gar|re *die;* -, -n ⟨*span.-fr.*⟩: **1.** zum Rauchen dienende dickere Rolle aus grob geschnittenen Tabakblättern, die mit einem Deckblatt umhüllt ist. **2.** (ugs.) Vorwurf, Ermahnung, Vorhaltung, Verweis

Zi|ka|de *die;* -, -n ⟨*lat.*⟩: kleines, grillenähnliches Insekt (Zirpe)

Zi|ne|ra|ria, Zi|ne|ra|rie [...i̯ə] *die;* -, ...ien [...i̯ən] ⟨*lat.*⟩: Zimmerpflanze mit aschfarbenen Blättern (Aschenblume)

Zin|gu|lum *das;* -s, -s u. ...la ⟨*lat.*⟩: **1.** Gürtel[schnur] der ↑Albe u. katholischer Ordenstrachten. **2.** Gürtelbinde der ↑Soutane

Zink|oxid, Zink|oxyd *das;* -s: eine Zink-Sauerstoff-Verbindung; Zinkweiß (Malerfarbe)

Zink|sul|fat *das;* -s (Chemie): schwefelsaures Zink, technisch wichtigstes Zinksalz

Zin|nie [...i̯ə] *die;* -, -n ⟨*nlat.;* nach dem dt. Arzt u. Botaniker J. G. Zinn, 1727–1759⟩: Korbblütler mit leuchtenden Blüten (eine Gartenzierpflanze)

Zi|o|nis|mus *der;* - ⟨*nlat.;* nach dem Tempelberg Zion in Jerusalem⟩: **a)** (Ende des 19. Jh.s entstandene) jüdische Bewegung mit dem Ziel, einen nationalen Staat für Juden in Palästina zu schaffen; **b)** politische Strömung im heutigen Israel u. innerhalb des Judentums in aller Welt, die eine Stärkung des Staates Israel befürwortet u. zu erreichen sucht

Zi|o|nist *der;* -en, -en: Anhänger des Zionismus

Zi|o|nis|tin *die;* -, -nen: weibliche Form zu ↑Zionist

zi|o|nis|tisch: der Bewegung des Zionismus angehörend, sie betreffend

Zip|da|tei [auch: 'zɪp...] *die;* -, -en ⟨*engl.; dt.*⟩ (EDV): Datei, in der mehrere Einzeldateien komprimiert zusammengefasst sind

Zipp® *der;* -s, -s ⟨*engl.*⟩ (österr.): Reißverschluss

zip|pen [auch: 'zɪp...] ⟨*engl.*⟩ (EDV): zu einer ↑Zipdatei komprimieren (von Dateien)

Zip|per *der;* -s, - ⟨*engl.*⟩ (ugs.): Reißverschluss

Zir|co|ni|um vgl. Zirkonium

zir|ka vgl. circa

Zir|kel *der;* -s, - ⟨*gr.-lat.*⟩: **1.** (Math.) geometrisches Gerät zum Kreiszeichnen und Streckenabmessen. **2.** eng miteinander verbundene Gruppe von Personen. **3.** Kreis, Ring. **4.** verschlungene Buchstaben als Zeichen der Zugehörigkeit zu einer studentischen Verbindung; vgl. Cercle (1 b). **5.** (Reiten) Figur beim Dressurreiten, bei der das Pferd im Kreis geht. **6.** ↑Circulus vitiosus (1). **7.** (Musik) Kurzform von ↑Quintenzirkel

zir|keln: 1. a) genau einteilen, abmessen; **b)** (ugs.) genau bemessend an eine bestimmte Stelle bringen. **2.** einen Kreis ziehen; kreisen

Zir|ko|ni|um, chem. fachspr.: **Zir|co|ni|um** *das;* -s: chem. Element; ein Metall (Zeichen: Zr)

Zir|ku|lar *das;* -s, -e: Rundschreiben

Zir|ku|la|ti|on *die;* -, -en: Kreislauf, Umlauf (z. B. des Blutes, der Luft)

zir|ku|lie|ren: in Umlauf sein, umlaufen, kreisen

Zir|kum|flex *der;* -[es], -e (Sprachw.): Dehnungszeichen (ˆ od. ˜); vgl. Accent circonflexe

Zir|kus, Cir|cus *der;* -[ses], -se ⟨*gr.-lat.(-fr.* u. *engl.);* »Kreis«⟩: **1.** Kampfspielbahn im Rom der Antike. **2. a)** [nicht ortsfestes] Unternehmen, das in einem großen Zelt od. in einem Gebäude mit einer ↑Manege ein vielseitiges artistisches Programm vorführt; **b)** Zelt, Gebäude, in dem

Zirkusvorstellungen stattfinden. **3. a)** etwas Vielfältiges, Abwechslungsreiches, Buntes; **b)** (ohne Plural; ugs.) unnötiger Trubel, Aufwand; Wirbel, Getue

Zi̱r|ren: *Plural* von ↑Zirrus

Zir|rho̱|se *die;* -, -n ⟨*gr.-nlat.*⟩ (Med.): Gewebsveränderung eines Organs (z. B. Leber, Lunge) mit fortschreitender Organverhärtung und -schrumpfung

Zir|ro|ku̱|mu|lus *der;* -, ...li ⟨*lat.-nlat.*⟩ (Meteorol.): fein gegliederte, federige Wolke in höheren Luftschichten; Schäfchenwolke

Zir|ro|stra̱|tus *der;* -, ...ti (Meteorol.): überwiegend aus Eiskristallen bestehende Schleierwolke in höheren Luftschichten

Zi̱r|rus *der;* -, - u. Zi̱rren ⟨*lat.;* »Haarlocke; Federbüschel; Franse«⟩: **1.** (Meteorol.) aus feinsten Eisteilchen bestehende Federwolke in höheren Luftschichten. **2.** (Zool.) **a)** Begattungsorgan der Plattwürmer; **b)** rankenartiger Körperanhang vieler Wassertiere

zir|ze̱n|sisch ⟨*gr.-lat.*⟩: den Zirkus betreffend, in ihm abgehalten

zis|al|pi̱n, zis|al|pi̱|nisch ⟨*lat.*⟩: diesseits der Alpen (von Rom aus gesehen); südlich der Alpen

Zi|se|leur [...ˈløːɐ̯] *der;* -s, -e ⟨*lat.-vulgärlat.-fr.*⟩: jmd., der Ziselierarbeiten ausführt (Metallstecher)

Zi|se|leu|rin [...ˈløːrɪn] *die;* -, -nen: weibliche Form zu ↑Ziseleur

zi|se|li̱e̱|ren: Metall mit Grabstichel, Meißel, Feile u. a. bearbeiten; Figuren u. Ornamente aus Gold od. Silber herausarbeiten

Zis|la|we̱ng ⟨Herkunft unsicher⟩: **mit [einem] Zislaweng** (ugs.): mit Schwung; mit einem besonderen Kniff

Zis|so|i̱|de *die;* -, -n ⟨*gr.-nlat.*⟩ (Math.): ebene Kurve dritter Ordnung (Efeublattkurve)

Zis|te̱r|ne *die;* -, -n: unterirdischer, meist ausgemauerter Hohlraum zum Auffangen von Regenwasser [in wasserarmen Gebieten]

Zis|ter|zi|e̱n|ser *der;* -s, - ⟨nach dem fr. Kloster Cîteaux, *mlat.* Cistercium⟩: Angehöriger eines benediktinischen Reformordens (Abk.: O. Cist.)

Zis|ter|zi|e̱n|se|rin *die;* -, -nen: Angehörige des weiblichen Zweiges der Zisterzienser

Zi|ta|de̱l|le *die;* -, -n ⟨*lat.-it.-fr.*⟩: **1.** Festung innerhalb od. am Rande einer Stadt. **2.** letzter Widerstandskern in einer Festung

Zi|ta̱t *das;* -[e]s, -e ⟨*lat.*⟩: **1.** wörtlich angeführte Belegstelle. **2.** bekannter Ausspruch, geflügeltes Wort

Zi|ta|ti|o̱n *die;* -, -en: **1.** (veraltet) [Vor]ladung vor Gericht. **2.** ↑Zitat (1)

Zi̱|ther *die;* -, -n ⟨*gr.-lat.*⟩: ein Zupfinstrument

zi|ti̱e̱|ren ⟨*lat.*⟩: **1.** eine Stelle aus einem geschriebenen od. gesprochenen Text [wörtlich] anführen. **2.** jmdn. vorladen, jmdn. zu sich kommen lassen, um ihn für etwas zur Rechenschaft zu ziehen

Zi|t|ra̱t, chem. fachspr.: **Ci|t|ra̱t** *das;* -[e]s, -e ⟨*lat.-nlat.*⟩ (Chemie): Salz der Zitronensäure

Zi|t|ro|na̱t *das;* -[e]s, -e ⟨*lat.-it.-fr.*⟩: kandierte Fruchtschale einer Zitronenart

Zi|t|ro̱|ne *die;* -, -n ⟨*lat.-it.*⟩: **a)** Strauch od. Baum wärmerer Gebiete mit gelben, sauren, vitaminreichen Früchten; **b)** Frucht des Zitronenbaumes

Zi̱|t|rus|frucht *die;* -, ...früchte ⟨*lat.; dt.*⟩: Frucht einer Zitruspflanze mit meist dicker Schale u. sehr saftigem, aromatischem Fruchtfleisch (z. B. Apfelsine, Grapefruit, Zitrone)

Zi̱|vi *der;* -s, -s ⟨Kurzw.⟩ (Jargon): **1.** jmd., der Zivildienst leistet. **2.** Polizeibeamter in Zivil

zi|vi̱l ⟨*lat.(-fr.)*⟩: **1.** bürgerlich; Ggs. ↑militärisch (1). **2.** anständig, annehmbar

Zi|vi̱l *das;* -s ⟨*lat.-fr.*⟩: bürgerliche Kleidung; Ggs. ↑Uniform

Zi|vi̱l|cou|ra|ge [...kuraʒə] *die;* -: mutiges Verhalten, mit dem jmd. seinen Unmut über etwas ohne Rücksicht auf mögliche eigene Nachteile zum Ausdruck bringt

Zi|vi̱l|dienst *der;* -[e]s ⟨*lat.-fr.; dt.*⟩: Dienst, den ein Kriegsdienstverweigerer anstelle des Wehrdienstes leistet

Zi|vi|li|sa|ti|o̱n *die;* -, -en ⟨*lat.-fr.* u. *engl.*⟩: **1.** Gesamtheit der durch den Fortschritt der Wissenschaft u. Technik geschaffenen [verbesserten] materiellen u. sozialen Lebensbedingungen. **2.** (ohne Plural) Bildung, Gesittung

zi|vi|li|sa|to̱|risch ⟨*lat.-fr.-nlat.*⟩: auf die Zivilisation gerichtet, sie betreffend

zi|vi|li|si̱e̱|ren ⟨*lat.-fr.*⟩: der Zivilisation zuführen; verfeinern, veredeln

zi|vi|li|si̱e̱rt: **1.** Zivilisation (1) aufweisend. **2.** Kultur u. Bildung habend od. zeigend

Zi|vi|li̱st *der;* -en, -en ⟨*lat.-nlat.*⟩: Bürger (im Gegensatz zum Soldaten)

Zi|vi|li̱s|tin *die;* -, -nen: weibliche Form zu ↑Zivilist

Zi|vi̱l|pro|zess *der;* -es, -e ⟨*lat.-fr.; lat.*⟩: Gerichtsverfahren, dem die Bestimmungen des Privatrechts zugrunde liegen

Zlo|ty [ˈzlɔti, ˈslɔti], **Złoty** [ˈzu̯ɔ...] *der;* -[s], -s (aber: 5 -) ⟨*poln.*⟩: Währungseinheit in Polen (= 100 Groszy)

Zo|di̱|a|kus *der;* - ⟨*gr.-lat.*⟩ (Astron.): Tierkreis

Zo̱ff *der;* -s ⟨*hebr.-jidd.*⟩ (ugs.): Streit, Zank

zof|fen (ugs.): sich streiten, zanken

Zö|li|bat *das,* auch: *der;* -[e]s ⟨*lat.*⟩: pflichtgemäße Ehelosigkeit aus religiösen Gründen, bes. bei katholischen Geistlichen

zö|li|ba|tär ⟨*lat.-nlat.*⟩: im Zölibat lebend

Zom|bie *der;* -[s], -s ⟨*afrik.-kreol.-engl.-amerik.*⟩: im Voodoo u. als Motiv des Horrorfilms ein eigentlich Toter, der ein willenloses Werkzeug dessen ist, der ihn zum Leben erweckt hat

Zö|me|te|ri|um *das;* -s, ...ien ⟨*gr.-lat.*⟩: **1.** frühchristliche Grabstätte, Friedhof. **2.** Katakombe

zo|nal, zo|nar ⟨*gr.-lat.*⟩: zu einer Zone gehörend, eine Zone betreffend

Zö|no|bit, Coe|no|bit [tsø...] *der;* -en, -en ⟨*gr.-mlat.*⟩: in ständiger Klostergemeinschaft lebender Mönch; Ggs. ↑Eremit

zö|no|bi|tisch, coe|no|bi|tisch: in Gemeinschaft lebend (von Mönchen)

Zoo *der;* -s, -s: kurz für: ↑zoologischer Garten

Zoo|gra|fie, Zoo|gra|phie *die;* -, ...ien: Benennung u. Einordnung der Tierarten

Zoo|lith [auch: ...'lɪt] *der;* -s u. -en, -e[n] (meist Plural) (Geol.): Sedimentgestein, das ausschließlich od. größtenteils aus Resten von Tieren besteht; Tierversteinerung

Zoo|lo|ge *der;* -n, -n ⟨*gr.-fr.*⟩: jmd., der sich wissenschaftlich mit den Erscheinungen tierischen Lebens befasst

Zoo|lo|gie *die;* -: Tierkunde

Zoo|lo|gin *die;* -, -nen: weibliche Form zu ↑Zoologe

zoo|lo|gisch: die Tierkunde betreffend; **zoologischer Garten:** Tierpark, Tiergarten

[1]**Zoom** [zu:m] *das u. der;* -s, -s ⟨*engl.*⟩ (Film, Fotogr.): **1.** Objektiv mit stufenlos verstellbarer Brennweite. **2.** Vorgang, durch den der Aufnahmegegenstand näher an den Betrachter herangeholt od. weiter von ihm entfernt wird

[2]**Zo|om** *das;* -s, -e ⟨*gr.*⟩: tierischer Bestand eines ↑Bioms

zoo|men ['zu:...] ⟨*engl.*⟩ (Fotogr., Film): den Aufnahmegegenstand mithilfe eines [1]Zooms (1) näher heranholen od. weiter wegrücken

Zoom|ob|jek|tiv *das;* -s, -e: ↑[1]Zoom (1)

Zo|on po|li|ti|kon *das;* - - ⟨*gr.;* nach Aristoteles, Politika III, 6⟩ (Philos.): der Mensch als soziales, politisches Wesen

Zoo|tech|ni|ker *der;* -s, - (regional): Tierpfleger [im Zoo]

Zoo|tech|ni|ke|rin *die;* -, -nen: weibliche Form zu ↑Zootechniker

Zo|res *der;* - ⟨*hebr.-jidd.*⟩ (landsch.): **a)** Wirrwarr; **b)** Ärger

zo|ro|as|t|risch ⟨*awest.-gr.-lat.*⟩: den ↑Parsismus betreffend

Zos|ter [auch: 'tso:stɐ]: Kurzform von ↑Herpes Zoster

Zuc|chet|to [...'kɛto] *der;* -s, ...tti ⟨*it.*⟩ (schweiz.): ↑Zucchini

Zuc|chi|ni [...'ki:ni], **Zuc|chi|no** *der;* -s, ...ni (meist Plural): gurkenähnliche Frucht einer bestimmten Kürbisart

Zu|cker|cou|leur [...kulø:ɐ̯] *die;* -, -s ⟨*dt.; lat.-fr.*⟩: gebrannter Zucker zum Färben von Lebensmitteln; vgl. Karamell

Zy|an *das;* -s, chem. fachspr.: **Cy|an** *das;* -s ⟨*gr.-lat.*⟩ (Chemie): giftige Kohlenstoff-Stickstoff-Verbindung mit Bittermandelgeruch

Zy|a|ne *die;* -, -n ⟨*gr.-lat.*⟩: Kornblume

Zy|an|ka|li, Zy|an|ka|li|um *das;* -s: das stark giftige Kaliumsalz der Blausäure

Zy|a|no|se *die;* -, -n (Med.): bläuliche Verfärbung der Haut bes. an Lippen u. Fingernägeln infolge Sauerstoffmangels im Blut (u. a. bei Herzinsuffizienz)

Zy|a|thus vgl. Kyathos

Zy|go|te *die;* -, -n (Biol.): nach Verschmelzung der beiden ↑Gameten entstandene ↑diploide Zelle, aus der ein Lebewesen entsteht

zykl..., Zykl... vgl. zyklo..., Zyklo...

Zy|k|la|me *die;* -, -n (österr., schweiz.), **Zy|k|la|men** *das;* -s, -: Alpenveilchen (eine Berg- u. Zierpflanze)

Zy|k|len: *Plural* von ↑Zyklus

Zy|k|li|ker [auch: 'tsyk...] *der;* -s, - ⟨*gr.-lat.*⟩: Dichter altgriechischer Epen, die zu einem Zyklus zusammengefasst wurden

zy|k|lisch, chem. fachspr.: **cy|c|lisch** [auch: 'tsyk...]: **1.** kreisläufig, -förmig, ringförmig. **2.** sich auf einen Zyklus beziehend. **3.** regelmäßig wiederkehrend

zy|k|lo..., Zy|k|lo...

vor Vokalen auch: **zykl..., Zykl...,** chem. fachspr. auch: **cy|c|lo..., Cy|c|lo...**
⟨*gr.* kýklos »Kreis(lauf), Ring, Rad, Auge« → *lat.* cyclus »Kreis, Umlauf, Zyklus«⟩
Wortbildungselement mit den Bedeutungen »Kreis; kreisförmig; periodisch wiederkehrend«:
– zyklometrisch
– Zyklotron

Zy|k|lo|i|de *die;* -, -n: mathematische Kurve, die ein starr mit einem Kreis verbundener Punkt beschreibt, wenn der Kreis auf einer Geraden abrollt; vgl. Epizykloide, Hypozykloide

Zy|k|lo̱|ne *die;* -, -n (Meteorol.): Tiefdruckgebiet

Zy|k|lo̱p *der;* -en, -en ⟨*gr.-lat.;* »Rundäugiger«⟩: einäugiger Riese der griechischen Sage

zy|k|lo̱|pisch ⟨*gr.-lat.*⟩: von gewaltiger Größe, riesenhaft

zy|k|lo|thy̱m (Med., Psychol.): von extravertierter, geselliger, dabei aber Stimmungsschwankungen unterworfener Wesensart

Zy|k|lo|thy̱|me *der* u. *die;* -n, -n (Med., Psychol.): jmd., der ein zyklothymes Temperament besitzt

Zy̱|k|lo|t|ron *das;* -s, ...tro̱ne (auch: -s) ⟨*gr.-engl.*⟩ (Kernphysik): Gerät zur Beschleunigung geladener Elementarteilchen

Zy̱|k|lus [auch: ˈt͜sʏk...] *der;* -, Zyklen ⟨*gr.-lat.*⟩: **1.** periodisch ablaufendes Geschehen, Kreislauf regelmäßig wiederkehrender Dinge od. Ereignisse. **2. a)** Zusammenfassung, Folge; Reihe inhaltlich zusammengehörender literarischer, musikalischer od. bildnerischer Werke; Folge von Vorträgen u. a.; **b)** Ideen-, Themenkreis. **3.** (Med.) periodische Regelblutung der Frau mit dem Intervall bis zum Einsetzen der jeweiligen nächsten Menstruation

Zy|li̱n|der [t͜si..., auch: t͜sy...] *der;* -s, - ⟨*gr.-lat.*⟩: **1.** (Math.) geometrischer Körper, bei dem zwei parallele, ebene, kongruente, meist kreisrunde Grundflächen durch einen Mantel miteinander verbunden sind. **2.** (Technik) röhrenförmiger Hohlkörper einer Maschine, in dem sich gleitend ein Kolben bewegt. **3.** hoher Herrenhut [aus schwarzem Seidensamt]

Zy|li̱n|der|pro|jek|ti|on *die;* -, -en ⟨*gr.-lat.; lat.*⟩: Kartendarstellung mit einem Zylindermantel als Abbildungsfläche

zy|li̱n|d|risch ⟨*gr.-nlat.*⟩: walzenförmig

Zy|ma̱|se *die;* - ⟨*gr.-nlat.*⟩: aus zellfreien Hefepresssäften gewonnenes Gemisch von ↑Enzymen, das die alkoholische Gärung verursacht

Zy̱|ni|ker *der;* -s, - ⟨*gr.-lat.*⟩: zynischer Mensch; vgl. Kyniker

Zy̱|ni|ke|rin *die;* -, -nen: weibliche Form zu ↑Zyniker

zy̱|nisch: verletzend-spöttisch, bissig

Zy|ni̱s|mus *der;* -, ...men: **1.** (ohne Plural) Lebensanschauung der ↑Kyniker. **2. a)** (ohne Plural) zynische Art, Haltung, Einstellung, zynisches Wesen; **b)** zynische Äußerung, Bemerkung

Zy̱|per|gras *das;* -es, ...gräser ⟨nach der Insel Zypern⟩: einjähriges Riedgras

Zy|p|re̱s|se *die;* -, -n ⟨*gr.-lat.*⟩: immergrüner Baum des Mittelmeergebietes

zy|ri̱l|lisch vgl. kyrillisch

Zy̱s|te *die;* -, -n: **1.** (Med.) im od. am Körper gebildeter sackartiger, mit Flüssigkeit gefüllter Hohlraum; Geschwulst. **2.** (Biol.) bei niederen Pflanzen u. Tieren auftretendes kapselartiges Dauerstadium (z. B. bei ungünstigen Lebensbedingungen)

Zy̱s|tis *die;* -, Zy̱sten ⟨*gr.*⟩ (Med.): Blase, Harnblase

Zys|ti̱|tis *die;* -, ...iti̱den (Med.): Blasenentzündung, -katarrh

Zys|to|s|ko̱p *das;* -s, -e (Med.): röhrenförmiges Instrument zur Untersuchung der Harnblase; Blasenspiegel

zyt..., Zyt... vgl. zyto..., Zyto...

zy|to..., Zy|to...

vor Vokalen auch: **zyt..., Zyt...**
⟨*gr.* ký̆tos »Höhlung; Rundung; Gefäß« → *nlat.* cytus »Zelle«⟩
Wortbildungselement mit der Bedeutung »Zelle«:
- Zytodiagnostik
- zytotoxisch

...zyt

der; -en, -en (meist Plural)
⟨*gr.* ký̆tos »Höhlung; Rundung; Gefäß« → *nlat.* cytus »Zelle«⟩
Wortbildungselement mit der Bedeutung »Zelle«:
- Erythrozyt
- Leukozyt

zy|to|ge̱n (Biol.): von der Zelle gebildet

Zy|to|lo|gi̱e *die;* - (Biol., Med.): Wissenschaft vom Aufbau u. von der Funktion der Zelle

zy|to|lo̱|gisch: die Zytologie betreffend

Zy|to|pla̱s|ma *das;* -s, ...men (Biol.): ↑Protoplasma

Zy|to|s|ta̱|ti|kum *das;* -s, ...ka (Biol., Med.): [chemische] Substanz, die die Kernteilung u. Zellvermehrung hemmt

zy|to|s|ta̱|tisch (Biol., Med.): Kernteilung u. Zellvermehrung hemmend

Zy|to|s|to̱m *das;* -s, -e, **Zy|to|s|to̱|ma** *das;* -s, -ta (Zool.): Zellmund der Einzeller

Zy|to|to|xi̱n *das;* -s, -e (Biol., Med.): Zellgift

zy|to|to̱|xisch (Biol., Med.): als Zellgift wirkend

Z

Schülerduden

Das ganze Schulwissen von A bis Z

Mit allen wichtigen Fächern und Themen ist dieser Klassiker die umfassendste Schülerlexikon- und Wörterbuchreihe, die zu finden ist. Inhaltlich ausgerichtet an den jeweiligen Schulstandards, liefert jeder Band mit einem reichen Fundus an Fachbegriffen, Fakten und Zusammenhängen das ideale Hintergrundwissen zum schnellen Nachschlagen – für Unterricht, Hausaufgaben, Referate und Klausurvorbereitung.

Rechtschreibung
ISBN 978-3-411-04220-3

Grammatik
ISBN 978-3-411-05636-1

Fremdwörterbuch
ISBN 978-3-411-05146-5

Lateinisch – Deutsch
ISBN 978-3-411-71653-1

Literatur
ISBN 978-3-411-05405-3

Kunst
ISBN 978-3-411-05943-0

Musik
ISBN 978-3-411-05395-7

Religion und Ethik
ISBN 978-3-411-72092-7

Philosophie
ISBN 978-3-411-71263-2

Informationskasten zur Wortbildung

an|ti..., An|ti...

vor Vokalen meist: **ant..., Ant...**
⟨*gr.* anti »gegen, gegenüber, entgegen«⟩
Präfix mit folgenden Bedeutungen:
a) bezeichnet einen ausschließenden Gegensatz:
– antiautoritär
b) drückt aus, dass das im Grundwort Enthaltene verhindert oder ihm entgegengewirkt wird:
– antibakteriell
– Antidepressivum
c) bezeichnet einen komplementären Gegensatz:
– Antarktis
– Antimaterie
d) drückt aus, dass das so Bezeichnete ganz anders ist als das, was das Grundwort angibt, dass es dessen Eigenschaften nicht hat:
– Antiheld

Herkunft

Bedeutung

Anwendungsbeispiel

äqui|nok|ti|a̱l ⟨*lat.*⟩: **a)** das Äquinoktium betreffend; **b)** tropisch, Tropen-
Äqui|nọk|ti|um *das;* -s, ...ien: Tagundnachtgleiche

Suchhilfekasten zum Finden schwieriger Fremdwörter

Akquise

Das aus dem Lateinischen stammende Wort weist die im Deutschen ungewöhnliche Schreibweise *-kqu-* auf. Ebenso: *akquirieren, Akquisiteur, Akquisiteurin, Akquisition, Akquisitor, akquisitorisch.*

richtige Schreibung

äqui|va|lẹnt ⟨*lat.-nlat.*⟩: gleichwertig, im Wert od. in der Geltung dem Verglichenen entsprechend
Äqui|va|lẹnt *das;* -s, -e: gleichwertiger Ersatz, Gegenwert
Äqui|va|lẹnz *die;* -, -en: **1.** Gleichwertigkeit. **2.** (Logik) Gleichwertigkeit des Wahrheitsgehaltes, der Bedeutung zweier Aussagen. **3.** (Math.) Gleichwertigkeit von Mengen gleicher Mächtigkeit